Votr
des C
et Tables d'Hôtes

19 000 chambres d'hôtes
2 500 tables d'hôtes

Ce guide se veut différent des autres. Il vous permet de goûter une nouvelle façon de voyager. C'est le guide de la tradition de l'hospitalité française. Il est utilisable toute l'année quels que soient le moment et le lieu. Il s'adresse aussi bien à ceux qui sont en déplacement professionnel qu'à ceux qui veulent profiter de courtes escapades.

Maison des Gîtes de France

35, rue Godot-de-Mauroy
75439 PARIS Cedex 09.
Tél. : 16 (1) 49.70.75.75
Métro : Havre-Caumartin — R.E.R. : Auber

Attention ! Nouvelle adresse courant 1996 :
59, rue Saint-Lazare
75009 PARIS
Ouvert du lundi au samedi de 10 h à 18 h 30

3615 Gîtes de France (1,29 F/mn)

Édité par Gîtes de France Services
35, rue Godot-de-Mauroy
75439 PARIS Cedex 09
Tél. : 16 (1) 49.70.75.75

Directrice édition : Clotilde MALLARD
Avec la collaboration de :
Catherine de ALMEIDA, Dominique BOILEAU
Dany LEGRELE, Virginie MOREL
Marie-France MICHON
Traduction anglaise : Paul RICHMAN
Traduction allemande : Barbara STRAUSS-GATON
Lecture : Equipe Gîtes de France
Publicité : Laurence JOANNOT

Crédit photos Gîtes de France
1re de couverture : M. Dallaporta à MALAUCENE (Vaucluse)
4e de couverture : M. Coppe à GREZELS (Lot)
Mme Carré à SAVONNIERES (Indre-et-Loire)
Photos intérieur : p. 2 BOUISSE (Aude) — p. 4 QUEMIGNY-SUR-SEINE (Côte-d'Or)
p. 6 BOURNAND (Vienne) et VERNOUX (Ardèche) — p. 8 © M. Hatakeyama

N° ISBN : 2-907071-64-5

SOMMAIRE

Comment utiliser le guide

Pour trouver votre chambre d'hôtes

● *Les chambres d'hôtes du guide sont classées par régions et à l'intérieur de chaque région, par départements puis par localités. Pour vous aider dans votre choix, le sommaire, les cartes (p. 12 à 84) et l'index général des localités (p. 96 à 126) vous permettront d'établir votre itinéraire.*

Pour réserver votre chambre d'hôtes

● *La réservation n'est pas obligatoire mais elle est recommandée en haute saison ou pour des séjours prolongés.*
Une lettre de confirmation et/ou des arrhes vous seront souvent demandés et un contrat pourra être établi. Si vous voyagez avec vos enfants, des lits d'appoint peuvent être mis à leur disposition, n'hésitez pas à questionner le propriétaire.
● *Si vous êtes accompagné de votre animal favori, signalez-le au propriétaire.*
● *Chaque descriptif de ce guide comporte les coordonnées de réservation, le plus souvent celles des propriétaires, afin de les contacter par courrier, téléphone ou télécopie.*
De plus en plus de Services de Réservation des antennes départementales Gîtes de France proposent également ce service. Vous pourrez les repérer par le sigle ® placé en tête de chaque département. Les départements pour lesquels la réservation est aussi possible par minitel sur le 3615 GÎTES DE FRANCE (1,29 F/mn) seront signalés par le double pictogramme ® +

Les prix

Ils sont indiqués dans chaque descriptif. Ce sont des prix à la nuitée, selon le nombre de personnes occupant la même chambre, et comprennent TOUJOURS le petit déjeuner.
Attention ! *En fin d'année, certains prix sont susceptibles d'être modifiés, notamment pour les départements dont le catalogue 1997 sort dès l'automne.*
Pour la table d'hôtes (TH) *les prix sont donnés à titre indicatif.*

Quelques conseils...

N'oubliez jamais que vous allez séjourner chez des particuliers qui n'offrent pas les mêmes services qu'un hôtel.
● *En cas de retard, prévenez le propriétaire.*
● *L'entretien des chambres est assuré quotidiennement (pour les séjours de longue durée, les draps sont changés au minimum chaque semaine et le linge de toilette 2 fois par semaine).*

GRAND CONCOURS FIDÉLITÉ 1996

LE ROZEL (Manche) © P.Y. LEMEUR

POUR GAGNER

3 WEEK-ENDS EN CHAMBRES D'HÔTES PRESTIGE
150 GUIDES CHAMBRES ET TABLES D'HÔTES 1997
ET 100 GUIDES CHAMBRES D'HÔTES ET GÎTES PRESTIGE 1997

COMMENT PARTICIPER ET GAGNER ?

Il vous suffit de séjourner 10 nuits ou plus (hors juillet-août) en chambres d'hôtes Gîtes de France.

Pour participer, renvoyez (avant le 31 décembre 1996) le coupon ci-dessous ainsi que les copies des factures de vos séjours à :

Maison des Gîtes de France – 35, rue Godot-de-Mauroy
75439 PARIS Cedex 09
Nouvelle adresse courant 96 : 59, rue Saint-Lazare – 75009 PARIS

Fin décembre 1996 : tirage au sort, parmi tous les participants, pour les week-ends en chambres d'hôtes Prestige, un guide Chambres et Tables d'Hôtes 1997 pour les 150 premières réponses et un guide Chambres d'Hôtes et Gîtes Prestige 1997 pour les 100 réponses suivantes.

✂ ---

Grand concours FIDÉLITÉ 1996
Guide Chambres et tables d'Hôtes 1996

à renvoyer à
Maison des Gîtes de France – 35, rue Godot-de-Mauroy – 75439 PARIS Cedex 09
Mme, M. : ....
Adresse : ....
....
Code postal : .... Ville : .... Tél. : ....

La Chambre d'Hôtes

Des particuliers ont aménagé leur maison (ferme, mas, gentilhommière, château...) afin de vous y accueillir en amis et de vous faire découvrir leur région. Dans un environnement calme et agréable, avec un maximum de 6 chambres, c'est en toute convivialité que vous passerez une ou plusieurs nuits.

Le petit déjeuner

Toujours inclus dans le prix de la nuitée, un petit déjeuner copieux sera pour vous l'occasion d'apprécier les différentes spécialités locales. Selon les cas et l'inspiration de la maîtresse de maison, vous dégusterez les confitures maison, le pain de campagne frais, mais aussi les viennoiseries ou les pâtisseries maison, les fromages et les laitages ou la charcuterie régionale. Dès le début de la journée, un moment fort d'échanges et de convivialité.

Afin de promouvoir cet « art » du petit déjeuner, nous vous invitons à sélectionner vos meilleures adresses de petits déjeuners à l'aide d'une fiche que vous trouverez p. 92. Vos réponses nous permettront de récompenser le *MEILLEUR PETIT DÉJEUNER 96* et un tirage au sort vous offrira la possibilité de gagner un week-end en chambres d'hôtes pour 2 personnes.

Le monde s'endort sur les fameux matelas Simmons.

Grâce à sa technologie exclusive
de ressorts ensachés,
Simmons est depuis plus de 100 ans
le n° 1 mondial de la literie.

Département hôtellerie / Le Mandinet II
20, rue du Suffrage Universel - Lognes - 77437 Marne-la-Vallée Cedex 2
Tél (1) 64 62 80 00 - Fax (1) 60 37 86 22

La Table d'Hôtes

Une maîtresse de maison sur trois vous offrira la possibilité de prendre votre repas à sa table d'hôtes. Cette formule très souple (simple repas, 1/2 pension ou pension) vous permettra de partager, selon les cas, un repas familial ou gastronomique. Le plus souvent, le prix du dîner comprend l'apéritif, le vin et le café.

A noter que la prestation table d'hôtes n'est ouverte qu'aux personnes séjournant dans les chambres. La table d'hôtes n'est pas un restaurant, il est donc conseillé d'indiquer si vous souhaitez profiter de ce service lors de votre réservation. En l'absence de table d'hôtes, les propriétaires sauront aussi vous conseiller les meilleures adresses à proximité, pour découvrir la cuisine traditionnelle et régionale.

Le classement des chambres d'hôtes

Toutes les chambres d'hôtes de ce guide ont été visitées et classées. Elles comportent toujours des sanitaires (salle d'eau ou salle de bains et wc). Le **classement**, en **épis** (¥) **N**ouvelles **N**ormes (**NN**), indique le degré de confort et les prestations offertes... mais quel que soit le classement de la chambre d'hôtes choisie, les maîtres de maison auront à cœur de vous faire passer un agréable séjour.

E. C. NN   En cours de classement
¥ NN   1 épi Nouvelles Normes
    Chambres simples pour les petits budgets.
¥ ¥ NN   2 épis Nouvelles Normes
    Chambres de bon confort, disposant chacune au minimum d'une salle d'eau ou d'une salle de bains privée.
¥ ¥ ¥ NN   3 épis Nouvelles Normes
    Chambres de grand confort, disposant chacune de sanitaires privés et complets (douche, bains, lavabo et wc).
¥ ¥ ¥ ¥ NN   4 épis Nouvelles Normes
    Chambres de très grand confort, disposant chacune de sanitaires privés et complets. Elles sont aménagées dans des demeures de caractère, dans un environnement privilégié. Des services supplémentaires y sont souvent proposés.

Village

LE MAGAZINE DE L'ACTEUR RURAL

68 pages de reportages, d'analyses, de points de vue, d'annonces sur les initiatives qui font vivre les territoires.

La Caillère
61100 La Carneille
Tél. 33 64 01 44
Fax 33 64 31 91

LA RÉDACTION DE VILLAGE

EN VENTE EN KIOSQUE • 30F

Liste des pictogrammes Loisirs / Leisure facilities
Bedeutung der Piktogramme

- Bicyclette/*Bicycles*/Fahrrad
- VTT/*Mountain Bikes*/Mountainbike
- Location de vélo/*Bicycles for hire* Fahrradverleih
- Téléski nautique/*Waterskiing* Wasserski
- Patinoire/*Skating rink*/Eisbahn
- Luge/*Sledge*/Schlittenfahren
- Ski de piste/*Downhill skiing*/Abfahrtski
- Ski de fond/*Cross-country skiing* Langlaufschi
- Randonnée pédestre/*Rambling* Wanderwege
- Varappe/*Climbing*/Kletterwand
- Escalade/*Climbing*/Klettern
- Canoë/*Canoeing*/Kanoe
- Randonnée équestre/*Riding*/Reiten
- Équitation/*Horse Riding*/Sportreiten
- Remise en forme/*Health spa*/Fittness
- Tennis/*Tennis*/Tennis
- Tennis couvert/*Indoor tennis court* Hallentennis
- Golf/*Golf*/Golf
- Pêche/*Fishing*/Angeln
- Chasse/*Hunting*/Jagd
- Tir à l'arc/*Archery*/Bogenschießen
- Voile/*Sailing*/Segeln
- Planche à voile/*Windsurfing*/Surfing
- Sport nautique/*Watersports*/Wassersport
- Sport aérien/*Aerial sports*/Flugsport
- Plongée/*Diving*/Tauchen
- Vol à voile/*Gliding*/Gleitflug
- Parapente/*Paragliding*/Segelfliegen
- Deltaplane/*Hanggliding*/Deltaplan

- ULM/*Ultralight*/ULM
- Vol libre/*Sky diving*/Freiflug
- Montgolfière/*Hot air ballon*/Ballonflug
- Animaux refusés/*No pets* Haustiere verboten
- Forêt/*Forest*/Wald
- Dégustation de vin/*Wine tasting* Weinprobe
- Restaurant/*Restaurant*/Restaurant
- Commerces/*Shops*/Geschäfte
- Thermes/*Thermal bath*/Thermen
- Monument/*Monument*/Monument
- Musée/*Museum*/Museum
- Site historique/*Historical site* Geschichtl. Stätte
- Grottes/*Caves*/Grotten
- Cinéma/*Cinema*/Kino
- Mer/*Sea*/Meer
- Baignade/*Bathing outdoor*/Baden
- Base de loisirs/*Activities Centre*/ Freizeitplätze
- Lac/*Lake*/See
- Piscine/*Swimming pool*/Schwimmbad
- Piscine couverte/*Indoor swimming pool* Hallenbad
- Rivière/*River*/Fluß
- Plan d'eau/*Stretch of water*/Wasserfläche
- Plage/*Beach*/Strand
- Paris/*Paris*/Paris
- **TH** Tables d'hôtes/*Table d'Hôtes meals*/Gästetafel
- **A** Auberge/*Inn*/Herberge
- A la ferme/*On the Farm*/Auf dem Bauernhof
- **CM** Carte Michelin/*Michelin map*/Michelin karte

Carte France Télécom/*France Télécom Phonecard (subscribers only)*/Telefonkarte. France Télécom. Depuis les hébergements signalés par ce pictogramme, vous pouvez, si vous êtes titulaire d'une carte Télécom, téléphoner où vous le souhaitez. Le coût de la communication sera dès lors imputé directement sur votre facture France Télécom.

Pour chaque descriptif, le pictogramme est suivi de la distance en kilomètre (**SP = sur place**). *In each entry, the pictogram is followed by the distance in kilometres (**SP = on the premises**)* Bei jeder Beschreibung steht nach dem Piktogramm die Entfernung in Km (**SP : = am Ort**).

Pour signaler leur appartenance à notre réseau, tous nos propriétaires ont apposé le panonceau « Gîtes de France » avec le cartouche « Chambres d'hôtes ». *All members of our accommodation network display the « Gîtes de France » sign with the « Chambres d'hôtes » panel.* Um ihre Zugehörigkeit zu unserem Netz zu kennzeichnen haben alle Besitzer folgendes Schild « Gîtes de France » mit dem Zusatz « Chambre d'Hôtes ».

LA SIGNALISATION. — Sur votre itinéraire, vous pourrez rencontrer deux types de panneaux indiquant la proximité des Chambres d'Hôtes (ci-contre). Ces panneaux peuvent être complétés par des indications de direction, de distance ou de lieu-dit :

CHAMBRES D'HOTES

10

Avec les GITES DE FRANCE, ce sont des milliers d'adresses pour vos vacances, à la mer, à la montagne ou à la campagne, partout en France et dans les départements d'Outre-Mer disponibles sur le **3615 GITES DE FRANCE**.

Rapide et pratique, le **3615 GITES DE FRANCE** est à votre disposition 24h sur 24 , pour :

3615 GÎTES DE FRANCE
1,29 F / mn

● **OBTENIR** les adresses utiles et des informations pratiques.

● **CONSULTER** les descriptifs des hébergements GITES DE FRANCE.

● **COMMANDER** tous les guides.

● **RESERVER** dans de nombreux départements

● et **GAGNER VOS VACANCES** en participant à nos jeux-concours.

Un autre regard sur vos vacances !

LOCATION DE VEDETTES FLUVIALES
SANS PERMIS
DEMANDEZ LA NOUVELLE BROCHURE 95 à :
NICOLS - ROUTE DU PUY ST BONNET - 49300 CHOLET - TÉL. 41 56 46 56. FAX 41 56 46 47

Conformément à la jurisprudence constante «Toulouse, 14.01.1887», les erreurs ou omissions involontaires qui auraient pu subsister dans les cartes et le guide malgré les soins et les contrôles des équipes de rédaction et d'éxécution ne sauraient engager la responsabilité des Gîtes de France ou d'Infograph.

In accordance with the legislation in force (and in particular with the precedent referred to as «Toulouse 14.1.1887»), any unintentional errors or omissions which may appear in the maps and guide book, despite the efforts and checks made by the editorial and production staff, shall in no way incur the liability of Gîtes de France or Infograph.

Der standhaften Rechtswissenschaft «Toulouse, 14.01.1887» entsprechend, könnte für die noch unabsichtlichen Fehler oder Auslassungen, die in den Landkarten oder Reiseführern weiterbestehen trotz der bemühungen und der Nachprüfungen in der Ausarbeitung und Durchführung von den Mitarbeitern, die Verantwortung von Les Gîtes de France oder Infograph nicht übernommen werden.

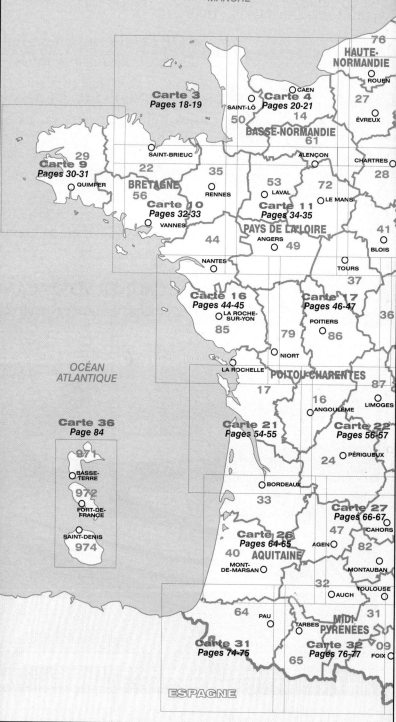

NORD-
PAS-DE-CALAIS
62
LILLE

Carte 1
Pages 14-15

Carte 2
Pages 16-17

ARRAS
59

80
AMIENS

BELGIQUE

LUXEMBOURG

02

CHARLEVILLE-
MÉZIÈRES
08

55

METZ
57

ALLEMAGNE

BEAUVAIS
60

PICARDIE

LAON

Carte 5
Pages 22-23

Carte 6
Pages 24-25

51

Carte 7
Pages 26-27

LORRAINE

Carte 8
Pages 28-29

67

78
95

PARIS

CHÂLONS-
SUR-MARNE

BAR-LE-DUC

NANCY
54

VERSAILLES

EVRY

77

CHAMPAGNE-
ARDENNE

STRASBOURG

ALSACE

91
MELUN

88

ÎLE-DE-
FRANCE

45

TROYES
10

52

CHAUMONT

ÉPINAL

68
COLMAR

ORLÉANS

Carte 13
Pages 38-39

Carte 14
Pages 40-41

70

Carte 15
Pages 42-43

90
BELFORT

Carte 12
Pages 36-37

AUXERRE
89

21

VESOUL

BESANÇON

CENTRE

18

58

DIJON

25

BOURGOGNE

FRANCHE-
COMTÉ

SUISSE

BOURGES

NEVERS

39

CHÂTEAUROUX

Carte 18
Pages 48-49

Carte 19
Pages 50-51

71

Carte 20
Pages 52-53

LONS-LE-
SAUNIER

03
MOULINS

MÂCON

BOURG-
EN-
BRESSE

74

GUÉRET

01

ANNECY

23

LIMOUSIN

CLERMONT-
FERRAND

63

42

69

LYON

CHAMBÉRY
73

19

RHÔNES-ALPES

SAINT-ÉTIENNE

38

Carte 23
Pages 58-59

Carte 25
Pages 62-63

TULLE

AUVERGNE

43

Carte 24
Pages 60-61

GRENOBLE

ITALIE

15

LE PUY-EN-VELAY

AURILLAC

07

VALENCE

05

46

48

26

PRIVAS

GAP

RODEZ

MENDE

Carte 28
Pages 68-69

Carte 29
Pages 70-71

04 **Carte 30**
Pages 72-73

12

30

AVIGNON

84

DIGNE-
LES-BAINS

06

ALBI
81

LANGUEDOC-
ROUSSILLON

NÎMES

PROVENCE-ALPES-
CÔTES D'AZUR-CORSE

NICE

MONTPELLIER

13

34

MARSEILLE

83

CARCASSONNE

11

Carte 33
Pages 78-79

Carte 34
Pages 80-81

TOULON

Carte 35
Pages 82-83

BASTIA

2B

PERPIGNAN

66

MER MÉDITERRANÉE

AJACCIO
2A

N

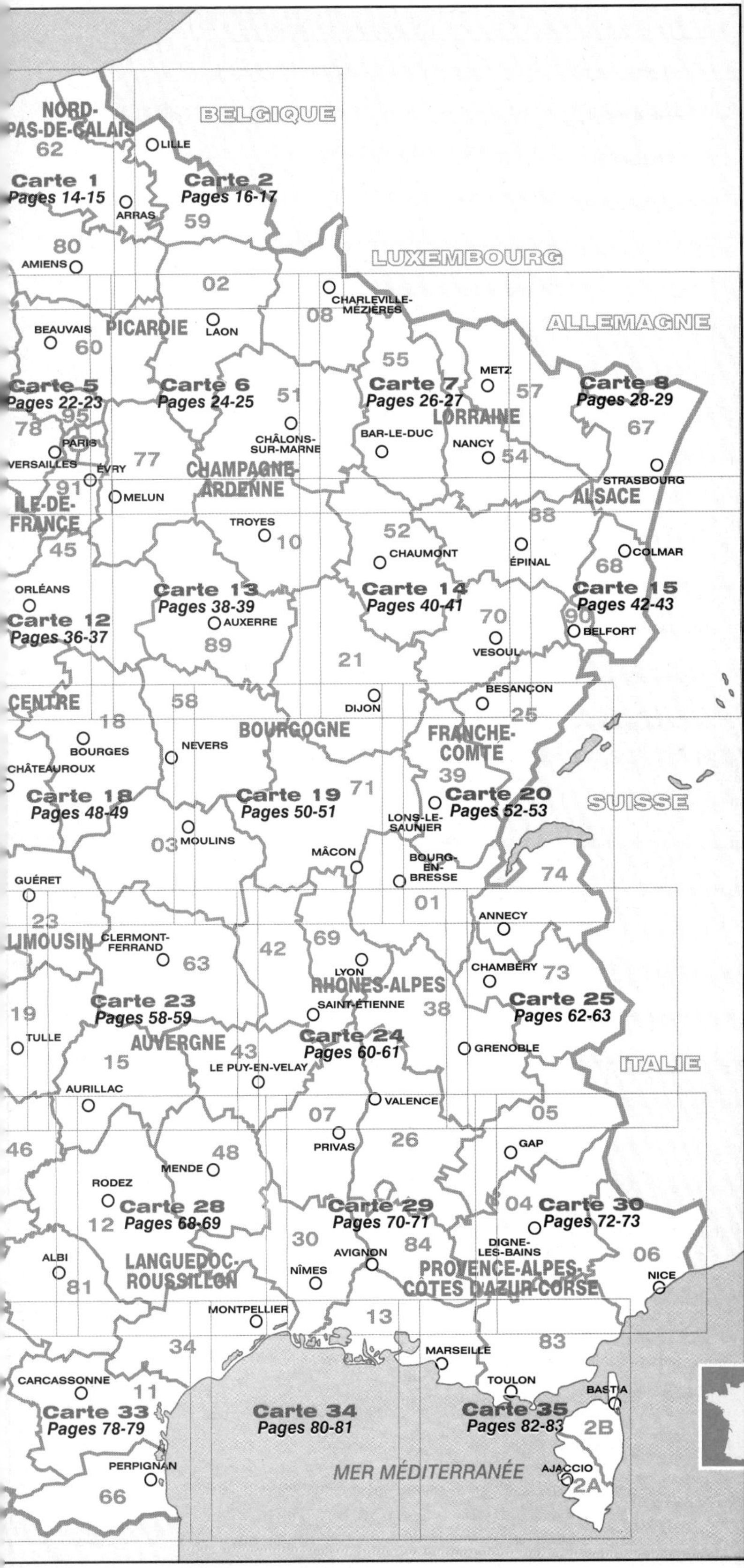

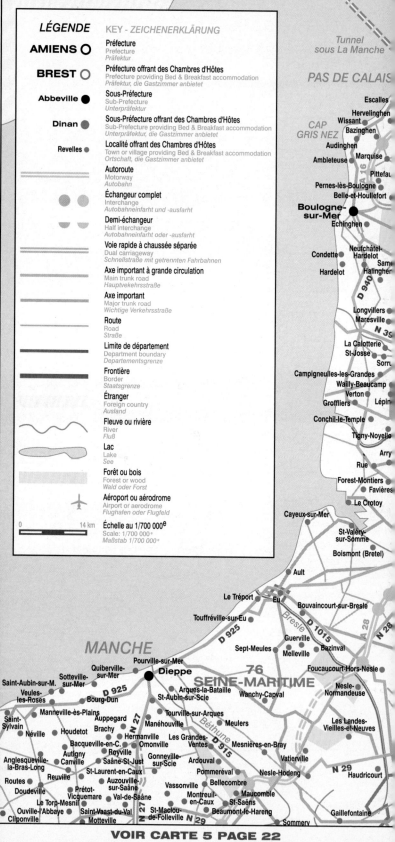

VOIR CARTE 5 PAGE 22

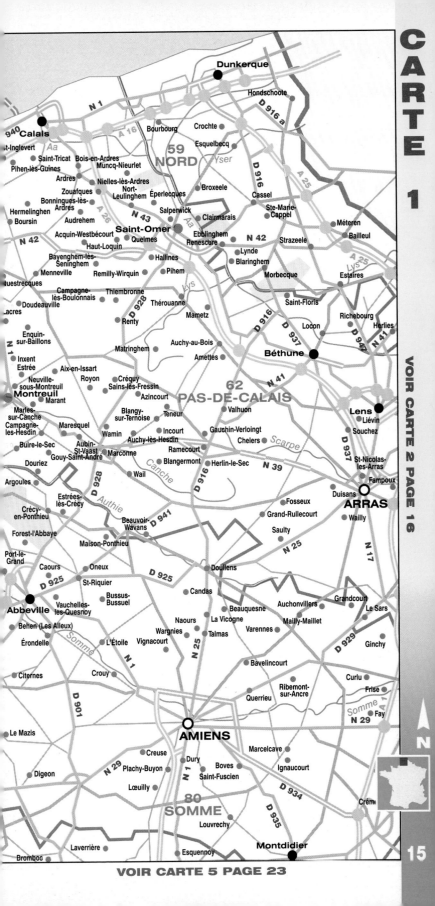

VOIR CARTE 1 PAGE 15

Création & Réalisation INFOGRAPH • 39.55.70.44 •

VOIR CARTE 6 PAGE 24

BELGIQUE

N 2

● Maubeuge

● Solre-le-Château

● Felleries

Grand-
● Fayt

● Avesnes-
sur-Helpe

● Baives

● Vireux-Wallerand

N 2

N 43

● La Capelle

D 1

● Sorbais

Oise

D 963

N 43

● Landouzy-la-Ville

● La Neuville-lez-Beaulieu

● Tournavaux

● Vervins

D 966

N 43

● Bosseval-et-Bri

○ Meuse
CHARLEV
-MÉZIÈ

● Donchery

D 977

Touligny ●

N 51

● Villers-sur-le-Mont

● Wasigny

N

17

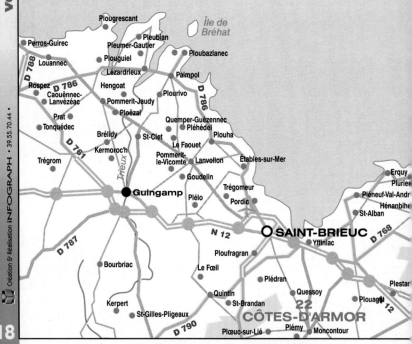

Île de Guernesey

MANCHE

Île de Bréhat

Ploûgrescant
Perros-Guirec
Pleubian
Pleumer-Gautier
Louannec
Plouguiel
Ploubazlanec
D 788
Rospez
D 786
Lézardrieux
Paimpol
Caouënnec-Lanvézéac
Hengoat
Pommerit-Jaudy
Plourivo
D 786
Prat
Ploëzal
Tonquédec
Quemper-Guézennec
Brélidy
Pléhédel
St-Clet
Plouha
Kermoroc'h
Le Faouet
Trégrom
Pommerit-le-Vicomte
Lanvollon
Étables-sur-Mer
Trieux
Goudelin
Erquy
Plurien
Guingamp
Plélo
Trégomeur
Pléneuf-Val-Andr
Pordic
Hénanbihe
St-Alban
D 761
SAINT-BRIEUC
D 768
N 12
Yffiniac
D 787
Ploufragran
Plestar
Bourbriac
Le Fœil
Plédran
Plouag
12
Quintin
Quessoy
Kerpert
St-Brandan
St-Gilles-Pligeaux
22
CÔTES-D'ARMOR
D 790
Plœuc-sur-Lié
Plémy
Moncontour

Création & Réalisation INFOGRAPH • 39.55.70.44 •

18

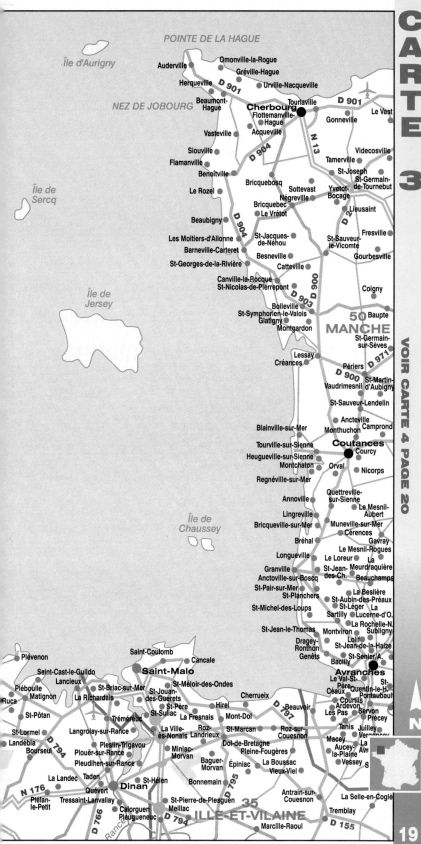

POINTE DE LA HAGUE

Île d'Aurigny

Auderville
Omonville-la-Rogue
Gréville-Hague
Herqueville
Urville-Nacqueville
D 901

NEZ DE JOBOURG
Beaumont-Hague
Cherbourg
Tourlaville
D 901
Flottemanville-Hague
Le Vast
Gonneville

Vasteville
Acqueville
N 13

Siouville
Videcosville
Flamanville
Tamerville
D 904
St-Joseph
Benoîtville
St-Germain-de-Tournebut
Le Rozel
Bricquebosq
Sottevast
Yvetot-Bocage
Négreville
Bricquebec
Lieusaint
Le Vrétot
D 2
Beaubigny
St-Jacques-de-Néhou
Fresville
Les Moitiers-d'Allonne
D 904
St-Sauveur-le-Vicomte
Barneville-Carteret
Besneville
Gourbesville
St-Georges-de-la-Rivière
Catteville

Île de Sercq

Île de Jersey

Canville-la-Rocque
St-Nicolas-de-Pierrepont
Coigny
D 900
D 903
Bolleville
St-Symphorien-le-Valois
50 Baupte
Glatigny
MANCHE
Montgardon
St-Germain-sur-Sèves

Lessay
Périers
D 971
Créances
D 900
St-Martin-Vaudrimesnil
d'Aubigny

St-Sauveur-Lendelin

Ancteville
Camprond
Blainville-sur-Mer
Monthuchon
Tourville-sur-Sienne
Coutances
Courcy
Heugueville-sur-Sienne
Montchaton
Orval
Nicorps
Regnéville-sur-Mer

Île de Chaussey

Quettreville-sur-Sienne
Annoville
Le Mesnil-Aubert
Lingreville
Muneville-sur-Mer
Bricqueville-sur-Mer
Cérences
Bréhal
Gavray
Le Mesnil-Rogues
Longueville
Le Loreur
La Meurdraquière
Granville
St-Jean-des-Ch.
Anctoville-sur-Boscq
Beauchamps
St-Pair-sur-Mer
St-Planchers
La Beslière
St-Aubin-des-Préaux
St-Michel-des-Loups
St-Léger
La Lucerne-d'O.
Sartilly
La Rochelle-N.
St-Jean-le-Thomas
Montviron
Subligny
Dragey-Ronthon
Lolif
Genêts
St-Jean-de-la-Haize
St-Senier/A.
Bacilly
Avranches
Le Val-St-
St-
Père
Quentin-le-H.
Céaux
Pontaubault
Courtils
Ardevon
Servon
Beauvoir
Les Pas
Précey
D 797
Tanis
Juilley
Vergoncey
Macey
La
Aucey-
Avr.
la-Plaine
Vessey

Plévenon
Saint-Coulomb
Cancale
Saint-Cast-le-Guildo
Lancieux
Saint-Malo
St-Méloir-des-Ondes
Pléboulle
Matignon
St-Briac-sur-Mer
St-Jouan-des-Guérets
Cherrueix
Ruca
La Richardais
St-Père
Hirel
Mont-Dol
Beauvoir
St-Pôtan
Tréméreuc
St-Suliac
La Fresnais
D 797
Langrolay-sur-Rance
Roz-Landrieux
St-Marcan
Roz-sur-Couesnon
St-Lormel
La Ville-ès-Nonais
Landébia
Pleslin-Trigavou
Dol-de-Bretagne
Bourseul
D 794
Plouër-sur-Rance
Miniac-Morvan
Pleine-Fougères
Pleudihen-sur-Rance
Baguer-Morvan
Épiniac
La Boussac
Vieux-Viel
La Landec
Taden
St-Hélen
Bonnemain
N 176
Quévert
Dinan
Antrain-sur-Couesnon
La Selle-en-Coglès
Pléian-le-Petit
Tressaint-Lanvallay
St-Pierre-de-Plesguen
D 795
Calorguen
Meillac
Tremblay
Pleuguéneuc
D 794
ILLE-ET-VILAINE
35
D 155
Marcillé-Raoul

VOIR CARTE 10 PAGE 33

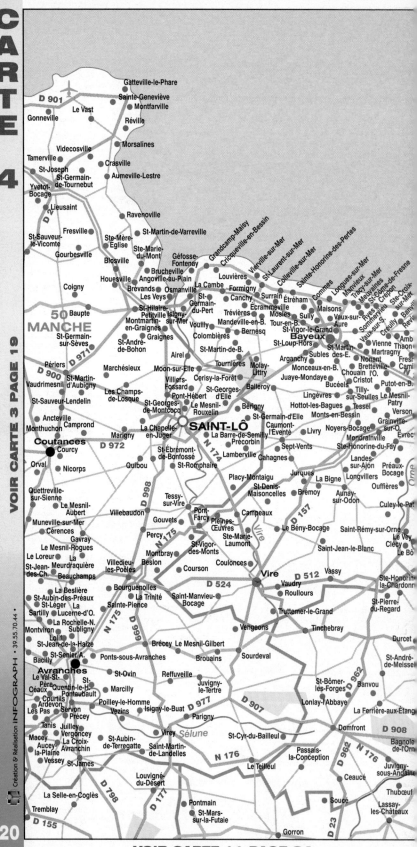

Création & Réalisation iNFOGRAPH • 39.55.70.44 •

VOIR CARTE 3 PAGE 19

D 901
Gatteville-le-Phare
Le Vast
Gonneville
Sainte-Geneviève
Montfarville
Réville
Videcosville
Morsalines
Tamerville
St-Joseph
Crasville
St-Germain-
de-Tournebut
Aumeville-Lestre
Yvetot-
Bocage
Lieusaint
St-Sauveur-
le-Vicomte
Fresville
Ravenoville
Gourbesville
Ste-Mère-
Eglise
St-Martin-de-Varreville
Coigny
Blosville
Ste-Marie-
du-Mont
Géfosse-
Fontenay
Grandcamp-Maisy
Cricqueville-en-Bessin
Vierville-sur-Mer
St-Laurent-sur-Mer
Sainte-Honorine-des-Pertes
50
MANCHE
Baupte
Houesville
Bruscheville
Angoville-au-Plain
Louvières
Colleville-sur-Mer
Longues-sur-Mer
Manvieux
Rives-sur-Mer
Ste-Croix
St-Côme-de-Fresne
Tracy-sur-Mer
Meuvaines
Crépon
Brévands
Osmanville
La Cambe
Formigny
Surrain
Commes
Sommervieu
Banvi
St-Germain-
sur-Sèves
Les Veys
St-
Germain-
du-Pert
Canchy
Ecrammeville
Étréham
Maisons
Vaux-sur-Aure
Creully
Rev
St-Hilaire-
Petitville
Isigny-
sur-Mer
Trévières
Mosles
Sully
Vaux-sur-
Aure
St-André-
de-Bohon
Montmartin-
en-Graignes
Voullly
Mandeville-en-B.
Bernesq
St-Vigor-le-Grand
Vienne
Amb
Thaon
Périers
Graignes
Colombières
Bayeux
St-Loup-Hors
St-Martin-
des-E.
Martragny
Fresi
Marchésieux
Airel
St-Martin-de-B.
Arganchy
Subles
Nonant
Cami
Les Champs-
de-Losque
Moon-sur-Elle
Tournières
Molay-
Littry
Monceaux-en-B.
Chouain l'O.
Cristot
Putot-en-B.
St-Martin-
d'Aubigny
Villiers-
Fossard
Cerisy-la-Forêt
Juaye-Mondaye
Bucéels
Tilly-
sur-Seulles
Le Mesnil-
Patry
St-Sauveur-Lendelin
St-Georges-
d'Elle
Baileroy
Hottot-les-Bagues
Tessel
Verson
Ancteville
St-Georges-
de-Montcocq
Pont-Hébert
Le Mesnil-
Rouxelin
Bérigny
Monts-en-Bessin
Grainville-
sur-O.
Monthuchon
Camprond
St-Germain-d'Elle
Caumont-
l'Éventé
Livry
Noyers-Bocage
Evrec
Coutances
Marigny
La Chapelle-
en-Juger
SAINT-LÔ
La Barre-de-Semilly
Ste-Honorine-du-Fay
Courcy
D 972
St-Ébremont-
de-Bonfossé
Précorbin
Sept-Vents
Orval
Nicorps
Quibou
St-Romphaire
D 174
Lamberville
Cahagnes
Landes-
sur-Ajon
Préaux-
Bocage
Quettreville-
sur-Sienne
Placy-Montaigu
Jurques
La Bigne
Longvillers
Le Mesnil-
Aubert
Tessy-
sur-Vire
St-Denis-
Maisoncelles
Brémoy
Aunay-
sur-Odon
Ouffières
Muneville-sur-Mer
Villebaudon
Gouvets
Pont-
Farcy
Campeaux
Culey-le-Pat
Cérences
Percy
Pleines-
Œuvres
Le Bény-Bocage
Saint-Rémy-sur-Orne
Le Mesnil-Rogues
Gavray
St-Vigor-
des-Monts
Ste-Marie-
Laumont
Le Vey
Clécy
Le Loreur
La
Meurdraquière
Montbray
Coulonces
Saint-Jean-le-Blanc
Le Bô
St-Jean-
des-Ch.
Beauchamps
Villedieu-
les-Poêles
Beslon
Courson
Vire
D 512
Vassy
La Beslière
Bourguenolles
La Trinité
Saint-Manvieu-
Bocage
D 524
Vaudry
Ste-Honorine-
la-Chardonn
St-Aubin-des-Préaux
St-Léger
Sainte-Pience
Roullours
La Lucerne-d'O.
Sartilly
La Rochelle-N.
Subligny
Truttemer-le-Grand
St-Pierre-
du-Regard
Montviron
Lolif
Vengeons
Tinchebray
St-Jean-de-la-Haize
Brécey
Le Mesnil-Gilbert
Durcet
Bacilly
St-Senier A.
Ponts-sous-Avranches
Brouains
Sourdeval
Avranches
St-Ovin
Reffuveille
St-André-
de-Meissel
Le Val-St-
Père
St-
Quentin-le-H.
Pontaubault
Juvigny-
le-Tertre
Céaux
Courtils
Marcilly
St-Bômer-
les-Forges
Banvou
Ardevon
Servon
Poilley-le-Homme
Les Pas
Précey
Vezins
Isigny-le-Buat
D 977
Lonlay-l'Abbaye
La Ferrière-aux-Étang
Tanis
Julley
Parigny
Macey
Vergoncey
La Croix-
Avranchin
Virey
Sélune
St-Cyr-du-Bailleul
Domfront
D 908
Aucey-
la-Plaine
St-Aubin-
de-Terregatte
Saint-Martin-
de-Landelles
Bagnole-
de-l'Orn
Vessey
St-James
N 176
Passais-
la-Conception
Juvigny-
sous-Andaine
La Selle-en-Coglès
Louvigné-
du-Désert
Le Teilleul
Ceaucé
Thubœuf
Tremblay
Pontmain
St-Mars-
sur-la-Futaie
Soucé
Lassay-
les-Châteaux
D 155
Gorron

MANCHE

St-Martin-aux-Buneaux
Palue
Butot-Vénesville
Sassetot-le-M.
Eletot Canouville
Senneville-sur-Fécamp
Angerville-la-M.
Ouainville
Valmont
Criquebeuf-en-Caux
Contremoulins-la-Vallée
Riville
Maniquerville
Thiétreville
Les Loges
Tourville
Sainte-Marguerite-sur-F.
Sausseuzemare
Tocqueville
Le Tilleul
Villainville
Bretteville
Bec-de-M.
Angerville-B.
La Poterie-Cap-d'Antifer
Écrainville
Fauville-en-Caux
Criquetot-l'Esneval
Goderville
Auzouville-Auberbosc
Turretot
St-Sauveur-d'É.
Rouville
Foucart
St-Martin-du-Bec
Vergetot
Manneville
Épouville
Fontenay
Sainneville
Octeville-sur-Mer
St-Laurent-de-Brévedent
Les Trois-Pierres
Fontaine-la-Mallet
St-Aubin-Routot
Le Havre

Berville-sur-Mer

Ste-Opportune-la-Mare
Vasouy
La Rivière-St-Sauveur
St-Pierre-du-V.
Pennedepie
Bourneville
Équemauville
Fatouville-G.
Conteville
St-Ouen-des-Champs
Gonneville-sur-H.
Ablon
St-Maclou
Fourmetot
Bonneville-sur-T.
St-Gatien-des-Bois
Figuefleur-Equainville
Étréville-en-Roumois
Blonville-sur-Mer
Tourgéville
Genneville
Beuzeville
Pont-Audemer
Villers-sur-Mer
St-Étienne-la-T.
Surville
Tricqueville
Les Préaux
Campigny
Gonneville-sur-Mer
Glanville
Martainville
Beaumont
Les Authieux-sur-Calonne
Saint-Philbert-sur-Risle
Bréville-les-Monts
Douville Branville
Reux
Bonneville-la-Louvet
Amfreville
Pont-l'Évêque
St-Grégoire-du-Vièvre
Grangues
Bourgeauville
Pierrefitte-en-Auge
Blangy-le-Château
Mathieu
Cricqueville-en-A.
Cresseveuille
Annebault
St-Victor-d'Épine
Biéville-Beuville
Robehomme
Cresseveuille
Saint-Hymer
Le Ham
St-Léger-Dubosq
Ciarbec
Le Breuil-en-Auge
Bures-sur-D.
St-Aubin-L.
Le Torquesne
CAEN
Beuvron
Bonnebosq
EURE
Louvigny
Sannerville
Troarn
Rumesnil
Montreuil
Formentin
Fauguernon
Maltot
Méry-Corbon
Léaupartie
La Roque-Baignard
Manerbe
Thiberville
Bellengreville
Cambremer
Lisieux
Marolles
Argences
Notre-Dame-d'E.
St-Laurent-du-M.
Bournainville-Faverolles
Chicheboville
Notre-Dame-de-L.
La Boissière
Beuvillers
Glos
Rocquancourt
Montille
Bernay
Biéville-Quétiéville
Saint-Pierre-de-Mailloc
St-Germain-la-Campagne
Bretteville-sur-Laize
Mézidon-Canon
Grainville-Langannerie
Bretteville-sur-Dives
Vieux-Pont-en-Auge
Capelle-les-Grands
CALVADOS
Berville-l'Oudon
Mittois
Montviette
Orbec
Vendeuvre
Heurtevent
Ferrières-St-Hilaire
Fontaine-le-Pin
Tortisambert
Lisores
Bernières-d'Ailly
St-Germain-de-Montgommery
Morteaux-Coulibœuf
Versainville
Crouttes
Chambord
Falaise
Villy-lez-Falaise
Les Moutiers-en-Auge
Le Sap
Glos-la-Ferrière
Pont-d'Ouilly
Fresné-la-Mère
Pertheville-Ners
Juignettes
La Hoguette
Vignats
Survie
La Ferté-Frênel
Saint-Symphorien-des-Bruyères
Les Rotours
Argentan-Occagnes
Saint-Evroult-de-Montfort
La Fresnaye-au-Sauvage
Aubry-en-Exmes
Chambois
Gacé
Villebadin
Argentan
Croisilles
L'Aigle
Écouché
Ginai
Argentan-Urou-et-Crennes
St-Ouen-sur-Maire
Joué-du-Plain
Sainte-Gauburge-Sainte-Colombe
Briouze
Faverolles
Tanques
La Ferrière-au-Doyen
Avoine
Saint-Christophe-le-Jajolet
Beauvain
Orne
Magny-le-Désert
ORNE
Montchevrel
St-Aubin-d'Appenai
Boëcé
Vingt-Hanaps
Lignières-Orgères
Le Mêle-sur-Sarthe
Lalacelle
Larré
Barville
Mortagne-au-Perche
Mayenne
Alençon-Valframbert
St-Jouin-de-Blavou
Courgeon
Condé-sur-Sarthe
ALENÇON
Sarthe

VOIR CARTE 1 PAGE 14

CARTE 5

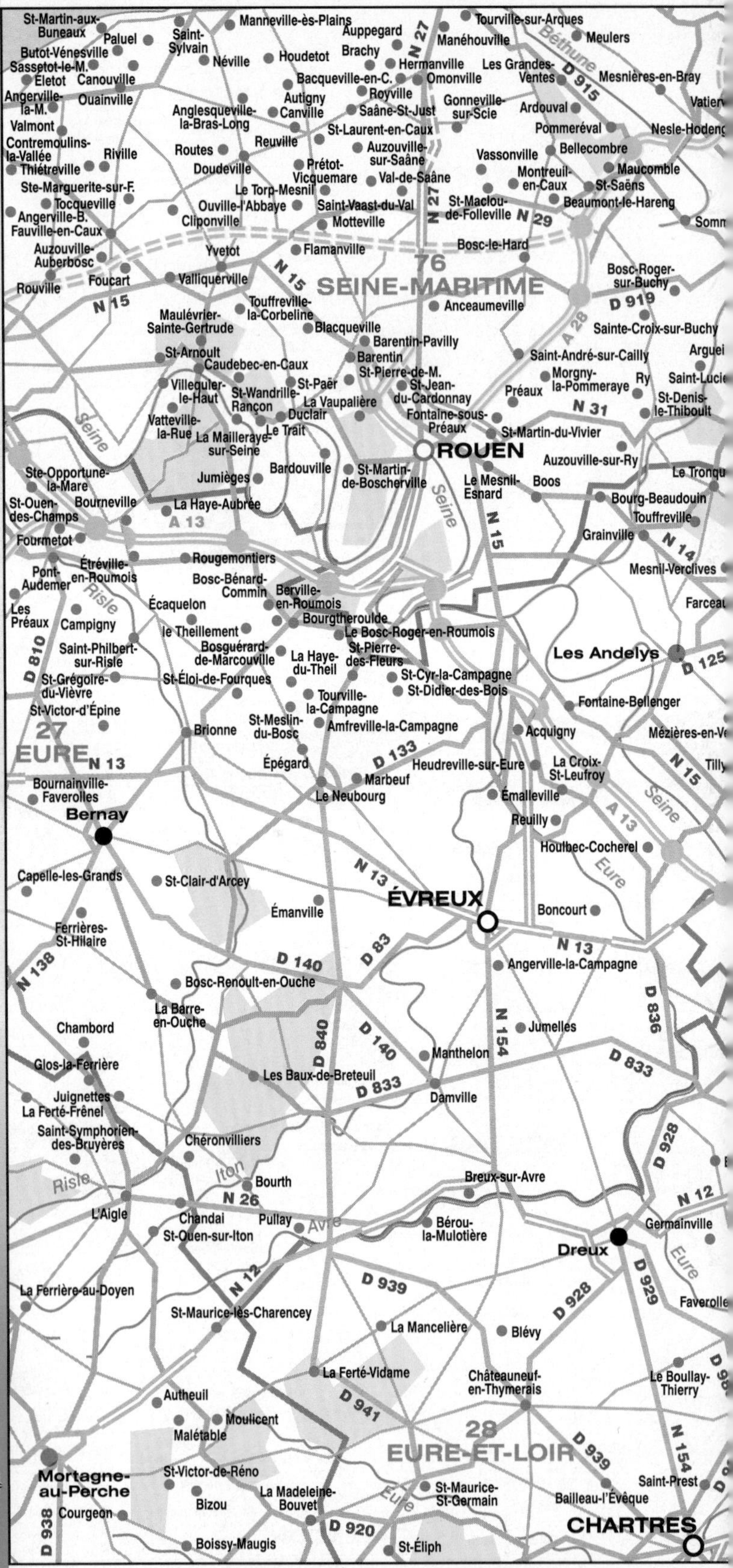
St-Martin-aux-Buneaux
Paluel
Saint-Sylvain
Manneville-ès-Plains
Auppegard
N 27
Tourville-sur-Arques
Manéhouville
Meulers
Béthune
Butot-Vénesville
Sassetot-le-M.
Eletot
Canouville
Néville
Houdetot
Brachy
Hermanville
Les Grandes-Ventes
D 915
Mesnières-en-Bray
Bacqueville-en-C.
Omonville
Angerville-la-M.
Ouainville
Autigny
Royville
Vatierville
Anglesqueville-la-Bras-Long
Canville
Saâne-St-Just
Gonneville-sur-Scie
Ardouval
Valmont
St-Laurent-en-Caux
Pommeréval
Nesle-Hodeng
Contremoulins-la-Vallée
Riville
Reuville
Auzouville-sur-Saâne
Routes
Vassonville
Bellecombre
Thiétreville
Doudeville
Prétot-Vicquemare
Montreuil-en-Caux
Maucomble
Ste-Marguerite-sur-F.
Le Torp-Mesnil
Val-de-Saâne
St-Saëns
Tocqueville
Ouville-l'Abbaye
Saint-Vaast-du-Val
St-Maclou-de-Folleville
Beaumont-le-Hareng
Angerville-B.
Cliponville
Motteville
N 29
Fauville-en-Caux
Sommery
Auzouville-Auberbosc
Yvetot
Flamanville
Bosc-le-Hard
76
Rouville
Foucart
Valliquerville
N 15
SEINE-MARITIME
Bosc-Roger-sur-Buchy
N 15
Touffreville-la-Corbeline
Anceaumeville
D 919
Maulévrier-Sainte-Gertrude
Blacqueville
A 28
Sainte-Croix-sur-Buchy
Barentin-Pavilly
St-Arnoult
Barentin
Saint-André-sur-Cailly
Argueil
Caudebec-en-Caux
St-Pierre-de-M.
Morgny-la-Pommeraye
Ry
Saint-Lucien
Villequier-le-Haut
St-Wandrille-Rançon
St-Paër
St-Jean-du-Cardonnay
Préaux
St-Denis-le-Thiboult
La Vaupalière
N 31
Duclair
Fontaine-sous-Préaux
Vatteville-la-Rue
Le Trait
St-Martin-du-Vivier
Seine
La Mailleraye-sur-Seine
ROUEN
Auzouville-sur-Ry
Bardouville
Ste-Opportune-la-Mare
Jumièges
St-Martin-de-Boscherville
Le Mesnil-Esnard
Boos
Le Tronquay
Seine
St-Ouen-des-Champs
Bourneville
La Haye-Aubrée
Bourg-Beaudouin
N 15
A 13
Touffreville
Fourmetot
Grainville
N 14
Étréville-en-Roumois
Rougemontiers
Pont-Audemer
Bosc-Bénard-Commin
Mesnil-Verclives
Risle
Berville-en-Roumois
Les Préaux
Écaquelon
Farceaux
Campigny
Bourgtheroulde
le Theillement
Le Bosc-Roger-en-Roumois
D 810
Saint-Philbert-sur-Risle
Bosguérard-de-Marcouville
La Haye-du-Theil
St-Pierre-des-Fleurs
Les Andelys
D 125
St-Grégoire-du-Vièvre
St-Éloi-de-Fourques
St-Cyr-la-Campagne
St-Didier-des-Bois
St-Victor-d'Épine
Tourville-la-Campagne
Fontaine-Bellenger
27
St-Meslin-du-Bosc
Amfreville-la-Campagne
Brionne
Acquigny
Mézières-en-Vexin
EURE
N 13
D 133
Heudreville-sur-Eure
La Croix-St-Leufroy
Tilly
Épégard
N 15
Bournainville-Faverolles
Marbeuf
Le Neubourg
Émalleville
Seine
Bernay
A 13
Reuilly
Houlbec-Cocherel
Eure
Capelle-les-Grands
St-Clair-d'Arcey
N 13
ÉVREUX
Émanville
Boncourt
Ferrières-St-Hilaire
N 13
D 83
N 138
D 140
Angerville-la-Campagne
D 836
Bosc-Renoult-en-Ouche
La Barre-en-Ouche
N 154
Chambord
D 840
D 140
Jumelles
Manthelon
D 833
Glos-la-Ferrière
Les Baux-de-Breteuil
D 833
Juignettes
Damville
La Ferté-Frênel
Saint-Symphorien-des-Bruyères
Chéronvilliers
D 928
Iton
Risle
Bourth
Breux-sur-Avre
N 26
N 12
L'Aigle
Chandai
Pullay
Avre
Bérou-la-Mulotière
Germainville
St-Ouen-sur-Iton
Dreux
Eure
N 12
D 939
D 928
D 929
La Ferrière-au-Doyen
Faverolles
St-Maurice-lès-Charencey
La Mancelière
Blévy
La Ferté-Vidame
Châteauneuf-en-Thymerais
Le Boullay-Thierry
Autheuil
D 941
28
Moulicent
Malétable
EURE-ET-LOIR
D 939
N 154
Mortagne-au-Perche
St-Victor-de-Réno
St-Maurice-St-Germain
Saint-Prest
La Madeleine-Bouvet
Bizou
Eure
Bailleau-l'Évêque
D 938
Courgeon
D 920
CHARTRES
Boissy-Maugis
St-Éliph

VOIR CARTE 12 PAGE 36

VOIR CARTE 4 PAGE 21

Création & Réalisation INFOGRAPH • 39.55.70.44 •

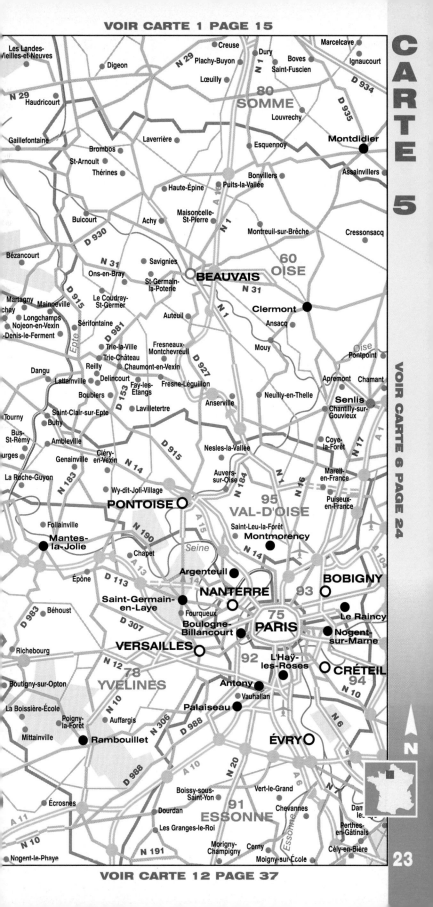

CARTE 5

VOIR CARTE 6 PAGE 24

CARTE 6

Création & Réalisation INFOGRAPH • 39.55.70.44 •

VOIR CARTE 5 PAGE 23

24

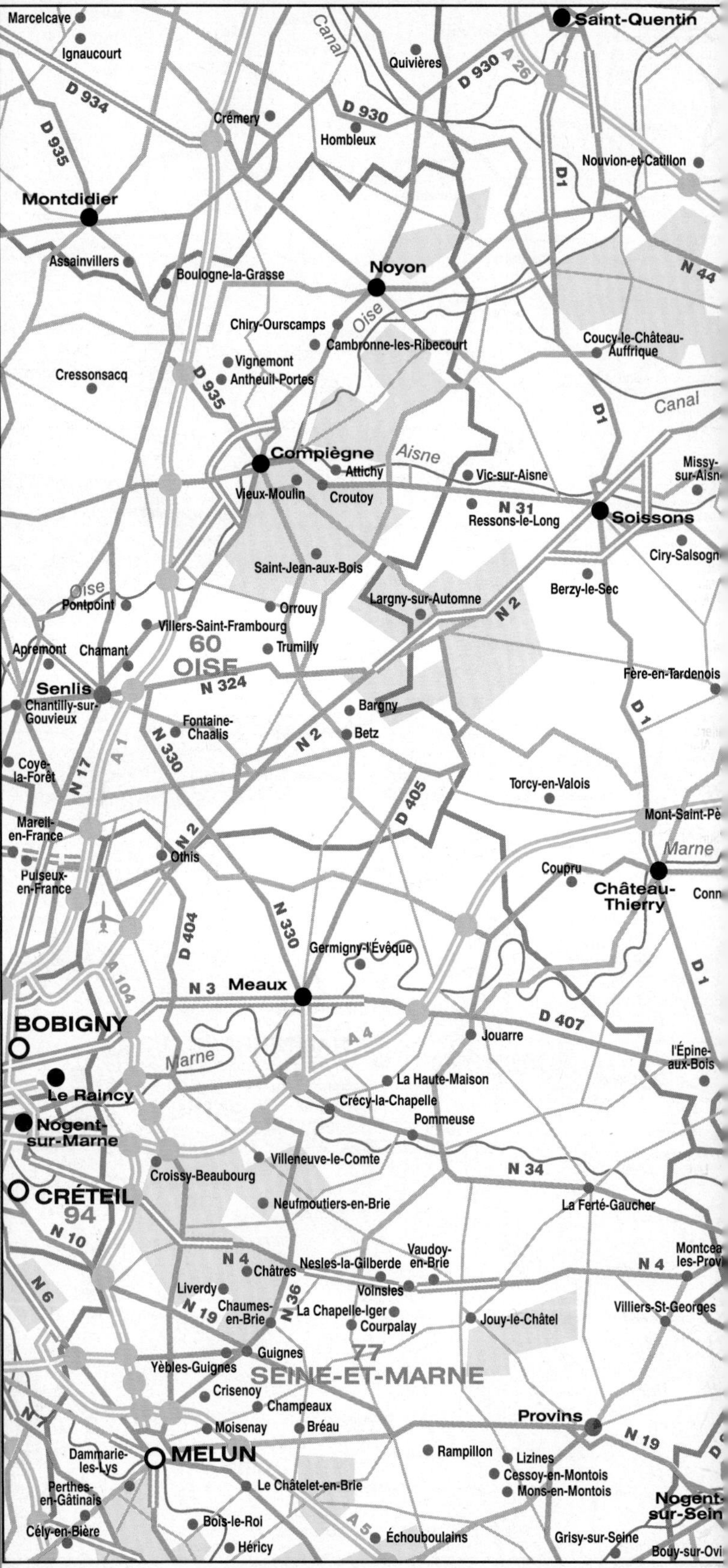

Marcelcave
Ignaucourt
Quivières
Saint-Quentin
D 934
D 930
A 26
Crémery
D 930
D 935
Hombleux
Nouvion-et-Catillon
D 1
Montdidier
N 44
Assainvillers
Boulogne-la-Grasse
Noyon
Oise
Chiry-Ourscamps
Cambronne-les-Ribecourt
Coucy-le-Château-Auffrique
Vignemont
Antheuil-Portes
Cressonsacq
D 935
Canal
D 1
Compiègne
Aisne
Missy-sur-Aisne
Attichy
Vic-sur-Aisne
Vieux-Moulin
Croutoy
N 31
Soissons
Ressons-le-Long
Ciry-Salsogn
Saint-Jean-aux-Bois
Berzy-le-Sec
Oise
Largny-sur-Automne
N 2
Pontpoint
Orrouy
Villers-Saint-Frambourg
Apremont Chamant
60
Trumilly
Fère-en-Tardenois
OISE
N 324
D 1
Senlis
Chantilly-sur-Gouvieux
Bargny
Fontaine-Chaalis
Betz
N 17
A 1
N 330
N 2
Coye-la-Forêt
Torcy-en-Valois
Mont-Saint-Pè
Mareil-en-France
Marne
D 405
Puiseux-en-France
Coupru
Château-Thierry
Conn
Othis
N 330
D 404
A 104
Germigny-l'Évêque
D 1
A 4
N 3
Meaux
BOBIGNY
Marne
Jouarre
D 407
Le Raincy
La Haute-Maison
l'Épine-aux-Bois
Nogent-sur-Marne
Crécy-la-Chapelle
Pommeuse
Croissy-Beaubourg
Villeneuve-le-Comte
N 34
CRÉTEIL
Neufmoutiers-en-Brie
94
N 10
La Ferté-Gaucher
N 6
N 4
Vaudoy-en-Brie
Montcea-les-Provi
Châtres
Nesles-la-Gilberde
N 4
Liverdy
N 19
N 36
Voinsles
Villiers-St-Georges
Chaumes-en-Brie
La Chapelle-Iger
N 7
Courpalay
Jouy-le-Châtel
Guignes
77
Yèbles-Guignes
SEINE-ET-MARNE
Crisenoy
Champeaux
Provins
Moisenay
Bréau
N 19
MELUN
Rampillon
Lizines
Dammarie-les-Lys
Cessoy-en-Montois
Mons-en-Montois
Perthes-en-Gâtinais
Le Châtelet-en-Brie
Nogent-sur-Sein
Cély-en-Bière
Bois-le-Roi
A 5
Échouboulains
Grisy-sur-Seine
Bouy-sur-Ovi
Héricy

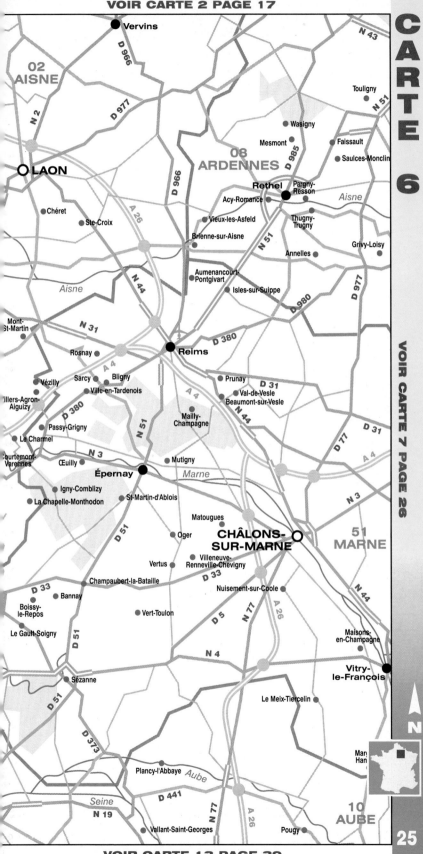

Création & réalisation iNFOGRAPH • 39.55.70.44 •

BELGIQUE

Bosseval-et-Briancourt

Meuse
**CHARLEVILLE
-MÉZIÈRES**

● **Sedan**

Touligny

Donchery

N 51

Villers-sur-le-Mont

N 43

D 964

Faissault

Saulces-Monclin

**08
ARDENNES**

Chémery-sur-Bar

Mouzon

D 981

Aisne

D 977

Neuville-Day

D 947

N 43

Grivy-Loisy

D 905

Bayonville

Meuse

● **Vouziers**

Champigneulle

D 946

Doulcon

Écurey-
en-Verdunois

D 977

Grandpré

Termes

Dannevoux

Consenvoye

D 964

Aisne

Berzieux

Le Claon

● **Verdun**

D 31

La Vignette
(Les Islettes)

**Sainte-
Menehould**

N 3

A 4

D 77

A 4

Ancemont

Meuse

D 964

N 3

D 934

Nubécourt

Thillombois

**51
MARNE**

Les Charmontois

**55
MEUSE**

Rembercourt-aux-Pots

N 35

N 44

D 994

Maisons-
en-Champagne

BAR-LE-DUC

Domrémy-aux-Bois

**Vitry-
le-François**

N 4

N 135

Canal de la Marne

Saint-Dizier

N 4

Ambrières

St-Rémy-
en-Bouzemont

Marne

Margerie-
Hancourt

D 384

Droyes

**10
AUBE**

Longeville-
sur-la-Laines

D 400

**52
HAUTE-MARNE**

D 960

Thonnance-
lès-Joinville

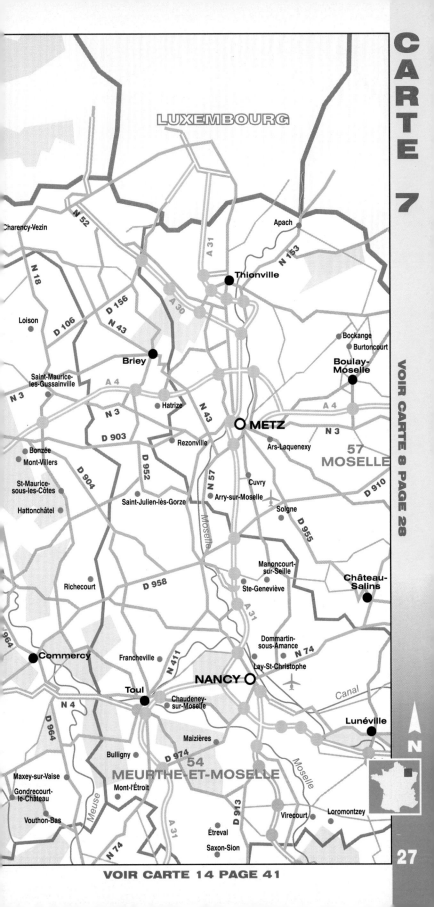

VOIR CARTE 14 PAGE 41

LUXEMBOURG

Charency-Vezin

N 52

Apach

N 153

A 31

A 30

Thionville

N 18

D 156

Loison

D 106

N 43

Bockange

Burtoncourt

Briey

Boulay-
Moselle

Saint-Maurice-
les-Gussainville

A 4

N 3

N 3

Hatrize

N 43

A 4

METZ

N 3

57
MOSELLE

Rezonville

Ars-Laquenexy

D 903

Bonzée

Mont-Villers

D 904

D 952

N 57

Cuvry

D 910

St-Maurice-
sous-les-Côtes

Saint-Julien-lès-Gorze

Arry-sur-Moselle

Hattonchâtel

Solgne

Moselle

D 955

Manoncourt-
sur-Seille

Richecourt

D 958

Ste-Geneviève

Château-
Salins

964

A 31

Dommartin-
sous-Amance

N 74

Commercy

Francheville

N 411

Lay-St-Christophe

NANCY

Canal

Toul

Chaudeney-
sur-Moselle

Lunéville

N 4

Maizières

D 964

Bulligny

D 974

54

Moselle

MEURTHE-ET-MOSELLE

Maxey-sur-Vaise

Mont-l'Étroit

Gondrecourt-
le-Château

Meuse

D 913

Virecourt

Loromontzey

Vouthon-Bas

A 31

Étreval

N 74

Saxon-Sion

N

VOIR CARTE 7 PAGE 27

Création & Réalisation iNFOGRAPH • 39.55.70.44 •

Bockange
Burtoncourt
Boulay-Moselle
Falck
N 33
Forbach

A 32
Volmunst
N 410
Epping
Sarregemines
Gros-Réderching
Rohrbach-les-Bitche
A 4
N 3
N 56
Rahling
57
MOSELLE
N 74
D 910
Wingen-sur-Moder
Frohmuhl
Wimmenau
N 61
Erckartswil
Adamswiller
Rodalbe
Wolfskirchen
Lidrezing
Château-Salins
Vilsberg
A 4
Sarre
Steinbour
Saverne
Assenoncourt
D 955
Sarrebourg
Canal
Réchicourt-la-Petite
Troisfontaines
Cosswille
Canal
Avricourt
Walscheid
N 4
Wangenbourg-Engenthal
Cirey-sur-Vezouze
Lunéville
Oberhasla
N 4
D 392
Herbéviller
54
MEURTHE-ET-MOSELLE
Badonviller
Bionville
Grandfontaine
Klingenth
Schirmeck-Wackenbach
Azerailles
Loromontzey
Bellefosse
Le Hohwald
Meurthe
Bourg-Bruche
Ranrupt
Reichsf
N 420
Villé
D 424
Maisonsgoutte
Hohwarth

VOIR CARTE 15 PAGE 42

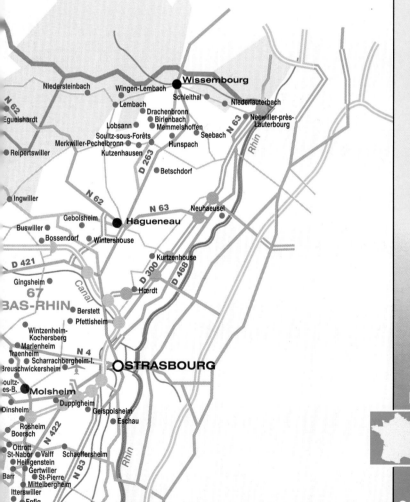

ALLEMAGNE

Niedersteinbach Wingen-Lembach **Wissembourg**
Schleithal Niederlauterbach
Lembach Drachenbronn
N 62 Birlenbach Neewiller-près-
Eguelshardt Lobsann Memmelshoffen Lauterbourg
Merkwiller-Pechelbronn Soultz-sous-Forêts Seebach
Reipertswiller Kutzenhausen Hunspach
D 263
Betschdorf

Ingwiller N 62 N 63 Neuhaeusel
Gebolsheim **Hagueneau**
Buswiller Kurtzenhouse
Bossendorf Wintershouse
D 421 Canal
Gingsheim D 300 D 468
67 Hœrdt
BAS-RHIN Berstett
Pfettisheim
Wintzenheim-
Kochersberg
Marlenheim N 4
Traenheim Scharrachbergheim-l.
Breuschwickersheim **○STRASBOURG**
Soultz-
es-B. **Molsheim**
Dinsheim Duppigheim
Geispolsheim
Rosheim Eschau
Boersch N 422
Ottrott N 83
St-Nabor Valff Schaeffersheim
Heiligenstein
Barr Gertwiller
St-Pierre Rhin
Mittelbergheim Ill
Itterswiller
Epfig Bonfzheim
Nothalten

N

29

VOIR CARTE 15 PAGE 43

Création & Réalisation INFOGRAPH • 39.55.70.44 •

MANCHE

Île d'Ouessant

Guissény

Lannilis
Kernilis
Tréglonou
Plouvien
D 788
Ploudan

Saint-Thona
Guilers
Guipavas
Brest
Plouzané
D 789

Landévenne

D 791
Argol

Île de Sein

Beuzec-
Cap-Sizun
Douarnenez

Plogoff
D 765
Kerla

POINTE DU RAZ
Mahalon
Pouldergat

Plozévet
D 784
Plogastel-Saint-Germain

Tréogat
Plonéour-Lanvern

Plomeur

*POINTE
DE PENMARCH*

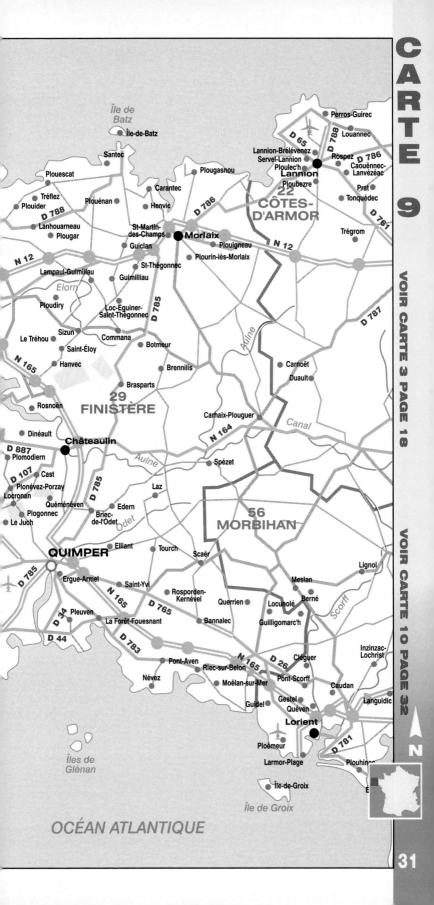

Île de Batz
Île-de-Batz

Santec
Plouescat
Tréflez
Plouider
D 788
Lanhouarneau
Plougar
 Plougasnou
Carantec
Henvic
Plouénan
St-Martin-des-Champs
Guiclan
D 786

Perros-Guirec
D 65
D 788
Louannec
Lannion-Brélévenez
Servel-Lannion
Ploulec'h
Rospez
D 786
Caouënnec-Lanvézéac
Lannion
Ploubezre
22
CÔTES-D'ARMOR
Prat
Tonquédec
Trégrom

Morlaix
Plouigneau
Plourin-lès-Morlaix
N 12

Lampaul-Guimiliau
Guimiliau
St-Thégonnec
Elorn
Ploudiry
Loc-Eguiner-Saint-Thégonnec
D 785
Sizun
Le Tréhou
Saint-Éloy
Commana
Botmeur
Hanvec
Brennilis
N 165
Brasparts
Rosnoën
29
FINISTÈRE

D 787

Aulne
Carnoët
Duault

Carhaix-Plouguer
Canal
N 164

Dinéault
Châteaulin
D 887
Plomodiern
D 107
Cast
Plonévez-Porzay
Locronan
Quéménéven
Plogonnec
Le Juch
Edern
Briec-de-l'Odet
D 785
Aulne
Laz
Spézet

56
MORBIHAN

Odet
QUIMPER
Elliant
Tourch
Scaër
Lignol

Ergue-Armel
Saint-Yvi
Rosporden-Kernével
Meslan
Berné
D 785
N 165
D 765
Querrien
Locunolé
Scorff
D 34
Pleuven
Bannalec
Guilligomarc'h
La Forêt-Fouesnant
D 44
D 783
Inzinzac-Lochrist
Pont-Aven
N 165
D 26
Cléguer
Riec-sur-Belon
Pont-Scorff
Caudan
Névez
Moëlan-sur-Mer
Languidic
Guidel
Gestel
Quéven
Lorient
D 781

Îles de Glénan
Ploêmeur
Larmor-Plage
Plouhinec

Île-de-Groix
Île de Groix

OCÉAN ATLANTIQUE

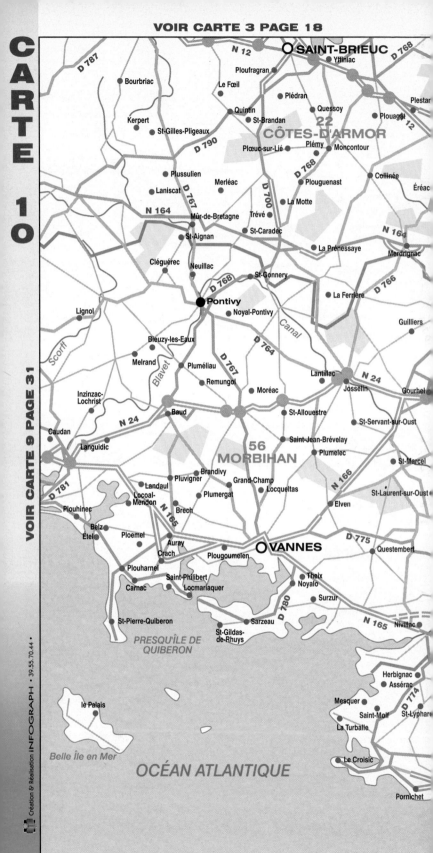

CARTE 10

VOIR CARTE 9 PAGE 31

Création & Réalisation INFOGRAPH • 39 55 70.44 •

32

Côtes-d'Armor (22) / Morbihan (56)

O SAINT-BRIEUC
Yffiniac
Ploufragran
Le Fœil
Plédran
Bourbriac
Quintin
Quessoy
Plestar
St-Brandan
Plouagat
Kerpert
St-Gilles-Pligeaux
22
CÔTES-D'ARMOR
Plœuc-sur-Lié
Plémy
Moncontour
Plussulien
Merléac
Collinée
Éréac
Laniscat
Plouguenast
N 164
Mûr-de-Bretagne
Trévé
La Motte
N 164
St-Aignan
St-Caradec
Cléguérec
La Prénessaye
Merdrignac
Neuillac
St-Gonnery
Lignol
Scorff
PONTIVY
Noyal-Pontivy
La Ferrière
Guilliers
Canal
Bieuzy-les-Eaux
Melrand
Pluméliau
Blavet
Remungol
Lantillac
N 24
Moréac
Josselin
Gourhel
Inzinzac-Lochrist
Baud
St-Allouestre
St-Servant-sur-Oust
Caudan
Languidic
N 24
Saint-Jean-Brévelay
Plumelec
St-Marcel
56
MORBIHAN
Brandivy
D 781
Pluvigner
Grand-Champ
Locqueltas
N 166
St-Laurent-sur-Oust
Landaul
Plouhinec
Locoal-Mendon
Plumergat
Elven
Belz
Brech
Étel
Ploemel
Auray
O VANNES
D 775
Questembert
Crach
Plougoumelen
Plouharnel
Theix
Saint-Philibert
Noyalo
Carnac
Locmariaquer
Surzur
St-Pierre-Quiberon
Sarzeau
N 165
Nivillac
St-Gildas-de-Rhuys
D 780
PRESQU'ÎLE DE QUIBERON
Herbignac
Assérac
Mesquer
D 774
le Palais
Saint-Molf
St-Lyphar
La Turballe
Belle Île en Mer
OCÉAN ATLANTIQUE
Le Croisic
Pornichet

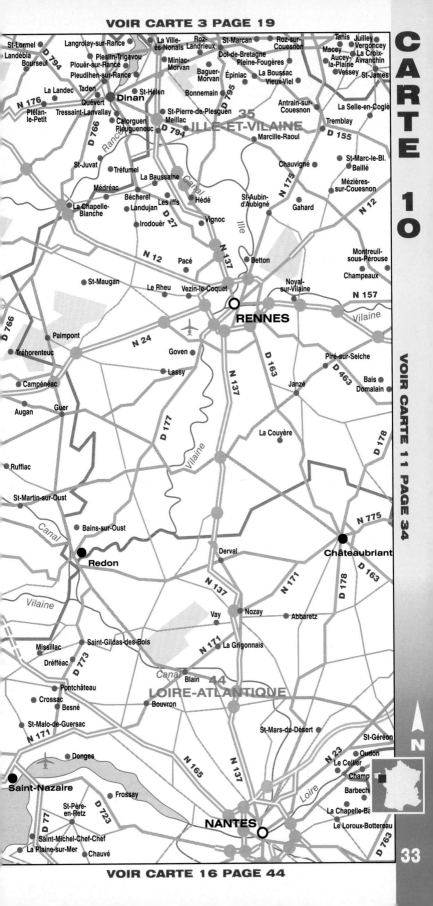

VOIR CARTE 10 PAGE 33

Tanis
Juilley
Macey
Vergoncey
La Croix-
Avranchin
Aucey-
la-Plaine
Vessey
St-James
St-Aubin-
de-Terregatte
Saint-Martin-
de-Landelles
Virey
Sélune
St-Cyr-du-Bailleul
Domfront
D 908
Bagnol-
de-l'Or
Passais-
la-Conception
N 176
Juvigny-
sous-Andain
Le Teilleul
Ceaucé
Thubœuf
Louvigné-
du-Désert
Soucé
Lassay-
les-Châteaux
La Selle-en-Coglès
Pontmain
St-Mars-
sur-la-Futaie
Tremblay
Gorron
Montaudin
Brecé
Montreuil-Poul
D 155
St-Marc-le-Bl.
Baillé
La Chapelle-au-Rib
Mézières-
sur-Couesnon
Fougères
Ernée
N 12
Mayenne
Billé
N 12
Belgeard
D 35
Montreuil-
sous-Pérouse
St-M'Hervé
Commer
Champeaux
Mézangers
N 157
Andouillé
Bréal-sous-Vitré
53
MAYENNE
Vilaine
Brée
Montsûrs
Changé-les-Laval
LAVAL
A 81
Piré-sur-Seiche
Loiron
N 157
l'Huisserie
D 21
Bais
Domalain
Meslay-
du-Maine
D 25
Ruillé-Froids-Fonds
La Selle-Craonnaise
Gennes-
sur-Glaize
St-Martin-
du-Limet
D 22
Laigné
Château-Gontier
Bouchamps-lès-Craon
Chemazé
St-Denis-d'Anjou
N 775
Ménil
Daon
L'Hôtellerie-
de-Flée
St-Sauveur-
de-Flée
D 775
Châteaubriant
Saint-Martin-du-Bois
D 163
Segré
D 178
D 863
Chazé-sur-Argos
Le Lion-d'Angers
Baracé
Écuillé
Grez-Neuville
Montreuil-sur-Loir
D 963
Cantenay-Epinard
Montreuil-Juigné
St-Sylvain-d'Anjou
Bécon-les-Granits
A 11
ANGERS
Corné
Andard
Ancenis
La Bohalle
St-Géréon
Varades
Saint-Georges-sur-Loire
Blaison
Oudon
St-Florent-le-Vieil
La Possonnière
Mûrs-Érigné
Le Cellier
Brissac-Q.
Bouzillé
Champtoceaux
Loire
Rochefort-
sur-Loire
Mozé-
sur-Louet
Charcé-
St-Ellier-
sur-A.
Barbechat
Beaulieu-
sur-Layon
Saulgé-
l'Hôpital
La Chapelle-Basse-Mer
St-Lambert-
du-Lattay
Ambillou
Château
Le Loroux-Bottereau
Rablay-sur-Layon
N 160
49
MAINE-ET
-LOIRE
Martigne-
Briand
La Regrippière
D 763

Création & Réalisation INFOGRAPH • 39.55.70.44 •

34

CARTE 12

VOIR CARTE 11 PAGE 35

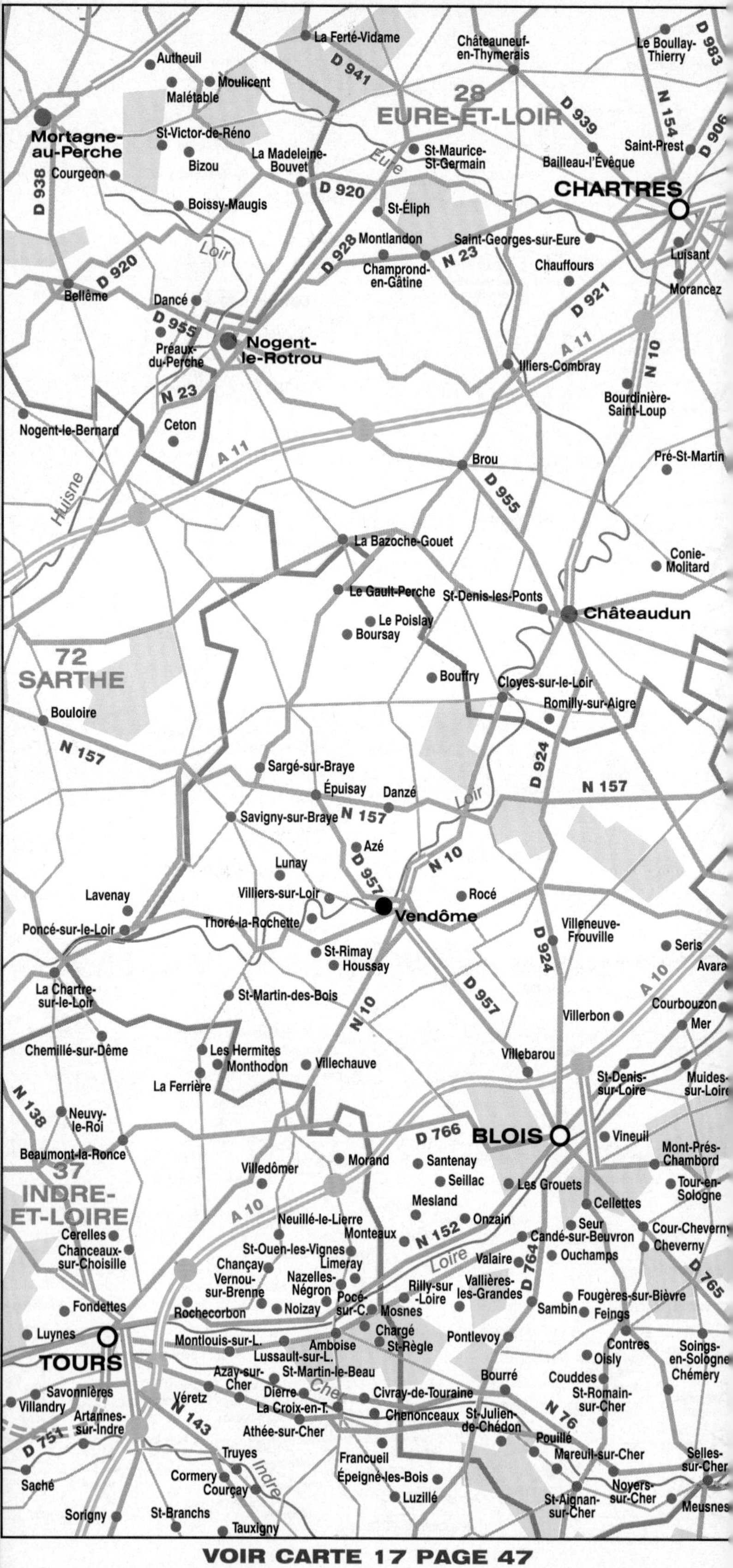

Création & Réalisation iNFOGRAPH • 39.55.70.44 •

36

La Ferté-Vidame
Autheuil
Moulicent
Malétable
St-Victor-de-Réno
Mortagne-au-Perche
Courgeon
Bizou
La Madeleine-Bouvet
Boissy-Maugis
D 938
D 920
Loir

Châteauneuf-en-Thymerais
28
EURE-ET-LOIR
D 941
D 939
N 154
Le Boullay-Thierry
D 9383
D 906
Saint-Prest
St-Maurice-St-Germain
Bailleau-l'Évêque
St-Éliph
CHARTRES
Luisant
Morancez
Montlandon
Saint-Georges-sur-Eure
Chauffours
Champrond-en-Gâtine
D 928
N 23
D 921
N 10
A 11
Bellême
Dancé
D 955
Préaux-du-Perche
Nogent-le-Rotrou
N 23
Illiers-Combray
Bourdinière-Saint-Loup
Nogent-le-Bernard
Ceton
A 11
Brou
D 955
Pré-St-Martin
Conie-Molitard
La Bazoche-Gouet
Le Gault-Perche
St-Denis-les-Ponts
Châteaudun
72
SARTHE
Bouloire
Le Poislay
Boursay
N 157
Bouffry
Cloyes-sur-le-Loir
Romilly-sur-Aigre
D 924
N 157
Sargé-sur-Braye
Épuisay
Danzé
Savigny-sur-Braye
N 157
Azé
Loir
Lunay
Villiers-sur-Loir
Rocé
Lavenay
Poncé-sur-le-Loir
Thoré-la-Rochette
Vendôme
Villeneuve-Frouville
D 924
Seris
Avara
La Chartre-sur-le-Loir
St-Rimay
Houssay
D 957
A 10
Courbouzon
Mer
St-Martin-des-Bois
N 10
Villerbon
Chemillé-sur-Dême
Les Hermites
Monthodon
Villechauve
Villebarou
St-Denis-sur-Loire
Muides-sur-Loire
La Ferrière
N 138
Neuvy-le-Roi
37
INDRE-ET-LOIRE
Beaumont-la-Ronce
Villedômer
Morand
Santenay
Seillac
Les Grouets
BLOIS
Vineuil
Mont-Près-Chambord
Cerelles
Chanceaux-sur-Choisille
A 10
Neuillé-le-Lierre
Monteaux
Mesland
Onzain
N 152
Celettes
Seur
Candé-sur-Beuvron
Ouchamps
Cour-Cheverny
Cheverny
Tour-en-Sologne
D 765
St-Ouen-les-Vignes
Chançay
Vernou-sur-Brenne
Limeray
Nazelles-Négron
Pocé-sur-C.
Rilly-sur-Loire
Vallières-les-Grandes
Valaire
Fougères-sur-Bièvre
Fondettes
Rochecorbon
Noizay
Mosnes
Sambin
Feings
Luynes
Montlouis-sur-L.
Amboise
Chargé
Pontlevoy
Contres
Soings-en-Sologne
TOURS
Lussault-sur-L.
St-Règle
Oisly
Chémery
Savonnières
Azay-sur-Cher
St-Martin-le-Beau
Bourré
Couddes
St-Romain-sur-Cher
Villandry
Véretz
Dierre
Civray-de-Touraine
N 76
D 751
Artannes-sur-Indre
La Croix-en-T.
Chenonceaux
St-Julien-de-Chédon
Pouillé
Mareuil-sur-Cher
Selles-sur-Cher
Saché
N 143
Athée-sur-Cher
Truyes
Francueil
Épeigné-les-Bois
St-Aignan-sur-Cher
Noyers-sur-Cher
Meusnes
Indre
Cormery
Courçay
Luzillé
Sorigny
St-Branchs
Tauxigny
Halsne
Loir
Eure
D 920
Cher

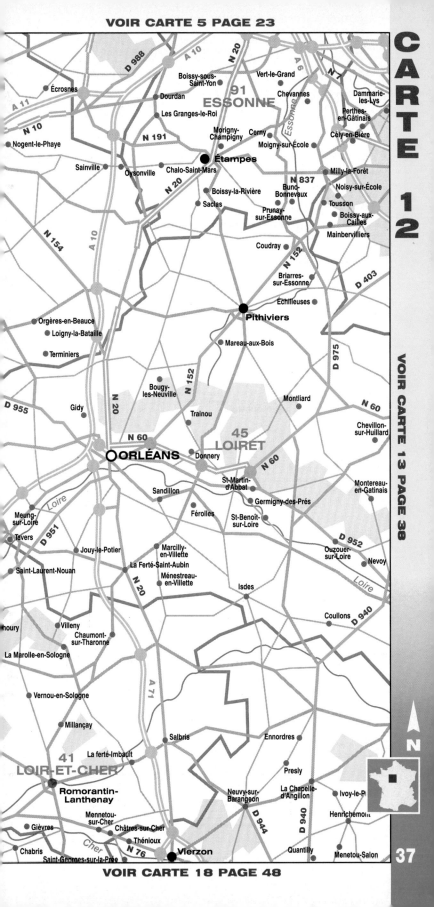

CARTE 12

VOIR CARTE 13 PAGE 38

D 988

A 10

N 20

A 6

N 7

Écrosnes

Boissy-sous-Saint-Yon

Vert-le-Grand

Dammarie-les-Lys

Dourdan

Chevannes

Perthes-en-Gâtinais

A 11

91
ESSONNE

Les Granges-le-Roi

N 10

N 191

Morigny-Champigny

Cerny

Cély-en-Bière

Nogent-le-Phaye

Moigny-sur-École

Étampes

Sainville

Chalo-Saint-Mars

Milly-la-Forêt

Oysonville

N 20

N 837

Noisy-sur-École

Boissy-la-Rivière

Buno-Bonnevaux

Tousson

Saclas

Prunay-sur-Essonne

Boissy-aux-Cailles

N 154

A 10

Mainbervilliers

Coudray

N 152

D 403

Briarres-sur-Essonne

Échilleuses

Orgères-en-Beauce

Pithiviers

Loigny-la-Bataille

Terminiers

Mareau-aux-Bois

D 975

D 955

Bougy-les-Neuville

N 152

Montliard

N 60

Gidy

Trainou

Chevillon-sur-Huillard

N 20

45
LOIRET

N 60

ORLÉANS

Donnery

N 60

Montereau-en-Gatinais

Sandillon

St-Martin-d'Abbat

Germigny-des-Prés

Férolles

St-Benoît-sur-Loire

Meung-sur-Loire

Loire

D 952

Tavers

D 951

Jouy-le-Potier

Marcilly-en-Villette

Ouzouer-sur-Loire

Nevoy

Saint-Laurent-Nouan

La Ferté-Saint-Aubin

Loire

Ménestreau-en-Villette

N 20

Isdes

Coullons

D 940

houry

Villeny

Chaumont-sur-Tharonne

La Marolle-en-Sologne

A 71

Vernou-en-Sologne

Millançay

Salbris

Ennordres

41
LOIR-ET-CHER

La ferté-Imbault

Presly

Romorantin-Lanthenay

Neuvy-sur-Barangeon

La Chapelle-d'Angillon

Ivoy-le-P

Mennetou-sur-Cher

D 940

Gièvres

Châtres-sur-Cher

D 944

Henrichemont

Chabris

Thénioux

Cher

N 76

Vierzon

Quantilly

Menetou-Salon

Saint-Georges-sur-la-Prée

N

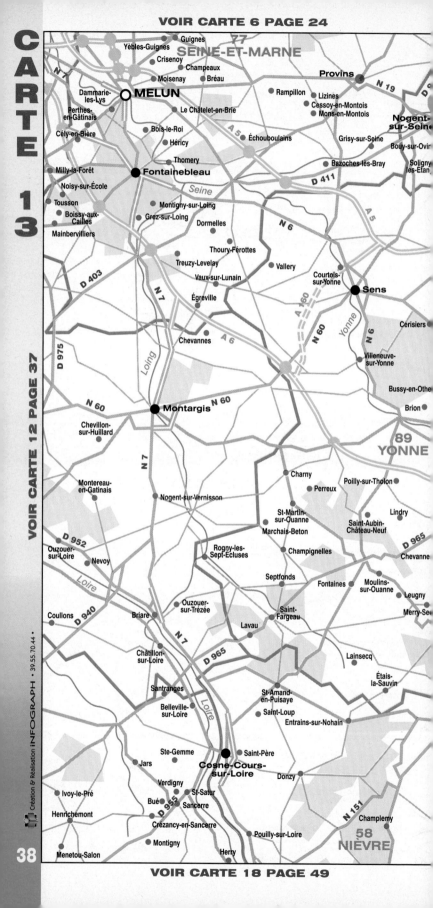

VOIR CARTE 14 PAGE 40

D 373

Plancy-l'Abbaye

Aube

Seine

N 19

D 441

N 77

A 26

Margerie-Hancourt

10 AUBE

Vallant-Saint-Georges

Pougy

Précy-St-Martin

Charmont-sous-Barbuise

Bouy-Luxembourg

Villehardouin

Aube

Villiers-le-Brûlé

Brévonnes

D 960

A 5

Géraudot

Radonvilliers

Dienville

Villemaur-sur-Vanne

Estissac

TROYES O

Laubressel

Messon

Seine

Lusigny-sur-Barse

N 19

Vulaines

N 60

Rigny-le-Ferron

Bercenay-en-Othe

A 5

Maraye-en-Othe

N 71

Virey-sous-Bar

Fouchères

A 5

N 77

Bourguignons

D 905

Landreville

Courteron

N 71

D 943

Les Croûtes

Percey

Armançon

Seine

Venouse

Vézannes

Dannemoine

D 905

Cruzy-le-Châtel

D 965

Collan

N 77

Venoy

D 965

O **AUXERRE**

Courgis

Poilly-sur-Serein

Quenne

Escolives-Ste-Camille

Yonne

N 151

A 6

N 6

Buffon

Montbard

D 905

Joux-la-Ville

D 980

Lantilly

Venarey-les-Laumes

Millery

Villars-et-Villenotte

Pouillenay

Sauvigny-le-Beuréal

Époisses

A 6

D 957

Avallon

Clamecy

Ste-Magnance

Rouvray

Flée

D 951

Chamoux

Bussières

St-Germain-des-Champs

Saint-Andeux

Aisy-sous-Thil

Clamerey
(Pont-Royal)

Bazoches

La Roche-en-Brenil

N 6

Vic-sous-Thil

Marcigny-sous-Thil

Nan-sous-Ti

Molphey

Thorey-sous-

La Motte-Ternant

Blancey

Yonne

D 958

Dun-les-Places

Champeau-en-Morvan

Bellenot-sous-Pouilly

Guipy

Thoisy-le-Désert
(Cercey)

St-Révérien

Montsauche-les-Settons

N

39

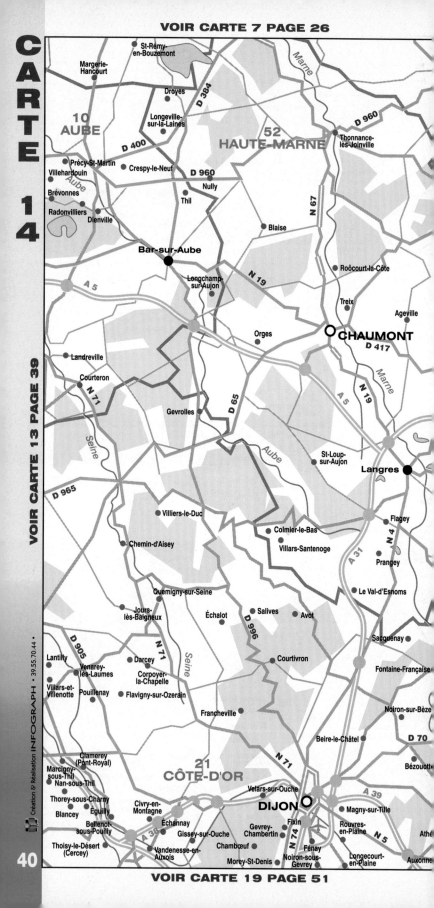

Création & Réalisation iNFOGRAPH • 39.55.70.44 •

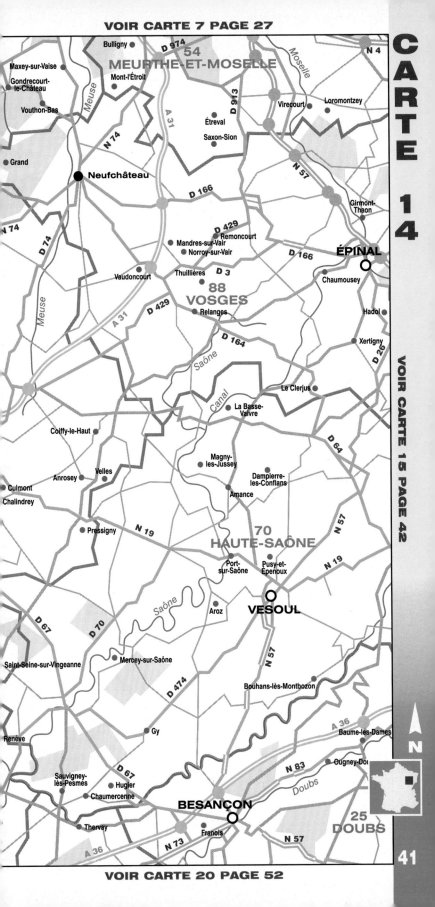

VOIR CARTE 15 PAGE 42

CARTE 14

Bulligny

D 974

54
MEURTHE-ET-MOSELLE

N 4

Moselle

Maxey-sur-Vaise

Gondrecourt-
le-Château

Mont-l'Étroit

Virecourt

Loromontzey

Vouthon-Bas

Meuse

A 31

N 74

D 913

Étreval

Saxon-Sion

N 57

Grand

Neufchâteau

D 166

Girmont-
Thaon

N 74

D 74

D 429

Remoncourt

Mandres-sur-Vair

Norroy-sur-Vair

D 166

ÉPINAL

Vaudoncourt

Thuillières

D 3

Chaumousey

Meuse

D 429

88
VOSGES

Relanges

Hadol

D 164

Xertigny

D 26

Saône

Le Clerjus

Canal

La Basse-
Vaivre

Coiffy-le-Haut

D 64

Magny-
les-Jussey

Dampierre-
les-Conflans

Velles

Anrosey

Amance

Culmont

Chalindrey

N 19

70
HAUTE-SAÔNE

N 57

Pressigny

Port-
sur-Saône

Pusy-et-
Épenoux

N 19

Saône

VESOUL

D 67

D 70

Aroz

N 57

Saint-Seine-sur-Vingeanne

Mercey-sur-Saône

Bouhans-lès-Montbozon

D 474

A 36

Baume-les-Dames

Renève

Gy

Doubs

N 83

Ougney-Dou

D 67

N
N

Sauvigney-
lès-Pesmes

Hugier

Chaumercenne

BESANÇON

25
DOUBS

Thervay

Francis

N 57

A 36

N 73

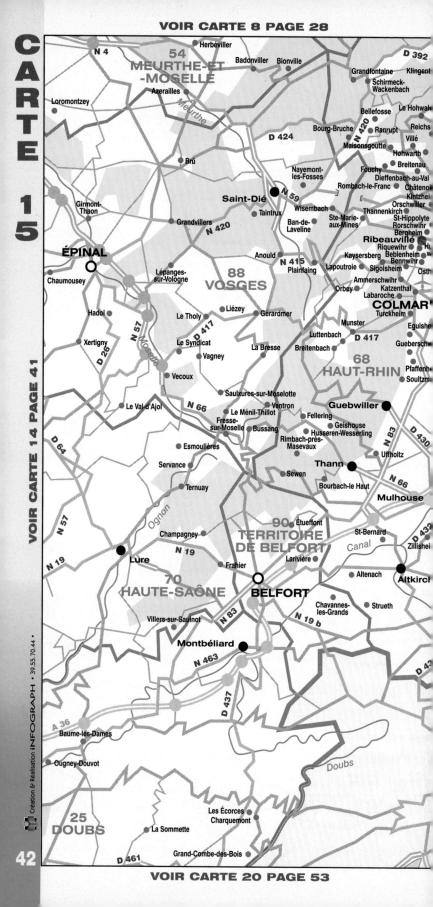

Création & Réalisation INFOGRAPH • 39.55.70.44 •

42

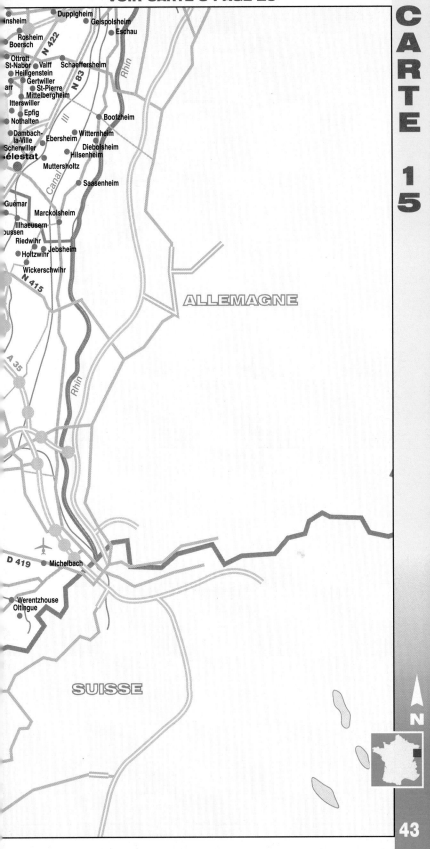

insheim
Duppigheim
Geispolsheim
Eschau
Rosheim
Boersch
N 422
Ottrott
St-Nabor Valff Schaeffersheim
Heiligenstein
Gertwiller
arr St-Pierre
Mittelbergheim
Itterswiller
Epfig
Nothalten
Boofzheim
Dambach-la-Ville Witternheim
Ebersheim
Diebolsheim
Scherwiller Hilsenheim
élestat
Muttersholtz
N 83
Rhin
Ill
Saasenheim
Canal

Guémar
Marckolsheim
Illhaeusern
ussen
Riedwihr
Holtzwihr Jebsheim
Wickerschwihr
N 415

A 35
Rhin

ALLEMAGNE

D 419 Michelbach

Werentzhouse
Oltingue

SUISSE

N

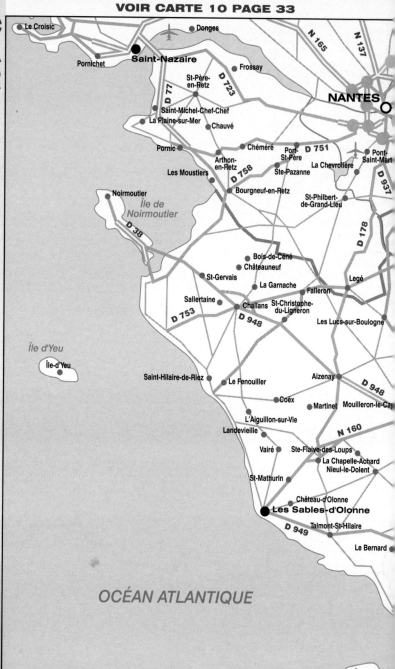

Création & Réalisation iNFOGRAPH • 39.55.70.44 •

N 23
Oudon
Le Cellier
Champtoceaux
St-Florent-le-Vieil
Bouzillé
Loire
Rochefort-sur-Loire
Mozé-sur-Louet
Beaulieu-sur-Layon
St-Lambert-du-Lattay
Rablay-sur-Layon
Barbechat
La Chapelle-Basse-Mer
Le Loroux-Bottereau
Loire
D 763
La Regrippière
N 160
49
MAINE-ET-LOIRE
Châteauthebaud
D 7521
Le May-sur-Evre
Trémont
N 137
N 249
Saint-Léger-sous-Cholet
D 960
St-Lumine-de-Clisson
N 149
D 753
Le Longeron
Cholet
St-Christophe-du-Bois
Sèvres Nantaise
St-André-Treize-Voies
Loublande
Moulins
La Gaubretière
St-Malo-du-Bois
Saint-Aubin-de-Baubigné
Nueil-sur-Argent
D 763
Chambretaud
Chavagnes-en-Paillers
Les Herbiers
Les Châtelliers-Châteaumur
Combrand
N 149
Boulogne
Saint-Denis-la-Chevasse
St-André-Goule-d'Oie
N 160
St-Michel-Mont-Mercure
La Flocellière
Cirière
Bressuire
Belleville-sur-Vie
Mouchamps
St-Paul-en-Pareds
Cerizay
N 137
A 83
St-Germain-de-Prinçay
Monsireigne
Terves-Bressuire
D 937
St-Martin-des-Noyers
Réaumur
Moncoutant
LA ROCHE-SUR-YON
Lay
79
DEUX-SÈVRES
Saint-Florent-des-Bois
D 948
La Réorthe
Mouilleron-en-Pareds
D 949 b
85
VENDÉE
D 746
Thouarsais-Bouildroux
D 938 t
St-Maurice-des-Noues
Vernoux-en-Gâtine
Secondigny
Cezais
D 748
Sainte-Hermine
N 148
Mervent
L'Orbrie
Saint-Michel-le-Cloucq
N 137
Sainte-Gemme-la-Plaine
Mouzeuil-Saint-Martin
Champdeniers
Saint-Cyr-en-Talmondais
Luçon
Fontenay-le-Comte
Coulonges-sur-l'Autize
D 949
St-Martin-de-Fraigneau
Germond-Rouvre
Anglès
St-Denis-du-Payré
D 746
Chaillé-les-Marais
Velluire
D 938 t
St-Pierre-le-Vieux
N 148
Niort-Sciecq
Champagné-les-Marais
Doix
Maillezais
La Faute-sur-Mer
Saint-Michel-en-L'Herm
Le-Gué-de-Velluire
Liez
Benet
Coulon
Arçais
NIORT
Marans
Coulon
Saint-Jean-de-Liversay
17
CHARENTE-MARITIME
St-Hilaire-la-Palud
Frontenay-Rohan-Rohan
Esnandes
N 137
Prin-Deyrançon
Épannes
Villedoux
N 11
Vallans
Marigny
Sainte-Marie-de-Ré
St-Xandre
Ste-Soulle
Dompierre-sur-Mer
N 11
Beauvoir-sur-Niort
D 735
LA ROCHELLE
Montroy
St-Christophe
Mauzé-sur-le-Mignon
Usseau
N 150
D 939
Île d'Oléron
Thairé-d'Aunis
Landrais
St-Laurent-de-la-Barrière
La Cor
A 10
Ballon
Vandré
D 91
Genouillé
Loulay
St-Georges-d'Oléron
N 137
Yves
D 939
Fouras
St-Crépin
Antezant-la-Chapelle
St-Pierre-d'Oléron
Torxé

N

45

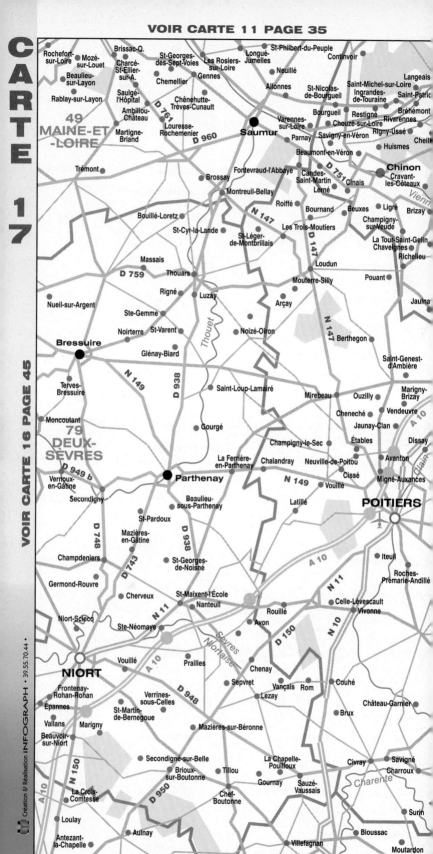

Luynes
TOURS
Berthenay
Cinq-Mars-la-Pile
Savonnières
Villandry
Artannes-sur-Indre
Azay-le-Rideau
Saché
Véretz
Montlouis-sur-L.
Azay-sur-Cher
Dierre
La Croix-en-T.
Athée-sur-Cher
N 143
D 751
Lussault-sur-L.
Amboise
St-Martin-le-Beau
Chargé
St-Règle
Pontlevoy
Civray-de-Touraine
Chenonceaux
Bourré
Contres
Oisly
Couddes
St-Romain-sur-Cher
St-Julien-de-Chédon
N 76
Pouillé
Mareuil-sur-Cher
Truyes
Cormery
Courçay
Sorigny
St-Branchs
Tauxigny
Neuil-Saché
Saint-Épain
Saint-Bauld
Le Louroux
Azay-sur-Indre
Dolus-le-Sec
Chédigny
Chambourg-sur-Indre
Genillé
Francueil
Épeigné-les-Bois
Luzillé
St-Aignan-sur-Cher
Noyers-sur-Cher
Panzoult
L'Île-Bouchard
Manthelan
Loches
Villeloin-Coulangé
Nouans-les-Fontaines
Trogues
Noyant-de-Touraine
Nouâtre
N 10
A 10
37
INDRE-ET-LOIRE
Sepmes
Varennes
Ferrière-sur-Beaulieu
Percusson
Saint-Jean-Saint-Germain
Loché-sur-Indrois
Luçay-le-Mâle
Ligueil
Indre
Descartes
Paulmy
Ferrière-Larçon
La Celle-Guénand
Fléré-la-Rivière
Pussigny
Vellèches
Dangé-Saint-Romain
Barrou
Le-Petit-Pressigny
Clion-sur-Indre
Pellevoisin
Palluau
Usseau
Ingrandes
Antran
Creuse
D 975
N 143
Buzançais
Saulnay
Châtellerault
La Roche-Posay
Mézières-en-Brenne
Méobecq
36
INDRE
Vouneuil-sur-Vienne
Vicq-sur-Gartempe
Bonneuil-Matours
Archigny
Tournon-St-Martin
Douadic
Vienne
Bonnes
Lavoux
Jardres
Paizay-le-Sec
N 151
Le Blanc
Rivarennes
Creuse
Chauvigny
St-Savin
Fleuré
86
VIENNE
Morthemer
Jouhet
Chalais
Vigoux
Dienné
N 147
Mazerolles
Journet
La Trimouille
Parnac
St-Benoît-du-Sault
Montmorillon
Saulgé
Persac
Moulismes
Verneuil-Moustiers
Les Grands-Chézeaux
N 147
87
HAUTE-VIENNE
D 942
Arnac-la-Poste
A 20
Mouterre-sur-Blourde
Luchapt
Availles-Limouzine
Magnac-Laval
Le Dorat
N 145
Peyrat-de-Bellac
Blanzac
Rancon
Fromental
Pressac
Hiesse
Lessac
D 951
Bussière-Boffy
Blond
N 147
Bellac
Châteauponsac
Bessines-sur-l
Saint-Junien-les-Combes
St-Pardoux
Laurière
A 20
16
CHARENTE
Confolens
Clain
Vienne
St-Léger-la-Montagne
Saint-Sylvestre

C A R T E 1 8

Création & Réalisation INFOGRAPH • 39.55.70.44 •

48

Contres
Olsly
Soings-
en-Sologne
Chémery
La ferté-Imbault
41
LOIR-ET-CHER
Couddes
St-Romain-
sur-Cher
N 76
Pouillé
Mareuil-sur-Cher
Selles-
sur-Cher
Neuvy-sur-
Barangeon
D 944
Romorantin-
Lanthenay
Mennetou-
sur-Cher
Châtres-sur-Cher
St-Aignan-
sur-Cher
Noyers-
sur-Cher
Gièvres
Thénioux
N 76
Vierzon
Meusnes
Chabris
Saint-Georges-sur-la-Prée
Dampierre-
en-Graçay
Mehun-
sur-Yèvre
St-Élo
de-G
Nouans-les-Fontaines
Valençay
Cher
Foëcy
Berry-Bouy
Luçay-le-Mâle
A 20
Reboursin
Quincy
A 71
Gehée
Paudy
Pellevoisin
Palluau
Issoudun
Arçay
Lunery
Lapan
N 143 Buzançais
Chezelles
Coings
N 151
D 918
Saint-Aubin
Mareuil-sur-Arnon
Saulnay
Villedieu-sur-Indre
Déols
Diors
St-Baudel
CHÂTEAUROUX
La Celle-Condé
D 940
Méobecq
Étrechet
36
INDRE
Le Poinçonnet
Indre
Ardentes
Morlac
N 151
Velles
Mers-sur-Indre
Montipouret
Ids-Saint-Roch
Rivarennes
Chasseneuil
Tendu
D 943
St-Chartier
Thevet-St-Julien
Le Châtelet
Creuse
Tranzault
Nohant-Vic
Argenton-sur-Creuse
D 927
La Châtre
Vigoux
Champillet
Pouligny-St-Martin
Cuzion
Montchevrier
Pouligny-Notre-Dame
Parnac
Orsennes
Aigurande-
sur-Bouzanne
St-Benoît-
du-Sault
A 20
Éguzon-Chantôme
Vigoulant
Préveranges
Fresselines
D 951
St-Pierre-le-Bost
Les Grands-
Chézeaux
D 940
Bétête
Genouillac
Arnac-
la-Poste
La Celle-Dunoise
Boussac
Châtelus-Malvaleix
Noth
N 145
Ajain
Rimondeix
Fromental
Saint-Sulpice-le-Guérétois
GUÉRET
Le Grand-Bourg
Creuse
Lussat
Garempe
St-Sylvain-Montaigut
St-Hilaire-
la-Plaine
Bessines
Bersac-
sur-Rivalier
Peyrabout
Peyrat-la-Nonière
D 942
St-Éloi
23
Laurière
CREUSE
A 20
St-Léger-
la-Montagne
Saint-
Sylvestre
D 940
Pontarion
La Chapelle-
St-Martial
Le Donzeil
St-Martial-
le-Mont

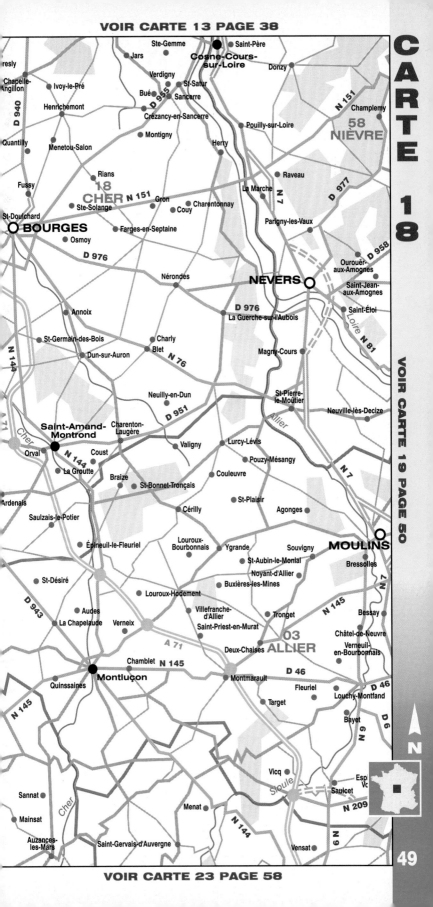

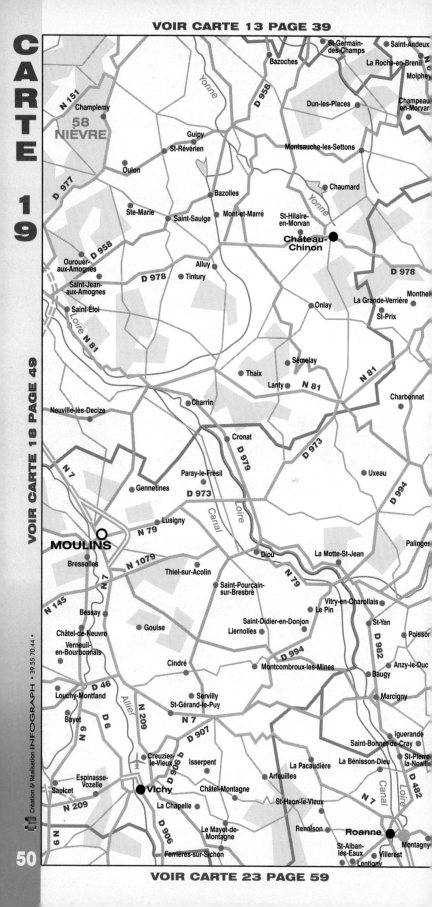

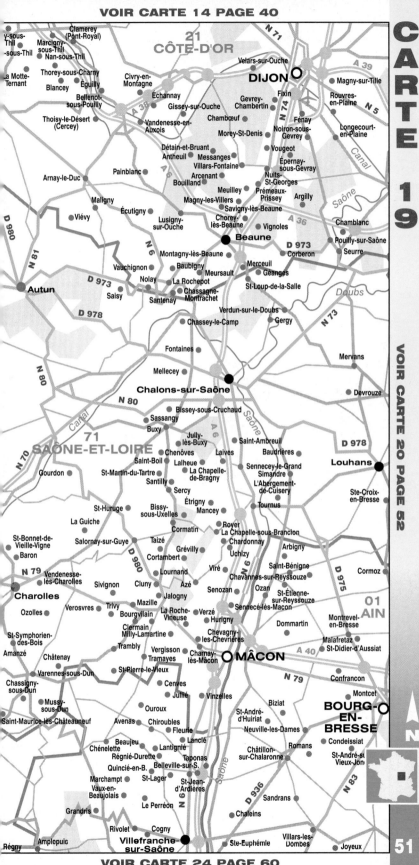

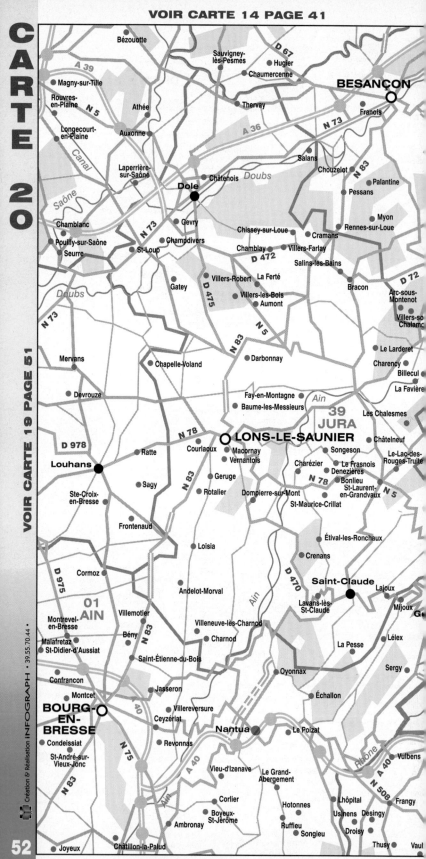

VOIR CARTE 19 PAGE 51

Création & Réalisation INFOGRAPH • 39.55.70.44 •

52

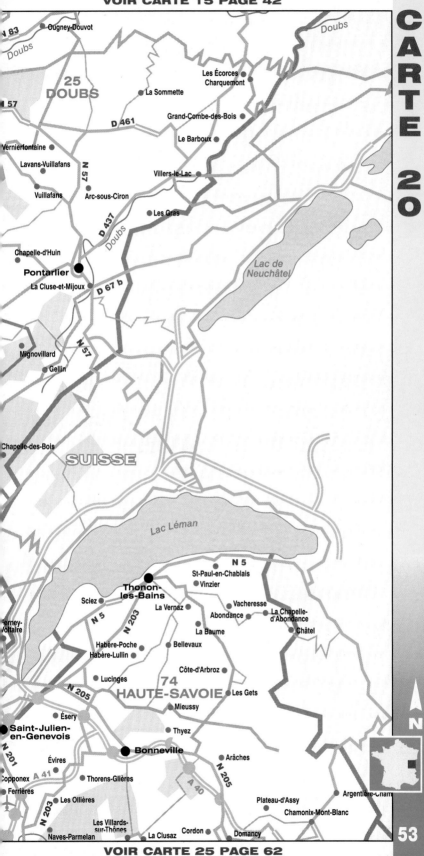

CARTE 21

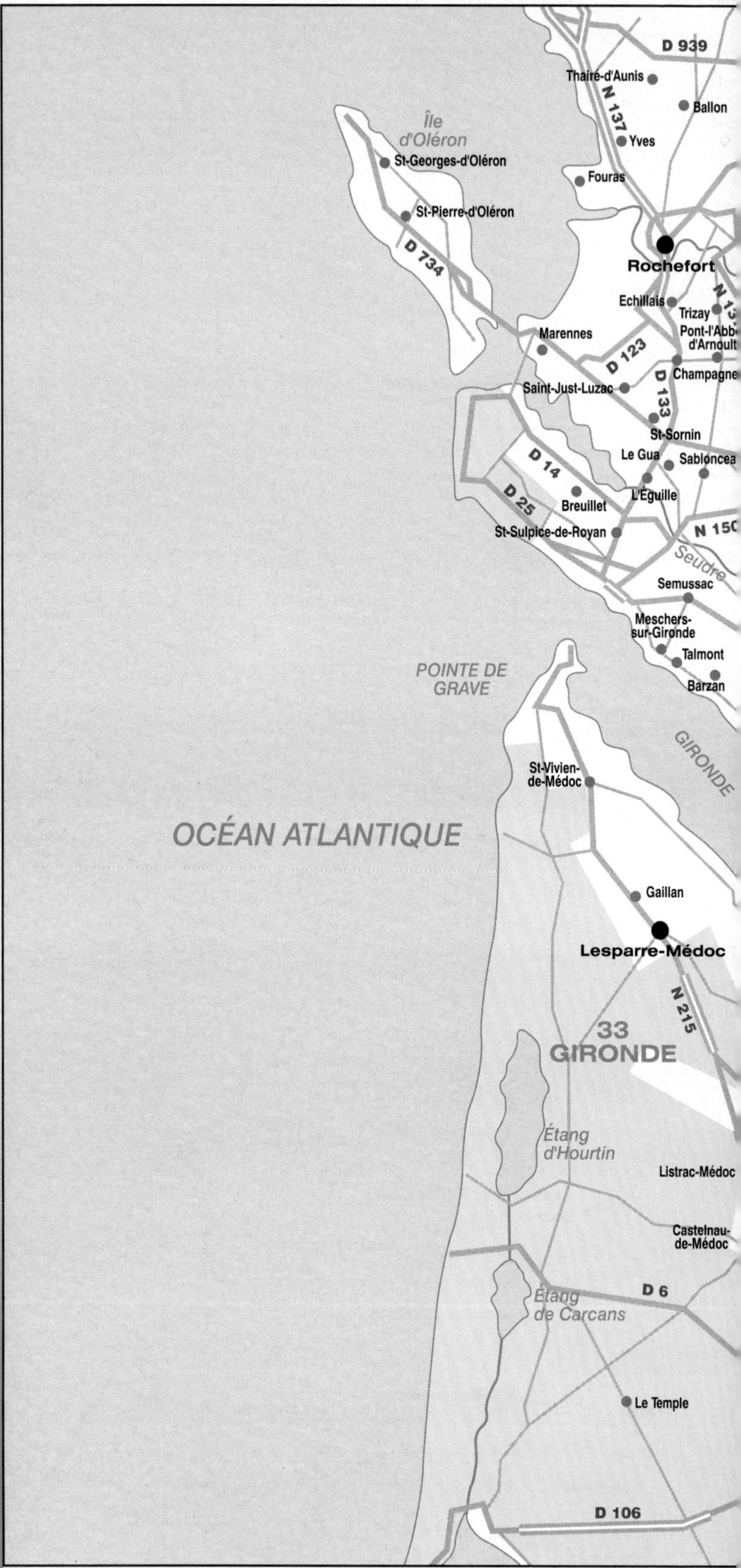

D 939

Thairé-d'Aunis

Ballon

Île
d'Oléron

Yves

St-Georges-d'Oléron

Fouras

St-Pierre-d'Oléron

D 734

Rochefort

Echillais

Trizay
Pont-l'Abbé
d'Arnoult

Marennes

D 123

Champagne

D 133

Saint-Just-Luzac

St-Sornin

D 14

Le Gua

Sabloncea

D 25

Breuillet

L'Eguille

St-Sulpice-de-Royan

N 150

Seudre

Semussac

Meschers-
sur-Gironde

Talmont

POINTE DE
GRAVE

Barzan

GIRONDE

St-Vivien-
de-Médoc

OCÉAN ATLANTIQUE

Gaillan

Lesparre-Médoc

N 215

**33
GIRONDE**

Étang
d'Hourtin

Listrac-Médoc

Castelnau-
de-Médoc

Étang
de Carcans

D 6

Le Temple

D 106

Création & Réalisation INFOGRAPH • 39.55.70.44 •

54

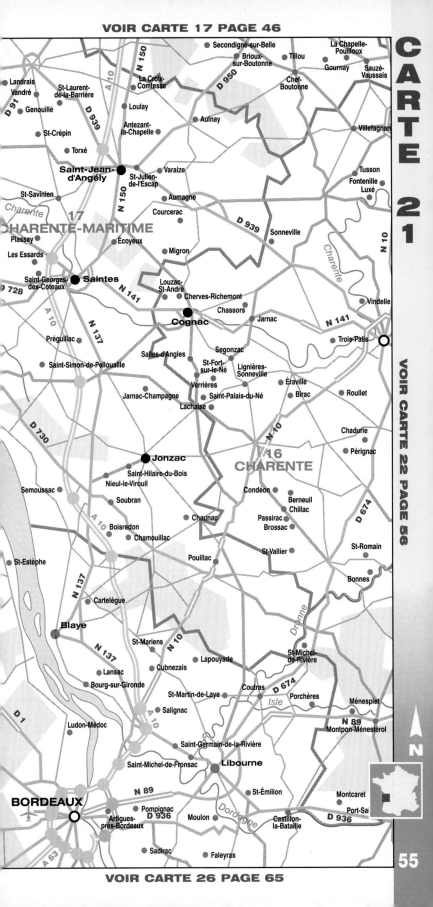

VOIR CARTE 22 PAGE 56

55

VOIR CARTE 21 PAGE 55

Création & Réalisation INFOGRAPH • 39.55.70.44 •

La Chapelle-Pouilloux
Civray
Savigné
Charroux
Luchapt
Gournay
Sauzé-Vaussais
Availles-Limouzine
Charente
Clain
Vienne
Pressac
D 951
Villefagnan
Surin
Hiesse
Lessac
Bussière-Boffy
Bioussac
Blond
Moutardon
16
CHARENTE
Confolens
Tusson
Fontenille
Luxé
Saint-Maurice-des-Lions
D 951
D 948
Valence
Chirac-Charente
Vienne
N 141
St-Brice-sur-Vienne
Les Pins
Suaux
N 10
Vitrac-St-Vincent
Rochechouar
Saint-Auve
Agris
Saint-Adjutory
N 141
Chéronnac
Vayres
Champagnac-la-Rivière
Vindelle
Saint-Projet
Marillac-le-Franc
Cussac
N 141
Charente
Orgedeuil
Trois-Palis
Écuras
La Chapelle-Montbrandeix
ANGOULÊME
Soyaux
Garat
Pensol
Vouzan
St-Pierre-de-Frugie
Roullet
Grassac
Nontron
D 939
Chaleix
N 21
Chadurie
Édon
Sarrazac
Pérignac
Villebois-Lavalette
Villars
Gouts-Rossignol
D 674
Cherval
La Gonterie-Boulouneix
Brantôme
St-Front-d'Alemps
St-Romain
Bourdeilles
Sorges
Dronne
Agonac
Montagrier
D 939
Cornille
Bonnes
Ribérac
Mensignac
La Chapelle-Gonaguet
Isle
Siorac-de-Ribérac
PÉRIGUEUX
Léguillac-de-l'Auche
Eyliac
N 89
24
DORDOGNE
La Douze
N 89
Ménesplet
Saint-Félix-de-Reilhac-et-Mortemart
N 89
Fleurac
Montpon-Ménestérol
N 21
Mauzens-et-Miremont
Ste-Alvère
Les Eyzies-de-Tayac-Sireuil
Paunat
Lamonzie-Montastruc
Trémolat
Montcaret
La Force
Bergerac
Le Coux-et-Bigaroque
Port-Sainte-Foy
D 936
Dordogne
Le Buisson-de-Cadouin
Le Buisson-Paleyrac
Lanquais
Molières
Sagela
Monbazillac
Beaumont-du-Périgord
St-Avit-Sénieur
Faux
Belvès

CARTE 22

VOIR CARTE 23 PAGE 58

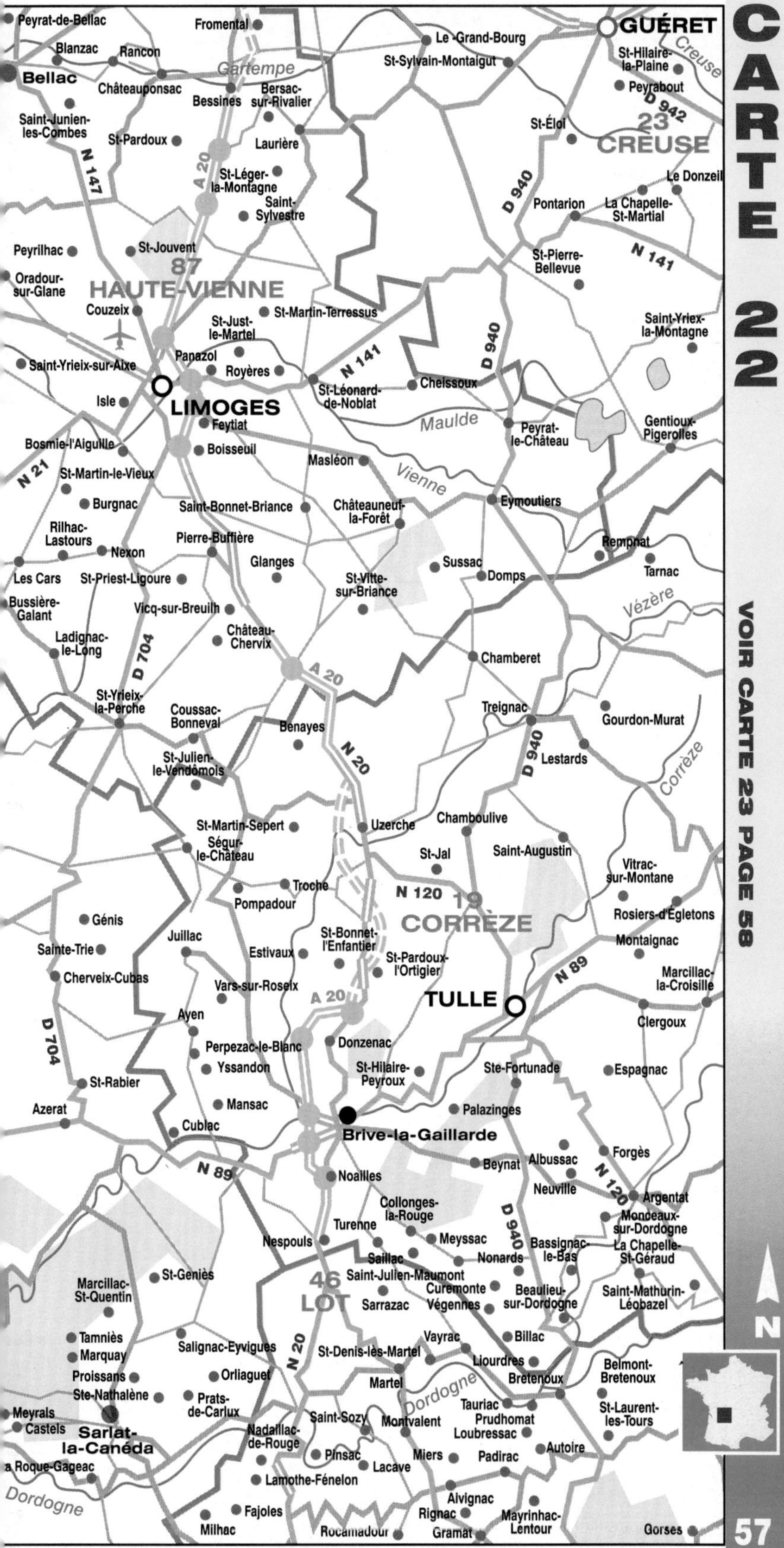

Peyrat-de-Bellac
Fromental
Le Grand-Bourg
GUÉRET
Blanzac
Rancon
St-Sylvain-Montaigut
St-Hilaire-la-Plaine
Creuse
Bellac
Châteauponsac
Bersac-sur-Rivalier
Peyrabout
Gartempe
Bessines
D 942
Saint-Junien-les-Combes
St-Pardoux
Laurière
St-Élol
23
CREUSE
N 147
A 20
St-Léger-la-Montagne
D 940
Le Donzeil
St-Sylvestre
Saint-Sylvestre
Pontarion
La Chapelle-St-Martial
Peyrilhac
St-Jouvent
87
N 141
Oradour-sur-Glane
HAUTE-VIENNE
St-Pierre-Bellevue
Couzeix
St-Just-le-Martel
St-Martin-Terressus
Saint-Yrieix-la-Montagne
Saint-Yrieix-sur-Aixe
Papazol
Royères
D 940
Isle
LIMOGES
St-Léonard-de-Noblat
Cheissoux
Feytiat
Maulde
Peyrat-le-Château
Gentioux-Pigerolles
Bosmie-l'Aiguille
Boisseuil
Masléon
N 21
St-Martin-le-Vieux
Vienne
Burgnac
Saint-Bonnet-Briance
Châteauneuf-la-Forêt
Eymoutiers
Rilhac-Lastours
Pierre-Buffière
Remphat
Nexon
Glanges
St-Vitte-sur-Briance
Sussac
Domps
Tarnac
Les Cars
St-Priest-Ligoure
Bussière-Galant
Vicq-sur-Breuilh
Vézère
Ladignac-le-Long
Château-Chervix
Chamberet
D 704
Chambaret
St-Yrieix-la-Perche
Coussac-Bonneval
Treignac
Gourdon-Murat
Benayes
N 20
D 940
Corrèze
St-Julien-le-Vendômois
Lestards
St-Martin-Sepert
Uzerche
Chamboulive
Ségur-le-Château
St-Jal
Saint-Augustin
Troche
N 120
Vitrac-sur-Montane
Pompadour
19
CORRÈZE
Génis
Juillac
St-Bonnet-l'Enfantier
Rosiers-d'Egletons
Sainte-Trie
Estivaux
St-Pardoux-l'Ortigier
Montaignac
Cherveix-Cubas
Vars-sur-Roseix
A 20
N 89
Marcillac-la-Croisille
Ayen
TULLE
Clergoux
D 704
Perpezac-le-Blanc
Donzenac
St-Rabier
Yssandon
St-Hilaire-Peyroux
Ste-Fortunade
Espagnac
Azerat
Mansac
Palazinges
Cublac
Brive-la-Gaillarde
Forgès
N 89
Beynat
Albussac
N 120
Noailles
Neuville
Argentat
Collonges-la-Rouge
Monceaux-sur-Dordogne
Nespouls
Turenne
Meyssac
Bassignac-le-Bas
La Chapelle-St-Géraud
Saillac
Nonards
Marcillac-St-Quentin
St-Geniès
Saint-Julien-Maumont
Curemonte
Beaulieu-sur-Dordogne
Saint-Mathurin-Léobazel
46
LOT
Sarrazac
Végennes
Tamniès
Vayrac
Billac
Marquay
Salignac-Eyvigues
St-Denis-lès-Martel
Liourdes
Belmont-Bretenoux
Proissans
Orliaguet
Bretenoux
Ste-Nathalène
Martel
Dordogne
St-Laurent-les-Tours
Meyrals
Prats-de-Carlux
Tauriac
Castels
Saint-Sozy
Montvalent
Prudhomat
Loubressac
Sarlat-la-Canéda
Nadaillac-de-Rouge
Miers
Padirac
Autoire
a Roque-Gageac
Pinsac
Lacave
Dordogne
Alvignac
Fajoles
Rignac
Mayrinhac-Lentour
Gorses
Milhac
Rocamadour
Gramat

N

57

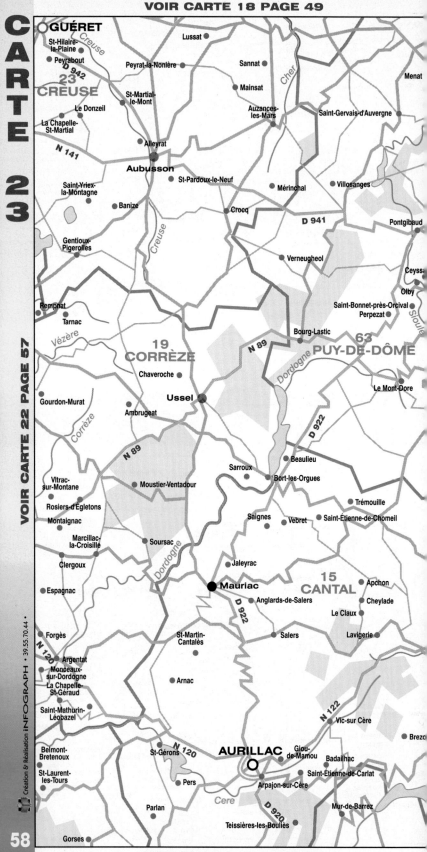

CARTE 23

Création & Réalisation iNFOGRAPH • 39.55.70.44 •

GUÉRET
St-Hilaire-la-Plaine
Peyrabout
D 942
CREUSE 23
Lussat
Peyrat-la-Nonière
Sannat
Mainsat
Menat
St-Martial-le-Mont
Auzances-les-Mars
Saint-Gervais-d'Auvergne
Le Donzeil
La Chapelle-St-Martial
N 141
Alleyrat
Aubusson
St-Pardoux-le-Neuf
Mérinchal
Villosanges
Saint-Yriex-la-Montagne
Banize
Crocq
D 941
Pontgibaud
Gentioux-Pigerolles
Verneugheol
Ceyss
Olby
Rempnat
Tarnac
Vézère
Saint-Bonnet-près-Orcival
Perpezat
Bourg-Lastic
63
PUY-DE-DÔME
Sioule
19
CORRÈZE
Chaveroche
N 89
Dordogne
Le Mont-Dore
Gourdon-Murat
Ussel
Ambrugeat
Corrèze
D 922
N 89
Beaulieu
Sarroux
Bort-les-Orgues
Vitrac-sur-Montane
Moustier-Ventadour
Trémouille
Rosiers-d'Egletons
Saignes
Vebret
Saint-Étienne-de-Chomeil
Montaignac
Marcillac-la-Croisille
Soursac
Dordogne
Clergoux
Jaleyrac
15
CANTAL
Apchon
Espagnac
Mauriac
Anglards-de-Salers
Cheylade
Le Claux
Forgès
St-Martin-Cantalès
Salers
Lavigerie
N 120
Argentat
Monceaux-sur-Dordogne
La Chapelle-St-Géraud
Arnac
N 122
Saint-Mathurin-Léobazel
Vic-sur Cère
Brezo
Belmont-Bretenoux
St-Gérons
N 120
AURILLAC
Giou-de-Mamou
Badailhac
St-Laurent-les-Tours
Pers
Saint-Étienne-de-Carlat
Arpajon-sur-Cère
Cère
D 920
Mur-de-Barrez
Parlan
Teissières-les-Bouliès
Gorses

58

VOIR CARTE 24 PAGE 60

CARTE 23

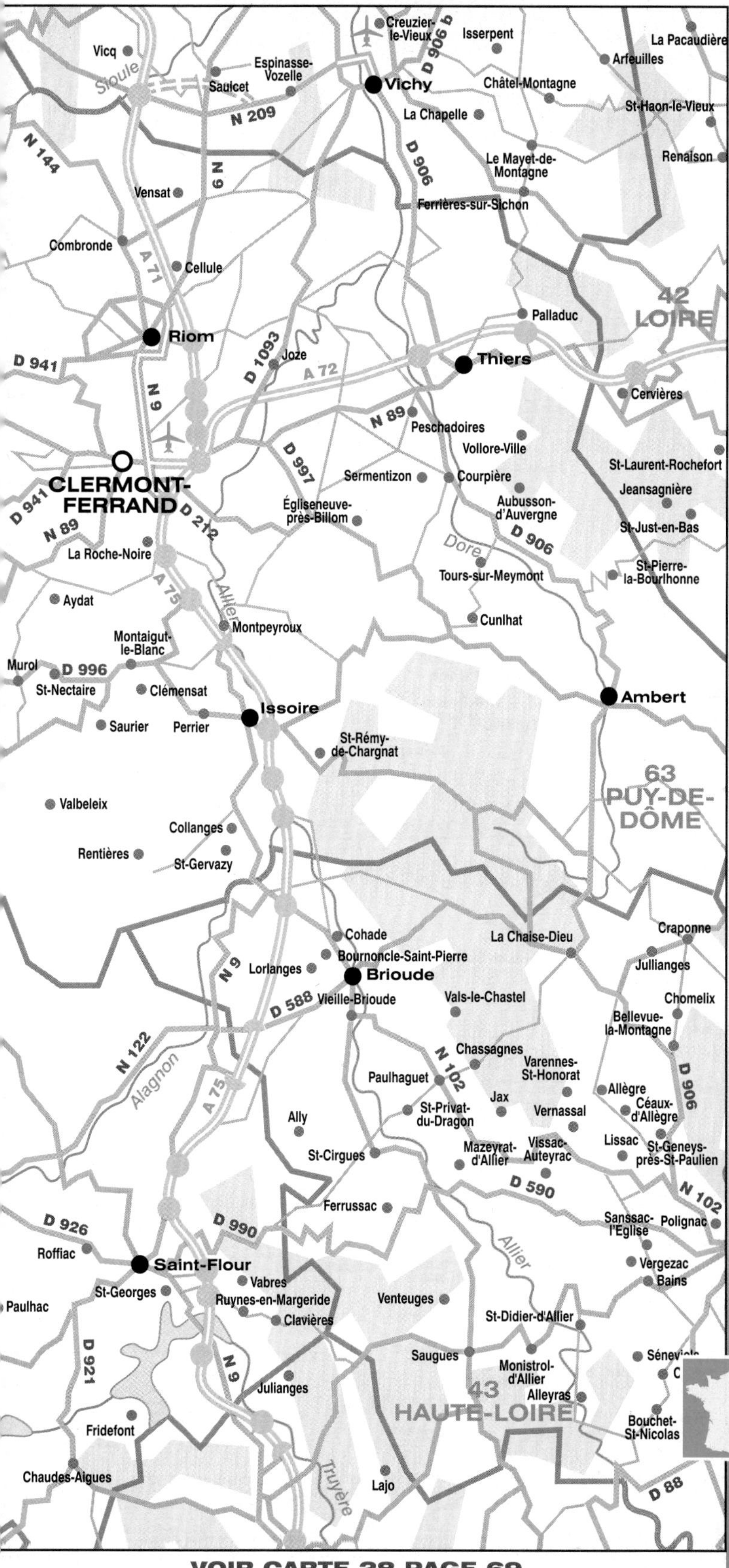

Vicq
Sioule
Espinasse-Vozelle
Saucet
Creuzier-le-Vieux
Isserpent
Vichy
Châtel-Montagne
La Chapelle
La Pacaudière
Arfeuilles
St-Haon-le-Vieux
Renaison
N 209
D 906
Le Mayet-de-Montagne
Ferrières-sur-Sichon
N 144
Vensat
N 9
Combronde
Cellule
A 71
Palladuc
42 LOIRE
Riom
D 1093
Joze
A 72
Thiers
Cervières
D 941
N 9
N 89
Peschadoires
Vollore-Ville
St-Laurent-Rochefort
Jeansagnière
D 997
Sermentizon
Courpière
Aubusson-d'Auvergne
St-Just-en-Bas
CLERMONT-FERRAND
D 941
N 89
D 212
Égliseneuve-près-Billom
Dore
D 906
St-Pierre-la-Bourlhonne
La Roche-Noire
A 75
Tours-sur-Meymont
Aydat
Allier
Montpeyroux
Cunlhat
Montaigut-le-Blanc
Murol
D 996
St-Nectaire
Clémensat
Issoire
St-Rémy-de-Chargnat
Ambert
Saurier
Perrier
63 PUY-DE-DÔME
Valbeleix
Collanges
Rentières
St-Gervazy
Cohade
La Chaise-Dieu
Craponne
Bournoncle-Saint-Pierre
N 9
Lorlanges
Brioude
Jullianges
D 588
Vieille-Brioude
Vals-le-Chastel
Chomelix
N 122
Alagnon
A 75
Chassagnes
Varennes-St-Honorat
Bellevue-la-Montagne
D 906
Paulhaguet
N 102
Ally
St-Privat-du-Dragon
Jax
Vernassal
Allègre
Céaux-d'Allègre
St-Cirgues
Mazeyrat-d'Allier
Vissac-Auteyrac
Lissac
St-Geneys-près-St-Paulien
N 102
D 590
Ferrussac
Allier
Sanssac-l'Église
Polignac
D 926
D 990
Rofflac
Saint-Flour
Vabres
Vergezac
Bains
Paulhac
St-Georges
Ruynes-en-Margeride
Clavières
Venteuges
St-Didier-d'Allier
D 921
N 9
Julianges
Saugues
Monistrol-d'Allier
Alleyras
Sénevis
C
Fridefont
43 HAUTE-LOIRE
Bouchet-St-Nicolas
Chaudes-Aigues
Truyère
Lajo
D 88

N

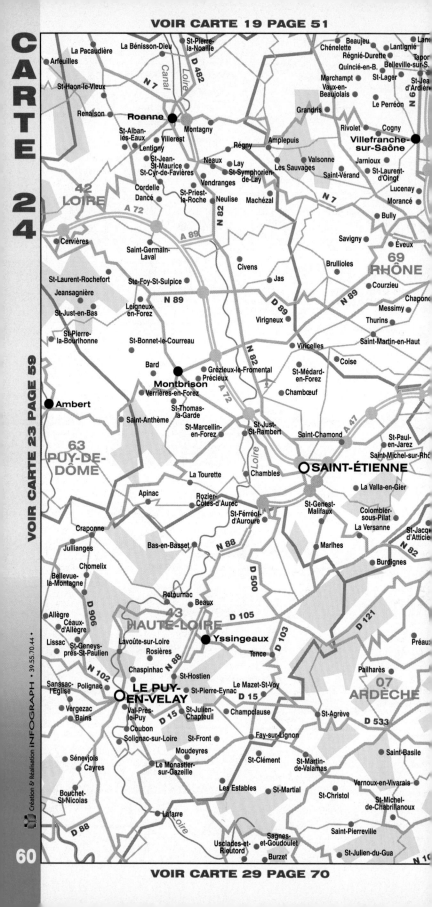

VOIR CARTE 23 PAGE 59

Création & Réalisation INFOGRAPH • 39.55.70.44 •

60

VOIR CARTE 25 PAGE 62

Châtillon-sur-Chalaronne
Romans
Condeissiat
Revonnas
St-André-sur-Vieux-Jonc
Vieu-d'Izenave
Le Grand-Abergement
N 75
A 40
Sandrans
N 83
Corlier
Hotonnes
Chaleins
Boyeux-St-Jérôme
Ruffieu
Songieu
Ambronay
Ste-Euphémie
Villars-les-Dombes
Joyeux
Châtillon-la-Palud
Champagne-en-Valromey
Artemare
Trévoux
Le Montellier
N 84
N 504
D 904
Talissieu
A 46
N 84
A 42
St-Maurice-de-Gourdans
Chazey-sur-Ain
Villebois
Ordonnaz
St-Martin-de-Bavel
Saône
A 432
N 75
Rhône
Belley
01 AIN
D 517
Brens
LYON
N 6
N 516
St-Laurent-de-Mure
Chamagnieu
A 43
N 75
Grésin
A 46
St-Genix-sur-Guiers
St-Didier-de-la-Tour
Verel-de-Montbel
La Bridoire
Chasse-sur-Rhône
D 518
La Tour-du-Pin
Les Abrets
St-Albin-de-Vaulserre
Rhône
Vienne
N 85
A 48
Torchefelon
Le Pin-Plage
ndrieu
Les Roches-de-Condrieu
St-Prim
Champier
St-Clair-du-Rhône
Cheyssieu
Vernioz
Arzay
Longechenal
Apprieu
Gillonnay
puis
A 7
38 ISÈRE
D 519
N 92
N 75
Désirat
Roybon
Albon
Beausemblant
Hauterives
Saint-Appolinard
A 49
GRENOBLE
N 86
N 7
La Motte-de-Galaure
Saint-Vérand
Malleval
Autrans
Arthémonay
Saint-Antoine
Isère
N 532
Meaudre
Lans-en-Vercors
N 92
Villard-de-Lans
ion
Tournon-sur-Rhône
D 532
Rhône
N 532
Saint-Julien-en-Vercors
Mauves
Le Gua
N 75
Saint-Romain-de-Lerps
Charpey
St-Agnan-en-Vercors
Gresse-en-Vercors
Mo de-C
Champis
Châteaudouble
Vassieux-en-Vercors
Saint-Mic les-Port
VALENCE
nt-Georges-les-Bains
Beaumont-lès-Valence
D 538
Montvendre
Chichilianne
Étoile-sur-Rhône
A 7
N 7
Marignac-en-Diois
Monestier-du-Percy
St-Andéol-en-Quint
Die
Molières-Glandaz

N

61

VOIR CARTE 24 PAGE 61

VOIR CARTE 61

C
A
R
T
E

2
5

Creation & Réalisation INFOGRAPH • 39.55.70.44 •

Rhône

Saint-Julien-en-Genevois

Thyez

Vulbens

N 201

Évires

Bonneville

Le Grand-Abergement

A 40

N 508

Copponex

A 41

Thorens-Glières

Hotonnes

Lhôpital

Frangy

Ferrières

Les Ollières

Ruffieu

Usinens

Desingy

N 203

Les Villards-sur-Thônes

Songieu

Droisy

Thusy

Vaulx

Naves-Parmelan

La Clusaz

Cord

Fier

ANNECY

Chavanod

Alex

Thônes

La Giettaz

Meg

Champagne-en-Valromey

Marcellaz-Albanais

Sévrier

Les Clefs

Flumet

Artemare

Montagny-les-Lanches

Chapeiry

Saint-Jorioz

Serraval

St-Nicolas-la-Chapelle

D 904

Talissieu

Ruffieux

Bloye

74

Notre-Dame-de-B.

St-Martin-de-Bavel

HAUTE-SAVOIE

Entrevernes

Crest-Voland

Albens

Chainaz-les-Frasses

Doussard

N 508

Cohennoz-Crest-Voland

Belley

Saint-Félix

Cusy

Faverges

La Biolle

01
AIN

Saint-Ours

Trévignin

Pallud

Venthon

Brens

Mercury

Albertville

N 516

Aillon-le-Vieux

Verrens-Arvey

Les Déserts

St-Vital

Gresin

N 75

Le Viviers-du-Lac

Aillon-le-Jeune

Novalaise

Chambéry-le-Vieux

N 504

St-Jean-d'Arvey

N 90

St-Genix-sur-Guiers

A 43

CHAMBÉRY

Aiton

Verel-de-Montbel

Vimines

Betton-Bettonet

N 90

La Bridoire

Chamoux-sur-Gelon

Les Abrets

Apremont

Myans

Villard-Léger

73
SAVOIE

St-Albin-de-Vaulserre

N 6

Chapareillan

St-Georges-des-Hurtières

Arc

St-Pierre-d'Entremont

A 43

N 6

St-Pierre-de-Chartreuse

Le Touvet

St-Hilaire-du-Touvet

Jarrier

Saint-Jean-de-Maurienn

A 41

Le Sappey-en-Chartreuse

Isère

D 523

Les Adrets

Fontcouverte-la-Toussouire

St-Jean-d'Arves

GRENOBLE

Vaujany

Valloire

Autrans

Oz-en-Oisans

Lans-en-Vercors

Allemond

Villard-de-Lans

Vizille

N 91

Villard-Reculas

Le Bourg-d'Oisans

N 91

Villar-d'Arène

Séchilienne

Le Monêtier-les-Bains

N 85

Ornon

Romanche

Les Deux-Alpes

Le Gua

Saint-Théoffrey

N 75

Villars-St-Christophe

St-Honoré

Gresse-en-Vercors

St-Laurent-en-Beaumont

Valjouffrey

Monestier-de-Clermont

La Salle-en-Beaumont

Villar-Loubière

Saint-Michel-les-Portes

La Chapelle-en-Valgaudemar

Chichilianne

Le Percy

Mens

St-Sébastien

38
ISÈRE

Drac

05
HAUTES-ALPES

Monestier-du-Percy

Les Costes

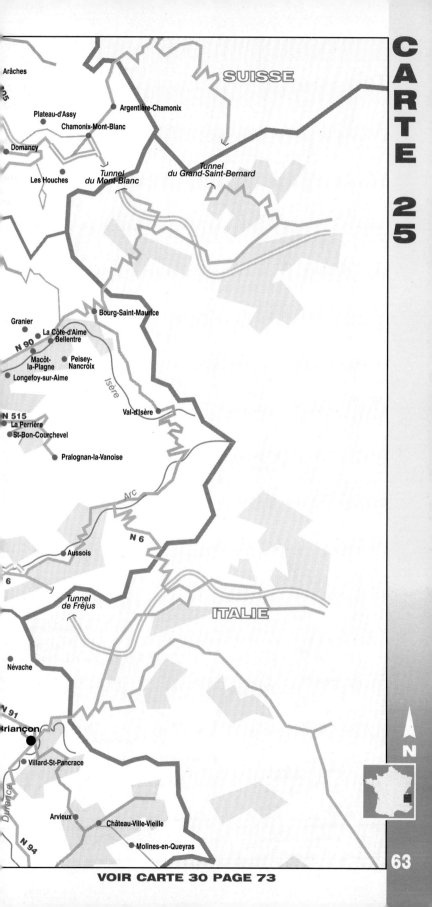

SUISSE

Arâches

Plateau-d'Assy
Chamonix-Mont-Blanc

Argentière-Chamonix

Domancy

Les Houches

*Tunnel
du Mont-Blanc*

*Tunnel
du Grand-Saint-Bernard*

Bourg-Saint-Maurice

Granier

N 90

La Côte-d'Aime
Bellentre

Macôt-
la-Plagne

Peisey-
Nancroix

Longefoy-sur-Aime

Isère

N 515

La Perrière

St-Bon-Courchevel

Val-d'Isère

Pralognan-la-Vanoise

Arc

N 6

Aussois

6

*Tunnel
de Fréjus*

ITALIE

Névache

N 91

riançon

Villard-St-Pancrace

Durance

Arvieux

Château-Ville-Vieille

Molines-en-Queyras

N 94

N

VOIR CARTE 30 PAGE 73

Le Temple

BORDEAUX

D 106

Bassin
d'Arcachon

N 250

A 63

Cap-Ferret

A 66

N 250

N 10

OCÉAN
ATLANTIQUE

A 63

Étang
de Cazaux

Étang
de Biscarosse

Moustey

N 134

N 10

Lüe

Mimizan

Sabres

Luglon

Garein

Lit-et-Mixe

N 134

N 10

Lesperon

Campet-et-Lamolère

Linxe

**MONT-
DE-MARSAN**

Léon

Taller

N 124

St-Perdon

Messanges

D 933

Magescq

Herm

D 924

Soustons

N 124

Adour

Gamarde-les-Bains

Tosse

Seignosse

A 63

St-Geours-
de-Maremne

Dax

Adour

Maylis

Angresse

N 10

Baigts

Hagetma

Saubusse

Clermont

40
LANDES

Bénesse-
Maremne

St-Étienne-
d'Orthe

D 933

Ondres

Saubrigues

Pouillon

Amou

Mar

Biaudos

Port-de-
Lanne

N 117

Tarnos

N 117

Sorde-
l'Abbaye

St-Laurent-de-Gosse
Sames

Hagetaubin

Création & Réalisation INFOGRAPH • 39.55.70.44 •

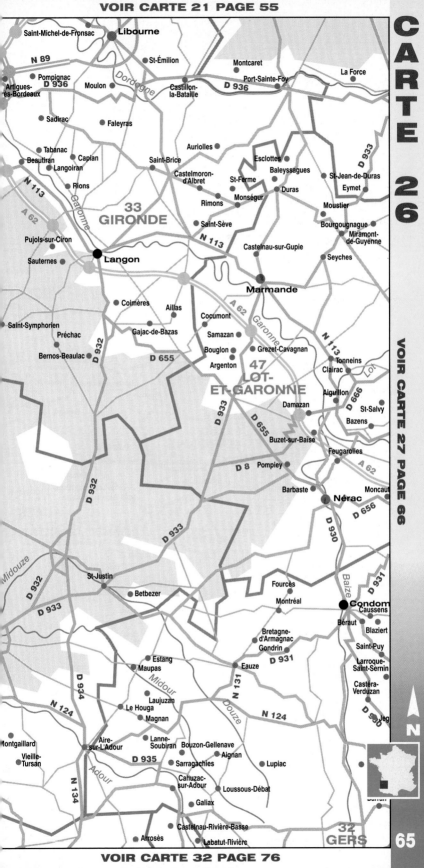

VOIR CARTE 27 PAGE 66

Saint-Michel-de-Fronsac
Libourne
St-Émilion
Montcaret
Port-Sainte-Foy
La Force
N 89
Pompignac
D 936
Artigues-près-Bordeaux
Moulon
Castillon-la-Bataille
D 936
Dordogne
Sadirac
Faleyras
Auriolles
Esclottes
D 933
Tabanac
Beautiran
Capian
Saint-Brice
Castelmoron-d'Albret
St-Ferme
Baleyssagues
St-Jean-de-Duras
Langoiran
Rions
N 113
Rimons
Monségur
Duras
Eymet
A 62
Garonne
33
GIRONDE
Saint-Sève
Moustier
Bourgougnague
Miramont-de-Guyenne
Pujols-sur-Ciron
Langon
N 113
Castelnau-sur-Gupie
Seyches
Sauternes
Marmande
A 62
Coimères
Aillas
Cocumont
Garonne
N 113
Saint-Symphorien
Préchac
Gajac-de-Bazas
Samazan
Grezet-Cavagnan
Tonneins
Lot
Bernos-Beaulac
D 655
Bouglon
Clairac
Argenton
47
LOT-ET-GARONNE
Aiguillon
D 666
St-Salvy
D 933
D 655
Damazan
Bazens
Buzet-sur-Baïse
Feugarolles
A 62
D 932
D 933
D 8
Pompiey
Barbaste
Moncaut
Nérac
D 656
Midouze
D 930
D 932
St-Justin
Fourcès
Baïze
D 931
Betbezer
Montréal
Condom
Caussens
D 933
Béraut
Blaziert
Bretagne-d'Armagnac
Gondrin
Saint-Puy
Estang
Eauze
D 931
Larroque-Saint-Sernin
D 934
Maupas
Midour
Castéra-Verduzan
Laujuzan
N 131
Douze
D 930
N 124
Le Houga
Magnan
N 124
Jeg
Montgaillard
Aire-sur-L'Adour
Lanne-Soubiran
Bouzon-Gellenave
Vieille-Tursan
Aignan
Lupiac
N 134
D 935
Sarragachies
Adour
Cahuzac-sur-Adour
Loussous-Débat
Galiax
32
GERS
Castelnau-Rivière-Basse
Arrosès
Labatut-Rivière
N

CARTE 27

Creation & Réalisation INFOGRAPH • 39.55.70.4 •

66

32 GERS

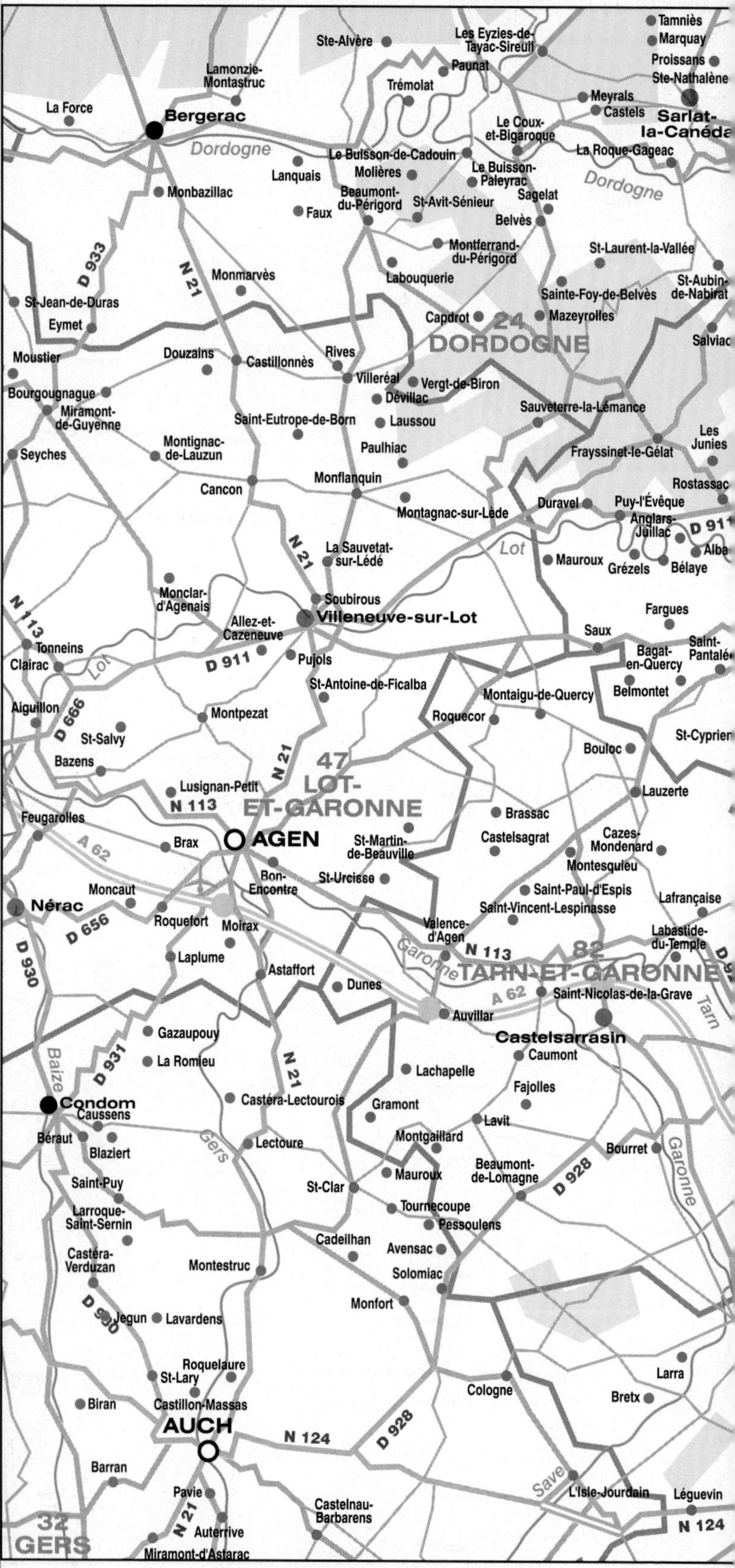

Ste-Alvère
Les Eyzies-de-Tayac-Sireuil
Paunat
Tamniès
Marquay
Proissans
Ste-Nathalène
Lamonzie-Montastruc
Trémolat
Meyrals
Castels
Sarlat-la-Canéda
La Force
Bergerac
Le Coux-et-Bigaroque
La Roque-Gageac
Dordogne
Le Buisson-de-Cadouin
Molières
Le Buisson-Paleyrac
Lanquais
Beaumont-du-Périgord
St-Avit-Sénieur
Sagelat
Monbazillac
Faux
Belvès
St-Laurent-la-Vallée
Montferrand-du-Périgord
Labouquerie
St-Aubin-de-Nabirat
Monmarvès
Sainte-Foy-de-Belvès
Capdrot
Mazeyrolles
Salviac
St-Jean-de-Duras
Eymet
24 DORDOGNE
Moustier
Douzains
Rives
Castillonnès
Villeréal
Vergt-de-Biron
Bourgougnague
Dévillac
Sauveterre-la-Lémance
Miramont-de-Guyenne
Saint-Eutrope-de-Born
Laussou
Les Junies
Seyches
Montignac-de-Lauzun
Paulhiac
Frayssinet-le-Gélat
Cancon
Monflanquin
Rostassac
Montagnac-sur-Lède
Duravel
Puy-l'Évêque
Anglars-Juillac
D 911
Alba
Monclar-d'Agenais
La Sauvetat-sur-Lédé
Mauroux
Grézels
Bélaye
Soubirous
Tonneins
Allez-et-Cazeneuve
Villeneuve-sur-Lot
Fargues
Clairac
D 911
Pujols
Saux
Bagat-en-Quercy
Saint-Pantalé
Aiguillon
St-Antoine-de-Ficalba
Montaigu-de-Quercy
Belmontet
St-Salvy
Montpezat
Roquecor
Bouloc
St-Cyprien
Bazens
47 LOT-ET-GARONNE
Lauzerte
Lusignan-Petit
Brassac
Feugarolles
Castelsagrat
Cazes-Mondenard
Brax
AGEN
Montesquieu
St-Martin-de-Beauville
Saint-Paul-d'Espis
Lafrançaise
Bon-Encontre
St-Urcisse
Saint-Vincent-Lespinasse
Labastide-du-Temple
Moncaut
Nérac
Roquefort
Moirax
Valence-d'Agen
N 113
82
TARN-ET-GARONNE
Laplume
Astaffort
Dunes
Saint-Nicolas-de-la-Grave
Auvillar
Castelsarrasin
Gazaupouy
La Romieu
Lachapelle
Caumont
Fajolles
Castéra-Lectourois
Gramont
Lavit
Condom
Caussens
Montgaillard
Bourret
Béraut
Blaziert
Lectoure
Mauroux
Beaumont-de-Lomagne
D 928
Saint-Puy
St-Clar
Larroque-Saint-Sernin
Tournecoupe
Pessoulens
Castéra-Verduzan
Cadeilhan
Avensac
Montestruc
Solomiac
Jegun
Lavardens
Monfort
Roquelaure
St-Lary
Larra
Biran
Castillon-Massas
Cologne
Bretx
AUCH
N 124
D 928
Barran
L'Isle-Jourdain
Léguevin
Pavie
Auterrive
Castelnau-Barbarens
Miramont-d'Astarac
N 124

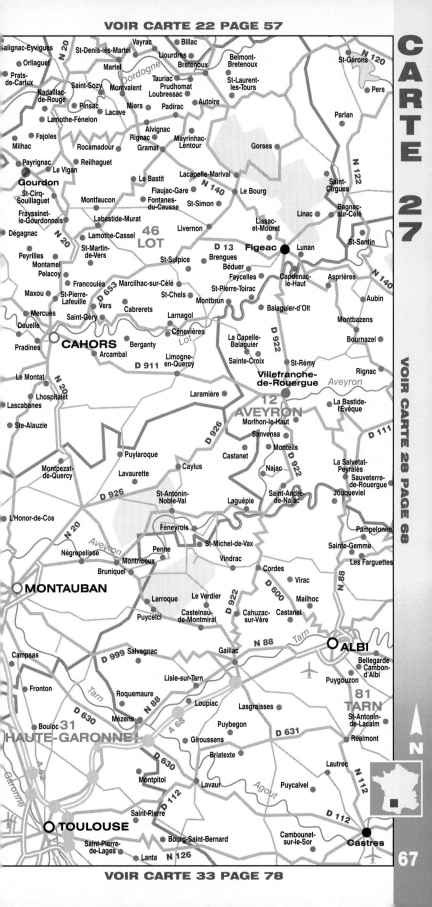

VOIR CARTE 28 PAGE 68

VOIR CARTE 23 PAGE 58

CARTE 28

VOIR CARTE 27 PAGE 67

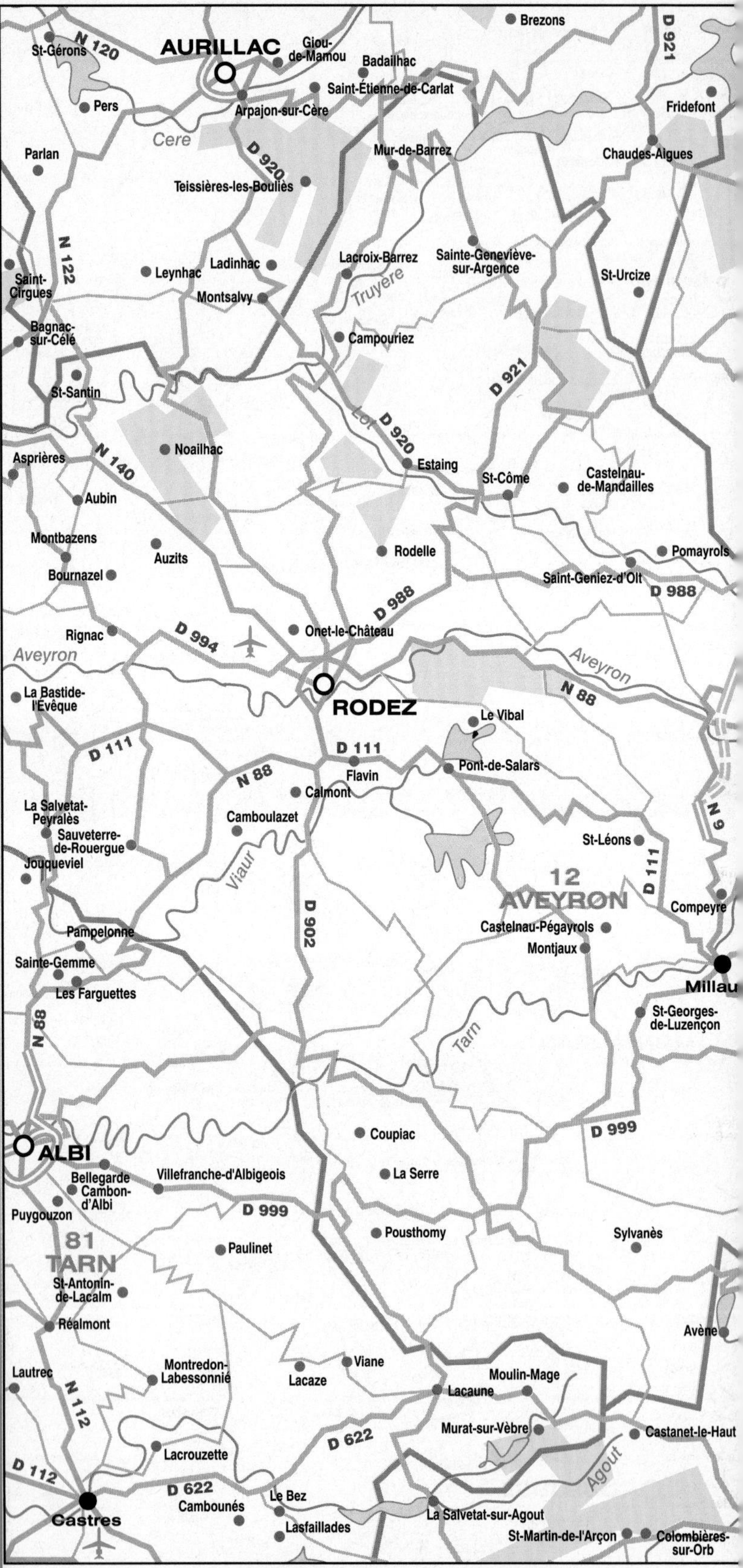

AURILLAC
St-Gérons
N 120
Giou-de-Mamou
Badailhac
Brezons
D 921
Pers
Saint-Étienne-de-Carlat
Arpajon-sur-Cère
Fridefont
Cere
Parlan
D 920
Mur-de-Barrez
Chaudes-Aigues
Teissières-les-Bouliès
N 122
Ladinhac
Lacroix-Barrez
Sainte-Geneviève-sur-Argence
Leynhac
St-Urcize
Saint-Cirgues
Montsalvy
Truyère
Bagnac-sur-Célé
Campouriez
D 921
St-Santin
Lot
D 920
Noailhac
Asprières
N 140
Estaing
St-Côme
Castelnau-de-Mandailles
Aubin
Montbazens
Auzits
Rodelle
Pomayrols
Bournazel
Saint-Geniez-d'Olt
D 988
D 988
Rignac
D 994
Onet-le-Château
Aveyron
Aveyron
La Bastide-l'Évêque
RODEZ
N 88
Le Vibal
D 111
D 111
Pont-de-Salars
N 88
Flavin
Calmont
La Salvetat-Peyralès
Camboulazet
N 9
Sauveterre-de-Rouergue
St-Léons
Jouqueviel
Viaur
D 111
12
AVEYRON
D 902
Compeyre
Castelnau-Pégayrols
Pampelonne
Montjaux
Sainte-Gemme
Millau
Les Farguettes
St-Georges-de-Luzençon
N 88
Tarn
Coupiac
D 999
ALBI
La Serre
Bellegarde
Villefranche-d'Albigeois
Cambon-d'Albi
Puygouzon
D 999
Pousthomy
Sylvanès
81
TARN
Paulinet
St-Antonin-de-Lacalm
Réalmont
Avène
Viane
Montredon-Labessonnié
Lautrec
Lacaze
Moulin-Mage
N 112
Lacaune
Murat-sur-Vèbre
Castanet-le-Haut
D 622
Lacrouzette
Agout
D 112
D 622
Le Bez
Castres
Cambounés
La Salvetat-sur-Agout
Lasfaillades
St-Martin-de-l'Arçon
Colombières-sur-Orb

VOIR CARTE 33 PAGE 79

Création & Réalisation INFOGRAPH • 39.55.70.44 •

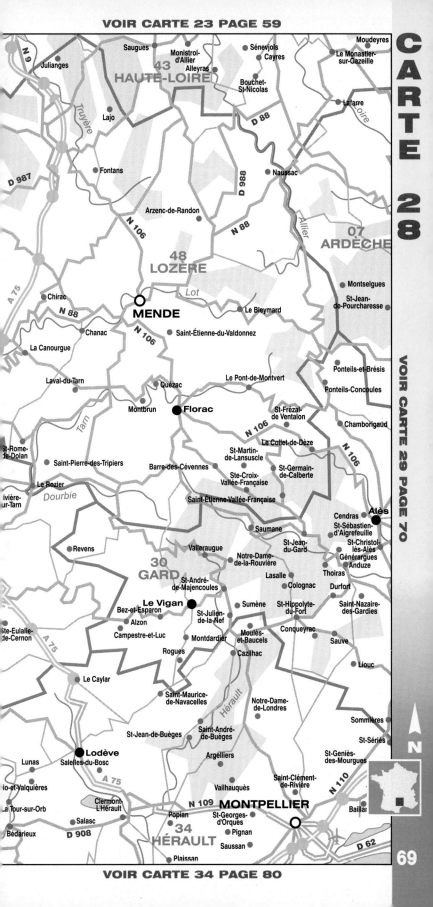

Moudeyres
Le Monastier-sur-Gazeille
St-Clément
St-Martin-de-Valamas
Saint-Basile
VALENC
Les Estables
St-Martial
Vernoux-en-Vivarais
Saint-Georges-les-Bains
Beaumont-lès-Valence
St-Christol
St-Michel-de-Chabrillanoux
Étoile-sur-Rhône
Lafarre
Saint-Pierreville
Sagnes-et-Goudoulet
Usclades-et-Rieutord
Burzet
St-Julien-du-Gua
N 104
Chabrilla
Mirmande
Labastide-sur-Besorgues
Pourchères
Lyas
PRIVAS
Montpezat
Genestelle-Bise
N 102
La Roche-sur-Grane
St-Vincent-de-Barrès
Asperjoc
St-Julien-du-Serre
07
ARDÈCHE
Jaujac
Aubenas
Saint-Laurent-sous-Coiron
Mirabel
N 102
Rochemaure
Montboucher-sur-Jabron
Sauzet
Rocles
Tauriers
St-Germain
Alba-la-Romaine
La Bâtie-Rollar
Montselgues
Beaumont
Sanilhac
Largentière
Montréal
Villeneuve-de-Berg
St-Jean-de-Pourcharesse
Laurac
Rosières
Châteauneuf-du-Rhône
Joyeuse
Lablachère
Chauzon
Pradons
Payzac
Chantemerle-lès-Grignan
Grillo
Les Vans
Chandolas
Gras
St-Remèze
Ponteils-et-Brésis
Berrias
Sampzon
Ardèche
Bourg-Saint-Andéol
St-Paul-Trois-Château
La Baume-de-Transit
Grospierres
Beaulieu
St-Restitut
Ponteils-Concoules
St-Paul-le-Jeune
St-André-de-Cruzières
Barjac
St-Martin-d'Ardèche
Suze-la-Rousse
Chamborigaud
Courry
St-Privat-de-Champclos
Laval-St-Roman
Aiguèze
Lapalud
Tulette
St-Paulet-de-Caisson
Bollène
Saint-Brès
Montclus
Issirac
Pont-St-Esprit
Piolenc
Rocheguc
Potelières
Allègre
Rochegude
Saint-Alexandre
N 86
Sérignan-du-Comtat
Cairan
La Roque-sur-Cèze
Aigues
Camare
sur-Aigu
Servas
Saint-Just-et-Vacquières
Lussan
Orange
Cendras
Alès
St-Sébastien-d'Aigrefeuille
Laudun
Châteauneuf-du-Pape
St-Christol-lès-Alès
Générargues
Anduze
30
GARD
La Bruguière
Rhône
Thoiras
D 981
St-Quentin-la-Poterie
St-Laurent-des-Arbres
Roquemaure
Pujaut
Durfort
Vézénobres
Montaren-et-St-Médiers
La Capelle-et-Masmolène
Villeneuve-lès-Avignon
Saint-Nazaire-des-Gardies
Collorgues
Uzès
Vers-Pont-du-Gard
Rochefort-du-Gard
AVIGNON
N 106
Moussac
Gard
Remoulins
Saze
Sauve
N 110
Aramon
Châteaurenard
Liouc
Saint-Mamert
Barbentane
Nov
Verquières
NÎMES
D 999
Eyragues
Caveirac
Saint-Rémy-de-Provence
Beaucaire
D 99
Sommières
Calvisson
A 9
N 113
Les Baux-de-Provenc
St-Sériès
Junas
Congénies
Aigues-Vives
N 570
Paradou
St-Geniès-des-Mourgues
Villetelle
Fontvieille
Aimargues
Arles
N 110
N 113
Lunel
St-Gilles
N 572
Raphèle-les-Arles
St-Marti
de-Cra
Baillargues
D 979
13
BOUCHES-DU-RHÔNE
D 62
Villeneuve-Camargue
N 568

Création & Réalisation INFOGRAPH • 39.55.70.44 •

VOIR CARTE 28 PAGE 69

VOIR CARTE 30 PAGE 72

Charpey

Châteaudouble

Montvendre

D 538

St-Agnan-en-Vercors

Gresse-en-Vercors

Vassieux-en-Vercors

Monestier-de-Clermont

Saint-Michel-les-Portes

St-Laurent-en-Beaumont
La Salle-en-Beaumont

St-Sébastien

Marignac-en-Diois

Chichilianne   Le Percy   Mens

38
ISÈRE

St-Andéol-en-Quint

Die

Molières-Glandaz

Laval-d'Aix

Monestier-du-Percy

Drôme

D 93

Aix-en-Diois

Glandage

N 75

Piégros-la-Clastre

Recoubeau-Jansac

D 93

Luc-en-Diois

Montmaur

la Repara

Mornans

26
DRÖME

Val-Maravel

D 993

Aspres-sur-Buëch

D 994

Pont-de-Barret

Truinas   Comps

Dieulefit

Charens

Valdrôme

St-Pierre-d'Argençon

Valouse

La Charce

05
HAUTES-
ALPES

Montbrison-sur-Lez

Rémuzat

Montmorin   Serres

Montclus-les-Alpes

Saint-Genis

Valréas

Nyons

Aigues

Rosans

D 94

Bellecombe-Tarendol

St-André-de-Rosans

N 75

34

Mirabel-aux-Baronnies

Bénivay-Ollon

Ouvèze

Laragne-Montéglin

St-Roman-e-Malegarde

Mérindol-les-Oliviers

La Penne-sur-l'Ouvèze

Saint-Auban-sur-l'Ouvèze

Villedieu   Puyméras

D 94

Mollans-sur-Ouvèze

Eygalayes

Roaix

Vaison-la-Romaine

asteau   Entrechaux

Barret-de-Lioure

Montfroc

Noyers-sur-Jabron

Sablet   Séguret

Malaucène

ioles   St-Hippolyte-le-Graveyron

Le Barroux

04
ALPES-DE-
HAUTE-
PROVENCE

St-Étienne-les-Orgues

acqueras   Crillon-le-Brave   Bédoin

Aurel

Saumane

Aubignan

Loriol-du-Comtat   Caromb

Monieux   Saint-Trinit

Cruis

Montlaux

D 950

Mazan

Mormoiron

Villes-sur-Auzon

Sigonce   Lurs

D 942

Carpentras

Malemort-du-Comtat

D 12

Monteux   Venasque

Lagarde-d'Apt

Simiane-la-Rotonde

Entraigues

84
VAUCLUSE

Forcalquier

Pernes-les-Fontaines

Saumane-de-Vaucluse

Murs

St-Saturnin-d'Apt

N 100

Dauphin

t-Saturnin-es-Avignon   Velleron

Fontaine-de-Vaucluse

Joucas   Rustrel   Viens   Reillanne

Villeneuve

Châteauneuf-de-G.

Gordes

Saint-Pantaléon (Gordes)

St-Martin-de-Castillon   Céreste

St-Martin-les-Eaux

Le Thor   Lagnes

L'Isle-sur-la-Sorgue   Cabrières-d'Avignon

Roussillon

Apt

Manosque

Caumont-ur-Durance   Les Beaumettes

Goult

Saignon

abannes   Cavaillon   Robion   Maubec

N 100

Lacoste   Buoux   Sivergues

Manosque

Oppède

Ménerbes

Bonnieux

Pierrevert

Eygalières

Lourmarin

Grambois

D 973

Lauris

Durance

Cadenet

Gina

A 7

Vernègues

La Roque-d'Anthéron

Villelaure   Pertuis

N 569

Rognes

Le Puy-Sainte-Réparade

Peyrolles

La Barben

D 572

Lambesc

13
BOUCHES-DU-RHÔNE

Artigues

A 54

Grans

A 7

Puyricard

N 7

Aix-en-Provence

N 1569

N 113

Ventabren

Vauvenargues

St-Marc-Jaumegarde

Pourrières

71

VOIR CARTE 29 PAGE 71

Création & Réalisation INFOGRAPH • 39.55.70.44 •

Valjouffrey

St-Laurent-en-Beaumont
La Salle-en-Beaumont

St-Sébastien

Villard-St-Pancrac

38 ISÈRE

Villar-Loubière

La Chapelle-en-Valgaudemar

Arvieux

Les Costes

05 HAUTES-ALPES

N 94

Bénévent-et-Charbillac

Orcières

Poligny N 85

St-Jean-St-Nicolas

Châteauroux-les-Alpes

Ancelle

St-André-d'Embrun

Montmaur

Rambaud

N 94

Lac de Serre-Ponçon

Embrun

GAP

Chorges

Crots
Savines-le-Lac

D 994

Manteyer

Fouillouse

Le Lauzet-Ubaye

05 HAUTES-ALPES

N 85

Venterol

St-Vincent-les-Forts

D 900

Rioclar-Revel

Ubaye

Barcelonnette

Saint-Genis

Durance

Selonnet

Seyne-les-Alpes

N 75

Bayons

Reynier

La Foux-d'Allos

Laragne-Montéglin

A 51

Authon

04 ALPES-DE-HAUTE-PROVENCE

Noyers-sur-Jabron

Peïpin

Thoard

Thorame-Basse

Volonne

St-Étienne-les-Orgues

N 85

Bléone

DIGNE-LES-BAINS

Verdon

Cruis

Les Mées

Allons

Montlaux

Peyruis

Sigonce

Lurs

D 12

Mézel

Angles

N 202

Forcalquier

Dauphin

Le Castellet

N 100

St-Martin-les-Eaux

Villeneuve

Oraison

N 85

Manosque

Valensole

Roumoules

Castellane

Manosque

Durance

Allemagne-en-Provence

Lac de Ste Croix

Chasteuil

Pierrevert

Aiguines

Bargème

Verdon

Bauduen

Ginasservis

La Verdière

Montmeyan

Aups

Montferrat

Claviers

Varages

Salernes

Draguignan

Artigues

Tavernes

Barjols

Pontevès

Cotignac

83 VAR

Pourrières

Lorgues

Trans-en-Provence

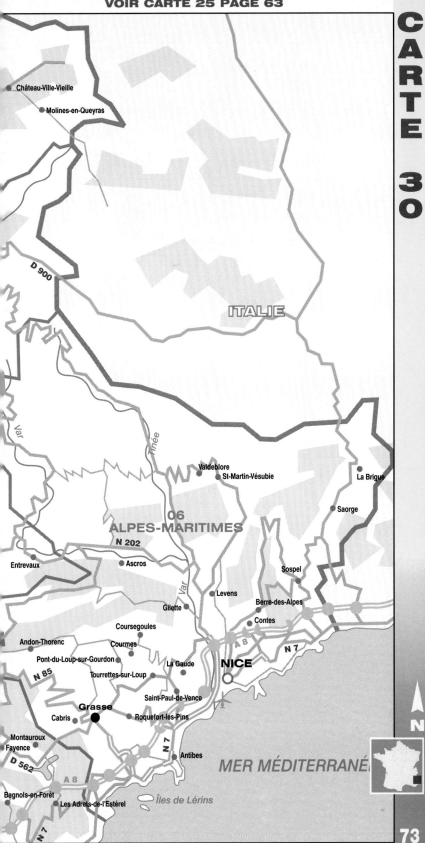

CARTE 30

Château-Ville-Vieille

Molines-en-Queyras

D 900

ITALIE

Var

Tinée

Valdeblore
St-Martin-Vésubie

La Brigue

Saorge

06
ALPES-MARITIMES

N 202

Entrevaux

Ascros

Sospel

Levens

Var

Berre-des-Alpes

Gilette

Contes

Coursegoules

Andon-Thorenc

Courmes

A 8

N 7

Pont-du-Loup-sur-Gourdon

La Gaude

N 85

Tourrettes-sur-Loup

NICE

Saint-Paul-de-Vence

Grasse

Cabris

Roquefort-les-Pins

Montauroux

Fayence

N 7

D 562

Antibes

MER MÉDITERRANÉ

A 8

Bagnols-en-Forêt

Îles de Lérins

Les Adrets-de-l'Estérel

N 7

N

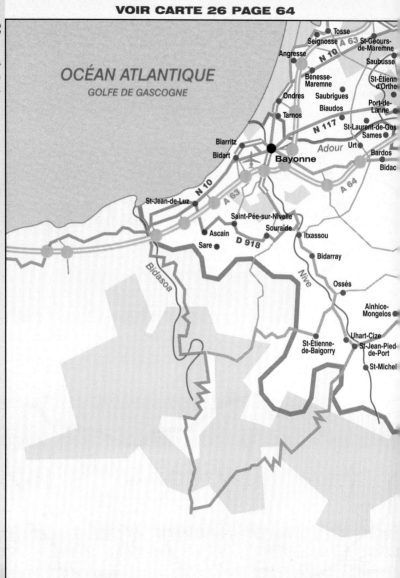

OCÉAN ATLANTIQUE
GOLFE DE GASCOGNE

Tosse
Seignosse · St-Geours-de-Maremne
Angresse · A 63 · N 10
Saubusse
Bénesse-Maremne
St-Étienne d'Orthe
Ondres · Saubrigues
Biaudos · Port-de-Lanne
Tarnos · N 117
St-Laurent-de-Gos
Biarritz · Adour · Sames
Bidart · Bayonne · Urt
Bardos
Bidac
N 10 · A 63 · A 64
St-Jean-de-Luz
Saint-Pée-sur-Nivelle
Souraïde
Ascain · D 918 · Itxassou
Sare
Bidarray
Ossés
Ainhice-Mongelos
Uhart-Cize
St-Étienne-de-Baigorry · St-Jean-Pied-de-Port
St-Michel
Bidasoa
Nive

Création & Réalisation iNFOGRAPH · 39.55.70.44 ·

dour

Dax

Clermont

Baigts

Maylis

Montgaillard

Aire-sur-L'Adour

Vieille-Tursan

Hagetmau

40 LANDES

Pouillon

Amou

Mant

N 134

Adour

N 117

Sorde-l'Abbaye

Hagetaubin

Came

Mesplède

Salies-de-Béarn

A 64

Casteide-Cami

Thèze

Coslédaà-Lube-Boast

Caubios-Loos

Orègue

Castetbon

Sauvelade

Gave de Pau

N 117

Serres-Castet

Gabat

64

N 134

PYRÉNÉES-ATLANTIQUES

Aïcirits-Camou-Suhast

Lay-Lamidou

Monein

Gave d'Oloron

Lucq-de-Béarn

Laroin

PAU

N 117

D 933

Saint-Faust-de-Haut

Artigueloutan

Espoey

D 937

Oléron-Sainte-Marie

Estialescq

Lasseube

Angaïs

Boeil-Bezing

Barcus

Bosdarros

Féas

Agnos

Haut-de-Bosdarros

N 134

Ogeu-les-Bains

Asson

St-Pé-de-Bigorre

Lanne

Issor

Buzy

D 934

Montory

Louvie-Juzon

Bruges-Capbis-Mifaget

Castet

Gave D'Aspe

N 134

Aydius

Arbéost

Accous

ESPAGNE

N

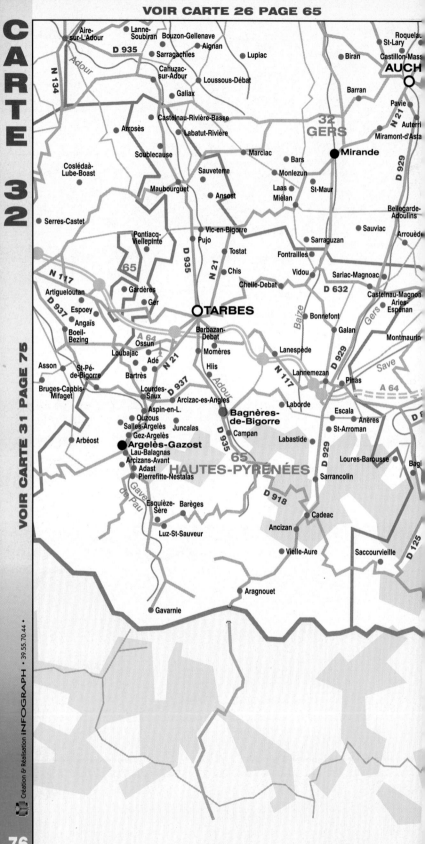

VOIR CARTE 31 PAGE 75

Création & Réalisation iNFOGRAPH • 39.55.70.44 •

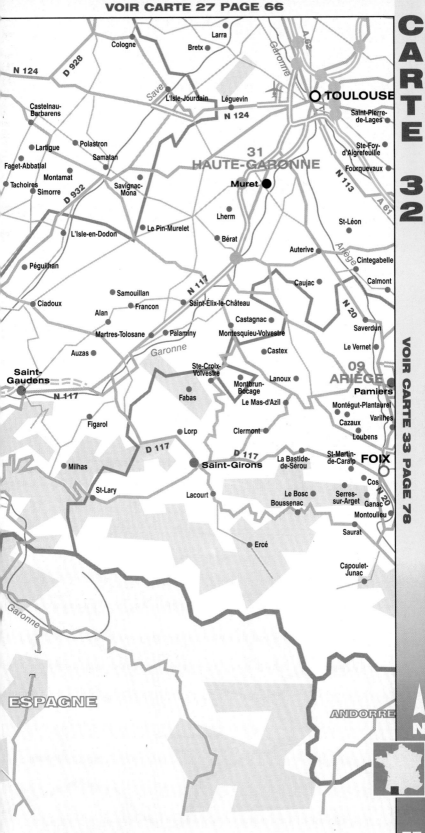

VOIR CARTE 33 PAGE 78

VOIR CARTE 32 PAGE 77

Briatexte

Montredon-Labessonnié

Lautrec

Montpitol

N 112

Lavaur

Puycalvel

D 630

Agout

Lacrouzette

D 112

Saint-Pierre

D 112

D 622

Cambounès

TOULOUSE

Bourg-Saint-Bernard

Cambounet-sur-le-Sor

Castres

Saint-Pierre-de-Lages

Lanta

N 126

Ste-Foy-d'Aigrefeuille

Caraman

Lempaut

Lagardiolle

Escoussens

D 621

N 112

N 113

Fourquevaux

Garrevaques

D 622

Dourgne

Aiguefonde

Cambiac

31

HAUTE-GARONNE

St-Amancet

Mauremont

Vaux

St-Félix-Lauragais

A 61

Avignonet-Lauragais

Montmaur

Les Brunels

Labastide-Esparbairenque

Fontiers-Cabardès

D 624

St-Papoul

Saissac

Salsigne

St-Léon

Saint-Martin-Lalande

Villespy

Montolieu

D 118

Ariège

Cintegabelle

Marquein

N 113

St-Martin-le-Vieil

Aragon

Calmont

Molandier

Pennautier

N 20

Laurabuc

Saverdun

Pech-Luna

Cazalrenoux

CARCASSONNE ○

Le Vernet

Montaut

Gaja-la-Selve

09

ARIÈGE

Gaudiés

Brézilhac

Cavanac

Le Carlaret

Villarzel-du-Razès

D 118

Cazilhac

Pamiers

D 119

Montégut-Plantaurel

Varilhes

Peyrefitte-du-Razès

Limoux

Cazaux

Dun

D 625

Camon

Villelongue-d'Aude

Clermont-sur-Lauquet

Loubens

Ventenac

Sonnac-sur-l'Hers

St-Martin-de-Caralp

FOIX ○

Leran

Montbel

Bouriège

Bouisse

Cos

Espéraza

Luc-sur-Aude

Arques

Serres-sur-Arget

Ganac

N 20

St-Paul-de-Jarrat

Sougraigne

Montoulieu

Villeneuve-d'Olmes

Puivert

Saurat

Camps-sur-l'Agly

Capoulet-Junac

Ariège

Marsa

D 117

Verdun

Unac

N 20

Ignaux

Gincla

Montfort-sur-Boulzane

Mosset

ANDORRE

Prades

Font-Romeu-Odeilla-Via

N 20

N 116

Mantet

Création & Réalisation iNFOGRAPH · 39.55.70.44 ·

ESPAGNE

VOIR CARTE 34 PAGE 80

Viane
Lacaze
Moulin-Mage
Lacaune
Murat-sur-Vèbre
D 622
Le Bez
Lasfaillades
La Salvetat-sur-Agout
Labastide-Rouairoux
81 TARN
Courniou
St-Pons-de-Thomières
N 112
Vélieux
Minerve
Aigues-Vives
La Caunette
Pouzols-Minervois
Azille
Laure-Minervois
Badens
D 610
Puichéric
Montbrun-des-Corbières
D 5
Ventenac-en-Minervois
Moux
Fontcouverte
N 113
N 113
A 61
Lagrasse
11 AUDE
Saint-Martin-des-Puits
Albières
Soulatgé
Padern
Cucugnan
D 117
Cases-de-Pène
PERPIGNAN
N 116
Ille-sur-Têt
Castelnou
66
PYRÉNÉES-ORIENTALES
Caixas
Tordères
Oms
Montferrer
D 115
Prats-de-Mollo-La-Preste
Tech
Céret
A 9
Ortaffa
Argelès-sur-Mer
Elne
Villeneuve-de-la-Raho
N 9
D 114
D 617
Tét

Agout

Lodève
Lunas
Salelles-du-Bosc
A 75
Dio-et-Valquières
Castanet-le-Haut
La Tour-sur-Orb
Clermont-L'Hérault
Bédarieux
Salasc
D 908
St-Martin-de-l'Arçon
Colombières-sur-Orb
Adissan
Ferrières-Poussarou
Roquebrun
Autignac
Caux
34 HÉRAULT
Orb
Pouzolles
St-Chinian
Puimisson
Lieuran-lès-Béziers
Maraussan
D 900
Béziers
Bessan
Maureilhan
Quarante
D 11
N 9
N 112 Vias
Mirepeisset
Villeneuve-lès-Béziers
Nissan-lez-Enserune
Salles-d'Aude
N 9
Aude
A 9
Narbonne
Étang de Bages et de Sigean
Bages
Prat-de-Cest
N 9
Portel-des-Corbières
Villesèque-des-Corbières
9
Étang de Leucate

N

79

VOIR CARTE 33 PAGE 79

C A R T E

3 4

Lodève
Salelles-du-Bosc

A 75

Argelliers

St-Geniès-
des-Mourgues

Villetelle

Aimargue

Vailhauquès

Saint-Clément-
de-Rivière

N 110

N 113

Lunel

Clermont-
L'Hérault

N 109 **MONTPELLIER**

Baillargues

D 979

Popian

St-Georges-
d'Orques

Salasc

34

Pignan

D 908

HÉRAULT

Saussan

Plaissan

D 62

Adissan

Mireval

Caux

*Étang
de Vic*

Pouzolles

N 113

A 9

N 112

Montagnac

N 9

*Étang
de Tau*

Balaruc-le-Vieux

Pomérols

Bessan

Florensac

N 112 Vias

Villeneuve-
lès-Béziers

MER MÉDITERRANÉE

GOLFE DU LION

Création & Réalisation **INFOGRAPH** • 39.55.70.44 •

VOIR CARTE 35 PAGE 82

CARTE 35

VOIR CARTE 34 PAGE 81

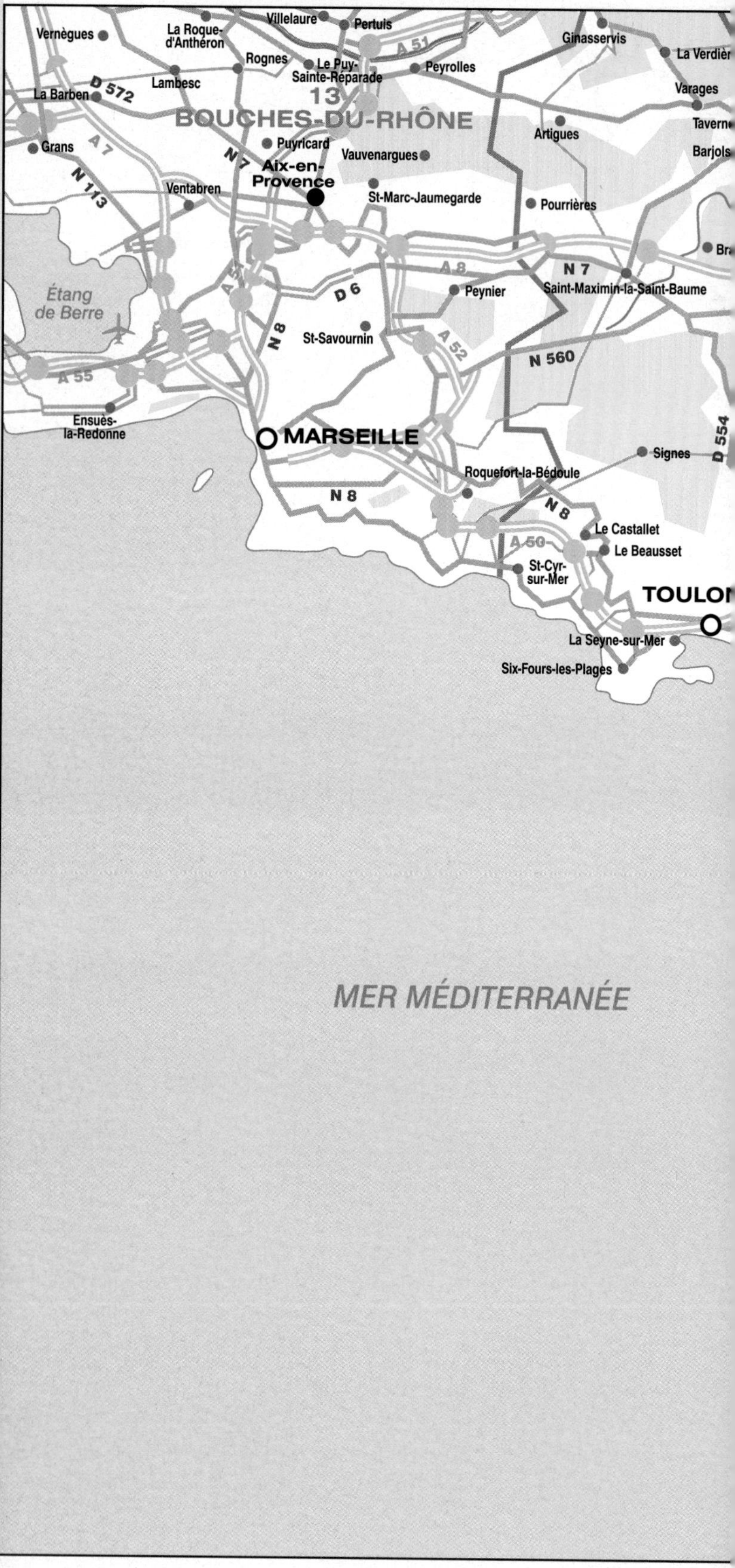

Vernègues

La Roque-d'Anthéron

Villelaure

Pertuis

Rognes

Le Puy-Sainte-Réparade

Peyrolles

Ginasservis

La Verdièr

La Barben

Lambesc

D 572

13
BOUCHES-DU-RHÔNE

Varages

Tavern

Grans

A 7

N 7

Puyricard

Aix-en-Provence

Vauvenargues

Artigues

Barjols

Ventabren

N 113

St-Marc-Jaumegarde

Étang de Berre

A 8

N 7

Bra

Peynier

Saint-Maximin-la-Saint-Baume

A 55

N 8

D 6

St-Savournin

A 52

N 560

Pourrières

D 554

Ensuès-la-Redonne

O **MARSEILLE**

N 8

Roquefort-la-Bédoule

Signes

N 8

A 50

Le Castallet

Le Beausset

St-Cyr-sur-Mer

TOULON O

La Seyne-sur-Mer

Six-Fours-les-Plages

MER MÉDITERRANÉE

Création & Réalisation INFOGRAPH • 39.55.70.44 •

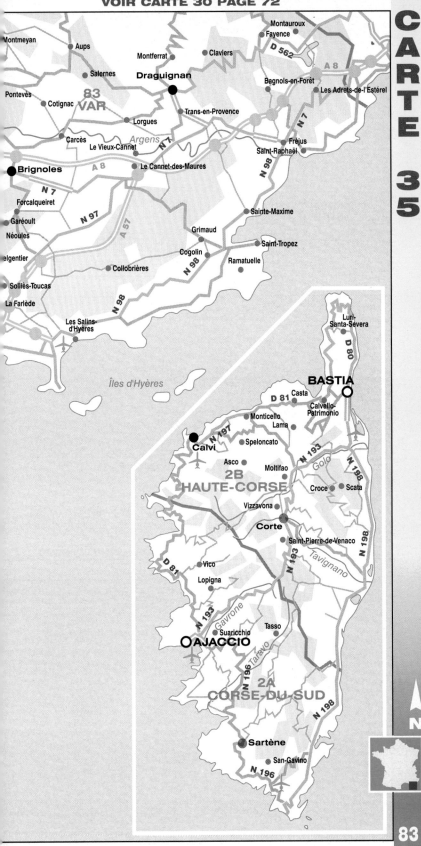

LA GUADELOUPE

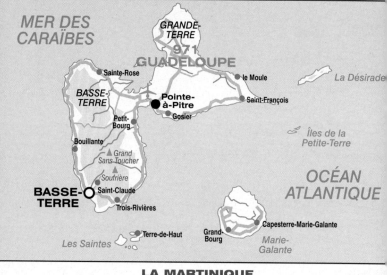

MER DES CARAÏBES

GRANDE-TERRE

971
GUADELOUPE

BASSE-TERRE

Sainte-Rose

le Moule

La Désirade

Pointe-à-Pitre

Saint-François

Gosier

Petit-Bourg

Îles de la Petite-Terre

Bouillante

▲ Grand Sans Toucher

▲ Soufrière

OCÉAN ATLANTIQUE

BASSE-TERRE

Saint-Claude

Trois-Rivières

Terre-de-Haut

Grand-Bourg

Capesterre-Marie-Galante

Les Saintes

Marie-Galante

LA MARTINIQUE

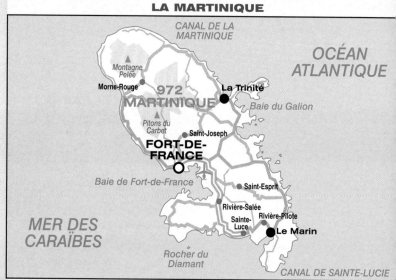

CANAL DE LA MARTINIQUE

OCÉAN ATLANTIQUE

Montagne Pelée

Morne-Rouge

972
MARTINIQUE

La Trinité

Baie du Galion

▲ Pitons du Carbet

Saint-Joseph

FORT-DE-FRANCE

Baie de Fort-de-France

Saint-Esprit

Rivière-Salée

Rivière-Pilote

Sainte-Luce

Le Marin

MER DES CARAÏBES

Rocher du Diamant

CANAL DE SAINTE-LUCIE

LA RÉUNION

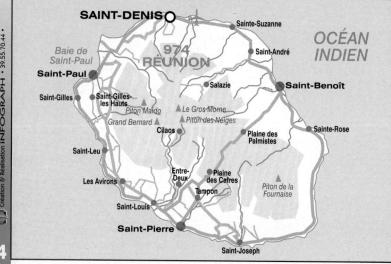

SAINT-DENIS

Sainte-Suzanne

OCÉAN INDIEN

Baie de Saint-Paul

974
RÉUNION

Saint-André

Saint-Paul

Salazie

Saint-Benoît

Saint-Gilles

Saint-Gilles-les-Hauts

Piton Maïdo

▲ Le Gros Morne

Grand Bernard ▲

▲ Piton des Neiges

Cilaos

Plaine des Palmistes

Sainte-Rose

Saint-Leu

Entre-Deux

Plaine des Cafres

Les Avirons

Tampon

▲ Piton de la Fournaise

Saint-Louis

Saint-Pierre

Saint-Joseph

Création & Réalisation INFOGRAPH • 39.55.70.44 •

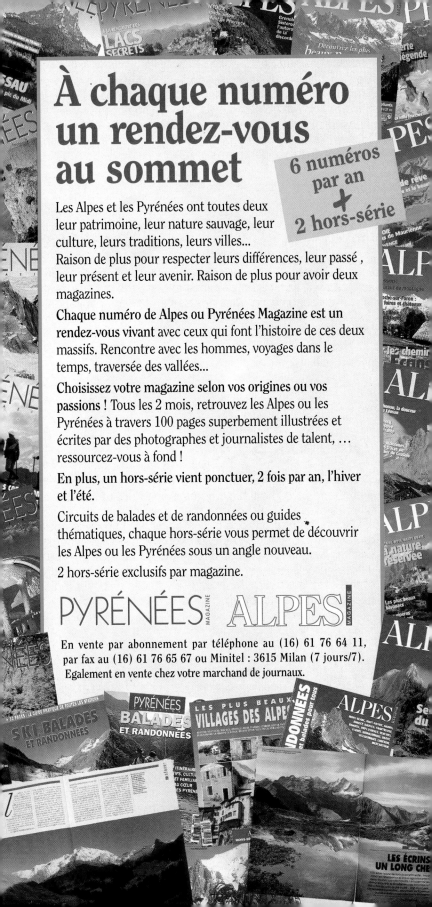

À chaque numéro un rendez-vous au sommet

6 numéros par an + 2 hors-série

Les Alpes et les Pyrénées ont toutes deux leur patrimoine, leur nature sauvage, leur culture, leurs traditions, leurs villes...
Raison de plus pour respecter leurs différences, leur passé , leur présent et leur avenir. Raison de plus pour avoir deux magazines.

Chaque numéro de Alpes ou Pyrénées Magazine est un rendez-vous vivant avec ceux qui font l'histoire de ces deux massifs. Rencontre avec les hommes, voyages dans le temps, traversée des vallées...

Choisissez votre magazine selon vos origines ou vos passions ! Tous les 2 mois, retrouvez les Alpes ou les Pyrénées à travers 100 pages superbement illustrées et écrites par des photographes et journalistes de talent, … ressourcez-vous à fond !

En plus, un hors-série vient ponctuer, 2 fois par an, l'hiver et l'été.

Circuits de balades et de randonnées ou guides thématiques, chaque hors-série vous permet de découvrir les Alpes ou les Pyrénées sous un angle nouveau.

2 hors-série exclusifs par magazine.

PYRÉNÉES MAGAZINE   ALPES MAGAZINE

En vente par abonnement par téléphone au (16) 61 76 64 11, par fax au (16) 61 76 65 67 ou Minitel : 3615 Milan (7 jours/7). Egalement en vente chez votre marchand de journaux.

Bed and Breakfast Accommodation

Bed and Breakfast accommodation is set in privately-owned French homes (farms, manor houses, châteaux) and run by families who will welcome you like friends of the family and be pleased to help you get to know their region. You can choose to stay for one or more nights in a quiet, relaxing setting, with no more than six bedrooms.

Breakfast

A copious breakfast is always included in the price of an over-night stay and will give you the chance to taste the various local specialities. Depending on your hostess's culinary inspiration, there will be a choice of home-made jams, fresh farmhouse bread, Viennese or home-baked pastries, chesse and dairy pro-ducts or local charcuterie. An ideal way to start the dy, in a friendly and relaxing atmosphere.

The Table d'Hôtes ⓉⒽ

One hostess in three offers the possibility of sharing meals with the family. The table d'hôtes is a very flexible arrangement whereby you can opt for one meal only, or full-board. This faci-lity is available to patrons only. The table d'hôtes is not a res-taurant, and it is advisable to let your hosts know whether you wish to use this service. If your hosts do not provide table d'hôtes meals, they will be able to recommend the addresses of the best local restaurants where you can discover regional or traditional French cooking.

How to Book

Each entry in this guidebook gives the owner's or Reservation Service address and phone number so that you can call or apply in writing. For longer stays, it is best to book in advance so that an agreement can be drawn up. Never forget that you are staying in other people's homes and that they do not provide the same services as a hotel. If, for any reason, you think that you might arrive later than the expected time, let your hosts know.
You should also inform them ahead of time, if you are travelling with pets.

Prices

The price given in each entry is for an overnight stay, according to the number of people sharing the room, and includes breakfast. Please note that some prices may change at the end of the year, particularly in departments whose 1997 catalogues are published in the autumn. For the table d'hôtes service (TH) , prices are given as a guideline only.

Abbreviations and Symbols

NN Ears of Corn Rating System

E. C. Awaiting classification

⅄NN 1 ear of corn (new standards)
Basic rooms to suit low budgets.

⅄⅄NN 2 ears of corn (new standards)
Comfortable rooms, with — at the very least — a private shower room or bathroom.

⅄⅄⅄NN 3 ears of corn (new standards)
High level of comfort, each room has a fully-fitted private bathroom with shower or bath, wash basin and wc.

⅄⅄⅄⅄NN 4 ears of corn (new standards)
Exceptional level of comfort (each room has its own private bathroom), in residences with character, in outstanding settings.

Whichever category you choose, your hosts will ensure that your stay is an enjoyable one.

How To Find Your Bed
& Breakfast Accommodation

1. Choose the region you are interested in from the map of France (pages 12-13).

2. Refer to the map of the region (map number for the selected region).

3. Choose the area :
   • either from the map
   • or from the list of places arranged by in alphabetical order (page 96).

4. Find your accommodation in the guide by looking up the list of places arranged by region and department.

5. Either phone the owners directly or apply in writing.

IMAGINEZ

des écoles,
des maisons,
des projets...
bâtis
pour vous.

L'Imagination dans le Bon Sens

FCB · C.N C.A. SA · 91/93, bd Pasteur 75015 Paris · RCS Paris B 784 608 416

La Montagne
& Alpinisme

**CHAQUE TRIMESTRE
UN RENDEZ-VOUS À NE PAS MANQUER.**

La Montagne et Alpinisme :
• une revue pas comme les autres
écrite par ses lecteurs.
• un regard différent sur la montagne
et, un tarif d'abonnement défiant toute concurrence!

4 NUMÉROS PAR AN
ABONNEMENT FRANCE : 148 F

Nom _____ Prénom _____

Adresse _____

_____ code postal _____

Bureau distributeur _____

Après avoir complété ce bon, retournez-le, accompagné de votre règlement au
CLUB ALPIN FRANÇAIS. 24, avenue de Laumière, 75019 PARIS.

Das Gästezimmer

Privatbesitzer haben ihr Haus (Landhaus, Gutshof, Besitztum, Schloß...) so eingerichtet, daß Sie dort als Freunde aufgenommen werden können und die Gegend kennenlernen und erforschen können. In einer angenehmen, ruhigen Umgebung, mit maximal 6 Zimmern werden Sie eine oder mehrere Nächte in einer freundschaftlichen Atmosphäre verbringen.

Das Frühstück

Stets im Übernachtungspreis inbegriffen wird Ihnen das reichhaltige Frühstück Gelegenheit geben, die verschiedenen ortsbedingten Spezialitäten zu probieren. Je nach Einfallsreichtum Ihrer Gastgeberin werden Sie hausgemachte Marmeladen, frisches Landbrot aber auch Selbstgebackenes, Käse und Milchprodukte oder ländliche Fleisch- und Wurstwaren kosten können. Vom Tagesbeginn an ein markierender Moment reich an Austausch und gemütlichem Beisammensein.

Die « Gästetafel »

Jede dritte Hausfrau bietet Ihnen die Möglichkeit, an ihrem Gästetisch zu speisen. Auf diese sehr anpaßungsfähige Weise (ein einfaches Essen, Halb-oder Vollpension) können Sie Ihr Essen am Familientisch einnehmen oder ein gastronomisches Mahl gereicht bekommen. Es ist zu berücksichtigen, daß die Gästetafel nur für Gäste bestimmt ist, die auch übernachten. Außerdem wird geraten, da es sich bei der « Gästetafel » nicht um ein Restaurant handelt, sofort bei der Reservierung anzugeben ob Sie diese Möglichkeit wahrhaben wollen. Wenn keine Gästetafel angeboten wird, können Ihnen die Gastgeber auf Wunsch die besten in der Nähe gelegenen Adressen mitteilen, die Ihnen erlauben eine traditionelle und ortsgebundene Kochkunst auszuprobieren.

Wie reservieren Sie Ihr Zimmer?

In jeder in diesem Führer befindlichen Beschreibung finden Sie die Adresse des Besitzers oder des Reservierungsdienstes, an den Sie sich per Telefon oder per Post wenden können. Bei längeren Aufenthalten wird empfohlen rechtzeitig vorher zu reservieren, damit ein Vertrag erstellt werden kann. Vergessen Sie nie, daß Sie bei Privatleuten wohnen, die nicht dieselben Dienste wie ein Hotel anbieten; so wird auch gebeten, daß Sie bei eventueller verspäteter Ankunft die Hausbesitzer davon in Kenntnis setzen. Sollten Sie mit Haustieren reisen ist es auch hier empfehlenswert, dies den Besitzern vorher anukündigen.

Was müssen Sie bezahlen?

Der in jeder Beschreibung angegebene Preis versteht sich pro Nacht, je nach Anzahl der ein und dasselbe Zimmer besetzenden Personen; Frühstück inbegriffen. Achtung!! Bestimmte Preise Können zum Jahresende hin leicht geändert werden, vor allem in denjenigen der Départements deren Katalog 1996 bereits seit Herbst zur Verfügung ist. Die Preise für die Gästetafel (TH) sind unverbindlich.

Abkürzungen und Symbole

Klassifizierung in Ähren NN

E. C. *Auf der Warteliste zur Klassifizierung*

⅏NN *1 Ähre Neue Normen*

⅏⅏NN *2 Ähren Neue Normen*
Bequem eingerichtete Zimmer, jedes mindestens mit eigener
Waschgelegenheit oder eigenem Badezimmer

⅏⅏⅏NN *3 Ähren Neue Normen*
Sehr bequem eingerichtete Zimmer, jedes mit eigenen kompletten sanitären Einrichtungen (Dusche oder Bad, Waschbecken und WC)

⅏⅏⅏⅏NN *4 Ähren Neue Normen*
Zimmer mit besonderem Komfort (eigene sanitäre Einrichtungen in jedem Zimmer), in charaktervollen Wohnsitzen deren Umgebung hervorzuheben ist. Häufig werden zusätzliche Dienstleistungen angeboten.

Welche Klassifizierung auch immer Sie wählen mögen, das Anliegen der Gastgeber ist es, Ihnen einen angenehmen Aufenthalt zu sichern.

Wie finden Sie Ihr Gästezimmer?

1. *Suchen Sie sich auf der Frankreichkarte Ihre gewünschte Region aus (Seiten 12 und 13)*

2. *Beziehen Sie sich auf die Regionalkarte (je nach Kartennummer der ausgewählten Gegend).*

3. *Wählen Sie Ihren Ort:*
   - *entweder auf der Karte*
   - *oder auf der Liste der Ortschaften, nach Departements aufgeführt (Seite 96)*

4. *Sie finden Ihr Zimmer im Führer, in dem Sie in der alphabetischen Ortsliste suchen.*

5. *Jetzt brauchen Sie nur noch Ihren Gastgeber anzurufen oder ihm zu schreiben.*

Les petits déjeuners en chambres d'hôtes

Fiche à retourner avant le 31 décembre 1996 à :

FÉDÉRATION NATIONALE DES GÎTES DE FRANCE
56, rue Saint-Lazare - 75009 Paris

———

- Veuillez citer 1 à 3 chambres d'hôtes figurant dans ce guide, où vous avez tout particulièrement apprécié le petit déjeuner.

- Vos réponses nous aideront à promouvoir le petit déjeuner en chambres d'hôtes et vous permettront peut-être de gagner un week-end en chambres d'hôtes Gîtes de France.

nom du client ....

nationalité .... **téléphone** (facultatif) : ....

profession ....

adresse ....

date et signature ....

———

nom et numéro du département ....

nom du propriétaire de chambres d'hôtes ....

localité et code postal ....

———

nom et numéro du département ....

nom du propriétaire de chambres d'hôtes ....

localité et code postal ....

———

nom et numéro du département ....

nom du propriétaire de chambres d'hôtes ....

localité et code postal ....

Le plein de campagne.

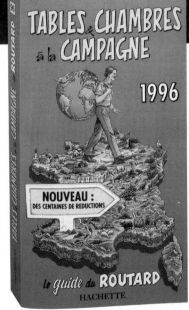

De la chaumière bretonne au chalet savoyard, en passant par la gentilhommière bourguignonne ou le mas provençal, ce nouveau guide vous souffle 1 400 adresses de gîtes, fermes auberges, chambres et tables d'hôtes. Laissez-vous bercer par les duvets de plume, le charme du terroir, les bons vins et les fumets d'antan. Régalez-vous d'une France authentique enfin retrouvée.

Le guide du Routard.
La liberté pour seul guide.

Hachette Tourisme

GITES DE FRANCE

L'ART DE VIVRE SES VACANCES

50.000 adresses de vacances en France
Métrope et Outre-Mer
Campagne - Mer - Montagne
GîtesRuraux - Chambres d'Hôtes
Campings - Gîtes d'Etape et de Séjour
Chalets-Loisirs - Gîtes d'Enfants

MAISON DES GITES DE FRANCE
35, rue Godot de Mauroy
75439 Paris Cedex 09
Nouvelle adresse courant 96 :
59, rue Saint Lazare 75009 Paris
Tél : (1) 49 70 75 75
Fax : (1) 49 70 75 76
Minitel 3615 code Gîtes de France
    11 guides nationaux
    95 guides départementaux

3615 Gîtes de France
1,29 F /mn

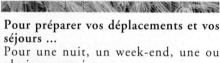

Pour préparer vos déplacements et vos séjours ...
Pour une nuit, un week-end, une ou plusieurs semaines ...
Demandez nos guides nationaux à la Maison des Gîtes de France en renvoyant ce coupon-réponse ou sa copie

Guides nationaux également disponibles en librairies

- -

☐ Chambres et Tables d'Hôtes   110 Frs   ☐ Gîtes Panda   60

☐ Nouveaux Gîtes Ruraux   100 Frs   ☐ Gîtes d'Etape et de Séjour   60

☐ Campings et Campings à la Ferme   60 Frs   ☐ Chambres d'Hôtes et Gîtes Prestige   110

☐ Gîtes et Cheval   60 Frs   ☐ Gîtes et Logis de Pêche   60

☐ Gîtes accessibles aux personnes   45 Frs   ☐ Vacances en Gîtes d'Enfants   60
    handicapées

                                                     ☐ Gîtes de Neige   70

Ci-joint mon règlement par chèque bancaire à l'ordre de Gîtes de France Services
Nom_____Prénom_____Tél._____

Adresse_____CTH 9

"Conformément à la Loi "Informatique et Liberté", vos droits d'accès et de rectification pourront être exercés à la FNGF et sauf refus express de votre part, ces informations pourront être commercialisées."

Gîte Rural

Aménagé dans le respect du style local, le gîte rural est une maison ou un logement indépendant situé à la campagne, à la mer ou à la montagne. On peut le louer pour un week-end, une ou plusieurs semaines, en toutes saisons. A l'arrivée, les propriétaires vous réserveront le meilleur accueil.

Chambre d'Hôtes

La chambre d'hôtes ou le "Bed and Breakfast" à la française : une autre façon de découvrir les mille visages de la France. Vous êtes reçus "en amis" chez des particuliers qui ouvrent leur maison pour une ou plusieurs nuits, à l'occasion d'un déplacement ou d'un séjour.
C'est redécouvrir convivialité, bien-vivre et aussi la cuisine régionale avec la Table d'Hôtes.

Gîte d'Enfants

Pendant les vacances scolaires, vos enfants sont accueillis au sein d'une famille agréée "Gîtes de France" et contrôlée par l'administration compétente. Ils partageront avec d'autres enfants (11 maximum) la vie à la campagne et profiteront de loisirs au grand air.

Camping à la Ferme

Situé généralement près d'une ferme, le terrain où vous installez votre tente ou votre caravane est aménagé pour l'accueil d'une vingtaine de personnes ; vous pourrez y séjourner en profitant de la tranquillité, de l'espace et de la nature.

Gîte d'Etape

Le gîte d'étape est destiné à accueillir des randonneurs (pédestres, équestres, cyclistes...) qui souhaitent faire une courte halte avant de continuer leur itinéraire ; il est souvent situé à proximité d'un sentier de randonnée.

Gîte de Séjour

Les gîtes de séjour sont prévus pour accueillir des familles ou des groupes à toute occasion : week-end, vacances, réception, classe de découvertes, séminaire..

Chalets-Loisirs

Dans un environnement de pleine nature, 3 à 25 chalets-loisirs sont aménagés pour 6 personnes maximum.
Des activités de loisirs (pêche, VTT, pédalo, tir à l'arc...) vous sont proposées sur place.

Liste des localités par ordre alphabétique

97

99

Carnac ΨΨΨ NN, 394
Carnac ΨΨΨ, 394
Carnac ΨΨ NN, 394
Carnoet ΨΨ, 333
Caromb ΨΨ NN, 726
Les Cars Ψ NN TH, 652
Cartelegue ΨΨΨ NN, 516
Cases-de-Pene ΨΨ NN TH, 979
Cassel ΨΨ NN A, 890
Cast ΨΨΨ NN, 354
Cast ΨΨΨ NN, 354
Casta E.C. NN TH, 691
Castagnac ΨΨ NN TH, 939
Castanet ΨΨΨ NN TH, 260
Castanet ΨΨΨ NN TH, 644
Castanet ΨΨΨ NN, 644
Castanet-le-Haut ΨΨΨ NN TH, 706
Castanet-le-Haut Ψ NN TH, 706
Casteide-Cami Ψ NN TH, 960
Le Castellet ΨΨΨ NN, 663
Le Castellet ΨΨ NN TH, 716
Castelmoron-d'Albret ΨΨΨ NN, 516
Castelnau-Barbarens ΨΨΨ NN TH, 947
Castelnau-Barbarens ΨΨ NN TH, 947
Castelnau-de-Mandailles ΨΨΨ NN TH, 225
Castelnau-de-Medoc ΨΨΨ NN, 517
Castelnau-de-Medoc ΨΨΨ NN, 517
Castelnau-de-Montmiral ΨΨΨ NN TH, 260
Castelnau-de-Montmiral ΨΨ NN TH, 260
Castelnau-de-Montmiral Ψ NN TH, 260
Castelnau-de-Montmiral ΨΨ NN, 261
Castelnau-de-Montmiral ΨΨ NN TH, 261
Castelnau-Magnoac ΨΨΨ NN TH, 971
Castelnau-Pegayrols ΨΨ NN TH, 226
Castelnau-Riviere-Basse ΨΨΨ NN A, 971
Castelnau-Riviere-Basse E.C. NN TH, 971
Castelnau-Riviere-Basse E.C. NN, 971
Castelnau-sur-Gupie ΨΨΨ NN TH, 636
Castelnou ΨΨΨΨ NN TH, 979
Castels ΨΨΨ NN TH, 607
Castelsagrat ΨΨΨ NN A, 644
Castelsagrat ΨΨΨ NN TH, 644
Castelsagrat ΨΨΨ NN TH, 644
Castelsarrasin ΨΨΨ NN TH, 645
Castera-Lectouroise E.C. NN TH, 947
Castera-Verduzan ΨΨ NN TH, 947
Castet Ψ, 960
Castetbon Ψ NN, 960
Castex E.C. NN, 932
Castillon-la-Bataille ΨΨΨ NN, 517
Castillon-la-Bataille ΨΨΨ NN TH, 517
Castillon-Massas ΨΨ NN, 948
Castillonnes ΨΨΨ NN, 636
Castillonnes ΨΨ NN TH, 636
Catteville ΨΨΨ NN TH, 805
Caubios-Loos ΨΨ NN TH, 960
Caudan ΨΨΨ NN, 394
Caudebec-en-Caux ΨΨΨ NN, 849
Caujac ΨΨ TH, 939
Caumont Ψ NN TH, 645
Caumont-l'Evente ΨΨΨ NN TH, 754
Caumont-sur-Durance ΨΨ TH, 726
La Caunette ΨΨΨ NN A, 707
Caussens ΨΨΨ NN A, 948
Caux Ψ NN, 707
Cavanac Ψ NN TH, 676

Caveirac ΨΨ, 696
Cayeux-sur-Mer ΨΨΨ NN, 921
Cayeux-sur-Mer ΨΨΨ NN, 922
Cayeux-sur-Mer ΨΨΨ NN, 922
Le Caylar ΨΨΨ NN TH, 707
Caylus ΨΨ NN, 645
Cayres Ψ NN TH, 239
Cazalrenoux ΨΨ NN TH, 676
Cazaux ΨΨ NN TH, 933
Cazes-Mondenard Ψ NN, 645
Cazilhac ΨΨΨ NN TH, 676
Cazilhac ΨΨΨ NN TH, 707
Ceauce Ψ NN TH, 835
Ceaux ΨΨ NN, 805
Ceaux ΨΨΨ NN, 806
Ceaux ΨΨΨ NN, 806
Ceaux ΨΨΨ, 806
Ceaux-d'Allegre ΨΨΨ NN TH, 239
La Celle-Conde ΨΨΨ NN, 408
La Celle-Conde ΨΨΨ NN TH, 408
La Celle-Dunoise ΨΨ NN, 600
La Celle-Guenand ΨΨ NN, 434
Celle-l'Evescault ΨΨΨ NN TH, 559
Cellettes ΨΨΨ NN, 454
Cellettes ΨΨ NN, 454
Le Cellier ΨΨ NN, 384
Cellule ΨΨΨ NN TH, 252
Cely-en-Biere ΨΨΨ NN, 573
Cendras ΨΨ NN, 696
Cenevieres ΨΨΨ NN, 621
Cenves E.C. NN A, 1022
Cerans-Foulletourte ΨΨ NN, 488
Cerelles E.C. NN, 434
Cerences ΨΨ, 806
Cereste ΨΨΨ NN, 664
Cereste ΨΨ NN, 664
Ceret ΨΨΨ NN, 979
Ceret ΨΨΨ NN, 979
Cerilly Ψ NN, 216
Cerisiers ΨΨ NN TH, 326
Cerisy-la-Forêt ΨΨΨ, 806
Cerizay ΨΨΨ NN, 531
Cerny ΨΨ NN, 583
Cervieres Ψ NN TH, 1014
Cessoy-en-Montois ΨΨΨΨ NN TH, 573
Ceton ΨΨΨ NN TH, 835
Ceyssat Ψ NN TH, 252
Ceyzeriat ΨΨ TH, 984
Cezais ΨΨΨ NN, 541
Chabrillan ΨΨ NN TH, 1005
Chabris ΨΨ NN TH, 423
Chadurie ΨΨΨ NN, 495
Chaille-les-Marais ΨΨΨ NN, 541
Chaille-les-Marais ΨΨ NN TH, 541
Chainaz-les-Frasses Ψ NN TH, 157
Chainaz-les-Frasses Ψ NN TH, 157
La Chaise-Dieu ΨΨΨ TH, 239
La Chaise-Dieu ΨΨΨ TH, 239
Chalais E.C. NN TH, 423
Chalandray ΨΨΨ NN TH, 559
Chaleins ΨΨ NN, 984
Chaleix Ψ NN TH, 607
Les Chalesmes Ψ NN A, 294
Chalindrey ΨΨΨ NN TH, 886
Challans ΨΨ NN, 542
Chalo-Saint-Mars ΨΨΨ NN, 583
Chamagnieu ΨΨΨ NN TH, 135
Chamant ΨΨΨ, 897
Chamberet ΨΨ NN, 590
Chambery-le-Vieux Ψ NN, 148
Chamblanc ΨΨ NN TH, 276
Chamblay ΨΨ NN, 294
Chambles Ψ NN, 1014
Chamblet ΨΨΨ NN, 216
Chamboeuf ΨΨΨ NN, 276
Chamboeuf Ψ NN, 1014
Chambois ΨΨΨ NN, 836
Chambois ΨΨ NN, 836
Chambord Ψ NN TH, 788
Chamborigaud ΨΨΨ NN TH, 696
Chamboulive Ψ NN, 590

Chambourg-sur-Indre ΨΨΨ NN TH, 434
Chambretaud ΨΨΨ NN, 542
Chamonix-Mont-Blanc ΨΨ NN TH, 157
Chamonix-Mont-Blanc ΨΨ NN, 157
Chamouillac ΨΨΨ NN, 503
Chamoux Ψ NN, 326
Chamoux-sur-Gelon ΨΨ NN, 148
Champagnac-la-Riviere ΨΨΨΨ TH, 652
Champagne ΨΨΨ NN TH, 504
Champagne-en-Valromey ΨΨ NN TH, 984
Champagne-en-Valromey ΨΨ NN TH, 984
Champagne-en-Valromey ΨΨ NN, 984
Champagne-les-Marais ΨΨΨ NN, 542
Champagney ΨΨΨΨ NN, 307
Champaubert-la-Bataille Ψ NN TH, 881
Champclause Ψ, 239
Champdeniers ΨΨΨ NN TH, 531
Champdivers Ψ NN TH, 294
Champeau-en-Morvan Ψ NN TH, 276
Champeaux ΨΨ NN, 370
Champeaux ΨΨ, 573
Champfleur Ψ NN TH, 488
Champier ΨΨ NN TH, 135
Champignelles ΨΨΨ NN, 326
Champigneulle ΨΨΨ NN TH, 872
Champigny-le-Sec Ψ NN, 559
Champigny-sur-Veude ΨΨ NN TH, 434
Champillet ΨΨΨ NN TH, 423
Champis ΨΨ NN, 994
Champlemy ΨΨ, 301
Champrond-en-Gatine ΨΨ TH, 418
Les Champs-de-Losque ΨΨΨ NN TH, 806
Champtoceaux Ψ NN, 473
Chanac ΨΨΨ TH, 247
Chanac ΨΨ NN TH, 247
Chanac ΨΨ TH, 247
Chanac Ψ NN TH, 247
Chancay ΨΨΨ NN TH, 435
Chanceaux-sur-Choisille ΨΨ NN TH, 435
Chandai ΨΨΨ NN TH, 836
Chandolas Ψ NN, 994
Change-les-Laval ΨΨΨ NN, 481
Channay-sur-Lathan Ψ NN, 435
Chantemerle-les-Grignan ΨΨ NN TH, 1005
Chantilly-sur-Gouvieux ΨΨΨ NN, 897
Chapareillan ΨΨΨ NN TH, 136
Chapeiry ΨΨ NN, 158
La Chapelaude ΨΨΨ NN TH, 216
La Chapelle Ψ NN TH, 216
La Chapelle E.C. NN TH, 216
La Chapelle-Achard E.C. NN, 542
La Chapelle-au-Riboul E.C. NN, 481
La Chapelle-Basse-Mer ΨΨΨ NN, 384
La Chapelle-Blanche Ψ NN, 333
La Chapelle-d'Abondance ΨΨ NN TH, 158
La Chapelle-d'Angillon ΨΨΨ NN TH, 408
Chapelle-d'Huin ΨΨ NN, 290
Chapelle-d'Huin ΨΨ TH, 290
La Chapelle-de-Bragny E.C. NN TH, 311
Chapelle-des-Bois ΨΨ NN TH, 290
La Chapelle-en-Juger Ψ NN, 806
La Chapelle-en-Valgaudemar ΨΨ TH, 129
La Chapelle-Gonaguet ΨΨΨ NN TH, 607
La Chapelle-Iger ΨΨΨ NN, 574

105

106

109

111

115

121

FÉDÉRATION EUROPÉENNE POUR L'ACCUEIL TOURISTIQUE CHEZ L'HABITANT À LA CAMPAGNE, À LA FERME ET AU VILLAGE

Allemagne
Luxembourg
Belgique
Portugal
Espagne
Roumanie
Finlande
Royaume-Uni
France
Hongrie
Slovaquie
Irlande
Islande
Suède
Italie
Suisse

Partez à la découverte de l'Europe, en choisissant une formule d'accueil chez l'habitant

**EUROGÎTES - 7 Place des Meuniers
67000 SRASBOURG
Tél : (33) 88 75 60 19 - Fax : (33) 88 23 00 97
Réseau EUROGÎTES "affilié à EUROTER"**

ALPES

Pour réserver, écrire ou téléphoner :

05 - HAUTES-ALPES
Gîtes de France
1, place du Champsaur – B.P. 55
05002 GAP Cedex
Tél. : 92.52.52.94
Fax : 92.52.52.90

38 - ISÈRE
Gîtes de France
Maison des Agriculteurs
40, avenue Marcelin-Berthelot
38100 GRENOBLE
Tél. : 76.40.79.40
Fax : 76.40.79.99

73 - SAVOIE
Gîtes de France
24, boulevard de la Colonne
73000 CHAMBÉRY
Tél. : 79.85.01.09
Fax : 79.85.71.32

74 - HAUTE-SAVOIE
Gîtes de France
3, rue Dupanloup
74000 ANNECY
Tél. : 50.52.80.02
Fax : 50.51.20.65

Ancelle Les Auches — C.M. n° 77 — Pli n° 16

♥♥♥ NN

Alt. : 1300 m — Dans maison récente, au 1er étage de notre habitation, nous proposons : 1 ch. 3 pers. avec baignoire, lavabo, wc. 1 ch. 2 pers. douche, lavabo, wc, petit balcon. 1 ch. 2 pers. (2 épis NN) douche, lavabo, wc sur le palier, petit balcon. Séjour, salon, TV coul., ch. élect. Entrée indép. par pelouse, salon de jardin, barbecue, terrain de boules. Parking. Réduction selon la durée du séjour en avril, mai, juin, octobre, novembre. Gare 17 km. Commerces 1 km. Ouvert toute l'année. Taxe de séjour : 1 F.

Prix : 1 pers. **185/200 F** 2 pers. **260/275 F** 3 pers. **360/375 F**

1	1	10	7	1	1	0,5	25	5	0,1

MEIZEL Jacky et Josiane – Les Auches – 05260 Ancelle – Tél. : 92.50.82.39

Arvieux Le Bourg — C.M. n° 77 — Pli n° 18

♥♥ NN
(A)

Alt. : 1550 m — Au cœur du Parc régional du Queyras, dans bâtiment récent, au 1er étage : 6 chambres avec salle d'eau particulière et wc, dont 5 de 2 pers. et 1 de 3 pers. A l'étage supérieur, la 6e chambre et 1 séjour avec coin TV, chauffage par le sol. Restauration possible à l'auberge. Gare 23 km. Commerces sur place. Ouvert toute l'année. Taxe de séjour : 1 F. Réduction pour les enfants de - 10 ans en 1/2 pension et pension. Hors vacances scolaires de novembre à fin avril, pension complète : 210 F/pers. à partir du 3e jour.

Prix : 1 pers. **110/120 F** 1/2 pens. **195/200 F** pens. **240/250 F**

1,5	1,5	3	1,5	3	60	SP

BLANC – Ferme Auberge Clapouse - Le Bourg – 05350 Arvieux – Tél. : 92.46.70.58

Aspres-sur-Buech La Chapelle — C.M. n° 81 — Pli n° 5

♥

Alt. : 860 m — Dans une ferme d'élevage de chevaux, avec gîte équestre. 4 chambres de 2 et 3 pers. avec chacune leur salle d'eau/wc. Possibilité cuisine. Salle commune et bibliothèque du gîte équestre. Gare et commerces 4 km. Ouvert toute l'année. Taxe de séjour : 1 F.

Prix : 1 pers. **60 F**

20	18	2,5	30	4	SP	4	2	4	0,2

EYRAUD Bernard et Veronique – La Chapelle – 05140 Aspres-sur-Buech – Tél. : 92.58.60.30

Benevent-et-Charbillac Charbillac — C.M. n° 77 — Pli n° 16

♥♥♥ NN
(TH)

Alt. : 1100 m — Dans maison du village, au rez-de-chaussée sous voûtes : salle à manger, coin-salon avec cheminée. Au 2e étage mansardé : 4 chambres avec chacune salle d'eau/wc. Chauffage électrique. Terrain clos gazonné, salon de jardin. Enfant - 12 ans en 1/2 pension : 85 F, en pension : 110 F. Gare 20 km. Commerces 5 km. Ouvert toute l'année. Anglais et espagnol parlés.

Prix : 1 pers. **115 F** 2 pers. **230 F** 1/2 pens. **170 F** pens. **220 F**

12	5	7	22	5	7	4	7	35	0,5

GOURDOU-PEDROSA Bernard et Brigitte – Le Cairn - Charbillac – 05500 Benevent-et-Charbillac – Tél. : 92.50.54.87

La Chapelle-en-Valgaudemar Les Andrieux — C.M. n° 77 — Pli n° 16

♥♥
(TH)

Alt. : 1050 m — Dans une maison du hameau, un coin-terrasse ombragé, parking. A l'étage : 2 chambres avec salle particulière, 1 dortoir avec salle de bains, salon en mezzanine, TV, coin bibliothèque à la disposition des hôtes. En rez-de-chaussée, salle de séjour voûtée. Ouvert de Pâques au 11 novembre. Gare 50 km. Commerces 1,5 km. La table d'hôtes offre la possibilité de repas constitués de spécialités de la vallée.

Prix : 1 pers. **105 F** 2 pers. **210 F** 1/2 pens. **185 F**

0,1	13	20	1	10	SP	10	6	0,1

AMOUR Gilbert – Les Andrieux – 05800 La Chapelle-en-Valgaudemar – Tél. : 92.55.20.91

Chateau-Ville-Vieille Souliers — C.M. n° 77 — Pli n° 18-19

♥♥
(TH)

Alt. : 1820 m — Au cœur du Parc Régional du Queyras, dans maison ancienne du hameau, entièrement rénovée, 5 chambres de 4 personnes dont 1 avec salle d'eau particulière. 1 salle d'eau commune, salle de séjour donnant sur balcon. Ch. central. Voiture indispensable. Possibilité de box à chevaux. Gare 30 km. Commerces 6 km. Ouvert toute l'année, sur réservation hors périodes scolaires. Taxe de séjour : 1 F.

Prix : 1 pers. **120 F** 1/2 pens. **174/182 F**

6	SP	12	50	4	10	4	50	11	SP

HUMBERT Francois et Chantal – Les Oules - Souliers – 05350 Chateau-Ville-Vieille – Tél. : 92.46.76.39

Chateau-Ville-Vieille Montbardon — C.M. n° 77 — Pli n° 18-19

♥♥
(TH)

Alt. : 1200 m — Au cœur du Parc Régional du Queyras, dans une maison du hameau, avec gîte d'étape, 3 chambres de 4 pers. avec salle d'eau commune. Salle de séjour à la disposition des hôtes, chauffage central. Enfant - 10 ans, 1/2 pension : 75 F, pension complète : 95 F. Gare 15 km. Commerces 4 km. Ouvert toute l'année sauf de mi-septembre à mi-octobre et 15 jours en mai. Taxe de séjour : 1 F. Anglais et italien parlés.

Prix : 1 pers. **90 F** 2 pers. **160 F** 1/2 pens. **170 F** pens. **190 F**

15	6	45	7	15	5	45	15	SP

LAURANS Marc et Claudine – Le Cadran Solaire - Montbardon – 05350 Chateau-Ville-Vieille – Tél. : 92.46.70.78

Chateau-Ville-Vieille Ville-Vieille   *C.M. n° 77 — Pli n° 19*

NN
TH
Alt. : 1400 m — Dans une ancienne ferme de village, avec un gîte d'étape, 5 chambres de 2 à 4 pers. avec leur salle d'eau particulière. Sauna. Salle à manger voûtée, coin-salon avec bibliothèque, coin-hifi, cheminée. Chauffage central. Local à ski et VTT. Terrain non attenant. Gare 25 km. Commerces sur place. Ouvert toute l'année sur réservation sauf du 15 juillet au 30 août. Taxe de séjour : 1 F.

Prix : 1 pers. **260 F** 2 pers. **260 F** 1/2 pens. **165/200 F**

5	5	45	5	1	5	SP	45	SP

ANTOINE Roger – Les Astragales - Ville-Vieille – 05350 Chateau-Ville-Vieille – Tél. : 92.46.70.82

Chateauroux-les-Alpes Saint-Alban   *C.M. n° 77 — Pli n° 18*

TH
Alt. : 1100 m — Dans une ancienne ferme restaurée dominant la vallée de la Durance, à proximité du Parc National des Ecrins, disposant également d'un gîte de groupe, 2 chambres de 2 et 3 personnes, salle d'eau et wc communs. Chauffage central. Salle polyvalente pour relaxation. Gare 10 km. Commerces 7 km. Ouvert toute l'année. Du 1er octobre au 6 avril, hors vacances scolaires, forfait 6 jours en 1/2 pension : 870/990 F/pers. à partir de 6 pers.

Prix : 1 pers. **145 F** 2 pers. **230 F** 1/2 pens. **155/215 F** pens. **210/280 F**

25	33	15	14	7	3	2	15	7	SP

MIGNOT Annick et Daniel – Saint-Alban – 05380 Chateauroux-Les Alpes – Tél. : 92.45.10.40

Chorges Chemin de l'Iscle   *C.M. n° 77 — Pli n° 17*

NN
Alt. : 850 m — Dans maison récente, en rez-de-chaussée : salon/salle à manger ouvrant sur terrasse couverte avec salon de jardin. A l'étage mansardé (accès indépendant) : wc communs aux hôtes, 2 chambres ayant chacune leur salle d'eau (une 3e ch. à usage des propriétaires). Chauffage électrique. Parking. Gare 1,5 km. Commerces 1 km. Ouvert toute l'année. Taxe de séjour : 1 F.

Prix : 1 pers. **160 F** 2 pers. **220/240 F** 3 pers. **300/320 F**

17	17	6	20	1	5	6	6	25	3

LE TILLY Marc et Therese – Chemin de l'Iscle – 05230 Chorges – Tél. : 92.50.32.38

Les Costes Les Courts   *C.M. n° 77 — Pli n° 16*

TH
Alt. : 1050 m — Dans une maison fermière avec table d'hôtes, une cour. En rez-de-chaussée : 3 chambres, 2 de 3 pers., 1 de 2 pers., avec salle de bains commune. Salle de séjour à disposition des hôtes. Gare 25 km. Commerces 200 m. Ouvert toute l'année.

Prix : 1 pers. **80/100 F** 1/2 pens. **185 F**

12	12	9	25	9	9	0,5	9	15	0,5

BARTHELEMY Raymond – Les Courts – 05500 Les Costes – Tél. : 92.50.03.63

Crots Boscodon   *C.M. n° 77/81 — Pli n° 17/8*

E.C. **NN**
A
Alt. : 1150 m — Ex-cellier des moines, réaménagé en ferme-auberge, 2 gîtes ruraux, logement du propriétaire et chambres d'hôtes. Celles-ci, au nombre de 4, sont aménagées au 2e étage. 2 comportent chacune 1 lavabo et 1 salle d'eau commune, les 2 autres disposent de leur salle d'eau. 2 wc. Chauffage central. Terrain non clos non attenant, jeux d'enfants. Dans forêt domaniale, proche de l'Abbaye du XII° à Boscodon. Gare et commerces 8 km. Ouvert toute l'année. Taxe de séjour : 1 F.

Prix : 1 pers. **140/150 F** 2 pers. **210/230 F** 1/2 pens. **190/200 F** pens. **270/280 F**

18	0,1	6	8	7	2,5	3	6	0,1

ALBRAND Nicolas – Boscodon – 05200 Crots – Tél. : 92.43.00.50

Embrun   *C.M. n° 77 — Pli n° 17-18*

NN
Alt. : 1090 m — Dans villa récente, vue panoramique sur chaîne de montagnes. A l'étage : 4 chambres de 2 et 3 pers. avec leur salle d'eau privée, 2 wc. En rez-de-chaussée : séjour/salon avec cheminée ouvrant sur la véranda/terrasse. 1 chambre d'été, salle de bains commune avec propriétaires. Chauffage central. Parking privé. Gare et commerces 2 km. Ouvert toute l'année sur réservation. Taxe de séjour : 1 F. Auberge à proximité.

Prix : 1 pers. **210/230 F** 2 pers. **240/280 F**

15	15	4	4	4	4	4	4	8	6

DEMOLIS Michel et Christ. – L'Edelweiss - St Jacques - Rte de Caleyere – 05200 Embrun – Tél. : 92.43.39.76

Fouillouse Les Grands Chenes   *C.M. n° 81 — Pli n° 6*

Alt. : 650 m — Sur l'exploitation agricole située en pleine campagne, avec la ferme auberge, 1 ch. 3 pers. en rez-de-chaussée (Golden) et au 1er étage, 1 ch. 2 pers. (William), avec chacune leur salle d'eau/wc, TV, téléphone, mini-frigo. Salle de séjour, salle de réunion, salon avec cheminée, bibliothèque. Chauffage par le sol. Sur l'exploitation, un camping à la ferme et produits de la ferme : fruits et jus de fruits. Réduction selon la durée des séjours. Gare 15 km. Commerces 5 km. Ouvert toute l'année sur réservation.

Prix : 1 pers. **200 F** 2 pers. **250 F** 3 pers. **320 F**

30	10	5	15	5	15	5	5	2	SP

AYACHE Serge – Domaine des Grands Chenes – 05130 Fouillouse – Tél. : 92.54.00.41

Gap Quartier de Charance   *C.M. n° 77/81 — Pli n° 16/6*

NN
TH
Alt. : 750 m — A 15 km d'un golf 18 trous, dans demeure du XVIII°, près du château de Charance et de son lac : en r.d.c. (3 marches) salle à manger/salon, cheminée. Au 1er étage avec entrée indépendante, 5 ch. de 2 à 4 pers., ayant leur s. d'eau/wc privée avec balcon, s.d.b., wc. Chauffage central. Parc en terrasses, salon de jardin, espace enfants, piscine. Garage possible. Possibilité de réductions pour séjour. Gare et commerces 5 km. Ouvert toute l'année. Anglais parlé.

Prix : 1 pers. **280 F** 2 pers. **310/450 F** pers. sup. **50 F** 1/2 pens. **360 F**

17	14	14	5	5	1,5	3	25	3	SP

DROUILLARD Bruno et Anne – Quartier de Charance - Route du Lac – 05000 Gap – Tél. : 92.53.94.20

Laragne-Monteglin Les Tatos-Monteglin   *C.M. n° 81 — Pli n° 5*

E.C. NN   Alt. : 573 m — Avec le logement des propriétaires et l'auberge à proximité d'une aire naturelle de camping, 3 chambres de 2 pers. ayant chacune salle d'eau et wc, chauffage élect. et central. Coin-séjour dans salle de l'auberge, cheminée, TV coul., piano. Point phone, terrain non clos. Gare 2 km. Commerces 1 km. Ouvert toute l'année. Taxe de séjour : 1 F. Anglais et italien parlés.

Prix : 1 pers. **120 F** 2 pers. **150 F** 3 pers. **200 F**

5	40	1	1	5	5	2	1

TRUPHEME Auguste – Les Tatos - Monteglin – 05300 Laragne-Monteglin – Tél. : 92.65.00.76 ou 92.65.02.94

Laragne-Monteglin   *C.M. n° 81 — Pli n° 5*

⚘⚘ NN   Alt. : 573 m — La maison de construction récente est dans un quartier résidentiel. Entrée indépendante en rez-de-chaussée pour 2 chambres avec chacune leur salle de bains/wc (1 lit 2 pers. 1 lit jumelé en 180, 1 lit enf. -4 ans). Salon, TV coul., salle à manger. Chauffage électrique. Terrain clos commun (exverger), salon de jardin, portique, toboggan. Gare 2 km. Commerces 1 km. Ouvert toute l'année. Taxe de séjour : 1 F. Anglais et allemand parlés.

Prix : 2 pers. **260 F**

5	40	1	1	5	5	2	1

FELLMANN Michele – Villa Pierre Blanche - 10, avenue de Monteglin – 05300 Laragne-Monteglin – Tél. : 92.65.13.80

Manteyer Le Clos de Saigne   *C.M. n° 81 — Pli n° 6*

⚘⚘⚘ (TH)   Alt. : 980 m — Dans le hameau, sur une ex-ferme, dans un des bâtiments, 4 chambres de 2 personnes et 1 enfant. 3 chambres avec salle d'eau particulière et 1 avec salle de bains particulière. Salon commun, TV coul. Chauffage électrique. La salle à manger est au rez-de-chaussée du bâtiment principal. Terrain non clos commun. Réduction de 10 % pour les enfants de - 10 ans. Gare 15 km. Commerces 1,5 km. Ouvert toute l'année.

Prix : 1 pers. **270/290 F** 2 pers. **270/290 F** 1/2 pens. **195 F** pens. **240 F**

7	0,2	14	15	0,1	SP	SP	14	15	SP

RATTO Marie-Christine – L'Agapanthe - Le Clos de Saigne – 05400 Manteyer – Tél. : 92.57.91.51 – Fax : 92.57.85.68

Molines-en-Queyras Le Val-d'Azur   *C.M. n° 77 — Pli n° 19*

⚘ NN (TH)   Alt. : 1750 m — Dans ex-hôtel réaménagé, en rez-de-chaussée : 1 salle commune avec cheminée. Au 1er étage, avec 1 gîte rural : 2 ch. dont 1 double avec chacune s. d'eau et wc. Au 2e étage, avec le logement des propriétaires : 2 autres ch. identiques. Chauffage central. Terrain commun, salon de jardin, balançoire. Parking communal. Gare 30 km. Commerces 500 m. Ouvert toute l'année. Taxe de séjour : 1 F. Anglais parlé.

Prix : 1 pers. **110 F** 1/2 pens. **160/210 F**

1	1	35	13	2	3	0,5	50	1	1

PROSPER - TARRAGON Didier et Solange – Le Val d'Azur – 05350 Molines-en-Queyras – Tél. : 92.45.86.15

Le Monetier-les-Bains Les Boussardes   *C.M. n° 77 — Pli n° 7*

⚘⚘⚘ NN   Alt. : 1650 m — Dans maison annexe à celle de la propriétaire, 4 chambres (2 à 3 pers.) avec salles d'eau/wc particuliers dont 1 avec baignoire. Ouvrant sur balcon-terrasse : séjour, coin-salon avec poêle-cheminée, TV, téléphone, coin-cuisine, l-linge. Salon de jardin, table ping-pong. Gare 15 km. Commerces 6 km. Ouvert toute l'année. Taxe de séjour : 1 F.

Prix : 1 pers. **195/220 F** 2 pers. **265/300 F**

6	SP	6	15	6	6	SP	6	SP

BOUSSOUAR Helene – Les Boussardes – 05220 Le Monetier-Les Bains – Tél. : 92.24.42.13

Montclus-les-Alpes Champ-du-Meunier   *C.M. n° 81 — Pli n° 5*

⚘ NN (A)   Alt. : 800 m — Sur promontoir (fin d'accès par chemin) on découvre l'habitat groupé tout en pierres apparentes. Jouxtant l'auberge à la ferme, 3 chambres mitoyennes avec s. d'eau/wc privés (entrée 1 ch. de plain-pied, 2 ch. par escalier commun). Le coin-détente est aménagé dans la salle de l'auberge. Chauffage central. Terrasse avec salon de jardin. Gare et commerces 5 km. Ouvert toute l'année. Anglais parlé.

Prix : 1 pers. **170 F** 2 pers. **230 F** 1/2 pens. **250 F**

40	35	5	5	15	1	5	5	SP

TAVERNE Didier – Veaujeala - Champ du Meunier – 05700 Montclus – Tél. : 92.67.01.91

Montmaur   *C.M. n° 77 — Pli n° 15*

⚘⚘⚘   Alt. : 950 m — 2 chambres avec leur suite pour 3 personnes avec salle d'eau/wc particuliers situées au rez-de-chaussée. Au 1er étage : 3 chambres identiques avec leur suite et salle d'eau/wc. Salon, TV, bibliothèque et salle à manger. Parc. Gare et commerces 5 km. Ouvert toute l'année. Anglais parlé. Séjour 1 semaine - 15 %, en période hivernale + 10 %. Ces chambres sont aménagées dans un château du XIVe siècle et l'accueil est fait par les propriétaires, conservateurs du patrimoine.

Prix : 2 pers. **400 F**

15	10	5	5	SP	5	5	5	10	SP

LAURENS Raymond – Le Chateau – 05400 Montmaur – Tél. : 92.58.11.42

Montmorin La Rabasse   *C.M. n° 81 — Pli n° 4*

E.C. NN (TH)   Alt. : 750 m — Dans ancienne ferme en pierre de pays, au 1er étage : 3 chambres avec leur salle de bains particulière, wc communs, chauffage central (chauffage d'appoint électrique). En rez-de-chaussée : salle de séjour, coin-salon. Terrain. Gare et commerces 22 km. Ouvert toute l'année.

Prix : 1 pers. **148 F** 2 pers. **168 F** 1/2 pens. **210 F** pens. **310 F**

57	54	21	63	21	21	0,5	37	32	0,5

GIROUSSE Jean et Helene – La Rabasse – 05150 Montmorin – Tél. : 92.66.01.67

Nevache Salle
C.M. n° 77 — Pli n° 8

NN
TH

Alt. : 1600 m — Dans maison de caractère régional avec terrasse, salon de jardin et jeux d'enfants. En rez-de-chaussée : salle à manger avec coin-lecture, Hifi, TV, cheminée, wc. A l'étage : 3 ch. dont 2 de 8 et 9 m², avec chacune 1 lit 2 pers., 1 cabine de douche et lavabo, wc communs. La 3ᵉ (18 m²) est double (1 lit 2 pers. 2 lits 1 pers.) avec 1 salle de bains/lavabo, 1 wc. Table d'hôtes gourmande. Location de raquettes, luge à disposition. Réductions enfants et selon périodes. Gare 18 km. Commerces sur place. Ouvert toute l'année. Taxe de séjour : 1 F. Gratuit pour les enfants de moins de 2 ans.

Prix : 1 pers. **170 F** 1/2 pens. **236 F** pens. **301 F**

🎿	🎿	⛰	≈	🎿	🏇	🎣	⛵	✝	🌲
20	0,5	0,2	20	0,5	2	0,2	75	20	0,2

PASCALLET Claire – La Joie de Vivre - Salle – 05100 Nevache – Tél. : 92.21.30.96

Orcieres Prapic
C.M. n° 77 — Pli n° 17

Alt. : 1550 m — 2 chambres de 2 personnes, 3 chambres de 4 personnes, salles d'eau particulières, salle de séjour. Possibilité restauration sur place. Gare 35 km. Commerces 4 km. Ouvert toute l'année. Gratuit pour les enfants de moins de 3 ans.

Prix : 1 pers. **120 F** 2 pers. **240 F**

🎿	🎿	⛰	≈	🎿	🏇	🎣	⛵	✝	🌲
9	9	9	9	9	SP	SP	5	9	SP

DUSSERRE-BRESSON Jean – Prapic – 05170 Orcieres – Tél. : 92.55.75.10

Poligny
C.M. n° 77 — Pli n° 16

Alt. : 1000 m — Chambres d'hôtes aménagées dans une maison de village. 3 chambres de 2 à 4 personnes (4 lits 2 pers. 4 lits 1 pers.), salle d'eau commune, wc. Gare 17 km. Commerces 5 km. Ouvert toute l'année.

Prix : 1 pers. **95 F** 2 pers. **170 F**

🎿	🎿	⛰	🏇	🎣	🌲
12,5	12,5	2,5	2,5	5	2,5	0,5

BLANCHARD Therese – 05500 Poligny – Tél. : 92.50.09.87 ou 92.50.04.07

Rambaud Les Girons
C.M. n° 77 — Pli n° 16

TH

Alt. : 850 m — Dans une ferme rénovée dans un cadre calme et agréable. A l'étage : 3 chambres de 2 à 3 pers. dont 2 avec salle d'eau particulière et 1 salle d'eau commune. En rez-de-chaussée, sous voûte, la salle à manger et coin-salon avec cheminée, TV. Terrain non clos commun. Sur l'arrière de la maison un gîte d'étape de 12 pers. Gare et commerces à Gap 5 km. Ouvert toute l'année.

Prix : 2 pers. **210/240 F** 1/2 pens. **180/195 F** pens. **215/235 F**

🎿	🎿	⛰	≈	🏇	🎣	✝	🌲	
20	10	25	6	6	6	25	10	2

ORCIERE Marie-Jeanne – Les Girons – 05000 Rambaud – Tél. : 92.51.24.62

Rosans Le Beal-Noir
C.M. n° 81 — Pli n° 4

NN
TH

Alt. : 700 m — Dans bâtiment annexe à la maison de la propriétaire, de type provençal retirée de la D994, parking ombragé. Entrée en r.d.c. des 6 ch., avec chacune terrasse, TV coul., de 2 à 3 pers., s.d.b. ou salle d'eau et wc privés dont 2 avec salon et mezzanine. Salle de séjour donnant sur terrasse. Tél. téléséjour. Coin-bibliothèque. Chauffage élect. Solarium. Terrain de boules. Possibilité stages relaxation/aquarelle. Location de VTT. Gare 25 km. Commerces 1 km. Ouvert toute l'année. Anglais parlé.

Prix : 1 pers. **180/220 F** 2 pers. **220/250 F** repas **80 F**

🎿	🎿	⛰	≈	🎿	🏇	🎣	⛵	✝	🌲
60	50	1,5	60	2	2	2	25	35	1

PACAUD Bernadette – L'Ensoleillee - Le Beal Noir – 05150 Rosans – Tél. : 92.66.62.72

Saint-Andre-d'Embrun Les Rauffes
C.M. n° 77 — Pli n° 18

Alt. : 1000 m — Dans une très grande bâtisse avec 6 gîtes ruraux, 2 chambres de 2 pers. avec salle d'eau particulière dont 1 avec coin-cuisine, chauf. central et électrique. Salle de billard. Restauration à l'auberge sur place. Piscine gonflable (16 x 6 m). Gare et commerces 6 km. Ouvert toute l'année.

Prix : 1 pers. **170 F** 2 pers. **200 F**

🎿	🎿	⛰	≈	🎿	🏇	🎣	⛵	✝	🌲
15	10	6	6	6	6	3	7	25	6

VERGNOLLE Thierry – La Grande Ferme - Les Rauffes – 05200 Saint-Andre-d'Embrun – Tél. : 92.43.09.99 – Fax : 92.43.41.59

Saint-Andre-d'Embrun Pre de Pasques
C.M. n° 77 — Pli n° 18

NN
TH

Alt. : 1140 m — Dans maison en pleine campagne, avec un gîte rural, à l'étage : 3 ch. avec TV dont 2 ayant chacune 1 lavabo et 1 s. d'eau et wc communs, la 3ᵉ (3 épis) étant double avec s.d.b. et wc. En rez-de-chaussée : salle à manger/salon avec cheminée, bibliothèque, TV. Chauffage central. Terrain non clos, salon de jardin, balançoire et ping-pong communs. Gare 7,5 km. Commerces 7 km. Ouvert toute l'année. Anglais et allemand parlés.

Prix : 1 pers. **200 F** 2 pers. **240/280 F** 1/2 pens. **180/200 F**

🎿	🎿	⛰	≈	🎿	🏇	🎣	✝	🌲	
9	9	8,5	8,5	9	5	8,5	25	1

RAGON Solange – Pre de Pasques – 05200 Saint-Andre-d'Embrun – Tél. : 92.43.17.26

Saint-Andre-d'Embrun Siguret
C.M. n° 77 — Pli n° 18

NN
TH

Alt. : 950 m — Dans maison du hameau, accès par route de montagne. Au 1ᵉʳ étage : salle à manger avec cheminée. Au niveau supérieur : 2 chambres avec chacune leur salle d'eau/wc non attenants. Chauffage électrique. Terrain non attenant, chaises longues à disposition. Parking. Gare et commerces 10 km. Ouvert toute l'année. Anglais parlé.

Prix : 1 pers. **200 F** 2 pers. **250 F** 1/2 pens. **250 F** pens. **330 F**

🎿	🎿	⛰	≈	🎿	🏇	🎣	⛵	✝	🌲
15	15	1	10	10	8	1	10	12	0,5

CORMERY Bernard – Siguret – 05200 Saint-Andre-d'Embrun – Tél. : 92.43.49.94

Hautes-Alpes *Alpes*

Saint-Andre-de-Rosans *C.M. n° 81 — Pli n° 4*

E.C. NN Alt. : 750 m — Dans château médiéval, accès par escalier carré en colimaçon, au 1er niveau : 1 ch. (1 lit 2 pers. à baldaquin), coin-salon, salle de bains/wc (baignoire sabot). Au niveau supérieur : salle à manger, bibliothèque (possibilité de prendre le petit déjeuner sur le donjon). Chauffage électrique. Une 2e chambre en cours d'aménagement. - 5 % pour séjour de 3 nuits minimum. Gare 30 km. Commerces 5 km. Taxe de séjour : 1 F. Espagnol et anglais parlés.

Prix : 1 pers. **450 F** 2 pers. **500 F**

50	50	5	60	5	5	5	50	30	SP

HUDRY-CLERGEON Francoise – Le Chateau – 05150 Saint-Andre-de-Rosans – Tél. : 92.66.63.05

Saint-Genis Les Essaups *C.M. n° 81 — Pli n° 5*

(TH) Alt. : 650 m — Dans la même maison que le logement de la propriétaire avec 1 gîte rural à la ferme. Hall commun avec le gîte rural, accès par escaliers communs aux 2 ch. (2 pers.) identiques avec lavabo, chauffage électrique. En rez- de-chaussée : salle de bains et wc communs, salle de séjour, TV. Terrasse. Gare 7 km. Commerces 4 km. Ouvert toute l'année. Taxe de séjour : 1 F. Demi-pension pour enfants de moins de 6 ans : 120/150 F.

Prix : 1 pers. **100/120 F** 2 pers. **160/200 F**
1/2 pens. **160/180 F**

40	25	0,8	30	4	15	0,8	1	4	SP

RANDEGGER & RESSE Elisabeth et Gilles – Les Eyssaups – 05300 Saint-Genis – Tél. : 92.67.08.29

Saint-Jean-Saint-Nicolas Chabottonnes *C.M. n° 77 — Pli n° 16/17*

NN Alt. : 1200 m — Dans ex-ferme, sur 2 niveaux. En rez-de-chaussée : salle à manger et coin-cuisine, wc. 1 chambre 16 m² (1 lit 2 pers.), s. d'eau/wc. A l'étage : 3 chambres identiques (2 avec 1 lit 2 pers., 1 avec 2 lits 1 pers.) ayant chacune s. d'eau/wc. 1 chambrette complémentaire 8 m² avec lavabo (2 lits 1 pers. superposés). Terrain non clos avec salon de jardin. Parking. Gare 22 km. Commerces 3 km. Ouvert toute l'année. Anglais parlé.

Prix : 2 pers. **250 F**

5	3	10	4,5	3	3	1,5	10	5	3

DAVIN Andre – Chabottonnes – 05260 Saint-Jean-Saint-Nicolas – Tél. : 92.50.41.40

Saint-Pierre-d'Argencon La Source *C.M. n° 81 — Pli n° 5*

NN Alt. : 800 m — Maison proche d'une source minérale, comprenant 5 chambres sur 2 niveaux. 3 avec salle d'eau et wc particuliers et 2 chambres avec leurs lavabos et une salle d'eau commune, salle de séjour commune, chauffage électrique. Restaurant à 2 km. Gare et commerces 7 km. Ouvert de mai à septembre. Taxe de séjour : 1 F. Italien et anglais parlés.

Prix : 1 pers. **150/180 F** 2 pers. **170/200 F**

7	5	7	3	0,3	12	2	SP

LEAUTIER Rene et R. France – La Source – 05140 Saint-Pierre-d'Argencon – Tél. : 92.58.67.81 ou 92.58.62.11

Savines-le-Lac *C.M. n° 77-81 — Pli n° 17-7*

NN Alt. : 800 m — Dans maison du propriétaire, son appartement est en r.d.c., 6 ch. sur 3 niveaux : 4 avec salle d'eau/wc, dont 1 partage 1 wc avec 1 ch. mansardée ayant elle, salle de bains (2 épis). Une 2e chambre mansardée avec s.d.b./wc. Salle à manger ouvrant sur balcon et terrasse avec vue sur le lac, coin-cuisine, TV coul., chaîne Hifi. Terrain, chaises longues. Local pour matériel. Gare 1 km. Commerces 300 m. Ouvert toute l'année. Taxe de séjour : 1 F. Anglais parlé. Supplément pour animaux : 30 F.

Prix : 2 pers. **250/390 F**

7	7	SP	10	0,8	3	SP	SP	3	0,1

BELLET Thierry – Les Chaumettes – 05160 Savines-le-Lac – Tél. : 92.44.27.31

Serres Les Aumiers *C.M. n° 81 — Pli n° 5*

E.C. NN
(TH) Alt. : 680 m — Dans la maison des propriétaires : 3 ch. dont 1 au 1er étage (3 épis) avec chacune salle d'eau et wc broyeur. Salle à manger, séjour, coin-cuisine, TV coul., bibliothèque, chaîne Hifi. Chauffage central. Terrasse couverte. Solarium. Billard. Parking. Gare et commerces 1,8 km. Ouvert toute l'année. Enfant - 10 ans, 1/2 pension : 150 F, pension : 200 F.

Prix : 1 pers. **175 F** 2 pers. **200 F** 1/2 pens. **180 F**
pens. **260 F**

40	33	6	2	SP	0,1	0,1	5	0,1

BOUQUET Claudine et Annick – Au Cheval Blanc - Les Aumiers – 05700 Serres – Tél. : 92.67.11.85

Villar-d'Arene *C.M. n° 77 — Pli n° 7*

(A) Alt. : 1650 m — Au pied de la Meije, au nord du massif des Ecrins, dans une auberge, ancienne bergerie aménagée avec 3 ch. de 3 pers., 2 ch. de 2 pers. avec salle d'eau particulière. Salle de séjour, TV. Chauf. central. Terrasse. Réduction enfants. Gare 35 km. Commerces 100 m. Ouvert toute l'année sauf en novembre. Taxe de séjour : 1 F.

Prix : 1 pers. **105 F** 2 pers. **210 F** 1/2 pens. **147/178 F**
pens. **183/213 F**

0,2	SP	20	2	SP	15	0,1

VINAY M. Ange – Auberge Les 3 Frenes – 05480 Villar-d'Arene – Tél. : 76.79.90.65

Villard-Loubiere *C.M. n° 77 — Pli n° 16*

(TH) Alt. : 1000 m — Dans une maison du village. 4 ch. dont 3 avec s. d'eau particulière. Salle de séjour avec télévision à disposition des hôtes. Voiture indispensable. Canoë-kayak. Luge. Escalade à 5 km. Week-ends en juin, septembre, octobre : 620 F/2 pers. en 1/2 pension. En séjour : 180 F/pers. en 1/2 pension. Gare 40 km. Commerces 3 km. Ouvert du 1er mai au 31 octobre. Anglais parlé.

Prix : 1 pers. **170 F** 2 pers. **230 F** 1/2 pens. **185 F**

12	SP	12	SP	3	0,2	20	SP	SP

LAUGIER Jean – Le Relais de la Vaurze – 05800 Villard-Loubiere – Tél. : 92.55.23.61 ou 92.51.06.50

Villard-Saint-Pancrace La Riolette
C.M. n° 77 — Pli n° 18

E.C. NN **(TH)** Alt. : 1250 m — Chambre d'hôtes dans la maison des propriétaires, entièrement rénovée, proche de la ferme. En rez-de-chaussée, la salle à manger. A l'étage, 5 chambres dont 2 donnant sur petit balcon (lit 2 pers.) ayant chacune leur salle d'eau/wc. Chauffage central. Petit terrain commun. Gare 2 km. Commerces 1 km. Ouvert toute l'année. Anglais parlé. Réductions selon périodes.

Prix : 1 pers. **190 F** 2 pers. **249 F** 1/2 pens. **195 F**

2	0,2	10	2	2	2	0,5	40	5	0,5

MOYA Thierry et Nadine – La Riolette - 36 rue du Melezin – 05100 Villard-Saint-Pancrace – Tél. : 92.20.58.68

Isère

Les Abrets La Bruyere
C.M. n° 74 — Pli n° 14

❅❅❅❅ NN **(TH)** Alt. : 300 m — Maison fermière dauphinoise rénovée entourée d'un parc fleuri et arboré où vous pourrez vous détendre dans une ambiance sympathique. 6 ch. de 2 pers. dont 2 suites, confort raffiné, salle de bains et wc privés. Dans la salle à manger/salon au mobilier contemporain vous pourrez savourer la table gourmande de Claude dont la cuisine gastronomique vous séduira. Entrée indépendante. Piscine. CB acceptées. Gare 7 km. Commerces 2 km. Ouvert toute l'année. Anglais parlé.

Prix : 1 pers. **330/430 F** 2 pers. **370/470 F** pers. sup. **80/160 F** repas **150 F**

38	38	2	2	12	12	0,5	SP	7	

CHAVALLE REVENU Claude et Christian – La Bruyere – 38490 Les Abrets – Tél. : 76.32.01.66 – Fax : 76.32.06.66

Les Adrets
C.M. n° 77 — Pli n° 6

❅❅ NN **(TH)** Alt. : 750 m — Maison de caractère, au cœur du village, mettant à votre disposition 4 ch. avec accès indép. chaque ch. de 2 ou 3 pers. dispose d'une salle d'eau/wc privés. Vaste séjour-salon avec cheminée, réservé aux hôtes. Belle terrasse plein sud, propice à la détente. L'été, repas près de l'ancien four à pain restauré, grillades au feu de bois. Poss. réservation par minitel. A 7 km de la station de Prapoutel les 7 Laux : ski piste et fond. Centre aquatique et mur d'escalade. Gare 28 km. Commerces 7 km. Ouvert toute l'année.

Prix : 1 pers. **180 F** 2 pers. **220 F** 3 pers. **290 F** repas **75 F**

7	7	7	7	10	10	6	SP	3	7

GITES DE FRANCE-SERVICE RESERVATION – Maison des Agriculteurs - B.P. 2608 – 38036 Grenoble-Cedex-2 – Tél. : 76.40.79.40. ou PROP : 76.71.03.61 – Fax : 76.33.04.82.

Allemont La Fonderie
C.M. n° 77 — Pli n° 6

❅ NN Alt. : 730 m — Maison avec jardin fleuri, à proximité du village d'Allemont, 3 chambres avec lavabo, wc et salle de bains communs, chauffage central, terrasse, terrain clos. Location de vélos à 3 km, station de ski de Villard-Reculas, liaison par remontée mécanique avec l'Alpe d'Huez. Oz et Vaujany à 5 km. Ouvert toute l'année.

Prix : 2 pers. **160 F**

5	0,5	0,5	0,5	0,5	0,5	3

TEPPA Bertin – Le Clot – 38114 Allemont – Tél. : 76.80.70.43

Allemont La Fonderie
C.M. n° 77 — Pli n° 6

❅ NN Alt. : 730 m — Ancienne poste rénovée, au cœur du village. Au 1er étage : 5 ch. avec salle d'eau et wc particuliers. Chauffage central. Balcon. Terrasse. Joli jardin fleuri et ombragé où peuvent être pris les petits déjeuners. Plan d'eau du Verney à 1 km. Planche à voile, pédalo, pêche à 700 m. Gare 45 km. Commerces sur place. Ouvert toute l'année.

Prix : 1 pers. **150 F** 2 pers. **200 F** 3 pers. **255 F**

5	0,5	0,1	0,1	1	1	SP	SP	1	SP

STOLZ Corinne – La Fonderie – 38114 Allemont – Tél. : 76.80.72.35 ou 76.80.70.47

Apprieu La Couchonniere
C.M. n° 77 — Pli n° 4

❅❅ NN Alt. : 350 m — Ancienne grange rénovée en annexe de la maison des propriétaires où Nicole et Gilles mettent à votre disposition pour une halte ou un séjour, 2 jolies chambres de 2 pers. avec salle d'eau et wc privés. Séjour avec mini-kitchenette, TV, réservé aux hôtes. Balcon, coin-détente ombragé, parking. A 2 km A48, sortie Rives. 3 km lac de Paladru. Gare 6 km. Commerces 1 km. Ouvert toute l'année.

Prix : 1 pers. **185 F** 2 pers. **220 F** pers. sup. **90 F**

6	6	4	4	6	SP	1

RULLIERE Nicole et Gilles – 158 Route de Lyon – 38140 Apprieu – Tél. : 76.65.17.56 ou 76.86.90.00

Arzay
C.M. n° 74 — Pli n° 13

❅❅❅ NN **(TH)** Alt. : 450 m — Ancienne ferme de caractère entièrement restaurée avec 1 chambre d'hôtes aménagée dans un bat. mitoyen, accès indépendant. Etage : vaste ch. pour 3 pers., décor campagnard et raffiné, vue sur les collines du Liers. S.d.b., wc. R.d.c. : salon privé avec belle cheminée, kichenette. Grand terrain arboré de 7500 m² avec mare et un enclos. Commerces 7 km. Cuisine régionale, produits du terroir. A 4 km, centre de loisirs avec golf. 2e ch. en cours d'aménagement (confort 4 épis). Ouvert toute l'année. Anglais et italien parlés.

Prix : 1 pers. **240 F** 2 pers. **300 F** 3 pers. **390 F** repas **80 F**

7	0,3	5	SP	0,5

VIRENQUE Elisabeth et Rene – 38260 Arzay – Tél. : 74.54.21.55 – Fax : 74.54.24.54

Autrans Les Oisillons   *C.M. n° 77 — Pli n° 4*

✹✹ NN   Alt. : 1050 m — Dans une grande maison au pied des pistes, 3 chambres indépendantes ensoleillées avec vue sur les montagnes. Au 2e étage, 2 ch. avec douche et lavabo, 1 ch. avec salle d'eau particulière. TV dans chaque chambre, réfrigérateur. Chauffage central. Centre équestre à 1 km et poney club. Gare 40 km. Commerces 500 m. Ouvert toute l'année.

Prix : 1 pers. **200 F** 2 pers. **250 F** 3 pers. **320 F**

SP	SP	0,5	5	SP	SP	1	SP

FAYOLLAT Berthe – Le Clavet - Les Oisillons – 38880 Autrans – Tél. : 76.95.32.46

Autrans   *C.M. n° 77 — Pli n° 4*

✹ NN   Alt. : 1050 m — Dans une maison située au pied des pistes, au 1er étage, 3 chambres avec lavabo (salle d'eau commune) sont mises à votre disposition. Chauffage central. Poney club, patinoire, centre équestre. Ouvert de décembre à août.

Prix : 2 pers. **140/190 F**

SP	SP	1	1	SP	SP	1

RONIN Michel – 38880 Autrans – Tél. : 76.95.31.51

Autrans Le Tracollet   *C.M. n° 77 — Pli n° 4*

✹✹✹ NN   (TH)   Alt. : 1100 m — Ancienne grange rénovée où Marie et Alain vous accueillent et vous proposent 5 ch. avec s. d'eau et wc privés. Salle à manger avec cheminée, salon TV et bibliothèque. Petits déjeuners copieux. Repas familial avec les produits du Tracollet. Local à skis. A 2 km du village d'Autrans et à 40 mn de Grenoble. Randonnées ski de fond, alpin, parapente, VTT. Ils possèdent également deux gîtes 4 et 5 pers. en Service réservation. Tarifs 1/2 pension en basse-saison (voir le propriétaire). Possibilité de réservation par minitel. Gare 35 km. Commerces 1 km. Ouvert toute l'année sur réservation.

Prix : 1 pers. **200 F** 2 pers. **240 F** 3 pers. **330 F** repas **80 F**

1,2	SP	0,8	1,2	1,2	SP	1	1,2

GITES DE FRANCE-SERVICE RESERVATION – Maison des Agriculteurs - B.P. 2608 – 38036 Grenoble-Cedex-2 – Tél. : 76.40.79.40. ou PROP : 76.95.37.23 – Fax : 76.33.04.82.

Autrans Eybertiere   *C.M. n° 77 — Pli n° 4*

✹✹ NN   (TH)   Alt. : 1100 m — Patricia et Denis, agriculteurs, vous recoivent dans leur ferme au confort moderne et mettent à votre disposition 4 jolies chambres avec chacune salle d'eau wc, privés. Petits déjeuners copieux, confitures maison. Patricia vous accueille à sa table d'hôtes et vous propose ses produits fermiers. Joli jardin ombragé et fleuri. Gare 28 km. Ouvert toute l'année. La maison calme et tranquille près de la forêt se situe à 2 km du centre du village d'Autrans. Agriculteurs : production laitière. Anglais parlé.

Prix : 2 pers. **235 F** repas **70 F**

4	SP	1,5	2	2	SP	SP	8

CHABERT Patricia et Denis – La Fayolle - Eybertiere – 38880 Autrans – Tél. : 76.95.31.41

Bourg-d'Oisans Le Vert   *C.M. n° 77 — Pli n° 6*

✹✹✹ NN   (TH)   Alt. : 720 m — En annexe de leur maison, Pauline vous accueille dans un cadre montagnard chaleureux et confortable. Au 1er, avec balcon, 2 ch. 1 pers., 1 ch. 3 pers., 2 ch. communicantes 4 pers. Chacune avec s. d'eau wc privés. Au 2e, en soupente, 2 ch. 3 pers., sanitaires particuliers. Petits déj. et repas pris dans la salle à manger voutée. Gare 54 km. Commerces 2 km. Eric, guide de haute montagne vous propose, rando, dans le massif des Ecrins ou ski hors pistes dans les Vallons de la Meije. Il organise des séjours à thèmes de décembre à mai (raquettes, etc). Tarifs basse saison. Réduction/groupes. A 14 km de l'Alpe d'Huez. Ouvert toute l'année. Anglais parlé.

Prix : 1 pers. **190 F** 2 pers. **240/270 F** 3 pers. **300/360 F** pers. sup. **100 F** repas **75 F**

13	SP	1	2	8	8	2	SP	SP	2

DURDAN Pauline et Eric – Les Petites Sources - Le Vert – 38520 Bourg-d'Oisans – Tél. : 76.80.13.92

Chamagnieu Le Chevalet   *C.M. n° 74 — Pli n° 12/13*

✹✹✹ NN   (TH)   Alt. : 300 m — Charmante étape au calme sur la route des Alpes, à proximité de la Cité Médiévale de Crémieu. Hélène vous fera partager sa passion de la cuisine dans sa salle à manger largement ouverte sur la nature. Intérieur ancien et cossu. Vous disposerez de 3 chambres avec salon dont une indépendante, salle d'eau et wc privés. Billard. Parc de 2 ha avec piscine et tennis. A 20 mn de Lyon et 10 mn de l'aéroport de Satolas. Gare et commerces à 6 km. Ouvert toute l'année sur réservation.

Prix : 2 pers. **320/390 F** repas **130 F**

SP	SP	15	15	SP	1

ROUSSET Bernard et Helene – Le Chevalet – 38460 Chamagnieu – Tél. : 74.90.31.03 – Fax : 74.90.20.54

Champier Le Coteau des Bruyeres

✹✹✹ NN   (TH)   Alt. : 550 m — Maison fermière rénovée, entourée de 1 ha de prairies et de bois. Au 1er étage, vue sur la campagne environnante et les montagnes du Vercors, 3 jolies chambres de 2 pers., salle d'eau wc particuliers. Cuisine familiale, légumes du jardin et confitures maison. Salle à manger, salon avec cheminée, bibliothèque. Gare 15 km. Commerces 1 km. Ouvert toute l'année. Télescope (Jean-Paul pourra vous faire partager sa passion de l'astronomie). Balades et pêche dans les environs, étangs et bois. Calme et détente. Néerlandais et anglais parlés.

Prix : 1 pers. **190 F** 2 pers. **240 F** repas **75 F**

9	1	9	10	SP	9

CREPIN Genevieve et J.Paul – Coteau des Bruyeres – 38260 Champier – Tél. : 74.54.42.18

Chapareillan L'Etraz
C.M. n° 74 — Pli n° 15

❄❄❄ NN
(TH)

Alt. : 280 m — Vaste maison neuve à proximité de la N90 et à 15 km de Chambéry. 3 ch. 2 à 4 pers. Salle d'eau et wc privés. 1 chambre/studio indépendante au rez-de-chaussée avec sanitaires et coin-cuisine privés. TV satellite dans chaque chambre. Vidéothèque. Gloria et Jean-Marc sont moniteurs de ski. Air conditionné dans les chambres l'été. Ouvert toute l'année. Possibilité d'utiliser la bibliothèque sonore pour les amateurs de langues : anglais, allemand, espagnol et italien.

Prix : 1 pers. **155 F** 2 pers. **200 F** 3 pers. **280 F**
pers. sup. **80 F** repas **75 F**

25	25	4	0,3	3	3	3	SP	0,8

MONGELLAZ Jean-Marc et Gloria – L'Etraz – 38530 Chapareillan – Tél. : 76.45.25.57

Chasse-sur-Rhone Hameau de Trembas
C.M. n° 74 — Pli n° 11

❄❄❄❄ NN
(TH)

Alt. : 300 m — A 15 mn de Lyon, et 5 mn de Vienne, Ville Gallo-Romaine, au pied du Parc Régional du Pilat, et du vignoble des Côtes Rôties, « Gorneton », maison forte du XVIIe, ses jardins, son étang, ses fontaines et sa cour intérieure vous accueilleront. Sur place, une piscine et un tennis. 1 ch. 4 pers. en duplex, 2 ch. 2 pers., salle de bains et wc privés, accès indépendant. A la table d'hôtes, une cuisine familiale et gourmande vous sera proposée. Possibilité de réservation par minitel. Ouvert toute l'année. Anglais et espagnol parlés.

Prix : 1 pers. **300 F** 2 pers. **480 F** 3 pers. **550 F**
pers. sup. **100 F** repas **150 F**

SP	SP	12	12	3	SP	15

GITES DE FRANCE-SERVICE RESERVATION – Maison des Agriculteurs - B.P. 2608 – 38036 Grenoble-Cedex-2 – Tél. : 76.40.79.40. ou PROP : 72.24.19.15 – Fax : 76.33.04.82.

Cheyssieu
C.M. n° 74 — Pli n° 11

❄ NN
(TH)

Alt. : 240 m — Grande maison avec joli terrain de 2500 m² en retrait de la D37 et à 12 km de Vienne. Le temps d'une halte ou pour un séjour, vous disposerez d'une vaste chambre de 3 pers. avec douche et lavabo particuliers, wc communs. Régine vous recevra en famille à sa table, sur réservation. A 8 km du Port de Plaisance de Condrieu. Gare 8 km. Commerces 2 km. Aux portes de l'Ardèche et des vignobles des Côtes Rôties. Ouvert toute l'année sur réservation.

Prix : 1 pers. **170 F** 2 pers. **200 F** 3 pers. **260 F** repas **70 F**

30	30	8	8	8	8	6	SP	1

MOUSSIER Regine – Route des Alpes – 38550 Cheyssieu – Tél. : 74.84.97.80

Chichilianne Ruthieres
 C.M. n° 77 — Pli n° 14

❄❄❄ NN
(TH)

Alt. : 1000 m — Maison fermière traditionnelle dans un petit hameau. 4 ch. d'hôtes et 2 gîtes dans un bât. mitoyen. Les ch., grandes et coquettes, au mobilier campagnard anglais, pour 2 à 4 pers. avec chacune un coin-salon et salle d'eau/wc privés. Petits déj. et table d'hôtes dans l'ancienne bergerie voutée avec expo. d'aquarelles de peintres régionaux. Grande cheminée. Jeux de société, bibliothèque. Petite terrasse. Agriculteurs : élevage bovins. Gare et commerces à 4 km. Ouvert toute l'année. Italien et anglais parlés.

Prix : 1 pers. **190 F** 2 pers. **240 F** 3 pers. **310 F**
pers. sup. **70 F** repas **80 F**

22	SP	3	5	28	28	1	SP	SP	22

SAUZE Jean Luc – Ruthieres – 38930 Chichilianne – Tél. : 76.34.45.98 ou 76.34.42.20

Les Deux-Alpes
C.M. n° 77 — Pli n° 6

❄❄❄ NN

Alt. : 1660 m — M. et Mme Giraud vous accueillent dans leur chalet situé à proximité des pistes, comprenant au r.d.c. un gîte rural de 6 pers. et à l'étage 5 chambres d'hôtes de 2 à 4 pers. avec salle d'eau ou de bains et wc privés. Chauffage central, salon de TV avec cheminée. En été, grand jardin aménagé à disposition des hôtes. Commerces sur place. Toutes activités de sports et loisirs sur place, parking privé.

Prix : 1 pers. **160/180 F** 2 pers. **275/300 F** 3 pers. **330/360 F**
pers. sup. **30 F**

SP	SP	SP	SP	8	8	SP	SP	8	SP

GIRAUD Raymond – Le Chalet - 3 rue de L Oisans – 38860 Les Deux-Alpes – Tél. : 76.80.51.85

Gillonnay La Ferme des Collines
C.M. n° 77 — Pli n° 3

❄❄❄ NN

Alt. : 450 m — Grande et belle maison fermière rénovée avec goût, avec, au 1er, 2 ch. 2 pers. salle d'eau, wc privés et 2 ch. 4 pers. avec 2 lits 1 pers. en mezzanine, s. d'eau, wc privés. Les fenêtres ouvrent largement sur la nature. Marie vous proposera des petits déjeuners copieux dans la salle à manger des hôtes. Petit salon à disposition. Commerces 3 km. Ouvert toute l'année. Terrain fleuri et ombragé, mobilier de jardin. A 3 km de la Côte Saint-André (musée, festival Berlioz, etc.). Balnéo., sauna, gym. : salle de remise en forme à la Côte Saint-André. Anglais et italien parlés.

Prix : 2 pers. **250 F** pers. sup. **50 F**

3	2	15	15	10	SP	SP

MEYER Marie et Jean Marc – Hameau Notre Dame - La Ferme des Collines – 38260 Gillonnay – Tél. : 74.20.27.93

Gresse-en-Vercors La Fruitiere
C.M. n° 77 — Pli n° 3

❄❄ NN
(TH)

Alt. : 1200 m — Ancienne fruitière rénovée comportant de plain-pied, accès indépendant, 1 chambre de caractère montagnard (1 lit 2 pers.), salle d'eau, wc part., terrasse individuelle fermée. Kichenette. Dans maison annexe, 3 gîtes de 3 et 6 pers. Terrain, jeux et piscine d'enfants communs. Sauna et lingerie (prest. avec sup.). 4 nouvelles chambres en cours d'aménagement. Ouvert des vacances de printemps au 30 novembre. Possibilité de réservation par minitel. Gare 13 km. Commerces 1 km.

Prix : 2 pers. **220 F** repas **70 F**

3	0,5	3	3	17	17	0,5	SP	SP	3

MOURIER Marie-France – La Fruitiere – 38650 Gresse-en-Vercors – Tél. : 76.34.32.80

Le Gua La Martiniere
C.M. n° 77 — Pli n° 4

〰〰 NN
(TH)
Alt. : 950 m — Seul, en couple, en famille ou en petits groupes, à 30 mn de Grenoble et à 15 mn de la RN 75, dans le Parc du Vercors, nous vous proposons, dans notre grande maison ensoleillée, 3 ch. jumelées de 2 à 5 pers., 1 ch. 2 pers. Les chambres très spacieuses disposent chacune d'une s. d'eau et wc privés. Grande salle à manger, jardin d'hiver avec vue sur montagne et prés. En lisière de forêt. Chauffage central. A côté des pistes de ski de fond. Randonnées pédestres, VTT. Gare 12 km. Commerces 8 km. Ouvert toute l'année. Anglais et italien parlés.

Prix : 1 pers. **185 F** 2 pers. **230 F** 3 pers. **300 F** pers. sup. **95 F** repas **85 F**

4	SP	SP	SP	20	20	SP	SP	SP	

GITES DE FRANCE-SERVICE RESERVATION – Maison des Agriculteurs - B.P. 2608 – 38036 Grenoble-Cedex-2 – Tél. : 76.40.79.40. ou PROP : 76.72.26.96. – Fax : 76.33.04.82.

Lans-en-Vercors Les Blancs
C.M. n° 77 — Pli n° 4

〰〰〰 NN
Alt. : 1090 m — Au cœur du petit hameau des « Blancs », au pied du plateau des Allières entre Lans-en-Vercors et Villard-de-Lans, nous vous proposons 2 chambres coquettes avec entrée et sanitaires particuliers. Chauffage électrique. Vaste séjour avec cheminée. Terrasse. Jardin. Equipement bébé à disposition. Escalade, tir à l'arc, parapente, golf à 10 km. Ouvert toute l'année. Observation faune sauvage du Vercors. Gare 25 km. Commerces 4 km.

Prix : 1 pers. **200 F** 2 pers. **240 F** 3 pers. **340 F** pers. sup. **100 F**

8	SP	4	4	1	SP	1	2	4

RABOT Christine et Patrick – La Renardiere - Les Blancs – 38250 Lans-en-Vercors – Tél. : 76.95.13.76

Lans-en-Vercors Les Girards
C.M. n° 77 — Pli n° 4

〰〰 NN
(TH)
Alt. : 1050 m — Grande maison ensoleillée et calme à égale distance de Villard-de-Lans et de Lans-en-Vercors, avec au rez-de-chaussée, 1 chambre de 2 pers. ouvrant sur une grande terrasse (salle d'eau, wc privés). Au 1er étage, vaste chambre/salon 4 pers. avec salle d'eau et wc privés, chauffage central. Prairie avec jeux d'enfants. Ouvert toute l'année.

Prix : 2 pers. **210/250 F** repas **70 F**

10	SP	5	5	1,5	SP	SP	5

ROCHAS Nicole et Pierre – Les Girards – 38250 Lans-en-Vercors – Tél. : 76.95.00.65

Lans-en-Vercors L'Aigle
C.M. n° 77 — Pli n° 4

〰〰〰 NN
(TH)
Alt. : 1020 m — Dans un cadre de verdure, jolie maison contemporaine à proximité du village. 2 chambres avec salle d'eau et wc privés. Accès indépend. Ambiance chaleureuse. Cuisine gourmande, petit déj. nordiques. Coin-cheminée, salon, livres, TV, hifi, salle à manger commune. Jardin ombragé et fleuri, chaises longues pour les après-midi de farniente. Joëlle organise également des séjours sportifs et reçoit des clients du gîte de groupe (12 pers. maxi.). Gare 25 km. Commerces 1 km. Ouvert toute l'année. Anglais parlé.

Prix : 1 pers. **180 F** 2 pers. **230 F** pers. sup. **50 F** repas **80 F**

4	SP	6	1	1	SP	SP	1

ROUSSET Joelle – Inouk - L'Aigle – 38250 Lans-en-Vercors – Tél. : 76.95.42.47 – Fax : 76.95.66.57

Longechenal
C.M. n° 74 — Pli n° 13

〰〰 NN
(TH)
Alt. : 523 m — Ferme traditionnelle en pisé, entièrement rénovée. Grand terrain clos et fleuri de 2500 m². Au 1er : 1 ch. 3 pers., s. d'eau et wc privés, non communicants. 1 ch. 2 pers., s. d'eau et wc privés. Mobilier de caractère, grande salle de séjour. Salon réservé aux hôtes. Coin-cuisine à disposition. Table d'hôtes, cuisine régionale, produits du terroir. Commerces 3 km. Ouvert toute l'année sur réservation.

Prix : 1 pers. **190 F** 2 pers. **240 F** 3 pers. **310 F** repas **75 F**

7	4	12	2	SP	3

DORION Malou et Jacques – La Gallardiere – 38690 Longechenal – Tél. : 76.55.55.82

Malleval
C.M. n° 77 — Pli n° 4

〰 NN
(A)
Alt. : 950 m — Dans le parc naturel régional du Vercors, une auberge de village vous accueille toute l'année et vous propose une cuisine régionale soignée. 3 ch. d'hôtes (lavabo), salle de bains et wc communs. Chauffage central. Salle de restaurant avec cheminée. Bar, terrasse. Calme dans un environnement préservé pour vos loisirs : randonnées équestres et pédestres (GR9). Spéléo, escalade à proximité, pêche à la truite, VTT, zone nordique des Coulmes. Gare 19 km. Commerces 9 km. Ouvert toute l'année.

Prix : 1 pers. **105 F** 2 pers. **200 F** pers. sup. **80 F** repas **73 F**

	SP	0,5	0,5	SP	SP	5

RUIZ Carine – Auberge Les Galopins - La Cure – 38470 Malleval – Tél. : 76.38.54.59

Meaudre Les Girauds
C.M. n° 77 — Pli n° 4

〰 NN
Alt. : 1050 m — Au 1er étage d'une grande ferme, dans un hameau très calme, avec un accueil familial, vous disposerez de 2 chambres avec lavabo, salle d'eau et wc communs (1 ch. 2 pers., 1 ch. 3 pers.). Chauffage central. Salle à manger, petits déjeuners copieux avec confitures maison. Gare 25 km.

Prix : 2 pers. **195 F**

2	1	1	1	SP	1	SP

COING Joseph et Odette – Les Girauds – 38112 Meaudre – Tél. : 76.95.21.77

Meaudre Le Cordey
C.M. n° 77 — Pli n° 4

♥♥ NN
(TH)

Alt. : 1000 m — Anne-Marie et Jean-Claude vous accueillent à l'autrichienne dans une maison face à la forêt. A la belle saison, 1800 m² de gazon : sortez les transats ! 3 ch. confortables dont 1 en duplex avec petites s. d'eau part. S. d'eau supplémentaire, wc à l'étage. 1 ch. 3 épis NN, accès extérieur et indépendant (2 lits 1 pers.), en mezzanine. Coin-salon, s. d'eau, wc privés. Salle commune, vidéo, sauna. Séjours semaine ou week-end. Documentation complète sur demande. Au cœur du Parc Naturel Régional du Vercors, partez skis de fond aux pieds pour de longues balades sur les plateaux. Ouvert toute l'année.

Prix : 1 pers. **110/120 F** 2 pers. **220/240 F** repas **90 F**
1/2 pens. **190/200 F**

2	1,2	1,2	1,2	1	SP	1	10

PRAIRE J.Claude et A.Marie – Le Cordey – 38112 Meaudre – Tél. : 76.95.24.58 ou 76.95.23.00 – Fax : 76.95.24.78

Mens
C.M. n° 77 — Pli n° 15

♥♥♥ NN
(TH)

Alt. : 780 m — Dans village de caractère, vieille maison restaurée alliant charme et confort contemporain : salle de séjour à disposition, 6 ch. 2 ou 3 pers. avec salle d'eau ou salle de bains et wc particuliers. Ambiance claire et chaleureuse. Jardin avec coin-détente, TV à disposition. Organisation de loisirs à la carte : VTT, canyoning, etc... Réductions suivant saisons. Gare 15 km. Commerces sur place. Ouvert toute l'année. Anglais parlé.

Prix : 1 pers. **220/240 F** 2 pers. **280/300 F** 3 pers. **350/370 F**
repas **80 F**

	0,5	0,5	18	18	4	SP	SP	SP

FRIBOURG Pierrette – Rue du Bourg – 38710 Mens – Tél. : 76.34.60.14

Monestier-de-Clermont Le Chateau
C.M. n° 77 — Pli n° 14

♥ NN
(TH)

Alt. : 850 m — Château du XVIᵉ dans le village de Monestier, à proximité de la RN75 entre Grenoble et Sisteron. 1 ch. double pour 5 pers. avec salle de bains et wc privés, 1 ch. 1 pers. avec douche et lavabo, wc communs à l'étage, 2 ch. 2 pers. avec salle de bains et wc privés pour chacune. Chauffage central. Ouvert toute l'année.

Prix : 1 pers. **100 F** 2 pers. **200 F** repas **80 F**

13	13	1	1	9	9	SP

MARIN Juliette – Le Chateau – 38650 Monestier-de-Clermont – Tél. : 76.34.03.92

Monestier-du-Percy Le Serre
C.M. n° 77 — Pli n° 15

♥♥♥ NN
(TH)

Alt. : 750 m — Au cœur du Trièves, dans un site rural protégé entre Vercors et Devoluy, Natacha et Guillaume vous accueillent dans une ancienne ferme rénovée. 2 ch. avec salle de bains et wc privés, 2 ch. avec salle d'eau et wc privés, 2 ch. 2 épis NN, salle d'eau privée et wc communs. Salon avec TV et bibliothèque. Commerces 5 km. Ouvert d'avril à octobre. Anglais parlé. Accompagnateur de randonnées nature, Guillaume se fera un plaisir de vous faire découvrir les richesses naturelles et culturelles du Trièves. Sur place : location VTT (sur réservation), ping-pong, aire de jeux, jardin et piscine privée. Tarifs dégressifs pour enfants.

Prix : 1 pers. **145/180 F** 2 pers. **175/230 F** 3 pers. **235/325 F**
pers. sup. **60 F** repas **80 F**

35	12	SP	8	30	30	SP	SP	SP	10

JULLIEN Natacha et Guillaume – Le Serre - Chaucharri – 38930 Monestier-du-Percy – Tél. : 76.34.42.72

Ornon Le Village
C.M. n° 77 — Pli n° 6

♥ NN
(TH)

Alt. : 1300 m — Dans ce petit village traditionnel de l'Oisans, Michelle et Antoine vous accueillent chaleureusement dans leur maison rustique et confortable, et vous proposent une cuisine familiale. Vaste séjour avec salle voutée et cheminée. 1 ch. 3 pers. avec salle d'eau et wc privés 2 épis, entrée indép. 3 ch. 2 pers. avec lavabo. Douche et wc communs. Ouvert toute l'année. Zone périphérique Parc des Ecrins. Sentiers balisés GR 50. Gare 6 km. Commerces 10 km. Anglais parlé.

Prix : 1 pers. **170 F** 2 pers. **230 F** 3 pers. **340 F**
pers. sup. **110 F** repas **75 F**

5	5	8	8	10	10	6	SP	1	6

WEBER Antoine et Michelle – Le Village – 38520 Ornon – Tél. : 76.80.43.05 ou 76.42.16.08

Ornon La Pallud
C.M. n° 77 — Pli n° 6

♥♥ NN

Alt. : 1000 m — Entre bois et champs dans un cadre montagneux, Louis et Colette vous accueillent dans leur maison au cœur du hameau. 2 petites chambres avec salle d'eau particulière dont 1 avec wc particuliers. Chauffage central. Séjour. Terrasse. Tarif spécial pour étape sur le GR. Gare et commerces à 6 km.

Prix : 2 pers. **180/200 F**

8	8	8	8	8	SP	SP

BOSSE Louis – La Pallud – 38520 Ornon – Tél. : 76.80.41.50

Oz-en-Oisans L'Enversin
C.M. n° 77 — Pli n° 6

♥ NN
(A)

Alt. : 1050 m — Dans une grange rénovée indépendante à côté de l'auberge du propriétaire, 5 chambres 2 personnes avec salles d'eau particulières, wc privés. Possibilité de lit 1 pers. suppl. Chauffage central. Voile, baignade à 10 km, promenade, escalade. Liaison avec l'Alpe d'Huez et Oz en Oisans, téléphérique de Vaujany à 3 km, accès aux pistes en 8 mn.

Prix : 2 pers. **185 F** repas **70 F**

5	10	10	10	10	SP	SP	SP

PASSOUD Rene – L'Enversin – 38114 Oz-en-Oisans – Tél. : 76.80.73.18

Le Percy Les Blancs   *C.M. n° 77 — Pli n° 15*

✿✿✿ NN (TH)

Alt. : 880 m — Au pied des Hauts Plateaux du Vercors, dans une ferme restaurée entourée d'un jardin fleuri, 3 ch. 3 pers, 1 ch. 4 pers avec kitchenette, salle de bains et wc particuliers chacune, accès indépendant. Les petits déjeuners sont servis dans la salle à manger-salon voutée ouvrant par une large baie sur la campagne, cheminée et bibliothèque. Relais équestre. Possibilité de réservation par minitel. Gare 1 km. Commerces 5 km. Ouvert toute l'année.

Prix : 1 pers. **195 F** 2 pers. **260 F** 3 pers. **330 F** pers. sup. **65 F** repas **85 F**

27	7	12	5	15	15	SP	SP	

GITES DE FRANCE-SERVICE RESERVATION – Maison des Agriculteurs - B.P. 2608 – 38036 Grenoble-Cedex-2 – Tél. : 76.40.79.40. ou PROP :.76.34.43.07 – Fax : 76.33.04.82.

Le Pin-Plage   *C.M. n° 74 — Pli n° 14*

✿✿ NN (TH)

Alt. : 500 m — Jean et Denise vous accueillent dans leur ferme et vous proposent 2 grandes chambres (1 lit 2 pers. 1 lit 1 pers.), s.d.b., wc privés, vue sur le lac de Paladru. L'une d'entre elles est équipée d'un coin-cuisine. Chauffage électrique. Séjour, cheminée, bibliothèque. TV. Terrasse plein-sud réservée aux hôtes. Sites d'intérêt culturel. Ouvert toute l'année.

Prix : 2 pers. **190 F** repas **65 F**

30	30	2,5	2,5	0,1	SP	SP	25

MEUNIER BEILLARD Jean et Denise – 38730 Le Pin-Plage – Tél. : 76.06.64.00

Les Roches-de-Condrieu Montee de Pre Margot   *C.M. n° 74 — Pli n° 11*

✿✿ NN (TH)

Alt. : 200 m — Jolie maison fleurie, en limite du village, avec au r.d.c. 2 ch. de 2 et 3 pers. avec s. d'eau et wc privés, et 1 ch. de 3 pers. ouvrant de plain-pied sur une terrasse (s.d.b. et wc privés). Salon, salle à manger avec cheminée. Grande terrasse avec barbecue où sont pris les petits déjeuners ou les dîners à la belle saison. Gare 400 m. Commerces sur place. A proximité du plan d'eau et du Port de Plaisance, vue sur les vignobles de Viognier. Garages fermés. Possibilité de réservation par minitel. Ouvert toute l'année sur réservation.

Prix : 1 pers. **190 F** 2 pers. **230 F** 3 pers. **300 F** repas **70 F**

29	29	0,5	1	0,5	0,5	6	SP	0,3

GITES DE FRANCE-SERVICE RESERVATION – Maison des Agriculteurs - B.P. 2608 – 38036 Grenoble-Cedex-2 – Tél. : 76.40.79.40. ou PROP : 74.56.35.56 – Fax : 76.33.04.82.

Roybon Le Plan Michat   *C.M. n° 77 — Pli n° 3*

✿✿ NN (TH)

Alt. : 600 m — Ancienne bergerie rénovée où Fabienne et Michel ont aménagé pour votre confort 5 jolies chambres de 2 à 4 pers. (chambres jumelées). Salle d'eau et wc particuliers. Grande salle à manger, salon, cheminée. Situation idéale pour un séjour dans le calme de la forêt de Chambaran. Activités sportives et culturelles, organisées sur demande. Réduc. suivant durée. A 20 mn de l'aéroport de Saint-Geoirs et 15 km du Village Médiéval de Saint-Antoine-l'Abbaye. Aux portes de la Drôme et du Vercors. Gare 20 km. Commerces 3,5 km. Ouvert toute l'année sur réservation.

Prix : 1 pers. **180 F** 2 pers. **230/260 F** 3 pers. **300/360 F** pers. sup. **70/100 F** repas **90 F**

35	14	4	4	10	10	SP	4

PERETTI Fabienne et Michel – Le Plan Michat – 38940 Roybon – Tél. : 76.36.28.89

Saint-Albin-de-Vaulserre La Buquiniere   *C.M. n° 74 — Pli n° 14*

✿✿ NN

Alt. : 310 m — Au cœur du Val d'Ainan, dans une vaste demeure, Jeanine met à votre disposition 5 chambres de 2 pers. dont 2 avec salles de bains et wc privés, 1 ch. avec douche, lavabo et 2 ch. avec lavabo, douche et wc à l'étage. Salle de séjour à la disposition des hôtes. Chauffage central. Massifs de Chartreuse 15 km. Pêche à la ligne, promenades. Ouvert de février à décembre. Sur la route départementale 82.

Prix : 2 pers. **180/250 F**

20	20	5	6	12	10	10

CHARVET Jeanine – La Buquiniere – 38480 Saint-Albin-de-Vaulserre – Tél. : 76.37.05.66 ou 76.37.08.69

Saint-Antoine-l'Abbaye Les Voureys   *C.M. n° 77 — Pli n° 3*

✿✿ NN (TH)

Alt. : 230 m — Dans leur ferme typique du Pays Antonin, Marie-Thérèse et Henri mettent à votre disposition 3 jolies chambres campagnardes équipées chacune d'une salle d'eau wc au confort moderne. Les petits déjeuners copieux et variés sont pris dans la vaste cuisine chaleureuse. Pièce de détente à disposition, espace ombragé avec salon de jardin. Ouvert toute l'année. Anglais parlé. A 2,5 km du village médiéval de Saint-Antoine avec son abbaye du XII°. Nuits Médiévales en Juillet. Jardin Ferroviaire de Chatte, Musée du Fromage à Saint-Marcelin.

Prix : 2 pers. **210 F** 3 pers. **270 F** repas **75 F**

26	10	6	11	11	5	SP	SP

PHILIBERT M.Therese et Henri – Les Voureys – 38160 Saint-Antoine-l'Abbaye – Tél. : 76.36.41.65

Saint-Antoine-l'Abbaye   *C.M. n° 77 — Pli n° 3*

✿✿✿ NN (TH)

Alt. : 300 m — Belle maison de caractère au cœur du village Médiéval de Saint-Antoine. Grande salle avec four à pain et cheminée. Au 1er : 2 ch. 3 pers. et 1 vaste ch. 4 pers., salles d'eau wc particuliers. Chauffage central. Petit jardin clos. Aux portes de la Drôme et aux confins du Vercors. Nuits Médiévales en juillet. Artisanat local. Jardin ferroviaire à Chatte. Musée du fromage à Saint-Marcellin. Eglise abbatiale, son Trésor et ses concerts de musiques sacrées. Gare 12 km. Commerces sur place. Ouvert toute l'année.

Prix : 1 pers. **180 F** 2 pers. **230/260 F** 3 pers. **300/340 F** pers. sup. **70 F** repas **75 F**

20	12	SP	12	12	5	SP	SP

ISERABLE Marie Paule et Michel – Jacquemont – 38160 Saint-Antoine-l'Abbaye – Tél. : 76.36.41.53

Saint-Appolinard Combe de Mouze   *C.M. n° 77 — Pli n° 3*

♥♥ NN
(TH)

Alt. : 500 m — Monique et Henri vous accueillent dans leur ferme. 4 jolies ch. 2 pers. avec vue sur les coteaux du Pays Antonin et les montagnes du Vercors, avec s. d'eau wc privés chacune. Ch. électr., balcon et terrasse sud-ouest. Jardin ombragé et fleuri, coin-détente. A la belle saison vous prendrez vos repas sur la terrasse ou dans la vaste salle à manger près de la cheminée. Pain cuit au feu de bois et produits fermiers. Ambiance familiale et chaleureuse. Agriculture : noyers, élevage, céréales... Gare 10 km. Commerces 7 km. Ouvert de décembre à septembre inclus.

Prix : 1 pers. **170 F** 2 pers. **210 F** repas **70 F**

20	10	6	9	9	6	SP	SP

PAIN Monique et Henri – Combe de Mouze – 38160 Saint-Appolinard – Tél. : 76.64.10.52

Saint-Clair-du-Rhone Hameau de Prailles   *C.M. n° 74 — Pli n° 11*

♥♥♥ NN
(TH)

Alt. : 300 m — Jolie maison de campagne avec piscine et grand jardin ombragé et fleuri. 1 ch. de 50 m² pour 3 pers., s. d'eau wc privés, TV couleur et grande terrasse, 2ᵉ ch. au rez-de-chaussée, pour 3 pers., s. d'eau, wc privés, TV couleur. Suivant les saisons, vous prendrez vos repas sur la terrasse ou dans la salle à manger où brûle un bon feu de bois. Gare 6 km. Commerces 3 km. Port de plaisance. A 12 km de Vienne et de son théâtre Romain, aux portes de la Drôme. Visites des caves de Saint-Joseph, Côtes Roties et Condrieu. Ouvert toute l'année. Table d'hôtes sur réservation.

Prix : 2 pers. **240/290 F** pers. sup. **100 F** repas **100 F**

SP	6	6	1

PASQUARELLI Raymond et Andree – Hameau de Prailles – 38370 Saint-Clair-du-Rhone – Tél. : 74.87.29.15

Saint-Didier-de-la-Tour Les Vignes   *C.M. n° 74 — Pli n° 14*

♥ NN

Alt. : 340 m — Dans une grande maison, 3 chambres d'hôtes aménagées dont 1 ch. séjour (1 lit 1 pers. 1 lit 2 pers.), coin-repas séparé, douche, kitchenette. 2 ch. (2 lits 2 pers.) avec salle d'eau, kitchenette et wc communs. Chauffage central. TV sur demande dans chaque chambre. Balcon, terrasse. Garage couvert. Tél. avec compteur. Cinéma, visites touristiques. Commerces 1,5 km. Ouvert toute l'année.

Prix : 2 pers. **180 F**

35	35	2	2	14	14	SP	SP	1

FRETY Firmin – 38110 Saint-Didier-de-la-Tour – Tél. : 74.97.44.89

Saint-Hilaire-du-Touvet Les Hauts Granets   *C.M. n° 77 — Pli n° 5*

♥♥♥ NN

Alt. : 1000 m — Nicole et Michel vous accueillent dans leur maison et mettent à votre disposition 2 ch. au r.d.c. ouvrant sur une terrasse individuelle. Chaque chambre est équipée pour 2 pers. avec kitchenette, salle d'eau et wc privé (lit simpl. enfant sur dem.). Vue sur la Chaîne de Belledonne. Réduction séjour d'une semaine et +. 1 ch. avec tél. téléséjour. Terrain de sports sur place, escalade, spéléo. Ils sont aussi propriétaire de 7 gîtes ruraux (4 à 6 pers.). Documentation gratuite sur demande. Commerces sur place. Ouvert toute l'année. Anglais parlé.

Prix : 2 pers. **215 F**

1,5	1,5	1	10	10	10	SP	SP	3	0,5

RAIBON Michel et Nicole – Les Hauts Granets – 38720 Saint-Hilaire-du-Touvet – Tél. : 76.08.30.56

Saint-Hilaire-du-Touvet Les Margains   *C.M. n° 77 — Pli n° 5*

♥♥ NN
(TH)

Alt. : 1000 m — Maison au cœur du village disposant de 2 ch. (cuisine privée), s. d'eau et wc privés, 1 ch. double, s. d'eau, wc privés (2 pièces), Les petits déjeuners et les repas peuvent être pris dans le jardin à la belle saison ou dans la salle à manger particulière aux hôtes. Petit salon avec TV couleur. Centre de vol libre, escalade, spéléologie. Gare 30 km. Commerces 1 km. 2 gîtes ruraux 3 épis NN à proximité immédiate. Tarifs dégressifs pour 2 enfants, réductions séjour prolongé (plus d'une semaine). Ouvert toute l'année.

Prix : 1 pers. **140/200 F** 2 pers. **280 F** 3 pers. **360 F**
repas **70 F**

2	1	10	1	10	10	SP	2	1

GRANGE Michel – « Bel Air » - Les Margains – 38720 Saint-Hilaire-du-Touvet – Tél. : 76.08.30.07

Saint-Hilaire-du-Touvet Les Gaudes   *C.M. n° 77 — Pli n° 5*

♥♥ NN

Alt. : 1000 m — Ancienne grange rénovée où Marie-Odile et Yves vous accueillent dans un cadre montagnard, confortable et chaleureux. Ils vous proposent 1 ch. claire, spacieuse, indép. avec une terrasse indiv. et un verger. Equipée d'une kitchnette, elle permet de recevoir 2 à 3 pers. (s. d'eau et wc privés) TV couleur. Salon de jardin. Accessible à pers. en fauteuil et agréée par l'A.P.F. Solides petits déjeuners servis dans la salle à manger. Dans la même maison 3 gîtes de 5 à 6 pers. avec terrasse et jardin individuels. Gare 25 km. Commerces 100 m. Ouvert toute l'année. Anglais parlé.

Prix : 1 pers. **150 F** 2 pers. **220 F** 3 pers. **280 F**
pers. sup. **70 F**

0,3	SP	10	0,8	7	7	10	SP	0,3	SP

CHATAIN Yves – Les Gaudes – 38660 Saint-Hilaire-du-Touvet – Tél. : 76.08.33.16

Saint-Honore Tors   *C.M. n° 77 — Pli n° 15*

♥♥♥ NN
(TH)

Alt. : 950 m — Entre edelweiss et lavande, à proximité de la route Napoléon et des lacs de Laffrey, Françoise et Michel vous accueillent dans leur maison au cœur du vieux village de Tors et vous proposent 2 jolies chambres dont 1 double pour 4 pers. avec wc privés. Chauffage central, salon. Réduction à partir de la 5ᵉ nuitée. Gare 35 km. Commerces 3 km. L'été, vous pourrez prendre vos petits déjeuners et vos repas dans le jardin et l'hiver près de la cheminée.

Prix : 1 pers. **175 F** 2 pers. **230 F** 3 pers. **345 F** repas **85 F**

7	SP	5	5	5	7	5	SP	3	8

BOULINEAU Michel et Francoise – Tors - La Dent du Loup – 38350 Saint-Honore – Tél. : 76.30.92.42

Saint-Laurent-en-Beaumont Les Egats   *C.M. n° 77 — Pli n° 15*

❦ NN
(TH)

Alt. : 850 m — Dans la maison du propriétaire, 3 ch. aménagées (3 lits 2 pers.), salle d'eau et wc communs. Chauffage électrique. Salle de jeux à disposition des enfants. Voile 3 km. Camping aménagé attenant. Commerces 9 km. Ouvert toute l'année.

Prix : 2 pers. **210 F** repas **70 F**

25	7	SP	1	3	SP	SP	SP	3

MICHEL Sylvette – Les Egats – 38350 Saint-Laurent-en-Beaumont – Tél. : 76.30.40.80

Saint-Michel-les-Portes Thoranne Les Granges   *C.M. n° 77 — Pli n° 14*

❦❦ NN
(A)

Alt. : 830 m — Ferme traditionnelle, XVIII°, du Trièves, avec au r.d.c. une petite auberge aménagée dans une belle salle voûtée comportant, outre la salle à manger, un salon cheminée (TV, hi-fi, bibliothèque). Au 1er étage, 6 ch. avec chacune salle d'eau et wc, 1 lit 1 pers. en mezzanine, 1 lit 2 pers. ou 2 lits 1 pers. Chauffage central. Gare 1 km. Commerces 10 km. Grand jardin ombragé et fleuri, mobilier de jardin, four à pain. Pour une halte ou un séjour entre Grenoble et Sisteron. Ouvert toute l'année. Anglais parlé. Possibilité de réservation par minitel.

Prix : 1 pers. **150 F** 2 pers. **240 F** repas **70 F**

12	9	10	10	17	17	7	SP	SP	12

GITES DE FRANCE-SERVICE RESERVATION – Maison des Agriculteurs - B.P. 2608 – 38036 Grenoble-Cedex-2 – Tél. : 76.40.79.40. ou PROP : 76.34.08.28 – Fax : 76.33.04.82.

Saint-Pierre-d'Entremont Saint-Philibert-d'Entremont   *C.M. n° 74 — Pli n° 15*

❦ NN

Alt. : 925 m — Dans une maison dauphinoise, 3 chambres d'hôtes avec salle d'eau et wc communs. Chauffage central. Base de loisirs à 7 et 9 km. Sentiers balisés, GR 9 Tour de Chartreuse, spéléo accompagnée. Garage. Ouvert toute l'année.

Prix : 1 pers. **130 F** 2 pers. **150 F** 3 pers. **170 F**

2,5	2,5	4,5	9,5	14	14	SP	2,5	SP

BONDAT Jean – Saint-Philibert – 73670 Saint-Pierre-d'Entremont – Tél. : 76.88.62.18 ou 76.88.60.04

Saint-Pierre-de-Chartreuse Les Egaux   *C.M. n° 77 — Pli n° 5*

❦❦❦ NN
(TH)

Alt. : 950 m — Au cœur de la Chartreuse, Nicole et Michel vous attendent à « l'Abri » dans un cadre reposant. A votre disposition, 2 belles chambres pour 3 pers. au rez-de-chaussée avec salon, salle d'eau et wc privés. Accès indépendant ouvrant sur terrasse et pelouse avec salon de jardin. Au 1er étage, une 3° chambre 3 pers. (2 épis NN). Lavabo, douche et wc communs. Chauffage central. A votre gré, promenades en forêts, excursions sur place. Nombreuses excursions dans le Parc Naturel Régional de Chartreuse. Gare 25 km. Commerces 3 km. Ouvert toute l'année.

Prix : 1 pers. **150/180 F** 2 pers. **180/220 F** 3 pers. **220/270 F** pers. sup. **40 F** repas **85 F**

SP	SP	2,5	2,5	30	30	SP	SP	2	3

BAFFERT Michel – Les Egaux – 38380 Saint-Pierre-de-Chartreuse – Tél. : 76.88.60.86

Saint-Pierre-de-Chartreuse La Cartaniere   *C.M. n° 77 — Pli n° 5*

❦❦ NN

Alt. : 900 m — Vaste maison traditionnelle de montagne, avec 2 gîtes, le logement des propriétaires, et 2 chambres d'hôtes de 2 et 4 pers., salle d'eau et wc privés chacune. Séjour des propriétaires avec cheminée à disposition des hôtes pour détente paisible ou moments privilégiés de convivialité. Terrain avec salon de jardin. Calme et espace. Ouvert toute l'année. Anglais parlé. Petits déjeuners traditionnels, confitures maison. Nombreuses possibilités de restauration au village.

Prix : 2 pers. **185 F**

1,5	5	2	2	30	30	5	SP	SP	1,5

CARTANNAZ Bernard et Nadine – La Cartaniere - La Coche – 38380 Saint-Pierre-de-Chartreuse – Tél. : 76.88.64.26

Saint-Pierre-de-Chartreuse Pre Montagnat   *C.M. n° 77 — Pli n° 5*

❦❦❦ NN
(TH)

Alt. : 900 m — Grande maison contemporaine au cœur du village. Salon, TV réservés aux hôtes. 1 grande chambre confortable (1 lit 2 pers., 1 lit 1 pers.), ensoleillée avec balcon, salle de bains, wc privés. Belle salle à manger avec cheminée où sont servis de copieux petits déjeuners. Lac d'Aiguebelette, cirque de Saint-Même. Gare 25 km. Commerces sur place. Ouvert toute l'année.

Prix : 1 pers. **148 F** 2 pers. **180 F** 3 pers. **234 F** pers. sup. **35 F** repas **80 F**

SP	3	1	1	25	25	3	SP	0,5	4

PIRRAUD Helene – Pre Montagnat – 38380 Saint-Pierre-de-Chartreuse – Tél. : 76.88.65.44

Saint-Prim Le Pre Margot   *C.M. n° 74 — Pli n° 11*

❦❦❦ NN
(TH)

Alt. : 160 m — Entre N86 et N7, vaste demeure contemporaine dans la verdure surplombant le plan d'eau des Roches de Condrieu et son port de plaisance. 5 ch. de 2 et 3 pers. s. d'eau et wc privés, TV et clim. individuelle. Grande véranda (84 m²) avec cheminée où sont pris les petits déjeuners. Table d'hôtes sur réservation. Parking fermé. Gare et commerces à 1,2 km. Vue sur le Mont Pilat et le vignoble des Côtes Rôties. A 10 km, Vienne, ville archéologique (festival de Jazz). Billard, table de jeux de société, flipper. Activité Paint-Ball sur demande. Ouvert toute l'année sauf vacances de Toussaint et de Noël.

Prix : 1 pers. **200 F** 2 pers. **240 F** 3 pers. **330 F** pers. sup. **90 F** repas **85 F**

27	27	1,5	1,5	0,4	0,4	1,5	0,4

BRIOT Maurice et Martine – Le Pre Margot - Les Roches de Condrieu – 38370 Saint-Prim – Tél : 74.56.44.27 – Fax : 74.56.30.93

Saint-Sebastien Les Caravelles   C.M. n° 77 — Pli n° 15

※ NN
TH

Alt. : 925 m — A 45 km au sud de Grenoble et à 48 km au nord de Gap, Nicole et Robert vous accueillent dans leur ferme du Sud-Isère. 4 ch. dont 1 avec s. d'eau privée, les 3 autres avec sanitaires communs. Salle de séjour, salon (cheminée), terrasse. Ch. central. Gîte d'étape et de séjour, camping à la ferme. A sa table, Nicole vous propose les produits de sa ferme « Bio ». Relais équestre de 12 pers. Agréé FFCT. Saut élastique à Ponsonnas (5 km), cyclo, lac, pêche, petit train de La Mure, la Salette 35 km. Fermé du 15 novembre au 15 mars. Gare 18 km. Possibilité de réservaiton par minitel.

Prix : 2 pers. **200/220 F** repas **85 F**

※	※	🚣	🚶	♨	⛵	🦅	🎿
28	28	5	0,5	5	5	SP	SP

GITES DE FRANCE-SERVICE RESERVATION – Maison des Agriculteurs - B.P. 2608 – 38036 Grenoble-Cedex-2 – Tél. : 76.40.79.40. ou PROP : 76.34.92.09 – Fax : 76.33.04.82.

Saint-Theoffrey Les Theneaux   C.M. n° 77 — Pli n° 5

※ NN
TH

Alt. : 1000 m — Maison au cœur du hameau avec un petit jardinet clos et à 200 m d'un des Lacs de Laffrey. Ambiance familiale et bon enfant. Vous disposerez aux 1er et 2e étages de 4 ch. de 2 pers avec chacune salle d'eau et wc privés. Chauffage central. Salle de détente avec kichenette à disposition, salon commun avec cheminée, TV, bibliothèque, jeux. Salon de jardin. Gare 30 km. Commerces 9 km. Ouvert toute l'année sur réservation. Italien parlé.

Prix : 2 pers. **210 F** repas **65 F**

※	※	🚣	🚶	♨	⛵	🦅	🎿	⛷	✚
9	3	11	3	0,2	1	3	SP	0,2	15

GRANGE Rose et Henri – Les Theneaux – 38119 Saint-Theoffrey – Tél. : 76.83.91.90

Saint-Verand Les Sables   C.M. n° 77 — Pli n° 3

※※※ NN
TH

Alt. : 350 m — Maison fermière traditionnelle en pisé, à l'écart du village, sur un coteau verdoyant (entre Grenoble et Valence). Vous trouverez 2 ch. spacieuses et coquettes avec s. d'eau, wc privés. 1 ch. 2 pers. et 2 grandes ch. jumelées pour 6 pers. Gare et commerces à 5 km. Ouvert pendant les vacances scolaires d'été sur réservation. Les petits déjeuners et les dîners sont pris soit dans la salle à manger devant la cheminée, soit sur la terrasse à l'ombre des tilleuls. Salon, piano.

Prix : 1 pers. **175 F** 2 pers. **220 F** 3 pers. **330 F**
pers. sup. **100 F** repas **80 F**

※	※	🚣	🚶	♨	🦅	🎿
20	15	5	5	15	15	SP

LAVOREL Claude – Les Sables – 38160 Saint-Verand – Tél. : 76.64.09.48

La Salle-en-Beaumont Les Allaures   C.M. n° 77 — Pli n° 15

※※ NN

Alt. : 800 m — Près de la route Napoléon, pour une halte ou un séjour, Martine et Abel vous accueillent dans leur grande maison contemporaine et mettent à votre disposition 3 ch. 2 pers. situées au 1er étage. 1 ch. classée 1 épi NN avec douche et lavabo privés, wc communs à l'étage. 2 ch. avec s. d'eau et wc privés. Coin-détente et de lecture, salon à disposition. Grand jardin, garage. Chauffage central. Gare 50 km. Commerces 10 km. Ouvert toute l'année.

Prix : 2 pers. **220 F**

🐕	※	※	🚣	🚶	♨	🎿	⛷	✚
	25	8	12	0,5	3	12	SP	2	6

GRAND Abel et Martine – Les Allaures – 38350 La Salle-en-Beaumont – Tél. : 76.30.42.04

Le Sappey-en-Chartreuse Jallieres   C.M. n° 77 — Pli n° 5

※※※ NN

Alt. : 1050 m — Maison contemporaine dans un petit hameau au cœur du Parc de la Chartreuse où Françoise et Etienne vous proposent 1 chambre (1 lit 2 pers.) disposant d'une salle de bains et wc privés. Chaleur, soleil, calme auxquels s'ajoutent diverses activités nature : randonnées, et tous les loisirs de la montagne. Gare 25 km. Commerces 200 m. Ouvert toute l'année. Anglais parlé.

Prix : 1 pers. **210 F** 2 pers. **230 F**

🐕	※	※	🚣	🚶	♨	🎿	⛷	✚
	0,7	0,7	10	0,4	8	SP	1	4

BLACHE Francoise et Etienne – Jaillieres – 38700 Le Sappey-en-Chartreuse – Tél. : 76.88.84.54

Sechilienne Cotte Fournier   C.M. n° 77 — Pli n° 5

※※ NN
TH

Alt. : 600 m — Ancienne grange de caractère, rénovée avec goût, mitoyenne à la maison des propriétaires. Vous disposerez de 3 jolies chambres 3 pers. au charme montagnard, décorées avec soin. Salle d'eau, wc particuliers. Chauffage électrique. Grande salle de détente, coin-cuisine à disposition. A la limite de la réserve naturelle du Luitel. Gare 25 km. Commerces 10 km. Propice à la détente, en pleine forêt (7000 m² de prairies). Possibilité ski à Chamrousse, l'Alpe du Grand Serre. Matériel pour bébé à disposition (2 autres ch. en cours). Ouvert toute l'année sur réservation. Anglais parlé. Possibilité de réservation par minitel.

Prix : 1 pers. **180 F** 2 pers. **230 F** 3 pers. **300 F**
pers. sup. **70 F** repas **70 F**

※	※	🚣	🚶	♨	🦅	🎿	⛷	✚
13	13	10	3	11	11	10	SP	1	15

GITES DE FRANCE-SERVICE RESERVATION – Maison des Agriculteurs - B.P. 2608 – 38036 Grenoble-Cedex-2 – Tél. : 76.40.79.40. ou PROP :.76.72.15.06 – Fax : 76.33.04.82.

Torchefelon La Taillat   C.M. n° 74 — Pli n° 13

※※※ NN
TH

Alt. : 550 m — Coquette maison au cœur des 2 vallées de l'Hien et de la Bourbre avec 5 jolies chambres de 2 pers., salle d'eau ou de bains et wc particuliers. Nicole, fine cuisinière vous préparera les repas servis sous la tonnelle ou dans la grande salle à manger campagnarde. Terrasse. Barbecue. Grand terrain. Sites culturels dans les environs. Prêt de vélos. CB acceptée. Relais équestre. Gare 12 km. Ouvert toute l'année.

Prix : 1 pers. **130/155 F** 2 pers. **260/310 F** repas **90 F**

🚣	🚶	♨	🦅	🎿	✚
12	12	14	14	2	SP

PIGNOLY Jean-Pierre et Nicole – La Taillat – 38690 Torchefelon – Tél. : 74.92.29.28 – Fax : 74.92.27.33

Le Touvet   *C.M. n° 77 — Pli n° 5*

❄❄❄ NN
(TH)

Alt. : 260 m — Dans une maison fermière du XVIIIe située au cœur du village, 1 très grande chambre avec séparation 2 à 4 personnes avec salle de bains, wc privé et terrasse couverte. 1 grande chambre 2 pers. et 2 chambres jumelées pour 4 pers. avec salle de bains, wc privés. Joli jardin fleuri et ombragé, patio couvert. Petits déjeuners servis dans la jardinerie. Salon avec vaste cheminée. Parking privé clos et garage. Gare 4 km. Commerces sur place. Ouvert toute l'année sur réservation. Italien et anglais parlés.

Prix : 2 pers. 270/320 F 3 pers. **420 F** pers. sup. **100 F**
repas **85 F**

10	10	2	0,3	5	4	SP	SP	10

FONTRIER Jacqueline – Rue de la Charriere - Le Pre Carre – 38660 Le Touvet – Tél. : 76.08.42.30

Valjouffrey Le Desert   *C.M. n° 77 — Pli n° 16*

❄❄ NN
(A)

Alt. : 1300 m — Auberge de montagne dans le hameau typique du Désert. Vous disposerez, dans une ambiance montagnarde, de 2 ch. indépendantes de 3 pers. avec salle d'eau et wc particuliers. Chauffage électrique. Parc National des Ecrins. Gare 70 km. Commerces 10 km. Ouvert toute l'année. Anglais et italien parlés.

Prix : 2 pers. 220 F repas **90 F**

25	SP	25	SP	20	20	20	SP	SP	10

HUSTACHE Marie-Claude – Le Desert – 38740 Valjouffrey – Tél. : 76.30.25.12

Vaujany Pourchery de Vaujany   *C.M. n° 77 — Pli n° 6*

❄❄ NN
(A)

Alt. : 1000 m — Maison typique de l'Oisans avec vue sur la vallée, comprenant une auberge au r.d.c. A l'étage : 2 ch. 2 pers. avec s. d'eau, wc privés, 1 ch. 2 pers. avec douche et lavabo, wc communs. Au 2e avec balcon : 2 ch. 3 pers. avec douche et lavabo, wc communs. Ambiance familiale, spécialités de l'Oisans. Jeu de Boules. Gare 50 km. Ouvert toute l'année sur réservation. Liaison avec l'Alpe d'Huez par la télécabine de Vaujany à 2,8 km.

Prix : 2 pers. 250 F repas **65 F** 1/2 pens. **190 F** pens. **210 F**

2,8	6	3	5	2	2	10	SP	2	2,8

THOMAS Francois – Pourchery – 38114 Vaujany – Tél. : 76.80.71.69

Vernioz Bois Marquis   *C.M. n° 74 — Pli n° 12*

❄❄ NN
(TH)

Alt. : 240 m — Maison mitoyenne avec celle des propriétaires, avec au rez-de-chaussée : salle à manger avec kichenette, 1 ch. 2 pers. s. d'eau, wc privés. Au 1er : 1 ch. 2 pers. 1 grande ch. 3 pers. avec chacune s. d'eau et wc privés. Leurs fenêtres ouvrent largement sur la nature environnante. Terrain ombragé avec mobilier de jardin. Gare 10 km. Commerces 5 km. A 10 km du plan d'eau et du port de plaisance de Condrieu et à 12 km de Vienne, ville romaine. Ouvert toute l'année sur réservation.

Prix : 1 pers. 170 F 2 pers. **220 F** 3 pers. **290 F**
pers. sup. **70 F** repas **70 F**

30	30	10	10	10	10	7	SP	3

FRECHET Chantal – Le Bois Marquis – 38150 Vernioz – Tél. : 74.84.49.40

Villard-de-Lans Les Geymonds   *C.M. n° 77 — Pli n° 4*

❄❄❄ NN

Alt. : 1100 m — Vaste maison entre Lans-en-Vercors et Villard-de-Lans. Au 1er étage : 4 grandes ch. 2 pers. exposées au sud dont 3 avec balcon et baie vitrée. Salle d'eau, douche, lavabo, wc privés. La 4e, en bout de bâtiment plus au calme et spacieuse, avec bains et wc. Copieux petits déjeuners avec pain, lait, brioche, confiture maison. Parking, jardin. Gare 30 km. Commerces 1 km. Ouvert du 1er avril au 1er novembre. Agriculteurs : élevage.

Prix : 2 pers. 220/300 F

4	SP	2	2	50	50	5	SP	0,5	2

PELLAT FINET Marc et Paulette – Les Geymonds – 38250 Villard-de-Lans – Tél. : 76.95.10.43

Villard-de-Lans Bois Barbu   *C.M. n° 77 — Pli n° 4*

❄❄❄ NN
(TH)

Alt. : 1250 m — Maison contemporaine aux larges baies ouvrant sur les prairies, forêts et le village de Corrençon. 2 chambres avec porte-fenêtres donnant de plain-pied sur l'extérieur. Chaque chambre est équipée d'une douche, lavabo, et wc privés. Nicole et Guy vous reçoivent à leur table où vous partagerez leur repas dans l'ambiance conviviale de leur maison, près de la cheminée. Golf et tir à l'arc à Corrençon. Gare 35 km. Commerces 2,5 km. Ouvert toute l'année.

Prix : 2 pers. 230 F repas **80 F**

3	SP	5	5	5	SP	3

BERTRAND Nicole – La Croix du Liorin - Bois Barbu – 38250 Villard-de-Lans – Tél. : 76.95.82.67 – Fax : 76.95.85.75

Villard-de-Lans Les 4 Vents   *C.M. n° 77 — Pli n° 4*

❄❄❄ NN
(TH)

Alt. : 1100 m — Dans une ferme du Vercors, au calme et dans un cadre exceptionnel, une famille du terroir vous accueille avec sa chaleur et ses traditions. A la disposition de ses hôtes, 5 ch. ayant chacune lavabo, douche et wc privés. Salle à manger, cheminée, où une cuisine familiale vous sera servie. Coin-salon, vestiaire. Prix dégressifs selon la durée du séjour. A 3 km, village avec infrastructures d'une station de moyenne montagne. Nombreuses possibilités de randonnées. Anglais parlé. Gare 35 km. Commerces 3 km. Ouvert du 15 juin au 15 septembre et du 20 décembre au 20 avril.

Prix : 2 pers. 250 F repas **75 F**

5	1	3	3	5	3	3

UZEL Jean-Paul et Sylvie – Les 4 Vents - Bois Barbu – 38250 Villard-de-Lans – Tél. : 76.95.10.68

Villard-de-Lans Bois Barbu   *C.M. n° 77 — Pli n° 4*

☙☙☙ NN
(TH)

Alt. : 1150 m — Dans un écrin de verdure, au cœur du Vercors, Agnès et Dominique vous proposent, dans leur ferme traditionnelle, 3 ch. intimes et confortables (s. d'eau et wc particuliers), table conviviale et régionale dans une atmosphère chaleureuse. Le jardin, la terrasse, le poêle-cheminée ou la bibliothèque seront des lieux privilégiés pour conclure une journée bien remplie. Villard de Lans offre toutes les infrastructures d'une station touristique. Réduction sur 1/2 pension à partir de 2 nuitées. Gare 35 km. Commerces 3 km. Ouvert toute l'année.

Prix : 1 pers. **200 F** 2 pers. **255 F** 3 pers. **330 F** repas **88 F**

6	SP	5	3	50	50	3	SP	2	4

BON Dominique et Agnes – Bois Barbu – 38250 Villard-de-Lans – Tél. : 76.95.92.80

Villard-de-Lans Balmette   *C.M. n° 77 — Pli n° 4*

☙☙☙ NN

Alt. : 1100 m — Monique et Charles vous accueillent dans leur maison contemporaine. Face à la chaîne du Vercors, 1 chambre indépendante avec salle d'eau et wc particuliers donnant sur un grand jardin où vous vous reposerez après une journée de balades, en montagne, VTT, escalade, spéléo., etc. En hiver, ski de piste, fond et patinoire. Gare 32 km. Ouvert toute l'année. A 500 m du village où se trouvent : crêperie, pizzerias, restaurants et tous commerces.

Prix : 2 pers. **240 F**

2,5	2,5	0,5	SP	50	50	3	SP	SP	SP

ROLLAND Monique – Balmette – 38250 Villard-de-Lans – Tél. : 76.95.15.22

Villard-de-Lans   *C.M. n° 77 — Pli n° 4*

☙☙☙ NN
(TH)

Alt. : 1050 m — Maison indépendante au cœur du village avec 2 ch. 2 pers. au 1er étage. Chacune dispose d'une s. d'eau, wc privés. A la table d'hôtes : cuisine traditionnelle, four à pain/pizza. Salon lecture et détente avec cheminée. Grande terrasse. Sur place, toutes les infrastructures d'une station de montagne. Gare 30 km. Commerces sur place. Ouvert hiver et été. Michel, professionnel de la montagne, organise des stages de randonnées nordiques l'hiver et vous conseillera pour les autres activités de pleine nature. Anglais parlé. Les chambres sont non fumeur.

Prix : 2 pers. **250 F** repas **85 F**

3	3	SP	50	50	3	SP	SP	SP

IMBAUD Michel et Odile – La Jasse - rue du Lycee Polonais – 38250 Villard-de-Lans – Tél. : 76.95.91.63

Villard-de-Lans   *C.M. n° 77 — Pli n° 4*

☙☙☙ NN
(TH)

Alt. : 1050 m — Vaste maison fleurie, ensoleillée et très calme située dans le village. Vous disposerez au 1er étage d'une ch. avec bains et wc privés et d'une 2e ch. avec coin-salon et balcon ouvrant sur la chaîne du Vercors, salle d'eau et wc privés. Au r.d.c., les petits déj. et dîners soignés sont pris dans la salle à manger au mobilier rustique près de la cheminée. Terrasse, jardin d'agrément, parking dans la propriété. Table d'hôtes sur réservation. Gare 32 km. Commerces sur place. Ouvert toute l'année.

Prix : 2 pers. **300 F** repas **120 F**

SP	SP	SP	SP	50	50	SP	SP	SP	SP

HAUBERT Marcel et Odette – La Musardiere - Route des Vieres – 38250 Villard-de-Lans – Tél. : 76.95.97.77

Villard-de-Lans L'Achard   *C.M. n° 77 — Pli n° 4*

☙☙ NN
(TH)

Alt. : 1100 m — Maison contemporaine à l'extérieur de Villard-de-Lans où vous pourrez profiter du calme et de la nature environnante. 1er étage : 1 ch. (1 lit 2 pers.) et 1 ch. d'enfant (1 lit 1 pers.). Salon où vous pourrez prendre vos petits-déjeuners, s. d'eau et wc privés à l'étage. Villard-de-Lans, située au Parc du Vercors est une station touristique été comme hiver. Gare 30 km. Commerces 1,5 km. Ouvert toute l'année.

Prix : 1 pers. **195 F** 2 pers. **240 F** repas **85 F**

2	2	1,5	1	1	SP	SP	SP

REY Eliane et Henri – L'Achard – 38250 Villard-de-Lans – Tél. : 76.95.59.29

Villard-Reculas La Source   *C.M. n° 77 — Pli n° 6*

☙☙☙ NN
(TH)

Alt. : 1500 m — Vieille grange de pierres rénovée, orientée plein sud, vue panoramique, grand confort, charme et caractère. 3 ch. 2 pers., s. d'eau, wc privés, 2 ch. jumelées 4 pers., s.d.b., wc privés. Immense salle à manger voutée avec de confortables canapés autour du poêle de faïence bleue. Salon TV. Serena, Anglaise vous préparera de savoureux petits déjeuners, cuisine raffinée. Steve, passionné de ski, pourra vous accompagner sur les pistes de l'Alpe d'Huez. Ouvert toute l'année sur réservation. Anglais parlé.

Prix : 1 pers. **250/350 F** 2 pers. **390/500 F** repas **150 F**

SP	8	8	SP	8	8	8	SP	8	SP

WALLACE Steve et Serena – La Source – 38114 Villard-Reculas – Tél. : 76.80.30.32 – Fax : 76.80.30.32

Villard-Saint-Christophe   *C.M. n° 77 — Pli n° 5*

☙☙ NN

Alt. : 1030 m — Grande maison calme située en bordure du village. 1 ch. 3 pers., s. d'eau privée. 2 ch. 2 pers. avec douche et lavabo particuliers. WC communs à l'étage. Chauffage électrique. Séjour avec cheminée, coin-cuisine, bibliothèque. Jardin d'agrément, balades en forêt. Tarifs dégressifs au delà de 3 jours. A 30 km au sud de Grenoble. Gare 30 km. Commerces 3 km. Ouvert toute l'année.

Prix : 2 pers. **200/250 F** 3 pers. **300 F** pers. sup. **70 F**

6	SP	9	2	4	7	2	SP	SP	9

AUDINOS Michelle – 38119 Villard-Saint-Christophe – Tél. : 76.83.07.39

Vizille Le Clos   *C.M. n° 77 — Pli n° 5*

〜〜 NN   Alt. : 270 m — Demeure dauphinoise du XVIII° au mobilier ancien. Dans un cadre de verdure, 1 chambre double, 2 chambres jumelées, salles d'eau et wc privés. Accès indépendant. Garage, commerces, restaurants sur place. Grenoble et gare à 15 km. Ouvert toute l'année. Halte idéale pour visiter le château de Lesdiguières, berceau de la révolution française. A 13 km des thermes d'Uriage.

Prix : 1 pers. **180 F** 2 pers. **230 F** 3 pers. **320 F**
pers. sup. **90 F**

15	15	SP	1	7	7	1	SP	SP	10

BLANCHON Jeanne et Alain – Le Clos - 93, rue des Jardins – 38220 Vizille – Tél. : 76.68.12.71

Savoie

Aillon-le-Jeune Chez Curiaz   *C.M. n° 74 — Pli n° 16*

〜〜〜 NN
(TH)   Alt. : 900 m — 3 chambres d'hôtes d'une capacité de 7 pers. 2° ét. : ch. A (1 lit 2 pers. 1 lit enfant), ch. B (1 lit 2 pers. 1 lit 1 pers.), ch. C (1 lit 2 pers.), lavabo, bains, wc dans chaque chambre. Séjour à disposition, chauffage électrique. Terrain avec meubles de jardin. Alimentation 900 m. Gare 24 km. Ski Aillon Le Jeune + fond 3 km. Maison typique des Bauges rénovée et surplombant le village. Découverte faune/flore. Routes forestières et sentiers vers les cols et alpages. Artisanat, fruitière. Située entre les lacs d'Aix Les Bains et Annecy. Lac 13 km.

Prix : 1 pers. **170/180 F** 2 pers. **240/250 F** 3 pers. **300/320 F**
1/2 pens. **167/200 F**

4	3	3	0,2	3	3

BAULAT Robert – Chez Curiaz – 73340 Aillon-le-Jeune – Tél. : 79.54.61.47

Aillon-le-Vieux Le Mollard   *C.M. n° 74 — Pli n° 16*

〜
(TH)   Alt. : 900 m — 2 chambres d'hôtes d'une capacité de 6 pers. 1ᵉʳ ét. : ch. A (1 lit 2 pers. 2 lits 1 pers.), ch. B (1 lit 2 pers.). Lavabo, bains et wc communs, séjour à disposition avec TV, revues, chauffage central. Terrain avec meubles de jardin et jeux d'enfants. Alimentation 2 km. Gare 25 km. Station de ski Aillon le Jeune + fond 4 km. Maison récente à l'entrée du village, vue dégagée sur le col des Prés. Environnement d'alpages. Nombreuses possibilités sportives, randonnées et découverte entre les lacs d'Aix Les Bains et d'Annecy. Possibilité de pension complète. Lac 10 km.

Prix : 1 pers. **110/120 F** 2 pers. **160/180 F** 3 pers. **210/240 F**
1/2 pens. **127/170 F**

4	4	10	0,5	4	4

PETIT-BARAT Louis – Le Mollard – 73340 Aillon-le-Vieux – Tél. : 79.54.60.84

Aiton Le Plan   *C.M. n° 74 — Pli n° 16*

〜〜 NN   Alt. : 370 m — 2 chambres pour 4 pers. 1ᵉʳ ét. ch. A et ch. B (1 lit 2 pers.), lavabo, douche dans chaque chambre, wc communs, coin-cuisine, salon, cheminée, TV, jeux de société à disposition, chauffage électrique. Terrain avec jeux d'enfants et meubles de jardin. Alimentation, gare et restaurants à 5 km. Réduction de 10 % au delà de 2 nuits. Maison neuve en bordure de village. Situation idéale pour découvrir les différentes vallées de la Savoie. Environnement fleuri, superbe en été. Spécialités : confitures maison aux fruits du verger.

Prix : 1 pers. **140 F** 2 pers. **200 F**

8	5	13	1	37	32

REYMOND Georgette – Le Plan – 73220 Aiton – Tél. : 79.36.25.26

Albens Pegis   *C.M. n° 74 — Pli n° 15*

〜 NN   Alt. : 420 m — 2 chambres pour 5 personnes. 1ᵉʳ étage : ch. A (1 lit 2 pers. 1 lit 1 pers.), lavabo, ch. B (1 lit 2 pers.), lavabo. Douche et wc attenants. Chauffage central. Salon de jardin, terrasse, terrain. Alimentation, restaurants 2 km. Thermes Aix les Bains 13 km. Gare 13 km. Ski Le Revard + fond 28 km. Chambres dans une maison ancienne rénovée avec vue sur le Semnoz. Séjour au calme. Spécialités : confitures maison. Lieu idéal pour randonner. L'Albanais est situé entre les lacs d'Annecy et du Bourget. Lac 13 km.

Prix : 1 pers. **120 F** 2 pers. **180 F** 3 pers. **240 F**

13	13	13	2	4	13	28	28

ANDRE Adrien – Pegis – 73410 Albens – Tél. : 79.54.19.30

Albertville   *C.M. n° 74 — Pli n° 17*

〜〜 NN   Alt. : 400 m — 1 ensemble de 2 chambres d'hôtes pour 4 personnes dans la maison du propriétaire. 2ᵉ étage : 4 lits 1 pers., TV, lavabo, douche, wc attenants, cuisine, balcon, chauffage électrique. Terrain avec mobilier de jardin. Alimentation, gare, restaurants 1 km. Station ski Crest-Voland 24 km, fond 20 km. Villa récente sur une colline dominant Albertville. Intérieur personnalisé imaginé pour votre confort, environnement fleuri. Proximité de la cité médiévale de Conflans. Ville située entre Annecy et Chambéry, aux portes de la Tarentaise. Patinoire 1 km.

Prix : 1 pers. **155/156 F** 2 pers. **230/234 F** 3 pers. **310/312 F**

1	1	10	1	24	20

PERS Claire et Pierre – 375 Chemin des Molettes – 73200 Albertville – Tél. : 79.32.12.36

Albertville Conflans

C.M. n° 74 — Pli n° 17

❄❄ NN   Alt. : 350 m — 2 chambres d'hôtes pour 7 pers. R.d.c. : ch. A (4 lits 1 pers.), lavabo, douche, wc. Ch. B (1 lit 1 pers. 1 lit 2 pers.), sanitaires particuliers, séjour avec coin-détente, chauffage électrique. Terrain non clos. Alimentation, restaurants sur place. Gare 1 km. Ski Arêches + fond 25 km, les Saisies 31 km. Maison ancienne de caractère située en lisière du village médiéval de Conflans. Proximité sentiers de randonnées. Terrain avec vue panoramique. Intérieur avec mobilier bois. A voir : l'église restaurée, la fontaine... Patinoire 2 km. Escalade 500 m.

Prix : 1 pers. **140 F** 2 pers. **220 F** 3 pers. **300 F**

1	1	8	0,5	25	30

HARDY Marie Claude – 21 Bis rue G.Perousse - Conflans – 73200 Albertville – Tél. : 79.32.00.66

Albertville

C.M. n° 74 — Pli n° 17

❄❄ NN   Alt. : 300 m — 2 chambres d'hôtes pour 6 personnes. R.d.c. : ch. A (1 lit 2 pers. 2 lits enfants), douche, wc, lavabo, réfrigérateur, TV. 2e étage : ch. B (suite de 2 ch. : 2 lits 2 pers.) douche, wc, lavabo, balcon, chauffage central. Terrain clos. Alimentation 300 m. Restaurant 500 m. Gare 1 km. Ski Crest-Voland 22 km + fond. Chambres dans une maison récente en périphérie de la ville, disposant d'un agréable jardin. Proximité de la voie ferrée. Miel et confitures maison. Possibilité de baptêmes en delta-plane. Patinoire 1 km. Escalade 1 km.

Prix : 1 pers. **100/130 F** 2 pers. **180/220 F** 3 pers. **260/300 F**

0,6	0,6	7	0,5	22	22

BLANC Andre et Claudette – 55 Chemin de la Contamine – 73200 Albertville – Tél. : 79.32.39.10

Apremont Le Reposoir

C.M. n° 74 — Pli n° 15

❄❄ NN (TH)   Alt. : 450 m — 1 ensemble de 2 chambres d'hôtes communicantes d'une capacité de 4 personnes. 1er étage : 2 lits 2 pers., lavabo, bains, wc communs aux 2 chambres, chauffage central, séjour avec TV, jeux de société à disposition. Terrain. Alimentation 4 km. Gare 7 km. Thermes Challes les Eaux 5 km. Villa située au pied du Mont-Granier, et environnée de vignes, vue sur la chaîne des Belledonnes. Spécialités : vin d'Apremont, cuisine authentique et savoureuse. Proximité de Chambéry, des massifs des Bauges et de la Chartreuse. Lac 4 km.

Prix : 1 pers. **180 F** 2 pers. **240 F** 1/2 pens. **190/240 F**

5	4	6	2	4	4

FRIOLL Paul et Denise – Le Reposoir – 73190 Apremont – Tél. : 79.28.33.56

Apremont Lachat

C.M. n° 74 — Pli n° 15

❄❄ NN (TH)   Alt. : 600 m — 1 ensemble de 2 chambres d'hôtes pour 4 pers. dans un centre d'accueil familial comprenant d'autres chambres. R.d.c. : ch. A (2 lits 1 pers.), ch. B (2 lits 1 pers.), sanitaires complets pour les 2 chambres, chauffage électrique. Séjour avec cheminée. Terrain. Gare 10 km. Commerces 6 km. Thermes Challes les Eaux 7 km. Ski Le Granier 12 km. Le Désert + fond 19 km. Maison située au milieu du vignoble savoyard, et entourée d'un jardin paysager. Spécialités : cuisine végétarienne (pâté végétal, escalope au soja...). Lieu idéal pour découvrir Chambéry et sa région et se reposer au calme. Lac 5 km.

Prix : 1 pers. **170 F** 2 pers. **250 F** 1/2 pens. **192/237 F**

7	5	10	6	10	5	12	19

DIMIER Renee Jeanne – Lachat - Route du Granier – 73190 Apremont – Tél. : 79.28.34.78

Aussois

C.M. n° 77 — Pli n° 8

❄❄❄ NN (TH)   Alt. : 1490 m — 5 ch. pour 15 pers. + 1 gîte. 1er étage : ch. A (1 lit 2 pers.), ch. B (3 lits 1 pers.). 2e étage : ch. C (1 lit 2 pers. 1 lit 1 pers.), ch. D (3 lits 1 pers.). Balcon (ch. A/B/C/D). 3e étage : ch. E (1 lit 2 pers. 2 lits 1 pers. sup.). Lavabo, douche, wc dans les ch., coin-détente, cheminée, TV, terrasse. Alimentation 100 m. Gare 7 km. Ski Aussois + fond 300 m. Maison mitoyenne ancienne au centre du village, aux portes du Parc National de la Vanoise. Lave-linge + séchoir à disposition. Spécialités : cuisine élaborée avec des produits locaux. Eglise baroque, forts de l'Esseillon. Autres loisirs à 7 km.

Prix : 1 pers. **170/190 F** 2 pers. **250/255 F** 3 pers. **330/335 F** repas **86 F** 1/2 pens. **196/256 F** pens. **266/331 F**

7	7	7	7	0,3	0,1

COUVERT Arthur et A.Marie – 3 rue de l'Eglise – 73500 Aussois – Tél. : 79.20.31.07

Bellecombe-en-Bauges Le Villard Derriere

C.M. n° 74 — Pli n° 16

❄❄ NN   Alt. : 850 m — 3 chambres d'hôtes d'une capacité de 8 personnes. 1er étage : ch. A (1 lit 2 pers.), chauffage électrique. Ch. B et C (1 lit 2 pers. 1 lit 1 pers.), sanitaires complets dans chaque chambre, chauffage central. Terrain. Alimentation 7 km. Gare 20 km. Ski Aillon le Jeune 12 km, le Margériaz 24 km, fond Semnoz 15 km. Maison rénovée en bordure du village à proximité d'une aire naturelle de camping. Chambres situées sur le GR96, propice à la découverte du Parc Naturel des Bauges. Raquettes, randonnée, forêts sur place. Lac et voile à 8 et 15 km.

Prix : 1 pers. **156 F** 2 pers. **234 F** 3 pers. **312 F**

20	8	8	2	22	15

PRICAZ Marcel – 28 Chemin des Pres Bouveaux – 74600 Seynod – Tél. : 50.69.16.09 ou 79.63.36.33

Bellentre Montchavin

C.M. n° 74 — Pli n° 18

❄❄❄ NN   Alt. : 1200 m — 2 ch. d'hôtes pour 5 pers. dans 2 bâtiments séparés. 1er étage : ch. A (1 lit 2 pers.), balcon, 2e étage : ch. B (1 lit 2 pers. 1 lit 1 pers.). Sanitaires complets dans les chambres, chauffage électrique, terrain. Alimentation 200 m, restaurants sur place. Gare 8 km. Ski Montchavin (liaison la Plagne) + fond 100 m. Village typique rénové (maison de pierres, balcons ouvragés...). Grande maison rénovée au centre du village. Intérieur bois. Ambiance village. Séjour au calme pour profiter des plaisirs de la montagne été comme hiver.

Prix : 1 pers. **210/220 F** 2 pers. **290/300 F** 3 pers. **350/370 F**

0,2	SP	SP	7	0,1	0,1

FAVRE Fortune – Montchavin – 73210 Bellentre – Tél. : 79.07.83.25 – Fax : 79.07.82.92

Bellentre Le Rocheray   *C.M. n° 74 — Pli n° 18*

❅❅ NN
(TH)

Alt. : 900 m — 2 chambres d'hôtes pour 4 pers. R.d.c. : ch. A (1 lit 2 pers.), lavabo, douche, wc. 1er étage : ch. B (2 lits 1 pers.), lavabo, douche, wc. Séjour, jeux de société, cheminée à disposition, chauffage électrique. Terrain avec meubles de jardin. Alimentation 2 km, gare 4 km. Ski Montchavin (liaison La Plagne 200 km de pistes) + fond 10 km. Maison ancienne mitoyenne. Belle vue sur le Versant de la Plagne. Gastronomie du terroir, collection de confitures maison. Halte idéale pour prendre le temps de se retrouver et discuter près de la cheminée. Rafting 3 km.

Prix : 1 pers. **150 F** 2 pers. **230 F** 1/2 pens. **180/195 F**

12	7	12	3	10	10

METEREAU Francois – Le Rocheray – 73210 Bellentre – Tél. : 79.07.22.04

Betton-Bettonnet Village de l'Eglise

❅❅❅ NN
(TH)

Alt. : 290 m — 4 chambres et tables d'hôtes pour 10 pers. 1er étage : ch. A (1 lit 2 pers.), bains, wc, lavabo. Ch. B (1 lit 2 pers.). Ch. C (1 lit 2 pers. 1 lit 1 pers.). Ch. D (1 lit 2 pers. 1 lit 1 pers.), douche, wc, lavabo dans chambres B/C/D. Chauffage central. Terrain. Alimentation 4 km. Gare 5 km. Station de ski Le Collet d'Allevard 29 km. Maison ancienne rénovée à l'entrée du village avec une superbe salle à manger voûtée. Situation idéale pour découvrir les différentes vallées de la Savoie. Lac 7 km. Réduction sur séjour moyenne ou longue durée.

Prix : 1 pers. **180 F** 2 pers. **250 F** 3 pers. **320 F**
1/2 pens. **187/260 F** pens. **267/340 F**

	7	7	4	4	3	29	20

VARIN SERGE – Village de l'Eglise – 73390 Betton-Bettonnet – Tél. : 79.36.49.02

La Biolle Les Plagnes   *C.M. n° 74 — Pli n° 15*

❅❅ NN

Alt. : 450 m — 3 ch. d'hôtes pour 8 pers. + 1 gîte dans la maison. R.d.c. : ch. A (1 lit 2 pers. 2 lits 1 pers.), douche, wc, lavabo. 1er étage : ch. B (1 lit 2 pers.), douche, wc, lavabo, balcon. Ch. C (2 lits 1 pers.), douche, wc, lavabo, chauffage électrique, cuisine à disposition, cour, jeux d'enfants. Alimentation, restaurant 2 km. Thermes Aix 10 km. Ski Le Revard 23 km. Chambres dans une maison centenaire rénovée, située à l'entrée du hameau. Spécialités : vente de produits de la ferme. Découverte de la vie rurale, des animaux et de la nature. L'Albanais est situé entre les lacs d'Annecy et du Bourget. Lac 10 km. Réduction à partir de 2 nuitées.

Prix : 1 pers. **120/130 F** 2 pers. **180/200 F** 3 pers. **230/250 F**

10	11	11	2	11	4	23	23

CALLOUD Jean – Les Plagnes – 73410 La Biolle – Tél. : 79.54.77.18

La Biolle La Villette   *C.M. n° 74 — Pli n° 15*

❅❅ NN

Alt. : 450 m — 3 chambres pour 7 pers. 1er étage : ch. A (1 lit 2 pers.), ch. B (1 lit 2 pers.), ch. C (1 lit 2 pers. 1 lit 1 pers.), sanitaires complets dans chaque chambre. Chauffage électrique. Coin-cuisine à disposition. Cour, meubles de jardin, jeux enfants. Alimentation 2,5 km. Gare 5 km. Restaurant 2 km. Thermes Aix les Bains 11 km. Ski + fond Le Revard 22 km. Chambres dans une maison ancienne typique de l'Albanais, située dans un hameau à proximité d'un bois. Spécialités : vente de produits de la ferme. Découverte de la nature, de la ferme (vaches, chèvres, poneys). Camping à la ferme sur place. VTT et randonnées. Lac, voile 11 km.

Prix : 1 pers. **130/140 F** 2 pers. **180/200 F** 3 pers. **240/250 F**

	11	8	11	3	2	8	22	22

GOURY Gilbert et Jeanette – Villette – 73410 La Biolle – Tél. : 79.54.76.79

La Biolle   *C.M. n° 74 — Pli n° 15*

❅ NN

Alt. : 300 m — 3 chambres d'hôtes d'une capacité de 7 personnes. 1er étage : ch. A et ch. B (1 lit 2 pers.) dans chaque chambre, ch. C (1 lit 2 pers. 1 lit 1 pers.), lavabo dans chaque chambre, douche et wc communs, chauffage par air pulsé. Alimentation sur place. Restaurant 500 et 4 km. Gare 4 km. Thermes Aix 7 km. Ski Le Revard 20 km. Maison mitoyenne ancienne dans le village. Lac, voile 7 km.

Prix : 2 pers. **180 F** 3 pers. **240 F**

	7	7	0,5	0,1	1,5	6	20	20

PARIS Marcelle – Chef Lieu – 73410 La Biolle – Tél. : 79.54.77.77

Bourg-Saint-Maurice Les Eulets   *C.M. n° 74 — Pli n° 18*

❅❅ NN

Alt. : 850 m — 1 chambre d'hôtes pour 2 pers. dans une maison comprenant 2 gîtes. Rez-de-chaussée : 1 lit 2 pers., bains, wc, lavabo dans la chambre, coin-cuisine. Chauffage central, terrain. Alimentation, gare, restaurants 800 m. Ski liaison les Arcs 600 m. Maison ancienne rénovée en bordure de l'Isère, le funiculaire qui dessert la station des Arcs se trouve à 600 m. Région propice aux randonnées et à la découverte de la Haute-Tarentaise. Canoë sur place. Escalade 1 km.

Prix : 1 pers. **150/190 F** 2 pers. **190/270 F**

	1	1	4	SP	0,6	4

BUTHOD Rolande et Raymond – Les Eulets - Route de Montrigon – 73700 Bourg-Saint-Maurice –
Tél. : 79.07.14.18

La Bridoire   *C.M. n° 74 — Pli n° 15*

❅ NN

Alt. : 280 m — 4 chambres d'hôtes d'une capacité de 9 pers. 2e étage : ch. A (1 lit 1 pers. 1 lit 2 pers.), lavabo, ch. B, ch. C, ch. D (1 lit 2 pers.), lavabo. Bains et wc communs, chauffage central, séjour à disposition, petit terrain. Alimentation 100 m. Gare 3 km. Restaurants sur place. Ski Verthemex 20 km. Maison récente au centre du village. Proximité du lac d'Aiguebelette. Visites : château d'Avressieux, les grottes des Echelles, la voie Sarde... Proximité de la Chartreuse (Abbaye), randonnées, artisanat, villages et hameaux pittoresques. Lac 3 km.

Prix : 1 pers. **143 F** 2 pers. **164 F** 3 pers. **194 F**

	3	5	0,1	7	0,1	20	30

DE MARCO Luigi – Chef Lieu – 73520 La Bridoire – Tél. : 76.31.13.47

Chambery-le-Vieux
C.M. n° 74 — Pli n° 15

✻ NN Alt. : 300 m – 3 chambres d'hôtes pour 6 personnes. 2ᵉ étage : ch. A (2 lits 1 pers.), ch. B (1 lit 2 pers.), ch. C (1 lit 2 pers.), lavabo dans chaque chambre, douche et wc communs, chauffage électrique. Terrain. Alimentation 1 km. Gare 4 km. Thermes Aix les Bains 10 km. Ski La Féclaz 24 km + fond. Chambres d'hôtes dans une villa récente à la périphérie de Chambéry. Proximité du lac du Bourget avec tous les loisirs nautiques. Patinoire 5 km. Lac 7 km.

Prix : 1 pers. **160 F** 2 pers. **190 F**

10	7	5	3	5	7	24	24

GAUTHIER Louis – 300 rue de Roberty – 73000 Chambery-le-Vieux – Tél. : 79.69.11.74

Chamoux-sur-Gelon Les Quatres Setives
C.M. n° 74 — Pli n° 16

✻✻ NN Alt. : 310 m – 1 chambre d'hôtes d'une capacité de 4 personnes. 2ᵉ étage : ch. A (2 lits 1 pers.), mezzanine (1 lit 2 pers.), lavabo, wc, cuisine, salon avec bibliothèque, TV, jeux de société, chauffage électrique. Terrain avec meubles de jardin et jeux pour enfants. Alimentation 500 m. Gare 1 km. Restaurants 2,5 km. Maison neuve située en bordure du village, en plein champ. Chambre où chaque fenêtre s'ouvre sur un tableau panoramique. Intérieur meublé bois. Idéal pour séjour au calme et découvrir la région. Nombreuses documentations à disposition. Lac 7 km.

Prix : 1 pers. **156 F** 2 pers. **234 F** 3 pers. **312 F**

7	0,5	17	1	32	29

BURNIER Roberte – Les Quatre Setives - Cidex 104 Bis – 73390 Chamoux-sur-Gelon – Tél. : 79.36.41.15

Cohennoz-Crest-Voland Le Cernix
C.M. n° 74 — Pli n° 17

✻✻ NN Alt. : 1250 m – 3 ch. pour 5 pers. 1ᵉʳ étage : ch. A (1 lit 2 pers.), lavabo, ch. B (1 lit 1 pers.), lavabo. Douche, bains, wc communs aux 2 ch. R.d.c. : ch. C 3 épis (1 lit 2 pers.), lavabo, douche, wc attenants. Séjour, cheminée, TV. Ch. central. Terrain, meubles de jardin, jeux enfants. Alimentation, restaurant sur place. Gare 22 km. Ski le Cernix 100 m (liaison « Espace Cristal »). Maison de style chalet située dans le village. Environnement fleuri. Point de départ idéal à la recherche de parfums et de couleurs qu'on ne retrouve plus ailleurs.

Prix : 1 pers. **150 F** 2 pers. **240/290 F**

4,5	1,5	4,5	3	0,1	0,1

GRESSIER Anne Marie – Le Cernix – 73590 Cohennoz-Crest-Voland – Tél. : 79.31.70.74

La Cote-d'Aime Pre Berard
C.M. n° 74 — Pli n° 18

✻✻✻ NN (TH) Alt. : 1000 m – 5 chambres d'hôtes pour 10 pers. 1ᵉʳ étage : ch. A (1 lit 2 pers.), r.d.c. : ch. B et ch. C (1 lit 2 pers.), ch. D et ch. E (2 lits 1 pers.). Lavabo, douche, wc dans chaque chambre. Séjour avec cheminée réservé aux hôtes, jeux de société. Ch. électrique. Terrasse, terrain, meubles de jardin. Alim., gare 5 km. Ski Granier 4 km, Montchavin-La-Plagne 20 km. Chalet en bois massif avec belle vue sur la montagne, en bordure du hameau. Spécialités : cuisine savoyarde de nos grand-mères. Possibilité séjours encadrés par le propriétaire moniteur de ski et accompagnateur. Pays du Versant du Soleil. Rafting 5 km.

Prix : 1 pers. **250 F** 2 pers. **300 F** 1/2 pens. **230/320 F**

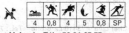

18	6	21	5	4	3

HANRARD Bernard et Elisabeth – Pre Berard - Le Paradou – 73210 La Cote-d'Aime – Tél. : 79.55.67.79

Crest-Voland Les Cepheides - le Biollet
C.M. n° 74 — Pli n° 17

✻✻ NN (TH) Alt. : 1200 m – 1 ensemble de 2 chambres d'hôtes communicantes pour 4 pers. R.d.c. : 1 lit 2 pers., 2 lits 1 pers., lavabo, douche, wc attenants, salle à manger, chauffage central. Terrasse, terrain avec meubles de jardin. Alimentation 800 m. Gare 22 km. Ski Crest-Voland 800 m (liaison Espace Cristal). Chalet récent, véranda, extérieur agréable. Spécialité cuisine savoyarde. Séjour remise en forme, relaxation avec pour toile de fond la montagne. Région pittoresque de l'Arly : clochers à bulbe, alpages et fabrication de reblochons.

Prix : 1 pers. **160 F** 2 pers. **239 F** 3 pers. **310 F**
1/2 pens. **175/227 F** pens. **267/320 F**

4	0,8	4	5	0,8	SP

GIGANTI Cosimo – Les Cepheides - Le Biollet – 73590 Crest-Voland – Tél. : 79.31.65.77

Crest-Voland
C.M. n° 74 — Pli n° 17

✻✻ NN Alt. : 1260 m – 2 ch. pour 6 pers. dans une maison comprenant 1 gîte + 1 autre lgt. 1ᵉʳ étage : ch. A et ch. B (1 lit 2 pers. 1 lit 1 pers.), lavabo, douche, wc dans chaque ch., séjour, jeux de société, chauffage central. Terrain, meubles de jardin, jeux d'enfants. Alimentation, restaurants 200 m. Gare 28 km. Ski Crest-Voland + fond 200 m (liaison « Espace Cristal »). Maison située à proximité du centre de la station. Lieu idéal pour tous les sports de neige. L'été, nombreuses randonnées en alpage.

Prix : 1 pers. **160 F** 2 pers. **250 F** 3 pers. **360 F**

3	0,2	3	2	0,2	0,2

MOLLIER Remy – Chalet Gai Soleil – 73590 Crest-Voland – Tél. : 79.31.62.09

Crest-Voland
C.M. n° 74 — Pli n° 17

✻ NN Alt. : 1250 m – 3 ch. pour 8 pers. dans une maison comprenant 1 gîte + 2 autres lgts. 1ᵉʳ étage : ch. A (1 lit 2 pers.), lavabo, ch. B et C (1 lit 2 pers. 1 lit 1 pers.), lavabo dans chaque chambre, douche, wc communs, salle à manger, chauffage central. Terrain. Alimentation, restaurants 100 m. Gare 25 km. Ski Crest-Voland + fond 200 m. Maison située à proximité du centre de la station, idéal pour le ski de fond et de piste. Intérieur bois. Spécialités : confitures maison. L'été, proximité des grands espaces pour la randonnée et la découverte de la vie locale.

Prix : 1 pers. **118/150 F** 2 pers. **180/225 F** 3 pers. **237/300 F**

4	0,2	4	3	0,2	0,2

MOLLIER-CARROZ Therese – Chalet Chante le Vent – 73590 Crest-Voland – Tél. : 79.31.63.09

Les Deserts La Combe   *C.M. n° 74 — Pli n° 16*

≽ NN
(TH)

Alt. : 1000 m — 3 chambres d'hôtes pour 7 pers. 1er étage : ch. A (2 lits 1 pers.), lavabo, ch. B (1 lit 1 pers. 1 lit 2 pers.), lavabo, ch. C (1 lit 2 pers.), lavabo. Douche et wc communs aux 3 chambres, coin-détente, TV, chauffage central. Terrain, meubles de jardin. Alimentation 6 km. Gare 14 km. Thermes Challes 14 km. Ski La Féclaz 5 km. Maison mitoyenne rénovée, typique du massif des Bauges et située au pied du Margériaz. Spécialités : cuisine traditionnelle savoyarde. Nombreuses randonnées sur les sentiers et routes forestières. Proximité d'Aix Les Bains et de Chambéry. VTT 5 km.

Prix : 1 pers. **140 F** 1/2 pens. **150/220 F**

14	14	5	5	0,2	5	2,5

CHABAUD Georgette – La Combe – 73230 Les Deserts – Tél. : 79.25.84.09

Flumet La Cour   *C.M. n° 74 — Pli n° 7*

≽ NN

Alt. : 1000 m — 3 ch. pour 9 pers. 1er étage : ch. A (1 lit 2 pers. 2 lits 1 pers.), ch. B (1 lit 2 pers.). R.d.c. d'un bâtiment voisin : ch. C (1 lit 2 pers. 1 lit 1 pers.). Lavabo, douche, wc dans chaque ch. Chauffage central. Terrain. Alimentation, restaurant 2,5 km. Gare 22 km. Ski Flumet (40 km de pistes) + fond (25 km de fond) 300 m (liaison domaine « Carte Blanche »). Village pittoresque au dessus de la rivière de l'Arly. En été, fête traditionnelle : foire aux poulains. Megève 8 km.

Prix : 1 pers. **115/120 F** 2 pers. **170/180 F** 3 pers. **225/240 F**

8	2,5	8	0,2	0,3	0,3

BURNET Beatrice – La Cour – 73590 Flumet – Tél. : 79.31.72.15

Flumet La Touviere   *C.M. n° 74 — Pli n° 7*

≽≽ NN

Alt. : 1200 m — 2 chambres d'hôtes pour 4 personnes. R.d.c. : ch. A (1 lit 2 pers.), douche, wc, lavabo, ch. B (1 lit 2 pers.), douche, wc, lavabo. Chauffage électrique. Terrain. Alimentation 5 km. Gare 26 km. Station de ski Flumet 3,5 km. Ancien chalet traditionnel du Val d'Arly, dans un hameau avec une belle vue sur les montagnes. Patinoire 10 km.

Prix : 1 pers. **105/118 F** 2 pers. **160/180 F**

6	5	6	3	3,5	3

MARIN-CUDRAZ Marcel et Myriam – La Touviere – 73590 Flumet – Tél. : 79.31.70.11

Fontcouverte-la-Toussuire La Bise   *C.M. n° 77 — Pli n° 7*

≽≽ NN
(TH)

Alt. : 960 m — 2 chambres d'hôtes d'une capacité de 6 pers. R.d.c. : ch. A (1 lit 2 pers.), lavabo, bains, wc attenants. 1er étage : 1 ensemble de 2 ch. (B) contiguës (2 lits 2 pers.), lavabo, douche, wc attenants, séjour, chauffage central. Terrain. Alimentation, gare 6 km. Ski La Toussuire, Le Corbier (Domaine du Grand Large 180 km de pistes) 10 km. Maison ancienne (400 ans) rénovée, grand balcon avec vue sur les Aiguilles d'Arves. Spécialités savoyardes et dégustation de fromages (Beaufort, Reblochon). Randonnées en alpages. Chapelle baroque. Proximité de Saint-Jean de Maurienne.

Prix : 1 pers. **150 F** 2 pers. **210 F** 3 pers. **270 F**
1/2 pens. **150/230 F**

7	7	10	7	10	10

CHOMIENNE Georges et Colette – La Bise – 73300 Fontcouverte – Tél. : 79.64.07.90

La Giettaz Fontaine Bartoud   *C.M. n° 74 — Pli n° 7*

≽ NN
(TH)

Alt. : 1250 m — 3 ch. 9 pers. 1er étage : ch. A 2 épis (2 lits 2 pers. dont 1 canapé), lavabo, bains, wc, coin-cuisine, ch. B (1 lit 2 pers.), lavabo, douche, wc. Au r.d.c. : ch. C 2 épis (1 lit 2 pers. 1 lit 1 pers.), lavabo, douche, wc, coin-cuisine. Cheminée, chauffage central, terrain, meubles jardin, jeux enfants. Alimentation 1,5 km. Gare 31 km. Ski La Giettaz 500 m. Maison dominant la Vallée de l'Arrondine. Grands espaces verts. Spécialités : cuisine savoyarde, pain cuit au four de la maison. Discussion sur la région autour de la cheminée.

Prix : 1 pers. **120/154 F** 2 pers. **185/236 F** 3 pers. **310 F**
1/2 pens. **165/185 F** pens. **190/210 F**

12	1,5	12	1	0,5	3

BOUCHEX BELLOMIE Bruno – Fontaine Bartoud – 73590 La Giettaz – Tél. : 79.32.92.17

La Giettaz Le Biollay   *C.M. n° 74 — Pli n° 7*

≽≽ NN
(TH)

Alt. : 1200 m — 1 chambre d'hôtes, d'une capacité de 4 pers. R.d.c. : ch. avec mezzanine (1 lit 2 pers. 2 lits 1 pers.), lavabo, douche, wc, salle à manger à disposition, chauffage central, balcon. Alimentation 2,5 km. Gare 31 km. Ski La Giettaz 2 km (40 km de pistes). Ouvert de novembre à fin avril. Ancien chalet typique sur la route du Col des Aravis. Vue agréable. Spécialités : cuisine savoyarde, petit déjeuner avec lait de ferme et pain maison, fabrication de reblochons. Clocher à bulbe, église baroque. Patinoires 11 ou 18 km.

Prix : 1 pers. **135 F** 2 pers. **190 F** 3 pers. **245 F**
1/2 pens. **132/185 F** pens. **182/235 F**

11	2,5	11	3	2	5

BOUCHEX BELLOMIE Georges – Le Biollay – 73590 La Giettaz – Tél. : 79.32.91.99 ou 79.32.91.14

Granier   *C.M. n° 74 — Pli n° 18*

≽ NN

Alt. : 1250 m — 1 chambre d'hôtes d'une capacité de 2 personnes dans une maison comprenant 1 gîte (exploitation agricole à 2 km). R.d.c. : 1 lit 2 pers., lavabo dans la chambre, douche et wc attenants. Chauffage électrique. Alimentation, restaurants 200 m. Gare 9 km. Ski Granier + fond 1,5 km, Montchavin-La-Plagne 19 km. Maison ancienne, au cœur d'un village du Versant du Soleil. Agriculture de montagne, fruitière et production de Beaufort, exposition artisanale, architecture rurale à découvrir au fil des villages. Proximité des grandes stations.

Prix : 1 pers. **100 F** 2 pers. **200 F**

20	9	13	2	1	1

DUCOGNON Claude et Lucile – 73210 Granier – Tél. : 79.55.63.17

Granier C.M. n° 74 — Pli n° 18

♦ NN

Alt. : 1250 m – 1 chambre d'hôtes pour 2 personnes + 1 gîte rural dans la maison. 2ᵉ étage : 1 lit 2 pers., lavabo dans la chambre, douche et wc attenants. Salle à manger, jeux de société, chauffage central. Terrain avec meubles de jardin et jeux d'enfants. Alimentation, restaurants 200 m. Gare 9 km. Ski Granier + fond 1 km, Montchavin-La Plagne 19 km. Maison de style chalet située en haut du village. Exploitation agricole 2 km. Vaches laitières, production de Beaufort. Lieu idéal pour un retour aux sources, la détente et profiter des plaisirs de la montagne.

Prix : 1 pers. 100 F 2 pers. 200 F

20	9	13	2	1	1	

PELLICIER J.Louis et Odette – Chef Lieu – 73210 Granier – Tél. : 79.55.60.78

Granier C.M. n° 74 — Pli n° 18

♦♦ NN

Alt. : 1250 m — 1 chambre d'hôtes pour 3 pers. 1ᵉʳ ét. : 3 lits 1 pers., 1 lit enfant, lavabo dans la chambre, douche et wc attenants à la chambre. Salle à manger, TV, jeux de société. Chauffage central. Balcon, terrain, meubles de jardin. Alimentation, restaurants 100 m. Gare 9 km. Ski Granier + fond 1 km, Montchavin-La Plagne 19 km. Maison récente en bordure du village. Large vue sur la vallée. A 2 km : exploitation. Séjour sportif ou au calme. Nombreux sentiers balisés à pied ou en VTT. Patrimoine baroque et rural, exposition artisanale, fruitière pour le Beaufort.

Prix : 1 pers. 155 F 2 pers. 235 F 3 pers. 320 F

20	9	13	2	1	1	

PELLICIER Francis et Elise – Lotissement de la Cudraz – 73210 Granier – Tél. : 79.55.68.42

Gresin C.M. n° 74 — Pli n° 14

E.C. NN

Alt. : 430 m — 5 chambres d'hôtes d'une capacité de 11 pers. 1ᵉʳ étage : ch. A et ch. C (2 lits 1 pers.), ch. B (1 lit 1 pers., 1 lit 2 pers.), ch. D et ch. E (1 lit 1 pers.). Lavabo dans chaque chambre, douche, wc communs à l'ensemble des chambres. Chauffage électrique. Salon à disposition. Terrain, meubles de jardin. Alimentation, restaurants 5 km. Gare 14 km. Maison mitoyenne ancienne en pleine campagne dans un petit village. Spécialités : confitures aux fruits du jardin. Village situé aux portes de la Chartreuse, idéal pour la randonnée. Lac Aiguebelette 20 km.

Prix : 1 pers. 120 F 2 pers. 180 F 3 pers. 240 F

20	14	5	20	1,5

CHARBON Albert – 73240 Gresin – Tél. : 76.31.60.40

Jarrier Herouil C.M. n° 77 — Pli n° 7

♦♦ NN

(TH)

Alt. : 1200 m — 3 ch. pour 6 pers. 1ᵉʳ étage : ch. A et ch. B (1 lit 2 pers.), lavabo dans chaque ch., douche et wc communs attenants, 2ᵉ étage : ch. C (2 lits 1 pers.), lavabo, bains, wc attenants. Séjour, cheminée, TV, jeux société, ch. central. Grande terrasse, terrain, meubles de jardin. Alimentation, gare 7 km. Ski Jarrier 5 km, les Bottières (liais. Toussuire) 7 km. Chambres dans un chalet récent orienté plein sud dominant la vallée de l'Arc et de Saint-Jean de Maurienne. Grande terrasse avec panorama superbe sur les Aiguilles d'Arves. Cuisine traditionnelle. Spécialités savoyardes.

Prix : 1 pers. 150 F 2 pers. 210 F 3 pers. 290 F
1/2 pens. 170/220 F

6	1,5	6	5	7	

GOMEZ Jeanine et Jacques – Herouil - La Croix St Bernard – 73300 Jarrier – Tél. : 79.59.80.57

Longefoy-sur-Aime Cimebelle C.M. n° 74 — Pli n° 18

♦♦ NN

Alt. : 1160 m – 6 ch. pour 13 pers. + 2 gîtes. R.d.c. : ch. A, ensemble de 2 ch. (2 lits 1 pers. 1 lit 2 pers.). 1ᵉʳ étage : ch. B (2 lits 1 pers. 1 lit enfant), ch. C (2 lits 1 pers.), ch. D (3 lits 1 pers.), ch. E (1 lit 2 pers.). Lavabo, douche, wc par ch. Chauffage central. Séjour. Possibilité de cuisiner. Terrain clos, meubles jardin. Alimentation, restaurant 2 km. Gare 8 km. Maison ancienne avec vue sur les montagnes du Beaufortain et la vallée de l'Isère pour un séjour actif ou de détente. Ski Montalbert/La Plagne 3 km. Ouvert du 15 décembre au 30 avril et du 1ᵉʳ juin au 30 septembre.

Prix : 1 pers. 195 F 2 pers. 298 F 3 pers. 398 F

21	2	23	8	3	0,2

VISINTAINER Denise – Cimebelle – 73210 Longefoy-sur-Aime – Tél. : 79.09.70.98 ou 79.85.12.77

Macot-la-Plagne C.M. n° 74 — Pli n° 18

♦ NN

Alt. : 700 m — 2 chambres d'hôtes d'une capacité de 5 personnes. 1ᵉʳ étage : ch. A (1 lit 2 pers.), lavabo, ch. B (1 lit 2 pers. 1 lit 1 pers.), lavabo, bains et wc communs. Séjour, jeux de société, coin-cuisine à disposition. Chauffage central. Terrain avec meubles de jardin. Alimentation, restaurant 1 km. Gare 2 km. Ski la Plagne 16 km. Maison située sur la route de la station de la Plagne. Spécialité : café préparé à l'ancienne pour un petit-déjeuner à l'extérieur suivant la météo. Environnement agréable pour un séjour de découverte des joies de la montagne.

Prix : 1 pers. 120 F 2 pers. 180 F 3 pers. 250 F

16	0,5	16	0,2	16	16

BRIANCON Louis – Route de la Remise – 73210 Macot – Tél. : 79.09.70.81

Macot-la-Plagne C.M. n° 74 — Pli n° 18

♦ NN

Alt. : 750 m — 4 chambres d'hôtes d'une capacité de 12 pers. dans une maison mitoyenne. R.d.c. : ch. A (2 lits 1 pers.), ch. B (2 lits 1 pers.), ch. C (2 lits 1 pers.), ch. D (6 lits 1 pers.), lavabo dans chaque chambre, bains et wc communs. Chauffage central. Terrain avec meubles de jardin. Alimentation, restaurants 200 m. Gare 2 km. Ski La Plagne 16 km. Ancienne ferme rénovée située au centre du village avec vue sur la montagne. Belle architecture de village entre Bourg-Saint-Maurice et Moutiers.

Prix : 1 pers. 120 F 2 pers. 200 F

16	0,5	16	0,1	16	16

VIVET-GROS Albert – Petite Auberge – 73210 Macot – Tél. : 79.09.72.04 ou 79.55.62.50

Macot-la-Plagne

¥¥ NN Alt. : 800 m — 2 chambres d'hôtes pour 8 personnes. 1er étage : ch. A 3 épis (1 lit 2 pers.), lavabo, douche, bains, wc, terrasse, ch. B (1 lit 2 pers.), ch. C (1 lit 2 pers. 2 lits 1 pers.), lavabo, douche, bains, wc communs aux ch. B et C (communicantes à louer ensemble). Chauffage central. Terrain. Alimentation, restaurant 500 m. Gare 3 km. Ski la Plagne 15 km. Maison de caractère située en bordure de village, sur la route de la Plagne. Grand terrain à la lisière de la forêt. Vue magnifique sur la montagne. VTT, piste cyclable, plan d'eau, canoë 2 km, parapente 10 km, patinoire, escalade 15 km.

Prix : 1 pers. **160/200 F** 2 pers. **240/330 F** 3 pers. **310/330 F**

2	13	2	15	2	15	10

MEREL Sylvain et M. Helene – Malezan - Route de la Plagne – 73210 Macot-la-Plagne – Tél. : 79.55.69.90

Mercury La Frasse

¥¥ NN Alt. : 630 m — 1 ensemble de 2 chambres d'hôtes d'une capacité de 5 personnes. 1er étage (3 lits 1 pers. 1 lit 2 pers.), lavabo, bains, wc, séjour à disposition avec jeux de société, chauffage électrique, balcon. Terrain avec meubles de jardin et jeux pour enfants. Alimentation 4 km. Gare, restaurants 6 km. Ski Seythenex 20 km, ski de fond Tamié 10 km. Maison ancienne dans hameau proche d'Albertville et de la Cité Médiévale de Conflans. Spécialités : confitures avec fruits du verger. Belle vue sur la vallée de l'Isère. Patinoire 7 km.

Prix : 1 pers. **170 F** 2 pers. **240 F** 3 pers. **310 F**

4	4	8	20	10

RACT Germaine – La Frasse – 73200 Mercury – Tél. : 79.32.24.48

Myans Leche

¥¥ NN Alt. : 300 m — 4 ch. pour 8 pers. 1er étage : ch. A (1 lit 2 pers.), ch. B (2 lits 1 pers.), lavabo, douche, wc, privés dans chaque ch. 3 épis. Ch. C (2 lit 1 pers.), ch. D (1 lit 2 pers.), lavabo, douche privés dans chaque ch., wc communs. Chauffage central, coin-cuisine, séjour, cheminée, jeux, terrain clos. Alimentation, thermes Challes 4 km. Gare 8 km. Ski la Féclaz 21 km. Maison récente au cœur de la région viticole, avec un joli jardin arboré, meubles de jardin. Spécialités : confitures maison aux fruits du verger. Séjour au calme. Proximité de Chambéry. Restaurant 1 km.

Prix : 1 pers. **150/160 F** 2 pers. **200/240 F** 3 pers. **250 F**

4	4	8	4	8	0,1	19	21

KOZAK Helene et Jean – Leche – 73800 Myans – Tél. : 79.28.01.93

Notre-Dame-de-Bellecombe

¥¥ NN Alt. : 1150 m — 1 chambre d'hôtes d'une capacité de 2 personnes. 1er étage : 1 lit 2 pers., lavabo, douche, wc, séjour à disposition, chauffage central. Terrain avec meubles de jardin. Alimentation 100 m. Gare 25 km. Ski Notre-Dame-de-Bellecombe 300 m (70 km de pistes + liaison avec le « Domaine Carte Blanche »). Ancien chalet rénové en bordure du village. Panorama sur les Aravis. Entre Ugine et Megève, à quelques km. de Flumet, village traditionnel. Clocher à bulbe. L'été, nombreuses possibilités de randonnées et de promenades entre Savoie et Haute-Savoie.

Prix : 1 pers. **130/180 F** 2 pers. **200/280 F**

0,3	0,3	2	2	0,3	0,5

MOLLIER Denise – Chalet « L'Outa » – 73590 Notre-Dame-de-Bellecombe – Tél. : 79.31.63.35

Novalaise

¥ NN Alt. : 400 m — 2 chambres d'hôtes d'une capacité de 4 pers. 1er étage : ch. A (1 lit 2 pers.), lavabo, ch. B (2 lits 1 pers.), lavabo. Bains et wc communs. Salle à manger réservée, jeux de société, chauffage central. Jardin avec meubles et jeux d'enfants. Alimentation, restaurant 100 m. Gare 9 km. Accès autoroute A43 : 4 km. Maison récente à l'entrée du village. Point de départ idéal pour des excursions (châteaux, grottes), promenades (sentiers 500 m), ou bien savourer le calme à l'ombre des tilleuls. Au village, église à voir (Piéta bois classée). Lac Aiguebelette 4 km.

Prix : 1 pers. **122 F** 2 pers. **182 F**

4	0,1	4	1

GIRERD Joseph et Gilberte – 73470 Novalaise – Tél. : 79.28.71.57

Novalaise

¥ NN Alt. : 400 m — 5 ch. pour 13 pers., maison mitoyenne + 1 commerce. 1er étage : ch. A et C (1 lit 2 pers.), ch. B (1 lit 2 pers. 1 lit 1 pers.), lavabo, douche par ch., wc communs aux 3 ch. ; 2e étage : ch. D (2 lits 1 pers. 1 lit 1 pers.), ch. E 2 épis (1 lit 2 pers. 1 lit 1 pers.), lavabo, douche par ch., wc communs aux 2 ch. Séjour, TV, terrain. Gare 9 km. Alimentation sur place. Restaurant sur place. Maison ancienne dans le village, environnement fleuri, meubles de jardin. Petite cuisine à disposition. Spécialités : miel de pays. Lac d'Aiguebelette 4 km. Accès autoroute A43 : 4 km.

Prix : 1 pers. **120/156 F** 2 pers. **180/234 F** 3 pers. **240/312 F**

4	0,1	4	4	8

THOMASSIER Gerard – 73470 Novalaise – Tél. : 79.28.72.70 ou 79.28.74.30

Pallud La Biolle

¥¥ NN Alt. : 500 m — 1 chambre d'hôtes au 1er étage (1 lit 2 pers.), douche et lavabo, wc attenants à la chambre, chauffage central, balcon-terrasse, terrain. Alimentation 3 km. Gare 5 km. Restaurant 4 km. Station de ski Crest-Voland 24 km, Arêches 29 km, Les Saisies 35 km. Patinoire, escalade 5 km. Région Combe de Savoie. Maison ancienne rénovée dominant le Val d'Arly.

Prix : 1 pers. **125/150 F** 2 pers. **155/200 F**

5	5	11	3	24	24

BRUN Mireille et P. Marie – La Biolle – 73200 Pallud – Tél. : 79.32.72.78

Peisey-Nancroix

❅ NN Alt. : 1300 m — 1 ensemble de 2 chambres d'hôtes pour 4 personnes dans un chalet mitoyen comprenant un autre logement. 1er étage : 1 lit 2 pers., 2 lits 1 pers., lavabo, bains, wc attenants. Séjour, TV, jeux de société, chauffage central, balcon avec meubles de jardin, terrain clos. Alimentation, restaurant 100 m. Gare 7 km. Ski liaison Plan-Peisey-Vallandry 500 m. Ancien chalet de village rénové situé aux portes du Parc National de la Vanoise. Environnement fleuri et agréable pour un séjour de découverte ou de détente. Escalade 3 km.

Prix : 1 pers. **150 F** 2 pers. **210 F** 3 pers. **280 F**

0,5	3	0,5	0,5	2,5

COUTIN Maurice – 73210 Peisey-Nancroix – Tél. : 79.07.93.05

La Perriere

❅❅❅ NN Alt. : 700 m — 4 ch. pour 14 pers. + 3 gîtes ruraux. Le propriétaire habite à 150 m. R.d.c. : ch. A et ch. B (1 lit 1 pers. 1 lit 2 pers.). 1er étage : ch. C (2 lits 1 pers. 1 lit 2 pers.). 2e étage : ch. D (2 lits 1 pers. 1 lit 2 pers.). Lavabo, bains, wc par chambre. Séjour, TV, jeux, cuisine, terrain. Alimentation, restaurant 2 km. Gare 8 km. Ski Méribel : télécabine 2 km. Maison récente proche des grands domaines skiables : Courchevel (liaison les 3 Vallées), La Plagne, Pralognan. Thermes Brides les Bains 2 km, plan d'eau 6 km.

Prix : 1 pers. **195 F** 2 pers. **292 F** 3 pers. **390 F**

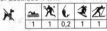

2	2	15	2	2	8

CARLEVATO Guy et Joelle – L'Enclos – 73600 La Perriere – Tél. : 79.55.26.95

Pralognan-la-Vanoise Les Granges

❅❅ NN Alt. : 1430 m — 2 ch. pour 6 personnes + 1 gîte rural. R.d.c. : ch. A (2 lits 1 pers.), lavabo, douche, wc, 1er étage : ch. B (1 lit 2 pers.) 2 lits 1 pers. superposés), balcon, lavabo, bains, wc. Séjour, TV, coin-cuisine avec linge. Chauffage électrique. Terrain, meubles de jardin, jeux d'enfants. Alimentation 1 km. Restaurant 500 m. Gare 28 km. Ski Pralognan 1 km. Maison récente située dans un hameau avec belle vue sur la montagne. Intérieur bois. Séjour dans les grands espaces du Parc de la Vanoise pour découvrir la faune, la flore et l'architecture villageoise. Escalade 1 km.

Prix : 1 pers. **190/210 F** 2 pers. **265/310 F** 3 pers. **365/390 F**

1	1	0,2 1

BLANC Jean Luc – Route des Granges - La Bourrasque – 73710 Pralognan-la-Vanoise – Tél. : 79.08.70.19

Pralognan-la-Vanoise Les Granges

❅❅ NN (TH) Alt. : 1430 m — 5 chambres pour 11 pers. + 2 gîtes. R.d.c. : ch. A (1 lit 2 pers.), bains, ch. B (1 lit 2 pers.), douche, 1er étage : ch. C (1 lit 2 pers. 1 lit 1 pers.), bains, ch. D (1 lit 2 pers.), douche, ch. E (2 lits 1 pers.), bains. Lavabo et wc par chambre. Séjour, TV, jeux, bibliothèque. Terrain, meubles de jardin. Gare 28 km. Ski Pralognan 1 km. Commerces 1 km. Maison rénovée. Découverte de la ferme, visite aux animaux (chevaux, ânes, vaches, chèvres, basse-cour). Nombreuses randonnées dans le Parc National de la Vanoise, activités sur place et à partir du village. Patinoire 1 km.

Prix : 2 pers. **300/320 F** 3 pers. **420/450 F**
1/2 pens. 220/250 F

1	1	0,5	1	0,1

BLANC Lydie – Route des Granges - Le Roc Blanc – 73710 Pralognan-la-Vanoise – Tél. : 79.08.72.14 – Fax : 79.08.74.46

Pralognan-la-Vanoise Les Darbelays

❅❅ NN Alt. : 1440 m — 1 chambre d'hôtes d'une capacité de 4 personnes. 2e étage : 1 lit 2 pers., 2 lits 1 pers., lavabo, douche, wc, chauffage électrique, terrasse, terrain avec meubles de jardin et jeux d'enfants. Alimentation, restaurants 500 m. Gare 28 km. Station de ski Pralognan accès sur place. Chalet récent comprenant un gîte en bordure du hameau. Intérieur bois. Belle vue. Spécialité : confiture maison. Séjour contemplatif ou sportif au contact de la nature, de la faune. Proximité du Parc de la Vanoise. Escalade, patinoire 800 m.

Prix : 1 pers. **180/240 F** 2 pers. **300/340 F** 3 pers. **400/440 F**

0,8	0,3	0,5	SP	SP

FAURE Robert et Chantal – Rue des 16e Olympiades - Les Darbelays – 73710 Pralognan-la-Vanoise – Tél. : 79.08.72.55

Ruffieux Lachat

❅❅❅ NN Alt. : 320 m — 1 chambre d'hôtes d'une capacité de 2 personnes, dans la maison du propriétaire. Rez-de-chaussée : 1 lit 2 pers., douche, lavabo, wc dans la chambre, coin-cuisine, chauffage électrique, terrasse, terrain. Alimentation, restaurant 3,5 km. Gare 14 km. Thermes Aix les Bains 22 km. Belle maison en pierres du pays, dans un hameau dominant la peupleraie de Chautagne, la vallée du Rhone et le lac du Bourget. Lac, voile 9 km. Escalade, parapente 12 km.

Prix : 2 pers. **250/280 F**

22	9	22	3,5	9

BALTZ Pierre et Solange – Lachat – 73310 Ruffieux – Tél. : 79.54.20.18

Saint-Bon-Courchevel

❅❅ NN Alt. : 1850 m — 2 chambres d'hôtes d'une capacité de 4 personnes + 1 gîte rural. 1er étage : ch. A (2 lits 1 pers.), lavabo, douche, wc. ch. B (1 lit 2 pers.), lavabo, douche, wc. Séjour, TV à disposition, chauffage central. Terrain avec meubles de jardin. Alimentation, restaurant 800 m. Gare 25 km. Maison en pierre et bois située en bordure de la station. Terrasse avec vue sur la montagne. Séjour sportif de découverte ou de détente. Toutes les activités de la montagne pour le plaisir de tous. Lac 8 km, thermes Brides Les Bains 20 km.

Prix : 1 pers. **180/200 F** 2 pers. **300/320 F**

20	4	8	0,3	0,3

GINET Marie Louise – Chalet Les Ecureuils – 73120 Courchevel – Tél. : 79.08.11.08 ou 79.33.62.06 – Fax : 79.08.25.65

Saint-Genix-sur-Guiers La Riondelette *C.M. n° 74 — Pli n° 14*

✻ NN

Alt. : 300 m — 2 chambres d'hôtes dans une maison mitoyenne, à des bâtiments agricoles, d'une capacité de 4 pers., r.d.c. : ch. A et ch. B (1 lit 2 pers.), lavabo dans chaque chambre, douche et wc communs, chauffage central. Terrain avec meubles de jardin. Alimentation, restaurants 2 km. Gare 9 km. Maison ancienne sur une colline, dominant la vallée du Guiers. Lieu idéal pour les enfants. A voir ancien pressoir, musée Gallo-Romain. Proximité de la Chartreuse, pour la randonnée et la moyenne montagne. Lac d'Aiguebelette 15 km.

Prix : 1 pers. **130 F** 2 pers. **160 F**

15	9	2	2

CHAMBE M. Louise et Antoine – La Riondelette – 73240 Saint-Genix-sur-Guiers – Tél. : 76.31.81.41

Saint-Georges-d'Hurtieres Les Justes *C.M. n° 74 — Pli n° 16-17*

✻✻✻ NN

Alt. : 600 m — 1 chambre d'hôtes d'une capacité de 4 pers. 1er étage : ch. avec mezzanine (2 lits 2 pers.), lavabo, bains, wc, salon, TV, cheminée, jeux de société, chauffage central. Terrain avec meubles de jardin et jeux d'enfants. Alimentation, restaurant 200 m. Gare 6 km. Ski de fond, raquette le Pontet 15 km, possibilité de ski de randonnée. Chambre très spacieuse. Maison ancienne rénovée dans un hameau. Séjour au calme en harmonie avec la douceur du plateau et la proximité de la forêt. Sentiers inter-villages, anciennes mines de fer et de cuivre, éco-musée, parcours sportif. Lac 6 km.

Prix : 1 pers. **150 F** 2 pers. **265 F**

21	6	6	15

MOUTARD Jean et Yvonne – Les Justes – 73220 Saint-Georges-d'Hurtieres – Tél. : 79.36.16.15

Saint-Jean-d'Arves La Chal *C.M. n° 77 — Pli n° 7*

✻ NN
(TH)

Alt. : 1600 m — 2 ch. pour 6 pers. 2e étage : ch. A et ch. B (1 lit 2 pers. 1 lit 1 pers.), balcon dans chambre B, lavabo dans chaque chambre, bains et wc communs. Séjour, jeux de société, chauffage électrique. Terrain avec meubles de jardin, salle jeux enfants. Alimentation 100 m. Gare 18 km. Ski Saint-Jean d'Arves (Domaine du Grand Large 180 km de pistes) sur place. Maison récente, au pied des pistes, belle vue sur la Vallée et les Aiguilles d'Arves. Location matériel de ski. Visite de l'alpage avec la traite au chalet. Tir à l'arc 200 m.

Prix : 1 pers. **120 F** 2 pers. **180 F** 3 pers. **240 F**
1/2 pens. **150/200 F** pens. **210/260 F**

18	0,2	3	3	SP	3

HUSTACHE Yvon et Patricia – Le Cret de la Grange - La Chal – 73530 Saint-Jean-d'Arves – Tél. : 79.59.71.81

Saint-Jean-d'Arvey *C.M. n° 74 — Pli n° 15*

✻✻ NN

Alt. : 500 m — 1 chambre d'hôtes pour 4 pers. R.d.c. : ch. A (2 lits 1 pers. jumeaux), séjour privatif avec cheminée et jeux (2 lits 1 pers.), lavabo, douche, wc, chauffage central, terrasse. Terrain avec jeux d'enfants. Alimentation, restaurants 800 m. Gare 6 km. Thermes Challes les Eaux 6 km. Ski La Féclaz 10 km. Ancienne ferme très bien restaurée et aménagée, située à l'entrée du village avec vue sur le Mont Granier. Proximité de Chambéry 6 km, et à l'entrée du Massif des Bauges. Randonnées sur place. Patinoire 6 km.

Prix : 1 pers. **150 F** 2 pers. **217 F** 3 pers. **284 F**

6	16	6	0,8	6	1	10	10

BILLIONNET J.Michel et A.Claire – Le Puisat – 73230 Saint-Jean-d'Arvey – Tél. : 79.28.46.72

Saint-Nicolas-la-Chapelle Le Passieux *C.M. n° 74 — Pli n° 7*

✻ NN
(TH)

Alt. : 1000 m — 2 ch. pour 8 pers. 2e étage : ch. A (1 lit 2 pers. 2 lits 1 pers. superp.), lavabo, douche, ch. B (1 lit 2 pers. 2 lits 1 pers. superposés), lavabo, douche attenants, balcon. WC communs. Séjour, cheminée, TV, ch. central, terrasse, terrain avec meubles de jardin. Alimentation 2 km. Gare 24 km. Ski St-Nicolas-Flumet (liaison domaine « Carte Blanche ») 5 km. Chalet traditionnel du Val d'Arly. Découverte des travaux de la ferme (traite, foin...). Repas du terroir à base d'aliments naturels. Nombreuses activités autour de la région. Téléphoner après 20 heures.

Prix : 1 pers. **150 F** 2 pers. **210 F** 3 pers. **270 F**
1/2 pens. **180/190 F** pens. **210/230 F**

10	3	5	2	2	6

JOLY Andre – Le Passieux – 73590 Saint-Nicolas-la-Chapelle – Tél. : 79.31.62.89

Saint-Ours *C.M. n° 74 — Pli n° 15*

✻✻✻ NN
(TH)

Alt. : 550 m — 2 chambres d'hôtes d'une capacité de 4 personnes. 1er étage : ch. A et ch. B (1 lit 2 pers.), lavabo, douche, wc, dans chaque chambre, séjour à disposition avec jeux de société, chauffage central. Garage, cour avec meubles de jardin. Alimentation 1 km. Restaurant 3 km. Gare 10 km. Thermes Aix les Bains 10 km. Station de ski Le Revard 18 km. Découverte de la ferme. Maison typique à l'entrée du village. Village situé entre Aix Les Bains et le Massif des Bauges. Lac 12 km.

Prix : 1 pers. **135 F** 2 pers. **185 F** 3 pers. **250 F**
1/2 pens. **150/165 F**

10	12	12	5	12	2	18	18

CLERC Denise – Chef-Lieu – 73410 Saint-Ours – Tél. : 79.54.91.88

Saint-Pierre-d'Entremont Le Pre du Comte *C.M. n° 74 — Pli n° 15*

✻✻ NN

Alt. : 680 m — 2 chambres d'hôtes d'une capacité de 6 pers. 2e étage : ch. A et ch. B (1 lit 2 pers. 1 lit 1 pers.), lavabo, bains, wc attenants, chauffage électrique, garage, terrain avec meubles de jardin. Alimentation, restaurants 500 m. Gare 25 km. Station de ski le Planolet 7 km. Maison récente dominant le village. Environnement fleuri. Découverte des alentours : cirque de Saint-Même, couvent de la Grande Chartreuse, artisanat, gorges du Guiers Vif, hameaux et villages par les sentiers...

Prix : 1 pers. **140 F** 2 pers. **210 F** 3 pers. **280 F**

12	0,5	0,5	0,2	7	10

JACQUET Aime – Le Pre du Comte – 73670 Saint-Pierre-d'Entremont – Tél. : 79.65.81.91

Saint-Vital Les Chavannes   *C.M. n° 74 — Pli n° 16-17*

♥♥ NN   Alt. : 350 m — 1 chambre d'hôtes d'une capacité de 4 pers. dans une maison mitoyenne proche de celle de la propriétaire. 1er étage : ch. A (1 lit 2 pers. 2 lits 1 pers. superposés.), lavabo, douche, wc, chauffage électrique, coin-cuisine, balcon, terrain avec mobilier de jardin. Alimentation, gare, restaurants 2,5 km. Ski Seythenex 18 km, fond Tamié 12 km. Très ancienne maison rénovée dans le village. Séjour au calme à 10 km d'Albertville. Bonne situation pour découvrir les différentes vallées de la Savoie. Proximité de l'Abbaye de Tamié. Nombreuses randonnées pédestres. Patinoire 7 km. Lac 2 km.

Prix : 1 pers. **135/155 F** 2 pers. **200/235 F** 3 pers. **270/310 F**

🚣	🎿	✈	♨	⛷	🎿
2,5	2,5	2,5	2	18	12

COMBAZ Jean – Les Chavannes – 73460 Saint-Vital – Tél. : 79.31.41.53 ou 79.31.43.87

Trevignin   *C.M. n° 74 — Pli n° 15*

♥♥♥ NN
(TH)   Alt. : 550 m — 2 chambres d'hôtes pour 4 personnes dans la maison du propriétaire + 1 gîte + d'autres chambres. 1er étage : ch. A et ch. B (1 lit 2 pers.), lavabo, douche, wc dans chaque chambre. Séjour avec cheminée, salon, bibliothèque, TV à disposition. Chauffage électrique. Terrain clos avec meubles de jardin. Alimentation, gare 4 km. Thermes Aix 6 km. Ski Le Revard 14 km. Maison ancienne rénovée au centre du village, mobilier ancien et art moderne. Spécialités cuisine traditionnelle de la région, confiture maison. Vie rurale, VTT, possibilité d'accueil de chevaux. Lac 5 km.

Prix : 1 pers. **195 F** 2 pers. **292 F** repas **85 F**

⚓	🚣	🎿	✈	♨	⛷	🎿
6	5	6	SP	5	14	14

CHAPPAZ Daniel – La Jument Verte - Place de l'Eglise – 73100 Trevignin – Tél. : 79.61.47.52

Val-d'Isere Le Fornet   *C.M. n° 74 — Pli n° 19*

♥♥ NN   Alt. : 1930 m — 1 chambre d'hôtes d'une capacité de 3 personnes + 3 gîtes ruraux. 1er étage : (1 lit 2 pers. 1 lit 1 pers.), lavabo, bains, wc, chauffage électrique. Alimentation 2,5 km. Restaurants sur place. Gare 34 km. Ski Val-d'Isère sur place. Maison de pierres et bois dans un petit hameau sur la route du col de l'Iseran. Ski sur l'espace Killy hiver comme été. Proximité du Parc de la Vanoise et accès à la Maurienne. Village traditionnel avec architecture baroque.

Prix : 1 pers. **200 F** 2 pers. **300 F** 3 pers. **320 F**

🚣	🎿	✈	♨	⛷	🎿
2,5	2,5	3	SP	0,1	0,1

BONNEVIE Jean Claude – Le Fornet – 73150 Val-d'Isere – Tél. : 79.06.12.32 – Fax : 79.06.12.32

Valloire   *C.M. n° 77 — Pli n° 7*

♥♥♥ NN   Alt. : 1430 m — 2 ch. pour 4 pers., dans une maison comprenant 6 logements. 1er étage : ch. A (1 lit 2 pers.), lavabo, bains, wc. 2e étage : ch. B (2 lits 1 pers.), lavabo, bains, wc. Salle à manger, TV, jeux société, chauffage central. Terrain clos, meubles de jardin, jeux d'enfants. Alimentation, restaurants sur place. Gare 18 km. Ski Valloire sur place. Grande maison au cœur de la station. Station familiale pittoresque et très active hiver comme été. Col du Galibier, chapelles rurales.

Prix : 1 pers. **195 F** 2 pers. **292 F**

🚣	🎿	✈	♨	⛷	🎿
0,2	0,2	0,2	0,2	SP	2

MAGNIN Rene – Chalet Neige et Fleurs – 73450 Valloire – Tél. : 79.59.02.63

Venthon   *C.M. n° 74 — Pli n° 17*

♥ NN   Alt. : 510 m — 3 chambres pour 6 pers. 2e étage : ch. A (1 lit 2 pers.), lavabo, bains, wc, balcon. 1er étage : ch. B (1 lit 2 pers.), lavabo, douche, wc, balcon. 2e étage : ch. C 2 épis (2 lits 1 pers.), lavabo, douche, wc, balcon. Séjour, jeux société, chauffage central. Terrain non clos, meubles de jardin. Alimentation, restaurants 3 km. Restaurants 200 m. Ski les Saisies 22 km. Belle vue sur les montagnes. Jardin agréable. Proximité d'Albertville, porte du Beaufortain. Nombreuses possibilités de loisirs pour séjour actif, ou séjour paisible au calme. Escalade 3 km.

Prix : 1 pers. **130/140 F** 2 pers. **200/220 F**

🚣	🎿	✈	♨	⛷	🎿
3	0,2	10	3	22	22

CHAUMONTET Rene et Michele – Chef Lieu – 73200 Venthon – Tél. : 79.32.40.33

Verel-de-Montbel Le Revillet   *C.M. n° 74 — Pli n° 14-15*

♥♥ NN   Alt. : 550 m — 1 chambre d'hôtes d'une capacité de 2 pers. + 1 gîte dans la maison. 1er étage (1 lit 2 pers.), lavabo, douche, wc, chauffage électrique, terrasse, terrain avec meubles de jardin et jeux d'enfants. Alimentation, restaurants 4 km. Gare 6 km. Ski Saint-Pierre de Chartreuse 32 km. Maison récente à proximité de l'exploitation agricole. Vente de produits de la ferme. Petit village dans la campagne, idéal pour la, randonnée, la pêche, les promenades autour du lac... Proximité massif de la Chartreuse. Lac Aiguebelette 7 km.

Prix : 1 pers. **120/150 F** 2 pers. **195/220 F**

🏠	🚣	🎿	✈	♨	⛷	🎿
7	6	4	7	0,4	32	32

BERLAND Victor et Odette – Le Revillet – 73330 Verel-de-Montbel – Tél. : 76.32.80.46

Verrens-Arvey Barrochins   *C.M. n° 74 — Pli n° 17*

♥♥♥ NN   Alt. : 600 m — 1 chambre d'hôtes d'une capacité de 3 personnes. R.d.c. : ch. A (1 lit 2 pers. 1 lit 1 pers.), lavabo, douche, wc, chauffage central, terrasse, terrain avec meubles de jardin. Alimentation, gare, restaurants 3 km. Ski Seythenex 18 km, ski de fond Tamié 7 km. Maison ancienne rénovée avec belle vue sur la chaîne du Grand Arc. Intérieur harmonieux. Petit village savoyard typique, situé près d'Albertville et du col de Tamié (Abbaye). Nombreuses possibilités de randonnées. Escalade 9 km.

Prix : 1 pers. **130/170 F** 2 pers. **170/220 F** 3 pers. **230/300 F**

🚣	🎿	✈	♨	⛷	🎿
3	3	3	1	18	7

DUPIRE Danielle – Barrochins – 73460 Verrens-Arvey – Tél. : 79.38.51.41

Villard-Leger Le Presbytere C.M. n° 74 — Pli n° 16

Ψ Ψ NN — Alt. : 300 m — 1 chambre d'hôtes d'une capacité de 2 personnes. 1er étage : ch. A (1 lit 2 pers.), lavabo, bains, wc, chauffage central, terrain. Alimentation, restaurants 6 km. Gare 11 km. Ancien presbytère rénové, équipé pour accueillir chevaux et cavaliers. Nombreux itinéraires vers la vallée des Huiles, la forêt de Saint Hugon. Situé entre Chambéry et Albertville, à l'entrée de la vallée de la Maurienne.

Prix : 1 pers. **150 F** 2 pers. **230 F**

6	6	15	0,5

JUIN Guy – Le Presbytere – 73390 Villard-Leger – Tél. : 79.36.47.76

Vimines Les Fontaines C.M. n° 74 — Pli n° 15

Ψ Ψ Ψ NN — Alt. : 500 m — 1 chambre d'hôtes pour 2 personnes et 1 gîte dans la maison du propriétaire. R.d.c. : 1 lit 2 pers., douche, wc, lavabo dans la chambre. Chauffage central, terrain clos. Alimentation 5,5 km. Gare 8 km. Restaurants 3 km. Thermes Challes les Eaux 15 km. Ski le Désert 25 km, Aillon le Jeune 33 km. Maison de construction récente entourée d'un agréable terrain clos. Patinoire 8 km. Escalade 3 km. Lac 16 km.

Prix : 1 pers. **160/195 F** 2 pers. **220/290 F**

15	16	8	5,5	8	2,5	25	25

DOUDEAU Michel – Les Fontaines – 73160 Vimines – Tél. : 79.69.19.87

Le Viviers-du-Lac Les Essarts C.M. n° 74 — Pli n° 15

Ψ Ψ NN — Alt. : 300 m — 3 chambres d'hôtes pour 7 pers. R.d.c. : ch. A (1 lit 1 pers. 1 lit 2 pers.), lavabo, douche, wc, terrasse. 1er étage : ch. B et ch. C (1 lit 2 pers.), lavabo, douche, wc attenants à chaque chambre, coin-cuisine, balcon. Chauffage central. Terrain clos avec meubles de jardin. Alimentation, restaurants 1 km. Gare, thermes Aix 4 km. Ski Le Revard 20 km. Maison d'architecture moderne, située sur une colline en pleine nature à proximité d'Aix Les Bains, station thermale et touristique. Cadre agréable pour séjour en toute tranquilité. Lac 2 km.

Prix : 2 pers. **265 F** 3 pers. **310 F**

4	2	4	4	4	2	20	20

PORTAL Jeanine – 1193 Route des Essarts – 73420 Le Viviers-du-Lac – Tél. : 79.61.44.61

Le Viviers-du-Lac C.M. n° 74 — Pli n° 15

Ψ Ψ NN — Alt. : 350 m — 2 chambres d'hôtes pour 4 personnes. R.d.c. : ch. A 2 épis (2 lits 1 pers.), ch. B 3 épis (1 lit 2 pers.). Lavabo, douche, wc dans chaque chambre. Chauffage électrique. Possibilité de cuisiner. Terrain avec meubles de jardin. Alimentation 2 km. Gare 5 km. Restaurants 1 km. Thermes Aix 3 km. Ski Le Revard 22 km. Maison neuve sur une colline avec une belle vue sur les falaises du plateau du Revard. Spécialités : confitures aux saveurs d'antan. Séjour au calme, découverte de la nature. Proximité d'Aix Les Bains, station thermale et touristique. Lac 3 km.

Prix : 1 pers. **155/170 F** 2 pers. **210/230 F**

3	3	5	3	3	3	22	22

MONTAGNOLE Bernadette – 516 Chemin de Boissy – 73420 Le Viviers-du-Lac – Tél. : 79.35.31.26

Abondance Charmy l'Envers C.M. n° 89 — Pli n° 2

Ψ Ψ NN (TH) — Alt. : 1000 m — A proximité de sentiers balisés et dans un cadre de montagne reposant, Liliane vous reçoit dans une ferme ancienne typique et vous propose 3 chambres agréables ainsi que le couvert. Chaque chambre est composée d'1 lit 2 pers. et 2 lits 1 pers. Sanitaires complets (2 épis NN). Chauffage central, terrain, balcon, salle à manger, cheminée. Gare 30 km, commerces 2 km. Goûters à la ferme.

Prix : 1 pers. **100 F** 2 pers. **200 F** 3 pers. **300 F**
1/2 pens. **160 F** pens. **195 F**

2	2	3	12	2	SP	2	SP	2

BERTHET Liliane – Charmy l'Envers – 74360 Abondance – Tél. : 50.73.00.01 ou 50.73.02.79

Alex Les Marais de l'Allee C.M. n° 89 — Pli n° 14

Ψ Ψ NN (TH) — Alt. : 610 m — Dans un chalet récent, entre le lac d'Annecy et les montagnes, Janine vous accueille dans une chambre d'hôtes chaleureuse (1 lit 2 pers.) avec salle d'eau et wc particuliers. Séjour ouvert à votre disposition, cheminée, terrasse, terrain. Chauffage électrique. Gare 10 km, commerces 3 km. Anglais parlé. Ouvert toute l'année. Lac d'Annecy et plage de Menthon-St-Bernard à 4 km. Ville historique d'Annecy à 10 km. Restaurant à 1,5 km. Stations des Aravis à 18 km.

Prix : 2 pers. **180 F** 1/2 pens. **170 F**

18	18	4	9	9	2	9	4	5

LANGLAIS Janine – Les Marais de l'Allee – 74290 Alex – Tél. : 50.02.80.64

Araches 1730 Hameau de Ballancy C.M. n° 89 — Pli n° 3

Ψ NN (TH) — Alt. : 800 m — Dominique et Joël vous reçoivent dans leur maison, à côté de la ferme, dans un petit hameau. Ils vous proposent 3 chambres de qualité, agréables et chaleureuses. 1 ch. 1 lit 2 pers. et 2 lits 1 pers. (1 épi), 1 ch. (2 lits 1 pers. (1 épi), sanitaires communs. 1 ch. 2 épis (1 lit 2 pers. et 1 lit 1 pers.), salle d'eau privée et terrasse. Terrain. Produits de la ferme. Gare 15 km, commerces 8 km. Gratuité pour les enfants de - de 5 ans. Golf de Flaine 18 trous à 18 km. Station des Carroz-d'Arâches à 8 km. Table d'hôtes en hiver. Lait, tomme, fromage de chèvre, confitures, oeufs. Ouvert toute l'année.

Prix : 1 pers. **150/170 F** 2 pers. **210/240 F** 3 pers. **300/340 F**
1/2 pens. **170/180 F**

8	8	15	15	8	SP	8	SP	8

NAVILLOD Joel et Dominique – 1730, Hameau de Ballancy – 74300 Araches – Tél. : 50.90.33.10

Argentiere-Chamonix-Mont-Blanc Les Chosalets — *C.M. nº 89 — Pli nº 4*

ϟϟ NN — Alt. : 1275 m — Au cœur de la vallée de Chamonix, au pied de l'Aiguille Verte, Isabelle vous reçoit dans 2 chambres d'hôtes 2 pers. situées au rez-de-chaussée d'un beau chalet avec entrée indépendante et sanitaires indépendants. Séjour à l'étage. Terrasse, terrain et jardin. Chauffage central. Lave-linge. Gare et commerces 1 km. Allemand parlé. Ouvert toute l'année. Station des Grands Montets à 500 m, pistes de ski de fond sur place, téléski débutant à 100 m. Chamonix et télécabine de l'Aiguille du Midi à 7 km + toutes activités.

Prix : 1 pers. **200 F** 2 pers. **240/260 F**

0,5	SP	25	1	1	0,1	7	SP	0,5

CHANTELOT Isabelle – 88, Chemin des Moillettes - Les Chosalets – 74400 Argentiere-Chamonix-Mt-Blanc – Tél. : 50.54.03.47

La Baume La Goutreuse — *C.M. nº 89 — Pli nº 2*

ϟ NN (TH) — Alt. : 900 m — Fernande et Victor vous accueillent dans leur maison fleurie située à proximité de leur ferme, isolée, dans un cadre de montagne exceptionnel. Ils vous proposent 2 chambres comportant chacune 1 lit 2 pers. et 1 lit 1 pers. (sanitaires communs). Chambres de qualité. Chauffage central, espace, produits de la ferme. Gare 20 km, commerces 6 km. Ouvert toute l'année.

Prix : 2 pers. **160 F** 1/2 pens. **160 F** pens. **180 F**

7	7	21	20	6	3	13	SP	20

VULLIEZ Victor et Fernande – La Goutreuse – 74430 La Baume – Tél. : 50.72.10.33

Bellevaux Les Mouilles — *C.M. nº 89 — Pli nº 2*

ϟϟ NN (TH) — Alt. : 1100 m — A proximité du domaine skiable d'Hirmentaz, Geneviève et Joseph vous reçoivent dans leur grand chalet fleuri et vous proposent 6 chambres 2 épis NN, avec sanitaires complets. Chauffage central, salle à manger, salle de jeux, terrasse aménagée, terrain. Tél, TV. Gare 20 km, commerces 5 km. Fermé en mai et juin.

Prix : 1 pers. **130 F** 2 pers. **210 F** 3 pers. **260 F** repas **60 F**
1/2 pens. **165 F** pens. **200 F**

0,2	0,3	7	8	0,3	0,5	5	SP	5

CONVERSET Genevieve – Les Mouilles – 74470 Bellevaux – Tél. : 50.73.71.04

Bellevaux Le Frene — *C.M. nº 89 — Pli nº 2*

ϟϟ NN (TH) — Alt. : 1000 m — Dans un hameau, M. et Mme Cornier vous accueillent au sein de leur grand chalet fleuri à proximité de la ferme. Ils vous proposent 3 ch. (1 lit 2 pers. et 1 lit 1 pers.) avec sanitaires complets et 2 ch.(1 épi NN) avec sanitaires communs. Salle à manger, terrain. Gare 20 km, commerces 2 km. Ouvert toute l'année. Réduction enfants -8 ans. Restaurant à 3 km. Produits fermiers servis en table d'hôtes.

Prix : 1 pers. **100 F** 2 pers. **200 F** 3 pers. **300 F** repas **70 F**
1/2 pens. **160 F** pens. **190 F**

5	3	5	10	2	1,5	2	SP	10

CORNIER Louis – Le Frene – 74470 Bellevaux – Tél. : 50.73.71.68

Bellevaux Le Perry — *C.M. nº 89 — Pli nº 2*

ϟϟ NN (TH) — Alt. : 1000 m — Marie-Louise et Gérard vous accueillent dans leur ferme très fleurie, isolée, dans un cadre montagneux. Ils vous proposent 3 chambres comprenant chacune 1 lit 2 pers. et 2 lits 1 pers. avec sanitaires complets. Chauffage central, salle à manger commune, TV, Balcon, Terrain et mobilier de jardin, bibliothèque. Gare 20 km, commerces 2 km. Ouvert toute l'année. Réduction enfants -8 ans.

Prix : 1 pers. **110 F** 2 pers. **200 F** 3 pers. **300 F**
1/2 pens. **165 F** pens. **200 F**

5	5	5	10	2	1,5	2	SP	10

MEYNET Gerard/ Marie Louise – Le Perry – 74470 Bellevaux – Tél. : 50.73.72.32

Bellevaux La Clusaz — *C.M. nº 89 — Pli nº 2*

ϟϟϟ NN (TH) — Alt. : 950 m — Geneviève et Francis vous reçoivent dans leur grande ferme fleurie, située dans un hameau, dans un cadre verdoyant. Ils vous proposent 6 ch. avec sanitaires complets, 5 ch. avec 1 lit 2 pers., 1 ch. avec 2 lits 1 pers. Chauffage central, salle à manger et salon réservés aux hôtes, cheminée, TV, cour et mobilier de jardin, jeux. Gare 20 km, commerces 4 km. Réduction enfants. Pension complète uniquement en hiver. Fermé en octobre et novembre.

Prix : 1 pers. **150 F** 2 pers. **220 F** 3 pers. **300 F** repas **80 F**
1/2 pens. **170 F** pens. **200 F**

3	0,1	3	12	4	0,1	4	SP	5

PASQUIER Francis/ Geneviève – La Clusaz – 74470 Bellevaux – Tél. : 50.73.71.92

Bellevaux Champ du Noyer — *C.M. nº 89 — Pli nº 2*

ϟϟ NN (TH) — Alt. : 930 m — Dans une ancienne ferme avec terrain, proche du village, Marie-Louise et Jean-Michel vous proposent 5 ch. d'hôtes : 3 ch. 2 épis, 1 ch. 1 lit 2 pers., sanitaires complets au rez-de-chaussée, 1 ch. 1 lit 2 pers. et 1 lit 1 pers., 1 ch., 3 lits 1 pers. Salles d'eau privées, wc communs. 2 ch. 1 épi, 1 avec 1 lit 2 pers. et 2 lits 1 pers. Salle d'eau et wc communs. Réduction enfants -8 ans. Séjour avec TV, terrain, ch. central. Gare 20 km, commerces 1 km. Ouvert toute l'année.

Prix : 1 pers. **110 F** 2 pers. **170 F** 3 pers. **230 F**
1/2 pens. **165 F** pens. **185 F**

4	4	7	10	1	0,3	1	SP	10

TORNIER Jean Michel – Champ du Noyer – 74470 Bellevaux – Tél. : 50.73.71.35

Bellevaux Les Mouilles — *C.M. nº 89 — Pli nº 2*

ϟ NN (TH) — Alt. : 1126 m — Face aux pistes de ski d'Hirmentaz et dans un hameau, un accueil chaleureux vous est réservé. Emma et Alphonse vous proposent 5 chambres confortables et décorées. (Salles d'eau communes). Chauffage central, grande salle de séjour, TV, Tel, terrasse aménagée, terrain, ping-pong, pétanque, Lave-linge et sèche- linge. Gare 20 km, commerces 5 km. Réduction enfants. Restaurant à 100 m. Organisation de sorties et activités. Ouvert toute l'année.

Prix : 1 pers. **150 F** 2 pers. **180 F** 3 pers. **230 F** repas **70 F**
1/2 pens. **160 F** pens. **195 F**

SP	SP	7	8	0,3	0,5	5	SP	5

VOISIN Alphonse – Les Mouilles – 74470 Bellevaux – Tél. : 50.73.71.16

Haute-Savoie   *Alpes*

Bellevaux La Cote

❦❦ NN
(TH)

Alt. : 1130 m — Au cœur de la campagne, Alice et Michel vous accueillent dans leur ferme au cadre reposant et mettent à votre disposition 3 chambres avec sanitaires particuliers complets, avec chacune 1 lit 2 pers. et 1 lit 1 pers. Balcons, entrée indépendante, séjour-coin détente et coin-cuisine, TV. Produits de la ferme servis à la table d'hôtes. Gare 20 km, commerces 2 km. Lac Léman et Thonon-Les-Bains à 22 km. Ski à 1 km.

Prix : 1 pers. **130 F** 2 pers. **190 F** 3 pers. **230 F**
1/2 pens. **160 F** pens. **195 F**

1	1	8	9	1,3	0,5	5	SP	5

BUINOUD Alice et Michel – La Cote – 74470 Bellevaux – Tél. : 50.73.70.66

Bellevaux Le Frene

❦❦ NN
(TH)

Alt. : 1000 m — Dans une grande maison rénovée de hameau, au dessus de Bellevaux, Thérèse vous reçoit dans ses 5 chambres d'hôtes. Rez-de-chaussée : 3 ch. de 2 pers. avec sanitaires complets privés, 2 ch. de 2 pers. au 1er étage pour une même famille avec sanitaires. Possibilité lits d'appoint. Grand séjour, salon sur mezzanine avec TV, cheminée. Terrain, terrasse. Gare 23 km. Commerces 1 km. Ouvert toute l'année. Pistes de ski à 7 km (Hirmentaz et La Chèvrerie). Thonon et Lac à 23 km. Restaurant à 1 km. Réduction enfants.

Prix : 1 pers. **100 F** 2 pers. **200 F** 3 pers. **300 F** repas **45 F**
1/2 pens. **160 F** pens. **190 F**

7	7	23	9	1	1	1	SP	15

VOISIN Therese – Le Frene – 74470 Bellevaux – Tél. : 50.73.71.98

Bloye Ballentrand

❦❦ NN
(TH)

Alt. : 370 m — Face au Semnoz, Monique vous reçoit dans sa maison située à côté de la ferme et met à votre disposition 4 ch. d'hôtes agréables. 1 ch. avec 3 lits 1 pers., salle de bains et wc attenants, 1 ch. avec 1 lit 2 pers. avec salle d'eau particulière et wc attenant, 2 ch. avec 1 lit 2 pers., sanitaires complets. Ch. central, séjour, cour, terrain. Gare 5 km, commerces 3 km. Ouvert toute l'année. Réduction enfants. Restaurant à 800 m. Annecy et Aix-les-Bains à 15 km.

Prix : 2 pers. **190 F** repas **65 F**

25	20	3	5	5	5	5	3	23

CHARVIER Monique – Ballentrand – 74150 Bloye – Tél. : 50.01.36.31 ou 50.01.23.94

Chainaz-les-Frasses Raviere d'En Haut

❦ NN
(TH)

Alt. : 540 m — France et René vous accueillent dans leur ferme isolée en campagne, dans un cadre agréable et vous proposent 2 chambres d'hôtes (1 ch. avec 1 lit 2 pers. et 1 lit 1 pers., 1 ch. avec 1 lit 2 pers.). Salle de bains commune aux hôtes. Chauffage au fuel, terrain. Gare 12 km, commerces 5 km. Réduction enfants -8 ans. Ouvert de février à septembre. Lieu calme. Restaurant à 5 km.

Prix : 1 pers. **100 F** 2 pers. **150 F** 3 pers. **180 F** repas **60 F**
1/2 pens. **160 F**

25	25	15	12	12	5	20	5	15

BOUVIER France – Raviere d'En Haut – 74540 Chainaz-Les Frasses – Tél. : 50.52.54.26

Chainaz-les-Frasses Chef Lieu

❦ NN
(TH)

Alt. : 680 m — Danielle et Maurice vous accueillent chaleureusement dans leur ferme fleurie située au cœur du village. Ils vous offrent 5 ch. : 2 ch. 2 épis avec sanitaires particuliers, 2e ét. (1 ch. avec 1 lit 2 pers. + 1 lit bébé, 1 ch. avec 2 lits 1 pers.). Entrée indépendante. 3 chambres avec salle de bains commune, 1 épi. (2 ch. avec 1 lit 2 pers., 1 ch. 2 lits 1 pers.). Réductions enfants - 8 ans. Restaurant à 5 km. Gare 12 km, commerces 5 km. Ouvert toute l'année.

Prix : 1 pers. **100 F** 2 pers. **160 F** repas **65 F** 1/2 pens. **145 F**

25	25	15	10	7	1	20	0,5	25

VIVIANT Danielle – Chef Lieu – 74540 Chainaz-Les-Frasses – Tél. : 50.52.54.13

Chamonix-Mont-Blanc

❦❦ NN
(TH)

Alt. : 1150 m — Pierre et Georgette vous recevront dans leur très beau chalet situé face au Mont-Blanc. Ils vous offrent 3 chambres (2 ch. avec 2 lits 1 pers., 1 ch. avec 1 lit 2 pers.). Sanitaires indépendants. Terrain clos, terrasse aménagée. Grande salle de séjour. Chauffage central. Gare 1,5 km, commerces 1 km. Ouvert toute l'année. A 500 m des remontées mécaniques du Brévent. En lisière de forêt, sur le sentier du Tour du Mont-Blanc.

Prix : 2 pers. **330 F** 1/2 pens. **265 F**

	0,5	1,5	25	2	2	2	2	SP	0,5

GAZAGNES Pierre / Georgette – La Girandole - 46, Chemin de la Perseverance – 74400 Chamonix-Mont-Blanc – Tél. : 50.53.37.58

Chamonix-Mont-Blanc

❦❦ NN

Alt. : 1000 m — Au cœur de la vallée de Chamonix, face au massif du Mont-Blanc, Josette vous reçoit dans un beau chalet fleuri avec jardin et vous offre 2 belles chambres d'hôtes 2 épis avec salles d'eau privées, 1 avec 2 lits 1 pers., 1 avec 1 lit 2 pers. et 1 lit 1 pers. Ch. électrique, TV sur mezzanine, cheminée. Gare 1,5 km, commerces 500 m. Anglais parlé. Réductions selon la durée du séjour. Restaurant à 200 m. Télécabine de la Flégère à 500 m.

Prix : 2 pers. **280 F** 3 pers. **370 F**

	0,5	0,8	25	0,5	0,5	SP	2	SP	0,5

EHR Josette – 1560, Chemin Les Cristalliers – 74400 Chamonix – Tél. : 50.53.26.17

Chapeiry Chef Lieu — *C.M. n° 89 — Pli n° 14*

♨♨ NN — Alt. : 600 m — Au cœur de l'Avant-Pays, Cécile et Michel vous accueille dans une belle maison de caractère et vous offrent une chambre d'hôtes confortable avec salle d'eau et wc (1 lit 2 pers. 1 lit 1 pers.). Possibilité lit bébé. Chauffage central, terrain. Tarifs dégressifs selon la durée du séjour. Gare 10 km, commerces 5 km. Ouvert toute l'année. Réduction enfants -8 ans. Annecy à 10 km.

Prix : 1 pers. **150 F** 2 pers. **205 F** 3 pers. **275 F**

🎿	🎿	♨	⛵	🎿	⛷	👤	🏃	🚶🚶	⛷
17	17	10	7	5	5		10	SP	17

FILLIARD Michel et Cecile – Chef Lieu – 74540 Chapeiry – Tél. : 50.68.28.28

La Chapelle-d'Abondance Sous le Saix — *C.M. n° 89 — Pli n° 2*

♨♨ NN (TH) — Alt. : 1000 m — Dans un cadre vert et montagneux, grand espace, Maryse et Edmond vous accueillent dans une ferme complètement rénovée et vous proposent 3 chambres confortables avec sanitaires particuliers, au 1er étage. Ch. central, salle à manger, salon. Produits fermiers servis à la table d'hôtes. Jardin, terrain. Gare 35 km, commerces 1 km. Ouvert toute l'année. Station de Châtel à 2,5 km, pistes de fond sur place, centre équestre à 100 m.

Prix : 1 pers. **140 F** 2 pers. **200 F** 3 pers. **250 F**
1/2 pens. **160 F** pens. **190 F**

🎿	🎿	♨	⛵	🎿	⛷	👤	🏃	🚶🚶	⛷
1	SP	2,5	2,5	SP	0,1	0,1	SP	2,5

BENAND Maryse et Edmond – Sous le Saix – 74360 Abondance – Tél. : 50.81.36.36

Chatel Route des Frenets — *C.M. n° 89 — Pli n° 2*

♨♨ NN (TH) — Alt. : 1200 m — Au cœur de la station de Châtel, dans un grand chalet récent sur 3 niveaux et réservé aux hôtes, Françoise vous accueille d'avril à novembre et vous propose 6 chambres confortables, avec salles d'eau et wc particuliers. 1 ch. avec 2 lits 1 pers. et 1 lit 2 pers., 1 ch. avec 1 lit 2 pers. et 1 lit 1 pers., 4 ch. de 2 pers. Central, terrasse, terrain. Balcons. Grand séjour. Restaurant à 100 m. Ouvert du 20 avril au 15 novembre.

Prix : 1 pers. **170 F** 2 pers. **250 F** 1/2 pens. **200 F**

CORNU Françoise – Route des Frenets – 74390 Chatel – Tél. : 50.73.23.17

Chavanod Maclamod — *C.M. n° 89 — Pli n° 14*

♨ NN — Alt. : 500 m — Dans un hameau, Nori vous accueille dans sa villa avec jardin fleuri et met à votre disposition 2 chambres confortables avec salle d'eau et wc. communs. 1 ch. avec 1 lit 2 pers., 1 ch. avec 2 lits 1 pers. Ch. central, séjour, TV, terrain. Gare 4 km, commerces 1 km. Ouvert toute l'année. Restaurant à 1 km. Annecy à 5 km.

Prix : 1 pers. **150 F** 2 pers. **205 F**

🎿	🎿	♨	⛵	🎿	⛷	👤	🏃	🚶🚶	⛷
17	17	5	3	5	1	1	2,5	0,5	17

CONTAT Nori – Route de Cran Gevrier - Maclamod – 74650 Chavanod – Tél. : 50.69.21.56

Chavanod Le Corbier — *C.M. n° 89 — Pli n° 14*

♨♨ NN — Alt. : 505 m — Dans une maison avec terrain en campagne, Marie-Thérèse et René vous accueillent dans leurs 3 chambres agréables avec salles d'eau et wc particuliers. 2 ch avec 2 lits 1 pers. dont 1 avec kitchenette, 1 ch avec 1 lit 2 pers. Chauffage central, TV, terrain et jardin. 2 chambres pour une même famille. Possibilité lit bébé. Réductions accordées. Gare 6 km. Commerces 1 km. Réduction enfants -8 ans et hors vacances. Restaurant à 1,5 km. Annecy à 6 km. Ouvert toute l'année.

Prix : 1 pers. **120/180 F** 2 pers. **160/230 F** 3 pers. **300 F**

🎿	🎿	♨	⛵	🎿	⛷	👤	🏃	🚶🚶	⛷
20	20	6	3	3	3,5	3,5	3	20

DEMOTZ Rene et M.Therese – Le Corbier – 74650 Chavanod – Tél. : 50.69.12.54

Chavanod Champanod — *C.M. n° 89 — Pli n° 14*

♨♨ NN — Alt. : 508 m — Dans une grande et agréable bâtisse avec terrain, dans un hameau isolé en campagne, Marie-Claude vous offre 3 chambres avec salles d'eau et wc particuliers. 2 ch. au 1er étage, 1 avec 1 lit 2 pers. et 2 lits 1 pers., 1 avec 1 lit 2 pers. au 2e étage, chambre indépendante (1 lit 2 pers.). Grand confort. Ch. central, séjour, jardin. Gare 8 km, commerces 2,5 km. Ouvert toute l'année. Restaurant à 1 km. Annecy à 8 km.

Prix : 1 pers. **150 F** 2 pers. **210 F** 3 pers. **300 F**

🎿	🎿	♨	⛵	🎿	⛷	👤	🏃	🚶🚶	⛷
20	20	8	5	5	0,5	2,5	1	20

BEAUQUIS Marie Claude – Champanod – 74650 Chavanod – Tél. : 50.69.00.55

Chavanod Le Corbier — *C.M. n° 89 — Pli n° 14*

♨♨♨ NN — Alt. : 520 m — Dans une ancienne maison entièrement rénovée en campagne, Bernard et sa famille vous accueillent dans leurs 3 chambres équipées de salles d'eau et wc individuels (3 lits 2 pers.), tout confort. Grande pièce de vie. TV. Terrasse, jardin, terrain. Tél. Gare 6 km, commerces 1 km. Ouvert toute l'année. Italien parlé. Lac et ville d'Annecy à 6 km. Semnoz à 20 km. Service de cars à 450 m.

Prix : 1 pers. **160 F** 2 pers. **250 F**

🎿	🎿	♨	⛵	🎿	⛷	👤	🏃	🚶🚶	⛷
20	20	6	3	3	3,5	3,5	3	20

BOUVIER Bernard – Route de Corbier – 74650 Chavanod – Tél. : 50.69.02.95 – Fax : 50.69.02.95

Les Clefs Le Cropt — *C.M. n° 89 — Pli n° 14*

♨♨ NN (TH) — Alt. : 800 m — Dans une grande ferme de hameau avec terrain, René et Marie-Louise vous 1 reçoivent et vous offrent 3 chambres. 1 ch. 1 épi, 1 lit 1 pers. et 1 lit 2 pers., salle d'eau commune. 1 ch. 2 épis (1 ch. avec 1 lit 2 pers.), et 1 ch. 3 épis avec 1 lit 2 pers. + 1 lit 1 pers. avec coin-cuisine), salles d'eau et wc particuliers. Chauffage central, TV, salon. Réduction enfants -8 ans. Gare et commerces 5 km. Ouvert toute l'année. Restaurant à 2 km. Station de la Croix-Fry à 13 km. Thônes à 5 km.

Prix : 1 pers. **100/130 F** 2 pers. **170/205 F** 3 pers. **240 F**
1/2 pens. **160/170 F**

🎿	🎿	♨	⛵	🎿	⛷	👤	🏃	🚶🚶	⛷
13	1	25	5	3	1	1			13

GAY PERRET Rene – Le Cropt – 74230 Les Clefs – Tél. : 50.02.10.49

Haute-Savoie · *Alpes*

Les Clefs Chemin des Nantets
C.M. n° 89 — Pli n° 14

❦❦ NN

Alt. : 761 m — A l'étage d'un grand chalet de hameau, dans un cadre fleuri, Marie-Thérèse et Robert vous accueillent dans leurs 3 chambres d'hôtes. 3 ch. 2 épis, 1 lit 2 pers. avec balcon, 1 ch. avec 1 lit 2 pers. et 1 ch. avec 2 lits 1 pers. Sanitaires indépendants. Chauffage central, balcon, terrasse, terrain. Gare et commerces 4 km. Ouvert toute l'année. Restaurant à 3 et 5 km. Réductions hors vacances à partir de la 4e nuit. Station de la Croix-Fry à 13 km, Thônes à 4 km.

Prix : 2 pers. 175 F

13	2	22	4	1,5	1	5	1	13

DONZEL GARGAND Robert – Chemin des Nantets – 74230 Les Clefs – Tél. : 50.02.97.56

La Clusaz Le Gotty - la Sence
C.M. n° 89 — Pli n° 14

❦❦ NN

Alt. : 1200 m — Face au domaine skiable de l'Etale, Dominique vous accueille dans un vieux chalet de caractère et vous propose 4 chambres. 2 ch. 2 Epis, 1 ch. avec 1 lit 2 pers., 1 ch. avec 2 lits 1 pers., salle d'eau et wc privatifs. 2 ch. 1 Epi, 1 ch. avec 1 lit 2 pers. et 1 ch. avec 2 lits 1 pers. Salle d'eau commune. Cuisine aménagée, terrain, jeux. Gare et commerces 2 km. Ouvert toute l'année. Restaurant à 500 m. Station de la Clusaz à 2 km. Chambres équipées de balcon-terrasse ou véranda. Patinoire et luge d'été à 2 km.

Prix : 1 pers. 145/175 F 2 pers. 165/195 F 3 pers. 245 F

0,5	6	6	2	2	0,1	3	0,3	0,5

SUIZE Dominique – La Sence - Le Gotty – 74220 La Clusaz – Tél. : 50.02.42.81

La Clusaz La Rochette
C.M. n° 89 — Pli n° 14

❦❦ NN

Alt. : 1280 m — Face à la chaîne des Aravis, panorama exceptionnel, à 2 km des pistes du massif de Balme, Annie et Désiré vous reçoivent dans leurs 2 chambres d'hôtes confortables situées dans un grand chalet. 1 ch. (1 lit 2 pers) au 2e étage, 1 mini-studio au 1er, avec coin-cuisine, (1 lit 2 pers). Sanitaires complets. Lave-linge. A 1 km des pistes de fond des Confins. Gare et commerces 3 km. Ouvert toute l'année. Réduction hors vacances. Restaurant à 2 km. Terrain, terrasse ou balcon-terrasse.

Prix : 1 pers. 170/200 F 2 pers. 210/260 F

1,5	1,5	2,5	3	2	2,5	2,5	0,5	1,5

THOVEX Desire – Les Groseillers - La Rochette – 74220 La Clusaz – Tél. : 50.02.63.29

Copponex Chatillon
C.M. n° 89 — Pli n° 13

❦ NN
(TH)

Alt. : 500 m — Dans une ancienne ferme de hameau, Andrée vous reçoit et vous propose 2 chambres d'hôtes « jumelles » communicantes (pour une même famille). 1 ch. avec 1 lit 1 pers. et 1 lit 2 pers. 1 ch. avec 1 lit 2 pers. Ch. central. Terrain et cour. Gare et commerces 8 km. Ouvert toute l'année. Réduction enfants -8 ans. Annecy à 20 km, Genève à 18 km. Restaurant à 1 km.

Prix : 1 pers. 120 F 2 pers. 180 F 3 pers. 190 F
1/2 pens. 140 F pens. 160 F

35	15	8	8	8	8	1,5	8	15

BOUVIER Andree – Chatillon – 74350 Copponex – Tél. : 50.44.11.86

Copponex Chatillon
C.M. n° 89 — Pli n° 13

❦❦ NN

Alt. : 500 m — Au cœur de l'Avant-Pays, entre Genève et Annecy, Maryse et Aimé vous accueillent dans 2 ch. d'hôtes confortables. 1 ch. à l'étage (2 lits 1 pers.), salle de bains, wc. 1 ch. au rez-de-chaussée, salle d'eau et wc. Ch. central, balcon/terrasse, terrain, grand séjour. Coin-cuisine à dispo., lit bébé, coin-pique-nique. Gare 15 km, commerces 8 km. Ouvert toute l'année. Réduction enfants -8 ans : -30 %. Restaurant à 2 km. Genève à 18 km, Annecy à 20 km. Possibilité table d'hôtes.

Prix : 2 pers. 190 F

35	15	8	8	8	8	2	8	15

GAL Maryse – Chatillon – 74350 Copponex – Tél. : 50.44.22.70 ou 50.44.08.94

Copponex Chatillon
C.M. n° 89 — Pli n° 13

❦❦❦ NN
(TH)

Alt. : 500 m — Au cœur de l'Avant-Pays, entre Genève et Annecy, Suzanne et André vous reçoivent dans une très belle ferme rénovée, de caractère, et vous offrent 3 chambres d'hôtes de 2 pers., 1 avec 1 lit 2 pers., 2 avec 2 lits 1 pers. Salles d'eau et wc particuliers. Grand confort. Ch. central, terrain, jardin. Salon particulier. Jeux d'enfants. Gare 15 km, commerces 8 km. Réduction enfants -8 ans. Restaurant à 1 km. Ouvert toute l'année.

Prix : 1 pers. 170 F 2 pers. 260 F repas 80 F 1/2 pens. 200 F

35	15	8	8	8	8	1,5	8	15

GAL Andre et Suzanne – La Becassiere - Chatillon – 74350 Copponex – Tél. : 50.44.08.94

Cordon Les Miaz
C.M. n° 89 — Pli n° 4

❦❦ NN

Alt. : 900 m — Face à la chaîne du Mont-Blanc et sur les hauteurs de Cordon, Ida vous accueille dans une ancienne ferme traditionnelle et vous offre 1 ch. d'hôtes avec 1 lit 2 pers. et 1 lit 1 pers. salle d'eau dans la chambre, wc dans le couloir. Ch. central, terrasse avec mobilier, terrain. Gare 5 km, commerces 1 km. Ouvert toute l'année. Restaurant à 50 m. Pistes de ski à 2 km. Sallanches à 4 km. Megève à 10 km.

Prix : 1 pers. 105 F 2 pers. 170 F 3 pers. 235 F

2	2	6	4	2	SP	3	0,3	4

BLONDET Ida – Les Miaz – 74700 Cordon – Tél. : 50.58.46.71

Cordon Les Darbaillets   *C.M. n° 89 — Pli n° 4*

⚑ NN

Alt. : 871 m — Dans une grande ferme, à proximité du cœur du village de Cordon, Germaine vous accueille dans sa grande ferme traditionnelle et vous propose 2 chambres d'hôtes comptant chacune 1 lit 1 pers. et 1 lit 2 pers. Lavabo, salle d'eau commune, wc communs. Ch. central, terrain. Bibliothèque. Gare 4 km, commerces 200 m. Ouvert toute l'année. Réduction enfants -8 ans et hors vacances. Restaurant 200 m.

Prix : 1 pers. **100 F** 2 pers. **160 F** 3 pers. **210 F**

1,5	5	6	5	1,5	SP	1,5	SP	5

PUGNAT Germaine – Les Darbaillets – 74700 Cordon – Tél. : 50.58.07.35

Cote-d'Arbroz Les Domengets   *C.M. n° 89 — Pli n° 3*

⚑ NN
(TH)

Alt. : 1000 m — A proximité de Morzine, dans un hameau, Odile et Marc-Jean vous accueillent dans leur grand chalet et vous proposent 4 ch. d'hôtes. 1 ch. 2 épis avec 1 lit 2 pers., salon, salle de bains et wc privés. Balcon/terrasse. 3 ch. 1 épi avec salle de bains et wc communs. 2 ch. avec 1 lit 2 pers. et 1 lit 1 pers., 1 ch. avec 1 lit 2 pers. Ch central. Gare 27 km, commerces 2,5 km. Ouvert toute l'année. Restaurant à 1 km. Terrain, séjour. Morzine à 2,5 km. Réduction pour enfants de moins de 8 ans.

Prix : 2 pers. **200 F** 1/2 pens. **147/163 F**

2,5	0,5	5	2,5	2,5	0,5	3	SP	2,5

MUFFAT Marc Jean et Odile – Les Domengets – 74110 Cote-d'Arbroz – Tél. : 50.75.70.47

Cusy Balevaz   *C.M. n° 89 — Pli n° 15*

⚑ NN

Alt. : 680 m — Colette vous accueille dans sa grande maison rose et vous propose 3 ch d'hôtes agréables. 1 ch 2 épis (1 lit 2 pers.), avec salle de bains attenante, 2 ch. 1 épi (1 lit 2 pers.) avec salle d'eau commune. 2 wc communs. Cuisine à disposition, séjour indépendant avec cheminée, bibliothèque. Grand jardin clos. Lits d'enfants à disposition. Gare 12 km. Commerces 1 km. Aix-les-Bains à 15 km, Annecy à 22 km. Restaurant à 1 km. Ouverture en période estivale. Anglais parlé.

Prix : 2 pers. **225/265 F**

15	12	6	1	0,5	15

DEBROUX Colette – Balevaz – 74540 Cusy – Tél. : 50.52.52.21

Desingy Vannecy   *C.M. n° 89 — Pli n° 14*

⚑ NN
(TH)

Alt. : 510 m — Dans une maison isolée au cœur de l'avant-pays, entourée d'espaces verts, Eliane et Christian mettent à votre disposition 3 chambres d'hôtes agréables, mansardées. 1 ch. avec 1 lit 2 pers. et 1 lit 1 pers., 1 ch. avec 3 lits 1 pers. et 1 lit 2 pers. Salle d'eau et wc communs. Ch. électrique, séjour, TV, jeux pour enfants, terrain aménagé. Gare 22 km. Commerces 5 km. Restaurant à 3,5 km. Table d'hôtes sur réservation uniquement. Ouvert toute l'année.

Prix : 1 pers. **105 F** 2 pers. **185 F** repas **65 F** 1/2 pens. **170 F**

35	20	12	12	2	5	11	12	40

CHARVEYS Christian et Eliane – Vannecy – 74270 Desingy – Tél. : 50.69.44.39 ou 50.44.73.61

Domancy   *C.M. n° 89 — Pli n° 4*

⚑⚑ NN

Alt. : 650 m — Annie vous reçoit dans son chalet isolé, face à la chaîne du Mont-Blanc. Elle vous propose 1 chambre (1 lit 2 pers.) avec sanitaires particuliers, classée 2 épis NN. Chauffage central, terrasse aménagée, terrain, salle de détente. Gare et commerces 3 km. Ouvert toute l'année. Restaurant 1 km.

Prix : 1 pers. **150 F** 2 pers. **190 F**

6	6	3	3	3	0,5	3	SP	15

PERRIN Gerard – 977 Rte de Vers le Nant – 74700 Domancy – Tél. : 50.58.24.38

Domancy   *C.M. n° 89 — Pli n° 4*

⚑⚑ NN
(TH)

Alt. : 750 m — Face à la chaîne des Fiz et à la chaîne du Mont-Blanc, Alphonsine et Raymond vous accueillent dans leur grand chalet fleuri, qui compte également 1 gîte et 1 location. Ils mettent à votre disposition 1 ch. (2 lits 2 pers.) avec sanitaires particuliers, classée 2 épis NN. Chauffage central, terrasse, terrain. TV. Gare 3 km, commerces 2 km. Ouvert toute l'année. Réduction enfants -8 ans. A proximité des pistes de ski de Saint Gervais les Bains.

Prix : 1 pers. **130 F** 2 pers. **180 F** 3 pers. **250 F** 1/2 pens. **165 F**

2,5	8	4	3	3	4	8	SP	15

PELLOUX Raymond – 1487, Rte de Lardin - La Vorgeon – 74700 Domancy – Tél. : 50.78.13.90

Domancy   *C.M. n° 89 — Pli n° 4*

⚑ NN
(TH)

Alt. : 500 m — Entre Sallanches et le Fayet-St Gervais, dans une maison rénovée, Solange vous accueille dans ses 3 chambres d'hôtes (1 ch avec 1 lit 2 pers. et 2 lits superposés, 1 ch. avec 1 lit 2 pers., salle de bains commune et wc, 1 épi), (1 ch./studio avec 2 lits 2 pers. dont 1 sur mezzanine, salle d'eau et wc privés, coin-cuisine, 2 épis). Séjour et salon. Terrain, jardin. Gare 3 km. Ouvert toute l'année. En bordure de route. Lacs de Passy à 500 m, pistes de ski de St-Gervais à 7 km. Tous commerces à 1 km. Parc thermal du Fayet à 3 km.

Prix : 1 pers. **130/150 F** 2 pers. **205/230 F** 3 pers. **260/300 F** repas **75 F** 1/2 pens. **175 F**

7	7	0,5	3	3	0,5	0,5	SP	20

DUCREY Solange – 40, Impasse de l'Ile – 74700 Domancy – Tél. : 50.58.14.16

Doussard

♦♦ NN
(TH)

Alt. : 470 m — Dans une ancienne ferme rénovée de village avec jardin clos, Anna met à votre disposition 3 chambres d'hôtes au 2ᵉ étage. (1 gîte au même niveau). 2 ch. avec 1 lit 2 pers., 1 ch. avec 2 lits 1 pers. Salles d'eau privées, wc communs. Salon au rez-de-chaussée réservé à la détente, lecture, TV. Commerces sur place, à 2 km des rives du lac d'Annecy. Plages. Gare 20 km. Ouvert toute l'année.

Prix : 1 pers. **135 F** 2 pers. **185 F** 1/2 pens. **160 F**

12	12	2	13	3	2	13	SP	10

COTTERLAZ-RENNAZ Anna et Pierre – 30, Impasse des Hirondelles - « Le Corti » – 74210 Doussard – Tél. : 50.44.34.76

Droisy Chef Lieu

♦♦ NN

Alt. : 700 m — Dans un petit village avec vue panoramique, à proximité de la ferme, Marie vous propose une chambre d'hôtes (1 lit 2 pers. 1 lit 1 pers.). Salle de bains particulière. Chauffage central, terrain, portique. Gare et commerces 6 km. Ouvert toute l'année. Restaurant à 2,5 km. Seyssel à 7 km.

Prix : 1 pers. **145 F** 2 pers. **165 F** 3 pers. **245 F**

38	18	7	7	8	7	3	0,5	20

FORESTIER Marie – Chef Lieu – 74270 Droisy – Tél. : 50.69.40.08

Droisy La Fruitiere

♦ NN
(TH)

Alt. : 650 m — A la sortie du village, avec vue panoramique, Claudette vous accueille dans une ancienne fruitière rénovée et vous propose 2 ch. d'hôtes confortables (1 ch. avec 1 lit 2 pers., 1 ch. avec 1 lit 2 pers. et 1 lit 1 pers.). Salle de bains commune. Ch. électrique, salon, salle à manger, cheminée. Terrain clos, terrasse. Gare et commerces 6 km. Ouvert toute l'année. Réduction enfants -8 ans. Restaurant à 2 km. 7 km de Seyssel.

Prix : 1 pers. **100 F** 2 pers. **165 F** 3 pers. **230 F** 1/2 pens. **160 F**

38	18	7	7	8	7	3	0,5	20

GUILLEN Claudette – La Fruitiere - Chef Lieu – 74270 Droisy – Tél. : 50.69.40.41

Entrevernes Chef Lieu

♦ NN
(TH)

Alt. : 800 m — Francia vous accueille dans sa grande maison située au cœur du village et met à votre disposition 3 chambres d'hôtes avec chacune 1 lit 2 pers. Salle d'eau et wc communs. Salon avec TV, chauffage central, terrain. Gare 17 km, commerces 7 km. Ouvert toute l'année. Restaurant à 5 km. Lac d'Annecy à 5 km.

Prix : 1 pers. **120 F** 2 pers. **150 F** 3 pers. **200 F** 1/2 pens. **130 F**

30	30	5	17	8	5	8	SP	2

MERMAZ Francia – Chef Lieu – 74410 Entrevernes – Tél. : 50.68.55.83

Esery Les Mouilles

♦ NN
(TH)

Alt. : 610 m — Dans une très belle villa isolée, entre forêt et montagne, à proximité de Genève, Monique et René vous offrent 4 ch. agréables avec salon réservé, TV. 1 ch. 3 épis 2 pers., sanitaires complets, 1 ch. 2 épis pour 3 pers., s. d'eau privée, wc communs. 2 ch. 1 épi pour 3 et 2 pers., s. d'eau et wc communs. Grand jardin clos, terrasse. Ch. central. Jeux enfants/boules. Golf à Genève et lac Léman à 10 km, Annemasse à 6 km. Gare 6 km, commerces 3 km.

Prix : 1 pers. **140/160 F** 2 pers. **210/240 F** 3 pers. **300 F** repas **70 F** 1/2 pens. **180 F**

20	20	10	6	5	1	12	SP	10

MABBOUX Rene et Monique – Esery – 74930 Reignier – Tél. : 50.36.57.32

Evires

♦ NN

Alt. : 825 m — Dans une grande maison avec terrain, au cœur du village, Hélène vous accueille dans ses 2 chambres d'hôtes. (1 ch. avec 1 lit 2 pers., 1 lit 1 pers. + balcon-terrasse, 1 ch. avec 1 lit 2 pers.). Salle d'eau et wc. communs. Chauffage central, jeux d'enfants. Gare 10 km, commerces 3 km. Ouvert toute l'année. Réduction pour enfant de - 8ans. Restaurant à 100 m. Annecy à 25 km.

Prix : 1 pers. **100 F** 2 pers. **160 F** 3 pers. **250 F**

25	22	25	13	13	4	4	5	30

DUPERTHUY Helene – Chef Lieu – 74570 Evires – Tél. : 50.62.00.72

Evires Le Chaumet

♦♦ NN

Alt. : 900 m — Dans une grande maison située à proximité de la ferme, Madeleine vous accueille chaleureusement et vous offre une chambre d'hôtes (1 lit 2 pers.). Possibilité lit bébé. Balcon, chauffage central, Cour avec salon de jardin. Calme et confort. Salle d'eau et wc privatifs. gare 10 km, commerces 100 m. Ouvert toute l'année. Réduction enfants -8 ans. Restaurant à 2,5 km. Annecy à 25 km.

Prix : 1 pers. **130 F** 2 pers. **200 F** 3 pers. **250 F**

30	20	10	10	0,5	10	2	10	30

CADET Madeleine – Le Chaumet – 74570 Evires – Tél. : 50.62.01.48

Faverges Vesonne

♦♦ NN

Alt. : 500 m — Dans une grande maison en bordure de rivière, Monique et Joseph mettent à votre disposition 4 chambres agréables avec salle d'eau et wc particuliers. 2 ch. avec 1 lit 2 pers. 1 ch. avec 2 lits 1 pers. 1 ch. avec 1 lit 2 pers. et 1 lit 1 pers. Balcons. Ch. central. TV et cuisine à disposition. Terrain. Gare 2 km, commerces 4 km. Ouvert toute l'année. Restaurant à 3 km, golf à 10 mn, parapente et delta à 20 mn. Annecy et Albertville à 22 km.

Prix : 1 pers. **160 F** 2 pers. **200 F** 3 pers. **260 F**

12	6	4	12	4	SP	4	0,1	8

PORRET Monique et Joseph – 83 Chemin de la Forge - Vesonne – 74210 Faverges – Tél. : 50.44.65.48

Ferrieres Les Burnets   *C.M. n° 89 — Pli n° 14*

♥♥ NN   Alt. : 730 m — Dans une grande ferme récente sur les hauteurs d'Annecy, Raymonde et Bernard vous offrent 6 ch. 2 ch. 1 épi avec chacune 2 lits 1 pers. et 1 lit 1 pers. WC et salle de bains communs. 4 ch. 2 épis au 2ᵉ étage : 2 ch. avec 1 lit 2 pers. 1 ch. avec 2 lits 1 pers. 1 ch. avec 3 lits 1 pers. Salles d'eau privées, wc communs. Ch. central, terrasse. Gare et commerces 10 km. Réduction enfants -8 ans. Repas possibles à la ferme-auberge à coté. Terrain, lit bébé. Annecy à 10 km. Ouvert toute l'année.

Prix : 1 pers. **130/160 F** 2 pers. **150/180 F** 3 pers. **220/250 F**

30	30	10	10	6	7	6	SP	30

PARIS Bernard – Les Burnets – 74370 Ferrieres-Pringy – **Tél. : 50.22.24.02**

Frangy Collonges d'En Haut   *C.M. n° 89 — Pli n° 16*

♥♥ NN   Alt. : 525 m — Dans une grande maison sur les hauteurs de Frangy et de l'Avant-Pays, Marie-Christine met à votre disposition une chambre unique pour 2 pers. avec salle d'eau particulière et wc attenants. Chauffage central, terrasse, terrain. Gare 17 km, commerces 2,5 km. Restaurant à 2,5 km. Annecy à 25 km.

Prix : 1 pers. **160 F** 2 pers. **220 F**

50	20	15	10	1	2	10	2	25

BAUDET Marie-Christine – Collonges d'En Haut – 74270 Frangy – **Tél. : 50.44.71.18 ou 50.32.23.64** – Fax : 50.44.79.05

Habere-Lullin Les Macherets   *C.M. n° 89 — Pli n° 2*

♥♥♥ NN   Alt. : 850 m — Dans un verger, face aux alpages et dans un cadre reposant, Christiane et Pierre vous reçoivent dans leur villa et vous proposent 2 ch. d'hôtes de qualité pour une famille. Salle d'eau et wc privés, 1 ch. avec 1 lit 2 pers. 1 ch. avec 2 lits 1 pers. Ch. central, Mezzanine avec piano, bibliothèque, terrasse, terrain. Coin-cuisine en hiver. Gare 25 km, commerces 1,8 km. Ouvert toute l'année. Réduction hors vacances. Gratuité pour enfants de - 7 ans. Restaurant à 1 km. Station de Habère-Poche à 4 km.

Prix : 1 pers. **220 F** 2 pers. **250 F**

2,5	3	25	5	1	0,2	2,5	SP	10

DESBIOLLES Pierre / Christiane – Les Longs Poiriers - Les Macherets – 74420 Habere-Lullin – **Tél. : 50.39.52.21**

Habere-Poche Chalet Les Contamines   *C.M. n° 89 — Pli n° 2*

♥♥ NN   Alt. : 1000 m — Marguerite vous propose 5 ch. d'hôtes dans un chalet indép. 1 ch. avec sanitaires complets, 1 lit 2 pers. sur mezzanine et 3 lits enfants, 4 ch. avec salles d'eau privées. 2 ch. 1 lit 2 pers., 1 ch. 2 lits 1 pers., 1 ch. 1 lit 2 pers. et 3 lits enfants. Ch. élect., séjour avec cheminée et coin-cuisine, terrain, terrasse, jeux. Lit bébé. Gare 18 km, commerces 2 km. Réduction pour familles, enfants et longs séjours. Restaurant sur place. Pistes de ski d'Habère-Poche à 2 km. Ouvert toute l'année.

Prix : 1 pers. **150 F** 2 pers. **220 F** 3 pers. **290 F**

2	1,5	20	10	2	SP	2	SP	2

SOUCHAUD Marguerite – Chalet Les Contamines – 74420 Habere-Poche – **Tél. : 50.39.51.69**

Les Houches Les Seyttes Taconnaz   *C.M. n° 89 — Pli n° 4*

♥♥ NN   Alt. : 1000 m — Vous trouverez dans un chalet ancien de caractère 3 chambres d'hôtes de qualité, avec salles d'eau et wc privés. 2 ch. avec 1 lit 2 pers. 1 ch. avec 1 lit 2 pers. et 1 lit 1 pers. sur mezzanine. Jardin, pelouse arborée, vue magnifique sur les aiguilles, calme. Salon et salle à manger communs, cheminée. Terrasse. Golf à 6 km. Gare 6 km, commerces 800 m. Réduction enfant de - de 8 ans. Restaurant à 100 m. Ouvert toute l'année.

Prix : 1 pers. **170 F** 2 pers. **250 F** 3 pers. **320 F**

3,5	0,8	18	6	3,5	0,2	2	SP	6

DELSIRIE Catherine – La Georgeanne - Les Seyttes Taconnaz – 74310 Les Houches – **Tél. : 50.54.42.70**

Les Houches Taconnaz   *C.M. n° 89 — Pli n° 4*

♥ NN   (TH)   Alt. : 1050 m — Magali vous accueille dans « la ferme sous le bois », authentique ferme du XVIIIᵉ siècle avec 5000 m² de parc, calme, repos. 6 ch. boisées : 2 ch. 2 épis avec salles de bains privées (1 ch. 1 lit 2 pers. 1 ch. 2 lits 1 pers. et 1 lit 2 pers avec wc), 4 ch. 1 épi avec salles d'eau et wc communs (2 lits 2 pers., 5 lits 1 pers.). Séjour avec cheminée. Gare 300 m. Commerces 2 km. Chamonix à 4 km. Réductions enfants et hors vacances scolaires + sur séjours d'1 semaine. Anglais et italiens parlés.

Prix : 1 pers. **120 F** 2 pers. **240 F** 3 pers. **360 F**
1/2 pens. **200 F**

2	SP	2	4	4	2	3	SP	4

BOCHATAY Magali – La Ferme Sous le Bois - Rte de l'Ecole Taconnaz – 74310 Les Houches – **Tél. : 50.54.55.87** – Fax : 50.54.55.87

Les Houches Fond de Taconnaz   *C.M. n° 89 — Pli n° 4*

♥♥ NN   (TH)   Alt. : 1000 m — Face au massif du Mont-Blanc, vous serez accueillis par Danièle, dans un chalet. 2 chambres d'hôtes au rez-de-chaussée pour 2 ou 3 pers., sanitaires complets indépendants. Séjour/salon. Terrasse, terrain clos, jardin, TV, bibliothèque. Lit enfant. Gare 100 m, commerces 1 km. Ouvert toute l'année. Restaurant à 200 m.

Prix : 2 pers. **250 F** 1/2 pens. **200 F**

1,5	0,5	15	5	5	1	5	SP	4

FRASSERAND Daniele – BP 10 Les Bossons – 74400 Chamonix – **Tél. : 50.54.46.80 ou 50.55.53.14** – Fax : 50.54.54.73

Lucinges Milly   C.M. n° 89 — Pli n° 13

✹✹ NN
(TH)

Alt. : 700 m — En lisière de forêt, Claire et son époux vous reçoivent dans leur grande maison face à la plaine Lémanique. 4 ch., 2 classées 2 épis avec salle d'eau privée, 1 avec 1 lit 2 pers et 1 lit 1 pers., 1 avec 1 lit 2 pers. 2 ch. 1 épi avec salle d'eau commune, 1 lit 2 pers. ou 2 lits 1 pers. WC communs. Indé-
lcons, séjour, salon, jeux enfants, cour, terrain. Gare 10 km, commerces 1 km. Ouvert
Lac Léman à 15 km, Annemasse et Genève à 10 km, Ski à 15 km. Tennis sur place.

95 F 3 pers. 275 F repas 70 F

🎿	🎿	〰️	≈	🎿	🎣	🐎	🏊	🚲
15	15	15	10	SP	3	3	SP	15

oie » Milly - Lucinges – 74380 Bonne-sur-Menoge – Tél. : 50.43.30.45

C.M. n° 89 — Pli n° 14

u cœur d'un grand jardin de 4500 m², dans un chalet indépendant de la maison de Clau-
s, 2 chambres d'hôtes ont été aménagées. Chaque ch. compte 1 lit 2 pers. et 1 lit 1 pers.
lle d'eau privée. wc communs. Coin-cuisine/détente à votre disposition. Ch. électrique,
ing-pong. Gare 6 km, commerces 2,5 km. Ouvert toute l'année. Restaurant à 2 km.
s-Bains à 25 km. Annecy à 10 km.

F 3 pers. 310 F

🎿	🎿	〰️	≈	🎿	🎣	🐎	🏊	🚲
23	23	5	5	3	7	7	1	23

– Chemin de la Chaunu – 74150 Marcellaz-Albanais – Tél. : 50.69.73.04

Faubourg   C.M. n° 89 — Pli n° 14

s une ancienne ferme restaurée, lieu paisible avec bois à proximité, Marie-Jo et
llent dans 4 ch. neuves, 2 ch. 2 épis (1 avec 1 lit 2 pers, 1 avec mezzanine, 1 lit 2 pers
hes privées. 2 ch. 1 épi (1 avec 1 lit 2 pers, 1 avec 3 lits 1 pers). 2 salles d'eau et 4 wc
de détente, 1 salle à manger pour les hôtes. Gare et commerces 6 km. Italien et
ert toute l'année. Terrain, jeux. Accueil de réunions, séminaires.

pers. 260 F

🎿	🎿	〰️	≈	🎿	🎣	🐎	🏊	🚲
25	25	12	6	4	6	8	20	25

Charramelle » - Le Faubourg – 74150 Marcellaz-Albanais – Tél. : 50.69.72.19

C.M. n° 89 — Pli n° 4

✹
(T

oximité du centre de la station de Megève, avec vue sur la chaîne des Fiz et le
vous accueille dans ses 2 ch. d'hôtes avec salle de bains et wc communs. 1 ch.
l ch. avec 1 lit 2 pers. et 1 lit 1 pers. Ch. central, séjour avec TV, jeux d'extérieur,
jardin. Gare 700 m, commerces 500 m. Restaurant à 200 m. Ouvert toute l'année.
...abine de Rochebrune à 500 m.

Prix : 2 pers. 250 F 1/2 pens. 185 F

🎿	🎿	〰️	≈	🎿	🎣	🐎	🏊	🚲
0,5	0,5	13	1,3	1,3	0,5	0,5	SP	1

MORAND Yvonne – Le Wigwam - 432, rue Cret du Midi – 74120 Megeve – Tél. : 50.21.11.01

Megeve Les Granges   🏔️   C.M. n° 89 — Pli n° 4

✹ NN
(TH)

Alt. : 1203 m — Bernadette vous reçoit dans sa grande ferme située sous Rochebrune et vous propose 2 chambres d'hôtes de bon confort et spacieuses, avec salle de bains commune. 1 ch. avec 1 lit 2 pers. 1 ch. avec 1 lit 2 pers. et 2 lits superposés. Salon. Chauffage central, Terrain. Micro-ondes à disposition. Gare 3 km, commerces 2,6 km. Ouvert toute l'année. Ouvert toute l'année. Réduction enfants -8 ans. Restaurant à 2 km.

Prix : 1 pers. 150 F 2 pers. 250 F 3 pers. 350 F
1/2 pens. 170 F

🎿	🎿	〰️	≈	🎿	🎣	🐎	🏊	🚲
1	3	12	3	3	3	3	SP	1

PERINET MARQUET Bernadette et Jean – 1813 Les Granges – 74120 Megeve – Tél. : 50.21.40.50

Megeve   C.M. n° 89 — Pli n° 4

✹✹✹ NN
(TH)

Alt. : 1200 m — Au pays du Mont-Blanc, à proximité de sites prestigieux, C-M et J-C vous reçoivent dans leur chalet très calme et vous proposent 2 ch. d'hôtes 3 épis, avec sanitaires complets, 1 avec 1 lit 2 pers. et 1 lit 1 pers. au rez-de-chaussée, l'autre avec 1 lit 2 pers. au 1er. Ch. central. Libre dispo. du séjour avec bibliothèque et doc. régionale, terrasse au sud, ping-pong. Réduction enfants -8 ans. Gare et commerces 1,5 km. Ouvert toute l'année.

Prix : 1 pers. 145 F 2 pers. 215 F 3 pers. 290 F repas 57 F

🎿	🎿	〰️	≈	🎿	🎣	🐎	🏊	🚲
0,8	1,6	13	1,6	1,6	3	1,6	SP	0,8

TISSOT Jean Claude – 771 Chemin de Lady – 74120 Megeve – Tél. : 50.21.11.56

Mieussy Dessy   C.M. n° 89 — Pli n° 3

✹ NN

Alt. : 630 m — Face au site de parapente de Mieussy, et proche de la station de Sommand, Lucienne et Joseph vous accueillent dans leur grande maison et vous proposent 2 ch. d'hôtes confortables avec salle d'eau et wc communs. 1er étage, balcon. 1 ch. avec 1 lit 2 pers., 1 ch. avec 3 lits 1 pers. Chauffage central, terrasse, terrain. Gare 20 km, commerces 1 km. Ouvert toute l'année. Restaurant à 800 m. Station de Sommand-Praz-de-Lys à 11 km.

Prix : 1 pers. 110 F 2 pers. 165 F 3 pers. 220 F

🎿	🎿	〰️	≈	🎿	🎣	🐎	🏊	🚲
11	11	15	10	1	0,5	2	SP	11

GAY Joseph – Dessy – 74440 Mieussy – Tél. : 50.43.01.35

Montagny-les-Lanches   *C.M. n° 89 — Pli n° 14*

❦❦ NN   Alt. : 680 m — Dans une grande maison à l'écart du village, à proximité de la ferme, Hortense et Gaston vous accueillent chaleureusement et vous proposent 3 ch. agréables avec chacune 1 lit 2 pers. 2 ch. 2 épis avec salle d'eau particulière et 1 ch. 1 épi avec salle d'eau au rez-de-chaussée. Ch. central, séjour, TV, terrain clos, terrasse aménagée. Tarifs dégressifs. Réduction enfants -8 ans. Gare 9 km, commerces 4 km. Ouvert toute l'année. Restaurant à 2,5 km. Lac d'annecy à 10 km.

Prix : 1 pers. **150 F** 2 pers. **180 F** 3 pers. **260 F**
pers. sup. **80 F**

20	20	9	4	4	0,7	4	1	20

COSTER Gaston – Chef Lieu – 74600 Montagny-Les Lanches – Tél. : 50.46.71.25

Montagny-les-Lanches   *C.M. n° 89 — Pli n° 14*

❦ NN   Alt. : 680 m — Dans leur maison située à côté de la ferme, dans l'avant-pays, Marie et Louis ont le plaisir de vous accueillir dans leurs 2 chambres d'hôtes agréables. Salle d'eau commune. 1 ch. avec 1 lit 2 pers. et 1 lit 1 pers. 1 ch. avec 2 lits 1 pers. Ch. central, séjour, TV, terrain clos, terrasse. Cuisine aménagée. Tarifs dégressifs selon le nombre de nuitées. Réduction enfants -8 ans. Gare 10 km, commerces 4 km. Ouvert toute l'année. Restaurant à 4 km. Annecy à 10 km.

Prix : 1 pers. **150 F** 2 pers. **180 F** 3 pers. **260 F**

15	15	10	5	5	8	5	2	15

METRAL Louis et Marie – Le Pre Ombrage - Chef Lieu – 74600 Montagny-Les Lanches – Tél. : 50.46.71.31

Montagny-les-Lanches Avulliens   *C.M. n° 89 — Pli n° 14*

❦ NN
(TH)   Alt. : 680 m — Dans une ancienne ferme au cœur d'un hameau, Marie et Fernand vous reçoivent dans leurs 3 chambres d'hôtes avec salle d'eau commune. 1 ch avec 1 lit 2 pers. et 1 lit 1 pers. 1 ch. avec 1 lit 2 pers. 1 ch. avec 3 lits 1 pers. Chauffage central, salle de séjour, cour. Gare 9 km commerces 3,5 km. Ouvert toute l'année. Réduction enfants -8 ans. Restaurant à 3 km. Annecy à 9 km.

Prix : 1 pers. **125 F** 2 pers. **185 F** 3 pers. **240 F** repas **72 F**
1/2 pens. **165 F**

18	18	10	5	2	5	1,5	1	18

CHATELAIN Fernand et Marie – Avulliens – 74600 Montagny-Les Lanches – Tél. : 50.46.71.76

Nave-Parmelan La Contamine   *C.M. n° 89 — Pli n° 14*

❦❦❦ NN   Alt. : 640 m — Dans une villa avec terrain, au calme et à proximité du village, Nicole vous accueille dans ses 2 chambres d'hôtes de grand confort. 1 ch. avec 1 lit 2 pers. et 1 lit 1 pers. 1 ch. avec 1 lit 2 pers. Salles d'eau et wc privés. Ch. central, séjour avec TV, Tel, cheminée, terrasse, jardin. jeux d'enfants. Lave-linge. Gare 10 km, commerces 2,5 km. Restaurant à 2,5 km. Annecy à 8 km. Plateau des Glières à 20 km. Réduction enfants et séjours de plus de 10 jours.

Prix : 1 pers. **150 F** 2 pers. **200 F** 3 pers. **250 F**

20	20	8	10	1,5	3	15	2	20

SIMON NESSON Nicole – La Contamine – 74370 Nave-Parmelan – Tél. : 50.60.61.16

Les Ollieres   *C.M. n° 89 — Pli n° 14*

❦❦ NN   Alt. : 700 m — Dans une grande bâtisse d'époque napoléonienne avec grand jardin, au calme, Martine et Daniel vous invitent dans leurs 2 ch. d'hôtes au 2ᵉ étage, mansardées, agréables. 1 ch. avec 1 lit 2 pers. et 1 lit 1 pers., 1 ch. avec 3 lits 1 pers. Salles d'eau et wc privés. Salon réservé aux hôtes. Ch. électrique, jardin avec mobilier, grand terrain. Gare et commerces 3 km. Restaurant à 3 km. Lac d'Annecy à 10 km, plateau des Glières à 15 km.

Prix : 1 pers. **140 F** 2 pers. **180 F** 3 pers. **220 F**

20	15	10	10	5	3	10	SP	5

CURZILLAT Martine et Daniel – Chef Lieu – 74370 Les Ollieres – Tél. : 50.60.33.59

Plateau-d'Assy   *C.M. n° 89 — Pli n° 4*

❦❦❦ NN
(TH)   Alt. : 1000 m — Dans une station climatique avec vue sur le Mont-Blanc, Françoise et Jean vous reçoivent dans leur chalet et vous proposent 1 chambre d'hôtes pour 3 (2 lits 1 pers. + 1 petite pièce avec lit 1 pers). Confort, qualité. Salle d'eau et wc privés. Entrée indépendante, balcon-terrasse et terrain. Ch. électrique, jeux, bibliothèque. Gare 10 km, commerces 500 m. Réductions. Restaurant à 500 m. Thermes de Saint-Gervais les Bains à 10 km. Chamonix à 20 km.

Prix : 1 pers. **150 F** 2 pers. **210 F** 3 pers. **280 F** repas **70 F**
1/2 pens. **210 F**

6	6	7	9	0,5	1	4	SP	7

NIATEL Jean et Francoise – 22O, rue d'Anterne – 74480 Plateau-d'Assy – Tél. : 50.93.85.84

Saint-Felix Mercy   *C.M. n° 89 — Pli n° 15*

❦❦❦ NN
(TH)   Alt. : 420 m — Au pied des Alpes, entre Annecy et Aix-Les Bains, Denyse et Bernard vous invitent avec grand plaisir à partager le charme et le calme d'une ancienne ferme savoyarde. Trois suites luxueuses de 2 personnes avec sanitaires privés. Jardin d'hiver, cheminée, TV câble dans chaque chambre. Parc paysager, terrain de tennis. Tél. Gare 5 km, commerces 1 km. Lac du Bourget et thermes d'Aix-Les-Bains à 20 km. Ville historique d'Annecy et Lac à 23 km. Observation d'oiseaux à l'étang de Crosagny. Réduction sur réservation. Ouvert toute l'année.

Prix : 1 pers. **450 F** 2 pers. **550 F** repas **150 F**

20	20	5	5	SP	1	15	6	10

BETTS Bernard et Denyse – Les Bruyeres - Mercy – 74540 Saint-Felix – Tél. : 50.60.96.53 – Fax : 50.60.94.65

Saint-Jorioz *C.M. n° 89 — Pli n° 14*

♥♥♥♥ NN

Alt. : 450 m — Dans une belle maison de caractère, avec piscine et jardin paysager de 4 500 m², au calme, près du lac d'Annecy, Mady et Jean vous recevront dans une ch. d'hôtes unique, indépendante, comprenant 1 lit 2 pers., salle de bains et wc particuliers et 1 bureau-salon confortable et agréablement décoré. Terrasse privée avec salon de jardin. Barbecue portatif. Gare 10 km. Commerces 600 m. Ouverture de mai à fin septembre. Restaurant à 600 m. Lac d'Annecy à 1,8 km.

Prix : 2 pers. 330 F

		SP	0,2	1,8	3	SP	10	

DE LA CHAPELLE Jean – Impasse des Pommiers, - Route de Charafine – 74410 Saint-Jorioz – Tél. : 50.68.51.42

Saint-Paul-en-Chablais Les Ingels *C.M. n° 89 — Pli n° 2*

♥♥ NN
(TH)

Alt. : 880 m — Dans un hameau du pays Gavot, entre lac Léman et montagne, Jeanne vous reçoit dans sa grande ferme et vous propose une chambre d'hôtes indép., avec salon et coin-cuisine, terrain, terrasse. 1 lit 2 pers. Salle d'eau et wc. Chauffage électrique. Gare 8 km, commerces 1,3 km. Ouvert toute l'année. Restaurant à 1,5 km. Table d'hôtes sur réservation.

Prix : 1 pers. 140 F 2 pers. 280 F 3 pers. 350 F repas 60 F

3,5	3,5	2	8	1,3	2	3,5	0,5	3,5

MICHOUD Jeanne – Les Ingels – 74500 Saint-Paul-en-Chablais – Tél. : 50.75.36.75

Saint-Paul-en-Chablais Le Frenay *C.M. n° 89 — Pli n° 2*

♥♥ NN
(TH)

Alt. : 965 m — Germaine vous accueille dans sa maison située dans un hameau, au cœur du Pays de Gavot, entre Léman et montagne. Elle vous propose 6 chambres classées 2 épis NN, avec salles d'eau particulières. 5 ch. comptent 1 lit 2 pers., 1 ch. 1 lit 1 pers. Chauffage électrique, Salon, salle à manger communs, terrasse aménagée. Equitation. Gare 10 km, commerces 2 km. Evian à 10 km, lac de la Benaz à 800 mètres, ski à Bernex à 2 km.

Prix : 2 pers. 190 F 3 pers. 200 F repas 85 F 1/2 pens. 190 F pens. 210 F

2	0,1	0,8	10	0,1	0,8	SP	1	2

CHEVALLAY Germaine – Le Frenay – 74500 Saint-Paul-en-Chablais – Tél. : 50.73.68.32

Sciez Route de Chavannex *C.M. n° 89 — Pli n° 12*

♥♥♥ NN
(TH)

Alt. : 410 m — Dans un cadre verdoyant et à proximité des rives du Lac Léman, Anne-Marie et Roland mettent à votre disposition 2 ch. d'hôtes. 1 chambre (2 épis) avec 1 lit 2 pers., balcon et sanitaires privés, 1 ch 3 épis (1 lit 2 pers), sanitaires privés, grand salon, balcon. Salle à manger, salon, TV, cheminée. Ch. élect. Grand jardin. Possibilité 1 lit 1 pers. suppl. Gare 10 km. Plage et port à 2 km, commerces à 1 km. Thonon à 10 km (thermes), Evian et Genève à 20 km. Ouverture d'avril à octobre.

Prix : 2 pers. 190/220 F 1/2 pens. 180 F

2	10	1	0,3	3	SP	30

CAMBON Roland et A.Marie – Route de Chavannex – 74140 Sciez – Tél. : 50.72.65.75

Serraval Col du Marais *C.M. n° 89 — Pli n° 15*

♥♥ NN

Alt. : 843 m — Dans une grande bâtisse de hameau avec terrain et vue sur la montagne, Pascale et Rémi vous proposent : 3 ch. d'hôtes aux 1er et 2e étages de la maison. 2 ch. avec 1 lit 2 pers. et 1 lit 1 pers. 1 ch. avec 1 lit 2 pers. Salle de bains et wc communs. Au rez-de-chaussée : 3 ch. neuves avec douche (1 lit 2 pers). Séjour, salon, terrain, jeux d'enfants. Poss. lit bébé. Réduction enfants -8 ans. Gare 7 km, commerces 3,5 km. Restaurant à 100 m. Ouvert toute l'année.

Prix : 1 pers. 100 F 2 pers. 130/200 F 3 pers. 200 F

19	SP	25	7	4	3	7	SP	6

BALTAZARD Remi et Pascale – Col du Marais – 74230 Serraval – Tél. : 50.27.50.42

Serraval *C.M. n° 89 — Pli n° 15*

♥♥♥ NN
(TH)

Alt. : 843 m — Au cœur du village, dans une ancienne maison mitoyenne rénovée, avec balcon, terrasse, terrain, Jean et Christiane vous offrent 1 chambre confortable pour 2 pers., indépendante, au 1er niveau de la maison. TV, salle de bains, wc. Grand séjour avec cheminée. Terrasse couverte. Gare 7 km, commerces 3,5 km. Ouvert toute l'année. Table d'hôtes sur demande.

Prix : 1 pers. 200 F 2 pers. 250 F 3 pers. 320 F 1/2 pens. 280 F

20	2	23	7	0,5	1	7	SP	6

GANDOIN Jean et Christiane – Chef-Lieu – 74230 Serraval – Tél. : 50.27.52.25 – Fax : 50.27.54.11

Sevrier Les Mongets *C.M. n° 89 — Pli n° 14*

♥♥♥ NN
(TH)

Alt. : 470 m — Dans un cadre exceptionnel, au bord du lac d'Annecy, au calme, avec jardin, Nicole vous offre 6 ch. d'hôtes avec chacune 1 lit 2 pers., salles d'eau particulières, 2 wc communs. Ch. électrique, séjour, cuisine aménagée, terrasse, parking privé, plage et piste cyclable (loc. de vélos sur place) à 50 m. Gare 6 km, commerces 800 m. Ouvert toute l'année. Restaurant à 800 m. Ski Semnoz 20 km, Annecy 6 km.

Prix : 1 pers. 210 F 2 pers. 260 F repas 80 F

17	17	0,1	5	0,5	0,1	0,5	1	17

BARRUCAND Nicole – Les Charretieres - Les Mongets – 74320 Sevrier – Tél. : 50.52.43.30

Thones Pre Varens la Cour   *C.M. n° 89 — Pli n° 14*

♒♒ NN   Alt. : 650 m — Dans une maison en rez-de-jardin, avec terrain, Bernadette et Gilbert vous offrent 2 ch. 3 épis, avec 1 lit 2 pers., cuisine et salon, sanitaires complets., terrasse. Dans 1 bâtiment attenant, 3 ch. 2 épis (2 ch. avec 1 lit 2 pers. et 1 avec 1 lit 2 pers. et 2 lits 1 pers.), salles d'eau privées, wc communs. Séjour-coin détente, TV, cuisine, jeux, ping-pong. Gare et commerces 1,5 km. Réduction 10 % hors vacances scolaires et séjours. Ouvert toute l'année. Restaurant à 1,5 km. A 10 km de La Clusaz et du Grand-Bornand. Espaces verts, cour.

Prix : 1 pers. **140 F** 2 pers. **170/225 F** 3 pers. **290 F**

10	10	20	1,5	1,5	0,5	1,5	SP	10

JOSSERAND Gilbert – La Cour - Pre Varens – 74230 Thones – Tél. : 50.02.12.22

Thones La Vacherie   *C.M. n° 89 — Pli n° 14*

♒ NN   Alt. : 700 m — Dans un grand chalet avec terrain, au cœur d'un hameau, Raymonde et Léon mettent à votre disposition 2 chambres d'hôtes confortables, avec salle de bains et wc communs. 1 ch. avec 1 lit 2 pers. et 1 lit 1 pers. 1 ch. avec 1 lit 2 pers. Balcon. Ch. électrique, salle à manger-salon avec cheminée et TV. Terrasse, terrain. Gare et commerces 3 km. Ouvert toute l'année. Réduction enfants -8 ans. Restaurant à 500 m. La Clusaz et le Grand Bornand à 8 km.

Prix : 1 pers. **120 F** 2 pers. **160 F** 3 pers. **210 F**

8	8	20	3	3	0,5	3	SP	3

MAISTRE BAZIN Leon – La Vacherie – 74230 Thones – Tél. : 50.02.12.24

Thorens-Glieres Sales   *C.M. n° 89 — Pli n° 14*

♒♒♒ NN   (TH)   Alt. : 700 m — A proximité du site historique du plateau des Glières, une demeure savoyarde du XVIIIᵉ siècle attend votre visite. Pascale et François vous proposent 2 chambres d'hôtes de 2 pers. avec sanitaires privés. Ambiance familiale. Grand séjour/détente, terrasse, terrain. Table d'hôtes sur réservation. Réduction enfant - de 8 ans. Gare 9 km, commerces 1,5 km. Vue panoramique. Ski à Orange ou au plateau des Glières à 15 km. Vente de produits fermiers à la fruitière. Annecy à 20 km et La Roche-sur-Foron à 15 km. Randonnées balisées en forêt et en montagne. Anglais parlé. Ouvert toute l'année.

Prix : 1 pers. **175 F** 2 pers. **200 F** repas **70 F**

8	8	20	15	1,5	1,5	20	0,5	8

LAVY Pascale et Francois – Sales – 74570 Thorens-Glieres – Tél. : 50.22.46.03 – Fax : 50.22.46.03

Thusy Bornachon D17   *C.M. n° 89 — Pli n° 14*

♒♒ NN   (TH)   Alt. : 670 m — Sur les hauteurs de l'avant-pays, dans un hameau, Monique et Bernard vous accueillent dans leur grande maison et vous offrent 3 ch. d'hôtes avec salles d'eau privées et wc communs. 1 ch. avec 1 lit de 2 pers. et 1 lit 1 pers., 1 ch. avec 1 lit 2 pers., 1 avec 2 lits 1 pers. Ch. central, séjour avec jeux, livres, terrasse aménagée, terrain. Gare 15 km, commerces 6 km. Réduction enfants -8 ans. Restaurant à 1,5 km. Réductions à partir de 2 nuits. Annecy à 15 km. Ouvert durant la saison d'été.

Prix : 1 pers. **113 F** 2 pers. **180 F** 3 pers. **226 F** repas **63 F** 1/2 pens. **176 F**

25	25	15	15	6	2	3	10	25

TISSOT Bernard et Monique – Bornachon D17 – 74150 Thusy – Tél. : 50.69.64.06

Thyez   *C.M. n° 89 — Pli n° 3*

♒♒ NN   (TH)   Alt. : 650 m — Dans une villa isolée avec vue sur les sommets, Anne-Marie met à votre disposition 3 chambres avec chacune 1 lit 2 pers. 2 ch. 3 épis, 1 ch. 2 épis. Sanitaires complets par chambre. Balcons ou terrasse, terrain. Salle à manger et salon. Lits d'appoint à disposition. Gare 5 km, commerces 2 km. Ouvert toute l'année. Anglais et allemand parlés. Stations du Grand-Massif à proximité : Morillon, Samoëns, Les Carroz, Flaine. Golfs des Gets et de Flaine.

Prix : 2 pers. **250 F** repas **95 F** 1/2 pens. **220 F**

10	7	5	5	5	5	5	2	10

GAYTE Anne-Marie – La Chenaie N° 165 - Rte Marignier/Chatillon – 74300 Thyez – Tél. : 50.98.18.91 – Fax : 50.96.24.01

Usinens   *C.M. n° 89 — Pli n° 14*

♒ NN   (TH)   Alt. : 420 m — Chez l'agriculteur, dans un cadre agréable et reposant, Monique et Bernard vous accueillent au sein de leur ferme restaurée et fleurie. 5 ch. d'hôtes : 1 ch. 2 épis avec salle d'eau et wc privés, 1 lit 2 pers., 4 ch. 1 épi, salle de bains et wc communs, 1 ou 2 pers. Ch. central, séjour, TV, terrain, jardin, ping-pong. Gare 12 km, commerces 7 km. Ouvert toute l'année. Réduction enfants -8 ans. Restaurant à 3 km. Annecy à 35 km. Seyssel à 8 km.

Prix : 1 pers. **84 F** 2 pers. **135/165 F** repas **59 F**

30	16	12	7	7	0,5	2

BORNENS Bernard – Chef Lieu – 74910 Usinens – Tél. : 50.77.90.08

Usinens Bovinens   *C.M. n° 89 — Pli n° 14*

♒♒ NN   (TH)   Alt. : 500 m — Au cœur de l'Avant-Pays, dans un cadre tranquille et isolé, Michèle, A-Marie, Pari et Jacqueline vous accueillent dans leur maison rénovée. 4 ch. d'hôtes de 2 et 3 personnes, avec salles d'eau privatives, wc communs. (1ᵉʳ étage). Salon, salle à manger, bibliothèque, TV. Salle de détente. Jardin, terrain. Organisation de stages couture, cuisine. Gare 12 km, commerces 10 km. Restaurant à 3 km. Ouvert toute l'année. Anglais parlé. Base de Loisirs de Chêne en Semine à 3 km, proximité du Rhône et du Jura, Annecy et Aix-les-Bains à 35 km.

Prix : 1 pers. **130 F** 2 pers. **180 F** 3 pers. **230 F** repas **70 F**

25	25	35	12	3	3	3	20

CAVILLON Michele et A.Marie – Bovinens – 74910 Usinens – Tél. : 50.77.99.70 ou SR : 50.52.80.02. – Fax : 50.77.96.50

Vacheresse Les Combes $\qquad$ *C.M. n° 89 — Pli n° 2*

⚐ NN
(TH)

Alt. : 800 m — Dans une grande maison rénovée, entre Léman et Châtel, Marguerite vous offre 4 chambres agréables avec lavabo, salles d'eau et wc communs. 1 ch. avec 1 lit 1 pers. et 1 lit 2 pers. 1 ch. avec 1 lit 2 pers. 1 ch. avec 1 lit 1 pers. Ch. central, terrain, terrasse. Gare 19 km, commerces 500 m. Ouvert toute l'année. Réduction enfants -8 ans et hors vacances. Restaurant à 800 m. Abondance à 7 km. et Châtel à 19 km. Lac Léman à 20 km.

Prix : 1 pers. **100 F** 2 pers. **180 F** 3 pers. **250 F** repas **65 F**
1/2 pens. **160 F**

7	7	20	19	0,5	0,1	19	SP	19

PETITJEAN Michel et Marguerite – Les Combes – 74360 Vacheresse – Tél. : 50.73.10.30

Vaulx Biolley $\qquad$ *C.M. n° 89 — Pli n° 14*

⚐⚐ NN
(TH)

Alt. : 540 m — Dans une ancienne ferme entièrement rénovée et isolée en campagne, Christine met à votre disposition 4 ch. et Christine vous invite à sa table d'hôtes. Au 1er étage, sur mezzanine, 2 ch. (2 et 3 pers). Salle d'eau et wc commun, 1 ch. (3 pers.) avec douche. 1 ch. de 4 pers. avec sanitaires complets. Bibliothèque. Terrain, terrasse. Accueil de chevaux. Boxes chevaux et parcs. Annecy et son lac à 14 km. Station du Semnoz à 32 km. Tous commerces à 3 km. Restaurant à proximité. Gare 14 km. Ouvert toute l'année. Anglais et italien parlés.

Prix : 1 pers. **120/160 F** 2 pers. **180/220 F** 3 pers. **240/280 F**
repas **80 F**

32	32	14	14	3	5	2	SP	32

SKINAZY ET MOCELLIN M-C et Christine – La Ferme Sur Les Bois - Biolley – 74150 Vaulx – Tél. : 50.60.54.50 ou SR : 50.52.80.02. – Fax : 50.60.52.34

La Vernaz Chef-Lieu $\qquad$ *C.M. n° 89 — Pli n° 2*

⚐ NN

Alt. : 800 m — Solange vous recevra dans sa maison aménagée au cœur d'un village situé sur les hauteurs du Chablais, entre lac Léman et Morzine. Elle vous propose 2 chambres, classées 1 épi NN, agréables et confortables. Les sanitaires sont communs. (chambre du Printemps : 1 lit 2 pers. et 1 lit 1 pers. chambre Bleue : 1 lit 2 pers.). Chauffage central. Gare 16 km, commerces 8 km. Salle à manger commune, TV, Bibliothèque, Cour avec mobilier de jardin. Ouvert toute l'année. Réductions hors vacances. Restaurant à 3 km. Rafting et canoë : 6 km. Lac Léman à 18 km. Ski à St-Jean-d'Aulps 12 km.

Prix : 1 pers. **120 F** 2 pers. **150 F** 3 pers. **210 F**

10	10	18	16	16	3	12	SP	10

BRELAT Solange – Chef-Lieu – 74200 La Vernaz – Tél. : 50.72.10.65

La Vernaz Chef-Lieu $\qquad$ *C.M. n° 89 — Pli n° 2*

⚐ NN

Alt. : 800 m — Janine et Paul vous reçoivent dans une ancienne maison rénovée, entre lac Léman et Morzine. Ils vous offrent 5 chambres de grand confort avec meubles de style. Bains communs spacieux. 3 ch. avec 1 lit 2 pers., 1 ch. avec 2 lits 1 pers. 1 ch. avec 1 lit 2 pers. et 1 lit 1 pers. Grand séjour et salon. Bibliothèque, terrasse, terrain, Balcon. Gare 16 km, commerces 8 km. Réduction enfants -8 ans et groupes. Ouvert toute l'année.

Prix : 1 pers. **130 F** 2 pers. **180 F** 3 pers. **250 F**

10	10	18	16	16	3	12	SP	10

MORELLO Janine – Chef-Lieu – 74200 La Vernaz – Tél. : 50.72.10.41

Villards-sur-Thones La Villaz $\qquad$ *C.M. n° 89 — Pli n° 14*

⚐⚐ NN
(TH)

Alt. : 800 m — Au cœur d'un hameau, Ginette et Yvon vous accueillent dans leur vieux chalet de caractère à côté de la ferme et vous offrent 2 chambres agréables avec balcon-terrasse, au 2e étage. Salles d'eau privatives et wc communs. Chacune avec 1 lit 2 pers. et 1 lit 1 pers. Salle à manger et salons communs, cheminée. Ch. électrique. Gare 6 km, commerces 1 km. Réduction enfants -8 ans. Restaurant à 1 km. Ouvert toute l'année. La Clusaz et Le Grand-Bornand à 7 km.

Prix : 1 pers. **130 F** 2 pers. **180 F** 3 pers. **250 F** repas **70 F**
1/2 pens. **160 F**

7	7	20	6	6	0,5	6	0,5	7

AVRILLON Yvon – La Villaz – 74230 Villards-sur-Thones – Tél. : 50.02.04.30

Vinzier L'Ermitage des Clouz $\qquad$ *C.M. n° 89 — Pli n° 2*

⚐ NN

Alt. : 900 m — En pleine nature et au calme, dans un site panoramique et un cadre préservé, ensemble rustique d'accueil. Jean vous propose 2 chambres 1 épi NN (1 ch. avec 1 lit 2 pers. et 1 lit 1 pers. 1 ch. avec 1 lit 2 pers. et 2 lits 1 pers.). Sanitaires collectifs. Chauffage électrique, cheminée dans une ch., club-house du camping rural. Jardin, pelouses. Gare 13 km. Commerces 1,7 km. Réduction enfants -8 ans. Ouvert du 1er mai au 30 septembre. Matériel de cuisine, réfrigérateur, réchaud, barbecue, jeux, bibliothèque. Possibilité cuisine.

Prix : 1 pers. **120 F** 2 pers. **180 F** 3 pers. **240 F**

13	13	1	0,5	5	SP	13

SCHMITT Jean – L'Ermitage des Clouz – 74500 Vinzier – Tél. : 50.73.60.66 ou 50.70.26.22

Vulbens Chef Lieu $\qquad$ *C.M. n° 89 — Pli n° 13*

⚐ NN

Alt. : 483 m — Dans une grande maison avec terrain à proximité, Germaine et Victor vous reçoivent et vous proposent 2 chambres d'hôtes confortables, avec salle d'eau commune. 1 ch. avec 1 lit 2 pers. et 1 lit 1 pers. 1 ch. avec 1 lit 2 pers. Salle de séjour avec TV, chauffage au fuel, terrain. Gare 3 km, commerces 500 m. Ouvert du 15 février au 15 novembre. Restaurant à 200 m. Genève à 20 km, Annecy à 35 km.

Prix : 1 pers. **110 F** 2 pers. **165 F** 3 pers. **240 F**

30	30	20	10	0,2	0,5	3	2	10

GAY Victor et Germaine – Chef Lieu – 74520 Vulbens – Tél : 50.04.35.83

ALSACE-LORRAINE

Pour réserver, écrire ou téléphoner :

54 - MEURTHE-ET-MOSELLE
Gîtes de France
5, rue de la Vologne
54520 LAXOU
Tél. : 83.96.44.52
Fax : 83.98.50.42

55 - MEUSE
Gîtes de France
Hôtel du Département
55012 BAR-LE-DUC Cedex
Tél. : 29.45.78.42
Fax : 29.45.78.45

57 - MOSELLE
Gîtes de France
Hôtel du Département – B.P. 1096
57036 METZ Cedex
Tél. : 87.37.57.69
Fax : 87.37.58.84

67 - BAS-RHIN
Gîtes de France
7, place des Meuniers
67000 STRASBOURG
Tél. : 88.75.56.50
Fax : 88.23.00.97

68 - HAUT-RHIN
Loisirs Accueil - B.P. 371
68007 COLMAR Cedex
Tél. : 89.20.10.62
Fax : 89.23.33.91

88 - VOSGES
Gîtes de France
13, rue Aristide-Briand – B.P. 405
88010 ÉPINAL Cedex
Tél. : 29.35.50.34
Fax : 29.35.68.11

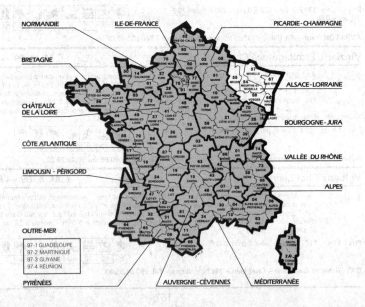

Azerailles

♥♥ NN   4 ch. dans une maison de caractère à la sortie du village. 2 ch. 1, 2 ou 3 pers. avec salle de bains et wc privés dans chaque chambre. 2 ch. 1 ou 2 pers. avec salle d'eau privative et wc communs. Salle avec cheminée. Fiches touristiques sur place. Aire de jeux. Parking. Gare et commerces sur place. Ouvert du 1er avril au 15 octobre. Anglais parlé. Parc avec salon de jardin. Ferme-auberge à 4 km.

Prix : 1 pers. **130/150 F** 2 pers. **160/190 F** 3 pers. **220 F**
pers. sup. **30 F**

SP	20	SP	SP	SP	4	SP	15	20

MULLER Bruno et Gabrielle – Azerailles - 100 rue General Leclerc – 54122 Azerailles – Tél. : 83.75.16.16

Badonviller

♥ NN   4 ch. aménagées dans une maison de caractère dans le village. 1 ch. 2/3 pers. au 1er ét. avec cab. de toilette, douche, wc privés et attenants. 1 ch. 2 pers. au 2e ét. avec cab. de toilette privé, s. d'eau et wc communs. 1 ch. 2/3 pers. avec douche, wc privés. 1 ch. 2 pers. avec cab. de toilette, wc privés. Parking privé. 3 ch. 1 épi NN, 1 ch. 2 épis NN. Maison indépendante entourée d'un grand jardin, ambiance calme. Salle pour petit déjeuner. Fiches touristiques sur place. Possibilité lit supplémentaire. Tél. à disposition. Gare 15 km. Commerces sur place. Ouvert du 1er avril au 30 octobre.

Prix : 2 pers. **190/210 F** 3 pers. **260/280 F**

SP	6	SP	SP	SP	15	SP	10	6

HUMBERT Antoine – 10 avenue Joffre – 54540 Badonviller – Tél. : 83.42.24.46

Bionville

E.C. NN
(A)   Alt. : 365 m — 2 chambres aménagées au 1er étage. 1 ch. (1 lit 2 pers. 1 convertible 2 pers.). 1 ch. (1 lit 2 pers.), salle d'eau et wc indépendants à chacune. Salon d'accueil, salle à manger, jeux de société. Terrasse, meubles de jardin. Lit bébé à disposition. Dans une vallée du massif vosgien, à moins d'une heure de Nancy, entre les lacs de Pierre-Percée et du Donon. Gare 17 km. Commerces 1 km. Ouvert toute l'année. Anglais et allemand parlés.

Prix : 2 pers. **256 F** 3 pers. **354 F** pers. sup. **98 F** repas **60 F**
1/2 pens. **190 F**

SP	SP	SP	SP	1	3

HOBLINGRE Dieudonne – Les Noires Colas – 54540 Bionville – Tél. : 29.41.12.17

Bulligny

♥♥ NN
(TH)   Alt. : 280 m — 1 chambre d'hôtes grand confort dans une maison vigneronne de caractère, comprenant 1 lit 2 pers., 1 convert. 1 ou 2 pers., 1 douche, 1 lavabo, 1 chaîne HIFI (+ services personnalisés), wc. Salle d'accueil touristique (documentaires vidéo-diapos, infos) attenant. Rez-de-chaussée : salon d'accueil et table d'hôtes. Gare 13 km. Commerces 3 km. En caveau voûté, dégustation de « Côtes de Toul » VDQS du propriétaire. Ouvert toute l'année. Prix du repas boisson comprise. Suppl. animal : 30 F.

Prix : 1 pers. **150 F** 2 pers. **200 F** 3 pers. **250 F** repas **100 F**

30	10	SP	SP	10	10	10	10

JOLY Jean-Claude et Gislhaine – 7 rue Mi-la-Ville – 54113 Bulligny – Tél. : 83.62.55.36

Charency-Vezin

E.C. NN
(TH)   Dans une maison annexe à la maison du propriétaire, 2 chambres à l'étage. 1 ch. (2 lits 1 pers.), 1 ch. (1 lit 2 pers. + 1 suite 2 lits 1 pers.). Salle de bains/d'eau, wc privatifs et TV à chacune. Poss. lit enf. Au r.d.c. : cuisine intégrée, salle à manger, salle d'accueil, pièce de détente à disposition. Gare 10 km. Commerces sur place. Ouvert toute l'année. Anglais et allemand parlés. Maison de caractère de 1802 restaurée dans l'esprit, cheminée de pierre, boiseries, placards, poutres apparentes. Jardin clos. Chambres spacieuses (25 à 30 m²), lumineuses. A la porte de la Belgique et à 30 km de luxembourg. Table d'hôtes à la demande.

Prix : 1 pers. **200 F** 2 pers. **240 F** 3 pers. **340 F**
pers. sup. **100 F** repas **50 F**

5	0,5	SP	SP	5	5	5	5

JAKIRCEVIC Viviane – 4 rue Coquibut – 54260 Charency-Vezin – Tél. : 82.26.66.26 – Fax : 82.26.66.26

Chaudeney-sur-Moselle

♥ NN
(TH)   1 chambre d'hôtes (2 lits 1 pers.) avec salle d'eau et wc privatifs attenants. 1 pièce supplémentaire avec 2 lits 1 pers. pour une même famille. Salle de séjour avec TV. Cour fermée avec salon de jardin. Produits fermiers sur place (oeufs, volailles..). Gare 3 km. Commerces sur place. Ouvert toute l'année. Suzanne et Roger Vautrin vous accueillent dans leur maison, située au cœur du village.

Prix : 1 pers. **120 F** 2 pers. **150 F** repas **60 F**

SP	SP	SP	SP	3	3	4	20

VAUTRIN Suzanne – 107 rue Paturaud – 54200 Chaudeney-sur-Moselle – Tél. : 83.43.15.74

Cirey-sur-Vezouze La Vigne

♥♥   1 ch. d'hôtes dans une maison de caractère dans un centre équestre, située en pleine campagne. 1 ch. 4 pers. (1 lit 2 pers. 2 lits 1 pers.), salle de bains privative. Aire de jeux, abri couvert, terrain, parking, pré, tennis privé, forêt. Ski alpin et de fond à 30 km. Commerces 1 km. Ouvert toute l'année. Possibilité de restauration sur place.

Prix : 1 pers. **165 F** 2 pers. **200 F** pers. sup. **80 F**

SP	20	2	SP	1	28	SP	SP	20

VERSTRAETEN Michel – La Vigne – 54480 Cirey-sur-Vezouze – Tél. · 83.42.52.00

Cirey-sur-Vezouze   *C.M. n° 62 – Pli n° 7*

✿✿✿
(TH)

5 chambres d'hôtes aménagées dans une maison de maître, au pied des Vosges. Chambres au 1er étage avec chacune salle de bains ou salle d'eau et wc particuliers, pour 2 à 3 pers. Salon avec cheminée, salle de billard, salle de séjour, TV, bureau avec téléphone et minitel à disposition des hôtes. Parc d'agrément de 3000 m² clos. Garages fermés. Aire de jeux, vélos. Ouvert toute l'année. Anglais parlé.

Prix : 1 pers. **200 F** 2 pers. **280 F** 3 pers. **350 F**
pers. sup. **60 F** repas **70/100 F**

SP	15	SP	SP	SP	12	SP	2	15

BOUVERY Monique – 18 rue du Val – 54480 Cirey-sur-Vezouze – Tél. : 83.42.58.38

Dommartin-sous-Amance Ferme-de-Montheu   *C.M. n° 62 — Pli n° 5*

E.C. NN
(TH)

Dans une maison de caractère meublée à l'ancienne. Au r.d.c. : 1 ch. (1 lit 2 pers.). A l'étage : 1 ch. (1 lit 2 pers.), 1 ch. (2 lits jumeaux), 1 ch. (2 ou 3 pers.). Poss. lit suppl. Salon réservé aux hôtes, salle de séjour, bibliothèque, TV, Tél. France Télécom, minitel. Garage vélos, barbecue. Gare 10 km. Commerces 5 km. Ouvert toute l'année. Anglais parlé. Cadre reposant et très agréable, à 8 km de Nancy (place Stanislas, vieille ville, Art 1800, musées).

Prix : 1 pers. **190 F** 2 pers. **230 F** 3 pers. **270 F**
pers. sup. **60 F** repas **65/80 F**

6	15	6	2	SP	6	3	1	20

GRANDDIDIER Hubert – Ferme de Montheu – 54770 Dommartin-sous-Amance – Tél. : 83.31.17.37

Etreval   *C.M. n° 62 — Pli n° 4*

✿
(TH)

2 ch. d'hôtes dans une ancienne maison rénovée, située dans un village paisible du Saintois. 1er étage : 2 ch. (1 lit 2 pers.), lavabo et wc privatifs et douche commune. TV dans chaque chambre. Lits enfants possible. Au rez-de-chaussée : salon avec TV. Ouvert toute l'année. Gare 35 km. Commerces 5 km. Ouvert toute l'année. Au pied de la colline de Sion-Vaudémont (ancien site médiéval), vous découvrirez Etreval, joli petit village lorrain où M. et Mme Rambeaux vous accueilleront dans leurs chambres d'hôtes en toute simplicité. Je vous recommande particulièrement leur table d'hôtes (produits du jardin).

Prix : 2 pers. **145 F** repas **70 F**

SP	SP	SP	SP	5	5	15	25

RAMBEAUX Helene – 54330 Etreval – Tél. : 83.25.14.89

Francheville   *C.M. n° 62 — Pli n° 4*

✿✿ NN
(TH)

Alt. : 400 m — 1 chambre d'hôtes aménagée au rez-de-chaussée d'une grande maison lorraine de 1743, rénovée et située dans les côtes de Toul, sur la route du vin et de la mirabelle. 1 ch. (1 lit 2 pers.), douche et wc privés. Coin-salon, TV, téléphone. Garage, jardin. Table d'hôtes sur réservation. Gare 6 km. Commerces sur place. Ouvert toute l'année. Anglais parlé. VTT et belles promenades. A 40 km du lac de la Madine.

Prix : 1 pers. **120 F** 2 pers. **200 F** repas **50 F**

5	40	5	1	SP	6	3	SP	40

ISCH Audrey – 15 rue Michatel – 54200 Francheville – Tél. : 83.62.94.95

Hatrize La Trembloisiere   *C.M. n° 57 — Pli n° 13*

✿✿✿ NN
(TH)

Propriété familiale de 2 ha., entièrement close, située au calme à l'écart du village. Vaste séjour avec terrasse, pelouse et jardin arboré. 4 chambres avec sanitaires privés pour chacune. Table d'hôtes sur réservation. Animaux admis avec supplément. Gare et commerces 5 km. Ouvert toute l'année. A proximité du Parc Régional de Lorraine, Metz (15 mn par autoroute A4), Luxembourg, Verdun ligne Maginot, parc Walibi, zoo Amneville. Accès par autoroute A4, sortie Jarny ou RN103.

Prix : 1 pers. **230 F** 2 pers. **260 F** 3 pers. **360 F** repas **100 F**

SP	20	SP	SP	SP	5	5	5	20

**ARIZZI Roger et Micheline – La Trembloisiere - Route de Briey – 54800 Hatrize – Tél. : 82.33.14.30 –
Fax : 82.20.15.55**

Herbeviller   *C.M. n° 62 — Pli n° 7*

✿✿✿ NN
(TH)

2 chambres d'hôtes (2 et 3 épis NN) dans une ferme lorraine de grès rose très bien restaurée. 1 ch. (3 lits 1 pers.), 1 ch. (2 lits 1 pers.) avec salle d'eau et wc particuliers. Séjour réservé aux hôtes. Salon, TV, bibliothèque, téléphone, cheminée. Jardin. Salon de jardin. Ferme-auberge 1 km. Panier garni pour promenade. Table d'hôtes : recettes lorraines. Commerces 5 km. Anglais et allemand parlés.

Prix : 1 pers. **160 F** 2 pers. **220 F** 3 pers. **270 F**
repas **75/80 F**

SP	10	SP	SP	SP	15	5	10	10

BREGEARD Gilbert et Brigitte – 7 Route Nationale – 54450 Herbeviller – Tél. : 83.72.24.73

Lay-Saint-Christophe   *C.M. n° 62 — Pli n° 5*

✿ NN

1 ch. aménagée dans une maison de campagne, très calme. 1 ch. 2 pers. avec salle de bains et wc privés. Possibilité 1 pièce supplémentaire avec 2 lits 1 pers. Salle de repos. Terrasse, salon de jardin. Jardin clos avec jeux pour enfants. Téléphone. Gare 8 km. Commerces sur place. Ouvert en juin, août et septembre. Anglais et italien parlés. Chambre d'hôtes située à proximité de Nancy. Possibilité de visites de la place Stanislas du XVIIIe et de la vieille ville. Musée des beaux arts et de l'école de Nancy (1900). A quelques kilomètres de la ville, retrouvez un endroit calme et reposant, mille richesses de la Meurthe et Moselle.

Prix : 1 pers. **180 F** 2 pers. **240 F** pers. sup. **50 F**

6	12	6	SP	SP	8	1	2	12

SEIGNEUR – 2 rue Patton – 54690 Lay-Saint-Christophe – Tél. : 83.22.80.01

Loromontzey
C.M. n° 62 — Pli n° 5

♥♥♥ NN
(TH)

2 ch. d'hôtes dans une ferme champêtre de caractère. 1 ch. 2 pers. avec salle de bains et wc privés. 1 ch. 2 pers. avec pièce attenante 1 lit 1 pers. et 1 lit d'appoint 1 pers., salle d'eau et wc privés. Salle de repos avec cheminée. Bibliothèque. Aire de jeux. Jardin. Terrain clos. Animaux admis avec supplément de 25 F/jour + caution. Gare et commerces à 7 km. VTT à disposition. Ouvert d'avril à novembre. Anglais parlé.

Prix : 2 pers. 200/210 F 3 pers. **250 F** pers. sup. **40/50 F**
repas **60/70 F**

SP	SP	SP	SP	3	7	7	7	15

COLIN Louis et Ginette – Ferme de Loro – 54290 Loromontzey – Tél. : 83.72.53.73 – Fax : 83.72.49.81

Maizieres
C.M. n° 62 — Pli n° 4

♥♥♥ NN
(TH)

3 ch. d'hôtes aménagées dans une maison de caractère. Mobilier rustique. Rez-de-chaussée :1 ch. 2 pers. avec salle de bains et wc privés. 1 ch. (1 lit 2 pers. 1 lit 1 pers.), salle d'eau et wc. 1 ch. 4 pers. au 1er étage avec salle d'eau et wc privés. Séjour et cuisine à la disposition des hôtes. Bibliothèque. Jardin clos. Calme et repos assurés. Table d'hôtes sur réservation. Gare 2 km. Commerces sur place. Ouvert toute l'année.

Prix : 1 pers. 150 F 2 pers. **190 F** 3 pers. **250 F**
pers. sup. **50 F** repas **70 F**

5	10	5	SP	SP	5	5	10	10

COTEL Bernard et Bernadette – 69 rue Carnot – 54550 Maizieres – Tél. : 83.52.75.57

Manoncourt-sur-Seille
C.M. n° 57 — Pli n° 14

♥♥ NN

1 chambre (2 lits 1 pers.), salle de bains attenante, wc indépendants, aménagée à l'étage d'une grande maison. Salle de séjour et salon à la disposition des hôtes. Jardin, terrasse, garage. Gare 12 km. Commerces 3 km. Ouvert toute l'année. Possibilité table d'hôtes. La propriétaire parle l'allemand et l'anglais. Maison dans le village entourée d'un mur avec cour intérieure. Chevaux avec manège sur place, uniquement pour cavaliers confirmés. Gîte d'étape et de groupe sur place. Site calme.

Prix : 1 pers. 120 F 2 pers. **240 F**

3	20	3	SP	SP	12	3	SP	20

GEOFFROY Brigitte – Ferme Equestre – 54610 Manoncourt-sur-Seille – Tél. : 83.31.32.20

Mont-l'Etroit La Galoche
C.M. n° 62 — Pli n° 3

E.C. NN
(TH)

1 chambre d'hôtes (1 lit 2 pers.), avec salle d'eau et wc privatifs. Salon particulier à disposition. Possibilité lit enfants. Grand jardin. Poney sur place. A proximité, 1 gîte d'étape pour 11 pers. Gare 18 km. Commerces 5 km. Ouvert d'avril à octobre sur réservation uniquement. Anglais parlé. Située dans un petit village lorrain du sud Toulois. Région très boisée, à la limite de la Meuse. Pays de Jeanne d'Arc et du site gallo romain de Grand. Les amoureux des chevaux se plairont à Mont l'Etroit, les propriétaires ont eux mêmes des chevaux.

Prix : 1 pers. 180 F 2 pers. **230 F** repas **50/60 F**

5	10	SP	SP	18	13	SP	24	

SIEVERS Jean-Francois – La Galoche - Chemin de l'Armagnerie – 54170 Mont-l'Etroit – Tél. : 83.25.44.03

Rechicourt-la-Petite Ferme-du-Grand-Moulin
C.M. n° 62 — Pli n° 6

♥♥♥ NN
(TH)

Aménagée dans une dépendance d'une ferme, 1 chambre d'hôtes pour 4 pers., située au r.d.c. : 1 ch. (1 lit 2 pers.) avec 1 ch. (1 lit 2 pers.), plus petite, mais indépendante avec salle d'eau privative et wc indépendants. Dans la maison du propriétaire, véranda aménagée en salle à manger pour petit déjeuner et repas du soir. Salon à disposition. Bibliothèque. Gare 18 km. Commerces 9 km. Ouvert toute l'année. Calme et repos assurés. Environnement fleuri. Cour de ferme avec salon de jardin, balançoire et jeux de quilles. 2 vélos à disposition. Chambre aménagée avec goût, mobilier régional de style. Table d'hôtes sur réservation. Produits fermiers garantis.

Prix : 1 pers. 180 F 2 pers. **230 F** repas **70 F**

5	2,5	2,5	4	4	18	12	18	2,5

MARCHAL Michel et Genevieve – Ferme du Grand Moulin - 9, rue de Bezange – 54370 Rechicourt-la-Petite – Tél. : 83.71.70.02

Saint-Julien-les-Gorze
C.M. n° 57 — Pli n° 13

♥♥ NN

1 chambre d'hôtes aménagée au 1er étage d'une maison restaurée. 1 ch. 2 pers. avec salle d'eau et wc privatifs et attenants. Salon avec prise TV et 1 convertible 2 pers. à la disposition des hôtes. Abri voiture, salon de jardin. Chevaux sur place. Poss. hébergement chevaux. Possibilité table d'hôtes sur réservation. Gare et commerces 6 km. Ouvert toute l'année. Ferme-auberge sur place. Restaurant au village. A 30 km de la Moselle (Metz), en direction de la Belgique et du Luxembourg. Allemand et anglais parlés.

Prix : 1 pers. 150 F 2 pers. **200 F** pers. sup. **70 F**

4	15	4	2	SP	18	18	SP	15

HECHT Lucien – 4 rue Basse – 54470 Saint-Julien-Les Gorze – Tél. : 82.33.78.39 ou 87.52.56.86 – Fax : 82.33.78.39

Sainte-Genevieve
C.M. n° 57 — Pli n° 13

♥♥♥ NN
(A)

Dans une vieille ferme lorraine, surplombant la vallée de la Moselle, 3 ch. spacieuses dans un site calme sont aménagées au 1er étage : 2 ch. 2 pers. avec salle d'eau + wc privés. 1 ch. 3 pers. avec salle de bains + wc privés. Lits supplémentaires possibles. A disposition : salon d'accueil. Jardin, salon, TV, téléphone. Anglais et allemand parlés. Tennis et terrain de boules au village. Musée. Prix repas à partir de 60 F. Sainte-Geneviève est située entre Nancy et Metz à 25 km. Ouvert toute l'année.

Prix : 1 pers. 200 F 2 pers. **250 F** 3 pers. **300 F**
pers. sup. **50 F** repas **60 F**

4	7	4	SP	SP	7	SP	10	7

GIGLEUX Marc et Veronique – 4 Route de Bezaumont – 54700 Sainte-Genevieve – Tél. : 83.82.25.55 – Fax : 83.82.25.55

Saxon-Sion   *C.M. n° 62 — Pli n° 4*

E.C. NN   Alt. : 450 m — 2 chambres d'hôtes aménagées au 1er étage : 1 ch. (2 pers.), salle de bains, wc privatifs communicants. 1 ch. (2 pers.), salle de bains et wc attenants. Accès par couloir. Au r.d.c. : salon réservé aux hôtes avec TV, salle de séjour, cuisine. Grand espace vert clos, garage fermé. Restaurants sur place. Gare et commerces 6 km. Ouvert toute l'année. Maison indépendante située sur une colline, vue panoramique sur la région. Haut-lieu spirituel et site médiéval à 30 km au sud de Nancy et 20 km de Mirecourt.

Prix : 1 pers. **150 F** 2 pers. **180 F**

7	SP	6	6	20	15

LECLERC Thibault – Les Grands Champs – 54330 Saxon-Sion – Tél. : 83.25.10.64 – Fax : 83.25.10.24

Virecourt   *C.M. n° 62 — Pli n° 5*

E.C. NN   3 chambres d'hôtes spacieuses situées aux 1er et 2e étages d'une maison campagnarde rénovée. 2 ch. (2 pers.), 1 ch. (2 pers.). Salle d'eau privée, wc indép. et TV à chaque ch. A disposition : petit salon avec documentation, salle à manger, service télésejour. Cour-jardin, aire de jeux, tonnelle, salon de jardin. Parking privé avec terrain clos. Chauffage central. Poss. lit enfant jusqu'à 3 ans. Situées à la porte des Vosges. Restaurant, gare et commerces 1 km. Ouvert toute l'année. Portugais parlé.

Prix : 1 pers. **160 F** 2 pers. **200 F** 3 pers. **260 F**

SP	SP	SP	20	1	15

BEYEL Francois – 14 rue de la Republique – 54290 Virecourt – Tél. : 83.72.54.20

Meuse

Ancemont

ψ ψ ψ (TH)   4 ch. aménagées dans un château du XVIIIe avec mobilier de style. 2 ch. 3 pers. dont 2 avec douche, wc particuliers et TV. Suite 4/6 pers. avec salle d'eau et wc. Salon Louis XV à disposition. Très belle salle à manger Louis XVI. Parking intérieur. Parc ombragé avec piscine privée équipée d'un banc balnéo. Ouvert toute l'année. Gare 10 km. Commerces 2 km. Anglais et allemand parlés. Suite 4 pers. : 475 F. Circuit de pêche à la mouche à 6 km.

Prix : 1 pers. **225 F** 2 pers. **300 F** 3 pers. **350 F**
pers. sup. **60 F** repas **100/125 F** 1/2 pens. **300/325 F**

1	10	2	SP	10	10

EICHENAUER Rene – Chateau de Labessiere - Ancemont – 55320 Dieue-sur-Meuse – Tél. : 29.85.70.21 – Fax : 29.87.61.60

Bonzee Les Ecuries-de-Bonzee

ψ ψ NN   Au 1er étage d'une maison rurale, 1 chambre 2 pers. avec salle d'eau et wc privatifs. Salon de jardin à disposition. Parking privé. Gare 20 km. Commerces 3 km. Ouvert toute l'année. Sybil Anzani vous accueille dans son centre équestre à Bonzée au cœur des côtes de Meuse. Visitez Hattonchatel avec son château et sa Collégiale, Saint-Maur. Base de loisirs du Col Vert à Bonzée (2 km) et base de loisirs de Madine à 25 km.

Prix : 1 pers. **130 F** 2 pers. **180 F**

SP	2	2	SP	2

ANZANI Sybil – Les Ecuries de Bonzee - 1 rue du Chateau – 55160 Bonzee – Tél. : 29.87.37.77

Bonzee-en-Woevre

ψ ψ   1 chambre d'hôtes 4 pers. avec salle de bains et wc sur le palier, aménagée dans une maison de bon confort située dans un village. Salle à manger à disposition des hôtes. Restaurant 2 km. Gare 15 km. Commerces 3 km. Ouvert du 1er avril au 1er octobre.

Prix : 1 pers. **140 F** 2 pers. **180 F** 3 pers. **200 F**

SP	1	1	1	1

LACROIX Jean – Bonzee en Woevre – 55160 Fresnes-en-Woevre – Tél. : 29.87.30.92

Le Claon

ψ ψ ψ   3 chambres d'hôtes de 2 pers. aménagées dans une maison de maître, avec parc et plan d'eau. 2 chambres 2 pers. avec salle d'eau particulière, wc communs et petite cuisinette. 1 chambre 2 pers. avec salle d'eau et wc particuliers. Possibilité lits supplémentaires. Salle de séjour à disposition. Salon de jardin et jeux. Parking. Allemand parlé. Ouvert du 1er avril au 31 octobre.

Prix : 1 pers. **180 F** 2 pers. **200 F**

SP	8	8	8	8

WENDER Roland – Le Claon - Domaine du Val de Biesme – 55120 Clermont-en-Argonne – Tél. : 29.88.28.74

Consenvoye Verdun

ψ ψ NN   Dans une maison bourgeoise, 2 chambres. Rez-de-chaussée : 1 chambre 2 pers., salle de bains, wc attenants privatifs. A l'étage : 1 chambre 2/3 pers., salle d'eau et wc privatifs. Salon avec TV. Cuisine d'été. Terrasse. Salon de jardin. Possibilité de garage. Gare 18 km. Commerces sur place. Ouvert toute l'année. Chèques vacances acceptés. A 18 km de Verdun dans une agréable bourgade, restaurant sur place. Rivière, port de plaisance en face de la maison.

Prix : 1 pers. **120 F** 2 pers. **150 F** 3 pers. **180 F**

SP	SP	18	18	15

LOGETTE Jean-Claude – 33 rue du Port – 55110 Consenvoye – Tél. : 29.85.87.54 ou 29.85.87.51

Dannevoux

♥♥ NN   M. et Mme Lechaudel vous proposent au 1er étage de leur habitation 2 chambres d'hôtes : 1 chambre pouvant accueillir 3 pers. (1 lit 2 pers. 1 lit 1 pers.), salle d'eau et wc privés. L'autre chambre comporte 1 lit 2 pers. et 2 lits 1 pers. avec salle d'eau et wc privés. TV. Salon de jardin. Abri voiture. Gare 16 km. Commerces sur place. Ouvert toute l'année. A visiter dans les environs : Verdun, ville historique, Montfaucon et sa célèbre butte témoin, point culminant de l'Argonne. Varennes en Argonne : arrestation du roi Louis XVI. Dun/Meuse : le lac vert, minigolf (14 km).

Prix : 1 pers. **115 F** 2 pers. **135 F** 3 pers. **180 F**

LECHAUDEL Claude – 2 rue des Carmes – 55110 Dannevoux – Tél. : 29.85.82.00

Domremy-aux-Bois

♥♥ (TH)   Dans une ancienne maison lorraine. 2 chambres attenantes. 1 chambre (2 lits jumeaux), dans alcôve. 1 chambre (1 lit 130, 1 convertible 2 pers.). salle d'eau et wc privatifs. TV. Salle de séjour, tél. téléséjour, feu à l'âtre. Terrasse. Jardin. Petite piscine. Ouvert du 1er février au 5 janvier. Gare 14 km. Allemand parlé.

Prix : 1 pers. **135 F** 2 pers. **200 F** 3 pers. **350 F** pers. sup. **80 F** repas **100 F**

🌲	♨	🎿	✈			
SP	14	14	12

TERKOWSKY Irma – Domremy Aux Bois – 55500 Ligny-en-Barrois – Tél. : 29.78.38.01

Doulcon

♥ NN   Mme Etienne vous propose au rez-de-chaussée de sa charmante demeure, 1 chambre (1 lit 2 pers.), salle d'eau et wc privatifs. Possibilité 1 lit d'appoint 1 pers. Gare 28 km. Commerces 1 km. Ouvert toute l'année. Visiter Dun sur Meuse (2 km) avec le site pittoresque de la ville haute et de son église, sur un promontoire qui domine toute la vallée de la Meuse. Visiter Verdun, ville historique à 35 km.

Prix : 1 pers. **100 F** 2 pers. **125 F**

🐕	🌲	♨	🎿	✈	🛶
	2	1	1	1	2

ETIENNE Alice – 46 avenue des Tilleuls – 55110 Doulcon – Tél. : 29.80.91.64

Ecurey-en-Verdunois

♥♥♥   2 chambres d'hôtes. 1 chambre 2 pers., 1 lit enfant. 1 chambre 3 pers., 1 lit enfant. Salles d'eau particulières, wc communs. Possibilité lit supplémentaire. Salle de séjour avec prise TV et feu à l'âtre. Jardin avec portique. Terrain. Restaurant 4 km. Gare 21 km. Commerces 4 km. Ouvert du 1er avril au 15 octobre et sur réservation. Chambres d'hôtes aménagées dans une maison de caractère, accès indépendant. Cour fermée pour voiture. Environnement forestier. A proximité des Champs de Bataille, de la Belgique et du Luxembourg. VTT sur place. Parcours santé 12 km. Tarifs réduits pour enfants.

Prix : 1 pers. **115 F** 2 pers. **155 F** 3 pers. **185 F** pers. sup. **50 F**

🌲	♨	🎿	✈	🛶	⛵	⛵	〰
2	2	3	6	12	12	12	12

LAMBOTTE - COUPARD Andre et Marie-Odile – La Croisee de Maie - Ecurey en Verdunois – 55150 Damvillers – Tél. : 29.85.53.56

Gondrecourt-le-Chateau Ville-Haute

♥♥   4 chambres d'hôtes aménagées dans une maison située dans le bourg, à la Ville Haute (à proximité de la Tour). 3 chambres 2 pers., 1 chambre 3 pers. avec salle de bains et wc communs. Salle de séjour à la disposition des hôtes. Possibilité de cuisiner. Jardin. Restaurant à 500 m. Ouvert toute l'année.

Prix : 1 pers. **130 F** 2 pers. **150 F** 3 pers. **200 F**

🌲	♨	🎿	✈	
SP	SP	5	5

DEVILLIER Pierrette – 4 Place de la Halle - Ville Haute – 55130 Gondrecourt-le-Chateau – Tél. : 29.89.63.57

Gondrecourt-le-Chateau

♥♥ NN   Au premier étage d'une maison bourgeoise, 1 chambre 3 pers. avec salle d'eau et wc privés. Salle de séjour avec TV. Terrasse. Salon de jardin. Garage à disposition. Possibilité de cuisiner. Gare 40 km. Commerces sur place. Ouvert toute l'année. Allemand parlé. Agréable petite ville du sud Meusien. Tous commerces et services sur place. Visite du musée du cheval sur place, à proximité de Domrémy la Pucelle, grand site gallo-romain. Proche des Vosges et de la Haute-Marne.

Prix : 1 pers. **110 F** 2 pers. **140 F** 3 pers. **190 F**

🐕	🌲	♨	✈	🛶
	SP	SP	5	5

RULHAND Mathieu – 19 rue du General de Gaulle – 55130 Gondrecourt-le-Chateau – Tél. : 29.89.63.15

Hattonchatel

♥♥   1 chambre d'hôtes aménagée dans une maison située dans le village. 1 chambre 3 pers., 1 lit enfant avec salle d'eau particulière, wc sur le palier. Salle de séjour à la disposition des hôtes. Garage. Produits fermiers sur place. Restaurant 500 m. Ouvert toute l'année. Enfants de moins de 4 ans : gratuit. Anglais et allemand parlés.

Prix : 1 pers. **120 F** 2 pers. **180 F** 3 pers. **250 F**

🌲	♨	🎿	✈	🛶	⛵	⛵	🎣	〰
2	10	10	10	10	10	10	10	10

CHRETIEN Suzanne – Hattonchatel – 55210 Vigneulles-Hattonchatel   Tél. : 29.89.30.07

Loison Longuyon

Dans une ancienne maison lorraine spacieuse et très bien entretenue, au 1er étage : 1 ch. 2 pers. avec salle d'eau et wc attenants et privatifs. Coin-séjour avec TV sur le palier. Salon de jardin à disposition. 1 ch. de 4 pers. avec salle d'eau et wc privatifs. Animaux admis sur demande. Gare 18 km. Commerces 15 km. A 15 km d'Etain, 18 km de Longuyon dans la plaine de la Woëvre. De ce petit village lorrain, tranquille, vous pourrez visiter les nombreux étangs et les côtes de Meuse, l'église de Warq, Ronvaux, Senon et ses vestiges gallo-romains. Ouvert toute l'année. Allemand parlé.

Prix : 1 pers. **125 F** 2 pers. **165 F** 3 pers. **210 F**
pers. sup. **45 F**

⛷	⛸	🎿	🏊
SP	5	8	8

PAUL Emile et BABIN Marie-Therese – 55230 Loison – Tél. : 29.85.90.45

Maxey-sur-Vaise

2 chambres d'hôtes aménagées dans une ancienne ferme lorraine rénovée. 2 chambres 3 pers. avec salle d'eau et wc particuliers. Possibilité cuisine à la disposition des hôtes. Parking. Tarif pour 3 nuits et plus : 170 F/2 pers. Anglais et allemand parlés.

Prix : 1 pers. **120 F** 2 pers. **200 F** 3 pers. **240 F**

⛷	⛸	🎿	🏊
SP	SP	6	6

CARDOT Danielle – Maxey Sur Vaise – 55140 Vaucouleurs – Tél. : 29.90.85.19

Mont-Villers

2 chambres d'hôtes 3 pers. avec salle de bains et wc communs aménagées dans une maison de très bon confort, située dans un village. Salle de séjour à la disposition des hôtes pour le petit déjeuner uniquement. Parking fermé. Gare 18 km. Commerces 5 km. Restaurant 4 km. Ouvert toute l'année.

Prix : 1 pers. **125 F** 2 pers. **140 F** 3 pers. **190 F**

🐕	⛷	⛸	🎿	🏇	⛵	🏖	🏊
	SP	1	2	SP	2	2	2

FIAUX Gisele – Mont Villers - 5 rue des Fourieres – 55160 Fresnes-en-Woevre – Tél. : 29.88.80.29

Nubecourt

Ⓐ

M. Perard vous accueille dans sa ferme-auberge et vous propose 2 chambres d'hôtes 2 pers. Salle d'eau privative et communicante, wc sur le palier. A disposition : TV, salon de jardin, terrasse, parking. Gare et commerces à 15 km. Ouvert toute l'année sauf janvier et février. Animaux admis sur demande. Nubécourt, charmant village situé dans la vallée de l'Aire. Visitez son église du XVIe siècle, la sépulture de Raymond Pointcaré. Dans les environs, découvrez les superbes forêts d'Argonne.

Prix : 1 pers. **130 F** 2 pers. **160 F** 3 pers. **180 F** repas **55 F**

⛷	⛸	🎿
SP	SP	5

PERARD Hugues – Le Clos Richard – 55250 Nubecourt – Tél. : 29.70.60.41

Rembercourt-aux-Pots

Maison de maître avec parc et jardin d'agrément. 1 ch. (2 pers.), salle d'eau et wc privés. Poss. lit suppl. Salon à disposition des hôtes. Accueil de chevaux possible. Gare et commerces 14 km. Ouvert toute l'année. Marie-Christine vous accueillera dans sa demeure de caractère. Découvrez l'église Saint-Louvent, joyaux du XVe et XVIe siècle. Evadez-vous dans la forêt d'Argonne. Visitez Bar-le-Duc : sa ville haute de l'époque renaissance, l'église Saint-Etienne avec le célèbre retable de Ligier Richier.

Prix : 1 pers. **180 F** 2 pers. **220 F** 3 pers. **260 F**

⛷	⛸	🏇	🏊
SP	5	15	15

OURY Marie-Christine – 24 rue des Cordelieres – 55250 Rembercourt-aux-Pots – Tél. : 29.70.62.63 ou 87.60.68.10

Richecourt Commercy

(TH)

Au rez-de-chaussée d'une ferme fleurie, 1 grande chambre (1 lit 2 pers. 2 lits 1 pers.). Salle d'eau attenante. WC privatifs sur le palier. Séjour avec cheminée et TV à disposition. Table d'hôtes, cuisine familiale avec les produits fermiers. Accueil chaleureux. Gare 20 km. Commerces 7 km. Ouvert toute l'année sauf 1re et 2e semaines de septembre. Située dans le Parc Naturel Régional de Lorraine, près du lac de Madine et à 20 km de Commercy (ville historique). Visitez le Mont-Sec à 2 km, Saint-Mihiel et son abbaye. Tous sports à Madine. Bar-le-Duc 55 km. Verdun 55 km. Pont à Mousson 22 km. Toul 25 km. Nancy et Metz 50 km.

Prix : 1 pers. **120 F** 2 pers. **140 F** 3 pers. **170 F**
pers. sup. **50 F** repas **50 F**

⛷	⛸	🎿	🏇	⛵	🏖	⛳	🏊
SP	SP	12	12	12	12	12	12

BENARD Yvette – Richecourt – 55300 Saint-Mihiel – Tél. : 29.90.43.65

Saint-Maurice-les-Gussainville Ferme-des-Vales

(TH)

Au 1er étage d'une ancienne bâtisse agricole, 4 chambres d'hôtes de 2 pers. avec salle de bains et wc privatifs et communicants. 1 salle commune réservée aux hôtes (cheminée, canapé, TV, bibliothèque, téléphone). Parc, salon de jardin, VTT et portiques pour enfants. Ouvert toute l'année. 1/2 pension pour 2 pers. sur la base d'une semaine : 320 F/jour. Base de loisirs du Colvert à Bonzée à 15 km : plan d'eau, baignade, pêche, tennis. Base de loisirs de Madine à 25 km : plan d'eau, équitation, golf, baignade, voile, pêche, tennis.

Prix : 1 pers. **170 F** 2 pers. **220 F** 3 pers. **270 F**
repas **80/100 F** 1/2 pens. **220/320 F**

🐕	⛷	⛸	🎿	🏇	🏊	🏖	⛳
	SP	SP	4	15	20	15	25

VALENTIN Ghislaine – La Ferme des Vales - Saint-Maurice Les Gussainville – 55400 Etain – Tél. : 29.87.12.91 – Fax : 29.87.12.91

Saint-Maurice-sous-les-Cotes

♥♥
(TH)

3 chambres d'hôtes aménagées dans une grande et ancienne maison bourgeoise située dans le village. 1 chambre 3 pers., avec salle de bains et wc privés sur le palier. 1 chambre 2 lits avec salle de bains et wc communs. 1 chambre 3 pers.. Salle de bains et wc communs à ces 2 chambres. Salle de séjour à disposition. Parking. Terrasse.

Prix : 1 pers. **110 F** 2 pers. **160 F** 3 pers. **230 F**
repas **65/85 F**

10	10	10	10	10	10	10

BATTAVOINE Andree – Saint-Maurice Sous Les Cotes – 55210 Vigneulles-Les Hattonchatel – Tél. : 29.89.33.19

Thillombois Clos-du-Pausa

♥♥♥ NN
(TH)

Grande maison de caractère comprenant 3 ch. avec vue sur le parc. R.d.c., 2 ch. spacieuses accueillant 2/3 pers. Mini-bar, douche et wc privés. Etage : 1 appartement grand confort, à la décoration soignée avec bains, douche et wc privés. Café et thé à disposition dans les ch. Salon avec TV satellite. Feu à l'âtre. Parc ombragé. Salon de jardin, ping-pong. Téléphone et fax à disposition. Vente produits fermiers. Lise Dufour vous accueillera à Thillombois, charmant village du centre Meuse. Beau parcours de pêche à la mouche à proximité. Visiter Verdun, Saint-Mihiel, Bar le Duc. Lac de Madine. Anglais parlé.

Prix : 1 pers. **220 F** 2 pers. **260/320 F** pers. sup. **50 F**
repas **120 F**

SP	SP

DUFOUR Lise – Le Clos du Pausa - rue du Chateau – 55260 Thillombois – Tél. : 29.75.07.85 – Fax : 29.75.00.72

Vouthon-Bas

♥♥

2 chambres d'hôtes aménagées dans une grande maison meublée dans le style lorrain. 1 chambre 3 pers., 1 chambre 4 pers. avec 1 salle d'eau particulière et 1 salle d'eau commune. Salle de séjour à la disposition des hôtes. Parking.

Prix : 1 pers. **120 F** 2 pers. **160 F** 3 pers. **190 F**

SP	SP	14	14	14

ROBERT Simone – Vouthon Bas – 55130 Gondrecourt-le-Chateau – Tél. : 29.89.74.00 – Fax : 29.89.74.42

Moselle

Apach Belmach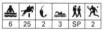

♥♥
(TH)

2 chambres mansardées dans une maison mitoyenne au cœur du hameau. 1 chambre avec 1 lit-double, 1 lit 1 pers. 1 chambre avec 3 lits 1 pers. Sanitaires individuels. Terrasse. Garage à vélos. Tarif dégressif pour plusieurs nuits. Gare 2 km. Commerces 7 km. Allemand parlé.

Prix : 1 pers. **160 F** 2 pers. **200 F** 3 pers. **240 F**
pers. sup. **40 F** repas **75 F**

6	25	2	3	SP	2

HAMMES Paul – Belmach – N° 6 – 57480 Apach – Tél. : 82.83.86.76

Arry   *C.M. n° 57*

E.C. NN
(TH)

Alt. : 285 m — Duplex indépendant aménagé dans une maison bourgeoise dans un parc arboré, comprenant : 2 chambres, salon/bureau, sanitaires privatifs, wc séparés. Lave-linge, TV, tél. Jardin attenant et clos, terrasse, salon de jardin. Village dominant la vallée de la Moselle, aux portes du Parc Naturel régional de Lorraine. Gare 10 km. Commerces 3 km. Ouvert toute l'année. Anglais et allemand parlés.

Prix : 1 pers. **220 F** 2 pers. **260 F** 3 pers. **450 F** repas **110 F**

3	SP	15	1	10	SP	3	25

MANGIN Francois – 25 Grand'Rue – 57680 Arry – Tél. : 87.52.82.97 – Fax : 87.52.82.97

Arry-sur-Moselle   *C.M. n° 57*

♥♥♥ NN
(TH)

Alt. : 400 m — 5 chambres d'hôtes, grand confort, toutes aménagées avec salle de bains, wc, lavabo, le tout dans une vieille maison lorraine surplombant la vallée de la Moselle. Cheminées, salon de TV, jardin, terrasse. Chambre spécialement étudiée pour recevoir famille avec trois ou quatre enfants. Gare et commerces 3 km. Ouvert toute l'année. Prix repas à partir de 90 F. Anglais, allemand et italien parlés.

Prix : 1 pers. **220 F** 2 pers. **260 F** 3 pers. **310 F**
pers. sup. **50 F** repas **90 F** 1/2 pens. **230 F**

10	3	0,1	15	0,5	10	SP	3	25

FINANCE Nadia – 5 Grand'Rue – 57680 Arry-sur-Moselle – Tél. : 87.52.83.95 – Fax : 87.52.82.97

Ars-Laquenexy

♥♥♥ NN
(TH)

3 chambres aménagées au rez-de-chaussée d'une construction locale rénovée. 3 lits 2 pers. 1 lit 1 pers. 1 lit enfant. Salle de bains et wc. Téléphone à la disposition des hôtes. Jardin. Cour. Terrain clos. Emplacement voiture. Gare 4 km. Commerces 2 km. Ouvert toute l'année. Allemand parlé. Le pays Messin offre de nombreux attraits touristiques tels que Gorze, le parc régional de Lorraine, les arches de Jouy, les églises du pays messin, Sillegny.

Prix : 1 pers. **180 F** 2 pers. **220 F** 3 pers. **260 F** repas **85 F**

10	3	2	7	SP	SP	10

BIGARE Camille – 23, rue Principale 57530 Ars-Laquenexy – Tél. : 87.38.13.88

Assenoncourt La Foly

♥♥♥ NN (TH) Alt. : 182 m — 2 chambres au rez-de-chaussée. Entrée individuelle. 1 lit 2 pers. Téléphone. Salle d'eau et wc. Accès à la terrasse. Cour. Terrain. Emplacement voiture. Lave-linge. TV. Gare 25 km. Commerces 9 km. Ouvert toute l'année. Allemand parlé. GR5 sur place.

Prix : 1 pers. **160 F** 2 pers. **190 F** repas **75 F**

15	9	SP	10	SP	12	SP	9	15

VIVILLE Hubert et Bernadette – La Foly - Assenoncourt – 57810 Maizieres-le-Vic – Tél. : 87.03.93.02 – Fax : 87.03.93.02

Avricourt   *C.M. n° 57*

♥♥♥ Située dans un grand parc au cœur du village d'Avricourt, la maison comporte 1 gîte et 4 chambres 2 pers. et 1 chambre 3 pers. de grand confort. 2 ch. avec douche et wc particuliers. 3 ch. avec salle de bains et wc particuliers. Possibilité lit supplémentaire 1 pers.

Prix : 1 pers. **180 F** 2 pers. **220 F** 3 pers. **280 F**

3	12	SP	1,5	3	SP	3

WENGER Jean – 100 rue des Halles – 57810 Avricourt – Tél. : 87.24.62.63

Bockange   *C.M. n° 57 — Pli n° 4*

♥♥♥♥ NN (TH) 2 chambres aménagées à l'étage de la maison occupée par le propriétaire. 2 lits 1 pers. 1 lit 2 pers. 1 convertible 2 pers. Possibilité lit bébé sur demande. Salle de bains + wc séparés. TV couleur dans chaque chambre. Tennis et étang de pêche privés, aire de jeux. Petits animaux admis. Ouvert toute l'année. Anglais et allemand parlés.

Prix : 1 pers. **190 F** 2 pers. **240 F** 3 pers. **290 F** pers. sup. **50 F** repas **80 F**

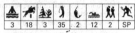

3	18	3	35	2	12	2	SP

EVRARD Maryse – 32 rue Principale – 57220 Bockange – Tél. : 87.35.70.40

Burtoncourt   *C.M. n° 57 — Pli n° 4*

♥♥ NN (TH) Alt. : 300 m — 1 chambre d'hôtes (2 lits 1 pers.). Poss. 3ᵉ lit suppl. ou bébé. Douche, lavabo, wc particuliers. TV dans la chambre. Salle de séjour, bibliothèque à la disposition des hôtes. Patio de charme fleuri. Salle à manger d'été, lieu de calme et de repos. Jardin et pelouse d'agrément. Gare 25 km. Commerces 3 km. Ouvert toute l'année. Polonais et anglais parlés. Cette chambre a obtenu le 1ᵉʳ prix concours régional 1995 de restauration exemplaire des hébergements ruraux de caractère de Lorraine. Petit déjeuner copieux, confiture, miel, gâteau maison. Repas végétariens sur demande. Produits bio du jardin. Base de plein air au village, belles forêts.

Prix : 1 pers. **200 F** 2 pers. **250 F** 3 pers. **300 F** repas **70 F**

18	SP	25	SP	10	SP	SP	25

CAHEN Alina – 51 rue Lorraine – 57220 Burtoncourt – Tél. : 87.35.72.65

Cuvry

♥♥♥ NN (TH) 4 chambres aménagées à l'étage d'une maison indépendante. 5 lits 1 pers. 3 lits 2 pers. Salle d'eau et wc indépendants. Salon, salle à manger, cheminée, coin-lecture, TV à la disposition des hôtes. Cour. Jardin clos. Terrain attenant. Parking. Gare 10 km. Commerces 4 km. Ouvert de mars à novembre. Table d'hôtes sur réservation. Restaurant avec cuisine du terroir dans le village voisin. Le pays messin offre de nombreux attraits touristiques : Gorze, le parc régional de Lorraine, les arches de Jouy, les églises du pays messin : à Scy-Chazelle, Sillegny. Allemand et anglais parlés.

Prix : 1 pers. **210 F** 2 pers. **250 F** 3 pers. **290 F** repas **90 F**

35	5	3	3	0,5	6	SP	SP

MORHAIN Jean-Fr. et Brigitte – Ferme de la Haute Rive – 57420 Cuvry – Tél. : 87.52.50.08 – Fax : 87.52.60.20

Epping

♥♥♥ NN Alt. : 300 m — 2 chambres d'hôtes aménagées dans une maison individuelle. Chambres avec douche et wc. Kitchenette et séjour communs aux hôtes. Cadre de verdure et terrasse extérieure. Bitche 15 km. A 1 km de l'Allemagne. A voir : citadelle de Bitche, ligne Maginot, cristallerie. Gare 10 km. Commerces 4 km. Allemand parlé.

Prix : 1 pers. **140 F** 2 pers. **180 F** pers. sup. **60 F**

15	10	SP	15	SP	10	SP	4

FABER Rene et Leonie – 34 A, rue de Rimling – 57720 Epping – Tél. : 87.96.76.12

Falck Domaine-de-la-Forge   *C.M. n° 57*

♥ NN (TH) 3 chambres d'hôtes aménagées dans la maison du propriétaire. Salle de bains commune. Chauffage électrique. Ambiance familiale. Cadre de verdure, calme, repos. Etang privé pour pêche. Séjours cheval, pêche, nature. Ouvert toute l'année.

Prix : 1 pers. **160 F** 2 pers. **180 F** 3 pers. **200 F** repas **70 F** pens. **170 F**

5	SP	SP	15	SP	5	SP	0,5

SCHAEFER Jean-Jacques – Domaine de la Forge – 57550 Falck – Tél. : 87.82.25.03

Gros-Rederching   *C.M. n° 57 — Pli n° 17*

♥♥♥ NN Alt. : 300 m — 1 suite composée de 3 pièces. (2 lits 2 pers. 1 lit 1 pers.). TV dans la chambre, frigidaire incorporé. Terrasse couverte ombragée et très fleurie. Chaleur et convivialité. Tout confort pour détente. Situé sur la N62, Sarreguemines 12 km, Bitche 18 km. Poss. dégustation spécialité régionale sur place. Très remarquable balcon fleuri. Gare 4 km. Commerces sur place. Ouvert toute l'année.

Prix : 1 pers. **160 F** 2 pers. **200 F** 3 pers. **300 F** pers. sup. **80 F**

18	2	18	1	5	SP	SP	25

KLOCK Rene et Jeanne – Gros-Rederching - 9 rue Principale – 57410 Gros-Rederching – Tél. : 87.09.80.28

Lidrezing

❦❦❦ NN
(TH)

Alt. : 300 m – 3 chambres d'hôtes aménagées dans une belle demeure lorraine avec entrées indépendantes. Mobilier d'époque grand confort. Accueil familial et sincère. Cadre calme. 1 chambre 2 lits avec TV, mini-bar, salon, salle d'eau et wc particuliers. 2 chambres avec TV, mini-bar, téléphone, salle de bains, salon et balnéothérapie. Allemand et anglais parlés. Salon avec cheminée, TV et bibliothèque à disposition. Grande forêt toute proche, vélos pour balade. Terrain de jeux pour enfants. Circuits de randonnée. Ouvert du 1er avril au 1er novembre. Table d'hôtes sur réservation. Gare et commerces 8 km. Jardin de plantes aromatiques.

Prix : 2 pers. **295 F** pers. sup. **50 F** repas **100 F**

8	SP	SP	25	8	8	SP	8	8

MATHIS Rene et Cecile – La Musardiere - Lidrezing – 57340 Morhange – Tél. : 87.86.14.05 – Fax : 87.86.40.16

Rahling

❦❦❦ NN

Alt. : 242 m – 3 chambre d'hôtes aménagés à l'étage avec salle d'eau et wc particuliers pour chaque chambre. TV. Emplacement voiture. Gare 5 km. Commerces sur place. Ouvert à partir du 1er mai. Allemand parlé. Louis et Annie vous accueillent dans un ancien moulin de style lorrain au cœur des Vosges Mosellanes.

Prix : 1 pers. **150 F** 2 pers. **190 F** 3 pers. **250 F** pers. sup. **60 F**

20	2	20	1	5	SP	5

BACH Louis et Annie – 2 rue du Vieux Moulin – 57410 Rahling – Tél. : 87.09.86.85

Rezonville Hameau-de-Flavigny

❦❦❦

En pays messin, dans une ancienne demeure Lorraine restaurée, 3 chambres d'hôtes décorées avec raffinement, chacune avec TV, salle de bains et wc privés. Vous pourrez vous détendre au salon, près de l'ancien four à pain, ou dans le grand jardin clos et fleuri. Parking, terrasse. Gare 10 km. Commerces 4 km. Ouvert du 1er avril au 30 octobre. Randonnées à cheval au village. Anglais et allemand parlés.

Prix : 1 pers. **220 F** 2 pers. **250 F** 3 pers. **300 F**

10	SP	SP	10	SP	10

LAMBINET Francis et Elisabeth – Hameau de Flavigny - Rezonville – 57130 Ars-sur-Moselle – Tél. : 87.31.40.13 ou 87.31.41.23

Rodalbe

❦❦❦
(TH)

Alt. : 245 m – 5 ch. aménagées dans la plus ancienne maison du village. 5 ch. 2 pers. avec salle de bains particulière dans chaque chambre, dont 2 avec antichambre (lit 1 pers.). Aménagement très confortable, mini-bar et TV dans chaque chambre. Parking. Séjour initiation foie gras et confits. Restaurant. Chasse et pêche sur place. Voile 7 km. Petit déjeuner complet. Un supplément est demandé pour une antichambre. Allemand parlé. Gare et commerces 5 km. Auberge sur place.

Prix : 1 pers. **230/480 F** 2 pers. **250/500 F** pers. sup. **75/90 F** repas **178 F** 1/2 pens. **348 F**

8	SP	SP	SP	10	SP	8

SCHMITT Robert et Helene – 26 rue Principale – 57340 Rodalbe – Tél. : 87.01.56.65 ou 87.01.57.77

Rohrbach-les-Bitche

❦❦ NN

Alt. : 350 m – 3 chambres d'hôtes. 1 ch. (1 lit 2 pers.) et 2 ch. (2 lits 1 pers.), aménagées à l'étage d'une maison neuve dans un quartier très tranquille. Salle d'eau et wc dans chaque chambre. Bourgade à la porte des Vosges du nord, région très touristique. Nombreux musées. Pays du cristal à Saint-Louis 15 km. Possibilité de cuisiner. Gare 2 km. Commerces sur place. Ouvert toute l'année. Allemand et anglais parlés.

Prix : 1 pers. **150 F** 2 pers. **200 F** pers. sup. **60 F**

15	3	15	7	SP	SP	SP

NEU Rene et Marlyse – 40 rue des Vergers – 57410 Rohrbach-Les Bitche – Tél. : 87.02.71.23

Solgne

❦❦❦ NN
(TH)

Alt. : 281 m – 3 chambres d'hôtes : chambre Prunelle (2 lits 1 pers.), chambre Reinette (1 lit 2 pers.), chambre Mirabelle (1 lit 2 pers. 1 lit 1 pers.). Sanitaires privés et TV dans chaque chambre. Coin-salon. Parking. Commerces sur place. Ouvert toute l'année. A 12 km de la gare de Rémilly et à 20 km de la gare de Metz.

Prix : 1 pers. **180 F** 2 pers. **230 F** 3 pers. **280 F** pers. sup. **50 F** repas **80 F** 1/2 pens. **220 F**

20	SP	1	8	12	20	SP	SP	20

SCHNEIDER Pierrette – 16 rue Alsace Lorraine – 57420 Solgne – Tél. : 87.57.72.60 ou 87.57.70.09

Troisfontaines

❦ NN

5 chambres d'hôtes aménagés au 2e étage surplombant une vallée de forêts de sapins. Chambres pour 2 personnes + éventuellement un lit pliant pour un enfant. Salle de bains et wc réservés aux hôtes.

Prix : 1 pers. **140 F** 2 pers. **150 F** 3 pers. **200 F**

4	SP	5	12	SP	12	

ENDT Bernard – 64 rue des Vosges – 57870 Troisfontaines – Tél. : 87.25.58.31

Vilsberg Haut-Pont

❦❦ NN

Alt. : 410 m – 3 chambres à l'étage : 1 chambre (2 lits 1 pers.), salle de bains. 1 chambre (1 lit 2 pers.), salle de bains. 1 chambre (1 lit 2 pers.), salle d'eau. WC dans chaque salle de bains. 1 wc indépendant. TV + antenne. Jardin, meuble de jardin, barbecue. Commerces 700 m. Ouvert toute l'année. Anglais, allemand, italien, espagnol parlés. Animaux admis sur demande. Anny Gutknecht vous accueille dans une ancienne ferme lorraine rénovée.

Prix : 1 pers. **175 F** 2 pers. **260/330 F**

10	1	1	3	7	0,3	0,7	5

GUTKNECHT Anny – Haut-Pont - Ferme Gerberhof – 57370 Vilsberg – Tél. : 87.24.13.74 – Fax : 87.24.13.74

Volmunster

E.C. NN Alt. : 250 m — Dans maison du propriétaire, en rez-de-chaussée : 1 chambre (1 lit 2 pers. 1 convertible 2 pers.), salle d'eau et wc indépendants. TV couleur dans la chambre. Lave-linge et téléphone à disposition. Gare 10 km. Commerces sur place. Ouvert toute l'année. Allemand parlé. Située en pays de Bitche, la chambre d'hôtes de Volmunster vous offre son confort, son jardin équipé de balançoires et d'un barbecue.

Prix : 1 pers. **150 F** 2 pers. **200 F** 3 pers. **250 F**

10	5	SP	11	SP	10	SP	SP	20

SEIWERT Jean-Michel – 10 rue du Rebberg – 57720 Volmunster – Tél. : 87.96.77.36

Walscheid *C.M. nº 57*

NN Alt. : 330 m — 1 chambre aménagée à l'étage d'une maison neuve (1 lit 2 pers. 1 lit enfant, 1 berceau). Salle d'eau et wc. Lave-linge et téléphone à usage commun avec le propriétaire. Jardin et terrain clos. Balcon. Gare 12 km. Commerces sur place. Ouvert toute l'année. Allemand et anglais parlés. Le pays de Sarrebourg offre de nombreux attraits touristiques comme le rocher Dabo, le plan incliné de Saint-Louis Artzviller, les cristalleries.

Prix : 1 pers. **170 F** 2 pers. **220 F** 3 pers. **270 F**

0,2	10	SP	7	10	SP	12	18

FALTOT Marcel – 27 rue de la Division Leclerc – 57870 Walscheid – Tél. : 87.25.13.08

Bas-Rhin

Adamswiller *C.M. nº 87 — Pli nº 13*

NN (TH) Alt. : 245 m — 2 chambres d'hôtes sous forme de suite, aménagées dans la maison du propriétaire, située au calme en périphérie du village. R.d.c. : suite de 2 ch. (1 lit 2 pers. 2 lits 1 pers.). A l'étage : suite de 2 ch. (4 lits 2 pers. dont 2 gigognes). Pour chaque suite : séjour, cuisine, prise TV, s.d.b. privative. Chauffage central, l-linge commun (buanderie). Immense jardin aménagé, salon de jardin, terrasse, chaises longues. Parking. Poss. loc. en gîte à la semaine et en juillet/août. Ouvert toute l'année. Gare 6 km. Commerces sur place. Allemand parlé.

Prix : 1 pers. **180 F** 2 pers. **250 F** 3 pers. **350 F**
repas 60/90 F

6	1,5	6	6	SP	4

GLATTFELDER Annie – 21, rue du Moulin – 67320 Adamswiller – Tél. : 88.01.70.80

Barr *C.M. nº 87 — Pli nº 15*

NN Alt. : 200 m — 3 chambres à l'étage d'une maison neuve située à 2 mn du bourg. 3 chambres 2 pers. Salle d'eau complète pour chaque chambre. Grande cour aménagée, parking. A 7 km d'Obernai. Gare 300 m. Commerces sur place. Ouvert toute l'année. Allemand parlé.

Prix : 1 pers. **180 F** 2 pers. **245 F**

1	17	1	5	1	10	8

CHADEAU Suzanne – 9 Bis, rue du Gal Vandenberg – 67140 Barr – Tél. : 88.08.54.75

Barr *C.M. nº 87 — Pli nº 15*

Alt. : 200 m — 4 chambres confortables à l'étage d'une maison joliment fleurie et située au calme. 2 chambres pour 2 pers., lavabo. 1 chambre pour 3 pers., lavabo. 1 chambre pour 3 pers., coin-cuisine. Salle d'eau et wc en commun. Chauffage électrique. Salon de jardin, espace vert, barbecue, parking, coin-repas sur le palier. Gare et commerces sur place. Ouvert toute l'année. Allemand parlé.

Prix : 1 pers. **130 F** 2 pers. **185 F** 3 pers. **240 F**

8	15	17	17	2	10

BEYLER Michel – 31, Route de Hohwald – 67140 Barr – Tél. : 88.08.03.23

Barr *C.M. nº 87 — Pli nº 15*

Alt. : 200 m — 3 chambres à l'étage d'une maison offrant une vue sur le vignoble et la plaine d'Alsace. Chez le viticulteur. 3 chambres dont 2 avec balcon, salle d'eau et wc privatifs à chaque chambre. Chauffage central. Ouvert toute l'année. Visite de cave et dégustation. Présence sur place d'un gîte d'étape, d'un camping à la ferme et d'un gîte rural. Gare 1,5 km. Commerces 500 m. Allemand parlé.

Prix : 2 pers. **230/280 F**

2	10	2	1	SP	15	15	15

BACHERT Jean-Louis – 35/A, rue du Docteur Sultzer – 67140 Barr – Tél. : 88.08.95.89 – Fax : 88.08.43.06

Barr *C.M. nº 87 — Pli nº 15*

NN (TH) Alt. : 200 m — 2 chambres à l'étage de la maison du propriétaire située au calme. 2 chambres mansardées dont 1 avec mezzanine (3 lits 1 pers. et 4 lits 1 pers.), salle d'eau privative à chaque chambre. Réfrigérateur à l'étage. Jardin, barbecue, parking. Chauffage central. Joli cadre verdoyant, vue sur la forêt. La piscine à proximité n'est pas couverte. Repas le soir. Gare 2 km. Commerces 1 km. Ouvert toute l'année. Allemand parlé.

Prix : 1 pers. **150 F** 2 pers. **200 F** 3 pers. **250 F**
pers. sup. 50 F repas 70 F 1/2 pens. 170 F

0,5	15	10	2	SP	SP	20	10	SP

BALL Gerard – 39, rue de l'Altenberg – 67140 Barr – Tél. : 88.08.10.20

Bellefosse

♈ NN
Ⓐ

Alt. : 700 m — 5 chambres situées à l'étage de la ferme auberge « Ban de la Roche ». 4 chambres (4 lits 2 pers.), 1 chambre (1 lit 2 pers. 1 lit 1 pers.). Lavabo dans chaque ch. Douche et wc en commun. Grand séjour. Lit d'appoint sur demande. Chauffage électrique. Parking. Restauration et terrasse à l'auberge. Balançoire. Gare et commerces à 5 km. Ouvert toute l'année. Situation calme. Vue panoramique. Gîte de groupe sur place. Allemand parlé.

Prix : 1 pers. **150 F** 2 pers. **170 F** 3 pers. **200 F**
1/2 pens. **160 F** pens. **200 F**

🏊	🚣	🎿	⛷	🏂	🎿	🚴
15	15	15	SP	8	8	15

WEILBACHER Veronique – Ferme-Auberge Ban de la Roche - 66, rue Principale – 67130 Bellefosse – Tél. : 88.97.35.25 – Fax : 88.97.37.87

Berstett

♈♈♈ NN

Alt. : 160 m — 2 chambres au 2e étage d'une maison de caractère mitoyenne à celle du propriétaire, dans le Kochersberg, proche de Strasbourg. 1 ch. (2 lits 1 pers.), salle d'eau complète privative communicante. 1 ch. (2 lits 1 pers.), salle d'eau complète privative sur le palier. Chauffage central. Les petits déjeuners sont servis au r.d.c. dans la petite salle au décor alsacien. Cour fermée, salon de jardin, petit jardin ombragé et clos de l'autre côté de la rue. Parking. 3 gîtes dans le même bâtiment. Gare et commerces 4 km. Ouvert toute l'année. Allemand parlé.

Prix : 1 pers. **170 F** 2 pers. **210 F**

🏊	🎣	🚶	⛷	⛳	🚴	🏇
12	7	5	0,8	SP	SP	15	15

FREYSZ Jean-Daniel – 1 Route d'Olwisheim – 67370 Berstett – Tél. : 88.69.54.33 – Fax : 88.59.48.45

Betschdorf

♈♈♈♈ NN

Alt. : 170 m — 3 jolies chambres (1 en 3 et 2 en 4 épis) aménagées dans une grande maison de potier. 3 chambres avec sanitaires et télévision individuels. Séjour de 35 m². Parking couvert, jardin paysagé avec salon, situation calme. Possibilité de stage de poterie chez le propriétaire. Supplément 30 F/jour pour la cuisine privative d'une chambre 4 épis. Ouvert toute l'année. Gare 17 km. Commerces 500 m. Allemand parlé.

Prix : 1 pers. **160/210 F** 2 pers. **200/290 F** 3 pers. **370 F**

🏊	🎣	🚶	⛷	⛳	🏇
0,5	10	10	0,5	10	1

KRUMEICH Christian – 23, rue des Potiers – 67660 Betschdorf – Tél. : 88.54.40.56 – Fax : 88.54.47.67

Birlenbach

♈♈ NN
Ⓐ

Alt. : 180 m — 6 chambres situées à l'étage de la ferme équestre, localisée en bordure du petit village et des champs. 1 chambre (2 lits 1 pers. 2 lits 1 pers. superposés), 2 chambres (1 lit 2 pers. 2 lits 1 pers.), 2 chambres (1 lits 2 pers.), 1 chambre (2 lits 1 pers.). Lavabo dans chaque chambre. 2 douches dont 1 avec lavabo et 2 wc en commun. Parking. Cour. Possibilité de monter à cheval. Restauration, spécialités alsaciennes sur commande. Gare et commerces 6 km. Ouvert toute l'année. Allemand parlé.

Prix : 1 pers. **130 F** 2 pers. **190 F** 3 pers. **250 F**
pers. sup. **60 F** 1/2 pens. **160 F** pens. **220 F**

🚶	⛷	⛳	🏇
3	SP	12	5	15

WERLY Henri – Ferme Equestre – 67160 Birlenbach – Tél. : 88.80.48.76

Boersch

♈♈ NN

Alt. : 240 m — 1 chambre située au rez-de-chaussée de la maison du propriétaire. Situation calme dans un beau village fleuri. 1 chambre (2 lits 1 pers.). Sanitaires privatifs. Chauffage central. Jardin, salon de jardin, cour fermée, parking. Situation calme. Gare 3 km. Commerces sur place. Ouvert toute l'année. Allemand parlé. Chambre non fumeur.

Prix : 2 pers. **200 F**

🏊	🚶	⛷	⛳	🏇	🚴	🏊
4	4	SP	4	5	4	4

RICHERT Marie-Therese – 12, rue Ste Odile – 67530 Boersch – Tél. : 88.95.81.45

Boersch

♈♈ NN

Alt. : 240 m — 2 chambres à l'étage de la maison du propriétaire viticulteur. Situation calme dans le petit village fleuri. 1 chambre (2 lits 1 pers.), lavabo et douche. 1 chambre (1 lit 2 pers. communicante avec 1 chambre 2 lits 1 pers.), lavabo, douche. WC en commun. Chauffage central. Gare 3 km. commerces sur place. Ouvert toute l'année. Allemand parlé.

Prix : 1 pers. **100 F** 2 pers. **200 F** 3 pers. **270 F**

🏊	🚶	⛷	🏇
4	10	SP	5

MULLER Marguerite – 9, rue Ste Odile – 67530 Boersch – Tél. : 88.95.82.23

Boersch

♈♈ NN

Alt. : 240 m — 1 chambre, sous forme de suite, confortable et située à l'étage de la maison du propriétaire. Entrée indépendant. 2 pièces pour 4 pers., salle de bains et wc privatifs. Chauffage central. Terrasse, cour, jardin, balcon. Petit déjeuner dans un cadre rustique. Lit bébé. Réduction à partir de la 3e nuitée. Joli village situé au pied du Mont Sainte-Odile. Gare 3 km. Commerces sur place. Ouvert toute l'année. Allemand parlé. Taxe de séjour : 2 F.

Prix : 1 pers. **180 F** 2 pers. **200 à 220 F** 3 pers. **300 F**

🏊	🚶	⛷	🏇
4	10	SP	5

BERNHARD Gilbert – 34, Saint Leonard – 67530 Boersch – Tél. : 88.95.81.43

Boofzheim   *C.M. n° 87 — Pli n° 6*

E.C. NN — Alt. : 175 m — 1 chambre d'hôtes (40 m²) aménagée au r.d.c. d'une dépendance du corps de ferme. 1 ch. (2 lits 1 pers.), séjour-cuisine (fauteuil convert. 1 pers. ou canapé convert. 2 pers.), salle d'eau privative (l-linge), wc séparés privatifs. Chauffage électrique. Espace vert, cour pavée fermée, salon de jardin, barbecue. Parking. Vente de foies gras, pâtés de canard. Peut être loué à la semaine comme gîte rural. Gare 8 km. Commerces 200 m. Ouvert toute l'année sauf lors du fonctionnement en gîte rural. Anglais et allemand parlés.

Prix : 1 pers. **190 F** 2 pers. **230 F** 3 pers. **280 F** pers. sup. **50 F**

15	8	4	8	1	3

ISSLER Mireille – 6, Route de Colmar – 67860 Boofzheim – Tél. : 88.74.60.92

Bossendorf   *C.M. n° 87 — Pli n° 4*

❀❀❀ NN — Alt. : 160 m — 4 chambres dans une maison typique à colombages déjà pourvue de deux gîtes 915 et 916. Les chambres sont situées au 1er étage et donnent sur la cour de la ferme. 4 chambres 2 pers. avec salle d'eau et wc privatifs à chaque chambre. Kitchenette aménagée sur le palier. Chauffage central. Téléphone et TV dans chaque chambre. Les chambres ont leur ambiance personnalisée. Garage, parking, cour, balançoire, bac à sable, lingerie en commun. Gare et commerces 4 km. Ouvert toute l'année. Allemand parlé.

Prix : 1 pers. **160 F** 2 pers. **200 F** 3 pers. **250 F**

4	19	0,2

ADAM Paul – 6, rue Principale – 67270 Bossendorf – Tél. : 88.91.58.61

Bourg-Bruche   *C.M. n° 87 — Pli n° 16*

❀ NN
Ⓐ — Alt. : 550 m — 3 chambres d'hôtes situées dans la ferme auberge à 550 m d'altitude à l'orée des pâturages au cœur du Climont. 3 chambres pour 2 pers. dont 1 avec balcon. Lavabo dans chaque chambre. Sanitaires en commun. Gare 3 km. Commerces 6 km. Ouvert toute l'année. Allemand parlé.

Prix : 1 pers. **130/150 F** 2 pers. **180/200 F** pers. sup. **50 F** 1/2 pens. **160 F** pens. **200 F**

15	SP	6	6	SP	SP	12	2	6

KREIS Wilfred – Ferme du Nouveau Chemin – 67420 Bourg-Bruche – Tél. : 88.97.72.08

Breitenau   *C.M. n° 87 — Pli n° 16*

❀ NN
Ⓐ — Alt. : 550 m — 2 chambres à l'étage de la ferme auberge située au calme et en lisière de forêt. Vue exceptionnelle. 2 chambres 2 et 3 pers. avec sanitaires individuels. Possibilité de demi-pension. Vente de produits fermiers sur place. Gare 15 km. Commerces 3 km. Ouvert toute l'année. Allemand parlé.

Prix : 1 pers. **245 F** 2 pers. **245 F** 3 pers. **290 F** repas **200 F**

3	3	1	SP	3	1	SP	20	10	3	16

NELL Michel – Ferme Auberge Irrkrut - Col de Fouchy – 67220 Breitenau – Tél. : 88.57.09.29

Breuschwickersheim   *C.M. n° 87 — Pli n° 5*

❀❀❀ NN — Alt. : 140 m — 6 chambres de grand confort aménagées à l'étage des dépendances d'une ferme à colombages, à proximité de Strasbourg. 2 ch. (3 lits 1 pers.), 3 ch. (2 lits 1 pers.), 1 ch. (1 lit 2 pers.), s. d'eau et wc privatifs à chaque ch. Kitchenette dans les chambres de 2 et 3 pers. Chauffage élect. Prise TV. Point-phone. L-linge commun (buanderie). Cour fermée, parking abrité. Grand jardin aménagé, salon de jardin, jeux pour enfants, pétanque, ping-pong, location de vélos, vente de produits fermiers. 3 gîtes sur place. Gare 10 km. Commerces sur place. Ouvert toute l'année. Allemand parlé. Taxe de séjour : 2 F.

Prix : 1 pers. **180 F** 2 pers. **220 F** 3 pers. **260 F** pers. sup. **40 F**

6	20	6	SP	SP

DIEMER Eliane – 51, rue Principale – 67112 Breuschwickersheim – Tél. : 88.96.02.89

Breuschwickersheim   *C.M. n° 87 — Pli n° 5*

❀❀❀ NN — Alt. : 140 m — 2 chambres fonctionnant en juillet et août sous forme de studio en tant que gîte. 1 ch. (1 lit 2 pers. 1 convert. 1 pers.). 1 ch. (1 lit 2 pers.). Sanitaires et kitchenettes privatifs. Chauffage électrique. Salle-linge en commun. Prise télévision. Cour, parking, terrain aménagé, terrasse, salon de jardin, balançoire. Gare 11 km. Commerces 1 km. Ouvert toute l'année. Allemand parlé.

Prix : 1 pers. **180 F** 2 pers. **220/240 F** 3 pers. **260/280 F** pers. sup. **40 F**

SP	7	12	1

MEPPIEL Bernard – Chemin Galgenberg – 67112 Breuschwickersheim – Tél. : 88.96.08.19

Buswiller   *C.M. n° 87 — Pli n° 3*

❀ NN
(TH) — Alt. : 250 m — 2 chambres confortables dans une belle maison alsacienne à colombages. 2 chambres 2 et 3 pers. communicantes avec lavabo, douche et wc en commun. Salle à manger pour petit déjeuner. Possibilité de repas du soir sur demande. Gare 3 km. Commerces 7 km. Ouvert toute l'année. Allemand parlé.

Prix : 1 pers. **160 F** 2 pers. **220 F** 3 pers. **280 F**

7	SP	7	20

HUSSELSTEIN/SCHULTZ Delphine – 16, rue Principale – 67350 Buswiller – Tél. : 88.70.97.54

Chatenois-Val-de-Ville   *C.M. n° 87 — Pli n° 16*

❀ NN — Alt. : 210 m — 6 chambres situées aux étages d'une auberge de campagne joliment située près des montagnes et de Sélestat. 3 chambres pour 2 pers. Sanitaires en commun (1 épi). 2 chambres pour 3 pers., 1 chambre communicante pour 4 pers., lavabo et douche privatifs (2 épis). Chauffage central. Jardin d'été, parking, cour. Gare 6 km. Commerces sur place. Ouvert toute l'année. Allemand parlé.

Prix : 1 pers. **115 F** 2 pers. **200 F** 3 pers. **270 F**

6	6	6	SP	6

IDOUX Marie-Antoinette – 16, Route de Ville – 67330 Chatenois – Tél. : 88.82.06.75

Chatenois-Val-de-Ville *C.M. n° 87 — Pli n° 16*

Ψ Ψ NN Alt. : 210 m — 5 chambres (2 en 3 épis et 3 en 2 épis) situées à l'étage de la maison du propriétaire au pied des 2 châteaux forts de Scherwiller et du Haut-Koenigsbourg. 4 chambres pour 2 pers., 1 chambre pour 3 pers. Sanitaires privatifs. Cuisine équipée à disposition. Jardin, salon de jardin, parking. Gare 6 km. Commerces 2 km. Ouvert toute l'année. Allemand parlé.

Prix : 1 pers. **150/190 F** 2 pers. **220/240 F** 3 pers. **240/270 F**

6	6	6	SP	6

SONNTAG Patrick – 14, Route de Ville - Val de Ville – 67730 Chatenois – Tél. : 88.82.19.57

Cosswiller Hameau Tirelire *C.M. n° 87 — Pli n° 14*

Ψ Ψ Ψ Ψ NN Alt. : 292 m — 4 chambres d'un excellent confort dans une maison de maître profitant d'une belle vue sur la forêt et située au calme. 3 ch. 2 pers. 1 ch. sous forme de suite (2 pièces communicantes) pour 4 pers. S.d.b. complète et privative pour chaque chambre. Grand salon et salle à manger pour petits déjeuners. TV dans les chambres. Chauffage central. Gare 10 km. Commerces 4 km. Jardin aménagé et fleuri, salon de jardin, parking. Forêt à 100 m. Etoile de l'Initiative Alsace 1992. A 25 km de Strasbourg.

Prix : 1 pers. **250 F** 2 pers. **350/400 F** 3 pers. **550 F**

4	2	4	SP	8	SP	3

BOCHART Maud – 2 Hameau Tirelire – 67310 Cosswiller – Tél. : 88.87.22.49

Dambach-la-Ville *C.M. n° 87 — Pli n° 16*

Ψ Ψ Ψ NN Alt. : 200 m — 2 chambres à l'étage de la maison du propriétaire-viticulteur au centre du village viticole. 2 chambres 2 et 3 pers. avec sanitaires individuels. Chauffage électrique. Balcon, espace vert à 200 m, parking. Gare et commerces 500 m. Ouvert toute l'année. Allemand parlé. Taxe de séjour : 2 F.

Prix : 2 pers. **240 F** 3 pers. **295 F**

10	10	10	10	13	25	8

HAULLER Louis – 92, rue du Marechal Foch – 67650 Dambach-la-Ville – Tél. : 88.92.41.19

Dambach-la-Ville *C.M. n° 87 — Pli n° 16*

Ψ Ψ Ψ NN Alt. : 200 m — 5 chambres de grand confort à l'étage d'une jolie maison du XVIIe siècle, classée monument historique. Chez le viticulteur. 4 chambres pour 2 pers. avec sanitaires individuels. 1 chambre pour 1 pers. avec sanitaires individuels. Chauffage électrique. Gare et commerces 500 m. Ouvert toute l'année. Allemand parlé.

Prix : 1 pers. **200 F** 2 pers. **230/250 F**

10	15	10	1	1,5	1	SP	8

NARTZ Michel – 12, Place du Marche – 67650 Dambach-la-Ville – Tél. : 88.92.41.11 – Fax : 88.92.63.01

Dambach-la-Ville *C.M. n° 87 — Pli n° 16*

Ψ Ψ NN Alt. : 200 m — 2 grandes chambres situées à l'étage d'une dépendance dans la cour du propriétaire. Sur la Route des Vins. Village viticole fleuri. 1 ch. 2 épis (1 convert. 2 pers. 1 lit d'appoint 80). 1 ch. E.C (2 lits 1 pers.), 1 séjour (convert. 2 pers.). Chaque chambre comprend kitchenette, prise TV, salle d'eau privative. Ouvert toute l'année sauf juillet et août. Gare et commerces 500 m. Allemand parlé.

Prix : 1 pers. **190 F** 2 pers. **220/270 F** 3 pers. **330 F**

10	15	10	1	SP	8

WUNSCH Jean-Claude – 27, rue de la Gare – 67650 Dambach-la-Ville – Tél. : 88.92.42.42

Dambach-la-Ville *C.M. n° 87 — Pli n° 16*

E.C. NN Alt. : 200 m — 4 chambres situées à l'étage de la maison du propriétaire, viticulteur, sur la route des Vins. 2 chambres (2 lits 2 pers.) avec sanitaires en commun sur le palier. 2 chambres (2 lits 2 pers.) avec sanitaires privatifs. Cour fermée, parking, espace vert, salon de jardin. Gare et commerces 500 m. Ouvert toute l'année. Anglais et allemand parlés.

Prix : 2 pers. **200/230 F**

10	15	10	1	SP	8

BECK Gilbert – 9 Route des Vins – 67650 Dambach-la-Ville – Tél. : 88.92.62.03

Diebolsheim *C.M. n° 87 — Pli n° 6*

Ψ NN Alt. : 160 m — 1 chambre, à l'étage, pour 2 pers. avec salle d'eau et wc privatifs. Salle à manger pour petit déjeuner. Balcon. Possibilité 1 lit supplémentaire. Présence de 2 gîtes sur la même propriété. 2 chambres (2 pers.) en cours d'agrément. Gare 13 km. Commerces sur place. Allemand parlé.

Prix : 2 pers. **160 F**

13	13	15	13	1	15

LAUBACHER Charles – 27, rue de l'Eglise – 67230 Diebolsheim – Tél. : 88.74.67.06

Diebolsheim *C.M. n° 87 — Pli n° 6*

Ψ Ψ NN Alt. : 160 m — 4 chambres confortables aménagées dans une maison traditionnelle et fleurie. 2e étage : 1 ch. (2 lits 1 pers.), 1 ch. (1 lit 2 pers.), 1 ch. 2 épis (2 lits 100) avec mezzanine (2 lits enfants). Salle d'eau complète, privative et communicante à chaque chambre. Escalier d'accès raide. 1er étage : 1 ch. E.C (3 lits 1 pers.), salle d'eau et wc privatifs sur le palier. Grande cuisine commune. Petite terrasse couverte, salon de jardin. Chauffage central électrique. Les petits déjeuners sont servis dans la salle à manger du propriétaire. Jardin ombragé, ping-pong, portique. Poss. parking. Présence dans le même ensemble de 3 gîtes et d'1 gîte d'étape.

Prix : 2 pers. **160 F**

13	6	15	0,5	1	15

DECOCK Albert – 85, rue Jean de Beaumont – 67230 Diebolsheim – Tél. : 88.74.80.59

Dieffenbach-au-Val
C.M. n° 87 — Pli n° 16

♥♥♥ NN Alt. : 300 m — 3 belles chambres confortables dans une maison joliment fleurie située au calme près des sentiers boisés. 3 chambres pour 2 pers., avec douche et wc. Réfrigérateur permettant repas tiré du sac. Jardin, salon de jardin, parc. Accès par chemin privé. Gare 10 km. Commerces 4 km. Ouvert toute l'année.

Prix : 1 pers. **200 F** 2 pers. **220 F** 3 pers. **300 F**

4	10	4	2	SP	25	26	4	20

ENGEL-GEIGER Doris – 19, rue de Neuve-Eglise – 67220 Dieffenbach-au-Val – Tél. : 88.85.60.48

Dieffenbach-au-Val
C.M. n° 87 — Pli n° 16

♥♥♥ NN Alt. : 300 m — 3 chambres joliment aménagées dans une maison au grand jardin fleuri près de la forêt, au bord du village. Situation calme. 3 chambres pour 2 pers., avec sanitaires individuels. 1 chambre dispose d'un coin-cuisine. Jardin, salon de jardin, table de ping-pong. Terrasse pour chaque chambre. Bibliothèque. Gare 15 km. Commerces 5 km. Ouvert toute l'année. Allemand parlé.

Prix : 1 pers. **200 F** 2 pers. **220/250 F** 3 pers. **300 F**

5	30	1	5	5	SP	18	18	6	10

GEIGER Sonia – 2, rue de Neubois – 67220 Dieffenbach-au-Val – Tél. : 88.85.60.84

Dieffenbach-au-Val
C.M. n° 87 — Pli n° 16

♥♥♥♥ NN Alt. : 300 m — 4 chambres d'un excellent confort avec entrée séparée pour les hôtes dans une maison alsacienne de caractère située en lisière de forêt. 1 ch. (2 lits 1 pers.), salle d'eau, wc. 1 ch. (1 lit 2 pers.), salle d'eau. 1 ch. 2 pers., salle d'eau, wc et petit salon alsacien. 1 ch. en duplex pour 4 pers., salle d'eau, wc et coin-bureau. Chauffage central. Téléphone direct dans les chambres. En commun : salle à manger, réfrigérateur, micro-ondes, salon, TV, bibliothèque. Pré fleuri, salon de jardin, balançoire. Vue exceptionnelle sur la vallée. Accès par chemin privé. Calme assuré. Gare 10 km. Commerces 4 km. Ouvert toute l'année. Allemand parlé.

Prix : 2 pers. **270/330 F** pers. sup. **100 F**

4	20	SP	4	4	SP	25	25	SP	20

GEIGER Serge – 17, rue de Neuve Eglise - La Romance – 67220 Dieffenbach-au-Val – Tél. : 88.85.67.09

Dinsheim
C.M. n° 87 — Pli n° 15

♥ NN Alt. : 200 m — 1 chambre dans une maison située en bordure de forêt en périphérie du bourg. 1 chambre 2 pers. avec lavabo. Salle de bains indépendante et wc séparés privatifs. Terrasse couverte et fermée, salon de jardin, jardin, parking. Gare 2,5 km. Commerces 1 km. Ouvert toute l'année. Allemand parlé.

Prix : 1 pers. **150 F** 2 pers. **190 F**

3	6	1	SP	SP	10	6

WETTA Marie-France – 9, rue du Felsbourg – 67190 Dinsheim – Tél. : 88.50.03.79

Drachenbronn
C.M. n° 87 — Pli n° 2

♥♥ NN Ⓐ Alt. : 250 m — 6 ch. réparties dans 2 bâtiments de la ferme auberge. 3 ch. au 2e étage : 2 ch. 2 pers., 1 ch. 3 pers. (2 épis). Douche et lavabo dans chaque ch. WC en commun sur le palier. Chauffage élect. 3 autres (n. 3 épis) ch. dans les dépendances de l'ancien moulin à huile : 1 ch. 2 pers., 1 ch. 3 pers., 1 ch. duplex pour 4/5 pers. (3 épis). Salle d'eau/wc privative à chaque ch. Chauffage central. Cadre forestier et fermier. Espace vert, salon de jardin, sauna, ping-pong, étang de pêche. Poss. d'autres ch. d'hôtes et salle de séminaire dans le moulin à huile N° 5166. Gare et commerces 7 km. Ouvert toute l'année. Allemand parlé.

Prix : 1 pers. **150/190 F** 2 pers. **200/270 F** 3 pers. **260/380 F** pers. sup. **60 F** 1/2 pens. **185/220 F** pens. **235/270 F**

0,3	10	3	1	SP	SP	6	12

FINCK Claude – Ferme Auberge des 7 Fontaines – 67160 Drachenbronn – Tél. : 88.94.50.90 – Fax : 88.94.54.57

Drachenbronn
C.M. n° 87 — Pli n° 2

♥♥♥ NN Ⓐ Alt. : 250 m — 5 chambres aménagées dans un ancien moulin à huile refait à neuf. Cadre champêtre entouré de forêts, au calme. 1 chambre 4 pers., 2 chambres 3 pers., 2 chambres 2 pers. (3 épis). Salle d'eau avec wc privative et communicante à chaque chambre. Chauffage central. Espace vert ombragé, étang de pêche, jardin, ping-pong, sauna. Salle de réunion pour séminaires au sous-sol du moulin. Possibilité 1/2 pension et pension complète, à la ferme auberge située à 100 m. La ferme auberge propose également des chambres d'hôtes N° 5031. Gare 10 km. Commerces 800 m. Ouvert toute l'année. Allemand parlé.

Prix : 1 pers. **190 F** 2 pers. **270 F** 3 pers. **380 F** 1/2 pens. **220 F** pens. **270 F**

0,3	10	3	1	SP	SP	6	12

FINCK Philippe – Ferme Auberge des 7 Fontaines – 67160 Drachenbronn – Tél. : 88.94.50.90 – Fax : 88 94 54 57

Duppigheim
C.M. n° 87 — Pli n° 5

♥♥♥ NN Ⓐ Alt. : 170 m — 6 chambres de grand confort aménagées dans une ferme rénovée, cadre exceptionnel. 1 ch. 4 pers. 3 ch. 2 pers. 2 ch. 3 pers avec chacune un sanitaire privatif, grand terrain, parking fermé. Possibilité restauration en spécialités alsaciennes toutes les fins de semaine en soirée uniquement. Terrain de pétanque, balançoire. Gare 2 km. Commerces 100 m. Ouvert toute l'année. Allemand parlé.

Prix : 1 pers. **180 F** 2 pers. **230 F** 3 pers. **270 F** pers. sup. **40 F**

0,8	10	0,8	20	20	14

SCHAEFFER Jean-Jacques – 2, rue des Roses - Restaurant « Au Schaefferhof » – 67210 Duppigheim – Tél. : 88.50.70.81

Ebersheim   C.M. n° 87 — Pli n° 6

E.C. NN
Ⓐ

Alt. : 160 m — 6 chambres aménagées à l'étage de l'auberge située en périphérie du village. 5 ch. avec 1 lit 2 pers., 1 ch. avec 2 lits 1 pers. Salle d'eau complète, privative dans chaque ch. Chauffage central. Prise TV / ch. En commun : salle de petit déjeuner, point-phone, espace extérieur, portique, barbecue, salon de jardin. Gare et commerces 7 km. Allemand parlé. Parking. 1 lit pliant sur demande. Gîte rural N° 1232 à l'étage. L'auberge fonctionne en fin de semaine. Ouvert toute l'année sauf du 15 décembre au 15 février.

Prix : 2 pers. 210 F

🏊	🎿	🏃	🎿	⛷	🚶
7	10	8	SP	SP	25

TRAU Bernard – 53, Route Nationale – 67600 Ebersheim – Tél. : 88.85.73.31

Epfig   C.M. n° 87 — Pli n° 6

💥 NN

Alt. : 220 m — 5 chambres confortables à l'étage d'une dépendance de la propriété du viticulteur. 4 chambres pour 2 pers.. 1 chambre avec 2 lits superposés. Lavabo dans chaque chambre. A l'étage : 2 douches et 2 wc séparés en commun. Possibilité de cuisiner le soir. Gare 2 km. Commerces 500 m. Ouvert toute l'année. Allemand parlé.

Prix : 1 pers. 120/135 F 2 pers. 165/185 F 3 pers. 220/240 F

🏊	🎿	🏃	🎿	⛷	🚶	🚲	🚶
10	12	10	1,5	5	SP	10	15

SPITZ Andre – 61, rue Sainte Marguerite – 67680 Epfig – Tél. : 88.85.54.51

Epfig   C.M. n° 87 — Pli n° 6

💥💥 NN

Alt. : 220 m — 6 chambres aménagées dans une maison typique située dans le village près du vignoble. Cadre calme. 5 chambres pour 2 pers., sanitaires privatifs. 1 chambre pour 3 pers., sanitaires privatifs. Grand caveau de séjour. Chauffage central. Cuisine à disposition. Baby-foot. Cour fermée. Gare et commerces sur place. Ouvert toute l'année. Allemand parlé.

Prix : 1 pers. 170 F 2 pers. 220 F 3 pers. 280 F

🏊	🏃	🎿	⛷	🚶	🚶
10	10	10	SP	10	15

SPITZ Roger – 83, rue Sainte Marguerite – 67680 Epfig – Tél. : 88.85.51.63

Epfig   C.M. n° 87 — Pli n° 16

💥 NN

Alt. : 220 m — 2 chambres aménagées dans la maison du proriétaire viticulteur, située au centre du village typique viticole. 1 chambre pour 2 pers. avec lavabo. 1 chambre pour 3 pers. avec lavabo. Douche et wc en commun. Parking privatif. Gare 1 km. Commerces 500 m. Ouvert toute l'année. Allemand parlé.

Prix : 1 pers. 120 F 2 pers. 180 F 3 pers. 230 F

🏊	🏃	🎿	⛷	🚶
10	10	2	5	10

UHL Georges – 33, rue des Allies – 67680 Epfig – Tél. : 88.85.52.57

Erckartswiller   C.M. n° 87 — Pli n° 13

💥💥💥 NN

Alt. : 230 m — 1 chambre d'hôtes, de 2 pièces, sous forme de suite à l'étage d'une maison fleurie située au calme à proximité de la forêt. 1 chambre (2 lits 1 pers.), 1 chambre-séjour (2 lits 1 pers.), salle d'eau privative avec wc. Idéal pour une famille de 4 pers. Poss. 2 lits d'appoint moyennant supplément. Petite pièce pour petits déjeuners avec réfrigérateur à disposition. Chauffage central. Cour, salon de jardin, espace vert. Parking. Terrain de pétanque privatif. Restauration dans le village. Gare 12 km. Commerces 7 km. Ouvert toute l'année. Allemand parlé.

Prix : 1 pers. 150 F 2 pers. 240 F 3 pers. 360 F

🏊	🎿	🏃	🎿	⛷	🚶	🚲	🚶
12	6	7	12	2	SP	6	1,5

HELMLINGER Yvonne – 5, rue Berg – 67290 Erckartswiller – Tél. : 88.70.44.69

Eschau   C.M. n° 87 — Pli n° 5

💥💥 NN

Alt. : 150 m — 1 chambre sous forme de suite (2 pièces), à l'étage de la maison du propriétaire. Situation calme, vue sur les prairies et les vergers. A l'étage : 1 ch. avec balcon (2 lits 1 pers.), 2e pièce (1 lit 2 pers.), salle d'eau privative et complète sur le palier. Salon au rez-de-chaussée en commun avec le propriétaire. Terrasse et espace vert communs. Gare 12 km. Commerces sur place. Allemand parlé.

Prix : 1 pers. 150 F 2 pers. 250 F 3 pers. 320 F

🏊	🏃	🎿	⛷	🚶
SP	6	6	SP	SP

GRUSS Suzanne – 7, rue de la Forêt – 67114 Eschau – Tél. : 88.64.31.56

Fouchy-Noirceux Noirceux   C.M. n° 87 — Pli n° 16

💥💥💥 NN
(TH)

Alt. : 500 m — Dans une ferme vosgienne rénovée avec des matériaux nobles alliant la chaleur du bois à l'énergie de la pierre, 6 chambres confortables pour 2 pers. (lits 1 pers.), sanitaires privatifs. Prise TV. Poss. lit enfant. En commun : salle à manger, salle d'activités (42 m²), espace de détente, chauffage central. Parking, espace vert. Entrée indépendante de plain-pied. Espace de jeux pour enfants. La Miche offre la possibilité d'accueillir des stages, colloques et séminaires. Noirceux est un vallon calme, serti par la montagne, forêts et pâturages. Possibilité table d'hôtes : repas végétariens et céréaliens, aliments d'origine bio. Gare 25 km. Commerces 7 km.

Prix : 2 pers. 230 F 1/2 pens. 185 F pens. 235 F

🏊	🏃	🎿	⛷	🚶	🚶	🎿	🚲	🚶
5	13	2	2	SP	30	5	7	25

SCHEECK Cecile et Michel – 190, Noirceux - « La Miche » – 67220 Fouchy – Tél. : 88.57.30.56

Fouchy-Noirceux Noirceux

C.M. n° 87 — Pli n° 16

⚜⚜⚜ NN Alt. : 500 m — 1 chambre confortable (1 lit 2 pers. 1 convert. 2 pers.), salle d'eau et wc privatifs, à l'étage de la maison du propriétaire. Située au calme dans un vallon cerné par les montagnes, la forêt et au milieu des pâturages. Nombreux sentiers de randonnée. Un gîte rural sur place. Chauffage central. Espace vert, terrasse, aire de jeux. Gare 25 km. Commerces 2 km. Possibilité de repas en table d'hôtes à La Miche à 100 m. Tarif réduit à partir de la 3e nuit. Ouvert toute l'année.

Prix : 1 pers. **180 F** 2 pers. **200 F** 3 pers. **220 F**

7	20	13	2	5	SP	30	5	7	25

GUIOT Andre – N.191 - Noirceux – 67220 Fouchy – Tél. : 88.57.15.78

Frohmuhl

C.M. n° 87 — Pli n° 13

⚜⚜ NN Alt. : 250 m — 2 chambres situées à l'étage d'une maison fleurie en bordure du village et à côté de la forêt. 1 ch. (1 lit 2 pers.), lavabo et douche, 1 ch. (1 lit 2 pers.), salle de bains privative sur le palier. WC en commun sur palier. Chauffage central. Salon détente avec TV et réfrigérateur, véranda, terrasse, parking. Machine à café, sèche-cheveux, fer à repasser en commun. Gare sur place. Commerces 7 km. Ouvert toute l'année. Allemand parlé.

Prix : 1 pers. **170 F** 2 pers. **200/220 F**

1	10	2	1	SP	10

KEMPF Remie – 14, Route de Hinsbourg – 67290 Frohmuhl – Tél. : 88.01.50.41

Gebolsheim

C.M. n° 87 — Pli n° 4

⚜ NN Alt. : 180 m — 3 chambres (2 pers.) confortables dans une maison alsacienne joliment située. Lavabo, salle de bains et wc en commun. Chauffage électrique et poêle en faïence à bois. Gare et commerces 2 km. Ouvert toute l'année sauf en juillet et août. Allemand parlé.

Prix : 1 pers. **120 F** 2 pers. **200 F**

7	11	12	2	2

SCHNEIDER Lucien – 1, rue de Mommenheim – 67670 Gebolsheim – Tél. : 88.51.61.57

Geispolsheim

C.M. n° 87 — Pli n° 5

⚜⚜⚜ NN Alt. : 150 m — 6 chambres confortables dans une grande maison située au calme dans le village. A l'étage : 6 chambres pour 2 pers., sanitaires individuels. Salle pour séminaire 20 à 30 pers. Parking fermé. Réservation par téléphone de 10 à 13 heures. Gare 12 km. Commerces sur place. Ouvert toute l'année. Allemand parlé.

Prix : 1 pers. **200 F** 2 pers. **220 F**

12	7	SP	SP

HOFFER Henri – 2, rue de la Porte Basse – 67118 Geispolsheim – Tél. : 88.68.88.11

Gertwiller

C.M. n° 87 — Pli n° 15

⚜⚜ NN Alt. : 180 m — 1 chambre confortable de plain-pied avec véranda dans une maison située au cœur du vignoble. Entrée indépendante. Gîte fleuri. 1 gîte à l'étage de la maison. 1 chambre 1 lit 2 pers., sanitaires privatifs. Chauffage central. Parking, grande cour, jardin aménagé, salon de jardin, balançoire. Gare et commerces 1 km. Ouvert toute l'année. Allemand parlé.

Prix : 2 pers. **200 F** pers. sup. **50 F**

7	10	7	2	SP	25	25	1

BUHLER Rodolphe – 16, rue du Forst – 67140 Gertwiller – Tél. : 88.08.13.35

Gertwiller

C.M. n° 87 — Pli n° 15

⚜⚜⚜ NN Alt. : 180 m — Studio de plain-pied dans une maison située au calme dans le village viticole. Entrée indépendante. 1 lit 2 pers., 1 convert. 1 pers., coin-cuisine, salle d'eau, wc. Cour fermée fleurie, barbecue, abri avec table et bancs, salon de jardin. Prise TV. Tél. Téléséjour. Espace vert à côté de la maison. Possibilité l-linge et 1 chambre suppl. 2 pers. Location à la semaine (sans petit-déjeuner : 1.500 F). Parking. Réduction à partir de la 3e nuit. Gare 1 km. Commerces sur place. Ouvert toute l'année. Allemand parlé.

Prix : 1 pers. **130/150 F** 2 pers. **220/260 F** 3 pers. **320/360 F**

1	12	1	1	SP	25	25	1	30

SPITZ Alphonse – 2, rue du Vignoble – 67140 Gertwiller – Tél. : 88.08.04.31

Gingsheim

C.M. n° 87 — Pli n° 4

⚜ NN Alt. : 195 m — 2 chambres d'hôtes sous forme de suite, situées dans une maison à colombages au centre du village. 2 pièces communicantes pour 2 à 5 pers. avec salle de bains privée au r.d.c. 2 pièces communicantes 1 à 3 pers., salle d'eau et wc privés sur palier. Cuisine équipée à disposition. Chauffage central. Salle de séjour avec télévision, salle de jeux. Verger clos, abri, barbecue. Location en juillet et août comme gîte. Tél. téléséjour. Proche de Strasbourg. Tarif 5 pers. : 500 F. Gare 7 km. Commerces 4,5 km. Allemand parlé.

Prix : 1 pers. **160 F** 2 pers. **220 F** 3 pers. **300/350 F**

4,5	8	10	4,5	5	16	SP	4,5

PAULUS Marcel – 8, rue Principale – 67270 Gingsheim – Tél. : 88.51.28.67

Grandfontaine

C.M. n° 87 — Pli n° 15

⚜ NN Alt. : 620 m — 3 chambres dans une maison située au calme de la vallée. A l'étage : 2 ch. 2 pers., 1 ch. 3 pers., lavabo dans chaque chambre. Salle de bains et wc en commun. Chauffage central, parking. Terrasse avec barbecue et salon de jardin. Possibilité lit pliant. Proximité GR5. Mines et musée dans le village. Restaurant à 4 km. Boulangerie/épicerie au village. Gare 6 km. Commerces sur place. Ouvert toute l'année. Allemand parlé.

Prix : 1 pers. **100 F** 2 pers. **140 F** 3 pers. **220 F**

6	6	6	SP	SP	15	4,5	6

WATTEYNE Antoine – 1 rue des Minieres – 67130 Grandfontaine – Tél. : 88.97.21.13

Grandfontaine   *C.M. n° 87 — Pli n° 15*

≝ NN   Alt. : 620 m — 1 chambre aménagée à l'étage de la maison du propriétaire au calme et à proximité des chemins de grande randonnée. 1 chambre pour 2 pers., salle d'eau et wc séparés privatifs. Coin-cuisine à disposition. Chauffage central. Terrasse, parking. Pas de location juillet et août. Gare 6 km. Commerces sur place. Allemand parlé.

Prix : 1 pers. **110 F** 2 pers. **140 F**

6	6	6	SP	SP	15	5	6

KOENIGUER Denis – 3, rue Principale – 67130 Grandfontaine – Tél. : 88.97.21.93

Grandfontaine   *C.M. n° 87 — Pli n° 15*

≝ NN   Alt. : 550 m — Maison calme située au centre d'un village montagnard, au pied du Donon et de son temple gallo-romain. A l'étage : 1 ch. sous forme de suite (1 lit 2 pers. 2 lit 1 pers. 1 lit bébé), lavabo, wc sur palier. Au r.d.c. : 2° wc, s.d.b., cuisine à disposition. Chauffage central. Parking, espace vert, terrasse, salon de jardin, barbecue. Gare et commerces 5 km. Ouvert toute l'année. Réduction à partir de la 3° nuitée. Mine et son musée. Possibilité de randonnée (GR5).

Prix : 1 pers. **100/110 F** 2 pers. **140/150 F** 3 pers. **240/260 F**

6	20	10	3	0,5	0,1	20	5	5

REMY Roland – 1 rue de la Basse – 67130 Grandfontaine – Tél. : 88.97.20.60

Heiligenstein   *C.M. n° 87 — Pli n° 16*

≝≝≝ NN   Alt. : 260 m — 3 chambres confortables dans une maison située au calme près des vignes. 1 chambre 2 pers. de plain-pied avec une petite terrasse. Sanitaires privatifs. 2 chambres pour 2 pers. au 2° étage, sanitaires privatifs. Balcon, salle à manger avec terrasse. Parking fermé. Gare 2 km. Commerces sur place. Ouvert toute l'année. Allemand parlé.

Prix : 1 pers. **150 F** 2 pers. **200 F** 3 pers. **260 F**
pers. sup. **60 F**

2	0,3	2	SP

BOSSERT Claude – 4, Jungholzweg – 67140 Heiligenstein – Tél. : 88.08.14.05

Heiligenstein   *C.M. n° 87 — Pli n° 16*

≝≝≝ NN   Alt. : 260 m — 4 chambres dans une belle maison fleurie offrant une vue exceptionnelle sur la plaine d'Alsace. Cadre calme. 4 chambres avec sanitaires individuels. Balcon, 2 terrasses ouvertes, 1 terrasse couverte sur jardin fleuri. Petit déjeuner substentiel et varié dans pièce commune avec réfrigérateur et télévision. Repas tiré du sac accepté. A 20 mn de Strasbourg et à 45 mn de Colmar. Gare 2 km. Commerces 1 km. Ouvert toute l'année. Allemand parlé.

Prix : 2 pers. **220/250 F**

2	2	1	1	8	30

BOCH Frieda – 4, rue Principale – 67140 Heiligenstein – Tél. : 88.08.97.30

Heiligenstein   *C.M. n° 87 — Pli n° 16*

≝≝ NN   Alt. : 260 m — 5 chambres à l'étage de la maison du propriétaire viticulteur. Petit-déjeuner dans cadre rustique. Bonne situation : Barr, Obernai, Mont Ste Odile. 2 ch. (2 épis) avec lavabo et douche, wc en commun sur le palier. 3 ch. (3 épis) avec sanitaires privatifs. Gare 2 km. Commerces sur place. Ouvert toute l'année. Allemand parlé.

Prix : 1 pers. **160 F** 2 pers. **190/220 F** 3 pers. **270 F**

2	2	SP	SP

RUFF Daniel – 64, Route du Vin – 67140 Heiligenstein – Tél. : 88.08.10.81 – Fax : 88.08.43.61

Heiligenstein   *C.M. n° 87 — Pli n° 16*

≝ NN   Alt. : 260 m — 3 chambres à l'étage dans une maison fleurie avec une belle vue sur la plaine d'Alsace. 1 ch. (1 lit 2 pers., 1 divan, lavabo, bidet), 1 ch. (2 lits 1 pers., lavabo), 1 ch. (2 lits 1 pers., lavabo, balcon). En commun : à l'étage 2 wc avec lavabo et 1 douche avec wc, au r.d.c. : salle d'eau. Petits-déjeuners servis sur la petite terrasse ou la cour fleurie. Gare 2 km. Commerces sur place. Ouvert toute l'année. Allemand parlé.

Prix : 2 pers. **190 F**

3	10	2	3	SP

VOGEL Denise – 3, rue Principale – 67140 Heiligenstein – Tél. : 88.08.94.77

Heiligenstein   *C.M. n° 87 — Pli n° 16*

≝≝≝ NN   Alt. : 260 m — 3 chambres de grand confort aménagées dans une belle maison située dans le vignoble. Chez le viticulteur. 2 chambres 2 pers. dont 1 chambre avec terrasse, 1 chambre 3 pers. Sanitaires individuels dans chaque chambre. Pièce commune permettant repas tiré du sac. Jardin. Gare et commerces 2 km. Ouvert toute l'année. Allemand parlé.

Prix : 2 pers. **250 F** 3 pers. **300 F**

2	2	SP	2

BOCH Charles – 6, rue Principale – 67140 Heiligenstein – Tél. : 88.08.41.26

Hilsenheim Le Willerhof   *C.M. n° 87 — Pli n° 6*

E.C. NN   Alt. : 160 m — 6 ch. confortables sur 2 étages dans une maison de maître. 5 ch. (2 lits 1 pers.), 1 ch. (1 pers.). Chauffage électrique. Lavabo individuel. 1 wc, s.d.b., douche à chaque étage. Jardin aménagé et fleuri. Parking. Poss. demi-pension. En commun : grande terrasse, salon de jardin, barbecue. Jeux enfants, poneys, pétanque, ping-pong, volley, terrain foot, étang de pêche. Réfrigérateur. Restaurant à 200 m avec spécialités alsaciennes (tartes flambées, choucroute, baeckeoffe). Tarif 4 pers. : 300 F/jour. Pour l'accueil demander Mme Marie-Louise BAUER ou M. Jean-Marie RANCON.

Prix : 1 pers. **160 F** 2 pers. **200 F**

10	4	SP	SP	SP	SP	20	20	10	25

LE BOIS JOLI – Le Willerhof – 67600 Hilsenheim – Tél. : 88.85.40.12 – Fax : 88.85.91.41

Hoerdt

❀❀❀ NN

Alt. : 130 m — 6 ch. de charme, ambiance alsacienne. Au r.d.c. : séjour/salle à manger avec TV câblée. Au 1er étage : salon, 2 ch. (1 lit 2 pers.), 1 ch. (2 lits 1 pers. convert. 2 pers.). Au 2e étage : 1 ch. (1 lit 2 pers.), 1 ch. (2 lits 1 pers.). 1 ch. au r.d.c. de la maison de propriétaires (2 lits 1 pers.). Salle d'eau complète à chaque ch. Chauffage central. Tél. privatif. Jardin clos, salon de jardin, parking. Tarifs dégressifs > 2e nuitée. Golf 3 km. Pays des asperges. Orgues remarquables de l'église voisine. 2e tél. 07.58.39.57. 5 ch. dans la maison voisine de celle du propriétaire, située dans le bourg aux nombreuses maisons à colombages.

Prix : 1 pers. **180/240 F** 2 pers. **220/280 F** 3 pers. **300 F**
pers. sup. **40 F**

🐕	⛵	🏊	🏇	⛷	⛪	🚶	
	10	8	12	1	1	1	30

STOLL Rene et Dorothee – 23, Route de la Wantzenau – 67720 Hoerdt – Tél. : 88.51.72.29 ou 07.58.39.57

Le Hohwald

❀❀❀ NN

Alt. : 650 m — 2 belles chambres de grand confort dans une maison située au calme près de belles sapinières. 2 chambres pour 2 pers., salle de bains et wc individuels. Chauffage électrique. Cour et jardin clos. Parking. Gare 14 km. Commerces sur place. Ouvert toute l'année sauf en juillet et août. Allemand et anglais parlés.

Prix : 2 pers. **404 F**

🐕	⛵	🏇	🎿	⛷	🚶	⛷	🚴	🏊
	14	SP	0,2	0,2	0,1	0,3	0,1	0,4	0,3

HAZEMANN Tilly et Gerard – 28, rue Principale – 67140 Le Hohwald – Tél. : 88.08.30.17

Le Hohwald Sperberbaechel

❀❀ NN

Ⓐ

Alt. : 500 m — 4 chambres aménagées au-dessus d'une auberge très joliment située en moyenne montagne. 4 chambres avec douche et lavabo privatifs. 2 wc en commun. Aire de jeux, parking privé, location VTT. Camping rural sur place. Torrent d'Andlau. A proximité du GR 5/53. Gare 10 km. Commerces 2 km. Ouvert toute l'année. Allemand parlé.

Prix : 1 pers. **150 F** 2 pers. **220 F** 3 pers. **300 F**
1/2 pens. **370 F**

🐕	⛵	🏊	🏇	⛷	
	10	10	12	2	

LIEBER Bernadette – Relais du Sorbier - Lisbach-Sperberbaechel – 67140 Le Hohwald – Tél. : 88.08.33.38

Le Hohwald Lilsbach

❀❀

Alt. : 650 m — 4 chambres confortables dans une maison située à l'orée de la forêt. 1 chambre pour 3 pers. et 1 lit enfant, 3 chambres pour 2 pers. et 1 enfant. En commun : salle de bains, 2 wc, salle de séjour. Chauffage central, repas du soir possible. Réduction à partir de la 3e nuit. Gare 10 km. Commerces sur place. Ouvert toute l'année. Allemand parlé.

Prix : 1 pers. **125 F** 2 pers. **170 F** 3 pers. **240 F**

🐕	⛵	🏊	🏇	⛷	🚶	⛷	🎿	🚴
	10	SP	SP	SP	SP	SP	SP	SP	10

ROMAIN Fernand – Lilsbach – 67140 Le Hohwald – Tél. : 88.08.31.74

Hohwarth

❀❀❀ NN

Ⓣⓗ

Alt. : 300 m — 5 chambres pour 2 personnes dans une maison neuve chez un agriculteur, belle situation et panorama sur le Val de Villé. Sanitaires individuels dans chaque chambre. Télévision dans la salle à manger. Réfrigérateur à disposition. Chauffage central. Terrasse, entrée sans escalier. Terrain de jeux, parking. Animaux acceptés. Possibilité pension. Gare 15 km. Commerces 1 km. Ouvert toute l'année. Allemand parlé.

Prix : 1 pers. **170 F** 2 pers. **220 F** 3 pers. **260 F** repas **50 F**
1/2 pens. **165 F**

🐕	⛵	🏇	⛷	🚶	⛷	🎿	🚴
	4	4	4	3	0,5	18	18	4

PETER Jean-Marie – 5, Chemin de l'Eglise – 67220 Hohwarth – Tél. : 88.85.69.11

Hohwarth

❀❀❀ NN

Alt. : 300 m — 2 chambres d'hôtes joliment situées au calme à l'étage de la maison du propriétaire avec vue panoramique. 1 ch. (1 lit 2 pers.), 1 ch. (3 lits 1 pers.), avec grande terrasse, prise TV. Kitchenette. Sanitaires individuels dans chaque chambre. Chauffage central. Parking. Possibilité repas du soir chez Madame Peter à Hohwarth. Garage sur demande. Poss. 1 Lit d'appoint (1 pers.). Gare et commerces 4 km. Ouvert toute l'année. Allemand parlé.

Prix : 1 pers. **160/170 F** 2 pers. **200/210 F** 3 pers. **260/270 F**
pers. sup. **60 F**

🐕	⛵	🏇	⛷	🚶	⛷	🎿	🚴
	4	4	4	3	SP	10	10	4

MEYER Liliane – 4, Chemin de l'Eglise – 67220 Hohwarth – Tél. : 88.85.66.05

Hunspach

❀❀❀ NN

Alt. : 170 m — 6 chambres aménagées dans une ancienne maison typique rénovée. 1 ch. (3 pers.), 5 ch. (2 pers. poss. 1 pers. suppl.). Salle de bains et wc dans chaque chambre, ainsi qu'un séjour-cuisine. Chauffage central. Jardin aménagé (barbecue, ping-pong, salon de jardin), parking, lingerie. Pas de location en juillet et août. Gare et commerces 500 m. Anglais et allemand parlés.

Prix : 1 pers. **130 F** 2 pers. **260 F** 3 pers. **390 F**

🐕	⛵	🏊	🏇	⛷	🚶	🚴	⛪
	10	15	4	0,2	7	18	4	

MAISON UNGERER – 3, Route de Hoffen – 67250 Hunspach – Tél. : 88.80.59.39 – Fax : 88.80.54.38

Hunspach

❀❀ NN

Alt. : 170 m — 2 chambres d'hôtes située dans une ferme à colombages. 1 ch. (1 lit 2 pers.), 1 ch. (2 lits 1 pers.), sanitaires privatifs. Garage, cour fermée, jardin, salon de jardin. Cuisine à disposition. Chauffage électrique. Possibilité 2 personnes supplémentaires. Gare et commerces 500 m. Ouvert toute l'année sauf en juillet et août. Allemand parlé.

Prix : 2 pers. **230 F**

🐕	⛵	🏊	🏇	⛷	
	10	23	4	0,5	

LEHMANN Marliese – 56, rue Principale – 67250 Hunspach – Tél. : 88.80.42.25

Ingwiller

☘☘☘ NN Alt. : 200 m — 1 chambre à l'étage d'une maison profitant du calme de la ferme. 1 chambre pour 2 à 3 personnes avec douche, lavabo et wc. Coin-repas. Terrasse, salon de jardin. Gare et commerces sur place. Ouvert toute l'année. Allemand parlé.

Prix : 1 pers. **130 F** 2 pers. **190 F**

🌊	〰️	🎿	🏇	⛵	🚶	🚴
20	10	10	1	1	2	10

EHRHARDT Christiane – 5, rue de la Brasserie – 67340 Ingwiller – Tél. : 88.89.61.86

Itterswiller

☘☘☘ NN Alt. : 240 m — 3 chambres confortables à l'étage de la maison du propriétaire viticulteur. 3 chambres pour 2 pers. avec douche et lavabo et wc privatifs sur le palier. Salle à manger et coin-cuisine en commun. Terrasse avec salon de jardin. Chauffage électrique. Possibilité lit supplémentaire. Gare 1 km. Commerces sur place. Ouvert toute l'année. Allemand parlé.

Prix : 1 pers. **140 F** 2 pers. **175 F** 3 pers. **215 F**

🌊	〰️	🎿	🏇	🚶
4	12	15	5	2	15

HOFFMANN Roger – 1/A, Route d'Epfig – 67140 Itterswiller – Tél. : 88.85.52.89

Itterswiller

☘☘ NN Alt. : 240 m — 3 chambres à l'étage d'une belle maison vigneronne de caractère. 2 chambres pour 2 pers., 1 chambre pour 3 pers., possibilité pour 1 pers. supplémentaire. Lavabo dans chaque chambre. Salle de bains et wc en commun. Chauffage électrique. Grand jardin et parking fermés. Chambres personnalisées. Gare 5 km. Commerces sur place. Ouvert toute l'année. Allemand parlé.

Prix : 1 pers. **150 F** 2 pers. **210 F** 3 pers. **270 F**

🌊	〰️	🎿	🏇
15	15	5	2

HUNGERBUHLER Betty – 101, Route du Vin – 67140 Itterswiller – Tél. : 88.85.50.57

Kintzheim

☘☘☘ NN Alt. : 220 m — 2 chambres à l'étage d'une maison située au calme en bordure de la forêt vosgienne. Belle vue sur le vignoble, la plaine d'Alsace et la Forêt Noire. 1 chambre pour 3 pers., avec lavabo et wc sur le palier. (2 épis). 1 chambre pour 2 pers., sanitaires privatifs (3 épis). Gare 5 km. Commerces sur place. Ouvert toute l'année. Allemand parlé.

Prix : 2 pers. **220 F** 3 pers. **250 F**

🌊	🏇	🎿	🚶	🚴	🚶
5	1	5	SP	3	SP	2

NIBEL Jean – 23, rue des Chars – 67600 Kintzheim – Tél. : 88.82.09.54

Kintzheim

☘☘☘ NN Alt. : 220 m — 4 chambres à l'étage et au rez-de-chaussée d'une belle maison fleurie. 1 chambre pour 2 pers. avec lavabo, douche et wc sur le palier (2 épis). 2 chambres communicantes 4 pers., 1 chambre pour 2 pers. Au rez-de-chaussée : 1 chambre pour 2 pers. (3 épis). Ces 2 chambres ont des sanitaires privatifs. Terrasse, parking, cour, salon de jardin. Forêt à proximité. Gare 5 km. Commerces sur place. Ouvert toute l'année. Allemand parlé.

Prix : 1 pers. **180/190 F** 2 pers. **210/240 F** 3 pers. **300 F**

🌊	🏇	🎿	🚶
5	5	5	6	3

BLUMBERGER Alphonsine – 4, rue de la Liberté – 67600 Kintzheim – Tél. : 88.82.09.37

Kintzheim

☘ NN Alt. : 220 m — 3 chambres pour 2 personnes à l'étage d'une grande maison, chez le viticulteur. Sur la route des vins. 1 chambre 2 pers., 1 chambre 2 pers. et 2 enfants, 1 chambre 2 pers. et 1 enfant, lavabo dans chaque chambre, douche et wc en commun, ainsi que la salle de séjour rustique. Gare 5 km. Commerces sur place. Ouvert toute l'année. Allemand parlé.

Prix : 2 pers. **180 F** 3 pers. **240 F**

🌊	🏇	🎿	🚶
5	5	5	6	3

GOETTELMANN Lucien – 59, rue de la Liberté – 67600 Kintzheim – Tél. : 88.82.04.67

Kintzheim

☘☘☘ NN Alt. : 220 m — 3 chambres dans une maison située en périphérie du village, au pied du Haut-Koenigsbourg. 1 chambre (1 lit 2 pers), salle d'eau complète. 1 chambre (2 lits 1 pers.), salle d'eau complète. 1 chambre (1 lit 2 pers., 1 lit 1 pers.), salle d'eau complète. Chauffage central. Prise TV. Poss. lit pliant. Cour fermée, parking. Jardin, salon de jardin.

Prix : 2 pers. **250 F** 3 pers. **270 F** pers. sup. **50 F**

🌊	🏇	🎿	🚶
5	5	5	6	3

SIMON Marlene – 3 rue de la Liberté – 67600 Kintzheim – Tél. : 88.82.12.20 ou 29.06.95.25

Kintzheim

E.C. NN Alt. : 220 m — 4 chambres au rez-de-chaussée de la maison du propriétaire située au calme en périphérie du village. Entrée indépendante. Sur la route des vins, au pied du Haut-Koenigsbourg. 3 chambres (1 lit 2 pers.), 1 chambre (1 lit 2 pers. 1 lit 1 pers.). Sanitaires privatifs pour chacune. Cour fermée, parking, grand espace vert avec salon de jardin. Situation calme. Gare 5 km. Commerces sur place. Ouvert toute l'année. Anglais et allemand parlés.

Prix : 2 pers. **220 F** 3 pers. **270 F**

🌊	🏇	🎿	🚶
5	5	5	6	3

KAEMPF Auguste – 10 rue Judepfad – 67600 Kintzheim – Tél. : 88.82.09.67

Klingenthal   *C.M. nº 87 — Pli nº 5*

E.C. NN — Alt. : 300 m — 3 chambres confortables dans une maison située à proximité de la forêt. 1 ch. (1 lit 2 pers.), s. d'eau complète privative. 1 ch. (1 lit 2 pers.), s. d'eau privative, wc sur le palier. 1 ch. 3 épis (3 lits 1 pers.), sanitaires privatifs. Chauffage central. Jardin, terrasse, salon de jardin, parking. Gare 7 km. Commerces sur place. Ouvert toute l'année. Allemand parlé.

Prix : 2 pers. 230 F 3 pers. 310 F pers. sup. 80 F

7	7	7	0,5	20	20	7

GRETTNER Pia – 7, avenue de Rathsamhausen – 67530 Klingenthal – Tél. : 88.95.97.38

Klingenthal   *C.M. nº 87 — Pli nº 5*

NN — Alt. : 300 m — 2 chambres confortables dans une maison située au calme près de la forêt. 1 chambre pour 2 pers. avec salle de bains et wc, balcon avec vue sur la vallée. 1 chambre pour 2 pers., douche et wc. Chauffage central. Grand jardin aménagé. Gare 7 km. Commerces sur place. Ouvert toute l'année. Allemand parlé.

Prix : 2 pers. 230 F

7	7	2	20	20

WELKER Jeanne – 7, rue des Sapins – 67530 Klingenthal – Tél. : 88.95.83.02

Kutzenhausen Oberkutzenhausen   *C.M. nº 87 — Pli nº 3*

NN — Alt. : 160 m — 3 chambres de charme, d'excellent confort, dans le bâtiment annexe à la maison du propriétaire. 1 grande ch. (1 lit 2 pers. 1 convert. 1 pers.) avec salon, lavabo, douche et wc privatifs. 2 ch. (1 lit 2 pers.), salle d'eau complète privative à chacune. Chauffage électrique. Jardin paysagé et fleuri, terrasse couverte, cour fermée avec tonnelle. Salon de jardin. Parking. Forêt à 100 m. 3 vélos. A proximité de la route des Villages Fleuris et de châteaux-forts. Mobilier ancien. Au calme dans le petit hameau aux nombreuses maisons à colombages. Carte France Télécom. Gare et commerces 4 km. Anglais et polonais parlés. Ouvert toute l'année.

Prix : 1 pers. 260/280 F 2 pers. 300/350 F 3 pers. 400 F

15	20	1	0,5		4	6

TRONCY Helena – 2, rue des Rossignols - Oberkutzenhausen – 67250 Kutzenhausen – Tél. : 88.80.79.48

Lembach   *C.M. nº 87 — Pli nº 2*

NN — Alt. : 200 m — 4 chambres situées à l'étage de la maison du propriétaire. Cadre rustique et très calme. Chambres spacieuses avec salon privatif. 1 ch. (1 lit 2 pers.), 1 ch. (2 lits 1 pers.), 1 ch. (1 lit 2 pers.) attenante à 1 petite pièce (1 lit 1 pers.), 1 ch. (1 lit 2 pers. 2 lits 1 pers.), salle d'eau complète privative à chaque ch. Réfrigérateur en commun sur le palier. Cour fermée, espace vert avec salon de jardin, jeux pour enfants, vélos, parking. Lit bébé sur demande et moyennant supplément. Tarif 4 pers. : 504 F/nuitée. Commerces 500 m. Ouvert toute l'année. Allemand parlé.

Prix : 2 pers. 272/312 F 3 pers. 408 F

5	4	9	0,5	0,5	9	0,5	1

LIENHARD Jean-Claude – 14 A, rue du Maire Dillmann – 67510 Lembach – Tél. : 88.94.40.11

Lembach   *C.M. nº 87 — Pli nº 2*

E.C. NN — Alt. : 200 m — 3 chambres d'hôtes à l'étage de la maison du propriétaire située dans une région boisée, dans le Parc Naturel Régional des Vosges du Nord, proche de Wissembourg. 3 chambres (3 lits 2 pers.) avec lavabo. WC indépendants et salle d'eau commune sur le palier. Commerces 500 m. Ouvert toute l'année. Allemand parlé.

Prix : 1 pers. 120 F 2 pers. 240 F 3 pers. 360 F

5	4	9	0,5	0,5	9	0,5	1

NERCHER Charles – 44 Route de Bitche – 67510 Lembach – Tél. : 88.94.46.47

Lobsann   *C.M. nº 87 — Pli nº 3*

E.C. NN — Alt. : 250 m — 1 chambre-studio située à l'étage de la maison du propriétaire. Proche de la route des Villages Pittoresques et du Parc Naturel Régional des Vosges du Nord. (1 lit 2 pers. 1 convert. 2 pers.) salle d'eau complète, coin-kitchenette, prise TV. Cour fermée, parking, salon de jardin, barbecue. Gare et commerces 4 km. Ouvert toute l'année. Anglais et allemand parlés.

Prix : 1 pers. 180 F 2 pers. 220 F 3 pers. 280 F

3	5	4	1	SP	4

BOURDY Daniele – 12 Route de Marienbronn – 67250 Lobsann – Tél. : 88.80.66.14 ou 88.06.21.75 – Fax : 88.80.66.16

Maisonsgoutte   *C.M. nº 87 — Pli nº 16*

NN — Alt. : 300 m — 4 belles chambres situées à l'étage d'une construction neuve au calme dans le village. 1 chambre pour 3 pers., 3 chambres pour 2 pers., douche, lavabo et wc dans chaque chambre, chauffage électrique. Jardin clos, barbecue. Parking. Présence de 2 gîtes ruraux à l'étage. Gare 17 km. Commerces sur place. Ouvert toute l'année. Allemand parlé.

Prix : 1 pers. 135 F 2 pers. 235 F 3 pers. 335 F

3	2	3	SP	20	20	3

HERRMANN Jean-Luc – 18, rue Wangenbach – 67220 Maisonsgoutte – Tél. : 88.57.22.01

Marckolsheim   *C.M. nº 87 — Pli nº 7*

NN — Alt. : 170 m — 1 chambre dans une maison typique fleurie. 1 chambre pour 2 pers., avec salle d'eau et wc privatifs sur le palier. Chauffage central. Parking. Forêt. 2 gîtes sur place. Proximité de l'Europa-park à Rust en Allemagne. Gare 13 km. Commerces sur place. Ouvert toute l'année. Allemand parlé.

Prix : 1 pers. 130 F 2 pers. 180 F

SP	12	SP	SP	SP	SP	25

ALLONAS Paul – 2, Place de la Republique – 67390 Marckolsheim – Tél. : 88.92.55.62

Marckolsheim
C.M. n° 87 — Pli n° 7

ww NN Alt. : 170 m — 1 chambre dans une belle maison fleurie, située dans un endroit calme. Loc. vélos à l'office de tourisme de Marckolsheim. 1 chambre 2 pers. avec douche, lavabo et wc privatifs. Chauffage central. Parking. 1 lit pliant sur demande. Kitchenette, prise TV. Barbecue, cour, fermée, ping-pong, salon de jardin. Lave-linge en commun. Présence de deux gîtes sur place. Gare 13 km. Commerces 500 m. Ouvert toute l'année. Allemand parlé.

Prix : 1 pers. **135 F** 2 pers. **180 F** 3 pers. **240 F**

🏊	🎣	⛷	🎿	⛪	🚶	🚴		🏇
0,5	13	13	0,5	5	1	SP		22

JAEGER Roger – 3, rue du Violon – 67390 Marckolsheim – Tél. : 88.92.50.08

Marckolsheim
C.M. n° 87 — Pli n° 7

E.C. NN Alt. : 170 m — 1 chambre sous forme de suite à l'étage de la maison du propriétaire située à proximité du Ried, riche en faune et en flore, proche de la route de vins. Suite : 1 pièce (1 lit 2 pers.) et 1 pièce (2 lits 1 pers., lavabo). Salle d'eau complète. Chauffage central. Cour fermée, parking, garage sur demande. Possibilité 1 ou 2 pers. suppl. Gare 13 km. Commerces sur place. Ouvert toute l'année. Anglais et allemand parlés.

Prix : 1 pers. **130 F** 2 pers. **200 F** 3 pers. **280 F**
pers. sup. **80 F**

🐕	🏊	🎣	⛷	⛪	🚶	🚴		🏇
	SP	12	SP	SP	SP	SP		25

WERNY Claire – 1 rue du Gal Freytag – 67390 Marckolsheim – Tél. : 88.74.95.79

Marlenheim
C.M. n° 87 — Pli n° 4

www NN Alt. : 200 m — 2 chambres avec entrées indépendantes dans une belle ferme située dans un village de vignerons. 1 chambre sous forme de suite : 1 chambre (1 lit 2 pers.) avec salle d'eau privative et wc (2 épis). Pas de location en juillet et août. 1 chambre (1 lit 2 pers.), salle d'eau privative (3 épis). 1 gîte sur place. Cour fermée, parking. Gare 12 km. Commerces sur place. Ouvert de mai à octobre. Allemand parlé.

Prix : 1 pers. **160/180 F** 2 pers. **200/220 F**

🐕	🏊	🎣	⛷
	5	5	5

GOETZ Paul – 86, rue du General de Gaulle – 67520 Marlenheim – Tél. : 88.87.52.94

Memmelshoffen
C.M. n° 87 — Pli n° 3

www NN Alt. : 200 m — 3 ch. de charme situées dans un bâtiment annexe de la maison du propriétaire. 3 ch. à l'étage. Salle d'eau complète et privative à chaque ch. Téléphone en service restreint et TV dans chaque ch., sèche-cheveux. A l'étage : salle de petits déjeuners. Terrasse d'été. Ch. central. Jardin paysagé clos et cour pavée. Barbecue fixe. Parkings. Taxe de séjour : 2 F. Mobilier en bois massif. Plafond polychromes avec motifs traditionnels. Dans un cadre verdoyant et sympathique au cœur d'un petit village alsacien. A proximité de villages de potiers, de forêts. Petit balcon. Tarifs réduits hors-saison. Gare et commerces 4 km. Ouvert toute l'année. Allemand parlé.

Prix : 1 pers. **320 F** 2 pers. **420 F**

🐕	🏊	🎣	⛷	⛪	🚶	🚴	🏇
	4	3	3	5	0,5	SP	12

BURG Christiane – 5, rue de Lembach - S'Kaemmerle – 67250 Memmelshoffen – Tél. : 88.80.62.97 ou 88.80.50.39 – Fax : 88.80.64.01.

Merkwiller-Pechelbronn
C.M. n° 87 — Pli n° 3

www NN Alt. : 170 m — 3 chambres d'excellent confort situées dans une maison fleurie de caractère partageant la cour du propriétaire agriculteur. Belle situation dans le village. 3 ch. (2 lits 1 pers.), 1 ch. (1 lit 2 pers.) avec pour chacune salle d'eau privative avec wc, séjour/cuisine et prise TV. L-linge en commun. Chauffage électrique. Salon de jardin privatif, ping-pong. Balançoire, barbecue, espace extérieur pavé, cour fermée, parking. Vente de produits fermiers. Location en juillet et août sous forme de 3 gîtes. Centre de cure thermale dans le Parc Naturel des Vosges du Nord. Gare 5 km. Commerces sur place. Anglais et allemand parlés.

Prix : 1 pers. **180 F** 2 pers. **220 F** 3 pers. **250 F**

🐕	🏊	🎣	⛷	⛪	🚶	🚴	🏇	
	5	15	5	0,2	15	SP	2	5

SCHIELLEIN Paul – 5, Route de Surbourg – 67250 Merkwiller-Pechelbronn – Tél. : 88.80.77.80 – Fax : 88.80.90.03

Mittelbergheim
C.M. n° 87 — Pli n° 16

www NN
(TH) Alt. : 220 m — 6 chambres confortables à l'orée de la forêt, cadre exceptionnel dans le vignoble. 3 chambres pour 2 pers., 1 chambre pour 3 pers., 2 chambres pour 4 pers. avec salle de bains particulière. Téléséjour. Jardin, terrasse, terrain, barbecue, parking. Séjour avec lave-linge, kitchenette. Gare et commerces 1 km. Ouvert toute l'année. Allemand parlé.

Prix : 1 pers. **180/210 F** 2 pers. **200/230 F** 3 pers. **300 F**
pers. sup. **70 F** repas **85 F**

🏊	🎣	⛷	🎿	⛪	🚶	⛸	🚴		🏇
1	15	1	1	2	SP	15	15	10	20

DOLDER Rene – 15, Chemin du Holzweg – 67140 Mittelbergheim – Tél. : 88.08.15.23 – Fax : 88.08.54.11

Mittelbergheim
C.M. n° 87 — Pli n° 16

ww Alt. : 220 m — 3 chambres à l'étage d'un bâtiment indépendant de la maison du propriétaire viticulteur. Vue sur les vignes. 3 chambres avec 2 lits 1 pers., salle d'eau, wc, rangement. Chauffage central. Coin-repas, réfrigérateur et plaques de cuisson dans la salle des petits déjeuners. Gare et commerces 1 km. Ouvert toute l'année. Allemand parlé.

Prix : 1 pers. **170 F** 2 pers. **210 F**

🐕	🏊	⛷	⛪	🚶
	10	1	1	2	6

DOLDER Christian – 4, rue Neuve – 67140 Mittelbergheim – Tél. : 88.08.96.08

Mittelbergheim
C.M. n° 87 — Pli n° 16

≋ NN
Alt. : 220 m — 2 chambres dans les bâtiments d'une ancienne forge du XVIIIe siècle rénovée par le propriétaire viticulteur. 1 ch. à l'étage (1 lit 2 pers.), avec 2e pièce communicante (1 lit divan 1 pers.), s.d.b. complète privative. 1 ch. au 2e étage (3 lits 1 pers.), s. d'eau et wc privatifs sur couloir. Chauffage central. Meubles anciens. Parking, la cour fermée. Salon de jardin. Petits déjeuners servis dans la salle à manger du propriétaire au 1er étage. Réduction à partir de 3 nuits. Caveau à disposition. Au centre du petit village de vignerons, classé « plus beau village de France ». Gare et commerces 1 km. Ouvert toute l'année. Allemand parlé. Taxe de séjour : 2 F.

Prix : 2 pers. **225/235 F** 3 pers. **330/340 F**

1	1	1	2	6

BRANDNER Denise – 51 rue Principale – 67140 Mittelbergheim – Tél. : 88.08.01.89

Muttersholtz
C.M. n° 87 — Pli n° 6

≋≋≋ NN
Alt. : 170 m — 4 chambres situées dans une maison neuve au cœur des prairies du Ried. 4 chambres (2 lits 1 pers.), sanitaires privatifs à chaque ch. Terrasse, balcon, terrain de jeux pour enfants, salon de jardin, barbecue. Location de VTT. Chauffage électrique. Au r.d.c. : cuisine et salon en commun. Loc. en gîte en juillet et août. Gare 7 km. Commerces sur place. Allemand parlé.

Prix : 2 pers. **250 F**

7	3	4	SP	SP	4	30	30	SP	23

SCHWEITZER Chantal – 37, rue Langert – 67600 Muttersholtz – Tél. : 88.85.10.48

Neewiller-Pres-Lauterbourg
C.M. n° 87 — Pli n° 3

≋≋ NN (TH)
Alt. : 120 m — 2 chambres d'hôtes à l'étage de la maison fleurie du propriétaire. 2 ch. dont 1 avec balcon (1 lit 2 pers. 2 lits 1 pers.). Salle d'eau avec wc privatifs à chaque chambre. Chauffage central. Télévision, terrasse couverte, espace vert, salon de jardin, parking. Les chambres sont louées sous forme de gîtes en juillet et en août. Gare et commerces 5 km. Allemand parlé.

Prix : 1 pers. **125 F** 2 pers. **250 F**

15	4	1	5	6	SP	45	15	35

HEINTZ Gerard – Chemin des Sapins – 67630 Neewiller-Pres-Lauterbourg – Tél. : 88.54.60.78

Niederlauterbach
C.M. n° 87 — Pli n° 3

≋ NN
Alt. : 140 m — 6 chambres mansardées au 2e étage d'une maison fleurie à colombages du XVIIIe siècle. 3 chambres pour 2 pers., 3 chambres pour 1 pers., toutes avec un lavabo. En commun : salle de bains avec bidet, 1 douche, 2 wc. Petit salon de lecture et télévision. Chauffage central. Située dans le village et à 7 km du Rhin. Gare 5 km. Commerces sur place. Ouvert toute l'année. Allemand parlé.

Prix : 1 pers. **120 F** 2 pers. **180 F** 3 pers. **250 F**

14	5	2	SP	SP	SP

ZIMMERMANN Monique – 7, rue Principale – 67630 Niederlauterbach – Tél. : 88.94.32.43

Niedersteinbach
C.M. n° 87 — Pli n° 2

≋≋ NN
Alt. : 230 m — 2 chambres à l'étage d'une maison située à l'entrée du village aux nombreux sentiers de randonnée. Jardin, terrasse, parking. 1 chambre pour 2 pers. avec lavabo et wc privatifs (1 épi). 1 chambre pour 2 pers., salle d'eau avec wc sur le palier, douche en commun avec l'autre chambre (2 épis). Gare 14 km. Commerces 2 km. Ouvert toute l'année. Allemand parlé.

Prix : 2 pers. **230 F**

14	5	2	5	5	2	8	25

GUTHMULLER Charles – 43, rue Principale – 67510 Niedersteinbach – Tél. : 88.09.56.42

Niedersteinbach
C.M. n° 87 — Pli n° 2

≋≋ NN (A)
Alt. : 230 m — 5 chambres entièrement refaites et d'excellent confort dans une ancienne maison traditionnelle et à colombages, située dans le village. Sur 2 étages au-dessus de deux salles restaurants. Douche et lavabo dans chaque chambre, wc en commun par étage. 4 ch. (1 lit 2 pers.), 1 ch. (2 lits 1 pers.) et 2 lits d'appoint. Chauffage électrique, prise TV. Espace vert, salon de jardin en commun, ping-pong, vélos, parking. Supplément pour animaux, télévision et enfant au-dessus de cinq ans. Point-phone. Gare 25 km. Commerces 2 km. Ouvert toute l'année. Allemand parlé.

Prix : 1 pers. **253 F** 2 pers. **286 F** 3 pers. **386 F**

14	5	2	5	5	2	8	15

HOEFLER Alfred – 16, rue Principale – 67510 Niedersteinbach – Tél. : 88.09.50.28 ou 88.94.42.84

Nothalten
C.M. n° 87 — Pli n° 16

≋≋ NN
Alt. : 220 m — 2 chambres confortables à l'étage d'un maison située à l'entrée du village viticole. 1 chambre pour 4 pers. et 1 chambre pour 3 pers. avec douche, lavabo et wc dans chaque chambre. Chauffage central. Caveau rustique au sous-sol pour petit déjeuner et soirée tranquille. Cuisine à disposition, possibilité barbecue. Grand parking. Gare 6 km. Commerces sur place. Ouvert toute l'année. Allemand parlé.

Prix : 1 pers. **155 F** 2 pers. **190 F** 3 pers. **245 F**

12	12	2

EGELE Bernard – 144, Route du Vin – 67680 Nothalten – Tél. : 88.92.48.21

Oberhaslach *C.M. n° 87 — Pli n° 15*

♨ NN Alt. : 300 m — 5 ch. de caractère dans un ancien pavillon de chasse, magnifiquement situé en lisière de forêt. 1 suite de 2 ch. (1 lit 2 pers. 2 lits 1 pers.), salle d'eau, wc séparés privatifs et salon avec prise TV. 2 ch. 1 pers., 2 ch. (2 lits 1 pers.). Lavabo dans chaque chambre. WC et douche en commun au r.d.c. Piscine découverte chauffée. Coin-cuisine et l-linge en commun. Poss. demi-pension. Endroit calme et boisé, en moyenne montagne. Vue panoramique. Mobilier ancien et de charme. Lieu d'étape pour randonnées équestres. 18 chevaux à monter : selle français. Petit élevage de sangliers, de lapins. Gare 15 km. Commerces 5 km. Ouvert toute l'année. Allemand parlé.

Prix : 1 pers. **130 F** 2 pers. **260 F**

SP	SP	15	2

ANDRE Marcel – Le Neufeld – 67190 Oberhaslach – Tél. : 88.50.91.48

Orschwiller *C.M. n° 87 — Pli n° 16*

♨♨ NN Alt. : 260 m — 4 chambres au r.d.c. d'une grande maison située dans un charmant village de la route des vins. 1 chambre 2 pers., s.d.b. privative et wc. 1 chambre 3 pers. et 2 chambre 2 pers. avec chacune douche et lavabo privatifs. WC en commun. Réduction à partir de la 3ᵉ nuit. Chauffage central. Salle de petits déjeuners avec réfrigérateur et plaques électrique à disposition. Pelouse, jardin ombragé et aménagé au calme, salon de jardin, portique, barbecue. Cour pavée fermée, parking. Gare 6 km. Commerces 2 km. Ouvert toute l'année. Allemand parlé.

Prix : 1 pers. **160 F** 2 pers. **200 F** 3 pers. **240 F**
pers. sup. **30 F**

6	5	6	6	5	2	6

SCHWETTERLE Remy – 6, Route du Vin – 67600 Orschwiller – Tél. : 88.92.11.31

Orschwiller *C.M. n° 87 — Pli n° 16*

♨♨ NN Alt. : 260 m — 2 chambres dans une maison située au centre du village. Parking, cour fermée, pelouse, salon de jardin, balançoire. Chez le viticulteur. 1 chambre 1 épi (2 pers.), douche et lavabo privatifs, wc sur le palier. 1 chambre 2 épis (2/4 pers.), sanitaires privatifs (2 épis). Barbecue. Gare 6 km. Commerces sur place. Ouvert toute l'année. Allemand parlé.

Prix : 2 pers. **190/200 F** 3 pers. **250 F**

6	5	3	2	5	SP	4

WALISZEK Cecile – 1, Route de Selestat – 67600 Orschwiller – Tél. : 88.92.21.35

Orschwiller *C.M. n° 87 — Pli n° 16*

♨ NN Alt. : 260 m — 2 chambres au rez-de-chaussée de la maison du propriétaire. 2 chambres pour 4 pers. séparées par une porte coulissante avec douche et lavabo, 1 chambre pour 2 pers., avec lavabo et douche. WC en commun sur palier. Possibilité 1 lit enfant. Cour fermée, jardin aménagé, salon de jardin, coin-cuisine, parking, garage. Autre N° téléphone : 88 92 52 82. Gare 6 km. Commerces 2 km. Ouvert toute l'année. Allemand parlé.

Prix : 2 pers. **180 F**

6	5	6	6	5	2	6	2

SCHWETTERLE Maria – 7, Route du Vin – 67600 Orschwiller – Tél. : 88.92.21.06

Orschwiller *C.M. n° 87 — Pli n° 16*

E.C. NN Alt. : 260 m — 1 chambre à l'étage de la maison du propriétaire située sur la route des vins, proche de Sélestat, de la montagne, au pied du Haut-Koenigsbourg. 1 chambre (1 lit 2 pers. 1 lit 1 pers.), salle d'eau complète. Chauffage central, prise TV. Cour, parking, espace vert, salon de jardin, barbecue. Possibilité de louer 1 chambre supplémentaire. Gare 6 km. Commerces 2 km. Ouvert toute l'année. Allemand parlé.

Prix : 2 pers. **190 F** 3 pers. **240 F**

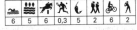

6	5	6	0,3	5	2	6	2

WALISEK Marie-Rose – 5A, Route du Vin – 67600 Orschwiller – Tél. : 88.92.35.26

Ottrott *C.M. n° 87 — Pli n° 15*

♨ NN Alt. : 280 m — 2 chambres confortables dans une maison située au calme en bordure de forêt. 2 chambres 2 pers. avec lavabo, salle de bains et wc en commun. Lit d'appoint et lit bébé sur demande. Chauffage central. Possibilité de cuisiner. Gare 4 km. Commerces sur place. Ouvert toute l'année. Allemand parlé.

Prix : 2 pers. **190 F** 3 pers. **235 F**

4	4	SP	SP

RUTHMANN Andre – 11, rue du Mont-Sainte-Odile – 67530 Ottrott – Tél. : 88.95.81.52

Ottrott *C.M. n° 87 — Pli n° 15*

♨ NN Alt. : 280 m — 3 chambres dans une jolie maison fleurie proche des montagnes. 2 chambres 2 pers. avec lavabo et wc, 1 chambre 2 pers. avec lit d'appoint et lavabo. Douche et wc à l'étage. Possibilité de cuisiner. Chauffage central. Gare 4 km. Commerces sur place. Ouvert toute l'année. Allemand parlé.

Prix : 2 pers. **190 F** 3 pers. **240 F**

4	4	4

HOFFBECK Yolande – 16, rue des Templiers – 67530 Ottrott – Tél. : 88.95.81.72

Ottrott
C.M. n° 87 — Pli n° 15

❦❦❦ NN — Alt. : 280 m — 5 chambres confortables dans une maison traditionnelle donnant sur une cour ensoleillée. 2 chambres 2 pers., 1 chambre 2 à 3 pers., 2 chambres 4 pers. Douche, lavabo et wc privatifs. Jardin, pré, parking dans la cour. Très belle salle commune. Terrain de pétanque, balançoire, salons de jardin, prise TV dans chaque chambre. Animaux acceptés moyennant un supplément. Gare 4 km. Commerces sur place. Ouvert toute l'année. Allemand parlé.

Prix : 2 pers. 230 F

4	4	0,5	2	4

MAURER Marie-Dominique – 11, Roedel – 67530 Ottrott – Tél. : 88.95.80.12

Ottrott
C.M. n° 87 — Pli n° 15

❦❦❦ NN — Alt. : 280 m — 2 chambres confortables à l'étage, situées dans un endroit calme à l'orée de la forêt. Cuisine équipée sur demande, prise télévision. Chauffage central. Jardin, cour et parking fermés, pré, rivière, étang. 1 chambre 3 épis (2 pers.), sanitaires privatifs, balcon. 1 chambre 2 épis (2/3 pers.), douche, lavabo et wc privatifs dans le couloir. Gare et commerces 200 m. Ouvert toute l'année. Allemand parlé.

Prix : 2 pers. 210/225 F Pers. sup. 100 F

4	4	0,5	3	2	15	15	4	25

SCHWENDIMANN Henri – 24, rue des Templiers – 67530 Ottrott – Tél. : 88.95.80.74

Pfettisheim
C.M. n° 87 — Pli n° 5

❦❦❦ NN — Alt. : 180 m — 5 chambres, entièrement neuves, dans un ancien corps de ferme. 3 ch. de plain-pied (2 pers.), sanitaires individuels dont 1 pour pers. handicapée. 2 ch. sous forme de suite, duplex : ch. (2 lits 1 pers.), salle d'eau privée, salon (1 lit d'appoint 1 pers.), kitchenette, coin-repas, 2° wc, lavabo. Chauffage électrique. Cour fermée, salon. Petit espace vert, salon de jardin. Salle commune, ping-pong, barbecue et l-linge en commun. Réduction à partir de la 3° nuitée. Strasbourg 13 km. 2 gîtes sur place. Décors bois de grande qualité réalisés par le propriétaire, maître artisan menuisier. Gare 13 km. Commerces 5 km.

Prix : 1 pers. 180/230 F 2 pers. 230/300 F 3 pers. 380 F pers. sup. 80 F

13	10	3	SP	10	30

GASS Celestine – 15 rue Principale - « La Maison du Charron » – 67370 Pfettisheim – Tél. : 88.69.60.35 ou 88.69.67.13 – Fax : 88.69.77.96.

Ranrupt

C.M. n° 87 — Pli n° 16

❦❦❦ NN Ⓐ — Alt. : 500 m — 4 chambres d'hôtes situées dans le village au-dessus d'une petite auberge refaite à neuf. A côté d'un gîte rural. 2 chambres (1 lit 2 pers.), 1 chambre sous forme de suite (2 lits 1 pers. 2 lits superposés 1 pers.), 1 chambre (2 lits 1 pers. 1 lit 2 pers.), sanitaires privatifs. Poss. 1/2 pension. Chauffage central. Point-phone, toboggan, balançoire, VTT, ping-pong. Salon de jardin, garage, parking. Gare et commerces 5 km. Ouvert toute l'année. Anglais et allemand parlés.

Prix : 1 pers. 140 F 2 pers. 220 F 3 pers. 310 F pers. sup. 90 F repas 55 F

11	5	10	5	SP	11	11	SP

FERRY Andre – 4, rue de l'Ecole – 67420 Ranrupt – Tél. : 88.47.24.71

Reichsfeld
C.M. n° 87 — Pli n° 16

❦ NN — Alt. : 400 m — 3 chambres à l'étage d'une maison située au calme à l'extrémité du village. 3 chambres 2 pers., 1 lit enfant, lavabo, douche et wc en commun sur le palier, cuisine à disposition. Salon de jardin, barbecue. Chauffage central. Situation calme. Gare 9 km. Commerces 5 km. Ouvert toute l'année sauf juillet et août. Allemand parlé.

Prix : 1 pers. 110 F 2 pers. 170 F 3 pers. 260 F

9	15	9	6	6	2	15

KASSEL Jean Claude – N.9 - « Leh » – 67140 Reichsfeld – Tél. : 88.85.55.39

Reipertswiller
C.M. n° 87 — Pli n° 13

❦❦ NN — Alt. : 240 m — 2 chambres dans une maison récente fleurie située au bord d'un ruisseau avec une belle vue sur la forteresse du Lichtenberg. 2 chambres 2 pers., avec sanitaires privatifs. Chauffage central. Pelouse avec salon de jardin. Possibilité de louer l'ensemble de la maison pour 9 pers. au prix de 100 F par personne et par nuitée. Gare et commerces 5 km. Ouvert toute l'année.

Prix : 1 pers. 160 F 2 pers. 320 F 3 pers. 380 F pers. sup. 100 F

20	5	20	10	5	SP

SCHWEBEL Alfred – 8, rue du Moulin – 67340 Reipertswiller – Tél. : 88.89.96.17

Rosheim
C.M. n° 87 — Pli n° 15

❦ NN — Alt. : 200 m — 2 chambres confortables dans une maison située au calme près des vignes. 1 chambre (2 lits 1 pers.), lavabo. 1 chambre (1 lit 2 pers.), lavabo, 1 lit d'appoint 1 pers. Salle de bains, wc et réfrigérateur en commun. Chauffage central. Prise TV dans chaque chambre. Gare 2 km. Commerces sur place. Allemand parlé. Ouvert toute l'année.

Prix : 1 pers. 90 F 2 pers. 140 F 3 pers. 210 F

SP	15	SP

ICHTERTZ Yvonne – 14, Route de Rosenwiller – 67560 Rosheim – Tél. : 88.50.44.53

Rosheim

✤ NN

Alt. : 200 m — 3 chambres de plain-pied dans une maison située au calme. 2 chambres (2 lits 2 pers. 1 lit enfant), salle d'eau et wc séparés en commun. 1 suite : 1 ch. (2 lits 1 pers.), douche, lavabo privatifs, 1 ch. (2 lits 1 pers.) avec lavabo, 2e wc. Salle à manger commune réservée aux vacanciers. Chauffage central, cour fermée, parking, petite cuisine avec suppl. Tarif 4 pers. : 275 F. Gare 2 km. Commerces 200 m. Ouvert toute l'année. Allemand parlé.

Prix : 1 pers. **110 F** 2 pers. **150/160 F** 3 pers. **245 F**

0,5	3	0,2	8	15	15	5

SCHULTZ Francois – 73, rue des Prunelles – 67560 Rosheim – Tél. : 88.50.44.68

Saasenheim

✤✤✤ NN

Alt. : 170 m — 2 chambres d'hôtes aménagées dans la maison du propriétaire située au calme dans un jardin fleuri. 2 chambres (1 lit 2 pers. 3 lits 1 pers.) véranda avec kitchenette, salle de bains avec douche, 2e wc séparé. Vestibule avec lave-linge. Prise TV. Chauffage central. Salon de jardin, ping-pong, basket, balançoire en commun. 2 gîtes sur place. Gare 17 km. Commerces 2 km. Ouvert toute l'année. Allemand parlé.

Prix : 1 pers. **120 F** 2 pers. **170 F** 3 pers. **255 F**

10	3	12	10	3	22

CIZA Denise – 2, rue de Salignac – 67390 Saasenheim – Tél. : 88.85.21.21

Saint-Nabor

✤✤✤ NN

Alt. : 350 m — 1 chambre à l'étage d'une grande maison proche des châteaux du Piémont Vosgien. 1 chambre pour 2 pers., salle de bains et wc privatifs, cour et jardin clos, salon de jardin, TV coul. Parking, situation calme. Pas de location de novembre à mars. Gare 6 km. Commerces 2 km. Allemand parlé.

Prix : 2 pers. **220 F**

6	6	6	SP

HEIDRICH Marie-Jeanne – 28, rue de la Liberte – 67530 Saint-Nabor – Tél. : 88.95.82.52

Saint-Pierre

✤ NN

Alt. : 200 m — 1 chambre à l'étage d'une maison d'agriculteurs située au calme. 1 chambre 2 pers., salle de bains avec douche et wc. Chauffage central. Situation calme. Parking. Gare et commerces 5 km. Ouvert toute l'année. Allemand parlé.

Prix : 1 pers. **185 F** 2 pers. **200 F** 3 pers. **250 F**

10	9	0,5	0,2	10	5	15	10	1	25

SCHULTZ Rene – 3, Chemin de Stotzheim – 67140 Saint-Pierre – Tél. : 88.08.08.81

Saint-Pierre

✤✤ NN

Alt. : 200 m — 1 chambre aménagée dans la maison du propriétaire et profitant d'une cour avec coin-gazon. 1 chambre 2 pers., salle d'eau privative complète. Cour avec gazon, salon de jardin, ping-pong, vélos sur place. TV. Possibilité d'un coin-cuisine équipé : suppl. 80 F. Présence d'un gîte rural au r.d.c. A proximité de la Route des Vins. Gare et commerces 3 km. Vente de produits fermiers dans le village. Ouvert toute l'année. Anglais et allemand parlés.

Prix : 1 pers. **130 F** 2 pers. **180 F**

10	12	SP	SP	2	25	15	SP

HERRMANN Marie-Christine – 28, rue Principale – 67140 Saint-Pierre – Tél. : 88.08.99.69

Saint-Pierre

✤✤✤ NN

Alt. : 200 m — 2 chambres d'hôtes, sous forme de suite, situées dans une dépendance de la cour du propriétaire, à proximité de la Route de Vins et des Vosges. Chaque suite est composée de 2 pièces (1 lit 2 pers. 2 lits 1 pers.), séjour, cuisine, prises TV et tél. l-linge, salle de bains et wc privés. Petits déjeuners servis dans la salle à manger du propriétaire. Chauffage central. En commun : grande cour jardin, grande pelouse, salon de jardin, barbecue, parking, garages. Poss. location à la semaine comme gîte en juillet et août. Gare et commerces 5 km. Allemand parlé.

Prix : 2 pers. **200 F** 3 pers. **250 F**

10	2	2	2

GELB Marie-Reine – 8, rue de l'Eglise – 67140 Saint-Pierre – Tél. : 88.08.09.79

Saverne-Niederbarr

✤ NN

Alt. : 200 m — 2 chambres dans une ferme située à l'écart du bourg. 1 chambre 3 pers., 1 chambre 2 pers. avec kitchenette, 2 douches et 2 wc en commun. Chauffage central. Présence d'un gîte rural. Gare 2 km. Commerces 500 m. ouvert toute l'année. Allemand parlé.

Prix : 1 pers. **110 F** 2 pers. **190 F** 3 pers. **240 F**

2	0,1	0,3	2	0,1

GOELLER Bernard – 25, Chemin du Niederbarr – 67700 Saverne – Tél. : 88.91.32.84

Schaeffersheim

✤✤✤ NN

Alt. : 160 m — 2 chambres confortables dans une maison située au calme. 2 chambres 2 pers., sanitaires privatifs. Pré, salon de jardin. Parking. Gare et commerces 2 km. Ouvert toute l'année. Allmeand parlé.

Prix : 1 pers. **170 F** 2 pers. **250 F** pers. sup. **70 F**

2	2	2	2	3	25

SCHEECK Josiane – 12, rue Principale – 67150 Schaeffersheim – Tél. : 88.98.62.42

Schaeffersheim

C.M. n° 87 — Pli n° 5

E.C. NN   Alt. : 160 m — 4 chambres dans une maison joliment située dans la campagne, au calme. 1 chambre 5 pers., 3 chambres 3 pers. Salle d'eau, wc privés, réfrigérateur et micro-ondes dans chaque chambre. Salle à manger indépendante, TV. Chauffage central. Salon de jardin, barbecue, préau. Parking. Cour, petite pelouse ombragée et fleurie. Gare 2 km. Commerces 4 km. Ouvert toute l'année. Allemand parlé.

Prix : 1 pers. **170 F** 2 pers. **220 F** 3 pers. **270 F** pers. sup. **50 F**

5	15	10	4	4	10	4	20

GENGEWIN Joseph – 1, rue des Pres – 67150 Schaeffersheim – Tél. : 88.98.14.03

Scharrachbergheim

C.M. n° 87 — Pli n° 4

NN   Alt. : 200 m — 4 chambres d'excellent confort, neuves, dans une belle maison fleurie à colombages, située dans le village viticole. A l'étage : 2 ch. (2 lits 1 pers.), balcon. 2 ch. (2 lits 1 pers. 1 lit d'appoint 1 pers.), sanitaires privatifs. Décoration traditionnelle, salon commun, pelouse, salon de jardin, parking, TV coul., sèche-cheveux, tél. direct, balançoire, toboggan. Chauffage électrique. Gare sur place. Commerces 7 km. Ouvert toute l'année. Allemand parlé.

Prix : 1 pers. **200 F** 2 pers. **240 F** 3 pers. **350 F** pers. sup. **100 F**

7	7	7	0,3

LAUTH Daniel – 82, rue Principale – 67310 Scharrachbergheim – Tél. : 88.50.66.05

Scherwiller

C.M. n° 87 — Pli n° 16

NN   Alt. : 190 m — 2 chambres, sous forme de suite, situées à l'étage d'une maison mitoyenne à celle du propriétaire viticulteur. 1 suite 2 pièces (1 lit 2 pers. 2 lits 1 pers.), salle d'eau, wc, chauffage élect. 1 suite 2 pièces (1 lit 2 pers. 2 lits 1 pers.), salle d'eau, wc, chauffage central. Petite pelouse, cour, salons de jardin, barbecue, portique, bac à sable. Parking. A l'extérieur du village, dans les vignes, belle vue sur les châteaux forts. Route des Vins. Gare 3 km. Commerces 200 m. Ouvert toute l'année sauf en juillet et août. Allemand parlé.

Prix : 1 pers. **150 F** 2 pers. **220 F** 3 pers. **300 F**

5	5	5	2

DILLENSEGER Jean – 34, rue du Marechal Joffre – 67750 Scherwiller – Tél. : 88.92.87.49 ou 88.85.22.15

Schirmeck-Wackenbach

C.M. n° 87 — Pli n° 15

NN   Alt. : 400 m — 4 chambres à l'étage d'une maison rénovée située sur le sentier de randonnée GR5 en lisière de forêt. 1 chambre pour 2 pers. et 1 chambre pour 3 pers., avec lavabo, sanitaires en commun (1 épi). 1 chambre pour 2 pers., 1 chambre pour 3 pers. avec sanitaires individuels (3 épis). Chauffage central. Coin-jardin. Dans toutes les chambres, prises TV et tél. Gare 3 km. Commerces 2 km. Ouvert toute l'année. Allemand parlé.

Prix : 1 pers. **100/120 F** 2 pers. **140/180 F** 3 pers. **190/230 F**

3	3	3	0,2	SP	20	7	3	3

BESNARD Claude – 16, rue Rain – 67130 Wackenbach – Tél. : 88.97.11.08

Schleithal

C.M. n° 87 — Pli n° 2

NN   Alt. : 120 m — Maison située dans la cour du propriétaire. Studio (1 lit 2 pers. 1 lit 1 pers.) avec coin-repas et kitchenette, prise TV, salle d'eau et wc séparés et privatifs. A l'étage : 1 ch. (1 lit 2 pers. 1 lit d'appoint 1 pers.), salle d'eau et wc privatifs. 1 ch. (1 lit 2 pers. 1 lit d'appoint 1 pers.), cabinet de toilette, wc. Lits bébé sur demande. Chauffage électrique. Cour pavée aménagée en terrasse et close, grand verger, préau, salon de jardin, barbecue, ping-pong, parking. Village traditionnel. Gare 9 km. Commerces 1 km. Ouvert toute l'année sauf en juillet et août, location comme gîte. Allemand parlé.

Prix : 1 pers. **130/160 F** 2 pers. **190/220 F** 3 pers. **260/300 F**

25	9	4	0,5	0,8	0,1	40	40	9	25

SABATY Alain et Odile – 283, rue Principale – 67160 Schleithal – Tél. : 88.94.35.48

Seebach

C.M. n° 87 — Pli n° 3

E.C. NN   (TH)   Alt. : 180 m — 3 chambres aménagées dans l'ancienne ferme à colombages située dans le village touristique. 1 chambre 2 épis au r.d.c. de la maison du propriétaire (2 lits 1 pers.), salle d'eau complète privative, 1 lit enfant sur demande. 2 chambres E.C dans les dépendances, (2 lits 2 pers. 1 lit 1 pers.). Cour fermée, salon de jardin, ping-pong. Lave-linge et sèche-linge en commun. Réduction dès la 3e nuitée. Village traditionnel aux nombreuses maisons à colombages. Village fleuri. A proximité : forêts, châteaux forts, villages de potiers. Gare 8 km. Commerces sur place. Ouvert toute l'année. Allemand parlé.

Prix : 1 pers. **160 F** 2 pers. **220 F** 3 pers. **280 F** repas **65 F**

8	15	SP	8

TROG Liliane – 132, rue des Eglises – 67160 Seebach – Tél. : 88.94.74.99

Seebach

C.M. n° 87 — Pli n° 3

NN   Alt. : 180 m — 4 chambres aménagées dans l'annexe d'une ferme alsacienne à colombages très typique, située dans le village touristique. 2 ch. au 2e étage (1 lit 2 pers. 1 lit 1 pers.), 2 ch. au 1er étage (3 lits 1 pers. 1 lit 2 pers. 1 convert. 1 pers.). S. d'eau privative avec wc, et prise TV dans chaque chambre. Chauffage central. Au r.d.c. : grande salle commune avec cuisine. Salon de jardin, verger, parkings et garages. Ecurie pour 4 chevaux à disposition. Gîte rural dans la maison voisine. Tarif réduit dès la 3e nuitée. Gare 10 km. Commerces sur place. Ouvert toute l'année. Allemand parlé.

Prix : 1 pers. **120 F** 2 pers. **240 F** 3 pers. **300 F**

15	15	SP	8	10	4	15

WOEHL Frederic – 124, rue des Eglises – 67160 Seebach – Tél. : 88.94.74.16

Bas-Rhin

Alsace-Lorraine

Selestat

C.M. n° 87 — Pli n° 16

♥♥♥ NN Alt. : 182 m — 2 chambres à l'étage dans une grande maison récente en bordure des champs et d'un bosquet. En périphérie de la ville, très calme. 1 chambre pour 3 pers. et 1 chambre pour 4 pers., salle de bains ou salle d'eau privative avec wc. Chauffage électrique. Piscine extérieure chauffée. Téléphone. Douche et wc suppl. au r.d.c. Terrasse, jardin clos, balançoire, toboggan. Garage ou parking. Gare et commerces 1 km. Ouvert toute l'année. Allemand parlé.

Prix : 1 pers. **180/200 F** 2 pers. **240/280 F**

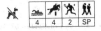

SP	15	1	1	1	5	1

HEITZ Paul – 16, rue de Chalmont – 67600 Selestat – Tél. : 88.82.51.04

Soultz-les-Bains Le Biblenhof

C.M. n° 87 — Pli n° 5

♥♥♥ NN
(TH) Alt. : 180 m — 6 chambres confortables dans une belle ferme isolée de caractère. Cadre exceptionnel. 1 chambre 2 pers., possibilité couchage pour 1 pers. supplémentaire avec kitchenette, lavabo et douche, wc sur le palier (2 épis). 2 chambres communicantes 4 pers. (1 lit 2 pers. 2 lits 1 pers.) et 3 chambres pour 2 pers., sanitaires privatifs (3 épis). Ping-pong, terrain de boules, balançoire. Billard. Présence d'une auberge. Gare 4 km. Commerces 1 km. Ouvert toute l'année. Anglais et allemand parlés.

Prix : 1 pers. **180/220 F** 2 pers. **200/250 F** 3 pers. **320 F**
pers. sup. **70 F** 1/2 pens. **220 F**

4	4	2	SP

SCHMITT Joseph – Ferme du Biblenhof – 67120 Soultz-Les Bains – Tél. : 88.38.21.09

Soultz-sous-Forêts

C.M. n° 87 — Pli n° 3

♥♥♥ NN Alt. : 180 m — 1 chambre à l'étage de la maison du propriétaire située au calme dans le lotissement. 1 chambre 3 pers. (1 lit 2 pers. 1 lit 120). Salle d'eau privative avec wc dans le couloir. Cuisine et chambre d'appoint (2 lits 1 pers.) moyennant supplém. Chauffage électrique. TV noir et blanc. Jardin d'agrément, salon de jardin. Ping-pong. Cour fermée, parking, abri voiture. Gare 500 m. Commerces sur place. Ouvert toute l'année. Allemand parlé.

Prix : 1 pers. **130 F** 2 pers. **220 F** 3 pers. **300 F**

7	10	12	0,5	5	SP	SP	20

SCHMITT Alfred – 15, rue de la Dime – 67250 Soultz-sous-Forêts – Tél. : 88.80.51.71

Steinbourg

C.M. n° 87 — Pli n° 14

♥ NN Alt. : 180 m — 3 chambres situées à l'étage de la maison du propriétaire, en périphérie du village. 2 ch. 2 épis avec lavabo (2 lits 1 pers. 1 lit 2 pers.), s. d'eau et wc séparés en commun. 1 ch. 3 épis (2 lits 1 pers. 1 lit 2 pers.), s.d.b. et wc privatifs, kitchenette. Chauffage central. Espace vert, terrasse, salon de jardin, barbecue, balançoire. Parking. Poss. gîte rural. Situation calme. Maison fleurie, jardin aquatique. Gare et commerces sur place. Ouvert toute l'année. Allemand parlé.

Prix : 1 pers. **120 F** 2 pers. **190 F** 3 pers. **285 F**

5	1	5	SP	SP	SP	SP	SP

GUCKHOLZ Gerard – 6, rue de l'Arc-en-Ciel – 67790 Steinbourg – Tél. : 88.91.30.86

Traenheim

C.M. n° 87 — Pli n° 15

♥♥ NN Alt. : 200 m — 4 chambres confortables dans une maison neuve et fleurie, située dans le pays des bons vins d'Alsace. Chez un viticulteur. Gîte fleuri. 2 ch. 2 épis (2 pers.), lavabo et wc, salle de bains en commun. 2 ch. 3 épis (2 et 3 pers.), sanitaires privatifs. Salle à manger en commun. Présence du gîte rural N° 372 au 1er niveau. Gare 10 km. Commerces 2 km. Ouvert toute l'année. Allemand parlé.

Prix : 2 pers. **185/210 F** pers. sup. **75 F**

6	7	2	SP	7	2	6

REISZ Marguerite – 91, Route du Vin – 67310 Traenheim – Tél. : 88.50.38.69

Valff

C.M. n° 87 — Pli n° 15

♥ Alt. : 160 m — 5 chambres situées à l'étage de la maison fleurie du prorpiétaire située au calme dans le village. 5 chambres pour 2 pers. avec lavabo et bidet. Salle d'eau avec wc, 2e wc en commun. Pas de location en juillet et août. Gare et commerces 6 km. Allemand parlé.

Prix : 2 pers. **190 F**

6	2	6	2

WESPISER Armand – 33,Impasse des Roses – 67210 Valff – Tél. : 88.08.07.83

Ville

C.M. n° 87 — Pli n° 16

♥ NN Alt. : 260 m — 4 chambres situées dans une maison fleurie, dans un cadre reposant et calme. 2 ch. 3 épis (2 pers.) aux 1er et 2e étages, sanitaires privatifs. 2 ch. 1 épi (2 pers.) au 1er étage, sanitaires communs. 1 chambre E.C. Poss. lit enfant. Parking, cour, salon de jardin, jeux d'enfants. 2 gîtes au 1er étage et logement privatif au 2e étage. Gratuit pour enfants - 15 ans. Gare et commerces sur place. Ouvert toute l'année. Allemand parlé.

Prix : 1 pers. **150/200 F** 2 pers. **190/220 F** 3 pers. **220/280 F**
pers. sup. **30 F**

SP	3	SP	SP	2	15	15	SP

DOLLE Victorine – 8, rue des Abeilles – 67220 Ville – Tél. : 88.57.17.42

Wangenbourg-Engenthal
C.M. n° 87 — Pli n° 14

≋ NN

Alt. : 445 m — 3 chambres aménagées à l'étage de la maison du propriétaire, récemment construite, située au calme dans la station verte. 2 ch. avec lavabo (1 lit 2 pers. ou 2 lits 1 pers.), salle d'eau commune, wc séparés (1 épi). 1 chambre double (1 lit 2 pers. 2 lits 1 pers.) avec balcon, salle d'eau et wc privatifs (2 épis). Grande salle commune à disposition. Ces chambres fonctionnent en pleine saison comme gîtes ruraux N° 1145 et 1146. Un 3e gîte N° 1318 est proposé sur le terrain. gare 1 km. Commerces 3 km. Allemand parlé.

Prix : 1 pers. **180 F** 2 pers. **220 F**

10	1	3	SP	SP	SP	5	12	

GEYER Charles – 17, Route du Windsbourg - Au Bois Vert – 67710 Wangenbourg-Engenthal – Tél. : 88.87.32.80 ou 88.33.16.17 – Fax : 88.81.44.48

Wangenbourg-Engenthal
C.M. n° 87 — Pli n° 14

≋≋≋ NN

Alt. : 450 m — 1 chambre de plain-pied située dans la maison du propriétaire, au calme. 1 chambre (1 lit 2 pers.), salle d'eau complète privative, coin-cuisine. Chauffage central, jardin, salon de jardin, parking. Taxe de séjour non incluse. Commerces sur place. Ouvert toute l'année. Allemand parlé.

Prix : 1 pers. **180 F** 2 pers. **210 F**

10	SP	SP	SP	SP	SP	SP

ROLLING(ULRICH) Brigitte – 33, rue Principale – 67710 Wangenbourg-Engenthal – Tél. : 88.87.30.66

Wimmenau Kohlhutte
C.M. n° 87 — Pli n° 13

≋ NN
(TH)

Alt. : 270 m — 3 chambres à l'étage dans une ancienne maison du XVIIIe entièrement restaurée et de caractère traditionnel. 2 ch. 1 épi (2 lits 1 pers.) avec lavabo. Douche et wc en commun au r.d.c. 1 ch. 2 épis (2 lits 1 pers.) avec lavabo. Salle d'eau complète privative non communicante au r.d.c. Chauffage central. Espace détente, bibliothèque. Gare 7 km. Commerces 3 km. Poss. de suivre stage de peinture sur bois ou peinture-dessin, réalisation de films à l'atelier de création. Tarif réduit > 2 nuités. Galerie d'exposition. Table d'hôtes et pâtisseries. Dans un cadre verdoyant au cœur d'une vaste clairière. Parking, espace vert. Ouvert toute l'année.

Prix : 1 pers. **150/180 F** 2 pers. **190/220 F** repas **60 F**

10	10	10	7	1	SP	15	7	17

BRAUN Claude et Betty – 3, Kohlhuette – 67290 Wingen-sur-Moder – Tél. : 88.89.81.67

Wingen-Lembach
C.M. n° 87 — Pli n° 2

≋ NN

Alt. : 250 m — 1 chambre dans la maison du propriétaire située au calme à proximité de la forêt. Nombreuses maisons à colombages dans la rue. 1 chambre (1 lit 2 pers.) avec lavabo, salle de bains privative dans le couloir, wc séparés. Chauffage central. Gare 15 km. Commerces 1 km. Ouvert toute l'année.

Prix : 1 pers. **150 F** 2 pers. **200 F**

14	5	12	3	5	2

WALTHER Rene – 41, rue du Nord – 67510 Wingen-Lembach – Tél. : 88.94.45.89

Wingen-sur-Moder
C.M. n° 87 — Pli n° 13

≋≋≋ NN

Alt. : 250 m — 6 chambres de grand confort dans une jolie maison agréablement aménagée et située dans un jardin agrémenté d'une piscine et de jeux pour les enfants. A l'étage : 5 ch. avec sanitaires privatifs. Au r.d.c. : 1 ch. 2 pers., sanitaires privatifs. Grand espace-salon avec coin-feu, télévision, billard et salle petit déjeuner. Gare et commerces sur place. Location de VTT et auberge sur place. Ouvert toute l'année. Allemand parlé.

Prix : 1 pers. **180/200 F** 2 pers. **240/280 F** 3 pers. **390 F** pers. sup. **100 F**

SP	10	SP	SP	SP	SP

BERGMANN Linda - RELAIS NATURE – 7, rue de Zittersheim – 67290 Wingen-sur-Moder – Tél. : 88.89.80.07 – Fax : 88.89.82.85

Wintershouse
C.M. n° 87 — Pli n° 3

≋≋≋ NN

Alt. : 200 m — 2 chambres confortables dans une maison à colombages située au calme dans le village. Forêt, promenades. 1 chambre (2 pers.) sous combles, au 2e étage de la maison du propriétaire. Palier aménagé en salon, télévison, salle d'eau et wc privatifs. 1 chambre 2 pers. avec douche et lavabo, wc privatifs sur le palier, téléphone. Gare 6 km. Commerces sur place. Ouvert toute l'année. Allemand parlé.

Prix : 1 pers. **190 F** 2 pers. **270 F** 3 pers. **350 F**

6	8	6	0,1	2	SP	

DOLLINGER Pierre – 26, rue Principale – 67590 Wintershouse – Tél. : 88.73.80.30 – Fax : 88.73.87.63

Wintzenheim-Kochersberg
C.M. n° 87 — Pli n° 15

≋≋≋ NN

Alt. : 260 m — 1 chambre confortable (1 lit 2 pers. 1 lit 1 pers.), à l'étage des dépendances d'une ancienne ferme traditionnelle rénovée du Kochersberg. 1 chambre (1 lit 2 pers. 1 lit 1 pers.), salle d'eau complète privative. Cour fleurie et fermée, salon de jardin. Parking. Gîte rural dans la même cour. Gare 20 km. Commerces 6 km. Ouvert toute l'année. Allemand parlé.

Prix : 1 pers. **140 F** 2 pers. **200 F** 3 pers. **250 F**

10	0,1	6	SP

STUTZMANN Michel – 7, rue Principale – 67370 Wintzenheim-Kochersberg – Tél. : 88.69.92.61

Bas-Rhin

Witternheim

NN   Alt. : 160 m — 6 chambres confortables dans une grande maison située au centre du village. 4 ch. (1 lit 2 pers.). 1 ch. (2 lits 2 pers.). 1 ch. (1 lit 2 pers. 1 lit 1 pers.). Lavabo dans chaque chambre. Sanitaires en commun : 1 lavabo, 2 douches, 2 wc. Grande cour, parking. Gare et commerces 7 km. Ouvert toute l'année. Allemand parlé.

Prix : 1 pers. **110 F** 2 pers. **150 F** 3 pers. **180 F**

15	8	6	8	10	15

BARTHELMEBS Claire – 26, rue Principale – 67230 Witternheim – Tél. : 88.85.42.51

Wolfskirchen

NN   Alt. : 380 m — 2 chambres, entièrement neuves, aménagées au 2ᵉ étage de la maison du propriétaire. Situation en périphérie du village, au calme, environnemnt vallonné de prairies et de forêts. 2 ch. comprenant chacune (1 lit 2 pers.), salle d'eau privative avec douche, lavabo, wc, prise TV. Chauffage central. Petits déjeuners servis dans le séjour du propriétaire. Espace vert clos. Terrasse et salon de jardin. Parking. Ouvert seulement en juillet, août et septembre et certains week-end sur réservation. Gare et commerces 7 km. Allemand parlé.

Prix : 1 pers. **210 F** 2 pers. **250 F** pers. sup. **75 F**

13	8	5	8	0,5	7	SP

HOUVER Marie-Louise – 11, rue de la Gare – 67260 Wolfskirchen – Tél. : 88.01.31.96 ou 87.97.75.50

Haut-Rhin

Altenach

NN   (A)   Alt. : 325 m — 4 chambres d'hôtes chez un exploitant agricole. 3 ch. (1 lit 2 pers.), 1 ch. (1 lit 2 pers. 1 lit 1 pers.). WC particuliers dans chaque chambre. Salle d'eau individuelle dans 3 ch. et douche commune pour 1 ch. 1 ch. avec kitchenette. Chauffage central. Terrain non clos, abri couvert, cour, barbecue, terrasse. Gîte d'étape et gîte rural sur place. Gare et commerces 3 km. Allemand parlé. Promenades en calèche et location de VTT sur place. Prix indicatifs 95.

Prix : 1 pers. **160/180 F** 2 pers. **210/260 F** 3 pers. **300 F**
1/2 pens. **205/225 F** pens. **250/270 F**

SP	10	10	SP	SP	SP

PHILIPP Edgard – 3 rue Sainte-Barbe – 68210 Altenach – Tél. : 89.25.12.92

Ammerschwihr

NN   Alt. : 240 m — 2 chambres d'hôtes dans une très belle maison à colombages, entourée de vignes, chez un viticulteur. 2 chambres (1 lit 2 pers.), douche, lavabo, wc pour l'une et wc privés non communiquants pour l'autre. Chauffage central. Terrasse. Cour fermée pour voiture, barbecue. TV sur demande. Restaurant de spécialités alsaciennes à proximité. Gare 8 km. Commerces 500 m. Visite de caves et dégustation. Tarif dégressif selon la durée du séjour. Ferme-auberge sur place.

Prix : 1 pers. **205 F** 2 pers. **235/255 F** 3 pers. **290/320 F**

SP	2	1	SP	12	20

ADAM Pierre – 8 rue Louis Mourier – 68770 Ammerschwihr – Tél. : 89.78.23.07 – Fax : 89.47.39.68

Ammerschwihr

NN   Alt. : 240 m — 3 chambres d'hôtes dans une ancienne ferme viticole alsacienne ; dans le village. 1 ch. 3 pers., 1 ch. 2 pers. + 1 enfant, 1 ch. 2 pers. + 2 lits 1 pers. superposés avec salles d'eau et wc privés. Prise TV dans chaque chambre. Réfrigérateur sur le palier. Tarif dégressif selon la durée du séjour. Salle de séjour à la disposition des hôtes. Parking, cour intérieure. 2 chambres classées 2 épis NN et 1 chambre classée 3 épis NN (animaux refusés dans la chambre). Gare 8 km. Commerces sur place. Forêt sur place. Randonnées, tennis, golf.

Prix : 1 pers. **170/200 F** 2 pers. **210/260 F** 3 pers. **250/330 F**

SP	2	SP	12	20

THOMANN Andre – 2 rue des Ponts en Pierre – 68770 Ammerschwihr – Tél. : 89.47.32.83

Ammerschwihr

NN   Alt. : 240 m — 4 ch. d'hôtes dans une maison de construction traditionnelle, située dans le village. R.d.c. : 2 ch. 4 pers. avec kitchenette dont 1 avec lave-linge. A l'étage : 1 ch. 3 pers. et 1 ch. 4 pers. Douche, lavabo et wc particuliers. Salle de séjour, salon. Chauffage central. Parking, jardin, cour, barbecue, balançoire, ping-pong, salon de jardin. Golf à Ammerschwir. Gare 8 km. Commerces sur place.

Prix : 1 pers. **215 F** 2 pers. **235/265 F** 3 pers. **295 F**

SP	3	SP	SP	12	20

THOMAS Marguerite – 41 Grand Rue – 68770 Ammerschwihr – Tél. : 89.78.23.90 – Fax : 89.47.18.90

Ammerschwihr

E.C. NN   Alt. : 240 m — 2 chambres d'hôtes dans un quartier calme, en bordure de vignoble. 2 ch. 2 pers. avec douche, lavabo et wc privés. Gare 8 km. Commerces 500 m. Allemand parlé.

Prix : 1 pers. **160 F** 2 pers. **200 F** 3 pers. **260 F**

SP	4	SP	SP	12	20

KIHN Antoine – Quartier des Fleurs - 1 Impasse des Bleuets – 68770 Ammerschwihr – Tél. : 89.78.25.47 – Fax : 89.47.37.19.

Beblenheim

C.M. n° 87 — Pli n° 17

≫≫ NN   Alt. : 215 m — 1 chambre d'hôtes aménagée à l'étage de la maison du propriétaire avec une belle vue sur le vignoble. 1 chambre (1 lit 2 pers.), salle de bains individuelle avec douche. Salon avec TV et réfrigérateur. Petit déjeuner sur la terrasse. Piste cyclable à 500 m. Possibilité VTT à proximité. Gare 3 km. Commerces sur place.

Prix : 2 pers. **240 F**

🎿	🚣	🎣	🥾
SP	3	8	SP

ARNOLD Pierre – 10 rue du Gewurztraminer – 68980 Beblenheim – Tél. : 89.47.95.24

Beblenheim

C.M. n° 87 — Pli n° 17

≫≫ NN   Alt. : 215 m — 3 ch. d'hôtes à l'étage de la maison du propriétaire, au calme avec une belle vue sur le vignoble. 1 ch. (1 lit 2 pers.) avec salle de bains et wc individuels. 1 ch. (1 lit 2 pers.) + 1 ch. (2 lits 1 pers.) avec lavabo dans chaque chambre et sanitaires communs. Réfrigérateur. Chauffage électrique. Salon pour petit déjeuner. Cour, parking, jardin, salon de jardin. Balcon. Gare 3 km. Commerces sur place.

Prix : 1 pers. **160/190 F** 2 pers. **210/240 F**

🎿	🚣	🎣	🥾
SP	5	5	SP

COLAIANNI Christine – 41 rue de Hoen – 68980 Beblenheim – Tél. : 89.47.82.52 – Fax : 89.47.98.29

Beblenheim

C.M. n° 87 — Pli n° 17

≫≫≫ NN   Alt. : 215 m — Maison située au cœur du vignoble. Entrée indépendante. 2 chambres (1 lit 2 pers. 1 lit 1 pers.). Salles d'eau particulières avec wc privés. Salle pour petit déjeuner à l'étage. Réfrigérateur et lave-linge à disposition. Chauffage électrique. Salon de jardin, parking privé. Gare 3 km. Commerces sur place.

Prix : 2 pers. **270 F** 3 pers. **350 F**

🎿	🚣	🎣	🥾
SP	3	8	SP

COLAIANNI Pascal – 17 rue du Riesling – 68980 Beblenheim – Tél. : 89.49.02.83

Beblenheim

C.M. n° 87 — Pli n° 17

≫≫≫ NN   Alt. : 215 m — 3 chambres de 2 pers. dans une ferme du XVIe siècle rénovée. Salle d'eau et wc privés. Salle de séjour, salon, télévision, bibliothèque. Sensibilisation à la restauration des vieux meubles. Restaurant sur place (spécialités alsaciennes). Cour avec terrasse et meubles de jardin. Gare 3 km.

Prix : 2 pers. **280 F** 3 pers. **390 F**

🎿	🚣	🎣	🥾	🚴
SP	5	5	SP	25

KLEIN Stefan – 4 rue des Raisins – 68980 Beblenheim – Tél. : 89.49.02.82 – Fax : 89.49.05.41

Bennwihr

C.M. n° 87 — Pli n° 17

≫≫ NN   Alt. : 210 m — Chez un exploitant, 1 chambre d'hôtes aménagée dans une maison de caractère isolée, en plein cœur du vignoble. 1 chambre (2 lits 1 pers. + 1 lit d'appoint sur demande), salle d'eau et wc particuliers. Chauffage central. Réfrigérateur. Salon de jardin, parking. Tarifs dégressifs à partir de 3 jours. Prix indicatifs 95. Gare 2 km. Commerces sur place.

Prix : 2 pers. **250 F**

🎿	🚣	🎣	🥾
SP	3	5	SP

EDEL Francois – 44 Route du Vin – 68630 Bennwihr – Tél. : 89.47.93.67

Bergheim

C.M. n° 87 — Pli n° 16

E.C. NN   Alt. : 260 m — 3 chambres d'hôtes à l'étage d'une maison typique. 1 chambre (1 lit 2 pers.). 1 chambre (2 lits 1 pers.). 1 chambre (3 lits 1 pers.). 3 wc, salle d'eau communs. Salle de séjour commune. Chauffage central. jardin. Taxe de séjour en sus : 2 F/pers./jour. Gare 4 km. Commerces sur place. Prix indicatifs 95.

Prix : 1 pers. **120 F** 2 pers. **170 F** 3 pers. **210 F**

🎿	🚣	🎣	🥾
3	3	20	SP

ANDRES Georges – 6 Route du Vin – 68750 Bergheim – Tél. : 89.73.67.87

Bergheim

C.M. n° 87 — Pli n° 16

≫ NN   Alt. : 260 m — 2 ch. d'hôtes situées en pleine campagne. 1 ch. 3 pers. avec lavabo. 1 ch. 2 pers., lavabo, 2 salles d'eau sur le palier avec douche, lavabo, wc + 1 wc sur le palier. Salle de séjour, réfrigérateur et congélateur à la disposition des hôtes. Entrée indépendante. Chauffage au mazout et électrique. Jardin, meubles de jardin. Parking. Aire de jeux. Forêt. Luge sur place. Gare 4 km. Commerces sur place.

Prix : 2 pers. **165/180 F** 3 pers. **200/250 F**

🎿	🚣	🎣	🥾
2	3	20	SP

BAUMANN Jacques – 3 C rue du Pressoir – 68750 Bergheim – Tél. : 89.73.65.47

Bergheim

C.M. n° 87 — Pli n° 16

≫≫ NN   Alt. : 260 m — 2 chambres d'hôtes aménagées dans une maison avec jardin, au calme, à proximité des vignes. 1 ch. (1 lit 2 pers.), salle de bains individuelle. 1 ch. (2 lits 1 pers.), salle d'eau individuelle. Réfrigérateur à disposition. Lit d'appoint pour enfant sur demande. Chauffage électrique. Salon de jardin. Gare 4 km. Commerces sur place.

Prix : 1 pers. **175/195 F** 2 pers. **200/220 F** 3 pers. **250/270 F**

🎿	🚣	🎣	🥾
SP	2	20	SP

SCHUNCK Christiane – 18 rue des Romains – 68750 Bergheim – Tél. : 89.73.31.97

Bergheim

NN
Alt. : 200 m – 3 chambres d'hôtes situées au cœur du village. 2 chambres pour 2 pers., douche et wc à l'étage. 1 chambre pour 3 pers. avec salle d'eau privée. Salle de séjour à la disposition des hôtes. Forêt sur place. Restaurant 500 m. Fermé du 15 novembre au 28 février. Prix indicatifs 95. Gare 4 km. Commerces sur place. Ouvert de mars à octobre.

Prix : 2 pers. **150/170 F** 3 pers. **220 F**

3	3	20	SP	25

TREIBER Georges – 3 Petite rue de l'Eglise – 68750 Bergheim – Tél. : 89.73.63.85

Bergheim

NN
Alt. : 260 m — Maison dans le vignoble. 1 chambre (1 lit 2 pers. 1 lit 1 pers.), salle de bains, douche et wc privés. Chauffage central. Gare 4 km. Commerces 500 m.

Prix : 2 pers. **180 F** 3 pers. **230 F**

4	2	20	1

UTARD Elisa – 21 Faubourg Saint-Pierre – 68750 Bergheim – Tél. : 89.73.83.03

Bergheim

NN
Alt. : 260 m – 4 ch. d'hôtes aménagées à l'étage d'une maison moderne, sur la route des vins, dans un quartier calme. 2 ch. (1 lit 2 pers., lavabo), 2 ch. (2 lits 1 pers., lavabo), s.d.b. et wc communs. Lit d'appoint enfant sur demande. Radiateurs électriques. Terrain clos, jardin, salon de jardin, cour, terrasse. Kitchenette. Billard, baby-foot. Gare 2 km. Commerces sur place. Allemand parlé.

Prix : 1 pers. **170 F** 2 pers. **190 F** pers. sup. **40 F**

0,3	2	SP	15

DIRNINGER Pierre – 11 rue des Romains – 68750 Bergheim – Tél. : 89.73.79.42

Bourbach-le-Haut

NN
(TH)
Alt. : 500 m – 3 ch. d'hôtes aménagées à l'étage d'une maison, au calme, dans la montagne. 1 ch. 2 épis NN (1 lit 2 pers. 1 lit 1 pers.), salle de bains et wc privés. 1 ch. (1 lit 2 pers. 1 lit 1 pers.), 1 ch. (1 lit 2 pers. 2 lits 1 pers.), salle de bains et wc à l'étage. Salon/salle à manger avec cheminée à disposition des hôtes. jardin, cour, barbecue, salon de jardin, terrasse. Gare 35 km. Commerces 2 km. Allemand, anglais et grec parlés. Spécialités : agneau à la broche et produits fermiers.

Prix : 2 pers. **200/250 F** 3 pers. **300/370 F**
1/2 pens. **150/200 F**

10	SP	SP

SINGER Anne-Marie – Niederwyhl – 68290 Bourbach-le-Haut – Tél. : 89.38.86.26

Breitenbach

NN
(A)
Alt. : 880 m — 3 chambres d'hôtes dans une ferme-auberge dominant la vallée, vue magnifique. 2 chambres (1 lit 2 pers. 2 lits superposés). 1 chambre (2 lits 1 pers.). Douche et wc dans chaque chambre. Gare 6 km. Commerces 2 km. Ski alpin 6 km. Nombreuses possibilités de randonnées. Egalement gîte d'étape et gîte rural.

Prix : 2 pers. **210 F** 1/2 pens. **170 F**

6	6	SP	5	6

DISCHINGER Frederic – Christlesgut – 68380 Breitenbach – Tél. : 89.77.51.11

Eguisheim

NN
Alt. : 210 m — 3 chambres d'hôtes dans une maison de caractère du XVIII° siècle, au cœur du village. 3 chambres (1 lit 2 pers. possibilité de rajouter 1 ou 2 lits 1 pers.). Douche, wc et lavabo dans chaque chambre. Salle de séjour avec TV et réfrigérateur à disposition, kitchenette commune. Chauffage central. Gare 2 km. Commerces sur place.

Prix : 1 pers. **190 F** 2 pers. **225 F** 3 pers. **255 F**

SP	5	10	SP	6	20

FREUDENREICH Monique – 4 Cour Unterlinden – 68420 Eguisheim – Tél. : 89.23.16.44

Eguisheim

NN
Alt. : 210 m — 3 chambres d'hôtes aménagées à l'étage d'une maison située dans un quartier calme, à proximité de l'enceinte du village. 1 ch. (2 lits 1 pers., lavabo), 1 ch. (1 lit 2 pers., lavabo), 1 ch. (1 lit 1 pers., 1 lit 2 pers., lavabo), sanitaires privés dans chaque chambre. Chauffage central. Parking dans la cour. Gare 2 km. Commerces 500 m.

Prix : 1 pers. **190 F** 2 pers. **220 F** 3 pers. **280 F**

1	5	10	SP	6	20

GASCHY Christiane – 3 rue des Fleurs – 68420 Eguisheim – Tél. : 89.23.69.09

Eguisheim

NN
Alt. : 210 m — 3 chambres d'hôtes dans cette maison de caractère située au cœur du village. 1 chambre 2 lits 1 pers. 1 chambre 3 lits 1 pers. 1 chambre 1 lit 2 pers. Sanitaires dans chaque chambre. Salle de séjour à la disposition des hôtes. Petit déjeuner pris dans une très belle véranda avec vue sur le jardin ou par beau temps sur la terrasse. Parc, parking. Gare 2 km. Commerces sur place. Forêt sur place.

Prix : 2 pers. **250/270 F** 3 pers. **350 F**

1	5	10	1	6	20

HERTZ Marthe – 3 rue du Riesling – 68420 Eguisheim – Tél. : 89.23.67.74 – Fax : 89.23.99.23.

Eguisheim
C.M. n° 87 — Pli n° 17

♥♥♥ NN — Alt. : 210 m — 3 ch. d'hôtes aménagées dans une maison de construction récente, à proximité du centre du village. 2 ch. (1 lit 2 pers.), 1 ch. (2 lits 1 pers., 1 lit 1 pers.). 2 ch. avec salle d'eau et wc individuels, 1 ch. avec wc et salle d'eau commune. Salon/salle à manger à la disposition des hôtes. Jardin, salon de jardin, abri couvert, cour, barbecue, balcon. Terrasse, garage, ping-pong, balançoire et bac à sable. Gare 2 km. Commerces 200 m. Allemand, anglais et espagnol parlés.

Prix : 1 pers. **140/190 F** 2 pers. **190/230 F** 3 pers. **240/280 F**

0,5	5	10	0,2	5	5	25

BOMBENGER Jean-Pierre – 8 rue du Bassin – 68420 Eguisheim – Tél. : 89.23.13.12

Fellering
C.M. n° 87 — Pli n° 18

♥♥ NN — Alt. : 400 m — Dans une maison de caractère avec un parc, 4 ch. d'hôtes : 1 ch. 3 pers. et 1 ch. 2 pers. avec salle d'eau et wc communs. 2 ch. avec douche dans chaque chambre. 2 ch. 1 épi NN et 2 ch. 2 épis NN. Salle de séjour, salon, TV. Jardin, barbecue. Parking. Ski alpin 10 km. Delta-plane et parapente à proximité. Gare et commerces sur place.

Prix : 1 pers. **130 F** 2 pers. **200/250 F** 3 pers. **300 F**

1	1	SP	SP	2

WASSMER Laurette – 31 Grand Rue - B.P.10 – 68470 Fellering – Tél. : 89.82.69.57

Geishouse
C.M. n° 87 — Pli n° 18

♥♥♥ NN — Alt. : 750 m — 2 chambres d'hôtes aménagées dans un chalet situé en montagne, dans un superbe site. 1 chambre (1 lit 2 pers.). 1 chambre (1 lit 1 pers.) et séjour. Douche, lavabo, wc individuels. Parking, jardin. Chauffage électrique. Gare 6 km. Commerces sur place. Allemand, anglais et italien parlés. Chambres non fumeur.

Prix : 1 pers. **160 F** 2 pers. **255 F**

SP	12	SP	SP	6

KRAJNIK Rene – 8 rue du Panorama – 68690 Geishouse – Tél. : 89.38.93.46

Gueberschwihr
C.M. n° 87 — Pli n° 17

♥♥♥ NN — Alt. : 360 m — Dans une maison viticole du XVIe siècle, au calme, au centre du village, 1 chambre (2 lits 1 pers.). 1 chambre (1 lit 2 pers. 1 lit 1 pers.), salle d'eau et wc dans chaque chambre. Réfrigérateur sur le palier. Coin-repas. Parking, jardin, cour, pelouse avec salon de jardin. Ski alpin 10 km. Gare 10 km. Commerces sur place.

Prix : 1 pers. **200 F** 2 pers. **220 F** 3 pers. **280 F**

6	6	SP	10	6	10

BILGER Claude – 8 rue Basse – 68420 Gueberschwihr – Tél. : 89.49.33.79

Guemar
C.M. n° 87 — Pli n° 16

♥ NN — Alt. : 218 m — 3 chambres d'hôtes dans une maison neuve avec jardin, à l'extérieur du village. 1 chambre classée 2 épis NN (1 lit 2 pers.) avec douche, lavabo et wc privés. 2 chambres 2 pers. dont 1 avec divan, avec douche et wc communs. Espace vert et salon de jardin, cour fermée. Réfrigérateur à disposition. Gare 5 km. Commerces sur place. Forêt 1 km.

Prix : 2 pers. **190/220 F** 3 pers. **255 F**

2	4	5

HERRMANN Francois – 7 Route de Ribeauville – 68970 Guemar – Tél. : 89.71.81.77

Guemar
C.M. n° 87 — Pli n° 16

♥♥ NN — Alt. : 218 m — 3 chambres d'hôtes situées au cœur du village. 2 chambres 2 pers. + 1 lit enfant. 1 chambre 3 pers. avec balcon. Lavabo dans chaque chambre, 2 douches et 2 wc à l'étage. Poss. lit suppl. Salle de séjour à disposition des hôtes. Réfrigérateur. Grande cour, pelouse, balançoire, salon de jardin. Gare 5 km. Commerces sur place. Forêt 1 km. Pêche possible.

Prix : 1 pers. **135 F** 2 pers. **190 F** 3 pers. **255 F**

2	4	5	SP

UMBDENSTOCK Ernest – 20 Route de Selestat – 68970 Guemar – Tél. : 89.71.82.72

Holtzwihr
C.M. n° 87 — Pli n° 17

E.C. NN — Alt. : 200 m — 5 chambres d'hôtes dans une maison attenante de plain-pied avec espace vert. 2 chambres 2 pers. 1 chambre 3 pers. 2 chambres 4 pers. avec salle d'eau commune. Salle de séjour à la disposition des hôtes. Jardin. Forêt à proximité. Restaurant 300 m. Gare 6 km. Commerces sur place. Prix indicatifs 95.

Prix : 2 pers. **210 F** 3 pers. **290 F**

6	6	3	10	3

MEYER Liliane – 1 rue de la 5e D.B. – 68320 Holtzwihr – Tél. : 89.47.42.11

Houssen La Graviere
C.M. n° 87 — Pli n° 17

♥♥ NN — Alt. : 184 m — 5 chambres d'hôtes aménagées dans une ancienne ferme réaménagée. 1 chambre (1 lit 2 pers. 1 lit 1 pers.), salle d'eau individuelle. 3 chambres (1 lit 2 pers.), salle d'eau individuelle. 1 chambre (2 lits 1 pers.), salle d'eau individuelle. Gare 6 km. Commerces 1 km.

Prix : 2 pers. **200 F** 3 pers. **250 F**

6	6	10	SP

MARSCHALL Gilbert – 7 rue de la Graviere – 68125 Houssen – Tél. : 89.41.86.84 – Fax : 89.24.13.57.

Hunawihr   *C.M. n° 87 — Pli n° 16*

❄❄❄ NN — Alt. : 200 m — 5 ch. d'hôtes de grand confort aménagées dans une ancienne exploitation viticole, au cœur du village. 3 ch. avec kitchenette dont 1 avec canapé, 1 ch. 2 pers., 1 ch. 2 pers. + 1 enfant. Salle d'eau et wc individuels dans toutes les chambres. Terrain clos privatif, jardin, salon de jardin, barbecue, cour. Gare 7 km. Commerces 2 km. Anglais, allemand et espagnol parlés.

Prix : 2 pers. **250/350 F** 3 pers. **425 F**

2	2	7	SP

SEILER Frederique – 3 rue du Nord – 68150 Hunawihr – Tél. : 89.73.70.19

Husseren-Wesserling   *C.M. n° 87 — Pli n° 18*

❄❄❄ NN — Alt. : 420 m — 2 chambres d'hôtes dans une très belle propriété fleurie avec entrée indépendante. 1 chambre (1 lit 2 pers. 1 lit 1 pers.), salle d'eau particulière et coin-cuisine. 1 chambre (2 lits 1 pers.), salle d'eau privée et coin-cuisine. Chauffage central. Salon de jardin. Gare et commerces sur place.

Prix : 1 pers. **150 F** 2 pers. **250 F**

SP	SP	SP	10	14

HERRGOTT Yvonne – 4 rue de la Gare – 68470 Husseren-Wesserling – Tél. : 89.38.79.69

Illhaeusern   *C.M. n° 87 — Pli n° 16*

❄ NN — Alt. : 170 m — Dans un quartier très calme, maison avec joli petit jardin comprenant 2 chambres d'hôtes, en plein cœur du village. 2 chambres pour 2 pers. avec salle de bains et wc communs. Salle de séjour à la disposition des hôtes. Poss. 1 lit suppl. sur demande. Chauffage central. Jardin, barbecue. Produits fermiers. Gare 7 km. Commerces sur place.

Prix : 1 pers. **130 F** 2 pers. **150 F**

6	6	12	SP

MULLER Roger – 5 rue Collonges au Mont d'Or – 68970 Illhaeusern – Tél. : 89.71.80.83

Jebsheim   *C.M. n° 87 — Pli n° 7*

❄❄ NN — Alt. : 200 m — 1 chambre d'hôtes dans un cadre reposant, à l'extrémité d'un village de plaine, avec un joli petit jardin. 1 chambre (2 lits 1 pers.). Possibilité 1 lit 1 pers. supplémentaire. Salle d'eau indépendante et wc. Chauffage électrique. Gare 10 km. Commerces sur place. Prix indicatifs 95.

Prix : 2 pers. **165 F** 3 pers. **200 F**

8	8	15	SP

BENTZ Alfred – 91 Grand Rue – 68320 Jebsheim – Tél. : 89.71.62.29

Katzenthal   *C.M. n° 87 — Pli n° 17*

❄❄ NN — Alt. : 260 m — 2 chambres d'hôtes indépendantes, au calme, qui allient détente et piscine dans une propriété en bordure du vignoble. 2 chambres (2 lits 1 pers.), salle d'eau et wc individuels. Chauffage central. Cour, jardin, barbecue. Location de vélos. Gare 6 km. Commerces sur place.

Prix : 2 pers. **270 F**

4	SP	4	SP	8

HEROLD Remy – 84 rue du Vignoble – 68230 Katzenthal – Tél. : 89.27.32.42

Katzenthal   *C.M. n° 87 — Pli n° 17*

❄❄❄ NN — Alt. : 260 m — Chez un viticulteur, 3 chambres d'hôtes aménagées à l'étage d'une maison située en plein cœur du vignoble, au calme, à proximité de la forêt. 3 ch. (1 lit 2 pers. + 1 lit 1 pers.), salle de bains et wc individuels pour chaque chambre. TV à la disposition des hôtes. Chauffage central. Cour. Gare 6 km. Commerces sur place. Gîte rural sur place. Allemand et anglais parlés.

Prix : 1 pers. **200 F** 2 pers. **250 F** 3 pers. **300 F**

5	5	5	SP	8

AMREIN Christian et Angele – 128 rue des Trois Epis – 68230 Katzenthal – Tél. : 89.27.48.85 – Fax : 89.27.35.18

Kaysersberg   *C.M. n° 87 — Pli n° 17*

❄ NN — Alt. : 240 m — 2 chambres simples aménagées à l'étage d'une maison moderne. 2 chambres (1 lit 2 pers.) avec salle de bains et wc communs. Réfrigérateur et micro-ondes à la disposition des hôtes. Jardin, parking, cour, terrasse. Gare 12 km. Commerces sur place.

Prix : 1 pers. **200 F** 2 pers. **220 F**

1	0,5	8	SP	12	15

RENEL Andre – 3 rue des Aulnes – 68240 Kaysersberg – Tél. : 89.78.28.73

Labaroche   *C.M. n° 87 — Pli n° 17*

❄ NN — Alt. : 700 m — 5 chambres d'hôtes au calme, avec une très belle vue dans un cadre verdoyant et montagneux. 1 ch. (2 lits 1 pers.) avec douche. 1 ch. (1 lit 2 pers. 1 lit 1 pers.) avec douche. 1 ch. (1 lit 2 pers.) avec douche. 1 ch. (2 lits 1 pers.). 1 ch. (1 lit 2 pers.), douche et wc à l'étage, lavabo et bidet dans toutes les chambres. Gare 18 km. Commerces 1 km.

Prix : 2 pers. **185/200 F** 3 pers. **270 F**

6	6	6	SP	2	SP

KAUFFMANN Anne-Marie – 104 Route d'Ammerschwihr – 68910 Labaroche – Tél. : 89.49.81.21

Labaroche
C.M. n° 87 — Pli n° 17

♥♥♥ NN Alt. : 700 m — 2 ch. d'hôtes dans une maison entièrement rénovée, avec un jardin, dans un cadre typique. Entrée indépendante. 1 ch. (2 lits 1 pers.), 1 ch. (1 lit 2 pers.). Salle d'eau et wc individuels. Salon et salle à manger indépendants. TV. Poss. ping-pong, parking, barbecue, salon de jardin. Chauffage central. Gare 18 km. Commerces 1 km. Forêt à proximité. Nombreuses possibilités de randonnées pédestres + VTT.

Prix : 2 pers. **220 F** pers. sup. **50 F**

6	6	SP	2	SP		

SCHIELE Christiane – 60 Basse Baroche – 68910 Labaroche – Tél. : 89.49.87.12

Lapoutroie
C.M. n° 87 — Pli n° 17

♥ NN (A) Alt. : 840 m — 3 chambres situées à l'étage d'une ferme-auberge. 1 chambre (1 lit 2 pers. 1 lit superposé). 2 chambres (1 lit 2 pers. 1 lit 1 pers. 1 lit bébé). Lavabo dans chaque chambre. Douche et wc communs. Chauffage central au bois. Ouvert de février au 15 novembre. Demi-tarif pour les enfants de moins de 10 ans. Prix indicatifs 95.

Prix : 1 pers. **130 F** 2 pers. **220 F** 1/2 pens. **160 F** pens. **200 F**

2	8	6	SP	6	2	8

GARNIER Daniel – 207 le Brezouard – 68650 Lapoutroie – Tél. : 89.47.23.80 – Fax : 89.47.50.83.

Lapoutroie La Bohle N° 86
C.M. n° 87 — Pli n° 17

♥♥ NN Alt. : 840 m — 1 chambre d'hôtes aménagée dans une ferme montagnarde rénovée. 1 chambre (1 lit 2 pers.), salle de bains et wc individuels. Salon/salle à manger à la disposition des hôtes. Entrée indépendante. Terrain non clos, jardin. Tarif dégressif à partir de 3 nuits. Gare 18 km. Commerces 800 m. Anglais et allemand parlés.

Prix : 1 pers. **210 F** 2 pers. **240 F**

SP	8	6	SP	6	SP	6

COGITORE Jacques et Nathalie – La Bohle N° 86 – 68650 Lapoutroie – Tél. : 89.47.56.11

Luttenbach
C.M. n° 87 — Pli n° 17

♥♥♥ NN Alt. : 400 m — 1 chambre d'hôtes située au cœur du village. 1 chambre pour 2 pers. avec salle d'eau et wc particuliers. Salle de séjour à la disposition des hôtes. Forêt sur place. Produits fermiers. Restaurant 500 m. Gare 2 km. Commerces sur place.

Prix : 2 pers. **180/200 F**

2	SP	6	SP	2	SP	15

WERREY Marguerite – 11 rue Fronzell – 68140 Luttenbach – Tél. : 89.77.45.73

Michelbach
C.M. n° 87 — Pli n° 19

♥ NN Alt. : 350 m — 1 suite située dans un domaine isolé au pied des Vosges, au départ des routes du vin et de la carpe frite, gîte d'étape également. 1 suite 5 pers. avec lavabo, douche, wc, kitchenette et living. Chauffage électrique. Jardin, salon de jardin, barbecue, parc de 4 ha. d'étangs privés. Salle de ping-pong. Parking. Gare et commerces 6 km. Ferme-auberge sur place. Allemand et anglais parlés. Tir à l'arc sur place. Nombreuses possibilités de randonnées pédestres et VTT.

Prix : 2 pers. **295 F** 3 pers. **390 F**

6	3	15	SP	SP	SP	8

DE REINACH Bernard – Domaine Saint-Loup – 68700 Michelbach – Tél. : 89.82.53.45 – Fax : 89.82.82.95

Munster
C.M. n° 87 — Pli n° 17

♥ NN Alt. : 380 m — 2 chambres d'hôtes aménagées dans un chalet, à la sortie du village. 2 chambres pour 2 pers. avec salle de bains commune. Salle de séjour à la disposition des hôtes. Jardin. Forêt 500 m. Ski de piste 10 km. Produits fermiers. Restaurant 500 m. Gare 1 km. Commerces sur place.

Prix : 2 pers. **175 F**

SP	SP	SP	1	10

KILBERT Charles – 59 rue du 9e Zouave – 68140 Munster – Tél. : 89.77.30.34

Oltingue
C.M. n° 87 — Pli n° 10

♥♥♥ NN Alt. : 300 m — 4 chambres d'hôtes de 2 pers. dans un ancien moulin du XVIIe siècle, à la campagne, à la frontière franco-Suisse. Salle d'eau particulière. Entrée indépendante. Salle de séjour, salon. Ferme-auberge au rez-de-chaussée.

Prix : 1 pers. **250 F** 2 pers. **280 F** 3 pers. **380 F**

6	6	10	SP	4

THOMAS Antoine – Moulin de Huttingue – 68480 Oltingue – Tél. : 89.40.72.91

Orbey Le Hambout
C.M. n° 87 — Pli n° 17

♥♥♥ NN Alt. : 610 m — Aux portes du vignoble alsacien et des montagnes vosgiennes, dans un petit hameau, à 2 km d'Orbey, Nicole Tisserand vous accueille dans sa maison en pleine nature. 1 ch. avec douche, lavabo et wc privés. Bibliothèque, baby-foot, espace vert avec salon de jardin, barbecue et balançoire. Gare 20 km. Commerces 2 km. Ouvert les week-ends et vacances scolaires. Allemand et anglais parlés. A 610 m d'alt., l'air pur, le calme et la quiétude de nos paysages montagnards vous raviveront. Nombreux circuits et visites proposés : la route des vins, ses caves et ses petits villages typiques alsaciens, la route du fromage, celle des crêtes, les musées locaux...

Prix : 1 pers. **150 F** 2 pers. **200 F**

2	10	12	SP	5	SP	10

TISSERAND Nicole – Le Hambout - 103 Tannach – 68370 Orbey – Tél. : 89.71.27.24 ou 89.73.54.10

Orbey

♥♥♥ NN — Alt. : 600 m — 6 ch. d'hôtes aménagées dans une ferme, dans un site calme et agréable, en montagne. R.d.c. : 2 ch. (1 lit 2 pers.). 1er étage : 2 ch. (1 lit 2 pers.), 1 ch. (2 lits 1 pers.), 1 ch. (1 lit 2 pers. + 1 lit 1 pers.). Salle de bains et wc particuliers dans chaque chambre. Chauffage central. Salon de jardin, barbecue. Gare 25 km. Commerces 2 km. Circuit VTT sur place. Egalement gîte d'étape et gîte rural.

Prix : 2 pers. **280 F** 3 pers. **380 F**

1	10	13	SP	3	3

BATOT Fabienne – Ferme du Busset - 33 le Busset – 68370 Orbey – Tél. : 89.71.22.17

Orbey

♥♥ NN — Alt. : 600 m — 5 chambres d'hôtes au calme, en pleine nature et en montagne, entourées de verdure. 2 chambres 2 pers., 2 chambres 4 pers., 1 chambre 5 pers. Salle d'eau et wc individuels pour chaque chambre. Jardin, salon de jardin, terrasse, cour, parking. Possibilité forfait semaine. Gare 25 km. Commerces 2 km. Prix indicatifs 95. Ferme-auberge sur place.

Prix : 1 pers. **130 F** 2 pers. **260 F** 3 pers. **390 F**

1	10	13	SP	3	3

SAN FILIPPO Catherine – 72 Housserouse – 68370 Orbey – Tél. : 89.71.28.15

Ostheim

♥♥♥ NN — Alt. : 182 m — Dans une ancienne et très belle ferme alsacienne réaménagée, 2 chambres (1 lit 2 pers.) avec douche, wc et salon privés, poss. 1 lit 1 pers. suppl. 1 chambre (1 lit 2 pers.), douche et wc privés. Salle à manger indépendante. Chauffage central. Poss. restauration sur place (spécialités alsaciennes). Parking, terrasse et meubles de jardin à disposition des hôtes. Gare 5 km. Commerces sur place. Anglais et allemand parlés. Petit déjeuner alsacien. Ferme-auberge sur place.

Prix : 2 pers. **305 F** 3 pers. **405 F**

SP	5	SP	12	SP

COTTEL Gilbert – Auberge « Aux Armes d'Ostheim » - 2 rue de la Gare – 68150 Ostheim – Tél. : 89.47.91.15 – Fax : 89.47.86.29

Pfaffenheim

♥♥ NN — Alt. : 240 m — 2 chambres d'hôtes à l'étage d'une maison avec grand jardin ayant des arbres fruitiers. Très belle vue sur le vignoble depuis la véranda où sont pris les petits déjeuners. 1 ch. 4 pers. avec douche et lavabo individuels et wc communs. 1 ch. 2 pers. avec lavabo, douche et wc communs. Salle de séjour à la disposition des hôtes. Jardin. Gare 4 km. Commerces sur place. Forêt et luge sur place.

Prix : 2 pers. **190 F** 3 pers. **290 F**

SP	3	SP	4	4

BOOG Marthe – 8 rue de Rouffach – 68250 Pfaffenheim – Tél. : 89.49.63.77

Ribeauville

♥♥ NN — Alt. : 184 m — 2 chambres d'hôtes aménagées à l'étage d'une maison moderne entourée de verdure (forêt, jardin), au pied des châteaux. 1 ch. (1 lit 2 pers.) avec salle d'eau et wc individuels, 1 ch. (2 lits 1 pers.) avec salle d'eau et wc individuels. TV + câble dans toutes les chambres. Chauffage central. Terrain clos, jardin, salon de jardin, barbecue, terrasse. Gare 5 km. Commerces 1 km. Allemand et anglais parlés.

Prix : 1 pers. **205 F** 2 pers. **230 F**

2	2	SP

KERN Marie-Pia – 4 rue Saint-Morand – 68150 Ribeauville – Tél. : 89.73.77.60 – Fax : 89.73.32.94

Ribeauville

♥♥ NN — Alt. : 184 m — 4 ch. d'hôtes dans une maison indépendante, au centre d'un petit vignoble privé, au pied des châteaux et des vignes. 2 ch. 2 pers. avec lavabo et balcon, douche et wc communs. 2 ch. 2 pers. avec lavabo, douche et wc privés. Poss. lit enfant sur demande. Salle pour petit déjeuner. Ch. central. Réfrigérateur. Cour. Parking et salon de jardin à la disposition des hôtes. Itinéraires cyclables à proximité. Gare 4 km. Commerces 1 km. Allemand et anglais parlés.

Prix : 1 pers. **130/160 F** 2 pers. **200/230 F** 3 pers. **260 F**

SP	SP	15	SP	SP	15

BOLLINGER Guy – 14 rue du Giersberg – 68150 Ribeauville – Tél. : 89.73.68.99

Riedwihr

♥♥♥ NN — Alt. : 180 m — 1 chambre d'hôtes située au cœur du village. 1 chambre 2 pers. + 1 enfant avec douche, lavabo, wc individuels. Salle de séjour à la disposition des hôtes. Jardin, salon de jardin, véranda, cour, parking. Forêt sur place. Produits fermiers sur place. Restaurant 500 m. Gare 10 km. Commerces sur place.

Prix : 1 pers. **100 F** 2 pers. **180 F** 3 pers. **210 F**

6	6	2

ULSAS Leon – 6 rue de Jebsheim – 68320 Riedwihr – Tél. : 89.71.61.20

Rimbach-Pres-Masevaux

♥ NN — Alt. : 600 m — 4 chambres d'hôtes aménagées à l'étage de la maison de la propriétaire avec un parc entrecoupé d'un joli petit ruisseau. 2 chambres (1 lit 2 pers.) avec lavabo. Salle de bains commune sur le palier. Piscine thermale privée utilisable toute l'année, à la disposition des hôtes. Activités pour enfants. Egalement camping à la ferme et gîte rural. Ski alpin 15 km.

Prix : 2 pers. **160 F**

5	10	SP	2	15

HAGENBACH Marie-Claire – 27 rue d'Ermensbach – 68290 Rimbach-Pres-Masevaux – Tél. : 89.82.00.13

Riquewihr　　　　　　　　　　　　　　　　　　*C.M. n° 87 — Pli n° 17*

❦ NN　Alt. : 300 m — 2 chambres d'hôtes sur une exploitation viticole au cœur du village. 2 chambres 2 pers. avec salle de bains et wc communs. Salle de séjour à la disposition des hôtes. Forêt sur place. Produits fermiers, restaurant 500 m. Ouvert d'avril à septembre et le week-end uniquement. Gare 5 km. Commerces sur place.

Prix : 2 pers. 185 F

2	5	SP	25

ENGEL Ernest – 18 rue des Remparts – 68340 Riquewihr – Tél. : 89.47.92.49

Riquewihr　　　　　　　　　　　　　　　　　　*C.M. n° 87 — Pli n° 17*

❦❦❦ NN　Alt. : 300 m — 3 chambres à l'étage de la maison du propriétaire avec jardin, situation calme, vue sur le vignoble et la forêt ou le village. 2 chambres (2 lits 1 pers.), lavabo, douche et wc communs. Poss. lit suppl. 1 chambre (2 lits 1 pers.), lavabo, douche et wc privés. Chauffage électrique. Salle de séjour pour petit déjeuner. Gare 5 km. Commerces sur place.

Prix : 1 pers. 204 F 2 pers. 248 F 3 pers. 308 F

2	5	SP	25

SCHMITT Gerard – 3 Chemin des Vignes – 68340 Riquewihr – Tél. : 89.47.89.72

Riquewihr　　　　　　　　　　　　　　　　　　*C.M. n° 87 — Pli n° 17*

❦ NN　Alt. : 300 m — 2 chambres d'hôtes dans une maison typique. 2 chambres 2 pers. avec salle de bains et wc communs. Réfrigérateur. Possibilité de faire la cuisine. Possibilité de garage ou parking. Prix indicatifs 1995. Fermé en hiver. Gare 5 km. Commerces sur place.

Prix : 2 pers. 240/245 F

2	5	SP	25

SCHWANDER Paul – 6 rue Saint-Nicolas – 68340 Riquewihr – Tél. : 89.47.88.93 ou 89.47.90.77

Riquewihr　　　　　　　　　　　　　　　　　　*C.M. n° 87 — Pli n° 17*

❦❦ NN　Alt. : 300 m — 2 ch. d'hôtes aménagées dans une maison de construction récente avec un jardin, dans un quartier résidentiel calme, au bord du vignoble. 1 ch. 2 pers., lavabo, douche, terrasse, douche séparée. 1 ch. 2 pers. + 1 enfant, lavabo, douche, wc particuliers. Salle pour petit déjeuner. Réfrigérateur et lave-linge à la disposition des hôtes. Salle de séjour, salon. Gare 5 km. Commerces sur place.

Prix : 2 pers. 226/246 F

2	5	SP	25

WOTLING Rene – 7 rue de Horbourg – 68340 Riquewihr – Tél. : 89.49.03.20

Rombach-le-Franc　　　　　　　　　　　　　*C.M. n° 87 — Pli n° 16*

❦❦ NN　Alt. : 450 m — A 20 km du château du Haut-Koenigsbourg, proche de la route des vins, 5 ch. d'hôtes confortables. 4 ch. (1 lit 2 pers. chacune), 1 ch. (1 lit 2 pers. 1 lit 1 pers.), salle d'eau et wc individuels. Salon indépendant à la disposition des hôtes. Chauffage central et chaudière à bois. Terrain non clos, cour, terrasse. Ferme-auberge sur place. Gare 24 km. Commerces 4 km. Au bout du village, au calme, au pied de la montagne.

Prix : 2 pers. 230/250 F pers. sup. 30 F

4	12	SP	6	SP	SP

WENGER Raymond – La Hingrie N° 6 – 68660 Rombach-le-Franc – Tél. : 89.58.95.43 – Fax : 89.58.42.46.

Rorschwihr　　　　　　　　　　　　　　　　　*C.M. n° 87 — Pli n° 16*

❦❦❦ NN　Alt. : 230 m — 2 chambres d'hôtes situées à l'entrée du village, dans une maison chez un viticulteur, au calme, près des vignes. 2 chambres pour 4 pers. avec salle de bains et wc privés. Salle de séjour et réfrigérateur à la disposition des hôtes. Aire de jeux, cour, parking, salon de jardin. Forêt sur place. Produits fermiers, restaurant à 500 m.

Prix : 2 pers. 230 F 3 pers. 300 F

2	5	15	SP	2

ACKERMANN Andre – 25 Route du Vin – 68750 Rorschwihr – Tél. : 89.73.63.87 – Fax : 89.73.38.16

Rorschwihr　　　　　　　　　　　　　　　　　*C.M. n° 87 — Pli n° 16*

❦❦❦ NN　Alt. : 290 m — 4 chambres d'hôtes avec entrée indépendante, au calme, au centre du village. 4 chambres (1 lit 2 pers. chacune), salle d'eau et wc dans chaque chambre. 2 ch. au rez-de-chaussée avec terrasse et 2 ch. au 1er étage avec balcon. Chauffage central. Salle à manger indépendante. Cour, jardin. Gare 7 km. Commerces sur place. Allemand parlé.

Prix : 1 pers. 180 F 2 pers. 220 F

2	5	15	SP	2

DINTZER Aime – 10 Route du Vin – 68750 Rorschwihr – Tél. : 89.73.74.48 – Fax : 89.73.86.27.

Rorschwihr　　　　　　　　　　　　　　　　　*C.M. n° 87 — Pli n° 16*

❦❦❦ NN　Alt. : 250 m — Maison dans les vignes. 1 chambre (1 lit 2 pers. 1 lit pliant 1 pers.), salle de bains et wc privés. 1 chambre (1 lit 2 pers.), douche et wc privés. Réfrigérateur. Jardin, meubles de jardin. Cour pour voiture. Restaurants à proximité. Gare 7 km. Commerces sur place. Animaux admis sous conditions.

Prix : 2 pers. 210 F 3 pers. 270 F

5	3	15	SP	2

FRANCOIS Colette – 14 rue des Moutons – 68750 Rorschwihr – Tél. : 89.73.73.53

Haut-Rhin

Rorschwihr

♥♥♥ NN Alt. : 250 m — 4 chambres d'hôtes aménagées dans une maison récente avec véranda et jardin. 4 chambres (1 lit 2 pers.), douche et wc particuliers. Chauffage central. Entrée individuelle. Réfrigérateur, véranda fermée et salon de jardin à la disposition des hôtes. Situation calme avec vue sur le château du Haut-Koenigsbourg. Gare 7 km. Commerces sur place.

Prix : 1 pers. **180 F** 2 pers. **220 F** 3 pers. **250 F**

5	3	15	SP	2

MESCHBERGER Julien – 1 rue de la Forêt – 68750 Rorschwihr – Tél. : 89.73.77.32

Rorschwihr

♥♥ NN Alt. : 250 m — Maison au cœur du vignoble, vue sur le château du Haut Koenigsbourg, situation très calme. 2 ch. (1 lit 2 pers. wc et lavabo), s. d'eau commune aux 2 ch. 2 ch. 2 pers., s. d'eau et wc privés. 1 ch. 2 pers. + 1 lit superp. enfant avec s. d'eau et wc privés. Ch. élect. Réfrigérateur à disposition. L'été, le petit déjeuner est pris en terrasse. Parking, terrasse. Petits animaux admis. Lits pliants pour enfants. Gare 7 km. Commerces sur place. Prix indicatifs 95.

Prix : 2 pers. **220/250 F**

2	5	15	SP	2

METZGER Patricia – 8 rue des Moutons – 68750 Rorschwihr – Tél. : 89.73.84.15

Saint-Bernard

♥♥♥ NN Alt. : 250 m — 3 ch. d'hôtes dans une ancienne ferme du XIXᵉ siècle réaménagée, situation très calme. 1 ch. (1 lit 2 pers. 1 lit bébé) avec balcon, douche, lavabo privés et wc communs. 1 ch. (2 lits 1 pers.) avec balcon, douche, lavabo privés et wc communs. 1 ch. (1 lit 2 pers. 1 lit 1 pers.), s. d'eau et wc privés. Ch. élect. Réfrigérateur et mini-four. Entrée indépendante. Cour fermée, verger, poss. pique-nique, barbecue, parking. Gare 7 km. Commerces 5 km. Rivière et canal à proximité.

Prix : 1 pers. **150 F** 2 pers. **190 F** 3 pers. **250 F**

2	6	15	SP	10	SP	

BAIRET Marie-Laure – 13 rue de l'Eglise – 68720 Saint-Bernard – Tél. : 89.25.44.71

Saint-Hippolyte

♥♥ NN Alt. : 220 m — 3 chambres d'hôtes chez un viticulteur avec un joli jardin et une magnifique vue sur le vignoble et le château du Haut-Koenigsbourg. 3 chambres 2 pers. avec douche et wc. Chauffage électrique. Lit pour enfants sur demande. Gare 2 km. Commerces sur place.

Prix : 2 pers. **220 F**

SP	5	15	SP	15	10

BLEGER Chantal – 92 Route du Vin – 68590 Saint-Hippolyte – Tél. : 89.73.00.21

Saint-Hippolyte

♥ NN Alt. : 220 m — Maison située en bordure du vignoble, avec un jardin et une belle vue sur le château du Haut-Koenigsbourg, site très calme. 5 chambres (1 lit 2 pers.). Douche dans 4 chambres et 1 chambre avec douche à l'étage, wc à l'étage. Chauffage électrique. Lit enfant sur demande. Parking dans la cour du propriétaire. Gare 2 km. Commerces sur place.

Prix : 1 pers. **175 F** 2 pers. **200 F** 3 pers. **225 F**

SP	6	15	SP

FESSLER Jean-Paul – 1 rue Windmuehl – 68590 Saint-Hippolyte – Tél. : 89.73.00.70

Saint-Hippolyte

♥♥ NN Alt. : 240 m — 2 chambres d'hôtes situées au cœur du village, chez un viticulteur. 1 chambre 2 pers. avec salle d'eau privée. 1 chambre 3 pers. avec douche et wc particuliers. Salle de séjour à la disposition des hôtes. Jardin, parking. Forêt à 500 m. Produits fermiers, restaurant à 500 m. Gare 2 km. Commerces sur place.

Prix : 2 pers. **220 F** 3 pers. **260 F**

SP	5	15	SP

KLEIN Georges – 10 Route du Vin – 68590 Saint-Hippolyte – Tél. : 89.73.00.28

Saint-Hippolyte

♥ NN Alt. : 240 m — 2 chambres d'hôtes situées au cœur du village. 2 chambres pour 2 pers. + 1 enfant avec salle d'eau commune aux 2 chambres. Salle de séjour à la disposition des hôtes. Lit d'appoint possible sur demande. Forêt, produits fermiers et restaurant à 500 m. Gare 2 km. Commerces sur place.

Prix : 2 pers. **210 F**

SP	5	15	SP

LESIEUR Raymond – 73 Route du Vin – 68590 Saint-Hippolyte – Tél. : 89.73.01.20

Saint-Hippolyte

♥♥ NN Alt. : 240 m — 2 chambres d'hôtes aménagées dans une maison avec un beau jardin ombragé, non loin du centre du village, avec une très belle vue sur la plaine d'Alsace et le Massif Vosgien. 2 chambres (1 lit 2 pers.), avec douche. Lit supplémentaire sur demande. Jardin, cour, parking. Gare 2 km. Commerces 500 m.

Prix : 2 pers. **180/200 F** 3 pers. **230 F**

SP	5	15	SP

THIRION Michel – 81 Route du Vin – 68590 Saint-Hippolyte – Tél. : 89.73.01.23

Saint-Hippolyte

〰〰 NN Alt. : 240 m — 2 ch. d'hôtes aménagées dans une maison ancienne rénovée, située au centre du village, dans un quartier très calme. 2 ch. (1 lit 2 pers.), lit enfant sur demande, salle d'eau et wc particuliers. Salon/salle à manger à la disposition des hôtes. Chauffage central et bois. Parking dans la cour, salon de jardin. Gare 3 km. Commerces sur place. 1 des chambres est accessible aux personnes handicapées (ascenseur). Allemand parlé.

Prix : 2 pers. **180/200 F**

	SP	6	15	SP

BLEGER Rene – 10 rue Saint-Fulrade – 68590 Saint-Hippolyte – Tél. : 89.73.02.22

Sainte-Marie-aux-Mines

〰〰〰 NN Alt. : 500 m — 2 chambres d'hôtes dans un bâtiment rénové où l'on trouve également 2 gîtes. Endroit paisible à l'orée de la forêt et à proximité de la rivière. 2 ch. (1 lit 2 pers.) avec salle d'eau et wc individuels. Chauffage électrique. Salle commune avec cuisine équipée pour le petit déjeuner et TV. Cour, emplacement voiture, salon de jardin et barbecue. Local de distillation et de dégustation des fabrications artisanales. Ferme-auberge 2 km. Gare 22 km. Commerces sur place. Prix indicatifs 95.

Prix : 2 pers. **220 F**

3	3	SP	4	5

DEMOULIN Gabriel – 13 Petite Liepvre – 68160 Sainte-Marie-aux-Mines – Tél. : 89.58.59.51

Sewen

〰〰 NN Alt. : 800 m — 5 chambres d'hôtes situées au 2e étage d'une grande villa en bord de lac, entourée de sapins. 3 chambres (1 lit 2 pers.), douche, lavabo, wc. 1 chambre (1 lit 2 pers.). 1 chambre (2 lits 1 pers.). 2 salles d'eau avec 2 wc communs. Salle à manger, salon au rez-de-chaussée. Chauffage central.

Prix : 2 pers. **160/190 F** 3 pers. **250 F**

10	10	SP	15

EHRET Michele – Villa du Lac – 68290 Sewen – Tél. : 89.82.08.64

Sigolsheim

〰〰 NN Alt. : 250 m — Au centre du village chez un viticulteur/arboriculteur, 1 chambre d'hôtes de 2 personnes, douche, lavabo, wc + kitchenette. Machine à laver à la disposition des hôtes. Cour, salon de jardin. Gare 10 km. Commerces sur place.

Prix : 2 pers. **170/210 F**

3	3	3	SP

ULMER Marie – 23 rue de Bennwihr – 68240 Sigolsheim – Tél. : 89.78.25.28

Soultzmatt

〰〰〰 NN Alt. : 280 m — 2 ch. d'hôtes dans une maison confortable et moderne avec jardin. 1 ch. (1 lit 2 pers.), douche, lavabo, wc particuliers. 1 ch. (2 lits 1 pers.), salle de bains, wc particuliers. Ch. élect. Jardin, parking, cuisine à l'étage à la disposition des hôtes. Lit enfant sur demande. Tarifs dégressifs à partir de 3 nuits. Gare 7 km. Commerces 500 m. Allemand parlé.

Prix : 2 pers. **180 F**

5	5	SP	2	2	15

FLESCH Fernande – 1a Route d'Osenbach – 68570 Soultzmatt – Tél. : 89.47.03.13

Soultzmatt

〰〰 NN Alt. : 280 m — 1 chambre d'hôtes aménagée dans une maison de construction ancienne, située au cœur du village, sur la route des vins. 1 chambre (1 lit 2 pers.), salle d'eau et wc individuels. Salon à la disposition des hôtes. Radiateurs électriques. Terrain clos, cour, abri couvert, salon de jardin. Gare 7 km. Commerces sur place. Allemand parlé.

Prix : 2 pers. **180 F**

5	5	SP	3	2	15

HECK Marie-Therese – 10 rue de l'Hopital – 68570 Soultzmatt – Tél. : 89.47.63.89

Strueth

〰〰 NN
(A) Alt. : 382 m — 4 ch. d'hôtes au 2e étage d'une maison alsacienne entièrement restaurée, au calme. 4 ch. (2 lits 1 pers. chacune), s.d.b. et wc individuels pour chaque ch. TV dans chaque ch. Salon/salle à manger avec cheminée à la disposition des hôtes. Terrasse, barbecue, salon de jardin, étang. Restauration : grillade au feu de bois, spécialités alsaciennes, tartes flambées... Gare 10 km. Commerces 5 km. Allemand parlé. Prix indicatifs 95.

Prix : 1 pers. **150 F** 2 pers. **250 F** 1/2 pens. **165 F**
pens. **210 F**

3	8	8	0,5	10	SP

EMBERGER Bernard – 1 Route de Mertzen – 68580 Strueth – Tél. : 89.07.21.46

Thannenkirch

〰〰〰 NN Alt. : 600 m — Maison dans un site très pur et très calme, à proximité de la forêt. 3 chambres 2 pers. Douche, wc dans chaque chambre. 1 chambre 2 pers., douche, bains et wc privés. Terrasse. Jardin. Téléphone direct dans les chambres. Pré. Salle de séjour avec TV. Gare 10 km. Commerces sur place.

Prix : 2 pers. **220/240 F**

10	10	SP	10

DUMOULIN Rene – 15 rue Sainte-Anne – 68590 Thannenkirch – Tél. : 89.73.12.07

Turckheim

❦❦❦ NN Alt. : 220 m – 2 chambres dans une maison de maître, au bord de la Fecht avec une belle perspective sur les Vosges et le vignoble. 1 ch. (1 lit 2 pers.), 1 ch. (2 lits 1 pers.) avec s.d.b. et wc privés. Salon et salle à manger à la disposition des hôtes. Chauffage au mazout. Terrain clos, jardin, balcon, terrasse, abri couvert, cour, garage et meubles de jardin à disposition. Gare et commerces sur place. Allemand parlé.

Prix : 2 pers. **246 F** pers. sup. **50 F**

0,5	5	10	SP	5	0,2

FEGA Marie-Rose – 14 rue des Tuileries – 68230 Turckheim – Tél. : 89.27.18.84

Turckheim

❦❦ NN Alt. : 220 m — 3 chambres d'hôtes dans une maison de caractère située dans le vignoble avec vue panoramique sur la plaine d'Alsace. 2 chambres pour 3 pers. avec salles d'eau individuelles, 1 chambre 2 pers. avec salle d'eau commune. Pré. Forêt à 500 m. Produits fermiers sur place. Restaurant à 500 m. Gare et commerces sur place.

Prix : 1 pers. **180 F** 2 pers. **205/245 F** 3 pers. **330 F**

SP	5	7	SP	5	1

GIAMBERINI Raymond – 11 Route de Niedermorschwihr – 68230 Turckheim – Tél. : 89.27.09.56

Turckheim

❦❦ NN Alt. : 200 m — Ancienne maison alsacienne à colombages comprenant : 1 chambre aménagée au 1er étage (1 lit 2 pers.). Douche, wc, lavabo, petite kitchenette. Gare et commerces sur place.

Prix : 2 pers. **190 F**

SP	5	7	SP	5	1

LANDBECK Helene – 3 rue de la Grenouillere – 68230 Turckheim – Tél. : 89.27.37.49

Uffholtz

❦❦ NN Alt. : 320 m — 3 chambres d'hôtes aménagées dans une maison avec jardin, au bord de la forêt et au pied du Vieil Armand. 3 chambres (2 lits 1 pers.) avec salle d'eau et wc individuels ainsi que coin-cuisine et réfrigérateur dans chaque chambre. Terrain clos, terrasse, jardin, barbecue. Chauffage électrique. Equipement pour bébé. Nombreuses possibilités de randonnées. Gare 7 km. Commerces sur place.

Prix : 1 pers. **150 F** 2 pers. **250 F**

2	2	SP	2	10

BERNARD Vincent – 25 rue de Soultz – 68700 Uffholtz – Tél. : 89.39.91.27

Werentzhouse

❦❦ NN (TH) Alt. : 360 m — 3 ch. d'hôtes dans une ferme sundgauvienne, au centre du village. 1 ch. (1 lit 2 pers. + 2 lits 1 pers.) avec mezzanine, s. d'eau et wc individuels. 1 ch. (1 lit 2 pers. + poss. lit superp. enfant), s. d'eau et wc individuels. 1 ch. (1 lit 2 pers.), s. d'eau et wc individuels. Salle à manger indépendante. Salon de jardin, jardin, cour fermée. Chauffage central. Equipement bébé.

Prix : 1 pers. **150 F** 2 pers. **200 F** pers. sup. **60 F**
1/2 pens. **200 F**

2	5	SP	2	2

PROBST Monique – 2 Route de Ferrette – 68480 Werentzhouse – Tél. : 89.40.43.60 – Fax : 89.08.22.18

Wickerschwihr

❦❦ NN Alt. : 180 m — 2 chambres d'hôtes dans une très jolie maison de style moderne avec un grand jardin, située au cœur du village. 1 chambre (2 lits 1 pers.) avec sanitaires individuels. 1 chambre (1 lit 2 pers. + 1 lit 1 pers.) avec sanitaires communs. Chauffage central. Salle de séjour à la disposition des hôtes. Produits fermiers. Gare 6 km. Commerces sur place. Restaurant 500 m. Prix indicatifs 95.

Prix : 2 pers. **210 F** 3 pers. **300 F**

6	6	12

DIETRICH Roger – 37 rue des Cigognes – 68320 Wickerschwihr – Tél. : 89.47.73.23

Zillisheim

❦❦❦ NN Alt. : 380 m — 1 chambre d'hôtes (4 lits 1 pers.). Salle d'eau. Kitchenette. Chauffage central. Prise TV. Piscine privée. Jardin avec meubles de jardin. Musées à Mulhouse 7 km. Zoo 7 km. Gare 5 km. Commerces sur place.

Prix : 1 pers. **170 F** 2 pers. **220 F** 3 pers. **270 F**

2	SP	10	SP	5

SCHNEIDER Gabrielle – 18 Grand'Rue – 68720 Zillisheim – Tél. : 89.06.32.43 – Fax : 89.06.20.77.

Anould

C.M. n° 62 — Pli n° 17

☙☙☙ NN
(TH)

Alt. : 500 m — 4 ch. d'hôtes dans une très belle maison moderne. 1er étage : 1 ch. (1 lit 160 x 200, 1 lit 1 pers.), s. d'eau privée avec wc. 1 ch. (1 lit 2 pers.), 1 ch. (1 lit baldaquin 140 x 200), wc et salles d'eau privés. 1 ch. de 2 pièces (1 lit 2 pers., 2 lits 1 pers.), s.d.b., wc. Chauffage central fuel. R.d.c. : salle à manger, salon, TV, cheminée. Lave-linge et 2 vélos à disposition. Jeux de boule. Balançoire. Garage 2 voitures. Mme Conreaux vous accueillent dans une grande demeure avec un parc d'1 hectare, au calme, en bordure de rivière, à 2 mn de la forêt. Ch. avec balcon, produits du potager et du pays. Gare 10 km. Commerces 500 m.

Prix : 1 pers. **180 F** 2 pers. **220 F** 3 pers. **280 F** repas **70 F**
1/2 pens. **180 F**

13	18	18	0,5	8	2	8	0,5	1	58

CONREAUX Marie-Claude – 563, rue du Val de Meurthe – 88650 Anould – Tél. : 29.57.01.09

Ban-de-Laveline Le Voue

C.M. n° 62 — Pli n° 18

☙☙ NN

Alt. : 600 m — 1 chambre d'hôtes dans une maison de caractère rénovée, située en pleine campagne à la lisière de la forêt. 1 chambre rustique 3 pers. avec salle d'eau et wc particuliers. Salle de séjour à disposition des hôtes. Jardin, terrain, pré, ruisseau. Gare 12 km. Commerces 2,5 km. Ouvert toute l'année. A quelques kilomètres des crêtes vosgiennes, vivez le pays et rayonnez jusqu'en Alsace. Promenades et circuits en forêt. Repos et tranquillité. Restaurant 3 km. Produits fermiers 500 m.

Prix : 1 pers. **160 F** 2 pers. **210 F** 3 pers. **260 F**

20	20	30	SP	12	3	12	0,5	0,5	77

ENGELHARD Elisabeth – Raumont – 88520 Ban-de-Laveline – Tél. : 29.57.73.34

La Bresse Le Rainde

C.M. n° 62 — Pli n° 17

☙ NN
(TH)

Alt. : 800 m — 4 ch. d'hôtes au 2e étage de la ferme de la propriétaire. 1 ch. (3 lits 1 pers.), wc, lavabo. 1 ch. (2 lits 1 pers.), lavabo. 1 ch. (1 lit 2 pers., 1 lit 1 pers.), douche, lavabo. 1 ch. (1 lit 2 pers., 1 lit 1 pers.), douche, lavabo, wc. S.d.b. commune, wc sur palier. 1er étage : salon, wc, TV, frigo. Jeux société, ping-pong. Terrain. Gare 5 km. Commerces 4,5 km. Accès direct sur l'extérieur. Réductions à partir de 3 nuits et pour les enfants de moins de 12 ans. Profitez de la Bresse, station touristique complète. Christine fabrique des fromages régionaux, possède vaches et chevaux. Randonnées au départ de la ferme. Ouvert toute l'année.

Prix : 2 pers. **200/220 F** 3 pers. **270/300 F** repas **65 F**

3	0,5	12	3	12	7	12	SP	SP	52

ZAHLES Christine – 45, Route de Planois - Ferme du Vieux Sapin – 88250 La Bresse – Tél. : 29.25.65.56

La Bresse

C.M. n° 62 — Pli n° 17

☙ NN
(TH)

Alt. : 760 m — 1 ch. d'hôtes dans la maison du propriétaire. 1er étage : 1 ch. (1 lit 2 pers.), avec entrée indépendante (ne communicant pas avec le logement du propriétaire). Salle d'eau et wc privés dans la chambre. Chauffage central fuel. Pièce de jour commune avec TV, cheminée. Gare et commerces 4,5 km. Ouvert toute l'année. Profitez du swing-golf gratuit pour les occupants de la chambre. Cette chambre d'hôtes est située en bordure de route menant aux pistes de ski.

Prix : 1 pers. **150 F** 2 pers. **190 F** repas **70 F**

3	3	15	1	5	2	16	0,5	0,5	40

VALLEE Jean-Claude – 10, Route de Vologne – 88250 La Bresse – Tél. : 29.25.44.57 ou 29.25.40.48

La Bresse

C.M. n° 62 — Pli n° 17

☙☙ NN
(TH)

Alt. : 950 m — 2 ch. d'hôtes dans une ancienne ferme vosgienne entièrement rénovée comprenant 2 gîtes et le logement du propriétaire. 1 ch. (1 lit 2 pers., 1 lit 1 pers.), s. d'eau, wc privés indép. dans la ch. 1 ch. double composée de 2 pièces (1 lit 2 pers. chacune), s. d'eau, wc privés attenants. Salle à manger, coin-salon réservés aux hôtes. TV couleur. Bibliothèque. Chauffage central gaz. Terrain. Parcours VTT à 100 m. Suite 4 pers. 340 F. Ferme typique en montagne avec un chemin non goudronné pour y parvenir. Profitez du confort des chambres avec vue sur la vallée. Gare et commerces 3,5 km. Ouvert toute l'année.

Prix : 1 pers. **150 F** 2 pers. **200 F** 3 pers. **260 F**
pers. sup. **70 F** repas **65 F**

12	SP	11	7	5	5	14	0,5	0,5	45

PERRIN Daniel et M-Noelle – 13, Chemin des Huttes – 88250 La Bresse – Tél. : 29.25.60.98

La Bresse

C.M. n° 62 — Pli n° 17

☙☙ NN

Alt. : 850 m — 3 ch. d'hôtes dans une grande maison neuve de style montagnard. 2e étage : 3 ch. (1 lit 2 pers., 1 lit 1 pers. chacune), wc indép. et salle d'eau privés dans chaque chambre. Kitchenette. Chauffage central fuel. Véranda. Lit bébé à disposition. Salle commune d'activités avec les gîtes voisins. Gare et commerces 4 km. Ouvert toute l'année. 3 belles chambres agréables, dans une grosse maison de qualité, entourée d'un vaste terrain. Vue dégagée sur la vallée. Profitez de la station de La Bresse et de Gérardmer (10 km).

Prix : 1 pers. **170 F** 2 pers. **230 F** 3 pers. **290 F**
pers. sup. **60 F**

10	1	11	3	4	6	11	1	1	50

POIROT Pierre – 62, Route de Gerardmer – 88250 La Bresse – Tél. : 29.25.42.12 – Fax : 29.25.63.74

Bru

C.M. n° 62 — Pli n° 6

☙ NN

Alt. : 380 m — Au 2e étage de la maison du propriétaire, 1 ch. d'hôtes double 4 pers. en 2 grandes pièces avec coin-salon, TV couleur, petite cuisine réservée aux hôtes. Petite salle d'eau privée avec wc dans la chambre. Chauffage central. Accès vers l'extérieur indépendant. Gare et commerces 4 km. Ouvert toute l'année. Découvrez la ferme, dans un petit village proche du parc d'attractions de Fraispertuis. Région vallonnée et agréable, à 9 km du Col de la Chipotte.

Prix : 1 pers. **120 F** 2 pers. **180 F** 3 pers. **250 F**

59	59	33	3	4	4	4	1	3	66

GERARDIN Christian – 4, rue du Clos – 88700 Bru – Tél. : 29.65.10.71

Bussang Les Sapins

Alt. : 700 m — 3 ch. d'hôtes aménagées à l'étage d'une ferme rénovée. 1 ch. (2 lits 2 pers.), 1 ch. (1 lit 2 pers., 1 lit 1 pers.), 1 ch. (1 lit 2 pers.). Salle d'eau et wc privés attenants dans chaque chambre. Salle de séjour, salon, bibliothèque. Chauffage central fuel. Terrasse, ping-pong. Lave-linge et lit bébé à disposition. Gare 1 km. Commerces 2 km. Mettez vous à l'aise chez Sylvie et François, qui trouveront toujours de bonnes idées pour vos excursions et votre bien-être dans leur vaste maison. Cuisine du terroir. Etang à proximité. Ouvert toute l'année. Allemand et anglais parlés.

Prix : 1 pers. 150 F 2 pers. 210 F 3 pers. 270 F repas 90 F

1	1	12	1	8	1	6	1	1	40

NAEGELEN Sylvie – 2, Impasse du Viaduc - Les Sapins – 88540 Bussang – Tél. : 29.61.60.06

Chaumousey

Alt. : 350 m — 2 ch. d'hôtes au 1er étage et 2 gîtes dans la maison du propriétaire. 1 ch. (1 lit 130, 1 lit bébé). 1 ch. (1 lit 1 pers.). Salle d'eau, wc communs. Chauffage central. Coin-cuisine l'été. Jardin, terrasse, ping-pong communs. Animaux acceptés après accord. Gare 10 km. Commerces 500 m. Ouvert toute l'année. Enfant supplémentaire au-dessus de 3 ans 50 F. Prix étudiés. Soyez comme chez vous dans cette grande maison avec terrain attenant. Epinal et le lac de Bouzey sont proches, profitez-en ! Restaurant gastronomique sur place.

Prix : 1 pers. 125/135 F 2 pers. 140/150 F 3 pers. 200 F pers. sup. 50 F

50	50	2	SP	11	5	3	1	1	30

VAUZELLE Suzanne et Bernard – 84, Route de Darnieulles – 88390 Chaumousey – Tél. : 29.66.84.80

Chaumousey

Alt. : 350 m — 2 ch. d'hôtes au 1er étage de la maison du propriétaire. 1 ch. 1 épi (1 lit 2 pers., 1 lit 1 pers.), salle d'eau, wc privés. 1 ch. double 2 épis en 2 pièces communicantes (2 fois 2 pers.), salle d'eau privative dans une des ch. WC privatifs indépendants. Salle de séjour, TV, jeux (vélo d'appartement, baby-foot) réservés aux hôtes. Chauffage central. A quelques kilomètres d'Epinal et du lac de Bouzey, passez quelques jours agréables chez M. et Mme Mandra, qui agrémenteront amicalement votre séjour. Restaurant sur place. Gare 10 km. Commerces 300 m. Ouvert toute l'année.

Prix : 1 pers. 120 F 2 pers. 160 F pers. sup. 40 F

50	50	1	SP	8	2	1	0,5	0,5	25

MANDRA Marguerite et Emile – 575, rue d'Epinal – 88390 Chaumousey – Tél. : 29.66.87.12

Le Clerjus

Alt. : 380 m — 2 ch. d'hôtes au 1er étage de la maison du propriétaire (ancienne ferme rénovée). Entrée indép. 1 ch. (1 lit 2 pers.), 1 ch. (3 lits 1 pers.). WC séparés et salles d'eau privés dans chaque chambre. Salon réservé aux hôtes. Salle de séjour, salle à manger de style avec TV, cheminée, commune au r.d.c. Chauffage central fuel. Lit bébé sur demande. Tarifs dégréssifs selon saison. A 16 km des stations thermales de Plombières, 40 km de Vittel. Profitez du calme et de l'espace vert. Les extérieurs sont aménagés avec piscine découverte, douche d'été, barbecue. Canoë-kayak 3 km. Gare 10 km. Commerces 3 km. Ouvert toute l'année.

Prix : 1 pers. 160 F 2 pers. 240 F 3 pers. 360 F repas 80 F

55	55	30	SP	10	10	0,5	1		10

NAZON Jacqueline – Sous le Bois - 3, le Buisson – 88240 Le Clerjus – Tél. : 29.30.15.07

Fresse-sur-Moselle La Colline

Alt. : 650 m — 5 ch. d'hôtes dans une ferme. 1er étage : 2 ch. (2 fois 2 lits 1 pers.). WC communs. Salle d'eau particulière. 2e étage, 3 ch. très confortables : 1 ch. (1 lit 2 pers.), 1 ch. (1 lit 2 pers., 1 lit 1 pers.), 1 ch. (1 lit 2 pers., 2 lits 1 pers.), wc et salles d'eau privés. Salle de séjour. Gare 3 km. Commerces 2,5 km. Ouvert toute l'année. Vous êtes à la ferme, avec un environnement très nature et reposant. Les jeunes propriétaires ont tout prévu pour rendre votre séjour agréable. Michèle parle anglais couramment.

Prix : 1 pers. 105 F 2 pers. 200 F 3 pers. 300 F 1/2 pens. 170 F

15	1	34	1	5	1,5	2	1	0,5	38

GROSS Michele et Georges – La Colline – 88160 Fresse-sur-Moselle – Tél. : 29.25.83.31

Gerardmer Le Pheny

Alt. : 800 m — 3 ch. d'hôtes simples et 1 gîte rural dans la ferme du propriétaire, située en pleine montagne. 1er étage : 1 ch. (1 lit 2 pers., 1 lit 1 pers.), salle d'eau et wc privatifs. 2e étage : 1 ch. (1 lit 2 pers.), 1 ch. (1 lit 2 pers., 1 lit bébé), salle d'eau et wc communs. Chauffage central. Gare et commerces 3,5 km. Ouvert toute l'année. Ambiance conviviale, montagnarde, dans une structure sans grand confort mais qui peut plaire énormément. Patinoire 3,5 km.

Prix : 1 pers. 130 F 2 pers. 165 F 3 pers. 190 F

4	4	3,5	1,5	3,5	3,5	2,5	1	1	40

GEGOUT Paul – 123, Chemin des Rochottes - Le Pheny – 88400 Gerardmer – Tél. : 29.63.03.39

Gerardmer Les Xettes

Alt. : 850 m — 5 ch. d'hôtes dans la maison du propriétaire (construction neuve). R.d.c. : 3 ch. (1 lit 2 pers. chacune), s. d'eau privées attenantes. 2e étage : 1 ch. (1 lit 2 pers.), 1 ch. (2 lits 1 pers.), s. d'eau privées attenantes. Coin-détente. Salle de séjour réservée aux hôtes avec poêle alsacien en faïence. Chauffage électrique. Terrasse. De très belles chambres confortables, bien situées sur le coteau de Xette, à 2 kilomètres du centre de la « Perle des Vosges ». Bel environnement forestier. Gare et commerces 2 km. Ouvert toute l'année. Anglais et allemand parlés.

Prix : 1 pers. 180/200 F 2 pers. 260/310 F pers. sup. 80 F

4	4	2	2	2	2	4	SP	SP	

BUREAU Elisabeth – 36, avenue de la Forêt – 88400 Gerardmer – Tél. : 29.60.89.38

Girmont-Thaon

C.M. nº 62 — Pli nº 16

❅ NN

Alt. : 300 m — 2 ch. d'hôtes dans la maison des propriétaires (ancien « café » du village). 1er étage : 1 ch. 1 pers. (1 lit 130 x 180) avec lavabo, 1 ch. (1 lit 2 pers.) avec lavabo, fauteuils. Salle de bains et wc communs. Salle à manger commune avec TV. Garage 1 voiture. Gare 4 km. Commerces 2 km. Ouvert de Pâques à la Toussaint. Au centre de Girmont-Thaon, 2 chambres simples proches d'Epinal (12 km) et de la petite ville de Thaon-les-Vosges (2 km). Forteresse de Châtel sur Moselle 10 km.

Prix : 1 pers. **100 F** 2 pers. **160 F**

🎿	🎿	⛷	🛶	🏊	🏇	🚶	🌲	🎿	👫	🏛
57	57	15	0,5	2	2	15	2	4		45

REMY Gabrielle – 19, rue Abbe Vincent – 88150 Girmont-Thaon – Tél. : 29.39.35.70

Grand

C.M. nº 62 — Pli nº 14

❅ NN
(TH)

Alt. : 400 m — 2 ch. d'hôtes à l'étage d'une maison particulière mitoyenne (puits et murs romains). 1 ch. 2 pers. avec sanitaires et 1 ch. 4 pers. Salle de bains. WC. Chauffage électrique. Rez-de-chaussée : salle à manger, salon, TV, chaîne hifi, jeux de société, bibliothèque. Hall-bureau, cuisine attenante, cheminée. Terrain. Gare 17 km. Commerces sur place. A disposition 3 bicyclettes. Importants monuments gallo-romains historiques. Visites guidées des vestiges sur demande (Grand). Domrémy (maison natale de Jeanne d'Arc) 18 km. Ouvert toute l'année. Anglais parlé.

Prix : 1 pers. **130/150 F** 2 pers. **160/200 F** 3 pers. **190/220 F**
repas **60 F**

⛷	🛶	🏊	🏇	🌲	👫	🏛
20	18	20	SP	12	1	1	20

ROYER Marcelle – 5 Bis, rue de la Coulotte – 88350 Grand – Tél. : 29.06.75.60

Grand

C.M. nº 62 — Pli nº 14

❅ NN

Alt. : 400 m — 2 ch. d'hôtes au 1er étage d'une maison particulière, mitoyenne, avec terrasse. 1 ch. (2 lits 2 pers.), salle de bains et wc privés attenants. 1 ch. (1 lit 2 pers.), salle d'eau privée attenante, wc privés dans le couloir. Chauffage central fuel. Salle à manger, coin-salon, bibliothèque, TV au r.d.c. Accès cuisine possible. Gare 17 km. Commerces sur place. Chambres spacieuses. Importants monuments gallo romains de Grand à 800 m. Maison natale de Jeanne d'Arc 18 km. Ouvert d'avril à octobre.

Prix : 1 pers. **110/120 F** 2 pers. **170/180 F** 3 pers. **250 F**

🛶	🏊	🏇	🌲	👫	🏛
20	18	20	12	1	1	20

ROTH Raymond et Monique – 4, rue du Cagnot – 88350 Grand – Tél. : 29.06.68.34

Grandvillers

C.M. nº 62 — Pli nº 16

❅❅ NN

Alt. : 470 m — 2 ch. d'hôtes (entrée indép.) et 4 gîtes dans 1 grosse maison annexe à celle du propriétaire. R.d.c. : 1 ch. (1 lit 2 pers.), coin-cuisine, canapé, wc et s. d'eau privés attenants. 1er étage : 1 ch. (1 lit 2 pers., 1 lit 1 pers.), fauteuils, wc et salle d'eau privés attenants. Salle à manger commune, TV, kitchenette. Grand terrain avec jeux enfants. A proximité de la route Epinal-Saint-Dié. A 28 km de Gérardmer, 2 chambres très spacieuses et très bien aménagées. René vous accueillera comme là-bas dans le Maarif. Gare 17 km. Commerces sur place. Ouvert toute l'année. Espagnol parlé.

Prix : 1 pers. **140 F** 2 pers. **180 F** pers. sup. **70 F**

🎿	🎿	🛶	🏊	🏇	🚶	🎿	👫	🏛
30	30	27	2	6	6	12	0,5	1	55

CARULLA Rene – 5, Route de Bruyeres - Les Gîtes du Maarif – 88600 Grandvillers – Tél. : 29.65.71.12

Hadol

C.M. nº 62 — Pli nº 16

❅ NN
(TH)

Alt. : 450 m — 3 ch. d'hôtes dans la maison du propriétaire. R.d.c. : 1 ch. (1 lit 2 pers., 1 lit bébé). 1 ch. (1 lit 2 pers.) salle de bains et wc communs aux 2 ch. 1er étage : 1 ch. 2 épis (1 lit 2 pers, 1 canapé convertible), TV couleur. Salle d'eau et wc communicants privés. Salon, bibliothèque. TV, élect. et fuel. Jardin, terrain. Garage. Gare 12 km. Commerces 3 km. Enf. - de 10 an 70 F. Randonnées pédestres GR7 et cyclistes, aire de pique-nique équipée, base nautique 12 km, parcours santé 1 km. Culture et transformation de l'osier. Découvrez la vannerie et le pays de Marie-Reine et Claude en partageant leur habitation et leurs passions. Ouvert toute l'année.

Prix : 1 pers. **150/180 F** 2 pers. **190/240 F** 3 pers. **260 F**
pers. sup. **70 F** repas **65 F**

🎿	🎿	🛶	🏊	🏇	🚶	🎿	👫	🏛
40	40	16	0,5	12	2	SP	SP	1	22

CONREAUX Claude – Route de Xertigny - 2 Les Paxes – 88220 Hadol – Tél. : 29.32.53.41 – Fax : 29.30.16.07

Julienrupt-le-Syndicat

C.M. nº 62 — Pli nº 16

❅❅ NN

Alt. : 550 m — 1 ch. d'hôtes dans un petit chalet particulier à proximité immédiate de l'habitation du propriétaire. Grande pièce incluant 1 coin-couchage avec 1 lit 2 pers. Coin-repas. Coin-cuisine. 1 clic-clac 2 pers. Salle d'eau avec wc. Chauffage électrique. TV. Terrain. Gare 7 km. Commerces 5 km. Ouvert toute l'année. Petit chalet indépendant tout confort, loué en chambre d'hôtes, voisin de la maison d'Annette et Christian, les propriétaires. Bien situé entre Remiremont et Gérardmer, belle région montagneuse pleine d'activités sportives et touristiques.

Prix : 1 pers. **180 F** 2 pers. **200 F** 3 pers. **260 F**
pers. sup. **40 F**

🎿	🎿	🛶	🏊	🏇	🚶	🎿	👫	🏛
16	10	15	1	12	5	12	1	1	30

PATRY Annette et Christian – 27, Route de Julienrupt – 88120 Julienrupt-le-Syndicat – Tél. : 29.61.10.79

Lepanges-sur-Vologne Chateau-de-la-Chipot

C.M. nº 62 — Pli nº 17

❅ NN

Alt. : 460 m — 6 ch. d'hôtes dans 1 ancien château restauré. 1er étage : 3 ch. 2 épis dont 1 double 4 pers. séparée par la s.d.b., wc privés attenants. 2 ch. 2 pers., salles d'eau et wc privés. 2e étage : 3 ch. 1 épi dont 2 ch. 2 pers. et 1 ch. 3 pers. Lit d'appoint disponible. S.d.b., douches, 2 wc communs. Salon, cheminée. Chauffage central. L-linge à disposition. Bibliothèque. Complexe de relaxation (bain vapeur, bain bouillonnant, sauna). Salle de culturisme. Appareil UV. Loc. VTT 5 km. Laissez-vous aller à la relaxation, dans une immense demeure, véritable château. Possibilité de repas occasionnels. Restaurant 1 km. Ferme-Auberge 3 km.

Prix : 1 pers. **140 F** 2 pers. **200 F** 3 pers. **250 F**
pers. sup. **40/60 F**

🎿	🎿	🛶	🏊	🏇	🚶	🎿	👫	🏛
25	25	25	3	5	5	7	1	1	50

BELHADJIN Mohamed – 64, rue de la Vologne – 88600 Lepanges-sur-Vologne – Tél. : 29.36.81.73

Liezey La Racine

C.M. n° 62 — Pli n° 17

NN TH — Alt. : 700 m — 3 ch. d'hôtes et 1 gîte dans la maison du propriétaire. 1er étage : 1 ch. 2 épis (2 lits 1 pers.), salle d'eau dans la chambre, wc privatifs attenants. 2e étage : 2 ch. 1 épi (1 lit 2 pers, 1 lit 1 pers. par chambre), cabine de douche dans chaque ch. WC communs aux 2 ch. au 1er étage. Séjour à disposition. Chauffage central. Gare et commerces 3 km. Repas enfant 40 F. Sylvie et Eric vous proposent l'évasion, l'espace, le calme et la nature. Accueil de cavaliers, ambiance familiale et conviviale. Ouvert toute l'année.

Prix : 1 pers. **140/160 F** 2 pers. **180/200 F** 3 pers. **200 F** pers. sup. **20 F** repas **60 F**

10	1	10	3	10	3	3	SP	SP	35

REMY Eric – 16, Route de la Racine - Ferme du Haut Barba – 88400 Liezey – Tél. : 29.61.88.98

Mandres-sur-Vair

C.M. n° 62 — Pli n° 14

NN — Alt. : 335 m — 1 ch. d'hôtes dans la maison du propriétaire. Rez-de-chaussée : 1 ch. (1 lit 2 pers. et un lit bébé), wc indépendants et salle d'eau privés et communicants. Accès direct à l'extérieur. Salle commune avec cheminée. Vélos à disposition. Grand terrain avec portique, toboggan, barbecue. Gare 10 km. Commerces 1 km. Ouvert toute l'année. Anglais parlé. A 5 km de la station thermale et sportive de Contrexéville, Vittel (10 km). Accueil sympathique dans cette grande maison à l'entourage campagnard.

Prix : 1 pers. **130 F** 2 pers. **190 F**

90	90	5	5	5	0,5	5	0,5	0,5	5

DUVERGEY Sylvie – 190, rue Saulauville – 88800 Mandres-sur-Vair – Tél. : 29.08.59.73 ou 29.08.17.10

Le Menil-Thillot La Colline-des-Granges

C.M. n° 66 — Pli n° 8

NN TH — Alt. : 670 m — 3 ch. d'hôtes : 1 ch. 2 pers. avec salle d'eau et wc indépendants. 1 ch. (1 lit 2 pers. 2 lits 1 pers.) avec salle d'eau. 1 ch. (1 lit 2 pers. 1 lit 1 pers.) avec salle d'eau, wc communs. Salon, bibliothèque à disposition. Rivière, luge. Gare 5 km. Commerces 2 km. Ouvert toute l'année. Animaux acceptés après accord. Loin du stress citadin, vous voici dans une ferme située en pleine montagne. Choisissez le repos ou les activités sportives et touristiques toutes proches. Produits fermiers.

Prix : 1 pers. **110 F** 2 pers. **220 F** 3 pers. **330 F** 1/2 pens. **210 F**

12	12	30	0,5	4	4	5	0,5	1	40

DIVOUX Hubert et Francine – 23, Route des Granges – 88160 Le Menil-Thillot – Tél. : 29.25.03.00 – Fax : 29.25.07.45

Nayemont-les-Fosses

C.M. n° 62 — Pli n° 18

NN TH — Alt. : 400 m — 4 ch. d'hôtes dans la maison du propriétaire. R.d.c. : 1 ch. 3 épis (2 lits 1 pers.), s. d'eau, wc privés. Ch. élect. 1er étage : 1 ch. 2 épis (1 lit 2 pers.), s. d'eau, wc sur palier. 2 ch. 3 épis (1 lit 2 pers, 1 lit 1 pers. et 1 lit 2 pers.). Salles d'eau et wc privés. Chauffage central. Salon, TV, salle de jeux. Jardin. Terrasse. Ping-pong. Baby-foot. Poney-club. Rivière. Demi-pension enfant 90 F. Une grande ferme avec beaucoup d'espace, des activités et de bons repas sur place. Gare et commerces 5 km. Ouvert toute l'année.

Prix : 1 pers. **100 F** 2 pers. **160 F** repas **45 F** 1/2 pens. **145 F**

20	20	25	2	4	0,5	1	0,5	1

BODAINE Anne-Marie – 120 Chemin du Giron - Les Hautes Fosses – 88100 Nayemont-Les Fosses – Tél. : 29.56.19.02 – Fax : 29.55.55.56

Nayemont-les-Fosses Les Basses-Fosses

C.M. n° 62 — Pli n° 18

NN — Alt. : 450 m — 1 ch. d'hôtes et 1 gîte dans la maison du propriétaire. Rez-de-chaussée : 1 chambre (1 lit 2 pers., 1 lit 1 pers., 1 lit bébé). Coin-cuisine avec accès indépendant. Salle d'eau et wc séparés attenants avec lavabo. Chauffage central fuel. Gare 4,5 km. Commerces 2 km. Ouvert toute l'année. Enfant supplémentaire 40 F. Chambre très spacieuse et confortable, dans une grande maison entourée de verdure. Proche de Saint-Dié (4,5 km), en montagne.

Prix : 1 pers. **160 F** 2 pers. **220 F** 3 pers. **280 F**

25	25	25	0,5	4,5	1	2,5	0,5	1	50

RIVAT Yolande – 1298, Route de Saint-Die - Les Basses Fosses – 88100 Nayemont-Les Fosses – Tél. : 29.56.45.46

Norroy-sur-Vair

C.M. n° 62 — Pli n° 14

NN — Alt. : 385 m — 5 ch. d'hôtes dans une ancienne ferme mitoyenne totalement rénovée. 1er étage : 3 ch. (1 lit 2 pers. chacune), salle d'eau et wc attenants privés. 2 ch. (2 lits 1 pers.). Salle d'eau et wc privés attenants. R.d.c. : salle à manger réservée aux hôtes. Cuisine à disposition des hôtes. Petit coin-salon. WC. Ch. central fuel. Cheminée. Bibliothèque. Belle rénovation accueillante, chambres de qualité, à proximité des stations thermales de Vittel et Contrexéville. Jeux de quilles et de pétanque. Gare et commerces 3 km. Ouvert toute l'année.

Prix : 1 pers. **180 F** 2 pers. **220 F**

5	3	3	3	SP	SP	1	3

LAURENT Monique et Denis – Grande Rue – 88800 Norroy-sur-Vair – Tél. : 29.08.21.29

Plainfaing

C.M. n° 62 — Pli n° 18

NN — Alt. : 670 m — 2 ch. d'hôtes aménagées au 2e étage d'une ancienne ferme. 1 chambre (1 lit 2 pers.) douche intérieure, 1 chambre (1 lit 2 pers.), douche intérieure, wc communs aux hôtes. Salle de séjour et salon communs. Convecteurs électriques. Balançoire. Barbecue. Gare 17 km. Commerces 2 km. Ouvert toute l'année. Anglais parlé. Enfant supplémentaire 30 F. Belle rénovation intérieure, au bord de la route du col du Bonhomme (7 km) et de l'Alsace. Originaire du Nord, Annick vous accueille dans la maison et le pays qu'elle aime depuis 20 ans.

Prix : 2 pers. **180 F** 3 pers. **250 F** pers. sup. **50 F**

10	7	22	2	19	3	9	0,3	0,5	70

BROCVIELLE Annick – 1, la Mongade – 88230 Plainfaing – Tél. : 29.50.89.73

Relanges Chateau-de-Lichecourt
C.M. n° 62 — Pli n° 14

❄❄❄ NN
Alt. : 330 m — Une suite de prestige dans une belle tour XVIᵉ siècle. Rez-de-chaussée : séjour avec 1 canapé-lit 1 pers., TV, coin-cuisine, wc. Meubles de style. Au 1ᵉʳ étage grande chambre avec 1 lit 2 pers. à baldaquin, salle de bains attenante. Gare et commerces 4 km. Ouvert toute l'année. Anglais et espagnol parlés. Enfant supplémentaire 60 F. Cette tour de caractère, du château de Lichecourt (inscrit à ISMH) jouxte le bâtiment principal, au milieu d'un grand parc avec étang et chevaux (droit de pêche, pédalos).

Prix : 1 pers. **350 F** 2 pers. **500 F** 3 pers. **600 F**

80	80	18	SP	18	4	SP	SP	SP	18

LABAT Elisabeth – Chateau de Lichecourt – 88260 Relanges – Tél. : 29.09.35.30 – Fax : 29.09.85.34

Remoncourt
C.M. n° 62 — Pli n° 14

❄❄ NN
(TH)
Alt. : 330 m — 3 ch. d'hôtes et 1 gîte dans l'ancienne ferme rénovée du propriétaire. 1ᵉʳ étage : 1 ch. (1 lit 2 pers.), salle d'eau et wc indép. attenants privés. 2 ch. (2 lits 1 pers. chacune), salles d'eau et wc indépendants attenants privés. Séjour réservé aux hôtes. TV couleur. Lave-linge à disposition. Chauffage central gaz. Cour gazonnée. Commerces sur place. Belles chambres confortables situées entre Vittel (9 km) et Mirecourt (12 km). Ouvert toute l'année.

Prix : 1 pers. **160 F** 2 pers. **185 F** repas **50 F**

80	80	14	9	9	SP	9	9

MAROULIER Pierre – 221, rue Division Leclerc – 88800 Remoncourt – Tél. : 29.07.74.08 – Fax : 29.07.79.27

Saulxures-sur-Moselotte
C.M. n° 62 — Pli n° 17

❄❄ NN
Alt. : 800 m — 1 ch. d'hôtes attenante à la maison du propriétaire. Entrée indépendante. 1ᵉʳ étage : 1 chambre (1 lit 2 pers., possibilité lit supplémentaire 1 pers.). Salle d'eau avec wc, privative attenante à la chambre. TV couleur. Chauffage électrique. Terrain. Gare 4 km. Commerces 1 km. Ouvert toute l'année. Jolie chambre indépendante, mansardée mais spacieuse et bien aménagée. En zone touristique de montagne.

Prix : 2 pers. **190 F** 3 pers. **190 F** pers. sup. **50 F**

15	15	3	0,5	9	1	7	0,5	SP	32

MOUGEL Claude – 185, rue d'Alsace – 88290 Saulxures-sur-Moselotte – Tél. : 29.24.62.47

Taintrux
C.M. n° 62 — Pli n° 17

❄ NN
Alt. : 400 m — 3 ch. d'hôtes dans la maison du propriétaire. 1ᵉʳ étage : 1 ch. double (1 lit 2 pers., 2 lits 1 pers.). 1 ch. (2 lits 2 pers., 1 lit 1 pers.), lavabo. 1 ch. (1 lit 2 pers.), lavabo. Chauffage électrique. Salle d'eau avec 2 douches communes. 2 wc. Salle de séjour, TV, bibliothèque, cheminée. Gare 4 km. Commerces 800 m. Ouvert toute l'année. Musée 9 km. Potier-sculpteur sur bois au village. Tarifs dégressifs suivant la durée du séjour. Les Hautes-Vosges et leurs charmes, dans un coin tranquille, ne serait-ce pas ce que vous cherchez ?

Prix : 2 pers. **175 F** 3 pers. **210 F**

25	25	25	0,5	9	9	9	0,5	1	65

BHAUD Henri – Ferme des Rapailles - Le Mauvais Champ – 88100 Taintrux – Tél. : 29.50.93.85 ou 29.50.30.52

Le Tholy
C.M. n° 62 — Pli n° 17

❄ NN
Alt. : 633 m — 4 ch. d'hôtes et 2 gîtes dans la maison du propriétaire. R.d.c. : 1 ch. 2 épis (1 lit 2 pers., 1 lit 1 pers.), s. d'eau, wc privés attenants. 2ᵉ étage : 1 ch. 2 épis (1 lit 2 pers.), s. d'eau, wc privés attenants. 1 ch. 1 épi (1 lit 2 pers.), 1 ch. (1 lit 2 pers., 1 lit 1 pers.), s. d'eau, wc communs aux 2 ch. Ch. élect. Cuisine-séjour, TV à disposition. Enfant supplémentaire de moins de 10 ans 60 F, gratuit - de 3 ans. Proche de la « perle des Vosges », sur la route verte Epinal-Gérardmer, ces chambres faciles à trouver vous permettront une étape à apprécier. Gare 10 km. Commerces 1,5 km. Ouvert toute l'année.

Prix : 1 pers. **120 F** 2 pers. **160/180 F** 3 pers. **240 F**

13	13	11	1	11	2	11	1	29

GASPARD Michel – 7, route du Col de Bonnefontaine – 88530 Le Tholy – Tél. : 29.61.80.14

Thuillieres
C.M. n° 62 — Pli n° 14

❄❄ NN
Alt. : 350 m — 2 ch. d'hôtes dans la maison du propriétaire. Entrée indép. 1ᵉʳ étage : 1 ch. (1 lit 2 pers., 1 lit 1 pers.), salle d'eau et wc privés. R.d.c. et 1ᵉʳ étage : 1 ch. double en 2 pièces (1 lit 2 pers, 1 convertible 2 pers.), salle d'eau et wc privés. Petite cuisine équipée privée. Chauffage électrique. Gare et commerces 9 km. Ouvert toute l'année. Chambres très agréables, d'un bon confort, dans un petit village historique (château Boffrand XVIIIᵉ siècle avec Colombier et musée Eve Lavallière), proche des stations thermales et sportives de Vittel (9 km), Contrexéville (13 km). Petit restaurant à proximité.

Prix : 1 pers. **150 F** 2 pers. **200 F** 3 pers. **250 F**
pers. sup. **70 F**

83	83	30	13	9	9	0,5	0,5	5

MICHEL Hubert – 129, rue des Pres Saint Valere – 88260 Thuillieres – Tél. : 29.08.10.74

Vagney Les Cailles
C.M. n° 62 — Pli n° 16

❄ NN
Alt. : 424 m — Dans le Parc Régional des Ballons des Hautes Vosges, 2 ch. d'hôtes 3 pers. situées au 1ᵉʳ étage d'une grande maison neuve, style chalet. WC indépendants et salle d'eau à l'usage exclusif des hôtes. Chauffage électrique. Salon, TV, mezzanine. Véranda, terrasse. Gare 13 km. Commerces sur place. Ouvert toute l'année. Anglais et allemand parlés. Tarifs dégressifs pour enfants et selon la durée du séjour. Accès cuisine 20 F par jour par famille. Promenades guidées gratuites à pied ou à ski. Sentiers balisés par le club vosgien. Planche à voile, parapente, luge d'été, escalade, plongée, nombreuses activités, pistes VTT à proximité.

Prix : 1 pers. **160 F** 2 pers. **190 F** 3 pers. **260 F**
pers. sup. **70 F**

18	10	14	1	1	0,5	4	0,5	1	25

HOCQUAUX Jean et Daniele – 4, rue du Puits - Les Cailles – 88120 Vagney – Tél. : 29.24.80.55

Vagney   *C.M. n° 62 — Pli n° 16*

❄❄ NN   Alt. : 650 m — 2 ch. d'hôtes dans une ferme située en pleine campagne. 1er étage : 1 ch. 2 pers. avec salle d'eau et wc communicants privatifs. 1 ch. 2 pers. avec douche et wc au r.d.c. Salle à manger avec TV couleur. Lit bébé à disposition. Possibilité de faire chauffer le repas du soir. Gare et commerces 7 km. Ouvert de juin à septembre, Toussaint, Noël, février. Enfant supplémentaire 50 à 60 F. Pré, luge, petit étang sur place. L'environnement est très « nature », la sympathie de la propriétaire est aussi à apprécier. Produits fermiers. Restaurant 3 km.

Prix : 1 pers. **110/120 F** 2 pers. **150/160 F** 3 pers. **230 F**

4	3	14	7	0,5	14	0,5	1	30

TOTTOLI Edith – Route du Haut-du-Tot - Le Vixard – 88120 Vagney – Tél. : 29.24.80.62

Le Val-d'Ajol Le Moineau   *C.M. n° 62 — Pli n° 16*

❄❄ NN   Alt. : 600 m — 1 ch. d'hôtes au rez-de-chaussée et 1 gîte au 1er étage dans une maison indépendante, à proximité de la maison du propriétaire. Chambre-studio indépendante (1 lit 2 pers., 1 lit bébé), coin-kitchenette équipé, fauteuils rotin. Salle d'eau attenante avec wc privés. Chauffage électrique. Louable en complément du gîte (accès extérieur). Petit-déjeuner indépendant (éléments fournis par le proprié-taire). A 4 km de la station thermale de Plombières-les-Bains. Gare et commerces 4 km. Ouvert toute l'année.

Prix : 1 pers. **150 F** 2 pers. **200 F**

45	10	42	4	7	5	15	1	2	4

BERNIER Herve – 49, le Moineau – 88340 Le Val-d'Ajol – Tél. : 29.30.03.99

Vaudoncourt   *C.M. n° 62 — Pli n° 14*

❄❄❄ NN   Alt. : 280 m — 3 ch. d'hôtes dans un château. R.d.c. : 1 ch. double (1 lit 2 pers., 2 lits 1 pers.). 1er étage : 1 suite de 2 pièces (1 lit 100 x 180, 2 lits 1 pers.), salon privé avec TV. 1 ch. (1 lit 160 x 200). Salle d'eau, wc privés attenants pour chaque suite et chambre. Salle à manger, salon communs. TV, bibliothèque. Chauffage central. Lit bébé à disposition. Ping-pong, badminton. Piscine avec balnéo. Chambres très confortables, environnement agréable. A 2 km de la sortie autoroute Bulgnéville, à 8 km de Contrexé-ville (lac, piscine, pêche) et 12 km de Vittel, pays thermal. Gare et commerces 3 km. Ouvert toute l'année.

Prix : 1 pers. **200 F** 2 pers. **340 F** 3 pers. **400 F** pers. sup. **60 F**

9	5	9	9	9	SP	3	10

BOUDOT Michelle et Jean – 3, rue Barbazan – 88140 Vaudoncourt – Tél. : 29.09.11.03 – Fax : 29.09.16.62

Vecoux   *C.M. n° 62 — Pli n° 16*

❄❄ NN   (TH)   Alt. : 400 m — Dans un pavillon neuf. 1er étage : 1 ch. composée de 3 pièces indép. (1 ch. avec 1 lit 2 pers., 2 ch. avec chacune 1 lit 1 pers.). Poss. d'ajouter un lit enfant. Salle de bains et wc indépendants réservés aux hôtes. Salle de séjour, bibliothèque à la disposition des hôtes. Chauffage central. Jardin, terrasse, garage. Gare et commerces 1 km. Promenades guidées gratuites à pied, à bicyclette et à ski avec les propriétaires. Possibilité de prendre le petit déjeuner sur balcon et repas dans le jardin. Monique parle anglais et allemand et vous ouvre les portes de sa maison. Restaurant 1 km. Ouvert toute l'année.

Prix : 1 pers. **140 F** 2 pers. **180 F** 3 pers. **280 F** repas **60 F**

40	5	40	0,5	7	1	5	SP	SP	22

DUPRE Monique – 2, rue de Ribeauxard – 88200 Vecoux – Tél. : 29.61.09.73

Ventron   *C.M. n° 62 — Pli n° 17*

❄ NN   Alt. : 850 m — 3 ch. d'hôtes dans la maison du propriétaire. Rez-de-chaussée : 3 ch. avec lavabo (3 lits 2 pers., 1 lit bébé), 2 wc communs et une douche réservée aux hôtes. Chauffage central. Salle de séjour commune, TV couleur, cheminée. Terrain aménagé, petit étang, portique. Gare et commerces 4 km. Ouvert toute l'année. Allemand parlé. Des chambres simples dans une grande maison agréable, béné-ficiant d'un environnement naturel montagnard forestier. Etienne « le vosgien » vous y fera partager l'amour de son pays. A proximité d'une route peu fréquentée.

Prix : 1 pers. **140 F** 2 pers. **200 F**

5	1	11	3	10	3	7	SP	SP	45

PERRIN Etienne – 28, Route d'Alsace - Col d'Oderen – 88310 Ventron – Tél. : 29.24.09.75

Wisembach   *C.M. n° 62 — Pli n° 18*

❄❄❄   Alt. : 500 m — 1 ch. d'hôtes dans une ancienne ferme restaurée, située dans le village. 1 chambre 2 pers. avec salle d'eau. Bibliothèque à la disposition des hôtes. Garage, jardin, terrain, pré, plan d'eau. Possibilité de faire la cuisine. Gare 15 km. Commerces 500 m. Ouvert toute l'année. Rivière, pêche, chasse sur place. Tout près des sommets vosgiens et de l'Alsace (10 km). Possibilité de prendre le petit déjeuner dans le parc. Produits fermiers. Restaurant sur place.

Prix : 2 pers. **220 F** 3 pers. **300 F**

20	20	40	15	15	15	0,5	1

VENDIER Gauthier – 88520 Wisembach – Tél. : 29.51.75.90

Xertigny Moyenpal   *C.M. n° 62 — Pli n° 16*

❄❄ NN   (TH)   Alt. : 350 m — 2 ch. d'hôtes dans une grande maison. 1er étage. 1 ch. (1 lit 2 pers.), 1 ch. double (2 pièces communicantes avec 2 lits 2 pers.). Salle d'eau et wc privés à chaque chambre. Couloir commun. Enfant suppl. : 30 F. Gare 18 km. Commerces 4 km. Ouvert toute l'année. Appréciez le calme d'un petit village de la Voge. Mamyvonne vous racontera sa vie et son pays.

Prix : 1 pers. **130 F** 2 pers. **170 F** 3 pers. **220 F** pers. sup. **50 F** repas **40 F**

48	48	16	4	18	5	4	1	2	15

BOUGEL Yvonne – 691, le Haut de Moyenpal – 88220 Xertigny – Tél · 29.30.11.28

AUVERGNE-CÉVENNES

Pour réserver, écrire ou téléphoner :

03 - ALLIER
Gîtes de France
12, cours Anatole-France
03000 MOULINS
Tél. : 70.46.81.60
Fax : 70.46.00.22

12 - AVEYRON
(R) Gîtes de France
Carrefour de l'Agriculture
12026 RODEZ Cedex 9
Tél. : 65.73.77.33
Fax : 65.73.77.72

15 - CANTAL
Gîtes de France
26, rue du 139ᵉ R.I. – B.P. 239
15002 AURILLAC Cedex
Tél. : 71.48.64.20
Fax : 71.48.64.21

43 - HAUTE-LOIRE
Gîtes de France
(R) 12, boulevard Philippe-Jourde – B.P. 332
43012 LE PUY-EN-VELAY Cedex
Tél. : 71.09.91.40
Fax : 71.09.54.85

48 - LOZÈRE
Gîtes de France
B.P. 4
48001 MENDE Cedex
Tél. : 66.65.60.01
Fax : 66.65.03.55

63 - PUY-DE-DÔME
Gîtes de France
22, rue Saint-Genès
63000 CLERMONT-FERRAND
Tél. : 73.90.00.15
Fax : 73.93.14.41

81 - TARN
Gîtes de France
Maison des Agriculteurs – B.P. 89
81003 ALBI Cedex
Tél. : 63.48.83.01
Fax : 63.48.83.12

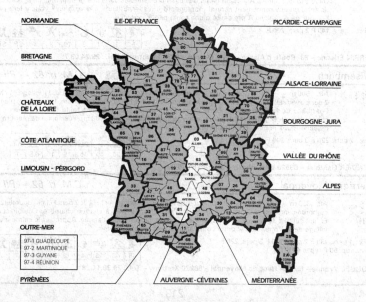

Agonges Les Locateries   C.M. n° 69 — Pli n° 19

❦❦❦ NN
(TH)

Alt. : 250 m — Dans la maison bourbonnaise des propriétaires en rez-de-chaussée : 1 ch. d'hôtes (1 lit 2 pers. 1 lit 1 pers.), salle de bains, douche/wc privés. Tél carte FT. Possibilité de chambre supplémentaire (2 lits 2 pers. 1 lit bébé). Salle à manger, salon, lave-linge à disposition. Terrasse, espace vert à mini clos, salon de jardin. Promenade en attelage autour des châteaux. Souvigny 8 km. Moulins 16 km. Gare 16 km. Commerces 1 km. Ouvert toute l'année. Anglais et allemand parlés.

Prix : 1 pers. **200 F** 2 pers. **280 F** 3 pers. **380 F** repas **69 F**

🐾	🏊	⛷	♨	🌲	🚴	🏃	🎣	⛷	⛵
8	10	8	8	1,5	4	4	18	8	10

SCHWARTZ Chantal et Philippe – Les Locateries – 03210 Agonges – Tél. : 70.43.93.63

Arfeuilles Le Bourg   C.M. n° 73 — Pli n° 6

❦❦ NN

Alt. : 426 m — Au premier étage d'un ancien presbytère restauré, dans le village : 3 chambres (1 lit 2 pers. chacune), 1 chambre (1 lit 2 pers., 1 lit 1 pers.), salle de bains/wc pour chaque chambre. Salle commune avec cheminée : ping-pong, baby-foot, jeux de société. Autres hébergements sur place. Cour commune ombragée. Taxe de séjour. Gare 15 km. Commerces sur place. Ouvert toute l'année.

Prix : 2 pers. **162 F** 3 pers. **192 F**

🐕	🐾	🏊	⛷	♨	🏃	🎣	⛷
	SP	15	SP	SP	SP	32	32	32

MAIRIE D'ARFEUILLES. – 03640 Arfeuilles – Tél. : 70.55.52.00 ou 70.55.50.11 – Fax : 70.55.53.28

Audes Roueron   C.M. n° 69 — Pli n° 11

E.C. NN
(TH)

Alt. : 220 m — 5 chambres d'hôtes : 1 ch. (3 lits 1 pers.), 2 ch. (2 lits 1 pers.), 1 ch. (1 lit 2 pers. 1 lit enfant), 1 ch. (1 lit 2 pers. 3 lits 1 pers.). 4 avec salles d'eau et wc privatifs, 1 avec salle de bains et wc privatifs. Salle de petit déjeuner, salle de séjour, cheminée, salle de séminaire. Gare 15 km. Commerces 6 km. Ouvert toute l'année. Ancienne étable bourbonnaise en pierres de pays, restaurée en préservant l'harmonie du bois et des pierres. Au rez-de-chaussée : les pièces de jour. A l'étage de l'ancien grenier à foin : les 5 chambres et la salle de séminaire.

Prix : 1 pers. **180 F** 2 pers. **240 F** 3 pers. **300 F**
pers. sup. **60 F** repas **60/80 F**

🐾	🏊	⛷	🌲	🏃
SP	15	5	25	6

SION Veronique et Jacques – Roueron – 03190 Audes – Tél. : 70.06.00.59 – Fax : 70.06.16.81

Bayet Chateau-de-Chatelus   C.M. n° 73 — Pli n° 5

❦❦❦ NN

Alt. : 235 m — Dans une vieille demeure des XVIIe et XIXe siècles : 1 ch. (1 lit 2 pers.), salle de bains/wc, 1 ch. (1 lit 2 pers.), salle d'eau/wc, 1 ch. (3 lits 1 pers.), salle d'eau/wc. Poss. ch. annexe (1 pers) : 140 F. Salon (TV et bibliothèque). Parc de 3 hectares en bordure de la rivière « la Sioule ». Golf et forêt à 4 km. Vichy 25 km, Vignoble Saint-Pourcinois à proximité. Possibilité lit supplémentaire dans toutes les chambres. Gare 25 km. Commerces 4 km. Ouvert du 15 juin au 15 octobre. Autres périodes sur réservation.

Prix : 1 pers. **220 F** 2 pers. **250 F** 3 pers. **320 F**
pers. sup. **70 F**

🐾	🏊	⛷	♨	🌲	🏃	🎣	⛷	⛵
SP	4	0,5	SP	4	SP	4	6	25

POULAIN Gabrielle – Chateau-de-Chatelus – 03500 Bayet – Tél. : 70.45.63.64

Bessay-sur-Allier Les Bourgeons   C.M. n° 69 — Pli n° 14

❦❦ NN

Dans une ferme rénovée à proximité de la maison du propriétaire, 1 chambre (1 lit 2 pers. 2 lits 1 pers.), salle de bain/wc, 1 chambre (1 lit 2 pers. 1 lit 1 pers. 1 lit enfant), salle d'eau/wc, 1 chambre (1 lit 2 pers. 1 lit 1 pers.), salle d'eau/wc. Salle de séjour. Possibilité de cuisine pour toute chambre sur demande. Cour fermée. Restaurant à 800 m. Gare 14 km. Commerces 800 m. Ouvert toute l'année.

Prix : 1 pers. **140 F** 2 pers. **200 F** 3 pers. **250 F**

🐕	🐾	🏊	⛷	♨	🎣
	SP	14	0,8	SP	15	11

MITTON Madeleine et Rene – Les Bourgeons – 03340 Bessay-sur-Allier – Tél. : 70.43.01.80

Bessay-sur-Allier Les Garrauds   C.M. n° 69 — Pli n° 14

❦❦ NN

Dans une petite maison à proximité de la ferme des propriétaires : 1 chambre composée de 2 pièces (1 lit 2 pers., 3 lits 1 pers., 1 lit enfant) salle d'eau/wc privés. Cuisine privative aux hôtes. Cour fermée. Restaurant à 1,5 km. Golf à 12 km. Gare 15 km. Commerces 1,5 km. Ouvert toute l'année.

Prix : 1 pers. **150 F** 2 pers. **180 F** 3 pers. **240 F**

🐾	🏊	⛷	🌲	🏃
2	15	1,5	2	16	12

FAVROT Guy – Les Garrauds – 03340 Bessay-sur-Allier – Tél. : 70.43.04.34

Bessay-sur-Allier Les Neufonds   C.M. n° 69 — Pli n° 14

E.C. NN
(TH)

Alt. : 220 m — Dans cette locaterie bourbonnaise, rénovée, 1 ch. au r.d.c. (1 lit 2 pers.), s.d.b., 1 chambre à l'étage avec coin-salon (2 lits 1 pers. 2 lits enfants), s.d.b., wc. Salon et bibliothèque pour les hôtes. Chemin de randonnées sur place, verdure environnante. Table d'hôtes sur réservation. Coin-cuisine réservé aux hôtes sur demande. Gare 12 km. Commerces 2 km. Ouvert d'avril à septembre, autres périodes, nous consulter. Anglais parlé.

Prix : 1 pers. **200/280 F** 2 pers. **250/350 F** 3 pers. **420 F**
repas **75 F**

🐕	🐾	🏊	⛷	♨	🌲	🚴	🏃	🎣	⛷	⛵
	2	14	2	2	1	15	SP	10	15	40

LOHEZIC Catherine – Les Neufonds – 03340 Bessay-sur-Allier – Tél. : 70.43.05.33

Braize L'Escapade-Hameau-de-Verneuil   C.M. n° 69 — Pli n° 11

❦❦❦
(TH)

Alt. : 230 m — A l'étage d'une grande maison indépendante : 1 chambre (1 lit 2 pers. 1 lit 1 pers.), salle de bains/wc, 1 chambre composée de 2 pièces (1 lit 2 pers. 3 lits 1 pers.), salle d'eau/wc. TV sur demande. Séjour commun, TV. Grand jardin d'agrément. Produits fermiers. Forêt de Tronçais, plans d'eau 6 km. Gare 13 km. Commerces 5 km. Ouvert du 15 février au 15 novembre.

Prix : 1 pers. **160 F** 2 pers. **200 F** 3 pers. **270 F** repas **60 F**

🐾	🏊	⛷	♨	🌲	🎣	🏃
6	6	6	6	6	6	20

LANCELOT Anne-Marie – L'Escapade Hameau de Verneuil – 03360 Braize – Tél. : 70.06.10.66

Bressolles Chateau-de-Lys — C.M. n° 69 — Pli n° 14

NN (TH)

Alt. : 225 m — En plein cœur de la réserve naturelle du Val d'Allier, au 1er étage d'un château du XVIIIe, surplombant le fleuve : 2 chambres composées de 2 pièces (1 lit 2 pers., 3 lits 1 pers. chacune), 2 chambres (1 lit 2 pers., 1 lit 1 pers. chacune), 1 chambre (2 lits 1 pers.), les chambres sont équipées de salle d'eau/wc privés ou de salle de bains/wc privés. Séjour, salon. Balade et détente dans le parc, pêche dans l'Allier, tennis, poneys, canoë sur réservation, ping-pong, jeux pour enfants sur place. Animaux admis avec supplément. Tarif spécial pour séjour de plus de 5 jours. Gare 6 km. Commerces 5 km. Ouvert à partir de Pâques.

Prix : 1 pers. **200/230 F** 2 pers. **250/320 F** 3 pers. **350 F**
repas **80 F**

SP	6	SP	SP	3	2	SP	10	SP	25

TAVIGNOT Bernard – Chateau de Lys - Longve – 03000 Bressolles – Tél. : 70.46.69.86

Bressolles Domaine-des-Roses — C.M. n° 69 — Pli n° 14

NN (TH)

Alt. : 225 m — Dans une ferme bourbonnaise de caractère, 2 grandes chambres d'hôtes (1 lit 2 pers., 1 lit 1 pers chacune), 1 banquette clic-clac, TV. Salle de bains/wc par chambre, cuisine avec lave-linge et tél. carte France Télécom réservée aux hôtes. Salle à manger commune avec les propriétaires. Espace vert à demi-clos, barbecue, salon de jardin. Table d'hôtes sur réservation. Gare 7 km. Commerces 5 km. Ouvert toute l'année. Anglais parlé.

Prix : 1 pers. **180 F** 2 pers. **240 F** 3 pers. **300 F** repas **80 F**

SP	7	3	4	0,5	2	0,5	7	7	17

DUMAS Michelle et J-Paul – Domaine des Roses – 03000 Bressolles – Tél. : 70.46.46.35

Buxieres-les-Mines Reniere — C.M. n° 69 — Pli n° 13

NN (TH)

Alt. : 290 m — A l'étage d'une fermette bourbonnaise rénovée : 1 chambre (1 lit 2 pers.), 1 chambre (1 lit 2 pers. 1 lit 1 pers.), salle d'eau/wc privés à chaque chambre. Salon commun aux chambres. Jeux. TV. Bibliothèque. Cour avec pelouse. Possibilité de pêche sur place (forfait journée). Box et pâture pour chevaux. Gare 30 km. Commerces 3,5 km. Ouvert toute l'année.

Prix : 1 pers. **180 F** 2 pers. **200 F** 3 pers. **250 F**
repas **50/80 F**

SP	11	3,5	4	SP	12	13

BREGEOT Genevieve – Reniere – 03440 Buxieres-Les Mines – Tél. : 70.66.00.13

Cerilly La Tour — C.M. n° 69 — Pli n° 12

NN

Alt. : 330 m — Au premier étage d'une maison de caractère avec accès indépendant : 1 chambre composée de 2 pièces (2 lits 2 pers.), salle d'eau et wc privés. Cour avec terrasse et pelouse. Forêt de Tronçais et ses plans d'eau 6 km. Equitation 3 km. Gare 25,5 km. Commerces 500 m. Ouvert toute l'année.

Prix : 1 pers. **145 F** 2 pers. **170 F** 3 pers. **305 F**

6	17	0,4	6	1	3	1	20	22

GULON Renee et Daniel – La Tour – 03350 Cerilly – Tél. : 70.67.52.47

Chamblet Chateau-du-Plaix — C.M. n° 69 — Pli n° 12

NN

Alt. : 350 m — Dans le château familial depuis le XVIIIe siècle, dans un grand parc arboré. Rez-de-chaussée : 1 suite de 2 chambres (1 lit 160, 2 lits 1 pers. à baldaquins), salle de bains, douche/wc. Au 1er étage : 1 chambre (2 lits 1 pers. à baldaquins) salle d'eau/wc. Salle à manger. Salon de repos (TV), bibliothèque. Salons de jardin. Restaurants à 9 km. Gare et commerces 8 km. Ouvert toute l'année, sur réservation de mai à octobre. Anglais parlé.

Prix : 1 pers. **410 F** 2 pers. **470 F** 3 pers. **660 F**
pers. sup. **100 F**

4	8	2	10	9	8	8	8

DE MONTAIGNAC DE CHAUVANCE Jacqueline et Yves – Chateau du Plaix – 03170 Chamblet – Tél. : 70.07.80.56

La Chapelaude Montroir — C.M. n° 69 — Pli n° 11

NN (TH)

Alt. : 241 m — Dans la maison bourbonnaise des propriétaires. Au rez-de-chaussée : 1 chambre (2 lits 1 pers.). Au 1er étage : 1 chambre (2 lits 1 pers.), 1 chambre (1 lit 2 pers.) salle d'eau/wc privatifs attenant à chaque chambre. Séjour commun avec cheminée. En été, terrasse. Forêt de Tronçais et ses étangs 35 km. Gare et commerces 10 km. Ouvert toute l'année.

Prix : 1 pers. **140 F** 2 pers. **180 F** 3 pers. **200 F**
pers. sup. **20 F** repas **50 F**

10	10	10	10	35	8	SP	18	21

PETIT Simone – Montroir – 03380 La Chapelaude – Tél. : 70.06.40.40

La Chapelle Perrin — C.M. n° 73 — Pli n° 6

NN (TH)

Alt. : 521 m — Dans une ancienne ferme rénovée : 1 chambre composée de 2 pièces (2 lits 2 pers.) pouvant accueillir une famille. Salle d'eau et wc privatifs. Salon, salle à manger, télévision en commun avec le propriétaire. Gare 20 km. Commerces 8 km. Ouvert toute l'année sauf du 15 au 30 avril et du 1er au 15 octobre.

Prix : 1 pers. **140 F** 2 pers. **180 F** 3 pers. **230 F** repas **80 F**

5	17	8	13	SP	20	20	20

CHAMBONNIERE Claudette et Jean – Perrin – 03300 La Chapelle – Tél. : 70.41.82.70

La Chapelle Le Pouthier — C.M. n° 73 — Pli n° 5

E.C. NN (TH)

Alt. : 430 m — Dans les combles aménagés d'une villa, une grande chambre familiale (2 lits 2 pers. 1 lit 1 pers., 1 lit bébé), salle de bains/wc privés. Coin-salon avec télévision. Gare 17 km. Commerces 6 km. Ouvert toute l'année.

Prix : 1 pers. **150 F** 2 pers. **180 F** 3 pers. **230 F** repas **70 F**

6	14	6	6	3	10	99	17	17	17

LAMBERT Monique – Le Pouthier – 03300 La Chapelle – Tél. : 70.41.80.98

Chatel-de-Neuvre Les Quatre-Vents *C.M. n° 69 — Pli n° 14*

❦❦❦ NN — Alt. : 250 m — Dans une maison de caractère du XIXᵉ siècle : 5 chambres (1 lit 2 pers. 1 lit 1 pers. chacune), 1 chambre (1 lit 2 pers. 2 lits 1 pers.), salles d'eau/wc privés pour chaque chambre, tél. Salon, salle à manger, salle de réunions avec bibliothèque (télévision) en commun. Grand espace vert. Vignoble Saint-Pourcinois à 11 km. Moulins 15 km. Restaurant à 200 m. Gare 16 km. Commerces 200 m. Ouvert toute l'année. Anglais parlé.

Prix : 1 pers. 180 F 2 pers. 250 F 3 pers. 320 F

0,5	12	0,5	0,5	13	SP	15	0,6

BOUQUET DES CHAUX Josee et Philippe – Les Quatre Vents – 03500 Chatel-de-Neuvre – Tél. : 70.42.09.89 – Fax : 70.42.09.89

Chatel-Montagne Le Panneau-Blanc *C.M. n° 73 — Pli n° 6*

❦ NN (TH) — Alt. : 530 m — Dans une maison en pierre, au 1ᵉʳ étage : 2 chambres (1 lit 2 pers. chacune). 3 chambres (1 lit 2 pers., 2 lits 1 pers. chacune). 2 salles d'eau et wc communs aux 5 ch. Séjour et salle communs. Produits fermiers sur place. Ski de fond 10 km. Ski de descente 20 km. Taxe de séjour. Lapalisse 25 km. Gare 25 km. Commerces 12 km. Ouvert toute l'année.

Prix : 1 pers. 110 F 2 pers. 140 F 3 pers. 180 F repas 65 F

3	25	12	3	12	SP	25	25	25

SENEPIN Monique et Frederic – Le Panneau Blanc – 03250 Chatel-Montagne – Tél. : 70.59.36.70

Cindre L'Etang *C.M. n° 69 — Pli n° 15*

❦ (TH) — Alt. : 300 m — Dans une ancienne grange aménagée : 2 chambres avec lavabo (1 lit 2 pers. 1 lit 1 pers. chacune), s. d'eau/wc communs. Séjour. Bibliothèque et salle de jeux communes. Aire de jeux. Gîte sur place. Randonnée pédestre à proximité. VTT 7 km. Parc de loisirs « Le Pal » 20 km. Animaux acceptés sous réserve. Poss. accueil petits groupes sur les 2 hébergements (11 pers.). Spectacle historique au château de Lapalisse à 11 km. Karting sur piste homologuée à Varennes-sur-Allier à 15 km. Gare 25 km. Commerces 2 km. Ouvert d'avril à octobre. Anglais et allemand parlés.

Prix : 1 pers. 125 F 2 pers. 180 F 3 pers. 205 F repas 68 F

2	10	2	2	SP	30	7	30

LEVASSEUR Liliane et Philippe – L Etang – 03220 Cindre – Tél. : 70.57.70.52

Couleuvre Le Chateau *C.M. n° 69 — Pli n° 12*

❦❦ NN — Alt. : 236 m — Dans une ancienne ferme rénovée. Appartement composé d'une chambre (1 lit 2 pers. 1 lit 1 pers.), salon (divan 2 pers.), kitchenette, salle de bains, wc. 1 chambre studio avec une alcôve (1 lit 2 pers.), séjour, salle d'eau/wc. 1 chambre composée de 2 pièces (1 lit 2 pers. 2 lits 1 pers.), salle d'eau, wc non communicants. Cour close. Hébergement chevaux/écuries sur place. Réductions pour séjours prolongés. Forêt de Tronçais sur place. Lit appoint enfant : 50 F. Tarifs spéciaux groupe, abonnements week-ends de - 10 à - 20 %. Gare 28 km. Commerces 3 km. Ouvert toute l'année. Anglais et allemand parlés.

Prix : 1 pers. 110/160 F 2 pers. 150/200 F 3 pers. 260 F

3	18	3	3	SP	SP	SP	32	25	18

CHATILLON DITSCH Pasquale – Le Chateau – 03320 Couleuvre – Tél. : 70.66.13.87

Creuzier-le-Vieux *C.M. n° 73 — Pli n° 5*

❦❦❦ NN (TH) — Alt. : 390 m — Dans les combles aménagés d'une villa, 1 chambre d'hôtes sous forme d'appartement composée de 2 pièces (1 lit 2 pers. 1 lit 1 pers.), séjour, kitchenette, salle d'eau/wc. TV. Possibilité de lave-linge. Grand espace vert, vue dominant la campagne vallonnée. Terrasse. Réduction pour séjour prolongé. Possibilité lit d'appoint. Table d'hôtes sur réservation. Vichy 3 km. Gare 3 km. Commerces 1 km. Ouvert toute l'année. Allemand et polonais parlés.

Prix : 1 pers. 190 F 2 pers. 265 F 3 pers. 310 F repas 75 F

3	3	0,6	3	4	6	SP	3	3	3

WEISS Christine – Les Arloings - 5 rue du Rez des Creux – 03300 Creuzier-le-Vieux – Tél. : 70.98.63.35

Deux-Chaises Chateau-de-Longeville *C.M. n° 69 — Pli n° 13*

❦❦❦ NN (TH) — Alt. : 503 m — Dans un château du XIXᵉ siècle, meublé d'époque, décoré en vrai et faux marbre « trompe l'oeil ». Lits à baldaquin. 5 chambres : 2 ch. d'apparat style Louis XIV et Louis XV, 1 chambre style XIXᵉ (1 lit 2 pers. chacune) salle de bains/wc privés pour chaque chambre. 1 suite composée de 2 ch. dans un style champêtre (1 lit 2 pers. 2 lits 1 pers.), salle de bains/wc. Salon, salle à manger Second Empire, TV, dîner aux chandelles. Activités sur place : musique, jeux de cartes et de société. Environnement de bois et parc (arbres centenaires). Montmarault 8 km. 2 chambres 3 épis, 2 chambres 2 épis. Gare 30 km. Commerces 1 km. Ouvert toute l'année. Anglais parlé.

Prix : 1 pers. 200/290 F 2 pers. 250/370 F 3 pers. 350 F repas 200 F

3	23	1	SP	8	25	SP	30	25

JUMONVILLE Michael – Chateau de Longeville – 03240 Deux-Chaises – Tél. : 70.47.32.91

Diou Les Rodillons *C.M. n° 69 — Pli n° 15*

❦❦ NN (TH) — Alt. : 219 m — Maison à pans de bois à proximité de la ferme bourbonnaise des propriétaires. Au rez-de-chaussée, 1 chambre (1 lit 2 pers.), salle de bains. Au 1ᵉʳ étage, 1 chambre (1 lit 2 pers., 2 lits 1 pers., 1 lit enfant), salle de bains, 1 chambre (1 lit 2 pers., 1 lit 1 pers.), salle de bains, 2 wc communs aux 3 chambres. Séjour en commun. Cour avec pelouse. VTT à disposition. Promenades à poney. Cinéma 3 km. Bourbon-Lancy 14 km. Réduction de 10 % en juillet et en août à partir de 3 nuits. Gare sur place. Commerces 2 km. Ouvert toute l'année. Anglais et allemand parlés.

Prix : 1 pers. 145 F 2 pers. 199 F 3 pers. 230 F repas 70 F

SP	3	3	3	SP	30	3	20

PRESLES Francoise et J.Yves – Les Rodillons – 03490 Diou – Tél. : 70.34.67.73 – Fax : 70.34.77.66

Diou Les Grandjeans
C.M. n° 69 — Pli n° 15

E.C. NN — Alt. : 230 m — Dans cette ancienne grange rénovée, 4 chambres d'hôtes à l'étage. 1 chambre (1 lit 2 pers.), 1 chambre (1 lit 2 pers., 1 lit bébé), 1 chambre (1 lit 2 pers., 1 lit 1 pers.) 1 chambre (1 lit 2 pers., 2 lits 1 pers.). Salon et salle à manger réservés aux hôtes. Point-phone. Possibilité cuisine, lits suppl., lit bébé, lave-linge. Grande cour aménagée. Gare et commerces 3 km. Ouvert toute l'année.

Prix : 1 pers. **140 F** 2 pers. **180 F** 3 pers. **210 F**

0,2	2	3	0,2	0,4	SP	30	2	15

DAGNET Francoise et Claude – Les Grandjeans – 03490 Diou – Tél. : 70.42.91.16

Espinasse-Vozelle Castel-Bois-Clair
C.M. n° 73 — Pli n° 5

ψ ψ NN
(TH) — Alt. : 344 m — Au 1er étage d'un bâtiment indépendant : 1 ch. (1 lit 2 pers.), 1 ch. (1 lit 2 pers. 2 lits 1 pers.), 1 ch. composée de 2 pièces (1 lit 2 pers. 1 lit 2 pers. 1 lit gigogne), salle à manger privés pour chaque chambre. Au r.d.c. de l'aile de la maison de caractère des propriétaires : 2 ch. (1 lit 2 pers. chacune), salle d'eau/wc privés à chaque ch. Salon et salle de séjour (TV, bilbiothèque) communs. Piscine, forêt, parc, sur place. Animation (canoë, Montgolfière) sur place. Séminaires sur demande. 2 chambres 3 épis, 4 chambres 2 épis. Gare et commerces 8 km. ouvert toute l'année. Anglais parlé.

Prix : 1 pers. **205 F** 2 pers. **250 F** 3 pers. **315 F** repas **75 F**

8	SP	1	8	SP	5	SP	5	8	8

NOLET Lise – Castel Bois Clair – 03110 Espinasse-Vozelle – Tél. : 70.56.55.52 ou 70.98.40.57

Espinasse-Vozelle Chateau-de-Puy-Vozelle
C.M. n° 73 — Pli n° 5

ψ ψ NN — Alt. : 344 m — Dans une demeure de caractère. Au r.d.c. : 1 ch. (1 lit 2 pers.), salle de bains/wc, 1 ch. (2 lits 1 pers.), salle d'eau/wc, 1 ch. (1 lit 2 pers.), salle d'eau privée. WC sur palier. Au 1er étage, 1 suite composée de 2 ch. (2 lits 1 pers., 1 lit 2 pers.), salle d'eau/wc. Séjour, salon (TV) communs. Piscine sur place. Possibilité de réunion et séminaires. Grand parc ombragé. Poney-club 5 km. Gare 7 km. Commerces 2 km. Ouvert toute l'année. Anglais parlé.

Prix : 1 pers. **220 F** 2 pers. **250/300 F** 3 pers. **300 F**

7	SP	7	7	SP	5	SP	7	7	7

VEYSSEIRE Serge – Chateau de Puy Vozelle – 03110 Espinasse-Vozelle – Tél. : 70.56.52.89

Ferrieres-sur-Sichon Le Grand-Moulin

E.C. NN — Alt. : 550 m — Au 1er étage de la maison des propriétaires, 1 chambre d'hôtes composée de 2 pièces (2 lits 2 pers. 1 lit 1 pers.), salle d'eau/wc. Salon réservé aux hôtes. Salon, salle à manger communs avec le propriétaire. Espace vert, salon de jardin. Vichy 25 km. Saint-Clément 9 km. Gare 25 km. Commerces 7 km. Ouvert du 1er avril au 31 octobre. Anglais parlé.

Prix : 1 pers. **130 F** 2 pers. **170 F** 3 pers. **210 F** pers. sup. **40 F**

7	25	11	4	25	5	25	25	25

DIOT Marie-Therese – 22-24 avenue de Chazeuil – 03150 Varennes-sur-Allier – Tél. : 70.45.17.37

Fleuriel Tignat
C.M. n° 69 — Pli n° 4

ψ ψ NN
(TH) — Alt. : 430 m — Au 1er étage de la maison des propriétaires : 4 chambres d'hôtes (1 lit 2 pers. 1 lit 1 pers. chacune). 2 chambres avec salle d'eau privatives, 2 avec sanitaires communs. 2 wc communs. 2 chambres d'hôtes dans des bâtiments d'exploitation rénovés (1 lit 2 pers. chacune, lavabo), salle d'eau/wc commun. Salle à manger, salle de séjour, salon commun, TV. Location de vélos. Chantelle 4 km. Saint-Pourçain-sur-Sioule 9 km. Gare 29 km. Commerces 4 km. Ouvert toute l'année.

Prix : 1 pers. **180 F** 2 pers. **200 F** 3 pers. **230 F** pers. sup. **30 F** repas **70/100 F**

2,5	9	4	2,5	1	SP	SP	9	29

LEVANT – Tignat – 03140 Fleuriel – Tél. : 70.56.94.11

Gennetines
C.M. n° 69 — Pli n° 14

ψ ψ NN
(A) — Alt. : 247 m — Au 1er étage de la ferme : 1 chambre avec accès extérieur composée de 2 pièces (1 lit 2 pers. 2 lits 1 pers.), salle d'eau et wc privatifs. 2 autres chambres aménagées dans un bâtiment annexe de plain-pied (2 lits 2 pers.) salles d'eau/wc privatifs. Salle de séjour commune. Cour et jardin. Jeux pour enfants. Ferme-auberge et produits biologiques sur place. Moulins 5 km. Decize 30 km. Gare et commerces 6 km. Ouvert toute l'année.

Prix : 1 pers. **140 F** 2 pers. **190 F** 3 pers. **250 F** repas **70 F**

6	6	6	6	2	10	SP	10	6	30

BESSIERE Jeannette et Jean – Les Parisses - Route de Decize – 03400 Gennetines – Tél. : 70.44.38.19

Gouise Les Rubis
C.M. n° 69 — Pli n° 14

E.C. NN
(TH) — Alt. : 284 m — Dans les communs d'une propriété du XIXe : 1 chambre avec accès indépendant (2 lits 1 pers.) salle d'eau/wc privés, salle de séjour, jardin, jeux pour enfants, salon de jardin réservés aux hôtes. Moulins 20 km. Vichy 40 km. Gare 20 km. Commerces 6 km. Ouvert toute l'année. Allemand et anglais parlés.

Prix : 2 pers. **200 F** repas **45 F**

18	6	10	1	8	SP	15	20	40

HUOT Jean-Louis et Irmine – Les Rubis – 03340 Gouise – Tél. : 70.43.12.70

Isserpent Chandian
C.M. n° 73 — Pli n° 6

ψ ψ NN
(TH) — Alt. : 350 m — Dans un bâtiment de l'exploitation agricole : 3 chambres (6 lits 2 pers.) 1 chambre (4 lits 2 pers.). Salle d'eau/wc privés pour chaque chambre. Terrasse. Cour. Vichy 15 km. Ferme auberge sur place. Gare 15 km. Commerces sur place. Ouvert du 1er mars au 20 décembre sur réservation.

Prix : 1 pers. **170 F** 2 pers. **250 F** 3 pers. **330 F** repas **70/125 F**

SP	12	12	SP	SP	2	SP	15	15	15

GIRARDET Danielle et Guy – Chandian – 03120 Isserpent – Tél. : 70.41.32.89 ou 70.41.32.69

Liernolles La Forest-de-Viry   *C.M. n° 69 — Pli n° 16*

❀❀❀ NN (TH)   Alt. : 245 m — A l'étage d'un château du XIII° siècle : 1 chambre composée de 2 pièces (1 lit 2 pers. 3 lits 1 pers.), salle de bains, wc. Télévision. 1 chambre (1 lit 2 pers.), salle de bains, wc. Séjour et bibliothèque communs. Cour avec pelouse. Pêche et chasse avec supplément sur place. Cinéma 15 km. Animaux acceptés avec supplément. Gare 15 km. Commerces 10 km. Ouvert toute l'année. Anglais parlé.

Prix : 1 pers. **300/350 F** 2 pers. **350/400 F** 3 pers. **500 F**
repas **90 F**

SP	15	10	SP	SP	SP	SP	20	40

DE VILLETTE Bernadette – La Forest de Viry – 03130 Liernolles – Tél. : 70.42.21.21

Louchy-Montfand Le Courtiau   *C.M. n° 69 — Pli n° 14*

❀❀❀ NN   Alt. : 270 m — A l'étage d'une ancienne ferme bourbonnaise : 4 chambres (1 lit 2 pers. chacune), salle d'eau/wc privés à chacune. Accès indépendant pour 2 chambres. Séjour (TV) commun. TV privée sur demande. Terrasse couverte. Jardin fermé avec pelouse. Chambres non-fumeur. Restaurants à 2 km. Gare 25 km. Commerces 3 km. Ouvert du 18 mars au 30 août. Hors saison sur réservation. Italien parlé.

Prix : 2 pers. **240 F**

1	3	3	1	4	SP	SP	3	15	25

IANNOTTI Monique et Robert – Le Courtiau – 03500 Louchy-Montfand – Tél. : 70.45.91.03

Louroux-Bourbonnais Thivaliere   *C.M. n° 69 — Pli n° 12*

❀❀ NN   Alt. : 306 m — Au 1er étage d'une maison de caractère. 3 chambres (1 lit 2 pers. chacune), salle d'eau/wc privés pour chaque chambre. Séjour, salon (TV) communs. Grande cour fermée avec pelouse. Hébergements pour chevaux sur place. Forêt de Tronçais 20 km. Restaurant 6 km. Gare 38 km. Commerces 6 km. Ouvert du 1er juin au 1er octobre.

Prix : 1 pers. **190 F** 2 pers. **300 F** 3 pers. **350 F**

SP	6	6	3	20	20	SP	26

PAQUIER Jean – Thivaliere – 03350 Louroux-Bourbonnais – Tél. : 70.07.54.03

Louroux-Hodement Le Petit-Bigny   *C.M. n° 69 — Pli n° 12*

E.C. NN (TH)   Alt. : 300 m — Dans cette ferme bourbonnaise, chacune de ces 3 chambres est aménagée en rez-de-chaussée et mezzanine. 2 chambres (1 lit 2 pers. 1 lit 1 pers.), 1 chambre (3 lits 1 pers.). Salle d'eau/wc pour chaque chambre. Salle à manger en commun avec la famille d'accueil. Le propriétaire propose la découverte de la vallée de l'Aumance en ULM (photos aériennes). Animaux acceptés sous réserve. Gare 15 km. Commerces 3 km. Ouvert toute l'année. Anglais parlé.

Prix : 1 pers. **160 F** 2 pers. **200 F** 3 pers. **270 F** repas **70 F**

2	12	12	2	2	9	SP	15	20

MARRIAUX BLONDEL Catherine et Joel – Petit Bigny – 03190 Louroux-Hodement – Tél. : 70.06.87.92

Lurcy-Levis Grand-Veau   *C.M. n° 69 — Pli n° 3*

❀❀❀ NN (TH)   Alt. : 132 m — A l'étage d'une ferme bourbonnaise du XIX° siècle. 1 ch. (1 lit 2 pers. 1 lit 1 pers.), 1 ch. (1 lit 2 pers.), 1 ch. (2 lits 1 pers.). Salle d'eau/wc privés à chaque chambre. Petit salon (TV, bibliothèque) en commun. Jardin ombragé, pelouse. Forêt de Tronçais et ses étangs aménagés 5 km. Gare 45 km. Commerces 5 km. Ouvert toute l'année. Anglais parlé.

Prix : 1 pers. **150 F** 2 pers. **200 F** 3 pers. **240 F** repas **80 F**

5	25	5	5	5	17	SP	35	25

VANNEAU Solange et Claude – Grand Veau-La Platriere – 03320 Lurcy-Levis – Tél. : 70.67.83.95 –
Fax : 70.67.80.80

Lusigny Les Laurents   *C.M. n° 69 — Pli n° 15*

E.C. NN   Alt. : 243 m — Dans un château rénové du XIX siècle, 4 chambres d'hôtes : 1 ch. composée de 2 pièces (2 lits 2 pers., 1 lit 1 pers), salle d'eau/wc privatifs, 2 ch. (1 lit 2 pers. chacune), salles de bains/wc privatifs pour chaque chambre, 1 ch. (1 lit 2 pers.), salle d'eau/wc privatifs. Salle à manger, salon, grand parc. Moulins 12 km. Bourbon-Lancy (71). Station Thermale 18 km. Le Pal Parc d'attraction 20 km. Gare 20 km. Commerces 1 km. Ouvert d'avril à octobre. Poss. table d'hôtes.

Prix : 2 pers. **250 F** 3 pers. **300 F**

3	12	1	3	3	SP	10	18

BIRON Andre – Les Laurents – 03230 Lusigny – Tél. : 70.42.41.83

Le Mayet-de-Montagne Le Chier   *C.M. n° 73 — Pli n° 6*

❀❀ NN (TH)   Alt. : 543 m — Fermette dans un hameau. Au 1er étage, 1 chambre composée de 3 pièces (2 lits 2 pers. 1 lit 1 pers.), salle d'eau/wc. Séjour commun. Ski de fond et de descente à 15 km. Taxe de séjour. Vichy 25 km. Repas sur demande. Gare 25 km. Commerces 3 km. Ouvert toute l'année.

Prix : 1 pers. **110 F** 2 pers. **150 F** 3 pers. **200 F** repas **55 F**

3	25	2	3	15	SP	25	25	25

MATICHARD Renee – Le Chier – 03250 Le Mayet-de-Montagne – Tél. : 70.59.73.74

Montcombroux-les-Mines Domaine-du-Vernet   *C.M. n° 69 — Pli n° 15*

E.C. NN (TH)   Alt. : 582 m — Dans une ferme bourbonnaise rénovée, 3 chambres d'hôtes au 1er étage de la maison des propriétaires : 1 chambre (2 lits 1 pers.), 1 chambre (1 lit 2 pers.), 1 chambre (2 lits 2 pers.). Salle d'eau/wc privés à chacune. Salle à manger et salon en commun avec les propriétaires. Espace vert clos, parking, salon de jardin, barbecue, portique. A proximité de la Route Jacques de Compostelle. GR3 à 200 m. Gare 40 km. Commerces 6 km. Ouvert de mars à janvier. Autres périodes sur demande. Anglais parlé.

Prix : 1 pers. **160/210 F** 2 pers. **190/240 F** 3 pers. **300 F**
repas **70 F**

6	18	1,5	8	8	29	SP

LEDERER-PAUPERT Josephine et Yves – Domaine du Vernet – 03130 Montcombroux-Les Mines –
Tél. : 70.99.60.92

Montmarault Concize
C.M. n° 69 — Pli n° 13

♥♥♥ NN Alt. : 414 m — Dans une aile indépendante de la maison du propriétaire : 1 chambre (1 lit 2 pers. 1 lit 1 pers.), salle de bains/wc, 1 chambre (1 lit 2 pers. 1 lit 1 pers.), salle d'eau/wc. Au 2e étage de la maison du propriétaire : 1 chambre (2 lits 1 pers.), salle d'eau/wc. Salle de séjour, salle à manger réservées aux hôtes. Montluçon 35 km. Barbecue et salon de jardin à disposition des hôtes. Lit enfant à disposition. Possibilité personne supplémentaire. Grand jardin. Gare 35 km. Commerces 2 km. Ouvert de mai à octobre. Hiver sur réservation. Anglais et espagnol parlés.

Prix : 1 pers. **160/200 F** 2 pers. **200/250 F** 3 pers. **260/300 F**

🐚	🏊	🎿	⛲	🌲	🦅	👫	🎣	🎿	
2	20	SP	3	SP	35	15			

DU BOULET Eric – Concize – 03390 Montmarault – Tél. : 70.07.60.22

Noyant-d'Allier Les Jobineaux
C.M. n° 69 — Pli n° 13

♥♥♥ NN (TH) Alt. : 320 m — 5 chambres aménagées dans une ferme laitière du Bocage Bourbonnais près de Souvigny. Chaque chambre est équipée de salle d'eau/wc. Grande salle commune avec cheminée. Ping-pong, baby-foot, VTT, culture de myrtilles, participation à la traite. Très belle vue. Prix groupe et prix séjour. Moulins 20 km. Gare 21 km. Commerces 2,5 km. Ouvert toute l'année. Anglais parlé.

Prix : 1 pers. **190 F** 2 pers. **230 F** 3 pers. **300 F** repas **50 F**

🐚	🏊	🎿	〰️	⛲	🦅	👫	🎣	🎿	🏛
2	15	SP	2	1	18	SP	25	15	

CARRELET Caroline et Jean-Dominique – Les Jobineaux – 03210 Noyant-d'Allier – Tél. : 70.47.29.71 – Fax : 70.47.29.71

Noyant-d'Allier
C.M. n° 69 — Pli n° 13

♥♥ NN Alt. : 320 m — Dans un bourg de campagne, près de la maison du propriétaire, petite maison indépendante aménagée en chambre d'hôtes composée de 2 pièces (2 lits 2 pers.), salle d'eau/wc. Cuisine, séjour (TV). Espace vert fermé. Souvigny (site historique) à 9 km. Moulins 21 km. Loc. possible à la semaine (700 F/1000 F). Gare 21 km. Commerces sur place. Ouvert toute l'année.

Prix : 1 pers. **140 F** 2 pers. **170 F** 3 pers. **220 F**

🐚	🏊	🎿	〰️	⛲	🦅	👫	🎣	🎿	🏛
2	16	SP	2	10	SP	21	21	16	

ERKENS Marie-Therese – Rue de la Gare – 03210 Noyant-d'Allier – Tél. : 70.47.21.07

Paray-le-Fresil Le Chateau
C.M. n° 69 — Pli n° 15

♥♥♥ (TH) Alt. : 231 m — Au premier étage d'un château en briques bourbonnaises : 1 chambre (1 lit 2 pers.), salle de bains, wc. 1 chambre (1 lit 2 pers.), salle de bains. WC sur palier. 1 chambre (2 lits 1 pers.), salle de bains, wc sur le palier. Tél. dans chaque chambre. Séjour, salon (TV) communs aux hôtes. Salles de ping-pong et de billard dans les communs. Grand parc, attelage, piscine, chasse sur place. Gare 25 km. Commerces 1 km. Ouvert du 15 juin au 1er janvier. Autres périodes sur demande.

Prix : 1 pers. **300 F** 2 pers. **400 F** 3 pers. **450 F** repas **150/200 F**

🐚	🏊	🎿	〰️	⛲	🦅	👫	🎣	🎿	🏛
2	SP	7	2	SP	SP	SP	25	10	

DE TRACY Esmeralda – Le Chateau – 03230 Paray-le-Fresil – Tél. : 70.43.42.36 ou 70.43.68.02 – Fax : 70.43.11.74

Le Pin La Noue
C.M. n° 69 — Pli n° 16

♥♥♥ NN (TH) Alt. : 270 m — Au 1er étage de la maison du propriétaire sur une exploitation agricole : 1 chambre (3 lits 1 pers.), 2 chambres (2 lits 1 pers.), 1 chambre (1 lit 2 pers.). Chaque chambre est équipée d'une salle de bains et wc. La salle de séjour avec cheminée du propriétaire est à la disposition des hôtes. Gare 15 km. Commerces 10 km. Ouvert toute l'année. Anglais parlé.

Prix : 1 pers. **180 F** 2 pers. **230 F** 3 pers. **280 F** repas **70 F**

🐚	🏊	🎿	〰️	🦅	🎣	🎿	🏛
SP	15	10	7	2	15	15	30

DECERLE Alain – La Noue – 03130 Le Pin – Tél. : 70.55.62.62 – Fax : 70.55.65.51

Pouzy-Mesangy Manoir-le-Plaix
C.M. n° 69 — Pli n° 13

♥♥♥ NN (TH) Alt. : 260 m — Demeure de caractère du XVIe siècle. Au r.d.c. surélevé : 1 ch. (1 lit 2 pers. 1 lit 1 pers.), salle d'eau/wc, kitchenette en option. 1er étage : 1 ch. (1 lit 2 pers. 1 lit 1 pers.), 1 ch. (1 lit 2 pers.), salle d'eau/wc à chacune. 2e étage : 1 ch. (2 lits 1 pers.), 1 ch. (1 lit 2 pers.), s.d.b./wc privés à chacune. Séjour, salon et TV en commun. Table d'hôtes sur réservation. Tarifs semaine. En été : pétanque, tennis de table, portique, barbecue, rand. pédestres et cyclo. Pique-nique. Forêt de Tronçais 15 km. Hébergement équestre. Gare 35 km. Commerces 4 km. Ouvert toute l'année. Anglais parlé.

Prix : 1 pers. **190 F** 2 pers. **200/240 F** 3 pers. **300 F** repas **80 F**

🐚	🏊	🎿	〰️	⛲	🦅	👫	🎣	🎿	🏛
SP	15	5	5	15	15	SP	30	30	15

RAUCAZ Claire et Georges – Manoir-le-Plaix – 03320 Pouzy-Mesangy – Tél. : 70.66.24.06 – Fax : 70.66.25.82

Quinssaines La Mazerolle
C.M. n° 69 — Pli n° 11

♥♥ NN (TH) Alt. : 420 m — Au 1er étage de la maison de cette famille d'exploitants agricoles (élevage de bovins et de bisons, vaches laitières), 2 chambres (2 lits 2 pers. chacune), douche et lavabo par chambre, wc communs sur le palier. Salle à manger et salon en commun avec le propriétaire. Gare 7 km. Commerces 1,5 km. Ouvert toute l'année. Anglais parlé.

Prix : 1 pers. **120 F** 2 pers. **160 F** pers. sup. **70 F** repas **50 F**

🐚	🏊	🎿	〰️	⛲	🦅	🎣	🎿	🏛
7	7	1,5	7	8	SP	15	7	15

MACQUET – Gaec - La Mazerolle – 03380 Quinssaines – Tél. : 70.51.85.88

Saint-Aubin-le-Monial La Gare   *C.M. n° 69 — Pli n° 13*

❦❦❦ NN
TH

Alt. : 300 m — A l'étage d'une maison bourbonnaise : 1 chambre composée d'une pièce et d'une alcôve (3 lits 1 pers.), salle d'eau/wc, 1 chambre composée de 2 pièces (1 lit 120, 1 lit 2 pers., 1 lit 1 pers.), possibilité 1 lit 1 pers. suppl., salle de bains/wc. Salon, salle à manger réservés aux hôtes. Possibilité de lave-linge et tél. Table d'hôtes sur réservation. Salon de jardin, garage, espace vert ombragé, forêt sur place. Gare 25 km. Commerces 3 km. Ouvert toute l'année.

Prix : 1 pers. **160 F** 2 pers. **200 F** 3 pers. **240 F**
pers. sup. **60 F** repas **60/80 F**

⚓	🚣	🎿	♨	🌲	🏇	✈	
2	7	1,5	15	SP	SP	15	7

MERCIER Anne-Marie et Louis – La Gare – 03160 Saint-Aubin-le-Monial – Tél. : 70.67.00.20

Saint-Bonnet-Troncais La Beaume   *C.M. n° 69 — Pli n° 12*

❦❦❦ NN
TH

Alt. : 230 m — Dans cette maison bourbonnaise adossée à la Forêt de Tronçais : 1 chambre composée de 2 pièces (1 lit 2 pers. 1 lit 1 pers.). 1 chambre (2 lits 1 pers.). 1 chambre (1 lit 2 pers.). Salle d'eau/wc pour chaque chambre. Séjour (TV) commun aux hôtes. Table d'hôtes sur réservation. Jardin, Loc VTT au village. Promenade guidée en Forêt de Tronçais. Baignade à 500 m. Week-end « brâme du cerf » du 15/09 au 05/10. Réduction pour séjour à partir de 2 jours. Gare 20 km. Commerces 300 m. Ouvert toute l'année. Anglais et allemand parlés.

Prix : 1 pers. **140 F** 2 pers. **210 F** 3 pers. **390 F** repas **70 F**   🐕

⚓	🚣	🎿	♨	🌲	🏇	
0,5	0,5	0,5	0,5	SP	14	SP

DE POMYERS Laurence et Jehan – La Beaume – 03360 Saint-Bonnet-Troncais – Tél. : 70.06.83.76 – Fax : 70.06.13.46

Saint-Desire   *C.M. n° 69 — Pli n° 11*

❦❦❦ NN

Alt. : 328 m — Maison de caractère dans un parc arboré, au cœur d'un village à proximité d'une superbe église romane du XIIe siècle. 1er étage : 1 chambre de 2 pièces (1 lit 2 pers. 2 lits 1 pers.). 2e étage : 1 chambre (1 lit 2 pers.), 2 chambres (3 lits 1 pers.). Chaque chambre est équipée de salle de bains et wc. Salle à manger réservée aux hôtes, bibliothèque. Restaurants au village. Gare 25 km. Commerces sur place. Ouvert toute l'année. Allemand parlé.

Prix : 1 pers. **170 F** 2 pers. **220 F** 3 pers. **270 F**   🐕

⚓	🚣	🎿	♨	🌲	🏇	⚓	
5	12	SP	5	12	12	SP	12

SAINRAT M.Jose et Louis – Place de l'Eglise – 03370 Saint-Desire – Tél. : 70.07.12.41

Saint-Didier-en-Donjon Les Dibois   *C.M. n° 69 — Pli n° 16*

❦❦❦ NN
TH

Alt. : 300 m — Dans une ancienne bergerie rénovée à proximité de la maison du propriétaire, 3 chambres d'hôtes : 1 chambre (1 lit 2 pers. 2 lits 1 pers.) 1 chambre (2 lits 1 pers.), 1 chambre (1 lit 2 pers., 1 lit 1 pers.). Salle de bains/wc pour chaque chambre. 2 chambres ont une terrasse privée. Salle à manger, salon réservé aux hôtes, TV. Possibilité d'équitation, pêche, randonnées sur place. Parking, salon de jardin, barbecue, portique. Possibilité de baignade en étang non surveillé. Gare 25 km. Commerces 5 km. Ouvert toute l'année. Anglais et néerlandais parlés.

Prix : 1 pers. **170 F** 2 pers. **220 F** 3 pers. **270 F** repas **70 F**

⚓	🚣	🎿	♨	🌲	🏇	⚓	🎣	⚓
5	15	5	20	SP	SP	SP	20	50

LAGARDETTE Mirjam et Yves – Les Dibois – 03130 Saint-Didier-en-Donjon – Tél. : 70.55.63.58

Saint-Gerand-le-Puy Demeure-des-Payratons   *C.M. n° 73 — Pli n° 5*

❦❦❦❦ NN
TH

Alt. : 248 m — Au 1er étage d'une maison de caractère fin XVIIIe siècle : 1 chambre (1 lit 2 pers.), salle de bains/wc, 1 chambre (1 lit 2 pers.), salle d'eau/wc, 1 chambre (3 lits 1 pers.), salle de bains/wc, 1 suite composée de 2 chambres (1 lit 2 pers., 2 lits 1 pers.), salle de bains/wc, TV dans les chambres. Mobilier d'époque : Louis XVI, Directoire, Empire. Salon, salle à manger communs. Parc ombragé. Lapalisse 10 km. Vichy 20 km. Gare 20 km. Commerces 1 km. Ouvert toute l'année.

Prix : 1 pers. **250/350 F** 2 pers. **280/380 F** 3 pers. **450/480 F**
repas **60/120 F**

⚓	🚣	🎿	♨	🌲	🏇	⚓
8	8	1	20	10	12	SP	20

POULET Christiane – Demeure des Payratons – 03150 Saint-Gerand-le-Puy – Tél. : 70.99.82.44

Saint-Plaisir La Pree   *C.M. n° 69 — Pli n° 13*

❦❦❦ NN
TH

Alt. : 275 m — Surplombant la campagne, à l'étage de la maison du propriétaire : 3 chambres (1 lit 2 pers. chacune), 1 chambre (2 lits 1 pers.). Salles d'eau/wc privés pour chaque chambre. Salon (TV) réservé aux hôtes. Terrain de boules, ping-pong à disposition. Possibilité d'accueil de cavaliers. Forêt de Tronçais à 15 km. Chambre d'appoint : 100 F pour 1 pers., 130 F pour 2 pers. Gare 32 km. Commerces 11 km. Ouvert toute l'année.

Prix : 1 pers. **140/160 F** 2 pers. **180/200 F** 3 pers. **240/260 F**
repas **70 F**   🐕

⚓	🚣	🎿	♨	🌲	🏇	⚓
0,3	11	2	15	15	13	SP	11

DROUET Lucette et Lionel – La Pree – 03160 Saint-Plaisir – Tél. : 70.67.01.39

Saint-Pourcain-sur-Besbre Les Emondons   *C.M. n° 69 — Pli n° 15*

❦❦ NN
TH

Alt. : 232 m — A l'étage d'une ferme bourbonnaise : 2 chambres (1 lit 2 pers.), 1 chambre (2 lits 1 pers.), 1 chambre (3 lits 1 pers.), salle de bains pour chaque chambre, wc communs. Possibilité de lit d'enfant. Salon réservé aux hôtes. TV. Bibliothèque. Poneys sur place. Location VTT et canoë-kayak à 4 km. Cinéma 6 km. Gare et commerces 6 km. Ouvert toute l'année. Anglais et allemand parlés.

Prix : 1 pers. **170 F** 2 pers. **210 F** 3 pers. **250 F** repas **70 F**   🐕

⚓	🚣	🎿	♨	🌲	🏇	✈
SP	6	6	6	SP	SP	4

GODRON Jeanne et Denis – Les Emondons – 03290 Saint-Pourcain-sur-Besbre – Tél. : 70.34.57.76

Saint-Priest-en-Murat La Charviere   *C.M. n° 69 — Pli n° 13*

♥♥ NN
(TH)

Alt. : 400 m — Au 1er étage d'une ferme rénovée, découverte de la vie à la ferme chez cette famille d'origine anglaise : 1 chambre (1 lit 2 pers. 1 lit 1 pers.), salle d'eau/wc, 1 chambre (2 lits 2 pers), salle de bains, salle d'eau/wc. Séjour avec cheminée en commun. Terrasse. Aire de jeux. Piscine. Gîtes sur place. Box et pré pour chevaux. Loc. de VTT. Camping sur place. Gare 30 km. Commerces 5 km. Ouvert toute l'année. Anglais parlé.

Prix : 1 pers. **120/150 F** 2 pers. **180/200 F** 3 pers. **220/250 F**
repas **60/80 F**

5	SP	5	5	7	35	SP	30	30	30

DEGNAN Gillian et Francis – La Charviere – 03390 Saint-Priest-en-Murat – Tél. : 70.07.38.24

Saulcet Les Burliers   *C.M. n° 69 — Pli n° 14*

♥♥ NN

Alt. : 319 m — Dans un hameau du vignoble Saint-Pourcinois, à l'étage de la maison du propriétaire viticulteur : 1 chambre (1 lit 2 pers.), salle de bains privée, wc sur le palier. 1 chambre (2 lits 1 pers.), salle d'eau/wc. Salle à manger réservée aux hôtes. Gare 30 km. Commerces 2,5 km. Ouvert toute l'année.

Prix : 1 pers. **130 F** 2 pers. **180 F** 3 pers. **240 F**

3	2,5	2,5	3	10	30	SP	7	30	30

GALLAS Leone – Les Burliers – 03500 Saulcet – Tél. : 70.45.32.86 – Fax : 70.45.65.15

Servilly Les Vieux-Chenes   *C.M. n° 73 — Pli n° 6*

♥♥♥ NN
(TH)

Alt. : 330 m — Au 1er et 2e étages d'une grande maison de caractère, 6 chambres d'hôtes avec vue sur les Monts de la Madeleine : 2 chambres (1 lit de 160), salle de bains/wc privés chacune. 1 chambre (1 lit 160, 1 lit 1 pers.), salle de bains/wc privés. 1 suite composée de 2 chambres (1 lit 2 pers., 1 lit 120), salle de bains et salle d'eau/wc privés aux 2 chambres. 1 ch. (1 lit 2 pers), salle de bains/wc. Possibilité lits d'enfants. Salon, salle de séjour, bibliothèque, sauna, salle d'activités, parc ombragé et clos, terrasse, VTT à disposition. Lapalisse 7,5 km. Vichy 25 km. Gare 25 km. Commerces 5 km. Ouvert toute l'année. Anglais parlé.

Prix : 1 pers. **200/250 F** 2 pers. **300/320 F** 3 pers. **350/380 F**
repas **90/200 F**

4	7,5	5	4	10	SP	5	25	25	25

COTTON Elisabeth – Les Vieux Chenes – 03120 Servilly – Tél. : 70.99.07.53 – Fax : 70.99.34.71

Souvigny Les Counillons   *C.M. n° 69 — Pli n° 13/14*

♥♥ NN
(TH)

Alt. : 290 m — 3 ch. d'hôtes dans une maison indépendante à 50 m de la ferme du propriétaire (élevage de vaches laitières). R.d.c. : 2 ch. (2 lits 1 pers. chacune) salle d'eau/wc pour l'une, salle de bains/wc pour l'autre. Au 1er étage, 1 ch. composée de 2 pièces (5 lits 1 pers., 1 lit bébé) salle d'eau/wc. Réservés aux hôtes : Salon, salle à manger, jardin d'agrément, terrasse. En supplément : coin-cuisine, tél. carte FT, lave-linge. Loc. vélos. Chambres situées à 6 km du site historique de Souvigny. Repas enfant : 30 F. Nuit enfant : 50 F. Séjour - 10 %. Gare 20 km. Commerces 6 km. Ouvert toute l'année. Anglais parlé.

Prix : 1 pers. **120 F** 2 pers. **200 F** 3 pers. **280 F** repas **65 F**
1/2 pens. **150 F**

2	20	6	10	5	5	SP	20	20	14

MASSOT Danielle et J.Michel – Les Counillons – 03210 Souvigny – Tél. : 70.43.65.33

Target Verzun-du-Bas   *C.M. n° 73 — Pli n° 4*

♥♥♥ NN
(TH)

Alt. : 420 m — Dans cette ferme, au 1er étage de la maison du propriétaire, 2 chambres d'hôtes : 1 chambre (1 lit 2 pers.), salle de bains/wc, 1 chambre (2 lits 1 pers.), salle de bains balnéo/wc. Possibilité lit supplémentaire. Salon, TV, réservés aux hôtes. Salle à manger commune avec le propriétaire Sur place : piscine, jeux pour enfants. Animaux acceptés sous réserve. Terrasse, salon de jardin, barbecue réservés aux hôtes. Possibilité d'accueil de groupe de 5 à 7 personnes. Commerces 3,5 km. Ouvert de mai à octobre. Hors saison sur réservation. Anglais parlé.

Prix : 1 pers. **180/200 F** 2 pers. **220/280 F** 3 pers. **320/350 F**
repas **65 F**

SP	SP	3,5	SP	SP	17	SP	22	15

DE VEAUCE Marie et Arnaud – Verzun du Bas – 03140 Target – Tél. : 70.40.60.30

Thiel-sur-Acolin Domaine-des-Domes   *C.M. n° 69 — Pli n° 15*

♥♥♥ NN
(TH)

Alt. : 246 m — Dans un ancien bâtiment de ferme rénové : 1 chambre (2 lits 1 pers.), 1 chambre (1 lit 2 pers.), 1 chambre (3 lits 1 pers.), 1 chambre (1 lit 2 pers, 1 lit 1 pers.). Salle d'eau/wc pour chaque chambre. Salon, Hifi réservés aux hôtes. Terrasse couverte, barbecue, cour ombragée, élevage de chevaux américains sur place. Parc de loisirs « le Pal » 5 km. Cinéma 9 km. Aérodrome Moulins-Montbeugny 12 km. Parcours de santé sur place. Gare 9 km. Commerces 2 km. Ouvert toute l'année.

Prix : 1 pers. **180 F** 2 pers. **220 F** 3 pers. **280 F** repas **75 F**

1	9	2	15	12	SP	15	9	35

GUILLITTE Gisele et Bernard – Domaine des Domes – 03230 Thiel-sur-Acolin – Tél. : 70.42.54.28 – Fax : 70.42.54.28

Tronget La Roche   *C.M. n° 69 — Pli n° 13*

♥♥♥ NN
(TH)

Alt. : 400 m — Au 1er étage d'une ferme bourbonnaise entourée de prairies et de bois, 2 chambres d'hôtes : 1 chambre (1 lit 2 pers. 1 lit d'enfant), salle d'eau/wc. 1 chambre (1 lit 2 pers. 1 lit 1 pers.), salle d'eau/wc. Salle à manger commune avec les propriétaires. Possibilité de lave-linge. Espace vert avec pelouse, salon de jardin, parking. Poss. participer à la vie à la ferme. Repas à base de produits fermiers. Pour les séjours, possibilité de promenade en voiture à cheval. Souvigny 18 km, Montmarault 16 km. Moulins 30 km. Gare 30 km. Commerces 4 km. Ouvert toute l'année. Anglais et allemand parlés.

Prix : 1 pers. **170 F** 2 pers. **220 F** 3 pers. **290 F** repas **70 F**

4	20	4	20	2	20	SP	40	20	20

BAES Olivier et Michele – La Roche – 03240 Tronget – Tél. : 70.47.16.43

Valigny Les Colombieres

♥♥ NN · TH

Alt. : 330 m — Dans une fermette rénovée, près de la forêt de Tronçais, 2 chambres composées de 2 pièces indépendantes (1 lits 2 pers. 1 lits 1 pers. chacune). Salle de bains/wc et salle d'eau/wc. Jardin d'agrément. Terrasse. Elevage de canards : vente de produits (foie gras, confits). Ferme auberge sur place avec menu sur réservation 48 h à l'avance : 135/190 F. Lurcy-Levis 10 km. Saint-Amand-Montrond à 20 minutes. Gare 20 km. Commerces 10 km. Ouvert du 1er mai au 30 septembre. Anglais et espagnol parlés.

Prix : 1 pers. **160 F** 2 pers. **195/220 F** 3 pers. **310/330 F** repas **110 F**

3	3	3	3	SP	10	SP	30	25

LOZANO Jocelyne et Antoine – Les Colombieres – 03360 Valigny – Tél. : 70.66.61.10

Verneix Chateau-de-Fragne

♥♥♥ NN · TH

Alt. : 360 m — A l'étage d'un château de famille du XVIIIe siècle : 3 chambres avec chacune (1 lit 2 pers.), salle de bains/wc, 1 chambre composée de 2 pièces (1 lit 2 pers. 1 lit 1 pers.), salle de bains/wc, 1 chambre (1 lit 1 pers.), salle de bains/wc. Séjour, salon (mobilier d'époque). Grande terrasse, grand parc ombragé. Animaux acceptés sous réserve. Gare 13 km. Commerces 15 km. Ouvert du 1er mai au 1er octobre.

Prix : 1 pers. **460 F** 2 pers. **680 F** 3 pers. **720 F** repas **300 F**

SP	15	15	SP	SP

DE MONTAIGNAC LEROY Martine – Chateau de la Fragne – 03190 Verneix – Tél. : 70.07.80.87 ou 70.07.88.10 – Fax : 70.07.83.73

Verneuil-en-Bourbonnais Demeure-de-Chaumejean

♥♥♥ NN

Alt. : 290 m — A l'étage d'une demeure de caractère fin XIXe siècle à 700 m du village : 2 ch. (2 lits 1 pers. chacune). 2 ch. (3 lits 1 pers. chacune). 1 ch. (1 lit 2 pers.). Chaque chambre est équipée de salle d'eau/wc. Salle de séjour/salon, bibliothèque. Parc ombragé. Atelier céramique et exposition. Séjours à thèmes : calendrier sur demande. Restaurant à 700 m. Maison non fumeur. Petit déjeuner bio, pension complète pour séjours à thèmes de 5 jours : 1300 F. Tél. service téléséjour. Gare 28 km. Commerces 5 km. Ouvert toute l'année. Anglais parlé.

Prix : 1 pers. **190 F** 2 pers. **260 F** 3 pers. **330 F** pers. sup. **60 F**

5	5	5	5	20	SP	25	35

SARRAZIN Catherine – Demeure de Chaumejean – 03500 Verneuil-en-Bourbonnais – Tél. : 70.45.53.92

Verneuil-en-Bourbonnais Le Cloitre

♥♥♥♥ NN

Alt. : 290 m — A l'étage d'une maison de caractère du XVe siècle, au cœur du village : chambre Louis XIII (1 lit 2 pers.), s. d'eau/wc. Chambre Louis XVI (1 lit 2 pers.), s.d.b./wc. Dans la maison fermant le jardin, 1 chambre avec salon (1 lit 2 pers. 2 lits 1 pers.), s.d.b./wc, s. d'eau/wc. Salle à manger d'hôtes, salon, bibliothèque, terrasse à disposition des hôtes. Jardin intérieur. Poss. téléphone, TV, prêt de bicyclettes. Table d'hôtes sur réservation. Animaux acceptés sous réserve. Gare 28 km. Commerces 5 km. Ouvert du 15 mars au 15 novembre. Hors saison sur réservation. Anglais et espagnol parlés.

Prix : 1 pers. **320 F** 2 pers. **400 F** 3 pers. **460/580 F**

5	5	5	5	20	SP	25	35

SOUVILLE Pierre – Le Cloitre - Place de la Fontaine – 03500 Verneuil-en-Bourbonnais – Tél. : 70.45.47.58 – Fax : 70.45.64.41

Vicq Manoir-de-la-Mothe

♥♥♥ NN · TH

Alt. : 326 m — A l'étage d'un manoir du XVe siècle, 1 ch. (1 lit 2 pers. 2 lits 1 pers. 1 lit bébé), 2 ch. (2 lits 1 pers. chacune), 1 ch. (1 lit 2 pers. 3 lits 1 pers.), 1 ch. (1 lit 2 pers. 1 lit 1 pers.). Salle d'eau ou salle de bains/wc privatives à chaque chambre. Salon, salle à manger, bibliothèque en commun. Sauna avec suppl. Piscine, promenade sur les douves. Barque à rames, espace vert. Vallée de la Sioule et des Gorges de Chouvigny. Animaux acceptés sous réserve. Canoë-kayak, loc. VTT à 3 km. Prêt de vélos. Réductions pour enf. et séjours au-delà de 5 nuits. Gare et commerces 3 km. Ouvert de mars à octobre. Néerlandais et allemand parlés.

Prix : 1 pers. **275/515 F** 2 pers. **360/600 F** 3 pers. **444/654 F** repas **125 F**

SP	SP	3	SP	5	3	SP	30	3	30

VAN MERRIS Michel et Lu – Manoir de la Mothe – 03450 Vicq – Tél. : 70.58.51.90 – Fax : 70.58.52.02

Villefranche-d'Allier

♥♥ NN · TH

Alt. : 280 m — Dans un bourg de campagne, au 1er étage d'une maison bourbonnaise du XIXe siècle, les propriétaires tiennent un petit bar. 1 chambre composée de 2 pièces indépendants : (1 lit 2 pers.), salle de bains/wc, (1 lit 2 pers.), lavabo, wc. Salle à manger commune. Cour et jardin d'agrément. Commerces sur place. Ouvert toute l'année.

Prix : 1 pers. **170 F** 2 pers. **220 F** 3 pers. **270 F** repas **65 F**

15	9	SP	15	SP	15	20

SIWIEC Dominique – 23 avenue Louis Pasteur – 03430 Villefranche-d'Allier – Tél. : 70.07.46.62 – Fax : 70.07.46.62

Ygrande Les Ferrons

♥♥♥

Alt. : 400 m — Au 1er étage d'une grande maison du XIXe siècle dans un parc, 3 ch. d'hôtes : 1 ch. composée de 2 pièces (2 lits 2 pers. 1 lit 1 pers.) 1 ch. (1 lit 2 pers.), 1 ch. (1 lit 2 pers. 1 lit 1 pers.) salle d'eau/wc privés pour chaque chambre. Dans un bâtiment annexe, 1 ch. (1 lit 2 pers.), salle d'eau, wc. Poss. cuisine. Séjour, TV, bibliothèque réservés aux hôtes. Lave-linge, lit bébé. Piscine pour enfants. Plan d'eau de Vieure 4 km. Gare 32 km. Commerces 2,5 km. Ouvert toute l'année.

Prix : 1 pers. **170 F** 2 pers. **220/230 F** 3 pers. **280 F**

4	10	2,5	4	4	5	SP	10

VREL Agnes et Henri – Les Ferrons – 03160 Ygrande – Tél. : 70.66.31.67 ou 70.66.30.72

Asprieres Le Mas-de-Clamouze   *C.M. n° 79 — Pli n° 10*

❦❦❦
(TH)

Alt. : 420 m — 1 suite 4 pers., salle d'eau et wc privés aménagée au rez-de-chaussée de la maison du propriétaire. Dans bâtiment indépendant, face à la piscine, 2 chambres 2 pers., douche, wc privés. 2 suites (2 pers. et 1 convertible), douches et wc privés. Sous auvent couvert, séjour réservé aux hôtes. Poss. cuisine, frigo. Barbecue, piscine privée. Attelage, VTT, ping-pong sur place. Chiens admis. Juillet/août : séjour à la semaine uniquement. Commerces 8 km. Ouvert de mai à septembre. Prix 1/2 pension pour 1 pers. en chambre double.

Prix : 1 pers. **210 F** 2 pers. **290 F** 3 pers. **410 F** repas **90 F**
1/2 pens. **235 F**

🎿	🚶	🏇	🏊	⛵	♨♨♨	🚣
SP	3	1	SP	3	3	3

MAUREL Serge et Christiane – Le Mas de Clamouze – 12700 Asprieres – Tél. : 65.63.89.89

Aubin La Treille   *C.M. n° 80 — Pli n° 1*

❦❦ NN
(TH)

Alt. : 400 m — 2 chambres d'hôtes situées dans les bois. 2 ch. (1 lit 2 pers. 1 lit 1 pers.) avec lavabo et douche privés, wc communs aux 2 chambres. Salle de séjour. Piscine privée sur place. Station thermale à Cransac 6 km. Commerces 5 km. Ouvert d'avril à novembre.

Prix : 1 pers. **155 F** 2 pers. **195 F** 3 pers. **225 F**
pers. sup. **40 F** repas **65 F**

🎿	🚶	🏇	🏊	♨♨♨	🚣
5	SP	6	SP	5	15

GINESTE Didier – La Treille – 12110 Aubin – Tél. : 65.63.24.85

Auzits La Serre   *C.M. n° 80 — Pli n° 1*

❦ NN
(TH)

1 chambre d'hôtes de plain-pied, dans une grange aménagée. 1 chambre (1 lit 2 pers. + 2 lits 1 pers.) avec salle d'eau, wc privés et coin-salon (réfrigérateur). Chauffage électrique. Pré, poneys. Produits fermiers. Table d'hôtes sur réservation. Commerces 3 km. Ouvert toute l'année. 280 F/4 pers.

Prix : 1 pers. **150 F** 2 pers. **180 F** 3 pers. **230 F**
pers. sup. **50 F** repas **75 F**

🎿	🚶	🏇	🏊	♨	🚣
3	3	1	6	3	3

PINQUIE Jean-Paul et Annie – La Serre - Cote d'Hymes N140 – 12390 Auzits – Tél. : 65.63.43.13

Auzits Lestrunie   *C.M. n° 80 — Pli n° 1*

❦❦ NN
(TH)

Alt. : 450 m — 1 chambre d'hôtes (1 lit 2 pers. 1 lit 100) de plain-pied, dans un bâtiment annexe avec salle d'eau et wc privés, coin-salon. Salle à manger. Gare 6 km. Commerces 5 km. Ouvert toute l'année. Centre de thermalisme (rhumatisme) à Cransac 6 km. Maison de ferme avec un pigeonnier, accrochée au coteau surplombant une petite vallée boisée. C'est ce paysage que vous admirerez de la fenêtre de votre chambre. J.Marie a tracé pour vous un plan des environs. Quant aux gourmands, ils pourront déguster les délicieuses confitures d'Anne-Marie.

Prix : 1 pers. **150 F** 2 pers. **180 F** 3 pers. **210 F** repas **60 F**

🐕 | 🎿 | 🚶 | 🏇 | ♨ |
|----|----|----|----|
| 5 | 15 | 10 | 5 |

DELCAMP J.Marie et A.Marie – Lestrunie – 12390 Auzits – Tél. : 65.63.11.40

Balaguier-d'Olt   *C.M. n° 79 — Pli n° 10*

❦❦❦ NN
(TH)

Alt. : 170 m — 2 chambres d'hôtes dans une belle demeure typique du village, au 1ᵉʳ étage de la maison du propriétaire. 1 suite avec salle d'eau/wc privés. 1 chambre 2 pers. avec salle d'eau/wc privés. Salle à manger et séjour avec cheminée communs. Terrasse, salon de jardin. Ouvert toute l'année. Gare 16 km. Commerces 5 km. Table d'hôtes sur réservation. Animaux admis. Anglais parlé. Dans ce cadre champêtre et boisé, d'agréables promenades mènent à la découverte de la vallée du Lot, rivière propice aux activités comme le canoë, la baignade et la pêche. Téléphoner avant 8 h et après 18 h.

Prix : 1 pers. **200 F** 2 pers. **240 F** 3 pers. **280 F**
pers. sup. **40 F** repas **80 F**

🎿	🚶	🏇	🏊	⛵	♨♨♨	🚣
2	SP	14	15	2	2	2

LE FUR Maud – Place de la Mairie – 12260 Balaguier-d'Olt – Tél. : 65.64.62.31

La Bastide-l'Eveque Le Pontet   *C.M. n° 79 — Pli n° 20*

❦ NN
(TH)

3 chambres d'hôtes aménagées dans une maison située en pleine campagne. 1 ch. 4 pers., salle d'eau et wc privés. 1 ch. 2 pers. et 1 ch. 3 pers. avec salles d'eau privées et wc communs. Chauffage central. Salle à manger avec TV à disposition. Cour, pelouse ombragée. Camping en ferme d'accueil. Rivière 6 km. Lac sur l'exploitation (pêche). Animaux admis. Commerces 8 km. Ouvert toute l'année. Réduction 5 % après la 4ᵉ nuitée.

Prix : 1 pers. **100 F** 2 pers. **150 F** pers. sup. **40 F** repas **55 F**

🎿	🚶	🏊	♨
2	SP	7	SP

BESSOU Raymond – Le Pontet – 12200 La Bastide-l'Eveque – Tél. : 65.29.92.34 ou 65.29.95.60

Bournazel   *C.M. n° 80 — Pli n° 1*

E.C. NN
(TH)

Alt. : 550 m — 2 chambres d'hôtes aménagées dans la maison des propriétaires, au cœur du village typique de Bournazel. 2 ch. 3 pers. en duplex (1 lit 2 pers. et 1 convertible dans chaque chambre), salles d'eau/wc privés. Cuisine commune. Salon de jardin, piscine, pêche, VTT, pétanque, ping-pong sur place. Gare et commerces 7 km. Ouvert toute l'année. Anglais parlé. Isabelle et Alain mettent à votre disposition un cheval pour découvrir les chemins des forêts communales de Bournazel. Cures thermales réputées 7 km. Ferme-auberge à proximité.

Prix : 1 pers. **170 F** 2 pers. **200 F** 3 pers. **230 F**
pers. sup. **30 F** repas **60 F**

🎿	🚶	🏇	🏊	♨♨♨
SP	SP	SP	SP	60	60

GRANIER Alain et Isabelle – 12390 Bournazel – Tél. : 65.64.45.21

Bournazel
C.M. n° 80 — Pli n° 1

NN **TH**

Alt. : 500 m — 4 chambres d'hôtes, dans un village. 3 ch. 2 pers. avec salle d'eau et wc privés. 1 ch. 4 pers. (suite) avec salle d'eau et wc privés. Lit d'appoint possible. Cour et pelouse close. Piscine privée. Centre de thermalisme à Cransac 7 km. Gare et commerces à 3 km. Ferme-auberge sur place. Ouvert toute l'année. 4 chambres d'hôtes aménagées dans les mansardes d'une grande maison de pierre, où vous convient Nicole et Claude. Un château de la Renaissance domine le petit village de Bournazel. Dans le verger, de l'autre côté de la rue un coin de fraîcheur : la piscine et le petit étang.

Prix : 1 pers. **170 F** 2 pers. **200 F** 3 pers. **230 F** repas **60 F**

SP	SP	3	SP	7

NICOULAU Claude et Nicole – 12390 Bournazel – Tél. : 65.64.52.86

Calmont Le Puech-Saint-Amans
C.M. n° 80 — Pli n° 2

NN

Alt. : 650 m — 1 ch. d'hôtes chez l'habitant, au 1er étage. 1 ch. familiale 2/3 pers., salle d'eau et wc privés non communicants. Séjour commun (TV). Pelouse ombragée, salon de jardin, barbecue. Gare et commerces 3 km. Ouvert du 15 avril au 31 octobre. Une ferme aux portes de Rodez, proche du Levezou, et de ses grands lacs artificiels.

Prix : 1 pers. **150 F** 2 pers. **200 F** pers. sup. **50 F**

13	10	10	15	15

TERRAL Fernande – Le Puech Saint-Amans – 12450 Calmont – Tél. : 65.69.45.21

Camboulazet Sabin
C.M. n° 80 — Pli n° 2

NN

Alt. : 560 m — 2 chambres d'hôtes aménagées dans la maison du propriétaire avec accès indépendant et situées à la ferme. 2 ch. 3 pers. avec salle d'eau, wc et TV privés. Cour commune close. Ouvert de Pâques à la Toussaint. Gare 9 km. Anglais parlé. A partir de la 3e nuit : 180 F/2 pers., 230 F/3 pers. Bernard et Martine vous proposent un petit séjour à la ferme, dans leur campagne aveyronnaise. Tout proche, le Viaur pour les amateurs de pêche ou pourquoi pas de siestes au bord de l'eau. En parcourant le pays aux 100 vallées, vous visiterez entre autre le château du Bosc (Toulouse Lautrec).

Prix : 2 pers. **200 F** 3 pers. **250 F**

4	1	10	10

BLUY Bernard et Martine – Sabin – 12160 Camboulazet – Tél. : 65.72.28.25

Campouriez Banhars
C.M. n° 76 — Pli n° 12

NN

Alt. : 300 m — 2 ch. d'hôtes chez l'habitant, au 1er étage, avec accès indépendant. 2 ch. 2 pers., salle d'eau ou de bains/wc privés. Séjour et salon communs (TV, cheminée). Terrasse, jardin, salon de jardin. Gare 45 km. Commerces 3 km. Ouvert toute l'année. Anglais parlé. Banhars est un village « d'eau », proche du confluent de la vallée du Lot et des gorges de la Truyère, du barrage hydroélectrique de Couesque, du lac des Tours. Amateurs de grands espaces verdoyants : l'Aubrac et le Carladez sont tout proche, pêcheurs... vous êtes les bienvenus.

Prix : 1 pers. **170 F** 2 pers. **200 F** 3 pers. **250 F** pers. sup. **50 F**

SP	SP	20	SP	12	12	35	35	3

MADAMOURS Gilbert – Banhars – 12140 Campouriez – Tél. : 65.44.51.21

La Capelle-Balaguier Mas-de-Graves
C.M. n° 79 — Pli n° 10

NN

Alt. : 360 m — 2 chambres d'hôtes à l'étage. 1 chambre 2 pers., 1 chambre 3 pers. avec salle d'eau et wc communs. Cour close ombragée, espaces verts. Parking. Cuisine à disposition. Animaux admis. Commerces 14 km. Ouvert toute l'année.

Prix : 1 pers. **130 F** 2 pers. **160 F** 3 pers. **200 F**

SP	13	5	SP	13	13	15

COSTES Yves – Mas de Graves – 12260 La Capelle-Balaguier – Tél. : 65.81.66.73

La Capelle-Balaguier
C.M. n° 79 — Pli n° 10

NN **TH**

Alt. : 360 m — 5 ch. d'hôtes avec accès indépendant, 3 à l'étage de la maison du propriétaire, petit café et épicerie au r.d.c. et 2 dans un bâtiment attenant, au centre du petit village de la Capelle-Balaguier. 3 ch. 2 pers., salles d'eau/wc privés. 2 ch. 3 pers., salle d'eau/wc privés. Terrasse. Gare 26 km. Commerces 14 km. Ouvert toute l'année. De nombreuses possibilités de randonnées à pied ou en VTT sur le Causse jusqu'à la Vallée du Lot.

Prix : 1 pers. **160 F** 2 pers. **205 F** 3 pers. **250 F** repas **75 F**

SP	13	5	SP	14	10	14

CALMETTE Gerard – 12260 La Capelle-Balaguier – Tél. : 65.81.62.52

Castelnau-de-Mandailles La Moliere
C.M. n° 80 — Pli n° 3

NN **TH**

Alt. : 460 m — 6 chambre d'hôtes 2 pers. avec salle d'eau et wc privés, accès indépendant, kitchenette, TV. Petit espace herbeux non clos, salon de jardin. Ouvert toute l'année. Gare 40 km. Commerces 4 km. A partir de la 7e nuit : réduction 10 %. Prix 1/2 pension par personne en chambre double. Ces agréables chambres ont aménagées dans une grange et une petite bâtisse en pierre ouvrent sur un coin de verdure où il fera bon se détendre.

Prix : 1 pers. **160 F** 2 pers. **200 F** 3 pers. **240 F** repas **70 F**
1/2 pens. **230 F**

SP	SP	4	9	2	2	15	15	9

MORIN Bernard et Julienne – La Moliere – 12500 Castelnau-de-Mandailles – Tél. : 65.48.72.17

Castelnau-Pegayrols Le Sahut
C.M. n° 80 — Pli n° 13

♥♥ NN
(TH)

Alt. : 900 m — 3 ch. d'hôtes avec entrée indépendante. 2 ch. 2 pers., sanitaires privés et wc communs. 1 ch. 2 pers. de plain-pied, douche/wc privés (1 épi). Séjour avec cheminée et TV. Coin-cuisine à disposition. Ch. central. Cour non close, pelouse, portique, p-pong, salon de jardin, lac Collinaire (pêche) sur place. Ouvert toute l'année. Prix 1/2 pension par pers. en ch. double. Camping à la ferme sur place. Delta-plane 16 km. Animaux admis. Pas de table d'hôtes le dimanche soir en juillet et août. Restaurant 3 km. Commerces 15 km.

Prix : 1 pers. **130 F** 2 pers. **170 F** 3 pers. **220 F**
pers. sup. **50 F** repas **60 F** 1/2 pens. **145 F**

⛷	🎣	🚴	🏊	⛷	🛶
4	SP	15	21	30	12

SOULIE Guy – Le Sahut – 12620 Castelnau-Pegayrols – Tél. : 65.62.02.26

Compeyre Quiers
C.M. n° 80 — Pli n° 14

♥♥♥ NN
(TH)

Alt. : 630 m — 6 chambres d'hôtes de plain-pied et à l'étage, dans un bâtiment annexe. 5 ch. 2 pers., salles de bains ou d'eau et wc privés. 1 ch. 4/6 pers., salle d'eau et wc privés. Lits d'appoint possibles dans certaines chambres. Salon de jardin. Ouvert du 1er avril au 15 novembre. Commerces 12 km. Prix 1/2 pens. par pers. en chambre double. Taxe de séjour. Table d'hôtes uniquement sur réservation. Fermé le lundi.

Prix : 1 pers. **210 F** 2 pers. **260 F** 3 pers. **320 F**
pers. sup. **60 F** repas **75 F** 1/2 pens. **205 F**

⛷	🎣	🚴	🏊	⛷	🌊	🛶
5	5	15	12	40	40	5

LOMBARD-PRATMARTY Jean et Veronique – Quiers – 12520 Compeyre – Tél. : 65.59.85.10

Coupiac Lapaloup
C.M. n° 80 — Pli n° 12

♥♥♥ NN
(TH)

Alt. : 600 m — 4 ch. d'hôtes au 1er étage d'une ferme restaurée, sur un domaine de 60 ha. (élevage de chevaux). 3 ch. 2/3 pers., s. d'eau et wc privés. 1 ch. 2 pers., s.d.b. et wc privés. Salon avec cheminée, salle à manger communs. Piano, bibliothèque. Lave/sèche-linge. Terrasse couverte, salon de jardin. Accueil de chevaux possible. Réduc. pour séjours. Gare 50 km. Commerces 4 km. Ouvert du 1er juin au 30 août. Anglais, espagnol parlés. Tarif 1/2 pens. par pers. en chambre double. Joli site calme avec vue panoramique sur les prés et les forêts. Grâce aux sentiers balisés, vous pourrez découvrir à pied, à cheval ou en VTT, les châteaux et la gastronomie du sud Aveyron.

Prix : 1 pers. **170 F** 2 pers. **230 F** 3 pers. **280 F** repas **90 F**
1/2 pens. **205 F**

🐕

⛷	🎣	🚴	🏊	🌊	🛶
4	SP	SP	13	4	4	15

SIMONETTI Martine – Domaine de Lapaloup – 12550 Coupiac – Tél. : 65.99.71.49 – Fax : 65.99.70.03

Estaing Cervel
C.M. n° 80 — Pli n° 3

♥♥♥ NN
(TH)

Alt. : 450 m — 4 ch. d'hôtes de caractère, à l'étage d'une ferme ancienne, ouvrant sur une cour ombragée et fleurie avec terrasse, en vallée du Lot, au pied de l'Aubrac. 4 ch. 2 pers. (lits 160) avec salles d'eau et wc privés, TV, téléphone (Téléséjour), poss. lits suppl. Salon avec boiseries, cheminée, piano, bibliothèque, TV réservé aux hôtes. Réduct. 10 % à partir de la 3e nuit. Salon de jardin, VTT, abri voiture. Tarif 1/2 pension par personne en chambre double. Ouvert du 15 février au 15 novembre et du 26 décembre au 3 janvier. Gare 35 km. Commerces 5 km.

Prix : 1 pers. **200 F** 2 pers. **250 F** 3 pers. **320 F**
pers. sup. **70 F** repas **85 F** 1/2 pens. **195 F**

⛷	🎣	🚴	🏊	⛷	🌊	⛷	🛶
5	1,5	7	5	7	7	30	30	5

ALAZARD Andre et Madeleine – Cervel - Route de Vinnac – 12190 Estaing – Tél. : 65.44.09.89 – Fax : 65.44.09.89

Flavin Nouvel-Vayssac
C.M. n° 80 — Pli n° 2

♥♥♥ NN

Alt. : 600 m — 1 chambre d'hôtes aménagée au 1er étage de la maison du propriétaire, située à la ferme. 1 ch. 2 pers. avec salle d'eau, wc privés. Pelouse commune. Barbecue. Salon de jardin. Gare 15 km. Commerces 3 km. Ouvert toute l'année. A Nouvel Vayssac, les amateurs des plaisirs de l'eau, de la trempette à la planche à voile en passant par la pêche, trouveront leur bonheur. Les lacs du Levezou : la mer à la montagne (presque 1000 m d'altitude) sont tout proches.

Prix : 1 pers. **200 F** 2 pers. **200 F** 3 pers. **260 F**
pers. sup. **60 F**

🐕

⛷	🎣	🏊	⛷	🌊
3	10	15	10	10

VIDAL Henri et Veronique – Nouvel Vayssac – 12450 Flavin – Tél. : 65.71.98.07

Lacroix-Barrez Vilherols
C.M. n° 76 — Pli n° 12

♥♥♥ NN

Alt. : 850 m — 4 ch. d'hôtes : 1 ch. dans la maison du prop. 1 ch./suite 3 pers. avec s. d'eau et wc privés. Accès au salon avec TV et cheminée. 2 ch. 2 pers. dont 1 avec kitchenette et terrasse privée, dans un bâtiment annexe avec s. d'eau et wc privés. Jardin et prairie communs, salon de jardin, parking. Tél. Téléséjour dans les ch. Centre de remise en forme 6 km. Commerces 8 km. Accès pers. hand. De belles maisons de pierre et de lauzes, ch. agréablement décorées, et face à vous, un vaste panorama de la vallée... Un repas aveyronnais est offert aux hôtes séjournant minimum 6 nuits. Ouvert toute l'année. Anglais parlé. Restaurants 4 et 6 km.

Prix : 1 pers. **200/300 F** 2 pers. **250/350 F** 3 pers. **335/435 F**
pers. sup. **85 F**

🐕

⛷	🚴	🏊	⛷	🌊
4	10	6	16	16

LAURENS Jean et Catherine – Vilherols – 12600 Lacroix-Barrez – Tél. : 65.66.08.24 – Fax : 65.66.19.98

Montbazens Montfalgous
C.M. n° 80 — Pli n° 1

♥♥ NN
(TH)

5 chambres aménagées au 1er étage de la maison du propriétaire. 5 ch. 2 pers. avec salles d'eau et wc privés. Chauffage électrique. Salle de séjour à la disposition des hôtes. Jardin. Rivière 7 km. Commerces 2 km. Ouvert 1er mars au 30 septembre. Tarif 1/2 pension par personne en chambre double.

Prix : 1 pers. **160 F** 2 pers. **240 F** pers. sup. **100 F**
repas **70 F** 1/2 pens. **190 F** 1/2 pens. **260 F**

⛷	🎣	🚴	🏊	🌊
2	SP	8	2	10

CAVAIGNAC Solange – Montfalgous – 12220 Montbazens – Tél. : 65.80.62.26

Monteils Boulec

♥♥♥ NN   Alt. : 350 m — 2 ch. d'hôtes chez l'habitant. 1 ch. 2 pers. de plain-pied et d'accès indépendant, avec salle d'eau et wc privés. 1 ch. 2 pers. à l'étage avec salle d'eau et wc privés. Salon commun (cheminée, TV, bibliothèque). Terrasse, jardin, portique, salon de jardin. Poss. lits d'appoint et lit bébé. Gare 14 km. Commerces sur place. Ouvert toute l'année. Anglais parlé. Au départ des gorges de l'Aveyron, le mas d'Herlay est à mi-coteau. Un lieu fleuri, agréable ouvrant sur de nombreuses possibilités de visites entre Lot et Aveyron.

Prix : 1 pers. **220 F** 2 pers. **250 F** pers. sup. **50 F**

SP	SP			10	10	SP	

BLAINEAU Marie-Francoise – Le Mas d'Herlay - Boulec – 12200 Monteils – Tél. : 65.29.63.04

Montjaux Candas

♥ NN   3 chambres d'hôtes dans une maison neuve avec entrée indépendante, située dans un hameau. 3 ch. 2 pers. avec possibilité lit supplémentaire 1 pers. et lit bébé. Salle de bains et wc communs. Restaurant 4 km. Animaux admis. Base nautique à 7 km. Plage aménagée sur le Tarn à 300 m. Commerces 7 km. Ouvert du 1er juin au 30 septembre. Anglais parlé. Sites à visiter : abbaye de Sylvanés, Roquefort 20 km, Gorges du tarn 40 km.

Prix : 1 pers. **120 F** 2 pers. **170 F** 3 pers. **210 F** pers. sup. **40 F**

8	0,3	8	17	6	6	17

CAUMES Alain – Candas - Commune de Montjaux – 12490 Montjaux – Tél. : 65.62.52.25

Morlhon Le Verdier

♥♥ NN   Alt. : 560 m — 1 chambre d'hôtes 2 pers., dans une maison attenante à celle du propriétaire avec salle de bains, wc et séjour avec cheminée privés. Devant de porte herbeux non clos. Gare 10 km. Ouvert toute l'année. Animaux admis. Réduction pour séjour. Un petit hameau calme proche de Villefranche de Rouergue (bastide royale), des gorges de l'Aveyron et du village de Najac.

Prix : 1 pers. **170 F** 2 pers. **200 F** pers. sup. **60 F**

3	SP	12	10	3	3

PEZET Yvette – Le Verdier – 12200 Morlhon-le-Haut – Tél. : 65.29.93.88

Mur-de-Barrez Domaine-des-Hautes-Cimes

♥♥ NN   Alt. : 920 m — 5 chambres d'hôtes aménagées dans une maison de caractère couverte de lierre et située dans un hameau en pleine campagne. 1 ch. 2 pers., salle d'eau et wc privés. 2 ch. 2 pers., salles d'eau privées. 2 ch. 3 pers., salles d'eau privées. 2 wc communs. Salle de séjour avec cheminée, salon. Terrain, pré. Animaux admis sous réserve. Ouvert du 1er mai au 15 septembre. Garderie d'enfants au village. Restaurant 9 km.

Prix : 1 pers. **130 F** 2 pers. **170/190 F** 3 pers. **210 F**

SP	1	9	10	10

PRUNET Jean – Domaine des Hautes Cimes - La Salesse – 12600 Mur-de-Barrez – Tél. : 65.66.14.27

Najac La Prade Haute

E.C. NN   Alt. : 380 m — 1 ch. d'hôtes dans un bâtiment annexe, chambre familiale pour 4 pers. sur 2 niveaux, salle d'eau et wc privés. Séjour commun (TV, cheminée). Poss. lit bébé. Cour et jardin communs, salon de jardin, barbecue, vélo, ping-pong. Etang privé (pêche). Gare et commerces 4 km. Anglais parlé. Ouvert toute l'année. Bel et ancien corps de ferme avec sa cour intérieure, proche du site médiéval de Najac et des gorges de l'Aveyron.

Prix : 2 pers. **200 F** pers. sup. **60 F**

	4	4	1	4	15	15	4

DELERUE-SOURNAC Herve et Marie – La Prade Haute – 12270 Najac – Tél. : 65.29.72.67

Najac La Prade

♥ NN   Alt. : 400 m — 3 chambres d'hôtes aménagées dans une maison neuve à l'entrée de la ferme (2 ch. 1 épi NN, 1 ch. 2 épis NN). 1 ch. 3 pers. avec salle d'eau/wc privés, 2 ch. (2 et 3 pers.) avec salle d'eau et wc communs. Salle de séjour. Restaurant 3 km. Jeux d'enfants. Camping à la ferme à proximité, location d'un mobil-home et caravanes. Ouvert toute l'année. Commerces 3 km. Taxe de séjour comprise. Réduction pour séjour.

Prix : 2 pers. **150/175 F** 3 pers. **205/230 F** pers. sup. **55 F**

3	3	8	3	3

VERDIER Jean-Pierre et Maite – La Prade – 12270 Najac – Tél. : 65.29.71.51

Noailhac Montbijoux

E.C. NN   Alt. : 580 m — 2 ch. d'hôtes chez l'habitant, au 1er étage mansardé. 1 ch. 2 pers., salle d'eau/wc pirvés non communicants. 1 ch. 3 pers., salle d'eau/wc privés. Séjour commun (cheminée, TV). Cour et terrasse commune, salon de jardin, barbecue, garage. Gare 38 km. Commerces 5 km. Ouvert toute l'année. De Montbijoux, vous discernerez, sur fond d'un vaste horizon, la cathédrale de Rodez... fort éloignée pourtant. Plus proche, Conques, son abbatiale et le GR65. Le chemin Saint-Jacques-de-Compostelle.

Prix : 1 pers. **150 F** 2 pers. **180 F** 3 pers. **230 F** pers. sup. **50 F**

5	5	6	5	17

FALIP Michel – Montbijoux – 12320 Noailhac – Tél. : 65.69.85.01

Onet-le-Chateau Domaine-de-Vialatelle

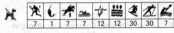

C.M. n° 80 — Pli n° 2

✿✿✿ NN
(TH)

6 ch. de caractère au cœur d'un hameau familial du XVIIIe, entièrement restauré, sur un domaine de 10 ha. propice aux promenades, avec une belle vue sur Rodez et sa cathédrale. 3 ch. 2 pers., s. d'eau et wc privés. 2 ch. 3 pers., s. d'eau et wc privés. 1 ch. 4 pers., s. d'eau et wc privés. Tél. dans chaque ch. Salon et salle à manger avec cheminée réservés aux hôtes. Poss. séminaires. Garage. Equitation, VTT. Autour du cadre privilégié du Domaine de Vialatelle, nombreuses activités culturelles, sportives, artistiques ainsi que la découverte des sites naturels. Réduction pour séjour. Animaux admis : 25 F (chien). Gare et commerces à 4 km.

Prix : 1 pers. 225/375 F 2 pers. 250/400 F 3 pers. 350/450 F
pers. sup. 50 F repas 90 F

2	SP	SP	2	40	40	60	60

DAVID Patrick et Anne – Domaine de Vialatelle - La Vialatelle – 12850 Onet-le-Chateau – Fax : 65.42.76.56.

Pomayrols

C.M. n° 80 — Pli n° 4

E.C. NN

Alt. : 550 m — 1 ch. d'hôtes chez l'habitant, en mansarde avec accès indépendant. 1 ch. 2/3 pers., salle d'eau et wc privés + kitchenette. Séjour commun. Terrasse, salon de jardin. Gare 26 km. Commerces 7 km. Ouvert de mi-avril à mi-novembre (aux dates des vacances scolaires). 2e numéro de téléphone durant les vacances scolaires. Pomayrols, petit village proche de Saint-Geniez-d'Olt, domine la vallée du Lot. Au nord, l'Aubrac : espace, air pur et quiétude garantis.

Prix : 1 pers. 130 F 2 pers. 160 F 3 pers. 190 F

7	1	7	7	12	12	30	30	7

ROUCH Pierrette – 5 rue Petit – 91260 Juvisy-sur-Orge – Tél. : 1.69.21.32.56 ou 65.47.44.00

Pont-de-Salars Puech-Teste

C.M. n° 80 — Pli n° 3

✿✿ NN

Alt. : 750 m — 2 chambres d'hôtes aménagées dans une ferme située dans un hameau. 1 ch. 3 pers. et 1 ch. 2 pers. au rez-de-chaussée avec salles d'eau et wc privés. Garage. Jardin. Terrain. Parking. Lac (plage, baignade, voile) 6 km. Animaux admis. Commerces 6 km. Ouvert d'avril à fin octobre. Taxe de séjour.

Prix : 1 pers. 150 F 2 pers. 180 F 3 pers. 230 F

6	2	8	6	6

ALBOUY Bernard – Puech-Teste – 12290 Pont-de-Salars – Tél. : 65.71.98.81

Pont-de-Salars La Coste

C.M. n° 80 — Pli n° 3

✿✿✿ NN

Alt. : 690 m — 3 ch. d'hôtes aménagées dans la maison du propriétaire, dans le village, face à la gendarmerie. Au r.d.c., entrée indépendante. 1 ch. 2 pers. + lit d'appoint avec salle d'eau et wc privés. 2 ch. 2 pers. avec salle d'eau et wc privés. TV (réception par satellite) dans chaque chambre. Séjour et réfrigérateur à disposition. Jardin, rivière, voile sur place. Restaurant 500 m. Animaux admis sous réserve. Commerces sur place. Ouvert toute l'année.

Prix : 1 pers. 200 F 2 pers. 220/240 F 3 pers. 320/340 F
pers. sup. 100 F

SP	SP	10	3	SP	SP

BEDOS Michel et Mireille – La Coste – 12290 Pont-de-Salars – Tél. : 65.46.84.14

Pousthomy La Riviere

C.M. n° 80 — Pli n° 12

✿ NN

4 chambres d'hôtes situées en pleine campagne. 4 ch. 2 pers. avec 2 salles d'eau et wc communs, lit d'appoint possible. Véranda, terrain non clos à la disposition des hôtes. Possibilité cuisine. Promenades pédestres. Ruisseau, piscine privée sur place. Animaux admis. Table de ping-pong. Ouvert juillet et août. Réduction 10 % pour famille nombreuse en séjour.

Prix : 1 pers. 110 F 2 pers. 190 F 3 pers. 260 F

7	SP	9	SP	40	40

JACOBY Gunter – La Riviere – 12380 Pousthomy – Tél. : 65.99.63.18

Rignac (Aveyron) La Garrissonie

C.M. n° 80 — Pli n° 1

✿✿✿ NN

Alt. : 515 m — 3 ch. d'hôtes aménagées dans une maison de caractère avec mezzanine, poutres apparentes et terrasse couverte fleurie. 2 ch. 2 pers. avec salle d'eau et wc privés. 1 ch. 3 pers. avec salle de bains et wc privés non attenants. Jardin ombragé avec salon de jardin, possibilité barbecue et pique-nique. 2 chevaux à disposition des clients. Animaux admis. Commerces 5 km. Restaurants 4 km. Ouvert toute l'année. 1 ch. 2 épis NN et 2 ch. 3 épis NN.

Prix : 1 pers. 170 F 2 pers. 200 F 3 pers. 250 F
pers. sup. 50 F

5	5	15	5

PRADEL Andre et Monique – La Garrissonie – 12390 Rignac-(Aveyron) – Tél. : 65.64.53.25

Riviere-sur-Tarn Les Salles

C.M. n° 80 — Pli n° 4

✿✿✿ NN
(TH)

Alt. : 380 m — 4 ch. 2 pers., 1 ch. 3 pers. avec s. d'eau et wc privés. Aire de jeux, ping-pong, terrasse, barbecue, parking, portique, pétanque. Piscine privée. Animaux admis. Réduct. 10 % à partir de 3 jours sauf en juillet et août. Pas de table d'hôtes le dimanche. Ouvert toute l'année. Plage à 1 km (base de loisirs) sur le Tarn. Commerces sur place.

Prix : 1 pers. 180 F 2 pers. 230 F 3 pers. 280 F
pers. sup. 50 F repas 75 F

1	SP	SP	SP	SP

MELJAC Jean et Jeanine – Les Salles – 12640 Riviere-sur-Tarn – Tél. : 65.59.85.78

Aveyron

Riviere-sur-Tarn

☙☙☙ NN
(TH)

Alt. : 380 m — 5 ch. d'hôtes dans la maison du propriétaire, avec accès indépendant. 3 ch. 2 pers. à l'étage avec salles d'eau/wc privés, 2 ch. 2 et 3 pers. (en cours de classement), de plain-pied avec salles d'eau/wc privés. Séjour commun. Terrasse, pelouse close par des haies, salon de jardin, barbecue, parking. Gare 12 km. Commerces sur place. Ouvert toute l'année. L'Arcade, grande maison avec son verger se trouve sur la route des gorges du Tarn. Un environnement idéal pour des vacances actives et sportives. Anglais et espagnol parlés.

Prix : 1 pers. **170 F** 2 pers. **200 F** 3 pers. **240 F**
pers. sup. **40 F** repas **80 F**

SP	SP	3	12	SP

FABRE Francis – L'Arcade - rue Beausoleil – 12640 Riviere-sur-Tarn – Tél. : 65.59.85.88

Rodelle Domaine-de-la-Goudalie

☙☙☙ NN

Alt. : 500 m — 4 ch. aménagées au 1er étage du pavillon central d'une grande maison de maître qui comporte également 6 gîtes. 2 ch. 2 pers. 1 ch. 3 pers. 1 ch. 3 pers. (suite). Chaque chambre dispose d'une salle d'eau et wc privés. R.d.c. : grande salle avec cheminée, salon. Terrain herbeux clos de 8000 m². Gare 18 km. Commerces 12 km. Ouvert d'avril à octobre. Vous apprécierez cette grande maison de maître du XIXe siècle et ses dépendances. Pour l'agrément de tous : la piscine. Rodez 18 km.

Prix : 1 pers. **230 F** 2 pers. **270 F** 3 pers. **330 F**

12	2	4	SP	40	40

**MOUYSSET Jean-Paul et Monique – Domaine de la Goudalie – 12340 Rodelle – Tél. : 65.46.90.00 –
Fax : 65.43.06.66.**

Saint-Andre-de-Najac L'Homp

☙☙ NN
(TH)

Alt. : 300 m — 1 chambre d'hôtes 2 pers. dans la maison du propriétaire. Salle de bains, douche et wc privés non communicants à la chambre. Poss. lits supplémentaires. Séjour-salon communs, cheminée, TV. Cour et grand jardin fleuri. Petit étang, terrasse, salon de jardin. Gare 27 km. Commerces 4 km. Ouvert de Pâques à la Toussaint. Anglais et néerlandais parlés. Cette ancienne ferme, en pleine campagne, s'ouvre sur le large panorama de la vallée du Viaur : calme et quiétude garantis. Mme Dethier vous recevra dans sa maison fleurie, au charme très personnalisé. 1 semaine pour 2 pers. en 1/2 pension : 2750 F.

Prix : 1 pers. **175 F** 2 pers. **245 F** 3 pers. **300 F**
pers. sup. **70 F** repas **95 F**

2	2	4	6	6

DETHIER Michele – Lormaleau - L'Homp – 12270 Saint-Andre-de-Najac – Tél. : 65.65.70.46

Saint-Come Boraldette

☙ NN

Alt. : 350 m — 2 chambres d'hôtes dans la maison du propriétaire. 2 chambres 2 pers. avec salle d'eau et wc communs. Accès au séjour. Cour non close commune, barbecue, salon de jardin. Maison proche de la route Saint-Côme/Espalion. Gare 30 km. Commerces 2 km. Pour réserver, téléphoner aux heures des repas. D'agréables chambres, situées dans la vallée du Lot, non loin d'Estaing, Conques et du haut plateau de l'Aubrac.

Prix : 2 pers. **140/160 F** pers. sup. **40 F**

2	SP	1	2	30	30	2

BURGUIERE Henri et Solange – Boraldette - Route d'Espalion – 12500 Saint-Come – Tél. : 65.44.10.61

Saint-Geniez-d'Olt

☙ NN
(TH)

Alt. : 420 m — 1 chambre d'hôtes dans une maison annexe, dans le bourg. 1 ch. 2/3 pers., salle d'eau privée. Salon/coin-cuisine privé (TV, bibliothèque). Accès indépendant. Patio fleuri, salon de jardin. Gare 15 km. Commerces sur place. Ouvert du 1er mai au 30 septembre. Anglais parlé. Grande maison du XVIIIe, au cœur du bourg de St-Geniez-d'Olt. Hélène Vedrine, antiquaire/décoratrice l'a aménagée avec goût : meubles anciens, tentures... Connaissant fort bien sa région et goûtant tout ce qui touche l'architecture, elle sera un précieux conseil pour découvrir la vallée du Lot.

Prix : 1 pers. **130 F** 2 pers. **160 F** 3 pers. **190 F** repas **65 F**

SP	SP	3	SP

VEDRINE Helene – 4, Place de la Halle – 12130 Saint-Geniez-d'Olt – Tél. : 65.47.49.30

Saint-Georges-de-Luzencon Saint-Geniez-de-Bertrand

☙☙ NN
(TH)

Alt. : 420 m — 1 ch. d'hôtes au 1er étage de la maison du propriétaire. 1 ch. 3 pers. avec salle d'eau/wc privés non attenants. Séjour commun (TV, cheminée). Pelouse, salon de jardin, ping-pong. Gare 15 km. Commerces 5 km. Ouvert toute l'année. Découvrez le site classé de Saint-Geniez-de-Bertrand, entre la vallée du Tarn et le plateau du Larzac.

Prix : 1 pers. **140 F** 2 pers. **180 F** 3 pers. **230 F**
pers. sup. **50 F** repas **60 F**

5	SP	15	30	30	15

FABRE Michel et Colette – Saint-Geniez-de-Bertrand – 12660 Saint-Georges-de-Luzencon – Tél. : 65.62.38.85

Saint-Georges-de-Luzencon

☙☙ NN
(TH)

6 ch. aménagées dans un ancien bâtiment de ferme. 3 ch. 2 pers. avec salles de bains et wc privés. 2 ch. 3 pers. avec salles d'eau privées et 2 wc communs. 1 ch. 3 pers. avec salle d'eau/wc privés. Jardin avec mobilier, parking. Delta-plane 5 km. Ferme-auberge sur place. GR763 à proximité. Animaux admis. Prix 1/2 pension sur la base de 2 pers. Vin non compris. Ouvert d'avril à mi-novembre. Commerces 7 km.

Prix : 1 pers. **175 F** 2 pers. **200/240 F** 3 pers. **255 F**
repas **75 F** 1/2 pens. **350/390 F**

2	1	14	7	5

GOUTTENOIRE Michel et Francoise – Segonac – 12660 Saint-Georges-de-Luzencon – Tél. : 05.82.38.40

Saint-Leons Chateau-de-Saint-Leons
C.M. nº 80 — Pli nº 4

¥¥¥ NN
(TH)

Alt. : 750 m — 3 ch. d'hôtes dans un château du XVᵉ siècle entièrement rénové. 2 ch. 2/3 pers. avec bains ou douche/wc privés au 2ᵉ étage. 1 ch. 3/4 pers. avec bains/wc privés et kitchenette au 3ᵉ étage. Salon, salle à manger avec cheminée à disposition. Exposition de peinture dans le château. Parc et jardins en terrasses, portique. 1 ch. est en cours de classement. 10 % de réduct. à partir de la 8ᵉ nuit. Prix 1/2 pension par pers. en ch. double. Repas pour enfant - de 12 ans : 70 F. Animaux admis sous réserve. Table d'hôtes sur réservation. Taxe de séjour. Commerces 8 km. Ouvert toute l'année. Anglais et allemand parlés. Musée Henri Fabre à proximité immédiate.

Prix : 1 pers. **300 F** 2 pers. **400 F** 3 pers. **500 F** repas **140 F**
1/2 pens. **340 F**

🎿	⛵	🎣	🏊	⛷	🚴
8	SP	4	18	30	18

CHODKIEWICZ Marc et Odile – Chateau de Saint-Leons – 12780 Saint-Leons – Tél. : 65.61.84.85 – Fax: 65.61.82.30

Saint-Remy Mas-de-Jouas
C.M. nº 79 — Pli nº 10

¥¥¥ NN

Alt. : 320 m — 6 chambres d'hôtes aménagées dans une ancienne grange proche de la maison du propriétaire. 5 chambres 2 pers., salles de bains, wc privés. 1 chambre 3 pers., salle de bains, wc privés. TV dans chaque chambre. Séjour, cuisine à disposition au r.d.c. Téléphone Téléséjour. Grand terrain non clos. Salons de jardin, petit étang, tennis à 1 km (accès gratuit). Piscine privée. Gare et commerces à 7 km. Ouvert de mai à fin septembre. Anglais parlé.

Prix : 1 pers. **280 F** 2 pers. **360 F** 3 pers. **440 F**
pers. sup. **80 F**

🎿	⛵	🎣	🏊	⛷
SP	SP	7	SP	20

SALVAGE Pierre et Isabelle – Mas de Jouas – 12200 Saint-Remy – Tél. : 65.81.64.72 – Fax : 65.81.50.70

Saint-Santin Le Mas-Del-Bosc
C.M. nº 76 — Pli nº 11

¥¥¥ NN

Alt. : 300 m — 2 chambres d'hôtes, dans une maison proche de celle du propriétaire, à la ferme. 2 ch. 2 pers. à l'étage. Salle d'eau et wc privés. Salon avec cheminée et TV. Salle à manger. Parc avec salon de jardin. Barbecue. Hébergement d'un cheval possible (box). Commerces 11 km. Ouvert toute l'année.

Prix : 1 pers. **180 F** 2 pers. **220 F**

🎿	⛵	🎣	🏊
3	5	15	11

LACOMBE Maurice – Le Mas Del Bosc – 12300 Saint-Santin – Tél. : 65.64.06.82 ou 65.64.08.36

Sainte-Croix Les Allemands
C.M. nº 79 — Pli nº 9/10

E.C. NN
(TH)

Alt. : 480 m — 2 ch. d'hôtes chez l'habitant, aux 1ᵉʳ et 2ᵉ étages. 2 ch. 3 et 4 pers. avec salles d'eau/wc privés. Séjour commun (cheminée, TV). Parc de 2500 m², salon de jardin, ping-pong. Réduction pour séjour. Gare 25 km. Commerces 5 km. Ouvert toute l'année. Anglais parlé. Une grande maison accueillante, entourée d'un cèdre et de marronniers, sur le Causse de Villeneuve. Des découvertes en perspective entre Lot et Aveyron.

Prix : 1 pers. **250/270 F** 2 pers. **300/320 F** 3 pers. **350/360 F**
repas **75 F**

🎿	⛵	🎣	🏊	⛷	🎿	🚴
1	12	5	3	15	15	15

PETIT Fabien et Monique – Le Cedre - Les Allemands – 12260 Sainte-Croix – Tél. : 65.81.50.46 – Fax : 65.81.50.46.

Sainte-Eulalie-de-Cernon Les Clauzets
C.M. nº 80 — Pli nº 14

¥¥ NN

Alt. : 650 m — 3 chambres d'hôtes au rez-de-chaussée de la maison du propriétaire. Entrées indépendantes. 1 chambre 3 pers. 2 chambres 2 pers. Salles d'eau et wc privés. Pelouse, barbecue, salon de jardin, portique, bac à sable. Ouvert toute l'année. Commerces 6 km. Réduction 10 % à partir de la 2ᵉ nuit. A proximité, vous découvrirez le pays des Grands Causses, le Larzac, les circuits templiers et hospitaliers et le site de Roquefort. GR 71 sur place. Restaurants au village.

Prix : 1 pers. **130 F** 2 pers. **190 F** 3 pers. **250 F**
pers. sup. **50 F**

🎿	⛵	🎣	🏊	⛷	🎿	🚴
SP	SP	15	20	40	40	25

VINAS Henri et Monique – Les Clauzets – 12230 Sainte-Eulalie-de-Cernon – Tél. : 65.62.71.26

Sainte-Genevieve-sur-Argence
C.M. nº 76 — Pli nº 13

¥¥¥ NN

Alt. : 800 m — 3 chambres d'hôtes à l'étage de la maison du propriétaire. 2 chambres 2 pers., 1 chambre 3 pers. Salles d'eau, wc ou salles de bains, wc privés. Séjour et salons communs (cheminée, bibliothèque, TV, téléphone). Pelouse non close ombragée. Salon de jardin, barbecue. Garage. Golf à 10 km. Commerces sur place. Ouvert toute l'année. Les larges baies vitrées s'ouvrent sur le lac de Sainte-Genevieve et sur le boukarou : abri africain. L'Afrique, M. et Mme Maller y ont vécu, elle fait partie de l'ambiance de cette grande maison. Les amateurs de pêche trouveront ici leur bonheur. Les ruisseaux et les lacs ne manquent pas.

Prix : 2 pers. **320/420 F** pers. sup. **100 F**

🎿	⛵	🎣	🏊	⛷	🎿	🎿	🚴
SP	SP	SP	SP	12	12	30	30

MALLER Eliette – Le Boukarou – 12420 Sainte-Genevieve-sur-Argence – Tél. : 65.66.41.32

La Salvetat-Peyrales Campels
C.M. nº 80 — Pli nº 1

¥ NN
(TH)

Alt. : 500 m — 3 chambres d'hôtes aménagées au r.d.c. surélevé de la maison des propriétaires, dans un petit village calme. 2 chambres 2 pers. 1 chambre 3 pers. avec salle d'eau et wc communs. Chauffage central, salle à manger avec cheminée. Balcon, terrain aménagé avec salon de jardin, balançoire. Sentiers pédestres balisés en forêt, pêche en rivière. Animaux admis. Commerces 10 km. Ouvert du 1ᵉʳ avril au 30 novembre.

Prix : 1 pers. **145 F** 2 pers. **180 F** repas **75 F**

🎿	⛵	🎣	🏊	⛷	🎿	🚴
4	2	6	11	8	8	11

BARBANCE Gilbert et Marinette – Campels – 12440 La Salvetat-Peyrales – Tél. : 65.81.82.04

La Salvetat-Peyrales Les Tronques

C.M. n° 80 — Pli n° 1

❦❦❦ NN
(TH)

Alt. : 450 m — 6 ch. d'hôtes de plain-pied, dans une maison attenante à la ferme, en pleine campagne. S. d'eau et wc privés pour chaque ch. 4 ch. 2 pers., 1 ch. familiale (suite) 5 pers., 1 ch. 2 pers. (acces. aux pers. handicapées). Cour ombragée, pré avec salon de jardin à disposition, balançoires. Découverte de la ferme. Commerces 2 km. Réduct. 10 % à partir de la 7e nuit. Sentiers de pays dans la vallée du Viaur. Sur place : soirée à thème gastronomique et exposition de peinture l'été, ainsi qu'animation musicales rock et stages équestres (w.e. et semaine) en hiver. Ouvert du 15/10 au 15/09 et selon l'activité agricole.

Prix : 1 pers. **200 F** 2 pers. **250 F** 3 pers. **360 F**
pers. sup. **70 F** repas **75 F**

🏃	🚴	🐎	🏊	⛵		
2	SP	2	12	SP		

FOULQUIER Marc et Regine – Les Tronques – 12440 La Salvetat-Peyrales – Tél. : 65.81.81.34

Sanvensa Monteillet

C.M. n° 79 — Pli n° 20

❦❦ NN
(TH)

Alt. : 430 m — Dans un hameau, 1 chambre d'hôtes 2 pers. au rez-de-chaussée de la maison du propriétaire. Accès indépendant. Salle d'eau, wc. Terrasse privée. Séjour commun, cheminée, TV. Cour close, salon de jardin, barbecue. Gare 11 km. Commerces sur place. Anglais et italien parlés. Les petits déjeuners en plein air, sous la tonnelle, une petite terrasse qui ouvre sur la campagne, des fleurs, le calme... Une impression de vacances. Vous trouverez tout cela chez Monique et Pierre et vous profiterez des nombreux sites alentours : Najac, les gorges de l'Aveyron...

Prix : 2 pers. **200 F** 3 pers. **250 F** pers. sup. **50 F** repas **80 F**
1/2 pens. **170 F**

🏃	🚴	🐎	🏊	⛵	♨	⛷
SP	5	8	11	20	20	15

BATESON Pierre et Monique – Monteillet – 12200 Sanvensa – Tél. : 65.29.81.01

Sauveterre-de-Rouergue Jouels

C.M. n° 80 — Pli n° 1

❦❦❦ NN
(TH)

Alt. : 544 m — 4 chambres d'hôtes au 1er étage d'une maison de caractère, accès indépendant. 1 suite de 4/5 pers., 3 chambres 2 pers., salles d'eau et wc privés. Séjour, salon avec TV réservés aux hôtes. Terrasse, salon de jardin, parking. Ferme-auberge à proximité. Gare 10 km. Commerces 4 km. Ouvert toute l'année. A proximité, vous découvrirez de nombreux sites historiques : la bastide royale de Sauveterre-de-Rouergue, le château du Bosc où vécut Toulouse Lautrec, Belcastel...

Prix : 1 pers. **190 F** 2 pers. **240 F** 3 pers. **320/350 F**
repas **75 F**

🏃	🚴	🐎	🏊	⛵		
2	SP	4	8	8		

PRIVAT Marcel et Maguy – Lou Cambrou - Jouels – 12800 Sauveterre-de-Rouergue – Tél. : 65.72.13.40

La Serre Monteils

C.M. n° 80 — Pli n° 12

❦❦ NN
(TH)

Alt. : 650 m — 4 ch. d'hôtes : 3 ch. avec accès indépendant. 1 ch. 2 pers. + lit d'appoint 1 pers. avec salle d'eau et wc privés. 1 ch. 2 pers. avec salle d'eau et wc privés, 1 pièce avec cheminée insert, TV, coin-cuisine (lave-linge) commun à toutes les ch. 1 ch. 3 pers. avec salle d'eau et wc privés. 1 ch. 2 pers. avec salle d'eau et wc privés + coin-cuisine. Animaux admis. Véranda et terrasse, grande pelouse ombragée, salon de jardin. Prix 1/2 pension par pers. en ch. double. Commerces 4 km. Ouvert du 15 mars au 15 novembre.

Prix : 1 pers. **130 F** 2 pers. **160 F** 3 pers. **190 F**
pers. sup. **30 F** repas **60 F** 1/2 pens. **140 F**

🏃	🚴	🐎	🏊	⛵	♨	
4	4	4	4	35	35	

CAMBON Marcel – Monteils – 12380 La Serre – Tél. : 65.99.62.73

Sylvanes La Grine

C.M. n° 80 — Pli n° 13/14

❦❦ NN
(TH)

Alt. : 380 m — 5 ch. d'hôtes dans une ancienne grange. 4 ch. 2 pers. avec s. d'eau et wc privés. 1 ch. 4 pers. avec s. d'eau et wc privés. Salle à manger avec cheminée commune. 1 ch. accessible aux pers. hand. Réduct. 10 % à partir de la 7e nuit. Ouvert toute l'année (sauf pour les groupes (mini 6 pers.), sinon du 15/3 au 10/11. Table d'hôtes sur résa. (pas de table le dimanche soir). La Grine, belle bâtisse de pierres rouges vous accueille dans ce coin tranquille du sud Aveyron. Nombreuses promenades : abbaye Cistercienne de Sylvanès, réputée pour ses manifestations musicales d'art sacré mais aussi la bergerie de Claude Arvieu qui vous dévoilera les secrets du Roquefort.

Prix : 1 pers. **190 F** 2 pers. **260 F** 3 pers. **300 F** repas **70 F**

🏃	🚴	🐎	🏊	⛵	♨	⛷
7	3	7	20	7	7	20

ARVIEU Claude et Monique – La Grine – 12360 Sylvanes – Tél. : 65.99.52.82

Le Vibal Les Moulinoches

C.M. n° 80 — Pli n° 3

❦ NN
(TH)

Alt. : 750 m — 4 ch. d'hôtes au 1er étage de la maison du propriétaire. 2 ch. 2 pers., 1 ch. 3 pers., salle d'eau et wc communs. 1 chambre familiale de 6 pers., salle d'eau et wc privés. R.d.c. : salle avec lave-linge, frigidaire et TV à disposition. Garage. Cour non close. Face au Lac de Pont-de-Salars. Plage surveillée 4 km. Baignade 200 m. Ouvert toute l'année. Taxe de séjour. Camping à la ferme au bord du lac. Location de bâteau de pêche. Commerces 7 km.

Prix : 1 pers. **130 F** 2 pers. **160 F** 3 pers. **210 F** repas **70 F**

🏃	🚴	🐎	🏊			
7	SP	3	0,2			

VIALARET Andre – Les Moulinoches – 12290 Le Vibal – Tél. : 65.46.85.80

Villefranche-de-Rouergue Les Pesquies

C.M. n° 79 — Pli n° 20

❦❦❦ NN

Alt. : 300 m — 3 ch. d'hôtes au 1er étage de la maison du propriétaire, avec accès indépendant. 2 ch. 2 pers., salles de bains et wc privés, 1 ch. 3 pers., salle d'eau et wc privés. Kitchenette/séjour et salon (cheminée) privatifs. Poss. lits d'appoint et lit bébé. Jardin, salon de jardin. Gare et commerces 6 km. Anglais, allemand et italien parlés. Ouvert toute l'année. Que vous dormiez dans la chambre provençale ou dans la chambre africaine, vous apprécierez le charme, l'ambiance du Mas de Comte et l'accueil de M. et Mme Jayr. Vous serez idéalement situés pour découvrir deux belles régions : le Lot et l'Aveyron.

Prix : 1 pers. **200 F** 2 pers. **240 F** 3 pers. **300 F**
pers. sup. **50 F**

🏃	🚴	🐎	🏊	⛵	♨	⛷
6	1	6	6	15	15	12

JAYR Agnes – Le Mas de Comte - Les Pesquies – 12200 Villefranche-de-Rouergue – Tél. : 65.81.16.48

Anglards-de-Salers

C.M. n° 76 — Pli n° 2

❅❅❅ NN
Ⓐ

Alt. : 830 m — 3 ch. (3 épis NN) dans une maison de caractère indépendante de celle du propriétaire au 1ᵉʳ étage. 2 ch. (1 lit 2 pers. 1 lit 1 pers.), 1 ch. (2 lits 1 pers.), salle d'eau et wc privés. 3 ch. (1 épi NN) dans la même maison : 1 ch. (1 lit 2 pers. 1 lit 1 pers.), 2 ch. (1 lit 2 pers.), poss. lits d'appoint. Salle d'eau et wc communs. Salon, cheminée, téléphone à disposition. Terrain clos, salon de jardin. Ferme-auberge en rez-de-chaussée. Pension et 1/2 pension à partir de 3 jours. Gare et commerces 8 km. Ouvert pendant les vacances scolaires et de Pâques à fin septembre.

Prix : 1 pers. **160/210 F** 2 pers. **180/230 F** 3 pers. **280 F**
1/2 pens. **180/220 F** pens. **220/260 F**

	🎿	🛶	⛵	🚴	🥾	🏇	🎣	👫
	SP	8	8	8	1	8	12	SP

RIBES Francette – Le Bourg – 15380 Anglards-de-Salers – Tél. : 71.40.02.87

Apchon

C.M. n° 76 — Pli n° 3

❅❅❅ NN

Alt. : 1050 m — 3 chambres dans la maison du propriétaire dont 2 avec accès indépendant. 2 chambres au rez-de-chaussée et une chambre à l'étage. 2 chambres (1 lit 2 pers. chacune), 1 chambre (2 lits 1 pers.), salle de bains et wc privatifs pour chaque chambre. Jardin. Gare 35 km, commerces 7 km. Ouvert pendant les vacances scolaires et de mi-mai à fin septembre. Téléphone hors-saison : 26.82.50.46. Riom-es-Montagnes 7 km. Puy Mary, château d'Apchon. Restaurants à Apchon et Cheylade (7 km).

Prix : 1 pers. **130 F** 2 pers. **175 F** 3 pers. **225 F**

	🎿	🛶	🚴	🥾	🎣	👫
	6	6	SP	6	5	SP

DERVIN Paulette – Le Bourg – 15400 Apchon – Tél. : 71.78.19.70

Arnac Cavarnac

C.M. n° 76 — Pli n° 1

❅❅ NN
(TH)

Alt. : 630 m — 2 chambres d'hôtes aménagées au 1ᵉʳ étage de la maison du propriétaire. 1 ch. (1 lit 2 pers.), salle de bains privée non communicante, 1 ch. (1 lit 2 pers.), salle d'eau privée, wc communs aux 2 chambres. Salle à manger et salon communs. TV. Salon de jardin. Cour et terrain clos. Chauffage central. Réduction pour les enfants. Ouvert toute l'année. Cuisine régionale, repas pris en commun à la table d'hôtes, ambiance familiale. Barrage d'Enchanet 4 km, La Roquebrou 17 km, Salers. Gare 17 km. Commerces 11 km.

Prix : 1 pers. **130 F** 2 pers. **160 F** 1/2 pens. **160/200 F**

	🎿	🛶	⛵	🚴	🥾	🏇	🎣	👫
	4	4	4	4	3	4	28	80	SP

ESCURE Odette – Cavarnac – 15150 Arnac – Tél. : 71.62.90.55

Arpajon-sur-Cere Le Cambon

C.M. n° 76 — Pli n° 12

❅❅❅ NN
(TH)

Alt. : 620 m — 3 chambres d'hôtes au dernier étage de la maison des propriétaires. 2 ch. (1 lit 2 pers.), 1 ch. (2 lits 1 pers.) avec salon privé (possibilité couchage d'appoint). Sanitaires privatifs. Séjour commun. TV et prise TV dans chaque chambre. Téléphone carte pastel. Chauffage. Cour et terrain clos. Salon de jardin. Gare 3 km. Commerces 2 km. En pleine campagne, aux portes d'Aurillac, endroit calme et reposant. Point de départ de nombreuses excursions.

Prix : 1 pers. **190 F** 2 pers. **220 F** 1/2 pens. **170 F**

	🎿	🛶	⛵	🚴	🥾	🏇	🎣	👫
	2	5	15	15	SP	2	40	40	SP

LENA Laurent – Le Cambon – 15130 Arpajon-sur-Cere – Tél. : 71.63.52.49

Badailhac Calmejane

C.M. n° 76 — Pli n° 12

❅❅❅ NN
(TH)

Alt. : 950 m — 3 chambres d'hôtes dans un bâtiment indépendant de la maison du propriétaire. 2 ch. (1 lit 2 pers. 1 lit 1 pers.), 1 ch. (1 lit 2 pers. 1 lit 1 pers. poss. lit appoint). Salle d'eau et wc privés. Chauffage électrique. Terrasse. Salon de jardin. Salle à manger et salon communs. TV. Cour. Vic-sur-Cère 10 km. Gare et commerces 10 km. Ouvert toute l'année sur réservation. Possibilité de prix 1/2 pension sur la base de 2 pers. (320 F). Forfait étape : 350 F.

Prix : 1 pers. **140 F** 2 pers. **200 F** 1/2 pens. **180 F**

	🎿	🛶	⛵	🚴	🥾	🏇	👫
	7	10	50	50	8	10	15	SP

TROUPEL Jean-Francois – Calmejane – 15800 Badailhac – Tél. : 71.62.47.54

Beaulieu

🏔

C.M. n° 76/73 — Pli n° 2/12

E.C. NN

Alt. : 650 m — 5 chambres dans la maison du propriétaire. 1 chambre (1 lit 2 pers.), 1 chambre (2 lits 1 pers.), 3 chambres avec mezzanine dont 2 ch. (1 lit 2 pers.) et 1 ch. (2 lits 1 pers.). Salle d'eau et wc privés chacune. Salle à manger, salle de détente et cheminée. Terrain clos. Commerces 4 km. Ouvert toute l'année. Restaurant dans le bourg à proximité. Bort-les-Orgues 10 km. Vue sur le lac et les monts du Cantal. Château de Val.

Prix : 2 pers. **200/250 F**

	🎿	🛶	⛵	🚴	🥾	🏇	👫
	4	10	0,8	4	0,8	10	20	SP

EYZAT Philippe – Le Bourg – 15270 Beaulieu – Tél. : 71.40.34.46 ou 71.40.33.32

Brezons

🏔

C.M. n° 76 — Pli n° 13

❅❅ NN
(TH)

Alt. : 1100 m — 2 chambres dans la maison du propriétaire. 1 chambre (1 lit 2 pers. 1 lit 1 pers.), salle d'eau et wc privatifs. 1 chambre (2 lits 1 pers.), salle de bains et wc privatifs. Salle à manger commune. TV à disposition. Chauffage central. Terrasse, cour, salon de jardin. Possibilité prix demi-pension pour 2 et 3 personnes. Gare 22 km, commerces 10 km. Ouvert toute l'année. Pierrefort 18 km. Murat 22 km. Vallée de Brezons, Prat de Bouc, monts du Cantal. Réduction enfants. Soirée étape 2 pers. : 350 F.

Prix : 1 pers. **140 F** 2 pers. **200 F** 1/2 pens. **180 F**

	🎿	🛶	⛵	🚴	🥾	🏇	🎣	👫
	18	18	30	30	3	8	SP	SP

RESSOUCHE Jean – Serverette – 15230 Brezons – Tél. : 71.73.41.87

Cantal

Chaudes-Aigues Les Plots
C.M. n° 76 — Pli n° 14

♥♥ NN   Alt. : 1000 m — 2 chambres d'hôtes situées dans la maison du propriétaire au 1er étage. Exploitation agricole. 1 chambre (1 lit 2 pers. 1 lit 1 pers.). 1 chambre (1 lit 2 pers.). Salle d'eau et wc privatifs pour chaque chambre. Téléphone. TV. Machine à laver à disposition. Salle à manger et salon communs. Chauffage central. Cheminée. Gare 35 km. Commerces 7 km. Cour. Source thermale.

Prix : 1 pers. **150 F** 2 pers. **200 F** 3 pers. **280 F**

7	7	25	25	0,5	14	14	SP

RIEUTORT Pierre – Les Plots – 15110 Chaudes-Aigues – Tél. : 71.73.80.04

Cheylade Curieres
C.M. n° 76 — Pli n° 3

♥♥♥ NN   Alt. : 1000 m — 1 chambre d'hôtes dans la maison du propriétaire : 1 lit 2 pers., 1 convertible 1 pers. Salle d'eau avec privatifs. Salon privatif avec cheminée. Cour et terrain non clos. Gare 30 km, commerces 2 km. Ouvert toute l'année. Maison de caractère située sur une exploitation agricole. Environnement très calme. Dans la vallée de Cheylade, à proximité du Puy Mary, au cœur des Monts du Cantal et du Parc des Volcans d'Auvergne.

Prix : 1 pers. **125 F** 2 pers. **250 F** 3 pers. **350 F**

3	14	SP	15	SP

VESCHAMBRE Gaspard – Curieres – 15400 Cheylade – Tél. : 71.78.90.13

Le Claux
C.M. n° 76 — Pli n° 3

♥   Alt. : 1080 m — 5 chambres d'hôtes dans une maison située dans un village : 3 chambres de 2 pers., 1 chambre de 3 pers. et 1 chambre de 1 pers. 1 lavabo dans chaque chambre, salle d'eau et wc communs à l'étage. Chauffage électrique. Possibilité accompagnement pêche. Puy Mary, parc des volcans d'Auvergne. Commerces sur place. Parapente sur place. Gare 20 km.

Prix : 1 pers. **120 F** 2 pers. **150 F** 3 pers. **190 F**

SP	18	SP	3	SP	18	SP	SP

SOULENQ Marc – Route du Puy-Mary – 15400 Le Claux – Tél. : 71.78.94.02

Clavieres Masset
C.M. n° 76 — Pli n° 15

♥ NN   Alt. : 1050 m — 3 chambres au 2e étage d'une maison comprenant un gîte rural en-dessous. Entrée indépendant pour les chambres : 1 chambre (1 lit 2 pers. lavabo). 1 chambre (1 lit 2 pers. 1 lit 1 pers lavabo). 1 chambre (1 lit 2 pers. 1 lit d'appoint 1 pers. lavabo), salle d'eau et wc communs. Terrain clos, salon de jardin. Commerces 6 km, gare 17 km. Ouvert toute l'année. Ruynes-en-Margeride 6 km. Monts du Cantal, forêts.

Prix : 1 pers. **120 F** 2 pers. **150 F** 3 pers. **200 F**

6	6	15	15	SP	6	SP	40	SP

CHANSON Albert – Masset – 15320 Clavieres – Tél. : 71.23.41.28

Fridefont
C.M. n° 76 — Pli n° 14

♥♥♥ NN
(TH)   Alt. : 930 m — 4 chambres d'hôtes aménagées dans une maison de caractère. 1 ch. (1 lit 2 pers. 1 lit 1 pers.), salle de bains et wc. 1 ch. (1 lit 2 pers. 1 lit 1 pers.), salle d'eau et wc. 1 ch. (3 lits 1 pers. salle d'eau, wc). 1 ch. (1 lit 2 pers. 1 convertible). Salle de bains, wc et salon privés. Salle à manger, salon réservés aux hôtes. Cheminée. Tél. TV sur demande. Cour. Possibilité de prix 1/2 pension et pension pour 2 et 3 pers. Saint-Flour 30 km. Chaudes-Aigues (station thermale) 13 km. Garabit. Château d'Alleuze. Escalade. Ecoute du brame du cerf du 15/09 au 15/10. Réduction pour enfants. Gare 30 km. Commerces 13 km.

Prix : 1 pers. **180 F** 2 pers. **240 F** 3 pers. **320 F**
1/2 pens. **240 F** pens. **300 F**

13	13	3	3	3	30	20	SP

CHASSAGNY Gilbert et Josette – Le Bourg – 15110 Fridefont – Tél. : 71.23.56.10

Giou-de-Mamou Barathe
C.M. n° 76 — Pli n° 12

♥♥♥ NN
(TH)   Alt. : 750 m — Isabelle et Pierre vous accueillent dans un manoir auvergnat datant de 1777 sur un domaine de 30 ha. orienté vers un très beau paysage où résonnent les cloches des vaches de Salers. 3 ch. (1 lit 2 pers. 1 lit 1 pers.), 1 ch. (1 lit 2 pers.), 1 ch. double (1 lit 2 pers. 2 lits 1 pers. Salle d'eau et wc privés chacune. Belle salle commune avec cantou, souillarde. Devant de porte fleuri, terrasse, jardin et salon de jardin. Chauffage central. Réduction pour enfants. Gare et commerces 8 km. Puy Mary 35 km, Salers 40 km.

Prix : 2 pers. **230 F** 1/2 pens. **185 F**

2	9	10	20	SP	5	30	30	SP

BRETON Pierre et Isabelle – Barathe – 15130 Giou-de-Mamou – Tél. : 71.64.61.72 – Fax : 71.64.85.10

Jaleyrac Estillols
C.M. n° 76 — Pli n° 1

♥♥ NN
(TH)   Alt. : 600 m — 4 ch. d'hôtes situées dans la maison du propriétaire. Ch. au 1er étage, salle d'eau et wc privatifs. 2 ch. (1 lit 2 pers. 1 lit 1 pers.), 1 ch. (1 lit 2 pers.), 1 ch. (2 lits 1 pers.). Salle à manger réservée aux hôtes. Jardin. Gare et commerces 7 km. Puy-Mary. Escalade, ULM. Possibilité de prix 1/2 pension pour 2 et 3 personnes.

Prix : 1 pers. **140 F** 2 pers. **180 F** 3 pers. **220 F**
1/2 pens. **200 F**

7	7	7	2	10	25

CHAVAROCHE Alain – Estillols – 15200 Jaleyrac – Tél. : 71.69.72.55

Jaleyrac Bouriannes
C.M. n° 76 — Pli n° 1

❅❅❅ NN
(TH)
Alt. : 720 m — Chambres d'hôtes au 1ᵉʳ étage de la maison du propriétaire. 1 ch. 3 épis NN (1 lit 2 pers.), s.d.b. et wc privatifs contigus. 1 ch. (1 lit 2 pers.), 1 ch. (2 lits 1 pers.), s. d'eau et wc privatifs non attenants pour chacune. Chauffage électrique. Salle à manger et salon communs. Cheminée et TV. Commerces 3 km. Ouvert toute l'année. Belle maison de caractère, grand jardin à disposition. Ambiance conviviale, prestations de qualité. Réduction enfant. Proximité de Bort-Les-Orgues, des Monts du Cantal et de Salers.

Prix : 1 pers. **160 F** 2 pers. **200/230 F** 1/2 pens. **220 F**

🐕	⛷	🚤	🏄	🥾		⛷	🎿	👥
	3	3	3	15	1	4	15	5

CHARBONNEL Marie-Claire – Bouriannes – 15200 Jaleyrac – Tél. : 71.69.73.75

Ladinhac Valette
C.M. n° 76 — Pli n° 12

❅❅❅ NN
(A)
Alt. : 630 m — 6 chambres d'hôtes situées dans un hameau, en pleine campagne. 1 chambre 3 pers. avec salle de bains. 4 ch. de 3 pers. 1 chambre avec lits jumeaux. Salle d'eau et wc privés pour chaque chambre. TV à disposition. Jardin, pré, aire de jeux, parking, terrasse, salon de jardin, étang aménagé sur place. Téléphone téléséjour dans pièce commune. Prise TV dans chaque chambre. Lave-linge sur demande. Produits fermiers et cuisine régionale sur place. Chasse sur place. Rivière, baignade 4 km. Ferme-auberge sur place. Vallée du Lot, Gorges de la Truyère. Gare 20 km, commerces 2 km. Possibilité de prix 1/2 pension et pension pour 2 et 3 pers.

Prix : 1 pers. **195 F** 2 pers. **270 F** 1/2 pens. **225 F** pens. **275 F**

⛷	🚤	🏄	🎿	
7	7	12	SP	5

MESDAMES ESCARPIT ET COMBELLES – Valette – 75120 Ladinhac – Tél. : 71.47.80.33 – Fax : 71.47.80.16

Lavigerie La Gandilhon
C.M. n° 76 — Pli n° 3

❅ NN
(TH)
Alt. : 1182 m — 5 ch. d'hôtes dans une maison de caractère, dans un hameau, en pleine campagne. 2 ch. 2 épis NN (1 lit 2 pers. chacune), salle d'eau privée. 1 ch. (2 lits 1 pers.), 2 ch. (1 lit 2 pers. 1 lit 1 pers.). Salle de bains commune à ces 3 chambres. WC communs aux 5 ch. à l'étage. Salle de séjour et TV à dispo. Parking. Cheminée. Chauffage central. Téléphone. Luge sur place. Tarif enfant selon l'âge. Gare 17 km. Commerces 5 km. Chambres d'hôtes situées dans le parc des volcans au bord de la D680. Possibilité de prix 1/2 pension pour 2 pers.

Prix : 1 pers. **135 F** 2 pers. **170/180 F** 1/2 pens. **205 F** pens. **330 F**

🐕	⛷	🚤	🏄	🥾	🎿		⛷	👥
	10	12	18	SP	17	SP	25	SP

VERNEYRE Bernard – La Gandilhon – 15300 Lavigerie – Tél. : 71.20.82.73

Leynhac Martory
C.M. n° 76 — Pli n° 11

❅❅❅ NN
Alt. : 500 m — 3 chambres d'hôtes dans une maison indépendante de celle du propriétaire. 1 chambre (1 lit 2 pers.), 2 chambres (2 lits 1 pers.), coin-salon avec couchage d'appoint (2 pers.), coin-cuisine. Salle d'eau et wc privatifs pour chaque chambre. Salle à manger commune avec le propriétaire. Terrasses, cour et terrain. Gare et commerces 10 km. Ouvert toute l'année. Promenades en charrettes à cheval, location de VTT. Piscine du propriétaire mise à disposition. 2 gîtes ruraux sur place.

Prix : 1 pers. **190 F** 2 pers. **240 F** 3 pers. **290 F**

🐕	⛷	🚤	🏄	🥾		🎿	👥
	3	SP	15	45	1	3	SP

CAUMON Jean-Marie – Martory – 15600 Leynhac – Tél. : 71.49.10.47

Montsalvy Aubespeyre
C.M. n° 76 — Pli n° 12

❅
6 ch. d'hôtes avec accès indépendant, aménagées à l'étage d'une maison individuelle avec vue panoramique. 1 lavabo par chambre. Salle d'eau et wc à l'étage. TV. Salle à manger réservée aux hôtes. Ch. central. Terrain non clos, salon de jardin. Gare 30 km, commerces 4 km. Canoë-kayak 6 km. Conques 15 km. Réduction de 10 F/jour/chambre au delà de 3 jours. Vallée du Lot.

Prix : 1 pers. **160 F** 2 pers. **180 F** 3 pers. **230 F**

🐕	⛷	🚤	🏄
	4	4	SP

BRUEL Claude – Junhac - Aubespeyre – 15120 Montsalvy – Tél. : 71.49.22.70

Parlan La Vabre
C.M. n° 76 — Pli n° 11

❅❅ NN
Alt. : 560 m — 4 chambres situées dans une maison indépendante de celle du propriétaire. Salle de bains et wc privatifs. 2 chambres (1 lit 2 pers.). 1 chambre (1 lit 2 pers. 1 lit 1 pers.). 1 chambre (2 lits 1 pers.). Auberge sur place. Cheminée. TV. Grand terrain clos. Chauffage central. Gare et commerces 8 km.

Prix : 1 pers. **150 F** 2 pers. **180 F** 3 pers. **200 F**

⛷	🚤	🏄	🥾	👥
1	8	15	SP	15

SEGUREL Georgette – La Vabre – 15360 Parlan – Tél. : 71.46.12.84

Paulhac Belinay
C.M. n° 76 — Pli n° 13

❅❅❅ NN
(A)
Alt. : 1160 m — 5 chambres d'hôtes avec accès indépendant, aménagées au dernier étage de la maison du propriétaire. 3 ch. (1 lit 2 pers.), 2 ch. (1 lit 2 pers. 1 lit 1 pers.). Salle de bains et wc privés. Chauffage électrique. Salle à manger et salon communs. Cheminée. TV. Téléphone dans chacune. Cour. Salon de jardin. Centre équestre, manège couvert. Réduction enfant et hors-saison. Piscine privée sur place. Location VTT. Ski. Tennis. Gîtes et auberge dans la maison. Murat 13 km. Prat de Bouc. Gare 13 km, commerces 6 km. Les tarifs indiqués en 1/2 pension sont fixés pour 2 pers., possibilité tarifs 1/2 pension et pension pour 3 pers.

Prix : 1 pers. **280 F** 2 pers. **310 F** 3 pers. **340 F** 1/2 pens. **460 F** pens. **600 F**

⛷	🚤	🏄	🥾	🎿	⛷		👥
SP	SP	30	30	SP	SP	3	3	SP

BONNETIER Gilles – Belinay – 15430 Paulhac – Tél. : 71.73.34.08

Pers   C.M. n° 76 – Pli n° 11

♨♨♨ Alt. : 600 m — 5 ch. d'hôtes situées à proximité du village. 3 ch. 3 pers. 2 ch. 2 pers. avec s. d'eau et wc particuliers. Salle de séjour avec cheminée, salle de jeux et coin-cuisine à la disposition des hôtes. Chauffage électrique. Terrain. Etang. Pré. Aire de jeux, abri couvert, garage, parking, grange aménagée. Forêt. Lac, rivière 500 m. Etang privé. Logement chevaux. Produits fermiers sur place. Restaurant à 200 m. Commerces 4 km. Piscine sur place. Camping à la ferme et gîtes ruraux sur place. Réduction hors saison.

Prix : 1 pers. **180 F** 2 pers. **210 F** 3 pers. **290 F**

🎿	⛷	🏄	🚡	🎣	🏇	🚵	⛷	🏃
5	SP	0,5	4	SP	6	60	60	0,5

LACAZE Janine et Charles – Ferme Accueil de Viescamp – 15290 Pers – Tél. : 71.62.25.14 – Fax : 71.62.28.66

Roffiac   C.M. n° 76 – Pli n° 2

♨ NN
Ⓐ
Alt. : 900 m — 5 ch. dans une maison mitoyenne à celle du propriétaire. 2 ch. 1 épi NN (1 lit 2 pers. lavabo), salle d'eau et wc communs. 3 ch. 3 épis NN (1 lit 2 pers. 1 lit 1 pers.), dont 2 avec mezzanine, salle d'eau et wc privés. Chauffage électrique. Salle de détente, cheminée. Salle à manger réservée aux hôtes. Ferme-auberge sur place. Tarifs indiqués pour 2 pers. Jeux pour enfants, jardin d'agrément, salon de jardin, garage. Soirée étape : 2 pers. 330 F à 390 F. 1/2 pension sur la base de 2 pers. Pension sur la base de 3 pers. Gare et commerces 4 km. Camping à la ferme sur place.

Prix : 2 pers. **180 F** 1/2 pens. **320 F** pens. **390 F**

🎿	⛷	🏄	🚡	🎣	🏇	🚵
4	4	18	18	0,1	4	14

BERGAUD Raymond – Mazerat – 15100 Roffiac – Tél. : 71.60.11.33

Roffiac Mazerat   C.M. n° 76 — Pli n° 4

♨♨♨ NN
Ⓣ Ⓗ
Alt. : 900 m — 3 chambres dans une maison mitoyenne à celle du propriétaire. 2 ch. avec mezzanine (1 lit 2 pers. 1 lit 1 pers. poss. lit suppl.), 1 ch. (1 lit 2 pers. 1 conv. 1 pers.). Salles d'eau et wc privés. Cheminée. Jeux pour enfants. Jardin d'agrément. Salon de jardin. Garage. Ch. élect. Salle à manger. Salle de détente (TV, bibliothèque). Tarifs indiqués pour 2 pers. Ferme-auberge sur place. Soirée étape 2 pers. : 390 F. Saint-Flour, viaduc de Garabit, cascade de Sailhant. Gare et commerces 4 km. Camping à la ferme sur place.

Prix : 2 pers. **250 F** 1/2 pens. **370 F** pens. **450 F**

🎿	⛷	🏄	🚡	🎣	🏇	🚵	⛷
4	4	18	18	SP	4	14	SP

BERGAUD Mado – Mazerat – 15100 Roffiac – Tél. : 71.60.11.33

Ruynes-en-Margeride Trailus   C.M. n° 76 — Pli n° 15

♨ NN
Ⓐ
Alt. : 1050 m — 3 chambres avec accès indépendant, aménagées au 1er étage de la maison du propriétaire. Salle d'eau et wc communs. 3 ch. (1 lit 2 pers. lavabo). Chauffage central. Terrain non clos. Terrasse. Location VTT. Chemin balisé en forêt. Gare 15 km. Commerces 3 km. Possibilité de prix pour 1/2 pension et pension 2 pers. Ferme auberge sur place. Cadre reposant. Saint-Flour, viaduc de Garabit, Margeride. A75 7 km sortie n° 30.

Prix : 1 pers. **160 F** 2 pers. **180 F** 1/2 pens. **210 F** pens. **250 F**

🎿	⛷	🏄	🚡	🎣	🏇	🚵	⛷	🏃
3	3	10	10	SP	3	5	SP	

LOMBARD Jean-Luc – Trailus – 15320 Ruynes-en-Margeride – Tél. : 71.23.48.31

Saignes   C.M. n° 76 — Pli n° 2

♨♨♨ NN Alt. : 480 m — 2 ch. (3 épis NN) dans une ferme de caractère du XVIIIe siècle. 1 lit 2 pers. dans chaque chambre, sanitaires privatifs, chauffage central. 2 ch. (2 épis NN). 1 ch. (1 lit 2 pers. lavabo), douche et 1 ch. (1 lit 2 pers.), salle d'eau non communicante, wc communs aux 2 ch. Salle à manger et salon communs. Coin-cuisine à disposition. Lave-linge sur demande. Cheminée, TV, téléphone. Cour et terrain clos. Piscine privée sur place. Salon de jardin. Parc ombragé. Location de VTT. Restaurant à proximité. Gare 8 km. Commerces 500 m. Camping à la ferme sur place.

Prix : 2 pers. **170/260 F**

🎿	⛷	🏄	🚡	🎣	🏇
0,5	SP	0,5	8	2	8

CHANET Colette – La Vigne – 15240 Saignes – Tél. : 71.40.61.02

Saint-Etienne-de-Carlat Lou-Ferradou-Caizac   C.M. n° 76 — Pli n° 12

♨♨♨ NN
Ⓣ Ⓗ
Alt. : 800 m — Maison de caractère : 1 ch. double (1 lit 2 pers. 2 lits 1 pers.), salle de bains et wc. 1 ch. (1 lit 2 pers.), salle d'eau et wc. 1 ch. (2 lits 1 pers.), salle d'eau et wc. Salle à manger (cheminée), coin-salon (TV). 1 ch. (1 lit 2 pers.), 1 ch. double (1 lit 2 pers. 2 lits 1 pers.) à l'étage d'un bâtiment annexe rénové, salle d'eau et wc privés au rez-de-chaussée. Terrain, salon de jardin, ping-pong. Gare 15 km, commerces 12 km. Aurillac 15 km, Vic-sur-Cère 12 km. Châteaux, monts du Cantal, vallée de la Cère. Ouvert toute l'année.

Prix : 1 pers. **180 F** 2 pers. **220 F** 1/2 pens. **190/210 F**

🎿	⛷	🏄	🚡	🎣	🏇	🚵	⛷	🏃
10	12	30	30	SP	10	20	40	SP

BALLEUX Jacky – Lou-Ferradou-Caizac – 15130 Saint-Etienne-de-Carlat – Tél. : 71.62.42.37

Saint-Etienne-de-Chomeil Le Pertus   C.M. n° 76 — Pli n° 2

♨♨♨ NN
Ⓣ Ⓗ
Alt. : 700 m — Dans une maison mitoyenne à celle du propriétaire, 1 chambre d'hôtes (1 lit 2 pers. en mezzanine, 1 lit 1 pers. au rez-de-chaussée). Salle d'eau et wc privatifs. Salle à manger et coin-salon communs, cheminée. TV dans la chambre. Téléphone à disposition. Terrasse, jardin clos. Commerces 10 km. Ouvert toute l'année. Anglais parlé. Maison de caractère soigneusement restaurée dans le Parc des Volcans d'Auvergne. Espace extérieur agréable avec vue panoramique. Riom-Es-Montagne 10 km. Barrage de Bort-Les-Orgues. Réduction en hors-saison, tarif 1/2 pension spécial pour 2 et 3 pers.

Prix : 1 pers. **200 F** 2 pers. **220 F** 3 pers. **300 F** 1/2 pens. **280 F**

🎿	⛷	🏄	🎣	🚵	🏃
5	10	15	2	10	SP

TCHOLAKIAN Pascaline – Le Pertus – 15400 Saint-Etienne-de-Chomeil – Tél. : 71.78.31.60

Saint-Georges La Valette
C.M. n° 76 — Pli n° 14

♥♥ NN — Alt. : 750 m — 1 appartement composé de 2 chambres : 1 ch. (1 lit 2 pers.), 1 ch. (2 lits 1 pers.), situé dans la maison du propriétaire au 1er étage. Salle d'eau et wc à l'usage exclusif des hôtes. TV. Cheminée. Jardin. Jeux pour enfants. Salle à manger commune. Chauffage central. Cadre reposant à 3 km de l'échangeur nord/sud de l'A75, sorties 28 et 29. Gare 3 km. Commerces 2 km. Nuitée pour 4 personnes : 310 F.

Prix : 2 pers. **200 F** 3 pers. **260 F**

🎿	🛷	⛵	🎣	🏊	🚴	🚶
2,5	2,5	12	12	4	3	SP

PORTEFAIX Odette – La Valette – 15100 Saint-Georges – Tél. : 71.60.01.44

Saint-Gerons-la-Roquebrou La Barthe

C.M. n° 76 — Pli n° 11

♥♥♥ NN — Alt. : 487 m — 2 ch. d'hôtes situées dans la maison du propriétaire. Cheminée et TV à disposition. Salon de jardin, terrain, terrasse. Sanitaires privés. Salle à manger et salon communs. 1 lit 2 pers. dans chaque chambre. Lit enfant sur demande. Chauffage électrique. Coin-cuisine à disposition. Ouvert toute l'année. Gare et commerces 1 km. La Roquebrou 1 km. Barrage de Saint-Etienne Cantalès, Aurillac 25 km. Accès par La Roquebrou 1 km. Karting 5 km.

Prix : 1 pers. **180 F** 2 pers. **200 F**

🎿	🛷	⛵	🎣	🏊	🚶
1	2	3	3	0,8	3	SP

BOUYSSE Jeanine – La Barthe – 15150 Saint-Gerons – Tél. : 71.46.00.96

Saint-Martin-Cantales Sept-Fons
C.M. n° 76 — Pli n° 1

♥ NN — Alt. : 650 m — 2 chambres d'hôtes aménagées à l'étage de la maison du propriétaire avec 1 lit 2 pers. Lit d'appoint pour 1 enfant. Salle de bains et wc réservés aux hôtes à l'étage. TV. Chauffage central. Salle à manger et salon communs. Jardin. Salers 18 km. Ouvert de mai à octobre. Gare 20 km, commerces 9 km.

Prix : 1 pers. **140 F** 2 pers. **170 F** 3 pers. **200 F**

🎿	🛷	⛵	🎣	🏊	🚴	🎿	⛷	🚶
10	10	7	7	2	10	25	70	SP

CHANUT Jean-Louis – Sept-Fons – 15140 Saint-Martin-Cantales – Tél. : 71.69.40.58

Saint-Urcize
C.M. n° 76 — Pli n° 14

♥ NN — Alt. : 1100 m — Dans une maison située dans un bourg, 4 chambres d'hôtes de 2 pers. (lit suppl. sur demande) avec salle de bains et wc communs aux 4 ch. TV à disposition. Chauffage central. Cour fermée. Espace nordique des Monts d'Aubrac. Laguiole 17 km. A75 à 30 km. Nasbinals 8 km. Village étape sur le chemin de Saint-Jacques de Compostelle. Eglises romanes et châteaux. Tarifs dégressifs selon nombre de nuits. VTT et GR sur place. Commerces sur place. Restaurants dans le bourg. Centre thermal et de remise en forme à 11 km.

Prix : 1 pers. **120 F** 2 pers. **140 F** 3 pers. **170 F**

🎿	🛷	🎣	🎿	⛷	🚶
3	22	0,3	8	2	2	2

VALETTE Andre et Christiane – Place de l'Afrique – 15110 Saint-Urcize – Tél. : 71.23.21.32 ou 66.32.45.63

Salers
C.M. n° 76 — Pli n° 2

♥♥♥ NN — Alt. : 950 m — 6 chambres d'hôtes dans une maison de caractère (1777), située dans le village. 4 ch. 2 pers. et 2 ch. 2 pers. avec possibilité lit supplémentaire, salle d'eau et wc particuliers. Salle à manger commune. Salon de jardin. Chauffage électrique. Jardin très calme avec vue sur la montagne. Gare 18 km, commerces sur place. Escalade sur place. Cité médiévale.

Prix : 1 pers. **201 F** 2 pers. **222 F** 3 pers. **273 F**

🎿	🛷	🎣	🎿	🚶
SP	8	3	10	10	SP

PRUDENT Philippe – Rue des Nobles – 15410 Salers – Tél. : 71.40.75.36

Salers
C.M. n° 76 — Pli n° 2

♥♥♥ NN — Alt. : 1000 m — 4 ch. d'hôtes au 1er étage de la maison du propriétaire avec entrée indépendante. 1 ch. (2 lits 1 pers.), salle de bains et wc privés, 1 ch. (1 lit 2 pers.), salle de bains et wc privés, 1 ch. (1 lit 2 pers.), salle d'eau et wc privés, 1 ch. (1 lit 2 pers. 1 lit 1 pers.), salle d'eau et wc privés. Salle à manger et salon communs. Cheminée. TV. Jardin. Parking réservé aux hôtes. Salon de jardin, jeux pour enfants. Salers, Mauriac 18 km, artisanat, musée, Puy-Mary. Gare 18 km. Commerces 800 m. Châteaux.

Prix : 1 pers. **200/220 F** 2 pers. **220/240 F** 3 pers. **270/290 F**

🎿	🛷	🎣	🎿	⛷	🚶
0,8	11	5	8	SP	SP

VANTAL Jean-Pierre – Route de Puy Mary – 15410 Salers – Tél. : 71.40.74.02

Teissieres-les-Boulies Le Puy-Courby
C.M. n° 76 — Pli n° 12

♥♥♥ NN — Alt. : 775 m — 2 chambres d'hôtes aménagées au 1er étage de la maison des propriétaires. 1 ch. (1 lit 1 pers. 1 lit 2 pers.), salle de bains et wc. 1 ch. (1 lit 2 pers.), salle de bains, wc privés sur le palier. Séjour commun. TV. Téléphone à disposition. Chambres pour non fumeurs. Jardin, salon de jardin. Gare 20 km. Commerces 12 km. Châteaux, musées, monts du Cantal. Cadre agréable, repos assuré.

Prix : 2 pers. **180 F**

🎿	🛷	⛵	🎣	🏊	🚴	🚶
15	20	30	30	15	20	SP

NOIROT Robert – Le Puy Courby – 15130 Teissieres-Les-Boulies – Tél. : 71.62.62.64

Tremouille Pre de Tives   *C.M. n° 76 — Pli n° 2*

🎿🎿🎿 NN
(TH)

Alt. : 800 m — 5 chambres dans une maison de ferme rénovée. Entrée indépandant, 2 chambres (1 lit 2 pers.), 3 chambres (1 lit 2 pers. 1 lit 1 pers.), salle d'eau et wc privatifs pour chacune. Salle à manger et salon, salle d'activités de 70 m². Chauffage central. Terrain, salon de jardin. Commerces 7 km. Ouvert toute l'année sur réservation. Cadre naturel reposant. Possibilité cuisine végétarienne. Propriétaires artistes, proposants des activités culturelles organisées (aquarelles, pastel, théatre, Taï-chi, Shintaïdo, expression corporelle et vocale, Healing...). Circuit des lacs d'Auvergne. Réduction enfant.

Prix : 1 pers. **120 F** 1/2 pens. **180 F**

🎿	🛷	⛷	🚡	🔔	🎯	🎿	⛷	👫
7	0,5	0,5	1	0,5	6	20	30	SP

FABRY Jose et Mery – Pre de Tives – 15270 Tremouille – Tél. : 71.78.74.42

Vabres La Tremoliere   *C.M. n° 76 — Pli n° 14*

🎿🎿 NN
(TH)

Alt. : 850 m — 5 ch. d'hôtes dans la maison du propriétaire, mitoyenne à un bâtiment agricole. 1 ch. (1 lit 110), 2 ch. (1 lit 2 pers.) et 2 ch. (1 lit 1 pers. 1 lit 2 pers.). Salle d'eau et wc privés pour chacune. Salle à manger et salon communs au propriétaire. Cheminée, TV. Ch. d'appoint dans 3 ch., ch. central au bois dans 2 ch. Gare 10 km, commerces 6 km. Ouvert toute l'année. Terrain. Téléphone après 20 h : 71.60.21.71. Commerces à Ruynes-en-Margeride, Saint-Flour. Barrage de Garabit. Tarif réduit en 1/2 pension pour 2 pers., réduction enfant.

Prix : 1 pers. **180 F** 2 pers. **200 F** 3 pers. **240 F**
1/2 pens. **240 F**

🎿	🛷	⛷	🚡	🔔	🎯	👫
6	6	6	6	SP	6	20	SP

FALCON Richard – La Tremoliere – 15100 Vabres – Tél. : 71.60.49.13

Vebret Cheyssac   *C.M. n° 76 — Pli n° 2*

🎿🎿🎿 NN

Alt. : 480 m — 3 ch. (2 épis NN) au 1er étage de la maison du propriétaire avec accès indépendant de plain-pied : 1 ch. (1 lit 2 pers. 1 lit 1 pers.), douche et wc privés dans le couloir, 1 ch. (1 lit 2 pers.), s.d.b. et wc privés dans le couloir, 1 ch. (1 lit 2 pers.) avec douche, wc privés dans le couloir. 1 ch. (3 épis NN) avec 1 lit 2 pers., s.d.b. et wc privés. 1 appartement (3 épis NN) : entrée indépendante, 2 ch. (1 lit 2 pers.) chacune + lit d'appoint pour enfant, salle d'eau et wc. Salle à manger et salon communs. Cheminée, TV, téléphone. Chauffage. Coin-cuisine. Enclos, salon de jardin. Barbecue. Gare et commerces à 5 km. Réduction hors saison.

Prix : 1 pers. **140 F** 2 pers. **170/200 F** 3 pers. **220/250 F**

🎿	🛷	⛷	🚡	🔔	🎯	👫
5	5	6	6	SP	5	2	SP

REBIERE Muguette – Cheyssac – 15240 Vebret – Tél. : 71.40.21.83

Vebret Verchalles   *C.M. n° 76 — Pli n° 2*

🎿🎿🎿 NN
(A)

Alt. : 480 m — 6 ch. d'hôtes. 2 ch. au 1er étage de la maison du propriétaire : 1 ch. (1 lit 2 pers.), douche et wc privés, 1 ch. (2 lits 130), s.d.b. et wc privés. 4 ch. dans un bâtiment annexe : 1 ch. (1 lit 2 pers.), 3 ch. (1 lit 2 pers. 1 lit 1 pers.), sanitaires privatifs pour chaque ch. Salle commune avec TV, bibliothèque. Soirée étape : 200 F/pers. Chauffage central. Cheminée. Téléphone. Terrasse, jardin, salon de jardin, piscine privée sur place, jeux d'enfants. Gare 5 km. Commerces 3 km. Réduction enfant selon l'age. Supplément animal. Camping à la ferme et ferme auberge sur place.

Prix : 2 pers. **250 F** 1/2 pens. **180 F** pens. **240 F**

🎿	🛷	⛷	🚡	🔔	🎯
SP	SP	10	10	1	10

GALVAING Guy – Verchalles – 15240 Vebret – Tél. : 71.40.21.58 ou 71.40.24.20

Vic-sur-Cere   *C.M. n° 76 — Pli n° 12*

🎿🎿🎿 NN
(TH)

Alt. : 680 m — 3 ch. (3 épis NN) dans une ferme de caractère : 1 ch. (1 lit 2 pers.), sanitaires privés, 1 ch. (1 lit 2 pers. 1 lit 1 pers.), sanitaires privés, 1 appartement avec 2 ch. (1 lit 2 pers. chacune), sanitaires privés. 1 ch. (2 épis NN) avec 1 lit 2 pers., salle d'eau, wc privés non communicants. Chauffage. Téléphone, TV, cheminée, bibliothèque à disposition. Terrain, aire de jeux, salon de jardin. Gare et commerces 500 m. Vallée de la Cère. Réduction enfant selon l'age.

Prix : 2 pers. **190 F** 1/2 pens. **170 F**

🎿	🛷	🔔	🎯	⛷	👫
0,5	0,5	0,2	0,5	5	17	SP

DELRIEU Auguste et Noelle – La Prade – 15800 Vic-sur-Cere – Tél. : 71.47.51.64

Haute-Loire

Allegre   *C.M. n° 76 — Pli n° 6*

🎿🎿 NN
(TH)

Alt. : 1050 m — 1 chambre 2 pers. dans cet ancien couvent situé dans le village. Salle d'eau et wc privés. Salle de séjour avec télévision et bibliothèque à la disposition des hôtes. Rivière 3 km. Produits fermiers et restaurant à 500 m. Zone volcanique du Velay - Livradois-Forez. Ouvert toute l'année. Anglais, allemand et espagnol parlés. Tarifs spéciaux hors saison et longue durée.

Prix : 1 pers. **130 F** 2 pers. **170 F** repas **60 F**

🎿	👫	🔔	🎯	🎿
15	1	5	SP	SP

DAUDIN Jean et PATRON Anne-Marie – 15 rue Porte de Monsieur – 43270 Allegre – Tél. : 71 00.76.88

Alleyras Pourcheresse *C.M. nº 76*

§§ NN
(TH)

Alt. : 1050 m — Dans maison récente à proximité de l'exploitation agricole. 2 chambres à l'étage avec sanitaires privés chacune. Coin-salon. Salle à manger. Terrasse. Terrain non clos. Commerces 3 km. Ouvert toute l'année. Anglais parlé. Dans les pittoresques gorges de l'Allier. Pays de saumon et des eaux vives. Nombreuses petites églises romanes.

Prix : 1 pers. **140 F** 2 pers. **180 F** 3 pers. **220 F** repas **60 F**

3	3	8	10

REDON Joelle – Pourcheresse – 43580 Alleyras – Tél. : 71.74.43.87

Ally *C.M. nº 76 — Pli nº 5*

§§§ NN
(TH)

Alt. : 1000 m — Sur une exploitation agricole, 3 ch. d'hôtes avec sanitaires privés. Salle commune avec cheminée. Bibliothèque. Terrasse couverte. Terrain attenant. Gare 25 km. Commerces 10 km. A proximité des gorges de l'Allier, au pays des moulins, vous saurez apprécier le calme et découvrir une région pittoresque.

Prix : 1 pers. **150 F** 2 pers. **190 F** 3 pers. **220 F** repas **65 F**

10	12	SP	10

MASSEBOEUF Paul et Marie – 43380 Ally – Tél. : 71.76.78.34

Bains Jalasset *C.M. nº 76 — Pli nº 16*

§§§ NN
(TH)

Alt. : 900 m — Dans une ferme restaurée en pleine campagne, proche du GR 65, dans un petit hameau tranquille, 2 ch. 2 pers., 1 ch. 3 pers., 1 ch. 4 pers., toutes avec salle d'eau et wc privés. Salle de séjour, TV. Jardin, parking, aire de jeux, pré, abri couvert. Produits fermiers sur place. Restaurant 2 km. Animaux admis. Velay volcanique/Livradois-forez. Ouvert toute l'année.

Prix : 1 pers. **140 F** 2 pers. **180 F** 3 pers. **210 F** repas **55 F**

6	12	3	12

PELISSE Marcel et Monique – Jalasset – 43370 Bains – Tél. : 71.57.52.72

Bas-en-Basset Lavoux *C.M. nº 76 — Pli nº 8*

§§§ NN
(TH)

Alt. : 800 m — 4 ch. d'hôtes dont 1 avec mezzanine, sanitaires privés. Grand salon avec cheminée, coin-bar/piano. Bibliothèque. Salle à manger avec cheminée. TV. Aire de jeux. Terrasse couverte avec barbecue et four à pain. Grand espace. Gare 10 km. Commerces 9 km. Anglais parlé. A proximité des gorges de la Loire, belle maison restaurée où M. et Mme Padel vous accueilleront chaleureusement.

Prix : 1 pers. **150 F** 2 pers. **190 F** 3 pers. **250 F** repas **70 F**

9	9	9	SP	9

PADEL Agnes – Lavoux – 43210 Bas-en-Basset – Tél. : 71.66.77.46

Beaux *C.M. nº 76 — Pli nº 8*

§§ NN

Alt. : 750 m — Maison de construction récente comprenant 2 ch. d'hôtes avec sanitaires privés non attenants. Séjour avec cheminée. Terrasse, grand espace. Gare 7 km. Commerces 8 km. Ouvert du 1er juin au 10 septembre. Possibilité table d'hôtes. A l'entrée du village, maison agréablement aménagée au milieu d'une pinède propice au repos.

Prix : 1 pers. **120 F** 2 pers. **160 F** 3 pers. **200 F**

SP	7	7	SP	7

ALLEMAND Marie-Therese – 43200 Beaux – Tél. : 71.09.49.10 ou 71.59.09.98

Beaux Domaine-de-Berger *C.M. nº 76 — Pli nº 8*

§§ NN

Alt. : 750 m — 3 chambres d'hôtes aménagées à l'étage d'une maison de caractère. 1 ch. 3 pers. et 1 ch. 2 pers. avec salle d'eau privée pour chacune et wc communs. 1 ch. 4 pers. avec sanitaires privés. Salle de séjour, bibliothèque. Terrain clos. Ouvert du 1er juillet au 31 août.

Prix : 1 pers. **130 F** 2 pers. **180 F** 3 pers. **250 F**
pers. sup. **70 F**

3	10	10	SP

GISSINGER-PFEIFFER Louise-Anne – Domaine de Berger – 43200 Beaux – Tél. : 71.59.07.27

Bellevue-la-Montagne La Monge *C.M. nº 76 — Pli nº 7*

§§§
(TH)

Alt. : 970 m — 3 chambres d'hôtes sur une exploitation agricole. 1 ch. 2 pers., 1 ch. 3 pers., 1 ch. 5 pers., toutes avec salle d'eau et wc privés. Séjour avec TV. Jardin, aire de jeux. Squash 10 km. Festival de musique à la Chaise-Dieu 12 km. Zone volcanique du Velay - Livradois-Forez. Ouvert toute l'année. Tarifs spéciaux en hors-saison. - 10 % pour plus de 4 jours.

Prix : 2 pers. **180 F** 3 pers. **250 F** pers. sup. **50 F** repas **60 F**

10	10	10	10

FILERE Michel et Francoise – La Monge – 43350 Bellevue-la-Montagne – Tél. : 71.00.60.54 – Fax : 71.00.60.54

Bouchet-Saint-Nicolas *C.M. nº 76 — Pli nº 16*

E.C. NN
(TH)

Alt. : 1100 m — Maison en pierre, restaurée, située dans un hameau. Les chambres sont aménagées au 1er étage. 2 ch. avec sanitaires privés dont 1 ch. avec mezzanine, cuisine à disposition des hôtes. Parking. Lac 2 km. Zone volcanique du Velay - Livradois-Forez. Ouvert toute l'année. Terre d'élection de la lentille verte du Puy, empreinte remarquable du volcanisme : lac du Bouchet.

Prix : 1 pers. **150 F** 2 pers. **180 F** 3 pers. **220 F**
pers. sup. **30 F** repas **60 F**

4

VILLESECHE Colette – Le Bouchet Saint-Nicolas – 43510 Cayres – Tél. : 71.57.32.51 – Fax : 71.57.30.93

Le Bouchet-Saint-Nicolas   *C.M. n° 76 — Pli n° 16*

♥♥♥ NN
(TH)
Alt. : 1100 m — Maison restaurée proche du lac du Bouchet comprenant 3 chambres d'hôtes (2 lits 2 pers. 1 ch. avec mezzanine 4 pers.) avec sanitaires privés. Salon, salle à manger. Balcon. Cour attenante. Gare 20 km. Commerces sur place. Ouvert toute l'année. Terre d'élection de la lentille verte du Puy. Empreinte remarquable du volcanisme : Lac du Bouchet.

Prix : 1 pers. **160 F** 2 pers. **190 F** 3 pers. **220 F**
pers. sup. **30 F** repas **60 F**

2	8	8	2	4

REYNAUD Augustin et Andree – 43510 Le Bouchet-Saint-Nicolas – Tél. : 71.57.31.91

Bournoncle-Saint-Pierre   *C.M. n° 76 — Pli n° 5*

♥♥♥ NN
(TH)
Alt. : 420 m — Dans maison récente, sur exploitation agricole. 4 chambres à l'étage avec sanitaires privés. 1 chambre au rez-de-chaussée avec sanitaires privés. Salle commune avec cheminée et TV. Terrasse. Terrain non clos. Parking. Gare et commerces à 4 km. Ouvert toute l'année. Notion d'anglais. A proximité de Brioude (magnifique basilique romane auvergnate, maison du saumon, quartiers anciens) et des pittoresques gorges de l'Allier et de l'Allagnon.

Prix : 1 pers. **150 F** 2 pers. **180 F** 3 pers. **240 F**
pers. sup. **40 F** repas **65 F**

7	12	6

CHAZELLE Bernard et Christiane – Bard – 43360 Bournoncle-Saint-Pierre – Tél. : 71.76.01.12

Cayres Chacornac   *C.M. n° 76 — Pli n° 17*

♥♥ NN
(TH)
Alt. : 1000 m — 2 chambres d'hôtes dans cette ferme située dans le hameau. 2 chambres 3 pers. avec salle d'eau privée dans chaque chambre. WC communs. Salle de séjour avec télévision à la disposition des hôtes. Jardin, parking, aire de jeux, abri couvert. Produits fermiers sur place. Animaux admis. Lac 4 km. Zone volcanique du Velay - Livradois-Forez. Ouvert toute l'année.

Prix : 1 pers. **130 F** 2 pers. **160 F** 3 pers. **200 F** repas **60 F**

12	10

PELISSE Pierre et Emma – Chacornac – 43510 Cayres – Tél. : 71.57.17.90

Ceaux-d'Allegre Les Vialles   *C.M. n° 76 — Pli n° 6*

♥♥♥ NN
(TH)
Alt. : 930 m — 1 chambre 2 pers., 1 chambre 3 pers. avec salles d'eau et wc privés. Séjour avec TV et cheminée. Aire de jeux. Espace attenant. Festival de musique à la Chaise-Dieu 15 km. Zone volcanique du Velay - Livradois-Forez. GR 40. Ouvert toute l'année.

Prix : 1 pers. **130 F** 2 pers. **160 F** 3 pers. **200 F**
pers. sup. **40 F** repas **55 F**

6	6	6	6

LAURENT Jean-Marc et Mireille – Les Vialles – 43270 Ceaux-d'Allegre – Tél. : 71.00.62.77

La Chaise-Dieu   *C.M. n° 76 — Pli n° 6*

♥♥♥
(TH)
Alt. : 1000 m — 4 chambres avec sanitaires privés dans une maison située dans le bourg. Séjour avec cheminée, cuisine, bibliothèque. Terrasse. Restaurant dans le bourg. Zone Velay volcanique - Livradois Forez. Commerces sur place. Ouvert toute l'année. Festival de musique.

Prix : 1 pers. **180 F** 2 pers. **190 F** 3 pers. **250 F** repas **65 F**

SP	SP	SP	SP

COMMUNAL Jean et Andree – Rue Saint-Martin – 43160 La Chaise-Dieu – Tél. : 71.00.01.77

La Chaise-Dieu   *C.M. n° 76 — Pli n° 6*

♥♥ NN
(TH)
Alt. : 1000 m — Maison de caractère entièrement rénovée proche de la célèbre abbaye. 5 chambres (12 pers.) avec salle d'eau privée non attenante, wc communs. Séjour avec cheminée. Salle à manger. Terrasse. Repas pique-nique. Gare 40 km. Commerces sur place. Ouvert toute l'année. Anglais et italien parlés. Dans cette région du Parc Livradois Forez, sous la protection de l'imposante abbaye de la Chaise-Dieu et son prestigieux festival de musique (danse macabre, tapisseries).

Prix : 1 pers. **195 F** 2 pers. **280 F** 3 pers. **350 F** repas **100 F**

1,5	2	1,5	1,5

CHAILLY Jacqueline – Rue Marchedial – 43160 La Chaise-Dieu – Tél. : 71.00.07.52

Champclause Boussoulet   *C.M. n° 76 — Pli n° 8*

♥
Alt. : 1100 m — 4 chambres d'hôtes dans cette maison restaurée située dans le village. 3 chambres de 2 pers. et 1 chambre de 3 pers. La salle d'eau est commune aux 4 chambres. Pré. Parking. Possibilité cuisine. Restaurant et produits fermiers sur place. Zone Mezenc-Meygal - Vivarais. GR40. Ouvert du 15 mars au 15 novembre. Animaux admis avec supplément.

Prix : 1 pers. **129 F** 2 pers. **158 F** 3 pers. **235 F**
pers. sup. **20 F**

7	7	SP	7

VERDIER Jean et Louise – Boussoulet – 43260 Champclause – Tél. : 71.08.75.44 ou 71.08.71.00

Chaspinhac La Paravent   *C.M. n° 76 — Pli n° 7*

♥♥♥ NN
(TH)
Alt. : 890 m — Maison de caractère comportant 4 chambres spacieuses de style contemporain avec sanitaires privés. Salon détente. Bibliothèque. Salle à manger avec cheminée. Cuisine. Parking. Jardin. Grand espace. Zone volcanique du Velay. Ouvert toute l'année. Supplément de 20 F pour 1 nuit. Restaurant 200 m. Initiation au patchwork en hors-saison. Belle maison de caractère entièrement restaurée, située dans une cadre très agréable avec très belle vue sur le bassin du Puy.

Prix : 1 pers. **160 F** 2 pers. **200 F** 3 pers. **260 F** repas **70 F**

SP	SP	8	SP	5

CLAVEL Daniel et Chantal – La Paravent – 43700 Chaspinhac – Tél. : 71.03.54.75

Chassagnes Faveyrolles

E.C. NN
(TH)

Alt. : 650 m — A 4 km de Paulhaguet, belle maisonnette restaurée en bordure de hameau, habitat indépendant dans une cour de la propriété, entouré de prés. 1 chambre avec mezzanine (4 pers.). Séjour avec cheminée, kitchenette, sanitaires privés. Garage. Gare et commerces 4 km. Anglais parlé. Ouvert de Pâques à la Toussaint, juillet et août et les week-ends en mai, juin et septembre. Pays du saumon et des eaux vives, règne de l'art Roman, sites incomparables de villages perchés et château natal du général Lafayette dans les environs. Table d'hôtes sur réservation.

Prix : 1 pers. **170 F** 2 pers. **200 F** 3 pers. **300 F**
pers. sup. **60 F** repas **50 F**

4	20	SP	4

DRIOT Helene et Thierry – Faveyrolles – 43230 Chassagnes – Tél. : 71.76.66.61

Chomelix Fournac
C.M. n° 76 — Pli n° 7

E.C. NN
(TH)

Alt. : 900 m — Dans un bâtiment contigu à la maison du propriétaire, 3 chambres avec sanitaires privés, salle à manger avec cheminée, salon détente, TV, biblio. Vaste terrain attenant. produits fermiers. Gare 30 km, commerces 3 km. Ouvert du 15 juillet au 15 septembre. Pays de forêts sous la protection de l'imposante abbaye de la Chaise-Dieu (tapisseries, danse macabre...). Prestigieux festival de musique (fin août, début septembre), station verte de Craponne-sur-Arzon.

Prix : 1 pers. **150 F** 2 pers. **200 F** 3 pers. **250 F** repas **60 F**

7	SP	3

DAUDEL Monique et Raymond – Fournac – 43500 Chomelix – Tél. : 71.03.62.62

Chomelix Miollet
C.M. n° 76 — Pli n° 7

❅❅❅ NN
(TH)

Alt. : 915 m — Belle maison restaurée comprenant 4 ch. d'hôtes avec sanitaires privés. Séjour avec cheminée et bibliothèque. Terrasse, vaste terrain attenant. Gare 30 km. Commerces 6 km. Ouvert toute l'année. Chambres non fumeur. A proximité de la Chaise-Dieu, célèbre pour son festival de musique, M. et Mme Marin sauront vous accueillir dans leurs chambres confortablement aménagées et vous faire apprécier la région.

Prix : 1 pers. **180 F** 2 pers. **210 F** 3 pers. **280 F** repas **70 F**

SP	6	6	SP	6

MARIN Georges et A.Marie – Miollet – 43500 Chomelix – Tél. : 71.03.60.39

Cohade Flageac
C.M. n° 76 — Pli n° 5

❅❅❅ NN
(TH)

Alt. : 420 m — Maison de caractère en pierre située en dehors du village. 4 chambres : 1 ch. 4 pers., 1 ch. 3 pers. et 2 ch. 2 pers. avec sanitaires privés. Salle de séjour. Elevage d'ovins. Parking. Restaurant 3 km. Location de vélos et VTT sur place. Canoë-kayak 3 km. Zone haut-Allier - Margeride. Commerces 4 km. Ouvert toute l'année.

Prix : 1 pers. **170 F** 2 pers. **220 F** 3 pers. **270 F** repas **75 F**

3	3	3	3

BROS Gilbert et Monique – Flageac – 43100 Cohade – Tél. : 71.50.04.48 – Fax : 71.74.98.42

Cohade
C.M. n° 76 — Pli n° 5

❅❅❅ NN
(TH)

Alt. : 420 m — Dans un bâtiment mitoyen à la maison du propriétaire, 4 ch. d'hôtes avec sanitaires privés. Séjour avec cheminée, salle à manger, cuisine. Terrasse. Produits fermiers. Zone Haut-Allier - Margeride. Ouvert toute l'année. Espagnol et allemand parlés.

Prix : 1 pers. **150 F** 2 pers. **190 F** 3 pers. **240 F**
pers. sup. **60 F** repas **65 F**

6	6	6	6

CURABET Pierre et Roselyne – 43100 Cohade – Tél. : 71.50.28.50

Coubon Les Cabarets-de-Cussac
C.M. n° 76 — Pli n° 17

❅❅❅ NN
(TH)

Alt. : 780 m — 5 chambres dans cette ferme isolée, située en pleine campagne. 3 ch. avec sanitaires privés (3 épis), 2 ch. avec salle d'eau privée et wc communs (2 épis). Salle de séjour avec TV à la disposition des hôtes. Aire de jeux. Parking. Produits fermiers sur place. Restaurant 3 km. Animaux admis. Zone le Puy-en-Velay - vallée de la Loire. Ouvert de Pâques à la Toussaint.

Prix : 1 pers. **150 F** 2 pers. **190 F** 3 pers. **220 F** repas **55 F**

0,5	3

BERNARD Roger et Yvonne – Les Cabarets de Cussac – 43700 Coubon – Tél. : 71.08.81.17

Craponne Paulagnac
C.M. n° 76 — Pli n° 7

❅❅❅ NN

Alt. : 875 m — Très belle maison restaurée comprenant 3 ch. d'hôtes avec sanitaires privés non attenants et 2 ch. avec sanitaires privés accessibles de plain-pied. Salle à manger avec cheminée et boiseries. Vaste séjour avec cheminée, bibliothèque. Vaste terrain ombragé. Terrasse. Commerces 3,7 km. Ouvert de Pâques à fin septembre, hors-saison sur réservation. Anglais parlé. Dans le parc Livradois Forez et proche de la Chaise-Dieu, célèbre pour son festival de musique, M. et Mme Champel sauront vous faire passer un agréable séjour dans leur très belle maison restaurée avec goût.

Prix : 1 pers. **230 F** 2 pers. **280 F** pers. sup. **60 F**

2	3,7	2	SP

CHAMPEL Francois et Eliane – Paulagnac – 43500 Craponne – Tél. : 71.03.26.37 – Fax : 71.50.20.45

Les Estables Chamard   *C.M. n° 76 — Pli n° 18*

♨♨♨ NN
(TH)

Alt. : 1360 m — 3 chambres d'hôtes avec sanitaires privés aménagées dans une ferme de caractère située sur le plateau du Mezenc. Salon et coin-cuisine. Salle à manger avec cheminée. Grand espace attenant. Ferme équestre et poney-club. Gare 35 km. Commerces 3,5 km. Ouvert du 15 avril au 15 septembre. Anglais parlé. Lignes pures du Mézenc et pays des sucs. Espaces de liberté. Riche patrimoine. Zone nordique du Mézenc.

Prix : 1 pers. **135 F** 2 pers. **210 F** 3 pers. **240 F** repas **65 F**

10	SP	15	15	SP

DECROCQ Jacques et Myriam – Chamard - Les Ecuries du Mezenc – 43150 Les Estables – Tél. : 71.08.30.53 – Fax : 71.08.30.53

Les Estables La Vacheresse   *C.M. n° 76 — Pli n° 18*

♨♨♨ NN
(TH)

Alt. : 1150 m — Maison en pierre et lauzes entièrement restaurée. 4 chambres avec sanitaires privées dont 2 avec mezzanine. Salle à manger avec cheminée. Salon. Bibliothèque. Patio. Terrasse. Gare 30 km. Commerces 4 km. Ouvert toute l'année. Anglais parlé. Produits fermiers (foie gras, confit...). Tarif spécial enfant dans la chambre des parents. Dans une maison centenaire, lieu d'accueil depuis 1909 revivant et réaménagée depuis 1994. En bordure d'un ruisseau, à proximité du Mézenc. Nombreuses activités.

Prix : 1 pers. **140 F** 2 pers. **220 F** 3 pers. **330 F** repas **70 F**

SP	5	4

Chantal OLLIER et Gilles FOURCADE – La Vacheresse - La Bartette – 43150 Les Estables – Tél. : 71.08.31.70 ou 71.03.87.01

Fay-sur-Lignon Abries   *C.M. n° 76 — Pli n° 18*

♨♨♨ NN
(TH)

Alt. : 1150 m — Maison en pierre restaurée sur une exploitation agricole (élevage de chèvres). 4 ch. d'hôtes avec sanitaires privés. Salon, salle à manger, bibliothèque et TV. Terrain attenant. Produits fermiers. Gare 40 km. Commerces 5 km. Ouvert toute l'année. Anglais parlé. Thérèse et Bernard vous accueilleront chaleureusement dans leur maison et sauront vous faire apprécier leur région et leurs produits fermiers.

Prix : 2 pers. **230 F** repas **65 F**

0,2	8	25	8	5

BOUTARIN Therese - DESAGE Bernard – Abries – 43430 Fay-sur-Lignon – Tél. : 71.59.56.66

Ferrussac Le Cros   *C.M. n° 76 — Pli n° 5*

♨♨♨
(TH)

Alt. : 1000 m — 3 chambres aménagées dans une ferme restaurée, située sur une exploitation agricole. Chambres avec sanitaires privés. Salon avec TV. Salle à manger avec cheminée. Cour. Espace. Zone haut-Allier - Margeride. Chambres situées sur le GR 412. Gare 15 km. Commerces 10 km. A proximité des gorges de l'Allier et du monument national de la résistance, au Mont Mouchet, pittoresque région.

Prix : 1 pers. **140 F** 2 pers. **170 F** 3 pers. **230 F** repas **60 F**

SP	10	10	SP	10	SP	10

MERCIER Josee – Le Cros - Ferrussac – 43300 Langeac – Tél. : 71.74.11.52

Jax Chastenuel   *C.M. n° 76 — Pli n° 6*

E.C. NN
(TH)

Alt. : 1050 m — Ferme équestre. Maison de caractère entièrement rénovée. 3 ch. avec sanitaires privés dont 2 avec mezzanine (8 pers.). Salon avec cheminée. Salle à manger. Aire de jeux. Espace attenant. Parking. Les propriétaires exploitent également un gîte d'enfants et un gîte de groupe. Gare 12 km. Commerces 5 km. Ouvert toute l'année. Anglais parlé. A proximité du château de Chavaniac-Lafayette où naquit le Général Lafayette. Terre d'élection de la lentille verte du Puy. Villages pittoresques. Empreinte remarquable du volcanisme.

Prix : 1 pers. **180 F** 2 pers. **220 F** 3 pers. **250 F** repas **70 F**

SP	SP	SP

BONNEVIAILLE Eric et Isabelle – Chastenuel – 43230 Jax – Tél. : 71.74.25.57 – Fax : 71.74.21.41

Jullianges   *C.M. n° 76 — Pli n° 6*

♨♨♨♨ NN

Alt. : 950 m — Demeure de maître du XIX° siècle, en granit dans un parc fleuri d'un ha. 4 chambres avec sanitaires privés dont 2 suites. Séjour avec cheminée. Bibliothèque. TV. Téléphone. Parking couvert. Commerces 8 km. Ouvert pendant les vacances scolaires et septembre. Anglais parlé. Ferme-auberge sur place. A l'intersection du Forez, de l'Auvergne et du Velay, vous passerez un séjour agréable dans ce cadre magnifique. La grande cheminée seigneuriale du salon et les chambres avec un mobilier d'époque vous enchanteront.

Prix : 1 pers. **270 F** 2 pers. **360 F** 3 pers. **520 F**

2	8	8

MEJEAN Louis et Michele – 43500 Jullianges – Tél. : 71.03.23.35 ou 75.01.04.15

Lafarre Les Sauvages   *C.M. n° 76 — Pli n° 17*

♨♨ NN
(TH)

Alt. : 960 m — Dans maison en pierre de construction récente, 2 chambres mansardées avec sanitaires privés. Salle à manger. TV. Terrasse. Terrain non clos. Gare 40 km. Commerces 10 km. Ouvert toute l'année. Pays de la jeune Loire, gorges pittoresques des premiers châteaux de la Loire. Douceur des rives proches de monuments remarquables (églises romanes, vestiges historiques).

Prix : 1 pers. **135 F** 2 pers. **170 F** 3 pers. **205 F** repas **60 F**

2	2

PASCAL Paul et Raymonde – Les Sauvages – 43490 Lafarre – Tél. : 71.57.39.27

Lavoute-sur-Loire Les Pres-d'Emblaves — C.M. n° 76 — Pli n° 7

E.C. NN
(TH)

Alt. : 565 m — Dans un bâtiment neuf attenant à la résidence principale, 4 chambres d'hôtes, 2 ch. 4 pers. avec mezzanine, 2 pour 2 pers. dont 1 avec terrasse. Salle à manger avec cheminée, petit salon fumoir au 1er étage. Gare et commerces 2 km. Anglais parlé. Ouvert de juin à septembre et les vacances scolaires en hors saison. Pays de la jeune Loire : gorges pittoresques des premiers châteaux de la Loire (Arlempdes, Lavoûte, Polignac), exceptionnelle ville du Puy-en-Velay, campée dans un site volcanique insolite. Douceur des rives ponctuées de monuments remarquables (églises romanes, vestiges historiques).

Prix : 1 pers. **170 F** 2 pers. **195 F** 3 pers. **230 F** pers. sup. **20 F** repas **60 F**

0,3	8	0,3

CHAPPUIS Renee et Noel – Les Pres d'Emblaves - Emblaves – 43800 Lavoute-sur-Loire – Tél. : 71.08.53.65

Lissac Freycenet — C.M. n° 76 — Pli n° 6

❦❦❦ NN
(TH)

Alt. : 900 m — Dans une maison de construction récente, sur une exploitation agricole, 4 ch. d'hôtes avec sanitaires privés dont 1 accessible aux personnes handicapées. Salle commune avec cheminée. Terrain attenant. Gare et commerces 1 km. Sur les plateaux du Velay, Nicole et Alain sauront vous faire découvrir la région, vous faire déguster les produits de leur ferme.

Prix : 1 pers. **130 F** 2 pers. **160 F** 3 pers. **200 F** repas **55 F**

6	6	SP	6

SIGAUD Alain et Nicole – Freycenet – 43350 Lissac – Tél. : 71.57.02.97

Lorlanges Lachaud — C.M. n° 76 — Pli n° 5

❦ NN
(TH)

Alt. : 600 m — 5 ch. d'hôtes dans cette ferme située dans le hameau. 2 ch. avec sanitaires privés (3 épis NN) et 3 ch. avec salle commune. Séjour avec TV, cheminée à la disposition des hôtes. Jardin, terrasse, pré, abri couvert, parking. Chasse sur place. Pêche et baignade dans le lac privé sur place. Produits fermiers sur place. Camping à la ferme. Zone haut-Allier - Margeride. A75 4 km, sortie 21. Ouvert toute l'année.

Prix : 2 pers. **160/220 F** 3 pers. **190/240 F** repas **65 F**

SP	10	9	SP	SP	9

BOUDON J.Claude et Suzanne – Lachaud – 43360 Lorlanges – Tél. : 71.76.03.03

Le Mazet-Saint-Voy Les Bises — C.M. n° 76 — Pli n° 8

❦❦ NN
(A)

3 ch. d'hôtes, en pleine campagne, avec salles d'eau privées et wc communs. Salle de séjour à disposition. Pré, aire de jeux, parking, terrasse. Produits fermiers et restaurant sur place. Zone Mezenc-Meygal - Vivarais. Poss. 1/2 pension et pension complète. Ouvert toute l'année.

Prix : 1 pers. **150 F** 2 pers. **200 F** 3 pers. **250 F** repas **65 F**

1	6	6	1	6	2	6

NOUVET Marie – Les Bises – 43520 Le Mazet-Saint-Voy – Tél. : 71.65.01.76

Monistrol-d'Allier — C.M. n° 76 — Pli n° 16

❦❦ NN

Alt. : 600 m — Maison restaurée comportant 1 ch. 2 pers. et 2 ch. 3 pers. avec sanitaires et cuisine privés. Salle à manger. Zone haut-Allier - Margeride. Ouvert toute l'année. Gare et commerces sur place. Dans les pittoresques gorges de l'Allier et sur le chemin de Saint-Jacques de Compostelle, maison confortablement restaurée où M. et Mme Ditsch vous accueilleront agréablement.

Prix : 1 pers. **130 F** 2 pers. **190 F** 3 pers. **240 F**

SP	16	16	SP	SP	16	SP

DITSCH Richard – 43580 Monistrol-d'Allier – Tél. : 71.57.24.38

Moudeyres Le Moulinou — C.M. n° 76 — Pli n° 17

E.C. NN
(TH)

Alt. : 1230 m — Un accueil simple et chaleureux dans une ambiance familiale, nous vous proposons 5 chambres de caractère avec salle d'eau et wc privés, salon, séjour, cheminée monumentale. Terrasse, terrain clos, parking privé. Notre corps de ferme typique du Mézenc du XVIIIe siècle se situe sur le plateau volcanique dans un environnement paisible de pâturages. Ouvert toute l'année. Anglais, allemand et néerlandais parlés. Gare 25 km, commerces 5 km. En hiver, vous vous réchaufferez dans l'âtre de notre grande cheminée, après la journée de ski. La belle saison venue, vous apprécierez l'abondance des fleurs sauvages qui nous entourent.

Prix : 1 pers. **175 F** 2 pers. **210/250 F** 3 pers. **285 F** repas **75 F**

SP	5	SP	5

GABORIAUD Lucia et Bertrand – Le Moulinou – 43150 Moudeyres – Tél. : 71.08.30.52

Paulhaguet Vals-le-Chastel — C.M. n° 76 — Pli n° 6

❦❦ NN
(TH)

Alt. : 500 m — 2 chambres d'hôtes avec sanitaires privés aménagées dans une ferme située dans un village. Salle de séjour à la disposition des hôtes. Pré, terrain, parking. Chasse sur place. Produits fermiers et restaurant sur place. Zone haut-Allier/Margeride. Ouvert toute l'année.

Prix : 1 pers. **130 F** 2 pers. **160 F** 3 pers. **190 F** repas **60 F**

SP	12	15	7

CHALEIL Gabriel et Josette – Vals le Chastel – 43320 Paulhaguet – Tél. : 71.76.40.71

Paulhaguet Les Rivaux *C.M. n° 76 — Pli n° 6*

❦❦ NN
(TH)

4 chambres d'hôtes dans une maison de construction récente située en bordure du bourg. 4 chambres avec sanitaires privés. Séjour avec cheminée et TV. Bibliothèque et jeux à la disposition des hôtes. Jardin, aire de jeux, terrasse. Mini-golf privé, poneys. Zone Haut-Allier - Margeride. Ouvert toute l'année. Daniel et Annie vous accueilleront chaleureusement dans leur maison, ils vous feront découvrir le patrimoine et l'art roman de leur belle région et vous feront déguster les produits de leur ferme.

Prix : 1 pers. **130/150 F** 2 pers. **160/180 F** 3 pers. **190/210 F**
pers. sup. **30 F** repas **60 F**

1	1

CHAMBON Daniel et Annie – Les Rivaux – 43230 Paulhaguet – Tél. : 71.76.85.59 ou 71.76.60.59 – Fax : 71.76.60.59

Polignac *C.M. n° 76 — Pli n° 7*

❦❦ NN
(A)

Alt. : 750 m — Dans un village pittoresque, 3 chambres d'hôtes avec sanitaires privés, 2 chambres avec salle d'eau privée et 2 wc communs. Terrasse, parking. Auberge sur place. Zone le Puy-en-Velay - vallée de la Loire. Gare 5 km. Commerces 1 km. Ouvert toute l'année.

Prix : 1 pers. **170 F** 2 pers. **170/180 F** 3 pers. **220 F**
pers. sup. **30 F** repas **50 F**

5	5	5

AUDET Julien et Huguette – Bilhac - Polignac – 43000 Le Puy-en-Velay – Tél. : 71.09.72.41

Retournac Les Revers *C.M. n° 76 — Pli n° 7*

E.C. NN
(TH)

Alt. : 640 m — Dans une ferme restaurée en pleine campagne, 4 chambres dont 2 avec mezzanine, salle de bains et wc privés. 1 ch. accessible aux personnes handicapées. Grande salle avec cheminée, TV. Grand espace attenant. Gare et commerces 7 km. Ouvert toute l'année. Anglais et allemand parlés. Pays de la jeune Loire : gorges pittoresques des premiers châteaux de la Loire, douceur des rives ponctuées de monuments remarquables (églises romanes, vestiges historiques).

Prix : 1 pers. **180 F** 2 pers. **210 F** 3 pers. **250 F** repas **65 F**

2	8	7

CHEVALIER Beatrice et J-Pierre – Les Revers – 43130 Retournac – Tél. : 71.59.42.81

Rosieres La Croix-du-Marais *C.M. n° 76 — Pli n° 7*

❦ NN
(TH)

Alt. : 700 m — 5 chambres d'hôtes dans cette ancienne ferme rénovée située à l'entrée du village. 3 ch. avec salle d'eau commune et 2 ch. (3 épis NN) avec sanitaires privés. Séjour avec TV. Terrasse. Pré. Terrain. Parking. VTT sur place. Jeux. Produits fermiers sur place. Zone le Puy-en-Velay - vallée de la Loire 20 km. Ouvert du 15 mars au 24 décembre.

Prix : 1 pers. **140 F** 2 pers. **190 F** 3 pers. **250 F**
repas **60/90 F**

0,1	6	0,1	4	

GAMOND-SOULIER Marcelle – La Croix du Marais - Blanhac – 43800 Rosieres – Tél. : 71.57.45.69 ou 71.57.44.17

Saint-Cirgues *C.M. n° 76 — Pli n° 5*

❦
(TH)

5 chambres 3 pers. dans cette ferme située dans un hameau, avec salle d'eau commune. Salle de séjour avec TV à disposition. Jardin. Pré. Aire de jeux. Parking. Produits fermiers sur place. Animaux admis. Restaurant 3 km. Canoë-kayak 2 km. Zone Haut-Allier - Margeride. Ouvert de février à novembre.

Prix : 1 pers. **120 F** 2 pers. **150 F** 3 pers. **190 F** repas **60 F**

4	2	2

ROCHE Georges – Treignac – 43380 Saint-Cirgues – Tél. : 71.77.44.63

Saint-Cirgues Treignac *C.M. n° 76 — Pli n° 5*

❦❦ NN
(TH)

Alt. : 550 m — Dans un bâtiment restauré, 3 ch. d'hôtes avec sanitaires privés, salle commune avec cheminée, cuisine à disposition. Terrasse, terrain attenant. Gare 13 km. Commerces 3 km. Ouvert toute l'année. Produits fermiers. Dans les pittoresques gorges de l'Allier, M. et Mme Rousset sauront vous faire découvrir la région et apprécier leurs produits fermiers.

Prix : 1 pers. **130 F** 2 pers. **160 F** 3 pers. **200 F** repas **60 F**

2	2	SP	2

ROUSSET Claude et Solange – Treignac – 43380 Saint-Cirgues – Tél. : 71.77.41.41

Saint-Didier-d'Allier La Grangette   *C.M. n° 76 — Pli n° 16*

E.C. NN
(TH)

Alt. : 800 m — Ferme rénovée, isolée dans les splendides gorges de l'Allier : 4 chambres dont 2 avec mezzanine, sanitaires privés. Salon, salle à manger avec coin-cuisine. Espace attenant. Gare 14 km, commerces 6 km. Ouvert du 30 décembre au 30 octobre. Pays du saumon et des eaux vives. Règne de l'art Roman. Site incomparable de villages. Château natal du général Lafayette. Canyoning, rafting et VTT à 6 km. Canoë-kayak 14 km.

Prix : 1 pers. **140 F** 2 pers. **180 F** 3 pers. **220 F**
pers. sup. **40 F** repas **60 F** 1/2 pens. **200 F**

SP	10

AVOINE Philippe et MONTAGNE Jacqueline – La Grangette – 43580 Saint-Didier-d'Allier – Tél. : 71.57.24.41

Saint-Eble *C.M. n° 76 — Pli n° 6*

❦❦❦ NN
(TH)

Alt. : 700 m — 3 chambres d'hôtes de 2 ou 4 pers. Mezzanines avec salle d'eau et wc privés. Salon de détente, bibliothèque... Terrasse, jardin. Ancienne ferme à l'écart du village, parking. Initiation à l'orpaillage (recherche métaux précieux en rivière) par le propriétaire. VTT. Sports en eaux vives, escalade. Ouvert de mi-février à fin-septembre. Gare 8 km. Commerces 3 km.

Prix : 1 pers. **150 F** 2 pers. **205 F** 3 pers. **255 F**
pers. sup. **60 F** repas **60 F**

6	6	6

SDEI Raymond et Christiane – Chamalieres - Saint-Eble – 43300 Mazeyrat-d'Allier – Tél. : 71.77.12.26

Saint-Ferreol-d'Auroure Montauroux   C.M. n° 76 — Pli n° 8

NN **TH**

2 chambres d'hôtes dans cette ferme située dans un hameau. Salle d'eau commune. Salle de séjour avec TV à disposition. Pré. Aire de jeux. Produits fermiers sur place. Restaurant 4 km. Animaux admis. Zone le Puy-en-Velay - Vallée de la Loire. Ouvert toute l'année. Gare 5 km. Commerces 4 km.

Prix : 1 pers. 120 F 2 pers. 160 F 3 pers. 180 F repas 55 F

5	5

ESCOFFIER Jean – Montauroux – 43330 Saint-Ferreol-d'Auroure – Tél. : 77.35.50.53

Saint-Front Les Bastides   C.M. n° 76 — Pli n° 18

NN **TH**

Alt. : 1350 m — Ancienne bastide restaurée dans le style du pays. 2 ch. 2 pers. et 2 suites avec sanitaires privés. Salon avec cheminée. Salle à manger. Biblio. Piano. Billard. Grand espace. Terrasse. Stage d'initiation au traineau, raids sauvages en ski de fond, guidés par attelages chiens - halte équestre. Zone Mézenc-Meygal/Vivarais. Espagnol, anglais parlés. Ouvert toute l'année. En pleine nature avec horizons sur les volcans et hauts plateaux du Velay, M. et Mme Coffy vous accueillent dans une ancienne bâtisse en pierre au toit de Lauzes. Paul, conducteur de chiens de traineau prof. Randonneur équestre reçu.

Prix : 1 pers. 230 F 2 pers. 380 F 3 pers. 470 repas 150 F F

4	7	SP	4	SP	

COFFY Paul et Nadege – Les Bastides – 43550 Saint-Front – Tél. : 71.59.51.57 – Fax : 71.59.51.57

Saint-Geneys-Pres-St-Paulien Bel Air   C.M. n° 76 — Pli n° 7

NN **TH**

Dans une ancienne ferme légèrement isolée, 3 chambres d'hôtes avec salle d'eau et wc privés. Séjour/coin-salon, TV, bibliothèque. Jardin, espace attenant, jeux d'enfants. Squash 4 km. Zone Velay volcanique - Livradois-Forez. Commerces 4 km. Ouvert toute l'année, sur réservation l'hiver.

Prix : 1 pers. 150 F 2 pers. 180 F 3 pers. 210 F pers. sup. 40 F repas 55 F

1	4	4	4

CHABRIER Serge – Bel Air – 43350 Saint-Geneys-Pres-St-Paulien – Tél. : 71.00.45.56

Saint-Hostien Les Chazes   C.M. n° 76 — Pli n° 7

NN **TH**

Alt. : 830 m — Maison restaurée comprenant 3 ch. d'hôtes avec sanitaires privés. Séjour avec cheminée, salon. Terrasse, terrain attenant. Gare 16 km. Commerces 3 km. Ouvert toute l'année. Espagnol et anglais parlés. Tarifs dégressifs à partir de 2 nuits. En pleine nature, au pied du Meygal, vous passerez un agréable séjour dans cette maison confortablement aménagée où vous serez accueillis chaleureusement, Jean vous guidera dans la découverte de sa magnifique région.

Prix : 1 pers. 170 F 2 pers. 220 F 3 pers. 270 F repas 70 F

3	12	12	SP	12	3

CHAMBERT Jean et Pierrette – Les Chazes – 43260 Saint-Hostien – Tél. : 71.57.64.16

Saint-Julien-Chapteuil Sumene   C.M. n° 76 — Pli n° 7

NN **TH**

Alt. : 800 m — 1 chambre d'hôtes pour 2 pers. avec douche, 1 chambre 3 pers. avec salle d'eau commune dans cette ferme située dans un hameau. Salle de séjour avec TV. Salle de jeux à la disposition des hôtes. Pré, aire de jeux, abri couvert, parking. Produits fermiers sur place. Restaurant 1 km. Zone Mézenc-Meygal - Vivarais. Ouvert d'avril à novembre. 1 des chambres est classée 2 épis NN.

Prix : 1 pers. 120 F 2 pers. 160 F 3 pers. 185 F repas 60 F

SP	1	0,5	1	1

GIRARD Jean et Odette – Sumene – 43260 Saint-Julien-Chapteuil – Tél. : 71.08.71.27

Saint-Pierre-Eynac Montoing   C.M. n° 76 — Pli n° 7

NN **TH**

Alt. : 830 m — Ancienne ferme restaurée. 3 chambres avec sanitaires privés dont 1 avec mezzanine (9 pers.). Séjour. TV. Coin-salon. Bibliothèque. Grand espace attenant non clos. Terrasse. Parking. Gare 12 km. Commerces 3 km. Ouvert du 15 mai au 30 décembre. Pays de sucs. Espaces de liberté. Patrie de Jules Romains. Riche patrimoine (églises romanes, musées).

Prix : 1 pers. 150 F 2 pers. 200 F 3 pers. 250 F pers. sup. 50 F repas 60 F

6	6	6	6

JULIEN Michel et Germaine – Montoing – 43260 Saint-Pierre-Eynac – Tél. : 71.03.00.39

Saint-Privat-du-Dragon Cerzat-du-Dragon   C.M. n° 76 — Pli n° 5

NN **TH**

Alt. : 650 m — Sur une exploitation agricole, 4 chambres avec sanitaires privés aménagées à côté de la maison du propriétaire. Terrasse. Salon, TV, cheminée. Zone Haut-Allier - Margeride. Ouvert toute l'année. Gare et commerces 8 km. Dans le secteur touristique, très pittoresque des gorges de l'Allier, maison entièrement restaurée où Mme Sabatier vous accueillera confortablement.

Prix : 1 pers. 140 F 2 pers. 180 F 3 pers. 200 F pers. sup. 40 F repas 60 F

5	10	16	SP	5	5

SABATIER Joelle – Cerzat du Dragon – 43380 Saint-Privat-du-Dragon – Tél. : 71.76.67.71

Sanssac-l'Eglise Lonnac   C.M. n° 76 — Pli n° 6

NN **TH**

Alt. : 830 m — En pleine campagne, au cœur d'un petit village calme et verdoyant, ancienne ferme rénovée avec 4 chambres avec sanitaires privés. Salle à manger/salon avec cheminée. TV. Espace attenant clos. Terrasse. Gare 10 km. Commerces 2 km. Ouvert toute l'année. Terre d'élection de la lentille verte du Puy. Empreinte remarquable du volcanisme (lac du Bouchet). Villages pittoresques. Châteaux de Saint-Vidal et la Rochelambert.

Prix : 1 pers. 130 F 2 pers. 180 F 3 pers. 210 F pers. sup. 40 F repas 60 F

2	9	8	5

LIABEUF Patrick et Florence – Lonnac – 43320 Sanssac-l'Eglise – Tél. : 71.08.64.15

Saugues   C.M. n° 76 — Pli n° 16

♥♥♥ NN
(TH)
Alt. : 960 m — 6 chambres d'hôtes avec sanitaires privés aménagées dans une maison neuve, sur une exploitation agricole. Séjour, cuisine. Terrain attenant, terrasse. Gare 22 km. Commerces 1 km. Ouvert toute l'année. Sur le chemin de Saint-Jacques de Compostelle (GR65) au cœur de la Margeride, vous découvrirez de charmants petits villages et serez chaleureusement accueillis par les propriétaires.

Prix : 1 pers. 150 F 2 pers. 200 F repas 60 F

1	1	1	1	20

MARTINS Jacky et Brigitte – Rue des Roches – 43170 Saugues – Tél. : 71.77.83.45

Saugues Le Rouve   C.M. n° 76 — Pli n° 16

♥♥♥ NN
(TH)
Alt. : 960 m — Maison récente située sur 2 ha. en bordure du village. 3 chambres au rez-de-chaussée (9 pers.) avec sanitaires privés. Salle commune. Terrasse. Grand espace non clos. Parking. Gare 20 km. Commerces 4 km. Ouvert toute l'année. A proximité de Saugues, petite cité très animée sur le chemin de Saint-Jacques-de-Compostelle. Tour des Anglais. Tour de la Clauze. Belles maisons en granit. Petits villages charmants et paisibles.

Prix : 1 pers. 180 F 2 pers. 200 F 3 pers. 280 F repas 60 F

3	4	4

BLANC Jean-Pierre et Helene – Le Rouve – 43170 Saugues – Tél. : 71.77.64.15

Saugues Les Salles-Jeunes   C.M. n° 76 — Pli n° 16

♥♥♥ NN
(TH)
Alt. : 1000 m — Ancienne grange en pierre restaurée. 4 chambres avec sanitaires privés. Salle commune avec mezzanine. Kitchenette. Bibliothèque. Terrasse. Terrain attenant. Parking. Commerces 3 km. Ouvert toute l'année. A proximité de Saugues, petite cité très animée sur le chemin de Saint-Jacques de Compostelle, Tour des Anglais, Tour de la Clauze. Belles maisons en granit. Petits villages charmants et paisibles.

Prix : 1 pers. 140 F 2 pers. 180 F 3 pers. 250 F
pers. sup. 30 F repas 65 F

3	3	3	3

BRINGIER Ghislaine – Les Salles Jeunes – 43170 Saugues – Tél. : 71.77.82.50

Seneujols   C.M. n° 76 — Pli n° 16

♥♥♥ NN
(TH)
Alt. : 1050 m — 3 chambres d'hôtes avec sanitaires privés aménagées dans une ancienne ferme rénovée. Kitchenette, salon. Repas pris en commun dans la salle à manger du propriétaire. Maison indépendante. Terrain attenant. Gare 12 km. Commerces sur place. Ouvert du 1er avril au 30 novembre. Tarifs dégressifs à partir de 2 nuits. Au cœur d'une région volcanique, ancienne ferme en pierre du pays, dans un petit village très calme, à proximité de la forêt et du lac du Bouchet.

Prix : 1 pers. 160 F 2 pers. 190 F 3 pers. 220 F
pers. sup. 40 F repas 60 F

8	12	SP	8	5	SP

BOYER Bernard et Colette – 43510 Seneujols – Tél. : 71.03.19.69

Solignac-sur-Loire Chateau-de-la-Beaume   C.M. n° 76 — Pli n° 17

♥♥♥ NN
(TH)
Alt. : 800 m — 6 chambres d'hôtes avec sanitaires privés aménagées dans un château restauré (ferme équestre) à proximité des gorges de la Loire. Salon, salle à manger voutée avec cheminée. Terrain clos. Gare 19 km. Commerces 4 km. Ouvert toute l'année. Italien, anglais et allemand parlés. Pays de la jeune Loire, gorges pittoresques des premiers châteaux de la Loire. Exceptionnelle ville du Puy-en-Velay, campée dans un site volcanique insolite. Douceur des rives ponctuées de monuments remarquables.

Prix : 1 pers. 190 F 2 pers. 280 F 3 pers. 350 F
repas 70/90 F

2	12	2

MULLER Roland et Silvia – Chateau de la Beaume – 43370 Solignac-sur-Loire – Tél. : 71.03.14.67 – Fax : 71.03.14.26

Tence La Pomme   C.M. n° 76 — Pli n° 8

♥♥♥ NN
(TH)
Alt. : 850 m — Belle maison restaurée avec grand espace attenant comprenant 4 ch. d'hôtes avec sanitaires privés. Séjour avec cheminée, TV. Terrasse, parking. Gare 17 km. Commerces 3 km. M. et Mme Deygas, jeunes agriculteurs vous accueilleront chaleureusement dans leur maison confortablement aménagée, en pleine nature.

Prix : 1 pers. 160 F 2 pers. 220 F 3 pers. 260 F repas 60 F

3	5	3	SP	3

DEYGAS Gerard et Elyane – La Pomme – 43190 Tence – Tél. : 71.59.89.33

Vals-Pres-le-Puy Eycenac   C.M. n° 76 — Pli n° 17

♥♥♥ NN
(TH)
Alt. : 850 m — Dans la maison du propriétaire, 2 chambres avec sanitaires privés, salle commune (cheminée). Très vaste terrain. Gare 5 km, commerces 3 km. Ouvert toute l'année. Notions d'anglais. A proximité de l'exceptionnelle ville du Puy-en-Velay campée dans un site volcanique insolite. Douceur des rives ponctuées de monuments remarquables (églises romanes, vestiges historiques).

Prix : 1 pers. 150 F 2 pers. 190 F repas 65 F

1	7	7	12

BESSE Philippe et Francoise – Eycenac - Domaine de Bauzit – 43750 Vals-Pres-le-Puy – Tél. : 71.03.67.01

Varennes-Saint-Honorat   C.M. n° 76 — Pli n° 6

♥♥ NN
(TH)
Maison en pierre, restaurée, située dans un hameau. A l'étage : 3 ch. avec salles d'eau privées et 2 wc communs. Au rez-de-chaussée : 1 ch. avec sanitaires privés. Salle de séjour avec cheminée à la disposition des hôtes. Parking. Restaurant sur place. Zone Velay volcanique - Livradois-Forez. Ouvert toute l'année.

Prix : 2 pers. 200 F 3 pers. 270 F repas 70 F

8	7	7

BIANCOTTO Marie – Cheneville - Varennes Saint-Honorat – 43270 Allegre   Tél. : 71.00.78.60

Venteuges   C.M. n° 76 — Pli n° 15

E.C. NN   Alt. : 1000 m — 3 chambres d'hôtes dans cette ferme située dans le village. 2 ch. avec sanitaires privés.
(TH) 1 ch. avec sanitaires privés non attenants. Salle de séjour avec TV à la disposition des hôtes. Pré, aire
de jeux, parking. Luge, chasse sur place. Produits fermiers et restaurant sur place. Animaux admis.
Zone haut-Allier - Margeride. Ouvert toute l'année.

Prix : 1 pers. **140 F** 2 pers. **180 F** 3 pers. **200 F** repas **60 F**

🦽	🎿	🚤	👬	⛵	🎿	🎿
2	5	5	1	5	5	5

DUMAS Andre et Rose – Venteuges – **43170 Sauges** – Tél. : **71.77.80.66**

Vergezac Allentin   C.M. n° 76 — Pli n° 6

💥💥💥 NN   Alt. : 900 m — Dans une ferme restaurée, 3 chambres avec sanitaires privés. Salon avec TV, biblio-
(TH) thèque. Salle à manger. Grand parc ombragé. Aire de jeux. Point-phone. Zone Velay volcanique - Livradois-Forez. Ouvert toute l'année. Gare 12 km. Commerces 4 km. Dans le Velay volcanique, à proximité
du magnifique site du Puy-en-Velay, belle maison confortablement restaurée avec un parc ombragé.

Prix : 1 pers. **140 F** 2 pers. **170/180 F** 3 pers. **210/220 F**
pers. sup. **40 F** repas **60 F**

🦽	🎿	🚤	👬	🎣	⛵
6	6	12	SP	7	6

JOURDAIN Pierre et M.Therese – Allentin – **43320 Vergezac** – Tél. : **71.08.66.10**

Vernassal Darsac   C.M. n° 76 — Pli n° 6

💥💥💥 NN   Alt. : 900 m — Maison en pierre restaurée. 5 chambres avec sanitaires privés. Salle commune avec che-
(TH) minée. TV. Bibliothèque. Terrasse. Grand espace attenant. Jeux d'enfants. Piscine sur place. Repas
pique-nique. Gare sur place. Commerces 7 km. Ouvert de mai à novembre. Terre d'élection de la lentille verte du Puy. Empreinte remarquable du volcanisme. Villages pittoresques. Châteaux.

Prix : 2 pers. **230 F** pers. sup. **100 F** repas **70 F**

🦽	🎿	🚤	⛵
4	6	SP	SP

VAUCANSON Robert et Magali – Darsac – **43270 Vernassal** – Tél. : **71.57.00.92**

Vieille-Brioude La Coustade   C.M. n° 76 — Pli n° 5

💥💥💥 NN   Alt. : 450 m — Dans une maison récente avec entrée indépendante, 5 chambres avec sanitaires privés
(TH) dont 1 accessible aux personnes handicapées. Salon avec cheminée. Terrasse. Grand espace. Zone
haut-Allier - Margeride. Ouvert du 1er avril au 30 octobre. Gare et commerces 3 km. Gérard et Anne-
Marie, jeunes agriculteurs, vous accueillent confortablement dans des chambres bien aménagées. Ils
sauront vous faire apprécier la région et vous feront déguster les produits fermiers.

Prix : 1 pers. **150/170 F** 2 pers. **170/190 F** 3 pers. **190/220 F**
repas **60 F**

🦽	🎿	🚤	👬	🎣	⛵
SP	3	3	SP	SP	3

CHANTEL Gerard et Anne-Marie – La Coustade - Chemin du Stade – **43100 Vieille-Brioude** – Tél. : **71.50.25.21**

Vissac-Auteyrac Vailhac   C.M. n° 76 — Pli n° 5

💥💥💥 NN   Alt. : 700 m — Belle ferme restaurée comprenant une vaste chambre 4 pers. avec salon et sanitaires pri-
(TH) vés. Séjour avec cheminée, bibliothèque. Aire de jeux, grand jardin clos. Gare 3 km. Commerces 4 km.
Ouvert en juillet et août. Charline et Jean-Claude vous accueillent dans leur belle ferme et vous feront
découvrir leur région touristique.

Prix : 1 pers. **100 F** 2 pers. **200 F** 3 pers. **300 F**

🐕	🦽	🎿	🚤	👬	⛵
	3	7	7	SP	12

JOUBERT J.Claude et Charline – Vailhac – **43300 Langeac** – Tél. : **71.74.25.56**

Lozère

Arzenc-de-Randon   C.M. n° 76 — Pli n° 16

💥💥 NN   Alt. : 1275 m — 1 chambre et 1 gîte de groupe dans une maison de type Margeride. Grande cheminée.
(TH) Sanitaires communs. Salle de séjour avec télévision à la disposition des hôtes. Restaurant, randonnées. Accessible par la D3. Ouvert toute l'année.

Prix : 1 pers. **75/90 F** repas **65 F** 1/2 pens. **140/155 F**

🦽	⛵	🎿
SP	SP	10

AMARGER Alexis et Francoise – Le Giraldes - Arzenc de Randon – **48170 Chateauneuf-de-Randon** –
Tél. : **66.47.92.70**

Le Bleymard Le Bonnetes   C.M. n° 1-2 — Pli n° 1

💥💥💥 NN   Alt. : 1200 m — 2 chambres confortables et accueillantes dans une charmante demeure traditionnelle :
(TH) 1 ch. (1 lit 2 pers.), 1 ch. (2 lits 1 pers. 1 lit d'appoint), salle d'eau et wc chacune. Possibilité 1 lit bébé.
Chauffage central. Gare 25 km, commerces 5 km. Anglais, allemand et espagnol parlés. Ouvert toute
l'année. Terrasse avec salon de jardin, terrain attenant, portique, table de ping-pong, parking. A disposition des hôtes : coin-salon (TV, bibliothèque, jeux). Lave-linge. Possibilité d'accompagnement
pédestre à la journée avec AMM. 1/2 pension valable au delà de 3 jours. 1 gîte d'étape sur place.

Prix : 1 pers. **135 F** 2 pers. **215 F** 3 pers. **300 F** repas **65 F**
1/2 pens. **160 F** pens. **210 F**

🦽	🚤	🎿	🎿	🎿	🎿
SP	5	5	20	25	SP

POUJOL Serge – Le Bonnetes - Gîte de l'Escoutal – **48190 Le Bleymard** – Tél. : **66.48.64.08**

La Canourgue La Vialette   *C.M. n° 80 — Pli n° 5*

※※※ NN
(TH)

Alt. : 850 m — 5 chambres d'hôtes avec salle de bains, wc, TV et téléphone. Fax à disposition. Ouvert toute l'année. Gare 20 km. Commerces 12 km. Accès : D998 la Canourgue - Sainte-Enimie.

Prix : 1 pers. **115 F** 2 pers. **230 F** 3 pers. **345 F** repas **65 F**
1/2 pens. **180 F** pens. **245 F**

15	15	12	8	20	15	50

FAGES Jean et Anne-Marie – La Vialette - en Face la Capelle – 48500 La Canourgue – Tél. : 66.32.83.00 ou 66.32.94.62

La Canourgue Le Mazelet   *C.M. n° 80 — Pli n° 4/5*

※※ NN
(TH)

Alt. : 600 m — 3 chambres d'hôtes (1 lit 2 pers. 1 lit 1 pers.) dont 1 avec salle d'eau et wc privés et 2 avec salle d'eau privée et wc communs. Chauffage. Calme assuré. Accès par D998, au golf du Sabot : D46, direction la Malène. Ouvert toute l'année. Terrasse avec transat. Anglais parlé.

Prix : 2 pers. **220 F** repas **65/90 F** 1/2 pens. **170 F**

10	10	5	10	15

TRANCHARD Andree – Le Mazelet – 48500 La Canourgue – Tél. : 66.32.83.16

Chanac Le Moulin-de-Magre   *C.M. n° 80 — Pli n° 5*

※※
(TH)

Alt. : 630 m — 4 ch. dans un ancien moulin, ruisseau. 2 ch. (1 lit 2 pers.), salle d'eau, 1 ch. (2 lits 1 pers.), salle d'eau, wc communs à l'étage, 1 ch. (2 lits 2 pers.), salle d'eau et wc. Gare et commerces sur place. Lot 200 m. Gorges du Tarn 20 km. Restauration sur place sur réservation. Ouvert toute l'année. Espaces verts, jardins et parking.

Prix : 1 pers. **140 F** 2 pers. **160 F** repas **60 F**

SP	SP	SP	SP	20	20	SP

DALLES-SABAT – Le Moulin de Magre - avenue de la Gare – 48230 Chanac – Tél. : 66.48.20.74

Chanac Le Gazy   *C.M. n° 80 — Pli n° 5*

※※ NN
(TH)

Alt. : 800 m — 1 ch 3 épis NN (2 lits 2 pers.), salle d'eau, wc, 2 ch. (1 lit 2 pers.), douche, lavabo, wc communs aux 2 ch. sur le palier, 1 ch. (2 lits 120), douche, lavabo, wc, 1 ch (1 lit 2 pers.), douche, lavabo, 1 ch. double (1 lit 2 pers. 1 lit 1 pers.), douche, lavabo, wc communs à ces 2 ch. Gare et commerces 7 km. Tarifs préférentiels pour les séjours d'une semaine ou plus. Ouvert toute l'année sur réservation.

Prix : 2 pers. **135/175 F** 3 pers. **240 F** repas **55 F**

7	7	7	7	20	10	25	7

PRADEILLES Marie-Therese – Le Gazy – 48230 Chanac – Tél. : 66.48.21.91

Chanac Cros-Bas   *C.M. n° 80 — Pli n° 5*

※ NN
(TH)

Alt. : 750 m — 4 chambres d'hôtes (1 lit 2 pers.), lavabo dans chaque chambre. Salle d'eau et wc communs dans le couloir. Ouvert du 15 mai au 1er septembre. Gare et commerces 4 km.

Prix : 1 pers. **100 F** 2 pers. **140 F** 3 pers. **160 F** repas **60 F**

4	4	15	4	14	5	15	14

SALANSON Maria – Cros Bas – 48230 Chanac – Tél. : 66.48.22.52

Chanac Le Jas   *C.M. n° 80 — Pli n° 5*

※※※
(TH)

Alt. : 900 m — 3 chambres d'hôtes dans la maison du propriétaire avec entrée indépendante. Sanitaires privatifs pour chacune. Chauffage central. Chambres offrant un confort agréable, elles ont toutes une décoration originale qui leur donne un charme particulier et attachant. Table d'hôtes sur réservation. Gare et commerces 7 km. Ouvert de début avril à mi-septembre. Table d'hôtes avec une cuisine copieuse et chaleureuse du terroir. Animaux admis sauf dans les chambres.

Prix : 1 pers. **190 F** 2 pers. **230 F** 3 pers. **290 F**
pers. sup. **60 F** repas **75 F**

7	7	7	21	5	12

DURAND Jean-Pierre – Le Jas – 48230 Chanac – Tél. : 66.48.22.93

Chirac Les Violles   *C.M. n° 80*

※ NN
(A)

Alt. : 1100 m — 4 chambres aménagées dans une auberge : 3 ch. (1 lit 2 pers. 1 lit 1 pers.), 1 ch. (1 lit 2 pers. 2 lits 1 pers.), salle d'eau commune. À l'extérieur, dans une ancienne porcherie : 2 ch. (1 lit 2 pers. 1 lit 1 pers.), salle de bains aménagée dans un ancien four à pain. Gare 14 km. Commerces 10 km. Anglais et allemand parlés. Ouvert toute l'année. Bibliothèque, salon de repos dans salle typique lozérienne avec grande cheminée.En suivant un petit sentier longeant le Rioulong à 9 km de Chirac. Dans une ancienne ferme, l'auberge offre des produits fabriqués maison, dans une nature intacte.

Prix : 1 pers. **190 F** 2 pers. **190 F** 3 pers. **190 F** repas **75 F**
1/2 pens. **150/170 F**

SP	10	10	18	10	10	1	SP

PROCKL Bernard – Auberges des Violles – 48100 Chirac – Tél. : 66.32.77.66

Le Collet-de-Deze Lou-Rey   *C.M. n° 80 — Pli n° 7*

※※ NN
(TH)

Alt. : 500 m — 6 chambres avec lavabo et douche cabine : 1 ch. (1 lit 2 pers. 1 lit 1 pers.), 1 ch. (1 lit 2 pers. 1 lit bébé), 2 ch. (1 lit 2 pers.), 2 ch. (1 lit 2 pers. en mezzanine. poss. lit supplémentaire). 2 wc communs aux 6 chambres. Salle commune. Commerces 5 km. Collet de Deze, 5 km. Activités : pêche, randonnées, activités nautiques. Possibilité d'un dortoir de 12 personnes : 50 F la nuit petit-déjeuner compris.

Prix : 1 pers. **120 F** 2 pers. **140 F** pers. sup. **60 F** repas **60 F**
1/2 pens. **150 F** pens. **200 F**

5	5	5

SAWALICH Eliane – Lou Rey – 48160 Le Collet-de-Deze – Tél. : 66.45.58.58

Le Collet-de-Deze Le Lauzas

C.M. n° 80 — Pli n° 7

✿✿ NN
(TH)

Alt. : 600 m — 1 chambre d'hôtes (1 lit 2 pers.) avec cabinet de toilette indépendant (douche, wc). Isolation complète, chauffage central électrique. Dans un mas cévenol, propriété de 20 ha. Bibliothèque. Forêt, randonnée. Table d'hôtes sur demande. Ouvert toute l'année. Gare 10 km. Commerces 8 km. RN106 Alès - Florac - Mende. Anglais parlé. Ouvert toute l'année. Possibilité de 3 mini-gîtes.

Prix : 1 pers. **190 F** 2 pers. **240 F** repas **75 F**

♨	🛶	⛵	🎿	🏇	⛷	🏊	
SP	SP	SP	8	15	15	15	20

CHARTON Pierrette – Le Lauzas – 48160 Le Collet-de-Deze – **Tél. : 66.41.03.88**

Fontans Les Estrets

C.M. n° 76 — Pli n° 15

✿✿✿
(TH)

2 chambres en r.d.c., accessibles aux personnes handicapées. 1 ch. 2 pers., 1 ch. 4 pers. (1 lit 2 pers., 2 lits 1 pers. superposés). Douche, lavabo, wc dans chaque ch. Gîte rural, gîte d'étape sur place. Repas le soir uniquement sur réservation. RN106 à 200 m, 10 km de Saint-Chély d'Apcher, 8 km après la sortie 34 de la A75, ne pas aller jusqu'à Fontans. Gare et commerces à 6 km. Ouvert de mars à la toussaint. Randonnées sur place.

Prix : 1 pers. **145 F** 2 pers. **210 F** 3 pers. **280 F** repas **60 F**

🐕	♨	🛶	🎿	🏇	⛷
	0,1	0,1	6	10	14

ROUSSET PHILIP Agnes – Les Estrets – 48700 Fontans – **Tél. : 66.31.27.74**

Julianges Amourette-de-Julianges

C.M. n° 76 — Pli n° 15

✿✿

Alt. : 1050 m — 4 chambres d'hôtes (1 lit 2 pers. Possibilité 1 lit 1 pers. supplémentaire). Lavabo dans chaque chambre. Salle d'eau avec 2 douches, 2 wc. Chauffage central. Pension complète : 100 F/jour pour les enfants de moins de 10 ans. Gare 23 km. Commerces 10 km. Possibilité de table d'hôtes avec produits régionaux.

Prix : 1 pers. **130 F**

♨	🛶	⛵	🎿	🏇	⛷	🏊	
SP	SP	10	10	13	10	15	SP

GREZE J-Claude et Berthe – Amourette de Julianges – 48140 Julianges – **Tél. : 66.31.76.42**

Lajo La Roche-sur-Lajo

C.M. n° 76 — Pli n° 15

✿ NN

Alt. : 1150 m — 1 chambre d'hôtes (1 lit 2 pers. 2 lits 1 pers.), salle d'eau, wc, coin-cuisine. Chauffage central. Foyer de ski de fond. Randonnées. Parc à bisons à 5 km. Proximité GR4, GR65 et Tour de la Margeride. Ouvert toute l'année. Gare et commerces 8 km. Parc à bisons 5 km, randonnées GR4, tour de la Margeride. GR65 10 mn. Accès : N107 et D987 - 18 km de la A75.

Prix : 1 pers. **80 F** 2 pers. **140 F**

♨	🛶	⛵	🎿	🏇	⛷	🏊	
5	SP	8	8	22	22	3	

JALBERT Anna – La Roche/Lajo – 48120 Saint-Alban-sur-Limagnole – **Tél. : 66.31.52.07**

Laval-du-Tarn

C.M. n° 80 — Pli n° 5

✿ NN
(TH)

Alt. : 800 m — 1 ch. (2 lits 2 pers.), lavabo, salle d'eau et wc privatifs, 1 ch attenante pour enfants (150 F) avec salle d'eau et wc privatifs. Poss. 1 lit suppl. dans les ch. Petits déjeuners servis sur la terrasse avec confitures maison, beurre et miel. Sur commande, repas du soir avec les produits de la ferme (volailles, lapins, quiches aux champignons). Tarifs dégressifs en hors saison. Gare 20 km, commerces 9 km. Ouvert toute l'année. Randonnées pédestres sur place.

Prix : 1 pers. **135 F** 2 pers. **175/240 F** pers. sup. **50 F**
repas **65 F**

🐕	♨	🛶	⛵	🎿	🏇	⛷	
	9	9	9	9	15	9	17

MIRMAND Jean et Anne-Marie – Laval du Tarn – 48500 Canourgue – **Tél. : 66.48.51.51**

Laval-du-Tarn Mijoule

C.M. n° 80 — Pli n° 5

✿ NN

Alt. : 600 m — 1 chambre (1 lit 2 pers.) avec lavabo, possibilité lit enfant. Salle d'eau et wc communs. Ouvert toute l'année. Gare 15 km. Commerces 11 km.

Prix : 1 pers. **100 F** 2 pers. **175 F** 3 pers. **220 F**

♨	🛶	⛵	🎿	🏇	⛷	🏊
11	11	11	15	4	11	15

MONGINOUX Maurice – Mijoule – 48500 Laval-du-Tarn – **Tél. : 66.48.51.56**

Marchastel

C.M. n° 76

✿✿✿ NN
(TH)

Alt. : 1200 m — 5 chambres d'hôtes dont 2 de plain-pied avec salle d'eau et wc privatifs, dans un bâtiment de caractère d'une ancienne ferme avec entrée indépendante. Salle à manger avec cheminée et tables individuelles. Cuisine du terroir et spécialités régionales (aligot). Gare 23 km, commerces 5 km. Ouvert toute l'année sur réservation. Tarifs préférentiels du 5 septembre au 30 juin sauf en période de la transhumance. Village rural, paisible et charmant situé au cœur de l'Aubrac.

Prix : 2 pers. **240 F** pers. sup. **50 F** 1/2 pens. **175 F**
pens. **240 F**

🛶	⛵	🏇	🎿
2	15	5	5

BOYER Andre et Jeanine – Marchastel – 48260 Nasbinals – **Tél. : 66.32.53.79**

Montbrun Mativet

C.M. n° 80 — Pli n° 5

✿✿ NN

Alt. : 900 m — Entre les Cévennes, les Gorges du Tarn et de la Jonte, une halte ou un séjour dans le calme du Causse-Méjean, tout près de l'aérodrome Florac-Chanet, 1 chambre d'hôtes 4 pers., salle d'eau et wc indépendants. Chauffage central. Accès recommandé : RN106 jusqu'à Florac, puis D16 route du Causse. Supplément de 30 % par personne supplémentaire. Ouvert toute l'année. Gare 40 km. Commerces 11 km. Accès : RN106 puis D16.

Prix : 2 pers. **200 F** 3 pers. **265 F**

🐕	♨	🛶	⛵	🎿	🏇	⛷	🏊	
	11	11	11	11	11	11	15	40

VERNHET Pierre et Therese – Mativet – 48210 Montbrun – **Tél. : 66.45.04.74**

Lozère

Montbrun Mativet

C.M. n° 80 — Pli n° 6

NN Alt. : 910 m — Ferme située dans un cadre désertique et reposant, comprenant 1 chambre d'hôtes (1 lit 2 pers. 2 lits 1 pers.), wc, salle d'eau privatives. Terrain. Proximité Gorges du Tarn. Ouvert de Pâques à la Toussaint. Gare 40 km. Commerces 11 km. Terrain de vol-à-voile à proximité. Possibilité de randonnées pédestres.

Prix : 2 pers. **200 F** 3 pers. **250 F**

9	9	10	5	9

MICHEL Fortune et Juliette – Mativet – 48210 Montbrun – Tél. : 66.45.04.76

Naussac Pomeyrols

C.M. n° 76 — Pli n° 7

E.C. NN
(TH) Alt. : 1000 m — Ancienne ferme traditionnelle entièrement rénovée comprenant 4 chambres au 1er étage. Sanitaires privatifs (douche, wc, lavabo) dans chacune. Salon commun. Ferme auberge sur place. Gare et commerces 8 km. Anglais parlé. Ouvert toute l'année. Entre le lac de Naussac, en bordure de l'Allier, au cœur d'une forêt et à proximité de Langogne, la ferme de Pomeyrols offre convivialité, calme et indépendance. Chevaux, animaux de la ferme, promenade.

Prix : 2 pers. **220 F** 3 pers. **270 F** repas **70 F** 1/2 pens. **170 F**

SP	5	8	10	10	10	20

AUGUSTE Georges – Pomeyrols – 48300 Naussac – Tél. : 66.69.25.91

Pont-de-Montvert Le Merlet

C.M. n° 80 — Pli n° 7

NN
(TH) Alt. : 1100 m — 6 chambres 2 pers. avec salle d'eau et wc privés. Salle commune avec cheminée. Repas préparés avec les produits de la ferme. Itinéraires fournis pour randonnées pédestres. Ouvert toute l'année. Anglais, allemand et espagnol parlés. Gare 30 km. Commerces 8 km. Taxe de séjour : 1 F/jour/pers.

Prix : 1 pers. **250 F** 2 pers. **280 F** 1/2 pens. **215 F**

SP	SP	8	60	25	25	15

GALZIN Philippe et Catherine – Le Merlet – 48220 Pont-de-Montvert – Tél. : 66.45.82.92

Quezac

C.M. n° 80 — Pli n° 6

NN
(A) Alt. : 600 m — Dans un petit village tranquille, dans les gorges du Tarn, Fernande, charmante grand-mère, vous accueille dans une ancienne maison de vicaire, 2 chambres d'hôtes spacieuses, meublées à l'ancienne avec sanitaires privés, la plus grande pouvant recevoir 4 pers. Sainte-Enimie 16 km, Florac 12 km. Très bon accueil. Gare 28 km, commerces 2 km. Ouvert toute l'année.

Prix : 1 pers. **100 F** 2 pers. **200 F** 3 pers. **300 F** repas **60 F**

SP	SP	2	2

VINCENT Fernande – 3 rue de l'Eglise – 48320 Quezac – Tél. : 66.44.24.78

Le Rozier

C.M. n° 80 — Pli n° 5

NN Alt. : 370 m — Au confluent des Gorges du Tarn et de la Jonte, à l'écart du village, 4 chambres d'hôtes aménagées à l'étage de la maison du propriétaire. 2 ch. 2 pers., 1 ch. 3 pers. et 1 ch. 4 pers., toutes avec salle d'eau et wc privés. Possibilité lit supplémentaire. TV possible dans la chambre sur demande. Chauffage. Terrain attenant, parking. Ouvert toute l'année. Gare 20 km. Commerces sur place.

Prix : 1 pers. **177 F** 2 pers. **214 F** 3 pers. **271 F** pers. sup. **30 F**

SP	SP	SP	5	SP

ESPINASSE Francis – Route de Capluc – 48150 Le Rozier – Tél. : 65.62.63.06

Saint-Etienne-du-Valdonnez La Fage

C.M. n° 80 — Pli n° 6

NN
(TH) Alt. : 1200 m — 1 chambre (1 lit 2 pers. 1 lit 1 pers.), 1 chambre (1 lit 2 pers. 1 fauteuil conv. 1 pers.), lavabo, cabine de douche et wc privatifs chacune. Gare 30 km, commerces 14 km. Ouvert toute l'année. En pleine nature dans un petit hameau de pierres et lauzes à l'architecture exceptionnelle, entre Mont-Lozère et Gorges du Tarn, nos chambres d'hôtes vous apporteront tranquillité et calme. Le retour vers le terroir, par la cuisine et la vie à la ferme vous dépayseron.

Prix : 1 pers. **160 F** 2 pers. **240 F** 3 pers. **290 F** repas **60 F** 1/2 pens. **180 F**

SP	20	14	35	30	20	30

**MEYRUEIX Georges et Madeleine – La Fage - Saint-Etienne-du-Valdonnez –
48000 Saint-Etienne-du-Valdonnez – Tél. : 66.48.05.36**

Saint-Etienne-Vallee-Française Le Ranc-des-Avelacs

C.M. n° 80 — Pli n° 17/7

NN
(TH) Alt. : 550 m — 6 ch. d'hôtes tout confort avec terrasses privatives : 3 ch. (1 lit 2 pers.), 1 ch. (4 lits 1 pers.), 2 ch. (2 lits 1 pers.). Chauffage. Salle d'eau et wc dans chaque chambre. Table d'hôtes dans une salle commune avec cheminée donnant sur une terrasse couverte. Ouvert toute l'année sur réservation. Randonnées pédestres et motorisées sur place. Piscine sur place. Au calme en pleine nature (vue exceptionnelle sur la Corniche des Cévennes et le Mont Aigoual). Dans un mas cévenol en pierres de schiste rénové. Gare 43 km. Commerces 5 km. Anglais et espagnol parlés. Vente de produits du terroir (miels récoltés au mas). Spécialités de cuisine au miel.

Prix : 1 pers. **170 F** 2 pers. **240 F** 3 pers. **330 F** 1/2 pens. **195 F**

3	3	3	5	70	10	50

**CHATIN Bernard et Martine – Le Ranc des Avelacs – 48330 Saint-Etienne-Vallee-Française – Tél. : 66.45.71.80 –
Fax : 66.45.75.58**

Saint-Frezal-de-Ventalon Le Viala   *C.M. n° 80 — Pli n° 7*

❦❦ ❦ NN
(TH)

Alt. : 600 m — Dans un mas cévenol du XVIe siècle, entièrement restauré, 4 ch. d'hôtes meublées en style lozérien. 2 ch. (2 pers.), 2 ch. (3 pers.), douche et lavabo dans chaque chambre. 2 wc communs. Elles communiquent sur un patio et une terrasse couverte sous treille. Pièce de détente avec poêle. Jardin fleuri à disposition. Agrément gîte-Panda-WWF. Séjours nature, patrimoine et aquarelle. Ouvert de Pâques à novembre. Anglais et néerlandais parlés. Gare 20 km. Commerces 10 km.

Prix : 1 pers. **165 F** 2 pers. **215 F** 3 pers. **275 F** repas **70 F**
1/2 pens. **180 F** pens. **220 F**

8	4	8	10	10	40	10

DEMOLDER Jean et Lili – Le Viala – 48240 Saint-Frezal-de-Ventalon – Tél. : 66.45.54.08

Saint-Germain-de-Calberte Le Mazelet-Bas   *C.M. n° 80 — Pli n° 7*

❦ NN
(TH)

Alt. : 400 m — Grande salle de séjour avec coin-cuisine et cheminée (1 lit 1 pers.), 1 chambre (1 lit 2 pers.), lavabo, une salle de bains avec wc. Chauffage central. Gare 15 km, commerces 4 km. Anglais et espagnol parlés. Ouvert toute l'année. Ferme auberge sur place. Possibilité de location à la semaine en Juillet/août. Vente de crème de marrons.

Prix : 1 pers. **190 F** 2 pers. **200 F** 3 pers. **210 F** repas **55 F**
1/2 pens. **70 F** pens. **125 F**

0,3	0,3	7	7	30	50

MARTIN – Le Mazelet-Bas – 48370 Saint-Germain-de-Calberte – Tél. : 66.45.90.45

Saint-Germain-de-Calberte Lou Pradel   *C.M. n° 80 — Pli n° 7*

❦❦ ❦ NN
(TH)

Alt. : 740 m — Au cœur des Cévennes, 2 chambres d'hôtes grand confort avec sanitaires privatifs, salon avec cheminée, bibliothèque, le tout dominant la vallée. Gîte d'étape sur place. Gare 30 km, commerces 10 km. Ouvert toute l'année. Anglais et allemand parlés. GR67 sur place. Produits du pays. Location VTT. Enclos pour ânes, hébergement équestre. Stage de dessin, peinture. Soirée : histoire des camisards. Week-end connaissance des châtaignes.

Prix : 1 pers. **170 F** 2 pers. **240 F** 3 pers. **310 F**
pers. sup. **50 F** repas **68 F**

10	10	12	12

BECHARD Nicole et Jean – Lou Pradel – 48370 Saint-Germain-de-Calberte – Tél. : 66.45.92.46

Saint-Martin-de-Lansuscle Le Cauvel   *C.M. n° 80 — Pli n° 6*

❦❦
(TH)

Alt. : 800 m — Petit château cévenol (fin du XVIIe), blotti dans un creux de montagne, bien protégé des vents, le Cauvel forme un véritable hameau avec ses dépendances. Chacun peut s'y isoler ou au contraire rencontrer les autres au détour d'un chemin, d'un escalier ou à l'ombre d'une tonnelle. Grande ch. tout confort (lits doubles ou jumeaux), sanitaires privatifs. Gare 45 km, commerces 9 km. Nous vous accueillons dans de ravissantes ch., véritable invitation à la douceur de vivre, accueil de qualité. De subtiles odeurs de pain chaud ouvrant l'appétit vous conduisent à la table d'hôtes (cuisine chaleureuse procurant plaisir et convivialité). Anglais parlé.

Prix : 1 pers. **160 F** repas **75 F** 1/2 pens. **190/205 F**

4	4	12	9	22

PFISTER Hubert et Anne-Sylvie – Chateau de Cauvel – 48110 Saint-Martin-de-Lansuscle – Tél. : 66.45.92.75 – Fax : 66.45.94.76

Saint-Pierre-des-Tripiers La Volpiliere   *C.M. n° 80 — Pli n° 5*

❦❦ ❦ NN
(TH)

Alt. : 930 m — 3 chambres de charme (2 à 4 pers.) avec salle de bains ou salle d'eau et wc privés. Chauffage central. Grand séjour avec coin-salon, cheminée et TV. Gare 38 km, commerces 17 km. Notions d'anglais. Ouvert du 15 mars au 15 novembre. 1/2 pension à partir de 3 jours. Sur le Causse Méjean, en pleine nature, maison indépendante avec terrasse et vue superbe sur la campagne et le mont Aigonal. Cadre agréable et raffiné.

Prix : 1 pers. **220 F** 2 pers. **270 F** pers. sup. **85 F** repas **80 F**
1/2 pens. **285 F**

10	15	17	40	20	20	25

GAL Danielle et Michel – Le Choucas la Volpiliere - Saint-Pierre-des-Tripiers – 48150 Meyrueis – Tél. : 66.45.64.28

Saint-Pierre-des-Tripiers Le Courby      *C.M. n° 80 — Pli n° 5*

❦❦ ❦ NN
(A)

Alt. : 900 m — 6 chambres entièrement rénovées avec douche et wc privatifs. 3 ch. (2 lits 1 pers.), 3 ch. (1 lit 2 pers.). Possibilité d'un lit supplémentaire dans 4 des chambres. Gare 35 km, commerces 20 km. Anglais et espagnol parlés. Ouvert du 15 mars au 15 novembre. 1/2 pension/2 pers. : 390 F, pension complète : 480 F/2 pers. Piscine chauffée privée. Sur le Causse Méjean, ancienne ferme dans le hameau de courby dans un domaine, en partie boisé, de 200 ha. Aven Armand 10 km, centre de réintroduction des vautours 3 km, centre d'acclimatation des chevaux de Prejwalsky. Randonnées, escalade et rafting 15 km.

Prix : 1 pers. **225 F** 2 pers. **290 F** 3 pers. **335 F**
pers. sup. **70 F** repas **70/135 F** 1/2 pens. **265 F** pens. **330 F**

20	20	20	20	20	20	SP

AVEN Armand S.A. DAVID Catherine – Le Courby - Saint-Pierre-des-Tripiers – 48150 Meyrneis – Tél. : 63.54.73.99 ou 63.54.09.26

Saint-Rome-de-Dolan Bombelasais   *C.M. n° 80 — Pli n° 4*

❦❦ NN

Alt. : 870 m — 2 chambres 2 épis (1 lit 2 pers. chacune), 1 avec salle de bains et 1 avec salle d'eau, wc communs. Ouvert toute l'année. Gare 12 km. Commerces 2 km. 1 chambre 3 épis (1 lit 2 pers. 1 lit 1 pers.), douche, lavabo et wc privatifs. N9 future A75, N88 à Sévérac-le-Château prendre la route des Gorges du Tarn (Le Massegros). Combelasais, Saint-Rome de Dolan.

Prix : 1 pers. **140 F** 2 pers. **170/200 F** 3 pers. **250 F**

10	10	10	2	20	10	10	10

CALMELS Pierre et Yvonne – Combelasais – 48500 Saint-Rome-de-Dolan – Tél. : 66.48.80.08

Saint-Rome-de-Dolan L'Aubepine C.M. n° 804

✿✿ NN   Alt. : 860 m — Petit coin calme à proximité des gorges du Tarn (7 km), dans une maison neuve : 1 chambre (1 lit 2 pers.) avec lavabo. Baignade et autres activités, aire de sports à 2 km (tennis, boules, football et volley), randonnées pédestres et VTT. Flore et faune exceptionnelles. Gare 17 km, commerces 6 km. Ouvert toute l'année. Notions d'anglais.

Prix : 2 pers. **170 F**

⛵	⛵	🎿	🏃	⛷	🚣
7	7	2	26	10	7

NURIT Roger et Marinette – L'Aubepine – 48500 Saint-Rome-de-Dolan – **Tél.** : 66.48.81.46 – **Fax** : 66.48.85.67

Sainte-Croix-Vallee-Francaise C.M. n° 80 — Pli n° 6

✿✿ (TH)   Alt. : 600 m — Belle demeure historique comprenant 2 chambres (1 lit 2 pers.) avec lavabo, 1 chambre (1 lit 2 pers. 2 lits 1 pers.) avec lavabo. Douche et wc communs. Vente de produits fermiers. Participation aux travaux agricoles sur demande. D 983 par Pont-Ravagers. Ouvert toute l'année. Commerces 7 km.

Prix : 1 pers. **145 F** 2 pers. **160 F** repas **60 F**

⛵	⛵
3	3

CHARBONNIER M.Claude et Corinne – La Deveze Par Pont-Ravagers - Molezon – 48110 Sainte-Croix-Vallee-Francaise – **Tél.** : 66.44.74.41

Sainte-Croix-Vallee-Francaise Molezon C.M. n° 80 — Pli n° 6

✿✿ NN (TH)   Alt. : 450 m — 3 chambres, chacune équipée de 2 lits 1 pers., salle d'eau et wc. Cuisine végétarienne et traditionnelle. Jardin biologique. Ouvert toute l'année. Commerces 5 km. Anglais parlé. Ancien des Cévennes, très beau cadre, en bordure de la D983 entre Barre-des-Cévennes et Sainte-Croix Vallée Française.

Prix : 1 pers. **90/120 F** 1/2 pens. **165/190 F**

♒	⛵	🏃	⛷
0,7	0,7	0,7	5

MATTHEWS Antony – Chateau de la Rouviere - Molezon – 48110 Sainte-Croix-Vallee-Francaise – **Tél.** : 66.45.06.19

Puy-de-Dôme

Aubusson-d'Auvergne Le Moulin-des-Vergnieres C.M. n° 73 — Pli n° 16

✿✿✿ NN (TH)   Alt. : 460 m — 2 chambres au 1er étage dans la maison de charme restaurée de la propriétaire, en commun : salle de séjour (cheminée bibliothèque TV billard français). Parking privé. 1 ch. (1 lit 2 pers.), salle de bains/wc privés, 1 ch. (1 lit 2 pers.), salle de bains et wc privés non attenants. Commerces 7 km. Ouvert toute l'année. Aubusson d'Auvergne, plan d'eau. Thiers, 20 km, ville médiévale, maison des couteliers. Vollore-Ville, 7 km, en juillet, concerts de musique classique. Clermont-ferrand, 50 km.

Prix : 1 pers. **240 F** 2 pers. **300 F** repas **80 F**

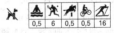

♒	🏃	⛷	🚴	⛷
0,5	6	0,5	0,5	16

HANSEN Suzette – Le Moulin des Vergnieres – 63120 Aubusson-d'Auvergne – **Tél.** : 73.53.53.01 – **Fax** : 73.53.53.01

Aydat Rouillas-Bas C.M. n° 73 — Pli n° 13/14

✿✿ NN   Alt. : 815 m — Chambres familiales au 1er étage de la maison des propriétaires, ayant en commun au r.d.c., salon, salle à manger. Terrasse, jardin attenant fermé, parking privé. 1 ch. (1 lit 2 pers.), TV, salle d'eau/wc privés. 1 ch. (2 lits 1 pers.), salle de bains/wc privés. Commerces 2 km. Ouvert toute l'année. Anglais parlé. Restauration possible à Rouillas-Bas. Taxe de séjour. Aydat 2 km : lac, baignade, voile, planche à voile, canoë-kayak, pêche, VTT. Clermont-Ferrand 20,5 km.

Prix : 1 pers. **200 F** 2 pers. **230 F** pers. sup. **80 F**

♒	🏃	⛷	🚴	⛷	⛷
2	SP	19	2	12	36

GOLLIARD – Rouillas-Bas - rue Yvon Chauveix – 63970 Aydat – **Tél.** : 73.79.30.44

Aydat Fohet C.M. n° 73 — Pli n° 13/14

✿✿ NN (TH)   Alt. : 815 m — 4 ch. dont 1 accessible aux pers. handicapées, au r.d.c. et 1er étage mansardé dans la maison des propriétaires. Salle à manger, salon au 1er étage réservé aux hôtes. Jardin attenant non fermé. Parking privé. R.d.c. : 1 ch. (2 lits 1 pers.), access. aux pers. hand. 1er étage : 2 ch. (1 lit 2 pers. 1 lit 1 pers.), 1 ch. (2 lits 1 pers.). Toutes avec s. d'eau/wc privés. Taxe de séjour. Aydat 5 km : tennis, VTT, lac, baignade, voile, planche à voile, canoë-kayak, pêche. Clermont-Ferrand 24,5 km. Commerces 5 km. Ouvert toute l'année.

Prix : 1 pers. **190 F** 2 pers. **220 F** pers. sup. **60 F** repas **65 F**

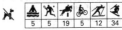

♒	🏃	⛷	🚴	⛷	⛷
5	5	19	5	12	34

SERRE Bernard – Fohet – 63970 Aydat – **Tél.** : 73.79.33.24

Beauregard-Vendon Chaptes
C.M. nᵒ 73 — Pli nᵒ 4

❀❀❀ NN — Alt. : 392 m — 3 ch. dans une maison de caractère. Salle de séjour, cheminée et TV. Meubles anciens d'époque. 2 ch. 4 épis (1 lit 2 pers. chacune), s. d'eau/wc privés attenants. 1 ch. 3 épis NN, (1 lit 2 pers.), s.d.b. wc privés non attenants. Terrasse couverte. Jardin arboré et parking privés clos. Ouvert du 1ᵉʳ avril au 30 octobre et du 1ᵉʳ novembre au 31 mars sur réservation. Restauration possible à 2 km. Gare 10 km. Commerces 2 km. Chatelguyon (station thermale) 9 km, Riom 10 km, ville d'art, Clermont-Ferrand 24,5 km. Lac de Cratère 12 km.

Prix : 1 pers. **230/250 F** 2 pers. **280/300 F**

9	2	9	10

BEAUJEARD Elisabeth – Chaptes – 63460 Beauregard-Vendon – Tél. : 73.63.35.62

Bourg-Lastic Artiges
C.M. nᵒ 73 — Pli nᵒ 12

❀❀❀ NN — Alt. : 750 m — Ancienne maison de famille restaurée. Salle de séjour, TV, kitchenette à dispo. des hôtes. Cour, jardin, jeux pour enf. 1ᵉʳ ét. : 1 ch. (1 lit 2 pers. 1 lit 1 pers.), salle de bains, wc privés, 2ᵉ étage mansardé : 2 ch. (1 lit 2 pers.), salle de bains, wc privés. 1 ch. (1 lit 2 pers. 1 lit 1 pers.), salle de bains, wc privés. Gare 26 km, commerces 2 km. Ouvert toute l'année. Restauration poss. à 2 km. Stations thermales : le Mont Dore 33 km (golf et patinoire), la Bourboule 26 km. Clermont-Ferrand 60 km.

Prix : 1 pers. **190 F** 2 pers. **240/250 F** pers. sup. **70 F**

12	26	2	12	26	32,5	33

DUGAT-BONY – Artiges – 63760 Bourg-Lastic – Tél. : 73.21.87.39

Cellule Saulnat
C.M. nᵒ 73 — Pli nᵒ 4

❀❀❀ NN (TH) — Alt. : 330 m — 2 ch. au 2ᵉ étage mansardé d'un bâtiment annexe à la maison des propriétaires, ayant en commun : salle de séjour, cheminée, TV. Kitchenette et terrasse réservées aux hôtes. Cour fermée. Ping-pong. 2 ch. (1 lit 2 pers.), s. d'eau/wc privés attenants chacune. Gare 7 km. Commerces 4 km. Ouvert toute l'année. Table d'hôtes sur réservation. Riom 7 km. Clermont-Ferrand 22 km. Station thermale de Chatel-Guyon 8 km. Accès : nationales 9 et 144. Autoroute A75 (sortie nᵒ 12 : Gannat, sortie nᵒ 13 : Riom).

Prix : 1 pers. **230 F** 2 pers. **260 F** repas **70 F**

18	SP	1	8	7

LERY Guy – Saulnat - 5 rue du Chateau – 63200 Cellule – Tél. : 73.97.25.96

Ceyssat Chez Pierre
C.M. nᵒ 73 — Pli nᵒ 3/4

❀ NN (TH) — Alt. : 825 m — 3 chambres sur 2 niveaux avec en commun : séjour, coin-cuisine. Espace attenant non clos. R.d.c. surélevé : 1 ch. (1 lit 2 pers.), 1ᵉʳ étage : 1 ch. (1 lit 2 pers.), 1 ch. (1 lit 1 pers.), wc communs au rez-de-chaussée, salle de bains/wc commune au 1ᵉʳ étage. Gare et commerces 10 km. Ouvert toute l'année. Taxe de séjour. Au pied du Puy-de-Dôme. Laschamps 3 km (école de vol libre, VTT). Clermont-Ferrand 17 km. Rochefort-Montagne 11 km.

Prix : 1 pers. **100 F** 2 pers. **160 F** 1/2 pens. **145 F**

17	16	11	4	7	19

ANDANT Anna – Montmeyre – 63210 Ceyssat – Tél. : 73.87.11.00

Clemensat
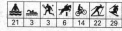
C.M. nᵒ 73 — Pli nᵒ 14

❀❀❀ NN (A) — Alt. : 530 m — A l'étage d'un bâtiment comprenant 1 ferme auberge et le logement des propriétaires, dans une propriété agricole. Salle à manger, cheminée. Terrasse couverte. Cour et jardin attenants clos. Parking privé. 2 ch. (1 lit 2 pers.), s.d.b. et wc privés. 1 ch. (1 lit 2 pers. 1 lit 1 pers.), s. d'eau et wc privés. 1 ch. (1 lit 2 pers. 2 lits 1 pers.), s. d'eau et wc privés. Station thermale : Saint-Nectaire 13 km. Issoire 14 km. Clermont-Ferrand 33 km. Lac, baignade, voile, planche à voile, canoë-kayak, pêche au lac de Chambo 21 km. Commerces 5 km. Ouvert toute l'année.

Prix : 1 pers. **190 F** 2 pers. **230 F** pers. sup. **80 F** repas **85 F** 1/2 pens. **200 F**

21	3	3	6	14	22	29

TRUCHOT Andre – 63320 Clemensat – Tél. : 73.71.10.82

Collanges Chateau-de-Collanges
C.M. nᵒ 76 — Pli nᵒ 4

❀❀❀❀ NN (TH) — Alt. : 450 m — R.d.c. : salle à manger, cheminée, salon, billard, table de bridge, piano, biblio. 2 ch. (1 lit 2 pers.), s.d.b., wc privés. 1 ch. (1 lit 2 pers. 1 lit 1 pers.), s.d.b., wc privés. 1 ch. (1 lit 2 pers. 1 lit 1 pers.), s.d.b. (balnéo), wc privés. 1 suite : 1 ch. (1 lit 2 pers.), s.d.b., wc privés & 1 ch. (2 lits 1 pers.), s. d'eau et wc privés. Forfait/suite + 270 F. Tél. dans toutes les ch. TV à dispo. sur demande. Table d'hôtes occasionnelle. Grand parc arboré avec bassin. Sur la propriété : aire de jeux pour enfants, terrain de boules. Gare 15 km. Commerces 3 km. Restauration possible à 3 km. Clermont-Ferrand 37 km. Accès : A75, sortie Saint-Germain Lembron.

Prix : 1 pers. **380 F** 2 pers. **450 F** pers. sup. **100 F** repas **160 F**

15	3	3	15

HUILLET Georges – Chateau de Collanges – 63340 Collanges – Tél. : 73.96.47.30

Combronde
C.M. nᵒ 73 — Pli nᵒ 4

❀❀❀ NN — Alt. : 392 m — 4 ch. au 1ᵉʳ étage de la maison des propriétaires ayant en commun : salle à manger, salon, TV, cheminée. Cour et parc fermés. Parking privé fermé. 2 ch. (1 lit 2 pers.), salle d'eau et wc privés. 1 ch. (1 lit 2 pers. 1 lit 1 pers.), salle d'eau et wc privés. 1 ch. (2 lits 1 pers.), salle d'eau et wc privés. Gare 12 km. Commerces sur place. Ouvert toute l'année. Restauration possible à Combronde. Station thermale : Chatelguyon 11 km, Riom 12 km, Clermont-Ferrand 28 km. Accès : A71 sortie Gannat ou Riom. Espagnol parlé.

Prix : 1 pers. **200 F** 2 pers. **260 F** pers. sup. **70 F**

10,5	11	SP	11	11

CHEVALIER Andre – 105 rue Etienne Clementel – 63460 Combronde – Tél. : 73.97.16.20

Courpiere Bonencontre *C.M. n° 73 — Pli n° 15/16*

❦❦ NN   Alt. : 331 m — 4 chambres d'hôtes aménagées aux 1er et 2e étages dans un bâtiment annexe à la maison des propriétaires. En commun : salle à manger avec kitchenette, lave-linge, salon. Cour attenante fermée. 1er étage : 1 ch. (1 lit 2 pers.), salle d'eau/wc. 2e étage : 1 ch. (lit 1 pers.), salle d'eau/wc. 2 ch. (1 lit 2 pers. 1 lit 1 pers.), salle d'eau/wc. Ouvert toute l'année. Malle au trésor, barbecue commun. Etang privé. Balançoire. Gare 13 km. Commerces 3 km. Restauration possible à 3 km. Ouvert toute l'année. Courpiere 3 km.

Prix : 1 pers. **160 F** 2 pers. **200 F** pers. sup. **50 F**

11	3	3	4	11

CONSTANCIAS – Bonencontre – 63120 Courpiere – Tél. : 73.53.10.51

Cunlhat La Brunelie *C.M. n° 73 — Pli n° 15/16*

❦❦ NN   Alt. : 700 m — 1 ch. d'hôtes aménagée au 1er étage de la maison de la propriétaire (entrée indépendante) avec kitchenette et coin-salon privés en mezzanine. Salle à manger commune en rez-de-chaussée. 1 ch. (1 lit 2 pers.), salle d'eau/wc privée non attenante. Espace attenant non fermé. Gare 52 km. Commerces 1,5 km. Clermont-Ferrand 52 km. Restauration possible à 1 km. Ouvert des vacances de Pâques à la Toussaint. Taxe de séjour. Malle au Trésor. Cunlhat 1,5 km.

Prix : 1 pers. **195 F** 2 pers. **220 F**

1,5	28,5	1,5	1,5	15

ESCLATINE Marguerite – La Brunelie – 63590 Cunlhat – Tél. : 73.72.22.17

Cunlhat   *C.M. n° 73 — Pli n° 15/16*

❦❦❦ NN   Alt. : 700 m — Maison de caractère située dans un bourg. 1er étage : 1 ch. (1 lit 2 pers.), avec cheminée et terrasse, salle de bains/wc. 2e étage : 1 ch. (1 lit 2 pers.), salle d'eau/wc. En commun : salle de séjour avec cheminée, TV. Salle avec table de ping-pong. Parc arboré. Gare 52 km. Commerces sur place. Ouvert toute l'année. Taxe de séjour. Malle au Trésor. Restauration possible à Cunlhat. Ambert 28,5 km. Clermont-Ferrand 52 km. Pêche et planche à voile sur place.

Prix : 1 pers. **200/250 F** 2 pers. **250/300 F** pers. sup. **30/50 F**

SP	28	SP	SP	SP

LAROYE Brigitte – Rue du 8 Mai – 63590 Cunlhat – Tél. : 73.72.20.87

Egliseneuve-Pres-Billom La Barriere   *C.M. n° 73 — Pli n° 15*

❦❦ NN   Alt. : 550 m — 3 ch. à l'étage, de la maison des propriétaires, ayant en commun : salle de séjour, cheminée, TV, parking privé, jardin, terrasse, cuisine d'été, barbecue, piscine couverte et chauffée dans la propriété. 1 ch. (1 lit 2 pers.), s.d.b. privée. 1 ch. (2 lits 1 pers.), s. d'eau privée. 1 ch. (1 lit 2 pers. 1 lit enfant), s.d.b. privée. WC communs aux 3 ch. Restauration possible à Billom 4 km. Malle au trésor. Plan d'eau, baignade, voile, planche à voile : Aubusson-d'Auvergne 25 km. Parc Naturel Régional du Livradois-Forez, Clermont-Ferrand 29 km. Commerces 4 km. Ouvert toute l'année.

Prix : 1 pers. **215 F** 2 pers. **230 F** pers. sup. **100 F**

25	SP	4	16	4

DUCROCQ-RIOU – La Barriere – 63160 Egliseneuve-Pres-Billom – Tél. : 73.68.33.40

Egliseneuve-Pres-Billom Les Rougers *C.M. n° 73 — Pli n° 15*

❦ NN   Alt. : 550 m — 2 chambres d'hôtes aux 1er et 2e étages de la maison du propriétaire, sur une exploitation agricole retirée. Salle de séjour commune avec TV et cheminée. Terrasse, cour, jardin. 1er étage : 1 ch. (1 lit 2 pers.), s.d.b/wc non attenants, communs aux 2 ch. 2e étage : 1 ch. (1 lit 2 pers.). Gare 29 km. Commerces 6 km. Ouvert toute l'année. Restauration possible à 2 km. Billom 6 km.

Prix : 1 pers. **150 F** 2 pers. **180 F**

6	6	6	25	

MOREAU Marie-Josephe – Les Rougers – 63160 Egliseneuve-Pres-Billom – Tél. : 73.68.53.91

Egliseneuve-Pres-Billom Le Mas *C.M. n° 73 — Pli n° 15*

❦❦ NN   Alt. : 506 m — Dans la maison des propriétaires sur une exploitation agricole. 1 ch. familiale (2 ch. 4 pers.). Salle à manger, jardin non attenant et parking privé. R.d.c. : salon avec TV et bibliothèque. 1er étage : kitchenette réservée aux hôtes. 1 ch. (1 lit 2 pers.), poss. lit bébé. 1 ch. (2 lits 1 pers.). Salle de bains/wc non attenants communs aux 2 chambres. Commerces 4 km. Ouvert toute l'année. Clermont-Ferrand (gare) 29 km. Restauration à 4 km. Malle au trésor. Billom 4 km.

Prix : 1 pers. **150 F** 2 pers. **180 F** pers. sup. **90 F**

4	4	16	4	

GRIMARD Christiane – Le Mas – 63160 Egliseneuve-Pres-Billom – Tél. : 73.68.44.17

Joze Loursse   *C.M. n° 73 — Pli n° 14/15*

❦❦❦ NN   Alt. : 314 m — Chambre familiale (2 ch. pour 3 pers.) aménagée au 1er étage de la maison bourgeoise du propriétaire. Salle à manger avec cheminée. Parking. Parc arboré. Dans la propriété : tennis et ping-pong privés. 1 ch. (1 lit 2 pers.), 1 ch. (1 lits 1 pers.), salle de bains et wc communs aux 2 ch. Gare 17,5 km. Commerces 1 km. Pêche dans l'Allier sur place. Pont-du-Château 10 km (canoë, équitation). Clermont-Ferrand 25 km. Vichy 35 km (plan d'eau, golf, cours hippiques). Restauration possible à 1 km. Ouvert toute l'année.

Prix : 1 pers. **220 F** 2 pers. **280 F** pers. sup. **190 F**

25	SP	10	25	

MASSON Jehan – Loursse – 63350 Joze – Tél. : 73.70.20.63

Menat Domaine du Couret
C.M. n° 73 — Pli n° 3/4

❅❅❅ NN Alt. : 449 m — 6 ch. au rez-de-chaussée d'un bâtiment attenant à la maison des propriétaires. Salle à manger et salon (cheminée, aquarium) communs. 2 ch. (1 lit 2 pers.), s. d'eau et wc privés. 2 ch. (2 lits 1 pers.), s.d.b. et wc privés. 1 ch. (4 lits 1 pers.), s.d.b. et wc privés. 1 ch. (3 lits 1 pers.), s.d.b. et wc privés. TV, tél. et terrasse dans chaque chambre. Propriété agricole et forestière de 150 hectares (sangliers, daims, cerfs,...). Pêche sur place : étang et rivières privés dans la propriété. Sur place inclus dans le prix de la chambre : piscine couverte, bains à remous, sauna, salle de musculation, billard, TV, vidéo, bibliothèque, tennis...

Prix : 1 pers. **250 F** 2 pers. **350 F** pers. sup. **100 F**

🏊	⛵	🎿	🚴	⛷
18	SP	SP	10	SP

GUIBOUD Bernard – Domaine du Couret – 63560 Menat – Tél. : 73.85.52.01 ou 73.85.54.56

Le Mont-Dore Le Genestoux
C.M. n° 73 — Pli n° 13

❅❅❅ NN Alt. : 1050 m — 5 ch. aux 1er et 2e étages dans la maison de caractère de la propriétaire, ayant en commun : salon (TV), salle à manger (cheminée). Terrasse, jardin, parking privé. 1er étage : 2 ch. 3 épis (1 lit 2 pers.). 1 ch. 4 épis (2 lits 1 pers.). 2e étage mansardé : 1 ch. 3 épis (3 lits 1 pers.), 1 ch. 3 épis (1 lit 2 pers.). S. d'eau, wc et TV privés à chacune. Taxe de séjour. Chambres ouvertes du 21 décembre au 31 octobre. Stations thermales : le Mont-Doré 3,5 km, la Bourboule 12,5 km. Randonnées balisées à pied ou VTT à proximité. Gare et commerces à 3 km. Auberge sur place.

Prix : 1 pers. **240 F** 2 pers. **320 F** pers. sup. **80 F**

🐕	🏊	🛶	🎿	♞	🚴	🎿	⛷
	21	3	3,5	3,5	3,5	7,5	7,5

LARCHER Francoise – Le Genestoux - La Closerie de Manou – 63240 Le Mont-Dore – Tél. : 73.65.26.81

Le Mont-Dore Le Barbier
C.M. n° 73 — Pli n° 13

❅❅❅ NN Alt. : 1050 m — 4 ch. au rez-de-chaussée et 1er étage de la maison des propriétaires avec en commun : salle de séjour, TV. R.d.c. : 1 ch. (1 lit 2 pers., 2 lits 1 pers. superposés.). 1er étage : 1 ch. (1 lit 2 pers., 1 lit 1 pers. à chacune). S. d'eau et wc privés chacune. Cour, jardin et parking. Commerces 2,5 km. Ouvert toute l'année. Tarifs dégressifs. Taxe de séjour. Restauration possible à 2,5 km. Le Mont-Doré, station thermale, patinoire 2,5 km. Le Puy-de-Sancy : 1886 m. La Bourboule : 9,5 km, station thermale et climatique, parc Fenestre.

Prix : 1 pers. **180 F** 2 pers. **250 F** pers. sup. **70 F**

🐕	🏊	🛶	🎿	♞	🚴	🎿	⛷
	13,5	9,5	2,5	2,5	2,5	4,5	5,5

VALLEIX – Le Barbier – 63240 Le Mont-Dore – Tél. : 73.65.05.77

Montaigut-le-Blanc Domaine-de-Chignat
C.M. n° 73 — Pli n° 14

❅❅❅ NN Alt. : 500 m — 2 chambres (4 pers. 1 bébé), au 1er étage de la maison des propriétaires avec en commun : salle de séjour (cheminée TV). Terrasse, espace extérieur attenant. 1 ch. (2 lits 2 pers. 1 lit enfant), 1 ch. (1 lit 2 pers.). Les 2 ch. sont équipées d'une TV et d'une salle d'eau et wc privés. Gare 18 km. Commerces 2 km. Ouvert toute l'année. Restauration possible à 2 km. Station thermale, Saint-Nectaire 14 km. Besse et Saint-Anastaise 21 km, cité médiévale et renaissance. Chambon-Sur-Lac 22 km, lac, voile, planche à voile, canoë-kayak, baignade. Issoire 18 km.

Prix : 1 pers. **220 F** 2 pers. **250/260 F** pers. sup. **20/60 F**

🏊	🛶	🎿	🚴	🎿	⛷
22	2	2	2	21	28

SAUZET – Domaine de Chignat - Montaigut-le-Blanc – 63320 Champeix – Tél. : 73.96.71.21

Montpeyroux
C.M. n° 73 — Pli n° 14

❅❅❅ NN Alt. : 432 m — 5 ch. aux 1er et 2e étages de la maison des propriétaires. Rez-de-chaussée : salle à manger/coin-salon réservée aux hôtes avec billard. 1 ch. 4 épis (1 lit 2 pers.), cheminée, s.d.b. et wc privés. 1 ch. 3 épis (1 lit 2 pers.), s.d.b/wc privés et terrasse. 2 ch. 3 épis (1 lit 2 pers.), s. d'eau/wc privés. 1 ch. 4 épis (2 lits 1 pers.), s.d.b., jaccusi et wc privés. Montpeyrou : l'un des plus beaux villages de France. Restaurant sur place. Clermont-Ferrand 21,5 km. Issoire 14 km. Accès : autoroute A75 sortie n° 7 : Coudes-Montpeyroux. Gare et commerces à 2 km. Ouvert toute l'année.

Prix : 1 pers. **230/280 F** 2 pers. **280/330 F**

🏊	🛶	🎿	🚴	🎿	⛷	
24	8	SP	14	14	32	39

ASTRUC Marcel – Rue du Donjon – 63114 Montpeyroux – Tél. : 73.96.69.42

Murol
C.M. n° 73 — Pli n° 13/14

❅❅ NN Alt. : 850 m — 2 chambres 15 m² au 2e étage mansardé de la maison des propriétaires. 1 ch. (1 lit 2 pers.), 1 ch. (2 lits 1 pers.), salle d'eau/wc communs aux 2 chambres. En commun : salle de séjour, TV, kitchenette réservée aux ch. Terrain attenant. Parking privé. Commerces sur place. Ouvert toute l'année. Taxe de séjour. Restauration possible à Murol. Lac Chambon, 3 km : baignade, voile, planche à voile. Vallée de Chaudefour, col de la Croix, Morand, grottes de Jonas. Besse et St-Anastaise, cité médiévale et renaissance.

Prix : 1 pers. **140 F** 2 pers. **170 F** pers. sup. **50 F**

🏊	🎿	♞	🚴	🎿	⛷
3	17	SP	SP	SP	4	12

DELPEUX – Route de Groire – 63790 Murol – Tél. : 73.88.66.29

Olby Bravant
C.M. n° 73 — Pli n° 13

❅❅ NN Alt. : 700 m — 2 chambres au rez-de-chaussée de la maison des propriétaires avec en commun : salle de séjour, cheminée. Cour, jardin attenants. Barbecue. Salle commune réservée aux hôtes (TV, réfrigérateur, cuisine, mini-four). 2 ch. chacune avec 1 lit 2 pers., salle d'eau et wc privés. Commerces 2 km. Ouvert toute l'année. Restauration possible à Olby. Laschamps 7 km, parapente et mur d'escalade. Olby au pied du Puy-de-Dôme. Les monts Dôme. Le parc des Volcans d'Auvergne.

Prix : 1 pers. **140 F** 2 pers. **200 F**

🏊	🎿	🎿	🚴	🎿	⛷
13	7	6	7	17	38

ACHARD – Bravant – 63210 Olby – Tél. : 73.87.12.39

Palladuc Lomanie

⍦⍦⍦ NN — Alt. : 749 m — 2 ch. au 1er étage de la maison de la propriétaire avec en commun : salle de séjour (TV cheminée). Tél. à compteur. Parc arboré attenant fermé, terrasse, parking privé. 1 ch. 2 épis NN (1 lit 2 pers.), salle d'eau, wc privés non attenants ; 1 ch. 3 épis NN (3 lits 1 pers. dont 2 accolés), salle d'eau, wc privés. Commerces 6 km. Ouvert toute l'année. Espagnol parlé. Restauration possible à Palladuc, 1,5 km. Chabreloche, esclade, 14 km. Saint-Rémy, plan d'eau, 6 km. Situation : au cœur des Bois Noirs. Thiers 13 km.

Prix : 1 pers. **200 F** 2 pers. **240/320 F** pers. sup. **50/70 F**

🛶	⛷	🎿	🚴	🎿	
6	6	6	6	11	15

HORVILLE-BONJEAN Claudette – Lomanie – 63550 Palladuc – Tél. : 73.94.31.63

Perpezat La Roche

⍦⍦ NN — Alt. : 940 m — Chambre d'hôtes dans la maison des propriétaires et mitoyenne à un gîte. Rez-de-chaussée surélevé ayant en commun : salle à manger, jardin, coin-cuisine privé. 1 ch. (1 lit 2 pers.), salle d'eau/wc. La Bourboule (parc de loisirs et cure thermale) 14 km. Gare 7 km. Commerces 4 km. Ouvert toute l'année. Restauration possible à 4 km. Rochefort-Montagne 4 km.

Prix : 1 pers. **160 F** 2 pers. **220 F**

🛶	⛷	🎿	🚴	🎿	
14	4	14	8	14	26

ANDANSON Irene – La Roche – 63210 Perpezat – Tél. : 73.65.80.27

Perrier

⍦⍦⍦ NN — Alt. : 430 m — 2 chambres au 2e étage de la maison familiale du XVIIIe siècle des propriétaires et 1 ch. au 1er étage de l'ancienne fenière (2 lits 1 pers.), salle de bains/wc privés non attenants. 2e étage : 1 ch. (2 lits 1 pers.), salle de bains/wc privés non attenant. 1 ch. (1 lits 1 pers.), salle de bains/ wc privés. Gare et commerces à 3 km. Ouvert toute l'année. En commun au rez-de-chaussée et dans l'annexe : salle commune avec kitchenette. 1er étage : salle de jeux. Parking fermé. Parc. Terrasse couverte. Restauration possible à Perrier. Sur la route de Besse et Saint-Anastaise et Saint-Nectaire. Issoire 3 km.

Prix : 1 pers. **220 F** 2 pers. **290 F** pers. sup. **100 F**

🛶	⛷	🎿	🚴	🎿	
3	3	3	3	26	33

GEBRILLAT Paul – Chemin de Siorac – 63500 Perrier – Tél. : 73.89.15.02 – Fax : 73.55.08.85

Peschadoires Les Epinins

⍦⍦ NN — Alt. : 315 m — 1 chambre d'hôtes dans la maison du propriétaire. Au rez-de-chaussée : salle à manger. TV. Poss. coin-cuisine aménagé. A l'étage : 1 ch. (1 lit 2 pers.), salle de bains et wc non attenants. Cour, terrasse, jardin attenants. Gare 7 km. Commerces 2,5 km. Ouvert toute l'année. Animaux non acceptés dans la maison. Thiers, la ville médiévale, la maison des couteliers. Billom, monts du Livradois et monts du Forez. Lezoux 7 km.

Prix : 1 pers. **150 F** 2 pers. **200 F**

🛶	⛷	🎿	🚴
7	7	2	7

GROLET – Les Epinins – 63920 Peschadoires – Tél. : 73.80.15.86

Pontgibaud Bouzarat

⍦⍦ NN — Alt. : 732 m — 2 ch. d'hôtes au 1er étage de la maison du propriétaire, située sur une exploitation agricole. R.d.c. : salle de séjour commune avec cheminée, TV. 1 ch. (1 lit 2 pers. 1 lit 1 pers.), s. d'eau privée. 1 ch. (1 lit 2 pers.), s.d.b. privée non attenante. WC communs aux 2 ch. Jardin ombragé non attenant. Parking privé. Gare et commerces 3 km. Restauration possible 3 km. Ouvert toute l'année. Royat (station thermale) 26 km. Clermont-Ferrand 26 km.

Prix : 1 pers. **130 F** 2 pers. **170/180 F** pers. sup. **50 F**

🎿	⛷	🎿	🚴
24	3	8	19

ROUDAIRE – Bouzarat – 63230 Pontgibaud – Tél. : 73.88.72.50

Rentieres Le Chausse-Haut

⍦⍦⍦ NN
(TH) — Alt. : 740 m — Dans la maison des propriétaires, au r.d.c. : 1 ch. 3 épis (2 lits 1 pers.), s. d'eau/wc privés attenants. A l'étage : 1 ch. 3 épis (1 lit 2 pers.), s. d'eau/wc privés attenants. 1 ch. 3 épis (1 lit 2 pers.), s.d.b./wc privés attenants. Dans un bâtiment mitoyen : 2 ch. 2 épis (2 lit 2 pers.), s. d'eau privée attenante, wc communs. Salle de séjour, cheminée, TV. Espace attenant. Gare 25 km. Commerces 2,5 km. Ardes-sur-Couze 2,5 km. Ouvert toute l'année.

Prix : 1 pers. **165/200 F** 2 pers. **190/230 F** pers. sup. **75 F** repas **60 F** 1/2 pens. **175 F**

🎿	⛷	🎿	🚴
25	2,5	9	11

BOYER Philippe – Le Chausse-Haut – 63420 Rentieres – Tél. : 73.71.84.28

La Roche-Noire

⍦⍦⍦ NN — Alt. : 410 m — 2 ch. d'hôtes aménagées au r.d.c. de la maison du propriétaire. Salle de séjour avec TV, jardin et terrasse communs. Pièce réservée aux hôtes comprenant un coin-détente et un coin-repas avec réfrigérateur et TV. 1 ch. (1 lit 2 pers. 2 épis NN), s. d'eau/wc privée non attenante, 1 ch. (1 lit 2 pers. 3 épis NN), salle d'eau/wc. Cournon (plan d'eau, canoë). Clermont-Ferrand 17 km. A72, sortie Lempdes - Cournon. A9, sortie Cournon - Pérignat-les-Sarlièves. Gare 6 km. Commerces 3 km. Restauration possible à 2,5 km. Ouvert toute l'année.

Prix : 1 pers. **170 F** 2 pers. **200 F** pers. sup. **80 F**

🛶	⛷	🎿	🚴	
6	6	SP	8	SP

CHABRY – Chemin de la Source – 63800 La Roche-Noire – Tél. : 73.69.53.42

Saint-Antheme Saint-Yvoix *C.M. n° 73 — Pli n° 17*

♥♥♥ NN
(TH)
Alt. : 940 m — 2 ch. au 2ᵉ étage mansardé de la maison des propriétaires située sur une exploitation agricole avec en commun : salon, TV, cheminée. Pièce commune réservée aux hôtes. Cour et terrain attenants, balançoires. 1 ch. (1 lit 2 pers.), 1 ch. (2 lits 2 pers.), avec chacune salle d'eau et wc privés. Commerces 4 km. Ouvert toute l'année. Table d'hôtes le soir sur réservation. Taxe de séjour. Tarifs enfants. Dans la propriété : ping-pong, baby-foot, billard pour enfant. Saint-Antheme, 4 km, plan d'eau. Col des supeyres, jolies vues sur les Sucs du Velay. Les monts du Forez, très boisés.

Prix : 1 pers. **180 F** 2 pers. **230 F** 3 pers. **290 F**
pers. sup. **60/180 F** repas 60 F

	🚣	⛷	🎿	🏇	🚴	⛷	⛷
	4	19	4	8	4	12	11,5

COL – Saint-Yvoix – 63600 Saint-Antheme – Tél. : 73.95.44.63

Saint-Bonnet-Pres-Orcival Vareilles *C.M. n° 73 — Pli n° 13*

♥♥♥ NN
(TH)
Alt. : 800 m — 3 ch. dont 1 ch. familiale au 1ᵉʳ étage dans un bâtiment attenant à la maison d'habitation des propriétaires, ayant en commun : salle à manger (cheminée), salon, terrasse, jardin, ping-pong, parking privé. 2 ch. (1 lit 2 pers.), s.d.b., wc privés attenants à chacune. 1 ch. familiale (1 lit 2 pers. 2 lits 1 pers.), s.d.b., wc communs auc 2 ch. Ouvert toute l'année. Taxe de séjour. Tarifs dégressifs à partir de la 3ᵉ nuit. Réduction des tarifs en dehors des mois de juillet et août. Stations thermales : la Bourboule 25,5 km, le Mont-Doré 23 km. Pêche et randonnées à proximité.

Prix : 1 pers. **190 F** 2 pers. **240 F** pers. sup. **70 F** repas **65 F**

🚣	⛷	🏇	🚴	⛷	⛷
20	8	11	5,5	14	27

GAIDIER Thierry – Vareilles – 63210 Saint-Bonnet-Pres-Orcival – Tél. : 73.65.87.91

Saint-Gervais-d'Auvergne Le Masmont *C.M. n° 73 — Pli n° 3*

♥♥♥ NN
(TH)
Alt. : 720 m — Ch. familiale au 1ᵉʳ et 2ᵉ étage mansardé de la maison de la propriétaire : salle à manger. 2 ch. dans bât. attenant : salle à manger/coin-cuisine, cheminée, TV. 1 ch. familiale. 1ᵉʳ ét. : 1 ch. (1 lit 2 pers.). 2ᵉ ét. mansardé : 1 ch. (3 lits 1 pers. S. d'eau/wc privés attenants communs. Bât. attenant : 1ᵉʳ ét. : 2 ch. (2 lits 2 pers.), chacune avec s. d'eau et wc. Supplément animal : 25 F. Anglais, allemand et hollandais parlés. Chateauneuf-les-Bains (station thermale) 10 km. Viaduc-des-Fades 13,5 km. Clermont-Ferrand 57 km. Pêche et planche à voile à 3 km.

Prix : 1 pers. **165 F** 2 pers. **215 F** pers. sup. **110 F** repas **65 F**

🚣	⛷	🏇	🚴
3	23	3	16	3

GAUVIN Marion – Le Masmont – 63390 Saint-Gervais-d'Auvergne – Tél. : 73.85.80.09

Saint-Gervazy Segonzat *C.M. n° 73 — Pli n° 14*

♥♥ NN
Alt. : 500 m — 1 ch. d'hôtes aménagée au rez-de-chaussée d'un bâtiment annexe à la maison du propriétaire, sur une exploitation agricole. Salle à manger commune avec TV dans la maison du propriétaire. Cour attenante fermée commune. 1 ch. (1 lit 2 pers. 1 lit enfant), salle d'eau/wc privés. Ouvert toute l'année. Gare 21 km. Commerces 9 km. Clermont-Ferrand 55 km. Restauration possible à 3 km. Saint-Gremain-Lembron 9 km.

Prix : 1 pers. **150 F** 2 pers. **180 F** pers. sup. **30 F**

	⛷	🏇	🚴
21	9	3	21

MERLE Jean-Claude – Segonzat – 63340 Saint-Gervazy – Tél. : 73.96.44.50

Saint-Gervazy *C.M. n° 73 — Pli n° 14*

♥♥♥ NN
Alt. : 500 m — 1ᵉʳ étage : 2 ch. (2 lits 1 pers. chacune), salle d'eau/wc pour chacune. 2ᵉ étage : 2 ch. (2 lits 1 pers. chacune) avec salle d'eau/wc pour chacune, dans un bâtiment annexe à la maison du propriétaire (ferme équestre). R.d.c. : séjour/kitchenette avec cheminée réservés aux hôtes. Parking privé, espace non clos. Gare 18 km. Commerces 6 km. Ouvert toute l'année. Auberge sur place. A75, sortie Saint-Germain Lembron 6 km. Clermont-Ferrand 53 km. Anglais parlé.

Prix : 1 pers. **160 F** 2 pers. **300 F**

	🚣	⛷	🏇	🚴
18	6	SP	SP

TROUILLER Patrick – 63340 Saint-Gervazy – Tél. : 73.96.44.51

Saint-Nectaire Sailles *C.M. n° 73 — Pli n° 3/4*

♥♥ NN
Alt. : 760 m — 2 ch. d'hôtes aménagées au rez-de-chaussée d'un bâtiment annexe à la maison du propriétaire, sur une exploitation agricole. Salle à manger commune dans la maison du propriétaire. Espace attenant non fermé. 2 ch. (1 lit 2 pers. chacune), salle d'eau/wc, privés. Saint-Nectaire (station thermale) 2 km. Clermont-Ferrand 39 km (gare). Commerces 2 km. Ouvert toute l'année. Restauration possible à 2 km.

Prix : 1 pers. **180 F** 2 pers. **210 F**

	🚣	⛷	🏇	🚴	⛷	⛷
9	26	2	8	2	11	26

GUILHOT – Sailles – 63710 Saint-Nectaire – Tél. : 73.88.50.69 – Fax : 73.88.55.18

Saint-Pierre-la-Bourlhonne Les Igonins *C.M. n° 73 — Pli n° 16*

♥♥ NN
Alt. : 980 m — 2 chambres d'hôtes au rez-de-chaussée aménagées dans la maison du propriétaire ayant en commun : salle à manger, TV, salon, terrasse, espace attenant non clos. 2 ch. (1 lit 2 pers.), salle d'eau/wc privés. Gare 38 km. Commerces sur place. Restauration possible à 2 km. Ouvert toute l'année. Olliergues 12 km.

Prix : 1 pers. **160 F** 2 pers. **190 F**

🚣	⛷	🏇	🚴	⛷	⛷
18	9	18	SP	5	19

JOSSELIN Jean – Les Igonins – 63480 Saint-Pierre-la-Bourlhonne – Tél. : 73.95.22.60

Saint-Remy-de-Chargnat Chateau-de-Pasredon *C.M. n° 73 — Pli n° 15*

※※※※ NN Alt. : 400 m — Dans petit château. R.d.c. : salle à manger, cheminée, salon, TV. Parc de 2 ha, garage, parking privé. 1er ét. : 1 ch. (2 lits 1 pers.), s.d.b./wc, salon. 1 ch. familiale composée de 2 ch. communicantes (1 lit 2 pers. 2 lits 1 pers.), dressing, s.d.b./wc communs. 2e ét. : 1 ch. (2 lits 1 pers.), dressing, s.d.b./wc. 1 ch. (1 lit 2 pers.), s.d.b./s. d'eau/wc, dressing. Terrasse. Restauration possible à 3 km. Malle au trésor. Monts du Livradois et du Forez. Issoire 8 km. Clermont-Ferrand 39 km. Sauxilanges 6 km. Gare 8 km. Commerces 6 km. Ouvert du 1er avril au 11 novembre.

Prix : 1 pers. **260/365 F** 2 pers. **365/540 F** pers. sup. **105 F**

8	6	8	8

MARCHAND – Pasredon – 63500 Saint-Remy-de-Chargnat – Tél. : 73.71.00.67

Saurier Rosier *C.M. n° 73 — Pli n° 13/14*

※※※ NN Alt. : 561 m — A l'étage mansardé de la maison des propriétaires. Ancien bâtiment de ferme rénové. Salle de séjour, cheminée, TV. Terrasse. Cour. Terrain attenant non clos. Parking privé. 3 ch. (1 lit 2 pers. 1 lit 1 pers.), s.d.b. et wc privés attenants. 2 ch. (2 lits 1 pers.), s. d'eau et wc privés attenants. 1 ch. (1 lit 2 pers.), s. d'eau et wc privés attenants. Activités gratuites proposées par M. Rodde : randonnées pédestres, VTT, ski de fond avec encadrement (sorties organisées au moins 2 fois par semaine). Initiation à l'escalade. Forfait semaine. Gratuité enfants - de 2 ans. 50 F de supplément pour les enfants de 2 à 6 ans. Ouvert toute l'année.

Prix : 1 pers. **180 F** 2 pers. **240 F** pers. sup. **80 F**

16	12	12	15	SP	15	22

RODDE Joel – Rosier – 63320 Saurier – Tél. : 73.71.22.00

Sermentizon *C.M. n° 73 — Pli n° 15*

※※※ NN Alt. : 440 m — 4 ch. aménagées (1er et 2e étages) dans la maison des prop. ayant en commun : salle à manger, salon. Espace attenant clos. 1er ét. : 1 ch. 3 épis (2 lits 1 pers.), salle de bains/wc privés. 2e ét. : 1 ch. 3 épis (1 lit 2 pers. 1 lit bébé), salle de bains/wc. 2 ch. 3 épis (1 lit 2 pers.), salle d'eau privée attenante, wc communs. Gare et commerces à 4 km. Ouvert toute l'année. Thiers, ville médiévale, la maison des couteliers. Billom. Les monts du Livradois. Les monts du Forez. Sortie autoroute A 72. Thiers ouest 13 km. Malle au trésor. Restauration possible à Sermentizon.

Prix : 1 pers. **140/170 F** 2 pers. **170/200 F**

12	4	SP	12

GROLET – 63120 Sermentizon – Tél. : 73.53.03.14

Tours-sur-Meymont Ferme de Pied Froid *C.M. n° 73 — Pli n° 16*

※※※ NN
(TH) Alt. : 627 m — 3 ch. dans un ancien bâtiment de ferme attenant à la maison des propriétaires, sur une exploitation agricole. R.d.c. : salle de séjour commune avec cheminée. 1 ch. (3 lits 1 pers.). 1 ch. (1 lit 2 pers.). 1 ch. (1 lit 2 pers. 1 lit 1 pers.). Toutes les chambres sont dotées d'une salle d'eau/wc privés et attenants. Terrain attenant non fermé. Table de ping-pong. Réduction des tarifs hors saison. Réduction des tarifs à partir de la 4e nuit. Table d'hôtes sur réservation. Pêche et randonnées à proximité. Plan d'eau : Cunlhat 7 km. Situation : dans le parc du Livradois-Forez. Commerces 7 km. Ouvert toute l'année.

Prix : 1 pers. **180 F** 2 pers. **220 F** pers. sup. **70 F** repas **65 F**

7	33	1,5	7	7

MAJEUNE Philippe – Ferme de Pied Froid – 63590 Tours-sur-Meymont – Tél. : 73.70.71.20 – Fax : 73.70.71.20

Tours-sur-Meymont Pied-Froid *C.M. n° 73 — Pli n° 16*

※※ NN
(TH) Alt. : 627 m — 3 chambres au 1er étage de la maison des propriétaires avec en commun : salle à manger, salon (TV). Terrain attenant fermé, parking privé. 1 ch. (1 lit 2 pers.), 1 ch. (2 lits 1 pers.), 1 ch. (1 lit 2 pers. 1 lit 1 pers.), chacune avec salle d'eau et wc privés. Commerces 1, 5 km. Table d'hôtes sur réservation. Repas en demi-pension : 50 F. Ouvert toute l'année. Cunlhat, plan d'eau, planche à voile, 7 km. Pêche et randonnées à proximité. Thiers 33 km.

Prix : 1 pers. **160 F** 2 pers. **200 F** pers. sup. **80 F** repas **70 F**

7	1,5	7	7

IDOT-BAYARD – Pied-Froid – 63590 Tours-sur-Meymont – Tél. : 73.70.71.13

Valbeleix Marcenat *C.M. n° 73 — Pli n° 13/14*

※※ NN
(TH) Alt. : 845 m — 1 chambre d'hôtes mansardée aménagée dans une ancienne ferme restaurée, habitée saisonnièrement par la propriétaire. Chambre au 1er étage, avec salle d'eau et wc privés non attenants. Salle à manger typiquement auvergnate avec une grande cheminée. Salle de détente mansardée. Terrain attenant. Table d'hôtes sur réservation. Gare 24 km. Commerces 19 km. Lac de Pavin (Besse et Saint-Anastaise) 23,5 km. Clermont Ferrand 60 km. Issoire 24 km. Ouvert du 1er mai au 30 octobre.

Prix : 1 pers. **185 F** 2 pers. **200 F** repas **60 F**

30	26	5	19	19	19	26

LARRE Lucette – Marcenat – 63610 Valbeleix – Tél. : 73.71.21.08 ou 1.39.58.58.76

Vensat Bellevue *C.M. n° 73 — Pli n° 4*

※※ NN Alt. : 480 m — 3 ch. au 1er étage de la maison du propriétaire, ayant en commun : rez-de-chaussée, salle réservée aux hôtes. Cheminée. Espace attenant fermé. 1 ch. (1 lit 2 pers.). 1 ch. (1 lit 2 pers. 1 lit enfant), 1 ch. (2 lits 1 pers.), toutes avec salle d'eau/wc privés. Gannat 7 km. Festival mondial du folklore. Gare et commerces 7 km. Restauration possible à 5 km. Aigueperse 7 km. Ouvert toute l'année.

Prix : 1 pers. **155 F** 2 pers. **200 F**

9	2,2	3	9

POUZET Renee-Francoise – Bellevue – 63260 Vensat – Tél. : 73.33.04.41

Verneugheol Le Glufareix

C.M. n° 73 — Pli n° 12

Alt. : 727 m — Bâtiment annexe à la maison des propriétaires. Salle à manger/coin-cuisine, salon, TV. Cour, terrasse. 1ᵉʳ ét. : 1 ch. familiale de 2 ch. (2 lits 2 pers. 1 lit 1 pers.), s.d.b., wc privés, 1 ch. (1 lit 1 pers. 1 lit 2 pers.), s. d'eau, wc privés. 2ᵉ ét. mansardé : 1 ch. (2 lits 2 pers.), s. d'eau, wc privés. 1 ch. (1 lit 2 pers. 1 lit 1 pers.), s. d'eau et wc privés. Parking privé. Table d'hôtes sur réservation. Ouvert toute l'année. La Ramade, plan d'eau, planche à voile, 10 km. Commerces 5,5 km. Verneugheol est situé au cœur de la Haute Contraille, dans un paysage de landes et d'étangs.

Prix : 1 pers. **150/200 F** 2 pers. **200/250 F** pers. sup. **70 F**
repas **65 F**

5,5	20	6

THOMAS – Le Glufareix – 63470 Verneugheol – Tél. : 73.22.11.40

Villossanges La Verrerie

C.M. n° 73 — Pli n° 2/3

Alt. : 642 m — Dans la maison des propriétaires (mitoyenne à un gîte rural). R.d.c. : salle à manger, cheminée. 1ᵉʳ étage : salon avec mezzanine, TV. Tél. service téléséjour. 1 ch. (2 lits 2 pers.), s. d'eau et wc privés. 1 ch. (1 lit 2 pers. 1 lit 1 pers.), s.d.b. et wc privés. 1 ch. (1 lit 2 pers. 1 lit 1 pers.), s. d'eau et wc privés. 1 ch. (1 lit 2 pers.), s. d'eau et wc privés. Jardin, terrasse, parking privé. Etang privé. Possibilité de forfait « famille ». Tarifs dégressifs pour longs séjours. Tarifs préférentiels hors saison. Possibilité de déguster votre pêche à la table d'hôtes (repas 50 F). Gare 48 km. Commerces 4 km. Ouvert toute l'année.

Prix : 1 pers. **200 F** 2 pers. **250 F** pers. sup. **80 F** repas **65 F**
1/2 pens. **170 F**

11	3	9	7

QUEYRIAUX Philippe – La Verrerie - La Ferme de l'Etang – 63380 Villossanges – Tél. : 73.79.71.61 ou 73.79.70.87

Vollore-Ville Le Troulier

C.M. n° 73 — Pli n° 16

Alt. : 720 m — 3 chambres au 1ᵉʳ étage de la maison des propriétaires, sur une exploitation agricole avec en commun : salle de séjour (cheminée). Jardin, parking privé. 1 ch. (3 lits 1 pers.), salle de bains et wc privés. 2 ch. (1 lits 2 pers. chacune), salle d'eau et wc privés. Commerces 4 km. Ouvert toute l'année. Vollore-Ville : en juillet, concerts de musique classique. Aubusson d'Auvergne, plan d'eau. Thiers 20,5 km, ville médiévale, maison des couteliers. Clermont-Ferrand 55 km.

Prix : 1 pers. **170 F** 2 pers. **220/240 F** pers. sup. **50 F**
repas **65 F**

9	12	4	4	9	19,5

MOIGNOUX Bernard – Le Troulier – 63120 Vollore-Ville – Tél. : 73.53.71.98

Vollore-Ville La Garbiere

C.M. n° 73 — Pli n° 16

Alt. : 546 m — 2 chambres d'hôtes au rez-de-chaussée d'une maison de construction récente. Rez-de-chaussée surélevé : salle de séjour avec cheminée, bibliothèque. Terrasse, jardin arboré, vélos. 1 ch. (1 lit 2 pers. 3 épis NN), salle d'eau/wc privés. 1 ch. 2 épis NN avec salle d'eau, wc non attenants. Restauration possible à 4 km. Ouvert vacances scolaires et week-end. Clermont-Ferrand 49 km. Anglais et espagnol parlés. Pêche et planche à voile à 2 km.

Prix : 1 pers. **160/180 F** 2 pers. **200/220 F** pers. sup. **50 F**

2	4	1,5	2	2	17	34

MOIGNOUX Christian – La Garbiere – 63120 Vollore-Ville – Tél. : 73.53.71.04

Tarn

Aiguefonde La Sagne-Saint-Alby

Alt. : 400 m — Dans une ferme restaurée, 1 ch. 3 épis NN, avec salle d'eau et wc privés (1 lit 2 pers. 2 lits 1 pers. superposés), 2 ch. 2 épis NN avec salle de bains et wc privés aux hôtes pour 2 ou 3 pers. chacune. Grand séjour avec coin-repas et salon, terrasse. Gare et commerces 3 km.

Prix : 1 pers. **130 F** 2 pers. **170 F** pers. sup. **45 F**

3	7	7	2	3	7	5	5	10

CAUQUIL Claude – 2 rue des Flandres - St Alby – 81200 Aiguefonde – Tél. : 63.61.44.48

Aiguefonde Le Fourchat

C.M. n° 83 — Pli n° 11

Alt. : 350 m — Ancien bâtiment de ferme rénové : 5 ch. aménagées dans un site calme et boisé. Séjour et salon réservés aux hôtes avec TV. A l'étage : 2 ch. (2 lits 2 pers.), (4 lits 1 pers. dont 2 superp.), (1 lit 2 pers. 2 lits 1 pers.), (2 lits 1 pers.), toutes les ch. sont avec s. d'eau et wc privés. Cheminée, chauffage. L-linge. Table d'hôtes avec produits de la ferme. Véronique Pech vous accueille avec convivialité et authenticité. Outre l'aspect traditionnel et la fraîcheur des lieux, la nature est omniprésente. Ferme d'élevage : bovins, poneys, volailles. Nombreuses découvertes et activités sportives. Cour avec salon de jardin. Gare et commerces à 5 km.

Prix : 1 pers. **160 F** 2 pers. **200 F** 3 pers. **290 F**
repas **55/75 F** 1/2 pens. **205/225 F**

5	10	10	2	5	10	4	SP	40	20

PECH Veronique – Le Fourchat – 81200 Aiguefonde – Tél. : 63.98.12.62 ou 63.61.22.67

Bellegarde La Borie Neuve

♥♥♥ NN
(TH)

Alt. : 400 m — 6 ch. avec s.d.b. ou douche et wc particuliers, TV sur demande. Chauffage, poss. kitchenette. Tél., l-linge. Garderie d'enfants sur demande. Table d'hôtes le soir, salon de jardin, piscine privée sur place, ping-pong. Entrée indépendant. 2 gîtes ruraux sur le même site. Animaux acceptés sur demande. Gare 12 km. Commerces 4 km. Anglais et espagnol parlés. Ancien corps de ferme du XVIè siècle restauré, à 400 m du village, un cadre très calme et champêtre. A visiter : Albi avec sa cathédrale, et ses musées dont celui de Toulouse-Lautrec. Chaque année, la ville organise des festivals de musique, théâtre, région très touristique, bastide, forêt...

Prix : 1 pers. 220/285 F 2 pers. 240/305 F 3 pers. 310/375 F
repas 100 F

SP	6	10	6	0,4	20	12	15	6	12

RICHARD Jacqueline – La Borie Neuve – 81430 Bellegarde – Tél. : 63.55.33.64

Le Bez Amiguet

♥ NN

Alt. : 600 m — Dans une région de moyenne montagne avec forêts de sapins, 5 chambres, 2 salles d'eau et 2 wc communs, 5 lits 2 pers. Chauffage électrique. Terrain, salon de jardin. Situées près de la région granitique du Sidobre et des Monts de Lacaune, vous pourrez faire de belles promenades dans les bois. Gare 22 km. Commerces 1 km. Ouvert du 1er mai au 30 octobre.

Prix : 1 pers. 130 F 2 pers. 150 F 3 pers. 170 F

3	10	10	3	3	22	SP	22	22

HOULES Maurice – Amiguet – 81260 Le Bez – Tél. : 63.74.00.62

Le Bez Le Reclot

♥♥♥ NN

Alt. : 600 m — 1 suite à l'étage (1 lit 2 pers. 2 lits 1 pers.), salle d'eau et wc privés. Salon commun aux hôtes et aux propriétaires, terrasse, jardin. TV, chauffage au bois, salon de jardin, portique, bac à sable, VTT. Restauration familiale dans une salle attenante à la maison. Gare 30 km. Commerces 10 km. Ouvert toute l'année. 2 chambres d'hôtes, dans une région forestière, à proximité du Sidobre. La propriétaire fait l'élevage de lapins angoras et la production de laine, pulls...

Prix : 1 pers. 150 F 2 pers. 170 F 3 pers. 190 F

10	5	5	5	10	3	30	5	SP

JARDRIT Chantal – Le Reclos – 81260 Le Bez – Tél. : 63.74.05.36

Briatexte En Galinier

♥♥ NN
(TH)

Alt. : 300 m — 2 ch. dans leur maison d'habitation avec chacune (1 lit 2 pers. 1 lit 1 pers.), s.d.b. et wc privés aux hôtes. L-linge. Chauffage. Salle de détente avec TV aux hôtes, bibliothèque, ping-pong, petit terrain de foot, bac à sable. Table d'hôtes (réservez pour les repas en table d'hôtes, jardin. produits du jardin et verger, volailles. Gare 12 km. Commerces 4 km. Geneviève et Jean vous accueilleni dans leur ferme (élevage ovins et cultures), à la limite de l'Albigeois Castrais et aux portes du Lauragais. Ouvert toute l'année.

Prix : 1 pers. 130/150 F 2 pers. 160/180 F 3 pers. 190/210 F
repas 60/85 F 1/2 pens. 200/250 F pens. 250/300 F

6	20	12	6	5	6	8	8	40

BRU Geneviève – En Galinier – 81390 Briatexte – Tél. : 63.42.04.01

Cahuzac-sur-Vère

E.C. NN

Alt. : 170 m — 2 ch. à l'étage, avec s. d'eau dans chacune et wc communs (sur palier) aux 2 ch. (1 lit 2 pers. dans chaque ch.). Coin-cuisine, salon avec TV privatifs, frigo. Produits fermiers. Chauffage électrique. Restaurant et commerces au village ainsi que piscine et location VTT. Disponibilités toute l'année. Gare 12 km. Annie Delpech vous accueille dans sa maison ancienne, sur la place du charmant village de Cahuzac sur Vère, en plein cœur du pays des Bastides. Réservation par tél. : 63.33.90.25. de 13 H à 16 H et après 21 H, de préférence.

Prix : 1 pers. 160 F 2 pers. 180 F 3 pers. 210 F
pers. sup. 30 F

0,2	15	15	0,2	0,2	15	18	8	18	10

DELPECH Annie – Place de l'Eglise – 81140 Cahuzac-sur-Vere – Tél. : 63.33.90.25

Cahuzac-sur-Vère

♥♥♥ NN
(TH)

Alt. : 200 m — A l'étage d'une maison entièrement restaurée, 3 ch. d'hôtes. 1 ch. (1 lit 2 pers.), s. d'eau et wc privés, 1 ch. (1 lit 2 pers.), s. d'eau et wc privés. 1 ch. (1 lit 2 pers. 2 lits 1 pers.), s.d.b. et wc privés. Chauffage. Produits fermiers, terrasse fleurie avec salon de jardin. Table d'hôtes en morte saison. Gare 8 km. Commerces sur place. Ouvert toute l'année. Claudine vous accueille au centre d'un petit village médiéval, situé dans le circuit des Bastides. Meubles rustiques.

Prix : 1 pers. 170 F 2 pers. 200/220 F 3 pers. 250 F
pers. sup. 50 F repas 75 F 1/2 pens. 350 F

0,2	10	10	1	SP	10	10	SP	12	10

MIRAILLE Claudine – Place de l'Eglise – 81140 Cahuzac-sur-Vere – Tél. : 63.33.91.53

Cambon-d'Albi Rayssaguel

♥♥ NN
(TH)

Alt. : 170 m — Propriété viticole et d'élevage. Dans annexe : 2 ch. 3 épis NN. 1 lit 2 pers. dans chaque ch. (poss. lit suppl.), ch. électr., s.d.b., wc à chacune. 3 ch. 2 épis NN avec s. d'eau privée et wc communs, grande salle aménagée avec coin-cuisine, cheminée, TV, tél. Table d'hôtes avec produits fermiers. 2 ch. sanitaires acces. pers. hand. Cour, terrasse, vélos à dispo. Renée et Paul vous accueillent dans leur propriété du XVIIIe siècle, à la campagne, près d'Albi, avec visite d'élevage traditionnel, conserverie, dégustation. Vente directe de confits et foies de canards gras. Médaille d'or 1990-1992. Gare 4 km. Commerces 5 km. Ouvert du 1er avril au 15 novembre.

Prix : 1 pers. 140 F 2 pers. 180 F 3 pers. 220 F
repas 60/120 F 1/2 pens. 200/240 F

4	SP	0,6	SP	1	15	5	SP	10	4

ROLLAND Paul – Rayssaguel – 81990 Cambon-d'Albi – Tél. : 63.53.00.34

Camboures Oms *C.M. n° 83 — Pli n° 02*

✿✿✿ NN
(TH)

Alt. : 500 m — Dans une ferme d'élevage ovins : 2 ch. avec salle d'eau et wc dans chacune, (2 lits 2 pers. 1 lit 1 pers.). Chauffage d'appoint. Table d'hôtes avec les produits du terroir. Jardin avec terrasse. Gare 18 km. Commerces 8 km. Ouvert toute l'année pour 1 ch. et de juin à mi-septembre pour l'autre. Dans un coin très calme, en bordure du plateau granitique du Sidobre, Roselyne et Pierre vous accueillent.

Prix : 1 pers. **200 F** 2 pers. **200 F** pers. sup. **70 F** repas **70 F**

🚣	〰️	🎱	〰️	🎿	🏇	🎣	🌲	⛷️	🏰
8	15	15	3	8	SP	15	SP	20	SP

MARTY Pierre – Oms – 81260 Camboures – Tél. : 63.74.54.89

Cambounet-sur-le-Sor Chateau de la Serre *C.M. n° 82 — Pli n° 10*

✿✿✿✿ NN
(TH)

Alt. : 400 m — Une suite : ch. de 30 m² (1 lit 2 pers. 1 lit 1 pers.) dans une tour attenante. s.d.b. et wc privés. 2 autres ch. de caractère (1 lit 2 pers. 2 lits 1 pers.), s.d.b. et wc privés. Salle à manger familiale où est servi le petit déjeuner, table d'hôtes à la demande, billard, tél. Toulouse 60 km, Albi 40 km, Carcassonne 60 km, Castres 10 km. Gare 6 km. Commerces 1 km. Dans le cadre historique d'un château du XVIᵉ siècle, Guy et Chantal Berthoumieux vous accueillent dans le patrimoine de la famille de Limairac IIs y ont aménagé pour vous, dans le charme des vieilles pierres, 3 chambres d'hôtes dans un grand parc. Piscine. Ouvert du 1er mai au 30 octobre.

Prix : 1 pers. **450/550 F** 2 pers. **500/600 F** 3 pers. **600 F**
repas **90/120 F**

🚣	〰️	🎱	〰️	🎿	🏇	🎣	🌲	⛷️	🏰
8	15	4	4	2	4	15	15	15	15

DE LIMAIRAC BERTHOUMIEUX Guy – Chateau de la Serre – 81580 Cambounet-sur-Sor – Tél. : 63.71.75.73 – Fax : 63.71.76.06

Cambounet-sur-le-Sor La Serre

E.C. NN
(TH)

Alt. : 285 m — Sur un domaine agricole, au calme : 1 ch. au r.d.c. (1 lit 2 pers. 1 lit 1 pers.), 3 ch. (3 lits 2 pers. 1 lit 2 pers.) dont 1 ch. double, toutes avec s.d.b. ou s. d'eau, wc privatifs. Cheminée, chauffage, salle de séjour, salon communs. Lave-linge, bibliothèque. Terrain boisé, salon de jardin. Table d'hôtes le soir. Gare 12 km. Commerces 1 km. Ouvert toute l'année. Le Bois des Demoiselles offre une maison avec un intérieur de caractère et des chambres accueillantes sur un terrain boisé. Vous pourrez approfondir vos connaissances sur l'agriculture par le contact avec le propriétaire qui est exploitant. 10 % de réduction à partir de la 5ᵉ nuit.

Prix : 1 pers. **140 F** 2 pers. **160/180 F** repas **65 F**

🚣	〰️	🎱	〰️	🎿	🏇	🎣	🌲	⛷️	🏰
10	3	15	3	0,5	3	10	SP	10

ANDRE Alice – La Serre - Le Bois des Demoiselles – 81580 Cambounet-sur-le-Sor – Tél. : 63.71.73.73 ou 63.71.74.37

Castanet Naussens

✿✿✿ NN
(TH)

Alt. : 250 m — Dans une région viticole : 2 ch. avec terrasse particulière, entrée indépendante, pierres et poutres apparentes, s. d'eau et wc particuliers à chaque ch. (2 lits 2 pers. 2 lits 1 pers. poss. 2 lits pliants), chauffage central. Table d'hôtes, produits fermiers, salon de jardin, jardin, cour. Gare 5 km. Commerces 6 km. Ouvert toute l'année. A quelques kilomètres d'Albi et de Cordes, Jean-Michel et Catherine vous accueillent dans leur maison.

Prix : 1 pers. **140 F** 2 pers. **160 F** 3 pers. **225 F**
pers. sup. **65 F** repas **70 F** 1/2 pens. **300 F**

🚣	〰️	🎱	〰️	🎿	🏇	🎣	🌲	⛷️	🏰
6	6	6	6	3	6	SP	15	15

MALBREIL Jean Michel – Naussens – 81150 Castanet – Tél. : 63.55.22.56

Castelnau-de-Montmiral Saint-Jerome

✿✿ NN
(TH)

Alt. : 200 m — Près de la forêt de la Grésigne et de Cordes, cité médiévale : 2 ch. dont 1 avec 1 lit 2 pers., s. d'eau et wc privés, 3 épis NN. L'autre avec 1 lit 2 pers., s. d'eau privée et wc dans couloir, 2 épis NN. Chauffage, réfrigérateur, terrasse avec salon de jardin, terrain. Table d'hôtes. Camping sur place. Gare 7 km. Commerces 4 km. Ouvert du 1er mars au 30 octobre. Ces chambres sont situées dans la belle région du Circuit des Bastides. Ce sont plein de petits villages fortifiés, entourés de bois.

Prix : 1 pers. **150/180 F** 2 pers. **170/215 F** 3 pers. **210/250 F**
repas **73 F**

🚣	〰️	🎱	〰️	🎿	🏇	🎣	🌲	⛷️	🏰
7	5	5	5	8	5	SP	5	5

CAMALET Jacques – Saint-Jerome – 81140 Castelnau-de-Montmiral – Tél. : 63.33.10.09 – Fax : 63.33.20.26

Castelnau-de-Montmiral Le Vert  *C.M. n° 79 — Pli n° 19*

✿✿✿ NN
(TH)

Alt. : 200 m — 2 ch. d'hôtes (1 lit 2 pers. et 1 lit enfant dans chacune), s. d'eau avec wc particuliers. Salon particulier aux hôtes, TV. Tél. communs avec le propriétaire, cheminée, chauffage électrique. Table d'hôtes avec produits fermiers, cour, salon de jardin, parking privé, ping-pong. Gare 14 km. Commerces 5 km. Ouvert toute l'année. Anglais parlé. Ces chambres sont situées dans une ferme à proximité de la forêt de la Grésigne, faisant partie d'un relais gîte d'étape, circuit randonnée au Pays des Bastides Albigeoises.

Prix : 1 pers. **145 F** 2 pers. **170 F** repas **60/90 F**
1/2 pens. **195/275 F**

🚣	〰️	🎱	〰️	🎿	🏇	🎣	🌲	⛷️	🏰
10	4	4	4	4	4	5	5	20

GALAUP Jacques et Lucette – Le Vert – 81140 Castelnau-de-Montmiral – Tél. : 63.33.13.87

Castelnau-de-Montmiral Luman *C.M. n° 79 — Pli n° 19*

✿ NN
(TH)

Alt. : 280 m — 4 ch. : 3 ch. 1 épi NN avec s.d.b. et wc communs dont 1 suite (2 lits 2 pers. dans la suite : 1 lit 150, 2 lits 100 + lavabo). 1 ch. 2 épis NN avec douche, lavabo et wc communs (2 lits 100). Table d'hôtes avec produits fermiers. Gare 12 km. Commerces à 1 ou 12 km. Ouvert de mars à octobre. Lucette et Charles vous accueillent dans leur propriété viticole située dans la région du circuit des Bastides.

Prix : 1 pers. **70 F** 2 pers. **140 F** 3 pers. **180 F** pers. sup. **40 F**
repas **58/75 F** 1/2 pens. **128 F**

🚣	〰️	🎱	〰️	🎿	🏇	🎣	🌲	⛷️	🏰
10	2	2	2	5	20	2	30	1

ROBERT Charles – Luman – 81140 Castelnau-de-Montmiral – Tél. : 63.33.10.20

Castelnau-de-Montmiral Village

♥♥♥ NN Alt. : 170 m — 5 ch. aux 1er et 2e étages d'un immeuble ancien au centre du village de Castelnau de Montmiral. 2 ch. de caractère (lits 2 pers.), s.d.b. et wc particuliers, avec vue sur la place. 3 ch. (lits 2 pers. poss. lit suppl. 20 F) avec vue sur la place ou sur cour intérieure, salle d'eau et wc privés. Gare 12 km. Commerces sur place. Mme Salvador vous accueille dans le centre du petit village de Castelnau de Montmiral.

Prix : 1 pers. **180/200 F** 2 pers. **220 F** pers. sup. **30 F**

🏊	〰️	◎	🎿	⛸️	🌲	🏰
3	3	3	20	10	5	20

SALVADOR Christine – Place des Arcades – 81140 Castelnau-de-Montmiral – Tél. : 63.33.17.44

Castelnau-de-Montmiral Les Guys

♥♥ NN (TH) Alt. : 200 m — Guylène et ses 3 enfants sont heureux de vous accueillir à la ferme, dans une ambiance vivante et décontractée. Maison ancienne avec grand jardin : 2 ch. à l'étage (lits 2 pers. 2 lits 1 pers.), s.d.b. et wc privés à chaque ch. Table d'hôtes avec les produits de la ferme (canards gras, produits fermiers...). Chauffage central. Gare 14 km. Commerces à 1,5 km. Au cœur du circuit des Bastides, proche de Castelnau de Montmiral et de la forêt de la Grésigne. Ouvert toute l'année.

Prix : 2 pers. **200 F** repas **60 F**

🏊	〰️	◎	〰️	🎿	⛸️	🌲	🚣	🏰
10	4	4	4	4	7	17	SP	30	SP

CHEMINAT Guylene – Les Guys – 81140 Castelnau-de-Montmiral – Tél. : 63.33.17.78 – Fax : 63.33.21.25

Cordes La Bouriette-St-Marcel-Campes

♥♥♥ NN (A) Alt. : 300 m — 5 ch. d'hôtes dans une annexe, accès individuel. 1 ch. (2 lits 1 pers. poss. d'1 lit suppl.), s.d.b. et wc privés pour chaque ch. 4 autres ch. (1 lit 2 pers. chacune + 1 suite de 2 lits 2 pers.). TV dans ch. Chauffage. Terrasse au bord de la piscine privée. Poss. de 1/2 pens. Tél. -10 % en basse saison. Gare 7 km. Commerces 3 km. Ouvert du 15 février au 31 décembre. Nadine et Jean-Marc vous accueillent dans leur Auberge de campagne, dont une exploitation de polyculture. Situé à 3 km de Cordes (cité médiévale), dominant la Vallée du Cérou. L'Auberge de la Bourriette vous accueille en plein pays cathare. Calme et confort. Location VTT et chevaux sur place.

Prix : 1 pers. **230/260 F** 2 pers. **260/300 F** 3 pers. **350/390 F** pers. sup. **90 F** repas **85/180 F** 1/2 pens. **280/420 F**

🏊	〰️	◎	〰️	🎿	⛸️	🌲	🚣	🏰
SP	15	15	1	3	10	20	SP	15	3

ALUNNI-FEGATELLI Jean – La Bouriette – 81170 Campes – Tél. : 63.56.07.32

Cordes Le Kerglas Les Cabannes

C.M. n° 79 — Pli n° 20

♥♥♥ NN (A) Alt. : 300 m — 5 ch. d'hôtes où vous pourrez apprécier la tranquilité et le confort de chacune d'elles, avec leur entrée indépendante. Dans chaque ch. 1 lit 180 ou 2 lits 1 pers. 4 avec douche. Repas campagnards à la ferme-auberge sur place. Animaux acceptés : 25 F. Gare 6 km. Commerces 3 km. Ouvert toute l'année. Louis, Nicole et Sandrine vous accueillent dans leur ferme de 1730. Ils ont aménagé dans d'anciens bâtiments de la ferme 5 chambres. Une partie face à la cité médiévale de Cordes, l'autre face à la campagne.

Prix : 2 pers. **225/270 F** 3 pers. **330/385 F** repas **100 F** 1/2 pens. **432/476 F**

🏊	〰️	◎	〰️	🎿	⛸️	🌲	🚣	🏰
12	3	12	3	3	12	30	SP	15	5

KERJEAN Louis – La Vedillerie Les Cabannes – 81170 Cordes – Tél. : 63.56.04.17 – Fax : 63.56.18.56

Cordes Les Tuileries

♥♥♥ NN (TH) Alt. : 200 m — A l'ét. : 3 ch. avec s. d'eau et wc privés. 2 ch. (1 lit 2 pers. chacune), 1 ch. (2 lits 1 pers.), poss. lit d'appoint pour enf. Salle à manger, salon particulier aux hôtes. Cheminée, chauffage. TV. Terrain, espace vert, salon de jardin, ping-pong. Table d'hôtes, repas et déjeuners servis en terrasse sur demande. Tarifs dégressifs en hors-saison. Au pied de Cordes, Annie et Christian vous accueilleront dans leur demeure et veilleront à votre confort et votre agrément. Piscine privée de 11 m x 4 m. Gare 3 km. Commerces 1 km. Ouvert toute l'année. Anglais parlé.

Prix : 2 pers. **230/250 F** pers. sup. **60 F** repas **90 F**

🏊	〰️	◎	〰️	🎿	⛸️	🌲	🚣	🏰
10	15	15	SP	0,2	12	30	SP	15	1

RONDEL Annie et Christian – Les Tuileries – 81170 Cordes – Tél. : 63.56.05.93

Dourgne Village

♥♥♥ NN Alt. : 200 m — Au pied de la Montagne Noire : 1 ch. (2 lits 2 pers. possibilité lit enfant), salle d'eau et wc indépendants. Salle de séjour, coin-cuisine, frigo privatifs. Chauffage électrique. Gare 15 km. Commerces et restaurant sur place. Boulodrome sur la place du village. Aéroport à 14 km. Ouvert toute l'année. Dans une maison ancienne au cœur du village, vous découvrirez une chambre aménagée au 2e étage.

Prix : 1 pers. **160 F** 2 pers. **190 F** 3 pers. **270 F**

🏊	〰️	◎	〰️	🎿	🌲	🏰
13	15	15	SP	SP	SP	5	18

PAUTHE Rose – 8 Les Promenades – 81110 Dourgne – Tél. : 63.50.31.30

Dourgne Talou Negre

C.M. n° 82 — Pli n° 20

E.C. NN (TH) Alt. : 500 m — Au pied de la Montagne Noire : 5 ch. (lits 2 pers. dans chacune), s.d.b. et wc privés à chaque ch., 1 ch. (1 lit 1 pers. 1 lit enf.), s. d'eau et wc privés. Salon, séjour avec cheminée, TV, bibliothèque. Ping-pong, accueil cavaliers (chevaux au pré). Terrain, salon de jardin, parking privé, table d'hôtes. Gare 18 km. Commerces 2 km. A côté d'En-Calcat (célèbre pour son abbaye bénédictine et ses chants grégoriens), 6 chambres d'hôtes sont aménagées dans une ferme du XVIIe siècle avec parc et chênes centenaires.

Prix : 1 pers. **150/210 F** 2 pers. **230 F** repas **80/130 F**

🏊	〰️	◎	〰️	🎿	⛸️	🌲	🏰
13	17	17	2	2	1	22	SP	1

MARTY Colette – Talou Negre – 81110 Dourgne – Tél. : 63.50.12.37

Escoussens Mont Saint-Jean

☘☘☘ NN
(TH)

Alt. : 300 m — 1 ch. 3 épis NN (1 lit 2 pers. 1 lit 1 pers.), poss. lit bébé, s. d'eau et wc privés, 1 ch. 2 épis NN (1 lit 2 pers. 1 lit 1 pers.), s. d'eau et wc privés, 1 ch. (1 lit 2 pers.) en complément d'une des ch. Salle de détente, TV, tél. Cheminée, chauffage. Table d'hôtes. Terrasse couverte, salon de jardin, barbecue. Ping-pong. Gare et commerces à 7 km. Marie-Thérèse vous accueille dans sa ferme, ancienne habitation des Chartreux, à 1 km d'Escoussens, au pied de la Montagne Noire, sur le chemin de Saint-Jacques de Compostelle. Ouvert toute l'année.

Prix : 1 pers. **130/180 F** 2 pers. **150/200 F** 3 pers. **210/260 F**
repas **70/120 F**

🏊	♨	Ⓢ	👣	🎿	🎣	🌲	🏰
7	12	12	0,2	1		SP	20

ESCAFRE Marie-Therese – Mont Saint-Jean – 81290 Les Escoussens – Tél. : 63.73.24.70

Les Farguettes

☘ NN
(TH)

Alt. : 300 m — Dans la région du Ségala-Carmausin, 1 ch. (1 lit 2 pers.), cabinet de toilette. 1 ch. (1 lit 2 pers. baldaquin + 1 lit bébé), 1 ch. (1 lit 2 pers. 1 lit enfant si nécessaire), s.d.b., douche et wc communs, terrasse, chauffage central. Chèques vacances acceptés. Cabine téléphonique sur place. Gare et commerces à 5 km. André et Jacqueline sont des propriétaires charmants et très accueillants. Leurs chambres sont équipées de mobiliers anciens. Vous pourrez profiter de leur piscine privée commune avec le camping à la ferme. Balades en vélo.

Prix : 1 pers. **150 F** 2 pers. **180 F** 3 pers. **250 F** repas **60 F**

🏊	♨	Ⓢ	👣	🎿	🎣	🛶	🏰	🌲	
SP	4	4	SP	7	4	25	SP	4	7

SALINIER Jacqueline – Route Nationale 88 – 81190 Les Farguettes – Tél. : 63.76.66.90

Gaillac *C.M. n° 82 — Pli n° 09*

☘☘☘ NN

Alt. : 250 m — Dans un hôtel particulier du XVIIe siècle : 5 ch. (6 lits 2 pers.) + 1 suite avec TV, tél., s.d.b. et wc privés dans toutes les ch. Meubles anciens, bel escalier en pierre, cour intérieure fleurie avec dépendances de caractère. Petits déjeuners dans salle d'hôtes ou sur terrasse couverte donnant sur l'Abbatiale. Grand et petit salon, TV à dispition des hôtes. Au centre du vieux Gaillac, vue sur l'Abbatiale Saint Michel, le Tarn et les toits de la vieille ville. Aux alentours : circuits touristique des Bastides, vins de Gaillac. Gare 1 km. Commerces sur place. Ouvert toute l'année. Anglais parlé.

Prix : 1 pers. **210 F** 2 pers. **230/320 F**

🏊	♨	Ⓢ	👣	🎿	🎣	🌲	🏰
0,4	12	12	0,1	0,4	10	12	SP

PINON Lucile – 8 Place Saint-Michel – 81600 Gaillac – Tél. : 63.57.61.48 – Fax : 63.41.06.56

Gaillac La Grouillere *C.M. n° 82 — Pli n° 10*

☘☘☘ NN
(TH)

Alt. : 286 m — A la campagne, 5 ch. aménagées avec confort et chauffage central. Ouvert toute l'année. 2 charmantes ch. avec s.d.b. et wc privés, l'une mansardée au 1er étage, l'autre au r.d.c. 3 ch. avec s.d.b. ou s. d'eau privées et wc communs. Entrée indépendant des propriétaires. Salle de séjour et salon privatifs avec TV. Terrasse fleurie, salons de jardins. Sur place, petit parc boisé avec chênes centenaires, lac privé bordé de bois recherché pour sa fraîcheur l'été. Tous loisirs sportifs à proximité, beaux sites touristiques à découvrir (Albi, Cordes, Circuit des Bastides). Gare et commerces à 5 km. Anglais et espagnol parlés.

Prix : 2 pers. **170/220 F** 3 pers. **290 F** pers. sup. **70 F**
repas **75/80 F**

🏊	♨	Ⓢ	👣	🎿	🎣	🌲	🛶	🏰	
5	SP	12	0,5	5	1	12	1	25	5

SOULIE-BOUSCHBACHER Lyne et Denis – Domaine de Gradille - D 999 – 81310 Lisle-sur-Tarn – Tél. : 63.41.01.57 ou 63.57.14.89 – Fax : 63.57.43.73

Gaillac Le Mas de Sudre

☘☘☘ NN
(TH)

Alt. : 200 m — 4 ch. récemment aménagées, claires et spacieuses. 2 ch. dans une annexe (1 lit 2 pers. 2 lits 1 pers.), s. d'eau et wc privés dans chaque ch. 2 autres ch. dans la maison des prop. (2 lits 1 pers. 1 lit 2 pers.), s. d'eau et wc privés. Cuisine, séjour et salon communs aux hôtes et aux prop. TV, tél., piano, chauffage. Grand jardin avec terrasse et barbecue. Les propriétaires, qui sont anglais d'origine, vous accueilleront dans leur grande maison de maître, calme, en plein cœur du vignoble gaillacois. Vous bénéficierez de leur piscine privée ainsi que de leurs jeux (ping-pong, badminton, etc.). Appartement à louer sur le même site.

Prix : 1 pers. **220 F** 2 pers. **250 F** pers. sup. **60 F** repas **80 F**

🏊	♨	Ⓢ	👣	🎿	🎣	🌲	🛶	🏰
SP	8	8	4	4	8	7	35	4

RICHMOND-BROWN Georges – Le Mas de Sudre – 81600 Gaillac – Tél. : 63.41.01.32

Garrevaques Chateau de Gandels *C.M. n° 82 — Pli n° 20*

E.C. NN
(TH)

Alt. : 300 m — Entre Toulouse et Carcassonne, près de Revel : 2 ch. très spacieuses de grand confort (2 lits 2 pers.), s.d.b. et wc privatifs à chaque ch. Poss. lit d'appoint. Salle de séjour, salon privatif. Mobilier de style, cheminée, chauffage. TV. Parc de 7 ha, terrasse avec salon de jardin, parking. Table d'hôtes avec repas gastronomiques. Chevaux, attelage. Martine et Philippe aiment recevoir et leur château leur permet de le faire avec talent. Elle est antiquaire et bonne cuisinière, lui est cavalier et fin sommelier, il pourra vous initier à l'attelage si vous le souhaitez. Gare et commerces à 6 km. Ouvert toute l'année. Anglais et allemand parlés.

Prix : 2 pers. **550 F** pers. sup. **100 F** repas **100/130 F**

🏊	♨	Ⓢ	👣	🎿	🌲	🏰
6	10	10	1	6	13	10	6

DUPRESSOIR Martine et Philippe – Chateau de Gandels – 81700 Garrevaques – Tél. : 63.70.27.67 – Fax : 63.70.27.67

Giroussens Le Pepil

♥♥♥ NN / TH — Alt. : 250 m — 3 ch. rustiques (3 lits 2 pers. 3 lits 1 pers.) avec s. d'eau et wc privés dans chacune. Grande salle de séjour avec sa cheminée pour veillées conviviales, chauffage. Tél., TV, frigo. Garage privé, parc avec salon de jardin et barbecue. Vélos, ping-pong, salle de jeux, bibliothèque à disposition. Table d'hôtes avec les produits de la ferme. Marie-Josée, Jean-Paul et leurs enfants vous réservent le meilleur accueil dans leur maison d'un autre siècle pour vous faire partager la vie campagnarde : le calme, l'espace, les chênes centenaires, la basse cour, les ânes, la vigne du Gaillacois. ULM à 500 m, jardin botanique à 2 km.

Prix : 1 pers. **190 F** 2 pers. **220 F** 3 pers. **300 F**
repas **80/150 F** 1/2 pens. **260/360 F** pens. **320/480 F**

6	5	5	10	3	4	10	4	6

RAYNAUD Jean Paul – Le Pepil – 81500 Giroussens – Tél. : 63.41.62.84

Giroussens Le Cottage Casteix

♥♥♥ NN / TH — Alt. : 300 m — Dans une magnifique ferme restaurée du XVIIIe siècle : 2 ch. dont 1 (1 lit 2 pers. 2 lits 1 pers.), s.d.b. et wc privés, l'autre (3 lits 1 pers.), s. d'eau et wc privés. Salon avec TV, cheminée, séjour. Chauffage central. Tél. Terrain, terrasse, barbecue, salon de jardin, parking, jeux d'enfants (ping-pong, balançoires). Gare et commerces 10 km. Ouvert toute l'année. Yvette vous accueille avec, sur place, une piscine privée au milieu d'un grand parc fleuri. Nombreuses possibilités d'activités culturelles et de loisirs (réduction de 10 % sur green pour golf). Anglais et espagnol parlés.

Prix : 2 pers. **220 F** 3 pers. **260 F** pers. sup. **40 F**
repas **70/140 F**

SP	6	6	4	4	1	10	SP	5

RONJAT Yvette – Le Cottage Casteix – 81500 Giroussens – Tél. : 63.41.63.72

Jouqueviel Le Haut Bosc

♥♥ NN / TH — Alt. : 470 m — Dans une ferme restaurée de caractère : 1 ch. avec entrée indép., lavabo (1 lit 2 pers. 1 lit 1 pers.), s. d'eau et wc privés non attenant. 1 ch. (1 lit 2 pers. 1 lit 1 pers.), s. d'eau et wc privés. Table d'hôtes avec produits de la ferme. Salle à manger, cheminée, salle de séjour privative. L-linge, tél. carte téléséjour. Chauffage. Parc avec salon de jardin. Dans un site calme avec vue dominante. Stage de reliure et d'initiation aux plantes médicinales. Randonnées accompagnées. Autres hébergements sur place. Soirées animation. Gare 20 km. Commerces 4 km. Ouvert toute l'année. Anglais et espagnol parlés.

Prix : 1 pers. **110 F** 2 pers. **160 F** 3 pers. **210 F** repas **65 F**
1/2 pens. **125 F** pens. **180 F**

20	12	12	2	4	10	0,3	17	7

THOUZERY Michel – Le Haut Bosc – 81190 Jouqueviel – Tél. : 63.76.97.58

Labastide-Rouairoux Montplaisir

♥♥♥ NN — Alt. : 500 m — Au milieu des bois, dans une annexe : 1 ch. (1 lit 2 pers.), s.d.b. et wc indépendants, chauffage. Location VTT, moniteur VTT, circuits à thèmes, randonnées. Jardin, terrasse avec salon de jardin, barbecue. Anglais, italien, espagnol, occitan parlés. Gare 20 km. Commerces 2,5 km. Ouvert toute l'année. Dans un site sauvage, une ancienne fabrique textile réaménagée par nos soins : 1 chambre et un gîte de séjour dans une maison indépendante.

Prix : 1 pers. **170 F** 2 pers. **200 F** pers. sup. **50 F**

12	6	12	6	12	15	25	SP	35	2,2

BASTIDE Gerard – Montplaisir – 81270 Labastide-Rouairoux – Tél. : 63.98.05.76

Lacaune Couloubrac

♥♥♥ NN / TH — Alt. : 800 m — Dans la maison de caractère des propriétaires : 4 ch. de 2 à 4 pers. 2 ch. avec lits 2 pers., s.d.b. et wc privés, 2 suites (1 lit 2 pers. 2 lits 1 pers. chacune), s.d.b. et wc privés chacune. Salon particulier avec TV, chauffage, cheminée, tél., animaux acceptés sous conditions (voir avec prop.). Jardin, loc. VTT, ping-pong. Table d'hôtes avec produits fermiers. Les propriétaires vous accueillent à Lacaune-les-Bains, là où jaillissent les sources, le Relais de Couloubrac (50 ha) est un cirque naturel de verdure, blotti au creux des Montagnes. Sentiers de randonnée sur place. Gare 45 km. Commerces 5 km. Ouvert toute l'année. Espagnol parlé.

Prix : 1 pers. **207 F** 2 pers. **253 F** 3 pers. **334 F**
pers. sup. **60 F** repas **90 F**

5	15	15	3	5	15	45	SP	45	5

SERENO - CRESPO Claude et Jose – Couloubrac – 81230 Lacaune – Tél. : 63.37.14.94

Lacaze La Borie de Ganoubre

♥♥♥ NN / (A) — Alt. : 600 m — Dans la Vallée du Gijou : 3 ch. : 1 lit 2 pers. dans chacune, salle d'eau et wc privés. Terrasse pour petit déjeuner. Salle de détente, réfrigérateur à disposition, chauffage électrique. Accès indépendant. Gare 45 km. Commerces 4 km. Ouvert toute l'année sauf de mi-septembre à mi-octobre. Situées dans les Monts de Lacaune à 50 km d'Albi et Castres, Sidobre tout proche. Sentiers balisés pédestre.

Prix : 1 pers. **160 F** 2 pers. **200 F** 3 pers. **240 F** repas **70 F**

12	25	25	0,5	12	SP	45	SP	45	45

BRUS Jean-Pierre – La Borie de Ganoubre – 81330 Lacaze – Tél. : 63.50.44.23

Lacrouzette

♥♥♥ NN / (A) — Alt. : 300 m — Région du Sidobre, site classé : 5 ch. d'hôtes (5 lits 2 pers.), s. d'eau et wc privés. Cheminée, chauffage, salle de séjour. Jardin, salon de jardin. Les propriétaires vous accueillent dans leur auberge (menus campagnards et gastronomiques), possibilité 1/2 pension ou pension. Panorama splendide. Gare 17 km. Commerces 4 km. Ouvert de mars à décembre sur réservation.

Prix : 1 pers. **200 F** 2 pers. **225 F** 3 pers. **300 F**
pers. sup. **50 F** repas **90 F**

9	30	30	3	17	3	17	SP	10	17

HOULES Gilbert – Auberge de Cremaussel – 81210 Lacrouzette – Tél. : 63.50.61.33

Lagardiolle En Calas
C.M. n° 82 — Pli n° 20

❀❀❀ NN (TH)

Alt. : 230 m — Sur l'exploitation agricole : 2 ch. aménagées (1 lit 2 pers. 2 lits 120, 1 lit 1 pers.), une avec
ch. d'eau privés, l'autre avec s.d.b. et wc privés. Salle de séjour, salon avec TV, cuisine et jardin
communs. Chauffage, tél. commun. Salon de jardin, barbecue. Table d'hôtes ou pique-nique avec produits fermiers et du jardin. Gare 20 km. Commerces 4 km. Dans un petit hameau calme proche de la
Montagne Noire, ces chambres sont aménagées dans une maison traditionnelle en pierres apparentes
(animaux : chèvres, moutons, pigeons, etc...). Ouvert toute l'année. Anglais et espagnol parlés.

Prix : 1 pers. **160/180 F** 2 pers. **180/200 F** 3 pers. **240 F**
repas **60/120 F**

🚣	🌊	🎱	🌊	🎿	✈	🌲	⛰	🏰
12	15	15	15	8	4	20	15	4

LARROQUE Jean-Claude – En Calas – 81110 Lagardiolle – Tél. : 63.50.38.17

Larroque Peyre-Blanque
C.M. n° 79 — Pli n° 19

❀❀❀ NN (A)

Alt. : 200 m — Dans la région des Bastides. 1 ch. (1 lit 2 pers. 1 lit 1 pers.), 2 ch. (lit 2 pers.), 2 ch. (2 lits
1 pers.-lit simple. Lit suppl. sur demande, s. d'eau et wc privés dans chaque ch. Salle d'accueil, ferme
auberge sur place pour déguster des repas maison avec des produits fermiers. Chauffage électrique et
central. Terrain, terrasse. Gare 22 km. Commerces 13 km. Marguerite et Jean-Paul vous accueillent
dans leur propriété en forêt de la Grésigne sur le circuit des Bastides, près du GR47, entre Larroque et
Bruniquel. Accès indépendant aux chambres. Ouvert toute l'année sauf du 1er au 15 septembre.

Prix : 1 pers. **120 F** 2 pers. **200/240 F** pers. sup. **90 F**
repas **80 F** 1/2 pens. **270/310 F** pens. **450 F**

🚣	🌊	🎱	🌊	🎿	✈	🌲	⛰	🏰
20	12	12	5	8	8	SP	10	10

CAZEAUX Jean-Paul – Peyre Blanque – 81140 Larroque – Tél. : 63.33.10.92

Larroque Meilhouret
C.M. n° 79 — Pli n° 19

❀❀❀ NN (TH)

Alt. : 300 m — Dans un site calme et reculé, grande maison de caractère au milieu d'un parc ombragé,
face à la forêt de la Grésigne et dominant la Vallée de la Vère. 1 ch. ancienne (2 lits 110), cheminée, s.
d'eau, wc privés. 1 ch. (2 lits 1 pers.), poutres apparentes, s.d.b, wc privés, chauffage central, Piscine,
ping-pong. Table d'hôtes le soir sur demande sauf juil./août. M. et Mme Jouard vous accueilleront chaleureusement dans leur demeure au charme ancien, dotée de tout le confort, vous pourriez prendre vos
repas en terrasse et savourer les odeurs du jardin et des bois en même temps que l'immensité du paysage. Ouvert toute l'année, sur réservation d'octobre à avril.

Prix : 1 pers. **240 F** 2 pers. **260 F** repas **90 F**

🐕

🚣	🌊	🎱	🌊	🎿	✈	🌲	⛰	🏰
SP	10	10	5	8	8	SP	17	12

JOUARD Christian – Meilhouret – 81140 Larroque – Tél. : 63.33.11.18

Lasfaillades Les Bergeries du Lac St-Peyres
C.M. n° 83 — Pli n° 02

❀❀ NN (TH)

Alt. : 750 m — 2 ch. accueillantes et indép., entièrement équipées. 1 ch. (1 lit 1 pers. 1 lit 1 pers.), s.
d'eau et wc privés, 1 ch. (1 lit 2 pers.), s.d.b. et wc privés, poss. de 2 lits suppl. Salon de détente familial
avec TV, tél., cheminée, chauffage, lave-linge, frigo. Table d'hôtes avec produits de la ferme. Salon de
jardin, terrasse, VTT. Gare 20 km. Commerces 6 km. Si vous aimez le calme, les allées cavalières, les
bords du lac sauvage, voir vivre une ferme et son troupeau de moutons, nous vous attendons au bord
du Lac de Saint-Peyres, dans les Monts d'Anglès, au cœur du Parc Régional du Haut Languedoc. Ferme
équestre sur place (accueil cavaliers).

Prix : 1 pers. **180 F** 2 pers. **200 F** 3 pers. **280 F**
pers. sup. **80 F** repas **75/160 F**

🚣	🌊	🎱	🌊	🎿	✈	🌲	⛰	🏰
6	SP	6	SP	5	SP	20	SP	3	23

**CHAZOTTES Pierre et Marie – Les Bergeries du Lac St Peyres – 81260 Lasfaillades – Tél. : 63.70.95.66 ou
63.70.91.16 – Fax : 63.70.95.66**

Lasgraisses « Labouriasse »
C.M. n° 82 — Pli n° 10

❀❀❀ NN (TH)

Alt. : 240 m — 3 ch. d'hôtes indépendantes, 1 ch. (1 lit 2 pers. 1 lit d'appoint), s. d'eau et wc privés, 1 ch.
(2 lits 1 pers.), s. d'eau, 1 ch. (1 lit 2 pers.), s. d'eau, wc communs pour les 2 ch. Cheminée, chauffage.
Repas pris à la table familiale et préparés avec les produits de la ferme (canards gras, conserves). Salle
de détente avec TV. L-linge. Gare 22 km. Commerces 7 km. Au calme, avec une jolie vue sur la campagne environnante, Simone et Yves vous accueillent chaleureusement dans leur ferme avicole. Terrasse avec salon de jardin et barbecue. Ouvert toute l'année. Anglais parlé.

Prix : 1 pers. **170 F** 2 pers. **190 F** 3 pers. **240 F** repas **75 F**

🚣	🌊	🎱	🌊	✈	🌲	⛰	🏰
7	17	23	4	7	15	19	22

FLORENCHIE Yves – Labouriasse - Lasgraisses – 81300 Graulhet – Tél. : 63.34.78.20

Lautrec
C.M. n° 82 — Pli n° 10

❀❀❀ NN

Alt. : 300 m — 4 ch., s.d.b. et wc privés à chacune. 1 suite (1 lit 2 pers. 1 lit 120), TV, 1 ch. (3 lits 1 pers.),
2 ch. (1 lit 2 pers.), poss. lit bébé. Petit-déjeuner servi sur la terrasse. Agréable salon, jardin clos à la
française dominant la campagne environnante à disposition. Chauffage central. Garage. Table d'hôtes
à proximité au village. Gare 15 km. Commerces sur place. Au cœur du village médiéval de Lautrec,
dans une confortable maison de caractère du XIXe siècle entièrement restaurée, M. et Mme Audouy
mettent à votre disposition 4 chambres avec meubles de style. Ouvert toute l'année et sur réservation
de la Toussaint à Pâques. Anglais et espagnol parlés.

Prix : 1 pers. **200/250 F** 2 pers. **230/270 F** 3 pers. **260/350 F**
pers. sup. **50 F**

🚣	🌊	🎱	🌊	🎿	✈	🌲	⛰	🏰
15	18	18	15	SP	3	15	SP	15	SP

AUDOUY Brigitte – Rue de l'Eglise – 81440 Lautrec – Tél. : 63.75.95.11

Lautrec Chateau de Montcuquet
C.M. n° 82 — Pli n° 10

❀❀❀ NN (TH)

Alt. : 200 m — Dans un château du XVIe siècle, 2 ch. avec accès indép., (1 lit 2 pers.), s.d.b. et wc privatifs dans chacune, meubles anciens (poss. lit bébé). Salle de séjour, salon de lecture avec TV, tél., cheminée, chauffage central. Petits déjeuners sur terrasse ombragée. Parc, salon de jardin. Gare 10 km.
Commerces 5 km. Ouvert toute l'année. A proximité du charmant village de Lautrec, Françoise et
Laurent vous accueillent dans leurs 2 chambres calmes et spacieuses.

Prix : 1 pers. **280 F** 2 pers. **300 F** pers. sup. **100 F**
repas **80 F**

🐕

🚣	🌊	🎱	🌊	🎿	✈	🌲	⛰	🏰
10	10	10	SP	5	6	15	25	15	15

VENE Laurent – Chateau de Montcuquet – 81440 Lautrec – Tél. : 63.75.90.07

Lautrec Moulin de Ginestet

E.C. NN   Alt. : 230 m — A proximité du site médiéval de Lautrec, ch. dans un moulin du XVIIIe siècle, dans un cadre de verdure. 1 ch. (1 lit 2 pers.), salle d'eau et wc privés. Cheminée, chauffage, salle de séjour, salon avec TV, bibliothèque. Terrain, terrasse, salon de jardin, garage privé. Poss. TH. Gare 13 km. Commerces 3 km. Ouvert du 1er juin au 30 septembre + vacances scolaires.

Prix : 1 pers. **150 F** 2 pers. **180 F** pers. sup. **80 F**

🏊	〰️	🎱	〰️	⛷️	🏇	🎿	⛷️	🏰
13	20	20	3	3	13	13	3	

GUY Nadine – Moulin de Ginestet – 81440 Lautrec – Tél. : 63.75.32.65

Lavaur

🎔🎔🎔 NN   Alt. : 134 m — Situées au cœur de la vieille ville cathare, à l'ét. : 4 ch. très calmes et confortables, (1 lit 2 pers. dans chacune, poss. lit d'appoint), s. d'eau et wc privés, ch. électr., salle commune, salon, TV, kitchenette, lave-linge, réfrigérateur. Terrasse, jardin, salon de jardin. Salle de jeux. Idéal pour Anglais, italien, espagnol parlés, notions d'allemand. La Taverne de la Dame Plô, mitoyenne de la maison occitane (VMF) abrite 4 chambres d'hôtes et propose au sous-sol son « piano-bar ». A l'entresol : galerie d'art international charmant l'oeil du visiteur. Gare 500 m. Commerces 200 m.

Prix : 1 pers. **180 F** 2 pers. **230 F** 3 pers. **280 F**

🏊	〰️	🎱	〰️	⛷️	🏇	🎿	🌲	🏰
1	10	6	0,3	1	6	12	5	SP

FEVRE Bernard – 5 rue Pere Colin – 81500 Lavaur – Tél. : 63.41.38.77

Lavaur « Fontauriol » en Charlemagne   *C.M. n° 82 — Pli n° 09*

E.C. NN **(TH)**   Alt. : 200 m — 2 ch. à l'ét., wc, s.d.b., frigo communs, chauffage central. 1 ch. (1 lit 2 pers. 1 lit 1 pers. poss. lit suppl.) avec lavabo et wc privés. L'autre ch. (1 lit 2 pers.) avec lavabo et wc. Salle de séjour, salon à dispo. TV, musique, frigo, cheminée donnant sur terrasse. Animaux acceptés si petite taille. Poss. table d'hôtes le samedi soir. Chèques vacances acceptés. Maison en plein champs, terrasse face aux Pyrénées, espaces boisés et cultivés vallonnés en pays cathare, à 30 km de Toulouse et 10 km de Lavaur, sur la route de Belcastel-Teulat (D28), près de la route des vins, du Pastel, des Bastides. Prière de prévenir heures et jours d'arrivée.

Prix : 1 pers. **110/120 F** 2 pers. **150/160 F** 3 pers. **230 F** repas **60 F**

🏊	〰️	🎱	〰️	⛷️	🏇	🎿	🌲	🏰
6	3	30	3	3	20	15	SP	10

TAILLEFER Rene – En Charlemagne Fontauriole – 81500 Belcastel – Tél. : 63.58.71.93 ou 61.62.65.59 – Fax : 61.62.39.36

Lempaut La Rode   *C.M. n° 82 — Pli n° 20*

🎔🎔🎔 NN   Alt. : 300 m — Dans un ancien prieuré cistercien, 1 suite : 1 ch. (1 lit 2 pers.), s.d.b., wc privés avec 1 autre ch. mitoyenne (2 lits 1 pers. 1 lit bébé), 1 ch. (1 lit 160 baldaquin et 1 lit 1 pers.), s.d.b. et wc privés, 1 ch. (2 lits jumeaux), lavabo. Poss. d'utiliser cuisine commune. L-linge, réfrigérateur, chauffage. Salon d'été. Ping-pong, petite piscine privée. Accueil chaleureux et familial dans une vaste demeure entourée d'un grand parc et d'un bois. Espace, nature, calme et dépaysement. Bibliothèque, salle de jeux et de réunion, piano. 10 % de remise pour séjour de + de 3 nuits. Gare 18 km. Commerces 2 km. Ouvert du 15 mars au 30 octobre. Anglais parlé.

Prix : 1 pers. **170/230 F** 2 pers. **200/260 F** 3 pers. **300/360 F**

🏊	〰️	🎱	〰️	⛷️	🏇	🎿	🌲	⛷️	🏰
SP	15	10	3	5	5	30	3	25	30

DE FALGUEROLLES Catherine – La Rode – 81700 Lempaut – Tél. : 63.75.51.07 – Fax : 63.75.51.07

Lempaut La Bousquetarie   *C.M. n° 82 — Pli n° 10*

🎔🎔🎔 NN **(TH)**   Alt. : 200 m — Château face à la Montagne Noire : 2 ch. et 2 suites, toutes avec meubles de style. Les suites : (1 lit 2 pers. 1 lit 120), (1 lit 2 pers. 1 lit 1 pers. lit enf. - 10 ans), s.d.b. et wc privés, 1 ch. (1 lit 2 pers.), 1 ch. (2 lits 1 pers. jumelables), s.d.b. et wc privés. tél., chauffage, séjour, TV, l-linge. Poss. table d'hôtes en famille, produits fermiers. Dans un parc aux chênes bicentenaires. Ambiance familiale, calme et accueil très chaleureux autour de leur piscine et tennis privés, ping-pong, (loc. de vélos). Connaissances d'anglais. Prix : forfait pour 1 semaine et plus. Gare 28 km. Commerces 2 km. Ouvert toute l'année.

Prix : 1 pers. **260/300 F** 2 pers. **360/400 F** 3 pers. **460/500 F** repas **100/150 F**

🐕

🏊	〰️	🎱	〰️	⛷️	🏇	🎿	🌲	🏰
SP	10	10	2	SP	4	22	15	20

SALLIER Charles – La Bousquetarie – 81700 Lempaut – Tél. : 63.75.51.09

Lempaut   *C.M. n° 82 — Pli n° 20*

🎔🎔🎔 NN **(TH)**   Alt. : 100 m — La Résidence des Pins vous offre 2 ch. spacieuses et confortables avec s.d.b. et wc indép. (1 lit 2 pers. 2 lits 1 pers.). tél., cheminée, chauffage. Salle de séjour, salon avec TV privatif, bibliothèque. L-linge, frigo. Table d'hôtes avec produits fermiers. Parc, terrasse avec salon de jardin, barbecue. Gare 15 km. Commerces 300 m. Ouvert du 1er avril au 31 octobre. Maison de caractère avec parc boisé et terrasse ouverte sur la Montagne Noire. Ce cadre vous permettra de goûter au calme et repos. Anglais parlé.

Prix : 1 pers. **180 F** 2 pers. **250/500 F** repas **100 F** 1/2 pens. **280/300 F**

🐕

🏊	〰️	🎱	〰️	⛷️	🏇	🎿	🌲	⛷️	🏰
6	10	12	SP	3	12	25	6	12	20

DELBREIL Marie-Paule – Villa Les Pins – 81700 Lempaut – Tél. : 63.75.51.01

Lisle-sur-Tarn « Le Mas du Gourpat »   *C.M. n° 82 — Pli n° 9*

E.C. NN **(TH)**   Alt. : 250 m — 3 ch. d'hôtes spacieuses, confortables, dont 1 ch. au r.d.c., (3 lits 2 pers. 2 lits 1 pers. lit bébé à chaque), s. d'eau dans chaque ch., 1 s.d.b. commune et 2 wc communs. Cheminée, chauffage. Salle de séjour, salons privatifs. L-linge, tél., frigo. Jardin, terrasse, salon de jardin, salle de jeux, loc. VTT. Table d'hôtes avec produits naturels régionaux. Situées à proximité de la D999 à l'orée de la forêt de Sivens, avec un lac et bois sur place, sentiers GR et PR à proximité. Gare 8 km. Commerces 6 km. Ouvert du 15 décembre au 15 octobre.

Prix : 1 pers. **135 F** 2 pers. **150 F** 3 pers. **200 F** repas **80/100 F**

🏊	〰️	🎱	〰️	⛷️	🏇	🎿	🌲	⛷️	🏰
12	12	12	SP	12	SP	12	SP	50	12

MAUREL Francoise – Mas du Gourpat le Rouvray – 81310 Lisle-sur-Tarn – Tél. : 63.40.51.50 ou 63.40.54.65

Loupiac La Bonde
C.M. n° 82 — Pli n° 09

♥♥♥ NN
(TH)

Alt. : 300 m — 2 ch. d'hôtes, 1 avec s. d'eau et wc (1 lit 2 pers.), l'autre avec s.d.b. et wc privés (2 lits 1 pers.). Chambres spacieuses, meubles de caractère, bibliothèque, TV dans chaque ch. (canal+) salon privé commun aux hôtes. Chauffage, cheminée, frigo. Table d'hôtes aux plats exotiques, vins de Pays, produits fermiers. Salon de jardin, barbecue. Vélos à disposition. Très belle ferme de caractère languedocienne restaurée avec un goût exquis. Meubles anciens, parc dominant un petit ruisseau, parking privé, accès indépendant. Facilité d'accès par voie rapide Toulouse-Albi, sortie 7. Gare et commerces à 4 km. Ouvert toute l'année sauf du 15/12 au 15/01.

Prix : 1 pers. **210 F** 2 pers. **230 F** repas **95/120 F**

🚣	💧	⚽	⛷	🚴	♪	🌲	🏰
10	8	8	4	4	10	16	SP	5

CRETE Maurice et Bernadette – La Bonde – 81800 Loupiac – Tél. : 63.33.82.83 ou 63.57.46.54 – Fax : 63.57.46.54

Mailhoc Le Reposoir
C.M. n° 79 — Pli n° 20

♥♥♥ NN

Alt. : 300 m — 1 ch. (lit 2 pers.), s.d.b. et wc privés, TV. 1 ch. (2 lits 1 pers. jumelables), s.d.b. et wc privés, TV, poss. lit enfant sur demande. Salons communs, cheminées. Terrain, salon de jardin, parking privé clos, jeux pour enfants, terrasse. Loisirs : piscine privée sur place mi-découverte. Forfait pour séjour de longue durée. Gare et commerces à 13 km. Au cœur des Bastides de l'Albigeois, le Reposoir, belle demeure de caractère du XVIII° siècle, située à mi-chemin entre Albi et Cordes 13 km privilégie la quiétude du lieu et la vue sur la campagne alentours. Ouvert juillet et août.

Prix : 1 pers. **400 F** 2 pers. **450 F** pers. sup. **50 F**

🐕	🚣	💧	⚽	⛷	🚴	♪	🌲	🏹	🏰
	SP	15	15	13	9	13	15	13	13

PICTET Catherine – 1 rue de la Pompe – 75116 Paris – Tél. : 1 45.27.63.49 ou 63.56.83.39

Mezens Le Cambou
C.M. n° 82 — Pli n° 09

♥♥♥ NN
(TH)

Alt. : 125 m — 1 ch. (1 lit 2 pers. 1 lit 1 pers.), 2 autres ch. avec 2 lits jumelables chacune, chauffage, s. d'eau et wc privés, piano, ateliers artistiques sur place. Animaux non admis dans les chambres. Lit de bébé, vélos à dispo. Salle de séjour. Salle de séjour, coin-cuisine, TV, tél., l-linge. Vous apprécierez les repas sur la terrasse ou au coin du feu. Gare et commerces à 4 km. Régine, Henri et la petite Laure vous invitent dans leur petit coin de paradis : une ancienne ferme restaurée avec jardin, offrant une vue splendide sur les collines verdoyantes. La sculpture et les tissages passionnent les maîtres des lieux. Tarifs dégressifs selon la durée.

Prix : 1 pers. **130/160 F** 2 pers. **170/200 F** 3 pers. **220/250 F** pers. sup. **50 F** repas **65/130 F** 1/2 pens. **150/165 F**

🚣	💧	⚽	💧	⛷	🚴	♪	🌲	🏰
3,5	10	10	1,5	3,5	15	10	1	4

SAULLE Henri et Regine – Le Cambou – 81800 Mezens – Tél. : 63.41.82.66

Montredon-Labessonnie La Raynalie
C.M. n° 83 — Pli n° 01

♥♥ NN
(TH)

Alt. : 450 m — 2 ch. d'hôtes : 1 ch. (lit 2 pers.), poss. de 2 ch. suppl., s. d'eau et wc privés, 1 ch. (2 lits 1 pers.), poss. 2 ch. suppl., s.d.b. et wc privés. Salons, TV, coin-cuisine, l-linge. Chauffage. Vaste terrain vallonné, calme, parc d'agrément avec salon de jardin et barbecue sur terrasse. Piscine privée sur place, ping-pong, jeux. Gare 22 km. Commerces 7 km. Ces 2 chambres ont été aménagées dans une gentilhommière intégrée dans un ensemble de bâtiments du XVIII° siècle. Ouvert toute l'année.

Prix : 1 pers. **160 F** 2 pers. **230 F** 3 pers. **260 F** pers. sup. **40 F** repas **75/95 F**

🚣	💧	⚽	💧	🚴	♪	🌲	🏰
SP	20	20	SP	7	7	20	SP	7

GOERGLER Anne – La Raynalie – 81360 Montredon-Labessonnie – Tél. : 63.75.15.10 ou 63.75.12.19 – Fax : 63.75.15.10

Montredon-Labessonnie
C.M. n° 83 — Pli n° 01

♥♥♥ NN
(TH)

Alt. : 550 m — Proche de la région du Sidobre : 1 ch. (1 lit 2 pers. 1 lit enfant sur demande), s. d'eau et wc privés. Jardin avec salon d'été sur terrasse. Table de ping-pong à disposition ainsi qu'une bibliothèque. TV dans la chambre, chauffage, garage privé. Gare 20 km. Commerces sur place. Ouvert toute l'année. Cette chambre d'hôtes est aménagée dans une maison dans le village, avec un grand jardin. Planétarium et observatoire à visiter à 2 km.

Prix : 2 pers. **220 F** repas **60 F**

🐕	🚣	💧	⛷	🚴	♪	🌲	🏹	🏰
	3	3	3	2	20	SP	20	SP

COURNEDE Annie – Route de Saint-Pierre N° 14 – 81360 Montredon-Labessonnie – Tél. : 63.75.15.56

Montredon-Labessonnie Le Chateau
C.M. n° 83 — Pli n° 01

♥♥ NN
(TH)

Alt. : 360 m — A l'étage : 1 ch. (1 lit 2 pers.), 1 suite (1 lit 2 pers. 2 lits 1 pers.), s.d.b. et wc communs aux 2 ch. Salle à manger avec cheminée (insert), 2 salons communs aux hôtes et aux propriétaires, TV, chauffage. Terrasse, salon de jardin, parking privé, abri voiture, table de ping-pong. Gare 22 km. Commerces 3 km. Ouvert toute l'année. Dans une région de moyenne montagne, boisée, 2 chambres aménagées dans une maison ancienne, calme, dominant le village de Montredon. Sur place : poneys-club, accueil de cavaliers, circuits balisés pédestres et équestres, accompagnement VTT possible.

Prix : 1 pers. **140 F** 2 pers. **160 F** 3 pers. **200 F** pers. sup. **40 F** repas **70 F**

🚣	💧	⚽	💧	🚴	♪	🌲	🏹	🏰
6	11	6	6	6	SP	22	SP	9	9

VERITA Charline, Marguerite – Le Chateau – 81360 Montredon-Labessonnie – Tél. : 63.75.10.64

Moulin-Mage La Combe
C.M. n° 83 — Pli n° 03

♥♥ NN

Alt. : 900 m — A proximité d'un hameau de montagne, à 8 km de Lacaune. 1 ch. d'hôtes aménagée au r.d.c. de la maison des propriétaires avec entrée indép. Ch. familiale (1 lit 2 pers. 2 lits 1 pers. superp.) avec s. d'eau et wc, chauffage. Jardin, salon de jardin. Promenades en calèches ou à dos d'âne (vous serez chez un agriculteur). Gare 55 km. Commerces 8 km. Ouvert toute l'année. Cette chambre est aménagée dans une maison située dans les Monts de Lacaune. Promenade et visite des menhirs en calèche avec pique-nique fermier.

Prix : 1 pers. **170 F** 2 pers. **190 F** 3 pers. **210 F**

🐕	🚣	💧	⚽	⛷	🚴	♪	🌲	🏹	🏰
	8	9	9	1	8	8	55	8	8	7

BERNARD Christian – La Combe – 81320 Moulin-Mage – Tél. : 63.37.47.57

Murat-sur-Vebre Canac   *C.M. n° 83 — Pli n° 03*

♥♥ NN
(TH)

Alt. : 800 m — Dans une petite vallée boisée arrosée par une rivière. Salle de séjour avec cheminée, coin-salon. A l'ét. : 1 ch. (1 lit 2 pers.), coin-lavabo, 1 ch. (2 lits 120, 1 lit bébé à dispo.), s.d.b. et wc privés aux hôtes. Tél., chauffage. Vous pourrez déguster de bons petits plats et de copieux petits-déjeuners en terrasse. Gare 37 km. Commerces 10 km. Ouvert toute l'année. Dans un hameau, Jacques vous accueillera dans sa maison entourée d'un jardin fleuri, d'une terrasse couverte. Possibilité de randonnées et escalades avec le propriétaire, pêche, baignade. Abbayes de Sylvanes à 16 km (stages divers). Espagnol parlé.

Prix : 1 pers. **150 F** 2 pers. **170 F** repas **80 F**

25	10	10	SP	10	10	30	SP	30	SP

JARABA Jacques – Canac – 81320 Murat-sur-Vebre – Tél. : 65.99.55.42

Murat-sur-Vebre Felines   *C.M. n° 83 — Pli n° 03*

♥♥♥ NN

Alt. : 900 m — Sur une exploitation agricole : 4 ch. dont 2 pouvant communiquer, à l'ét. (3 lits 2 pers. 4 lits 1 pers. 1 lit enfant à dispo.), s.d.b. ou s. d'eau et wc à chaque ch. Salle de séjour, cheminée, chauffage, cuisine équipée. Parking privé, jardin avec salon de jardin et barbecue. Piscine privée commune aux hôtes et aux propriétaires. Possibilité entrée indépendante. Dans un petit hameau des Monts de Lacaune, 2 chambres d'hôtes sont récemment aménagées avec piscine privée. Visite de la ferme, production et vente de fromage au lait de brebis sur place. Gare 65 km. Commerces 2 km. Ouvert toute l'année.

Prix : 1 pers. **160 F** 2 pers. **180 F** pers. sup. **40 F**

SP	6	6	1	1	6	65	SP	SP

ROQUES Andre – Felines – 81320 Murat-sur-Vebre – Tél. : 63.37.43.17

Pampelonne   *C.M. n° 80 — Pli n° 11*

♥♥♥ NN
(TH)

Alt. : 417 m — Situées à la sortie du village, à 5 mn de la Vallée du Viaur, 2 ch. dont 1 ch. avec s. d'eau et wc privés (2 lits 120, 1 lit 120), 1 ch. (1 lit 2 pers.), s.d.b. et wc privés (lavabo dans une), poss. 1 ch. suppl. (2 lits 1 pers.). Tél., fax. Séjour, salon avec TV. L-linge. Piscine privée sur place, jardin avec salon de jardin et barbecue. Cheminée et chauffage électr. John et Alice vous accueillent chaleureusement dans leur maison située près de la Vallée du Viaur où le canoë et l'escalade sont possibles. Ils parlent tous les deux anglais et allemand. Gare 10 km. Commerces 500 m. Ouvert toute l'année.

Prix : 1 pers. **160 F** 2 pers. **180 F** repas **70 F**

SP	8	8	1	0,2	7	30	1	1	1

RANGELEY John et Alice – Le Bourg – 81190 Pampelonne – Tél. : 63.76.39.21 – Fax : 63.76.39.21

Paulinet La Bourrelie

♥♥♥ NN
(TH)

Alt. : 250 m — Dans la région des Gorges de l'Oulas et des Monts de Lacaune. 1 ch. (1 lit 2 pers.), s. d'eau, wc privés, 3 ch. (3 lits 2 pers.), s.d.b. et wc privés, 1 lit enfant, salon, jeux enfants. Chambres situées à l'étage d'une ferme de séjour très spacieuse, donnant sur la piscine privée. Gare 25 km. Commerces 5 km. Ouvert toute l'année sauf période de Noël.

Prix : 1 pers. **200 F** 2 pers. **220 F** pers. sup. **50 F** repas **85 F**

SP	10	10	6	5	3	25	SP	10	25

CARREL Babeth – La Bourelie – 81250 Alban – Tél. : 63.55.84.57

Paulinet Domaine des Juliannes   *C.M. n° 83 — Pli n° 02*

♥♥♥ NN
(TH)

Alt. : 530 m — 3 ch. doubles et 3 suites, chacune avec s.d.b. et wc privés, salle à manger et salon indép., terrasse ombragée, chauffage, calme, espaces assurés. Séjours à la semaine l'été. Réduction sur tarifs nuits + importantes selon la saison. 1 gîte rural (8/10 pers.) 3 épis NN sur le même site été et vacances scolaires, séjours à la semaine. Gare 35 km. Commerces 6 km. Dans leur ferme rénovée du XVIIe siècle, au dessus des Gorges de l'Oulas, Marc et Claudine vous accueillent dans le domaine équestre qui offre 6 chambres de standing pour cavaliers ou non cavaliers. Animaux acceptés sur demande. Possibilité d'ouverture aux groupes en dehors des périodes.

Prix : 1 pers. **280 F** 2 pers. **330 F** 3 pers. **480 F**
repas **70/105 F**

SP	15	SP	6	SP	35	SP	15	35

CHOUCAVY Marc – Domaine des Juliannes – 81250 Paulinet – Tél. : 63.55.94.38 – Fax : 63.55.94.38

Penne Village   *C.M. n° 79 — Pli n° 19*

♥♥
(TH)

Alt. : 200 m — 2 ch. à l'étage avec salle d'eau particulière, wc communs (1 lit 2 pers. 2 lits 1 pers.), chauffage électrique. Téléphone. Terrasse. Gare 37 km. Commerces au village sur place. Nombreuses activités nautiques à proximité sur rivière (Gorges de l'Aveyron). Ouvert du 1er mars au 30 octobre. Suzanne et René vous accueillent dans leurs chambres 2 épis, dans le village. Vous pourrez prendre place à leur table d'hôtes sur une terrasse dominant un magnifique panorama avec vue sur le château et la rivière.

Prix : 1 pers. **120 F** 2 pers. **155 F** 3 pers. **210 F** repas **70 F**

13	12	12	1	2	12	30	SP	SP	1

LACOMBE Rene – Cafe de la Terrasse – 81140 Penne – Tél. : 63.56.31.02

Penne   *C.M. n° 79 — Pli n° 19*

♥♥♥ NN
(TH)

Alt. : 300 m — Dans le charmant village médiéval, 2 ch. sont aménagées, entrée indép., la 1ere 2 épis NN (2 lits 1 pers. jumelables), s. d'eau et wc privés, la 2e 3 épis NN (1 lit 2 pers.), s. d'eau et wc privés. Suppl. chauffage central. Salon. Lave-linge, frigo. Terrasse, petit salon d'été. Gare 35 km. Commerces au village sur place. Ouvert toute l'année. La propriétaire vous accueille dans sa maison. Vous êtes en plein dans le circuit des Bastides. Vous pourrez également profiter de l'illumination du Château la nuit et de l'Aveyron à proximité où l'on peut pratiquer le canoë-kayak.

Prix : 1 pers. **130 F** 2 pers. **160 F** repas **65 F**

15	15	16	1	2	8	SP	1	30

POUSSOU Yvette – Le Village – 81140 Penne – Tél. : 63.56.33.89

Puybegon

♥♥ NN
(TH)

Alt. : 280 m — Au cœur du village : 4 ch. ont été aménagées toutes avec lavabos et bidets. 3 ch. (2 lits 1 pers.), 1 ch. (1 lit 2 pers.). Salle de bains et wc communs. Téléphone. Terrasse ombragée avec vue sur la vallée, salon de jardin. Chauffage. Tennis sur la propriété, garage. Gare 13 km. Commerces 5 km. Ouvert toute l'année. Dans une demeure d'agrément du XVIIe siècle, Anne-Marie et Bernard vous accueillent chaleureusement dans leur somptueuse propriété.

Prix : 1 pers. 180 F 2 pers. 200 F 3 pers. 260 F
repas 70/100 F

🚣	🏊	⚽	🎿	♦	🌲	🏰
10	18	20	1	SP	15	12	SP	14

COMANDON Bernard et A.Marie – Village – 81390 Puybegon – Tél. : 63.58.44.07

Puycalvel La Gazelle

C.M. n° 82 — Pli n° 10

♥♥ NN
(TH)

Alt. : 275 m — Au milieu des bois : 3 ch. (2 lits 2 pers. 2 lits 1 pers.), s.d.b. et wc privés à chaque ch., chauffage. Séjour avec TV, tél. avec carte Téléséjour. Parc avec piscine privée (12 x 6 m), barbecue, cour. Sentiers de randonnées pédestres et équestres avec accompagnement. Gare 20 km. Commerces 10 km. Ouvert toute l'année. Allemand et anglais parlés. Les propriétaires vous accueillent dans leur ferme rénovée, tout près du village médiéval de Lautrec, à visiter.

Prix : 1 pers. 125 F 2 pers. 150 F 3 pers. 175 F repas 70 F

🐕	🚣	🏊	⚽	🎿	♦	🌲	🏰
	SP	SP	10	1	1	10	SP	10	10

VAISSIERE Francis – La Gazelle – 81440 Puycalvel – Tél. : 63.75.94.58

Puycalvel La Pelenquie

♥♥ NN
(TH)

Alt. : 200 m — En pleine campagne, entrée indép. : grand séjour avec cheminée, salon, coin-cuisine et barbecue à dispo. A l'ét., 3 ch. dont 2 avec 2 lits 2 pers., 1 ch. (2 lits 1 pers.), chacune avec s. d'eau et wc privés. Jardin, terrasse avec salon de jardin, piscine privée à disposition des hôtes à 1 km. Circuit et loc. de VTT sur place. Gare 10 km. Commerces 8 km. Trois chambres aménagées dans une maison ancienne traditionnelle. Anglais et espagnol parlés.

Prix : 1 pers. 125 F 2 pers. 150 F repas 55 F

🐕	🚣	🏊	⚽	🎿	♦	🏰
	1	15	15	2	1	10	6	9	8

STREHAIANO Emmanuel et Maryse – La Pelenquie – 81440 Puycalvel – Tél. : 63.75.97.79 ou 63.48.83.83

Puycelci

C.M. n° 79 — Pli n° 19

♥♥♥ NN

Alt. : 200 m — Au cœur d'un village médiéval : 2 ch. (2 lits 2 pers.), s. d'eau et wc privés, l'une au r.d.c., l'autre à l'ét., TV dans chacune. + 1 ch. au 1er étage (1 lit 2 pers. 1 lit 1 pers.), cheminée, TV, s. d'eau et wc privés, possibilité de louer kitchenette. Jardin clos, barbecue, l-linge, salon de jardin. Piscine privée ouverte du lundi au vendredi (17H à 19H). Dans un village classé « un des plus beau village de France » dominant la forêt de la Grésigne, M. et Mme De Boyer vous recevront dans leur demeure de grand standing où ils ont aménagé 3 chambres d'hôtes avec meubles anciens. Gare 40 km. Commerces sur place. Ouvert toute l'année. Anglais parlé.

Prix : 1 pers. 190/250 F 2 pers. 240/290 F 3 pers. 390 F

🐕	🚣	🏊	⚽	🎿	♦	🌲	🏰
	SP	6	1	1	0,5	0,5	SP	12	SP

DE BOYER-MONTEGUT Christian – 81140 Puycelci – Tél. : 63.33.13.65 – Fax : 63.33.20.99

Puycelci Prat Barrat

C.M. n° 79 — Pli n° 19

♥♥ NN
(TH)

Alt. : 180 m — Point de vue sur la campagne environnante, dans une annexe, en r.d.c. : 1 ch. avec s. d'eau et wc particuliers (3 lits 1 pers.), 2 ch. non attenantes, louées ensemble, s.d.b. et wc. (1 lit 2 pers. 2 lits 1 pers.). Cheminée, chauffage. Salle de séjour, salon. Poss. de table d'hôtes à la table familiale avec produits fermiers. Terrasse, jardin, salon de jardin. Chambres dans une maison très ensoleillée et isolée, conçues pour laisser beaucoup d'indépendance aux hôtes. Au pied du village fortifié, dominant la Vallée de la Vère et la forêt de la Grésigne. Accueil randonneurs. Gare 25 km. Commerces sur place. Ouvert toute l'année.

Prix : 1 pers. 120 F 2 pers. 160 F 3 pers. 230 F repas 65 F

🚣	🏊	⚽	🎿	♦	🌲	🏰
20	8	8	SP	SP	SP	SP	13	12

GAIGNARD Jeannette – Prat Barrat – 81140 Puycelci – Tél. : 63.33.11.22

Puycelci La Capelle

C.M. n° 79 — Pli n° 19

♥♥ NN
(TH)

Alt. : 300 m — 1 ch. avec lavabo (1 lit 2 pers. 1 lit 1 pers.), s. d'eau réservée aux hôtes, poss. ch. suppl. (lit 2 pers.), terrasse ombragée, salle de séjour, TV, ch. électr. Table d'hôtes (le soir) cuisine internationale, produits naturels, spécialité de repas végétariens ou hindous (sur commande). tél., l-linge. Jardin, terrasse avec salon de jardin, bibliothèque. Au calme, chez un artiste. Vous aurez la possibilité de faire des stages d'anglais. Les propriétaires parlent couramment l'anglais, l'allemand et l'espagnol. Gare 16 km. Commerces 4 km. Ouvert du 1er avril au 30 septembre.

Prix : 1 pers. 110 F 2 pers. 150 F 3 pers. 210 F repas 70 F

🚣	🏊	⚽	🎿	♦	🌲	🏰
15	5	5	SP	4	4	25	2	18	4

GOTTSCHALK Angela – La Capelle – 81140 Puycelci – Tél. : 63.33.15.91

Puycelci Laval

C.M. n° 79 — Pli n° 19

E.C. NN
(TH)

Alt. : 170 m — Grande maison en pierre (1872) : 3 ch. d'hôtes, s. d'eau privée, wc communs, meubles anciens, (3 lits 2 pers. 1 lit 1 pers.). Cheminée, chauffage. Salle de séjour, salon avec TV, réfrigérateur. Jardin, table d'hôtes sur terrasse fleurie. Ping-pong. Gare 23 km. Commerces 3 km. Ouvert toute l'année. Dans la Vallée de la Vère, au pied du village fortifié de Puycelci, Louis et Josette vous accueillent. Camping à la ferme à proximité.

Prix : 1 pers. 140 F 2 pers. 170 F 3 pers. 225 F repas 65 F

🚣	🏊	⚽	🎿	♦	🌲	🏰
20	6	6	SP	6	3	6	3	18	3

ROQUES Josette – Laval – 81140 Puycelci – Tél. : 63.33.11.07

Puygouzon Le Grezal — *C.M. n° 82 — Pli n° 10*

‰‰ NN — Alt. : 300 m — A 2 km d'Albi, sur une colline : 1 ch., entrée indépendante (1 lit 2 pers. 1 lit 1 pers. 1 lit d'appoint), wc et s.d.b. privés, chauffage. Terrain, cour, salon de jardin, portique. Gare 4 km. Commerces 2 km. Ouvert toute l'année. 1 chambre aménagée au 1er étage d'une maison de construction récente à la campagne.

Prix : 1 pers. **140 F** 2 pers. **180 F** 3 pers. **200 F**

2	15	2	5	1	2	3	10	2

JALBY Christian – Le Gresal – 81990 Puygouzon – Tél. : 63.38.47.24

Realmont Pisselebre

‰‰ NN — Alt. : 250 m — Georgette vous accueille dans sa maison au rez-de-chaussée avec entrée indépendante, salle de bains, wc particuliers, 1 chambre (1 lit 2 pers.), chauffage électrique, calme et espace pour se reposer. Elevage de chevaux de sports. Gare 25 km. Commerces 800 m.

Prix : 1 pers. **130 F** 2 pers. **170 F**

0,8	5	5	5	0,8	0,2	25	SP	5	25

POUGET Georgette – Pisselebre – 81120 Realmont – Tél. : 63.55.54.62

Realmont Bellegarde  — *C.M. n° 83 — Pli n° 01*

E.C. NN — (TH) — Alt. : 200 m — Au centre du département : 2 ch. (1 lit 2 pers. 2 lits 1 pers. jumelables, 2 lits 100 sur mezz.) avec s. d'eau et wc privés. Séjour et salon communs aux hôtes et aux propriétaires. Cour et jardin. Vente de produits laitiers (chèvre) et fruits rouges sur place. Table d'hôtes avec les produits de la ferme. Loisirs et jeux pour enfants. Gare 18 km. Commerces 2 km. Deux chambres sont aménagées dans une maison ancienne, sur une exploitation agricole. Ouvert toute l'année.

Prix : 1 pers. **150 F** 2 pers. **180 F** repas **70 F**

2	10	2	2	2	3	18	10	2

HALLET Lydie et Philippe – Ferme de Bellegarde - Route d'Albi – 81120 Realmont – Tél. : 63.45.50.83

Roquemaure-sur-Tarn Le Pendut — *C.M. n° 82 — Pli n° 08*

‰‰‰ NN — (TH) — Alt. : 180 m — 2 ch. (2 lits 1 pers. jumelables, 1 lit enf. dans chaque ch.), situées au r.d.c. en bordure de piscine, dans une annexe. WC et s. d'eau à chaque ch. Cuisine commune avec frigo, salon avec TV. Salle commune pour coin-repas. Salon de jardin pour chaque chambre sur terrasse ombragée, face à la piscine privée. Vélos, balançoires à disposition. Gare 10 km. Commerces 3 km. Dans un environnement exceptionnel, ces 2 chambres disposent d'une piscine privée et d'un point de vue magnifique. Ouvert du 15 avril à fin septembre.

Prix : 1 pers. **180 F** 2 pers. **200 F** 3 pers. **240 F** repas **80 F**

SP	3	30	3	3	5	10	SP	30

ABOUJOID Robert-Claude – Le Pendut – 81800 Roquemaure-sur-Tarn – Tél. : 61.84.10.23

Saint-Amancet En Rives  — *C.M. n° 82 — Pli n° 20*

E.C. NN — (TH) — Alt. : 235 m — Dans le cadre d'une ferme de séjour : 1 ch. (1 lit 2 pers.), sanitaires particuliers, 1 ch. (3 lits 1 pers.), sanitaires communs. Proposition d'activités sportives : randonnées, escalade, spéléo, dessin. VTT, tir à l'arc, descente de canyon, cerfs-volants. Gare 22 km. Commerces 3 km. Ouvert toute l'année. Anglais parlé. Près de la belle région de la Montagne Noire et à proximité du Barrage de Saint-Férréol, Patrick et Anne vous accueilleront très chaleureusement et vous feront participer à de nombreuses activités sportives et culturelles.

Prix : 1 pers. **110/135 F** 2 pers. **170 F** 3 pers. **215 F** pers. sup. **50 F** repas **60/85 F**

10	10	SP	10	3	3	30	0,5	30	22

ROSSIGNOL Patrick – En Rives – 81110 Saint-Amancet – Tél. : 63.50.11.21 – Fax : 63.50.11.21

Saint-Antonin-de-Lacalm La Ginestarie

‰‰‰ NN — (TH) — Alt. : 250 m — A la ferme, avec entrée indiv. : 3 ch. d'hôtes (1 lit 2 pers. 2 lits 1 pers. séparés sur mezz. dans chaque ch.), s.d.b. et wc privés dans chacune. Tél., chauffage. Grande salle commune aux hôtes et aux propriétaires avec cheminée centrale, salon avec piano et jeux. Table d'hôtes avec nos fromages de chèvre et nos spécialités. Gare 22 km. Commerces 10 km. En pleine campagne, au bord du Lac de la Bancalié, dans une région de moyenne montagne sauvage et boisée, les propriétaires vous accueilleront dans leurs chambres très spacieuses.

Prix : 1 pers. **180/200 F** 2 pers. **230/250 F** 3 pers. **300/320 F** pers. sup. **70 F** repas **80/120 F**

10	SP	SP	10	10	10	20	SP	20	30

TEOTSKI Chantal – La Ginestarie – 81120 Saint-Antonin-de-Lacalm – Tél. : 63.45.53.46

Saint-Antonin-de-Lacalm Teysseyrac — *C.M. n° 83 — Pli n° 1*

‰‰ NN — (TH) — Alt. : 300 m — 1 chambre avec entrée indépendant, salle d'eau et wc privés (1 lit 2 pers. 1 lit 1 pers.), chauffage central, terrasse avec salon de jardin. Pelouse avec ombrage. Produits fermiers à la table d'hôtes. Gare 25 km. Commerces 12 km. Ouvert toute l'année. Huguette, Yvon et leurs enfants vous accueillent dans leur ferme proche du Sidobre et du Parc du Haut-Languedoc, à proximité du Barrage de la Bancalié.

Prix : 1 pers. **140 F** 2 pers. **190 F** 3 pers. **230 F** pers. sup. **40 F** repas **65 F**

12	2	12	2	12	12	25	2	25

VALERY Yvon – Teysseyrac – 81120 Saint-Antonin-de-Lacalm – Tél. : 63.55.55.31

Saint-Michel-de-Vax

C.M. n° 79 — Pli n° 19

NN

Alt. : 250 m — Dans un ancien relais de Poste, 1 ch., entrée indép. (1 lit 2 pers. 1 lit 1 pers.), s. d'eau et wc privés, ch. électr. Salle de séjour, salon avec TV, l-linge à dispo. Pelouse clôturée, salon de jardin. Table d'hôtes pour randonneurs, produits fermiers, confits et foies gras à 3 km. Tarifs dégressifs suivant la saison et la durée du séjour. Cabine tél. à prox. Cette chambre est aménagée à côté du logement du propriétaire, dans le charmant petit village de St-Michel de Vax, dans une belle région boisée, à proximité des Gorges de l'Aveyron. Circuit des Bastides, illumination du Château de Penne à voir. Ouvert du 30 mars au 15 novembre.

Prix : 1 pers. 170 F 2 pers. 180 F

7	25	25	4	7	3	40	SP	7	7

VIGUIE Pierre – Place de l'Eglise – 81140 Saint-Michel-de-Vax – Tél. : 63.56.34.58

Sainte-Gemme La Branie

C.M. n° 80 — Pli n° 11

NN
TH

Alt. : 300 m — Entre Albi et Rodez : 1 ch. d'hôtes (1 lit 2 pers. 1 lit 1 pers.) avec salon et canapé-lit, s.d.b. et wc privés. Salon privé avec TV, chauffage. Véranda, terrain à partager avec 2 daims des propriétaires. Salon de jardin, parking. Gare et commerces à 6 km. A 3 km de la base de loisirs de la Roucarié (baignade, pêche,...). Cette chambre est aménagée dans une maison de conception récente, dans un hameau habité.

Prix : 1 pers. 140 F 2 pers. 160 F 3 pers. 240 F repas 70 F

6	3	3	3	6	3	16	3	3	6

PETIOT Bernard – La Branie – 81190 Sainte-Gemme – Tél. : 63.36.72.28

Salvagnac Moulin de Trusse

C.M. n° 79 — Pli n° 19

NN
TH

Alt. : 200 m — Entre Toulouse, Albi et Montauban : 3 ch. (2 lits 2 pers. 2 lits 1 pers.) avec s.d.b. et wc privés aménagées dans une ancienne écurie restaurée avec charme. Salon privatif, bar, tél., chauffage, parking privé, salon de jardin dans un parc. Vélos et bibliothèque à disposition. Plan d'eau sur place. Gare 25 km. Commerces 5 km. Ouvert de mi-avril à fin septembre. Le Moulin de Trusse (XVIIIe siècle) vous propose un séjour calme et raffiné. Son lac, son grand parc ombragé, ses douces collines qui rappellent la Toscane sont le cadre idyllique du farniente méridional et de la découverte du traditionnel Pays Tarnais. Anglais et allemand parlés.

Prix : 1 pers. 270 F 2 pers. 290 F repas 100 F

5	5	5	5	5	5	8	5	20	SP

JOLY Alain – Moulin de Trusse - La Sauziere Saint-Jean – 81630 Salvagnac – Tél. : 63.40.50.24 – Fax : 63.33.57.12

Le Verdier

C.M. n° 79 — Pli n° 19

NN

Alt. : 240 m — Dans la région viticole du Gaillacois (vins célèbres) : 1 ch. (1 lit 2 pers.), s. d'eau, wc, coin-cuisine, poss. d'une ch. suppl. (3 pers.), chauffage central. Salle de séjour, frigo, plats cuisinés avec produits fermiers. Jardinet, terrasse avec salon de jardin. Restauration sur place (dans village). Gare 12 km. Commerces 7 km. Ouvert toute l'année. Situé dans la région du Circuit des Bastides à visiter (Cordes, Penne, Puycelci, Bruniquel...).

Prix : 1 pers. 130/160 F 2 pers. 150/190 F 3 pers. 190 F

7	4	4	SP	4	7	4	15	35

CUQ Lucette – 81140 Le Verdier – Tél. : 63.33.92.07

Viane Fraysse

C.M. n° 83 — Pli n° 02

NN

Alt. : 800 m — Située dans la région des Monts de Lacaune. 1 ch. (1 lit 2 pers. lit bébé à disposition), lavabo, s.d.b., wc, cuisine, salon particuliers, TV, salle de séjour. Lave-linge, réfrigérateur. Grand jardin avec barbecue et salon de jardin. Cheminée, chauffage au bois. Point-phone. Gare 55 km. Commerces 6 km. Ouvert toute l'année. Anglais et italien parlés. Artisanat d'art : la « maison du verre » et école de peinture « le Regard » sur place.

Prix : 1 pers. 150 F 2 pers. 180 F

7	7	7	6	6	20	50	SP	30	50

MILHAU Claude – Fraysse – 81530 Viane – Tél. : 63.37.51.25

Villefranche-d'Albi La Barthe

C.M. n° 79 — Pli n° 19

NN
TH

Alt. : 440 m — Maison rénovée proche de la Vallée du Tarn. 2 ch. aménagées à l'ét. : 1 ch. (1 lit 2 pers. 1 lit 1 pers.), s. d'eau et wc privés, 1 ch. (2 lits 1 pers. poss. 2 autres lits 1 pers.), s.d.b. et wc privés. VTT sur place. Terrasse avec jardin. Salon et salle à manger communs aux hôtes et aux propriétaires, TV. Fax, tél., chauffage, l-linge à disposition. Michèle et Michael vous réservent un accueil chaleureux dans leur maison avec une jolie vue sur le Tarn, en pleine campagne, dans un petit hameau paisible et tranquille. Poss. d'apprendre l'anglais en toute saison (hiver, été,...). Gare 25 km. Commerces 7 km. Ouvert toute l'année.

Prix : 1 pers. 180 F 2 pers. 210 F 3 pers. 230 F repas 90 F

15	5	20	7	7	20	25	10	7	7

WISE Michele et Michael – La Barthe – 81430 Villefranche-d'Albi – Tél. : 63.55.96.21 – Fax : 63.55.96.21

Vindrac Le Moulin de Vindrac

C.M. n° 79 — Pli n° 19

NN

Alt. : 250 m — Dans un ancien moulin restauré avec goût. 2 ch. indép. et spacieuses avec s. d'eau privatives (1 lit 2 pers. 2 lits 1 pers. jumelables), 1 banquette-lit 2 pers. dans chaque ch., chauffage électrique, garage privé, salle de séjour, TV dans les ch., lave-linge, salon de jardin, ping-pong, jardin, terrasse. Gare 1 km. Commerces 3 km. Maison en pierres et poutres apparentes, calme, dans un cadre de verdure à 3 km de la cité de Cordes.

Prix : 1 pers. 200 F 2 pers. 250 F 3 pers. 300 F

15	20	20	2	3	10	30	SP	3

RAUSCHER Claude – Le Moulin de Vindrac – 81170 Cordes – Tél. : 63.56.06.32

Virac La Serre

E.C. NN

(TH)

Alt. : 230 m — 3 ch. : 1 ch. (2 lits 100), s. d'eau et wc privés, 1 suite (1 lit 2 pers. 2 lits 1 pers.), s. d'eau et wc privés, 1 ch. (1 lit 2 pers. 1 lit 1 pers.), s. d'eau et wc privés, poss. lit supp. dans chaque ch. Chauffage. Frigo, salon, bibliothèque. Parc fleuri, terrasses, salon de jardin, piscine privée. Table d'hôtes avec produits fermiers et biologiques. A 9 km de Cordes, dans une ancienne ferme de caractère donnant sur la vaste campagne du plateau de Virac. Randonnées pédestres et location de vélos sur place. Gare 10 km. Commerces 8 km. Ouvert toute l'année. Anglais et espagnol parlés. Possibilité de 1/2 pension.

Prix : 1 pers. **220 F** 2 pers. **250/280 F** 3 pers. **350/380 F** pers. sup. **80 F** repas **65/100 F**

SP	15	3	9	8	15	3	4	8	8

ARNOULT Francoise – La Serre – 81640 Virac – Tél. : 63.56.03.00

BOURGOGNE-FRANCHE-COMTÉ

Pour réserver, écrire ou téléphoner :

21 - CÔTE-D'OR
Gîtes de France
27, rue Auguste-Comte
21000 DIJON
Tél. : 80.72.06.05
Fax : 80.73.25.60

25 - DOUBS
Gîtes de France
4 ter, faubourg Rivotte
25000 BESANÇON
Tél. : 81.82.80.48
Fax : 81.82.38.72

39 - JURA
Gîtes de France
8, rue Louis-Rousseau
39000 LONS-LE-SAUNIER
Tél. : 84.24.57.70
Fax : 84.24.88.70

58 - NIÈVRE
Gîtes de France
3, rue du Sort
58000 NEVERS
Tél. : 86.59.14.22
Fax : 86.36.36.63

70 - HAUTE-SAÔNE
Gîtes de France
Maison du Tourisme
B.P. 117
70002 VESOUL Cedex
Tél. : 84.75.43.66
Fax : 84.76.54.31

71 - SAÔNE-ET-LOIRE
Gîtes de France
Chambre d'Agriculture
Esplanade du Breuil
71010 MACON Cedex
Tél. : 85.29.55.60
Fax : 85.38.61.98

89 - YONNE
Gîtes de France
1-2, quai de la République
89000 AUXERRE
Tél. : 86.52.86.59
Fax : 86.51.68.47

90 - TERRITOIRE-DE-BEL-FORT
Gîtes de France
6, rue des Bains – B.P. 117
70002 VESOUL Cedex
Tél. : 84.75.43.66
Fax : 84.76.54.31

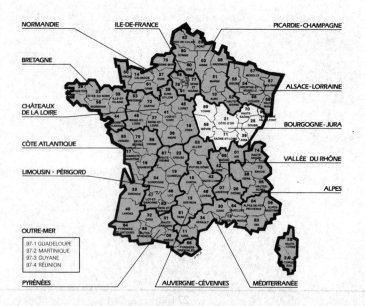

Aisy-sous-Thil   *C.M. n° 243 — Pli n° 1/13*

E.C. NN   Alt. : 350 m — 4 chambres d'hôtes aménagées dans une ancienne ferme, située en pleine nature au lieu-dit « Les Forges ». Salles d'eau et wc privés. Coin-kitchenette. Séjour-salon avec cheminée et TV. Bibliothèque. Ch. élect. Jardin. Aire de jeux. Pré. Parking. Poss. de loger des chevaux et d'organiser une activité équestre sur un week-end. Anglais parlé. Sortie A6 : Bierre-les-Semur à 5 km. Gare 30 km. Commerces 2 km. Ouvert toute l'année.

Prix : 1 pers. **200 F** 2 pers. **220 F** 3 pers. **250 F** pers. sup. **50 F**

8	SP	1	1	1	5	11	18	

GIROUDEAU Daniel et Francoise – Les Forges – 21390 Aisy-sous-Thil – Tél. : 80.64.53.86 ou 80.97.01.46 – Fax : 80.97.37.65

Antheuil   *C.M. n° 243 — Pli n° 15*

💚💚💚 NN (TH)   Alt. : 480 m — Dans un village calme, 2 chambres d'hôtes 2 pers. sont aménagées dans une maison de caractère restaurée, située dans la Vallée de l'Ouche. Salles d'eau et wc privés. Beau séjour avec cheminée et télévision à disposition. Chauffage électrique. Garage. Jardin. Restaurant à 3 km. Repas sur réservation. Sortie A6 : Pouilly-en-Auxois à 15 km. Gare 40 km. Commerces 15 km. Ouvert toute l'année.

Prix : 1 pers. **170 F** 2 pers. **200 F** 3 pers. **230 F** repas **65 F**

15	15	3	0,3	3	7	20	20	7

SCHIERINI Gisele – 21360 Antheuil – Tél. : 80.33.04.37

Arcenant   *C.M. n° 243 — Pli n° 15*

💚💚 NN (TH)   Alt. : 320 m — 4 chambres d'hôtes aménagées dans une maison récente, située dans les Hautes-Côtes, avec entrée indépendant. 3 chambres 2 pers. et 1 chambre 4 pers., toutes avec salle de bains ou salle d'eau et wc privés. Salle à manger, séjour. Ch. élect. et bois. Jardin. Parking. Restaurant sur place. Produits fermiers 9 km. Anglais, allemand et néerlandais parlés. GR7. Sortie autoroute : Nuits-Saint-Georges à 9 km. Gare 9 km. Commerces 3 km. Ouvert toute l'année.

Prix : 1 pers. **160 F** 2 pers. **180/200 F** 3 pers. **220 F** pers. sup. **40 F** repas **80 F**

9	SP	22	SP	9	4	9	9	7

CAMPO Nina – Route de Bruant – 21700 Arcenant – Tél. : 80.61.28.93

Arcenant   *C.M. n° 243 — Pli n° 15*

E.C. NN   Alt. : 400 m — Au village, 2 chambres d'hôtes aménagées dans une maison ancienne restaurée, de tout confort et agréable. 1 ch. (2 lits 1 pers.) et 1 ch. (1 lit 2 pers. 1 lit enf.). Salle de bains et wc privés à chaque chambre. Salle de séjour, salon et TV à disposition. Ch. central. Jardin. Restaurants 3 et 5 km. GR7. Sortie autoroute : Nuits-Saint-Georges 9 km. Gare et commerces 8 km. Ouvert du 1er juin au 30 septembre.

Prix : 2 pers. **250 F** 3 pers. **330 F**

8	0,5	1	1	6	1	8	10

FAUCHILLE Albert et Ghislaine – 1 rue de l'Eglise – 21700 Arcenant – Tél. : 80.61.22.97

Argilly *Antilly*   *C.M. n° 243 — Pli n° 16*

💚💚💚 NN   Dans un paisible hameau, 3 chambres d'hôtes sont aménagées dans une maison de caractère, entourée d'un parc aux arbres séculaires. 2 ch. (1 lit 2 pers. chacune) et 1 ch. (3 lits 1 pers.), toutes avec télévision, salles de bains et wc privés. Coin kitchenette. Salle de séjour. Téléphone. Chauffage électrique. Parking. Restaurants à 5 et 8 km. Sortie autoroute : Nuits-Saint-Georges à 5 km. Gare et commerces 7 km. Ouvert toute l'année.

Prix : 1 pers. **380 F** 2 pers. **420 F** 3 pers. **520 F**

4	12	4	2	7	4	15	7	20

BUGNET Jean-Francois – Antilly – 21700 Argilly – Tél. : 80.62.53.98 ou 80.26.20.20 – Fax : 80.62.54.85.

Arnay-le-Duc   *C.M. n° 243 — Pli n° 14*

💚 NN (TH)   Alt. : 580 m — 3 chambres d'hôtes situées dans une ancienne maison au calme, classées 1 et 2 épis NN. 1 ch. 3 pers. très spacieuse, salle d'eau et wc privés. 1 ch. 2 pers. et 1 ch. 3 pers. avec salle d'eau et wc communs sur le palier. Ch. élect. Salon à disposition. Parking. Jardin. Animaux admis sur demande avec suppl. Sortie autoroute : Pouilly-en-Auxois à 18 km. Gare 40 km. Commerces 200 m. Ouvert toute l'année.

Prix : 1 pers. **120/150 F** 2 pers. **150/180 F** 3 pers. **190/230 F** repas **80 F**

0,3	30	0,3	0,3	0,5	18

PICARD Andre et Simone – 6 rue du Chateau – 21230 Arnay-le-Duc – Tél. : 80.90.06.08

Arnay-le-Duc   *C.M. n° 243 — Pli n° 14*

💚💚 NN   Alt. : 300 m — 2 chambres d'hôtes communicantes aménagées dans un pavillon entouré d'un grand jardin. 1 chambre 2 pers. et 1 chambre 3 pers. Salle d'eau et wc privés. Séjour avec télévision à disposition. Chauffage électrique. Réduction de 10 % pour plusieurs nuits. Restaurant à 300 m. Produits fermiers à 2 km. Sortie autoroute : Pouilly-en-Auxois à 15 km. Gare 35 km. Commerces 400 m. Ouvert du 1er mai au 30 septembre.

Prix : 1 pers. **130 F** 2 pers. **190 F** 3 pers. **250 F**

1	20	1	1,5	1	18

RABIAN Rene et Michelle – 3 Route de Solonge – 21230 Arnay-le-Duc – Tél. : 80.90.01.83

Athee
C.M. n° 243 — Pli n° 14

✿✿✿ NN · (TH)

A la campagne, 3 chambres d'hôtes aménagées dans une maison ancienne de caractère, très fleurie. 1 ch. 3 pers. classée 2 épis NN, 1 ch. 3 pers. et 1 ch. 4 pers. classées 3 épis NN. Salles d'eau et wc privés. Ch. élect. Salle de séjour, salon et TV. Cuisine pour les hôtes. Véranda exotique. Jardin de 3000 m². Parking. Restaurant à 2 km. Repas sur réservation. Sortie autoroute : Soirans à 6 km. Gare et commerces 4 km. Ouvert toute l'année.

Prix : 1 pers. **170 F** 2 pers. **220 F** 3 pers. **270 F** pers. sup. **50 F** repas **95 F**

4	1	2	4	4	4

ROYER-COTTIN Michelle – 27 rue du Centre - « Les Laurentides » – 21130 Athee – Tél. : 80.31.00.25

Athee
C.M. n° 243 — Pli n° 17

E.C. NN · (TH)

A la campagne, 2 chambres d'hôtes communicantes aménagées avec vue sur cour arborée. 1 lit 2 pers. dans chaque chambre avec possibilité d'un lit supplémentaire 1 pers. Salle d'eau et wc communs aux 2 chambres. Chauffage central. Salle de séjour. Salon. Télévision. Jardin. Parkin. Garage. Terrain. Pré. Abri couvert. Sortie autoroute : Soirans à 10 km. Gare 5 km. Commerces 500 m. Ouvert toute l'année.

Prix : 1 pers. **160 F** 2 pers. **200 F** repas **90 F**

5	50	3	1	6	12	20	20

MILLIERE Gilbert – 17 rue Serpentiere – 21130 Athee – Tél. : 80.37.36.33

Auxonne (Le Lorrey)
C.M. n° 243 — Pli n° 17

✿✿ NN · (TH)

2 chambres d'hôtes aménagées dans une belle maison. Salle d'eau et wc privés. Séjour. Salon avec télévision à disposition. Chauffage central. Grand jardin. Garage. Parking. Repas sur réservation. Anglais et espagnol parlés par les enfants. Sortie A36 à 15 km. Gare 5 km. Commerces 4 km. Ouvert toute l'année.

Prix : 1 pers. **170/200 F** 2 pers. **200/250 F** repas **100 F**

3	3	1	2	2	0,5	3	4

FLORIET Maryvonne – Le Lorrey - Route de Flammerans – 21130 Auxonne – Tél. : 80.31.13.56 ou 80.37.31.31

Avot
C.M. n° 243 — Pli n° 4

E.C. NN

Alt. : 310 m — 2 chambres d'hôtes 3 pers. communicantes avec entrée indépendant, aménagées dans une ancienne demeure restaurée, située dans une belle région boisée et vallonnée. Salle d'eau et wc privés. Entrée indépendante sur jardin. Chauffage central. Parking couvert. Ferme-auberge à 10 km. Sortie autoroute : Til-Châtel à 30 km. Gare et commerces 17 km. Ouvert toute l'année.

Prix : 1 pers. **150 F** 2 pers. **190 F** 3 pers. **240 F**

7	SP	SP	8	8	8	17

MONIER Jean-Claude – 4 rue Roitu – 21580 Avot – Tél. : 80.75.68.39

Baubigny
C.M. n° 243 — Pli n° 27

✿✿✿ NN

Alt. : 400 m — 4 chambres d'hôtes situées au cœur du vignoble avec entrées indépendants directes sur un grand jardin. Toutes avec salles de bains et wc privés. Chauffage électrique. Salle de séjour réservée aux hôtes. Belle vue dégagée, calme assuré. Parking. Restaurant 800 m. Sentiers de randonnées. Espagnol, portugais parlés. Sortie autoroute : Beaune 15 km. Gare 13 km. Commerces 7 km. Ouvert toute l'année.

Prix : 1 pers. **180 F** 2 pers. **210 F** 3 pers. **260 F**

6	SP	SP	1	2	16	6	5

FUSSI Marie – 21340 Baubigny – Tél. : 80.21.84.66

Baubigny Orches
C.M. n° 243 — Pli n° 27

✿✿✿ NN

Alt. : 500 m — 1 chambre d'hôtes aménagée dans une maison vigneronne avec vue panoramique. Salle de bains et wc privés. Séjour, bibliothèque et piano à disposition. Chauffage central. Parking. Terrasse ombragée. Jardin. VTT. Randonnées sur le GR7. Allemand, anglais parlés. Restaurants à 1 et 7 km. Sortie autoroute : Beaune à 13 km. Gare 13 km. Commerces 3 km. Ouvert pendant les vacances scolaires d'été.

Prix : 2 pers. **250 F** pers. sup. **100 F**

7	SP	1,5	1	SP	15	1	4

GALLIEN Alain et Anne-Marie – Orches – 21340 Baubigny – Tél. : 80.21.77.01 ou 80.21.71.95

Baubigny Orches
C.M. n° 243 — Pli n° 27

✿✿✿ NN

Alt. : 550 m — 2 chambres d'hôtes 2 pers. classées 2 et 3 épis NN, aménagées dans une ancienne maison vigneronne en pierre, au pied des falaises. Salle de bains, salle d'eau et wc privés. Salon exclusivement réservé aux hôtes, avec cheminée, bibliothèque et TV. Ch. central. Grande terrasse. Sentiers de randonnées GR7. Allemand parlé. Sortie autoroute : Beaune à 13 km. Gare 13 km. Commerces 2 km. Ouvert toute l'année.

Prix : 1 pers. **200 F** 2 pers. **230/250 F**

10	SP	1,5	2	0,5	15	13	4

MUHLENBAUMER Josee – Orches – 21340 Baubigny – Tél. : 80.21.81.13

Baubigny Orches
C.M. n° 243 — Pli n° 27

✿✿✿ NN

Alt. : 500 m — 5 chambres d'hôtes aménagées dans une maison vigneronne dominant le hameau au pied des falaises et située sur une exploitation viticole. 3 ch. 2 pers. et 2 ch. 3 pers. Salle d'eau ou salle de bains et wc privés. Séjour. Ch. central. Jardin. Parking. Découverte du vignoble, dégustation commentée. GR7. Cartes bancaires acceptées. Anglais et allemand parlés. Sortie autoroute : Beaune à 15 km. Gare 15 km. Commerces 3 km. Ouvert toute l'année.

Prix : 1 pers. **200 F** 2 pers. **245 F** 3 pers. **275 F** pers. sup. **65 F**

7	0,5	0,5	2	0,5	15	7	4

ROCAULT Francois et Blandine – Orches – 21340 Baubigny – Tél. : 80.21.78.72 – Fax : 80.21.85.95

Côte-d'Or

Baubigny Orches

※ ※ NN Alt. : 500 m — 1 chambre d'hôtes 3 pers., aménagée dans une ancienne maison vigneronne, au pied des falaises. Salle d'eau et wc privés. Séjour. Chauffage central. Jardin et terrasse attenants, avec vue dégagée sur le village et les collines environnantes. Garage. Parking. GR7. Allemand et anglais parlés. Restaurants à 1 et 7 km. Sortie autoroute : Beaune à 15 km. Gare 15 km. Commerces 7 km. Ouvert du 1er avril au 31 octobre.

Prix : 1 pers. **180 F** 2 pers. **200 F** 3 pers. **250 F**

10	0,1	8	1,5	2	0,5	17	15	4

DUPONT André – Orches – 21340 Baubigny – Tél. : 80.21.80.69

Beire-le-Chatel

※ ※ NN Alt. : 260 m — 2 chambres d'hôtes aménagées dans une maison récente, sur une exploitation agricole, avec vue sur la plaine. Entrée indépendante. 1 ch. 2 pers. et 1 ch. 3 ou 4 pers. Salles d'eau privées et wc communs. Ch. électrique. Salon. TV. Jardin. Aire de jeux. Parking. Restaurant dans village. Sortie autoroute : Arc-sur-Tille ou Til-Châtel à 13 km. Gare 20 km. Commerces 13 km. Ouvert toute l'année.

Prix : 1 pers. **120 F** 2 pers. **170 F** 3 pers. **220 F**

3	40	1	1	1	3	15

SANCENOT André et Renée – 19, Route de Vesvrotte – 21310 Beire-le-Chatel – Tél. : 80.23.25.95

Bellenot-sous-Pouilly

E.C. NN
(TH)
Alt. : 450 m — 2 chambres d'hôtes 2 pers. avec lit enfant, aménagées dans une maison traditionnelle, attenante à la maison des propriétaires, au calme. Entrée indépendante. Salle de bains ou salle d'eau et wc privés. Ch. central. Séjour. Salon. TV. Bibliothèque. Coin-kitchenette. Abri couvert. Garage. Parking. Pré. Table d'hôtes sur réservation. Restaurant à 2 km. Sortie A6 : Pouilly-en-Auxois à 3 km. Gare 45 km. Commerces 2 km. Ouvert toute l'année. Anglais parlé.

Prix : 1 pers. **170 F** 2 pers. **200 F** 3 pers. **250 F** repas **70 F**

6	30	2	SP	2	3	12	15

DENIS Martine – 21320 Bellenot-sous-Pouilly – Tél. : 80.90.71.82

Bezouotte

※ ※ ※ NN
(TH)
Alt. : 225 m — 3 chambres d'hôtes 3 pers. (2 à l'étage et 1 au rez-de-chaussée accessibles aux pers. handicapées), aménagées dans une maison traditionnelle, attenante à la maison des propriétaires agriculteurs. Entrée indépendante. Salles d'eau et wc privés. Ch. central. Coin-kitchenette. Séjour. Salon avec TV. Parking. Jardin. Table d'hôtes sur réservation. Sortie A31 à 15 km. Gare 30 km. Commerces 2 km. Ouvert du 15 mars au 15 novembre.

Prix : 1 pers. **180 F** 2 pers. **220 F** 3 pers. **270 F**
pers. sup. **70 F** repas **95 F**

2	30	0,5	0,5	2	10	20	2

BINET François et Christine – Rue de la Croix Michaud – 21310 Bezouotte – Tél. : 80.36.52.77 – Fax : 80.36.77.46

Blancey Chateau de Blancey

E.C. NN
(TH)
1 chambre et 1 suite aménagées dans un château des XVe et XVIIe siècles, très bien restauré et situé dans un parc. Cage d'escalier Louis XIII. Salles de bains et wc privés. Coin-kitchenette. Salle de séjour voûtée. Salon avec TV. Bibliothèque. Mobilier d'époque. Repas sur réservation. Parking. Anglais et allemand parlés. Sortie A6 Pouilly en Auxois à 12 km. Gare 50 km. Commerces 10 km. Ouvert toute l'année.

Prix : 1 pers. **350 F** 2 pers. **500/800 F** pers. sup. **125 F**
repas **150/230 F**

15	40	8	5	5

SEVESTRE Jean-Yves – Chateau de Blancey – 21320 Blancey – Tél. : 80.64.66.80 – Fax : 80.64.66.80

Bouilland

※ NN Alt. : 500 m — 2 chambres 2 et 3 pers. aménagées dans une maison récente située dans le village. Salle d'eau et wc privés. Coin-kitchenette. Séjour. Salon avec télévision. Ch. central. Jardin. Grande terrasse. Parking. Pré. Belle vue panoramique. Petits déjeuners servis sur la terrasse. Restaurants au village. Sortie autoroute : Beaune à 15 km ou Pouilly-en-Auxois à 20 km. Gare 15 km. Commerces 10 km. Ouvert toute l'année.

Prix : 1 pers. **160 F** 2 pers. **200 F** 3 pers. **260/300 F**

15	10	0,1	0,1	10	6	15	15	SP

TOULOT Marie-Therese – Route de Beaune – 21420 Bouilland – Tél. : 80.21.50.70

Bouilland

E.C. NN Alt. : 460 m — 2 chambres d'hôtes 2 pers. communicantes aménagées dans une maison ancienne restaurée, située au bord d'une rivière. Entrée indépendante. Salle d'eau et wc privés. Bibliothèque, salon privé, télévision. Chauffage électrique et au bois. Grand préau, grand jardin avec bassins. Parking. Calme assuré. Anglais, italien et espagnol parlés. Restaurant sur place. Sortie A6 à 15 ou 20 km. Gare 15 km. Commerces 200 m. Ouvert toute l'année.

Prix : 2 pers. **220 F** 3 pers. **300 F** pers. sup. **80 F**

20	10	SP	10	15	15	SP

RUSSO Bernard et Marie-Ch. – 21420 Bouilland – Tél. : 80.21.59.56

Buffon   *C.M. n° 243 — Pli n° 1*

❦❦ NN
(TH)

Alt. : 340 m — Face au canal de Bourgogne, 5 chambres d'hôtes aménagées dans une charmante maison de caractère, entourée d'un jardin fleuri avec terrasse. 3 ch. (2 épis NN), entrées privées, salles d'eau, wc, TV. 2 ch. mansardées (EC), salle d'eau, wc, cuisine équipée et TV communs. Promenades en barque. Table d'hôtes sur réservation. Allemand et anglais parlés. Sortie autoroute : Bierre-les-Semur à 25 km. Gare et commerces 6 km. Ouvert d'avril à octobre.

Prix : 1 pers. **150/190 F** 2 pers. **200/260 F** 3 pers. **250/330 F** pers. sup. **50/70 F** repas **90 F**

SP	SP	SP	6	4

BUSSON Sarah – 21500 Buffon – Tél. : 80.92.46.00

Chamblanc   *C.M. n° 243 — Pli n° 28*

❦❦ NN
(TH)

Alt. : 182 m — 2 chambres d'hôtes de 2 et 3 pers. aménagées dans une ancienne maison au cœur du Val de Saône. Salles d'eau privées et wc communs. Séjour, salon avec bibliothèque. TV dans chaque chambre. Ch. électrique. Terrasse. Tennis de table. Aire de jeux. Pelouse. Parking. Repas le soir sur réservation. Anglais et espagnol parlés. Sortie autoroute : A36 Pagny/Seurre à 2 km. Gare et commerces 2 km. Ouvert toute l'année.

Prix : 1 pers. **120 F** 2 pers. **170 F** 3 pers. **210 F** repas **60 F**

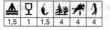

1,5	25	3	1,5	1,5	0,2	3

SORDET Myriam – Rue Verte – 21250 Chamblanc – Tél. : 80.20.48.75

Chamboeuf   *C.M. n° 243 — Pli n° 15*

❦❦❦ NN

3 chambres d'hôtes 2 pers. aménagées dans un ancien relais de chasse et décorées dans un style régional. Salles de bains et wc privés. Salle de séjour à disposition. Chauffage central. Garage. Parc arboré. Excellent petit déjeuner servi sur la terrasse. GR7. Anglais parlé. Maison réservée aux non fumeurs. Sortie autoroute : Nuits-Saint-Georges à 18 km. Gare et commerces 6 km. Ouvert toute l'année.

Prix : 2 pers. **350/450 F**

6	8	0,3	10	18	16

GIRARD Hubert – Le Relais de Chasse – 21220 Chamboeuf – Tél. : 80.51.81.60 – Fax : 80.34.15.96

Champeau-en-Morvan Saint-Leger   *C.M. n° 243 — Pli n° 13*

❦ NN
(TH)

2 chambres d'hôtes aménagées dans une maison récente, située dans le Parc Régional du Morvan, au milieu d'un pré, entourée de sapins. Salle d'eau ou salle de bains et wc privés. Séjour. Chauffage électrique. Espagnol parlé. Sortie autoroute : Avallon à 25 km. Gare et commerces 4 km. Ouvert du 1er juin au 30 septembre.

Prix : 1 pers. **180 F** 2 pers. **200 F** repas **65 F**

1,5	1	1,5	4	4	4

BONNARD Regis et Antoinette – Saint-Leger de Fourches – 21210 Champeau-en-Morvan – Tél. : 80.64.19.48

Chassagne-Montrachet Pre Melin   *C.M. n° 243 — Pli n° 27*

❦❦ NN

Alt. : 350 m — 2 chambres d'hôtes aménagées à l'étage dans un pavillon récent. 1 chambre 2 pers. (1 épi) et 1 chambre 4 pers. (2 épis). Salles d'eau privées et wc communs. Salle de séjour à disposition. Chauffage central. Terrain. Aire de jeux. Animaux admis avec supplément. Sortie autoroute : Beaune à 12 km. Gare 2 km. Commerces 1 km. Ouvert toute l'année.

Prix : 1 pers. **140 F** 2 pers. **180/200 F** 3 pers. **230 F** pers. sup. **40 F**

2	SP	2	1	SP	15	14	2	12

JARLAUD Robert et Margaret – 5, rue des Farges - Pre Melin – 21190 Chassagne-Montrachet – Tél. : 80.21.36.09

Chemin-d'Aisey   *C.M. n° 243 — Pli n° 2*

❦ NN

2 chambres d'hôtes 2 pers. aménagées dans une grande maison en pierre, située dans le village, au calme, dans la région du Châtillonnais. Salle d'eau et wc communs. Chauffage central. Séjour et bibliothèque à disposition. Agréable jardin. Garage. Parking. Abri couvert. Possibilité de logement de chevaux sur place. Pré. Aire de jeux. Restaurant à 2 km. Gare 25 km. Commerces 1,5 km. Ouvert toute l'année.

Prix : 1 pers. **100 F** 2 pers. **130/140 F**

1,5	1,5	2	9	20

DARTOIS Jean et Simone – 21400 Chemin-d'Aisey – Tél. : 80.93.22.51

Chorey-les-Beaune   *C.M. n° 243 — Pli n° 15*

❦❦❦ NN

Alt. : 200 m — Au cœur du vignoble, 6 chambres d'hôtes aménagées dans une maison en pierre avec une grande terrasse. 5 chambres 2 pers. et 1 chambre 3 pers. Salles d'eau et wc privés. Séjour. Salon, télévision et bibliothèque à disposition. Chauffage central. Garage. Jardin. Restaurant à 800 m. Les chambres sont non fumeur. Sortie autoroute : Beaune à 5 km. Gare et commerces 3 km. Ouvert du 25 janvier au 30 novembre. Anglais parlé.

Prix : 1 pers. **210 F** 2 pers. **240 F** 3 pers. **340 F**

3	SP	3	3	3	6	3	12

DESCHAMPS Henri et Marie-Claire – 15 rue d'Aloxe Corton – 21200 Chorey-Les Beaune – Tél. : 80.24.08.13 – Fax : 80.24.08.01

Chorey-les-Beaune Le Chateau   *C.M. n° 243 — Pli n° 15*

♥♥♥♥ NN   Alt. : 220 m — 6 ch. d'hôtes situées au château dans un très beau cadre des XIIIe et XVIIe siècles, appartenant à une famille de vignerons. 2 ch. 2 pers., 3 ch. 3 pers. et 1 suite 4 pers. Salle de bains et wc privés. Téléphone dans les ch. Séjour et salon. Terrasse. Chauffage central et électrique. Dégustation de vins. Restaurant à 1 km. Allemand, anglais parlés. Sortie autoroute : Beaune à 4 km. Gare et commerces 3 km. Ouvert du 1er au 30 novembre.

Prix : 1 pers. 615/675 F 2 pers. 680/740 F 3 pers. 815/905 F
pers. sup. 65 F

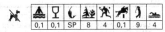								
3	0,1	5	2	0,5	3	6	3	15

GERMAIN Francois et Josseline – Le Chateau – 21200 Chorey-Les Beaune – Tél. : 80.22.06.05 – Fax : 80.24.03.93

Civry-en-Montagne « La Chouannerie »   *C.M. n° 243 — Pli n° 2*

♥♥♥ NN   Alt. : 580 m — 2 chambres d'hôtes (2 et 6 pers.) communicantes, aménagées dans un ancien presbytère niché dans la verdure près d'un lavoir et d'une grande fontaine. Salle d'eau et wc privés. Séjour. Bibliothèque. Ch. électrique. Jardin potager et verger. Abri couvert. Logement chevaux sur place et produits fermiers. Randonnées pédestres. Chemins balisés. Anglais parlé. Sortie autoroute : A38 à 1,5 km. Gare 37 km. Commerces 7 km. Ouvert toute l'année.

Prix : 1 pers. 160 F 2 pers. 220 F 3 pers. 300 F

5	30	5	SP	7	5	10	12	12

FEDOROFF Elie et Monique – La Chouannerie – 21320 Civry-en-Montagne – Tél. : 80.33.43.02

Clamerey (Pont-Royal)

♥♥♥ NN   Au bord d'un joli port, sur le canal de Bourgogne, 6 chambres d'hôtes 2 et 3 pers. aménagées dans une belle maison de caractère, rénovée. Salles d'eau et wc privés. Salle de séjour avec cheminée bourguignonne et TV. Ch. électrique. Salons de jardin sur terrasses empierrées, avec vue panoramique sur des vallons boisés. Parking. Loc. vélos. Anglais parlé. Sortie A6 à 13 km. Gare 15 km. Commerces 4 km. Ouvert du 15 mars au 15 novembre.

Prix : 1 pers. 210 F 2 pers. 260 F 3 pers. 310 F

0,1	0,1	SP	8	4	0,1	9	4

DOUCET Bernard et Denise – Societe Locaboat Plaisance - Pont-Royal - Clamerey – 21390 Precy-sous-Thil – Tél. : 80.64.62.65 – Fax : 80.43.17.91

Corberon   *C.M. n° 243 — Pli n° 28*

E.C. NN   A la sortie du village, 3 chambres d'hôtes aménagées dans une maison de caractère du XVIIIe s. 2 ch. (1 lit 2 pers. 1 lit 1 pers. chacune), 1 ch. (1 lit 2 pers.), toutes avec salle d'eau et wc privés. Salon. Chauffage central. Parc de 2 ha. Calme assuré. Restaurants à 10 mn. Sortie autoroute : Seurre ou Beaune à 13 km. Gare 13 km. Ouvert du 1er juillet au 25 novembre. Anglais parlé.

Prix : 2 pers. 350 F 3 pers. 420 F pers. sup. 50 F

2	13	0,5	0,5	5	2	5

BALMELLE Alain et Chantal – Rue des Ormes – 21250 Corberon – Tél. : 80.26.53.19

Corpoyer-la-Chapelle   *C.M. n° 243 — Pli n° 2*

♥♥ NN   1 chambre d'hôtes 2 pers. indépendante, donnant directement sur la cour. Salle d'eau et wc privés. Chauffage électrique. Coin-cuisine. Terrasse. Spécialité fromages de chèvre. Aire de jeux. Pré. Parking. Logement de chevaux sur place. Restaurant à 3 km. Très belle vue sur la vallée. Sortie autoroute : Semur-en-Auxois à 30 km. Gare et commerces 15 km. Ouvert du 1er avril au 30 septembre.

Prix : 1 pers. 180 F 2 pers. 200 F 3 pers. 220 F

15	60	0,5	0,5	3	3	15	30	15

BERTRAND Dominique – 21150 Corpoyer-la-Chapelle – Tél. : 80.96.22.89 ou 80.96.24.95

Courtivron   *C.M. n° 243 — Pli n° 4*

♥♥ NN   Alt. : 325 m — 2 chambres d'hôtes 2 pers. aménagées dans un chalet à flanc de coteau. Salles d'eau et wc communs. Séjour à disposition. Salon et télévision. Chauffage central. Jardin. Coin « pique-nique ». Restaurant et produits fermiers de 1 à 2 km. GR7 à 1,7 km. Notions allemand et anglais. Sortie autoroute : A31 Til-Châtel à 22 km. Gare 15 km. Commerces 12 km. Ouvert toute l'année.

Prix : 1 pers. 160/170 F 2 pers. 200/210 F pers. sup. 50 F

30	0,2	0,2	12	6	12	12

HUOT Jean et Marie – Chalet de Genevroix – 21120 Courtivron – Tél. : 80.75.12.55 – Fax : 80.75.15.62

Darcey   *C.M. n° 243 — Pli n° 2*

♥♥ NN   Alt. : 270 m — 2 chambres d'hôtes 2 ou 3 pers. aménagées dans un pavillon de campagne, à flanc de coteau, entouré d'un grand jardin, au cœur de la Bourgogne. Salles d'eau privées et wc communs. Séjour. Salon-lecture. Bibliothèque. TV. Coin-cuisine aménagé sous pergola. Pré. Jardin. Aire de jeux. Cour. Parking. Restaurants à 500 m. Sortie autoroute : Semur-en-Auxois à 25 km. Gare 10 km. Commerces 500 m. Ouvert d'avril à novembre.

Prix : 1 pers. 150 F 2 pers. 200 F 3 pers. 250 F

10	0,5	0,5	0,5	10	17	10

GOUNAND Claude et Huguette – Route de la Villeneuve – 21150 Darcey – Tél. : 80.96.23.20 – Fax : 80.96.23.20.

Detain (Bruant)

C.M. n° 243 — Pli n° 15

❦❦ NN
(TH)

Alt. : 641 m — 5 chambres d'hôtes 1 et 2 épis aménagées dans une maison rénovée située dans les Hautes Côtes. 3 ch. 2 pers., 1 ch. 3 pers. et 1 ch. 4 pers. Salles de bains et wc privés pour 3 ch., salles d'eau privées et wc communs pour les 2 autres. Salon et TV. Chauffage central. Pelouse arborée. Aire de jeux. Restaurant à 5 km. Repas sur réservation. Sortie autoroute : Nuits-Saint-Georges ou Beaune à 15 km. Gare et commerces 15 km. Ouvert toute l'année.

Prix : 1 pers. **120/140 F** 2 pers. **180/200 F** 3 pers. **270/300 F** pers. sup. **80 F** repas **80 F**

15	5	15	0,3	15	12	15	5

CHARBONNEAU Michel et Jocelyne – Bruant - « Le Trefle à 4 Feuilles » – 21220 Detain-et-Bruant – Tél. : 80.61.40.54

Detain (Bruant)

C.M. n° 243 — Pli n° 16

❦ NN

Alt. : 630 m — Dans un pavillon, 2 chambres d'hôtes très lumineuses et très calmes, l'une donnant sur la forêt et l'autre sur le jardin. Salle de bains et wc communs. Séjour. Chauffage au fuel et au bois. Pergola. Jardin. Pré. Aire de jeux. Parking. Abri couvert. Restaurant à 5 km. GR7. Sortie autoroute : Nuits-Saint-Georges ou Beaune à 15 km. Gare et commerces 10 km. Ouvert toute l'année.

Prix : 1 pers. **140 F** 2 pers. **160 F** 3 pers. **240 F** pers. sup. **80 F**

15	5	15	0,3	12	15	5

GUTIGNY Paul et Christiane – Bruant/Detain – 21220 Gevrey-Chambertin – Tél. : 80.61.40.82

Echalot

C.M. n° 243 — Pli n° 3

❦❦❦ NN
(TH)

Alt. : 500 m — 2 chambres d'hôtes 3 pers. aménagées dans une maison de caractère avec salles d'eau et wc privés. Séjour, salon et télévision à disposition. Chauffage central. Terrasse. Jardin. Repas sur demande. Restaurant à 6 km. Allemand parlé. Gare 30 km. Commerces 11 km. Ouvert toute l'année.

Prix : 1 pers. **150 F** 2 pers. **190 F** 3 pers. **270 F** pers. sup. **80 F** repas **80 F**

50	5	0,5	6	6	6	6

BONNEFOY Rita – Rue du Centre – 21510 Echalot – Tél. : 80.93.86.84

Echannay

C.M. n° 243 — Pli n° 15

❦ NN

Alt. : 500 m — 2 chambres d'hôtes 2 pers. aménagées à l'étage sur une ferme, au cœur du village. Lavabo dans chaque chambre, salle d'eau et wc communs. Chauffage électrique. Salle de séjour et télévision à disposition. Coin-cuisine. Cour et jardin. Restaurant à 3,5 et 5 km. Sortie autoroute : Pouilly-en-Auxois à 12 km. Gare 30 km. Commerces 3,5 km. Ouvert du 1er mai au 1er octobre.

Prix : 1 pers. **150 F** 2 pers. **200 F** 3 pers. **250 F** pers. sup. **50 F**

6	30	4	0,5	4	15	20	30	20

LANIER Louis – 21540 Echannay – Tél. : 80.33.44.24

Ecutigny Le Chateau

C.M. n° 243 — Pli n° 14/15

❦❦❦
(TH)

Alt. : 200 m — 6 ch. d'hôtes, de prestige, de 2 ou 3 pers., dont 1 suite, aménagées dans un château du XIIe et XVIIe siècles au cœur de l'Auxois. Salles de bains ou salles d'eau et wc privés. Séjour. Bibliothèque. Coin-cuisine, salon. TV dans les chambres. Ch. central. Parc, aire de jeux, pré, garage. Restaurant 4 km. Anglais, espagnol parlés. Sortie autoroute 25 km. Gare 25 km. Commerces 4 km. Ouvert toute l'année.

Prix : 1 pers. **500/700 F** 2 pers. **500/700 F** 3 pers. **600/800 F** pers. sup. **100 F** repas **230 F** 1/2 pens. **450 F** pens. **500 F**

8	15	0,5	3	0,5	4	25	25

ROCHET Patrick – Le Chateau – 21360 Ecutigny – Tél. : 80.20.19.14 – Fax : 80.20.19.15

Eguilly

C.M. n° 243 — Pli n° 14

❦❦❦ NN
(TH)

Alt. : 525 m — 3 ch. d'hôtes (2 et 3 épis NN) aménagées dans une ferme de caractère restaurée dans un style campagnard, située en pleine nature. Salles d'eau ou de bains et wc privés. Séjour. Ch. central. Repas sur réservation. Jardin. Pré. Parking. En retrait de l'autoroute. Centre nautique 10 km. Week-ends découverte d'oiseaux sur réservation d'octobre à avril. Sortie A6 : Pouilly-en-Auxois à 8 km. Gare 45 km. Commerces 7 km. Ouvert du 15 janvier au 15 novembre.

Prix : 1 pers. **190/200 F** 2 pers. **230/260 F** 3 pers. **320 F** pers. sup. **60 F** repas **70/100 F** 1/2 pens. **190/210 F**

10	35	2	SP	3	12	4	12

RANCE Michel – « La Rente d'Eguilly » – 21320 Eguilly – Tél. : 80.90.83.48

Epernay-sous-Gevrey

C.M. n° 243 — Pli n° 16

❦❦❦ NN
(TH)

5 chambres d'hôtes aménagées à l'étage d'une ancienne auberge restaurée. 3 ch. 2 pers., 1 ch. 3 pers. et 1 ch. 4 pers. Salles d'eau ou salle de bains et wc privés. Séjour, salle de jeux, bibliothèque. Chauffage central. Jardin. Parking. Repas sur réservation. Anglais parlé. Restaurant à 6 km. Sortie autoroute : Nuits-Saint-Georges à 12 km. Gare 8 km. Commerces 6 km. Ouvert toute l'année.

Prix : 1 pers. **200 F** 2 pers. **290/300 F** 3 pers. **350 F** pers. sup. **50 F** repas **100 F** 1/2 pens. **300 F**

6	10	2	0,5	6	4	6	6

PLIMMER Jules – La Vieille Auberge - Grande Rue – 21220 Epernay-sous-Gevrey – Tél. : 80.36.61.76 – Fax : 80.36.64.68

Epoisses (Plumeron)

C.M. n° 243 — Pli n° 1

❦❦❦ NN

Alt. : 230 m — 2 chambres d'hôtes de caractère aménagées dans une vieille ferme restaurée. 1 chambre 3 pers. et 1 chambre 4 pers. avec mezzanine. Salles d'eau et wc privés. Chauffage électrique. Coin-kitchenette. Jardin. Terrasse. Parking. Pré. Possibilité logement chevaux. Restaurant à 1, 6 et 12 km. Anglais parlé. Sortie A6 : Bierre-les-Semur ou Avallon à 12 km. Gare 24 km. Commerces 1 km. Ouvert toute l'année.

Prix : 1 pers. **200 F** 2 pers. **250/280 F** pers. sup. **50 F**

0,5	60	5	5	0,5	12	25	0,5	3

VIRELY Bernard et Claudine – Plumeron – 21460 Epoisses – Tél. : 80.96.44.66 – Fax : 80.96.33.97

Fenay (Chevigny)　　　　　　　　*C.M. n° 243 — Pli n° 16*

NN
TH

Alt. : 400 m — 3 chambres d'hôtes dont 2 communicantes aménagées à l'étage d'une maison restaurée. Salle d'eau et wc privés. Chauffage central. Salle de séjour et télévision à disposition. Jardin. Parking. Table d'hôtes sur réservation. Sortie autoroute : Dijon-Sud à 7 km. Gare 10 km. Commerces 4 km. Ouvert du 15 janvier au 15 novembre.

Prix : 1 pers. 150 F 2 pers. 180 F 3 pers. 230 F
pers. sup. 50 F repas 80 F

8	7	3	12	1,5	4	15

DENIEL Yvette – 5 rue du Pont Neuf - Chevigny – 21600 Fenay – Tél. : 80.36.61.52

Fixin　　　　　　　　　　　　*C.M. n° 243 — Pli n° 16*

NN

2 chambres d'hôtes aménagées dans une maison, située sur une exploitation agricole. Salles d'eau privées. WC communs. Séjour. Chauffage central. Grande véranda. Jardin ombragé. Parking. Restaurant à 500 m. GR7. Sortie autoroute : Chenôve à 6 km. Gare 10 km. Commerces 3 km. Ouvert toute l'année.

Prix : 1 pers. 150 F 2 pers. 200 F

10	0,1	5	5	3	10	15	6	3

MIGNARDOT Gilbert et Eliane – Ferme des Champs Aux Pierres – 21220 Fixin – Tél. : 80.52.45.73

Flavigny-sur-Ozerain　　　　　　*C.M. n° 243 — Pli n° 2*

NN
TH

Alt. : 420 m — 2 chambres d'hôtes 2 pers., classées 2 épis NN et EC, dans une maison restaurée et aménagée dans un ancien couvent du XVII° siècle avec superbe vue de l'Auxois. Salles d'eau et wc privés. Salon, TV, bibliothèque. Ch. central au bois. Jardin. Parking. Table d'hôtes sur réservation. Anglais parlé. Restaurant à 500 m. Sortie autoroute : Bierre-les-Semur à 25 km. Gare 8 km. Commerces 300 m. Ouvert toute l'année.

Prix : 1 pers. 180/185 F 2 pers. 240/250 F pers. sup. 50 F
repas 95 F

15	60	0,3	0,3	0,3	17	23	16	4

LEMOINE Judith – Couvent des Castafours – 21150 Flavigny-sur-Ozerain – Tél. : 80.96.24.92

Flee (Le Chateau)　　　　　　　*C.M. n° 653 — Pli n° 7/8*

E.C. **NN**
TH

Alt. : 325 m — « Un château où tout est possible » dans un très beau cadre du XVIII° siècle. Situées sur l'étage noble du château et au 1er étage les 2 suites sont accessibles par l'escalier monumental de 18 marches, avec vue sur la cour d'honneur et le village. Salles de bains et wc privés. Chauffage électrique et cheminées. Séjour. Salon. Bibliothèque. TV. Jardin. Parc de 10 ha (piscine, vélos, pêche, équitation et loc. de chevaux). Vols en montgolfière, promenades en avions avec le propriétaire. Table d'hôtes sur réservation. Animaux admis après accord du propriétaire. Allemand, anglais, suisse-allemand parlés. Sortie autoroute : Bierre-les-Semur 2 km.

Prix : 2 pers. 850 F repas 300 F

3	2	3	0,3	3	SP	7	SP	15

BACH Marc-Francis – Le Chateau – 21140 Flee – Tél. : 80.97.17.07 – Fax : 80.97.34.32

Fontaine-Francaise　　　　　　　　　　*C.M. n° 66*

NN
TH

Alt. : 250 m — Dans le cadre d'un moulin à eau du XVII° siècle, avec roue à augets et machinerie. 4 ch. (2 et 3 épis), salles d'eau ou bains et wc privés. TV et coin-kitchenette dans 2 chambres. Ch. élect. Jardin. Piscine privée. Aire de jeux. Abri couvert. Parking. T.H. sur réservation. Petits animaux admis. Notions allemand et anglais. Sortie autoroute : Til-Châtel 15 km. Gare 38 km. Commerces 200 m. Ouvert toute l'année.

Prix : 1 pers. 200 F 2 pers. 250 F 3 pers. 320 F
pers. sup. 80 F repas 85 F

SP	15	SP	1	0,2	9	35	0,1

BERGER Patrick – Le Vieux Moulin – 21610 Fontaine-Francaise – Tél. : 80.75.82.16 – Fax : 80.75.82.16

Francheville　　　　　　　　　*C.M. n° 243 — Pli n° 15*

NN

Alt. : 550 m — Dans une grande maison ancienne, 2 chambres d'hôtes avec salles d'eau et wc privés. Chauffage central. Séjour. Salon avec cheminée et télévision à disposition. Jardin. Aire de jeux. Parking. Restaurant au village. GR2 et GR7. Région boisée, très calme. Sortie autoroute : A6 Pouilly-en-Auxois ou A31 Til-Châtel à 20 km. Gare 20 km. Commerces 9 km. Ouvert toute l'année.

Prix : 1 pers. 160 F 2 pers. 200 F 3 pers. 240 F

18	30	15	0,2	0,2	7	20	20

DROUOT Gerard et Denise – 21440 Francheville – Tél. : 80.35.01.93 – Fax : 80.35.07.27

Francheville　　　　　　　　　*C.M. n° 243 — Pli n° 15*

NN
TH

Alt. : 600 m — 3 chambres d'hôtes aménagées dans une maison de caractère, située dans un village. Calme assuré. 2 ch. 2 pers. et 1 ch. 4 pers. Salles d'eau et wc privés. Séjour avec cheminée et plafond à la française. Coin-kitchenette. Chauffage central. Garage. Parking. Table d'hôtes uniquement le mardi sur réservation, auberge sur place. Pré. Logement de chevaux sur place. GR2 et GR7. Sortie autoroute : Sombernon à 20 km ou Til-Châtel à 25 km. Gare 25 km. Commerces 9 km. Ouvert toute l'année.

Prix : 1 pers. 160 F 2 pers. 200 F 3 pers. 240/280 F
pers. sup. 60 F repas 70/90 F

18	30	15	2	0,2	7	18

DUTHU Gilles et Chantal – « Le Pingeon » – 21440 Francheville – Tél. : 80.35.05.36

Gevrey-Chambertin　　　　　　　*C.M. n° 243 — Pli n° 16*

NN

3 chambres d'hôtes 2 pers. aménagées dans une grande maison bourgeoise, située au cœur du village à proximité des vignes. Salle de bains ou salle d'eau et wc privés. Salon et bibliothèque. Ch. central. Parking de nuit. Petit jardin d'agrément. Restaurants au village. GR7. Anglais parlé. Sortie autoroute : Nuits-Saint-Georges à 8 km. Gare 3 km. Commerces 500 m. Ouvert toute l'année.

Prix : 1 pers. 200 F 2 pers. 250 F

5	0,5	2	1	1,5	11	15	5	3

SYLVAIN Genevieve – 14 rue de l'Eglise – 21220 Gevrey-Chambertin – Tél : 80.51.86.39

Gevrey-Chambertin « Clos-Saint-Jacques »   *C.M. n° 243 — Pli n° 16*

♥ NN   Alt. : 300 m — 4 chambres d'hôtes aménagées dans une ancienne maison de caractère, dans un clos de vignes, classées 1 et 2 épis. 1 salle d'eau commune et 2 salles d'eau privées. WC communs. Chauffage central. Jardin. Parking. Sortie autoroute : Dijon à 10 km. Gare 1 km. Commerces 500 m. Ouvert toute l'année.

Prix : 1 pers. **120 F** 2 pers. **180 F** 3 pers. **240 F**
pers. sup. **80 F**

5	SP	0,3	0,3	1	11	11	4	1

BARTET Genevieve – Clos-Saint-Jacques – 21220 Gevrey-Chambertin – Tél. : 80.51.82.06

Gevrey-Chambertin « Domaine Marchand »   *C.M. n° 243 — Pli n° 16*

♥♥ NN   Alt. : 300 m — 3 chambres d'hôtes aménagées dans une maison de caractère, située sur le domaine viticole. 2 ch. 3 et 4 pers. (2 épis NN) et 1 ch. 4 pers. (EC). 1 salle de bains et wc privés. 2 salles d'eau privées et wc communs. Ch. central. Coin-kitchenette. Jardin. Parking extérieur. Caveau dégustation. Restaurants 500 m. Sortie autoroute : Dijon ou Nuits-Saint-Georges 10 km. Gare 2 km. Commerces 3 km. Ouvert toute l'année sauf du 24 décembre au 2 janvier. Anglais parlé.

Prix : 1 pers. **150 F** 2 pers. **200/250 F** 3 pers. **250/300 F**
pers. sup. **100 F**

5	1	3	3	1	11	11	11	3

MARCHAND Jean-Philippe – 1, Place du Monument - « Domaine Marchand » – 21220 Gevrey-Chambertin –
Tél. : 80.34.33.60 – Fax : 80.34.12.77

Gevrolles

♥ NN   2 chambres d'hôtes 2 pers. aménagées dans une ancienne maison rénovée avec entrée indépendante. Lavabo dans chaque chambre, salle d'eau et wc communs. Séjour à disposition. Chauffage électrique. Jardin. Parking. Restaurant à 10 km. Sortie autoroute : Ville/La Ferté à 16 km. Gare 32 km. Commerces 4 km. Ouvert de juin à fin septembre.

Prix : 1 pers. **150 F** 2 pers. **180 F**

10	2,5	2,5	2

PELLISER Janine et Jacques – 7 « Petite Rue » – 21520 Gevrolles – Tél. : 80.93.56.15 ou 1.47.56.04.16

Gissey-sur-Ouche   *C.M. n° 243 — Pli n° 15*

♥♥ NN   2 chambres d'hôtes aménagées dans une jolie maison, située au bord d'une rivière. Salles d'eau et wc privés. Séjour. Salon avec vue sur le vieux pont et le port de Gissey. TV. Cheminée. Chauffage électrique. Jardin. Pêche sur place (truite, perche, brochet). Possibilité balades en VTT. Anglais parlé. Sortie autoroute : Pont-de-Pany à 6 km. Gare 25 km. Commerces 9 km. Ouvert toute l'année.

Prix : 1 pers. **160 F** 2 pers. **220 F** 3 pers. **250 F**

10	20	SP	0,3	6	30	25	20

SIRHENRY Alain – Rue de la Rivière – 21410 Gissey-sur-Ouche – Tél. : 80.49.05.70

Jours-les-Baigneux   *C.M. n° 243 — Pli n° 2*

♥♥♥ NN   Alt. : 400 m — 4 chambres d'hôtes 2 pers. aménagées dans une belle maison ancienne et restaurée. Salles d'eau et wc privés. Chauffage central. Séjour, télévision et bibliothèque à disposition. Prise TV et téléphone dans chaque chambre. Terrasse donnant accès à un grand jardin arboré. Vue splendide sur la campagne environnante, magnifique château Renaissance. Village très fleuri. GR2. Sortie autoroute : Bierre-les-Semur à 30 km. Gare 18 km. Commerces 5 km. Ouvert du 1er avril au 15 novembre.

Prix : 2 pers. **220 F**

18	SP	1	5	17	20	20

DESCOMBES Juliette – 21450 Jours-Les Baigneux – Tél. : 80.96.52.22

Jours-les-Baigneux (Cessey)   *C.M. n° 243 — Pli n° 2*

♥♥ NN
(TH)   Alt. : 400 m — 2 chambres d'hôtes situées dans la maison de la ferme, avec un environnement calme et reposant. 1 ch. 2 pers. et 1 ch. 3 pers. Salles de bains et wc privés. Chauffage central et électrique. Salon et TV. Possibilité repas le soir sur réservation et logement de chevaux sur place. Jardin. Aire de jeux. Garage. Gare 16 km. Commerces 3 km. Ouvert toute l'année.

Prix : 1 pers. **130 F** 2 pers. **185 F** 3 pers. **235 F** repas **65 F**

25	5	0,1	3	15	16	25

AUBRY Charles – Cessey – 21450 Jours-Les Baigneux – Tél. : 80.96.51.89

Lantilly (Cormaillon)   *C.M. n° 243 — Pli n° 2*

♥♥♥ NN   Alt. : 300 m — 4 chambres d'hôtes aménagées dans une maison de caractère. Entrée indépendante. 2 ch. 3 pers., 1 ch. 2 pers. et 1 ch. 4 pers. Salles de bains. Salle d'eau et wc privés. Séjour. Chauffage central. Pelouse d'agrément avec salons de jardin. Restaurant à 5 et 10 km. Anglais parlé. Sortie autoroute : Bierre-les-Semur à 18 km. Gare et commerces 5 km. Ouvert toute l'année et sur réservation d'octobre à avril.

Prix : 1 pers. **190 F** 2 pers. **230 F** 3 pers. **270 F**
pers. sup. **40 F**

5	2	0,2	5	5	5

POMMERET Alain et Flavie – Hameau de Cormaillon - « La Pommeraie » – 21140 Lantilly – Tél. : 80.96.62.28

Laperriere-sur-Saone   *C.M. n° 243 — Pli n° 17*

♥♥ NN   Alt. : 180 m — 3 chambres d'hôtes 2 pers. aménagées dans une ancienne cure rénovée. Entrée, cuisine et séjour indépendants pour les hôtes. Salles de bains privées. WC communs. Chauffage électrique. Jardin. Parking. Restaurant à 5 km. Anglais, espagnol parlés. Sortie autoroute : A36 Pagny-le-Château à 15 km. gare 10 km. Commerces 8 km. Ouvert toute l'année.

Prix : 1 pers. **160 F** 2 pers. **200 F**

10	30	0,8	0,3	8	5

KOZLOWSKI Georges et Nathalie – La Cure – 21170 Laperriere-sur-Saone – Tél. : 80.39.13.67

Longecourt-en-Plaine   *C.M. n° 243 — Pli n° 16*

E.C. NN   2 chambres d'hôtes décorées avec goût, aménagées dans une maison située près d'un château dans le village, traversé par le canal de Bourgogne. Entrée indépendante. Chaque chambre avec 1 lit 1 pers. 1 lit 2 pers. et possibilité 1 lit supplémentaire. Salle d'eau et wc privés chacune. Ch. central. Séjour. Cuisine équipée. Jardin. Terrain. Parking. Restaurant à 5 km. Sortie autoroute : Crimolois ou Longvic à 10 km. Gare et commerces sur place. Ouvert toute l'année.

Prix : 1 pers. 150 F 2 pers. 200 F 3 pers. 240 F
pers. sup. **30 F**

6	SP	1	SP	6	12

MERLE Arielle – 22 rue du Murot – 21110 Longecourt-en-Plaine – Tél. : 80.39.73.68

Lusigny-sur-Ouche La Saura   *C.M. n° 243 — Pli n° 14-15*

E.C. NN
(TH)   Alt. : 370 m — Aux sources de l'Ouche, demeure villageoise avec vue dégagée sur la campagne. 4 chambres d'hôtes avec entrée indépendante. 1 chambre 2 pers. 3 chambres (3 pers.). Salle de bains ou salle d'eau et wc privés. Salle de séjour avec TV. Bibliothèque. Ch. central. Parking. Restaurant 500 m. GR7. Anglais parlé. Sortie autoroute : Beaune 15 km. Gare 15 km. Commerces 2 km. Ouvert toute l'année.

Prix : 1 pers. 240 F 2 pers. 300 F pers. sup. 120 F
repas **150 F**

15	10	1	1	2	10	20	15

DE VAUGELAS. – La Saura – 21360 Lusigny-sur-Ouche – Tél. : 80.20.17.46 – Fax : 80.20.17.46.

Magny-les-Villers   *C.M. n° 243 — Pli n° 15*

❧❧ NN
(TH)   Alt. : 400 m — 4 chambres d'hôtes, avec entrée indépendante, aménagées dans une maison bourguignonne ancienne, chez un apiculteur. 2 ch. 2 pers., 1 ch. 3 pers. et 1 ch. 4 pers. Salles d'eau et wc privés. Possibilité de cuisine dans salle à manger. Chauffage central. Jardin ombragé. Balançoire. Parking. Restaurants à 3 km. Table d'hôtes sur réservation. Anglais parlé. Sortie autoroute : Beaune à 9 km. Gare 5 km. Commerces 1 km. Ouvert de mars à novembre.

Prix : 1 pers. 160/180 F 2 pers. 180/200 F 3 pers. 230/250 F
pers. sup. **50 F** repas **80 F**

7	0,2	7	0,2	3	1	10	8	10	

GIORGI Francoise et Henri – Route de Pernand - « La Maison des Abeilles » – 21700 Magny-Les Villers – Tél. : 80.62.95.42

Magny-les-Villers   *C.M. n° 69 — Pli n° 9*

❧❧❧ NN   Alt. : 340 m — 3 chambres d'hôtes dont 2 communicantes, classées 3 et 2 épis NN, aménagées dans une maison vigneronne au calme. Entrées indépendantes. Salles d'eau et wc privés. Salle de séjour. Cuisine. Chauffage central. Cour ombragée avec terrasse et pelouse. Parking. Caves au village. GR7. Allemand parlé. Sortie autoroute : Nuits-Saint-Georges à 8 km. Gare 3 km. Commerces 1 km. ouvert toute l'année.

Prix : 1 pers. 180 F 2 pers. 220 F 3 pers. 280 F
pers. sup. **60 F**

4	SP	4	0,5	3	1	12	10	

DUMAY Micheline – 21700 Magny-Les Villers – Tél. : 80.62.91.16

Magny-sur-Tille   *C.M. n° 243 — Pli n° 17*

❧   Alt. : 200 m — 2 chambres d'hôtes 2 et 3 pers. aménagées dans une maison individuelle récente. Entrée indépendante. Salle d'eau et wc communs. Chauffage central. Coin-kitchenette. Jardin. Aire de jeux. Allemand parlé. Sortie autoroute : Dijon à 7 km. Gare 7 km. Commerces 6 km. Ouvert toute l'année.

Prix : 1 pers. 110 F 2 pers. 165 F 3 pers. 195 F

1	15	1	2	1	8	8	12	15	

MAIRE Camille et Simone – 3 rue de l'Abbayotte – 21110 Magny-sur-Tille – Tél. : 80.31.56.40

Maligny   *C.M. n° 243 — Pli n° 2*

❧❧❧ NN   Alt. : 375 m — 3 chambres d'hôtes 2 pers. aménagées dans une ancienne maison fort bien restaurée, dont 2 classées 3 épis et 1 en EC. Salle d'eau, salles de bains et wc privés. Salon avec télévision à disposition. Bibliothèque. Chauffage électrique et au bois. Jardin. Aire de jeux. Garage. Sortie autoroute : Pouilly-en-Auxois à 16 km. Gare 30 km. Commerces 6 km. Ouvert toute l'année.

Prix : 1 pers. 225 F 2 pers. 250 F

6	20	6	0,2	6	20	20

PAILLARD Gerald et Veronique – 21230 Maligny – Tél. : 80.84.26.39

Marcigny-sous-Thil (Saulx)   *C.M. n° 243 — Pli n° 14*

❧❧❧ NN   Alt. : 315 m — 2 chambres d'hôtes classées 2 et 3 épis, aménagées à l'étage d'une ancienne maison restaurée. 1 ch. 2 pers. et 1 ch. 3 pers. Salles d'eau et wc privés. Salon, TV et bibliothèque. Chauffage central. Jardin. Parking. Restaurant à 200 m et à 6 km. Produits fermiers à 6 km. Sortie autoroute : Bierre-les-Semur à 7 km. Gare 30 km. Commerces 6 km. Ouvert toute l'année.

Prix : 1 pers. 160 F 2 pers. 180/220 F 3 pers. 260 F
pers. sup. **30/50 F**

11	0,5	0,5	6	8	10	11	12	

PICARD Etienne et Monique – Saulx – 21390 Marcigny-sous-Thil – Tél. : 80.64.53.35 – Fax : 80.64.53.35

Merceuil (Cissey)   *C.M. n° 243 — Pli n° 27*

❧❧ NN   Alt. : 200 m — 2 chambres d'hôtes classées 1 et 2 épis NN aménagées par des agriculteurs à l'étage d'une ancienne ferme bourguignonne. 1 salle d'eau privée et 1 salle d'eau commune. WC communs. Chauffage central. Téléphone Téléséjour. Jardin. Aire de jeux. Pré. Restaurant à 4 km. Sortie autoroute : Beaune à 4 km. Gare 7 km. Commerces 1,5 km. Ouvert toute l'année.

Prix : 1 pers. 150/160 F 2 pers. 180/200 F 3 pers. 210/240 F

2	0,3	0,5	1	1,5	7	7	10	10

MARTIN Henry et Noelle – Cissey – 21190 Merceuil – Tél. : 80.21 47.39

Messanges

E.C. NN   5 chambres d'hôtes 2 pers. aménagées dans une ancienne maison rénovée. Salle d'eau et wc communs. Appartement avec 2 chambres communicantes pour 2 pers. avec salon, TV, coin-kitchenette et salle à manger, salle de bains et wc privés. Ch. central. Terrasse. Jardin. Parking. Restaurant 2 km. GR7. Allemand parlé. Sortie autoroute : Nuits-Saint-Georges à 7 km. Gare 7 km. Commerces 2 km. Ouvert toute l'année.

Prix : 2 pers. **170/290 F** 3 pers. **390 F**

🏊	🍷	🕯	🌲	🎿	🐎	🎣	🚣	🚲
7	1	0,2	1	7	2	7	10	10

RUCH Marie-Louise – Grande Rue – 21220 Messanges – Tél. : 80.61.41.29 – Fax : 80.61.48.40

Meuilley

🌿🌿🌿 NN   Au calme, 1 suite 2 pers. haut de gamme dans pavillon de caractère, indépendant. Mobilier ancien, biblio. Salle de bains et wc privés. TV et téléphone direct. Salle à manger et coin-cuisine. Terrain clos, salon de jardin, terrasse ombragée. Petit déjeuner servi en terrasse. Restaurants 2 km. Sortie autoroute : Nuits-St-Georges 6 km. Gare et commerces 6 km. Ouvert toute l'année.

Prix : 2 pers. **340 F**

🏊	🍷	🕯	🌲	🎿	🐎	🎣	🚣	🚲
6	0,2	6	0,1	6	2	17	6	16

TROISGROS Roland et Annie – Route d'Arcenant - Meuilley – 21700 Nuits-Saint-Georges – Tél. : 80.61.25.35

Meuilley

E.C. NN   Alt. : 380 m — Au village, 1 chambre d'hôtes 2 pers. aménagée dans une maison indépendante bourguignonne très typique, située sur une propriété viticole. Possibilité 1 lit pliant pour enfant. Salle d'eau et wc privés. Chauffage central. Salon. Télévision. Bibliothèque. Coin-cuisine. Parking. Sortie autoroute : Nuits-Saint-Georges à 6 km. Gare 6 km. Commerces 500 m. Ouvert toute l'année.

Prix : 1 pers. **200 F** 2 pers. **230 F**

🏊	🍷	🕯	🌲	🎿	🐎	🚲
6	0,5	3	0,5	6	3	15

LELIEVRE J.Marie et Viviane – Rue Gabriel Bachot – 21700 Meuilley – Tél. : 80.61.17.65

Meuilley

🌿🌿 NN   1 chambre d'hôtes 2 pers. (facile d'accès pour personnes handicapées), aménagée dans une maison récente, entourée d'un grand jardin, dans un village viticole. Salle d'eau et wc privés. Salle de séjour et coin-kitchenette. Télévision dans la chambre. Garage. Parking. Chauffage central. Sortie autoroute : Nuits-Saint-Georges à 6 km. Gare 6 km. Commerces 100 m. Ouvert toute l'année.

Prix : 2 pers. **250 F**

🏊	🍷	🕯	🌲	🎿	🐎	🎣	🚣	🚲
6	0,1	6	6	6	2	15	6	15

MIELLE Solange – 21700 Meuilley – Tél. : 80.61.27.13

Meursault

🌿🌿 NN   2 chambres d'hôtes 3 et 4 pers. aménagées dans une maison bourguignonne au pied des vignes. Salles d'eau et wc privés. Coin-kitchenette. Salle de séjour. Salon avec télévision. Bibliothèque. Chauffage central. Jardin. Aire de jeux. Parking. Sortie autoroute : Beaune à 7 km. Gare 4 km. Commecres 200 m. Ouvert toute l'année.

Prix : 1 pers. **210 F** 2 pers. **250 F** 3 pers. **280 F**
pers. sup. **40 F**

🏊	🍷	🕯	🌲	🎿	🐎	🎣	🚣
7	0,2	0,3	0,3	0,5	4	7.	10

LANOE Brigitte – 29 rue de Mazeray – 21190 Meursault – Tél. : 80.21.68.81

Millery (Chevigny)

🌿 NN   Alt. : 240 m — 2 chambres d'hôtes 3 pers. situées dans une ferme en pleine nature, à côté du château de Chevigny. Salle d'eau, salle de bains et wc privés. Chauffage central et électrique. Salle de séjour. Parking. Belle vue sur la campagne. Sortie autoroute : Bierre-les-Semur à 8 km. Gare 12 km. Commerces 3 km. Ouvert du 15 mars au 15 octobre.

Prix : 1 pers. **180 F** 2 pers. **250 F** pers. sup. **50 F**

🏊	🍷	🕯	🎿	🐎	🎣	🚲
10	4	8	4	5	15	15

LEGUY Bernard et Michele – Ferme du Chateau – 21140 Millery – Tél. : 80.97.00.29

Molphey

E.C. NN   Alt. : 500 m — 4 chambres d'hôtes 2 pers. aménagées dans une ancienne maison. Salles d'eau et wc privés. Salle de séjour et salon à disposition. Coin-kitchenette. Parking. Jardin. Restaurant au village. Belle vue sur la campagne. Sortie autoroute : Avallon à 15 km. Gare et commerces 10 km. Ouvert toute l'année.

Prix : 1 pers. **150 F** 2 pers. **200 F** 3 pers. **350 F**

🏊	🎿	🐎	🎣
10	5	10	10

PASQUET Didier – 21210 Molphey – Tél. : 80.64.21.94

Montagny-les-Beaune

🌿🌿 NN   Alt. : 210 m — 2 chambres d'hôtes (1 et 2 épis NN), situées dans une ferme restaurée et aménagées dans un style campagnard. Salle d'eau ou salle de bains et wc privés. Séjour et télévision à disposition. Chauffage central. Garage. Cour. Jardin fleuri. Restaurant 200 m. Produits fermiers 5 km. Vue sur un château du XVIIIe siècle. Sortie autoroute : Beaune 2 km. Gare 4 km. Commerces 2 km. Ouvert toute l'année.

Prix : 1 pers. **160 F** 2 pers. **200 F** 3 pers. **250 F**

🏊	🍷	🕯	🌲	🎿	🐎
1	5	1	1	0,5	2,5	4

VAIVRAND Ernest et Paulette – 21200 Montagny-Les Beaune – Tél. : 80.22.24.52

Morey-Saint-Denis   *C.M. n° 243 — Pli n° 16*

¥¥¥ NN Alt. : 346 m — 5 chambres d'hôtes 2 pers. aménagées dans une maison vigneronne avec vue sur les vignes. 2 ch. avec salle de bains et wc privés. Appartement de 3 chambre avec salle de bains et wc (ne pouvant être loué qu'à une même famille, prix : 600 F). Ch. central. Salle de séjour et bibliothèque. Restaurant à 500 m. Jardin. Parking. Petits déjeuners servis dans caveau. Gare 7 km. Commerces 4 km. Ouvert de février à décembre. Anglais parlé.

Prix : 1 pers. **210/220 F** 2 pers. **250 F** pers. sup. **70 F**

1	0,1	10	1	1	1

DUPREY-GAUTIER J-Pierre et Eliane – 34 Route des Grands Crus – 21220 Morey-Saint-Denis – **Tél. : 80.51.82.88**

Morey-Saint-Denis   *C.M. n° 243 — Pli n° 16*

¥¥¥ NN Dans le vieux village, 3 chambres aménagées dans une ancienne maison de vigneron, rénovée et indépendante de la maison du propriétaire. Salles d'eau et wc privés. Séjour, salon, TV. Coin-kitchenette. Ch. élect. Parking privé au milieu des vignes. Restaurant au village. Dégustation au caveau sur place. Sortie autoroute : Nuits-Saint-Georges à 7 km. Gare 7 km. Commerces sur place. Ouvert toute l'année.

Prix : 1 pers. **220/250 F** 2 pers. **240/270 F** 3 pers. **360 F** pers. sup. **60/90 F**

2	SP	2	1	2	0,5	14	4

PALISSES-BEAUMONT Francoise et Claude – Rue Haute - « Caveau-Saint-Nicolas » – 21220 Morey-Saint-Denis – **Tél. : 80.58.51.83**

Morey-Saint-Denis   *C.M. n° 243 — Pli n° 16*

¥¥¥ NN Alt. : 437 m – 4 chambres d'hôtes classées 2 et 3 épis NN, aménagées dans une maison située sur une exploitation viticole, au milieu de jardins. Salle d'eau et wc privés. Coin-kitchenette. Salon avec télévision. Chauffage électrique. Terrasse. Parking. Sortie Nuits-Saint-Georges 7 km ou Dijon 15 km. Gare 4 km. Commerces 2 km. Ouvert toute l'année sauf août.

Prix : 1 pers. **200 F** 2 pers. **240 F** 3 pers. **360 F**

1	0,1	4	1	1	1	15

CASTAGNIER Guy et Jocelyne – 20 rue des Jardins – 21220 Morey-Saint-Denis – **Tél. : 80.34.31.62** – **Fax : 80.58.50.04**

La Motte-Ternant Le Chateau   *C.M. n° 65 — Pli n° 18*

¥¥ NN Alt. : 350 m – 3 chambres d'hôtes classées 1 et 2 épis NN aménagées par un agriculteur dans une demeure datant du VIIIe siècle. 2 ch. 2 pers. 1 ch. 3 pers. et 1 ch. 4 pers. Salles d'eau et salle de bains privées. WC communs. Salon et bibliothèque. Chauffage central. Jardin. Garage. Aire de jeux. Pré. Restaurant. Sortie autoroute : Bierre-les-Semur 12 km. Gare 10 km. Commerces 7 km. Ouvert toute l'année.

Prix : 1 pers. **170/180 F** 2 pers. **190/210 F** 3 pers. **240/250 F** pers. sup. **50 F**

10	46	SP	SP	10	10	5	10	25	

CANAT Andre et Bernadette – Le Chateau – 21210 La Motte-Ternant – **Tél. : 80.84.31.31**

La Motte-Ternant

¥¥¥ NN (TH) 3 ch. d'hôtes de charme, aménagées dans un ancien presbytère. Salle d'eau ou salle de bains et wc privés. Salle de séjour. Salon. Bibliothèque et télévision. Ch. central au gaz. Jardin. Garage. Parking. Restaurant sur place. Superbe vue sur l'Auxois. Anglais parlé. Sortie autoroute : Bierre-les-Semur à 20 km. Ouvert toute l'année.

Prix : 1 pers. **280/300 F** 2 pers. **300/320 F** repas **85 F**

15	1	0,3	10	10	10

AYLETT Brian et Marjorie – Le Presbytere – 21210 La Motte-Ternant – **Tél. : 80.84.34.85** – **Fax : 80.84.35.32**

Nan-sous-Thil   *C.M. n° 243 — Pli n° 14*

¥¥¥¥ NN 3 ch. d'hôtes 2 pers. et 1 suite 4 pers., haut de gamme, aménagées dans un château du XIIIe siècle, restauré au XVIIe, situé dans un parc de 6 ha, dominant le village et les paysages vallonnés de l'Auxois. Salles de bains et wc privés. Salle de séjour. Salon. Téléphone dans chaque chambre. Parking. Très grand calme. Restaurant à 2 km. Notions d'anglais. Sortie A6 à 10 km. Gare 18 km. Commerces 3 km. Ouvert de Pâques à novembre.

Prix : 2 pers. **620/990 F** pers. sup. **270 F**

1	1	1	1	1	1

BONORON Bernard et Nicole – Chateau de Beauregard – 21390 Nan-sous-Thil – **Tél. : 80.64.41.08** – **Fax : 80.64.47.28**

Noiron-sous-Gevrey   *C.M. n° 243 — Pli n° 16*

¥¥¥ Alt. : 200 m — 2 chambres d'hôtes aménagées avec beaucoup de goût dans une belle maison. Salle d'eau ou salle de bains et wc privés. Salle de séjour. Salon, télévision, billard. Bibliothèque. Ch. central. Aire de jeux. Abri couvert. Garages. Parking. Sortie autoroute : Nuits-Saint-Georges à 15 km. Gare 5 km. Commerces 200 m. Ouvert du 15 avril au 15 novembre et vacances scolaires.

Prix : 1 pers. **250 F** 2 pers. **300 F** pers. sup. **100 F**

12	10	10	2	6	2	20	15

MARET Bernard et Nicole – 7 Route de Dijon – 21910 Noiron-sous-Gevrey – **Tél. : 80.36.64.17** – **Fax : 80.36.92.16**

Noiron-sur-Beze
C.M. n° 243 — Pli n° 17

E.C. NN — Alt. : 200 m — 3 chambres d'hôtes 2 et 3 pers. dont 1 chambre accessible aux personnes handicapées, aménagées dans une maison récente avec vue sur la rivière. Salles d'eau et wc privés. Coin-kitchenette. Salon. Bibliothèque. Chauffage central. Terrain. Parking. Sortie autoroute : Arc-sur-Tille à 13 km ou Til-Châtel 24 km. Gare 28 km. Commerces 5 km. Ouvert toute l'année.

Prix : 1 pers. **170 F** 2 pers. **220 F** 3 pers. **270 F**
pers. sup. **100 F**

5	30	0,5	5	5	10	25	5	28

SUBLET Bernard et Bernadette – Route de Blagny – 21310 Noiron-sur-Beze – Tél. : 80.36.79.18 – Fax : 80.36.79.18

Nolay
C.M. n° 69 — Pli n° 9

❅❅ NN — (TH) — Alt. : 330 m — 2 chambres d'hôtes 3 pers. aménagées dans une maison de village avec salles d'eau et wc privés. Kitchenette. Chauffage électrique. Cour et jardin. Possibilité logement chevaux sur place. Salle de jeux. Location de vélos. Restaurants à 500 m. Repas sur réservation. GR7 et GR67. Anglais parlé. Beaune à 20 km. Gare 14 km. Commerces 200 m. Ouvert toute l'année.

Prix : 1 pers. **140 F** 2 pers. **180/200 F** 3 pers. **250 F**
pers. sup. **50 F** repas **80 F**

1	0,2	1	1	3	2	1

CHEREAU Yves et Marie-Odile – 61, rue Saint-Pierre – 21340 Nolay – Tél. : 80.21.77.55

Nolay
C.M. n° 243 — Pli n° 27

❅❅❅ — Alt. : 350 m — 1 chambre d'hôtes 4 pers. située au cœur du village chez un couple retraité de l'enseignement. Salle d'eau et wc privés. Bibliothèque. Chauffage central. Jardin. Garage. Restaurant sur place. Produits fermiers à 5 km. GR7. Notions d'allemand. Sortie autoroute : Beaune à 20 km. Gare 10 km. Commerces sur place. Ouvert toute l'année.

Prix : 2 pers. **200 F** 3 pers. **280 F** pers. sup. **80 F**

1	0,5	9	3	1	3	20	2

BITON Jean – 43 avenue Carnot – 21340 Nolay – Tél. : 80.21.73.59

Nolay (Cirey-les-Nolay)
C.M. n° 243 — Pli n° 26

❅❅❅ NN — (TH) — Alt. : 385 m — 4 chambres d'hôtes (classées 2 et 3 épis NN), avec entrée indépendante, situées dans le vignoble et aménagées dans une ancienne ferme restaurée. Salles d'eau et wc privés. Ch. central. Séjour avec cheminée. Salon avec TV, hifi, bibliothèque. Cour. Jardin. Parking. Pré. Jardin et verger. Repas 2 fois par semaine sur réservation. Restaurants 1 km. GR7. Anglais parlé. Sortie autoroute : Beaune à 21 km. Gare 17 km. Commerces 1 km. Ouvert toute l'année.

Prix : 1 pers. **200 F** 2 pers. **250 F** 3 pers. **290 F**
pers. sup. **30 F** repas **85 F**

1	0,1	2	2	1	4	21	17	3

LORET Helene – « L'Oree du Hameau » - Cirey-Les Nolay – 21340 Nolay – Tél. : 80.21.85.06

Nuits-Saint-Georges
C.M. n° 243 — Pli n° 16

❅❅❅ NN — 4 ch. d'hôtes aménagées dans un hôtel particulier des XVIIIe et XIXe siècles dans un village viticole. Salles de bains et wc privés. Salon avec cheminée et bibliothèque. Ch. central. Parking. Pré. Jardin d'hiver. Cour fleurie. Grande cave réputée avec visite commentée. Dégustation de vins sur place. Restaurants à 100 m. Gare 1 km. Commerces 100 m. Ouvert du 1er avril au 1er novembre. Anglais et italien parlés.

Prix : 2 pers. **500/700 F**

2	0,1	10	0,3	7	16	0,3

DE LOISY Christine – 28 rue du General de Gaulle – 21700 Nuits-Saint-Georges – Tél. : 80.61.02.72 – Fax : 80.61.36.14

Painblanc (Paquier)
C.M. n° 243 — Pli n° 14

❅ NN — (TH) — Alt. : 450 m — 3 chambres d'hôtes, comportant chacune un cabinet de toilette avec lavabo, aménagées dans une ancienne demeure de caractère, dans un paisible cadre de verdure. Salle d'eau et wc communs. Bibliothèque. Chauffage central. Parc. Aire de jeux. Repas le soir sur réservation. Restaurant sur place. Sortie autoroute : Pouilly-en-Auxois à 12 km. Gare 25 km. Commerces 7 km. Ouvert du 15 janvier au 15 décembre.

Prix : 1 pers. **125 F** 2 pers. **170 F** 3 pers. **230 F**
pers. sup. **60 F** repas **60 F** 1/2 pens. **185 F**

12	20	10	0,3	0,1	5	15	25	20

LIORET Marguerite – 21360 Paquier-Painblanc – Tél. : 80.20.12.90

Pouillenay
C.M. n° 243 — Pli n° 2/14

❅ NN — (TH) — Alt. : 300 m — 3 chambres d'hôtes aménagées dans une ancienne ferme, proche du canal de Bourgogne. 1 chambre 2 pers. avec salle privée. 1 chambre 2 pers. et 1 chambre 3 pers. avec salle d'eau commune. WC communs aux 3 ch. Salon et TV. Chauffage central. Jardin. Parking. Table d'hôtes sur réservation. Restaurants à 5 et 10 km. Sortie autoroute : Bierre-les-Semur à 15 km. Gare et commerces 5 km. Ouvert toute l'année.

Prix : 1 pers. **100/105 F** 2 pers. **140/150 F** 3 pers. **180 F**
repas **55/75 F** 1/2 pens. **155/170 F**

5	0,5	5	8	10	5	15	12

LAFFAGE Monique – Grande Rue – 21150 Pouillenay – Tél. : 80.96.01.88

Pouillenay
C.M. n° 243 — Pli n° 2/14

❅ NN — Alt. : 300 m — 2 chambres d'hôtes aménagées au rez-de-chaussée et à l'étage d'une ancienne ferme, située au cœur du village. 1 ch. 2 pers. et 1 ch. 4 pers. avec cabinet de toilette et wc privés. Salle de bains commune. Salle de séjour et TV. Ch. central au fuel. Jardin. Garage. Restaurant sur place. Allemand parlé. Sortie autoroute : Bierre-les-Semur à 15 km. Gare et commerces 3 km. Ouvert toute l'année.

Prix : 1 pers. **120 F** 2 pers. **160 F** 3 pers. **200 F**
pers. sup. **50 F**

3	1	5	3	4	4	15	10

RENARDET Robert et Irene – 21150 Pouillenay – Tél. : 80.96.01.25

Pouilly-sur-Saone

C.M. n° 243 — Pli n° 28

♥♥ NN — 2 chambres d'hôtes dans une maison rénovée, salles de bains privées. WC communs. Grande chambre 4 pers., salle de bains et wc privés, aménagée dans la maison mitoyenne aux propriétaires. Coin-kitchenette. Salon, TV. Ch. élect. Parking. Agréable jardin très fleuri l'été. Allemand, italien parlés. Sortie autoroute : Pagny/Seurre 6 km ou Nuits-St-Georges 12 km. Gare et commerces 4 km. Ouvert toute l'année.

Prix : 1 pers. **195 F** 2 pers. **220 F** 3 pers. **245 F**

🛶	🍷	⛷	🏇	🎿	🎯	♪	⛵
3	15	0,5	3	3	5	10	3

DELORME Daniel – 21250 Pouilly-sur-Saone – Tél. : 80.21.06.43 ou 80.36.20.88

Premeaux-Prissey

C.M. n° 243 — Pli n° 15

♥♥ NN — Alt. : 200 m — Au cœur du vignoble de la Côte de Nuits, 5 chambres d'hôtes avec entrée indépendante de plain-pied, aménagées dans une maison restaurée. 1 ch. (1 lit 2 pers.), salle d'eau et wc privés. 3 ch. (1 lit 2 pers. chacune) et 1 ch. familiale, toutes avec douche et lavabo. WC communs. Chauffage électrique. Salon de jardin. Ping-pong. Pré. Parking. Restaurant 3 km. Sortie autoroute : Nuits-Saint-Georges 5 km. Gare et commerces 3 km. Ouvert toute l'année. Anglais parlé.

Prix : 1 pers. **150/170 F** 2 pers. **190/220 F** 3 pers. **270 F**
pers. sup. **80 F**

🛶	🍷	⛷	🏇	🎿	🎯	♪	⛵	🚴
3	SP	3	3	3	6	25	3	12

MAGNIN Dominique et Patrick – 21700 Premeaux-Prissey – Tél. : 80.62.31.98 – Fax : 80.61.19.68

Quemigny-sur-Seine (Tarperon)

C.M. n° 243 — Pli n° 3

♥♥♥ NN
(TH) — Alt. : 350 m — 5 chambres d'hôtes aménagées dans un manoir, parmi arbres et rivières. 3 ch. 2 pers. et 2 ch. 3 pers., toutes avec salle d'eau ou salle de bains et wc privés. Salon. Ch. central. Terrasse. Jardin. Pré. Log. chevaux. Parcours privé de pêche à la mouche sur 2 km. GR2. 1/2 pension sur la base de 2 pers. Repas sur réservation. Anglais et allemand parlés. Sorties autoroute : Bierre-les-Semur ou Til-Châtel à 50 km. Gare 28 km. Commerces 5 km. Ouvert d'avril à la Toussaint.

Prix : 1 pers. **260 F** 2 pers. **350 F** 3 pers. **470/520 F**
pers. sup. **120 F** repas **150 F** 1/2 pens. **325 F**

🛶	⛷	🏇	🎿	🎯	♪	⛵
30	0,1	0,1	5	10	20	30

**DE CHAMPSAVIN Soisick – Hameau de Tarperon - Quemigny-sur-Seine – 21510 Aignay-le-Duc –
Tél. : 80.93.83.74**

Reneve

C.M. n° 243 — Pli n° 17

♥♥ NN — Alt. : 220 m — 2 ch. d'hôtes 2 pers. dans une maison traditionnelle indépendant, en bordure d'un parc avec vue libre sur la plaine. Salles d'eau et wc privés. Séjour, salon, TV, biblio. Ch. central. Piscine privée. Jardin, abri couvert, terrain, parking, pré. Poss. VTT et rand. pédestres. Repas sur demande. Restaurant 8 km. Allemand, anglais et italien parlés. Sortie A31 à 20 km. Gare 30 km. Commerces 8 km. Ouvert d'avril à octobre.

Prix : 1 pers. **130 F** 2 pers. **240 F**

🐕	🛶	⛷	🏇	🎿	🎯
	SP	0,5	1	0,5	5

ZIMMERMANN Peter et Verena – 9 Grand Chemin – 21310 Reneve – Tél. : 80.47.78.40

La Roche-en-Brenil (Vernon)

C.M. n° 65 — Pli n° 17

♥♥♥ NN
(TH) — Alt. : 310 m — 2 chambres d'hôtes 2 et 3 pers. classées 2 et 3 épis, aménagées dans une ancienne ferme restaurée, en pleine campagne. Salles d'eau et wc privés. Poss. lit supplémentaire. Salon. Bibliothèque. Chauffage central. Jardin. Parking. Allemand parlé. Week-end culinaire sur réservation 1300 F/pers. et 2500 F 2 pers. Restaurant 500 m. 1/2 pension à partir de la 3e nuit. Sortie autoroute : Bierre-les-Semur à 19 km ou Avallon à 17 km. gare 5 km. Commerces 3 km. Ouvert de Pâques à la Toussaint.

Prix : 1 pers. **150 F** 2 pers. **200 F** 3 pers. **250 F**
pers. sup. **50 F** repas **100 F** 1/2 pens. **180 F**

🐕	🛶	⛷	🏇	🎿	🎯	♪	⛵
	15	0,5	0,3	5	5	17	8

CHARLOT Huguette – 21530 Vernon – Tél. : 80.64.72.68 – Fax : 80.64.76.80

La Rochepot

C.M. n° 243 — Pli n° 27

♥♥ NN — 2 chambres d'hôtes indépendantes et communicantes, aménagées dans une maison de vignerons. 1 chambre 2 pers. et 1 chambre 3 pers. avec salle d'eau et wc privés. Télévision à disposition. Chauffage électrique et central. Terrasse, cour, parking. Allemand parlé. GR7. Sortie autoroute : Beaune à 15 km. Gare 15 km. Commerces 4 km. Ouvert toute l'année sauf février.

Prix : 2 pers. **170 F** 3 pers. **220 F** pers. sup. **50 F**

🐕	🛶	🍷	⛷	🏇	🎿	🎯	♪	⛵	🚴
	4	0,5	11	0,3	1,2	6	17	7	4

POULEAU Maurice – Route de Beaune – 21340 La Rochepot – Tél. : 80.21.71.57

La Rochepot

C.M. n° 243 — Pli n° 27

♥♥♥ NN — Alt. : 400 m — 2 chambres d'hôtes 2 et 3 pers., classées 3 épis et EC, aménagées par des vignerons dans une maison de caractère située au cœur du village. Salles d'eau et wc privés. Salle de séjour à disposition. Chauffage central. Dégustation de vins. Restaurant dans le village. Sortie autoroute : Beaune à 15 km. Gare 15 km. Commerces 4 km. Ouvert toute l'année.

Prix : 1 pers. **180 F** 2 pers. **200 F** 3 pers. **270 F**

🛶	🍷	⛷	🏇	🎿	🎯	♪	⛵
4	0,1	1	0,3	0,1	7	15	7	10

FOUQUERAND Lucienne – 21340 La Rochepot – Tél. : 80.21.72.80

La Rochepot

C.M. n° 243 — Pli n° 27

♥♥ NN
(TH) — Alt. : 450 m — 4 chambres d'hôtes classées 2 épis NN et aménagées dans une maison neuve. Salles d'eau et salle de bains et wc privés. Télévision à disposition. Chauffage électrique. Terrasses couvertes, grande véranda avec vue sur le château. Parking. Table d'hôtes sur réservation. Sortie autoroute : Beaune à 15 km. Gare 15 km. Commerces 4 km. Ouvert toute l'année.

Prix : 1 pers. **180 F** 2 pers. **200/220 F** 3 pers. **270/300 F**
pers. sup. **30 F** repas **80 F**

🐕	🛶	🍷	⛷	🏇	🎿	🎯	♪	⛵	🚴
	4	0,2	11	0,3	0,1	4	15	15	5

ROBIN Serge et Solange – Route de Nolay – 21340 La Rochepot – Tél. : 80.21.71.64

Rouvray
C.M. n° 243 — Pli n° 13

NN Alt. : 450 m — Dans le Parc du Morvan, 3 ch. d'hôtes indépendantes, aménagées dans un style régional, à la sortie du village, dans un cadre calme et verdoyant. 1 ch. 2 pers., 1 ch. 3 pers. et 1 ch. 4 pers. Salles d'eau et wc privés. Salon et TV. Ch. élect. Jardin. Parking. Aire de jeux. Abri couvert. Restaurants sur place. Notions d'anglais. Circuits pédestres et VTT. Sortie autoroute : Avallon à 7 km. Gare 1,5 km. Commerces 200 m. Ouvert du 15 mars au 15 novembre.

Prix : 1 pers. **180 F** 2 pers. **220 F** 3 pers. **270 F**
pers. sup. **50 F**

8	0,5	0,3	0,3	4	10	7	7

BERTHIER Pierre et Jacqueline – 21530 Rouvray – Tél. : 80.64.74.61

Rouvres-en-Plaine
C.M. n° 243 — Pli n° 16

NN 4 chambres d'hôtes 2, 3 et 4 pers., aménagées dans une maison récente, au cœur du village, avec entrée indépendante. Salle d'eau et wc communs aux chambres. Salle de séjour. Salon et TV. Coin-kitchenette. Ch. électrique. Jardin et parking. Restaurant à 7 km et produits fermiers à 12 km. Sortie autoroute : Crimolois-Dijon à 3 km. Gare 7 km. Commerces 2 km. Ouvert toute l'année.

Prix : 1 pers. **110 F** 2 pers. **160 F** 3 pers. **190 F**
pers. sup. **60 F**

7	8	SP	10	SP	10	12

FOREY Serge et Jane – 11, rue des Ducs – 21110 Rouvres-en-Plaine – Tél. : 80.39.80.52

Sacquenay
C.M. n° 243 — Pli n° 5

NN **TH** Alt. : 300 m — 3 chambres d'hôtes situées sur une exploitation agricole, aménagées avec beaucoup de goût. Salles d'eau privées et wc communs. Séjour et TV. Chauffage au bois et électrique. Parking. Jardin avec coin-pique-nique. Aire de jeux. Pré. Garage. Restaurant à 9 km. Sortie autoroute : Til-Châtel à 12 km. Gare 22 km. Commerces 100 m. Ouvert toute l'année.

Prix : 1 pers. **120 F** 2 pers. **180 F** 3 pers. **230 F**
pers. sup. **60 F** repas **50/60 F**

12	4	0,3	9	0,1	12	12

ANDRE Robert et Annie – Rue de la Crass – 21260 Sacquenay – Tél. : 80.75.83.51

Sacquenay
C.M. n° 243 — Pli n° 5

NN **TH** Alt. : 300 m — 2 chambres d'hôtes 2 et 3 pers. aménagées dans une ancienne maison rénovée. Salles d'eau et wc privés. Séjour. Salon avec télévision. Chauffage central. Terrain. Parking. Sortie autoroute : Til-Châtel à 12 km. Gare et commerces 12 km. Ouvert toute l'année.

Prix : 1 pers. **120 F** 2 pers. **180 F** 3 pers. **230 F**
pers. sup. **30 F** repas **60 F** 1/2 pens. **140 F**

12	15	3	SP	25

PILLERON Robert et Marie-Anne – Rue de la Crass – 21260 Sacquenay – Tél. : 80.75.94.75

Saint-Andeux
C.M. n° 243 — Pli n° 13

NN **TH** A l'entrée du Parc du Morvan, entre Avallon et Saulieu, situé à 30 km de Vezelay, 4 ch. d'hôtes, dont 2 suites 3 pers. aménagées dans un château des XVI° et XVIII° siècles. Salles de bains et wc privés. Salon à disposition. Parc. Aire de jeux. Garage. Abri couvert. Parking. Repas sur demande. Notions d'anglais. Sortie autoroute : Avallon à 15 km. Gare 20 km. Commerces 3 km. Ouvert toute l'année.

Prix : 2 pers. **500 F** 3 pers. **600 F** repas **200 F**
1/2 pens. **400 F** pens. **600 F**

10	0,1	0,1	0,5	15	20	15

JACQUES Francis et Francoise – Chateau de Saint-Andeux – 21530 Saint-Andeux – Tél. : 80.64.71.54 – Fax : 80.64.71.54

Saint-Seine-sur-Vingeanne Chateau de Rosieres
C.M. n° 243 — Pli n° 17

Au château de Rosières du XIV° siècle, à proximité de la rivière, d'étangs et forêts, 1 suite 4 pers. et 1 chambre 2 pers. aménagées, avec salles de bains et wc privés. Salon privé. Télévision dans chaque chambre. Jardin. Garage. Parking. Anglais parlé. Sortie autoroute : Til-Châtel à 20 km. Gare 40 km. Commerces 3 km. Ouvert toute l'année.

Prix : 1 pers. **350 F** 2 pers. **400/600 F** 3 pers. **650 F**
pers. sup. **50 F**

15	40	0,5	0,5	15	15	30

BERGEROT Bertrand – Chateau de Rosieres – 21610 Fontaine-Francaise – Tél. : 80.75.82.53

Salives Larcon
C.M. n° 65

NN **TH** Alt. : 450 m — 5 chambres d'hôtes 2 et 3 pers. situées sur une exploitation agricole, dans une ferme. Salles d'eau et wc privés. Séjour, TV et bibliothèque à disposition. Chauffage central. Jardin. Aire de jeux. Parking. Logement chevaux et produits fermiers sur place. Table d'hôtes avec les produits de la ferme. Sortie autoroute : Til-Châtel à 30 km. Gare 30 km. Commerces 5 km. Ouvert toute l'année.

Prix : 1 pers. **150 F** 2 pers. **250 F** 3 pers. **350 F**
repas **70/110 F** 1/2 pens. **180 F** pens. **220 F**

10	2	5	5

RAMAGET Simone – Larcon – 21580 Salives – Tél. : 80.75.60.92 – Fax : 80.75.60.92

Santenay
C.M. n° 243 — Pli n° 26/27

NN **TH** Au cœur du vignoble de la Côte de Beaune, dans un cadre prestigieux et authentique, manoir du XVIII° siècle, sur un domaine vinicole familial de renom. 4 chambres (2 communicantes), de prestige, salles de bains et wc privés. TV, téléphone dans les chambres. Salons privés, bars, caveau de réceptions. T.H sur réservation. Parc, tennis, putting-ball, billard. Animaux non admis dans les chambres. Sortie autoroute : Beaune à 18 km. Gare 18 km. Commerces 800 m. Ouvert toute l'année, en janvier et février sur réservation. Anglais et allemand parlés.

Prix : 1 pers. **400/600 F** 2 pers. **550/750 F**
pers. sup. **150/250 F** repas **250/600 F**

0,8	0,1	2	1	SP	1	18	5

REMY-THEVENIN Yves-Eric – Chateau de la Cree – 21590 Santenay – Tél. : 80.20.66.13 – Fax : 80.20.66.50

Savigny-les-Beaune   *C.M. n° 243 — Pli n° 15*

♥♥♥♥ NN   Ancienne ferme entièrement restaurée, située en pleine campagne et de confort haut de gamme. 6 chambres d'hôtes dont 3 ch. avec suites de 4 pers. avec salles de bains, salles d'eau et wc privés. Salle de séjour. Salon. Jardin. Pré. Garage. Parking. Abri couvert. Anglais, espagnol parlés. Sortie autoroute : Beaune à 6 km. Gare 5 km. Commerces 2 km. Ouvert toute l'année.

Prix : 1 pers. **500/1000 F** 2 pers. **550/1200 F**
3 pers. **1000/1300 F**

⛵	🍷	♿	🌲	🎿	🏇	🎣	♪	🏊
5	3	5	0,1	10	1		10	5

NOMINE Robert – Hameau de Barboron – 21420 Savigny-Les Beaune – Tél. : 80.21.58.35 – Fax : 80.26.10.59

Seurre   *C.M. n° 243 — Pli n° 28*

♥♥ NN   Alt. : 180 m — 1 chambre d'hôtes 2 pers. aménagée dans une maison traditionnelle donnant sur un agréable jardin, chez un couple de retraités. Entrée indépendante. Salle d'eau et wc privés. Séjour, télévision et salon à disposition. Chauffage électrique. Parking. Restaurants dans le village. Sortie autoroute : Seurre à 6 km. Gare 500 m. Commerces 200 m. Ouvert toute l'année.

Prix : 1 pers. **130 F** 2 pers. **180 F**

⛵	🍷	♿	🌲	🎿	🏇	♪	🏊
0,5	25	0,2	10	0,5	22	0,5	

BLANCHOT Andre et Claire – 41 Place de la Liberation – 21250 Seurre – Tél. : 80.20.48.31

Thoisy-le-Desert (Cercey)   *C.M. n° 243 — Pli n° 14*

♥♥♥ NN   2 chambres d'hôtes 4 pers. communicantes et 1 chambre 3 pers. aménagées dans une ferme. Salles d'eau et wc privés. Salle de séjour à disposition. Jardin. Aire de jeux. Garage. Parking. Chauffage central. Restaurants à 2 km. Sortie autoroute : Pouilly-en-Auxois à 2 km. Gare 35 km. Commerces 2 km. Ouvert toute l'année.

Prix : 1 pers. **200 F** 2 pers. **250 F** 3 pers. **300 F**
pers. sup. **100 F**

🐩	⛵	🍷	♿	🌲	🎿	🏇	♪	🏊
	0,5	15	0,5	2	2	6	1	10

MIMEUR Francois – Cercey – 21320 Thoisy-le-Desert – Tél. : 80.90.88.48 – Fax : 80.90.88.48

Thorey-sous-Charny Ferme de l'Hopital   *C.M. n° 243 — Pli n° 14*

♥♥♥ NN   Alt. : 350 m — 2 chambres d'hôtes communicantes aménagées dans une ferme de caractère, à l'extérieur du village. Salle d'eau et wc privés. Salle de séjour à disposition. Chauffage au bois. Garage. Jardin. Pré. Possibilité logement chevaux. Table d'hôtes sur réservation. Sortie autoroute : Pouilly-en-Auxois à 12 km. Gare 60 km. Commerces 10 km. Ouvert toute l'année.
(TH)

Prix : 1 pers. **150 F** 2 pers. **200 F** 3 pers. **300 F**
pers. sup. **50 F** repas **55/80 F**

🐩	⛵	♿	🌲	🎿	🏇	♪	🏊	🚲
	12	4	1	5	18	8	12	15

MOREAU Bernard et Madeleine – Ferme de l'Hopital – 21350 Thorey-sous-Charny – Tél. : 80.64.61.91

Vandenesse-en-Auxois   *C.M. n° 243 — Pli n° 14*

♥♥♥ NN   Alt. : 400 m — 3 cabines très confortables aménagées sur une péniche, sur le canal de Bourgogne, au pied de la cité médiévale de Chateauneuf-en-Auxois. Salles d'eau et wc privés. Salle de séjour. Salon avec TV. Bibliothèque. Ch. central. Pont de soleil très fleuri l'été. Poss. lit double ou simple. Table d'hôtes sur réservation. Anglais, allemand et hollandais parlés Sortie autoroute : Pouilly-en-Auxois à 7 km. Gare 38 km. Commerces 7 km. Ouvert toute l'année.
(TH)

Prix : 1 pers. **210 F** 2 pers. **260 F** repas **90 F**

🐩	⛵	🍷	♿	🌲	🎿	🏇	♪
	2,5	30	SP	4	7	5	10

JANSEN BOURNE Lisa – Peniche « Lady A » - Cidex 45 – 21320 Vandenesse-en-Auxois – Tél. : 80.49.26.96 – Fax : 80.49.27.00

Vauchignon   *C.M. n° 243 — Pli n° 26*

♥ NN   Alt. : 350 m — 2 chambres d'hôtes, avec cabinet de toilette, situées dans une ferme. 1 chambre 2 pers. et 1 chambre 3 pers. Salle de bains et wc communs. Séjour et TV à disposition. Chauffage central. Jardin. Etang. Parking. Aire de jeux. Pré. Chevaux et logement chevaux sur place. Table d'hôtes sur réservation. Restaurant à 3 km. GR7. Sortie autoroute : Beaune à 20 km. Gare 25 km. Commerces 3 km. Ouvert toute l'année.
(TH)

Prix : 1 pers. **150 F** 2 pers. **170 F** 3 pers. **230 F** repas **80 F**

🏇	⛵	🍷	♿	🌲	🎿	🏇	♪	🏊	🚲
	3	1	0,1	0,5	3	1	3	20	0,8

TRUCHOT Andre – 21340 Vauchignon – Tél. : 80.21.71.44

Vauchignon   *C.M. n° 243 — Pli n° 26*

♥♥♥ NN   Alt. : 300 m — 5 chambres 2 pers. aménagées dans une ancienne maison vigneronne, dans une vallée pittoresque, sur une exploitation charollaise. 3 ch. 3 épis, salle d'eau et wc privés. 2 ch. 1 épi, salle d'eau et wc communs. Séjour, salon, TV. Ch. électrique. Jardin. Pré. Parking. Log. chevaux. Repas sur réservation. Restaurant 3 km. GR7. Sortie autoroute : Beaune à 20 km. Gare 20 km. Commerces 3 km. Ouvert toute l'année sauf en décembre.
(TH)

Prix : 1 pers. **130/180 F** 2 pers. **160/220 F** 3 pers. **210/270 F**
pers. sup. **50 F** repas **80 F**

⛵	🍷	♿	🌲	🎿	🏇	♪	🚲
3	SP	SP	SP	3	2	1	

GALLAND-TRUCHOT Joel et Ghislaine – Le Bout du Monde – 21340 Vauchignon – Tél. : 80.21.80.53 – Fax : 80.21.88.76

Vauchignon   *C.M. n° 243 — Pli n° 26*

♥♥♥ NN   Alt. : 350 m — 1 chambre d'hôtes 2 pers. indépendante. située dans un très joli village, avec salle de bains et wc privés. Salle de séjour et salon à disposition. Chauffage électrique. Restaurant à 3 km. Parking. Restaurant à 3 km. Anglais, allemand parlés. Sortie autoroute : Beaune à 20 km. Gare 21 km. Commerces 3 km. Ouvert toute l'année.

Prix : 2 pers. **210 F** pers. sup. **80 F**

🐩	⛵	♿	🌲	🎿	🏇	♪
	3	1	3	3	1	21

RIGAUD Rolande – 21340 Vauchignon – Tél. : 80.21.74.34

Velars-sur-Ouche
C.M. n° 243 — Pli n° 15

🌿🌿🌿 NN   1 chambre d'hôtes aménagée dans une ancienne maison rénovée, située dans un cadre verdoyant, au centre du village. Entrée indépendante. Salle de bains et wc privés. Salle de séjour. Salon avec TV à disposition. Chauffage central. Jardin. Parking. Site verdoyant. Allemand et anglais parlés. Sortie voie express : Velars à 700 m. Gare 11 km. Commerces 300 m. Ouvert toute l'année.

Prix : 1 pers. **220 F** 2 pers. **270 F** pers. sup. **70 F**

⛵	🕯	🌲	🏹	🎿	🚴	⚡
10	0,3	0,8	0,3	5	10	

REMOND Elisabeth – 3 rue Camille Chatot – 21370 Velars-sur-Ouche – Tél. : 80.33.60.77

Venarey-les-Laumes
C.M. n° 243 — Pli n° 2

🌿 NN   Alt. : 200 m — 2 chambres d'hôtes aménagées dans une ancienne ferme. Salle d'eau, salle de bains et wc privés. Séjour. Chauffage central. Cour. Grand verger. Sortie autoroute : Bierre-les-Semur à 18 km. Gare 1 km. Commerces 300 m. Ouvert toute l'année.

Prix : 1 pers. **150 F** 2 pers. **180 F** pers. sup. **70 F**

⛵	🕯	🌲	🎿	⚡
0,2	0,2	1	0,3	15

DUBOIS Monique et Bernard – 4 rue Madame Lemoine – 21150 Venarey-Les Laumes – Tél. : 80.96.00.47

Vic-sous-Thil (Maison-Dieu)
C.M. n° 243 — Pli n° 13

🌿🌿 NN   Alt. : 400 m — 1 chambre d'hôtes 3 pers. aménagée dans une ferme indépendante située sur une exploitation agricole, avec salle d'eau et wc privés. Séjour à disposition. Chauffage central. Jardin. Parking. Possibilité logement chevaux. Restaurant à 2 km. Sortie autoroute : Bierre-les-Semur à 6 km. Gare 18 km. Commerces 2 km. Ouvert toute l'année.

Prix : 1 pers. **140 F** 2 pers. **180 F** 3 pers. **220 F**

🐕	⛵	🕯	🌲	🏹	🎿	🚴	🏇	⚡
	12	2	2	2	16	2	18	

LAURIER Claude – Hameau de Maison-Dieu – 21390 Precy-sous-Thil – Tél. : 80.64.57.83

Vievy (Dracy-Chalas)
C.M. n° 243 — Pli n° 14

🌿🌿🌿 NN
(TH)   Alt. : 410 m — 2 chambres d'hôtes (2 et 3 épis NN), aménagées dans une fermette restaurée. Salles d'eau ou de bains et wc privés. Salon avec plafond à la française. Piano, TV, bibliothèque. Ch. électrique. Log. chevaux. Jardin. Parking. Aire de jeux. Table d'hôtes sur réservation. Anglais, allemand, espagnol parlés. Sortie autoroute : Pouilly-en-Auxois à 2 km. Gare 8 km. Commerces 6 km. Ouvert toute l'année.

Prix : 1 pers. **170 F** 2 pers. **240/250 F** 3 pers. **340/350 F**
repas **95 F**

⛵	🍷	🕯	🌲	🏹	🎿	🚴	🏇	🛶	⚡
10	25	2	0,3	6	20	20	10	25	

BASSI-LANGLADE Brigitte – Ferme de Lascivia - Dracy-Chalas – 21230 Vievy – Tél. : 80.90.23.51 – Fax : 80.90.10.77

Vievy (Dracy-Chalas)
C.M. n° 243 — Pli n° 14

🌿🌿🌿 NN
(TH)   Alt. : 480 m — Entre Autun et Arnay-le-Duc, 2 chambres d'hôtes indépendantes aménagées dans une ancienne ferme rénovée. 1 ch. avec s.d.b (baignoire balnéo), 3 épis NN. 1 ch. avec salle d'eau et wc privés, 2 épis NN. Séjour, salon avec TV, bibliothèque, vidéothèque et cheminée. Coin-cuisine. Ch. élect. Garage. Jardin. Parking. Sortie autoroute : Pouilly-en-Auxois à 30 km. Gare 20 km. Commerces 5 km. Ouvert d'avril à octobre. Anglais et espagnol parlés.

Prix : 2 pers. **250/280 F** 3 pers. **400 F** pers. sup. **120 F**
repas **80 F**

⛵	🍷	🕯	🌲	🏹	🎿	🚴
10	20	0,5	0,3	10	10	20

QUENTIN Gerard – Dracy-Chalas - « L'Arletoise » – 21230 Vievy – Tél. : 80.90.16.61

Vignoles (Chevignerot)
C.M. n° 243 — Pli n° 27

🌿🌿 NN   Alt. : 125 m — 3 chambres d'hôtes 2 pers. aménagées dans une ancienne ferme restaurée avec goût, située dans un hameau paisible. Salles d'eau et wc privés. Chauffage électrique. Jardin. Restaurant à 2 km. Possibilité de dégustation de vin sur place et sur demande. Sortie autoroute : Beaune à 4 km. Gare et commerces 3 km. Ouvert d'avril à octobre.

Prix : 2 pers. **200 F**

🐕	⛵	🌲	🎿	🚴
	2	0,5	0,5	3

THIBERT Gisele – 1 rue Louis Henriot - Chevignerot – 21200 Vignoles – Tél. : 80.24.10.56

Villars-Fontaine
C.M. n° 243 — Pli n° 15

🌿 NN   Alt. : 300 m — 3 chambres d'hôtes 2 et 3 pers. aménagées dans une ancienne maison bourguignonne au flanc du coteau du village. Salles d'eau et wc privés. Séjour et salle de jeux à disposition. Coin-cuisine. Chauffage central. Parking. Terrasse couverte. Restaurant sur place. GR7. Sortie autoroute : Nuits-Saint-Georges à 6 km. Gare 5 km. Commerces 1 km. Ouvert toute l'année, en hiver sur réservation.

Prix : 1 pers. **160 F** 2 pers. **180 F** 3 pers. **220 F**
pers. sup. **70 F**

⛵	🍷	🕯	🌲	🏹	🎿	🚴	🛶	⚡
5	0,1	0,2	0,1	5	1	15	5	10

JEANJEAN Philippe – 21700 Villars-Fontaine – Tél. : 80.61.29.59 – Fax : 80.62.37.49

Villars-Villenotte Les Langrons
C.M. n° 243 — Pli n° 2

🌿🌿🌿 NN
(TH)   4 chambres avec belles vues, aménagées dans une ancienne ferme de caractère, récemment restaurée. Chambres 2 pers. 3 pers. 4 pers. et en annexe 1 ch. duplex 2 pers., poss. 2 lits 1 pers. avec coin-cuisine et jardin privés. Salle d'eau et wc privés pour chaque chambre. Séjour, TV, bibliothèque. Ch. central. Jardin, aire de jeux, garage, parking, pré. Log. chevaux. Loc. VTT et vélos. Restaurants 5 km. Anglais, allemand parlés. Calme assuré. Sortie autoroute : Bierre-les-Semur à 7 km. Gare 12 km. Commerces 4 km. Ouvert toute l'année.

Prix : 1 pers. **200/350 F** 2 pers. **250/400 F** 3 pers. **300/425 F**
pers. sup. **25/75 F** repas **120 F**

🐕	⛵	🍷	🕯	🌲	🏹	🎿	🚴	🏇	🛶	⚡
	5	1	5	1	4	8	34	12	17	

COLLINS Mary et Roger – Les Langrons – 21140 Villars-Villenotte – Tél. : 80.96.65.11 – Fax : 80.97.32.28.

Villiers-le-Duc Val des Choues   *C.M. n° 243 — Pli n° 3*

NN — Alt. : 400 m — 6 chambres d'hôtes 2 pers. (1 et 2 épis NN) aménagées dans une ancienne abbaye cistercienne du XII⁰ siècle, au milieu d'un massif forestier. Salle de bains ou salle d'eau privées. WC communs. Salon. Chauffage au bois et élect. Jardin à la française. Parking. Restaurant 8 km. Anglais, espagnol et italiens parlés. Sortie autoroute : Ville/la-Ferté à 40 km. Chambres donnant sur la cour d'honneur de l'abbaye. Le calme de ce site, perdu dans un vallon, n'est perturbé que par le cri des paons ! Commerces 10 km. Ouvert du 1ᵉʳ avril au 30 octobre.

Prix : 1 pers. **290/300 F** 2 pers. **330/370 F** pers. sup. **100 F**

25	0,3	SP	20	20	25

MONOT Michel et Ines – « Abbaye du Val des Choues » – 21290 Essarois – Tél. : 80.81.01.09

Vougeot   *C.M. n° 243 — Pli n° 16*

NN — Alt. : 350 m — 3 chambres d'hôtes aménagées au 1ᵉʳ étage d'un pavillon, dans un village viticole. 2 ch. 2 pers. et 1 ch. 4 pers., entrée indépendante. Salle d'eau et wc communs. Séjour, salon et TV à disposition. Chauffage central. Jardin. Parking. Restaurant à 100 mètres. GR76. Sortie autoroute : Nuits-Saint-Georges à 5 km. Gare et commerces 5 km. Ouvert du 1ᵉʳ mars au 30 octobre.

Prix : 1 pers. **150 F** 2 pers. **200 F** 3 pers. **250 F** pers. sup. **50 F**

5	5	2	0,1	SP	5	1	SP

PARFAIT Jacques – 6 Impasse Fleurie – 21640 Vougeot – Tél. : 80.62.86.69

(R)   # Doubs

Arc-sous-Cicon   *C.M. n° 70 — Pli n° 6*

(TH) — 2 chambres d'hôtes aménagées au 1ᵉʳ étage de la ferme des propriétaires. 1 ch. (1 lit 2 pers.), douche, lavabos, wc privés. 1 ch. (2 lits 100, 2 lits 1 pers. superposés), douche, lavabo, wc privés. Salle de séjour réservée aux hôtes, coin-bibliothèque. Pelouse avec équipement de jardin. Chauffage central au bois. Taxe de séjour en sus, chèques vacances acceptés. Possibilité de table d'hôtes du 1ᵉʳ novembre au 30 avril, le soir uniquement. Tarifs réduits à partir de la 3ᵉ nuit et pour les enfants de moins de 10 ans. Les propriétaires ont également un camping à la ferme. Ecole d'ULM à 2 km.

Prix : 1 pers. **120 F** 2 pers. **200 F** 3 pers. **260 F** pers. sup. **60 F** repas **60 F**

SP	8	SP	25	14

DHOTE Jean-Louis et Chantal – La Rasse – 25520 Arc-sous-Cicon – Tél. : 81.69.93.93

Arc-sous-Montenot   *C.M. n° 70 — Pli n° 5*

— 1 chambre d'hôtes au 1ᵉʳ étage d'une belle maison comtoise, dans la région du Haut-Doubs et de la « Route des Sapins ». 1 lit 2 pers. 1 lit 1 pers., douche, lavabo et wc privés. Salle à manger commune avec le propriétaire. Jardin arboré, salon de jardin. Chauffage central. Gare 18 km. Anglais et allemand parlés.

Prix : 1 pers. **130 F** 2 pers. **180 F** pers. sup. **50 F**

12	22	3	10	SP

PERROT-MINOT Jeannine – 3 rue Anatole Maillard – 25270 Arc-sous-Montenot – Tél. : 81.49.30.16 ou 81.49.37.27

Arc-sous-Montenot   *C.M. n° 70 — Pli n° 5*

NN — Alt. : 630 m — 1 chambre au rez-de-chaussée (1 lit 2 pers. 1 lit 1 pers.), salle d'eau privée, wc séparés privés. Pelouse avec salon de jardin. A proximité de la route des sapins. Gare 18 km. Commerces 4 km.

Prix : 1 pers. **130 F** 2 pers. **180 F** pers. sup. **50 F**

12	22	3	10	SP

MICHEL-AMADRY Gabriel – 18 rue de Villeneuve – 25270 Arc-sous-Montenot – Tél. : 81.49.30.63

Le Barboux   *C.M. n° 66 — Pli n° 18*

— 2 chambres d'hôtes aménagées dans une grande maison située au centre du village. 2 ch. 2 pers. (2 lits 1 pers. 1 lit 2 pers.) avec salle d'eau commune aux 2 ch. Salle de séjour commune avec le propriétaire. Randonnée sur place.

Prix : 1 pers. **110 F** 2 pers. **170 F** 3 pers. **220 F** pers. sup. **50 F**

SP	15	7	18	7

MAILLOT Andre et M.Madeleine – Le Barboux – 25210 Le Russey – Tél. : 81.43.77.10

Baume-les-Dames Saint-Ligier   *C.M. n° 66 — Pli n° 16*

NN (A) — Alt. : 500 m — 2 ch. d'hôtes identiques (1 lit 2 pers. 1 lit 1 pers.) avec salle d'eau et wc, aménagées au 1ᵉʳ étage de la ferme-auberge des propriétaires. Poss. de rajouter 1 lit 1 pers. dans chaque chambre. Petit coin-détente en mezzanine avec canapé. Petit déjeuner servi dans la salle de la ferme-auberge (décor rustique soigné). Ouvert toute l'année. Allemand parlé. Véronique et Patrice vous accueillent dans leur ferme-auberge située dans un cadre naturel verdoyant, calme et dominant Baume-les-Dames (2 km du centre ville), très belle vue. Spécialités régionales (50 F/repas) : saucisses et jambon fumés, fondues, veau de lait, röschtis...

Prix : 1 pers. **180 F** 2 pers. **240 F** 3 pers. **300 F** pers. sup. **60 F** repas **70 F** 1/2 pens. **200 F**

	2	19	2	2	15

HAMEL Patrice – Saint-Ligier – 25110 Baume-Les-Dames – Tél. : 81.84.09.13

Chapelle-d'Huin

♉♉
(TH)

2 chambres aménagées dans l'habitation des propriétaires au 1er étage, ancien relais de diligence. En bordure de la D472 « Le Relais des salines ». 2 chambres avec chacune 1 lit 2 pers. 2 lits 1 pers. superposés, salle d'eau et wc privés. Salle de séjour réservée aux hôtes. Vaste terrain ombragé. Salon de jardin. Prix repas boissons non comprises.

Prix : 1 pers. **150 F** 2 pers. **200 F** 3 pers. **250 F**
pers. sup. **50 F** repas **60 F**

⛷	🎿	🏇	🚵	⚓	⛵
3	15	SP	SP	13	10

BONNOT Jean-Claude – Le Souillot – 25270 Chapelle-d'Huin – Tél. : 81.89.56.49

Chapelle-d'Huin

♉♉ NN

Alt. : 800 m — 1 chambre (2 lits 2 pers.) avec douche, lavabo et wc privés, aménagée au 1er étage de la ferme des propriétaires (accès indépendant par escalier extérieur). Chauffage central. Salon de jardin. Gare 13 km. Commerces 7 km.

Prix : 1 pers. **130 F** 2 pers. **180 F** pers. sup. **50 F**

⛷	🎿	🏇	🚵	⚓	⛵
2	17	SP	SP	13	10

PRITZY Jean – 35 Grande Rue – 25270 Chapelle-d'Huin – Tél. : 81.89.52.76

Chapelle-des-Bois Les Creux

♉♉ NN
(TH)

Alt. : 1080 m — Au 1er étage de la maison des propriétaires, 2 chambres avec entrée indépendante (2 lits 1 pers. 1 lit 2 pers.), sanitaires privés à chaque chambre. Chauffage central. Salle à manger avec coin-salon (TV) réservée aux hôtes. Salon de jardin, balançoires. Boissons comprises dans le prix du repas. Réduction à partir de 3 jours et pour les enfants. Ouvert toute l'année. Anglais parlé. Au cœur du massif jurassien. Gare 10 km. Commerces sur place (alimentation, dépôt de pain, location de ski et VTT).

Prix : 1 pers. **170 F** 2 pers. **240 F** pers. sup. **60 F** repas **80 F**

⛷	🎿	🏇	🚵	⚓	⛵	🚲
SP	6	SP	SP	SP	3	SP

BLONDEAU Marguerite – Les Creux – 25240 Chapelle-des-Bois – Tél. : 81.69.23.04

Charquemont

♉♉♉

4 ch. d'hôtes dont 2 au 1er étage de la maison du propriétaire avec accès par escalier extérieur privé. Grillon 1 : 1 ch. 2 pers., balcon, salle de bains, wc séparés. Grillon 2 : 1 ch. double (2 lits 160. 1 lit 2 pers.), salle de bains, wc séparés. Salle à manger avec coin bibliothèque. Terrasse privée. 1 lit pliant 1 pers. suppl. Animaux : + 20 F/jour. Dans un bâtiment annexe, au rez-de-chaussée : Grillon 4 : 1 ch. double ouvrant sur terrasse (2 lits 1 pers.), salle d'eau, wc. Grillon 3 : 1 ch. (3 lits 1 pers.), salle de bains, wc séparés, téléphone et TV. 3 ch. (4 épis) et 1 ch. Grillon 2 (3 épis).

Prix : 1 pers. **200 F** 2 pers. **240 F** 3 pers. **340 F**
pers. sup. **100 F**

⛷	🎿	🏇	🍽
SP	2	20	SP

MARCELPOIX Sylvie – Le Bois de la Biche – 25140 Charquemont – Tél. : 81.44.07.01

Chouzelot

♉♉

2 chambres d'hôtes situées un peu à l'écart du village. Calme. 1 chambre au 2e étage (1 lit 2 pers. 2 lits 1 pers.) avec salle d'eau et wc privés. 1 chambre double (2 lits 2 pers.) avec salle de bains et wc privés. Terrasse commune. Accès piscine privée du propriétaire (baignade non surveillée). Ouvert toute l'année.

Prix : 1 pers. **165 F** 2 pers. **210 F** 3 pers. **275 F**
pers. sup. **65 F**

⛷	🏇	⚓	⛵
1	8	SP	0,8

SAGE Gerard – Le Mont Gardot – 25440 Chouzelot – Tél. : 81.63.66.83

La Cluse-et-Mijoux

♉♉♉

2 chambres au rez-de-chaussée d'une belle demeure comtoise (2 gîtes ruraux sous le même toit), chaque structure étant totalement indépendante. 2 lits 2 pers. (anciens) 1 ch. avec salle d'eau et wc privés, l'autre avec salle de bains et wc privés. Salle de séjour commune avec la propriétaire avec bibliothèque, cheminée, TV. Terrain ombragé avec équipement de jardin.

Prix : 1 pers. **170 F** 2 pers. **235 F** pers. sup. **50 F**

⛷	🎿	🏇	⛵
SP	9	9	7

MARGUIER Liliane – Hameau de Montpetot – 25300 La Cluse-et-Mijoux – Tél. : 81.69.42.50

Les Ecorces Bois-Jeunet

♉♉

3 chambres aménagées au 1er étage de l'habitation typique du Haut Doubs du propriétaire, située en pleine campagne, à proximité d'une exploitation agricole. 1 ch. 2 pers., lavabo, balcon. Salle de bains et wc privés au r.d.c. 1 ch. 3 pers., lavabo, salle de bains et wc privés sur le palier. 1 ch. 4 pers. salle de bains et wc privés. Piscine sur la propriété. Chambres de style. Bibliothèque à disposition. Grand parc, terrasse. Parking. Salon de jardin. Randonnées pédestres sur place, GR5 à 7 km. Patinoire, luge à 8 km. Anglais et allemand parlés. Animaux admis avec supplément de 20 F/jour. 1/2 pension à partir de 3 jours. TH ouverte à partir de 06/96.

Prix : 1 pers. **170 F** 2 pers. **220/240 F** 3 pers. **320/340 F**
pers. sup. **100 F** repas **80 F** 1/2 pens. **180 F**

⛷	🎿	🏇	🚵	⚓	🌲	🍽	⛵
SP	2	2	8	SP	7	SP	2	15

PERROT Paul – Bois Jeunet - Les Ecorces – 25140 Charquemont – Tél. : 81.68.63.18

Franois

♉♉♉

1 chambre d'hôtes aménagée au rez-de-chaussée de la maison des propriétaires, entrée indépendante. 1 chambre (1 lit 2 pers. ou 2 lits 1 pers. 1 convertible 2 pers.). Douche, lavabo et wc. Prise téléphone, réfrigérateur. Garage, salon de jardin sur terrain clos ombragé commun. Plan d'eau à 12 km. Golf 24 km. TGV 6 km.

Prix : 1 pers. **150 F** 2 pers. **210 F** pers. sup. **60 F**

🏇	⚓	⛵
4	SP	3

GARCIA Maurice et Gisele – Chemin du Clousey – 25770 Franois – Tél. : 81.59.03.84

Gellin

Ancienne ferme comtoise rénovée. 6 ch. avec salle d'eau et wc privés. 1 ch. (1 lit 2 pers.), 1 ch. double (1 lit 2 pers. 2 lits 1 pers.), 1 ch. (3 lits 1 pers.), 1 ch. (2 lits 1 pers.). Salon avec cheminée et bibliothèque. Terrasse. Salon de jardin, jeux d'enfants, sauna. Forfaits loisirs (voile, VTT, randonnée, activités mycologiques...). Tarifs spéciaux pour enfants. Tarifs pension et 1/2 pension avec boissons à volonté et apéritif. Petits déjeuners complets.

Prix : 1 pers. **210 F** 2 pers. **280 F** pers. sup. **110 F**
1/2 pens. **250 F** pens. **310 F**

SP	4	8	8	SP

BOBILLIER Bertrand – 25240 Gellin – Tél. : 81.69.25.60

Grand-Combe-des-Bois

2 chambres d'hôtes aménagées au 1er étage de la ferme des propriétaires. 1 ch. (1 lit 2 pers. 1 lit 1 pers.) avec salle d'eau et 1 ch. (1 lit 2 pers.) avec salle de bains. WC communs. Réfrigérateur à disposition. Terrain, grand calme. Gare 7 km.

Prix : 1 pers. **110 F** 2 pers. **200 F** 3 pers. **260 F**
pers. sup. **50 F** repas **60 F** 1/2 pens. **160 F**

SP	10	7	17	1

TAILLARD Louis – Grand Combe des Bois – 25210 Le Russey – Tél. : 81.43.70.42

Les Gras

Alt. : 850 m — 1 chambre d'hôtes de plain-pied avec entrée indépendante (1 lit 2 pers. 1 lit 1 pers.), salle de bains privée, wc communs, aménagée dans l'ancienne ferme restaurée des propriétaires. Terrasse privative avec équipement de jardin. Gare 9 km. Commerces 3 km. Ouvert toute l'année. Anglais et allemand parlés. Boisson non comprises dans le prix repas. A 3 km de la frontière Suisse et 5 km du lac des Taillères.

Prix : 1 pers. **120 F** 2 pers. **210 F** pers. sup. **55 F** repas **60 F**

SP	4	SP	15	21	7	9

POULALION Marie-Helene – 6 Place de la Liberation – 25790 Les Gras – Tél. : 81.68.82.20

Lavans-Vuillafans

Alt. : 640 m — 2 chambres au r.d.c. de la ferme-auberge des propriétaires, située en pleine campagne, à 3 km du centre du village. Très grand calme et belle vue. 1 ch. (1 lit 2 pers. 1 lit 1 pers.), salle de bains (baignoire, cabine douche, lavabo) et wc privés. 1 ch. 2 épis (1 lit 2 pers.) avec douche et lavabo privés, wc communs. Repas 75 F à partir d'une semaine de séjour. Gare et commerces à 9 km.

Prix : 1 pers. **170 F** 2 pers. **260 F** 3 pers. **320 F**
pers. sup. **60 F** repas **87/135 F**

6	16	5	16	9	8	3	16

BOURDIER Bernard – Ferme du Rondeau – 25580 Lavans-Vuillafans – Tél. : 81.59.25.84 ou 81.59.24.70

Myon La Fin-du-Moulin

Alt. : 325 m — 4 ch. d'hôtes dont 1 en r.d.c. aménagée pour pers. handicapées (1 lit 2 pers.), douche, lavabo, wc. 3 ch. 2 pers. au 1er étage avec douche et lavabo pour chacune. 2 wc communs (1 au r.d.c., 1 à l'étage). Salle de détente au 1er avec TV couleur, bibliothèque, Hifi, jeux de société. Lave-linge commun au sous-sol. Pelouse, terrasses avec salons de jardin. Calme et repos assurés dans ces chambres d'hôtes situées dans la verdoyante vallée du Lison. Coin-cuisine au r.d.c. Parking. Tarifs réduits à partir du 3e jour. Lit pour bébé à disposition. Prix repas boissons comprises. Gare 19 km. Commerces au village. Ouvert toute l'année. Allemand parlé.

Prix : 1 pers. **150 F** 2 pers. **200 F** pers. sup. **60 F** repas **65 F**
1/2 pens. **150 F** pens. **210 F**

18	18	SP	14	14	SP	15

NEDEY Noel – Le Bergeret - La Fin du Moulin – 25440 Myon – Tél. : 81.63.72.26

Ougney-Douvot Ougney-la-Roche

Alt. : 300 m — 1 ch. (2 lits jumeaux 1 pers.), salle d'eau, wc séparés. 1 ch. (2 lits jumeaux 1 pers. 2 lits 1 pers. superposés), salle d'eau, wc. 1 ch. (2 lits jumeaux 1 pers.), salle d'eau, wc. 1 ch. (2 lits jumeaux 1 pers.), salle d'eau, wc. Séjour avec 1 convertible 2 pers. Cuisinette (gazinière, réfrigérateur). Gare 2 km. Commerces 5 km. Hollandais, anglais et allemand parlés. 4 chambres dont 1 double et 1 avec balcon sur la rivière, dans la belle maison en pierre en bordure de la rivière du Doubs (halte nautique). Salle à manger rustique. Terrasse avec équipement de jardin. Bac à sable, table de ping-pong et 1 kayak à disposition. Ouvert toute l'année.

Prix : 1 pers. **240 F** 2 pers. **290 F** 3 pers. **360 F**
pers. sup. **80 F** repas **50/110 F** 1/2 pens. **340 F** pens. **370 F**

5	15	12	SP

**VAN'T SPIJKER Pauline – « Chez Soi » - Ougney la Roche – 25640 Roulans – Tél. : 81.55.57.05 –
Fax : 81.55.57.05**

Palantine

Alt. : 295 m — 1 chambre totalement indépendante au rez-de-chaussée d'une très belle maison de campagne dans un petit village très calme, à proximité des vallées de la Loue et du Lison (GR590). Ornans, Salines Royale d'Arc et Senans, Salins-les-Bains. 1 ch. (1 lit 2 pers.), salle d'eau (douche, lavabo, lave-linge) et wc privés. Chauffage central. Terrasse privée avec salon de jardin. Vaste parc. Gare 30 km. Commerces 8 km. Ouvert toute l'année. Chasse sur place.

Prix : 1 pers. **160 F** 2 pers. **210 F**

28	28	8	20	20	2	SP	1	8	8

FAILLENET Bernadette – 25440 Palantine – Tél. : 81.63.65.70

Pessans   C.M. n° 66 — Pli n° 15

※※

3 ch. aménagées dans une maison neuve située à 500 m de l'exploitation agricole dans un petit village. 1er étage : 1 ch. double (2 lits 2 pers. 2 lits superposés 1 pers.), salle d'eau et wc privés. Rez-de-chaussée ; 1 ch. (1 lit 2 pers. 2 lits 1 pers.), douche, lavabo. 1 ch. (1 lit 2 pers.), douche, lavabo. WC communs dans le hall. Séjour avec TV. Vallée de la Loue (rivière) à 1 km (baignade). Ferme-auberge à 2 km. Salins les Bains (ville thermale avec casino, centre de remise en forme...) à 15 km. (delta-plane). Ouvert toute l'année. A Quingey (3 km) nombreux restaurants.

Prix : 1 pers. **150 F** 2 pers. **200 F** 3 pers. **250 F** pers. sup. **50 F**

3	15	1	3	1

DROZ-VINCENT Colette – Pessans – 25440 Quingey – Tél. : 81.63.75.43

Rennes-sur-Loue   C.M. n° 66 — Pli n° 15

※※

2 chambres d'hôtes avec accès indépendant aménagées dans une maison de ferme traditionnelle en pierre, recouverte de vigne vierge, implantée au centre d'un village en bordure de rivière. 1 ch. (1 lit 2 pers. Poss. lit 1 pers. suppl.), douche, lavabo, wc privés. 1 ch. (2 lits 1 pers.), douche, lavabo, wc privés. Grande terrasse avec salon de jardin. Chauffage central. Possibilité table d'hôtes.

Prix : 1 pers. **150 F** 2 pers. **200 F** pers. sup. **60 F**

11	10	14	6

TRIBUT Gaston et Colette – Rennes Sur Loue – 25440 Quingey – Tél. : 81.63.78.29

Rennes-sur-Loue   C.M. n° 70 — Pli n° 5

※※※ NN
(A)

Alt. : 240 m — 1 chambre (1 lit 2 pers.), salle de bains (baignoire, douchette, lavabo) et wc séparés privés. 1 lit pliant 1 pers. Coin-salon avec TV réservé aux hôtes. Chauffage électrique intégré. Espace pelouse ombragé avec salon de jardin. Gare et commerces à 6 km. Anglais et allemand parlés. Ouvert toute l'année. Belle chambre au 1er étage d'un pavillon neuf dominant une aire naturelle de camping à proximité de la rivière « La Loue ». Grand calme.

Prix : 1 pers. **160 F** 2 pers. **210 F** pers. sup. **70 F**

11	10	15	SP	11

TRIBUT Philippe – 25440 Rennes-sur-Loue – Tél. : 81.63.75.54

La Sommette La Doleze

※※ NN

Alt. : 730 m — 1 chambre double au 2e étage de la maison des propriétaires. 1 chambre (1 lit 2 pers.). 1 chambre (2 lits 1 pers.). Salle d'eau et wc privés. Gare 9 km. Commerces 4 km.

Prix : 1 pers. **150 F** 2 pers. **200 F** 3 pers. **280 F** pers. sup. **80 F**

6	6	3	3	14	6

GUINCHARD Dominique – La Doleze – 25510 La Sommette – Tél. : 81.56.02.84 ou 81.56.12.45

Vernierfontaine   C.M. n° 66 — Pli n° 16

※

2 chambres d'hôtes dans une maison située dans un village. 2 ch. 2 pers. (1 lit 2 pers. dans chaque chambre) avec cabinet de toilette commun (wc, lavabo). Possibilité 1 lit 1 pers. supplémentaire. Parking.

Prix : 1 pers. **90 F** 2 pers. **130 F** 3 pers. **170 F** pers. sup. **45 F**

6	SP	6	SP

BOLARD Joseph – Vernierfontaine - 6 rue du Stade – 25580 Nods – Tél. : 81.60.02.55

Vernierfontaine   C.M. n° 66 — Pli n° 16

※※※ NN

Alt. : 730 m — 1 chambre au 1er étage de la maison des propriétaires. Entrée indépendante par escalier extérieur. 1 lit 2 pers. Possibilité 1 lit enfant. Salle d'eau, wc séparés. Terrain avec salon de jardin. Gare 7 km. Commerces sur place. Location de VTT au village.

Prix : 1 pers. **150 F** 2 pers. **200 F** 3 pers. **250 F** pers. sup. **50 F**

6	15	SP	12	7	12	SP

GAULARD Michel – 19 rue du Stade – 25580 Vernierfontaine – Tél. : 81.60.01.27

Villers-le-Lac Le Cernembert   C.M. n° 70 — Pli n° 8

※※ NN
(TH)

Alt. : 1000 m — R.d.c. : 1 pièce commune (restauration, coin-salon avec cheminée). 1 ch. (1 lit 2 pers. 2 lits 1 pers. superp.), s. d'eau, wc, séjour/coin-cuisine. 1 ch. (1 lit 2 pers.) ouvrant sur terrasse privée (salon de jardin) avec s. d'eau, wc, coin-séjour (frigidaire). 1 ch. (1 lit 2 pers. 2 lits 1 pers. superp.), s.d.b., wc, séjour/coin-cuisine, terrasse avec salon. 1 ch. (1 lit 2 pers. 1 lit 1 pers.), s.d.b., wc, séjour/coin-cuisine. Chauffage central. Ouvert toute l'année. Anglais et allemand parlés. Gare 6 km. Commerces 2 km. Goûtez au bien être et au confort typique des fermes de la Franche Comté, découvrez la saveur des produits régionaux.

Prix : 1 pers. **215 F** 2 pers. **310 F** 3 pers. **380 F** pers. sup. **90 F** 1/2 pens. **230 F** pens. **270 F**

SP	10	SP	6	13	5	6

MARGUET Jean-Paul – Le Cernembert - Mont Genevrier – 25130 Villers-le-lac – Tél. : 81.68.01.85 – Fax : 81.68.16.49

Villers-sous-Chalamont   C.M. n° 70 — Pli n° 5

※※

3 chambres chez un propriétaire agriculteur. 1 ch. (1 lit 2 pers. 1 convertible 120), au 1er étage avec entrée indépendante, douche, wc, chauffage central (classée 3 épis). 2 ch. dans une petite maison à côté de la ferme comprenant chacune 1 lit 2 pers., douche, lavabo, au rez-de-chaussée, wc communs aux 2 ch. (classées 2 épis). Séjour, kitchenette communs.

Prix : 2 pers. **180 F** 3 pers. **230 F** repas 50/80 F

SP	8	SP	20

JEUNET Yves – 25270 Villers-sous-Chalamont – Tél. : 81.49.37.51

Vuillafans   *C.M. n° 70 — Pli n° 6*

Vaste batisse entourée d'un parc en bordure de la Loue. 1er étage : 1 chambre double avec balcon (2 lits 2 pers.), lavabo, salle de bains, wc. 2e étage : 4 chambres avec lavabo dont 1 avec salle de bains privée, salle d'eau et wc communs aux 3 autres chambres.

Prix : 1 pers. **115 F** 2 pers. **150 F** 3 pers. **220 F** pers. sup. **70 F**

SP	13	7	SP

FAIVRE-DUBOZ – Villa Sans Facon – 25840 Vuillafans – Tél. : 81.60.90.79

Jura

Andelot-Morval Chateau-d'Andelot   *C.M. n° 70 — Pli n° 13*

NN Alt. : 520 m — 5 ch. avec sanitaires, s.d.b. et wc séparés. 1 lit 2 pers. + 1 conv. par ch. 1 suite avec 2 s.d.b. et wc séparés (1 lit 2 pers. 1 lit 1 pers. 1 conv.), coin-salon avec cheminée. Téléphone. Tennis privé. Magnifique salle à manger du XIVe réservée aux hôtes. Cour, parc et terrasses. Grand salon. VTT sur place. Repas variés à différents prix. Tir à l'arc, montgolfière. Cette magnifique demeure (XIIe/XIVe siècles) construite par l'illustre famille de Coligny, domine de plus de 100 m le village d'Andelot et la large vallée du Suran. Les ch. sont aménagées dans l'ancien donjon ou dans l'une des tours de la porterie. Commerces 5 km. Anglais et suedois parlés.

Prix : 1 pers. **450/800 F** 2 pers. **450/800 F** pers. sup. **100 F**

5	SP	5	SP	30	5

BELIN Harry – Chateau d'Andelot SARL - rue de l'Eglise – 39320 Andelot-Morval – Tél. : 84.85.41.49 – Fax : 84.85.46.74

Aumont   *C.M. n° 70 — Pli n° 4*

NN (TH) Alt. : 250 m — A deux pas du vignoble d'Arbois. 1 ch. 2 pers. et 1 ch. 4 pers. avec salle de bains et wc particuliers. Chambres aménagées au rez-de-chaussée. Jardin, terrasse, jardin d'hiver, cour. Salon commun aux 2 chambres. Piscine privée (9 x 5 m), aire de jeux, table de ping-pong. Petits déjeuners servis sous une véranda. Ouvert toute l'année. La région d'Aumont est une région vallonnée, bien boisée où abondent cours d'eau et étangs. Allemand parlé.

Prix : 1 pers. **190 F** 2 pers. **220 F** 3 pers. **285 F** pers. sup. **75 F** repas **75 F**

10	SP	1	SP	9	20	10

TOUPLAIN Pierre et Andree – 39800 Aumont – Tél. : 84.37.50.74

Baume-les-Messiers L'Abbaye   *C.M. n° 70 — Pli n° 4*

NN (TH) Alt. : 300 m — Dans une ancienne abbaye classée monument historique, 1 chambre très vaste et 1 suite avec sanitaires privés dans chaque chambre. Table d'hôtes sur réservation dans la salle capitullaire gothique (XIIIe siècle). Beau mobilier, grand salon avec billard. Gare 12 km. Commerces 6 km. Ouvert du 1er avril au 30 octobre. Anglais parlé. Les repas et petits déjeuners peuvent être pris en terrasse avec superbe vue panoramique. Dégustation des produits du terroir. Dans le cadre prestigieux de la vallée et de l'abbaye de Baume-les-Messiers (Xe-XVIe siècles), 2 très belles chambres aménagées dans les anciens appartements de l'abbé.

Prix : 1 pers. **280 F** 2 pers. **280 F** 3 pers. **350 F** repas **100 F**

12	12	SP	6	15	SP

BROULARD Ghislain – Abbaye – 39210 Baume-Les Messiers – Tél. : 84.44.64.47

Billecul   *C.M. n° 109 — Pli n° 7*

NN Alt. : 850 m — Dans un petit village du plateau de Nozeroy (800 à 1300 m d'altitude), 2 chambres aménagées dans une ferme située en pleine campagne. 1 chambre 2 pers. et 1 chambre 4 pers. avec une salle d'eau commune aux 2 chambres. Jardin, parking, salon de jardin. Ouvert toute l'année.

Prix : 1 pers. **130 F** 2 pers. **140 F** 3 pers. **160 F** pers. sup. **20 F**

4	8	SP	5	6	5

GUY Maurice et Gilberte – 39250 Billecul – Tél. : 84.51.16.20

Bonlieu   *C.M. n° 70 — Pli n° 15*

NN Alt. : 800 m — 4 chambres d'hôtes avec accès indépendant aménagées dans la maison du propriétaire, salle de bains et wc privés. 2 chambres 2 pers. et 2 chambres 3 pers. avec un accès direct sur une grande terrasse. Cour et jardin d'agrément. Salons de jardin. Commerces sur place. Ouvert toute l'année. Anglais parlé. Christine et Dominique, jeunes agriculteurs, ont rénové en totalité une belle maison construite en 1815, au cœur de la région des Lacs. Plans d'eau, cascades et belvédères (plus de 50) constituent la toile de fond de ce pays de montagnes.

Prix : 1 pers. **210 F** 2 pers. **210 F** 3 pers. **260 F** pers. sup. **100 F**

5	2	6	2	SP	4	4	2

GRILLET Christine-Dominique – 39130 Bonlieu – Tél. : 84.25.59.12

Bracon Grange-Cavaroz   C.M. n° 70 — Pli n° 5

♥♥ NN

Alt. : 550 m — 2 chambres d'hôtes avec entrée indépendante. 1 chambre au rez-de-chaussée (1 lit 2 pers.) avec salle d'eau et wc privés. 1 chambre à l'étage avec 1 seconde petite chambre complémentaire, salle d'eau et wc privés. Chauffage central. Jardin fleuri, terrasse et salon de jardin. Gare 10 km. Commerces 3 km. Ouvert toute l'année. Anglais parlé. Dominant la station thermale de Salins-les-Bains et la vallée de la Furieuse, Michel et Colette Duquet vous accueilleront dans leur vaste ferme située en pleine nature. Calme, grands espaces et confitures maison ne manqueront pas de séduire parents et enfants.

Prix : 1 pers. **170 F** 2 pers. **210 F** 3 pers. **240 F**
pers. sup. **30 F**

3	SP	3	2	30	5

DUQUET Michel et Colette – Grange Cavaroz – 39110 Bracon – Tél. : 84.73.00.07

Les Chalesmes   C.M. n° 70 — Pli n° 5

♥ NN
(A)

Alt. : 900 m — 3 chambres (1 lit 2 pers. 1 lit 1 pers.) avec salle de bains et wc particuliers, aménagées au 1er étage d'une vaste maison. Entrée indépendante. Gare 12 km. Commerces 10 km. Ouvert toute l'année. Ancienne ferme restaurée, située dans un petit hameau de la montagne jurassienne. Pâturages et vastes forêts sur place.

Prix : 1 pers. **145 F** 2 pers. **190 F** 3 pers. **235 F**
pers. sup. **45 F** repas 40/60 F 1/2 pens. **205 F** pens. **265 F**

SP	12	12	10	SP	10	10	10

PECCAUD Jean-Yves – Sous Chalamet – 39150 Les Chalesmes – Tél. : 84.51.51.62

Chamblay   C.M. n° 70 — Pli n° 4

♥♥ NN

Alt. : 250 m — 2 chambres, dont 1 avec un petit salon privé. Salle de bains et wc privés dans chaque chambre. Grand jardin avec terrasse maison. Chauffage central. Gare TGV 10 km. Commerces 4 km. Ouvert toute l'année. Dans un village du « Val d'Amour », les chambres ont été aménagées dans une grande et belle maison de village. Rivières, forêts et étangs caractérisent cette région de bocage.

Prix : 1 pers. **160 F** 2 pers. **200 F** 3 pers. **230 F**

1	1	1	1	1	15	4

JACQUEMIN Noel et Jeannine – 67 Grande Rue – 39380 Chamblay – Tél. : 84.37.72.56

Champdivers   C.M. n° 109 — Pli n° 7

♥ NN
(TH)

Alt. : 230 m — 4 chambres d'hôtes, très simples, aménagées dans une maison située dans le village. 2 ch. 2 pers. 4 pers. avec salle de bains particulières et wc communs. Jardin. Gare 4 km. Piscine 4 km. Tennis au village. Boissons non comprises dans le prix de la table d'hôtes. Ouvert toute l'année.

Prix : 1 pers. **110 F** 2 pers. **150 F** 3 pers. **210 F**
pers. sup. **60 F** repas 65 F

6	1	1	1	3	6	8

BRELOT Gisele – 39500 Champdivers – Tél. : 84.70.18.65

Chapelle-Voland Les Camus   C.M. n° 70 — Pli n° 3

♥♥ NN

Alt. : 200 m — 2 chambres d'hôtes dont 1 possède une kitchenette, avec salles de bains et wc privés. TV couleur dans 1 chambre. Billard dans le grand salon. Cour, jardin, salon de jardin, terrasse. Golf privé (9 trous), prêt de matériel et accès au parcours. Green fee semaine : 80 F. Auberge à 1 km. Commerces à 1 et 8 km. Ouvert toute l'année. Allemand et anglais parlés. Au cœur de la Bresse, région aux doux vallonnements et aux inombrables étangs. Les chambres sont aménagées dans une ancienne ferme à colombages rénovée.

Prix : 1 pers. **250 F** 2 pers. **300 F** 3 pers. **360 F**

10	10	SP	SP	SP	5	SP	10

MUTZENBERG Heinz et Denise – Les Camus – 39140 Chapelle-Voland – Tél. : 84.44.10.57 – Fax : 84.44.10.57

Charency   C.M. n° 70 — Pli n° 5

♥ NN

Alt. : 800 m — Au centre d'un petit village, dans un environnement de forêts, de sapins et de pâturages, 2 chambres aménagées au 1er étage d'une maison ancienne. 2 ch. 3 pers. (2 lits 2 pers. 2 lits 1 pers.) avec salle d'eau particulière et wc communs. TV à la disposition des hôtes. Parking. Piscine 4 km. Restaurant 6 km. Ouvert toute l'année.

Prix : 1 pers. **120 F** 2 pers. **175 F** 3 pers. **225 F**
pers. sup. **20 F**

15	2	SP	6	SP

MELET Roger et Marie-Louise – 39250 Charency – Tél. : 84.51.16.11

Charezier   C.M. n° 70 — Pli n° 14

♥♥♥ NN
(TH)

Alt. : 500 m — 4 ch. d'hôtes : 3 ch. sont aménagées dans 1 petit pavillon indépendant dans le parc, chacune avec s.d.b. et wc particuliers, donnant de plain pied dans le parc. La 4e est dans la maison des propriétaires, dans le village, sur la route des lacs. 1 ch. 3 pers. (1 lit 2 pers. 1 lit 1 pers.) avec salle d'eau particulière. Salle de séjour, salon avec TV. Voile 7 km. Restaurant 5 km. Ouvert toute l'année.

Prix : 1 pers. **140 F** 2 pers. **180 F** 3 pers. **220 F** repas 60 F
1/2 pens. **130 F**

20	7	SP	7	SP

DEVENAT Guy et Jacqueline – 39130 Charezier – Tél. : 84.48.35.79

Charezier   C.M. n° 70 — Pli n° 14

♥♥ NN

Alt. : 500 m — Petite chambre (1 lit 2 pers.) avec salle de bains et wc privés aménagée dans un petit bâtiment indépendant. Cour et terrain attenant. Salon de jardin. Maison ancienne entièrement rénovée. Commerces 6 km. Ferme-auberge à 200 m. Ouvert toute l'année. Anglais et allemand parlés. Charezier est situé au cœur du Pays des Lacs, région parsemée de 50 lacs et cascades. Forêts, pâturages et sentiers de randonnée caractérisent cette partie du Jura des Plateaux.

Prix : 1 pers. **150 F** 2 pers. **180 F**

7	7	SP	1	0,2	7	25	8

MAITRE Henri et Madeleine – Au Village – 39130 Charezier – Tél. : 84.48.32.78

Charnod

NN — **TH**

Alt. : 500 m — Dans une ancienne ferme rénovée, située dans un petit village, 4 chambres d'hôtes à l'étage avec salle d'eau et wc particuliers. Chaque chambre comprend 1 lit 2 pers., 2 lits 1 pers. Grande terrasse, salon de jardin. Possibilité pension et 1/2 pension. Ouvert toute l'année. Réduction possible suivant le nombre de personnes.

Prix : 1 pers. **170 F** 2 pers. **200 F** 3 pers. **230 F**
pers. sup. **30 F** repas **100 F** 1/2 pens. **195/260 F**
pens. **270/335 F**

15	15	5	SP	5	15	15	2

MURET-GUISLAIN Michel et Veronique – 39240 Charnod – Tél. : 84.44.31.66

Chatelneuf

NN

Alt. : 800 m — 1 chambre d'hôtes dans une maison située dans un village. 1 chambre de 2 pers. avec salle d'eau et wc particuliers. Salle de séjour avec TV à la disposition des hôtes. Garage, jardin, terrain, parking, pré. Possibilité cuisine. Piscine 8 km. Voile 10 km. Ouvert toute l'année.

Prix : 1 pers. **100 F** 2 pers. **150 F**

14	6	6	3	SP	8	8

MICHAUD Andre et Mariette – 75 Route de Mont-sur-Monnet – 39300 Chatelneuf – Tél. : 84.51.61.70

Chatenois
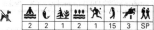

NN

Alt. : 250 m — Aux confins de la Franche Comté et de la Bourgogne, 2 chambres, dont 1 suite ont été aménagées dans une belle maison du milieu du XVIIIe siècle. Grande et belle salle à manger avec cheminée. Salon avec TV, chaine hifi. Salle de bains et wc privatifs à chaque chambre. Piscine privée dans un joli parc attenant. Vélos sur place. Terrasse. Salon de jardin. Une dégustation des produits du terroir vous sera offerte à l'arrivée. Entre le massif forestier de la Serre et la basse Vallée du Doubs. A 7 km au nord de Dole en direction de Besançon (RN73). Sortie autoroute A36 à 2 km. Gare et commerces à 6 km. Anglais et allemand parlés. Ouvert toute l'année.

Prix : 1 pers. **180 F** 2 pers. **220 F** 3 pers. **260 F**
pers. sup. **40 F**

2	2	1	2	1	15	3	SP

MEUNIER Michel – 2 rue des Fontaines – 39700 Chatenois – Tél. : 84.70.51.79 – Fax : 84.70.57.79

Chissey

Alt. : 220 m — Dans un petit village du « Val d'Amour », région vallonnée au nord du département, 1 chambre 3 pers. aménagée dans une vaste villa. Salle de bains et wc communs. Grande cour, jardin, terrasse, salon de jardin. Restaurant sur place. Ouvert toute l'année.

Prix : 1 pers. **160 F** 2 pers. **180 F** 3 pers. **200 F**

0,5	0,5	1	1	20

DEMONTRON Alberte – 39380 Chissey – Tél. : 84.37.63.90

Chissey

NN

Alt. : 250 m — Dans une maison ancienne entièrement rénovée, 3 ch. d'hôtes au 1er étage avec salle de bains, wc privés et 1 lit 2 pers., 1 lit enfant pour chacune. Entrée totalement indépendante. Cour et terrain clos attenant. Piscine privée. Possibilité de petits repas froids. Gare et commerces 8 km. Ouvert toute l'année. Anglais, allemand et italien parlés. Chissey est situé dans une région appelée « Val d'Amour », pays de bocage et de forêts, à 2 pas d'Arc et Senans dont la Saline Royale est inscrite au patrimoine mondial.

Prix : 1 pers. **170 F** 2 pers. **210 F** 3 pers. **250 F**

0,5	0,5	0,5	0,5	0,5	14	5

PIERRET J-Marie et Josette – 27 Grande Rue – 39380 Chissey – Tél. : 84.37.71.81 – Fax : 84.37.66.25

Courlaoux Les Vernes

NN

Alt. : 250 m — 3 jolies chambres avec salle de bains et wc privés. Petit réfrigérateur dans les chambres. Salon et bibliothèque réservés aux hôtes. TV couleur. Grande salle à manger avec terrasse. Parc attenant. Piscine (10 x 5). Salon de jardin. Garage. Gare 8 km. Commerces 7 km. Ouvert toute l'année. Au contact de la Bresse Jurassienne et Bourguignone. Grande villa moderne au milieu d'un joli parc arboré et richement fleuri. Forêts, pâturages et étangs parsèment cette région réputée pour ses volailles et ses poissons.

Prix : 1 pers. **200 F** 2 pers. **250 F** 3 pers. **300 F**
pers. sup. **60 F**

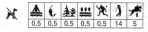

10	10	4	SP	10	4	8	4

MATHY Michel et M.Louise – Les Vernes – 39570 Courlaoux – Tél. : 84.35.37.16 – Fax : 85.74.16.49

Cramans

NN

Alt. : 300 m — 3 chambres 2 et 3 pers. avec salle de bains et wc particuliers. TV couleur dans chaque chambre. Piscine privée. Gare 5 km. Commerces 2 km. Supplément de 15 F pour le petit déjeuner anglo-saxon. Ouvert toute l'année. Anglais parlé. Couple écossais installé dans un village du Val d'Amour, à 3 km d'Arc et Senans (site inscrit au patrimoine mondial), les chambres sont aménagées dans une maison disposant d'un joli parc attenant avec piscine et salon de jardin. Canoë à 1 km.

Prix : 1 pers. **170 F** 2 pers. **210 F** 3 pers. **250 F**

1	1	SP	1	2	20	5	1

BRYDON Ian et Irene – Route de Mouchard – 39600 Cramans – Tél. : 84.37.70.82

Crenans
C.M. nᵒ 70 — Pli nᵒ 14

Alt. : 700 m — 4 chambres d'hôtes dans une maison ancienne à l'intérieur rustique, située dans un village. Salles d'eau et wc privés à chaque ch. Chambres aménagées à l'étage. Salle à manger, salon avec TV et magnétoscope. Terrasse et jardin. Terrain attenant, pré. Produits fermiers sur place. Voiture indispensable. Promenades à cheval sur place (60 F/heure). Ouvert toute l'année. Anglais et allemand parlés.

Prix : 1 pers. **220 F** 2 pers. **270 F** 3 pers. **380 F**
pers. sup. **80 F** repas **70/170 F** 1/2 pens. **220 F** pens. **280 F**

13	6	6	SP	SP

BARON Francis et Helene – 39260 Crenans – Tél. : 84.42.00.50 – Fax : 84.42.08.60

Darbonnay
C.M. nᵒ 70 — Pli nᵒ 4

Alt. : 300 m — 2 chambres d'hôtes aménagées dans une maison francomtoise, située en pleine campagne, à l'entrée d'un village du vignoble. 2 ch. 4 pers. avec salle d'eau et wc particuliers. Salle de séjour avec cheminée. Parking. Balades en chariot. Pêche en rivière et en étang. Location VTT. Séjours à thème organisés. Ouvert de Pâques à la Toussaint. Anglais parlé.

Prix : 1 pers. **180 F** 2 pers. **220 F** 3 pers. **280 F**
pers. sup. **70 F** repas **90 F**

SP	12	20	15	SP

FOUGERE Pascal et Agnes – 39230 Darbonnay – Tél. : 84.85.58.27

Darbonnay
C.M. nᵒ 70 — Pli nᵒ 4

Alt. : 300 m — 1 chambre (1 lit 2 pers. 1 lit 1 pers.), aménagée au 1er étage d'une maison francomtoise. Entrée indépendante. Salle de bains et wc privés. Cour et jardin arboré attenant. Salon de jardin. Gare et piscine 10 km. Commerces 4 km. Dans un petit village vigneron, situé sur l'itinéraire de la « Route des Vins du Jura », à proximité de quelques uns des plus beaux sites touristiques du Jura.

Prix : 1 pers. **140 F** 2 pers. **180 F** 3 pers. **220 F**

4	4	25	10	SP

PERRON Catherine – 39230 Darbonnay – Tél. : 84.85.52.59

Denezieres
C.M. nᵒ 70 — Pli nᵒ 15

Alt. : 650 m — 1 chambre 2 pers. avec salle de bains et wc privés. Très vaste salon avec galerie et cheminée monumentale. TV couleur. Terrasse et jardin. Commerces 10 km. Ouvert toute l'année. Anglais parlé. Au cœur du « Pays des Lacs », la chambre est aménagée dans une grosse et ancienne maison de village. Forêts, lacs, rivières et cascades constituent la toile de fond de cette région très touristique.

Prix : 1 pers. **160 F** 2 pers. **200 F**

20	10	10	5	SP	5	10	10

LIEHN Pierre et Jocelyne – Au Bourg – 39130 Denezieres – Tél. : 84.25.58.05

Dompierre-sur-Monts
C.M. nᵒ 70 — Pli nᵒ 14

Alt. : 515 m — Claude, jeune agriculteur et Annie vous accueillent dans leur villa proche de leur exploitation et vous proposent, 1 ch. d'hôtes (1 lit 2 pers.) avec salle de bains et wc privés, possibilité d'ajouter 1 lit enfant. Gare 18 km. Commerces 4 km. Ouvert toute l'année. Anglais parlé. Possibilité table d'hôtes. Dans un village du Pays des Lacs, maison récente disposant d'une vaste cour et d'un jardin attenant. Terrasse et salon de jardin. Nombreuses activités possibles au Lac de Vouglans, un des plus grand lac de France. Forêts sur place.

Prix : 1 pers. **150 F** 2 pers. **180 F**

10	10	10	1	6	4	20

PONCET Claude et Annie – 39270 Dompierre-sur-Monts – Tél. : 84.25.42.50

Etival-les-Ronchaux
C.M. nᵒ 109 — Pli nᵒ 7

Alt. : 800 m — Au cœur de la région des lacs, à proximité des grandes forêts jurassiennes, 2 chambres 3 pers. avec cabinet de toilette et wc particuliers. 1 douche commune aux 2 chambres. Terrain, parking, pré. Possibilité cuisine. Ouvert toute l'année.

Prix : 1 pers. **140 F** 2 pers. **170 F** 3 pers. **200 F**
pers. sup. **30 F**

SP	SP	SP	SP	SP	10	14

JAILLET Maguy – 39130 Etival-Les Ronchaux – Tél. : 84.44.87.19

La Faviere
C.M. nᵒ 70 — Pli nᵒ 7

Alt. : 900 m — 4 chambres aménagées, 1 au rez-de-chaussée et 3 à l'étage. Salles de bains et wc particuliers à chaque chambre. Ch. de 2 à 5 pers., dans ce cas la ch. est très vaste et dispose d'une mezzanine. Salon avec TV commun aux chambres. Terrasse, jardin, salon de jardin. Ferme rénovée en bordure de village avec barbecue, jeux d'enfants dans le jardin. 1/2 pens. enfant : 90 F. Billard et baby-foot dans une grande salle de jeux. Coin-cuisine aménagé. Prairies et forêts à 100 m. Ouvert toute l'année.

Prix : 1 pers. **150 F** 2 pers. **200 F** 3 pers. **250 F**
pers. sup. **40 F** 1/2 pens. **155 F**

2	10	SP	4	6	8

COURVOISIER Chantal – Ferme des Coucous – 39200 La Faviere – Tél. : 84.51.16.74 – Fax : 84.51.11.52

Fay-en-Montagne
C.M. nᵒ 70 — Pli nᵒ 4

Alt. : 550 m — 3 ch. d'hôtes aménagées au 1er étage d'une maison du centre du village. Les chambres comportent 1 lit 2 pers. et 1 lit 1 pers. ainsi qu'une salle de bains et wc particuliers chacune. Le village de Fay-en-Montagne est situé entre vignobles et plateaux, au cœur d'une région au patrimoine historique très riche. Ouvert toute l'année. Enfant : 30 F. Réduction pour les séjours d'une semaine.

Prix : 1 pers. **150 F** 2 pers. **190 F** 3 pers. **250 F**
pers. sup. **50 F** repas **60/75 F** 1/2 pens. **200 F** pens. **285 F**

17	9	9	SP	9	10	25	SP

ROMAND Andree – 39800 Fay-en-Montagne – Tél. : 84.85.30.79 ou 84.85.32.07

Fay-en-Montagne
C.M. n° 70 — Pli n° 4

❧❧ NN

Alt. : 520 m — 3 chambres aménagées dans une ferme ancienne très typée. Environnement calme et reposant. Chaque chambre dispose d'une douche, salle d'eau et wc privés. 2 chambres mitoyennes peuvent constituer une suite. Terrasse. Salon avec TV couleur. Gare et commerces à 10 km. Ouvert toute l'année. Chambres aménagées dans un village du 1er plateau jurassien. Forêts, prairies et larges espaces caractérisent cette région.

Prix : 1 pers. **150 F** 2 pers. **200 F** 3 pers. **250 F**
pers. sup. **50 F**

	🌊	🍷	🎣	♨	🎿	🎵	🐎	🏃
	25	8	0,5	1	8	28	SP	SP

BAILLY Jean et Raymonde – 39800 Fay-en-Montagne – Tél. : 84.85.30.81

La Ferte Le Moulin

C.M. n° 70 — Pli n° 4

❧❧❧ NN

(TH)

Alt. : 270 m — 2 chambres aménagées au 1er étage avec salles de bains et wc particuliers (1 lit 2 pers. 1 lit 1 pers.). Salon. Jardin ombragé. Salon de jardin. Rivière et parcours de pêche privé sur place. Entrée indépendante. TV couleur dans chaque chambre. Terrasse couverte. Gare 10 km. Commerces 7 km. Ouvert toute l'année. Pas de table d'hôtes le lundi. Anglais parlé. A deux pas du vignoble d'Arbois, les chambres sont aménagées dans un ancien moulin restauré. Région vallonnée, couverte de vignes et de forêts disposant d'un riche patrimoine historique.

Prix : 1 pers. **170 F** 2 pers. **210 F** 3 pers. **250 F**
pers. sup. **30 F** repas **90 F**

🌊	🍷	🎣	♨	🎿	🎵	🐎
7	SP	SP	SP	5	14	6

PESEUX Gilbert et Michele – Le Moulin – 39600 La Ferte – Tél. : 84.37.51.83

Le Frasnois
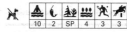
C.M. n° 70 — Pli n° 15

❧❧❧ NN

(A)

Alt. : 800 m — 5 chambres d'hôtes avec salle de bains et wc privés pour chacune. Coin-salon avec canapé dans toutes les chambres. Grand salon avec TV et bibliothèque réservé aux hôtes. Terrasse, jardin et salons de jardin. Aires de jeux. Commerces 10 km. Ouvert toute l'année. Anglais, espagnol, allemand parlés. Réduction pour enfants de 2 à 10 ans, gratuit pour les moins de 2 ans. Panier pique-nique sur demande (40 F). Au cœur du Pays des Lacs, chambres aménagées dans une ancienne, grande et belle ferme jurassienne, entièrement rénovée. Lacs, cascades, forêts constituent la toile de fond de cette région très touristique.

Prix : 1 pers. **210 F** 2 pers. **250 F** 3 pers. **360 F** repas **70 F**
1/2 pens. **190 F**

	♨	🏔	🍷	🎿	🐎	🏃
	0,5	0,5	0,5	SP	SP	SP

COLOMBATTO Philippe et Laurence – Auberge des 5 Lacs – 39130 Le Frasnois – Tél. : 84.25.51.32

Gatay
C.M. n° 70 — Pli n° 3

❧❧❧ NN

1 ch. d'hôtes (1 lit 2 pers.) avec salle de bains, wc privés, salon et cuisine équipée, entrée indépendante, cheminée, TV couleur. 1 convertible 2 pers. dans le salon. Piscine privée dans le jardin. Gare 15 km. Commerces 2 km. Ouvert toute l'année. Anglais parlé. Dans la basse vallée du Doubs, pays de forêts et de bocage, Anne-Marie a aménagé une chambre avec salon privé. Cour et jardin arboré. La région de Gatay est riche en forêts et étangs, parsemée d'innombrables sentiers de randonnée.

Prix : 1 pers. **200 F** 2 pers. **250 F** 3 pers. **300 F**
pers. sup. **50 F**

	🌊	🍷	🎣	♨	🎿	🐎
	10	2	SP	4	3	3

LACAILLE Anne-Marie – 16 rue Neuve – 39120 Gatay – Tél. : 84.81.75.63

Geruge La Grange-Rouge

C.M. n° 70 — Pli n° 14

❧❧❧ NN

(A)

Alt. : 400 m — 4 chambres d'hôtes aménagées dans une ferme-auberge de caractère, située dans un très beau cadre naturel. 4 ch. 3 pers. Salles d'eau et wc particuliers. Salle de séjour, salon TV. Grand jardin avec plusieurs terrasses ombragées. Piscine 10 km. Ouvert toute l'année. Possibilité pension et 1/2 pension. Repas enfants moins de 10 ans : 40 F.

Prix : 1 pers. **200 F** 2 pers. **220 F** 3 pers. **280 F**
pers. sup. **60 F** repas **70 F**

♨	🏔	🍷	🎿	🎵	🏃
20	20	SP	5	6	SP

VERJUS Henri et Anne-Marie – La Grange Rouge – 39570 Geruge – Tél. : 84.47.00.44 ou 84.47.34.15

Gevry
C.M. n° 66 — Pli n° 13

❧❧❧ NN

(TH)

Alt. : 250 m — Au centre d'un petit village, aménagées dans une ancienne ferme du XVIIIe siècle, 5 ch. d'hôtes 2 et 3 pers. 3 ch. à l'étage et 2 ch. au rez-de-chaussée. Grand salon avec cheminée à la disposition des hôtes. Grand parc ombragé et fleuri avec salon de jardin. Vin compris dans le prix repas. Ouvert toute l'année. A la jonction des 3 régions : Bourgogne, Bresse et Jura. Sortie autoroute 1,5 km. Anglais parlé.

Prix : 1 pers. **170 F** 2 pers. **200 F** 3 pers. **230 F** repas **100 F**

🌊	🍷	🎣	♨	🎿	🎵	🐎
3	1	2	1	4	4	8

PICARD Daniel – 3 rue du Puits – 39100 Gevry – Tél. : 84.71.05.93 ou 84.71.08.08

Le Lac-des-Rouges-Truites Le Marechet
C.M. n° 70 — Pli n° 15

❧ NN

Alt. : 900 m — 3 chambres d'hôtes aménagées au 1er étage d'une maison indépendante située dans un hameau. 2 ch. 2 pers. et 1 ch. 3 pers. (3 lits 2 pers. 1 lit 1 pers.). 1 ch. avec douche et lavabo privés. 2 ch. avec douche et lavabo communs. 1 wc commun aux 3 ch. Cuisine aménagée (supplément 10 F/jour). Piscine et ski alpin 8 km. Restaurant 3 km. Ouvert toute l'année.

Prix : 1 pers. **120 F** 2 pers. **150 F** 3 pers. **190 F**
pers. sup. **20 F**

🎿	🏔	🍷	🎿	🐎	🏃
SP	10	3	3	7	SP

VIONNET Guy et Elisabeth – Le Marechet – 39150 Le Lac-des-Rouges-Truites – Tél. : 84.60.18.95

Lajoux Mijoux   *C.M. n° 70 — Pli n° 15*

♥♥ ♥
(TH)

Alt. : 1000 m — A 1000 m d'altitude et à 50 m de l'église de Mijoux, 5 chambres de 4 pers aménagées dans une ancienne ferme jurassienne entièrement rénovée. Cadre rustique. Cheminée, terrasse. Douche et wc particuliers dans chaque chambre. Terrain attenant, salon de jardin. Ouvert du 20 décembre au 10 mai et du 1er juillet au 30 septembre. Table d'hôtes le soir uniquement. Italien parlé.

Prix : 1 pers. **180 F** 2 pers. **210 F** 3 pers. **280 F** pers. sup. **70 F** repas **70 F**

SP	10	10	1	SP	SP	SP	5	4

PATIN Jerome et Carmen – La Michaille – 39310 Lajoux – Tél. : 50.41.32.45 – Fax : 50.41.33.82

Le Larderet   *C.M. n° 70 — Pli n° 5*

♥♥ NN

Alt. : 600 m — 1 chambre avec salle de bains et wc privés, aménagée au 1er étage d'une maison de village ancienne et rénovée. Cour et terrain attenant. Salon de jardin. Gare 15 km. Commerces 5 km. Ouvert toute l'année. Petit village situé au pied du massif forestier de la Fresse, une des plus belles forêts de sapins de France. Rivières, pâturages, forêts et sentiers de randonnées sont nombreux dans la région. Etangs à proximité.

Prix : 1 pers. **150 F** 2 pers. **200 F** 3 pers. **250 F**

20	3	SP	3	3

MARGUET Christian et Christine – 39300 Le Larderet – Tél. : 84.51.46.82

Lavans-les-Saint-Claude   *C.M. n° 70 — Pli n° 15*

♥ NN
(TH)

2 chambres aménagées à l'étage d'une maison surplombant le village et la Vallée de la Bienne. 2 chambres (1 lit 2 pers. par ch.). 2 salles de bains et 2 wc. Salon intérieur et terrasse couverte. Jardin couvert. Jardin d'été et d'hiver. Belle vue sur la vallée depuis les chambres. TV couleur dans les chambres. Ouvert toute l'année.

Prix : 1 pers. **150 F** 2 pers. **180 F** 3 pers. **310 F** pers. sup. **40 F** repas **80 F** 1/2 pens. **230 F**

18	20	20	3	SP	3	6	8	7

TOMASSETTI Marie – Lizon – 39170 Lavans-Les-Saint-Claude – Tél. : 84.42.85.30

Lavans-les-Saint-Claude   *C.M. n° 70 — Pli n° 14*

♥♥ NN

Au cœur du Parc Naturel Régional du Haut Jura. Dans un village dominant la vallée de la Bienne, 2 ch. (2 lits 2 pers.) chacune aménagée dans une grande villa, avec accès totalement indépendant. Salle de bains et wc privés chacune. Grand salon privé avec bibliothèque, fauteuils et canapé, TV couleur réservés exclusivement aux hôtes. Cuisine aménagée. Lave-linge. Gare 13 km. Commerces sur place. Ouvert toute l'année. Anglais parlé. Terrasse et grand jardin d'agrément, salon de jardin. Vue magnifique sur la vallée.

Prix : 1 pers. **165 F** 2 pers. **210 F** 3 pers. **280 F** pers. sup. **40 F**

10	13	17	5	2	5	SP	15	8	SP

BONDIER Marie-Claude – 9 Chemin Sous Trechelle – 39170 Lavans-les-Saint-Claude – Tél. : 84.42.23.73

Loisia Les Carrats   *C.M. n° 70 — Pli n° 13*

♥♥ NN

Alt. : 550 m — Au sud du département, dans la région appelée « Petite Montagne », 2 chambres aménagées dans une maison ancienne rénovée, située dans un petit hameau. Salles de bains et wc particuliers à chaque chambre à l'étage et rez-de-chaussée. Calme et tranquillité caractérisent ces 2 chambres. Larges espaces verts à proximité immédiate. Ouvert toute l'année.

Prix : 1 pers. **160 F** 2 pers. **190 F** 3 pers. **230 F**

15	20	15	10	15

GUIDARD Raymond et Josiane – Les Carrats – 39320 Loisia – Tél. : 84.44.52.74

Macornay   *C.M. n° 70 — Pli n° 14*

♥♥ NN
(TH)

Alt. : 280 m — 2 chambres d'hôtes dont 1 avec salon privé, aménagées à l'étage. Salle de bains et wc dans chaque chambre. Grand séjour avec cheminée, TV et bibliothèque. Beau jardin fleuri, terrasse, salon de jardin. Les chambres sont vastes, mansardées et ont beaucoup de charme. Gare 3 km. Commerces sur place. Ouvert toute l'année. Anglais et allemand parlés. Boissons non comprises dans le prix repas. Le village de Macornay est un joli village du vignoble au cœur du Val de Sorne. Très beaux circuits VTT et pédestres au départ du gîte.

Prix : 1 pers. **170 F** 2 pers. **200 F** 3 pers. **250 F** pers. sup. **20 F** repas **70 F**

15	SP	2	SP

RAYNAUD Herve et Catherine – 288 rue du Tram – 39570 Macornay – Tél. : 84.47.51.78

Mignovillard Petit-Villard    *C.M. n° 70 — Pli n° 6*

♥ NN

Alt. : 800 m — Sur les Hauts Plateaux du Jura dans un cadre naturel préservé, 2 ch. d'hôtes dans une ferme typique de la montagne. 2 ch. de 3 et 4 pers. Salle d'eau et wc particuliers à chaque chambre. Coin-kitchenette équipé. Jardin, abri couvert, pré, terrain. Salle de séjour avec TV. Salle de jeux. Produits fermiers sur place. Restaurant 3 km. Ski alpin 15 km. Ouvert toute l'année. Table d'hôtes en hiver le soir.

Prix : 1 pers. **155 F** 2 pers. **230 F** 3 pers. **260 F** pers. sup. **40 F**

SP	15	5	1	SP	SP

VACELET Maurice et Anne-Marie – Petit Villard – 39250 Mignovillard – Tél. : 84.51.32.34

La Pesse

Alt. : 1250 m — 6 chambres. 2 ch. 2 pers. avec salle de bains particulière. 2 ch. avec mezzanine 4 pers. avec salle de bains particulière. 2 ch. 2 pers. avec salle de bains commune aux 2 chambres. 2 salons, bar. Grande terrasse. Salon de jardin. Salle de jeux. Activités sportives diverses (ski de fond, chien de traîneaux). Gare 20 km. Commerces 2 km. Ouvert toute l'année. Sauna et salle de gym, ping-pong. Légèrement à l'écart du village, dans un très beau cadre naturel, ancienne ferme de montagne totalement rénovée. Forêts et vastes espaces verts sur place. Réduction pour les enfants. Anglais parlé.

Prix : 1 pers. **140 F** 2 pers. **280 F** 3 pers. **420 F** repas **70 F**
1/2 pens. **200 F** pens. **260 F**

SP	15	15	SP	15	6	20	SP

PORTAL Remi et Annick – Boreal – 39370 La Pesse – Tél. : 84.42.70.99 – Fax : 84.42.72.08

Rotalier Chateau-Grea

Alt. : 300 m — 3 chambres avec salles de bains et wc particuliers, de 2 et 4 pers. (dans ce dernier cas une 2ᵉ chambre s'ajoute à une plus grande). Cuisine aménagée. Salon. Promenades et salons de jardin dans le vaste parc aux arbres centenaires. Terrasses ombragées. Gare 12 km. Commerces 2 km. Piscine 10 km. Ouvert toute l'année. Repas servi par traiteur à la demande sur place. Stage poney pour les enfants à la journée ou rand. en famille à la demande. Dans le sud Revermont, au cœur du vignoble jurassien, château Gréa est une ancienne et belle demeure, entourée de vignes. Très belle vue sur la Bresse, la Bourgogne et les premiers contreforts du Lyonnais.

Prix : 1 pers. **290 F** 2 pers. **370 F** 3 pers. **460 F**
pers. sup. **90 F**

4	1	4	5	10	10

DE BOISSIEU Pierre et Benedicte – Chateau Grea – 39190 Rotalier – Tél. : 84.25.05.07

Saint-Laurent-en-Grandvaux Les Poncets

Alt. : 900 m — 4 chambres d'hôtes simples dans une maison située dans un hameau, en pleine campagne. 1 chambre 2 pers., 2 chambres 3 pers. avec salle d'eau commune. 1 chambre avec salle de bains et wc privés (2 épis). Jardin, terrain, parking, pré. Ski alpin 7 km. Ouvert toute l'année.

Prix : 1 pers. **120/170 F** 2 pers. **150/190 F** 3 pers. **170/215 F**

SP	5	5	5	2	0,5	2

PIARD Claude et M.Jeanne – Les Poncets – 39150 Saint-Laurent-en-Grandvaux – Tél. : 84.60.87.18

Saint-Loup

Alt. : 230 m — Dans la plaine Doloise, au contact des plaines du Doubs et de la Saône, 4 jolies chambres d'hôtes. 1 chambre 2 pers. 2 chambres 3 pers. 1 chambre 4 pers. 2 salle de bains et 1 wc. Cuisine équipée à la disposition exclusive des hôtes. TV couleur dans le salon. Abri couvert, parking, pré. Jardin attenant ombragé avec balançoires, jeux de pétanque, 2 salons de jardin. Restaurant 3 km. Ouvert toute l'année. Dole 15 km, entre Saint-Aubin (4 km) et Chemin (3 km).

Prix : 1 pers. **120 F** 2 pers. **160 F** 3 pers. **200 F**
pers. sup. **50 F**

15	6	1	6	7	14	10

THEVENIN Pascal et Andree – Rue du Pont – 39120 Saint-Loup – Tél. : 84.70.10.72

Saint-Maurice-en-Montagne

Alt. : 800 m — 1 ch. d'hôtes aménagée au 1ᵉʳ étage d'une maison située au centre du village. Les propriétaires sont des agriculteurs en retraite. La chambre est vaste et dispose d'une salle de bains particulière. Le village de Saint-Maurice se trouve à l'écart des grands axes de passage, au pied d'un important massif forestier. Ouvert toute l'année. Rivières, lacs et nombreuses cascades dans cette région.

Prix : 1 pers. **130 F** 2 pers. **180 F** 3 pers. **210 F**
pers. sup. **30 F**

10	10	10	5	SP	5	10	10

BENIER Maurice et Simone – 39130 Saint-Maurice-en-Montagne – Tél. : 84.25.81.90

Saint-Maurice-en-Montagne

E.C. NN
Alt. : 800 m — 2 chambres d'hôtes avec chacune une grande mezzanine et un petit salon privé. Salle de bains et wc privés. TV couleur dans les chambres, 1 chambre possède une kitchenette équipée. Cour et jardin attenant avec salon de jardin. Commerces 6 km. Ouvert toute l'année. Au cœur du Pays des Lacs, ferme entièrement rénovée. Lacs, forêts, vastes pâturages caractérisent cette région de montagne et de hautes vallées.

Prix : 1 pers. **180 F** 2 pers. **230 F** 3 pers. **280 F**
pers. sup. **50 F** repas **70 F**

10	7	7	6	7	30	SP

RIGOULET – Saint-Maurice – 39130 Saint-Maurice-en-Montagne – Tél. : 84.25.21.02

Salans Chateau-de-Salans

Alt. : 250 m — 4 chambres 2 pers. avec salle de bains et wc particuliers. 2 suites 3 pers. avec chambres, salon, et salle de bains particulière. 2 grands salons sont à la disposition des hôtes. Grand parc directoire classé. Salon de jardin. Possibilité table d'hôtes (sur réservation). Restaurant 1 km. Gare 4 km. Ouvert toute l'année. Au bord de la forêt de Chaux (2ᵉ massif forestier de France), à quelques kilomètres de la Saline Royale d'Arc et Senans (inscrite au patrimoine mondial), le château de Salans est un bel édifice du XVIIIᵉ siècle. Charme et tranquillité caractérisent ce lieu et cette charmante demeure.

Prix : 1 pers. **400 F** 2 pers. **500 F** 3 pers. **600 F**

SP	SP	SP	4	25	10

OPPELT Claus et Beatrice – Chateau de Salans – 39700 Salans – Tél. : 84.71.16.55

Salins-les-Bains
C.M. n° 70 — Pli n° 5

✴✴ NN Alt. : 350 m — 2 chambres avec salle de bains et wc particuliers, aménagées au 1er étage. Terrasse et salon de jardin. Gare 8 km. Commerces sur place. Ouvert toute l'année. Anglais et allemand parlés. Au cœur du vieux Salins (station thermale classée). Les chambres sont aménagées au 1er étage d'une maison du XVIIIe siècle. Belle vue sur la ville depuis le jardin. Grand choix de randonnées depuis la maison.

Prix : 1 pers. **160 F** 2 pers. **200 F** 3 pers. **260 F**
pers. sup. **60 F**

2	1		SP	25	2	SP	

DELOLME Jean-Claude et Annie – Faubourg Saint-Nicolas N° 8 – 39110 Salins-Les Bains – **Tél. :** 84.73.16.32

Songeson
C.M. n° 70 — Pli n° 15

✴✴✴ NN (TH) Alt. : 600 m — Au cœur de la région des lacs et des cascades du Jura, 6 chambres dont 2 aménagées dans la maison du propriétaire et 4 chambres aménagées dans une maison voisine rénovée. Toutes les chambres possèdent 1 salle de bains et 1 wc privés. Jardin, terrasse, salon de jardin. Accessible aux pers. handicapées. Ouvert toute l'année.

Prix : 1 pers. **170/195 F** 2 pers. **215/255 F** 3 pers. **300 F**
pers. sup. **45 F** repas **75 F** 1/2 pens. **170/190 F**

8	8	8	SP	5	9	7

MORO Annie – 39130 Songeson – **Tél. :** 84.25.72.81

Thervay
C.M. n° 66 — Pli n° 14

✴✴✴ NN Alt. : 250 m — 2 chambres d'hôtes avec salle de bains et wc privés pour chaque chambre. Salon privé avec bibliothèque et TV. Jardin fleuri avec terrasses, salon de jardin. Gare 20 km. Commerces 2 km. Dans la Vallée de l'Ognon, région de forêts et de grands cours d'eau, les chambres sont aménagées dans une maison ancienne totalement rénovée.

Prix : 1 pers. **170 F** 2 pers. **200 F**

2	1	SP	30	3	SP

PONCELIN J-Pierre et Colette – La Raye – 39290 Thervay – **Tél. :** 84.70.20.04

Vernantois
C.M. n° 70 — Pli n° 14

✴✴✴ NN Alt. : 330 m — 2 chambres d'hôtes aménagées dans une maison vigneronne. Salle de bains et wc privés dans chaque chambre, 1 de ces chambres communique avec une 3e le cas échéant. Salon commun avec piano, cheminée, TV couleur. Terrasse, jardin fleuri, verger, salon de jardin. Gare 6 km. Commerces 3 km. Ouvert toute l'année. Anglais parlé. Au cœur du vignoble et en bordure du golf 18 trous du Val de Sorne, les chambres à l'étage sont vastes et bénéficient d'une très belle vue sur le village. Une galerie d'art a été aménagée au rez-de-chaussée de la maison.

Prix : 1 pers. **200 F** 2 pers. **220 F** pers. sup. **50 F**

15	SP	SP	SP

RYON Michel et Monique – Rue Lacuzon – 39570 Vernantois – **Tél. :** 84.47.17.28

Villeneuve-les-Charnod
C.M. n° 70 — Pli n° 14

✴ NN (TH) Alt. : 500 m — 2 ch. d'hôtes aménagées dans la maison du propriétaire avec accès totalement indépendant. Salle de bains et wc privés pour chaque chambre. 1 ch. 2 pers., 1 ch. 3 pers. Cour et espaces verts attenants. Salon de jardin. Commerces 5 km. Anglais parlé. Sur l'itinéraire équestre du Grand Huit (1900 km de pistes balisées), Serge et Françoise vous accueillent dans leur ancienne ferme rénovée. Location de chevaux sur place. Cette région appelée « Petite Montagne » est riche en sites naturels et historiques.

Prix : 1 pers. **140 F** 2 pers. **180 F** 3 pers. **220 F** repas **60 F**
1/2 pens. **200 F**

20	20	2	1	2	5	30	SP

BRUN Serge et Francoise – 39240 Villeneuve-Les Charnod – **Tél. :** 84.44.31.63

Villers-Farlay Chateau de Bel Air
C.M. n° 70 — Pli n° 4

✴✴✴✴ NN (TH) Alt. : 220 m — 2 suites très joliment meublées avec salles de bains privées, donnant sur le parc. Grand salon avec billard et piano. Grande et belle salle à manger. VTT et chevaux de selle à la disposition des hôtes. Salon de jardin. Gare 3 km. Commerces 1 km. Ouvert toute l'année. Anglais parlé. Dans la vallée de la Loue, appelée « Val d'Amour », ravissant petit château construit entre 1768 et 1770. Meubles d'époque, très beau parc fleuri et arboré.

Prix : 1 pers. **300 F** 2 pers. **350/400 F** 3 pers. **400/450 F**
repas **90 F**

2,5	2,5	SP	2,5	1	20	7

DROMARD J.Francois et Chantal – Chateau Bel Air – 39600 Villers-Farlay – **Tél. :** 84.37.73.37 – **Fax :** 84.37.73.37

Villers-les-Bois
C.M. n° 70 — Pli n° 4

✴✴ NN Alt. : 250 m — Dans un petit village du bocage jurassien, entre vignobles et Bresse, dans une région boisée et parsemée d'étangs, 2 chambres 3 et 4 pers. à l'étage avec douche dans chaque chambre et wc communs. 1 chambre 2 pers. au rez-de-chaussée avec salle de bains et wc privés. Salon avec cheminée et TV réservé aux hôtes. Terrasse et salon de jardin. Restaurant 4 km. Ouvert toute l'année.

Prix : 1 pers. **180 F** 2 pers. **200 F** 3 pers. **265 F**
pers. sup. **50 F**

1	SP	1	7	20	8

COTTET – Rue Principale – 39800 Villers-Les Bois – **Tél. :** 84.37.52.45 – **Fax :** 84.37.56.06

Villers-Robert Le Moulin   *C.M. n° 70 — Pli n° 4*

♥♥♥ NN (TH)   Alt. : 250 m — 3 chambres d'hôtes de caractère aménagées dans un moulin restauré. Salles de bains et wc privés dans chaque chambre. 3 pers. par chambre. Salle à manger et salon avec cheminée. TV couleur dans chaque chambre. Parc arboré attenant avec rivière (pêche privée sur place). Salon de jardin. Gare TGV 22 km. Commerces 4 km. Piscine 10 km. Ouvert toute l'année. La région de Villers Robert est une région de bocages où forêts, prairies et terres cultivées se partagent l'essentiel de l'espace. Etangs et cours d'eau y sont nombreux. Château des Automates du Deschaux à 1 km des chambres (Fabulys). Anglais parlé.

Prix : 1 pers. **270 F** 2 pers. **320 F** 3 pers. **430 F**
pers. sup. **70 F** repas **90/150 F** 1/2 pens. **355 F**

0,5	1	8	10	8	SP

MONAMY Jacqueline — Le Moulin — 39120 Villers-Robert — Tél. : 84.71.52.39

Nièvre

Alluy Bouteuille   *C.M. n° 69 — Pli n° 5*

♥♥♥ NN   Alt. : 240 m — Alluy « Bouteuille » à 5 km de Châtillon en Bazois. N78 1,5 km. Maison de caractère (parc), salon, cuisine aménagée pour les hôtes. 3 chambres 2 pers. avec s. d'eau et wc individuels. 1 suite (1 ch. 2 pers. + 1 ch. enfant) avec s.d.b. et wc individuels. Tél. TV. Barbecue à disposition. Loc. vélos et bateaux 5 km. Parking. Anglais parlé. Gare 38 km. Commerces 4 km. Chasse sur place (135 ha). Magny-Cours à 40 km. Restaurant à 5 km. Accès : CD 978 Nevers-Chatillon en Bazois. Ouvert toute l'année. De Nevers, dir. Château-Chinon sur 40 km, puis prendre à gauche après le hameau de l'Huis-Moreau. Circuit VTT. Réduction de 10 % en hors-saison si + de 3 jours.

Prix : 1 pers. **220 F** 2 pers. **250/300 F** 3 pers. **320 F**

5	5	3	4	20	SP	SP	4	5

LEJAULT Andre — Bouteuille — 58110 Alluy — Tél. : 86.84.06.65 — Fax : 86.84.03.41

Bazoches Bourg Bassot   *C.M. n° 65 — Pli n° 16*

♥♥♥ NN (A)   Alt. : 275 m — 3 chambres d'hôtes aménagées dans un bâtiment à proximité d'une exploitation agricole (propriétaires sur place). 3 ch. dont 2 doubles et 1 triple avec chacune s. d'eau et wc particuliers. Chauffage central. Mezzanine avec coin-salon réservée aux hôtes. Grand jardin avec jeux pour enfants. Gare 20 km. Commerces 13 km. Ouvert toute l'année sur réservation. Situées au pied du château de Bazoches. M. et Mme Perrier sont des jeunes agriculteurs qui diversifient au maximum leurs activités et ont choisi l'option du tourisme, Mme Perrier, excellent cordon bleu vous fera découvrir et apprécier la gastronomie nivernaise, ferme auberge fermée le dimanche soir.

Prix : 2 pers. **220 F** 3 pers. **300 F** repas **80 F**

8	20	8	6	SP	20	15

PERRIER Philippe et Nadine — Bourg Bassot — 58190 Bazoches — Tél. : 86.22.16.30

Bazolles Baye   *C.M. n° 65 — Pli n° 15*

♥♥ NN   1 chambre d'hôtes située dans une maison indépendante au rez-de-chaussée, à proximité du propriétaire. 1 chambre 2 pers. avec s. d'eau et wc particuliers. Salle de séjour à disposition. Chauffage électrique. Jardin, aire de jeux, parking. Plage 2 km. Logement de chevaux sur place. Baignade 200 m. Canal 500 m. Lac 200 m. Rivière 500 m. Bâteaux 1 km. Restaurant 500 m. Randonnées pédestres, VTT, cyclo. Gare 13 km. Commerces 4 km. Ouvert de Pâques au 30 septembre. De Saint-Saulge, de Châtillon-en-Bazois, de Corbigny prendre dir. Etangs de Vaux et de Baye.

Prix : 1 pers. **160/180 F** 2 pers. **180/200 F**

0,5	18	SP	30	30	SP	SP	SP

MATHE Genevieve — Baye — 58110 Bazolles — Tél. : 86.38.97,33

Champlemy   *C.M. n° 65 — Pli n° 14*

♥♥   2 chambres d'hôtes dans une ancienne maison bourgeoise située sur la place du village. 1 chambre 5 pers. avec salle d'eau et wc particuliers. 1 chambre 2 pers. salle d'eau et wc particuliers. Salle de séjour à disposition des hôtes. Parking, jardin. Restaurant sur place. Gare 30 km. Commerces sur place. Ouvert d'avril à octobre. Anglais et allemand parlés. A Varzy, prendre D977, Premery-Champlemy se trouve à une quinzaine de kilomètres. Nevers 44 km.

Prix : 1 pers. **140 F** 2 pers. **210/250 F** 3 pers. **280/320 F**

14	23	10	SP	SP	20	14

TAYLOR — Champlemy — 58210 Varzy — Tél. : 86.60.15.08

Charrin Le Vernet   *C.M. n° 69 — Pli n° 5*

♥♥♥ NN (TH)   Château du XIXᵉ, à 14 km de Decize, sur la D979. 1 ch. Empire (2 lits à rouleaux. 1 lit enfant), wc et s.d.b. indépendants. 1 ch. 1900 3 épis (1 lit 2 pers.), wc et s.d.b. indépendants. 1 suite Louis Philippe 2 épis NN (1 lit 130. 1 lit 120), wc et s.d.b. au r.d.c. Salon, salle réunion, bibliothèque. Chauffage au gaz. Parking. Parc. Jardin. Jeux de société, logements chevaux et prairie de 4 ha. Ping-pong. 1/2 pension et pension sur réservation pour 7 jours consécutifs. 8ᵉ nuit gratuite. Charrin 12 km. Ouvert toute l'année. Anglais et allemand parlés. Gare 12 km. Loc. VTT. Golf 6 trous. Location VTT, circuit sur place.

Prix : 1 pers. **250 F** 2 pers. **300 F** pers. sup. **100 F**
repas **120 F** 1/2 pens. **1700 F** pens. **2400 F**

14	14	10	2	SP	2	45	14	14

DE BREM et Olivier et BROLL Patrick — Chateau du Vernet — 58300 Charrin — Tél. : 86.50.36.87

Charrin La Varenne *C.M. n° 69 — Pli n° 5*

♥♥ NN 1 suite composée de 2 chambres (1 lit 2 pers.), salle d'eau et wc particuliers, TV. Endroit calme et confortable. Jardin. Gare 12 km. Commerces et restaurant 500 m à Decize prendre direction Mâcon. Stade nautique. Ouvert toute l'année.

Prix : 2 pers. 210 F

12	12	12	4	14	3	12	2

AUROUSSEAU Francoise – La Varenne – 58300 Charrin – Tél. : 86.50.30.14

Chaumard *C.M. n° 65 — Pli n° 15*

♥♥♥ NN 6 ch. d'hôtes dans une maison indépendante à proximité du propriétaire dans une ferme en pleine campagne. Séjour. 3 ch. 2 pers. (3 épis NN) au r.d.c. avec chacune salle de bains et wc particuliers. 2 ch. 2 pers. (2 épis NN) à l'étage avec chacune salle de bains particulière. 1 ch. 2 pers. (2 épis NN) avec salle d'eau particulière, wc communs aux 3 ch. Chauffage central au gaz. Salon. Jardin. Parc. Téléphone dans chaque chambre. Accès : à Château-Chinon direction Lormes à 2 km tourner à droite prendre direction Montsauche à 3 km Chaumard est indiqué sur la gauche. Lac de Pannecière 200 m. Ouvert de mars à octobre.

Prix : 1 pers. 172/184 F 2 pers. 186/201 F 3 pers. 229/243 F

5	5	10	SP	5	SP	SP	SP

TESSARI Charles – Chaumard – 58120 Chateau-Chinon – Tél. : 86.78.03.33 ou 86.78.04.94

Donzy Jardins-de-Belle-Rive *C.M. n° 65 — Pli n° 13*

♥♥♥ NN (TH) Dans une région boisée, très agréable, 3 ch. d'hôtes confortables aux r.d.c. et 1er étage d'une maison indépendante de celle des propriétaires. Salle de bains et wc particuliers pour chaque chambre. Salon. Chauffage électrique. Jolie vue sur le jardin et la campagne. Piscine privée accessible aux hôtes. Produits régionaux à découvrir. Ouvert toute l'année. Anglais et allemand parlés. Rivière 1ere catégorie dans le vallon. Restaurants et tous commerces 1,2 km. Au bout d'un chemin bordé de saules, les Jardins de Belle Rive vous accueillent dans le calme et la verdure. Un relais vous permettant de rayonner dans une région d'une grande richesse.

Prix : 1 pers. 220 F 2 pers. 240/290 F 3 pers. 345 F pers. sup. 55 F repas 65/85 F

2	SP	15	SP	25	5	26

JUSTE Bernard et Josette – Jardins de Belle Rive - Bagnaux – 58220 Donzy – Tél. : 86.39.42.18

Donzy Bois-Gratton *C.M. n° 65 — Pli n° 14*

♥♥♥ NN Dans un parc de 5 ha., 2 ch. d'hôtes aménagées dans une belle propriété spacieuse, au r.d.c. d'un bâtiment de style chalet indépendant du propriétaire. Chaque chambre est équipée d'une salle de bains et d'un wc. Salon, salle à manger, TV, bibliothèque. Chauffage électrique. Salon de jardin, terrasse donnant sur une magnifique parc. Gare 17 km. Commerces 1 km. Ouvert de mai à octobre. Superbe propriété entourée de bois dans lesquels se trouve une réserve d'animaux (sangliers, biches, cerfs, daims) sur 600 ha. Havre de paix et d'oxygène, lieu idéal pour des vacances en pleine nature.

Prix : 1 pers. 150 F 2 pers. 200 F

1	1	2	2

KAHN Andre et Christiane – Le Bois Gratton – 58220 Donzy – Tél. : 86.39.33.82 – Fax : 86.39.36.76

Dun-les-Places *C.M. n° 65 — Pli n° 16*

♥ NN (TH) Alt. : 430 m — Situées au bord de la rivière La Cure, 5 chambres d'hôtes à 2 lits indépendants. 1 dortoir enfants (6 lits). Salle de bains pour 3 chambres. Salle d'eau et wc privés pour 1 chambre. Ping-pong. Jeux de société. Grand terrain (8 ha.). Varappe. Lac des Settons 15 km, lac de Saint-Aignan 10 km. Bibliothèque. Grand salon (soirée musique). Location VTT. Canoë, rafting 6 km. Ouvert toute l'année. Gare 20 km. Commerces 2 km. Accueil de groupe possible. Accès : de Vézelay prendre dir. Quarré-les-Tombes par D36 jusqu'à Saint-Brisson puis D6 dir. Dun-les-Plages.

Prix : 1 pers. 120 F 2 pers. 200 F 3 pers. 280 F repas 80 F

15	15	15

BELHAMICI Alain – Vallee de la Cure - Moulin du Plateau – 58230 Dun-Les Places – Tél. : 86.84.63.55 ou 86.84.57.10 – Fax : 86.84.60.80

Entrains-sur-Nohain *C.M. n° 65 — Pli n° 14*

♥ NN Ancienne ferme restaurée située dans un village. 1 ch. 2 pers., 1 ch. (1 lit 2 pers. 1 lit 1 pers.), 1 ch. (3 lits 1 pers.) à l'étage avec salle d'eau et wc communs sur le palier. Salle de séjour, salon avec TV. Véranda, parking, terrain clos. Restaurant et commerces 4,5 km. Gare 17 km. Ouvert toute l'année, sauf le mardi en basse saison. Anglais parlé. Nevers 60 km.

Prix : 2 pers. 160 F 3 pers. 180/220 F

4,5	4,5	3	4,5	4,5	SP

PIMONT Robert et Jane – Chateau du Bois – 58410 Entrains-sur-Nohain – Tél. : 86.29.26.69 ou 86.29.25.89

Entrains-sur-Nohain *C.M. n° 65 — Pli n° 14*

♥♥♥ NN (TH) Ancien prêche huguenot du XVIe siècle au cœur du village gallo-romain d'Entrains, sur 2 étages avec jardin intérieur. 4 grandes chambres à l'étage avec salles de bains attenantes, entièrement rénovées et équipées au meilleur standard. Mobilier de style Nouvelle Angleterre. Escalier de château. Anglais et italien parlés. Ouvert d'avril à novembre. Gare 23 km. Commerces sur place. Table d'hôtes de qualité. A proximité de nombreux châteaux et des vignobles de Sancerre, Pouilly et Chablis.

Prix : 1 pers. 300 F 2 pers. 360 F 3 pers. 480 F pers. sup. 100 F repas 95 F

SP	SP	5	35

WEISSBERG Noelle – La Maison des Adirondacks – 58410 Entrains-sur-Nohain – Tél. : 86.29.23.23 ou 1.45.67.71.55 – Fax : 1.44.18.09.37

Guipy   *C.M. n° 65 — Pli n° 15*

※ ※ ※ NN   2 ch. 2 pers. de caractère situées au 1er étage d'un château. Salle d'eau et wc dans chaque chambre. Chauffage électrique. Parking. Parc de 18 ha. Salle de jeux. Salon. Salle de séjour. Salle de musique. Possibilité cuisine. Club hippique sur place avec stages poneys et chevaux. Location VTT sur place. Restaurant 4 km. Anglais parlé. Gare et commerces 9 km. Ouvert toute l'année. Accès : à Corbigny prendre Dir. Prémery par la D977 b puis Brinon-sur-Beuvron par la D5. Chanteloup sera indiqué sur votre route.

Prix : 1 pers. 250 F 2 pers. 260 F 3 pers. 300 F

8	25	SP	8	8	8	8	8

SOCIETE DIANE DE CHANTELOUP – Chateau de Chanteloup – 58420 Brinon-sur-Beuvron – Tél. : 86.29.01.26 ou 86.29.02.08

Lanty   *C.M. n° 69 — Pli n° 19*

※ ※ ※ NN   4 chambres d'hôtes de 2 pers. aménagées au 1er étage avec salle d'eau (douche, wc) et TV. Coin salle à manger et salon privatifs. Coin cuisine parfaitement équipé. Parkings, garages. Chemins de randonnées, forêt communale. Produits fermiers dans la commune. Bibliothèque. Salons de jardin, barbecue, terrain ombragé donnant sur superbe vue. Ces chambres sont situées dans un très beau bâtiment du XIXe siècle posé sur une terrasse plein sud, face à un très beau panorama dominant les collines du Bourbonnais et la Plaine du Bazois, laissant entrevoir les contreforts du Massif central. Commerces 3 km. Ouvert toute l'année.

Prix : 1 pers. 220 F 2 pers. 250 F pers. sup. 50 F

13	13	13	3	13	6	6

MAIRIE DE LANTY – 58250 Lanty – Tél. : 86.30.93.65 ou 86.30.93.22

Magny-Cours Domaine-de-Fonsegre   *C.M. n° 69 — Pli n° 4*

※ ※ ※ NN   6 ch. d'hôtes aménagées dans un ancien bâtiment de ferme entièrement restauré, proche des châteaux de la Loire et du circuit automobile de F1. 4 ch. (2 lits 1 pers.) et 2 ch. pour couples équipées de douches et wc privés. Billard, séjour, salon, cheminée, salle de conférence, bibliothèque. Piscine. Gare 15 km. Commerces 4 km. Ouvert toute l'année. Vous pourrez profiter des chemins de randonnée et sillonner notre campagne à pied, à cheval ou en attelage.

Prix : 1 pers. 350 F 2 pers. 390 F

SP	4	10

BELLANGER – Fonsegre – 58470 Magny-Cours – Tél. : 86.21.28.04 – Fax : 86.21.28.05

Magny-Cours Nioux   *C.M. n° 69 — Pli n° 13*

※ ※ ※ NN   (TH)   3 ch. d'hôtes à la ferme, au 1er étage d'un ancien relais de chasse du XVIIIe siècle. 2 ch. comprenant chacune 1 lit 2 pers. et 1 ch. avec 2 lits 1 pers. Salle d'eau et wc privatifs pour chaque chambre. Chauffage électrique. Salon avec TV et bibliothèque, jeux de société. Ping-pong. Salle de jeux. Musée 2 km. Gare 15 km. Ouvert toute l'année. Joli relais aménagé d'une façon coquette dans lequel vous trouverez un accueil chaleureux, une table d'hôtes digne de ce nom et une qualité de confort irréprochable. Mme Besson est artiste à ses heures et vous fera partager sa passion.

Prix : 2 pers. 230/250 F repas 90 F

15	15	19	SP	7	2	7

BESSON Sylvie – Nioux – 58470 Magny-Cours – Tél. : 86.58.17.94

La Marche Manoir de Munot   *C.M. n° 69 — Pli n° 3*

※ ※ ※ NN   (TH)   6 ch. d'hôtes aménagées aux 1er et 2e étages d'une belle demeure. 2 ch. (1 lit 2 pers. Poss. lit supplémentaire) avec salle de bains, wc et TV pour chacune. 1 ch. (1 lit 2 pers.) avec salle de bains, wc, TV et accès indépendant en plus de l'accès commun. 3 ch. (1 lit 2 pers.), avec salle d'eau, wc et TV. R.d.c. : salle à manger, salon, TV, biblio., cheminée. Parc, piscine. Dans une demeure traditionnelle entourée d'un parc clos et arboré, longé par la Douceline et à 100 m de la Loire. Promenades à cheval dans la forêt des Bertranges toute proche de ces chambres au décor raffiné. Gare et commerces 2 km. Ouvert toute l'année. Anglais, espagnol parlés.

Prix : 1 pers. 250 F 2 pers. 300 F 3 pers. 400 F repas 120 F

2	SP	6	0,1	25

CORTE Laurence – Domaine de Munot - La Marche – 58400 La Charite-sur-Loire – Tél. : 86.69.60.01 – Fax : 86.69.60.20

Mont-et-Marre   *C.M. n° 69 — Pli n° 5*

※ ※ ※ NN   3 ch. d'hôtes très calmes aménagées au r.d.c. d'une maison de ferme, en pleine campagne. 1 ch. (lits jumeaux) avec s.d.b. et wc particuliers. 1 ch. 2 pers. avec s. d'eau et wc particuliers. 1 ch. (lits jumeaux) avec s. d'eau particulière. Ch. central. Salle de séjour avec bibliothèque et cheminée à disposition. Jardin, parking. Ouvert toute l'année. Accès : à Châtillon en Bazois prendre direction D945 Corbigny. 2e route à gauche D259 direction Mont et Marre.

Prix : 2 pers. 220/260 F 3 pers. 300 F

SP	4	5	SP	10	10

DELTOUR Paul – Semelin - Mont et Marre – 58110 Chatillon-en-Bazois – Tél. : 86.84.13.94

Montsauche-les-Settons La Vieille-Diligence   *C.M. n° 65 — Pli n° 16*

※ ※ NN   (TH)   Alt. : 600 m — Chambres d'hôtes aménagées dans un ancien relais situé au bord du lac des Settons. 3 chambres d'hôtes avec douches privées et wc communs. 1 ch. twin (2 lits 1 pers.), 1 ch. double (1 lit 2 pers.), 1 ch. (1 lit 2 pers. 2 lits 1 pers. superposés). Salle commune avec cheminée et vue sur le lac. Chauffage central. Ouvert toute l'année sur réservation. Commerces 5 km. Propriétaires passionnés d'équitation, promenades ou randonnées équestres à travers le Morvan. Possibilité accueil de groupe en gîte d'étape. Toutes activités nautiques sur le lac des Settons. Chèques vacances acceptés.

Prix : 2 pers. 220 F repas 70 F 1/2 pens. 180 F

1	SP	SP	2	SP	SP	SP	SP

MACE Michel – La Vieille Diligence - Les Settons – 50230 Montsauche – Tél. : 86.84.55.22

Neuville-les-Decize Tartane   *C.M. n° 69 — Pli n° 4*

NN
TH

1 chambre aménagée au 1er étage de l'habitation principale. 1 ch. (1 lit 2 pers.), salle de bains avec douche et baignoire. Chauffage central. Salle de séjour commune avec les propriétaires. Gare et commerces 18 km. Ouvert toute l'année. Anglais parlé. Maison bourbonnaise du XVIIIe siècle, possédant une belle entrée et un escalier d'époque. Elle est entourée d'un très beau jardin, de forêts et est située à 19 km de Magny-Cours, circuit automobile F1.

Prix : 1 pers. **120 F** 2 pers. **200 F** 3 pers. **250 F** repas 75 F

⛷	🛶	⛴	🎣	🎭	🌲	🚗
18	18	6,5	19	SP	19

DE SOULTRAIT Anne – Tartane – 58300 Neuville-Les Decize – Tél. : 86.50.63.31

Onlay   *C.M. n° 69 — Pli n° 6*

NN
TH

Alt. : 250 m — 5 chambres d'hôtes 3 pers. au château avec salle de bains particulière. Salle de séjour. Salon. Télévision, bibliothèque. Chauffage central. Parc, parking. Exposition d'art contemporain. Gare 25 km. Commerces 5 km. Ouvert toute l'année. Anglais et langues scandinaves parlés. Accès : de Moulins-Engilbert prendre D18 dir. Villapourçon, le château de Lesvault se trouve à 5 km sur votre gauche.

Prix : 1 pers. **250 F** 2 pers. **450 F** 3 pers. **550 F** pers. sup. **100 F** repas 90/130 F

⛷	🛶	⛴	⛵	🎣	🎭	🌲	🚗	🚴	♨
10	10	SP	5	40	0,5	70	30	0,5

CHATEAU DE LESVAULT – Onlay – 58370 Villapourcon – Tél. : 86.84.32.91 – Fax : 86.84.35.78

Oulon   *C.M. n° 65 — Pli n° 14*

NN
(A)

Alt. : 200 m — 6 ch. d'hôtes dans un bâtiment indépendant, situé dans la cour de la ferme-auberge. Salle d'eau pour chaque chambre. Chauffage électrique. 1 wc pour 3 ch. Restauration sur place. Jardin, jeux d'intérieur et d'extérieur. Château, archéologie, activités sportives, équestres et nautiques. Poss. groupes (gîtes), pension et demi-pension. Gare 35 km. Commerces 5 km. Ouvert toute l'année. Entre les sites historiques de Vézelay, Nevers, la Charité-sur-Loire dans le cadre exceptionnel de la ferme-auberge du vieux château des XIIIe et XVIe siècles. Terrasse fleurie, piscine privée sur place. Ferme d'élevage (ovins, caprins, volailles). Anglais parlé.

Prix : 1 pers. **200 F** 2 pers. **250 F** repas 80/150 F

⛷	🛶	⛴	🎣	🌲	🚗	🚴	♨
5	SP	6	SP	SP	41	18	5

FAYOLLE Joseph et Christiane – Ferme Auberge du Vieux Chateau - Oulon – 58700 Premery – Tél. : 86.68.06.77

Ourouer Nyon   *C.M. n° 69 — Pli n° 4*

E.C. **NN**

Belle maison bourgeoise entourée d'un parc paysager. 3 chambres (1 lit 2 pers.) avec très belles salles de bains et wc. Salle à manger, salon. Décor très raffiné. Gare et commerces 9 km. Musée des Forges de la chaussade (ancien musée de marine) à 9 km. Nevers, ville d'art et d'histoire, à 15 km.

Prix : 2 pers. **250 F**

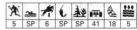

⛷	🛶	🎣	🎭	🌲
9	9	9	9	9

HENRY Catherine – Nyon – 58130 Ourouer – Tél. : 86.58.61.12

Ourouer-aux-Amognes   *C.M. n° 69 — Pli n° 4*

NN

Alt. : 270 m — 3 chambres d'hôtes au 1er étage dans un hameau, 3 chambres 2 pers. avec salle d'eau particulière. WC communs. Chauffage électrique. Salle de séjour. Cheminée. Vélos à disposition. Terrasse. Jardin. Parking. A 300 m Elvire, sa ferme du bonheur : ânes, poneys, chevaux. Ouvert toute l'année. Commerces 1,5 km. Accès : à Nevers prendre direction Guérigny par la D977 à 6 km environ prendre sur la droite la D176 jusqu'à Ourouer puis direction la Ferme du Bonheur.

Prix : 2 pers. **230 F**

⛷	🎣	🎭	🌲
9	9	9	9	3

ANDREJEVIC Jean – Les Fosses – 58130 Ourouer – Tél. : 86.58.68.78

Parigny-les-Vaux   *C.M. n° 69 — Pli n° 3*

NN

4 chambres d'hôtes dont 2 chambres avec mezzanine pour famille 5 pers. Salle d'eau dans chaque chambre, wc communs. Grande salle rustique, cheminée. Chauffage élect. Relais équestre et pédestre sur place. Jeux pour enfants et adultes. Table d'hôtes sur demande. Région d'art roman, châteaux. Circuits pédestres balisés dans les environs avec organisation de randonnée. Ouvert du 1er mai au 30 septembre. Possibilité table d'hôtes, 1/2 pension et pension, accueil de groupe. Musée de la Marine, location de VTT et possibilité de chasse à cour à cheval ou en voiture, le mardi et le samedi d'octobre à février à 4 km.

Prix : 2 pers. **230 F** pers. sup. **70 F**

⛷	🛶	⛴	🎣	🎭	🌲	🚗
4	8	8	4	8	1	1

LE DOMAINE DE LA MAURE – 58320 Parigny-Les Vaux – Tél. : 86.60.40.12

Raveau Le Bois-Dieu   *C.M. n° 65 — Pli n° 13*

NN
TH

Dans une grande maison de caractère, 3 chambres d'hôtes pour 2 pers. à la décoration soignée, sont aménagées à l'étage. Chacune avec salle d'eau ou salle de bains et wc privés. Salon, bibliothèque, salle de séjour, cuisine. Etang. Ouvert toute l'année, sur réservation du 15 novembre au 31 mars. Gare et commerces 6 km. Table d'hôtes sur réservation. Près de la ferme, en bordure de la forêt des Bertranges (10 000 ha.) sur le chemin de Saint-Jacques de Compostelle (Vézelay-La Charité Bourges). A 6 km de La Charité. Cité monastique fortifiée. Nombreux sites et monuments. Vignobles de Pouilly et Sancerre.

Prix : 1 pers. **220/260 F** 2 pers. **290/300 F** pers. sup. **60 F** repas 95 F

⛷	🛶	⛴	🎣	🎭	🌲	🚗	🚴	♨
2	6	2	SP	25	SP	SP	40	40

MELLET-MANDARD Dominique et Jean – Bois Dieu – 58400 Raveau – Tél. : 86.69.60.02 – Fax : 86.70.23.91

Saint-Amand-en-Puisaye   *C.M. n° 65 — Pli n° 3*

❀❀❀ NN

A 3 km de Saint-Amand (pays des potiers), dans un cadre fleuri et arboré, très reposant. 5 ch. d'hôtes indépendantes de la maison des propriétaires. 2 ch. (1 lit 2 pers.), 2 ch. (lits jumeaux), 1 ch. (3 lits 1 pers.). Salle de bains et wc dans chaque chambre. R.d.c. : séjour, salle de détente avec bibliothèque, TV couleur, téléphone. Parking, grand terrain. Ouvert toute l'année. Restaurants et commerces 3 km. Gare 20 km. Accès : à l'entrée nord-ouest du département par la N7 après Neuvy-sur-Loire, à Myennes, prendre à gauche (D955), dir. Saint-Amand-en-Puisaye.

Prix : 1 pers. **200 F** 2 pers. **240 F** 3 pers. **300 F**

2	20	5	0,5	SP	10	10	

MANNEHEUT Marie-Therese – La Berjatterie - Bitry – 58310 Saint-Amand-en-Puisaye – Tél. : 86.39.67.14 – Fax : 86.39.65.97

Saint-Eloi Trangy   *C.M. n° 69 — Pli n° 4*

❀❀❀ NN (TH)

3 ch. d'hôtes à l'étage d'une maison bourgeoise dans le même bâtiment que le propriétaire (fin XVIIIe). 3 doubles dont 1 twin, salle d'eau et wc pour chacune, possibilité lit enfant. Salon, piscine, TV, bibliothèque. Salon de jardin, terrain clos et paysager. Gare 6 km. Commerces 3 km. Ouvert toute l'année. Anglais et espagnol parlés. Repas selon possibilité. A 6 km de Nevers, ces chambres d'hôtes vous offrent le charme d'une campagne aux paysages privilégiés. Maison entourée d'un parc paysager parsemé d'arbres rares et centenaires. Les propriétaires vous feront partager leur passion pour l'équitation, vos seuls voisins : les chevaux...

Prix : 1 pers. **210 F** 2 pers. **250 F** 3 pers. **280 F** repas **60/100 F**

4	SP	SP	15	2	20

DE VALMONT Chantal – Trangy - 8 rue de Trangy – 58000 Saint-Eloi – Tél. : 86.37.11.27

Saint-Hilaire-en-Morvan Chaumottes   *C.M. n° 69 — Pli n° 6*

❀ NN

Alt. : 330 m — Maison de caractère dans une ferme en pleine campagne (XIVe siècle). 3 chambres d'hôtes 2 pers. aménagées au 1er étage, avec chacune cabinet de toilette. Salle d'eau et wc communs. Salle de séjour, cheminée. Terrasse. Jeux d'enfants. Terrain, parking. Restaurant 3 km. Location VTT 5 km. Ouvert du 1er mai au 30 septembre. 180 F/2 pers. à partir du 4e jour. Accès : prendre l'axe Nevers/Château-Chinon par la D978 (ne pas aller jusqu'au bourg de Saint-Hilaire-en-Morvan, les chambres se trouvent sur la gauche à 5 km environ de Château-Chinon). Pêche gratuite sur place. Anglais parlé.

Prix : 2 pers. **210 F**

6	5	8	SP	SP	SP	12	12

GAEC DES CHAUMOTTES – Saint-Hilaire en Morvan – 58120 Chateau-Chinon – Tél. : 86.85.22.33 ou 86.85.01.10

Saint-Jean-aux-Amognes Sury   *C.M. n° 69 — Pli n° 4*

❀❀ NN (TH)

3 ch. d'hôtes aménagées dans un château du XVIIe siècle, grand calme. 1 ch. (1 lit double), douche, wc privés et TV. 1 ch. (lits jumeaux), salle de bains et wc privés, TV. 1 ch. (1 lit double), douche privée, wc, TV et salon. Gare 18 km. Commerces 6 km. Ouvert toute l'année. Anglais parlé. A quelques kilomètres de Nevers, dans la région des Amognes, c'est dans un cadre exceptionnel que vous séjournerez. Le parc du château est parfaitement entretenu, les arbres y sont gigantesques et les prairies parsemées de chevaux.

Prix : 1 pers. **200 F** 2 pers. **250/300 F** 3 pers. **300/350 F** repas **150 F**

6	6	1	6

DE FAVERGES Hubert – Chateau de Sury – 58270 Saint-Jean-aux-Amognes – Tél. : 86.58.60.51 – Fax : 86.68.90.28

Saint-Loup Chauffour   *C.M. n° 65 — Pli n° 3*

❀❀❀ NN (TH)

2 chambres aménagées au 1er étage de la maison du propriétaire : 1 ch. 2 pers., 1 ch. 3 pers. avec mezzanine, salles d'eau et wc particuliers pour chaque chambre. Chauffage électrique. Salon, bibliothèque, jeux de société, ping-pong. Vin et produits fermiers à proximité. Possibilité table d'hôtes. Ouvert du 1er avril au 30 octobre. Gare et commerces 12 km. Mme Duchet, nivernaise d'adoption est tombée amoureuse de cette maison et de ce petit village qu'elle s'acharne à vouloir restaurer. Elle déploie énormément d'énergie pour faire revivre cette campagne et regorge d'idées pour lui rendre sa beauté et sa gloire d'autrefois.

Prix : 2 pers. **270 F** 3 pers. **390 F** repas **120 F**

12	12	4	12	2

DUCHET Elvire – Chauffour – 58200 Saint-Loup – Tél. : 86.26.20.22

Saint-Pere Menetereau   *C.M. n° 65 — Pli n° 14*

❀ NN

2 ch. d'hôtes aménagées au 1er étage d'une maison individuelle. 1 ch. (2 lits 2 pers.) avec cabinet de toilette. 1 ch. (1 lit 2 pers. 1 lit 1 pers.) avec cabinet de toilette. Salle d'eau et wc communs. Chauffage central. Gare et commerces 5 km. Ouvert toute l'année. Nevers 55 km. Petite maison de famille bien aménagée et chaleureuse où vous serez accueillis par une propriétaire dynamique et dévouée, toujours à l'écoute des autres.

Prix : 1 pers. **155 F** 2 pers. **180 F** 3 pers. **245 F**

5	5	2

DELASAUVAGERE Paulette – Menetereau - Saint-Pere – 58200 Cosne-sur-Loire – Tél. : 86.28.18.44

Saint-Pierre-le-Moutier La Forêt   *C.M. n° 69 — Pli n° 3*

❀❀❀ NN

Alt. : 214 m — Maison de caractère située en pleine campagne, dans un corps de ferme, à proximité d'un bois et d'un étang, calme assuré. Salle de bains avec wc dans chaque chambre. 1 chambre (2 lits jumeaux). 2 chambres 2 pers. Salon, TV. Chauffage central. Gare et commerces à 5 km. Parc animalier de Saint-Augustin 15 km. Arboritum de Balaine 15 km. Accès : dir. Decize D978 et D203. Possibilité de pêche (friture garantie). Vous serez reçus par la propriétaire dans un cadre rustique mais de grand confort. Circuit Magny-Court 8 km. Ouvert toute l'année.

Prix : 1 pers. **160 F** 2 pers. **210 F** pers. sup. **100 F**

5	25	25	SP	8	SP	SP	25	SP

LEVASSEUR Roselyne – La Forêt de Cougny – 58240 Saint-Pierre-le-Moutier – Tél. : 86.58.12.01

Saint-Reverien
C.M. nᵒ 65 — Pli nᵒ 15

‼‼‼ NN — 6 chambres d'hôtes aménagées dans une belle maison de maître du XIXᵉ siècle. 1ᵉʳ étage : 3 chambres doubles, douche et wc particuliers. 2ᵉ étage : 2 chambres doubles et 1 chambre simple, douche et wc sur le palier. Petit déjeuner copieux, confitures maison. Salons, salle à manger avec terrasse donnant sur le parc de 2 ha. Vue splendide sur le Morvan. Petit restaurant au village accessible à pied. Allemand, anglais et hollandais parlés couramment. Ouvert toute l'année. Prix dégressifs pour séjours prolongés. 6ᵉ nuit gratuite.

Prix : 1 pers. **210 F** 2 pers. **250/380 F**

🎿	🚶	🦆	⛵	🌲	🏛	⛵	〰
7	7	5	25	SP	34	5	5

BURGI Bernadette – Villa des Pres – 58420 Saint-Reverien – Tél. : 86.29.04.57 – Fax : 86.29.65.22

Saint-Saulge Les Beauvais
C.M. nᵒ 69 — Pli nᵒ 5

‼‼‼‼ NN (TH) — 4 chambres personnalisées aménagées dans une maison de caractère, située dans le bourg de Saint-Saulge. R.d.c. : 1 ch. 2 pers. access. aux personnes handicapées, salle d'eau et wc privés. 1ᵉʳ étage : 2 ch. 2 pers. (2 lits 2 pers.), avec salle de bains balnéo ou salle d'eau avec douche multijets et wc, 1 ch. twin (2 lits 1 pers.) avec salle d'eau et wc privés au r.d.c. Salle à manger (terrasse), salon de thé, cheminées, bibliothèque, TV. Ch. central. Jeux extérieurs et intérieurs pour enfants. Fermé en janvier. Anglais parlé. Gare 30 km. Commerces sur place. Grande demeure de campagne dans parc boisé et fleuri. Restauration intérieure avec enduits italiens cirés.

Prix : 1 pers. **250/400 F** 2 pers. **600 F** repas **100 F**

🐕	🎿	🚶
	2	12

O'LEARY-POIRIER – Les Beauvais – 58330 Saint-Saulge – Tél. : 86.58.29.98 ou 86.58.35.19 – Fax : 86.58.29.97

Sainte-Marie
C.M. nᵒ 69 — Pli nᵒ 14

‼‼ NN — Alt. : 340 m — 1 chambre d'hôtes (1 lit 2 pers. + 2 lits superposés) aménagée au 1ᵉʳ étage d'une ferme de caractère. Salle d'eau et wc particuliers. Ch. élect. Salle commune. Jardin. Aire de jeux. Garage. Produits fermiers sur place. Accueil de groupe possible dans gîte d'étape à proximité. Circuits FFC, VTT. Randonnées pédestres. Ouvert toute l'année. Anglais et allemand parlés. Accès : à Saint-Saulge prendre direction D38 Prémery puis à gauche D181 direction Sainte-Marie. Restaurant 4 km. Base de loisirs, étang et baignade 3 km.

Prix : 1 pers. **160 F** 2 pers. **200 F** 3 pers. **250 F**

🎿	〰	🚶	🦆	🌲	🏛	〰	〰
5	3	3	3	SP	SP	13	15

JANDET J.Patrick et M.Helene – Saint-Martin – 58330 Sainte-Marie – Tél. : 86.58.35.15

Semelay
C.M. nᵒ 69 — Pli nᵒ 6

‼‼‼ NN (TH) — 4 ch. d'hôtes situées dans la maison du propriétaire en pleine campagne, point de vue superbe. 1ᵉʳ étage : 2 ch. 2 pers. 1 ch. avec mezzanine 4 pers. 1 ch. 2 pers. avec petite cuisine. Pour chacune : salle d'eau et wc particuliers. Terrain non clos. Jeux d'enfants, portique, ping-pong, loc. vélos sur place. Centre équestre 2 km. Ouvert de Pâques à la Toussaint. Commerces 2 km. Accès : de Decize prendre dir. Luzy et après Fours tourner à gauche et continuer jusqu'à Semelay, prendre la direction de Luzy puis continuer la route jusqu'au carrefour de Luzy/St-Honoré-les-Bains, tourner à gauche puis 1ᵉʳᵉ route à droite : La Chaume. Anglais, néerlandais parlés.

Prix : 2 pers. **250 F** repas **70 F**

🐕	🎿	〰	🚶	🦆	🎵	🌲	🏛	〰
	10	10	3	SP	35	SP	SP	SP

D'ETE Pierre et Valerie – Domaine de la Chaume – 58360 Semelay – Tél. : 86.30.91.23

Semelay Le Martray
C.M. nᵒ 69 — Pli nᵒ 6

‼‼‼ NN — 1 suite dans l'aile du bâtiment : 2 ch. (1 lit 2 pers. 2 lits 1 pers.), salle de bains et wc privés. Coin-cuisine. Chauffage central. Salon au rez-de-chaussée. Ouvert toute l'année. Anglais parlé. Très belles chambres aménagées dans l'aile d'une maison bourgeoise. L'accueil de Mme D'Ete vous séduira et vous serez charmés par les superbes conémaras broutant les prairies alentours. Ping-pong et VTT sur place. Gare 7 km.

Prix : 1 pers. **200 F** 2 pers. **240/260 F** 3 pers. **280 F**

🐕	🎿	〰	🚶	🦆	🌲
	10	10	2	SP	2

D'ETE Gonzague et Chantal – Le Martray – 58360 Semelay – Tél. : 86.30.91.51 – Fax : 86.30.93.18

Thaix L'Ombre
📱

E.C. NN — Bâtiment datant de la Révolution (1760). 4 chambres avec salles de bains, wc et TV dans chaque chambre. 1 chambre (2 lits 1 pers.), 1 chambre (1 lit 2 pers. 1 lit 1 pers. 1 lit toile bébé), 2 chambres (2 lits 2 pers.). Grande salle à manger, salon attenant au séjour. Mobilier de style ancien. Plafonds à la Française, poutres en chêne. Ouvert toute l'année. Etang 3 ha. avec pêche sur place. Musée minéralogique sur place. Gare et commerces 5 km.

Prix : 1 pers. **250 F** 2 pers. **280 F** pers. sup. **60 F**

🎿	〰	🌲	〰
0,2	5	SP	SP

MOULHERAT – L'Ombre – 58250 Thaix – Tél. : 86.50.24.00 ou 86.50.72.61

Tintury
C.M. nᵒ 69 — Pli nᵒ 5

‼‼‼ NN — Alt. : 250 m — 4 chambres d'hôtes (2 ch. 3 épis NN, 1 ch. 2 épis NN, 1 ch. 1 épi NN) situées au 1ᵉʳ étage d'une jolie maison bourgeoise indépendante à proximité du propriétaire. 1 chambre 2 pers. 1 chambre 3 pers. avec douche et wc privés. 1 chambre 3 pers. avec salle de bains et wc privés. 1 chambre (2 lits 2 pers.). Chauffage central au fuel. Coin-cuisine. Jeux d'enfants. Poney-club 5 km. Gare 18 km. Commerces 6 km. Ouvert toute l'année. Allemand parlé. Accès : de Nevers, dir. Château-Chinon, à Rouy prendre à droite dir. Tintury. Etang de 60 hectares.

Prix : 1 pers. **140/210 F** 2 pers. **160/230 F** 3 pers. **240/270 F** pers. sup. **40 F**

🎿	〰	🚶	🦆	🎵	🌲	🏛	〰	〰
SP	12	5	SP	18	SP	SP	SP	SP

GUENY Michel – Fleury la Tour - Tintury – 58110 Chatillon-en-Bazois – Tél. : 86.84.12.42

Amance La Fontaine-Au-Charme    *C.M. nº 66 — Pli nº 6*

NN **(TH)**

Alt. : 230 m — 2 ch. d'hôtes dans une maison indépendant avec terrain non clos. 1 ch. (1 lit 2 pers. 2 lits 1 pers.) avec lavabo, 1 ch. (2 lit 1 pers.) avec lavabo. Douche et wc communs aux hôtes. A la disposition des hôtes : lit bébé, salon de jardin, bibliothèque, coin-cheminée, ping-pong, baby-foot. Tarif spécial pour enfant de moins de 12 ans et séjour de plus d'une semaine. Ouvert toute l'année. Gare 27 km. Commerces sur place. Votre séjour se déroulera dans un village situé dans la haute vallée de la Saône où vous pourrez pratiquer une gamme variée de loisirs : visites de musées, châteaux, expositions artisanales, activités sportives.

Prix : 1 pers. **140 F** 2 pers. **190 F** 3 pers. **240 F** repas **55 F**

9	9	17	6	43	17	27	17	

SOEUR Francoise – La Fontaine au Charme - 10 rue du Mont – 70160 Amance – Tél. : 84.91.18.51

Aroz   *C.M. nº 66 — Pli nº 5*

NN

Alt. : 209 m — 2 chambres d'hôtes dans une maison indépendant située dans un petit village à 3 km de la Saône. 1 ch. de 3 pers., salle de bains indépendant, TV. 1 ch. 2 pers. au 2ᵉ étage avec salon, salle de bains et wc. Salle de séjour, salon. Jardin, terrain. Restaurant 6,5 km. Parking. Voiture indispensable. 40 F supp. pour petit déjeuner à l'anglaise très copieux. Gare 10 km. Commerces 2 km. Parcours d'orientation à 38 km. Ouvert toute l'année.

Prix : 1 pers. **160 F** 2 pers. **190 F** 3 pers. **270 F**

3	SP	10	10	7	7	10	10	10

FRANCOIS Yvette – 70360 Aroz – Tél. : 84.78.86.19

La Basse-Vaivre   *C.M. nº 66 — Pli nº 15*

(TH)

Alt. : 350 m — 1 ch. (1 lit 2 pers.), salle d'eau et wc particuliers et attenants. 1 ch. (1 lit 2 pers. 2 lits 1 pers.), salle d'eau et wc privés non attenants. Ces chambres sont aménagées dans une maison indépendante, située dans un parc aménagé, calme. Salle de séjour, salon, bibliothèque à la disposition des hôtes. Gare 45 km. Commerces 4 km. Parcours d'orientation 29 km. Circuit villes d'eau.

Prix : 1 pers. **160 F** 2 pers. **180/200 F** 3 pers. **240 F**
repas **65 F** 1/2 pens. **160 F**

SP	SP	15	10	15	37	27	42	15

MESSEY Suzanne – 70210 La Basse-Vaivre – Tél. : 84.92.83.73

Bouhans-les-Montbozon Ferme-de-la-Vaucelle   *C.M. nº 66 — Pli nº 16*

NN

Alt. : 280 m — 2 ch. d'hôtes dans la maison des propriétaires, à proximité de leur exploitation agricole. 1 ch. (1 lit 2 pers.), douche, lavabo et wc attenants, 1 ch. (1 lit 2 pers. 2 lits 1 pers.), salle d'eau, wc privatifs sur le palier. Salle de séjour, salon de jardin et portique pour enfants en commun avec le propriétaire. Gare 34 km, commerces 5 km. Ouvert toute l'année. Allemand parlé. La haute vallée de l'Ognon vous propose de multiples activités de plein air avec le centre de villersexel et le complexe de Bonnal. Au fil de vos promenades, de jolis monuments sont à visiter.

Prix : 1 pers. **130/140 F** 2 pers. **150/180 F** 3 pers. **190 F**
pers. sup. **40 F**

2	2	6	SP	8	15	2	6	6

**RAGUIN Jean et Anne-Marie – Ferme de la Vaucelle – 70230 Bouhans-Les Montbozon – Tél. : 84.92.30.67 –
Fax : 84.92.36.70**

Chaumercenne   *C.M. nº 66 — Pli nº 14*

NN

Alt. : 270 m — Une maison ancienne située dans un petit village, 2 chambres (1 lit 2 pers.), lavabo, 1 petite chambre (7 m²) avec 1 lit 1 pers. et lavabo. WC indépendants et salle de bains commune aux hôtes. Salon, salle à manger, TV, jardin d'agrément communs avec le propriétaire. Gare 31 km. Commerces 5 km. Anglais parlé. Ouvert toute l'année sauf 2ᵉ quinzaine de septembre. Olive et Suzan, deux charmantes anglaises vous accueilleront dans un intérieur cossu, aménagé avec goût. Située dans la Basse-Vallée de l'Ognon, découvrez Pesmes, petite cité comtoise de caractère, animations et loisirs regorgent dans ce joli coin de verdure. VTT 5 km.

Prix : 1 pers. **160 F** 2 pers. **210 F** 3 pers. **270 F**

5	5	20	18	5	5	12	5

STEARN Olive – 70140 Chaumercenne – Tél. : 84.32.26.01

Champagney La Quarantaine   *C.M. nº 66 — Pli nº 7*

NN

Alt. : 373 m — 1 chambre d'hôtes aménagée dans une ferme haut-saônoise parfaitement rénovée, au cœur d'un parc de 5 ha. avec 3 étangs. 1 lit 2 pers. avec salle d'eau, wc, TV, réfrigérateur, bar et salon de jardin privés. Gare 15 km. Commerces sur place. Ouvert du 1ᵉʳ avril au 31 octobre. Vous apprécierez le charme de cette ferme dans le Parc Naturel Régional des Ballons des Vosges. La base de plein air et le bassin de Champagney, la proximité des Vosges (Planche des Belles Filles, Ballon d'Alsace) permettent de nombreuses activités. A voir : chapelle de Lonchamp, cité de Belfort...

Prix : 1 pers. **350 F** 2 pers. **400 F**

SP	SP	17	SP	39	54	SP	SP

MEYER Josyane – La Quarantaine - Chemin des Planches – 70290 Champagney – Tél. : 84.23.15.62

Dampierre-les-Conflans La Renaudine   *C.M. nº 66 — Pli nº 6*

(TH)

Alt. : 320 m — Maison indépendant neuve avec terrain non clos comprenant 3 ch. d'hôtes. 1 ch. (1 lit 2 pers. 1 lit bébé), 1 ch. (1 lit 1 pers.), salle d'eau et wc sur le même palier, communs aux 2 ch. 1 ch. (1 lit 2 pers. 2 lits 1 pers.), salle de bains et wc privés. Salle de séjour, salon avec TV à la disposition des hôtes. Prix spéciaux pour enfants. Allemand et anglais parlés. Gare 20 km. Commerces 4 km. Parcours d'orientation 18 km. Ouvert toute l'année. Promenades en calèche à la ferme.

Prix : 1 pers. **135 F** 2 pers. **210 F** 3 pers. **230 F**
1/2 pens. **170 F** pens. **240 F**

2	SP	18	14	8	29	2	25	18

THEVENOT Claudine – La Renaudine – 70800 Dampierre Les Conflans – Tél. : 84.49.82.34

Esmoulieres Es Vouhey
C.M. n° 66 — Pli n° 7

☘☘☘ NN
(TH)

Alt. : 600 m — 5 ch. d'hôtes dans une ancienne ferme typique des Vosges Saônoises. Maison indépendante comportant un gîte rural au r.d.c. 3 ch. (2 lits 1 pers.), 1 adaptée aux pers. handicapées. 2 ch. (1 lit 2 pers.). Salle d'eau et wc chacune. A la disposition des hôtes : salle à manger/coin-cuisine, coin-salon, bibliothèque, terrasse. Gîte Panda. Table d'hôtes sur réservation. Ouvert toute l'année. Gare 50 km. Commerces 7 km. Situées au cœur du Parc Naturel régional des Ballons des Vosges, vous découvrirez le plateau des 1000 Etangs, site pittoresque du département. A proximité : Luxeuil-les-Bains, station thermale, offre de nombreuses activités et animations.

Prix : 1 pers. **225 F** 2 pers. **250 F** repas **65 F**

5	SP	20	20	32	38	32	20	

DUCHANOIS Colette – Es Vouhey – 70310 Esmoulieres – Tél. : 84.49.35.59

Frahier Les Gros-Chenes
C.M. n° 66 — Pli n° 7

☘☘☘ NN
(TH)

Alt. : 450 m — Dans la maison du propriétaire, une aile est réservée aux hôtes. Entrée indépendante, salle à manger, salon avec cheminée, TV. 3 chambres dont 1 (2 lits 1 pers.) et 2 (1 lit 2 pers.), salle d'eau et wc chacune. Mezzanine avec coin-repos (poss. couchage 2 pers.). Terrasse avec salon de jardin, terrain d'agrément, balançoire. Gare 10 km, commerces 1 km. Ouvert toute l'année. Allemand parlé. Mini-golf 12 km. Réduction de 15 % pour séjour de 4 jours minimum. Marie-Elisabeth et Philippe vous accueillent dans leur maison de construction récente, au cœur d'un paysage valloné, au pied du Ballon d'Alsace et du Ballon de Servance.

Prix : 1 pers. **225 F** 2 pers. **250 F** pers. sup. **50 F**
repas **55/80 F**

SP	5	10	5	10	5	5	5

PEROZ M-Elisabeth et Philippe – Les Gros Chenes – 70400 Frahier – Tél. : 84.27.31.41

Gy
C.M. n° 66 — Pli n° 14

☘☘☘ NN

Alt. : 200 m — Situées au 1er étage, derrière la maison du propriétaire, 3 chambres (2 lits 1 pers), salle d'eau, wc privatifs et communicants. 1 des chambre avec wc non communicants. Salon avec TV (câble), salle à manger, hall d'entrée. Parking. Gare 35 km. Commerces sur place. Ouvert toute l'année. Cette grande maison de vigneron à l'origine, bâtie en 1740 a subi des modifications en fonction de ses différents propriétaires : résidence écclésiatique au XIXe, maison bourgeoise, modern style au début du XXe. Gy est une petite cité comtoise de caractère. VTT sur place.

Prix : 1 pers. **180 F** 2 pers. **260 F**

SP	SP	14	SP	SP	19	31	31

TACONET Marc – 45 Grande Rue – 70700 Gy – Tél. : 84.32.90.43 – Fax : 84.32.91.89

Hugier
C.M. n° 66 — Pli n° 14

☘☘☘ NN

Alt. : 300 m — Maison indépendant avec terrain non clos. Terrasse couverte. Parking privé. R.d.c. : 1 ch. double (1 lit 2 pers. 1 lit 1 pers.), salle d'eau, wc privés. 1er étage : 1 ch. double avec dégagement desservant 1 ch. (1 lit 2 pers.) avec TV. 1 ch. (1 lit 130. 1 lit enfant), douche, wc, s.d.b. Salle à manger. Gare 30 km. Commerces 6 km. Maison située dans la Basse Vallée de l'Ognon, vous découvrirez le plaisir de la pêche et du canoë-kayak. Vous visiterez l'un des plus beaux villages de France : Pesmes, et découvrirez les monuments et châteaux des villages environnants. Allemand parlé. Ouvert toute l'année.

Prix : 1 pers. **160/180 F** 2 pers. **210 F** 3 pers. **270 F**

6	6	17	13	42	15	6	6

KNAB Pierre – Route de Sornay – 70150 Hugier – Tél. : 84.31.58.30 ou 84.31.53.82

Magny-les-Jussey
C.M. n° 66 — Pli n° 5

☘☘ NN
(TH)

Alt. : 260 m — Dans une ferme située en haut du village, maison ancienne rénovée. 1 ch. (1 lit 2 pers.), salle d'eau attenante. 1 ch. double (1 lit 2 pers. 2 lits 1 pers.), wc communs sur le palier. Salle d'eau, wc privés et attenants. 1 ch. (1 lit 2 pers.), salle d'eau privative, wc sur le palier. Table à langer. Terrasse et tonnelle fleurie. Salon. Cheminée. Bibliothèque. TV. Gare 35 km. Commerces 8 km. Parcours d'orientation 38 km. Repas enfant : 45 F. Table d'hôtes le soir uniquement. Paysage verdoyant très calme.

Prix : 1 pers. **130 F** 2 pers. **180 F** 3 pers. **240 F**
pers. sup. **60 F** repas **70 F** 1/2 pens. **200/320 F**

4,5	6	6	22	13	41	25	38	6

BILLY Bernadette – 70500 Magny-Les Jussey – Tél. : 84.68.07.28

Mercey-sur-Saone
C.M. n° 66 — Pli n° 4

☘☘☘ NN

Alt. : 250 m — Aménagée dans un petit château du XVIIe siècle en bordure de Saône sur un terrain clos ombragé. 1 suite au rez-de-chaussée comprenant : 1 chambre 2 pers., un séjour avec 1 lit pour grand enfant (110 X 175), s.d.b., 2 wc. Salon de jardin dans le parc avec bassin. Lit pour bébé. Gare 52 km. Commerces 5 km. Animation pêche par le propriétaire. Sur réservation uniquement.

Prix : 1 pers. **210 F** 2 pers. **400 F**

SP	3	20	20	7	22	40	40	20

JANTET Bernadette – 70130 Mercey-sur-Saone – Tél. : 84.67.07.84

Port-sur-Saone Les Gratelles
C.M. n° 66 — Pli n° 5

☘☘ NN

Alt. : 215 m — Maison indépendant et isolée. Etage : 1 ch. (1 lit 2 pers.), lavabo, bidet. 1 ch. (1 lit 1 pers.), salle d'eau, wc privés communicants. R-d-c. : 1 ch. (1 lit 1 pers.), lavabo, salle d'eau et wc privatifs non communicants. Salle à manger commune avec le propriétaire. Terrain aménagé. Salon de jardin. Jeux d'enfants. Parking. Gare 12 km. Commerces 2 km. Lit pour bébé. Centre de tourisme fluvial, Port-sur-Saône, station verte de vacances, est située à 12 km de Vesoul. Complexe nautique et sportif, animation estivale. A proximité : villages typiques le long de la Saône, auberges (spécialités de poissons). Parcours d'orientation 40 km. Ouvert toute l'année.

Prix : 1 pers. **110/120 F** 2 pers. **160 F**

2	2	2	2	2	19	12	12	2

GAUDINET Jean-Claude – Les Gratelles – 70170 Port-sur-Saone – Tél. : 84.91.55.33

Pusy-et-Epenoux Chateau-d'Epenoux   *C.M. n° 66 — Pli n° 6*

❤❤❤❤ NN
(TH)
Alt. : 354 m — 4 chambres d'hôtes aménagées dans un château. 1 ch. 1 pers. avec salle d'eau et wc particuliers. 3 ch. 2 pers. avec salle de bains et wc particuliers. Salon à la disposition des hôtes. 1/2 pension sur la base de 2 personnes. TV, bibliothèque. Accès au parc. Gare et commerces 4,5 km. Parcours d'orientation 35 km.

Prix : 1 pers. **300 F** 2 pers. **300/360 F** 1/2 pens. **760 F**

4,5	4,5	4,5	8	0,5	17	4,5	4,5	4,5

GAUTHIER Germaine – Route de Saint-Loup – 70000 Pusy-et-Epenoux – Tél. ; 84.75.19.60

Sauvigney-les-Pesmes   *C.M. n° 66 — Pli n° 14*

❤❤❤ NN
Alt. : 215 m — 6 chambres d'hôtes dans la maison du propriétaire, entrée indépendante chacune. 2 ch. (1 lit 1 pers.), 2 ch. (1 lit 2 pers.), 2 ch. (2 lits 2 pers. 3 lits 1 pers.), salle d'eau, wc privés et attenants chacune. A disposition des hôtes : salle de séjour, salon, TV, cour et salon de jardin. Gare 20 km, commerces 1,5 km. Ouvert toute l'année. Anglais parlé. Sauvigney-les-Pesmes est un village situé à 1,5 km de Pesmes (petite cité comptoise de caractère.) dans la basse vallée de l'Ognon. Ce secteur est riche en sites et monuments. La rivière l'Ognon vous invite à la pêche et à la pratique du canoë-kayak.

Prix : 1 pers. **220 F** 2 pers. **260 F** 3 pers. **340 F** pers. sup. **50 F**

1,5	SP	20	1,5	SP	17	1,5

BONNEFOY Claude-Marie – 70140 Sauvigney-Les Pesmes – Tél. : 84.31.21.01 – Fax : 84.31.20.67

Servance Le Monthury   *C.M. n° 66 — Pli n° 7*

❤❤❤ NN
(A)
Alt. : 700 m — Maison indépendante, isolée comportant le logement du propriétaire. Terrasse avec salon de jardin. 6 ch. (2 lits 1 pers.), salle d'eau et wc privés attenants. Hall d'entrée indépendant. 2 salles à manger, salon avec cheminée, bar, piano. Gîte de pêche sur place. Gare 25 km. Commerces 5 km. Parcours de randonnées pédestres. Poss. 1/2 menu enfant -10 ans. Sur terrain de 4 ha. Ferme typique des Vosges Saônoises du XVIIIᵉ, mobilier ancien de qualité, sur le plateau des Mille Etangs. Endroit idéal pour la pêche (dans un univers de fougères, bouleaux, bruyères), parcours privé sur 6 plans d'eau (truite, brochet, perche), sans permis toute l'année.

Prix : 1 pers. **200/300 F** 2 pers. **330 F** 3 pers. **430 F** repas **110 F**

SP	SP	16	30	16	49	44	30	16

CHEVILLAT Michele – Le Monthury – 70440 Servance – Tél. : 84.20.48.55

Ternuay   *C.M. n° 66 — Pli n° 7*

❤❤❤ NN
Alt. : 355 m — Situées dans la maison du propriétaire, 3 chambres (2 lits 2 pers. 1 lit 1 pers.), salle d'eau et wc attenants et privatifs. Salle à manger, salon communs avec le propriétaire. Terrasse et salon de jardin. Revues et jeux de société. Gare 13 km. Commerces 7 km. Ouvert toute l'année. Situé dans le Parc Naturel Régional des Ballons des Vosges, découvrez une nature exceptionnelle dont le plateau des milles étangs. En faisant halte à Ternuay, vous y serez accueillis chaleureusement.

Prix : 1 pers. **150 F** 2 pers. **185 F** 3 pers. **220 F**

SP	SP	13	16	5	27	5

CARITEY Jean – 70270 Ternuay – Tél. : 84.20.42.28

Villers-sur-Saulnot La Forge-d'Isidore   *C.M. n° 66 — Pli n° 7*

❤❤ NN
Alt. : 387 m — 6 ch. d'hôtes aménagées dans un bâtiment neuf. 1 ch. (1 lit 2 pers. 1 lit 1 pers.), 2 ch. (2 lits 1 pers.), 3 ch. (1 lit 2 pers.). Douche, lavabo, wc pour chaque chambre. Sur place : ferme-auberge, gîte d'étape, relais équestre. Ouvert toute l'année. Gare 15 km. Commerces 4 km. Allemand parlé. La proximité de Montbéliard, Héricourt et Villersexel offre de multiples possibilités d'activités et d'animations. Pour les amateurs de spéléologie, nombreuses grottes dans le secteur de Villers-sur-Saulnot. Spécialités de la ferme-auberge : poulet au comté (sur réservation).

Prix : 1 pers. **150 F** 2 pers. **200 F** 3 pers. **250 F**

14	SP	5	14	8	14	18	18

ROBERT Daniel et Colette – La Forge d'Isidore - 10 Grande Rue – 70400 Villers-sur-Saulnot – Tél. : 84.27.43.94

Saône-et-Loire

L'Abergement-de-Cuisery   *C.M. n° 69 — Pli n° 20*

❤ NN
Alt. : 180 m — 1 chambre d'hôtes située en pleine campagne pour 2 personnes. WC et salle d'eau privés, possibilité petite chambre pour enfant. Aire de jeux, abri couvert. Gare 5 km. Commerces 4 km. Anglais et allemand parlés. Ouvert toute l'année.

Prix : 1 pers. **110 F** 2 pers. **190 F** 3 pers. **260 F**

3	5	5	5	SP	SP	15

GENEST Marcel – Route de Simandre – 71290 Abergement-de-Cuisery – Tél. : 85.32.15.56

Amanze   *C.M. n° 69 — Pli n° 17*

❤❤❤ NN
(A)
Marie-Christine et Philippe mettent à disposition 4 chambres spacieuses aménagées dans un corps de ferme très ancien au cœur du Brionnais. (1 ch. 2 pers., 1 ch. 3 pers., 1 ch. 4 pers. avec mezzanine, 1 ch. 4 pers.). Sanitaires indépendants, pièce commune réservée aux hôtes. Terrain clos, jeux pour enfants. Gare et commerces 10 km. Anglais parlé. Ouvert toute l'année. Circuits pédestres. Eglises romanes.

Prix : 1 pers. **210 F** 2 pers. **265 F** 3 pers. **330 F** pers. sup. **65 F** repas **80 F**

3	10	5	5	10	SP	10

PAPERIN Marie Christine – Gaec des Collines – 71800 Amanze – Tél. : 85.70.66.34

Anzy-le-Duc Le Bourg
C.M. nᵒ 69 — Pli nᵒ 17

〰〰 NN

2 chambres d'hôtes aménagées dans maison indépendante, vue sur église du XIIᵉ siècle. Chambres de 2 personnes, chacune avec possibilité de lits 90, salle de bains privée, wc en commun. Salle de séjour, TV, cuisine à disposition. Jardin. Restaurant sur place. Gare 20 km. Commerces 5 km. Ouvert du 15 avril au 1ᵉʳ novembre.

Prix : 1 pers. **220 F** 2 pers. **250 F** pers. sup. **100 F**

🍷	🏊	⛷	🎣	🚴	🚶
SP	5	SP	20	SP	SP

LAMY Genevieve – Le Bourg – 71110 Anzy-le-Duc – Tél. : 85.25.17.21

Autun Montromble
C.M. nᵒ 69 — Pli nᵒ 7

〰〰 NN
(TH)

Alt. : 575 m — A 10 km d'Autun, dans un cadre rustique et très reposant : 2 chambres d'hôtes aménagées dans une maison indépendant avec jardin et terrasse. 1 ch. 3 pers., 1 ch. 2 pers. avec douches et wc privés. Salle à manger avec cheminée à disposition. Gare et commerces 10 km. Anglais parlé. Ouvert toute l'année. Golf 10 km. Circuit VTT 500 m.

Prix : 1 pers. **180 F** 2 pers. **200/210 F** 3 pers. **260 F**
repas **75 F**

🍷	🏊	⛷	🎣	🚴	🚶	〰
18	10	3	10	10	0,5	10

BERTRAND Jean-Pierre – Montromble – 71400 Autun – Tél. : 85.54.78.57

Aze En Rizerolles
C.M. nᵒ 69 — Pli nᵒ 19

〰〰〰 NN

4 chambres confortables aménagées dans une jolie maison mâconnaise à mi-chemin de Cluny et de Mâcon. Chaque chambre est équipée de douche et wc. Salle commune avec coin-salon réservée aux hôtes. Balcon, terrasse cour et terrain clos. Gare 17 km. Commerces 500 m. Ouvert toute l'année. Golf 5 km. Grottes 250 m. Restaurants sur place.

Prix : 1 pers. **190 F** 2 pers. **250 F** 3 pers. **350 F**
pers. sup. **90 F**

🍷	🏊	⛷	🎣	🚴	🚶	〰
0,2	0,2	0,2	0,5	17	SP	25

BARRY Roger – En Rizerolles – 71260 Aze – Tél. : 85.33.33.26

Bantanges Les Molaises
C.M. nᵒ 69 — Pli nᵒ 20

E.C. NN
(TH)

6 vastes chambres d'hôtes aménagées dans ferme bressane rénovée dans hameau à proximité de Louhans. Salle d'eau et wc privés pour chaque chambre. Salle petit déjeuner privée. Terrain aménagé, parking. Gare 10 km. Commerces 2 km. Allemand parlé. Ouvert toute l'année.

Prix : 1 pers. **160 F** 2 pers. **240 F** 3 pers. **320 F** repas **80 F**

🍷	🏊	⛷	🎣	🚴	🚶
1	10	10	11	SP	SP

GROSSENBACHER David – Les Molaises – 71500 Bantanges – Tél. : 85.74.26.81

Baron Le Bourg
C.M. nᵒ 69 — Pli nᵒ 17

〰〰 NN

Alt. : 450 m — 2 chambres d'hôtes aménagées dans une ferme Charollaise restaurée. Chambres de 2 pers. avec salle de bains et wc privés. Séjour, salon commun, TV. Cour, jardin, garage, petit étang arboré sur place. Restaurant 200 m. Gare 15 km. Commerces 7 km. Ouvert toute l'année.

Prix : 1 pers. **200 F** 2 pers. **230 F**

🍷	🏊	⛷	🎣
SP	7	7	15	SP

LARUE Jean Paul-Bernadette – Le Bourg – 71120 Baron – Tél. : 85.24.05.69

Baudrieres Le Bourg
C.M. nᵒ 70 — Pli nᵒ 12

〰〰〰 NN

2 chambres d'hôtes aménagées dans maison de caractère. 1 chambre de 2 pers., salle d'eau et wc privés. 1 chambre de 2 pers. + 1 enf. salle de bains, wc privés. Jardin, parking. Ping-pong sur place. Gare 18 km. Commerces 5 km. Anglais parlé. Ouvert du 1ᵉʳ mars au 15 novembre.

Prix : 1 pers. **260 F** 2 pers. **320 F** pers. sup. **80 F**

🍷	🏊	⛷	🎣	🚴	🚶	〰
1	12	SP	12	SP	SP	10

VACHET Arlette – Le Bourg – 71370 Baudrieres – Tél. : 85.47.32.18 – Fax : 85.47.41.42

Baudrieres Le Bourg
C.M. nᵒ 70 — Pli nᵒ 12

〰〰〰 NN

1 chambre d'hôtes double pour 4 pers. aménagée dans maison ancienne de caractère en Bresse. Salon, T.V., salle à manger commune, rustique et confortable. Salle bains et wc privés. Bibliothèque. Parc arboré. Ambiance douillette. Gare 17 km. Commerces, restaurants 5 km. Ouvert toute l'année. Situé à équi-distance de Chalon, Tournus, Louhans.

Prix : 1 pers. **250 F** 2 pers. **300 F** 3 pers. **400 F**
pers. sup. **50 F**

🍷	🏊	⛷	🎣	🚴	🚶	〰
4	17	SP	3	SP	SP	15

PERRUSSON Yvonne – Le Bourg – 71370 Baudrieres – Tél. : 85.47.31.90

Baugy Reffy
C.M. nᵒ 69 — Pli nᵒ 17

〰〰 NN

Alt. : 250 m — 2 chambres d'hôtes dans une maison indépendante et calme. 1 chambre de 2 pers., salle de bains, wc privés. Une chambre de 3 pers. + 1 lit enfant, salle d'eau, wc privés. Séjour, salon, TV, véranda, garage. Gare 30 km. Commerces 6 km. Ouvert toute l'année. Canoë-kayak 200 m. Circuits églises romanes 3 km. Restaurants 2 km.

Prix : 2 pers. **250 F** 3 pers. **300 F**

🍷	🏊	⛷	🚴	🚶	〰
3	6	6	SP	SP	1

CHEVALLIER Daniel – Le Cedre Bleu - Reffy – 71110 Baugy – Tél. : 85.25.39.68 ou 85.25.18.54

Bissey-sous-Cruchaud La Chapelle Saint Benoit

E.C. NN   Alt. : 300 m — 1 chambre d'hôtes de charme aménagée dans une maison ancienne de caractère de la côte chalonnaise. 1 lit 2 pers. Salle de bains et wc privés. Séjour, salon communs avec le propriétaire. Chauf. central. Terrasse avec vue agréable sur le vignoble et prés. Jardin. GR76 1 km. Gare 17 km. Commerces 5 km. Ouvert toute l'année.

Prix : 1 pers. **180 F** 2 pers. **230 F**

🐕	🍴	⛵	⛷	🏇	🚲	🚶	〰️
	12	15	5	12	SP	SP	12

CHAINARD Daniel – La Chapelle Saint-Benoit – 71390 Bissey-sous-Cruchaud – Tél. : 85.92.16.01 – Fax : 85.46.29.83

Bissey-sous-Uxelles Le Bourg   *C.M. n° 69 — Pli n° 19*

❦❦ NN   Alt. : 230 m — Dans une ancienne ferme Bourguignonne XVIe siècle. 2 chambres familiales 2 à 5 pers. avec coin-cuisine. Salle d'eau et wc privés. 2 chambres avec salle d'eau privée et wc communs. 2 chambres avec lavabos, salle d'eau et wc communs. Chauffage central. Cour close (salon jardin), bac à sable. Gare 6 km. Commerces 5 km. Anglais et allemand parlés. Ouvert toute l'année.

Prix : 1 pers. **120/210 F** 2 pers. **180/300 F** 3 pers. **370 F**
pers. sup. **70 F**

🍴	⛵	⛷	🏇	🚲	🚶	〰️
3	15	3	5	5	SP	12

DE LA BUSSIERE Pascale et Dominique – Le Bourg – 71460 Bissey-sous-Uxelles – Tél. : 85.50.15.03

Bissey-sous-Uxelles Colombier le Haut   *C.M. n° 69 — Pli n° 19*

❦❦ NN
(TH)   1 chambre double pour 4 personnes dans ancienne maison bourguignonne en pierre. Salle de bains et wc particuliers. 1 chambre pour 2 personnes, salle de bains et wc particuliers. Parc ombragé. Table d'hôtes sur réservation. Gare 30 km. Commerces 6 km. Ouvert toute l'année.

Prix : 1 pers. **180 F** 2 pers. **220 F** 3 pers. **360 F** repas **70 F**

🍴	⛵	⛷	🏇	🚲	🚶	〰️
4	15	3	5	5	SP	12

MARECHAL Jeannine – Colombier le Haut – 71460 Bissey-sous-Uxelles – Tél. : 85.50.11.63

Bourgvilain Les Arbillons   *C.M. n° 69 — Pli n° 18*

E.C. NN   A proximité de Cluny (8 km), dans les dépendances d'un ancien moulin du XVIIIe. 5 ch. avec salle de bains, salles d'eau, wc privés. Une acces. handic. Salon privé (cheminée, TV, magnétoscope). Salle petit déjeuner réservée aux hôtes. Gare 25 km. Commerces et services 500 m. Ouvert toute l'année. Dans un caveau, vente de vins régionaux et d'objets artisanaux.

Prix : 1 pers. **220/350 F** 2 pers. **280/380 F** pers. sup. **60 F**

🐕	🍴	⛵	⛷	🏇	🚲	🚶	〰️
	SP	8	8	8	9	SP	2,5

DUBOIS FAVRE Charles et Sylviane – Moulin des Arbillons – 71520 Bourgvilain – Tél. : 85.50.82.83 – Fax : 85.50.86.32

Buxy Davenay   *C.M. n° 69 — Pli n° 9*

❦❦❦ NN
(TH)   Christine et Thierry, viticulteurs dans un petit village du Chalonnais, vous accueillent dans leur maison au milieu des vignes. 2 chambres d'hôtes (1 de 2 personnes et 1 de 4 personnes), sanitaires indépendants salle billard, salon avec TV, grande terrasse. Table d'hôtes sur demande. Gare 13 km. Commerces 1 km. Ouvert toute l'année. Vue superbe sur les vignobles.

Prix : 1 pers. **250/300 F** 2 pers. **300/330 F** 3 pers. **400 F**
pers. sup. **70 F** repas **120/150 F**

🐕	🍴	⛵	⛷	🏇	🚲	🚶	〰️
	8	13	1	15	1	SP	8

DAVANTURE Thierry – Davenay – 71390 Buxy – Tél. : 85.92.04.79

La Chapelle-de-Bragny   *C.M. n° 70 — Pli n° 11*

E.C. NN
(TH)   Aménagée au 1er étage d'une maison ancienne, 1 chambre double (2 lits 1 pers.) + 1 mézzan. (1 lit 2 pers.). Coin-salon avec kitchenette à disposition, TV, magnétoscope. Bibliothèque. Salle commune. Véranda. Terrain et jardin clos. Gare 23 km. Commerces et services 4 km. Anglais, allemand, espagnol, russe parlés. Ouvert toute l'année.

Prix : 1 pers. **180 F** 2 pers. **230 F** 3 pers. **300 F**
pers. sup. **70 F** repas **80 F**

🐕	🍴	⛵	⛷	🏇	🚲	🚶	〰️
	0,2	10	10	8	SP	SP	6

JOUVIN Jean-Pierre – Le Bourg – 71240 La Chapelle-de-Bragny – Tél. : 85.92.25.31

La Chapelle-sous-Brancion Chateau de Nobles

❦❦❦ NN   2 chambres d'hôtes de caractère aménagées dans une dépendance d'un château du XVe siècle, dans le cadre d'une exploitation viticole. Chambres de 3 personnes dont 1 avec mézzanine, salles de bains, wc privés. Petit déjeuner dans le château. Parc arboré. Gare 15 km. Commerces 10 km. Anglais et italien parlés. Ouvert du 1er avril au 16 novembre. Restaurant 1,5 km.

Prix : 2 pers. **380 F** 3 pers. **450 F**

🍴	⛵	⛷	🏇	🚲	🚶	〰️
1	15	7	7	10	SP	12

DE CHERISEY Bertrand – Chateau de Nobles – 71700 La Chapelle-sous-Brancion – Tél. : 85.51.00.55

Charbonnat La Montagne   *C.M. n° 69 — Pli n° 7*

❦ NN   Alt. : 430 m — 2 ch. d'hôtes en bâtiment indépendant. 1 ch. 2 pers., 1 ch. 3 pers., douche et wc communs. Chauffage français/anglais. Salon privé. Vue panoramique. Restaurants 1 km. Gare et commerces 12 km. Anglais et allemand parlés. Temple tibétain à 5 km. Site archéologique gaulois 20 km. Ateliers de vannerie sur place.

Prix : 1 pers. **140/150 F** 2 pers. **160/170 F** 3 pers. **220 F**

🐕	⛵	⛷	🚶
	12	12	15	SP

URIE-BIXEL Marie – La Montagne – 71320 Charbonnat – Tél. : 85.54.26.47

Chardonnay Champvent

♨♨♨ NN 5 chambres d'hôtes pour 2 pers. avec escalier, dont 1 avec salon et accueil bébé). Salles d'eau et bains, wc. Salle petit déjeuner privée. Téléphone. Salon avec cheminée, lave-linge/vaisselle. Salle d'expos. Salle de spectacle. Terrain aménagé. Tablé d'hôtes sur réservation. Gare 11 km. Commerces 5 km. Anglais et allemand parlés. Ouvert toute l'année.

Prix : 1 pers. **200 F** 2 pers. **260 F** 3 pers. **320 F**

5	10	5	10	7	SP	20

RULLIERE Jean-Paul et Regine – Champvent – 71700 Chardonnay – Tél. : 85.40.50.23 – Fax : 85.40.50.18

Charnay-les-Macon Le Bourg *C.M. n° 69 — Pli n° 19*

♨♨♨ NN 1 chambre double aménagée dans une jolie maison macônnaise à proximité de Mâcon. Entrée indépendante. 1er étage : chambre pour 2 pers., salle de bains, wc privés. R.d.c. : cuisine équipée, salon avec convertible 2 pers., TV, bains/wc. Terrain clos ombragé. Gare et commerces 2 km. Ouvert du 1er avril au 30 septembre. Restaurant 0,6 km.

Prix : 1 pers. **180 F** 2 pers. **220 F** pers. sup. **80 F**

2	5	1	5	1,5	SP	20

TORTEROTOT Jeanne – Au Bourg - 79 Chemin des Tournons – 71850 Charnay-Les Macon – Tél. : 85.29.22.42

Charolles *C.M. n° 69 — Pli n° 17*

♨♨♨ NN 2 chambres d'hôtes aménagées dans vieille demeure de caractère, calme. 1 chambre 2 pers., salle de bains, wc privés. 2 chambres communicantes 4 pers., salle de bains, wc privés, TV salon, bibliothèque, cheminée séjour. Parking. Jardin clos. Gare 10 km. Commerces 100 m. Allemand parlé. Ouvert toute l'année.

Prix : 1 pers. **200/220 F** 2 pers. **220/250 F** pers. sup. **100 F**

0,1	0,4	0,4	5	0,5	1

LAUGERETTE Simone – 3 rue de la Madeleine – 71120 Charolles – Tél. : 85.88.35.78

Chassey-le-Camp Corchanut *C.M. n° 70 — Pli n° 1*

E.C. NN Alt. : 250 m — 1 chambre d'hôtes indépendante, à proximité du propriétaire. Chambre pour 3 pers. avec pièce séjour/salon attenante. Coin-repas. Salle d'eau et wc privés. Cour close. Gare et commerces 2 km. Anglais et allemand parlés. Ouvert toute l'année.

Prix : 1 pers. **180 F** 2 pers. **220 F** 3 pers. **270 F**

0,2	2	2	0,2

VIOLY Birgit – Corchanut – 71150 Chassey-le-Camp – Tél. : 85.87.03.67

Chassigny-sous-Dun Les Chizelles *C.M. n° 73 — Pli n° 8*

♨♨♨ NN Alt. : 480 m — Une chambre double pour 4 personnes + lit enfant située entre Charolles et Beaujolais. 1 chambre pour 2 personnes. S.d.b. et wc privés. Coin-cuisine dans les deux chambres. Séjour, salon, jardin. Plan d'eau avec parc sur place. Commerces 3 km. Anglais parlé. Ouvert toute l'année. Musées et artisans d'art. Circuit églises romanes.

Prix : 1 pers. **210 F** 2 pers. **255 F** 3 pers. **335 F** pers. sup. **60 F**

SP	3	3	SP

BOUJOT Simone – Aux Chizelles – 71170 Chassigny-sous-Dun – Tél. : 85.26.43.18

Chatenay Lavaux *C.M. n° 73 — Pli n° 8/9*

♨♨♨ NN (A) Alt. : 500 m — 5 ch. d'hôtes situées dans une ferme de caractère. Chaque ch. a accès à une galerie extérieure. Salle d'eau ou s.d.b. et wc particuliers, lits superposés enfant. Terrain. Gare 8 km. Commerces 4 km. Anglais parlé. Ouvert de Pâques au 15 novembre. Produits fermiers 500 m. Calèches sur place. Etang sur la propriété. Ouverture d'une miellerie à Chatenay.

Prix : 1 pers. **210 F** 2 pers. **270/310 F** pers. sup. **60 F** repas **98 F**

SP	8	8	12	SP	SP	8

GELIN Paulette – Lavaux – 71800 Chatenay – Tél. : 85.28.08.48 – Fax : 85.26.80.66

Chatenay Les Bassets *C.M. n° 73 — Pli n° 8/9*

♨♨♨ NN Bernadette et Bernard mettent à votre disposition 4 chambres (2 et 4 pers.) de bon confort dans ferme ancienne. Chacune est équipée de sanitaires. Séjour et coin-salon réservés aux hôtes, coin-cuisine à disposition. Cour et terrain clos. Gare et commerces 7 km. Ouvert toute l'année. Circuits des églises romanes et châteaux. Ferme auberge à 1 km.

Prix : 1 pers. **200 F** 2 pers. **250 F** 3 pers. **300 F** pers. sup. **50 F**

2	7	7	12	SP	SP	7

JOLIVET Bernard – Les Bassets – 71800 Chatenay – Tél. : 85.28.19.51 – Fax : 85.26.83.10

Chenoves La Boutiere *C.M. n° 69 — Pli n° 19*

♨ NN 4 chambres d'hôtes dans maison de caractère. 2 chambres 2 pers. avec salle d'eau privée et wc en commun. 1 chambre 4 pers., salle d'eau et wc privés, 1 suite 4 à 5 pers., douche privée, wc communs. Cuisine d'été, salon jardin. Aire de jeux. Téléphone carte pastel. Escalade à 3 km. Gare 20 km. Commerces 5 km. Anglais parlé. Ouvert toute l'année.

Prix : 1 pers. **185/255 F** 2 pers. **210/290 F** 3 pers. **370 F** pers. sup. **80 F**

3	5	15	4	1	12

MESDAMES COLLIN - SARL – La Boutiere – 71390 Chenoves – Tél. : 85.44.03.76 – Fax : 85.44.07.44

Chevagny-les-Chevrieres Le Bourg   *C.M. n° 69 — Pli n° 19*

♥♥♥ NN   3 chambres de 2 ou 4 pers. situées dans maison viticole 17ᵉ au cœur du Mâconnais, sur la route des vins et églises romanes. Vue panoramique sur Solutré, Vergisson. Douche et wc privés. Cour close, jardin, dégustation et vente vins. Restaurant 100 m. Gare 5 km. Commerces 100 m. Ouvert toute l'année.

Prix : 1 pers. **200 F** 2 pers. **250/300 F** pers. sup. **60 F**

5	5	5	1	SP	20	

MARIN Marie-Therese – Le Bourg – 71960 Chevagny-Les Chevrieres – Tél. : 85.34.78.60 – Fax : 85.20.10.99

Clermain Le Colombier   *C.M. n° 69 — Pli n° 18*

♥♥ NN   Alt. : 250 m — 2 chambres d'hôtes dans une maison indépendante, à 800 m de la voie rapide Genève-Océan, endroit calme, ombragé, fleuri. Une ch. 2 pers., une ch. 5 pers. Salle d'eau privée, wc en commun, salle de séjour. Jeux. Tennis de table. Parking privé. Restaurant 300 m. Gare 25 km. Commerces 10 km. Ouvert du 1ᵉʳ mars au 31 octobre.

Prix : 1 pers. **160 F** 2 pers. **220/240 F** 3 pers. **320 F** pers. sup. **60 F**

1	10	10	10	12	SP	10

VINCENT Marthe – Le Colombier – 71520 Clermain – Tél. : 85.50.40.10

Clermain Montvaillant   *C.M. n° 69 — Pli n° 18*

♥♥♥ NN   Alt. : 350 m — 5 ch. d'hôtes dans château du XIXᵉ. 2 ch. 2 pers., 2 ch. juxtaposées 4 pers., 1 suite 3 pers. Salle d'eau, wc particuliers. Parc arboré, dégustation et vente de vins. Collection d'affiches du XIXᵉ siècle. Restaurant 1 km. Jeux, table de ping-pong. 6ᵉ nuitée offerte. Gare 25 km. Commerces 7 km. Anglais et espagnol parlés. Ouvert du 1ᵉʳ mai au 31 août.

Prix : 1 pers. **240 F** 2 pers. **330 F** 3 pers. **430 F** pers. sup. **100 F**

0,3	12	12	6	12	0,3	6

DE WITTE Florence – Montvaillant – 71520 Clermain – Tél. : 85.50.43.26

Cluny   *C.M. n° 69 — Pli n° 19*

♥♥ NN   (TH)   Alt. : 250 m — 2 chambres d'hôtes situées à 500 m de l'Abbaye de Cluny. 1 chambre 3 personnes. Chambre double de 2/4 personnes, lits enfant, douche, wc particuliers. Salon de jardin. Restaurants à 500 m. Table d'hôtes sur réservation. Gare 25 km. Commerces 1 km. Ouvert toute l'année.

Prix : 1 pers. **150 F** 2 pers. **200 F** 3 pers. **280/320 F** pers. sup. **80 F** repas **70 F**

1	1,5	1,5	1,5	1	10

ALAMAGNY Liliane – Route de Massilly – 71250 Cluny – Tél. : 85.59.10.70

Cluny   *C.M. n° 69 — Pli n° 19*

E.C. NN   Situées en bordure de la Grosne, 5 chambres d'hôtes pour 2 personnes, à la décoration soignée. Salle de bains et wc privés pour chacune d'elles. Salle petit déjeuner et coin-salon (TV) réservé aux hôtes. Terrasse, galerie, vaste terrain clos aménagé. Parking. Services, commerces 0,5 km. Gare 24 km. Restaurant 0,5 km. Ouvert toute l'année.

Prix : 1 pers. **250 F** 2 pers. **350 F** pers. sup. **100 F**

SP	0,3	0,5	0,5	1	12

DONNADIEU Noelle – Rue Pont de la Levee – 71250 Cluny – Tél. : 85.59.05.10

Cormatin La Filaterie   *C.M. n° 69 — Pli n° 19*

♥♥ NN   Alt. : 350 m — 6 chambres d'hôtes dans maison de caractère au village. 1 chambre de 2 pers., 2 chambres de 3 personnes, 3 chambres doubles de 5 personnes, avec toutes salles d'eau et wc privés et coin cuisine. Salle de séjour, salon, garage, jardin. Gare 35 km. Commerces 200 m. Anglais parlé. Ouvert du 15 mars au 15 novembre.

Prix : 1 pers. **160/210 F** 2 pers. **195/280 F** pers. sup. **65 F**

0,2	14	0,2	14	SP	SP	20

CHAVANNE Henriette – La Filaterie – 71460 Cormatin – Tél. : 85.50.15.69 – Fax : 85.50.18.01

Cortambert   *C.M. n° 69 — Pli n° 19*

E.C. NN   Une chambre d'hôtes aménagée à l'étage d'une maison ancienne, rénovée dans un village du Clunysois. 1 chambre pour 3 pers. + mézzanine attenante pouvant héberger 2 autres pers. d'une même famille avec s. d'eau et wc indépendants. Salon avec coin-cheminée et TV à disposition. Jardin clos et terrasse aménagée. Gare 30 km. Commerces 6 km. Ouvert toute l'année.

Prix : 1 pers. **170 F** 2 pers. **220 F** 3 pers. **300 F**

3	6	6	6	3	SP	15

ROBERGEOT Liliane – L'Ecrin des Cabreux – 71250 Cortambert – Tél. : 85.50.05.07

Cronat Les Garlauds   *C.M. n° 69 — Pli n° 5/6*

♥♥ NN   Alt. : 260 m — 2 chambres d'hôtes aménagées sur une exploitation agricole. 1 chambre 2 pers., 1 chambre 4 pers. Douche/wc privés. Séjour/coin-salon, 1 lit bébé. Terrain clos. Jeux enfants. Location bateaux 12 km. Production et vente de fromages de brebis/place. Station Thermale 12 km. Gare 22 km. Commerces 4 km. Anglais parlé. Ouvert du 15 avril au 31 octobre.

Prix : 1 pers. **170 F** 2 pers. **200 F** 3 pers. **250 F** pers. sup. **50 F**

4	12	8	12	20	1	12

BIBERON Yves – Les Garlauds – 71140 Cronat – Tél. : 85.84.84.63

Devrouze Le Domaine des Druides

Arlette et Jörg, jeune couple suisse (agriculteurs biologiques), ont aménagé 4 ch. d'hôtes simples mais confortables disposant de sanitaires privés (douches-wc), 1 ch. est acces. aux handic. Pièce de jour et salon réservés aux hôtes. Terrain clos, étang privé, meubles de jardin. Gare 14 km. Commerces 4 km. Anglais et allemand parlés. Ouvert toute l'année.

Prix : 1 pers. **200 F** 2 pers. **240 F** 3 pers. **330 F**
pers. sup. **100 F** repas **70 F**

SP	4	4	12	SP	SP	6

HERMANN/HOHLER Jorg – La Barriere – 71330 Devrouze – Tél. : 85.72.47.06 – Fax : 85.72.47.06

Etrigny Malo　　　C.M. n° 69 – Pli n° 19

Alt. : 200 m – 1 chambre pour 3 personnes, située dans une ancienne ferme au village. Salle de bains et wc particuliers. Terrasse, terrain clos privé. Produits fermiers sur place. Gare 13 km. Commerces 3 km. Anglais parlé. Ouvert toute l'année.

Prix : 1 pers. **200 F** 2 pers. **240 F** 3 pers. **320 F**
pers. sup. **60 F** repas **90 F**

3	3	3	3	10	3	10

GOUJON Jacqueline – Malo - Cidex 545 – 71240 Etrigny – Tél. : 85.92.21.47 – Fax : 85.92.22.13.

Fontaines Saint Nicolas　　　C.M. n° 69 — Pli n° 9

3 chambres d'hôtes aménagées dans une ancienne demeure. Chambres de 3 personnes, salle de bains, wc privés, possibilité lits enfants, salle à manger, salon, bibliothèque privés, TV, cheminée. Garage, parc arboré clos. Table d'hôtes sur réservation. Gare et commerces 500 m. Anglais parlé. Ouvert toute l'année.

Prix : 1 pers. **270 F** 2 pers. **380 F** 3 pers. **450 F**
pers. sup. **70 F** repas **150 F**

5	5	0,8	10	5	SP	10

CHIGNAC Jacotte et Michel – 102 Grande Rue – 71150 Fontaines – Tél. : 85.91.48.49

Frontenaud Le Venay　　　C.M. n° 70 — Pli n° 13

Alt. : 200 m – 6 ch. d'hôtes aménagées dans une ferme Bressane restaurées de caractère. Ch. de 2 pers. avec salle d'eau, wc privés, 1 ch. pour handicapés. Salon, salle de séjour, TV, chauffage électrique. Jardin, parc, jeux, usage piscine et vélos gratuit. Gare 8 km. Commerces et services 1,5 km. Anglais et allemand parlés. Ouvert toute l'année sauf 1ère quinzaine de janvier. Repas gastronomiques commande 24 h à l'avance.

Prix : 1 pers. **260/300 F** 2 pers. **310/360 F** 3 pers. **470 F**
pers. sup. **110 F** repas **90/120 F**

1	SP	8	SP	1

GUYOT Robert – Le Venay – 71580 Frontenaud – Tél. : 85.74.85.24

Geanges　　　C.M. n° 69 — Pli n° 9/10

Alt. : 350 m — Dans vieille demeure du 17e siècle, à 9 km de Beaune, 2 ch. d'hôtes avec accès privé, salle d'eau, wc. 1 ch. 1 pers, 1 ch. 3 pers. Parc ombragé, salon. Coin-bibliothèque, TV à dispos. Possibilité chevaux (3). Gare 9 km. Commerces 1 km. Anglais, allemand et néerlandais parlés. Ouvert toute l'année.

Prix : 1 pers. **215/230 F** 2 pers. **280/300 F** 3 pers. **350/370 F**

1	9	1	9	9	SP	9

VINCENT-DANIELS Anne Marie – 1 rue du Parc – 71350 Geanges – Tél. : 85.49.47.42 ou 80.22.06.53

Gergy Le Village　　　C.M. n° 69 — Pli n° 10

E.C. NN 1 ch. d'hôtes double (2 lits 1 pers., 1 lit 2 pers.) aménagée dans petite maison indépendante située à proximité de la maison du propriétaire. Salle de bains et wc privés. Coin-salon. Salle petit déjeuner chez la propriétaire. Parc arboré. Piscine commune. Gare 13 km. Commerces 500 m. Ouvert du 1er mai au 30 septembre.

Prix : 1 pers. **300 F** 2 pers. **300 F**

0,6	SP	0,5	12	13	SP

DEVILLARD Jacqueline – Le Village - rue Charriot – 71590 Gergy – Tél. : 85.91.74.10

Gourdon Mont Bretange　　　C.M. n° 69 — Pli n° 18

Alt. : 530 m — 2 ch. d'hôtes dans ancienne ferme restaurée en pleine campagne. Une ch. 3 pers. S.d.b., wc particuliers. Une ch. 3 pers. avec douche, wc particuliers. Séjour, TV, jardin. Possibilité cuisine à l'extérieur. Restaurant 1,5 km. Golf 8 km. Gare TGV à 12 km. Commerces 3 km. Ouvert du 1er avril au 30 septembre. Eglise du XIIe. Produits fermiers à 500 m.

Prix : 1 pers. **220 F** 2 pers. **280/320 F** 3 pers. **390 F**
pers. sup. **90 F**

8	8	5	5	SP	8

GIBERT Monique – Mont-Bretange – 71300 Gourdon – Tél. : 85.79.80.78

Grande-Verrière　　　C.M. n° 69 — Pli n° 7

E.C. NN Alt. : 500 m — 3 chambres d'hôtes de bon confort aménagées à l'étage d'une ancienne grange rénovée dans un hameau du Parc du Morvan. Chaque ch. (dont 1 est plus particulièrement adaptée aux familles) est équipée de salle d'eau et wc indépendants. Salle petit déjeuner et salon réservés aux hôtes. Terrasse et terrain. Gare 15 km. Commerces 3 km. Ouvert toute l'année.

Prix : 2 pers. **230 F** pers. sup. **60 F**

1,5	15	15	15	3	SP	15

CARE Paul – Les Dues – 71990 Saint-Leger-sous-Beuvray – Tél. : 85.82.50.32

La Grande-Verriere Le Bourg   *C.M. n° 69 — Pli n° 7*

🌾🌾 NN   Alt. : 350 m — Une chambre double aménagée dans la maison du propriétaire. 2 à 5 personnes. Salle d'eau et wc particuliers. TV. Terrain. Restaurant 0.2 km. Gare 14 km. Commerces sur place. Anglais parlé. Ouvert toute l'année.

Prix : 1 pers. **140 F** 2 pers. **190 F** 3 pers. **250 F**

SP	14	14	14	SP	SP	14

BONDEAU Lazare – Le Bourg – 71990 La Grande-Verriere – Tél. : 85.82.58.21

Grevilly Pre Menot   *C.M. n° 69 — Pli n° 19*

🌾🌾🌾 NN   Alt. : 300 m — 2 ch. d'hôtes dans une maison vigneronne de caractère. Calme et confortable, salle de bains, d'eau et wc privés, galerie mâconnaise, terrain ombragé. Salon/cheminée, salle de séjour, bibliothèque. TV/demande, chauf. centr. et électr. Produits fermiers et viticoles à prox. Téléphone privé. Gare 11 km. Commerces 8 km. Anglais et allemand parlés. Ouvert toute l'année.

Prix : 1 pers. **200 F** 2 pers. **250 F** 3 pers. **330 F**

9	12	6	9	SP	0,5	9

DEPREAY Claude – Pre Menot – 71700 Grevilly – Tél. : 85.33.29.92 – Fax : 85.33.02.79

La Guiche La Roseraie   *C.M. n° 69 — Pli n° 18*

🌾🌾🌾 NN   Alt. : 425 m — Maison bourgeoise du XVIIIᵉ siècle, située dans un parc arboré. La décoration mêle le style anglais à du mobilier régional ancien. Accueil dans une ambiance douillette. 6 chambres avec wc et salle de bains particuliers, salon, TV, terrasse. Gare 30 km. Commerces 5 km. Anglais parlé. Ouvert toute l'année.

Prix : 1 pers. **250 F** 2 pers. **320 F**

5	20	0,5	6	5	10

BINNS John et Rosslyn – La Roseraie – 71220 La Guiche – Tél. : 85.24.67.82 – Fax : 85.24.61.03

La Guiche Les Maupoix   *C.M. n° 69 — Pli n° 18*

🌾🌾 NN   Alt. : 420 m — 3 chambres d'hôtes situées dans une grande maison en pierre, calme. 2 chambres 2 pers. + 1 lit enfant, douche privée, wc particuliers dans chaque chambre, 1 chambre 2 pers., douche. Salle à manger, TV salon. Parc arboré. Commerces 0.5 km. Restaurant à proximité (200 m). Gare 20 km. Anglais parlé. Ouvert toute l'année.

Prix : 1 pers. **180 F** 2 pers. **260 F** 3 pers. **300 F**

2	20	1	20	0,5	2

SACCHETI Nadine – L'Hermitage – 71220 La Guiche – Tél. : 85.24.68.55

Hurigny Le Mont Rouge   *C.M. n° 69 — Pli n° 19*

🌾🌾 NN   Alt. : 300 m — 2 chambres situées aux portes de Mâcon, calmes, vue sur les Roches Mâconnaises, situées à 2,5 km de la RN79 Mâcon-Moulins. Chambre de 2 pers., douche particulière, wc réservés aux chambres, séjour avec TV. Jardin paysager, coin-repos. Restaurant 1.5 km. Gare 7 km. Commerces 3 km. Parking fermé. Anglais parlé. Ouvert du 1ᵉʳ avril au 1ᵉʳ novembre.

Prix : 1 pers. **200 F** 2 pers. **250 F**

7	7	7	2	0,1	15

FRAISSE Francoise – Le Mont Rouge – 71870 Hurigny – Tél. : 85.34.62.69

Hurigny La Fontaine   *C.M. n° 69 — Pli n° 19*

🌾 NN   Alt. : 300 m — Dans maison mitoyenne à celle de la propriétaire, une chambre double (1 lit 2 pers. 2 lits 1 pers.) avec sanitaires privés au r.d.c., pièce d'accueil réservée aux hôtes (coin-cuisine à disposition). Petit jardin clos avec salon de jardin. Gare 5 km. Commerces sur place. Ouvert toute l'année.

Prix : 2 pers. **210 F** 3 pers. **300 F** pers. sup. **90 F**

5	5	0,8	5	5	SP	25

CLEMENT Antoinette – « La Fontaine » – 71870 Hurigny – Tél. : 85.29.19.87

Hurigny Chateau de Salornay   *C.M. n° 69 — Pli n° 19*

E.C. NN   Dans château du XIᵉ siècle, aux portes de Mâcon, une ch. d'hôtes pour 2 pers. aménagée au 2ᵉ ét. Possibilité lit sup. pour 1 pers. Salle d'eau et wc privés. Cuisine aménagée à disposition. Salle petit déjeuner au r.d.c. avec coin-salon et TV. Terrain clos et terrasse. Gare 4 km. Commerces 2 km. Anglais parlé. Ouvert du 1ᵉʳ mai au 31 octobre. Location de salles possible.

Prix : 1 pers. **250 F** 2 pers. **300 F** pers. sup. **50 F**

4	4	0,2	3	4	SP	15

GUERIN Arnaud – Domaine de Salornay – 71870 Hurigny – Tél. : 85.34.25.73

Iguerande Les Montees   *C.M. n° 73 — Pli n° 7*

🌾🌾🌾 NN   4 vastes chambres dont 1 au r.d.c., aménagées dans une ancienne ferme. Décor rustique, calme, détente assurée. Douche, bains et wc privés. Séjour/coin-salon aménagé. Terrain clos ombragé. Circuit VTT. Canoë-kayak 10 km, aéroport 20 km. Possibilité hébergement cavaliers. Gare 22 km. Commerces 1 km. Anglais et allemand parlés. Ouvert toute l'année. Situé au cœur du Brionnais à quelques kilomètres des berges de la Loire.

Prix : 1 pers. **230 F** 2 pers. **260 F** 3 pers. **330 F**

0,5	10	1	5	SP	2

MARTIN Maurice – Les Montees – 71340 Iguerande – Tél. : 85.84.09.69

Jalogny Vaux

Une chambre d'hôtes pour 2 à 3 personnes dans une maison bourguignonne de caractère. Salle de bains et wc particuliers. Cour close, abri voiture. Chiens acceptés mais pas dans la chambre. Possibilité hébergement chevaux. Gare 12 km. Commerces 5 km. Produits fermiers sur place, repas sur réservation. Anglais parlé. Ouvert toute l'année.

Prix : 1 pers. **170 F** 2 pers. **200 F** 3 pers. **270 F** repas **60 F**

1	5	5	5	10	SP	5

POTDEVIN Nathalie – Vaux – 71250 Jalogny – Tél. : 85.59.19.75 ou 85.37.77.07

Jully-les-Buxy La Guiche

1 chambre d'hôtes double d'accès indépendant aménagée dans maison vigneronne rénovée, sur une exploitation viticole de la Côte Chalonnaise. 2 lits 2 pers., lit bébé, convertible 2 pers. Douche et wc privés et indépendants. Ch. central. Coin-salon réservé aux hôtes. Cour et terrain clos. Gare 15 km. Commerces 4 km. Ouvert toute l'année.

Prix : 1 pers. **170 F** 2 pers. **230 F** 3 pers. **300 F**
pers. sup. **70 F**

6	15	4	8	2	SP	12

MAITRE Huguette – Scea Maitre - La Guiche – 71390 Jully-Les Buxy – Tél. : 85.92.10.95

Laives La Ruee   C.M. n° 69 — Pli n° 19

Nadine met à votre disposition 3 chambres aménagées dans une ancienne ferme du Chalonnais. Chaque chambre est équipée d'une salle d'eau et d'un wc privé. Les petits déjeuners sont servis dans une vaste salle à manger avec coin-salon, TV et bibliothèque. Jardin clos. Restaurant au village. Gare 12 km. Commerces 2,5 km. Ouvert du 1er avril au 1er novembre.

Prix : 1 pers. **230 F** 2 pers. **280 F**

2	2,5	2,5	6	SP	2

FUMAL Nadine – La Ruee – 71240 Laives – Tél. : 85.44.78.63

Lalheue Le Bourg Ouest   C.M. n° 69 — Pli n° 19

2 chambres d'hôtes 2 pers. aménagées dans une maison ancienne, restaurée dans un petit village du chalonnais, équipées de salle de bains privées, wc attenants particuliers. Gare 15 km. Commerces et restaurants 500 m. Anglais parlé. Ouvert toute l'année.

Prix : 1 pers. **170 F** 2 pers. **220 F**

0,5	6	0,5	5	15	SP

CRENIAUT Helene – Le Bourg – 71240 Lalheue – Tél. : 85.44.75.44

Lournand Collonges   C.M. n° 69 — Pli n° 18

Brigitte et Bernard vous accueillent dans leur exploitation agricole située proximité de Cluny et Taizé. 5 chambres/2 à 3 pers., 1 accessible handicapés, salle à manger et coin-salon privés, douches et wc privés. Gare et commerces 5 Km. Anglais et italien parlés. Ouvert toute l'année.

Prix : 1 pers. **180 F** 2 pers. **240 F** 3 pers. **320 F**
pers. sup. **80 F**

1	5	5	5	5	SP	15

BLANC Brigitte – Collonges – 71250 Lournand – Tél. : 85.59.14.80 – Fax : 85.59.14.80

Mancey Dulphey   C.M. n° 69 — Pli n° 19

Alt. : 320 m — 5 chambres d'hôtes aménagées dans grande demeure avec parc arboré. Chambres de 2 pers. chacune, salles d'eau privées, wc commun, salle de séjour. Parking. Gare 5 km. Commerces sur place. Anglais parlé. Ouvert toute l'année. Restaurant à proximité.

Prix : 1 pers. **130 F** 2 pers. **190 F** 3 pers. **225 F**
pers. sup. **65 F**

1,5	5	5	3	SP	0,5	8

LAMBOROT-DEREPAS Francoise – Dulphey – 71240 Mancey – Tél. : 85.51.10.22 ou 85.51.20.82

Marcigny La Thuilliere   C.M. n° 73 — Pli n° 7

Alt. : 260 m — 5 chambres d'hôtes aménagées dans maison de caractère. Salle d'eau, wc privés dont 1 ch. avec terrasse. 1 lit d'enfant. Salon, TV. Parc ombragé. Produits fermiers. Gare 30 km. Commerces, restaurants 500 m. Canoé-kayak 2,5 km. Repas sur réservation. Anglais parlé. Ouvert toute l'année.

Prix : 1 pers. **210 F** 2 pers. **250 F** 3 pers. **290 F**
pers. sup. **40 F**

2	2,5	0,5	4	0,5	1

GALLAND Maissa et Alain – La Thuillere – 71110 Marcigny – Tél. : 85.25.10.31

Marcigny   C.M. n° 73 — Pli n° 7

A l'entrée du village, 3 chambres d'hôtes dans maison de caractère du XIXe siècle. 1 dans maison indép., coin-cuisine, 2 dans maison principale dont 1 avec coin-cuisine. Salle de bains, wc, TV, tél. Calme assuré dans parc verdoyant aménagé, clos. Lavoir et ruisseau. Garage, parking clos. Gare 30 km. Commerces 500 m. Anglais et allemand parlés. Ouvert toute l'année.

Prix : 1 pers. **220 F** 2 pers. **270/295 F**

3	0,7	0,7	8	SP	4	30

RICOL Andree – La Musardiere - 50 rue de la Tour – 71110 Marcigny – Tél. : 85.25.38.54 ou 85.25.12.65

Marcigny Les Recollets — *C.M. n° 73 — Pli n° 7*

♥♥♥ NN — Alt. : 350 m — 6 chambres d'hôtes dans maison de caractère. Chambres avec salle de bains et wc privés. Salle de séjour, salon, TV, bibliothèque, salle de jeux. Jardin, terrain clos ombragé. Gare 20 km. Commerces 0.5 km. Conditions de réservation pour groupes. Ouvert toute l'année.

Prix : 1 pers. **320 F** 2 pers. **450 F** 3 pers. **500 F** pers. sup. **100 F**

2	0,5	0,5	3	SP	2	

BADIN Josette – Les Recollets – 71110 Marcigny – Tél. : 85.25.05.16 ou 85.25.03.34 – Fax : 85.25.06.91

Marcigny Les Etournalieres — *C.M. n° 73 — Pli n° 7*

♥♥♥ NN — 2 chambres d'hôtes de très bon confort aménagées dans jolie maison de caractère au cœur du Charollais. Chaque chambre dispose de sa salle de bains et de wc. Salon réservé aux hôtes avec cheminée, bibliothèque, T.V, grand terrain clos et arboré. Gare 25 km. Commerces 500 m. Ouvert toute l'année.

Prix : 1 pers. **300 F** 2 pers. **350 F** 3 pers. **400 F**

2	1	1	3	1	2	20

CHASSORT Lucie – Les Etournalieres – 71110 Marcigny – Tél. : 85.25.03.79

Mazille Le Bourg — *C.M. n° 69 — Pli n° 18/19*

♥ NN — Alt. : 200 m — 4 chambres d'hôtes situées dans un village. 2 chambres/2 pers., douche privée, wc en commun. 1 chambre de 2 pers. 1 chambre/3 pers. avec salle d'eau et wc privés, salle de séjour. Jardin, terrain clos ombragé. Gare 25 km. Commerces sur place. Ouvert du 1er avril au 15 novembre.

Prix : 1 pers. **180/200 F** 2 pers. **210/250 F**

1	8	0,5	8	8	2	6

GAUTHIER Marie Louise – Le Bourg – 71250 Mazille – Tél. : 85.50.80.40

Mellecey Etaule — *C.M. n° 69 — Pli n° 9*

♥♥ NN — (TH) — 2 chambres d'hôtes de 2 et 4 pers., situées dans une ancienne maison vigneronne de la Côte Chalonnaise avec accès indépendant sur cour. Salle d'eau et wc privés, salle de séjour, salon, TV à la disposition des hôtes. Cour et jardin arboré. Restaurant 2 km. Table d'hôtes le soir à la demande.

Prix : 1 pers. **150 F** 2 pers. **190 F** 3 pers. **230 F** pers. sup. **20 F** repas **70 F**

0,5	3	1	3	0,5

RAVILLARD Yvette – Etaule – 71640 Mellecey – Tél. : 85.45.15.47

Mervans Les Cailloux — *C.M. n° 70 — Pli n° 2*

♥ NN — 1 chambre d'hôtes pour 4 personnes. Salle d'eau et wc particuliers. Séjour, coin-cuisine, télévision. Terrain clos avec tables et bancs de jardin. Barbecue. Restaurant 2 km. Gare et commerces 2 km. Ouvert toute l'année.

Prix : 1 pers. **150 F** 2 pers. **210 F** 3 pers. **260 F** pers. sup. **40 F**

2	9	2	12	SP	SP	50

BON Rene – Route de Pierre - Les Cailloux – 71310 Mervans – Tél. : 85.76.13.25

Milly-Lamartine Les Echalys — *C.M. n° 69 — Pli n° 19*

♥♥ — Alt. : 350 m — Au cœur du Val Lamartinien, au 1er étage dans maison récente, 1 chambre double, salle d'eau et wc privés. 4 lits 1 pers., salon et salle à manger communs. Terrain, terrasse donnant sur le vignoble. Gare 10 km. Commerces 2 km. Restaurant 0.3 km. Anglais, allemand et danois parlés. Ouvert toute l'année.

Prix : 1 pers. **150 F** 2 pers. **250 F** pers. sup. **90 F**

2	15	2	6	15	SP	12

NIELSEN Leif – Les Echalys – 71960 Milly-Lamartine – Tél. : 85.37.79.78

Monthelon Les Granges — *C.M. n° 69 — Pli n° 7*

♥♥ NN — Alt. : 300 m — 3 chambres d'hôtes à la ferme, aux portes d'Autun. Ville gallo-romaine. Accès indépendant (2/5 pers.). Salle d'eau et wc privés, espace extérieur. Commerces, gare, restaurant 5 km, ferme auberge 3 km. Ouvert toute l'année.

Prix : 2 pers. **200/220 F** pers. sup. **60 F**

2	7	7	7	5	5	7

ANDRIOT Benoit et Marie-The. – Les Granges – 71400 Monthelon – Tél. : 85.52.22.99

La Motte-Saint-Jean La Varenne — *C.M. n° 69 — Pli n° 16*

♥ NN — 2 chambres de 3 personnes, situées au rez-de-chaussée de l'habitation du propriétaire. Possibilité de cuisine, salle d'eau, wc. Gare 4 km. Commerces 3,5 km. Ouvert toute l'année.

Prix : 1 pers. **180 F** 2 pers. **200 F** 3 pers. **220 F** pers. sup. **50 F**

0,5	3,5	4	6	0,5	0,5

GOURSAUD Annie – La Varenne – 71160 La Motte-Saint-Jean – Tél. : 85.53.11.02

Mussy-sous-Dun Le Fournay — *C.M. n° 73 — Pli n° 8*

♥♥♥ NN — Alt. : 380 m — 1 chambre d'hôtes pour 2 personnes, suite confort. Salle de bains, wc privés. Téléphone et TV privés. Jardin paysager roses anciennes. 1er prix des « Bravos de l'accueil » des Offices de Tourismes régionaux et lauréat du Concours des Parcs et Jardins Bourgogne 93. Gare, commerces et musées 4 km. Anglais parlé. Ouvert du 1er avril au 30 septembre.

Prix : 1 pers. **280 F** 2 pers. **300 F**

0,2	4	4	4	0,2	30

BAIZET Josiane – Le Fournay – 71170 Mussy-sous-Dun – Tél. : 85.26.06.47

Ozolles Le Bourg
C.M. n° 69 — Pli n° 18

� ☆☆☆ NN (TH) — 2 chambres 2 personnes, aménagées dans une maison charollaise au bourg. Possibilité lit enfant, sanitaires privés, salle à manger, coin-salon, chauffage central, espace clos. Gare 16 km. Commerces 200 m. Anglais parlé. Ouvert du 1er mars au 30 octobre.

Prix : 1 pers. **160 F** 2 pers. **200 F** pers. sup. **60 F** repas **80 F**

☾	≈	🎿	🏇	🚴	👟	≋
0,1	10	10	16	10	SP	3

MONCORGER Jean-Francois – Le Bourg – 71120 Ozolles – Tél. : 85.88.35.00

Palinges Les Hortensias
C.M. n° 69 — Pli n° 17

☆☆☆ NN — 3 chambres d'hôtes dans maison de caractère au cœur du village. 1 chambre 2 pers. (2 lits jumeaux), s.d.b. et wc privés. 1 chambre 3 personnes. Douche, wc privés. 1 chambre 2 personnes + lit enf. Lavabos privés. Salon, TV. Tél. Terrasse ombragée. Jardin, garage, terrain clos. Restaurant au village. Gare 1 km. Commerces sur place. Ouvert du 1er mai au 15 novembre.

Prix : 1 pers. **250/270 F** 2 pers. **350/400 F** 3 pers. **450 F**

☾	≈	🎿	🏇	👟
SP	12	SP	12	SP

AUZEL Michele – Les Hortensias – 71430 Palinges – Tél. : 85.70.21.34

Poisson Chateau de Martigny
C.M. n° 69 — Pli n° 17

☆☆☆ NN (TH) — Alt. : 250 m — 4 chambres d'hôtes aménagées dans un château restauré du XVIIIe siècle. Parc ombragé. 2 chambres 2 pers. 2 chambres 3 pers. possibilité chambre enfants, salon. TV. Garage, produits fermiers. Gare et commerces 12 km. Anglais parlé. Ouvert du 1er avril au 1er octobre.

Prix : 1 pers. **450 F** 2 pers. **500 F** 3 pers. **550 F** pers. sup. **100 F** repas **180 F**

☾	≈	🎿	🏇	🚴	👟	≋
2	SP	2	4	SP	SP	4

DOR Edith – Chateau de Martigny – 71600 Poisson – Tél. : 85.81.53.21 – Fax : 85.81.59.40

Poisson Sermaize
C.M. n° 69 — Pli n° 17

☆☆☆ NN (TH) — Alt. : 250 m — 3 chambres d'hôtes à la ferme dans un ancien relais de chasse du Charollais du XVIe siècle. 2 chambres 2 pers., 1 chambres 3 pers., 1 chambre 2 enfants. Salle d'eau, wc privés. Pièce commune, bibliothèque, parc amenagé, cour, garage. Restaurant et commerces 4 km. Gare 11 km. Table d'hôtes sur réservation. Ouvert d'avril à novembre.

Prix : 1 pers. **220/250 F** 2 pers. **270/320 F** 3 pers. **370 F** repas **80 F**

☾	≈	🎿	🏇	🚴	👟	≋
0,2	11	4	4	11	1	14

MATHIEU Paul – Sermaize – 71600 Poisson – Tél. : 85.81.06.10

Poisson La Croix Rouge
C.M. n° 69 — Pli n° 17

☆☆ NN — Alt. : 350 m — 1 chambre double à la ferme au cœur du Charollais. Chambre avec lit de 2 pers. et chambre de 2 lits 1 pers. Salle d'eau et wc privés. Salle de séjour, salon indépendant réservé aux hôtes. Jardin. Gare 5 km. Commerces et services 3 km. Anglais et allemand parlés. Ouvert toute l'année.

Prix : 1 pers. **180 F** 2 pers. **240 F** 3 pers. **320 F** pers. sup. **60 F**

☾	≈	🎿	🏇	👟
5	5	3	5	SP

BOUCHOT Renee et Jean Paul – La Croix Rouge – 71600 Poisson – Tél. : 85.81.49.17

Prety Le Meix Fluat

E.C. NN — 2 suites pour 2 à 4 pers. aménagées dans jolie propriété des XVIII et XIV siècles dans petit village à proximité de Tournus. Beau parc ombragé. Salle d'eau et wc privés. Salle petit déjeuner et coin-salon réservé aux hôtes. Parking. Gare 3 km. Commerces et services 500 m. Anglais parlé. Ouvert toute l'année.

Prix : 2 pers. **300 F** 3 pers. **400 F** pers. sup. **100 F**

☾	≈	🎿	🏇	🚴	👟	≋
0,5	3	3	7	SP	SP	12

HUTCHINSON Stella et Andre – Le Meix Fluat – 71700 Prety – Tél. : 85.51.10.61

Ratte Les Gros
C.M. n° 70 — Pli n° 13

☆ NN (TH) — Alt. : 200 m — Deux chambres d'hôtes aménagées à l'étage, dans les dépendances de la ferme bressanne. Chambres de 2 personnes. Douche, wc particuliers. Pièce commune, calme. Espace et jeux pour enfants. Gare 9 km. Commerces 8 km. Ouvert toute l'année.

Prix : 1 pers. **130 F** 2 pers. **190 F** 3 pers. **240 F** pers. sup. **50 F** repas **70 F**

☾	≈	🎿	🏇	👟
2	8	8	12	SP

GARON Jeanine – Grange Mohair - Les Gros – 71500 Ratte – Tél. : 85.75.18.96

La Roche-Vineuse Sommere
C.M. n° 69 — Pli n° 19

☆☆☆ NN — Alt. : 300 m — Dans maison de caractère avec point de vue sur roches de Solutré et Vergisson, 3 ch. d'hôtes. 1 ch. 2/4 pers. S.d.b. et wc privés. 1 ch. type suite 4 pers. S.d.b. et wc privés. 1 ch. 2 pers. Douche, wc privés. Séjour. Cour et terrain clos ombragés. Parking fermé. Restaurant 2 km. Gare 5 km. Commerces 2 km. Anglais et allemand parlés. Ouvert toute l'année. Circuit Lamartinien.

Prix : 1 pers. **180 F** 2 pers. **240/280 F** 3 pers. **340/360 F** pers. sup. **80 F**

☾	≈	🎿	🏇	🚴	👟	≋
2	8	2	2	SP	SP	15

HEINEN Eliane – Sommere – 71960 La Roche-Vineuse – Tél. : 85.37.80.68

Royer Les Vercheres   C.M. n° 69 — Pli n° 19

❦❦ NN
(TH)

Alt. : 350 m — Dans maison mâconnaise de caractère, une ch. pour 4 pers., avec entrée privée. Douche, wc privés. Salle de séjour, garage, jardin ombragé. Gare et commerces 7 km. Restaurant 2 km, route des vins, circuit des églises romanes, produits fermiers sur place. Village Médiéval 3 km. Ouvert du 15 février au 15 novembre.

Prix : 1 pers. **150 F** 2 pers. **200 F** 3 pers. **250 F**
pers. sup. **50 F** repas **80 F**

🛏	🏊	🎿	🚣	🚴	🎾	♨
5	7	7	6	7	1	15

MEUNIER Michelle – Les Vercheres – 71700 Royer – Tél. : 85.51.30.25

Royer Le Bourg   C.M. n° 69 — Pli n° 19

❦❦ NN

Alt. : 300 m — 3 chambres d'hôtes aménagées dans maison vigneronne. Entrée privée. Douche et wc privés. 1 chambre 5 personnes, 1 chambre 4 personnes, 1 chambre 2 personnes. Séjour, salon, terrasse, jardin clos. Gare et commerces 7 km. Auberge à 2 km. Anglais et allemand parlés. Ouvert toute l'année.

Prix : 1 pers. **180 F** 2 pers. **230 F** 3 pers. **280 F**
pers. sup. **50 F**

🛏	🏊	🎿	🚣	🚴	🎾	♨
5	7	7	7	7	1	15

MEUNIER Thierry – Le Bourg – 71700 Royer – Tél. : 85.51.03.42

Sagy La Bernoux   C.M. n° 69 — Pli n° 13

❦❦ NN
(TH)

Alt. : 204 m — 3 chambres d'hôtes dans une maison ancienne rénovée, en région Bresse Bourguignonne. Chambre 2 personnes. Salle d'eau et wc particuliers. Séjour, espace extérieur aménagé, jeux. Gare 12 km. Commerces 3 km. Table d'hôtes sur réservation. Anglais et allemand parlés. Ouvert toute l'année.

Prix : 1 pers. **150 F** 2 pers. **210 F** repas **70 F**

🛏	🏊	🎿	🚣	🎾	♨
3	12	3	15	3	40

PRUDENT Mireille – La Bernoux – 71580 Sagy – Tél. : 85.74.06.52

Saint-Ambreuil Chateau de la Ferte   C.M. n° 70 — Pli n° 11

E.C. **NN**

Une chambre double aménagée dans le colombier, du domaine de la Ferté. Une chambre au r.d.c. (2 lits 1 pers.). Une chambre en mézzanine. Salle de bains, wc. Salon privé avec TV. Parc clos et ombragé. Gare 12 km. Commerces, services 5 km. Anglais parlé. Ouvert toute l'année.

Prix : 1 pers. **400 F** 2 pers. **500 F** 3 pers. **600 F**
pers. sup. **100 F**

🛏	🏊	🎿	🚣	🚴	🎾	♨
SP	5	3	12	12	SP	0,5

THENARD Jacques – Chateau de la Ferte – 71240 Saint-Ambreuil – Tél. : 85.44.17.96 – Fax : 85.44.17.96.

Saint-Boil « Chaumois »   C.M. n° 69 — Pli n° 19

❦❦ NN

Alt. : 350 m — 4 vastes chambres de bon confort aménagées dans maison rénovée dans hameau du vignoble Côte Chalonnaise. Chaque chambre équipée pour 2/3 pers avec bains et wc, coin-salon avec TV, bibliothèque. Salle privée pour petit déjeuner. Gare 20 km. Commerces 4 km. Ouvert toute l'année.

Prix : 1 pers. **200 F** 2 pers. **250 F** 3 pers. **330 F**
pers. sup. **80 F**

🛏	🏊	🎿	🚣	🚴	🎾	♨
1	12	4	0,5	0,5	SP	8

PERRAUT Suzanne – Chaumois – 71390 Saint-Boil – Tél. : 85.44.07.96

Saint-Bonnet-de-Cray Le Bourg

E.C. **NN**

1 ch. d'hôtes pour 2 pers., aménagée dans une grande maison au cœur d'un petit village du brionnais entre Charlieu et Marcigny. (1 lit 2 pers). Coin-repas et repos. Kitchenette à dispos. réservée aux hôtes. S.d.b. bains et wc privés. TV. Cour et terrain clos. Visite des églises romanes. Musée du Tissage. Gare 30 km. Commerces 3 km. Ouvert du 1er mai au 30 novembre.

Prix : 2 pers. **230 F**

🛏	🏊	🎿	🚣	🚴	🎾	♨
5	5	5	3	5	SP	15

MAISONNY Pierrette – Le Bourg – 71340 Saint-Bonnet-de-Cray – Tél. : 85.25.26.47

Saint-Bonnet-de-Vieille-Vigne Le Guide   C.M. n° 69 — Pli n° 17

❦ NN

Alt. : 320 m — Une chambre située dans la maison du propriétaire. Salle de bains, wc, douche particuliers. Chambre avec salon attenant privé comprenant convertible et fauteuils, TV. Cour indépendante. Etang privé. Gare et commerces 5 km. Anglais parlé. Ouvert toute l'année.

Prix : 1 pers. **180 F** 2 pers. **220 F** pers. sup. **50 F**

🛏	🏊	🎿	🚣	🚴	🎾	♨
1	11	5	18	18	SP	25

BARBIER Odile – Le Guide – 71430 Saint-Bonnet-de-Vieille-Vigne – Tél. : 85.70.23.63 – Fax : 85.88.12.57

Saint-Huruge Le Bourg   C.M: n° 69 — Pli n° 18

❦❦ NN

Alt. : 300 m — 2 chambres d'hôtes dans la maison du propriétaire. 1 chambre 2 personnes avec salle d'eau et wc particuliers, 1 chambre double 4 pers. à l'étage salle bains, wc privés. Pièce de jour, terrasse, jardin arboré. Gare 30 km. Commerces 4 km. Restaurant 3.5 km. Anglais parlé. Ouvert du 15 avril au 1er novembre.

Prix : 1 pers. **150 F** 2 pers. **250 F** 3 pers. **350 F**
pers. sup. **100 F**

🛏	🏊	🎿	🚣	🎾
0,2	18	4	18	0,2

MONTEGUT Beatrice – Le Bourg – 71460 Saint-Huruge – Tél. : 85.96.20.64

Saint-Loup-de-la-Salle Chasot

❀❀❀ NN
(TH)

3 chambres d'hôtes de grand confort pour 2 à 4 pers. dans un petit village à 9 km de Beaune. Accès indépendant pour chaque chambre. Deux d'entre elles possèdent un salon. Salle de bains et wc privés. Vaste terrain aménagé. Table d'hôtes sur réservation. Gare 9 km. Commerces 0,9 km. Golf 9 km. Anglais et allemand parlés. Ouvert toute l'année.

Prix : 1 pers. 280 F 2 pers. 350 F repas 120 F

0,9	0,9	SP	7

FERNANDEZ Renee – 5, rue Aux Loups – 71350 Saint-Loup-de-la-Salle – Tél. : 85.49.44.48

Saint-Martin-du-Tartre Maizeray

❀❀❀ NN
(TH)

2 ch. d'hôtes confortables, aménagées dans une maison bourguignone entièrement restaurée dans un petit village situé près de Buxy. S.d.b. et wc privés. Pièce d'accueil avec coin-salon (TV commune) et cheminée réservée aux hôtes. Balcon terrasse et jardin clos. Table de qualité le soir. Gare 25 km. Commerces 3 km. Ouvert du 1er mai au 15 octobre. Circuits des églises romanes. Route des vins.

Prix : 2 pers. 300 F pers. sup. 80 F repas 95 F

0,8	6	6	6	6	SP	15

BERGERET Jacqueline – Maizeray – 71460 St-Martin-du-Tartre – Tél. : 85.49.24.61

Saint-Maurice-les-Chateauneuf La Violetterie

❀❀❀ NN

Alt. : 300 m — 3 chambres d'hôtes aménagées dans une demeure traditionnelle en Brionnais. Ch. 2 pers. avec s. d'eau et wc particuliers. Possibilité lit supplémentaire. Salle à manger, salon réservés aux hôtes (cheminée, TV, lecture). Cour et jardin arborés, ombragés et clos. Restaurant 200 m. Gare 7 km. Commerces 500 m. Anglais parlé. Ouvert du 15 avril au 30 septembre. Circuits des églises romanes.

Prix : 1 pers. 200/220 F 2 pers. 250 F 3 pers. 330 F

1	7	0,5	1	10

CHARTIER Madeleine – La Violetterie – 71740 St-Maurice-Les Chateauneuf – Tél. : 85.26.26.60

Saint-Pierre-le-Vieux Ecussoles

❀❀ NN
(TH)

Alt. : 400 m — 4 chambres à la ferme : 1 ch. 2 pers., salle de bains, wc privés, 1 chambre 2 pers + 2 lits enf., salle de bains, wc privés, 1 chambre 2 pers. + 2 lits enf., douche, wc privés, 1 chambre 2 pers + 3 lits enf., douche, wc privés. Salle de séjour, cheminée. Pain à la ferme. Possib. cuisine. Terrasse, parking. Gare 32 km. Commerces 7 km. Ouvert du 1er mars au 31 décembre.

Prix : 1 pers. 140 F 2 pers. 200 F 3 pers. 240 F pers. sup. 50 F repas 65 F

SP	7	7	1	SP	SP	12

DORIN Jean Robert – Ecussoles – 71520 Saint-Pierre-le-Vieux – Tél. : 85.50.40.99

Saint-Prix L'Eau Vive

❀❀❀ NN
(TH)

A l'orée d'un village du parc du Morvan, Catherine et René ont aménagé 4 chambres confortables avec wc, salles de bains privés. Salon réservé aux hôtes, cheminée, TV couleur, téléphone. Salon de jardin. Table d'hôtes de qualité le soir. Réduc. hors saison. 1/2 pens. Gare 21 km. Commerces 4 km. Anglais et allemand parlés. Ouvert du 15 mars au 15 novembre. Etang privé avec barques.

Prix : 1 pers. 230 F 2 pers. 265 F 3 pers. 330 F pers. sup. 60 F repas 110 F

0,1	21	4	2	SP	SP	21

DENIS Catherine – L'Eau Vive – 71990 Saint-Prix – Tél. : 85.82.59.34

Saint-Symphorien-des-Bois En Soleil

❀ NN

Alt. : 490 m — 2 chambres d'hôtes aménagées dans ferme indépendant calme au cœur du village. 1 chambre 3 pers. 1 chambre 4 pers., salle d'eau, wc commun, lit bébé/demande. Séjour, possibilité de cuisine, cour, terrain, produits fermiers sur place. Restaurant 2 km. Gare 5 km. Commerces 0.5 km. Ouvert toute l'année.

Prix : 1 pers. 115 F 2 pers. 180 F pers. sup. 50 F

5	5	5	7	5	0,5	5

VERNAY Jean – En Soleil – 71800 Saint-Symphorien-des-Bois – Tél. : 85.28.20.91

Saint-Yan L'Echeneau

❀❀ NN

Alt. : 300 m — 1 chambre d'hôtes à la ferme pour 4 personnes. Salle de bains et wc privés. Séjour, salon commun. Tables, bancs de jardin, balançoire. Restaurant 3 km. Gare et commerces 4 km. Anglais parlé. Ouvert toute l'année.

Prix : 1 pers. 160 F 2 pers. 200 F 3 pers. 250 F pers. sup. 50 F

4	4	4	3	SP

MERLE Odile – L'Echeneau – 71600 Saint-Yan – Tél. : 85.81.30.62

Sainte-Croix-en-Bresse Le Bourg

❀❀ NN
(A)

1 chambre d'hôtes dans la maison du propriétaire. Chambre aménagée pour 4 pers., salle d'eau privée. TV, terrasse. Camping à la ferme à 2 km. Gare 7 km. Commerces 1 km. Anglais parlé. Ouvert toute l'année.

Prix : 1 pers. 200 F 2 pers. 230 F 3 pers. 300 F repas 65 F

1	7	7	7	SP

PERRIN Rene – Le Bourg – 71470 Sainte-Croix-en-Bresse – Tél. : 85.74.80.70

Saône-et-Loire — Bourgogne-Franche-Comté

Saisy Changey
C.M. n° 69 — Pli n° 8

≈≈ NN Alt. : 458 m — Dans une ancienne maison située dans un hameau calme, 2 chambres avec sanitaires indépendants. Salle séjour. Véranda. Jardin d'agrément ombragé. Chauffage central. Cour fermée. Garage. Restaurants, commerces 4 km. Réduction de 10 % à partir de la troisième nuit. Gare 1 km. Allemand et anglais parlés. Ouvert toute l'année.

Prix : 1 pers. 150 F 2 pers. 180 F 3 pers. 250 F

	🚣	🎿	🐎	🚴	🚶	〰️
8	4	4	7	4	4	4

COMEAUD Colette – Changey – 71360 Saisy – Tél. : 85.82.07.55

Salornay-sur-Guye Brioux

≈≈ NN 2 chambres d'hôtes aménagées dans vaste maison rénovée. 1 ch. avec lavabo + wc (1 lit 2 pers. 1 lit d'appoint). 1 ch. double (2 lits 1 pers. 1 lit 2 pers.). Salle de bains commune aux 2 ch. Salon privé pour les chambres avec TV, tél. et bibliothèque. Jardin clos, terrasse. Restaurant 4 km. Gare 40 km. Commerces 300 m. Ouvert du 1er avril au 1er novembre. Situé à l'ouest de Cluny (10 km).

Prix : 2 pers. 190 F pers. sup. 60 F

	🚣	🎿	🐎	🚴	🚶	〰️
0,2	11	0,5	11	11	SP	7

LAPRAY Eliane – Brioux – 71250 Salornay-sur-Guye – Tél. : 85.59.44.74 – Fax : 85.29.90.93

Salornay-sur-Guye
C.M. n° 243 — Pli n° 38

E.C. NN (TH) Alt. : 400 m — 5 chambres d'hôtes aménagées dans ancienne maison bourgeoise du XVIII, au 1er et 2e ét., avec parc. Chambres avec salle d'eau ou salle de bains, wc privés et téléphone. 4 ch. de 2 pers. et 1 ch. type suite de 3/4 pers. avec salon. Bibliothèque et salon à disposition. Jardin, parc clos. Randonnées vélos. Commerces sur place.

Prix : 1 pers. 270 F 2 pers. 340/390 F 3 pers. 440/490 F
pers. sup. 90 F repas 120 F

	🚣	🎿	🐎	🚶
2	10	0,5	7	0,5

FORESTIER Jean-Pierre – Le Bourg – 71250 Salornay-sur-Guye – Tél. : 85.59.91.56 ou SR : 85.29.55.60. – Fax : 85.59.91.67.

Santilly Le Bourg
C.M. n° 69 — Pli n° 19

≈ NN (TH) 1 chambre d'hôtes double dans maison du propriétaire. Chambre 4 personnes + 1 lit enfant, salle d'eau et wc privés. Pièce commune. Restaurant et commerces 4 km. Repas du soir sur demande. Gare 4 km. Ouvert toute l'année.

Prix : 1 pers. 150 F 2 pers. 180 F 3 pers. 230 F
pers. sup. 50 F repas 65 F

	🚣	🎿	🐎	🚴	🚶	〰️
1	10	4	4	3	1	8

JUSSEAU Henri – Le Bourg – 71460 Santilly – Tél. : 85.92.63.74

Sassangy Le Chateau
C.M. n° 69 — Pli n° 9

≈≈≈≈ NN (TH) 6 ch. d'hôtes dans un château du XVIIIe siècle. 4 chambres 2 pers. 2 chambres 3 pers. Salle de bains, wc particuliers. Tél. Salle à manger, salon, TV, bibliothèque. Terrasse, parc ombragé. Réduction pour 3 nuits et plus. Golf 18 trous à 12 km. Repas du soir sur réserv. (certains jours). Gare 15 km. Commerces 6 km. Anglais parlé. Ouvert du 16 mars au 17 novembre.

Prix : 1 pers. 430/480 F 2 pers. 540/680 F 3 pers. 640/780 F
repas 180 F

🚣	🎿	🐎	🚶	〰️
10	6	10	SP	15

MARCEAU Andre et Ghyslaine – Le Chateau – 71390 Sassangy – Tél. : 85.96.12.40 – Fax : 85.96.11.44

Sennece-les-Macon Le Bourg
C.M. n° 69 — Pli n° 19

≈≈ NN 3 chambres d'hôtes aménagées dans ancienne maison à proximité du propriétaire. 1 chambre 1 à 2 pers., salle de bains, wc privés. 2 chambres 2 à 3 pers. (dont 1 avec cuisine équipée). Salle de bains, wc privés. TV dans chaque ch. Séjour commun. Restaurant sur place. Golf 5 km. Abri voiture. Gare 5 km. Commerces 500 m. Ouvert toute l'année. Mâcon à 5 km.

Prix : 1 pers. 160/200 F 2 pers. 200/250 F 3 pers. 250/300 F
pers. sup. 50 F

	🚣	🎿	🐎	🚴	🚶	〰️
2	5	3	5	SP	0,5	15

VERJAT Michel et Nadine – 483, rue Vremontoise – 71000 Sennece-Les Macon – Tél. : 85.36.03.92

Sennece-les-Macon Le Clos Barault
C.M. n° 69 — Pli n° 19

≈≈≈ NN 3 ch. d'hôtes dans maison de caractère à 5 km de Mâcon. 1 ch. (2 lits 1 pers.) + 1 bébé. 1 ch. (1 lit 2 pers.). Salle d'eau et wc privés. 1 ch. indép. avec suite (1 lit 2 pers., 2 lits 1 pers. + lit bébé). Bains, séjour, cuisine. Salle à manger. Salon. TV. Bibliothèque. Restaurant au village. Gare 30 km. Commerces 200 m. Ouvert toute l'année.

Prix : 1 pers. 200 F 2 pers. 250/300 F 3 pers. 400 F
pers. sup. 50 F

	🚣	🎿	🐎	🚴	🚶	〰️
2	5	5	5	SP	0,5	13

JULLIN Roger – 425 rue Vremontoise – 71000 Sennece-Les Macon – Tél. : 85.36.00.12

Sennecey-le-Grand Le Clos des Tourelles
C.M. n° 69 — Pli n° 19/20

≈≈≈ NN (TH) 6 chambres de très grand confort aménagées dans une vaste demeure du XIXe siècle, situées dans un parc de 17 ha. Salle de bains et wc privés à chaque chambre. Tél. privé, télévision sur demande. Etang privé, piscine privée, VTT à disposition. Table d'hôtes sur réservation. Gare et commerces 500 m. Anglais parlé. Ouvert du 1er mars au 15 novembre.

Prix : 2 pers. 350/650 F 3 pers. 525 F pers. sup. 75 F
repas 150 F

	🚣	🎿	🐎	🚴	🚶	〰️
5	SP	0,5	8	0,5	SP	5

DERUDDER Laurence – Le Clos des Tourelles – 71240 Sennecey-le-Grand – Tél. : 85.44.83.95 – Fax : 85.44.90.10

Senozan Le Bourg
C.M. n° 69 — Pli n° 19

♥♥♥ NN　3 chambres d'hôtes aménagées dans maison ancienne restaurée. 3 chambres 2 à 5 pers., salle de bains, wc privés. TV dans chaque chambre. Jardin. Restaurant 3 km. Gare 8 km. Commerces 0.5 km. Ouvert toute l'année.

Prix : 1 pers. **200 F** 2 pers. **260 F** 3 pers. **330 F**

1	8	0,5	1	8	1

VIARDOT Maryse – Le Bourg – 71260 Senozan – Tél. : 85.36.00.96 – Fax : 85.36.00.96

Sercy
C.M. n° 69 — Pli n° 19

E.C. NN　Une chambre double aménagée dans maison bourguignonne. Accès indép. (2 lits 2 pers., 1 lit 1 pers.). S.d.b., 2 wc. Terrasse, galerie. Jardin clos. Garage. Salle à manger et salon avec cheminée communs avec le propriétaire. (TV, tél.). Bibliothèque. Gare 25 km. Commerces 2 km. Anglais et allemand parlés. Ouvert toute l'année.

Prix : 1 pers. **210 F** 2 pers. **250 F** 3 pers. **350 F**

1	22	2	5	8	2	12

BIWAND Josette – Le Bourg – 71460 Sercy – Tél. : 85.92.62.61 – Fax : 85.92.51.28

Simandre Letrey
C.M. n° 70 — Pli n° 12

E.C. NN　4 chambres d'hôtes pour 2 pers. Toit de chaume. S.d.b. et wc privés pour chaque chambre. 2 chambres d'enfants. Sauna. Téléphone privé. 2 salles communes réservées aux hôtes. Vaste terrain aménagé avec piscine et étang privés. Gare 12 km. Commerces 3 km. Restaurant 3 km. Anglais, allemand parlés. Ouvert toute l'année.

Prix : 1 pers. **290/320 F** 2 pers. **340/390 F** 3 pers. **360/460 F** pers. sup. **50 F**

SP	SP	3	12	SP	SP

RICHARD Marc et Ellen – Letrey – 71290 Simandre – Tél. : 85.40.26.09 – Fax : 85.40.20.10

Sivignon L'Ecousserie du Bas
C.M. n° 69 — Pli n° 18

♥♥♥ NN　3 Chambres de 2 personnes aménagées dans une maison de maître dans les monts du Charolais. Salle d'eau, wc privés. Salon réservé aux hôtes. Terrasses. Vaste Jardin fleuri. Artisanat d'art sur place. Tir à l'arc 3 km. Restaurant à 3 km. Gare 20 km. Commerces 7 km. Anglais, allemand et italien parlés. Ouvert toute l'année.

Prix : 1 pers. **250 F** 2 pers. **280 F** pers. sup. **50 F**

20	8	3	3	SP	15

GEOFFROY Jean Claude – L'Ecousserie du Bas – 71220 Sivignon – Tél. : 85.59.66.66

Taize
C.M. n° 69 — Pli n° 19

♥ NN　2 chambres d'hôtes aménagées dans maison de caractère, avec pelouse ombragée, cour fermée. 1 chambre 2 pers. Coin-cuisine, salle d'eau, wc privés, 1 chambre 2 pers. wc, salle d'eau privés. Gare 30 km. Commerces 3 km. Ouvert de mars à novembre.

Prix : 1 pers. **180/200 F** 2 pers. **200/250 F**

0,3	10	10	10	10	0,5	20

BARBIER Pierre – Taize – 71250 Cluny – Tél. : 85.50.10.97

Tournus Chateau de Beaufer
C.M. n° 69 — Pli n° 20

♥♥♥♥ NN　6 chambres d'hôtes à proximité du château. 1 chambre 1 personne, 3 chambre de 2 personnes, 1 chambre de 3 personnes. 1 suite de 2 personnes. Salle d'eau, salle de bains, wc particuliers. Chauffage central et électrique. Terrain clos et ombragé. Gare 5 km. Restaurant et commerces 3 km. Anglais et allemand parlés. Ouvert du 15 mars au 1er novembre.

Prix : 1 pers. **400 F** 2 pers. **710 F** 3 pers. **710 F**

3	SP	3	18	3

ROGGEN Sabine – Chateau de Beaufer - Route d'Ozenay – 71700 Tournus – Tél. : 85.51.18.24 – Fax : 85.51.25.04

Tournus
C.M. n° 69 — Pli n° 20

♥♥♥ NN　4 ch. d'hôtes aménagées dans hôtel particulier des 17 et 19e siècles en bord de Saône. 1 ch. 1 pers. 1 ch. 2 pers. 1 suite 2/4 pers. 1 app. 3/5 pers. avec cuisine. S. d'eau ou s.d.b. et wc privés pour chaque ch. TV satellite, billard. Petit déjeuner servi en terrasse avec vue sur la Saône. Cour close. Restauration gastronomique et commerces sur place. Golf 20 km. Anglais et allemand parlés. Ouvert toute l'année.

Prix : 1 pers. **200 F** 2 pers. **280/320 F** 3 pers. **390/410 F** pers. sup. **90 F**

SP	0,4	0,4	4	SP	0,4

BOURET Solange – 33 Quai du Midi – 71700 Tournus – Tél. : 85.51.78.65 – Fax : 85.51.78.65

Tournus La Croix Leonard
C.M. n° 69 — Pli n° 20

♥♥♥ NN　Jolie chambre d'hôtes aménagée dans une petite maison vigneronne tournugeoise. Salon et coin-petit déjeuner réservés aux hôtes. Une chambre (1 lit 2 pers., 1 lit 1 pers.), lit supplémentaire sur grand dégagement. Possibilité lit bébé. Salle de bains, wc privés. Cour et terrain clos. Gare et commerces 1,5 km. Anglais parlé. Ouvert toute l'année.

Prix : 1 pers. **220 F** 2 pers. **250 F** 3 pers. **280 F** pers. sup. **30 F**

1,5	1,5	1,5	6	1,5	SP	15

CLEAVER Lesley – La Croix Leonard – 71700 Tournus – Tél. : 85.51.12.79

Saône-et-Loire — *Bourgogne-Franche-Comté*

Tramayes La Chevrotte
C.M. n° 69 — Pli n° 18

♥♥ NN

Alt. : 450 m — Une chambre d'hôtes pour 2/3 personnes. TV. Salle d'eau et wc particuliers. Espace clos, accès direct dans le jardin, terrasse ombragée, pelouse. Gare 15 km. Commerces 0.2 km. Anglais et italien parlés. Ouvert du 1er avril au 30 octobre.

Prix : 1 pers. **170 F** 2 pers. **220 F** 3 pers. **280 F**

4	16	0,5	4	SP	SP	4	

VOLAND Manou – La Chevrotte – 71630 Tramayes – Tél. : 85.50.51.22 ou 74.00.91.70

Tramayes
C.M. n° 69 — Pli n° 19

♥♥ NN

Alt. : 500 m — 1 chambre (studio) 2/4 personnes. Rez-de-chaussée, entrée privée, douche/wc privés, coin-salon bibliothèque, TV sur demande, galerie mâconnaise, terrasse, pelouse, cour. Commerces et services 500 m. Gare 20 km. Anglais parlé. Ouvert toute l'année.

Prix : 1 pers. **175 F** 2 pers. **225 F** 3 pers. **285 F** pers. sup. **60 F**

3	16	1	8	0,5	0,5	3	

MOIROUD Georges – Route de Pierreclos – 71630 Tramayes – Tél. : 85.50.56.44 – Fax : 85.50.56.82

Tramayes Champvent

♥

Une chambre d'hôtes pour 2 à 4 personnes (1 lit 2 pers., 2 lits 1 pers.) aménagée dans une vieille maison restaurée, située dans un hameau d'un village du Haut Mâconnais. Salle d'eau et wc privés. Salle commune avec le propriétaire. Terrain clos. Gare 25 km. Commerces et services 2 km. Anglais parlé. Ouvert du 1er au 15 octobre.

Prix : 1 pers. **170 F** 2 pers. **220 F** 3 pers. **280 F** pers. sup. **50 F**

4	16	2	4	SP	SP	4	

VITTEAUD VILLEMAGNE Daniele – Champvent – 71520 Tramayes – Tél. : 85.50.53.00

Trambly Les Charrieres
C.M. n° 69 — Pli n° 18

♥♥ NN

Alt. : 350 m — 2 chambres d'hôtes dans maison de caractère au cœur du village. 1 chambre 3 pers., salle d'eau et wc privés. 1 chambre 3 pers. avec salle de bains, wc privés, séjour, salon, chauffage central. Commerces 5 km. Anglais parlé. Ouvert toute l'année.

Prix : 1 pers. **120 F** 2 pers. **240 F** 3 pers. **360 F** pers. sup. **80 F**

1	5	1	7	1	1	10	

GAUTHIER Florence – Les Charrieres – 71520 Trambly – Tél. : 85.50.43.17

Trivy Le Bourg
C.M. n° 69 — Pli n° 18

♥ NN
(TH)

4 chambres d'hôtes aménagées dans une ferme en pleine campagne. 4 chambres de 2 à 5 personnes, salles de bains privée ou commune, salon, salle de séjour, TV. chauffage central. Jardin, cour. Gare 30 km. Commerces 4 km. Ouvert toute l'année.

Prix : 1 pers. **130/150 F** 2 pers. **150/200 F** 3 pers. **250 F** pers. sup. **50 F** repas **70 F**

3	4	4	18	4	0,5	8	

LARONZE Marie Josephe – Le Bourg – 71520 Trivy – Tél. : 85.50.22.36

Uchizy
C.M. n° 69 — Pli n° 19/20

♥♥♥ NN

Alt. : 220 m — 4 chambres dans maison de caractère sur une exploitation viticole au calme. 1 ch. 4 pers., 1 ch. 3 pers., 1 ch. 2 pers. +lit d'enfant, 1 ch. 2 pers. Salle d'eau/bains et wc particuliers. Coin-cuisine équipée réservée aux hôtes, séjour, cour, jeux, parking. Commerces 500 m. Dégustation des vins de la propriété. Gare 2 km. Ouvert toute l'année.

Prix : 1 pers. **195 F** 2 pers. **270 F** 3 pers. **345 F** pers. sup. **75 F**

2	10	10	15	10	0,5	

SALLET Annick – Route de Chardonnay – 71700 Uchizy – Tél. : 85.40.50.46 – Fax : 85.40.58.05

Uxeau Le Carrege
C.M. n° 69 — Pli n° 16

♥♥ NN
(TH)

Alt. : 350 m — Deux chambres d'hôtes indépendantes sur une exploitation (bovins, volailles, chèvres). 2 lits 2 pers., 1 lit 2 pers., 1 lit bébé. Salle de bains et wc privés. Salle à manger, salon. Cuisine à disposition. Produits fermiers. Vue panoramique sur le Mont Dardon. Gare 23 km. Commerces 3 km. Ouvert toute l'année.

Prix : 1 pers. **150 F** 2 pers. **200 F** 3 pers. **250 F** pers. sup. **50 F** repas **60 F**

4	7	7	3	7	SP	7	

AUGARD Jean Michel – Le Carrege – 71130 Uxeau – Tél. : 85.85.39.79

Varennes-sous-Dun La Saigne
C.M. n° 73 — Pli n° 8

♥♥♥ NN
(TH)

2 ch. d'hôtes (dont 1 suite pour 4 pers.) dans une ancienne maison restaurée, indépendante de celle d'Alain et Michèle, agriculteurs dans le Charollais Brionnais. Salle de bains et wc indépendants. Spacieuse salle d'accueil avec coin-cuisine. Mobilier de jardin dans cour fleurie. Portique, toboggan. Repas sur réservation. Gare et commerces 4 km. Ouvert toute l'année.

Prix : 1 pers. **190 F** 2 pers. **240 F** 3 pers. **290/340 F** pers. sup. **60 F** repas **75 F**

2	4	4	10	4	SP	4	

DESMURS Alain et Michelle – La Saigne – 71800 Varenne-sous-Dun – Tél. : 85.28.12.79

Vendenesse-les-Charolles Sermaize
C.M. n° 69 — Pli n° 18

♥♥ NN   Alt. : 230 m — 2 chambres d'hôtes dans une ancienne ferme située dans le bocage charolais. Calme assuré. Salle de bains et wc pour chaque chambre. Salle de séjour, cuisine à disposition. Réfrigérateur, barbecue. Commerces et restaurant 1 km. Visite commentée d'élevage possible. Boxes pour chevaux. Anglais parlé. Ouvert toute l'année.

Prix : 1 pers. **150 F** 2 pers. **200 F** 3 pers. **280 F**

🏊	🎿	✈	🚴	🥾
5	1	20	SP	SP

BILLOUX Alice – Sermaize – 71120 Vendenesse-Les Charolles – Tél. : 85.24.06.16

Vendenesse-les-Charolles Virevache
C.M. n° 69 — Pli n° 18

♥♥♥ NN   Alt. : 350 m — Jean-Marc, jeune éleveur et Chantal vous recevront dans leurs 2 chambres confortables à la campagne. 1 ch. 2 pers., salle de bains et wc privés. 1 ch. 2 pers. + ch. 2 enfants, salle de bains et wc privés. Accès indépend. Séjour, véranda, jardin. Restaurant 5 km. Gare 20 km. Commerces 5 km. Ouvert toute l'année.

Prix : 1 pers. **200 F** 2 pers. **250 F** 3 pers. **360 F**
pers. sup. **50 F**

🍴	🏊	🎿	✈	🚴	🥾	♨
0,5	10	5	SP	SP	SP	15

DUFOUR Jean-Marc et Chantal – Virevache – 71120 Vendenesse-Les Charolles – Tél. : 85.24.71.60

Vendenesse-les-Charolles Plainchassagne

♥♥♥ NN   Ancienne ferme restaurée. 4 ch. (2/3 pers.) indépendante. R.d.c. ou étage : lits 1 pers. jumeaux, lits 2 pers., bains/douche et wc privés. Coin-cuisine à disposition. Séjour, salon, véranda, parc fleuri, parking. Restaurant 4 km. Gare 24 km. Commerces 7 km. Ouvert toute l'année.

Prix : 1 pers. **190 F** 2 pers. **230 F** 3 pers. **310 F**
pers. sup. **70 F**

🍴	🏊	🎿	✈	🚴	🥾	♨
3	7	7	20	7	SP	25

MALACHER Jean et Anne – Plainchassagne – 71120 Vendenesse-Les Charolles – Tél. : 85.24.70.22

Verdun-sur-le-Doubs
C.M. n° 69 — Pli n° 10

♥♥♥ NN   Alt. : 300 m — 2 chambres d'hôtes aménagées dans maison du XVIIIe siècle sur les bords du Doubs. 1 chambre 2/3 personnes, avec douches et wc privés. 1 chambre de 3/4 personnes, bains et wc privés, bibliothèque, salon et séjour privés, TV, (possibilité cuisine). Restaurant à 100 m, golf 18 km. Gare 18 km. Commerces sur place. Anglais parlé. Ouvert toute l'année.

Prix : 1 pers. **200 F** 2 pers. **300 F** pers. sup. **100 F**

🐕	🎿	✈	🥾
SP	0,5	0,5	SP

GUYONNET Anne – 9 rue du Bac – 71350 Verdun-sur-le-Doubs – Tél. : 85.91.83.40 – Fax : 85.91.83.03

Vergisson Le Bourg
C.M. n° 69 — Pli n° 19

♥♥ NN   Alt. : 300 m — 3 chambres d'hôtes dans maison typique vigneronne chez le viticulteur, près des Roches de Solutré et Vergisson. 1 ch. 2 pers., 1 ch. 3 pers., 1 ch., studio/cuisine, ch. élec., salle d'eau et wc privés. Galerie mâconnaise. Cour fermée, cave de dégustation. Restaurant sur place. Gare et commerces 4 km. Parking privé. Anglais parlé. Ouvert toute l'année.

Prix : 1 pers. **180 F** 2 pers. **250 F** pers. sup. **70 F**

🍴	🏊	🎿	✈	🚴	🥾	♨
3	11	4	8	11	0,3	15

GUYOT Colette – Domaine d'Entre Les Roches - Le Bourg – 71960 Vergisson – Tél. : 85.35.84.55 –
Fax : 85.35.87.15

Vergisson Le Bourg
C.M. n° 69 — Pli n° 19

♥♥ NN   Alt. : 300 m — 2 chambres aménagées dans une maison restaurée. 1 studio 2 pers., 1 ch. 2 pers., lits supplémentaires. Salle d'eau, wc indépendants pour chaque chambre, accès indépend. Possibilité cuisine. Jardin clos, terrasse. Gare et commerces 4 km. Anglais, allemand et hollandais parlés. Ouvert toute l'année.

Prix : 1 pers. **180 F** 2 pers. **240 F**

🍴	🏊	🎿	✈	🚴	🥾	♨
3	11	4	8	11	0,3	15

MORLON Ineke et Jean-Claude – Le Bourg – 71960 Vergisson – Tél. : 85.35.84.59 – Fax : 85.38.17.59

Verosvres « Le Rocher »

E.C. NN   Alt. : 320 m — 3 ch. d'hôtes dont 1 double, à l'étage de maison récente à Vérosvres, pays natal de Sainte-Marguerite Marie à la Coque. A 800 m de la RN79. Accès indép. 2 ch. (2 et 3 pers.) avec s.d.b. et wc privés, 1 ch. double (4 à 5 pers.) avec s. d'eau et wc privés. Salon commun, cheminée, TV, terrasse, cour, terrain clos. Etang privé 800 m. Restaurant 4 km.

Prix : 1 pers. **220 F** 2 pers. **250/300 F** 3 pers. **300/350 F**
pers. sup. **60 F**

🍴	🏊	🎿	✈	🥾
0,8	6	5	5	0,8

CARRETTE Roger et Ginette – Le Rocher – 71220 Verosvres – Tél. : 85.24.80.53

Verze Verchizeuil
C.M. n° 69 — Pli n° 19

♥ NN   Alt. : 250 m — 5 ch. d'hôtes aménagées dans une maison individuelle de caractère. 2 ch. 2 et 4 pers. avec s.e. et wc privés. 1 ch. 4 pers. avec s.d.b. et wc privés. 2 ch. 2 à 4 pers. avec salle d'eau privée/wc communs. Ch. cent., point-phone. Salle séjour/coin-cuis., TV, cheminée. Garage. Gare 10 km. Commerces 4 km. Anglais et allemand parlés. Ouvert toute l'année.

Prix : 1 pers. **140/180 F** 2 pers. **180/250 F** 3 pers. **320 F**

🍴	🏊	🎿	✈	🚴	🥾	♨
SP	6	6	6	SP	SP	20

MARTEAUX Marie-Pierre – Verchizeuil – 71960 Verze – Tél. : 85.33.36.10

Saône-et-Loire — *Bourgogne-Franche-Comté*

Verze Vaux — *C.M. n° 69 — Pli n° 19*

ⵉ NN — Alt. : 300 m — 2 ch. d'hôtes situées au rez-de-chaussée, avec accès indépendant. 1 ch. 3 pers. avec salle d'eau, wc particuliers., 1 ch. 2 pers., salle d'eau, wc privés. Séjour attenant aux 2 ch. Terrain clos (table et bancs). Ch. central. Gare 15 km. Commerces 2 km. Restaurants à 3 km. Ouvert toute l'année.

Prix : 1 pers. **150 F** 2 pers. **180/195 F** 3 pers. **230 F**

6	15	0,1	2	15	0,5	15

DOILLON Andree – Vaux – 71960 Verze – Tél. : 85.33.32.89

Vinzelles La Bruyere — *C.M. n° 73 — Pli n° 10*

ⵉ ⵉ ⵉ NN — Une chambre située dans la maison du propriétaire dans un village viticole. 2/4 personnes, douche et wc. Accès indépendant, séjour, véranda communs, jardin, terrain. Gare 2 km. Commerces et services 3 km. Anglais et espagnol parlés. Ouvert toute l'année.

Prix : 1 pers. **190 F** 2 pers. **250 F** 3 pers. **320 F**

4	8	3	8

MERGEY Dominique – La Bruyere – 71680 Vinzelles – Tél. : 85.35.66.57 – Fax : 85.35.62.25

Vire Domaine des Chazelles — *C.M. n° 69 — Pli n° 19*

ⵉ ⵉ ⵉ NN — Alt. : 230 m — 1 chambre d'hôtes 2 pers. dans maison vigneronne typique. Accès indépendant. Etage : salle de bains, wc particuliers. Salon, véranda commune. Cour close et ombragée. Loisirs 6 km. Golf 6 km. Dégustation et vente de Mâcon-Viré à la propriété. Gare 4 km. Commerces 500 m. Anglais parlé. Ouvert toute l'année.

Prix : 1 pers. **190 F** 2 pers. **250 F**

3	6	6	6	SP

CHALAND Jean-Noel et Josette – Domaine des Chazelles – 71260 Vire – Tél. : 85.33.11.18 – Fax : 85.33.15.58

Vitry-en-Charollais Les Bruyeres — *C.M. n° 69 — Pli n° 17*

ⵉ ⵉ NN (TH) — Alt. : 260 m — 6 chambres d'hôtes situées dans une ferme « agriculture biologique ». Accès indépendant. Chambres de 2/4 personnes. Salle de séjour et cuisine réservées aux hôtes. Salle d'eau et wc particuliers. Repas végétariens sur demande. Jardin. Gare, commerces et restaurant 5 km. Anglais parlé. Ouvert toute l'année.

Prix : 1 pers. **170 F** 2 pers. **230 F** 3 pers. **280 F** pers. sup. **50 F** repas **70 F**

5	5	5	5	5	1

MERLE Guy – Les Bruyeres – 71600 Vitry-en-Charollais – Tél. : 85.81.10.79

Yonne

Brion — *C.M. n° 61 — Pli n° 14/15*

ⵉ ⵉ NN — 2 chambres d'hôtes doubles aménagées à l'étage d'une maison : 1 chambre avec 1 lit 2 personnes et 1 chambre avec 1 lit 130, convenant à une même famille. Salle d'eau et wc réservés aux hôtes. Salon avec télévision. Coin-cuisine. Terrain, jardin, garage. Restaurant 4 km. Gare 5 km. Commerces sur place. Ouvert toute l'année. Enfant suppl. : 30 F.

Prix : 1 pers. **150 F** 2 pers. **180 F** 3 pers. **260 F** pers. sup. **70 F**

5	5	13	5

LECESTRE Bernard – 24 Bis Route de Bussy en Othe – 89400 Brion – Tél. : 86.91.90.47

Bussieres Ferme des Ruats — *C.M. n° 65 — Pli n° 17*

ⵉ NN (TH) — Alt. : 350 m — 2 chambres d'hôtes aménagées à l'étage d'une maison restaurée située en pleine campagne. 2 chambres 3 personnes avec sanitaires communs. Salle de séjour à disposition des hôtes. Table d'hôtes sur réservation. Gare 18 km. Commerces 6 km. Ouvert toute l'année.

Prix : 2 pers. **200/230 F** 3 pers. **270 F** repas **80 F**

SP	SP	12	SP	6	18	10	30	SP

VINET Christian et Nelly – Ferme des Ruats – 89630 Bussieres – Tél. : 86.33.16.57

Bussy-en-Othe — *C.M. n° 61 — Pli n° 15*

ⵉ ⵉ ⵉ NN (TH) — 3 chambres d'hôtes au 1er étage d'une ancienne ferme, au centre du bourg. 1 chambre 2 personnes, salle de bains et wc particuliers. 2 chambres communicantes convenant à une même famille (1 lit 2 pers., 2 lits 1 pers.), salle d'eau, wc. 1 chambre plus indépendante (2 lits 1 pers.), salle d'eau, wc. Séjour, salon. Restaurant et gare 6 km. Commerces sur place. Allemand parlé. Ski nautique 6 km. Ouvert toute l'année sauf vacances de Noël. Enfant suppl. : 30 F.

Prix : 1 pers. **190 F** 2 pers. **210 F** 3 pers. **310 F** pers. sup. **60 F** repas **90 F**

3	0,5	6	7	SP	6	35	30	25

PONCET Paul et Simone – 15 rue Saint Julien – 89400 Bussy-en-Othe – Tél. : 86.91.94.52

Bussy-en-Othe
C.M. n° 61 — Pli n° 15

〽〽 NN
(TH)
1 chambre double convenant à une même famille, dans une ancienne ferme de caractère restaurée, à la sortie du village. 1 lit 2 pers., 2 lits 1 pers. Salle de bains au rez-de-chaussée, cabinet de toilette et wc au 1er étage. Salle de séjour, salon, TV. Gare 6 km. Commerces sur place. Anglais parlé. Ouvert toute l'année. Garage, jardin paysager et ensoleillé. Logement de chevaux sur place. Restaurant 6 km. Randonnées pédestres en forêt, yoga, relaxation, alimentation naturelle.

Prix : 1 pers. **185 F** 2 pers. **195/210 F** 3 pers. **350 F**
pers. sup. **50 F** repas **95 F**

5	3	6	12	SP	6	35	30	25	SP

DUFAYET Maud – 46/48 rue Saint Julien – 89400 Bussy-en-Othe – Tél. : 86.91.93.48

Cerisiers La Montagne
C.M. n° 61 — Pli n° 14

〽〽 NN
(TH)
Alt. : 300 m — 1 chambre aménagée au rez-de-chaussée d'une ancienne maison seigneuriale, en pleine campagne. 1 lit 2 pers., 1 lit 1 pers. Salle d'eau et wc particuliers. Salon. Cheminée. TV. Chauffage électrique. Possibilité cuisine. 2 chalets mis à disposition. Gare 20 km. Commerces 2 km. Ouvert toute l'année. Auberge à proximité. Etang et sentiers, lisière de la forêt d'othe. Sur la route du cidre.

Prix : 1 pers. **155 F** 2 pers. **185 F** 3 pers. **220 F** repas **75 F**

4	SP	20	4	8	20	25	30	SP

AUBERT HOOGENDAM Michel et Mariette – La Montagne – 89320 Cerisiers – Tél. : 86.96.22.58

Chamoux
C.M. n° 65 — Pli n° 16

〽 NN
2 chambres d'hôtes 2 et 3 personnes aménagées dans une maison de caractère, située dans le village, au pied de la forêt, éloignée de la route, à 7 km de Vezelay. Salle de bains particulière pour chaque chambre et wc communs. Gare 22 km. Commerces 7 km. Ouvert du 15 mars au 15 novembre. Parking privé. Logement pour chevaux. Jardin. Restaurant 7 km. Animaux admis sur demande.

Prix : 2 pers. **200 F** 3 pers. **250 F** pers. sup. **50 F**

SP	SP	10	10	12	12	8	7	SP

RENAULT Jean et Yvette – La Renardiere – 89660 Chamoux – Tél. : 86.33.24.95 ou 43.26.00.73

Champignelles Les Perriaux
C.M. n° 65 — Pli n° 3

〽〽〽 NN
1 chambre de 4 personnes au 1er étage, au dessus d'une ferme-auberge, avec salle d'eau et wc particuliers, sur une exploitation agricole. Terrain avec aire de jeux. Parking. Possibilité auberge. Gare 45 km. Commerces 3 km. Anglais parlé. Ouvert de Pâques à la Toussaints.

Prix : 1 pers. **285 F** 2 pers. **310 F** 3 pers. **410 F**
pers. sup. **100 F**

SP	SP	8	3	3	8	15	50	25

GILET Noel et Marie France – Les Perriaux – 89350 Champignelles – Tél. : 86.45.13.22 – Fax : 86.45.16.14

Charny Ferme du Gue de Plenoise
C.M. n° 65 — Pli n° 3

E.C. NN
(TH)
4 chambres d'hôtes dont une avec mezzanine, aménagées à l'étage d'une exploitation agricole d'élevage, en pleine campagne, en bordure de rivière. Sanitaires particuliers pour chaque chambre. Salon, bibliothèque, TV, magnétoscope, antenne parabolique, point-phone à carte. Gare 40 km. Commerces 4 km. Anglais et allemand parlés. Ouvert toute l'année. Jardin. Balançoire, toboggan, jeux de société. Chemins de randonnées (GR de Puisaye 13). Autocar hebdomadaire Paris-Charny. Restaurant 4 km.

Prix : 1 pers. **180 F** 2 pers. **250/280 F** 3 pers. **350 F**
repas **70/90 F**

SP	SP	10	4	4	10	15

ACKERMANN Daniel-Dominique – Ferme du Gue de Plenoise – 89120 Charny – Tél. : 86.63.63.53

Chevannes Chateau de Ribourdin
C.M. n° 65 — Pli n° 5

〽〽〽 NN
5 chambres d'hôtes aménagées dans les dépendances d'un château du XVIe avec pigeonnier renaissance, au milieu des champs à 300 m du village. Sanitaires particuliers. 1 chambre accessible aux personnes handicapées. Salon, salle de séjour avec coin-cuisine. Gare 7 km. Commerces 300 m. Anglais parlé. Ouvert toute l'année. Possibilité auberge. Jardin. Parking. Restaurant sur place.

Prix : 1 pers. **300 F** 2 pers. **350/400 F** 3 pers. **470 F**
pers. sup. **60 F**

6	1	7

BRODARD Claude et M-Claude – Domaine de Ribourdin – 89240 Chevannes – Tél. : 86.41.23.16 – Fax : 86.41.23.16

Collan
C.M. n° 65 — Pli n° 6

〽〽〽 NN
(TH)
3 chambres d'hôtes 2 pers. aménagées dans une ancienne maison rénovée au cœur du village. 1 ch. 2 lits 1 pers. au r.d.c., 1 ch. 2 lits 1 pers. et 1 ch. 1 lit 2 pers. au 1er étage. Sanitaires particuliers. Entrée indépendante. Jardin d'hiver. Table d'hôtes sur réservation la veille. Gare 10 km. Commerces 6 km. Ouvert toute l'année. Parking. Jardin. Week-end rando accompagné, sentiers balisés. Enfant supp. de 3 à 10 ans : 65 F. Restaurant 6 km.

Prix : 1 pers. **175 F** 2 pers. **240 F** 3 pers. **310 F** repas **80 F**

7	SP	8	8	SP	10	15	6

LECOLLE Gilles – 2 rue de l'Ecole - La Marmotte – 89700 Collan – Tél. : 86.55.26.44

Courgis
C.M. n° 65 — Pli n° 5

〽〽 NN
3 chambres d'hôtes aménagées dans une maison bicentenaire sur une exploitation viticole, ancienne conciergerie du château. Les chambres sont au 1er étage avec salles d'eau particulières et 2 wc communs sur le palier. Séjour. Gare 18 km. Commerces 6,5 km. Anglais parlé. Ouvert toute l'année. Jardin. Aire de jeux. Coin-pique-nique. Parking. Exploitation produisant du vin AOC Chablis.

Prix : 1 pers. **155 F** 2 pers. **195 F** pers. sup. **60 F**

6,5	1,5	6,5	6,5	18	SP	SP

ADINE Christian et Nicole – 12 rue Restif de la Bretonne – 89800 Courgis – Tél. : 86.41.40.28 – Fax : 86.41.45.75

Courtois-sur-Yonne

♈♈♈ NN
(TH)
2 chambres aménagées au 1er étage d'une maison en bordure de champs avec 6000 m² de terrain. Chambres à l'étage avec salles d'eau particulières. Salon avec TV. Bibliothèque et salle de jeux à la disposition des hôtes. Une chambre est classée 2 épis NN. Gare 3 km. Commerces 4 km. Ouvert toute l'année.

Prix : 1 pers. **180 F** 2 pers. **210 F** 3 pers. **260 F** repas **85 F**

SP	SP	4	4	4	4	2	10	SP

LAFOLIE Daniel et Helene – 3 rue des Champs Rouges – 89100 Courtois-sur-Yonne – Tél. : 86.97.00.33

Cruzy-le-Chatel

♈♈ NN
4 chambres d'hôtes aménagées au 1er étage d'une maison ancienne située dans un charmant village du tonnerrois. 2 chambres 2 personnes avec salle d'eau et wc particuliers. 2 chambres 3 personnes avec salle de bains particulière. 1 chambre en cours de classement. Salon. Gare 20 km. Commerces sur place. Anglais parlé. Ouvert toute l'année. Possibilité auberge. Parking. Restaurant sur place. Randonnée sur place. Voile 15 km.

Prix : 1 pers. **150 F** 2 pers. **200 F** 3 pers. **320 F**

10	0,5	10	10	SP	20	10	10	10

BATREAU Paul et Monique – Impasse du Presbytere – 89740 Cruzy-le-Chatel – Tél. : 86.75.22.76

Cruzy-le-Chatel Les Musseaux

♈♈ NN
1 chambre double convenant à une même famille avec salle d'eau et wc privés, 1 chambre avec douche et wc privés, aménagées dans une maison de caractère en pleine campagne, au milieu des champs et bois sur une exploitation agricole. Gare 22 km. Commerces 2 km. Ouvert de Pâques à la Toussaint. Jardin. Abri couvert. Animaux admis sur demande.

Prix : 2 pers. **195 F** 3 pers. **385 F**

12	SP	12	12	2	20	12	14	12

CHERVAUX Henri et Isabelle – Les Musseaux – 89740 Cruzy-le-Chatel – Tél. : 86.75.24.03 – Fax : 86.75.20.50

Dannemoine

♈♈♈ NN
4 chambres d'hôtes avec sanitaires particuliers aménagées dans une maison de caractère dans le village. Séjour, salon, bibliothèque, TV. Gare et commerces 7 km. Anglais parlé. Ouvert toute l'année. Possibilité auberge. Enfant suppl. : 50 F.

Prix : 1 pers. **200/250 F** 2 pers. **300/350 F**

0,3	2	0,3	1	7	7	15	3	15

KUZIO-BERTRAND Jean-Francois et Nathalie – 5 Route Paris Geneve - La Bichonniere – 89700 Dannemoine – Tél. : 86.55.59.02

Escolives-Sainte-Camille

♈♈♈ NN
5 chambres d'hôtes dont 3 avec salles d'eau et wc particuliers et 2 avec salle de bains et wc particuliers. Chambres de 2, 3 ou 4 personnes. Séjour, TV, bibliothèque, billard. Entrée indépendante. Gare et commerces 2 km. Allemand et anglais parlés. Ouvert toute l'année. Jardin avec ping-pong. Salon de jardin. Parking. Visite des caves et dégustation des vins de la propriété.

Prix : 1 pers. **230 F** 2 pers. **250/280 F** 3 pers. **320 F** pers. sup. **60 F**

2	2	2	5	2	SP	10	SP	20

BORGNAT Gerard et Regine – 1 rue de l'Eglise – 89290 Escolives-Sainte-Camille – Tél. : 86.53.35.28 – Fax : 86.53.65.00

Etais-la-Sauvin Les Joux

♈♈ NN
(TH)
Alt. : 300 m — 2 chambres d'hôtes (1 chambre 3 personnes et 1 chambre 4 personnes), dans une ancienne ferme, au cœur d'un hameau. Sanitaires particuliers. Salle de séjour. Repas du soir sur réservation. Gare 12 km. Commerces 3 km. Ouvert toute l'année.

Prix : 1 pers. **120 F** 2 pers. **180 F** 3 pers. **220 F** pers. sup. **35 F** repas **65 F**

5	SP	12	11	3	12	3	20

GIRAULT Didier et Solange – Les Joux – 89480 Etais-la-Sauvin – Tél. : 86.47.24.09

Fontaines La Bruere

E.C. NN
(TH)
3 chambres d'hôtes avec sanitaires particuliers aménagées à l'étage d'une exploitation agricole d'élevage, en pleine campagne. Salle de séjour avec cheminée. Jardin. Parking. Gare 32 km. Commerces 7 km. Ouvert toute l'année.

Prix : 1 pers. **180 F** 2 pers. **230 F** repas **70 F**

4	15	2	8	8

JORRY Guy et Chantal – La Bruere – 89130 Fontaines – Tél. : 86.74.30.83

Joux-la-Ville

E.C. NN
Alt. : 200 m — 5 chambres d'hôtes avec sanitaires particuliers, aménagées dans une ancienne grange chez des agriculteurs. 3 chambres 2 pers. dont une acccessible pers. handicapée, 2 chambres doubles de famille de 4 et 5 pers. Salle de séjour, salon. Prises TV dans 3 chambres. Gare 13 km. Commerces 4 km. Ouvert toute l'année. Terrain 8000 m². Terrasse, salons de jardin, coin-pique-nique. Abri couvert pour voitures. Ping-pong, portique, pétanque, jeux divers. Enfant gratuit jusqu'à 2 ans.

Prix : 1 pers. **200/230 F** 2 pers. **260/280 F** 3 pers. **300/320 F**

10	3	13	25	4,5	16	40	24	13

GUEUNIOT Jean-Paul – 4 rue Crete – 89440 Joux-la-Ville – Tél. : 86.33.65.54 – Fax : 00.33.81.72

Lainsecq Le Chatelet
C.M. n° 65 — Pli n° 4

⚒⚒ NN 1 chambre d'hôtes double convenant à une même famille avec salle de bains, aménagée dans une maison rurale renovée, située dans un village. Coin-cuisine. TV. Possibilité auberge. Gare 30 km. Commerces 4 km. Ouvert toute l'année. Abri couvert. Restaurant sur place.

Prix : 1 pers. **140 F** 2 pers. **160 F** 3 pers. **210 F**
pers. sup. **50 F**

⚓	🌲	⛵	⛸	🚤	🏛
10	10	20	10	4	10	10

BOURGOIN Max – Cidex 202 - Le Chatelet – 89520 Lainsecq – Tél. : 86.74.70.22

Lainsecq Montrepare
C.M. n° 65 — Pli n° 4

⚒⚒ NN Alt. : 360 m — Dans un hameau, 3 chambres à l'étage avec salle d'eau particulière et wc communs. Salon, bibliothèque. Téléphone carte pastel. Gare 30 km. Commerces 4 km. Ouvert toute l'année. Terrasse, salon de jardin, barbecue. Restaurant 3 km. Discothèque 1 km. Vente de produits fermiers sur place. Possibilité auberge.

Prix : 1 pers. **140 F** 2 pers. **180 F** pers. sup. **50 F**

⚓	🌲	⛵	⛸	🚤	🏛
10	5	15	10	8	10	8

MASSE Gilbert et Nicole – Montrepare – 89520 Lainsecq – Tél. : 86.74.72.82 – Fax : 86.74.72.82

Lavau La Chasseuserie
C.M. n° 65 — Pli n° 3

⚒⚒⚒ NN Ancien corps de ferme situé dans une clairière, au milieu de la forêt. 1 chambre double 4 pers. pour une même famille, avec salle de bains en rez-de-chaussée sur un jardin. A l'étage, 1 chambre 2 pers avec s.d.b. particulière. Poss. de repas froid. Gare 13 km. Commerces 10 km. Anglais et espagnol parlés. Ouvert toute l'année. Service de lavage du linge pour les séjours. -16 % dès la 2ᵉ nuit. 2 vélos à disposition.

Prix : 2 pers. **250 F**

🐕	⚓	🌲	⛵	⛸	🚤	🏛
	3	SP	SP	SP	SP	10

MARTY Bernard et A.Marie – La Chasseuserie – 89170 Lavau – Tél. : 86.74.16.09

Leugny La Borde
C.M. n° 65 — Pli n° 4

⚒⚒⚒ NN (TH) 4 chambres d'hôtes avec salles de bains et wc particuliers, aménagées dans une maison de caractère avec une tour carrée du XVIᵉ siècle, entourée d'un domaine de 7 ha avec bois et étangs. Salle de séjour, salon, TV, vidéo laser, chaîne HI-FI. Gare 24 km. Commerces 9 km. Anglais parlé. Ouvert toute l'année. Jardin, terrain, pré, parking, aire de jeux, vélos. Possibilité de forfaits week-end. Attelages.

Prix : 2 pers. **680/780 F** repas **150/180 F**

🐕	⚓	🌲	⛵	⛸	🚤	🏛	🍷	🎣
	SP	1	9	SP	4	4	10	25	20

DUCLOS Francois - Jean – La Borde – 89130 Leugny – Tél. : 86.47.64.28 – Fax : 86.47.60.28

Lindry Chazelles
C.M. n° 65 — Pli n° 4

⚒⚒⚒ NN (TH) 5 chambres d'hôtes dont 1 chambre pour personne handicapée, avec salle d'eau ou salle de bains et wc particuliers, aménagées dans une ancienne ferme rénovée, en pleine campagne. Prise TV dans les chambres. Séjour/salon. Coin-cuisine. Bibliothèque. Table d'hôtes sur réservation. Gare 12 km. Commerces 4 km. Ouvert toute l'année. Terrain de 4500 m². Parking. Jardin. Pré. Terrasse. Ping-pong. VTT. Pétanque. Enfant suppl. : 60 F.

Prix : 1 pers. **170 F** 2 pers. **220 F** sup. **80 F**
repas **80/120 F**

⚓	🌲	⛵	🎿	⛸	🚤	🏛	🍷	🎣	🔫
5	SP	3	4	2	3	30	12	12	SP

BONFANTI Gerard et Eliane – La Vederine - Cidex 500 -N° 28 - Chazelles – 89240 Lindry – Tél. : 86.47.10.86 ou 86.47.18.78 – Fax : 86.47.01.64

Marchais-Beton La Cour Alexandre
C.M. n° 65 — Pli n° 3

⚒⚒⚒ NN (TH) Alt. : 201 m — 5 chambres d'hôtes avec salles de bains ou salles d'eau et wc particuliers, aménagées dans une ancienne ferme avec cour intérieure (ancien moulin à huile). Séjour, salon avec grande cheminée, salle de jeux, TV, bibliothèque. Table d'hôtes sur réservation. Gare 16 km. Commerces 9 km. Anglais et allemand parlés. Ouvert toute l'année. Haras, promenades à cheval dans les bois à proximité. Promenades VTT, pédestres. Ping-pong.

Prix : 2 pers. **400/500 F** 3 pers. **620 F** pers. sup. **120 F**
repas **120/150 F**

⚓	🌲	🎿	⛸	🚤	🏛	🎣
SP	SP	SP	0,8	SP	25	20

DESVIGNES P.Andre et M.France – La Cour Alexandre – 89120 Marchais-Beton – Tél. : 86.91.66.02 ou 86.91.64.33 – Fax : 86.91.69.92

Merry-Sec Pesteau
C.M. n° 65 — Pli n° 5

⚒⚒ NN (TH) 1 chambre d'hôtes avec salle d'eau et wc particuliers, aménagée à l'étage avec terrasse et entrée indépendante dans une ferme équestre d'un petit hameau. Coin-cuisine. Salon de jardin. Gare 17 km. Commerces 7 km. Animaux admis sur demande. Anglais et allemand parlés. Ouvert toute l'année. Enfant suppl. : 50 F.

Prix : 1 pers. **200 F** 2 pers. **200 F** pers. sup. **70 F** repas **70 F**

🌲	🎿	⛸	🚤	🍷
SP	SP	7	15	15

COEVOET Pierre et Maryse – Pesteau – 89560 Merry-Sec – Tél. : 86.41.62.63

Moulins-sur-Ouanne Les Gerbeaux
C.M. n° 65 — Pli n° 4

⚒⚒⚒ NN 2 chambres d'hôtes aménagées dans un pavillon au cœur du village. Salles de bains particulières et wc. Salle de séjour, salon, bibliothèque, TV, billard, jeux de société. Jardin clos avec terrasse, parking. Gare 25 km. Commerces 5 km. Anglais parlé. Ouvert du 1ᵉʳ avril au 1ᵉʳ octobre.

Prix : 1 pers. **200 F** 2 pers. **300 F** 3 pers. **430 F**
pers. sup. **130 F**

🐕	⚓	🌲	⛵	🎿	⛸	🚤	🏛	🍷	🎣	🔫
	5	SP	20	0,2	5	5	20	15	15	20

LAROCHE Michele – 89130 Moulins-sur-Ouanne – Tél. : 86.74.31.09 – Fax : 86.52.07.27

Percey   *C.M. n° 65 — Pli n° 6*

NN — TH

Alt. : 204 m — 2 chambres d'hôtes aménagées au 1er étage dans un pavillon situé en pleine campagne, près du canal de bourgogne. Chambres de 2 et 3 personnes avec lavabo. Salle d'eau et wc communs sur le palier. Séjour/salon. TV. Repas du soir sur réservation. Jardin. Gare 10 km. Commerces 4 km. Allemand et hollandais parlés. Ouvert toute l'année.

Prix : 2 pers. **180 F** 3 pers. **240 F** repas **80 F**

SP	2	SP	9	2	9	20	10	25

WILLEMS Gilbert et Nelly – 5 Route de la Sogne – 89360 Percey – Tél. : 86.43.22.32

Perreux La Coudre   *C.M. n° 65 — Pli n° 3*

NN — TH

3 chambres d'hôtes dans une maison de caractère en pleine campagne. 1 chambre avec lits jumeaux, 2 chambres avec 1 lit 2 personnes. Salle de bains et wc particuliers dans chaque chambre. Grand salon et salle à manger avec cheminée, bibliothèque à disposition. Table d'hôtes sur réservation. Gare 25 km. Commerces 1 km. Anglais parlé. Ouvert toute l'année. Parc de 3 ha aménagé, terrasse, salon de jardin. Atelier de poterie sur place. Restaurant à 1 km.

Prix : 2 pers. **470/560 F** pers. sup. **60 F** repas **180 F**

1	0,5	35	8	2	7	30	50	8

LUSARDI Patrice et Laurence – La Coudre – 89120 Perreux – Tél. : 86.91.61.42 ou 86.91.62.91

Perreux   *C.M. n° 65 — Pli n° 3*

NN — TH

Alt. : 198 m — 5 chambres d'hôtes aménagées dans une maison de caractère, située dans le village. 3 chambres 2 personnes, 2 chambres 3 personnes. Sanitaires particuliers. Séjour, salon, bibliothèque. Chambres indépendantes de la maison principale. Repas sur réservation. 1 chambre d'hôtes en cours de classement. Gare 25 km. Commerces sur place. Ouvert toute l'année. Terrain de 3200 m². Club ULM.

Prix : 1 pers. **300 F** 2 pers. **330 F** 3 pers. **400 F** pers. sup. **40 F** repas **90 F**

4	1	20	7	1	7	20	40	8	SP

LATAPY Michel et Nicole – Route de St Martin/Ouanne – 89120 Perreux – Tél. : 86.91.62.56 – Fax : 86 91 60 51

Poilly-sur-Serein Le Moulin   *C.M. n° 65 — Pli n° 6*

NN

5 chambres d'hôtes avec salles de bains ou salles d'eau et wc particuliers, aménagées dans un vaste moulin du XIXe siècle, en bordure de village, dans un parc calme et verdoyant. Séjour/salon. Salle de jeux. Bibliothèque. TV. Gare et commerces 10 km. Anglais et allemand parlés. Ouvert d'avril à novembre. Parking. Aire de jeux. Vins de Chablis. Poteries.

Prix : 1 pers. **250 F** 2 pers. **320/400 F** 3 pers. **380 F** pers. sup. **90 F**

SP	SP	SP	3	5	10	14	SP	14	SP

MOREAU Pascal et Hester – Le Moulin – 89310 Poilly-sur-Serein – Tél. : 86.75.92.46 – Fax : 86.75.95.21

Poilly-sur-Tholon Bleury   *C.M. n° 65 — Pli n° 4*

NN

3 chambres d'hôtes aménagées à l'étage d'une maison située sur une exploitation agricole. Salle de bains, wc et prise TV pour chacune. Salle de séjour/coin-cuisine. Possibilité auberge. Gare 15 km. Commerces sur place. Anglais et allemand parlés. Ouvert toute l'année. Jardin, cour fermée à disposition. Animaux non admis dans les chambres.

Prix : 1 pers. **180/200 F** 2 pers. **220/250 F** 3 pers. **280/300 F** pers. sup. **80 F**

2	SP	5	3	5	5	7	7	7	SP

CHEVALLIER Alain et Chantal – 5 rue St Aubin - Bleury – 89110 Poilly-sur-Tholon – Tél. : 86.63.51.64 – Fax : 86.91.53.37

Quenne   *C.M. n° 65 — Pli n° 5*

NN

5 chambres d'hôtes avec salles d'eau ou salles de bains et wc particuliers, aménagées dans une maison de vigneron du 19e en bordure d'un petit village au pied du vignoble. Salle de séjour avec cheminée, salon bibliothèque, coin-cuisine. Entrée indépendante. Gare et commerces 6 km. Possibilité auberge. Anglais parlé. Ouvert toute l'année sauf janvier.

Prix : 1 pers. **230/250 F** 2 pers. **280/300 F** 3 pers. **350/370 F** pers. sup. **70 F**

5	5	7	7	7	SP	25

DAPOIGNY Christian et Eliane – 10 rue de la Croix – 89290 Quenne – Tél. : 86.40.31.18 – Fax : 86.40.28.45

Rogny-les-Sept-Ecluses Les Gonneaux   *C.M. n° 65 — Pli n° 2/3*

NN

1 chambre de 3 personnes à la ferme, dans une maison de caractère en pleine campagne. Salle de bains particulière. Salon particulier (possibilité couchage 2 personnes). Salle de séjour. Possibilité cuisine. TV. Animaux admis sur demande. Possibilité auberge. Gare 14 km. Commerces 5 km. Anglais parlé. Ouvert toute l'année. Terrain. Jardin. Aire de jeux. Barbecue. Abri couvert.

Prix : 1 pers. **150 F** 2 pers. **200 F** 3 pers. **280 F** pers. sup. **80 F**

SP	SP	2	5	5	SP	5	30	5

LEMAISTRE Paul et Mireille – Les Gonneaux – 89220 Rogny-Les Sept-Ecluses – Tél. : 86.74.51.89 – Fax : 86.74.56.34

Saint-Aubin-Chateau-Neuf   *C.M. n° 65 — Pli n° 4*

NN — TH

Alt. : 300 m — 6 chambres d'hôtes avec salles d'eau ou salles de bains et wc particuliers, aménagées dans une maison de caractère avec cour intérieure située sur la place d'un charmant village dominant la vallée. Séjour, salon, bibliothèque, TV. Garage, parking. Gare 20 km. Commerces sur place. Ouvert toute l'année. Golf du Roncenay 3 km. Spéléo : descente et visite du puits bouillant.

Prix : 1 pers. **250/400 F** 2 pers. **300/400 F** 3 pers. **450 F** pers. sup. **80 F** repas **80/120 F**

SP	SP	8	6	SP	8	SP	3	SP

CHAUMET Daniel et Jeannette – Place Aristide Briand – 89110 Saint-Aubin-Chateau-Neuf – Tél. : 86.73.64.09

Saint-Fargeau
C.M. nᵒ 65 — Pli nᵒ 3

♥♥ NN — 2 chambres d'hôtes aménagées dans une demeure bourgeoise de caractère, située près du centre ville. Salles d'eau particulières. WC communs. Salle de séjour. Parc ombragé. Possibilité auberge. Gare 20 km. Commerces sur place. Allemand parlé. Ouvert toute l'année. Parc ombragé. Cour pavée. Parking privé. Aire de jeux pour enfants. Restaurant sur place.

Prix : 1 pers. 210 F 2 pers. 250 F pers. sup. 80 F

7	3	7	7	SP	12	SP	30	50	SP

PROVOT Michel et Francoise – 10 rue Porte Marlotte – 89170 Saint-Fargeau – Tél. : 86.74.02.28

Saint-Fargeau
C.M. nᵒ 65 — Pli nᵒ 3

♥♥ NN — Au pied d'un château, 2 chambres d'hôtes aménagées à l'étage d'une maison de caractère. Salle d'eau ou salle de bains et wc particuliers. Séjour, TV, point-phone. Jardin. Gare 20 km. Commerces sur place. Ouvert toute l'année. Restaurant sur place. Car Paris/Saint-fargeau. Animaux admis sur demande. Journées à thèmes proposées.

Prix : 1 pers. 210 F 2 pers. 250 F 3 pers. 300 F pers. sup. 80 F

3	1	3	2	0,5	12	SP	30	2

BLONDET Jean et Micheline – 2 Passage des Lions – 89170 Saint-Fargeau – Tél. : 86.74.15.41 ou 86.74.15.83

Saint-Germain-des-Champs Le Meix
C.M. nᵒ 65 — Pli nᵒ 6

E.C. NN
(TH) — Alt. : 354 m – 5 chambres d'hôtes avec sanitaires particuliers aménagées dans une maison rénovée dans un hameau. 3 chambres 2 pers. au 1er étage, 2 chambres 2 pers. au 2e. Entrée indépendante. Séjour, salon avec cheminée au rez-de-chaussée. Salon au 1er étage, télévision, vidéo, chaine HI-FI, bibliothèque. Table d'hôtes sur réservation. Jardin clos. Parking. Week-end : relaxation, cueillette des plantes (selon calendrier). Gare et commerces 6,5 km. Anglais parlé. Ouvert toute l'année.

Prix : 1 pers. 230 F 2 pers. 290/310 F pers. sup. 70 F repas 100 F

3	SP	5	SP	6,5	6,5	12	15	2

MATHERAT O'SULLIVAN Danielle – Le Meix – 89630 St-Germain-des-Champs – Tél. : 86.34.27.63 – Fax : 86.34.27.63

Saint-Martin-sur-Ouanne
C.M. nᵒ 65 — Pli nᵒ 3

♥♥ NN — Dans un village, sur une exploitation agricole, 1 chambre avec séjour (convertible) et sanitaires particuliers, indépendante de la maison d'habitation. Possibilité auberge. Jardin, terrain, abri couvert. Gare 30 km. Commerces 5 km. Ouvert d'avril à octobre.

Prix : 2 pers. 180 F pers. sup. 120 F

SP	2	5	5

NOUVELLON Michel et Jocelyne – 89120 Saint-Martin-sur-Ouanne – Tél. : 86.91.61.59

Sainte-Magnance
C.M. nᵒ 65 — Pli nᵒ 17

♥♥♥♥
(TH) — Dans un château du XIIᵉ siècle entièrement rénové. 1 chambre de 60 m² pour 3 personnes avec salle de bains privée et cheminée médiévale en fonction. Coin salon, télévision et téléphone. Séjour. Table d'hôtes sur réservation (cuisine médiévale et diététique). Terrain. Garage. Gare 14 km. Commerces sur place. Allemand parlé. Ouvert toute l'année.

Prix : 1 pers. 460 F 2 pers. 500 F 3 pers. 650 F repas 200 F

15	SP	2	14	30

COSTAILLE Martine – Chateau Jacquot – 89420 Sainte-Magnance – Tél. : 86.33.00.22

Sauvigny-le-Beureal La Forlonge
C.M. nᵒ 65 — Pli nᵒ 17

♥♥♥ NN
(TH) — Au milieu d'un village, se cache une maison de caractère avec 4 chambres d'hôtes. 3 chambres aménagées à l'étage, 1 chambre au rez-de-chaussée en cours de classement. Sanitaires particuliers, TV dans chaque chambre. Salle restaurée à l'ancienne, cheminée ouverte. Enfant suppl. : 70 F. Jardin. Terrain. Gare 17 km. Commerces 2 km. Ouvert toute l'année.

Prix : 2 pers. 250 F 3 pers. 350 F pers. sup. 70 F repas 75 F

SP	5	SP	7	2	5	5	60	SP

NOIROT Bernard - Jacqueline – La Forlonge – 89420 Sauvigny-le-Beureal – Tél. : 86.32.53.44

Septfonds Les Bizots
C.M. nᵒ 65 — Pli nᵒ 3

♥♥ NN — 3 chambres d'hôtes aménagées dans un pavillon situé en pleine campagne près de la ferme. 1 chambre 2 épis NN avec salle d'eau particulière, 2 chambres avec douche et wc communs. Salon à la disposition des hôtes. Possibilité auberge. Pique-nique sur place. Restaurant sur place. Voile 11 km. Gare 45 km. Commerces 7 km. Ouvert toute l'année.

Prix : 1 pers. 120/140 F 2 pers. 150/190 F pers. sup. 70 F

12	2	12	12	7	12	7

MAGNY J.Paul et Josette – Les Bizots – 89170 Septfonds – Tél. : 86.74.05.18

Vallery La Margottiere
C.M. nᵒ 61 — Pli nᵒ 13/14

♥♥♥ NN
(A) — Alt. : 160 m – 6 chambres d'hôtes aménagées dans une demeure bourguignonne. Salle de bains et wc particuliers, TV et téléphone dans les chambres. Salle de séjour avec cheminée du XVIIᵉ siècle. Terrain, jeux d'enfants, ping-pong, babyfoot. Gare 15 km. Commerces sur place. Ouvert toute l'année. Anglais et allemand parlés.

Prix : 2 pers. 350 F 3 pers. 450 F repas 80/120 F

SP	SP	15	6	4	15	SP	4	SP

DELIGAND Didier et Colette – La Margottiere – 89150 Vallery – Tél. : 86.97.70.77 ou 86.97.57.97 – Fax : 86.97.53.80

Yonne

Venouse

C.M. n° 65 — Pli n° 5

♥♥♥ NN
(TH)

1 chambre double, convenant à une même famille, dans une maison de caractère au centre du village. Salle d'eau privée. Salle de séjour. Possibilité cuisine. Jardin, terrain, aire de jeux, tennis de table, boules, jeux de société. Produits fermiers sur place. Poss. logement de chevaux. Commerces et restaurant 3 km. Gare 13 km. Ouvert toute l'année. Anglais parlé.

Prix : 1 pers. **180 F** 2 pers. **240 F** 3 pers. **300 F** repas **90 F**

3	3	6	6

GARNIER Philippe et Magda – 2 rue de Rouvray - Fontaine Jericho Cidex 213 – 89230 Venouse – Tél. : 86.47.75.15

Venoy Domaine de Montpierreux

C.M. n° 65 — Pli n° 5

♥♥♥ NN

Alt. : 250 m — 5 chambres d'hôtes au 2ᵉ étage, dans une maison de caractère du XIXᵉ siècle, en pleine campagne, entre parc et vignes. 4 ch. (2 pers.), 1 ch. (3 pers.). Possibilité de chambre double pour une même famille (4 pers.). Salle d'eau ou salle de bains particulière. Coin-détente, TV, salle pour les petits déjeuners. Très grand parc. Auberge sur place. Découverte de la truffe en période de production. Dégustation de vins de bourgogne de la propriété. Commerces 5 km. Gare 10 km. Ouvert toute l'année. Anglais parlé.

Prix : 1 pers. **230/260 F** 2 pers. **260/320 F** 3 pers. **370 F** pers. sup. **70 F**

10	SP	10	10	5	10	35	SP	30

CHONE Francois - Francoise – Domaine de Montpierreux - Route de Chablis – 89290 Venoy – Tél. : 86.40.20.91 – Fax : 86.40.28.00

Vezannes

C.M. n° 65 — Pli n° 6

♥♥♥ NN
(TH)

Alt. : 100 m — 3 chambres d'hôtes dans une maison de caractère sur une exploitation viticole et céréalière, dans un village. Salles de bains particulières. Séjour, salon, TV, bibliothèque. Repas du soir sur réservation. Terrain. Gare et commerces 10 km. Ouvert du 1ᵉʳ avril au 30 septembre. Anglais parlé.

Prix : 1 pers. **180 F** 2 pers. **230 F** pers. sup. **60 F** repas **80 F**

10	10	10	20	10	20

COPIN - RAOULT Daniel et Eliane – 1 Grande Rue – 89700 Vezannes – Tél. : 86.55.14.05 – Fax : 86.55.35.96

Villeneuve-sur-Yonne La Haute Epine

C.M. n° 61 — Pli n° 14

♥♥♥ NN

3 chambres d'hôtes dont 1 double, convenant à une même famille avec salle de bains ou douche particulières, aménagées dans une maison de caractère, située sur les collines de Villeneuve-sur-yonne. Salle de séjour, salon avec TV, salle de jeux à la disposition des hôtes. Coin-cuisine. restaurant, voile, gare et commerces 2 km. Auberge sur place. Ouvert toute l'année. Allemand parlé.

Prix : 1 pers. **180 F** 2 pers. **240 F** pers. sup. **50 F**

1,5	SP	1,5	3	1,5	5	SP	10	SP

BESSON Gerard – 21- rue Thenard - La Haute Epine – 89500 Villeneuve-sur-Yonne – Tél. : 86.87.29.01 – Fax : 86.87.10.07

Territoire-de-Belfort

Chavannes-les-Grands

C.M. n° 66/87 — Pli n° 8/1

♥♥♥ NN

Alt. : 430 m — Dans une maison neuve située dans un endroit calme, 1 chambre (1 lit 2 pers. 1 lit 1 pers.) à l'étage avec balcon, douche et wc. Chauffage central. Belfort 18 km. Delle 12 km. Gare et commerces 5 km. Ouvert de mai à septembre. Restaurant 500 m.

Prix : 1 pers. **130 F** 2 pers. **180 F** 3 pers. **220 F**

25	11	25	8	15	SP	45	45

MATTIN Pierre – 3 rue des Vosges – 90100 Chavannes-Les-Grands – Tél. : 84.23.37.13

Etueffont

C.M. n° 66 — Pli n° 8

♥♥♥ NN
(TH)

Alt. : 480 m — Astride et Daniel vous accueillent dans une maison ancienne rénovée, au calme. 1 chambre d'hôtes située au 1ᵉʳ étage, (1 lit 2 pers. 1 lit d'appoint enfant), salle de bains, wc. Chauffage central. Grand parc ombragé et fleuri à disposition des hôtes. Point de départ de sentiers de randonnées. Possibilité de stage peinture. Auberge à proximité. Gare 15 km. Commerces sur place. Ouvert toute l'année. Anglais et allemand parlés.

Prix : 1 pers. **245 F** 2 pers. **270 F** repas **80 F**

14	SP	14	11	SP	4	SP	22	22

ELBERT Daniel – 8 rue de la Chapelle – 90170 Etueffont – Tél. : 84.54.68.63

Lariviere

C.M. n° 66 — Pli n° 8

♥♥♥♥

2 chambres d'hôtes confortables meublées en rustique, à l'étage d'une grande maison alsacienne, au centre du village. Chaque chambre dispose d'une salle de bains et wc particuliers. Salle commune à la disposition des hôtes. Pour votre détente, vous apprécierez notre piscine et notre terrasse avec jardin ombragé et fleuri. Parking fermé. Poss. pique-nique. Gare 15 km. Commerces sur place. Ouvert toute l'année. Allemand et anglais parlés. Restaurant à proximité.

Prix : 1 pers. **150 F** 2 pers. **200 F** 3 pers. **250 F** pers. sup. **50 F**

5	7	15	15	2	10	SP	25	25

LIGIER Alain et Maryse – 4 rue du Margrabant – 90150 Larivière – Tél. : 84.23.80.46

BRETAGNE

Pour réserver, écrire ou téléphoner :

22 - CÔTES-D'ARMOR
Gîtes de France
21/23, rue des Promenades – B.P. 4536
22045 SAINT-BRIEUC Cedex 2
Tél. : 96.62.21.73
Fax : 96.61.20.16

29 - FINISTÈRE
Gîtes de France
5, allée Sully
29322 QUIMPER Cedex
Tél. : 98.52.48.00
Fax : 98.52.48.44

35 - ILLE-ET-VILAINE
(R) Gîtes de France
8, rue de Coetquen – B.P. 5093
35061 RENNES Cedex 3
Tél. : 99.78.47.57
Fax : 99.78.47.53

44 - LOIRE-ATLANTIQUE
(R) Gîtes de France
1, allée Baco – B.P. 3215
44032 NANTES Cedex 1
Tél. : 51.72.95.65
Fax : 40.35.17.05

56 - MORBIHAN
Gîtes de France
2, rue du Chateau – B.P. 318
56403 AURAY Cedex
Tél. : 97.56.48.12
Fax : 97.50.70.07

NORMANDIE
ILE-DE-FRANCE
PICARDIE-CHAMPAGNE
BRETAGNE
ALSACE-LORRAINE
CHÂTEAUX DE LA LOIRE
BOURGOGNE-JURA
CÔTE ATLANTIQUE
VALLÉE DU RHÔNE
LIMOUSIN-PÉRIGORD
ALPES

OUTRE-MER
97-1 GUADELOUPE
97-2 MARTINIQUE
97-3 GUYANE
97-4 RÉUNION

PYRÉNÉES
AUVERGNE-CÉVENNES
MÉDITERRANÉE

Bourbriac Traou Ar Bourg *C.M. n° 59 — Pli n° 2*

ꙮꙮꙮ NN Dans un cadre agréable et reposant 2 chambres de 2 pers. avec salle de bains, wc privés. Supplément de 60 F pour lit d'enfant. Pelouse, parking, petit plan d'eau. Portique. Possibilité pique-nique. Gare 11 km. Commerces 300 m.

Prix : 1 pers. 140 F 2 pers. 200 F

40	18	0,6	11	40	11	11	2

GUYOMARD Nicole – Traou-Ar-Bourg – 22390 Bourbriac – Tél. : 96.43.49.32

Bourseul Saint Maleu *C.M. n° 59 — Pli n° 5*

ꙮꙮ NN
(TH) 5 chambres d'hôtes dont 1 ensemble de 2 pièces. 3 ch. 2 épis (1 lit 2 pers.) s. d'eau, wc privés. 1 ch. 3 pers. 2 épis (1 lit 2 pers. 1 lit 120) s. d'eau, wc privés. 1 ensemble de 2 pièces 1 épi (4 pers.) s. d'eau, wc privés. Possibilité lit suppl. Séjour, salon avec cheminée, TV. Cour, pelouse, salon de jardin. Table d'hôtes sur réservation. Maison ancienne de caractère, située en pleine campagne. Pique-nique sur place. Etang privé à 500 m (pêche). Randonnées. Ouvert toute l'année. Commerces 1 km.

Prix : 1 pers. 180 F 2 pers. 160/190 F 3 pers. 230 F
repas 75 F

15	3	1	0,5	5

TRANCHANT Eric – St Maleu – 22130 Bourseul – Tél. : 96.83.01.34

Brelidy Chateau de Brelidy *C.M. n° 59 — Pli n° 2*

ꙮꙮꙮꙮ
(TH) 4 chambres d'hôtes de caractère pour 2 pers. dans un château du XV° siècle entouré de bois, de rivières poissonneuses, d'un parc de 25 ha. S.d.b, wc particuliers. Téléphone direct. Salon avec TV. Bibliothèque, billard, cheminée. Salon de jardin, pelouse. Pêche privée et bois sur place. Mer, plage 20 km. Golf à 1/2 heure. Lit bébé. Gare SNCF, Guingamp TGV à 15 km. English spoken. Ouvert de Pâques à la Toussaint. Remise de 10 % sur séjours de + de 3 jours en hors saison. Gare 15 km.

Prix : 2 pers. 350/520 F repas 180 F

20	30	3	7	25	0,1	7	7

YONCOURT Pierre – Chateau de Brelidy – 22140 Brelidy – Tél. : 96.95.69.38 – Fax : 96.95.18.03

Calorguen Couacave *C.M. n° 59*

ꙮꙮ NN 2 chambres dont 1 chambre de 2 pers. (1 lit de 2 pers.) avec salle de bains privée non communicante, 1 chambre de 3 pers. (1 lit de 2 pers. 1 lit de 1 pers.) avec salle d'eau privée non communicante, wc communs aux 2 chambres. Possibilité lit supplémentaire. Chauffage fuel. Ouvert toute l'année. Commerces 1 km. Maison néo-bretonne en pierre avec beau jardin. Remise pour séjour de 5 nuits.

Prix : 2 pers. 220/250 F 3 pers. 220/250 F

3	5	25	3	5

TRANCHEVENT Renee – Couacave – 22100 Calorguen-Dinan – Tél. : 96.83.55.28

Caouennec Kercaradec *C.M. n° 59 — Pli n° 1*

ꙮꙮ NN 1 chambre familiale dans une grande maison ancienne de caractère, endroit calme, à proximité d'une ferme. 1 chambre (1 lit 2 pers.) lavabo, 1 chambre (1 lit 120, 1 lit 1 pers.) lavabo. Salle d'eau sur le palier avec lavabo et wc. Cour, jardin, pelouse. Possibilité de cuisiner. Gare 6 km. Commerces 1 km.

Prix : 1 pers. 160 F 2 pers. 180 F 3 pers. 250 F

20	2	6	20	6	20

LOUREC Leontine – Kercaradec-Caouennec – 22300 Lannion – Tél. : 96.35.83.41

Caouennec Kerloscant *C.M. n° 59 — Pli n° 1*

ꙮꙮꙮ NN Maison très ancienne avec jardin, salon de jardin. 1 ch. 2 pers. avec salle d'eau attenante avec wc. 1 ch. 3 pers. avec lavabo, salle de bains non attenante avec wc. Ouvert du 15 juin au 15 septembre. Gare 5 km. Commerces 1 km.

Prix : 1 pers. 180 F 2 pers. 210 F 3 pers. 250 F
pers. sup. 50 F

12	13	1	5	12	SP	SP	13

LE CAER Jean-Claude – Kerloscant – 22300 Caouennec – Tél. : 96.35.84.43 ou 96.35.90.06

Carnoet La Ville Neuve *C.M. n° 59 — Pli n° 6*

ꙮꙮ Alt. : 200 m — Dans une maison rénovée, typique de la région, située à l'entrée du Parc d'Armorique et des Monts d'Arrée, 1 ensemble de 2 pièces : 1 ch. 2 pers. (1 lit 2 pers.) avec 1 mezzanine 2 pers. (2 lits 1 pers.) avec salle de bains et wc privés. 1 lit bébé. Pelouse, portique. Restaurant auberge à 500 m (menu traditionnel, végétarien). Gare et commerces à Carnoet-Locarn 2 km. Ouvert toute l'année. Remise 10 % sur séjour de plus de 3 nuits.

Prix : 1 pers. 150 F 2 pers. 200 F pers. sup. 60 F F

40	SP	2	13	40	1	10	7

LE GAL Jean Yves – La Villeneuve – 22160 Carnoet – Tél. : 96.21.52.31

La Chapelle-Blanche La Ville Aux Clercs *C.M. n° 59 — Pli n° 15*

ꙮ NN 2 chambres d'hôtes à l'étage : l'une avec lavabo, salle de bains commune. et l'autre avec salle d'eau particulière. WC communs aux 2 chambres. Jardin, salon de jardin. Tennis, équitation, baignade à 5 km. Restaurant à 2 km. Caulnes à 5 km. Jeux de boules sur place. Ouvert toute l'année. Appeler aux heures des repas. Gare et commerces 5 km.

Prix : 1 pers. 130 F 2 pers. 170 F pers. sup. 50 F

35	SP	5	6	15	SP	SP	5

PELLOIS Emma – La Ville Aux Clercs – 22350 La Chapelle-Blanche – Tél. : 96.83.93.91

Collinee *C.M. n° 59*

Ⓨ NN

Dans une maison récente, au r.d.c. : 1 chambre (E.C) 2 pers. (1 lit 2 pers.), salle d'eau, wc privés. A l'étage : 1 ensemble de 2 pièces : 1 ch. 2 pers. (1 lit 2 pers. + salon) 1 ch. 2 pers. (2 lits 1 pers.), lavabo dans chaque pièce, s.d'eau, wc privés sur le palier. Coin-cuisine dans chaque chambre. Chauffage électrique. Véranda, petit salon. Pelouse. Gare 15 km. Commerces 800 m. Ouvert toute l'année.

Prix : 1 pers. 100 F 2 pers. **150 F**

25	30	0,8	12	25	3	25	20

THOMAS Christiane – 2 rue du 8 Mai – 22330 Collinee – Tél. : 96.31.47.35

Dinan Moulin de la Fontaine des Eaux *C.M. n° 59*

ⓎⓎ NN

ⓉⒽ

M. et Mme Garside vous accueilleront dans leur moulin, bordé de son lac et de ses jardins. 2 chambres d'hôtes de 2 pers., 2 chambres de 3 pers., 1 ensemble de 2 pièces pour 4 pers. avec chacune salle d'eau et wc privatifs. Possibilité de pêche et de location de vélos sur place. Parking privé. English spoken. Ouvert toute l'année. Table d'hôtes sur réservation. Situé en bordure de la route qui mène au port de Dinan. Gare et commerces 2 km. Auberge à proximité.

Prix : 1 pers. 180 F 2 pers. **250/280 F** 3 pers. **350 F** pers. sup. **100 F** repas **75 F**

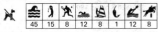

15	2	1	0,1	1

GARSIDE Marjorie – Moulin de la Fontaine des Eaux – 22100 Dinan – Tél. : 96.87.92.09

Duault Kernevez-Jolin *C.M. n° 59 — Pli n° 11*

ⓎⓎⓎ NN

2 chambres d'hôtes dont 1 chambre de 3 personnes avec salle d'eau et wc privés. 1 chambre 2 personnes avec salle d'eau et wc privés. Parc. Carhaix 12 km. Axe Guingamp-Carhaix. Guimgamp 30 km. Gare SNCF sur place. Ouvert toute l'année. Remise de 10 % sur séjours de plus de 2 jours. Commerces sur place. Anglais parlé.

Prix : 1 pers. 180 F 2 pers. **200 F** 3 pers. **250 F**

45	15	8	12	8	1	12	8

FOLLEZOU Jean – Kernevez - Jolin – 22160 Duault – Tél. : 96.21.51.92

Ereac Grangand *C.M. n° 59 — Pli n° 15*

Ⓨ NN

Dans une grande maison en pierre, au calme, 1 chambre d'hôtes, salle d'eau, lavabo, wc privés. Etang à 4 km. Ouvert toute l'année. Commerces 800 m.

Prix : 1 pers. 130 F 2 pers. **160 F** 3 pers. **200 F**

45	10	4	4

MARCHAND Madeleine – Grangand – 22250 Ereac – Tél. : 96.86.63.83

Erquy *C.M. n° 59 — Pli n° 4*

ⓎⓎⓎ NN

3 chambres d'hôtes à l'étage avec mezzanine aménagée en salon, avec salle d'eau et wc particuliers, dont 2 ch. (1 lit 2 pers.), salle d'eau et wc privés. 1 ensemble de 2 pièces de 2/4 pers., avec salle d'eau et wc privés. Chauffage électrique. Jardin. Ouvert toute l'année. Maison récente, située à 2,5 km des plages et 1,5 km du centre d'Erquy. Gare 22 km. Commerces 1,5 km.

Prix : 1 pers. 180/230 F 2 pers. **200/250 F** 3 pers. **300/350 F** pers. sup. **70 F**

2,5	10	1,5	13	0,1	0,1	0,1	4

CHANTOISEL Armande – 17 rue de Bellevent – 22430 Erquy – Tél. : 96.72.30.82 – Fax : 96.72.44.98

Erquy Caroual *C.M. n° 59*

ⓎⓎⓎ NN

1 chambre d'hôtes familiale (deux pièces) située sur le hameau de Caroual, à 3 km d'Erquy et 600 m des plages. Chambre située à l'étage de la maison des propriétaires avec 1 lit de 2 pers. et 2 lits 1 pers. Salle d'eau et wc privatifs. TV dans la chambre. Véranda à disposition des hôtes, possibilité d'y cuisiner. English spoken. Gare 18 km. Commerces 3 km.

Prix : 1 pers. 175 F 2 pers. **200 F** pers. sup. **50 F**

0,6	10	3	0,6

VANNEREAU Simone – Caroual – 22430 Erquy – Tél. : 96.72.31.91

Erquy Les Hopitaux *C.M. n° 59*

ⓎⓎ NN

Dans une maison traditionnelle près des plages au milieu d'un parc boisé 4 chambres d'hôtes, dont 1 ch. 2 pers. (1 lit 2 pers.) salle d'eau, wc privés, lavabo, coin-cuisine. 2 chambres 2 pers. en mezzanine, cuisine, salle d'eau, wc privés, lavabo. 1 ch. 2 pers. avec coin-cuisine, s.d.b, wc particuliers. Lit bébé d'appoint. Gare 18 km.

Prix : 1 pers. 200 F 2 pers. **250/300 F**

1,5	10	1,5	1	4

CONNAN A. – Les Hopitaux – 22430 Erquy – Tél. : 96.72.42.73

Erquy La Marhatte *C.M. n° 59*

ⓎⓎⓎ NN

2 chambres d'hôtes dans ancienne ferme rénovée, indépendante de la maison des propriétaires. Chambres à l'étage pour 2 pers. avec TV, salle d'eau et wc privés. Séjour/salon réservés aux hôtes, possibilité de cuisiner. Jardin, aire de jeux. Chauffage électrique. Ouvert toute l'année. Gare 18 km. Commerces et plages à 1,5 km.

Prix : 1 pers. 180/200 F 2 pers. **200/210 F**

1	6	3	8	1	1	8

RENAUT Patrick – La Marhatte – 22430 Erquy – Tél. : 96.72.04.13

Erquy La Couture   *C.M. n° 59 — Pli n° 4*

ψ ψ ψ NN   Dans une maison rénovée à 30 km de Saint-Brieuc et 40 km Saint-Malo, 4 chambres d'hôtes dont 2 ch. dans la maison du propriétaire : 1 ch. (2 pers.) en 3 épis avec s. d'eau, wc privés, 1 ensemble de 2 pièces (4 pers.) en 2 épis avec s.d.b et wc privés. Dans une annexe rénovée : 2 ensembles de 2 pièces en 3 épis avec s. d'eau et wc privés. Salon avec TV. Possibilité de cuisiner. Baby-sitting. Gare 20 km. Commerces 100 m. Ouvert toute l'année.

Prix : 1 pers. **150 F** 2 pers. **200/250 F** 3 pers. **300/350 F**
pers. sup. **100 F**

4	5	6	5	4	5	5

GUEGUEN Lucienne – La Couture – 22430 Erquy – Tél. : 96.72.38.59 – Fax : 96.72.30.53

Erquy La Ville Louis   *C.M. n° 59 — Pli n° 4*

ψ ψ NN   Dans une maison traditionnelle indépendante, située dans un village, 1 chambre au rez-de-chaussée avec lavabo, douche et wc communs. Ameublement rustique. Cour, jardin avec salon de jardin. Mer, plage, voile, tennis, ainsi que restaurants à 2 km. Erquy 1,5 km. Le Val-André 10 km. Gare SNCF à Lamballe 22 km. English spoken. Si parla italiano. Commerces 1,5 km.

Prix : 1 pers. **150 F** 2 pers. **165 F**

2	2	8	2

LEBRETON Madeleine – La Ville Louis – 22430 Erquy – Tél. : 96.72.38.57

Erquy Le Dreneuf   *C.M. n° 59 — Pli n° 4*

ψ ψ ψ NN   Dans la maison des propriétaires 1 ch. 3 épis : 1 ensemble de 2 pièces de 2 à 4 pers. avec s.d.b., wc privés. 3 ch. 3 épis. Dans 1 annexe rénovée, au r.d.c. : 1 ch. (1 lit 2 pers.), s. d'eau, wc privés attenants. A l'étage, 1 ch. 2 pers. (1 lit 2 pers.) s. d'eau, wc privés attenants, 1 ensemble de 2 pièces (1 lit 2 pers. 2 lits 1 pers.), s.d.b., wc privés attenants. Salle à manger, possibilité de cuisiner pour l'ensemble des chambres, salon avec TV. Jardin. Ouvert toute l'année. Mer à 1 km. Gare 18 km. Commerces 2 km.

Prix : 1 pers. **160 F** 2 pers. **200/230 F** 3 pers. **250/280 F**
pers. sup. **40 F**

1	3,5	4	8	1	3,5	SP	10

GORIN Roselyne – Le Dreneuf – 22430 Erquy – Tél. : 96.72.10.07 – Fax : 96.72.10.07

Erquy Les Bruyeres   *C.M. n° 59 — Pli n° 4*

ψ ψ ψ NN   5 chambres d'hôtes dont 2 familiales dans une maison indépendante, située à proximité de la maison du propriétaire, avec pelouse, salon de jardin. Salon avec TV, séjour avec cheminée. 2 ch. avec s. d'eau, wc privés 2 ensembles de 2 pièces comprenant chacune 1 ch. pour parents et 1 ch. pour enfants avec salle d'eau, wc privés. Téléphone direct par chambre. 1 ch. avec salle d'eau, wc privés avec terrasse et balcon. A 1,5 km du centre d'Erquy. Ouvert toute l'année. Gare 25 km. Commerces 1,5 km.

Prix : 1 pers. **180/200 F** 2 pers. **220/280 F** 3 pers. **320/380 F**
pers. sup. **100 F**

1,5	10	1,5	SP	1	SP	SP	10

DUTEMPLE Aline – Les Bruyeres - Les Ruaux – 22430 Erquy – Tél. : 96.72.31.59 – Fax : 96.72.04.68

Etables-sur-Mer Le Sieurne   *C.M. n° 59 — Pli n° 3*

ψ ψ NN   Sur l'exploitation agricole des propriétaires, dans bâtiment annexe de caractère en pierre du pays, 4 chambres d'hôtes. 2 ch. de 2 épis, s. d'eau privée, wc communs. 1 ch. 2 épis, s. d'eau et wc privés. 1 ch. 3 épis, s. d'eau et wc privés. Poss. cuisiner. Cour, jardin, salon de jardin, barbecue à disposition. Possibilité garde enfants. Ouvert toute l'année. Gare 17 km. Port en eau profonde à 3 km, à Saint-Quay Portrieux. (départ pour les îles anglo-normandes.) Location vélos à 1 km, circuit VTT, tennis couvert, ferme auberge à 12 km. Randonnées, Bréhat à 25 km. Gare 18 km. Commerces 1 km.

Prix : 1 pers. **150 F** 2 pers. **200 F** pers. sup. **50 F**

2	3	1	15	1	1	1	6

CHAPELET – Le Sieurne – 22680 Etables-sur-Mer – Tél. : 96.70.62.47

Le Faouet Le Rohou

ψ ψ NN   Dans une fermette rénovée, calme, 3 chambres d'hôtes (indépendantes de la maison des propriétaires), salle d'eau et wc particuliers pour chaque chambre. Possibilité de cuisiner. Séjour commun. Jardin et salon de jardin à disposition. Possibilité garde enfants. Ouvert toute l'année. Gare 17 km. Commerces 200 m. Anglais parlé. Tir à l'arc, canoë, randonnée, VTT. Ferme auberge et crêperie à 4 km.

Prix : 1 pers. **150 F** 2 pers. **180/200 F** pers. sup. **60/80 F**

10	4	4	10	10	0,3	0,3	5

LE DIUZET Germaine – Le Rohou – 22290 Le Faouet – Tél. : 96.52.34.99

Le Faouet Kergrist   *C.M. n° 59 — Pli n° 2*

ψ ψ NN   Dans une maison rénovée, située dans le village, en bordure de route, 3 chambres d'hôtes dont 1 ch. double et 1 chambre accessible aux pers. handicapées. 3 chambres de 2 épis avec salle de bains et wc particuliers. 1 chambre double de 1 épi avec lavabo, s.d.b. et wc en commun. Possibilité de cuisiner. Ouvert toute l'année. Gare 15 km. Commerces 4 km. Ferme auberge et crêperie à proximité. Paimpol à 10 km. Tarif 2 pers. pour plusieurs nuits : 200 F.

Prix : 2 pers. **220 F** 3 pers. **240 F** pers. sup. **50 F**

10	4	4	10	10	3	3	10

LE GOFF Rene et Marie Jo – Kergrist – 22290 Le Faouet – Tél. : 96.52.31.08

La Ferriere La Metairie-d'En-Haut   *C.M. n° 59 — Pli n° 14*

ψ NN   Dans une ferme située en campagne,1 chambre d'hôtes familiale de 4 pers. avec salle d'eau et wc particuliers. Salle de séjour. Cour, rivière à 1 km. Restaurant 2 km. Plémet 5 km. Loudéac à 10 km. Ouvert de juin à septembre. Gare 10 km. Commerces sur place.

Prix : 1 pers. **100 F** 2 pers. **130 F** 3 pers. **180 F**

50	SP	5	4	SP	1	SP	4

BRUNEL Helene – La Metairie d'En Haut – 22210 La Ferriere – Tél. : 96.25.62.69

Le Foeil La Pommeraie   *C.M. nº 59 — Pli nº 12-13*

§§ NN   2 chambres d'hôtes situées en milieu rural. Au rez-de-chaussée, 1 chambre avec salle de bains et wc privés. A l'étage : 1 chambre avec salle de bains, wc privés. Salon de jardin. Ouvert toute l'année. Gare et commerces 3 km.

Prix : 1 pers. **120 F** 2 pers. **180 F** pers. sup. **50 F**

20	SP	3	SP	20	3	3	10

LE LOUET M-Pierre – La Pommeraie – 22800 Le Foeil – Tél. : 96.74.80.09 ou 96.79.60.79

Goudelin Lespoul   *C.M. nº 59 — Pli nº 2*

§ NN   2 chambres d'hôtes (2 lits 2 pers.) lavabo dans chaque chambre. Salle de bains et wc communs pour les 2 chambres. Salle de séjour et salon de jardin à disposition. Ouvert toute l'année. Gare 13 km. Commerces 1 km.

Prix : 2 pers. **170 F** 3 pers. **220 F**

13	12	1	13	13	1	SP	13

VINCENT Andre – Lespoul – 22290 Goudelin – Tél. : 96.70.07.79

Henanbihen La Vallee   *C.M. nº 59*

§§§ NN (TH)   A la ferme, dans une longère restaurée, 5 chambres d'hôtes. 3 ch. d'hôtes à l'étage : 2 ch. de 2 pers., s. d'eau et wc privés, 1 ch. de 3 pers., s. d'eau et wc privés. 1 ch. au r.d.c. pour 4 pers., s. d'eau et wc privés accessible aux handicapés. 1 ch. plein-sud (1 lit 2 pers. 1 pers. superposés), entrée indépendante. Nécessaire pour bébé. Jardin, jeux, vélos. Randonnées VTT et pédestres, visite de la ferme. Anglais et allemand parlés. Table d'hôtes tous les soirs. Ouvert toute l'année. Gare 7 km. Commerces 1 km.

Prix : 2 pers. **200 F** 3 pers. **230 F** repas **75 F**

12	15	2	12	12	12	10	12

PANSART Marie-Noelle – La Vallee – 22550 Henanbihen – Tél. : 96.34.05.73

Kermoroc'h Kerfichet   *C.M. nº 59 — Pli nº 2*

§§ NN   3 chambres d'hôtes dans une maison de style breton, indépendante avec cour, jardin très fleuri et ombragé. Terrain. 1 chambre 2 pers. 3 épis, salle de bains, wc privés. 1 ensemble de 2 pièces 2 épis (1 lit 2 pers. 3 lits 1 pers.) s. d'eau et wc privés aux 2 chambres. Ouvert toute l'année. Tel heures repas. Gare 10 km. Commerces 7 km. Crêperie à 3 km. Gîte sur place. Guingamp à 10 km, Pontrieux à 11 km. Voile à 26 km. Circuit de randonnée à proximité.

Prix : 2 pers. **160/220 F** 3 pers. **210/230 F** pers. sup. **50 F**

26	SP	6	6	26	SP	SP	6

LE COZ Josephine – Kerfichet – 22140 Kermoroc'h – Tél. : 96.43.27.99

Kerpert Gars An Cloarec   *C.M. nº 59*

§§§ NN   En centre Bretagne, situées sur une exploitation agricole avec élevage de chevaux bretons, 3 chambres d'hôtes à l'étage de la maison des propriétaires. 3 ch. de 2 pers. Salle d'eau et wc privés attenants à chaque chambre. Salon avec TV à la disposition des hôtes. Randonnées sur place, pêche à 5 km, gîtes sur place. Commerces 1,5 km.

Prix : 1 pers. **120 F** 2 pers. **170 F**

45	10	1,5	7	45	8	8	4

LE BRETON Pierre – Gars-An-Cloarec – 22480 Kerpert – Tél. : 96.24.32.16 – Fax : 96.24.34.22

Lancieux Les Hortensias   *C.M. nº 59*

§§§ NN   Dans une maison de caractère, en bordure de la route côtière Ploubalay - Lancieux, à 20 km de Saint-Malo, 3 chambres d'hôtes avec salle d'eau et wc privés. Salon de jardin, barbecue et parking à disposition. Entrée indépendante. English spoken. Commerces 500 m. Remise 10 % à partir de 2 nuits. Pour plus de 6 nuits : 200 F/1 pers., 230 F/2 pers., 300 F/3 pers. Lit suppl. : 80 F.

Prix : 1 pers. **230 F** 2 pers. **280 F** 3 pers. **350 F**

0,5	10	0,5	10	0,5	0,5	0,6	10

COSSON Jacqueline – Les Hortensias - Villeneuve – 22770 Lancieux – Tél. : 96.86.31.15

Landebia Le Pont-A-l'Ane   *C.M. nº 59 — Pli nº 4-5*

§§ NN   5 chambres d'hôtes (dont 4 ch. 2 épis et 1 ch. 1 épi) 3 chambres 2 pers. et 1 chambre 3 pers. avec salle d'eau et wc privés. 1 chambre 3 pers. avec salle d'eau et wc privé. Plage et voile 10 km. Ping-pong et restaurant 1 km. Sur place, gîte et aire naturelle de camping. Ouvert toute l'année. Parking privé. English spoken. Gare 8 km. Commerces sur place.

Prix : 1 pers. **180 F** 2 pers. **190/210 F** 3 pers. **250/280 F** pers. sup. **50 F**

10	10	1	SP	10	1	SP	7

ROBERT Pierre – Le Pont à l'Ane – 22130 Landebia – Tél. : 96.84.47.52

Landebia   *C.M. nº 59 — Pli nº 4*

§§ NN   2 chambres avec entrée indépendante, 2 ensembles de 2 pièces : 1 ch. (2 lits 2 pers. 1 lit 1 pers) s.d.b., lavabo avec wc privés sur le palier. 1 ch. (1 lit 2 pers. 1 lit 120) s. d'eau, lavabo et wc privés au r.d.c. Lit suppl. Possibilité de cuisiner sur terrasse couverte. Salons de jardin sur pelouse ombragée, balançoire, barbecue. Parking. Maison récente située au cœur du village à l'orée de la forêt. Restaurant à 500 m. Plancoët (gare SNCF) à 8 km. Matignon, Cap-Fréhel 10 km. Rivière, pêche, lac à 5 km. Ouvert à partir de Pâques. Commerces 3 km.

Prix : 1 pers. **150 F** 2 pers. **180 F** 3 pers. **280 F** pers. sup. **70 F**

10	SP	SP	SP	10	5	SP	SP

GOURET Marie – Le Haut Village – 22130 Landebia – Tél. : 96.84.48.04

La Landec Le Chesnais Chel *C.M. n° 59 — Pli n° 5*

❦❦ NN
(TH)

Dans une maison de caractère située dans un hameau, 3 chambres d'hôtes. 1 chambre au r.d.c. avec salle d'eau et wc privés et 2 ch. à l'étage. L'une avec salle de bains et wc privés, l'autre avec salle d'eau et wc privés. Possibilité de cuisiner. Salon de jardin à disposition. Ouvert toute l'année. Dinan à 12 km. Gare 12 km. Commerces 1,5 km.

Prix : 2 pers. **190 F** 3 pers. **230 F** repas **75 F**

20	5	12	12	20	12	12	4

JOUFFE Pierre et Yvonne – Le Chesnais Chel – 22980 La Landec – Tél. : 96.27.65.89

Langrolay-sur-Rance La Benatais *C.M. n° 59 — Pli n° 6*

❦❦❦ NN

Maison ancienne, située dans un petit hameau à 1 km de la Rivière « La Rance ». 2 chambres et 1 chambre annexe. 1 chambre 3 épis : 1 lit 2 pers. 1 chambre 2 épis (2 lits 1 pers.). Salle de bains et wc privés à chaque chambre. L'annexe (2 lits 1 pers. superposés). TV. Jardin avec pelouse, salon de jardin et barbecue, parking. Anglais parlé. La Roseraie, charmante maison à 1 km de la Rivière « La Rance ». Restaurants à 5 km. Remise de 10 % sur séjour de + de 3 jours en hors Saison. Gare 14 km. Commerces 2 km. Ouvert toute l'année.

Prix : 1 pers. **100/230 F** 2 pers. **230/260 F**

2	18	2	9	2	1	6	9

SYKES John et Elisabeth – La Benatais – 22490 Langrolay-sur-Rance – Tél. : 96.86.86.24

Laniscat Restano *C.M. n° 59 — Pli n° 12*

❦ NN

Dans une maison en pierres du pays, située dans le village, 2 chambres d'hôtes. 2 ch. de 2 pers. avec salle de bains et wc communs. Salle de séjour et salon rustique à la disposition des hôtes. Jardin, salon de jardin. Restaurant 2 km. Plussulien à 5 km. Gare sur place. Commerces 6 km. Abbaye de Bon-Repos et Gorges du Daoulas à 5 km. Gouarec à 6 km. Lac, baignade, voile, ski nautique, forêt à 10 km.

Prix : 1 pers. **100 F** 2 pers. **130 F** 3 pers. **160 F**

10	SP	SP	SP	10	SP	SP	10

CHEVANCE M-Paule – Restano – 22570 Laniscat – Tél. : 96.36.95.03

Lannion Pontillieo

E.C. NN

Dans un cadre de verdure, ancienne demeure bretonne du XVIᵉ siècle, Mme et M. Le Couls auront le plaisir de vous accueillir dans 3 chambres d'hôtes. 1 ch. (1 lit 2 pers.) lavabo, s.d.b. privée, 1 ch. (1 lit 2 pers.), s.d.b., 1 ch. (1 lit 2 pers.) pouvant être louée avec les deux autres, wc communs aux 3 chambres. Grand séjour, salon. Chauffage central au gaz. Pour un séjour de plus de 4 nuits, possibilité de disposer gracieusement d'un habitat indépendant pour préparer son dîner (table et cuisine). Ouvert de juin à septembre. Gare 2,5 km. Commerces 2 km. Anglais parlé.

Prix : 1 pers. **150/200 F** 2 pers. **200/250 F** pers. sup. **50 F**

10	7	2	2	10	5	7	

LE COULS Jean Pierre – Pontillieo - rue de Pourqueo – 22300 Lannion – Tél. : 96.48.52.10

Lanvollon Glehigneaux *C.M. n° 59 — Pli n° 3*

❦ NN

2 chambres d'hôtes à l'étage d'une maison rénovée de caractère breton, en campagne, entourée d'un grand parc. Endroit calme. 2 ch. avec lavabo, salle de bains et wc communs. Séjour, salon avec TV. Parc avec terrasse pour pique-nique et grill. Allée de boules. Chevaux. Lanvollon et restaurant à 1 km. Ouvert toute l'année. Gare sur place. Commerces 1 km.

Prix : 1 pers. **140 F** 2 pers. **180 F** 3 pers. **230 F**
pers. sup. **50 F**

8	10	1	10	8	0,2	12	1

NICOLAS J-Francois – Glehigneaux – 22290 Lanvollon – Tél. : 96.70.14.37

Lezardrieux Lan Caradec *C.M. n° 59 — Pli n° 2*

❦❦ NN

4 chambres d'hôtes dans une maison indépendante de style bourgeois, avec vue sur la mer, accès direct à la plage. Cour, jardin, bois, parking. 2 ch. 3 pers. 1 ch. 5 pers. (2 pièces) et 1 ch. 4 pers. (2 pièces) s.d.b./wc privés à chaque ch. Balcons, séjour, salon. Kkaraté sur place, table de ping-pong. Piano. Gare 6 km. Commerces 500 m. Maison dominant le port de Lézardrieux. Endroit très calme. Anglais et japonnais parlés. Ouvert toute l'année. Paimpol à 6 km. Tréguier à 8 km.

Prix : 1 pers. **150/180 F** 2 pers. **210/240 F** 3 pers. **270/300 F**
pers. sup. **60 F**

0,1	SP	1	SP	0,1	0,1	SP	SP

WAKE Edith et Toshihiko – Lan Caradec Route des Perdrix – 22740 Lezardrieux – Tél. : 96.20.10.25

Louannec *C.M. n° 59 — Pli n° 1*

❦ NN

5 chambres d'hôtes dans une maison récente, à 100 m du bord de mer, véranda face à la baie de Perros-Guirec et des 7 îles. 1 ch. vue sur mer (1 lit 2 pers.) avec lavabo, wc privés. 4 ch. à l'étage avec lavabo (3 avec vue sur mer) dont 2 ch. (1 lit 2 pers.). 2 ch. (2 lits jumeaux), s. d'eau et wc communs. 1 baignoire relaxante à remous, solarium, véranda. Poss. préparer vos repas. Entre mer et maison pelouse de 6000 m². Parking. Tarifs spéciaux pour longs séjours en hors-saison. Lave-linge, sèche-linge, barbecue. Possibilité prêt voiture. Chauffage électrique. Gare 10 km. Commerces 2 km.

Prix : 1 pers. **170/240 F** 2 pers. **220/290 F** pers. sup. **50 F**

0,1	10	2	10	0,1	15	

THOMAS Philippe – 47 Route de Nantouar – 22700 Louannec – Tél. : 96.91.06.25 – Fax : 96.91.24.56

Louannec Le Colombier de Coat Gourhant *C.M. n° 59 — Pli n° 1*

❦❦❦ NN

Dans une ferme rénovée à 3 km du port de Perros-Guirec, 4 chambres d'hôtes avec salle d'eau privée (douche, wc, lavabo). Parking privé. Grand jardin. Possibilité pique-nique. Chauffage. Animaux admis sur demande. Bibliothèque, documentation. Ouvert toute l'année. Gare 9 km. Commerces 1,5 km.

Prix : 2 pers. **220/300 F** pers. sup. **70 F**

2,5	10	2	2	2	2,5	6	6

FAJOLLES – Le Colombier de Coat Gourhant – 22700 Louannec – Tél. : 96.23.29.30

Matignon Les Villes Audrain

ℳℳ NN

Dans un ancien manoir restauré, situé à 2 km de Saint-Cast, 4 chambres de 2 personnes avec salle d'eau et wc privés. Grand séjour. Coin-cuisine à disposition (50 F). Cour, parc, pelouse. Ouvert toute l'année. Gare 24 km. Commerces 2 km.

Prix : 2 pers. 220 F pers. sup. 110 F

1	3	3	3	6	17	2

GOUAULT Brigitte – Belpro – 22400 Henansal – Tél. : 96.31.50.11 – Fax : 96.31.59.92

Matignon Bonnevie - Saint-Potan

ℳℳ NN
(TH)

5 chambres d'hôtes dont 3 chambres avec salle d'eau et wc personnels dans une ferme rénovée. 2 autres chambres : 1 ch. (1 lit 2 pers.) s.d.b., wc privés sur le palier. 1 ch. (1 lit 1 pers. 1 lit 2 pers.) s. d'eau, wc privés attenants. Chauffage central. Ouvert toute l'année. Gare 20 km. Commerces 1 km. Ambiance familiale, accueil chaleureux. Tout le charme de la campagne, à proximité de la mer : Saint-Cast-Le Guildo. A 3 km de Matignon. Lit suppl. : 70 F.

Prix : 1 pers. 190 F 2 pers. 230 F 3 pers. 300 F repas 75 F

4	4	4	4	4	3	SP	4

GUILLAUME Denise – Bonne Vie – 22550 Saint-Potan – Tél. : 96.41.02.91

Merdrignac Manoir de la Peignie

ℳℳℳ NN
(TH)

Dans un manoir entièrement rénové situé dans le village, sur 20 ha., dont 8500 m^2 de parc, 6 grandes chambres chaleureuses et personnalisées avec sanitaires et wc privés. TV, salon de lecture et bibliothèque, séjour, salle à manger, jeux de société, ping-pong, barbecue, salon de jardin, animaux acceptés sur demande. Anglais parlé. Ouvert toute l'année. Manoir XIIIe/XVIIe siècle, au cœur de la Bretagne centrale, dans un havre de tranquillité, à 30 mn de la Forêt de Brocéliande, de la mer et de Rennes, à 500 m de la base de loisirs du Val de Landrouet. Commerces 400 m.

Prix : 1 pers. 170/200 F 2 pers. 220/250 F pers. sup. 100 F repas 70 F

45	0,1	0,3	0,5	15	0,1

DOUIN Jacques et M. France – Manoir de la Peignie – 22230 Merdrignac – Tél. : 96.28.42.86

Merleac Le Roz

ℳℳℳ NN
(TH)

Ancienne ferme bretonne restaurée en chambres d'hôtes dans laquelle la propriétaire anglaise vous accueillera. Table d'hôtes sur réservation. Possibilité de cuisiner. Entrée indépendante pour la salle commune. 2 ch. de 2 pers., salle d'eau, wc privés. 2 ensembles de 2 pièces pour 3 pers., salle d'eau, wc privés. Ouvert toute l'année. Commerces 2,5 km. Près du Lac de Guerlédan et de la Vallée de Plou-lancre. Aménagement et décoration franco-anglais. Cour et pelouse pour la détente. Stages anglais et français.

Prix : 1 pers. 150 F 2 pers. 240/280 F 3 pers. 280 F repas 75 F

35	45	2	18	35	40	10	8

COULDWELL Suzanne – Le Roz – 22460 Merleac – Tél. : 96.28.52.42

Merleac La Cle des Garennes

ℳℳ NN

Dans leur maison au cœur de la Bretagne, Valérie et Joël, jeunes agriculteurs vous accueillent sur leur exploitation agricole. 2 ch. d'hôtes de 2/3 pers avec s. d'eau privée. Salon, TV à la disposition des hôtes, jardin, aire de jeux, portiques, jeux de boules. Lac de Bosméléac à 5 km avec plage. Terrain de tennis à 2 km. Ouvert toute l'année. Gare 5 km.

Prix : 1 pers. 120 F 2 pers. 160 F 3 pers. 210 F

30	2	15	5	1	10	5

GUILLO Joel – La Cle des Garennes – 22460 Merleac – Tél. : 96.26.25.29

Merleac Bizoin

ℳℳ NN
(TH)

Alt. : 100 m — Dans une maison indépendante, rénovée, 2 chambres d'hôtes à l'étage. Terrasse, salon de jardin. 1 ch. de 3 pers. avec s. d'eau et wc privés. 1 ch. 2 pers. avec s. d'eau et wc privés. Chauffage électrique. Ouvert toute l'année. Rivière sur place, pêche possible, forêt, randonnées pédestres, poney-club. Gare 3 km. Remise de 10 % sur séjours de + de 3 jours du 1er octobre au 1er juin.

Prix : 1 pers. 130 F 2 pers. 170 F 3 pers. 210 F repas 70 F 1/2 pens. 155 F

35	3	16	12	0,1	12	16

CADORET Marie Annick – Bizoin – 22460 Uzel – Tél. : 96.28.81.24 – Fax : 96.26.28.42

Merleac Kerdaval

ℳℳℳ NN
(TH)

3 ch. d'hôtes à l'étage avec salle d'eau et wc privés. (2 ch. 3 épis, 1 ch. 2 épis). Véranda avec possibilité de cuisiner. Salle rustique avec cheminée, TV, cuisine, bibliothèque. Tables d'hôtes, produits de ferme sur place. Grand jardin. Jeux de boules et poneys. Randonnées pédestres. Ouvert toute l'année. Gare et commerces 6 km. Maison indépendante de style breton, au calme, située dans une région boisée et vallonnée où la nature est protégée.

Prix : 1 pers. 120/130 F 2 pers. 160/170 F 3 pers. 220/230 F repas 65 F

35	0,1	5	20	35	4	4	5

BEUREL Colette – Kerdaval – 22460 Merleac – Tél. : 96.28.87.65

Moncontour Les Grands Moulins

ℳℳ NN

Maison dans un cadre de verdure avec plan d'eau. 2 ch. de 2/3 pers. avec salle d'eau et wc privés. Parking, aire de jeux. Possibilité de garde d'enfant. Restaurant 1 km. Ouvert toute l'année. Gare et commerces 1 km. Sentier pédestre à proximité. Moncontour, cité médiévale à 1 km, (fêtée le 23 Août).

Prix : 1 pers. 150 F 2 pers. 200 F 3 pers. 250 F

25	25	1	SP	25	SP	SP	15

ROUILLE Solange – Les Grands Moulins – 22150 Moncontour – Tél. : 96.73.40.82

Moncontour   *C.M. n° 59 — Pli n° 3*

♥♥ NN Chambres d'hôtes de l'Evron. 2 chambres situées au rez-de-chaussée d'une annexe à la maison des propriétaires, totalement indépendante, avec salle d'eau, wc attenants et privés. Chauffage électrique. Lamballe 15 km. Saint-Brieuc 25 km. Ouvert toute l'année. Gare 15 km. Commerces sur place. Restaurants à 500 m au cœur de la Cité. Remise de 5 % pour 5 nuits consécutives et 10 % pour 10 nuits.

Prix : 1 pers. **130 F** 2 pers. **160 F**

20	25	1	15	20	SP	SP	15	

GOUELOU – 4 rue de la Vallee – 22510 Moncontour – Tél. : 96.73.55.12

Moncontour

♥♥♥ (TH) 4 chambres d'hôtes 3 épis, avec sanitaires attenants, situées à l'étage. 2 ch. 4 pers. (1 lit 2 pers. 2 lits 1 pers.). 1 ch. 3 pers. (1 lit 2 pers. 1 lit 1 pers.), s. d'eau, wc privés. 1 ch. 1 pers. (1 lit 2 pers.), s.d.b., wc privés. Salle à manger, salon, cuisine, cour et terrasse, salon de jardin et barbecue, à disposition. Table d'hôtes/réservation. Parking 150 m. Au cœur de la « Cité Médiévale », vous serez accueilli dans une belle demeure du XVIe siècle. Gare 17 km. Commerces 100 m. Ouvert toute l'année.

Prix : 1 pers. **170 F** 2 pers. **210/230 F** 3 pers. **260/280 F**
repas **75 F**

20	25	0,5	17	20	0,1	10	5	

LE RAY Christiane – 10 Place de Penthievre – 22510 Moncontour – Tél. : 96.73.52.18 ou SR : 96.62.21.73.

La Motte Le Haut de la Cour   *C.M. n° 59 — Pli n° 13*

♥♥♥ NN Dans une maison rénovée en pierre située sur une exploitation agricole très calme, 2 chambres d'hôtes avec salle d'eau et wc particuliers. Pelouse. Possibilité de cuisiner. Piscine couverte à 8 km, sports nautiques à 10 km. Pêche à 4 km. Gare 10 km. Commerces 5 km.

Prix : 1 pers. **120 F** 2 pers. **150/200 F**

35	15	5	8	10	4	10	8

LAMANDE Yvette – Le Haut de la Cour – 22600 La Motte – Tél. : 96.25.43.96

Mur-de-Bretagne Le Pont-Guern   *C.M. n° 59*

♥ NN Près du canal de Nantes à Brest, dans une maison ancienne, 1 chambre d'hôtes 2 pers. à l'étage (1 lit 2 pers.), salle de bains et wc privés. Petit déjeuner servi dans la salle à manger. Chauffage central. Commerces 4 km. Lac de Guerlédan à proximité. Pontivy 13 km.

Prix : 1 pers. **140 F** 2 pers. **170 F**

4	10	3	3	7

LE BOUDEC Yannick – Le Pont Guern – 22530 Mur-de-Bretagne – Tél. : 96.28.54.52

Paimpol Landeby   *C.M. n° 59 — Pli n° 2*

♥♥ NN 2 grandes chambres avec entrée indépendante : 1 ch. (1 lit 2 pers.), s. d'eau privée. 1 ensemble de 2 pièces (1 lit 2 pers. 1 lit 1 pers.), s. d'eau privée, (1 lit 1 pers.), lavabo. WC communs aux 2 chambres. Parking dans la propriété en commun avec les gîtes. Jardin d'agrément. salle à manger, salon TV. Poss. cuisiner. Au r.d.c. à disposition : cuisine américaine. Cheminée, salon, salle à manger, TV, jeux d'enfants. Rivière « Le Trieux » à 1 km, et à 4 km de l'embarcadère de l'Ile de Bréhat et de Paimpol.

Prix : 1 pers. **120 F** 2 pers. **200 F**

1	1	1	1	

JACOB Anne – Landeby – 22500 Paimpol – Tél. : 96.20.77.13

Paimpol Garden Zant Vignoc-Lanvignec   *C.M. n° 59 — Pli n° 2*

♥♥♥ NN Grande maison de style régional très calme, avec salon de jardin, pelouse ombragée, parking. 1 ch. 2 épis avec lavabo, s. d'eau et wc attenants. 1 ch. 3 épis, s. d'eau et wc privés. A 800 m du centre et du port. A proximité : Bi-cross, tir à l'arc, mini-golf, ball-trap, ULM, randonnées pédestres. Remise de 10 % à partir de 7 jours. Ouvert toute l'année. Gare et commerces 1 km. Anglais parlé.

Prix : 1 pers. **150/180 F** 2 pers. **180/210 F** 3 pers. **225/265 F**

1	2	0,2	0,2	1	1	1	SP

BOUCHARD Francoise – Garden Zant Vignoc - Lanvignec – 22500 Paimpol – Tél. : 96.20.72.21

Paimpol Kerloury   *C.M. n° 59 — Pli n° 2*

♥ NN A 800 m de la mer et à 2 km de Paimpol, 5 chambres d'hôtes dans un ensemble rénové, 3 ch. avec lavabo, salle d'eau et wc communs et 2 ch. avec salle d'eau et wc particuliers. Coin-salon. Salon de jardin, jeux. Possibilité de cuisine : forfait 20 F/jour. Crêperie, saladerie sur place. Ouvert toute l'année. Gare et commerces 3 km.

Prix : 1 pers. **150 F** 2 pers. **200 F** 3 pers. **250 F**

0,8	SP	0,5	0,5	0,5	0,5	SP	SP

LE GOASTER Jeannette – Kerloury – 22500 Paimpol – Tél. : 96.20.85.23

Perros-Guirec   *C.M. n° 59 — Pli n° 1*

♥♥ NN 2 chambres : 1 ch. 2 épis (1 lit 2 pers. 1 lit 1 pers.) salle d'eau attenante et wc privés. 1 ch. 3 épis (1 lit 2 pers.) salle d'eau et wc privés attenants, avec entrée indépendante. Possibilité lit supplémentaire. Séjour à disposition. Chauffage électrique. Jardin, pelouse. Ouvert de Pâques à fin septembre. Commerces 500 m. Maison traditionnelle en retrait de la ville, située à 300 de la mer et vue sur celle-ci.

Prix : 2 pers. **250/300 F** 3 pers. **330/350 F**
pers. sup. **60/70 F**

0,3	4	0,5	1,5	0,3	0,3	12	3

SORIOT Ginette – Rue du Docteur Saliou – 22700 Perros-Guirec – Tél. : 96.23.03.70

Pleboulle Le Grand Chemin   *C.M. n° 59 — Pli n° 5*

⚜ NN   Dans une maison récente située sur la D13, 2 chambres 2 pers. 1 épi avec lavabo, salle de bains et wc en communs et 1 ch. 2 pers. (2 épis) avec salle de bains et wc privatifs. Possibilité de lit enfant. Salle à manger, coin-salon et jardin mis à disposition. Ouvert toute l'année. Possibilité de cuisiner. Commerces 2 km.

Prix : 1 pers. 140/170 F 2 pers. 160/190 F

9	9	5	9	9	9	9	

TOUTAIN Yvette – Le Grand Chemin – 22550 Pleboulle – Tél. : 96.41.05.18

Pleboulle Beaucorps   *C.M. n° 59 — Pli n° 5*

⚜ NN   A côté de l'exploitation agricole, dans une maison indépendante de style breton, 3 chambres d'hôtes. Au rez-de-chaussée : 1 ch. 2 pers. avec s.d.b. et wc particuliers. A l'étage : 1 ch. 3 pers. et 1 ch. 4 pers. avec chacune 1 lavabo. Salle de bains et wc en commun pour ces 2 chambres. Possibilité de cuisiner. Mer, plage à 7 km. Matignon 3 km. Gare sur place. Commerces 3 km.

Prix : 1 pers. 150/180 F 2 pers. 180/200 F 3 pers. 220 F

7	SP	SP	SP	7	SP	SP	SP

FANOUILLERE Yvette – Beaucorps – 22550 Pleboulle – Tél. : 96.41.11.43

Pledran La Piece   *C.M. n° 59 — Pli n° 13*

⚜⚜ NN   Chambre à l'étage. Salle d'eau et wc particuliers. Chauffage central. A 8 km de la plage, et 10 km de Saint-Brieuc. Jeux de boules. Parc. Ouvert toute l'année. Gare 10 km. Commerces sur place.

Prix : 1 pers. 140 F 2 pers. 170 F

15	10	1	10	15	10	10	5

MARSOIN Jean – La Piece – 22960 Pledran – Tél. : 96.42.28.52

Plehedel « Les Quatre Vents »   *C.M. n° 59 — Pli n° 2*

⚜⚜ NN   Dans un village à la campagne, près de la mer, maison traditionnelle avec grand jardin paysager clos de 2400 m². Chauffage central. 3 chambres à l'étage : 1 ch. 3 épis avec s. d'eau et wc attenants, 1 ch. 2 épis avec lavabo, coin-salon, s. d'eau et wc en communs avec 1 ch. 1 épi, lavabo. TV dans salon. Lave-linge, salon de jardin, barbecue. Gratuit pour enfant jusqu'à 3 ans, - 50 F jusqu'à 10 ans. Ouvert toute l'année. Commerces 200 m. Anglais et italien parlés.

Prix : 1 pers. 170/190 F 2 pers. 200/220 F 3 pers. 280 F

4	2	1	10	5	5	10	8

AUFFRET Andree et Yves – Rue de la Resistance - Les Quatres Vents – 22290 Plehedel – Tél. : 96.22.30.50

Plelan-le-Petit   *C.M. n° 59 — Pli n° 5*

⚜⚜ NN   3 ch. d'hôtes dans une propriété privée, avec entrée indépendante, cour, pelouse. Jeux et piscine pour enfants. 3 chambres avec salle d'eau et wc particuliers. Tennis à 500 m, centre équitation à 1 km, golf à 3 km. Ouvert toute l'année. Gare 10 km. Commerces 500 m.

Prix : 1 pers. 180 F 2 pers. 230 F 3 pers. 280 F

20	3	0,5	13	6	6	1

ALLAIN Marie Therese – 5 rue de la Vallee – 22980 Plelan-le-Petit – Tél. : 96.27.60.27

Plelo La Corderie   *C.M. n° 59 — Pli n° 2-3*

⚜⚜ NN   Dans anciens bâtiments de ferme, 4 chambres d'hôtes, avec entrée indépendante. Au r.d.c. : 1 ch. (1 lit 2 pers. 1 lit 1 pers.). 1 ch. (2 lits 1 pers.). A l'étage : 1 ch. (1 lit 2 pers. 1 lit 1 pers.). 1 ch. (1 lit 2 pers.). Salle d'eau et wc privés attenants à chaque chambre. Prise TV dans les chambres. Ouvert de Mai à mi-septembre. Réduction de 10 % pour les séjours de plus de 4 nuitées hors mois d'août. Camping à la ferme, poneys sur place, 2 fermes auberges à 3 km. Plages à 8 km. Gare 17 km. Commerces 3 km.

**Prix : 1 pers. 160 F 2 pers. 220 F 3 pers. 280 F
pers. sup. 60 F**

8	3	3	17	8	3	5	1

HELLO Henri – La Corderie – 22170 Plelo – Tél. : 96.74.21.21 – Fax : 96.74.21.21

Plelo Le Char à Bancs   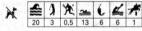   *C.M. n° 59 — Pli n° 2-3*

⚜⚜⚜ NN   Dans « la ferme de nos aïeux » (musée paysan), 4 chambres de caractère avec salle d'eau et wc privés dont 1 chambre avec salon personnel. Ferme auberge à 400 m avec Poneys Shetland. Artisanat, brocante. Pédalos sur la rivière, promenades dans la vallée. A 1 km du bourg et à 2 km de Châtelaudren. Ouvert toute l'année sur réservation. Gare 3 km. Commerces 2 km. Anglais et allemand parlés.

Prix : 2 pers. 340 F 3 pers. 460 F

13	10	1,5	17	13	0,1	2	5

LAMOUR Jean Paul – Le Char à Bancs – 22170 Plelo – Tél. : 96.74.13.63

Plemy Quilmet      *C.M. n° 59 — Pli n° 13*

⚜⚜ NN   Unité familiale de 2 chambres. 1 ch. (1 lit 2 pers.), 1 ch. (lits jumeaux). Possibilité lit bébé. Salle de bains et wc réservés aux 2 chambres. Entrée indépendante. Cour, barbecue, jeux de boules. Ping-pong sur place. Salon de jardin. Rivière à 500 m. Restaurant. Ploeuc-sur-Lié 3 km (D44 de Moncontour à Ploeuc). Ouvert toutes les vacances. Maison ancienne en pierre avec grande cour fleurie. Accueil à la ferme. Auberge de campagne à 2,5 km. Gare 25 km. Commerces 3 km.

**Prix : 1 pers. 130 F 2 pers. 160/180 F 3 pers. 220 F
pers. sup. 60 F**

30	SP	2,5	SP	30	0,5	10	10

EVEN Michel – Quilmet – 22150 Plemy – Tél. : 96.60.25.92

Pleneuf-Val-Andre

❅ NN

A l'étage d'une maison neuve, 1 chambre double, vue sur mer, sur le golfe et la Baie de Saint-Brieuc. Située à 1 km du centre et de la plage. Chambre avec salle d'eau et wc communs aux hôtes. Coin-salon avec TV. Salon de jardin, pelouse, abri voiture. Chauffage électrique. Ouvert toute l'année. Location de vélos. Gare 15 km. Commerces 1 km. Remise de 10 % du 15 septembre au 1er juin.

Prix : 1 pers. 140 F 2 pers. 200 F

1	2	2	1	1,8	2

BOUGUET Madeleine – 20, Route de la Liberation – 22370 Pleneuf-Val-Andre – Tél. : 96.72.22.84

Pleneuf-Val-Andre Le Pre Mancel

❅❅ NN

5 chambres d'hôtes, au rez-de-chaussée dont 1 double avec salle d'eau et wc privés. Salle de séjour, coin-salon avec TV. Salon de jardin, pelouse, parking, grande cour. Golf, voile, tennis, piscine, pêche en mer. Location de vélos à Pléneuf-Val-André. Gare 15 km. Commerces 1 km. Loisirs à Pléneuf-Val-André 4 km, Erquy 6 km.

Prix : 2 pers. 220 F 3 pers. 280/310 F

1	4	4	4	4	4	SP	6

ROUINVY Yvette – Le Pre Mancel – 22370 Pleneuf-Val-Andre – Tél. : 96.72.95.12

Pleslin Trebefour - le Val Garance

❅❅❅ NN
(TH)

Au Val Garance, dans la maison rénovée du propriétaire, 4 chambres d'hôtes 3 épis avec salle d'eau et wc privés. Exposition sud. 1 chambre (1 lit 2 pers.). 2 chambres (2 lits 1 pers.). 1 chambre (1 lit 2 pers. 2 lits 1 pers.). Salle à manger, salon, cheminée, vidéothèque pour enfants. Cour, jardin, vélos. Commerces 1 km. Anglais parlé.

Prix : 1 pers. 220 F 2 pers. 250 F 3 pers. 310 F repas 70 F

9	15	9	9	10

MOREL Elizabeth – Le Val Garance - Trebefour – 22490 Pleslin – Tél. : 96.27.83.57 – Fax : 96.27.83.57

Pleslin-Trigavou Le Bois de la Motte

❅❅ NN

3 chambres d'hôtes. 1 ch. 2 pers (1 lit 2 pers.) s.d.b., wc privés. 1 ch. 2 pers. (1 lit 2 pers.) s. d'eau, wc privés, en cours de classement. 1 ensemble de 2 pièces (4 pers.) avec s. d'eau, wc privés. Garage. Salle de séjour pour le petit déjeuner. Espaces verts, salon de jardin. Gare 10 km. Commerces 8 km. Maison de caractère située en pleine campagne, à proximité de la route Dinan-Ploubalay.

Prix : 2 pers. 190/220 F

9	0,3

CHARTIER M Therese – Le Bois de la Motte - Trigavou – 22490 Pleslin-Trigavou – Tél. : 96.27.80.11

Pleslin-Trigavou Trebefour

❅❅ NN

Dans une maison neuve, située à 400 m en retrait de la route principale, 1 ensemble de 2 pièces : (2 lits 2 pers. 1 lit 1 pers.), salle de bains et wc privés, lavabo dans chaque pièce. Salle à manger pour le petit déjeuner, salon à disposition. Nécessaire de bébé. Terrain de 3800 m² avec cour, parking et jardin fleuri, environnement très calme. Située à la campagne, petits animaux de la ferme. Route Dinan-Dinard à 400 m. Dinan 9 km. Dinard 15 km. Saint-Malo 18 km. A 50 mn du Mont Saint-Michel. Gare 9 km. Commerces 2 km.

Prix : 1 pers. 170 F 2 pers. 190 F 3 pers. 260 F

9	9	9	9	9

BOURDAIS Paulette – Trebefour – 22490 Pleslin-Trigavou – Tél. : 96.27.13.79

Plestan Le Clos Brule

❅❅ NN
(TH)

2 chambres d'hôtes à l'étage, dans une maison récente : 1 ch. 2 pers. (2 lits 1 pers.), salle d'eau et wc privés, 1 ch. 2 pers. (1 lit 2 pers.), salle de bains et wc privés. Possibilité lit supplémentaire Petit déjeuner servi dans la salle à manger. Jardin. Gare 8 km. Commerces 3 km. Maison à la campagne, très calme.

Prix : 1 pers. 150 F 2 pers. 180/200 F repas 70 F

18	15	3	8	3	8	10

LEFEUVRE Yolande – Le Clos Brule – 22640 Plestan – Tél. : 96.34.11.73

Pleubian Le Cosquer

❅❅ NN

1 chambre d'hôtes située dans un site campagnard. 1 chambre (2 pers.), salle de bains et wc attenants. Salle à manger rustique avec cheminée. Salon de jardin. Remise de 10 % sur séjours de + de 3 jours en hors et haute saison. Commerces 1,5 km.

Prix : 1 pers. 180 F 2 pers. 200 F 3 pers. 250 F

1	1,5	5	1	5

ACHILLE Georges – Le Cosquer – 22610 Pleubian – Tél. : 96.22.82.01

Pleudihen-sur-Rance Le Vau Nogues

❅❅ NN
(TH)

3 chambres d'hôtes. Au r.d.c. : 1 ch. (1 lit 2 pers.), salle d'eau privée, wc privés non attenants. A l'étage : 1 ensemble de 2 pièces (2 lits 2 pers.), salle de bains privée, wc communs. 1 ch. (1 lit 2 pers.), salle d'eau privée, wc communs. Possibilité de lit supplémentaire. Salon à disposition des hôtes. Commerces 1 km. Ouvert toute l'année. Dans une maison récente de tout confort, très calme. A proximité de la mer et de tous loisirs. Visite de la ferme. Anglais et allemand parlés.

Prix : 2 pers. 230 F 3 pers. 300 F repas 75 F 1/2 pens. 180 F

15	6	1	10	15	2	1

MOUSSON Simone – Le Vau Nogues – 22690 Pleudihen-sur-Rance – Tél. : 96.83.22.94 ou 96.88.22.71

Pleudihen-sur-Rance Le Val Hervelin
C.M. n° 59 — Pli n° 6

♥♥♥ NN Dans une longère rénovée annexe à la maison des propriétaires et mitoyenne à 2 gîtes, située dans une vallée avec vue sur plan d'eau. 3 chambres avec salle d'eau et wc privés. 1 salle avec coin-cuisine et cheminée à la disposition des hôtes. Parking et cour close. Dinan à 9 km. Saint-Malo à 20 km. Ouvert toute l'année. Tarifs promotionnels hors saison. Gare 9 km. Commerces 3 km.

Prix : 1 pers. **195/225 F** 2 pers. **230/250 F** 3 pers. **295/345 F**

15	3	9	15	5

CHENU Francoise – Le Val Hervelin – 22690 Pleudihen-sur-Rance – Tél. : 96.83.35.61 – Fax : 96.83.38.43

Pleudihen-sur-Rance Bourg - la Cour Aux Meuniers
C.M. n° 59

♥♥ NN 3 chambres d'hôtes à l'étage dont 1 ch. double avec salle de bains et wc privés (1 lit 2 pers. 1 lit 120). Coin-détente et panorama sur la Rance. 2 ch. avec s. d'eau, wc privatifs (2 lits 1 pers. pour l'une et 1 lit 2 pers. pour l'autre). Possibilité lit suppl. Petit salon avec TV. Jardinet, salon de jardin et barbecue, parking dans la cour. Anglais parlé. Ouvert toute l'année. Remise de 10 % sur séjour de + de 3 jours. Restaurants à proximité. Gare 10 km. Commerces 100 m.

Prix : 2 pers. **220/240 F** 3 pers. **250/320 F**

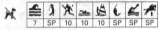

18	10	SP	10	2	10	4

TARTAR Therese – La Cour Aux Meuniers - Bourg – 22690 Pleudihen-sur-Rance – Tél. : 96.83.34.23

Pleumeur-Gautier Kerdaniel
C.M. n° 59 — Pli n° 2

♥ NN 2 chambres d'hôtes avec salle d'eau et wc en communs. Possibilité garderie enfants. Plage, baignade à 7 km. Ouvert toute l'année. Gare 10 km. Commerces sur place.

Prix : 1 pers. **140 F** 2 pers. **190 F** 3 pers. **240 F**

7	SP	10	10	10	SP	SP	SP

JACOB Marie – Kerdaniel – 22740 Pleumeur-Gautier – Tél. : 96.20.14.97

Plevenon
C.M. n° 59 — Pli n° 5

♥♥♥ NN Dans une maison traditionnelle à la sortie du bourg de Plévenon, à 1,5 km des plages : 2 chambres à l'étage. 1 ch. (1 lit 2 pers. 1 lit 1 pers.) et 1 ch. (1 lit 2 pers.) avec salle d'eau et wc privés. Chauffage central. Salon avec TV à disposition. Cuisine, coin-repas. Terrasse, pelouse. Gare 30 km. Commerces 300 m. Maison située à 3,5 km du Cap Fréhel et du Fort La Latte. Très calme. Sentier pédestre GR 34.

Prix : 1 pers. **200 F** 2 pers. **220 F** 3 pers. **280 F**

1,5	1	15	1,5	1,5	1,5	1

DESCLOS Nicole – Rue du Vieux Bourg – 22240 Plevenon – Tél. : 96.41.57.34

Plevenon La Teusse
C.M. n° 59 — Pli n° 5

♥♥♥ NN 3 chambres d'hôtes confortables avec salle d'eau et wc privés. 1 au rez-de-chaussée de 2 épis. A l'étage 2 chambres de 3 épis. Réfrigérateur dans la salle à manger où est servi le petit déjeuner. Décor rustique. Barbecue et équipement de jardin. Ouvert toute l'année. Gare 20 km. Commerces 800 m. Maison coquette à 800 m du bourg, calme assuré. Située à 2 km des plages et 4 km du Cap Fréhel. Sentier pédestre GR 34. Vue sur la campagne.

Prix : 1 pers. **200 F** 2 pers. **220 F** 3 pers. **280 F**

2	4	4	2	4

HERVE Josette – La Teusse – 22240 Plevenon – Tél. : 96.41.46.02 – Fax : 96.41.41.84

Ploeuc-sur-Lie Fontaine Corlay
C.M. n° 59 — Pli n° 13

♥♥♥ NN 2 chambres d'hôtes dans une maison neuve de style breton. Indépendante, située dans un village. 2 chambres avec salle d'eau et wc particuliers. Lit bébé. Salle de séjour, salon. Ouvert toute l'année. Rivière, forêt à 1 km. Plage 20 km. Restaurant 1,5 km. Lieu très calme. Jardin, poney-club 8 km. Aire de loisirs Cap Armor 2 km. Gare 20 km. Commerces sur place. Moncontour 11 km. Saint-Brieuc 20 km.

Prix : 1 pers. **150 F** 2 pers. **170/200 F** 3 pers. **200/250 F**

20	SP	1,5	SP	20	1	SP	SP

MERCIER-RAULET – Fontaine Corlay – 22150 Ploeuc-sur-Lie – Tél. : 96.42.11.17

Ploezal Kerleo

C.M. n° 59 — Pli n° 2

♥♥ NN 4 chambres d'hôtes avec entrée indépendante. 2 chambres 3 épis avec salle d'eau et wc privés. 2 chambres 1 épi avec lavabo, salle d'eau et wc communs. Grande salle de séjour avec salon à disposition. Jardin d'agrément. Ouvert toute l'année. Gare sur place. Commerces 3 km. Au calme, vieille ferme bretonne rénovée, près du château de la Roche Jagu et d'une ferme auberge. A 15 km de Paimpol, Bréhat et Tréguier. A 20 mn de la Côte de Granit Rose.

Prix : 1 pers. **180/220 F** 2 pers. **200/240 F** pers. sup. **60 F**

10	SP	3	SP	10	SP	3	5

HERVE Jean Louis – Ferme de Kerleo – 22260 Ploezal – Tél. : 96.95.65.78

Plouagat Kerdanet
C.M. n° 59

♥ NN 1 chambre 2 pièces à l'étage, pour 4 à 5 pers., wc particuliers dans chaque chambre, salle de bains commune aux 2 chambres. Coin-détente, salon, séjour pour petit déjeuner. Ouvert toute l'année. Gare 10 km. Commerces 4 km. La maison est en pleine campagne, avec pelouse et plantations. Plan d'eau à 500 m. Sentier ombragé. Château à 1 km.

Prix : 1 pers. **150 F** 2 pers. **170 F**

18	4	4

LE MEHAUTE Yvette – Kerdanet – 22170 Plouagat – Tél. : 96.32.64.45

Ploubazlanec — *C.M. n° 59 — Pli n° 2*

⚜ NN

2 chambres d'hôtes dans une maison de caractère, avec jardin. 1 chambre 2 pers. avec wc et lavabo privatifs. 1 chambre 2 pers. avec lavabo dans la chambre. WC privatifs sur le palier. Salle d'eau commune aux 2 chambres. A 2 km embarcadère de l'Arcouest pour l'Ile de Bréhat. Gare 5 km. Commerces 1 km.

Prix : 2 pers. 200 F

1	10	1	4	1	1	1	6

GOASTOUET Elisabeth – 13, rue Joliot Curie - Route de Brehat – 22620 Ploubazlanec – Tél. : 96.55.81.41

Ploubazlanec Kervodin — *C.M. n° 59 — Pli n° 2*

⚜ ⚜ NN

Maison typique comprenant 3 chambres avec douche et wc privés. Télévision couleur dans les chambres. Calme assuré. A 5 minutes de la mer et à 10 minutes de l'embarcadère de l'Ile de Bréhat. Randonnées sur sentiers de douaniers. Restaurant à 1,5 km. Ouvert toute l'année. Chèques Vacances acceptés. Gare 5 km. Commerces 1 km.

Prix : 1 pers. 220 F 2 pers. 250 F 3 pers. 350 F

0,8	SP	1	5	0,5	0,5	SP	5

BONNICHON – Kervodin – 22620 Ploubazlanec – Tél. : 96.55.70.54 ou 96.55.89.78

Ploubazlanec — *C.M. n° 59 — Pli n° 1*

⚜ NN

Maison neuve, très calme avec 1 ch. 2 pers., vue sur mer, avec salle de bains et wc privés. 1 chambre 3 pers. avec salle de bains et wc privés. Salon de jardin. Accès direct à la mer (500 m). Baignade, voile 800 m. Randonnées GR 34 à proximité. Mise à disposition d'un barbecue. Gare 4 km. Commerces 1,5 km. Embarcadère pour l'Ile de Bréhat à 2 km. Paimpol à 4 km. Ouvert du 1er avril au 15 octobre. Exposition d'aquarelles et huiles.

Prix : 1 pers. 200 F 2 pers. 250 F 3 pers. 300 F

0,8	SP	0,8	4	0,8	0,8	SP	15

GOURIOU Josette – Boursoul- 5 Chemin de Launay – 22620 Ploubalzanec – Tél. : 96.55.70.51

Ploubazlanec Pointe de l'Arcouest — *C.M. n° 59 — Pli n° 2*

⚜ ⚜ NN

2 chambres d'hôtes situées dans une maison restaurée avec cour, pelouse, salon de jardin. Maison typique. Chaque chambre est prévue pour 2 pers. et possède sa salle d'eau et wc privés. A 200 m de l'embarquement pour l'Ile de Bréhat et à 2 km du Port de Loguivy. Ouvert toute l'année. GR 34. Gare 6 km. Commerces 500 m.

Prix : 2 pers. 210 F

0,2	SP	2	SP	0,2	SP	SP	15

RIVOAL Jeanine – Pointe de l'Arcouest – 22620 Ploubazlanec – Tél. : 96.55.87.49

Ploubezre Les Oregues — *C.M. n° 59 — Pli n° 1*

⚜ ⚜ NN
(TH)

Ancienne ferme rénovée. 3 chambres aménagées, 1 ch. 2 épis, salle d'eau privée. 1 ch. 1 épi avec salle d'eau commune, wc communs aux 2 chambres. 1 ch. 3 épis, s. d'eau attenante, wc privés. Salon avec cheminée en granit et mobilier breton d'époque. Gîte sur place. Ouvert toute l'année. Anglais et Allemand parlés. Gare 2 km. Commerces 1 km. Environnement de campagne et très calme. Proche de la nature et des animaux. Remise de 10 % sur séjours de + de 3 jours.

Prix : 1 pers. 150 F 2 pers. 200/230 F 3 pers. 270 F
repas 70 F

10	10	1	3	10	2	6

HARKIN Laurence – Les Orregues – 22300 Ploubezre – Tél. : 96.46.54.80

Plouer-sur-Rance La Renardais - le Repos — *C.M. n° 59 — Pli n° 6*

⚜ ⚜ ⚜ NN
(TH)

Maison de caractère rénovée. 4 chambres. Au 1er étage : 1 ensemble de 2 pièces, 2 épis (1 lit 2 pers. 2 lits 1 pers.), s. d'eau et wc communs, lavabo dans chaque pièce. 1 ch. 2 épis (2 lits 1 pers.), s. d'eau et wc privés. 1 ch. 3 épis (1 lit 2 pers. 1 lit 1 pers.), salle de bains et wc privés. Au 2e étage : 1 ch. 3 épis (1 lit 2 pers.), s. d'eau, wc privés. Salle à manger, salon avec TV. Terrasse, jardin, parking privé. Fermé en février. Anglais et allemand parlés. Table d'hôtes sur demande. Gare 8 km. Commerces 1 km.

Prix : 1 pers. 200 F 2 pers. 250/270 F 3 pers. 350 F
repas 75 F

15	15	1	8	1	1	1	1

ROBINSON Jean – La Renardais - le Repos – 22490 Plouer-sur-Rance – Tél. : 96.86.89.81

Ploufragan — *C.M. n° 59 — Pli n° 3*

⚜ ⚜ NN

Maison contemporaine comprenant 4 chambres d'hôtes à l'étage avec s. d'eau privée et 2 wc communs. 1 ensemble de 2 pièces pour 4 pers. 3 chambres de 2 pers. Possibilité de cuisiner. Terrasse, jardin, bois, jeux. Saint-Brieuc à 3 km. Accueil très convivial. Remise sur séjours de + de 3 jours en juillet et hors saison. Ouverture en saison estivale. Gare et commerces 3 km.

Prix : 1 pers. 150/180 F 2 pers. 185/220 F

10	25	2	5	5	5	5

CHOUPEAUX Marie-H – Rue du Tertre de la Motte – 22440 Ploufragan – Tél. : 96.78.65.81

Plougrescant Kerjoly — *C.M. n° 59 — Pli n° 1*

⚜ ⚜ ⚜ NN

2 chambres dans une propriété récente située en bordure de mer, panorama exceptionnel sur les iles et l'estuaire de Tréguier. 1 chambre (1 lit 2 pers.), s. d'eau, wc privés. 1 chambre (2 lits jumeaux 1 pers.), salle de bains, wc privés. Salle à manger. Chauffage central. Sentiers de randonnées par le GR 34. Gare 25 km. Commerces 1 km. Anglais parlé.

Prix : 1 pers. 200 F 2 pers. 230 F

0,5	25	1	8	0,5	0,5	6

LE BOURDONNEC Marie Therese – Kerjoly – 22220 Plougrescant – Tél. : 90.92.51.13

Plougrescant
C.M. n° 59 — Pli n° 2

✹✹✹ NN 3 chambres à l'étage dont 1 avec vue sur mer. 1 ch. (1 lit 2 pers. 1 lit 1 pers.). 1 ch. (1 lit 2 pers.). 1 ch. (1 lit 2 pers.). Sanitaires privés attenants à chaque chambre. TV dans 2 chambres. Grand jardin paysagé, pelouse, parking, salon de jardin, véranda. Gare 20 km. Commerces 1 km. Ouvert toute l'année. Maison bretonne de caractère à 1 km de la mer. GR 34. Côte de Granit Rose et Bréhat à 20 km. Gare SNCF Paimpol. Aéroport Lannion.

Prix : 2 pers. **230/280 F** 3 pers. **330 F**

1	25	1	7	1	1	1	5

JANVIER Marie-Claude – 15 rue du Castel Meur – 22820 Plougrescant – Tél. : 96.92.52.67

Plouguenast
C.M. n° 59 — Pli n° 4

✹✹ NN Maison de style néo-breton avec parc paysager, située à proximité du bourg et du complexe sportif. Ensemble de 2 pièces pour 3 pers. (1 lit 2 pers. 1 lit 1 pers.), (1 lit 2 pers.) avec lavabo dans la chambre. Salle d'eau et wc privatifs sur le palier. Ouvert toute l'année. Gare 10 km. Commerces 200 m.

Prix : 2 pers. **180 F** 3 pers. **250 F**

35	0,1	10	35	0,1	0,1	10

LE RAY Paulette – 16 rue du Stade – 22150 Plouguenast – Tél. : 96.28.70.97

Plouguenast Saint-Theo
C.M. n° 59 — Pli n° 13

✹✹✹ NN 3 chambres d'hôtes de 2 à 3 pers., entrée indépendante. 1 chambre 3 épis, salle d'eau et wc privés. 1 chambre 2 épis, salle d'eau et wc privés. 1 chambre EC, salle d'eau et wc privés. Salon avec TV, coin-cuisine commun à 2 chambres. Cour close, pelouse, salons de jardin. Restaurant 2,5 km. Ouvert toute l'année. Gare 3 km. Commerces 1 km. Au centre de la Bretagne, dans un village fleuri, ancienne ferme bretonne rénovée. Ville médiévale de Moncontour à 10 km.

Prix : 1 pers. **120 F** 2 pers. **150/180 F** 3 pers. **200 F** pers. sup. **60 F**

35	SP	2	10	SP	3	SP	9

COLLET Eliane – St Theo – 22150 Plouguenast – Tél. : 96.28.70.01

Plouguenast Garmorin
C.M. n° 59 — Pli n° 13

✹✹✹ NN Au cœur de la Bretagne, entre la Manche et l'Atlantique, dans un environnement agréable, 3 chambres d'hôtes 3 épis, avec chacune salle d'eau et wc privés. 2 ch. (1 lit 2 pers.), 1 ch. (2 lits 1 pers.). Possibilité de cuisiner. Gîte et camping à la ferme sur place. Anglais parlé. Ouvert toute l'année. Gare 10 km. Commerces 2 km. De nombreuses activités sportives et culturelles dans la région. Restaurant 1,5 km. Piscine à Loudéac. Baignade 10 km.

Prix : 1 pers. **165 F** 2 pers. **185 F** 3 pers. **225 F**

35	SP	2	10	10	2	2	10

LUCAS Madeleine – Garmorin – 22150 Plouguenast – Tél. : 96.28.70.61 – Fax : 96.26.85.00

Plouguiel La Roche Jaune
C.M. n° 59

✹ NN 3 chambres (1 lit 2 pers.), à l'étage dont 1 ch. avec vue sur mer. Lavabo dans chaque chambre, wc communs. Salle de bains et wc communs au rez-de-chaussée. Chauffage central fuel. Petit déjeuner servi dans salle à manger, salon. Coin-détente, jardin, grande pelouse de 2500 m², terrain de boules. Ouvert toute l'année. Gare 25 km. Commerces 300 m. Les propriétaires vous accueillent dans leur maison située à 500 m de l'embouchure du Jaudy, à 5 km des sites rocheux de Plougrescant.

Prix : 1 pers. **180 F** 2 pers. **200 F**

5	5	7	0,5	5	5

L'ANTHOEN Yves et Claire – 4 rue de Lizildry - La Roche Jaune – 22220 Plouguiel – Tél. : 96.92.57.34

Plouguiel
C.M. n° 59 — Pli n° 1

✹✹ NN 1 chambre de 2 pers. avec salle d'eau particulière et wc communs. 1 chambre de 2/4 pers. avec salle de bains particulière et wc communs. Ouvert toute l'année. Restaurant et commerces 1,5 km. Gare 20 km. Nombreuses activités sportives et culturelles dans cet endroit calme.

Prix : 1 pers. **180 F** 2 pers. **200/220 F** 3 pers. **270 F**

7	20	1,5	1,5	7	0,5	7	3

MEUBRY Francoise – 2 Route du Vieux Couvent – 22220 Plouguiel – Tél. : 96.92.37.12

Plouguiel La Roche Jaune Kereret
C.M. n° 59 — Pli n° 1

✹✹ NN (TH) Elisabeth et Yves vous accueillent dans une ancienne ferme rénovée. 5 chambres d'hôtes. Au 1er étage : 2 ch. de 2/3 pers. (1 épi) avec lavabo, s. d'eau et wc communs. 2 ch. de 2/3 pers. (3 épis) avec s. d'eau et wc privés. Au 2e étage : 1 chambre double de 4 pers. (2 épis), s. d'eau et wc privés. Grand séjour, salon de jardin. Ameublement rustique. Forfait week-end hors saison. Forfait séjour à partir de 4 nuits. Tréguier à 7 km et bourg à 5 km. GR 34. Fermé en février. Gare 25 km. Commerces 7 km.

Prix : 1 pers. **140/190 F** 2 pers. **180/230 F** 3 pers. **240/280 F** pers. sup. **50 F** repas **75 F**

5	30	4	7	5	0,5	5	5

CORBEL Elisabeth – La Roche Jaune Kereret – 22220 Plouguiel – Tél. : 96.92.57.65 – Fax : 96.92.00.83

Plouha
C.M. n° 59 — Pli n° 3

✹ NN 2 chambres d'hôtes, spacieuses, dans une maison située au calme, sur une route campagnarde à 800 m du centre. Chambres avec lavabo. Salle de bains et wc communs. Terrain arboré. A 2 km des plages, 8 km de Saint-Quay-Portrieux, 10 km de Lanvollon, 15 km de Paimpol. Ouvert toute l'année. Gare 16 km. Commerces 600 m.

Prix : 1 pers. **150 F** 2 pers. **180 F** 3 pers. **240 F**

2	2	2	15	2	SP	0,6	10

TURBAN Albert – 29 rue Surcouf – 22580 Plouha – Tél. : 96.20.35.13

Ploulec'h
C.M. n° 59

♨ NN

1 ensemble de 2 pièces : au r.d.c. (1 lit 2 pers.), baignoire, douche et wc séparés. A l'étage (2 lits 1 pers.). Séjour, salon. Coin-détente, coin-cuisine. Séjour pour repas apporté. Chauffage électrique. Pelouse, salon de jardin, barbecue. Ouvert de Pâques à septembre. Allemand et anglais parlés. Remise de 10 % sur séjours de + de 2 nuits. Maison très indépendante, calme, extérieur simple avec rénovation intérieure de qualité à 500 m du bourg et 3 km de Lannion. GR 34. Gare 5 km. Commerces 2 km.

Prix : 1 pers. 160 F 2 pers. 240 F

4	0,5	4	4	4	4	8

LAGADEC F. et Ch – 16 Rte de Kerissy – 22300 Ploulec'h – Tél. : 96.46.55.03

Ploulec'h
C.M. n° 59

♨♨ NN

3 chambres dans la maison des propriétaires. 1 ch. au rez-de-chaussée (1 lit 2 pers.), salle de bains attenante et wc privés. 2 ch. à l'étage : 1 ch. (1 lit 2 pers.), salle d'eau attenante et wc privés. 1 ch. (1 lit 2 pers.), salle d'eau extérieure et wc privés. Coin-détente, salon. Petit déjeuner servi dans le séjour. Chauffage électrique. Située à 200 m de l'exploitation agricole. Gare 5 km. Commerces 2 km.

Prix : 1 pers. 150 F 2 pers. 180/200 F

3	0,2	5	4	4	8

RAOUL Jeanne – 2 Rte de Kerdaniel - Bourg – 22300 Ploulec'h – Tél. : 96.37.62.80

Ploulec'h Kerloas
C.M. n° 59 — Pli n° 1

♨ NN

2 chambres d'hôtes au r.d.c. avec chacune 1 lavabo. Salle de bains et wc indépendants communs aux 2 ch. Cour, pelouse, salon de jardin à disposition des hôtes. Gare 4 km. Commerces 2,5 km.

Prix : 2 pers. 170 F

4	12	1,5	5	4	4	8

LE MERRER Claudine – Kerloas – 22300 Ploulec'h – Tél. : 96.37.66.12 ou 96.37.15.49

Ploulec'h
C.M. n° B2 — Pli n° 1

♨♨ NN

Dans la maison des propriétaires. A l'étage : 1 chambre d'hôtes familiale (2 pièces avec chacune un lavabo), salle d'eau et wc. Coin-cuisine à disposition des hôtes avec participation de 15 F/jour. Véranda pour petits déjeuners. Possibilité lit suppl. Cour, jardin, pelouse à disposition. Ouvert toute l'année. Gare 4 km. Commerces 3 km. Lannion 5 km. Sentier de randonnées à proximité. Pour séjours de + de 2 nuits, tarif 2 pers. : 180 F.

Prix : 2 pers. 190 F Pers. sup. 60 F

4	12	1,5	5	4	4	8

QUEMENER Odette – 1 Route de Kerjean Izellan – 22300 Ploulec'h – Tél. : 96.46.34.48

Ploulec'h Kerjean
C.M. n° 59 — Pli n° 1

♨♨♨ NN

Dans la maison des propriétaires et dans un environnement campagnard, 2 chambres d'hôtes 2 pers. avec salle d'eau et wc privés. Véranda aménagée pour les petits déjeuners. Chauffage électrique et d'appoint dans s. d'eau. Coin détente, grand jardin avec salon de jardin, endroit très calme. Restaurant, mer, voile 4 km. Randonnée GR 34. Lannion 4 km. Ouvert du 15 juin au 15 septembre. Gare et commerces 4 km.

Prix : 2 pers. 200/240 F

4	12	1,5	4	4	4	8

HERVE Marie – N° 1 Route de Kerjean – 22300 Ploulec'h – Tél. : 96.37.08.00 – Fax : 96.37.45.26

Plourivo La Lande-Baston
C.M. n° 59 — Pli n° 2

♨ NN

Maison de caractère dans un environnement boisé. Cour, pelouse, salon de jardin, séjour avec véranda et coin-salon. 3 chambres d'hôtes dont 2 de 2 pers. et 1 de 4 pers. Salle de bains et wc communs aux 3 chambres. Ameublement très rustique. Ouvert de Pâques au 15 octobre. A 2,5 km du bourg et de Paimpol. Gare et commerces 2,5 km.

Prix : 1 pers. 150 F 2 pers. 180 F 3 pers. 225 F

7	6	1,5	2,5	2,5	0,6	2,5	2

ALLAINMAT Yvette – La Lande Baston – 22860 Plourivo-Paimpol – Tél. : 96.20.87.37

Plurien Guitrel
C.M. n° 59 — Pli n° 4

♨♨♨ NN

Dans une ferme rénovée indépendante, 5 chambres d'hôtes dont 2 ensembles de 2 pièces. Au r.d.c. : 1 ch. (4 pers.) accessible aux pers. hand., s. d'eau, wc privés. A l'étage : 2 ch. (2 pers.), s. d'eau, wc privés. 1 ch. (4 pers.), s. d'eau, wc privés. 1 ch. (3 pers.), s. d'eau, wc privés. Chauffage élect. Parking. Poss. de cuisiner. Salle de séjour et TV à disposition. Située à 1,5 km de la plage Sables d'Or les Pins entre le Cap Fréhel et Erquy. Gare 20 km. Commerces 600 m.

Prix : 1 pers. 180/230 F 2 pers. 200/250 F 3 pers. 250/300 F pers. sup. 50 F

1,5	0,6	15	1,5	2,5

MORIN Colette – Guitrel – 22240 Plurien – Tél. : 96.72.35.37

Plussulien Kermenguy
C.M. n° 59 — Pli n° 12

♨♨ NN

2 chambres d'hôtes, dans un cadre fleuri, calme et très agréable. R.d.c. : 1 ch. de 2 pers. avec lavabo, wc et salle d'eau privatifs non attenants. A l'étage : 1 ch. 3 pers. avec lavabo dans la ch. WC et salle d'eau privatifs non attenants. Chauffage électrique. Etang, tennis, VTT et restaurant à 2,5 km. Gare 30 km. Commerces 2,5 km.

Prix : 1 pers. 140 F 2 pers. 170 F 3 pers. 200 F

40	2,5	6	40	2,5	10

PENAULT Claude – Kermenguy – 22320 Plussulien – Tél. : 96.29.42.62

Pommerit-Jaudy Quillevez-Vraz   *C.M. n° 59 — Pli n° 2*

♥♥♥ NN   Dans la cour du propriétaire, 3 chambres d'hôtes dans une longère. 3 ch. avec salle de bains et wc privés : 2 ch. (2 pers.) et 1 ch. (1 lit 2 pers. 1 lit 1 pers.). Accessibles aux personnes handicapées. Grande salle de séjour. Possibilité de cuisiner (20 F/jour). Ouvert toute l'année. Gare 20 km. Commerces 1 km. 20 km de Guingamp, Lannion, Paimpol, Perros-Guirec (côte de Granit Rose). Tréguier 7 km.

Prix : 1 pers. **190 F** 2 pers. **220 F** 3 pers. **290 F**
pers. sup. **70 F**

⚓	🎿	⛷	🚣	🏰	🎣	⛵	🏇
15	10	2	5	15	1	1	0,3

BEAUVERGER Georges – Quillevez Vraz – 22450 Pommerit-Jaudy – Tél. : 96.91.35.74

Pommerit-Jaudy Manoir de Kermezen   *C.M. n° 59 — Pli n° 2*

♥♥♥ NN   5 chambres d'hôtes très confortables dans un manoir du XVII° siècle situé dans une vallée, au cœur du Trégor légendaire, à 10 mn de la côte de Granit Rose. 5 chambres 2 pers. avec salle de bains, wc privés pour chaque chambre. Salon. Terrain, parc ombragé. Sentiers pédestres et équestres. Ouvert toute l'année. Gare 21 km. Commerces 2 km. Club hippique 2 km. Tréguier 7 km. Paimpol 18 km. Remise de 10 % sur séjour en basse saison.

Prix : 2 pers. **450/500 F** pers. sup. **100 F**

⚓	🎿	⛷	🚣	🏰	🎣	⛵	🏇
12	2	7	7	12	0,1	2	2

DE KERMEL M-Madeleine – Manoir de Kermezen – 22450 Pommerit-Jaudy – Tél. : 96.91.35.75

Pommerit-le-Vicomte   *C.M. n° 59 — Pli n° 2*

♥♥♥ NN   3 chambres studio avec entrée indépendante. Au r.d.c. : 1 ensemble de 2 pièces (1 lit 2 pers. 1 lit 1 pers.), s.d.b. et wc privés, petite cuisine. Au 1er étage : 1 ch. (1 lit 2 pers.), s. d'eau, kitchenette, wc privatifs. 1 ch. (1 lit 2 pers.), salle de bains et wc privés. Cuisine. TV dans chaque ch. Parc de 3000 m² avec cour, pelouse. Ouvert toute l'année. Maison de style Ile de France. Vallée du Perrier à 7 km.

Prix : 1 pers. **160/180 F** 2 pers. **180/200 F** pers. sup. **60 F**

⚓	⛷	🚣	🏰	⛵
15	0,8	8	15	8

LE GALL Claude – 38 rue de la Corderie – 22200 Pommerit-le-Vicomte – Tél. : 96.21.74.09

Pommerit-le-Vicomte Ty Coat   *C.M. n° 59 — Pli n° 2*

♥♥ NN   3 chambres d'hôtes dans une ancienne ferme, à 3,5 km du bourg. 1 chambre avec salle d'eau et wc particuliers. 2 chambres avec salle d'eau particulière et wc communs. Salle de séjour à la disposition des hôtes. Véranda. Plage 20 km. Restaurant 100 m. Ouvert toute l'année. Commerces 3,5 km. Cadre agréable et calme. Gare SNCF à Guingamp à 8 km. Remise de 10 % sur séjours de + de 3 jours.

Prix : 1 pers. **140 F** 2 pers. **160/200 F** 3 pers. **200/240 F**

⚓	🎿	⛷	🚣	🏰	🎣	⛵	🏇
20	18	3,5	8	20	SP	SP	10

LE FLOCH Armelle – Ty Coat – 22200 Pommerit-le-Vicomte – Tél. : 96.21.71.16

Pordic   *C.M. n° 59 — Pli n° 3*

♥ NN   3 chambres à l'étage de 2 pers. avec chacune (1 lit 2 pers.), 1 lavabo, s. d'eau, wc communs aux 3 chambres. Salle à manger pour le petit déjeuner. Coin-salon avec TV. Cour close, jardin, pelouse. Chauffage fuel. Ouvert de mars à octobre. Gare 9 km. Commerces 500 m.

Prix : 1 pers. **120 F** 2 pers. **150 F**

⚓	🎿	⛷	🚣	🏰	🎣	⛵	🏇
4	8	0,5	4	4	3	10	5

PATUREL Jean – 49 rue des Sports – 22590 Pordic – Tél. : 96.79.04.13

Pordic Saint Halory   *C.M. n° 59 — Pli n° 3*

♥♥♥ NN   3 chambres d'hôtes dans une maison indépendante située à proximité des propriétaires. Cuisine avec kitchenette à disposition, séjour, salon. Au r.d.c. : 1 ch. (1 lit 2 pers.) s. d'eau, wc privés. A l'étage : 1 ch. (2 lits 1 pers.), s. d'eau, wc privés. 1 ensemble de 2 pièces (4 pers.), s. d'eau, wc privés. Pelouse, terrasse, salon de jardin, cour, barbecue, garage. Saint-Brieuc 7 km, aéroport de St-Brieuc 10 km et Saint-Quay Portrieux 10 km. Ouvert toute l'année. Gare 8 km. Commerces 2 km.

Prix : 1 pers. **180/200 F** 2 pers. **200/250 F**
pers. sup. **50/100 F**

⚓	🎿	⛷	🚣	🏰
2	6	1	2	4

TREHEN Henriette – St Halory – 22590 Pordic – Tél. : 96.79.41.11

Pordic Le Pre Pean   *C.M. n° 59 — Pli n° 3*

♥♥ NN   Dans une maison de caractère 4 chambres d'hôtes. Au 2e étage : 1 ensemble de 2 pièces avec s. d'eau et wc. Au 1er étage : 1 ch. avec salle d'eau et 1 ch. avec salle de bains, wc communs à ces 2 ch. Au r.d.c. : 1 ch. avec salle d'eau, wc communs. Salle de séjour. Cour, jeu de boules. Gare 8 km. Commerces 1 km. Ouvert toute l'année.

Prix : 1 pers. **150 F** 2 pers. **200 F** 3 pers. **250 F**

⚓	🎿	⛷	🚣	🏰	🎣	⛵	🏇
4	8	SP	8	4	SP	SP	7

GAUBERT Marie-Irene – Le Pre Pean – 22590 Pordic – Tél. : 96.79.00.32

Prat Manoir de Coadelan   *C.M. n° 59 — Pli n° 1*

♥♥♥ NN   6 chambres dans les dépendances d'un manoir du XVI° siècle. Environnement exceptionnel. 3 étangs, 10 ha. de bois, promenades pédestres. 2 chambres (2 pers.) avec salle de bains et wc particuliers et 4 chambres (2 pers.) avec salle d'eau et wc particuliers. Gare 15 km. Commerces 2 km.

Prix : 1 pers. **250 F** 2 pers. **280 F** 3 pers. **350 F**
pers. sup. **70 F**

⚓	🎿	⛷	🚣	🏰
15	6	2	15	15

RIOU Jeanne – Manoir de Coadelan – 22140 Prat – Tél. : 96.47.00.60

La Prenessaye Bellevue

C.M. n° 59

❦❦❦ NN
(TH)

Dans une maison rénovée en pierre, 2 chambres : 1 ch. au r.d.c. de 3 épis (1 lit 2 pers.) avec salle de bains, wc attenants privés. 1 chambre à l'étage de 2 épis (1 lit 2 pers.), salle d'eau, wc privés sur le palier. Salon à disposition. Grand jardin avec pelouse, terrasse. Prix repas si inscription à la semaine : 55 F. Commerces 4 km. Situé dans un endroit calme, à 800 m de la forêt de Loudéac, à 500 m du Château du Vau-Blanc et de la Vallée du Lié.

Prix : 1 pers. 150 F 2 pers. 200 F repas 60 F

30	10	10	10	10	2	4	10

GAPAILLARD Madeleine – Bellevue – 22210 La Prenessaye – Tél. : 96.25.94.19

La Prenessaye Querrien

C.M. n° 59 — Pli n° 13

❦❦ NN
(TH)

2 chambres d'hôtes dans une maison récente, située en pleine campagne. 1 chambre familiale avec s. d'eau et wc privés et 1 chambre 3 pers. avec salle d'eau et wc privés. Salle de séjour avec TV. Table d'hôtes sur réservation. Plémet à 7 km. Loudéac (gare SNCF) à 8 km. Au-delà de 5 jours : 140 F pour 2 personnes. Commerces sur place.

Prix : 1 pers. 100 F 2 pers. 150 F 3 pers. 180 F repas 55 F

30	SP	8	8	10	2	3	8

BLOUIN Claudine – Querrien – 22210 La Prenessaye – Tél. : 96.25.63.67

Quemper-Guezennec Kergoc

C.M. n° 59 — Pli n° 2

❦❦❦ NN

Maison traditionnelle comprenant 2 chambres d'hôtes, située dans un hameau et ouverte toute l'année. 1 ch. au r.d.c. pour 2 pers. avec s.d.b. et wc privés, 1 ch. à l'étage pour 3 pers. avec s. d'eau et wc privés. Jardin d'agrément et salon à disposition. Gîte sur place. Commerces 2 km.

Prix : 1 pers. 180 F 2 pers. 210/240 F 3 pers. 300 F

12	18	2	10	12	2	5	7

THOMAS Marie-Claire – Kergocq – 22260 Quemper-Guezennec – Tél. : 96.95.62.72 ou 96.95.63.98

Quessoy La Ville Bague

C.M. n° 59 — Pli n° 13

❦❦ NN
(TH)

4 chambres d'hôtes à l'étage dans une maison traditionnelle. 3 ch. de 2 pers. avec salle d'eau particulière. 1 ch. 3/4 pers. avec salle d'eau particulière et 2 wc communs. Salle de séjour, salon. Cour. Rivière 500 m. Plage 15 km. Gare SNCF Saint-Brieuc 12 km. Ouvert toute l'année. Commerces sur place.

Prix : 1 pers. 130 F 2 pers. 190 F 3 pers. 240 F repas 70 F
1/2 pens. 165 F

15	SP	4	SP	15	0,5	SP	SP

NAHUET Martine – La Ville Bague – 22120 Quessoy – Tél. : 96.34.35.32

Quevert Le Chene Pichard

C.M. n° 59 — Pli n° 15

❦❦ NN

Dans une ferme rénovée, 5 chambres d'hôtes avec vue dégagée, pelouse, salon de jardin. Au r.d.c. : 1 ch. (2 pers.), s. d'eau et wc privés. Au 1er étage : 1 ch. (2 pers.), s. d'eau et wc privés. 1 ch. (3 pers.), s. d'eau et wc privés. 1 ch. (4 pers.), s. d'eau et wc privés. Au 2e étage : 1 ch. (2 pers.), s.d.b. et wc privés. Cuisine, salon, cheminée, TV à disposition. Gare 2 km. Commerces 100 m.

Prix : 1 pers. 150 F 2 pers. 180 F 3 pers. 220 F
pers. sup. 40 F

20	2	2	20	2	1

BOULLIER Henri – Le Chene Pichard – 22100 Quevert – Tél. : 96.85.09.21

Quintin

C.M. n° 59

❦❦❦ NN
(TH)

Dans une jolie demeure de caractère, avec parc boisé, 2 chambres de charme. 1 suite avec salle de bains, wc attenants et coin-salon avec TV. 1 chambre avec TV, salle de bains, wc privés attenants. Salon avec cheminée. Chauffage central au fuel. Table d'hôtes sur réservation. Château, musée, tennis gratuit à 100 m. Gare 1 km. Commerces 300 m.

Prix : 2 pers. 320/350 F repas 100 F

15	25	0,1	15	0,5	0,1	8

GUILMOTO Marie-Madeleine – 10 rue des Croix Jarrots – 22800 Quintin – Tél. : 96.74.93.03

Quintin Saint Eutrope

C.M. n° 59 — Pli n° 12-13

❦❦❦ NN

Maison en pierre indépendante, au calme, grande cour fleurie, pelouse ombragée, salon de jardin. 1 chambre 3 épis (1 lit 2 pers.), salle d'eau, wc privatifs attenants à la chambre. 1 chambre 1 épi (2 pers.), lavabo et wc privés sur le palier. Salle de bains au r.d.c. Possibilité de lit suppl. barbecue à disposition. Tennis gratuit à 3 km. Quintin 1 km. Saint-Brieuc 18 km. 2 gîtes à proximité. Gare 1,5 km. Commerces 1 km. Ouvert toute l'année.

Prix : 2 pers. 190/230 F

25	3	1,8	18	12	1,5	SP	4

LEROUX Marie Helene – St Eutrope – 22800 Quintin – Tél. : 96.74.87.56

Rospez Kerhuel

C.M. n° 59 — Pli n° 1

❦❦ NN

1 chambre d'hôtes pour 2 personnes et 1 enfant, au rez-de-chaussée d'une maison en pierre rénovée. Salle d'eau et wc non attenants. Pelouse, salon de jardin à disposition. Ouvert à Pâques et de juin à septembre. Détente, calme et nature assurés. Gare 6 km. Commerces 1 km.

Prix : 2 pers. 220 F

11	12	6	6	11	6	6	10

DURAND Pierrette – Kerhuel – 22300 Rospez – Tél. : 1.48.60 74.81 ou 96.38.43.66

Rospez Saint-Dogmael
C.M. n° 59 — Pli n° 1

♥♥ NN Vous trouverez fraîcheur et tranquillité à la ferme rénovée de M. et Mme Berezai. Au r.d.c. : 1 ch. avec salle d'eau et wc privatifs. A l'étage : 1 ch. avec salle d'eau et wc privés non attenants. Coin-salon avec TV. Jardin et petit parc avec jeux. Un gîte à proximité. A 2 km de Lannion, 10 km de la mer, accès rapide et facile. Ouvert toute l'année. Gare et commerces 2 km.

Prix : 1 pers. **160 F** 2 pers. **200 F** pers. sup. **70 F**

🏊	🎣	🎿	🚣	⛵	🏌	🎾	🐎
10	5	5	2	10	2,5	2	4

BEREZAI Claude – St Dogmael – 22300 Rospez – Tél. : 96.37.60.72

Saint-Alban Malido
C.M. n° 59 — Pli n° 4

♥♥♥ NN 6 chambres d'hôtes (5 en 3 épis, 1 en 2 épis). 2 ch. 2 pers., 2 ch. 3 pers. et 2 ch. 4 pers.(ensembles de 2 pièces) dont 1 avec balcon (300 F). Entrée indépendante pour 4 chambres. S. d'eau et wc privés pour chacune. Chauffage central. Possibilité de cuisiner dans kitchenette équipée. Salon avec TV, cheminée, téléphone. Aire de jeux, table de ping-pong, billard. Maison rénovée à proximité des propriétaires et de leur exploitation. Garde d'enfants. Loisirs, plage, voile à 4 km, circuit pédestre balisé. Pléneuf-Val-André 5 km. Anglais, allemand parlés. Gare 18 km. Commerces 2 km.

Prix : 1 pers. **180 F** 2 pers. **200/300 F** 3 pers. **270/300 F** pers. sup. **70 F**

🏊	🎣	🎿	🚣	⛵	🏌	🎾	🐎
4	4	4	4	4	SP	SP	4

LE GRAND Huguette – Malido – 22400 Saint-Alban – Tél. : 96.32.94.74 ou 96.32.92.67

Saint-Brandan La Marette
C.M. n° 59 — Pli n° 12-13

♥♥♥ NN Dans une maison située en bordure de la forêt de Lorge, 3 chambres avec lavabo. 1 ch. (2 pièces). 1 ch. 2 épis (2 pers.), s.d.b., wc privés. 1 ch. 3 épis (2 pers.), s. d'eau, wc privés. Possibilité lit bébé. 1 ensemble de 2 pièces (3 épis), s. d'eau, wc privés. Entrée indépendante. Séjour, salon, TV (chaîne anglaise) Terrasse, balcon, salon de jardin. Saint-Brieuc, gare SNCF 15 km. Quintin 7 km. Commerces sur place. Ouvert toute l'année.

Prix : 2 pers. **190/230 F**

🏊	🎣	🎿	🚣	⛵	🏌	🎾	🐎
20	30	3	18	20	10	10	10

MICHEL Monique – La Marette – 22800 Saint-Brandan – Tél. : 96.32.17.01

Saint-Caradec Goizel
C.M. n° 59

E.C. NN
(TH) 2 chambres d'hôtes avec sanitaires privés, situées au rez-de-chaussée de la maison. 1 ch. (1 lit 2 pers.), salle de bains, wc. 1 ch. (1 lit 2 pers.), salle d'eau, wc. Grande pièce de séjour à disposition, coin-salon, TV, coin-cuisine réservé aux hôtes. Gare 9 km. Commerces 1,5 km. Ouvert toute l'année. Au cœur de la Bretagne, sur le bord de la Rigole de l'Hilvern, vous serez accueilli dans une ferme bretonne où vous trouverez le calme dans son jardin fleuri.

Prix : 1 pers. **150 F** 2 pers. **185 F** pers. sup. **70 F** repas **70 F**

🎿	🚣	🏌	🎾	🐎
40	1,5	9	40	1,5
12	9			

LE MAITRE Loic – Goizel – 22600 Saint-Caradec – Tél. : 96.25.05.30 ou SR : 96.62.21.73.

Saint-Caradec Theilo
C.M. n° 59 — Pli n° 13

♥♥♥ NN 3 chambres d'hôtes : 1 ch. 3 épis et 2 ch. 2 épis dont 1 familiale. 2 ch. (2 pers.), salle de bains et wc privatifs. 1 chambre familiale (séjour, coin-kitchenette, 1 lit 2 pers. 1 lit 1 pers. 1 lit bébé), s. d'eau, wc. Salle avec TV. Ameublement rustique. Possibilité de cuisiner. Pelouse, salon de jardin. English spoken und deutsch gesprochen. Ouvert toute l'année. Maison en pierre, située en plein cœur de la Bretagne et sur les bords du La Rigole d'Hilvern. Circuit de randonnées. Appeler vers 14 H ou après 20 H. Gare 10 km. Commerces sur place.

Prix : 1 pers. **140/150 F** 2 pers. **170/190 F** 3 pers. **250 F** pers. sup. **60 F**

🏊	🎣	🎿	🚣	⛵	🏌	🎾	🐎
40	9	8	10	SP	1	12	10

NAGAT Colette – Theilo – 22600 St-Caradec – Tél. : 96.25.02.66

Saint-Cast La Noe
C.M. n° 59

♥ NN Dans une maison située dans un petit village très calme, 3 chambres d'hôtes avec vue sur mer. 2 chambres avec lavabo, s. d'eau privée. 1 chambre avec s.d.b. non attenante. WC communs aux 3 chambres. Salle à manger. Chauffage électrique. Salon de jardin. Ouvert du 15 avril au 15 septembre. Gare 30 km. Commerces 1 km. Plages à 500 m. Etang à 3 km.

Prix : 1 pers. **160 F** 2 pers. **190/200 F**

🏊	🎣	🎿	🏌	🎾	🐎
0,5	2	2	0,5	3	1

LAMBALLAIS Berthe – La Noe – 22380 St-Cast – Tél. : 96.41.92.66 – Fax : 96.41.64.68

Saint-Cast-le-Guildo
C.M. n° 59

♥♥♥ NN Dans une maison ancienne rénovée, située à 500 m de la plage, 1 chambre d'hôtes à l'étage : (1 lit 2 pers.), salle de bains et wc particuliers. Chauffage au fuel. Petit déjeuner servi dans la salle à manger, salon, cheminée. Terrasse et salon de jardin à disposition. Parking. Fermé au mois d'août. Gare 25 km. Commerces 500 m.

Prix : 2 pers. **220 F**

🏊	🎿	🚣	🏌	🐎
0,5	1	1	5	1

LE GUILLERM Dominique – 18 rue de la Fosserolle – 22580 St-Cast-le-Guildo – Tél. : 96.41.96.16

Saint-Cast-le-Guildo Villa Griselidis — _C.M. n° 59 — Pli n° 5_

❦❦ NN

Dans une villa de caractère, 2 chambres à l'étage : 1 ch. style Louis XVI, s.d.b. privée, 1 ch. contemporaine, s. d'eau privée. WC communs aux 2 chambres. Chauffage fuel. Salle à manger, balcon vue sur mer, TV (4 chaînes anglaises). Tél. portatif à diposition. Parking dans la propriété, pelouse ombragée, salon de jardin barbecue. English spoken. Villa de style anglo-normand, avec vue panoramique sur la mer et la campagne, à 300 m du centre. Sites touristiques : Saint-Malo, Cap Fréhel. Location vélos 500 m. Randonnées pédestres. Aéroport Dinard 20 km, Saint-Malo 30 km. Tarif dégressif en hors-saison. Ouvert toute l'année.

Prix : 2 pers. 240/280 F

0,3	3	2	1	1	3	1,5

RAGOT Marguerite – R. des Hts de Plume - Villa Griselidis – 22380 Saint-Cast-le-Guildo – Tél. : 96.41.95.22

Saint-Cast-le-Guildo Les Landes — _C.M. n° 59_

❦ NN

Dans un ancien corps de ferme rénové à 100 m du bourg, 2 chambres d'hôtes avec lavabo dans chaque chambre, salle de bains et wc communs. Salle à manger et salon sont à la disposition des hôtes. Pelouse et parking privé dans la cour. Plage 1,5 km.

Prix : 1 pers. 180 F 2 pers. 200 F pers. sup. 50 F

1	4	2	1,5

PILARD Alain – Les Landes – 22380 St-Cast-le-Guildo – Tél. : 96.41.01.77

Saint-Clet Paul Joly — _C.M. n° 59 — Pli n° 2_

❦❦ NN
(TH)

Dans une ferme située à 2 km de la ville, 2 chambres d'hôtes familiales (2 pièces) avec s. d'eau et wc privés. Séjour, jardin, cour, salon de jardin. Possibilité pique-nique, jeux pour enfants, vélos, chevaux. Ouvert toute l'année. Gare 3 km. Commerces 1,5 km. Rivière 1 km. Plage 20 km. Restaurant 2 km. Pontrieux, cité de caractère 2 km.

Prix : 1 pers. 120 F 2 pers. 200 F pers. sup. 50 F repas 70 F

20	SP	2	15	20	1	SP	SP

LE CALVEZ Annick – Paul Joly – 22260 Saint-Clet – Tél. : 96.95.60.85

Saint-Gilles-Pligeaux La Maisonneuve — _C.M. n° 59 — Pli n° 12_

❦

2 chambres d'hôtes dans une maison indépendante. 1 chambre (4 pers.) avec lavabo. 1 chambre (2 pers.) avec lavabo. Salle de bains et wc communs. Rivière, pêche, restaurant 5 km. Quintin 16 km. Guimgamp 25 km. Ouvert toute l'année. Gare 16 km. Commerces 4 km.

Prix : 1 pers. 140 F 2 pers. 170 F 3 pers. 190 F
pers. sup. 60 F

40	15	4	10	15	5	10	3

TROEL M-Madeleine – La Maisonneuve – 22480 St-Gilles-Pligeaux – Tél. : 96.24.30.94

Saint-Helen Les Domaines — _C.M. n° 59 — Pli n° 6_

❦❦ NN

Aux portes de Dinan dans une maison située en pleine campagne, 2 chambres d'hôtes de 2 pers. 1 ch. au r.d.c avec s.d'eau et wc privés. 1 ch. à l'étage avec salle de bains et wc privés. Possibilité lit suppl. Salle à manger. 1 ch. double pour 4 pers. dans une longère annexe, avec s.d.b., wc privés. Possibilité de cuisiner. Cour, salon de jardin. Gare 7 km. Commerces 5 km.

Prix : 2 pers. 180/200 F

20	3	7	4

CHOUIN Annette – Les Domaines – 22100 Saint-Helen – Tél. : 96.83.28.29

Saint-Juvat Le Manoir de la Gaudiere — _C.M. n° 59_

_E.C._ NN

2 chambres confortables à l'étage (1 lit 2 pers.). 1 avec s.d.b. attenante, wc privés. 1 avec s. d'eau extérieure et wc privés. Petit déjeuner servi dans la salle à manger. Salon. Cour, jardin, aire de jeux. Chauffage électrique. Gare 12 km. Commerces 3 km. Dans un petit manoir à 12 km de Dinan. Calme et repos, à 3 km du village fleuri de Saint-Juvat.

Prix : 2 pers. 200/250 F

35	3	4	5

CARFANTAN Simone – Le Manoir de la Gaudiere – 22630 St-Juvat – Tél. : 96.83.49.48 – Fax : 96.83.49.51

Saint-Lormel Ville Orien — _C.M. n° 59 — Pli n° 5_

❦ NN
(TH)

Dans une maison ancienne située en pleine campagne, 5 chambres d'hôtes (2 pers.) à l'étage. 2 ch. avec salle d'eau et wc particuliers, et 3 ch. avec salle d'eau et wc communs. Salle de séjour rustique. Table d'hôtes sur réservation. Plancoët 2 km, PLoubalay 8 km, Saint-Cast 10 km, Saint-Malo et Cap Fréhel 20 km. Gare et commerces 2 km.

Prix : 1 pers. 110/130 F 2 pers. 130/160 F repas 70 F

10	10	2	10	10

FROSTIN Josette – Ville Orien - Brise d'Armor – 22130 Saint-Lormel – Tél. : 96.84.16.15

Saint-Lormel La Pastourelle — _C.M. n° 59 — Pli n° 5_

❦❦❦ NN
(TH)

Dans une maison ancienne de caractère située en pleine campagne, 5 ch. d'hôtes. 1 ch. (2 pers.) avec s.d.b. et wc particuliers. 4 chambres avec s. d'eau et wc particuliers. Salon, cheminées. Ameublement rustique. Cour, pelouse, salon de jardin, jeux. Ouvert toute l'année. 1/2 pension à partir de 5 jours. Gare 4 km. Commerces 1 km. Plage, voile 10 km. Plancoët 4 km.

Prix : 1 pers. 215 F 2 pers. 230/250 F 3 pers. 310/330 F
pers. sup. 80 F repas 80 F 1/2 pens. 185 F

10	10	10	SP	10	SP	SP	10

LEDE Evelyne – La Pastourelle – 22130 Saint-Lormel – Tél. : 96.84.03.77 – Fax : 96.84.03.77

Saint-Potan Les Berouelleucs   *C.M. n° 59 — Pli n° 5*

♥♥ NN
(TH)

2 chambres d'hôtes à l'étage dans une maison neuve de style breton totalement indépendante avec cour et pelouse. 1 ch. (1 lit 2 pers.), lavabo, s. d'eau et wc privés. 1 ch. double (2 lits 2 pers.), s.d.b. et wc privés. Salle de séjour, salon à disposition des hôtes. Table d'hôtes sur réservation. Ouvert toute l'année. Gare 22 km. Commerces 1,5 km. Sur la D 794 Plancoët, Matignon. Baie de La Fresnaye 10 km. Plage 10 km, restaurant 1,5 km.

Prix : 1 pers. **170 F** 2 pers. **190 F** 3 pers. **250 F**
pers. sup. **50 F** repas **75 F**

10	10	10	SP	12	10	SP	SP

BINET Henri – Les Berouelleucs – 22550 St-Potan – Tél. : 96.83.72.92

Taden L'Asile Aux Pecheurs   *C.M. n° 59 — Pli n° 6*

♥♥ NN

3 chambres d'hôtes avec lavabo et salle d'eau privée, 1 ch. (2 lits 1 pers. 1 lit 2 pers.), s. d'eau privée, lavabo. 1 chambre (2 lits 1 pers.), s. d'eau privée. 1 ch. (1 lit 2 pers.), s.d'eau privée. WC communs. En suppl. pour toutes les chambres s.d.b. avec wc communs. Salle à manger. Salon avec TV. Possibilité de cuisiner. Maison en pierre dans le calme située en bordure de la Rance. Promenades sur le chemin de halage. Gare 4 km. Commerces 2,5 km.

Prix : 2 pers. **180 F** 3 pers. **220 F**

17	0,5	4	0,2	0,2	0,8

HAGUET Emile – L'Asile Aux Pecheurs – 22100 Taden – Tél. : 96.39.01.35

Tonquedec Le Queffiou   *C.M. n° 59 — Pli n° 1*

♥♥♥♥ NN

Dans propriété de caractère 4 chambres (2 pers.) avec salle d'eau et wc privés attenants à chaque chambre. Grand jardin paysager, pelouse, parking, chauffage. Salon TV, salon de jardin à disposition. Plage 20 km. Rivière 800 m. Restaurant à 4 km. Gare à Plouaret 10 km. Aéroport à Lannion 10 km. Commerces 500 m. Ouvert d'avril à fin septembre.

Prix : 1 pers. **300 F** 2 pers. **350 F** pers. sup. **120 F**

20	2	20	0,8	2

SADOC Odette – Route du Chateau le Queffiou – 22140 Tonquedec – Tél. : 96.35.84.50

Tredarzec Beg Mezeven   *C.M. n° 59*

♥♥ NN

Sur l'exploitation maraîchère, dans la longère des propriétaires, entrée indépendante, 1 chambre (1 lit 2 pers. 1 lit 1 pers.), salle d'eau et wc privés. Coin-cuisine. Petit déjeuner servi dans le séjour. Chauffage électrique. Jardin. Ouvert toute l'année. Gare 15 km. Commerces 8 km. Endroit calme au bord du Jaudy. Tréguier 4 km. GR 34.

Prix : 1 pers. **180 F** 2 pers. **220 F** 3 pers. **280 F**

8	4	4	0,2	8	4

BOULC'H Suzanne – Beg Mezeven – 22220 Tredarzec – Tél. : 96.92.35.84

Trefumel Le Marais   *C.M. n° 59*

♥♥♥ NN

Dans une très belle propriété du XVIe siècle, avec parc, pelouse, étang, 2 ensembles de 2 pièces : 1 chambre avec salle d'eau et wc privatifs et 1 chambre avec salle de bains et wc privatifs. Salon de jardin, barbecue mis à disposition des hôtes. English spoken. Ouvert de mars à fin septembre. Commerces 5 km. Tennis à proximité, équitation dans le village.

Prix : 1 pers. **180 F** 2 pers. **270/300 F** 3 pers. **350 F**
pers. sup. **60 F**

10	1

LALOT Jacqueline-Genevieve – Le Marais – 22630 Trefumel – Tél. : 96.83.41.81 – Fax : 96.83.41.81

Tregomeur Ville Gourio   *C.M. n° 59 — Pli n° 1*

♥ NN

1 ensemble de 2 pièces, situé à l'étage avec salle d'eau et wc en communs. Salon de jardin, barbecue à disposition. Trégomeur 1 km, Binic 7 km. Ouvert de Pâques à la Toussaint. Tél. heure des repas. Gare 15 km. Commerces 1 km.

Prix : 1 pers. **150 F** 2 pers. **190 F** 3 pers. **240 F**

6	5	6	15	6	2

BUREL Marie – Ville Gourio – 22590 Tregomeur – Tél. : 96.79.48.37

Tregomeur Les Vergers   *C.M. n° 59 — Pli n° 3*

♥ NN

2 chambres doubles (2 pièces chacune) situées dans une grande maison à la campagne. 1 chambre (2 lits 2 pers.) avec salle d'eau et wc. 1 chambre (2 lits 2 pers.) avec salle de bains et wc. Lits bébé. Coin-cuisine. Pelouse, balançoire. Restaurants à proximité. 10 % de remise sur une semaine louée. Vélos à disposition. Gare 15 km. Commerces 2 km. Cadre reposant, accueil chaleureux. A 10 mn des plages et de Saint-Brieuc.

Prix : 1 pers. **160 F** 2 pers. **180 F**

6	5	5	15	6	2

CARPIER Jean-Charles – Les Vergers – 22590 Tregomeur – Tél. : 96.79.02.54

Tregrom Le Presbytere   *C.M. n° 59 — Pli n° 1*

♥♥♥ NN

Ancien presbytère des XVIIe et XVIIIe siècles, face à l'église, au centre d'un petit village très calme. 3 chambres de 2 pers. avec s.d.b. et wc privés. Jardin. Rivière et pêche à 800 m. Tennis municipal. Plage 20 km. Restaurant 4 km. Possibilité garde enfants. Gare SNCF à Plouaret 7 km. Commerces 200 m. Ouvert toute l'année. Anglais parlé. Aéroport de Lannion 25 km et Saint-Brieuc 45 km. Remise de 10 % sur séjours de + de 3 jours en hors saison.

Prix : 1 pers. **250 F** 2 pers. **200/300 F**

20	28	0,7	SP	20	0,8	7	7

DE MORCHOVEN Nicole – Le Presbytere – 22420 Tregrom – Tél. : 96.47.94.15

Tremereuc La Ville Patouard

✿✿✿ NN   Dans maison indépendant au milieu d'un grand jardin d'agrément ombragé et calme, 2 chambres d'hôtes. 1 chambre 3 épis (3 pers.), salle d'eau, wc privés attenants. 1 chambre 2 épis (2 pers.), salle d'eau, wc privés non attenants. Chauffage central. Séjour, salon à disposition. Salon de jardin, barbecue, parking privé. Ouvert toute l'année. Anglais et espagnol parlés. Proximité de Dinard, Dinan et Saint-Malo. Gare 12 km. Commerces 1 km. Golf 9 trous, practice.

Prix : 2 pers. **200/220 F** 3 pers. **270 F**

8	1	8	8	10	2

LAFERTE Daniele – La Ville Patouard – 22490 Tremereuc – Tél. : 96.27.84.22

Tressaint-Lanvallay La Ville Ameline  *C.M. n° 59 — Pli n° 6*

✿✿✿ NN
(TH)
Dans une maison de campagne de caractère, ancienne et indépendante, située à 3 km de Dinan, 25 km de Saint-Malo et de Dinard. 4 chambres d'hôtes. 3 ensembles de 2 pièces de 3 épis avec s. d'eau et wc privés. 1 ch. de 2 épis avec s.d.b. et wc privés. Chauffage central et électrique. Salle à manger. Grande pelouse ombragée, salon de jardin, aire de jeux. Location VTT. Ouvert toute l'année. Gare 4 km. Commerces 2 km. Anglais parlé.

Prix : 1 pers. **190 F** 2 pers. **230 F** 3 pers. **300 F**
pers. sup. **70 F** 1/2 pens. **180 F**

25	2	3	2	6

LEMARCHAND Huguette – La Ville Ameline – 22100 Tressaint-Lanvallay – Tél. : 96.39.33.69

Tressaint-Lanvallay Bel Air *C.M. n° 59 — Pli n° 15*

✿✿ NN   3 chambres d'hôtes avec entrée indépendante de 2 et 3 pers. aménagées à l'étage avec en mezzanine, petit salon Louis Philippe, TV, bibliothèque. 1 chambre avec vasque, s.d.b., wc communs. 2 chambres avec s. d'eau privée et wc communs. Grand parc, salon de jardin. Chalet en bois indépendant avec nécessaire de cuisine à disposition. Ouvert toute l'année. Maison rénovée dans un cadre d'une exploitation agricole de tradition. Typiquement bretonne aux portes de Dinan. Hameau à 500 m. Crêperie au bord du canal d'Ille et Rance à 2 km. Restaurant 2 km. Dinan 3 km. Remise de 10 % sur séjour de plus de 3 jours hors saison. Gare et commerces 3 km.

Prix : 1 pers. **200 F** 2 pers. **200/250 F** 3 pers. **300 F**
pers. sup. **50 F**

25	15	3	3	SP	2	SP	4

MALLET Odette – Bel Air – 22100 Tressaint-Lanvallay – Tél. : 96.39.44.22 ou 96.27.41.05 – Fax : 96.27.52.85

Treve Le Bois d'En Haut *C.M. n° 59 — Pli n° 13*

✿✿✿ NN
(TH)
4 chambres : 1 ch. 2 épis (2 pers.), 1 ch. 3 épis (2 pers.), s. d'eau et wc privés. A disposition, séjour, cheminée, kitchenette. 1 ch. 3 épis (2/3 pers.), séjour-kitchenette. A l'étage : 1 couchage en mezzanine. Au r.d.c. : 1 ch. E.C (2/3 pers.), coin-cuisine, s.d.b. et wc privés. Pelouse, barbecue. Entrées privatives pour l'ensemble des chambres. Maison rénovée dans le cadre d'une exploitation agricole de tradition. Eleveurs de chevaux et bovins avec un environnement protégé et fleuri. Ouvert toute l'année. Chauffage électrique. Gare 4 km. Commerces 2 km. Taxe de séjour : 1 F.

Prix : 1 pers. **120 F** 2 pers. **200 F** 3 pers. **300 F** repas **70 F**

30	SP	5	5	SP	5	SP	5

DONNIO Paulette et Jean – Le Bois d'En Haut – 22600 Treve – Tél. : 96.25.44.53

Treve La Ville Aux Veneurs *C.M. n° 59 — Pli n° 13*

✿✿ NN
(TH)
Proche de la ferme, dans une maison Bretonne, restaurée, située dans un hameau, 4 chambres d'hôtes à l'étage. 1 ch. 3 épis (4 pers.), s. d'eau et wc privés. 1 ch. 2 épis (2 pers.), s. d'eau privée et wc communs. 1 ch 2 épis (2 pers.), s. d'eau privée sur le palier, wc communs. 1 ch. 2 épis (3 pers.), s. d'eau privée et wc communs. Gare 3 km. Commerces sur place. Lac de Guerlédan 13 km. Sentiers GR 34. Anglais parlé. Ouvert toute l'année. Remise de 10 % sur séjour de + de 4 jours en hors saison.

Prix : 1 pers. **125 F** 2 pers. **175/185 F** 3 pers. **230/250 F**
pers. sup. **65 F** repas **75 F**

40	3	6	6	2	1,5	6	6

CHAUVEL Marie – La Ville Aux Veneurs – 22600 Treve – Tél. : 96.25.02.02

Yffiniac Le Val Josselin *C.M. n° 59*

✿ NN   Maison bretonne dans propriété fleurie avec véranda à disposition. 3 chambres à l'étage. 1 ch. Marine 3 épis (1 lit 2 pers. 2 lits 1 pers.), coin-salon, salle d'eau et wc privatifs. 1 ch. Belle-Vue 1 épi (1 lit 2 pers. 1 lit 1 pers.), lavabo, s. d'eau et wc communs. 1 ch. Garden 1 épi avec lavabo, s. d'eau et wc communs. Gare 5 km. Commerces 500 m. Ouvert toute l'année. Anglais, espagnol, italien et allemand parlés.

Prix : 1 pers. **200 F** 2 pers. **220/250 F** 3 pers. **280/310 F**
pers. sup. **60 F**

1	6	1	6	6	3	1	0,5

JEGARD Alice – 13, le Val Josselin – 22120 Yffiniac – Tél. : 96.72.62.63

Yffiniac La Fontaine Menard *C.M. n° 59 — Pli n° 3*

✿✿✿ NN   4 chambres dans une maison annexe à la maison des propriétaires et à 1 gîte, près d'une exploitation. R.d.c. : 1 ch. (4 pers.), salle de bains et wc privés. Etage : 2 ch. (2 pers.), salle d'eau et wc privés. 1 ch. (3 pers.), salle d'eau et wc privés. Cuisine équipée. Lave-linge, lave-vaisselle, séjour, salon avec cheminée et TV. Terrasse, barbecue. Sentiers pédestres en forêt 2 km. Hippodrome 800 m. Patinoire 4 km. Anglais, espagnol parlés. Gare 8 km. Commerces 3 km.

Prix : 1 pers. **220 F** 2 pers. **250 F** pers. sup. **70 F**

6	8	6	6	6	1	6

PENNORS Francois et Josiane – La Fontaine Menard – 22120 Yffiniac – Tél. : 96.72.66.68

Yffiniac La Quievre
C.M. n° 59 — Pli n° 3

♈ NN Dans une maison située en pleine campagne à 3 km du bourg. 1 chambre (2 pers.) avec lavabo. Accès à la salle de bains, douche et wc. Possibilité de cuisiner dans pièce indépendante. Jardin. Plage, baignade 6 km. Ouvert toute l'année. Commerces 3 km. Anglais, Italien parlés. Gare SNCF à Saint-Brieuc 2 km.

Prix : 1 pers. **135 F** 2 pers. **180 F** 3 pers. **235 F**
pers. sup. **60 F**

6	SP	SP	SP	6	9	SP	SP

CABARET Annick – La Quievre – 22120 Yffiniac – Tél. : 96.72.67.59

Yffiniac
C.M. n° 59 — Pli n° 3

♈♈ NN 3 chambres d'hôtes dans une maison indépendante de style breton entourée d'un jardin. 1 ch. (2 pers.) avec salle d'eau et wc particuliers. 1 ensemble de 2 pièces (1 lit 2 pers. 2 lits 1 pers.), cabinet de toilette et wc privés, salle de bains commune. Salle de séjour. Ouvert toute l'année. Plage 6 km. Restaurant 1,5 km. Gare SNCF à Saint-Brieuc 6 km. Deutsche Gesprochen. Commerces sur place.

Prix : 1 pers. **120/130 F** 2 pers. **170/190 F** 3 pers. **230/250 F**

6	10	3,5	6	6	2	SP	SP

LOQUIN J.Marie – Route de Pledran la Landelle – 22120 Yffiniac – Tél. : 96.72.60.24

Yffiniac Le Grenier
C.M. n° 59 — Pli n° 3

♈♈♈ NN 3 chambres d'hôtes dans une maison de caractère rénovée. 1 ch. 2 épis, 2 ch. 3 épis : 1 ch. (3 pers.) avec s.d.b. et wc privés. 2 ch. (2 pers.) avec s. d'eau et wc privés. Salle de séjour, salon avec TV, magnétoscope. Cour, jardin, pelouse avec jeux et barbecue. Possibilité de cuisiner. Ouvert toute l'année. Anglais, espagnol, allemand parlés. Location de chevaux à proximité, patinoire à 4 km. Vélos sur place. Baby-sitting. Gare 8 km. Commerces 3 km.

Prix : 1 pers. **180/190 F** 2 pers. **200/210 F** 3 pers. **270/280 F**
pers. sup. **70 F**

4	10	3,5	8	8	3,5	SP	7

LOQUIN Marie Reine – Le Grenier - Route de Pledran – 22120 Yffiniac – Tél. : 96.72.64.55 ou 96.72.68.74 – Fax : 96.72.68.74

Finistère

Argol La Fontaine Blanche
C.M. n° 58 — Pli n° 15

♈♈♈ NN A l'entrée de la Presqu'île de Crozon, à 10 mn des plages, Marie-Céline et Yves vous accueillent dans leurs 4 chambres d'hôtes, aménagées au 1er étage de leur maison. 2 ch. salle d'eau, wc (1 lit 2 pers.), 1 ch. salle d'eau, wc (1 lit 2 pers. 1 lit 1 pers.), 1 ch. salle de bains, wc (2 lits 1 pers.). Coin-salon à disposition des hôtes. Gare 45 km. Commerces 2,8 km. Randonnée. Musée de l'Abbaye de Landevennec 8 km. Deltaplane au Menez-Hom 7 km. Ouvert toute l'année.

Prix : 2 pers. **220 F** 3 pers. **280 F**

7	7	7	2	2	20	2	15	10

MEVEL Yves – La Fontaine Blanche – 29560 Argol – Tél. : 98.27.78.13

Bannalec Stang Huel
C.M. n° 58 — Pli n° 16

♈♈♈ NN Au cœur du pays des Avens, sur la route des peintres, la famille Jaouen vous fera apprécier l'hospitalité d'une demeure bretonne à la campagne. 2 chambres (1 lit 2 pers.), aménagées à l'étage avec entrée indépendante. Salle de bains et wc privés pour l'une et salle d'eau et wc privés pour l'autre. Petit salon TV réservé aux hôtes, salle de séjour commune. Petits déjeuners à base de produits du terroir, servis dans une ambiance régionale. Parc boisé et fleuri. Pont Aven, cité des peintres à 10 mn, Concarneau, Quimperlé, Quimper, villes d'art et d'histoire à 20 mn. L'océan, les plages, les rivières à 15 mn. Gare 12 km. Commerces 1,5 km.

Prix : 1 pers. **220 F** 2 pers. **250 F**

12	23	23	1	2	12	SP	10	18	15

JAOUEN Christiane – Stang Huel – 29380 Bannalec – Tél. : 98.39.43.96

Beuzec-Cap-Sizun Cosquer
C.M. n° 58 — Pli n° 14

♈ NN
(TH) Proche de la Pointe du Raz dans le Finistère Sud : Christine et Jean vous accueillent dans leurs chambres aménagées dans un bâtiment annexe avec accès indépendant. 1er étage, 2 ch. (1 lit 2 pers.) avec salle de bains, wc privés. 2e étage, 2 ch. (1 lit 2 pers.) avec salle d'eau, wc privés. Poss. lit enfant. Gare 35 km. Commerces 5 km. Ouvert toute l'année. Salle de détente avec TV et documentation à disposition. Situé sur une ferme laitière avec jardin et verger à proximité des chambres. Table d'hôtes sur place le soir (sur réservation), repas à la table familiale. Dégustation de repas campagnards ou de crêpes bretonnes. Box à chevaux.

Prix : 1 pers. **140 F** 2 pers. **170 F** repas **70 F**

3	3	5	5	5	12	3	4	10

JADE Christine – Cosquer – 29790 Beuzec-Cap-Sizun – Tél. : 98.70.50.99

Botmeur Kreisker   *C.M. n° 58 — Pli n° 6*

♥♥♥ NN   Marie-Thérèse vous invite dans sa maison paysanne du XVIIIe. La chambre d'hôte est située à l'étage, avec accès indépendant. Mobilier campagnard (1 lit 2 pers. possibilité 1 personne supplémentaire). Chauffage, salle de bains, wc privés. Salon avec bibliothèque et télévision à votre disposition ainsi que le jardin avec salon. Gare 25 km. Commerces sur place. Ouvert toute l'année. Anglais parlé. Nichée aux pieds des Monts d'Arrée, notre maison sera pour vous une halte dépaysante et reposante au cœur du Parc Naturel Régional d'Armorique.

Prix : 1 pers. **210 F** 2 pers. **230 F** 3 pers. **290 F**

🏊	⛵	🪁	🎣	🎿	🏊	🥾	🚴	🎵	🏇
35	35	7	2	7	15	SP	7	25	7

SOLLIEC Marie Therese – Kreisker - Bourg – 29690 Botmeur – Tél. : 98.99.63.02

Brasparts Garz Ar Bik   📶   *C.M. n° 58 — Pli n° 6*

♥♥♥ NN   A mi-chemin entre Morlaix et Quimper, au cœur des Monts d'Arrée, dans une ferme entièrement rénovée, à l'étage d'une longère, 1 ch. (1 lit 2 pers. 1 lit 1 pers.), 1 ch. (1 lit 2 pers.), salle d'eau et wc privés pour chaque chambre. Rez-de-chaussée : salle de réception, détente avec cheminée campagnarde et kitchenette, salon, TV, tél. carte pastel. Endroit idéal pour la pratique des randonnées pédestres, équestres, VTT, au cœur du parc d'Armorique. Gare 15 km. Commerces 1 km.

Prix : 1 pers. **200 F** 2 pers. **250 F** 3 pers. **300 F**

🐩	🏊	⛵	🪁	🎣	🎿	🏊	🥾	🚴	🏇
	30	30	10	1	1	15	SP	0,5	1,5

CHAUSSY Marie Christine – Garz Ar Bik – 29190 Brasparts – Tél. : 98.81.47.14 ou SR : 98.52.48.00. – Fax : 98.81.47.99

Brennilis Kerveguenet   *C.M. n° 58 — Pli n° 6*

♥♥ NN
(TH)   « Expo du Youdic, ou le Rêve aux Portes de l'Enfer ». 3 ch. (1 lit 2 pers. 1 lit 1 pers.). 1 ch. (1 lit 2 pers.), aménagées dans un bâtiment annexe. Elles sont dotées de s.d.b. ou s. d'eau et wc privés. L'accueil est assuré par les créateurs-animateurs de l'expo. Gare 25 km. Commerces 2 km. Ouvert toute l'année. Anglais parlé. Bretons passionnés, ils vous feront partager leur connaissance des légendes et du patrimoine, sans oublier la note gustative des plats traditionnels servis à la table d'hôtes. Des itinéraires de randonnées, vous permettront de pénétrer le mystère des sites grandioses des Monts d'Arrée.

Prix : 1 pers. **170 F** 2 pers. **200 F** 3 pers. **270 F** repas **70 F**

🏊	⛵	🪁	🎣	🎿	🏊	🥾	🎵	🏇
45	45	15	1	2	10	1	10	5

LE LANN Gwenaelle – Expo du Youdig - Kerveguenet – 29690 Brennilis – Tél. : 98.99.62.36

Briec-de-l'Odet Queneach Podou   *C.M. n° 58 — Pli n° 15*

♥♥ NN   Anna et Hervé vous accueillent dans leur maison de caractère. Au 1er étage, 1 ch. (1 lit 2 pers.) avec salle d'eau, wc et 1 ch. (2 lits 1 pers.) avec salle de bains et wc. Possibilité lit enfant. Petits déjeuners servis dans une salle à manger rustique. Au rez-de-chaussée, véranda, coin-cuisine et salon donnant sur un parc fleuri à disposition des hôtes. Jardin, salon de jardin. Gare 16 km. Commerces 5 km. Ouvert toute l'année.

Prix : 1 pers. **190 F** 2 pers. **220/230 F**

🐩	🏊	⛵	🪁	🎣	🎿	🏊	🥾	🚴	🏇
	18	18	18	5	5	18	5	13	16

QUELVEN Anna et Herve – Queneach Podou – 29510 Briec-de-l'Odet – Tél. : 98.59.16.31

Briec-de-l'Odet Sainte-Cecile   ⛪   *C.M. n° 58 — Pli n° 15*

E.C. NN
(TH)   Françoise et René vous reçoivent dans leur ferme à coté de la chapelle Sainte-Cécile dans un site calme. A 1 km écomusée : « La Ferme d'antan ». Au 1er étage de la maison des propriétaires, 1 ch. (1 lit 2 pers.), salle d'eau, wc. Jardin, salon de jardin, salle de détente. Gare 8 km. Commerces 2 km. Anglais parlé.

Prix : 2 pers. **220 F** repas **70 F**

🐩	🏊	⛵	🪁	🎣	🎿	🏊	🥾	🚴	🏇
	15	15	15	3	8	8	3	8	5

PETILLON Rene et Francoise – Sainte-Cecile – 29510 Briec-de-l'Odet – Tél. : 98.94.51.54 ou SR : 98.52.48.00. – Fax : 98.94.51.54

Carantec Kervezec   ⛪   *C.M. n° 58 — Pli n° 6*

♥♥♥ NN   Manoir centenaire dominant la Baie, vous accueille au centre de 6 ha de verdure où paissent librement chevaux et lamas. Terrasse au sud vue sur mer, salon et bibliothèque, mobilier ancien. 6 ch. avec sanitaires privés. 1er étage : 3 ch. (1 lit 2 pers.), 1 ch. (2 lits 1 pers.). 2e étage : 1 suite (1 lit 2 pers., salon, lits enfants), 1 ch. (3 lits 1 pers.). Parking privé, point-phone, grande aire de jeux. Cadre reposant. Situé à 1 km de Carantec et à proximité des plages, sentier douanier et de l'Ile Callot. A 15 mn de Roscoff. Tarifs hors saison. Gare 12 km. Commerces 500 m. Ouvert toute l'année. Anglais parlé.

Prix : 1 pers. **200/300 F** 2 pers. **250/350 F** 3 pers. **300/400 F**

🏊	⛵	🪁	🎣	🎿	🏊	🥾	🚴	🎵	🏇
1	1	1	1	1	10	1	1	1	5

BOHIC Famille – Kervezec – 29660 Carantec – Tél. : 98.67.00.26

Carhaix Manoir-de-Prevasy   *C.M. n° 58 — Pli n° 17*

♥♥♥ NN   Clarissa et Peter Novak, qui parlent anglais et espagnol, vous accueillent dans leur manoir du XVIe siècle qui possède une belle cour d'honneur. 1 ch. (2 lits 1 pers.), 1 ch. (1 lit 2 pers.), 1 ch. (1 lit 2 pers. 2 lits 1 pers.). Toutes avec salle de bains et wc privés. Possibilité 1 lit bébé et 2 lits enfant (50 F/lits). Salon avec TV. Ouvert toute l'année. Terrasse avec belle vue sur la campagne. Location de vélos sur place. Restaurants, canal de Nantes à Brest à moins de 2 km. Possibilité de table d'hôtes. Gare 2 km. Commerces 2 km.

Prix : 1 pers. **225 F** 2 pers. **260/280 F** 3 pers. **350 F**

🏊	⛵	🪁	🎣	🎿	🏊	🥾	🚴	🎵	🏇
50	50	35	1	1	1	0,2	SP	35	1

NOVAK Peter – Manoir de Prevasy – 29270 Carhaix – Tél. : 98.93.24.38

Cast Manoir de Treouret   *C.M. n° 58 — Pli n° 15*

❦❦❦ NN   Dans un cadre reposant, Madeleine et Jean-Louis vous accueillent dans leur manoir, non loin des collines de Locronan, au cœur de la Plaine du Porzay, non loin de la presqu'île de Crozon. 1er étage : suite (1 lit 2 pers. 1 lit 1 pers.) avec coin-cuisine séparé. Salle d'eau et wc privés. 2e étage : 1 ch. (1 lit 2 pers.) avec petite salle d'eau et wc privatifs. Gare 7 km. Commerces 2 km. Ouvert toute l'année.

Prix : 1 pers. **210/220 F** 2 pers. **250/260 F** 3 pers. **330 F**

🏊	⛵	🏄	⚓	🎣	⛷	🚤	🎿	🚲	🍴	🏇
12	12	7	7	2	7	2	2	35	2	

GOUEROU Madeleine – Manoir de Treouret – 29150 Cast – Tél. : 98.73.54.38

Cast Coscasquen   *C.M. n° 58 — Pli n° 15*

❦❦❦ NN   Marie-Renée et Corentin ont le plaisir de vous recevoir dans leur ferme à Cast pour profiter des bienfaits conjugués de la mer (7 km) et de la campagne. Pour votre quiétude, une chambre d'hôtes tout confort (1 lit 2 pers. lit supplémentaire possible) avec salle d'eau et wc privés est aménagée au 1er étage de leur maison. Jardin avec salon. Le petit déjeuner, chaleureux et typique, sera l'occasion de découvertes gastronomiques croustillantes. Gare 9 km. Commerces 2 km. Ouvert toute l'année.

Prix : 2 pers. **250 F** 3 pers. **320 F**

🏊	⛵	🏄	⚓	🎣	⛷	🚤
7	7	7	SP	2	9	9

LANNUZEL Marie Renee – Coscasquen – 29150 Cast – Tél. : 98.73.55.68

Commana Kerfornedic   *C.M. n° 58 — Pli n° 6*

❦❦❦ NN   Sur le versant sud des Monts d'Arrée au cœur du Parc d'Armorique, dans sa très ancienne maison campagnarde, Danielle vous fera goûter au calme et à la beauté simple de ses 2 chambres d'hôtes avec chacune 2 lits 1 pers., avec salle d'eau et wc particuliers. Jardin. Gare 15 km. Commerces 6 km. Ouvert toute l'année. Nombreux sites, paysages ou écomusées à découvrir dans les environs. Lac à 500 m. Accès direct aux sentiers des Crêtes. Pêche, enclos paroissiaux.

Prix : 1 pers. **250 F** 2 pers. **280 F**

🏊	⛵	🏄	⚓	🎣	⛷	🚤	🎿	🚲	🍴	🏇
30	30	1	1	1	6	SP	1	15	4	

LE SIGNOR Michel – Kerfornedic – 29450 Commana – Tél. : 98.78.06.26

Dineault Le Guilly   *C.M. n° 58 — Pli n° 15*

❦❦❦ NN   Marie-Annick vous souhaite d'agréables vacances dans une propriété confortable et reposante. 2 ch. d'hôtes tout confort dans la maison de la propriétaire. 1 ch. (1 lit 2 pers.) avec salle d'eau, wc privés. 1 ch. (1 lit 2 pers.) avec salle de bains et wc privés. Possibilité lit bébé ou jeune enfant. Salle à manger/ salle à disposition des hôtes. Accès livres et brochures touristiques. Jardin fleuri et verdoyant avec salon de jardin. Dégustation cidre maison. Restaurant, crêperie, alimentation à 1 km. Gare 6 km. Commerces 500 m. Ouvert toute l'année.

Prix : 1 pers. **180 F** 2 pers. **220 F**

🏊	⛵	🏄	⚓	🎣	⛷	🚤	🎿	🚲
12	12	12	7	1	7	7	7	

KERHOAS Marie-Annick – Le Guilly – 29150 Dineault – Tél. : 98.26.00.77

Dineault Rolzac'h   *C.M. n° 58 — Pli n° 15*

❦❦❦ NN   Dans le cadre fleuri et reposant d'une fermette restaurée dominant la vallée de l'Aulne, Anne-Marie et André vous accueillent dans leurs ch. d'hôtes toutes équipées de s. d'eau et wc privés. R.d.c. : 1 ch. (1 lit 2 pers.), 1 ch. (2 lits 1 pers.), coin-cuisine commun aux 2 ch. et 1 ch. (1 lit 2 pers.), cuisine, jardin privés. Etage : 1 ch. (1 lit 2 pers.), salon privé. Possibilité lit de bébé. Jardin avec salon. Deltaplane à 7 km. Gare 2 km. Commerces 3 km. Ouvert toute l'année.

Prix : 1 pers. **200 F** 2 pers. **230/260 F**

🏊	⛵	🏄	⚓	🎣	⛷	🚤	🎿	🚲	🍴	🏇
12	12	12	3	3	3	0,5	3	30	3	

L'HARIDON Anne-Marie – Rolzac'h – 29150 Dineault – Tél. : 98.86.22.09

Douarnenez Kerleguer   *C.M. n° 58 — Pli n° 14*

❦❦ NN   Dans une campagne pittoresque et verdoyante, Marie-Hélène et Jean vous accueillent dans la maison familiale avec 2 chambres d'hôtes aménagées au 1er étage : 1 ch. (1 lit 2 pers.), salle d'eau et wc privés. 1 ch. (1 lit 2 pers.), salle de bains et wc privés. Salle à manger. Jardin. Salon de jardin. Restaurant 2 km. Gare 25 km. Commerces 1,5 km. Ouvert toute l'année. Proximité de la ville, de la mer et du Port Musée. Sentiers pédestres. Activités nautiques en baie de Douarnenez.

Prix : 1 pers. **200 F** 2 pers. **235 F**

🏊	⛵	🏄	⚓	🎣	⛷	🚤	🎿	🚲	🍴	🏇
3	3	3	3	3	3	SP	3	25	5	

LAROUR Jean – Kerleguer – 29100 Douarnenez – Tél. : 98.92.34.64

Douarnenez Manoir de Kervent   *C.M. n° 58 — Pli n° 14*

❦❦❦ NN   Dans un chaleureux manoir à la sortie de Douarnenez mais déjà en pleine campagne, dans un parc fleuri à souhait. 1 ch. (1 lit 2 pers.). 1 ch. (1 lit 2 pers.). 1 ch. double (1 lit 2 pers. 2 lits 1 pers.). S. d'eau et wc privés à chaque ch. Poss. de lit bébé. Le petit déjeuner est servi dans la salle à manger spacieuse et claire, toujours fleurie. Des spécialités bretonnes sont au menu. Exploitation céréalière. Sentiers piétonniers sur la propriété. Documentation sur la région. Ping-pong, croquet. Tarifs réduits en hors saison, taxe de séjour en été. Gare 25 km. Commerces 2 km. Ouvert toute l'année.

Prix : 1 pers. **190 F** 2 pers. **250 F** 3 pers. **300/360 F**

🏊	⛵	🏄	⚓	🎣	⛷	🚤	🎿	🚲	🍴	🏇
2	3	3	2	3	3	5	2	30	3	

LEFLOCH Marie-Paule – Manoir de Kervent – 29100 Douarnenez – Tél. : 98.92.04.90 – Fax : 98.92.04.90

Edern Kergadiou

C.M. n° 58 — Pli n° 15

E.C. NN

3 chambres d'hôtes situées dans la maison du propriétaire, à proximité de la ferme laitière. R.d.c. : 1 ch. (1 lit 2 pers.), salle de bains, wc. Etage : 1 ch. (1 lit 2 pers.), salle de bains, wc. 1 ch. (3 lits 1 pers.), salle d'eau, wc. A disposition des hôtes : séjour/salon avec TV et cheminée, équipement bébé. Jardin clos, salon de jardin, terrasse. Ouvert toute l'année. Gare 25 km. Commerces 3 km. Dans la maison d'habitation restaurée, trois chambres d'hôtes confortables permettant une étape agréable dans le calme et la verdure de la campagne bretonne. Anglais et allemand parlés.

Prix : 2 pers. **230 F** 3 pers. **300 F**

28	28	28	0,2	3	10	SP	15

CHAUSSEC Pascal – Kergadiou – 29510 Edern – Tél. : 98.57.90.50

Elliant Quelennec

C.M. n° 58 — Pli n° 15

❄❄❄ NN

A 10 mn de Quimper centre, accueil dans une exploitation agricole en activité, cadre reposant, chambres confortables, hospitalité rurale de nos campagnes. 4 chambres d'hôtes aménagées dans la maison du propriétaire. Au 1er étage : 3 ch. (1 lit 2 pers.), salle d'eau et wc privés, 1 ch. (1 lit 2 pers. 1 lit 1 pers.), salle de bains et wc privés. Séjour-salon avec cheminée. Coin-cuisine. Etablissement agréé pour accueil cavaliers et chevaux. Jardin avec salon, aire de jeux. Gare 10 km. Commerces 9 km. Ouvert toute l'année.

Prix : 1 pers. **180 F** 2 pers. **220/240 F** 3 pers. **280 F**

22	22	13	SP	8	8	SP	25	8

LE BERRE Monique – Quelennec – 29370 Elliant – Tél. : 98.59.10.43

La Forêt-Fouesnant Lanjulien

C.M. n° 58 — Pli n° 15

❄❄❄ NN

Monsieur et Madame Guillo vous accueillent dans leur propriété, entourée d'un parc paysager, calme et reposant, à 1,5 km de la Baie de La Forêt Fouesnant. 1 chambre au rez-de-chaussée (2 lits 1 pers.) avec accès indépendant, salle d'eau et wc privés. Terrasse privée et salon de jardin, TV. Gare 13 km. Commerces 1 km. Ouvert toute l'année.

Prix : 1 pers. **190 F** 2 pers. **230 F**

3	3	1,5	3	1	5	3	1	5

GUILLO Jean-Michel – Lanjulien – 29940 La Forêt-Fouesnant – Tél. : 98.56.95.01 ou 98.56.96.26

Guiclan-Saint-Thegonnec Moulin de Kerlaviou

C.M. n° 58 — Pli n° 6

❄❄❄ NN

Accueil chaleureux au « Moulin de Kerlaviou », à 2 km de St-Thégonnec. Ancien moulin au bord de la rivière « La Penzé », 2 ch. (1 lit 2 pers.), salle de bains et wc privés au 1er étage de la maison du propriétaire. A voir : les célèbres enclos paroissiaux de St-Thégonnec et Guimiliau, la vallée de La Penzé ses pâturages et ses bocages, ses fleurs et sa rivière à eau pure. A découvrir la vieille maison patrimoine du XVIe, la grotte préhistorique de Roc'h Toul dans leur cadre naturel et l'ancien moulin du XVIe siècle. Gare 7 km. Commerces 2 km.

Prix : 1 pers. **200 F** 2 pers. **230 F**

10	20	20	SP	2	7	1	7

CORNILY Therese – Kerlaviou - Guiclan – 29410 Saint-Thegonnec – Tél. : 98.79.60.57

Guilers Kerlidien

C.M. n° 58 — Pli n° 4

❄ NN

3 chambres d'hôtes aménagées au 1er étage de la maison du propriétaire. 1 ch. (1 lit 1 pers. 1 lit 2 pers.) avec lavabo. 2 ch. (1 lit 2 pers.) avec lavabo. Salle de bains et wc communs aux 3 ch. Jardin avec salon. Maison située près d'un parc boisé de 40 ha. Sentiers pédestres sur place. Location de vélos et équitation à proximité. Gare 5 km. Commerces 2 km. Ouvert toute l'année.

Prix : 1 pers. **150 F** 2 pers. **180 F** 3 pers. **250 F**

8	8	5	6	2	3	SP	2	2	1

LUNVEN Therese – Kerlidien - Bois de Keroual – 29820 Guilers – Tél. : 98.07.53.65

Guilers Kerloquin

C.M. n° 58 — Pli n° 4

❄❄ NN

Antoinette et Joseph vous recevront dans leurs 3 chambres au 1er étage de leur maison donnant sur la vallée du Tridour. Leur exploitation agricole est en activité. Etage : 1 ch. (1 lit 2 pers.), lavabo, douche et wc. 1 ch. (1 lit 2 pers.), lavabo et douche. 1 ch. (1 lit 2 pers.), douche attenante, wc communs aux 2 chambres. TV dans les chambres. Possibilité cuisine. Parc boisé à 2 km. Promenade en voiture, à poney sur place. Gare 5 km. Commerces 1 km. Ouvert toute l'année. Poss. table d'hôtes.

Prix : 1 pers. **150/160 F** 2 pers. **180/210 F** 3 pers. **230/260 F**

8	8	4	6	1	4	2	SP	6	3

OGOR Antoinette – Kerloquin – 29820 Guilers – Tél. : 98.07.61.97 ou 98.07.58.92

Guilligomarch Kerriouarch

C.M. n° 58 — Pli n° 17

❄ NN

Dans un joli cadre boisé et vallonné, tout près du site des Roches du Diable, Lucie et Mathurin vous recevront dans la bonne humeur et vous feront goûter les plaisirs simples et authentiques de la vie à la campagne. 4 chambres confortables avec lavabo, 2 ch. (1 lit 2 pers.), 2 ch. (1 lit 2 pers. 1 lit 1 pers.). 2 salles d'eau et wc communs. Petits déjeuners devant un vieux lit-clos avec crêpes, gâteaux et confitures maison. Vente de produits fermiers, cidre pressé sur la paille. Canoë-kayak 3 km. Gare 17 km. Commerces 4 km. Ouvert toute l'année. Anglais parlé.

Prix : 1 pers. **150 F** 2 pers. **200 F** 3 pers. **250 F**

25	25	25	2	7	7	SP	12	7	10

BAHUON Lucie – Kerriouarch – 29300 Guilligomarch – Tél. : 98.71 70.12

Guimiliau Croas Avel   C.M. n° 58 — Pli n° 6

✿✿✿ NN   A 500 m de Guimiliau et 7 km de Landivisiau, 3 chambres d'hôtes aménagées à l'étage de la maison du propriétaire. 3 ch. (1 lit 2 pers.) dont 1 ch. avec TV. Salle d'eau ou salle de bains et wc particuliers dans chaque chambre. Jardin avec salon. Circuit des Enclos paroissiaux. GR 380 à proximité. Gare 7 km. Commerces 500 m. Téléphoner aux heures des repas. Ouvert toute l'année. Restauration à 500 m.

Prix : 1 pers. **180 F** 2 pers. **200 F** 3 pers. **300 F**

20	20	20	2	1	8	0,2	5	15	10

CROGUENNEC Christiane – Croas Avel – 29400 Guimiliau – Tél. : 98.68.70.72

Guipavas Le Cloastre Douvez   C.M. n° 58 — Pli n° 4

✿✿ NN   Denise et Antoine vous accueillent au calme dans leur ferme laitière, près de l'Elorn. 2 ch. d'hôtes au 1er étage de leur maison, avec salle d'eau et wc privés, 1 ch. (1 lit 2 pers.), 1 ch. (2 lits 1 pers.), lit bébé. Salle de détente avec TV, livres, meubles bretons. Coin-cuisine. Petits déjeuners avec lait de ferme, confitures et yaourts, far maison, miel, crêpes. Grand jardin pour pique-niquer, balançoires. Sentiers pédestres balisés sur place. Océanopolis 10 km. Brest 15 km. Landerneau 9 km. Départ Ouessant 15 km. Restaurant 6 km. Gare 9 km. Commerces 1,5 km. Ouvert toute l'année.

Prix : 1 pers. **180 F** 2 pers. **200 F**

10	10	10	10	6	9	SP	9	15	5

HALLEGOUET Denise – Le Cloastre Douvez – 29490 Guipavas – Tél. : 98.28.01.99

Guipavas La Chataigneraie   C.M. n° 58 — Pli n° 4

✿✿✿ NN   La Châtaigneraie vous propose 3 ch. aménagées dans une maison spacieuse. 1 ch. (2 lit 1 pers.), 1 ch. (1 lit 2 pers.), s.d.b., wc, TV privés. 1er étage : 1 ch. (1 lit 1 pers.), s. d'eau, wc, TV privés. Possibilité lit supplémentaire. Vaste mezzanine aménagée (jeux, bibliothèque...). Coin-cuisine, garage. Gare 4 km. Commerces 3 km. Ouvert toute l'année. Terrasse avec vue panoramique sur le jardin botanique, le Port de plaisance et la Rade de Brest. Parc boisé avec jeux. Accès direct au Vallon de Stangalarc'h (sentiers pédestres). Océanopolis, la plage du Moulin Blanc et Brest à 5 mn. Piscine chauffée sur place.

Prix : 1 pers. **180/220 F** 2 pers. **200/250 F**

2	2	2	2	4	5	SP	5	10	10

MORVAN Michelle – La Chataigneraie - Keraveloc – 29490 Guipavas – Tél. : 98.41.52.68

Guisseny Keraloret   C.M. n° 58 — Pli n° 4

✿✿ NN Ⓐ   A l'intérieur d'épais murs de granit d'une ferme léonarde, 6 ch. d'hôtes aux meubles anciens vous attendent. 3 ch. (1 lit 2 pers.), 2 ch. (1 lit 2 pers. 1 lit 1 pers.), 1 ch. double (1 ch. 1 lit 2 pers. 1 ch. 2 lits 1 pers.), sanitaires privés pour chaque chambre. A votre disposition, salle de ping-pong, terrains de jeux pour enfants et adultes, salon avec cheminée. Point-phone et télécopieur à disposition. Auberge et camping à la ferme sur place. Plage à 5 mn. Chemins de randonnée, sports équestres et nautiques à proximité. Gare 25 km. Commerces 4 km. Ouvert toute l'année. Anglais, allemand, espagnol et breton parlés.

Prix : 1 pers. **235 F** 2 pers. **275 F** 3 pers. **335 F** 1/2 pens. **220 F**

4	4	4	9	4	10	SP	4	25	4

LE GALL Pierre – Keraloret – 29249 Guisseny – Tél. : 98.25.60.37 – Fax : 98.25.69.88

Henvic Le Pontic   C.M. n° 58 — Pli n° 6

✿ NN   2 ch. d'hôtes aménagées dans la maison du propriétaire. Coin-cuisine. Au r.d.c., 1 ch. (1 lit 1 pers. 1 lit 2 pers.) avec lavabo. 1er étage, 1 ch. (1 lit 2 pers.) avec lavabo. Salle de bains et wc communs aux 2 ch. Jeux pour enfants. Jardin avec salon. Gare 10 km. Commerces 3 km. Ouvert toute l'année. Au fond d'une vallée tranquille serpente un ruisseau qui file parmi les fleurs et les rosiers pour essayer de vous charmer. A la ferme, vous trouverez le calme et la convivialité grâce aux 2 chambres coquettes et au séjour, où vous pourrez vous reposer.

Prix : 1 pers. **130 F** 2 pers. **180 F** 3 pers. **220 F**

1	4	4	1	2	10	SP	4	3	4

QUEGUINER Marie – Le Pontic – 29670 Henvic – Tél. : 98.62.85.20

Ile-de-Batz   C.M. n° 58 — Pli n° 6

✿✿✿ NN   Marie-Pierre et Jean vous accueillent dans une maison contiguë à leur maison. 1er étage : 1 ch. (1 lit 2 pers.), s. d'eau, wc, s.d.b. et wc privatifs mais non communicants (1 lit 2 pers. 2 lits 1 pers.). 2e étage : 1 ch. (1 lit 2 pers.), s. d'eau, wc. 1 ch. (2 lits 1 pers.), s. d'eau, wc. R.d.c. : salle à manger, salon, cheminée, TV à disposition. Courette, salon de jardin. Bateau à 500 m, traversée Roscoff - Ile de Batz 15 minutes. Ferme légumière à côté de l'église de Batz. Commerces sur place.

Prix : 2 pers. **260 F** 3 pers. **350 F**

0,2	0,2	0,4	0,2	SP	0,3	1,5

PRIGENT Marie Pierre – Bourg – 29253 Ile-de-Batz – Tél. : 98.61.76.91

Le Juch Kerizore   C.M. n° 58 — Pli n° 14

✿ NN   Jeanne et René vous accueillent dans leur ancienne ferme qui abrite encore un petit troupeau de vaches et de veaux. A l'étage : 1 ch. (1 lit 2 pers.), 1 ch. (1 lit 2 pers. poss. lit sup.) avec lavabo chacune. Salle de bains et wc communs aux 2 chambres. Petit déjeuner avec crêpes et pain brioché servi dans une salle à manger avec cheminée ancienne et TV. Jardin, salon de jardin. A proximité de Douarnenez, à 5 km des plages. Sentiers, balades en forêt. Gare 18 km. Commerces 5 km. Ouvert toute l'année.

Prix : 2 pers. **200 F** 3 pers. **250 F**

5	5	5	5	5	5	5	5	25	7

NEDELEC Rene – Kerizore – 29100 Le Juch – Tél. : 98.74.71.90

Le Juch Kersantec *C.M. n° 58 — Pli n° 14*

☙☙☙ NN　Yvette et René ont une exploitation de 36 ha, axée sur l'élevage. Ils reçoivent leurs hôtes dans une maison, entourée d'un jardin fleuri. 3 ch. d'hôtes sont aménagées chacune comportant un sanitaire complet. R.d.c. : 1 ch. (1 lit 2 pers.), s. d'eau, wc. Etage : 1 ch. (1 lit 2 pers.), s.d.b., wc et 1 ch. (1 lit 2 pers.), s. d'eau, wc. Gare 14 km. Commerces 2 km. Le petit déjeuner est servi dans la salle à manger et les confitures maison font le bonheur des hôtes. TV. Jeux pour les enfants. Jardin, salon de jardin. Promenade, tennis, plages, équitation, port-musée à proximité. Ouvert toute l'année.

Prix : 1 pers. **200 F** 2 pers. **220/230 F**

7	7	7	7	4	7	4	7	20	10

RENEVOT Yvette – Kersantec – 29100 Le Juch – Tél. : 98.74.71.36

Le Juch Le Carbon　　　　　　　　　　*C.M. n° 58 — Pli n° 14*

☙☙ NN　Annick et Yves vous accueillent dans leur propriété agricole, grande cour fleurie entourée de jardins. 1 ch. 1 lit 2 pers. 1 lit 1 pers.), 1 ch. double (1 lit 2 pers. 1 lit 1 pers. et 1 lit 2 pers.) sont aménagées dans leur ancienne maison avec salle d'eau et wc particuliers dans chaque chambre. Possibilité lit bébé. TV, salon de jardin. Gare 25 km. Commerces 4 km. Belle salle bretonne pour déguster de copieux petits déjeuners maison. Restaurants, plage, sentiers côtiers à 3 kms. Ouvert toute l'année. Anglais parlé.

Prix : 1 pers. **180 F** 2 pers. **210 F** 3 pers. **250 F**

3	3	5	3	4	4	SP	25	6

YOUINOU Anne-Marie – Le Carbon – 29100 Le Juch – Tél. : 98.92.21.08

Kerlaz Lanevry　　　　　　　　　　*C.M. n° 58 — Pli n° 14*

☙☙☙ NN　2 chambres d'hôtes, la « bretonne » avec table de toilette ancienne, 1 lit 2 pers., et la « romantique » avec 1 lit 2 pers. à baldaquin, sanitaires particuliers. Dans un séjour rustique, un copieux petit déjeuner vous attend. A disposition, salon avec TV et salon de jardin. Gare 20 km. Commerces 2 km. Ouvert toute l'année. Une statuette de Sainte-Anne en faïence Henriot de Quimper marque l'entrée de cette belle ferme fleurie, face à la magnifique baie de Douarnenez à 5 minutes des plages.

Prix : 1 pers. **220 F** 2 pers. **250 F**

0,8	0,8	5	3	2	2	SP	3	25	5

GONIDEC Henriette – Lanevry – 29100 Kerlaz – Tél. : 98.92.19.12

Kerlaz Lanevry　　　　　　　　　　*C.M. n° 58 — Pli n° 14*

☙☙☙ NN　Cathy et Michel vous accueillent dans leur exploitation laitière située face à la baie de Douarnenez. 4 ch. d'hôtes dans leur maison récemment restaurée. 1er étage, 2 ch. (1 lit 2 pers.), 1 ch. (2 lits 1 pers.). 2e étage, 1 ch. double (1 ch. 1 lit 2 pers. 1 ch. 2 lits 1 pers.), salle d'eau et wc dans chaque chambre. Au 1er étage, petit salon réservé aux hôtes. Jardin, salon de jardin, barbecue. Nombreux loisirs sur un rayon de 5 km (équitation, voile, ULM, VTT etc...). Gare 20 km. Commerces 2 km. Ouvert toute l'année.

Prix : 1 pers. **250 F** 2 pers. **280 F** 3 pers. **380 F**

0,8	0,8	5	3	2	2,5	SP	3	25	5

KERVOALEN Michel et Cathy – Lanevry – 29100 Kerlaz – Tél. : 98.92.85.49 – Fax : 98.92.85.49

Kernilis　　　　　　　　　　*C.M. n° 58 — Pli n° 4*

☙☙☙ NN　Dona et Jo vous accueillent dans une ferme à proximité de la vallée de l'Aber Wrac'h. 3 ch. d'hôtes aménagées au 1er étage de leur maison récente, avec accès indépendant. 1 ch. (3 lits 1 pers.), salle de bains, wc privés. 1 ch. (2 lits 1 pers.), 1 ch. (1 lit 2 pers.), salle d'eau, wc privés. Coin-cuisine, séjour et TV à disposition des hôtes. Jardin avec salon. A 7 km de Plouguerneau. Gare 22 km. Commerces 400 m. Ouvert toute l'année.

Prix : 2 pers. **220 F** 3 pers. **280 F**

7	7	7	0,8	0,4	8	2	SP	25	10

UGUEN Dona et Jo – Route de Kerbrat – 29260 Kernilis – Tél. : 98.25.54.02

Lampaul-Guimiliau Kerverez　　　　　*C.M. n° 58 — Pli n° 5*

☙☙☙ NN　Odile et Jean-Marc vous accueillent au cœur du pays des Enclos paroissiaux. 2 ch. indépendantes (1 lit 2 pers.) avec salle d'eau, wc et TV privés. Coin-salon dans une des chambres. Possibilité lit bébé. Barbecue, jardin, salon de jardin, 2 vélos, cartes, documentation sur la région à votre disposition. Proposition de randonnées pédestres. Gare 5 km. Commerces 2 km. Monts d'Arrée et Parc d'Armorique à 10 km. Roscoff, Baie de Morlaix 20 km. Ouvert toute l'année.

Prix : 1 pers. **180 F** 2 pers. **200 F**

20	20	15	2	2	5	2	SP	25	

PUCHOIS Odile – Kerverez – 29400 Lampaul-Guimiliau – Tél. : 98.68.62.02

Lampaul-Guimiliau Pen Ar Yed　　　　*C.M. n° 58 — Pli n° 5*

☙☙☙ NN　Alice, Claude et Heidi se feront un plaisir de vous accueillir dans leur maison entourée d'un jardin fleuri et d'un parking privé. 1 ch. familiale (2 pièces communicantes, 2 lits 2 pers.), salle d'eau, wc, TV privés. 1 ch. (2 lits 1 pers.), salle d'eau, wc et TV privés. Barbecue et salon de jardin seront à votre disposition. Gare 2 km. Commerces 1,5 km. Au cœur du circuit des Enclos Paroissiaux, du GR 380, à 20 km des Monts d'Arrée et du parc national d'Armorique, à 30 km de Roscoff et de la Baie de Morlaix, à 45 km de la rade de Brest. Pêche au lac du Drennec, château de Kerjean. Documentation à votre disposition. Ouvert toute l'année.

Prix : 1 pers. **180 F** 2 pers. **200 F** 3 pers. **250/300 F**

25	25	12	2	2	2	1	2	5

GASCHET Claude et Alice – Pen Ar Yed – 29400 Lampaul-Guimiliau – Tél. : 98.60.61.05

Landevennec Kerdiles   *C.M. n° 58 — Pli n° 4*

✿✿ NN Monique et Raymond vous accueillent sur leur exploitation. Vous y trouverez calme et confort dans un cadre de verdure, 3 chambres d'hôtes de plain-pied dans un bâtiment annexe avec accès indépendant. 2 ch. (1 lit 2 pers.), 1 ch. (2 lits 1 pers.), salle d'eau et wc particuliers. Pour vous être agréable, kitchenette commune aux 3 ch. TV. Jardin avec salon. Non loin de l'Abbaye de Landévennec (musée), sentiers de randonnée et pêche à pied vous attendent. Gare 30 km. Commerces 4 km. Ouvert toute l'année. Anglais parlé.

Prix : 1 pers. 180 F 2 pers. 220 F

4	7	7	2	4	30	2	10

BALCON Monique – Kerdiles – 29560 Landevennec – Tél. : 98.27.74.74

Lanhouarneau Moulin de Coat Merret   *C.M. n° 58 — Pli n° 5*

✿✿✿ NN Sur la D29, dans une vallée boisée, près d'un moulin en activité que vous pourrez visiter, Anne et Jean-Marie vous accueillent dans 2 ch. (1 lit 2 pers.) avec salle d'eau et wc privés, à l'étage d'un bâtiment attenant à leur maison d'habitation. Grand séjour avec coin-cuisine. Le petit déjeuner copieux est l'occasion de faire connaissance avec les confitures maison. Pittoresque bord de mer et nombreux monuments à visiter dans les environs. Gare 12 km. Commerces 4 km. Ouvert toute l'année.

Prix : 1 pers. 170 F 2 pers. 200 F 3 pers. 250 F

12	12	18	SP	7	10	4	14	22	12

SIOHAN Anne – Moulin de Coat Merret – 29430 Lanhouarneau – Tél. : 98.61.62.06

Lanhouarneau Kergollay   *C.M. n° 58 — Pli n° 5*

✿✿✿ NN Au cœur d'une ferme légumière, dans un cadre calme et fleuri, Marie-France et Alexis vous accueilleront pour un séjour agréable. 2 ch. (1 lit 2 pers.) avec chacune entrée indépendante, salle de bains spacieuse et wc privés sont aménagés à l'étage de leur maison. Salle à manger et salon à disposition, terrasse, TV, jardin et salon de jardin. Crêperie et restaurant à proximité. Nombreux circuits touristiques aux alentours. Plage à 8 km, Roscoff (ferry) à 20 km. Gare 20 km. Commerces 800 m. Ouvert toute l'année.

Prix : 1 pers. 180 F 2 pers. 230 F 3 pers. 280 F

8	8	8	SP	0,8	9	SP	SP	8

QUEGUINEUR Alexis et M. France – Kergollay – 29430 Lanhouarneau – Tél. : 98.61.47.35 – Fax : 98.61.69.34

Lannilis Le Lia   *C.M. n° 58 — Pli n° 4*

✿✿ NN A Lannilis, au cœur des Abers, Marie-Louise et René Lesvenan vous proposent 3 ch. d'hôtes aménagées dans leur maison avec accès indépendant. Au r.d.c., 1 ch. (1 lit 2 pers.) avec salle d'eau et wc privés. Au 2ᵉ étage, 1 ch. (1 lit 2 pers.) avec coin-cuisine, 1 ch. (2 lits 1 pers.) avec salle d'eau et wc privés. Equipement bébé à disposition. Parking, jardinet, salon de jardin. Gare 20 km. Commerces 500 m. Ouvert toute l'année.

Prix : 2 pers. 200 F

3	3	3	2	0,5	15	0,5	0,5	25	3

LESVENAN Marie Louise – 1, rue Anne de Bretagne - Le Lia – 29870 Lannilis – Tél. : 98.04.00.71

Lannilis Saint-Alphonse   *C.M. n° 58 — Pli n° 3*

✿✿ NN 2 chambres aménagées au rez-de-chaussée d'un bâtiment annexe à la maison du propriétaire. 1 chambre (1 lit 2 pers.), 1 chambre (3 lits 1 pers.), salle d'eau et wc privés dans chaque chambre. Séjour/salon dans la maison du propriétaire. Jardin avec salon, barbecue, ping-pong. Gare 20 km. Commerces 1 km.

Prix : 1 pers. 120 F 2 pers. 200 F 3 pers. 270 F

4	4	4	1	0,5	12	0,1	1	5

CREACH Robert – Saint Alphonse – 29870 Lannilis – Tél. : 98.04.14.13

Lannilis Kerjoseph Pellan   *C.M. n° 58 — Pli n° 4*

E.C. NN Après la découverte des deux Abers et de leur côte sauvage, une chambre stylée dans un cadre champêtre vous comblera pour un séjour. 1 chambre d'hôtes au rez-de-chaussée de la maison des propriétaires avec 1 lit 2 pers., TV, salle de bains et wc privés. Possibilité équipement bébé. Jardin, terrasse, salon de jardin, barbecue. Gare 25 km. Commerces 2 km. Salle de détente commune avec les 4 gîtes se trouvant dans le même village. Exploitation agricole à proximité.

Prix : 2 pers. 220 F

3	3	3	2	2	15	SP	2	5	5

MINGANT Robert – Pellan – 29870 Lannilis – Tél. : 98.04.01.55 ou SR : 98.52.48.00.

Laz Ker-Huel   *C.M. n° 58 — Pli n° 16*

✿ NN Madame Barré vous accueille dans sa maison d'habitation. 3 chambres d'hôtes mansardées et lambrissées avec chacune un lavabo. Salle d'eau et wc communs aux 3 chambres. 2 chambres (1 lit 2 pers.), 1 chambre (1 lit 2 pers. 1 lit 1 pers.). Grande pelouse près de la maison. Salon de jardin. Gare 20 km. Commerces et restaurant 3 km. Ouvert toute l'année. Nombreuses activités de loisirs à 3 km.

Prix : 1 pers. 130 F 2 pers. 180 F 3 pers. 230 F

36	36	10	4	3	10	SP	3	23

BARRE Marie – Ker-Huel – 29520 Laz – Tél. : 98.26.84.73

Loc-Eguiner-Saint-Thegonnec Ty Dreux   C.M. n° 58 — Pli n° 6

❦❦❦ NN   Au cœur du pays des Enclos paroissiaux, Ty Dreux. C'est dans cet ancien village de tisserands du XVIIe siècle qu'Annie et Jean vous accueilleront avec chaleur et simplicité. Au 2e étage de leur maison d'habitation sur une ferme laitière : 1 ch. (1 lit 2 pers. 1 lit 1 pers.), 1 ch. (1 lit 2 pers.), s. d'eau, wc et TV. Gare 18 km. Commerces 4 km. Ouvert toute l'année. Les photos et les costumes des ancêtres sont exposés au 1er étage. Petits déjeuners copieux dans un séjour rustique. Dégustation de cidre. Soirée de far breton sur réservation. Restaurant à 4 km. A 4 km de l'Abbaye Cistercienne du Relecq, fondée en 1132.

Prix : 1 pers. **200 F** 2 pers. **250 F** 3 pers. **320 F**

18	18	5	5	6	5	SP	4	20	8	

MARTIN Annie – Ty Dreux – 29410 Loc-Eguiner-Saint-Thegonnec – Tél. : 98.78.08.21

Locronan Rodou Glaz   C.M. n° 58 — Pli n° 14

❦❦❦ NN   Dans une ferme laitière, 4 ch. d'hôtes situées au 1er étage de la maison du propriétaire. 2 ch. (1 lit 2 pers.), 2 ch. (2 lits 1 pers.), TV. Salle d'eau et wc privés dans chaque chambre. Un petit déjeuner copieux et soigné vous sera servi dans un vaste séjour/véranda donnant sur un verdoyant coin de campagne encore boisé. Gare 15 km. Commerces 1,5 km. Locronan, étape incontournable d'une visite en Bretagne, n'est distant que de 900 m et vous permettra de goûter au charme indéniable d'une petite cité de caractère avec toutes les activités qui en découlent. Plages de sable fin de la baie de Douarnenez à 10 mn. Ouvert toute l'année. Anglais parlé.

Prix : 1 pers. **200 F** 2 pers. **250 F**

5	5	10	10	2	10	2	2	10	

JAIN Fernand – Roudou Glaz – 29180 Locronan – Tél. : 98.73.52.41 ou 98.91.70.15

Locunole La Biquerie   C.M. n° 58 — Pli n° 17

❦❦❦ NN
(TH)   6 ch. d'hôtes dans la grande maison du propriétaire. R.d.c. (jardin) : 1 ch. (1 lit 2 pers.), coin-cuisine, s. d'eau et wc privés, salon, TV, bibliothèque, vidéothèque. R.d.c. (cour) : grande salle à manger/salon de 70 m² avec 2 cheminées, 1 ch. (1 lit 2 pers.), 1 ch. (3 lits 1 pers.), 1er/2e étage : 2 ch. (1 lit 2 pers.), 1 ch. (2 lits 1 pers.), s. d'eau, wc privés. Gare 10 km. Commerces 5 km.

Prix : 2 pers. **250/320 F** 3 pers. **300 F** pers. sup. **50 F**
repas **90 F**

19	19	23	0,5	5	10	1	12

GUIMARD Constance – La Biquerie – 29310 Locunole – Tél. : 98.71.32.26

Mahalon Kerzall   C.M. n° 58 — Pli n° 14

❦ NN   2 chambres d'hôtes aménagées au 1er étage de la maison du propriétaire. 2 chambres (1 lit 2 pers.) avec lavabo. Salle de bains et wc communs aux 2 chambres. Jardin, salon de jardin, aire de jeux, salle de détente. Aire de loisirs à 1 km. Non loin, camping à la ferme et gîtes ruraux. Gare 30 km. Commerces 1 km. Ouvert toute l'année. Anglais parlé.

Prix : 1 pers. **150 F** 2 pers. **200 F**

7	7	10	10	3	10	1	4	4	4	

VIGOUROUX Pierre – Kerzall – 29790 Mahalon – Tél. : 98.70.41.36 ou 98.70.40.20

Mahalon Kerantum   C.M. n° 58 — Pli n° 14

❦❦❦ NN   A l'entrée du Cap-Sizun, à 10 mn des plages et des ports de pêche, Anne et Jean vous accueillent dans leur exploitation agricole. Vous apprécierez le calme et le cadre de verdure. 3 chambres d'hôtes 2 pers. tout confort. 1 ch. (2 lits 1 pers.), 2 ch. (1 lit 2 pers.), salle d'eau et wc privés dans chaque chambre. Cuisine avec salon à disposition. Possibilité lit bébé. Possibilité lit d'appoint, prix réduits hors saison. Restaurant et commerces à 5 mn. Gare 25 km. Ouvert toute l'année.

Prix : 1 pers. **200 F** 2 pers. **250 F** pers. sup. **70 F**

10	10	10	SP	10	10	10	10	8	

OLIER Anne – Kerantum – 29790 Mahalon – Tél. : 98.74.51.93

Moelan-sur-Mer Trenogoat   C.M. n° 58 — Pli n° 11

❦❦❦ NN
(TH)   Bonjour ! La famille Williams vous accueille dans sa longère rénovée, près du petit port de Merrien. 6 chambres avec salle d'eau et wc particuliers. R.d.c. : 1 ch. (2 lits 1 pers.), 1 ch. (1 lit 2 pers.). Etage : 4 ch. (1 lit 2 pers.). Salon avec TV et point-phone. Jardin clos et tranquille, aire de verdure, barbecue. Table d'hôtes tous les soirs sauf le dimanche. Sentier côtier à 200 m. Ouvert du 1er mars au 31 octobre. Gare 15 km. Commerces 5 km. Anglais parlé.

Prix : 1 pers. **200 F** 2 pers. **250 F** repas **90 F**

1	7	7	1	5	15	SP	SP	15	6

WILLIAMS Jill et Terry – Trenogoat – 29350 Moelan-sur-Mer – Tél. : 98.39.62.82 – Fax : 98.39.78.09

Nevez Kerambris - Port Manech   C.M. n° 58 — Pli n° 11

❦❦ NN   Yveline habite dans un ancien village de tisserands près de Pont-Aven. La longère de Kérambris (XVIIIe siècle) est une ancienne ferme en pierre recouverte de lichen doré. 4 charmantes chambres, petites mais personnalisées. R.d.c. : 1 ch. (2 lits 1 pers.). Etage : 1 ch. (1 lit 2 pers.) et 2 ch. (2 lits 1 pers.). S. d'eau et wc privés dans chaque chambre. Copieux petits déjeuners dans un cadre calme et reposant. Jardin agréable. Salon de jardin. Sentiers côtiers à proximité. Port Manech 1 km. Gare 25 km. Commerces 5 km. Ouvert toute l'année.

Prix : 1 pers. **180 F** 2 pers. **230 F**

0,5	1	1	1	0,5	18	SP	5	25	3

GOURLAOUEN Yveline – Kerambris - Port Manech – 29920 Nevez – Tél : 98.06.03.82

Pleuven Kerguidal
C.M. n° 58 — Pli n° 15

✿✿ NN

1 chambre (1 lit 2 pers.) avec salle d'eau et wc privés, située à l'étage de la maison du propriétaire. 1 chambre (1 lit 2 pers. possibilité 1 lit 1 pers.) avec salle d'eau et wc privés située au rez-de-chaussée d'un bâtiment rénové à proximité du logement du propriétaire. Jardin, salon de jardin, aire de jeux. Gare 13 km. Commerces 1 km. Ouvert toute l'année.

Prix : 1 pers. **130 F** 2 pers. **190 F** 3 pers. **235 F**

6	6	6	6	6	3	3	3	4	4

ANDRE Marie-Therese – Kerguidal – 29170 Pleuven – Tél. : 98.54.62.57

Pleuven Kergrimen
C.M. n° 58 — Pli n° 15

✿ NN

Marie-Thérèse vous accueille dans sa maison très calme, située à 5 km de la mer, en pleine campagne. Au 1er étage, 4 ch. d'hôtes. 2 ch. (1 lit 2 pers.) avec chacune un lavabo, salle de bains et wc communs. 2 ch. (1 lit 2 pers.), salle d'eau et wc privés. Possibilité lit supplémentaire (60 F). Micro-ondes, TV. Gare 12 km. Commerces 2 km. Ouvert toute l'année. A votre entière disposition : salle à manger de style breton où est servi un copieux petit-déjeuner. Devant la maison, une grande cour et un jardin, salon de jardin. Crêperie 2 km. Restaurants 5 km.

Prix : 2 pers. **200/230 F** pers. sup. **60 F**

5	5	5	5	2	4	2	3	3	5

RIVIERE Marie-Therese – Kergrimen – 29170 Pleuven – Tél. : 98.54.62.65 – Fax : 98.54.74.61

Pleuven Kerguilavant
C.M. n° 58 — Pli n° 15

✿ NN

Anciens exploitants agricoles, Jeannine et Jean Kernévez vous accueillent dans leur maison à la ferme. 2 chambres d'hôtes avec lavabo : 1 ch. (1 lit 2 pers. 1 lit 1 pers.), 1 ch. (1 lit 2 pers.). Salle d'eau et wc communs aux 2 ch. Possibilité pique-nique dans un environnement fleuri. Visites des villes de Quimper, Concarneau et Pont-l'Abbé à 20 mn. Plages à 10 mn. Ouvert du 1er avril au 30 octobre. Gare 12 km. Commerces 3 km.

Prix : 2 pers. **210 F** 3 pers. **280 F** pers. sup. **70 F**

6	6	6	6	3	5	5	3	3	

KERNEVEZ Jeannine – Kerguilavant – 29170 Pleuven – Tél. : 98.54.61.99

Pleuven Kerlevot
C.M. n° 58 — Pli n° 15

✿ NN

Chambres au 1er étage de la maison du propriétaire. 1 chambre avec lavabo (1 lit 2 pers.), 1 chambre avec lavabo (1 lit 2 pers.). Salle d'eau et wc communs aux 2 chambres. TV dans la salle à manger. Jardin, salon de jardin. Piscine de loisirs 3 km. Gare 12 km. Commerces 2 km. Ouvert toute l'année.

Prix : 1 pers. **180 F** 2 pers. **210 F**

5	5	5	2	3	3	3	5	3

NERZIC Jeannette – Kerlevot – 29170 Pleuven – Tél. : 98.54.60.26

Pleuven Kerorquant
C.M. n° 58 — Pli n° 15

✿ NN

Annick et Marcel proposent de vous accueillir dans leur exploitation agricole. Au 1er étage : 1 ch. (1 lit 2 pers. 1 lit 1 pers.), 1 ch. (1 lit 2 pers. 2 lits 1 pers.) chacune avec lavabo. Au r.d.c. : salle d'eau et wc communs aux 2 chambres. Jardin avec salon de jardin, aire de jeux. Gare 15 km. Commerces 2 km. Ouvert toute l'année. Au menu du petit déjeuner : produits de la ferme. Dégustation du fameux cidre du pays. Crêperie et restaurant à 2 km.

Prix : 1 pers. **150 F** 2 pers. **200 F** 3 pers. **270 F**

5	5	3	3	3	3	3	2	3

COSQUERIC Annick – Kerorquant – 29170 Pleuven – Tél. : 98.54.67.75

Plogastel-Saint-Germain Kerguernou
C.M. n° 58 — Pli n° 14

✿✿✿ NN

Ancienne maison de la fin du XVIIIe siècle rénovée. A proximité de la maison du propriétaire. Rez-de-chaussée : 1 ch. (1 lit 2 pers.). 1er étage : 1 ch. (1 lit 2 pers.), 1 ch. (2 lits 1 pers.). Salle d'eau et wc privés pour chaque chambre. Séjour/salon avec cheminée et coin-cuisine. Jardin, cour, salon de jardin, barbecue, aire de jeux. Gare 18 km. Commerces 5 km. Réserve ornithologique 10 km.

Prix : 1 pers. **200 F** 2 pers. **230 F** 3 pers. **280 F**

10	10	17	0,2	5	18	5	10	23	6

LE HENAFF Jean Marie – Kerguernou – 29710 Plogastel-Saint-Germain – Tél. : 98.54.56.30

Plogoff Kerhuret
C.M. n° 58 — Pli n° 13

✿✿✿ NN
(TH)

4 chambres d'hôtes situées dans de petits bâtiments individuels, annexes à la maison du propriétaire. R.d.c. : ch. 1 (1 lit 2 pers.), salle de bains, wc. Chambre 2 en duplex, au r.d.c. (1 lit 2 pers.), salle d'eau avec wc, mezzanine (2 lits 1 pers.). Chambres 3 et 4 en rez-de-chaussée (1 lit 2 pers.), salle d'eau avec wc. Séjour/salon avec cheminée. Table d'hôtes sur réservation, TV, cour, jardin avec salon, aire de jeux. Plongée 10 km. Commerces 2 km.

Prix : 2 pers. **190 F** 3 pers. **250 F** pers. sup. **60 F** repas **85 F**

0,5	1	10	0,5	2	0,5	1	15	1

GANNE Jean Paul – Kerhuret – 29770 Plogoff – Tél. : 98.70.34.85

Plogoff Kerguidy-Huella   🏠   ▣   *C.M. n° 58 — Pli n° 13*

💥💥💥 NN
(TH)

Dans la vallée, à 5 km de la Pointe du Raz, Annick et Jean-Noël vous accueillent dans un corps de ferme typiquement breton et propice au repos. R.d.c. : 1 ch. (1 lit 2 pers.), 1 ch. (2 lits 1 pers.), accessible aux pers. handicapées. Etage : 2 ch. (1 lit 2 pers.), 2 ch. (2 lits 1 pers.). S. d'eau et wc privatifs, entrées indépendantes. Gare 53 km. Commerces 1 km. Salle d'accueil, salon avec bibliothèque, TV et jeux. Sur place table d'hôtes à base des produits de la ferme où Annick et Jean-Noël sont heureux de vous faire découvrir l'activité agricole. Jardin clos avec salons, terrase, barbecue, abri couvert. Poss. lit bébé. Prix réduits hors saison.

Prix : 2 pers. 250 F pers. sup. 80 F repas 80 F

🏊	🏖	⛵	🎣	🎿	🛶	🚶	🚴	🎱	🏇
1	3	12	2	1	28	SP	1	15	1

LE BARS Jean-Noel et Annick – Gaec de Cosquer Bihan - Kerguidy Izella – 29770 Plogoff – Tél. : 98.70.35.60 ou SR : 98.52.48.00.

Plogonnec Le Croezou   *C.M. n° 58 — Pli n° 15*

💥💥 NN

Les propriétaires vous accueillent dans leur maison qui comporte aussi un petit bar de campagne. Aux étages vous trouverez 3 chambres agréables et personnalisées de bon confort. 1 ch. (1 lit 2 pers.), 1 ch. (2 lits 1 pers.), 1 ch. (1 lit 2 pers. 1 lit 1 pers.). Salle d'eau et wc privés à chaque chambre. Salle de séjour avec TV. Terrasses dont 1 couverte. Le Croezou, faubourg d'une commune rurale situé à égale distance de la presqu'île de Crozon, la Pointe du Raz, le Pays de Pont l'Abbé. A proximité de Locronan petite cité de caractère avec restaurants de qualité. Gare 10 km. Commerces sur place. Ouvert toute l'année.

Prix : 1 pers. 200 F 2 pers. 230 F 3 pers. 280 F

🏊	🏖	⛵	🎣	🎿	🛶	🚶	🏇
10	10	10	2	2,5	13	3	2

KERMOAL Marie Louise – Le Croezou – 29180 Plogonnec – Tél. : 98.51.80.89

Plomeur Keraluic   *C.M. n° 58 — Pli n° 14*

💥💥💥 NN
(TH)

Au cœur du pays Bigouden, vous êtes le bienvenu dans cette ancienne ferme typiquement bretonne, récemment restaurée. Irène et Luis vous aideront à découvrir la Bretagne authentique. 1er étage : 2 ch. (2 lits 1 pers.), 1 ch. (1 lit 2 pers.), salles d'eau et wc privés. R.d.c. : 1 ch. (1 lit 2 pers.), 1 ch. (2 lits 1 pers.), salle de bains et wc privés. Les chambres, chaleureuses et confortables, sont situées dans une belle chaumière indépendante. Salle à manger, séjour avec cheminée. Table d'hôtes sur réservation en hors saison. Gare 20 km. Commerces 2 km. Ouvert toute l'année. Anglais parlé. Dépliant sur demande.

Prix : 2 pers. 330/380 F 3 pers. 415/465 F pers. sup. 85 F repas 110 F

🏊	🏖	⛵	🎣	🎿	🛶	🚶	🚴	🎱	🏇
6	6	7	6	3	3	SP	SP	15	4

GOMEZ-CENTURION Luis et Irene – Keraluic – 29120 Plomeur – Tél. : 98.82.10.22

Plomodiern Keraleon   🏠   *C.M. n° 58 — Pli n° 15*

💥💥 NN
(TH)

Roger et Yvonne vous accueillent dans leur habitation récente, proche de leur exploitation agricole. Téléphone dans chaque chambre. R.d.c. : 1 ch. (1 lit 2 pers.), salle de bains et wc privés (3 épis). Etage : 2 ch. (2 lits 1 pers.) avec lavabo, salle de bains et wc communs (1 épi), 1 ch. (1 lit 2 pers.), salle d'eau et wc privés (3 épis). Possibilité lit bébé. Table d'hôtes à la demande dans une ambiance familiale, salon en mezzanine avec bibliothèque et jeux. Grand jardin arboré avec pelouse et salons. Plan d'eau 1 km. Gare 25 km. Commerces 500 m. Ouvert toute l'année.

Prix : 2 pers. 200/220 F 3 pers. 300 F repas 90 F

🏊	🏖	⛵	🎣	🛶	🚶	🏇
5	5	5	5	0,7	12	3

PENNANEACH Yvonne – Keraleon – 29550 Plomodiern – Tél. : 98.81.51.72

Plomodiern Sainte-Marie-du-Menez-Hom   🏠   *C.M. n° 58 — Pli n° 15*

💥💥 NN

Anna vous accueille sur son exploitation laitière. R.d.c. : 1 ch. (1 lit 2 pers.), salle d'eau et wc privés. Etage : 1 ch. (1 lit 2 pers.), salle d'eau, wc à l'extérieur de la chambre, 1 ch. (1 lit 2 pers. 1 lit 1 pers.), salle d'eau, wc privés, 1 ch. (1 lit 2 pers.), salle d'eau et wc privés, 1 ch. (1 lit 2 pers.), salle de bains et wc privés, à l'extérieur de la ch. Salle de détente, TV, cuisine, salon de jardin, à la disposition des hôtes. Pratique du parapente et deltaplane sur l'un des plus beaux sites de Bretagne, Le Menez Hom (330 m). Crêperie 100 m. Restaurant 3 km. Gare 11 km. Ouvert toute l'année. Anglais parlé.

Prix : 1 pers. 170 F 2 pers. 200/220 F 3 pers. 270 F

🏊	🏖	⛵	🎣	🎿	🛶	🚶	🚴	🎱	🏇
5	5	5	1	3	11	SP	3	32	0,5

JACQ Anna – Sainte-Marie du Menez-Hom – 29550 Plomodiern – Tél. : 98.81.54.41

Plomodiern Sainte-Marie-du-Menez-Hom   🏠   *C.M. n° 58 — Pli n° 15*

💥💥 NN

Chambres dans un bâtiment intégrant 2 chambres d'hôtes, le logement du propriétaire et un gîte. Tout en r.d.c. : 1 ch. (1 lit 2 pers.), 1 ch. (2 lits 1 pers.), salle d'eau et wc privés pour chaque chambre. Une des chambres (2 lits 1 pers.) est accessible dans son ensemble (y compris sanitaires) aux pers. handicapées et dispose d'une terrasse avec salon de jardin. Salon et coin-cuisine à disposition. Chauffage électrique, salon de jardin. Gare 11 km. Commerces 3 km. Ouvert toute l'année.

Prix : 2 pers. 220 F

🏊	🏖	⛵	🎣	🎿	🛶	🚶	🚴	🎱	🏇
5	5	5	1	3	11	SP	10	32	0,5

JACQ Michelle – Sainte-Marie du Menez Hom – 29550 Plomodiern – Tél. : 98.81.54.41

Plomodiern Ti Rouz   *C.M. n° 58 — Pli n° 15*

💥💥💥 NN

Au rez-de-chaussée de la maison du propriétaire : 1 ch. (1 lit 2 pers.), salle d'eau et wc privés, séjour/salon avec cheminée et TV à disposition. Vue sur la mer du séjour/salon où les petits déjeuners vous seront servis. Jardin, terrasse, salon de jardin. Gare 16 km. Commerces 4 km. Ouvert toute l'année. Deltaplane, parapente, restaurant à 500 m, mini-golf à 2 km.

Prix : 1 pers. 200 F 2 pers. 250 F

🐾

🏊	🏖	⛵	🎣	🎿	🛶	🚶	🏇
0,6	0,6	0,6	0,6	4	16	1	4

KERVELLA-FRIANT Daniele – Ty - Rouz – 29550 Plomodiern – Tél. : 98.01.58.48

Ploneour-Lanvern Lestregueoc   C.M. n° 58 — Pli n° 14

NN (TH)

Mathilde et Pierre Durand vous accueillent dans leur maison. A l'étage, 2 chambres d'hôtes avec salle de bains ou salle d'eau et wc privés. 1 ch. (2 lits 1 pers.). 1 ch. (1 lit 2 pers.). Possibilité lit bébé. Salle de détente avec cheminée, TV. Table d'hôtes sur réservation. Vélos et VTT à disposition. Gare 18 km. Commerces 3 km. Ouvert toute l'année. Camping à la ferme sur place. Plages et ports de pêche à 10 mn. Maison de la baie d'Audierne à 7 km. Réserve ornithologique à 5 km.

Prix : 1 pers. **170 F** 2 pers. **220 F** 3 pers. **290 F** repas **70 F**

5	5	12	1	3	9	SP	SP	15	3

DURAND Pierre – Lestregueoc – 29720 Ploneour-Lanvern – Tél. : 98.87.62.46

Ploneour-Lanvern Kergaviny   C.M. n° 58 — Pli n° 14

NN (TH)

Aménagées dans une maison Bretonne entièrement rénovée attenante à la maison de la propriétaire. 3 ch. (1 lit 2 pers.), toutes équipées de sanitaires privés. Possibilité de lit supplémentaire et lit bébé. Un grand séjour avec cheminée où vous seront servis de copieux petits déjeuners (far, crêpes, gâteaux bretons) faits maison et vos repas du soir à la table d'hôtes. Marcelle vous accueille toute l'année dans ses chambres d'hôtes, très calmes. Pelouse avec salon de jardin. Gare 18 km. Commerces 2,5 km.

Prix : 1 pers. **180 F** 2 pers. **220 F** pers. sup. **50 F** repas **70 F**

7	7	12	1	5	12	SP	5	20	6

TIRILLY Marcelle – Kergaviny – 29720 Ploneour-Lanvern – Tél. : 98.82.64.49 ou 98.87.61.97 – Fax : 98.82.63.75

Plonevez-Porzay Belard   C.M. n° 58 — Pli n° 15

NN

A 4 km de Locronan, magnifique cité de caractère, Germaine Fertil vous accueille dans sa petite ferme de 14 ha, située au bord de la Baie de Douarnenez, à égale distance de la Presqu'île de Crozon et de la Pointe du Raz. 4 ch. (1 lit 2 pers.), 2 ch. (2 lits 1 pers.), dotées chacune de salle d'eau et wc privés. Gare 20 km. Commerces 1 km. Ouvert toute l'année. Au petit déjeuner, crêpes, brioches, confitures maison. A disposition : barbecue, TV, réfrigérateur, salon de jardin. A proximité : piscine, tennis, équitation, nombreux sentiers pédestres, golf, sports nautiques. Belles plages de sable fin à 5 mn. Bons restaurants à 1 km.

Prix : 2 pers. **220 F**

3	3	11	11	11	7	11	15

FERTIL Germaine – Belard – 29550 Plonevez-Porzay – Tél. : 98.92.50.73

Plonevez-Porzay Trevily   C.M. n° 58 — Pli n° 15

NN

Maison de caractère indépendante et fleurie. R.d.c. : 1 ch. (1 lit 2 pers. 1 lit 1 pers.). Etage : 1 ch. (1 lit 2 pers.), 1 ch. double (1 lit 2 pers. 2 lits 1 pers.), salle d'eau et wc particuliers. Dans la maison des propriétaires : 1 ch. (1 lit 2 pers.), salle d'eau et wc privés. Jardin à disposition des hôtes. Jardin avec salon. Gare 12 km. Commerces 1 km. Angèle et Pierre vous accueillent au sein de leur propriété porcine située dans la baie de Douarnenez entre la Pointe du Raz et la presqu'île de Crozon, à 5 km de Locronan, à 5 mn des plages. Restaurant, crêperie à 1 km. Deltaplane, aéromodélisme 12 km. Ouvert toute l'année.

Prix : 2 pers. **200/220 F** 3 pers. **280 F**

5	5	8	10	2	1	1	25	8

RANNOU Angele – Trevilly – 29550 Plonevez-Porzay – Tél. : 98.92.52.25

Ploudaniel Kerivoal   C.M. n° 58 — Pli n° 4

NN

A 10 mn de la côte des Légendes et du pays des Enclos paroissiaux, Yvonne et Jean vous accueilleront dans 2 chambres d'hôtes aménagées au 1er étage de leur maison entourée d'un grand jardin fleuri. Chaque chambre avec 1 lit 2 pers., salle d'eau et wc privés. Au rez-de-chaussée : séjour/salon avec cheminée et verrière, TV et coin-cuisine. Salon de jardin, barbecue. Sur place : salle de jeux, ping-pong, baby-foot, vélos, patins, boules, randonnées. Gare 15 km. Commerces 2 km. Lesneven à 1 km. Ouvert toute l'année.

Prix : 2 pers. **220 F**

10	10	10	10	2	2	SP	10	20	10

RICHARD Yvonne – Kerivoal – 29260 Ploudaniel – Tél. : 98.83.17.17

Ploudiry Porlazou   C.M. n° 58 — Pli n° 5

NN (A)

Eliane et Louis Saliou vous accueillent à « La Vallée des Cerfs », une élégante auberge à la ferme dans un environnement agréable et authentique. 3 chambres aménagées dans un bâtiment annexe avec accès indépendant. 2 ch. (1 lit 2 pers.), 1 ch. (2 lits 1 pers.), salle d'eau et wc privatifs. Gare 8 km. Commerces 3,5 km. Ouvert toute l'année. Dans le parc, 15 ha de bois, prairies, rivières, plan d'eau, et surtout des cerfs. Possibilité de se restaurer sur place (produits du terroir, venaison, terrines, brochettes de cerf...). Bar, aire de jeux, location de vélos. Baignade à 15 km. Rivière de l'Elorn à 2 km.

Prix : 2 pers. **240 F** repas **85 F**

25	25	15	2	3,5	8	SP	SP	8	8

SALIOU Louis – Porlazou – 29800 Ploudiry – Tél. : 98.25.10.72

Plouenan Lopreden   C.M. n° 58 — Pli n° 6

NN

Dans une typique ferme du Léon, Allain et Sylvie vous proposent toute l'année 3 chambres spacieuses de plain-pied aménagées dans une ancienne longère en pierre du pays : 2 ch. (1 lit 2 pers.), 1 ch. (2 lits 1 pers.), chacune pourvue de salle d'eau et wc séparés. Coin-cuisine. Gare 15 km. Commerces 3 km. Ouvert toute l'année. Anglais et allemand parlés. Un cadre de détente familial avec jardin fleuri, jeux d'enfants, sentiers de randonnées situés entre forêt et la mer.

Prix : 1 pers. **180 F** 2 pers. **200 F** 3 pers. **250 F**

8	8	8	8	3	12	2	8	10	3

CAZUC Allain et Sylvie – Lopreden – 29420 Plouenan – Tél. : 98.69.50.62 – Fax : 98.69.50.02

Plouescat Penkear   *C.M. n° 58 — Pli n° 5*

❦❦❦ NN Découvrez les charmes de la campagne et les plaisirs de la mer. Dans une ancienne ferme calme et fleurie, Marie-Thérèse et Raymond ont chaudement aménagé pour vous 2 ch. d'hôtes de prestige, modernes et raffinées. R.d.c., 1 ch. (1 lit 160), TV, s. d'eau et wc privés. Etage, 1 suite de 2 ch. (2 lits 160, 1 lit 2 pers.), TV, s.d.b. et wc privés. Ouvert toute l'année. Jardin, terrasse avec salon, grande véranda à la disposition des hôtes, copieux petit déjeuner. A 1 km, à Plouescat, restaurants, tennis, chemins de randonnée, club nautique et Halles XVIᵉ. Aux environs, château de Kerjean, Roscoff, circuit des Enclos paroissiaux. Casino 2 km. Gare 15 km.

Prix : 1 pers. 300 F 2 pers. 360 F 3 pers. 460 F

2,5	2,5	4	4	1	20	1	1	35	6	

LE DUFF Marie-Therese – Penkear – 29430 Plouescat – Tél. : 98.69.62.87 – Fax : 98.69.67.33

Plougar Keramis   *C.M. n° 58 — Pli n° 5*

❦❦❦ NN Entre la mer et le pays des Enclos paroissiaux, à la ferme, 3 ch. dans une maison récente, au calme et en pleine campagne. R.d.c. : 1 ch. (1 lit 2 pers.), salle d'eau et wc (poss. lit suppl.), 1 ch. (1 lit 2 pers. 1 lit 1 pers.), salle de bains et wc. Etage : 1 ch. (1 lit 2 pers. 1 lit 1 pers.), salle de bains et wc. Jardin d'agré-ment, parking, barbecue. Les petits déjeuners seront servis dans le séjour/salon avec cheminée. TV, jeux pour vous détendre. A proximité, restaurant, crêperie, baignades au plan d'eau. Commerces 2 km. La maison est située près d'un monument historique : le château de Kerjean en Saint-Vougay. Gare Landivisiau 12 km.

Prix : 1 pers. 180 F 2 pers. 230 F 3 pers. 280 F

13	13	13	5	5	12	SP	12	12

LOUSSAUT Jean Vincent et Yvonne – Keramis – 29440 Plougar – Tél. : 98.68.56.21

Plougasnou Kervescontou   *C.M. n° 58 — Pli n° 6*

❦❦❦ NN Monique et Joseph sont heureux de vous accueillir dans leur propriété en Bretagne. Au 1ᵉʳ étage, 2 chambres d'hôtes dont 1 ch. double (1 lit 2 pers. 2 lits 1 pers.) et 1 ch. (1 lit 2 pers. 1 lit 1 pers.), cha-cune avec salle de bains et wc privés. A votre disposition, cheminée, salon, TV et à l'extérieur, pelouse arborée, terrasse, meubles de jardin, allée de boules. Petits déjeuners copieux servis dans un cadre rustique. Gare 18 km. Commerces 1 km. Ouvert toute l'année.

Prix : 1 pers. 170 F 2 pers. 200/220 F 3 pers. 260 F

2	5	3	1	3	7	17	

BOZEC Monique – Kervescontou – 29630 Plougasnou – Tél. : 98.67.30.83

Plougasnou Merdy Bras   *C.M. n° 58 — Pli n° 6*

E.C. NN Chantal et Gilbert vous accueillent dans une ancienne longère restaurée. 3 chambres d'hôtes avec entrées indépendantes aménagées au r.d.c. d'une maison contiguë à l'habitation des propriétaires : 1 ch. familiale avec mezzanine (1 lit 2 pers. 2 lits 1 pers.), 1 ch. (1 lit 2 pers.), 1 ch. (2 lits 1 pers.), s. d'eau et wc privés pour chaque chambre, poss. lit d'appoint. Grand séjour, coin-détente et kitchenette à dis-position des hôtes. Jardin, salon de jardin. Sentiers côtiers à 3 km. Gare 20 km. Commerces 2 km. Ouvert toute l'année.

Prix : 1 pers. 180 F 2 pers. 210/230 F 3 pers. 270 F

3	3	4	2	1	4	3	3

FILY Chantal – Merdy Bras – 29630 Plougasnou – Tél. : 98.67.34.12 ou SR : 98.52.48.00.

Plouider Kersehen   *C.M. n° 58 — Pli n° 5*

❦❦❦ NN
(TH) Au Pays de la Côte des légendes, les propriétaires vous accueillent dans leur maison. A l'étage : 1 ch. (1 lit 2 pers.), possibilité lit enfant et bébé, salle de bains et wc privés. 2 ch. avec chacune salle d'eau et wc privés. Au rez-de-chaussée : salon, TV, bibliothèque pour vous détendre et vous infor-mer sur la région. Gare 20 km. Commerces 1,5 km. A l'extérieur, un grand jardin avec salon, relax, balançoire ainsi que des vélos sont à votre disposition. Echanges agréables autour d'une table d'hôtes le soir (sur réservation). Char à voile. Ouvert toute l'année. Anglais parlé.

Prix : 2 pers. 220/250 F repas 80 F

2,5	3	5	3	0,5	5	SP	SP	3

ROUE Claudine – Kersehen – 29260 Plouider – Tél. : 98.25.40.41

Plouider Kermabon   *C.M. n° 58 — Pli n° 4*

❦❦❦ NN 4 ch. d'hôtes à la campagne avec un beau point de vue sur la mer. 1 ch. (1 lit 2 pers.) aménagée dans la maison du propriétaire. A proximité, 3 ch. aménagées dans la maison de ferme rénovée. Au r.d.c. : 1 ch. (1 lit 2 pers.). A l'étage : 1 ch. (1 lit 2 pers.) et 1 mezzanine. 1 ch. (2 lit 1 pers.) avec vue sur la mer. Sanitaires privés pour chaque chambre. Possibilité de cuisiner. Salle commune avec cheminée. Dégus-tation de crêpes et de produits laitiers. Belles promenades en bordure de mer. Char à voile et réserve ornithologique à 2 km. Restaurants. Gare 20 km. Comemrces 3 km. Ouvert toute l'année. Anglais parlé.

Prix : 1 pers. 220 F 2 pers. 250 F

2	5	5	2	2	7	SP	3	4

CORBE Therese – Kermabon – 29260 Plouider – Tél. : 98.25.40.28

Plouigneau Manoir de Lanleya   *C.M. n° 58 — Pli n° 6*

❦❦❦ NN R.d.c. : salle à manger/salon, cheminée et meubles rustiques. 1ᵉʳ étage de sa Malouinière desservi par un escalier à vis du XVIᵉ en granit, 1 ch. double (1 lit 2 pers. 1 lit 1 pers. 1 lit 2 pers.), s. d'eau, wc. Une d'elle possède 1 cheminée monumentale en granit rose. 2ᵉ étage par un escalier en pierre situé dans l'échauguette : 2 ch. (2 lits 1 pers.), s. d'eau, wc. Au même niveau, vous disposerez d'un salon situé dans la tourelle avec sa charpente chevillée du XVIᵉ. La légende attachée au manoir vous ravira. Possi-bilité lit suppl. Le Manoir de Lanleya se situe entre la Baie de Morlaix et la côte de granit rose. Gare 8 km. Commerces 6 km.

Prix : 1 pers. 250 F 2 pers. 280/300 F pers. sup. 100 F

10	10	17	SP	6	10	SP	6	12	3	

MARREC Andre – Manoir de Lanleya – 29610 Plouigneau – Tél. : 98.79.94.15

Plourin-les-Morlaix Lestrezec  *C.M. n° 58 — Pli n° 6*

♨♨♨ NN   Entre Morlaix et Saint-Thégonnec, nous vous accueillons dans notre maison typique et confortable au sein d'une exploitation laitière. 2 chambres « prestige » y sont aménagées avec chacune salle d'eau et wc privés. R.d.c. : 1 ch. (1 lit 160) avec TV, terrasse, salon de jardin. Etage : 1 ch. (1 lit 2 pers.). Gare 10 km. Commerces 4 km. Ouvert toute l'année. Anglais parlé. En admirant un beau jardin, vous dégusterez un copieux petit déjeuner dans un vaste séjour avec salon et cheminée. TV à disposition des hôtes. Découverte des animaux de la ferme avec visite guidée. Plusieurs circuits de randonnée à proximité, sans oublier nos célèbres enclos.

Prix : 2 pers. 280/300 F

20	20	20	0,3	4	10	SP	10	14	10	

HELARY Patrick – Lestrezec – 29600 Plourin-Les Morlaix – Tél. : 98.72.53.55

Plouvien Croas Eugan   *C.M. n° 58 — Pli n° 4*

♨♨♨ NN   Denise et Maurice Le Jeune vous accueillent dans leur propriété du Finistère Nord. A l'étage de leur maison avec accès indépendant, 1 ch. (1 lit 2 pers.), sanitaires privés. 1 ch. (1 lit 2 pers.), sanitaires privés (accès wc par le palier 2 épis). 1 ch. (2 lits 1 pers.), salle d'eau, wc, coin-cuisine et salon privés. TV et cheminée au r.d.c. Baby-foot, ping-pong, balançoire, vélos, jardin d'agrément, salon de jardin à votre disposition. Des gâteaux maison agrémenteront vos petits déjeuners. Gare 18 km. Commerces à 1,5 km. Ouvert toute l'année.

Prix : 1 pers. 180/260 F 2 pers. 220/260 F 3 pers. 320 F

10	10	10	5	2	10	SP	SP	10	6

LE JEUNE Maurice et Denise – Croas Eugan – 29860 Plouvien – Tél. : 98.40.96.46

Plouzane Lezavarn   *C.M. n° 58 — Pli n° 3*

♨ NN   5 chambres dans la maison du propriétaire. 2 salles d'eau et wc communs à l'ensemble des chambres. 1er étage : 2 chambres (1 lit 2 pers.) avec lavabo, 1 chambre (2 lits 1 pers.) avec lavabo. 2e étage : 2 chambres (1 lit 2 pers. 1 lit 1 pers.) avec lavabo. Coin-cuisine et téléphone carte pastel à disposition des hôtes. Gare 15 km. Commerces 3 km. Ouvert toute l'année. Plouzané 3 km. Brest 8 km. Océanopolis 10 km.

Prix : 1 pers. 160 F 2 pers. 190 F 3 pers. 260 F

8	8	3	8	3	12	5	10	10	5

PERROT Marie – Lezavarn – 29280 Plouzane – Tél. : 98.48.49.79 – Fax : 98.48.93.29

Plouzane Lezavarn   *C.M. n° 58 — Pli n° 3*

♨♨♨ NN (TH)   Christiane et Yvon Philipot vous accueillent dans leur exploitation agricole. 4 chambres aménagées dans un bâtiment annexe avec accès indépendant. 3 ch. (1 lit 2 pers.) dont 1 ch. accessible aux pers. handicapées. 1 ch. (2 lits 1 pers.), toutes équipées de sanitaires privés, de TV, tél. carte pastel et d'un coin-cuisine. Possibilité lit supplémentaire. Abri couvert avec ping-pong. Aire de jeux. Visite de la ferme 2 jours par semaine. Table d'hôtes sauf le dimanche, gratuite pour enfants de moins de 4 ans. Brest à 10 mn. Embarquement pour Ouessant à 15 mn. Gare 15 km. Commerces 3 km. Ouvert de juin à septembre.

Prix : 1 pers. 230 F 2 pers. 295 F 3 pers. 350 F repas 82 F 1/2 pens. 215 F

8	8	3	3	12	5	10	10	5

PHILIPOT Christiane – Lezavarn – 29280 Plouzane – Tél. : 98.48.41.28 – Fax : 98.48.93.29

Plouzane Lannevel Vras   *C.M. n° 58 — Pli n° 3*

E.C. NN   2 chambres d'hôtes situées dans la maison du propriétaire et à proximité de 2 gîtes. A l'étage : 1 ch. (1 lit 2 pers.), salle d'eau, wc. 1 ch. (1 lit 2 pers.), salle d'eau, wc. A disposition des hôtes : séjour/salon avec cheminée et TV. Jardin, salon de jardin, terrasse, barbecue, portique. Ouvert toute l'année. Gare 7 km. Commerces 1 km. Charmante maison familiale, bien ensoleillée, calme et accueillante. Séjour spacieux avec cheminée, terrasse, jardin ombragé. Vue sur la campagne et la rade de Brest.

Prix : 2 pers. 250 F

3	3	10	4	2	6	1	5	5	4

GOURVENNEC Pierre – Lannevel Vras – 29280 Plouzane – Tél. : 98.05.94.60

Plozevet Kerongard Divisquin   *C.M. n° 58 — Pli n° 14*

♨♨ NN   Entre la Pointe du Raz et la Torche, au creux de la baie, Claudine et Ernest vous accueillent dans un cadre agréable au sein d'un petit village calme. 3 chambres lumineuses dans la maison du propriétaire avec accès indépendant et vue sur l'océan vous sont proposées à l'étage : 2 ch. (1 lit 2 pers.), 1 ch. (2 lits 1 pers.), s. d'eau et wc privés à chaque chambre. Au rez-de-chaussée une grande salle bretonne où vous pourrez savourer de copieux petits déjeuners (far, crêpes, gâteaux bretons faits maison). Plage à 1 km, sentiers de randonnées sur place, restauration à 2 km. Gare 25 km. Commerces 4 km.

Prix : 2 pers. 250 F

1	1	10	1	4	15	0,1	4	25	8

TREPOS Claudine – Kerongard Divisquin – 29710 Plozevet – Tél. : 98.54.31.09 ou SR : 98.52.48.00.

Pont-Aven Kermentec   *C.M. n° 58 — Pli n° 16*

♨♨♨ NN   Sur les hauteurs de Pont Aven, à 2 mn de la cité des peintres et à 2 pas du bois d'amour, M. et Mme Larour vous reçoivent dans cette jolie maison en pierre. A votre disposition, 3 ch. confortables avec chacune salle d'eau et wc privés. 1 ch. (2 lits 1 pers.), 2 ch. (1 lit 2 pers.). Grand séjour avec coin-salon et kitchenette. Gare 18 km. Commerces 300 m. Petits déjeuners en plein-air ou au coin du feu, calme de la campagne, balades sympathiques, proximité des plages et sites à visiter (Quimper, Locronan, Concarneau...). Toute une palette de plaisirs pour des vacances hautes en couleurs !

Prix : 2 pers. 250 F 3 pers. 320 F

5	10	7	0,5	0,5	15	SP	15	25	0,5

LAROUR Alain – Kermentec – 29930 Pont-Aven – Tél. : 98.06.07.60

Pouldergat Listri Vras — C.M. n° 58 — Pli n° 14

♥♥ NN Au carrefour des pays glazik, bigouden et capiste, Louis et Angèle vous accueillent dans leur maison de Listri-Vras, un cadre fleuri, calme et très reposant. 3 chambres d'hôtes vous sont proposées. R.d.c. : 1 ch. (1 lit 2 pers. 1 lit 1 pers.). Etage : 1 ch. (1 lit 2 pers.), 1 ch. (2 lits 1 pers.). Toutes les chambres sont équipées de sanitaires privés. Jardin, salon de jardin. Musée du bateau à 7 km. Gare 20 km. Commerces 1 km. Ouvert toute l'année. Salon à disposition des hôtes. TV.

Prix : 1 pers. **200 F** 2 pers. **250 F** 3 pers. **310 F**

7	7	7	7	1	7	2	SP	25	7

KERVAREC Angele – Listri Vras – 29100 Pouldergat – Tél. : 98.74.61.40

Quemeneven Kerouzaillet — C.M. n° 58 — Pli n° 15

♥♥ NN Monique vous accueille toute l'année sur l'exploitation familiale. 3 chambres d'hôtes sont aménagées à l'étage de la maison. 2 ch. (1 lit 2 pers.), 1 ch. (3 lits 1 pers.). Chacune d'elles possèdent douche, lavabo et wc. Coin-cuisine et coin-détente à disposition des hôtes. Possibilité de randonnées sur le site. Jardin avec salon, salle de détente. Gare 7 km. Commerces 3 km. Ouvert toute l'année. Anglais parlé.

Prix : 1 pers. **200 F** 2 pers. **220 F** 3 pers. **280 F**

10	10	15	10	5	13	1	3	35	5

HENAFF Monique – Kerouzaillet – 29180 Quemeneven – Tél. : 98.73.51.06

Querrien La Clarte — C.M. n° 58 — Pli n° 16

♥♥ NN Jean et Lucie vous accueillent dans leur maison, dans un village calme et fleuri avec sa chapelle, sa fontaine du XVIe siècle, son calvaire, ses chaumières, ses puits et ses sentiers pédestres. 3 ch. d'hôtes aux étages. 1 ch. (1 lit 2 pers.), 1 ch. (1 lit 1 pers.), 1 ch. (1 lit 2 pers.). 3 sanitaires privatifs (salle d'eau ou salle de bains). Poss. lit suppl. Salle d'accueil Louis XIII pour petits déjeuners (pain maison). Salon-véranda pour TV, téléphone. Parc avec salon de jardin et barbecue. Le village est à 3 km de Querrien. Gare 15 km. Commerces 3 km. Ouvert toute l'année.

Prix : 1 pers. **190 F** 2 pers. **230 F** 3 pers. **300 F**

25	25	25	0,3	3	15	SP	SP	25	15

GUILLOU Jean et Lucie – 25 la Clarte – 29310 Querrien – Tél. : 98.71.31.61

Querrien Kerfaro — C.M. n° 58 — Pli n° 17

♥♥ NN Dans un cadre verdoyant, dominant un plan d'eau aménagé par le propriétaire, M. et Mme Le Gallic vous reçoivent dans leur maison d'où vous pourrez contempler la vallée. Au 1er étage : 1 ch. (1 lit 2 pers.), salle d'eau avec wc, 1 ch. (1 lit 2 pers.), salle d'eau et wc privatifs mais non communicants avec la chambre. Chauffage central. Salon/salle à manger avec cheminée et TV, terrasse, jardin avec salon. Barque à disposition sur l'étang où vous pourrez pêcher. Gare 12 km. Commerces 1 km.

Prix : 2 pers. **230 F**

20	20	25	SP	2	10	1	SP	25	12

LE GALLIC Yves – Kerfaro – 29310 Querrien – Tél. : 98.71.30.02

Quimper Guiniel — C.M. n° 58 — Pli n° 15

♥ NN Marie-Anne et Jean Le Bellac, retraités agricoles, vous accueillent à la campagne. 2 chambres d'hôtes à l'étage avec lavabo. 1 ch. (1 lit 2 pers.), 1 ch. (1 lit 2 pers.). Salle de bains et wc communs aux 2 chambres. Petit déjeuner au lait de ferme et crêpes. Jardin avec salon de jardin. Gare 8 km. Commerces 1 km. Ouvert toute l'année. A 7 km du centre ville de Quimper, en direction de Bénodet et à 6 km des plages.

Prix : 1 pers. **150 F** 2 pers. **200 F**

6	6	6	6	6	5	1	3	3	3

LE BELLAC Marie-Anne – 64, Route du Lendu - Guiniel – 29000 Quimper – Tél. : 98.54.62.39

Riec-sur-Belon Kerspern — C.M. n° 58 — Pli n° 11

♥ NN Simone et Jean-Marie vous accueillent dans leur ferme typiquement bretonne. Les 2 chambres d'hôtes sont aménagées au 1er étage d'une maison contiguë à l'habitation des propriétaires. 2 ch. (1 lit 2 pers.) avec lavabo, salle de bains et wc communs aux 2 ch. Une pièce indépendante avec réfrigérateur est à la disposition des hôtes. Jardin, salon de jardin. Aire de jeux. Gare 13 km. Commerces 2 km. Ouvert toute l'année.

Prix : 2 pers. **180 F**

2	2	4	2	2	13	2	2	20	12

JOUAN Simone – Kerspern – 29340 Riec-sur-Belon – Tél. : 98.06.91.67

Riec-sur-Belon Keraval — C.M. n° 58 — Pli n° 11

♥ NN Yvette Guillemot vous accueille dans un cadre de verdure au sein de sa propriété. 3 chambres dans la maison du propriétaire. 2 chambres au r.d.c. avec lavabo et accès indépendant, salle de bains et wc communs aux deux chambres : 1 ch. (1 lit 2 pers. 1 lit 1 pers.), 1 ch. (1 lit 2 pers.). A l'étage : 1 ch. (1 lit 2 pers.) avec douche et wc privés. Possibilité lit et chaise bébé. Petits déjeuners avec dégustation de produits régionaux. Jardin, salon de jardin, jeux d'enfants. A 2 km, dégustation de produits de la mer : huîtres de Belon. Sentiers pédestres à proximité, sentiers côtiers à 3 km. Pont Aven 4 km. Gare 10 km.

Prix : 1 pers. **150 F** 2 pers. **190 F** 3 pers. **270 F**

6	6	3	2	2	2	3	2	20	2

GUILLEMOT Yvette – Keraval – 29340 Riec-sur-Belon – Tél. : 98.06.94.43

Riec-sur-Belon Le Rest

C.M. n° 58 — Pli n° 11

NN (TH)

Martine, Rémy et leurs enfants vous accueillent dans leur exploitation agricole du Rest. A proximité de leur maison, 4 chambres aménagées à l'étage d'un bâtiment en pierre datant de 1877. 2 ch. (1 lit 2 pers.), 2 ch. (1 lit 2 pers. 1 lit 1 pers.), s. d'eau et wc privés. R.d.c. : grande salle où vous pourrez savourer de copieux petits déjeuners et vos repas du soir. Table d'hôtes (sur réservation, fermée le dimanche et du 15/11 au 15/02). Coin-salon avec TV. Téléphone carte pastel. Grand parc de jeux pour enfants. Jardin avec salon. Gare 10 km. Commerces 3 km. Ouvert toute l'année.

Prix : 1 pers. 210 F 2 pers. 230 F 3 pers. 300 F repas 80 F

4	12	6	1	3	10	6	3	30	5	

GUILLOU Remy et Martine – Le Rest – 29340 Riec-sur-Belon – Tél. : 98.06.92.98

Rosnoen

C.M. n° 58 — Pli n° 15

NN (TH)

Nous vous accueillons dans notre ferme apicole, en bordure de l'Aulne au cœur du Parc d'Armorique. 6 chambres d'hôtes indépendantes. 1 ch. (1 lit 2 pers. 2 lits 1 pers.), 1 ch. (1 lit 2 pers. 2 lits 1 pers. superposés), 2 ch. doubles (1 lit 2 pers.), 2 ch. doubles (2 lits 1 pers.), salle d'eau, wc, TV, téléphone dans chaque chambre. Nécessaire pour bébé. Jardin, salon de jardin, aire de jeux, salle de détente. Vélos à disposition sur place. Visite de l'Ecomusée et dégustation des produits de la ruche sur place. Gare 35 km. Commerces 6 km. Ouvert toute l'année. Anglais parlé.

Prix : 1 pers. 195/215 F 2 pers. 240/280 F 3 pers. 305 F repas 80 F

SP	15	20	SP	8	20	1	SP	20	15

BRINDEAU Stephane – Ferme Apicole de Terenez – 29580 Rosnoen – Tél. : 98.81.06.90

Rosnoen Le Seillou

C.M. n° 58 — Pli n° 15

NN (A)

Marie-Thérèse, Hervé Le Pape et leurs filles vous reçoivent dans un cadre typiquement breton. Au dessus de la ferme-auberge : 2 ch. (1 lit 2 pers.), salle d'eau, wc, coin-salon privés. 1 ch. (2 lits 1 pers.), salle de bains, wc, coin-salon privés. Jardin, salon de jardin, aire de jeux. Gare 15 km. Commerces 6 km. Ouvert toute l'année. Anglais parlé. En retrait de la D791, sur l'axe de la presqu'île de Crozon et proche de la Rade de Brest (300 m) nous vous proposons un séjour au calme. Sur place et sur réservation, repas à base de produits de la ferme et crêpes faites maison. Parc de détente avec jeux.

Prix : 1 pers. 230 F 2 pers. 250 F repas 75/100 F

0,3	15	18	0,3	3	20	SP	3	25	10

LE PAPE Marie Therese – Le Seillou – 29580 Rosnoen – Tél. : 98.81.92.21

Rosporden Kerantou

C.M. n° 58 — Pli n° 14

NN

6 chambres d'hôtes aménagées dans les bâtiments d'une ancienne ferme. A proximité de la maison des propriétaires, Christian et Monique, qui sauront vous faire découvrir les traditions bretonnes. Salle de bains ou salle d'eau et wc privés dans chaque chambre. 3 ch. (1 lit 2 pers.), 2 ch. (2 lits 1 pers.), 1 ch. (1 lit 2 pers. 2 lits 1 pers.). Coin-cuisine. Salle/salon, documentation, jardin, salon de jardin, barbecue, jeux à disposition, abri couvert. Randonnée sur place. Gare 3 km. Commerces 2 km. Ouvert toute l'année. Anglais parlé. Possibilité de baby-sitting. A 2 km de Rosporden et 15 km de Concarneau et Pont-Aven.

Prix : 1 pers. 180 F 2 pers. 230 F

15	15	15	2	3	3	SP	3	18	10

BERNARD Monique – Kerantou – 29140 Rosporden-Kernevel – Tél. : 98.59.27.79

Saint-Eloy-Hanvec Kerivoal

C.M. n° 58 — Pli n° 5

NN (TH)

Vous trouverez dans un bâtiment indépendant, à proximité de 2 gîtes, 2 chambres d'hôtes au 1er étage : 1 ch. (1 lit 2 pers.), salle d'eau, wc. 1 ch. (2 lits 1 pers.), salle d'eau, wc. R.d.c. : séjour avec cheminée, TV et kitchenette à disposition. Jardin, salon de jardin, barbecue, portique. Table d'hôtes sur réservation. Equipement bébé, baby-sitting. Au centre du département, vous découvrirez un bel ensemble de bâtiments de ferme typique des Monts d'Arrée. Le jardin est fleuri, orienté plein sud, la vue est largement dégagée sur un vallon boisé où coule une rivière à truites. Gare 17 km. Commerces 6 km. Anglais parlé.

Prix : 1 pers. 170 F 2 pers. 220 F repas 80 F

10	20	10	SP	3	10	SP	10	15	8

LE LANN Nicole – Kerivoal – 29460 Saint-Eloy – Tél. : 98.25.86.14 ou SR : 98.52.48.00.

Saint-Martin-des-Champs Kereliza

C.M. n° 58 — Pli n° 6

NN

Marie-Noëlle et Christian vous accueillent dans leur charmante « maison de maître » du XIXe siècle rénovée. 6 coquettes chambres, toutes équipées de salle d'eau ou salle de bains et wc particuliers. 2 ch. (2 lits 1 pers.). 4 ch. (1 lit 2 pers.). Grand jardin fleuri. Parking privé. Salon, bibliothèque, piano et TV à disposition. Point-phone. Ouvert toute l'année. Anglais parlé. Restaurants et commerces à 1 km. Gare à 2 km.

Prix : 1 pers. 150 F 2 pers. 210 F 3 pers. 250 F

3	10	10	3	2	5	2	10

ABIVEN Marie-Noelle – Kereliza – 29600 Saint-Martin-des-Champs – Tél. : 98.88.27.18

Saint-Thegonnec Ar Prospital Coz

C.M. n° 58 — Pli n° 6

NN

6 chambres d'hôtes de prestige avec s.d.b. et wc ou s. d'eau et wc, aménagées dans l'ancien presbytère de St-Thégonnec, au Pays des Enclos Paroissiaux et des Monts d'Arrée, où Catherine et Jean vous accueillent et vous conseillent dans votre découverte de la Bretagne. 4 ch. (1 lit 2 pers.), 2 ch. (2 lits 1 pers.). Auberge gastronomique et crêperie réputées à 500 m. Lave-linge, sèche-linge, four micro-ondes. Location de vélos sur place. Poney-club, ferme équestre à 1 km. Parking clos. Réductions pour séjours. Possibilité de lits d'appoint. Ouvert toute l'année. Gare 12 km. Commerces 500 m. Anglais parlé.

Prix : 1 pers. 180/220 F 2 pers. 220/260 F 3 pers. 270/310 F

14	20	20	1	SP	6	SP	SP	12	10

CAROFF Catherine – 18, rue Lividic – Ar Prospital Coz – 29410 Saint-Thegonnec – Tél. : 98.79.45.62 – Fax : 98.79.48.47

Saint-Thegonnec Reslouet

C.M. n° 58 — Pli n° 6

ⵣ NN

Yvette et François vous propose 1 chambre (1 lit 2 pers.), salle d'eau et wc privés, au 1er étage de leur maison, sur leur exploitation laitière. A disposition : séjour/salon avec cheminée et télévision. Jardin, salon de jardin, barbecue. Equipement bébé. 2 gîtes à proximité. Gare et commerces à 2 km.

Prix : 2 pers. 220 F

20	20	20	2	2	5	1	10	3

CHARLOU Yvette – Reslouet – 29410 Saint-Thegonnec – Tél. : 98.79.60.39 ou SR : 98.52.48.00.

Saint-Thonan Veuleury

C.M. n° 58 — Pli n° 4

ⵣ ⵣ ⵣ NN

Dans sa grande maison de construction, 1er étage. Séjour/salon avec cheminée et TV, jardin d'hiver, terrasse, jardin avec salon, aire de jeux. 1 ch. familiale (2 lits 2 pers.), salon, 1 ch. (1 lit 2 pers. 1 lit 1 pers.), 1 ch. (2 lits 1 pers.), coin-cuisine. Salle d'eau et wc privé dans chaque ch. Chauffage central, tél. carte pastel dans chaque ch. Gare 5 km. Commerces 2,5 km. Equipement bébé. Entrée indépendante. Sentier piétonnier à 200 m, Chapelle Saint-Herbot à 200 m. Remise de 10 % sur séjours de plus de 3 jours en hors saison.

Prix : 1 pers. 180/230 F 2 pers. 230/260 F 3 pers. 320/350 F

15	20	20	6	2,5	6	9	6

EDERN Marie Jo – Veuleury – 29800 Saint-Thonan – Tél. : 98.20.26.99 – Fax : 98.20.27.13

Saint-Yvi Kervren

C.M. n° 58 — Pli n° 15

ⵣ ⵣ NN

Odile vous accueille dans la longère d'une ferme du XIXe siècle. 6 chambres d'hôtes ont été aménagées à Kervren : 4 ch. (1 lit 2 pers.), 2 ch. (2 lits 1 pers.). Toutes les chambres sont dotées de salles d'eau et wc privés. Copieux petits déjeuners maison. Parc paysager. Vue panoramique. Salons de jardin. Gare 10 km. Commerces 2 km. Ouvert toute l'année. A disposition : salon avec cheminée, kitchenette, salle de séjour. Plage et golf à 15 mn, rivière à 5 mn (pêche). Possibilité de petites promenades à proximité. Aéroport de Quimper 20 mn.

Prix : 1 pers. 180 F 2 pers. 230 F

10	10	20	8	5	5	SP	10	5

LE GALL Odile – Kervren – 29140 Saint-Yvi – Tél. : 98.94.70.34

Santec Brenesquen

C.M. n° 58 — Pli n° 5

ⵣ ⵣ ⵣ NN

Annick Stéphan vous accueille dans sa maison de style rustique aux fenêtres entourées de granit rose, entre campagne et mer. 1 ch. double (1 ch. 1 lit 2 pers. s. d'eau et wc attenants, 1 ch. 2 lits 1 pers., coin-toilette). 1 ch. (1 lit 2 pers.), s. d'eau, wc privés. Grande salle à manger pour déguster de copieux petits déjeuners. Gare et commerces à 3 km. Salon, cheminée, tél. carte pastel, TV, vue sur jardin, parking privé. Grande plage à 1,5 km, possibilité de faire de la planche et du char à voile, randonnées pédestres, forêt domaniale, restaurant, crêperie à proximité. Gare maritime 6 km. Ouvert du 1er avril au 1er octobre.

Prix : 1 pers. 170 F 2 pers. 200/220 F 3 pers. 270/300 F

1,5	1,5	4	3	5	25	3	5	10

STEPHAN Annick – 361, Route du Dossen - Brenesquen – 29250 Santec – Tél. : 98.29.70.45

Scaer Kerloai

C.M. n° 58 — Pli n° 16

ⵣ ⵣ ⵣ NN

Dans ce village, Thérèse et Louis possèdent une ferme laitière. Un grand séjour salon (TV) vous accueillera pour un copieux petit déjeuner autour de la cheminée centrale après une bonne nuit calme. 4 ch. chaudement aménagées avec s. d'eau et wc privés. 3 ch. (1 lit 2 pers.), 1 ch. (2 lits 1 pers.). Le jardin agréable vous invite au repos. Ouvert toute l'année. Kerloaï, située entre Armor (pays de la mer) et Argoat (pays des bois), un nom qui invite à découvrir les légendes et les trésors enfouis des chapelles et des menhirs. Scaër, bien centré, vous permettra la visite de Pont Aven, Concarneau, Quimper, et la découverte de la Bretagne intérieure.

Prix : 1 pers. 200 F 2 pers. 250 F

20	20	20	4	4	4	4	15	15

PENN Louis et Therese – Kerloai – 29390 Scaer – Tél. : 98.59.42.60

Sizun-le-Trehou Mescouez

C.M. n° 58 — Pli n° 5

ⵣ ⵣ ⵣ NN
(TH)

5 chambres de caractère avec sanitaires particuliers vous attendent dans une belle maison paysanne restaurée dans le style 1900. Au 1er étage, 1 ch. (2 lits 1 pers.), 2 ch. (1 lit 2 pers.), salle d'eau et wc dans chaque ch. Au 2e étage, 1 ch. (2 lits 1 pers.), 1 ch. (1 lit 2 pers.), salle de bains et wc dans chaque chambre. Table d'hôtes sur réservation. Cette maison de maître, dispose d'un salon avec TV, bibliothèque et un jardin clos ombragé et fleuri. Un local à vélos et un tennis privé sont à disposition des hôtes. Découvrez le pays des Enclos paroissiaux et les Monts d'Arrée. Gare 12 km. Commerces 5 km. Ouvert toute l'année. Anglais parlé.

Prix : 1 pers. 200 F 2 pers. 230 F repas 75 F

15	35	10	10	SP	SP	SP	12	10

FAMILLE SOUBIGOU. – Mescouez – 29450 Le Trehou – Tél. : 98.68.83.39 – Fax : 98.68.86.79

Spezet Pendreigne

C.M. n° 58 — Pli n° 16

ⵣ NN

Annick Lollier vous accueille dans sa maison et vous propose 2 chambres d'hôtes avec accès indépendant. 2 ch. (1 lit 2 pers.) avec lavabo, la salle de bains et les wc sont communs. Une salle de détente sépare les deux chambres. Le petit déjeuner avec crêpes et confitures est servi dans la salle à manger. Possibilité de cuisiner et de pique-niquer. Location de vélos à 300 m, parc de loisirs avec luge d'été à 8 km. Gare 17 km. Commerces 500 m. Ouvert toute l'année.

Prix : 1 pers. 160 F 2 pers. 190 F

40	40	25	2	0,3	8	SP	SP	15	15

LOLLIER Annick – Pendreigne – 29540 Spezet – Tél. : 98.93.80.32

Tourc'h Ti Ar Vourc'Hized

C.M. n° 58 — Pli n° 16

♥♥♥ NN (TH)

Entre la Ville Close de Concarneau et le château de Trévarez, Odette et Rémy vous accueillent dans leur grande maison située dans le bourg de Tourc'h face à l'église (XVIe siècle) avec la campagne à perte de vue. A l'étage : 2 ch. (1 lit 2 pers.), 2 ch. (2 lits 1 pers.), chacune avec TV, salle de bains ou salle d'eau et wc privés. Point-phone. Grande salle à manger, salon, verrière. Jardin clos en terrasse. Table d'hôtes avec les produits de la ferme (canard gras, volailles). Ferme à 2 km sur l'autre versant de la vallée. Gare 7 km. Commerces sur place. Ouvert du 15 juin au 15 septembre et en dehors sur réservation.

Prix : 2 pers. **250 F** repas **70 F**

20	20	20	1	7	7	SP	30	6

LE BOURHIS Remy et Odette – Le Bourg - Ti Ar Vourc'Hized – 29140 Tourc'h – Tél. : 98.59.15.42 ou 98.59.42.41 – Fax : 98.59.01.41

Treflez Pen Ar Roz

C.M. n° 58 — Pli n° 5

♥♥♥ NN

Yvette et Jean vous accueillent dans leur maison campagnarde de type rustique, entourée d'un grand jardin et d'arbres avec salon de jardin. 1 ch. au r.d.c. (1 lit 2 pers.), salle de bains et wc privés. 1 ch. au 1er étage (2 lits 1 pers.), salle d'eau et wc privés. Séjour-salon à votre disposition avec cheminée, TV, mini-bibliothèque. Gare 22 km. Comerces 2,5 km. Four micro-ondes (possibilité de déguster le repas que vous apportez). L'endroit idéal pour vous reposer. Casino 5 km. Ouvert toute l'année.

Prix : 1 pers. **200 F** 2 pers. **250 F**

2	2	2	2	2,5	10	6	5	2

ROUE Yvette – Pen Ar Roz – 29430 Treflez – Tél. : 98.61.42.84

Treglonou Manoir de Trouzilit

C.M. n° 58 — Pli n° 4

♥♥ NN

Entre Lannilis et Ploudalmézeau, le manoir de Trouzilit, propriété boisée de 30 ha. bordant l'Aber Benoît sur 1,5 km, vous accueille dans ses 5 ch. d'hôtes, toutes équipées de sanitaires privés. 2 ch. (1 lit 2 pers.), 1 ch. (2 lits 1 pers.), 1 ch. (1 lit 1 pers.), 1 ch. (1 lit 2 pers.). La famille Stéphan gère ce centre de loisirs depuis 30 ans. Ouvert toute l'année. Elle vous propose un bar et une crêperie mais aussi des activités sportives : centre équestre (chevaux et poneys), tennis couvert, golf miniature à des tarifs préférentiels pour ses hôtes. Sentiers pédestres sur la propriété et jusqu'aux plages. Gare 20 km. Commerces 4 km.

Prix : 1 pers. **140/160 F** 2 pers. **230 F** 3 pers. **280 F**

4	4	4	SP	SP	16	SP	4	20	SP

STEPHAN Roland – Manoir de Trouzilit – 29870 Treglonou – Tél. : 98.04.01.20

Treglonou Keredern

C.M. n° 58 — Pli n° 4

♥♥ NN

Viviane et Jacques Le Gall vous proposent leurs 3 chambres d'hôtes aménagées dans une dépendance de leur ferme, riveraine de l'Aber-Benoît. 1 ch. double (1 lit 2 pers. 1 lit 1 pers.), 1 ch. (2 lits 1 pers.), 1 ch. (1 lit 2 pers.), équipées de sanitaires privés. Salle de repos et coin-cuisine seront à votre entière disposition dans un cadre reposant. Gare 20 km. Commerces 4 km. Ouvert toute l'année. Anglais et allemand parlés.

Prix : 2 pers. **200 F** 3 pers. **250 F**

5	5	5	SP	1	20	1	1

LE GALL Viviane – Keredern – 29870 Treglonou – Tél. : 98.04.02.60

Treogat Keramoine

C.M. n° 58 — Pli n° 14

♥♥ NN

Hélène et Michel vous accueilleront à la pointe du pays Bigouden, au cœur des étangs, vous attendent. A l'étage de leur maison, 3 chambres d'hôte : 1 ch. (1 lit 2 pers. 1 lit 1 pers.), 1 ch. (1 lit 2 pers.), 1 ch. familiale double (1 lit 2 pers. 2 lits 1 pers.), chaque chambre avec salle d'eau et wc privés. Gare 30 km. Commerces 3 km. Ouvert toute l'année. A disposition : jardin, salon de jardin, barbecue, réfrigérateur, abri couvert.

Prix : 1 pers. **180 F** 2 pers. **200 F** 3 pers. **300 F**

0,5	0,5	10	0,5	7	15	SP	7	7

FAOU Helene et Michel – Keramoine – 29720 Treogat – Tél. : 98.87.63.98 ou SR : 98.52.48.00.

Ille-et-Vilaine (R)

Antrain-sur-Couesnon

C.M. n° 230 — Pli n° 27

♥♥♥ NN

3 chambres 3 pers. avec sanitaires particuliers dans maison de caractère et 2 chambres 4 pers. avec sanitaires particuliers. Salle de séjour/salon. Terrain aménagé. Terrasse. Parking.

Prix : 1 pers. **200 F** 2 pers. **220 F** 3 pers. **270 F**

20	1	10	5	40

DAUVILLIERS Therese – 1 rue de Saint-Ouen – 35560 Antrain-sur-Couesnon – Tél. : 99.98.34.01 ou SR : 99.78.47.57.

Baguer-Morvan   *C.M. n° 230 — Pli n° 12*

✔✔✔ NN
(TH)   3 chambres aménagées dans une malouinière du XVII⁰ siècle. 2 chambres 2 pers., salle de bains et wc particuliers. 1 chambre 4 pers., sanitaires privés. Séjour, salon réservés aux hôtes. Grand parc boisé. Pêche possible dans les douves du manoir. A proximité : région touristique, Le Mont Saint-Michel, Saint-Malo, Dinard, Dinan. Réduction pour famille à partir de 3 nuits.

Prix : 1 pers. **250 F** 2 pers. **300/350 F** 3 pers. **380/430 F**
repas **100 F**

10	2	6	10	4	10	15	

MABILE Bernard et Genevieve – Manoir de Launay Blot - Baguer-Morvan – 35120 Dol-de-Bretagne – Tél. : 99.48.07.48

Baguer-Morvan La Touche   *C.M. n° 230 — Pli n° 12*

✔✔ NN   3 chambres doubles avec sanitaires privés, aménagées dans une maison rénovée dans un parc fleuri et arboré. Salle de séjour à disposition des hôtes. Salon indépendant. Salon de jardin. Gare 3 km. Commerces 1 km. Ouvert toute l'année. A 20 km de la Côte d'Emeraude avec ses sites balnéaires, 35 km du Mont Saint-Michel.

Prix : 1 pers. **180 F** 2 pers. **220 F** 3 pers. **280 F**

10	10	3	8	15	5	15	25

PICHON Ernest – La Touche - Baguer-Morvan – 35120 Dol-de-Bretagne – Tél. : 99.48.34.94

Baille   *C.M. n° 230 — Pli n° 27*

✔✔ NN   3 chambres d'hôtes. 2 chambres 2 pers. avec douche ou salle de bains particulière. WC communs. 1 chambre 5 pers. avec sanitaires privés. Salle de séjour. Salon avec billard. Parc ombragé et aire de jeux à la disposition des hôtes. Pêche sur place. Possibilité de cuisine.

Prix : 1 pers. **120 F** 2 pers. **180 F** 3 pers. **250 F**

15	SP	4	15	15

LOYSANGE Ange – Petit Rocher – 35460 Baille – Tél. : 99.98.64.11 ou SR : 99.78.47.57.

Bains-sur-Oust La Picotterie - Colomel   *C.M. n° 230 — Pli n° 39*

✔✔ NN   2 chambres doubles avec sanitaires privés, aménagées dans une maison rénovée. Lit bébé gratuit. Salle de séjour/salon à la disposition des hôtes. Parc ombragé et fleuri. Ferme-auberge 400 m. Gare 4 km. Commerces 3 km. Ouvert toute l'année. Proche des sites de L'Ile aux Pies et de l'Etang de Via. Redon 3 km.

Prix : 2 pers. **230 F** 3 pers. **300 F**

4	2	2	0,5	50	50

SOUDY Georgette – La Picotterie - Colomel – 35600 Bains-sur-Oust – Tél. : 99.71.20.86

Bais   *C.M. n° 230 — Pli n° 41*

✔✔ NN
(TH)   2 chambres d'hôtes (2 pers.) à l'étage de la maison du propriétaire. Salle de bains et wc communs. Salle de séjour/salon. Terrain. Ouvert toute l'année.

Prix : 1 pers. **130 F** 2 pers. **170 F** repas **60 F**

10	10	1,5	10	15

DUGAS Pierre-Yves et Marie – La Chenevetrie – 35680 Bais – Tél. : 99.76.32.96 ou SR : 99.78.47.57.

La Baussaine   *C.M. n° 230 — Pli n° 26*

✔ NN   4 chambres d'hôtes dans une maison de caractère. 3 chambres 2 pers. avec salle de bains et wc communs, 1 chambre avec douche privée. Douche disponible au rez-de-chaussée. Salle de séjour, salon. Terrain, parc fleuri. Pêche à 5 km.

Prix : 1 pers. **180 F** 2 pers. **190 F** 3 pers. **250 F**

16	0,1	7	40	40

PRESCHOUX Renee – Meziere - Le Bourg – 35190 La Baussaine – Tél. : 99.66.84.90 ou SR : 99.78.47.57.

Becherel   *C.M. n° 230 — Pli n° 25*

✔ NN   4 chambres d'hôtes avec vue sur étangs, dans maison située en pleine campagne et proche du parc et du château de Caradeuc. 2 chambres de 2 pers. et 2 chambres 3 pers. avec 2 salles de bains et 2 wc communs. Salle de séjour à la disposition des hôtes. Pêche sur place. Cuisine aménagée à la disposition avec forfait.

Prix : 1 pers. **150 F** 2 pers. **170 F** 3 pers. **240 F**

0,3

DEMEE Michel – Croix Calaudry - Longaulnay – 35190 Becherel – Tél. : 99.66.76.48 ou SR : 99.78.47.57.

Betton   *C.M. n° 230 — Pli n° 26*

✔✔ NN   Dans une ancienne maison de ferme rénovée, 1 chambre d'hôtes est aménagée avec 2 lits jumeaux et un lit enfant d'appoint, sanitaires particuliers. Pelouse avec salon de jardin. Salle de séjour/salon. Pêche à 1,5 km.

Prix : 2 pers. **185 F**

10	1	0,3	0,3	15

JAMEAU Rejane – La Lande Serviere – 35830 Betton   Tél. : 99.55.87.95 ou SR : 99.78.47.57.

Betton Cheneze
C.M. n° 230 — Pli n° 26

E.C. NN 1 chambre spacieuse pour 4 pers. + 1 enfant aménagée au r.d.c. d'une magnifique maison rénovée de caractère. Sanitaires particuliers, mezzanine et salon dans la chambre. Salle de séjour/salon avec cheminée à disposition. Terrasse avec salon de jardin. Terrain commun avec jeux. Gare 4 km. Commerces 3 km. Ouvert toute l'année. Pêche sur place. Dans un cadre de verdure agréable. A 35 km du Mont Saint-Michel, 10 km de Rennes (cité d'art et d'histoire).

Prix : 2 pers. **230 F** 3 pers. **290 F**

10	3	3	5	5	10	60	60

BESNIER Roger – Cheneze – 35830 Betton – Tél. : 99.55.82.92

Bille
C.M. n° 230 — Pli n° 28

⚘⚘⚘
(TH) 6 chambres d'hôtes dans une ferme manoir du XVIIᵉ siècle, avec tourelle et chapelle, située en pleine campagne. 2 ch. 2 pers. 1 ch. 3 pers. 3 ch. 4 pers. avec sanitaires privés. Séjour à disposition. Terrain de jeux.

Prix : 1 pers. **160 F** 2 pers. **202 F** 3 pers. **261 F** repas **75 F**

10	10	10	10

ROUSSEL Jeanine – Mesauboin – 35300 Bille – Tél. : 99.97.61.57 ou SR : 99.78.47.57. – Fax : 99.97.50.76

Bonnemain Rocher-Cordier
C.M. n° 230 — Pli n° 26

⚘⚘⚘ NN 1 chambre double et 1 chambre triple avec sanitaires particuliers, aménagées à l'étage d'une maison rénovée en granit à la campagne. Salle de séjour/salon avec TV et cheminée. Grand terrain avec petit bois. Gare et commerces 1 km. Ouvert toute l'année. Anglais parlé. Location de vélos sur place. A 22 km de Dinan, 30 km de Saint-Malo et du Mont Saint-Michel. Jeux et barbecue. Proche d'un parc de loisirs avec espace aquatique et de 2 terrains de golf.

Prix : 1 pers. **155/175 F** 2 pers. **225/245 F** 3 pers. **295 F**

8	2	25	1	5	6	5	25	25

ADAMS Brigitte et Colin – Rocher Cordier – 35270 Bonnemain – Tél. : 99.73.45.45

La Boussac Moulin-du-Bregain
C.M. n° 230 — Pli n° 26

⚘⚘⚘ NN
(TH) 1 chambre 2 pers. 1 chambre 4 pers. 2 chambres 5 pers. communicantes. Sanitaires particuliers. Salle de séjour/salon avec jeux. Poneys. Salle de gymnastique, vélos. Commerces 3 km. Ancien moulin à eau rénové dans un parc avec étang et bois. Pêche. Promenades. Possibilité de cuisine dans maisonnette au bord de l'étang. Joli site boisé.

Prix : 1 pers. **200 F** 2 pers. **250 F** 3 pers. **300 F** repas **80 F**

SP	3	6	SP	8	SP	12	17

BRIAND Mary-Anne – Moulin de Bregain – 35120 La Boussac – Tél. : 99.80.05.29 ou SR : 99.78.47.57. – Fax : 99.80.06.22

Breal-sous-Vitre Grandes-Hayes
C.M. n° 230 — Pli n° 28

⚘⚘⚘ NN Maison de caractère dans un cadre verdoyant et fleuri, à 10 km de Vitré. 3 chambres doubles. 1 chambre triple. Sanitaires particuliers. Salle de séjour avec TV, bibliothèque. Jeux pour les hôtes. Jardin avec jeux. Base de loisirs de la Chapelle Erbrée à 7 km. Intérêts historiques avec les châteaux (Vitré, Champeaux...). Gare 5 km. Commerces 2 km.

Prix : 1 pers. **150 F** 2 pers. **220 F** 3 pers. **290 F**

10	8	8	2	8	7	9	8	

RIVERAIN Gerard et Nadia – Grandes Hayes – 35370 Breal-sous-Vitre – Tél. : 99.49.42.43 ou SR : 99.78.47.57.

Cancale
C.M. n° 230 — Pli n° 12

⚘⚘ NN Ancienne ferme entourée d'un grand jardin, à 5 mn de la mer. 3 chambres doubles, 1 chambre triple. 1 chambre 5 pers. Sanitaires privés pour chaque chambre. Grande salle pour petits déjeuners. Salon et billard à disposition. Jardin clos, parking privé.

Prix : 1 pers. **200 F** 2 pers. **250/300 F** 3 pers. **300/350 F**

12	1,5	6	15	20	0,3	0,3

MASSON Marie-Christine – La Ville Es Gris – 35260 Cancale – Tél. : 99.89.67.27 ou SR : 99.78.47.57.

Cancale La Gaudichais

⚘⚘⚘ NN Maison ancienne rénovée. 2 chambres triples et 2 chambres 4 pers., salle d'eau, wc privés. Salle de séjour avec salon, salon de lecture. Lit enfant et matériel de puériculture à disposition. Jardin avec jeux pour enfants. Mer à 500 m accessible à pieds. Saint-Malo 10 km, Le Mont-Saint-michel 35 km. Gare 10 km, commerces 4 km. Ouvert toute l'année. Plage à 10 mn à pied.

Prix : 1 pers. **210 F** 2 pers. **250 F** 3 pers. **300 F**

15	3	3	3	6	30	0,5	0,5

LES OYATS LOISEL – La Gaudichais – 35260 Cancale – Tél. : 99.89.73.61

Champeaux Petit-Villenceaux
C.M. n° 230 — Pli n° 27

⚘⚘ NN 4 chambres doubles avec sanitaires particuliers (douche, wc, lavabo). Possibilité de visiter l'exploitation avec l'agriculteur, dégustation de spécialités locales. Gare et commerces 8 km. Ouvert toute l'année. Vitré 8 km (cité d'art et d'histoire).

Prix : 1 pers. **175 F** 2 pers. **250 F**

8	20	20	8	8	15	15

LOISIL Roger – Petit-Villenceaux – 35500 Champeaux – Tél. : 99.49.81.77

Chauvigne Maison-Neuve *C.M. n° 230 — Pli n° 27*

¥ ¥ NN
Ⓐ
4 chambres doubles avec sanitaires privés. Région très boisé à proximité de Fougères. Gare 40 km. Commerces sur place. Ouvert toute l'année.

Prix : 1 pers. **160 F** 2 pers. **200 F** 3 pers. **270 F** repas **80 F**

🐕	🌊	🎿	🏇	🎣	👫	⛵	🏖
23	4	0,2	SP	10	10	30	60

RAULT Henri et M-Armelle – Maison Neuve – 35490 Chauvigne – Tél. : 99.95.05.64 ou SR : 99.78.47.57.

Cherrueix *C.M. n° 230 — Pli n° 12*

¥ NN
3 chambres d'hôtes avec vue sur la mer. 3 chambres doubles avec salle d'eau et wc communs. Salle à manger à la disposition des hôtes. Mer (grève) sur place, pêche à 300 m. Possibilité de cuisine.

Prix : 1 pers. **120 F** 2 pers. **170 F**

🌊	🏊	🎿	🏇	🌊
20	20	1	20	0,3

AME Marie-Ange – Les Trois Cheminees – 35120 Cherrueix – Tél. : 99.48.93.54 ou SR : 99.78.47.57.

Cherrueix *C.M. n° 230 — Pli n° 12*

¥ ¥ NN
5 chambres d'hôtes. 3 chambres 2 pers. avec douche particulière. 1 chambre 3 pers. avec douche particulière. 1 chambre 4 pers. avec sanitaires particuliers. 2 wc communs. Salle de séjour à la disposition des hôtes. Terrasse, salon de jardin. Char à voile à Cherrueix. Possibilité de cuisine sur place. Piscine chauffée sur place. Mer (grève) sur place à Cherrueix, baie du Mont Saint-Michel.

Prix : 1 pers. **180 F** 2 pers. **200 F** 3 pers. **250/280 F**

🌊	🎿	🏌	🏖
SP	0,2	15	SP

BEAUDOUIN Jean – Hebergement – 35120 Cherrueix – Tél. : 99.48.97.52

Cherrueix *C.M. n° 230 — Pli n° 12*

¥ ¥ NN
2 chambres doubles avec salle d'eau et wc indépendants. Possibilité lit supplémentaire. Salle de séjour. possibilité de cuisine. Terrain. Terrasse avec vue sur la mer. Mer (grève) à 100 m. Char à voile à Cherrueix.

Prix : 1 pers. **160 F** 2 pers. **190 F** 3 pers. **250 F**

🌊	🏊	🎿	⛵	🏖
25	0,1	25	4	0,1	15

GANIER Marie – 14 rue Lion d'Or – 35120 Cherrueix – Tél. : 99.48.94.70 ou SR : 99.78.47.57.

Cherrueix *C.M. n° 230 — Pli n° 12*

¥ ¥ ¥ NN
5 chambres d'hôtes : 1 ch. 3 pers. avec sanitaires particuliers. 2 ch. 2 pers. avec sanitaires particuliers. 2 ch. 4 pers. avec mezzanine et sanitaires particuliers. Salle de séjour et salon à disposition. Jardin. Terrasse. Accueil personnalisé et chaleureux.

Prix : 2 pers. **200/250 F** 3 pers. **330 F**

🎿	🏌	🏖	🏖
4	8	4	15

GLEMOT Marie-Madeleine – Hamelinais – 35120 Cherrueix – Tél. : 99.48.95.26

Cherrueix La Larronniere *C.M. n° 230 — Pli n° 12*

E.C. NN
3 chambres d'hôtes avec sanitaires privés et wc communs. Salon avec cheminée, salle de séjour, TV. Cour à l'avant. Dans la baie du Mont Saint-Michel avec vue sur la mer. Maison du XVII° siècle sur la côte reliant Saint-Malo au Mont Saint-Michel.

Prix : 2 pers. **180 F** 3 pers. **200 F**

🌊	🎿	🏇	🎣	🏌	🏖	🏖
18	6	2	12	15	1	18

DE POORTER Odile – La Larronniere – 35120 Cherrueix – Tél. : 99.48.85.21 ou SR : 99.78.47.57.

Cherrueix *C.M. n° 230 — Pli n° 12*

¥ ¥ ¥ NN
4 ch. d'hôtes (2/4 pers.), sanitaires privés. Les petits déjeuners sont servis dans la véranda, face à la mer, vue panoramique. Local pour cuisiner. Jardin et parking privés, fleuris longeant la digue de la Duchesse Anne 1,5 km de la route touristique Pontorson/St-Malo par la côte. Madeleine et Victor vous accueillent dans leur maison dans la baie du Mont-St-Michel.

Prix : 1 pers. **150 F** 2 pers. **180/220 F** 3 pers. **250/270 F**

🌊	🎿	🏇	🎣	⛵	🏖
20	1,5	1,5	1,5	SP	20

CAUQUELIN Madeleine et Victor – 167 Route de Sainte-Anne – 35120 Cherrueix – Tél. : 99.48.97.67

Cherrueix La Croix-Gaillot  *C.M. n° 230 — Pli n° 12*

¥ ¥ ¥ NN
Maison en pierre au centre d'une longère. 3 ch. doubles avec sanitaires complets privés. 2 ch. (1 lit 2 pers. 1 lit 1 pers.) avec sanitaires privés. Salle de séjour/salon avec cheminée. Local pour cuisiner. Jardin d'agrément avec terrasse. Cour pour voitures. Location de vélo sur place. Le Mont Saint-Michel et Saint-Malo 25 km. Gare 7 km. Commerces 2 km. Char à voile 2 km. Saint-Malo et Mont Saint-Michel 25 km.

Prix : 1 pers. **170/200 F** 2 pers. **200/230 F** 3 pers. **250/280 F**

🌊	🎿	🏇	🏌	🏖	🏖
15	2	2	15	2	15

TAILLEBOIS Michel – La Croix Gaillot – 35120 Cherrueix – Tél. : 99.48.90.44 ou SR · 99.78.47.57.

Cherrueix La Pichardiere
C.M. n° 230 — Pli n° 12

❦❦❦ NN   Maison très ancienne en bord de mer. 1 chambre (1 lit 2 pers. 4 lits 1 pers.) salle d'eau et wc particuliers. 1 chambre (2 lits 2 pers.) salle d'eau et wc particuliers. 2 chambres (1 lit 2 pers.) salle d'eau et wc particuliers. Séjour, salon avec TV couleur et cheminée et grande terrasse réservés aux hôtes. Local avec poss. cuisine. Gare 10 km. Commerces 3 km. A proximité de la Chapelle Sainte-Anne. Vue sur le Mont Saint-Michel. A 2,5 km de la route Pontorson-Saint-Malo. Rivière 100 m.

Prix : 1 pers. **170 F** 2 pers. **200 F** 3 pers. **270 F**

20	3	3	5	18	SP	20

PHILIPPE Louise – La Pichardiere – 35120 Cherrueix – Tél. : 99.48.83.82 ou SR : 99.78.47.57.

La Couyere
C.M. n° 230 — Pli n° 41

❦❦❦❦ NN   Dans une ferme rénovée du XVII° siècle, une suite de 3 pers. et 1 chambre 3 pers. avec sanitaires privés chacune. Aux beaux jours, petits déjeuners et table d'hôtes servis au jardin d'hiver. Possibilité de week-end amateur avec dîner aux chandelles.

(TH)

Prix : 1 pers. **180 F** 2 pers. **250/300 F** 3 pers. **300/350 F** repas **50/100 F**

10	10	7	8

GOMIS Claudine – La Tremblais – 35320 La Couyere – Tél. : 99.43.14.39 ou SR : 99.78.47.57.

Dol-de-Bretagne
C.M. n° 230 — Pli n° 12

❦❦❦ NN   5 chambres d'hôtes : 2 chambres 2 pers., sanitaires particuliers, 1 chambre triple avec sanitaires particuliers et 2 chambres 4 pers. en duplex avec sanitaires particuliers. Salle de séjour à disposition.

(TH)

Prix : 2 pers. **220 F** 3 pers. **280 F** repas **90 F**

15	1	6	15

COSTARD Etienne – La Begaudiere – 35120 Dol-de-Bretagne – Tél. : 99.48.20.04 ou SR : 99.78.47.57.

Dol-de-Bretagne
C.M. n° 230 — Pli n° 12

❦❦ NN   5 chambres d'hôtes : 2 chambres 2 pers. 2 chambres 4 pers. 1 chambre 5 pers. Sanitaires privés pour chaque chambre. Salle de séjour, salon à disposition des hôtes. Terrain. Ouvert de Pâques à octobre.

Prix : 1 pers. **150 F** 2 pers. **200 F** 3 pers. **270 F**

0,3	10	10	18

LEBRET Jeanine – La Crochardiere – 35120 Dol-de-Bretagne – Tél. : 99.48.00.66

Dol-de-Bretagne
C.M. n° 230 — Pli n° 12

❦❦ NN   4 chambres d'hôtes : 1 chambre double avec salle de bains particulière, 1 chambre double avec douche et wc communs, 1 chambre double et 1 chambre 3 pers. avec salle de bains et wc communs. Salle de séjour, salon à disposition. Jardin clos aménagé. Location de vélos 200 m. Gare à 10 mn.

Prix : 2 pers. **200 F** 3 pers. **250 F**

18	1	10	15

ROUSSEL Anna – 24 rue de Rennes – 35120 Dol-de-Bretagne – Tél. : 99.48.14.78 ou SR : 99.78.47.57.

Dol-de-Bretagne Haute-Lande
C.M. n° 230 — Pli n° 12

❦❦❦ NN   2 ch. doubles et 2 ch. triples avec sanitaires privés pour chacune, aménagées dans un ancien manoir du XVII° avec terrain, pelouse. Salle de séjour/salon. Terrasse avec salon de jardin. Vie à la ferme. A proximité de nombreuses villes touristiques : Dol, Dinan, Saint-Malo, Mont Saint-Michel, Combourg. Gare et commerces 3 km. Ouvert toute l'année.

(TH)

Prix : 1 pers. **220 F** 2 pers. **240 F** 3 pers. **280 F** repas **75 F**

15	20	3	3	10	3	10	20	20

FOLIGNE Jean-Luc – Haute Lande – 35120 Dol-de-Bretagne – Tél. : 99.48.07.02 ou SR : 99.78.47.57.

Dol-de-Bretagne Launay-Begasse
C.M. n° 230 — Pli n° 12

❦❦❦ NN   3 chambres d'hôtes aménagées dans un bâtiment de ferme. 1 chambre double. 2 chambres triples. Sanitaires particuliers pour chaque chambre. 1 salle pour petits déjeuners, salon, TV. Terrain. Pêche 1 km.

(TH)

Prix : 1 pers. **170 F** 2 pers. **200 F** 3 pers. **250 F** repas **80 F**

20	0,5	7	7	7	8	15

RONCIER Alain – L'Aunay Begasse – 35120 Dol-de-Bretagne – Tél. : 99.48.16.93 ou SR : 99.78.47.57.

Dol-de-Bretagne La Grande Riviere
C.M. n° 230 — Pli n° 12

E.C. NN   3 chambres 2 pers. avec sanitaires privés, salle de séjour avec salon à la disposition. Terrain attenant avec salon de jardin. Gare 5 km, commerces 1 km. Ouvert toute l'année. Maison neuve avec terrasse à 1 km du village dans une région touristique. Saint-Malo 25 km, la Baie du Mont Saint-Michel à proximité et Dol-de-Bretagne 5 km.

Prix : 1 pers. **130 F** 2 pers. **190 F** 3 pers. **240 F**

15	8	1	15	6	8	15

ROGER Maryvonne – La Grande Riviere - Roz Landrieux – 35120 Dol-de-Bretagne – Tél. : 99.48.18.25

Dol-de-Bretagne
C.M. n° 230 — Pli n° 12

❦❦ NN   Dans un manoir du XV° siècle, 1 chambre (5 pers.) avec sanitaires privés. 2 chambres doubles avec sanitaires privés. Village 500 m. Dol de Bretagne 1,5 km. Saint-Malo 25 km. Mont Saint-Michel 20 km. Pêche 4 km.

Prix : 1 pers. **150 F** 2 pers. **180 F** 3 pers. **250 F**

15	4	0,5	4	10	25	25

BOURDAIS Jean-Paul – Ferme de Beauregard - Baguer-Morvan – 35120 Dol-de-Bretagne – Tél. : 99.48.03.04 ou SR : 99.78.47.57.

Dol-de-Bretagne

♥♥♥ NN
(TH)

5 chambres d'hôtes dans un manoir du XVI° siècle : 2 ch. 3 pers. (1 lit 2 pers. 1 lit d'appoint 1 pers.). Salle d'eau et wc particuliers pour chaque chambre. 2 ch. 2 pers. 1 ch. 4 pers. Salle de séjour. Salon. Pêche en étang privé sur place. Location de vélos.

Prix : 1 pers. **160 F** 2 pers. **220 F** 3 pers. **290 F** repas **80 F**

SP	3	5	10

MATHIAS/JUBAULT Myriam et Pascal – Manoir de Halouze – 35120 Dol-de-Bretagne – Tél. : 99.48.07.46 ou SR : 99.78.47.57.

Domalain

♥♥ NN

Dans une maison rurale, 2 chambres d'hôtes communicantes 1 au rez-de-chaussée et 1 à l'étage. 2 chambres 4 pers. avec sanitaires particuliers. Salle de séjour indépendante à la disposition des vacanciers. Bicyclettes gratuites sur place. Pêche à 3 km. Jardin aménagé.

Prix : 1 pers. **140 F** 2 pers. **190 F** 3 pers. **230 F**

7	7

TEMPLON Maurice – Les Hairies – 35680 Domalain – Tél. : 99.76.36.29

Epiniac Cadran

♥♥ NN

2 chambres doubles avec sanitaires privés pour chacune dans une maison avec jardin aménagé. Salle de séjour/salon. 25 km de Saint-Malo et du Mont Saint-Michel, 20 km de Dinan. Gare 6 km. Commerces 1,5 km. Ouvert de Pâques à novembre. Dinan 7 km.

Prix : 2 pers. **200 F** 3 pers. **250 F**

15	15	1	4	15	4	4	8	20

SANGUY Regine – Vallee de Cadran – 35120 Epiniac – Tél. : 99.80.03.55 ou SR : 99.78.47.57.

Epiniac Cadran

♥♥ NN

En milieu rural, 1 chambre double et 1 chambre 4 pers. Sanitaires individuels. Salle de séjour, salon à disposition. Terrain attenant avec salon de jardin, jeux. Pêche 1 km. Saint-Malo 25 km. Mont Saint-Michel 20 km. Dol de Bretagne 7 km. Village 1 km.

Prix : 2 pers. **200 F** 3 pers. **250 F**

15	3	1	4	4	8	20

PICHON Robert – Cadran – 35120 Epiniac – Tél. : 99.80.02.09 ou SR : 99.78.47.57.

Fougeres

♥♥♥ NN
(TH)

Maison en pierre et granit sur parc de 5000 m² avec jeux pour enfants. 2 chambres 2 pers., sanitaires privés. Salon à disposition. Parc avec salon de jardin et barbecue. A visiter le Mont Saint-Michel. Base de loisirs à 1 km.

Prix : 1 pers. **170/190 F** 2 pers. **210/230 F** repas **80 F**

1	1	1	1

JUBAN Jean et Annick – 5 Chemine du Patis – 35300 Fougeres – Tél. : 99.99.00.52 ou SR : 99.78.47.57.

La Fresnais Pont-Racine

♥♥♥ NN

1 chambre 4 pers. avec accès indépendant et mezzanine, sanitaires privés. Salle de séjour/salon (TV). A 2 km de la mer dans la baie du Mont Saint-Michel, Saint-Malo 16 km. Mont Saint-Michel 26 km. Terrasse avec salon de jardin, pelouse. Gare 2 km. Commerces 200 m. Ouvert toute l'année.

Prix : 1 pers. **180 F** 2 pers. **200 F** 3 pers. **250 F**

16	0,8	4	8	2	12		

COLLET Yves et M-Therese – Pont Racine – 35111 La Fresnais – Tél. : 99.58.71.73 ou SR : 99.78.47.57.

Gahard

♥♥♥ NN
(TH)

Maison de caractère dans un cadre de verdure attenant à une ferme laitière : 3 chambres d'hôtes à l'étage : 1 ch. 3 pers. avec sanitaires privés. 1 ch. 2 pers. avec sanitaires privés et 1 ch. 5 pers. avec sanitaires privés. Salle de séjour/salon avec TV à la disposition des vacanciers. Jardin avec jeux, terrasse. Pêche 6 km.

Prix : 1 pers. **160 F** 2 pers. **185/235 F** 3 pers. **240/255 F** repas **65/85 F**

10	1	1	50	60

DUGUEPEROUX Victor et Anne-Marie – Le Viviers – 35490 Gahard – Tél. : 99.39.50.19 ou SR : 99.78.47.57.

Gahard

♥♥ NN

3 chambres d'hôtes dans une maison de pierre avec terrain attenant et salon de jardin. 2 ch. doubles avec sanitaires particuliers à l'étage. 1 ch. triple au r.d.c., avec sanitaires particuliers. Salle de séjour/salon avec cheminée. Possibilité de cuisine. Commerces sur place. Le Mont Saint-Michel 40 km. Pêche à 6 km.

Prix : 1 pers. **150 F** 2 pers. **185/200 F** 3 pers. **235/250 F**

10	10	0,1	0,1	1	50	60

HOUDUSSE Andre et Angele – La Rogerie - Le Bourg – 35490 Gahard – Tél. : 99.39.50.17 ou SR : 99.78.47.57.

Gahard Bignonet

♥♥♥ NN
(TH)

A la campagne, jolie maison avec jardin fleuri, très calme à proximité de bois et forêts. 2 chambres 3 pers. Sanitaires privés. 1 chambre double, sanitaires privés. Salle de séjour/salon/TV. Poss. cuisine sur place. Terrain aménagé. Mont Saint-Michel 40 km. Gare 11 km. Commerces 3,5 km. Table d'hôtes sur réservation.

Prix : 1 pers. **185 F** 2 pers. **235 F** 3 pers. **300 F** repas **80/90 F**

25	3	3	0,5	30	60

VAUGON Jule et Odile – Haut Bignonet – 35490 Gahard – Tél. : 99.55.26.20 ou SR : 99.78.47.57.

Goven Grigonieres

⚘⚘⚘ NN
(TH)
Maison en milieu rural sur parc boisé avec plan d'eau (pêche, barques). 1 chambre double avec sanitaires privés. 1 chambre triple avec sanitaires privés. 1 chambre 4 pers. avec mezzanine et cheminée, sanitaires privés. Salle de séjour/salon. Terrain aménagé. Gare 15 km.

Prix : 1 pers. **160/180 F** 2 pers. **200/240 F** 3 pers. **300/310 F**
repas **80/90 F**

10	SP	2	2	SP	20

VELAYOUDON Josyne – Grigonieres – 35580 Goven – Tél. : 99.64.22.06 ou SR : 99.78.47.57.

Hede Beauvoir

⚘ NN
(TH)
Maison en milieu rural dans un joli site et dans une région très boisée. 1 chambre triple avec sanitaires privés et 1 chambre double, avec douche privée et wc communs. 1 chambre 3 pers. avec sanitaires communs. Salle de séjour/salon. Terrain aménagé. Gare 9 km. Commerces 500 m.

Prix : 1 pers. **140 F** 2 pers. **190/230 F** 3 pers. **280 F**
repas **70/85 F**

15	0,5	2	20	40

RUCAY Michelle – Beauvoir – 35630 Hede – Tél. : 99.45.47.25 ou SR : 99.78.47.57.

Hirel

⚘⚘ NN
5 chambres d'hôtes aménagées dans une maison typique de la baie du Mont Saint-Michel en bord de mer entre Saint-Malo et le Mont Saint-Michel. 3 chambres doubles avec vue sur la mer, sanitaires privés. 1 chambre 4/5 pers. avec sanitaires privés, 1 chambre 4 pers. avec vue sur la mer et sanitaires privés. Salle de séjour, TV. Soirée animation, vidéo.

Prix : 1 pers. **170 F** 2 pers. **200 F** 3 pers. **230/250 F**

13	13	0,1	0,6	7	15	SP

RAUX Jean-Paul – 41 rue du Bord de Mer – 35120 Hirel – Tél. : 99.48.80.12

Hirel

⚘⚘ NN
Maison rurale à proximité de la mer (Baie du Mont Saint-Michel). 4 chambres doubles. 1 chambre 4 pers. Sanitaires privés. Salle de séjour/salon, TV. Possibilité lits supplémentaires. Gare 8 km. Commerces 200 m. Parking privé, jardin. Saint-Malo 15 km, Le Mont Saint-Michel 30 km.

Prix : 1 pers. **160 F** 2 pers. **180 F** 3 pers. **230/260 F**

15	25	0,1	4	15	0,2	8

HARDOUIN Michel – 10 rue du Domaine – 35120 Hirel – Tél. : 99.48.95.61 ou SR : 99.78.47.57.

Les Iffs Chateau-de-Montmuran

⚘⚘⚘ NN
Dans un château du XIIᵉ siècle classé monument historique, 1 chambre (1 lit 2 pers.) sanitaires privés. 1 chambre (2 lits 1 pers.), sanitaires privés. Salle de séjour, salon. Jardin aménagé. Gare 18 km. Commerces 5 km. Ouvert de mai à octobre. Petit village des Iffs, entre Rennes et Saint-Malo.

Prix : 2 pers. **400 F**

15	5	5	1	30	45

DE LA VILLEON Herve – Chateau de Montmuran – 35630 Les Iffs – Tél. : 99.45.88.88 ou SR : 99.78.47.57.

Irodouer

⚘ NN
2 chambres d'hôtes dans un château entouré d'un parc avec bois et étang (pêche). 1 chambre 3 pers. et 1 chambre 2 pers. avec sanitaires communs. Salle de séjour à la disposition des hôtes. Ouvert du 1ᵉʳ avril au 30 septembre.

Prix : 1 pers. **220 F** 2 pers. **250 F** 3 pers. **320 F**

SP	3	12

DELORGERIE Francois – Chateau du Quengo – 35850 Irodouer – Tél. : 99.39.81.47

Landujan

⚘⚘⚘ NN
(TH)
2 chambres d'hôtes 2/4 pers. avec sanitaires particuliers et coin-salon dans les chambres. Parc, tennis de table, jeux pour les enfants. Nombreux circuits touristiques. Animaux admis (50 F/nuit). Prix table d'hôtes sans boissons.

Prix : 1 pers. **576 F** 2 pers. **732 F** 3 pers. **888 F** repas **185 F**

SP	1	30	30

DESAIZE Marie-Pierre – Chateau de Leauville – 35360 Landujan – Tél. : 99.07.21.14

Lassy Moulin-du-Bignon

⚘⚘⚘ NN
(TH)
2 chambres doubles avec sanitaires privés, aménagées dans un moulin du XIXᵉ siècle rénové. Salle de séjour/salon avec cheminée, petit coin-cuisine aménagé à disposition. Terrasse aménagée en bordure d'eau. Rivière sur place, sentiers de randonnée, magnifiques paysages vallonnés. Commerces 10 km. Ouvert toute l'année. Allemand et anglais parlés.

Prix : 1 pers. **210 F** 2 pers. **230 F** repas **70/150 F**

15	3	0,1	15

KRUST Claude – Moulin de Bignon – 35580 Lassy – Tél. : 99.42.10.04

Marcille-Raoult

⚘⚘⚘ NN
(TH)
4 chambres au rez-de-chaussée : 1 ch. 4 pers., sanitaires privés. 2 ch. communicantes (1 lit 2 pers. 2 lits 1 pers.), sanitaires privés pour chaque chambre. 1 ch. 4 pers. (1 lit 2 pers. 1 convertible 2 pers. TV), sanitaires privés. Séjour/salon pour les hôtes. Pelouse avec salon de jardin, barbecue. Jeux d'enfants. Visite de la ferme. Pêche 3 km. A 30 km du Mont Saint-Michel. Ferme de séjour sur la D.794 (Vitré/Dinan). Combourg 10 km (berceau de Châteaubriand).

Prix : 1 pers. **150 F** 2 pers. **170/200 F** 3 pers. **210/250 F**
repas **55/80 F**

9	3	1	9	18	40	40

RAULT Louis et Annick – Le Petit Plessix – 35560 Marcille-Raoult – Tél. : 99.73.60.62 ou SR : 99.78.47.57.

Medreac Chauchix   C.M. n° 230 — Pli n° 25

✿✿✿ NN   Au pays de Brocéliande, à 5 km de la voie espress Rennes/Saint-Brieuc, 1 chambre 2 pers. avec sanitaires privés, aménagée au rez-de-chaussée d'une maison rurale avec plan d'eau. Salle de séjour/salon avec cheminée à la disposition des hôtes. Site verdoyant et calme. Gare 7 km. Commerces 2 km. Ouvert toute l'année. Dinan 25 km. Saint-Malo 60 km.

Prix : 1 pers. **180 F** 2 pers. **200 F**

6	SP	2	2	30	45	45

BOUGAULT Marie-Solange – Chauchix – 35360 Medreac – Tél. : 99.07.23.14

Meillac La Ville-Guimont   C.M. n° 230 — Pli n° 26

✿✿✿ NN   (TH)   2 chambres doubles avec sanitaires privés. Salon avec cheminée. Pelouse avec salon de jardin, jeux. Proche d'une base de loisirs avec espace aquatique. Saint-Malo 35 km. A 6 km de Combourg, célèbre pour son château, parc et plan d'eau. Gare 6 km. Commerces 1,5 km. Ouvert toute l'année.

Prix : 1 pers. **170 F** 2 pers. **200 F** 3 pers. **220 F** repas **80 F**

5	6	6	1	2	6	7	6	35	35

DRAGON Christian et Nelly – La Ville Guimont – 35270 Meillac – Tél. : 99.73.17.17 ou SR : 99.78.47.57.

Meillac Le Gue   C.M. n° 230 — Pli n° 26

✿ NN   2 chambres doubles avec sanitaires communs, aménagées au rez-de-chaussée. Salle de séjour avec salon à la disposition des hôtes. Terrain avec terrasse, salon de jardin, vélos à disposition. Gare 6 km. Commerces 2 km. Ouvert toute l'année. Proche de Combourg, 30 km de Saint-Malo et 40 km du Mont Saint-Michel. « Cobac Park » (parc aquatique) 2,5 km.

Prix : 1 pers. **120 F** 2 pers. **150/170 F** 3 pers. **220 F**

6	4	1,7	10	3	10	30	30

DE RUGY Xavier et M.Madeleine – Le Gue – 35270 Meillac – Tél. : 99.73.08.68

Mezieres-sur-Couesnon   C.M. n° 230 — Pli n° 27

✿✿ NN   (TH)   2 chambres d'hôtes communicantes à l'étage (2 lits 2 pers. 2 lits 1 pers.) avec sanitaires particuliers. Salle de séjour et salon à la disposition des vacanciers. Terrain attenant. Pêche à 3 km. Table d'hôtes sur réservation.

Prix : 1 pers. **140 F** 2 pers. **250 F** 3 pers. **300 F** repas **50 F**

4	3	3	1

JOULAUD – La Courbaudais – 35140 Mezieres-sur-Couesnon – Tél. : 99.39.37.86 ou SR : 99.78.47.57.

Miniac-Morvan   C.M. n° 230 — Pli n° 26

✿ NN   3 chambres d'hôtes aménagées à l'étage d'une maison récente. 2 chambres 2 pers. avec lavabo (l'une avec 1 lit 2 pers. et l'autre avec 2 lits 1 pers.). Salle d'eau commune et wc. 1 chambre 2 pers. avec salle d'eau et wc privés. Petit salon indépendant sur le palier. Salle de séjour. Terrain à la disposition des hôtes.

Prix : 1 pers. **140/180 F** 2 pers. **160/200 F**

0,3	3	5	15

LEAUSTIC Marie-Paule – Rue des Ajoncs d'Or – 35540 Miniac-Morvan – Tél. : 99.58.55.08

Mont-Dol La Roche   C.M. n° 230 — Pli n° 12

✿✿✿ NN   Dans une maison en pierre située sur les contreforts du Mont Dol. 2 chambres 2 pers. avec sanitaires particuliers. Salle de séjour, salon. Jeux pour enfants. A proximité de la baie du Mont Saint-Michel 4 km. Saint-Malo 25 km. Gare 4 km. Commerces 1 km. Possibilité de cuisine.

Prix : 1 pers. **170 F** 2 pers. **200 F** 3 pers. **250 F**

25	10	4	3	8	10	4	18

LAIR Francois-Xavier – La Roche – 35120 Mont-Dol – Tél. : 99.48.01.65 ou SR : 99.78.47.57.

Montreuil-sous-Perouse   C.M. n° 230 — Pli n° 28

✿✿✿ NN   4 chambres d'hôtes en campagne à 500 m d'un plan d'eau dans une maison de caractère entourée d'un terrain avec poneys et autres animaux, 3 chambres 2 pers. et 1 chambre 3 pers. avec sanitaires particuliers (dont 3 avec kitchenette). Salle de séjour et salon avec TV et cheminée à disposition. A proximité de Vitré riche en visites culturelles 3 km. Départ d'un sentier pédestre de 12 km.

Prix : 1 pers. **150 F** 2 pers. **180/200 F** 3 pers. **230/250 F**

7	7	7	10	10	10

ROZE Jean et Mado – Gouesnelais – 35500 Montreuil-sous-Perouse – Tél. : 99.75.11.16 ou SR : 99.78.47.57.

Noyal-sur-Vilaine Tupiniere   C.M. n° 230 — Pli n° 27

✿✿ NN   Maison neuve sur un terrain paysager de 6000 m². 2 chambres doubles avec sanitaires privés. 1 chambre triple avec sanitaires privés. Salle de séjour avec kitchenette, salon, véranda. Terrain boisé avec jeux pour enfants. Commerces 5 km. Poney.

Prix : 1 pers. **140/160 F** 2 pers. **170/190 F** 3 pers. **240 F**

8	5	5

PRIMAULT Yves et Bernadette – Tupiniere – 35530 Noyal-sur-Vilaine – Tél. : 99.37.67.64 ou SR : 99.78.47.57.

Pace   *C.M. n° 230 — Pli n° 26*

¥¥ NN

3 chambres d'hôtes dans un manoir du XII° restauré, parc arboré et fleuri. 2 chambres 2 pers. avec salle de bains et wc particuliers. 1 chambre 3 pers. avec salle de bains particulière et wc. Salle de séjour et salon à disposition des hôtes.

Prix : 2 pers. **215 F** 3 pers. **265 F**

3	4	4	1	4	20	10	60	60

BARRE Herve – Manoir de Mehault – 35740 Pace – Tél. : 99.60.62.88

Paimpont La Corne de Cerf - le Cannee   *C.M. n° 230 — Pli n° 28*

¥¥¥ NN

3 chambres à l'étage dont 1 de 3 pers. et 2 de 2 pers. avec sanitaires privés. Salle de séjour/salon à disposition. Parc attenant avec salon de jardin. Terrasse. Commerces 2 km. Ouvert toute l'année. Maison de caractère au cœur de la forêt de Brocéliande avec 3 chambres joliment décorées et harmonieuses avec beaucoup de charme. Sur place : forêt avec de nombreux sentiers de randonnées, Paimpont, son abbaye et plan d'eau.

Prix : 1 pers. **250 F** 2 pers. **280/300 F** 3 pers. **340/360 F**

12	2	2	2	6	SP

MORVAN Annie et Robert – La Corne de Cerf-Le Cannee – 35380 Paimpont – Tél. : 99.07.84.19

Paimpont   *C.M. n° 230 — Pli n° 38*

¥¥ NN
(TH)

2 chambres d'hôtes aménagées à l'étage de la maison du propriétaire. Chambres doubles avec douche privée, lavabos indépendants, wc communs. Salon à la disposition des hôtes. Terrain avec terrasse et salon de jardin. Pêche, location de vélos à 4 km. Commerces 4 km. Repas boissons comprises.

Prix : 1 pers. **180 F** 2 pers. **210 F** repas **90 F**

4	4	4	10	SP	4

FAMILLE GROSSET/MEANLE-HAMELIN – Trudeau – 35380 Paimpont – Tél. : 99.07.81.40 ou SR : 99.78.47.57.

Paimpont   *C.M. n° 230 — Pli n° 38*

¥¥ NN
(TH)

2 chambres doubles avec salle d'eau et wc particuliers. 1 chambre (1 lit 2 pers. 1 lit 1 pers.) salle d'eau et wc particuliers. Table d'hôtes sur réservation. Gare 18 km. Commerces 4 km. Pêche et baignade 4 km. Boissons comprises dans le prix repas.

Prix : 1 pers. **200 F** 2 pers. **230 F** 3 pers. **290 F** repas **90 F**

4	10	SP

HAMELIN Patricia – Trudeau – 35380 Paimpont – Tél. : 99.07.81.40 ou SR : 99.78.47.57.

Paimpont   *C.M. n° 230 — Pli n° 38*

¥ NN

Maison en campagne à proximité de Paimpont et de sa forêt légendaire. 2 chambres 2 pers. avec lavabo. Sanitaires communs. Salle de séjour, salon à la disposition des hôtes. A 5 km du tombeau de Merlin l'Enchanteur. Pêche sur place.

Prix : 1 pers. **200 F** 2 pers. **200 F** 3 pers. **250 F**

6	SP	0,1	8	SP	SP	80	80

POIRIER Regine – Chateau du Bois – 35380 Paimpont – Tél. : 99.07.83.58 ou SR : 99.78.47.57.

Pire-sur-Seiche Les Epinays   *C.M. n° 230 — Pli n° 41*

¥¥¥ NN
(TH)

3 chambres doubles et 1 chambre triple avec sanitaires privés (douche, wc, lavabo), aménagées dans une jolie maison rénovée sur un terrain fleuri. Grande salle de séjour/salon avec cheminée. 1 des chambres est accessible aux personnes handicapées. Gare 12 km. Ouvert toute l'année. Site vallonné.

Prix : 1 pers. **150/200 F** 2 pers. **200/250 F** 3 pers. **250/300 F** repas **85 F**

10	SP	6	25	12

COLLEU Rene – Les Epinays – 35150 Pire-sur-Seiche – Tél. : 99.00.01.16

Pleine-Fougeres Les Hirondelles   *C.M. n° 230 — Pli n° 27*

E.C. NN
(TH)

3 chambres 2 pers. dont 2 avec sanitaires communs et 1 avec sanitaires privés. Salle de séjour avec salon. Terrain ombragé. Gare et commerces 3 km. Ouvert toute l'année. Maison rurale à 10 km du Mont Saint-Michel et 40 km de Saint-Malo. Région touristique, découverte des châteaux, manoirs et musées.

Prix : 1 pers. **170 F** 2 pers. **190/220 F** 3 pers. **250 F** repas **70 F**

20	3	3	3	3	10	10	40

FANOUILLERE Yvonne – Les Hirondelles-Lande-Chauve – 35610 Pleine-Fougeres – Tél. : 99.48.55.82

Pleine-Fougeres Les Challonges   *C.M. n° 230 — Pli n° 27*

¥ NN
(TH)

A 800 m du village, 2 chambres doubles. Sanitaires communs. Salon, séjour. Terrain. Salon de jardin. Mont Saint-Michel à 10 km. Gare 5 km. Commerces 1 km.

Prix : 2 pers. **160 F** 3 pers. **210 F** repas **70 F**

20	5	0,5	5	7	25

THEBAULT Monique – Les Challonges – 35610 Pleine-Fougeres – Tél. : 99.48.60.21 ou SR : 99.78.47.57.

Pleine-Fougeres La Cotardiere   *C.M. n° 230 — Pli n° 27*

¥¥¥ NN

Manoir du XVI° siècle sur une ferme en activité. 2 chambres 2 pers. avec cheminée. 1 chambre 3 pers. 1 chambre 4 pers. avec salon et cheminée. Sanitaires privés pour chaque chambre. Parc avec animaux et jeux. Champs, bois, plan d'eau autour de la propriété. Calme et verdure, vie à la ferme. Mont Saint-Michel 11 km. Pontorson, Dol, Saint-Malo 35 km. Rivière 1 km.

Prix : 1 pers. **160 F** 2 pers. **200 F** 3 pers. **240 F**

17	2	15	10	15	15	40

HERVE Gerard et Isabelle – La Cotardiere – 35610 Pleine-Fougeres – Tél. : 99.48.55.92 ou SR : 99.78.47.57.

Pleugueneuc Lezard-Tranquille   *C.M. n° 230 — Pli n° 25*

✹✹✹ NN   Magnifique propriété sur le domaine du château de la Bourbansais (XVII° siècle). 5 ch. avec salle de bains et wc privés, TV. Salle de séjour/salon avec cheminée. Accès direct au château, son parc avec son zoo et sa meute de chiens. Ping-pong, vélos. Promenades sous bois avec équitation sur place. St-Malo 25 km. Gare 15 km. Commerces sur place. Ouvert toute l'année.

Prix : 1 pers. **190 F** 2 pers. **270 F** 3 pers. **330 F**

🚣	🏊	⛵	🏃	🏇	🚶	🎣	👥	🚈	⛱
15	15	15	0,5	SP	SP	10	SP	25	25

GOSSEIN Julie – Lezard Tranquille – 35720 Pleugueneuc – Tél. : 99.69.40.36 ou SR : 99.78.47.57.

Pleugueneuc Les Bruyeres   *C.M. n° 230 — Pli n° 25*

✹✹✹ NN   3 chambres 2 pers. avec sanitaires privés. Salon, salle de séjour avec TV à disposition des vacanciers. Terrain ombragé et fleuri avec salon de jardin. Gare 12 km, commerces 3 km. Anglais parlé. Ouvert toute l'année. Charmante propriété ancienne dans un paysage de verdure, calme et reposant. Chambres joliment décorées. Saint-Malo 20 mn. Dinan 15 mn. Nombreux châteaux et marais dans la région.

Prix : 1 pers. **220 F** 2 pers. **250/270 F**

🐕	🚣	🏊	⛵	🏃	🏇	🎣	🚈	⛱
	12	12	12	3	2	2	10	25	25

PARKER Janet et David – Les Bruyeres – 35720 Pleugueneuc – Tél. : 99.69.47.75

Pleurtuit La Sauvageais   *C.M. n° 230 — Pli n° 11*

✹ NN (TH)   1 chambre 2 pers. et 1 chambre 4 pers. avec sanitaires communs. Salle de séjour/salon avec TV. Terrasse avec salon de jardin, jardin fleuri. Gare 12 km, commerces 1 km. Ouvert toute l'année. Maison récente avec un jardin clos. A 3 km de la mer et des plages. Région touristique, Saint-Malo 10 km et barrage de la Rance 5 km. Spécialité de crêpes et galettes sur place.

Prix : 1 pers. **140/180 F** 2 pers. **180/220 F** 3 pers. **220/260 F** repas **55/75 F**

🚣	🏊	⛵	🏃	🏇	🎣	🚈	⛱
3	1	3	1	2	1	8	3	3

BARBERE Marie-Christine – La Sauvageais – 35730 Pleurtuit – Tél. : 99.88.82.47

Le Rheu Chateau-de-la-Freslonniere   *C.M. n° 230 — Pli n° 26*

✹✹✹ NN   1 chambre double avec TV et 1 chambre avec suite pour 4 pers., sanitaires privés pour chaque chambre, aménagées dans un château du XVII° siècle, situé au cœur d'un domaine boisé abritant un parcours de golf 18 trous et un étang. Salon indépendant, bibliothèque, bridge, TV, salle de séjour à la disposition des hôtes. Salon de jardin dans le parc. Les chambres sont meublées d'époque. Gare 7 km. Commerces 3 km. Ouvert toute l'année. Anglais parlé. Possibilité table d'hôtes.

Prix : 2 pers. **360/460 F** 3 pers. **510 F**

🐕	🚣	🏊	⛵	🏃	🏇	⛳	🎣	🚈	⛱
	SP	SP	3	SP	3	SP	SP	70	70

D'ALINCOURT Claude – Chateau-de-la-Freslonniere – 35650 Le Rheu – Tél. : 99.14.84.09 ou 99.14.79.22

La Richardais   *C.M. n° 230 — Pli n° 11*

✹✹ NN   Maison de caractère à proximité du barrage de la Rance. 1 chambre 2/3 pers. avec sanitaires privés. 1 chambre 4 pers. avec salon et sanitaires privés. Salle de séjour/salon. Cour boisée. Dinard 3 km. Saint-Malo 10 km. Pêche 1,8 km.

Prix : 2 pers. **250 F** 3 pers. **330 F**

🐕	🚣	🏃	🏇	🎣	🚈	⛱
	3	1,8	1,3	2	7	3	3

DE LA HERAUDIERE – 26 rue du Manoir de la Motte – 35780 La Richardais – Tél. : 99.88.65.69 ou SR : 99.78.47.57.

Roz-Landrieux Petite-Riviere   *C.M. n° 230 — Pli n° 12*

✹✹✹ NN   Ancienne maison rénovée dans un encadrement de verdure dans la baie du Mont Saint-Michel. 2 chambres doubles. 1 chambre triple. Sanitaires privés. Salle de séjour. Cour avec pelouse et fleurs. Salon de jardin. Gare 7 km. Commerces 1 km. Le Mont Saint-Michel 30 km, Saint-Malo et Dinan 20 km, Dol-de-Bretagne 5 km.

Prix : 1 pers. **150 F** 2 pers. **200 F** 3 pers. **250 F**

🐕	🚣	🏊	🏃	🏇	🎣	🚈	⛱
	20	5	0,8	4	7	6	6	18

ROBIDOU Marie-Genevieve – Petite Riviere – 35120 Roz-Landrieux – Tél. : 99.48.15.64 ou SR : 99.78.47.57.

Roz-Landrieux Manoir-de-la-Mettrie   *C.M. n° 230 — Pli n° 26*

✹✹✹ NN (TH)   3 chambres doubles et 2 chambres 3/4 pers. avec sanitaires particuliers pour chaque chambre, aménagées dans un magnifique manoir des XIII° et XVI° siècles. Salle de séjour, salon de lecture, salon avec TV. Terrain aménagé avec salon de jardin et jeux pour enfants. A 20 km de St-Malo, du Mont St-Michel, Dinan. Gare et commerces 3 km. Ouvert toute l'année.

Prix : 1 pers. **200 F** 2 pers. **220/250 F** 3 pers. **270 F** repas **80 F**

🐕	🚣	🏊	🏃	🏇	🎣	🚈	⛱
	3	3	0,5	5	7	4	7	15

JOURDAN Marie-Claude – Manoir de la Mettrie – 35120 Roz-Landrieux – Tél. : 99.48.29.21 ou SR : 99.78.47.57.

Roz-sur-Couesnon   *C.M. n° 230 — Pli n° 13*

✹✹✹ NN   5 chambres d'hôtes sont aménagées dans une maison du XVIII° siècle avec vue sur le Mont Saint-Michel. Sanitaires privés pour chaque chambre. 2 ch. 2 pers. 2 ch. 3 pers. dont 1 avec vue panoramique sur le Mont Saint-Michel. 1 ch. 4 pers. Salle de séjour/salon. Local avec poss. cuisine. Terrain. Pêche 8 km. Char à voile 10 km. Commerces 1 km. Gare 7 km.

Prix : 1 pers. **170/180 F** 2 pers. **210/230 F** 3 pers. **300/350 F**

⛵	🏃	🚈	⛱
10	7	8	20

GILLET Helene – Val Saint-Revert – 35610 Roz-sur-Couesnon – Tél. : 99.80.27.85 ou SR : 99.78.47.57.

Roz-sur-Couesnon La Roseliere   C.M. n° 230 — Pli n° 13

♥♥♥ NN   1 chambre 3 pers. accessible aux personnes handicapées avec sanitaires privés. 2 chambres 3 pers. avec sanitaires privés. 2 chambres 4 pers. avec sanitaires privés. Salle de séjour avec TV. Gare 15 km. Commerces 1 km. Possibilité de cuisine sur place. Cour et jardin privés. Maison du XVIᵉ siècle, chez Odile et Bernard producteurs de foie gras. Mont Saint-Michel 8 km. Saint-Malo 25 km. Route touristique (Pontorson, Saint-Malo) par la côte. Rivière 7 km.

Prix : 1 pers. 180 F 2 pers. 200/230 F 3 pers. 270/300 F

20	5	8	8	15	6	20

MOUBECHE Bernard – La Roseliere – 35610 Roz-sur-Couesnon – Tél. : 99.80.22.05 ou SR : 99.78.47.57.

Roz-sur-Couesnon La Bergerie   C.M. n° 230 — Pli n° 13

♥♥♥ NN   Au cœur du Mont Saint-Michel, dans une maison traditionnelle en pierre de pays. 5 ch. de 2 à 4 pers. Sanitaires privés pour chaque chambre. Salle de séjour/salon à disposition. Jardin avec pelouse et stationnement privés. La maison est située dans les polders de la baie du Mont Saint-Michel, entre Cancale et le Mont Saint-Michel (8 km). Gare 8 km. Commerces 200 m.

Prix : 1 pers. 190 F 2 pers. 210/230 F 3 pers. 260 F

18	2	9	9	10	13	3	16

PIEL Jacky – La Bergerie - La Poultière – 35610 Roz-sur-Couesnon – Tél. : 99.80.29.68 ou SR : 99.78.47.57.

Saint-Aubin-d'Aubigne Gatine   C.M. n° 230 — Pli n° 26

♥♥ NN   Maison rénovée en campagne : 2 chambres doubles avec salles de bains privées et wc communs. Salle de séjour/salon. Jardin. Terrasses. Poneys sur place. Gare 15 km. Commerces 2 km. Le Mont Saint-Michel 40 km, Rennes 25 km.

Prix : 2 pers. 190 F

20	1	12	40

GARAULT Nicole – Gatine – 35250 Saint-Aubin-d'Aubigne – Tél. : 99.55.47.28 ou SR : 99.78.47.57.

Saint-Briac-sur-Mer Manoir-de-la-Duchee   C.M. n° 3 — Pli n° 11

♥♥♥ NN   Manoir du XVIIᵉ siècle dans un parc boisé et fleuri. 4 chambres doubles avec TV et sanitaires privés. 1 chambre 4 pers. avec mezzanine, TV et sanitaires privés. Salon à la disposition des hôtes avec bibliothèque. Cadre agréable. Demeure de caractère avec mobilier de style. Station balnéaire de Dinard à 8 km. Saint-Malo à 12 km. Gare 12 km. Commerces 2,5 km. Petits déjeuners servis dans le jardin d'hiver.

Prix : 1 pers. 300 F 2 pers. 350 F 3 pers. 500 F

3	SP	3	SP	3

STENOU Jean-Francois – Manoir de la Duchee – 35800 Saint-Briac-sur-Mer – Tél. : 99.88.00.02 ou SR : 99.78.47.57.

Saint-Coulomb Les Landes   C.M. n° 230 — Pli n° 11

♥♥♥ NN   Dans une ferme du XVIIIᵉ siècle très calme située sur la côte d'Emeraude près de la mer : 2 chambres doubles avec sanitaires privés. Salle à manger, salon. Gare 9 km. Commerces 2,5 km. Ouvert toute l'année. Le port de Cancale 3 km, Saint-Malo 9 km.

Prix : 2 pers. 250/270 F 3 pers. 300/330 F

10	2,5	10	2,5	2,5	25	25	25	3	3

HIREL Jeanine – Les Landes – 35350 Saint-Coulomb – Tél. : 99.89.01.27 ou SR : 99.78.47.57.

Saint-Coulomb La Haute-Ville-Enoux

E.C. NN   A l'étage : 2 chambres dont 1 chambre 2 pers. et 1 chambre (1 lit 2 pers. 1 lit 120), sanitaires privés pour chacune, wc communs. Salle de séjour/salon avec TV. Terrasse. Gare 10 km, commerces 12 km. Maison récente sur un terrain fleuri et ombragé à proximité de la mer (Anse Duguesclin). Région de la côte d'Emeraude, Saint-Malo, Cancale. Anglais parlé. Randonnées à pied pour se rendre à la plage. Ouvert toute l'année.

Prix : 2 pers. 240 F 3 pers. 320 F

10	2,5	1	1,2	3	20	1	1

THOMAS Rene – La Haute-Ville-Enoux – 35350 Saint-Coulomb – Tél. : 99.89.04.79

Saint-Coulomb La Marette - la Guimorais   C.M. n° 230 — Pli n° 12

♥♥♥ NN   1 chambre double et 2 chambres triple avec sanitaires privés, aménagées dans une maison de caractère, proche de la mer (600 m de la plage). Salle de séjour/salon. Jardin avec pelouse. Gare 7 km. Ouvert toute l'année. A 7 km de Saint-Malo intra-muros.

Prix : 2 pers. 250 F 3 pers. 310 F

7	2	0,6	2	2	10	0,6	0,6

LIMPALER Emile – La Marette - la Guimorais – 35350 Saint-Coulomb – Tél. : 99.89.00.46

Saint-Coulomb Le Hindre   C.M. n° 230 — Pli n° 12

E.C. NN   4 chambres doubles et 1 chambre 4 pers. avec sanitaires privés, aménagées dans une grande maison rénovée avec grand jardin. Salle de séjour/salon avec cheminée à la disposition des hôtes. Equitation sur place avec poss. de faire des promenades équestres. Gare 8 km. Commerces 1,5 km. Ouvert toute l'année. Sur la Côte d'Emeraude, à 10 km de Saint-Malo intra-muros.

Prix : 1 pers. 180 F 2 pers. 250 F 3 pers. 320 F

8	3	3	1,5	SP	15	2,5	2,5

ROBIN Catherine – Le Hindre – 35350 Saint-Coulomb – Tél. : 99.89.08.25

Saint-Coulomb La Villa-Jaquin   *C.M. n° 230 — Pli n° 12*

※※ NN   3 chambres doubles avec sanitaires privés, aménagées dans une maison rénovée avec aire de jeux, pelouse. Salle de séjour/salon avec TV. Gare 10 km. Commerces 1 km. Ouvert toute l'année. A la campagne, sur la Côte d'Emeraude, à 3 km de la plage.

Prix : 1 pers. **180 F** 2 pers. **250 F** 3 pers. **320 F**

10	3	3		3	15	3	3

LESNE Dominique – La Ville Jaquin – 35350 Saint-Coulomb – Tél. : 99.89.05.62

Saint-Jouan-des-Guerets   *C.M. n° 230 — Pli n° 12*

※※※ NN   Magali vous accueille dans un manoir du XIXᵉ siècle sur un parc boisé à 5 km de Saint-Malo. 4 chambres 2 pers. avec sanitaires particuliers, 1 chambre 3 pers. avec sanitaires particuliers. Salon/salle à manger. Télévision. Chauffage. Salon de jardin dans le parc.

Prix : 1 pers. **300 F** 2 pers. **330 F** 3 pers. **410 F**

5	5	5	5	5	5

MERIENNE Magali – Manoir de Blanche Roche – 35430 Saint-Jouan-des-Guerets – Tél. : 99.82.47.47 ou SR : 99.78.47.57.

Saint-Jouan-des-Guerets   *C.M. n° 230 — Pli n° 11*

※※※ NN
(A)   Chambres situées dans une longère, comportant 2 chambres (2 lits 2 pers.), sanitaires privés. Terrain, jeux d'enfants. Gare 6 km. Commerces 1 km. Maison comprenant également 2 gîtes ruraux. A 6 km de Saint-Malo. Pêche 500 m.

Prix : 2 pers. **300 F** 3 pers. **385 F** repas **98 F**

4	1	4	10	15	0,4	8

HARZIC Laurent – La Porte – 35430 Saint-Jouan-des-Guerets – Tél. : 99.81.10.76 ou SR : 99.78.47.57.

Saint-Malo Goeletterie   *C.M. n° 230 — Pli n° 11*

※※※ NN
(TH)   4 ch. double, 1 ch. 4/5 pers. avec sanitaires particuliers, aménagées dans une maison de caractère, en bordure de Rance (2 chambres avec vue). Salle de séjour/salon avec cheminée et TV. Terrain avec jeux. Saint-Malo à 4 km. Gare 5 km. Commerces 2 km. Ouvert toute l'année. Gare maritime 4 km.

Prix : 1 pers. **250 F** 2 pers. **280 F** 3 pers. **340 F** repas **70/90 F**

4	4	3	10	0,2	1,5

TREVILLY Raymonde – Goeletterie – 35400 Saint-Malo – Tél. : 99.81.92.64 ou SR : 99.78.47.57.

Saint-Malo Les Croix-Gibouins   *C.M. n° 230 — Pli n° 11*

※※ NN   4 chambres d'hôtes aménagées à l'étage d'une gentilhommière du XVIᵉ siècle, en campagne, à 5 km de Saint-Malo. 1 ch. double. 1 ch. 4 pers. 2 ch. communicantes (4 pers.). Sanitaires privés. Salle de séjour/ salon. Terrasse avec salon de jardin, terrain, parking privé. Ouvert toute l'année. Gare 5 km. Commerces 2 km.

Prix : 1 pers. **190/220 F** 2 pers. **220/300 F** 3 pers. **290/330 F**

3,5	4	4	6	10	3,5	3	3

BASLE Maryline – Les Croix Gibouins – 35400 Saint-Malo – Tél. : 99.81.12.41 ou SR : 99.78.47.57.

Saint-Malo La Bastide   *C.M. n° 230 — Pli n° 11*

※ NN   Maison de pierre. 1 chambre 2 pers. 1 chambre 4 pers. avec sanitaires particuliers. Salle de séjour/ salon. Cour fleurie. Gare 3 km. Commerces 1 km.

Prix : 1 pers. **180 F** 2 pers. **220 F**

2,5	1	1	20	25	1

LE FUSTEC Madeleine – Rue du Docteur Christian Paul - La Bastide – 35400 Saint-Malo – Tél. : 99.56.06.29 ou SR : 99.78.47.57.

Saint-Malo   *C.M. n° 230 — Pli n° 11*

※※※ NN   2 chambres doubles, 1 chambre triple, 1 chambre 4 pers., dans une gentilhommière malouine du XVIIᵉ siècle. TV et sanitaires pour chaque chambre. Salle de séjour/salon et TV (chaines francaises et anglaises) à la disposition des hôtes. Parc avec garage. Jeux, VTT.

Prix : 1 pers. **190 F** 2 pers. **250 F** 3 pers. **320 F**

3	3	1	3	2	2

FERET Josette – Ville Auray – 35400 Saint-Malo – Tél. : 99.81.64.37 ou SR : 99.78.47.57. – Fax : 99.82.23.27

Saint-Malo   *C.M. n° 230 — Pli n° 11*

※※※ NN   Dans une vieille demeure du XIIᵉ : 5 chambres d'hôtes doubles avec sanitaires privés. 3 TV à disposition. Salle particulière pour petits déjeuners. Possibilité lits supplémentaires. Garage, jardin avec pelouse. Saint-Malo intra-muros 5 km

Prix : 1 pers. **180 F** 2 pers. **250 F** 3 pers. **320 F**

3,5	3,5	4	15	3	3

CHOPIER Louis – Clermont – 35400 Saint-Malo – Tél. : 99.81.07.69 ou SR : 99.78.47.57. – Fax : 99.81.16.43

Saint-Marc-le-Blanc   *C.M. n° 230 — Pli n° 27*

※※ NN
(TH)   Maison en pleine campagne avec grand espace de verdure pour repos : 2 chambres d'hôtes communicantes pour 6 pers. et 1 enfant, avec sanitaires particuliers. Salle de séjour et salon à la disposition des hôtes.

Prix : 1 pers. **100 F** 2 pers. **180 F** 3 pers. **240 F** repas **50/70 F**

20	8	20	20

COUDRAY – La Perlais – 35460 Saint-Marc-le-Blanc – Tél. : 99.95.05.27 ou SR : 99.78.47.57.

Saint-Marcan
C.M. n° 230 — Pli n° 12

💥💥 NN   5 chambres d'hôtes dans une maison située en pleine campagne. Baie du Mont Saint-Michel, sur la route Saint-Malo/Mont Saint-Michel par la côte. 2 ch. doubles, 1 ch. triple, 2 ch. 4 pers. avec sanitaires privés. Salle de séjour/salon avec TV à la disposition des hôtes. Possibilité de cuisine. Terrain de jeux. Pêche 5 km. Mont Saint-Michel 12 km. Saint-Malo 20 km.

Prix : 1 pers. **170 F** 2 pers. **200 F** 3 pers. **250 F**

5

GLE-COLOMBEL Madeleine – 35120 Saint-Marcan – Tél. : 99.80.22.78

Saint-Maugan
C.M. n° 230 — Pli n° 25

💥 NN   5 chambres d'hôtes aménagées à l'étage d'un ancien presbytère à proximité du village. 5 chambres pour 12 pers. avec 2 salles d'eau et 2 wc communs. Salle de séjour. Salle d'animation au rez-de-chaussée. A proximité : étang communal, pêche. Base de loisirs de Tremelin (baignade, pédalos...).

Prix : 1 pers. **100 F** 2 pers. **140 F** 3 pers. **180 F**

15	5	5	5	10	5

COMMUNE DE SAINT-MAUGAN – Mairie – 35750 Saint-Maugan – Tél. : 99.09.99.67

Saint-Meloir-des-Ondes Les Croix-Gibouins
C.M. n° 230 — Pli n° 11

💥💥 NN   1 chambre double et 1 chambre 3/4 pers. avec sanitaires privés aménagées dans une maison du XVIe siècle, dans la campagne. Salle de séjour, salon avec TV. Terrasse, parking privé. Saint-Malo 5 km. Région touristique entre Saint-Malo et le Mont Saint-Michel. Gare 5 km. Commerces 2 km. Ouvert toute l'année.

Prix : 1 pers. **180/200 F** 2 pers. **230/260 F** 3 pers. **290/320 F**

3,5	4	4	6	5	3,5	3	3

BASLE Denise – Les Croix Gibouins – 35350 Saint-Meloir-des-Ondes – Tél. : 99.82.11.97 ou SR : 99.78.47.57.

Saint-Meloir-des-Ondes Le Buot
C.M. n° 230 — Pli n° 11

💥💥 NN   2 chambres doubles et 1 chambre triple avec sanitaires privés. Salle de séjour/salon. Pelouse avec salon de jardin. Aire de jeux pour les enfants. Dans la baie du Mont Saint-Michel, à proximité de Cancale et de Saint-Malo. Gare et commerces 2,5 km. Ouvert toute l'année.

Prix : 2 pers. **250 F** 3 pers. **300 F**

10	4	5	2	0,5	25	16	0,1	5

BUNOUF Marie-Helene – Le Buot – 35350 Saint-Meloir-des-Ondes – Tél. : 99.89.10.29 ou SR : 99.78.47.57.

Saint-Meloir-des-Ondes Le Grand-Pre
C.M. n° 230 — Pli n° 11

💥💥💥 NN   1 chambre double et 1 chambre 4 pers. avec sanitaires privés, aménagées dans une maison de caractère, dans la baie du Mont Saint-Michel, à 5 km de Cancale et 10 km de Saint-Malo. Salle de séjour, salon, TV. Kitchenette avec poss. de faire le repas du soir. Gare et commerces 2,5 km. Ouvert toute l'année.

Prix : 1 pers. **205 F** 2 pers. **250 F** 3 pers. **305 F**

10	4	4	2	1	25	16	25	5

MAZIER J-Louis et M-Paule – Le Grand Pre – 35350 Saint-Meloir-des-Ondes – Tél. : 99.89.15.41 ou SR : 99.78.47.57.

Saint-Meloir-des-Ondes Le Tertre-Mande
C.M. n° 230 — Pli n° 11

💥💥💥 NN   Maison de caractère du XIIe siècle rénovée à proximité de la mer et de Cancale (baie du Mont Saint-Michel), 1 chambre triple avec sanitaires privés, salon avec cheminée, salle de séjour/salon avec le propriétaire. Terrasse aménagée. Gare et commerces 2,5 km. Ouvert à partir de Pâques.

Prix : 1 pers. **200 F** 2 pers. **250 F** 3 pers. **305 F**

5	5	1	0,5	20	20	20	SP	5

LOCHET Madeleine – Le Tertre Mande – 35350 Saint-Meloir-des-Ondes – Tél. : 99.89.10.86 ou SR : 99.78.47.57.

Saint-Meloir-des-Ondes Le Parc
C.M. n° 230 — Pli n° 12

💥💥💥 NN   Sur une propriété entourée de pelouse. 4 chambres doubles avec sanitaires privés. Salle de séjour/salon avec TV. Possibilité lits supplémentaires. Terrain de jeux. Gare 5 km. Commerces 3 km.

Prix : 1 pers. **205 F** 2 pers. **240 F** 3 pers. **305 F**

6	25	6	3	25	4

PILORGE Pierre – Le Parc – 35350 Saint-Meloir-des-Ondes – Tél. : 99.89.12.39 ou SR : 99.78.47.57.

Saint-Meloir-des-Ondes Langavan
C.M. n° 230 — Pli n° 12

💥💥💥 NN
(TH)   2 chambres doubles, 3 chambres 4 pers. dont 1 accessible aux personnes handicapées. Sanitaires particuliers. Salon, terrasse avec vue sur la mer. Terrain avec pelouse. Location de vélos. Gare 12 km. Commerces 5 km. Maison du XVIIIe siècle avec terrasse (vue sur la mer dans la baie du Mont Saint-Michel). Proximité de Cancale et Saint-Malo.

Prix : 1 pers. **180 F** 2 pers. **250 F** 3 pers. **325 F** repas **60 F**

12	8	5	0,3	25	25	5

COLLIN Loic – Langavan – 35350 Saint-Meloir-des-Ondes – Tél. : 99.89.22.92 ou SR : 99.78.47.57.

Saint-Meloir-des-Ondes Le Pont-Prin — *C.M. n° 230 — Pli n° 12*

♥♥♥ NN 2 chambres doubles avec sanitaires privés dans une maison individuelle. Salle de séjour/salon à la disposition des hôtes. Aire de jeux pour enfants. Gare 4 km. Commerces 2 km. Ouvert toute l'année. Chambres au calme, proches de la Côte d'Emeraude, à 5 km de la plage.

Prix : 1 pers. **180 F** 2 pers. **220 F** 3 pers. **270 F**

4	5	5	2	SP	10	10	5	5

BOUTIER Marie-Joseph – Le Pont Prin – 35350 Saint-Meloir-des-Ondes – Tél. : 99.89.13.05

Saint-M'Herve Bernaudiere — *C.M. n° 230 — Pli n° 28*

♥♥ NN Maison en milieu rural proche du plan d'eau. 1 chambre triple avec salle de bains privée et wc communs. 1 chambre triple avec douche privée et wc communs à 2 chambres. Salle de séjour/salon avec TV à la disposition des hôtes. 1 chambre triple avec sanitaires privés. Terrain attenant. Nombreuses promenades. Vitré 10 km (son château et sa vieille ville). Gare 6 km. Au plan d'eau : baignade, pêche, voile, randonnées et canoës.

Prix : 1 pers. **135 F** 2 pers. **170/190 F** 3 pers. **230/250 F**

0,5	11	3	15

DELHOMMEL – Berhaudiere – 35500 Saint-M'Herve – Tél. : 99.76.74.74 ou SR : 99.78.47.57.

Saint-Pere La Ville Hermessan — *C.M. n° 230 — Pli n° 25*

♥♥♥ NN Marie-Claude et Marcel vous recevront dans une demeure du XVIII° dans un cadre champêtre et reposant. 2 chambres avec mezzanine (3 pers.), salle d'eau et wc privés. 2 chambres doubles avec salle d'eau et wc privés. Salle à manger, salon. Chauffage. Saint-Malo 10 km. Gare 10 km, commerces 1 km. Parc de 1,50 ha. avec grandes pelouses et salons de jardin. Parking privé. A proximité : nombreux sites touristiques, Saint-Malo, Cancale, Dol-de-Bretagne, Combourg et le Mont Saint-Michel. Anglais parlé. Ouvert toute l'année.

Prix : 1 pers. **190 F** 2 pers. **220/240 F** 3 pers. **330 F**

8	5	5	5	10	5	15	8	8

LE BIHAN – La Ville Hermessan – 35430 Saint-Pere – Tél. : 99.58.22.02

Saint-Pierre-de-Plesguen — *C.M. n° 230 — Pli n° 25*

♥♥♥ NN 4 chambres d'hôtes dans un ancien moulin à eau du XVII° siècle situé en pleine campagne. 2 chambres 2 pers. 2 chambres 3 pers. avec sanitaires particuliers. Salle de séjour, salon à disposition des hôtes. Pêche en étang sur place. Terrasse avec vue sur l'étang.

Prix : 1 pers. **260 F** 2 pers. **320 F** 3 pers. **430 F**

12	SP	2	8	22	22

MICHEL Annie – Petit Moulin du Rouvre – 35720 Saint-Pierre-de-Plesguen – Tél. : 99.73.85.84 ou SR : 99.78.47.57.

Saint-Pierre-de-Plesguen Bois-Mande — *C.M. n° 230 — Pli n° 25*

♥♥♥ NN
(TH) 1 chambre double et 1 chambre triple. Sanitaires particuliers. Salon dans une véranda donnant sur le parc avec étang (barque, pêche). Gare 6 km. Commerces 4 km. Maison rénovée dans un parc boisé et fleuri. Plan d'eau avec pêche et barques. Joli site.

Prix : 1 pers. **190 F** 2 pers. **220 F** 3 pers. **270 F** repas **80 F**

10	SP	4	5	2	6	10

RAUX Danielle – Bois Mande – 35720 Saint-Pierre-de-Plesguen – Tél. : 99.73.89.79 ou SR : 99.78.47.57.

Saint-Pierre-de-Plesguen Le Clos du Rouvre — *C.M. n° 230 — Pli n° 25*

♥♥ NN
(TH) 4 chambres 2 pers. et 1 chambre 3 pers., sanitaires privés, salle de séjour, cheminée, salon avec TV à disposition. Commerces et restaurants à 4 km. Grand terrain attenant avec salon de jardin. Gare 12 km. Ouvert toute l'année. Anglais parlé. Charmante demeure bretonne dans un paysage de verdure. Saint-Malo 15 mn, région riche en découvertes et loisirs. Ambiance chaleureuse.

Prix : 1 pers. **180 F** 2 pers. **250 F** 3 pers. **350 F** repas **75/120 F**

12	6	6	12	16	5	7	25	25

HARRISSON Jonathan et Wendy – Le Clos du Rouvre – 35720 Saint-Pierre-de-Plesguen – Tél. : 99.73.72.72

Saint-Pierre-de-Plesguen Port-Ricoul — *C.M. n° 230 — Pli n° 25*

♥♥♥ NN Maison située au bord d'un étang (pêche et barques), sur une propriété. 1 chambre (1 lit 2 pers. 2 lits 1 pers.), sanitaires privés. Salon avec cheminée. Véritable petit nid d'amour aménagé dans un ancien four à pain. Parc aménagé. Saint-Malo 25 km. Mont Saint-Michel 30 km.

Prix : 1 pers. **190 F** 2 pers. **230 F** 3 pers. **290 F**

10	2	7	SP	8	25	25

GROSSET Catherine – Port Ricoul – 35720 Saint-Pierre-de-Plesguen – Tél. : 99.73.92.65 ou SR : 99.78.47.57. – Fax : 99.73.94.17

Saint-Pierre-de-Plesguen Les Petites-Chapelles — *C.M. n° 230 — Pli n° 25*

♥♥ NN Maison à la campagne, à 2 km du village. 1 chambre (1 lit 2 pers.) sanitaires privés. Salle de séjour, salon. Terrain aménagé. A 25 km de Saint-Malo et des plages, et à 30 km du Mont Saint-Michel.

Prix : 2 pers. **200 F**

15	2	2	10	10	25	25

BOURGHIS Pierre-Yves – Les Petites Chapelles – 35720 Saint-Pierre-de-Plesguen – Tél. : 99.73.84.34 ou SR : 99.78.47.57.

Saint-Suliac Les Mouettes — *C.M. n° 230 — Pli n° 11*

💥💥💥 NN

Maison du XIXᵉ siècle avec jardin clos à 500 m du port de St-Suliac (village classé et protégé). 1 ch. (1 lit 2 pers.) sanitaires privés, accessible aux personnes handicapées. 3 ch. (1 lit 2 pers.) sanitaires privés. 1 ch. (2 lits jumeaux) sanitaires privés. Gare 10 km. Commerces 100 m. Saint-Malo 10 km. Dinard 12 km. Rivière 2 km.

Prix : 1 pers. 210/250 F 2 pers. 250/290 F

15	0,5	0,5	0,5	15	5	10	0,5	0,5

ROUVRAIS Isabelle – Les Mouettes - Grande Rue – 35430 Saint-Suliac – Tél. : 99.58.30.41 ou SR : 99.78.47.57.

La Selle-en-Cogles La Totinais — *C.M. n° 230 — Pli n° 27*

💥💥💥 NN

2 chambres doubles et 1 chambre triple avec sanitaires privés, aménagées dans une demeure de caractère du XVIIIᵉ siècle, sur un parc de 1 ha., dans un cadre boisé et fleuri. Salon indépendant avec cheminée, TV. Salon de jardin. Gare 15 km. Ouvert toute l'année. A 35 km du Mont Saint-Michel, 15 km de Fougères avec son château et sa magnifique forêt, sa base de loisirs de Chênedet.

Prix : 1 pers. 200 F 2 pers. 250 F 3 pers. 350 F

17	3,5	3,5	4	17	45	35	45

AOUSTIN Jean-Louis – La Totinais – 35460 La Selle-en-Cogles – Tél. : 99.98.64.69

Tremblay Michelaie — *C.M. n° 230 — Pli n° 27*

💥💥 NN

2 chambres doubles aménagées dans une maison de caractère, à la campagne. Douche et lavabo individuels. WC communs. Salle à manger, cheminée. TV. Terrain attenant avec salon de jardin. Ouvert de Pâques à la Toussaint. Gare 15 km. Commerces 5 km. Maison dans la région de Fougères, à 25 km du Mont Saint-Michel.

Prix : 1 pers. 130 F 2 pers. 180/190 F 3 pers. 250/260 F

19	4,5	12	19	19	25	45

BERNARD Raymond et Lisa – Michelaie – 35460 Tremblay – Tél. : 99.97.79.85 ou SR : 99.78.47.57.

Vezin-le-Coquet Le Rouvray — *C.M. n° 230 — Pli n° 26*

💥💥💥 NN

2 ch. doubles, 2 ch. triples et 1 ch. double accessible aux personnes handicapées aménagées dans une maison rénovée, près de Rennes, au cœur de la Bretagne. Sanitaires privés pour chaque chambre. Salle de séjour/salon, TV. Salon de jardin, cadre agréable et fleuri. Gare 3 km. Commerces 800 m. Ouvert toute l'année.

Prix : 1 pers. 170 F 2 pers. 210 F 3 pers. 255/310 F

4	4	1	25	2	60	60

THOUANEL Michel – Le Rouvray – 35132 Vezin-le-Coquet – Tél. : 99.64.56.38 ou SR : 99.78.47.57. – Fax : 99.64.56.38

Vieux-Viel — *C.M. n° 230 — Pli n° 27*

💥💥💥
(TH)

Dans un ancien presbytère rénové, 4 chambres d'hôtes. 2 chambres 4 pers. avec sanitaires privés. 2 chambres communicantes de 3 à 5 pers. avec sanitaires privés. Salle de séjour et salon à disposition des hôtes. Chauffage central. Jardin et parking privé, terrasse avec salon de jardin.

Prix : 1 pers. 150 F 2 pers. 220/240 F 3 pers. 330/350 F repas 80 F

20	6	13	40

STRACQUADANIO Jean – Le Vieux Presbytere – 35610 Vieux-Viel – Tél. : 99.48.65.29 ou SR : 99.78.47.57.

Vignoc — *C.M. n° 230 — Pli n° 26*

💥💥💥 NN
(TH)

2 chambres d'hôtes triples au rez-de-chaussée d'une maison indépendante avec sanitaires privés pour chaque chambre. Salle de séjour/salon. Terrain avec jeux. Pêche à 3 km. Balade en calèche pour la découverte des sites touristiques.

Prix : 2 pers. 200/230 F 3 pers. 250/280 F repas 60 F

12	4	15	2	4	50	50

MISERIAUX Francoise – La Blanchais – 35630 Vignoc – Tél. : 99.69.85.00 ou SR : 99.78.47.57.

La Ville-Es-Nonais — *C.M. n° 230 — Pli n° 11*

💥💥 NN

Maison en pierre dans le village touristique de la ville-Es-Nonais. 2 chambres doubles avec sanitaires privés. 1 chambre 3 pers. avec sanitaires privés. 1 chambre 4 pers. avec sanitaires privés. Salle de séjour/salon. Cour à l'avant. Terrain. Gare 15 km. Commerces sur place.

Prix : 1 pers. 180 F 2 pers. 220 F 3 pers. 280 F

10	8	5	15	8	10

BESNARD Mariannick – Le Bourg – 35430 La Ville-Es-Nonais – Tél. : 99.58.40.68 ou SR : 99.78.47.57.

Loire-Atlantique ®

*3615 Gîtes de France
1,27 F/mn*

Abbaretz La Jahotiere

💥💥💥 NN

Dans une propriété de 80 ha. avec étang, ruines du 2ᵉ haut fourneau français, réserve de chasse : 4 ch. avec salles de bains et wc privés. Nantes à 40 km, La Baule à 60 km. Commerces 3 km. Ouvert toute l'année. Anglais et espagnol parlés.

Prix : 2 pers. 250/350 F 3 pers. 330/430 F pers. sup. 80 F

60	60	3	3	3	3	SP	40

NODINOT Jean Francois – La Jahotiere – 44170 Abbaretz – Tél. : 40.55.23.34 ou SR : 51.72.95.65.

Arthon-en-Retz

❦❦❦ NN Dans le calme de la campagne, à proximité de la mer : 4 ch. d'hôtes dont une accessible aux pers. handicapées. Salle d'eau et wc privés. Chauffage électrique. Salle de petit déjeuner avec coin-cuisine. Entrée indépendante. Jardin avec jeux d'enfants, barbecue, salon de jardin. Parking privé. Accès facile. Gare 12 km. Commerces 700 m. Ouvert toute l'année.

Prix : 1 pers. **175 F** 2 pers. **205 F** 3 pers. **235 F**

7	7	10	7	7	1	9	SP	10

MALARD Marie-Claire – Route de Chauve – 44320 Arthon-en-Retz – Tél. : 40.64.85.81 ou SR : 51.72.95.65.

Asserac Pen Be

❦❦ NN **(TH)** Dans le calme de la Baie de Pen-Bé, dans une demeure donnant directement sur la mer, dans un cadre agréable et reposant : 2 ch. vous attendent. Sanitaires privés à chaque ch. Balcon, terrasse, salon de jardin. Tables d'hôtes (produits de la mer). Parking fermé. Nantes à 1 heure de route, La Baule à 15 mn, le parc de la Brière à 20 mn. Gare 5 km. Ouvert toute l'année.

Prix : 1 pers. **215 F** 2 pers. **250 F** 3 pers. **320 F** repas **95 F**

SP	SP	20	SP	SP	4	10	1	20

LE GAL Louis – Pen Be – 44410 Asserac – Tél. : 40.01.74.78 ou SR : 51.72.95.65. – Fax : 40.52.73.05

Barbechat La Grande Charaudiere

❦❦❦ NN **(TH)** Entre la douceur angevine et la brise océane, nous vous accueillons dans notre ferme laitière aux vieux murs témoins d'un passé seigneurial. 2 ch. (1 lit 2 pers. chacune), salle d'eau, TV. Dans ce lieu calme et vallonné, découvrez notre vie paysanne et à la table familiale, appréciez la saveur des produits de la ferme et du terroir. Gare 25 km. Commerces 4 km. Bienvenue toute l'année dans « ce discret pays.. celui de cocagne » (extrait de notre livre d'or) où 2 ch. au mobilier ancien sont aménagées pour votre confort et votre repos à l'étage d'une salle séjour-salon avec grande cheminée. Accès indépendant. Anglais et allemand parlés.

Prix : 1 pers. **215 F** 2 pers. **245 F** repas **85 F**

70	70	8	8	4	SP	5

ROTUREAU Bernadette et J. Luc – La Grande Charaudiere – 44450 Barbechat – Tél. : 40.03.61.69 ou SR : 51.72.95.65.

Besne Les Pierres Blanches

❦❦❦ NN Dans un parc boisé de 15000 m², 2 chambres totalement indépendantes au rez-de-chaussée de la maison des propriétaires. Chaque chambre bénéficie de sanitaires privés, téléphone, TV et sèche-cheveux. Coin salon/séjour avec kitchenette réservé aux hôtes. Accès direct sur terrasse. Barbecue. Gare 9 km. Commerces 5 km. Ouvert toute l'année.

Prix : 1 pers. **200/240 F** 2 pers. **220/260 F** 3 pers. **310 F** pers. sup. **50 F**

20	20	10	10	10	3	5	12	SP	10

DEBRAY Denise – Les Pierres Blanches – 44160 Besne – Tél. : 40.01.32.51 ou SR : 51.72.95.65.

Blain La Mercerais

❦❦❦ NN Dans la maison du propriétaire, en pleine campagne, lieu de calme et de tranquillité : 2 ch. d'hôtes (2 ou 3 pers.) joliment aménagées avec douche et wc privés. Ces chambres s'ouvrent sur un très beau parc fleuri et ombragé. Salon de jardin, barbecue, poss. de pique-niquer. 1er prix fleurissement départemental 1989, 2e prix ch. d'hôtes 1991, 1er prix communal 1993. Gare 35 km. Commerces 2 km. Ouvert toute l'année.

Prix : 1 pers. **190 F** 2 pers. **245 F** 3 pers. **298 F** pers. sup. **65 F**

40	40	10	2	10	SP	2,5	8	3	15

PINEAU Marcel – La Mercerais – 44130 Blain – Tél. : 40.79.04.30 ou SR : 51.72.95.65.

Blain Le Gravier

❦❦ NN A proximité du canal de Nantes à Brest, du château de la Groulaie et d'un sentier pédestre : 2 chambres 2 pers. avec salle d'eau et wc privés. Entrée indépendante. Salon de jardin. Proche de plusieurs restaurants en bordure du canal. Forêt du Gâvre à 5 km. Tarifs réduits en hors-saison. Gare 18 km. Commerces 800 m. Ouvert toute l'année.

Prix : 1 pers. **180 F** 2 pers. **210 F**

40	40	1	7	0,2	1	5	0,2	18

HECAUD – Le Gravier – 44130 Blain – Tél. : 40.79.10.25 ou SR : 51.72.95.65.

Bourgneuf Le Puy Charrier

❦❦ NN Face au marais breton, nous vous offrons 4 ch. au r.d.c. Nous privilégions l'accueil de familles nombreuses avec 2 ch. de 5 et 6 pers., sanitaires et cuisine privés. 2 ch. 3 pers., salle d'eau individuelle, wc et cuisine communs avec usage de 25 F/jour. Salon de jardin, terrain attenant, portique, restaurant, gare l'été : 2 km. Pornic (animation) : 15 km. Commerces 2 km. Ouvert toute l'année.

Prix : 1 pers. **150 F** 2 pers. **180 F** 3 pers. **220 F** pers. sup. **30 F**

4	5	15	10	2	2	2	0,1	15

BONFILS Hubert – Les Rivieres Aux Guerins - Le Puy Charrier – 44580 Bourgneuf – Tél. : 40.21.40.79 ou SR : 51.72.95.65.

Bourgneuf-Saint-Cyr-en-Retz Le Moulin de l'Arzelier

❦❦ NN Sur un coteau dominant la baie de Bourgneuf, 1 chambre d'hôtes 4 à 5 pers. aménagée à côté de la maison du propriétaire. Salle d'eau et wc privés. Coin-cuisine. Restaurant à 3 km. Ouvert d'avril à septembre. Gare 14 km. Commerces 3 km.

Prix : 1 pers. **145 F** 2 pers. **180 F** 3 pers. **220 F** pers. sup. **25 F**

4	10	11	3	2	5	1,5	18

BRETAGNE Henri Marcel – Le Moulin de l'Arzelier – 44580 Saint-Cyr-en-Retz/Bourgneuf – Tél. : 40.21.44.95 ou SR : 51.72.95.65.

Bouvron Manory de Gavalais

ϒϒϒϒ NN — Petit manoir du XVIIe siècle. Tranquillité absolue. Les chambres de grand confort sont meublées style Louis XV. Salle à manger cathédrale, salon TV. 2 chambres avec sanitaires privés, soit : 1 dans la tour pour 2 pers. et 1 suite pour 5 pers. avec salon cheminée. Entrée privée. Jardin clôturé et arborisé. Gare et commerces 4 km. Ouvert toute l'année.

Prix : 2 pers. 300/350 F 3 pers. 400 F pers. sup. 50 F

30	30	4	4	30	4	4	SP	4

HERBURT Evelyne – Manoir de Gavalais – 44130 Bouvron – Tél. : 40.56.22.32 ou SR : 51.72.95.65.

Le Cellier La Petite Funerie

ϒϒ NN — A 15 km de Nantes et d'Ancenis, à proximité des bords de Loire aux points de vue imprenables : confort et tranquillité assurés dans la maison du propriétaire. 1 ch. pour 2 pers. avec salle d'eau et wc privés. Lave-linge et sèche-linge à disposition. Kitchenette. Salon de jardin et barbecue. Parking dans jardin clos et arborisé de 2800 m². Gare 15 km. Commerces 3 km. Ouvert toute l'année. Anglais parlé.

Prix : 1 pers. 180 F 2 pers. 220 F

70	70	3	15	15	3	3	6	SP	10

MALHERBE Michel – La Petite Funerie – 44850 Le Cellier – Tél. : 40.25.44.71 ou SR : 51.72.95.65.

La Chapelle-Basse-Mer

ϒϒϒ NN — Dans le calme d'un grand jardin : 1 ch. (2 à 3 pers.) avec salle d'eau et wc privés, entrée indépendante. Parking privé. TV, mini-bar gratuit, téléphone, barbecue, salon de jardin, Bibliothèque. Coin-cuisine. A proximité de sites touristiques, d'un zoo, d'un port de plaisance. Gare 22 km. Commerces sur place. Ouvert toute l'année. Anglais parlé.

Prix : 1 pers. 200 F 2 pers. 240 F 3 pers. 300 F

80	80	4	4	SP	SP	SP	SP	4

GIRARDEAU Armelle – 6, rue du Stade – 44450 La Chapelle-Basse-Mer – Tél. : 40.03.67.18 ou SR : 51.72.95.65.

Chateauthebaud La Penissiere

C.M. n° 67 – Pli n° 4

ϒϒϒ NN — Au cœur du Muscadet M. et Mme Bousseau vous accueillent en amis dans leur propriété viticole. A l'étage : 3 ch. personnalisées décorées avec goût, meubles anciens avec vue imprenable sur les vignes (très calme et reposant). Salle bains et wc privés. Entrée indépendante avec grande pièce chaleureuse par ses pierres apparentes. Poss. lit suppl. en mezzanine. Cette grande pièce vous est réservée dans laquelle, séduit par ce charme, vous vous laisserez aller à vos souvenirs. Cheminée et coin-salon sont tout près pour accueillir votre repos. TV. Ouvert toute l'année. Gare 15 km. Commerces 2 km.

Prix : 1 pers. 200 F 2 pers. 220 F 3 pers. 265/275 F pers. sup. 65 F

6	0,4	1	1,5	5	1

BOUSSEAU Gerard – La Penissiere – 44690 Chateauthebaud – Tél. : 40.06.51.22 ou SR : 51.72.95.65.

Chateauthebaud Brairon

C.M. n° 67 – Pli n° 4

ϒϒϒ NN — A 13 km au sud de Nantes, une ancienne maison de maître dans le vignoble. Accès facile par la N137. 2 ch. à l'étage, chacune pour 3 pers., avec salle d'eau et wc privés, jardin fermé. Tarif dégressif. Ouvert toute l'année, tranquillité assurée. Gare 13 km. Commerces 4 km.

Prix : 1 pers. 200 F 2 pers. 220 F 3 pers. 240 F pers. sup. 25 F

60	60	3	8	5	3	8	3

BARJOLLE Valentine – Brairon – 44690 Chateauthebaud – Tél. : 40.03.81.35 ou SR : 51.72.95.65.

Chateauthebaud Le Petit Douet

ϒϒϒ NN — Au domaine viticole : 1 ch. d'hôtes pour 2 pers. au r.d.c. de notre maison. Entrée indépendante. Salle d'eau et wc privés attenants à la chambre. Chauffage. Salon avec cheminée. Possibilité table d'hôtes le soir sur réservation. Visite de caves. Ouvert toute l'année. Nantes 15 km. Clisson 13 km. Une halte conviviale au pays du Muscadet. Gare 15 km. Commerces 1,5 km.

Prix : 1 pers. 175 F 2 pers. 205 F

60	60	6	3	1	1,5	5	3

MECHINEAU Therese – Le Petit Douet – 44690 Chateauthebaud – Tél. : 40.06.53.59 ou SR : 51.72.95.65. – Fax : 40.06.57.42

Chauve La Caillerie

C.M. n° 67 — Pli n° 2

ϒϒϒ NN — Dans un cadre champêtre, au calme, à 12 km de la mer, 3 ch. d'hôtes pour 2, 3 et 4 pers. Salle d'eau et wc privés. Chauffage. Entrée indépendante. Possibilité de cuisiner dans local commun. Grand jardin ombragé propice à la détente. Portique. Ping-pong. Gare 25 km. Commerces 3 km. Ouvert toute l'année. Anglais et hollandais parlés.

Prix : 1 pers. 230 F 2 pers. 270 F 3 pers. 330 F pers. sup. 60 F

12	12	10	12	12	4	3	12	0,2	12

ARNOULT Jean – La Caillerie – 44320 Chauve – Tél. : 40.21.16.18 ou SR : 51.72.95.65.

Chemere La Baronnerie

ϒ NN
(TH) — En campagne, entre mer et ville, 5 chambres de 2 à 4 pers. aménagées au rez-de-chaussée d'une maison indépendante. 2 douches et 2 wc communs. Lave-linge. Point-phone. Terrain attenant ombragé avec table et chaises. Coin-cuisine. Promenade en calèche sur place. Ouvert toute l'année. Pornic 20 km. Nantes 25 km. La Baule, Noirmoutier 60 km. Gare 5 km. Commerces 7 km.

Prix : 1 pers. 130 F 2 pers. 180 F 3 pers. 220 F pers. sup. 30 F repas 75 F

15	15	15	20	15	7	7	SP

LOQUAIS Francois – L'Etape - La Baronnerie – 44680 Chemere – Tél. : 40.02.77.57 ou SR : 51.72.95.65. – Fax : 40.02.62.66

La Chevroliere

♥♥♥ **NN**

En campagne, au rez-de-chaussée, 3 ch. 3 épis, 1 ch. 2 épis. Sanitaires particuliers, entrée indépendante pour chaque chambre. 2 ch. avec kitchenette. Salon, salle à manger avec cuisine et TV réservées aux hôtes. Terrasse, pelouse, salon de jardin pour chaque chambre. Restaurant 2 km. Nantes, gare, aéroport 10 km. Lac de Grand Lieu à proximité. Zone de loisirs, safari africain. Commerces 4 km. Ouvert toute l'année.

Prix : 1 pers. **170 F** 2 pers. **200/220 F** 3 pers. **270 F**

35	35	10	10	10	4	4	5	35

CHEVALIER Joseph et Danielle – 26, Thubert – **44118 La Chevroliere** – Tél. : **40.31.31.26** ou SR : **51.72.95.65.**

Le Croisic

♥♥♥ **NN**

Dans maison particulière avec vue sur la mer, 2 ch. d'hôtes à l'étage dont 1 suite comprenant 1 ch. (1 lit 2 pers.), 1 ch. (lits jumeaux), poss. lit suppl. Salle de bains, wc privés. 1 ch. (1 lit 2 pers.), salle d'eau et wc privés. Salon avec TV et bar. Jardin clos avec salon. Océarium, location de vélos et tir à l'arc à 2 km. La Baule 11 km. Saint-Nazaire 25 km. Gare 1 km. Commerces 1,5 km.

Prix : 1 pers. **310 F** 2 pers. **345 F**

0,2	0,2	10	2	0,5	1	2	0,5	0,8

PLUCHE Raymond – 43, rue de la Ville d'Ys – **44490 Le Croisic** – Tél. : **40.23.12.30** ou SR : **51.72.95.65.** – **Fax :** 40.15.74.32

Crossac La Cossonnais

♥♥♥ **NN**
(TH)

Sur la D33, 2 chambres d'hôtes 2/3 pers. dont une avec entrée indépendante à l'étage de la maison du propriétaire. Salle d'eau et wc privés pour chaque chambre. Téléphone, TV, salon avec cheminée. Jardin attenant. Terrasse, salon de jardin. Ouvert d'avril à fin octobre. Gare 6 km. Commerces 2 km.

Prix : 1 pers. **200 F** 2 pers. **240 F** 3 pers. **290 F** repas **65 F**

25	25	6	6	6	6	2	2	6

HOUIS – La Cossonnais – **44160 Crossac** – Tél. : **40.01.05.21** ou SR : **51.72.95.65.**

Derval

♥ **NN**
(TH)

Dans le centre bourg, grande maison bourgeoise comprenant 2 ch. d'hôtes de 3 pers. et 4 pers. à l'étage de la maison du propriétaire. Salle d'eau (2 douches). WC communs. Salon à la disposition des hôtes. Jardin. Ouvert toute l'année. Chateaubriant 25 km. Nantes et Rennes 50 km. Gare 25 km. Commerces sur place.

Prix : 1 pers. **140 F** 2 pers. **190 F** 3 pers. **240 F** repas **80 F**
1/2 pens. **155 F**

75	75	30	12	3	SP	30	SP

HABAY Annie – 1, rue de Nantes – **44590 Derval** – Tél. : **40.07.72.97** ou SR : **51.72.95.65.**

Donges La Lande　　　　　　　　　　　*C.M. n° 63 — Pli n° 15*

♥♥ **NN**

Manoir du XVIIe siècle dans un grand parc arboré et fleuri. 3 chambres de style. Salle d'eau et salle de bains privées à chaque chambre, 2 wc communs près des chambres. Salle à manger, salon (TV, bibliothèque, jeux). Parking et propriété entièrement clos et gardés. Accords spéciaux avec le golf de Savenay (18 trous) situé à 10 km. Ouvert toute l'année. Vélo disponible sur place. Gare 15 km. Commerces 1 km. Anglais parlé.

Prix : 1 pers. **210/230 F** 2 pers. **260/300 F** 3 pers. **350 F**

13	13	1,5	13	3	1,5	15	0,5	10

PINAULT Irene – La Closerie des Tilleuls - La Lande – **44480 Donges** – Tél. : **40.91.07.82** ou SR : **51.72.95.65.**

Dreffeac Le Menhir

♥ **NN**

A l'étage de la maison du propriétaire 2 ch. d'hôtes de 2 et 3 pers. Salle de bains et wc communs. Bibliothèque. Jardin avec tables et chaises à disposition. Pontchateau 4 km. La Baule 38 km. Gare 4 km. Commerces 1,2 km. Ouvert toute l'année. Anglais et néerlandais parlés.

Prix : 1 pers. **150 F** 2 pers. **190 F** 3 pers. **245 F**

38	38	12	4	12	3	4	4	1	7

GOURDON Louis – Le Menhir – **44530 Dreffeac** – Tél. : **40.66.90.46** ou SR : **51.72.95.65.**

Dreffeac Les Fontenelles　　　　　　　　　　　*C.M. n° 63 — Pli n° 15*

♥♥♥ **NN**

A la campagne, 2 ch. à l'étage de la maison du propriétaire. 1 ch. pour 2 pers. avec salle d'eau et wc privés, 1 suite familiale pour 4 pers. avec salle de bains et wc privés. Calme, espace, salon de jardin, portique. La Baule 30 mn. Brière 10 km. Ouvert toute l'année. Gare 4 km. Commerces 1 km.

Prix : 1 pers. **165/175 F** 2 pers. **210/230 F** 3 pers. **280 F**
pers. sup. **50 F**

30	30	15	4	15	4	4	1	8

DE BAUDINIERE Gilles – Les Fontenelles – **44530 Dreffeac** – Tél. : **40.88.25.80** ou SR : **51.72.95.65.**

Frossay La Chevallerais

♥ **NN**
(TH)

A proximité de la ferme aménagée pour visite pédagogique, 3 ch. d'hôtes de 2 pers. avec salle d'eau et wc communs. Jardin, espace jeux, bac à sable. Restaurant 2 km. Ouvert toute l'année. Gare 20 km. Commerces 2 km.

Prix : 1 pers. **170 F** 2 pers. **195 F** 3 pers. **245 F** repas **85 F**

20	20	20	2	1,5	10	1	20

LUCAS Gaston et Bernadette – Le Verger - La Chevallerais – **44320 Frossay** – Tél. : **40.39.71.03** ou SR : **51.72.95.65.**

La Grigonnais-Proche-Blain L'Etriche

NN ❄❄❄
TH

Dans une ancienne ferme rénovée au milieu d'un grand parc fleuri et boisé de chênes séculaires, 2 ch. d'hôtes dans une petite maison à proximité de celle des propriétaires. Au r.d.c. 4 pers. avec mezzanine et coin-cuisine. 1 autre ch. 2 pers. Poss. lit suppl. Salle d'eau et wc privés à chaque chambre. Barbecue, salons de jardin, portique, table ping-pong. Location de vélos. Table d'hôtes sur demande. Anglais parlé couramment. Gare 35 km. Commerces 2,5 km.

Prix : 1 pers. 160/180 F 2 pers. 200/220 F 3 pers. 250/270 F pers. sup. 50 F repas 80 F

40	40	12	4	20	SP	4	3	2	20

ESLAN Jocelyne – L'Etriche – 44170 La Grigonnais – Tél. : 40.79.04.99 ou SR : 51.72.95.65.

Herbignac Coetcaret

C.M. n° 63 — Pli n° 14

NN ❄❄❄
TH

Entre l'océan et le Parc Régional de Brière, petit château du XIXᵉ dans un grand domaine boisé. 3 ch. calmes et confortables avec sanitaires complets privatifs. Chauffage. Billard français, tennis de table. Salon de jardin. Sentier de découverte faune et flore dans le domaine. Dîner sur réservation à la table des propriétaires. Gare 20 km. Commerces 3 km. M. et Mme de La Monneraye connaissent bien les richesses de la Brière et de la Côte et se feront un plaisir de vous conseiller pour vos promenades. Anglais et espagnol parlés.

Prix : 2 pers. 400/450 F 3 pers. 550 F repas 220 F

14	14	12	2	2	4	SP	SP	12	

DE LA MONNERAYE Cecile – Chateau de Coet Caret – 44410 Herbignac – Tél. : 40.91.41.20 ou SR : 51.72.95.65. – Fax : 40.91.37.46

Herbignac Kerliberin

NN ❄❄❄
TH

Dans une chaumière briéronne, ancienne ou récente, 4 ch. d'hôtes de 2 à 5 pers., salle d'eau et wc privés à chaque chambre (dont 1 ch. en r.d.c. avec coin-cuisine). Entrée indépendante. Lave-linge et sèche-linge avec suppl. TV dans chaque ch. Table d'hôtes sur réservation. Barbecue, pétanques, billard. Ouvert toute l'année sauf en janvier. Gare 19 km. Commerces 3 km.

Prix : 1 pers. 200/250 F 2 pers. 250/300 F 3 pers. 310/360 F pers. sup. 60 F repas 90 F

14	14	2	6	1	3	12	SP

DUBOIS Isabelle – Ker Liberin – 44410 Herbignac – Tél. : 40.91.34.85 ou SR : 51.72.95.65. – Fax : 40.91.37.39

Herbignac La Ville Es Loups

NN ❄❄

A la porte de la Brière, Mme Hoguet vous accueille à la ferme, dans un cadre agréable et reposant. A l'étage de notre maison 1 ch. avec salle d'eau et wc privés. Entrée indépendante. Possibilité de visiter notre ferme. Ouvert de Pâques à fin septembre. Gare 20 km. Commerces 6 km. Anglais parlé.

Prix : 1 pers. 150 F 2 pers. 200 F 3 pers. 250 F pers. sup. 25 F

15	15	8	15	6	6	2	SP	12

HOGUET Evelyne – La Ville Es Loups – 44410 Herbignac – Tél. : 40.88.92.98 ou SR : 51.72.95.65.

Herbignac La Grande Duranderie

NN ❄❄❄

Dans le Parc Régional de Brière, longère rénovée en pierres de pays, dans un hameau retiré. 3 chambres d'hôtes avec chacune sanitaires privés. Chauffage. Salle d'accueil avec entrée indépendante. Coin-détente dans le verger avec salon de jardin. Ouvert toute l'année. Gare 17 km. Commerces 3,5 km.

Prix : 1 pers. 200 F 2 pers. 250 F pers. sup. 50 F

17	17	10	17	5	4	15	1	8

CHAPRON Daniele et Maurice – La Grande Duranderie – 44410 Herbignac – Tél. : 40.88.99.27 ou SR : 51.72.95.65.

Lege Richebonne

C.M. n° 67 — Pli n° 13

NN ❄❄❄
TH

Vous trouverez confort et tranquillité dans cette demeure de caractère du XVIIIᵉ siècle, située à proximité de la ville. 2 chambres comprenant chacune 1 lit 2 pers. possibilité lit suppl. Salle de bains et wc privés. Entrée indép. pour la chambre du r.d.c. Séjour avec bibliothèque et cheminée à disposition. Table d'hôtes sur réservation. On ne fume pas à l'intérieur. Parc de 1 ha., vue sur la campagne. Atelier poterie sur place, terrasse, salon de jardin, jeux de société. Restaurant 300 m. Base de loisirs 800 m. Gratuit enfants - 3 ans. Ouvert toute l'année. Gare 22 km. Commerces 1 km. Anglais et espagnol parlés.

Prix : 1 pers. 210 F 2 pers. 230 F 3 pers. 280 F repas 80 F

39	39	1	1	1	1	8	1

DESBROSSES Gerard et Christine – La Mozardiere - Richebonne – 44650 Lege – Tél. : 40.04.98.51 ou SR : 51.72.95.65. – Fax : 40.26.31.61

Lege La Ferme des Forges

NN ❄❄❄
TH

Entre le bocage vendéen et le vignoble des côtes de Grand Lieu, vous découvrirez une ferme du XVIIIᵉ. 2 ch. (avec sanitaires privés) attenantes à un salon sur coursive, sont à votre disposition. Au r.d.c. : salle à manger où l'on sert la table d'hôtes, bénéficie d'une ouverture sur la terrasse et le jardin. Produits fermiers. Ouvert toute l'année. Nous vous ferons découvrir avec plaisir notre région : les châteaux et les différents sites historiques, jardins et parcs, gastronomie et tradition. Peut-être pratiquerez-vous la randonnée à pied ou à vélo sur les sentiers. A bientôt. Gare 40 km. Commerces 5 km. Anglais parlé.

Prix : 1 pers. 210/250 F 2 pers. 240/280 F 3 pers. 270/310 F pers. sup. 30 F repas 95 F

35	35	5	35	5	5	7	5	35

PEAUDEAU Francette et Rene – La Ferme des Forges – 44650 Lege – Tél. : 40.04.92.99 ou SR : 51.72.95.65. – Fax : 40.26.31.90

Le Loroux-Bottereau La Roche

¥¥¥ NN
(TH)

Au milieu des vignes, dans la maison du vigneron, 1 ch. 3 épis (2 pers.), 1 ch. 2 épis NN (4 pers.). Salle d'eau et wc privés à chacune. Chauffage central. Salon, bibliothèque, TV. Jardin et terrasse avec salon et chaises longues. Possibilité de table d'hôtes avec grillades sur sarments. Visite de la cave et dégustation gratuite pour les hôtes. Gare 18 km. Commerces 3 km. Ouvert toute l'année.

Prix : 1 pers. **210 F** 2 pers. **240 F** 3 pers. **290 F**
pers. sup. **50 F** repas **80 F**

70	70	3	5	5	3	SP	15

PINEAU Marc – La Roche – 44430 Le Loroux-Bottereau – Tél. : 40.03.74.69

Mesquer

¥¥ NN

Maison de caractère en pierre avec vue sur les marais. 6 ch. d'hôtes de 2 à 4 pers. à l'étage, dont 2 avec entrée indépendante. Salle d'eau et wc privés à chaque chambre. Mezzanine, salon avec TV. Terrasse, Jardin, pelouse. Parking dans la propriété. Guérande 10 km. La Baule 14 km. Ouvert d'avril à septembre. Gare 14 km. Commerces 1,3 km. Allemand parlé.

Prix : 1 pers. **255 F** 2 pers. **280 F** 3 pers. **360 F**
pers. sup. **60 F**

0,4	0,4	8	0,4	0,4	3	3	0,4	14

LASNE Jules - 249, rue des Caps Horniers - « Clos de Botelo » – 44420 Mesquer – Tél. : 40.42.50.20 ou SR : 51.72.95.65.

Missillac La Couillardais

¥¥ NN

Dans leur maison, Christine et Jean-Claude vous accueillent. 1 ch. (3 pers.), salle de bains et wc privés. Parking clos. Excellent petits déjeuners. A 300 mètres : château de la Bretesche, d'une rare beauté, dans la forêt. Dans ce cadre : golf, promenades, pêche, piscine, tennis. Gare 9 km. Commerces 1,3 km. Ouvert toute l'année.

Prix : 1 pers. **165 F** 2 pers. **225 F** 3 pers. **280 F**

8	8	0,3	30	0,3	0,3	3	0,3	0,3

SEVELLEC Jean Claude et Chris – La Couillardais – 44780 Missillac – Tél. : 40.66.95.93 ou SR : 51.72.95.65.

Missillac Morican

¥¥¥ NN
(TH)

Ferme de 40 ha. consacrée à l'élevage des chevaux. Longère des propriétaires pour petit déjeuner et table d'hôtes. Maison des hôtes : salon, 5 chambres à choisir selon son humeur. Cavalière, Océane (douche, wc, poss. chambre en suite), Royale, Nuptiale, Campagnarde (bain, wc). Table d'hôtes sur réservation. Petit déjeuner campagnard, thé, goûter à la demande. Sur place : centre d'attelage, promenades en calèche, box ou pré. A proximité : château et golf de la Bretesche, La Baule 30 mn. Gare TGV 15 km. Commerces 6 km. Ouvert toute l'année. Anglais et espagnol parlés.

Prix : 1 pers. **240 F** 2 pers. **260 F** 3 pers. **310 F** repas **85 F**

30	30	12	12	12	SP	6	10	6	6

COJEAN Olivier – Morican – 44780 Missillac – Tél. : 40.88.38.82 ou SR : 51.72.95.65.

Les Moutiers   *C.M. n° 67 — Pli n° 1*

¥¥

Près du centre du village, dans une petite rue tranquille, vous trouverez notre chambre d'hôtes (1 lit 2 pers. 2 lits 1 pers. superposés) avec salle d'eau et wc privés. L'entrée indépendant par un escalier lui apporte une note d'intimité. Terrain attenant avec salon de jardin, barbecue, bac à sable, parking. Gare SNCF (de mai à septembre inclus) 18 km. Pornic 12 km. Commerces 200 m. Ouvert toute l'année.

Prix : 1 pers. **155 F** 2 pers. **185 F** 3 pers. **225 F**
pers. sup. **40 F**

0,3	0,3	2	0,3	0,3	0,3	1	SP	12

FERRE Janine – 1, rue Ste Therese – 44580 Les Moutiers-en-Retz – Tél. : 40.82.72.19 ou SR : 51.72.95.65.

Nozay Grand Jouan

¥ NN
(TH)

Dans une maison de caractère avec entrée indépendant 4 ch. de 2 et 3 pers. à l'étage. 1 salle d'eau privée et 1 salle d'eau commune à 3 chambres. WC communs. Terrain attenant avec balançoire. Restaurant et crêperie et commerces 2,5 km. Gare à Chateaubriand 25 km. Ouvert toute l'année.

Prix : 1 pers. **150/160 F** 2 pers. **180/190 F** 3 pers. **220/230 F**
pers. sup. **30 F** repas **60 F**

70	70	2,5	1	1	1	2,5	10	1

MARZELIERE Pierre et Monique – Grand Jouan – 44170 Nozay – Tél. : 40.79.45.85 ou SR : 51.72.95.65.

Oudon Le Buron   *C.M. n° 63 — Pli n° 18*

E.C. NN

Dans un cadre de verdure, charmant manoir avec superbe vue sur la Loire (calme et repos) vous propose 3 chambres d'hôtes pour 2, 3 ou 4 pers. avec salle de bains et wc privés. Salon TV. Meubles de jardin, table de ping-pong. Gare 10 km. Commerces 2 km. Ouvert de Pâques à fin septembre.

Prix : 1 pers. **245 F** 2 pers. **270 F** 3 pers. **325 F**
pers. sup. **60 F**

60	60	25	2	25	8	2	15	2	8

DE RUSSE Jacques – 14, rue du Roi Albert – 44000 Nantes – Tél. : 40.47.64.29 ou SR : 51.72.95.65.

La Plaine-sur-Mer

¥ NN

Nicole et Claude vous accueillent dans leur maison au mobilier du pays de Retz. 3 ch. (2 pers.) à l'étage, très coquettes avec coin-lavabo. 2 wc, salle de bains et salle d'eau sont réservés aux hôtes. Le jardin reposant et ombragé. Vous pourrez y pique-niquer. Parking clos. Abris vélo ou moto. Restaurant 1 km. Pornic 6 km avec thalasso et gare de mai à septembre. Gare 55 km. Commerces sur place. Ouvert toute l'année. Anglais parlé.

Prix : 2 pers. **200 F** 3 pers. **245 F**

1	1	6	3	1	0,5	6	SP	6

FOUCHER Nicole et Claude – 15, rue de la Liberation – 44770 La Plaine-sur-Mer – Tél. : 40.21.53.32 ou SR : 51.72.95.65.

Pont-Saint-Martin Le Chateau du Plessis
 *C.M. n° 67 — Pli n° 3*

♥♥♥♥ NN
(TH)
3 chambres d'hôtes au château. Le Plessis situé au calme à 11 km au sud de Nantes, à 5 km de l'aéroport, tire son caractère de la fière Bretagne, son charme de la douce Loire. Le château du Plessis, monument historique demeure du XIV° et du XV° saura vous conquérir par ses chambres et ses salles de bains luxueuses et confortables, sa cuisine exquise et ses bons vins. Jardins et roseraies parfumés. Gare 11 km. Commerces 800 m. Ouvert toute l'année. Anglais parlé.

Prix : 1 pers. **450/550 F** 2 pers. **600/800 F** 3 pers. **1000 F** pers. sup. **200 F** repas **250 F** 1/2 pens. **500/550 F**

30	30	10	7	10	1	2	4	0,5	15

BELORDE Josiane – Chateau du Plessis – 44860 Pont-Saint-Martin – Tél. : 40.26.81.72 ou SR : 51.72.95.65. – Fax : 40.32.76.67

Pontchateau
C.M. n° 63 — Pli n° 15

♥♥ NN
Dans une grande maison moderne à l'architecture harmonieuse, 2 chambres d'hôtes confortables de 2 et 4 pers. Salle de bains privée et wc communs. Entourée d'un petit parc boisé, elle est près du Parc Naturel Régional de la Brière. A voir : les marais salants, Guérande, Le Croisic, Piriac. Anglais et Espagnol parlés. Gare 800 m. Commerces 500 m. Ouvert du 1er mai au 30 septembre.

Prix : 1 pers. **180 F** 2 pers. **235 F**

25	25	2	13	2	2	2	8

BOITELLE Jean – 11, rue du Velodrome – 44160 Pontchateau – Tél. : 40.01.61.69 ou SR : 51.72.95.65.

Pornic Le Jardin de Retz

♥♥♥ NN
Soirée, séjour, détente dans un cadre verdoyant d'un hectare et parc botanique. 2 ch. d'hôtes 2 pers. (lit enf.) avec entrée indépendante. Salle d'eau privée à chaque chambre. Grand et petit jardins de repos. Parking clos. Thalasso 1 km. Nombreux loisirs à proximité. Gare 25 km. Commerces 1 km.

Prix : 1 pers. **235/265 F** 2 pers. **265/295 F**

0,1	0,1	1	0,1	0,1	0,1	5	0,1	0,5

BLONDEAU Michelle et Jean – Le Jardin de Retz - Place du Chateau – 44210 Pornic – Tél. : 40.82.02.29 ou SR : 51.72.95.65.

Pornic
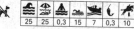

♥♥♥ NN
Dans le centre de Pornic, proche de la thalasso, villa fin de siècle. A l'étage : 1 chambre basse (lit 120). 2 chambres avec TV privée (lits 2 pers.). Sanitaires privés à chaque chambre. Jardin clos. Gare 50 km. Commerces 400 m. Ouvert toute l'année.

Prix : 1 pers. **210/260 F** 2 pers. **240/295 F**

0,5	0,5	1	0,5	0,5	1,5	0,5	2

GUENON Chantal – 55, rue de la Source - Villa Delphine – 44210 Pornic – Tél. : 40.82.67.79 ou SR : 51.72.95.65.

Pornichet

♥♥♥ NN
En campagne et à proximité de la mer, gîte indépendant de l'habitation principale. Au r.d.c. : 1 ch. pour 3 pers. avec sanitaires privés. A l'étage : 1 suite mansardées de 2 pièces pour 3 pers. chacune. WC et salle de bains privés. Chauffage central. Salon, TV, coin-cuisine (forfait). Jardin clos avec salon de jardin. Parking privé. Site touristique (Baie de la Baule, Parc Régional de Brière). Location de vélos et de kayaks. Gare TGV à 3 km. Commerces 2 km. Ouvert toute l'année.

Prix : 1 pers. **235 F** 2 pers. **280 F** 3 pers. **330 F** pers. sup. **50 F**

3	3	3	3	3	2	2	0,5	5

LEPARC Myriam et Christian – 80, Route de Mahuit – 44380 Pornichet – Tél. : 40.61.41.63 ou SR : 51.72.95.65.

Port-Saint-Pere Tartifume

♥♥ NN
Dans un cadre agréable reposant et fleuri, parc ombragé, plan d'eau et coin-pique-nique, 3 ch. d'hôtes à l'étage de la maison du propriétaire avec douche particulière à chaque chambre. Chevaux sur terrain attenant. Safari africain tout proche. Centres culturels et de loisirs dans un rayon de 10 km. Ouvert toute l'année. Gare 6 km. Commerces 1,5 km.

Prix : 1 pers. **140 F** 2 pers. **185/205 F** 3 pers. **240 F** pers. sup. **50 F**

20	20	10	5	1	6	12	2

MORISSON Andre et Marie – Tartifume – 44710 Port-Saint-Pere – Tél. : 40.31.51.61 ou SR : 51.72.95.65.

Port-Saint-Pere La Petite Pelletanche

♥♥
(TH)
Dans la campagne, dominant l'Acheneau, 4 ch. aménagées dans la maison familiale et indépendante. 2 ch. avec sanitaires privés. 2 autres pour familles ou amis avec un lavabo dans chaque ch. et sanitaires communs. Salle, cheminée, coin-cuisine, TV. Salon de jardin. Pêche, promenades en barque. Safari africain 4 km. Lac nature 15 km. Gare 6 km. Commerces 3 km. Les petits déjeuners sont servis dans la maison des hôtes. Miel du Pays de Retz, confitures, jus de fruits et pain de campagne. Table d'hôtes sur réservation. Ouvert toute l'année.

Prix : 1 pers. **155/170 F** 2 pers. **190/206 F** 3 pers. **226/260 F** pers. sup. **50 F** repas **78 F**

25	25	0,3	15	7	0,3	10

CHAUVET Louis et Simone – La Petite Pelletanche – 44710 Port-Saint-Pere – Tél. : 40.31.52.44 ou SR : 51.72.95.65.

La Regrippiere La Grande Moriniere

♥♥♥ NN

Au cœur du vignoble de Nantes, sur le domaine viticole, Cécile et Michel vous convient à faire halte. Leur maison domine les coteaux vastes et paisibles. Ils proposent 2 ch. gaies, confortables avec chacune wc, salle d'eau, TV. Salon/séjour/cuisine aménagée, cheminée. Terrasse. Accès indépendant. VTT, jeux d'enfants, ping-pong. Jeux d'enfants. Sentiers pédestres. Visite de cave. A proximité : zoo, Clisson (cité médiévale), Nantes... Bienvenue à vous toute l'année, dans ce décor, subtilement contemporain, laissant aux pierres le temps de conter, aux artistes d'exposer. Tarifs dégressifs. Gare 17 km. Commerces 7 km. Anglais parlé.

Prix : 1 pers. **240 F** 2 pers. **270 F** 3 pers. **330 F**
pers. sup. **50 F**

80	80	7	2	7	4	SP	30

COUILLAUD Cecile et Michel – La Grande Moriniere – 44330 La Regrippiere – Tél. : 40.33.61.64 ou SR : 51.72.95.65.

Saint-Gereon

♥♥♥ NN
(TH)

A l'étage de notre maison, 2 ch. (dont une de 2 pièces communicantes avec 3 lits 1 pers.), salle d'eau et wc privés pour chaque chambre. Possibilité de lit suppl. Au matin, nos petits déjeuners sauront vous plaire. A votre disposition grand jardin paysagé avec parking ou garage fermé, salon de jardin. Bibliothèque. Accès facile. Gare 2 km. Commerces 100 m. Ouvert toute l'année.

Prix : 1 pers. **190 F** 2 pers. **230 F** 3 pers. **270 F** repas **80 F**

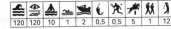

120	120	10	1	2	0,5	0,5	5	1	12

MONGAZON Roselyne – 387, rue du Drapeau – 44150 Saint-Gereon – Tél. : 40.83.18.93 ou SR : 51.72.95.65.

Saint-Gildas-des-Bois La Ferme Ecole

♥♥ NN

En retrait de la D773, une suite familiale de 2 chambres (dont une chambre avec lavabo). Salle de bains, wc. Salon de jardin. Ouvert toute l'année. Commerces 200 m.

Prix : 1 pers. **155 F** 2 pers. **200 F** 3 pers. **255 F**

30	30	7	7	7	7	4	6	4	10

MORICET Gisele – La Ferme Ecole – 44530 Saint-Gildas-des-Bois – Tél. : 40.66.90.27 ou SR : 51.72.95.65.

Saint-Gildas-des-Bois La Ferme Ecole

♥♥ NN

Dans le calme de la campagne, à proximité de la ferme, 1 petite chambre de 2 pers. dans la maison du propriétaire, avec sanitaires privés. Entrée indépendante. Salon de jardin, terrain de pétanque. Ouvert toute l'année. Gare 7 km. Commerces 2 km.

Prix : 1 pers. **155 F** 2 pers. **185 F**

30	30	7	7	7	7	4	6	4	10

MORICET Jacqueline – La Ferme Ecole – 44530 Saint-Gildas-des-Bois – Tél. : 40.88.19.04 ou SR : 51.72.95.65.

Saint-Lumine-de-Clisson Le Tremblay *C.M. n° 67 — Pli n° 4*

♥♥ NN
(TH)

Au pays du vignoble nantais, à 20 mn de Nantes-Sud, en campagne : 2 ch. de 2 et 3 pers. gaies et confortables à l'étage, avec douche, lavabo et wc privés à chacune. Entrée indépendante s'ouvrant sur un grand jardin fleuri calme et reposant (1er prix départemental gîtes fleuris 93). A proximité : Clisson, l'italienne, Muscadet, Nantes, côte atlantique. Clisson 9 km. Montaigu 10 km. Aigrefeuille 5 km. Ouvert toute l'année. Gare 25 km. Commerces 5 km. Anglais parlé.

Prix : 1 pers. **155 F** 2 pers. **190 F** 3 pers. **240 F**
repas **60/80 F**

60	60	9	9	0,2	5	11	5

BOSSIS Jacqueline – Le Tremblay – 44190 Saint-Lumine-de-Clisson – Tél. : 40.54.71.11 ou SR : 51.72.95.65.

Saint-Lyphard

♥♥ NN

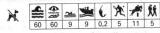

Au pays des 500 chaumières, dans le Parc de Brière. Une grande maison avec 4 ch. d'hôtes. A l'étage : 2 ch. 2 pers. et 1 ch. 3 pers. Au r.d.c. : 1 ch. 2 pers. Salle d'eau et wc privés. Chauffage. TV, bibliothèque, jeux de société. Coin-repos. Parking privé. Grand jardin ombragé et fleuri. Salon de jardin, transats, barbecue. Promenades en barque sur le marais. Nombreux circuits de randonnées. Gare 15 km. Commerces 500 m.

Prix : 1 pers. **190/230 F** 2 pers. **230/260 F** 3 pers. **290 F**

15	15	10	3	0,8	0,8	2	0,5	11

HULCOQ Anny – 23, rue des Aubepines – 44410 Saint-Lyphard – Tél. : 40.91.44.71 ou SR : 51.72.95.65. – Fax : 40.91.34.68

Saint-Malo-de-Guersac

♥♥♥ NN
(TH)

Chaumière de 3 siècles dans une île au cœur du marais de la Brière, à 3 km du bourg. 3 ch. confortables de caractère. L'Ecossaise (25 m^2) : (2 lits 1 pers.), salle de bains. La Bleue (25 m^2) : (1 lit 160) et 1 alcôve (lit 1 pers.), salle d'eau, wc. La Rose (22 m^2) : (1 lit 2 pers.), salle d'eau et wc. TV. Salle à manger rustique, cheminée. Jardin clos. Entrée indépendante. Chauffage central. Parc animalier 3 km. Circuit découverte à pied (GR), promenade en chaland et vélo. Gare 14 km. Commerces 2 km. Ouvert de mars à novembre.

Prix : 1 pers. **180 F** 2 pers. **230 F** 3 pers. **380 F**
repas **90/95 F**

14	14	22	1	2	25	SP	25

COLLARD Helene – 25, Errand – 44550 Saint-Malo-de-Guersac – Tél. : 40.91.15.04 ou SR : 51.72.95.65.

Saint-Mars-du-Desert Le Grand Patis

❀❀❀ NN
(TH)

Entre l'Erdre et la Loire, séjour détente et nature dans les marais de Mazerolles. 2 chambres indépendantes avec salle d'eau et wc indépendants à chaque ch. Poss. de 2 pers. au r.d.c. et 3 pers. en mezzanine. Terrasse, jardin, accès piscine chauffée (mai à septembre). Activités de plein air, balades à cheval et poney, circuit VTT. Restaurant 300 m. Lac 14 km, zoo 28 km, safari 40 km. Gare 18 km. Commerces 3 km. Ouvert toute l'année.

Prix : 1 pers. **155 F** 2 pers. **220 F** 3 pers. **295 F**
pers. sup. **75 F** repas 60/80 F

60	60	14	SP	6	SP	3	SP	SP	8

NICOL Chantal – Le Grand Patis – 44850 Saint-Mars-du-Desert – Tél. : 40.77.44.95 ou SR : 51.72.95.65. – Fax : 40.77.42.04

Saint-Mars-du-Desert Longrais

❀❀❀ NN

A 15 mn de Nantes, dans le calme de la campagne à 10 mn de la Beaujoire, une demeure de caractère du XVIIIe vous offre 2 ch. indépendants avec salle d'eau et wc privatifs. Au r.d.c. : 1 ch. de 32 m² (3 pers.). A l'étage : 1 ch. (2 pers.), mobilier rustique. Prise TV satellite. A disposition : barbecue couvert, salon de jardin, parking privé fermé. Nous vous recevons dans un cadre reposant avec jardin paysagé clos et salon de plein air. A proximité : promenades sur l'Erdre (rivière classée) et sur la Loire. Gare 17 km. Commerces et restaurants 4 km. Poss. lit suppl. Conditions pour séjours et hors-saison. Ouvert toute l'année.

Prix : 1 pers. **200/240 F** 2 pers. **240/280 F** 3 pers. **330 F**
pers. sup. **50 F**

65	65	23	5,5	8	5,5	4	5	1	9

MORISSEAU Dominique – Longrais – 44850 Saint-Mars-du-Desert – Tél. : 40.77.48.25 ou SR : 51.72.95.65.

Saint-Michel-Chef-Chef La Herviere

❀❀ NN

Dans le calme de la campagne, à proximité de la mer : 1 chambre 3 pers. (possibilité lit suppl.). Salle d'eau et wc privés. Entrée indépendante. Restaurant et crêperie 3,5 km. Gare 13 km. Commerces 8 km. Ouvert toute l'année.

Prix : 1 pers. **170 F** 2 pers. **185 F** 3 pers. **220 F**

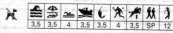

3	3	8	3	0,5	3	3	3	3

FERRE Yvon – La Herviere – 44730 Saint-Michel-Chef-Chef – Tél. : 40.27.97.84 ou SR : 51.72.95.65.

Saint-Molf Kervenel   *C.M. n° 63 — Pli n° 14*

❀❀❀ NN

A 3 km de la mer, calme et campagne. 3 ch. d'hôtes à l'étage. Entrée indépendante. Salle d'eau et wc privés pour chaque ch. Poss. lit suppl. pour enf. Salon avec TV et bibliothèque. Salon de jardin, parking privé. Loc. de vélos. A moins de 10 km : activités culturelles diverses. La Baule 10 km, 2 centres de thalasso. Parc Naturel de Brière 12 km. Promenades en barques et calèches. Chasse. Circuits de découvertes en presqu'île. Guérande, cité médiévale 5 km. La Turballe, port de pêche 5 km. Gare 12 km. Commerces 3 km. Ouvert du 1er avril au 30 septembre. Anglais parlé.

Prix : 1 pers. **270 F** 2 pers. **300 F** 3 pers. **370 F**

3	3	12	5	5	3	5	5	10

BRASSELET Jeannine – Kervenel – 44350 Saint-Molf – Tél. : 40.42.50.38 ou SR : 51.72.95.65.

Saint-Pere-en-Retz La Petite Lande

❀❀

Dans le calme de la campagne, à proximité de la mer, 1 ch. d'hôtes au r.d.c. avec entrée indépendante. Salle d'eau et wc privés. Coin-cuisine (avec suppl.), prise TV. Jardin clos attenant avec salon, barbecue, portique communs avec le gîte. Abri vélo fermé. Saint-Brévin 3,5 km. Thalasso 12 km. Gare Saint-Nazaire 15 km. Pont de Saint-Nazaire gratuit. Commerces 4 km. Ouvert toute l'année.

Prix : 1 pers. **190 F** 2 pers. **210 F** 3 pers. **265 F**

3,5	3,5	4	3,5	3,5	4	3,5	SP	12

BORDE Henri – La Petite Lande – 44320 Saint-Pere-en-Retz – Tél. : 40.27.27.09 ou SR : 51.72.95.65.

Saint-Philibert-de-Grand-Lieu Les Bretaudieres

❀❀❀ NN
(TH)

Dans une maison de maître, attenante au château, 3 ch. d'hôtes avec sanitaires privés à chaque chambre. 1 ch. au château, salle de bains et wc privés. Salon, coin-cuisine équipé pour les hôtes. TV dans salle commune. Aire de délassement avec coin pique-nique. Etangs privés avec possibilité de pêche. Saint-Philbert 2 km. Nantes 30 km. Gare 28 km. Commerces 2,5 km. Ouvert toute l'année.

Prix : 1 pers. **175 F** 2 pers. **205 F** 3 pers. **255 F**
pers. sup. **55 F** repas 70 F

40	40	3	40	SP	3	5	3	40

WEST Charles – Les Bretaudieres – 44310 Saint-Philbert-de-Grand-Lieu – Tél. : 40.78.71.78 ou SR : 51.72.95.65.

Sainte-Pazanne Les Petites Rembergeres

❀❀

Séjour à la ferme. 2 ch. d'hôtes avec entrée indépendante aménagée dans la maison du propriétaire située en pleine campagne. 2 ch. avec salle d'eau privée et wc communs. Coin-cuisine. Grande cour ombragée. Safari africain 1,5 km. Allemand parlé. Gare et commerces 3 km.

Prix : 1 pers. **140 F** 2 pers. **180 F** 3 pers. **215 F**
pers. sup. **35 F**

20	20	13	3	3	3	13	SP	30

BATARD Rene – Les Petites Rembergeres – 44680 Sainte-Pazanne – Tél. : 40.02.44.24 ou SR : 51.72.95.65.

Sainte-Pazanne La Gerbretiere — C.M. n° 67 — Pli n° 12

♥♥♥ NN Entre Nantes et Pornic, au calme, nous vous proposons 3 chambres dont 1 accessible aux pers. handicapées. Salle d'eau et wc individuels. Entrée indépendante, salle de séjour avec cheminée et coincuisine à votre disposition. Petit déjeuner aux produits du terroir. Safari africain 5 km. Musées 12 km. Gare 2,5 km. Commerces 2 km. Ouvert toute l'année. Le Pays de Retz vous offre des activités très variées : culturelles, sportives, découverte de la nature...

Prix : 1 pers. 175 F 2 pers. 205 F 3 pers. 245 F

18	18	13	4	4	2	10	0,5

AVENARD Marie Anne et Bernard – La Gerbretiere – 44680 Sainte-Pazanne – Tél. : 40.02.44.04 ou SR : 51.72.95.65.

La Turballe Boulevard de Lauvergnac — C.M. n° 63 — Pli n° 14

♥♥♥ NN Colette et Louis vous accueillent dans leur maison de caractère en pierre. A l'étage : 4 ch. dont 1 ch. (4 pers.), avec salle d'eau et wc privés. Entrée indépendante. A l'étage de la dépendance : 2 ch. (2 lits 1 pers. chacune), salle d'eau et wc privés. Coin-cuisine commun. Pelouse, salon de jardin, piscine chauffée de mai à septembre. Parking ombragé. Marais salants 2 km. Guérande 7 km. Thalasso de La Baule 12 km. Parc Régional de Brière 14 km. Gare 12 km. Commerces 1 km. Ouvert du 15 mars au 15 novembre.

Prix : 1 pers. 180/210 F 2 pers. 250/290 F 3 pers. 330/390 F
pers. sup. 60/80 F

2	2	SP	2	2	2	5	2	12

KER KAYENNE, POMMEREUIL Colette et Louis – 744, Bd de Lauvergnac – 44420 La Turballe – Tél. : 40.62.84.30 ou SR : 51.72.95.65. – Fax : 40.62.83.38

La Turballe — C.M. n° 63 — Pli n° 14

♥♥♥ NN Dans une grande maison régionale de caractère avec piscine : 5 ch. toutes avec salle d'eau et wc privés. 2 ch. pour 2 ou 3 pers. dans la maison du propriétaire. 3 ch. dans le pavillon attenant : 2 ch. 2 pers. et 1 ch. en duplex pour 4 pers. Entrée indépendante. Parc boisé de 8500 m² à disposition, barbecue, réfrigérateur, salon de jardin, coin-cuisine. Parking. Piscine chauffée. Certaines chambres sont équipées de TV. Carte téléséjour. Taxe de séjour. Gare 15 km. Commerces 1 km. Ouvert toute l'année.

Prix : 1 pers. 230/260 F 2 pers. 250/290 F 3 pers. 380 F
pers. sup. 80 F

1,5	1,5	SP	1,5	1,5	1,5	5	1,5	15

ELAIN Colette – 58, rue de Bellevue – « Les Rochasses » – 44420 La Turballe – Tél. : 40.23.31.29 ou SR : 51.72.95.65. – Fax : 40.11.86.49

La Turballe

♥♥ NN Dans le calme de la maison du propriétaire, une chambre d'hôtes au rez-de-chaussée pour 2 pers. avec salle de bains privée et wc communs. Parking dans la propriété, terrain attenant. Restaurants, crêperies, commerces 1,8 km. Guerande 7 km. Gare, La Baule 10 km. Ouvert de Pâques à mi-octobre.

Prix : 1 pers. 220 F 2 pers. 250 F 3 pers. 330 F

1,8	1,8	10	1,8	1,8	1,5	2	0,5	7

GUIMARD Claudie et Michel – Les 4 Routes - 12 Chemin du Provenelle – 44420 La Turballe – Tél. : 40.23.44.26 ou SR : 51.72.95.65.

La Turballe

♥♥♥ NN Au calme et retiré de la plage, 2 ch. d'hôtes de 2 et 3 pers., au r.d.c. de la maison du propriétaire, avec entrée indépendante. Salle de bains et wc privés. TV dans chaque chambre. Terrasse, salon de jardin, pelouse, réfrigérateur, parking clos. Taxe de séjour incluse. Guérande 7 km. Ouvert toute l'année. Gare 13 km. Commerces 1,5 km.

Prix : 1 pers. 225 F 2 pers. 240 F 3 pers. 345 F

1,8	1,8	12	1,8	1,8	1,5	3	2	10

DROUET Elisabeth – Allee des Peupliers – 44420 La Turballe – Tél. : 40.62.87.49 ou SR : 51.72.95.65.

La Turballe — C.M. n° 63 — Pli n° 14

♥♥ NN Avec accès direct à la plage, vue exceptionnelle sur baie de La Turballe et à 500 m du centre. Au r.d.c. : 1 ch. (2 pers.), salle de bains et wc privés. A l'étage : 3 ch. (2 pers.), salles d'eau privées et wc communs à 2 ch. Terrasse, salon de jardin, terrain clos 2200 m², parking. Guérande 7 km. Ouvert du 1er mars au 20 septembre. Gare 15 km. Commerces 500 m.

Prix : 2 pers. 220/300 F

SP	SP	15	SP	SP	0,5	5	1	15

GAUTHIER Remy – 3, Boulevard de Belmont – 44420 La Turballe – Tél. : 40.62.82.05 ou SR : 51.72.95.65.

Varades Le Grand Patis

♥♥♥ NN Dans un petit château rénové entouré d'un grand parc : 5 ch. d'hôtes. de 2, 3 et 5 pers. Salles d'eau et wc privés pour chaque chambre. Salon. Parking. Ouvert pendant les vacances scolaires ou week-end. Gare 5 km. Ancenis 10 km. Nantes 50 km. Angers 45 km. Gare 5 km. Commerces 3 km. Ouvert pendant les vacances scolaires et les week-ends.

Prix : 1 pers. 180/200 F 2 pers. 220/260 F 3 pers. 320 F
pers. sup. 60 F

100	100	40	10	40	5	3	10	4	25

ROY Jacques – Le Grand Patis – 44370 Varades – Tél. : 40.83.42.28 ou SR : 51.72.95.65.

Vay

♨♨♨ NN
(TH)

Dans une grande demeure fin XIXe, proche forêt et mer, vous trouverez la convivialité. 3 ch. (3 pers.), sanitaires privés à chacune. Celle du r.d.c. avec kitchenette et accès direct. Les 2 autres sont à l'étage avec accès indépendant. Salon de jardin, barbecue, cuisine commune (suppl. 20 F). Table d'hôtes sur réservation (cuisine familiale chinoise sur demande). Prés et boxes pour chevaux, promenades et/ou pique-nique en calèche sur demande. Anglais et allemand parlés. Nantes-gare 37 km. Blain 5 km. Le Gâvre et commerces 500 m. La Baule 60 km. Ouvert toute l'année.

Prix : 1 pers. **170/220 F** 2 pers. **220/270 F** 3 pers. **250/310 F**
pers. sup. **30 F** repas **90/110 F**

50	60	7	5	7	0,5	0,5	SP	SP	30	

PASTORELLI Guy – La Gare du Gavre – 44170 Vay – Tél. : 40.51.22.62 ou SR : 51.72.95.65.

Morbihan

Augan La Ville Ruaud

♨♨ NN

M. et Mme De Saint Jean vous acccueillent dans leur maison de campagne rénovée. A l'étage : 2 chambres 2 pers. avec salle d'eau et wc privés. Pour vous détendre, vous profiterez du jardin avec salon de jardin, de la terrasse, du portique. Lit enfant à disposition. Gare 40 km. Commerces 3 km. Ouvert toute l'année.

Prix : 2 pers. **190 F**

50	50	2	7	3	5	7	7	7

DE SAINT JEAN Gilles – La Ville Ruaud – 56800 Augan – Tél. : 97.93.44.40 ou 97.93.40.59

Auray

E.C. NN

Monsieur Muet vous accueille dans sa maison indépendante, située dans un quartier calme au centre d'Auray. A l'étage : 3 chambres 2 pers. avec télévision, chauffage central, cuisine à disposition avec forfait journalier de 40 F. Jardin clos, salon de jardin, piscine privée, parking. Gare 2 km. Commerces 0.5 km. Ouvert de mi-juin à mi-septembre.

Prix : 2 pers. **210 F** 3 pers. **300 F**

12	12	0,1	12	0,1	10	10	0,1	12

MUET Paul – 26 rue du Pont Neuf - Les Evocelles – 56400 Auray – Tél. : 97.56.42.03

Baud Kersommer

C.M. n° 63 — Pli n° 2

♨♨♨ NN
(TH)

Mme Robic vous accueille dans deux maisons indépendants de caractère. 6 chambres dont 1 au rez-de-chaussée, toutes équipées de salle d'eau et wc privés. Salon, TV, salle à manger, cheminée, lave-linge à disposition, salon de jardin. Tables d'hôtes sur réservation. Ouvert toute l'année. Lit d'appoint pour enfant.

Prix : 1 pers. **180 F** 2 pers. **235 F** 3 pers. **290 F** repas **80 F**

30	30	3	5	2	7	20	2	5

ROBIC Alice – Kersommer - Axe Rennes/Lorient - Pontivy/Auray – 56150 Baud – Tél. : 97.51.08.02

Belle-Ile-en-Mer Les Pougnots

C.M. n° 63 — Pli n° 11

♨♨♨

Mme Guillouet vous accueille dans sa maison de caractère, avec vue panoramique sur le port de Sauzon. A l'étage : 3 chambres 2 pers. Tél. privés, salle d'eau et wc pour chaque chambre. Le séjour-salon, la TV, le jardin 1500 m² et la terrasse sont à votre disposition pour vous détendre. Accès à l'Ile au 97.31.80.01. Anglais parlé. Gare 8 km. Commerces sur place. Ouvert toute l'année. Taxe de séjour incluse dans les tarifs.

Prix : 1 pers. **450 F** 2 pers. **530 F** 3 pers. **700 F**

0,1	0,1	0,1	0,1	0,1	3	3	5

GUILLOUET Martine – Les Pougnots – 56360 Sauzon – Tél. : 97.31.61.03

Belle-Ile-en-Mer--le-Palais Port-Hallan

C.M. n° 63 — Pli n° 1

♨♨♨

Mme Guellec vous accueille dans sa maison indépendant à Le Palais (Port-Hallan). 1 chambre 2 pers. avec entrée indépendante et de plain-pied. Salle d'eau et wc privés. Coin-détente et TV couleur dans la chambre. Vous pourrez vous détendre dans le jardin clos (250 m²). Pour réservation de passage de voiture : tél. dès réservation 97.31.80.01. Gare 10 km. Commerces 600 m. Ouvert toute l'année.

Prix : 1 pers. **230 F** 2 pers. **250 F**

0,5	0,5	0,5	0,5	0,5	4	9	9	0,5

GUELLEC Edith – Port-Hallan – 56360 Le Palais-Belle-Ile-en-Mer – Tél. : 97.31.40.83

Belz Manillo

C.M. n° 63 — Pli n° 1

♨♨♨

M. Guennec vous accueille dans sa maison. A l'étage : 1 chambre double (2 à 4 pers.), louable à une même famille. Salle d'eau et wc privés. Chauffage central. Vous prendrez vos petits déjeuners dans la salle à manger. Le salon et le jardin (1500 m²) sont à votre disposition pour vous détendre. Gare 15 km. Commerces 2 km. Ouvert d'avril à octobre. Taxe de séjour : 2,00 F par jour et par personne du 15 juin au 15 septembre.

Prix : 2 pers. **200 F** 3 pers. **280 F** pers. sup. **60 F**

1	5	1	5	2	5	10	10	5

GUENNEC Pierre-Yves – Manillo – 56550 Belz – Tél. : 97.55.37.99

Belz Kerispern   *C.M. n° 63 — Pli n° 1*

E.C. NN   Mme Jouannic vous accueille dans sa maison indépendante à Pont-Lorois. La vue panoramique sur la rivière d'Etel vous enchantera. A l'étage : 2 chambres (2 et 3 pers.), l'une avec salle d'eau et wc privés, l'autre avec salle de bains et wc privés. Les petits déjeuners vous seront servis dans la salle à manger, TV. Jardin (500 m²) à disposition pour vous détendre. Gare 15 km. Commerces 2 km. Ouvert d'avril à septembre. Taxe de séjour : 2,00 F par jour et par personne.

Prix : 2 pers. **200/240 F** 3 pers. **285 F**

0,1	0,1	0,2	0,2	2	7	7	15	0,1

JOUANNIC Monique – Kerispern - rue Marchelan – 56550 Belz – Tél. : 97.55.37.60

Belz Kerdonnerch   *C.M. n° 63 — Pli n° 1*

≋≋ NN   Mme Kerdavid vous accueille dans sa maison indépendant. A l'étage : 1 chambre double (2 à 5 pers.) louable à une même famille. Salle de bains et wc privés. Les petits déjeuners vous seront servis dans le séjour ou la véranda. Pour vous détendre, vous pourrez profiter du jardin et de la terrasse. Gare 15 km. Commerces 1,5 km. Ouvert toute l'année.

Prix : 2 pers. **200 F** 3 pers. **250 F** pers. sup. **80 F**

5	5	5	4	5	1,5	6	6	5

KERDAVID Rose – Kerdonnerch - Kervenahuel – 56550 Belz – Tél. : 97.55.38.90

Belz Kercadoret   *C.M. n° 63 — Pli n° 1*

≋≋≋ NN   M. et Mme Rolland vous accueillent dans leur maison typique de caractère totalement indépendante à 50 m de la Ria d'Etel. 5 ch. avec s. d'eau et wc privés. R.d.c. : 1 ch. (3 pers.). Etage : 2 ch. (2 pers.), 1 ch. (3 pers.). Séjour/salon, cheminée, TV. Cuisine à disposition : forfait 15 F/jour. Jardin clos, salons de jardin, barbecue. Ping-pong, jeux de boules, vélos, parking couvert. Anglais parlé. Gare 10 km. Commerces 600 m. Ouvert toute l'année.

Prix : 1 pers. **180 F** 2 pers. **230/260 F** 3 pers. **280/310 F** pers. sup. **50 F**

3	5	4	5	1	6	5	12	5

ROLLAND J.F. et Helene – Kercadoret - Route de Ninezur – 56550 Belz – Tél. : 97.55.44.01

Berne Marta   *C.M. n° 63 — Pli n° 3*

≋≋≋   Mme Hello-Bregardis vous accueille dans sa maison de caractère située à l'orée de la forêt de Pont Calleck et à 2 km de la Vallée du Scorff. Au R.d.c. : 2 ch. (3 pers.), s. d'eau et wc privés. A l'étage, 4 ch. (2 pers.), s. d'eau et wc privés. Salon, TV. Jardin (600 m²), salon de jardin, barbecue, jeu de boules. Cuisine à disposition, forfait 15 F/jour. Gare 20 km. Commerces 5 km. Ouvert toute l'année.

Prix : 1 pers. **200 F** 2 pers. **250 F** 3 pers. **320 F**

25	25	2	25	9	15	10	10

HELLO-BREGARDIS Isabelle – Marta – 56240 Berne – Tél. : 97.34.28.58

Bieuzy-les-Eaux Lezerhy   *C.M. n° 63 — Pli n° 2*

≋≋ NN   Mme Maignan vous accueille dans sa maison indépendante située dans la Vallée du Blavet. A l'étage avec accès indépendant : 2 chambres 2 pers. avec salle d'eau et wc privés. Le séjour, le salon, le jardin calme et le salon de jardin sont à votre disposition. Vous pourrez également vous initier à la poterie. Chemins de randonnées et VTT sur place. Gare 35 km. Commerces 3 km. Ouvert d'avril à novembre.

Prix : 1 pers. **170 F** 2 pers. **210 F** pers. sup. **70 F**

45	45	0,2	45	8	6	4	15	3

MAIGNAN Martine – Lezerhy – 56310 Bieuzy-Les Eaux – Tél. : 97.27.74.59

Brandivy Kerdrean   *C.M. n° 63 — Pli n° 2*

≋≋≋ NN   Dans un ensemble de deux chaumières et d'une longère, Mme Demais vous accueille dans une superbe propriété boisée. A l'étage, vous apprécierez le calme et le confort de 2 ch. 2 pers. dont 1 avec s.d.b. et wc privés et 1 avec s. d'eau et wc privés et 1 chambre double 4 pers. louable à une même famille. S.d.b. et wc privés. Séjour, TV. Grand jardin (5 ha.). Salon de jardin. Gare 15 km. Commerces 2 km. Ouvert toute l'année.

Prix : 1 pers. **160 F** 2 pers. **230/270 F** pers. sup. **50 F**

20	20	2	20	2	10	20	10	20

GITES DE FRANCE-SERVICE RESERVATION – 2, rue du Chateau – 56400 Auray – Tél. : 97.56.48.12.

Brech Kerleau    *C.M. n° 63 — Pli n° 2*

≋≋ NN   M. Jacob vous accueille dans sa maison indépendante. A l'étage : 1 chambre 3 pers. avec salle d'eau privée et wc communs. Pour vous détendre, le salon avec TV, le jardin 2000 m², le salon de jardin et le jeu de boules sont à votre disposition. La balançoire fera la joie de vos enfants. Gare 6 km. Commerces 5 km. Ouvert toute l'année.

Prix : 1 pers. **180 F** 2 pers. **210 F** 3 pers. **260 F** pers. sup. **50 F**

10	15	1	15	3	6	10	6	15

JACOB Rene – Kerleau – 56400 Brech – Tél. : 97.57.68.30

Brech Lan-Palvern   *C.M. n° 63 — Pli n° 1*

≋≋≋ NN   M. Baudet vous acccueille dans sa maison indépendante. 1 chambre 2 pers. de plain-pied, avec salle de bains privés et wc communs. Pour vous détendre, le séjour avec TV, le grand jardin clos 6000 m² et la terrasse sont à votre disposition. Possibilité d'accueillir un enfant supplémentaire sur demande. Gare 8 km. Commerces 3 km. Ouvert d'avril à fin octobre.

Prix : 2 pers. **230 F**

18	18	4	18	3	5	10	8	18

BAUDET Leopold – Lan-Palvern (Route de Landaul) – 56400 Brech – Tél : 97.57.73.86

Campeneac Trecesson

C.M. n° 63 — Pli n° 5

♥♥ NN — Mme Marguerite Bargain vous accueille dans sa maison indépendante. A l'étage, 3 chambres 2 pers. avec salle d'eau et wc privés. Les petits déjeuners vous seront servis dans la salle à manger. Salon avec TV, jardin et salon de jardin à disposition. Pour vos loisirs : base nautique à 7 km et balades à cheval avec forfait. Gare 45 km. Commerces 3 km. Ouvert toute l'année.

Prix : 1 pers. 180 F 2 pers. **200 F** 3 pers. **250 F**

🏊	⛱	🎣	⛵	🎿	🏇	🎾	🚣	⛴
50	50	10	10	3	0,8	3	10	10

BARGAIN Marguerite – Trecesson – 56800 Campeneac – Tél. : 97.93.41.67

Carnac
C.M. n° 63 — Pli n° 12

♥♥♥ NN — Mme Balsan vous accueille dans sa maison de caractère totalement indépendante. 5 chambres 2 pers. avec téléphone, TV, salle d'eau et wc privés. Salon, TV, jardin clos privatif, terrasse et salon de jardin sont à votre disposition pour vous détendre. Vous apprécierez l'océan tout proche et la thalasso-thérapie à Carnac-Plage. Le nom de la maison : l'Alcyone. Gare 12 km. Commerces 800 m. Ouvert toute l'année.

Prix : 2 pers. 300 F pers. sup. **70 F**

🏊	⛱	🎣	⛵	🎿	🏇	🎾	🚣	⛴
0,5	0,5	0,5	0,5	0,5	1	6	1,5	0,5

BALSAN Marie-France – L'Alcione - Impasse de Beaumer – 56340 Carnac-Plage – Tél. : 97.52.78.11

Carnac Kerguearec
C.M. n° 63 — Pli n° 12

♥♥♥ — Mme Brient vous accueille dans sa maison indépendante. A l'étage, 5 chambres 2 pers., dont 4 avec salle d'eau et wc privés et 1 avec salle de bains et wc privés. Cuisine à disposition avec forfait journalier de 15 F. Vous pourrez vous détendre dans le coin-salon avec TV, dans le jardin de 1900 m² avec salon de jardin ou sur la terrasse de la maison. Gare 12 km. Commerces 3 km. Ouvert de février à novembre.

Prix : 2 pers. 220/270 F pers. sup. **50 F**

🐕	🏊	⛱	🎣	⛵	🎿	🏇	🎾	🚣	⛴
	3	3	3	3	3	1	10	5	3

BRIENT Martine – Kerguearec – 56340 Carnac – Tél. : 97.56.81.16

Carnac Le Ranguhan
C.M. n° 63 — Pli n° 12

♥♥ NN — M. Le Moing vous accueille dans sa maison indépendante située dans un quartier calme de Carnac. A l'étage, 3 chambres 2 pers. avec entrée indépendante, salle d'eau et wc privés chacune. Le grand jardin de 1000 m² et le salon de jardin sont à votre disposition pour vous détendre. Thalassothérapie de Carnac à 1,3 km. Gare 12 km. Commerces 0,5 km. Ouvert de pâques à fin septembre.

Prix : 2 pers. 240 F

🐕	🏊	⛱	🎣	⛵	🎿	🏇	🎾	🚣	⛴
	1	1	1	1	2	1	6	1	1

LE MOING Marcel – Le Ranguhan – 56340 Carnac – Tél. : 97.52.04.82

Carnac Le Lac
C.M. n° 63 — Pli n° 12

♥♥♥ NN — Mme Audic vous accueille dans sa maison indépendante, sur les bords de la rivière de Crach. A l'étage, 3 chambres avec salle d'eau et wc privés. 2 ch. 2 pers., 1 ch. double 3 à 4 pers. louable à une même famille. Pour votre détente, vous apprécierez le confort du séjour avec cheminée, la TV, le jardin de 1300 m², la terrasse et le salon de jardin. Toutes les chambres ont vue sur la mer. Gare 8 km. Commerces 3 km. Ouvert de début mars à fin novembre.

Prix : 1 pers. 210 F 2 pers. **230/260 F** 3 pers. **350 F** pers. sup. **80 F**

🐕	🏊	⛱	🎣	⛵	🎿	🏇	🎾	🚣	⛴
	3	3	0,1	3	3	2	6	4,5	3

AUDIC Evelyne – Le Lac – 56340 Carnac – Tél. : 97.55.78.75

Caudan
C.M. n° 63 — Pli n° 1

♥♥♥ NN — M. Douguet vous accueille dans sa maison indépendante. 2 chambres 2 pers. de plain-pied, avec accès indépendant. 1 ch. avec s. d'eau et wc privés et 1 ch. avec s.d.b. et wc privés. Téléphone dans les chambres. Le séjour, la cuisine avec forfait journalier de 30 F, la terrasse et le grand terrain boisé clos sont à votre disposition pour vous détendre. Anglais parlé. Gare 2 km. Commerces 2 km. Ouvert toute l'année.

Prix : 1 pers. 180 F 2 pers. **210 F** 3 pers. **320 F** pers. sup. **80 F**

🐕	🏊	⛱	🎣	⛵	🎿	🏇	🎾	🚣	⛴
	1	1	1	12	2	5	5	2	12

DOUGUET Yves – Route de Pont-Scorff – 56850 Caudan – Tél. : 97.05.64.28

Cleguer Le Guern
C.M. n° 63 — Pli n° 1

♥♥ NN — Mme Le Floch vous accueille dans sa maison indépendante. A l'étage, 1 ch. double 4 pers. louable à une même famille, entrée indépendante, s.d.b. et wc privés. Salle à manger. Petite cuisine à disposition avec forfait journalier de 50 F. Vous apprécierez le salon TV et le jardin attenant 1200 m² pour vous détendre. Gare 10 km. Commerces 1,5 km. Ouvert d'avril à fin septembre.

Prix : 1 pers. 195 F 2 pers. **205 F** 3 pers. **265 F** pers. sup. **60 F**

🐕	🏊	⛱	🎣	⛵	🎿	🏇	🎾	🚣	⛴
	14	14	4	14	1,5	7	8	4	14

LE FLOCH Xavier – Le Guern – 56620 Cleguer – Tél. : 97.05.75.36

Cleguerec Kerantourner

C.M. n° 58 — Pli n° 1

♥♥ NN — Ⓐ — Mme Jouan vous accueille dans sa ferme-auberge, à 2 km de Cléguérec. 4 chambres à l'étage, dont 2 pour 3 pers. et 2 pour 2 pers. avec chacune s.d'eau, wc privés et télévision. A votre disposition, pour votre détente, le jardin commun avec son salon de jardin, son portique et son jeux de boules. Possibilité de 1/2 pension en ferme-auberge sur place. Gare 22 km. Commerces 2 km. Ouvert toute l'année.

Prix : 1 pers. 190 F 2 pers. **210 F** 3 pers. **270 F** pers. sup. **70 F** repas **80 F**

🏊	⛱	🎣	⛵	🎿	🏇	🎾	🚣	⛴
60	60	10	10	2	10	30	12	10

JOUAN Marie Laurence – Kerantourner – 56480 Cleguerec – Tél. : 97.38.06.14

Crach Kerzuc

♥♥♥ NN M.et Mme Elhiar vous accueillent dans leur maison de caractère indépendante. A l'étage, 3 chambres 2 pers. 2 chambres avec salle d'eau et wc privés, 1 chambre avec salle de bains et wc privés. La salle à manger, le salon, la terrasse, le grand jardin avec salon de jardin sont à votre disposition pour vos moments de détente. Gare 8 km. Commerces 1 km. Ouvert toute l'année sauf mai.

Prix : 1 pers. 180 F 2 pers. 230 F pers. sup. 80 F

5	5	2	5	2	7	10	6	5

ELHIAR Michel et Andree – Kerzuc – 56950 Crach – Tél. : 97.55.03.41

Crach

♥♥ NN Mme Le Bolay vous accueille dans sa maison indépendante à 6 km de Crach. A l'étage, 1 chambre 3 pers et 2 chambres 2 pers avec chacune salle d'eau et wc privés. Une cuisine est à votre disposition. Vous profiterez du salon avec télévision, du jardin de 2000 m² et des salons de jardin pour vos moments de détente. Ouvert d'avril à septembre.

Prix : 1 pers. 150 F 2 pers. 200 F 3 pers. 240 F pers. sup. 50 F

10	10	10	10	5	8	8	3	10

LE BOLAY Laurent – Keruzerh-Brigitte – 56950 Crach – Tél. : 97.56.29.40

Crach Kerino

E.C. NN Dans une maison de caractère, à 2 km de la Trinité-sur-Mer. 1 ch. double de 4/5 pers. louable à une même famille (2 lits 2 pers. 1 lit 1 pers.), s.d.b. et wc privés. A coté, dans un bâtiment rénové d'architecture moderne, 4 ch. studios de 2 à 3 pers, entrées indépendantes, s.d'eau et wc privés. Lit bébé et kitchenette pour chacune. Grand jardin, terrasse, salon de jardin. Forfait journalier pour la cuisine 20 F. Gare 8 km. Commerces 1 km. Ouvert toute l'année.

Prix : 2 pers. 260/350 F pers. sup. 60/120 F

2	3	2	2	1	6	10	6	2

TANGUY Suzanne – Kerino – 56950 Crach – Tél. : 97.55.06.10

Crach Kergoet

♥♥♥ NN Mme Kervadec vous accueille dans sa maison de caractère. 5 ch. avec entrée indépendant. Au r.d.c. : 2 ch. 2 pers avec s. d'eau et wc privés. A l'étage : 2 ch. 3 pers. avec s.d.b. et wc privés et 1 ch. 2 pers. Cuisine à disposition. Pour vous reposer, profitez du séjour-salon/cheminée et TV et du jardin clos avec salon de jardin. Gare 7 km. Commerces 3 km. Ouvert toute l'année.

Prix : 1 pers. 170 F 2 pers. 220 F 3 pers. 270 F

7	7	0,5	7	3	7	10	7	7

KERVADEC Helene – Kergoet – 56950 Crach – Tél. : 97.55.06.91

Elven Kerguelion

E.C. NN M. et Mme d'Aboville vous accueillent dans leur maison de maître située aux confins des Landes de Lanvaux et du Golfe du Morbihan. A l'étage, 2 ch. 2 pers., s. d'eau et wc privés et 1 ch. 2 pers., s.d.b. et wc privés Pour vous détente, séjour, salon TV et salle de billard. A votre disposition salon de jardin dans un grand parc clos magnifiquement arboré. Gare 16 km. Commerces 2 km. Ouvert toute l'année.

Prix : 1 pers. 220 F 2 pers. 250 F 3 pers. 310 F pers. sup. 60 F

15	15	15	15	1,5	8	25	10	15

D'ABOVILLE Baudouin et Elisabeth – Kerguelion - Route de Vannes – 56250 Elven – Tél. : 97.53.51.53 – Fax : 97.53.50.82

Etel

♥♥♥ NN M. Le Quellenec vous accueille dans sa maison mitoyenne à une autre maison. A l'étage, 2 chambres 2 pers. dont 1 avec grande terrasse, salon de jardin, salle de bains et wc privés et l'autre avec salle d'eau et wc privés. Le salon avec TV, le jardin avec salon de jardin sont à votre disposition pour votre détente. Gare 15 km. Commerces 100 m. Ouvert de pâques à décembre. Taxe de séjour de mi-juin à mi-septembre.

Prix : 2 pers. 200/230 F

0,3	0,3	0,3	0,3	1	5	6	0,3	0,3

LE QUELLENEC Jean-Pierre – 37, rue de la Liberation – 56410 Etel – Tél. : 97.55.20.60

Gestel Kergornet

♥♥♥ Mme Anita Le Couric vous accueille dans sa maison totalement indépendante. A l'étage : 1 chambre double louable à une même famille de 2 à 4 pers. avec télévision. Salle de bains et wc privés. Vous profiterez du salon, du grand jardin calme 1600 m², du salon de jardin et de la terrasse. Gare 9 km. Commerces 1 km. Ouvert d'avril à fin septembre.

Prix : 2 pers. 230 F 3 pers. 280 F pers. sup. 50 F

8	8	1	8	1	3	3	8	8

LE COURIC Anita – Kergornet – 56530 Gestel – Tél. : 97.05.09.78

Gestel Kergornet

♥♥♥ Mme Annick Le Couric vous accueille dans sa maison traditionnelle bretonne. A l'étage, 1 ch. double louable à une même famille 2 à 3 pers. + 1 enfant avec salle de bains et wc privés. Vous apprécierez le confort du coin-salon et TV couleur dans la chambre. Le séjour, la terrasse et le grand jardin clos sont à votre disposition. Zoo de Pont-Scorff 4 km. Gare 9 km. Commerces 1 km. Ouvert de début avril à fin septembre. Anglais parlé.

Prix : 2 pers. 220 F 3 pers. 270 F

8	8	1	8	1	3	3	8	8

LE COURIC Annick – Kergornet – 56830 Gestel – Tél. : 97.05.00.44

Gourhel
C.M. n° 63 – Pli n° 4

♥♥♥ NN Mme Le Maire vous accueille dans sa maison indépendante. 2 chambres 3 pers. R.d.c. : 1 ch. avec s.d.b. et wc privés. A l'étage : 1 ch. avec s. d'eau et wc privés. Vous pourrez vous détendre dans le salon avec TV ainsi que dans le grand jardin clos 2000 m² avec salon de jardin. Petite cuisine à disposition avec forfait journalier de 30 F. Forêt de Brocéliande 10 km. Gare 40 km. Commerces 500 m. Ouvert toute l'année.

Prix : 1 pers. 180 F 2 pers. 210 F 3 pers. 260 F

45	45	3	3	3	4	4	3	3

LE MAIRE Claudine – 39 rue de la Liberation – 56800 Gourhel – Tél. : 97.74.22.73

Guer La Biliais
C.M. n° 63 – Pli n° 5

E.C. NN
(TH) M. et Mme Chotard vous acccueillent dans leur maison de caractère sur un domaine agricole de 35 ha. situé à 10 km de la forêt de Bocéliande et des mégalithes de Monteneuf. 5 chambres avec s. d'eau et wc privés. Au r.d.c. : 1 ch. 2 pers. A l'étage : 2 ch. 2 pers. et 2 ch 3 pers. A disposition : séjour, salon/TV, jardin de 2000 m², salon de jardin, jardin d'hiver. Gare 40 km. Commerces 5 km. Ouvert toute l'année.

Prix : 2 pers. 270 F 3 pers. 320 F pers. sup. 70 F repas 80 F

60	60	3	20	5	0,1	20	5	20

GITES DE FRANCE-SERVICE RESERVATION – 2, rue du Chateau – 56400 Auray – Tél. : 97.56.48.12.

Guidel Kerihoue
C.M. n° 58 — Pli n° 12

♥♥♥ NN M. Graf vous accueille dans sa maison de caractère et indépendante. A l'étage, 1 ch. double 4 pers. louable à une même famille, s.d.b. et wc privés. Les petits déjeuners vous seront servis dans la salle à manger. Pour vous détendre, le salon avec TV, le jardin clos arboré de 5000 m². Salon de jardin et barbecue à votre disposition. Anglais et allemand parlés. Gare 5 km. Commerces 4 km. Ouvert toute l'année.

Prix : 1 pers. 190 F 2 pers. 220 F 3 pers. 300 F pers. sup. 80 F

4	4	3	4	4	6	5	5

GRAF Rene – Kerihoue – 56520 Guidel – Tél. : 97.02.93.94

Guidel Le Rouho
C.M. n° 58 — Pli n° 12

E.C. NN M. et Mme Hamon vous accueillent dans leur maison de caractère indépendante située dans un parc clos. 4 chambres avec accès indépendant. 2 ch. au r.d.c. et 2 ch à l'étage. Salle d'eau et wc privés par chambre. Vous pourrez vous détendre dans le séjour avec TV ou dans la véranda. Kitchenette à disposition avec forfait journalier de 20 F. Anglais parlé. Gare 6 km. Commerces 4 km. Ouvert toute l'année.

Prix : 1 pers. 200 F 2 pers. 250 F 3 pers. 320 F pers. sup. 80 F

5	5	1	5	4	4	8	10	5

HAMON Robert – Le Rouho - Route de Locmaria – 56520 Guidel – Tél. : 97.65.97.37 ou 98.96.11.45

Guidel Kerdudal
C.M. n° 58 — Pli n° 12

♥♥♥ Mme Le Corre vous accueille dans sa maison. A l'étage : 1 ch. double de 3 à 5 pers. louable à une même famille, salle d'eau et wc privés. Les petits déjeuners vous seront servis dans la salle à manger. Vous pourrez vous détendre dans le salon. Jardin de 400 m² avec salon de jardin. Gare 6 km. Commerces 4 km. Ouvert toute l'année.

Prix : 1 pers. 200 F 2 pers. 220 F 3 pers. 280 F pers. sup. 50 F

6	6	6	6	6	4	10	10	6

LE CORRE Adrienne – Kerdudal – 56520 Guidel – Tél. : 97.65.98.65

Guidel Bothane
C.M. n° 58 — Pli n° 12

♥♥ NN Mme Robet vous accueille dans une petite dépendance de sa maison de campagne située sur les bords de la rivière « Laïta ». 1 ch. 2 pers. et 1 ch. à lits jumeaux louables à une même famille avec s. d'eau et wc privés. Propriété boisée de 1500 m² avec salon de jardin pour vos moments de détente. Remise de 20 % en période hors saison. Gare et commerces 5 km. Ouvert toute l'année.

Prix : 1 pers. 180 F 2 pers. 240 F 3 pers. 320 F pers. sup. 70 F

10	10	1	10	5	4	6	5	10

ROBET Elisabeth – Bothane – 56520 Guidel – Tél. : 97.65.93.47

Guidel Trezeleguen
C.M. n° 58 — Pli n° 12

♥♥ NN Madame Kerlir vous accueille dans sa maison indépendant. 2 chambres 2 pers. avec salle d'eau et wc privés. Vous apprécierez le salon, la TV couleur, le jardin 5000 m², la terrasse et le salon de jardin, qui sont à votre disposition pour vos moments de détente. Cuisine à disposition avec forfait journalier : 20 F. Anglais parlé. Gare 10 km. Commerces 3 km. Ouvert toute l'année.

Prix : 1 pers. 200 F 2 pers. 220 F 3 pers. 280 F pers. sup. 50 F

3	3	3	3	4	4	7	3

KERLIR Octave Roger – Trezeleguen – 56520 Guidel – Tél. : 97.65.91.12

Guilliers Le Bouix
C.M. n° 63 — Pli n° 4

♥♥ NN M. et Mme Jan vous accueillent dans leur maison indépendante. 1 chambre 3 pers. de plain-pied avec salle de bains et wc privés. Petits déjeuners servis dans la salle à manger. Coin-cuisine à disposition. Pour vous détendre, profitez du coin-salon avec TV et du grand jardin. Base nautique aménagée à 10 km. Gare 50 km. Commerces 3 km. Ouvert toute l'année.

Prix : 1 pers. 150 F 2 pers. 200 F 3 pers. 230 F

60	60	1	10	3	10	10	10	10

JAN Michel – Le Bouix - Route de Josselin – 56490 Guilliers – Tél. : 97.74.41.56

Ile-de-Groix

✧✧✧ NN   Mme Hardy vous accueille dans sa maison ilienne aux volets bleus, totalement indépendante. 3 chambres d'hôtes. Au rez-de-chaussée, 1 ch. 2 pers. s. d'eau et wc privés. A l'étage, 1 ch. 2 pers. s. d'eau et wc privés, 1 ch. 3 pers. s. d'eau et wc privés. Le jardin, la terrasse et le salon de jardin sont à votre disposition pour vos moments de détente. Accès à l'île 97.21.03.97. Commerces 400 m. Ouvert toute l'année.

Prix : 1 pers. 225 F 2 pers. 300 F 3 pers. 375 F pers. sup. 75 F

0,4	0,4	0,4	0,4	0,5	0,5	0,5

HARDY Catherine – Rue du Chalutier - Les Deux Anges Port-Tudy – 56590 Ile-de-Groix – Tél. : 97.86.57.67

Ile-de-Groix

✧✧ NN   Mme Guilloux-Dorsaix vous accueille dans sa maison ilienne de caractère, totalement indépendante. 5 chambres. Au r.d.c. : 1 ch. 2 pers. A l'étage : 2 ch. 2 pers. 1 ch. double 4 pers. 1 ch. double 4 pers. Chacune avec salle d'eau/bains et wc privés. Séjour, salon/TV, jardin clos privé, salon de jardin, terrasse. Anglais parlé. Accès à l'île 97.21.03.97. Commerces sur place. Ouvert de début avril à fin septembre.

Prix : 1 pers. 210 F 2 pers. 235/300 F 3 pers. 350 F pers. sup. 50 F

1	1	1	0,8	0,5	1,5	1,5	1

GUILLOUX-DORSAIX Solange – 3, Place Leurhe la Grek – 56590 Ile-de-Groix – Tél. : 97.86.89.85 ou 97.86.55.90

Inzinzac-Lochrist Le Ty-Mat Penquesten   *C.M. n° 63 — Pli n° 1*

✧✧✧ NN   Mme Spence vous accueille dans sa maison de caractère des XVIIIe et XIXe siècles, dans un parc de 3 ha., situé dans la vallée du Blavet. 4 chambres d'hôtes à l'étage avec salles de bains et wc privés. Séjour, salon, télévision. Sentiers de randonnées à proximité. Gare 8 km. Commerces 4 km. Ouvert toute l'année. Anglais parlé.

Prix : 2 pers. 280 F pers. sup. 50 F

22	22	2	12	12	5	15	15	4

SPENCE Catherine – Tymat -Penquesten – 56650 Inzinzac-Lochrist – Tél. : 97.36.89.26 ou 97.85.11.81

Josselin   *C.M. n° 63 — Pli n° 4*

✧✧ NN   M. Elsden vous accueille dans sa maison indépendante située dans la petite cité médiévale de Josselin. A l'étage, 2 ch. 2 pers. avec s. d'eau et wc privés et 1 ch. double louable à une même famille pour 4 pers. avec s. d'eau et wc privés. Les petits déjeuners sont servis dans le séjour. Salon/TV et jardin clos à disposition pour vous détendre. Anglais parlé. Gare 50 km. Commerces sur place. Ouvert toute l'année.

Prix : 1 pers. 150 F 2 pers. 220 F 3 pers. 285 F pers. sup. 65 F

60	60	1	10	10	1	12	10	10

ELSDEN Philip – 13 rue St Jacques – 56120 Josselin – Tél. : 97.75.66.76

Josselin Butte Saint-Laurent   *C.M. n° 63 — Pli n° 4*

✧✧✧ NN   A 500 m de la ville, Jean et Marie Guyot vous accueillent dans leur maison indépendante située dans un grand parc ombragé. Vous pourrez admirer la Vallée de l'Oust et le Château de Josselin (vue panoramique). 1 ch. 2 pers. 1 ch. 2 pers. 1 ch. double 4 pers. Chacune avec salle d'eau/bains et wc privés. Séjour, salon/TV, parking privé. Anglais parlé. Gare 50 km. Commerces 500 m. Ouvert de début avril à mi-septembre.

Prix : 1 pers. 220 F 2 pers. 250 F 3 pers. 330 F pers. sup. 50 F

45	45	0,5	12	1	5	50	12	12

GUYOT Jean – La Butte Saint-Laurent – 56120 Josselin – Tél. : 97.22.22.09 – Fax : 97.73.90.10

Josselin   *C.M. n° 63 — Pli n° 4*

✧✧✧ NN   Mme Le Goff vous accueille dans sa maison de maître. A l'étage, 1 chambre 2 pers. avec salle de bains et wc privés et 1 ch. double louable à une même famille avec salle d'eau et wc privés. Les petits déjeuners vous seront servis dans la salle à manger. Le salon, le jardin clos et le salon de jardin sont à votre disposition pour vous détendre. Gare 50 km. Commerces sur place. Ouvert d'avril à fin septembre.

Prix : 1 pers. 200 F 2 pers. 250 F 3 pers. 320 F pers. sup. 100 F

45	45	0,5	12	1	5	50	12	0,5

LE GOFF Josephe – 14, rue Saint-Michel – 56120 Josselin – Tél. : 97.22.37.44

Landaul   *C.M. n° 63 — Pli n° 2*

✧✧ NN   Mme Plunian vous accueille dans sa maison indépendante. 3 chambres 2 pers. avec salle d'eau et wc privés. Vous pourrez vous détendre dans le jardin 5000 m². Mise à disposition d'un chalet équipé d'une cuisine. Gare 10 km. Commerces 500 m. Ouvert de pâques à mi-septembre.

Prix : 1 pers. 200 F 2 pers. 230 F pers. sup. 80 F

15	15	2	15	0,5	4	10	10	15

PLUNIAN Odile – 27, rue Kermabergal – 56690 Landaul – Tél. : 97.24.61.10

Languidic Les Chaumieres - Lezorgu   *C.M. n° 63 — Pli n° 2*

✧✧✧   Mme Le Roux vous accueille dans sa chaumière typique du XVIIe siècle. 1 suite 4 pers. aménagée à l'étage, s. d'eau et wc privés. Les petits déjeuners vous seront servis dans la véranda. Le séjour-salons (100 m²) : cheminée, TV, chaine-hifi, piano, bibliothèque, tennis de table, ainsi que le jardin clos ombragé de 5000 m² seront à votre disposition. Gare 8 km. Commerces 800 m. Ouvert toute l'année.

Prix : 2 pers. 280 F 3 pers. 400 F pers. sup. 150 F

24	24	3	24	0,8	2	15	8	24

LE ROUX Yvonne – Les Chaumieres - Lezorgu – 56440 Languidic – Tél. : 97.65.81.04

Lantillac La Ville-Oger

C.M. n° 63 — Pli n° 3

♥♥ NN
(TH)

Mme Nizan vous accueille dans sa maison. A l'étage, 3 ch. 2 pers. avec s. d'eau, wc privés et accès indépendant. Possibilité 1 lit 1 pers. dans 2 chambres. Salon, TV, jardin de 2000 m², salon de jardin et portique à disposition. Table d'hôtes sur demande. A 7 km, découvrez la cité médiévale de Josselin et la base nautique de Réguiny. Gare 40 km. Commerces 1 km. Ouvert de mars à octobre.

Prix : 1 pers. **200 F** 2 pers. **220 F** 3 pers. **270 F** repas **75 F**

🏊	⛱	🎣	⛵	🎿	🏇	🎵	🛶	🚤
40	45	0,1	20	5	10	40	5	5

NIZAN Marie-Francoise – La Ville Oger – 56120 Lantillac – Tél. : 97.75.35.38

Larmor-Plage

C.M. n° 63 — Pli n° 1

♥♥♥ NN

Mme Allano vous accueille dans sa grande maison indépendante, située sur la route des plages. 4 chambres 2 pers. Au r.d.c. : 1 ch. spacieuse s. d'eau et wc privés, 1 ch. s.d.b. et wc privés. A l'étage : 2 ch. s. d'eau et wc privés. Pour votre détente, vous apprécierez le séjour/TV, le jardin 1800 m², la terrasse et le jeu de boules. Cuisine à disposition. Gare 5 km. Commerces 500 m. Ouvert toute l'année. Taxe de séjour de juillet à mi-septembre.

Prix : 1 pers. **200/210 F** 2 pers. **230/250 F** pers. sup. **50 F**

🐕	🏊	⛱	🎣	⛵	🎿	🏇	🎵	🛶	🚤
	0,3	0,3	0,3	1	0,5	1	5	3	0,3

ALLANO Paulette – 9, rue des Roseaux - Villa des Camelias – 56260 Larmor-Plage – Tél. : 97.65.50.67

Lignol Kerimer

C.M. n° 58 — Pli n° 18

♥♥ NN

Mme Prigent vous accueille dans sa maison totalement indépendante. 2 chambres de plain-pied avec accès indépendant. 1 ch. 3 pers. avec s.d.b. et wc privés. 1 ch. 2 pers. avec s. d'eau et wc privés. Terrasse, salon de jardin, kitchenette avec forfait, coin-détente à disposition. Possibilité de location de 2 VTT. Forfait cuisine 100/150 F suivant la durée du séjour. Gare 35 km. Commerces 1,5 km. Ouvert toute l'année.

Prix : 2 pers. **190 F** 3 pers. **240 F** pers. sup. **50 F**

🐕	🏊	⛱	🎣	⛵	🎿	🏇	🎵	🛶	🚤
	40	40	0,2	40	7	7	25	20	40

PRIGENT Nicole – Kerimer – 56160 Lignol – Tél. : 97.27.00.69

Locmariaquer

C.M. n° 63 — Pli n° 12

♥♥ NN

M. Guillevic vous accueille dans sa maison. Au rez-de-chaussée, 1 chambre 2 pers. avec salle de bains et wc privés. Le grand jardin de 2500 m², le mini-golf, le salon de jardin et la table de pique-nique sont à votre disposition pour votre détente et vos loisirs. Anglais parlé. Gare 12 km. Commerces 1,2 km. Ouvert de pâques à mi-septembre.

Prix : 1 pers. **180 F** 2 pers. **200 F**

🐕	🏊	⛱	🎣	⛵	🎿	🏇	🎵	🛶	🚤
	0,8	1,8	0,8	1,8	12	12	12	12	1,8

GUILLEVIC Rolland – Route du Terrain des Sports - Ty-Flor – 56740 Locmariaquer – Tél. : 97.57.34.03

Locoal-Mendon Kerohan

C.M. n° 63 — Pli n° 2

♥♥♥ NN

M. et Mme Le Ny vous accueillent dans leur maison de caractère. Au r.d.c. : 1 ch. indépendant (2 pers.) avec s. d'eau et wc privés, 1 ch. (2 pers.) avec s.d.b. et wc privés, 1 chambre double louable à une même famille (5 pers.) avec s. d'eau et wc privés. Séjour, salon/cheminée, TV, jardin de 3000 m², barbecue et salons de jardin. Etang privé, basse-cour variée et grand calme. Gare 8 km. Commerces 3 km. Ouvert toute l'année.

Prix : 1 pers. **170 F** 2 pers. **220 F** 3 pers. **270/350 F** pers. sup. **50/90 F**

🏊	⛱	🎣	⛵	🎿	🏇	🎵	🛶	🚤
6	6	6	15	3	12	6	8	6

LE NY Jean-Francois – Kerohan – 56550 Locoal-Mendon – Tél. : 97.24.65.08

Locoal-Mendon Kervihern

C.M. n° 63 — Pli n° 2

♥♥♥ NN
(TH)

M. et Mme Maho vous accueillent dans leur maison typique de caractère. 5 chambres indépendants dont 1 au rez-de-chaussée et 1 suite 4 pers. Salle d'eau et wc privés pour chaque chambre. Séjour/salon avec cheminée et TV réservés aux hôtes. Cuisine et lave-linge à disposition. Anglais parlé. Gare 10 km. Commerces 2 km. Ouvert toute l'année.

Prix : 2 pers. **220/240 F** 3 pers. **270/310 F** pers. sup. **50/90 F** repas **75 F**

🏊	⛱	🎣	⛵	🎿	🏇	🎵	🛶	🚤
5	12	5	12	2	10	5	10	12

MAHO Gabriel et M.-Therese – Kervihern – 56550 Locoal-Mendon – Tél. : 97.24.64.09

Locoal-Mendon Manescouarn

C.M. n° 63 — Pli n° 2

♥♥♥
(TH)

Mme Nicolas vous accueille dans sa maison de caractère. 2 ch. doubles de 2 à 4 pers. dont 1 avec s.d.b. et wc privés et 1 avec s. d'eau et wc privés. Chaque ch. double est louable à une même famille. 2 ch. 2 pers. avec s. d'eau et wc privés. 1 ch. 3 pers. avec s. d'eau et wc privés. Salon avec TV et cheminée. Jardin. Gare 11 km. Commerces 3 km. Ouvert toute l'année.

Prix : 2 pers. **220 F** 3 pers. **270/310 F** pers. sup. **50/90 F** repas **75 F**

🏊	⛱	🎣	⛵	🎿	🏇	🎵	🛶	🚤
7	7	7	7	3	7	2	11	7

NICOLAS Edith – Manescouarn – 56550 Locoal-Mendon – Tél. : 97.24.65.18

Locqueltas Chaumiere de Kerizac

C.M. n° 63 — Pli n° 3

♥♥♥

Mme Cheilletz-Maignan vous accueille dans sa chaumière typique du XVIII° siècle. Au r.d.c. : 1 chambre 2 pers. avec s. d'eau et wc privés. A l'étage, avec accès indépendant : 2 chambres 2 et 3 pers. avec s.d.b. privées et wc communs. Vous pourrez vous détendre dans le séjour avec télévision et cheminée ou dans le jardin clos. Découvrez l'atelier de reliure d'art. Anglais parlé. Gare 15 km. Commerces 500 m. Ouvert toute l'année. Sur réservation de la Toussaint au 1er avril.

Prix : 1 pers. **250 F** 2 pers. **330/360 F** 3 pers. **400 F** pers. sup. **100 F**

🐕	🏊	⛱	🎣	⛵	🎿	🏇	🎵	🛶	🚤
	15	15	0,5	25	4	4	15	6	15

CHEILLETZ-MAIGNAN Jeanne – Kerizac – 56390 Locqueltas – Tél. : 97.66.60.13 – Fax : 97.66.63.73

Melrand Quenetevec

❀❀❀ NN
(TH)

Mme Chauvel vous acccueille dans sa maison de caractère situé dans un parc aménagé, traversé par une petite rivière à truites. 4 ch. 2 pers. R.d.c. : 1 ch. avec s. d'eau et wc privés. A l'étage : 3 ch. : 1 ch. avec s.d.b. et wc privés et 2 ch. communicantes avec s. d'eau et wc privés. Petits déjeuners servis dans la salle à manger. Jardin et cuisine à disposition. Gare routière 10 km. Commerces 5 km. Ouvert toute l'année sauf février.

Prix : 1 pers. **180 F** 2 pers. **250 F** 3 pers. **350 F**
pers. sup. **100 F** repas **80 F**

45	45	5	45	5	2	4	10	45

CHAUVEL Marie-Therese – Quenetevec – 56310 Melrand – Tél. : 97.27.72.82

Meslan Roscalet

❀❀❀ NN

Dans une propriété privée, Mme Jambou vous accueille dans sa maison de caractère totalement indépendante. 5 chambres avec salle d'eau et wc privés. Au r.d.c. : 1 ch. 2 pers. 1 ch. 3 pers. Séjour-salon avec cheminée. A l'étage : 3 ch. 2 pers. Salle de détente : bibliothèque, TV. Cuisine à disposition. Jardin privatif, salon de jardin, jeux de boules. Gare 15 km. Commerces 4 km. Ouvert d'avril à fin octobre.

Prix : 1 pers. **200 F** 2 pers. **250 F** 3 pers. **330 F**
pers. sup. **50 F**

30	30	1	10	4	15	20	8	12

JAMBOU Marie-France – Roscalet – 56320 Meslan – Tél. : 97.34.24.13

Moreac Kerivin

❀❀ NN

Mme Le Sergent vous accueille dans ses 2 maisons indépendantes situées sur une exploitation agricole. 4 ch. avec s. d'eau et wc privés. Au r.d.c. : 1 ch. 2 pers. plus un bébé. A l'étage, 2 ch. 3 pers. et 1 ch. 2 pers., Vous pourrez vous détendre dans le salon avec TV ou dans le jardin avec son salon de jardin. Cuisine à disposition avec forfait journalier de 20 F. Lessive possible (lavage + séchage) : 30 F. Gare 35 km. Commerces 3,5 km. Ouvert toute l'année.

Prix : 1 pers. **150 F** 2 pers. **200 F** 3 pers. **250 F**
pers. sup. **60 F**

40	40	3	40	3,5	10	25	7	7

LE SERGENT Pierre – Kerivin – 56500 Moreac – Tél. : 97.60.18.88

Neuillac

❀❀❀ NN

M. et Mme Gaillard-Cantois vous accueillent dans leur maison indépendante. 5 chambres à l'étage : 3 ch. 2 pers., s. d'eau et wc privés. 1 ch. 2 pers., s.d.b. et wc privés. 1 ch. 2/3 pers., s. d'eau et wc privés. Vous profiterez du séjour avec TV et du jardin clos 800 m², salon de jardin, barbecue, parking. Tél. à carte téléséjour n° 97.32.58.94 pour les hôtes. Cuisine à disposition. Buanderie (lave-linge + sèche-linge) avec forfait. Zoo de Pont-Scorff 2 km. Gare 12 km. Commerces 100 m. Ouvert toute l'année sauf octobre.

Prix : 1 pers. **200 F** 2 pers. **230 F** 3 pers. **280 F**
pers. sup. **50 F**

10	10	0,5	10	0,5	4	3	10	10

GAILLARD-CANTOIS Francois et Nicole – 11 rue du General de Gaulle – 56620 Neuillac – Tél. : 97.32.65.60 – Fax : 97.32.50.51

Neuillac Bel-Air - la Bretonniere

❀❀❀ NN

Mme Miloux vous accueille dans sa maison indépendant. 4 chambres à l'étage : 3 ch. 2 pers. (2 ch. avec s.d.b. et wc privés et 1 ch. avec s. d'eau et wc privés), 1 ch. 3 pers. avec s. d'eau et wc privés. TV couleur dans chaque chambre. Cuisine à disposition. Vous profiterez du séjour/salon, du parc clos (3000 m²). Jeu de boules. Lit enfant disponible sur demande. Anglais parlé. Gare 50 km. Commerces 3 km. Ouvert toute l'année. Pontivy est situé sur le Blavet, dans une région pittoresque. Visitez le château des Rohan (XVᵉ siècle).

Prix : 2 pers. **220 F** 3 pers. **280 F** pers. sup. **60 F**

50	50	3	10	3	10	3	10

MILOUX Adele – La Bretonniere Bel Air – 56300 Neuillac – Tél. : 97.39.62.48

Nivillac Saint-Cry

❀❀❀ NN
(TH)

Marie-Pierre et Joseph Chesnin vous accueillent dans leur maison. 4 chambres avec entrée indépendante. 1 ch. 2 pers. de plain-pied. A l'étage : 1 ch. 2 pers et 2 ch. 3 pers. S. d'eau et wc privés pour chaque chambre. A disposition : salon avec cheminée et TV, salon de jardin, portique, jeu de boules. Possibilité de dîner. Machine à laver et sèche-linge à disposition avec forfait. Gare 20 km. Commerces 7 km. Ouvert toute l'année.

Prix : 2 pers. **220 F** 3 pers. **270 F** pers. sup. **50 F** repas **80 F**

30	30	2	10	7,5	25	15	9	25

CHESNIN Joseph et M-Pierre – Le Moulin du Couedic - Saint Cry – 56130 Nivillac – Tél. : 99.90.62.47

Noyalo Quelennec

❀❀ NN

Mme Jeannette Le Brech vous accueille dans sa maison indépendante, située à Noyalo. 5 chambres avec salle d'eau et wc privés. Au rez-de-chaussée, 1 ch. 2 pers. A l'étage, 3 ch. 2 pers. et 1 ch. 3 pers. Salle de séjour, coin-salon, télévision. Cuisine à disposition avec forfait. Jardin attenant, salon de jardin, barbecue. Gare 8 km. Commerces 1 km. Ouvert toute l'année.

Prix : 2 pers. **200 F** 3 pers. **250 F**

10	10	0,1	10	1	8	18	8	10

LE BRECH Loic – Quelennec – 56450 Noyalo – Tél. : 97.43.03.15

Noyalo
C.M. n° 63 — Pli n° 13

♥♥ NN   M. et Mme Zoude-Le Nagard vous accueillent dans leur maison indépendante à l'entrée du Golfe du Morbihan et sur l'Etang de Noyalo. A l'étage : 1 ch. 2 pers. avec s.d.b. et wc privés. 1 ch. double louable à une même famille pour 4 pers. avec s.d.b. et wc privés. Séjour, salon, TV, cheminée, jardin clos, salon de jardin. Possibilité de location de vélos. Anglais parlé. Gare 8 km. Commerces 1 km. Ouvert toute l'année.

Prix : 1 pers. **150 F** 2 pers. **200 F** pers. sup. **50 F**

10	10	0,8	10	0,8	8	18	10	10

ZOUDE-LE NAGARD M.-Madeleine – 29 Chemin de Quellenec – 56450 Noyalo – Tél. : 97.43.14.17

Ploemel Kerplat
C.M. n° 63 — Pli n° 2

♥♥ NN   Mme Le Boulch vous accueille dans sa maison indépendante située dans un petit hameau. A l'étage, 2 chambres 2 pers. avec entrée indépendante, salle d'eau et wc privés. Le petit coin-salon, le grand jardin, la terrasse, les 2 salons de jardin, le barcecue et le portique sont à votre disposition pour vos moments de détente. Gare 8 km. Navette SNCF Auray-Quiberon pendant l'été. Commerces 2 km. Ouvert de Pâques à la Toussaint.

Prix : 2 pers. **210 F** pers. sup. **70 F**

8	8	8	8	1,5	5	5	8	8

LE BOULCH Josiane – Kerplat – 56400 Ploemel – Tél. : 97.56.82.51 – Fax : 97.56.72.32

Ploemel
C.M. n° 63 — Pli n° 2

♥♥ NN   M. Marpaud vous accueille dans sa maison indépendante. A l'étage, 5 chambres 2 et 3 pers. : 2 ch. avec salle d'eau privée mais wc communs, 2 ch. avec entrée indépendante, salle d'eau et wc privés. 1 chambre 3 pers. salle d'eau et wc privés. Séjour, salon, TV, petite cuisine, jardin ombragé de 8500 m², salons de jardin et barbecue sont à votre disposition. Gare 8 km. Commerces 300 m. Ouvert de mars à novembre. Taxe de séjour en juillet et août.

Prix : 1 pers. **160 F** 2 pers. **200 F** 3 pers. **250 F** pers. sup. **50 F**

8	8	8	8	3	1	3	8	8

MARPAUD Joseph – Route d'Erdeven – 56400 Ploemel – Tél. : 97.56.84.50

Ploemeur
C.M. n° 58 — Pli n° 12

♥♥ NN   Mme Bourlet vous accueille dans sa maison indépendante avec vue panoramique sur l'océan. 2 chambres 2 et 3 pers. Au rez-de-chaussée, 1 chambre avec salle d'eau et wc privés. A l'étage, 1 chambre avec salle de bains et wc privés. Le séjour, le salon, la TV, la terrasse sont à votre disposition pour vos moments de détente. Gare 12 km. Commerces 300 m. Ouvert de début juillet à fin août.

Prix : 1 pers. **170 F** 2 pers. **240 F** 3 pers. **280 F**

0,1	0,1	0,1	1	1	4	2	4	0,1

BOURLET Marie-Louise – 26, Chemin des Viviers - Le Perello – 56270 Ploemeur – Tél. : 97.82.92.02

Ploemeur Le Petit Hanvot
C.M. n° 58 — Pli n° 12

♥♥ NN   M. Mestric vous accueille dans sa maison indépendante située à 30 mn de Carnac et de Pont-Aven. A l'étage, 3 chambres 2 pers. avec salle d'eau et wc privés pour chaque chambre. Séjour-salon avec TV, parc de détente à votre disposition. Etang privé sur place avec pêche. Gare 8 km. Commerces 2 km. Ouvert toute l'année. Taxe de séjour de début juin à fin août.

Prix : 1 pers. **200 F** 2 pers. **230 F** 3 pers. **290 F**

5,5	5,5	0,2	5,5	2	0,5	3	2	5,5

MESTRIC Georges – Le Petit Hanvot – 56270 Ploemeur – Tél. : 97.86.22.34

Plougoumelen Cahire
C.M. n° 63 — Pli n° 2

♥♥♥ NN   Dans un site classé, M. et Mme Trochery vous accueillent dans un ensemble de chaumières du XVIIe siècle. 4 chambres spacieuses, de caractère, avec chacune entrée indépendante, coin-salon, s. d'eau et wc privés. 2 ch. 3 pers. R.d.c. et étage. A l'étage, 2 ch. 2 pers. Le jardin, le salon de jardin et la terrasse sont à votre disposition pour vous détendre. Gare 6 km. Commerces 1 km. Ouvert toute l'année sauf vacances d'hiver zone A.

Prix : 2 pers. **250/300 F** pers. sup. **80 F**

10	10	10	10	1	1	3	6	6

TROCHERY Arsene et Chantal – Cahire – 56400 Plougoumelen – Tél. : 97.57.91.18

Plouharnel Kercroc
C.M. n° 63 — Pli n° 2

E.C. NN   Mme Rousseau vous accueille dans sa maison indépendante située à 1 km de Plouharnel. Au r.d.c. : 1 ch. 2 pers. avec s.d.b. et wc privés. A l'étage : 1 ch. 2 pers. avec s. d'eau et wc privés et 1 ch. double 5 pers. avec s.d.b. et wc privés. Salle à manger, coin-salon/cheminée et TV. Jardin clos, salon de jardin et terrasse à disposition pour vos moments de détente. Gare 12 km. Commerces 1 km. Ouvert toute l'année. Taxe de séjour du 15 juin au 15 septembre.

Prix : 2 pers. **220/250 F** 3 pers. **300 F** pers. sup. **80 F**

0,1	2	0,1	4	1	5	7	4	2

ROUSSEAU Marie-Paule – Kercroc – 56340 Plouharnel – Tél. : 97.52.32.40

Plouharnel Kerfourchelle
C.M. n° 63 — Pli n° 11

E.C. NN   Mme Le Touzo vous accueille dans sa maison indépendante située à 500 m de Plouharnel. A l'étage, 1 ch. 2 pers. avec s.d.b. et wc privés, 1 ch. 3 pers. avec s. d'eau et wc privés et 1 ch. double de 2 à 5 pers. louable à une même famille avec s. d'eau et wc séparés privés. Cuisine avec forfait : 10 F/jour. A disposition : séjour/salon, TV, jardin et salon de jardin. Gare 13 km. Commerces 500 m. Ouvert toute l'année. Taxe de séjour du 15 juin au 15 septembre.

Prix : 2 pers. **220/250 F** 3 pers. **300 F** pers. sup. **50/100 F**

2,5	2,5	2,5	5	0,5	4	7	13	2,5

LE TOUZO Anne-Marie – Kerfourchelle – 56340 Plouharnel – Tél. : 97.52.34.38

Plouharnel Sainte-Barbe   *C.M. n° 63 — Pli n° 2*

E.C. NN   Madame Le Port vous accueille dans sa maison indépendante située dans un secteur calme à 2 km de Plouharnel. A l'étage, 2 chambres 2 pers. avec salle d'eau et wc privés. Le salon avec télévision et cheminée, le terrain de 3000 m² et le salon de jardin sont à votre disposition pour vos moments de détente. Vue sur la mer et les dunes. Gare 12 km. Commerces 1 km. Ouvert de mi-avril à mi-septembre.

Prix : 2 pers. 250 F

1,5	1,5	1,5	1,5	1,5	2	5	8	7

LE PORT Remi – Ste Barbe – 56340 Plouharnel – Tél. : 97.52.37.40

Plouharnel Kerhellec   *C.M. n° 63 — Pli n° 11*

NN   Mme Le Boulaire vous accueille dans sa maison indépendante avec vue sur la mer. A l'étage, 2 chambres 2 pers. et 1 chambre 3 pers avec salle d'eau et wc privés pour chaque chambre. Vous pourrez vous détendre dans le salon avec TV et dans le grand jardin avec salon de jardin et barbecue. Gare 15 km. Commerces 1,2 km. Ouvert de mars à novembre. Taxe de séjour de mi-juin à mi-septembre.

Prix : 1 pers. 200 F 2 pers. 230/250 F 3 pers. 300 F

0,2	3	0,2	0,2	3	3	3	3	3

LE BOULAIRE Marie-Therese – Kerhellec – 56340 Plouharnel – Tél. : 97.52.33.92

Plouhinec   *C.M. n° 63 — Pli n° 1*

M. Le Dantec vous accueille dans sa maison située dans un village de pêcheurs, à proximité de la rivière d'Etel. 1 chambre 2 à 3 pers. avec entrée indépendante. Salle d'eau et wc privés. TV dans la chambre. Les petits déjeuners vous seront servis dans la salle à manger. Jardin clos et terrasse à disposition pour vos moments de détente. Maison de plain-pied. Gare 15 km. Commerces 3,5 km. Ouvert toute l'année.

Prix : 1 pers. 200 F 2 pers. 230 F 3 pers. 270 F

0,1	2,5	0,6	0,1	2	15	10	18	2,5

LE DANTEC Yves – 39, rue Mane Jouan - Vieux Passage – 56680 Plouhinec – Tél. : 97.36.74.07

Plouhinec Kermorin   *C.M. n° 63 — Pli n° 1*

M. Le Quer vous accueille dans sa maison de caractère indépendant. A l'étage, 1 chambre double grand confort pour 4 pers. louable à une même famille avec TV, s.d.b. et wc privés. A disposition : salon avec TV, lave-linge, parc de détente, salon de jardin et barbecue. Vous pourrez monter à poney et visiter la ferme. Gare 15 km. Commerces 800 m. Ouvert toute l'année.

Prix : 2 pers. 260 F 3 pers. 360 F pers. sup. 100 F

4	4	4	4	3	4	12	4	4

LE QUER Jean – Kermorin – 56680 Plouhinec – Tél. : 97.36.76.13

Plumelec Folle Pensee   *C.M. n° 63 — Pli n° 3*

E.C. NN   Madame Le Labourier vous accueille dans sa maison indépendante située sur une exploitation agricole. Au rez-de-chaussée, 2 chambres 2 pers avec accès indépend., s. d'eau et wc privés pour chaque chambre. Salon/TV, jardin de 400 m², terrasse, salon de jardin à disposition pour vous détendre. Forêt avec sentiers pédestres à proximité. Gare 20 km. Commerces 6 km. Ouvert toute l'année.

Prix : 1 pers. 170 F 2 pers. 200 F

22	22	2	22	5	9	22	16	22

LE LABOURIER Pierrick et M.Therese – Folle Pensee - Lanvaux – 56420 Plumelec – Tél. : 97.42.22.67

Plumeliau Saint-Nicolas-des-Eaux   *C.M. n° 63 — Pli n° 3*

NN   M. Vessier vous accueille dans sa maison de caractère à 300 m de Pluméliau. Au r.d.c. : 1 ch. double de 2 à 4 pers., s.d.b et wc privés. A l'étage : 1 ch. double de 2 à 4 pers., s.d.b. et wc privés. Chaque ch. double est louable à une même famille. Vous profiterez du grand parc arboré et du calme de la campagne. Terrasse et salon de jardin à disposition. Saint-Nicolas des Eaux, petit bourg construit à flanc de colline. La route franchit le Blavet. Site de Castennec sur la vallée du Blavet. Gare 45 km. Commerces 300 m. Ouvert de mi-janvier à mi-décembre.

Prix : 2 pers. 200 F

40	40	0,4	40	0,4	8	8	8	5

VESSIER Paul – 29, rue de Kervernen - Route du Plan d'Eau – 56930 Pluméliau – Tél. : 97.51.94.73

Plumeliau Kerdavid   *C.M. n° 63 — Pli n° 2*

E.C. NN   Monsieur et Madame Joyce vous accueillent dans leur maison de caractère à 1 km de Pluméliau. A l'étage, 1 ch. 2 pers. + 1 bébé et 1 ch. 3 pers. avec s. d'eau et wc privés pour chaque chambre. Pour vous détendre : salon avec cheminée, jardin clos avec salon de jardin et terrasse à disposition. Possibilité de babysitting et de table d'hôtes sur demande. Anglais parlé. Gare 40 km. Commerces 1 km. Ouvert de Pâques à fin septembre.

Prix : 2 pers. 220 F 3 pers. 280 F pers. sup. 50 F

40	40	4	40	1	9	8	8	10

JOYCE Nicolas – Kerdavid – 56930 Plumeliau – Tél. : 97.51.81.63

Plumergat Coperit-Bras   *C.M. n° 63 — Pli n° 2*

NN   Mme Oliviero vous accueille dans sa maison indépendante. A l'étage : 1 chambre 2 pers. avec salle d'eau et wc privés. Le séjour, le salon avec TV et le jardin clos 500 m², sont à votre disposition pour vos moments de détente. Gare 10 km. Commerces 2 km. Ouvert toute l'année.

Prix : 2 pers. 180 F pers. sup. 40 F

20	20	3	20	2	15	20	6	20

OLIVIERO Marie-Paule – Coperit-Bras – 56400 Plumergat – Tél. : 97.57.60.35

Pluvigner Chaumiere de Kerreo
C.M. n° 63 — Pli n° 2

☆☆☆ NN (TH)

M. Grevès et Mme Le Glehuir vous accueillent dans leur chaumière du XVIIIᵉ siècle. 3 ch. 2 pers. dont 2 avec s. d'eau et wc privés et 1 avec s.d.b. et wc privés. Vous apprécierez le séjour, le salon avec cheminée et TV, le jardin privatif et la terrasse. Vous profiterez également de magnifiques promenades en forêt à quelques kilomètres. Table d'hôtes sur réservation. Gare 20 km. Commerces 7 km. Ouvert toute l'année.

Prix : 1 pers. **200 F** 2 pers. **270/300 F** pers. sup. **50 F** repas **90 F**

20	20	10	20	7	6	15	20	20

GITES DE FRANCE-SERVICE RESERVATION – 2, rue du Chateau – 56400 Auray – Tél. : 97.56.48.12.

Pluvigner Le Poteau
C.M. n° 63 — Pli n° 2

E.C. NN

Madame Stéphan vous accueille dans sa maison indépendante, située entre les Landes de Lanvaux et la ria d'Etel. Au r.d.c. : 1 chambre spacieuse pour 4 pers avec s.d.b. et wc privés. Les petits déjeuners vous seront servis dans la salle à manger ou sur la terrasse. Pour vous détendre, jardin ombragé de 8000 m² avec salon de jardin à disposition. Gare 12 km. Commerces 2,5 km. Ouvert de début juin à fin septembre.

Prix : 2 pers. **220 F** 3 pers. **270 F** pers. sup. **40 F**

20	20	5	20	3,5	5	10	10	20

STEPHAN Paulette – Le Poteau - Route de Landevant – 56330 Pluvigner – Tél. : 97.24.91.61 ou 97.24.73.67

Pluvigner Kerdavid Duchentil
C.M. n° 63 — Pli n° 2

☆☆☆

Mme Collet vous accueille dans sa maison de caractère à la campagne. 3 chambres 2 à 3 pers. et 1 chambre double de 2 à 5 pers. louable à une même famille, toutes de plain-pied avec entrée indépendante, s. d'eau et wc privés. Séjour/salon, TV, cuisine, jardin clos boisé 5000 m² et salon de jardin à disposition. Etang privé pour les plaisirs de la pêche. Forêt, promenades, grand calme. Jeux divers. Gare 15 km. Commerces 5 km. Ouvert toute l'année.

Prix : 1 pers. **180 F** 2 pers. **220 F** 3 pers. **270 F** pers. sup. **50 F**

22	22	3	20	5	5	20	5	22

COLLET Marie-Claire – Kerdavid-Duchentil – 56330 Pluvigner – Tél. : 97.56.00.59

Pluvigner Breventec
C.M. n° 63 — Pli n° 2

☆☆ NN

Mme Le Louer vous accueille dans sa maison indépendante. 4 chambres dont 2 ch. 2 pers. et 1 ch. 3 pers. avec salle d'eau privée et wc communs, 1 ch. 2 pers. et 1 enfant avec salle de bains et wc privés. Salle commune pour votre détente, séjour et grand jardin clos 5000 m², salon de jardin. Cuisine à disposition. Gare 12 km. Commerces 2,5 km. Ouvert toute l'année.

Prix : 1 pers. **170 F** 2 pers. **200 F** 3 pers. **250 F** pers. sup. **50 F**

20	20	5	20	2	1	6	10	20

LE LOUER Marie-Claire – Breventec – 56330 Pluvigner – Tél. : 97.24.74.05

Pluvigner Kermec
C.M. n° 63 — Pli n° 2

☆☆☆ NN

Mme Lorgeoux vous accueille dans sa maison de caractère indépendante. 1 suite 4 pers. de grand confort avec entrée indépendante et salle de bains et wc privés. Véranda avec 1 plaque chauffante, TV. Le jardin clos et le salon de jardin sont à votre disposition pour votre détente. Lit enfant à disposition. Anglais parlé. Gare 10 km. Commerces 3 km. Ouvert toute l'année.

Prix : 1 pers. **190 F** 2 pers. **220 F** 3 pers. **310 F** pers. sup. **90 F**

20	20	1	12	3	5	20	10	20

LORGEOUX Noemi – Kermec – 56330 Pluvigner – Tél. : 97.24.92.97

Pontivy-sur-Noyal-Pontivy Coet-David
C.M. n° 59 — Pli n° 12

☆☆ NN

Mme Accart vous accueille dans sa maison indépendante. A l'étage, 1 chambre 3 pers. avec télévision, salle d'eau et wc privés. La véranda, le salon, la TV et le grand jardin clos aménagé 3500 m², sont à votre disposition pour vos moments de détente. Gare 50 km. Commerces 3 km. Ouvert toute l'année.

Prix : 1 pers. **180 F** 2 pers. **200 F** 3 pers. **260 F**

40	40	3	15	3,5	5	3,5	15

ACCART Angele – Coet-David - Iaorana Villa - Axe Pontivy/Vannes – 56920 Noyal-Pontivy – Tél. : 97.25.49.66 – Fax : 97.25.49.66

Questembert Le Haut Mounouff
C.M. n° 63 — Pli n° 4

☆☆☆ NN

Mme Elain vous accueille dans sa maison indépendant située sur une exploitation agricole. Au rez-de-chaussée, 1 chambre 2 pers. avec salle de bains et wc privés. Vous profiterez du séjour, du salon avec cheminée et TV, terrasse et grand jardin aménagé. Pour vos loisirs le plan d'eau du Moulin Neuf est aménagé en base nautique à 5 km. Gare et commerces 4 km. Ouvert toute l'année.

Prix : 2 pers. **250 F**

23	5	5	5	4	20	15	4	5

ELAIN MARIE-THERESE – Le Haut Mounouff – 56230 Questembert – Tél. : 97.26.60.72

Queven Le Mane
C.M. n° 63 — Pli n° 1

☆☆☆ NN

Mme Kermabon vous accueille chaleureusement dans sa belle maison de maître située dans une propriété paysagée et boisée de 1 ha. 3 ch. dont 1 ch. double louable à une même famille avec s.d.b. et wc privés, 1 ch. s. d'eau et wc privés et 1 ch. 2 pers., s.d.b. et wc séparés. Salon/TV, terrasse/salon de jardin à disposition. Lit d'appoint enfant sur demande. Anglais et allemand parlés. Gare 2 km. Commerces 1 km. Ouvert toute l'année.

Prix : 1 pers. **200 F** 2 pers. **220/230 F** 3 pers. **300 F** pers. sup. **90 F**

6	6	3	3	2	3	3	1	3

KERMABON Marie-Louise – Le Mane - Route de Kerdual – 56530 Queven – Tél. : 97.84.83.20

Remungol La Villeneuve C.M. n° 63 – Pli n° 2

♨♨♨ NN
(TH)

M. Le Texier vous accueille dans sa maison de caractère. 2 chambres 2 pers. avec s.d'eau et wc privés, 1 ch. 3 pers. avec s.d.b. et wc privés et 1 ch. double 4 pers. avec s. d'eau et wc privés. Séjour/salon avec cheminée et TV, jardin avec salon de jardin et point-phone à disposition. Possibilité de repas le soir sur demande. Gare 30 km. Commerces 2,5 km. Ouvert toute l'année sauf fêtes de fin d'année.

Prix : 1 pers. **180 F** 2 pers. **235 F** 3 pers. **280 F**
pers. sup. **60 F** repas **75 F**

40	40	2,5	40	2,5	10	20	7	10	

GITES DE FRANCE-SERVICE RESERVATION – 2, rue du Chateau – 56400 Auray – Tél. : 97.56.48.12.

Ruffiac Ferme de Rangera C.M. n° 63 — Pli n° 4

♨♨♨ NN
(TH)

M. et Mme Couedelo vous accueillent dans leur maison aménagée en ferme de séjour. 3 chambres avec s. d'eau et wc privés. R.d.c. : 1 ch. 2 pers. A l'étage : 2 ch. 3 pers. Séjour, coin-salon, TV, jardin, salon de jardin, terrasse, barbecue, jeu de boules. Pour vos activités de loisirs, Etang aux Ducs 18 km. Table d'hôtes sur demande. Gare 20 km. Commerces 2 km. Ouvert toute l'année.

Prix : 1 pers. **180 F** 2 pers. **200 F** 3 pers. **250 F**
pers. sup. **50 F** repas **80 F**

40	40	3	18	2	6	25	8	18	

COUEDELO Gilbert et Germaine – Ferme de Rangera – 56140 Ruffiac – Tél. : 97.93.72.18

Saint-Aignan Croix Even C.M. n° 59 — Pli n° 12

♨♨ NN

Mme Henrio vous accueille dans sa maison indépendante. Au rez-de-chaussée, 2 chambres : 1 ch. 2 pers. avec salle d'eau privée, 1 ch. 3 pers. avec salle de bains privée. Les wc sont communs. Vous pourrez vous détendre dans le séjour avec TV, le salon et dans le parc ombragé, clos 6000 m². Téléphone et cuisine à disposition. Anglais parlé. Gare 50 km. Commerces 4 km. Ouvert toute l'année.

Prix : 1 pers. **150 F** 2 pers. **200 F** 3 pers. **250 F**

60	60	10	10	4	10	25	20	10

HENRIO Micheline – Croix-Even - Cleguerec/Mur de Bretagne – 56480 Saint-Aignan – Tél. : 97.27.51.56

Saint-Allouestre Kercorde C.M. n° 63 — Pli n° 3

♨♨ NN

Mme Allioux vous accueille dans sa maison de campagne rénovée. Au r.d.c. : 1 chambre double 4 pers. louable à une même famille, accès indépendant, salle d'eau et wc privés. Salle à manger. Vous profiterez du jardin et du salon de jardin pour vous détendre. Pour vos loisirs, base nautique de Réguiny à 8 km. Gare 30 km. Commerces 500 m. Ouvert toute l'année.

Prix : 1 pers. **130 F** 2 pers. **200 F** 3 pers. **250 F**
pers. sup. **50 F**

30	30	8	30	8	18	8	8	8

ALLIOUX Marcelle – Kercorde – 56500 Saint-Allouestre – Tél. : 97.60.43.10

Saint-Gildas-de-Rhuys C.M. n° 63 — Pli n° 12

♨♨♨

Mme Le Goff vous accueille dans sa maison indépendante. A l'étage : 1 chambre double de 2 à 4 pers. avec salle d'eau et wc privés. Pour vous détendre, vous profiterez du petit salon avec TV, de la terrasse et du jardin clos 900 m² mis à votre disposition. Gare 20 km. Commerces 300 m. Ouvert toute l'année. Taxe de séjour de juillet mi-septembre.

Prix : 1 pers. **180 F** 2 pers. **220 F** 3 pers. **350 F**
pers. sup. **50 F**

0,3	1,5	0,3	1,5	0,8	5	2	25	1,5

LE GOFF Anne-M. – 6 A, rue du Grand Mont – 56730 Saint-Gildas-de-Rhuys – Tél. : 97.45.32.52

Saint-Gonnery C.M. n° 58 — Pli n° 19

♨♨♨ NN
(TH)

Mme Digue vous accueille dans sa maison de caractère indépendante. 5 chambres avec salle d'eau et wc privés : 2 ch. 2 pers. et 3 ch. 3 pers. TV dans chaque chambre. Table d'hôtes. Jardin, salon de jardin, VTT, pêche en étang, tir à l'arc, initiation à la crêperie. 1/2 pension à partir de 5 nuits. Anglais parlé. Gare 7 km. Commerces sur place. Ouvert toute l'année.

Prix : 1 pers. **190 F** 2 pers. **220 F** 3 pers. **330 F**
pers. sup. **90 F** repas **80 F** 1/2 pens. **195 F**

80	7	0,1	0,1	0,1	7	14	7	7

GITES DE FRANCE-SERVICE RESERVATION – 2, rue du Chateau – 56400 Auray – Tél. : 97.56.48.12.

Saint-Jean-Brevelay Kermarquer

E.C. NN
(A)

M. et Mme Picaud vous accueillent dans leur auberge. 2 chambres de plain-pied (2 pers.) avec entrée indépendante, salle d'eau et wc privés. Le jardin, la terrasse et le salon de jardin sont à votre disposition pour vos moments de détente. Possibilité de table d'hôtes. Gare 20 km. Commerces 1,5 km. Ouvert toute l'année.

Prix : 2 pers. **220 F** repas **75 F**

30	30	0,1	30	1,5	15	50	10	30

PICAUD Etienne et Annie – Kermarquer - Route de Locmine – 56660 Saint-Jean-Brevelay – Tél. : 97.60.31.61

Saint-Laurent-sur-Oust Evas C.M. n° 63 — Pli n° 4

♨♨ NN

M. et Mme Gru vous accueille dans leur maison indépendante, à proximité du canal de Nantes à Brest. 1 ch. double 4 pers. avec s. d'eau et wc privés. Vous apprécierez pour votre détente la TV dans le salon. Un jardin fleuri est à votre disposition, terrasse, salon de jardin et barbecue pour un agréable séjour. Possibilité tables d'hôtes sur réservation. Gare 40 km. Commerces 4 km. Ouvert toute l'année.

Prix : 2 pers. **190 F** pers. sup. **60 F**

40	40	0,3	16	0,5	3	16	4	16

GRU Jean et Madeleine – Evas – 56140 Saint-Laurent-sur-Oust – Tél. : 97.75.02.62

Saint-Marcel La Charmille - Bel Air
C.M. n° 63 — Pli n° 4

E.C. NN Madame Hemery sera ravie de vous accueillir dans sa maison indépendante à Saint-Marcel. Une chambre double pour 4 pers. avec s. d'eau et wc privés. Pour votre détente, vous apprécierez le salon avec la télévision. A votre disposition, un jardin de 950 m² avec son salon de jardin. Gare 35 km. Commerces 1 km. Ouvert toute l'année.

Prix : 1 pers. **180 F** 2 pers. **180 F** pers. sup. **70 F**

35	35	2	16	2	12	16	2	2

HEMERY Lucienne – La Charmille Bel-Air – 56140 Saint-Marcel – Tél. : 97.75.01.94

Saint-Martin-sur-Oust Chateau de Castellan
C.M. n° 63 — Pli n° 5

✿✿✿ NN M. et Mme Cossé vous accueillent dans un château de 1732. 5 chambres de caractère, calmes et de
(A) grand confort : 2 ch. 2 pers. 1 avec s.d.b. et wc privés et 1 avec s. d'eau et wc privés, 1 ch. 3 pers. avec s. d'eau et wc privés, 2 ch. doubles 4 pers. 1 avec s.d.b. et wc privés et 1 avec s. d'eau et wc privés. Jardin et salon de jardin. Possibilité de demi-pension. Gare 20 km. Commerces 2 km. Ouvert toute l'année.

Prix : 1 pers. **350 F** 2 pers. **400/500 F** 3 pers. **495/595 F** pers. sup. **95 F** repas **95 F**

45	45	2	10	2	10	15	7	10

COSSE Patrick – Chateau de Castellan – 56200 Saint-Martin-sur-Oust – Tél. : 99.91.51.69 – Fax : 99.91.57.41

Saint-Martin-sur-Oust Le Bois de Haut
C.M. n° 63 — Pli n° 5

✿✿✿ NN Mme Le Cannellier vous accueille dans sa maison de caractère, où vous apprécierez le calme de la
(TH) campagne. A l'étage : 2 chambres 2 pers. avec TV, salle de bains et wc privés. Le séjour-salon avec cheminée, le jardin avec salon de jardin et la piscine privée chauffée sont à votre disposition pour vous détendre. Possibilité de repas le soir sur demande. Gare 14 km. Commerces 4 km. Ouvert toute l'année sauf noël.

Prix : 2 pers. **250 F** pers. sup. **70 F** repas **80 F**

45	45	3	4	4	12	14	0,1	15

LE CANNELLIER Monique – Le Bois de Haut – 56200 Saint-Martin-sur-Oust – Tél. : 99.91.55.57

Saint-Philibert Kernivilit

✿✿✿ NN Mme Gouzer vous accueille dans sa maison ostréicole avec vue panoramique sur la rivière de Crach. 2 ch. 2 ou 3 pers. de plain-pied avec entrée indépendante, s. d'eau et wc privés. 1 ch. double louable à une même famille de 2 à 4 pers. avec kitchenette, coin-salon, terrasse, s. d'eau et wc privés. Jardin, salon de jardin. Location de planches à voile et dériveurs. Gare 8 km. Commerces 2 km. Ouvert toute l'année. Anglais, allemand et espagnol parlés.

Prix : 1 pers. **250/300 F** 2 pers. **250/300 F** 3 pers. **300/350 F** pers. sup. **50 F**

0,1	2	0,1	0,1	0,2	6	7	7	0,1

GOUZER Christine – Kernivilit – 56470 Saint-Philibert – Tél. : 97.55.17.78 – Fax : 97.30.04.11

Saint-Pierre-Quiberon
C.M. n° 63 — Pli n° 12

✿✿ NN Mme Le Blaye vous accueille dans sa maison de caractère indépendante. Vous apprécierez le calme de la presqu'île de Quiberon. A l'étage : 2 chambres 3 pers. avec salle d'eau et wc privés. L'accès est indépendant. Le séjour-salon avec cheminée, le grand jardin clos 3200 m², le salon de jardin et la terrasse sont à votre disposition. Lit enfant sur demande. Gare et commerces 1 km. Ouvert toute l'année. Taxe de séjour de mi-juin à mi-septembre.

Prix : 1 pers. **200 F** 2 pers. **220/250 F** 3 pers. **300 F**

0,8	1,2	0,8	1	1	1	16	4,5	1,2

LE BLAYE Marie-Annick – 21, rue de l'Eolienne – 56510 Saint-Pierre-Quiberon – Tél. : 97.30.84.20 – Fax : 97.30.84.20

Saint-Servant-sur-Oust Le Temple
C.M. n° 63 — Pli n° 4

✿✿ NN Mme Adelys vous accueille dans sa maison indépendante. Au rez-de-chaussée : 1 chambre 2 pers. avec salle de bains et wc privés. Le séjour/salon avec cheminée et TV, la terrasse, le grand jardin 2500 m² et le salon de jardin sont à votre disposition. Plan d'eau du Lac aux Ducs à 15 km. Anglais parlé. Gare 40 km. Commerces 2 km. Ouvert toute l'année.

Prix : 1 pers. **150 F** 2 pers. **195 F**

45	45	4	15	3	4	10	7	15

ADELYS Marie-Therese – Le Temple – 56120 Saint-Servant-sur-Oust – Tél. : 97.22.34.33

Sarzeau La Croix du Chateau

E.C. NN Madame Reignet vous accueille dans sa maison indépendante située à 3 km de Sarzeau. Au rez-de-chaussée, 1 chambre 2 pers. avec accès indépendant, salle d'eau, wc et télévison privés. Le jardin clos, le salon de jardin, la terrasse, le portique et le toboggan sont à votre disposition. Gare 22 km. Commerces 3 km. Ouvert toute l'année. Taxe de séjour inclus dans le prix.

Prix : 1 pers. **185 F** 2 pers. **205 F**

1,6	1,6	1,6	1,6	3	3	10	22	1,6

REIGNET Georgette – La Croix du Chateau – 56370 Sarzeau – Tél. : 97.48.01.84 ou 97.41.83.49 – Fax : 97.41.83.49.

Sarzeau
C.M. n° 63 — Pli n° 13

✿✿ M. et Mme Le Gal vous accueillent dans leur maison indépendante, avec vue sur l'océan et accès piéton à la plage. A l'étage, 2 chambres 2 ou 3 pers. avec TV, salle d'eau et wc privés. Pour vous détendre durant votre séjour, vous apprécierez le grand jardin clos avec les salons de jardin qui seront à votre disposition sur la terrasse ou à l'ombre des chênes. Gare 22 km. Commerces 5 km. Ouvert de mi-février à mi-novembre. Jardin de 1450 m².

Prix : 1 pers. **220 F** 2 pers. **250 F** 3 pers. **350 F**

0,2	0,2	0,2	0,2	0,7	5	10	20	3

LE GAL Louis – Dor-Digor Impasse Lann Raz - Landrezac – 56370 Sarzeau – Tél. : 97.41.86.79

Sarzeau

C.M. n° 63 — Pli n° 13

♥♥♥ NN Mme Turlais vous accueille dans sa maison indépendante avec vue panoramique sur le golfe du Morbihan. A l'étage, 1 chambre double de 2 à 4 pers. avec salle de bains et wc privés. Pour vous détendre : un jardin 3000 m², une terrasse et un salon de jardin sont à votre disposition. Gare 15 km. Commerces 2 km. Ouvert toute l'année.

Prix : 1 pers. **200 F** 2 pers. **280 F** 3 pers. **420 F**
pers. sup. **50 F**

3	0,1	0,1	0,1	4	4	3	25	3	

TURLAIS Marie-Odile – Route de la Pointe - Brehuidic – 56370 Brillac-sur-Sarzeau – Tél. : 97.26.85.62

Sarzeau Le Moulin des 4 Vents

C.M. n° 63 — Pli n° 13

♥♥ NN Mme Robichon de la Guérinière vous accueille dans sa maison de caractère avec vue sur le golfe du Morbihan. A l'étage, 1 chambre 2 pers. avec salle de bains et wc privés, chauffage central. Séjour, terrasse, jardin clos et salon de jardin sont à votre disposition pour vos moments de détente. Gare 20 km. Commerces 1,5 km. Ouvert toute l'année.

Prix : 1 pers. **220 F** 2 pers. **240 F** 3 pers. **300 F**

4	4	4	4	1,5	1,5	8	20	10	

ROBICHON DE LA GUERINIERE – Alix - Le Moulin des 4 Vents – 56370 Sarzeau – Tél. : 97.41.80.19

Surzur

E.C. NN Madame Rheinart vous accueille dans sa maison indépendante. Une chambre double 4 pers. avec salle de bains et wc privés. Pour votre détente, vous apprécierez le jardin clos de 2500 m² qui est à votre disposition ainsi que la terrasse et le salon de jardin. Gare 15 km. Commerces 800 m. Ouvert toute l'année.

Prix : 1 pers. **200 F** 2 pers. **250 F** 3 pers. **360 F**
pers. sup. **100 F**

10	10	5	5	0,8	10	18	14	5	

RHEINART Marie-Louise – Rue du Chateau d'Eau – 56450 Surzur – Tél. : 97.42.00.86

Surzur Le Petit Kerbocen

C.M. n° 63 — Pli n° 12

E.C. NN (TH) M et Mme Gaugendau vous accueillent dans leur maison indépendante. A l'étage : 1 ch. 2 pers. avec s.d.b. et wc privés. Dans un bâtiment annexe rénové, 5 ch. au r.d.c. avec s. d'eau et wc privés attenants. 3 ch. 2 pers., 1 ch. 3 pers., 1 ch. 4 pers. Séjour/salon/TV, jardin de 10000 m², salons de jardin et jeux pour enfants à disposition. Repas sur demande le soir. Cuisine à disposition avec forfait journalier de 35 F. Gare 13 km. Commerces 1 km. Ouvert toute l'année.

Prix : 1 pers. **150/180 F** 2 pers. **190/230 F** 3 pers. **240/280 F**
pers. sup. **60 F** repas **75 F**

6	8	6	8	1	8	15	13	8	

GAUGENDAU Claude – Le Petit Kerbocen – 56450 Surzur – Tél. : 97.42.00.75

Theix Le Bezit

C.M. n° 63 — Pli n° 3

♥♥ M. et Mme Le Boursicault vous accueillent dans leur métairie du XVIIe siècle à proximité du golfe du Morbihan. 2 chambres 2 pers. à l'étage avec entrée indépendante. Salle d'eau et wc privés pour chaque chambre. Salon et petite cuisine à disposition avec forfait journalier de 30 F. Jardin et salon de jardin. Anglais parlé. Gare 8 km. Commerces 2 km. Ouvert toute l'année

Prix : 2 pers. **200 F**

12	12	2	12	2	15	14	8	12	

LE BOURSICAULT Gerard – Le Bezit Village – 56450 Theix – Tél. : 97.43.13.75

Theix Le Petit Clerigo

C.M. n° 63 — Pli n° 3

♥♥ NN M. Le Gruyère vous accueille dans sa maison indépendante. 2 chambres (2 pers.) avec entrée indépendante au rez-de-chaussée. Salle d'eau et wc privés pour chaque chambre. Le séjour, le jardin et le salon de jardin sont à votre disposition. Gare 10 km. Commerces 1 km. Ouvert de mars à octobre.

Prix : 2 pers. **185 F** 3 pers. **215 F** pers. sup. **30 F**

15	15	4	4	1	20	20	10	12	

LE GRUYERE Guy – Le Petit Clerigo – 56450 Theix – Tél. : 97.43.03.66

Theix Ker-Cecile

C.M. n° 63 — Pli n° 3

♥♥♥ NN M. et Mme Kerrand vous accueillent dans leur maison indépendante. 3 chambres à l'étage avec entrée indépendante. 1 ch. 2 pers. 1 ch. 3 pers. 1 ch. 4 pers. avec s. d'eau et wc privés pour chaque chambre. Salon avec TV, jardin 2000 m², salon de jardin et barbecue sont à votre disposition Table de ping-pong et jeu de boules feront la joie des petits et grands. Gare 7 km. Commerces 1 km. Ouvert toute l'année.

Prix : 2 pers. **200/210 F** pers. sup. **50/70 F**

12	15	7	7	1	6	15	7	7	

KERRAND Alain – Ker-Cecile – 56450 Theix – Tél. : 97.43.15.73

Trehorenteuc Belle Vue

C.M. n° 63 — Pli n° 5

♥♥ NN Mme Marie Annick Jagoudel vous accueille dans sa maison indépendante, située à proximité de la forêt de Brocéliande. Au r.d.c. : 1 ch. 2 pers. avec s. d'eau et wc privés. A l'étage : 1 ch. 2 pers. avec s. d'eau et wc privés. Les petits déjeuners sont servis dans la salle à manger. Jardin à disposition avec salon de jardin. Gare 45 km. Commerces 2 km. Ouvert toute l'année.

Prix : 1 pers. **165 F** 2 pers. **190 F**

50	50	3	10	8	0,5	10	10	10	

JAGOUDEL Marie-Annick – Belle-Vue – 56430 Trehorenteuc – Tél. : 97.93.02.80

CHÂTEAUX
DE-LA-LOIRE

Pour réserver, écrire ou téléphoner :

18 - CHER
Gîtes de France
(R) 5, rue de Seraucourt
18000 BOURGES
Tél. : 48.67.01.38
Fax : 48.67.01.44

28 - EURE-ET-LOIR
Gîtes de France
19, place des Epars – B.P. 67
28002 CHARTRES Cedex
Tél. : 37.21.37.22
Fax : 37.36.36.39

36 - INDRE
Gîtes de France
1, rue Saint-Martin – B.P. 141
36003 CHÂTEAUROUX Cedex
Tél. : 54.27.58.61
Fax : 54.27.60.00

37 - INDRE-ET-LOIRE
Gîtes de France
38, rue Augustin-Fresnel – B.P. 139
(R) 37171 CHAMBRAY-LES-TOURS Cedex
Tél. : 47.27.56.10
Fax : 47.48.13.39

41 - LOIR-ET-CHER
Gîtes de France
(R) 5, rue de la Voûte-du-Château
41005 BLOIS
Tél. : 54.78.55.50
Fax : 54.74.81.79

45 - LOIRET
Gîtes de France
8, rue d'Escures
45000 ORLÉANS
Tél. : 38.62.04.88
Fax : 38.77.04.12

49 - MAINE-ET-LOIRE
Gîtes de France
Place Kennedy – B.P. 2147
49021 ANGERS Cedex 02
Tél. : 41.23.51.23
Fax : 41.23.51.26

53 - MAYENNE
Gîtes de France
(R) 19, rue de l'Ancien-Evêché – B.P. 1229
53012 LAVAL Cedex
Tél. : 43.67.37.10
Fax : 43.67.38.52

72 - SARTHE
Gîtes de France
Hôtel du Département – B.P. 171
72004 LE MANS Cedex
Tél. : 43.76.05.06

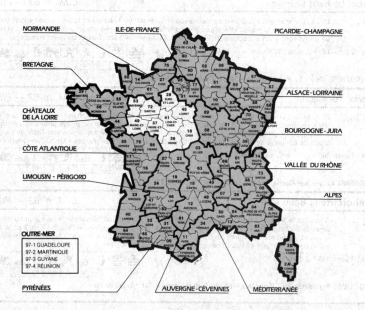

Annoix Ferme-du-Chateau-Gaillard   C.M. n° 238 — Pli n° 31

♥♥♥ NN   Chambres avec un accès indépendant aménagées dans une dépendance rénovée, sur une exploitation céréalière. 1 suite de 2 ch. 2 pers. avec salle d'eau/wc et 1 ch. 2 pers. avec salle d'eau/wc. Salle à manger/salon (TV, bibliothèque) réservée aux hôtes. Kitchenette à disposition. Grande cour gazonnée, salon de jardin. Restaurants 4 et 9 km. Gare 18 km. Anglais parlé. Ouvert toute l'année. A 1 km de la RN de Bourges, vous serez accueillis sur une exploitation agricole, à l'entrée du village d'Annoix (village vert au cœur de la champagne berrichonne).

Prix : 2 pers. **230 F** pers. sup. **90 F**

1	9	9	18	SP	18	2	18

MAZE Alain et Anita – Ferme du Chateau Gaillard – 18340 Annoix – Tél. : 48.59.66.59 – Fax : 48.59.81.52

Arcay Belair   C.M. n° 238 — Pli n° 42

♥♥   5 chambres d'hôtes aménagées dans un château du XIX° siècle entouré d'un grand parc ombragé, situé dans un hameau. 5 ch. 2 pers. avec s. de bains/wc particuliers à chaque chambre. L'une de ces 5 chambres bénéficie d'une pièce attenante pouvant loger 2 enfants et 1 autre d'un coin-salon avec cheminée. Salle de séjour. Salon. Salle de sports. TV dans chaque ch. Parking. Restaurant à 3 km. Classement 2 épis or pour les chambres. Ouvert toute l'année. Anglais et espagnol parlés. Location de VTT, circuits balisés et moniteurs.

Prix : 2 pers. **200/350 F** pers. sup. **75 F**

4	14	14	4	SP	14	14	14

MAGINIAU Roger et Claudette – Chateau de Belair – 18340 Arcay – Tél. : 48.25.36.72

Ardenais Vilotte   C.M. n° 238 — Pli n° 30

♥♥♥♥
(TH)   5 ch. d'hôtes 2 pers. dans une belle demeure du XIX°, toutes avec salle de bains/wc privés, 1 ch. attenante 2 pers. avec lavabo (suppl. 200 F). Accueil/coin détente (TV). Grand salon avec cheminée. Salle à manger, petit coin lecture sur le palier à l'étage. Ouvert du 22 juin au 29 septembre. Grand parc ombragé, roseraie, étang, ferme. Anglais parlé. Formule unique : buffet campagnard pour la table d'hôtes, sur réservation. De la terrasse qui surplombe l'étang et la campagne, partagez l'harmonie du lieu avec sa maison où vous vivrez dans l'intimité des objets. Laissez vous envahir par la magie d'un site resté intact et authentique.

Prix : 2 pers. **390 F** pers. sup. **100 F** repas **90 F**

SP	5	20	15	SP	35	30	15

CHAMPENIER Jacques et Yolande – Vilotte – 18170 Ardenais – Tél. : 48.96.04.96 – Fax : 48.96.04.96

Ardenais La Folie   C.M. n° 238 — Pli n° 30

♥♥♥ NN
(TH)   2 chambres 2 pers. avec salle de bains/wc ou salle d'eau/wc, aménagées dans une ferme du XVIII° siècle, au mileu de bâtiments de caractère, ouverte sur le bocage typique de la région, Le Boischaut. Vaste terrain et pelouse ombragée, salon de jardin. Salon avec TV et bibliothèque réservé aux hôtes. Parking couvert. Gare 18 km. Anglais parlé. Location VTT 4 km. Ouvert du 1er avril au 31 octobre et sur réservation l'hiver. A découvrir : le patrimoine, l'histoire locale et l'âme du Berry. Vous serez accueillis par Annick Jacquet qui vous aidera à trouver les loisirs de votre choix et vous indiquera quelques balades insolites. Base nautique à Sidiailles.

Prix : 2 pers. **240/260 F** pers. sup. **70 F** repas **60/80 F**

2	4	18	2	SP	40	18	20	4

JACQUET Annick – La Folie – 18170 Ardenais – Tél. : 48.96.17.59

Belleville-sur-Loire Le Crot-Pansard   C.M. n° 238 — Pli n° 20

♥♥♥   4 chambres d'hôtes de 2 pers. avec salles d'eau/wc particuliers aménagées au 1er étage d'une dépendance jouxtant la maison des propriétaires. Terrasse. Jardin. Salon de jardin. Salon avec télévision et salle à manger réservés aux hôtes. Restaurants sur place. Ouvert de Pâques au 30 novembre. Gare 15 km. Commerces sur place. Lit bébé gratuit. Location VTT. Dans cette ferme berrichonne rénovée avec le goût du beau et du confortable, tout aspire à la détente et à la chaleur familiale partagées entre amis avec Marie-Pierre, Sarah et Eloïse qui vous réservent leur meilleur accueil.

Prix : 2 pers. **240 F** pers. sup. **70 F**

SP	SP	20	SP	SP	20	SP	

LESAGE Jean-Dominique – 20 Route de Beaulieu - Le Crot Pansard – 18240 Belleville-sur-Loire – Tél. : 48.72.65.95

Berry-Bouy L'Ermitage   C.M. n° 238 — Pli n° 30

♥♥♥ NN   3 ch. aménagées dans l'aile d'une demeure de caractère et 2 ch. au 1er étage d'un ancien moulin attenant. 2 ch. 3 pers. avec s. d'eau ou s.d.b. et wc part. 1 ch. 2 pers. avec s.d.b. et wc part. 2 ch. 4 pers. avec s. d'eau et wc part. TV dans chaque chambre. Salle de séjour réservée aux hôtes. Parking. Restaurants à 3 km. Laurence et Géraud, qui dirigent une ferme de polyculture élevage à deux pas de Bourges, habitent une ravissante maison de maître. Ils ont restauré avec un goût raffiné leurs chambres d'hôtes, très confortables, calme du parc aux arbres centenaires. Ouvert toute l'année. Anglais et allemand parlés.

Prix : 2 pers. **215/235 F** pers. sup. **80 F**

SP	5	5	8	SP	8	5	8

DE LA FARGE Geraud et Laurence – L'Ermitage – 18500 Berry-Bouy – Tél. : 48.26.87.46 – Fax : 48.26.03.28

Blet

♥♥♥♥ NN 1 ch. et 2 suites au 1er étage d'un château des XVe et XVIe siècles avec grande terrasse et parc ombragé (21 ha.). 1 ch. 2 pers., 1 suite 2/3 pers et 1 suite 2/4 pers. toutes avec bains, wc, TV coul., tél. Salle de billard et petit salon réservés aux hôtes. Salle à manger pour les petits déjeuners. Salon de jardin. Restaurants sur place et 15 km. Ouvert toute l'année. Collection de voitures. Gare 15 km, commerces sur place. Anglais, espagnol parlés. Proche de Bourges, Noirlac, Sancerre, Nevers. Dans cette demeure de caractère, vous serez charmés par l'authenticité, le confort, les spacieuses salles de bains des ch. aux roses, bleue ou aux médaillons.

Prix : 2 pers. 350/400 F pers. sup. 125 F

	♿	🎿	🏊	⛵	🚶	🎣	🏇	⛵
	0,5	15	15	25	SP	35	15	25

BIBANOW Michel – Chateau de Blet – 18350 Blet – Tél. : 48.74.76.66 ou 48.74.72.02

Bue L'Esterille

E.C. NN 1 suite de 2 chambres de 2 pers. chacune avec salle de bains et wc privés, accès indépendant, aménagées dans le pavillon des propriétaires, à 3 km de Sancerre, région de vignoble. Grand terrain clos, salon de jardin. Restaurants dans le bourg sur place. Gare 16 km, commerces 3 km. Ouvert de juillet à fin septembre.

Prix : 2 pers. 200 F

♿	🎿	🏊	⛵	🚶	🎣	🏇	⛵	🚲
5	5	5	5	SP	5	8	5	5

CROUZET Roger et Bernadette – L'Esterille – 18300 Bue – Tél. : 48.54.28.37

La Celle-Conde Le Moulin

♥♥♥ NN 3 chambres toutes avec salle de bains/wc particuliers. 2 chambres 2 pers. 1 chambre 3 pers., aménagées à l'étage d'un ancien moulin du XIXe siècle restauré. Parc arboré et fleuri, traversé par une rivière. Salon de jardin. Coin-salon (TV) et salle à manger réservés aux hôtes. Restaurants à 1,5 km et 5 km. Châteaux de Lignières et de la route Jacques Coeur. Ouvert de Pâques à Toussaint, sur résa. l'hiver. Anglais, allemand, italien parlés. La pignonnerie intérieure de la roue de ce moulin entièrement restaurée, croulant sous les plantes, vous offrira une véritable oasis de repos et de verdure où nous nous ferons un plaisir de partager un pot d'accueil.

Prix : 2 pers. 350 F pers. sup. 100 F

♿	🎿	🏊	⛵	🚶	🎣	🏇	⛵
SP	5	23	10	SP	45	10	10

SOUCHON Veronique – Le Moulin – 18160 La Celle-Conde – Tél. : 48.60.02.01

La Celle-Conde Pont-Chauvet

♥♥♥ NN
(TH) 2 chambres 2 pers. avec chacune salle d'eau/wc particuliers, aménagées au 1er étage d'une ferme-auberge, dans une maison de maître du XVIIIe siècle. Salon avec TV et bibliothèque réservé aux hôtes. Terrasse, salon de jardin. Pêche et chasse à la journée et promenades en attelage sur place. Gare 25 km. Commerces 5 km. Ouvert toute l'année sauf en janvier. Dans un écrin de verdure, retrouver le cadre et le charme de la vie paysanne. Sa tradition est notre compagne de chaque jour.

Prix : 2 pers. 200/230 F pers. sup. 70 F repas 80/95 F

	♿	🎿	🏊	⛵	🚶	🎣	🏇	⛵
	3	5	25	10	SP	45	10	10

MANSSENS Alain et Elisabeth – Pont Chauvet – 18160 La Celle-Conde – Tél. : 48.60.22.19

La Chapelle-d'Angillon Les Aulnains

♥♥♥ NN
(TH) 2 ch. (2 lits 180 chacune) avec salle de bains, wc et TV au 1er étage d'une grande maison bourgeoise des XVIIIe et XIXe siècles sur une propriété solognote avec étang et rivière. Séjour, salon (TV, cheminée) à dispo. Salons de jardin. Pêche sur place toute l'année et fumage traditionnel des poissons. Gare 35 km, commerces 1 km. Ouvert toute l'année. Anglais parlé. Loc. VTT. Poss. d'accueil de chevaux (prés et boxes). Animaux acceptés tenus en laisse. Les amateurs de pêche trouveront aux Aulnains de quoi satisfaire leur passion et après une journée au grand air, ils apprécieront l'accueil, l'atmosphère et le confort de l'intérieur de Véra et son mari.

Prix : 2 pers. 300 F pers. sup. 75 F repas 90/150 F

♿	🎿	🏊	⛵	🚶	🎣	🏇	🚲
SP	1	15	1	SP	35	15	SP

KIRCHHOFF Vera – Les Aulnains – 18380 La Chapelle-d'Angillon – Tél. : 48.73.40.09 – Fax : 48.73.44.56

Charenton-Laugere La Serre

♥♥♥♥ 3 ch. d'hôtes avec terrasse, au 1er étage d'une maison des années 40, entièrement meublées art-déco. Parc. Jardin. Salon de jardin. 2 salons et salle à manger à la disposition des hôtes. 3 ch. de 2 pers. avec salle de bains/wc particuliers. Restaurants 3 km. Ouvert du 1er avril au 30 octobre ou sur réservation. Gare 15 km. Commerces 3 km. Vous trouverez un ensemble homogène de l'époque Art-Déco et contemporain. Les œuvres présentées dans cette maison peuvent quelquefois surprendre mais sont au moins toutes originales et authentiques et nous serons ravis de vous les faire découvrir devant un pot d'accueil. Anglais parlé.

Prix : 2 pers. 350/400 F pers. sup. 100 F

♿	🎿	🏊	⛵	🚶	🎣	🏇	⛵
SP	3	15	6	SP	30	4	6

MOREAU Claude et Claude – La Serre - Route de Dun – 18210 Charenton-Laugere – Tél. : 48.60.75.82

Charentonnay Les Michons

E.C. NN 1 chambre d'hôtes avec accès indépendant aménagée au rez-de-chaussée de la maison des propriétaires. 1 chambre 3 pers. avec salle d'eau/wc. Séjour avec TV à disposition. Jardin arboré, salon de jardin, portique, ping-pong. Location de vélos. Restaurants à 7 km. Gare 15 km, commerces 7 km. Ouvert toute l'année. Anglais parlé.

Prix : 2 pers. 230 F pers. sup. 70 F

♿	🎿	🏊	⛵	🚶	🎣	🏇	⛵	🚲
7	7	15	15	SP	35	7	15	SP

CHAUVEAU Daniel et Jacqueline – Les Michons – 18140 Charentonnay – Tél. : 48.72.73.92 – Fax : 48.72.70.12

Charly   *C.M. n° 238 — Pli n° 32*

Ⴘ Ⴘ Ⴘ NN   Suite aménagée à l'étage d'une maison berrichonne rénovée dans un joli petit village calme. Terrain fleuri. Salon de jardin. Coin-détente/lecture réservé aux hôtes (bibliothèque, TV, tél.). 1 chambre 3/4 pers. avec salle d'eau/wc particuliers et 1 chambre 2 pers. attenante. Ouvert toute l'année. Gare 36 km. Commerces 2 km. Anglais palé. C'était une de ces maisons berrichonnes très anciennes, nichée au cœur du village, près de son église romane. On dit que ses derniers propriétaires en sont tombés amoureux. Alors ils l'ont restauré avec tout leur cœur, leur goût de la pierre, du bois, des fleurs et leur sens de l'hospitalité.

Prix : 2 pers. 190/250 F pers. sup. 80 F

🐕	🏊	🎿	🚣	⛵	👫	🧗	🎣
SP	5	36	36	SP	36	36	

CHARPENTIER Jacques et Astrid – 3 rue du Lavoir – 18350 Charly – Tél. : 48.74.75.22

Le Chatelet Estivaux   *C.M. n° 238 — Pli n° 30*

Ⴘ Ⴘ Ⴘ Ⴘ (TH)   5 chambres d'hôtes dans une demeure de caractère au milieu d'un grand parc ombragé. 3 ch. 2 pers. et 2 ch. 3 pers. 3 d'entre elles ont une salle de bains/wc privés et 2 avec salle d'eau/wc privés, chacune, et toutes avec TV. Salle à manger. Petit salon (fumeurs avec hôtes, bibliothèque) et grand salon (non fumeurs). Restaurant 1,5 km. Parking. Etang, pêche sur place. Au cœur du Berry et au sud de la Route Jacques Coeur, à 2 heures et demi de Paris, le calme, le confort, l'accueil chaleureux. Tout un art de vivre à découvrir grâce aux ch. d'hôtes d'Estiveaux, spacieuses, calmes et raffinées. Ouvert toute l'année. Salle de jeux et remise en forme.

Prix : 2 pers. 300/500 F pers. sup. 80 F repas 150 F

🐕	🏊	🎿	🚣	⛵	👫	🧗	🏇	🎣
SP	2	25	19	SP	35	36	19	

DE FAVERGES Odette – Estiveaux – 18170 Le Chatelet – Tél. : 48.56.22.64

Coust   *C.M. n° 238 — Pli n° 31*

Ⴘ NN   1 chambre 2/3 pers. avec salle d'eau/wc, d'accès indépendant, aménagée dans un bâtiment accolé à l'habitation principale, sur une ancienne fermette berrichonne. Pelouse, salon de jardin, cour close. Salle à manger chez le propriétaire. Gare 8 km. Commerces sur place. Ouvert toute l'année. A l'entrée du village, près de la forêt de Tronçais, dans ce pays du Boischaut, vous profiterez l'été d'une pelouse fleurie et ombragée. Châteaux de la route Jacques Coeur.

Prix : 2 pers. 180 F pers. sup. 70 F

🐕	🏊	🎿	🚣	⛵	👫	🧗	🏇	🚴
SP	SP	8	8	SP	25	8	8	8

DEROUSSEN Albert et M.Therese – Route d'Ainay – 18210 Coust – Tél. : 48.63.52.32

Coust Changy   *C.M. n° 238 — Pli n° 31*

Ⴘ Ⴘ Ⴘ NN   2 chambres aménagées à l'étage d'une ancienne maison rénovée. 1 ch. 2 pers. et 1 ch. 4 pers., toutes avec salle d'eau, wc et TV. Grand jardin arboré, terrasse ensoleillée, salon de jardin. Salon/salle à manger avec cheminée et TV. Parking. Restaurants dans les environs. Gare 9 km. Commerces 1,5 km. Ouvert toute l'année. Forêt de Tronçais, pêche, baignade à proximité. Espagnol parlé. Karting 5 km. Parking fermé.

Prix : 2 pers. 220/240 F pers. sup. 70 F

🐕	🏊	🎿	🚣	⛵	👫	🧗	🏇	🚴
1,5	1,5	9	9	SP	25	8	9	9

LUC Maurice – Changy – 18210 Coust – Tél. : 48.63.54.03

Couy   *C.M. n° 238 — Pli n° 32*

Ⴘ Ⴘ NN   1 chambre d'hôtes, avec accès indépendant, aménagée au 1er étage d'une maison berrichonne simple, située dans le bourg de Couy. 1 chambre 2 pers. avec salle d'eau/wc particuliers. Salle de séjour à disposition des hôtes. Jardin, cour et pelouse fleuris et ombragés avec salon. Restaurant à 6 et 8 km. Ouvert toute l'année. Vous serez accueillis avec le sourire dans un cadre calme et agréable. L'été, vous profiterez du jardin et de la pelouse fleurie et ombragée.

Prix : 2 pers. 160 F pers. sup. 80 F

🐕	🏊	🎿	🚣	⛵	👫	🧗	🎣
8	8	8	6	SP	37	8	37

ADRIEN Lucien et Liliane – 1 Route de Sevry – 18140 Couy – Tél. : 48.72.73.94

Crezancy-en-Sancerre Manoir-de-Vauvredon   *C.M. n° 238 — Pli n° 20*

E.C. NN   3 chambres de caractère, d'accès indépendant, aménagées dans un manoir du XIIIe siècle. 1 ch. 2 pers. 2 ch. 3 pers. Salle de bains, wc et TV pour chacune. Salle à manger/salon avec cheminée réservée aux hôtes. Salon de jardin. Restaurant 4 km. Téléphone téléséjour. Gare 20 km. Ouvert du 1er mars au 5 janvier. Location de vélos. Aux portes de Sancerre, il est une bâtisse rénovée dont la grandeur des pièces, les meubles berrichons, le charme et le calme vous enchanteront.

Prix : 2 pers. 250/350 F 3 pers. 350/430 F pers. sup. 80 F

🐕	🏊	🎿	🚣	⛵	👫
5	12	12	12	SP	12

CIROTTE Raymond et Simone – Manoir de Vauvredon – 18300 Crezancy-en-Sancerre – Tél. : 48.79.00.29

Dampierre-en-Gracay   *C.M. n° 238 — Pli n° 17*

Ⴘ Ⴘ Ⴘ NN   Suite aménagée au 1er étage d'une maison berrichonne rénovée avec un beau jardin arboré et fleuri. Salon de jardin. Salon/salle à manger avec bibliothèque et TV. 1 chambre de 3 pers. avec salle d'eau/wc particuliers et 1 chambre 1 pers. attenante. Anglais parlé. Restaurant à 3 km. Ouvert de juin à mi septembre. Gare 9 km. Commerces sur place. Anglais parlé. Vous serez agréablement accueillis dans une vieille maison berrichonne restaurée avec de beaux vieux meubles. Un joli jardin à la fois ensoleillé, ombragé et fleuri vous attend pour des moments de détente dans le calme d'un tout petit village tranquille.

Prix : 2 pers. 270 F pers. sup. 70 F

🐕	🏊	🚣	👫	🧗	🎣
8	9	9	SP	9	9

THUE Lucienne – Route de Nohant – 18310 Dampierre-en-Gracay – Tél. : 48.75.43.23

Dun-sur-Auron
C.M. n° 238 — Pli n° 31

1 chambre de 2 pers. avec salle d'eau/wc particuliers, au rez-de-chaussée de la maison de la propriétaire, avec accès indépendant, dans un bourg. Grand jardin arboré et fleuri. Salon de jardin. Restaurant sur place. A proximité des châteaux de Meillant et Châteauneuf. Ouvert d'avril à fin octobre. Gare 27 km. Commerces sur place.

Prix : 2 pers. **190 F** pers. sup. **70 F**

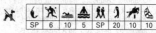

1	SP	SP	27	SP	27	30	27

CORBA Roberte – 16 rue Borderousse – 18130 Dun-sur-Auron – Tél. : 48.59.57.58

Ennordres Moulin-Laurent
C.M. n° 238 — Pli n° 18-

2 ch. d'hôtes au 1er étage d'un moulin à eau de caractère. 2 ch. 2 pers., 1 avec salle d'eau, l'autre avec salle de bains et TV, wc privés aux 2 ch. 1 ch. 1 pers. communicante avec la ch. comprenant la salle d'eau. Grande salle commune avec mezzanine. Cheminée. TV. Parc ombragé. 2 plans d'eau. Rivière. Parking. Calme absolu. Cuisine équipée à dispo. Ancien moulin au pays du Grand Meaulnes. Paisible et rénové dans son cadre verdoyant, sa faune et sa flore n'ont pas disparu. Point de départ pour randonnées dans région historique. Accueil chaleureux. Poss. barbecue, pique-nique. Ouvert toute l'année. Loc. vélos. Tir à l'arc. Practice de golf.

Prix : 1 pers. **140 F** 2 pers. **255/275 F** pers. sup. **105 F**

SP	6	10	5	SP	20	10	10

LAHALLE Daniel et Helene – Moulin Laurent - Le Gue de la Pierre – 18380 Ennordres – Tél. : 48.58.04.70

Epineuil-le-Fleuriel Le Moulin-d'Epineuil
C.M. n° 238 — Pli n° 31

NN Au pays du Grand Meaulnes, 1 chambre 2 pers. avec lavabo, douche et wc, TV, aménagée au 1er étage d'une grande bâtisse du XIXe siècle. Salle à manger à la disposition des hôtes. Grand terrain arboré, salon de jardin. Rivière sur place, forêt à proximité, restaurants à 2 et 5 km. Gare 27 km, commerces sur place. Ouvert toute l'année. Dans le village d'Alain Fournier, vous visiterez son école et ferez une halte de charme chez Mr et Mme Fayat qui exploite un moulin à grain toujours en activité.

Prix : 2 pers. **250 F**

SP	SP	18	10	SP	5	5	15	SP

FAYAT Pierre et Claude – Le Moulin d'Epineuil – 18360 Epineuil-le-Fleuriel – Tél. : 48.63.03.94

Farges-en-Septaine Augy
C.M. n° 238 — Pli n° 31

NN 1 chambre d'hôtes 2 pers. avec salle d'eau/wc particuliers dans une maison de caractère berrichon avec grand jardin arboré et fleuri. Ch. attenante avec 2 lits 1 pers. Poss. de lits suppl. Coin détente, bibliothèque et salon de jardin réservés aux hôtes. Possibilité de repas sur demande. Parking. Ouvert toute l'année. Jeux enfants et bicyclette à disposition. Barbecue, garage. A 15 km de Bourges, touristes, pèlerins, voyageurs de passage au « Coeur de la France » à la recherche du calme et de la détente, Augy vous accueille dans son coin de verdure au creux de la Champagne Berrichonne.

Prix : 2 pers. **210/250 F** pers. sup. **90 F**

5	11	11	1	SP	3	17	17

MOYSAN Claude et Odile – Augy – 18800 Farges-en-Septaine – Tél. : 48.69.13.77

Foecy Le Petit-Prieure
C.M. n° 238 — Pli n° 30

NN Aux portes de la Sologne, 1 ch. 2 pers. avec terrasse, salon privé et salle de bains/wc particuliers, au rez-de-chaussée du « Petit Prieuré », propriété d'un sculpteur. 2 ch. 2 pers. avec salle de bains/wc particuliers pour chaque chambre, au 1er étage d'une dépendance attenante, avec séjour et kitchenette. Gare 10 km. Commerces sur place. Le raffinement de la décoration, la chaleur de l'accueil et la douceur des lieux, vous apporteront détente et repos. Une étape de choix où il fera bon rester ou revenir. Ouvert toute l'année.

Prix : 2 pers. **250/300 F** pers. sup. **75/95 F**

4	6	6	25	SP	25	6	25

ALARD Claude – 7 rue de l'Eglise – 18500 Foecy – Tél. : 48.51.01.76

Fussy Le Clos
C.M. n° 238 — Pli n° 31

NN A 5 mn de Bourges, 1 chambre avec accès indépendant : 2 pers. (1 lit 160), avec salle d'eau/wc privés, au 1er étage d'une maison du XVIIIe siècle, sur une propriété d'élevage de chevaux. Salon/salle à manger réservés aux hôtes (TV, cheminée). Grand terrain clos arboré et fleuri. Salon de jardin avec transats. Salle de reliure d'art à disposition, poss. initiation. Tous loisirs et restaurants à proximité. Gare 6 km. Commerces sur place.

Prix : 2 pers. **350 F** pers. sup. **120 F**

8	SP	6	6	SP	6	5	6	6

BAY Michelle – Le Clos – 18110 Fussy – Tél. : 48.69.38.70

Gron Les Chapelles
C.M. n° 238 — Pli n° 20

NN Entre Sancerre et Bourges, 3 chambres d'accès indépendant, aménagées à l'étage d'une maison contiguë à l'habitation principale, sur une exploitation agricole. 3 ch. 2 pers., toutes avec salle de bains/wc. Terrain arboré et fleuri, salon de jardin. Séjour/salon avec TV réservé aux hôtes. Parking. Restaurant 3 km. Gare 30 km. Ouvert toute l'année. Allemand et anglais parlés. Vous apprécierez un petit déjeuner copieux dans un salon confortable ou sur la terrasse dans un agréable cadre de verdure.

Prix : 2 pers. **230 F** pers. sup. **70 F**

5	4	4	SP	30	30

MEFFERT Stephanie – Les Chapelles – 18800 Gron – Tél. : 48.68.51.49

La Groutte
C.M. n° 238 — Pli n° 31

♥♥♥ NN (TH) 2 chambres d'hôtes aménagées dans un bâtiment indépendant dans le prolongement de la ferme-auberge. 2 chambres 2 pers. avec salle de bains et wc. Salle à manger/salon réservée aux hôtes. Salon de jardin, parking et cour. Tous loisirs et restaurants à Saint-Amand-Montrond (5 km). Château d'Ainay-le-vieil. Gare et commerces 5 km. Fermé en janvier. Après un bon repas régional, vous vous endormirez dans le silence d'un petit village en rêvant, peut-être à ses vestiges gallo-romains, tel « le camp de César ».

Prix : 2 pers. **220/230 F** pers. sup. **70 F** repas **55/85 F**

0,5	5	5	25	SP	45	5	25

LE BORGNE Jean et Renee – Le Bourg – 18200 La Groutte – Tél. : 48.96.08.03

La Guerche-sur-l'Aubois Blanc-Gateau
C.M. n° 238 — Pli n° 32

♥♥ NN 1 chambre 2 pers. avec salle d'eau/wc particuliers, aménagée au 1er étage d'une ferme berrichonne de style médiéval avec accès indépendant. Salon de jardin. Salon/salle à manger à la disposition des hôtes. Restaurants à 2 et 5 km. Gare 22 km. Ouvert toute l'année. Anglais et espagnol parlés. Centre nautique de Robinson. Ferme restaurée dans le style du village médiéval d'Apremont-sur-Allier, non loin de là, vous y apprécierez un bon petit déjeuner dans un cadre calme et de verdure sur une note de musique.

Prix : 2 pers. **270 F** pers. sup. **90 F**

1	1	22	1	1	23	1

VILLETTE Daniel et Catherine – Blanc Gateau – 18150 La Guerche-sur-l'Aubois – Tél. : 48.74.03.47 – Fax : 48.74.07.21

Henrichemont Le Lac-Aux-Fees
C.M. n° 238 — Pli n° 19

♥♥♥ NN Entre Bourges et Sancerre, 2 chambres d'hôtes d'accès indépendant, aménagées dans le prolongement de l'habitation principale avec petit salon et cuisine à disposition. 1 ch. 3 pers. et 1 ch. 2/4 pers., toutes deux avec salle d'eau/wc et TV. Terrain arboré, terrasse, salon de jardin. Restaurants et commerces sur place. Gare 30 km. Village de potiers 3 km. Ouvert toute l'année. Anglais et espagnol parlés. Vous découvrirez un cadre agréable et reposant, une ferme restaurée qui à travers les siècles a su garder le charme de sa légende : « Le Lac aux Fées ».

Prix : 2 pers. **240 F** pers. sup. **60 F**

SP	SP	12	SP	SP	30	10	30

MORIN J.Claude et M.Odile – Le Lac Aux Fees – 18250 Henrichemont – Tél. : 48.26.71.23

Herry
C.M. n° 238 — Pli n° 20

♥♥♥ NN 3 chambres confortables et originales aménagées avec des meubles peints, au 1er étage d'une maison du XIXe siècle, au cœur d'un village. 3 chambres 2 pers. toutes avec salle d'eau, wc, TV et 2 coins-salon. Salle à manger/salon réservé aux hôtes. Jardin arboré, salon de jardin, terrasse. Auberge 3 km, restaurants 7 km. Gare 7 km, commerces sur place. Canal et la Loire sur place. Ouvert toute l'année. Tout est douillet et coloré chez Marie-Christine Genoud. Ses peintures au pochoir et son cocktail de fruits « maison » vous raviront les yeux et les papilles. Anglais parlé.

Prix : 2 pers. **260/290 F** pers. sup. **75 F**

SP	SP	7	7	SP	18	10	7

GENOUD Marie-Christine – 10 Place du Champ de Foire – 18140 Herry – Tél. : 48.79.59.02

Ids-Saint-Roch Les Riaux
C.M. n° 238 — Pli n° 30

♥♥♥ NN (TH) 2 chambres 2 pers. avec salle de bains/wc, aménagées au 1er étage d'une fermette berrichonne, sur une exploitation agricole. Garage. Salon avec TV réservé aux hôtes. Salon de jardin. Restaurants 3 et 8 km. Gare 21 km. Ouvert toute l'année.

Prix : 2 pers. **220/230 F** pers. sup. **60 F** repas **75 F**

3	5	21	30	SP	21	30

RADUJET Paul et Marie – Les Riaux – 18170 Ids-Saint-Roch – Tél. : 48.56.30.14 – Fax : 48.56.25.85

Ivoy-le-Pre La Redderie
C.M. n° 238 — Pli n° 19

♥♥ 3 chambres d'hôtes aménagées dans une maison située sur une exploitation agricole en pleine campagne. 1 ch. 2 pers. et 1 ch. 1 pers. attenante. Salle d'eau/wc particuliers aux chambres. Salle de séjour. Salon avec télévision à la disposition des hôtes. 1 ch. 2 pers. avec salle d'eau/wc particuliers au 1er étage d'une maison rénovée à proximité. Restaurant à 4 km. Ouvert toute l'année.

Prix : 1 pers. **115 F** 2 pers. **195/200 F**

2	4	20	5	SP	30	20	5

BARANGER Simone – La Redderie – 18380 Ivoy-le-Pre – Tél. : 48.58.90.64

Jars La Brissauderie
C.M. n° 238 — Pli n° 20

♥ 1 ch. d'hôtes aménagée dans la maison des propriétaires, située sur une exploitation agricole au calme. 1 ch. 2 pers. avec salle d'eau/wc. Salle de séjour, salon avec télévision à disposition des hôtes. Parking. Restaurant à 4 km. Ouvert toute l'année. Possibilité d'assister à la fabrication du Crottin de Chavignol et aux activités agricoles.

Prix : 2 pers. **180 F**

4	20	20	4	SP	20	10	4

JAY Philippe et Madeleine – La Brissauderie – 18260 Jars – Tél. : 48.58.70.89 – Fax : 48.58.71.76

Lapan Auberge-Lapan'Se-Gourmande
C.M. n° 238 — Pli n° 30

⚘⚘ NN 3 chambres 2 pers. et 1 chambre 3 pers. toutes avec salle d'eau, wc et TV aménagées à l'étage d'une auberge campagnarde dans un petit bourg calme, le long de la vallée du Cher. Salon de jardin. Promenades. Gare et commerces 10 km. Ouvert toute l'année.

Prix : 2 pers. 210/230 F 3 pers. 310 F pers. sup. 80 F

	⛷	🚣	⛵	👫	🎣	✈	⛰
SP	10	10	20	SP	20	20	20

CORNU Claude – Auberge de Lapan'Se Gourmande – 18340 Lapan – Tél. : 48.68.03.46

Lunery La Vergne
C.M. n° 238 — Pli n° 30

⚘⚘⚘ NN 6 chambres d'hôtes aménagées dans les anciennes dépendances d'une maison du XVIIe siècle. Terrasse. Jardin. Salon de jardin. Salon/salle à manger réservés aux hôtes. Bibliothèque. 4 chambres de 2 pers., 1 chambre 4 pers. et 1 chambre 1 pers. Toutes les chambres ont une salle d'eau particulière et télévision. Restaurants à proximité. Ouvert toute l'année. Marie Hélène et Francis Jacquier vous accueillent à la Vergne, propriété familiale du XVIIe, qui domine la vallée du Cher. Vous en apprécierez le confort, le calme et le charme. Gare 25 km. Commerces 2 km. Anglais et allemand parlés.

Prix : 1 pers. 170 F 2 pers. 220/250 F pers. sup. 90 F

	⛷	🚣	⛵	👫	🎣	✈	🚴
10	2	25	10	SP	25	10	10

JACQUIER Francis et M.Helene – La Vergne – 18400 Lunery – Tél. : 48.68.01.07

Mareuil-sur-Arnon Mesmains
C.M. n° 238 — Pli n° 30

⚘⚘⚘ Suite avec entrée indépendante installée dans une maison de caractère berrichon, sur une exploitation agricole. Séjour/salon (TV, cheminée) réservés aux hôtes. 1 ch. 2 pers. avec salle de bains/wc particuliers et 1 ch. attenante (lit 120). Parking. Tous loisirs à 15 km. Ouvert toute l'année. Nombreux châteaux. C'est un trou de verdure où chantent les blés d'or. Quand le soleil se couche, Mesmains s'y endort. Prix préférentiels pour longs séjours : 2 pers. : 865 F/semaine, 4 pers. : 1300 F/semaine.

Prix : 1 pers. 150/180 F 2 pers. 200/230 F pers. sup. 90 F

	⛷	🚣	⛵	👫	🎣	✈	⛰
3	3	15	3	SP	32	3	3

RICHEZ Marie-Francoise – Mesmains – 18290 Mareuil-sur-Arnon – Tél. : 48.69.95.12

Mehun-sur-Yevre
📎 *C.M. n° 238 — Pli n° 30*

⚘⚘⚘ NN A 15 mn de Bourges (10 km sortie A71 Vierzon est), 3 ch. d'accès indépendant dans une dépendance d'une ancienne ferme d'élevage 1900. 2 ch. 2 pers. 1 ch. 3 pers. toutes avec s. d'eau/wc privés. Salon/salle à manger réservé aux hôtes (coin-lecture, TV). Téléséjour : 48.57.02.90. Porcelaines, expositions d'art, gare, commerces et restaurants sur place. Jardin. Enclos de verdure. Salon de jardin, parking fermé. Vous trouverez dans l'ancienne cité royale du « Coeur de France », cet enclos surplombant la vallée de l'Yèvre, vous apprécierez le confort des ch. en découvrant par la décoration et le mobilier, la vie de la paysannerie berrichonne d'autrefois.

Prix : 2 pers. 250 F 3 pers. 350 F

	⛷	🚣	⛵	👫	🎣	✈	⛰	🚴
SP	SP	SP	20	SP	15	4	6	SP

COMPAGNIE-GUIDOT Jeanne – 107, avenue Jean Chatelet – 18500 Mehun-sur-Yevre – Tél. : 48.57.31.22 ou 48.57.02.90

Menetou-Salon
C.M. n° 238 — Pli n° 19

⚘⚘ 5 chambres d'hôtes situées dans un ensemble de bâtiments, en plein bourg. 1 ch. studio avec 1 lit 2 pers. + 1 lit 1 pers., cuisine, salle d'eau/wc particuliers. 2 ch. 3 pers. avec salle d'eau/wc communs. 1 ch. 2 pers. salle d'eau/wc communs. 1 ch. 2 pers. salle d'eau/wc particuliers. Ouvert toute l'année.

Prix : 2 pers. 180/220 F pers. sup. 60 F

	⛷	🚣	⛵	👫	🎣	✈	⛰
1	SP	7	9	SP	19	19	19

JOUANNIN Marguerite – Rue Franche – 18510 Menetou-Salon – Tél. : 48.64.80.85

Montigny La Reculee
🏔 📎 *C.M. n° 238 — Pli n° 19*

⚘⚘⚘ NN
(TH) 5 ch. d'hôtes avec entrée indépendant installées dans une ferme de caractère berrichon. 5 ch. 2 pers. avec salle de bains/wc ou salle d'eau/wc privées. Cuisine et salon avec cheminée à dispo. Parking. Calme. Restaurant à proximité. Au pied des collines du Sancerrois. Pas de table d'hôtes le dimanche. Poss. TV. Tél. téléséjour. Ouvert du 1er février au 1er décembre. Prêt de VTT. Vous goûterez au charme, à la paix des ch. « Liseron, Bleuet, Coquelicot, Primevère ou Bouton d'or ». Pour le repas, la détente, un salon (cheminée), meublé en ancien, s'ouvre sur le jardin où Mme Gressin sert de copieux petit déjeuner, lors des beaux jours. - 10 % à partir de 3 nuits.

Prix : 2 pers. 260 F pers. sup. 60 F repas 80 F

	⛷	🚣	⛵	👫	🎣	✈	🚴
10	10	26	26	SP	26	26	SP

GRESSIN J.Louis et Elisabeth – La Reculee – 18250 Montigny – Tél. : 48.69.59.18

Morlac
C.M. n° 238 — Pli n° 30

⚘⚘⚘ NN 2 chambres de 2 pers. chacune avec salle d'eau ou salle de bains et wc au 1er étage d'une maison de bourg dans une petite commune calme. Salon avec TV réservé aux hôtes. Séjour/salon à disposition. Jardin, salon de jardin. Restaurants à proximité. Gare 14 km, commerces 4 km. Ouvert toute l'année. Anglais parlé.

Prix : 2 pers. 230 F pers. sup. 60 F

	⛷	🚣	⛵	👫	🎣	✈	⛰
2	7	14	28	SP	46	SP	28

TABRANT Yvette et Pierre – Le Bourg – 18170 Morlac – Tél. : 48.56.24.27

Morlac La Forêtrie   C.M. n° 238 — Pli n° 30

✿✿✿ NN (TH) 5 chambres d'hôtes 2 pers. à la ferme. 1 ch. avec salle de bains/wc particuliers et balcon. 4 ch. avec salle d'eau/wc particuliers. 2 salons avec TV réservés aux hôtes. Salle de jeux. Cheminée. Salon de jardin, terrain. Etang sur place. Forêt 500 m. Produits fermiers sur place. Restaurant 3 km. Gratuit pour les enfants - 6 ans. Ouvert toute l'année. Arlette et Pierre Genty seront heureux de vous accueillir dans leur ferme typiquement berrichonne. Vous y apprécierez le confort, le calme de la campagne et la nature.

Prix : 2 pers. **210/230 F** pers. sup. **70 F** repas **80/90 F**

5	2	18	35	SP	45	10	35

GENTY Pierre et Arlette – La Forêtrie – 18170 Morlac – Tél. : 48.60.08.39

Nerondes   C.M. n° 238 — Pli n° 32

✿✿✿ NN 2 chambres 2 pers. avec salle d'eau/wc particuliers et accès indépendant aux rez-de-chaussée et 1er étage d'une maison berrichonne. Grand terrain clos gazonné, arboré et fleuri. Salon de jardin. Salon/salle à manger avec TV à la disposition des hôtes. Restaurants et commerces 1,5 km. Gare 2 km. Ouvert toute l'année.

Prix : 2 pers. **230 F** pers. sup. **80 F**

1,5	1,5	33	12	SP	10	12	12

BALDUINI Bernard et J.Marie – Route de Bourges – 18350 Nerondes – Tél. : 48.74.86.04

Neuilly-en-Dun   C.M. n° 238 — Pli n° 32

✿✿✿ NN Chambres d'hôtes avec entrée indépendante installées dans une grande maison de caractère. Salon, cheminée, TV, téléphone, salon de jardin. 1 ch. 2 pers. avec salle d'eau/wc particuliers et 1 pers. attenante ne se louant pas séparément. Grand terrain arboré, calme. Possibilité prêt de vélos. Promenades. Ouvert du 1er avril au 15 novembre. Anglais parlé. Amateurs de vieilles pierres et de calme, au milieu d'une nature agréable et agrémentée d'arbres et de fleurs, vous serez chaleureusement accueillis dans une maison très ancienne et rénovée.

Prix : 1 pers. **60 F** 2 pers. **290 F** 3 pers. **350 F**

3	11	30	10	SP	25	10	SP

LARMET Georges – Route de Chaumont – 18600 Neuilly-en-Dun – Tél. : 48.76.20.54

Neuvy-sur-Barangeon Le Bas-Guilly   C.M. n° 238 — Pli n° 18

✿✿✿ (TH) 5 ch. d'hôtes 2 pers. avec salle d'eau/wc privée dans une maison de caractère en pleine campagne. Ancienne exploitation Solognote. Salle de séjour, cheminée, salon/coin-cuisine dans une dépendance attenante. Jardin, terrain, parking. Pré. Rivière. Promenades équestres. Gîte d'étape à côté avec 8 ch. individuelles. Poss. accueil chevaux et loc. VTT sur place. Aucun souci au Bas Guilly. La pêche, les promenades à travers ces magnifiques allées solognotes à la découverte des étangs sauvages et du Barangeon, en attendant une nuit calme dans des ch. très confortables et accueillantes. Voiture indispensable. Fermé en mars. Anglais, allemand, italiens parlés.

Prix : 2 pers. **275 F** pers. sup. **100 F** repas **100/150 F**

SP	20	20	SP	SP	10	SP	30	SP

JUNES Guy et Sigi – Le Bas Guilly – 18330 Neuvy-sur-Barangeon – Tél. : 48.51.64.46

Orval La Troliere   C.M. n° 238 — Pli n° 31

✿✿✿ NN (TH) 3 chambres d'hôtes 2 pers. dans une demeure de caractère avec parc ombragé. Salle de séjour. Salon à la disposition des hôtes. Terrain. parking. Rivière à 500 m. Forêt à 4 km. 2 chambres avec salle d'eau particulière et wc communs. 1 chambre avec salle de bains particulière. Ouvert toute l'année. Anglais parlé. Halte de charme à ne pas manquer où les propriétaires vous proposent leur table d'hôtes « cuisine sentiment de saison ».

Prix : 2 pers. **260/300 F** pers. sup. **80 F** repas **100/120 F**

SP	2	3	15	SP	35	6	15

DUSSERT Regis et Marie-Claude – La Troliere – 18200 Orval – Tél. : 48.96.47.45

Osmoy Chalusse   C.M. n° 238 — Pli n° 31

✿✿✿ NN A 6 km du centre de Bourges, 1 chambre amenagée au rez-de-chaussée d'une grande maison avec beau terrain arboré et fleuri. 1 chambre 2 pers. avec salle d'eau et wc. Salle à manger/salon (TV, cheminée) à la disposition des hôtes. Terrasse, salon de jardin. Tous loisirs, distractions et restaurants à Bourges. Anglais parlé. Gare 6 km. Commerces 2 km. Ouvert toute l'année.

Prix : 2 pers. **220 F** pers. sup. **70 F**

2	6	6	6	SP	6	6	6	6

MARTINAT Genevieve et Roland – Chalusse – 18390 Osmoy – Tél. : 48.20.28.66

Presly Chateau de Prefonds   C.M. n° 238 — Pli n° 18

E.C. NN (TH) 3 chambres 2 pers. et 1 suite de 2 chambres 2 pers. toutes avec salle d'eau et wc au 1er étage d'un château du XIXe, au calme d'une propriété solognote de 100 ha. Salon avec piano et salle à manger à disposition. Terrasse avec vue sur pièce d'eau (pêche à la truite). Salons de jardin, salle de billard. Gare 38 km, commerces 6 km. Ouvert toute l'année. Possibilités : promenades guidées ou du propriétaire pour découvrir la faune, chasse à la journée, location de salles avec traiteur. Amoureux de la nature, M. Richen vous fera partager ses plaisirs en vous faisant découvrir sa propriété et apprécier les spécialités qu'il vous aura mijotées.

Prix : 2 pers. **230/250 F** pers. sup. **80 F** repas **120/150 F**

SP	10	18	10	42	15	18	10	18

RICHEN Philippe et Angelique – Chateau de Prefonds – 18380 Presly – Tél. : 48.73.42.38

Presly Le Boulay

✤✤✤
(TH)

5 chambres d'hôtes installées au 1er étage d'un bâtiment Solognot du XVIIe siècle, sur une grande propriété avec étangs. 5 ch. 2 pers. avec salle de bains/wc particuliers, prises TV et téléphone. Au rez-de-chaussée, salon avec cheminée et TV, salle à manger, vestiaires et sanitaires. Point-phone, location TV. Chasse sur place. Anglais et espagnol parlés. Ouvert toute l'année.

Prix : 2 pers. **310 F** pers. sup. **50 F** repas **130/150 F**

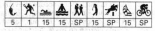

👤	🎿	🏊	⛵	🚶	👥	🎣	🐎	⛵
SP	SP	17	30	SP	10	30	30	

ROCHE Arnaud – Domaine du Boulay – 18380 Presly – Tél. : 48.58.29.15 – Fax : 48.58.07.68

Preveranges Epiranges

✤

1 chambre 2 pers. avec salle de bains/wc particuliers aménagée à l'étage d'une maison sur une exploitation agricole (élevage). Séjour à disposition des hôtes. Restaurant à 4 km. Ouvert toute l'année. Gare et commerces 15 km.

Prix : 2 pers. **140 F** pers. sup. **40 F**

👤	🎿	🏊	⛵	🚶	👥	🎣	⛵
SP	4	35	4	SP	35	15	4

CHAPELIERE Yves et Annie – Epiranges – 18370 Preveranges – Tél. : 48.56.44.66

Quantilly Puydelaire

✤✤

Ancien moulin comprenant 3 dépendances dont 1 d'entre elles est aménagée en chambre d'hôtes. 2 chambres attenantes avec chacune 2 lits 1 pers. Salle de bains/wc particuliers. Environnement agréable et calme. Ouvert de mai à septembre. Anglais parlé.

Prix : 2 pers. **180/220 F**

👤	🎿	🏊	⛵	🚶	🎣	🐎	⛵
2	1	15	15	SP	15	10	15

DEL MARMOL Guillemette – Puydelaire – 18110 Quantilly – Tél. : 48.64.63.04

Quantilly Chateau-de-Champgrand

✤✤✤✤

4 chambres d'hôtes 2 pers. installées au 2e étage d'un château du XIXe siècle avec un grand parc ombragé. Chevaux disponibles sur demande. 4 chambres avec salle de bains et wc particuliers et TV. Salon/salle à manger et kitchenette à disposition. Terrasse. Possibilité location salles avec traiteur. VTT à disposition. Ouvert toute l'année. Possibilité de séjours organisés sur réservation. Ravissante propriété nouvellement restaurée, vous y trouverez la tranquillité souhaitée au milieu d'un magnifique parc de 18 ha. Anglais parlé.

Prix : 2 pers. **350/430 F** pers. sup. **125 F**

👤	🎿	🏊	⛵	🚶	👥	🎣	🐎	⛵	🚲
5	1	15	15	SP	15	SP	15	SP	

GAZEAU Alain – Chateau de Champgrand – 18110 Quantilly – Tél. : 48.64.11.71 ou 48.24.41.00

Quincy Domaine-du-Pressoir

✤✤✤ NN
(TH)

4 chambres aménagées à l'étage d'un ancien cellier du XIXe siècle restauré et indépendant, sur une exploitation vinicole. 1 ch. 2 pers. 1 ch. 3 pers. 2 ch. 2/4 pers. Salle d'eau et wc pour chaque chambre. Vaste salle d'accueil réservée aux hôtes. Piscine privée, parc fleuri, salons de jardin, parking. Gare 15 km. Commerces 5 km. Ouvert du 1er mars à fin décembre. Exposition d'art, château Charles VII et porcelaine à 5 km.

Prix : 2 pers. **250 F** pers. sup. **80 F** repas **80 F**

👤	🎿	🏊	⛵	🚶	👥	🎣	🐎	🚲
SP	SP	SP	SP	SP	15	15	22	15

HOUSSIER Claude et Georgette – Domaine du Pressoir – 18120 Quincy – Tél. : 48.51.30.04 ou 48.51.31.13

Rians La Chaume
📟

✤✤✤ NN
(TH)

3 chambres d'hôtes situées dans le prolongement d'une maison de caractère sur une exploitation agricole. Entrée indépendante. Jardin. Séjour/salon (TV) réservés aux hôtes. 1 chambre 2 pers. 1 chambre 3 pers. (classée 2 épis). 1 chambre de 4 pers., toutes avec salle d'eau/wc particuliers. Salon de jardin, barbecue, portique. Lit bébé sur demande. Aux portes du Sancerrois, dans un cadre de verdure et de repos, nous serons heureux de vous accueillir, que vous soyez de passage ou pour plusieurs jours. Mise à disposition d'une cuisine. Ouvert toute l'année. Gare 20 km. Commerces 4 km. Anglais parlé. Tél. Téléséjour.

Prix : 1 pers. **160/180 F** 2 pers. **210/230 F** pers. sup. **80 F**
repas **70/90 F**

👤	🎿	🏊	⛵	🚶	👥	🎣	🐎	🚲
5	4	4	20	SP	20	25	20	SP

PROFFIT Yves et Odile – La Chaume - Rians – 18220 Les Aix-d'Angillon – Tél. : 48.64.41.58 – Fax : 48.64.29.71

Saint-Baudel Parassay

✤✤✤ NN

4 chambres 2 pers. toutes avec salle d'eau/wc particuliers, aménagées dans un ancien bâtiment de ferme indépendant sur une exploitation agricole. Terrain avec pelouse, salon de jardin, jeux d'enfants, portique. Salon/salle à manger (TV, cheminée) réservé aux hôtes. Nombreux châteaux à proximité. Aire de loisirs au bord de l'Arnon à 3 km. Ouvert toute l'année. Vous trouverez ici le confort, le calme et un accueil chaleureux. Gare 9 km. Commerces 2 km. En séjour, gratuité de la 7e nuit.

Prix : 2 pers. **230 F** pers. sup. **70 F**

👤	🎿	🏊	⛵	🚶	👥	🐎	⛵
3	7	24	7	SP	38	10	7

CARTERON Christophe-Beatrice – Parassay – 18160 Saint-Baudel – Tél. : 48.60.00.81 ou 48.60.14.18 – Fax : 48.60.14.18

Saint-Doulchard Varye   *C.M. n° 238 — Pli n° 30*

♥♥♥ NN   4 ch. d'hôtes aménagées aux 1er et 2e étages d'une maison de caractère, dans un environnement agréable avec parc ombragé de 5 ha., à 4 km de Bourges. 1 ch. 2 pers. 2 ch. 3 pers. 1 ch. 2 pers. + 1 lit enfant. Salle d'eau/wc ou salle de bains/wc et TV dans chaque chambre. Salle de séjour. Salon avec TV et point-phone à la disposition des hôtes. Garage. Restaurant 1 km. Anglais et espagnol parlés. Ouvert toute l'année. Terrasse couverte. Club hippique et poney club sur place. Durant les vacances scolaires, pour les enfants, possibilité de stage à la demi-journée ou à la journée avec repas.

Prix : 2 pers. **180/250 F** pers. sup. **60 F**

5	SP	1	6	SP	6	SP	6

DE GOURNAY Marie-Therese – Chateau de Varye – 18230 Saint-Doulchard – Tél. : 48.24.25.53

Saint-Eloy-de-Gy La Rongere   *C.M. n° 238 — Pli n° 30*

♥♥♥ NN   3 ch. (2 et 3 pers.) et 1 suite (2 ch. 2 pers.), toutes avec salle de bains ou salle d'eau et wc privés, aménagées dans une maison de caractère, située dans un superbe parc arboré. Lieu très calme. Salle de séjour, salon (TV, bibliothèque) à disposition. Parking. Ouvert toute l'année. Philippe et Florence Atger vous accueillent dans leur maison de famille. Des arbres centenaires et une atmosphère sympathique contribueront à votre détente. Anglais et allemand parlés.

Prix : 2 pers. **250/280 F** pers. sup. **70 F**

5	8	8	10	SP	10	8	10

ATGER Philippe et Florence – La Rongere – 18110 Saint-Eloy-de-Gy – Tél. : 48.25.41.53 – Fax : 48.25.47.31

Saint-Eloy-de-Gy La Grande-Mouline   *C.M. n° 238 — Pli n° 18*

♥♥♥ NN   2 ch. avec accès indépendant au r.d.c. d'une maison berrichonne de caractère. Vaste terrain arboré, fleuri. 1 ch. 4 pers. (mezzanine), petit salon (bain, douche, wc). 1 ch. 2/4 pers. (bains, wc). Salon avec bibliothèque. Salon/salle à manger. TV. Bicyclettes dispo. Restaurant 500 m. Ouvert toute l'année. Espagnol, anglais parlés. Terrasse, salon de jardin. Dans cette très ancienne demeure campagnarde, vous serez toujours accueillis chaleureusement. Vous vous trouverez au cœur d'une campagne riante et boisée où tout est calme et silence. L'été, vous apprécierez la fraîcheur d'une promenade en forêt, l'hiver, la chaleur d'un grand feu de cheminée.

Prix : 2 pers. **220/235 F** pers. sup. **65 F**

1	11	11	13	SP	13	11	13	SP

MALOT Jean et Chantal – La Grande Mouline - Bourgneuf – 18110 Saint-Eloy-de-Gy – Tél. : 48.25.40.44

Saint-Georges-sur-la-Pree   *C.M. n° 238 — Pli n° 17*

E.C. NN   3 chambres 2 pers., toutes avec salle de bains ou salle d'eau et wc, aménagées à l'étage d'une ancienne ferme du XVIIe siècle rénovée. Salle à manger/salon (cheminée) à la disposition des hôtes. Parking, cour, grand terrain et terrasse. Salon de jardin. Possibilité de TV dans les chambres. Vélos mis à disposition. Restaurant à 8 km. Gare 15 km, commerces 1,5 km. Ouvert toute l'année. Aux portes de la sologne, Jacqueline et Daniel Lefevre vous accueilleront dans des chambres confortables et vous feront découvrir la beauté de leur région.

Prix : 2 pers. **220/240 F** pers. sup. **60 F**

SP	1,5	15	SP	15	15	SP

LEFEVRE Jacqueline et Daniel – 10 Chemin des Menoux – 18100 Saint-Georges-sur-la-Pree – Tél. : 48.52.00.51

Saint-Germain-des-Bois Bannay   *C.M. n° 238 — Pli n° 31*

♥♥ NN   Chambres d'hôtes aménagés au 1er étage de la maison des propriétaires sur une exploitation agricole. 3 chambres de 2 pers. avec salle d'eau/wc particuliers. Salon (bibliothèque, TV) réservé aux hôtes. Ouvert toute l'année. Gare 20 km. Commerces 3 km.

Prix : 2 pers. **200 F** pers. sup. **80 F**

10	3	11	20	SP	20	20	20

CHAMBRIN Jean et Marie Jo – Bannay – 18340 Saint-Germain-des-Bois – Tél. : 48.25.31.03

Saint-Satur   *C.M. n° 238 — Pli n° 20*

♥♥♥   2 ch. d'hôtes 2 pers. avec salle d'eau particulière (1 avec wc communs), dont 1 avec entrée indépendante, aménagées dans une maison à proximité du canal. Jardin fleuri. Parking privé. Séjour/salon (TV, bibliothèque, jeux) à la disposition des hôtes. Calme. Ouvert toute l'année sauf en juillet. Restaurant et commerces sur place. Gare 15 km. Anglais parlé. M. et Mme Rosenberger-Dubreuil ont installé ces 2 chambres en souhaitant que vous y passerez un agréable séjour et en gardiez un bon souvenir. Tarif dégressif à partir de la 4e nuit.

Prix : 1 pers. **200 F** 2 pers. **250 F** pers. sup. **60 F**

SP	SP	SP	SP	SP	SP	10	SP

ROSENBERGER DUBREUIL Daniel et Huguette – 18 rue Basse des Moulins – 18300 Saint-Satur – Tél. : 48.54.05.96

Sainte-Gemme   *C.M. n° 238 — Pli n° 20*

E.C. NN   1 chambre de 2 pers. avec salle d'eau, wc et TV aménagée dans une petite maison indépendante face à celle des propriétaires. Séjour à disposition. Terrain clos arboré et fleuri, salon de jardin, garage. Gare 20 km, commerces sur place. Ouvert toute l'année. ULM 5 km. Canoë-kayak 10 km. Restaurant sur place.

Prix : 2 pers. **230 F** pers. sup. **80 F**

10	SP	10	10	SP	10	3	10	10

ROBIN Bernard et Fabienne – Le Bourg – 18240 Sainte-Gemme – Tél. : 48.79.32.46

Sainte-Gemme La P'Tite-Auberge
C.M. n° 238 — Pli n° 20

3 chambres d'hôtes à l'étage d'une ancienne maison du Sancerrois restaurée à côté d'une auberge campagnarde. Petit jardin. Salon de jardin. Coin-salon et salle à manger avec kitchenette réservés aux hôtes. 2 chambres de 2 pers. et 1 chambre de 3 pers., toutes avec salle d'eau/wc particuliers. Possibilité repas à l'auberge. Ouvert toute l'année. Anglais parlé. Gare 10 km. Commerces sur place.

Prix : 2 pers. 210 F pers. sup. 90 F

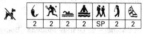

🚶	🎿	⛴	⛵	🎣	🏊	🎵	🐎
4	SP	10	10	SP	10	10	10

VENEAU Philippe et Joelle – La P'Tite Auberge – 18240 Sainte-Gemme – Tél. : 48.79.38.51

Sainte-Solange Le Couvent
C.M. n° 238 — Pli n° 19

NN 2 ch. d'hôtes dans un ancien couvent à la sortie du village. Superbe parc, piscine couverte. 1 ch. 4 pers. avec salle d'eau/wc privés. Terrasse. TV. 1 ch. 2 pers. avec salle d'eau/wc privée. Salle de séjour, salon avec TV, bibliothèque à la disposition des hôtes. Ouvert toute l'année. Anglais, espagnol parlés. Vignobles réputés. Poss. pique-nique. Prix dégressifs. Bourges 15 km. Maintenant leurs enfants partis, ils vous accueillent dans leur trop grande maison tout en couleur et en fantaisie. Vous pourrez y pique-niquer, vous baigner, jouer du piano. Bref, y passer du bon temps. Terrasse donnant sur le parc. Restaurants 3 et 12 km.

Prix : 2 pers. 200/290 F pers. sup. 75 F

🚶	🎿	⛴	⛵	🎣	🏊	🎵	🐎	🚴
SP	SP	5	15	SP	15	15	15	SP

FROGER Yves et Martine – Le Couvent – 18220 Sainte-Solange – Tél. : 48.67.43.05

Sancerre
C.M. n° 238 — Pli n° 20

NN Vieille demeure sancerroise du XVIIIᵉ siècle dans laquelle est aménagée 1 chambre de caractère 2/3 pers. avec salle d'eau, wc et TV. Classée 2ᵉ prix des maisons restaurées du Cher. Gare 10 km, commerces sur place. Ouvert toute l'année. Calme et indépendance. Petit jardin en terrasse agréable et fleuri. Sur place : vignobles, caves, visites, restaurants. Anglais parlé. Possibilité de promenade en canoë sur la Loire avec supplément. Amoureux des vieilles pierres, vous serez charmés par l'atmosphère de cette chambre « belle époque » et sous le ciel de lit en dentelle, vous rêverez aux petits déjeuners exceptionnels servis par votre hôtesse.

Prix : 2 pers. 285 F pers. sup. 60/90 F

🚶	🎿	⛴	⛵	🎣	🏊	🎵
2	2	2	2	SP	2	2

THIBAUDAT Myriam et Francois – 31 rue Saint-Andre – 18300 Sancerre – Tél. : 48.78.00.04

Santranges
C.M. n° 238 — Pli n° 20

Chambres d'hôtes dans une maison indépendante dans un petit bourg calme et agréable. Restaurant sur place avec possibilité de repas sur demande. 2 chambres 2 pers. avec salle d'eau/wc privés et 1 chambre 4 pers. avec kitchenette et salle d'eau/wc privés. Ouvert toute l'année. Gare 15 km. Commerces sur place. Anglais parlé. Entre la Sologne et le Sancerrois, vous serez accueillis dans un village légendaire où séjourna Jeanne d'Arc et où Louis XI récoltait des châtaignes.

Prix : 2 pers. 180/220 F pers. sup. 70 F

🚶	🎿	⛴	⛵	🎣	🏊	🎵	🐎
SP	9	15	15	SP	15	SP	15

BAUX Claudine – Le Bourg – 18240 Santranges – Tél. : 48.72.63.87

Saulzais-le-Potier La Truffiere
C.M. n° 238 — Pli n° 43

(TH) 2 ch. aménagées à l'étage d'une maison berrichonne restaurée. 4 ha. de terrain boisé peuplé d'animaux. Salon de jardin. Salon, TV, tél. à la disposition des hôtes. 1 chambre 2 pers. et 1 chambre 1 pers. attenante, toutes avec lavabo, douche et wc. Ouvert toute l'année. Gare 15 km. Commerces 5 km. Anglais et italien parlés. Piscine. C'est une ravissante suite meublée pour un séjour douillet toute l'année où vous serez accueillis avec délicatesse. Vous pourrez y déguster du petit déjeuner au dîner, si vous le désirez, les « petits plats » (jambon, fromage, confitures) préparés par votre hôtesse.

Prix : 2 pers. 270/300 F pers. sup. 90 F repas 90/150 F

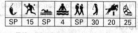

🚶	🎿	⛴	⛵	🎣	🏊	🎵	🐎	🚴
SP	15	SP	4	SP	30	20	25	

HAMMES Jacques et Eve – La Truffiere – 18360 Saulzais-le-Potier – Tél. : 48.63.04.59

Thenioux Le Petit-Nancay
C.M. n° 238 — Pli n° 17

5 chambres d'hôtes dont 2 de plain-pied, avec chacune une entrée indépendante dans d'anciens bâtiments de ferme de caractère du XVᵉ siècle. 5 ch. 2/4 pers. avec chacune salle d'eau/wc particuliers. Salle commune. 2 salons, bibliothèque à la disposition. Piscine. Restaurant sur place. Ouvert toute l'année. Anglais et allemand parlés.

Prix : 2 pers. 220 F pers. sup. 60 F

🚶	🎿	⛴	🏊	🎵	🐎
SP	SP	10	SP	10	7

BARDIOT-JOBLEAU Joel et Michele – Le Petit Nancay – 18100 Thenioux – Tél. : 48.52.01.58

Verdigny
C.M. n° 238 — Pli n° 20

4 chambres d'hôtes. 3 chambres 2 pers., 1 chambre 3 pers. avec salle d'eau/wc particuliers. Jardin, terrain, aire de jeux. Forêt à 5 km. Repas sur demande à l'auberge. Fermé pendant les fêtes de fin d'année.

Prix : 2 pers. 170/195 F pers. sup. 90 F

🚶	🎿	⛴	⛵	🎣	🏊	🎵	🐎
7	4	4	7	SP	7	6	7

PASDELOUP Jocelyne – Auberge du Vigneron – 18300 Verdigny – Tél. : 48.79.38.68

Bailleau-l'Eveque Leveville C.M. n° 60 — Pli n° 7

♥♥♥ NN
(TH)

Alt. : 200 m — Dans une grande maison de ferme 2 chambres à l'étage : 1 ch. 2 pièces contiguës (2 lits 1 pers.) chacune, salle d'eau-wc privés), 1 ch. (1 lit 2 pers.),salle de bains, wc privés, poss. 1 lit suppl. Au rez-de-chaussée : salon à dispo. exclusive des hôtes, TV. Ouvert toute l'année. Garage. Accès jardin. Grand calme et verdure. Gare 10 km, commerces 3 km. Anglais parlé. Circuits et visites organisés. Ouvert toute l'année.

Prix : 1 pers. **190/200 F** 2 pers. **230/250 F** 3 pers. **320 F** pers. sup. **70 F** repas **80 F**

	🍽	🕯	🎿	🏊	🏇	🎵
	2	3	8	8	5	15

VASSEUR Bruno et Nathalie – Avenue du Chateau - Leveville – 28300 Bailleau-l'Eveque – Tél. : 37.22.97.02 – Fax : 37.22.97.02

La Bazoche-Gouet Le Moulin C.M. n° 60 — Pli n° 16

♥♥♥ NN
(TH)

Alt. : 190 m — 1 chambre aménagée dans un logement indépendant et mitoyen avec un gîte rural dans la cour d'un moulin du XVII° siècle. Rez-de-chaussée : séjour avec TV. Téléphone en réception uniquement. Coin-cuisine, wc. Etage :1 chambre avec 1 lit 2 pers., salle de bains, wc. Nombreux loisirs sur place. Commerces sur place. Ouvert toute l'année.

Prix : 1 pers. **200 F** 2 pers. **230 F** repas **75 F**

	🍽	🕯	🎿	🏊	🏇	🚵	🎵
	SP	SP	SP	15	8	SP	15

COURMARIE Marie-Claude – 3 rue des Moulins – 28330 La Bazoche-Gouet – Tél. : 37.49.26.76

Berou-la-Mulotiere C.M. n° 60 — Pli n° 6

♥♥♥

1 chambre d'hôtes dans bâtiment de ferme avec entrée indépendante comprenant au-rez-de-chaussée : petit séjour avec convertible, coin cuisine, TV. A l'étage : 1 ch. 2 pers. avec salle d'eau et wc particuliers. Téléphone récepteur : 37.48.36.64. Ouvert toute l'année. Commerces 3 km. Gare 10 km.

Prix : 1 pers. **190 F** 2 pers. **250 F** 3 pers. **315 F**

	🍽	🕯	🎿	🏊	🏇	🚵	🎵
	5	0,5	SP	10	3	SP	12

LANGLOIS Roland – Ferme de Nuisement – 28270 Berou-la-Mulotiere – Tél. : 37.48.27.25 ou 37.48.25.97 – Fax : 37.48.35.63

Blevy C.M. n° 60

♥♥♥ NN
(TH)

Alt. : 200 m — Dans un petit bourg, Daguy et Roger vous accueilleront dans leurs chambres d'hôtes à l'étage de leur fermette percheronne rénovée (1 lit 2 pers. chacune), réfrigérateur, TV. Possibilité petites chambres d'appoint (lit 120 ou convertible), salle de bains/wc privatifs. Chauffage central. Cour intérieure fleurie, coin pelouse. Gare 20 km. Commerces 8 km. Ouvert toute l'année. Anglais et allemand parlés. Circuits et visites organisés.

Prix : 1 pers. **270 F** 2 pers. **300 F** pers. sup. **150 F** repas **65 F**

🍽	🕯	🎿	🏊	🏇	🎵
8	10	SP	8	10	6

PARMENTIER Roger – 2 rue des Champarts – 28170 Blevy – Tél. : 37.48.01.21 – Fax : 37.48.01.21

Boullay-Thierry C.M. n° 60 — Pli n° 7

E.C. NN

Alt. : 160 m — Dans coquet village, Marie-Christine a aménagée une chambre au rez-de-chaussée dans une ancienne fermette du XVIII° siècle, avec entrée indépendante (1 lit 2 pers.), TV, salle d'eau. Espace vert arboré avec tennis. Barbecue, jeux enfants. Gare et commerces 10 km. Ouvert toute l'année. Anglais et allemand parlés.

Prix : 1 pers. **200 F** 2 pers. **240 F**

🍽	🎿	🏊	🏇	🎵
6	SP	9	10	15

ROBIN Marie-Christine – 7 rue des Minieres – 28210 Boullay-Thierry – Tél. : 37.38.36.77

La Bourdiniere-Saint-Loup Le Temple C.M. n° 60

♥♥♥ NN
(TH)

Marcel et Marguerite vous accueillent dans 5 chambres d'hôtes (poss. 3 pers./ch.) aménagées au rez-de-chaussée de leur maison, en bordure de la RN10. Entrées indépendantes, salles d'eau et wc privatifs. Salle de séjour, canapé, TV et cuisine à disposition exclusive des hôtes. Chauffage électrique. Parking privé clos avec pelouse, salon de jardin, balançoires. A 4 km A11. Sortie Thivars direction Tours. Table d'hôtes le soir sur réservation. Gare 15 km. Commerces 6 km. Ouvert toute l'année.

Prix : 1 pers. **160 F** 2 pers. **190 F** 3 pers. **230 F** repas **65 F**

🍽	🎿	🏊	🏇	🚣	🚵	🎵
0,3	12	15	12	12	15	25

GUIARD Marcel et Marguerite – Le Temple - 3 Route Nationale 10 – 28360 La Bourdiniere-Saint-Loup – Tél. : 37.26.61.90

Boutigny-sur-Opton La Musse C.M. n° 60 — Pli n° 8

♥♥♥
(TH)

1 chambre d'hôtes dans la maison des propriétaires, située à l'étage. (1 lit 2 pers. 1 lit 1 pers.). Salle d'eau et wc particuliers. Possibilité lit enfant 30 F, (si usage des 2 lits pour 2 pers. supplément de 30 F). A proximité « gîte de séjour » avec 3 grandes chambres ayant salle d'eau et wc privatifs. Circuits, visites organisés. Ouvert toute l'année. Gare 8 km. Commerces 4 km.

Prix : 1 pers. **170 F** 2 pers. **220 F** 3 pers. **300 F** repas **65 F**

	🍽	🕯	🎿	🏊	🏇	🚣	🚵	🚴	🎵
	3	9	8	11	6	18	9	10	16

MARECHAL Serge et Jeanne-Marie – « La Musse » - 11, rue des Tourelles – 28410 Boutigny-Prouais – Tél. : 37.65.18.74

Brou
C.M. n° 60

♥♥ NN
Dans un petit chef lieu de canton, 1 ch. d'hôtes aménagée à l'étage d'une superbe maison. 1 lit 2 pers., bibliothèque, salle de bains et wc privés. Ensemble décoré avec beaucoup de soin par Réjane, la propriétaire. Petit déjeuner pris dans la salle à manger ou dans le jardin d'agrément ou dans le jardin d'hiver. Chauffage central. Gare et commerces sur place. Ouvert toute l'année. Base nautique de loisirs 1,5 km.

Prix : 1 pers. **230 F** 2 pers. **260 F** 3 pers. **330 F**

SP	1	1	1	1	1	1	1	1	1

RAIMBERT Rejane – 6 avenue du General Leclerc – 28160 Brou – Tél. : 37.47.16.40 ou 37.47.02.38

Bu
C.M. n° 60 — Pli n° 8

♥♥♥ NN
(A)
Christian et Anne-Marie vous proposent 3 chambres à l'étage, dans le cadre de leur base d'attelages. Entrée indépendante. 1 ch. (1 lit 2 pers.), salle d'eau et wc privés. 1 ch. (3 lits 1 pers.), salle d'eau et wc privés. 1 ch. (1 lit 2 pers.), salle d'eau et wc privés. Poss. couchage supplémentaire 2 pers. en mezzanine. Possibilité promenade en calèche. Gare 3 km. Commerces sur place. Ouvert toute l'année. Anglais parlé.

Prix : 1 pers. **160 F** 2 pers. **200 F** pers. sup. **70 F** repas **59 F**

SP	8	SP	12	SP	10	8	SP	12

BARBOT Christian et A.Marie – L'Avaloir - 8 rue Saint-Antoine – 28410 Bu – Tél. : 37.82.13.85

Champrond-en-Gatine
C.M. n° 60 — Pli n° 6

♥♥ (TH)
3 chambres d'hôtes aménagées à l'étage d'une maison dans un petit bourg. 2 chambres (1 lit 2 pers.), 1 chambre (2 lits 1 pers.). Salle d'eau pour chaque chambre, 2 wc communs à l'usage exclusif des hôtes. Chauffage central. Jardin d'agrément. Balançoires. Coin-lecture. Jeux d'enfants. Ouvert toute l'année. Commerces sur place. Circuits et visites organisés.

Prix : 1 pers. **170 F** 2 pers. **200 F** 3 pers. **250 F** repas **65 F**

SP	SP	SP	15	SP	2,5	20	SP	25

MICHEL Pierre et Michelle – 10 rue des Rosiers – 28240 Champrond-en-Gatine – Tél. : 37.49.80.36

Chateaudun
C.M. n° 60 — Pli n° 17

♥♥ (TH)
2 chambres d'hôtes dans un petit village avec entrée indépendante. 1 chambre (2 lits 1 pers.), petite chambre attenante avec lit 120. Salle d'eau. 1 chambre (1 lit 2 pers.), petite chambre attenante avec lit 1 pers. Salle d'eau. 2 wc. Petite cuisine à disposition des hôtes. Possibilité lit bébé et lit suppl. 1/2 pension sur la base de 2 pers. Ouvert toute l'année. Anglais parlé.

Prix : 1 pers. **145 F** 2 pers. **170 F** 3 pers. **230 F** repas **55 F**
1/2 pens. **280 F**

5	4	5	5	5	5	10

ALLEZY Monique – 8 rue de l'Etoile - Crepainville – 28200 Chateaudun – Tél. : 37.45.37.44

Chateauneuf-en-Thymerais
C.M. n° 60 — Pli n° 7

♥♥ (TH)
Dans une maison située dans le bourg, 1 ch. de 2 pers., + lit bébé + lit cage, avec salle d'eau particulière. Salon avec TV. Jardin avec salon, parking. Randonnées sur place. Ouvert toute l'année.

Prix : 1 pers. **150 F** 2 pers. **170 F** 3 pers. **230 F** repas **65 F**

SP	7	0,5	0,5	4	25	SP	3

VILTROUVE Lucette – 1 Bis rue de la Lune – 28170 Chateauneuf-en-Thymerais – Tél. : 37.51.82.26

Chateauneuf-en-Thymerais
C.M. n° 60 — Pli n° 7

♥♥ (TH)
1 chambre à l'étage dans une maison récente en bordure d'une petite ville et à 150 m d'une forêt domaniale. 1 lit 2 pers. et lavabo. Salle de bains et wc particuliers. Garage. Table d'hôtes le soir sur demande. Ouvert toute l'année. Commerces sur place.

Prix : 1 pers. **160 F** 2 pers. **180 F** repas **70 F**

0,5	0,5	0,5	4	SP	3

BREARD Genevieve – 8 Residence Chene de Lorette – 28170 Chateauneuf-en-Thymerais – Tél. : 37.51.80.59

Chauffours
C.M. n° 60 — Pli n° 17

♥♥♥ NN
Dans une cour de ferme, 2 ch. aménagées dans petites maisons indépendantes avec pour l'une au r.d.c. un grand séjour (convertible, cheminée, TV). Kitchenette. A l'étage : une grande chambre (1 lit 2 pers. 2 lits 1 pers.). Salle d'eau/wc. Ch. central. Garage. Pour l'autre : 1 lit 2 pers., salle de bains, wc, bon confort avec canapé, chauffage électrique. Chambre confortable avec possibilité cuisine. Convient pour petits séjours (si usage 2 lits 2 pers., supplément de 30 F). A 10 km de Chartres. Ouvert toute l'année. Gare 4 km. Commerces 3 km.

Prix : 1 pers. **180 F** 2 pers. **240 F** 3 pers. **300 F**

3	3	12	12	3	

HASQUENOPH Denis – 3, rue des Gemeaux – 28120 Chauffours – Tél. : 37.26.89.15 – Fax : 37.26.81.65

Cloyes Ferme-du-Carrefour
C.M. n° 60 — Pli n° 17

♥♥♥ NN
Dans un hameau, au milieu des champs, Odile et Dominique vous proposent 3 ch. confortables dans leur ferme située à 1 km du chef lieu du canton. 1 ch. (1 lit 2 pers.), salle d'eau et wc privés. 1 ch. (1 lit 2 pers.) + 1 petite ch. attenante (1 lit 1 pers.), salle d'eau et wc privés. 1 ch. (2 lits jumeaux, et lit suppl. 1 pers.), salle d'eau et wc privés. Séjour/salle à manger avec TV couleur à disposition des hôtes. Terrasse, parking, ping-pong. Gare et commerces 1 km. Ouvert toute l'année.

Prix : 1 pers. **180 F** 2 pers. **220 F** 3 pers. **270 F**

1	1	1	10	10	2	2	14	10

CLICHY Dominique et Odile – Ferme du Carrefour – 28220 Cloyes – Tél. : 37.98.53.10

Conie-Molitard La Basse-Cour   *C.M. nº 60 — Pli nº 7*

❦❦ (TH) Dans un hameau, 3 chambres aménagées dans une habitation de ferme. 1 chambre (1 lit 2 pers.) et lavabo. 1 chambre 2 lits et lavabo. 1 chambre de style ancien (1 lit 2 pers. + 1 lit enfant), lavabo. 2 wc, salle de bains et salle d'eau à disposition des hôtes. Salle à manger avec coin-salon. Ouvert toute l'année. Gare et commerces 8 km. En bordure de la petite rivière « la Conie », un havre de repos en pleine campagne. Confort des chambres.

Prix : 1 pers. **145 F** 2 pers. **180 F** repas **60 F**

	101	♿	🎿	🏊	🏇	⛵
	8	SP	8	8	8	SP

MELLET Renee – 1 rue du Haut Perreux - « La Basse Cour » – 28200 Conie-Molitard – Tél. : 37.96.10.52 ou 37.45.66.46

Ecrosnes Chateau de Jonvilliers    *C.M. nº 60 — Pli nº 8*

E.C. NN Alt. : 180 m — Richard et Virginie vous accueillent dans une demeure de caractère datant du 18ᵉ, au milieu d'un parc ombragé, bordé d'un bois. 5 ch. d'hôtes aménagées au 2ᵉ étage : 3 ch. Gallardon, Maintenon, Dreux, avec chacune 1 grand lit (160x200), 1 ch. Châteaudun (2 lits. 1 pers.) 1 ch. Chartres (1 lit 2 pers. 1 lit 1 pers.). Dans chaque ch. lavabo, douche et wc. Commerces 5 km. Ouvert toute l'année. Anglais parlé. Courrier électronique : E-mail 100621, 2705.

Prix : 1 pers. **250 F** 2 pers. **280/330 F** 3 pers. **390 F**

	101	♿	🏊	🏇	⛵	♫
	5	5	5	3	5	10

THOMPSON Richard et Virginie – 17 rue d'Epernon - Jonvilliers – 28320 Ecrosnes – Tél. : 37.31.41.26 – Fax : 37.31.56.74

Faverolles La Cour-Beaudeval   *C.M. nº 60 — Pli nº 8*

❦❦❦ Alt. : 150 m — 2 chambres de charme aménagées dans une maison ancienne de caractère (XVIIIᵉ siècle), en bordure d'un petit bourg. Chambres à colombages à l'étage. 1 chambre (1 lit 2 pers.), salle de bains et TV. 1 chambre (1 lit 2 pers. 1 lit 1 pers.), salle de bains. WC communs aux 2 chambres. Salon commun avec TV et cheminée. Cour fermée. Ouvert toute l'année. Gare 15 km. Commerces 500 m. Anglais parlé. Ces 2 chambres offrent le charme d'une vieille demeure. Ameublement soigné. A proximité de la région parisienne (Rambouillet, Versailles.....).

Prix : 1 pers. **300 F** 2 pers. **350 F** 3 pers. **400 F**

	101	♿	🎿	🏊	🏇	⛵	🚴	♫
	SP	7	SP	6	4	18	18	SP	14

LOTHON J.C. et Mireille – 4 rue des Fontaines – 28210 Faverolles – Tél. : 37.51.47.67

La Ferte-Vidame La Motte   *C.M. nº 60 — Pli nº 6*

❦❦❦❦ NN (TH) Aux confins de la Normandie et du Perche, le charme d'une demeure du XIXᵉ siècle où l'ont vous réservera un accueil chaleureux. 2 chambres 2 pers. avec salle de bains/wc privée. Jardin d'hiver avec TV. Accès bibliothèque. Sur place golf 3 trous. Location de vélos. Parc, jogging. Accueil chevaux. Table d'hôtes le soir. Ouvert toute l'année. Gare 12 km, commerces 1 km. Anglais parlé et notions d'allemand.

Prix : 1 pers. **340/440 F** 2 pers. **380/480 F** repas **80 F**

	101	♿	🎿	🏊	🏇	♫
	1	2	2	SP	12	10

JALLOT Jean-Pierre et Anne – La Motte – 28340 La Ferte-Vidame – Tél. : 37.37.51.69 – Fax : 37.37.51.56

Germainville    *C.M. nº 60 — Pli nº 7*

❦❦ NN (TH) Dans un village, habitation de ferme. 3 chambres : 2 chambres 2 pers. au rez-de-chaussée (2 épis). 1 chambre 3 pers. Poss. lit suppl. (3 épis). Entrées indépendantes. Sanitaires particuliers à chaque chambre. Salle de séjour avec coin-cuisine à usage exclusif des locataires. Prise TV. Salon de jardin. Lave-linge. Parking. Table d'hôtes sur réservation. Ouvert toute l'année. Gare 3 km. plan d'accès sur circuits vélos. Visite ferme à thèmes : 1 à 6 pers. 120 F.

Prix : 1 pers. **140/160 F** 2 pers. **200/240 F** 3 pers. **280 F** pers. sup. **50 F** repas **65 F**

	101	♿	🎿	🏊	🏇	⛵	🚴	♫
	3	6	10	12	6	6	SP	15

PRUNIER Bernard et Therese – 4 rue des Marsauceux – 28500 Germainville – Tél. : 37.43.72.77 – Fax : 37.43.22.23

Illiers-Combray La Patriere   *C.M. nº 60 — Pli nº 17*

❦❦❦ NN (A) Alt. : 150 m — Simone et Robert mettent à votre disposition une chambre d'hôtes en r.d.c. de leur grande maison située dans un hameau (bourg 3 km) : 1 lit 2 pers., petit salon (TV couleur, bibliothèque, canapé), salle d'eau, salle de bains et wc privatifs. Grand espace arboré. Parking. Possibilité lit enfant. Ouvert toute l'année. Gare et commerces 2 km. Table d'hôtes le soir sur réservation. Circuits organisés.

Prix : 1 pers. **200 F** 2 pers. **240 F** pers. sup. **70 F** repas **65 F**

	101	♿	🎿	🏊	🏇	⛵	🚴	♫
	0,8	3	3	1	12	14	14	2	14

DUBREUIL Robert et Simone – La Patriere – 28120 Illiers-Combray – Tél. : 37.24.05.46

Loigny-la-Bataille   *C.M. nº 60 — Pli nº 18*

❦❦ (TH) 2 chambres d'hôtes aménagées dans une maison située au cœur du village, sur une exploitation agricole. 2 ch. 3 pers. avec chacune lavabo. Salle d'eau indépendante. Jardin, parking fermé. Salle commune avec TV. Chauffage central. Ouvert toute l'année.

Prix : 1 pers. **120 F** 2 pers. **150 F** 3 pers. **200 F** repas **42 F**

	101	♿	🎿	🏊	🏇	⛵	🚴
	6	18	6	12	34	20	SP

MARTIN Robert et Solange – 8 rue Chanzy – 28140 Loigny-la-Bataille – Tél. : 37.99.70.71

Luisant
C.M. n° 60 — Pli n° 7

✠✠✠ Dans un pavillon, vallée de l'Eure, 2 chambres à l'étage : 1 chambre (1 lit 2 pers. + lit supplémentaire). 1 chambre (2 lits 1 pers. + 1 lit supplémentaire). Salle d'eau, wc particuliers attenants à chaque ch. Cadre agréable. Jardin avec salon. Etang et rivière à proximité. Ouvert toute l'année. Gare 3 km. Commerces 1 km. Notions d'anglais.

Prix : 1 pers. **160 F** 2 pers. **230 F** pers. sup. **80 F**

🐕	🍽️	🕯️	🎿	🛶	🚣	🦅	⛷️	⛵	🚴	🎣
	2	0,4	0,6	2	0,4	3	8	1	25	

FLEURY Michele – 38 rue Pasteur – 28600 Luisant – Tél. : 37.34.74.88

La Manceliere La Musardiere
C.M. n° 60

E.C. NN Belle propriété comprenant salon avec cheminée, TV coul. 3 ch. indépendantes donnant sur terrasse (1 lit 2 pers.), salle de bains et wc dans chacune. Ouvert de Pâques à la Toussaint. Dans un parc de verdure de 1 ha, calme et fleuri, situé aux confins de la Normandie et du Perche. Sites historiques.

Prix : 1 pers. **260 F** 2 pers. **300 F**

🐕	🍽️	🕯️	🛶	🦅	🚴	🎣
	8	5	12	8	8	4

SCHAFFNER-ORVOEN Renee et Wilhelm – Montmureau - La Musardiere – 28270 La Manceliere – Tél. : 34.48.43.07 ou 37.48.39.09

Montlandon
C.M. n° 60 — Pli n° 16

✠✠✠ NN
(TH) Alt. : 280 m — 2 ch. d'hôtes dans une maison confortable et récente, aux abords du village. R.d.c. : 1 ch. (1 lit 2 pers.), salle de bains et wc privés. 1er étage : 1 ch. (1 lit 2 pers., possibilité lit suppl.), salle d'eau et wc privés. Grand jardin avec joli panorama. Parking. Dîner sur réservation. Ouvert toute l'année. Gare et commerces 10 km. A proximité de la RN 23, entre Chartres et Nogent-le-Rotrou. Circuits et visites organisés.

Prix : 1 pers. **165/180 F** 2 pers. **175/195 F** repas **55 F**

🐕	🍽️	🕯️	🎿	🛶	🦅	⛷️	🎣
	SP	4	4	10	4	18	20

GALLET Gerard et Suzanne – 7 rue de la Tour – 28240 Montlandon – Tél. : 37.49.81.06

Montlandon
C.M. n° 60 — Pli n° 16

E.C. NN
(TH) Alt. : 200 m — Dans ancien relais poste XVIe, en bordure de la N 23, Alain et Martial proposent dépaysement dans 2 chambres d'hôtes (à l'étage) meublées et décorées dans XVI et XVIIIe. Chaque chambre dispose de 1 lit 2 pers., sanitaires, TV, magnétoscope, satellite, hi-fi. Au rez-de-chaussée, salon meublé Empire avec piano. Bibliothèque. Vin compris dans le prix table d'hôtes. Promenades à cheval. Gare 10 km. Commerces sur place. Ouvert toute l'année. Anglais et allemand parlés. Auberge à proximité.

Prix : 1 pers. **200 F** 2 pers. **330 F** repas **70 F**

🐕	🍽️	🕯️	🎿	🛶	🦅
	SP	4	4	10	4	20

M. SIQUOIR Alain M. BOENS Martial – 22 rue de Beauce – 28240 Montlandon – Tél. : 37.49.89.11 ou 37.37.30.56

Morancez
C.M. n° 60 — Pli n° 18

✠✠ NN Catherine et Richard vous proposent 1 chambre d'hôtes à l'étage de leur pavillon, en périphérie de Chartres, dans un endroit calme avec pelouse et arbres. 1 lit 2 pers., salle de bains et wc privés. Nombreux loisirs à proximité. Gare 6 km. Commerces 2 km. Ouvert toute l'année. Anglais parlé.

Prix : 1 pers. **160 F** 2 pers. **220 F**

🍽️	🕯️	🎿	🛶	🦅	⛷️	⛵	🎣
1,5	1	1	3	1	1	10	10

HUET Richard et Catherine – 139 Bis rue de Chartres – 28630 Morancez – Tél. : 37.34.57.04

Nogent-le-Phaye Chartres
C.M. n° 60 — Pli n° 8

✠ NN 5 chambres d'hôtes aménagées au second étage d'une grande maison : 3 chambres avec cabinet de toilette chacune, 2 chambres avec lavabo chacune, dont 4 chambres (1 lit 2 pers.) et 1 chambre (2 lits 1 pers.). Sur le palier une petite salle de bains. WC et douche indépendants communs aux chambres. Au rez-de-chaussée : salle à manger, TV. WC. A proximité de Chartres dans le cadre d'un petit parc calme. Gare 8 km. Commerces sur place.

Prix : 1 pers. **140 F** 2 pers. **190/220 F**

🐕	🍽️	🕯️	🎿	🛶	🦅	⛷️	⛵	🎣
	SP	7	SP	7	3	7	18	14

LEGRAND-LEBOUCQ Annick – 1, rue de Chartres – 28630 Nogent-le-Phaye – Tél. : 37.31.68.09 ou 37.25.73.24

Nogent-le-Rotrou L'Aulnaie
C.M. n° 60 — Pli n° 15

✠✠✠ NN
(TH) 2 chambres d'hôtes aménagées dans un château avec magnifique parc, à proximité d'une petite ville. 1 ch. 2 pers. 1 ch. 3 pers. Salle de bains, salle d'eau et wc privés. Possibilité location gîtes. Grand choix de restaurants 1 km. Gare 1 km. Commerces 500 m. Ouvert toute l'année. Anglais parlé.

Prix : 1 pers. **200 F** 2 pers. **250/300 F** 3 pers. **350 F** repas **80 F**

🐕	🍽️	🕯️	🎿	🛶	🦅	⛷️	⛵	🚴	🎣
	1	SP	1	1	7	1	3	1	10

DUMAS Henri et Marthe – L'Aulnaie - Route d'Alencon – 28400 Nogent-le-Rotrou – Tél. : 37.52.02.11

Orgeres-en-Beauce
C.M. n° 60 — Pli n° 18

✠✠
(TH) 6 chambres d'hôtes : 1 chambre 1 pers. 5 chambres 2 pers. 2 salles de bains. 4 wc avec lavabo. Douche. Jardin. Salle de gymnastique, sauna sur place. Rivière à 3 km. Ouvert toute l'année. Gare 12 km. Commerces sur place.

Prix : 1 pers. **160 F** 2 pers. **210 F** repas **70 F**

🍽️	🕯️	🎿	🛶	🦅
SP	25	SP	15	SP

DARGERES Micheline – 6 rue Henri Dunant – 28140 Orgeres-en-Beauce – Tél. : 37.99.74.27

Oysonville

C'est un petit pavillon situé à la sortie du bourg. A l'étage, 1 chambre (1 lit 2 pers.), salle d'eau et wc particuliers. Parking. Sortie autoroute A10 « Allainville » à 8 km. La Chambre se trouve à gauche, à la sortie du village en direction d'Angerville. Ouvert toute l'année.

Prix : 1 pers. **120 F** 2 pers. **140 F**

🍴	👤	🏃	🏊	🐴
SP	20	SP	10	20

POISSON Lucien et M.Andree – 8 avenue des Acacias – 28700 Oysonville – Tél. : 37.24.67.11

Pre-Saint-Martin Le Carcottage-Beauceron

TH

4 chambres d'hôtes aménagées avec goût à l'étage d'une ferme beauceronne du XVII° et début XX° siècle. 1 ch. 2 pers. 1 ch. 3 pers. et 2 ch. 4 pers. Toutes avec salle d'eau et wc. Salon avec TV, cheminée et bibliothèque. Chauffage central. Jardin d'agrément. Possibilité lits d'appoint. Ouvert toute l'année sauf novembre. Gare 8 km. Anglais parlé. Garage, grande cour. Accueil convivial, 4 chambres spacieuses et confortables meublées ancien vous assurent le calme entre Paris et les châteaux de la Loire. A 15 km de la N10, sortie Thivars A11. Repas tout compris. ULM 1 km. Balançoires, VTT, jeux enfants. Circuits, visites organisés.

Prix : 1 pers. **215 F** 2 pers. **235 F** 3 pers. **305 F** repas **95 F**

🍴	👤	🏃	🏊	🚣	⛷	🚲	🎾	🎣
8	8	4	8	7	8	25	SP	25

VIOLETTE Jean-Baptiste – 8 rue Saint-Martin - Le Carcottage Beauceron – 28800 Pre-Saint-Martin – Tél. : 37.47.27.21

Romilly-sur-Aigre La Touche

TH

A Romilly-sur-Aigre, village dont Emile Zola s'inspira pour écrire son livre « La Terre », chambre d'hôtes à la ferme, de plain-pied (18 m²) avec entrée indépendante. 1 lit 2 pers., 1 lit 1 pers. et 1 lit d'appoint. Salle d'eau à l'usage exclusif des hôtes avec wc. Chauffage central. Cour gazonnée et fermée. Gare et commerces 5 km. Ouvert toute l'année. 10 % de réduction à partir de la 3° nuit. Table d'hôtes le soir sur demande (vin compris). Possibilité pique-nique.

Prix : 1 pers. **150 F** 2 pers. **200 F** 3 pers. **250 F** repas **70 F**

🐕	🍴	👤	🏃	🏊	🚣	⛷	🎣
	5	5	5	15	15	5	20

BOURDON Rene et Kristine – La Touche – 28220 Romilly-sur-Aigre – Tél. : 37.98.30.48

Saint-Denis-les-Ponts Moulin-de-Vouvray

4 chambres d'hôtes aménagées à l'étage d'un moulin (site exceptionnel), à 3 km du bourg. 4 ch. 3 pers. avec lavabo et bidet pour chacune. Salle de bains et wc communs. Pièce de séjour au rez-de-chaussée. Jardin, parking à la disposition des hôtes. Ouvert du 1er juillet au 15 septembre. Gare 5 km. Commerces 3 km. Anglais parlé.

Prix : 1 pers. **130 F** 2 pers. **195 F** 3 pers. **245 F**

🍴	👤	🏃	🏊	⛷	🚲	🎣
5	3	5	4	6	5	40

MICHAU Yves – Moulin de Vouvray – 28200 Saint-Denis-Les Ponts – Tél. : 37.45.22.07

Saint-Eliph L'Auberdiere

Dans habitation de ferme, 3 chambres aménagées à l'étage. Chaque chambre dispose d'un lit 2 pers. (1 possède en + 1 lit 1 pers.) et de sa salle d'eau particulière. WC communs aux 3 chambres. Coin-salon avec TV et lecture. Salle d'accueil au rez-de-chaussée. Téléphone en service restreint. Ouvert toute l'année. Anglais parlé. Dans la région « Perche », les chambres offrent un environnement tranquille. Base de loisirs à 5 km. Gare et commerces 2 km.

Prix : 1 pers. **170 F** 2 pers. **190 F** 3 pers. **230 F**

🍴	👤	🏃	🏊	⛷	🚲
1	0,6	0,6	2	6	5

BOUDET Jean-Pierre – L'Auberdiere – 28240 Saint-Eliph – Tél. : 37.81.10.46

Saint-Georges-sur-Eure Berneuse

1 chambre d'hôtes de plain-pied dans une maison comtemporaine située dans un hameau, en bordure de rivière. 1 lit 2 pers. (possibilité chambre complémentaire), salle de bains et wc privés. Terrasse intégrée. Beau parc arboré. Gare 3 km. Commerces 1 km. Ouvert d'avril à novembre. Anglais, italien et espagnol parlés.

Prix : 1 pers. **250 F** 2 pers. **280 F** 3 pers. **350 F**

🏃	🍴	👤	🏃	🏊	🚣	🚲
1	SP	1	5	1	SP	SP

VARRIALE Lucien et Marie-Laurence – Berneuse - 12 rue Basse – 28190 Saint-Georges-sur-Eure – Tél. : 37.26.80.49

Saint-Maurice-Saint-Germain La Loupe

TH

Au cœur des forêts domaniales du Perche, dans un ancien relais de Poste du XVIII° siècle, 3 chambres d'hôtes aménagées de plain-pied avec entrée indépendant donnant sur un parc magnifique de 5 ha, paysager. Chambres aux lits : 1 pers., 120 et 2 pers., avec salle de bains et wc particuliers. Réduction pour séjour d'une semaine. « Le Clos Moussu » est situé sur le GR 35, pour se reposer, organiser des stages (danse, yoga, peinture, musique, chant, randonnées pédestres ou équestres...). Gîte rural ouvert toute l'année. Salle de 80 m² à disposition. Réduction petits groupes. Ping-pong sur place.

Prix : 1 pers. **180 F** 2 pers. **200/250 F** 3 pers. **280/330 F**
pers. sup. **80 F** repas **75 F** 1/2 pens. **180/220 F** pens. **300 F**

🍴	👤	🏃	🏊	🚣	⛷	🚲	🎾	🎣
2	SP	SP	6	1	25	6	SP	30

THOMAS Joseph et Marie – Le Clos Moussu – 28240 Saint-Maurice-Saint-Germain – Tél. : 37.37.04.46

Saint-Prest

♥♥♥ NN
(TH)

Jacques et Ginette se proposent de vous accueillir dans une chambre/salon indépendante et de plain-pied, comprenant 1 lit 2 pers., une cheminée avec insert, TV couleur, salle d'eau/wc privatifs. Parking. Gare 1,5 km. Commerces 1 km. Ouvert toute l'année. Anglais parlé, notions d'allemand. Table d'hôtes sur réservation. Situé à Saint-Prest, petite commune à 7 km de Chartres en direction de Maintenon. Endroit paisible dans la vallée de l'Eure.

Prix : 1 pers. **180 F** 2 pers. **200 F** repas **60 F**

1	3	SP	8	4	SP	7	15

RAGU Jacques et Ginette – 28 rue de la Pierre Percee – 28300 Saint-Prest – Tél. : 37.22.30.38 ou 1.45.55.01.52 – Fax : 1.45.55.01.52

Sainville　　　　　　　　　　　　　　　　　*C.M. n° 60 — Pli n° 9/19*

♥♥♥ NN
(TH)

Alt. : 150 m — Dans grande maison de ferme, Jonathan et Lyn (qui sont anglais) vous accueilleront dans leur ch. d'hôtes. Entrée indépendante sur hall avec salle d'eau/wc, vestiaire : 1 chambre 14 m² (2 lits 1 pers.), TV. Poss. lit bébé et 2 ch. suppl. Grand jardin arboré, petite piscine garage. Ouvert toute l'année. Anglais parlé. Gare 12 km, commerces 3 km. Poss. pique-nique.

Prix : 1 pers. **200 F** 2 pers. **240 F** repas **75 F**

5	15	3	15	10	20

HOUGH Jonathan et Lyn – 7 Grande Rue - Manterville – 28700 Sainville – Tél. : 37.24.62.96 ou 07.74.08.29 – Fax : 37.24.65.15

Terminiers　　　　　　　　　　　　　　　　*C.M. n° 60 — Pli n° 18*

♥♥ NN

2 chambres d'hôtes : rez-de-chaussée, chambre et sanitaires accessibles aux personnes handicapées avec 1 lit 2 pers., un lit d'appoint, TV. A l'étage, chambre avec 1 lit 2 pers. et 1 lit 1 pers., TV. Chauffage électrique, parking. Commerces sur place.

Prix : 1 pers. **150 F** 2 pers. **200 F** 3 pers. **250 F**

10	5	10	25	SP

POITRIMOULT Paulin – 22 rue Charette - La Paternelle – 28140 Terminiers – Tél. : 37.32.14.01 – Fax : 37.32.13.85

Indre

Aigurande La Crouzette　　　　　　　　　　　*C.M. n° 68 — Pli n° 19*

♥♥♥ NN
(TH)

4 ch. aménagées dans une grande maison neuve entourée d'un jardin ombragé, à 200 m du centre ville. 2 ch. (2 lits 140) au rez-de-chaussée avec salle de bains et wc particuliers. 2 ch. (2 lits 140) à l'étage avec salle de bains et wc particuliers. Salon (TV) à disposition. Terrasse avec salon de jardin. Gare 50 km. Commerces 200 m. Ouvert toute l'année. Région de la Vallée Noire à proximité : musée George Sand à La Châtre 25 km. Nohant 30 km (fêtes romantiques, théâtre, maison de G. Sand).

Prix : 1 pers. **200 F** 2 pers. **200 F** 3 pers. **280 F** repas **70 F**

20	25	10	0,5	20	20	30	0,5

LEJEANNE Elise – « La Crouzette "' - Route de Chateauroux – 36140 Aigurande – Tél. : 54.06.32.61 ou 54.06.45.81

Ardentes La Forge-Haute　　　　　　　　　　*C.M. n° 68 — Pli n° 6*

♥♥♥ NN

1 chambre d'hôtes située à l'étage de la maison de la propriétaire, dans un bourg (1 lit 2 pers. 1 lit 1 pers.). Entrée indépendante avec escalier extérieur. Salle d'eau et wc attenants. Salle à manger et salon avec cheminée et TV à disposition. Jardin clos aménagé, en bordure de l'Indre, salon de jardin, barbecue aménagé, possibilité pique-nique. Parking privé. Châteauroux 15 km : vieille ville, musée Bertrand (souvenirs napoléoniens, expositions picturales...), lac de Belle-Isle (sports nautiques). Sentiers balisés de petite randonnée à Déols 18 km (vieille ville, parc écologique des Chenevières). Gare 15 km. Commerces 1 km. Ouvert toute l'année.

Prix : 1 pers. **160 F** 2 pers. **200 F** 3 pers. **275 F** pers. sup. **75 F**

15	SP	8	SP	15	15	16	SP

FORTUNY Anne-Marie – La Forge Haute – 36120 Ardentes – Tél. : 54.36.38.54

Argenton-sur-Creuse Le Moulin-Mou　　　　　*C.M. n° 68 — Pli n° 17*

♥ NN

Tim et Mary Beedell vous accueillent à la ferme dans leurs 2 ch. aménagées à l'étage. 1 ch. (1 lit 2 pers.), 1 ch. (1 lit 2 pers. 1 lit 1 pers. canapé-double d'appoint). S.d.b. et wc réservés aux chambres. Salle à manger. Salon (TV). Salle de jeux pour les enfants. Abri couvert. Salon de jardin, barbecue, jeux extérieurs. Enfant 50 F. Forfait séjour 200 F/2 pers. Vallée de la Creuse à proximité : Argenton-sur-Creuse à 5 km (musée de la Chemiserie). Site archéologique de Saint-Marcel (fouilles et musée) à 3 km. Gargilesse à 15 km (village d'artistes, maison de George Sand). Commerces 5 km. Ouvert toute l'année. Anglais parlé.

Prix : 1 pers. **150 F** 2 pers. **220 F** 3 pers. **330 F**

20	5	12	5	20	20	5	33	5

BEEDELL Tim – « Le Moulin Mou » – 36200 Argenton-sur-Creuse – Tél. : 54.24.32.51

Le Blanc Les Chezeaux
C.M. n° 68 — Pli n° 16

♥♥♥ NN
2 ch. d'hôtes à l'étage d'une maison de maître (1 lit 2 pers. 1 convertible 1 pers. pour enfant, 1 lit 160) avec salles de bains et wc attenants. Salle à manger, grand salon avec cheminée, bibliothèque, vidéothèque, Hifi, téléphone Téléséjour. Grand jardin d'agrément avec salon de jardin et barbecue, parking. Commerces 3 km. Ouvert toute l'année. Le Blanc à 3 km. Nombreux circuits pédestres et cyclistes balisés. Possibilité canoë, baignade, équitation dans les alentours.

Prix : 1 pers. **240/270 F** 2 pers. **260/280 F** pers. sup. **60 F**

3	1,7	7	1,7	1,7	1,7	3	18	3

JUBARD Alain – « Les Chezeaux » – 36300 Le Blanc – Tél. : 54.37.32.17

Le Blanc Cerf-Thibault
C.M. n° 68 — Pli n° 16

♥♥♥ NN
(TH)
3 ch. d'hôtes en Brenne, dans une demeure du XIXᵉ s. accolée à une longère du XVIIᵉ s., typique du Berry, bâtie sur les ruines d'un ancien château (XIIᵉ s.). 2 ch. (2 lits 2 pers. 1 lit 1 pers.), salle de bains, wc attenants. 1 ch. (2 lits 1 pers.), salle d'eau, wc attenants. Salle à manger, salon, terrasse avec salon de jardin. Parking. Ouvert toute l'année. Parc de 8 ha. Le Blanc à 3 km (musée des Oiseaux, ULM,...). Etang de la Mer Rouge (180 ha.) et château du Bouchet à 14 km. Nombreux étangs et réserves animalières et ornithologiques (Brenne, Pays des Mille Etangs). Commerces 2 km. A 1 heure de route du Futuroscope.

Prix : 1 pers. **200/250 F** 2 pers. **250/300 F** 3 pers. **320/370 F** pers. sup. **70 F** repas **60 F**

2	2	8	2	2	13	12	2	

DAVAL Michel – Cerf Thibault – 36300 Le Blanc – Tél. : 54.37.99.12

Buzancais Boisrenault
C.M. n° 68 — Pli n° 7

♥♥♥♥ NN
5 ch. d'hôtes à l'étage d'un château avec parc de 10 ha. 4 ch. 2 pers. chacune avec salle de bains et wc privés. 1 suite (1 lit 2 pers. 1 lit 180), coin-salon avec TV, salle de bains et wc, prix : 790 F. Salle à manger. Salon/bibliothèque, salle de jeux à disposition. Portique. Piscine privée. Anglais parlé. Ouvert du 1ᵉʳ février au 23 décembre. Région de la Brenne à proximité (12 km) : étangs, circuits, randonnées, réserves animalières. Gare 25 km. Commerces 2,5 km.

Prix : 1 pers. **340/450 F** 2 pers. **380/490 F** 3 pers. **475/555 F**

5	SP	6	2,5	10	10

DU MANOIR Sylvie – Chateau de Boisrenault – 36500 Buzancais – Tél. : 54.84.03.01 – Fax : 54.84.10.57

Chabris Les Bizeaux
C.M. n° 64 — Pli n° 18

♥♥♥ NN
3 ch. d'hôtes mansardées, à l'étage d'une ancienne fermette entièrement restaurée, entourée d'un vaste terrain. 1 ch. (1 lit 2 pers. 1 lit 1 pers.), s. d'eau et wc privés. 1 ch. (1 lit 2 pers.), s. d'eau et wc attenants. 1 ch. (2 lits 1 pers.), s. d'eau et wc attenants. Salon avec TV. Salle à manger. Terrasse, salon de jardin, parking. Ouvert toute l'année. Plage aménagée sur les bords du Cher à 1 km (baignade, pêche, canoë). Châteaux de la Loire à proximité. Valençay à 15 km : spectacle son et lumière en période estivale. Gare 3 km. Commerces 1 km.

Prix : 1 pers. **180 F** 2 pers. **230 F** 3 pers. **280 F**

1	20	20	20	1	12	20

PLANQUES Bernadette – « Les Bizeaux » – 36210 Chabris – Tél. : 54.40.14.51

Chalais Le Grand Ajoux
C.M. n° 68 — Pli n° 16

E.C. NN
(TH)
Dans une maison de maître du XVIIᵉ, avec parc de 53 ha et 2 étangs privés de 1,5 ha, 2 ch. d'hôtes et 1 suite pour 4 pers. avec sanitaires complets attenants. Salle à manger avec cheminée, salon (TV couleur). Salon de jardin et chaises longues. Gare 20 km. Commerces 4 km. Ouvert de Pâques à la Toussaint (autres périodes sur réservation). Enfant : 60 F. Nombreuses activités sur place : chevaux, vélos, ping-pong. Poss. week-end chasse à courre. Région de la Brenne : musée des Oiseaux à le Blanc à 17 km. Château de la Garde Giron 8 km et Châteauguillaume (XIIᵉ) à Lignac 10 km, et autres sites touristiques.

Prix : 1 pers. **250 F** 2 pers. **280 F** 3 pers. **560 F** repas **90 F**

20	20	SP	4	20	20	6	20	SP

DE LA JONQUIERE-AYME Aude – Le Grand Ajoux – 36370 Chalais – Tél. : 54.37.72.92 – Fax : 54.37.72.92

Champillet Le Grand-Communal
C.M. n° 68 — Pli n° 19

♥♥♥ NN
(TH)
1 ch. d'hôtes 2 pers. à l'étage d'une grande maison située à l'entrée du bourg. Salle d'eau et wc attenants. Salon particulier (1 convertible 2 pers. TV couleur, réfrigérateur). Grand jardin clos de 4 ha. (salons de jardin, jeux enfants). Parking. Etangs privés (possibilité pêche). Ouvert toute l'année. Gare 7 km. Commerces sur place. Musée de G. Sand à la Châtre. Région de la Vallée Noire : Nohant à 16 km (fêtes romantiques). Saint-Chartier à 18 km (Festival International des Luthiers et Maîtres Sonneurs).

Prix : 1 pers. **180 F** 2 pers. **250 F** 3 pers. **350 F** repas **70 F**

7	9,5	2	7	7	16	7

AUSSIETTE Sylvie – « Le Grand Communal » – 36160 Champillet – Tél. : 54.31.41.63

Chasseneuil Les Tailles
C.M. n° 68 — Pli n° 17

♥♥ NN
2 chambres dans une maison indépendante de plain-pied, face à la ferme des propriétaires. 1 ch. (1 lit 2 pers. 1 convertible 2 pers. pour enfant, douche et lavabo attenants). 1 ch. (1 lit 2 pers. 2 lits 1 pers. 1 lit enfant - de 3 ans, douche et lavabo attenants). WC communs aux chambres dans l'entrée. Grande salle commune (coin-cuisine). Cour non close. Sentiers de randonnée à proximité. Musée de la Chemiserie à Argenton sur Creuse 9 km. Musée archéologique et chantier de fouilles à Saint-Marcel 7 km. Parc Naturel Régional de la Brenne (Pays des Mille Etangs) 10 km. Pêcherie sur place. Gare 12 km. Commerces 7 km. Ouvert du 1ᵉʳ mai au 30 septembre.

Prix : 1 pers. **160 F** 2 pers. **180 F** 3 pers. **250 F**

25	12	25	7	7	25	25	16	SP

FAUDUET Jacques – Les Tailles – 36800 Chasseneuil – Tél. : 54.36.77.05

Chezelles Le Priouze
C.M. n° 68 — Pli n° 8

❦❦❦❦ NN 3 ch. d'hôtes (2 lits 2 pers. 2 lits 120) à l'étage d'une agréable maison du XVIIIᵉ siècle, entourée d'un parc ombragé. Sanitaires complets attenants pour chacune. Salle à manger. Salon avec cheminée, TV, bibliothèque, jeux, coin-musique à disposition. Prises téléphone et TV dans chaque chambre. Jeux extérieurs. Terrasse. Pêcherie. Ouvert toute l'année. Domaine apicole de Chézelles à 200 m (ruches). Châteaux de Villegongis (XVIᵉ s.) à 5 km et d'Argy (XVᵉ et XVIᵉ s.) à 25 km. Musée du cuir et du parchemin à 11 km à Levroux. Ping-pong. Gare 14 km. Commerces 6 km.

Prix : 1 pers. **220 F** 2 pers. **270/300 F** 3 pers. **330/380 F**
pers. sup. **60 F** repas **60/80 F**

14	14	15	0,1	14	14	6	6	SP

BABLIN Georges – Le Priouze - Le Bourg – 36500 Chezelles – Tél. : 54.36.66.28 ou 54.26.98.08

Clion-sur-Indre La Maison-Berry
C.M. n° 68 — Pli n° 7

❦❦❦ NN 3 ch. d'hôtes à l'étage d'une agréable maison Directoire dominant la vallée de l'Indre, entourée d'un parc ombragé. 1 ch. (1 lit 150), salle de bains privée, wc, coin-salon. 1 suite de 2 chambres pour famille, salle de bains privée, wc (1 lit 150. 2 lits 1 pers. Lit enfant), prix 650 F. Piscine. Salon de jardin, jeux. Parking. Possibilité table d'hôtes. Tennis. Vieille ville à Châtillon-sur-Indre à 3 km. Région de la Brenne à proximité (Pays des Mille Etangs). Réserve zoologique de la Haute Touche à Obterre à 15 km. Ouvert toute l'année. Anglais et allemand parlés. Commerces 3 km.

Prix : 1 pers. **250 F** 2 pers. **450 F**

14	SP	15	3	25	

DE MONTIGNY Arnaud – « La Maison Berry » – 36700 Clion-sur-Indre – Tél. : 54.38.75.45

Coings Domaine-de-Villecourte

C.M. n° 68 — Pli n° 8

❦❦❦ NN
(TH) Au 1ᵉʳ étage d'une ferme de caractère. 2 ch. (2 lits 2 pers.), TV couleur, tél., salles d'eau et wc attenants. Garage. Gare 10 km. Commerces 6 km. Ouvert toute l'année. Anglais parlé. Possibilité chasse dans les périodes légales d'ouverture. Possibilité stages ULM et baptêmes avec supplément. Châteauroux à 10 km : vieille ville, musée napoléonien, parcs... Etang privé. Accès n° 11 de l'A20, ou par Coings.

Prix : 1 pers. **230 F** 2 pers. **270 F** repas **95 F**

10	10	15	10	10	10	10	17	10	

DAGUET-RAULT Claudine – « Domaine de Villecourte » – 36130 Deols – Tél. : 54.22.12.56 – Fax : 54.07.74.31

Cuzion Moulin-de-Chateaubrun
C.M. n° 68 — Pli n° 18

❦❦ NN 4 chambres d'hôtes à l'étage d'un ancien moulin comprenant chacune un lit 2 pers., salle d'eau, salle de bains attenantes à chaque chambre et wc communs. Salle commune à la disposition des hôtes pour le petit déjeuner. Ouvert toute l'année. Commerces 3 km. Gargilesse (village des artistes, maison de George Sand) à 15 km. Tir à l'arc à Eguzon à 3 km. Randonnées vélos tout terrain sur place. Poss. forfait séjour. Enfant : 40 F.

Prix : 1 pers. **130 F** 2 pers. **170 F**

3	20	3	SP	3	SP

SYNDICAT MIXTE SITE LAC D'EGUZON – 36270 Eguzon-Chantome – Tél. : 54.47.46.40 ou 54.47.47.20

Deols Beaumont
C.M. n° 68 — Pli n° 8

❦❦ NN 2 chambres d'hôtes situées dans une ferme équestre, au rez-de-chaussée. 1 ch. (1 lit 2 pers. 1 lit 1 pers.), 1 ch. avec cheminée (1 lit 2 pers. 1 lit 1 pers.) avec chacune salle d'eau attenante. WC. Grande salle commune avec cheminée et coin-salon. Hébergement chevaux sur place. Ouvert toute l'année. Gare 6 km. Commerces 5 km. Parc de Belle-Isle à 5 km et lac (pêche, baignade, planche à voile). Musée Bertrand à Châteauroux à 5 km (souvenirs napoléoniens, expositions picturales).

Prix : 1 pers. **130 F** 2 pers. **160 F** 3 pers. **190 F**

5	5	SP	5	5	5	6	20	6

BODIN Yves – « Beaumont » – 36130 Deols – Tél. : 54.22.55.82

Diors Le Parc
C.M. n° 68 — Pli n° 8

❦❦❦ NN Dans un pavillon du XVIIIᵉ entouré d'un parc de 12 ha, près du château du propriétaire, 3 ch. avec chacune sanitaires complets attenants. 1ᵉʳ étage : 2 ch. (2 lits 2 pers.) et ch. mansardée au 2ᵉ étage (2 lits 1 pers.). Grand séjour/salon avec cheminée. Coin-cuisine à disposition pour les séjours. Parking. Possibilité accueil chevaux. Randonnées sur place. Châteauroux 12 km : vieille ville, musée Bertrand (souvenirs napoléoniens, expositions picturales...), lac de Belle-Isle. Déols 10 km (vieille ville, parc écologique des Chenevières). Ouvert toute l'année (du 1ᵉʳ novembre au 30 avril sur réservation).

Prix : 1 pers. **250 F** 2 pers. **300 F**

12	12	6	12	12	12	8	10

GAIGNAULT Astrid – Le Parc – 36130 Diors – Tél. : 54.26.04.43 – Fax : 56.26.13.32

Douadic Le Fresne
C.M. n° 68 — Pli n° 13

❦❦❦ NN Dans une belle maison de maître du XVIIIᵉ s. située dans le Parc Naturel Régional de la Brenne, 2 ch. d'hôtes à l'étage. 1 ch. (1 lit 2 pers.) avec salle d'eau et wc. 1 ch. (2 lits 1 pers.) avec salle de bains et wc. Salle à manger et coin-salon à disposition. Terrasse avec salon de jardin. Grand parc de 4 ha. Centre équestre sur la propriété. Enfant : 40 F. Le Blanc à 13 km (musée des Oiseaux, piscine, tennis...). Abbaye de Fontgombault à 10 km (produits fermiers, poteries). Etang de la Mer Rouge et château du Bouchet (180 ha.) à 3 km. Ouvert de Pâques à la Toussaint. Commerces 3 km.

Prix : 1 pers. **150 F** 2 pers. **250/280 F**

13	2	13	13	13	23	13

GARCIA-LIVA Calliope – « Le Fresne » – 36300 Douadic – Tél. : 54.37.83.00

Eguzon-Chantome   *C.M. n° 68 — Pli n° 18*

♥♥ NN
(A)

5 ch. d'hôtes à l'étage d'une ferme-auberge (5 lits 2 pers.), salle d'eau et wc attenants. Possibilité petite chambre pour 2 enfants (2 lits 1 pers. superposés). Enf. 75 F. Séjour/salon avec TV à la disposition des hôtes. Parking, cour, salon de jardin et jardin ombragé. Commerces sur place. Ouvert toute l'année. Lac d'Eguzon à 3 km : ski nautique, tir à l'arc, sentiers balisés. Gargilesse à 15 km (village des artistes, maison de George Sand, animations estivales).

Prix : 1 pers. **150 F** 2 pers. **200 F** pers. sup. **60 F** repas **75 F**

3	20	SP	3	3	3

ROCHEREAU Jean – Rue des Chaillots – 36270 Eguzon-Chantome – Tél. : 54.47.42.47

Etrechet Les Menas   *C.M. n° 38 — Pli n° 8*

♥♥♥ NN
(TH)

4 ch. d'hôtes dans une maison du XVIIIe s., entourée d'un grand parc ombragé. 2 ch. au r.d.c. avec sanitaires complets attenants (2 lits 2 pers.). 2 ch. à l'étage (2 lits 2 pers.) dont 1 avec cheminée, s. de bains et salle d'eau avec wc att. Salon privé pour les hôtes (TV, bibliothèque, bureaux). Salle à manger. Salon de jardin, balançoire. Anglais et espagnol parlés. Châteauroux à 3 km (pêche, baignade, voile, canoë sur le lac de Belle-Isle et promenades). Vieille ville et musée Bertrand (souvenirs napoléoniens, expositions picturales). Forêt domaniale de Châteauroux (parcours de santé et randonnées). Gare et commerces 1 km. Ouvert toute l'année.

Prix : 1 pers. **160/220 F** 2 pers. **250 F** repas **60/80 F**

1	1	6	1	1	1	10	15	10

LYSTER Nicole – « Les Menas » – 36120 Etrechet – Tél. : 54.22.63.85

Flere-la-Riviere   *C.M. n° 68 — Pli n° 6*

♥♥♥ NN

A proximité des circuits touristiques des châteaux de la Loire, 1 ch. dans le bourg, aménagée dans une maison de maître entourée d'un parc ombragé. Chambre avec sanitaires attenants (TV) et salon privé (TV). Garage et salon de jardin. Commerces sur place. Ouvert toute l'année. Château de Loches (37) à 16 km (ville médiévale). Région de la Brenne à proximité : randonnées pédestre, équestre, cycliste à partir de l'Office de Tourisme de Mézières-en-Brenne.

Prix : 1 pers. **200 F** 2 pers. **250 F**

18	6	3	6	6

COULON Huguette – 33, rue Nationale – 36700 Flere-la-Riviere – Tél. : 54.39.31.13

Gehee Chateau-de-Touchenoire   *C.M. n° 68 — Pli n° 7*

♥♥♥ NN

Parc boisé de 30 ha et près d'un étang de 2 ha. 1er ét. : 2 ch. (2 lits 120, 2 lits 1 pers.), s. d'eau et wc attenants. 1 suite pour 3 pers. (2 lits 100, 1 lit 120), 2 s. d'eau et 2 wc attenants. 2e ét. : 2 ch. (4 lits 1 pers.), wc communs et s. d'eau attenante. 1 ch. (2 lits 1 pers.), s. d'eau, wc sur le palier. Salle à manger, salon avec cheminée. Gare 35 km. Salle de jeux. Terrasse (salon de jardin). Parking. Château de Valençay 12 km : parc animalier, musée de l'Automobile, spectacle son et lumière en été. Château de Bouges (réplique du Petit Trianon) 10 km. Forêt de Gâtines 11 km. Ouvert de Pâques à fin septembre. Anglais parlé.

Prix : 1 pers. **130/220 F** 2 pers. **230/320 F** 3 pers. **450 F**

11	20	11	30	12	SP

DE CLERCK Jacques – Touchenoire – 36240 Gehee – Tél. : 54.40.87.34 – Fax : 54.40.85.51

Lucay-le-Male Domaine-des-Bois-de-Lucay   *C.M. n° 68 — Pli n° 7*

♥♥♥ NN
(TH)

4 ch. à l'étage de 2 pavillons, sur territoire boisé. 1er pavillon : 2 ch. (2 lits 2 pers. 1 lit 1 pers.), TV couleur, tél., s. d'eau et wc attenants. Grande salle commune, coin-salon avec cheminée. 2e pavillon : 2 ch. (2 lits 2 pers. 2 lits 1 pers.), TV couleur, tél., s.d.b. et wc attenants. Salle à manger, cheminée. Ouvert toute l'année sur réservation. Gare 20 km. Possibilité pêche sur étang et chasse tout gibier pendant les périodes légales d'ouverture. Valençay à 8 km : Château (spectacle son et lumière en saison, parc animalier. Forêt de Gâtines (2000 ha.) à proximité. Commerces 8 km. Poss. d'observation des grands animaux (cerfs, daims...) à l'approche.

Prix : 1 pers. **220 F** 2 pers. **270/360 F** 3 pers. **430 F**
pers. sup. **90 F** repas **150 F**

25	8	20	2	30	SP

DEPOND Yves – Domaine des Bois de Lucay – 36360 Lucay-le-Male – Tél. : 47.92.79.82 ou 47.92.75.62

Meobecq   *C.M. n° 68 — Pli n° 7*

♥♥♥ NN

1 chambre d'hôtes au bourg pour 2 pers. avec salle de bains attenante et wc particuliers au rez-de-chaussée. Séjour avec cheminée. Salon avec TV et bibliothèque à la disposition des hôtes. Parking. Jardin et terrasse ombragés. Gare 30 km. Commerces sur place. Ouvert toute l'année. Réservation tél. avant 9 h. et après 18 h. Région de la Brenne à proximité (Pays des Mille Etangs) : parc zoologique de la Haute-Touche à Obterre, réserve animalière de Chérine. Randonnées alentours.

Prix : 1 pers. **220 F** 2 pers. **260 F** pers. sup. **80 F**

12	16	12	12	12	21

BENHAMOU Cecile – 1, Route de Neuillay – 36500 Meobecq – Tél. : 54.39.44.36

Mers-sur-Indre Le Lac   *C.M. n° 68 — Pli n° 19*

♥♥♥ NN

4 ch. d'hôtes (4 lits 2 pers.) avec salle d'eau et wc attenants, dans une maison indépendante, dans la forêt, à côté de celle des propriétaires. Salle à manger commune (cheminée insert), coin-salon, petit coin-cuisine. Grand parc de 30 ha. boisé pour randonnées (VTT et pédestre). Salon de jardin, barbecue, balançoires. Parking, pêche, lac. Commerces 5 km. Gare 20 km. Nohant à 8 km : maison de George Sand, fêtes romantiques. Saint-Chatrier à 10 km : Festival International des Luthiers et Maîtres Sonneurs.

Prix : 1 pers. **160 F** 2 pers. **200 F** pers. sup. **60 F**

6	16	5	20	SP

GATESOUPE Francoise – « Le Lac » – 36230 Mers-sur-Indre – Tél. : 54.36.29.49

Mezieres-en-Brenne Domaine-des-Vigneaux — *C.M. n° 68 — Pli n° 6*

❅❅❅ NN 4 ch. d'hôtes (2 lits 2 pers. 4 lits 1 pers.) avec salle d'eau particulière à chaque chambre, dans une agréable propriété de Brenne. Entrée indépendante pour 2 des chambres. Grande cuisine/salle à manger (petit déjeuner). Grand jardin clos (tennis privé). Terrasse (salon de jardin). Etangs privés (poss. de pêche à la journée). Ouvert toute l'année. Randonnées équestre, pédestre, cycliste à partir de l'Office de Tourisme de Mézieres-en-Brenne (Maison de la Pisciculture, U.L.M.). Réserves ornithologique et naturelle à proximité. Nombreux chemins de randonnées aux alentours. Commerces 10 km.

Prix : 1 pers. 230 F 2 pers. 270 F pers. sup. 60 F

🏊	🚣	🏇	⛷	🚴	⛪
5	22	10	SP	5	10

LEFEBURE Nicole – « Domaine des Vigneaux » – 36290 Mezieres-en-Brenne – Tél. : 54.38.11.32

Mezieres-en-Brenne — *C.M. n° 68 — Pli n° 6*

❅❅❅ NN Ancienne ferme de caractère restaurée comprenant 1 ch au r.d.c. (1 lit 2 pers.) donnant sur la terrasse. S.d.b., wc attenants, coin-salon. 1 ch. de séjour dans petite maison face à celle du propriétaire (1 lit 2 pers.), cuisine (lave-linge). 1 suite à l'ét. (1 lit 2 pers. 2 lits 1 pers.). Salon, bibliothèque (TV), s. d'eau/wc. Salon de jardin et barbecue. Gare 40 km. Commerces sur place. Ouvert toute l'année. Rando. équestre, pédestre, cycliste à partir de l'Office de Tourisme de Mézières-en-Brenne (Maison de la Pisciculture). Réserves ornithologique et naturelle à proximité. Nombreux chemins de randonnées aux alentours. Forfait séjour 1500 F/sem./2 pers.

Prix : 1 pers. 200 F 2 pers. 250 F 3 pers. 350 F pers. sup. 100 F

🏊	🚣	🏇	⛷	🚴	⛪
10	18	6	SP	10	10

NICAUD Arlette – 15-17, Route de Chateauroux – 36290 Mezieres-en-Brenne – Tél. : 54.38.12.36

Montchevrier La Gagnerie  — *C.M. n° 68 — Pli n° 19*

E.C. NN 2 chambre d'hôtes situées à l'étage d'une ferme d'élevage. 1 chambre (1 lit 2 pers. 1 lit 1 pers.) avec salle d'eau et wc attenants. 1 chambre (1 lit 2 pers.). Salle à manger/salon à disposition. Cours et jardin non clos, salon de jardin. Gare 25 km. Commerces 4 km. Ouvert toute l'année. Région de la Vallée Noire, à proximité : musée Georges Sand à la Châtre à 30 km. Nohant à 35 km (fêtes Romantiques, théâtre, maison de George Sand).

Prix : 1 pers. 160 F 2 pers. 200 F 3 pers. 260 F

🏊	🚣	🏇	⛷	🚴	🚵	⛵	⛪
25	25	10	4	25	25	20	1

MADELENAT Pierre – La Gagnerie – 36140 Montchevrier – Tél. : 54.06.30.41

Montipouret Le Chuillet — *C.M. n° 68 — Pli n° 19*

❅❅ NN Dans le pays de George Sand, 2 ch. (1 lit 2 pers. 1 lit 1 pers.) pour une famille, à l'étage d'une maison dans le bourg. S. d'eau et wc particuliers aux chambres. Cuisine aménagée à disposition pour les séjours. Salle à manger/salon d'hiver à disposition pour les petits déjeuners. Grand jardin clos, salon de jardin, parking. Forfait séjour 1200 F/sem./2 pers. Musée George Sand, circuit F3 à La Châtre à 10 km. Nohant, Saint-Chartier à 5 km (maison de George Sand, Festival International des Luthiers et Maîtres Sonneurs). Commerces 200 m. Enfants 80 F. Ouvert de Pâques à la Toussaint.

Prix : 1 pers. 150 F 2 pers. 185 F 3 pers. 250 F pers. sup. 80 F

🚣	🏇	⛷	🚵	⛪
10	20	SP	21	1

BLANCHARD Roland – « Le Chuillet » – 36230 Montipouret – Tél. : 54.31.04.88

Nohant-Vic Ripoton — *C.M. n° 68 — Pli n° 19*

❅❅❅ NN
(TH) Au cœur de la Vallée Noire, au Pays de George Sand, dans une ferme restaurée, 4 ch. à l'étage avec salle d'eau et wc particuliers pour chacune (3 lits 2 pers. 3 lits 1 pers. 1 lit 120). Grande salle commune avec coin-cheminée. Bibliothèque. Coin-musique. Terrasse. Parking, abri voiture. Grand terrain en bordure de l'Indre (coins-détente). Vélos à disposition. Nohant à 800 m (animations estivales, fêtes romantiques, maison de George Sand). La Châtre à 7 km (circuit F3, musée Georges Sand). Saint-Chartier à 2 km (Festival International des Luthiers et Maîtres Sonneurs). Table d'hôtes sur réservation. Commerces 800 m. Ouvert du 1er février au 30 novembre.

Prix : 1 pers. 150 F 2 pers. 200 F 3 pers. 250 F repas 40/80 F

🏊	🚣	🏇	⛷	🚵	⛵	⛪
SP	7	12	7	25	18	SP

COLOMB Martine – « Ripoton » – 36400 Nohant-Vic – Tél. : 54.31.06.10

Orsennes — *C.M. n° 68 — Pli n° 18*

❅❅ NN 3 chambres d'hôtes dans une grande maison de caractère, au bourg. 1 ch. (1 lit 2 pers.) et 1 ch. (1 lit 120, 1 lit 1 pers.) avec coin-sanitaires attenant (lavabo et douche). 1 ch. (1 lit 2 pers. 1 lit 1 pers.) avec salle de bains particulière. WC communs à l'étage. Terrasse et parking. Commerces sur place. Ouvert toute l'année. Lac Chambon à 15 km : bain, voile. Randonnées pédestres alentours dans la Vallée de la Creuse. Musée de la Chemiserie à Argenton-sur-Creuse à 21 km.

Prix : 1 pers. 180 F 2 pers. 210 F 3 pers. 250 F

🏊	🚣	🏇	⛷	🚵	⛵	⛪
8	21	15	SP	8	25	SP

LANSADE Suzanne – Le Bourg – 36190 Orsennes – Tél. : 54.47.30.70

Palluau — *C.M. n° 68 — Pli n° 7*

❅❅ NN
(TH) 3 chambres d'hôtes (2 lits 1 pers. par chambre) avec salle d'eau et wc attenants, à l'étage d'une maison dans le bourg. Salle à manger, salon (TV et bibliothèque) à disposition. Parking. Grand jardin clos, salon de jardin. Machines à café et thé dans les chambres. Commerces sur place. Ouvert toute l'année. Anglais parlé. Enfant : 35 F. GR 46 dans le bourg de Palluau. Région de la Brenne à proximité (Pays des Mille Etangs). Châtillon-sur-Indre et sa vieille ville à 10 km.

Prix : 1 pers. 150 F 2 pers. 185/200 F pers. sup. 50 F repas 70/100 F

🏊	🏇	⛷	🚵	⛪
SP	12	15	SP	20	SP

SAUNIER Gerard – « Maison Charay » - 10, rue du Lavoir – 36500 Palluau – Tél. : 54.38.52.96 – Fax : 54.38.53.37

Parnac La Villonniere   *C.M. n° 68 — Pli n° 17*

❦❦ NN   3 ch. à l'étage d'une ancienne ferme entièrement restaurée. 1 ch. (1 lit 2 pers.), s. d'eau attenante, wc particuliers sur palier. 1 ch. (2 lits 1 pers.), s. d'eau et wc attenants. 1 ch. (1 lit 2 pers.), s. d'eau et wc particuliers sur palier. Salon/salle à manger. Salon particulier. Salle de séjour. Lit sup. enfant 65 F. Forfait séjour 1230 F/semaine/2 pers. Chambres situées dans une petit hameau, près du val de Creuse. Gargilesse à 20 km (village d'artistes, maison de George Sand, animations estivales). Saint-Marcel à 22 km (musée archéologique, chantier de fouilles). Commerces 7 km. Ouvert du 1ᵉʳ avril au 1ᵉʳ octobre. Village médiéval.

Prix : 1 pers. **160/190 F** 2 pers. **190/230 F**

🏊	⛵	🏇	⛷	🎣	🚣	🥾	🍴
13	17	15	7	13	13	27	18

MARCHAND Jeanine – « La Villonniere » – 36170 Parnac – Tél. : 54.47.68.76

Paudy Chateau-de-Dangy   *C.M. n° 68 — Pli n° 9*

❦❦❦❦ NN   5 ch. d'hôtes : 1ᵉʳ étage : 1 ch. (1 lit 180), salle de bains et wc. 1 suite de 2 ch. (1 lit 180, 1 lit 160, 2 lits 1 pers.), salle de bains et wc et 1 ch. (1 lit 160, 1 lit 1 pers.), salle de bains et wc. 2ᵉ étage : 1 ch. (1 lit 150), salle de bains et wc. Grands salon et salle à manger avec cheminée. Salle de billard. Salle de réunion. Parc ombragé de 10 ha. entourant ce château du XVIIIᵉ siècle. Salon de jardin, jeux extérieurs, ping-pong, pétanque... Gare et commerces 2 km. Ouvert toute l'année. Anglais parlé. Suite : 1000 F. Enfant : 50 F.

Prix : 1 pers. **350 F** 2 pers. **600 F** pers. sup. **100 F**

🏊	⛵	🏇	⛷	🎣	🚣	♪	🥾	🍴
2	2	2	2	2	2	2	2	2

PLACE Lucie – Chateau de Dangy – 36250 Paudy – Tél. : 54.49.42.24 – Fax : 54.49.42.99

Pellevoisin Roidoux   *C.M. n° 68 — Pli n° 7*

❦❦❦ NN   2 ch. d'hôtes contiguës, pour une famille, à l'étage d'une ferme (1 lit 2 pers. 2 lits 1 pers.) avec s. d'eau particulière aux deux chambres (poss. couchage bébé). WC particuliers au r.d.c. Salon (TV, bibliothèque) à dispo. Grand jardin non clos (salon de jardin, portique). Logement de chevaux sur place. Commerces 1 km. Ouvert toute l'année. Etang (pêche, jeux) près du bourg de Pellevoisin. Stages archéologiques à 5 km. Musée du cuir et du parchemin à Levroux à 15 km.

Prix : 1 pers. **160 F** 2 pers. **180 F** pers. sup. **90 F**

🏊	⛵	🏇	🥾	🍴
10	12	10	1	22	1

BOULAY Michel – « Roidoux » – 36180 Pellevoisin – Tél. : 54.39.00.63

Pellevoisin Le Relais   *C.M. n° 68 — Pli n° 7*

❦ NN   2 ch. d'hôtes dans une ferme d'élevage (chèvres et ânes), en r.d.c. 1 ch. (1 lit 2 pers. 1 lit 1 pers.), lavabo. 1 ch. (2 lits 1 pers.), lavabo. Salle de bains commune aux 2 chambres. Petite cuisine disponible sur demande. TV et bibliothèque dans la chambre. Cour non close, salon de jardin, portique, garage. Gare 30 km. Commerces 1,5 km. Ouvert toute l'année. Etang (pêche, jeux) près du bourg de Pellevoisin. Stages archéologiques à 5 km. Musée du cuir et du parchemin à Levroux à 15 km. Anglais, italien et allemand parlés. - 20 % pour séjour de 8 jours. Enfant : 50 F.

Prix : 1 pers. **150 F** 2 pers. **190 F** pers. sup. **80 F**

🏊	⛵	🏇	⛷	🥾	🍴
10	10	13	1,5	22	1,5

DOUBLIER Denis – « Le Relais » – 36180 Pellevoisin – Tél. : 54.39.01.77

Le Poinconnet   *C.M. n° 68*

❦❦❦ NN (TH)   Dans une maison de maître du XVIIIᵉ s., entourée d'un parc de 15 ha., 1 suite de 3 ch. avec salon, salle de bains et wc attenants pour 2 à 5 pers. et 1 ch. pour 2 pers avec salle d'eau privée. Salle de séjour, salon avec TV. Salon jardin. Logement de chevaux sur place. Poss. organisation week-end chasse à courre et week-end méchoui (18 pers. maxi). Swing-golf privé. Forêt domaniale à proximité (allées cavalières). Châteauroux à 6 km : musée Bertrand (souvenirs napoléoniens, expositions picturales), vieille ville, lac de Belle-Isle (baignade, pêche, canoë). Gare 6 km. Commerces sur place. Ouvert toute l'année. Suite 5 pers. : 470 F.

Prix : 1 pers. **170/220 F** 2 pers. **180/240 F** 3 pers. **330 F** repas **70 F**   

🏊	⛵	🏇	⛷	🎣	🚣	🥾	🍴
5	6	2	6	6	6	20	17

DROUIN Lionel – « Les Divers » - Allee Paul Rue – 36330 Le Poinconnet – Tél. : 54.35.40.23 ou 54.24.37.30

Le Poinconnet Le Petit-Epot   *C.M. n° 68 — Pli n° 8*

❦❦ NN   2 chambres d'hôtes près du bourg, à l'étage d'une grande maison de caractère, avec salle d'eau particulière à chaque chambre (2 lits 2 pers. 1 lit 1 pers.). Salle de séjour, salon avec TV et bibliothèque sont à la disposition des hôtes. Terrasse. Parc ombragé clos (salon de jardin). Gare et commerces 6 km. Ouvert toute l'année. Enfant : 35 F. Châteauroux à 6 km : vieille ville, lac de Belle-Isle (pêche, canoë, baignade), musée Bertrand (souvenirs napoléoniens, expositions picturales). Forêt domaniale à proximité (nombreuses allées cavalières) de 5000 ha (promenades flèchées).

Prix : 1 pers. **140 F** 2 pers. **200 F** pers. sup. **65 F**   

🏊	⛵	🏇	⛷	🎣	🚣	♪	🥾	🍴
6	6	2	SP	6	6	17	20	17

MITATY Suzanne – 63, le Petit Epot – 36330 Le Poinconnet – Tél. : 54.35.40.20

Pouligny-Notre-Dame Le Pedard   *C.M. n° 68 — Pli n° 19*

❦❦❦ NN   3 ch. d'hôtes à la ferme (2 lits 2 pers. 2 lits 1 pers.) avec salle de bains ou salle d'eau et wc attenants. Salle à manger sous une véranda/coin-salon réservée aux hôtes. Grand terrain clos (salon jardin, barbecue, portique). Poss. téléphone. TV couleur. Poss. pêche sur étang privé (radeau). Gare 18 km. Commerces 5 km. Ouvert toute l'année. Région de la Vallée Noire à proximité : Nohant à 15 km (maison de George Sand). Forfait séjour : 850 F/pers. par semaine, 1100 F/2 pers. par semaine.

Prix : 1 pers. **160 F** 2 pers. **200 F** pers. sup. **50 F**

🏊	⛵	🏇	⛷	🎣	🍴
18	15	12	5	18	5	SP

LAMY Gerard – « Le Pedard » – 36160 Pouligny-Notre-Dame – Tél. : 54.30.22.46

Pouligny-Saint-Martin Le Montet — C.M. n° 68 — Pli n° 19

♥♥♥ NN
(TH)
2 ch. de plain-pied, avec entrées indépendantes, dans une ferme rénovée située au cœur du bocage berrichon. Salle d'eau et wc particuliers pour chacune. 1 ch. (1 lit 2 pers. 1 convertible 2 pers.), TV coul., poss. tél. 1 ch. adaptée aux pers. handicapées (1 lit 2 pers.), TV couleur, poss. tél. Salon. Jardin, garage, balançoire et piscine (10 m x 5 m). Anglais et allemand parlés. La Châtre à 7 km (musée George Sand, circuit de F3). Forfait séjour 1500 F/2 pers. par semaine. Commerces 7 km. Ouvert toute l'année.

Prix : 1 pers. **200 F** 2 pers. **250 F** 3 pers. **320 F** repas **80 F**

⛵	🎿	🏊	🎣	⛳
3	10	3	3	0,5

PESSEL Gabriel – « Le Montet » – 36160 Pouligny-Saint-Martin – Tél. : 54.30.23.55

Reboursin Le Moulin — C.M. n° 68 — Pli n° 9

♥♥♥ NN
Suite pour 4 pers. dans une maison de caractère du XVIIIᵉ s. 1 ch. (1 lit 2 pers.), salle de bains et wc attenants. Mezzanine (2 lits 120). Salon, TV. 1 ch. de séjour à côté de la maison : séjour/cuisine, salle d'eau/wc, 1 ch. en mezzanine à l'étage (2 lits 120). Ch. élect. Grand parc ombragé avec salon de jardin, abri voiture. Chambre de séjour : 1200/1500 F/sem. Anglais, espagnol, portugais parlés. Pêche sur étang à Reboursin. Musée du cuir et du parchemin, vieille ville à Levroux à 20 km. Musée de l'Apothicairerie, complexe sportif (piscine à vagues, patinoire, bowling...) 20 km à Issoudun. Gare 20 km. Commerces 3 km. Ouvert du 1ᵉʳ mai au 15 octobre.

Prix : 1 pers. **200 F** 2 pers. **270 F** 3 pers. **450 F**
pers. sup. **115 F**

🏇	⛵	🎿	🏊	🎣	⛳	🚶
	3	12	3	18	20	18

CHENEAU Gerard – « Le Moulin » – 36150 Reboursin – Tél. : 54.49.72.05

Rivarennes Chateau-de-la-Tour — C.M. n° 68 — Pli n° 17

♥♥♥♥ NN
(TH)
5 ch. dans un château du XIVᵉ siècle. 3 ch. (2 lits 2 pers. 1 lit 180) avec coin-salon et cheminée, salle de bains attenante. 2 ch. communicantes (1 lit 160, 1 lit 1 pers.) avec coins-salons, salles de bains attenantes et particulières. Grand salon avec cheminée. Grand parc. Barques et canoës. Stages divers proposés par la propriétaire. Ouvert toute l'année. Musée de la Chemiserie à Argenton-sur-Creuse à 12 km. Musée archéologique et chantier de fouilles à 16 km à Saint-Marcel. Gargilesse à 16 km (musée George Sand, animations estivales et expositions, village d'artistes). Commerces 2 km. Anglais parlé.

Prix : 2 pers. **400/800 F** repas **350 F**

🏇	🚶	⛵	🎿	🏊	🎣	⛳	🚶
	SP	12	4,5	13	SP	30	15

DE CLERMONT-TONNERRE Anne – Chateau de la Tour – 36800 Rivarennes – Tél. : 54.47.06.12

Saint-Aubin La Planche-A-l'Ouaille — C.M. n° 68 — Pli n° 9

♥♥♥ NN
(TH)
4 ch. d'hôtes à l'étage d'un bâtiment d'exploitation céréalière entièrement restauré. Salle d'eau ou salle de bains et wc privés attenants pour chacune (3 lits 2 pers. 4 lits 1 pers.). Grand séjour. Salon privé avec TV pour les hôtes. Grand jardin non clos, terrasse, salon de jardin, portique, jeux, barbecue, ping-pong, parking. Ouvert de Pâques à Noël. Issoudun à 10 km : complexe sportif (piscine à vagues, patinoire, bowling, tennis,...) et musée de l'Apothicairerie. Forêt de Bommiers à proximité (randonnées). Repas sur réservation. Gare et commerces 10 km.

Prix : 1 pers. **180 F** 2 pers. **230 F** pers. sup. **80 F** repas **60/100 F**

🏇	⛵	🚶	🎿	🏊	🎣	⛳	🚶
	12	10	12	3	12	3	10	3

ROCHETON Annie – « La Planche à l'Ouaille » – 36100 Saint-Aubin – Tél. : 54.21.05.93 ou 54.21.41.87

Saint-Benoit-du-Sault Le Portail — C.M. n° 68 — Pli n° 17

E.C. NN
1 chambre d'hôtes aménagée dans une maison de caractère (1 lit 2 pers.) avec sanitaires complets attenants, wc particulier. 1 chambre de séjour (1 lit 100, 1 lit 1 pers.) avec coin-salon, TV couleur. Cuisine équipée au rez-de-chaussée. Salle d'eau/wc. Petite terrasse aménagée. Parking (2 emplacements). Gare 18 km. Commerces sur place. Ouvert toute l'année. Cité médiévale de Saint-Benoit-du-Sault (église du XIᵉ, prieuré des XVᵉ et XVIIIᵉ, maison de l'Argentier, Porte fortifiée...) A proximité : dolmens des Gorces et de Passebonneau, cascades des Rocs-Martes, promenade et l'étang du Prieuré. Châteauguillame 17 km. 1 semaine : 1500 F pour 2 pers.

Prix : 1 pers. **200 F** 2 pers. **250 F**

🏇	⛵	🎿	🏊	🎣	⛳	🚶
	10	18	1	18	30	1

BOYER Marie-France – Le Portail – 36170 Saint-Benoit-du-Sault – Tél. : 54.47.57.20

Saint-Chartier Le Chalet — C.M. n° 68 — Pli n° 19

♥♥ NN
4 ch. d'hôtes au bourg, à l'étage d'une maison de caractère, avec parc de 1 ha. 2 ch. au 1ᵉʳ étage (1 lit 160, 1 lit 180), salle de bains, salle d'eau, wc privés (possibilité lits séparés). 2 ch. au 2ᵉ étage (2 lits 2 pers.), salles d'eau privées. WC communs sur le palier. Salle à manger, salon (TV), bibliothèque, véranda. Gratuit pour les enfants. Région de la Vallée Noire à proximité (Pays de George Sand) : La Châtre à 8 km (Musée George Sand, circuit de Formule 3). Nohant à 2 km (fêtes romantiques, maison de George Sand). Festival International des Luthiers et Maîtres Sonneurs à Saint-Chartier, au château, à 1 km. Commerces 1 km.

Prix : 1 pers. **200 F** 2 pers. **230 F** pers. sup. **30 F**

⛵	🎿	🏊	🎣	⛳
8	14	8	18	0,4

METZ Ralph – « Le Chalet » – Route de Verneuil – 36400 Saint-Chartier – Tél. : 54.31.05.76

Saint-Chartier — C.M. n° 68 — Pli n° 19

♥♥ NN
Au château des Maîtres Sonneurs, 3 ch. d'hôtes dans un grand parc. 1 ch. au r.d.c. (1 lit 2 pers. 1 lit 100) avec cheminée, salle de bains et wc attenants. 2 ch. à l'étage (2 lits 2 pers. 1 lit 100) avec cheminée, salle de bains et salle d'eau attenantes. WC communs sur le palier pour la 3ᵉ chambre. Salons, salles à manger, terrasse donnant sur le parc. Festival International des Luthiers et Maîtres Sonneurs dans le château en juillet. Maison de George Sand à Nohant à 2 km (Fêtes Romantiques). Sentier de randonnée balisé des Maîtres Sonneurs à proximité. Commerces sur place. Ouvert de Pâques à la Toussaint.

Prix : 2 pers. **300/350 F** 3 pers. **400 F** pers. sup. **70 F**

⛵	🎿	🏊	🎣	⛳
6	14	6	18	SP

PEUBRIER Hubert – Chateau de Saint-Chartier – 36400 Saint-Chartier – Tél. : 54.06.30.84 ou 54.31.10.17

Saint-Chartier La Breuille C.M. n° 68 — Pli n° 19

♥♥ NN

3 chambres (2 lits 2 pers. 2 lits 1 pers. lavabos), situées à l'étage d'une ferme d'élevage. Salle d'eau, salle de bains et 2 wc à l'étage communs aux chambres. Salon privé réservé aux hôtes et cuisine à disposition pour séjours. Salon de jardin. Commerces 3 km. Ouvert toute l'année. Enfant 50 F. Vallée Noire à proximité (Pays de George Sand). Festival International des Luthiers et Maîtres Sonneurs au château de Saint-Chartier à 3 km. Sentier de randonnée balisé des Maîtres Sonneurs.

Prix : 1 pers. **130 F** 2 pers. **160 F** pers. sup. **60 F**

13	20	13	24	SP	

RAFFIN Monique – « La Breuille » – 36400 Saint-Chartier – Tél. : 54.31.02.86

Saulnay La Marchandiere  C.M. n° 68 — Pli n° 7

E.C. NN

Dans une ferme. R.d.c. : 1 ch. (1 lit 2 pers.), salle d'eau et wc. Et. : 1 ch. avec accès par escalier (1 lit 2 pers. 3 lits 1 pers.) salle d'eau et wc. Salle à manger, cheminée, TV. Salon. Salon de jardin, portique. Grange/salle de jeux (ping-pong, billard). Gare 44 km. Commerces 2,5 km. Ouvert toute l'année. Région de la Brenne : étang de la Mer Rouge (180 ha) et château du Bouchet 20 km. Réserve naturelle de Chérine 10 km et réserve zoologique de la Haute-Touche à Obterre 20 km. Maison de la Pisciculture à Mézières-en-Brenne 10 km et randonnées pédestres.

Prix : 1 pers. **190 F** 2 pers. **230 F** pers. sup. **80 F**

11	16	12	8	11	11	10	SP

RENONCET Alain – La Marchandiere – 36290 Saulnay – Tél. : 54.38.42.94

Tendu La Chasse C.M. n° 68 — Pli n° 18

♥♥ NN
(TH)

Un accueil chaleureux vous attend à « La Chasse », une ferme d'élevage de 200 ha., où vous trouverez 3 chambres d'hôtes à l'étage. 1 ch. (1 lit 2 pers.) avec salle d'eau et wc attenants. Salle de bains et wc réservés aux 2 autres chambres (2 lits 2 pers. 1 lit 1 pers. 2 lavabos). Salle à manger/salon avec cheminée. Parking. Salon de jardin. Tarif enfant : 70 F. Vallée de la Creuse à proximité : site de la Boucle du Pin (panorama) à 18 km. Argenton-sur-Creuse à 10 km (Musée de la Chemiserie). Site archéologique de Saint-Marcel à 6 km (musée et chantier de fouilles). Commerces 10 km. Anglais parlé. Fermé en janvier, février, mars.

Prix : 1 pers. **140 F** 2 pers. **240 F** 3 pers. **320 F** repas **70 F**

1	10	13	10	30	30	14	33	14

MITCHELL Robin – « La Chasse » – 36200 Tendu – Tél. : 54.24.07.76

Thevet-Saint-Julien La Garenne C.M. n° 68 — Pli n° 19

♥♥♥ NN
(TH)

2 ch. d'hôtes en r.d.c. avec entrée indépendante pour chacune, dans une ferme restaurée du XVIIIe s. 1 ch. (1 lit 2 pers. 1 lit ancien 120), salle de bains et wc attenants. 1 ch. (1 lit 2 pers.), salle de bains et wc attenants. Grand séjour avec cheminée, TV, coin-musique. Cour, parking privé et jardin fleuri. Enfant : 45 F. Ouvert toute l'année. Gare 10 km. Commerces 3 km. Possibilité table d'hôtes sur réservation. Nohant à 8 km (maison de George Sand). Saint-Chartier à 7 km (Festival International des Luthiers et Maîtres Sonneurs en juillet). La Châtre à 10 km (Musée George Sand, circuit de F3).

Prix : 1 pers. **210 F** 2 pers. **260 F** pers. sup. **75 F** repas **85 F**

10	15	10	20	3

FRENKEL Solange – « La Garenne » – 36400 Thevet-Saint-Julien – Tél. : 54.30.04.51

Tournon-Saint-Martin La Charite C.M. n° 68 — Pli n° 6

♥♥♥ NN
(TH)

1 ch. d'hôtes (1 lit 2 pers.), au r.d.c. d'une ferme d'élevage, située en limite de Brenne. Salle d'eau particulière. WC dans l'entrée. Salle de séjour avec TV à la disposition des hôtes. Cour non close. Poss. logement chevaux. Gîte labellisé « Panda » (W.W.F.) : circuit nature sur la ferme et observatoire. Gare 60 km. Commerces 4 km. Ouvert toute l'année. Parachutisme et vol à voile à 20 km à Le Blanc. Stage d'artisanat à 8 km. Abbaye de Fontgombault à 12 km (vente de produits fermiers). Parc animalier de la Haute-Touche à 20 km. Futuroscope 60 km. Argentomagus 50 km.

Prix : 1 pers. **140 F** 2 pers. **170 F** repas **60 F**

4	20	15	4	20	20	17	20	4

GAGNOT Jean – Route de Martizay – 36220 Tournon-Saint-Martin – Tél. : 54.37.52.77 – Fax : 54.37.52.77

Tranzault Coutin C.M. n° 68 — Pli n° 19

♥♥♥ NN

1 ch. d'hôtes de séjour dans une maisonnette : cuisine (lave-linge), salon (convertible 2 pers.), s. d'eau et wc, 1 ch. (1 lit 2 pers.), avec entrée indépendante, à l'étage de la ferme des propriétaires, située en plein cœur du pays de George Sand. S. d'eau, wc, salon (TV) particuliers. Cour et grand jardin clos ombragé. Chambre de séjour : 1150 F/2 pers./sem. Enfants -10 ans : 40 F. Randonnées sur sentiers balisés (GR 46). Possibilité de pêche sur un petit étang privé. Logement de chevaux sur place. Commerces 500 m. Aire de jeux. Ouvert toute l'année.

Prix : 1 pers. **170 F** 2 pers. **210/220 F** 3 pers. **300 F**

6	15	20	6	6	25	SP

MICHOT Bertrand – « Coutin » – 36230 Tranzault – Tél. : 54.30.88.42

Valencay C.M. n° 64 — Pli n° 18

♥♥♥ NN

5 ch. d'hôtes aménagées dans une maison ancienne rénovée, près du château de Valençay. 2 ch. au rez-de-chaussée (4 lits 1 pers.) ayant salle d'eau et wc. 3 ch. avec entrée par la cour, à l'étage (5 lits 1 pers. 1 lit 130), salles d'eau et wc attenants. Grande salle à manger (TV) réservée aux hôtes. Petite cour (salon de jardin). Ouvert à partir de Pâques. Château de Valençay (demeure de Talleyrand) : spectacle son et lumière en été, musée de l'automobile, parc animalier. Forêt de Gâtines à 2 km (2000 ha.). Château de Bourges à 18 km (réplique du Petit Trianon). Commerces sur place.

Prix : 1 pers. **200 F** 2 pers. **270 F** 3 pers. **355 F**

20	SP	SP	SP	20	4

BISSON Jeanine – 5, Place du Chateau – 36600 Valencay – Tél. : 54.00.02.78 ou 54.97.58.07

Velles Manoir-de-Villedoin   *C.M. n° 68 — Pli n° 18*

¥¥¥¥ NN — 4 ch. dont 1 de séjour (2000 F/sem. pour 2 pers.) située dans une dépendance (1 lit 2 pers.) radio/TV
(TH) dans chacune à l'étage, salle de bains, wc. Coin-salon (TV). Cuisine équipée. Salle à manger, séjour.
Salon/bibliothèque. Salons avec cheminée (TV, vidéothèque). Terrasses aménagées (salon de jardin).
Parking. Tennis privé. Barque. Randonnées et circuits. Argenton sur Creuse 13 km : musée de la Che-
miserie. Saint-Marcel 11 km : musée archéologique et fouilles. Nohant 20 km : maison de George
Sand (animations estivales). Gare 12 km. Commerces 5 km. Ouvert toute l'année.

Prix : 1 pers. **430 F** 2 pers. **480 F** pers. sup. **120 F**
repas **150/300 F**

20	13	8	SP	SP	20	30	SP	

LIMOUSIN Jean-Claude – Manoir de Villedoin – 36330 Velles – Tél. : 54.25.12.06 – Fax : 54.24.28.29

Vigoulant Les Pouges   *C.M. n° 68 — Pli n° 19*

¥¥¥ NN — 3 ch. d'hôtes, s. d'eau, wc attenants chacune, dans ancienne ferme entièrement restaurée, prox. de la
(TH) Creuse. 1 ch. (1 lit 180, 1 lit 1 pers.), 1 ch. (1 lit 180, 1 lit enfant), 1 ch. (2 lits 1 pers.). Grande salle à manger commune. Salon (TV) à dispo. Pièce détente/coin-salon (jeux). Enft - 5 ans gratuit. Forfait séjour
1400 F/pers. Jeux d'extérieur, salon de jardin. Etang de Rongères 8 km (pêche, baignade...). La Châtre
17 km (musée George Sand, circuit F3) et Région de la Vallée Noire à proximité : Nohant 22 km (maison
de George Sand, animations estivales), Saint-Chartier 25 km (Festival des Luthiers et Maîtres Sonneurs). Gare 60 km. Commerces 10 km.

Prix : 1 pers. **170 F** 2 pers. **200 F** pers. sup. **40 F**
repas **35/69 F**

18	17	13	8	18	8	2	

HYZARD Anne-Marie – Les Pouges - « La Ferme des Vacances » – 36160 Vigoulant – Tél. : 54.30.60.60

Vigoux   *C.M. n° 68 — Pli n° 17*

¥¥¥ NN — 1 chambre d'hôtes pour 2 pers. (1 lit 160) avec salle d'eau et wc attenants, située à l'étage d'une maison.
Grand séjour à la disposition des hôtes, Cour close, salon de jardin, terrasse et jardin fleuri en saison.
Ouvert à partir du 1er mars. Commerces sur place. Lac Chambon à 20 km (baignade, voile, ski nau-
tique...). Site archéologique d'Argentomagus à 12 km (musée et chantier de fouilles).

Prix : 2 pers. **200 F**

20	10	10	10	20	20	15	15

DAMET Odette – Le Bourg – 36170 Vigoux – Tél. : 54.25.30.26

Villedieu-sur-Indre La Bruere   *C.M. n° 68 — Pli n° 8*

¥¥ NN — Ancienne ferme rénovée, entourée de 2 ha de jardin, située à proximité d'un golf, et comprenant
(TH) 3 chambres (2 lits 2 pers. 2 lits 1 pers.), possédant chacune des sanitaires complets (douche, lavabo,
wc) attenants. Salon avec cheminée et TV à disposition. Salon de jardin et portique. Abri voiture. Gare
20 km. Commerces 6 km. Ouvert toute l'année. Anglais parlé. Golf 18 trous 6 km. Domaine apicole de
Chézelles 12 km. Châteauroux 20 km : vieille ville, musée Bertrand (souvenirs napoléoniens, expositions picturales...), lac de Belle-Isle (sports nautiques, promenades).

Prix : 1 pers. **160 F** 2 pers. **200 F** repas **75 F**

20	5	14	6	20	20	6	6	

STONE Alec-Stephen – La Bruere – 36320 Villedieu-sur-Indre – Tél. : 54.26.11.14

Indre-et-Loire   (R)

Amboise Chanteloup   *C.M. n° 64 — Pli n° 16*

¥ NN — 2 ch. dans une ferme en activité avec douches privées et wc communs (1 lit 2 pers. 1 lit 1 pers.). Terrain
attenant. Produits régionaux et vins. 2 nuits minimum en vacances scolaires, réduction de 10 % à partir
de 5 nuits. Gare 3 km, commerces 2 km.

Prix : 1 pers. **145 F** 2 pers. **190 F** 3 pers. **240 F**

2	2	2	5	2	0,5

GUICHARD Suzanne – Chanteloup – 37400 Amboise – Tél. : 47.57.03.85

Amboise   *C.M. n° 64 — Pli n° 16*

¥ NN — 2 ch. aménagées à l'étage d'une maison neuve avec lavabos, 1 ch. (1 lit 2 pers. 1 lit 1 pers.), 1 ch. (2 lits
1 pers.). Salle d'eau et wc réservés aux hôtes sur palier. Salle à disposition des hôtes (TV). Parc (terrasse, parking interieur, salon de jardin). Ouvert toute l'année. Gare 1,5 km, commerces 1 km.

Prix : 1 pers. **140 F** 2 pers. **170 F** 3 pers. **240 F**

1	1	1	5	1	0,5

DELELEE Nicole – 26 rue de Bel Air – 37400 Amboise – Tél. : 47.57.55.67

Amboise   *C.M. n° 64 — Pli n° 16*

¥ NN — 3 chambres d'hôtes aménagées dans une belle maison face à des vignes. Grand jardin ombragé. 1 ch.
(1 lit 160, 2 lits 1 pers.) avec salle de bains et wc privés non attenants. 2 ch. (1 lit 180) avec salle d'eau et
wc privés. 3 ch. (1 lit 2 pers.) avec salle de bains et wc privés non attenants. TV dans les chambres. Lit
bébé : 60 F. Gare et commerces 1 km. Salon de jardin, terrase, parking. Belle région pour activités sportives et touristiques. Swin-golf à 1 km. Anglais parlé.

Prix : 1 pers. **210 F** 2 pers. **220/240 F** 3 pers. **260/305 F**

0,5	2	2	5	8	0,5	

JOLIVARD Lucette – 2 Clos de la Gabiliere – 37400 Amboise – Tél. : 47.57.21.90

Amboise Le Petit Manoir

❦❦❦ NN   1 chambre et 1 suite dans les dépendances d'une propriété rurale de caractère située à 1 km du centre historique d'Amboise. 1 ch. avec 1 lit 2 pers., salle de bains et wc privés au rez-de-chaussée. 1 suite en duplex avec 4 lits 1 pers., salle d'eau et wc privés. Parking. Grand jardin avec pièce d'eau. Terrasse couverte. Mobilier de jardin. Italien et anglais parlés. Forfait week-end hors-saison (500 F pour 2 pers.). SR : 47.48.37.13. Gare et commerces 1,5 km.

Prix : 1 pers. **320 F** 2 pers. **350 F** 3 pers. **450 F**

🏊	🎿	⛪	⛸
1,5	1,5	1,5	5

PARTY Helene – Le Petit Manoir - Route de Chenonceaux – 37400 Amboise – Tél. : 47.30.59.50

Amboise Les Valinieres

❦❦ NN   2 chambres à l'étage d'une maison de caractère située en pleine campagne. 1 ch. avec salle de bains, douche et wc privés (2 lits 1 pers. 1 lit 2 pers.). 1 ch. avec une salle de bains, douche et wc privés non attenants (1 lit 1 pers. 1 lit 2 pers.). Parking, cour et terrasse. Swin-golf d'Amboise à 500 m. Gare 25 km, commerces 3 km.

Prix : 2 pers. **250/300 F** 3 pers. **330/380 F**

🏊	🎿	⛪	⛵
3	3	3	3

PASQUET Pierre – Les Valinieres – 37400 Amboise – Tél. : 47.23.27.42

Amboise Les Vergers de la Menaudiere

❦❦❦ NN   1 suite à l'étage d'une ancienne ferme fin XVIII° située dans un cadre de verdure (parc de 2 ha. avec pièce d'eau) à 2 km du centre d'Amboise. Ameublement de qualité. La suite est composée d'une 1 ch. (2 lits 1 pers.), 1 ch. (1 lit 2 pers.), salle de bains et wc privés. Accès direct à la forêt d'Amboise pour promenade. Gare 25 km, commerces 2 km.

Prix : 1 pers. **250 F** 2 pers. **280 F** 3 pers. **350 F**

🐕 | 🏊 | 🎿 | ⛪ | ✈ | ⛸ | 🚶 |
|---|---|---|---|---|---|
| 2,5 | 2,5 | 2,5 | 9 | 4 | SP |

FOREST Gerard – Les Vergers de la Menaudiere – 37400 Amboise – Tél. : 47.57.06.96

Artannes-sur-Indre

❦ NN   Pavillon neuf dans un jardin arboré et fleuri. 4 ch. au 1° étage. 1 ch. (1 lit 2 pers. 1 lit 1 pers.), cabinet de toilette. 1 ch. (1 lit 2 pers. 1 lit 1 pers.), salle de bains particulière, 2 ch. (1 lit 2 pers.), lavabos et bidets. Douche et wc à l'étage. Ouvert du 1er avril au 15 septembre. Gare 10 km, commerces 500 m.

Prix : 2 pers. **185/215 F** 3 pers. **265 F**

🏊	🎿	⛪	⛵	🚶	🎵
6	3	0,5	12	0,5	5

POINTREAU Odette – 123 avenue de la Vallee du Lys – 37260 Artannes-sur-Indre – Tél. : 47.26.80.85

Artannes-sur-Indre La Gallaisiere

❦❦ NN   1 chambre avec entrée indépendante au rez-de-chaussée d'une fermette tourangelle proche d'un centre équestre. 1 lit 160, salle d'eau et wc privés. Grand jardin ombragé. Parking. Restaurant à 2 km. Gare 10 km, commerces 2 km.

Prix : 1 pers. **200 F** 2 pers. **230 F**

🐕 | 🏊 | 🎿 | ⛪ | ✈ | 🚶 | 🎵 |
|---|---|---|---|---|---|
| 10 | 10 | 1 | SP | 0,5 | 5 |

CADI Ghislaine – La Gallaisiere – 37260 Artannes-sur-Indre – Tél. : 47.65.70.36

Artannes-sur-Indre

❦❦❦ NN   Dans la dépendance d'une maison tourangelle du XIX° au centre du village. 1 suite composée de 2 ch. : (1 lit 2 pers. 1 lit 1 pers.) et 1 ch. (1 lit 120) à l'étage avec salle d'eau et wc privés. Séjour en r.d.c. avec coin-cuisine à l'usage exclusif des hôtes (ameublement rustique, TV, tèl. à compteur). Cour fleurie, parking intérieur. Gare 20 km, commerces 500 m. Réduction de 10 % à partir de 4 nuits. Possibilité forfait séjour : 1800 F/semaine. SR : 47.48.37.13.

Prix : 1 pers. **270 F** 2 pers. **300 F** pers. sup. **70 F**

🐕 | 🏊 | 🎿 | ⛪ | ✈ | ⛸ | 🚶 | 🎵 |
|---|---|---|---|---|---|---|
| 6 | 3 | 0,5 | 2 | 12 | 0,5 | 5 |

SCHAEFER Evelyne – 23 avenue de la Vallee du Lys – 37260 Artannes-sur-Indre – Tél. : 47.26.80.22

Athee-sur-Cher Vallet

❦❦❦ NN   3 chambres au r.d.c. et à l'étage d'une maison de caractère du XVIII° située en bord de Cher sur un parc de 3 ha. Toutes sont équipées d'un lit 2 pers. ainsi que d'une salle de bains et d'un wc privés. Séjour avec TV et cheminée. Terrasse et parking. Gare 30 km, commerces 2 km. Anglais et allemand parlés.

Prix : 1 pers. **300 F** 2 pers. **350/450 F** pers. sup. **100 F**

🏊	🎿	⛪	⛵
5	5	SP	SP

FORT Alan – Vallet – 37270 Athee-sur-Cher – Tél. : 47.50.67.83 – Fax : 47.50.68.31

Athee-sur-Cher Le May

❦❦ NN   Maison d'habitation située dans une ancienne ferme. 1 chambre au r.d.c. avec 1 lit 1 pers., 1 lit 2 pers., salle d'eau et wc privés. TV dans la chambre. Séjour avec TV et cheminée. Terrasse, parking. SR : 47.48.37.13. Gare 18 km, commerces 1 km.

Prix : 1 pers. **180 F** 2 pers. **200 F** 3 pers. **250 F**

🐕 | 🏊 | 🎿 | ⛪ | ✈ | ⛸ | 🚶 |
|---|---|---|---|---|---|
| 6 | 1 | 2 | SP | 6 | SP |

POITEVIN Laurence – Le May – 37270 Athee-sur-Cher – Tél. : 47.50.68.14 – Fax : 47.50.60.24

Azay-le-Rideau La Petite Loge
C.M. n° 64 — Pli n° 14

¥¥¥ NN — 5 ch. dans une maison rénovée entourée d'un domaine de 7 ha. Parc boisé, espace vert aménagé (salon de jardin, barbecue, jeux, détente). Chambres avec douche et wc privés pour 2/3 ou 4 pers. Entrée indépendante. A disposition des hôtes : salon (cheminée), cuisine équipée, salle à manger. Parking. Ouvert toute l'année. SR : 47.48.37.13. Gare 2 km, commerces 1 km. Animaux acceptés sous conditions.

Prix : 1 pers. **215/225 F** 2 pers. **235/245 F** 3 pers. **310 F**

1	1	1	7	14	0,5	13

POIREAU Thierry – La Petite Loge - 15 Route de Tours – 37190 Azay-le-Rideau – Tél. : 47.45.26.05 – Fax : 47.45.33.21

Azay-le-Rideau Marnay
C.M. n° 64 — Pli n° 14

¥ NN — Maison neuve dans un village. 2 ch. au r.d.c. (1 lit 2 pers.). Douche et wc privés. Terrain non clos. Entrée indépendante. Parking. Gare et commerces 6 km.

Prix : 1 pers. **130 F** 2 pers. **150 F**

6	6	0,5	12	0,5

NICAUD Catherine – 1 Chemin de la Butte - Marnay – 37190 Azay-le-Rideau – Tél. : 47.45.23.30

Azay-le-Rideau Le Clos Philippa
C.M. n° 64 — Pli n° 14

¥¥¥ NN — Demeure bourgeoise du XVIII°, attenante au parc du château d'Azay. Grand salon à disposition des hôtes. 4 chambres à l'étage avec salle d'eau et wc privés. 3 ch. avec 1 lit 2 pers. et 1 ch. avec 2 lits 1 pers. Grand jardin. parking intérieur. SR : 47.48.37.13. Gare 3 km, commerces 500 m.

(TH)

Prix : 1 pers. **250 F** 2 pers. **280/340 F** 3 pers. **400 F** repas **120 F**

0,5	0,5	0,5	7	13	0,5	12

DE DREZIGUE Aline – Le Clos Philippa - 10 rue Pineau – 37190 Azay-le-Rideau – Tél. : 47.45.26.49

Azay-sur-Cher Le Patouillard
C.M. n° 64 — Pli n° 15

¥¥¥ NN — 3 chambres indépendantes. 1er étage : salle d'eau ou salle de bains et wc privés. 2 ch. (1 lit 2 pers.), 1 ch. (2 lits 1 pers.). Salle de séjour. Coin-cuisine à disposition des hôtes. Jardin (mobilier de jardin). Point-phone. SR : 47.48.37.13. Gare 17 km, commerces 2 km.

(TH)

Prix : 1 pers. **190 F** 2 pers. **210 F** 3 pers. **270 F** repas **80 F**

12	2	1	2	0,6

MOREAU Marinette – Le Patouillard – 37270 Azay-sur-Cher – Tél. : 47.50.41.32 – Fax : 47.50.47.65

Azay-sur-Cher Chateau du Coteau
C.M. n° 64 — Pli n° 15

¥¥¥¥ NN — 6 chambres au 1er étage du pavillon de l'horloge d'une propriété romantique du XIX°, au milieu d'un parc de 17 ha. avec pièce d'eau. Toutes les chambres ont une salle de bains, wc, tél. et TV. 4 ch. (2 lits 1 pers.), 1 ch. (1 lit 160), 1 appartement (salon, coin-cuisine, 2 ch. avec 4 lits 1 pers.). Salon à disposition des hôtes (piano). Gare 17 km, commerces 2 km. Anglais et espagnol parlés. Nuitée pour 2 pers. dans l'appartement : 680 F. Parc animalier. SR : 47.48.37.13.

Prix : 1 pers. **385 F** 2 pers. **430/590 F** pers. sup. **110 F**

5	5	SP	SP	SP	15

LEMOINE-TASSI – Chateau du Coteau – 37270 Azay-sur-Cher – Tél. : 47.50.47.47 ou 47.50.43.50 – Fax : 47.50.49.60

Azay-sur-Indre La Bihourderie
C.M. n° 64 — Pli n° 16

¥¥¥ NN — 4 chambres indépendants en r.d.c. d'une ferme en activité, 1er prix des gîtes fleuris en 1992 et 2e prix en 1994. Salle de bains ou salle d'eau et wc privés dans chaque chambre : 1 twin (2 lits 1 pers.), 1 double et 2 triples. Lit de bébé. Salon à disposition des hôtes (cuisine, TV et vidéo). Jardin (portique, ping-pong, vélo, pétanque). Pêche privé. Possibilité de panier pique-nique le midi. SR : 47.48.37.13. Gare 4 km, commerces 2 km.

(TH)

Prix : 2 pers. **230/250 F** 3 pers. **300/320 F** pers. sup. **70 F** repas **85 F**

10	3	6	18	0,5

EPAUD Marie-Agnes – La Bihourderie – 37310 Azay-sur-Indre – Tél. : 47.92.58.58

Azay-sur-Indre Le Prieure
C.M. n° 64 — Pli n° 16

¥¥¥¥ NN — 2 chambres dans une propriété romantique de 1850 située dans un beau parc de 6000 m² avec un bassin et dominant la vallée de l'Indre et de l'Indrois, au cœur du village d'Azay. Situées au 1er étage, elles ont chacune : salle de bains et wc privés. 1 ch. (1 lit 2 pers), 2 ch. (1 lit 2 pers, 1 lit 1 pers). Salle de séjour à disposition des hôtes (TV). Parking. SR : 47.48.37.13. Gare 10 km, commerces 500 m. Espagnol parlé.

(TH)

Prix : 1 pers. **320 F** 2 pers. **360 F** 3 pers. **450 F** repas **120 F**

10	2	0,2	5	18

PAPOT Daniele – Le Prieure – 37310 Azay-sur-Indre – Tél. : 47.92.25.29

Barrou Les Godets
C.M. n° 68 — Pli n° 5

¥¥¥ NN — 1 suite à l'étage d'une propriété de caractère du XVIII° avec entrée indépendante, surplombant la vallée de la creuse. La suite est composée d'une ch. (1 lit 2 pers.) et d'une ch. (2 lits 1 pers.), d'un salon privé (canapé), d'une salle de bains et wc privés. Billard et ping-pong à disposition des hôtes. Terrasse avec mobilier de jardin. Gare et commerces 12 km. Parc paysager de 1 ha. Table d'hôtes sur demande. Restaurant à 4 km. SR : 47.48.37.13.

(TH)

Prix : 2 pers. **260 F** 3 pers. **330 F** repas **90 F**

8	8	1	6	0,5	1,5	12

BOULET Monique – Les Godets – 37350 Barrou – Tél. : 47.94.94.35

Beaumont-en-Veron Montour
C.M. n° 64 — Pli n° 13

♥♥♥ NN 2 ch. d'hôtes avec vue sur le jardin et la campagne dans un manoir des XVII° et XVIII° siècles. Salle de bains et wc privés. Salon avec cheminée à la disposition des hôtes. Parking extérieur. Restaurant à 1 km. Gare 5 km, commerces 2 km.

Prix : 1 pers. **300 F** 2 pers. **360 F** 3 pers. **370 F**

⛵	🎿	👤	🐎	👥
2	2	0,8	2	0,5

KREBS Marion – Montour – 37420 Beaumont-en-Veron – Tél. : 47.58.43.76

Beaumont-en-Veron Grezille
C.M. n° 64 — Pli n° 13

♥♥♥ NN (TH) 2 ch. avec entrée indépendante dans une ferme restaurée des XV° et XIX°. 1 grande ch. (coin-cuisine, salon, salle de bains, wc, 1 lit 2 pers. 2 lits 1 pers.), 1 ch. (salle d'eau et wc, 1 lit 2 pers.). Jardin (salon de jardin, barbecue). Animation sur le goût. 2 gîtes sur place. Anglais et allemand parlés. SR : 47.48.37.13. Gare 5 km, commerces 3,5 km.

Prix : 1 pers. **165 F** 2 pers. **195/280 F** 3 pers. **350 F**
repas **95 F**

🐕

⛵	🎿	👤	🐎	⛵	👥
3,5	3,5	1,5	4	5	0,5

DEGREMONT Antoinette – La Balastiere - Grezille – 37420 Beaumont-en-Veron – Tél. : 47.58.87.93

Beaumont-en-Veron Chateau de Coulaine
C.M. n° 64 — Pli n° 13

♥♥ NN Chambres à l'étage d'un château au milieu d'un grand parc. 1 suite avec salle de bains (1 lit 160, 1 lit 1 pers. 1 lit enfant). 1 suite 3 pers. avec salle d'eau et wc. 2 ch. (2 lits 120 ou lit 180 avec salle d'eau et wc). 1 ch. (1 lit 2 pers. salle de bains et wc). Salle avec cheminée, et cuisine réservées aux hôtes. Accueil des cavaliers. Gare 4 km, commerces 3 km. Réduction de 5 % à partir de 2 nuits, -10 % à partir de 7 nuits et plus. Fermé du 15 novembre au 1er mars.

Prix : 1 pers. **280 F** 2 pers. **350 F** 3 pers. **410 F**
pers. sup. **50 F**

⛵	🎿	👤	🐎	👥		
3	3	0,5	3	3	0,5	3

DE BONNAVENTURE Jacques – Chateau de Coulaine – 37420 Beaumont-en-Veron – Tél. : 47.93.01.27

Beaumont-en-Veron Grezille
C.M. n° 64 — Pli n° 13

♥♥♥ NN 3 chambres à l'étage d'une ancienne propriété rurale du XVIII° au cœur du Chinonais. Entrée indépendante, grand séjour/salon avec coin-cuisine. 1 ch. (1 lit 2 pers. salle de bains et wc), 2 ch. avec douche et wc (1 lit 2 pers. ou 2 lits 1 pers.). Jardin ombragé avec mobilier. Vue sur le vignoble. Allemand parlé. SR : 47.48.37.13. Gare 6 km, commerces 3,5 km.

Prix : 2 pers. **280 F**

🐕

⛵	🎿	👤	🐎	👥
2	2	1	2,5	0,5

BACH Micheline – Grezille – 37420 Beaumont-en-Veron – Tél. : 47.58.43.53

Beaumont-la-Ronce La Guilloniere
C.M. n° 64 — Pli n° 5

♥ NN Dans une ancienne ferme. R.d.c. : 1 ch. avec douche et wc. (1 lit 2 pers.). Parking. Restaurants : 1 km. Gare 20 km, commerces 1 km.

Prix : 1 pers. **120 F** 2 pers. **140 F**

🎿	👤	🐎	👥
9	5	10	0,5

GERNIER Madeleine – La Guillonniere – 37360 Beaumont-la-Ronce – Tél. : 47.24.42.83

Beaumont-la-Ronce La Louisiere

C.M. n° 64 — Pli n° 5

♥♥♥ NN 3 chambres dans une ferme en activité située à proximité du bourg face au parc du château de Beaumont et en lisière de la forêt. Situées au 1er étage, toutes avec salle de bains ou salle d'eau et wc privés. Elles ont respectivement 2 lits 1 pers., ou 1 lit 2 pers. et 1 lit 1 pers., ou 1 lit 2 pers. et 3 lits 1 pers. Lit bébé. Gare 20 km, commerces sur place. Séjour (cheminée et TV). Jardin. Parking. Jeux pour enfants, vélos. Restaurant à 300 m, ouvert toute l'année. SR : 47.48.37.13.

Prix : 1 pers. **180 F** 2 pers. **200 F** pers. sup. **70 F**

🐕

⛵	🎿	👤	🐎
20	7	0,5	5

CAMPION Michel – La Louisiere – 37360 Beaumont-la-Ronce – Tél. : 47.24.42.24

Berthenay La Grange Aux Moines
C.M. n° 64 — Pli n° 14

♥♥♥ NN 3 chambres situées dans une ferme du XVII° restaurée dans un hameau en bord de Loire. Toutes avec entrée indépendante, salle d'eau et wc privés. R.d.c. : 1 ch. (1 lit 2 pers., 2 lits 1 pers.). Etage : 1 ch. (1 lit 2 pers.), 1 ch. (2 lits 1 pers.). Parc ombragé. Garage fermé. Location de bicyclettes. Tours à 12 km et Villandry à 5 km. Gare 14 km, commerces 3 km. SR : 47.48.37.13.

Prix : 1 pers. **270 F** 2 pers. **320/370 F** pers. sup. **100 F**

🐕

👤	🐎	👥	♪
0,5	12	0,5	9

MILLET Janine – La Grange Aux Moines – 37510 Berthenay – Tél. : 47.50.06.91

Bourgueil Le Moulin Bleu
C.M. n° 64 — Pli n° 13

♥ NN 3 chambres d'hôtes dans un moulin. Terrasse avec jardin. 3 ch. avec douches et wc privés dont 2 ch. (lits doubles 1 pers.), 1 ch. (1 lit 2 pers.) avec salle d'eau et wc privés. Chambres non fumeur. Vins de Bourgueil. Gare 4 km, commerces 2 km.

Prix : 1 pers. **200 F** 2 pers. **220 F**

⛵	🎿	👤	🐎	👥
10	1	1	4	0,5

BRETON Francoise – Le Moulin Bleu – 37140 Bourgueil – Tél. : 47.97.71.41

Brehemont Le Bourg

NN

Maison tourangelle en bord de Loire dans un bourg. Salle réservée aux hôtes (cheminée, TV). Au 1er étage, 3 suites (2 lits 2 pers.), 2 suites avec salles de bains privées et 1 suite avec salle de bains privée non communicante. 1 wc commun. Jardin (salon de jardin). Vue sur la Loire de toutes les chambres. Gare 6 km, commerces 500 m.

Prix : 1 pers. **145/175 F** 2 pers. **160/190 F** 3 pers. **215/245 F**

🚣	🎿	⛷	⛵	🚶
6	0,5	0,5	6	0,5

CHEVALIER Andree – Le Bourg – 37130 Brehemont – Tél. : 47.96.65.79

Brehemont Les Brunets

NN
(TH)

Dans un environnement calme, Angela et Derek, d'origine anglaise, vous accueille dans leur maison tourangelle située en bord de Loire, à proximité des châteaux de Langeais (4 km), Villandry, Azay-le-Rideau et Ussé (10 km), Chinon (20 km). 3 chambres au 1er étage avec salle d'eau et lavabo privés chacune. 2 wcs communs. Salon à disposition. Gare 3 km, commerces 2 km. Grand jardin ombragé avec terrasse, barbecue, jeux d'enfants. Possibilité de pique-nique. Parking intérieur. Ouvert toute l'année. Table d'hôtes sur réservation. SR : 47.48.37.13. Anglais parlé.

Prix : 1 pers. **240 F** 2 pers. **260 F** 3 pers. **340 F** pers. sup. **80 F** repas **120 F**

🚣	🎿	⛷	🚶
4	3,5	0,5	0,5

SMITH Angela – Les Brunets – 37130 Brehemont – Tél. : 47.96.55.81

Brizay-l'Ile-Bouchard La Commanderie

NN
(TH)

4 ch. au 1er étage d'une demeure bourgeoise de style Directoire, début XIXe, dominant le Val de Vienne à 300 m du centre de l'Ile-Bouchard. 2 ch. (1 lit 2 pers.), 2 ch. (2 lits jumeaux) avec salle d'eau ou wc communs. Salle à manger. Salon et bibliothèque à disposition des hôtes. TV. Cheminée. Tél. Parking intérieur. Parc boisé 4 hectares. Anglais parlé. Gare 16 km, commerces 800 m.

Prix : 1 pers. **230 F** 2 pers. **250 F** 3 pers. **330 F** repas **100 F**

🚣	🎿	⛷	🎣	🚶
0,5	0,5	0,5	10	0,5

VAURIE Christian – La Commanderie - Brizay – 37220 L'Ile-Bouchard – Tél. : 47.58.63.13 – Fax : 47.58.55.81

Candes-Saint-Martin

NN

3 chambres indépendantes avec salle d'eau et wc privés dans une maison bourgeoise du XIXe. 2 ch. en r.d.c. (2 lits 100, 1 lit 2 pers.). Etage : 1 ch. (1 lit 2 pers.). Salon réservé aux hôtes (TV). Jardin et terrasse face à la Loire. Point-phone. Possibilité de location semaine. SR : 47.48.37.13. Gare 17 km, commerces 1 km.

Prix : 1 pers. **260 F** 2 pers. **295 F** pers. sup. **100 F**

🚣	🎿	⛷	🎣	⛷	🚶	🎿
11	0,8	0,5	12	SP	0,5	8

LAMBERT Jack – « la Fontaine « - 46 Route de Compostelle – 37500 Candes-St-Martin – Tél. : 47.95.83.66 – Fax : 47.95.83.09

La Celle-Guenand Chateau de la Celle Guenand

NN

4 chambres d'hôtes au château avec salle réservée aux hôtes. 4 ch. à l'étage (1 lit 2 pers. ou 2 lits 1 pers.), salle de bains et wc privés. Parc et terrain. Salle médiévale de 40 à 50 pers. louable (Prévoir le traiteur). Accueille les cavaliers. Restaurant à 3 km. Gare 13 km, commerces 500 m.

Prix : 2 pers. **300 F** 3 pers. **350 F** pers. sup. **50 F**

🚣	🎿	🎣	🚶
10	6	10	0,5

DE L'AIGLE Jane – Chateau de la Celle Guenand – 37350 La Celle-Guenand – Tél. : 47.94.94.49

Cerelles Chateau de Roiville

E.C. NN

4 chambres dans un château romantique bati au XIXe dans un parc boisé à 15 mn au nord de Tours. 1 ch. avec 1 lit 2 pers., salle de bains et wc privés. 1 appartement avec 1 lit 2 pers., 2 lits 1 pers., salle de bains et wc privés et un coin-cuisine à dispo. Salle réservée aux hôtes. Piscine privée et couverte sur place. Parc boisé de 2 ha. Gare 12 km, commerces 5 km. SR : 47.48.37.13.

Prix : 1 pers. **430 F** 2 pers. **470/600 F** pers. sup. **100 F**

🐕

🚣	🎿	⛷	⛷
SP	5	0,1	5

BRUERE Albertina – Chateau de Roiville - Route du Gue des Pres – 37390 Cerelles – Tél. : 47.55.25.17 – Fax : 47.55.25.17

Chambourg-sur-Indre Le Petit Marray

NN
(TH)

Ancienne ferme du XIXe. Entrées indépendantes. R.d.c. : 1 suite (1 ch. avec 1 lit 2 pers., 1 ch. avec 2 lits 1 pers., salle de bains, wc). 1 ch. (1 lit 2 pers., salle d'eau, wc). 1er étage : 1 ch. (1 lit 2 pers., salle d'eau, wc), 1 suite (salon avec 1 lit 1 pers. et 1 ch. avec 2 lits 1 pers., salle de bains, wc). TV dans les ch., bibliothèque, jeux. Jardin 5000 m². Location de vélos. Gare et commerces 4 km. Table d'hôtes sur réservation. Cuisine à disposition. SR : 47.48.37.13.

Prix : 2 pers. **250/360 F** 3 pers. **360/430 F** repas **120 F**

🚣	🎿	⛷	🎣	🚶
4	2	2	4	0,5

MESURE Jacques – Le Petit Marray – 37310 Chambourg-sur-Indre – Tél. : 47.92.50.58 – Fax : 47.92.50.67

Champigny-sur-Veude Le Grand Parc

NN
(TH)

Maison de maître des années 30 au milieu d'une exploitation agricole en activité. Très calmes, 4 chambres avec grand lit, salle d'eau et wc privés. 1 suite (4 à 5 pers.), bains et wc privés. Séjour (cheminée). Réduction de 10 % pour 3 nuits et plus. SR : 47.48.37.13. Anglais et allemand parlés. Gare 15 km, commerces 500 m.

Prix : 1 pers. **80/210 F** 2 pers. **190/240 F** pers. sup. **80 F** repas **80 F**

🐕

🚣	🎿	⛷	⛵	🚶
6	1	0,7	8	0,5

MORAND Yvonne – Le Grand Parc – 37120 Champigny-sur-Veude – Tél. : 47.95.75.64

Chancay La Ferme de Launay   C.M. n° 64 — Pli n° 15

♥♥♥ NN (TH)
Ancienne ferme des XVe et XVIIIe située sur le vignoble de Vouvray dans une propriété de 1,8 ha. avec chevaux. 3 chambres au total : 1 ch. au r.d.c. avec 1 lit 2 pers., wc et salle de bains privés. 2 ch. à l'étage avec chacune wc et salle d'eau privés et 1 lit 2 pers. ou 2 lits 1 pers. Salle de séjour avec cheminée. SR : 47.48.37.13. Gare 15 km, commerces 1 km. Anglais et allemand parlés.

Prix : 1 pers. **300/400 F** 2 pers. **350/450 F** repas **110 F**

🛶			🚿	👫
6	2	0,5	SP	0,5

SCHWEIZER Jean-Pierre – La Ferme de Launay – 37210 Chancay – Tél. : 47.52.28.21 – Fax : 47.52.28.21

Chanceaux-sur-Choisille Le Moulin de la Planche   C.M. n° 64 — Pli n° 15

♥♥ NN (TH)
2 chambres à l'étage d'un ancien moulin bordé par la Choisille, sur une propriété de caractère très calme. Toutes sont équipées de 2 lits 1 pers., d'une salle d'eau et wc privés. Séjour avec TV. Jardin avec jeux d'enfants, parking. Gare 15 km, commerces 9 km. Anglais et italien parlés.

Prix : 1 pers. **240 F** 2 pers. **270 F** repas **70 F**

🛶	🍴	🚴	👫	🎵
15	SP	2	SP	2

CHAUVEAU Claude – Le Moulin de la Planche – 37390 Chanceaux-sur-Choisille – Tél. : 47.55.11.96 – Fax : 47.55.24.34

Channay-sur-Lathan Le Tertre   C.M. n° 64 — Pli n° 13

♥♥ NN
3 chambres dans une ancienne dépendance sur une exploitation agricole (élevage de moutons, vaches et chevaux). Toutes situées au r.d.c., elles ont chacune salle d'eau et wc privés. 2 ch. avec 1 lit 2 pers. et 1 ch. avec 2 lits 1 pers. Salle réservée aux hôtes. Grande cour, parking. A proximité du lac de Rillé et du golf des Sept Tours. SR : 47.48.37.13. Gare 9 km, commerces 5 km. Anglais parlé.

Prix : 1 pers. **180 F** 2 pers. **200 F** pers. sup. **70 F**

🛶	🎿	🍴	🚴	👫
9	2	0,5	2	0,5

GAUDIN Sophie – Le Tertre – 37330 Channay-sur-Lathan – Tél. : 47.24.65.26

Charge Les Tetes Noires   C.M. n° 64 — Pli n° 16

♥♥ NN
3 chambres à l'étage d'une propriété à la campagne avec chacune salle de bains ou salle d'eau et wc privés. 1 ch. avec 1 lit 160 et 2 ch. avec chacune 1 lit 2 pers. (Possibilité de rajouter des lits 1 pers.). Salle de séjour pour petits déjeuners. Grand jardin avec salon de jardin. Chaumière avec barbecue. Prêt de vélos. Parking intérieur. Gare 5 km, commerces 4 km.

Prix : 2 pers. **200/250 F** 3 pers. **260/310 F**

🛶	🎿	🍴	🚴	⛷	👫
4	2	1	10	4	0,5

RONFLARD Janine – Les Tetes Noires N° 23 – 37530 Charge – Tél. : 47.57.04.91

Charge   C.M. n° 64 — Pli n° 16

♥♥ NN
5 chambres d'hôtes aménagées en r.d.c. dans une dépendance de construction récente située à proximité de la maison des propriétaires et d'un gîte rural. 1 lit 2 pers. dans chaque chambre avec salle d'eau et wc privés (lit d'appoint possible). Cuisine à disposition. Parking intérieur. Jardin, terrasse, mobilier de jardin. Anglais parlé. SR : 47.48.37.13. Gare 5 km, commerces 4 km.

Prix : 1 pers. **180/200 F** 2 pers. **200/220 F** 3 pers. **260/280 F**

🛶	🎿	🍴	🚴	👫	🎵
4	1	0,5	10	0,5	2

CLERQUIN Nicole – Chante Merle - 1 Impasse du Colombier – 37530 Charge – Tél. : 47.57.06.33

Chateau-la-Valliere Vaujours   C.M. n° 64 — Pli n° 14

♥♥♥ NN (TH)
3 chambres indépendantes situées au r.d.c. dans une ferme (chèvres). Salles d'eau et wc privés. TV coul. 1 ch. twin (2 lits 1 pers.) et 2 ch. doubles (1 lit 2 pers.). Possibilité de lit d'appoint ou de lit bébé. Parking-jardin (mobilier de jardin, barbecue). Restaurant à 400 m. SR : 47.48.37.13. Gare et commerces 2,5 km.

Prix : 1 pers. **180 F** 2 pers. **200 F** 3 pers. **250 F** pers. sup. **50 F** repas **75 F**

🎿	🍴	🚴	⛷	👫	🎵
3	0,3	7	12	0,5	5

RIBERT – Vaujours – 37330 Chateau-la-Valliere – Tél. : 47.24.08.55

Chaveignes La Varenne   C.M. n° 68 — Pli n° 4

♥♥♥♥ NN
3 chambres d'hôtes dans une grande demeure du XVIIe pleine de charme et située sur une exploitation agricole (production de framboises, de noix et de miel) aux portes de la cité architecturale de Richelieu. Toutes les ch. sont équipées de bains et wc privés (lits 160 ou 2 lits 1 pers.). 1 ch. au r.d.c. ouvrant sur le jardin et 2 ch. à l'étage dont une avec balcon. Salon chaleureux avec piano et cheminée. Sur place parc avec bois de 6 ha. et vélos disponibles. Futuroscope à 40 km. Anglais parlé. SR : 47.48.37.13. Commerces 4 km.

Prix : 1 pers. **360/450 F** 2 pers. **400/500 F** pers. sup. **150 F**

🛶	🎿	🚴	👫
4	4	3	SP

DRU-SAUER – La Varenne – 37120 Chaveignes – Tél. : 47.58.26.31 – Fax : 47.58.27.47

Chedigny Le Moulin de la Rochette   C.M. n° 64 — Pli n° 16

♥♥♥ NN (TH)
Dans un moulin situé au bord de l'Indrois, 2 ch. d'hôtes à l'étage. 1 ch. avec 1 suite (1 lit 2 pers., 1 lit 1 pers.), salle de bains et wc privés. 1 ch. (2 lits de 1 pers.), salle d'eau et wc privés. Entrée indépendante. Jardin au bord de l'eau. Ping-pong, pêche en rivière sur la propriété. Table d'hôtes sur demande. SR : 47.48.37.13. Gare 11 km, commerces 500 m.

Prix : 2 pers. **230/270 F** 3 pers. **280/370 F** pers. sup. **50/100 F** repas **105 F**

🛶	🎿	🍴	🚴	⛷	👫
8	1	0,5	12	15	0,5

BENEDICT Louise – Le Moulin de la Rochette – 37310 Chedigny – Tél. : 47.92.51.66 – Fax : 47.92.25.72

Chedigny L'Orge-Bercherie *C.M. n° 64 — Pli n° 16*

ᵜ ᵜ NN Maison fleurie à proximité du bourg. 1 ch. tout confort au r.d.c. avec salle d'eau et wc particuliers (2 lits 1 pers.). 2 ch. à l'étage avec lavabo, salle de bains et wc sur le palier. Vue panoramique sur le bourg. Terrasse avec salon de jardin. Cour et terrain clos. Parking. 1er prix des fermes fleuries 1992. Possibilité de pique-nique. SR : 47.48.37.13. Gare 11 km, commerces sur place.

Prix : 1 pers. **160/190 F** 2 pers. **180/210 F** 3 pers. **250 F**

🛶	🎿	🚶	⛷	🎿	👫
9	SP	SP	10	10	SP

BERTHAULT Edith et Raoul – L'Orge-Bercherie – 37310 Chedigny – Tél. : 47.92.51.67

Cheille *C.M. n° 64 — Pli n° 14*

E.C. NN 1 chambre au rez-de-chaussée d'une ancienne fermette du XIXᵉ située au calme dans un hameau rural
(TH) entre la forêt de Chinon et la vallée de l'Indre. Salle d'eau et wc privés, 1 lit 2 pers. et 1 convertible 120. Ameublement rustique. Jardin avec salon de jardin. Italien, espagnol et anglais parlés. Châteaux de Saché, Villandry, Azay, Langeais et Chinon à moins de 20 km. Gare 21 km, commerces 4 km.

Prix : 1 pers. **220 F** 2 pers. **250 F** pers. sup. **70 F** repas **80 F**

🛶	🎿	🚶	👫	⛷
4,5	3	1	SP	4

GUILLON Bertrand – Baigneux – 37190 Cheille – Tél. : 47.45.91.59

Cheille Les Ecureuils *C.M. n° 64 — Pli n° 14*

ᵜ ᵜ ᵜ NN 1 chambre (1 lit 2 pers., salle d'eau, wc) au r.d.c. d'une maison bourgeoise fin XIXᵉ dans un village pit-
(TH) toresque (église, château du XVᵉ). A 5 km d'Azay-le-Rideau, 10 km de Villandry et Chinon. 1 ch. annexe pour enfants (1 lit 2 pers., 1 lit bébé). Salon (cheminée, TV) à disposition. Meubles anciens. Grand jardin ombragé calme (salon de jardin). Parking intérieur. Gare et commerces 5 km. Réduction de 10 % à partir de 3 nuits. Anglais et italien parlés. Forêt et GR3 sur place. Accès par D17 à 1 km. Semaine : 1600 F. SR : 47.48.37.13.

Prix : 1 pers. **240 F** 2 pers. **260 F** 3 pers. **330 F** repas **110 F**

🛶	🎿	🚶	🎣	⛷	👫	🚣
5,5	5,5	1,5	10	18	0,5	18

MENORET – Les Ecureuils, - 27, Bourg de Cheille. – 37190 Azay-le-Rideau – Tél. : 47.45.39.74 – Fax : 47.48.13.39

Cheille Le Vaujoint *C.M. n° 64 — Pli n° 14*

ᵜ ᵜ ᵜ NN 3 chambres de caractère dans la dépendance d'une propriété du XIXᵉ, dans un petit hameau à 4 km d'Azay-le-Rideau. Salon réservé aux hôtes (TV, cheminée, mobilier ancien). 2 ch. (1 lit 2 pers.), 1 ch. (2 lits 1 pers.), salle d'eau et wc privatifs. Grand jardin ombragé avec salon de jardin. Parking privé. Anglais parlé. GR3 à 500 m. Gare et commerces 4 km. Forêt à 800 m. Une dizaine de châteaux dans un rayon de 20 km. SR : 47.48.37.13.

Prix : 1 pers. **230 F** 2 pers. **260/280 F**

🛶	🎿	🚶	🎣	⛷	👫	🚣
4,5	4,5	10	18	0,5	4	16

JOLIT – Le Vaujoint - Cheille – 37190 Azay-le-Rideau – Tél. : 47.45.48.89 – Fax : 47.58.68.11

Chemille-sur-Deme La Bauberie *C.M. n° 64 — Pli n° 5*

ᵜ ᵜ NN 2 chambres dans une ancienne ferme située en pleine campagne à la limite du Vendomois et de la val-
(TH) lée du Loir. Chacune avec salle d'eau et wc privés non communicants. 1 ch. (1 lit 2 pers. 2 lits 1 pers. lavabo), 1 ch. (1 lit 2 pers. 1 lit 1 pers. lavabo). Séjour avec cheminée. Jardin. Parking. Réduction 10 % à partir de 3 nuits. Gare 30 km, commerces 5 km. SR : 47.48.37.13.

Prix : 1 pers. **150 F** 2 pers. **170 F** 3 pers. **210 F** repas **65 F**

🛶	🎿	🚶	🎣	⛷
10	5	7	2	8

MANIAVAL Frederic – La Bauberie – 37370 Chemille-sur-Deme – Tél. : 47.52.34.72

Chenonceaux La Baiserie *C.M. n° 64 — Pli n° 16*

E.C. NN 3 chambres dans une fermette du XVIᵉ restaurée au XIXᵉ et située dans un environnement calme et fleuri. Au r.d.c. : 1 ch. avec 1 lit 2 pers., salle d'eau et wc privés. A l'étage : 1 ch. (1 lit 2 pers.) et 1 ch. (1 lit 2 pers. 1 lit 1 pers.) avec chacune salle de bains et wc privés. Jardin. Parking. Ski-nautique à 8 km. SR : 47.48.37.13. Gare 10 km, commerces 600 m.

Prix : 1 pers. **270/360 F** 2 pers. **300/400 F** 3 pers. **420/470 F**

🛶	🎿	🚶	⛷	👫
6	0,6	1	8	0,5

GUYOMARD Claude – La Baiserie – 37150 Chenonceaux – Tél. : 47.23.90.26 ou 47.23.81.26

Chinon La Rochelle *C.M. n° 64 — Pli n° 13*

ᵜ NN 3 ch. à l'étage d'une ancienne ferme située à 2 km du centre de Chinon. Lavabo dans chaque chambre. 1 douche et 1 wc communs sur le palier. 1 ch. (1 lit 2 pers.). 1 ch. (2 lits 1 pers.). 1 ch. (1 lit 1 pers.). Jardin avec salon de jardin. Gare et commerces 2 km.

Prix : 1 pers. **130 F** 2 pers. **180 F** 3 pers. **270 F**

🛶	🎿	🚶	🎣	⛷	👫	🚣
2	2	2	2	2	0,5	2

DE GRAEVE Etienne – Le Clos de Cement - La Rochelle – 37500 Chinon – Tél. : 47.93.11.86

Chouze-sur-Loire La Perruchonniere *C.M. n° 64 — Pli n° 13*

ᵜ ᵜ NN Dans une maison tourangelle, r.d.c. : 1 ch. (lit 2 pers. s.d.b. wc privés), 1 ch. (1 lit 2 pers. 2 lits 1 pers. s.
(TH) d'eau, wc privés), entrée indép. sur jardin. Et. : 1 ch. (1 lit 1 pers. 1 lit 2 pers. salle d'eau et wc privés). 1 ch. (1 lit 2 pers. 1 lit 1 pers. lavabo, coin-cuisine), s. d'eau, wc sur le palier. 1 ch. (1 lit 2 pers. s. d'eau), wc privés non attenants. les 3 chambres à l'étage ont une entrée indépendante. Table d'hôtes exceptionnellement et sur réservation. Chambres à la campagne. Gare et commerces 4 km.

Prix : 2 pers. **180/280 F** 3 pers. **240/330 F** repas **100 F**

🛶	🎿	🚶	🎣	👫
8	4	3	8	0,5

BODY Germaine – La Perruchonniere – 37140 Chouze-sur-Loire – Tél. : 47.95.15.68 – Fax : 47.95.03.23

Chouze-sur-Loire Montachamps   *C.M. n° 64 — Pli n° 13*

❦❦ NN
(TH)

5 chambres indépendantes à l'étage d'une ferme en activité. 3 chambres (1 lit 2 pers. 1 lit 1 pers.) et 2 chambres (1 lit 2 pers.), 4 chambres sont équipées d'une salle d'eau privée et 1 avec salle de bains privée. Toutes les 5 ont des wc privés. Vente de produits de la ferme. Jardin. 1/2 pension avec minimum 3 nuits : 200 F/nuit/pers. en chambre d'hôtes. Gare 8 km, commerces 6 km.

Prix : 1 pers. **210/230 F** 2 pers. **250/260 F** 3 pers. **320 F**
repas **85 F**

☝	🎿	🐚	🏇	👭	🎵
12	6	3	14	0,5	17

PLASSAIS Michele – Montachamps – 37140 Chouze-sur-Loire – Tél. : 47.95.10.73

Cinais Le Moulin de la Voie   *C.M. n° 64 — Pli n° 13*

❦❦❦ NN

Dans une dépendance XIX° d'un moulin à eau XVI° au bord du Négron, 4 ch. au r.d.c. et 1° étage. 1 ch. double avec bains et wc privés. 2 ch. doubles avec douches et wc privés. 1 ch. (2 lits 1 pers. canapé convertible, douche, wc privés, lit bébé). Salon réservé aux hôtes (tél. TV). Jardin fleuri avec salon et balancelle en bord de rivière. Parking intérieur fermé. Italien parlé. Gare 6 km. Commerces 4 km. Possibilité de pique-nique. Sculpteur sur fer et atelier sur place. SR : 47.48.37.13.

Prix : 2 pers. **270/350 F** pers. sup. **100 F**

🐕	☝	🎿	🐚	🐌	🎣	🎵
	4	4	8	4	0,5	4	15

COTTEREAU Daniele – Le Moulin de la Voie – 37500 Cinais – Tél. : 47.95.82.90 – Fax : 47.95.91.16

Cinq-Mars-la-Pile La Meuliere   *C.M. n° 64 — Pli n° 14*

❦❦❦ NN

5 ch. situées à l'étage d'une maison bourgeoise. 2 ch. (2 pers.) avec salle d'eau et wc réservés aux hôtes. 3 ch. (2 ch. 2 pers. et 1 ch. 4 pers.) avec salle d'eau et wc privés. Salon de jardin. (Tarif 5 pers. dans grande ch. : 370 F). SR : 47.48.37.13. Gare et commerces 500 m.

Prix : 1 pers. **150/180 F** 2 pers. **200/230 F** 3 pers. **280 F**

☝	🎿	🐚	🐌	👭
4	0,5	1	4	0,5

BRUERE Marie Therese – La Meuliere - 10 rue de la Gare – 37130 Cinq-Mars-la-Pile – Tél. : 47.96.53.63

Civray-de-Touraine Le Prieure des Cartes   *C.M. n° 64 — Pli n° 16*

❦❦❦ NN

2 chambres situées dans une propriété avec étang. 1 ch. au r.d.c. avec 2 lits 1 pers., salle d'eau et wc privés. 1 ch. à l'étage avec 2 lits 1 pers., convertible 2 pers., salle de bains et wc privés. Terrasse avec salon de jardin. Parc d'environ 2 ha. avec parking privé. Sauna (35 F/séance), vélos. Piscine privée couverte sur place (chauffée d'avril à novembre). Gare 10 km, commerces 5 km.

Prix : 1 pers. **350 F** 2 pers. **400/500 F** pers. sup. **100 F**

☝	🎿	🐚	🐌
SP	6	5	SP

PINQUET Francoise – Le Prieure des Cartes – 37150 Civray-de-Touraine – Tél. : 47.57.94.94 – Fax : 47.57.89.33

Continvoir La Butte de l'Epine   *C.M. n° 64 — Pli n° 13*

❦❦❦ NN

2 chambres indépendantes dans une demeure d'esprit XVII°. 2 ch. twin avec salle d'eau et wc privés. Séjour à disposition des hôtes. Ameublement de qualité. Grand jardin fleuri. Parking. SR : 47.48.37.13. Gare 15 km, commerces 7 km.

Prix : 1 pers. **270/300 F** 2 pers. **290/320 F** pers. sup. **80 F**

🐕	☝	🎿	🐚	🏇	🎣	👭	🎵
	14	2	6	3	6	0,5	16

BODET – La Butte de l'Epine – 37340 Continvoir – Tél. : 47.96.62.25

Cormery   *C.M. n° 64 — Pli n° 15*

❦❦❦ NN
(TH)

4 chambres dans une maison de caractère des XV° à XIX° attenante à l'ancienne abbaye Carolingienne et située dans le centre historique de Cormery. Situées à l'étage elles ont toutes 1 salle de bains ou 1 salle d'eau privée et des wc privés. 2 ch. avec 1 lit 2 pers. et 1 lit 1 pers., 1 ch. avec 1 lit 2 pers. et 1 ch. avec 2 lits 1 pers. Séjour avec cheminée. Gare 20 km, commerces sur place. Parking intérieur, jardin avec porte romane du XI°. Possibilité de location de vélos. SR : 47.48.37.13. Anglais parlé.

Prix : 1 pers. **250/270 F** 2 pers. **280/300 F** pers. sup. **90 F**
repas **110 F**

🐕	☝	🎿	🐚	🏇	👭
	6	0,5	0,3	11	SP

McGRATH Susanna – 3 rue Alcuin – 37320 Cormery – Tél. : 47.43.08.23 – Fax : 47.43.05.48

Courcay Chemalle   *C.M. n° 64 — Pli n° 15*

❦❦ NN
(TH)

Ancien manoir du XII°. 3 ch. au 1° étage avec salles d'eau privées. 1 ch. (1 lit 2 pers. 1 lit 1 pers.), wc privés. 1 ch. (2 lits 1 pers. wc privés). 1 ch. (1 lit 2 pers.), wc. Au r.d.c., salon à disposition des hôtes (cheminée, ameublement rustique). Jardin (salon de jardin). Parking. Dîner sur réservation. GR 46. Pointphone. Vélos et mini-golf à 2 km. Gare 15 km, commerces 1 km. Réduction de 10 % à partir de 5 nuits. Anglais, allemand et italien parlés. Piscine en cours de réalisation. SR : 47.48.37.13.

Prix : 2 pers. **240/260 F** pers. sup. **80 F** repas **75 F**

☝	🎿	🐚	🏇	👭
13	2	0,5	10	0,5

FAMILLE VALIERE – Chemalle – 37310 Courcay – Tél. : 47.94.10.48 – Fax : 47.94.10.48

Courcelles-de-Touraine La Gallechere   *C.M. n° 64 — Pli n° 13*

❦ NN
(TH)

Au 1er étage d'une construction neuve. 1 ch. mansardée avec poutres apparentes (1 lit 2 pers. 2 lits 1 pers.). Salle d'eau et wc individuels. Salle réservée aux hôtes. A proximité : musée du Falun, château du Lude, lac de Rillé. Accès : D 67. Terrasse, salon de jardin, parc clos. Golf, U.L.M. et cité ornithologique à 6 km. SR : 47.48.37.13. Gare 6 km, commerces 1 km.

Prix : 1 pers. **130 F** 2 pers. **170 F** 3 pers. **200 F** repas **75 F**

🐕	☝	🎿	🐚	🏇	👭
	15	6	2	6	6	0,5

BERGE – La Gallechere – 37330 Courcelles-de-Touraine – Tél. : 47.24.63.65

Courcelles-de-Touraine La Gallechere C.M. n° 64 — Pli n° 13

✹✹✹ NN
(TH)
5 chambres indépendantes dans une fermette restaurée. Aire de jeux. Mobilier de jardin, portiques. 2 ch. au 1er étage (1 lit 2 pers. 2 lits 1 pers.), 3 ch. au r.d.c. (1 lit 2 pers.). Salles de bains et wc privés. Petit salon (TV). Table d'hôtes sur réservation. Idéale pour famille. Possibilité de demi-pension pour un minimum de 3 nuits et pour week-end. Fermeture de début Novembre à fin Mars. Gare 6 km, commerces 2 km. Située à 6 km de Château-la-Vallière sur la route Bourgueil/Chinon. SR : 47.48.37.13.

Prix : 1 pers. **200 F** 2 pers. **220 F** 3 pers. **280 F** repas **90 F**

🏊	🎿	⛸	🚴	🏇	🚶
6	6	2	6	6	0,5

BONTEMPS-WALLEZ Patricia – 3, la Grande Gallechere – 37330 Courcelles-de-Touraine – Tél. : 47.24.90.77

Cravant-les-Coteaux Pallus C.M. n° 64 — Pli n° 14

✹✹✹✹ NN
Maison de caractère restaurée dans un hameau viticole chez un antiquaire : 3 ch. au 1er étage avec salle de bains et wc privés (1 lit 2 pers.) dont 1 suite (1 lit 180, 1 lit 1 pers.), salon réservé aux hôtes. Ameublement de qualité. Piscine privée dans jardin. Anglais et allemand parlés. SR : 47.48.37.13. Gare 11 km, commerces 2 km.

Prix : 2 pers. **450/500 F** pers. sup. **150 F**

🐕	🏊	🎿	⛸	🚴	🏇	⛵
	SP	2	2	10	0,5	10

CHAUVEAU Bernard et Barbara – Pallus – 37500 Cravant-Les Coteaux – Tél. : 47.93.08.94 – Fax : 47.98.43.00

Cravant-les-Coteaux Les Bertinieres C.M. n° 64 — Pli n° 14

✹ NN
3 chambres dans une maison bourgeoise de la fin XIXe et de style Néo-gothique. 1 ch. au r.d.c. avec salle d'eau privée (1 lit 130). Etage : 1 suite avec salle de bains privée (1 lit 2 pers. 2 lits 120), 1 ch. avec salle d'eau privée (1 lit 2 pers.). 2 wc communs au r.d.c. et à l'étage. Parking. Jardin ombragé (salon de jardin, terrasse, portique). Gare 7 km, commerces 500 m.

Prix : 1 pers. **145 F** 2 pers. **190 F** 3 pers. **320 F**

🏊	🎿	⛸	🚴	🏇	⛵
7	1	1,5	14	0,5	7

SCHLECHT-BURY Genevieve – 4, Les Bertinieres – 37500 Cravant-Les Coteaux – Tél. : 47.93.12.40

La Croix-en-Touraine C.M. n° 64 — Pli n° 16

✹✹ NN
Maison tourangelle dans un village proche de Chenonceaux. 3 ch. à l'étage avec douches et wc privés dont 1 ch. (1 lit 2 pers. 2 lits 1 pers.) et 2 ch. (1 lit 2 pers.). Salle d'hôtes avec cheminée. Décor et meubles anciens. Jardin d'agrément. Cour et parking clos. Réduction 10 % à partir de 3 nuits. Gare 1,5 km, commerces 500 m.

Prix : 1 pers. **150 F** 2 pers. **180/200 F** 3 pers. **260 F**

🏊	🎿	⛸	🚴	🚶
2	1	1	2	0,5

LAIZE Martine – 31 rue Grange Baudet – 37150 La Croix-en-Touraine – Tél. : 47.57.89.07

La Croix-en-Touraine La Jauniere C.M. n° 64 — Pli n° 16

✹✹ NN
(TH)
Dans une maison rénovée, 3 ch. au r.d.c. avec salle d'eau et wc privés. 2 ch. (1 lit 2 pers. 2 lits 1 pers.). 1 ch. (1 lit 2 pers.) et 2 ch. (1 lit 2 pers.). Salle réservée aux hôtes. Table d'hôtes sur réservation. Accès facile pour les personnes handicapées (maison de plain-pied). Jardin attenant, parking privé. Gare 2 km, commerces 500 m.

Prix : 1 pers. **185 F** 2 pers. **200 F** 3 pers. **280 F** repas **80/100 F**

🏊	🎿	⛸	🚴	🚶
2	2	2	2	0,5

GUEUDIN Andree – La Jauniere - 22 rue de la Republique – 37150 La Croix-en-Touraine – Tél. : 47.57.95.82

La Croix-en-Touraine La Chevallerie C.M. n° 64 — Pli n° 16

✹✹ NN
4 chambres dans une fermette près de la forêt avec entrée indépendante de celle du propriétaire. Salle d'eau et wc privés pour chacune. 2 ch. au r.d.c. avec chacune 1 lit 2 pers., 1 lit 1 pers. et 1 lit pliant. Salle à manger avec coin-cuisine à disposition des hôtes. A l'étage : 1 ch. (1 lit 2 pers.) et 1 ch. (2 lits 1 pers.) avec salle à manger, coin-cuisine. Terrasse avec salon de jardin et portique. Grand jardin clos avec pelouse. Possibilité de location à la semaine : 1800 F. SR : 47.48.37.13. Gare 6 km, commerces 4 km.

Prix : 1 pers. **200 F** 2 pers. **220 F** 3 pers. **300 F** pers. sup. **80 F**

🐕	🏊	🎿	⛸	🚴	🏇	🚶
	4	4	4	2	SP	5

ALEKSIC Martine – La Chevallerie – 37150 La Croix-en-Touraine – Tél. : 47.57.83.64

La Croix-en-Touraine Le Pressoir de Villefrault C.M. n° 64 — Pli n° 16

E.C. NN
(TH)
1 chambre d'hôtes située en r.d.c. d'une dépendance située dans une ferme équestre comprenant en outre un gîte d'étape. Elle est équipée d'une salle d'eau et de wc privés ainsi que d'un lit 2 pers. Pointphone. Cour gravillonnée avec salon de jardin. Parking. Espaces verts. Table d'hôtes sur réservation. Gare 22 km, commerces 2 km.

Prix : 1 pers. **200 F** 2 pers. **220 F** repas **70 F**

🏊	🎿	⛸	🚴	🏇	⛵
4	4	3	SP	4	SP

PAILLAUD Jean-Marc – Villefrault – 37150 La Croix-en-Touraine – Tél. : 47.23.53.29

Descartes Villouette C.M. n° 68 — Pli n° 5

✹ NN
(TH)
1 ch. avec lavabo (2 pers.). 1 ch. avec lavabo (3 pers.). Salle de bains et wc réservés aux hôtes. Séjour avec cheminée à disposition. Jardin d'agrément avec mobilier. Parking. Baignade 4 km. Possibilité de table d'hôtes. Situé à 4 km de Descartes sur la D31 en direction de Loches. Proche des châteaux de la Loire et d'accès rapide au Futuroscope. Gare 3 km, commerces 5 km.

Prix : 1 pers. **135 F** 2 pers. **170 F** 3 pers. **210 F** repas **70 F**

🏊	🎿	⛸	🚶	⛵
5	5	5	0,5	5

DELAUNAY Marie-Therese – Villouette – 37160 Descartes – Tél. : 47.59.80.07

Dierre Le Bourg   *C.M. n° 64 — Pli n° 16*

≸ NN   5 chambres aménagées dans une maison de bourg. R.d.c. : 1 ch. avec salle de bains (1 lit 2 pers. 1 lit 1 pers.), wc non attenants. 1 ch. avec douche (1 lit 2 pers.), wc privés. Etage : 3 ch. avec salle de bains (3 lits 2 pers.), 1 wc communs à ces 3 chambres. Café/restaurant en face. Téléphone. Parking. Gare 4 km, commerces 500 m.

Prix : 1 pers. **170 F** 2 pers. **220 F** 3 pers. **280 F**

🚣	🎿	🚴	🐎	⛵	👫
4	4	1	4	4	0,5

BOURREAU Jean-Pierre – Le Bourg – 37150 Dierre – Tél. : 47.57.93.92

Dolus-le-Sec La Touche   ⛰   *C.M. n° 64 — Pli n° 15*

≸≸≸ NN (TH)   2 ch. dans une dépendance d'une ferme en activité avec salle d'eau et wc privés (3 lits 1 pers.). Séjour/salon avec coin-cuisine réservé aux hôtes. Jardin d'agrément (coin-cuisine à disposition). SR : 47.48.37.13. Gare 13 km, commerces 1 km.

Prix : 2 pers. **200/250 F** 3 pers. **250/300 F** pers. sup. **50 F** repas **80 F**

🚣	🎿	🚴	🐎	⛵	👫	🏊
13	1	1	8	8	0,5	7

DESFORGES Eric – La Touche – 37310 Dolus-le-Sec – Tél. : 47.59.42.08

Epeigne-les-Bois Crissevent   *C.M. n° 64 — Pli n° 16*

≸≸ NN (TH)   4 ch. d'hôtes (2 lits 1 pers.) dans une ferme restaurée. 1 ch. avec salle d'eau et wc privés. 3 ch. avec lavabo et wc privés, plus 1 salle d'eau réservée à ces 3 chambres. Anglais parlé. 1 chambre « 2 épis NN » et 3 chambres « 1 épi NN ». SR : 47.48.37.13. Gare 15 km, commerces 6 km.

Prix : 1 pers. **210/240 F** 2 pers. **240/270 F** pers. sup. **70 F** repas **100 F**

🚣	🎿	🚴	⛵	👫
12	6	10	15	0,5

TRANQUART Christiane – Crissevent – 37150 Epeigne-Les Bois – Tél. : 47.23.90.18

La Ferriere Les Logeries   ⛰   *C.M. n° 64 — Pli n° 5*

≸≸ NN   3 chambres au r.d.c. d'une ferme à 2 km de la route Blois-Angers. Entrées indépendantes. Coin-cuisine à disposition. Salles d'eau et wc privés dans les 3 chambres. 2 ch. (1 lit 2 pers.) et 1 ch. (1 lit 2 pers. 1 lit 1 pers.). Grande cour (salon de jardin). SR : 47.48.37.13. Gare 14 km, commerces 5 km.

Prix : 1 pers. **180 F** 2 pers. **200 F** 3 pers. **250 F**

🐕	🚣	🎿	🚴	🐎	👫
	14	2	2	6	0,5

DUCHESNE Colette – Les Logeries – 37110 La Ferriere – Tél. : 47.56.30.92

Ferriere-Larcon Chatre   ⛰   *C.M. n° 68 — Pli n° 5*

E.C. NN (TH)   3 ch. sur une exploitation agricole en activité entre Tours, Loches et le Futuroscope. Accès de Liguéil par la D59 ou la D50. 1 suite (2 lits 1 pers. possibilité 1 lit suppl.), 1 ch. (2 lits 1 pers.), 1 ch. (1 lit 2 pers.). Toutes avec salle d'eau et wc privés. Entrée indépendante. Kitchenette à disposition. Pelouse ombragée (pique-nique). Gare 18 km, commerces 6 km. Réduction de 10 % (+ de 3 nuits). Table de ping-pong à disposition. SR : 47.48.37.13.

Prix : 1 pers. **200 F** 2 pers. **230 F** 3 pers. **280 F** pers. sup. **50 F** repas **80 F**

🚣	🎿	🚴	🐎	👫
6	6	1	11	0,5

GUILLARD Monique – Chatre - Ferriere-Larcon – 37350 Le Grand-Pressigny – Tél. : 47.59.67.47 – Fax : 47.59.67.47

Ferriere-sur-Beaulieu La Bretigniere   *C.M. n° 68 — Pli n° 5*

≸≸ NN (TH)   2 chambres d'hôtes indépendantes à l'étage dans une grange restaurée située sur 85 ha. de prés et de bois avec pièce d'eau. 2 ch. avec chacune salle de bains et wc privés. 1 lit 2 pers. dans l'une, 1 lit 2 pers. et 1 lit 1 pers. dans l'autre. Salle réservée aux hôtes. Jardin, parking. Prix semaine : 1100 F. SR : 47.48.37.13. Gare 7 km, commerces 5 km.

Prix : 1 pers. **180 F** 2 pers. **200 F** 3 pers. **260 F** repas **70 F**

🐕	🚣	🎿	🚴	🐎	👫
	7	7	SP	SP	8

LAUVRAY Christophe – La Bretigniere – 37600 Ferriere-sur-Beaulieu – Tél. : 47.91.59.54

Fondettes Manoir du Grand Martigny   *C.M. n° 64 — Pli n° 14*

≸≸≸≸ NN   5 chambres d'hôtes à l'étage d'un élégant manoir situé dans un cadre de quiétude et de verdure s'étendant sur un parc de 6 ha. Les chambres, toutes pour 2 pers., sont équipées d'une luxueuse salle de bains et de wc privés. Anglais parlé. Situé à proximité des principaux châteaux de la Loire (Villandry, Langeais, Azay-le-Rideau...). Gare 5 km, commerces 3 km.

Prix : 2 pers. **460/700 F** pers. sup. **150 F**

🐕	🚣	🎿	🐎	👫	🎾
	3	1	8	0,5	12

DESMARAIS Henri – Manoir du Grand Martigny – 37230 Fondettes – Tél. : 47.42.29.87 – Fax : 47.42.24.44

Francueil Le Moulin Neuf   *C.M. n° 64 — Pli n° 16*

≸≸≸≸ NN   4 chambres au 2e étage d'un moulin du XIXe situé dans un parc arboré. Jardin d'hiver et salon à disposition des hôtes (TV). Salle de bains et wc privés. 2 ch. (2 lits 1 pers.), 1 ch. (3 lits 1 pers.), 1 ch. (1 lit 2 pers.). Concerts et exposition d'œuvres d'art en été. Piscine privée et salon de jardin. SR : 47.48.37.13. Gare 12 km, commerces 500 m.

Prix : 1 pers. **390 F** 2 pers. **450/480 F** 3 pers. **560 F** pers. sup. **90 F**

🐕	🚣	🎿	🚴	🐎	👫
	SP	1	0,5	2	0,5

SANSONETTI Christiane – Le Moulin Neuf - La Villa Polumnia – 37150 Francueil – Tél. : 47.23.93.44 – Fax : 47.23.94.67

Genille Domaine de Marolles — C.M. n° 64 — Pli n° 16

☙ NN

Maison attenante au château des XVᵉ et XVIIIᵉ dans un cadre forestier d'une tranquillité totale. Salle de séjour avec cheminée. 6 ch. pour 2 pers. avec lavabo. Salle de bains, douche, wc. Possibilité de repas (cuisine et salle à manger privées). Accueil de cavaliers. Ouvert du 1ᵉʳ avril au 30 septembre. Hors saison, sur réservation. Ecuries pour chevaux. Ping-pong et tennis privé. Gare 11 km, commerces 2,5 km.

Prix : 1 pers. **150 F** 2 pers. **200 F**

🚣	🎿	🚶	🛶
2,5	SP	8	SP

COUTURIE Alain – Chateau de Marolles – 37460 Genille – Tél. : 47.59.50.01

Genille La Frillere — C.M. n° 64 — Pli n° 16

☙☙☙ NN

4 ch. situées à l'étage d'une demeure de caractère dans un parc forestier. Très calme. 2ᵉ étage : 1 suite avec salle de bains et wc privés (2 lits 2 pers. 1 lit 120, 1 lit 1 pers.). 1 ch., wc et douche privés (1 lit 2 pers.). 3ᵉ étage : 1 suite (4 lits 1 pers.), douche et wc privés. 1 ch. (1 lit 2 pers. 2 lits 1 pers.), douche et wc privés. Etang avec châlet dans une propriété pour pêche et pique-nique. Ouvert en Juillet et en Août, hors saison sur réservation. Gare 10 km, commerces 5 km.

Prix : 1 pers. **150 F** 2 pers. **200/230 F** 3 pers. **270/300 F** pers. sup. **70 F**

🚣	🎿	🚴	🛶	🚶
5	5	0,5	5	0,5

VALLETTE Bernard – La Frillere – 37460 Genille – Tél. : 47.59.51.01

Les Hermites La Persillerie — C.M. n° 64 — Pli n° 5

☙ NN
(TH)

3 ch. à l'étage d'une maison restaurée dans une ferme en activité (vaches, élevage, basse-cour). Proche de la Vallée du Loir. 1 salle de bains, 1 salle d'eau et 2 wc réservés aux hôtes. Possibilité de table d'hôtes. Produits de la ferme. D72 au Nord-Ouest de Château-Renault. Gare 10 km, commerces 3 km.

Prix : 1 pers. **160 F** 2 pers. **200 F** pers. sup. **50 F** repas **70 F**

🚣	🎿	🚴	🛶	🚶
15	10	6	6	0,5

COCHEREAU Michele – La Persillerie – 37110 Les Hermites – Tél. : 47.56.32.04

Hommes Le Vieux Chateau — C.M. n° 64 — Pli n° 13

☙☙☙☙ NN
(TH)

5 chambres de caractère dans une ancienne grange dimière du XVᵉ. Grand salon à disposition (cheminée, TV, tél.). 1 ch. pour personnes handicapées en r.d.c. (2 lits 2 pers.). 4 ch. à l'étage : (2 lits 1 pers. ou 1 lit 2 pers.), salle de bains et wc privés. Parc et cour d'honneur. Anglais, allemand et italien parlés. Tennis et piscine privés sur place. Point-phone. SR : 47.48.37.13. Gare 12 km, commerces 3 km.

Prix : 2 pers. **485/550 F** pers. sup. **150 F** repas **150 F**

🚣	🎿	🚴	🛶	🚶	🎾	🏊
SP	SP	SP	1,5	1,5	1,5	7

HARDY Albine – Le Vieux Chateau – 37340 Hommes – Tél. : 47.24.95.13 – Fax : 47.24.68.67

Huismes L'Ermitage — C.M. n° 64 — Pli n° 13

☙☙ NN
(TH)

1 ch. à l'étage d'une gentilhommière XVIIIᵉ. Lavabo et bidet dans chaque chambre. 1 salle de bains et wc sur le palier. 1 ch. dans dépendance au r.d.c. avec douche et wc privés (2/3 pers.). Cheminée, prise TV. Coin-cuisine. Table d'hôtes sur réservation. Gare 7 km, commerces 3 km.

Prix : 1 pers. **150/190 F** 2 pers. **170/210 F** 3 pers. **210/260 F** repas **60 F**

🐕	🚣	🎿	🚴	🛶	🚶
	5	1	4	2	6	0,5

DE VERNEUIL Marie-Chantal – L'Ermitage – 37420 Huismes – Tél. : 47.95.52.40

Huismes Le Bourg — C.M. n° 64 — Pli n° 13

☙☙☙ NN

2 chambres à l'étage dans une dépendance d'une propriété viticole du XVIᵉ au XVIIIᵉ, située en centre bourg. Entrée indépendante. 1 ch. (1 lit 2 pers. 1 convertible). 1 ch. (1 lit 2 pers. 1 lit 1 pers.). Salle d'eau et wc privés. Possibilité 1 lit bébé. Salle de dégustation et pour le petit déjeuner réservés aux hôtes. Grande cour, parking intérieur, salon de jardin. SR : 47.48.37.13. Gare 9 km, commerces 500 m.

Prix : 1 pers. **215 F** 2 pers. **235 F** pers. sup. **65 F**

🚣	🎿	🚴	🛶	🚶	🎣
7	1	1	5	0,5	9

BELLIVIER Vincent – Le Bourg – 37420 Huismes – Tél. : 47.95.54.26

Huismes La Pilleterie — C.M. n° 64 — Pli n° 13

☙☙☙ NN

3 chambres de caractère dans une dépendance d'une ferme restaurée. Cadre buccolique et calme assuré. 1 ch. (2 lits 1 pers. douche et wc privés). 1 ch. (1 lit 2 pers. salle de bains et wc privés). 1 suite (1 lit 2 pers. 2 lits 1 pers. salle de bains et wc privés). Salon conçu pour les hôtes (cheminée, TV coul.), cuisine à disposition. Grand jardin. Parking. SR : 47.48.37.13. Gare 6 km, commerces 2 km.

Prix : 2 pers. **280/350 F** pers. sup. **100 F**

🚣	🎿	🚴	🛶	🚶
6	2	3	4	0,5

PRUNIER Marie-Claire – La Pilleterie – 37420 Huismes – Tél. : 47.95.58.07

L'Ile-Bouchard Le Moulin de Saussaye — C.M. n° 68 — Pli n° 4

☙☙☙ NN

Ferme-auberge avec 3 chambres d'hôtes dans une dépendance d'une ferme en activité avec moulin du XVIIIᵉ au bord de la Manse : 1 ch. (2 pers.) et 2 suites (4 pers.) avec mezzanine. Salle d'eau et wc privés. Coin-cuisine à disposition. Vente de fromages de chèvres, vins et laine mohair. Sur place poneys et pêche à la truite. Possibilité de prix à la semaine sur demande. SR : 47.48.37.13. Gare 15 km, commerces 500 m.

Prix : 1 pers. **190 F** 2 pers. **220 F** pers. sup. **80 F**

🐕	🚣	🎿	🚴	🛶	🚶	🎣
	0,8	0,8	SP	SP	SP	SP

MEUNIER – Le Moulin de Saussaye – 37220 L'Ile-Bouchard – Tél. : 47.58.50.44 ou 47.58.67.19

Ingrandes-de-Touraine Le Clos Saint Andre   *C.M. n° 64 — Pli n° 13*

⚘⚘⚘ NN
(TH)

6 chambres avec salle de bains et wc privés sur une propriété viticole des XVIIᵉ et XVIIIᵉ. R.d.c. : 1 ch. (1 lit 2 pers. 2 lits 1 pers.). 1ᵉʳ étage : 2 ch. (1 lit 2 pers.), 1 ch. (1 lit 2 pers. 1 lit 1 pers. 1 lit bébé). 2ᵉ étage : 1 ch. (1 lit 2 pers. 2 lits 1 pers.), 1 ch. (2 lits 1 pers. 1 lit 1 enfant). Salle avec cheminée. Gare 15 km, commerces 500 m. Parking, terrasse et jardin ombragés réservés aux hôtes. Jeux d'enfants, ping-pong, pétanque. Anglais parlé. Vins de Bourgueil de la propriété. Table d'hôtes sur réservation. 1/2 pension en saison : 375 F (1 pers.), 540 F à 590 F (2 pers.). SR : 47.48.37.13.

Prix : 1 pers. **240 F** 2 pers. **270/320 F** 3 pers. **390 F**
repas **120/160 F**

🏊	🎿	⛓	🎣	⛵	🥾
4	0,5	3	3	10	0,5

PINCON Michele – Le Clos Saint Andre – 37140 Ingrandes-de-Touraine – Tél. : 47.96.90.81

Jaulnay La Rivagere   *C.M. n° 68 — Pli n° 4*

⚘⚘ NN
(TH)

2 chambres au rez-de-chaussée d'une ferme en activité (asperges, melons). Salle d'eau privée dans chacune des chambres, 1 wc commun. 1 lit 2 pers. dans la 1ᵉ ch. et 2 lits 1 pers. dans la 2ᵉ ch. Salon à disposition avec TV et cheminée. A proximité : Richelieu (12 km), Chatellerault (18 km) et le futuroscope. SR : 47.48.37.13. Gare et commerces 11 km.

Prix : 1 pers. **150 F** 2 pers. **180 F** pers. sup. **40 F** repas **65 F**

🏊	🎿	⛓	🎣
11	11	1	7

PATROUILLAULT Marie-Madeleine – La Rivagere – 37120 Jaulnay – Tél. : 47.95.66.55 – Fax : 47.95.67.20

Langeais Chateaufort   *C.M. n° 64 — Pli n° 14*

⚘⚘ NN

6 chambres d'hôtes au château au milieu d'un grand parc boisé près de Langeais (6 restaurants). 4 ch. avec chacune salle de bains et wc privés pour 2 ou 3 pers. et 2 ch. avec chacune douche et wc privés pour 3 ou 4 pers. 2 grands salons (TV, hi-fi, piano, ping-pong). Gare 1,2 km, commerces 1 km.

Prix : 1 pers. **210 F** 2 pers. **215/270 F** 3 pers. **265/320 F**

🏊	🎿	⛓	⛵	🥾
2	1	0,5	1	0,5

BOURROUX Jacques – Chateaufort – 37130 Langeais – Tél. : 47.96.85.75 – Fax : 47.96.86.03

Langeais   *C.M. n° 64 — Pli n° 14*

⚘ NN

Maison en centre ville. 5 ch. avec lavabos, 2 salles d'eau et 2 wc sur les paliers. 1ᵉʳ étage : 3 ch. (1 ch. 3 pers. et 2 ch. 2 pers.). 2ᵉ étage : 2 ch. 2 pers. SR : 47.48.37.13. Gare et commerces 500 m.

Prix : 1 pers. **160 F** 2 pers. **180 F** 3 pers. **240 F**

🏊	🎿	⛓	🎣	⛵	🥾
0,5	0,5	0,5	7	0,5	0,5

TAUZIN Josette – 36 rue Anne de Bretagne – 37130 Langeais – Tél. : 47.96.51.34 ou 47.96.84.92

Langeais L'Epeigne   *C.M. n° 64 — Pli n° 14*

⚘⚘⚘ NN
(TH)

6 ch. à l'étage d'une belle ferme restaurée en activité (élevage). 3 ch. (2/3 pers). 1 suite avec salle d'eau et wc privés. 2 ch. (2 pers.), douches, 1 wc privés réservés aux hôtes. Pelouse/bois (15 ha.). Box pour chevaux. Demi-pension à partir de 4 nuits : 400 F par jour pour 2 pers. 3 chambres et 1 suite « 3 épis NN » et 2 chambres « 2 épis NN ». SR : 47.48.37.13. Gare et commerces 2 km.

Prix : 1 pers. **210/230 F** 2 pers. **250/270 F** 3 pers. **310/380 F**
repas **95 F**

🐕	🏊	🎿	⛓	🎣	⛵	🥾
	2	2	0,5	0,5	7	0,5

HALOPE Martine – L'Epeigne – 37130 Langeais – Tél. : 47.96.54.23 ou 47.96.84.06

Lerne La Grande Cheminee   *C.M. n° 64 — Pli n° 13*

⚘⚘ NN
(TH)

2 ch. à l'étage dans une dépendance de caractère du XVIIᵉ dans une ferme en activité. 1 suite composée de 2 ch. avec 1 lit 2 pers., 2 lits 1 pers., salle d'eau et wc privés. 1 ch. avec 2 lits 1 pers., 1 lit d'appoint, salle d'eau et wc privés. Equipement bébé. Jardin avec salon de jardin. Parking. Jeux d'enfants. SR : 47.48.37.13. Gare 15 km, commerces 2,5 km.

Prix : 1 pers. **160 F** 2 pers. **190/210 F** 3 pers. **240 F**
pers. sup. **70 F** repas **75 F**

🏊	🎿	⛓	🥾	🎣
15	2,5	6	0,5	4

BLANCHARD Suzanne – La Grande Cheminee – 37500 Lerne – Tél. : 47.95.94.46

Ligre   *C.M. n° 68 — Pli n° 3*

⚘⚘⚘ NN

3 chambres aménagées à l'étage d'un ensemble de caractère du XVIᵉ situé dans le centre du village de Ligré. Havre de quiétude aux confins de la Touraine et du Poitou, à proximité de Chinon. Toutes ont une salle de bains ou une salle d'eau avec wc privés. 2 ch. sont équipées de 2 lits 2 pers. et 1 ch. avec 1 lit 2 pers. Salle de séjour avec TV et cheminée. Gare et commerces 7 km. Cour, jardin paysager. Réduction de 10 % à partir de 3 nuits. Espagnol parlé.

Prix : 1 pers. **190/220 F** 2 pers. **220/250 F** pers. sup. **70 F**

🐕	🏊	🎿	⛓	🎣	⛵
	7	7	4	7	20

BOUCHER-MAROLLEAU – 5 rue Saint-Martin – 37500 Ligre – Tél. : 47.93.32.84

Ligueil Le Moulin de la Touche   *C.M. n° 68 — Pli n° 5*

⚘⚘⚘ NN
(TH)

5 ch. à l'étage d'un moulin du début XIXᵉ. 3 ch. (1 lit 2 pers.), 1 ch. (1 lit 2 pers. 1 lit 1 pers.) et 1 ch. avec terrasse (1 lit 160, 1 lit 1 pers.). Chambres décorées en style anglais avec salle d'eau, wc privés. Salon à disposition des hôtes. Jardin. TV satellite. Point-phone. Location vélos à 2 km. Gare routière à 2 Km. Anglais parlés. Gare 20 km, commerces 2 km. Possibilité de paiement par carte de crédit. SR : 47.48.37.13.

Prix : 1 pers. **240 F** 2 pers. **270/320 F** 3 pers. **350/400 F**
repas **110 F**

🐕	🏊	🎿	⛓	🎣	⛵	🥾	🏌
	1	1	0,5	12	12	0,5	30

REES Margareth – Moulin de la Touche – 37240 Ligueil – Tél. : 47.92.06.04

Ligueil Le Chemin Vert
C.M. n° 68 — Pli n° 5

♨♨ NN
(TH)

1 chambre au r.d.c. d'une ancienne ferme à 1 km du centre de Ligueil. Salle d'eau et wc privés. 1 lit 2 pers. et 1 lit 1 pers. Jardin ombragé clos. Parking fermé. Salon de jardin. Chemin pédestre devant le bâtiment. Table d'hôtes sur réservation. Réduction à partir de 4 nuits. location de VTT à 1,5 km. Accès : direction subdivision équipement. SR : 47.48.37.13. Gare 18 km, commerces 1 km.

Prix : 1 pers. **140 F** 2 pers. **170 F** 3 pers. **210 F** repas **70 F**

1,5	1,5	1		12	0,5

THIELIN Joseph et Lucie – Le Chemin Vert – 37240 Ligueil – Tél. : 47.59.61.23

Limeray
C.M. n° 64 — Pli n° 16

♨♨ NN

Chambres d'hôtes aménagées à l'étage d'une dépendance située au centre de Limeray avec salle de bains et wc privés. 2 ch. (1 lit 2 pers.), 2 ch. (1 lit 2 pers. 1 lit 1 pers.). Salle réservée aux hôtes (réfrigérateur, TV). Jardin suspendu ombragé. Abri couvert adossé au rocher avec cheminée utilisable. SR : 47.48.37.13. Gare 8 km, commerces 500 m.

Prix : 1 pers. **230 F** 2 pers. **260 F** 3 pers. **350 F**

8	2	1		5	0,5

BAZINET Gilbert – 19 rue de Blois - Limeray – 37530 Amboise – Tél. : 47.30.09.31

Limeray Les Grillons
C.M. n° 64 — Pli n° 16

♨♨♨ NN

5 chambres d'hôtes dont 1 au rez-de-chaussée dans une ferme d'élevage avicole. Auberge avec spécialités régionales sur place. 3 chambres doubles et 2 chambres triples, toutes avec salle de bains et wc privés. Terrain avec salon de jardin. Anglais et allemand parlés. SR : 47.48.37.13. Gare 8 km, commerces 500 m.

Prix : 1 pers. **220/260 F** 2 pers. **260/300 F** pers. sup. **80 F**

8	3	0,8	2	0,5	1,5

GUICHARD Nicole – « Les Grillons » – 37530 Limeray – Tél. : 47.30.11.76

Loche-sur-Indrois La Gironnerie
C.M. n° 68 — Pli n° 7

E.C. NN
(TH)

2 chambres dans une maison bourgeoise de 1840 située en pleine campagne à proximité de Loches et de Montrésor. Parc de 5000 m² sur une propriété de 7 ha. avec pièce d'eau. 1 ch. au r.d.c. avec 1 lit 2 pers., salle de bains et wc privés. 1 ch. à l'étage avec 1 lit 2 pers., 1 lit 1 pers., salle d'eau et wc privés. Parking intérieur. Gare 18 km, commerces 3 km. Anglais parlé.

Prix : 1 pers. **200 F** 2 pers. **230 F** pers. sup. **70 F** repas **90 F**

15	3	SP	15	10	SP

NORDMANN Alice – La Gironnerie – 37460 Loche-sur-Indrois – Tél. : 47.92.63.36

Loches Les Jolletieres
C.M. n° 68 — Pli n° 6

♨♨ NN
(TH)

4 chambres, dans une ferme en activité située dans la vallée de l'Indre, à 3 km du centre de Loches. 1er étage : 3 ch. avec salle d'eau et wc privés (2 lits 2 pers. 2 lits 1 pers.). R.d.c. : 1 ch. (1 lit 2 pers. 1 lit 80, salle de bains et wc privés). Salle à disposition des hôtes (TV). Jardin pelouse ombragée (salon de jardin). VTT et ULM sur place. Réduction de 10 % au delà de 5 nuits. Fermé en Janvier. SR : 47.48.37.13. Gare et commerces 3 km.

Prix : 1 pers. **180 F** 2 pers. **210 F** 3 pers. **270 F**
pers. sup. **60 F** repas **85 F**

3	3	0,5	1	12	0,5

DOUARD Elisabeth – Les Jolletieres – 37600 Loches – Tél. : 47.59.06.61

Le Louroux La Chaumine
C.M. n° 64 — Pli n° 15

♨♨♨ NN
(TH)

2 chambres indépendantes situées dans une ferme en activité (confiture de lait) jouxtant le camping à la ferme. Dans chacune : 1 lit 2 pers. et 1 canapé 2 pers. avec salle d'eau et wc privés. Petite cuisine dans une ch. pour séjours prolongés (1000 F/semaine). Terrasse couverte (ping-pong). Grand espace en pelouse (salon de jardin, barbecue, portique). Gare 19 km, commerces sur place. Exposition des produits du terroir. Réduction 10 % à partir de 4 nuits. Lac de 65 ha. à 500 m. SR : 47.48.37.13.

Prix : 1 pers. **185 F** 2 pers. **210 F** 3 pers. **260 F** repas **85 F**

8	0,5	0,5	3	0,5	SP

BAUDOIN Lysianne et Claude – La Chaumine – 37240 Le Louroux – Tél. : 47.92.82.09

Lussault-sur-Loire Chateau de Pintray
C.M. n° 64 — Pli n° 16

♨♨♨♨ NN

3 chambres d'hôtes situées dans une propriété viticole au cœur du vignoble de Montlouis, dans un château des XVII° et XIX°. 1 ch. au r.d.c. (2 lits 1 pers. 1 canapé 1 pers.). A l'étage : 1 ch. (1 lit 2 pers.), 1 suite (2 lits 120, 1 lit 160). Salles de bains et wc privés. Grand salon avec cheminée, TV, billard. Ameublement et décoration de qualité. Gare et commerces 6 km. Parc et vignobles formant un clos de 5 ha. Réduction 10 % (4 nuits). Anglais parlé. SR : 47.48.37.13.

Prix : 1 pers. **480 F** 2 pers. **530 F** 3 pers. **640 F**
pers. sup. **110 F**

6	6	2	0,5	

RAULT-COUTURIER – Chateau de Pintray – 37400 Lussault-sur-Loire – Tél. : 47.23.22.84 – Fax : 47.57.64.27

Luynes Le Moulin Hodoux
C.M. n° 64 — Pli n° 14

♨♨♨ NN

Dans un moulin des XVIII° et XIX°, 3 chambres avec salle d'eau et wc privés. Au 2° étage : 1 ch. (2 lits 1 pers.), 1 ch. (1 lit 2 pers. 1 lit 80), 1 ch. (1 lit 120, 2 lits 1 pers.). Salon (TV, cheminée). Piscine privée. Terrasse couverte (salon de jardin, grill) en bord de rivière. Animaux acceptés sous conditions. Vélos à disposition. SR : 47.48.37.13. Gare 12 km, commerces 2 km.

Prix : 1 pers. **290 F** 2 pers. **320 F** 3 pers. **410 F**
pers. sup. **90 F**

SP	3	SP	5	SP	15

VACHER Jocelyne – Le Moulin Hodoux – 37230 Luynes – Tél. : 47.55.76.27 – Fax : 47.55.76.27

Indre-et-Loire

Luzille Bois-Joubert
C.M. n° 64 — Pli n° 16

♥♥ NN **(TH)** 1 ch. d'hôtes aménagée à l'étage d'une maison tourangelle située dans un hameau. 2 lits 2 pers., salle d'eau et wc privés non attenants. Salle de séjour à disposition des hôtes. Terrasse. Château de Chenonceaux à 7 km. Table d'hôtes sur réservation. SR : 47.48.37.13. Gare 17 km, commerces 3 km.

Prix : 1 pers. **130 F** 2 pers. **170 F** 3 pers. **210 F** repas **55 F**

7	3	3	7	0,5

SARTIS Andrée – Bois Joubert – 37150 Luzille – Tél. : 47.30.21.45

Manthelan Bel-Ebat
C.M. n° 68 — Pli n° 5

♥♥ NN 1 chambre aménagée au r.d.c. dans une ancienne fermette avec douche et wc privés. 1 lit 2 pers. et 1 lit 1 pers. Petite cuisine attenante à la chambre. Entrée indépendante. Parking, jardin d'agrément. Réduction de 5 % à partir de 4 nuits. Gare 16 km. Tous commerces à 1 km.

Prix : 1 pers. **150 F** 2 pers. **180 F** 3 pers. **230 F** pers. sup. **50 F**

10	1	4	7	4	0,5

VERGER Odette – Bel Ebat – 37240 Manthelan – Tél. : 47.59.63.64

Monthodon Le Sentier
C.M. n° 64 — Pli n° 5

♥♥♥ NN **(TH)** 4 chambres dans une ancienne maréchalerie du XVIIIe surplombant une jolie vallée calme. Toutes avec entrée indépendante, salle d'eau et wc privés. 2 ch. (1 lit 2 pers.), 1 ch. (2 lits 2 pers.), 1 ch. (2 lits 2 pers. 1 lit 100). Grand séjour dans l'ancienne forge (TV). 2 chambres avec coin-cuisine. Cadre rustique. Jardin avec mobilier. Gare 9 km, commerces 3 km. Prêt de vélos, matériel de pêche, jeux d'enfants. Anglais, allemand. SR : 47.48.37.13.

Prix : 1 pers. **165 F** 2 pers. **180 F** 3 pers. **225 F** repas **75 F**

9	9	5	8	SP

NIEDBALSKI Patricia et Dany – Le Sentier - 6 rue des Rosiers – 37110 Monthodon – Tél. : 47.29.61.66

Montlouis-sur-Loire
C.M. n° 64 — Pli n° 15

♥♥♥ NN 3 chambres aménagées dans une maison de caractère et colombier du XVIIe au pied du vignoble de Montlouis. 1 ch. (1 lit 2 pers.), 1 ch. (2/4 pers.) et 1 ch. en duplex avec coin-repas dans le colombier. Salle de bains et wc privés chacune. Grand jardin avec cèdre centenaire. Parking intérieur. Ouvert toute l'année. Anglais et allemand parlés. Gare 7 km, commerces 5 km. Randonnées dans le vignoble et dégustation de vins AOC sur place. A proximité : restaurants, plage, golf, forêt, canoë, tir à l'arc. Vélos sur place. Loire 300 m. SR : 47.48.37.13.

Prix : 2 pers. **300/400 F** pers. sup. **100 F**

5	5	0,4	5	7	0,5	7

MOREAU-RECOING Marie-Annick – 4 Gd Rue, - Le Colombier – 37270 Husseau/Montlouis-sur-Loire – Tél. : 47.50.85.24

Morand L'Allier
C.M. n° 64 — Pli n° 6

♥♥♥ NN 1 suite et 1 chambre aménagées à l'étage de la maison d'habitation dans une ferme céréalière des XVIIIe et XIXe. Les deux sont équipées d'une salle d'eau et de wc privés. 1 grand lit 2 pers. dans la chambre, 1 grand lit 2 pers. et 2 lits 1 pers. dans les 2 ch. composant la suite. Séjour (TV, cheminée). Cour et jardin en pelouse. Réduction de 10 % à partir de 3 nuits. Gare 20 km, commerces 6 km.

Prix : 1 pers. **200 F** 2 pers. **220/250 F** 3 pers. **300 F**

6	3	7	12	SP

DATTEE Jean-Marc – L'Allier – 37110 Morand – Tél. : 47.56.00.14

Mosnes Les Hauts Noyers
C.M. n° 64 — Pli n° 15

♥♥♥ NN Maison ancienne rénovée dans vignoble à 1 km du bourg. Entrée indépendante. R.d.c. 1 ch. (1 lit 2 pers., 1 lit 1 pers.) avec salle de bains et wc privés. 2 ch. (1 lit 2 pers.) avec salle d'eau et wc privés. Grand jardin. Parking arboré (verger, meubles de jardin, vélos). Ping-pong. Allemand parlé. Gare 10 km, commerces 1 km.

Prix : 1 pers. **220 F** 2 pers. **230 F** 3 pers. **310 F**

10	2,5	1	7	11	0,5

BERKOVICZ Jeanne – Les Hauts Noyers - Mosnes – 37530 Amboise – Tél. : 47.30.40.23

Mosnes Les Hauts Noyers
C.M. n° 64 — Pli n° 15

♥♥♥ NN Ancienne ferme XVIIIe restaurée entre vignes et bois à 1 km de la Loire. 1 ch. (1 lit 2 pers. salle de bains, wc privés), 1 suite 60 m² (1 lit 2 pers. 2 lits 1 pers. 1 lit d'enfant, wc, salle de bains et coin-salon privés). Ameublement de qualité. Entrée indépendante (terrasse et salon de jardin pour chaque chambre). Salle de séjour réservée aux hôtes. Parking privé. Vélos à disposition. Gare 10 km, commerces 1 km.

Prix : 1 pers. **230 F** 2 pers. **250/270 F** pers. sup. **100 F**

10	2,5	1	3	11	0,5

SALTRON – Les Hauts Noyers – 37530 Mosnes – Tél. : 47.57.19.73

Mosnes Chateau de la Barre
C.M. n° 64 — Pli n° 15

♥♥♥ NN **(TH)** 3 ch. d'hôtes et 1 suite avec salle de bains et wc privés, aménagées dans une propriété du bourg (1850), à proximité de la Loire. 1 ch. au 1er étage dans le logis principal (1 lit 2 pers.), 1 suite (2 ch. salon). Très belle salle de bains. 2 ch. dans dépendances (2 lits 2 pers. 3 lits 1 pers.). Parking intérieur. Jardin. Gare 6 km, commerces 1 km.

Prix : 1 pers. **315 F** 2 pers. **400 F** 3 pers. **540 F** repas **150 F**

6,5	6,5	0,4	15	7	0,5

MARLIERE Michel – Chateau de la Barre – 37530 Mosnes – Tél. : 47.57.33.40

443

Nazelles-Negron La Huberdiere
C.M. n° 64 — Pli n° 15

♥♥♥ NN (TH)
5 chambres d'hôtes dans un château. Salle réservée aux hôtes. Cuisine indépendante mise à disposition. Meubles anciens. 5 ch. au 1er étage et 2e étage, pour 2 et 3 pers. Salle de bains et wc particuliers. Table d'hôtes possible. Terrasse, parc boisé, très calme. Etang dans la propriété. Anglais parlé.

Prix : 2 pers. 395/580 F 3 pers. 610 F pers. sup. 90 F
repas 175 F

🏊	🎿	🚴	✈	⛵	👫
7	7	0,5	2	7	0,5

SANDRIER Beatrice – La Huberdiere - Vallee de Vaugadeland – 37530 Nazelles-Negron – Tél. : 47.57.39.32 – Fax : 47.23.15.79

Nazelles-Negron
C.M. n° 64 — Pli n° 16

♥♥ NN
3 chambres au 1er étage d'une maison bourgeoise à 300 m de la gare SNCF et 1 km d'Amboise. Salles d'eau privées. 2 wc communs. 1 ch. (1 lit 2 pers.), 1 ch. (1 lit 2 pers. 1 lit 1 pers.), 1 ch. (1 lit 120, 1 lit 1 pers.). Grand jardin en pelouse de 1800 m². Parking. SR : 47.48.37.13. Commerces 200 m.

Prix : 1 pers. 170 F 2 pers. 190 F 3 pers. 260 F

🏊	🎿	🚴	✈	👫
0,7	0,7	0,4	10	0,5

JOLY Marie Antoinette – 10 Boulevard des Platanes – 37530 Nazelles-Negron – Tél. : 47.23.22.42

Neuil-Sache Les Hautes Mougonnieres
C.M. n° 64 — Pli n° 14

♥♥♥ NN (TH)
A l'étage d'une ferme en activité (foie gras, framboises, volailles), 4 ch. avec chacune salle d'eau et wc privés. 1 suite (1 lit 2 pers. 2 lits 1 pers.), 1 ch. (1 lit 2 pers. 1 lit 1 pers.), 1 ch. (1 lit 2 pers.), 1 ch. (2 lits jumeaux). Etage : coin-détente (bibliothèque). R.d.c. : salle réservée aux hôtes, meubles anciens. Parking. Jardin en pelouse. Vente de produits régionaux. Location vélos. 1/2 pension à partir de 3 nuits. Prix suite : 430 F. Anglais parlé. Saché 5 km. Azay-le-Rideau 12 km. Accès par D8 entre Thilouze et Saint-Epain. Futuroscope à 1 heure. Gare 10 km, commerces 2 km.

Prix : 1 pers. 200 F 2 pers. 230 F 3 pers. 310 F
pers. sup. 80 F repas 95 F 1/2 pens. 195 F

🏊	🎿	🚴	👫
10	2	5	0,5

MESTIVIER Soline – Les Hautes Mougonnieres – 37190 Neuil – Tél. : 47.26.87.71

Neuille-le-Lierre La Roche
C.M. n° 64 — Pli n° 16

♥♥♥ NN
4 chambres à l'étage dans une partie d'une seigneurie du XIVe située dans un parc de 8 ha. (dont 4 boisés) bordé d'une rivière. Entrée indépendante. 1 ch. double (1 lit 2 pers.), 1 ch. twin (2 lits 1 pers.), bains et wc privés, 2 ch. triples avec douche et wc privés. Séjour avec coin-cuisine conçu pour les hôtes. Parking. Gare 10 km, commerces 1 km. Situées à 8 mn de la sortie Amboise de l'autoroute A10. SR : 47.48.37.13.

Prix : 1 pers. 250 F 2 pers. 290 F 3 pers. 370 F
pers. sup. 80 F

🏊	🎿	🚴	✈	⛵	👫
12	4	0,5	5	12	0,5

RAMEAU – La Roche – 37380 Neuille-le-Lierre – Tél. : 47.52.98.10

Neuvy-le-Roi
C.M. n° 64 — Pli n° 4

♥♥♥ NN
3 chambres avec salle d'eau et wc privés dans une maison bourgeoise en centre bourg. 1 ch. (2 lits 1 pers., TV) dans dépendance avec coin-cuisine, à l'étage de la maison 1 ch. (2 lits 1 pers. TV) et 1 ch. avec salle de bains, wc privés non communicants et 1 lit 2 pers. Salon (TV, cheminée). Jardin, pelouse (salon de jardin). Gare 24 km, commerces 2 km. Parking couvert. Possibilité de location semaine (1225 F). Lingerie à disposition. SR : 47.48.37.13.

Prix : 1 pers. 195/215 F 2 pers. 215/235 F pers. sup. 75 F

🏊	🎿	🚴	✈	⛵	👫
10	0,1	1	12	15	0,5

LEPAPE Bernadette – 5 rue Pilate – 37370 Neuvy-le-Roi – Tél. : 47.24.40.26

Neuvy-le-Roi Le Chateau du Bois
C.M. n° 64 — Pli n° 4

♥♥♥ NN (TH)
4 chambres au 1er étage d'une ferme en activité (bovins) datant du XIXe avec une belle grange du XVIe. Située à 500 m du bourg sur la D2. 2 ch. familiales (2 lits 2 pers.) avec bains et wc privés, 1 ch. (1 lit 2 pers.) et 1 ch. (1 lit 2 pers. 1 lit 80) avec douche et wc privés. Salon à dispo. (TV, cheminée). Jardin avec salon de jardin. Gare 11 km, commerces 1,5 km. Anglais et espagnol parlés. SR : 47.48.37.13.

Prix : 1 pers. 120 F 2 pers. 180/210 F 3 pers. 240/270 F
repas 65 F

🏊	🎿	🚴	✈	⛵	👫	⛳
9	0,7	0,6	7	15	0,5	13

CORMERY Marie – Le Chateau du Bois – 37370 Neuvy-le-Roi – Tél. : 47.24.44.76 – Fax : 47.24.86.58

Noizay Vallee de Beaumont
C.M. n° 64 — Pli n° 15

♥♥♥ NN
3 chambres avec entrée indépendante au 1er étage d'une maison tourangelle du XVIIIe. 1 ch. triple (salle de bains, wc et douche). 1 ch. twin et 1 ch. triple avec salle d'eau et wc privés. Salon. Terrasse couverte. Jardin en pelouse. Néerlandais, anglais, allemand parlés. SR : 47.48.37.13. Gare et commerces 9 km.

Prix : 2 pers. 250/320 F 3 pers. 380/400 F

🏊	🎿	🚴	✈	👫
9	0,8	3	5	0,5

BOSMA Timmy – Les Jours Verts - Vallee de Beaumont – 37210 Noizay – Tél. : 47.52.12.90

Nouans-les-Fontaines
C.M. n° 68 — Pli n° 7

♥♥ NN
3 chambres dans dépendance d'une maison de bourg. 1er ch. quadruple au r.d.c. avec salle d'eau et wc privés (1 lit 2 pers. 2 lits 1 pers.). 2 ch. à l'étage avec lavabo, 1 salle d'eau et wc privés (1 lit 2 pers. ou 1 lit 2 pers. 1 lit 1 pers.). Jardin, terrasse, ping pong. Restaurant à 100 m. SR : 47.48.37.13. Gare 25 km, comerces 500 m.

Prix : 1 pers. 140 F 2 pers. 190 F 3 pers. 235 F
pers. sup. 50 F

🏊	🎿	🚴	✈	⛵	👫
0,5	0,5	0,3	7	10	0,5

HUYGHE Gisele – 5 rue Victor Hugo – 37460 Nouans-les-Fontaines – Tél. : 47.92.79.07

Nouatre La Sacristie-Noyers
C.M. n° 68 — Pli n° 46

E.C. NN
2 chambres 2 pers. dans une ferme céréalière en activité située au sud de la Touraine et à proximité de la Vienne et du Futuroscope (35 mn), dans un hameau calme à 1,5 km du centre bourg. 1 au rez-de-chaussée et 1 à l'étage, chacune avec salle et wc privés. 1 lit 1 pers. et 1 lit d'appoint dans celle à l'étage. Gare 10 km, commerces 9 km. Jardin en pelouse avec salon de jardin, parking intérieur et abri pour véhicule.

Prix : 1 pers. **160 F** 2 pers. **180 F** pers. sup. **60 F**

9	1,5	0,5	4	1,5

PICHON Michel – La Sacristie-Noyers – 37800 Nouatre – Tél. : 47.65.20.33

Noyant-de-Touraine Fayette
C.M. n° 68 — Pli n° 4

NN
1 suite à l'étage d'une ferme en activité (céréales), située à 2 km de l'A10 sortie Sainte-Maure-de-Touraine. 1 ch. (1 lit 2 pers.) et 1 ch. annexe (1 lit 120). Salle de bains et wc privés sur le palier. Séjour avec TV. Grande cour. Jardinet avec salon de jardin. SR : 47.48.37.13. Commerces 5 km.

Prix : 1 pers. **150 F** 2 pers. **165 F** 3 pers. **235 F**

5	5	2	3

RAGUIN Bernard – Fayette – 37800 Noyant-de-Touraine – Tél. : 47.65.82.34

Panzoult Beausejour
C.M. n° 64 — Pli n° 14

NN
Demeure de caractère sur un domaine viticole. Dans le logis principal : 1 suite avec entrée indépendante, salle de bains et wc privés (1 lit 2 pers. 1 lit 120). Dans la tourelle en bord de piscine : 1 ch. avec entrée indépendante, salle de bains et wc privés (1 lit 2 pers.). Jardin en terrasse avec piscine privée, surplombant la vallée de la Vienne, vue magnifique. Gare 20 km, commerces 7 km. Parking. Anglais parlé. SR : 47.48.37.13.

Prix : 2 pers. **450 F** 3 pers. **580 F**

SP	2	1	7	0,5

CHAUVEAU Marie-Claude – Beausejour – 37220 Panzoult – Tél. : 47.58.64.64 ou 47.58.55.93 – Fax : 47.95.27.13

Panzoult La Tranchee
C.M. n° 64 — Pli n° 14

NN
1 chambre d'hôtes à l'étage d'une ancienne fermette située dans le vignoble chinonais. 1 lit 2 pers., possibilité d'un lit bébé (supplément de 10 F). Bains et wc privés non attenants. Salon et coin-cuisine à disposition (10 F/repas). Grande cour close. Parking. Terrasse (salon de jardin). SR : 47.48.37.13. Gare 18 km, commerces 1 km.

Prix : 1 pers. **150 F** 2 pers. **175 F**

4	1	1,5	13	0,5	4

MORON Huguette – La Tranchee – 37220 Panzoult – Tél. : 47.58.62.88

Paulmy La Petite Vallarderie
C.M. n° 68 — Pli n° 5

NN
1 suite avec entrée indépendante au 1er étage d'une maison tourangelle à 500 m du bourg. Salle d'eau avec wc privés. (1 lit 2 pers. 3 lits 1 pers.). Jardin ombragé (table de pique-nique), garage. Réduction à partir de 3 nuits. SR : 47.48.37.13. Gare et commerces 7 km.

Prix : 2 pers. **200 F** 3 pers. **250 F** pers. sup. **50 F**

7	0,4	0,5	12	SP	12

MARTIN Simone – La Petite Vallarderie – 37350 Paulmy – Tél. : 47.59.66.73

Perrusson Beausoleil
C.M. n° 68 — Pli n° 6

NN
5 chambres à l'étage d'une maison neuve de caractère dans un quartier calme à proximité de Loches. Salle de bains ou salle d'eau et wc privés. 4 ch. avec 1 lit 2 pers. et 1 convertible 2 pers., plus 1 ch. avec 2 lits 1 pers. TV dans chaque chambre. Point-phone. Grand jardin. SR : 47.48.37.13. Gare 3 km, commerces 1 km.

Prix : 1 pers. **310 F** 2 pers. **350/420 F** 3 pers. **430/500 F**

3	3	0,5	1	13	0,5

FORTIN Bernard – Beausoleil - La Magdeleine – 37600 Perrusson – Tél. : 47.59.10.03 ou 47.59.39.82

Le Petit-Pressigny Le Bourg
C.M. n° 68 — Pli n° 5

NN
4 chambres dans une maison au centre du village, proche d'un restaurant gastronomique. 2 ch. en r.d.c. dont 1 pour handicapés (2 lits 2 pers.). 2 ch. doubles au 1er étage. Toutes avec salle d'eau et wc privés. Salle réservée aux hôtes (TV, tél.). Cour. Parking privé. Possibilité de TV satellite dans toutes les chambres. Réduction 10 % à partir de 5 nuits. Supplément de 20 F/animal. SR : 47.48.37.13. Gare 10 km, commerces sur place.

Prix : 1 pers. **230 F** 2 pers. **250 F** 3 pers. **330 F**

8	8	SP	10	0,5	17

LIMOUZIN Bernard – Le Bourg – 37350 Le Petit-Pressigny – Tél. : 47.91.06.06

Le Petit-Pressigny Chateau de Re
C.M. n° 68 — Pli n° 5

NN (TH)
4 chambres d'hôtes de caractère aux 1er et 3e étages d'un château du XVe situé aux confins de la Touraine du sud, du Poitou et du Berry. Vastes et luxueuses salles de bains (bains balnéo) : 1 ch. pour 1 pers., 2 ch. doubles et 1 ch. triple. Salon à disposition des hôtes. Parc de 3 ha. avec pièce d'eau. Anglais et Allemand parlés. Restaurant réputé 1 km. Table d'hôtes sur réservation. SR : 47.48.37.13. Gare 25 km, commerces 1 km.

Prix : 1 pers. **400 F** 2 pers. **600/900 F** repas **200 F**

9	9	SP	SP	20

VIAUD Stephane – Chateau de Re – 37350 Le Petit-Pressigny – Tél. : 47.91.06.19 – Fax : 47.91.06.18

Poce-sur-Cisse Les Mesanges   *C.M. n° 64 — Pli n° 16*

ΨΨ NN
(TH)

2 chambres à l'étage d'une maison neuve dans un cadre champêtre. 1 ch. (1 lit 2 pers. salle d'eau) et 1 ch. (3 lits 1 pers. salle d'eau), wc sur le palier réservés aux hôtes. Séjour (cheminée, piano). Salon de jardin (barbecue), très calme. Réduction pour séjour d'une semaine. Table d'hôtes sur réservation. Gare 3 km, commerces 2 km.

Prix : 1 pers. **140/150 F** 2 pers. **180/210 F** 3 pers. **270 F**
pers. sup. **60 F** repas **75 F**

🏊	🎿	🚴	🐎	⛷	🍴	🚶
3	2	1	2	3	0,5	3

PITAULT Marie-Claire – « Les Mesanges » - Vaussubleau – 37530 Poce-sur-Cisse – Tél. : 47.57.02.59

Poce-sur-Cisse   *C.M. n° 64 — Pli n° 16*

ΨΨΨ NN
(TH)

2 chambres et une 1 suite (chambre plus salon) dans une maison de vignerons du XIXe située face au château et à son parc classé. Chaque chambre à salle de bains et wc privés ainsi que 2 lits 1 pers. La suite a en plus un convertible 2 pers. Vaste salle d'accueil avec coin TV-vidéothèque réservée aux hôtes. Grande cour, parc de 2000 m², Parking. Chambres non fumeur. Anglais parlé. Demi-pension pour 3 jours et plus. SR : 47.48.37.13. Gare et commerces 3 km.

Prix : 1 pers. **330/430 F** 2 pers. **360/460 F** pers. sup. **80 F**
repas **110 F**

🏊	🎿	🚴	🐎	🚶
3	0,5	1,5	9	1

DESANLIS Bernard – 38 Route de Saint Ouen – 37530 Poce-sur-Cisse – Tél. : 47.57.71.20 – Fax : 47.57.71.20

Poce-sur-Cisse La Ferme du Prieure   *C.M. n° 64 — Pli n° 16*

Ψ NN
(TH)

1 chambre d'hôtes au rez-de-chaussée d'une dépendance dans une ferme en activité (élevage avicole et canards gras) située à proximité d'une zone commerciale et d'activités sur la rive nord de la Loire, à 2 km d'Amboise. La chambre est équipée d'un lit 2 pers. avec douche et wc privés. SR : 47.48.37.13. Gare et commerces 1 km. Allemand parlé.

Prix : 1 pers. **180 F** 2 pers. **200 F** pers. sup. **55 F** repas **80 F**

🏊	🎿	🚴	🐎	🚶
2	2	2	4	SP

POHU Jocelyne – La Ferme du Prieure – 37530 Poce-sur-Cisse – Tél. : 47.57.27.23

Poce-sur-Cisse   *C.M. n° 64 — Pli n° 16*

ΨΨ NN

1 suite aménagée au rez-de-chaussée d'une belle maison du XVIIIe située dans le centre du village. 2 lits de 2 pers. situés dans 2 pièces séparées, salle de bains privée, wc privés. Séjour avec cheminée. Cour et terrasse. Gare et commerces 3 km. Anglais parlé.

Prix : 1 pers. **170 F** 2 pers. **190 F** 3 pers. **250 F**

🏊	🎿	🚴	🚶
3	0,5	0,5	6

BOUTEAUX Nicole – 6 rue d'Amboise – 37530 Poce-sur-Cisse – Tél. : 47.57.26.14

Pussigny Le Clos Saint-Clair   *C.M. n° 68 — Pli n° 4*

ΨΨΨ NN

Accueil raffiné dans un manoir du XIXe. 2 ch. à l'étage : douche et wc privés dont 1 ch. pour 4 pers. et 1 ch. pour 2 pers. Entrée indépendante, salle réservée aux hôtes. Grand jardin, abri voiture. Parking clos. Réduction de 10 % si + de 7 nuits. Futuroscope et caves à vins à 30 km. Châteaux à 15 km. Gare et commerces 4 km. Ouvert toute l'année. Restaurant au village à 2 mn, spécialité fromage de chèvre. lit supplémentaire : 100 F.

Prix : 1 pers. **200 F** 2 pers. **250 F** 3 pers. **310 F**

🏊	🎿	🚴	🐎	⛷	🚤
2	SP	0,5	10	0,5	2

LINE Anne Marie – Le Clos Saint Clair – 37800 Pussigny – Tél. : 47.65.01.27 – Fax : 47.65.04.21

Pussigny Moulin de Grisay   *C.M. n° 68 — Pli n° 4*

ΨΨΨ NN

6 chambres aménagées dans les dépendances d'un ancien moulin entièrement restauré. 2 ch. (2 lits 1 pers.) et 4 ch. (1 lit 2 pers.) avec salle d'eau et wc privés. 1 suite 4 pers. indépendante avec terrasse et jardin. Parking, grand parc avec pelouse. Location de vélos. Golf 9 trous à 7 km. Poss. de location à la semaine : 2000 F à 3000 F. Gare 18 km, commerces 3 km. Grande salle et cuisine à disposition des hôtes si le gîte est vide. Piscine privée. SR : 47.48.37.13.

Prix : 2 pers. **300/400 F** pers. sup. **80 F**

🏊	🚴	🐎	⛵	🍴	🚶	🚤
SP	0,5	10	2	0,5	6	7

MATHIAS Francoise – Le Moulin de Grisay – 37800 Pussigny – Tél. : 47.65.10.11 – Fax : 47.65.10.11

Pussigny Le Logis du Moulin Berteau   *C.M. n° 68 — Pli n° 4*

ΨΨΨΨ NN

3 chambres dans une belle propriété bourgeoise de la fin XIXe bordée par la Vienne (petit embarcadère), à 300 m du confluent avec la Creuse. 1 suite en r.d.c. (1 lit 160, canapé 2 pers. douche, salle de bains et wc privés). 2 ch. à l'étage (1 lit 160) avec bains et wc privés. Salon à disposition (TV, cheminée). Parc. Décoration consacrée aux impressionistes. Anglais parlé. Commerces 10 km. SR : 47.48.37.13.

Prix : 2 pers. **280/340 F** pers. sup. **50 F**

🏊	🎿	🚴	🐎	🚶	🚤
10	1	SP	8	0,5	5

BEAUDET Yves – Le Logis du Moulin Berteau – 37800 Pussigny – Tél. : 47.65.06.77 – Fax : 47.65.67.18

Restigne Chateau Louy   *C.M. n° 64 — Pli n° 13*

ΨΨΨ NN
(TH)

1 chambre d'hôtes dans une dépendance d'une propriété ancienne du XVIIe. Le studio avec entrée indépendante comprend : 1 salle de bains, des wc privés, 1 coin-cuisine, 2 lits 1 pers. et 1 mezzanine avec 2 lits (pour enfants). Jardin calme. Anglais parlé. SR : 47.48.37.13. Gare 11.5 km, commerces 1 km.

Prix : 1 pers. **250 F** 2 pers. **290 F** 3 pers. **350 F** repas **120 F**

🏊	🎿	🚴	🐎	🚶	🚤
5	1	3	5	0,5	20

LUFF Geoffrey – Chateau Louy – 37140 Restigne – Tél. : 47.96.95.22

Restigne
C.M. n° 64 — Pli n° 13

♥♥♥ NN (TH)
3 chambres à l'étage d'une maison tourangelle sur une propriété viticole. Salle d'eau et wc privés. 1 ch. (1 lit 2 pers.), 2 ch. (1 lit 2 pers. ou 2 lits 1 pers.). Entrée indépendante. Cuisine. Parking. Jardin. Table d'hôtes sur réservation. Visite de caves. Usage cuisine : 80 F/jour. Forfait semaine. Dégustation et vente de vin de Bourgueil de la propriété. Restauration à 1 km. SR : 47.48.37.13. Gare 5 km, commerces 500 m.

Prix : 1 pers. **230 F** 2 pers. **250 F** pers. sup. **100 F** repas **80 F**

2	4	3	8	0,5

GALBRUN Annette – 15 rue Croix des Pierres – 37140 Restigne – Tél. : 47.97.33.49 – Fax : 47.97.46.56

Richelieu
C.M. n° 68 — Pli n° 3

♥♥♥♥ NN
4 chambres à l'étage dans une belle demeure bourgeoise du début XIX° située au cœur de l'ensemble architectural (XVII°) de Richelieu et donnant sur un parc intérieur calme de 2000 m². Elles sont toutes équipées d'une salle de bains et de wc privés. 2 ch. avec 2 grands lits 1 pers., les 2 autres avec chacune 1 lit 2 pers. de 160 x 200. Gare 20 km, commerces sur place. Grand salon avec cheminée, téléphone à compteur et TV. Parking intérieur, garage. Animaux acceptés sous conditions. Italien et anglais parlés.

Prix : 1 pers. **400 F** 2 pers. **450 F** pers. sup. **100 F**

0,5	0,5	1	7

COUVRAT-DESVERGNES Michele – 6 rue Henri Proust – 37120 Richelieu – Tél. : 47.58.29.40

Richelieu
C.M. n° 68 — Pli n° 3

♥♥♥ NN
4 ch. d'hôtes de style (2/3 pers.) aménagées dans une demeure de caractère au centre de Richelieu. Salles d'eau et wc privés. Ameublement de qualité. Jardin d'hiver à usage exclusif des hôtes. Jardins à la française. Restaurants à proximité. Poneys à 6 km, swin-golf à 9 km. SR : 47.48.37.13. Gare 25 km, commerces 500 m.

Prix : 1 pers. **220/260 F** 2 pers. **330 F** 3 pers. **450 F**

0,5	0,5	0,5	0,5	0,5

LEPLATRE Marie-Josephe – 1 rue Jarry – 37120 Richelieu – Tél. : 47.58.10.42

Richelieu
C.M. n° 68 — Pli n° 3

♥♥♥ NN
Hôtel particulier, monument historique du XVII°, situé au centre de l'ensemble architectural de Richelieu. 3 ch. au r.d.c. avec salle d'eau et wc privés : 1 ch. Louis XIII (1 lit 2 pers.), 1 ch. Louis XV (2 lits 1 pers.), 1 ch. (1 lit 120, 1 lit 2 pers.) avec salle de bains et wc privés. Jardin clos. SR : 47.48.37.13. Gare 25 km, commerces 500 m.

Prix : 2 pers. **350 F** pers. sup. **100 F**

0,5	0,5	0,5	0,5

LEROY – 15 Grande Rue – 37120 Richelieu – Tél. : 47.58.19.23

Rigny-Usse Le Pin
C.M. n° 64 — Pli n° 13

♥♥♥ NN
4 chambres dans une propriété rurale en orée de forêt, toutes avec salle de bains et wc privés. 1 ch. (2 lits 2 pers.), 1 ch. (2 lits 1 pers.), 1 ch. en duplex (1 lit 2 pers. salon, coin-cuisine), 1 ch. (1 lit 2 pers.). Salon à disposition des hôtes (billard, TV, cheminée). Sauna, piscine privée en rez-de-jardin. Parking, ping-pong et vélo. Gare 14 km, commerces 2 km. SR : 47.48.37.13.

Prix : 1 pers. **250 F** 2 pers. **250/390 F** 3 pers. **350/490 F**

SP	1,5	9	0,5

BROUSSET Jany – Le Pin – 37420 Rigny-Usse – Tél. : 47.95.52.99 – Fax : 47.95.43.21

Rigny-Usse La Petite Pree
C.M. n° 64 — Pli n° 13

♥♥ NN (TH)
2 chambres en r.d.c. dans une fermette restaurée entre la Loire et l'Indre avec vue sur le château d'Ussé. 1 chambre indépendante, 1 lit 2 pers. salle d'eau, wc et possibilité lit supplémentaire. 1 suite composée de 2 ch. avec chacune 1 lit 2 pers. et équipée d'une salle d'eau et de wc privés et séparés avec entrée indépendante. Gare 12 km, commerces 2 km. Salle de séjour commune avec poutres et cheminée. Jardin. Parc à chevaux. Parking privé. Table d'hôtes sur réservation. Réduction de 10 % (du 1/10 au 31/03). SR : 47.48.37.13.

Prix : 1 pers. **180 F** 2 pers. **200/220 F** 3 pers. **265 F** repas **75 F**

10	10	0,4	8	0,5

GAZAVE Dominique – La Petite Pree – 37420 Rigny-Usse – Tél. : 47.95.54.71

Rivarennes La Loge
C.M. n° 64 — Pli n° 14

♥♥ NN (TH)
A 38 km de Tours et Saumur, 5 km d'Ussé, 13 km d'Azay-le-Rideau, Chinon et Langeais. 3 ch. au r.d.c. d'une maison tourangelle à l'orée de la forêt de Chinon. 1 ch. (2 lits 1 pers. salle d'eau, wc privés), 1 ch. (1 lit 2 pers. douche), wc privés non attenant. 1 ch. (1 lit 2 pers., 1 lit de 80) avec salle de bains et wc privés non attenants. Gare 14 km, commerces 2 km. Séjour (TV, cheminée). Parking. Grand jardin. Réduction de 5 % à partir de 3 nuits et de 10 % à partir de 5 nuits. Accès par la D 139. Table d'hôtes sur réservation. SR : 47.48.37.13.

Prix : 1 pers. **160/185 F** 2 pers. **195/220 F** 3 pers. **260 F** pers. sup. **50 F** repas **75 F**

14	5	2,5	15	0,5

MULLER-FOUIN Marie-Reine – La Loge - Rivarennes – 37190 Azay-le-Rideau – Tél. : 47.95.42.63

Rochecorbon

E.C. NN   2 suites et 1 ch. au r.d.c. et étage d'une maison d'époque directoire fin XVIII° située sur la N152 en bordure de Loire, rive nord. 1 suite (2 ch. 1 lit 2 pers.) 1 lit 120, salle d'eau et wc privés), 1 suite (2 ch. 1 lit 2 pers. 1 lit 1 pers. salle d'eau et wc privés), 1 ch. (coin-salon, 1 lit 2 pers., convertible 2 pers.), salle de bains et wc privés non communicants. Gare 8 km, commerces 1 km. Cour, jardin en pelouse, parking intérieur. Polonais parlé.

Prix : 1 pers. 220/250 F 2 pers. 250/280 F pers. sup. 70 F

2	2	0,3	4	0,5	15

HUREL Michele – 74 Quai de la Loire - Le Vieux Vauvert – 37210 Rochecorbon – Tél. : 47.52.85.77

Rochecorbon Chateau de Montgouverne

♥♥♥♥ NN (TH)   6 ch. dans le magnifique château de Montgouverne (XVIII°), parc de 1 ha. classé et cerné de vignobles (Vouvray). Toutes les ch. ont salle de bains, wc privés, TV et tél. Dans le château : 2 suites au 2° étage (1 lit 160, 1 lit 1 pers.), 1 ch. au 1° étage (2 grands lits 1 pers.). Dans une dépendance XVII° à l'étage : 2 ch (1 lit 160), 1 ch. (2 grands lits 1 pers.). Piscine privée et chauffée. Salon de musique et grand salon à disposition des hôtes. Ameublement ancien ou d'époque dans chaque chambre. Anglais parlé. Cartes de credit acceptées. Ouvert du 1/04 au 30/11. SR : 47.48.37.13. Gare 7 km, commerces 700 m.

Prix : 2 pers. 550/990 F pers. sup. 160 F repas 220 F

SP	0,5	1,5	SP	SP	1,5	16	

DESVIGNES Christine et Jacques – Chateau de Montgouverne – 37210 Rochecorbon – Tél. : 47.52.84.59 – Fax : 47.52.84.61

Sache La Sablonniere

♥♥♥ NN   2 ch. spacieuses et confortables dans une belle demeure contemporaine avec vue sur la vallée de l'Indre. 1 ch. avec entrée indépente par un salon (jardin d'hiver) avec 1 lit 2 pers., salle de bains et wc privés. 2° ch. à l'étage : (1 lit 2 pers., 1 lit 1 pers.) dans ancien atelier d'artiste avec douche et wc privés. Jardin ombragé, terrasse, bicyclettes. Prix semaine : 1750 à 2000 F. SR : 47.48.37.13. Gare 6 km, commerces 500 m.

Prix : 1 pers. 250/280 F 2 pers. 280/320 F 3 pers. 350 F

6	6	0,3	5	0,5	15

BALITRAN Constance – La Sablonniere - Sache – 37190 Azay-le-Rideau – Tél. : 47.26.86.96

Sache Les Tilleuls

♥♥♥ NN   1 chambre et 1 suite à l'étage d'une maison ancienne de la fin XIX° plus 2 chambres dans une dépendance, dans un hameau dominant le Val d'Indre et situé à 1,5 km du pittoresque village de Saché. Toutes les chambres ont 1 salle d'eau et des wc privés. 1 suite avec 2 lits 2 pers., 2 ch. avec chacune 1 lit 2 pers. et 1 ch. avec 3 lits 1 pers. Séjour avec TV. Jardin ombragé et paysager, parking. Gare 19 km, commerces 1,5 km.

Prix : 1 pers. 300 F 2 pers. 335 F 3 pers. 435 F

5,5	5,5	0,5	5	0,5

PILLER Michelle – Les Tilleuls - La Sablonniere – 37190 Sache – Tél. : 47.26.81.45 – Fax : 47.26.84.00

Saint-Bauld Le Moulin du Coudray

E.C. NN (TH)   3 chambres à l'étage d'un ancien moulin du XVI° restauré au XX° et situé sur 3 ha. de parc paysager avec un étang de 1 ha. offrant une possibilité de pêche. Toutes les chambres sont équipées d'une luxueuse salle de bains privée avec baignoire et douche, de wc privés et enfin soit d'un lit 2 pers. soit de 2 lit 1 pers. Salle de séjour réservée aux hôtes. Terrasse pavée et ombragée de 100 m² donnant sur le parc. Ping-pong, VTT. Salle de gymnastique à disposition. Gare 15 km, commerces 10 km. Anglais parlé.

Prix : 1 pers. 270 F 2 pers. 300 F pers. sup. 70 F repas 100 F

8	5	SP	10

PERIA Sylvie – Le Moulin du Coudray – 37310 Saint-Bauld – Tél. : 47.92.82.64

Saint-Branchs La Joncheray

♥♥♥ NN   1 suite à l'étage d'une ancienne fermette restaurée comprenant 2 lits 2 pers., 1 lit de 120 et 1 lit 1 pers. Salle d'eau et wc privés. Grand séjour à disposition des hôtes. Jardin en pelouse et terrasse avec salon de jardin. Parking intérieur. Jeux de boules. Gare 25 km, commerces 2,5 km.

Prix : 1 pers. 180 F 2 pers. 220 F pers. sup. 100 F

4	2,5	2	8	8	0,5

ESTEBAN Ginette – La Joncheray – 37320 Saint-Branchs – Tél. : 47.26.35.28

Saint-Branchs La Pacqueraie

♥♥♥ NN (TH)   4 chambres dans une très belle demeure restaurée ouvrant sur une pelouse. 2 ch. ont chacune un lit 2 pers. et 2 ch. ont chacune 2 lits 1 pers. Toutes sont équipées soit d'une salle d'eau soit d'une salle de bains et de wc privés. Séjour avec cheminée. Parc de 1 ha. avec parking et garage, belle pelouse. Piscine privée. SR : 47.48.37.13. Gare 22 km, commerces 3,5 km.

Prix : 1 pers. 300 F 2 pers. 320 F 3 pers. 400 F repas 120 F

SP	3,5	2	3

BINET Monique – La Pacqueraie – 37320 Saint-Branchs – Tél. : 47.26.31.51 – Fax : 47.26.39.15

Saint-Epain Chateau de Montgoger   *C.M. n° 64 — Pli n° 14*

¥ ¥ ¥ ¥ NN   5 chambres dans l'ancienne orangerie d'un château érigé au XVIIIᵉ et situé au milieu d'un parc avec de beaux arbres séculaires. Toutes les chambres sont équipées soit de 2 lits jumeaux, soit d'un grand lit 2 pers. Salle de bains et wc privés dans chaque chambre. Salles réservées aux hôtes. TV par satellite dans toutes les chambres. Gare 8 km, commerces 2 km. SR : 47.48.37.13.

Prix : 2 pers. 400/550 F

8	8	2	20

THILGES-PORTE – Chateau de Montgoger – 37800 Saint-Epain – Tél. : 47.65.54.22 – Fax : 47.65.85.43

Saint-Jean-Saint-Germain Le Moulin de Saint Jean   *C.M. n° 68 — Pli n° 6*

¥ ¥ ¥ NN
(TH)   5 ch. au r.d.c. ou étage dans un moulin du XIXᵉ ancré sur l'Indre à la sortie du village de Saint-Jean, 6 km en amont de la cité médiévale de Loches. Salle de bains et wc privés chacune. 3 ch. avec 1 lit 2 pers. ou 2 lits 1 pers. et 2 ch. avec 1 lit 2 pers. et 1 lit 1 pers. Salon à disposition, terrasse sur l'Indre, parc et rivière sur 4000 m². Gare et commerces 6 km. Propriétaires britanniques, anglais parlé. SR : 47.48.37.13.

Prix : 2 pers. 280 F 3 pers. 340 F pers. sup. 60 F
repas 110 F

6	6	SP	6	12	SP

HUTTON – Le Moulin de Saint-Jean – 37600 Saint-Jean-Saint-Germain – Tél. : 47.94.70.12

Saint-Martin-le-Beau Fombeche   *C.M. n° 64 — Pli n° 15*

¥ ¥ ¥ NN   6 ch. dans une maison neuve indépendante du logement du propriétaire, sur une exploitation vinicole. Salle réservée aux hôtes. 1 ch. (2 lits 1 pers.). 1 ch. (1 lit 2 pers. 1 lit 1 pers.). 4 ch. avec lits 2 pers. Salle de bains et wc privés pour chacune des 6 ch., toutes situées au r.d.c. Terrasse. Parking privé. Point-phone. Aéroclub. Restaurant à 50 m. SR : 47.48.37.13. Gare 9 km, commerces 1 km.

Prix : 1 pers. 200 F 2 pers. 250 F 3 pers. 300 F

7	1	0,5	2	2	0,5

GUESTAULT Jean – Fombeche – 37270 Saint-Martin-le-Beau – Tél. : 47.50.25.52 – Fax : 47.50.28.23

Saint-Martin-le-Beau   *C.M. n° 64 — Pli n° 15*

¥ ¥ ¥ NN   3 chambres dans une propriété viticole du XIXᵉ, au cœur du vignoble de Montlouis. R.d.c. : salle d'eau et wc privés. TV. Grand séjour avec cheminée et TV par satellite. Bibliothèque, tél. à disposition des hôtes. Entrée indépendante. Kitchenette. Parking intérieur. Ouvert toute l'année. Anglais parlé. Aéro-club et poste ULM à 4 km. Gare 8 km, commerces 2 km. Dégustation de vins et de confitures de vins. SR : 47.48.37.13.

Prix : 1 pers. 200/300 F 2 pers. 220/320 F 3 pers. 340/380 F
pers. sup. 60 F

8	2	2	2	2	SP	30

MOYER – Rue des Caves « Cange » - Domaine de Beaufort – 37270 Saint-Martin-le-Beau – Tél. : 47.50.61.51 – Fax : 47.50.27.56

Saint-Michel-sur-Loire Chateau de Montbrun   *C.M. n° 64 — Pli n° 14*

¥ ¥ ¥ ¥ NN
(TH)   5 chambres au 1ᵉʳ étage d'un château plein sud dominant la Loire dans un parc boisé de 4 ha. avec une grande piscine privée. Toutes sont équipées de salle de bains ou douche et wc privés et de 2 lits joints ou séparés. Décorées avec raffinement, elles ont aussi TV couleur avec canal+. Vaste salon (cheminée, tél., musique). Meubles de jardin, barbecue. Bicyclette. Vue panoramique. Vin d'accueil. Petits déjeuners copieux. Départ hélicoptère au château. SR : 47.48.37.13. Gare et commerces 4 km.

Prix : 2 pers. 580/680 F 3 pers. 730 F repas 240 F

SP	4	1	0,5	15

GENTES – Chateau de Montbrun – 37130 Saint-Michel-sur-Loire – Tél. : 47.96.57.13 – Fax : 47.96.57.13

Saint-Nicolas-de-Bourgueil Chevrette   *C.M. n° 64 — Pli n° 13*

¥ ¥ NN   Maison dans vignoble (très calme). Au r.d.c. : 2 ch. (2 pers.) avec salle d'eau et wc privés chacune. 1 ch. (4 pers.) avec salle d'eau et wc privés. Portes donnant sur terrasse et jardin. Véranda, salon, cuisine et TV réservés aux hôtes. Gare 4 km, commerces 1 km.

Prix : 1 pers. 160 F 2 pers. 190 F 3 pers. 260 F

7	1	1	6	0,5

CADARS Linette – Chevrette – 37140 Saint-Nicolas-de-Bourgueil – Tél. : 47.97.80.03 ou 47.97.71.40

Saint-Nicolas-de-Bourgueil Le Fondis   *C.M. n° 64 — Pli n° 13*

¥ ¥ ¥ NN   4 chambres à l'étage d'une haute maison bourgeoise de la fin XIXᵉ entièrement réservée aux hôtes. Salle d'eau et wc privés par chambre. 3 ch. (1 lit 2 pers.) et 1 ch. twin (2 lits 1 pers.). Salon, séjour. Télé-phone à 50 m. SR : 47.48.37.13. Gare 8 km, commerces 2 km.

Prix : 1 pers. 200 F 2 pers. 250 F 3 pers. 300 F

3	1	0,2	6	0,5

JAMET Martine – Le Fondis – 37140 Saint-Nicolas-de-Bourgueil – Tél. : 47.97.78.58 – Fax : 47.97.43.59

Saint-Nicolas-de-Bourgueil Manoir du Port Guyet   *C.M. n° 64 — Pli n° 13*

¥ ¥ ¥ ¥ NN
(TH)   Dans une demeure historique des XVᵉ et XVIIIᵉ, 3 chambres spacieuses et confortables au r.d.c. ou 1ᵉʳ étage, avec 1 lit de 150 ou 2 lits jumeaux, salle de bains et wc privés. Salon à disposition. Ameublement de caractère. Grand jardin ombragé. Anglais et espagol parlés. SR : 47.48.37.13. Gare 8 km, commerces 1 km.

Prix : 2 pers. 550/750 F repas 220 F

10	2	6	12	0,5	20

VALLUET Genevieve – Manoir du Port Guyet – 37140 Saint-Nicolas-de-Bourgueil – Tél · 47.97.82.20

Saint-Ouen-les-Vignes Le Bois de la Chainee   *C.M. n° 64 — Pli n° 16*

E.C. NN   2 chambres à l'étage dans une ancienne fermette (XIX°) restaurée et située dans un hameau boisé à 1 km du bourg ainsi qu'à proximité d'Amboise et du Val-de-Loire. Entrée indépendante et parking intérieur. 1 suite avec coin-cuisine (2 lits 1 pers. convertible 2 pers.) et 1 ch. (1 lit 2 pers. 1 lit 80) avec chacune salle d'eau et wc privés. Jardin en pelouse et bois sur 1 ha. (salon de jardin). Gare 6 km, commerces 1 km. Anglais et italien parlés.

Prix : 1 pers. **220/250 F** 2 pers. **250/300 F** pers. sup. **80 F**

6	6	2	4	SP

PASSEMARD Michele – Le Bois de la Chainee – 37530 Saint-Ouen-Les Vignes – Tél. : 47.30.13.17

Saint-Paterne-Racan   *C.M. n° 64 — Pli n° 4*

🌿🌿 NN   Maison indépendante dans le bourg comprenant 2 ch. au 1er étage : 1 ch. avec salle de bains, wc et 2 lits 1 pers., 1 ch. avec salle d'eau, wc et 1 lit 2 pers. Salle réservée aux hôtes. Jardin clos. Chambres non fumeur. 3 restaurants sur place. Gare sur place, commerces 500 m.

Prix : 1 pers. **150 F** 2 pers. **180/210 F**

0,5	0,5	SP	5	10	0,5	10

BOUCHET Renee – 1 Place de la Gare – 37370 Saint-Paterne-Racan – Tél. : 47.29.21.67

Saint-Patrice « Mazerolles »   *C.M. n° 64 — Pli n° 13*

🌿🌿🌿 NN
(TH)   Maison bourgeoise XIX°, en centre bourg à 200 m d'une halte SNCF. 1 ch. à l'étage : salle de bains, douche et wc. 2 lits 1 pers. Salon (cheminée à disposition). Jardin et mobilier de jardin. Table d'hôtes sur réservation. Anglais et allemand parlés. 2 vélos à disposition. Réduction de 10 % à partir de 3 nuits. SR : 47.48.37.13. Gare et commerces 10 km.

Prix : 1 pers. **210 F** 2 pers. **230 F** repas **80 F**

2	0,5

DELALLE Anne-Marie – Mazerolles - 42 rue Dorothee de Dino – 37130 Saint-Patrice – Tél. : 47.96.92.09

Saint-Regle   *C.M. n° 64 — Pli n° 16*

🌿🌿🌿 NN   2 ch. à l'étage d'une maison tourangelle dans hameau calme. Douche et wc privés. TV coul. dans chacune. 1 ch. triple (3 lits 1 pers. canapé), 1 ch. triple (1 lit 2 pers. 1 lit 1 pers.). Petit salon à l'étage et pièce de jour réservée aux hôtes. Italien parlé. Restaurant à 500 m. Pour 5 nuits réservées la 5e nuit sera offerte. Jardin. Gare 3,5 km, commmerces 500 m.

Prix : 1 pers. **200 F** 2 pers. **250 F** 3 pers. **300 F**

3	3	2,5	3	0,5

TAVERNIER Emma – 6 Impasse des Thomeaux – 37530 Saint-Regle – Tél. : 47.57.41.65

Savigne-sur-Lathan La Haute Rongere   *C.M. n° 64 — Pli n° 13*

🌿🌿🌿 NN
(TH)   4 chambres d'hôtes, dont 2 totalement indépendantes, situées au rez-de-chaussée d'une fermette restaurée située en pleine campagne, à 3 km du village de Savigné (musée des Faluns). Salle de bains ou salle d'eau et wc privés chacune. 1 ch. double (1 lit 2 pers.), 1 ch twin (2 lits 1 pers.) et 2 ch. (2 lits 1 pers.). Possibilité lit bébé. Gare 20 km, commerces 3,5 km. Séjour-salon à disposition (cheminée). Jardin. Anglais parlé. Prix semaine 2 pers. : 1200 à 1680 F. Table d'hôtes sur réservation. SR : 47.48.37.13.

Prix : 1 pers. **180/260 F** 2 pers. **200/280 F** pers. sup. **70 F** repas **90 F**

18	3,5	3,5	8	6

BRICARD Anne – La Haute Rongere – 37340 Savigne-sur-Lathan – Tél. : 47.24.19.70

Savigny-en-Veron Chevire   *C.M. n° 64 — Pli n° 13*

🌿🌿🌿 NN
(TH)   3 chambres d'hôtes à l'étage d'une grange du XVIII° attenante au logis des propriétaires (belle maison bourgeoise en pierre de taille). 1 ch. (1 lit 160, 2 lits gigognes 1 pers. salle de bains, wc), 1 ch. avec salle d'eau et wc privés non attenants (1 lit 2 pers.), 1 ch. (1 lit 2 pers. 1 lit 1 pers. salle de bains, wc). Grand séjour à l'usage exclusif des hôtes. Possibilité d'un lit bébé. Cour et jardin (mobilier de jardin). Garage voiture. SR : 47.48.37.13. Gare 10 km, commerces 1 km.

Prix : 1 pers. **190/240 F** 2 pers. **220/270 F** pers. sup. **70 F** repas **80 F**

4	1	2	6	10	15

CHAUVELIN Marie-Francoise – Chevire - 11 rue Basse – 37420 Savigny-en-Veron – Tél. : 47.58.42.49

Savonnieres   *C.M. n° 64 — Pli n° 14*

🌿🌿🌿 NN   Demeure tourangelle de caractère des XV° et XVII°. Salle réservée aux hôtes (cheminée). Ameublement de qualité. Au 1er étage : 1 suite composée de 2 chambres (2 lits 2 pers. 1 lit d'enfant). Salle d'eau et wc privés non attenant. Jardin. SR : 47.48.37.13. Gare 12 km, commerces 500 m.

Prix : 1 pers. **220 F** 2 pers. **310 F** pers. sup. **90 F**

10	0,5	0,5	2	5	0,5	5

CARE Lucette – Le Prieure Sainte Anne - 10 rue Chaude – 37510 Savonnieres – Tél. : 47.50.03.26

Savonnieres La Martiniere   *C.M. n° 64 — Pli n° 14*

🌿🌿 NN   Au cœur des châteaux de la Loire à 1 km de Villandry, dans une vieille ferme restaurée du XVII°. Calme, repos, simplicité. Pour un arrêt d'1 ou plusieurs jours, un week-end entre amis. 4 ch. avec lavabo, douche et wc communs. 2 ch. indépendantes avec douche et wc privés. Petit déjeuner anglais. Sur place : piscine et tennis privés, ping-pong, équitation, vélos, VTT. 4 chambres « 1 épi NN » et 2 chambres « 2 épis NN ». Gare 14 km, commerces 2 km.

Prix : 2 pers. **235/335 F** 3 pers. **295/395 F**

SP	SP	2	SP	8	0,5

CHAINEAU Francoise – La Martiniere – 37510 Savonnieres – Tél. : 47.50.04.46 – Fax : 47.50.11.57

Savonnieres Le Prieure des Granges   *C.M. n° 64 — Pli n° 14*

♥♥♥ NN   6 chambres avec entrées indépendantes sur une propriété des XVII° et XIX° dans un parc de 7 ha. avec piscine privée. 2 ch. (1 lit 2 pers.), 2 ch. (1 lit 2 pers. 1 lit 1 pers.), 1 ch. (2 lits 1 pers.), 1 suite (4 lits 1 pers.). Toutes avec salle de bains ou douche et wc privés. Salon (cheminée, TV). Téléphone dans chaque chambre. Antiquités sur place. Anglais parlé. Gare 12 km, commerces 800 m. SR : 47.48.37.13.

Prix : 2 pers. 500/650 F 3 pers. 620/770 F

🏊	🎿	🍴	🏇	🚶	🎵
SP	SP	1	1,5	SP	3

DUFRESNE Philippe – Le Prieure des Granges – 37510 Savonnieres – Tél. : 47.50.09.67 – Fax : 47.50.06.43

Savonnieres   *C.M. n° 64 — Pli n° 14*

♥♥ NN   Maison du XVI° restaurée au XX° et située dans le centre de Savonnieres avec vue sur le Cher. 1 ch. en r.d.c. avec 1 lit 2 pers. et 1 lit 1 pers., salle d'eau et wc privés non attenants. 2 ch. à l'étage avec chacune 1 lit 2 pers., wc, salle de bains ou salle d'eau privée. Séjour avec cheminée et TV. Jardin, parking, piscine privée chauffée. SR : 47.48.37.13. Gare 20 km, commerces sur place. Espagnol et italien parlés.

Prix : 1 pers. 210/250 F 2 pers. 240/280 F pers. sup. **90 F**

🐕	🏊	🎿	🍴	🏇	🚶
	SP	1	SP	4	5

DE LA ENCARNACION Pilar – 7 rue des Grottes – 37510 Savonnieres – Tél. : 47.50.14.04

Sepmes La Ferme des Berthiers   *C.M. n° 68 — Pli n° 5*

♥♥♥ NN (TH)   6 chambres dans une maison de maitre (1856) d'une ferme tourangelle. 3 ch. au 1er étage : 1 ch. (3 lits 1 pers. douche, wc), 1 ch. (1 lit 2 pers. 1 lit 1 pers., douche, wc), 1 ch. (1 lit 2 pers. bains, wc). 1 suite au r.d.c. composée de 2 ch. avec 1 lit 150, 1 lit 120, douche et wc. 2 ch. dans dépendance : 1 double, 1 triple avec chacune wc et salle d'eau privée. Séjour, salon. Cour close, jardin ombragé. Possibilité lit bébé et chambre enfants. Anglais, allemand et néerlandais parlés. SR : 47.48.37.13. Gare 7 km, commerces 500 m.

Prix : 1 pers. 180 F 2 pers. 220/250 F 3 pers. 280/340 F repas **90 F**

🏊	🎿	🍴	🚶
7	0,5	3	SP

VERGNAUD Anne-Marie – La Ferme des Berthiers – 37800 Sepmes – Tél. : 47.65.50.61

Sorigny   *C.M. n° 64 — Pli n° 15*

♥♥ NN (TH)   2 ch. doubles situées sur une ferme. 1 ch. avec salle d'eau et wc privés. 1 ch. avec salle de bains et wc privés. Diners ou plats cuisinés. RN 10, autoroute Aquitaine et château d'eau à proximité. Gare 17 km, commerces 500 m.

Prix : 1 pers. 185 F 2 pers. 200 F repas **80 F**

🏊	🎿	🍴	🏇	🚶
8	0,5	3	6	0,5

AUDENET Marie-Therese – Rue de Monts – 37250 Sorigny – Tél. : 47.26.20.90

Souvigne Castel Launay   *C.M. n° 64 — Pli n° 14*

♥ NN   Manoir du XVII° dans un parc de 4 ha. Exploitation agricole à proximité. Salon. 3 ch. aux 1er et 2e étages avec salle de bains ou salle d'eau. 2 wc communs. Animaux sur accord du propriétaire. Location de vélos. SR : 47.48.37.13. Gare 25 km, commerces 2 km.

Prix : 1 pers. 250 F 2 pers. 290 F 3 pers. 350 F

🏊	🎿	🍴	🏇	🚶	🎵
9	2	SP	15	0,5	10

BESNIER – Castel Launay – 37330 Souvigne – Tél. : 47.24.58.91 – Fax : 47.24.52.55

Tauxigny Aubigny   *C.M. n° 64 — Pli n° 15*

♥ NN (TH)   2 ch. au 1er étage de la maison des propriétaires sur une exploitation agricole. 1 ch. (1 lit 2 pers. 1 lit 1 pers.). 1 ch. (2 lits 1 pers. lavabo). Salle de bains et wc reservés aux hôtes. Pelouse ombragée, salon de jardin, parking. Table d'hôtes sur réservation. Lac à 10 km. SR : 47.48.37.13. Gare et commerces 3 km.

Prix : 1 pers. 140 F 2 pers. 180 F 3 pers. 220 F repas **70 F**

🏊	🎿	🍴	🏇	🚶
6	3	3	10	10

GIRARD Marie Therese – Aubigny – 37310 Tauxigny – Tél. : 47.92.18.19

La Tour-Saint-Gelin La Neronnerie   *C.M. n° 68 — Pli n° 4*

♥♥ NN   1 suite située dans une petite dépendance d'une propriété viticole du XIX° à mi-chemin entre l'Ile-Bouchard et Richelieu (cité du cardinal). 2 lits de 2 pers. et 1 canapé clic-clac de 120 avec salle d'eau et wc privés. TV coul. dans la chambre. Jardin en pelouse avec mobilier de jardin à disposition des hôtes. Parking. Gare 17 km, commerces 7 km.

Prix : 1 pers. 180 F 2 pers. 200 F 3 pers. 270 F pers. sup. **60 F**

🏊	🎿	🍴	🏇	🚶
7	7	7	15	7

DUBOIS Yvonne – La Neronnerie – 37120 La Tour-Saint-Gelin – Tél. : 47.58.31.84

Trogues Le Clos « La Fontaine de Marie »   *C.M. n° 68 — Pli n° 4*

♥♥♥ NN   1 suite indépendant au r.d.c. dans une maison du XVII°. 1 salon (1 convertible 1 pers., cuisinette) et 1 ch. (1 lit 2 pers.). Bains et wc privés. Bicyclettes. Anglais, espagnol et portugais parlés. Restaurants à 2 ou 4 km. SR : 47.48.37.13. Gare 3,5 km, commerces 6 km. Anglais et espagnol parlés.

Prix : 1 pers. 245 F 2 pers. 280 F 3 pers. 350 F

🐕	🏊	🎿	🍴	🏇	🚶	🚣
	5	6	0,8	5	0,5	0,8

DE GOUVION SAINT CYR – Le Clos « La Fontaine de Marie » – 37220 Trogues – Tél. : 47.58.66.55

Truyes Chaix
C.M. n° 64 — Pli n° 15

❦❦❦ NN (TH)
5 ch. situées dans un manoir du XVe. 1er étage : 1 ch. (3/4 pers.) avec bains et wc privés. 2e étage : 3 ch. avec bains ou salle d'eau privés et wc privés. (1 lit 2 pers. ou 3 lits 1 pers.). Salon à disposition des hôtes. Piscine privée. Point-phone. Anglais parlé. SR : 47.48.37.13. Gare 20 km, commerces 3 km.

Prix : 1 pers. **220/270 F** 2 pers. **270/320 F** 3 pers. **370/390 F**
repas **85 F**

🛶	🎿	⛪	🐎	🚶
SP	3	2	8	0,5

FILLON Suzanne – Manoir de Chaix – 37320 Truyes – Tél. : 47.43.42.73 – Fax : 47.43.05.87

Varennes Crene
C.M. n° 68 — Pli n° 5

❦❦ NN (TH)
3 ch. à l'étage d'une ferme en activité. 1 ch. (1 lit 2 pers. 1 lit 1 pers.), salle de bains et wc privés. 1 ch. (1 lit 2 pers. 1 lit 1 pers.), salle de bains et wc réservés, non attenants. 1 ch. (1 lit 2 pers. 1 lit 1 pers.), bains et wc privés. Grand séjour à usage exclusif des hôtes, avec kitchenette et TV. Cour et jardin. Gare 10 km, commerces 1 km. Réduction de 10 F/chambre à partir de 2 nuits. Située sur la D31 entre Ligueil et Loches. SR : 47.48.37.13.

Prix : 1 pers. **130 F** 2 pers. **180 F** 3 pers. **220 F**
pers. sup. **40 F** repas **80 F**

🛶	🎿	⛪	🚶
10	2	1	0,5

BARANGER Nicole – Crene - Varennes – 37600 Loches – Tél. : 47.59.04.29

Veretz La Pidellerie
C.M. n° 64 — Pli n° 15

❦❦❦ NN (TH)
Maison de maitre du XVIe à 300 m des rives du Cher. 1 chambre à l'étage avec 2 lits 1 pers., salle d'eau et wc privés. 1 chambre annexe pour enfants (2 lits 80). Parking privé. Jardin avec mobilier de jardin. Salon à disposition des hôtes. Anglais, allemand et espagnol parlés. Accès : RN76 entre Véretz et Azay-sur-Cher. SR : 47.48.37.13. Gare 12 km, commerces 3 km.

Prix : 1 pers. **250 F** 2 pers. **270 F** 3 pers. **330 F** repas **80 F**

🛶	🎿	⛪	🐎	🚶
8	2	0,2	4	SP

CASAROMANI – La Pidellerie – 37270 Veretz – Tél. : 47.50.31.93

Vernou-sur-Brenne Vallee de Cousse
C.M. n° 64 — Pli n° 15

❦❦❦ NN (TH)
Dans une ferme ancienne du XVe, mobilier ancien. 4 ch. indépendants au r.d.c. avec salle de bains et wc privés et 2 ch. à l'étage. Composition : 3 ch. (1 lit 2 pers.), 1 ch. (2 lits de 110), 1 ch. (2 lits 2 pers.), 1 ch. (1 lit de 130, 1 lit de 100). Table d'hôtes en juin, juillet et août. SR : 47.48.37.13. Gare 15 km, commerces 3 km.

Prix : 1 pers. **250 F** 2 pers. **300 F** 3 pers. **350 F** repas **90 F**

🛶	🎿	⛪	🚶
7	7	7	0,5

**BELLANGER Genevieve – Ferme des Landes - Vallee de Cousse – 37210 Vernou-sur-Brenne –
Tél. : 47.52.10.93 – Fax : 47.52.08.88**

Vernou-sur-Brenne Chateau de Jallanges
C.M. n° 64 — Pli n° 15

❦❦❦❦ NN (TH)
Au cœur du vignoble de Vouvray, entre Tours et Amboise, 2 suites de 5 pers. et 4 ch. dans un château du XVe. WC et bains privés, mini-bar, point-phone, salon réservé aux hôtes, expositions ponctuelles. Billards, parc et jardin renaissance française, table d'hôtes sur réservation. Sur place : dégustation et vente de vins, promenades en calèche, envol en montgolfière. Mini-golf et vélos sur place. Gare 16 km, commerces 16 km.

Prix : 2 pers. **680/900 F** 3 pers. **850/1050 F** pers. sup. **150 F**
repas **260 F**

🛶	🎿	⛪	🐎	🚶	🎵
6	2	2	10	0,5	12

**FERRY-BALIN – Chateau de Jallanges - Vernou Sur Brenne – 37210 Vouvray – Tél. : 47.52.01.71 –
Fax : 47.52.11.18**

Villandry Manoir de Foncher
C.M. n° 64 — Pli n° 14

❦❦❦ NN
1 chambre (1 lit 2 pers.) ou 1 suite (1 lit 2 pers. 2 lits 1 pers.) à l'étage d'un manoir du XVe siècle en bordure de rivière rive droite du Cher, en face du Château de Villandry. Salle de bains et wc privés. Balcon. Parc de 1 ha. Parking. Gare 15 km, commerces 3 km.

Prix : 1 pers. **600 F** 2 pers. **600 F** 3 pers. **850 F**
pers. sup. **100 F**

🛶	🎿	⛪	🐎	⛵	🚶	🎵
10	3	0,5	4	10	0,5	6

SALLES Michel et M. Franc. – Manoir de Foncher – 37510 Villandry – Tél. : 47.50.02.40

Villandry La Taillandiere
C.M. n° 64 — Pli n° 14

❦❦❦ NN
1 suite composée de 2 ch. (1 lit 1 pers. 1 lit 120, 1 lit 2 pers.) à l'étage d'une ferme de caractère restaurée, dans un environnement calme. Salle de bains et wc privés. Entièrement indépendante. Beau jardin d'agrément. Gare 15 km, commerces 2 km.

Prix : 2 pers. **295 F** 3 pers. **420 F**

🐕
🛶	🎿	⛪	🐎	⛵	🚶	🎵
7	2	2	0,2	6	0,5	6

HAUSSER William – La Taillandiere - L'Ararie – 37510 Villandry – Tél. : 47.50.08.31

Villandry
C.M. n° 64 — Pli n° 14

❦❦ NN
3 ch. d'hôtes aux 1er, 2e et 3e étages d'une maison ancienne (début XXe) restaurée et située dans le centre du village de Villandry. 3 ch. triples (1 lit 2 pers. 1 lit 1 pers.) avec salles d'eau et wc privés. Séjour à disposition des hôtes. Parking. Vallée du Cher et château de Villandry à 500 m. Portugais parlé. Réduction de 5 % sur les tarifs entre novembre et avril. SR : 47.48.37.13. Gare 16 km, commerces sur place.

Prix : 1 pers. **150/170 F** 2 pers. **210/240 F** 3 pers. **270/300 F**

🐕
🛶	🎿	⛪	🐎	🚶	🎵
9	2,5	0,5	3	0,5	8

SALGUEIRO – 6 rue du Commerce – 37510 Villandry – Tél. : 47.50.15.80

Villedomer Gatines   C.M. n° 64 — Pli n° 15

NN
TH

Dans une ferme au rez-de-chaussée, 1 chambre pour 2 pers. avec douche et wc privés. Accès direct par RN 766 à 1,5 km. Route d'Angers à mi-chemin entre Château-Renault et Saint-Laurent-en-Gâtines. En forêt au bord d'un étang, dans le cadre des dépendances d'une ancienne abbaye du XVIII°. Gare et commerces 7 km.

Prix : 1 pers. **150 F** 2 pers. **180 F** pers. sup. **50 F** repas **70 F**

7	7	0,5	0,5

JAVET – Abbaye de Gatines – 37110 Villedomer – Tél. : 47.29.54.75

Villedomer La Hemond   C.M. n° 64 — Pli n° 15

NN
TH

3 chambres dans un corps de ferme sur une exploitation agricole. Entrée indépendante. 1 ch. (1 lit 2 pers.) avec salle de bains et wc privés. 1 ch. (2 lits 2 pers.), 1 ch. (1 lit 2 pers. 1 lit 1 pers.) avec salle d'eau et wc privés. Salle réservée aux hôtes (coin-cuisine), abri couvert. Jardin. Pétanque, VTT, ping-pong et rivière sur place. SR : 47.48.37.13. Gare 5 km, commerces 1 km.

Prix : 1 pers. **140 F** 2 pers. **190 F** 3 pers. **250 F** repas **65 F**

5	SP	SP	12	SP

GOSSEAUME Gaetan – La Hemond – 37110 Villedomer – Tél. : 47.55.06.99

Villedomer L'Auverderie   C.M. n° 64 — Pli n° 15

NN
TH

3 chambres au r.d.c. et à l'étage d'une dépendance d'une ferme en activité (vaches laitières). 2 chambres doubles (1 lit 2 pers. chacune) et 1 ch. familiale (1 lit 2 pers. 1 lit 120, 1 lit 1 pers.), avec chacune salle d'eau et wc privés. Séjour-salon en r.d.c. à l'usage exclusif des hôtes, avec coin-cuisine à disposition. Jardin et grande cour de ferme. Salon de jardin. Située entre N10 et D766 sur la route le Boulay. SR : 47.48.37.13. Gare et commerces 7 km.

Prix : 1 pers. **180 F** 2 pers. **200 F** pers. sup. **60 F** repas **75 F**

7	7	5	7	8

AUROUET Alain – L'Auverderie – 37110 Villedomer – Tél. : 47.55.01.57

Villeloin-Coulange   C.M. n° 68 — Pli n° 7

NN
TH

2 ch. d'hôtes indépendantes à l'étage d'une maison de caractère (bases du XII° remaniées au XVII°), dans le bourg. 1 ch. avec bains et wc privés (1 lit 2 pers. 1 lit 1 pers.). 1 ch. avec salle d'eau et wc privés (1 lit 2 pers. 1 lit 1 pers.). Jardin d'agrément avec pelouse. Bicyclettes à disposition. Tables d'hôtes sur réservation. Anglais et espagnol parlés. SR : 47.48.37.13. Gare 15 km, commerces sur place.

Prix : 1 pers. **250 F** 2 pers. **300 F** 3 pers. **380 F** repas **120 F**

4	2	0,5	6	11	0,5

WOOD Odile – Rue de l'Abbaye – 37460 Villeloin-Coulange – Tél. : 47.92.77.77 – Fax : 47.92.66.96

(R)   # Loir-et-Cher

Avaray   C.M. n° 64 — Pli n° 7

NN
TH

A proximité de Blois (20 km), de Chambord (12 km), de Beaugency (8 km), sortie autoroute A10 (3 km) Mer. 2 ch. (2 lits 2 pers.), 1 ch. (2 lits 2 pers.), salle d'eau et wc privés, située sur les bords de Loire, au pied du château d'Avaray (GR3). Possibilité pique-nique sur place. Gare 4 km. Commerces sur place. Ouvert toute l'année. Anglais et allemand parlés. Au cœur de la vallée de la Loire (châteaux : Blois, Chambord, Beauregard, Cheverny...). Abbayes, musées, spectacles historiques son et lumière, en été culturel et musical.

Prix : 1 pers. **180/220 F** 2 pers. **200/240 F** 3 pers. **270/290 F**
pers. sup. **50 F** repas **75 F**

SP	16	4	11	SP	SP	4	16

SAUVAGE Mireille et Didier – 2 rue de la Place – 41500 Avaray – Tél. : 54.81.33.22

Aze Gorgeat   C.M. n° 64 — Pli n° 6

NN
TH

6 ch. aménagées à l'étage d'une ferme ancienne située en pleine campagne. 3 ch. (3 lits 2 pers.). 3 ch. familiales (1 lit 2 pers. 2 lits 1 pers. chacune). Poss. lit d'appoint. Sanitaires particuliers pour chaque ch. Salon avec cheminée, coin-cuisine à la disposition des hôtes. Parking. Ouvert toute l'année. Pêche sur place à 5 km. Gare et commerces à 2 km. Anglais parlé. Produits fermiers et biologiques : boutique « La Ferme des Gourmets ». Découverte de la fabrication du fromage de chèvre sur place. Gare TGV à Vendôme. Les propriétaires sont à la disposition des hôtes pour les déplacements à la gare.

Prix : 1 pers. **170 F** 2 pers. **210/230 F** 3 pers. **280 F**
pers. sup. **50 F** repas **80 F**

SP	15	15	SP	SP	SP	6

BOULAI Michel et Nadege – Gorgeat – 41100 Aze – Tél. : 54.72.04.16

Aze Crislaine   C.M. n° 64 — Pli n° 6

NN
TH

5 ch. aménagées à l'étage avec salle d'eau et wc privatifs 1 ch. familiale (1 lit 2 pers. 2 lits 1 pers.). 3 ch. (3 lits 2 pers.), 1 ch. (2 lits 1 pers.), poss. lit d'appoint dans mezzanine avec TV, donnant sur une salle commune avec coin-cuisine. Pour les familles avec de jeunes enfants : jouets, baignoire, lit, chaises hautes. Dans le verger, piscine (12 m x 5 m), VTT et vélos de route, salon de jardin, portique, pétanque. Découverte de la ferme et de ses activités. Ouvert toute l'année. Gare TGV à Vendôme 7 km. Commerces 2,5 km. Taxi sur place. Table d'hôtes sur réservation.

Prix : 1 pers. **170 F** 2 pers. **210 F** 3 pers. **280 F**
pers. sup. **35 F** repas **80 F**

2	10	SP	7	SP	3	SP	5

GUELLIER Christian – Crislaine – 41100 Aze – Tél. : 54.72.14.09 – Fax : 54.72.18.03

Bouffry La Deslanderie

♥♥ (TH)

2 chambres d'hôtes. 1 chambre 2 pers., 1 chambre 4 pers. avec salle d'eau commune. Parking à la disposition des hôtes. Forêt 5 km. Ouvert toute l'année.

Prix : 1 pers. **110 F** 2 pers. **180 F** 3 pers. **230 F**
pers. sup. **55 F** repas **58 F**

7	11	18	SP	7	SP	11	

COULON Marcel – La Deslanderie – 41270 Bouffry – Tél. : 54.80.52.01

Bourre La Salle-du-Roc   *C.M. n° 64 — Pli n° 17*

♥♥♥♥

4 chambres aménagées dans un manoir de caractère du XIIIᵉ siècle. A l'étage : 2 ch. avec lits 2 pers. et sanitaires particuliers. 1 grande chambre avec salle de bains, cabinet de toilette, wc, TV, téléphone. Au rez-de-chaussée : 1 suite comprenant : 2 chambres 2 pers. avec sanitaires particuliers. Gare et commerces à 3 km. Ouvert toute l'année. Au cœur de la vallée du Cher (Chenonceaux, Selles-sur-Cher), à proximité des châteaux, musées, abbayes du Val de Loire. Anglais parlé.

Prix : 2 pers. **450/700 F**

SP	30	3	3	5	SP	SP	3	3

BOUSSARD Patricia – Domaine de la Salle du Roc – 41400 Bourre – Tél. : 54.32.73.54 ou 54.32.47.09

Boursay La Madeleiniere   *C.M. n° 60 — Pli n° 5*

♥♥♥ NN (TH)

3 chambres d'hôtes situées dans une ancienne ferme de bourg. 1 chambre (1 lit 2 pers. 2 lits jumeaux). 1 chambre (1 lit 2 pers.). 1 chambre (1 lit 2 pers. 1 lit 1 pers.). Salles d'eau et wc privatifs. Propriétaire disponible pour aller chercher les hôtes à la gare de Vendôme (20 km). Chemin botanique sur place. Commerces 4 km. Ouvert toute l'année. Dans le Perche vendômois, région de collines et bocages à proximité de la vallée du Loir. Randonnées, châteaux, anciennes abbayes, spectacles historiques... Voile 23 km.

Prix : 1 pers. **115 F** 2 pers. **195 F** 3 pers. **275 F** repas **70 F**

SP	15	7	9	SP	4,5	4	23

LEGUAY Colette – La Madeleiniere - 21 rue des Ecoles – 41270 Boursay – Tél. : 54.80.92.61

Cande-sur-Beuvron   *C.M. n° 64*

♥ NN

2 chambres d'hôtes à l'étage. 1 chambre (1 lit 2 pers. avec possibilité lit d'appoint), 1 chambre (1 lit 2 pers. 2 lits 1 pers.) avec sanitaires communs et réservés aux 2 chambres. Salle de séjour. Parking à la disposition des hôtes. Restaurant 500 m. Gare de Blois 15 km. Commerces 500 m. Ouvert du 15 février au 1ᵉʳ novembre.

Prix : 1 pers. **160 F** 2 pers. **200 F** 3 pers. **290 F**
pers. sup. **50 F**

SP	0,5	13	13	0,5	3,5	0,5	0,5	0,5

GONNY Therese – 56 rue du Chateau – 41120 Cande-sur-Beuvron – Tél. : 54.44.03.31

Cande-sur-Beuvron Le Moulinet   *C.M. n° 64 — Pli n° 17*

♥ NN

3 chambres aménagées dans maison située dans le bourg. R.d.c. : 1 ch. 2 épis NN (2 lits 1 pers.), salle d'eau et wc privés. A l'étage : 1 ch. (1 lit 2 pers.). 1 ch. (2 lits 1 pers.) salle de bains et wc communs. Gare 13 km. Commerces sur place. Ouvert toute l'année. Au cœur des châteaux, musées, abbayes du Val de Loire. Caves troglodytiques. Petit village à 10 km de Blois (ville d'art et d'histoire).

Prix : 1 pers. **150 F** 2 pers. **180/200 F**

SP	15	15	1	SP	SP	1	15

GALLOUX Gerard – Le Moulinet - 4 Place du Vieux Port – 41120 Cande-sur-Beuvron – Tél. : 54.44.02.77

Cande-sur-Beuvron Le Court-Au-Jay   *C.M. n° 64 — Pli n° 6*

♥♥♥ NN

3 ch. au 1ᵉʳ étage d'une ferme. 1 ch. (1 lit 2 pers.), salle de bains et wc privés. 1 ch. (2 lits jumeaux 1 pers.), salle de bains et wc privés. 1 ch. (1 lit 2 pers. 1 lit d'appoint 1 pers.), salle d'eau et wc particuliers. Poss. lit d'appoint pour chaque ch. (50 F) et lit bébé. Abri couvert. Restaurant 500 m. Atelier de fleurs séchées sur place. Elevage ovin. Réduction 10 % pour 1 semaine. Gare 8 km. Commerces 1 km. Ouvert toute l'année.

Prix : 1 pers. **200/220 F** 2 pers. **220/240 F** 3 pers. **320 F**
pers. sup. **50 F**

1	16	16	1	SP	1	SP	SP

MARSEAULT – Le Court au Jay - Route Depart. 751 – 41120 Cande-sur-Beuvron – Tél. : 54.44.03.13

Cellettes Lutaine   *C.M. n° 64 — Pli n° 17*

♥♥♥ NN

2 chambres aménagées dans une maison du XVIᵉ siècle entièrement rénovée, située en dehors du village et entourée d'un grand parc. 2 ch. 2 pers. (1 lit 2 pers. 2 lits 1 pers.) avec salle de bains et wc privés. Jardin pour petits déjeuners sur terrasse gazonnée. Parking. Vente de produits fermiers à 800 m. Gare 8 km. Ouvert à partir d'avril. Anglais parlé.

Prix : 1 pers. **320 F** 2 pers. **360 F** 3 pers. **370 F**

1	6	10	6	1	1		10

DE CHEVIGNE Renee – Lutaine - Route de Seur – 41120 Cellettes – Tél. : 54.70.48.14

Cellettes   *C.M. n° 64 — Pli n° 17*

♥♥ NN

En centre bourg, 5 chambres d'hôtes personnalisées aménagées dans une maison de caractère, ancien relais de poste du siècle dernier. 3 chambres 2 pers. 1 chambre 3 pers. 1 grande chambre 4 pers., toutes avec salles de bains et wc privatifs. Agréable cour ombragée avec salons de jardin. Séjour, cuisine d'été, ping-pong, jeux, lecture à disposition des hôtes. Jardin arboré avec balançoires. Gare 8 km. Commerces sur place. Ouvert toute l'année. Fermé 15 jours en automne et 15 jours en hiver.

Prix : 1 pers. **190 F** 2 pers. **230/360 F** 3 pers. **320/380 F**

SP	8	16	SP	SP	8	

CHIQUET Christiane – 19 rue Nationale – 41120 Cellettes – Tél. : 54.70.41.82

Chatres-sur-Cher   *C.M. n° 64 — Pli n° 9*

♥♥ NN 3 chambres d'hôtes aménagées dans une ancienne maison de bourg. 1 ch. (1 lit 2 pers. 1 lit 1 pers.), 1 ch. (1 lit 2 pers.), 1 ch. (1 lit 2 pers. 1 convertible), 1 mezzanine (1 lit 2 pers.), possibilité lit enfant. Salle d'eau et wc privés pour chaque chambre. Parking privé. Terrasse. A 200 m du Canal du Berry. Gare 13 km. Commerces sur place. Ouvert toute l'année.

Prix : 1 pers. **180 F** 2 pers. **210 F** 3 pers. **250 F**

🚣	🏊	🚵	🏇	🚶	🎿	🚴	🛶
SP	SP	3	3	2	SP	3	SP

LACLAUTRE Bruno – 19 rue Jean Segretin – 41320 Chatres-sur-Cher – Tél. : 54.98.10.24

Chaumont-sur-Tharonne La Farge   *C.M. n° 64 — Pli n° 9*

♥♥♥ 3 chambres dans une maison de caractère située dans un parc boisé de 40 ha. 1 ch. 2 pers. (1 lit 2 pers.) avec s.d.b. et wc privés. 1 suite de 2 ch. (2 lits 1 pers.) + 1 convertible 2 pers., salle d'eau et wc privés, douche, wc privés. 1 appartement : 1 ch. 3 ou 4 pers. si enfants. 1 conv. 130. Salle de bains, wc, living. TV, cuisine, cheminée. Parking. Prix appartement : 450/500 F. Ouvert toute l'année. Anglais parlé.

Prix : 1 pers. **230 F** 2 pers. **325 F** 3 pers. **400/500 F** pers. sup. **50 F**

🚣	🍴	🚤	🏇	🚶	🎿	🚴	🛶
5	5	SP	SP	SP	5	6	20

DE GRANGENEUVE Yves – La Farge – 41600 Chaumont-sur-Tharonne – Tél. : 54.88.52.06 – Fax : 54.88.97.30

Chemery Chateau-de-Chemery   *C.M. n° 64 — Pli n° 8*

♥ NN
(TH) 1 chambre d'hôtes avec salle de bains et wc privatifs. 1 chambre d'honneur avec lit à baldaquin. Hébergement sportif (en dortoir) 100 F visite du château comprise et hébergement en gîte 4 pers. en cours de réalisation. Gare de Blois 30 km. Commerces sur place. Anglais et allemand parlés. Au cœur des châteaux du Val de Loire, à proximité de la Sologne (randonnées, chasse...). Voile 10 km. Descriptifs et visite du château en anglais, allemand, hollandais et polonais.

Prix : 1 pers. **300 F** 2 pers. **330 F** 3 pers. **410 F** pers. sup. **80 F** repas **100 F** 1/2 pens. **300 F**

🚣	🍴	🚤	🏇	🚶	🎿	🚴	🛶
SP	15	10	3	1	0,5	10	10

FONTAINE Axel – Chateau de Chemery – 41700 Chemery – Tél. : 54.71.82.77 – Fax : 54.71.71.34

Cheverny La Menerie

♥♥♥ NN Au cœur des châteaux de la Loire, à 6 km de Cheverny, dans une propriété de 10 ha. Rez-de-chaussée : 1 ch. (1 lit 2 pers.), douche, wc privés. 1 ch. (2 lit 1 pers.), salle d'eau et wc privés. Dans annexe, au rez-de-chaussée : 1 ch. (2 lits 2 pers.), salle d'eau et wc particuliers. Salle à disposition des hôtes. Forêt sur place. Rivière 10 km. Jeux d'enfants. Gare 20 km. Commerces 4 km. Ouvert du 15 mars au 11 novembre.

Prix : 1 pers. **220 F** 2 pers. **250/300 F** 3 pers. **350 F** pers. sup. **50 F**

🚣	🍴	🚤	🏇	🚶	🎿	🚴
SP	6	4	12	0,5	SP	SP

BERLAND Gerald – La Menerie – 41700 Cheverny – Tél. : 54.79.62.41 – Fax : 54.79.03.75

Cheverny Les Saules   *C.M. n° 64 — Pli n° 8*

♥♥♥ NN
(TH) Au cœur des châteaux de la Loire, à 2 km du château de Cheverny, dans une maison située dans un cadre forestier et champêtre : 2 chambres (2 pers.) avec salle de bains et wc privatifs chacune. Possibilité lit pliant 2 pers. Gare 20 km. Commerces sur place. Ouvert toute l'année. 1 ch. en cours de classement. Piscine chauffée et produits régionaux sur place. Maison située dans un cadre forestier et champêtre. Propriétaire parlant anglais, allemand, néerlandais et espagnol. Excursions, visites de caves et facilités pour enfants (poneys,...).

Prix : 1 pers. **210 F** 2 pers. **265/295 F** 3 pers. **320 F** repas **75/95 F**

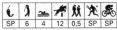

🚣	🍴	🚤	🚶	🎿	🚴
SP	0,5	SP	1	5	SP

MERLIN Didier et Anita – Les Saules – 41700 Cheverny – Tél. : 54.79.26.95

Cheverny Le Clos-Bigot   *C.M. n° 64 — Pli n° 8*

♥♥♥♥ NN Au cœur des châteaux de la Loire, dans un ancien pressoir solognot du XVIII° siècle, en bordure de forêt avec son parc et sa piscine privée. 1 suite composée de 2 ch. (1 lit 2 pers. 2 lits 1 pers.), petit salon, sanitaires et wc privés. 1 suite de 2 ch. (2 lits 2 pers.), salon, 1 ch. (1 lit 2 pers. ou 2 lits 1 pers.), sanitaires et wc privés. Ouvert toute l'année (l'hiver sur réservation). Gare 17 km. Commerces 3 km. Réduction pour long séjour. Située dans le Val de Loire (châteaux de Blois, Chambord, Amboise, Cheverny, Beauregard...). Spectacles historiques son et lumiere, pour un été culturel et musical.

Prix : 1 pers. **300 F** 2 pers. **380/500 F** 3 pers. **500/600 F**

🚣	🍴	🚤	🏇	🚶	🎿	🚴	🛶
3	1	5	SP	12	SP	2	4	17

BRAUO-MERET Roland – Le Clos Bigot - Route le Buchet – 41700 Cheverny – Tél. : 54.79.26.38 – Fax : 54.79.26.38

Contres La Rabouilliere   *C.M. n° 64 — Pli n° 17*

♥♥♥ 5 chambres d'hôtes aménagées dans une demeure solognote entourée d'un parc. Au r.d.c. : 4 ch. 2 pers. avec salle de bains et wc particuliers. 2 ch. (1 lit 2 pers.), 2 ch. (2 lits 1 pers.). A l'étage : 1 suite 2 pers. (1 lit 180), salle de bains et wc privés. TV sur demande dans chaque chambre. Cheminée. Salle de séjour. Salon à disposition. Forêt sur place. Restaurant 3 km. Ouvert toute l'année. Anglais parlé.

Prix : 1 pers. **300 F** 2 pers. **380/550 F** 3 pers. **650 F**

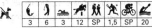

🚣	🍴	🚤	🏇	🚶	🎿	🚴	🛶
3	6	3	12	SP	1,5	SP	20

THIMONNIER Martine – La Rabouilliere - Chemin de Marcon – 41700 Contres – Tél. : 54.79.05.14 – Fax : 54.79.59.39

Couddes La Basme

E.C. NN — 3 ch. aménagées dans une maison de caractère située sur une propriété du XVIᵉ siècle, entourée de douves, au calme, à 3 km du village. 1 ch. 3 pers. avec s.d.b. et wc privés. 1 ch. 3 pers., s. d'eau et wc communs réservés aux hôtes. 1 ch. 2 pers. avec s.d.b. privée. Salle de jeux, wc, petite cuisine à la disposition des hôtes. Gare 30 km. Commerces 15 km. Ouvert du 1ᵉʳ mai au 30 septembre. Anglais parlé. Situées au cœur des châteaux, en lisière de Sologne (étangs, châteaux, musées, spectacles historiques son et lumière, en été culturel et musical).

Prix : 1 pers. **200 F** 2 pers. **250 F** 3 pers. **250/300 F**

3	25	5	10	10	5	10	SP	15

DUPONT-BARANGER – Domaine de la Basme – 41700 Couddes – Tél. : 54.71.32.05

C.M. nº 64

Cour-Cheverny Le Beguinage

❀❀❀ NN — A proximité du château de Cheverny, dans une maison de caractère, 4 chambres d'hôtes : 1 ch. (2 lits 1 pers. 1 lit bébé), 1 ch. (1 lit 2 pers. 1 lit 1 pers.), 1 ch. (1 lit 2 pers.), 1 ch. (1 lit 2 pers. 2 lits 1 pers.), salles d'eau et wc privatifs. Anglais parlé. Gare 10 km, commerces sur place. Ouvert toute l'année. Grand jardin paysager, parking privé. Auberge sur place. Poss. de pêche (rivière en limite de jardin). La Sologne et ses étangs vous invite à des balades toniques, à 2 pas du Parc National de Chambord et des châteaux du Val de Loire (Cheverny, Beauregard, Blois, Chaumont-sur-Loire...). Spectacles (l'été culturel et musical en saison).

Prix : 1 pers. **270 F** 2 pers. **290/340 F** 3 pers. **360/410 F**

SP	6	10	6	14	SP	SP	SP	22

DELOISON – Le Beguinage – 41700 Cour-Cheverny – Tél. : 54.79.29.92

C.M. nº 64 — Pli nº 17

Courbouzon Mane

❀❀❀ NN — Située sur une exploitation agricole beauceronne du Val de Loire, (à proximité de Chambord, sortie A10 à 3 km). 1 chambre avec salle d'eau et wc privés (1 lit 2 pers. + 1 convertible 2 pers.). Possibilité pique-nique. Ouvert toute l'année. Anglais parlé. Gare et commerces à 5 km. Au cœur des châteaux du Val de Loire (Chambord, Blois, Cheverny...), spectacles historiques son et lumière, été culturel et musical.

Prix : 1 pers. **200 F** 2 pers. **250 F** 3 pers. **300 F**

3	12	5	5	2,5	SP	5	5	20

SAUVAGE Jean-Michel et Lydie – Mane – 41500 Courbouzon – Tél. : 54.81.11.95 ou 54.81.01.90

C.M. nº 64 — Pli nº 7

Danze La Borde

❀❀❀ NN — 5 chambres dont 2 suites (4 pers.) et 3 ch. 2 pers. aménagées au 1ᵉʳ étage, dans une maison de caractère, située à 3 km du bourg. Parc boisé de 10 ha. Chaque chambre dispose d'une salle d'eau et de wc particuliers. Salon avec TV à la disposition des hôtes. Ping-pong. Parking. Piscine couverte. Club ULM 5 km. Tarif dégressif à partir de la 2ᵉ nuit. Enfant : 60 F. Gare 15 km. Commerces 2 km. Ouvert toute l'année. Anglais et espagnol parlés.

Prix : 1 pers. **190/250 F** 2 pers. **240/300 F** 3 pers. **350/400 F**

SP	20	15	SP	3	SP	2	10	

KAMETTE Michel – La Borde – 41160 Danze – Tél. : 54.80.68.42

C.M. nº 64 — Pli nº 6

Epuisay L'Etang

❀ NN — 1 chambre aménagée au rez-de-chaussée d'une maison située à proximité de la RN157. 1 ch. (1 lit 120 et 1 lit 2 pers.). Salle d'eau et wc particuliers. Entrée indépendante. Chauffage central. Gare 13 km. Commerces 2 km. Ouvert toute l'année. Elevage de cervidés sur place. Anglais parlé. A proximité de la vallée du Loir (abbayes, caves troglodytiques, châteaux) et du Val de Loire.

Prix : 1 pers. **160 F** 2 pers. **190 F** 3 pers. **240 F**

4	30	10	4	2	10	SP	9

NORGUET Patrice – L'Etang – 41360 Epuisay – Tél. : 54.72.01.67

C.M. nº 64 — Pli nº 6

Feings Favras

E.C. NN — Au cœur d'un domaine viticole, 3 chambres d'hôtes. A l'étage avec accès indépendant, 1 ch. (1 lit 2 pers.), 1 ch. (1 lit 2 pers. 1 lit 1 pers.), salle d'eau et wc privatifs. Rez-de-chaussée d'une maison attenante : 1 ch. (1 lit 2 pers.), salon (1 conv. 2 pers.), salle d'eau et wc privatifs. Petite cuisine à disposition des 3 ch. Gare 20 km, commerces 4 km. Au cœur des châteaux de la Loire, sur une exploitation viticole. Ouvert toute l'année.

Prix : 1 pers. **200 F** 2 pers. **230/250 F** 3 pers. **300/320 F**
pers. sup. **60 F**

SP	7	15	7	15	SP	3	SP	15

LIONDOR Jean – Favras – 41120 Feings – Tél. : 54.20.27.70

C.M. nº 64 — Pli nº 17

Feings Le Peu

❀❀❀ NN — Maison de caractère du XVIIIᵉ siècle gardée par un cadre séculaire. Denise et Régis vous y accueillent. 2 ch. doubles (4 pers.) et 1 ch. (2 pers.) avec sanitaires privatifs. Etang sur le propriété. Restaurants 5 km. Gare 15 km, commerces 4 km. Anglais parlé. Ouvert toute l'année. Au cœur des châteaux du Val de Loire : Blois, Cheverny, Chambord, Fougères, Chaumont, Villesavin, Troussay. Voile 15 km.

Prix : 1 pers. **270 F** 2 pers. **250/300 F** 3 pers. **300/400 F**

SP	8	15	SP	SP	SP	15	

PAPINEAU Regis et Denise – Le Petit Bois Martin – 41120 Feings – Tél. : 54.20.27.31

C.M. nº 64 — Pli nº 17

La Ferte-Imbault La Renardie
C.M. n° 64 — Pli n° 19

♥♥♥ NN 2 ch. aménagées à l'étage d'une maison de caractère avec parc ombragé et pelouse. 1 ch. (2 lits jumeaux 1 pers.), salle d'eau et wc privés. 1 ch. (2 lits jumeaux 1 pers.) avec salle de bains, wc privés et cuisine. Possibilité chambre supplémentaire 2 pers. 2 gîtes ruraux sur place. Restauration dans le village. Ouvert toute l'année. Gare 8 km. Commerces sur place. Accès par autoroute A71, sortie Salbis. Le propriétaire a quelques notions d'anglais et d'espagnol. Au cœur de la Sologne (pinèdes, étangs...), proximité du Val de Loir (châteaux, abbayes, musées...). Circuits découvertes avec 7 jours au prix de 6 en mai, juin, septembre, octobre (sur réservation).

Prix : 1 pers. 220 F 2 pers. 250 F

SP	8	8	8	SP	SP	SP	8	

VERNUSSET Jean-Francois – La Renardie - 23 Route de Theillay – 41300 La Ferte-Imbault – Tél. : 54.96.24.12

Fougeres-sur-Bievre
C.M. n° 64 — Pli n° 17

♥♥ NN Au cœur des châteaux de la Loire, au rez-de-chaussée, 2 chambres indépendantes (1 lit 2 pers.). Possibilité lit d'appoint. Salle d'eau et wc réservés aux hôtes. Chauffage électrique. Cuisine aménagée à la disposition des hôtes. Restaurant 800 m. Animaux admis sous réserve.

Prix : 1 pers. 160 F 2 pers. 200 F sup. 50 F

2	10	20	7	10	SP	1	SP	20

HEMERY Roger – La Pierre à 3 Poux - Ma Depense – 41120 Fougeres-sur-Bievre – Tél. : 54.20.26.57

Gievres La Pierre
C.M. n° 64 — Pli n° 18

♥♥♥ NN A 400 m de la route Tours/Vierzon, 3 ch. d'hôtes aménagées sur une exploitation agricole céréalière, avec entrée indép. R.d.c. : 2 ch. (1 lit 2 pers. (1 lit 160, 2 lits 1 pers.), s. d'eau et wc privés. Etage : 1 ch. familiale (1 lit 160, 2 lits 1 pers.), s.d.b. et wc privés. Espace salon à l'étage avec TV. Pièce de séjour réservé aux hôtes avec cheminée. Coin-cuisine à dispo. Gare 30 km. Commerces 5 km. Ouvert toute l'année. Au cœur des châteaux du Val de Loire. Eté culturel et musical. Spectacles historiques, son et lumière.

Prix : 1 pers. 200 F 2 pers. 240/260 F 3 pers. 300 F

2	5	10	SP	3	10	5

VATIN Isabelle – « La Pierre » – 41130 Gievres – Tél. : 54.98.69.26

Les Grouets Le Vieux-Cognet
C.M. n° 64 — Pli n° 17

♥♥♥ NN 4 ch. donnant directement sur la Loire, aménagées dans une maison de caractère (ancien relais de halage). 1 ch. 2 pers (2 lits 1 pers.). 1 ch. 3 pers. (3 lits 1 pers.). 1 ch. 3 pers. (1 lit 160. 1 lit 1 pers.). 1 ch. 3 pers. (1 lit 160. 1 lit 1 pers.). Salle de bains et wc privés pour chaque chambre. Coin-repos en bordure de Loire. Lit supplémentaire : 70 F. En bordure de Loire, à proximité d'une ville d'art et d'histoire (Blois), au cœur des châteaux, des musées et des abbayes du Val de Loire. Gare et commerces à 3 km. Ouvert du 1er avril au 11 novembre. Possibilité du 12 novembre au 1er avril sur réservation uniquement. Anglais parlé.

Prix : 1 pers. 250/300 F 2 pers. 350/400 F 3 pers. 450/500 F

SP	8	5	5	5	2	1	2	8

COSSON Francoise – Le Vieux Cognet - 4 Levee des Grouets – 41000 Blois – Tél. : 54.56.05.34 – Fax : 54.74.80.82

Houssay Les Morines
C.M. n° 64 — Pli n° 6

♥♥ NN (TH) 4 chambres sur une exploitation agricole d'élevage. 1 ch. 3 pers. 1 ch. 4 pers. avec salle d'eau commune. 2 ch. supplémentaires 3/4 pers. avec salles de bains et wc incorporées privées (2 lits 2 pers. 3 lits 1 pers.). Salle de séjour à la disposition des hôtes. 1/2 pension sur la base de 2 pers. Location de vélos. Gare 9 km. Commerces 3 km. Ouvert toute l'année.

Prix : 1 pers. 130 F 2 pers. 180 F 3 pers. 200 F repas 65 F 1/2 pens. 310 F

3	10	9	13	2	9	SP

PETIT Hubert – Les Morines – 41800 Houssay – Tél. : 54.77.19.64

Lunay La Belle-Etoile
C.M. n° 64 — Pli n° 6

♥♥ NN Au rez-de-chaussée : 1 chambre d'hôtes indépendante (1 lit 2 pers. 1 lit 1 pers.), possibilité 1 lit d'appoint, wc et salle d'eau privatifs. Coin-cuisine et salle de repos. Gare 20 km. Commerces 5 km. Ouvert toute l'année. A proximité du Val de Loire, au cœur de la vallée du Loir (vestiges, spectacles historiques, son et lumière, musées...).

Prix : 2 pers. 200 F 3 pers. 270 F

SP	30	7	7	SP	5	SP	20

ABLANCOURT Robert – « La Belle Etoile » – 41360 Lunay – Tél. : 54.72.00.89

Mareuil-sur-Cher La Lionniere
C.M. n° 64 — Pli n° 17

♥♥ NN (A) Au cœur de la vallée du Cher, 2 chambres aménagées au 1er étage avec salle de bains et wc privés. 1 ch. 4 pers. (1 lit 2 pers. 2 lits 1 pers.). 1 chambre 6 pers. (3 lits 2 pers.). Elevage de chèvres sur place et produits fermiers sur place. Gare 7 km. Commerces 4 km. Tarif 1/2 pension à partir de 3 jours. Ouvert toute l'année sur réservation. A partir de Saint-Aignan sur Cher, prendre direction Loches, puis Céré la Ronde. Anglais et espagnol parlés.

Prix : 1 pers. 215 F 2 pers. 215 F sup. 75 F repas 90 F 1/2 pens. 185 F pens. 235 F

5	20	4	4	7	SP	4	SP	4

BOULAND Frederic et Francoise – La Lionniere – 41110 Mareuil-sur-Cher – Tél. : 54.75.24,99 – Fax : 54.75.44.74

La Marolle-en-Sologne Bel-Air　　　　　　　　　　*C.M. n° 64*

❅❅ NN
(TH)

4 ch. dans un bâtiment annexe à la maison des propriétaires, accès indépendant chacune. Grande terrasse couverte, terrain non clos. 3 ch. (3 lits 2 pers.), sanitaires privés, 1 ch. double (1 ch. 1 lit 2 pers. 1 ch. 2 lits 1 pers.), sanitaires communs, kitchenette, living. Poss. lit d'appoint. Ch. élect. Prise TV. 10 % de réduction à partir du 3e jour en 1/2 pension. Gare 24 km. Commerces 4 km. Ouvert toute l'année. En Sologne, à proximité des étangs. Anglais parlé. Table d'hôtes sur réservation.

Prix : 1 pers. **200 F** 2 pers. **250 F** pers. sup. **50 F** repas **80 F**
1/2 pens. 200 F

SP	30	2	4	SP	4	SP	30	

LAMBERT-NEUHARD Gerard – Bel Air - Route de Neung Sur Beuvron – 41210 La Marolle-en-Sologne – Tél. : 54.83.60.47

Mennetou-sur-Cher　　　　　　　　　　*C.M. n° 64 — Pli n° 19*

❅❅ NN
(A)

4 ch. aménagées dans une maison solognote, dans un parc calme. 1 ch. (1 lit 2 pers.), 1 ch. (2 lits 1 pers.), 1 ch. (3 lits 2 pers.), 1 ch. (2 lits 1 pers. 2 lits 1 pers. superposés). Lavabo, wc, douche dans chaque chambre. Chauffage électrique. Entrée indépendante. Parking. Chiens admis avec supplément de 20 F. Ouvert du 1er mars au 31 janvier. Gare, commerces 3 km. Point-phone. Possibilité de location de roulottes, chariots bachés.

Prix : 1 pers. **222 F** 2 pers. **249 F** 3 pers. **331 F** repas **78 F**
1/2 pens. 200 F pens. **270 F**

3	3	7	SP	3	SP	5

PITET Yves et Nicole – Ferme Auberge des Barres – 41320 Mennetou-sur-Cher – Tél. : 54.98.03.77 – Fax : 54.98.10.12

Mer　　　　　　　　　　　　　　*C.M. n° 64 — Pli n° 8*

❅❅❅ NN

A proximité de Chambord, 5 ch. aménagées dans une demeure de caractère. 1 ch. (1 lit 2 pers. 1 lit 120), s.d.b. et wc privés. 1 ch. (1 lit 2 pers. 1 lit 1 pers.), s. d'eau et wc privés. 1 ch. (2 lits 80 accolés), s. d'eau, wc. 1 suite de 2 ch. (1ere ch. 2 lits 1 pers. 2e ch. 2 lits 80), s.d.b., wc. 1 ch. (1 lit 2 pers. 1 lit 80), s.d.b., wc. 2 gîtes sur place. Golf, vélos sur place. Billard. Cuisine à dispo. - 10 % à partir de 3 nuits. Gare et commerces sur place. Ouvert toute l'année. Anglais parlé. Expo. et vente de tableaux sur place. Au cœur du Val de Loire (châteaux, spectacles historiques son et lumière, en été culturel et musical, musées,...).

Prix : 1 pers. **250 F** 2 pers. **260/350 F** 3 pers. **340/430 F**

SP	5	SP	15	SP	SP	SP	5

MORMICHE Claude – 9 rue Jean Dutems – 41500 Mer – Tél. : 54.81.17.36

Mesland Clos-Chateau-Gaillard　　　　　　*C.M. n° 64 — Pli n° 16*

❅❅

Au cœur des châteaux de la Loire, en bordure d'un village, maison de caractère, au calme, entourée d'un grand parc avec pelouse en lisière des bois. Etage, 1 ch. (1 lit 2 pers.) avec salle d'eau privative, 1 ch. (1 lit 2 pers. 2 lits 1 pers.), 1 ch. (2 lits 1 pers.), douches et lavabos en cabines. WC communs réservés des hôtes. Ch. élect. Gare et commerces 5 km. Maison située sur un domaine viticole en biodynamie. Vente de vins au clos. Chemin de randonnée balisé passant sur la propriété. Gîte rural sur place. Restaurant 300 m. Ouvert d'avril à septembre. En arrivant à Mesland, 1ere maison à droite, route d'Onzain. Anglais, espagnol parlés.

Prix : 1 pers. **165 F** 2 pers. **215 F** pers. sup. **70 F**

3	9	20	10	12	SP	3	3	3

GIRAULT Vincent et Beatrice – Clos Chateau Gaillard – 41150 Mesland – Tél. : 54.70.27.14 – Fax : 54.70.22.56

Mesland Domaine-du-Prieure　　　　　　*C.M. n° 64 — Pli n° 16*

❅❅ NN

2 chambres d'hôtes 2 pers. (2 lits 2 pers.). Mobilier de style. Salle de bains et wc indépendants réservés à chaque chambre. Possibilité lit supplémentaire. Gare et commerces 4 km. Ouvert du 1er mars au 30 octobre.

Prix : 1 pers. **250 F** 2 pers. **250 F** pers. sup. **50 F**

4	15	2	5	SP	SP	SP	4

CHRETIEN Michel et Sylvie – Domaine du Prieure – 41150 Mesland – Tél. : 54.70.21.23

Meusnes Le Moulin-de-Meusnes　　　　　　*C.M. n° 64 — Pli n° 18*

❅❅ NN

3 ch. dans un moulin du XVIIe à l'étage : 1 ch. (2 lits jumeaux 1 pers.), 1 ch. (2 lits gigognes 1 pers. 2 lits jumeaux 1 pers.), salle d'eau privatives chacune, wc communs réservés aux hôtes, 1 ch. (1 lit 2 pers.), salle de bains, wc. Salon de détente. Salle de jeux. Salon de lecture, musique, TV. Kitchenette. Gare de Blois 35 km. Commerces 800 m. Voile 13 km. Ouvert toute l'année. Au cœur de la vallée du Cher (châteaux, manoirs, caves troglodytiques, promenades fluviales sur le Cher, été culturel et musical...). Animaux admis sous conditions. Anglais parlé.

Prix : 1 pers. **220 F** 2 pers. **260 F** 3 pers. **320 F**

SP	13	16	SP	0,8	SP	13

HAEGY – Le Moulin - rue Georges Sand – 41130 Meusnes – Tél. : 54.71.52.89

Millancay Villeloup　　　　　　　　　　*C.M. n° 64 — Pli n° 18*

❅ NN

3 chambres d'hôtes dans une ferme typiquement solognote, à 500 m de la D122, au milieu des bois et des plaines, très calme. 2 ch. 2 pers. 1 ch. 3 pers. avec salle de bains commune. Aire de jeux à disposition. Chauffage électrique. Forêt sur place. Patinoire 10 km. Gare 10 km. Commerces 3 km. Ouvert du 1er avril au 1er décembre. 10 F de réduction à partir de la 2e nuit.

Prix : 1 pers. **120 F** 2 pers. **190 F** 3 pers. **240 F**

3	25	10	12	SP	3	3

SEVAUX Solange – Villeloup – 41200 Millancay – Tél. : 54.96.64.32

Mont-Pres-Chambord Manoir-de-Clenord *C.M. n° 64 — Pli n° 7*

❦❦❦❦ NN
(TH)

5 ch. dans un manoir du XVIIIᵉ siècle. 1 suite : 1 ch. (1 lit 2 pers.), 1 ch. (2 lits 1 pers.), tél., s.d.b., wc. 1 suite : 1 ch. (2 lits 1 pers.), 1 ch. (1 lit 1 pers.), tél., s.d.b., wc. 1 ch. (2 lits 1 pers.), s.d.b., wc. En annexe : 1 ch. (1 lit 2 pers.), douche. 1 ch. (2 lits 1 pers.), s.d.b., wc. 1 ch. (1 lit 2 pers.), douche, wc. Table d'hôtes sur réservation. 1 suite (3/4 pers.) : 980/1100 F. De Blois, prendre direction Cour-Cheverny. « A Clénord », prendre à gauche, direction Mont Près Chambord puis suivre le fléchage « Chambre d'Hôtes ». Réduction 10 % du 15 novembre au 15 mars. Ouvert toute l'année. Anglais parlé. Gare 10 km. Commerces 3 km.

Prix : 1 pers. **500 F** 2 pers. **580/680 F** 3 pers. **930/980 F** pers. sup. **100 F** repas **140/190 F**

SP	5	10	SP	9	SP	SP	SP	9

RENAULD Christiane – Manoir de Clenord - Route de Clenord – 41250 Mont-Pres-Chambord – Tél. : 54.70.41.62 – Fax : 54.70.33.99

Monteaux Le Moulin-de-Pasnel *C.M. n° 64 — Pli n° 16*

❦❦❦ NN

Moulin du XVIIᵉ siècle, sur une propriété de 2 ha. 1ᵉʳ étage : 1 suite de 2 ch. (1 lit 2 pers. 1 lit 1 pers. dans chaque ch.), salle de bains et wc communs aux 2 ch. 2ᵉ étage : 1 suite de 2 ch. (1 lit 2 pers. 2 lits 1 pers.), salle de bains et wc communs. Gare et commerces à 3 km. Sur la rive droite de la Loire entre Amboise et Blois, au cœur de la route des vignobles Touraine/Mesland.

Prix : 1 pers. **250 F** 2 pers. **330 F** 3 pers. **370 F** pers. sup. **50 F**

SP	25	SP	16	5	SP	5	5	5

PELLETIER Paul – Moulin de Pasnel – 41150 Monteaux – Tél. : 54.70.22.39

Muides-sur-Loire Chateau-des-Colliers *C.M. n° 64 — Pli n° 8*

❦❦❦❦ NN
(TH)

Dans un château des XVII-XVIIIᵉ siècles, à 5 km de Chambord, en bordure de Loire, 5 chambres d'hôtes dont 1 double avec salle de bains et wc privés (5 lits 2 pers. 2 lits 1 pers.). Chauffage central, cheminée dans 4 des 5 chambres. Ouvert toute l'année. Hiver sur réservation. Héliport et montgolfière sur place. Anglais et espagnol parlés.

Prix : 2 pers. **550/700 F** repas **250 F**

SP	SP	5	SP	0,8	SP	10

DE GELIS Christian et M-France – Chateau des Colliers – 41500 Muides-sur-Loire – Tél. : 54.87.50.75 – Fax : 54.87.03.64

Noyers-sur-Cher La Mardelle *C.M. n° 64 — Pli n° 17*

❦❦❦ NN

3 chambres aménagées dans une maison de caractère. 1ᵉʳ étage : 1 chambre avec salle d'eau, wc. Au 2ᵉ étage : 1 chambre avec salle d'eau, wc. 1 chambre 4 pers. avec salon, salle d'eau et wc privés. Gare 30 km. Commerces 2 km. Au cœur de la vallée du Cher (caves troglodytiques, musées, abbayes) et à proximité du Val de Loire (châteaux).

Prix : 1 pers. **230 F** 2 pers. **260 F** 3 pers. **310 F**

2	30	2	5	20	2	2	20	2

CHOQUET Micheline – La Mardelle – 41140 Noyers-sur-Cher – Tél. : 54.71.70.55

Oisly *C.M. n° 64 — Pli n° 17*

❦❦❦ NN

3 chambres d'hôtes. 1 chambre avec cuisine (1 lit 1 pers. 1 lit 2 pers.). 1 chambre avec kitchenette (1 lit 1 pers. 1 lit 2 pers.). 1 chambre (2 lits 1 pers.). Salles d'eau et wc particuliers privatifs. Salle de jeux. Jardin, garage. Restaurant dans le village. Ouvert toute l'année.

Prix : 1 pers. **140 F** 2 pers. **190/200 F** 3 pers. **265 F** pers. sup. **60 F**

SP	5	10	SP	5	14

BONNET Francois – Rue du Stade – 41700 Oisly – Tél. : 54.79.52.78

Oisly *C.M. n° 64 — Pli n° 17*

❦❦ NN

1 ch. double de 4 pers. (1 ch. 1 lit 2 pers. 1 ch. 2 lits 1 pers.). Salle d'eau commune aux 2 ch. Séjour à disposition. Jardin, parking, aire de jeux. Possibilité cuisine. Vente de produits fermiers sur place. Forêt 2 km. Lac, voile 25 km. Initiation à la dégustation des vins. ULM. Animaux domestiques. Restaurant 800 m. Commerces 6 km. Ouvert toute l'année.

Prix : 1 pers. **140 F** 2 pers. **200 F** 3 pers. **300 F** pers. sup. **60 F**

SP	6	9	SP	6	15

BOUCHER Claude – La Presle – 41700 Oisly – Tél. : 54.79.52.69

Onzain *C.M. n° 64 — Pli n° 16*

❦❦❦ NN

Dans une maison de caractère indépendante. R.d.c. : 1 ch. (1 lit 2 pers.), s. d'eau et wc privés. Etage : 4 ch. de 2 pers. (2 lits 2 pers. 2 lits jumeaux), 2 avec s.d.b. et wc privés et 2 avec s. d'eau et wc privés. Salon donnant sur le jardin à dispo. des hôtes. Rivière réservée aux hôtes : La Cisse. Ouvert du 1ᵉʳ mars au 31 décembre, hors-saison sur réservation. Anglais et espagnol parlés.

Prix : 1 pers. **280 F** 2 pers. **340 F**

SP	9	2	6	14	SP	2	SP	2

LANGLAIS – 46 rue de Meuves – 41150 Onzain – Tél. : 54.20.78.82 – Fax : 54.20.78.82

Ouchamps Les Motteux *C.M. n° 64 — Pli n° 17*

❦❦❦
(TH)

Dans un bâtiment annexe, au r.d.c. : 1 ch. (1 lit 2 pers.). 1 ch. (1 lit 2 pers. 1 lit 1 pers.). Salle d'eau et wc privés pour chaque ch. Véranda aménagée (cuisine, salon, TV) donnant sur un espace vert/coin-repas. 1 ch. (1 lit 2 pers. 1 lit 1 pers.), kitchenette attenante. Ch. élect. Produits fermiers sur place. Forêt 4 km. Ouvert toute l'année. Réduction pour séjours prolongés. Gare 14 km. Commerces 3 km.

Prix : 1 pers. **180 F** 2 pers. **230 F** 3 pers. **280 F** repas **80 F**

1	8	12	8	1	3	SP

VERNON Jean et Eliane – Les Motteux – 41120 Ouchamps – Tél : 54.70.42.82 – Fax : 54.70.40.70

Le Poislay Les Coteaux

❄❄ NN
(TH)
3 chambres d'hôtes aménagées dans une ferme ancienne en activité (animaux), avec une grande cour et un jardin. Au rez-de-chaussée : 1 chambre 2 pers. A l'étage : 1 chambre 3 pers. 1 chambre 5 pers. Salles de bains et wc particuliers pour chaque chambre. Cuisine (TV, micro-ondes) réservée aux hôtes. Restaurant 2 km. Rivière 2 km. Forêt 4 km. Voile 12 km. Ouvert toute l'année. Table d'hôtes sur demande. Commerces 2 km, gare 1 km. Ping-pong, vélo, VTT sur place. Anglais parlé.

Prix : 1 pers. **160 F** 2 pers. **210 F** 3 pers. **260 F** repas **80 F**

	🕯	🍴	⛵	🚣	🎿	🚶	⛷	🚴	🛶
	SP	25	6	18	6	18	3	SP	15

COIGNEAU Michel – Les Coteaux – 41270 Le Poislay – Tél. : 54.80.53.19 – Fax : 54.80.19.11

Pontlevoy La Maison-Rouge
C.M. n° 64 — Pli n° 6

❄❄❄ NN
Grande maison indépendante située dans le village. 1 ch. (3 lits 1 pers.), 1 ch. (2 lits 1 pers.), 1 ch. (1 lit 2 pers.) aménagées dans un bâtiment annexe à la maison des propriétaires. Salle d'eau et wc privés. Salle d'accueil avec documentation à la disposition des hôtes. Restaurant, tennis sur place. Jeux d'enfants. Ouvert toute l'année. N° téléséjour : 54.32.72.27. Gare 6 km. Commerces sur place.

Prix : 1 pers. **200/240 F** 2 pers. **240/290 F** 3 pers. **330/360 F**

🕯	🍴	⛵	🚣	🎿	🚶	⛷	🚴	🛶
6	20	6	7	3	5	SP	SP	6

DEBRUYNE Regis – La Maison Rouge - 7 rue de la Boule d'Or – 41400 Pontlevoy – Tél. : 54.32.52.69 – Fax : 54.32.52.69

Pontlevoy Les Bordes
C.M. n° 64 — Pli n° 17

❄❄❄ NN
(TH)
Au cœur du val de Loire, ferme offrant 6 ch. d'hôtes indépendantes de la maison d'habitation. 1 ch. au rez-de-chaussée (1 lit 2 pers. 2 lits 1 pers.). 5 chambres à l'étage dont 1 ch. (2 lits 1 pers.), 3 ch. (1 lit 2 pers.), salles d'eau et wc privatifs, 1 ch. (1 lit 2 pers. 1 lit 1 pers.), salle de bains et wc particuliers. Parc et jeux. Salle d'accueil. Gare 8 km. Commerces 3 km. Ouvert toute l'année. Table d'hôtes sur réservation.

Prix : 1 pers. **200 F** 2 pers. **220 F** 3 pers. **300 F** pers. sup. **70 F** repas **80 F**

	🕯	🍴	⛵	🚣	🎿	🚶	⛷	🚴	🛶
	3	20	5	7	3	SP	3	7	7

GALLOUX – Les Bordes - Route de Chaumont Sur Loire – 41400 Pontlevoy – Tél. : 54.32.51.08 – Fax : 54.32.64.43

Pouille
C.M. n° 64 — Pli n° 17

E.C. NN
(TH)
Dans une maison traditionnelle, 1 chambre (1 lit 2 pers. 1 lit 1 pers.), salle de bains et wc privés. TV dans la chambre. Chauffage central au fuel. Possibilité de visite du vignoble et des caves (propriétaire, ancien viticulteur). Gare à Blois 40 km. Commerces à Montrichard 6 km. Table d'hôtes sur réservation. Ouvert toute l'année. Anglais parlé. Située sur la vallée du Cher, à proximité du Val de Loire (châteaux, musées, caves troglodytiques, spectacles historiques, son et lumière, été culturel et musical...).

Prix : 1 pers. **220 F** 2 pers. **250 F** pers. sup. **80 F** repas **80 F**

	🍴	⛵	🚣	🚶	⛷	🚴	🛶
1	30	6	6	0,5	0,5	SP	6

BUCHET – 51 rue de la Republique – 41110 Pouille – Tél. : 54.71.44.07

Rilly-sur-Loire Le Plessis
C.M. n° 64 — Pli n° 6

E.C. NN
(TH)
2 chambres d'hôtes aménagées dans une maison du XVIIe siècle. A l'étage : 2 chambres doubles (1 lit 2 pers. chacune), salle de bains et wc communs aux 2 chambres. Chauffage central au bois. Sur place : aire naturelle de camping, tir à l'arc avec animateurs + VTT et randonnée équestre sur place. Gare et commerces à 8 km. Ouvert toute l'année. Anglais parlé. Au cœur du Val de Loire (châteaux, musées, abbayes, spectacle historique, son et lumière, été culturel et musical...).

Prix : 1 pers. **180 F** 2 pers. **200/250 F** repas **60/70 F**

	🕯	🍴	⛵	🚣	🎿	🚶	⛷	🚴	🛶
	SP	6	12	SP	SP	4	SP	SP	

SERIN Christophe – Ferme du Plessis – 41150 Rilly-sur-Loire – Tél. : 54.20.90.55

Roce La Touche
C.M. n° 64 — Pli n° 6

❄❄❄ NN
(TH)
2 chambres (1 lit 2 pers.) lavabo, douche. 1 chambre (2 lits 1 pers.) lavabo, douche, wc. 2 chambres (1 lit 2 pers. 1 lit 1 pers.) lavabo, douche, wc. Coin-cuisine. Séjour. 1 espace familial de 4 à 6 pers. sur 2 niveaux avec lavabo, douche, wc et coin-cuisine privés. Espace vert aménagé. Jeux divers, tir à l'arc sur place, vélos... Commerces 6 km. Gare TGV 14 km. Ouvert d'avril à septembre. Anglais parlé. 2 ch. 2 épis NN et 4 ch. 3 épis NN. Animaux admis sous condition. Table d'hôtes sur réservation. Circuits découverte de la vallée du Loir.

Prix : 1 pers. **175 F** 2 pers. **210/260 F** 3 pers. **320 F** repas **87 F**

	🕯	🍴	⛵	🚣	🎿	🚶	⛷	🚴	🛶
	SP	15	6	6	10	SP	3	SP	SP

NOUVELLON J-Louis et Anne-Marie – La Touche – 41100 Roce – Tél. : 54.77.19.52 – Fax : 54.77.06.45

Romorantin-Lanthenay

❄ NN
6 ch. dans une maison de caractère. 1er étage : 1 ch. 3/4 pers. avec s. d'eau. Poss. lit d'appoint 1 pers. 1 ch. 2 pers. avec s.d.b., wc et salon particuliers. 1 ch. 4 pers. avec coin-nurserie, s.d.b. et wc. R.d.c. : 1 ch. 2 pers. avec s. d'eau, wc. 2e ét. : 1 suite 5 pers. (1 ch. 1 lit 2 pers. 1 ch. 1 lit 2 pers. 1 lit 1 pers.), douche, wc sur le palier. Abri couvert/coin-cuisine. Salon de jardin. Jeux divers. Parc d'attractions. Parc boisé.

Prix : 1 pers. **175/200 F** 2 pers. **175/245 F** 3 pers. **265/310 F** pers. sup. **90/100 F**

	🕯	⛵	🚣	🚶	⛷	🚴
	0,5	2	10	6	2	2

RAQUIN Claude – 32 Route de Selles Sur Cher – 41200 Romorantin-Lanthenay – Tél. : 54.76.01.59

Saint-Aignan-sur-Cher   C.M. n° 64 — Pli n° 17

💥💥💥 NN — Entre Chambord et Chenonceaux, 3 ch. dans une demeure bourgeoise (jardin à la française, vue panoramique sur le château, la Collégiale). 1 suite de 2 ch. de style avec lit 2 pers. Salle de bains et wc. 1 ch. avec 2 lits 1 pers., salle d'eau et wc privés. 1 ch. avec 1 lit 2 pers. et 1 lit 120, salle de bains, wc privés. Salon de jardin. Ping-pong. Au cœur de la vallée du Cher, à proximité du Val de Loire (châteaux, musées, abbayes). Gare 2 km. Commerces sur place, centre ville. Ouvert toute l'année.

Prix : 1 pers. **230 F** 2 pers. **260/310 F** 3 pers. **340 F**

SP	20	SP	SP	3	SP	SP	SP	SP

BESSON Genevieve – 66 rue Berteaux – 41110 Saint-Aignan-sur-Cher – Tél. : 54.75.24.35

Saint-Denis-sur-Loire Mace   C.M. n° 64 — Pli n° 7

💥💥💥 NN (TH) — A 3 km de Blois, 5 chambres aménagées dans une propriété des XVIIIe-XIXe siècles, entourée d'un parc, sur les bords de Loire. Rez-de-chaussée : 1 ch. 3 pers. A l'étage : 4 ch. (1 de 4 pers. 1 de 3 pers. 2 de 2 pers.), toutes équipées de sanitaires et wc privés. Salon, bibliothèque à la disposition des hôtes. Gare 3 km. Commerces 500 m. Ouvert toute l'année. Au cœur des châteaux du Val de Loire (Chambord, Cheverny) à proximité de Blois (ville d'art et d'histoire), au cœur des musées et abbayes. Anglais et espagnol parlés.

Prix : 1 pers. **350 F** 2 pers. **400/600 F** 3 pers. **450 F**
repas **200 F**

0,5	0,5	0,5	3	0,5	0,5	SP	SP	0,5

CABIN-SAINT-MARCEL – La Villa Medicis - Mace – 41000 Saint-Denis-sur-Loire – Tél. : 54.74.46.38 – Fax : 54.78.20.27

Saint-Julien-de-Chedon La Puannerie   C.M. n° 64 — Pli n° 6

💥💥 NN (TH) — 1 ch. d'hôtes double, dans la Vallée du Cher, sur une exploitation viticole. A l'étage, 1 chambre d'hôtes double (2 lits 2 pers. 1 lit 1 pers.). S. d'eau, wc intérieurs à l'usage exclusif des hôtes. Chauffage central électrique. Coin-salon de plein air. TV. Produits fermiers. Cour close. Dégustation de vins gratuite. Poss. petit déjeuner en terrasse. Entrée indépendante. Table d'hôtes sur réservation. Gare 3 km. Ouvert toute l'année.

Prix : 1 pers. **170 F** 2 pers. **220 F** 3 pers. **270 F** repas **70 F**

3	2,5	3	6	6	3	1,5

BOUGES Elie – La Puannerie - 3 Route de Montrichard – 41400 Saint-Julien-de-Chedon – Tél. : 54.32.11.87 – Fax : 54.32.77.14

Saint-Laurent-Nouan L'Ormoie   C.M. n° 64

E.C. NN (TH) — 3 chambres d'hôtes de charme dans une ancienne demeure. 2 ch. (1 lit 2 pers.), 1 ch. (1 lit 2 pers. 1 lit 1 pers.), salle d'eau et wc privés pour chaque chambre. Grand parc sur la propriété. Gare 8 km. Commerces 600 m. Ouvert toute l'année. Juillet et août : table d'hôtes le week-end uniquement. Gare 8 km. Commerces 600 m. Location VTT sur place. Aux portes des châteaux de la Loire et des sentiers de Sologne.

Prix : 1 pers. **210 F** 2 pers. **250 F** 3 pers. **310 F**
pers. sup. **60 F** repas **75 F**

1	1	1	2	1	SP	1

LIBEAUT Maurice et Catherine – L'Ormoie - 26 rue de l'Ormoie – 41220 Saint-Laurent-Nouan – Tél. : 54.87.24.72

Saint-Martin-des-Bois Les Pignons   C.M. n° 64 — Pli n° 5

💥💥 NN (TH) — Vieux corps d'une authentique ferme d'élevage restauré. Etage : 1 ch. (1 lit 2 pers. 1 lit 1 pers.), 1 ch. (2 lits 1 pers. 1 ch. (1 lit 2 pers. 1 lit 1 pers. 1 conv.), s. d'eau et wc privés chacune. R.d.c. : 1 ch. (1 lit 2 pers. 1 lit 1 pers.), s. d'eau et wc privés, acces. aux pers. hand., peut compléter gîte rural 4 pers. (l.linge). Tél. sur place. Gare 25 km. Entrée indépendante dans salle de séjour rustique avec cheminée et coin-cuisine. Ch. central. Commerces 2 km. Produits fermiers sur place. Ping-pong, volley, poneys. Les propriétaires sont à votre disposition pour les déplacements. Ouvert toute l'année. 1/2 pens./sem. : 1350 F/pers. 2200 F/2 pers.

Prix : 1 pers. **180 F** 2 pers. **210 F** 3 pers. **275 F** repas **80 F**

2	25	6	20	SP	4	SP	6

CHEVEREAU Guy et Elisabeth – Les Pignons – 41800 Saint-Martin-des-Bois – Tél. : 54.72.57.43 – Fax : 54.72.57.39

Saint-Rimay   C.M. n° 64 — Pli n° 6

💥 NN (TH) — Dans une maison de caractère, ancienne chapelle Saint-Nicolas du XIe siècle. A l'étage : 3 ch. familiales. 2 ch. (2 lits 1 pers.) avec salle de bains et wc communs aux 2 chambres. 1 ch. 2 épis NN (1 lit 2 pers. 1 lit 1 pers. 1 lit enfant), salle d'eau et wc particuliers. Cour close. Sur place : gîte rural, produits fermiers. 10 % de réduction à partir d'une semaine. Téléphone en service restreint. Table d'hôtes sur demande. Prix repas boisson comprise. Gare 14 km. Ouvert toute l'année. Chambres situées à proximité de Montoire-sur-Loir.

Prix : 1 pers. **170 F** 2 pers. **220 F** 3 pers. **320 F**
pers. sup. **70 F** repas **70/90 F**

3,5	4	15	3	4	5	15

COLAS – Saint-Nicolas – 41800 Saint-Rimay – Tél. : 54.85.03.89

Saint-Romain-sur-Cher   C.M. n° 64 — Pli n° 17

💥💥 NN (TH) — 1 chambre aménagée au 1er étage d'une maison restaurée à l'ancienne (1 lit 2 pers. 1 lit 1 pers.) salle de bains et wc privés. R.d.c. : 1 ch. (1 lit 2 pers.), s. d'eau et wc privés, salle à manger indépendante, salon avec TV à disposition des hôtes. Possibilité lit supplémentaire. Gare 30 km. Commerces sur place. Ouvert toute l'année. Table d'hôtes (vin non compris). Au cœur de la vallée du Cher (caves troglodytiques, musées, abbayes) et à proximité du Val de Loire (châteaux).

Prix : 1 pers. **190 F** 2 pers. **250 F** 3 pers. **300 F**
pers. sup. **50 F** repas **80 F**

0,6	30	5	1	20	3	1	10	5

FASSOT Elisabeth – Le Bourg – 41140 Saint-Romain-sur-Cher – Tél. : 54.71.31.98

Salbris
C.M. n° 64 — Pli n° 9

♥♥ NN 3 chambres d'hôtes (2 lits 2 pers. 2 lits 1 pers.) aménagées à l'étage, wc et salle d'eau dans chaque chambre. Chauffage central. Terrain individuel clos. Plan d'eau. Chiens admis avec supplément : 20 F. Ouvert toute l'année.

Prix : 1 pers. **200 F** 2 pers. **220 F** 3 pers. **290 F**
pers. sup. **70 F**

1	1	1	2	2	1	SP

GUERU – 9 avenue de Toulouse – 41300 Salbris – Tél. : 54.97.23.28

Sambin La Brilliere
C.M. n° 64 — Pli n° 17

♥♥♥ NN 1 chambre d'hôtes au 1er étage d'une ancienne ferme située dans un hameau. 1 chambre (1 lit 150, 1 lit 120), salle de bains et wc privés, possibilité lit bébé. Jeux, TV satellite, bibliothèque à disposition des hôtes. Parking. Accueil cavaliers. Restaurant 3 km. Remise 10 % à partir de la 3e nuit. Tarifs spéciaux pour tennis, cheval, excursions en avion et bateau. Visites de châteaux et musées. Gare de Blois 22 km. Commerces 3 km. Ouvert toute l'année. Onzain 15 km. Anglais et allemand parlés.

Prix : 1 pers. **185 F** 2 pers. **205 F** 3 pers. **290 F**

7	10	15	15	5	SP	3	SP	19

KOHN-LECOMTE M. – La Brilliere - Route de Chaumont – 41120 Sambin – Tél. : 54.20.25.29 – Fax : 54.20.25.29

Santenay La Borderie
C.M. n° 64 — Pli n° 6

♥♥♥ NN 1 chambre 2 pers. (1 lit 2 pers. possibilité lit bébé sans supplément) avec salle de bains et wc privés. Terrasse ombragée, salon de jardin. Gare 20 km. Commerces 4 km. Anglais parlé. Tarif dégressif à partir de la 2e nuit. Ouvert toute l'année. A proximité du Val de Loire (châteaux, abbayes, musées...).

Prix : 1 pers. **190 F** 2 pers. **220 F**

10	20	20	4	20	2	4	20	20

TERRIER – La Borderie - Santenay – 41190 Herbault – Tél. : 54.46.11.33

Santenay Le Bas-Beau-Pays
C.M. n° 64 — Pli n° 6

♥♥♥ NN
(TH) Sur une exploitation agricole du Val de Loire (châteaux, abbayes, musées). Rez-de-chaussée : 1 ch. (1 lit 2 pers. 1 lit 1 pers.), salle d'eau et wc privatifs. Etage : 1 ch. (1 lit 2 pers. 2 lits 1 pers.), 1 ch. (2 lits jumeaux 1 pers.), 1 ch. (1 lit 2 pers.), salles d'eau et wc privatifs. Ch. central. -10 % pour séjour d'une semaine. Ouvert toute l'année. Table d'hôtes sur réservation.

Prix : 1 pers. **160 F** 2 pers. **200 F** 3 pers. **250 F**
pers. sup. **50 F** repas **80 F**

10	20	20	4	20	2	4	SP	20

DEUTINE Jean et Monique – Le Bas Beau Pays – 41190 Santenay – Tél. : 54.46.12.33 – Fax : 54.46.12.33

Sarge-sur-Braye La Vougrerie
C.M. n° 60 — Pli n° 16

♥♥♥ NN
(TH) 3 chambres d'hôtes situées en pleine campagne, avec vue panoramique sur le bocage percheron. 3 chambres avec sanitaires privatifs. Salon à disposition des hôtes. Jeux divers. Location de VTT. Pêche dans étang privé. Stage de peinture sur soie (sur demande préalable). Commerces 3 km. Table d'hôtes sur réservation. Ouvert toute l'année. Anglais parlé.

Prix : 1 pers. **160 F** 2 pers. **210 F** 3 pers. **260 F** repas **80 F**

1,5	4	4	4	SP	1,5	SP

ROUSSEAU Claude et Martine – La Vougrerie – 41170 Sarge-sur-Braye – Tél. : 54.72.78.24

Sarge-sur-Braye Lalliau
C.M. n° 64 — Pli n° 5

♥♥♥ 1 chambre d'hôtes aménagée dans une fermette située en pleine campagne. 1 ch. 4 pers. (2 lits 2 pers. 1 lit d'appoint) avec salle d'eau et wc particuliers. Lac, rivière 3 km. Produits fermiers.

Prix : 1 pers. **150 F** 2 pers. **200 F** 3 pers. **400 F**

SP	2	SP	2	2	

BRETON Pierre – Lalliau – 41170 Sarge-sur-Braye – Tél. : 54.72.75.85

Savigny-sur-Braye
C.M. n° 64 — Pli n° 6

♥♥♥ 2 chambres aménagées dans une grande maison sur une exploitation bovine. 1 chambre 2 pers. avec salle d'eau et wc particuliers. 1 chambre 4 pers. avec salle de bains et wc particuliers. Aire de jeux, barbecue, cuisine d'été, réfrigérateur, salon de jardin à disposition des hôtes. Vente de produits fermiers, initiation à la cuisine régionale. Restaurant 2,5 km. 1 gîte en annexe et gîte de groupes. 5 % de réduction à partir de la 2e nuit. Ouvert toute l'année sauf janvier/février.

Prix : 1 pers. **180 F** 2 pers. **215 F** 3 pers. **260 F**

SP	25	2,5	2,5	SP	2	

CROSNIER Huguette – Villeaux – 41360 Savigny-sur-Braye – Tél. : 54.23.71.49

Seillac La Renaudiere
C.M. n° 64 — Pli n° 16

♥♥ NN
(TH) 1 chambre accessible aux personnes handicapées (2 lits jumeaux), salle de bains, wc. 1 chambre (1 lit 2 pers.), salle de bains, wc. 1 chambre (2 lits jumeaux), salle de bains, wc. 1 chambre (1 lit 2 pers. 1 lit 1 pers.), salle de bains, wc. Rez-de-chaussée : 1 salle commune rustique avec cheminée et sanitaires. Gare et commerces 7 km. Petits animaux admis. Voile 14 km. Remise en fonction du nombre de nuits et du nombre de personnes. Anglais parlé. Ouvert toute l'année sauf en janvier et février. Prix repas vin non compris.

Prix : 1 pers. **210 F** 2 pers. **220/260 F** 3 pers. **310 F**
repas **50/100 F** 1/2 pens. **220 F**

SP	2	6	14	SP	2	SP	2

NENON Guy – La Renaudiere – 41150 Seillac – Tél. : 54.20.80.04

Selles-sur-Cher Bezaine   *C.M. n° 64 — Pli n° 17*

♥♥♥ NN   Au bord du canal du Berry, 2 chambres d'hôtes dans une maison de caractère. 2 chambres (4 lits jumeaux 1 pers.), salles de bains et wc privés. Billard sur place. Gare de Romorantin 15 km. Commerces sur place. Ouvert toute l'année. Sur la vallée du Cher, à proximité du Val de Loire (châteaux, musées, abbayes, caves troglodytiques...).

Prix : 1 pers. **250 F** 2 pers. **300 F** 3 pers. **360 F**
pers. sup. **60 F**

🛶	🏃	♟	🎿	🚴	🏊
SP	SP	10	SP	SP	SP	10

LERATE – Bezaine - 29 rue des Rieux – 41130 Selles-sur-Cher – Tél. : 54.97.51.35

Selles-sur-Cher   *C.M. n° 64 — Pli n° 18*

♥♥♥ NN (TH)   5 chambres dans une maison bourgeoise. 1er étage : 1 ch. 2 pers. (3 épis NN) avec s.d.b et wc privés. 1 ch. 2 pers. (3 épis NN) avec douche et wc privés. 1 ch. 1 pers. (3 épis NN) avec s.d.b. et wc privés. 1 ch. 2 pers. (2 épis NN) avec s.d.b. et wc privés. 2e étage : 1 ch. familiale (2 épis NN) avec 4 lits 1 pers., s.d.b. et wc privés. Commerces sur place. Gare 1 km. Au cœur de la Vallée du Cher (châteaux de Selles-sur-Cher, Chenonceaux, spectacles historiques, caves troglodytiques). Nautisme, pêche, chasse... Ouvert de février à décembre. Anglais et allemand parlés.

Prix : 1 pers. **150/200 F** 2 pers. **290/300 F** 3 pers. **310/330 F**
repas **90 F**

🎣	🚣	⛵	🛶	🏃	♟	🎿	🚴	🏊
SP	20	SP	SP	12	SP	SP	15	10

BACON Irene – 15 rue du Four – 41130 Selles-sur-Cher – Tél. : 54.97.63.85

Seris   *C.M. n° 64 — Pli n° 7*

♥♥♥ NN (TH)   Au rez-de-chaussée : 1 ch. (4 lits 1 pers.), 1 ch. (1 lit 2 pers. 1 conv. 2 pers.), 1 ch. (1 lit 2 pers.), à l'étage : 1 ch. (1 lit 2 pers. 1 lit 1 pers. 1 lit d'appoint, 1 lit bébé, prise TV), 1 ch. (1 lit 160, TV), salles d'eau ou salles de bains et wc privatifs. Gare 5 km. Ouvert toute l'année. Anglais parlé. A proximité du Val de Loire et du parc national de Chambord. Location de VTC ou vélos sur place. Découverte de la région et possibilité d'accompagnement, organisation de séjours. Possibilité de faire soi-même ses confitures. Accès par la A10, sortie Mer dir. château de Talcy.

Prix : 1 pers. **190 F** 2 pers. **240/270 F** 3 pers. **310/330 F**
pers. sup. **70 F** repas **90 F** 1/2 pens. **245 F**

🎣	🚣	🛶	🏃	♟	🎿	🚴	🏊
7	4	7	20	7	4	SP	13

PESCHARD – 10 Chemin de Paris – 41500 Seris – Tél. : 54.81.07.83 – Fax : 54.81.39.88

Seur La Valiniere

♥♥ NN (TH)   Au cœur des châteaux de la Loire, 1 suite (1 lit 2 pers. 2 lits 120), 1 ch. (2 lits 1 pers.), 1 ch. (3 lits 1 pers.), 2 ch. (1 lit 2 pers.) dans une grande maison bourgeoise. Famille de musiciens. S.d.b. et wc privatifs. Environnement de qualité adapté aux longs séjours. Jardin paysager. Coin-détente avec TV, jeux d'enfants, bibliothèque. Ouvert toute l'année. 1/2 pension à partir de 4 jours : 15 F de réduction sur chaque repas, tarifs promotionnels en moyenne saison (1/2 pension : 1200 F/semaine). Aide à la découverte du patrimoine. Anglais parlé.

Prix : 1 pers. **150/210 F** 2 pers. **180/265 F** 3 pers. **250/335 F**
repas **85/90 F** 1/2 pens. **185 F**

🎣	🚣	🛶	🏃	♟	🎿	🚴	🏊
SP	7	10	4	SP	SP	10	10

D'ELIA Madeleine – La Valiniere - 10 Route de Cellettes – 41120 Seur – Tél. : 54.44.03.85

Soings   *C.M. n° 64 — Pli n° 17*

♥ NN   Entre Loire et Cher, 2 chambres d'hôtes situées dans le bourg d'un village. R.d.c. : douche et wc communs réservés aux hôtes. A l'étage : 1 ch. (1 lit 2 pers.), 1 ch. (2 lits 1 pers.). Salon de jardin. Gare 25 km. Commerces sur place. Ouvert toute l'année. Au cœur du Val de Loire (châteaux de Blois, Chambord, Cheverny, Beauregard), spectacles historiques son et lumière, en été culturel et musical. Gastronomie.

Prix : 1 pers. **160 F** 2 pers. **180 F** 3 pers. **270 F**
pers. sup. **50 F**

🚣	⛵	🏃	🎿	🚴	🏊
8	15	7	15	1	SP	20

BRISSET Jacques et Alice – 8 rue de Selles – 41230 Soings – Tél. : 54.98.70.13

Thore-la-Rochette Le Carroir   *C.M. n° 64 — Pli n° 6*

♥♥♥ NN   2 chambres d'hôtes situées sur une exploitation viticole. 1 ch. (1 lit 2 pers.), douche et wc privés. 1 ch. (1 lit 2 pers. 1 lit 1 pers.) avec bains et wc privés. Gare 9 km. Commerces sur place. Fermé du 15 septembre au 31 octobre. Sur la vallée du Loir, à proximité du Val de Loire (châteaux, musées, abbayes, spectacles historiques son et lumière, en été musical et culturel.

Prix : 1 pers. **170 F** 2 pers. **200 F** 3 pers. **250 F**

🎣	⛵	🛶	🏃	♟	🎿	🚴	🏊
0,8	1	9	9	SP	1	1	9

BRAZILIER Jean – Le Carroir - 17 rue des Ecoles – 41100 Thore-la-Rochette – Tél. : 54.72.81.72

Thoury La Bruyere-Marion   *C.M. n° 64*

♥♥ NN   Au cœur des châteaux de la Loire, à 10 km du château de Chambord, 2 ch. d'hôtes dans une ancienne ferme en bordure de forêt, entourée d'un parc calme. 1 ch. (1 lit 2 pers.), 1 ch. (1 lit 2 pers. 1 lit 1 pers.), salle d'eau et wc privés pour chaque chambre. Chauffage électrique. Parking. Restaurant 3 km. Commerces 4 km. Gare 14 km. Ouvert toute l'année. Anglais parlé. Nombreux châteaux : Cheverny, Chambord, Beauregard, Blois... Spectacles historiques son et lumière, en été culturel et musical.

Prix : 1 pers. **190 F** 2 pers. **250 F** 3 pers. **310 F**

🎣	🚣	⛵	🛶	🏃	♟	🎿	🚴	🏊
SP	10	11	12	10	SP	5	SP	18

TOUCHET Jean-Louis – La Bruyere Marion - Thoury – 41220 La Ferte-Saint-Cyr – Tél : 54.87.50.55

Tour-en-Sologne La Baguenodiere   C.M. n° 64 — Pli n° 17

♥ NN   A l'étage, de la ferme et indépendants du propriétaire. 1 ch. (1 lit 2 pers. 2 lits 1 pers.), s. d'eau, wc communs réservés aux hôtes. 1 ch. (1 lit 2 pers.), 1 avec douche privée, l'autre avec douche commune. 1 ch. (1 lit 2 pers. 1 lit 1 pers.), douche privée. 2 wc communs aux 4 ch. 1 ch. (1 lit 2 pers. 1 lit 1 pers.) s. d'eau, wc communs aux hôtes. Ch. élect. Au cœur des châteaux, musées, abbayes du Val de Loire (Chambord, Cheverny, Beauregard, Blois, Chaumont-sur-Loire). Cuisine aménagée à disposition. Vente de produits fermiers. Ouvert toute l'année.

Prix : 1 pers. **140 F** 2 pers. **200/215 F** 3 pers. **240/255 F**

SP	15	15	3	7	1	5	3	15

MAUGUIN Maurice – 7 Chemin de la Bagnodiere – 41250 Tour-en-Sologne – Tél. : 54.46.45.33

Valaire La Caillaudiere   C.M. n° 64 — Pli n° 17

♥♥♥ NN   Dans une ferme du XVIᵉ siècle, à l'étage, 3 chambres d'hôtes. 2 chambres (1 lit 2 pers.). 1 chambre (2 lits 1 pers.). Salles d'eau et wc privatifs. Kitchenette à disposition des hôtes. Séjour/coin-salon. Possibilité lit supplémentaire. Gare 12 km. Commerces 4 km. Ouvert toute l'année. Au cœur des châteaux du Val de Loire (Chaumont sur Loire, Blois, Chambord...), abbayes, musées. A proximité de la Sologne (forêts, chasse...).

Prix : 1 pers. **180 F** 2 pers. **210 F** 3 pers. **270 F**
pers. sup. **70 F**

SP	25	17	17	5	SP	6	6	20

GALLOU Etienne – La Caillaudiere – 41120 Valaire – Tél. : 54.44.03.04

Valaire Les Poissonnieres   C.M. n° 64 — Pli n° 17

♥♥♥ NN   3 chambres d'hôtes aménagées dans une maison de caractère au rez-de-chaussée : 1 chambre (1 lit 180 ou 2 lits jumeaux 1 pers.), salle de bains et wc privatifs. A l'étage : 1 suite de 2 chambres avec salle d'eau wc réservés à la suite. 1 chambre (1 lit 2 pers.), 1 chambre (1 lit 2 pers. 2 lits jumeaux 1 pers. 1 lit 1 pers.). Gare 10 km. Commerces 3 km. Anglais parlé. Au cœur du Val de Loire (châteaux du moyen-âge, renaissance, musées, abbayes, caves troglodytiques, spectacles historiques son et lumière...). Fermé du 15 novembre au 15 mars.

Prix : 1 pers. **220 F** 2 pers. **240 F** 3 pers. **360 F**

4	25	5	15	5	SP	6	6	18

DE NUSSAC Pierre – Les Poissonnieres – 41120 Valaire – Tél. : 54.44.00.64

Vallieres-les-Grandes La Hubardiere   C.M. n° 64 — Pli n° 16

♥♥♥ (TH)   Dans un environnement calme, 3 chambres d'hôtes à l'étage. 1 ch. (1 lit 2 pers.). 1 ch. (2 lits 1 pers.) salle d'eau et wc communs aux 2 chambres. 1 ch. (1 lit d'appoint 1 pers.) salle de bains et wc privatifs. Chauffage électrique. Exploitation agricole d'élevage. Pique-nique. Gare 8 km. Commerces 3 km. Ouvert toute l'année. Possibilité circuits ULM, sur réservation. Anglais parlé. Table d'hôtes (vin compris).

Prix : 1 pers. **190 F** 2 pers. **230/250 F** pers. sup. **60 F**
repas **85 F**

SP	10	10	10	3	SP	3	SP	25

LEVIEUGE Joelle et Gerard – La Hubardiere – 41400 Vallieres-Les Grandes – Tél. : 54.20.95.38 – Fax : 54.20.90.35

Vallieres-les-Grandes La Ferme-de-la-Quantiniere   C.M. n° 64 — Pli n° 6

♥♥ NN (TH)   4 chambres d'hôtes aménagées dans une ancienne ferme du château. Rez-de-chaussée : 1 ch. (1 lit 2 pers.), salle de bains privée. 1 ch. (2 lits 1 pers.), salle d'eau privée. A l'étage : 1 ch. (1 lit 2 pers.), salle d'eau privée. 1 ch. (1 lit 160), salle de bains privée. Chauffage central au fuel. Gare 8 km. Commerces 5 km. Ouvert du 1ᵉʳ avril au 31 octobre. Anglais et hollandais parlés. A proximité du Val de Loire (châteaux, musées, abbayes, spectacles historiques, son et lumière, été culturel et musical).

Prix : 2 pers. **200/250 F** pers. sup. **100 F** repas **70 F**

8	12	2	8	5	SP	8	SP	8

RIFFONT-VEYS – La Ferme de la Quantiniere – 41400 Vallieres-Les Grandes – Tél. : 54.20.99.53 – Fax : 54.20.99.53

Vernou-en-Sologne La Rosandray   C.M. n° 64 — Pli n° 18

♥♥♥ NN   A 2 km du bourg, au cœur de la nature, 2 chambres d'hôtes aménagées à l'étage. 1 chambre (1 lit 2 pers.), 1 chambre (1 lit 2 pers. 1 lit 1 pers.) avec douche et wc particuliers dans chaque chambre. Petit parc. Cuisine d'été aménagée. Châteaux, circuits touristiques. Commerces 2 km. Gare 20 km. Ouvert du 1ᵉʳ avril au 31 octobre. Réduction de 30 F/nuit pour 1 couple à partir de 3 nuits et 50 F (3 pers.) à partir de 3 nuits.

Prix : 1 pers. **150 F** 2 pers. **240 F** 3 pers. **350 F**

2	20	2	SP	2	13	30

LEHEUX – Chemin d'Yssaire - La Rosandray – 41230 Vernou-en-Sologne – Tél. : 54.98.20.91

Villebarou   C.M. n° 64 — Pli n° 7

♥♥♥ NN   3 chambres d'hôtes (3 lits 2 pers.), avec entrée indépendante, aménagée dans une maison de caractère, située en rez-de-chaussée. Salle d'eau et wc privatifs. Chauffage central au gaz. Parc aménagé. Gare 10 km. Commerces 2 km. Ouvert toute l'année, l'hiver sur réservation. Hébergement situé à 5 km de Blois, au cœur des châteaux du Val de Loire (été culturel et musical, spectacles historiques son et lumière...).

Prix : 1 pers. **260 F** 2 pers. **270 F** pers. sup. **60 F**

10	20	3	4	10	15	1	SP	3,5

MASQUILLIER J-Jacques et Agnes – 8 Route de la Chaussee - Saint-Victor – 41000 Villebarou – Tél. : 54.78.40.24

Villechauve La Lune-et-Les-Feux

C.M. n° 64 — Pli n° 6

♥♥ NN
(TH)

3 ch. aménagées au r.d.c. d'une ancienne école rurale. 2 ch. 2 pers. avec douche privée (2 lits 2 pers.). 1 ch. avec salle de bains (1 lit 2 pers. 1 lit enfant). Poss. lit suppl. Salle à manger pour petit déjeuner et repas du soir. Coin-jeux et bibliothèque. Préau et cour (véhicules). Jardin d'agrément à l'usage des hôtes. Ouvert toute l'année. Chambres situées au cœur des vallées du Loir et de la Loire (châteaux, musée, abbayes.), GR 335 à proximité. Produits fermiers (légumes, fruits du jardin). Gare 15 km. Commerces 7 km. Anglais, allemand et italien parlés. Animaux admis sous réserve.

Prix : 1 pers. **180 F** 2 pers. **230 F** 3 pers. **250 F**
repas **65/75 F**

SP	30	7	7	10	SP	3	SP	10	

LABALLE Claude – La Lune et Les Feux – 41310 Villechauve – Tél. : 54.80.37.80

Villeneuve-Frouville

C.M. n° 64 — Pli n° 7

♥♥ NN

Dans le bourg à 150 m de la D924, 3 chambres d'hôtes à l'étage d'une ancienne ferme des XVIII° et XIX° siècles avec salles d'eau privatives : 1 ch. (2 lits 1 pers.), 1 ch. (1 lit 125, 1 lit bébé), 1 ch. (2 lits 1 pers. 1 lit 120). Chauffage électrique. Gare à Blois (20 km), commerces 4 km. Ouvert toute l'année. Garage et cour fermée. Situées à proximité du Val de Loire et de la vallée du Loir (châteaux, musées, spectacles historiques, son et lumière, été culturel et musical).

Prix : 1 pers. **210 F** 2 pers. **230/250 F** 3 pers. **300 F**

15	6	15	4	6	SP	4	20		

POHU Bernard – 5 Place de l'Eglise – 41290 Villeneuve-Frouville – Tél. : 54.23.22.06

Villeny

C.M. n° 64 — Pli n° 8

♥♥♥

Dans propriété solognote privée, demeure du XVIII° siècle. Au 1er étage, 3 chambres de style (1 lit 2 pers.), salle de bains privée pour chaque chambre. WC privés pour 2 chambres. Au 2e étage : 2 chambres (2 lits 1 pers.), salle de bains ou cabinet de toilette dans chaque chambre. WC sur le palier. Réduction pour séjour. Ouvert du 1er avril au 15 novembre. Anglais parlé. Accès par la D925.

Prix : 1 pers. **300/360 F** 2 pers. **300/360 F**

10	20	25	20	10	SP	SP	10	20	

GIORDANO-ORSINI Anne – Chateau de la Giraudiere – 41220 Villeny – Tél. : 54.83.72.38

Villerbon

C.M. n° 64 — Pli n° 7

♥♥♥ NN

Près de Blois, un ancien cellier restauré, 3 chambres d'hôtes avec salle d'eau et wc pour chaque chambre. Séjour/salon avec meubles régionaux à la disposition des hôtes. Jeux d'intérieur, possibilité pique-nique et repos dans jardin d'agrément. Chien admis sous réserve. Ouvert toute l'année (sur réservation du 15 novembre au 15 mars).

Prix : 1 pers. **250 F** 2 pers. **270 F**

8	8	8	8	4	2	8	8	

LESOURD Elisabeth – Villejambon – 41000 Villerbon – Tél. : 54.46.83.16

Villiers-sur-Loir

C.M. n° 64 — Pli n° 6

♥♥ NN

2 ch. aménagées dans une maison ancienne avec jardin clos et jeux d'enfants, sur la route de la vallée du Loir. 1 ch. (2 lits 1 pers.), 1 ch. (1 lit 2 pers. 1 lit 1 pers. possibilité lit bébé), salles de bains, wc privatifs. Enfant en-dessous de 2 ans : 30 F. Gare et commerces 2 km. Ouvert toute l'année. Anglais parlé. Proche d'un plan d'eau avec club nautique, pêche et baignade. Nombreuses balades pédestres ou à vélo à partir du gîte. A 5 km de Vendôme, 30 km de Blois, 50 km de Tours. Nombreux châteaux aux alentours.

Prix : 1 pers. **200 F** 2 pers. **250 F** 3 pers. **300 F**

1	1	6	5	1	2	2	2	

DURAND Eric – 9 rue du Clos Basin – 41100 Villiers-sur-Loir – Tél. : 54.72.75.44 ou 54.80.00.45

Vineuil

C.M. n° 64 — Pli n° 7

♥♥♥ NN

2 ch. aménagées dans une maison bourgeoise située dans un bourg, chambres donnant sur le jardin. R.d.c. : 1 ch. (1 lit 2 pers.). A l'étage : 1 ch. (1 lit 2 pers. 1 lit 1 pers. poss. lit d'appoint). Salle d'eau et wc privatifs. Chauffage central. Salon de jardin à la disposition des hôtes. Au cœur des châteaux de la Loire, région de la Sologne 10 km. Forêt 3 km. Entrée : rue Arthur Rimbaud. Ouvert toute l'année.

Prix : 1 pers. **195 F** 2 pers. **230/270 F** 3 pers. **290 F**
pers. sup. **60 F**

SP	5	5	5	SP	SP	SP	SP	5	

TESNIERE Jean et Louise – 35 rue de la Republique – 41350 Vineuil – Tél. : 54.42.67.06

Loiret

Bougy-Lez-Neuville Le Climat-des-Quatre-Coins

C.M. n° 60 — Pli n° 19

♥♥♥ NN

Dans un bâtiment indépendant, à l'étage : 1 ch. 3 pers. (1 lit 2 pers. 1 lit 1 pers.), salle de bains, wc, kitchenette. Salon (cheminée, 1 conv. 2 pers.) R.d.c. : 1 ch. (1 lit 2 pers.), salle de bains, wc privés. Jardin, barbecue, salon de jardin à dispo. des hôtes. Poss. accueil de cavaliers (boxes, pré, carrières). A l'orée de la forêt d'Orléans à 500 m d'un village très calme, M. Glotin vous recevra dans un bâtiment près de sa maison. Les randonneurs équestres pourront trouver le gîte idéal. Prêt de vélos. Anglais et allemand parlés. Supplément enfant 60 F.

Prix : 1 pers. **150 F** 2 pers. **210 F** 3 pers. **270 F**

4	2	4	SP	SP	25	20		

GLOTIN Alain – Le Climat des Quatre Coins – 45170 Bougy-Lez-Neuville – Tél. : 38.91.80.89 ou 38.41.25.48

Briare Domaine-de-la-Thiau  C.M. n° 65 — Pli n° 2

❀❀❀ NN

Entre Gien et Briare, maison du XVIIIᵉ siècle de style Mansart, proche de celle des propriétaires, dans un parc à 400 m de la Loire. 3 ch. (1 lit 2 pers. 1 lit 1 pers.) avec s.d.b. ou douche et wc privés. Salon (TV, Tél. Hifi, lecture, jeux). Coin-repas (frigo, micro-ondes) à dispo. à partir de la 2ᵉ nuit. Entrée individuelle. Jardin aménagé privé. Billard, visite réserve gibier avec participation aux frais. Anglais, allemand et espagnol parlés. Supplément bébé 30 F. Gare et commerces à 4 km.

Prix : 1 pers. **210 F** 2 pers. **230/250 F** 3 pers. **300/320 F**

SP	4	SP	4	SP	6	25	25	SP

FRANCOIS Benedicte – Domaine de la Thiau – 45250 Briare – Tél. : 38.38.20.92 ou 38.37.04.17 – Fax : 38.67.40.50

Briarres-sur-Essonne Francorville   C.M. n° 61 — Pli n° 11

❀❀❀ NN

Dans un ancien moulin sur D25 entre Villereau et Briarres, 1 chambre 3 pers. et 1 chambre 2 pers. Salle d'eau et wc indépendants pour chacune. Rivière sur place. Animaux admis. Gare 10 km, commerces 4 km. Ouvert toute l'année.

Prix : 1 pers. **180 F** 2 pers. **220 F** 3 pers. **280 F**

10	SP	5	SP

COULON Bernard – Francorville – 45390 Briarres-sur-Essonne – Tél. : 38.39.13.59

Chatillon-sur-Loire La Giloutiere  C.M. n° 65 — Pli n° 2

❀❀❀ NN
(TH)

A l'étage : 1 ch. (1 lit 2 pers.), s. d'eau privée, wc. 1 ch. (1 lit 2 pers), s. d'eau privée, wc. 1 ch. d'appoint (1 lit 1 pers.). Salon/salle à manger communs aux hôtes. Cheminée. Table d'hôtes sur réservation, 2 pers. minimum. Annexe : 1 duplex, salon/séjour, kitchenette. Prise TV. 1 ch. (1 lit 2 pers.), salle d'eau, wc (1100 F/sem.). Anglais parlé. M. et Mme Lefranc vous accueillent dans un gîte situé dans une ancienne maison de mariniers en bordure du canal de Briare près de la Loire, à 1 km de la RN7. Briare et son pont canal à 5 km est un point de départ pour la visite du Val de Loire. Ouvert toute l'année.

Prix : 1 pers. **200 F** 2 pers. **250 F** 3 pers. **370 F** repas **110 F**

5	SP	2	SP	11	30	SP

LEFRANC Gilbert – La Giloutiere - 13, rue du Port – 45360 Chatillon-sur-Loire – Tél. : 38.31.10.61

Chevannes   C.M. n° 61 — Pli n° 12

❀❀ NN
(TH)

1 chambre à l'étage (1 lit 2 pers. 1 lit enfant ou bébé sur demande), salle d'eau et wc privatifs. Jardin, salon de jardin. Gare 10 km. Commerces 5 km. Ouverture printemps 96, dans une maison indépendante, de 3 chambres, salle d'eau et wc chacune, coin salon. Mireille et Olivier Tant vous accueilleront dans leur ancienne fermette rénovée, dans un sympathique petit village du Gâtinais. A 1 heure de Paris.

Prix : 1 pers. **170 F** 2 pers. **200 F** pers. sup. **60 F** repas **80 F**

10	5	SP	5	7	12	10	SP

TANT Olivier – Le Village – 45210 Chevannes – Tél. : 38.90.92.23

Chevillon-sur-Huillard Le Grand-Casseau   C.M. n° 65 — Pli n° 2

❀❀ NN

Dans une maison récente en bordure de forêt, 3 chambres aménagées au r.d.c. : 2 ch. 2 épis NN (1 lit 2 pers.), salle de bains privée et wc communs aux hôtes. 1 ch. 3 épis NN (1 lit 2 pers.), salle d'eau et wc privés. Salle commune, salon avec cheminée. Grand parc boisé. 2 garages. Gare 5 km. Commerces 3 km. Poss. pique-nique. Ouvert du 01/03 au 30/11. Anglais parlé. Montargis 4 km. RN60 1 km.

Prix : 1 pers. **150 F** 2 pers. **180 F** 3 pers. **230 F**

4	4	3	3	4	4	5

GRANDDENIS Gerard – Le Grand Casseau – 45700 Chevillon-sur-Huillard – Tél. : 38.97.80.45 ou 38.93.37.10

Coudray Gîte-de-la-Garenne  C.M. n° 61 — Pli n° 11

❀❀ NN

Dans une maison attenante à celle des propriétaires : 2 ch. (1 lit 80 2 lits 1 pers.), lavabo dans chacune, salle d'eau et wc communs réservés aux hôtes. 1 ch. d'appoint (1 lit 2 pers.). Salon, coin-cuisine à disposition. Terrain, jardin, salon de jardin, table de ping-pong, garage. Gare et commerces 5 km. Ouvert toute l'année. Mr et Mme Bercher vous accueillent dans leur logis aménagé dans un ancien bâtiment de la ferme. Lieu calme et agréable afin d'y passer de paisibles nuits. Réputé pour notre situation géographique : situé à mi-chemin entre Paris et les châteaux de la Loire par la RN152 qui passe à 800 m.

Prix : 1 pers. **160 F** 2 pers. **220 F** 3 pers. **280 F**

6	6	5	6	16	40	SP

BERCHER Ghyslaine – Gîte de la Garenne - 2 Place de la Garenne – 45330 Coudray – Tél. : 38.34.65.10 – Fax : 38.34.85.99

Coullons   C.M. n° 65 — Pli n° 1

❀❀ NN
(TH)

Sur 3 ha., dans une ancienne ferme du second empire. Rez-de-chaussée : 3 ch. 2 pers. (classées 2 épis NN), salle de bains privée chacune, wc communs aux 3 ch. A l'étage : 1 grande ch. 2/4 pers., de grand confort (classée 3 épis NN), salle de bains et wc. Salle à manger/détente réservée aux hôtes. TV. Aire de pique-nique, poneys. Table d'hôtes sur réservation. Gare 10 km, commerces 5 km. Ouvert toute l'année.

Prix : 1 pers. **180 F** 2 pers. **230/320 F** 3 pers. **370 F** pers. sup. **60 F** repas **85 F**

15	10	SP	10	SP	6	15	10

RAFFIN Jean-Luc – Gault – 45720 Coullons – Tél. : 38.67.59.77 – Fax : 38.38.23.42

Donnery Cornella

❀❀❀ NN

Dans une ancienne ferme restaurée à 700 m du bourg, en rez-de-chaussée : 1 chambre 2 pers. avec salle d'eau et wc privés. A l'étage : 1 chambre (2 lits jumeaux. 1 lit enfant), salle de bains et wc privés dans une ambiance rustique et de style. Chauffage central. Jardin. Ouvert toute l'année. Possibilité table d'hôtes sur demande. Commerces 700 m. Ouvert toute l'année.

Prix : 1 pers. 185 F 2 pers. 235 F

🐕		🏊	⛵	🎿	🚶	🏇	♿	🚴
		5	4	0,7	0,7	SP	5	20	SP

AVRIL Jacques – Cornella - 27 rue de Vennecy – 45450 Donnery – Tél. : 38.59.26.74 – Fax : 38.59.26.74

Donnery La Poterie

❀❀❀ NN

Dans une ferme en activité à proximité du canal d'Orléans entre le Val de Loire et la forêt d'Orléans, 3 chambres indépendantes et 1 séjour réservé aux hôtes en continuité de l'habitation : 2 ch. (1 lit 2 pers. chacune), salle d'eau, wc privés, 1 ch. (3 lits 1 pers.), salle d'eau et wc privés. Salle de séjour à la disposition des hôtes. Gare 18 km. Commerces 800 m. Ouvert toute l'année.

Prix : 1 pers. 180 F 2 pers. 230 F 3 pers. 290 F

🐕		🏊	⛵	🎿	🚶	🏇	♿	🚴
		12	0,8	SP	0,8	3	12	1,5	0,8

CHARLES Marie-Claude et Dominique – La Poterie – 45450 Donnery – Tél. : 38.59.20.03

Echilleuses

❀❀❀ NN
(TH)

Sur l'itinéraire « bis Paris-Clermont » entre Puiseaux et Bellegarde : 2 ch. en rez-de-chaussée de l'habitation des propriétaires. 1 ch. (1 lit 2 pers. 1 conv.), grande salle d'eau, wc. 1 ch. (1 lit 2 pers.), salle d'eau, wc. Chauffage électrique. Prise TV. Gare 20 km, commerces 5 km. Ouvert toute l'année. Mr et Mme Hyais vous accueillent à la ferme dans les dépendances d'un ancien château, dans une cour fleurie, fermée et très calme. Détente assurée dans un cadre verdoyant et confortable d'un village du gâtinais.

Prix : 1 pers. 190 F 2 pers. 220 F pers. sup. 70 F repas 60 F

🏊	⛵	🎿	🚶	🏇	♿	🚴
20	5	5	5	SP	17	25	SP

HYAIS Francine – 3 Cour du Chateau – 45390 Echilleuses – Tél. : 38.33.60.16

Ferolles La Breteche

❀❀❀ NN
(TH)

1 chambre au rez-de-chaussée (2 lits 1 pers.) avec salle d'eau et wc privés. 1 chambre à l'étage (2 lits 2 pers.), salle d'eau et wc privés. 1 ch. (1 lit 2 pers. 1 lit d'appoint 120), salle d'eau, wc privés. Grand jardin clos, arboré et fleuri. Jeux d'enfants. Gare 22 km. Commerces 3 km. Anglais parlé. Tarifs dégressifs pour 2 pers. à partir de la 3e nuit. Mme De Smet vous accueillera dans un village très calme situé sur le Val de Loire. Randonnées à proximité en Sologne. Châteaux de la Loire tous proches. Chiens acceptés en chenil (suppl. 15 F/nuit/chien). Table d'hôtes le soir. Ouvert toute l'année.

**Prix : 1 pers. 160 F 2 pers. 200 F 3 pers. 250 F
pers. sup. 60 F repas 70 F**

🏊	⛵	🎿	🚶	🏇	♿	🚴
15	20	5	8	8	5	15

DE SMET Susan – La Breteche - 8 Route du Martroi – 45150 Ferolles – Tél. : 38.59.79.53

La Ferte-Saint-Aubin La Vieille-Forêt

❀❀❀ NN

A quelques km des châteaux de la Loire, en Sologne, 3 ch. avec entrées indépendantes : 1 ch. (1 lit 2 pers. 1 conv.), 1 ch. (1 lit 2 pers. 1 lit 1 pers.), 1 suite (1 lit 2 pers. 2 lits 1 pers.), salle de bains et wc privés à chacune. Chauffage central. Cuisine à disposition des hôtes. Gare et commerces 5 km. Suppl. animal : 30 F. Tout au long de l'année, M. et Mme Ravenel vous accueillent dans cette ancienne ferme rénovée au bord d'un étang, en pleine campagne. 4 golfs à proximité, maximum 10 km. Promenade sur place. Château du XVIIe siècle à visiter au village.

Prix : 1 pers. 200 F 2 pers. 250 F 3 pers. 300 F

♿		🚶	🏇	⛵	🚴
5	5	5	SP	1	5

RAVENEL – La Vieille Forêt - Route de Jouy le Potier – 45240 La Ferte-Saint-Aubin – Tél. : 38.76.57.20

Germigny-des-Pres

❀❀❀ NN

5 chambres d'hôtes dans 1 fermette de style solognot. R.d.c. : 1 ch. (3 lits 1 pers.), 2 ch. (2 lits 1 pers.). Etage : 1 ch. (1 lit 2 pers. 1 lit bébé), 1 ch. (2 lits 1 pers.). Salle d'eau et wc privatifs à chacune. Portefenêtres dans chambres au r.d.c. Gare 20 km. Commerces 5 km. Ouvert toute l'année. Dans un cadre calme et agréable avec grand terrain, salons de jardin, jeux d'enfants, parking assuré. Proche de la Loire 2 km. Oratoire carolingien à 300 m. Site classé. Le meilleur accueil vous sera réservé.

Prix : 1 pers. 170 F 2 pers. 230 F 3 pers. 280 F

🏊	⛵	🎿	🚶	🏇	♿	🚴
2	5	1	4	SP	7	15	SP

JARSALE Jacques et Paulette – 28 Route de Chateauneuf – 45110 Germigny-des-Pres – Tél. : 38.58.21.15 ou SR : 38.62.04.88. – Fax : 38.58.21.15

Gidy Ferme de la Voliere

❀❀ NN

Dans un bourg calme proche d'Orléans, 3 ch. sont aménagées à l'étage. 1 ch. (2 lits 1 pers.), salle de bains, wc. 1 ch. (2 lits 1 pers.), salle d'eau, wc sur le palier. 1 ch. (1 lit 2 pers.), salle d'eau. WC. Salle commune. Coin-cuisine. Jardin. Libre service (fruits, légumes, produits du terroir). Ouvert toute l'année. Gare 12 km. Boulangerie et épicerie sur place. Anglais parlé.

Prix : 1 pers. 150 F 2 pers. 180 F

🐕		🏊	⛵	🎿	🚶	🏇	♿	🚴
		4	12	SP	6	4	16	SP

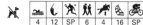

LECOMTE-FOUSSET Ph. et M.J – 181, rue de Malvoviers – 45520 Gidy – Tél. : 38.75.43.18 – Fax : 38.75.43.18

Isdes

❦❦❦ NN Dans un bâtiment situé dans un vaste jardin. 1 suite en rez-de-chaussée comprenant : séjour, salon. 1 chambre (1 lit 2 pers.), salle de bains et wc privatifs. 1 studio : 1800 F/sem. Chauffage électrique. Jardin, parc, salon de jardin, parking, calme. Animaux admis avec supplément. Caution. Accès : sortie autoroute à 24 km. Commerces sur place.

Prix : 1 pers. **260 F** 2 pers. **280 F** 3 pers. **420 F**

🚣	🏊	🚴	⛷	🚶	🏇	⛵	🎣	🚲
12	13	SP	8	SP	8	12	12	8

HATTE Renee – 30 Route de Clemont – 45620 Isdes – Tél. : 38.29.10.89

Jouy-le-Potier

❦❦❦ NN (TH) 1 chambre à l'étage avec 2 lits 1 pers. Salle d'eau et wc privés. Salon commun avec cheminée. TV. Bibliothèque. Chambre d'appoint (1 lit 2 pers.), wc privés. Terrasse. Jardin, parking. Possibilité table d'hôtes sur réservation. Supplément bébé 20 F (lit à disposition). Gare 11 km. Commerces 1,5 km. Accès par la D7 ou D18. Ouvert toute l'année. En plein cœur de la Sologne, au sud d'Orléans, M. et Mme Becchi vous accueillent dans une maison de style solognot dans un endroit tranquille, à 1,5 km du bourg. Vous pourrez découvrir la Sologne avec ses bois, ses étangs et ses châteaux. Autoroute A 71, sortie n° 2 : 11 km. Orléans 21 km.

Prix : 1 pers. **200 F** 2 pers. **250 F** 3 pers. **300 F** repas **85 F**

🏊	🚴	⛷	🚶	🏇	🎣	🚲
15	5	0,5	SP	3	5	7

BECCHI Jacques et Christiane – 778, rue de Chevenelle – 45370 Jouy-le-Potier – Tél. : 38.45.83.07

Marcilly-en-Villette

❦❦❦ NN Dans une fermette située dans un bois en Sologne, à 20 km d'Orléans. 1 chambre 2 pers. avec salle d'eau (douche et wc privés) et 1 chambre d'appoint (2 pers.). Restaurant et commerces 1 km. Propriété close. Ouvert toute l'année.

Prix : 2 pers. **190/210 F** 3 pers. **260 F**

🏊	🚴	⛷	🚶	🏇	🚲
8	SP	SP	SP	7	3

RICHARD-PRENGERE Maryse – La Nouet - Route de Sennely – 45240 Marcilly-en-Villette – Tél. : 38.76.17.40

Mareau-aux-Bois La Regalade

❦❦❦ NN (TH) La Poterie, accessible au 1er étage par une ancienne échelle de meunier, 1 ch. (1 lit 2 pers.), salle d'eau, wc privatifs. Ouverture courant 96 de 2 autres chambres. A 100 km au sud de Paris et 6 km du château de Chamerolles, à l'orée de la forêt d'Orléans, dans un cadre rustique, Denis André saura vous réserver un accueil chaleureux et convivial. Pêche, chasse, randonnée VTT, équitation, champignons. Gare 10 km. Commerces sur place. Ouvert toute l'année. Anglais et allemand parlés.

Prix : 1 pers. **160 F** 2 pers. **250 F** 3 pers. **340 F** repas **75 F**
1/2 pens. **200 F** pens. **250 F**

🚣	🏊	🚴	⛷	🚶	🏇	🎣	🚲
6	6	1	1	SP	6	8	SP

ANDRE Denis – La Regalade - 25 Route de Courcy – 45300 Mareau-aux-Bois – Tél. : 38.34.01.32 ou SR : 38.62.04.88.

Menestreau-en-Villette

❦ NN 4 chambres aménagées dans une maison solognote rénovée. R.d.c. : 3 chambres (1 épi NN) avec salle d'eau et wc communs aux 3 ch. A l'étage : 1 chambre (3 épis NN) avec salle d'eau et wc privés. Salle commune aux hôtes. Parking. Anglais et allemand parlés. Dans un cadre soigné, au milieu d'un grand jardin boisé, Mme Cadel vous permettra de faire une étape d'une ou plusieurs nuits à la découverte de la Sologne. Gare 25 km. Commerces 500 m.

Prix : 1 pers. **150 F** 2 pers. **180/250 F** 3 pers. **230/330 F**

🚴	⛷	🚶	🏇	🎣	🚲
0,5	0,5	0,5	3	10	0,5

CADEL Camille – 115, Chemin de Bethleem – 45240 Menestreau-en-Villette – Tél. : 38.76.90.70

Menestreau-en-Villette La Ferme des Foucaults

❦❦❦ NN Dans un ancien corps de ferme rénové, au cœur de la forêt solognote, 1 chambre/suite située en r.d.c. avec entrée indépendante : (1 lit 160, 1 lit d'appoint 2 pers.), salle de bains, wc privés. TV. Courant 96 ouverture d'une très grande chambre à l'étage : (1 lit 160, 1 lit d'appoint 2 pers.), salle de bains, wc privés. TV. Tarif dégressif à partir de la 3e nuit. Gare 16 km. Commerces 6 km. Ouvert du 1er avril au 31 octobre. Anglais et allemand parlés.

Prix : 1 pers. **200 F** 2 pers. **250 F** 3 pers. **330 F**
pers. sup. **50 F**

🏊	🚴	⛷	🚶	🏇	🚲
7	SP	6	SP	10	SP

BEAU Rosemary – La Ferme des Foucaults – 45240 Menestreau-en-Villette – Tél. : 38.76.94.41 ou SR : 38.62.04.88.

Meung-sur-Loire Hameau-de-la-Nivelle

❦❦❦ NN (TH) Dans une maison située dans un hameau. R.d.c. : 1 ch. (2 lits 1 pers.) avec salle de bains privée et wc. A l'étage : 1 ch. (1 lit 2 pers.), 1 ch. d'enfants attenante (2 lits 1 pers.) avec salle de bains et wc communs. 1 ch. (1 lit 2 pers.), salle de bains, wc privés. 1 ch. d'appoint (2 lits 120), douche, lavabo, wc privés. Ouvert toute l'année. Chambres aménagées dans une maison avec jardin arboré et fleuri, située dans un hameau calme. Parking intérieur. Grande terrasse. Prise TV dans chaque ch. Location bicyclettes sur place. Ping-pong. Portique. Gare et commerces 3 km. Anglais parlé. Tarif à partir de 2 nuits : 200 F/2 pers.

Prix : 1 pers. **170 F** 2 pers. **220 F** repas **80 F**

🚣	🏊	🚴	⛷	🚶	🏇	⛵	🎣	🚲
3	3	0,3	3	SP	10	3	10	SP

BECHU – Hameau de la Nivelle - 30 rue de la Batissiere – 45130 Meung-sur-Loire – Tél. : 38.44.34.38 – Fax : 38.44.34.38

Montereau-en-Gatinais Courpalet *C.M. n° 65 — Pli n° 1*

♥♥ NN
(A)

A l'orée de la forêt, nous vous accueillons dans notre maison en pleine nature, où vous apprécierez son calme et son décor champêtre. 1 ch. (2 lits 1 pers.), 2 ch. (1 lit 2 pers. chacune). Salle de bains privative à chaque chambre, wc communs. TV à disposition dans le séjour. Salon de jardin. Gare 20 km. Commerces 2 km. Ouvert toute l'année. Vous pourrez prendre à votre guise les chemins pédestres de la forêt et pour les passionnés de vieilles pierres et d'histoire, la route des châteaux (La Bussière, Gien, Sully-sur-Loire).

Prix : 2 pers. **250/270 F** pers. sup. **110 F** repas **85 F**
1/2 pens. **210 F** pens. **295 F**

12	SP	SP	2	SP	8	20	SP

HAMELIN Michel – Courpalet – 45260 Montereau-en-Gatinais – Tél. : 38.87.70.95 ou SR : 38.62.04.88.

Montliard Le Chateau *C.M. n° 61 — Pli n° 11*

♥♥ NN

2 chambres aménagées à l'étage : 1 ch. (2 lits jumeaux. 1 canapé 2 pers.), salle d'eau et wc. 1 ch. (1 lit 2 pers. 1 lit 1 pers.) avec salle d'eau et wc. Salon d'accueil. Animaux admis avec supplément : 20 F. Tarifs pour plusieurs nuits. Ouvert du 1er avril au 3 novembre. Anglais parlé. Commerces 2,5 km. Gare 35 km. M. et Mme Leconte vous accueillent dans leur petit château du XVIe siècle, près de la grande forêt domaniale d'Orléans. Sur réservation de préférence.

Prix : 1 pers. **190 F** 2 pers. **210 F** 3 pers. **230 F**

12	4	SP	4	SP	5	12	SP

LECONTE Bernard – Le Chateau – 45340 Montliard – Tél. : 38.33.71.40 ou 1.34.51.76.15

Nevoy Sainte-Barbe   *C.M. n° 65 — Pli n° 2*

♥♥♥ NN
(TH)

Annie aura le plaisir de vous accueillir dans sa propriété rurale du XIXe siècle donnant sur le jardin. A l'étage : 1 grande chambre (1 lit 2 pers. 1 lit 1 pers.1 lit d'appoint 80), salle de bains, wc privés. Accès indépendant. Au r.d.c. : salle d'accueil, petit salon, cheminée, TV couleur. Gare et commerces 5 km. Ouvert toute l'année sur demande. Anglais parlé.

Prix : 1 pers. **270 F** 2 pers. **320 F** 3 pers. **370 F** repas **100 F**

25	SP	SP	SP	SP	9	25	5

LE LAY Annie – Sainte-Barbe – 45500 Nevoy – Tél. : 38.67.59.53 ou SR : 38.62.04.88. – Fax : 38.67.28.96

Nevoy Ferme-du-Tranchoir   *C.M. n° 65 — Pli n° 2*

E.C. NN
(A)

2 ch. aménagées dans une vieille ferme restaurée, située dans un hameau. 2 chambres 2 pers. avec salle d'eau privée et wc communs. Possibilité lit enfant. Possibilité d'accueil supplémentaire dans un gîte de groupe avec 3 chambres. Terrain. Parking. Pré. Produits fermiers sur place. Commerces 6 km.

Prix : 1 pers. **170/190 F** 2 pers. **200/220 F** 3 pers. **240/300 F**
repas **60/78 F**

6	SP	6	SP

SOURON Michel – Ferme du Tranchoir – 45500 Nevoy – Tél. : 38.67.51.98

Nogent-sur-Vernisson Les Grandes Bruyeres  *C.M. n° 65 — Pli n° 2*

♥♥ NN
(TH)

2 chambres avec poutres apparentes, salle d'eau et wc privés. Petit palier (1 lit 2 pers.). Lits d'enfants à disposition. Grande salle avec baie à colombages donnant sur un étang de 2 ha. bien arboré. Salle à manger, style campagnard, commune avec les propriétaires. Possiblité de faire de la barque. Gare et commerces 5 km. Ouvert toute l'année. Dans une ancienne ferme à l'orée de la forêt d'Orléans, Nicole et Guy vous accueilleront avec plaisir. Repas familial, l'hiver dans la salle à manger au coin du feu, cheminée ancienne, et aux beaux jours face à la campagne ou bien dehors au bord de l'eau. Cuisine traditionnelle, produits naturels.

Prix : 1 pers. **170 F** 2 pers. **200 F** repas **90 F** 1/2 pens. **260 F**
pens. **320 F**

SP	15	SP	3	SP	SP	15	SP

GIRAUX – Les Grandes Bruyeres – 45290 Nogent-sur-Vernisson – Tél. : 38.96.10.37 ou SR : 38.62.04.88.

Ouzouer-sur-Loire Les Brosses   *C.M. n° 65 — Pli n° 1*

♥♥♥ NN

1 chambre d'hôtes aménagée dans une maison de construction récente située à l'orée de la forêt d'Orléans. Le 1er étage est à l'usage particulier des hôtes avec 1 chambre 2 pers., salle d'eau et wc privatifs et 1 salle de détente avec 1 conv. 2 pers. (couchage possible sur demande préalable). Jardin clos. Restaurant 2 km. Commerces 1,5 km. Gare 15 km. Ouvert du 1er avril au 30 octobre.

Prix : 1 pers. **180 F** 2 pers. **200 F** 3 pers. **300 F**
pers. sup. **100 F**

17	5	5	2	SP	7	10	12

LECLERC – Les Brosses - 511 rue des Noues – 45570 Ouzouer-sur-Loire – Tél. : 38.35.63.73

Ouzouer-sur-Trezee Domaine-de-la-Chaurie   *C.M. n° 65 — Pli n° 2*

♥♥

Dans d'anciens bâtiments agricoles rénovés, 3 chambres 2 pers., salle de bains et wc attenants à chaque chambre. 1 chambre d'appoint (2 pers.). Grande salle commune, séjour avec cheminée, terrasse, jardin. Animaux admis dans chenil. Chasse à la journée sur place. Commerces 2,5 km.

Prix : 1 pers. **150/300 F** 2 pers. **220/300 F**

4	2,5	4	SP	7	30	4

GUENOT Jean-Luc – Domaine de la Chaurie – 45250 Ouzouer-sur-Trezee – Tél. : 38.29.61.73 ou 38.37.01.66

Saint-Benoit-sur-Loire La Borde *C.M. n° 64 — Pli n° 10*

✹✹✹ NN
(TH)

5 chambres d'hôtes. A l'étage : 1 ch. (3 lits 1 pers.), 2 ch. (2 lits 1 pers.), salle d'eau et wc privés. Au r.d.c. : 1 ch. (3 lits 1 pers.), 1 ch. (2 lits 1 pers. 1 lit enfant), salle d'eau et wc privés pour chacune. Salle d'accueil, coin-cuisine. Jardin, jeux d'enfants, salon de jardin. Anglais parlé. Enfant : 60 F. 1/2 pension 2 pers. : 370/390 F. Ouvert toute l'année. Près de l'abbaye de Saint-Benoit, M. et Mme Bouin vous accueilleront et vous aideront à découvrir les richesses du Val de Loire : châteaux, églises, paysages. Visite commentée et explications sur la vie à la ferme et les différentes téchniques. Commerces 6 km.

Prix : 1 pers. **170/190 F** 2 pers. **210/230 F** 3 pers. **300 F** pers. sup. **60 F** repas **80 F** 1/2 pens. **250/270 F**

🛶	🏊	🎿	🚶	🎠	⛵	🎣
6	10	2	2	2	6	16	12

BOUIN Mireille et Dominique – La Borde - 6, Chemin de la Borde – 45730 Saint-Benoit-sur-Loire – Tél. : 38.35.70.53 – Fax : 38.35.10.06

Saint-Martin-d'Abbat Les Hauts-des-Bordes *C.M. n° 64 — Pli n° 10*

✹✹✹ NN

Grande maison dans un hameau calme, en bordure de rivière, avec étang et grand jardin boisé. 1 chambre (1 lit 2 pers.), 1 lit d'appoint, dans pièce attenante : salle de bains et wc privatifs. Chauffage central. Ouvert toute l'année. Commerces 4 km. En plein Val de Loire, Mme Pelletier vous accueille pour vous faire découvrir l'abbaye de Saint-Benoît sur Loire, Sully sur Loire et tous les autres charmes de cette région.

Prix : 1 pers. **160 F** 2 pers. **240 F** 3 pers. **310 F**

🐕	🛶	🏊	🎣	🎿	🚶	🎠	⛵	🎣
	18	9	SP	9	SP	2	18	18

PELLETIER Chantal – Le Haut des Bordes – 45110 Saint-Martin-d'Abbat – Tél. : 38.58.22.09

Sandillon La Croix-d'Azon *C.M. n° 64 — Pli n° 9*

✹✹ NN
(TH)

Entre Loire et Sologne, Claudine Beulin vous accueille sur une exploitation agricole (moutons, chevaux). 1 chambre au rez-de-chaussée (1 lit 2 pers. 1 lit 1 pers.). Salle d'eau et wc privatifs. Chambre d'appoint 2 pers. Salle à manger. Salon. Terrasse. Jardin. Table d'hôtes sur demande. Possibilité hébergement chevaux. Grange aménagée pour pique-nique. Gare 10 km. Commerces 1 km. Anglais parlé.

Prix : 1 pers. **150 F** 2 pers. **240 F** 3 pers. **280 F** repas **80 F**

🛶	🏊	🎣	🎿	🚶	🎠	⛵	🎣
8	12	1	4	8	SP	8	10

BEULIN Claudine – La Croix d'Azon - Ferme de la Croix d'Azon – 45640 Sandillon – Tél. : 38.41.12.03 – Fax : 38.41.14.12

Tavers Les Grattelievres *C.M. n° 64 — Pli n° 8*

✹✹ NN
(TH)

A 20 km de Chambord, au calme, dans une maison fleurie avec jardin arboré. 1 chambre (1 lit 2 pers. 1 lit 1 pers.), salle d'eau, wc privés. 1 chambre (1 lit 2 pers.), salle d'eau et wc privés. Lit bébé à disposition. Séjour avec cheminée. Table d'hôtes sur réservation. Terrasse, salon de jardin, parking. Gare 3 km. Commerces sur place. ouvert toute l'année. Anglais et espagnol parlés. Située au cœur du Val de Loire : châteaux, spectacle historique, son et lumière en été, musées.

Prix : 1 pers. **180 F** 2 pers. **240 F** 3 pers. **300 F** pers. sup. **60 F** repas **90 F**

🏊	🎣	🎿	🚶	🎠	⛵	🚲
3	1,5	1,5	SP	2	3	SP

TERLAIN Patrick et Sylviane – Les Grattelievres - 74 Bis rue des Eaux Bleues – 45190 Tavers – Tél. : 38.44.92.58 ou SR : 38.62.04.88.

Tavers Le Clos-de-Pontpierre *C.M. n° 64 — Pli n° 8*

✹✹✹ NN
(TH)

1 chambre (2 lits 1 pers.) avec salle d'eau, wc privés et TV au rez-de-chaussée. A l'étage : 1 chambre (1 lit 1 pers.), salle d'eau et wc privés, TV. 1 chambre (2 lits 2 pers.), salle d'eau, wc privés, coin-salon, TV. Séjour avec cheminée, ameublement ancien. Gare 3 km. Commerces sur place. Ouvert toute l'année. M. et Mme Fournier vous accueilleront dans leur ancienne ferme rénovée, située à l'orée de la Sologne, sur la route de la Vallée des Rois en Val de Loire, à 3 km de Beaugency (entre Blois et Orléans). Parc ombragé et fleuri. Parking. Terrasse, salon de jardin, portique.

Prix : 1 pers. **190 F** 2 pers. **250/290 F** 3 pers. **320/370 F** pers. sup. **70/80 F** repas **90 F**

🐕	🛶	🏊	🎣	🎿	🚶	🎠	⛵	🚲
	3	3	0,8	0,8	1	SP	7	3

FOURNIER Pierre et Patricia – Le Clos de Pontpierre - 115 rue des Eaux Bleues – 45190 Tavers – Tél. : 38.44.56.85 – Fax : 38.44.58.94

Trainou *C.M. n° 64 — Pli n° 10*

✹✹✹ NN

Dans une fermette rénovée, dans un bâtiment indépendant : 1 chambre 1 lit 2 pers., 1 lit bébé, cabinet de toilette, wc au 1er étage ; 1 chambre attenante avec 2 lits 1 pers. louable à une même famille. Au rez-de-chaussée, salle d'eau, wc et salle de détente. Frigidaire. Chauffage central. Jardin. Ping-pong. Portique. Commerces 2 km. Ouvert toute l'année. Anglais et espagnol parlés.

Prix : 1 pers. **170 F** 2 pers. **220 F**

🐕	🛶	🏊	🎣	🎿	🚶	🎠	⛵	🎣
	15	7	7	3	SP	3	15	10

GUY Daniel – 538 rue du Grand Fouqueau – 45470 Trainou – Tél. : 38.65.64.55

Allonnes   *C.M. n° 64 — Pli n° 12*

✿✿✿✿ NN   Dans un manoir du XVII°, 2 chambres confortables et raffinées. Ch. 1 de 36 m² (1 lit 180, convertible 130), salle d'eau, wc privés. Ch. 2 de 36 m² transformable en suite avec salon de 30 m² (1 lit 180, convertible 130), salle de bains, douche, wc privés. Terrain clos. Piscine chauffée. Jet thalasso. Salon de jardin. VTT. Billard. Ping-pong. Parking fermé. Petit déjeuner pantagruélique. Gare 50 km. Commerces 2 km. Ouvert toute l'année. Anglais parlé. Promotion 1996 : pour 3 nuits réservées, 1 nuit gratuite.

Prix : 2 pers. **650/750 F** 3 pers. **900 F** pers. sup. **100 F**

SP	2	0,5	SP	2	4	10

THIMOLEON – Beausejour – 49650 Allonnes – Tél. : 41.52.86.68 – Fax : 41.38.85.58

Allonnes   *C.M. n° 64 — Pli n° 12*

✿✿✿ NN   A l'étage, dans une aile indépendante : 1 chambre double, salle de bains et wc privatifs. 1 chambre double + 1 simple, salle de bains et wc. Galerie de tableaux. Château « le Courbet » des XVII° et XVIII° siècles, situé au milieu d'un parc de 4 ha. entouré de vergers et forêts. Gare 12 km. Commerces 3 km. Anglais et allemand parlés. A disposition : salon et bibliothèque. Petit déjeuner dans une salle à manger d'été donnant sur terrasse fleurie. Accès par allée privée. Calme et confortable.

Prix : 2 pers. **400/450 F** 3 pers. **650 F**

10	4	4	SP	6	SP	12

CANIVET-GOLFAR – Chateau le Courbet – 49650 Allonnes – Tél. : 41.52.83.65 – Fax : 41.38.79.34

Ambillou-Chateau   *C.M. n° 64 — Pli n° 11*

✿✿ NN   Ancienne exploitation agricole. 2 chambres aménagées dans cette maison située dans le bourg. 1 ch. 3 pers. à l'étage avec salle de bains et wc privés. 1 ch. 2 pers. au rez-de-chaussée avec salle d'eau et wc. Lit enfant. Chauffage central. Possibilité de faire la cuisine. Cour, salon de jardin. Gare 30 km. Commerces et pharmacie sur place. Village troglodytique à 3 km. A proximité d'Anger ou de Saumur.

Prix : 1 pers. **150 F** 2 pers. **190 F** 3 pers. **230 F** pers. sup. **60 F**

10	SP	5	4	15	10	10	30

CHOUTEAU Marcel et Josette – Bourg – 49700 Ambillou-Chateau – Tél. : 41.59.30.78

Andard Le Grand-Talon   *C.M. n° 64 — Pli n° 11*

✿✿✿ NN   3 chambres d'hôtes aménagées dans l'aile d'une maison de caractère d'époque XVIII siècle. 1 chambre (1 lit 2 pers.), salle de bains, wc. 1 chambre (1 lit 130, 1 lit 1 pers.), salle de bains, wc. 1 chambre (2 lits 2 pers.), salle de bains, wc. Chauffage. Jardin. Mobilier ancien. Salon à disposition. Parc de 1 ha. Commerces 2 km. Possibilité de pique-nique dans le jardin. Chaises longues, parasol.

Prix : 1 pers. **190 F** 2 pers. **280/300 F** 3 pers. **330/350 F** pers. sup. **50 F**

8	2	2	3	20

GUERVILLY Annie – Le Grand Talon - 3 Route des Chapelles - RN 147 – 49800 Andard – Tél. : 41.80.42.85

Barace Chateau-de-la-Motte   *C.M. n° 64 — Pli n° 1*

✿✿✿ NN
(TH)   Château du XIX° siècle dans un très grand parc. 3 chambres au 1er étage. 2 ch. avec bains et wc privés et 1 ch. avec douche et wc privés. 1 suite de 2 chambres au 2° étage, douche et wc privés. Salle à manger avec cheminée et salon réservés aux hôtes, au rez-de-chaussée. Sur place, parc privé de 130 ha, canotage sur l'étang, bicyclettes. Nombreux livres. Anglais et espagnol parlés. Gare 22 km. Commerces 1 km.

Prix : 1 pers. **350 F** 2 pers. **400/500 F** 3 pers. **550 F** repas **120 F**

9	1	2	SP	2	SP

FRANCOIS – Chateau de la Motte – 49430 Barace – Tél. : 41.76.93.75

Baune La Fontaine-Baune   *C.M. n° 64 — Pli n° 11*

✿ NN   Dans le calme de la campagne, Yvette et Marius vous accueillent dans 3 chambres d'hôtes au rez-de-chaussée avec accès indépendant. Salle d'eau et wc privés. Coin-cuisine, TV. Jardin attenant avec salon de jardin. Barbecue, portique. Abri vélos fermé. Promenades en forêt. Commerces 2,5 km.

Prix : 1 pers. **140/160 F** 2 pers. **160/180 F** 3 pers. **220 F** pers. sup. **60 F**

6	3	6	1	6	5	1

RABOUIN Marius et Yvette – La Fontaine - Baune – 49140 Seiches-sur-le-Loir – Tél. : 41.45.10.66

Beaulieu-sur-Layon

✿✿ NN   Dans une maison ancienne au centre du village, June et Marc vous accueillent dans 3 ch. avec s. d'eau et wc privés. 2 ch. (1 lit 2 pers.), 1 ch. (2 lits 1 pers.). Salon pour petits déjeuners réservé aux hôtes. Jeux de société. Ch. central. Parking privé. Gare 25 km. Commerces sur place. Anglais parlé. Restaurant à proximité, dégustation vins du Layon dans le village.

Prix : 1 pers. **160 F** 2 pers. **200 F** pers. sup. **40 F**

7	5	1	SP	3	1	12

FRIESS June – 35 rue Saint-Vincent – 49750 Beaulieu-sur-Layon – Tél. : 41.78.60.82

Beaulieu-sur-Layon

✿✿✿ NN   Dans le vignoble angevin, propriétaire vigneron, 2 chambres (1 lit 2 pers.), salle de bains, wc privés. Chauffage électrique. Cheminée. Salon, bibliothèque, TV, téléphone, fax. Piscine privée climatisée, chauffée et couverte. 2 terrasses, salon de jardin, VTT sur place. Possibilité de table d'hôtes. Gare 25 km. Commerces sur place.

Prix : 1 pers. **200 F** 2 pers. **230 F**

SP	SP	1	0,1	1	4	0,3	15

DURET Didier – 4 rue du Fourneau – 49750 Beaulieu-sur-Layon – Tél. : 41.78.60.88 – Fax : 41.78.64.83

Becon-les-Granits
C.M. n° 63 — Pli n° 19

❀❀ NN Entre Angers et Rennes, « sur la voie de la liberté », Marie-Jeanne Robert vous accueille dans sa maison indépendante et vous propose 2 chambres d'hôtes à l'étage donnant sur la cour. Ch. 1 (1 lit 2 pers. 1 lit 1 pers.). Ch. 2 (1 lit 2 pers. lit bébé à disposition). Salle d'eau et wc privés à chaque chambre. Parking. Salon de jardin. Réduction de tarifs d'octobre à mai. Gare 20 km. Commerces sur place. Ouvert toute l'année.

Prix : 1 pers. **180 F** 2 pers. **260 F** pers. sup. **50 F**

🐕	⛵	🎿	⛪	👥	🏇
	6	SP	5	SP	1

ROBERT Marie-Jeanne – « Stella Maris » - 32 rue de Cande – 49370 Becon-Les Granits – Tél. : 41.77.90.38

Becon-les-Granits Les Etangs de Bois Robert
C.M. n° 63 — Pli n° 19

❀❀❀ NN R.d.c. : salon privatif avec cheminée. 1er étage : chambre des Etangs (2 lits 1 pers.), salle d'eau, wc + 1 chambre (2 lits 1 pers.), chambre des martins pêcheurs (1 lit 2 pers.), coin-salon, salle de bains, wc. Chambres de caractère. Chauffage central. Jardin d'hiver pour petits déjeuners. Parking. Propriété dans un parc de 6 ha. avec étang. Ouvert toute l'année. Gare 20 km. Commerces 800 m. Anglais parlé.

Prix : 2 pers. **350/450 F** pers. sup. **80 F**

🐕	⛵	🎿	⛪	🏇
	2,5	0,8	SP	0,8

BOMPAS Bernard/Marie-Claire – Les Etangs de Bois Robert – 49370 Becon-Les Granits – Tél. : 41.71.09.89 – Fax : 41.77.31.00

Blaison Chateau-de-Cheman-Blaison
C.M. n° 64 — Pli n° 11

❀❀❀❀ NN A l'étage, 1 appartement au château. 1 suite (1 lit 2 pers.), salle d'eau, douche, wc. Salon, kitchenette. Chauffage électrique. Bibliothèque. Parking dans la propriété. Jardin, salon de jardin, barbecue. Commerces 1 km. Pharmacie 7 km. Accès facile.

Prix : 2 pers. **550 F**

🐕	⛵	🎿	⛪	👥	🏊	🚴
	7	1	SP	SP	15	SP	10

ANTOINE Alvina – Chateau de Cheman - Blaison – 49320 Brissac-Quince – Tél. : 41.57.17.60

La Bohalle
C.M. n° 64 — Pli n° 11

❀❀ NN 2 chambres d'hôtes en rez-de-chaussée d'une aile de la maison des propriétaires avec parking et aire de repos communs. Entrée indépendante. 1 ch. en suite (2 lits 2 lits 1 lit enfant), salle d'eau, wc. 1 ch. (1 lit 2 pers. 1 lit 1 pers.), salle d'eau, wc séparés réservés aux hôtes. Chauffage central. Gare 13 km. Commerces 2 km. Ouvert toute l'année. Anglais parlé. A 13 km à l'est d'Angers, à proximité de la Loire (route de Saumur D952). Accès fléché.

Prix : 2 pers. **220/250 F** 3 pers. **300/350 F**

🐕	⛵	🎿	⛪	👥	🏊	🚴
	6	SP	SP	3	7	6	9

MARCELLAUD Etienne – L'Hermitage - La Bohalle – 49800 Trelaze – Tél. : 41.54.96.05

Bouzille
C.M. n° 63 — Pli n° 18

❀❀ NN 1 chambre d'hôtes au 1er étage (1 lit 2 pers. 1 lit 1 pers.), salon TV. 1 chambre dépendante (1 lit 2 pers.), salle d'eau et wc à l'usage exclusif des hôtes. Chauffage central. Jardin paysager. Parking fermé. Commerces et pharmacie à 300 m.

Prix : 1 pers. **130 F** 2 pers. **170 F** 3 pers. **230 F** pers. sup. **70 F**

🐕	⛵	🎿	⛪	🚴
	8	SP	3	2	8

GAUDIN Francoise – Bouzille - 14 rue des Aires – 49530 Lire – Tél. : 40.98.13.08 – Fax : 40.98.12.32

Bouzille
C.M. n° 63 — Pli n° 18

❀❀ NN Grande chambre au rez-de-chaussée (1 lit 2 pers. 2 lits 1 pers.), salle d'eau et wc. Jardin commun avec la propriétaire. Chauffage central. Parking fermé. Accueil chaleureux dans une grande maison du centre bourg. Commerces sur place.

Prix : 1 pers. **120 F** 2 pers. **170 F** pers. sup. **50 F**

🐕	⛵	🎿	⛪	🚴
	8	SP	3	2	8

MORINIERE – 2, rue de l'Ermitage – 49530 Bouzille – Tél. : 40.98.17.72

Bouzille
C.M. n° 64 — Pli n° 18

❀❀ NN Dans une grande maison à l'étage, 1 grande chambre (2 lits 1 pers.) + ch. dépendante (2 banquettes lits 80 et 1 convertible). Coin-salon, TV. Cuisine indépendante (avec supplément). Salle d'eau et wc privés. Vue sur la vallée de la Loire. Grand jardin paysagé avec salon de jardin réservé aux hôtes. Parking commun avec les propriétaires. Gare 8 km. Commerces sur place. Anglais parlé.

Prix : 1 pers. **150 F** 2 pers. **200 F** pers. sup. **70 F**

🐕	⛵	🎿	⛪	🚴
	7	SP	3	2	8

CHATEAU – 14 rue d'Anjou – 49530 Bouzille – Tél. : 40.98.10.47

Brissac-Quince Sainte-Anne
C.M. n° 67 — Pli n° 7

❀❀❀ NN Monique Deforge vous accueillera dans sa maison fin XIXe. 1er étage : ch. 1 (1 lit 2 pers. 1 lit 120), salle d'eau, wc privatifs. 2e étage : ch. 2 (1 lit 2 pers.), salle de bains avec wc. Entrée indépendante, salle à manger. Chauffage central. Tarif dégressif à partir de 3 nuits. Gare 20 km. Commerces 1,5 km. Anglais parlé. Parc ombragé au cœur du vignoble angevin sur la route des châteaux de la Loire.

Prix : 1 pers. **180 F** 2 pers. **240 F** pers. sup. **60 F**

🐕	⛵	🎿	⛪	🏊	🚴
	1,5	1,5	SP	SP	10	9

DEFORGE Monique – Sainte-Anne – 49320 Brissac-Quince – Tél. : 41.91.22.17

Maine-et-Loire

Châteaux-de-la-Loire

Brossay Le Bois-de-la-Cure

C.M. n° 64 — Pli n° 12

♥♥ NN
(TH)

Dans le calme d'une forêt sur un terrain ombragé, d'un parc de 3 ha. 3 chambres d'hôtes aménagées au rez-de-chaussée, en annexe. 1 chambre (1 lit 2 pers. 1 lit 1 pers.), salle de bains, wc. 1 chambre (1 lit 2 pers.), salle de bains, wc. 1 chambre (1 lit 2 pers.), salle d'eau, wc. Jardin et TV en commun. Commerces 4 km.

Prix : 2 pers. **220 F** 3 pers. **260 F** repas **65 F**

4	4	4	4

BIERRY Roland – Le Bois de la Cure – 49700 Brossay – Tél. : 41.38.89.04

Cantenay-Epinard

C.M. n° 63 — Pli n° 20

♥♥ NN

Dans un cadre campagnard de verdure et de silence à 10 mn du centre d'Angers, 3 chambres au rez-de-chaussée avec chacune 2 lits 1 pers., douche, lavabo et wc. Chauffage électrique dans les chambres. Jardin. Salon de jardin. Parking et garage. Pas d'animaux dans les chambres. Commerces 1 km.

Prix : 1 pers. **150 F** 2 pers. **180 F**

10	SP	1	10

FRANCOIS Christian – La Maison Neuve - Cantenay-Epinard – 49460 Montreuil-Juigne – Tél. : 41.32.13.09

Champtoceaux

C.M. n° 63 — Pli n° 18

♥ NN

A proximité d'un site classé avec promenade dominant la Loire, en sortant du bourg, vous trouverez à l'étage de notre maison, 1 ch. (1 lit 130), lavabo. 1 ch. (1 lit 130, 1 lit 100), lavabo. Salle de bains et wc réservés aux hôtes. Grand jardin paysagé, salon de jardin. Si séjour de + de 2 nuits, réduction de 20 F/jour. Jeux de société, bibliothèque. Lieux historiques entre Angers et Nantes. Commerces sur place. Pas d'animaux dans les chambres. Anglais, allemand et italien parlés.

Prix : 2 pers. **230 F** 3 pers. **270 F**

SP	SP	SP	SP	3	1	8	6

L'HOSTE – 15 rue Jean V – 49270 Champtoceaux – Tél. : 40.83.55.60

Charce-Saint-Ellier La Pichonniere

C.M. n° 64 — Pli n° 11

♥♥ NN

Jean-Claude et Martine vous accueillent à la ferme de la Pichonnière dans un corps de bâtiments de caractère. 3 chambres personnalisées à l'étage. Entrée indépendante. Ch. 1 (1 lit 2 pers.). Ch. 2 (1 lit 2 pers.). Ch. 3 (2 lits 1 pers.). Lavabo, douche privatifs à chaque chambre. WC communs. Chauffage électrique. Ouvert du 1er novembre au 31 mars sur réservation. Gare 20 km. Commerces 3 km. Anglais parlé.

Prix : 1 pers. **180 F** 2 pers. **200 F** pers. sup. **60 F**

3	3	3	3	7	3	10

COLIBET-MARTIN – La Pichonniere – 49320 Charce-Saint-Ellier – Tél. : 41.91.29.37

Chaze-sur-Argos La Chaufournaie

C.M. n° 63 — Pli n° 19

♥♥ NN
(TH)

Sur la route entre Vern d'Anjou et Candé, dans le calme de la campagne, vous recevrez un accueil chaleureux (dans chaque chambre, vous pourrez faire thé et café). Au 1er étage : 3 ch. (1 lit 2 pers.). 1 ch. (2 lits 1 pers.). 1 ch. (1 lit 2 pers. 1 lit 1 pers.). Salle d'eau et wc privatifs à chaque chambre. Salon commun avec les propriétaires, TV, cheminée. Chauffage électrique. Salon de jardin, pétanque. Gare 14 km. Commerces 3 km. Ouvert toute l'année. Anglais parlé. Pas d'animaux dans les chambres. Accès : à Vern d'Anjou, prendre direction de Condé D770.

Prix : 1 pers. **190 F** 2 pers. **220 F** pers. sup. **80 F** repas **80 F**

3	3	1	14	30	25

SCARBORO Susan – La Chaufournaie – 49500 Chaze-sur-Argos – Tél. : 41.61.49.05 – Fax : 41.61.49.05

Chemellier Maunit

C.M. n° 64 — Pli n° 11

♥♥♥ NN
(TH)

3 chambres d'hôtes aménagées dans une maison de style local. Rez-de-chaussée : 1 ch. (3 lits 1 pers.), salle d'eau, wc séparés. 1er étage : ch. jaune (1 lit 2 pers.), salle d'eau et wc séparés. Ch. verte (1 lit 2 pers.), salle d'eau, wc. Chauffage électrique. Séjour avec cheminée, TV couleur, téléphone, billard. Vélos réservés aux hôtes. Ping-pong, portique. Jeux de société. Table d'hôtes sur réservation. Gare 25 km. Commerces 2 km. Baignade 2 km.

Prix : 1 pers. **200 F** 2 pers. **240 F** 3 pers. **320 F**
pers. sup. **80 F** repas **90 F**

6	2	1	4	4	2	8	10

EDON Eliette – Maunit – 49320 Chemellier – Tél. : 41.45.59.50

Chenehutte-Treves-Cunault Preban

C.M. n° 64 — Pli n° 12

♥♥ NN
(TH)

Belle maison restaurée comprenant au 1er étage : ch. 1 (1 lit 2 pers.), salle d'eau. Ch. 2 (1 lit 2 pers.), salle de bains. WC communs aux 2 chambres. Chauffage. Salon, TV couleur. Salle à manger. Terrasse. Terrain clos, salon de jardin. Bois commun avec le propriétaire. Possibilité lits supplémentaires. Situation face à la Loire. Cinéma 10 km.

Prix : 1 pers. **280 F** 2 pers. **280 F** 3 pers. **380 F**
pers. sup. **180 F** repas **50/80 F**

4	4	SP	SP	2

MOLLE – Preban - 2 rue Foulques Nerra – 49350 Chenehutte-Treves-Cunault – Tél. : 41.67.92.54

Corne

C.M. n° 64 — Pli n° 11

♥♥ NN

Dans une fermette, 3 chambres dont 2 au rez-de-chaussée et 1 à l'étage, équipées de salle d'eau individuelles et wc à l'usage exclusif des hôtes. A votre disposition : salle de séjour avec TV, jardin, portique, vélos. Possibilité de cuisiner. Atmosphère calme et familiale. Gare 18 km. Commerces 2 km. Anglais parlé.

Prix : 1 pers. **160 F** 2 pers. **180 F** pers. sup. **70 F**

10	2	2	0,5	2	10	18	0,5	10

DESLANDES Monique – La Loge - Route du Point du Jour – 49630 Corne – Tél. : 41.45.01.53 ou 41.45.09.99

Corne Les Genets   C.M. n° 64 — Pli n° 11

❦❦❦ NN   3 chambres d'hôtes aménagées dans une maison paysanne du XVIIIᵉ siècle de tout confort, sur une propriété d'un hectare, au calme. Chambre Matisse (1 lit 2 pers.), salle d'eau, wc. Chambre Monet (1 lit 2 pers.), salle d'eau, wc. Chambre Lurçat (2 lits 1 pers.), salle d'eau, wc. Poss. lit supplémentaire dans chaque chambre. Jardin, terrasse, salon de jardin. Anglais et allemand parlés. Ouvert toute l'année. Gare 15 km. Commerces 2 km.

Prix : 1 pers. 180 F 2 pers. 260 F pers. sup. 70 F

🏊	🎿	🚴	🎣	✈	🌲
15	2	4	2	1	2

BRIAND Michel et Nadeige – Les Genets - Route de Baune – 49630 Corne – Tél. : 41.45.05.21

Durtal Chateau-de-Gouis   C.M. n° 64 — Pli n° 2

❦❦❦ NN   Au 1ᵉʳ étage d'un château, 2 chambres raffinées et spacieuses. 1 chambre style Louis XV (1 lit 2 pers.). 1 chambre style Louis XVI (2 lits 1 pers.). Coin-salon avec banquette et bureau en prolongement de chaque chambre. Salle d'eau et wc privés. Salle à manger, cheminée, salon. Ch. central. Dans un grand parc, salon de jardin et barbecue réservés aux hôtes. Téléphone en service télséjour. Parking dans le parc clos.

Prix : 2 pers. 300/400 F pers. sup. 100 F

🏊	🎿	🚴	🎣	🏊	🌲	
0,5	1	SP	10	SP	3	18

LINOSSIER Monique – Chateau de Gouis – 49430 Durtal – Tél. : 41.76.03.40

Durtal Chambiers   C.M. n° 64 — Pli n° 2

❦❦❦ NN   2 chambres d'hôtes aménagées dans un château du XVIIIᵉ siècle, au cœur de la forêt de Chambiers. Au 1ᵉʳ étage : chambre bibliothèque (1 lit 130), salle d'eau et wc communicants et privés. 2ᵉ étage : chambre rose (1 lit 2 pers.), salle d'eau et wc communiquants et privés. Salle à manger, salon d'été, salon d'hiver. Bibliothèque. Terrasse. Parc. Salon de jardin. Lave-linge. Jeux de société. Gare 33 km. Commerces 3 km. Anglais parlé.

Prix : 1 pers. 400 F 2 pers. 600 F pers. sup. 200 F

🏊	🎿	🚴	🎣	
3	3	2	SP	10

CROUAN Elie – Chambiers - Chateau de Chambiers – 49430 Durtal – Tél. : 41.76.07.31

Ecuille Malvoisine   C.M. n° 63 — Pli n° 20

❦❦ NN   M. et Mme de la Bastille vous accueilleront dans 2 chambres d'hôtes d'une maison de caractère au milieu d'un parc. 1 ch. (2 lits 1 pers.), lavabo, douche. 1 ch. (1 lit 2 pers.), salle de bains. WC communs aux 2 ch. Salle à manger réservée aux hôtes. Terrasse. Salon de jardin. Portique. Table d'hôtes sur demande. Gare 18 km. Commerces 2 km. Ouvert toute l'année. Anglais parlé.

Prix : 1 pers. 220 F 2 pers. 250 F

🐕	🏊	🎿	🚴	🎣	
	10	2	5	2	10

DE LA BASTILLE Patrice – Malvoisine – 49460 Ecuille – Tél. : 41.93.34.44

Fontevraud-l'Abbaye   C.M. n° 64 — Pli n° 12

❦❦❦ NN   Maison ancienne dans un grand jardin clos, ombragé, utilisable pour parking et pique-nique. 2 chambres d'hôtes au 1ᵉʳ étage. 1 ch. (1 lit 2 pers.), salle d'eau et wc, 1 ch. (1 lit 2 pers.) + 1 ch. dépendante (2 lits 1 pers.), salle de bains, wc. Chauffage électrique. Balançoires. Salon de jardin. Médecin et pharmacie sur place. Centre du bourg 1,1 km. Téléphone carte France Télécom. Commerces sur place.

Prix : 1 pers. 210/240 F 2 pers. 235/265 F 3 pers. 315 F pers. sup. 50 F

🐕	🏊	🎿	🚴	🎣	✈	🌲
	15	2	2	SP	15	5	6

COURANT Michel et Lucette – 140 avenue des Roches – 49590 Fontevraud-l'Abbaye – Tél. : 41.38.11.99

Gennes   C.M. n° 64 — Pli n° 12

❦❦ NN   2 chambres d'hôtes. 1 chambre au rez-de-chaussée, accessible aux personnes à mobilité réduite (1 lit 2 pers.), salle de bains, wc. 1 chambre en 1/2 sous-sol (1 lit 2 pers. 1 lit 1 pers.), salle d'eau et wc. Lit et chaise de bébé. Entrée commune avec le propriétaire pour la chambre du rez-de-chaussée. Médecins, pharmacie et commerces 1 km.

Prix : 1 pers. 180 F 2 pers. 200 F 3 pers. 290 F pers. sup. 70 F

🏊	🎿	🚴	🎣	✈	🌲
1	1	2	1	1	2

GRANVEAU Marie – 18 rue des Fiefs Vaslin – 49350 Gennes – Tél. : 41.51.83.77

Genneteil La Loge   C.M. n° 64 — Pli n° 3

❦ NN   3 chambres d'hôtes au 1ᵉʳ étage d'une ancienne ferme rénovée. 1 ch. (1 lit 2 pers. 1 lit enfant), lavabo. 1 ch. (1 lit 2 pers. 1 lit enfant), lavabo. 1 ch. (1 lit 2 pers. 1 lit 1 pers. 1 lit enfant), lavabo. Salle d'eau, salle de bains et 2 wc communs aux 3 ch. Chauffage. Séjour avec cheminée. TV couleur. Téléphone. Lave-linge. Salon de jardin, barbecue, balançoires. Terrasse couverte. Possibilité repas sur demande. Poney, étang (baignade + planche à voile). Gare 50 km. Commerces 2,5 km.

Prix : 2 pers. 160 F 3 pers. 220 F

🏊	🌲
12	SP

LARUE Annick – La Loge – 49490 Genneteil – Tél. : 41.82.10.07

Grez-Neuville   C.M. n° 63 — Pli n° 20

❦❦❦❦ NN   Au milieu d'un parc arboré longeant la Mayenne, maison de maître du XVIIIᵉ siècle dans un site classé. 3 chambres stylisées toutes avec salle de bains et wc privés. 1 chambre (1 lit 2 pers.), 1 chambre (1 lit 2 pers.), 1 chambre (2 lits 1 pers.). Salon, TV réservés aux hôtes. Terrasse, salons de jardin. Tennis. Golf. Pêche. Port de plaisance. Location de bateaux sans permis. Musées, châteaux aux environs. Gare 20 km. Commerces 3 km.

Prix : 1 pers. 280 F 2 pers. 340/370 F 3 pers. 420 F

🏊	🎿	🚴	🎣	✈	🏊	⛳	🌲	🎵
4	2	SP	SP	4	SP	0,1	7	15

BAHUAUD Auguste – La Croix d'Etain - 2, rue de l'Ecluse – 49220 Grez-Neuville – Tél. : 41.95.68.49

Le Guedeniau Vendanger

🌿🌿🌿 NN
(TH)
Françoise et Michel Toutain mettent à votre disposition 3 chambres avec salle de bains et wc privatifs, dont une suite dans le séduisant prieuré rénové pour votre bien être. Axe Saumur-Baugé. Cadres champêtre de 5 ha au milieu des forêts domaniales de Chandelais et de Monnaie à proximité des châteaux de la Loire et des vignobles d'Anjou. Gare 40 km. Commerces 5 km. Ouvert toute l'année. Anglais et espagnol parlés.

Prix : 1 pers. **295 F** 2 pers. **295 F** 3 pers. **395 F**
pers. sup. **65 F** repas **85 F**

9	SP	SP	7		

TOUTAIN Michel et Francoise – Prieure de Vendanger – 49150 Le Guedeniau – Tél. : 41.67.82.37 – Fax : 41.67.82.43

L'Hotellerie-de-Flee *C.M. n° 63 — Pli n° 9*

🌿 NN
2 chambres d'hôtes aménagées au 1er étage d'une maison indépendante. 1 chambre (1 lit 130), 1 chambre (1 lit 2 pers. 1 lit 100), lavabo dans chaque. Salle de bains et wc réservés aux chambres. Salle de séjour à disposition. Chauffage central. Espace vert. Etang, bois sur place. Terrasse et salon de jardin. Mine Bleu 5 km. Domaine de la Couère 5 km.

Prix : 1 pers. **130 F** 2 pers. **160 F** pers. sup. **80 F**

6	6	SP	6	6	20	SP

BOUCAULT Jean et Marie-Louise – Le Bois Robert - L'Hotellerie de Flee – 49500 Segre – Tél. : 41.61.61.88

Jarze Le Point-du-Jour *C.M. n° 64 — Pli n° 2*

🌿🌿🌿 NN
Véronique et Vincent seront ravis de vous accueillir à l'étage de leur maison « le point du jour », ils vous proposeront 3 ch. très paisibles, style ancien. Confort assuré. Ch. 1 (1 lit 2 pers. 1 lit 1 pers.). Ch. 2 (1 lit 2 pers.). Ch. 3 (2 lits 1 pers.). Chambres avec salle d'eau et wc privés. Cuisinette réservée aux hôtes. Gare 30 km. Commerces 1 km. Téléphone carte France Télécom. Chambres avec accès indépendant. Possibilité lit supplémentaire + lit bébé. Barbecue. Salon de jardin. Jeux d'enfants. Anglais parlé. Accès : direction Angers-Tours D766.

Prix : 1 pers. **150 F** 2 pers. **200 F** 3 pers. **270 F**
pers. sup. **70 F**

10	1	5	12	5	2	12

PAPIAU Vincent et Veronique – Le Point du Jour – 49140 Jarze – Tél. : 41.95.46.04

Le Lion-d'Angers Le Petit-Carqueron *C.M. n° 63 — Pli n° 20*

🌿🌿 NN
(TH)
Martine Carcaillet vous reçoit dans une vieille ferme angevine dâtant du XVIIIe. 2 ch. (lit 2 pers.), douches et lavabos. 2 ch. (2 lits 1 pers.), douches et lavabos. 2 wc communs. Chauffage électrique. Salon. Jardin. Vélos, ping-pong sur place. Table d'hôtes sur réservation. Campagne aux alentours agréable. Commerces 2 km. Mini-golf 3 km. Anglais parlé. La douceur angevine nous a donné envie de faire une piscine très appréciée durant tout l'été.

Prix : 1 pers. **170 F** 2 pers. **220 F** pers. sup. **80 F**
repas **120 F**

3	3	2	SP	3	3

CARCAILLET Patrick – Le Petit Carqueron – 49220 Le Lion-d'Angers – Tél. : 41.95.62.65

Le Lion-d'Angers Les Travailleres *C.M. n° 63 — Pli n° 20*

🌿🌿🌿 NN
Dans le calme de la campagne, à 5 km du bourg, fermette rénovée. 1er étage : ch. 1 (1 lit 2 pers.), salle d'eau, wc. Ch. 2 (1 lit 2 pers.), salle de bains, wc + chambre dépendante (2 lits 1 pers.). Chauffage central. Séjour avec cheminée. Tél. Bibliothèque. Jardin reposant et ombragé. Terrain attenant non clos. Cour. Salon de jardin. Barbecue. Jeux de société. Anglais parlé. Gare 31 km. Commerces 5 km. Tranquillité assurée.

Prix : 1 pers. **160 F** 2 pers. **200/230 F** 3 pers. **310 F**
pers. sup. **80 F**

5	2	2	5	5	5

VIVIER Francois et Jocelyne – Les Travailleres – 49220 Le Lion-d'Angers – Tél. : 41.61.33.56

Le Longeron La Rouillere *C.M. n° 67 — Pli n° 5*

🌿🌿 NN
(TH)
Yvonne et Jean vous accueillent dans 2 ch. indépendantes donnant sur terrasse, dans un jardin paysagé. Ch. 1 (lit 2 pers.), salle de bains, wc privés, kitchenette, TV, canapé. Ch. 2 (2 lits 1 pers.), salle d'eau, wc privés, cuisine, TV. Téléphone à carte pour 1 des ch. Salon de jardin, barbecue, barques sur place communs à d'autres gîtes. Commerces 800 m. Base de loisirs à 2,5 km. Puy du Fou à 22 km. Face à la vallée de la Sèvre. Canoë-kayak 3 km. Tennis gratuit au village. Paradis des randonneurs, nombreux sentiers le long de la rivière.

Prix : 1 pers. **180/190 F** 2 pers. **220/230 F** repas **65 F**

9	1	SP	0,2	3	19	19

LEROUX Jean et Yvonne – La Rouillere – 49710 Le Longeron – Tél. : 41.46.54.20

Longue-Jumelles La Herissonniere *C.M. n° 64 — Pli n° 12*

🌿🌿 NN
(TH)
Dans le calme de la campagne, une ancienne fermette avec jardin, piscine privée, ping-pong, équitation. R.d.c. : 1 ch. (2 lits 1 pers.), douche et wc. Accès par escalier extérieur : 1 ch. (2 lits 1 pers.), lavabo. 1 ch. (1 lit 2 pers.), lavabo. Salle de bains commune aux 2 ch. 1 ch. (1 lit 2 pers. 1 lit 1 pers.), douche, wc. Lit bébé. Gare 40 km. Commerces 5 km. Anglais parlé.

Prix : 1 pers. **150/180 F** 2 pers. **190/260 F** 3 pers. **240/310 F**
repas **75 F**

SP	5	2	SP	5

ELLIOTT – La Herissonniere - Route des Rosiers-sur-Loire – 49160 Longue – Tél. : 41.52.77.56

Louresse-Rochemenier
C.M. n° 64 — Pli n° 11

♥♥ NN Dans le cadre d'une ferme du XVIᵉ siècle située dans le village troglodytique de Rochemenier, 1 ch. 2 pers. au rez-de-chaussée avec entrée indépendante. Salle de bains et wc particuliers. Canapé. Chauffage central. Médecin et pharmacie à 5 km. Centre du bourg (commerces) à 1,5 km. Recommandé par le guide du Routard.

Prix : 1 pers. **150 F** 2 pers. **180 F** 3 pers. **230 F**
pers. sup. **50 F**

5	5	5	10	10	15

JUIN Philippe – 16 rue du Musee – 49700 Louresse-Rochemenier – Tél. : 41.59.36.07

Martigne-Briand
C.M. n° 67 — Pli n° 7

♥ NN 2 chambres d'hôtes aménagées à l'étage d'une exploitation viticole. 1 chambre 2 pers. et 1 chambre 3 pers. Salle d'eau commune aux 2 ch. et lavabo par chambre. Chauffage électrique. Jardin, salon de jardin. Possibilité pique-nique. Abri vélos ou motos. A partir de 3 nuits, tarifs dégressifs. Au calme. Restaurant 1 km. Commerces sur place.

Prix : 1 pers. **120 F** 2 pers. **150 F** pers. sup. **60 F**

0,5	1	1	10

MATIGNON Jean et Yvonne – Rue du 8 Mai – 49540 Martigne-Briand – Tél. : 41.59.43.71

Le May-sur-Evre *Le Petit-Cazeau*
C.M. n° 67 — Pli n° 5

♥♥ NN Dans un ancien corps de ferme rénové à la campagne, dans un endroit calme et boisé, 3 chambres personnalisées. L'Africaine (1 lit 2 pers.), lavabo, s. d'eau, la Romantique (1 lit 2 pers.), lavabo, s. d'eau, la Provençale (2 lits 1 pers.), s. d'eau. WC communs aux 3 chambres. Séjour, salle de billard, kitchenette (micro-ondes). Portique, balançoires. Terrain. Salon de jardin. Anglais et espagnol parlés. Ouvert toute l'année. Gare 7 km. Commerces 3 km.

Prix : 1 pers. **200 F** 2 pers. **230 F** 3 pers. **230 F**

7	3	1	SP	10	6	3

DAVOUST – Le Petit Cazeau – 49122 Le May-sur-Evre – Tél. : 41.63.16.88

Montreuil-Bellay
C.M. n° 64 — Pli n° 12

♥♥♥ NN Monique et Jacques Guézenec vous accueillent dans une maison de caractère du XVIIᵉ siècle, très calme. R.d.c. : 1 ch. (1 lit 2 pers. 1 lit 1 pers.), s. d'eau, wc. 1 ch. (1 lit 2 pers. 2 lits 1 pers.), s.d.b., wc. 1ᵉʳ étage : 1 ch. (1 lit 2 pers. 1 lit 1 pers.), s. d'eau, wc. Séjour réservé aux hôtes. Ch. élect. Anglais parlé. Chèques vacances acceptés. Bourg 500 m. Pharmacie et commerces sur place.

Prix : 1 pers. **200 F** 2 pers. **270 F** 3 pers. **330 F**
pers. sup. **60 F**

SP	SP	SP	SP

GUEZENEC Jacques – Place des Augustins – 49260 Montreuil-Bellay – Tél. : 41.52.33.88

Montreuil-Bellay
C.M. n° 64 — Pli n° 12

♥♥ NN Au cœur d'une cité médiévale au 1ᵉʳ étage d'une maison du XIXᵉ. Ch. 1 (1 lit 2 pers. 1 lit 1 pers.), s. d'eau. Ch. 2 (1 lit 2 pers.), s. d'eau. Ch. 3 (1 lit 2 pers. 2 lits 80), s. d'eau. WC communs aux 3 ch. Salle à manger réservée aux hôtes. Entrée indépendante. Chauffage électrique. Chaise bébé. Chauffage élect. Poss. lit suppl. Vélos. Jeux enfants. Anglais parlé. Jardin commun avec les propriétaires face au château. Gare 16 km. Restaurant, commerces et pharmacie sur place. Canoë-kayak sur place.

Prix : 1 pers. **160 F** 2 pers. **180/200 F** pers. sup. **80 F**

SP	SP	SP	SP	5	16

GRIVAULT Paule – 108 rue du Chateau – 49260 Montreuil-Bellay – Tél. : 41.52.38.69

Montreuil-Juigne
C.M. n° 63 — Pli n° 20

♥♥♥ NN Dans une grande maison de famille, Suzanne et Jean-Louis vous accueillent dans 4 chambres avec entrée indépendante. 1ᵉʳ étage : ch. Jacques (1 lit 2 pers. 1 lit 1 pers.), s. d'eau, wc. Ch. Bernard (2 lits 1 pers.), s. d'eau, wc. Ch. Geneviève (1 lit 2 pers.), s. d'eau, wc. Ch. Antoinette (3 lits 1 pers.), s.d.b., wc. Mezzanine pour petits-déjeuners et TV. Salon. Téléphone. Terrasse. Terrain. Salon de jardin. Gare 7 km. Commerces 1,5 km. Restaurant 2 km. Bus 50 m.

Prix : 1 pers. **170 F** 2 pers. **220 F** pers. sup. **60 F**

1,5	1	SP	3	2	3

HUEZ Jean-Louis – Le Plateau - rue Esperanto – 49460 Montreuil-Juigne – Tél. : 41.42.32.35

Montreuil-sur-Loir
C.M. n° 64 — Pli n° 1

♥♥♥ NN
(TH) 2 ch. au 1ᵉʳ étage du château avec vue panoramique sur la Vallée du Loir et la forêt de Boudre. Ch. de l'évêque (1 lit 2 pers.), salle d'eau, wc. Ch. de l'alcôve (1 lit 2 pers. 1 lit 100), salle d'eau et wc. R.d.c. : salle à manger, salon. Terrasse surplombant le Loir. Jardin et grand parc boisé le long de la rivière. Canotage sur place. Jeux d'enfants et de société. Bourg 200 m. Commerces 5 km.

Prix : 1 pers. **300 F** 2 pers. **330 F** pers. sup. **90 F**
repas **110 F**

5	5	SP	SP	15

BAILLIOU Jacques – Chateau de Montreuil - Montreuil-sur-Loir – 49140 Seiches-sur-Loir – Tél. : 41.76.21.03

Moze-sur-Louet *Les Roches*
C.M. n° 63 — Pli n° 20

♥♥♥ NN A l'étage, 2 chambres spacieuses pour 3 pers. avec chacune sanitaires privés. Ch. verte (1 lit 160, 1 lit 1 pers.), salle de bains, wc. Ch. blanche (1 lit 160, 1 lit 1 pers.), salle d'eau, wc. Salon de jardin. Possibilité de table d'hôtes l'été. Anglais et allemand parlés. Baignade 5 km. Gare 12 km. Commerces 5 km. Bourg 1,5 km. Sur la D751. Aux portes d'Angers, au cœur du vignoble, dans un hameau paisible, Philippe et Anita vous feront découvrir la douceur angevine dans leur maison restaurée su XVIIIᵉ siècle avec poutres et pierres apparentes, surplombant la rivière.

Prix : 1 pers. **220 F** 2 pers. **270 F** 3 pers. **350 F**

6	1,5	SP	SP	10	8	6	10

CATROUILLET Philippe – Les Roches – 49610 Moze-sur-Louet – Tél. : 41.78.84.29

Murs-Erigne   *C.M. n° 63 — Pli n° 20*

❀❀ NN Au centre du bourg, dans le calme et la verdure, 1 ch. (1 lit 2 pers.), au 1er étage. Salle de bains et wc à l'usage exclusif des hôtes. Salon de jardin. Chauffage central. Terrasse. Jardin commun. Pharmacie et commerces sur place. Près de l'Aquarium tropical.

Prix : 1 pers. **165 F** 2 pers. **180 F**

2	SP	SP	SP	7	8	8

RENOU Eliane – 6 Bis Cours des Closeaux - Murs-Erigne – 49130 Les Ponts-de-Ce – Tél. : 41.57.78.29

Murs-Erigne Le Jau   *C.M. n° 63 — Pli n° 20*

❀❀❀ NN (TH) Sur la route des châteaux et des vignobles, belle maison romantique dans son cadre de verdure. 3 chambres calmes et confortables avec vue sur le parc. Toutes avec salle de bains et wc privatifs. Grande cuisine chaleureuse. Séjour, cheminée et TV. Repas du soir sur réservation. Terrasse. Salon de jardin. Barbecue. En hors saison, sur réservation. Forfait week-end. Françoise Terrière aime sa région, et se propose de vous la faire découvrir. Elle vous recevra avec simplicité et très amicalement. Ouvert de Pâques à la Toussaint. Gare 8 km. Baignade 500 m.

Prix : 1 pers. **250/330 F** 2 pers. **250/350 F** 3 pers. **450 F** pers. sup. **100 F** repas **80/120 F**

4	1	0,5	SP	7	8	8

TERRIERE Françoise – Le Jau – 49610 Murs-Erigne – Tél. : 41.57.70.13

Neuille Chateau-le-Goupillon   *C.M. n° 64 — Pli n° 12*

❀❀❀ NN Château dans un parc de 4 ha, 9 km de Saumur, végétation luxuriante, confort, silence. 3 chambres personnalisées. Mobilier ancien. 1 ch. (1 lit 2 pers. 1 lit 1 pers. + 1 ch. dépendante 2 lits 1 pers.), salle de bains et wc. 1 ch. (1 lit 2 pers. 1 lit 80), salle de bains et wc. 1 ch. (1 lit à baldaquin), salle d'eau et wc. Salon avec poutres, cheminée. Ch. central. Salon de jardin. Une étape hors du temps, idéale pour découvrir le vignoble saumurois et visiter les châteaux de la Loire. Commerces 1,5 km. Ouvert toute l'année, l'hiver sur réservation.

Prix : 2 pers. **240/420 F** pers. sup. **60 F**

7	10	1,5	SP	6	0,5

CALOT Monique – Chateau le Goupillon - Neuille – 49680 Vivy – Tél. : 41.52.51.89

Noyant Le Perrin   *C.M. n° 64 — Pli n° 13*

❀❀❀ NN (TH) 2 chambres d'hôtes aménagées au 1er étage de notre maison restaurée. 1 chambre (1 lit 2 pers.), salle d'eau, wc. 1 chambre (1 lit 2 pers. 1 lit 1 pers.), salle d'eau, wc. Séjour et cheminée communs avec les hôtes. Chauffage central. Salon de jardin, barbecue, ping-pong. Piscine privée. Ouvert d'avril à octobre. Tarif dégressif à partir de 3 nuits. Commerces 3 km.

Prix : 2 pers. **230 F** pers. sup. **70 F** repas **80 F**

SP	3	15	15	8	15

CHRETIEN – Le Perrin – 49490 Noyant – Tél. : 41.89.61.40

Parnay Le Marconnay   *C.M. n° 64 — Pli n° 12*

❀❀❀ NN 4 chambres d'hôtes dans la maison des propriétaires. Au 1er étage : 2 ch. 2 pers. (1 lit 2 pers.) avec salle de bains et wc privés. Au 2e étage : 1 ch. 3 pers. et 1 ch. 4 pers. avec salle d'eau et wc privés. Chauffage. Lit bébé. Séjour réservé aux hôtes. Parc, salon de jardin. TV en commun. Gare 7 km. Commerces 6 km. Château, troglodytes et caves à visiter sur place.

Prix : 2 pers. **310/350 F** pers. sup. **90 F**

SP	3	SP	SP	6

GOUMAIN Huguette – Le Marconnay – 49400 Saumur – Tél. : 41.67.60.46 – Fax : 41.50.23.04

Pontigne   *C.M. n° 64 — Pli n° 2*

❀❀❀ NN (TH) Dans leur maison avec vue sur la vallée du Conasnon et la forêt de Chandelais. Marie-Ange et Yannick vous reçoivent au calme, dans 4 ch. à l'étage, chacune avec salle d'eau et wc, coin-cuisine. Lit enfant. Salle à manger avec TV. Jeux de société, bibliothèque, pétanque, sable, parking. Salon de jardin, balançoires, barbecue. Commerces 3,7 km. Randonnées, pêche, chasse selon la saison sur la ferme. Eglise avec clocher vrillé, dolmen, apothicairerie, château du roi René XV. Vraie croix d'Anjou. Ouvert toute l'année.

Prix : 1 pers. **180 F** 2 pers. **210 F** repas **70 F**

3,7	3,7	SP	SP	4	3,7

SALLE Marie-Ange et Yannick – Les Hautes Roches – 49150 Pontigne – Tél. : 41.89.19.63

La Possonniere La Rousseliere   *C.M. n° 63 — Pli n° 20*

❀❀❀ NN (TH) 4 chambres d'hôtes (30 à 40 m²), au 1er étage. Grandes salles de bains, wc privés et communicants. Salon, billard, salle à manger avec cheminée. Véranda (120 m²), TV, magnétoscope, jeux de société. 2 chambres sont équipées du service France Télécom. Parc de 4 ha. Chapelle du XVIIe siècle. Piscine, ping-pong, portique, pétanque. Gare 20 km. Commerces 4 km. 2 chambres équipées de TV, téléphone, mini-bar et 1 chambre équipée de TV et mini-bar. Semaine facturée 6 nuits, la 7e est offerte. Accès : D111 ouest.

Prix : 2 pers. **300/400 F** 3 pers. **390/490 F** pers. sup. **90 F** repas **90/150 F** 1/2 pens. **530/700 F**

SP	3	2	4	5	18

CHARPENTIER Jeanne – La Rousseliere – 49170 La Possonniere – Tél. : 41.39.13.21

Rablay-sur-Layon La Girardiere

C.M. n° 67 — Pli n° 7

❦❦❦ NN
(TH)

A l'étage, 2 chambres confortables (1 lit 2 pers.), chacune avec salle de bains et wc. A proximité, dans maison indépendante, petit appartement comprenant, 1 chambre (1 lit 2 pers. 1 lit 1 pers.), salle de bains, wc. Séjour avec cuisine et convertible. Petit salon, TV. Bibliothèque. Prêt de vélos possible. Tir à l'arc possible. Gare 26 km. Commerces 1 km. Au milieu des vignes du layon, maison contemporaine avec piscine. Terrain clos commun avec les propriétaires. Possibilité séjour prolongé à prix réduits. Canoë 1 km. Avec le calme de la campagne, jolie vue sur les coteaux. Prix réduits pour les séjours prolongés.

Prix : 1 pers. **200/230 F** 2 pers. **250/280 F** pers. sup. **90 F**
repas **110 F**

🚣	🚴	🎿	🐎	⛷	🌲	🎣
SP	1	SP	4	1	4	20

PHELIX Eliette – La Girardiere – 49750 Rablay-sur-Layon – Tél. : 41.78.65.51

Rochefort-sur-Loire

C.M. n° 63 — Pli n° 20

❦ NN

2 chambres d'hôtes aménagées au 1er étage de la maison du propriétaire. 1 ch. (2 lits 1 pers.) + lavabo, 1 ch. (1 lit 2 pers. 1 lit 1 pers.), lavabo, salle d'eau commune aux 2 chambres, wc communs au r.d.c. Chauffage. Jardin et salon de jardin à la disposition des hôtes. Commerces et pharmacie sur place. Bourg à 300 m.

Prix : 1 pers. **140 F** 2 pers. **190 F** 3 pers. **250 F**
pers. sup. **70 F**

🚣	🎿	🚴	🐎
SP	SP	SP	SP

BLANVILLAIN Georges et Marthe – Le Patureau – 49190 Rochefort-sur-Loire – Tél. : 41.78.73.26

Les Rosiers-sur-Loire

C.M. n° 64 — Pli n° 12

❦❦ NN

2 chambres indépendantes à l'étage, accès indépendant. 1 ch. (1 lit 2 pers.), kitchenette, salle d'eau et wc privés. 1 ch. (1 lit 2 pers.), salle d'eau et wc privés. Cuisinette en rez-de-chaussée. Jardin. Réservation recommandée. Médecin, pharmacie, commerces et location de vélos sur place. Aire de pique-nique à l'Ile de Loire. Ouvert toute l'année.

Prix : 1 pers. **180 F** 2 pers. **200 F** 3 pers. **250 F**
pers. sup. **50 F**

🚣	🎿	🚴	🐎	⛷
SP	SP	SP	SP	3,5	4

SAULEAU Marie-Therese – 28 rue Nationale – 49350 Les Rosiers-sur-Loire – Tél. : 41.51.80.54

Saint-Christophe-du-Bois La Malmongere

C.M. n° 67 — Pli n° 5

❦ NN

3 chambres d'hôtes aménagées dans la maison du propriétaire. 2 chambres à l'étage avec salle d'eau commune. 1 chambre au rez-de-chaussée avec salle d'eau commune. Lit et chaise pour bébé. Poss. d'ajouter 1 lit enfant. Ch. central. Salle de séjour et jardin réservés aux hôtes, jeux pour enfants. Ferme-auberge sur réservation. Commerces et pharmacie au bourg à 3 km. Chôlet 7 km, Nantes 60 km, Noirmoutier 95 km.

Prix : 1 pers. **160 F** 2 pers. **180 F**

🚣	🎿	🐎
6	6	6

MANCEAU Gilles et M.Noelle – La Malmongere - Saint-Christophe du Bois – 49300 Cholet – Tél. : 41.56.81.83 ou 41.56.84.58 – Fax : 41.56.93.77

Saint-Florent-le-Vieil

C.M. n° 63 — Pli n° 19

❦❦ NN

Dans un château du XVIIIe siècle, 2 chambres au 1er étage. 1 chambre 2 pers. avec salle de bains. 1 chambre 2 pers. avec salle d'eau. 1 chambre 2 pers. avec salle d'eau. WC communs réservés aux hôtes. Chauffage central. Salle loisirs TV à disposition. Salon de jardin. Jeux d'enfants. Accès pédestre autour du château. Pharmacie au bourg à 3 km. Commerces 1 km. Restaurants à 3 km.

Prix : 2 pers. **270/290 F** pers. sup. **80 F**

🚣	🎿	🚴	🐎	⛷	🎣
3	3	3	3	20	25

DE BONFILS – Montmoutiers – 49410 Saint-Florent-le-Vieil – Tél. : 41.72.51.53

Saint-Georges-des-Sept-Voies Le Sale-Village

C.M. n° 64 — Pli n° 11

❦❦❦ NN

Au rez-de-chaussée : 1 chambre (1 lit 180), salle de bains et wc privés. Au 1er étage : 1 suite de 2 ch. (1 lit 2 pers. + 1 lit 1 pers.), salle d'eau et wc privés. TV, jardin et salon de jardin communs avec propriétaires. Gare à Saumur 16 km. Commerces 3 km.

Prix : 2 pers. **250 F** 3 pers. **320 F** pers. sup. **70 F**

🚣	🎿	🚴	🐎	🎣	⛷	🎣
3	3	3	1	9	3	SP

PAUMIER Marcelle – Le Sale Village – 49350 Saint-Georges-des-Sept-Voies – Tél. : 41.57.91.83

Saint-Georges-sur-Loire Prieure de l'Epinay

C.M. n° 63 — Pli n° 20

❦❦❦ NN
(TH)

Bernard et Geneviève vous accueilleront dans le prieuré de Jean Racine fondé au XIIIe. 3 très grandes suites situées dans les dépendances du prieuré. Chacune possède salle, chambre, sanitaires privatifs. Salon commun dans la chapelle. TV et téléphone dans chaque ch. Bibliothèque régionale. Location de vélos sur place. Parc clos de 1 ha, avec piscine privée. Endroit calme d'où vous pourrez partir à la découverte d'Augers (15 mn), des coteaux du Layon (5 mn) et de ses vignobles. Gare 18 km. Commerces 3 km. Ouvert toute l'année. Anglais parlé.

Prix : 1 pers. **300 F** 2 pers. **350/400 F** pers. sup. **90 F**
repas **100 F**

🚣	🎿	🐎	⛷
SP	3	7	15

GAULTIER Bernard et Genevieve – Prieure de l'Epinay – 49170 Saint-Georges-sur-Loire – Tél. : 41.39.14.44

Saint-Lambert-du-Lattay

C.M. n° 63 — Pli n° 20

❦❦ NN

1 chambre d'hôtes au rez-de-chaussée avec 1 lit 2 pers. Salle d'eau particulière et wc. Lit enfant. Chauffage électrique. Terrasse, salon de jardin, jardin ombragé. Médecin, pharmacie et commerces sur place.

Prix : 1 pers. **130 F** 2 pers. **160 F**

🚣	🎿	🚴	🐎	🎣
7	4	0,5	SP	6

RABOUAN Remy – 36 rue Rabelais – 49750 Saint-Lambert-du-Lattay – Tél. : 41.78.48.05

Saint-Leger-sous-Cholet   *C.M. n° 67 — Pli n° 5*

〰〰〰 NN   2 chambres d'hôtes dans une maison récente de plain-pied, à la limite du bourg. 1 ch. (1 lit 2 pers. 1 lit 1 pers. + 1 lit 1 pers. sur demande), salle de bains, wc. TV couleur. 1 ch. (1 lit 2 pers.), salle de bains, wc. Chauffage. Séjour avec cheminée. Terrasse. Terrain clos. Salon de jardin. Barbecue. Jeux communs avec les propriétaires. Gare 7 km. Commerces 800 m. Location possible d'un double canoë. Planche à voile 10 km. Possibilité de pique-nique sur la terrasse.

Prix : 2 pers. **220/240 F** pers. sup. **70 F**

🏊	🎿	🍴	✈	♨	🎭
7	0,8	1	8	10	3

GODREAU – 2 rue de la Ferronniere – 49280 Saint-Leger-sous-Cholet – Tél. : 41.56.27.10

Saint-Mathurin-sur-Loire Le Verger-de-la-Bouquetterie 📷   *C.M. n° 64 — Pli n° 11*

〰〰〰 NN (TH)   4 chambres d'hôtes au 1er étage d'une maison de caractère du XIXe siècle, au bord de la Loire (propriété arboricole). 2 ch. (1 lit 2 pers. 1 lit 1 pers.), 2 ch. (2 lits 1 pers.). Salle d'eau, wc privés. Chambres spacieuses. Mobilier ancien. Séjour réservé aux hôtes. Salon de jardin. Bosquet, verger. Jeux d'enfants. Ouvert toute l'année. Table d'hôtes sur réservation. Tarif dégressif à partir de 3 nuits. Location de vélos et canoës 5 km. Commerces 1 km. Anglais parlé. Kitchenette réservée aux hôtes. Nombreuses randonnées sur le GR3. Week-end à thème en basse-saison (découvertes insolites).

Prix : 1 pers. **200/260 F** 2 pers. **260/310 F** 3 pers. **360 F** pers. sup. **50 F** repas **110 F**

🏊	🎿	🍴	⛵	🏛	♨	🎭
1	1	SP	6	8	4	15

PINIER Christian et Claudine – Le Verger de la Bouquetterie - 118 rue du Roi Rene – 49250 Saint-Mathurin-sur-Loire – Tél. : 41.57.02.00 – Fax : 41.57.31.90

Saint-Philbert-du-Peuple   *C.M. n° 64 — Pli n° 12*

〰〰 NN   2 chambres d'hôtes indépendantes aménagées au rez-de-chaussée. 1 chambre (1 lit 2 pers. 1 lit 1 pers.). 1 chambre (1 lit 2 pers. réfrigérateur). Salle d'eau et wc dans chaque chambre. Chauffage électrique. Grand jardin. Ancienne ferme. Médecin et pharmacie 5 km. Commerces sur place. Anglais parlé.

Prix : 1 pers. **160 F** 2 pers. **220 F** 3 pers. **250 F**

🏊	🎿	🍴	✈
5	SP	1,5	5

BOUGIS-TATE Andree – La Closerie – 49160 Saint-Philbert-du-Peuple – Tél. : 41.52.62.69

Saint-Remy-la-Varenne   *C.M. n° 64 — Pli n° 11*

〰〰 NN   Dans un château des bords de Loire, parc de 7 ha. avec arbres centenaires et oiseaux d'ornement, pièce d'eau (Loire 1 km). 3 chambres aménagées au 1er étage. Meubles Empire. Ch. 1 (1 lit 2 pers.). Ch. 2 (2 lits 120). Ch. 3 (2 lits 1 pers.). WC communs. Lit enfant. Chauffage central. Salon de jardin près du cours d'eau. Ouvert de Pâques à la Toussaint. Médecin, pharmacie 2 km. Commerces sur place.

Prix : 1 pers. **250 F** 2 pers. **380 F** 3 pers. **470 F** pers. sup. **90 F**

🏊	🎿	🍴	👥	🏇	⛵	🎭
2	2	SP	1	14	4	16

DU REAU Jean – Chateau des Granges – 49250 Saint-Remy-la-Varenne – Tél. : 41.57.02.13

Saint-Remy-la-Varenne   *C.M. n° 64 — Pli n° 12*

〰〰 NN   2 chambres d'hôtes aménagées dans une maison de tuffeau traditionnelle. Rez-de-chaussée : 1 chambre (1 lit 2 pers.), salle de bains, wc. 1er étage d'un bâtiment annexe : 1 chambre (1 lit 2 pers.), salle d'eau, wc. Chauffage. Lave-linge. Salle à manger avec cheminée. Téléphone, cour, salon de jardin. Possibilité TV dans les chambres. Ouvert toute l'année. Gare 22 km. Commerces dans le bourg sur place.

Prix : 1 pers. **160 F** 2 pers. **180 F**

🏊	🎿	🍴	✈
2	SP	SP	5

POULEAU Marie-Madeleine – 26 rue de la Glycine – 49250 Saint-Remy-la-Varenne – Tél. : 41.57.04.22

Saint-Sauveur-de-Flee   *C.M. n° 63 — Pli n° 9*

〰〰 NN (TH)   Dans un jardin à l'anglaise, 1 chambre d'hôtes (2 lits 1 pers.) aménagée à l'étage avec salle de bains privée. WC au 1er étage réservés aux hôtes. Bibliothèque. Chauffage central. Jeux de société et d'enfants. Vélos. Possibilité de dîner sur demande. Pharmacie 10 km. Commerces au bourg 1 km. Anglais, allemand, espagnol et portugais parlés.

Prix : 1 pers. **180 F** 2 pers. **250 F** pers. sup. **70 F** repas **100 F**

🏊	🎿	🍴	👥	🏇	🛶	🎭
10	12	12	1	1	12	21

DE VITTON Marie-Alice – Le Domaine du Teilleul – 49500 Saint-Sauveur-de-Flee – Tél. : 41.61.38.84 ou 41.92.32.97

Saint-Sylvain-d'Anjou La Bechaliere   *C.M. n° 64 — Pli n° 11*

〰〰 NN (TH)   Bâtiment de ferme du XVIIIe restaurée en chambres d'hôtes et maison d'habitation. 4 chambres au 1er étage, chacune avec salle d'eau et wc privés. 2 chambres (1 lit 2 pers.), 1 chambre (2 lits 1 pers.), 1 chambre familiale (1 lit 2 pers.) avec 1 chambre attenante (1 lit 120). Jardin, balançoire, ping-pong, jeux de boules, vélos. Vin compris dans le repas. Commerces au bourg 1 km. Gare 4 km. Anglais parlé.

Prix : 1 pers. **150 F** 2 pers. **180 F** pers. sup. **50 F** repas **80 F**

🏊	🎿	🍴	👥	🛶
5	1	4	SP	5

POITEVIN Martine – La Bechaliere – 49480 Saint-Sylvain-d'Anjou – Tél. : 41.76.72.22 – Fax : 41.76.72.22

Saulge-l'Hopital   *C.M. n° 64 — Pli n° 11*

〰〰 NN   1 chambre d'hôtes (1 lit 2 pers. 1 lit 1 pers.) + 1 ch. dépendante aménagée à l'étage avec salle d'eau et wc particuliers. TV. Chauffage central. Jardin. Pharmacie 5 km. Gare 22 km. Commerces sur place. Château Brissac 7 km. Village troglodytique 8 km.

Prix : 1 pers. **170 F** 2 pers. **190 F** 3 pers. **250 F**

🏊	🎿	🍴	✈
7	7	6	SP

GUICHET Rene – L'Ayrault – 49320 Saulge-l'Hopital – Tél. : 41.45.55.25

Tremont   *C.M. n° 67 — Pli n° 7*

✽✽ NN   Dans une maison de caractère, 1 chambre d'hôtes 2 pers. aménagée à l'étage. Salle d'eau et wc privés. TV. Chauffage électrique. Possibilité table d'hôtes. Produits du terroir. Commerces sur place. Médecin et pharmacie 7 km. Cholet 33 km.

Prix : 1 pers. **250 F** 2 pers. **270 F** 3 pers. **350 F**
pers. sup. **70 F**

7	7	7	7

LAURILLEUX Cecile – Bourg – 49310 Tremont – Tél. : 41.59.40.27

Varennes-sur-Loire *Les Marronniers*   *C.M. n° 64 — Pli n° 13*

✽✽✽ NN   5 chambres d'hôtes aménagées dans une maison de caractère. 3 ch. au 1er étage et 2 ch. au 2e étage : 1 ch. (1 lit 2 pers. 2 lits 1 pers.), 2 ch. (1 lit 2 pers.), 1 ch. (3 lits 1 pers.), 1 ch. (1 lit 1 pers. 1 lit 2 pers.). Salle d'eau et wc dans chaque chambre. Jardin paysagé. Calme, détente. Gare à Saumur 10 km. Commerces, médecin et pharmacien 1 km.

Prix : 2 pers. **250 F** 3 pers. **300 F** pers. sup. **80 F**

8	1	SP	SP	8	2

BODINEAU France – Les Marronniers – 49870 Varennes-sur-Loire – Tél. : 41.38.10.13

Le Vieil-Bauge *Les Sansonnieres*   *C.M. n° 64 — Pli n° 12*

✽ NN   Dans le calme de la campagne, à 1 km du village, M. et Mme Duperray vous accueillent dans leur maison au mobilier ancien. 2 ch. 2 pers. avec lavabo, wc, salle d'eau réservés aux hôtes. Chauffage central. Tarifs dégressifs pour séjours. Ouvert toute l'année. Bourg (commerces) à 2 km. Pharmacie à 3 km.

Prix : 2 pers. **170 F** 3 pers. **200 F**

1	1	1	7	4	4	4

DUPERRAY Raymond – Les Sansonnieres - Le Vieil Bauge – 49150 Bauge – Tél. : 41.89.72.98

Le Vieil-Bauge *La Boulerie*   *C.M. n° 64 — Pli n° 12*

✽✽ NN   A la campagne, 1 chambre d'hôtes avec 1 lit 130 et 1 lit 120 au rez-de-chaussée. Salle d'eau et wc particuliers. Possibilité cuisine. Chauffage électrique. Prise TV. Jardin, salon de jardin. Garage pour voiture. Possibilité de séjour au calme. Médecins, pharmacies à 3 km. Gare 30 km.

Prix : 1 pers. **130 F** 2 pers. **160 F** pers. sup. **40 F**

3	3	3	7

MOREAU Raphael – La Boulerie – 49150 Le Vieil-Bauge – Tél. : 41.89.13.43

Le Vieil-Bauge *La Guitoisiere*   *C.M. n° 64 — Pli n° 12*

✽✽✽ NN
(TH)   3 chambres d'hôtes aménagées dans un bâtiment annexe, dans une ferme du XIIIe siècle. 1er étage : chambre Echigné (1 lit 2 pers.), salle d'eau et wc. Chambre Sensé (2 lits 1 pers.), salle d'eau et wc. Chambre Vétivert (1 lit 2 pers.), salle d'eau et wc. Chauffage. Salon avec cheminée. Bibliothèque. Salle à manger. Terrasse. Salon de jardin. Jeux d'enfants. Grand jardin paysagé. Produits de la ferme. Gare 35 km. Commerces 5 km.

Prix : 1 pers. **200 F** 2 pers. **230 F** pers. sup. **30 F** repas **80 F**

6	3	3	5	8	3	25	SP

REVEAU Chantal – La Guitoisiere – 49150 Le Vieil-Bauge – Tél. : 41.89.25.59

Le Vieil-Bauge *La Chalopiniere*   *C.M. n° 64 — Pli n° 12*

✽ NN
(TH)   Ancienne fermette rénovée dans le calme de la campagne. 1er étage : 1 ch. (1 lit 2 pers. 1 lit 1 pers. 1 lit enfant), lavabo. 2e étage : 1 ch. (2 lits 1 pers.), lavabo. 1 ch. (1 lit 1 pers.), lavabo. Salle de bains/wc et wc séparés réservés aux 3 chambres. Chauffage. Séjour/coin-cuisine, TV, téléphone, terrain clos, salon de jardin communs avec le propriétaire. Gare 40 km. Commerces 4 km. Centre du bourg 2 km. Anglais parlé.

Prix : 2 pers. **160/220 F** pers. sup. **50 F** repas **75 F**

4	2	2	4	6	7	8

KITCHEN John et Vanessa – La Chalopiniere – 49150 Le Vieil-Bauge – Tél. : 41.89.04.38

Mayenne   (R)

Andouille *La Basse-Goisniere*    *C.M. n° 232 — Pli n° 7*

✽✽ NN   1 chambre d'hôtes aménagée à l'étage de la maison des propriétaires. 1 ch. (1 lit 2 pers.), salle d'eau et wc privés. Véranda, cour à disposition. Gare 14 km. Commerces 2 km. Ouvert toute l'année. Au calme, dans une ancienne ferme rénovée, à 2 km du village (commerces, restaurants, crêperie) et à 15 km de Laval, 25 km de Mayenne. A 9 km de l'autoroute A817, sortie n° 4, Laval-ouest, à proximité des rivières l'Ernée et la Mayenne.

Prix : 1 pers. **150 F** 2 pers. **180 F** pers. sup. **60 F**

1	3	SP	15	15	13	2	13	4

BECOT Henri – La Basse Goisniere – 53240 Andouille – Tél. : 43.69.48.18 ou SR : 43.67.37.10

Bais La Gueffiere   C.M. n° 60 — Pli n° 2

❦❦ NN
(TH)

Sur le circuit touristique du Montaigu, à 2 km de Bais par la D20 ou D35. 3 chambres aménagées à l'étage de l'habitation : 2 ch. 3 pers. 1 ch. 2 pers. Salles d'eau et wc privés. Salle de séjour, salon, TV, grande véranda, salon de jardin. Chauffage central. Restaurant 2 km. Ouvert toute l'année. Forfait séjour possible. M. et Mme Monnier vous accueillent à la ferme dans un cadre verdoyant.

Prix : 1 pers. **150 F** 2 pers. **200 F** 3 pers. **250 F**
pers. sup. **50 F** repas **70 F**

🛏	🎿	🚶	⛵	⛷	🏃	🎱	🎣	🎿
6	4	1	6	2	7	2	7	25

MONNIER Daniel et Daniele – La Gueffiere – 53160 Bais – Tél. : 43.37.90.59 ou SR : 43.67.37.10 – Fax SR : 43.67.38.52

Bazouges La Coudre   C.M. n° 232 — Pli n° 19

❦❦❦ NN

3 chambres d'hôtes de qualité, aménagées dans une maison de ferme entièrement restaurée. 2 ch. (1 lit 2 pers. 1 lit 1 pers. chacune), 1 ch. (2 lits 1 pers.). Salle d'eau et wc privés à chacune. Chauffage électrique. Tél. TV sur demande. Kitchenette. Chèques ANCV. Jardin d'agrément, portique, salon de jardin, barbecue à disposition. Plan d'eau privé à 200 m, pêche, terrain de boules. Tous commerces à proximité. Restaurant 1 km. Piscine, mini-golf, refuge animalier, centre équestre, hyppodrome. Sur la D22 à 1 km de Château-Gontier. Gare 30 km. Ouvert toute l'année.

Prix : 1 pers. **150 F** 2 pers. **200 F** 3 pers. **250 F**
pers. sup. **50 F**

🛏	🎿	🚶	⛵	⛷	🏃	🎱	🎣	🎿
SP	4	10	3	3	3	15	25	

DUPRE Andre – La Coudre - Bazouges – 53200 Chateau-Gontier – Tél. : 43.70.36.03

Belgeard Le Closeau-de-Brive   C.M. n° 60 — Pli n° 11

❦❦ NN
(TH)

3 ch. d'hôtes aménagées à l'étage de la maison du propriétaire. 1 ch. 2 pers. avec salle de bains et wc, 1 ch. 2 pers. avec douche et wc, 1 ch. 1 pers. avec douche et wc. Grande salle à manger rustique avec cheminée, TV couleur. Pelouse ombragée, calme, salon de jardin. Jublains (ville gallo-romaine) à 6 km. Table d'hôtes sur réservation. Bourg à 1,8 km. Mayenne à 6 km entre la N162 (Laval-Mayenne) et la D35 (Mayenne-Sillé). Restaurant à 2 km. Ouvert toute l'année.

Prix : 1 pers. **145 F** 2 pers. **180/195 F** 3 pers. **220 F**
repas **70 F**

🛏	🎿	🚶	⛵	⛷	🏃	🎱	🎣	🎿
SP	12	6	6	9	10	6	30	10

LELIEVRE Pierre et Therese – Le Closeau de Brive - Ancien Bourg D 207 – 53440 Belgeard – Tél. : 43.04.14.11 ou SR : 43.67.37.10 – Fax SR : 43.67.38.52

Bree La Noe Ronde   C.M. n° 232 — Pli n° 8

E.C. NN

odile et Yves vous accueillent au cœur du bocage mayennais dans leurs 2 chambres d'hôtes aménagées à l'étage d'une maison de tradition régionale. Salle d'eau et wc privés à chacune. Entrée indépendante. Pelouse ombragée et spacieuse. Poss. recevoir cavaliers. Dégustation de produits issus de la pomme et de la noisette. Gare et commerces 2 km. Ouvert toute l'année. Terrasse où vous sera servi le petit déjeuner. Site de Jublains 15 km. Anglais, allemand et espagnol parlés.

Prix : 1 pers. **160 F** 2 pers. **200 F**

🛏	🎿	🚶	⛵	⛷	🏃	🎱	🎣	🎿
0,1	15	10	10	10	0,2	20	18	

FORET Yves et Odile – La Noe Ronde - Domaine des Coudraies – 53150 Bree – Tél. : 43.90.02.46 ou 43.90.05.16 – Fax : 43.90.02.46

Change-les-Laval La Verrerie   C.M. n° 63 — Pli n° 10

❦❦❦ NN

Maison de caractère dans un havre de verdure, à proximité de Laval. Vous bénéficierez du calme de la campagne pour un repos de qualité. 4 chambres d'hôtes, toutes personnalisées et de très bon confort. Sanitaires privés. Séjour, salon et coin-cuisine à la disposition des hôtes. Poss. TV et téléphone. Gare 8 km. Commerces 5 km. Ouvert toute l'année. Situé à 8 km de Laval en direction de Fougères, sur la D31 Laval/Ernée et à 3 km de l'autoroute A81, sortie Laval-ouest.

Prix : 1 pers. **165 F** 2 pers. **230 F** 3 pers. **300 F**
pers. sup. **50 F**

🛏	🎿	🚶	⛵	⛷	🏃	🎱	🎣
5	8	5	8	5	8	8	8

GUYON Odile – La Verrerie - Route d'Ernee – 53810 Change – Tél. : 43.56.10.50 ou SR : 43.67.37.10 – Fax SR : 43.67.38.52

La Chapelle-au-Riboul   C.M. n° 232 — Pli n° 8

E.C. NN

2 chambres spacieuses aménagées à l'étage de la maison du XIXe siècle des propriétaires, située sur la place du village. 1 ch. (3 pers.), pouvant faire suite à 1 ch. (2 pers.). Salle de bains/wc. WC indépendant commun aux 2 chambres. Jardin privatif clos. Gare 17 km. Commerces sur place. Ouvert du 1er avril au 30 octobre. Sur réservation du 1er novembre au 31 mars. Situées au nord-est du département, à 6 km de la N12 (Paris-Brest) entre Javron-les-chapelles et Mayenne. Belle région bocagère parsemée de nombreux vestiges et sites romains renommés (Jublains...). Un gîte rural est contigu à la maison.

Prix : 1 pers. **150 F** 2 pers. **200 F** 3 pers. **250 F**
pers. sup. **50 F**

🐕	🛏	🎿	⛵	⛷	🏃	🎱	🎣
SP	13	6	6	13	SP	45	20

PEYCELON Bernard et Christiane – 13 Place de l'Eglise – 53440 La Chapelle-au-Riboul – Tél. : 43.00.71.45 – Fax : 43.00.71.45

Chateau-Gontier Mirvault-Aze   C.M. n° 232 — Pli n° 19

❦❦ NN

Propriété située en bordure de la rivière « La Mayenne », à 1 km de la sortie de la ville de Château-Gontier (N162 en direction de Laval). 2 chambres avec chacune : salle de bains et wc privés, et 1 chambre en suite. Gare 30 km. Commerces 1 km. Ouvert du 1er avril au 1er novembre. Autres périodes sur réservation. Anglais parlé. M. et Mme d'Ambrières vous accueillent dans leur propriété familiale habitée depuis 1573 par cette famille. Terrasse, jardin et parc sont à votre disposition. Une barque est disponible pour la pêche en rivière. Box pour chevaux sur place.

Prix : 1 pers. **300 F** 2 pers. **350 F** 3 pers. **450 F**
pers. sup. **100 F**

🐕	🛏	🎿	🚶	⛵	⛷	🏃	🎱	🎣
SP	3	20	SP	1	SP	1	25	25

D'AMBRIERES F. et B. – Mirvault - Aze – 53200 Chateau-Gontier – Tél. : 43.07.10.82

Chemaze
C.M. n° 232 — Pli n° 19

ꝏ NN 1 chambre d'hôtes aménagée à l'étage de la maison des propriétaires, dans un village calme à 7 km de Château-Gontier. Entrée indépendante. Salle d'eau, wc privés. Coin-cuisine. Pelouse attenante avec salon de jardin, barbecue, portique, garage. Parc paysager 50 m, petit plan d'eau. Auberge sur place. Gare 40 km. Commerces sur place. Ouvert toute l'année.

Prix : 1 pers. **140 F** 2 pers. **180 F** 3 pers. **230 F**

7	7	15	7	7	7	30	42

MORILLON Etienne et Regine – 1 rue des Quatre Vents – 53200 Chemaze – Tél. : 43.70.33.71

Commer La Chevrie
C.M. n° 59 — Pli n° 20

ꝏ NN Alt. : 110 m – 2 chambres d'hôtes à l'étage d'un bâtiment mitoyen à l'habitation. 1 ch. (1 lit 2 pers.), 1 ch. (2 lits 1 pers. et 1 convertible). Salle d'eau, wc, TV et prise tél. dans chaque chambre. Grand séjour avec cheminée, coin-cuisine. Jardin boisé à disposition. Salon de jardin, portique. Forêt 4 km. Gare 22 km. Commerces 3 km. Annie et Gérard Guidault vous accueillent dans leur propriété située à 7 km de Mayenne, et à proximité de la N162 Laval-Mayenne. Ils vous feront découvrir leur exploitation (agriculture biologique et élevage) et la vallée de la Mayenne qui se trouve à 500 m.

Prix : 1 pers. **160 F** 2 pers. **200/220 F** 3 pers. **280 F**
pers. sup. **60 F**

1	3	20	7	25	3	20	25

GUIDAULT Gerard et Annie – La Chevrie - Commer – 53470 Martigne – Tél. : 43.00.44.30 ou SR : 43.67.37.10

Craon Le David
C.M. n° 232 — Pli n° 18

ꝏ NN (TH) 2 chambres aménagées à l'étage (1 lit 2 pers. 2 lits 1 pers. 1 lit enfant), à côté de la maison des propriétaires. Salle d'eau et TV pour chacune, wc communs. Micro-ondes à disposition. Pièce d'eau. Ouvert toute l'année. Table d'hôtes sur réservation.

Prix : 1 pers. **160 F** 2 pers. **180 F** pers. sup. **50 F** repas **70 F**

SP	3	1	3	2	3	2	20

GANDON – Le David – 53800 Bouchamps-Les Craon – Tél. : 43.06.21.36 – Fax : 43.06.21.36

Daon Villa-des-Jolies-Eaux
C.M. n° 63 — Pli n° 10

ꝏ NN (TH) Maison rénovée du XVIIIe siècle, dans le bourg. A l'étage : 2 chambres en suite avec salle d'eau et wc. Au rez-de-chaussée : 1 chambre avec salle de bains et wc. Petit salon avec TV et magnétoscope. Petit déjeuner sur terrasse avec vue sur la rivière et le jardin privé. Vue remarquable sur la Mayenne. Ouvert d'avril à octobre, sur réservation de novembre à mars. Gare 35 km. Commerces sur place. Table d'hôtes sur réservation. Mini-golf, bâteaux, pédalos, restaurants, jeux pour enfants, produits régionaux à 200 m. Forêt 1 km.

Prix : 1 pers. **150 F** 2 pers. **250/275 F** 3 pers. **350 F**
repas **85 F**

0,2	10	0,5	0,2	10	0,2	0,2	7

RYAN Lee – Villa des Jolies Eaux - rue Principale – 53200 Daon – Tél. : 43.06.91.02 ou SR : 43.67.37.10

Ernee La Rouaudiere
C.M. n° 59 — Pli n° 19

ꝏ NN (TH) Au carrefour des 3 provinces, Thérèse, Maurice et leurs enfants ont le plaisir de vous accueillir dans leur maison. 1 ch. au r.d.c. avec kitchenette, salon, wc et salle de bains. A l'étage : 2 ch. (2 pers.), 1 ch. en suite (3 pers.). Salle d'eau et wc privés à chacune. Séjour, salon indépendant, cheminée. Salon de jardin. Entrée indépendante. Restaurant 500 m. Grand jardin paysager fleuri de nombreux rosiers. Ouvert du 1er avril au 1er novembre. Sur réservation du 1er novembre au 31 mars.

Prix : 1 pers. **150 F** 2 pers. **210 F** 3 pers. **270 F**
pers. sup. **50 F** repas **80 F**

1	15	1	15	5	15	5	25

TRIHAN Maurice – La Rouaudiere - Saint-Pierre-des-Landes – 53500 Ernee – Tél. : 43.05.13.57 ou SR : 43.67.37.10 – Fax : SR : 43.67.38.52

Ernee La Gasselinais
C.M. n° 59 — Pli n° 19

ꝏ NN Dans une maison typique du Haut-Maine, récemment rénovée, 3 ch. avec chacune salle d'eau et wc privés, dont une avec coin-cuisine et mezzanine pouvant accueillir une famille. Entrée et salle de séjour indépendantes avec cheminée. Chambres situées à 2 km d'Ernée, près de la N12 entre Ernée et Mayenne. Gare 25 km. Commerces 2 km. Ouvert toute l'année. Notre exploitation est traversée par un joli petit cours d'eau et arpentée par un bois de chênes et de châtaigniers. Promenade, sentiers de grande randonnée 100 m. Restaurant 2 km. Possibilité de visite et découverte de la ferme. Plan d'eau, mini-golf, crapahut, bi-cross à 3 km.

Prix : 1 pers. **140 F** 2 pers. **180 F** 3 pers. **230 F**
pers. sup. **50 F**

SP	9	SP	2	2	25	2	25	25

GENDRON Florent et Catherine – La Gasselinais – 53500 Ernee – Tél. : 43.05.70.80

Gennes-sur-Glaize Les Marandes
C.M. n° 63 — Pli n° 10

ꝏ NN (TH) Maison ancienne restaurée située à 7 km de Château-Gontier. 1 chambre (1 lit 2 pers. 2 lits 1 pers.), salle de bains et wc privés. 1 chambre (2 lits 2 pers.), salle de bains et wc privés. 2 chambres classées 2 épis NN (1 lit 2 pers. 1 lit 1 pers. chacune), salle de bains privée. WC communs à ces 2 chambres. Ouvert toute l'année sauf du 15 au 30 septembre. Parc, table de ping-pong et 3 salons de jardin à disposition. Table d'hôtes sur réservation. 1 gîte rural est contigu à la maison de M. Mourin.

Prix : 1 pers. **140 F** 2 pers. **180/200 F** 3 pers. **220/240 F**
pers. sup. **30 F** repas **80 F**

7	10	7	7	7	7	7	20

MOURIN – Les Marandes – 53200 Gennes-sur-Glaize – Tél. : 43.70.90.81 ou SR : 43.67.37.10

Gesvres La Tasse

C.M. n° 60 — Pli n° 12

🐾🐾🐾 NN Alt. : 210 m — 2 chambres dans l'habitation des propriétaires. 1 ch. 2 pers. 1 ch. 3 pers. Salle d'eau et wc privés par chambre. Vente de produits fermiers sur place. Elevage d'ânes et de chèvres (agriculture biologique). Salon de jardin. Randonnées en carriole. Ouvert toute l'année. Gare 15 km. A 6 km de Pré-en-Pail sur la 255 à proximité de St-Julien des Eglantiers.

Prix : 1 pers. **150 F** 2 pers. **190 F** 3 pers. **250 F** pers. sup. **60 F**

🕯	🏇	🚶	⛵	🎣	⛷	🎿
10	6	1	12	6	6	12

COMMOY-LENOIR Daniele – La Tasse – 53370 Gesvres – Tél. : 43.03.01.59 ou SR : 43.67.37.10

Gorron Le Grappay

C.M. n° 59 — Pli n° 19

🐾 NN Vous serez accueillis avec simplicité dans cette maison en pierre, toujours les bienvenus, vous trouverez calme et repos dans 3 chambres aménagées à l'étage. 1 lavabo par chambre, salle de bains et wc communs. Salon avec cheminée à disposition. Verdure, pelouse, jardin d'agrément, pique-nique, barbecue couvert. Ouvert toute l'année. Situé à 2 km de Gorron sur la D33, Fougères-Pré en Pail-Alençon.

Prix : 1 pers. **130 F** 2 pers. **170 F** pers. sup. **60 F**

🕯	🏇	🚶	⛵	🎣	⛷	🎿	
2	2	2	10	2	10	2	25

LEBULLENGER Gisele – Le Grappay - Brece – 53120 Gorron – Tél. : 43.08.63.65 ou SR : 43.67.37.10

Gorron La Bailleul

C.M. n° 59 — Pli n° 19

🐾 NN (TH) 2 chambres d'hôtes de bon confort aménagées à l'étage de l'habitation disposant chacune d'un lavabo. Salle de bains et wc communs. Grand jardin aménagé. Ferme-auberge à proximité. Table d'hôtes sur réservation.

Prix : 1 pers. **140 F** 2 pers. **170 F** pers. sup. **60 F** repas **70 F**

🕯	🚶	⛵	⛷	🎿
SP	1	15	1	

LEFEUVRE Francis – Le Bailleul - Herce – 53120 Gorron – Tél. : 43.08.43.45 ou 43.08.65.46

Gorron Maison-Neuve-des-4-Epines

C.M. n° 59 — Pli n° 20

🐾🐾🐾 NN 3 chambres d'hôtes aménagées au 1er étage de l'habitation des propriétaires, à 1 km de Gorron, dans le nord de la Mayenne, en plein cœur du bocage Mayennais. 3 chambres avec salle de bains et wc privés pour chacune. Entrée indépendante. Salle d'accueil, salon avec cheminée, salle à manger à la disposition des hôtes pour les moments de détente. Gare 50 km. Commerces 1 km. Ouvert toute l'année.

Prix : 1 pers. **130 F** 2 pers. **180 F** 3 pers. **250 F** pers. sup. **50 F**

🕯	🏇	🚶	⛵	🎣	⛷	🎿	
1	1	1	10	1	10	1	6	1

LEDEME Gilbert et Gisele – Maison Neuve des 4 Epines – 53120 Gorron – Tél. : 43.08.63.93

L'Huisserie La Veronniere

C.M. n° 63 — Pli n° 10

🐾 NN (TH) 2 chambres d'hôtes aménagées près de l'habitation de la propriétaire, chacune avec salle d'eau et wc privés. Salle de séjour et cuisine à disposition. Table d'hôtes sur réservation. Ouvert du 15 juin au 15 septembre et vacances scolaires. Forêt 5 km. Situées sur site très touristique au bord de la rivière la Mayenne. A 3 km du bourg. A 10 km de Laval par la N162 Laval-Angers. Gare 1 km. Commerces 3 km.

Prix : 1 pers. **150 F** 2 pers. **180 F** 3 pers. **210 F** repas **60 F**

🕯	🏇	🚶	⛵	🎣	⛷	🎿
0,2	1	1	13	9	4	15

GARNIER Odette – La Veronniere – 53970 L'Huisserie – Tél. : 43.98.02.96

Laigne La Grande-Forterie

C.M. n° 232 — Pli n° 19

🐾🐾 NN 2 chambres d'hôtes aménagées au 1er étage de la maison de caractère du propriétaire. 1 chambre 2 pers. et 1 chambre 3 pers. avec salles d'eau particulières. Chauffage central. Gare 30 km. Commerces 1 km. Ouvert toute l'année. A mi-chemin entre Château-Gontier et Craon, dans le pays de la Mayenne Angevine.

Prix : 1 pers. **140 F** 2 pers. **200 F** 3 pers. **240 F** pers. sup. **40 F**

🐕	🕯	🏇	🚶	⛵	🎣	⛷	🎿		
	10	7	10	10	10	1	35	35	

FLECHAIS Alphonse et Annette – La Grande Forterie – 53200 Laigne – Tél. : 43.70.00.12

Lassay-les-Chateaux Les Barries

C.M. n° 60 — Pli n° 1

🐾🐾🐾 NN 2 chambres aménagées au 1er étage de l'habitation des propriétaires (en mansarde). 1 chambre 2 pers. avec téléphone et 1 chambre 4 pers. (en suite), disposant chacune d'une salle d'eau et wc. Petit-déjeuner servi dans la véranda avec vue sur le jardin. Ouvert toute l'année. Chèques vacances acceptés. Animaux : suppl. de 20 à 50 F. Gare 50 km. Commerces 2 km. Gisele et Camille seront heureux de vous accueillir au sud du Parc Normandie-Maine, dans un cadre reposant à 2 km de Lassay les Châteaux (petite cité de caractère, roseraie, château du XIVe siècle) et de Niort la Fontaine.

Prix : 1 pers. **145 F** 2 pers. **195 F** 3 pers. **255 F** pers. sup. **60 F**

🕯	🏇	🚶	⛵	🎣	⛷	🎿	
2	12	2	30	2	10	2	20	25

MAIGNAN Gisele – Les Barries - Niort la Fontaine – 53110 Lassay-Les Chateaux – Tél. : 43.04.70.67 ou 43.04.00.59

Lassay-les-Chateaux La Rajellerie

C.M. n° 60 — Pli n° 1

🐾🐾 NN (TH) Chambres aménagées à l'étage de l'habitation des propriétaires : 2 chambres avec salle de bains et wc. 1 chambre d'appoint + 1 lit bébé (50 F). Entrée indépendante. Possibilité de location de TV. Coin-détente. Repas créole sur réservation. Suppl. animaux : 20 à 50 F. Ouvert toute l'année. Chambres et table d'hôtes situées au bord de la Mayenne, à 8 km de Lassay et 8 km d'Ambrières les Vallées par la D214. Bagnoles de l'Orne à 15 km, station thermale et équitation. Gare 20 km. Commerces 8 km.

Prix : 1 pers. **145 F** 2 pers. **195 F** pers. sup. **60 F** repas **80 F**

🐕	🕯	🏇	🚶	⛵	🎣	⛷	🎿
	SP	20	SP	8	8	10	8	20

MAIGNAN Patrick et Viviane – La Rajellerie - Mellery la Vallee – 53118 Lassay-Les Chateaux – Tél. : 43.04.73.43 ou SR : 43.67.37.10

Laval La Grande-Faluere   C.M. n° 232 — Pli n° 7

❄❄ NN

1 chambre d'hôtes aménagée dans la maison du propriétaire, avec entrée indépendante, aux portes de Laval, mais en pleine campagne. 1 ch. (1 lit 2 pers.), salle d'eau et wc privés. TV. 1 lit enfant. Salon de jardin avec pelouse d'agrément réservé aux hôtes. Gare 3 km. Commerces 2 km. Ouvert toute l'année. Laurence vous accueille dans son ancienne ferme restaurée et située à proximité de Laval. Vous pourrez découvrir la Mayenne et sa rivière, ses chemins pédestres, ses plans d'eau.

Prix : 1 pers. **150 F** 2 pers. **180 F**

🚣	🏇	🚶	⛵	🌊	🎿	🎣	⛳
2	5	5	7	2	6	3	4	6

COQUET Laurence – La Grande Faluere - Chemin des Falueres – 53000 Laval – Tél. : 43.56.00.83 ou 43.56.70.87

Lignieres-Orgeres Les Vallees   C.M. n° 60 – Pli n° 2

❄❄❄ NN
(TH)

2 chambres d'hôtes situées dans une ferme du XIVe siècle, au cœur du Parc Normandie Maine, à 4 km du bourg. 1 ch. (1 lit 2 pers. 1 lit 1 pers.), salle d'eau, wc privés. 1 ch. (1 lit 2 pers.) et une suite fermée (1 lit 1 pers., 1 lit 1 pers.), salle d'eau, wc privés. Salon avec cheminée du XIVe commun aux 2 chambres. Table d'hôtes dans la salle restaurée du XVIIIe. Cadre de repos exceptionel où la nature est encore sauvage. Le parc des biches et des cerfs entoure la ferme où cohabitent les hôtes. Gare 33 km. Commerces 10 km. Ouvert toute l'année.

Prix : 1 pers. **200 F** 2 pers. **240 F** 3 pers. **300 F**
pers. sup. **60 F** repas **140 F** 1/2 pens. **210 F**

🚣	🏇	🚶	🌊	🎿	🎣	⛳
2	10	15	15	15	6	20	20

GRAVY Philippe et Francine – Les Vallées – 53140 Lignieres-Orgeres – Tél. : 43.03.16.47 – Fax : 43.03.18.68

Loiron La Charbonnerie   C.M. n° 232 — Pli n° 6

❄❄❄ NN
(TH)

2 chambres aménagées près de l'habitation du propriétaire. 1 chambre (1 lit 160) avec salle d'eau et wc. 1 chambre de charme (1 lit 180. 1 lit 1 pers.), avec salle de bains, douche et wc. Kitchenette, salle à manger et salon de jardin à disposition. Gare 12 km. Commerces 4,5 km. Table d'hôtes sur réservation. Ouvert toute l'année (du 1/11 au 30/3 sur réservation). A proximité de l'autoroute A81, sortie la Gravelle (9 km) et à 4,5 km du village. M. et Mme Rabourg vous accueillent dans leur ferme, située dans un cadre calme et verdoyant.

Prix : 1 pers. **175 F** 2 pers. **200/250 F** 3 pers. **280 F**
repas **70 F**

🚣	🏇	🚶	🌊	🎿	🎣	⛳
10	11	10	10	13	10	4,5	20	15

RABOURG Lionel et Francoise – La Charbonnerie – 53220 Loiron – Tél. : 43.02.44.74

Madre La Maison-Neuve   C.M. n° 60 — Pli n° 1

❄❄ NN
(TH)

Alt. : 150 m — Philip et Chris vous accueillent dans leur maison de ferme. 2 chambres aménagées à l'étage avec salle de bains et wc à chacune. 1 ch. (1 lit 2 pers. 1 lit 1 pers.), 1 ch. (1 lit 2 pers.). 1 ch. d'appoint (1 lit 2 pers. 1 lit 1 pers.). Chauffage. Salon et jardin à disposition. Anglais parlé, cours d'anglais. Gare 10 km. Commerces 2 km. Ouvert toute l'année. A 18 km de Lassay et 10 km de Bagnoles-de-Lormes.

Prix : 1 pers. **140 F** 2 pers. **190 F** 3 pers. **260 F**
pers. sup. **50 F** repas **75 F**

🐕	🚣	🏇	🌊	🎿	🎣
1	2	5	10	20	10	10	10

MOOREY Philippe et Christine – La Maison Neuve – 53250 Madre – Tél. : 43.08.54.77

Menil Les Boisards   C.M. n° 232 — Pli n° 19

❄❄ NN

Kate et Alec vous accueillent dans le calme de leur ferme à 7 km de Château-Gontier. Chambre en suite située au r.d.c. : 1 ch. (1 lit 2 pers.), 1 ch. (1 lit 1 pers.). Poss. lit suppl. Salle de bains privée. Entrée indépendante. Salon et TV à disposition. Chauffage. Table d'hôtes avec produits de la ferme. Plan d'eau, grand jardin. Gare 30 km. Commerces 7 km. 4 golfs et pêche à proximité. A 7 km au sud de Château-Gontier et à 3 km de Menil et de la rivière « La Mayenne ». Anglais parlé. Ouvert toute l'année.

Prix : 1 pers. **150 F** 2 pers. **200 F** 3 pers. **250 F**

🐕	🚣	🏇	🚶	🌊	🎿	🎣	⛳
3	5	5	7	7	7	25	25

MAY Alec et Kathleen – Les Boisards - Menil – 53200 Chateau-Gontier – Tél. : 43.70.27.38

Meslay-du-Maine La Croix-Verte   C.M. n° 63 — Pli n° 10

❄❄❄ NN
(TH)

2 chambres d'hôtes aménagées dans une maison située dans le village (habitation d'agriculteurs retraités). 1 chambre avec salle de bains privée (1 lit 2 pers. Possibilité lit d'enfant). 1 chambre avec lavabo et douche privés (2 lits 2 pers. 1 canapé-lit 2 pers.), wc communs aux 2 chambres. Cuisine aménagée réservée aux hôtes. Coin salon, cheminée, télévision, bibliothèque. Complexe sportif. Station verte de vacances. Animaux admis sur demande. 1/2 tarif enfant -12 ans. Ouvert toute l'année. Commerces 200 m. Swin-golf à 2 km.

Prix : 1 pers. **140 F** 2 pers. **170 F** 3 pers. **210 F**
pers. sup. **40 F** repas **50 F**

🚣	🏇	🚶	🌊	🎿	🎣	⛳
2	12	1	0,2	0,2	2	0,2	2	12

LEPAGE Rene et Lucienne – La Croix Verte - 47 Boulevard d'Aldingen – 53170 Meslay-du-Maine – Tél. : 43.98.72.64 ou SR : 43.67.37.10

Meslay-du-Maine La Chevraie   C.M. n° 63 — Pli n° 10

❄ NN

1 chambre d'hôtes aménagée au rez-de-chaussée de la maison des propriétaires, agriculteurs. Salle d'eau et wc privés. Coin-cuisine à disposition. Entrée indépendant. Situé à 1,5 km du bourg.

Prix : 1 pers. **120 F** 2 pers. **160 F**

🚣	🏇	🚶	🌊	🎿	🎣
1	25	1	1,5	1	1,5

LECLERC Andre et Yvette – La Chevraie – 53170 Meslay-du-Maine – Tél. : 43.98.40.23

Mezangers Le Cruchet   *C.M. n° 60 — Pli n° 11*

E.C. NN   Marie-Thérèse et Léopold vous accueillent dans leur gentilhommière des XVe et XVIe siècles. 2 chambres d'hôtes aménagées dans l'habitation. Au rez-de-chaussée, 1 ch. 2 pers. et à l'étage 1 ch. 4 pers. Sanitaires privés par chambre. Entrée indépendante. Salon de jardin, parc à disposition. Restauration à proximité dans le village de Mézangers et à Evron 5 km. Ouvert toute l'année. Gare 5 km. Commerces sur place. Mayenne 18 km.

Prix : 1 pers. **150 F** 2 pers. **200 F** 3 pers. **250 F**
pers. sup. **50 F**

1	2	1	1	5	1	1	1	20	

NAY Leopold – Le Cruchet – 53600 Mezangers – Tél. : 43.90.65.55

Montaudin Le Petit-Domaine   *C.M. n° 59 — Pli n° 19*

✿✿ NN (TH)   2 chambres d'hôtes aménagées à l'étage de la maison des propriétaires. 1 ch. (1 lit 2 pers. 1 lit 1 pers.), 1 ch. (1 lit 2 pers.). Sanitaires privés pour chaque chambre. Table d'hôtes sur réservation. Salon, véranda, jardin à la disposition des hôtes. Jeux pour enfants. Gare 35 km. Commerces 3 km. Ouvert toute l'année. Pays du bocage Mayennais, à 2 km de Montaudin, 10 km de Pontmain (pèlerinage marial), et à 4 km de la route de Ernée à Saint-Hilaire-du-Harcouët.

Prix : 1 pers. **150 F** 2 pers. **180 F** 3 pers. **250 F**
pers. sup. **60 F** repas **70 F**

3	7	15	15	12	12	12	12	15	

LUCAS Solange – Le Petit Domaine – 53220 Montaudin – Tél. : 43.05.32.83

Montreuil-Poulay Le Vieux-Presbytere   *C.M. n° 60 — Pli n° 1*

✿✿✿ NN (TH)   Aux 1er et 2e étages de l'aile privative d'un élégant presbytère du XVIIIe siècle, couvert de vigne vierge et qui s'élève en pleine campagne. 2 ch. 2 pers. (double ou jumeaux) avec poutres, salle de bains et wc pour chacune. 2 salons indépendants avec cheminées, four à pain. Chauffage central. TV satellite. Gare 11 km. Commerces 5 km. Ouvert toute l'année. Grand jardin, allée couverte. Ruisseau, ancien lavoir, grange aux dîmes. Anglais, espagnol, allemand et russe parlés. Au nord du département, à proximité de la D34. Auberge cuisine régionale 800 m. Divers loisirs : randonnées, casino, châteaux, etc. Table d'hôtes sur réservation.

Prix : 1 pers. **210 F** 2 pers. **260 F** repas **100 F**

5	5	15	5	5	5	5	15	15	

LEGRAS-WOOD Denis et Patricia – Le Vieux Presbytere - Montreuil-Poulay – 53640 Le Horps –
Tél. : 43.00.86.32 – Fax : 43.00.81.42

Montsurs   *C.M. n° 232 — Pli n° 7/8*

E.C. NN   Dans le bourg de Montsurs, chambres en suite aménagées dans la maison du propriétaire, au rez-de-chaussée (1 lit 2 pers. 1 lit 1 pers. 1 lit enfant). Salle d'eau et wc privés. Entrée indépendante. Parking privé, jardin, terrasse. De là vous pourrez visiter toute la mayenne. Gare 200 m. Commerces sur place. Ouvert du 1er avril au 31 octobre.

Prix : 1 pers. **150 F** 2 pers. **200 F** 3 pers. **250 F**
pers. sup. **50 F**

SP	8	12	12	12	SP	20	15

LOUVET – 29 rue de la Gare – 53150 Montsurs – Tél. : 43.01.05.93

Pontmain   *C.M. n° 59 — Pli n° 19*

✿ NN   Chambres d'hôtes aménagées dans la maison du propriétaire, située dans un lotissement à la sortie du bourg. 2 chambres 2 pers. 1 chambre 3 pers. avec coin toilette. Salle de bains et wc communs. Salle de séjour à disposition. Chauffage électrique. Restaurant sur place. Ouvert toute l'année. A 16 km de Fougères (dépt. 35). A 40 km du Mont Saint-Michel. Pontmain : pèlerinage marial.

Prix : 1 pers. **130 F** 2 pers. **140 F** 3 pers. **200 F**
pers. sup. **60 F**

5	20	5	10	15	5	50	

GOUGEON Leon et Odette – Pontmain - 7 rue du Petit Maine – 53220 Montaudin – Tél. : 43.05.06.51

Pontmain Le Point-du-Jour   *C.M. n° 59 — Pli n° 19*

✿✿ NN   Maison située à la sortie du bourg de Pontmain. 1 chambre 2 pers. à l'étage avec salle d'eau et wc. 1 chambre 3 pers. à l'étage avec salle d'eau et wc. 1 chambre 1 pers. en suite. Salle à manger, salon avec cheminée à la disposition des hôtes. Jardin d'agrément avec salon de jardin. Gare 50 km. Commerces sur place. Ouvert toute l'année. Pontmain, lieu de pèlerinage aux confins de la Bretagne, de la Normandie et du Maine, à 40 km du Mont-Saint-Michel, 50 km de Laval et 15 km de Fougères. Chambres dans la maison du propriétaire, au calme, en bordure de bois, rivière, sentiers pédestres. Auberge sur place.

Prix : 1 pers. **130 F** 2 pers. **180 F** 3 pers. **230 F**
pers. sup. **60 F**

1	15	0,5	15	15	15	15	15	

MERIENNE Henri – Le Point du Jour - 11 rue de Mausson – 53220 Pontmain – Tél. : 43.05.00.83

Ruille-Froid-Fonds Ville-Prouvee   *C.M. n° 63 — Pli n° 10*

✿✿✿ NN (TH)   Cette ferme est aussi jolie que la nature environnante. Dans cette maison de caractère les chambres sont grandes et confortables avec un mobilier rustique. 2 ch. 2 pers. 1 ch. 3 pers. 1 ch. 4 pers. Chaque chambre a salle de bains et wc privés. Salle de séjour à disposition. Jardin. Plan d'eau aménagé. Table d'hôtes à base des produits de la ferme uniquement. Ouvert toute l'année.

Prix : 1 pers. **160 F** 2 pers. **230 F** 3 pers. **280 F**
pers. sup. **40 F** repas **75 F**

SP	8	8	8	15

DAVENEL Louis et Claudette – Ville Prouvee - Ruille Froid Fonds – 53170 Meslay-du-Maine – Tél. : 43.07.71.62

Saint-Denis-d'Anjou Le Logis-du-Ray
C.M. n° 64 — Pli n° 1

⚜⚜⚜ NN
(TH)

Alt. : 100 m — Au 1er étage d'une demeure ancienne (1830) avec meubles d'époque. 3 chambres avec douche et wc privés, dont 1 avec lit à baldaquin. Lit suppl. enfant : 100 F. Location bicyclettes, VTT. Jardin à l'Anglaise. Box pour chevaux. Promenade à thème en attelage sur place par meneur diplômé. Restaurant 800 m. Gare et forêt 9 km. Commerces 500 m. Ouvert toute l'année. Week-end anti-stress : chambre d'hôtes, table d'hôtes, 1 journée attelage. Ecole d'attelage, stage tous niveaux.

Prix : 1 pers. **270/320 F** 2 pers. **300/350 F** 3 pers. **480 F** pers. sup. **100 F** repas **120 F**

6	SP	6	6	23	1	9	12

LEFEBVRE Jacques et Martine – Le Logis du Ray – 53290 Saint-Denis-d'Anjou – Tél. : 43.70.64.10 ou SR : 43.67.37.10 – Fax : 43.70.65.53

Saint-Jean-sur-Erve Clos-de-Launay
C.M. n° 232 — Pli n° 8

⚜⚜⚜ NN

4 chambres d'hôtes aménagées à l'étage d'une maison rénovée (toute en pierres). Chaque chambre est équipée de salle d'eau ou de bains et wc privés. Prise TV. 2 ch. (1 lit 2 pers.), 2 ch. (2 lits 1 pers.), lit enfant. Une des chambres donne sur un plan d'eau. Gare 30 km. Commerces 7 km. Ouvert du 1er mars au 15 décembre. Maison située dans le village de St-Jean-sur-Erve, à proximité de la N235. Nous vous accueillerons chaleureusement dans un cadre de verdure, rivière et plan d'eau qui bordent la propriété. Entre Ste-Suzanne, cité médiévale et Saulges (grottes préhistoriques), à 30 km de Laval, 45 km du Mans.

Prix : 1 pers. **200/230 F** 2 pers. **240/270 F** pers. sup. **80 F**

SP	12	2	SP	9	17	SP	30	8

BIGOT Pierre – Clos de Launay - Le Bourg – 53270 Saint-Jean-sur-Erve – Tél. : 43.90.26.19

Saint-Mars-du-Desert L'Oisonniere
C.M. n° 60 — Pli n° 12

⚜ NN
(TH)

1 chambre d'hôtes aménagée au rez-de-chaussée de l'habitation d'agriculteurs avec 1 lit 2 pers. et 1 lit 1 pers. Salle d'eau et wc. Chauffage central. Ouvert toute l'année. A 2 km de Saint-Mars du Désert. Site touristique à Saint-Léonard des Bois à 8 km. Base de loisirs à Sillé-Plage à 13 km.

Prix : 1 pers. **150 F** 2 pers. **180 F** 3 pers. **220 F** repas **70 F**

2	15	4	12	12	15	5

RAGOT Jacqueline – L'Oisonniere – 53700 Saint-Mars-du-Desert – Tél. : 43.03.26.70

Saint-Mars-sur-la-Futaie Ausse
C.M. n° 59 — Pli n° 19

⚜⚜ NN

Alt. : 200 m — Ancienne maison restaurée en campagne fleurie, à 1 km du bourg. R.d.c. : 2 ch. (1 lit 2 pers. 2 lits 1 pers.). A l'étage : 3 ch. (3 lits 2 pers. 2 lits 1 pers.), toutes avec s. d'eau et wc privés. Chauffage élect. Salle d'accueil, documentation. Coin-cuisine. Entrée indépendante. Pré pour chevaux. Vente de vins et produits régionaux. Sur D31 Laval-St-Hilaire-du-Harcouët, à 4 km de Pontmain, cité mariale, 20 km de Fougères, 45 km de Laval et du Mont Saint-Michel. Randonnées pédestres, équestres, cyclistes. Forêt et plans d'eau à 10 km. Soirées ou week-ends à thème sur demande. Ouvert toute l'année. Forfait séjour. English spoken.

Prix : 1 pers. **140 F** 2 pers. **190/200 F** 3 pers. **240 F** pers. sup. **50 F**

1	4	SP	20	20	25	5	5	60

PINOT Jeannyvonne – Ausse – 53220 Saint-Mars-sur-la-Futaie – Tél. : 43.05.01.55 ou SR : 43.67.37.10

Saint-Martin-du-Limet La Renazaie
C.M. n° 63 — Pli n° 9

⚜ NN

3 chambres d'hôtes aménagées à l'étage d'une maison ancienne rénovée, située sur l'exploitation agricole. 1 chambre 2 pers. avec lavabo et douche. 1 chambre familiale avec salle d'eau privée. 1 chambre 2 pers. avec douche et lavabo privés. Possibilité cuisine. WC communs aux 3 chambres. Chauffage central. Ferme-auberge 8 km. Ouvert toute l'année. Terrain de jeux sur place. Etang de 50 ha. à 2 km. - 10 % pour les séjours. Gare 30 km. Commerces 6 km.

Prix : 1 pers. **130 F** 2 pers. **180 F** 3 pers. **230 F** pers. sup. **50 F**

1,5	6	2	6	6	2	1,5

LAURENT Pierre – La Renazaie - Saint-Martin de Limet – 53800 Renaze – Tél. : 43.06.17.71

La Selle-Craonnaise La Fresnaie
C.M. n° 232 — Pli n° 18

⚜⚜ NN

2 chambres d'hôtes aménagées près de l'habitation des propriétaires et d'un gîte rural. 1 ch. 3 pers. et 1 ch. 2 pers. Salle d'eau et wc privés + TV couleur pour chacune. Chauffage électrique/ Séjour et cuisine à la disposition des hôtes. A proximité de la N171 Laval/St-Nazaire. Gare 40 km. Commerces 1,5 km. Ouvert toute l'année. A 4 km de la base de loisirs de la Rincerie et à 10 km de Craon, nous vous accueillons dans des chambres où vous trouverez le confort, le calme et la détente dans un cadre verdoyant et fleuri.

Prix : 1 pers. **170 F** 2 pers. **200 F** 3 pers. **250 F** pers. sup. **50 F**

1,5	10	4	4	10	4	1,5	40	40

BALLE Joseph et Josette – La Fresnaie – 53800 La Selle-Craonnaise – Tél. : 43.06.19.10

Souce Le Perron
C.M. n° 60 — Pli n° 1

⚜⚜ NN
(TH)

Dans l'habitation du propriétaire, maison à l'architecture personnalisée, 3 chambres avec salle d'eau très confortables, ouvertes sur la vallée de la Varenne (rivière à truites). 1 ch. au r.d.c. et 2 ch. à l'étage avec accès indépendant. Salon d'accueil et de détente avec cheminée fermée. TV et chaîne Hifi, grandes baies vitrées. Salle à manger avec cheminée. Grande terrasse. Vallée magnifique et promenade agréable dans la propriété, le long de la rivière. Table d'hôtes sur réservation, cuisine au feu de bois dans la cheminée (rotissoire ou grill). Ambrières 10 km. 1/2 pension : 1900 F/semaine. Gare 50 km. Commerces 5 km. Ouvert toute l'année.

Prix : 1 pers. **180 F** 2 pers. **220 F** pers. sup. **50 F** repas **80/100 F**

20	20	10	10	10	25	10	20	10

QUIERCELIN Jean et M.Cecile – Le Perron – 53300 Souce – Tél. : 43.04.91.38

Thuboeuf La Guiltiere   *C.M. n° 60 – Pli n° 1*

E.C. NN (TH) Dans le parc Maine, Jennifer vous accueille dans sa grande maison bourgeoise, située en pleine campagne. A l'étage : 3 ch. (2 pers.), sanitaires privés, 1 ch. (1 pers.), sanitaires privés au rez-de-chaussée. Grand jardin et salon réservés aux hôtes. M. et Mme Stocks élèvent des chevaux et vous pourrez pratiquer l'équitation sur place. Gare 8 km. Commerces 6 km. Ouvert toute l'année.

Prix : 1 pers. **150 F** 2 pers. **200 F** repas **65 F**

3	SP	13	7	3	7	8	11	

STOCKS Jennifer – La Guiltiere – 53110 Thuboeuf – Tél. : 43.08.55.46

Torce-Viviers-en-Charnie La Fretissiere   *C.M. n° 232 — Pli n° 8*

NN (TH) 1 chambre familiale avec mezzanine, coin-salon, TV et cheminée (1 lit 2 pers. 3 lits 1 pers.), salle de bains et wc privés. Grande terrasse avec salon de jardin et parc arboré à la disposition des hôtes. Gare 13 km. Commerces 1 km. Ouvert toute l'année. En bordure de la forêt de la Grande Charnie, au cœur du pôle touristique des Coëvrons, dans une propriété comprenant un parc arboré et un grand terrain.

Prix : 1 pers. **170 F** 2 pers. **200 F** 3 pers. **260 F** pers. sup. **60 F** repas **70 F**

6	7	0,5	6	6	17	7	50	25

MORINEAU J-Pierre et Simone – La Fretissiere – 53270 Torce-Viviers-en-Charnie – Tél. : 43.90.01.80

Sarthe

Aillieres-Beauvoir La Locherie   *C.M. n° 60 — Pli n° 4*

(TH) Marie-Rose et Moïse vous accueillent dans une belle demeure du XVIᵉ siècle. 2 ch. dont 1 communicante avec une petite ch. d'enfants située dans une tour : 1 ch. (1 lit 2 pers. 1 lit 1 pers.), 1 ch. (1 lit 2 pers. 2 lits 1 pers.) avec salle de bains et wc privés. Salon avec TV. Chauffage central. Piscine sur place. Balades en forêt de Perseigne (800 m). Table d'hôtes sur réservation. Fermé entre Noël et le 1ᵉʳ janvier. Gare 25 km. Commerces 7 km. Ouvert toute l'année.

Prix : 2 pers. **220 F** 3 pers. **300 F** pers. sup. **80 F** repas **80 F**

7	7	7	0,3	7	0,1	10	7	0,1	

LORIEUX Moïse – La Locherie – 72600 Aillieres-Beauvoir – Tél. : 43.97.76.03

Asnieres-sur-Vegre La Tuffiere   *C.M. n° 64 — Pli n° 2*

NN (TH) Maison située au bord de la Vègre. 3 chambres d'hôtes de 3 et 4 pers. avec salle d'eau et wc privés : 1 ch. (1 lit 2 pers. 1 lit 1 pers.), 1 ch. (1 lit 2 pers. 1 lit 1 pers.), 1 ch. (1 lit 2 pers. 2 lits 1 pers.), situées à l'étage. Chauffage électrique. Point-phone à disposition. Sur place : pêche, canoë, barque. Gare 13 km. Commerces 3 km. Ouvert toute l'année.

Prix : 1 pers. **150/165 F** 2 pers. **180/210 F** 3 pers. **220/255 F** pers. sup. **50 F** repas **80 F**

0,1	12	5	0,1	0,1	18	0,1	0,1

DAVID Mauricette et Yves – La Tuffiere – 72430 Asnieres-sur-Vegre – Tél. : 43.95.12.16 – Fax : 43.92.43.05

Asnieres-sur-Vegre Manoir-des-Claies   *C.M. n° 64 — Pli n° 2*

NN (TH) A l'extrémité du territoire d'Asnières-sur-Vègre, « le plus beau village du Maine », se trouve enchâssé dans son écrin de verdure le ravissant Manoir des Claies, au pied duquel coule tranquillement la rivière « Vègre ». 2 ch. 2 pers. et 1 suite 2 ou 4 pers. avec bains et wc privés. Table d'hôtes sur réservation. Ouvert du 1ᵉʳ avril à fin octobre. C'est dans cette demeure seigneuriale du XVᵉ, restaurée avec passsion par son prop., que vous viendrez goûter le calme, le confort et partager avec lui le bonheur de vivre, l'amour des vieilles pierres. Parc, promenade en barque, pêche. A 10 km de la sortie n° 1 de l'A81. Gare 12 km. Commerces 3 km.

Prix : 1 pers. **385 F** 2 pers. **420 F** pers. sup. **150 F** repas **120 F**

0,1	12	5	0,1	18	0,1	0,1

ANNERON Jean – Manoir des Claies – 72430 Asnieres-sur-Vegre – Tél. : 43.92.40.50 – Fax : 43.92.65.72

Auvers-sous-Montfaucon Mierre   *C.M. n° 60 — Pli n° 12*

NN (TH) Bernadette vous accueille dans sa maison du XVIᵉ siècle, avec son plan d'eau où grands et petits peuvent se baigner et faire du radeau, au milieu d'une verte et calme campagne. 2 chambres d'hôtes de 2 pers. avec salle d'eau et wc privés. Chauffage central. Pêche, jeux pour enfants sur place. Table d'hôtes en famille le soir. Location de vélos. Gare 20 km. Commerces 7 km. Ouvert toute l'année. Autoroute Océane, sortie 8, le Mans ouest-Loué.

Prix : 2 pers. **250/280 F** pers. sup. **70 F** repas **80 F**

15	1	0,1	20	1

DUBOIS Bernadette – Mierre – 72540 Auvers-sous-Montfaucon – Tél. : 43.88.91.53

Ballon   *C.M. n° 60 — Pli n° 13*

NN (TH) Thérèse et Bernard vous accueillent dans leur maison. 2 ch. d'hôtes aménagées à l'étage. Pour une famille : 1 ch. (1 lit 2 pers.) et 1 ch. (2 lits 1 pers.) avec salle d'eau attenante. 1 ch. familiale (2 lits 2 pers., 2 lits 1 pers.) avec salle d'eau privée. WC communs. Lit de bébé : 20 F. Salle de séjour à disposition. Jardin. Aire de jeux, barbecue. Parking. Possibilité pique-nique. Repas végétarien sur demande. Dîner enfant moins de 10 ans : 45 F. Gare 11 km. Commerces 100 m. Ouvert toute l'année.

Prix : 1 pers. **100 F** 2 pers. **220 F** 3 pers. **290 F** pers. sup. **95 F** repas **85 F**

11	0,1	10	1	7	0,1

BEQUIN Bernard – 4 rue de l'Ouest – 72290 Ballon – Tél. : 43.27.30.66

Bouloire La Jonquiere
C.M. n° 64 — Pli n° 5

❦❦❦ NN

Danielle et Claude vous accueillent dans leur grande maison située au milieu des bois. 5 chambres d'hôtes aménagées à l'étage. 3 ch. 2 pers. avec salle d'eau et wc privés. 1 ch. (1 lit 2 pers.) et 1 ch. (2 lits 1 pers.), salle de bains et wc communs à ces 2 ch. (1 épi NN). Possibilité de lit bébé. Point-phone à la disposition des hôtes. Sur place : étang, barque. Parc animalier et mini-golf à 8 km. Tir à l'arc à 2 km. Base ULM à 7 km. Restaurant à 4 km. Gare 34 km. Commerces 4 km. Ouvert toute l'année. Anglais et allemand parlés.

Prix : 1 pers. 160/180 F 2 pers. 180/220 F pers. sup. 60 F

〜	⚓	🎿	🏇	🚴	♿	⛵	🏇	🎣	🚶
0,1	11	4	0,1	0,1	0,1	11	20	11	0,1

GASNOT Danielle et Claude – La Jonquiere – 72440 Bouloire – Tél. : 43.35.43.34

Brains-sur-Gee La Sabliere
C.M. n° 60 — Pli n° 12

❦❦❦ NN
(TH)

A proximité RN157, dans un endroit calme. Au rez-de-chaussée : 1 ch. (1 lit 2 pers.) avec salle d'eau et wc privés. A l'étage : 2 ch. 2 et 3 pers. (2 lits 2 pers. 1 lit 1 pers.) avec salle d'eau et wc privés. Salon avec TV commun aux hôtes. Chauffage électrique. Gare 17 km. Commerces 3 km. Ouvert toute l'année.

Prix : 1 pers. 210 F 2 pers. 250 F 3 pers. 300 F
repas 40/77 F

🐕	〜	⚓	🎿	🏇	🚴	♿	🏇	🚶
	20	15	3	20	0,1	15	20	20	20

BRIAND – La Sabliere – 72550 Brains-sur-Gee – Tél. : 43.88.75.19

Brulon Les Belmondieres
C.M. n° 60 — Pli n° 12

❦❦❦ NN
(TH)

Guy et Chantal vous accueillent dans leur ferme au cœur du bocage sabolien. Ils vous offrent 5 ch. d'hôtes aménagées dans un bâtiment avec accès indépendant. R.d.c. : 1 ch. 4 pers. et 1 ch. 2 pers. avec s. d'eau et wc privés (acces. aux pers. hand.). A l'étage : 1 ch. 3 pers. et 2 ch. 2 pers. avec s. d'eau et wc privés. Bibliothèque, salon avec jeux. Point-phone. Table d'hôtes avec repas pris en famille. Sur place : gîte d'étape accessible aux pers. hand., camping à la ferme. Lit suppl. : 40 F. Ouvert toute l'année. Sur place : swin-golf. Gare 21 km. Commerces 4 km. Ouvert toute l'année. Accès par D4 entre N157 et Brûlon.

Prix : 1 pers. 155 F 2 pers. 230 F 3 pers. 300 F
pers. sup. 85 F repas 85 F

〜	⚓	🎿	🏇	🚴	♿	⛵	🏇	🎣	🚶
4	SP	4	10	10	0,1	4	17	4	4

LEMESLE Guy et Chantal – Les Belmondieres – 72350 Brulon – Tél. : 43.95.60.63 – Fax : 43.92.09.22

Cerans-Foulletourte Le Moulin-Neuf
C.M. n° 64 — Pli n° 3

❦❦ NN

Ancien moulin restauré datant du XVIe, sur les bords du Fessard, affluent de la Sarthe, situé entre Cérans-Foulletourte et La Suze, à 3 km de la RN23 et 4 km de la D23. A l'étage : 1 ch. (1 lit 2 pers.), 1 ch. (1 lit 2 pers. 1 lit 1 pers.) avec salle d'eau et wc privés. Ch. élect. Terrasse avec salon de jardin privée pour les hôtes. Parc ombragé. Possibilité petit déjeuner à l'extérieur. Chemins de randonnée à proximité. Gare 6 km. Commerces 3 km. Anglais parlé. Ouvert toute l'année sauf du 2 au 19 août 1996.

Prix : 2 pers. 200 F 3 pers. 250 F pers. sup. 70 F

🐕	〜	⚓	🎿	♿	⛵	🏇	🚶
	14	3	3	0,1	14	10	0,5

ROUAN Stephan – Le Moulin Neuf – 72330 Cerans-Foulletourte – Tél. : 43.87.24.13

Champfleur La Garenciere
C.M. n° 60 — Pli n° 13

❦❦❦ NN
(TH)

5 ch. d'hôtes de 2, 3 ou 4 pers. avec salle d'eau et wc privés. Salon avec TV à disposition des hôtes. Chauffage central. Salons de jardin. Chambres d'hôtes aménagées dans une ferme du XIXe siècle, dans un cadre de verdure, en pleine campagne. A la table d'hôtes, véritables spécialités du terroir préparées avec des produits fermiers. Prêt de VTT. Gare 6 km. Commerces 1 km. Ouvert toute l'année.

Prix : 1 pers. 160 F 2 pers. 230 F 3 pers. 280 F
pers. sup. 50 F repas 95 F

⚓	🎿	🏇	♿	🏇	🎣	🚶
4	1	1	2	1	10	1

LANGLAIS Christine et Denis – La Garenciere – 72610 Champfleur – Tél. : 33.31.75.84

La Chartre-sur-le-Loir La Gerigondie
C.M. n° 64 — Pli n° 4

❦❦❦ NN
(TH)

Maison de caractère. 2 chambres familiales 4 pers. comprenant chacune 2 chambres contiguës, salle d'eau ou salle de bains et wc privés. A l'étage : grande chambre/salon (TV) 2 pers. avec salle de bains et wc privés. 1 chambre 2 pers. avec salle d'eau et wc privés. Ch. central. Parc à disposition des hôtes. Gare 13 km. Commerces 100 m. Ouvert toute l'année. Supplément pour animaux : 20 F. Anglais parlé.

Prix : 1 pers. 220 F 2 pers. 240/320 F 3 pers. 450 F
pers. sup. 50 F repas 80 F

〜	⚓	🎿	🏇	🚴	♿	⛵	🏇	🚶
4	0,7	0,7	5	0,1	0,7	4	6	0,2

DELAVEAU Christian – 20 Place Carnot – 72340 La Chartre-sur-le-Loir – Tél. : 43.44.10.25 ou 43.79.12.13

Chateau-du-Loir
C.M. n° 64 — Pli n° 4

❦❦❦ NN

M. et Mme Le Goff vous accueillent dans leur vieille demeure, située en arrière de la place principale. 3 ch. 2 pers. aménagées à l'étage, avec salle d'eau et wc privés. Parking et nombreux restaurants à proximité. Location de vélos. Gare 1 km. Commerces 100 m. Anglais courant parlé. Fermé d'octobre à fin mars. Taxe de séjour.

Prix : 1 pers. 215 F 2 pers. 260 F

🐕	〜	⚓	🎿	🏇	🚴	♿	⛵	🏇	🎣	🚶
	6	1	1	6	0,5	4	6	4	2	6

LE GOFF Diane – 22 rue de l'Hotel de Ville – 72500 Chateau-du-Loir – Tél. : 43.44.03.38

Chemire-le-Gaudin Theval   *C.M. n° 64 — Pli n° 2*

❀❀❀ NN
(TH)

Vous aimez le calme et la nature au bord de l'eau, la convivialité et le confort, Marie et Alain vous attendent dans leur propriété, largement ouverte sur la rivière « La Sarthe », à 15 mn du Mans. 4 ch. de 2 à 3 pers., spacieuses et confortables avec wc et s.d.b. privées. Ch. central. Les bords de Sarthe, les îles, la douve offrent toutes poss. de pêche et promenades. Autour d'un repas copieux à la table d'hôtes, amoureusement préparé par la maîtresse de maison, chacun peut aussi faire une sieste sous les platanes centenaires ou une partie de pétanque. Gare 5 km. Commerces 2 km. Ouvert toute l'année.

Prix : 1 pers. **230/270 F** 2 pers. **250/300 F** 3 pers. **360/370 F**
repas **90/120 F**

18	5	5	30	0,1	0,1	18	5	2	

FORNELL Anne-Marie – « Theval » – **72210 Chemire-le-Gaudin** – **Tél. : 43.88.14.92**

Commerveil La Croix   *C.M. n° 60 — Pli n° 14*

❀❀❀ NN

1 chambre d'hôtes avec entrée indépendante (1 lit 2 pers. 1 lit 1 pers.) avec salle d'eau et wc privés. Kitchenette à disposition. Chauffage central. Jardin. Parking. Club ULM à 200 m. Gare 30 km. Commerces 200 m. Ouvert toute l'année.

Prix : 2 pers. **210 F** pers. sup. **60 F**

4,5	4,5	4,5

PELLETIER Claude – **La Croix** – **72600 Commerveil** – **Tél. : 43.97.66.02**

Coulaines Le Monet   *C.M. n° 60 — Pli n° 13*

❀❀❀ NN

A 3 km du vieux-Mans, M. et Mme Bordeau vous accueillent dans leur propriété au milieu d'un parc boisé, en pleine campagne. 4 ch. d'hôtes aménagées dans une maison indépendante, proche des propriétaires. 2 ch. de plain-pied (1 lit 2 pers.), 2 ch. à l'étage (2 lits 1 pers.), salle d'eau et wc privés pour chacune. Séjour, salon et coin-cuisine à disposition. Chauffage central. Parking, abri couvert. Restaurant 1 km. Circuit des 24 h. du Mans et golf à 3 km. Possibilité pique-nique dans le parc. Gare 4 km. Commerces 1 km. Ouvert toute l'année.

Prix : 1 pers. **200 F** 2 pers. **250 F**

1	1	3	25	0,1

BORDEAU Lucette – **Le Monet** – **72190 Coulaines** – **Tél. : 43.82.25.50**

Courcival Les Bois   *C.M. n° 60 — Pli n° 14*

❀❀ NN

Michèle et Claude vous proposent 1 chambre d'hôtes 2 pers. avec 1 canapé-lit 2 pers., indépendante de la maison des propriétaires, de plain-pied, avec salle d'eau et wc privés. Chauffage électrique. Jardin, terrasse et salon de jardin privés pour les hôtes. Jeux à disposition. Possibilité lit bébé : 30 F. Gare 40 km. Commerces 8 km. Ouvert toute l'année.

Prix : 2 pers. **180 F** 3 pers. **240 F** pers. sup. **60 F**

15	15	15	15	2	15

RENAULT Claude – **Les Bois** – **72110 Courcival** – **Tél. : 43.29.32.63**

Dissay-sous-Courcillon La Chataigneraie   *C.M. n° 64 — Pli n° 4*

❀❀ NN

Michèle vous accueille dans sa maison de campagne avec parc boisé de 2 ha. 1 suite comprenant : 3 chambres communicantes (1 lit 2 pers., 2 lits 1 pers., 1 lit 120), wc et salle de bains privés (douche et baignoire), avec son petit salon particulier (cheminée et TV). Chauffage central. Salon de jardin. Tennis. Gare 6 km. Commerces 1 km. Ouvert de Pâques à la Toussaint. Anglais et espagnol parlés.

Prix : 2 pers. **240 F** pers. sup. **110 F**

6	6	0,1	15	6	5	6	12	5	1

LETANNEUX Michele – **La Chataigneraie** – **72500 Dissay-sous-Courcillon** – **Tél. : 43.79.45.30 ou 43.46.19.31**

Jupilles La Garenne   *C.M. n° 64 — Pli n° 4*

❀❀ NN
(TH)

A proximité de la forêt de Bercé. 2 chambres d'hôtes (2 lits 2 pers. 1 lit 1 pers.) aménagées à l'étage, avec salle d'eau et wc privés. Chauffage central. Terrain. Taxe de séjour. Gare 12 km. Commerces 400 m. Ouvert toute l'année.

Prix : 2 pers. **200/220 F** 3 pers. **240 F** pers. sup. **20 F**
repas **65/75 F**

5	12	5	0,5	0,4	5	12	6	0,1

LANGEVIN – **La Garenne** – **72500 Jupilles** – **Tél. : 43.44.11.41**

Lavenay Le Patis du Vergas   *C.M. n° 64 — Pli n° 5*

❀❀❀ NN
(TH)

Monique et Jacques Deage vous accueillent dans leur propriété de 2,5 ha., dans un cadre de verdure, au bord d'un étang très poissonneux de 1,2 ha., bordée par une rivière de 1re cat. 5 ch. dans un bâtiment annexe (entrée indép. pour chacune). 3 ch. (3 lits 2 pers., 2 lits 2 pers. et 1 lit 1 pers.). Salle d'eau et wc privés pour chacune. Salon de détente (TV). Bibliothèque, kitchenette, billard et baby-foot. Repas et petits déjeuners servis dans la véranda. Terrains de volley, croquet et boules. Table de ping-pong. Barque. Barbecue. Poss. pique-nique. Séjours pêche. Gare 23 km. Commerces 1 km. Ouvert du 15/03 au 01/11. Sur résa. du 01/11 au 15/03.

Prix : 1 pers. **250 F** 2 pers. **270/330 F** 3 pers. **330 F**
repas **90 F**

0,1	8	8	8	0,1	0,1	15	18	SP	3

DEAGE Monique et Jacques – **Le Patis du Vergas** – **72310 Lavenay** – **Tél. : 43.35.38.18**

Luche-Pringe Bourg-de-Pringe   *C.M. n° 64 — Pli n° 3*

❦❦❦ Sur la route touristique de la Vallée du Loir (D13), à l'entrée du bourg de Pringé, débutent 55 km de sentiers pédestres dans la forêt de Gallerande. M. et Mme Lailler vous accueillent dans leur ancienne fermette. 2 ch. (1 lit 2 pers. chacune) aménagées dans un bâtiment contigu avec accès indépendant, de plain-pied, avec salle d'eau et wc privés. Chauffage électrique. Cour, jardin, salon de jardin. Possibilité pique-nique. Restaurant 2 km. Taxe de séjour. Gare 40 km. Commerces 2 km. Ouvert toute l'année. Enfant suppl. : 50 F.

Prix : 1 pers. 200 F 2 pers. 230 F pers. sup. 70 F

2	11	2	1	2	2	9	9	11	1

LAILLER – 2 rue de Gallerande – 72800 Luche-Pringe – Tél. : 43.45.41.21

Le Lude   *C.M. n° 64 — Pli n° 3*

❦❦❦ NN En centre-ville. Dans une maison ancienne proche du château. A l'étage : 2 chambres de 2 pers. avec salle de bains et wc privés. 1 chambre de 2 pers. avec salle d'eau et wc privés. Téléphone avec carte France Télécom dans chaque chambre. Chauffage central. Jardin. Gare 21 km. Commerces 100 m. Ouvert du 1er avril au 30 septembre.

Prix : 2 pers. 280 F

12	0,8	0,8	0,3	0,1	0,5	12	3	20	0,1

PEAN – 5 Grande Rue – 72800 Le Lude – Tél. : 43.94.63.36

Le Lude Les 14 Boisselees   *C.M. n° 64 — Pli n° 3*

❦❦❦ NN (TH) M. et Mme Brazilier vous accueillent près du Lude dans leur maison située sur un grand terrain paysager et boisé, avec salon de jardin, sur D305. 1 chambre d'hôtes (1 lit 2 pers.) avec salle d'eau et wc privés. Chauffage électrique. Sentier de grande randonnée (GR36) à 300 m. Spectacle Son et Lumière du Lude à 2 km. Taxe de séjour. Gare 10 km. Commerces 2 km. Ouvert toute l'année. Anglais, allemand et espagnol parlés.

Prix : 2 pers. 230 F repas 70/90 F

15	2	1,8	15	0,5	1,8	2	0,3

BRAZILIER Jean-Louis – Route de Chateau du Loir - Les 14 Boisselees – 72800 Le Lude – Tél. : 43.94.90.65

Mansigne Les Petites Landes   *C.M. n° 64 — Pli n° 3*

E.C. NN Sur une exploitation agricole à vocation herbagère, Christine et Francis vous recevront avec plaisir et vous feront découvrir leur élevage. Un chemin de randonnée au départ de la ferme vous mènera soit à la base de loisirs, soit aux menhirs. 2 chambres d'hôtes 3 et 4 pers. avec salle d'eau et wc privés, téléphone à carte France Télécom, TV noir et blanc. Possibilité lit supplémentaire. Salon de jardin. RN23 à 5 km. Gare 35 km. Commerces 4 km. Ouvert toute l'année. Anglais parlé.

Prix : 2 pers. 250 F 3 pers. 300 F

4	4	4	4	4	4	4	0,1

BERNAUD Christine – Les Petites Landes – 72510 Mansigne – Tél. : 43.46.16.96

Mareil-sur-Loir Ferme-de-Semur   *C.M. n° 64 — Pli n° 2*

❦❦❦ NN Ancienne ferme du XIVe siècle, au bord de l'eau, dans un parc. 2 chambres d'hôtes 2 pers. avec salle d'eau et wc privés, situées au rez-de-chaussée. Salon de jardin. Table de ping-pong. Atelier sur place. Gare 33 km. Commerces 1 km. Ouvert toute l'année.

Prix : 2 pers. 320 F

7	5	0,5	0,5	1	1	7	7	0,5	0,1

ATELIERS JOSY HERE – Ferme de Semur – 72200 Mareil-sur-Loir – Tél. : 43.45.44.24 ou 43.45.46.84

Marigne-Laille La Fardeliere   *C.M. n° 64 — Pli n° 4*

❦❦❦ NN Jacqueline et Bernard Herlin vous accueillent dans leur propriété en lisière de la forêt de Bercé (5000 ha.), région Vallée du Loir. 2 chambres d'hôtes (1 lit 2 pers.) aménagées à l'étage, avec TV, téléphone, salle d'eau et wc privés. Grande terrasse. Parc boisé de 2 ha. avec étangs. Gare 8 km. Commerces et restaurant 1 km. Ouvert toute l'année.

Prix : 1 pers. 300 F 2 pers. 350 F

0,1	8	1	1	1	23	10	0,1

HERLIN Bernard – La Fardeliere – 72220 Marigne-Laille – Tél. : 43.42.13.81 ou 43.42.64.74

Monce-en-Belin Le Petit Pont   *C.M. n° 64 — Pli n° 3*

❦❦❦ NN (TH) A proximité du Mans (12 km). 1 chambre d'hôtes (1 lit 2 pers.) avec salle d'eau et wc privés, située dans la maison des propriétaires (3 épis NN). 3 chambres d'hôtes (3 lits 2 pers.) indépendantes avec chacune TV, salle d'eau et wc privés (2 épis NN). Salle de séjour. Salon avec TV à disposition des hôtes. Garage, terrain, jardin, parking. Gare 15 km. Commerces 300 m. Restaurant 1 km. Logement de chevaux sur place. Ouvert toute l'année.

Prix : 1 pers. 160 F 2 pers. 220 F pers. sup. 60 F
repas 65/90 F

10	2	0,5	10

BROU Bernard – Le Petit-Pont – 72230 Monce-en-Belin – Tél. : 43.42.03.32

Monhoudou Chateau de Monhoudou   *C.M. n° 60 — Pli n° 14*

❦❦❦ NN (TH) Dans un château du XVIIIe siècle, au centre d'un parc à l'anglaise de 20 ha. 4 ch. d'hôtes 2 pers. avec salle d'eau ou salle de bains et wc privés. 2 salons et bibliothèque à disposition. Chevaux et bicyclettes sur place. Sur réservation dîner aux chandelles avec les propriétaires. Ouvert du 1er avril au 1er novembre (sur demande en dehors de cette période). Gare 40 km. Commerces 3 km. Ouvert du 15 avril au 15 octobre.

Prix : 2 pers. 450/550 F repas 175 F

10	3	10	0,1	0,1	20	0,1	0,1

DE MONHOUDOU Michel – Chateau de Monhoudou – 72260 Monhoudou – Tél. : 43.97.40.05 – Fax : 43.33.11.58

Neuville-sur-Sarthe Le Presbytere   *C.M. n° 60 — Pli n° 13*

꒱꒱ Bernadette Monne sera heureuse de vous accueillir dans ses vieux murs, hâvre de calme, d'espace et de liberté. A l'étage de sa demeure (presbytère du XVIII°) : 2 ch. 2 pers. (dont 1 avec 2 lits jumeaux) avec salle de bains et wc communs. Salon à disposition des hôtes (avec TV). Chauffage central. Grand jardin clos paysager. Gare 2 km. Commerces 100 m. Ouvert toute l'année. Sortie le Mans-nord, direction Alençon.

Prix : 2 pers. 200 F

4	0,1	0,1

MONNE Bernadette – Le Presbytere – Au Bourg – 72190 Neuville – Tél. : 43.25.37.59

Neuvy-en-Champagne Chateau de la Renaudiere   *C.M. n° 60 — Pli n° 12*

꒱꒱꒱ NN Dans un château des XV° et XVII° siècles. Au 1er étage : 2 chambres doubles avec salle de bains et wc privés. Chauffage central. Sur place : parc, étang, bois. Gare 20 km. Commerces 5 km. Anglais parlé. Ouvert de juin à octobre.

Prix : 2 pers. 630 F

20	6	20	20	20	10

DE MASCUREAU – La Renaudiere – 72240 Neuvy-en-Champagne – Tél. : 43.20.71.09

Nogent-le-Bernard   *C.M. n° 60 — Pli n° 14*

꒱꒱꒱ NN Dans une maison bourgeoise du XVIII° siècle, située dans le village. A l'étage : 1 chambre d'hôtes (1 lit 2 pers.) avec salle de bains et wc privés. Salon à disposition des hôtes avec TV. Chauffage central au fuel. Jardin fleuri en terrasse. Gare 14 km. Commerces et restaurant 100 m. Ouvert du 15 juin à fin août. Allemand parlé.

Prix : 1 pers. 140 F 2 pers. 180 F

14	14	5	20	17	14	5	14	0,1

FARCY Francoise – 20 rue Basse – 72110 Nogent-le-Bernard – Tél. : 43.29.40.03

Oisseau-le-Petit La Fontaine   *C.M. n° 60 — Pli n° 13*

꒱꒱꒱ NN Si vous aimez le contact, une ambiance conviviale, des petits déjeuners copieux, venez chez Marie-Odile et Jean. Pour votre repos, 4 chambres indépendants de 2 pers. avec salle d'eau et wc privés (possibilité lit suppl.). TV dans 2 chambres. Dans un cadre fleuri, préau, verdure, vieilles pierres... Gare et commerces 10 km. Ouvert toute l'année.

Prix : 2 pers. 200/270 F pers. sup. 70 F

10	10	10	10

PERCHERON Jean – La Fontaine – 72610 Oisseau-le-Petit – Tél. : 33.26.80.09

Oize Chateau de Montaupin   *C.M. n° 64 — Pli n° 3*

꒱꒱꒱ NN (TH) Au sein d'un petit village, Nicole et Alain vous accueillent dans leur propriété de caractère. 1er étage : 1 suite (1 ch. avec 2 lits 2 pers. 1 lit 1 pers., s.d.b. et wc privés. TV. 1 suite (2 lits jumeaux. 1 lit 1 pers.) avec s. d'eau et wc privés. 1 suite (1 ch. avec 1 lit 2 pers., 1 ch. avec 2 lits de coin), s.d.b. et wc privés. 1 chambre (1 lit 2 pers. 1 lit 1 pers.), s. d'eau et wc privés. Possibilité lit bébé. Chauffage central. Salon avec TV. Point-phone. Piscine privée. VTT. Fermé du 16 au 29 juillet RN23 à 3 km. Gare 23 km. Commerces 300 m.

Prix : 1 pers. 210/240 F 2 pers. 260/290 F 3 pers. 340/370 F pers. sup. 80 F repas 90 F

7,5	3	3	7,5	4	8

DAVID Alain – Mme DUBOIS Nicole - Montaupin – 72330 Oize – Tél. : 43.87.81.70 ou 43.87.81.62

Parigne-l'Eveque Ferme d'Yvrelle   *C.M. n° 64 — Pli n° 4*

꒱꒱꒱ NN (TH) Martine et Jean-Louis vous proposent à la ferme d'Yvrelle 4 ch. d'hôtes, indépendants, de plain-pied, aménagées dans 2 bâtiments à ossature bois typique de la région. 2 ch. (1 lit 2 pers. 1 lit 1 pers. chacune), 1 ch. (2 lits 1 pers.), 1 ch. (1 lit 2 pers. 2 lits 1 pers.) avec s. d'eau et wc privés. Terrasse, salon de jardin, TV. Coin-cuisine à disposition. Table de ping-pong. Ces chambres vous permettront de séjourner au milieu des champs et prés, d'apprécier le calme environnant et de profiter des nombreux sentiers de randonnée. Un swin-golf sur place vous donnera l'occasion d'essayer le golf. Gare 12 km. Commerces 2,5 km. Anglais et allemand parlés.

Prix : 1 pers. 190 F 2 pers. 240 F 3 pers. 280 F pers. sup. 40 F repas 85 F

5	10	2,5	0,1	2	20	5	0,1

ROUSSEAU Martine – Ferme d'Yvrelle – 72250 Parigne-l'Eveque – Tél. : 43.75.22.21 – Fax : 43.75.22.21

Ponce-sur-le-Loir La Tendriere   *C.M. n° 64 — Pli n° 5*

꒱꒱꒱ NN Simone et André vous accueillent dans une ancienne maison de maître aux chaudes couleurs du tuffeau du Loir. 2 ch. dans l'habitation principale. 1er ét. : 1 ch. 2 pers. avec s.d.b. et wc privés. 2° ét. : 2 ch. contiguës pour 1 famille (2 lits 2 pers. 1 pers.) avec s. d'eau et wc privés. Dans bâtiment annexe : 2 ch. 3 pers. (1 épi NN) avec s. d'eau et wc communs. Petits déjeuners dans la salle aux meubles sarthois. André est retraité mais veille sur les vignes de son gendre et se plaît à faire visiter le chais et déguster le vin. Village d'artisans. Restaurant à proximité. Gare 20 km. Commerces 100 m. Ouvert de mars à novembre. Taxe de séjour.

Prix : 1 pers. 160 F 2 pers. 190/270 F 3 pers. 280 F

7	7	0,1	0,3

SEVAULT Andre – 50 rue Principale - La Tendriere – 72340 Ponce-sur-le-Loir – Tél. : 43.44.45.27

Ponce-sur-le-Loir Chateau de la Volonniere — C.M. n° 64 — Pli n° 5

₩₩₩ NN Au cœur du village artisanal et à proximité du centre de loisirs des 3 lacs, Brigitte et Claude vous accueilleront en toute simplicité et vous guideront sur les activités et visites de la vallée du Loir. 3 ch. 2 pers. personnalisées vous seront proposées. 1 ch. avec mezzanine 4 pers. 1 ch. avec kitchenette (EC). S. d'eau ou s.d.b. et wc privés pour chaque ch. Petits déjeuners servis dans une chapelle du XVᵉ. Parc de 2,5 ha. à la disposition des hôtes, ping-pong, vélos. Forfait W.E. Tarifs dégressifs :10 % à partir du 2ᵉ jour et 20 % pour 1 semaine. Restaurant attenant au château. Exposition de peinture en saison. Fermeture janvier et février.

Prix : 1 pers. **350 F** 2 pers. **400 F** 3 pers. **480 F**
pers. sup. **80 F**

2	7	7	1	0,1	0,2	15	8	0,2	0,1

BECQUELIN Brigitte – Chateau de la Volonniere – 72340 Ponce-sur-le-Loir – Tél. : 43.79.68.16 – Fax : 43.79.68.18

Pontvallain — C.M. n° 64 — Pli n° 3

₩₩₩ NN / TH Dans une maison bourgeoise du XVIIᵉ, 3 ch. d'hôtes aménagées dans 2 bâtiments annexes avec accès et jardin indépendants. 1 ch. (1 lit 2 pers. 2 lits 1 pers.) avec cheminée ancienne, coin-cuisine, salon, TV, s. d'eau et wc privés. Poss. lit bébé. 1 ch. 2 pers. avec s. d'eau et wc privés. 1 ch. (3 lits 1 pers.) avec s. d'eau, wc et TV privés. Grand terrain aménagé. Vélos à disposition. Ping-pong. Barbecue. Piscine (11 m x 5 m) dans la propriété. Salle à manger dans la maison principale. Petits déjeuners soignés. Table d'hôtes sur réservation. Bowling 200 m. Gare 6 km. Commerces 100 m. Ouvert toute l'année. Anglais parlé.

Prix : 1 pers. **180/200 F** 2 pers. **250/280 F** 3 pers. **380 F**
pers. sup. **100 F** repas 60/85 F

4,5	4,5	0,1	0,1	0,1	0,1	4,5	4,5	0,1	0,1

VIEILLET – Place Jean Graffin – 72510 Pontvallain – Tél. : 43.46.36.70

Rouez-en-Champagne L'Abbaye de Champagne — C.M. n° 60 — Pli n° 12

₩₩₩ NN Marie-Annick et Pierre vous accueillent dans leur ancienne abbaye du XIIᵉ siècle, au centre de leur exploitation agricole. 3 ch. 2 pers. aménagées XVIIIᵉ avec salle de bains et wc privés. Chauffage électrique. Lit suppl. : 60 F Sur place : ferme-auberge, pêche sur 2 étangs, chasse à la journée ou au week-end, ball-trap, location VTT, pédalos. Gare et commerces 10 km. Ouvert toute l'année.

Prix : 2 pers. **270/420 F** pers. sup. **70 F**

10	10	10	0,1	10	10	10

LUZU M. Annick et Pierre – L'Abbaye de Champagne – 72140 Rouez-en-Champagne – Tél. : 43.20.15.74

Saint-Cosme-en-Vairais Les Trois Jours — C.M. n° 60 — Pli n° 14

₩₩₩ NN Geneviève et Pierre vous accueillent dans leur grande maison située à 3 km du Perche. A l'étage : 2 ch. 2 pers. avec salle de bains et wc privés (dont 1 avec téléphone), 2 ch. 2 pers. avec salle d'eau et wc privés. Lit bébé. TV dans chaque chambre. Téléphone sur le palier. Salon de jardin. Portique. Terrain paysager. 4 vélos à disposition. Gare 20 km. Commerces 1 km. Promenades en calèche proposées aux enfants. Golf de Bellême à 15 km. Autoroute 22 km. Ouvert toute l'année. Anglais parlé.

Prix : 2 pers. **190 F**

12	12	1	15	0,1	3	12	12	20	0,5

LESOURD Pierre et Genevieve – Les Trois Jours – 72580 St-Cosme-en-Vairais – Tél. : 43.97.55.59

Saint-Germain-d'Arce Ancien Hotel de la Paix — C.M. n° 64 — Pli n° 3

₩₩₩ NN / TH Ancien presbytère du XIIᵉ siècle. Au 1ᵉʳ étage : 3 ch. (3 lits 2 pers.) avec salle d'eau et wc privés. 2 ch. (4 lits 2 pers.) avec salle d'eau et wc privés. Point-phone à l'étage (juin à septembre). Salle de petits déjeuners. TV. Pêche 1ᵉʳᵉ catégorie à 100 m. Table d'hôtes cuisine familiale. Gare 15 km. Commerces 100 m. Ouvert toute l'année. Taxe de séjour.

Prix : 1 pers. **225 F** 2 pers. **250 F** 3 pers. **325 F**
pers. sup. **75 F** repas 75 F

0,1	10	3	10	15	0,1	18	3	18	0,1

MIGAUD Andre – Ancien Hotel de la Paix – 72800 St-Germain-d'Arce – Tél. : 43.46.03.64 – Fax : 43.46.01.66

Saint-Leonard-des-Bois Le Moulin de l'Inthe — C.M. n° 60 — Pli n° 12

₩₩₩ NN / TH Au cœur des Alpes Mancelles, sur les bords de la Sarthe, le Moulin de l'Inthe vous propose 3 ch. 2 pers., 1 ch. 3 pers. et 1 ch. 4 pers. avec salle de bains et wc privés. Chauffage électrique. Salons avec TV. Pêche sur place. Location VTT. Héli-surface. Gare 18 km. Commerces 200 m. Ouvert toute l'année. Anglais parlé. Table d'hôtes sur réservation.

Prix : 1 pers. **290 F** 2 pers. **300/350 F** 3 pers. **450 F**
pers. sup. **80 F** repas 90/200 F

25	12	0,2	0,1	0,2	0,1	25	0,2	0,1	0,1

ROLLINI Claude – Le Moulin de l'Inthe – 72590 St-Leonard-des-Bois – Tél. : 43.33.79.22

Saint-Paterne Chateau de Saint-Paterne — C.M. n° 60 — Pli n° 13

₩₩₩₩ NN / TH Château du XVᵉ siècle aux portes d'Alençon. 6 chambres avec douche, bain et wc privés. Bibliothèque. Salons. Sur place : bicyclette, ping-pong, croquet. Parc de 15 ha. à la disposition des hôtes. Dîner (vin, café, apéritif). Pour 3 nuits de séjour, 4ᵉ nuit offerte. Gare 2 km. Commerces 100 m. Ouvert toute l'année. Anglais parlé.

Prix : 2 pers. **450/650 F** 3 pers. **750 F** repas 250 F

2	0,2	0,1	3

DE VALBRAY Charles-Henry – Chateau de St Paterne – 72610 St-Paterne – Tél. : 33.27.54.71 – Fax : 33.29.16.71

Saint-Remy-des-Monts Les Terres Noires   C.M. n° 60 — Pli n° 14

♥♥ NN

Nicole et Roland vous accueillent à la ferme, en limite du Perche. 1 ch. d'hôtes indépendante de leur maison, aménagée au rez-de-chaussée dans l'angle de la terrasse, dans une pièce annexe pouvant recevoir 3 ou 4 pers. (1 lit 2 pers. 2 lits 1 pers.), avec salle d'eau et wc privés, coin-cuisine et TV. Grande pelouse. Salon de jardin et cour fermée. Restaurant ou crêperie 3 km. Gare 25 km. Commerces 1 km. Ouvert toute l'année.

Prix : 1 pers. **170 F** 2 pers. **200 F** 3 pers. **250 F**
pers. sup. **60 F**

3	3	3	10	3	28	3	1

JUGLET Roland – Les Terres Noires – 72600 St-Remy-des-Monts – Tél. : 43.97.79.27

Sille-le-Guillaume La Groie   C.M. n° 60 — Pli n° 12

♥♥
(TH)

Louis et Thérèse accueillent leurs hôtes dans 2 chambres aménagées à l'étage de leur ferme restaurée, à proximité du village. 1 ch. (1 lit 2 pers. 1 lit 1 pers.). 1 ch. (1 lit 2 pers. 2 lits 1 pers.). Salle d'eau et wc communs. Salle de séjour avec TV à la disposition des hôtes. Chauffage central. Logement pour chevaux et chevaux sur place. Gare et commerces 1 km. Ouvert toute l'année.

Prix : 2 pers. **190 F** 3 pers. **220 F** pers. sup. **40 F**
repas 60/75 F

1	1	0,5	1	1	0,1	1

LEFEVRE Louis et Therese – La Groie – 72140 Sille-le-Guillaume – Tél. : 43.20.11.91

Solesmes Le Fresne   C.M. n° 64 — Pli n° 2

♥♥♥ NN
(TH)

Marie-Armelle et Pascal Lelievre vous accueillent dans leur ferme à proximité de Solesmes, au cœur de la Vallée de la Sarthe. 3 ch. indépendants, de plain-pied, aménagées dans un bâtiment attenant à la maison d'habitation. 1 ch. (1 lit 2 pers. 2 lits 1 pers.) avec s.d.b. et wc privés. 1 ch. (2 lits 1 pers.) avec s. d'eau et wc privés. 1 ch. avec mezzanine (1 lit 2 pers. 2 lits 1 pers.) avec s. d'eau et wc privés. Ch. élect. Table d'hôtes sur réservation. Prix dégressif à partir de 4 jours. Gare 7 km. Commerces 3 km. Ouvert toute l'année. Anglais et espagnol parlés.

Prix : 2 pers. **230/260 F** pers. sup. **70 F** repas 100 F

15	6	3	15	6	0,2	25	7	7	0,1

LELIEVRE Marie-Armelle et Pascal – Le Fresne – 72300 Solesmes – Tél. : 43.95.92.55 – Fax : 43.95.92.55

Soulitre La Roche Breslay   C.M. n° 60 — Pli n° 14

♥♥♥ NN

A 20 mn du Mans, Maryse et Joël Morin vous invitent à venir partager leur amour des vieilles pierres. Ils vous accueillent dans la demeure qu'ils restaurent avec passion, au cœur de 15 ha. de verdure. R.d.c. : 1 suite au décor personnalisé : 1 ch. 2 pers. avec 1 ch. communicante 1 pers. avec s. d'eau et wc privés, dans la tour. Chauffage central. Calme absolu. Sur place : sentiers pédestres. Restaurants 2 km. Gare 6 km. Commerces 2 km. Anglais et espagnol parlés. Ouvert de Pâques à la Toussaint. RN23 et 157 4 km.

Prix : 1 pers. **200 F** 2 pers. **250 F** 3 pers. **320 F**

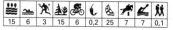

15	10	2	30	5	15	7	0,1

MORIN Maryse et Joel – La Roche Breslay – 72370 Soulitre – Tél. : 43.89.65.72

Thoire-sur-Dinan Le Saut du Loup   C.M. n° 64 — Pli n° 4

♥♥♥ NN
(TH)

A mi-chemin entre le Mans et Tours, Claudine et Jacques Cisse vous accueillent à la lisière de la forêt de Bercé (5500 ha.), région Vallée du Loir. A l'étage : 1 ch. (1 lit 2 pers.), 1 ch. (3 lits 1 pers.), 2 ch. communicantes (4 lits 1 pers.), s. d'eau ou bains, wc, prise TV dans chaque chambre. Ch. élect. R.d.c. : salon à la disposition des hôtes (bibliothèque). Réfrigérateur et prise TV. Téléphone à disposition. Terrasse avec salon de jardin. Taxe de séjour. Table d'hôtes sur réservation avec repas à la table familiale. Sur place : vélos à disposition, circuits pédestres et VTT en forêt. Gare 9 km. Commerces 3 km. Ouvert toute l'année.

Prix : 1 pers. **180 F** 2 pers. **240 F** 3 pers. **310 F**
pers. sup. **70 F** repas 80 F

5	9	3	0,1	5	3	5	5	5	0,1

CISSE Claudine et Jacques – Le Saut du Loup – 72500 Thoire-sur-Dinan – Tél. : 43.79.12.36

Volnay Le Grand Gruet   C.M. n° 64 — Pli n° 4

E.C. NN

A 10 km de Bouloire (R157), sur un ancien domaine, situé sur une hauteur, entouré de bocages et forêts, au calme, maison de maître du XVII° avec ses dépendances. Anne Sournia vous accueille dans un espace arboré et fleuri. « Le Logis de Gessy » comporte au r.d.c. 1 suite avec kitchenette, ch. (1 lit 2 pers.), salon (2 lits 1 pers.), s. d'eau et wc privés. A l'étage : pour une famille de 3 ou 4 pers. : 2 chambres, s. d'eau et wc privés. Prix par chambre de 4 pers. : 450/500 F. Prix dégressif à partir du 2e jour. Gare 20 km. Commerces 1 km. Ouvert toute l'année.

7	7	1	1	0,1	5	1	0,1

EVENO-SOURNIA – Le Grand Gruet – 72440 Volnay – Tél. : 43.35.68.65

CÔTE ATLANTIQUE

Pour réserver, écrire ou téléphoner :

16 - CHARENTE
Gîtes de France
17, place Bouillaud
16021 ANGOULÊME Cedex
Tél. : 45.69.79.19
Fax : 45.38.81.99

17 - CHARENTE-MARITIME
Gîtes de France
22, rue Saint-Yon – B.P. 32
17002 LA ROCHELLE Cedex
Tél. : 46.50.63.63
Fax : 46.50.54.46

33 - GIRONDE
Gîtes de France
21, cours de l'Intendance
33000 BORDEAUX
Tél. : 56.81.54.23
Fax : 56.51.67.13

40 - LANDES
Gîtes de France
Ⓡ Cité Galliane – B.P. 279
40005 MONT-DE-MARSAN Cedex
Tél. : 58.85.44.44
Fax : 58.85.44.45

79 - DEUX-SÈVRES
Gîtes de France
15, rue Thiers – B.P. 290
79002 NIORT Cedex
Tél. : 49.77.15.90
Fax : 49.77.15.94

85 - VENDÉE
Gîtes de France
124, boulevard Aristide-Briand – B.P. 735
85018 LA ROCHE-SUR-YON Cedex
Tél. : 51.62.33.10
Fax : 51.62.15.19

Ⓡ 86 - VIENNE
Loisirs Accueil Vienne
B.P. 3030
86130 JAUNAY-CLAN
Tél. : 49.49.59.59
Fax : 49.49.59.60

3615 Gîtes de France
1,29 F/mn

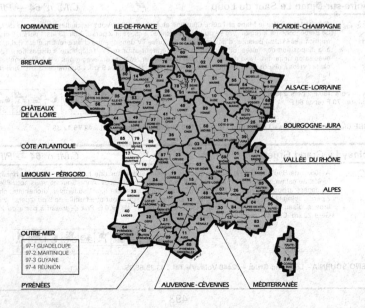

Agris   *C.M. n° 72 — Pli n° 14*

♥♥♥ NN   1 structure familiale composée de 2 chambres d'hôtes avec salle de bains et wc privés à l'ensemble, dans une demeure charentaise située au sein d'un bourg. Lit bébé à disposition. TV coul. Terrasse, parc avec arbres centenaires. Gare et commerces 7 km. A quelques kilomètres de La Rochefoucauld et de son château Renaissance, lieu chaque été d'un son et lumière organisé par les habitants de cette petite cité historique. Forêt de la Braconne à 500 m.

Prix : 1 pers. 160 F 2 pers. 190 F 3 pers. 270 F

⚓	🏃	🚣	🎣	🏇	🎿	🍽
5	3	6	1	1	20	6

DELAHAYE Jean – Le Bourg – 16110 Agris – Tél. : 45.63.91.60

Berneuil Chez-Marquis   *C.M. n° 75 — Pli n° 13*

♥♥♥ NN (TH)   4 ch. d'hôtes avec salle de bains et wc privés. 1 ch. 3 pers. 1 ch. 4 pers. 2 ch. 2 pers. Salle de lecture avec TV à la disposition des hôtes. Lave-linge. Sèche-linge. Salle de jeux (tennis de table, baby-foot et billard gratuits). Location VTT. Jardin. Abri couvert. Terrain. Lac et étang 7 km. Produits fermiers. Ouvert toute l'année. Commerces 14 km. Repas fermiers à la table familiale.

Prix : 1 pers. 160 F 2 pers. 200 F 3 pers. 230 F repas 75 F
1/2 pens. 160 F

⚓	🚣	🎿	🏞	🏇
7	14	7	7	7

ARSICAUD Pierre et Denise – Chez Marquis – 16480 Berneuil – Tél. : 45.78.59.52

Bioussac   *C.M. n° 72 — Pli n° 4*

♥♥♥ NN (TH)   2 chambres d'hôtes dans une ferme charentaise restaurée du XVIe, à la campagne. 1 ch. 2 pers. + 1 structure familiale composée de 2 ch. 2 pers. attenantes. Salle d'eau et wc privés pour chaque ensemble. Jardin, abri couvert. Salle de séjour avec cheminée. Coin-cuisine et réfrigérateur, lave-linge à la disposition des hôtes. Piscine privée non clôturée. Prêt de bicyclettes. Forêt 6 km. Produits biologiques de la ferme sur place. Repas végétarien sur demande. Table d'hôtes sur réservation. Possibilité de canoë et randonnées pédestres. Ouvert de fin mars à début novembre. Anglais parlé.

Prix : 1 pers. 180 F 2 pers. 225 F 3 pers. 290 F repas 75 F
1/2 pens. 185 F

⚓	🚣	🎿	🏞	🏇	🍽
1	SP	7	3	15	2

MOY J.Louis et Christine – La Grande Metairie d'Oyer – 16700 Bioussac – Tél. : 45.31.15.67 – Fax : 45.29.07.28

Birac Les Gilleberts   *C.M. n° 72 — Pli n° 13*

♥♥♥ NN (TH)   4 ch. dans une demeure du XVIIe s. située en pleine campagne sur une propriété viticole (ancien château du XVIIe). 2 ch. 2 pers. (1 avec salon). 1 ch. 3 pers., s.d.b. et wc privés. 1 ch. 2 pers., s. d'eau et wc privés mais non attenants à la ch. (poss. lit bébé 35 F). Ch. central. Séjour, salon avec TV à disposition. Salle de repos avec grande cheminée, jeux. Parc avec salon de jardin et barbecue, portique, jeux d'enfants, pétanque à la disposition des hôtes, location de VTT. Petits déjeuners et dîners sur terrasse ou salle à manger. Escalade 3 km. Table d'hôtes sur réservation. Gare et commerces à 3 km. Ouvert toute l'année.

Prix : 1 pers. 195 F 2 pers. 225/235 F 3 pers. 320 F
pers. sup. 85 F repas 75/95 F 1/2 pens. 180/190 F

⚓	🏃	🚣	🎣	🏞	🏇	🎿	🍽
3	0,8	3	3	15	7	8	3

BOUSSIQUAULT Raymond et Yolande – Domaine des Gilleberts – 16120 Birac – Tél. : 45.97.02.96

Birac Les Petites-Bouries   *C.M. n° 72 — Pli n° 13*

♥♥♥ NN (TH)   1 structure familiale comportant 2 chambres d'hôtes dans une ferme charentaise. 2 ch. 2 pers. avec salle de bains et wc privés. Salon/salle à manger avec TV et cheminée, bibliothèque à la disposition des hôtes. Gare et commerces 4 km. Ouvert toute l'année.

Prix : 1 pers. 170 F 2 pers. 200 F 3 pers. 230 F repas 75 F

⚓	🚣	🏇
3	11	1

BOISSEAU Claude – Les Petites Bouries – 16120 Birac – Tél. : 45.97.00.92

Bonnes   *C.M. n° 75 — Pli n° 3*

♥♥♥ NN   Alt. : 80 m — 5 chambres dans une maison du bourg. 3 chambres 2 pers. avec salle d'eau et wc privés. 1 chambre 2 pers. avec salle de bains et wc privés. 1 chambre 3 pers. + 1 enfant avec salle de bains et wc privés. Salon/salle à manger, cheminée, TV, bibliothèque à disposition des hôtes. Jardin, salon de jardin. Accès à 1 golf, 1 piscine et 1 tennis privé à 8 km. A l'entrée du Périgord Blanc, à quelques kilomètres de la cité d'Aubeterre sur Dronne et de sa célèbre église monolithe. Ouvert toute l'année. Anglais parlé. Gare 11 km. Commerces 3 km.

Prix : 1 pers. 205 F 2 pers. 230/275 F 3 pers. 300 F

⚓	🚣	🎿	🏞	🏇
0,1	10	3	2	12

RANDELL Keith – Le Bourg – 16390 Bonnes – Tél. : 45.98.56.41

Brossac   *C.M. n° 75 — Pli n° 3*

♥ NN   4 chambres d'hôtes dans une maison située dans le village. 1 ch. 2 pers., 2 ch. 3 pers., 1 ch. 4 pers. avec salles d'eau et wc particuliers. Salle de séjour. Commerces sur place.

Prix : 1 pers. 160 F 2 pers. 190 F 3 pers. 250 F

⚓	🚣	🎿	🏞	🏇	🍽
2	2	0,5	2	3	0,5

IZEMBERT Rene et Jacqueline – Place de l'Eglise – 16480 Brossac – Tél. : 45.98.71.50

Chadurie Logis-de-Puy-Fort-Haut   *C.M. n° 72 — Pli n° 13*

♥♥♥ NN   5 ch. d'hôtes à l'étage dans un logis charentais avec piscine privée. 2 ch. 2 pers. avec s. d'eau et wc privés. 1 structure familiale composée de 2 ch. 2 pers. avec s. d'eau et wc privés. 1 ch. 3 pers. avec s.d.b. et wc privés. Salon avec cheminée, jeux et TV à la disposition des hôtes. Jardin, terrasse, bicyclettes, balançoire et ping-pong. Ouvert toute l'année. Gare 20 km. Commerces 8 km. Animations en saison sur place.

Prix : 1 pers. 190 F 2 pers. 210 F 3 pers. 310 F

⚓	🏃	🚣	🎣	🏇	🎿	🍽
5	SP	SP	2	10	22	3

BERGERO Marie-Claude – Le Logis de Puy Fort-Haut – 16250 Chadurie – Tél. : 45.24.80.74

Chassors La Cadois
C.M. n° 72 – Pli n° 12

NN
TH

3 chambres d'hôtes dans un logis saintongeais du XIXe siècle. 2 ch. 2 pers. et 1 ch. 4 pers. avec salle de bains, salle d'eau communes, wc communs. Salle de séjour, salon et TV à la disposition des hôtes. Jardin, terrain de boules et volley. Location VTT et cours de tennis sur place. Logement chevaux sur place. Chasse en saison. Gare 4 km. Mer 80 km. Canoë 4 km. ULM 6 km. Ouvert toute l'année. Anglais et allemand parlés. Musée Mitterrand 4 km.

Prix : 1 pers. **140 F** 2 pers. **170 F** 3 pers. **280 F** repas **80 F**
1/2 pens. **200 F**

4	4	SP	12	10	4

DUQUERROY Guy et Paulette – La Cadois – 16200 Guitres-de-Chassors – Tél. : 45.81.07.07

Cherves-Richemont Logis de Boussac
C.M. n° 72 — Pli n° 12

E.C. NN
TH

2 chambres 2 pers. meublées en mobilier d'époque Louis XIVe et 1er Empire. 1 ch. 2 pers. avec salle de bains et wc privés, 1 ch. 2 pers. avec salle d'eau et wc privés. Salle à manger, salon à disposition des hôtes. Bibliothèque, cheminées. Jardin, piscine privée. Gare et commerces 5 km. Table d'hôtes sur réservation. Ouvert toute l'année. Anglais parlé. Dans un logis du XVIIe siècle classé monument historique, à 5 km de Cognac, cité célèbre pour ses eaux de vie.

Prix : 1 pers. **400 F** 2 pers. **450 F** repas **150 F**

SP	SP	8	0,2	15	SP

MEHAUD Francois – Logis de Boussac – 16100 Cherves-Richemont – Tél. : 45.83.13.01 – Fax : 45.83.21.21

Chillac Touvent
C.M. n° 75

E.C. NN

2 chambres 2 pers. aménagées à l'étage d'une ferme charentaise avec salle d'eau et wc privés. Salle à manger avec cheminée, téléphone, salle de jeux à la disposition des hôtes. Gare 14 km. Commerces 5 km. Ouvert toute l'année.

Prix : 1 pers. **150 F** 2 pers. **200 F** 3 pers. **250 F**

5	14	5	5

DOMINIQUE Jean-Claude – Touvent – 16480 Chillac – Tél. : 45.98.72.25

Chirac Le Porchet
C.M. n° 72 — Pli n° 5

NN
TH

Dans une maison neuve avec bois attenant située dans un hameau, 4 chambres (dont 2 de plain-pied), avec salle d'eau privée et 1 wc pour 2 chambres. 1 chambre 2 pers. et 1 lit enfant. 2 chambres 2 pers. 1 chambre 4 pers. Salon/salle à manger, cheminée, TV, lave-linge à disposition des hôtes. Barbecue, salon de jardin sur terrasse. Ouvert toute l'année. Table de pique-nique sur espace boisé. Etangs aménagés 7 km. Gare 3,5 km. Anglais parlé.

Prix : 1 pers. **150/160 F** 2 pers. **180/200 F** 3 pers. **260 F**
repas **70 F** 1/2 pens. **160 F**

3	3	3,5	3,5	7	12

MENUET Lucette – Le Porchet – 16150 Chirac- – Tél. : 45.89.06.35

Condeon Le Bois-de-Maure
C.M. n° 75 — Pli n° 2

NN
TH

Dans une maison ancienne restaurée. 4 chambres 2 pers. en rez-de-chaussée, avec salle d'eau et wc privés, chauffage central. Entrée indépendante. Jardin clos. Aire de pique-nique. Repas gastronomique à la table familiale. Ouvert toute l'année.

Prix : 1 pers. **150 F** 2 pers. **170 F** 3 pers. **220 F** repas **65 F**

SP	10	3	8	8

TESTARD Guy et Jacqueline – Bois de Maure – 16360 Condeon – Tél. : 45.78.53.15

Confolens
C.M. n° 72 — Pli n° 5

NN

5 ch. d'hôtes dans une maison de style dans un parc en centre ville. 5 chambres 2 pers. dont 2 avec possibilité d'ajouter 1 lit enfant avec salle d'eau et wc privés. Possibilité TV dans les chambres, salon, bibliothèque à la disposition des hôtes. Commerces sur place. Ouvert vacances scolaires uniquement.

Prix : 1 pers. **230 F** 2 pers. **250 F**

SP	SP	SP	SP	0,3

VALEYRE ET LORIETTE Daniel et Nadine – 9 rue du Pont de l'Ecuyer – 16500 Confolens – Tél. : 45.85.32.06

Confolens Mas-Felix
C.M. n° 72 — Pli n° 5

NN

1 structure familiale composée de 2 chambres aménagées dans une maison neuve. 1 ch. 2 pers. et 1 ch. 3 pers. avec 1 salle de bains et wc privés. Salon/salle à manger avec cheminée à la disposition des hôtes. Gare 20 km. Commerces 600 m. Ouvert toute l'année.

Prix : 1 pers. **160 F** 2 pers. **200 F** 3 pers. **260 F**

0,7	1,5	1

BARRY – Mas Felix – 16500 Confolens – Tél. : 45.84.26.14

Ecuras Chez-Cambrai
C.M. n° 72 — Pli n° 15

NN
TH

Alt. : 200 m – 1 chambre (1 lit 2 pers.) avec sa suite (2 lits jumeaux), salle de bains avec baignoire à remous et wc privés. Ch. central. Bibliothèque, TV à la disposition des hôtes. Terrasse, salon de jardin. Piscine privée non surveillée avec badojet. Ping-pong, baby-foot. Gare 20 km. Commerces 6 km. Ouvert toute l'année. Anglais parlé. Accueil chevaux possible. Table d'hôtes sur réservation uniquement. Aux portes du Périgord Vert, vaste ferme Limousine dominant la vallée de la Tardoire, en pleine campagne.

Prix : 1 pers. **250 F** 2 pers. **280 F** 3 pers. **470 F**
repas **70/120 F**

0,5	SP	1	2	4

LEMOINE Jacques – Chez Cambrai – 16220 Ecuras – Tél. : 45.23.25.26 – Fax : 45.23.23.98

Charente
Côte Atlantique

Edon La Croix
C.M. n° 72 — Pli n° 14

⅍⅍ NN
(TH)

3 chambres d'hôtes dans une maison récente en limite de la Dordogne. 1 chambre 4 pers. avec salle d'eau et wc privés, 2 chambres 2 pers. avec salle d'eau et wc privés. Salon, TV à la disposition des hôtes. Commerces 5 km. Gare 20 km. Ouvert toute l'année.

Prix : 1 pers. **150 F** 2 pers. **170 F** 3 pers. **210 F** repas **75 F**

🕯	👫	⛵	🎿	🍴
1,5	SP	SP	2	7

HOMO Bernard – La Croix – 16320 Edon – Tél. : 45.64.75.44

Eraville L'Ajasson
C.M. n° 72 — Pli n° 12

⅍⅍ NN
(TH)

Dans un logis du XIX⁰ siècle, 1 ch. 2 pers. et 1 ch. 2 pers. + 1 lit enfant avec salles d'eau privées. Salon. Bibliothèque, TV, lave-linge. Possibilité table d'hôtes sur demande uniquement. Gare 5 km. Ouvert toute l'année.

Prix : 1 pers. **180/190 F** 2 pers. **190/200 F** 3 pers. **230 F**
repas **65 F**

🕯	👫	🎿	⛵
6	SP	6	6

FILLIOUX Yves – Logis de l'Ajasson – 16120 Eraville – Tél. : 45.97.08.55

Fontenille Les Morices

C.M. n° 72 — Pli n° 3

⅍⅍ NN
(TH)

1 ch. 2 pers. avec douche et wc privés. 1 ch. 3 pers. avec douche privée et wc communs. 1 ch. 3 pers. + 1 lit enfant avec douche/bains privés et wc communs. 1 ch. 2 pers. avec douche privée et wc communs. Salle à manger, salon, TV, bibliothèque et lave-linge à disposition des hôtes. Jardin, salon de jardin. Gare et commerces 6 km. Ouvert toute l'année. Anglais parlé. Dans une ancienne ferme, dans un hameau en pleine nature à proximité de la Charente (1,5 km). 1/2 pension à partir de 3 jours. 10 % de réduction pour des séjours à la semaine. Piscine privée sur place non surveillée.

Prix : 1 pers. **180/205 F** 2 pers. **205/230 F** 3 pers. **245 F**
repas **65 F**

🕯	⛵	🎿	🚲	🎣
2	SP	6	6	15

JOLLEY Christopher et Brenda – Les Morices – 16230 Fontenille – Tél. : 45.20.39.72

Garat La Penotte
C.M. n° 72 — Pli n° 14

⅍⅍ NN
(TH)

4 chambres dans une maison de standing et de plain-pied. 2 ch. 2 pers. avec salles d'eau et wc privés (3 épis NN). 1 ch. 2 pers. avec douche privée et 1 ch. familiale (2 ch. 2 pers.) avec salle d'eau privée. WC communs pour ces 2 chambres. Salle de séjour, salon, TV, bibliothèque, cuisine, véranda à disposition. Parking, barbecue, piscine privée, jeux d'enfants. Terrain de pétanque. Voile 10 km. Table d'hôtes sur réservation uniquement (boisson non comprise). Ouvert du 1er janvier au 30 septembre. Anglais parlé.

Prix : 1 pers. **160/180 F** 2 pers. **200/240 F** 3 pers. **300 F**
repas **50/70 F**

🕯	⛵	🎿	🚲	🐎	🍴
4	SP	2	5	10	2

LIAGRE Bernard et Martine – La Penotte - Route de Bassac – 16410 Garat – Tél. : 45.60.63.46

Grassac

⅍ NN

Alt. : 250 m – 3 chambres d'hôtes de 2 personnes situées en rez-de-chaussée dans le corps d'un ancien bâtiment de ferme. Salle d'eau et wc communs aux 3 chambres. Cour.

Prix : 1 pers. **140 F** 2 pers. **150 F**

🕯	👫	⛵	🎿	🚲
5	SP	5	3	SP

RENOUF Pierre et M.Therese – Beaulieu – 16380 Grassac – Tél. : 45.23.01.34

Hiesse L'Age-Vieille

C.M. n° 72 — Pli n° 5

⅍⅍ NN
(TH)

2 chambres d'hôtes sur une exploitation agricole dans une ferme avec élevage de cervidés. 2 chambres 2 pers. avec salle d'eau et wc privés. Salon, salle à manger. Portique pour enfants. Commerces 10 km. Ouvert du 1er mai au 30 août. Anglais parlé.

Prix : 1 pers. **160 F** 2 pers. **180 F** repas **70 F** 1/2 pens. **155 F**

🐕	🕯	👫	⛵	🎿
	3	SP	10	10

LE BORGNE Jean Claude – L'Age Vieille – 16490 Hiesse – Tél. : 45.89.65.45

Hiesse Les Caillaux
C.M. n° 72 — Pli n° 5

⅍⅍ NN

3 chambres d'hôtes aménagées dans une ancienne ferme limousine, située dans un hameau. 2 ch. 3 pers., 1 ch. 2 pers. avec salle d'eau et wc privés. Salle à manger, salon avec cheminée et TV. Lave-linge à la disposition des hôtes. Terrasse, jardin. Commerces 9 km. Ouvert toute l'année. Anglais parlé.

Prix : 1 pers. **160 F** 2 pers. **200 F** 3 pers. **250 F**

🕯	🎿	🚲	🐎
1	10	4	10

WALTON – Les Caillaux – 16490 Hiesse – Tél. : 45.89.62.97

Jarnac
C.M. n° 72 — Pli n° 2

⅍ NN
(TH)

1 structure familiale composée de 2 chambres à l'étage d'un moulin sur la Charente. 2 ch. 2 pers. avec sanitaires communs. Salon/salle à manger avec cheminée, bibliothèque. Lave-linge à la disposition des hôtes. Terrasse. Gare 1 km. Ouvert toute l'année.

Prix : 1 pers. **200 F** 2 pers. **250 F** 3 pers. **300 F** repas **90 F**
1/2 pens. **290 F** pens. **350 F**

🕯	⛵	🎿	🚲
SP	0,1	1	0,3

DES PREAUX – Chaussee des Moulins – 16200 Jarnac – Tél. : 45.36.54.30

Lachaise   *C.M. n° 72 — Pli n° 12*

♥♥♥ NN (TH) 2 chambres d'hôtes à l'étage dans une maison charentaise rénovée avec salle d'eau et wc privés. 1 ch. 2 pers., 1 ch. 3 pers., lit enfant sur demande. Salon, cheminée, TV à la disposition des hôtes. Jardin, portique, bicyclettes. Ouvert toute l'année. Anglais parlé.

Prix : 1 pers. **185 F** 2 pers. **230 F** 3 pers. **260 F** repas **85 F**

🔥	🏊	🎿	⛷
5	6	6	7

FROUIN Jean et Jeanne-Marie – Chez Massias – 16300 Lachaise – Tél. : 45.78.09.16

Lessac Le Pit   *C.M. n° 72 — Pli n° 5*

♥ NN (TH) 3 chambres d'hôtes. 1 ch. 2 pers. 1 ch. 4 pers., dans les dépendances d'une ferme. Salle d'eau et wc communs. 1 ch. 3 pers., salle de bains et wc privés. Salon/salle à manger, cheminée, lave-linge, sèche-linge et cuisine à disposition. TV. Jardin, plan d'eau, portique, bicyclettes sur place. 1 ch. 3 épis NN. Commerces 5 km. Ouvert toute l'année. Anglais parlé. Visite de l'élevage de cervidés, d'autruches et de lamas.

Prix : 1 pers. **160 F** 2 pers. **200/250 F** 3 pers. **300/320 F** repas **80 F**

🔥	👥	🏊	🎿	🐴
SP	SP	4,5	0,5	1

EVERITT Helene – Le Pit - D.168 – 16500 Lessac – Tél. : 45.84.27.65 – Fax : 45.85.41.34

Lessac Domaine-de-Fo   *C.M. n° 72 — Pli n° 5*

E.C. NN (TH) 5 ch. d'hôtes aménagées sous les combles d'une maison bourgeoise, sur un domaine équestre avec étang privé. 3 ch. 2 pers. dont 1 avec 1 lit enfant avec salle d'eau et wc privés, 1 ch. 1 pers. avec salle d'eau et wc privés. Salon/salle à manger avec cheminée, TV, bibliothèque. Lave-linge à la disposition des hôtes. Jardin avec portique. Location et accueil chevaux. Table d'hôte sur réservation. Commerces 6 km. Ouvert toute l'année. Anglais parlé. Table d'hôtes sur réservation.

Prix : 1 pers. **140/180 F** 2 pers. **210 F** 3 pers. **250 F** repas **70 F**

🔥	🏊	🎿	⛷	🐴
SP	6	6	SP	SP

GIBERT Guillaume – Domaine de Fo – 16500 Lessac – Tél. : 45.84.11.90 – Fax : 45.84.13.02

Lignieres-Sonneville   *C.M. n° 72 — Pli n° 12*

♥♥♥ NN (TH) Dans un logis charentais, 1 ch. (3 pers.), salle d'eau et wc privés, 1 structure familiale composée de 2 ch. 2 pers. chacune, salle d'eau et wc privés à l'ensemble. Salon/salle à manger, cheminée, pièce aménagée en cuisine avec coin-repas à la disposition des hôtes. Terrasse, parc, portique pour enfants, bicyclettes, squash 1,5 km. Table d'hôtes sur réservation. Gare 12 km. Commerces 1,5 km. Ouvert toute l'année. Vente de pineau, cognac, confit et foie gras.

Prix : 1 pers. **175 F** 2 pers. **210 F** 3 pers. **240 F** repas **60 F**

🔥	👥	🏊	🎿	🐴	🚴	🍽
1,5	SP	12	1,5	10	20	11

MATIGNON Roland – Les Collinauds – 16130 Lignieres-Sonneville – Tél. : 45.80.51.23

Louzac-Saint-Andre Chez-Les-Rois   *C.M. n° 72 — Pli n° 11*

♥♥♥ NN 3 chambres d'hôtes dans une maison charentaise rénovée dans un petit village. 1 ch. 2 pers. (2 épis NN) avec salle de bains et wc communs, 1 ch. 3 pers. avec salle d'eau et wc privés. 1 ch. 2 pers. avec salle d'eau et wc privés. Salon avec cheminée et TV à la disposition des hôtes. Portique. Gare de Cognac et commerces à 7 km. Ouvert toute l'année.

Prix : 1 pers. **130/180 F** 2 pers. **160/215 F** 3 pers. **250 F**

🔥	👥	🏊	🎿	🐴	🚴
5	SP	7	1	4	12

DESRENTES Genevieve – Chez Les Rois – 16100 Louzac-Saint-Andre – Tél. : 45.82.16.04

Luxe Les Vignauds   *C.M. n° 72 — Pli n° 3*

♥♥♥ NN (TH) 3 ch. 2 pers. et 2 ch. 2 pers. + 1 lit enfant, salle de bains et wc privés dans ferme restaurée. Salle de séjour, salon, télévision, bibliothèque. Portique, billard anglais, baby-foot, réfrigérateur et lave-linge à disposition des hôtes. Parking, abri voiture. Tennis de table. piscine privée non surveillée. Terrasse, cuisine pour pique-nique et repas de midi. Jardin d'agrément. VTT à la disposition des hôtes. Gare 500 m. Ouvert toute l'année. Pétanque.

Prix : 1 pers. **250 F** 2 pers. **275 F** 3 pers. **310 F** repas **80 F** 1/2 pens. **210 F**

🔥	👥	🏊	🎿	🚣	🐴	🍽	⛵
0,5	SP	SP	0,5	2	6	1	6

RICHARD Christian et Lucette – Luxe-Bourg – 16230 Luxe – Tél. : 45.39.01.47

Marillac-le-Franc   *C.M. n° 72 — Pli n° 14*

♥♥ NN 1 structure familiale composée de 2 chambres 2 pers. avec salle de bains et wc réservés à l'ensemble, 1 chambre (1 lit 2 pers.), 1 chambre (2 lits 1 pers. + 1 lit enfant). Salon, TV, cheminée et bibliothèque à disposition des hôtes. Jardin clos. Gare et commerces 4 km. Ouvert d'avril à octobre. Anglais parlé. Au cœur d'un petit village à quelques kilomètres de La Rochefoucauld et de son château, lieu d'un « son et lumières » chaque été.

Prix : 1 pers. **150 F** 2 pers. **200 F** 3 pers. **250 F**

🐕	🔥	🏊	🎿	⛷	🐴	🚴
4	4	4	8	11	13

BADGER Peter et Julia – Place de l'Eglise – 16110 Marillac-le-Franc – Tél. : 45.62.15.38

Moutardon Braillicq   *C.M. n° 72 — Pli n° 4*

E.C. NN (TH) Alt. : 105 m — 1 structure familiale composée de 2 chambres 2 pers. avec salle de bains et wc privés à l'ensemble. Salon avec cheminée, TV à disposition des hôtes. Lave-linge. Promenades sur place et découverte du patrimoine. Gare et commerces 12 km. Ouvert du 15 mars au 31 octobre. Ancienne ferme charentaise dans un hameau à proximité d'une petite rivière. Table d'hôtes sur résa.

Prix : 1 pers. **150 F** 2 pers. **200 F** 3 pers. **260 F** repas **70 F**

🐕	🔥	🎿	⛷	🏊
6	12	6	8

LEPROUX Francoise – Braillicq – 16700 Moutardon – Tél. : 45.31.91.97

Orgedeuil   *C.M. n° 72 — Pli n° 15*

✹✹✹ NN   Alt. : 180 m — Dans une maison limousine, 1 structure familiale composée de 2 ch. 2 pers. avec salle d'eau et wc privés. Petit séjour à la disposition des hôtes. Possibilité de lavage de linge. Jardin avec pelouse, salon de jardin. Gare 15 km. Commerces 2,5 km. Ouvert du 1er avril au 30 novembre. Anglais parlé. Sur les premières pentes du Limousin, dans la vallée de la Toudoire, à quelques kilomètres de la Rochefoucauld et de son château, lieu chaque été d'un son et lumières.

Prix : 1 pers. **180 F** 2 pers. **200/240 F** 3 pers. **300 F**

👤	🏊	🎿	🧍	🎣
2	2,5	2,5	7	2,5

HUGUES Michael – Le Bourg – 16220 Orgedeuil – Tél. : 45.70.80.26

Passirac Le Chatelard   *C.M. n° 75 — Pli n° 3*

E.C. NN   (TH)   Alt. : 120 m — 1 chambre 2 pers. et 1 chambre 2 pers. + 1 lit enfant avec salle de bains privée et wc communs, 1 chambre 2 pers. avec salle d'eau privée et wc communs. Salon, salle à manger, cheminée, bibliothèque, TV, téléphone et lave-linge à disposition des hôtes. 4 bicyclettes. Gare et commerces à 12 km. Ouvert toute l'année. Espagnol, anglais et allemand parlés. Dans un château du XIXe siècle entouré d'un vaste parc de 120 ha. avec étang.

Prix : 1 pers. **200 F** 2 pers. **250 F** repas **65 F**

👤	🏊	🎿	⛵	🏇
SP	12	2	2	2

DE CASTELBAJAC Beatrice – Le Chatelard – 16480 Passirac – Tél. : 45.98.71.03

Perignac La Fenetre   *C.M. n° 72 — Pli n° 13*

✹ NN   (TH)   4 chambres d'hôtes dans une ferme rénovée, isolée. 2 ch. 2 pers., 1 ch. 3 pers. et 1 ch. 4 pers. avec salles d'eau communes. Salle de séjour, TV, cheminée, salle de jeux, bibliothèque, lave-linge à la disposition des hôtes. Parking. Jeux pour enfants sur place. Etang sur l'exploitation, promenades en calèche, poneys pour promenade, pêche, barque. Repas à la table familiale à partir de produits fermiers. Ouvert toute l'année. - 10 % pour séjour à la semaine.

Prix : 1 pers. **170 F** 2 pers. **185 F** 3 pers. **265 F** repas **70 F**
1/2 pens. **245 F**

👤	🧍🧍	🎿
SP	SP	5

RENAULT Constant et Marie – La Fenetre – 16250 Perignac-de-Blanzac – Tél. : 45.24.81.25

Les Pins Le Soudet   *C.M. n° 72 — Pli n° 14*

E.C. NN   (TH)   Alt. : 110 m — 3 chambres 2 pers. et 2 chambres 2 pers. avec salle d'eau et wc privés. Salon/salle à manger et coin-cuisine à disposition des hôtes. TV, téléphone et lave-linge. Portique, parc et jardin. Gare et commerces 8 km. Ouvert toute l'année. Dans un logis charentais à 30 km d'Angoulême, au cœur de la Charente Limousine.

Prix : 1 pers. **180 F** 2 pers. **200 F** repas **80 F**

🐕	👤	🏊	🎿	🏇
0,2	8	9	5	

NICOU Gisèle – Le Soudet – 16260 Les Pins – Tél. : 45.39.56.31

Roullet Romainville   *C.M. n° 72 — Pli n° 13*

✹✹✹ NN   (TH)   4 chambres d'hôtes dans un logis charentais à 2 km du village. 1 ch. 2 pers. + 1 lit enfant. 1 ch. 3 pers. avec salles d'eau et wc privés. 1 ch. familiale : 2 ch., salle de bains et wc privés à l'ensemble. Salon, cheminée, TV, lave-linge, bibliothèque. Grande terrasse avec panorama. Barbecue et salle à manger d'été, jardin ombragé. Enfant moins de 2 ans : gratuit. Table d'hôtes sur réservation. Anglais et italien parlés. Ouvert toute l'année. Gare 12 km. Piscine privée non surveillée, bicyclette.

Prix : 1 pers. **250 F** 2 pers. **280 F** 3 pers. **350 F** repas **100 F**

👤	🏊	🎿	⛵	🏇	🍽
3	SP	2	12	1	

QUILLET Francine – Romainville – 16440 Roullet – Tél. : 45.66.32.56 – Fax : 45.66.46.89

Saint-Adjutory La Grenouille   *C.M. n° 72 — Pli n° 14/15*

✹✹✹ NN   Alt. : 200 m — Dans une ancienne grange limousine, 2 chambres avec salon/salle à manger. 2 ch. 2 pers. avec salle d'eau et wc privés. Kitchenette, lingerie et TV à disposition des hôtes. Lave-linge. Jardin, terrasse, bois, piscine privée non surveillée, portique, bicyclettes, abonnement au tennis. Gare et commerces à 10 km. Ouvert toute l'année. Anglais, allemand, italien parlés. A l'orée d'un bois, dans une ferme, lieu d'un élevage de chevaux sur les premières pentes du Limousin. Possibilité accueil de chevaux. Réductions hors période estivale.

Prix : 1 pers. **200 F** 2 pers. **300 F** 3 pers. **330 F**

🐕	👤	🏊	🎿	⛵	🏇	🍽
1	SP	5	20	15	12	1

CASPER Sylviane – La Grenouille – 16310 Saint-Adjutory – Tél. : 45.62.00.34

Saint-Fort-sur-le-Ne   *C.M. n° 72 — Pli n° 12*

✹ NN   2 chambres dans une maison ancienne, dans un village. 1 ch. 2 pers. et 1 ch. 3 pers., salle de bains et wc communs. Salon, salle à manger, TV, jardin. Gare 10 km.

Prix : 1 pers. **130 F** 2 pers. **160 F** 3 pers. **195 F**

🐕	👤	🏊	🎿	🏇	🎣	🍽
0,5	5	5	5	15	0,5	

BARREAU Michel – Saint-Fort Sur le Ne – Route de l'Eglise – 16130 Segonzac – Tél. : 45.83.03.49

Saint-Maurice-des-Lions Lesterie   *C.M. n° 72 — Pli n° 5*

E.C. NN   (TH)   4 chambres d'hôtes à l'étage d'une villa du XIXe, au sein d'un parc. 2 ch. 2 pers. avec salle d'eau privée et wc communs, 1 ch. 2 pers. avec salle d'eau et wc communs (poss. lit enfant). 1 ch. (2 pers.), salle de bains et wc privés. Salle à manger, salon (TV), bibliothèque à dispo. des hôtes. Etang privé. Commerces 2 km. Ouvert toute l'année. Anglais parlé. Table d'hôtes sur réservation.

Prix : 1 pers. **120 F** 2 pers. **180 F** repas **80 F**

👤	🏊	🎿	🏇
SP	6	2	12	4

HOARE – Lesterie – 16500 Saint-Maurice-des-Lions – Tél. : 45.84.18.33 – Fax : 45.84.01.45

Saint-Palais-sur-le-Ne
C.M. n° 72 — Pli n° 12

♥♥♥ NN
(TH)

2 chambres 2 pers. (1 avec 1 lit 2 pers. 1 avec 2 lits jumeaux), salle de bains et wc privés. 1 chambre 2 pers. + 1 enfant avec salle d'eau et wc privés. Salon, TV, cheminée, bibliothèque et lave-linge à disposition des hôtes. Jardin d'agrément avec piscine privée non surveillée avec SPA, portique, barbecue. Gare 20 km. Commerces 3 km. Table d'hôtes sur réservation. Ouvert toute l'année. Au cœur du vignoble de Cognac dans un logis charentais de 1835.

Prix : 1 pers. **320 F** 2 pers. **350 F** repas **100 F**

🐕	🛁	⛷	🏌	🎣
1	SP	3	13	22

FEITO Geneviève – Le Bourg – 16300 Saint-Palais-sur-le-Ne – Tél. : 45.78.71.64

Saint-Projet L'Age Baston
C.M. n° 72 — Pli n° 14

E.C. NN
(TH)

1 chambre 2 pers. avec salle de bains et wc privés et 1 chambre 4 pers. avec salle d'eau et wc privés. Salon, salle à manger, TV, téléphone, cheminée, bibliothèque et lave-linge à disposition des hôtes. Parc, terrasse et bois. Gare et commerces 2 km. Ouvert toute l'année. Anglais parlé. Dans un logis des XVII°, XVIII° et XIX° siècles, sur une propriété de 9 ha. dominant la vallée de la Tardoire, à 2 km de La Rochefoucauld, cité célèbre par son château, lieu d'un spectacle « son et lumières » chaque été.

Prix : 1 pers. **200 F** 2 pers. **250 F** 3 pers. **300 F** repas **80 F**
1/2 pens. **280 F** pens. **325 F**

	🚶	🛁	⛷	🚣	🐢	🏌	🎣
	0,5	2,5	2,5	25	4	18	15

WADDINGTON John – L'Age Baston – 16110 Saint-Projet – Tél. : 45.63.53.07

Saint-Romain Les Vignes-et-le-Mondoux
C.M. n° 75 — Pli n° 3

♥♥♥ NN

4 chambres dans un logis en limite du Périgord sur une exploitation viticole, avec un parc ombragé. 2 chambres 2 pers. avec salle de bains et wc privés. 2 chambres 2 pers. avec salle d'eau et wc privés. Possibilité lit supplémentaire. Salon avec cheminée, TV, salle de jeux, bibliothèque à la disposition des hôtes. Location vélos sur place. Commerces 2 km. Practice de golf sur place. Anglais et espagnol parlés. Ouvert de Pâques à octobre.

Prix : 1 pers. **190 F** 2 pers. **225/270 F** 3 pers. **315/360 F**

🐕	🚶	🛁	⛷	🚣	🍽
3	SP	7	0,2	2	0,3

CABROL Willy – Domaine Les Vignes le Mondoux – 16210 Saint-Romain – Tél. : 45.98.58.37

Saint-Vallier
C.M. n° 75 — Pli n° 5

♥ NN

3 ch. dans un beau logis du XVII° siècle. 2 ch. 2 pers. + 1 lit enfant et 1 ch. 3 pers avec salle d'eau et wc communs. Salle de séjour, salon, bibliothèque, portique, parking. Parc entouré de bois, promenade, rivière et étang de pêche. Animaux admis, mais prévenir. Gare 10 km. Commerces 5 km. Ouvert de Pâques à la Toussaint.

Prix : 1 pers. **125 F** 2 pers. **155 F** 3 pers. **200 F**

🐕	🚶	🛁	⛷	🚣	🐢	🍽
5	SP	7	5	5	5	5

BERGEON Jean et Henriette – Le Logis - Saint-Vallier – 16480 Brossac – Tél. : 45.98.72.44

Salles-d'Angles Le Chiron

C.M. n° 72 — Pli n° 12

♥ NN
(TH)

Alt. : 100 m — 5 chambres d'hôtes dans une maison bourgeoise de la fin du XIX°, dans un hameau. 3 ch. 2 pers. avec salle d'eau et wc communs. 2 ch. 3 pers. avec salle d'eau privée et wc communs. Salle de séjour, salon avec cheminée, TV. Parking, VTT. Gare et commerces 10 km. Ouvert toute l'année. Réduction de 10 % pour 3 nuits ou plus. Week-end distillation du 15 novembre au 15 mars. A 10 kilomètres de Cognac, cité célèbre pour ses eaux de vie.

Prix : 1 pers. **120/150 F** 2 pers. **170/200 F** 3 pers. **250 F**
repas **70 F**

🐕	🛁	⛷	🏌	🎣
0,5	10	3	5	15

CHAINIER Jacky et Micheline – Le Chiron – 16130 Salles-d'Angles – Tél. : 45.83.72.79 – Fax : 45.83.64.80

Segonzac Chez-Bilhouet
C.M. n° 72 — Pli n° 11

♥♥

5 chambres dans une ferme viticole, au cœur du vignoble de Cognac. 1 ch. 2 pers., 1 ch. 4 pers. avec s.d.b. et wc communs. 1 ch. 2 pers. avec salle d'eau privée et wc communs. 1 ch. 2 pers. avec salle d'eau et wc privés. 1 ch. 4 pers. avec s.d.b. et wc privés. Cuisine. Garage, terrain, jardin, salle de jeux, piscine privée sur place entre le 01/06 et le 15/09. Forêt 2 km. Ventes de produits fermiers sur place. Gare de Jarnac 10 km. Ouvert toute l'année.

Prix : 1 pers. **140/240 F** 2 pers. **160/260 F** 3 pers. **230/300 F**

🐕	🚶	🛁	🚣	🏌	🍽
8	SP	SP	8	1	2

MARCADIER Serge – Chez Bilhouet – 16130 Segonzac – Tél. : 45.83.41.18 ou 45.83.46.28

Sonneville La Fuie
C.M. n° 72 — Pli n° 12

♥♥ NN
(TH)

2 chambres d'hôtes sur une exploitation agricole à l'entrée du vignoble du Cognac. 1 chambre 3 pers. avec salle d'eau et wc privés. 1 chambre 4 pers. avec salle d'eau et wc privés. Salon/salle à manger. Jardin. Commerces 4 km. Anglais parlé. Ouvert d'avril à septembre.

Prix : 1 pers. **160 F** 2 pers. **190 F** 3 pers. **220 F**
repas **95/120 F**

🚶	🛁	🏌	🎣
3	4	4	8	20

PENICAUD Joel – La Fuie – 16170 Sonneville – Tél. : 45.96.88.76

Soyaux Montboulard
C.M. n° 72 — Pli n° 14

♥♥♥ NN
(TH)

Alt. : 110 m — 4 chambres 2 pers. avec salle d'eau et wc privés (dont 1 ch. de style Louis XV), 1 ch. 4 pers. avec salle d'eau et wc privés. Parking, parc. Balades en calèche. Coin pique-nique avec barbecue à disposition des hôtes. Jeux pour enfants. Piscine privée non surveillée (en commun avec des gîtes). Parcours VTT. Sentiers de randonnées. Aux portes d'Angoulême, dans un logis du XV° restauré au milieu des bois. Table d'hôtes sur réservation hors-saison.

Prix : 1 pers. **220/350 F** 2 pers. **260/400 F** 3 pers. **310 F**
repas **95 F** 1/2 pens. **250 F**

🐕	🛁	⛷	🏌	🎣	🏊
5	SP	5	5	5	5

MADIGOUT Andre et BLANCHON Jeannette – Logis de Montboulard – 16800 Soyaux – Tél. : 45.92.07.35

Suaux L'Age   *C.M. n° 72 — Pli n° 15*

✿✿✿ NN   2 chambres d'hôtes dans l'annexe de la maison du propriétaire. 1 chambre 2 pers. avec salle d'eau et wc privés. 1 chambre 4 pers. avec salle d'eau et wc privés. Salon, lave-linge à disposition des hôtes. Jardin, terrasse. Piscine sur place. Gare et commerces à 3,5 km. Ouvert de Pâques à la Toussaint, le reste de l'année sur réservation. Anglais et allemand parlés. Sur la route du Limousin, à 15 km du plan d'eau de Lavaud, vaste retenue aménagée pour la baignade et les activités nautiques.

Prix : 1 pers. **220 F** 2 pers. **250 F** 3 pers. **300 F**

	7	SP	SP	8	15	15	3,5

DUJONCQUOY – L'Age – 16260 Suaux – Tél. : 45.71.19.36

Suaux Brassac   *C.M. n° 72 — Pli n° 15*

✿✿✿ NN   (TH)   1 structure familiale composée de 2 chambres dans un logis de la fin du XVIe siècle. 1 ch. 2 pers. et 1 lit enfant, 1 ch. 1 pers. avec salle d'eau et wc privés. Salle à manger (cheminée), bibliothèque et TV à dispo. des hôtes. Gare et commerces 7 km. Ouvert du 15 juin au 15 septembre. Parc (arbres séculaires), très belle vue.

Prix : 1 pers. **150 F** 2 pers. **250 F** 3 pers. **300 F** repas **100 F**

10	7	7

SAUZET Paule – Brassac – 16260 Suaux – Tél. : 45.71.12.61

Trois-Palis La Breuillerie   *C.M. n° 72 — Pli n° 13*

✿✿✿ NN   Alt. : 90 m — 1 chambre 3 pers. avec salle de bains et wc privés non attenants, 1 structure familiale composée de 2 chambres (1 ch. 3 pers., 1 ch. 2 pers.), salle d'eau et wc communs. TV dans les chambres. Garage, parking, parc et bicyclettes. Gare 9 km, commerces 6 km. Ouvert toute l'année. Anglais et espagnol parlés. Aux portes d'Angoulême, dans un logis charentais des XVIIe et XIXe siècles à 500 m de la Charente.

Prix : 1 pers. **180/220 F** 2 pers. **200/250 F** 3 pers. **300 F**

0,5	9	9	9	9	9

BOUCHARD Christiane – La Breuillerie – 16370 Trois-Palis – Tél. : 45.91.05.37

Tusson   *C.M. n° 72 — Pli n° 3*

✿✿✿ NN   (TH)   1 structure composée de 2 chambres d'hôtes, dans une maison située au sein d'un joli petit bourg. 2 ch. 2 pers. avec 1 salle d'eau et wc privés. Salle à manger avec cheminée et TV. Lave-linge à la disposition des hôtes. Terrasse. Gare 15 km. Commerces 6,5 km. Ouvert toute l'année.

Prix : 1 pers. **160 F** 2 pers. **190 F** 3 pers. **280 F** repas **60 F**

6	15	7	15	10

GAUDIN – Place de la Mairie – 16140 Tusson – Tél. : 45.31.72.16

Valence   *C.M. n° 72 — Pli n° 4*

✿✿ NN   1 structure familiale composée de 2 ch. 2 pers. avec salle de bains et wc privés à l'ensemble, dans une maison charentaise dans un bourg rural. Accès indépendant. Salon/salle à manger. Chauffage central. Cuisine, lave-linge à la disposition des hôtes. Jardin fleuri clos avec salon de jardin, tables de pique-nique, barbecue. Garage. Ouvert toute l'année. Gare 20 km. 1/2 tarif pour enfant - 12 ans.

Prix : 1 pers. **150 F** 2 pers. **170 F**

0,2	10	5	2	0,3

BRIMAUD Guy – Le Bourg – 16460 Valence – Tél. : 45.39.27.10

Verrieres La Chambre   *C.M. n° 72 — Pli n° 12*

✿✿✿ NN   5 chambres d'hôtes sur une exploitation viticole au cœur du vignoble de Cognac. 2 ch. 3 pers., 2 ch. 2 pers. et 1 ch. 5 pers. avec salle d'eau et wc privés. Salon avec télévision. Pièce aménagée avec coin-repas pour les hôtes. Vente de produits fermiers (pineau et cognac). Possibilité lit enfant. Gare 15 km. Commerces 7 km. Ouvert toute l'année. Anglais parlé.

Prix : 1 pers. **150 F** 2 pers. **220 F** 3 pers. **290 F**

2	4	4	8	18	5

GEFFARD Henri et Monique – La Chambre – 16130 Verrieres – Tél. : 45.83.02.74 – Fax : 45.83.01.82

Villebois-Lavalette Les Roches   *C.M. n° 72 — Pli n° 14*

✿✿ NN   4 chambres d'hôtes dans une maison récente située à l'entrée d'un bourg rural. 1 chambre 1 pers. et 2 chambres 2 pers. avec salles d'eau privées et wc communs. 1 chambre 4 pers avec salle de bains privée et wc communs. Salle à manger, salon, cheminée, TV, lave-linge, bibliothèque à disposition des hôtes. Portique, jardin et terrasse. Commerces 500 m. Aux portes du Périgord, à l'entrée du bourg de Villebois Lavallette, cité connue par son château des XII et XVIIe siècles et ses halles du XVIIe siècle.

Prix : 1 pers. **195 F** 2 pers. **215 F** 3 pers. **300 F**

3	SP	5	1	8	0,5

LANGLOIS J.P. et M. Madeleine – Les Roches – 16320 Villebois-Lavalette – Tél. : 45.64.71.64

Villefagnan La Cantinoliere   *C.M. n° 72 — Pli n° 3*

E.C. NN   (TH)   Alt. : 90 m — Structure familiale composée de 2 chambres : 1 chambre 3 pers., 1 chambre 2 pers. avec salle d'eau et wc privés à l'ensemble. Salon avec TV, téléphone à disposition des hôtes. Parc et portique. Gare 10 km, commerces 200 m. Dans un logis du XIXe entouré d'un parc entouré d'une enceinte du XVe. Ouvert toute l'année. Anglais parlé. Table d'hôtes sur réservation.

Prix : 1 pers. **200 F** 2 pers. **250 F** 3 pers. **300 F** repas **75 F**

1	10	0,5	1	0,5	

MAILLOCHAUD Jeanne – La Cantinoliere – 16240 Villefagnan – Tél. : 45.31.60.81

Vindelle Gratte-Lots   *C.M. n° 72 — Pli n° 13*

E.C. NN 1 structure familiale pour 4 pers. comportant 2 ch. et 1 ch. 2 pers. avec salle d'eau et wc privés, dans une maison neuve entourée d'un parc. Salon, salle à manger. Parc boisé, tennis, portique. Gare 6 km. Commerces 5 km. Ouvert toute l'année. Anglais parlé. Garage. A 10 km d'Angoulême, sur un coteau dominant la Charente.

Prix : 1 pers. **170 F** 2 pers. **200 F** 3 pers. **250 F**

0,5	6	SP	4	9	

BAZECK Edouard-Francois – Gratte-Lots - Cidex 314 – 16430 Vindelle – Tél. : 45.21.42.13

Vitrac-Saint-Vincent   *C.M. n° 72 — Pli n° 15*

NN (TH) 4 chambres d'hôtes dans une maison située dans le bourg au bord d'un ruisseau. 2 ch. 3 pers. avec salle d'eau privée et wc communs. 2 ch. 2 pers. avec salle d'eau privée et wc communs. Salon, salle à manger avec poêle, bibliothèque, lave-linge à la disposition des hôtes. Salle de jeux. Plan d'eau de Lavaud (plages, sports nautiques) 15 km. Anglais et allemand parlés. Gare et commerces 5 km. Ouvert toute l'année.

Prix : 1 pers. **170 F** 2 pers. **200 F** 3 pers. **240 F** repas **65 F**

SP	5	SP	1	7	10

FULLER-LOVE Heidi – La Lainerie – 16310 Vitrac-Saint-Vincent – Tél. : 45.39.50.98

Vouzan Les Granges   *C.M. n° 72 — Pli n° 14*

NN Alt. : 175 m — Au rez-de-chaussée, dans une ancienne ferme du XVIIIe meublée en ancien, entourée d'un parc au grand calme, 2 chambres d'hôtes : 1 chambre 4 pers. dans un logis (1 lit 2 pers. 2 lits 1 pers.), salle d'eau et wc privés, 1 chambre 3 pers. avec loggia, salle d'eau et wc privés, dans une petite maison avec accès indépendant. Terrasses aménagées et ombragées. Parking ombragé et clos dans la cour. Tarif enfant : 65 F. Ping-pong. Jeux de société. Initiation à la peinture, voile 16 km. Aux environs : archéologie, grottes, sources, art roman. Gastronomie périgourdine. Randonnées.

Prix : 1 pers. **210/230 F** 2 pers. **240/270 F** 3 pers. **310/330 F** pers. sup. **65 F**

5	SP	12	2	16	10	16	2

LEMOUEE Louise – Les Granges de Vouzan – 16410 Vouzan – Tél. : 45.24.94.61

Charente-Maritime

Antezant-la-Chapelle Les Moulins   *C.M. n° 71 — Pli n° 3*

NN (TH) 1 chambre et 1 chambre familiale à l'étage d'une maison de caractère. Ch. 1 (2 lits 1 pers.), s. d'eau/wc privés. Ch. familiale (1 ch. 2 lits 1 pers. 1 ch. 1 lit 2 pers.), s.d.b. et wc privés. Lit bébé à dispo. Séjour, salon, biblio., TV, cheminée. Grand parc clos ombragé avec rivière. Gare et commerces à 7 km. Ouvert toute l'année sauf vacances de Noël. A 7 km, Saint-Jean-d'Angély : ville historique. Eglise romane d'Aulnay à 9 km. Château de Dampierre sur Boutonne à 12 km. Proximité de Saintes, Cognac, Marais Poitevin et La Rochelle.

Prix : 1 pers. **200 F** 2 pers. **250 F** 3 pers. **330 F** pers. sup. **65 F** repas **85 F**

50	7	SP	SP	7	30	7

FALLELOUR Pierre – Les Moulins - 10, rue de Maurencon – 17400 Antezant-la-Chapelle – Tél. : 46.59.94.52

Antezant-la-Chapelle Les Hermitants   *C.M. n° 71 — Pli n° 3*

NN (TH) Chambres aménagées au 1er étage de la maison du propriétaire. 2 chambres. Ch. 1 familiale avec salle d'eau et wc privés (2 ch. 1 lit 2 pers. chacune). Ch. 2 avec salle d'eau et wc privés (1 lit 2 pers. 1 lit 1 pers.). Possibilité 1 lit d'appoint. Séjour/salon, TV. Cour et coin-pelouse, meubles de jardin, balançoire. Gare et commerces à 7 km. Ouvert toute l'année. A 7 km, Saint-jean-d'Angély : ville historique. Eglise romane d'Aulnay à 9 km. Château de Dampierre sur Boutonne à 12 km. Proximité de Saintes, Cognac, Marais Poitevin et La Rochelle.

Prix : 1 pers. **170 F** 2 pers. **210/270 F** 3 pers. **280 F** pers. sup. **50 F** repas **80 F**

50	7	1	SP	5	30	7

DUFOUR Martine et J.Marie – 10, Allee Joseph de Bonne Gens - Les Hermitants – 17400 Antezant-la-Chapelle – Tél. : 46.59.97.50

Aulnay-de-Saintonge   *C.M. n° 71 — Pli n° 3*

NN Dans le village, chambre d'hôtes (1 lit 2 pers. 2 lits 1 pers.) avec salle d'eau et wc privés, aménagée au 2e étage de la maison des propriétaires. Séjour/salon commun avec TV. Jardin d'agrément dans les douves de l'ancien château d'Aulnay. Gare 18 km. Commerces 100 m. Ouvert toute l'année. Anglais et espagnol parlés. A visiter, l'église romane d'Aulnay-de-Saintonge du XIIe siècle, le zoorama de Chizé. Canoë et pêche sur la Boutonne à 9 km. Restaurant à 100 m.

Prix : 1 pers. **180 F** 2 pers. **220 F** 3 pers. **280 F** pers. sup. **60 F**

80	0,5	5	40	0,5	15	45	0,1

HUBERT Catherine – 6, rue du Chateau – 17470 Aulnay-de-Saintonge – Tél. : 46.26.30.56 ou 46.33.12.19

Charente-Maritime — *Côte Atlantique*

Aumagne Le Treuil — *C.M. n° 71 — Pli n° 4*

♥♥ NN
(TH)

Eliane et Maurice vous accueillent dans leur propriété. A l'étage : ch. 1 (1 lit 2 pers. 1 lit 1 pers.), s.d.b. et wc privés. Ch. 2 et ch. 3 avec s. d'eau et wc privés. Ch. 2 (1 lit 2 pers.). Poss. 2 lits appoint. Ch. 4 familiale (1 ch. 1 lit 2 pers. 1 ch. 2 lits 1 pers.). Séjour/salon, TV. Grand jardin clos ombragé, salon de jardin, tennis, jeux. Détente et repos assurés dans un cadre champêtre où vous serez accueillis chaleureusement. A 12 km, découvrez Saint-Jean-d'Angély : ville médiévale. Nombreuses églises romanes à visiter. Cognac à 25 km. Gare 10 km. Commerces 5 km. Ouvert d'avril à octobre.

Prix : 1 pers. **170/190 F** 2 pers. **230/250 F** 3 pers. **290/350 F**
repas **82 F**

🏖	🚣	🎣	🏇	✈	🏌	🚶
70	5	5	SP	12	25	5

DESCHAMPS Eliane – Rue du Pigeonnier - Le Treuil – 17770 Aumagne – Tél. : 46.58.23.80

Ballon — *C.M. n° 71 — Pli n° 13*

♥♥ NN

Chambres indépendantes, aménagées dans une partie de la maison du propriétaire. 2 chambres au r.d.c. avec salle d'eau et wc privés (1 lit 2 pers.), possibilité lit et lit bébé. Véranda réservée aux hôtes avec bibliothèque, TV et coin-cuisine. Cour, jardin, terrasse couverte, meubles de jardin et barbecue. Gare 10 km. Commerces 1,5 km. Ouvert toute l'année. Ballon, petit village charentais est situé à 10 km de Châtelaillon, bien connu pour son casino, son front de mer et sa plage. A visiter également La Rochelle à 25 km au nord : ville d'Art et d'Histoire et Rochefort au sud : maison de Pierre Loti, bassins de plaisance, la Corderie Royale...

Prix : 1 pers. **160 F** 2 pers. **180 F** pers. sup. **50 F**

🏖	🚣	🎣	🏇	✈	🏌	🚶
12	9	4	1,5	8	35	1,5

BEGAUD Yves – 22, rue de Chize – 17290 Ballon – Tél. : 46.55.30.38 – Fax : 46.55.34.85

Barzan La Providence — *C.M. n° 71 — Pli n° 16*

♥ NN

Chambre avec entrée indépendant dans une maison de plain-pied mitoyenne à un gîte. Ch. en r.d.c. (1 lit 2 pers. 1 lit 1 pers.) avec salle d'eau privative et wc privatifs attenants. TV noir et blanc dans la chambre. Petite terrasse, jardin privatif fleuri, meubles de jardin avec petit abri, garage. Restaurant à 500 m. Gare 20 km. Commerces 4 km. Ouvert toute l'année. Barzan sur les bords de la Gironde dans une petite région agréable où vous découvrirez les paysages de falaises et les coteaux vallonées de l'arrière pays. A visiter, la petite église romane de Talmont perchée à flanc de falaise, le port de Mortagne, Royan : ville de congrès et ses plages.

Prix : 1 pers. **170 F** 2 pers. **220 F**

🐕	🏖	🚣	🎣	🏇	✈	🏌	🚶
	10	2	10	4	10	20	7

SEGUIN Paule – 92 rue de la Providence – 17120 Barzan – Tél. : 46.90.49.23

Barzan Chez Grenon — *C.M. n° 71 — Pli n° 16*

♥♥ NN
(TH)

Ch. dans maison indép. de const. récente sur propriété de 10000 m². En r.d.c. ch.1 acc. pers. hand. (1 lit 2 pers. 2 lits 1 pers. superp.), s. d'eau, wc privés. Ch. 2 et ch. 4 (1 lit 2 pers. 1 lit 1 pers.), s. d'eau, wc privés. Ch. 3 (1 lit 2 pers.), s. d'eau, wc privés. Ch. 5 (1 lit 2 pers. 1 lit 1 pers.), s.d.b., wc privés. Séjour/salon, TV. Piscine privée. A proximité des bords de Gironde où vous visiterez Talmont avec sa petite église romane perchée à flanc de falaise. Au nord, Royan, ville de congrès et sa plage... Gare 20 km. Commerces 4 km. Ouvert toute l'année. Anglais et espagnol parlés.

Prix : 1 pers. **160 F** 2 pers. **180 F** 3 pers. **250 F**
pers. sup. **50 F** repas **65 F**

🏊	🚣	🎣	🏇	✈	🏌	🚶
7	SP	1	7	20	25	7

RENOULLEAU Martine – 41, rue de l'Eneleuze - Chez Grenon – 17120 Barzan – Tél. : 46.90.41.41

Boisredon La Chapelle — *C.M. n° 71 — Pli n° 7*

♥♥ NN

En pleine campagne, chambres aménagées dans une maison de construction récente mitoyenne à celle des propriétaires. 5 chambres de 2 pers. indépendants (1 lit 2 pers.) avec salle d'eau et wc privés. Possibilité lit d'appoint. Séjour commun avec TV. Chambres avec accès direct sur un vaste jardin clos, parking, jeux d'enfants. Gare 15 km. Commerces 6 km. Restaurant à 1 km. Proximité des bords de Gironde. Baignade, pêche et activités nautiques au lac de Montendre à 15 minutes. Promenades en forêt de pins. Ouvert toute l'année.

Prix : 1 pers. **170 F** 2 pers. **220 F** pers. sup. **70 F**

🏖	🚣	🎣	⛵	🏇	✈	🏌	🚶
50	7	8	15	7	15	55	6

BRUNET Josette – La Chapelle – 17150 Boisredon – Tél. : 46.49.34.05

Breuillet Ferme de l'Ortuge — *C.M. n° 71 — Pli n° 15*

♥♥ NN
(TH)

2 ch. au 1er étage de la maison du propriétaire. Ch. 1 et ch. 2 (1 lit 2 pers.), s. d'eau/wc privée. Au r.d.c. d'une maison attenante Ch. 3 (1 lit 2 pers.), s. d'eau/wc privée. Ch. 4 familiale (1 ch. 1 lit 2 pers., 1 ch. 3 lits 1 pers.), salle de bains et wc privés. Séjour/salon, téléphone carte F. Télécom. Grande cour, salons de jardin. Gare 9 km. Commerces 2 km. A 12 km, vous découvrirez le zoo de La Palmyre, 1er zoo européen et la forêt de la Coubre au nord de la Presqu'île d'Arvert. Proximité des bords de Gironde avec Meschers et Talmont où vous serez émerveillés par sa petite église romane perchée à flanc de falaise. Ouvert toute l'année.

Prix : 1 pers. **165 F** 2 pers. **200 F** 3 pers. **260 F**
pers. sup. **40 F** repas **65 F**

🐕	🏖	🚣	🎣	🏇	✈	🏌	🚶
	8	9	2	2	10	8	2

BESSON Claude – 25, rue de l'Ortuge - Ferme de l'Ortuge – 17920 Breuillet – Tél. : 46.22.73.52

Chamouillac La Coussaie — *C.M. n° 71 — Pli n° 7*

♥♥♥ NN

Maison rénovée, sur une exploitation viticole située à proximité du logement du propriétaire. Etage : 2 chambres avec salle de bains et wc privés chacune. Ch. 1 (1 lit 2 pers.). Ch. 2 (1 lit 2 pers. 1 lit 1 pers.). TV dans chaque chambre. Séjour avec kitchenette, salon (bibliothèque et TV réservées aux hôtes). Jardin clos, abri voiture. Gare 7 km. Commerces 2 km. Visite gratuite des chais et de la distillerie. Ouvert toute l'année. Anglais et allemand parlés.

Prix : 1 pers. **190 F** 2 pers. **250 F** 3 pers. **310 F**
pers. sup. **60 F**

🐕	🏖	🚣	🎣	⛵	🏇	✈	🏌	🚶
	60	6	2	6	2	2	7	6

DAVIAUD Robert – Domaine de la Coussaie - La Coussaie – 17130 Chamouillac – Tél. : 46.49.23 73 – Fax : 46.49.41.01

Champagne Les Grands Ajeots   *C.M. n° 71 — Pli n° 14*

❀❀❀ NN
(TH)

Dans un parc de 2 ha, chambres d'hôtes aménagées dans une ancienne dépendance. A l'étage, ch. 1 (1 lit 2 pers.), ch. 2 et ch. 3 (2 lits 1 pers.), ch. 4 (3 lits 1 pers.). S. d'eau, wc privés et TV/chambre. Vaste séjour/salon avec TV et biblio. Cour, jardin d'agrément, meubles de jardin. Promenades à cheval pour cavaliers confirmés. Gare 17 km. Commerces 3 km. Table d'hôtes sur réservation. Vous apprécierez le charme de ces chambres d'hôtes et la qualité de leur environnement. Champagne, petit village situé entre Aunis et Saintonge est le point de départ idéal pour de nombreuses excursions. Ouvert de mai à octobre. Italien et espagnol parlés.

Prix : 1 pers. **170/180 F** 2 pers. **230/260 F** 3 pers. **290 F**
repas **80 F**

🏖	🚣	⛵	🎿	🏇	🚶	♪
25	3	5	3	SP	30	3

LAURENT Jacques – L'Enclos des Grands Ajeots - Les Grands Ajeots – 17620 Champagne – Tél. : 46.97.04.97

Chaunac La Loge   🏔 📶   *C.M. n° 71 — Pli n° 6*

❀❀❀ NN
(TH)

Dans un cadre reposant à prox. de la maison des propriétaires, 3 ch. à la ferme aménagées au r.d.c. d'une maison de caractère rénovée. Ch. « Bleue » et « Verte » (1 lit 2 pers.), salle d'eau et wc privés. Ch. « Rouge » (2 lits 1 pers.), s.d.b. et wc privés. Séjour, coin-détente, biblio., tél. Cour, vaste terrain, salon de jardin, balançoires, ping-pong, vélos, abri. Possibilité 1 lit appoint dans chaque chambre. 1 lit bébé, chaise haute disponibles. A 12 km de Montendre avec lac de baignade et de Jonzac, station thermale. Circuits de randonnée pédestre et VTT. Proximité des vignobles du Bordelais et du Cognac. Gare 12 km. Commerces 5 km.

Prix : 1 pers. **180 F** 2 pers. **240 F** pers. sup. **60 F** repas **90 F**

🏖	🚣	⛵	🎿	🏇	🚶	♪	🚴
60	2	12	12	1	10	45	5

PICQ Agathe et Philippe – La Loge – 17130 Chaunac – Tél. : 46.70.68.50 ou 46.70.68.17 – Fax : 46.70.62.41

Courcerac   *C.M. n° 71 — Pli n° 4*

❀❀❀ NN

3 chambres dans maison charentaise avec accès indépendant. 1 ch. familiale au r.d.c. (1 lit 1 pers. 1 lit 2 pers. 2 lits 1 pers. en mezz.), s.d.b. et wc privés. A l'étage : ch. 2 (1 lit 2 pers.), s. d'eau et wc privés. Ch. 3 (1 lit 1 pers. 1 lit 2 pers.), s. d'eau, wc privés. Vaste séjour/salon avec TV, cuisine équipée à l'usage exclusif des hôtes. Lingerie (lave-linge, repassage). Barbecue, meubles de jardin, portique, vélos. Stages d'initiation à l'aquarelle et à la peinture sur soie. Week-ends vendanges traditionnelles. Ferme-auberge à 3 km. Gare 20 km. Commerces 4 km. Ouvert toute l'année. Anglais parlé.

Prix : 1 pers. **170 F** 2 pers. **240 F** 3 pers. **300 F**
pers. sup. **60 F**

🏖	🚣	⛵	🏇	🚶	♪	🚴
60	4	2	2	6	27	4

FERRAND-MOREAU Mickaella – 8, rue de Chez Mothe - Route de Matha – 17160 Courcerac – Tél. : 46.25.00.07

Croix-Comtesse La Lignate   *C.M. n° 71 — Pli n° 3*

❀❀ NN
(TH)

Chambres dans bâtiments de caractère indép. R.d.c. : Ch. 1 (1 lit 2 pers. 1 lit 1 pers.), s.d.b. et wc privés, interphone, TV, cheminée. A l'étage, 3 ch. (interphone ch. 2). Ch. 2 (1 lit 2 pers. 1 lit 1 pers.), s.d.b. et wc privés. Ch. 3 (2 lits 2 pers.), s. d'eau et wc privés. Ch. 4 (1 lit 2 pers.), s. d'eau et wc privés. Séjour, cheminée, salon. Parc non clos. Croix Comtesse est situé dans le Val de Boutonne, près de la « Boutonne » où vous pourrez pêcher et vous promener en barques... Saint-Jean-d'Angely : ville fleurie à visiter, églises romanes... Gare et commerces à 3 km. Ouvert toute l'année.

Prix : 1 pers. **180/210 F** 2 pers. **200/230 F** 3 pers. **280 F**
pers. sup. **20/50 F** repas **90 F**

🏖	⛵	🎿	🏇	🚶	♪
50	3	3	3	7	30	3

BOUTIN Francis – La Lignate – 17330 Croix-Comtesse – Tél. : 46.24.69.96

Dompierre-sur-Mer Chagnolet   🏯   *C.M. n° 71 — Pli n° 12*

❀ NN

Chambres au 1er ét. d'une maison indép., dans le village. 4 ch. avec wc communs. Ch. 1 (1 lit 2 pers.), s. d'eau privée/palier. Ch. 2 (1 lit 2 pers. 1 lit 1 pers.), s. d'eau privée en r.d.c. Ch. 3 et ch. 4 avec s. d'eau priv. Ch. 3 (1 lit 2 pers.). Ch. 4 (2 lits 1 pers.). Séjour, cuisine à dispo. des hôtes. Grande cour et pelouse, barbecue, aire de jeux. La Rochelle : ville d'art et d'histoire que vous visiterez pour son vieux port, ses rues aux arcades animées, son aquarium, ses restaurants aux spécialités de fruits de mer... Gare 4 km. Commerces 2 km. Ouvert toute l'année.

Prix : 1 pers. **150 F** 2 pers. **200 F** 3 pers. **250 F**

🐕	🏖	🚣	⛵	🏇	🎿	🚶	♪
	4	4	1	4	7	7	2

PERREIN Michel – 13, Grande Rue - Chagnolet – 17139 Dompierre-sur-Mer – Tél. : 46.44.65.98

Dompierre-sur-Mer Margorie   🏯   *C.M. n° 71 — Pli n° 12*

❀❀ NN
(TH)

A la campagne, chambres aménagées dans des dépendances. 5 chambres avec réfrigérateur, s. d'eau et wc privés chacune. 2 chambres familiales de 4 pers. en r.d.c. (1 ch. 1 lit 2 pers., 1 ch. 2 lits 1 pers.). 3 chambres (1 lit 2 pers. 1 lit d'appoint en mezzanine). Cuisine à disposition avec lave-linge. Barbecue, portique. Table d'hôtes sur réservation. Vous trouverez dans cette ferme le calme assuré. Proximité du canal La Rochelle Marans : site classé. La Rochelle et son Vieux Port, l'aquarium. Gare 8 km. Commerces 1 km. Ouvert toute l'année.

Prix : 2 pers. **230 F** 3 pers. **280 F** pers. sup. **120 F**
repas **73 F**

🏖	🚣	⛵	🎿	🏇	🚶	♪
8	8	SP	1	4	8	1

RENARD Marie-Josephe – Margorie – 17139 Dompierre-sur-Mer – Tél. : 46.35.33.41

Echillais   *C.M. n° 71 — Pli n° 14*

❀❀ NN
(TH)

2 chambres aménagées à l'étage de la maison du propriétaire. Ch. 1 et ch. 2 (1 lit 2 pers.), avec salle d'eau privée et wc communs. Séjour/salon commun avec cheminée et TV. Jardin arboré, salon de jardin, parking. Gare 7 km. Commerces 1 km. Ouvert toute l'année. A 7 km au sud de Rochefort où vous visiterez la Maison de Pierre Loti, la Corderie Royale, les bords de la Charente. A voir l'ancien pont transbordeur de Martrou (XIXe siècle). Accès rapide pour Royan, l'Ile d'Oléron et La Rochelle.

Prix : 1 pers. **170 F** 2 pers. **200 F** repas **65 F**

🐕	🏖	🚣	⛵	🏇	🎿	🚶	♪
	15	7	1	1	2	40	1

COURAUD Daniele – 5, rue du Champ Simon – 17620 Echillais – Tél. : 46.83.11.60

Charente-Maritime — *Côte Atlantique*

Ecoyeux Chez Quiment
C.M. n° 71 — Pli n° 4

NN TH Maison charentaise indép. Etage : Ch. 1 (1 lit 2 pers. 1 lit 1 pers. 1 lit enf.), s.d.b., wc privés. Ch. 2 (1 lit 2 pers.), ch. 3 (2 lits 1 pers.), salle d'eau, wc privés chacune. R.d.c. : ch. 4 acc. pers. hand. (1 lit 2 pers. 1 lit 1 pers.), s.d.b./douche, wc privés. Séjour/salon (TV biblio.). Cour, pelouse mi-closes, meubles de jardin, ping-pong. Balançoires. Location de vélos sur réservation. Séjours à thèmes : cuisine traditionnelle au Pineau et au Cognac! Gare 15 km. Commerces 2 km. Ouvert toute l'année.

Prix : 1 pers. **170/190 F** 2 pers. **210/250 F** 3 pers. **300 F** pers. sup. **50 F** repas **80 F**

50	6	15	2	6	10	2

FORGET Henri – Chez Quiment – 17770 Ecoyeux – Tél. : 46.95.92.55

L'Eguille
C.M. n° 71 — Pli n° 15

NN TH Chambres dans maison indépendante de const. récente (située dans le village). A l'étage 2 chambres de 3 pers. Ch. 1 et ch. 2 (1 lit 2 pers. 1 lit 1 pers.), avec chacune lavabo et bidet, salle de bains et wc communs. Séjour, coin-salon, TV, bibliothèque. Cour et grande pelouse, terrasse, ping-pong, baby-foot. Gare 5 km. Commerces sur place. Ouvert de mars à octobre. L'Eguille est situé sur l'embouchure de la Seudre, dans le bassin Marennes-Oléron, réputé pour ses huîtres de claire. Excursion touristique par le petit train de la Seudre. Royan : ville de congrès avec ses plages de sable fin, son port de plaisance. Forêt de la Coubre et zoo à La Palmyre.

Prix : 2 pers. **200 F** 3 pers. **300 F** pers. sup. **50 F** repas **80 F**

10	5	5	1	10	10	5

PORTIER Eliette – 9, Route de Saujon - L'Eguille – 17600 Saujon – Tél. : 46.22.85.52

Esnandes
C.M. n° 71 — Pli n° 12

NN Dans le village, chambres aménagées dans une maison rénovée. 2 chambres au r.d.c. avec s. d'eau, wc privés et réfrigérateur. Ch. 1 (1 lit 2 pers.). Ch. 2 (1 lit 2 pers., coin-cuisine). Ch. 3 à l'étage avec s.d.b. et wc privés non attenants (2 lits 1 pers.). Séjour/salon communs, TV, cheminée. Jardin clos, terrasse, salon de jardin. Esnandes, petit village charentais à l'église fortifiée est très réputé pour la culture des moules. A 12 km de La Rochelle, ville d'Art et d'Histoire dont vous visiterez le Vieux Port, sa cathédrale, ses rues aux arcades animées, son aquarium, son port de plaisance. Ouvert de Pâques à la Toussaint.

Prix : 1 pers. **200 F** 2 pers. **220 F** 3 pers. **280 F**

15	1	1	20	5	SP	

PALLU (RAUD) Catherine – 15, rue de l'Eglise – 17137 Esnandes – Tél. : 46.01.34.70

Les Essards Le Pinier
C.M. n° 71 — Pli n° 4

NN TH 5 ch. dans maison indép. de caractère. 1er ét. : ch. 1 familiale (1 lit 2 pers. 2 lits 1 pers.), s. d'eau et wc privés. 2e ét. : suite de 2 ch. (1 ch. 1 lit 2 pers. 1 ch. 2 lits 1 pers.), s.d.b. et wc privés. Petit salon atten. Ch. 3, 4 et 5 dans dépendances rénovées (1 lit 2 pers.), s. d'eau et wc privés chacune. Coin-cuisine, séjour (TV, cheminée), salle de jeux. Lave-linge à disposition. Point-phone. Cour et grande pelouse, portique. Sentiers VTT. Saintes : vestiges gallo-romains. Gare 10 km. Commerces 2 km. Ouvert du 1er mai au 30 septembre. Anglais parlé.

Prix : 1 pers. **200 F** 2 pers. **240 F** 3 pers. **310/350 F** pers. sup. **50 F** repas **72 F**

30	10	10	10	7	12	3

JAMIN Jean-Claude – 10, le Pinier – 17250 Les Essards – Tél. : 46.93.91.43 – Fax : 46.93.93.64

Fouras
C.M. n° 71 — Pli n° 13

NN Dans une propriété calme et boisée de la Presqu'île de Fouras, à 150 m de l'océan. 5 chambres d'hôtes en rez-de-jardin avec entrée indépendante. 3 chambres (1 lit 2 pers.) et 2 chambres (2 lits 1 pers.), avec salle d'eau et wc privatifs. Séjour. Vaste jardin arboré de 1700 m², terrasse, salon de jardin, parking clos privé. Gare 14 km. Commerces sur place. Entre La Rochelle et Royan, face à l'île d'Aix et au Fort Boyard, le Clos des Courtineurs se trouve au centre de vos itinéraires vers les îles de Ré, d'Oléron, Rochefort, Cognac et la Saintonge Romane. Ouvert du 26 avril au 15 octobre. Anglais parlé.

Prix : 1 pers. **260 F** 2 pers. **300/320 F**

SP	18	SP	SP	1	6	SP

LEFEBVRE Pierrette – 4 Ter,rue des Courtineurs - BP 47 – 17450 Fouras – Tél. : 46.84.02.87

Genouille La Mitiere
C.M. n° 71 — Pli n° 3

NN Chambres au 1er étage d'une maison indép., avec accès direct. Ch. 1 et ch. 2 (1 lit 2 pers. 1 lit 1 pers.), s. d'eau privée chacune et wc communs. Ch. 3 familiale (1 ch. 1 lit 2 pers., 1 lit 1 pers., 1 lit 1 pers.), s. d'eau et wc privés. Coin-cuisine, séjour, cheminée, TV et biblio. Cour/coin-pelouse, barbecue, meubles de jardin, jeux enfants. Calme et repos assurés. Location de vélos. Petits restaurants à prox. Genouillé, charmant petit village situé dans la campagne à prox. de La Rochelle et de Rochefort. A 20 mn des plages de Châtelaillon et de Fouras. A Genouillé : église romane. Gare 6 km. Commerces 2 km. Ouvert du 01/04 au 01/12.

Prix : 1 pers. **180 F** 2 pers. **200 F** 3 pers. **250 F** pers. sup. **40 F**

25	2	2	10	6	4	

BONNET Regis – La Mitiere – 17430 Genouille – Tél. : 46.27.71.81

Le Gua Monsanson - Etchervaize
C.M. n° 71 — Pli n° 14

NN TH Chambres dans une maison indépendante, en pleine campagne. 2 chambres à l'étage avec salle d'eau privée à chaque chambre et wc communs. Ch. 1 (1 lit 2 pers.). Ch. 2 (1 lit 2 pers. et 1 lit bébé). Poss. 1 lit d'appoint 1 pers dans ch. 2. Salle de séjour avec TV. L-linge commun. Cour et pelouse avec terrasse, portique et jeux. Gare 6 km. Commerces 2 km. Le Gua est situé à proximité de l'embouchure de la Seudre : bassin de Marennes-Oléron réputé pour ses huîtres. Royan : ville de congrès est à 15 km : vous apprécierez ses plages au sable fin, son port de plaisance. Proximité de la forêt de La Coubre et du zoo de La Palmyre. Ouvert toute l'année.

Prix : 1 pers. **160 F** 2 pers. **180 F** 3 pers. **210 F** pers. sup. **30 F** repas **65 F**

12	12	1	1	1	15	2

MILLET Marie-Claude – Etchervaize - Monsanson – 17600 Le Gua – Tél. : 46.22.85.71

Jarnac-Champagne La Feuillarde des Tonneaux 🏛 📺 *C.M. n° 71 — Pli n° 5*

❦❦❦❦ NN
(TH)

Chambre d'hôtes dans maison de maître de style charentais. A l'étage, ch. 1 (1 lit 2 pers.), s. d'eau, wc. TV. A l'étage dans une aile, ch. 2 (2 lits 1 pers.), s. d'eau, wc, frigo. Ch. 3 (1 lit 2 pers.), s.d.b./douche séparée, wc, frigo. Séjour, salon (TV et biblio.). Billard français. Point-phone Téléséjour. Parc, salon de jardin, ping-pong, loc. VTT, pétanque. Sur la propriété viticole, vous pourrez visiter la distillerie et les chais. Vente de Pineau et Cognac, de produits fermiers : truffes, noix, noisettes. Restaurant à 1 km. Nombreuses églises romanes à visiter. Jonzac, ville thermale à 15 km. Proximité de Cognac. Ouvert toute l'année sauf janvier.

Prix : 1 pers. **300/350 F** 2 pers. **350/400 F** pers. sup. **60 F**
repas **120 F**

🏖	🚣	⛵	⛷	🎣	🚴	🏇
50	10	8	17	1	12	25

LASSALLE Charles – La Feuillarde des Tonneaux - Domaine des Tonneaux – 17520 Jarnac-Champagne – Tél. : 46.49.50.99 ou 46.49.57.19 – Fax : 46.49.57.33

Landrais Les Granges 🏛 📺 *C.M. n° 71 — Pli n° 3*

❦❦ NN
(TH)

Dans un petit hameau, 5 chambres à l'étage avec salle d'eau et wc privés. Ch. 1 (1 lit 2 pers.), ch. 2 (2 lits 1 pers.), ch. 3 (1 lit 2 pers.), ch. 4 (2 lits 1 pers.), ch. 5 (1 lit 2 pers., 2 lits 1 pers.). Poss. 1 lit supplémentaire dans ch. 5. Salle de séjour, téléphone. Cour et coin-pelouse privés non clos, bouldodrome, meubles de jardin et portique. Landrais près de Surgères où vous visiterez l'église romane, le château d'Hélène de Fonsèque, inspiratrice de Ronsard. La Rochelle ville historique, le vieux port, ses restaurants aux spécialités de fruits de mer, l'aquarium. Gare 10 km. Commerces 2 km. Ouvert toute l'année sauf du 24/12 au 01/01.

Prix : 1 pers. **150 F** 2 pers. **190 F** 3 pers. **250 F**
pers. sup. **40 F** repas **70 F**

🏖	🚣	⛵	⛷	🎣	🚴	🏇
20	10	5	2	20	10	5

CAILLON Monique – Les Granges – 17290 Landrais – Tél. : 46.27.73.81 – Fax : 46.27.87.13

Loix-en-Re La Prise à Vinet *C.M. n° 71 — Pli n° 12*

❦❦ NN

A 800 m du village, sur une propriété de 6 ha, avec tennis privé et équitation à 100 m, 3 chambres et 2 chambres familiales en r.d.c. : accès direct sur jardin, avec salle de bains et wc privés. 3 chambres de 2 pers. 2 chambres familiales de 4 pers. Séjours avec TV coul. et biblio. réservés aux hôtes. Petit séjour/kitchenette (1 frigo/ch.) pour les hôtes. Restaurant au village 800 m. Gare 30 km. Commerces 800 m. Ouvert toute l'année. Anglais parlé.

Prix : 2 pers. **240 F** 3 pers. **390 F**

🏖	🚣	⛵	⛷	🎣	🚴	🏇
2	2	2	SP	0,2	15	8

LUCAS Jean et Reine – La Prise à Vinet – BP 5 – 17111 Loix-en-Re – Tél. : 46.29.01.91

Loulay Le Logis *C.M. n° 71 — Pli n° 3*

❦❦❦ NN
(TH)

3 chambres de grand confort aménagées au 1ᵉʳ étage d'un logis charentais de la fin du XVIIIᵉ siècle. Ch. Bleue et Rose (1 lit 2 pers.), salle d'eau et wc privés. Ch. Jaune (2 lits 2 pers.), salle de bains et wc privés. Séjour commun. Salon réservé aux hôtes, bibliothèque. Parc ombragé d'un ha., salon de jardin, parking. Gare 16 km. Commerces 500 m. Monsieur et Madame Baron, qui sont antiquaires, se sont attachés à décorer et à meubler avec goût leur vieille demeure. A proximité : Saint-Jean-d'Angély, ville historique, l'église romane d'Aulnay-de-Saintonge et le château de Dampierre-sur-Boutonne. Ouvert de Pâques à la Toussaint. Anglais parlé.

Prix : 1 pers. **295/325 F** 2 pers. **320/350 F** 3 pers. **375 F**
pers. sup. **25 F** repas **120 F**

🏖	🚣	⛵	⛷	🎣	🚴	🏇
50	0,3	7	0,3	8	30	0,5

BARON Fabienne – 6, rue du 8 Mai 1945 – 17330 Loulay – Tél. : 46.33.90.65

Marans Barbecane *C.M. n° 71 — Pli n° 12*

❦❦❦ NN
(TH)

Sur un parc de 6200 m² avec piscine privée, 6 ch. au r.d.c. d'une maison moderne. Ch. 1, ch. 2 et ch. 3 (1 lit 2 pers.), s.d.b. et wc privés. Ch. 4 (1 lit 2 pers.), s. d'eau et wc privés. Ch. 5 (1 lit 2 pers. 1 lit 1 pers.), ch. 6 familiale (1 lit 2 pers. 2 lits 1 pers.), s.d.b. et wc privés. Séjour, salon, TV, cheminée, bibliothèque. Lave-linge et frigo communs. Terrasses, meubles de jardin, barbecue. Barbecane est situé à proximité de la Sèvre Niortaise et vous découvrirez les joies de la pêche. Allez flâner le long de ses berges à vélo : vous les trouverez sur la propriété ! Visitez La Rochelle et son vieux port, l'île de Ré, le Marais Poitevin...

Prix : 1 pers. **275/350 F** 2 pers. **325/450 F** 3 pers. **435/675 F**
pers. sup. **60 F** repas **100/150 F**

🏖	🚣	⛵	⛷	🎣	🚴	🏇
25	SP	SP	0,6	5	15	5

WILDE G. – Barbecane - Rive Droite de la Sevre – 17230 Marans – Tél. : 46.01.02.71 – Fax : 46.01.16.77

Marans La Grande Bastille 🏛 *C.M. n° 71 — Pli n° 12*

❦❦ NN

Chambres situées sur une exploitation agricole isolée. 2 chambres en r.d.c., Ch. 1 (2 lits 1 pers. 1 lit 2 pers.), salle d'eau et wc privés. Ch. 2 (2 lits 1 pers. 1 lit 2 pers.), salle d'eau et wc privés. Séjour, salon avec cheminée. Cuisine indépendante à disposition des hôtes. Lave-linge commun. Pelouse non close, cour, meubles de jardin. Gare 25 km. Commerces 4 km. Marans situé en limite du marais poitevin délimite la Charente Maritime et la Vendée. Pêche sur la Sèvre Niortaise et possibilité de promenade en barques. Proximité de La Rochelle : ville d'Art et d'Histoire à visiter ! Ouvert toute l'année.

Prix : 1 pers. **190 F** 2 pers. **220/230 F** 3 pers. **280 F**
pers. sup. **60 F**

🏖	🚣	⛵	⛷	🎣	🚴	🏇
30	8	8	8	10	8	8

ROCHETEAU Bernard – La Grande Bastille – 17230 Marans – Tél. : 46.01.14.51

Charente-Maritime — *Côte Atlantique*

Marennes La Menardiere
C.M. n° 71 — Pli n° 14

🌿🌿🌿 NN   A 3 km de Marennes, capitale de l'huître et près de l'île d'Oléron, ch. aménagées dans une maison de caractère rénovée (style ancien). A l'étage : ch. 1 (1 lit 2 pers.), s. d'eau et wc privés. Ch. 2 (1 lit 2 pers.), s.d.b. et wc privés. Séjour/salon, TV. Véranda. Pelouse close, meubles de jardin, barbecue, portique et balançoires. Ouvert toute l'année sauf octobre. Proximité de la forêt domaniale de La Coubre, du zoo de La Palmyre (un des plus grand d'Europe). A visiter : Brouage, ville fortifiée par Vauban et ancien port de guerre. Bassin ostréicole de Marennes/Oléron avec dégustation d'huîtres. Musées. Château de La Gataudière. Gare 20 km. Commerces 3 km.

Prix : 1 pers. 180 F 2 pers. 200/250 F

🏖	🚣	🍴	🏃	✈	🎣	🎿	🏇
10	5	3	1	1	20	3	

FERCHAUD Jean – La Menardiere - 5, rue des Lilas – 17320 Marennes – Tél. : 46.85.41.77

Meschers Biscaye
C.M. n° 71 — Pli n° 15

🌿 NN   5 ch. aménagées dans maison rénovée. A l'ét., ch. 1 (1 lit 1 pers. 1 lit 2 pers.), s. d'eau privée, wc communs. Ch. 2, ch. 3, ch. 4 avec s. d'eau et wc communs. Ch. 2 (2 lits 1 pers.). Ch. 3 (1 lit 2 pers.). Ch. 4 (3 lits 1 pers.). En r.d.c., ch. 5 (1 lit 1 pers. 1 lit 2 pers.), s. d'eau privée et wc com. Vaste séjour/salon réservé aux hôtes. Terrasse couv. Piscine. Environnement spacieux de 1000 m², salon de jardin. Meschers, petite station balnéaire et petit port de pêche sur l'estuaire de la Gironde. Découvrez au sud la petite église de Talmont perchée sur la falaise, les plages de sable fin de Royan, St Georges de Didonne... Gare 15 km. Commerces 3 km.

Prix : 1 pers. 180/200 F 2 pers. 200/250 F 3 pers. 250/300 F pers. sup. 50 F

🐕	🏖	🚣	🍴	🏃	🎣	🎿	🏇
	5	SP	5	5	8	15	3

MOYA Christian – Biscaye – 17132 Meschers – Tél. : 46.02.60.96

Meschers
C.M. n° 71 — Pli n° 15

🌿🌿🌿 NN (TH)   Chambres dans maison récente. 4 chambres avec salle d'eau et wc privés chacune. A l'ét. ch. 1 et ch. 2 (1 lit 2 pers.). Ch. 3 (1 lit 2 pers.). En r.d.c. ch. 4 avec terrasse privée (1 lit 2 pers.). Poss. lit appoint 1 pers. Séjour, salon, TV, bibliothèque. Parking privé ombragé. Véranda, terrasse, portique, meubles de jardin. Gare 10 km. Commerces 2,5 km. Environnement calme et reposant. Plage et petit port de pêche à Meschers. Les grottes avec leur histoire. Les bords de Gironde et la petite église de Talmont. Paysages de coteaux vallonnés plantés de vignobles. Ouvert toute l'année.

Prix : 1 pers. 170 F 2 pers. 220 F pers. sup. 90 F repas 80 F

🐕	🏖	🚣	🍴	🏃	🎿	🏇
	2,5	10	2,5	0,8	3	15	2,5

REDEUILH Pierre – 202, Route de Royan – 17132 Meschers – Tél. : 46.02.72.72

Migron Logis des Bessons
C.M. n° 71 — Pli n° 4

🌿🌿🌿 NN   Chambres à l'étage d'un logis charentais de caractère isolé. Ch. 1 (2 épis), (1 lit 2 pers.), s. d'eau privée, wc communs. Ch. 2 (3 épis), (1 lit 2 pers.), s. d'eau et wc privés. Ch. 3 (3 épis), (1 lit 2 pers. 1 lit 1 pers.), s. d'eau, wc privés. Séjour, salon, TV, bibliothèque. Parc arboré, terrasse, meubles de jardin, portique, ping-pong, loc. de vélos. Ecomusée du Cognac sur place à visiter. Proximité de Cognac et de Saintes. Nombreuses églises romanes à visiter. Gare 12 km. Commerces 1 km. Ouvert toute l'année. Anglais et espagnol parlés.

Prix : 1 pers. 180 F 2 pers. 240/260 F 3 pers. 260 F

🏖	🚣	🍴	🏃	✈	🎣	🎿	🏇
60	4	1	1	10	12	4	

TESSERON Ginette – Logis des Bessons – 17770 Migron – Tél. : 46.94.91.16 – Fax : 46.94.98.22

Montroy Les Ormeaux
C.M. n° 71 — Pli n° 12

🌿🌿 NN   Chambre d'hôtes familiale aménagée à l'étage de la maison du propriétaire (1 chambre avec 1 lit 2 pers. et 1 chambre avec 2 lits 1 pers.), salle d'eau et wc privés. Séjour, salon avec cheminée et TV. Cour, jardin, meubles de jardin. Gare 13 km. Commerces 2 km. Ouvert toute l'année. Montroy est situé à 15 km de La Rochelle, ville d'Art et d'Histoire que vous visiterez pour la ville elle-même, pour son vieux port et ses tours, pour son aquarium, ses musées...

Prix : 1 pers. 180 F 2 pers. 210 F 3 pers. 300 F pers. sup. 50 F

🐕	🏖	🚣	🍴	🏃	🎿	🏇
	12	8	12	1	8	15	2

CAQUINEAU Roger – 16, Les Ormeaux – 17220 Montroy – Tél. : 46.55.06.04

Nieul-le-Virouil Les Brandes
C.M. n° 71 — Pli n° 6

🌿🌿🌿 NN   Chambres avec salles d'eau et wc privés aménagées dans une aile d'un logis charentais du XVIIIe siècle. En r.d.c. : ch. 1 avec terrasse (1 lit 2 pers. 1 lit 1 pers.). A l'étage : ch. 2 familiale (1 ch. 1 lit 2 pers. 1 lit 1 pers. 1 ch. 1 lit 120). Séjour. Salon, TV, biblio. téléphone. Kitchenette à disposition. Parc ombragé, salon de jardin. Ouvert toute l'année. A 8 km de Jonzac, station thermale, base de loisirs avec baignade en lac géo-thermique. A découvrir les bords de la Gironde et les vins de Bordeaux. Gare 8 km. Commerces 4 km. Anglais et espagnol parlés.

Prix : 1 pers. 180 F 2 pers. 240 F 3 pers. 320 F pers. sup. 80 F

🐕	🏖	🚣	🍴	🏊	🏃	✈	🎣	🎿	🏇
	45	4	14	8	4	4	40	4

NEESER Françoise – Les Brandes – 17150 Nieul-le-Virouil – Tél. : 46.48.30.25 ou 46.48.04.18

Plassay
C.M. n° 71 — Pli n° 4

🌿 NN (TH)   2 ch. familiales à l'étage d'une maison indép. face à l'église dans le village. Ch. 1 (1 ch. 1 lit 2 pers. 1 ch. 1 lit 1 pers.), salle d'eau et wc privés. Ch. 2 (1 ch. 2 lits 1 pers. 1 ch. 2 lits 1 pers.), salle de bains et wc privés. Séjour, salon, TV. Petit jardin clos, parking, meubles de jardin. Gare 10 km. Commerces 4 km. Ouvert toute l'année. Plassay est situé à 10 km de Saintes que vous visiterez pour ses églises romanes, ses vestiges gallo-romains : arènes, théatre, thermes... Bords de Charente. Le château de La Roche Courbon à 9 km. Visites des chais et distilleries de Cognac.

Prix : 1 pers. 170 F 2 pers. 220 F 3 pers. 280 F pers. sup. 80 F repas 70 F

🏖	🚣	🍴	🏃	🎣	🎿	🏇
35	8	5	8	10	10	4	

RATAUD Yves – 4, rue Saintonge – 17250 Plassay – Tél. : 46.93.90.60

Plassay La Jacquetterie   *C.M. n° 71 — Pli n° 4*

⚘⚘ NN
(TH)

Chambres dans maison de caractère indépendante. Ch. 1 r.d.c. (1 lit 2 pers. 1 lit 1 pers.), s. d'eau/wc privés. 1er étage : ch. 2 (1 lit 2 pers.) Ch. 3 (1 lit 2 pers. 1 lit enfant), salle d'eau privée à chacune, wc communs. 2e étage : ch. 4 familiale (1 ch. 1 lit 2 pers. 1 ch. 2 lits 1 pers.). Séjour/salon, TV. jardin d'agrément, jeux d'enfants. Ouvert toute l'année. Saintes : ville culturelle où l'art roman est présent : visite des vestiges gallo-romains, de l'arc de triomphe, des églises. Allez découvrir les bords de Charente où vous pourrez y pêcher ou flaner le long de ses rives. Le château de la Roche Courbon à visiter à 5 km. Gare 10 km. Commerces 4 km.

Prix : 1 pers. **180 F** 2 pers. **230/260 F** 3 pers. **320 F**
pers. sup. **80 F** repas **80 F**

35	9	4	4	10	10	4

LOURADOUR Michelle – 14, rue de Saintonge - La Jacquetterie – 17250 Plassay – Tél. : 46.93.91.88 ou 46.93.30.13

Pont-l'Abbe-d'Arnoult   *C.M. n° 71 — Pli n° 14*

⚘⚘ NN

Chambres dans maison individuelle ouvrant sur vaste jardin arboré non clos de 5000 m². R.d.c. : ch. 1 et ch. 2 (1 lit 2 pers.), s.d.b. privée chacune, wc communs. Ch. 3 familiale (1 ch. 1 lit 1 pers. 1 lit 2 pers. 1 ch. 2 lits 1 pers.), s.d.b. et wc privés. Séjour à disposition. Terrasse, meubles de jardin. Gare 20 km. Commerces sur place. Ouvert toute l'année. Entre Rochefort et Saintes, Pont l'Abbé d'Arnoult est un lieu privilégié pour passer ses vacances : Saintes à visiter pour ses vestiges gallo-romains et ses églises romanes, la Charente que traverse la ville. A Rochefort, la Corderie Royale. Visite du château de la Roche Courbon 8 km.

Prix : 1 pers. **150 F** 2 pers. **180 F** 3 pers. **250 F**
pers. sup. **50 F**

30	SP	SP	SP	10	23	SP

FLEURY Marie-Michele – 9, Chemin du Jard – 17250 Pont-l'Abbe-d'Arnoult – Tél. : 46.97.01.03

Pouillac La Thebaide - la Galeze   *C.M. n° 71 — Pli n° 7*

⚘⚘⚘ NN
(TH)

Chambres dans maison de caractère indépendante. 4 chambres avec s. d'eau et wc privés. Ch. 1 et ch. 2 en r.d.c. (1 lit 2 pers. 1 lit 1 pers.). Poss. lit appoint. A l'étage : ch. 3 (1 lit 2 pers.), ch. 4. (2 lits 1 pers.). Séjour, salle de détente, TV, cheminée, biblio., téléphone. Parc clos ombragé, pelouse, jardin fleuri, terrasse, portique, jeux, abri. A 16 km Montendre avec lac de baignade, activités nautiques et pêche. Forêt de pins. Proximité de Bordeaux : route des vins à découvrir. Gare 15 km. Commerces 4 km. Ouvert toute l'année. Anglais parlé.

Prix : 1 pers. **170 F** 2 pers. **250 F** 3 pers. **310 F**
pers. sup. **50 F** repas **90 F**

70	4	4	16	2	2	45	4

BILLAT Denise – La Thebaide - La Galeze – 17210 Pouillac – Tél. : 46.04.65.17 – Fax : 46.04.85.38

Preguillac   *C.M. n° 71 — Pli n° 5*

⚘ NN
(TH)

Chambres dans maison indépendante. A l'étage : ch. 1 (1 lit 2 pers.), ch. 2 (2 lits 1 pers.), ch. 3 (1 lit 1 pers.) avec salle d'eau et wc communs. Salle d'eau et wc supplémentaires au r.d.c. Salle de séjour, coin-salon, TV, cheminée, bibliothèque. Petite cour, pelouse et jardin. Gare 10 km. Commerces 4 km. Ouvert toute l'année. Saintes : ville aux églises romanes à visiter, aux vestiges gallo-romains innombrables : arènes, thermes, arc de triomphe, théâtre...où vous irez flaner sur les bords de la Charente. A découvrir : le château de la Roche Courbon et ses jardins. Saint Savinien avec ses maisons « dans l'eau »!...

Prix : 1 pers. **140 F** 2 pers. **190 F** pers. sup. **60 F** repas **70 F**

30	10	1	SP	8	10	4

GEORGEON Louisette – Le Bourg – 17460 Preguillac – Tél. : 46.93.62.62

Preguillac Le Logis   *C.M. n° 71 — Pli n° 5*

⚘ NN
(TH)

En pleine campagne sur exploitation agricole (élevage), chambres aménagées au 1er étage de la maison du propriétaire. Ch. 1 et ch. 2 (1 lit 2 pers.) avec lavabo et bidet. Salle d'eau et wc communs. Ch. 3 (2 lits 1 pers.), salle d'eau et wc privés. WC supplémentaires en r.d.c. Séjour, bibliothèque, TV. Cour, pelouse ombragée, abri voiture. Ouvert toute l'année. Préguillac est situé à proximité de Saintes où vous visiterez les vestiges gallo-romains : les arènes, les thermes, le théâtre et les églises romanes. Allez flaner sur les bords de Charente. A visiter les distilleries à Cognac, le donjon de Pons au Sud. Gare 8 km. Commerces 6 km.

Prix : 1 pers. **140/160 F** 2 pers. **190/210 F** repas **70 F**

30	8	0,5	0,5	8	10	6

LABBE Andree – Le Logis – 17460 Preguillac – Tél. : 46.93.67.65

Rochefort Ferme de Beligon   *C.M. n° 71 — Pli n° 13*

⚘⚘⚘ NN

Chambres aménagées dans une ancienne ferme restaurée, située sur une propriété de 6 ha. A l'étage. Ch. 1 et ch. 2 (1 lit 2 pers.), salle de bains/douche séparée et wc privés. Ch. 3 (1 lit 2 pers.), salle de bains et wc privés. Poss. lits appoint et 1 lit bébé. Salon commun avec TV, bibliothèque. Meubles de jardin. Gare 1,5 km. Commerces 1 km. Ouvert toute l'année. Très belle propriété de 6 ha aux portes de Rochefort que vous visiterez pour sa Corderie Royale, la Maison de Pierre Loti,... Thermes à Rochefort. Proximité de Brouage, fortifiée par Vauban. Proximité de l'Ile d'Oléron, l'Ile d'Aix et des plages de Fouras. Accès rapide sur La Rochelle.

Prix : 1 pers. **190 F** 2 pers. **250 F** pers. sup. **70 F**

15	2	1	2	4	40	1

CAPELLE Thierry – Ferme de Beligon – 17300 Rochefort – Tél. : 46.82.04.29 ou 46.87.45.98 – Fax : 46.87.45.98

Sablonceaux Saint-Andre
C.M. n° 71 — Pli n° 15

✹✹✹ NN Chambre indépendante dans une maison de construction récente moderne de caractère. 1 chambre en rez-de-chaussée (1 lit 2 pers.), salle d'eau/wc privés. Salle de séjour/salon avec TV. Jardin fleuri et verger, terrasse, meubles de jardin, portique, barbecue. Gare 5 km. Commerces 1 km. Ouvert pendant les vacances scolaires. Sablonceaux est situé entre Saintes et Royan et permet d'allier les joies de la plage et les plaisirs des visites de sites prestigieux pour les amateurs d'Art Roman : Saintes, ville aux vestiges gallo-romains, traversée par la Charente.

Prix : 2 pers. 220 F

🏖	🚣	🎿	🏃	🚵	🏹	🤸
20	8	4	0,5	4	20	5

PEILLE Jerome – Le Bourg - Saint Andre – 17600 Sablonceaux – Tél. : 46.94.76.33 ou 46.22.80.35

Sablonceaux Le Mortier
C.M. n° 71 — Pli n° 15

✹✹✹ NN 2 chambres situées à l'étage d'un manoir ouvrant sur une cour et une pelouse ombragées. Ch. 1 et ch. 2 (1 lit 2 pers.), salle de bains/wc privés à chaque chambre. Possibilité d'1 lit 1 pers. dans les 2 chambres. Salle de séjour, salon, TV. Abri. Ping-pong, bac à sable. Gare 3 km. Commerces 2 km. Ouvert du 1er mai au 1er octobre. Sablonceaux est situé entre Saintes et Royan et permet d'allier les joies de la plage et le plaisir des visites par les amateurs de l'art roman : Saintes, ville aux vestiges gallo-romains, traversée par la Charente où vous irez flaner le long des rives et parcourir ses rues animées.

Prix : 1 pers. 160/170 F 2 pers. 230/240 F pers. sup. 70 F

🏖	🚣	🎿	🏃	🚵	🏹	🤸
11	3	3	3	4	25	3

GAY Danielle – Domaine du Mortier – 17600 Sablonceaux – Tél. : 46.02.30.00 ou 46.02.25.92 – Fax : 46.02.40.80

Sablonceaux Toulon
C.M. n° 71 — Pli n° 15

✹✹✹ NN Chambres dans maison de construction récente. A l'étage, 1 ch. familiale 4 pers. avec terrasse (1 ch. 1 lit 2 pers. 1 ch. 2 lits 1 pers.), salle d'eau et wc privés. En r.d.c. 1 chambre avec terrasse (2 lits 1 pers.), salle de bains et wc privés. Séjour/salon : cheminée, TV coul. Vaste jardin d'agrément, salon de jardin, terrasse, barbecue, jeux enfants. Sablonceaux est situé entre Saintes et Royan et permet d'allier les joies de la plage et les plaisirs des visites de sites prestigieux pour les amateurs d'art roman. Saintes : ville aux vestiges gallo-romains, traversée par la Charente. Gare et commerces à 3 km. Anglais et espagnol parlés.

Prix : 1 pers. 190 F 2 pers. 230 F 3 pers. 300 F pers. sup. 70 F

🐕	🏖	🚣	🎿	🏃	🚵	🏹	🤸
	20	3	3	3	10	15	3

PAPINEAU Pierre – Toulon – 17600 Sablonceaux – Tél. : 46.02.36.29

Saint-Christophe Le Chateau
 C.M. n° 71 — Pli n° 12

✹✹✹✹ NN Suite meublée d'époque dans un château du XVIIIe siècle entouré d'un grand parc arboré et fleuri de 12000 m². La suite avec 1 ch. (1 lit 2 pers.) et 1 salon particulier avec bibliothèque, TV. Téléphone. Salle de bains privative et wc privatifs attenants. Grand vestibule ouvrant sur une terrasse. Animaux admis en chenil. Meubles de jardin, abri. A proximité immédiate de La Rochelle, ville d'art et d'histoire : les rues aux arcades animées, l'aquarium. Les îles lumineuses de Ré et d'Oléron. Le prestigieux Marais Poitevin... Gare 2,5 km. Commerces 3 km. Ouvert du 1er avril au 31 octobre. Anglais parlé.

Prix : 1 pers. 400 F 2 pers. 500 F

🐕	🏖	🚣	🎿	🏃	🚵	🏹	🤸
	15	2	2	2	10	21	2

MASSIGNAC Jean-Pierre – 6, Route de la Mazurie - Le Chateau – 17220 Saint-Christophe – Tél. : 46.35.51.76

Saint-Crepin Azay
C.M. n° 71 — Pli n° 3

✹✹ NN 3 chambres à l'étage d'une maison charentaise indép. Ch. 1 (1 lit 2 pers. 1 lit enfant), ch. 2 (1 lit 2 pers.), ch. 3 (2 lits 1 pers.), s. d'eau privée à chacune, wc communs aux 3 ch. Poss. lit appoint. Salle de détente, bibliothèque. Cuisine à disposition des hôtes. Jardin agrément, pelouse/cour privée non close, meubles de jardin, barbecue. Ouvert toute l'année. Vélos à disposition. Saint-Crépin dans le Val de Boutonne entre Surgères et Tonnay Boutonne. Proximité de Rochefort où vous visiterez la Corderie Royale, la maison de Pierre Loti... Gare 12 km. Commerces 5 km.

Prix : 1 pers. 170 F 2 pers. 190 F 3 pers. 250 F pers. sup. 60 F

🐕	🏖	🚣	🎿	🏃	🚵	🏹	🤸
	25	5	3	5	15	12	5

BONNOUVRIER Gaston – 1, rue du Centenaire - Azay – 17380 Saint-Crepin – Tél. : 46.33.23.85

Saint-Georges-d'Oleron
C.M. n° 71 — Pli n° 13

✹ NN Chambres aménagées dans une maison indépendant de construction récente. A l'étage, 3 chambres avec salle d'eau privative non attenante et wc communs aux 3 chambres. Ch. 1 avec balcon (1 lit 2 pers.). Ch. 2 (1 lit 2 pers.). Ch. 3 (2 lits 1 pers.). Frigo à disposition des hôtes. Pelouse fleurie, meubles de jardin, portique. Parking. Ouvert toute l'année. L'île d'Oléron avec ses grandes plages de sable fin, la forêt de Saint Trojan au Sud, le phare de Chassiron au nord. Allez visiter le petit port de pêche de La Cotinière et sa criée ! Gare 50 km. Commerces 400 m.

Prix : 1 pers. 160 F 2 pers. 190 F

🏖	🚣	🎿	🏃	🚵	🏹	🤸
3	3	3	0,4	4	7	5

TRICHARD Charles – 150, rue du Cellier – 17190 Saint-Georges-d'Oleron – Tél. : 46.76.58.92

Saint-Georges-des-Coteaux
C.M. n° 71 — Pli n° 4

✹✹✹ NN Chambres dans maison charentaise rénovée. 4 ch. avec salle d'eau/wc privés. A l'étage, « Moulinsart » (2 lits 1 pers. 1 lit enf.). « Agatha Christie » (1 lit 2 pers. 1 lit enf.). « Pearl Buck » (1 lit 2 pers.). Au r.d.c. « Picardie » (1 lit 2 pers.). Grand salon : cheminée avec mezz., séjour/cuisine réservé aux hôtes. Billard français, TV, bibliothèque. Grand jardin, pelouse arborée, terrasse, barbecue, meubles de jardin, portique, ping-pong, bac à sable. 2 restaurants dans village. Saint-Georges des Coteaux dans la Saintonge romane est très proche de la Charente et de Saintes : vieille ville avec ses vestiges gallo-romains et ses églises romanes.

Prix : 1 pers. 190 F 2 pers. 250 F 3 pers. 320 F pers. sup. 70 F

🐕	🏖	🚣	🎿	🏃	🚵	🏹	🤸
	30	6	6	SP	3	6	6

TROUVE Dominique et Anne – 5, rue de l'Eglise – 17810 Saint-Georges-des Coteaux – Tél. : 46.92.96.66

Saint-Hilaire-du-Bois Les Robins — C.M. nᵒ 71 — Pli nᵒ 6

NN

Chambres dans maison de caractère, indép., à 5 mn des thermes de Jonzac. A l'ét. 4 ch. avec s. d'eau et wc privés. Ch. 1 (1 lit 2 pers.). Ch. 2 (3 lits 1 pers.). Ch. 3 (1 lit 2 pers.). Ch. 4 (1 lit 2 pers. 1 lit 1 pers.). Kitchenette, prise TV dans les ch. 1 et 2. Séjour/kitchenette, l-linge. Coin-salon, TV, biblio. tél. Cour, vaste jardin arboré, piscine privée. Restaurant à 2 km. Possibilité de baignade en lac géo-thermique à Jonzac : station thermale. Route des vins, Pineau, Cognac à déguster. Circuits touristiques dans un rayon de 40 km : Saintes, Cognac, Blaye, Royan. Gare et commerces à 4 km. Ouvert toute l'année. Anglais parlé.

Prix : 1 pers. **190 F** 2 pers. **250 F** 3 pers. **320 F**

40	SP	4	4	4	18	4

GUILBAUD Rene – Les Robins Prox D2 Royan/Jonzac - Saint-Hilaire-du-Bois – 17500 Jonzac – Tél. : 46.48.22.37 – Fax : 46.48.29.14

Saint-Jean-de-Liversay — C.M. nᵒ 71 — Pli nᵒ 12

NN

Dans un petit village, 3 chambres aménagées au r.d.c. d'une maison rénovée. 2 ch. avec s. d'eau et wc privés. Ch. 1 (1 lit 1 pers. 1 lit 2 pers.). Ch. 2 (1 lit 2 pers.). Ch. 3 (2 lits 1 pers.), avec s. d'eau privée non attenante et wc. Séjour/salon commun avec billard et TV. Lave-linge à dispo. Vaste jardin non clos, meubles de jardin, barbecue. Luché est une petit village situé entre La Rochelle et Mauzé, en limite du Marais Poitevin. Accès rapide à La Rochelle (20 mn) où vous visiterez l'aquarium, les rues aux arcades animées, le vieux port de pêche... Gare 15 km. Commerces 2 km. Ouvert toute l'année. Anglais parlé.

Prix : 1 pers. **170/180 F** 2 pers. **200/210 F** 3 pers. **270 F**

30	5	5	8	1	30	2

WEST Hazel – 18, rue du Courseau - Luche – 17170 Saint-Jean-de-Liversay – Tél. : 46.01.86.57

Saint-Jean-de-Liversay — C.M. nᵒ 71 — Pli nᵒ 12

NN **(TH)**

Dans un hameau, 4 chambres aménagées dans un bâtiment mitoyen à la maison des propriétaires. Au r.d.c., 2 chambres avec salle d'eau/wc privée. Ch. 1 (1 lit 1 pers. 1 lit 2 pers.). A l'étage, 2 chambres avec salle d'eau privée et wc communs. Ch. 3 et ch. 4 (1 lit 2 pers.). Séjour/salon avec cheminée, TV, téléphone. Jardin. Ouvert toute l'année. Saint-Jean-de-Liversay est situé aux Portes du Marais Poitevin, à proximité de la « Venise Verte » que vous découvrirez en barques sous la fraîcheur des saules et des peupliers. Proximité de La Rochelle : ville d'Art et d'Histoire à visiter. Gare 22 km. Commerces 3 km. Anglais parlé.

Prix : 1 pers. **150 F** 2 pers. **200/220 F** pers. sup. **50 F** repas **75 F**

25	3	3	3	1	30	3

GUERIN Nicole et Jean-Marie – 6, rue des Tilleuls - Sourdon – 17170 Saint-Jean-de-Liversay – Tél. : 46.01.92.57

Saint-Julien-de-l'Escap — C.M. nᵒ 71 — Pli nᵒ 4

NN **(TH)**

Chambres dans maison indép. (prox. route) dans village. A l'étage 3 ch. Ch. 1 (1 lit 2 pers. 1 lit 1 pers.), cabine douche, wc privés attenants. Ch. 2 (1 lit 2 pers. 1 lit 1 pers.), salle d'eau, wc privés attenants. Ch. 3 (2 lits 1 pers.), salle d'eau, wc privés attenants. Pos. 1 lit 1 pers. Séjour, coin-salon. Cour, coin-pelouse, salon de jardin. Saint-Jean-d'Angély à 2 km. Proximité de Saintes, Cognac, Marais Poitevin. Eglises romanes à visiter dont celle d'Aulnay de Saintonge à ne pas manquer. Les bords de Boutonne : pêche, flaneries, canotage... Gare 1,5 km. Commerces sur place. Ouvert toute l'année.

Prix : 1 pers. **170 F** 2 pers. **200/210 F** 3 pers. **260/275 F** pers. sup. **50 F** repas **80/85 F**

45	1	SP	1	5	25	1

COMPAIN Bernadette – 117, Grande Rue - (Face Salon de Coiffure) – 17400 Saint-Julien-de-l'Escap – Tél. : 46.59.06.63

Saint-Just-Luzac — C.M. nᵒ 71 — Pli nᵒ 14

NN

Chambre familiale avec accès indépendant, aménagée au 1er étage de la maison du propriétaire. Chambre avec salle d'eau et wc privés (1 ch. 1 lit 2 pers., 1 ch. 1 lit 1 pers. et 1 lit 2 pers.). Séjour et salon avec TV. Cour et jardin clos commun, avec meubles de jardin et jeux d'enfants. Gare 20 km. Commerces 500 m. Ouvert toute l'année. Saint-Just-Luzac est situé dans le bassin Marennes-Oléron, réputé pour ses huîtres de claire. Visite de l'Ile d'Oléron, surnommée « La Lumineuse » avec ses plages de sable fin. Excursions par le petit train touristique de la Seudre. Découvrez la forêt de La Coubre, le zoo de la Palmyre...

Prix : 1 pers. **155 F** 2 pers. **190 F** 3 pers. **240 F** pers. sup. **55 F**

5	5	5	1	1	25	0,5

JOUBERT Ginette – 5, rue du Haras – 17320 Saint-Just-Luzac – Tél. : 46.85.34.03

Saint-Just-Luzac Chateau de Feusse — C.M. nᵒ 71 — Pli nᵒ 14

NN

2 chambres d'hôtes situées au 1er étage d'un château du XVIIe siècle donnant sur un parc arboré. Ch. 1 (2 lits 1 pers.). Ch. 2 (1 lit 2 pers.). Salle de bains et wc privés à chaque chambre. Séjour, cuisine, TV et bibliothèque. Meubles de jardin. Piscine privée. Vélos à disposition. Gîte rural sur la propriété. Gare 18 km. Commerces 2 km. Anglais parlé. Marennes : capitale de l'huître est à proximité de l'Ile d'Oléron que vous apprécierez pour ses plages de sable fin. Visite de Brouage : ancienne ville fortifiée. Rochefort : la Corderie Royale, la maison de Pierre Loti, visite du château de La Gataudière. Ouvert du 1er juin au 30 septembre.

Prix : 1 pers. **300 F** 2 pers. **350 F** pers. sup. **50 F**

5	SP	1	1	1	25	5

MEUNIER Nicole – Chateau de Feusse – 17320 Saint-Just-Luzac – Tél. : 46.85.16.55 ou 1 43.50.52.22

Saint-Laurent-de-la-Barriere La Daviere   *C.M. n° 71 — Pli n° 3*

≋≋ NN
(TH)

3 chambres aménagées dans la maison renovée des propriétaires. En r.d.c. (1 lit 2 pers. 1 lit bébé), salle de bains et wc privés. A l'étage ch. 2 (1 lit 2 pers.), salle d'eau privée. Ch. 3 (1 lit 2 pers. 1 lit appoint 1 pers), salle d'eau privée. WC communs ch. 2 et ch. 3. Salon commun à dispo., TV. Grand jardin fleuri et arboré, salons de jardin, barbecue. A 30 mn des plages de Fouras et Châtelaillon, Saint-Laurent de la Barrière vous permettra de rayonner sur tout le nord du département : Saint-Jean d'Angély, le Marais Poitevin, Saintes : ville d'Art et d'Histoire. Gare 12 km. Commerces 8 km. Ouvert toute l'année.

Prix : 1 pers. **160 F** 2 pers. **200 F** p. sup. **60 F** repas **70 F**

40	8	5	8	25	12	8

GRELLIER Monique et Michel – La Daviere – 17380 Saint-Laurent-de-la-Barrière – Tél. : 46.68.91.91

Saint-Pierre-d'Oleron Le Clos - la Menouniere   *C.M. n° 71 — Pli n° 13*

≋≋≋ NN

3 chambres avec salle d'eau et wc privés chacune aménagées dans un bâtiment indép. sur une exploitation viticole. Ch. 1 et ch. 2 (1 lit 2 pers. 1 lit 1 pers. en mezz.). Ch. 3 (2 lits 1 pers. 1 lit 1 pers. en mezz.). Poss. lit appoint 1 pers dans chaque ch. Séjour/salon. Poss. cuisine. Jardin commun non clos, meubles de jardin, portique, ping-pong. L'île d'Oléron avec ses plages, le port de La Cotinière et sa criée, les parcs à huîtres, le marais aux oiseaux. Randonnées en vélos avec découverte des exploitations. Gare 40 km. Commerces 3 km. Ouvert toute l'année. Anglais et espagnol parlés.

Prix : 1 pers. **200 F** 2 pers. **230 F** 3 pers. **270 F** pers. sup. **40 F**

0,5	4	0,5	0,5	4	8	3

DENIEAU Micheline – 20 rue de la Legere - Le Clos - la Menouniere – 17310 Saint-Pierre-d'Oleron – Tél. : 46.47.14.34

Saint-Savinien Forgette   *C.M. n° 71 — Pli n° 4*

≋≋ NN
(TH)

3 chambres dans la maison du propriétaire. A l'ét. 1 chambre familiale (1 ch. 1 lit 2 pers. 1 ch. 3 lits 1 pers.), s.d.b. et wc privés. Ch. 2 (1 lit 2 pers. 1 lit 1 pers.), s. d'eau et wc privés. Au r.d.c., ch. 3 (1 lit 2 pers.), s.d.b. et wc privés, TV, poss. lit appoint. Séjour. Jardin/pelouse non clos, portique, meubles de jardin. Location de vélos. A 2 km, base de loisirs avec tennis, piscine, barque, pédalos et petits bateaux. La rivière la Charente vous charmera avec ses maisons « dans l'eau ». Saintes, ville romane et animée : vestiges gallo-romains, thermes, théâtre. Gare et commerces à 2 km. Ouvert toute l'année.

Prix : 1 pers. **160/190 F** 2 pers. **190/230 F** 3 pers. **240/300 F** pers. sup. **50 F** repas **75 F**

35	2	SP	2	15	20	2

LOIZEAU Jeannine – Forgette – 17350 Saint-Savinien – Tél. : 46.90.21.20 – Fax : 46.90.21.20

Saint-Simon-de-Pellouaille Chateau de la Tillade   *C.M. n° 71 — Pli n° 5*

≋≋≋ NN
(TH)

Chambres au château sur une propriété viticole et céréalière. Et. : ch. 1 (2 lits 1 pers.), ch. 2 (1 lit 2 pers.), s. d'eau/wc privé chacune. Ch. 3 (1 lit 160), s.d.b./douche séparée, wc privés. Séjour, salle à manger, salon (TV), bibliothèque. Cour fleurie, salon de jardin. Vélos à disposition. Promenades à cheval pour cavaliers confirmés. Ouvert d'avril à octobre. Atelier de peinture (cours sur demande). En Pays de Cognac, sur le terroir d'appellation « Bons Bois », la grande façade en pierre blanche du château se détache au bout d'une allée de tilleuls longeant le vignoble. Chai à eau-de-vie. Au château de la Tillade, vous recevrez un accueil chaleureux.

Prix : 2 pers. **350/450 F** repas **150 F**

25	4	15	30	4	SP	20	4

DE SALVERT Michel et Solange – Chateau de la Tillade – 17260 Saint-Simon-de-Pellouaille – Tél. : 46.90.00.20

Saint-Sornin   *C.M. n° 71 — Pli n° 14*

≋≋≋ NN
(TH)

Dans une maison de caractère superbement restaurée, une chambre de grand confort (1 lit 2 pers.) avec salle de bains et wc privés, en rez-de-chaussée avec accès indépendant. Salon réservé aux hôtes avec TV, bibliothèque. Vaste jardin d'agrément avec piscine. Parking privé. Vélos à disposition. Gare 10 km. Commerces sur place. Ouvert toute l'année. Saint-Sornin est un joli petit village situé à proximité de Marennes capitale de l'huître de claire et de Brouage, patrie de Champlain et fortifié par Vauban. Calme et détente assurés. Accès rapide à Rochefort, Royan et l'Ile d'Oléron. Anglais et espagnol parlés.

Prix : 1 pers. **280 F** 2 pers. **350 F** repas **120 F**

20	SP	5	SP	8	20	6

PINEL-PESCHARDIERE Anne-Marie – 10, rue du Petit Moulin – 17600 Saint-Sornin – Tél. : 46.85.44.62

Saint-Sulpice-de-Royan Les Metairies   *C.M. n° 71 — Pli n° 15*

≋ NN
(A)

Chambres avec salle d'eau et wc privés aménagées au 1er étage de la maison du propriétaire. Ch. 1 (2 lits 1 pers.). Ch. 2 (1 lit 2 pers.). Salle de séjour familiale avec TV. Cour commmune. Poss. de repas en auberge à la ferme sur place. Gare 7 km. Commerces 3 km. Ouvert du 15 mars au 15 novembre. Royan à 10 km vous charmera par ses plages au sable fin, son port. Découvrez les bords de Gironde avec Meschers, Talmont et sa petite église romane perchée à flanc de falaise, les coteaux vallonnés de l'arrière pays, le zoo de la Palmyre.

Prix : 1 pers. **170 F** 2 pers. **200 F** pers. sup. **40 F** repas **70 F**

7	7	3	5	6	8	3

GOBIN Claudette – Les Metairies – 17200 Saint-Sulpice-de-Royan – Tél. : 46.39.14.12

Saint-Sulpice-de-Royan   *C.M. n° 71 — Pli n° 15*

≋≋≋ NN
(A)

Chambres dans maison indépendante mitoyenne à une ferme-auberge. 6 ch. avec salle d'eau/wc privée. En r.d.c. 3 ch. (1 lit 2 pers.) dont 1 ch. acc. pers. handicapées. A l'étage, 3 chambres. Ch. 4 et ch. 5 (1 lit 2 pers.). Ch. 6 (1 lit 1 pers. 1 lit 2 pers.). Salon, cheminée, TV. Pelouse arborée, terrasse, barbecue, salon de jardin, ping-pong, baby-foot. Royan : plage de sable fin, port de plaisance. La forêt de la Coubre au nord et zoo de La Palmyre. Au sud, les bords de Gironde avec Talmont et sa petite église romane perchée à flanc de falaise. Gare 5 km. Commerces 200 m. Ouvert toute l'année.

Prix : 2 pers. **220/260 F** 3 pers. **280/330 F** pers. sup. **60/80 F** repas **70 F**

5	5	5	0,5	10	10	0,2

FERME-AUBERGE LEYLANDY Forget Claude – Chemin de la Ferme – 17200 Saint-Sulpice-de-Royan – Tél. : 46.23.01.19 ou 46.23.05.99

Saint-Xandre Trente Vents
C.M. n° 71 — Pli n° 12

♥♥♥ NN — Chambres dans maison indép. isolée. Ch. 1 à l'ét. (2 lits 1 pers.), s. d'eau et wc privés. Ch. 2 (1 lit 2 pers. 1 lit 1 pers. en mezz.), s.d.b. et wc privés. Ch. 3 familiale à l'ét. (1 lit 2 pers. 1 lit 1 pers.), s. d'eau et wc privés. Séjour avec mezz., salon/coin-lecture, TV et kitch. avec frigo. Pelouse close, terrasse. Barbecue, portique communs. Saint-Xandre est situé à proximité de La Rochelle : ville d'art et d'histoire que vous visiterez pour son vieux port, ses rues aux arcades animées, ses restaurants aux spécialités de fruits de mer, son marché... Gare 8 km. Commerces 1 km. Ouvert toute l'année. Anglais et allemand parlés.

Prix : 1 pers. **200 F** 2 pers. **230/240 F** 3 pers. **320/360 F**

9	4	3	1	12	5	8

AUTRUSSEAU Annie – 1, rue de la Grace Par Hasard - Trente Vents – 17138 Saint-Xandre – Tél. : 46.37.22.10

Sainte-Marie-de-Re Les Grenettes
C.M. n° 71 — Pli n° 12

♥ NN — Dans un site boisé, à 200 m des plages, chambres aménagées dans une maison indépendante, de construction récente. 3 chambres en r.d.c. (2 lits 1 pers.), salle d'eau et wc communs. Petit séjour avec kitchenette réservé aux hôtes. Vaste jardin arboré clos, parking. Gare 15 km. Commerces 1,5 km. Ouvert d'avril à septembre. Anglais et espagnol parlés. L'Ile de Ré que vous empruntez par son pont à l'architecture remarquable est un lieu privilégié pour passer ses vacances ! Petits villages aux rues étroites, maisons blanches aux volets verts et patios intérieurs. Jolies plages de sable fin...

Prix : 2 pers. **200 F**

0,2	1,7	0,2	0,1	2	30	1,5

JEANNEAU Pascale – Les Oliviers du Peu Pinson - Les Grenettes – 17740 Sainte-Marie-de-Re – Tél. : 46.30.13.17

Sainte-Soulle Usseau
C.M. n° 71 — Pli n° 12

♥♥♥ NN — Chambres aménagées dans une ancienne grange rénovée à proximité de la maison des propriétaires. A l'étage 3 chambres avec salle d'eau et wc privés chacune. Ch. 1 et ch. 2 (2 lits 2 pers.). Ch. 3 (2 lits 1 pers.). Possibilité lit d'appoint ou bébé. Salon réservé aux hôtes : TV, téléphone. Parking. Parc ombragé avec piscine, ping-pong, jeux d'enfants. Vélos à disposition. Accès au tennis municipal gratuit. La Rochelle : ville d'Art et d'Histoire à 5 mn par accès rapide. Découvrez le vieux port et ses tours, l'aquarium, l'hôtel de Ville... L'île de Ré que vous visiterez et où vous irez farnienter sur ses plages de sable fin...

Prix : 1 pers. **250 F** 2 pers. **280 F** pers. sup. **70 F**

15	SP	2	0,5	25	10	2

GILBERT Monique et Pierre – 3 Bis, Route de Nantes - Usseau – 17220 Sainte-Soulle – Tél. : 46.37.50.32 – Fax : 46.37.50.32

Semoussac Pavageau
C.M. n° 71 — Pli n° 6

♥♥ NN (TH) — Dans un site calme, au milieu des vignes, chambre aménagée au 1er étage de la maison du propriétaire (2 lits 1 pers. 1 lit bébé à disposition), salle d'eau et wc privés. Séjour, salon avec cheminée, bibliothèque. Gare 19 km. Commerces 7 km. Ouvert toute l'année sauf octobre. Anglais parlé. Sémoussac est situé à proximité des bords de Gironde, à 7 km de la sortie 27 de l'autoroute A 10. L'arrière pays aux coteaux de vignobles vallonnés, le château de Mirambeau vous enchanteront. Proximité du département de Gironde : route des vins à déguster !

Prix : 1 pers. **170 F** 2 pers. **220 F** repas **70 F**

38	7	8	20	7	12	45	7

LAROCHE Renee – Pavageau – 17150 Semoussac – Tél. : 46.86.05.55 – Fax : 46.86.02.37

Semoussac Pavageau
C.M. n° 71 — Pli n° 6

♥♥ NN (TH) — Chambre familiale aménagée au 1er étage de la maison des propriétaires. 1 ch. (1 lit 2 pers.), 1 ch. (3 lits 1 pers.). Salle de bains et wc privés. Séjour et salon commun avec cheminée, bibliothèque et TV. Jardin, jeux d'enfants. Table d'hôte sur réservation. Gare 19 km. Commerces 7 km. Ouvert toute l'année. Claude et Christiane vous accueilleront chaleureusement dans leur grande maison charentaise située au milieu des vignes. Proximité de Mirambeau et des bords de Gironde. Visites de distilleries et chais à Cognac. Découvrez Talmont (église romane perchée à flanc de falaise) et Meschers...

Prix : 1 pers. **170 F** 2 pers. **220 F** 3 pers. **280 F**
pers. sup. **60 F** repas **70 F**

38	7	8	20	7	12	45	7

JARRASSIER Christiane – Pavageau – 17150 Semoussac – Tél. : 46.86.02.37 – Fax : 46.86.02.37

Semussac La Valade
C.M. n° 71 — Pli n° 15

♥♥ NN — Chambre avec accès indépendant, aménagée dans une maison de construction récente. 1 chambre en r.d.c. (1 lit 2 pers.), salle d'eau et wc privés. Possibilité 1 lit enfant (3 ans). Grand jardin clos arboré avec pelouse, meubles de jardin, portique, bac à sable. Parking ombragé. Gare 8 km. Commerces 1 km. Ouvert de Pâques à fin octobre. Anglais et italien parlés. Royan : ville de congrès à visiter, son port de plaisance et ses plages de sable fin. Les bords de Gironde à proximité. Allez visiter le port de pêche de Mortagne sur Gironde et la petite église romane de Talmont à flanc de falaise. Zoo de la Palmyre.

Prix : 1 pers. **190 F** 2 pers. **210 F** pers. sup. **20 F**

6	7	2	1	2,5	15	5

MAZZA Guy – La Valade – 17120 Semussac – Tél. : 46.05.18.37

Semussac Fontenille
C.M. n° 71 — Pli n° 15

♥♥ NN (TH) — Chambres avec salle d'eau et wc privés chacune aménagées dans une maison entièrement rénovée mitoyenne à celle des propriétaires. Au r.d.c. Ch.1 (1 lit 2 pers.). A l'étage 4 chambres, ch. 2, ch. 3, ch. 4 (1 lit 2 pers. 1 lit 1 pers.). Ch. 5 (3 lits 1 pers.). Séjour/salon commun, salon de jardin. Gare 10 km. Commerces 2 km. Ouvert toute l'année. Sémussac, à 12 km de Royan : ville de congrès et balnéaire avec sa plage de sable fin, Saint-Georges de Didonne. A proximité des bords de Gironde où vous visiterez l'église romane de Talmont perchée sur la falaise... Le petit port de pêche de Mortagne-sur-Gironde par la route verte.

Prix : 1 pers. **130/140 F** 2 pers. **205 F** 3 pers. **255 F**
pers. sup. **50 F** repas **65 F**

5	5	2	2	10	20	5

REAUD Pierre – Fontenille – 17120 Semussac – Tél. : 46.05.57.69

Semussac La Champagne

¥ NN Chambres avec s. d'eau et wc privés chacune dans une maison indép. A l'ét. : ch. 1 et ch. 2 (1 lit 1 pers. 1 lit 2 pers.). En r.d.c. : ch. 3 (2 lits 2 pers.), ch. 4 (1 lit 2 pers. 2 lits 1 pers.) avec kitchenette com. L-linge et cuisine à disposition des hôtes. Vaste séjour. Salle de jeux. Cour non close privée, terrasse, barbe-cue, salon de jardin, portique, Ping-pong, baby-foot. Royan à 12 km à visiter pour ses plages, les bords de Gironde avec Talmont (son église). Gare 12 km. Commerces 3 km. Ouvert toute l'année.

Prix : 2 pers. **195 F** 3 pers. **260 F** pers. sup. **35 F**

8	4	3	3	3	12	4

LEBEAUD Guy – La Champagne – 17120 Semussac – Tél. : 46.90.86.42

Semussac La Valade

¥¥ NN Chambres dans une maison indépendante rénovée. A l'étage ch. 1 et ch. 2 (1 lit 2 pers. 1 lit 1 pers.), salle d'eau et wc privés à chacune. Cuisine, séjour, coin-salon avec TV à disposition des hôtes sur même niveau. Environnement pelouse et cour non close, salon de jardin, barbecue, boulodrome, portique, toboggan, ping-pong. Gare 9 km. Commerces 1 km. Ouvert toute l'année. Royan, ville de congrès à visiter : son port de plaisance, ses plages de sable fin. Les bords de Gironde à proximité. Allez voir la petite église romane de Talmont perchée à flanc de falaise et le port de Mortagne sur Gironde.

Prix : 1 pers. **160 F** 2 pers. **200 F** 3 pers. **250 F** pers. sup. **50 F**

6	7	6	1	3	18	5

VIGUIAUD Loïc – La Valade – 17120 Semussac – Tél. : 46.06.91.14

Soubran

¥¥ NN Maison indép. située dans un hameau. Etage : ch. 1 (1 lit 2 pers.), ch. 2 (2 lits 1 pers.), ch. 3 (1 lit 2 pers. 1 lit 1 pers.), s. d'eau privée chacune, wc communs. Séjour/coin-salon, bibliothèque. Kitchenette à dispo. des hôtes. L-linge disponible. TV dans chaque ch. Cour, petit jardin clos, meubles de jardin, por-tique, barbecue, bac à sable. Restauration en ferme-auberge à 1 km. Proximité de Mirambeau et des bords de Gironde. Montendre (lac de baignade, activités nautiques et pêche), à 11 km. Jonzac, station thermale et son lac de baignade géo-thermique à 15 km. Gare 11 km. Commerces 1 km. Ouvert toute l'année.

Prix : 1 pers. **150/160 F** 2 pers. **220/230 F** 3 pers. **290 F** pers. sup. **70 F**

45	6	8	11	3	5	35	6

LOUIS-JOSEPH Evelyne – 10, Les Simons – 17150 Soubran – Tél. : 46.49.25.79 ou 46.49.76.77 – Fax : 46.49.25.79

Talmont Le Portail du Bas

¥¥ NN 2 chambres avec salle d'eau et wc privés chacune en rez-de-chaussée d'une construction annexe à la maison du propriétaire, à 200 m de l'estuaire de la Gironde. Ch. 1 (2 lits 1 pers. 1 lit 2 pers.). Ch. 2 avec petit préau (1 lit 1 pers. 1 lit 2 pers.). Séjour/salon commun avec TV. Jardin non clos, salon de jardin. Gare 20 km. Commerces 5 km. Ouvert toute l'année. Talmont, petit village typique charentais des bords de Gironde dont vous découvrirez la petite église romane perchée à flanc de falaise. Curiosités : les grottes Régulus et Matata à 6 km, la pêche au carrelet, les plages de Meschers, St-Georges de Didonne et de Royan... Anglais et espagnol parlés.

Prix : 1 pers. **160 F** 2 pers. **200 F** 3 pers. **260 F** pers. sup. **50 F**

5	1	1	5	7	25	5

BRANCHEREAU Jacques et Jeannette – Le Portail du Bas – 17120 Talmont – Tél. : 46.90.44.74

Thaire-d'Aunis

¥¥¥ NN (TH) 3 ch. dans maison de caractère recouverte de vigne vierge. Ch. 1 à l'ét. (1 lit 2 pers.), ch. 2 au r.d.c. (1 lit 2 pers. 1 lit 1 pers.), s. d'eau et wc privés chacune. Ch. 3 familiale à l'ét. (1 ch. 1 lit 2 pers. et 1 ch. 2 lits 1 pers.), s. d'eau et 2 wc. Séjour, salon, TV, coin-cuisine, l-linge. Petit parc clos, pelouse, por-tique, salle de jeux. Parking clos. Table d'hôtes fermée le samedi soir. Thairé d'Aunis, charmant village charentais près de Châtelaillon et de La Rochelle : ville d'Art et d'Histoire : l'aquarium, le vieux port, les rues aux arcades animées. Rochefort à visiter pour la Corderie Royale, la maison de P. Loti.

Prix : 1 pers. **190 F** 2 pers. **230 F** 3 pers. **290 F** pers. sup. **60 F** repas **70 F**

7	7	3	0,2	8	30	7

FONTENAY Pierre – 2, rue de Dirac – 17290 Thaire-d'Aunis – Tél. : 46.56.17.29

Thaire-d'Aunis

¥¥ NN Chambres (accès indép.) aménagées à l'ét. de la maison du propriétaire. Ch. 1 (1 lit 2 pers.), ch. 2 (1 lit 2 pers. 1 lit 1 pers.), ch. 3 (1 lit 2 pers. 2 lits 1 pers.), s. d'eau et wc privés à chacune. Séjour dans véranda, coin-salon, TV, tél., biblio. Cuisine dispo. (15 F/jour), mini lave-linge. Cour non close, parking, jeux enfants, terrasse, salon de jardin. Restaurant à 400 m. Thairé d'Aunis est situé entre La Rochelle et Rochefort, à 7 km de Châtelaillon où vous apprécierez sa plage. La Rochelle : ville d'Art et d'Histoire : son vieux port, l'aquarium... Gare 7 km. Commerces 500 m. Ouvert toute l'année.

Prix : 1 pers. **150 F** 2 pers. **170/190 F** 3 pers. **220 F** pers. sup. **30 F**

7	7	5	0,1	10	30	7

FOUGERIT Jacques et Geneviève – 6, rue Jasse Perdrix – 17290 Thaire-d'Aunis – Tél. : 46.56.17.25 – Fax : 46.56.17.25

Thaire-d'Aunis

¥¥ NN Chambres à l'étage d'une maison de caractère. Ch. 1 (1 lit 2 pers.), ch. 2 (2 lits 1 pers.), avec s. d'eau et wc privés. Ch. 3 familiale (1 ch. 1 lit 2 pers. 1 ch. 2 lits 1 pers.), avec wc et s. d.b. privée au r.d.c. Cuisine, séjour, salle de détente avec TV, biblio. et ping-pong. Cour/coin-pelouse, jardin clos non atte-nant, meubles de jardin, portique. Mortagne, petit village charentais à 2 km de Thairé d'Aunis. Plage de Châtelaillon à 5 km. Gare 6 km. Commerces 2 km. Ouvert toute l'année.

Prix : 1 pers. **150 F** 2 pers. **190 F** 3 pers. **300 F** pers. sup. **50 F**

6	6	4	2	8	30	6

JOURNADE Anne-Marie – 4, rue de la Chapelle - Mortagne – 17290 Thaire-d'Aunis – Tél. : 46.56.17.23

Thaire-d'Aunis

🌿🌿🌿 NN 2 chambres à l'étage d'une maison charentaise de caractère du XVIIe siècle, indépendante. Ch. 1 (1 lit 2 pers.), ch. 2 (2 lits 1 pers.), avec salle d'eau et wc privés chacune. Séjour, cuisine à disposition. Jardin paysagé privatif clos, terrasse, salon de jardin, salle de jeux, portique, parking clos. Gare 7 km. Commerces sur place. Ouvert toute l'année. Thairé, petit bourg charmant entre La Rochelle et Rochefort, à proximité de Châtelaillon que vous apprécierez pour sa plage. Anglais parlé.

Prix : 1 pers. **190 F** 2 pers. **230 F** pers. sup. **60 F**

7	7	3	0,2	8	30	7		

FONTENAY Brigitte – 2, rue de Dirac – 17290 Thaire-d'Aunis – Tél. : 46.56.24.21

Torxe Le Petit Champagne

🌿🌿 NN (TH) Chambres aménagées dans une ancienne maison charentaise rénovée située à prox. de la maison des propriétaires. En r.d.c., 2 ch. (1 lit 2 pers.), s. d'eau/wc privée. A l'ét., 3 ch. (en cours de classement) avec s. d'eau privée et wc com. Ch. 3 (1 lit 2 pers.). Ch. 4 et 5 (2 lits 1 pers.). Séjour. Salon : cheminée. Jardin d'agrément. Vélos disp. Environnement calme avec vue sur un vallon céréalier. Proximité de la « Boutonne » où vous pouvez pêcher. A 10 km de Saint-Jean-d'Angély : ville historique. Accès rapide à Rochefort et à Saintes. Gare 10 km. Commerces 4 km. Ouvert toute l'année. Anglais parlé.

Prix : 1 pers. **160/180 F** 2 pers. **220/250 F** pers. sup. **60 F** repas **80 F**

40	10	1	4	10	35	10	

FONTAINE Nicole et Claude – Les Menthes Sauvages - Le Petit Champagne – 17380 Torxe – Tél. : 46.59.70.93 – Fax : 46.59.73.97

Trizay Le Chize

🌿🌿🌿 NN (TH) 5 chambres de grand confort avec accès indépendant, aménagées dans une ancienne ferme rénovée. En r.d.c. 2 chambres familiales avec mezz. (1 lit 2 pers. 2 lits 1 pers.), salle d'eau et wc privés. A l'ét. 3 chambres (1 lit 2 pers.), salle de bains et wc privés. Poss. lit appoint. Séjour commun, salon réservé aux hôtes avec cheminée, bibliothèque, point-phone. Environnement calme et champêtre. Sur place : promenade en attelage et logement de chevaux. Location de vélos, randonnées pédestres, base de loisirs à 1 km. Accès rapide à Rochefort, La Rochelle, Royan. Gare 13 km. Commerces 2 km. Ouvert toute l'année. Anglais parlé.

Prix : 2 pers. **280 F** 3 pers. **340 F** pers. sup. **60 F** repas **90 F**

25	13	1	13	5	30	5	

LOPEZ Roland – Le Chize – 17250 Trizay – Tél. : 46.82.09.56 – Fax : 46.82.16.67

Vandre

🌿 NN Chambre indépendante aménagée à l'étage d'un bâtiment mitoyen à la maison du propriétaire. 1 chambre familiale (1 ch. 1 lit 2 pers., 1 ch. 2 lits 1 pers.), avec salle d'eau et wc privés. Poss. lit d'appoint et 1 lit bébé. Séjour, poss. cuisine, coin-détente, TV, bibliothèque. Cour, jardin, salon de jardin, barbecue, portique, ping-pong. Ouvert d'avril à octobre. Joli village charmant aux animations variées. Allez visiter le musée « Vandré il y a 100 ans ». A 6 km, Surgères avec son église et son château, patrie d'Hélène de Fonsèque, inspiratrice de Ronsard. La Rochelle à 35 km : ville d'Art et d'Histoire célèbre pour son vieux port.

Prix : 1 pers. **160 F** 2 pers. **190 F** 3 pers. **250 F** pers. sup. **20 F**

23	SP	SP	SP	15	6	3	

BOUTTEAUD Alice – 13, rue de la Boulangerie – 17700 Vandre – Tél. : 46.68.88.64

Varaize

🌿🌿 NN 2 chambres familiales aménagées au 1er étage de la maison du propriétaire dans village. Ch. 1 (1 ch. 1 lit 2 pers., 1 ch. 2 lits 1 pers.). Ch. 2 (1 ch. 1 lit 2 pers., 1 ch. 1 lit 1 pers.). S.d.b. et wc privés à chaque chambre. Séjour, salon, cheminée, biblio., TV. Cour et pelouse close, barbecue, salon de jardin, balançoire, ping-pong, vélos à disposition. Varaize, petit village de campagne remarquable par son clocher carré est situé sur la Nie et à proximité de St-Jean-d'Angély, dans le Val de Boutonne où vous flanerez le long de ses rives ombragées. Nombreuses églises à visiter. Saintes : ville aux vestiges gallo-romains et églises.

Prix : 1 pers. **160 F** 2 pers. **220 F** 3 pers. **290 F** pers. sup. **70 F**

55	8	5	SP	8	25	8	

MICHENEAU Paul – 19, rue de Beauvais – 17400 Varaize – Tél. : 46.26.30.16

Villedoux Le Seuil

🌿🌿 NN Chambres dans une maison indépendante, située en campagne. 2 ch. en r.d.c. avec s. d'eau et wc privés. Ch. 1 et ch. 2 (1 lit 2 pers.). Poss. 1 lit d'appoint 1 pers./ch. Ch. 3 à l'ét. (1 ch. 2 lits 1 pers.), cabine douche et wc privés. Séjour, téléphone, véranda, poss. cuisine, l-linge (20 F). Pelouse, cour commune, barbecue, parking. Ouvert toute l'année. Villedoux situé à proximité de Charron, réputé pour ses moules. La Rochelle, ville d'Art et d'Histoire où vous visiterez son vieux port et ses tours, son aquarium, ses rues aux arcades animées, le port de plaisance. Gare 8 km. Commerces 2 km.

Prix : 1 pers. **180 F** 2 pers. **200 F** 3 pers. **260 F** pers. sup. **60 F**

8	6	6	2	12	6	8	

BABIN Louis – Le Seuil – 17230 Villedoux – Tél. : 46.68.52.21

Villedoux

🌿🌿 NN Dans un village, 3 chambres dans une maison indép., de const. récente. A l'ét., 2 chambres avec salle de bains, wc privés et TV. Ch. 1 (1 lit 2 pers.). Ch. 2 (2 lits 1 pers.). En r.d.c. ch. 3 (1 lit 2 pers.), s. d'eau, wc privé, TV, kitch. (20 F), entrée indép. Véranda, coin-salon. Cour et petit parc, parking, terrain de jeux, portique, jeux, barbecue. Villedoux située à 11 km de La Rochelle que vous visiterez pour son histoire et son Vieux Port, en bordure du Marais Poitevin : canaux, promenades en barques. Proximité de la baie de l'Aiguillon, de l'Ile de Ré. Gare 12 km. Commerces 100 m. Ouvert toute l'année.

Prix : 1 pers. **150 F** 2 pers. **190 F** pers. sup. **50 F**

8	4	2	0,1	10	6	3	

ROUX Bernadette et Bernard – 3 Impasse des Pigeons – 17230 Villedoux – Tél. : 46.68.51.66

Charente-Maritime

Yves Le Marouillet

C.M. n° 71 — Pli n° 13

♥♥ NN
(TH)

6 ch. dans maison isolée dans les marais. A l'ét., ch. 1 (1 lit 2 pers.), ch. 2 (1 lit 2 pers., 2 lits 1 pers.), lavabo/cab. douche privée et wc commun. Ch. 6 (1 lit 2 pers.), s. d'eau et wc privés. Au r.d.c., ch. 3 et ch. 4 (accès ext. 1 lit 2 pers.), s. d'eau privée et wc communs. Ch. 5 (1 lit 2 pers.), s. d'eau et wc privés. Séjour/coin-salon, biblio. Jeux. Aire naturelle de camping sur place. Plage à Châtelaillon et Fouras. 15 km de La Rochelle et de Rochefort. Réserve d'oiseaux à proximité. Gare 9 km. Commerces 8 km. Ouvert toute l'année. Anglais parlé.

Prix : 1 pers. 160/170 F 2 pers. 200/220 F 3 pers. 270 F
pers. sup. 40/50 F repas 70/90 F

9	8	7	9	8	30	9

NADEAU Dominique – La Cabane des Fresnes - Le Marouillet – 17340 Yves – Tél. : 46.56.41.31

Yves Le Marouillet

C.M. n° 71 — Pli n° 13

♥♥♥ NN

3 chambres dans une maison isolée dans les marais de Rochefort. Au r.d.c., ch. 1 (1 lit 2 pers.), s. d'eau et wc privés. A l'étage, ch. 2 et 3 (1 lit 2 pers.), s. d'eau et wc privés. Ch. 3 avec salon. Salle de séjour/salon avec TV commun aux propriétaire. Petit étang à proximité. Jardin arboré, meubles de jardin, barbecue, portique. Gare et commerces à 7 km. Yves est situé entre La Rochelle et Rochefort, à proximité de Châtelaillon que vous visiterez pour sa plage, son casino. A Rochefort : la Corderie Royale, son port de plaisance. La Rochelle, ville d'Art et d'Histoire avec ses rues aux arcades, l'aquarium, le vieux port et ses deux tours...

Prix : 1 pers. 170/190 F 2 pers. 220/240 F pers. sup. 50 F

7	7	SP	7	10	30	7

GOUSSEAU Patrick – La Platiere - Le Marouillet – 17340 Yves – Tél. : 46.56.44.00

Gironde

Aillas Domaine-de--Houmiet

♥♥ NN

2 ch. dans une petite maison rénovée à proximité immédiate de la maison des propriétaires (élevage, polyculture) 1 ch. (2 lits 2 pers.), salle d'eau et wc privés, communicante avec salon (cheminé TV). 1 ch. (1 lit 2 pers), salle d'eau et wc privés, accès extérieur. Ruisseau sur place, élevage d'autruches 13 km. Gare et commerces 15 km. Descente en canoë de la Leyre 40 km. Ouvert toute l'année. Accès La Réole, faire 6 km direction Bazas, à Aillas, prendre Signalens, à 2 km propriété à droite après la côte.

Prix : 1 pers. 180 F 2 pers. 200 F pers. sup. 50 F

20	10	2,5	3	20	10	20

DE GERMAY DE CIRFONTAINE – Domaine de Lhoumiet – 33124 Aillas – Tél. : 56.65.33.89 ou 56.65.31.77

Artigues-Pres-Bordeaux Chateau-Saint-Leu

♥♥♥ NN

Jolie petite maison de gardien, près de l'habitation du propriétaire : 1 chambre 2 pers. (poss. appoint séparé 2 lits 1 pers.), salle de bains et wc privés. Entrée/salon avec cheminée, kitchenette. Possibilité soins corporels. Petit jardin clos, privatif, grand parc de 5 ha. Prix semaine : 2000 F. Gare 10 km. Commerces 1 km. Ouvert toute l'année.

Prix : 2 pers. 320 F pers. sup. 100 F

0,8	0,8	6	0,8	10

CAVAILLE Alain – Chateau Saint-Leu – 33370 Artigues-Pres-Bordeaux – Tél. : 56.86.54.84

Auriolles

♥♥ NN
(TH)

3 chambres d'hôtes, toutes avec salle d'eau et wc privés. Séjour/salle à manger à la disposition des hôtes. 10 % de réduction à partir de 8 jours. Gare 16 km. Vieille maison de campagne entièrement rénovée dans la partie accueil. Joli point de vue sur la campagne environnante.

Prix : 1 pers. 180 F 2 pers. 230 F pers. sup. 60 F repas 80 F
pens. 195 F

6	8	5	10

CLAMENS Danielle – 1 Chevalier – 33790 Auriolles – Tél. : 56.61.31.92

Beautiran

♥♥♥ NN
(TH)

2 chambres d'hôtes aménagées dans un château aux abords du village avec parc aménagé, à proximité du vignoble des Graves. 1 lit 2 pers. par chambre. Salles de bains et wc privés. Salle de séjour. Repas à 21 h en table d'hôtes avec les propriétaires (40 F pour les enfants à 19h30). Ouvert toute l'année. Accès : autoroute Bordeaux/Toulouse, sortie la Brède, puis N.113 sur 4 km. A gauche, niveau Caisse d'Epargne, direction Beautiran centre, puis à droite (200 m).

Prix : 2 pers. 275/300 F pers. sup. 75 F repas 40/80 F

20	SP	SP

VICARD GALEA Catherine – Chateau de Martignas – 33640 Beautiran – Tél. : 56.67.52.41

Beautiran Chateau de Balambis

E.C. NN

2 chambres d'hôtes. R.d.c. : 1 ch. (2 lits 2 pers.), salle de bains, salle d'eau, wc privés, sortie sur terrasse privative. 1er étage : 1 suite (2 lits 2 pers.), salle de bains, salle d'eau, wc privés. Salle à manger, salon à disposition des hôtes. Gare et commerces à 3 km. Ouvert toute l'année. Chartreuse du XVIIIe siècle, ancienne résidence des barons de Beautiran devenu fabrique de toile indienne au début du XIXe siècle, puis propriété viticole, située sur la route royale au cœur d'un parc de 8 hectares. Accès : autoroute A10 Bordeaux-Toulouse sortie la Brède puis direction Beautiran.

Prix : 1 pers. 450/500 F 2 pers. 450/500 F 3 pers. 550/600 F
pers. sup. 100 F

20	15	3	6	20	3	20

MARTIN Christiane – Chateau de Balambis – 33640 Beautiran – Tél. : 56.67.61.29

Bernos-Beaulac Doux Sud

✹✹✹ NN   5 chambres d'hôtes aménagées à proximité immédiate de la maison du propriétaire. 4 ch. (8 lits 1 pers. 2 lits 2 pers.), salle de bains/wc et terrasse privés, téléphone, prise TV. 1 ch. (1 lit 1 pers.), salle d'eau/wc privés, téléphone, prise TV. Kitchenette, salon/salle à manger. Gare 20 km. Commerces 2 km. Ouvert toute l'année. Ancienne ferme landaise du XVIIIe siècle entièrement restaurée, nichée au cœur de la campagne, située à proximité des vieux chemins de Saint-Jacques de Compostelle. A disposition sur place : box et pré pour l'accueil des chevaux, étang de pêche, circuits de randonnées pédestres et équestres.

Prix : 1 pers. **280 F** 2 pers. **450 F** pers. sup. **90 F**

	🏊	≈	🎿	⚡	🎣	🚶	⛵
	30	7	2	2	15	SP	30

DUJARDIN Liliane – Doux Sud – 33430 Bernos-Beaulac – Tél. : 56.25.45.59 ou 56.25.43.23 – Fax : 56.25.42.75

Blaye Le Saugeron

✹✹ NN   3 chambres d'hôtes 2/3 pers. dans un bâtiment neuf à proximité de l'habitation du propriétaire, avec salle d'eau ou salle de bains, wc et terrasse couverte privés. Ouvert toute l'année. 180 F après 3 jours pour 2 pers. Restaurant à proximité. Vélos à disposition. Grand jardin clos avec arbres fruitiers en limite de la commune de Blaye. Accès : sur la N137 traversant Blaye, prendre la D22 (rue des Maçons) sur 700 m puis prendre Avenue de Verdun sur 150 m. Commerces 800 m (à coté du foyer des anciens combattants).

Prix : 1 pers. **150 F** 2 pers. **200 F** 3 pers. **300 F** pers. sup. **100 F**

≋	🏊	≈	🎿	⚡	🎣	⛵
28	28	0,8	0,8	7	SP	1

LABORIE Marcel – Avenue de Verdun - Le Saugeron – 33390 Blaye – Tél. : 57.42.14.80

Bourg-sur-Gironde Chateau de la Grave

E.C. NN   A l'étage : 3 chambres dont 1 suite avec salle d'eau et wc privés (5 lits 1 pers. 2 lits 2 pers.), balcon. Au rez-de-chaussée : salle à manger/salon avec cheminée à disposition. Dégustation et visite des chais. Gare 10 km. Commerces 2 km. Ouvert toute l'année sauf février et dernière quinzaine d'août. Château restauré dans le style Louis XVIII situé sur une exploitation viticole au cœur des côtes de Bourg, vue sur coteaux, jardin clos, daim. Accès : à Bourg sur Gironde à la sortie du village prendre direction Berson/ St-Trojan, puis 2e route à droite et suivre panneau « château la Grave ».

Prix : 1 pers. **260 F** 2 pers. **290 F** pers. sup. **100 F**

	🏊	≈	🎿	⚡	🎣	⛵
	15	2	2	10	2	2

BASSEREAU Philippe – Chateau de la Grave – 33710 Bourg-sur-Gironde – Tél. : 57.68.41.49 – Fax : 57.68.49.26

Cap-Ferret

✹✹ NN   4 chambres d'hôtes. 2 ch. dans un chalet : 1 ch. 2 pers., 1 ch. 3 pers. avec salle d'eau et wc privés. Possibilité cuisine. 2 ch. dans une maison neuve : 1 ch. 2 pers., 1 ch. 3 pers. avec salle d'eau et wc privés. Restaurant sur place. Chasse 1 km, vélos et VTT 400 m, forêts 800 m, sports nautiques 800 m. Ouvert de mai à septembre. Accès : à l'entrée de Cap-Ferret, 4e rue à droite, direction plage-océan.

Prix : 2 pers. **285 F** 3 pers. **385 F** pers. sup. **100 F**

	🏊	≋	≈	🎿	⚡	🎣	⛵
	0,3	0,3	0,3	0,4	5	0,8	0,8

FORTIN Pierrette – 79 avenue de l'Ocean – 33970 Cap-Ferret – Tél. : 56.60.67.85

Capian Chateau-Grand-Branet

✹✹✹ NN   Château du XVIIe rénové au XIXe siècle, dans un grand parc boisé calme. 5 ch. avec salle d'eau ou salle de bains et wc privés dont 2 avec terrasses communes. Salon, TV, salle à manger, galerie réservée aux hôtes. Lit bébé. Table de ping-pong, vélos à dispo. Gare 15 km. Commerces 7 km. Ouvert toute l'année. Bâtiment d'exploitation à proximité en cours de restauration.

Prix : 1 pers. **200/240 F** 2 pers. **270/330 F** pers. sup. **80 F**

	🏊	≈	🎿	⚡	🎣	🚶	⛵
	5	7	SP	7	30	8	30

MAINVIELLE Blanche – Chateau Grand Branet - 859 Branet Sud – 33550 Capian – Tél. : 56.72.17.30 – Fax : 56.72.17.30

Cartelegue La Gailloterie

✹✹✹ NN   2 chambres d'hôtes. 1 ch. dans un petit pavillon indépendant comprenant 1 pièce avec clic-clac 2 pers. Coin-cuisine. Salle d'eau et wc privés. Cheminée. 1 ch. dans la maison du propriétaire avec 1 grande pièce de séjour/mezzanine (1 lit 2 pers. 1 lit 1 pers. 1 lit bébé). Petite ch. attenante (2 lits enfants superposés), salle d'eau et wc privés. Gare 8 km. Maison de pays rénovée, au calme dans un petit hameau. Jardin clos, piscine privée, vélos, ping-pong. Animaux admis après accord. Réduction pour séjour supérieur à 14 jours.

Prix : 1 pers. **180 F** 2 pers. **230 F** 3 pers. **300 F** pers. sup. **60 F**

≈	🎿	⚡	🎣
0,1	2	1	2

STEIB Daniel – La Gailloterie – 33390 Cartelegue – Tél. : 57.64.61.45 – Fax : 57.64.60.91

Castelmoron-d'Albret

C.M. n° 75 — Pli n° 3

✹✹✹ NN   Maison rénovée, située dans un petit village pittoresque (le plus petit de France), mitoyenne. 2 chambres d'hôtes au village. 2 ch. 2 pers. (1 lit 2 pers. 2 lits 1 pers.) avec salle d'eau et wc privés. Petite cour fermée et abritée sur ruelle. Restaurant sur place. - 10 % pour les séjours. Gare 13 km. Ouvert mi-juin, juillet et août.

Prix : 1 pers. **220 F** 2 pers. **250 F** pers. sup. **120 F**

	≈	🎿	🎣
	5	5	SP

BALANS Michel – Rue de la Tranchee – 33540 Castelmoron-d'Albret – Tél. : 56.71.87.60 ou 56.81.04.77

Gironde
Côte Atlantique

Castelnau-de-Medoc Le Foulon

❄❄❄ NN   4 chambres d'hôtes dans un ensemble de caractère. 1 ch. (1 lit 2 pers.), salle de bains privée, wc privés non attenants. 2 ch. (1 lit 2 pers.), salle de bains et wc privés. 1 ensemble divisé en 2 chambres (2 lits 1 pers.), salle de bains et wc privés. Séjour. Salle à manger. Gare 15 km. Château situé dans la forêt avec parc et cours d'eau. Accès : de Bordeaux, prendre la D1 direction le Verdon sur 28 km. A Castelnau, château du Foulon est indiqué à l'entrée du village.

Prix : 1 pers. **400 F** 2 pers. **450 F** 3 pers. **500 F** pers. sup. **150 F**

30	30	1	1	15

DE BARITAULT Danielle – Chateau le Foulon – 33480 Castelnau-de-Medoc – Tél. : 56.58.20.18 – Fax : 56.58.23.43

Castelnau-de-Medoc Carrat

❄❄❄ NN   3 chambres d'hôtes. 1 ch. (2 lits 1 pers.) avec salle de bains et wc privés. 1 ensemble : 1 ch. (1 lit 2 pers.), 1 petite chambre (2 lits enfants) avec salle de bains et wc privés. 1 ch. au rez-de-chaussée, salle de bains et wc privés. Séjour, TV. Possibilité cuisine. Habitation de caractère entourée de bois, pré avec cours d'eau, lieu calme invitant à la détente. Accès : de Castelnau, prendre direction Sainte-Hélène sur 500 m.

Prix : 1 pers. **230 F** 2 pers. **260/300 F** pers. sup. **100 F**

25	25	5	1,5	5	10	25

PERY Laurence – Domaine de Carrat - Route de Sainte-Helene – 33480 Castelnau-de-Medoc – Tél. : 56.58.24.80

Castillon-la-Bataille Robin

❄❄❄ NN   Maison ancienne typiquement girondine, entièrement restaurée, sur une expl. viticole, dominant les vallées de la Dordogne et de la Lidoire, face au château de Castegnens (site de la reconstruction de la bataille de Castillon). Etage : 2 ch. avec s.d.b., wc ou s. d'eau, wc. R.d.c. : salle à manger/salon. Parking, jardin, terrasse. Gare et commerces à 2,5 km. Ouvert toute l'année. Anglais parlé. Accès : à Castillon la Bataille, suivre la route de Belves de Castillon sur 2,5 km, maison à droite.

Prix : 1 pers. **200 F** 2 pers. **220 F** pers. sup. **80 F**

8	2,5	2,5	2,5	2,5	8

MINTET Pierrette – Robin – 33350 Castillon-la-Bataille – Tél. : 57.40.20.55

Castillon-la-Bataille Chateau-de-Lescaneaut

❄❄❄ NN
(TH)   3 chambres d'hôtes. 1 grande chambre (2 lits 1 pers. à baldaquin), salle de bains et wc privés. 1 chambre (1 lit 2 pers. à baldaquin), salle de bains et wc privés. 1 chambre (1 lit 2 pers. à baldaquin), salle de bains et wc privés. Table d'hôtes sur réservation (vin de la propriété compris). Enfants : 50 F. Très vieille maison typique girondine des XVIIe et XVIIIe siècles ayant gardé tout le charme et le mobilier familial depuis ses origines, les salles de bains ne sont pas attenantes aux chambres par souci de maintenir l'authenticité de la demeure (les chambres d'hôtes sont face aux sanitaires).

Prix : 1 pers. **280 F** 2 pers. **320/350 F** repas **140 F**

10	10	1	1,5	1,5

FAYTOUT-GARAMOND Francois – Chateau de Lescaneaut – 33350 Castillon-la-Bataille – Tél. : 57.40.21.08 ou 57.40.14.91

Coimeres Ninon

❄❄ NN
(TH)   Dans une maison neuve, située dans les pins, 1 petite chambre 2 pers. avec salle d'eau et wc privés. Jardin. Forêt, chasse sur place. Rivière 2 km. Table d'hôtes sur réservation. Prix séjour (à la semaine) en demi-pension : 1990 F 1 pers. 2520 F 2 pers. Réduction pour séjour à la semaine : 1360 F 1 pers. 1430 F 2 pers. Gare 13 km. Accès : à Langon, route de Bazas, après pont autoroute, 4e route à gauche, puis 1ere route à droite.

Prix : 1 pers. **230 F** 2 pers. **250 F** pers. sup. **100 F** repas **90/120 F**

7	7	7	5

BANNEAU Paul – Ninon – 33210 Coimeres – Tél. : 56.25.91.79

Coutras La Grande-Metairie

❄❄❄ NN   1 belle chambre 2 pers. avec salle de bains et wc privés. Possibilité 1 chambre 2 pers. supplémentaire pour même famille ou amis. Salle à manger. Salon et cuisine réservés aux hôtes. Parc. Restaurant à 800 m à Coutras. Condition de prix pour séjours (10 à 15 % de réduction). Gare 20 km. Maison du XVIIIe siècle, typiquement girondine, meublée à l'ancienne et entourée d'arbres bicentenaires, à proximité immédiate de deux rivières. Activité agricole centrée sur l'élevage de juments poulinières. Découverte du vignoble bordelais. St-Emilion 15 km. Belle exposition d'oiseaux 3 km.

Prix : 1 pers. **180 F** 2 pers. **280/300 F** pers. sup. **65 F**

1	0,5	0,5	3	35	SP

CHAUCHARD Marie-Jose – La Grande Metairie – 33230 Coutras – Tél. : 57.49.13.00

Cubnezais La Croix-de-Merlet

❄❄❄ NN
(TH)   Belle maison bourgeoise en pierre, indépendante dans un hameau avec un grand jardin clos ombragé. 1 ensemble : 1 ch. 2 pers. + ch. d'enfants (2 lits 1 pers.), salle de bains et wc privés. 3 ch. 2 pers., salle de bains ou salle d'eau et wc privés. Séjour, salle à manger. Vélos sur place. Ping-pong. Abri couvert pour voitures. Gare 6 km. Repas vin compris.

Prix : 1 pers. **190 F** 2 pers. **220 F** pers. sup. **90 F** repas **90 F**

6	2	6

PIRSON Nicole – La Croix de Merlet - 16 Route de Napoleon – 33620 Cubnezais – Tél. : 57.68.02.60

Faleyras Tourney

❄❄❄ NN Maison ancienne restaurée typique de l'entre-deux-mers, dans un hameau, 2 ch. au rez-de-chaussée avec salle d'eau ou salle de bains et wc privés. Jardin, terrasse avec barbecue, abri couvert. Vélos à disposition, ping-pong. Garde d'enfant possible. Ouvert toute l'année. Prix week-end : 450 F. Semaine 1500 F. Randonnées sur place. Gare 18 km, commerces 5 km. A Créon, prendre direction La Sauve, puis route de Sauveterre, à gauche direction Faleyras, tourner, puis prendre 2e route à gauche « Gillet-Tourney », maison à 500 m.

Prix : 2 pers. **250 F** 3 pers. **320 F** pers. sup. **70 F**

5	4	20	0,5

DEVARENNE Brigitte – Tourney - 11 Tourney – 33760 Faleyras – Tél. : 57.34.41.21

Gaillan Les Paulards

E.C. NN 1 grande chambre d'hôtes à l'étage d'un bâtiment annexe de la maison du propriétaire, rénové, de caractère. Salle de bains intégrée à la chambre, wc cloisonnés. Grande terrasse aménagée. Salle à manger/salon avec piscine chauffée depuis juin. Brunch sur demande de 12 h à 14 h : 60 F. Gare 6 km. Prix semaine : 2500 F hors saison pour 2 pers.

Prix : 1 pers. **350 F** 2 pers. **400 F** pers. sup. **60 F**

14	3	30

DUPIN Rosy – Les Poulards – 33340 Gaillan – Tél. : 56.41.01.96

Gajac-de-Bazas Cabirol

❄❄❄ NN Maison ancienne dans le style du pays, située en pleine campagne. A l'étage, 1 ensemble de 2 ch. 2 pers. avec salle de bains/douche et wc privés, 1 ch. 2 pers. avec salle d'eau et wc privés, 1 ch. 2 pers. avec salle de bains/douche et wc privés. Rez-de-chaussée, salon/salle à manger/bibliothèque à disposition des hôtes donnant sur terrasse. Grand terrain. Petite pièce pour préparation pique-nique. Réduction de 10 % à partir de la 4e nuit. Gare 15 km, commerces 4 km. Ouvert toute l'année et du 15 novembre au 15 février sur réservation. Anglais parlé.

Prix : 1 pers. **225 F** 2 pers. **250 F** pers. sup. **70 F**

20	4	4	4	20	SP	SP

DIONIS DU SEJOUR Xavier – Cabirol – 33430 Gajac-de-Bazas – Tél. : 56.25.15.29

Langoiran

❄❄❄ NN
(TH) 1 ensemble de 2 petites chambres confortables pour 4 pers. avec terrasse, pour une même famille ou amis. Salle de bains et wc privés. Salon, salle à manger à disposition des hôtes. Table d'hôtes sur réservation 24 h à l'avance (vin compris). Possibilité parking. Commerces 3 km. Randonnées pédestres 2 km, rivière, croisières sur fleuve 3 km. 8 jours/2 cl. : 3000 F. Maison récente au calme en pleine campagne, jardin d'agrément clos dans un environnement valloné et boisé près de la Garonne.

Prix : 1 pers. **220 F** 2 pers. **220 F** 3 pers. **350 F** repas **80 F**

15	15	12	2	6	0,1

MAGLIOLA Claude – Clos la Charmeraie - Barreyre 2 – 33550 Langoiran – Tél. : 56.67.35.30

Lansac La Tuilerie

❄❄❄ NN
(TH) 1 ch. 2 pers. avec salle de bains et wc privés. 1 ch. 2 pers. avec salle d'eau et wc privés aménagées dans une maison régionale typique, entièrement rénovée et entourée de vignes. Jardin aménagé. Restaurant 800 m. Table d'hôtes sur réservation. Anglais et espagnol parlés. Gare 15 km, commerces 3 km. Accès : sur la N137 à Pugnac Gravier, prendre D23 direction Bourg-sur-Gironde sur 2,5 km.

Prix : 1 pers. **200 F** 2 pers. **250 F** repas **90 F**

3	3	3	3

COPPAGE Patricia – La Tuilerie - 2, Sabliere Sud – 33710 Lansac – Tél. : 57.68.27.27

Lapouyade La Petite-Glaive *C.M. n° 75 — Pli n° 2*

❄❄❄ NN
(A) 2 ch. dans bâtiment indépendant à proximité de l'habitation du propriétaire. 1 ch. 2 pers. avec salle d'eau, terrasse couverte privés. 1 ch. avec mezzanine (1 lit 2 pers. au rez-de-chaussée, 1 lit 2 pers. en mezzanine). Salon à disposition des hôtes dans le même bâtiment. Salle à manger pour petit déjeuner et table d'hôtes dans la maison du propriétaire. Bibliothèque. Ferme auberge de petite capacité sans nuisance par rapport aux chambres d'hôtes. Ferme située en forêt (vignes et élevage). Accès : A Lapouyade sur D22, prendre D247, suivre fléchage Ferme Auberge.

Prix : 1 pers. **190 F** 2 pers. **230 F** 3 pers. **300 F** pers. sup. **70 F** repas **90 F**

25	25	20	15	15	2

BONNET Michel – La Petite Glaive – 33620 Lapouyade – Tél. : 57.49.42.09 – Fax : 57.49.40.93

Libourne Clos-Carre

❄❄ NN Maison ancienne mitoyenne à la limite de Libourne sur une propriété viticole calme. A l'étage, 2 ch. 2 pers., salle d'eau et wc privés chacune. 1 ch. 2/4 pers. (lits jumeaux) avec salle de bains/wc non attenants privés. Salon/salle à manger, TV et réfrigérateur à disposition des hôtes. Jardin, parking. Gare et centre ville à 3 km. Ouvert toute l'année. Accès : à Libourne, prendre direction Castillon/Bergerac (D670),faire 2 km, après le pont de la rocade, 1ere à droite.

Prix : 1 pers. **180 F** 2 pers. **200/250 F** 3 pers. **250 F** pers. sup. **75 F**

1	1	3,5	0,2

SOUPRE Jacques – Clos Carre - 14 Chemin de Carre – 33500 Libourne – Tél. : 57.51.53.01

Listrac-Medoc Donissan

⚜⚜⚜ NN
(TH)

5 chambres 2 pers. 1 chambre avec salle de bains et wc privés. 4 chambres avec salle d'eau et wc privés. Grande salle de séjour et grande salle à manger avec cheminée, TV. Forêt à proximité. Fleuve à 3 km. Table d'hôtes sur réservation 24 h à l'avance (pas de table d'hôtes du 1er/06 au 1er/10). Anglais parlé. Restaurant 2 km. Gare 5 km. Maison bourgeoise entièrement rénovée, située sur une exploitation viticole (cru bourgeois du Médoc). Visite du chai de la propriété avec dégustation. Accès : sur la N215 entre Castelnau et Saint-Laurent de Médoc, itinéraire fléché.

Prix : 1 pers. **220 F** 2 pers. **240 F** repas **95 F**

25	25	30	3	20	SP	30

MEYRE Maryse – Donissan - Chateau Cap Leon Veyrin – 33480 Listrac-Medoc – Tél. : 56.58.07.28 – Fax : 56.58.07.50

Ludon-Medoc Bizeaudun

⚜⚜⚜ NN
(TH)

2 chambres 2 pers. avec salle d'eau ou salle de bains et wc privés. Salle de séjour, salon avec TV à la disposition des hôtes. Garage, jardin, prés. Ping-pong. Table d'hôtes sur réservation. Réduction pour séjour : 20 F/jour. Aire de pique-nique aménagée. Gare 800 m. Maison ancienne aux abords du village, située dans un hameau. Lac de Lacanau 40 km. Accès : autoroute, sortie n° 6 Bruges, au feu à gauche 13 km pour Ludon-Medoc.

Prix : 1 pers. **200 F** 2 pers. **220 F** 3 pers. **280 F**
pers. sup. **60 F** repas **100 F**

40	40	10	1	15	18

DE SAINT-PAUL Marguerite – 12 Route du Grand Verger - Domaine de Bizeaudun – 33290 Ludon-Medoc – Tél. : 57.88.46.17

Ludon-Medoc Les Pontets

⚜⚜ NN

Maison ancienne restaurée avec jardin clos, à proximité d'une voie ferrée secondaire. A l'étage : 1 ch. 2 pers., salle de bains et wc. 1 ch. 2 pers., salle d'eau et wc. Au r.d.c. : salle à manger/coin-cuisine à la disposition des hôtes. Jardin, jeux. Organisation de visites de châteaux. Gare sur place. Accès : Rocade Bordeaux, sortie N° 6, direction Blanquefort puis D.210 sur 10 km. A Ludon-Médoc 1ère route à gauche.

Prix : 1 pers. **180 F** 2 pers. **200 F** pers. sup. **50 F**

40	40	10	1	5

ARBESSIER Marie-Claude – Les Pontets - 11 rue de la Gare – 33290 Ludon-Medoc – Tél. : 57.88.15.61

Monsegur

⚜⚜⚜ NN
(TH)

5 grandes ch. : 2 au r.d.c. dont 1 accessible aux personnes handicapées (2/3 pers.) avec salle d'eau et wc privés. 2 ch. au 1er étage 2/3 pers. avec salle d'eau et wc privés. 1 ch. double parents/enfants avec salle d'eau et wc privés. Salon, salle à manger partagés avec le prop. Repas sur réservation pris avec le prop. TV, vidéothèque, jeux de société. Animaux admis après accord. Réduction de 10 % au delà de 7 nuits, 5 % pour séjour de 4 à 7 nuits. Repas tout compris. Château des XVIIIe et XIXe siècles en limite de Monségur (bastide de Guyenne) avec très belle vue sur la vallée du Dropt. Grand parc ombragé. Parking intérieur. Anglais parlé.

Prix : 1 pers. **220 F** 2 pers. **280 F** 3 pers. **350 F**
pers. sup. **70 F** repas **90 F** 1/2 pens. **230 F**

15	15	1	1	1	30	SP

LEDRU Dominique – 10, Ave de la Porte des Tours – 33580 Monsegur – Tél. : 56.61.80.22 – Fax : 56.61.85.99

Moulon La Salargue

⚜⚜⚜ NN
(TH)

5 ch. toutes avec salle de bains ou salle d'eau et wc privés. Salle à manger, salon/coin-cuisine. Grand jardin ombragé en bordure de la Dordogne. Espaces de jeux. Vente de vins de la propriété. Réduction pour séjour : -5 % à partir de 3 nuits. VTT sur place. Table d'hôtes sur réservation (vin compris). Saint-Emilion 15 km. Gare 16 km. Maison ancienne rénovée, située sur une exploitation viticole et de maïs. Visite guidée de chai avec dégustation. Accès : par la rocade Libourne-est, voie rapide Libourne-Bordeaux, sortie Genissac-Moulon, prendre dir. port de Genissac. Traverser port de Genissac. Dir. Moulon.

Prix : 1 pers. **200 F** 2 pers. **250 F** 3 pers. **300 F**
pers. sup. **50 F** repas **90 F**

15	12	7	SP

LE ROY Bruno et M.Madeleine – La Salargue – 33420 Moulon – Tél. : 57.24.48.44

Pompignac Domaine-de-la-Musardiere

⚜⚜ NN

Belle maison dans un parc boisé. A l'étage, 1 ensemble de 2 chambres avec salle de bains et wc communs aux chambres, mezzanine à disposition des hôtes. Rez-de-chaussée, salon/salle à manger commun avec le propriétaire. Terrasse. Ouvert toute l'année. Bordeaux, gare 15 km. Commerces 2,5 km.

Prix : 2 pers. **230 F** pers. sup. **80/120 F**

25	SP	3	2,5	10	15

PERRIER Claude – Domaine de la Musardiere. D115 - 16 Route de l'Hermitage – 33370 Pompignac – Tél. : 57.34.15.45

Porcheres Belle-Source

E.C. NN

Maison ancienne rénovée située sur une exploitation viticole. A l'étage, 2 chambres 2 pers. avec salle d'eau/wc privés. Au rez-de-chaussée, salon/salle à manger à disposition des hôtes. Terrain, joli point de vue. Ouvert toute l'année. Gare et commerces 3 km.

Prix : 1 pers. **100 F** 2 pers. **180 F** 3 pers. **230 F**

2	1	1	2	2	2

CLION Catherine – Larret – 33660 Porcheres – Tél. : 57.49.61.25

Prechac La Bastide

💥💥 NN
(TH)

2 ch. d'hôtes à l'étage : 1 grande 4 pers. avec terrasse, petite salle d'eau privée, wc sur palier. 1 grande 2 pers. (lit d'appoint possible), salle de bains et wc privés. Salle à manger, salon avec cheminée et TV, bibliothèque, jeux, piano réservée aux hôtes (véranda avec vue sur parc). Promenades en forêt, centre de canoë-kayak sur le Céron à Villandraut et Préchac. Remise de 10 % à partir d'une semaine. Maison en pleine forêt landaise. Accès : de Préchac, faire 5 km, au croisement des D8 et D222. Gare 21 km. Commerces 5 km.

Prix : 1 pers. **210 F** 2 pers. **220 F** 3 pers. **290 F**
pers. sup. **70 F** repas **65/85 F**

3	3	5	3

DEVISME Andre – La Bastide – 33730 Prechac – Tél. : 56.65.21.17

Pujols-sur-Ciron Les Tauzins-Est 6

💥💥💥 NN

4 chambres d'hôtes aménagées dans un bâtiment annexe, proche de la maison du propriétaire. Salle d'eau et wc privés. 2 chambres au rez-de-chaussée, 2 chambres à l'étage avec terrasse commune. Gare et commerces à 10 km. Inclus dans un ensemble de vieux bâtiments, dans un petit hameau, à proximité du village, dans les vignobles du Sauternais et des Graves. Canoë 2 km.

Prix : 2 pers. **210 F**

25	10	4	10	10	0,1

COLON Bernard – Les Tauzins Est 6 – 33210 Pujols-sur-Ciron – Tél. : 56.76.60.13

Rimons Le Grand-Boucaud

💥💥💥 NN
(TH)

2 chambres d'hôtes aménagées dans une très belle maison ancienne, rénovée et située en pleine campagne vallonnée. 1 ch. (2 lits 1 pers.), 1 ch. (3 lits 1 pers.). Salle de bains et wc privés. Grand salon rustique. Jardin. 15 % à partir de 6 nuitées du 1er janvier au 31 mai. Gare 29 km. Accès : de Sauveterre de Guyenne, prendre la D230 en direction de Monségur, puis traverser Rimons et tourner à gauche, 500 m après la scierie artisanale.

Prix : 1 pers. **230 F** 2 pers. **280 F** 3 pers. **330 F**
pers. sup. **60 F** repas **95/165 F**

15	10	10

LEVY Dominique – Le Grand Boucaud – 33580 Rimons – Tél. : 56.71.88.57

Rions Broustaret

C.M. n° 79 — Pli n° 1/2

💥💥💥 NN

5 grandes ch. lumineuses 2/3 pers. à l'étage, toutes avec salle de bains ou salle d'eau et wc privés. Hall d'entrée, salon, salle à manger réservés aux hôtes. Pour les repas, petite cuisine à disposition avec pièce annexe à l'étage. Vente de vins. Restaurants 6 km. Ouvert de Pâques à la Toussaint. Réduction de 30 F pour 3 nuits et plus. Belle maison de caractère, en pleine campagne et située sur une exploitation viticole (visite des chais) et élevage ovin. Large vue dégagée sur les coteaux, le lac et les bois. Baignade et pêche à proximité. Accès : à Cadillac, D11 dir. Branne sur 4,5 km puis à gauche D120 sur 500 m.

Prix : 2 pers. **210/240 F** 3 pers. **260/290 F** pers. sup. **50 F**

SP	1	5	5	SP

SCEA GUILLOT DE SUDUIRAUT – Chateau du Broustaret – 33410 Rions – Tél. : 56.62.96.97 – Fax : 56.76.93.73

Sadirac Chateau-le-Petit-Verdus

💥💥💥 NN
(TH)

Joli petit château en pleine campagne, entouré de prés et bois. A l'étage, 1 ch. 2 pers. avec salle d'eau/wc privée, 1 suite de 2 ch. 2 pers. avec salle de bains, wc non attenants privés, nécessaire bébé à disposition. Rez-de-chaussée, salon, salle à manger, TV, bibliothèque à disposition. Parking. Fermé en janvier. Anglais et allemand parlés. Gare 17 km, commerces 4 km. Randonnée sur place, restaurant 4 km. Bordeaux 17 km. Table d'hôtes sur réservation.

Prix : 2 pers. **330/380 F** 3 pers. **430 F** pers. sup. **100 F**
repas **95 F**

5	SP	3	10	2

AURIOL Stephane et Karin – Chateau le Petit Verdus - 23 Chemin de Pelisse – 33670 Sadirac –
Tél. : 56.23.71.23 – Fax : 56.30.69.28

Saint-Brice

💥💥💥 NN
(TH)

Maison ancienne restaurée au cœur du village avec terrasse et parc ombragé. A l'étage, 3 petites chambres avec salle d'eau et wc privés. Prises TV et tél. Rez-de-chaussée, salon, salle à manger avec cheminée à partager avec les hôtes. Entrée indépendante. Parking à 50 m. Ouvert toute l'année. Réduction 10 % à partir de 3 nuits. En bordure d'une route départementale. Gare 25 km. Commerces 7 km. Enfant : 40 F.

Prix : 1 pers. **180 F** 2 pers. **250 F** repas **80 F**

7	5	SP	25	7

GROSSET Claudie – Bourg-Sud - Maison Chevalier – 33670 Saint-Brice – Tél. : 56.71.65.22

Saint-Emilion

💥💥💥 NN
(TH)

5 ch. au 1er ét. 2 ch. 2 pers. mansardées avec salle de bains ou salle d'eau et wc privés. 1 grande ch. 2 pers. mansardée avec salle de bains et wc privés. 1 ch. 3 pers. avec salle d'eau, wc privés, TV, lit bébé. 1 grande ch. 2 pers. avec salle d'eau et wc privés. Salle à manger/coin-salon et cheminée. Salon/biblio., TV à dispo. au 1er ét. Cuisine à dispo. Table d'hôtes sur résa. (vin en suppl.). Réduc. de 6 % pour plus d'une semaine. Maison familiale typiquement girondine du XVIIIe entièrement rénovée, située sur une exploitation viticole à 3 km de Saint-Emilion et à 1 km de Pommerol. Accès : D243 entre St-Emilion et Libourne, puis D245 dir. Pommerol.

Prix : 1 pers. **250 F** 2 pers. **280/300 F** 3 pers. **380 F**
pers. sup. **100 F** repas **90 F**

3,5	3	3,5	3,5

BRIEUX Jacqueline – Chateau Millaud - Montlabert – 33330 Saint-Emilion – Tél. : 57.24.71.85 – Fax : 57.24.62.78

Saint-Estephe

♥♥♥ NN 1 grande chambre/salon (1 lit 2 pers.) avec salle de bains et wc privés. Tisanière avec mini-bar. Chauffage électrique. TV-sat., Téléphone. Accès indépandant, jardin clos aménagé et petit vignoble. Allemand, anglais, italien et espagnol parlés. Animaux admis après accord (supplément de 40 F). Parking. Gare 1 km. Grande maison bourgeoise ancienne, entièrement rénovée et située à l'orée du bourg au cœur du vignoble médocain.

Prix : 1 pers. **250 F** 2 pers. **330 F** pers. sup. **120 F**

🏊	🏊	🎿		
40	40	8	SP	SP

LEEMANN Francoise – Le Bourg – 33180 Saint-Estephe – Tél. : 56.59.72.94 – Fax : 56.59.39.58

Saint-Ferme Manoir-de-James

♥♥♥ NN 3 grandes chambres d'hôtes meublées à l'ancienne avec chacune salle de bains et wc privés attenants. 1 ch. 3/4 pers. au r.d.c., 2 ch. 2/3 pers. à l'étage. Salon avec cheminée réservé aux hôtes, bibliothèque, jeux de société. Garage, barbecue. Vélos à la disposition des hôtes. Restaurant 5 km. Ping-pong, baignade, randonnée. Dégustation vins Entre Deux-Mers. Réduction de 10 % à partir de la 3e nuitées. Gare 19 km. Demeure du XVIIIe entourée d'arbres centenaires, avec vue dégagée sur la campagne vallonnée et calme au centre d'un réseau de sentiers de randonnées et de tourisme culturel.

Prix : 1 pers. **260 F** 2 pers. **310 F** 3 pers. **380 F** pers. sup. **70 F**

🏊	🏊	🎿	🚴		
5	5	5	5	5	4

DUBOIS Michel et Nicole – Manoir de James - Route de Sainte-Colombe – 33580 Saint-Ferme – Tél. : 56.61.69.75 – Fax : 56.61.89.78

Saint-Ferme Chateau-du-Parc

♥♥♥ NN (TH) 6 chambres d'hôtes dont 3 très spacieuses et 1 suite : 1 au rez-de-chaussée, 5 à l'étage dont la suite, toutes avec salle de bains et wc privés. Grand hall d'entrée, salon, salle à manger, billard. Repas vin compris. Réduction pour séjours : 20 % à partir de 8 nuits. Gare 19 km. Très belle demeure du XVIIIe siècle entièrement restaurée dont le cachet typique régional a été préservé. Ancienne résidence des abbés de Saint-Ferme. Grand parc.

Prix : 1 pers. **520/630 F** 2 pers. **580/670 F** 3 pers. **1020 F** repas **220 F**

🏊	🎿	🚴	🎣		⛵
6	6	6	25	6	14

LALANDE Bertrand – Chateau du Parc – 33580 Saint-Ferme – Tél. : 56.61.69.18 – Fax : 56.61.69.23

Saint-Germain-la-Riviere Chateau-de-l'Escarderie

♥♥♥ NN 2 chambres dans un petit château au cœur des côtes du Fronsadais. A l'étage, 1 ch. 2 pers. avec salle de bains, wc privés, 1 ch. 3 pers. avec salle d'eau/wc privés. Au rez-de-chaussée, salle à manger avec coin-salon, TV à disposition des hôtes, cheminée. Ping-pong. Petit parc boisé et vallonné. Gare 10 km, commerces 5 km. Ouvert toute l'année. Saint-Emilion 14 km. Circuit de randonnée sur place. Accès par autoroute A10, sortie 30A, prendre direction Libourne D670 (9 km), après maison de pays, 1ere à gauche, suivre fléchage « chambre d'hôtes ».

Prix : 2 pers. **260 F** 3 pers. **340 F** pers. sup. **80 F**

🐕	🚴	🎿		
	3	3	5	3

CLAVERIE Benedicte – Chateau de l'Escarderie – 33240 Saint-Germain-la-Riviere – Tél. : 57.84.46.28

Saint-Mariens Gourdet

♥♥♥ NN (TH) A l'étage : 4 grandes ch. plein sud. 1 ch. 3 pers. avec salle d'eau et wc privés (3 épis NN). 2 ch. 3 pers. et 1 ch. 4 pers. avec salles d'eau privées non attenantes et 2 wc communs aux 3 ch. R.d.c. : entrée. Salon. Salle à manger. 2 wc. Table d'hôtes sur réservation 24 h à l'avance (uniquement l'été). Poneys et chevaux sur place l'été. Belle demeure du XVIIIe siècle, située au milieu des vignes des Côtes de Blaye, au calme avec un joli point de vue sur la campagne et la forêt. Accès : à 3 km de la N10, Bordeaux/Angoulême, direction Cavignac Saint-Savin, puis 1ere à droite, sortie Saint-Mariens, suivre flèches. Gare 2 km.

Prix : 1 pers. **160/185 F** 2 pers. **185/245 F** pers. sup. **75 F** repas **85 F**

🐕	🏊	🎿	🚴	
	15	4	SP	4

CHARTIER Daniel et Yvonne – Chateau de Gourdet – 33620 Saint-Mariens – Tél. : 57.58.05.37 ou 57.58.99.33

Saint-Martin-de-Laye Gaudard   *C.M. n° 75 — Pli n° 2*

♥♥♥ NN (TH) 3 ch. chacune avec entrée indépendante. 2 grandes ch. 2/3 pers. avec salle de bains/douche, wc privés dont 1 dans un pavillon proche de la maison du propriétaire. 1 ch. 2 pers. avec salle d'eau, wc privés. Ouvert de fin avril à début octobre. Pas de repas en août. Réduction pour séjours à partir de 3 nuits : - 5 %. Terrasse, poss. lits jumeaux (+ 30 F). Maison ancienne entièrement restaurée, en pleine campagne dans un cadre paisible et verdoyant. Restaurant 5 km. Vignoble du Libournais et de St-Emilion 15 km. Table d'hôtes sur réservation (vin de la propriété compris). Accès : par la D22 et D10 suivre les panneaux ou D910 et D22.

Prix : 1 pers. **150/200 F** 2 pers. **180/230 F** 3 pers. **320 F** pers. sup. **90 F** repas **85 F**

🐕	🎿	🚴	
	8	8	1

GARRET Michel et Josette – Gaudard – 33910 Saint-Martin-de-Laye – Tél. : 57.49.41.37

Saint-Michel-de-Fronsac Clos Saint-Michel

♥♥♥ NN Ancienne maison de bordier du XVIIe, située sur une petite propriété viticole (bâtiment mitoyen aux propriétaires avec accès indépendant). 2 ch. 2/3 pers. à l'étage avec salle de bains ou salle d'eau/wc privés. Au rez-de-chaussée, salle à manger/coin-salon (coin-cuisine à dispo.), cheminée, TV. Terrasse aménagée, parking, jardin. Gare 8 km. Commerces 1,5 km. Environnement de Combes et de Tertres. Saint-Emilion 10 km, Pomerol, Côtes de bourg, Blaye, Bordeaux 30 minutes. Libourne 5 km. Ouvert toute l'année. Dégustation et vente de vin de la propriété sur place. Ping-pong, 2 vélos. Accès : sortie 30 A sur A10 direction Libourne

Prix : 1 pers. **225 F** 2 pers. **250 F** pers. sup. **80 F**

🐕	🏊	🎿	
	5	1,5	5	2

AGUERRE Marie-Christine – Clos Saint-Michel - 1 Lariveau – 33126 Saint-Michel-de-Fronsac – Tél. : 57.24.95.81

Saint-Seve Au Canton

E.C. NN   2 chambres (2 lits 2 pers. 1 lit enfant) avec salle d'eau ou de bains et wc privés. Salon/salle à manger. Gare et commerces à 2 km. Ouvert toute l'année. Maison du XVIIIe siècle typique de l'entre deux-mers entièrement restaurée, point de vue sur la campagne, terrasse, parking. Accès : de la Réole, prendre direction Monségur. Sortie de la Réole au rond point prendre direction Saint-Seve/Bagas. Faire 2 km. A la sortie du bourg de Saint-Seve prendre 1ere route à droite au paneau « Au canton » 1er chemin à droite.

Prix : 1 pers. **200 F** 2 pers. **220 F** pers. sup. **80 F**

20	2	2	2	18	2	20	

BAUGE Olivier – Au Canton – 33190 Saint-Seve – Tél. : 56.61.04.88

Saint-Symphorien Broy

✹✹✹ NN   Maison centenaire du pays au milieu d'un parc paysager. 1 chambre 2 pers. avec salle de bains et wc privés. Véranda avec lit d'appoint, salon/salle à manger avec cheminée, commun avec les propriétaires. Ouvert toute l'année. Anglais parlé. Gare 20 km, commerces 7 km.

Prix : 2 pers. **220 F** pers. sup. **100 F**

10	15	7	7	25	10	10	

BONNEAUD Guy – Broy – 33113 Saint-Symphorien – Tél. : 56.25.74.46 – Fax : 56.65.70.84

Saint-Vivien-de-Medoc Mirambeau   *C.M. n° 71 — Pli n° 16*

✹✹✹   1 chambre d'hôtes 2 pers. avec salle de bains et wc privés dans une petite maison rustique indépendante avec jardin, à côté de la maison du propriétaire. Proche des vignobles et des châteaux du Médoc. Forêt sur place. Rivière 4 km. Auberge 500 m. Gare 12 km. Accès : dans Saint-Vivien, prendre direction Grayan, à l'angle 2e rue à droite. Accès possible par le bac de Royan, Pointe de Grave.

Prix : 1 pers. **220 F** 2 pers. **240 F**

10	10	12	0,5	5	2	20	

LANNEAU Pierre – 50 rue du General de Gaulle - Mirambeau Cidex 04 87 06 – 33590 Saint-Vivien-de-Medoc – Tél. : 56.09.51.07

Saint-Vivien-de-Medoc

✹✹✹ NN   5 grandes chambres d'hôtes toutes avec salle d'eau ou salle de bains et wc privés. 3 chambres au rez-de-chaussée, 2 chambres à l'étage. Salon/salle à manger à la disposition du propriétaire. Réduction de 10 % pour les séjours. Grande maison entièrement rénovée aux abords du village. Jardin ombragé et aménagé. Commerces sur place. Gare 12 km.

Prix : 1 pers. **260 F** 2 pers. **280/330 F** 3 pers. **310/360 F** pers. sup. **80 F**

10	8	SP	SP	4	20

DESSEIN Christophe – 24, rue du Temple – 33590 Saint-Vivien-de-Medoc – Tél. : 56.73.99.24

Saint-Vivien-de-Medoc La Loubie

E.C. NN   Belle maison de caractère avec parc typique de la région. 1 grande chambre pour 2 pers. avec petite entrée/salon, salle de bains privée, wc privés non communicants. Salle à manger commune avec le propriétaire. Ouvert de mai à octobre. Gare 12 km.

Prix : 2 pers. **275 F**

10	12	1	5	3	20

DELORME Claude – La Loubie - 4 Route du Port – 33590 Saint-Vivien-de-Medoc – Tél. : 56.09.41.51

Salignac

✹✹ NN (TH)   1 chambre d'hôtes avec accès indépendant, adossé à l'habitation du propriétaire, 1 lit 2 pers., mezzanine/salon. Salle d'eau, wc, kitchenette. Salle à manger commune avec propriétaire. Table d'hôtes végétarienne sur réservation 24 heures à l'avance. Gare et commerces à 9 km. Anglais parlé. Maison ancienne du XIXe siècle, située dans un hameau. Jardin ombragé aménagé. Accès : dans le bourg de Salignac, tourner au coin de la pharmacie direction Laubertrie (D133), tout droit sur 1 km, puis tourner à droite direction Saint-Genis/chemin de Savarias, à 900 m maison à gauche.

Prix : 2 pers. **190 F** pers. sup. **50 F** repas **65 F**

3,5	1,5	3	3,5

PINAULT Jacques – 26 Chemin de Savarias – 33240 Salignac – Tél. : 57.43.52.48 – Fax : 57.43.39.55

Sauternes Brouquet   *C.M. n° 234 — Pli n° 319*

✹✹ NN   3 chambres d'hôtes aménagées dans une maison située dans un hameau. 2 chambres 2 pers. avec salle d'eau et wc privés. 1 chambre 2 pers. avec salle de bains et wc privés. Salon. Circuits touristiques. Dégustation du vin de Bordeaux. Gare 10 km. Accès : à Langon D8, prendre direction Villandraut sur 8 km.

Prix : 1 pers. **200 F** 2 pers. **230 F** pers. sup. **70 F**

9	6	6

PERINGUEY Henri – Brouquet – 33210 Sauternes – Tél. : 56.76.60.17

Tabanac Chateau-Sentout

✹✹✹ NN   Château du XVIIe siècle, en pleine campagne avec vue sur coteaux des vignes et de forêt. 2 chambres de caractère. 1 chambre (1 lit 2 pers.), salle d'eau et wc privés. 1 chambre (1 lit 2 pers.), salle de bains et wc privés. Prix semaine : 1900 F. Gare 5 km. En surplomb de la vallée de la Garonne. Accès : à 18 km du bordeaux par la D10.

Prix : 1 pers. **300 F** 2 pers. **330 F** pers. sup. **100 F**

30	15	3	2

PELTIER Gerard – Chateau Sentout – 33550 Tabanac – Tél. : 56.21.85.77

Le Temple Sautuges-Sud

✿✿✿ NN   2 chambres d'hôtes au rez-de-chaussée avec salle d'eau et wc privés. Accès par petit séjour indépendant à la disposition des hôtes. Maison neuve entourée d'un jardin paysager, dans les pins au calme, à 20 mn de l'océan et du lac de Lacanau. Jeux divers d'extérieur.

Prix : 1 pers. **210 F** 2 pers. **230 F** 3 pers. **310 F** pers. sup. **80 F**

20	2	20	10	20

LECORNU Benedicte – Sautuges Sud – 33680 Le Temple – Tél. : 56.26.56.43

(R)   # Landes

Aire-sur-l'Adour

✿ NN
(TH)   3 chambres aménagées à l'étage. 1 ch. (1 lit 2 pers.), 1 ch. (1 lit 2 pers. 1 lit 1 pers.), salle de bains et wc communs aux locataires. 1 ch. (1 lit 2 pers. 2 lits 1 pers.), salle d'eau et wc privés. Lit bébé sur demande. Commerces 5 km. Ouvert toute l'année. Océan 100 km. Montagne 100 km. Située à 5 km d'Aire-sur-Adour, la ferme de Yves et Aline Porte est calme et agréablement fleurie. Du sommet de la colline où elle se situe, elle regarde le paysage vallonné du Gers et les montagnes pyrénéennes lui semblent toutes proches.

Prix : 1 pers. **100/120 F** 2 pers. **125/145 F** 3 pers. **195 F** repas 60 F

6	5	5	1	10	5

PORTE Yves et Aline – Quartier de Guillon – 40800 Aire-sur-l'Adour – Tél. : 58.71.91.73

Amou Moulin-de-Plantier

✿✿✿   4 chambres aménagées à l'étage. 2 ch. (1 lit 2 pers.), salle d'eau et wc particuliers. 2 ch. (1 lit 2 pers. 1 lit 1 pers.), salle d'eau et wc particuliers. Commerces 3 km. Ouvert toute l'année. Océan 60 km. Propriétaires d'une ferme-auberge, Mathieu et Pierrette vous régaleront à leur table. Le village d'Amou se situe à 3,5 km de la maison des propriétaires. Calme et repos assurés. Etang, salon de jardin, airial.

Prix : 1 pers. **150 F** 2 pers. **170 F** 3 pers. **220 F**

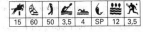

15	60	50	3,5	4	SP	12	3,5

BARLET-BAS Mathieu et Pierrette – Moulin de Plantier - Route de Dax – 40330 Amou – Tél. : 58.89.30.09 – Fax : 58.89.39.57

Angresse Tyboni

✿✿✿ NN   « Tyboni » est une jolie maison landaise cachée dans un écrin de verdure, à l'abri des regards et du bruit... et pourtant à 5 mn de la vie animée des stations balnéaires que sont Hossegor et Capbreton. 3 ch. (1 lit 2 pers. chacune), salle de bains et wc privés. Accès indépendant par une petite pièce « bureau ». Commerces 3 km. Ouvert toute l'année. Salle TV qui peut abriter également les petites déjeuners frileux. Salon de jardin et piscine complètent à l'extérieur tout ce que nous mettons à votre disposition pour le meilleur des séjours. Tarif dégressif : 300 F à partir de 3 jours. Week-end à thèmes.

Prix : 2 pers. **325 F**

3	4	5	50	SP	0,2	4	1,5

BONIFACE Bernard et Bab – Tyboni - Route de Capbreton – 40150 Angresse – Tél. : 58.43.98.75 – Fax : 58.43.98.84

Baigts Maison Leborde

✿✿ NN   Accueil dans une maison de maître comprenant 1 chambre en rez-de-chaussée, wc privés, 2 chambres à l'étage, wc communs réservés aux hôtes : 1 lit 2 pers. et salles de bains privatives dans chaque. Poss. lit 1 pers. en plus. Enfants -3 ans : gratuit. Petits-déjeuners en salle ou jardin, cour ombragée, salon. Gare 27 km. Commerces 4 km. Ouvert toute l'année. Situé au cœur de la chalosse, région sud des landes, riche en visites. Océan 45 mn, Pyrénées à 1 h. Environnement vallonné et boisé. A proximité : sentiers pédestres, musées, châteaux, gastronomie...

Prix : 2 pers. **230 F** pers. sup. **50 F**

10	18	4	4	10	4

HERMANS Florence – Maison Leborde – 40380 Baigts – Tél. : 58.98.52.45 – Fax : 58.98.50.74

Benesse-Maremne Cazenave   *C.M. n° 78 — Pli n° 17*

✿✿
(TH)   Françoise et Philippe vous accueillent dans leur grande maison de maître en pierre, construite en 1850, sur la route de l'Espagne et du Portugal. 2 ch. (3 lits 2 pers. 1 lit 1 pers.) avec wc et douche commune, cabinet de toilette. 1 ch. (2 lits 130) avec douche, wc, cabinet de toilette. Entrée indépendant pour chacune. Balançoires pour les enfants. Poss. lit enfant. Commerces 2 km. Ouvert de mars à octobre. Dans le jardin fleuri seront servis les petits déjeuners et les repas du soir faits avec les produits de la maison. A 5 km des plages de Capbreton et de la réserve ornithologique du Marais d'Orx. Océan 5 km. Visite de la pinède des singes à Labenne 3 km.

Prix : 1 pers. **140/170 F** 2 pers. **180/200 F** 3 pers. **240/267 F** repas 75 F

3	5	5	5	5	5	3

LORMAND Philippe et Francoise – Cazenave – 40230 Benesse-Maremne – Tél : 58.72.66.70

Côte Atlantique

Landes

Benesse-Maremne Maison-Cazenave

E.C. NN — 2 chambres d'hôtes à l'étage dans la maison des propriétaires. Meubles de jardin, balançoires pour enfants. Les chambres comportent des couchages pour 3 et 4 pers. avec cabinet de toilette. Salle d'eau et wc communs aux locataires. Commerces 2 km. Ouvert du 14 juillet au 30 août. Océan 5 km (Capbreton). Pinède des singes à Labenne 3 km.

Prix : 1 pers. **140 F** 2 pers. **180 F** 3 pers. **240 F**

3	5	5	5	5	3

LORMAND Patrice – Maison Cazenave – 40230 Benesse-Maremne – Tél. : 58.72.56.70

Betbezer Domaine-de-Paguy
C.M. n° 79 — Pli n° 12

(A) — Albert et Paulette vous accueillent dans leur propriété du XVIe siècle, domaine de 66 ha. dont 11 ha. de vignes. 2 chambres 2 et 3 pers. avec salle de bains et wc communs. Gîte rural. Commerces 4 km. Ouvert toute l'année. Océan 100 km. Vins de pays, Floc de Gascogne, Armagnac et canards gras sont produits et vendus sur l'exploitation. Promenades en forêt, possibilité de pêche à la ligne. Espace, nature, calme sont les trois atouts principaux.

Prix : 1 pers. **185 F** 2 pers. **200 F** 3 pers. **260 F** repas **90 F**

20	15	20	15	SP	SP	4

DARZACQ Albert et Paulette – Domaine de Paguy – 40240 Betbezer-d'Armagnac – Tél. : 58.44.81.57 – Fax : 58.44.68.09

Biaudos Hondouan

(TH) — Gisèle et Gilles vous accueillent dans leur ferme rénovée de style basque, vaste jardin d'agrément. 1 ch. (1 lit 2 pers. 3 lits 1 pers.), 3 ch. (2 lits 2 pers. 3 lits 1 pers.). Salle d'eau et wc communs à chaque chambre. Salle de détente avec TV, bibliothèque. Terrasse ouverte pour déguster de copieux petits déjeuners. Commerces 6 km. Ouvert d'avril à novembre. Nombreux jeux, salle de jeux, baby-foot, ping-pong, etc... Repas du soir avec les produits fermiers cuisinés de façon régionale, excepté le mercredi soir. Océan 15 km. Grand espace vert, calme, fleuri. Documentation régionale.

Prix : 1 pers. **180 F** 2 pers. **200 F** 3 pers. **280 F** repas **75 F**

5	25	20	15	15	6	15	4

SALLABERRY Gilles et Gisele – Ferme Hondouan - Face au Chateau – 40390 Biaudos – Tél. : 59.56.70.43

Biaudos Carrere

(TH) — Jacqueline et Philippe vous accueillent dans leur petite ferme restaurée, sur 4 hectares de terrain boisé et de prairies. 2 ch. très confortables avec salle d'eau et wc privés et 1 ch. avec salle de bains et wc privés. Repas pris en terrasse couverte. Calme assuré. Commerces 10 km. Ouvert de mars à octobre. Océan 15 km. A visiter : musée de la mer à Biarritz, réserve naturelle de Saubusse.

Prix : 1 pers. **180 F** 2 pers. **200 F** 3 pers. **270 F** repas **75 F**

10	15	15	10	10	15	5

HARGUES Philippe et Jacqueline – Carrere – 40390 Biaudos – Tél. : 59.56.70.56

Campet-et-Lamolere Lamolere
C.M. n° 78 — Pli n° 6

(TH) — Belle maison de caractère au milieu d'un grand parc, bordé d'une rivière. 3 ch. 2 pers. joliment aménagées comportant une salle de bains et wc particuliers, les 2 autres chambres ont 1 salle d'eau particulière, wc communs. Terrasse, parc de 12 ha., meubles de jardin. Rivière, ping-pong. Animaux admis dans le chenil. Commerces 4 km. Ouvert du printemps à novembre. Océan à 70 km.

Prix : 2 pers. **190/230 F** repas **80 F**

4	70	10	4	4	SP	4

DE MONREDON Philippe et Beatrice – Lamolere – 40090 Campet-et-Lamolere – Tél. : 58.06.04.98

Clermont Camiade

(TH) — 3 chambres d'hôtes dans la même maison que le propriétaire, ancienne ferme. 1 ch. (1 lit 2 pers.), salle de bains et wc privés. 1 ch. (1 lit 2 pers. 2 lits 120), salle de bains et wc privés. 1 ch. (1 lit 2 pers. 1 lit 120), salle de bains et wc privés non attenants à la chambre. Ameublement rustique très confortable. Chauffage central. Petit déjeuner pris dans la salle à manger du propriétaire. Table d'hôtes sur demande. Maison de caractère avec parc ombragé. Terrain clos de 2000 m², cour, airial. Barbecue, meubles de jardin. Terrasse. Garage. Océan à 50 km. Gare 15 km. Commerces 10 km. Ouvert toute l'année.

Prix : 1 pers. **100 F** 2 pers. **180/200 F** repas **70 F**

11	50	60	11	3	3	1

HEBRARD-FAYET Marie – Camiade – 40180 Clermont – Tél. : 58.89.80.17

Gamarde-les-Bains Toquelaze

NN — 2 chambres d'hôtes : 1 ch. (1 lit 2 pers. 1 lit enfant) et 1 ch. (1 lit 2 pers. 1 lit 1 pers.), salle d'eau et wc communs aux 2 chambres. Meubles de jardin. Terrain de 3 hectares. Commerces 5 km. A visiter : musée de la Chalosse à Montfort, centre équestre Equiland à Cassen. Océan 40 km.

Prix : 2 pers. **140 F** 3 pers. **190 F**

5	40	5	4	40	5

DUCLOS Jacques et Madeleine – Toquelaze – 40380 Gamarde-Les Bains – Tél. : 58.98.61.79

Garein La Serre
C.M. n° 78 — Pli n° 15

NN — M. et Mme Lannegrand vous accueillent dans leur confortable demeure, douillette et calme, située au milieu d'un parc ombragé et fleuri, agrémenté d'une piscine. 6 chambres d'hôtes 2 pers. avec salle d'eau et wc privés. Restaurant 3 km. Océan 65 km. Tennis au village. Tarifs dégressifs en hors-saison. Commerces 3 km. Ouvert toute l'année.

Prix : 1 pers. **180/210 F** 2 pers. **200/320 F** 3 pers. **340/360 F**

10	65	20	SP	10	3

LANNEGRAND Jean-Paul et Solange – La Serre – 40420 Garein – Tél. : 58.51.45.70

524

Garein Moulin-Vieux

ঙ ঙ ঙ NN
(TH)

Accueil familial et chaleureux dans cette ancienne maison de maître restaurée, sur 3 ha. de terrain boisé, au grand calme. 3 ch. décorées avec goût : 1 en r.d.c. pour 2 pers. aux portes du jardin avec salle d'eau et wc privés. 2 à l'étage pour 2 et 3 pers. avec vue sur airial et étang, avec douche et wc privés. Salon de jardin. Ouvert toute l'année. Repas servis à l'ombre des platanes. Salon de détente avec billard, jeux, TV, bibliothèque. Pêche dans l'étang et la rivière, promenades en forêt. Possibilité de participer à des séances de yoga et relaxation données par un professeur diplômé. Océan 50 km.

Prix : 1 pers. **170 F** 2 pers. **190/220 F** 3 pers. **280 F**
pers. sup. **90 F** repas **70 F**

🏇	⛵	🎿	🏌	🚣	🎣	🏊	⛷
15	50	25	25	15	SP	50	3

JEHL Liliane et Michel – Moulin Vieux – 40420 Garein – Tél. : 58.51.61.43 ou 58.51.49.31

Hagetmau Pargadot-de-Busqueton   🏠   *C.M. n° 78 — Pli n° 7*

ঙ ঙ

2 chambres d'hôtes dans cette maison landaise située au cœur du village. 2 ch. 3 pers. (1 lit 2 pers. 1 lit 1 pers.) avec salle d'eau et wc pour chacune. Lac, baignade 1 km. Produits fermiers 800 m. Océan 70 km. Commerces 800 m. Ouvert toute l'année.

Prix : 1 pers. **125 F** 2 pers. **170 F** 3 pers. **230 F**

🏇	⛵	🎿	🏌	🎣	🏊	⛷
25	70	0,8	12	0,8	0,8	0,8

BATS Georges et Pierrette – Pargadot de Busqueton – 40700 Hagetmau – Tél. : 58.79.35.43

Hagetmau Cesar   🏠   *C.M. n° 78 — Pli n° 7*

ঙ
(TH)

4 chambres d'hôtes dans cette ferme située dans le village. 1 ch. 3 pers. (2 adultes + 1 lit 1 pers.), 3 ch. doubles avec salle de bains et wc communs. Parking. Produits fermiers. Randonnées 1 km. Océan 80 km. Jeux divers pour enfants. Commerces 1 km.

Prix : 2 pers. **160 F** 3 pers. **236 F** repas **60 F**

🎿	🏌	🚣	🎣	🏊	⛷
15	12	1	1	1	1

CASTAIGNOS Pierre et Clotilde – Cesar – 40700 Hagetmau – Tél. : 58.79.41.45

Herm La Mamounia   *C.M. n° 78 — Pli n° 16*

ঙ ঙ NN

Christine Dagouassat vous accueille dans sa propriété un tantinet Mauresque. 2 chambres avec chacune accès indépendant. 1 ch. 2 pers. (1 lit 2 pers.) avec salle d'eau privée. Poss. lit supplémentaire. 1 ch. 2 pers. (2 lits 1 pers.) avec salle d'eau privée. WC communs aux 2 ch. Terrasse aménagée avec meubles de jardin où l'on peut prendre le petit déjeuner. Maison avec un jardin très fleuri. Restaurants à proximité. Commerces 500 m. Océan 20 km. Ouvert du 2 mai au 15 septembre.

Prix : 1 pers. **210 F** 2 pers. **220 F**

🏇	⛵	🎿	🚣	🎣	🏊	⛷
10	15	15	10	12	15	SP

DAGOUASSAT Christine – La Mamounia – 40990 Herm – Tél. : 58.91.50.30

Leon Au Gat   *C.M. n° 78 — Pli n° 16*

ঙ ঙ ঙ

Maison de style landais de construction récente, dans un magnifique airial planté de chênes. 2 chambres 2 et 3 pers. avec salle d'eau particulière pour chacune. WC communs aux locataires. Petit déjeuner dans la salle à manger ou sur la terrasse. Restaurant à proximité. Aire naturelle de camping. Commerces 3 km. Océan 10 km. Ouvert toute l'année. A 3 km du village de Léon, au cœur de la forêt de pins, Gisèle vous accueillera dans sa maison « au Gat », située sur un magnifique airial planté de gros chênes. Accès au chambres indépendant donnant sur une terrasse couverte.

Prix : 2 pers. **230 F** 3 pers. **290 F**

🏇	⛵	🎿	🚣	🎣	🏊	⛷
4	4	10	5	SP	4	4	3

MARTINEZ Gisele – Au Gat - Route de Laguens – 40550 Leon – Tél. : 58.48.77.73

Lesperon Manoir-de-Tireveste

ঙ ঙ ঙ

Monique vous accueille dans une propriété de caractère du XIXᵉ siècle, sur les chemins de Saint-Jacques de Compostelle. 3 ch. (1 lit 2 pers. 1 lit 1 pers. chacune) aménagées dans un manoir avec salle d'eau et wc privés. Entrée indépendante. Chauffage central. Salle à manger d'époque. Parc arboré clos, barbecue, jeux divers. Grandes terrasses avec salons de jardin pour prendre des petits déjeuners personnalisés. Restaurants et tous commerces 1 km. Ouvert de février à novembre. Animaux admis après accord. Océan 15 km. A 1 h de l'Espagne et des Pyrénées.

Prix : 2 pers. **270 F** 3 pers. **350 F**

🏇	⛵	🎿	🚣	🎣	🏊	⛷
10	15	30	10	15	10	15	1

BABEL Monique – Manoir de Tireveste - Lesperon – 40260 Castets – Tél. : 58.89.60.01 – Fax : 58.89.65.30

Linxe Lahourate   *C.M. n° 78 — Pli n° 15*

ঙ ঙ ঙ

Au cœur de la forêt landaise, dans un cadre reposant et fleuri, Fernande vous accueille dans son ancienne ferme restaurée, entourée d'un airial planté de chênes, en bordure d'une forêt de pins. 2 ch. 2 pers., 1 ch. 3 pers. et 1 ch. 4 pers., toutes avec salle d'eau et wc privés. Terrasses couvertes, salons de jardin et espaces verts. Grande salle éclairée par des baies vitrées pour les petits déjeuners ou détente. Salon, TV, coin-cuisine. Location de vélos au village. Restaurants 3 km. Ferme-auberge 10 km. Commerces 3 km. Ouvert toute l'année. Océan 7 km.

Prix : 1 pers. **160/200 F** 2 pers. **185/215 F** 3 pers. **285 F**

🏇	⛵	🎿	🚣	🎣	🏊	⛷
5	5	8	5	5	5	5	3

LARTIGUE Fernande – Lahourate – 40260 Linxe – Tél. : 58.42.92.59

Lit-et-Mixe Le Bosquet

A 7 km de l'océan, jolie maison récente. A l'étage : 2 ch. 2 pers. (1 lit 2 pers. 2 lits 1 pers.), salle d'eau et wc privés. Terrasse, balcon, salon de jardin. Entrée indépendante. A l'étage, ensemble de deux chambres confortables pour une même famille ou des amis. Pour contacter le propriétaire, téléphonez le soir ou aux heures des repas. Au calme, en lisière de la forêt. Randonnées cyclistes et pédestres sur sentiers balisés. Plages à proximité. Forêt de pins 15 km. Village très animé. Restaurants. Commerces 500 m. Ouvert toute l'année.

Prix : 2 pers. 200 F 3 pers. 350 F

5	10	20	7	7	10	0,5	

CASTETS Philippe et Rose-M – Le Bosquet - Mixe – 40170 Lit-et-Mixe – Tél. : 58.42.83.94

Lue L'Oustaou   *C.M. nº 78 — Pli nº 14*

Patricia et Guy vous accueillent dans le charme de leur vieille demeure pour votre séjour dans les Landes. 5 ch. coquettes et confortables : 1 ch. (2 lits 110), 2 ch. 2 pers. (2 lits 1 pers.), 1 ch. 3 pers. (1 lit 2 pers. 1 lit 110), 1 ch. (1 lit 2 pers.). Toutes disposent d'une salle d'eau privée, wc privés ou communs aux hôtes. Un magnifique airial de chênes vous apportera tranquillité et sérénité. Vous prendrez vos petits déjeuners dans la salle à manger ou dans le parc. Vous profiterez d'un grand salon au décor raffiné. Océan 22 km. Commerces 2 km. Ouvert de mai à septembre.

Prix : 1 pers. 180 F 2 pers. 200/240 F 3 pers. 260 F

18	15	35	15	8	1	15	2

CASSAGNE Guy et Patricia – Quartier Baxentes - L'Oustaou – 40210 Lue – Tél. : 58.07.11.58

Lue Lou-Pitarray

Maison de maître sur un airial ombragé de chênes, en bordure de forêt, calme assuré. 2 chambres (1 lit 2 pers. chacune) et poss. 1 lit d'appoint 1 pers., salle d'eau et wc particuliers à chaque chambre. Chauffage central en hors-saison. Entrée indépendante, salon particulier aux hôtes pour les petits déjeuners. Salon de jardin. Tarif dégressif en hors-saison. Restaurant à proximité. Commerces 8 km. Ouvert toute l'année. Forêt entourant l'airial, parcours santé 1,5 km, océan 25 km. Possibilité chasse privée à 10 km.

Prix : 1 pers. 200 F 2 pers. 230 F 3 pers. 280 F

18	35	20	8	1	18	1,8	

LAMOU Bernard et France – Lou Pitarray - Quartier Medous – 40210 Lue – Tél. : 58.07.06.23

Luglon Bos-de-Bise

Jolie maison au milieu des prés et bel airial, cadre reposant. 2 chambres 2 pers. avec salle d'eau et wc particuliers. Lit enfant dans chaque chambre. Lit supplémentaire 1 pers. sur demande. Chevaux et paôns. Plan d'eau avec animaux sur la propriété. Océan 50 km. Commerces 7 km. Ouvert d'avril à octobre.

Prix : 2 pers. 220/250 F 3 pers. 350 F

6	40	8	6	15	SP	6

CONGOSTE Michel et Colette – Bos de Bise – 40630 Luglon – Tél. : 58.07.50.90

Magescq Le Cassouat   *C.M. nº 78 — Pli nº 16*

4 chambres d'hôtes dans cette maison de caractère, entourée d'un parc boisé de 11 ha. 2 chambres 2 pers. avec salle d'eau particulière, au rez-de-chaussée. A l'étage : 2 chambres 2 pers. avec salle de bains privée et l'autre avec salle d'eau privée. Terrasse. Mer, plage 15 km. Animaux parfois acceptés. Tarifs réduits pour séjour. Commerces 1,5 km.

Prix : 2 pers. 215/245 F

8	15	8	15	8	1,5

DESBIEYS Marlene – Le Cassouat – 40140 Magescq – Tél. : 58.47.71.55

Mant Moulin-de-Baille

3 chambres d'hôtes 2 pers. aménagées dans une maison de charme, avec ancien moulin. Salle de bains privée ou commune aux locataires, wc communs. Etang de 1 ha. sur place. Commerces 5 km. Au milieu d'une propriété de 16 hectares. Endroit calme et reposant. Accueil personnalisé.

(TH)

Prix : 1 pers. 120/170 F 2 pers. 160/220 F repas 60 F

80	30	12	SP	10	12

DEMEN Simone – Moulin de Baille – 40700 Mant – Tél. : 58.79.23.38 – Fax : 58.73.13.48

Maylis Caoubet

3 chambres à l'étage. 1 ch. (1 lit 2 pers.), salle de bains privée. 1 ch. (1 lit 2 pers. 1 lit 1 pers.), salle de bains privée. 1 ch. (1 lit 2 pers. 1 lit 1 pers.), salle de bains privée. 2 wc communs aux 3 chambres. Piscine sur place. Océan 60 km. Commerces 9 km. Ouvert toute l'année. Au cœur de la Chalosse, dans une région productrice de foie gras, Armand et Colette vous accueillent. Dans leur ferme-auberge, vous pourrez déguster toutes les spécialités du terroir et vous goûterez aux joies de l'accueil à la ferme.

(A)

Prix : 2 pers. 170 F 3 pers. 215 F repas 82/175 F

15	40	SP	SP	60

LABORDE Armand et Colette – Caoubet – 40250 Maylis – Tél. : 58.97.77.74

Messanges Lou-Nid-Dous-Merlous   *C.M. nº 78 — Pli nº 16*

Ancienne maison rénovée avec jardin et meubles de jardin. 2 chambres 2 pers. avec salle d'eau particulière à chaque chambre, wc communs aux locataires. Océan 3 km. Commerces 4 km. Ouvert de mai à octobre. Pour contacter le propriétaire, téléphonez aux heures des repas.

Prix : 2 pers. 220 F

4	4	4	12	12	2	2	1

LAPENU Roger et Mauricette – Lou Nid Dous Merlous – 40660 Messanges – Tél. : 58.48.90.50

Mimizan Au Cheou

♨ ♨

Coquette maison rénovée avec airial ombragé et meubles de jardin, en bordure de la forêt, à 8 km de l'océan. 1 chambre (1 lit 2 pers. Possibilité lit d'appoint 1 pers.), salle d'eau et wc privés. 1 chambre (1 lit 2 pers.), salle de bains et wc privés. Poney-club à 100 m. Commerces 3 km.

Prix : 2 pers. **160/175 F** 3 pers. **210 F**

🤽	⛵	🏊	🐕	♨	🎿
5	5	3	5	5	7

PEREZ Maite – Au Cheou – 40200 Mimizan – Tél. : 58.09.18.97

Montgaillard Chateau-Robert

♨ ♨ ♨ ♨

Beau château avec parc, piscine privée. 4 très belles chambres 2 pers. avec salle de bains et wc particuliers. Possibilité de rajouter 1 lit enfant. Salon du XVIIIᵉ siècle. Parc de 15 ha. Plan d'eau privé pour la pêche. Animaux admis. Océan 80 km. Commerces 5 km.

Prix : 2 pers. **380/400 F**

🤽	🎣	🚤	🏊	🐕	🎿
12	23	7	SP	SP	7

CLAIN Roger et Regine – Chateau Robert – 40500 Montgaillard – Tél. : 58.03.58.09

Moustey Les Sequoias

♨ ♨ ♨ NN

A Moustey, maison de maître du XVIIIᵉ siècle, dans un parc de 2 ha. fleuri avec piscine, au cœur de la forêt, à 30 mn de l'océan. 5 ch. 2 et 4 pers. aménagées avec goût. Salle d'eau ou salle de bains et wc privés pour chacune. TV dans 2 chambres. Piscine sur place. Cadre très agréable. Commerces 6 km. A visiter : l'écomusée de Marquèze, Dune de Pyla... Balades en calèche à Moustey. Restaurants 200 m.

Prix : 2 pers. **250/300 F**

🤽	🎣	🎣	🚣	🏊	🐕	♨	🎿
6	45	45	5	SP	6	45	6

DECHAMBRE Andre – Les Sequoias - Route de Bordeaux – 40410 Moustey – Tél. : 58.07.75.67

Ondres Le Bout-des-Landes

♨ ♨ ♨

En bordure de la forêt à quelques mètres de la plage. Maison avec de grandes baies vitrées. 2 ch. 2 pers. spacieuses, très confortables, jouxtant la piscine, (lits 160 ou lits jumeaux) salle d'eau, wc exclusifs, TV dans chaque chambre. Commerces sur place. Ouvert toute l'année. Au sud du département, à quelques kilomètres des plages et du pays Basque (Bayonne, Biarritz), Raymonde vous accueille avec sympathie et joie de vivre.

Prix : 2 pers. **270 F**

🐕	🤽	🎣	🎣	🚤	🐕	♨	🎿
0,8	0,8	3	2	2	1	1

PUYRAVAUD Raymonde – Le Bout des Landes - avenue de la Plage – 40440 Ondres – Tél. : 59.45.21.87

Port-de-Lanne

♨ ♨

2 chambres aménagées dans la maison du propriétaire, à l'étage, balcon, terrasse et jardin à disposition. Les 2 chambres sont pour 2 personnes avec 1 lit double. Si nécessaire, possibilité de rajouter un lit d'enfant. Salle d'eau et wc communs aux 2 chambres. Océan 30 km. Commerces 5 km.

Prix : 2 pers. **150 F**

🤽	🎣	🚤	🏊	🐕	♨	🎿
20	30	30	6	0,5	25	6

CHAMBRES Leon et Jacqueline – Maison Elerispi - Au Bourg – 40300 Port-de-Lanne – Tél. : 58.89.17.94

Pouillon Maison-City

♨

2 chambres d'hôtes 2 pers. avec salle de bains et wc communs. Situé au sud du département, Pouillon est un village de campagne aux habitants sympathiques et conviviaux. Gare 20 km. Commerces 4 km. Le sud Adour vous accueille avec toute sa chaleur.

Prix : 2 pers. **140 F**

🎣	🏊	🐕	♨	🎿
5	4	5	5	4

LABORDE Jean et Marie – Maison City – 40350 Pouillon – Tél. : 58.98.24.89

Sabres

♨ ♨ NN

Gwenaëlle vous accueille dans une maison de maître, au milieu d'un joli airial. 2 ch. au 1ᵉʳ étage avec salle d'eau particulière et wc communs. 1 chambre au 2ᵉ étage avec salle d'eau et wc privés. Salon particulier avec TV. Chauffage. Terrain de 5 ha., salon de jardin, abri de piscine et barbecue. Commerces 3 km. A Sabres, petit village de la Haute-Lande. Poss. de prendre le petit déjeuner dans la salle à manger des propriétaires ou en terrasse. A visiter : écomusée de Marquèze, musée de Solférino, atelier de produits résineux à Luxey. Océan 45 km.

Prix : 2 pers. **250 F** 3 pers. **300 F**

🐕	🤽	🎣	🚤	🏊	🐕	♨	🎿
3	45	3	3	SP	SP	SP	3

BACON Gwenaelle – Le Plaisy – 40630 Sabres – Tél. : 58.07.50.29

Saint-Etienne-d'Orthe La Forestiere

♨ ♨
(TH)

3 ch. d'hôtes aménagées pour vous accueillir dans une grande maison récente. 2 ch. au r.d.c. : 1 ch. (2 lits 2 pers. 1 lit 1 pers.), poss. lit enfant, douche, lavabo, coin-salon. 1 ch. (1 lit 2 pers.), douche, lavabo. WC communs aux hôtes. 1 ch. à l'étage (2 lits 2 pers. 1 lit 1 pers.), salle de bains attenante. R.d.c. : salle de détente avec jeux, TV et bibliothèque. Table de ping-pong dans le jardin. Les petits déjeuners sont pris en terrasse abritée. La table d'hôtes vous réserve les plaisirs d'une cuisine traditionnelle. Océan 20 km. Commerces 10 km. Ouvert de mars à octobre.

Prix : 1 pers. **130 F** 2 pers. **155/165 F** 3 pers. **185/195 F**
repas **70 F**

🤽	🎣	🚤	🏊	🐕	♨	🎿
10	10	15	7	1	10	7

OUSTALE Marc et M Therese – La Forestiere – 40300 Saint-Étienne-d'Orthe – Tél. : 58.89.15.62

Saint-Geours-de-Maremne Dossan

♨♨ NN Marie-Thérèse et Joseph vous accueillent dans leur propriété à la campagne. 3 chambres aménagées dans un bâtiment avec accès indépendant. 1 ch. (2 lits 110), 2 ch. (1 lit 2 pers.). Salle d'eau, salle de bains et wc privés pour chaque chambre. Salon de détente, TV. Parc boisé. Visites verger et culture. Piscine 500 m. Lac sur place. Océan 12 km. Commerces 2 km. Ouvert toute l'année. Tarifs réduits en basse saison.

Prix : 1 pers. **160 F** 2 pers. **200 F** 3 pers. **250 F**

5	10	12	10	0,3	0,5	2,5

LACROIX Joseph et M.Therese – Dossan - Route de Lecourt – 40230 Saint-Geours-de-Maremne – Tél. : 58.57.32.31

Saint-Justin Betjean

♨♨♨ 4 chambres 2 pers. avec salle de bains originale et douche particulière. Vente de produits fermiers. Océan 90 km. Commerces 3 km. Sur le chemin de Saint-Jacques de Compostelle, ferme landaise, plusieurs fois centenaire, restaurée avec authenticité et amour, richement meublée et décorée. Centrée dans un airial de chênes séculaires, la découverte se mérite. Franchissez le seuil à double battant. Alentour, de nombreuses auberges vous surprendront par leur qualité. Ouvert d'avril à septembre.

Prix : 1 pers. **230 F** 2 pers. **250 F**

3	10	17	10	3	12	3

VILLENAVE Marie-Claire – Betjean - D933 - Route de Perigueux – 40240 Saint-Justin – Tél. : 58.44.88.42 – Fax : 58.44.67.16

Saint-Laurent-de-Gosse Chateau-de-Montpellier

♨♨♨ NN Dans un cadre exceptionnel, magnifique château inscrit monument historique. 4 ch. aménagées et conçues avec beaucoup de goût. Salle de bains ou salle d'eau et wc privés pour chaque chambre. Parc de 1,5 ha. le long de l'Adour. Petit déjeuner servi dans la salle de chasse des propriétaires ou dans le jardin d'hiver. Musée du château. Océan 20 km. Commerces 1,5 km. Proche du Pays Basque, à quelques kilomètres de Bayonne et Biarritz, de nombreuses visites en perspective. Anglais et espagnol parlés.

Prix : 2 pers. **280/350 F**

3,5	12	15	30	8	SP	12	1,5

FOUQUET P-Francois et Jeanne – Chateau de Montpellier – 40390 Saint-Laurent-de-Gosse – Tél. : 59.56.25.16

Saint-Perdon Larroque

♨♨♨ Belle maison du XVIIIᵉ s. avec parc ombragé. 1 ch. (1 lit 2 pers.) + antichambre (1 lit 1 pers. + 1 lit enfant), salle de bains et wc privés. 1 ch. (2 lits 120. 1 lit 1 pers.) avec cabinet de toilette et wc privés. Océan 70 km. Commerces 7 km.

Prix : 2 pers. **220/240 F** 3 pers. **290/320 F**

7	90	12	7	6	0,5	0,5

LAJUS Louis et Marguerite – Larroque – 40090 Saint-Perdon – Tél. : 58.75.88.38

Saubrigues Soutey

C.M. nº 78 — Pli nº 17

♨ Petite ferme coquette. 4 chambres 2 et 3 pers. avec salle d'eau commune aux locataires. Vente de produits fermiers. Camping à la ferme. Airial, abri couvert. Océan 12 km. Commerces 7 km.

Prix : 2 pers. **140/160 F**

5	11	12	12	12	0,3	12	12

GAFFES Gerard et Charlotte – Soutey – 40230 Saubrigues – Tél. : 58.77.90.54

Saubusse-les-Bains Bezincam

♨♨♨ NN Le château de Bezincam, demeure du XIXᵉ siècle, dans un grand parc en bordure de l'Adour, vous offre un accueil chaleureux et personnalisé dans un cadre exceptionnel de verdure et de quiétude. Ses 4 chambres 2 pers. avec salles de bains privatives sont spacieuses, confortables et décorées avec goût. Gare 15 km. Commerces 1 km. Ouvert de février à octobre. Situé au cœur d'un grand parc aux arbres centenaires, Bezincam est un lieu de séjour privilégié pour tous ceux qui aspirent au calme et à la détente.

Prix : 1 pers. **250/300 F** 2 pers. **300/350 F** 3 pers. **400/450 F**

3	11	3	SP	15

DOURLET Guy et Claude – Bezincam - Chemin de l'Adour – 40180 Saubusse-Les Bains – Tél. : 58.57.70.27

Seignosse Notre-Reve

♨♨ NN Entre l'Etang Blanc et l'Etang Noir, dans la forêt landaise, à 5 mn de l'océan, Georgette et Bernard vous accueillent dans leur maison, au calme. 2 ch. (1 lit 2 pers.), salle de bains ou cabinet de toilette et wc privés. Cadre agréable, terrain clos de 5000 m², parking ombragé, meubles de jardin. Gare 30 km. Commerces 1 km. Ouvert toute l'année. Possibilité de prendre les petits déjeuners dans la salle à manger ou sur la terrasse. Pour vos loisirs : réserve naturelle, festivités saisonnières, pelote basque, nombreuses fêtes locales. Océan 5 km.

Prix : 2 pers. **225 F**

5	1	4	5	1	2

DESTRIBATS Georgette – Notre Reve - Route de l'Etang Blanc – 40510 Seignosse – Tél. : 58.72.81.20

Sorde-l'Abbaye

♦♦ NN   Dans une jolie maison de maître sur un parc fleuri et boisé de 8000 m² avec piscine privée. 2 ch. 2 pers. aménagées avec beaucoup de goût. L'une comprend un coin-toilette et une douche, l'autre une salle de bains. WC communs aux 2 chambres. Des chambres, une très jolie vue sur le parc et la piscine, calme et détente assurés. Commerces 4 km. Océan 25 km. Ouvert toute l'année.

Prix : 1 pers. **200 F** 2 pers. **220 F** 3 pers. **300 F**

2	15	5	SP	1	5	

RIUTORT Christiane – Rue Lesplaces – 40300 Sorde-l'Abbaye – Tél. : 58.73.28.68

Soustons Cante-Grouille   *C.M. n° 78 — Pli n° 16*

♦♦♦   Claudine et Jacques vous accueillent à la campagne, en bordure de la forêt. 3 chambres aménagées dans leur maison avec accès indépendant. 1 suite 3 pers. (1 lit 2 pers. 1 lit 1 pers.) avec salle d'eau et wc privés. 2 ch. (1 lit 2 pers. chacune) avec salle d'eau et wc privés. Poss. lit bébé. Terrasse couverte avec salon de jardin pour détente et repas. Restaurant 1 km. Océan 6 km. Commerces 800 m.

Prix : 2 pers. **220 F**

6	1	6	1	1	1

BENOIT Jacques et Claudine – Cante Grouille - Quartier Philip – 40140 Soustons – Tél. : 58.41.16.10

Soustons La Licorne

♦♦♦♦ NN   A 8 km des plages de la côte Landaise, Laurence vous accueille dans sa jolie maison restaurée et amé-
(TH)   nagée avec beaucoup de goût. 4 chambres (2, 3 et 4 pers.) avec salle d'eau et wc privés pour chacune. Repos et détente assurés. Océan 8 km. Commerces 500 m. Nombreuses animations durant l'été sur la côte et visites/découvertes toute l'année.

Prix : 1 pers. **170 F** 2 pers. **230 F** repas **80 F**

5	1	5	1	8	1	1	

LEGAT Laurence – La Licorne - 1 avenue du Gay – 40140 Soustons – Tél. : 58.41.10.27

Taller Rouncaou      *C.M. n° 78 — Pli n° 6*

♦♦   Au milieu d'une forêt de pins, dans une ferme de caractère entourée d'un airial, Marie-Thérèse et Marc vous proposent 2 chambres d'hôtes (1 lit 2 pers. 2 lits 120), salle d'eau et wc privés pour chacune. Accès indépendant. Salle de détente, TV. Possibilité cuisine. Salon de jardin. Camping à la ferme sur place. Ferme-auberge 1 km. Sentiers pédestres, rivière. A l'automne, cueillette de champignons. Confitures maison pour petits déjeuners. Commerces 5 km.

Prix : 1 pers. **160 F** 2 pers. **180 F**

10	15	20	SP	10	5	

SEGUIN Marc et M.Therese – Rouncaou – 40260 Taller – Tél. : 58.89.43.18

Tarnos   *C.M. n° 78 — Pli n° 18*

♦♦♦   Située à 13 km de Biarritz, Hélène et André vous accueillent dans une grande propriété bordée d'un bois, très calme. Dans leur maison de style basque, 1 ch. (1 lit 2 pers.), chambre enfant à la demande. Dans l'ancienne ferme totalement rénovée, 4 ch. donnant sur la verdure disposant chacune d'une salle d'eau et wc privés. Ouvert toute l'année. De la ferme, il reste la basse cour (canards, poules, pintades, lapins, brebis). Salle de repos avec grandes baies vitrées, aménagée pour vous réunir et vous faire quelques grillades (frigidaire, micro-ondes, téléphone, l-linge, ping-pong). Plages 5 km. Golf de Biarritz, Hossegor à 13 km.

Prix : 1 pers. **190 F** 2 pers. **240 F** 3 pers. **400 F**

5	15	13	5	5	5	0,5

LADEUIX Andre – 26 rue Salvador Allende - D181 – 40220 Tarnos – Tél. : 59.64.13.95

Tarnos

♦♦ NN   3 ch. d'hôtes en r.d.c., avec chacune salle d'eau et wc privés. Cadre agréable dans une villa basque récente avec un jardin clos de 2000 m², verdoyant, arboré et fleuri, bordé d'un petit bois et d'un champs de maïs. Pour votre détente, vous trouverez un salon de jardin avec barbecue, un coin-cuisine commun. Ouvert du 15 mars au 30 octobre. Pour vos loisirs : côté sud : Les Landes, côté Basque : les plages, la pelote basque, le folklore, musées. Commerces 3 km. Mer 9 km. Bayonne 4 km. Biarritz 15 km.

Prix : 1 pers. **200 F** 2 pers. **230 F**

10	5	10	4	4	4	

BISCAY Marie – Route de Baudonne – 40220 Tarnos – Tél. : 59.55.48.01

Tosse Le Bosquet

♦♦♦ NN   Belle maison contemporaine située à l'orée de la forêt et des étangs, au calme. 3 ch. (1 lit 2 pers. cha-
cune), salle d'eau et wc privés. Salle de repos. Agréable terrain boisé de 4700 m², parking ombragé, salon de jardin, terrasses, VTT, tables de ping-pong. Sentiers pédestres, voile et équitation aux environs. Commerces 1 km. Ouvert toute l'année. Tarif étape 250 F.

Prix : 2 pers. **200/230 F**

6	5	5	2	2	1	

**ARNAUDIN J.Pierre et Monique – Le Bosquet - rue du Hazan - Route de St-Vincent de Tyrosse –
40230 Tosse – Tél. : 58.43.03.40**

Vielle-Tursan Pigon

꠸꠸
(A)
2 chambres d'hôtes indépendants de la maison du propriétaire, aménagées dans une ferme (polyculture et élevage), de construction ancienne et rénovée. Situées à l'étage, elles comportent chacune 1 lit 2 pers. 1 lit 1 pers. Cabinet de toilette et douche dans chaque chambre, wc communs aux 2 chambres. Océan 85 km. Commerces 1 km. Ouvert toute l'année. Situées face aux Pyrénées, sur un flanc de coteau dominant la vallée. Possibilité repas à la ferme.

Prix : 2 pers. **140 F** repas **60/160 F**

10	14	14	8	0,4	2	1	

LABROUCHE Pierre et Colette – Pigon - Vielle Tursan – 40320 Geaune – Tél. : 58.79.17.37

Deux-Sèvres

Arcais *C.M. n° 71 — Pli n° 2*

꠸ NN
4 chambres d'hôtes aménagées à l'étage d'une grande maison. 4 ch. (4 lits 2 pers.). Salle de bains, salle d'eau et wc communs aux 4 ch. Salon. Jardin. Rivière à 20 m. Restaurants 500 m. Location de vélos à 50 m. Mer 45 km. Marais Poitevin (promenade en barque, pédalo, randonnées pédestres et cyclistes sur place).

Prix : 1 pers. **130 F** 2 pers. **150 F**

SP	12	4	4	22

DUBOIS Ginette – Chemin des Bouteilles - Arcais – 79210 Mauze-sur-le-Mignon – Tél. : 49.35.37.40

Arcais *C.M. n° 71-33 — Pli n° 2*

꠸ NN
2 ch. dans maison assez récente située dans le village. 1 ch. 2 pers. et 1 ch. 3 pers. avec salle de bains commune. Salle de séjour avec TV à la disposition des hôtes. Petit jardin. Promenades pédestres et cyclistes. Location de vélos. Mer 30 km. Restaurant 100 m. Marais Poitevin sur place : promenade en barque, pêche, pédalos... Tarif enfant : 30 F. Ouvert toute l'année.

Prix : 1 pers. **130 F** 2 pers. **150 F** 3 pers. **180 F**

SP	SP	12	4	4	22

LEYSSENE Jean – Venelle du Charron – 79210 Arcais – Tél. : 49.35.40.06

Arcais *C.M. n° 71 — Pli n° 2*

꠸꠸꠸ NN
2 chambres d'hôtes aménagées à l'étage d'une maison ancienne restaurée située dans un village dans le Marais Poitevin. Salon à disposition. 1 chambre (1 lit 2 pers. 2 lits 1 pers.), salle de bains et wc privatifs. 1 chambre (1 lit 2 pers.), salle d'eau, wc privatifs. Grand jardin en bordure de conche (canoë disponible). Piscine privée. Gare 25 km. Commerces 100 m. Promenade en barque à 20 m. Location vélos à 500 m. Mer (La Rochelle) à 50 km. Restaurant à 100 m. Ouvert du 1er avril au 1er octobre. Anglais parlé.

Prix : 1 pers. **220 F** 2 pers. **280 F** pers. sup. **70 F**

SP	SP	0,3	6	SP

PLAT Philippe et Elisabeth – Rue de l'Ouche – 79210 Arcais – Tél. : 49.35.42.59 ou 49.35.91.55

Arcais *C.M. n° 71 — Pli n° 2*

꠸꠸ NN
A l'étage d'une maison maraîchère avec entrée indépendante, 2 ch. familiales, séjour, coin-cuisine privatifs aux hôtes. 1 ch. (1 lit 2 pers.) + mezzanine (1 lit 120, 1 lit 80), 1 ch. (2 lits 120) + mezzanine (1 lit 2 pers. 1 lit 80). Salle d'eau et wc privés. Cour intérieure avec terrasse. Loc. barques sur place. Gare 22 km. Commerces sur place. Ouvert toute l'année.

Prix : 1 pers. **200 F** 2 pers. **250 F** 3 pers. **320 F** pers. sup. **70 F**

SP	12	0,5	4	SP	22

DESCHAMPS Jean-Michel – Chemin du Charret – 79210 Arcais – Tél. : 49.35.43.34 – Fax : 49.35.43.35

Avon La Cure *C.M. n° 68 — Pli n° 12*

꠸꠸꠸ NN
(TH)
Suite indépendant meublée à l'ancienne dans 1 cure du 18e, au milieu d'une campagne bocagère : 1 chambre (2 lits 120), sanitaires, wc privés. Coin-salon (1 conv. 1 pers.), TV, chaîne Hi-Fi, vidéo. Ping-pong, 3 vélos, Tumulus de Bougon à 5 km, Futuroscope 40 km. Ouvert toute l'année. Très grand jardin fleuri (1 ha.) clos. Entre Marais Poitevin et Futuroscope, sortie A10 10 km.

Prix : 1 pers. **170 F** 2 pers. **220 F** pers. sup. **60 F** repas **70/80 F**

5	5	12	SP

FREMAUX Gerard – La Cure - Avon – 79800 La Mothe-Saint-Heray – Tél. : 49.76.39.92

Beaulieu-sous-Parthenay   *C.M. n° 67 — Pli n° 17*

꠸꠸꠸ NN
En Gâtine Poitevine, pays bocagé encore vert, 1 grande ch. de 40 m², dans un logis poitevin ancien, retiré auprès d'une rivière bordée de grands arbres. 1 lit 2 pers. et lits d'appoint. Salle d'eau et cuisinette intérieure. Entrée indépendante. Livres et musiques régionales. Jardin, étang, prairie. Sentiers « découverte nature » sur place. Ferme naturelle de 40 ha, à disposition pour la rencontre avec le silence, la nature et la tradition paysanne. Accès par la D142. Ouvert toute l'année.

Prix : 1 pers. **160 F** 2 pers. **180 F** 3 pers. **210 F**

SP	5	3	5	SP	9

FERJOU Guy et Marie-Claude – La Feroliere – 79420 Beaulieu-sous-Parthenay – Tél. : 49.70.64.63

Beauvoir-sur-Niort Le Cormenier — *C.M. n° 71 — Pli n° 2*

❅❅

5 chambres d'hôtes dans une grande maison bourgeoise située dans un hameau. 2 ch. 2 pers. (2 lits 2 pers.), salle d'eau et wc communs. 2 ch. 2 pers. (2 lits 2 pers. 1 lit enfant), 1 ch. 3 pers. (3 lits 1 pers.), salle d'eau et wc communs. Cour, parking, piscine de 24 m². Forêt 2 km. Marais-Poitevin 20 km. Restaurant 1 km. Parc ombragé. Ouvert toute l'année.

Prix : 1 pers. **140 F** 2 pers. **180 F** 3 pers. **220 F**

🛥	🎿	✈	👥
8	2	15	2

RICHARD Marie-Claire – Le Cormenier - La Guilloterie – 79360 Beauvoir-sur-Niort – Tél. : 49.09.70.42

Bouille-Loretz Chantemerle — *C.M. n° 67 — Pli n° 8*

❅❅❅ NN
(TH)

3 ch. d'hôtes avec entrée indép. dans une grande maison entourée d'1 grand parc clos. 1 ch. 4 pers. (1 lit 2 pers. 2 lits 1 pers. 1 lit bébé) avec salle d'eau/wc privés. 2 ch. (3 lits 2 pers. 1 lit 1 pers.), salle d'eau/wc privés chacune. Salle de séjour avec cheminée. Garage, jardin, balançoires, ping-pong. Prairie avec plan d'eau pour pêche. 1er château de la Loire 12 km. Possibilité hébergement chevaux. Promenade en calèche sur place. GR 36.

Prix : 1 pers. **160 F** 2 pers. **200 F** pers. sup. **50 F** repas **60/80 F**

🛥	🌊	🎿	✈	👥	🌊
0,3	15	2	12	0,3	15

DOUBLET Jeanne-Marie – Chantemerle – 79290 Bouille-Loretz – Tél. : 49.67.05.48

Bressuire-Terves — *C.M. n° 67 — Pli n° 16*

❅❅❅ NN

A 2 km de Bressuire, 2 chambres aménagées dans une grande maison de caractère à proximité de l'exploitation agricole. 1 ch. en rez-de-chaussée (2 lits 2 pers. 1 lit bébé). Salle d'eau et wc privés. 1 ch. à l'étage (1 lit 2 pers. 1 lit 1 pers.), salle d'eau et wc privés. Réfrigérateur pour chaque ch. Salon à disposition avec TV. Grand jardin, salon de jardin. Etang privé pour pêche et promenades en barque. Restaurant, gare et commerces à 2 km. Ouvert toute l'année. Puy du Fou 40 km, Futuroscope 80 km, le Marais Poitevin 60 km.

Prix : 1 pers. **140 F** 2 pers. **180 F** 3 pers. **210 F**

🛥	🌊	🎿	✈	👥	👥
2	2	3	2	30	2

BISLEAU Francis et Michele – La Leoniere de Terves – 79300 Bressuire – Tél. : 49.65.19.25

Brioux-sur-Boutonne Les Fontenelles — *C.M. n° 72 — Pli n° 2*

❅❅

Dans une maison de grand confort, 1 studio indépendant (50 m²), de plain-pied sur un parc ombragé et fleuri. 1 ch. (2 lits 2 pers.), 1 kitchenette donnant sur cour privée, salle de bains, wc. TV. Bibliothèque. Préau attenant pour barbecue et voiture. Ferme-auberge, restaurants à proximité. Site paisible et protégé, faune, flore, silence et observation de la nature. Rivière à truites, forêts. Eglises romanes, chemin de Saint-Jacques. Possibilité de location de vélos. Ouvert de Pâques à la Toussaint. Tumulus de Bougon. Zoorama de Chizé. Marais Poitevain 50 km.

Prix : 1 pers. **150 F** 2 pers. **200 F** 3 pers. **250 F**

🐩

🛥	🌊	🎿	✈	👥	👥
0,5	2	2	8	12	SP

BENETEAU Colette – Les Fontenelles – 79170 Brioux-sur-Boutonne – Tél. : 49.07.50.03

Brioux-sur-Boutonne La Rolanderie — *C.M. n° 72 — Pli n° 2*

❅❅❅ NN

Logis Saintongeais avec grand parc clos de 5000 m². 1 chambre d'hôtes aménagée à l'étage (1 lit 2 pers.), salle de bains et wc privatifs. Vélos à disposition. Ferme-auberge. Restaurants à Brioux. Gare 30 km. Commerces 400 m. Anglais parlé. Ouvert toute l'année. Futuroscope 70 km. Tumulus de Bougon 25 km. Marais Poitevin 30 km.

Prix : 1 pers. **170 F** 2 pers. **200 F**

🐩

🛥	🌊	✈	👥	👥	♟
0,4	1	0,4	17	SP	30

RIEDEL Francois – 32 rue de la Gare – 79170 Brioux-sur-Boutonne – Tél. : 49.07.22.10

Cerizay La Gondromiere — *C.M. n° 67 — Pli n° 16*

❅❅❅ NN

2 ch. d'hôtes dans une ancienne fermette restaurée. R.d.c. : 1 ch. avec entrée indép. (1 lit 2 pers.), salle d'eau, wc privés. Kitchenette. A l'étage : 1 ch. (1 lit 2 pers. 2 lits 1 pers.), salle de bains et wc privés. Terrasse, grand jardin fleuri, piscine privée. 2 vélos à disposition sur place. Gare 15 km. Commerces 1 km. Ouvert toute l'année. Possibilité de vol en montgolfière sur place. Restaurant 1 km. Puy du Fou 25 km. Futuroscope 90 km.

Prix : 1 pers. **200/220 F** 2 pers. **250/270 F** 3 pers. **320 F** pers. sup. **70 F**

✈

👥	🛥	🌊	🎿	✈	🌊	⛷	👥	♟	🌊
3	2	SP	1	15	2	15	1	15	

MERCERON Damien et Christine – La Gondromiere – 79140 Cerizay – Tél. : 49.80.10.45

Champdeniers La Grolerie — *C.M. n° 71 — Pli n° 1*

❅❅❅ NN
(TH)

2 ch. d'hôtes aménagées au r.d.c. d'une ancienne ferme restaurée (2 lits 2 pers. 2 lits 1 pers.), salle d'eau et wc privés à chaque chambre. Salle de séjour (cheminée). Jardin d'1 ha. Mare. Jeux. Garage. Gare 20 km. Commerces 1.5 km. Anglais et espagnol parlés. Ouvert toute l'année. Marais Poitevin 17 km. Futuroscope, Puy du Fou, la Rochelle 80 km. Escalade 3 km. Rivière souterraine 1,5 km.

Prix : 1 pers. **180 F** 2 pers. **220 F** 3 pers. **250 F** repas **70 F**

✈

🛥	🌊	🎿	✈	🌊	👥	♟
0,5	14	2	5	5	SP	8

RENAUD Delphine – La Grolerie – 79220 Champdeniers – Tél. : 49.25.66.11

La Chapelle-Pouilloux Pouilloux
C.M. n° 72 — Pli n° 3

E.C. NN
(TH)

1 chambre d'hôtes aménagée en rez-de-chaussée d'une maison poitevine dans un petit village tranquille, grand jardin clos ombragé (1 lit 2 pers. 1 lit enfant), salle d'eau et wc privés. Salon à disposition (TV, cheminée), table de ping-pong, vélos. Futuroscope 50 km. Gare 20 km. Commerces 4 km. Ouvert d'avril à octobre. Anglais parlé. Petit village tranquille et calme, retiré dans la campagne tout en étant à proximité des axes Niort-Limoges et Poitiers-Angoulème. Nombreux monuments romans, églises, lavoirs à visiter dans la région. Cognac 60 km.

Prix : 1 pers. **150 F** 2 pers. **180 F** repas **80 F**

🚶	⛵	🎿	〰️	🏃	🎵
10	4	4	4	SP	55

EDWARDS Christopher et Kay – Pouilloux – 79190 La Chapelle-Pouilloux – Tél. : 49.07.78.91

Chef-Boutonne
C.M. n° 72 — Pli n° 3

〰️〰️ NN

1 chambre d'hôtes dans une grande maison en pierre. 1 chambre 2 pers. (1 lit 2 pers. 1 lit d'appoint), salle de bains et wc particuliers. Restaurant « la Héronnière ». Location de vélos.

Prix : 1 pers. **180 F** 2 pers. **200 F** 3 pers. **220 F**

🚶	⛵	🎿	🏃
1	12	1	SP

RONGEARD Albert – Javarzay – 79110 Chef-Boutonne – Tél. : 49.29.81.75 ou 49.29.88.94

Chenay
C.M. n° 68 — Pli n° 12

〰️〰️ NN
(TH)

4 chambres d'hôtes aménagées dans une maison neuve. A l'étage : 1 chambre (1 lit 2 pers.), salle d'eau et wc privés, 1 ch. (2 lits 1 pers.) avec lavabo, salle d'eau sur le palier et wc privés. Au rez-de-chaussée : 1 ch. (1 lit 2 pers.) avec salle d'eau et wc privés, 1 ch. (1 lit 2 pers.) avec salle d'eau et wc privés. Bougon 6 km, Marais Poitevin 45 km. Le Futuroscope 45 km.

Prix : 1 pers. **140 F** 2 pers. **150/180 F** pers. sup. **50 F**
repas **58 F**

🚶	⛵	🎿	🚴	〰️	⛵
2	7	7	10	12	12

NAU Jean et Madeleine – 79120 Chenay – Tél. : 49.07.31.28

Cherveux
C.M. n° 68 — Pli n° 11

〰️〰️〰️ NN
(TH)

Dans cette forteresse du XVe siècle, 2 chambres d'hôtes sont aménagées au-dessus de la salle de garde, située dans la cour intérieure du château. 1 chambre (1 lit 2 pers. 1 lit appoint), salle de bains et wc privés. 1 chambre (1 lit 2 pers.), salle d'eau et wc privés. Salle à manger-salon (cheminée) réservée aux hôtes. Gare 11 km. Commerces sur place. Ouvert toute l'année.

Prix : 1 pers. **180/200 F** 2 pers. **200/250 F** 3 pers. **280 F**
repas **70 F**

🚶	🚴	🎿	〰️	🏃	⛵
3	0,3	3	SP	15	3

REDIEN Francois et M.Therese – Chateau de Cherveux – 79410 Cherveux – Tél. : 49.75.06.55

Cirieres Chateau-de-Cirieres
C.M. n° 67 — Pli n° 16

〰️〰️〰️ NN

3 chambres d'hôtes aménagées à l'étage d'un château du XIXe siècle, situé dans un village sur l'axe Saumur-les Sables d'Olonnes. 2 lits 2 pers., 1 lit 1 pers., sanitaires privés. Salon avec billard, terrasse, parc ombragé, grande prairie avec rivière. Le Puy du Fou 25 km. Châteaux de la Loire 80 km, Futuroscope 80 km. Gare 30 km. Commerces 4 km. Ouvert du 15 mars au 15 novembre.

Prix : 1 pers. **270 F** 2 pers. **300 F** 3 pers. **420 F**

🐕	🚶	⛵	🎿	〰️	🏃	🏃	
	SP	4	0,5	8	15	15	SP

DUGAST J.Marie et M.Claude – Chateau de Cirieres - 18 rue Sainte-Radegonde – 79140 Cirieres – Tél. : 49.80.53.08

Combrand Le Logis-de-la-Girardiere
📧 *C.M. n° 67 — Pli n° 16*

〰️〰️〰️ NN

4 chambres aménagées à l'étage d'un logis du début du XIXe siècle, avec un parc. 1 chambre (1 lit 2 pers.), salle de bains et wc privés. 1 chambre (2 lits 1 pers.), salle de bains et wc privés. 2 chambres pour une même famille (1 lit 2 pers. 2 lits superposés), salle de bains et wc privés. Salon réservé aux hôtes. TV. Une étape agréable entre Cholet et Niort. Spectacle du Puy-du-Fou à 30 km. Restaurants 4 km. Commerces 4 km. Ouvert toute l'année. Etang privé pour pêche à 300 m. Anglais parlé.

Prix : 1 pers. **180/210 F** 2 pers. **210/240 F**

🚶	⛵	🎿	🚴	〰️	⛵	🏃
0,3	4	4	17	20	20	35

MOREL Christine – Le Logis de la Girardiere - Combrand – 79140 Cerizay – Tél. : 49.81.04.58

Coulon La Rigole
C.M. n° 71 — Pli n° 1

〰️〰️〰️ NN

Au cœur du Marais-Poitevin, 3 chambres d'hôtes aménagées dans une maison maraîchine, en bordure de rivière. 1 chambre (1 lit 2 pers. 1 lit 2 pers.). Salle d'eau et wc privés. 1 chambre (1 lit 2 pers.), salle d'eau et wc privés. 1 chambre (2 lits 120), salle d'eau et wc privés. Coin-détente sur mezzanine. Jardin. Gare 15 km. Commerces 2,5 km. Restaurant 2 km. Ouvert toute l'année.

Prix : 1 pers. **170 F** 2 pers. **200/210 F** 3 pers. **250/280 F**

🚶	⛵	🎿	🏃
SP	5	2,5	SP

FABIEN Sergine – La Rigole – 79510 Coulon – Tél. : 49.35.97.90

Coulon
C.M. n° 71 — Pli n° 2

〰️〰️〰️ NN

3 chambres d'hôtes aménagées au rez-de-chaussée d'une maison très fleurie, située dans le Marais Poitevin, en bordure de Sèvre à 200 m du village. 3 chambres (1 lit 2 pers. chacune) avec salle d'eau et wc privés pour chaque chambre. Grande véranda donnant sur la Sèvre pour le petit déjeuner, avec barbecue disponible. Jardin fleuri. Restaurants à proximité. Commerces sur place, gare 10 km. Ouvert toute l'année.

Prix : 2 pers. **250 F**

🐕	🚶	⛵	🎿	🏃
	SP	3	0,5	SP

DELRIEU Remy et Claire – 17 rue Elise Lucas – 79510 Coulon – Tél. : 49.35.90.39

Coulonges-sur-l'Autize   *C.M. n° 71 — Pli n° 1*

⸎⸎ NN   3 chambres d'hôtes dans une grande maison située à la sortie du village, (2 lits 2 pers. 2 lits 1 pers.), salle d'eau et wc privés à chaque chambre. Salle de séjour à disposition des hôtes. Possibilité cuisine. Jardin. Baignade à 5 km. Marais Poitevin 20 km. Restaurant 500 m. Ouvert toute l'année.

Prix : 1 pers. 160 F 2 pers. 190 F

3	3	0,8	0,8	5	12

GUILLOT Lucrece – Rue de Parthenay – 79160 Coulonges-sur-l'Autize – Tél. : 49.06.19.50

Coulonges-sur-l'Autize   *C.M. n° 71 — Pli n° 1*

E.C. NN   5 chambres d'hôtes indépendantes aménagées dans un corps de bâtiment attenant à l'habitation du propriétaire dont 2 chambres au rez-de-chaussée (1 lit 2 pers. 2 lits 1 pers.), salle d'eau et wc privés. 3 chambres à l'étage (3 lits 2 pers.), salle d'eau et wc privés. Cour et jardin clos. Cuisine, salle à manger rustique et de détente à disposition. TV. Chambres situées dans le bourg de Coulonges. Marais Poitevin 20 km. Puy du Fou 70 km. Gare 24 km. Commerces sur place. Ouvert toute l'année.

Prix : 1 pers. 170 F 2 pers. 200 F 3 pers. 250 F

4	4	0,5	0,5	4	15	15	SP	15

ARSIQUAUD Paulette – 13 Boulevard de Niort – 79160 Coulonges-sur-l'Autize – Tél. : 49.06.25.76

Epannes   *C.M. n° 71 — Pli n° 2*

E.C. NN   A l'étage d'une ancienne fermette restaurée : 2 chambres d'hôtes (2 lits 1 pers. 1 lit 2 pers.) pour une même famille ou amis, salle d'eau/wc commune aux chambres. Gare et commerces 1 km. Anglais parlé. Ouvert toute l'année. Marais poitevin à 9 km. La Rochelle 45 km, Niort 12 km.

Prix : 1 pers. 170 F 2 pers. 210 F

1	9	1	12

RICHARD Jacques – Le Pont - 60 Grand Route – 79270 Frontenay-Rohan-Rohan – Tél. : 49.04.81.03

La Ferriere-en-Parthenay La Turbe   *C.M. n° 68 — Pli n° 12*

⸎⸎⸎ NN (TH)   Dans d'anciens bâtiments de ferme restaurés, 1 chambre d'hôtes indépendante (1 lit 2 pers. 1 lit 1 pers. 1 lit d'appoint 1 pers.), salle de bains, wc. Proximité de la grande maison des propriétaires (année 1900). 2 VTT sur place. Ouvert du 1 avril au 31 octobre. Futuroscope à 40 km.

Prix : 1 pers. 185 F 2 pers. 200 F 3 pers. 270 F
repas 60/85 F

2	15	2	3	15	SP	20

ROSOLOWSKI Rejane – La Turbe – 79390 La Ferriere-en-Parthenay – Tél. : 49.94.26.08

Frontenay-Rohan-Rohan Clairias (D3)   *C.M. n° 71 — Pli n° 2*

⸎⸎ NN (TH)   5 ch. d'hôtes 2, 3 ou 4 pers. dans une maison ancienne rénovée indépendant, dans le Parc Naturel du Marais Poitevin. Salle d'eau et wc privés à chaque chambre. Séjour et cuisine privés communs aux 5 chambres. Cour fermée, jardin d'agrément (jeux enfants). Vélos à louer. Gare 7 km. Commerces 5 km. Repas enfants : 50 F. Ouvert toute l'année. Allemand parlé. Marais Poitevin 3 km (promenades en barque, canoë...).

Prix : 1 pers. 200 F 2 pers. 240 F 3 pers. 310 F repas 90 F

SP	6	3	SP

CALMEL J.Pierre et Ghislaine – Clairias – 79270 Frontenay-Rohan-Rohan – Tél. : 49.04.58.42

Germond Le Grand-Bouchet   *C.M. n° 71 — Pli n° 1*

⸎⸎⸎ NN   2 chambres d'hôtes indépendantes (1 lit 2 pers. 1 lit 1 pers.), aménagées dans une ancienne grange restaurée dans le prolongement de la maison principale. Salle d'eau et wc privés. Parc et jardin. Etang privé pour pêche, tennis privé. Terrain de boules. Marais Poitevin 15 km. Futuroscope 70 km. Gare 20 km. Commerces 1 km. Ouvert toute l'année. Anglais parlé.

Prix : 1 pers. 170 F 2 pers. 200 F 3 pers. 280 F

8	SP	14	SP	7	7	SP	7

MOUNIER Lionel – Le Grand Bouchet – 79220 Germond – Tél. : 49.25.86.69

Germond-Rouvre Breilbon   *C.M. n° 71 — Pli n° 1*

⸎⸎⸎ NN (TH)   Entre Parthenay et Niort, 2 chambres d'hôtes, dans une maison ancienne avec jardin clos. 1 ch. en rez-de-chaussée avec entrée indépendante (1 lit 2 pers.). Salle d'eau, wc privés. 1 chambre à l'étage (1 lit 2 pers.), salle d'eau et wc privés, possibilité lits enfant et bébé. Salon avec cheminée et TV à disposition des hôtes. Ouvert toute l'année. Situé dans un petit village. 4 vélos. Restaurant 1 km. Marais Poitevin 20 km. Futuroscope 80 km. Puy du Fou 80 km. Tumulus Bougon 30 km. La Rochelle 65 km. Téléphone téléséjour.

Prix : 1 pers. 155 F 2 pers. 190 F 3 pers. 245 F
pers. sup. 55 F repas 65 F 1/2 pens. 300 F

2	6	10	10	SP	10

BLANCHARD Didier et Josette – Breilbon – 79220 Germond-Rouvre – Tél. : 49.04.05.01

Glenay-Biard Le Chateau-de-Biard   *C.M. n° 67 — Pli n° 18*

⸎⸎⸎ NN (TH)   3 chambres d'hôtes aménagées à l'étage d'un ancien logis du XVᵉ siècle, située entre Thouars et Parthenay. Grande cour. 1 chambre (2 lits 2 pers.). 1 chambre (2 lits 1 pers.). 1 chambre (1 lit 2 pers.). Toutes les chambres ont salle d'eau, wc privés. Salle à manger à disposition. Salon privé pour les hôtes. Restaurant 3 km. Table d'hôtes sur réservation. Commerces 7 km. Ouvert toute l'année. Futuroscope 60 km. Châteaux de la Loire 65 km. Puy du Fou 60 km. La Rochelle 120 km.

Prix : 1 pers. 140 F 2 pers. 180/200 F 3 pers. 250 F
repas 60 F

2	2	7	6	12

TEXIER Gilles et France – Le Chateau de Biard – 79330 Glenay – Tél. : 49.67.62.40

Gourge Les Grippeaux   *C.M. n° 67 — Pli n° 18*

♥♥♥ NN

(TH)

Situées dans une ferme de caractère dans un hameau (pêcheurs bienvenus !), 3 chambres d'hôtes dont 2 pour une famille de 6 pers. avec 2 salles d'eau et wc attenants, et une autre pour 3 pers. avec salle de bains et wc privés. Environnement calme et fleuri. Ouvert toute l'année. Futuroscope, Marais Poitevin et Puy du Fou 1 heure. Gîte de groupe (15 pers.). Important marché à Parthenay. Table d'hôtes sur réservation.

Prix : 1 pers. **150 F** 2 pers. **190 F** 3 pers. **240 F**
repas 65/75 F

2	2	5	20	5	10

NERBUSSON Jean et Genevieve – Les Grippeaux – 79200 Gourge – Tél. : 49.69.84.25

Gournay   *C.M. n° 72 — Pli n° 3*

♥♥ NN

(A)

2 chambres d'hôtes aménagées à l'étage de la maison de maître des propriétaires, près de leur exploitation agricole. 1 suite (1 lit 2 pers. 1 lit 1 pers.), salle de bains et wc privés. 1 chambre (1 lit 2 pers. 1 lit 1 pers.), salle de bains et wc privés. Possibilité lit bébé. Séjour à disposition. Ferme-auberge sur place. Art roman du Mellois. 2 vélos à disposition. Gare 25 km. Commerces 5 km. Ouvert du 15 mars au 30 novembre. Marais Poitevin 50 km et Futuroscope 75 km.

Prix : 1 pers. **150 F** 2 pers. **190 F** pers. sup. **60 F** repas **70 F**

5	5	14	0,2	15	20	5	20

BURGAUD Pierre et Monique – Gournay – 79110 Chef-Boutonne – Tél. : 49.29.31.42

Lezay Le Chateau   *C.M. n° 72 — Pli n° 3*

♥♥ NN

(TH)

5 ch. aménagées dans une ancienne ferme à cour carrée du début du XIXe. 2 ch. 3 pers. et 2 ch. 2 pers. (2 épis NN), 3 ch. 2 pers. (2 et 3 épis NN) avec salle d'eau et wc particuliers à chaque ch. Entrée indépendante. Salon. Coin-cuisine. Parking. Vins et conserves sur place. Table d'hôtes sur réservation. Ouvert toute l'année. Anglais parlé. Bougon (Tumulus) à 15 km. Marais Poitevin et Futuroscope 50 km.

Prix : 1 pers. **130 F** 2 pers. **170 F** 3 pers. **210 F** repas **70 F**

0,5	0,5	0,5	8	14	SP

BOISSERIE Vincent et Cecile – Le Chateau – 79120 Lezay – Tél. : 49.29.56.79

Loublande La Voie   *C.M. n° 67 — Pli n° 16*

♥♥

2 chambres d'hôtes 2 pers. (2 lits 2 pers.), aménagées dans un ancien moulin avec véranda panoramique. Salle d'eau et wc réservés aux hôtes. Salon à la disposition des hôtes. Jardin aromatique. Spectacle du Puy du Fou à 22 km. Ouvert de juin à octobre.

Prix : 1 pers. **125 F** 2 pers. **150 F**

SP	SP	5	1	SP	10	10	22

GIRARD Joseph et Irene – La Voie - Loublande – 79700 Mauleon – Tél. : 49.81.43.27

Luzay La Coindrie   *C.M. n° 67 — Pli n° 8*

♥♥♥ NN

(TH)

2 chambres pour une même famille ou amis (1 lit 2 pers. 3 lits 1 pers.), aménagées à l'étage d'une grande maison de pays. Salle d'eau et wc privatifs aux 2 chambres. Salon à disposition. Piano. Bibliothèque. Jardin fleuri et ombragé. Terrasse. Barbecue. A proximité, Thouars 7 km. La route des vins, les châteaux de la Loire. Table d'hôtes sur réservation. Gare et commerces à 7 km. Anglais parlé.

Prix : 1 pers. **180 F** 2 pers. **220 F** 3 pers. **270 F**
repas 70/100 F

0,2	0,2	7	1	15	15	SP	15

CHAPONNAY Danielle – La Coindrie – 79100 Luzay – Tél. : 49.66.55.42

Marigny Le Grand-Mauduit   *C.M. n° 71 — Pli n° 2*

♥♥♥

Dans les dépendances d'un logis du XVe siècle, dans un village poitevin en forêt de Chizé : 1 ch. à l'étage (1 lit 2 pers.), salle d'eau et wc privés. Rez-de-chaussée : 1 ch. (1 lit 2 pers. 1 lit 1 pers.) sanitaires privés, 1 ch. (1 lit 2 pers. 1 conv.), sanitaires privés. 1 pièce compl. (1 lit 120, 1 lit enfant). Ouvert du 1er avril au 1er octobre. Cheminée. Patio fleuri. Authenticité poitevine, idéale pour séjour. Grande cour fermée de murs anciens

Prix : 2 pers. **250/300 F** 3 pers. **350/400 F**

0,8	SP

GARNAUD Francine – Le Grand Mauduit - Le Vieux Fournil – 79360 Marigny – Tél. : 49.09.72.20

Massais Moulin Bernard   *C.M. n° 67 — Pli n° 7*

♥♥ NN

(A)

4 chambres aménagées à l'étage d'une grange restaurée dans un cadre exceptionnel sur le bord de l'Argenton. 2 ch. (1 lit 2 pers.) et 2 ch. (2 lits 1 pers. jumelable). Entrée indépendante. Salle d'eau et wc privés. Restaurant-grill sur place. Canoë-kayak sur place. Ouvert du 1er avril au 31 octobre.

Prix : 1 pers. **180 F** 2 pers. **200 F** 3 pers. **240 F**
repas 55/95 F

SP	10	1,5	8	SP

BOIDRON Alain – Le Moulin Bernard – 79150 Massais – Tél. : 49.96.84.64

Mauze-sur-le-Mignon   *C.M. n° 71 — Pli n° 2*

♥♥♥ NN

Dans une grande maison poitevine restaurée dans un village du Parc Naturel du Marais Poitevin. R.d.c. : 1 ch. (1 lit 2 pers.), s. d'eau et wc privés. A l'ét. : 1 ch. avec suite (2 lits 2 pers.), salle de bains et wc privés communs, 1 ch. (1 lit 2 pers. 2 lits 1 pers.), s. d'eau et wc privés. Ferme auberge sur place. Gare et commerces 1,5 km. Ouvert toute l'année. Parc ombragé, aire de jeux, mobilier de jardin. Marais poitevin à 11 km.

Prix : 1 pers. **200/230 F** 2 pers. **230/260 F** pers. sup. **70 F**

1	1,5	1,5	12	SP

PAPOT William – Le Petit Breuil – 79210 Mauze-sur-le-Mignon – Tél. : 49.26.75.10

Deux-Sèvres

Côte Atlantique

Mazieres-en-Gatine *C.M. n° 68 — Pli n° 11*

♥♥♥ 1 chambre d'hôtes (1 lit 2 pers.) dans une maison neuve. Elle est aménagée en mezzanine. Salle d'eau et wc particuliers. Salon en rez-de-chaussée avec 1 convertible 1 pers. Terrasse et jardin. Restaurant 500 m. Tarif enfant : 50 F.

Prix : 1 pers. **200 F** 2 pers. **220 F** pers. sup. **50 F**

0,5	15	3	3

VIDEAU France-Odile – Le Grand Pre – 79310 Mazieres-en-Gatine – Tél. : 49.63.21.59

Mazieres-sur-Beronne *C.M. n° 72 — Pli n° 2*

♥ NN 3 chambres d'hôtes dans un très beau moulin à eau en activité. 3 ch. 2 pers. avec salle d'eau commune aux 3 ch. Salle de séjour, salle de jeux. Garage, parking. Chasse 1 km. Restaurant 4 km.

Prix : 1 pers. **130 F** 2 pers. **150 F** 3 pers. **180 F**

SP	SP	4	3	3

MERIGEAU Andre – Moulin de Gennebrie – 79500 Mazieres-sur-Beronne – Tél. : 49.07.11.96

Moncoutant Chateau Saint-Claude *C.M. n° 67 — Pli n° 16*

E.C. NN 2 chambres d'hôtes aménagées à l'étage d'un château du XIX°, dans un village. 1er ét. : 1 ch. (1 lit 2 pers.), salle de bains et wc. 2e ét. : 1 ch. familiale (1 lit 2 pers. 1 lit 1 pers.), salle d'eau, wc et cuisine. Gare 14 km. Commerces sur place. Ouvert toute l'année sauf octobre. Puy du Fou 40 km. Futuroscope 80 km. Marais Poitevin 60 km.

Prix : 1 pers. **270 F** 2 pers. **300 F** 3 pers. **380 F**

2	0,5	0,5	2	0,5	

DE PUYBAUDET Monique – 6 rue des Roches - Chateau Saint-Claude – 79320 Moncoutant – Tél. : 49.72.62.70

Moulins La Chauveliere *C.M. n° 67 — Pli n° 6*

♥♥♥ (TH) 6 ch. aménagées dans la maison d'habitation de la ferme. Entrée indépendante et salon réservé aux hôtes. 5 ch. (1 lit 2 pers.). 1 ch. (2 lits 1 pers.). Salle d'eau et wc privés pour chaque chambre. Cour et parc privés, ombragé et fleuri à la disposition des hôtes. Spectacle du Puy du Fou 20 km. Parc Oriental 6 km. Musée du vieux jouet à 4 km. Etang privé sur place. Chauffage en supplément de 1er novembre au 31 mars. Aéroport 8 km. Canoë-kayak 5 km. Restaurant 4 km.

Prix : 1 pers. **180 F** 2 pers. **200 F** 3 pers. **240 F** repas **50 F**

4	SP	7	7	7	15

NOURRISSON Jeanne – La Chauveliere - Moulins – 79700 Mauleon – Tél. : 49.81.42.38

Nanteuil La Berliere *C.M. n° 68 — Pli n° 12*

♥♥♥ NN (TH) 2 grandes chambres d'hôtes dans une ancienne ferme de caractère au flanc d'un coteau boisé. Site calme et panorama remarquable. 1 ch. (1 lit 2 pers. 2 lits 1 pers.), salle d'eau, wc privés. 1 ch. (1 lit 2 pers. 2 lits 1 pers.), salle d'eau, wc privés. Coin-cuisine, micro-ondes. Séjour avec cheminée. 2 ha clos de nature en terrasse. Ping-pong, vélos, forêt et sentiers pédestres sur place. Table d'hôtes sur réservation. Marais Poitevin 35 km. Futuroscope 60 km. Bougon 10 km. Autoroute sortie 6 km. Gare et commerces 3 km. Ouvert toute l'année.

Prix : 1 pers. **170 F** 2 pers. **200 F** 3 pers. **270 F** repas **60/80 F**

2	2	5	2	SP	20

MEMETEAU Guy – La Berliere - Nanteuil – 79400 Saint-Maixent-l'Ecole – Tél. : 49.05.60.71

Niort Surimeau *C.M. n° 71 — Pli n° 1*

♥♥♥ 1 chambre d'hôtes dans une maison indépendante. 1 ch. 2 pers. avec salle de bains particulière. Salon avec TV à la disposition des hôtes. Grand jardin. Piscine privée. Marais Poitevin à 10 km : promenades en barque, location de vélos, mini-golf, jeux. Volailles fermières, conserves, produits frais. Ouvert toute l'année.

Prix : 1 pers. **150 F** 2 pers. **190 F**

0,5	0,5	SP	6	10	12	12	6

BOUDREAULT Arlette – 27 rue de Mineraie - Surimeau – 79000 Niort – Tél. : 49.24.51.93

Niort-Sciecq *C.M. n° 71 — Pli n° 1*

♥♥♥ NN (TH) 4 ch. pour 2 familles. 2 ch. à l'étage d'une grande maison ancienne entièrement rénovée avec cour et jardin fleuri. 1 ch. (1 lit 2 pers.). 1 ch. (1 lit 120). S.d.b., wc privés aux 2 ch. 2 ch. dans bâtiment restauré indépendant. R.d.c. (1 lit 2 pers.), 1 mezzanine (2 lits 1 pers.), s. d'eau et wc privés. Salon avec TV. Salon d'été. Marais Poitevin 10 km. Gare 4 km. Commerces 3 km. Ouvert toute l'année. Table d'hôtes sur réservation.

Prix : 1 pers. **170/190 F** 2 pers. **210 F** 3 pers. **350 F** repas **60/80 F** 1/2 pens. **350 F**

SP	6	3	20	SP

GOULARD Joel et Annie – 5 rue des Loges – 79000 Niort – Tél. : 49.35.69.02

Noirterre Le Petit-Cruhe *C.M. n° 67 — Pli n° 17*

♥♥ (TH) 4 ch. dans une maison indépendante dans cadre très agréable avec un grand jardin. 3 ch. 2 pers. et 1 ch. 3 pers. avec 2 salles d'eau communes et 1 salle d'eau privée. Salle de séjour avec TV à la disposition des hôtes. Baby-foot et billard. Abri couvert. Jeux pour enfants. Tennis de table. Ouvert toute l'année. Elevage de moutons. Ferme pédagogique.

Prix : 1 pers. **110/130 F** 2 pers. **130/150 F** 3 pers. **195 F** repas **55 F**

SP	SP	8	3	SP	15	SP

FUSEAU Jeanne – Le Petit Cruhe – 79300 Noirterre – Tél. : 49.74.03.60

Noize-Oiron   *C.M. n° 67 — Pli n° 18*

ᛉᛉᛉ
(TH)

2 chambres d'hôtes aménagées à l'étage d'une gentilhommière du XVIII° siècle entièrement rénovée. 1 ch. 2 pers. avec 1 lit baldaquin, aménagement 1900. 1 ch. 2 pers. avec 1 lit 2 pers. aménagement 1925. Salle d'eau privée pour chaque ch., wc communs aux 2 chambres. Salon réservé aux hôtes. Petite salle de jeux pour enfants. Ouvert du 15 avril au 1er octobre. Petit parc ombragé. Table d'hôtes sur réservation. Château d'Oiron 4 km. (expo d'art contemporain). Pigeonnier troglodytique à 15 km.

Prix : 1 pers. **190 F** 2 pers. **210 F** repas **85/100 F**

3	3	3	7

SANSAULT Gisele – Noize-Oiron – 79100 Thouars – Tél. : 49.96.50.18

Nueil-sur-Argent Montourneau   *C.M. n° 67 — Pli n° 6*

ᛉᛉ
(TH)

4 chambres d'hôtes à l'étage d'une ferme avec entrée indépendante. 4 ch. 2 pers. avec salles d'eau privées et wc communs. Situé à 800 m de la N149.

Prix : 1 pers. **120 F** 2 pers. **160 F** 3 pers. **200 F** repas **50 F**
1/2 pens. **130 F**

3	SP	7	9

GABARD Jean – Montourneau – 79250 Nueil-sur-Argent – Tél. : 49.81.08.70

Nueil-sur-Argent Regueil   *C.M. n° 67 — Pli n° 6*

ᛉᛉ NN

2 chambres d'hôtes (2 lits 2 pers.), aménagées à l'étage de la maison d'exploitation des propriétaires au cœur du bocage. Entrée indépendante. Salle d'eau et wc privatifs à chaque chambre. Ferme-auberge sur place. Poss. table d'hôtes. Puy du Fou 35 km. Château de Tournelay 1 km. Gare 15 km. Commerces 2 km.

Prix : 1 pers. **180 F** 2 pers. **200 F**

SP	SP	15	2	15

GANNE Serge et Colette – Regueil – 79250 Nueil-sur-Argent – Tél. : 49.65.42.56

Prailles   *C.M. n° 68 — Pli n° 11*

ᛉᛉᛉ NN
(TH)

2 ch. d'hôtes (dont 1 suite), au 2° étage d'une maison poitevine restaurée, jardin et grand terrain sur l'exploitation agricole (élevage de pigeons). 1 ch. (1 lit 2 pers. 1 lit 1 pers.), salle d'eau et wc privés. 1 suite de 2 ch. (2 lits 2 pers.), salle d'eau et wc privés. Salle à manger-salon (cheminée, TV). Remise 10 % pour 3 nuits consécutives. Conserves fermières sur place. Situé entre la forêt de l'hermitain et le Mellois, pays d'art roman, dans un environnement calme et accueillant. A visiter : Tumulus de Bougon 15 km, ruines Gallo-romaines. Marais Poitevin 30 km. Futuroscope, La Rochelle 1 heure. Ouvert de Pâques au 15 octobre.

Prix : 1 pers. **180 F** 2 pers. **200 F** 3 pers. **280 F**
pers. sup. **70 F** repas **80 F**

2	8	2	4	3	SP	2

DUVALLON Michel et M. Claude – 79370 Prailles – Tél. : 49.32.84.43

Prin-Deyrancon Le Logis-de-Grange   *C.M. n° 71 — Pli n° 2*

ᛉᛉᛉ NN
(TH)

3 ch. d'hôtes dans un logis du XV° siècle, entouré d'un parc de 3 ha bordé de conches. A l'étage : 1 chambre (1 lit 2 pers.), salle de bains et wc privés. 1 ch. (2 lits 1 pers.), salle d'eau et wc privés. R.d.c. : 1 ch. avec entrée privée donnant sur le parc, salle d'eau et wc privés. Salon à disposition des hôtes. Repas enfant -12 ans : 50 F. Marais Poitevin 8 km (promenades en barque...). Gare 2 km. Commerces 1,5 km.

Prix : 1 pers. **250 F** 2 pers. **280/340 F** 3 pers. **400 F**
repas **85 F**

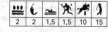

2	2	1,5	1,5	10	15

VIGNER Maurice et Jacqueline – Le Logis de Grange - Prin Deyrancon – 79210 Mauze-sur-le-Mignon –
Tél. : 49.26.76.45 – Fax : 49.26.39.57

Rigne   *C.M. n° 67 — Pli n° 8*

ᛉᛉᛉ NN

2 chambres d'hôtes pour une même famille ou amis (1 lit 2 pers. 2 lits 2 pers. 2 lits d'appoint), aménagées à l'étage d'une maison de campagne restaurée dans un petit village. Cour intérieure avec terrasse. Jardinet et cour clos. Salle d'eau et wc privés. Salon à disposition. Ping-pong, vélos, poney sur place. Route des vins. Châteaux de la Loire. Gare 6 km. Commerces 5 km. Thouars 4 km. Bois à 500 m. Ouvert toute l'année. Anglais parlé.

Prix : 1 pers. **160 F** 2 pers. **200 F** 3 pers. **280 F**
pers. sup. **50 F**

4	4	4	5	7	15	SP	15

RICHARD Luc et Liliane – Impasse du Prieure - Rigne – 79100 Mauze-Thouarsais – Tél. : 49.66.32.97

Rom La Chaussee   *C.M. n° 68 — Pli n° 13*

E.C. NN
(TH)

A l'étage d'une grande maison dans un hameau, 3 chambres d'hôtes : 2 ch. 1 lit 2 pers. 1 lit 1 pers.), salle d'eau/wc, 1 ch. (1 lit 2 pers. 1 lit 1 pers. 1 lit 1 pers. enfant), salle d'eau/wc. Salon privé réservé aux hôtes, salle à manger. 4 vélos sur place. Anglais parlé. Ouvert toute l'année. Futuroscope à 40 km, Marais Poitevin à 55 km. Repas enfant : 35 F. Petite piscine (5 m de diamètre) sur place.

Prix : 1 pers. **160 F** 2 pers. **200 F** 3 pers. **280 F** repas **70 F**

2,5	SP	2,5	SP	SP

YOUNG Louise et Ivy – La Chaussee – 79120 Rom – Tél. : 49.27.51.57

Rom Le Bois-de-Luche
C.M. n° 68 — Pli n° 13

Aménagées à l'étage, dans le prolongement de la maison des propriétaires sur l'exploitation agricole, entourée de bois, 1 ch. (1 lit 2 pers.), salle d'eau et wc privés, 1 suite (1 lit 2 pers. 1 lit 1 pers.), salle de bains et wc privés. Poss. lit bébé. Coin-cuisine, salon privatifs aux chambres en r.d.c. Terrasse. Grand jardin ombragé. Enfant : 50 F. Anglais et espagnol parlés. Ouvert toute l'année. Restaurant 6 km. Vélos sur place. Philippe et Sophie vous feront partager leur goût pour l'histoire régionale et la généalogie. Futuroscope 40 km. Art roman du Méllois. Gare 35 km. Commerces 6 km.

Prix : 1 pers. **190 F** 2 pers. **230 F** 3 pers. **300 F**

🐕	🏊	👤	🚴	🎣	👥	⛵
6	6	SP	6	20	4	15

COLLON Philippe et Sophie – Le Bois de Luche – 79120 Rom – Tél. : 49.27.50.26 – Fax : 49.27.51.54

Saint-Aubin-de-Baubigne
C.M. n° 71 — Pli n° 6

E.C. NN

2 chambres d'hôtes (2 lits 2 pers. 1 lit 1 pers.), aménagées à l'étage d'une ancienne ferme restaurée à l'entrée d'un village. Salle d'eau privée et wc privés attenant. Mezzanine avec bibliothèque, grand salon à disposition avec cheminée. Châteaux de la Loire à 60 km. Ouvert toute l'année. Puy du Fou 15 km.

Prix : 1 pers. **160 F** 2 pers. **190 F**

🏊	🚴	👤	👥	⛵
7	3	3	22	3

LEMERCIER Colette – 123 rue du Calvaire – 79700 Saint-Aubin-de-Baubigne – Tél. : 49.81.81.73

Saint-Cyr-la-Lande
C.M. n° 67 — Pli n° 8

(TH)

2 chambres aménagées dans une maison de campagne ancienne, rénovée située dans un petit village. 1 ch. (1 lit 2 pers.), salle d'eau et wc privés. 1 ch. (1 lit 2 pers. 1 lit 1 pers.), salle de bains, wc privés. Région de vignobles. Grand jardin. Salle de jeux (ping-pong, jeux divers, boules). Vélos. Ouvert pendant l'été. Spécialités régionales. Sorties culturelles organisées (connaissance du terroir, tradition, culture). Proximité des châteaux de la Loire, route des vins...

Prix : 1 pers. **150 F** 2 pers. **250 F** 3 pers. **320 F**
repas **60/150 F** 1/2 pens. **200 F**

🐕	🚴	👤	🎣	🏊	👥	⛵
5	5	8	8	12	5	SP	5

BURVINGT Guy et Rosemay – « La Marotte » Hameau de Varanne - 7 rue du Muguet – 79100 Saint-Cyr-la-Lande – Tél. : 49.67.73.73

Saint-Georges-de-Noisne La Chamade
C.M. n° 68 — Pli n° 11

2 chambres d'hôtes pour une même famille à l'étage d'une grande maison ancienne restaurée, située dans un petit village. 2 lits 2 pers. Salle de bains et wc privés, communs aux chambres. Jardin. 3 vélos disponibles. Ouvert toute l'année. Marais Poitevin 40 km. Futuroscope 72 km. Gare 11 km. Commerces sur place. Restaurant 3 km.

Prix : 1 pers. **160 F** 2 pers. **200 F**

👤	🚴	🎣	🏊	👥	⛵
11	SP	12	3	SP	9

MASSE Andre et Laurette – La Chamade - Saint-Georges de Noisne – 79400 Saint-Maixent-l'Ecole – Tél. : 49.95.47.56

Saint-Hilaire-la-Palud
C.M. n° 71 — Pli n° 2

NN

3 chambres d'hôtes à l'étage d'une maison située dans le Marais Poitevin. 2 ch. (1 lit 2 pers.), 1 ch. (2 lits 1 pers.) avec 2 salles d'eau et 2 wc communs. Salon, salle de séjour à la disposition des hôtes. Jardin. Restaurant 100 m en saison. 140 F/2 pers. à partir de 3 nuits. Ouvert toute l'année.

Prix : 1 pers. **120 F** 2 pers. **150 F**

🐕	👤	🚴	🎣	⛵
SP	10	1,5	0,1	30

POUGET Claude et Noelle – La Roche – 79210 Saint-Hilaire-la-Palud – Tél. : 49.35.33.10

Saint-Hilaire-la-Palud
C.M. n° 71 — Pli n° 2

(TH)

2 chambres d'hôtes aménagées dans une maison neuve, située dans le Marais Poitevin. 1 chambre en rez-de-chaussée (1 lit 2 pers.), salle d'eau privée, wc. Terrasse. 1 chambre à l'étage (3 lits 1 pers.), salle de bains privée, wc. Salon à disposition. Jardin. (150 F/2 pers. à partir de 3 nuits). Ouvert toute l'année. Marais Poitevin 2 km : promenades en barques, pédalos, etc... Location de vélos à 2,5 km.

Prix : 1 pers. **130 F** 2 pers. **160 F** 3 pers. **190 F** repas **70 F**

👤	🚴	🎣	⛵
6	2	3	30

POUGET Roger – L'Esperance – 79210 Saint-Hilaire-la-Palud – Tél. : 49.35.33.34

Saint-Hilaire-la-Palud
C.M. n° 71 — Pli n° 2

1 chambre d'hôtes (2 lits 2 pers.), à l'étage d'une grande maison. Salle d'eau et wc communs, lavabo dans la chambre. Jardin. Située dans un village du Marais Poitevin. Promenades en barque, sentiers pédestres 1 km. Location de vélos 500 m. Restaurant 500 m. Gare 9 km. Commerces sur place.

Prix : 1 pers. **130 F** 2 pers. **150 F**

🏊	🐕	👤	🚴	🎣	👥
1	1	9	1	1,5	1

PEIGNE Huguette – Route de Mauze – 79210 Saint-Hilaire-la-Palud – Tél. : 49.35.32.57

Saint-Loup-Lamaire Chateau-de-Saint-Loup
C.M. n° 67 — Pli n° 18

E.C. NN

Dans un donjon médiéval, à proximité d'un château d'époque Henri IV, 2 chambres d'hôtes (lits à baldaquin) avec salon et sanitaires privés. Salon, salle à manger. Parc de 50 ha. Orangerie, jardins classés monuments historiques. Vallée du Thouet, château d'oiron. Anglais et allemand parlés. Ouvert toute l'année.

Prix : 1 pers. **500 F** 2 pers. **600 F**

🐕	👤	🚴	🎣	🏊	👥
3	SP	3	13	3	SP

DE BARTILLAT Charles-Henri – Chateau de St Loup Sur Thouet – 79600 Saint-Loup-Lamaire – Tél. : 49.64.81.73 – Fax : 49.64.82.06

Saint-Maixent-l'Ecole
C.M. n° 68 — Pli n° 12

💥💥 NN
(TH)

2 chambres d'hôtes dans une maison neuve, 1 ch. avec entrée indépendante (1 lit 2 pers. 1 lit d'appoint), salle d'eau privée attenante, 1 ch. (1 lit 2 pers.), salle de bains privée attenante. WC communs aux 2 chambres. Salon avec TV à disposition. Jardin. Forêt à 10 km. Site préhistorique (Tumulus, Dolmen) à 16 km. Ouvert toute l'année. Marais Poitevin 30 km, Futuroscope 60 km. Autoroute sortie 21 à 10 km.

Prix : 1 pers. **170 F** 2 pers. **200 F** 3 pers. **270 F**
repas 65/80 F

🏖	🍴	🚣	🎿	🏃
0,5	0,5	0,5	0,5	10

CLEMENT Yvette – 32 rue de la Grange Aux Moines – 79400 Saint-Maixent-l'Ecole – Tél. : 49.05.57.26 ou 49.04.36.01

Saint-Martin-de-Bernegoue
C.M. n° 71 — Pli n° 2

E.C. NN
(TH)

Dans la dépendance d'une ferme restaurée, attenante à l'habitation principale, située dans un petit village. R.d.c. : 1 ch. acc. pers. hand. (2 lits 1 pers.), salle d'eau et wc privés. Et. 2 ch. (2 lits 2 pers. 3 lits 1 pers.) salle d'eau et wc privés. Séjour-salon (TV, cheminée). Cour et jardin. Gare 15 km. Commerces 1,5 km. Anglais parlé. Ouvert toute l'année. Location de vélos. Art roman du Mellois. Marais Poitevin 25 km. La Rochelle 70 km. Futuroscope 80 km.

Prix : 1 pers. **170 F** 2 pers. **200 F** 3 pers. **280 F** repas **75 F**

🐕	🍴	🚣	🎿	🏃	🏖	🏃	🚲
	2	12	2,5	2,5	12	SP	12

SAIVRES Pierre – 285 Route de Brulain – 79230 Saint-Martin-de-Bernegoue – Tél. : 49.26.47.43 ou 49.26.04.88

Saint-Varent Boucœur
C.M. n° 67 — Pli n° 18

💥💥 NN

2 chambres d'hôtes pour une même famille (2 lits 2 pers.), aménagées à l'étage d'une grande maison. Entrée indépendante, salle de bains et wc privatifs, communs à ces 2 chambres. Salon à disposition avec TV. Possibilité lit bébé. Gare 11 km. Commerces 3 km. Ouvert toute l'année.

Prix : 1 pers. **120 F** 2 pers. **140 F** 3 pers. **260 F**

🏖	🍴	🚣	🏃	🎿	🏃
1	1	3	3	5	15	SP

BOCHE Claudine – Boucœur – 79330 Saint-Varent – Tél. : 49.67.55.09

Sainte-Gemme La Butte
C.M. n° 67 — Pli n° 17

💥💥 NN
(A)

3 chambres d'hôtes au rez-de-chaussée d'une maison neuve, dans le village. 1 ch. 2 pers., salle d'eau et wc privés attenants, entrée indépendante et petite terrasse. 1 ch. (1 lit 2 pers.), salle d'eau et wc privés. 1 ch. (2 lits 1 pers.), salle d'eau et wc privés. Salon et séjour à disposition. Ouvert toute l'année. Grand jardin. Produits fermiers en production naturelle. Château de la Loire 40 km, Futuroscope 60 km.

Prix : 1 pers. **160 F** 2 pers. **200 F** repas **70 F**

🍴	🚣	🎿	🏃	🏃
SP	4	4	4	4

BODIN Marie-Therese – La Butte – 79330 Sainte-Gemme – Tél. : 49.96.42.17

Sainte-Neomaye Aiript
C.M. n° 68 — Pli n° 1

💥💥💥 NN
(TH)

4 chambres aménagées dans une grande maison entièrement rénovée, située dans un petit village. 2 ch. 2 pers. (1 lit 2 pers.). 2 ch. 3 pers. (1 lit 2 pers. 1 lit 1 pers.), salle d'eau et wc privés à chaque chambre. Salon à disposition des hôtes. Grand jardin clos. Pelouse. VTT à disposition. Grande piscine sur place. Futuroscope 1/2 h. Océan 1 h.

Prix : 1 pers. **190 F** 2 pers. **210 F** 3 pers. **240 F**
repas 75/85 F

🍴	🚣	🏃	🎿	🏖	🏃	🎣	🚣
2	SP	1	8	4	1	20	SP

LACROIX Patrick – Aiript - Sainte-Neomaye – 79260 La Creche – Tél. : 49.25.58.81

Sauze-Vaussais Le Puy-d'Anche
C.M. n° 72 — Pli n° 3

💥💥💥 NN
(TH)

A l'étage d'un ancien bâtiment restauré à proximité de l'exploitation agricole des propriétaires, 4 chambres de caractère : 1 grande chambre (1 lit 2 pers. 1 lit 1 pers. possibilité lit d'appoint), salle d'eau et wc privés, 3 ch. (1 lit 2 pers. possibilité lit d'appoint), salle d'eau et wc privés. Séjour-salon avec cheminée réservés aux hôtes. Ouvert toute l'année. Réduction à partir de 3 nuits. Ventes de conserves fermières et produits régionaux, ferme auberge à proximité. Repas enfant -10 ans : 50 F. Situé entre Futuroscope et Cognac.

Prix : 1 pers. **210 F** 2 pers. **240 F** 3 pers. **330 F**
pers. sup. **70 F** repas **85 F**

🍴	🚣	🎿	🏖	🏃
2	0,3	0,3	2	SP

RAGOT Didier – Le Puy d'Anche – 79190 Sauze-Vaussais – Tél. : 49.07.90.69 – Fax : 49.07.72.09

Secondigne-sur-Belle Sart
C.M. n° 72 — Pli n° 2

💥💥 NN

Dans une ferme, rénovée, entourée de verdure et près d'une rivière, tout un ensemble de 65 m² avec entrée indépendante pouvant recevoir de 2 à 8 pers. d'un même groupe ou d'une même famille. 1 ch. au r.d.c. (1 lit 2 pers.), 1 grande chambre mansardée à l'étage (1 lit 2 pers. 2 lits 1 pers.), salle d'eau et wc privés aux 2 chambres, au rez-de-chaussée. Salon de détente, réfrigérateur. Barques et vélos sur place. Gare 30 km. Commerces 4 km. Zoo 10 km. Forêt 2 km.

Prix : 1 pers. **150 F** 2 pers. **230 F** 3 pers. **310 F**
pers. sup. **80 F**

🐕	🏖	🍴	🚣	🎿	🏃	🏃
	SP	SP	7	7	7	2

PERAUD - ANDRE Georges et Yolande – Sart – 79170 Secondigne-sur-Belle – Tél. : 49.07.11.47

Secondigny
C.M. n° 67 — Pli n° 17

💥💥 NN

3 chambres d'hôtes à l'étage d'une grande maison située dans le village. 1 chambre 3 pers. (1 lit 2 pers. 1 lit 1 pers.), salle d'eau et wc privés. 2 chambres 2 pers. (1 lit 2 pers.), salle d'eau privée. WC communs. Restaurants 200 m. Réduction de 10 % à partir de 3 nuits. Supplément pour animal 10 F. Gare 32 km. Commerces 100 m. Ouvert toute l'année. Forêt 3 km. Grande cour fermée.

Prix : 1 pers. **160 F** 2 pers. **190 F** 3 pers. **240 F**

🚣	🎿	🏃	🏖	🏃	🚲
1	1	5	1	3	14

JULLIOT Pierre – 16 rue de la Vendee – 79130 Secondigny – Tél. : 49.63.70.34

Sepvret
C.M. n° 68 — Pli n° 12

♥♥♥ NN
(TH)
Dans cette maison de caractère située dans le village, 3 chambres avec salle de bains et wc privés. 1 chambre 2 pers. 1 chambre 3 pers. 1 chambre 4 pers. Salle de séjour, coin-détente. Grand jardin arboré. Garage. Voiture indispensable. Ouvert toute l'année. Niort 30 km. Poitiers et Futuroscope 55 km.

Prix : 1 pers. **160 F** 2 pers. **200 F** 3 pers. **260 F**
pers. sup. **60 F** repas **65 F**

	🏊	🚣	🎿	🚴	🥾
	0,5	7	7	12	8

JEZEQUEL Claude et Francette – 79120 Sepvret – Tél. : 49.07.33.73

Thouars
C.M. n° 67 — Pli n° 9

♥♥♥ NN
2 chambres d'hôtes à l'étage d'une grande maison située dans le centre de Thouars. 1 chambre (1 lit 2 pers.), salle d'eau et wc privés à l'étage. 1 suite de 2 ch. (1 lit 2 pers. 3 lits 1 pers.), salle d'eau et wc communs à ces 2 chambres. Salle à manger, salon, salle de jeux à disposition. Petit jardin d'agrément, parking assuré. Route des vins. Châteaux de la Loire à 15 km. Gare et commerces sur place. Randonnées pédestres et cyclotouristes sur place. Cité médiévale, la Vallée du Thouet. Ouvert toute l'année. Anglais et allemand parlés.

Prix : 1 pers. **150 F** 2 pers. **200 F** 3 pers. **280 F**

	🏊	⛵	🚣	🎿	🏇	⛳	🥾
	0,5	0,5	0,5	2	7	15	6	15

HOLSTEIN Michel et Annette – 3 avenue Victor Leclerc – 79100 Thouars – Tél. : 49.96.11.70

Tillou The-River
C.M. n° 72 — Pli n° 3

♥♥♥
(TH)
1 chambre d'hôtes aménagée au rez-de-chaussée d'une maison restaurée, située dans un petit village. 1 lit 2 pers. 1 lit 1 pers., salle de bains et wc privés. Séjour. Terrasse, jardin. Circuits touristiques et randonnées proposés. Journées équestres. Vélos sur place. Piscine de 4,6 m de diamètre. Niort 40 km. Ouvert toute l'année.

Prix : 1 pers. **180 F** 2 pers. **250 F** 3 pers. **350 F** repas **95 F**
1/2 pens. **240 F**

⛵	🚣	🎿	🏇	🥾
SP	SP	3	8	SP

PAUZAT Josette – The River - Tillou – 79110 Chef-Boutonne – Tél. : 49.29.92.66

Usseau Le Logis-de-Palluau
C.M. n° 71 — Pli n° 2

♥♥ NN
A l'étage d'une ancienne maison restaurée, 1 chambre d'hôtes avec accès indépendant (1 lit 2 pers.), coin-salon et kitchenette, salle de bains et wc privés attenants. Séjour/salon à disposition des hôtes. Grand espace vert. Gare et commerces 7 km. Ouvert les week-ends, en juillet et août et pendant les vacances scolaires. Le Marais Poitevin 12 km. Restaurant 7 km. Mer 50 km.

Prix : 1 pers. **140 F** 2 pers. **170 F**

⛵	🚣	🎿	🏇	🥾	⚓
7	7	0,5	18	SP	25

TELLIER Michel – Le Logis de Palluau – 79210 Usseau – Tél. : 49.04.87.78

Vallans Le Logis-d'Antan
C.M. n° 71 — Pli n° 2

♥♥♥ NN
4 ch. d'hôtes, entrées indépendantes. 2 ch. en r.d.c. (2 lits 2 pers. 3 lits 1 pers. 2 conv.). A l'étage : 1 ch. familiale (2 pièces : 1 lit 2 pers. 3 lit 1 pers.) et 1 ch. (1 lit 2 pers., 1 canapé), sanitaires, wc privés, TV, tél. carte France Télécom pour chaque chambre. Salon, bibliothèque, jeux, frigo et évier à disposition. Barbecue, ping-pong. La Rochelle, Ré et le Futuroscope à 1 heure. Gare 12 km, commerces 3 km. Grand parc clos et fleuri dans un logis de maître, dans le Parc du Marais Poitevin. Ouvert toute l'année sur réservation.

Prix : 1 pers. **280/330 F** 2 pers. **280/330 F**

	🏊	⛵	🚣	🎿	🏇	🥾	⚓
	2	2	10	3	0,5	SP	12

GUILLOT Francis – Le Logis d'Antan – 79270 Vallans – Tél. : 49.04.91.50 – Fax : 49.04.86.75

Vancais Courge
C.M. n° 68 — Pli n° 12

♥ NN
(TH)
3 ch. d'hôtes indépendantes au 1er étage d'une maison ancienne rénovée, au centre d'un village : 1 ch. (1 lit 2 pers. armoire et lavabo), 1 ch. (1 lit 2 pers. armoire et lavabo), 1 ch. (1 lit 2 pers. armoire et lavabo), salle de bains et douche communes aux 3 ch., wc communs aux 3 ch. Lits d'appoint. Jardin fleuri et ombragé devant la maison, terrain clos attenant. Commerces 4 km. Marais Poitevin 45 km. Futuroscope 45 km. Bougon 15 km. Lezay (commerces) 8 km.

Prix : 1 pers. **120 F** 2 pers. **150 F** 3 pers. **180 F** repas **60 F**

⛵	🚣	🎿	🥾
2	4	7	4

BLANCHARD Rene – Courge – 79120 Vancais – Tél. : 49.29.40.74

Vernoux-en-Gatine La Remondiere
C.M. n° 71 — Pli n° 17

♥♥♥ NN
(TH)
Dans un ancien fournil entouré de pommiers dans la campagne gâtinaise : 2 ch. d'hôtes indép. (2 lits 2 pers.), 1 ch. d'hôtes indép. (2 lits 1 pers.), salle d'eau et wc privés. Mezzanine, possibilité couchage ou repos. Coin-cuisine et séjours privés. Proximité de l'exploitation agricole des propriétaires. Ouvert toute l'année. Etang privé à 300 m. Le Marais Poitevin à 50 km. Futuroscope à 70 km. Le Puy du Fou à 50 km.

Prix : 1 pers. **150 F** 2 pers. **180 F** pers. sup. **60 F**
repas **60/80 F**

⛵	🚣	🎿	🏇	🏊	🥾
0,3	9	2	7	9	SP

MAURY Jean-Louis – La Remondiere – 79240 Vernoux-en-Gatine – Tél. : 49.95.85.90

Verrines-sous-Celles La Cure
C.M. n° 72 — Pli n° 2

♥♥♥ NN
(TH)
1 grande chambre aménagée en rez-de-chaussée d'une grande maison de caractère. Jardin. 1 lit 2 pers., salle d'eau et wc privés. Salon à disposition. Vélos disponibles sur place. A proximité, Melle 5 km, art roman, jolie vallée, nombreuses promenades sur place. Gare 25 km. Commerces 5 km. Table d'hôtes sur réservation. Ouvert toute l'année. Anglais parlé.

Prix : 1 pers. **140 F** 2 pers. **180 F** repas **60/80 F**

🏊	⛵	🚣	🎿	🏊	🏇	🥾	⚓
5	5	5	1	5	10	SP	10

BADIN Michel – La Cure - Verrines Sous Celles – 79370 Celles-sur-Belle – Tél. : 49.79.72.46

Vouille La Salmondiere-d'Arthenay
C.M. n° 71 — Pli n° 2

≋≋ NN
2 chambres d'hôtes aménagées dans une grande demeure près du château. Rez-de-chaussée : 1 chambre (1 lit 2 pers. 1 lit enfant), salle d'eau attenante privée, wc communs. 1 chambre familiale de 50 m² à l'étage (3 lits 1 pers. 1 lit enfant, possibilité 1 lit 2 pers.), salle d'eau privative et wc communs. Séjour, salon à disposition. Parc, étang privé. Marais Poitevin 16 km. La Rochelle 60 km. Gare 6 km. Commerces 2 km. Ouvert toute l'année. Proximité CAMIF 2 km.

Prix : 1 pers. **140 F** 2 pers. **180 F** 3 pers. **200 F**

SP	7	1	10

BRUNEL Genevieve – La Salmondiere d'Arthenay – 79230 Vouille – Tél. : 49.75.60.07 ou 49.75.67.03

Vendée

L'Aiguillon-sur-Vie Bacqueville
C.M. n° 67 — Pli n° 12

≋≋≋ NN
Entre mer et terre, 2 chambres rénovées en 1993 dans une petite maison du XII° siècle, restaurée. Situées sur une ferme, à proximité du logement du propriétaire. 2 ch. 2 pers., s. d'eau et wc privés. TV sur demande. Petite cuisine équipée commune aux 2 ch. L-linge. Table et fer à repasser. Téléphone téléséjour commun. Gare 10 km, commerces 3 km. Ouvert toute l'année. Anglais parlé. Terrasse couverte, salon de jardin, barbecue. Lit bébé à la demande. Ch. élect. Portique. Lac du Jaunay à 3 km. Etang privé, rivière. Ouvert toute l'année.

Prix : 1 pers. **200 F** 2 pers. **250 F** 3 pers. **300 F**

5	5	3	5	10	SP	SP	3	2	2

BRIANCEAU Alexandre – Bacqueville – 85220 L'Aiguillon-sur-Vie – Tél. : 51.22.98.57

Aizenay La Salle
C.M. n° 67 — Pli n° 13

≋≋ NN
2 chambres d'hôtes rénovées en 1981, en pleine campagne, situées à 1/4 d'heure de l'océan. 1 ch. 2 pers. avec salon, salle d'eau et wc particuliers, cuisine à disposition des hôtes. Salle de séjour, prise TV, bibliothèque. 1 ch. 5 pers. avec cuisine, salon, salle de bains et wc particuliers, 1 lit enfant. Jardin, aire de jeux. Gare 15 km, commerces 2 km. Restaurant à 2 km du centre d'Aizenay. Plage au lac d'Apremont à 10 km.

Prix : 1 pers. **210 F** 2 pers. **220 F** 3 pers. **250 F**

25	25	5	10	2	5	2	2	10

FAVREAU Gabriel et Louisette – Gîtes de la Salle - La Salle – 85190 Aizenay – Tél. : 51.94.62.48

Aizenay Le Clouzy
C.M. n° 67 — Pli n° 13

≋≋≋ NN
(TH)
6 ch. d'hôtes dans un ancien bâtiment de ferme restauré en 1991 avec des matériaux naturels, à proximité d'un petit camping. Une salle d'accueil avec cheminée est à la disposition des hôtes. R.d.c. : 3 ch. 2 et 3 pers. Etage : 3 ch. 2,4 et 5 pers. Salle d'eau et wc à chaque ch. Cuisine et tél. Téléséjour en commun. Prise TV. Bibliothèque. Ouvert toute l'année. Gare 22 km, commerces 7 km. Jeux de société. Poss. d'activités animées et encadrées avec suppl., confection du pain, etc... sur demande. Petits déjeuners et tables d'hôtes à base de produits naturels en majorité végétariens. Accueil familial, ambiance simple : paix, harmonie, partage et nature.

Prix : 1 pers. **210 F** 2 pers. **250 F** 3 pers. **310 F** repas **65 F**

18	18	10	10	4	3	15	4	8	8

BERNARD Marie-Josephe – Le Clouzy – 85190 Aizenay – Tél. : 51.34.76.00

Angles Moricq
C.M. n° 71 — Pli n° 11

E.C. NN
A l'entrée du Marais Poitevin, à 10 mn de la plage, Chantal et Roger vous accueillent dans leurs 3 chambres d'hôtes rénovées en 95 dans des dépendances, à proximité de leur habitation. 2 ch. (1 lit 2 pers.) et 1 ch. (1 lit 2 pers. 1 lit 1 pers.). Sanitaires particuliers à chaque chambre (salle d'eau/wc). Possibilité d'un lit d'appoint. Gare 25 km, commerces 1 km. Ouvert toute l'année. Prise TV dans chaque chambre. Terrasse avec salon de jardin. Salle commune avec coin-cuisine (micro-ondes). Cabine téléphonique à 50 m. Restaurant à 1 km. ULM à 2 km.

Prix : 1 pers. **200 F** 2 pers. **250 F** 3 pers. **310 F**

8	8	10	25	SP	SP	1	5	20

GUIET Roger – 4 Route du Port - Moricq – 85750 Angles – Tél. : 51.97.56.20

Belleville-sur-Vie
C.M. n° 67 — Pli n° 13

≋ NN
Chantal et Denis seront heureux de vous accueillir dans leur maison située dans le bocage vendéen. 2 ch. rénovées en 1987 en r.d.c. d'une maison datant de 1979, les propriétaires sont à l'étage. 1 ch. avec lavabo (2 lits 2 pers.), 1 ch. avec lavabo (1 lit 2 pers.), salle de bains et wc réservés aux hôtes, communs aux 2 ch. Prise TV dans chacune. Ouvert toute l'année. Gare et commerces 2 km. Coin-cuisine à dispo. (TV). Jardin, aire de jeux, parking. Assistante maternelle agréée pouvant garder vos petits pendant vos sorties longues ou tardives. Sentiers pédestres sur place. Restaurant à 2 km. Territoire de la Vendée militaire. Puy du Fou à 45 km.

Prix : 1 pers. **135 F** 2 pers. **165 F** 3 pers. **210 F**

40	40	5	5	5	SP	2	1	25

BOURCIER Chantal – Le Vivier - Route du Poire-sur-Vie – 85170 Belleville-sur-Vie – Tél. : 51.31.83.25

Benet   *C.M. n° 71 — Pli n° 1*

E.C. NN   Elisabeth et François vous accueillent dans leurs 2 ch. d'hôtes rénovées en 1993, aménagées dans une maison ancienne dans le bourg de Benet. 1 ch. au r.d.c. (2 lits 120) et 1 ch. à l'étage (1 lit 2 pers.) avec salle d'eau et wc privés. Entrée indépendante. Salle commune réservée aux hôtes avec coin-cuisine. Cour et jardin clos fleuris, tonnelle ombragée. Gare 15 km, commerces sur place. Jeux d'enfants. Initiation à l'aquarelle. Découverte du pays entre Sèvres et Autize : Nieul s/l'Autize (le cloître, la maison de la Meunerie) à 7 km. L'Abbaye de Maillezais à 14 km. Coulon à 5 km. La Rochelle à 1 h. Futuroscope à 1h30.

Prix : 2 pers. 230 F

60	60	15	15	SP	4	SP	4	60

PERROT Elisabeth et Francois – 60 rue de la Combe – 85490 Benet – Tél. : 51.00.98.73

Le Bernard La Petite Metairie   *C.M. n° 71 — Pli n° 11*

※※※ NN   « Le calme de la campagne à quelques minutes de l'océan » : 2 ch. d'hôtes indépendantes rénovées en 1990, aménagées au r.d.c. d'une ancienne ferme vendéenne entièrement restaurée. 1 ch. avec 1 lit 2 pers., 1 ch. avec 2 lits 1 pers. avec salle d'eau et wc particuliers chacune. Grand espace vert à la dispo. des hôtes avec salons de jardin. Gare 30 km, commerces sur place. Parking réservé indépendant. Dolmens, menhirs..., haut lieu de la préhistoire. Restaurant à 3 km. Longeville s/mer 5 km. La Tranche s/mer 15 km. Luçon 23 km. Les Sables-d'Olonne, La Roche-sur-Yon 30 km. Ouvert toute l'année.

Prix : 1 pers. 180 F 2 pers. 230 F 3 pers. 280 F

7	7	15	7	20	10	2	7	15	20

SURAUD Jacques et Janine – « La Petite Metairie » - Le Breuil – 85560 Le Bernard – Tél. : 51.90.38.83

Le Bernard O'Briere   *C.M. n° 71 — Pli n° 11*

※※※ NN   A proximité de la mer et des plages, dans un beau presbytère (XIIe et XIXe siècles) rénové en 1990, situé dans un petit bourg (le Carnac Vendéen) chez des passionnés de jardin. 1 chambre d'hôtes au r.d.c. pour 2 pers. (1 lit 160) avec sanitaires particuliers (salle de bains/wc). Parking dans propriété. Grand jardin clos avec mobilier à disposition. Grange avec coin-cuisine. Nombreuses promenades. Site géologique et préhistorique réputé. Gare 30 km, commerces sur place. Anglais et allemand parlés.

Prix : 2 pers. 250 F

6	6	15	6	20	10	2	2	15	18

BRIEN Jacques et Francoise-Xaviere – O'Briere - Place de l'Eglise – 85560 Le Bernard – Tél. : 51.90.30.05

Bois-de-Cene   *C.M. n° 67 — Pli n° 2*

※※※ NN (TH)   A l'entrée du village, 2 chambres d'hôtes de plain-pied, rénovées en 1994, aménagées dans la maison du propriétaire datant de 1992. 2 chambres de 3 personnes avec salle d'eau et wc chacune. Prise TV, chauffage électrique et entrée indépendante. Terrasse et salon de jardin particuliers à chaque chambre. Terrain clos ombragé et fleuri. Gare 10 km, commerces 100 m. Ouvert toute l'année. Le propriétaire vous propose des randonnées à la découverte de la faune et la flore des marais.

Prix : 1 pers. 210 F 2 pers. 220 F 3 pers. 270 F repas 80 F

12	18	10	3	SP	SP	0,5	5	30

LEBEAU M.Therese et Hubert – « Les Albizzias » - 15 Route de Challans – 85710 Bois-de-Cene – Tél. : 51.68.24.68

Cezais La Cressonniere   *C.M. n° 67 — Pli n° 16*

※※※ NN   Joli petit château du XVIe que les propriétaires ont aménagé avec goût et raffinement, salon avec poutres, cheminée, tableaux, armure, tapisseries, meubles anciens, lits à baldaquin. Téléphone Télé-séjour, TV dans le salon. Vélos, jeux de croquet, espace vert aménagé dans la douve sèche. 1 suite de 2 ch. rénovée en 1990 (2 lits 2 pers.), salle de bains et wc privés. Gare 15 km. Ouvert du 1er mars au 1er novembre et chaque week-end. Vouvant (village médiéval) à 3 km, massif forestier de Mervent à 6 km, sentiers pédestres et cavaliers sur place. Restaurant gastronomique à 3 km. Puy du Fou à 45 mn. Chambres d'hôtes de Mélusine.

Prix : 1 pers. 350 F 2 pers. 350 F 3 pers. 500 F

60	60	4	4	SP	4	4

DELHOUME Jean-Pierre – Chateau de la Cressonniere – 85410 Cezais – Tél. : 49.59.77.14

Chaille-les-Marais Le Nieul   *C.M. n° 71 — Pli n° 11*

※※※ NN   Chez d'authentiques maraîchins, 4 chambres aménagées en 1987, dans une ferme, exploitée par leurs enfants. 3 ch. 2 pers. et 1 ch. 4 pers. avec salles d'eau et wc particuliers. Salle commune avec cuisine aménagée réservée aux hôtes. Salon de jardin. Parking. Restaurant à 500 m. La Rochelle à 30 km. Gare 15 km, commerces 1 km.

Prix : 1 pers. 160 F 2 pers. 180 F

25	25	12	1	1	10

MASSONNEAU Jeanne – Le Nieul – 85450 Chaille-Les Marais – Tél. : 51.56.71.66 – Fax : 51.56.78.48

Chaille-les-Marais Le Sableau   *C.M. n° 71 — Pli n° 11*

※※ NN (TH)   Une ancienne ferme s'est transformée pour vous, la famille Pizon met à votre dispo. 5 ch. rénovées en 1990, en bordure de la RN 137. Maison en retrait de 150 m sur une propriété d'1,6 ha. 1 ch. 4 pers., s.d.b., wc privés dans couloir. 1 ch. 3 pers. et 2 ch. 2 pers., s. d'eau, wc privés chacune. 1 ch. 2 pers., s. d'eau privée. Séjour (TV). Gare 19 km, commerces 5 km. Dans le Marais Poitevin, entre La Rochelle et les plages vendéennes. Salon de jardin, piscine privée (12 x 5 m) à disposition des hôtes, tables d'hôtes sur demande. Location VTT. Terrasse (barbecue). Téléphone dans salle commune. Cuisine à disposition. Anglais et espagnol parlés.

Prix : 1 pers. 175/205 F 2 pers. 200/230 F 3 pers. 265/280 F repas 65 F 1/2 pens. 235/265 F

30	30	19	SP	SP	1	1	7

PIZON Janine et Sylvie – « Le Paradis » - Le Sableau – 85450 Chaille-Les Marais – Tél. : 51.56.72.15 – Fax : 51.56.73.39

Challans
C.M. n° 67 — Pli n° 12

☙☙☙ NN   Léa Briton vous accueillera dans sa maison neuve datant de 1992 construite à l'ancienne, dans un cadre agréable : 1 chambre d'hôtes 3 pers. Entrée indépendante, salle d'eau et wc particuliers, coin-cuisine à la disposition des hôtes. Maison située à proximité de l'hippodrome, restaurant à 500 m. TV noir et blanc. Salon de jardin. Gare 2 km, commerces 1 km. Ouvert toute l'année.

Prix : 1 pers. **200 F** 2 pers. **220 F** 3 pers. **270 F**

12	12	4	2	3	2	5	12

BRITON Lea – 35 Route de Soullans - La Craie des Noues – 85300 Challans – Tél. : 51.68.03.13

Chambretaud Le Puy Simbert
C.M. n° 67 — Pli n° 15

☙☙☙ NN   2 chambres d'hôtes à l'étage, rénovées en 1988, aménagées dans une dépendance de la ferme, entrée indépendante. 2 ch. de 4 personnes avec salle d'eau et wc privés. Séjour commun avec le propriétaire avec télévision. Restaurant à 1 km. Gare 20 km, commerces 6 km.

Prix : 1 pers. **190 F** 2 pers. **210 F** 3 pers. **280 F**

80	80	10	10	5	10	5	15	20

CHARRIER Jean-Louis – Le Puy Simbert – 85500 Chambretaud – Tél. : 51.91.23.90

Champagne-les-Marais
C.M. n° 71 — Pli n° 11

☙☙☙ NN   4 chambres d'hôtes de 2 personnes avec salle d'eau et wc privés pour chaque chambre, rénovées en 1991, situées à l'étage de la maison du propriétaire. Entrée indépendante. Jardin avec salon de jardin. Salon avec télévision et jeux vidéo à disposition. Maison rénovée, ancien Relais de Poste 1870 dans un bourg de 1200 hab. du Marais Sud Vendéen à 30 km de La Rochelle. Gare 9 km, commerces sur place.

Prix : 1 pers. **195 F** 2 pers. **225 F**

18	18	9	9	SP	SP	15	30

GERMOND Odette – 9 rue du 8 Mai – 85450 Champagne-Les-Marais – Tél. : 51.56.51.22

La Chapelle-Achard Le Plessis Jousselin
C.M. n° 67 — Pli n° 13

E.C. NN   A la campagne, à proximité de la mer, Maïté et Dominique vous proposent 4 chambres d'hôtes de 2 pers. aménagées dans une maison de ferme en 1994 : 2 ch. en rez-de-chaussée et 2 ch. à l'étage, sanitaires privés à chaque chambre (douche, wc), entrée indépendante, prise TV dans chaque chambre. Salle commune avec coin cuisine équipé, TV, l-linge, jeux de société. Terrasse avec salon de jardin. Gare et commerces 2 km.

Prix : 1 pers. **170 F** 2 pers. **210 F**

15	15	8	15	15	8	2	15	10

CHIFFOLEAU Dominique et Maite – Le Plessis Jousselin – 85150 La Chapelle-Achard – Tél. : 51.05.91.08

Le Chateau-d'Olonne Les Landes de Beausejour
C.M. n° 67 — Pli n° 12

☙☙☙ NN   A 4 km des Sables-d'Olonne « Perle de la Côte de Lumière », dans un site accueillant et reposant, parc boisé d'1 ha., 4 ch. créées en 1993 aménagées à l'étage de la maison du propriétaire, maison contemporaine datant de 1980 à 5 mn de l'océan. 3 ch. (1 lit 2 pers. 1 lit 1 pers.) et 2 ch. (1 lit 2 pers.). Sanitaires privés pour chaque ch. (douche, lavabo, wc). Gare 7 km, commerces 2 km. Anglais parlé. Piscine privée à disposition sur place. Jardin aménagé (salon de jardin), ping-pong. Animaux acceptés sous réserve. Découverte du circuit des marais salants. Réserve naturelle d'oiseaux de l'Ile d'Olonne. Promenade en bateaux.

Prix : 1 pers. **200 F** 2 pers. **250 F** 3 pers. **300 F**

6	6	4	6	SP	6	SP	5	8	3

CLOUTEAU Bernadette – Les Landes de Beausejour - 48 rue des Parcs – 85180 Le Chateau-d'Olonne – Tél. : 51.21.58.44 – Fax : 51.21.58.44

Le Chateau-d'Olonne La Chataigneraie
C.M. n° 67 — Pli n° 12

E.C. NN   A proximité des Sables-d'Olonne, dans le calme de la campagne, 3 chambres d'hôtes aménagées à l'étage de la maison du propriétaire. Entrée indépendante. 1 ch. 4 pers. (1 lit 2 pers. 2 lits 1 pers. superposés), 1 ch. 2 pers. (1 lit 2 pers.), 1 ch. 3 pers. (1 lit 2 pers. 1 lit 120). Sanitaires particuliers à chaque chambre (salle d'eau, wc). Gare 7 km, commerces 4 km. Possibilité lit d'appoint et lit bébé. Salle commune avec coin-cuisine à disposition. Terrain aménagé (salon de jardin).

Prix : 1 pers. **180 F** 2 pers. **210 F** 3 pers. **260 F**
pers. sup. **50 F**

5	5	15	5	7	15	3	3	5

BOULINEAU Didier et Martine – La Chataigneraie – 85180 Le Chateau-d'Olonne – Tél. : 51.96.47.52

Chateauneuf Le Bois Huguet
C.M. n° 67 — Pli n° 2

☙☙☙ NN
(TH)   2 chambres d'hôtes dans une ancienne ferme rénovée en 1989. Calme de la campagne assuré en bordure du Marais breton. 1 ch. de 2 pers. au r.d.c. avec salle d'eau et wc particuliers. 1 ch. 4 pers. à l'étage avec salle d'eau et wc particuliers. Séjour à disposition, aire de jeux, parking, produits fermiers sur place, 1 gîte rural à proximité. Gare 13 km, commerces 3 km. Restaurant à 6 km. TV en commun avec le propriétaire.

Prix : 1 pers. **190 F** 2 pers. **220 F** 3 pers. **270 F** repas **80 F**
1/2 pens. **190 F**

18	6	8	3	3	1	6	18

BERNARD Armand – Le Bois Huguet – 85710 Chateauneuf – Tél. : 51.68.28.93

Chateauneuf Les Boulinieres
C.M. n° 67 — Pli n° 2

¥ ¥ ¥ NN
(TH)

A 10 km de Beauvoir/Mer, 4 ch. rénovées en 1973 et 1988 aménagées dans la maison du propriétaire dont une à l'étage. Salle d'eau et wc particuliers dans chaque chambre. 1 ch. 4 pers. + enf., 1 ch. 3 pers., 1 ch. 2 pers. 1 ch. double avec entrée indépendante (2 lits 2 pers.) avec salle de bains/wc. Salle de séjour, jardin, parking, aire de jeux, abri couvert. Gare 10 km, commerces 3 km. Ouvert toute l'année. Etang, pêche à 2 km, moulin à vent en activité à 800 m. Vélos sur place, randonnées pédestres. Ferme équestre à 2 km.

Prix : 1 pers. 210 F 2 pers. 220 F 3 pers. 270 F repas 80 F

15	18	18	10	SP	0,2	5	20

BOCQUIER Martine – Les Boulinieres – 85710 Chateauneuf – Tél. : 51.49.30.81

Chateauneuf Le Bois Marin
C.M. n° 67 — Pli n° 2

¥ NN
(TH)

A la campagne, à proximité de la mer, 5 ch. de 2 pers. chacune, rénovées en 1981, situées en pleine campagne. 1 lavabo dans chaque ch. 2 wc communs, 1 douche commune. 2 ch. équipées de douches. 1 ch. 2 pers. + 1 lit bébé et 1 ch. 2 pers. Les wc sont communs aux 3 chambres. Téléphone en service Téléséjour. Jardin, aire de jeux, parking. Gare 12 km, commerces 3 km. Ouvert du 1er mai à fin octobre. Produits fermiers à 2 km, restaurant à 5 km. Camping et 3 autres ch. d'hôtes à proximité, 3 gîtes ruraux sur place. Pêche sur place dans étang privé. Ferme équestre à 2 km. Moulin en activité à 2 km.

Prix : 1 pers. 180 F 2 pers. 200 F repas 75 F

15	18	18	18	6	SP	SP	3	6	20

MOREAU Beatrice – Le Bois Marin – 85710 Chateauneuf – Tél. : 51.49.30.08

Chateauneuf Le Bois Marin
C.M. n° 67 — Pli n° 2

¥ ¥ NN

En bordure du Marais Breton et à la campagne, Robert et Mimi, vous accueillent dans leur ferme avec 3 chambres de 2 pers. rénovées en 1992 dans une maison neuve en annexe de leur maison. Chaque chambre comprend une douche et un wc privés. Les wc sont communs aux 3 chambres. Kitchenette commune à disposition des hôtes. Gare 13 km, commerces 2 km. Ouvert toute l'année. 3 gîtes ruraux, 1 camping à la ferme et 5 autres chambres d'hôtes à proximité. Anglais parlé.

Prix : 1 pers. 170 F 2 pers. 200 F

15	18	18	18	9	SP	SP	2	1	18

RELET Marylene – Le Bois Marin – 85710 Chateauneuf – Tél. : 51.68.19.74

Les Chatelliers-Chateaumur Le Bas Chatellier
C.M. n° 67 — Pli n° 16

¥ ¥ ¥ NN

Dans leur ancienne ferme restaurée, datant de la fin du XVIIIe siècle, située dans le Haut bocage à 6 km du Puy du fou, Romain et Pierrette vous accueillent dans leurs 2 chambres aménagées en 1980. 2 ch. de 3 personnes (salle d'eau et wc privés). 1 lit supplémentaire sur demande. TV dans chaque chambre, jardin paysagé, salon de jardin. Puy du Fou à 7 km. Circuits sur les hauteurs vallonnées. Gîte rural à proximité. Gare 9 km, commerces 6 km. Ouvert toute l'année.

Prix : 1 pers. 170 F 2 pers. 220 F 3 pers. 250 F

80	80	9	9	2	2	6	9	20

BETTOLI Pierrette – Le Bas Chatellier – 85700 Chatelliers-Chateaumur – Tél. : 51.57.23.86

Chavagnes-en-Paillers La Dederie
C.M. n° 67 — Pli n° 14

¥ ¥ ¥ NN
(TH)

3 ch. rénovées en 1988, aménagées dans une très grande maison ancienne bourgeoise. 1 ch. 2 pers., 1 ch. 3 pers., 1 ch. 5 pers. (entrée indép. et cuisine). Salle d'eau et wc privés à chaque chambre. Séjour et salon avec TV à la disposition des hôtes. Garage, jardin, aire de jeux. Terrain, parking. Restaurant à 500 m. Téléphone commun au propriétaire. Gare 12 km, commerces 500 m. le Puy du Fou à 25 km. Château de la Chabotterie, musée à 14 km. Château Gilles de Retz à 20 km. Commerces 500 km. Barrage en cours d'aménagement à 3 km. Ouvert toute l'année.

Prix : 1 pers. 190 F 2 pers. 210 F 3 pers. 260 F repas 60/100 F

65	65	4	5	SP	2	5	5

FRANCOIS Gustave et Madeleine – La Dederie – 85250 Chavagnes-en-Paillers – Tél. : 51.42.22.59

Chavagnes-en-Paillers Benaston
C.M. n° 67 — Pli n° 14

¥ ¥ ¥ NN

Dans un cadre calme et verdoyant, Guiguite et Pierre vous accueillent dans leurs 4 ch. à l'étage de leur maison. Entrée commune. 2 ch. avec s. d'eau + wc privés et TV (1 lit 2 pers.) et (1 lit 2 pers. 2 lits 1 pers. gigognes), 1 ch. double, s. d'eau + wc privés non communicants (2 lits 2 pers.), 1 ch. indép. (1 lit 2 pers.), kitchenette, TV, s. d'eau et wc privés. Situées au cœur du bocage vendéen. Salle d'accueil à disposition. Possibilité de pique-nique. Salon de jardin. Téléphone commun avec le propriétaire. Ouvert toute l'année. Gare 12 km, commerces 2 km.

Prix : 1 pers. 160 F 2 pers. 200 F 3 pers. 260 F

65	65	10	10	13	2	4	2	40

DAVID Pierre et Guiguitte – Benaston – 85250 Chavagnes-en-Paillers – Tél. : 51.42.22.63

Coex Le Latoi
C.M. n° 67 — Pli n° 12

¥ ¥ ¥ NN
(TH)

« Vos vacances autrement », notre arrière pays à 10 mn de l'océan vous offre calme, tranquilité, dans un cadre reposant et fleuri : 5 chambres d'hôtes rénovées en 1987, aménagées dans une ferme vendéenne datant de 1880. R.d.c. : 1 ch. double 4 pers., à l'étage 1 ch. 1 pers. 3 ch. 3 pers. avec salle d'eau privée pour chaque chambre. Gare 15 km, commerces 2 km. Grand confort, séjour commun aux hôtes avec équipement pour cuisine, téléphone, TV. Ouvert toute l'année. Etang, pêche, aire naturelle de camping, produits fermiers sur place. Loisirs de proximité : vélorail, tennis, roseraie, centre équestre, lac à 10 mn à pied. Animaux admis avec suppl.

Prix : 1 pers. 200 F 2 pers. 240 F 3 pers. 290 F repas 80 F

12	12	8	8	15	SP	2	3

DESVERONNIERES Louis – Le Latoi – 85220 Coex – Tél. : 51.54.67.30 – Fax : 51.60.02.14

Doix Logis de Chalusseau
C.M. n° 71 — Pli n° 1

❦❦❦ NN   A proximité du marais, au calme, le Logis de Chalusseau (XVIIe siècle) vous propose 3 chambres aménagées à l'étage, rénovées en 1983 et 1987. 1er étage : 2 chambres de caractère, 1 ch. 3 pers. (salle de bains et wc particuliers), 1 ch. 2 pers. (salle d'eau et wc particuliers). 2e étage : 1 ch. 4 pers. (salle d'eau et wc particuliers). Gare 9 km, commerces 1 km. Séjour, salon et cuisine indépendants à disposition des hôtes. Salon de jardin. Chambres d'hôtes de Mélusine.

Prix : 1 pers. **180 F** 2 pers. **220 F** 3 pers. **270 F**

40	40	15	15	9	6	1,5	6	9	30

BAUDRY Marie-Therese – Logis de Chalusseau – 85200 Doix – Tél. : 51.51.81.12

Falleron La Clartiere
C.M. n° 67 — Pli n° 13

E.C. NN   Dans leur maison de caractère du XVIIe siècle, Anne-Marie et André seront ravis de vous accueillir dans leur 2 ch. (2 pers.) aménagées en 1991 dans le bocage nord vendéen (1 ch. avec salle de bains + wc privés et 1 ch. avec salle d'eau + wc privés). Parc arboré de 1 ha. Etang privé avec possibilité de pêche. Terrasse avec salon de jardin, vélo, barbecue à disposition. TV. Piscine privée commune sur place. Gare 10 km, commerces 1 km. Ouvert de mi-juin à mi-septembre. Gîte rural sur place. Visite du Puy de Fou à 50 km. Vignoble du pays nantais à 10 km. Côtes à 30 km.

Prix : 1 pers. **220 F** 2 pers. **270 F** 3 pers. **310 F**
pers. sup. **50 F**

30	30	20	5	SP	15	15	30

CHERRUAULT Andre – La Clartiere – 85670 Falleron – Tél. : 51.35.09.01

La Faute-sur-Mer L'Esterel
C.M. n° 67 — Pli n° 11

❦❦❦ NN
(TH)   Dans le calme de notre maison entourée d'un jardin verdoyant, 4 chambres d'hôtes aménagées en 1988, situées à 300 m de la forêt et de l'océan. Entrée indépendante pour chaque chambre. Salle d'eau, wc, jardin et terrasse particuliers. Séjour, TV. Aire de jeux. Réfrigérateur, vaisselle, linge (machine à laver) et vélos à disposition. Gare 20 km, commerces 600 m. Ouvert toute l'année. Animations : fabrication pains et brioche, promenade ou pêche en mer.

Prix : 1 pers. **250 F** 2 pers. **295 F** 3 pers. **350 F** repas **80 F**

0,3	0,3	0,3	0,3	20	SP	0,3	1	30

HERVE Andre – L'Esterel - 12 Bis rue des Oeillets – 85460 La Faute-sur-Mer – Tél. : 51.97.02.14

Le Fenouiller La Fernandiere
C.M. n° 67 — Pli n° 12

❦❦❦ NN   Dans le calme de la campagne, à proximité de la mer, Andrée et Maurice seront ravis de vous accueillir dans leur maison : 1 suite de 2 ch. 3 personnes (1 lit 2 pers. 1 lit 120) rénovée en 1992 aménagée dans une maison contemporaine datant de 1973 à proximité d'une ferme en activité dans l'arrière pays côtier à 4 km de St Gilles-Croix-de-Vie. Sanitaires privés. Entrée commune avec le propriétaire, TV à disposition dans la chambre, salon de jardin dans espace vert aménagé. Réfrigérateur à disposition. Gare 5 km, commerces 2 km. Ouvert de Pâques à fin septembre.

Prix : 2 pers. **250 F** 3 pers. **300 F**

4	4	15	4	3	4	8	8

MICHON Andree et Maurice – La Fernandiere – 85800 Le Fenouiller – Tél. : 51.55.00.58

La Flocelliere La Reortheliere
C.M. n° 67 — Pli n° 15

❦❦❦ NN
(TH)   Au cœur du Haut Bocage, Monique et Ernest vous accueillent dans leurs chambres d'hôtes à la ferme de la Réorthelière. 2 chambres rénovées en 1989, avec entrée indépendant, aménagées dans leur maison datant du XIXe siècle. 1 ch. 2 pers. (avec TV), 1 ch. 4 pers. Salle d'eau et wc particuliers pour chaque chambre. Possibilité lit d'appoint. Gare 7 km, commerces 2 km. Salle commune avec coin-cuisine à la disposition des hôtes (TV). Table d'hôtes sur réservation. Puy du Fou à 8 km. Cholet à 30 km. Ouvert d'avril à septembre.

Prix : 1 pers. **150 F** 2 pers. **200 F** 3 pers. **270 F** repas **70 F**

80	80	7	7	7	SP	2	7

PREAU Monique – La Reortheliere – 85730 La Flocelliere – Tél. : 51.57.24.31 – Fax : 51.57.80.47

La Garnache Le Marais Blanc
C.M. n° 67 — Pli n° 12

❦❦ NN   En campagne, à 20 km de la mer, 1 chambre d'hôtes rénovée en 1984, aménagée dans une ferme datant de 1961. 1 ch. double (1 lit 2 pers. 2 lits 120) avec salle de bains et wc privés à la chambre. Possibilité de cuisine, jardin ombragé et fleuri. Restaurant à 6 km. Camping à la ferme à proximité. Gare 6 km.

Prix : 1 pers. **160 F** 2 pers. **180 F**

20	20	SP	SP	6	SP	6	2	20

MENUET Denise – Le Marais Blanc – 85710 La Garnache – Tél. : 51.68.19.00

La Gaubretiere Soudelache
C.M. n° 67 — Pli n° 5

❦❦❦ NN
(TH)   2 chambres d'hôtes en campagne, aménagées à l'étage d'une maison ancienne rénovées en 1989. 1 chambre 2 pers. (1 lit 2 pers.), 1 chambre 3 pers. (1 lit 2 pers. 1 lit 1 pers.). Sanitaires particuliers pour chaque chambre. Entrée indépendante. Séjour à disposition des hôtes. Pique-nique et étang privé sur place. Table d'hôtes sur réservation. Gare 18 km, commerces 4 km. Le Puy du Fou 10 km. Accès par la D 27.

Prix : 1 pers. **180 F** 2 pers. **210 F** 3 pers. **280 F** repas **80 F**

90	90	12	12	8	SP	4	10	20

YOU Marie-Josephe – Soudelache – 85130 La Gaubretiere – Tél. : 51.67.24.41

Le Gue-de-Velluire

♥♥♥ NN
(TH)

5 chambres d'hôtes rénovées en 1993 dans une maison de caractère, dans un petit bourg calme, en bordure de la rivière « Vendée ». Ch.1 (1 lit 2 pers. 1 lit 1 pers., salle d'eau, wc). Ch.2 (2 lits 2 pers., salle d'eau, wc). Ch. 3 (2 lits 2 pers., salle de bains, wc). Ch.4 (1 lits 2 pers., 1 lit 1 pers., salle d'eau, wc). Ch.5 (1 lit 2 pers. 1 lit 1 pers., s.d.b., wc). Gare 35 km, commerces sur place. Salon réservé aux hôtes avec bibliothèque, TV privée à la demande. Salon de jardin. Vélos. Téléphone commun au propriétaire. Table d'hôtes. Découverte du marais poitevin. Ouverture de mars à décembre. Chambres d'hôtes de Mélusine. Ouvert de mars à septembre.

Prix : 1 pers. **190 F** 2 pers. **250 F** 3 pers. **310 F** repas **80 F**

🏖	⛱	〰	⛵	🚤	🎣	🥾	🎿	🐎	🎯
25	25	20	20	10	SP	SP	10	30	30

RIBERT Christiane – 5 rue de la Riviere – 85770 Le Gue-de-Velluire – Tél. : 51.52.59.10

Les Herbiers La Palarderie

♥♥♥ NN
(TH)

Dans le calme de la campagne, 2 chambres d'hôtes rénovées en 1992, aménagées à l'étage de la maison du propriétaire datant de 1976. Salle d'eau et wc privés pour chaque chambre. Ch.1 (1 lit 2 pers. 1 lit 1 pers.), ch. 2 (1 lit 2 pers. 1 lit 1 pers.). Entrée indépendante. Salon de jardin à disposition. Spectacle du Puy du Fou à 3 km. Restaurant à 3 km. Découverte de la ferme. Petits déjeuners avec lait de la ferme, brioches et confitures maison. Table d'hôtes avec les produits de la ferme. Gare 25 km, commerces 5 km. Ouvert toute l'année.

Prix : 1 pers. **160 F** 2 pers. **210 F** 3 pers. **270 F** repas **70 F** 1/2 pens. **185 F**

🐕		🏖	⛱	〰	⛵	🚤	🎣	🥾	🎿	🐎	🎯
		80	80	7	7	5	7	SP	5	5	25

SORIN Micheline – La Palarderie – 85500 Les Herbiers – Tél. : 51.91.08.76

Les Herbiers La Lande

♥♥♥ NN
(TH)

Dans le calme du bocage vallonné Marie-Claude et Patrice vous accueillent dans leurs ch. aménagées 1993 dans une ferme d'élevage diversifiée (lait, volailles, viande, chevaux). 1 ch. 2 pers. à l'étage avec s. d'eau et wc privés. 1 ch. 4 pers., séjour/coin-cuisine, entrée indépendante, s. d'eau, wc et TV privés. Possibilité 2 pers. suppl. en canapé clic-clac. Téléphone commun au propriétaire. Jardin. Animaux sous réserve. - 15 % sur la demi-pension si 3 jours consécutifs. Gare 25 km, commerces 3 km.

Prix : 1 pers. **165 F** 2 pers. **210 F** 3 pers. **265 F** repas **65 F**

🏖	⛱	〰	⛵	🚤	🎣	🥾	🎿	🐎	🎯
75	75	5	5	4	5	SP	4	25

GUERIN Marie-Claude – La Lande – 85500 Les Herbiers – Tél. : 51.67.35.57 – Fax : 51.67.35.57

Les Herbiers La Cossoniere

♥♥♥ NN
(TH)

Au Pays d'Herbauges, « l'Abri des Alouettes » vous accueille en famille au cœur de son exploitation agricole (culture biologique) : 4 ch. 3 pers. aménagées en 1992, à l'étage de la maison datant de 1966 du propriétaire. 2 ch. (1 lit 2 pers. 1 lit 1 pers.), 2 ch. (1 lit 120, 1 lit 1 pers.). Entrée indépendante, s. d'eau et wc privés chacune, coin-cuisine, salon avec TV. Salon (TV), bibliothèque, lit en commmun avec le propriétaire, jeux de plein air, poss. de visite de la ferme, table d'hôtes sur réservation. Puy du Fou à 6 km. Moulin des Justices à 3 km. Mont des Alouettes à 6 km. Abbaye de la Grainetière à 7 km. Gare 25 km, commerces 3 km. Ouvert toute l'année.

Prix : 1 pers. **190 F** 2 pers. **220 F** 3 pers. **290 F** repas **75 F**

🐕		🏖	⛱	〰	⛵	🚤	🎣	🥾	🎿	🐎	🎯
		80	80	12	12	3	3	3	16	12

PINEAU Marie-Jeanne – La Cossonniere - L'Abri des Alouettes – 85500 Les Herbiers – Tél. : 51.67.11.42 – Fax : 51.66.90.27

Les Herbiers Chevrion

♥♥♥ NN
(TH)

En pleine campagne, dans une maison de ferme ancienne meublée dans le style régional, 2 ch. de 3 pers. de 30 m² rénovées en 1992 avec salle d'eau et wc privés. Entrées indépendants. 1 ch. à l'étage avec coin-salon, tonnelle en terrasse. 1 ch. au r.d.c. avec salon particulier attenant. Poss. d'appoint 2 pers./ch. en clic-clac. Gare 25 km, commerces 2 km. TV, réfrigérateur et micro-ondes dans chaque chambre. Salons de jardin, portique et pétanque. Possibilité d'hébergement chevaux et visite de la ferme. Puy du Fou à 12 km. Table d'hôtes sur réservation. Animaux acceptés.

Prix : 1 pers. **180 F** 2 pers. **220 F** 3 pers. **290 F** repas **75 F**

🏖	⛱	〰	⛵	🚤	🎣	🥾	🎿	🐎	🎯
70	70	6	6	3	5	SP	3	25

BONNEAU Jeannine – Chevrion – 85500 Les Herbiers – Tél. : 51.67.19.75

Les Herbiers

♥♥♥ NN

Au cœur du Bocage Vendéen, Odile et Joël vous accueillent dans le cadre spacieux de leur maison de caractère située dans un bourg : 1 chambre aménagée en 1995 à l'étage (1 lit 2 pers.) et sanitaires particuliers (salle de bains, wc). TV dans la chambre. Possibilité 1 lit d'appoint pour 1 enf. Jardin d'agrément (salon de jardin). Gare 25 km, commerces sur place. A disposition : salle de billard, piscine commune avec le propriétaire. Ouvert toute l'année.

Prix : 2 pers. **250 F** 3 pers. **320 F** pers. sup. **70 F**

🐕		🏖	⛱	〰	⛵	🚤	🎣	🥾	🎿	🐎	🎯
		70	70	7	7	SP	5	2	2	2

MARCHAIS Joel – 57 rue Monseigneur Masse – 85500 Les Herbiers – Tél. : 51.64.95.10

Les Herbiers La Metairie

♥♥♥ NN

Dans le calme de la campagne à proximité du Puy du Fou, 2 chambres aménagées en 95 à l'étage d'une belle maison de ferme typique du bocage vendéen : 1 ch. (2 lits 2 pers.) et 1 ch. (1 lit 2 pers. 1 lit 1 pers.). Sanitaires particuliers à chaque chambre (salle d'eau, wc). Entrée indépendant. Salle d'accueil à disposition en r.d.c. Jardin aménagé, salon de jardin. Gare 25 km, commerces 5 km. Ouvert toute l'année.

Prix : 1 pers. **200 F** 2 pers. **250 F** 3 pers. **350 F**

🐕		🏖	⛱	〰	⛵	🚤	🎣	🥾	🎿	🐎	🎯
		80	80	14	14	5	5	6	15

RETAILLEAU Bernard et Janine – La Metairie – 85500 Les Herbiers – Tél. : 51.67.23.97

Ile-d'Yeu Le Petit Marais des Broches　　　　　*C.M. n° 67 — Pli n° 11*

❄❄❄ NN
(TH)
A 300 m de la mer, dans un cadre fleuri qui vous invite au repos, « le Petit Marais des Broches » vous offre 5 ch. datant de 1993, de plain-pied, sanitaires privés chacune (salle d'eau, wc). Ch. 1 (1 lit 2 pers.), ch. 2 (1 lit 2 pers. 2 lits 1 pers. en mezz.), Ch. 3 (1 lit 2 pers. 2 lits 1 pers. en mezz.), ch. 4 et 5 (1 lit 2 pers.), poss. 2 lits 1 pers. (suppl. 100 F). Coin-salon avec cheminée ouverte sur le jardin et réservé aux hôtes. Salon de jardin. A la table d'hôtes (poissons et fruits de mer). Commerces 3,5 km. Ouvert toute l'année.

Prix : 2 pers. **350 F** pers. sup. **110 F** repas **125 F**

0,3	0,3	0,3	SP	4	4	

HOBMA Chantal – Le Petit Marais des Broches - 7 Chemin des Tabernaudes – 85350 Ile-d'Yeu – Tél. : 51.58.42.43

Ile-d'Yeu St Sauveur

❄❄❄ NN
Embarquez-vous pour l'Ile d'Yeu et faites escale chez Pierre et Monique : 3 charmantes chambres d'hôtes de 4 pers. aménagées début 1994, à proximité de la maison du propriétaire, dans un joli petit village classé de l'intérieur de l'île, avec entrée indépendante. Chacune au rez-de-chaussée avec 1 lit de 2 pers., 1 salle d'eau/wc et en mezz. 2 lits 1 pers. Commerces sur place. Cour fermée et fleurie avec 1 salon de jardin par chambre. Garage commun pour ranger les vélos. Gare maritime 2,5 km.

Prix : 1 pers. **200 F** 2 pers. **325 F** 3 pers. **420 F**

2,5	2,5	2,5	2,5	2	2	2	99

CADOU Monique – 10 Ker Guerin - St Sauveur – 85350 Ile-d'Yeu – Tél. : 51.58.55.13

Ile-d'Yeu Port Joinville

E.C. NN
(TH)
Dans un cadre fleuri et calme, Mme Fradet-Chalot vous propose 2 chambres rénovées en 1994 aménagées dans une maison datant de 1962 près de la citadelle avec entrée indépendante. R.d.c. : 1 ch. 3 pers. (1 lit 2 pers. 1 lit 1 pers.) et 1 ch. 4 pers. (1 lit 2 pers. en r.d.c. et 2 lits 1 pers. en mezzanine) avec chacune des sanitaires particuliers (douche, wc). Salon du propriétaire à disposition des hôtes (TV). Terrasse avec salon de jardin. Gare maritime à 1 km. Commerces 300 m.

Prix : 1 pers. **280 F** 2 pers. **330 F** 3 pers. **440 F** repas **95 F**

0,8	0,8	0,8	0,8	SP	3	3

FRADET CHALOT Annie – 23 rue de la Pierre Levee – 85350 Ile-d'Yeu – Tél. : 51.58.70.20

Ile-d'Yeu Pointe des Corbeaux

❄❄❄ NN
(TH)
Dans un site naturel protégé, à 100 m des plages, avec une vue magnifique sur la côte sauvage, 4 chambres d'hôtes de 2 pers. rénovées en 1994. 3 ch. aménagées dans une maison récente datant de 1984, sanitaires particuliers à chaque ch. (douche et wc pour 2 ch., sanitaire et wc pour 1 ch.). 1 chambre en annexe avec douche et wc. Salle commune avec TV et magnétoscope. Salon (cheminée) à dispo. des hôtes, téléphone téléséjour commun. Jardin clos aménagé dans un cadre calme et agréable. Commerces 3 km. Ouvert du 1er juin au 30 septembre. Vue exceptionnelle sur l'océan. Gare maritime 8 km. Remise de 20 % hors juillet et août ou en séjour (à partir de la 3e nuit).

Prix : 2 pers. **450/550 F** repas **100 F**

SP	SP	SP	SP	SP	4	6

LEFORT Anne – « Villa Monaco » - La Pointe des Corbeaux – 85350 Ile-d'Yeu – Tél. : 51.58.76.56

Landevieille La Jarrie　　　　　　　　　　　　*C.M. n° 67 — Pli n° 12*

❄❄❄ NN
La tranquillité de la campagne à 10 mn de l'océan. 5 chambres d'hôtes rénovées en 1987 et 1993 aménagées dans une ferme typiquement vendéenne du début du siècle. Au r.d.c. : 2 ch. 2 pers. (1 lit 2 pers.). A l'étage : 1 ch. 2 pers., 1 ch. 3 pers. et 1 ch. 4 pers. avec salle d'eau et wc privés à chaque chambre. Entrée indépendante. Jardin, commerces 4 km. Salle commune réservée avec cuisine équipée et lave-linge. Salon de jardin. Jeux pour enfants, ping-pong, circuit pédestre et cyclotouriste. Lac, forêt et nombreuses excursions à proximité. Ouvert toute l'année.

Prix : 1 pers. **180 F** 2 pers. **230 F** 3 pers. **300/330 F**

10	10	5	15	5	5	10	10

ROBIN Jacky et Marie-Therese – La Jarrie – 85220 Landevieille – Tél. : 51.22.90.92

Liez　　　　　　　　　　　　　　　　　　　*C.M. n° 71 — Pli n° 1*

❄❄ NN
(TH)
5 chambres d'hôtes rénovées en 1983 aménagées au rez-de-chaussée d'une grande demeure du XIIIe siècle dans le Marais Poitevin. Salles d'eau particulières. 1 chambre 3 pers. et 4 chambres 2 pers. 2 wc communs. Entrée et salle à manger indépendante. Jardin, tables de jardin, barque à disposition. Gare 20 km, commerces 3 km. Cette ancienne métairie fut, il y a quelques siècles, la maison secondaire de l'évêque de l'abbaye de Maillezais.

Prix : 1 pers. **150 F** 2 pers. **190 F** 3 pers. **230 F** repas **80 F**
1/2 pens. **180 F**

45	45	10	10	15	SP	3	3

FATOU Renee – 1 Chemin de Fosse – 85420 Liez – Tél. : 51.00.77.74

Lucon　　　　　　　　　　　　　　　　　　*C.M. n° 71 — Pli n° 11*

E.C. NN
En centre ville, une oasis de calme dans un parc arboré d'un hectare : 3 chambres aménagées en 1995 à l'étage d'un logis du XVIIIe siècle situé dans la ville de Luçon, à proximité de l'évêché. 2 chambres 2 pers. avec sanitaires particuliers (salle d'eau, wc). 1 suite avec 1 lit 2 pers. et 1 lit 1 pers. avec salle de bains, wc. 1 salon/bibliothèque à disposition. Commerces sur place. Ouvert toute l'année.

Prix : 1 pers. **150 F** 2 pers. **250 F** 3 pers. **330 F**

20	20	2	1	2	1	5	25

LUGAND Elisabeth – 1 rue des Chanoines – 85400 Lucon – Tél. : 51.56.34.97

Les Lucs-sur-Boulogne Le Chef du Pont
C.M. n° 67 — Pli n° 13

E.C. NN 1 ch. d'hôtes dans une maison bourgeoise du 17ᵉ siècle rénovée en 1970 en bordure de la rivière « La Boulogne ». 1 ch. de 42 m² (2 pers.), cheminée granit, poutres apparentes, meubles vendéens. S. d'eau, wc privés. Salon du propriétaire à dispo. (TV). Salon de jardin. Face à un parc départemental boisé de 16 ha., où sont implantés le Mémorial de la Vendée (1793-1794). le Chemin de la Mémoire, la Chapelle du Petit Luc. Tables mémoriales où sont inscrits les noms des 564 victimes du 28 février 1794 (Haut lieu de la Vendée). Circuit touristique et historique « Sur les pas du Général Charette ». Gare 8 km, commerces 1 km.

Prix : 1 pers. **225 F** 2 pers. **250 F** 3 pers. **275 F**

45	45	SP	9	SP	SP	SP		30

PERROCHEAU Josiane – Le Chef du Pont – 85170 Les Lucs-sur-Boulogne – Tél. : 51.31.22.42

Maillezais La Genete
C.M. n° 71 — Pli n° 1

❅❅❅ NN Près de la Vieille Autize, Yvette et Paul vous accueillent dans un corps de ferme rénové à l'ancienne en 1990 avec leurs 4 chambres d'hôtes : 1 ch. 4 pers. à l'étage avec salle de bains et wc. Au r.d.c. 2 ch. 3 pers. et 1 ch. 4 pers. avec salle d'eau et wc particuliers à chaque chambre, entrées indépendants, coin-salon avec cheminée, coin-cuisine, séjour. Gare 25 km, commerces 3 km. Jardin, tables de jardin à disposition. Marais Poitevin, promenades en barque sur place. Abbaye de Maillezais. Cloître de Nieul sur l'Autize à 10 km. La Rochelle 40 km. Lac de Xanton avec plage aménagée à 12 km. Chambres d'hôtes de Mélusine.

Prix : 1 pers. **185 F** 2 pers. **200 F** 3 pers. **260 F**

50	50	7	7	7	SP	3	3	3

QUILLET Paul – La Genete – 85420 Maillezais – Tél. : 51.00.71.17

Maillezais
C.M. n° 71 — Pli n° 1

❅❅❅ NN Au cœur d'un village maraîchin, à deux pas de son abbaye, Liliane Bonnet vous accueille dans sa « maison de maître » du XIXᵉ siècle et vous propose 4 chambres d'hôtes rénovées en 1991, tout confort. R.d.c. : 1 ch. 2 pers. avec accès direct sur parc. 1ᵉʳ étage : 2 ch. 2 pers. 2ᵉ étage : 1 ch. 3 pers. Salle d'eau et wc particuliers chacune. Tennis privé sur place. Salon avec bibliothèque et TV à disposition. Barque dans la conche. 3 vélos. Parking et coin-pêche privés. Chambres d'hôtes de Mélusine. Gare 25 km, commerces sur place. Ouvert toute l'année. Espagnol et anglais parlés.

Prix : 1 pers. **290 F** 2 pers. **320 F** 3 pers. **400 F**

48	48	15	15	15	SP	SP	7

BONNET Liliane – 69 rue de l'Abbaye – 85420 Maillezais – Tél. : 51.87.23.00 – Fax : 51.00.72.44

Maillezais
C.M. n° 71 — Pli n° 1

❅❅❅ NN Le « Relais des Pictons » sera heureux de vous accueillir dans 2 chambres rénovées en 1990 et 1992 aménagées dans une maison du Marais Poitevin datant de la fin du XIXᵉ siècle située dans le bourg de Maillezais à 500 m de l'Abbaye. Salle d'eau et wc particuliers chacune. R.d.c. : 1 ch. 3 pers. A l'étage : 1 ch. 3 pers., entrée indépendante. Parking dans la cour. Salon de jardin, bibliothèque avec documents et cartes sur le marais, TV dans le salon du propriétaire. Cuisine et téléphone communs au propriétaire. Commerces sur place, promenade en barque à 300 m, découverte du marais. Restaurants sur place. Gare 25 km.

Prix : 1 pers. **150 F** 2 pers. **180 F** 3 pers. **220 F**

50	50	12	12	12	SP	SP	SP	6

MOUGARD Genevieve – 27 rue du Champ de Foire – 85420 Maillezais – Tél. : 51.87.21.95

Maillezais Le Logis
C.M. n° 71 — Pli n° 1

❅❅❅ NN 1 ch. rénovée en 1991 aménagée à l'étage d'une belle demeure des XVIᵉ et XVIIIᵉ siècles avec un parc arboré, au cœur du Marais Poitevin en bordure de conche dans une propriété calme et agréable. Au r.d.c. : entrée indépendante, pièce d'accueil et wc. A l'étage : ch. et salle d'eau communicante, escalier privatif. Ping-pong, vélos à disposition. Ouvert toute l'année. Anglais parlé. Garage couvert et barque. Abbaye de Maillezais à 200 m. Toute possibilité de loisirs à proximité : randonnée équestre, cyclo ou promenades en barque pour découvrir le Marais Sauvage. Chambres d'hôtes de Mélusine.

Prix : 1 pers. **350 F** 2 pers. **400 F**

40	40	7	7	7	SP	SP	SP	7

FRONTY Michel – Le Logis - 7 rue du Coin Foireu – 85420 Maillezais – Tél. : 51.00.79.64

Maillezais Bouille Courdault
C.M. n° 71 — Pli n° 1

❅❅❅ NN A la sortie d'un petit village au bord du Marais Poitevin, Nicole et Stéphane vous accueillent dans leur propriété : 2 ch. d'hôtes rénovées en 1993 aménagées à l'étage de leur maison avec entrée indépendante, salle d'eau + wc particuliers à chaque chambre. Ch. 1 (1 lit 2 pers.), ch. 2 (1 lit 2 pers. 1 lit 120), lit 1 pers. d'appoint, lit bébé si besoin. Grande pièce d'accueil commune (cheminée) à dispo. Grand jardin avec salon, barque à dispo., ping-pong, sentiers pédestres, circuit vélo, pêche, baignade (lac 9 km). Abbaye Maillezais 7 km, cloître 6 km, Coulon 8 km, La Rochelle 60 km, Puy du Fou 70 km, Futuroscope 80 km. Gare 15 km, commerces 6 km.

Prix : 1 pers. **180 F** 2 pers. **220 F** 3 pers. **280 F**

60	60	9	9	6	0,5		1	6	2

GUILLON Stephane et Nicole – La Tuilerie - Bouille Courdault – 85420 Maillezais – Tél. : 51.52.46.93

Martinet Montmarin
C.M. n° 67 — Pli n° 13

❅❅❅ NN
(TH) Un sourire, un coin vert près de la mer, c'est à la ferme de Montmarin que Françoise et Martial vous proposent 4 chambres d'hôtes rénovées en 1993, situées en pleine campagne à l'étage de leur maison datant du début du XIXᵉ siècle. Salle commune avec TV, coin-cuisine à dispo. des hôtes. 1 ch. 3 pers., 1 ch. 4 pers. et 2 ch. de 2 pers. avec salle d'eau et wc privés. Etang sur place, salon de jardin, parking, animaux acceptés. Accès D978 - D55 A. Gare 5 km, commerces 4 km. Ouvert du 1ᵉʳ mai au 30 octobre.

Prix : 1 pers. **170 F** 2 pers. **230 F** 3 pers. **280 F** repas **70 F**

20	20	6	6	10	SP	4	4	15

FORTINEAU Martial et Francoise – Montmarin – 85150 Martinet – Tél. : 51.34.62.88 – Fax : 51.34.65.52

Martinet Le Taillis

C.M. n° 67 — Pli n° 13

♥♥ NN
(TH)

A 20 mn de l'océan et au cœur de la campagne verdoyante, Ghislaine et François vous accueillent dans leurs 2 chambres d'hôtes rénovées en 1982, aménagées dans leur maison datant de 1972 sur une exploitation d'arboriculture. Entrée indépendante. Ch. 1 (1 lit 2 pers.), salle de bains privée. Ch. 2 (2 lits 1 pers.), salle d'eau. WC communs aux 2 ch. Gare 6 km, commerces 2 km. Possibilité lit bébé sur demande. Salon de jardin, ping-pong, étang privé sur place. Table d'hôtes à la demande. Ouvert toute l'année.

Prix : 1 pers. **130/160 F** 2 pers. **160/190 F** repas **65 F**

20	20	6	12	2	7	8	

BOUGAULT Ghislaine – « Le Taillis » – 85150 Martinet – Tél. : 51.34.62.05

Mervent
C.M. n° 67 — Pli n° 16

♥ NN

Dans le calme de la campagne, 1 chambre d'hôtes rénovée en 1988 aménagée dans la maison du proprié-taire datant de 1962, avec balcon surplombant le lac de Mervent avec vue superbe et face à la forêt. 1 chambre de 2 personnes avec salle d'eau et wc privés non communicants à la chambre. Séjour, jar-din, abri couvert. Restaurant, plage/lac à 500 m, baignade. Randonnées pédestres et VTT à proximité. Gare 10 km, commerces 1 km. Ouvert de mai à octobre.

Prix : 2 pers. **190 F**

SP	SP	10	SP	10	10

VINCENT Claude – « Bella Scavi » - 31 Route du Lac – 85200 Mervent – Tél. : 51.00.22.11

Monsireigne La Baudonniere
C.M. n° 67 — Pli n° 15

♥♥♥ NN

4 ch. rénovées en 1993. Entrée indép. R.d.c. : ch. 1 (1 lit 2 pers. 1 lit 1 pers. s. d'eau, wc privés), ch. 2 (1 lit 2 pers. 2 lits 1 pers. salle de bains, wc privés, coin-cuisine). Salle à manger/salon (TV, cheminée) à dispo. Etage : ch. 3 (1 lit 2 pers. 1 lit 1 pers.), s. d'eau, wc privés. Ch. 4 (1 lit 2 pers. 2 lits 1 pers. salle d'eau, wc privés, coin-cuisine). Maison bourgeoise du XVIe siècle, très tranquille au cœur du bocage vendéen. Jardin. Tous commerces à 1 km. Grande surface 11 km. Restaurants à 2, 3 et 4 km. Lac de Rochereau 3 km. Gare 12 km. Ouvert toute l'année.

Prix : 1 pers. **180/205 F** 2 pers. **200/225 F** 3 pers. **250/275 F**

60	60	5	5	12	SP	SP	1	12	30

COLLINSON John – La Baudonniere – 85110 Monsireigne – Tél. : 51.66.43.79 – Fax : 51.66.43.79

Mouchamps
C.M. n° 67 — Pli n° 15

♥♥♥ NN
(TH)

1 chambre d'hôtes rénovée en 1988 aménagée dans une maison de caractère datant de 1870 située à l'entrée du bourg. 1 chambre 2 personnes avec salle de bains et wc particuliers. Possibilité 1 lit 1 pers. supplémentaire sur demande. Cuisine (bar). Jardin, terrain, produits fermiers sur place. Puy du Fou à 20 km. Gare 12 km, commerces sur place. Ouvert toute l'année.

Prix : 1 pers. **160 F** 2 pers. **200 F** 3 pers. **300 F** repas **70 F**

80	80	10	10	12	10	SP	20	30

TESSIER Renee – 1 rue du Breuil – 85640 Mouchamps – Tél. : 51.66.23.61

Mouchamps Le Deffend
C.M. n° 67 — Pli n° 15

♥ NN

Dans le calme du Bocage Vendéen, 2 chambres d'hôtes aménagées en 1984 dans la maison du proprié-taire datant de 1868 en pleine campagne, dans une ancienne ferme. 1 chambre 2 personnes avec salle d'eau + wc et 1 chambre 5 personnes avec salle de bains et wc. Puy du Fou à 18 km. Musée de la France Protestante à 9 km. Gare 10 km, commerces 3 km.

Prix : 1 pers. **140 F** 2 pers. **190 F** 3 pers. **265 F**

75	75	10	10	12	3

MERLE Robert et Suzanne – Le Deffend – 85640 Mouchamps – Tél. : 51.66.29.04

Mouchamps La Grande Champillonniere
C.M. n° 67 — Pli n° 15

♥♥ NN

1 chambre 2 pers. rénovée en 1984 aménagée à l'étage de la maison du propriétaire datant de 1890 en pleine campagne. Emplacement pour voiture, pelouse. Salle d'eau et wc privés. Possibilité de lits 1 pers. supplémentaires. Séjour/salon, téléphone à disposition des hôtes, communs avec le proprié-taire. Gare 12 km, commerces 1 km.

Prix : 1 pers. **140 F** 2 pers. **180 F** pers. sup. **70 F**

70	70	10	10	10	1	1	1	20	

COUSINEAU Gustave et Lucette – La Grande Champillonniere – 85640 Mouchamps – Tél. : 51.66.24.68

Mouilleron-en-Pareds La Vendrie
C.M. n° 67 — Pli n° 15

♥♥♥ NN
(TH)

2 chambres d'hôtes aménagées à l'étage d'une maison de campagne : 1 ch. 2 pers. et 1 ch. 4 pers. avec sanitaires particuliers à chaque chambre. Salle à manger et salon en commun (cheminée). Tables d'hôtes sur réservation. Téléphone et Fax communs avec le propriétaire. Puy du Fou 31 Km. Parc Loi-sirs 2 km. Musée des 2 Victoires et Moulins 2 km. Anglais parlé. Gare 15 km, commerces 2 km. Ouvert du 1er avril au 31 octobre.

Prix : 1 pers. **180 F** 2 pers. **210 F** 3 pers. **290 F**
repas **65/75 F**

70	70	5	5	2	5	2	0,5

CARR Michael et Heather – La Vendrie – 85390 Mouilleron-en-Pareds – Tél. : 51.00.33.50 – Fax : 51.00.33.50

Mouilleron-le-Captif Ambois

E.C. NN — 2 chambres 2 pers. dans un hameau à proximité de La Roche-sur-Yon, aménagées en 1995 dans un bâtiment annexe proche du logement du propriétaire. Entrée indépendante. Dans chaque chambre : 1 lit 2 pers., sanitaires (douche, wc) privés, prise TV, Kitchenette. Possibilité lit d'appoint. Salon de jardin à disposition. Petit camping sur place. Piscine hors-sol (6,30 m de diamètre) commune à disposition. Gare 4 km, commerces 3 km. Ouvert du 15 juin au 15 septembre.

Prix : 1 pers. 150 F 2 pers. 200 F 3 pers. 250 F
pers. sup. 50 F

36	36	5	4	4	5	SP	2	2	20	

BARREAU Marie Luce – Ambois – 85000 Mouilleron-le-Captif – Tél. : 51.37.29.15

Mouzeuil-Saint-Martin La Verronnerie

E.C. NN — Dans le calme de la campagne, Jocelyne vous accueille dans sa maison datant de 1902 située sur une ferme céréalière avec 4 chambres d'hôtes aménagées à l'étage de sa maison. 2 ch. rénovées en 1979 avec salle d'eau et wc communs (1 lit 2 pers. chacune), 2 ch. rénovées en 1995 avec salle d'eau et wc privés, 1 ch. (1 lit 2 pers.), 1 ch. (1 lit 2 pers. 2 lits 1 pers.). Entrée indépendante. Salle commune avec TV et coin-cuisine réservée aux hôtes. Salon de jardin à disposition. Animaux sous réserve. La Rochelle, Niort à 40 km. Gare 15 km, commerces 2 km. Ouvert toute l'année.

Prix : 1 pers. 120 F 2 pers. 160/190 F 3 pers. 240 F

30	30	15	15	10	5	2	10

DIBOT Jocelyne – La Veronnerie – 85370 Mouzeuil-St-Martin – Tél. : 51.28.71.98

Nieul-le-Dolent Les Sorinieres

NN — Dans une ambiance simple et familiale, à 15 mn des Sables-d'Olonne, Françoise et Patrick vous feront découvrir la Vendée : 4 ch. rénovées en 1981 dans la maison de caractère (1920) du propriétaire en pleine campagne, entrée indépendante, 1 ch. double (4 pers.), 1 ch. (2 pers.), 2 ch. de 3 pers. avec salles d'eau et 2 wc communs aux hôtes. Gare 17 km, commerces 2 km. Petite piscine mobile sur place. Salle aménagée, salon avec TV, coin-cuisine, aire de camping à la ferme sur place. Restaurant à 2 km.

Prix : 1 pers. 150 F 2 pers. 200 F 3 pers. 250 F

20	20	10	10	SP	3	2	5	20	

BOURON Patrick – Les Sorinieres – 85430 Nieul-le-Dolent – Tél. : 51.07.91.58 – Fax : 51.07.94.78

Noirmoutier

NN — 5 chambres d'hôtes rénovées en 1988 dans une maison datant de 1900, située près du vieux château et du port. 4 ch. de 2 pers. au 1er étage avec balcon, salle d'eau et wc particuliers. Entrée indépendante. Au r.d.c. : 1 ch. de 2 pers. avec salle de bains et wc particuliers. Séjour, salon (cheminée), jardinet, terrasse, salon de jardin. Gare 40 km, commerces sur place. Accès à l'Ile par pont à péage ou par le passage du Gois à marée basse, parking public à 50 m, face au château (gratuit), restaurant, crêperie à proximité.

Prix : 2 pers. 265 F

1	1	1	1	1	1	1	30	

BARANGER Mauricette – 8 rue de la Mougendrie – 85330 Noirmoutier-en-l'Ile – Tél. : 51.39.12.59 ou 51.39.63.65 – Fax : 51.39.55.60

L'Orbrie Logis du Ranquinet

NN — 1 suite comprenant 1 ch. 2 pers. (2 lits 1 pers.) et 1 ch. 1 pers. (1 lit 1 pers.) rénovée en 1984, aménagée dans un logis des XVIIe et XVIIIe siècles avec TV. Salle de bains et wc particuliers. Terrain aménagé avec salon de jardin. A proximité de la forêt de Mervent. Vouvant, village médiéval 10 km. Fontenay-le-Comte, ville Renaissance à 3 km. Marais Poitevin 15 km. Lac de Xanton avec plage aménagée à 10 km. Puy du Fou à 3/4 d'heure. Chambres d'hôtes de Mélusine. Gare et commerces 3 km. Ouvert toute l'année.

Prix : 1 pers. 200 F 2 pers. 250 F 3 pers. 400 F

50	50	8	8	3	8	3	3

REIGNER Anne et Jacques – Logis du Ranquinet - 8 Imp. de la Fosse Aux Loups – 85200 L'Orbrie – Tél. : 51.69.29.27

Reaumur La Pillaudiere

NN (TH) — Au calme de la campagne du haut bocage vendéen, nous vous accueillons dans notre maison de style 1900, sur 1 petite exploitation en activité : 3 ch. d'hôtes créées en 1990 à l' étage : 1 ch. (1 lit 2 pers.), 1 ch. (1 lit 2 pers. 1 lit 1 pers.), 1 ch. (1 lit 2 pers. 3 lits 1 pers.), salle d'eau et wc privés attenants à chacune. Poss. 1 lit suppl. chacune. Gare 5 km, commerces 7 km. Ouvert toute l'année. Salon de jardin à disposition. Parc pour voitures. Réservation sur demande de places pour le Puy du Fou (à 20 km). Vouvant-Mervent (cités médiévales) à 25 km, Marais Poitevin à 60 km, Futuroscope à 100 km.

Prix : 1 pers. 170 F 2 pers. 200 F 3 pers. 270 F
pers. sup. 70 F repas 70 F

80	80	10	10	7	10	10	10	7

SACHOT Alphonse et Augusta – La Pillaudiere – 85700 Reaumur – Tél. : 51.65.88.69

La Reorthe

NN (TH) — Dans un ancien relais de poste du XVe siècle, 4 chambres d'hôtes aménagées en 1990 à l'étage avec salle d'eau et wc particuliers pour chaque chambre. 2 ch. avec 2 lits jumeaux. 2 ch. 2 pers. + enfant. R.d.c. : cuisine, grand séjour avec cheminée, TV à disposition des hôtes. Restaurant 4 km. Maison située dans un bourg en bordure de la N137. Gare 10 km. Commerces 4 km.

Prix : 1 pers. 150 F 2 pers. 200 F 3 pers. 250 F repas 60 F

40	40	8	8	4	3	2	14

ROUAULT Michel – 36 rue Georges Clemenceau - Feole – 85210 La Reorthe – Tél. : 51.27.83.33 – Fax : 51.27.82.27

La Roche-sur-Yon La Davissiere
C.M. n° 67 — Pli n° 13

♥♥ NN

Anciens exploitants agricoles, nous apprécions le temps passé avec nos hôtes dans notre maison. Nous vous proposons 3 chambres d'hôtes rénovées en 1985, au rez-de-chaussée avec salle de bains et wc communs. 2 ch. avec une entrée indépendante. Cuisine à la disposition des hôtes avec supplément de 10 F/jour. Jardin, aire de jeux, abri couvert, parking. Gare 3 km. Salon de jardin, balançoire. Produits du jardin selon saison. Restaurant à 500 m. Téléphone commun avec le propriétaire. Commerces 1 km.

Prix : 1 pers. **135 F** 2 pers. **165 F**

35	35	3	3	3	3	1	4	10

MARTIN Clement et Jeanne – La Davissiere – 85000 La Roche-sur-Yon – Tél. : 51.37.20.74

Saint-Andre-Goule-d'Oie La Boutiniere
C.M. n° 67 — Pli n° 14

♥♥♥ NN

Dans une grande maison récente rénovée en 1987, située dans un hameau calme. Pour une même famille, 1 ch. 2 pers. avec salle d'eau et wc particuliers. Possibilité lits supplémentaires (2 pers. + 1) dans 2 autres chambres en suite. Salle de séjour, salon avec TV. Bibliothèque. Garage, parking, jardin. Restaurant 6 km. Chambre non fumeur. Puy du Fou à 20 km. Accès R.N. 137 Saint-Fulgent direction Les Essarts. Gare 15 km, commerces sur place.

Prix : 1 pers. **160 F** 2 pers. **200 F** 3 pers. **250 F**

70	70	6	6	10	6	SP	SP	10	30

AUBERT Roland et Colette – 102 la Boutiniere – 85250 St-Andre-Goule-d'Oie – Tél. : 51.42.63.61

Saint-Andre-Treize-Voies
C.M. n° 67 — Pli n° 4

♥♥ NN
(TH)

2 chambres d'hôtes aménagées en 1989 dans une maison ancienne datant de 1850 entourée d'un jardin fleuri, située dans un petit bourg du bocage, vous trouverez calme et détente. A l'étage : 1 ch. 5 pers. avec salle d'eau et wc. Au r.d.c. : 1 ch. 3 pers. avec salle d'eau et wc, coin-cuisine, entrée indépendante. Salon (TV) à la disposition des hôtes. Cour intérieure, jardin. Parking privé. Château de la Chabotterie à 6 km. Table d'hôtes sur réservation. Gare 4 km, commerces sur place. Ouvert toute l'année.

Prix : 1 pers. **180 F** 2 pers. **200 F** 3 pers. **250 F** repas **70 F**

45	45	4	10	4	10	45

MOREAU Annie – 1 rue du Lion d'Or – 85260 St-Andre-Treize-Voies – Tél. : 51.42.41.48

Saint-Christophe-du-Ligneron L'Hubertiere
C.M. n° 67 — Pli n° 12

♥♥♥ NN
(TH)

Dans un hameau calme et paisible situé en pleine campagne du bocage Vendéen, sur une ferme : 2 ch. dans une bergerie restaurée en 1992 avec accès sur un espace verdoyant et fleuri, 1 ch. rénovée en 1979 dans la maison du propriétaire, plus spacieuse, qui possède un joli mobilier avec sanitaires particuliers pour chaque chambre. Possibilité de lit suppl. Bibliothèque à disposition. Salon de jardin. Espace vert aménagé. VTT et matériel de pêche sur place. Ouvert du 15 mars au 15 novembre.

Prix : 1 pers. **180 F** 2 pers. **220 F** 3 pers. **270 F** repas **75 F**
1/2 pens. **185 F**

20	20	7	7	7	7	7	7	15

LOIZEAU Gerard et Michelle – L'Hubertiere – 85670 St-Christophe-du-Ligneron – Tél. : 51.35.06.41

Saint-Christophe-du-Ligneron La Vergne Neuve
C.M. n° 67 — Pli n° 12

♥♥♥ NN
(TH)

A proximité de la mer, dans le calme de la campagne, Marylène et Charles vous accueillent dans 4 chambres d'hôtes rénovées en 1990 aménagées dans la maison du propriétaire datant de 1880, sur une ferme en activité, avec meuble ancien, charpente avec poutres et pierres apparentes. 2 ch. de 3 pers. et 2 ch. de 4 pers. avec salle d'eau et wc particulier pour chacune. Salle commune avec cuisine réservée aux hôtes. Jardin aménagé, salon de jardin, jeux pour enfants. Etang de pêche sur place. Location VTT. Gare 10 km, commerces 4 km.

Prix : 1 pers. **190 F** 2 pers. **220 F** 3 pers. **270 F** repas **80 F**

18	18	6	6	1	SP	4	18	15

BOURMAUD Marylene – La Vergne Neuve – 85670 St-Christophe-du-Ligneron – Tél. : 51.93.32.52

Saint-Cyr-en-Talmondais La Maison Neuve
C.M. n° 71 — Pli n° 11

♥♥♥ NN
(TH)

Dans un cadre calme et agréable, Gérard et Marie-Renée vous accueillent dans 4 ch. rénovées en 1993 dans une maison de ferme ancienne restaurée, située en bordure du marais, dans un site protégé, à quelques km de la plage de la Tranche/Mer. 1 ch. de 3 pers. en r.d.c. entrée indép., s. d'eau et wc privés. Etage : 2 ch. 3 pers. 1 ch. 2 pers., s. d'eau et wc privés. Gare 16 km, commerces 2,5 km. Prise TV dans chaque chambre. Une salle d'accueil à disposition des hôtes avec point-phone et TV. Espace extérieur arboré, jeux pour enfants.

Prix : 1 pers. **220 F** 2 pers. **250 F** 3 pers. **300 F** repas **80 F**

12	12	10	10	16	3	SP	2,5	25

MASSON Gerard et M.Renee – La Maison Neuve – 85540 St-Cyr-en-Talmondais – Tél. : 51.30.80.13 – Fax : 51.30.89.37

Saint-Denis-du-Payre Garanjou
C.M. n° 71 — Pli n° 11

♥ NN

Garanjou, une ferme d'élevage traditionnel, ayant obtenu les labels Nature et Panda, accueil simple et authentique : 2 chambres d'hôtes aménagées en 1980 dans la maison du propriétaire datant du XVIII° en pleine campagne dans le marais. 1 ch. 3 pers. avec douche privée et 1 ch. 2 pers. avec salle de bains dans le couloir commune aux 2 ch., wc communs. Séjour à disposition, jardin, aire de jeux, parking, pré. Restaurant à 3 km. La chambre 3 pers. atteint le classement 2 épis. Observatoire sur place. Réserve ornithologique à 2 km. Gare 10 km, commerces 8 km.

Prix : 1 pers. **140 F** 2 pers. **170 F** 3 pers. **200 F**

12	12	12	12	10	SP	SP	8	12	35

DE LEPINAY Genevieve – Garanjou – 85580 St-Denis-du-Payre – Tél. : 51.27.23.31

Saint-Denis-la-Chevasse Le Moulin des Jouineaux   *C.M. n° 67 — Pli n° 14*

♥♥ NN
(TH)

A proximité de La Roche-sur-Yon et en campagne, Louisette et Gilles vous accueillent dans 1 ch. double non communicante au 1er ét. d'une maison de ferme rénovée en 1981 avec 1 moulin à vent aménagé en gîte rural, 1 ch. (1 lit 2 pers.), 1 ch. (1 lit 120, 1 lit 1 pers.), s.d.b., wc privés. R.d.c. : 1 salle d'accueil (TV). Gare 5 km, commerces 2 km. Ouvert toute l'année. Entrée indépendante. Bibliothèque. Espace vert aménagé avec petit étang, salon de jardin, jeux pour enfants. Table d'hôtes sur réservation. Propriété de 3000 m² avec espace vert aménagé clos à 45 km du littoral et 20 mn de la Roche sur Yon. Territoire de la Vendée militaire. Forêt de Graslas à 8 km.

Prix : 1 pers. **180 F** 2 pers. **195 F** repas 70 F

45	45	10	2	2	2

CHARRIER Louisette et Gilles – Le Moulin des Jouineaux – 85170 St-Denis-la-Chevasse – Tél. : 51.41.31.23

Saint-Florent-des-Bois Le Plessis Tesselin   *C.M. n° 67 — Pli n° 14*

♥♥♥ NN
(TH)

A proximité de La Roche-sur-Yon et en campagne : 3 chambres d'hôtes rénovées en 1993 à l'étage de la maison du propriétaire, sur une ferme (élevage de bovins et escargots), à proximité d'un camping à la ferme. 3 ch. 2 pers., salles d'eau et wc privés, possibilité de lit 90 suppl. Petit coin-salon (TV) à dispo. Prise TV et tél. chacune. Gare 10 km, commerces 2,5 km. Séjour commun avec le propriétaire. Salon de jardin à disposition. Plan d'eau de 2 ha. avec possibilité de pêche sur place, aire de jeux. Ouverture toute l'année. La Roche-sur-Yon à 10 km. Agrément chèques vacances.

Prix : 1 pers. **160 F** 2 pers. **200 F** 3 pers. **260 F** repas 80 F

35	35	10	10	10	SP	SP	2,5	4	6

ROUX Marie-Alice et Jean-Pierre – Le Plessis Tesselin – 85310 St-Florent-des-Bois – Tél. : 51.31.91.12 ou 51.46.72.22

Saint-Florent-des-Bois La Veillonniere   *C.M. n° 67 — Pli n° 14*

E.C. NN

Pascalé, Jean-Bernard et leurs enfants seront heureux de vous accueillir sur leur ferme laitière : 2 chambres 3 pers. aménagées en 1995 dans une grange mitoyenne à leur logement. Dans chaque chambre : 1 lit 2 pers., 1 lit 1 pers., salles d'eau et wc privés. Salle d'accueil commune avec coin-cuisine aménagé. Entrée par la salle d'accueil. Salon de jardin à disposition. Gare 12 km, commerces 2,5 km. Ouvert toute l'année.

Prix : 1 pers. **200 F** 2 pers. **200 F** 3 pers. **260 F**

35	35	12	12	12	10	SP	2,5	10	8

MARTINEAU Pascale et J.Bernard – La Veillonniere – 85310 St-Florent-des-Bois – Tél. : 51.31.92.68

Saint-Florent-des-Bois

E.C. NN

A proximité de La Roche-sur-Yon et à 35 mn des plages, 1 chambre double aménagée dans une maison récente située à proximité d'un bourg, exposée plein-sud. R.d.c. : 1 lit 2 pers. et sanitaires privés (douche/wc), mezzanine : 1 lit 2 pers. Possibilité lit bébé. Entrée indépendante. Grand parc ombragé à disposition (terrasse, salon de jardin). Gare 12 km. Commerces, services et restaurant à proximité. Vélos à disposition.

Prix : 1 pers. **200 F** 2 pers. **240 F** 3 pers. **340 F** pers. sup. 40 F

35	35	10	10	10	5	SP	SP	10	10

MORELET Elyane – Le Chant de la Vigne - 15 rue du Marche – 85310 St-Florent-des-Bois – Tél. : 51.31.93.45

Saint-Germain-de-Princay   *C.M. n° 67 — Pli n° 15*

♥♥ NN

Dans le calme de la campagne, dans un cadre agréable, Germain vous accueille dans sa chambre d'hôtes rénovée en 1988, aménagée à l'étage de sa maison. 1 ch. 2 pers. avec salle de bains et wc particuliers. Possibilité de lit supplémentaire. Salon avec TV à la disposition des hôtes. Garage. Produits fermiers sur place. Restaurant à 200 m. Pour les réservations, appelez aux heures des repas ou laisser un message sur le répondeur. Gare et commerces 5 km.

Prix : 2 pers. **160 F** 3 pers. **190 F**

60	60	5	5	5	SP

MERLET Germain – 12 rue Edouard Majou – 85110 St-Germain-de-Princay – Tél. : 51.40.47.18

Saint-Gervais Le Pas de l'Ile   *C.M. n° 67 — Pli n° 2*

♥♥♥ NN
(TH)

En bordure du marais breton vendéen, à la porte des Iles, Marie-Thérèse et Henri vous accueillent avec 4 chambres de 3 pers. rénovées en 1982 et 1988, aménagées dans une maison ancienne située en pleine campagne. Salle d'eau et wc particuliers pour chaque chambre. Grand confort. Meubles anciens régionaux. Salle de séjour à disposition des hôtes. Entrée indépendante. Espace vert aménagé. Plan d'eau, promenade en barque, vélos sur place. Sentiers de randonnée. Table d'hôtes sur réservation. Produits fermiers. Gare 15 km, commerces 3 km.

Prix : 2 pers. **220 F** 3 pers. **270 F** repas 80 F

6	12	3	SP	SP	3	15	10

PITAUD Henri et Marie-Therese – Le Pas de l'Ile – 85230 St-Gervais – Tél. : 51.68.78.51

Saint-Hilaire-de-Riez   *C.M. n° 67 — Pli n° 12*

♥♥♥ NN

1 chambre double 4 pers. aménagé à l'étage d'une maison récente (1982) avec entrée indépendante. Salle d'eau et wc particuliers. Télévision dans la chambre. Terrain clos aménagé avec salon de jardin. Table de ping-pong. Ouvert toute l'année. Gare 1 km, commerces 200 m. Anglais parlé.

Prix : 1 pers. **200 F** 2 pers. **250 F** 3 pers. **300 F**

0,8	0,8	15	0,8	3	0,8	SP	0,5	7	15

MILCENDEAU Sylvie – 109 rue de la Touche – 85270 St-Hilaire-de-Riez – Tél. : 51.54.37.21

Saint-Malo-du-Bois Les Montys　　　　　　　*C.M. n° 65 — Pli n° 5*

❦❦❦ NN
(TH)

Les 5 chambres des Montys, en pleine campagne, au centre d'une région touristique, riche en curiosités où Régina et André vous réserveront un accueil authentique et une bonne convivialité. Aménagées en 1992 à l'étage de leur maison datant de 1860. S. d'eau et wc privés chacune, 2 entrées indép. 1 ch. 4 pers., 2 ch. 3 pers., 2 ch. 2 pers. Gare 15 km, commerces 2 km. A l'étage : salon (TV), coin-cuisine. R.d.c. : salle commune, coin-cuisine, cheminée à l'ancienne, TV, l-linge. Puy du Fou 6 km, bordure de la Sèvre Nantaise 2 km, sentiers de randonnée sur place, Musée de la Machine de Guerre à Tiffauges 20 km. Ouvert toute l'année.

Prix : 1 pers. **180 F** 2 pers. **200 F** 3 pers. **270 F** repas **75 F**

90	90	15	18	8	SP	SP	2	4	15

FRUCHET Regina et Andre – Les Montys – 85590 St-Malo-du-Bois – Tél. : 51.92.34.12

Saint-Martin-de-Fraigneau　　　　　　　　*C.M. n° 71 — Pli n° 1*

❦ NN

Dans le calme de la campagne, à proximité du Marais Poitevin, Gisèle et Maurice vous accueillent dans leur chambre d'hôtes rénovée en 1955, aménagée dans leur maison, située dans un hameau sur une ferme. 1 ch. 4 personnes avec salle d'eau et wc particuliers, séjour avec TV, salle de jeux, jardin, aire de jeux, abri couvert, parking. Restaurant à 5 km.

Prix : 1 pers. **150 F** 2 pers. **210 F** 3 pers. **300 F**

50	50	15	15	5	3

MIMEAU Gisele et Maurice – Puy Sec - 6 Route de Fontaines – 85200 St-Martin-de-Fraigneau – Tél. : 51.53.09.57

Saint-Martin-des-Noyers La Gerbaudiere　　*C.M. n° 67 — Pli n° 14*

❦❦❦ NN

Dans le calme de la campagne 1 chambre d'hôtes rénovées en 1984, aménagée dans une maison de caractère de 1825 située dans un parc. 1 ch. double dans le logement du propriétaire (1 lit 2 pers. 2 lits 1 pers.) avec salle de bains et wc particuliers. Salle de jeux, ping-pong, jardin et parc à la disposition des hôtes. Restaurant à 4 km. Puy du Fou à 35 km. Accès par la D.31. Anglais parlé. Gare et commerces 4 km.

Prix : 2 pers. **250 F** 3 pers. **350 F**

40	40	10	12	4	12	15

ROCHEREAU Jacqueline – La Gerbaudiere – 85140 St-Martin-des-Noyers – Tél. : 51.07.82.15

Saint-Mathurin Les Echos　　　　　　　　*C.M. n° 67 — Pli n° 12*

❦❦ NN

A 10 mn des Sables-d'Olonne, dans le calme de la campagne vendéenne, Paulette et Albert vous accueillent dans leur maison datant de 1975, à la sortie du bourg : 1 chambre double 4 personnes de plain-pied avec salle de bains et wc particuliers réservés à la chambre (possibilité d'un lit 1 pers. suppl.). Entrée indépendante, séjour, jardin, aire de jeux. Gare 7 km. Restaurant et commerces à 500 m. 1 logement meublé au sous-sol. Ouvert toute l'année.

Prix : 1 pers. **150 F** 2 pers. **200 F** 3 pers. **270 F**

8	8	15	8	6	SP	SP	5	6

BOUARD Paulette – 32 rue du Stade - « Les Echos » – 85150 St-Mathurin – Tél. : 51.22.73.17

Saint-Mathurin Chateau de la Milliere　　　*C.M. n° 67 — Pli n° 12*

❦❦❦❦ NN

5 ch. rénovées en 1992, aménagées dans une vieille et élégante demeure du XIXᵉ à 10 km des Sables-d'Olonne. 4 ch. de 2 pers. (salle de bains et wc privés à chaque ch.). 1 suite de 2 ch. pour 4 pers. (salle de bains et wc privés). Piscine privée, bibliothèque, billard, TV et téléphone en commun. Terrasse (salon de jardin), étang (pêche), vélos, barbecue. Gare 10 km. Anglais parlé. Commerces 1 km. Ouvert du 1ᵉʳ mai au 30 septembre. Pique-nique autorisés (Restaurant à proximité). De nombreuses promenades sont à faire dans le parc valloné de 18 ha, sillonné d'allées cavalières. Remise hors juillet-août.

Prix : 1 pers. **540 F** 2 pers. **580 F** 3 pers. **680 F**

10	10	SP	SP	1	8	3

HUNEAULT Claude et Danielle – Chateau de la Milliere – 85150 St-Mathurin – Tél. : 51.22.73.29 ou 51.36.13.08 – Fax : 51.22.73.29

Saint-Mathurin Le Puy Babin　　　　　　*C.M. n° 67 — Pli n° 12*

❦❦ NN
(TH)

Près de l'océan et au cœur de la nature, nous vous offons 4 ch. rénovées en 1993, dans une maison de ferme datant de 1900, à proximité du logement du propriétaire et d'un camping à la ferme, à 8 km des Sables-d'Olonne. R.d.c. : 3 ch. dont 1 ch. 3 pers. avec cuisine, 2 ch. 4 pers. aménagées à côté de la maison du propriétaire. Etage : 1 ch. double. Gare 11 km, commerces 2 km. Salle d'eau dans chaque chambre. Aire de jeux sur place : mini-golf, ping-pong, billard français, piscine enfant, étang privé à disposition (pêche), location VTT sur place, promenade en canoës, tir à l'arc, musée des Vieux Métiers. Ouvert toute l'année.

Prix : 1 pers. **180 F** 2 pers. **220 F** 3 pers. **260 F** repas **80 F**

8	8	14	8	SP	2	10	5

VINCENT Pierre-Henry et Nathalie – Le Puy Babin – 85150 St-Mathurin – Tél. : 51.22.74.11

Saint-Mathurin La Mauriciere　　　　　　*C.M. n° 67 — Pli n° 12*

❦❦❦ NN

Dans un cadre agréable, accueil chaleureux, 1 chambre double rénovée en 1990 située au rez-de-chaussée de la maison du propriétaire datant de 1902. Entrée indépendante. Sanitaires particuliers (salle de bains et wc) 2 lits 2 pers. Salon de jardin et réfrigérateur à disposition. Terrain aménagé, aire de jeux (ping-pong,...). Gare 6 km. Commerces 1,8 km. Ouvert toute l'année.

Prix : 1 pers. **170 F** 2 pers. **200 F** 3 pers. **280 F**

10	10	8	10	6	10	1,8	5	6

BOUARD Reine – La Mauriciere – 85150 St-Mathurin – Tél. : 51.22.71.70

Saint-Maurice-des-Noues Le Fief Mignoux

C.M. n° 67 — Pli n° 16

❄❄❄ NN

Largement ouverte sur les jardins d'un beau logis du XVIIe siècle, une grande chambre lumineuse pouvant accueillir 3 pers., rénovée en 1990. Entrée indépendante. Salle d'eau et wc particuliers (1 lit 2 pers. 1 lit 1 pers.). Lieu de calme et de tranquilité à proximité de Vouvant, Fontenay-le-comte, forêt de Mervent, Marais Poitevin. Chambre d'hôtes de Mélusine. Gare 20 km, commerces 5 km. Ouvert de mai à octobre. Anglais et allemand parlés.

Prix : 1 pers. **200 F** 2 pers. **250 F** pers. sup. **50 F**

75	75	10	10	10	5	3	SP	

SCHNEPF Claudine et Rene – Le Fief Mignoux – 85120 St-Maurice-des-Noues – Tél. : 51.00.81.42

Saint-Michel-en-l'Herm Basse Brenee

C.M. n° 67 — Pli n° 11

E.C. NN

Marie-Noëlle et Michel vous accueillent dans leur ferme de marais datant du XVIIIe. Là, vous bénéficierez du calme de la campagne pour un repos de qualité à 8 km de l'océan. A l'étage : 1 ch. (1 lit 2 pers.), 1 ch. double (1 lit 2 pers. 2 lits 1 pers. gigognes). 1 ch. en r.d.c. indép. avec cuisine (1 lit 2 pers. poss. lit d'appoint). Salle d'eau et wc chacune. Salle commune avec coin-cuisine à disposition. Salle de jeux commune avec le petit camping situé à proximité. Gare 15 km, commerces 3 km.

Prix : 1 pers. **160/190 F** 2 pers. **180/220 F** 3 pers. **230/270 F**

8	9	7	7	15	2	2	3

ARDOUIN Michel et M-Noelle – Basse Brenee – 85580 St-Michel-en-l'Herm – Tél. : 51.30.24.09

Saint-Michel-le-Cloucq Bel Air

C.M. n° 71 — Pli n° 1

❄❄❄ NN

Entre Marais Poitevin et massif forestier de Mervent, Vouvant, nous vous proposons 3 ch. d'hôtes de caractère restaurées en 1992 dans une maison de ferme datant de 1850, entrée indépendante, sanitaires privés pour chacune (douche, lavabo, wc) : ch. 1 (1 lit 2 pers.), ch. 2 (1 lit 2 pers.), ch. 3 (2 lits 1 pers.). Salle commune à disposition, salon de jardin. Gîte rural à proximité. Toutes possibilités de loisirs à proximité. Tarifs dégressifs pour séjour. Dans un petit bourg, à 5 km de Fontenay-le-Comte, 1 km du massif forestier, 15 km du Marais Poitevin. Chambres d'hôtes de Mélusine. Gare 30 km, commerces 5 km.

Prix : 1 pers. **190 F** 2 pers. **240 F** 3 pers. **290 F**

60	60	5	5	5	3	1	5

BOURDIN Jean-Christian et Marie-Jo – « Bel-Air » - 78 rue de la Mairie – 85200 St-Michel-le-Cloucq – Tél. : 51.69.24.24 – Fax : 51.69.24.24

Saint-Michel-Mont-Mercure La Bonneliere

C.M. n° 67 — Pli n° 15

❄❄❄ NN
(TH)

Dans le calme de la campagne, à proximité d'un château du XVIe siècle, 2 chambres de 4 pers. rénovées en 1986 aménagées dans une ferme des XVIIe et XIXe siècles, du haut bocage vendéen avec entrée indépendante. Salle d'eau et wc particuliers pour chaque chambre. TV dans les chambres. Séjour. Visite de la ferme, gavage des canards, petits poneys pour les enfants. Gare 10 km, commerces 4 km. 2 gîtes sur place. Spectacle du Puy du Fou à 7 km (réservation sur demande), restaurant à 3 km.

Prix : 1 pers. **150 F** 2 pers. **200 F** 3 pers. **270 F** repas **70 F**

75	75	10	10	10	4	4	10	4

RETAILLEAU Francoise et Gaston – La Bonneliere – 85700 St-Michel-Mont-Mercure – Tél. : 51.57.21.90

Saint-Paul-en-Pareds La Gelletiere

C.M. n° 67 — Pli n° 15

❄❄ NN
(TH)

1 chambre d'hôtes rénovée en 1989 aménagée dans une maison datant de 1800, pour 3 personnes, salle d'eau et wc privés, coin-cuisine, jardin, aire de jeux, rivière. Téléphone en commun avec le propriétaire. Restaurant à 3 km. Puy du Fou à 15 km avec possibilité de réservation de billets. Gare 25 km, commerces 8 km.

Prix : 1 pers. **150 F** 2 pers. **190 F** 3 pers. **250 F** repas **70 F**

70	70	10	10	8	SP	3	2	8

MERLET Marie et Augustin – La Gelletiere – 85500 St-Paul-en-Pareds – Tél. : 51.92.00.25

Saint-Pierre-le-Vieux Les Bas

C.M. n° 71 — Pli n° 1

❄❄❄ NN

Calme, repos, découverte d'une exploitation agricole maraîchère : 2 ch. d'hôtes aménagées en 1988 dans une maison du XIXe siècle, avec salle d'eau et wc particuliers, en plein cœur du Marais Poitevin. 1 ch. 3 pers. et 1 ch. 2 pers. aménagées à l'étage. Séjour avec documentation régionale. Salle détente avec cuisine à la dispo. des hôtes. Gare 22 km, commerces 3 km. Ouvert toute l'année. Petits déjeuners avec produits fermiers. Visite de la ferme. Restaurant à 3 Kms. Sentiers pédestres à partir de la ferme. Promenades en barque guidée sur place et promenade à cheval attelé. Remise de 10 % à partir de 3 nuits.

Prix : 1 pers. **150 F** 2 pers. **200 F** 3 pers. **260 F**

50	50	10	10	10	SP	3	10	3

PEPIN Chrystele – Les Bas – 85420 St-Pierre-le-Vieux – Tél. : 51.00.76.14

Saint-Pierre-le-Vieux Le Peux

C.M. n° 71 — Pli n° 1

❄❄❄ NN
(TH)

Dans l'ancienne ferme du Peux, 2 chambres d'hôtes aménagées en 1993 dans une maison traditionnelle datant du début du siècle à l'entrée du marais mouillé. Entrée indép. Ch. 1 (1 lit 2 pers.) au r.d.c. avec salle d'eau et wc privés. Ch. 2 (1 lit 2 pers.) à l'étage avec salle d'eau et wc privés. Salon de jardin et véranda sur jardin à dispo. Gare 25 km, commerces 2 km. Vélos, barque, vue sur le marais. La Rochelle 50 km. Table d'hôtes sur demande. Ouvert toute l'année.

Prix : 1 pers. **140 F** 2 pers. **170 F** 3 pers. **220 F** repas **70 F**
1/2 pens. **155 F**

50	50	10	10	10	0,3	2	2	10	25

ROBUCHON Marie-Agnes – Le Peux – 85420 St-Pierre-le-Vieux – Tél. : 51.00.78.44

Sainte-Flaive-des-Loups

C.M. n° 67 — Pli n° 13

♥♥ NN Yvonne et Henri vous accueillent dans leurs 2 chambres d'hôtes avec douche et lavabo privés pour chacune, rénovées en 1988 aménagées à l'étage de leur maison datant de 1971, située dans un petit bourg, wc communs aux 2 chambres, coin-cuisine à la disposition des hôtes, salon avec TV, jardin, restaurant sur place. Les Sables-d'Olonne à 20 km. Ferme équestre à 2 km. Agréé chèques vacances. Gare 6 km, commerces sur place. Ouvert toute l'année.

Prix : 1 pers. **140 F** 2 pers. **160 F** 3 pers. **200 F**

🏊	⛱	⛰	🚣	🎣	🥾	⛷	🎠	🐧
25	25	15	15	1	1	SP	2	10

SEGRETIN Yvonne – 4 Bis rue de la Mairie – 85150 Ste-Flaive-des-Loups – Tél. : 51.34.01.10 – Fax : 51.34.06.59

Sainte-Flaive-des-Loups La Haute Rouere

C.M. n° 67 — Pli n° 13

♥♥♥ NN 2 chambres d'hôtes de 2 personnes rénovées en 1991, aménagées dans la maison du propriétaire datant de 1890, sur une ferme. Salle d'eau et wc privés pour chaque chambre, entrée indépendante, séjour avec TV à disposition, salon de jardin, calme, repos. Ouvert de juin à septembre. Gare 3 km, commerces 2 km.

Prix : 1 pers. **180 F** 2 pers. **200 F** 3 pers. **250 F**

🏊	⛱	⛰	🚣	🎣	⛷	🎠	🐧
18	18	12	12	15	12	2	12	14

RUCHAUD Therese – La Haute Rouere – 85150 Ste-Flaive-des-Loups – Tél. : 51.34.06.81

Sainte-Flaive-des-Loups L'Ozaire

C.M. n° 67 — Pli n° 13

♥♥ NN A proximité des plages vendéennes, dans le calme de la campagne, Serge et Eliane vous proposent 2 ch. d'hôtes de 2 pers. (2 lits 2 pers. pour chacune), à la ferme, rénovées en 1992, aménagées dans une maison contemporaine datant de 1978 (possibilité d'un lit 1 pers. suppl.). Salle d'eau + wc particuliers chacune. Grand espace vert à disposition avec balançoires. Vélos, pêche dans étang à 500 m. Gare 5 km. Ouvert de mai à septembre et vacances scolaires.

Prix : 1 pers. **160 F** 2 pers. **180 F** 3 pers. **220 F**

🏊	⛱	⛰	🚣	🎣	⛷	🎠	🐧
18	18	12	18	15	0,5	3	12	14

JOUBERT Eliane – L'Ozaire – 85150 Ste-Flaive-des-Loups – Tél. : 51.05.68.98

Sainte-Gemme-la-Plaine Chavigny

C.M. n° 71 — Pli n° 11

♥♥ NN (TH) Dans le calme de la campagne, entre mer et Marais Poitevin, 1 grande chambre d'hôtes aménagée en 1992 à l'étage d'un logis abbatial du XVIᵉ siècle, pour 4 pers. (1 lit 2 pers. 2 lits 1 pers.) avec sanitaires particuliers (douche, wc). Salon avec bibliothèque réservé aux hôtes. Vélos, poss. parcours équestres, randonnées pédestres, pêche. Gare 5 km, commerces 4 km. Ouvert du 15 mars au 1ᵉʳ novembre.

Prix : 2 pers. **230 F** 3 pers. **290 F** repas **65 F** 1/2 pens. **175 F**

🏊	⛱	⛰	🚣	🎣	🥾	⛷	🎠	🐧
25	25	5	5	10	4	4	4	35

LOISON Marie-Jo – Chavigny – 85400 Ste-Gemme-la-Plaine – Tél. : 51.27.01.61

Sainte-Hermine La Barre

C.M. n° 67 — Pli n° 15

♥♥♥ NN (TH) Elisabeth vous accueille dans une maison de pays du XVIᵉ siècle située à l'entrée du Logis de la Barre, à proximité du bourg de St Juire Champgillon, village typique du bocage vendéen. 3 ch. rénovées en 1993, de 2 pers. avec sanitaires particuliers (Salle d'eau et wc). 1 chambre en rez-de-chaussée avec kitchenette. 2 chambres à l'étage. Gare 15 km, commerces 4 km. Salon à disposition (TV, bibliothèque, jeux de société). Espace extérieur avec salon de jardin, ping-pong, VTT et circuits sur place. Ouvert toute l'année. Table d'hôtes sur réservation. Téléphone en service Télésejour. Ouvert toute l'année.

Prix : 1 pers. **170 F** 2 pers. **200 F** 3 pers. **250 F** repas **60 F**

🏊	⛱	⛰	🚣	🎣	🥾	⛷	🎠	🐧
35	12	12	12	4	3	4	4	10

CAREIL Marie-Elisabeth – La Barre – 85210 Ste-Hermine – Tél. : 51.27.85.18

Sallertaine La Cartree

C.M. n° 67 — Pli n° 12

♥♥ NN (TH) 4 chambres rénovées en 1993 aménagées dans la maison du propriétaire datant de 1904, située dans le marais breton. Salle d'eau et wc privés à chaque chambre. A l'étage : ch. 1 double pour 4 pers. (2 lits 2 pers. + 1 lit bébé, ch. 2 pour 3 pers. (1 lit 2 pers. 1 lit 110), ch. 3 pour 2 pers. (1 lit 2 pers.). R.d.c. : ch. 4 pour 2 pers. Salle de séjour à dispo. Cuisine. Téléphone en service Télésejour. Meublés et camping à proximité. Animaux admis avec supplément. Ouvert toute l'année. Gare 6 km, commerces 5 km.

Prix : 1 pers. **220 F** 2 pers. **220 F** 3 pers. **290 F** repas **85 F**

🏊	⛱	⛰	🚣	🎣	🥾	⛷	🐧
10	10	2	5	1	10	2	10

NAULLEAU Madeleine – La Cartree – 85300 Sallertaine – Tél. : 51.35.52.10

Talmont-Saint-Hilaire Les Touilleres

C.M. n° 67 — Pli n° 13

♥♥♥ NN (TH) Dans le calme de la campagne, à proximité de la mer, Annie et Gilles vous accueillent à la ferme, dans leur maison ancienne rénovée en 1991, avec 2 ch. de 3 pers. (1 lit 2 pers. 1 lit 1 pers.) et 1 ch. de 4 pers. au rez-de-chaussée (1 lit 2 pers. 2 lits 1 pers. superposés). Salle d'eau et wc particuliers à chaque chambre, entrée indépendante. Espace vert à disposition des hôtes avec salon de jardin. Restaurant à 3 km. Gare 16 km, commerces 4 km. Ouvert toute l'année.

Prix : 1 pers. **170 F** 2 pers. **210 F** 3 pers. **250 F** repas **75 F** 1/2 pens. **180 F**

🏊	⛱	🚣	🎣	⛷	🎠	🐧
6	6	4	10	SP	4	10	8

PAPON Gilles – Les Touilleres – 85440 Talmont-St-Hilaire – Tél. : 51.90.24.02

Talmont-Saint-Hilaire La Piniere

C.M. n° 67 — Pli n° 13

E.C. NN 4 chambres d'hôtes rénovées en 1992 aménagées dans des anciens bâtiments de ferme rénovés, en pleine campagne. 3 chambres de 2 personnes et 1 chambre de 3 personnes. Salle d'eau et wc particuliers à chaque chambre. Salle commune avec cheminée. Téléphone commun. Possibilité de promenade sur place, site pittoresque. Gare 12 km, commerces 1 km.

Prix : 1 pers. **200 F** 2 pers. **240 F** 3 pers. **320 F**

⛱	⛰	🚣	🎣	⛷	🎠	🐧
2	2	2	SP	1	2	2

CARAYOL Bertrand – « La Piniere » – 85440 Talmont-St-Hilaire – Tél. : 51.22.25.66

Thouarsais-Bouildroux La Chapelle

C.M. n° 67 — Pli n° 15

❦ ❦ ❦ NN Entre marais poitevin et bocage, Joseph et Georgette vous accueillent : 1 chambre pour 2 pers. aménagée en 95 au rez-de-chaussée d'une maison ancienne restaurée, située en pleine campagne. Salle d'eau et wc particuliers. Séjour/salon du propriétaire à disposition. Vaste terrain aménagé avec salon de jardin. Gare 20 km, commerces 1 km.

Prix : 2 pers. **220 F**

55	55	12	12	12	0,5	1	1	6

THIBAULT Joseph et Georgette – La Chapelle – 85410 Thouarsais-Bouildroux – Tél. : 51.51.55.17

Vaire

C.M. n° 67 — Pli n° 12

E.C. NN A proximité d'un petit bourg rural tranquille 1 chambre aménagée en 95 dans une maison contemporaine (1 lit 2 pers), salle d'eau et wc privés. Parc ombragé fermé (salon de jardin). Possibilité hébergement chevaux. Chemins ruraux à proximité pour balade équestre et VTT. Gare 12 km, commerces sur place. Ouvert toute l'année.

Prix : 2 pers. **220 F**

7	7	6	8	2	SP	SP	7	8

GRELIER Monique – 27 rue Rabelais - « Le Traine Bois » – 85150 Vaire – Tél. : 51.33.76.15

Velluire Le Petit Nizeau

 C.M. n° 71 — Pli n° 11

E.C. NN 2 chambres d'hôtes indépendantes aménagées en 1995 dans les dépendances d'une maison bourgeoise du XIXe siècle sur un parc d'1,4 ha. 2 ch. de 2 pers. (1 lit 160 pour chacune), avec salle d'eau, wc et salon particuliers à chaque ch. Prise TV et téléphone en service Téléséjour dans chaque ch. Entrée et parking attenants aux ch. Abbaye de St-Pierre- de Maillezais. Balades en barque traditionnelle à 14 km. Gare 10 km, commerces 1 km. Ouvert toute l'année.

Prix : 1 pers. **220 F** 2 pers. **250 F**

40	45	16	10	0,5	2	2	10	40

NODET Michel et Chantal – Le Petit Nizeau – 85770 Velluire – Tél. : 51.52.39.57 ou 51.52.37.94 – Fax : 51.52.37.95

Vienne

Antran La Gatinaliere

C.M. n° 68 — Pli n° 4

E.C. NN
(TH) 1 suite dans un château fin XVIIIe siècle comprenant une grande chambre à alcôve avec son mobilier et son décor d'origine, une petite chambre attenante avec lit et mobilier Directoire, une grande salle de bains en stuc, marbre noir et blanc des années trente, précédé d'un salon de repos ayant gardé son mobilier d'époque. Bibliothèque, salon TV, grand parc. Mise à disposition de VTT. Parking sur la propriété. Futuroscope 25 km. Gare 8 km. Commerces 6 km. Ouvert de Pâques à la Toussaint et sur réservation. Anglais et espagnol parlés.

Prix : 1 pers. **600 F** 2 pers. **600 F** 3 pers. **800 F** repas **200 F**

8	5	20	8	SP	15	20	SP	20

DE LA TOUCHE Bernard – La Gatinaliere – 86100 Antran – Tél. : 49.21.15.02 ou SR : 49.49.59.59. – Fax : 49.85.39.65

Arcay

C.M. n° 68 — Pli n° 2

❦ NN
(TH) 3 ch. dans un manoir de caractère, dans un parc, situé à l'entrée du bourg. 1 ch. (1 lit 2 pers. 1 lit 1 pers.) avec s. d'eau, 1 ensemble familial comprenant 1 ch. (1 lit 2 pers.) avec s. d'eau et 1 ch. (1 lit 1 pers. lavabo dans la ch.). Lit enfants sur demande. Séjour, salon, bibliothèque à disposition des hôtes. Table d'hôtes sur réservation. Parc de loisirs de Moncontour à 12 km. Région chargée d'histoire : châteaux (Ternay, Loudun), églises, Abbaye de Fontevraud à 30 km. Futuroscope 46 km. Gare et commerces à 8 km. Ouvert de février à décembre. Anglais parlé.

Prix : 1 pers. **120 F** 2 pers. **220 F** repas **80 F**

8	8	12	8	5	40	4	12	

LEROUX DE LENS – Le Puy d'Arcay – 86200 Arcay – Tél. : 49.98.29.11 ou SR : 49.49.59.59.

Archigny La Forêt

C.M. n° 68 — Pli n° 15

❦ ❦ NN 2 ch. au r.d.c. des dépendances d'une ancienne ferme rénovée, 1 ch. 2 épis de 30 m², (1 lit 180, 2 lits 1 pers.), coin-salon avec convertible. TV. Salle d'eau et wc privatifs, coin-cuisine dans le couloir. 1 ch. 1 épi (2 lits 1 pers.), 2 convertibles 80, coin-kichnette, bloc sanitaire moulé de 1,6 m² (lavabo, douche, wc). Entrée indépendante. Lit bébé sur demande. Terrasse, parking, grand calme et belles promenades. Station thermale de la Roche-Posay à 15 mn. Restauration le soir sur réservation. Réduction de 10 % pour séjour de 4 jours ou plus. Langues parlées : anglais, allemand, néerlandais. Gare 30 km. Commerces 1 km.

Prix : 1 pers. **250 F** 2 pers. **250 F** 3 pers. **300 F**

1	1	20	1	1	20	SP

BOS Paul – La Forêt – 86210 Archigny – Tél. : 49.85.34.34 ou SR : 49.49.59.59. – Fax : 49.05.37.37

Archigny
C.M. n° 68 — Pli n° 14/15

¥¥ NN 2 chambres à l'étage d'une grande maison, dans le centre du bourg. 1 ch. (1 lit 2 pers.), 1 ch. (3 lits 1 pers.), avec salle de bains et wc particuliers à chaque chambre. Entrée indépendante sur grand jardin. Terrasse. Parking dans la cour. Gare 20 km. Commerces sur place. Possibilité auberge. Cadre fleuri et calme. Plan d'eau sur place. Futuroscope à 30 km. Parc de loisirs de Saint-Cyr à 20 km. Ligne acadienne à 5 km. Région vallonnée, nombreuses promenades. Station thermale de la Roche-Posay à 20 km.

Prix : 1 pers. **170 F** 2 pers. **200 F** 3 pers. **250 F**

🛶	🎿	⛵	🎣	🚶	⛷	🏊	🏇	🎾
SP	SP	20	10	SP	10	7	SP	10

BRIONNE Annette – 32, rue Roger-Furge – 86210 Archigny – Tél. : 49.85.32.22

Archigny
C.M. n° 68 — Pli n° 14/15

¥ NN
(TH) 2 ch. dans une maison bourgeoise du XIX° siècle, 1 ch. (1 lit 160), 1 ch. (2 lits 1 pers.). Poss. lits d'enfants. Salles d'eau et wc privatifs. Jardin clos ombragé. Parking. Prise TV dans les chambres. Salon de jardin et jeux pour enfants. Table d'hôtes sur réservation. Animaux acceptés après accord des propriétaires. Gare 20 km. Commerces sur place. Parc du Futuroscope à 30 km. Base nautique et de loisirs de Saint-Cyr à 20 km. Station thermale de la Roche-Posay à 20 km. Nombreuses promenades possibles sur vallée de la Gartempe.

Prix : 1 pers. **150 F** 2 pers. **180 F** repas **60 F**

🛶	🎿	⛵	🎣	🚶	⛷	🏇	🎾
SP	SP	20	10	SP	10	13	SP	12

EVAIN Bertrand – Le Presbytère – 86210 Archigny – Tél. : 49.85.31.86 ou SR : 49.49.59.59. – Fax : 49.85.26.97

Archigny Logis de la Talbardiere
C.M. n° 68 — Pli n° 14/15

¥¥¥ NN 3 ch. dans une demeure du XVII° siècle et ses dépendances, dans un cadre calme. R.d.c. et étage, 2 ch. (2 lits 1 pers.), lits jumeaux ou grand lit, lit d'enfant possible, 1 ch. (3 lits 1 pers.). Salle de bains et wc particuliers pour chaque ch. Séjour à disposition des hôtes (réduction 2 % pour 2/3 nuits, 5 % pour 4/6 nuits et 10 % à partir de 7 nuits). Langues parlées : anglais, allemand, italien, russe. Possibilité de baignade à 6 km. Station thermale de la Roche-Posay à 15 km et location de vélos. Vallées verdoyantes. Calme et tranquillité assurés. Futuroscope 35 km. Gare 20 km. Commerces 6 km. Ouvert toute l'année.

Prix : 1 pers. **215 F** 2 pers. **255 F** 3 pers. **305 F**

🐕

🛶	🎿	⛵	🎣	🚶	⛷	🏇	🎾
6	6	20	18	6	15	6	20

LONHIENNE Jacques – La Talbardiere – 86210 Archigny – Tél. : 49.85.32.51 ou SR : 49.49.59.59.

Archigny
C.M. n° 68 — Pli n° 14/15

¥¥¥ NN Dans une maison datant du début du XIX° siècle, sont offertes 2 chambres. 1 chambre au r.d.c. (1 lit 160), 1 chambre à l'étage (1 lit 160), salle de bains et wc particuliers pour chaque chambre. Possibilité lit d'enfant. Séjour avec TV, revues, livres à la disposition des hôtes. Gare 30 km. Commerces 200 m. Ouvert toute l'année. Anglais et allemand parlés. Plan d'eau sur place. Parc du Futuroscope à 30 km. Station thermale de la Roche-Posay à 20 km. Chauvigny ville d'Art et d'Histoire à 10 km. Festival d'été de Chauvigny. Auberge sur place.

Prix : 1 pers. **220 F** 2 pers. **270 F** 3 pers. **310 F**

🐕

🛶	🎿	⛵	🚶	⛷	🏇	🎾
SP	SP	20	SP	20	SP	20

NARDIN Jacques – 13, rue Charles Clerte – 86210 Archigny – Tél. : 49.85.32.65

Availles-Limouzine Logis de la Mothe
C.M. n° 72 — Pli n° 5

¥¥¥ NN 3 chambres à l'étage d'une belle maison bourgeoise située dans le village. 3 ch. (1 lit 2 pers.), salle de bains et wc particuliers. Séjour avec TV, livres, revues à la disposition des hôtes. Meubles de jardin. Garage. Jardin agréable, calme et ombragé. Gare 35 km. Commerces sur place. Ouvert toute l'année sauf 1ère quinzaine d'octobre. Circuit automobile du Vigeant à 6 km. Base de loisirs de l'Isle Jourdain à 10 km. Futuroscope 82 km.

Prix : 1 pers. **150 F** 2 pers. **210 F** 3 pers. **270 F**

🛶	🎿	⛵	🚶	🏇
12	SP	6	SP	SP

MAY Andre – Logis de la Mothe – 86460 Availles-Limouzine – Tél. : 49.48.51.70 ou SR : 49.49.59.59.

Availles-Limouzine Les Ecots
C.M. n° 72 — Pli n° 5

¥¥ NN
(TH) Pierre et Line vous accueillent à la ferme. 1 ch. (1 lit 180), 1 ch. (1 lit 180, 1 lit 1 pers.), salle d'eau indépendante pour chaque ch., salon, TV, séjour à disposition des hôtes. Table d'hôtes sur réservation. Possibilité pique-nique et barbecue. Vélos. Enfant - de 5 ans : gratuit, de 5 à 15 ans : 20 F. Réduction de 10 % pour un séjour de + de 7 jours. Champs de verdure et bois tout autour du bâtiment. Circuit automobile du Vigeant à 7 km. Base de loisirs de l'Isle Jourdain à 12 km. Gare 30 km. Commerces 3 km. Ouvert toute l'année. Anglais parlé.

Prix : 1 pers. **140 F** 2 pers. **180 F** 3 pers. **220 F** repas **75 F**

🛶	🎿	⛵	🎣	🚶	⛷	🏇	🎾
3	3	10	15	3	30	3	3

SALVAUDON Pierre – Les Ecots – 86460 Availles-Limouzine – Tél. : 49.48.59.17 ou SR : 49.49.59.59.

Avanton Martigny
C.M. n° 68 — Pli n° 13

¥¥¥ NN Aménagées dans un ancien bâtiment de ferme : 1 ch. (1 lit 2 pers. 1 lit bébé), 1 ch. (1 lit 2 pers. 1 lit 1 pers.), salle de bains et wc privés pour chaque chambre. Kitchenette, séjour, salon avec cheminée et télévision réservés aux hôtes. 1 ch. famille avec mezzanine, (1 lit 2 pers. 1 lit 120, 1 lit 1 pers.), douche et wc privés. Jardin clos. Terrasse, parking. Salle de jeux, ping-pong, vélos à disposition des hôtes. A 3 km du parc du Futuroscope et à 10 km de Poitiers « Ville d'Art et d'Histoire ». Boissons non alcoolisées gratuites. Réduction 10 % à partir de 5 nuits. Gare 11 km. Commerces 3 km. Ouvert toute l'année. Anglais parlé.

Prix : 1 pers. **200 F** 2 pers. **260 F** 3 pers. **320 F**
pers. sup. **60 F**

🛶	🎿	⛵	🎣	🚶	⛷	🏇	🎾
3	3	11	10	3	3	12	12	11

ARRONDEAU Annie – Ferme du Chateau - Martigny – 86170 Avanton – Tél. : 49.51.04.57 ou SR : 49.49.59.59.

Avanton Martigny

♥♥♥ NN Aménagées dans une maison indépendante dans un jardin aboré, clos de 2200 m², 2 chambres-studios : 1 ch. (2 lits 2 pers.), 1 ch. (1 lit 2 pers. 1 lit 130), kichenette, salle de bains et wc privés pour chaque chambre. Terrasse, meubles de jardin, barbecue. Ping-Pong, babyfoot, jeux, livres, radio. Parc du Futuroscope 3 km. Poitiers 9 km. Gare 11 km. Commerces 3 km. Réduction de 10 % à partir de 5 nuits. Ouvert toute l'année. Anglais et espagnols parlés.

Prix : 1 pers. 200 F 2 pers. 250 F 3 pers. 300 F

⛺	🎿	⛵	🐎	⚓	🏊	🎣	🛒
10	5	10	12	3	15	10	10

FERRAND Jocelyne – 15, Route de Preuilly - Martigny – 86170 Avanton – Tél. : 49.54.02.02 ou SR : 49.49.59.59.

Avanton La Vallee

♥♥♥ NN Deux jolies chambres en 1/2 sous sol d'une maison récente avec entrée indépendant. Située à 300 m du centre bourg, 2 chambres (1 lit 2 pers.) salle d'eau avec wc pour chacune. Séjour avec TV, livres, musique à la disposition des hôtes. Joli jardin. Terrasse. Mobilier de jardin, relaxe. TV dans chaque chambre. Lit bébé à disposition. Futuroscope à 5 km. Poitiers « Ville d'Art et d'Histoire » à 12 km. Réduction de 10 % pour 3 nuits. Gare 12 km. Commerces 7 km. Ouvert toute l'année. Anglais parlé.

Prix : 1 pers. 200 F 2 pers. 240 F pers. sup. 60 F

⛵	🎿	⛵	🐎	⚓	🏊	🎣	👫	🛒
1	1	10	5	6	14	12	1	10

LOUIS-EUGENE Aime – 2 rue de la Vallee – 86170 Avanton – Tél. : 49.51.65.31 ou SR : 49.49.59.59.

Avanton Martigny

♥ NN Dans maison récente entourée d'un jardin, 1 grande chambre familiale en 1/2 sous sol (1 lit 2 pers. 2 lits 1 pers. superposés), salle d'eau et wc privatifs. Entrée indépendant. Séjour avec TV à disposition des hôtes. Jardin. Mobilier de jardin. Gare et commerces à 4 km. Ouvert du 1er mars au 31 octobre. Grande proximité du Futuroscope 2 km. Parc de loisirs de Saint-Cyr 12 km. Poitiers ville d'Art et d'Histoire 10 km.

Prix : 1 pers. 180 F 2 pers. 200 F 3 pers. 240 F

⛵	🎿	⛵	🐎	⚓	🏊	🎣	👫	🛒
4	4	12	10	4	15	12	4	12

BRARD Jean-Louis – 12 rue de la Haute Lande - Martigny – 86170 Avanton – Tél. : 49.51.66.95 ou SR : 49.49.59.59.

Basses Les Varennes

E.C. NN
(A)

1 chambre d'hôtes au 1er étage de la maison des propriétaires, (1 lit 2 pers.). Salle de bains non communicante privative. Petits déjeuners servis à la ferme auberge. Grande cours avec parking, jardin ombragé, mobilier de jardin. Gare 1 km. Commerces 5 km. Ouvert toute l'année.

Prix : 1 pers. 160 F 2 pers. 200 F 3 pers. 240 F repas 80 F
1/2 pens. 240 F pens. 320 F

⛺	🎿	⛵	🐎	⚓	🏊	🎣	🛒
5	3	20	5	5	15	SP	20

LECOMTE Pierre – 9, rue Colette Duval - Les Varennes – 86200 Basses – Tél. : 49.22.45.95

Bellefonds Tournepoele

♥♥ NN 2 ch. d'hôtes au château (XVIIe et XIXe siècles), dans un cadre verdoyant, dominant la vallée de la Vienne. 1 ch. (1 lit 2 pers.) avec s.d.b. et wc sur le palier. 1 ch. (1 lit 2 pers.), salle de bains non attenante. Salon avec TV, livres, musique à dispo. des hôtes. Poitiers « Ville d'Art et d'Histoire » 23 km. Chauvigny, cité médiévale 10 km. Parc du Futuroscope à 19 km. Gare 20 km. Commerces 4 km. Ouvert toute l'année. Anglais et italien parlés.

Prix : 1 pers. 200 F 2 pers. 280/350 F

⛺	🎿	⚓	🏊	🎣	👫	🛒
SP	4	18	1	4	18	1	18

DE LAUZON – Tournepoele – 86210 Bellefonds – Tél. : 49.85.24.15 ou SR : 49.49.59.59. – Fax : 49.85.24.15

Berthegon La Chaume

♥♥♥ NN
(TH)

5 ch. dans une demeure fin XIXe siècle avec parc ombragé et dépendances. 2 ch. (1 lit 2 pers.), 1 ch. (1 lit 2 pers. 1 lit 1 pers.), 2 ch. (1 lit 2 pers. 2 lits 1 pers.), salle d'eau et wc privés pour chaque ch. Piano, TV, vidéo, Jeux d'enfants. Enfant de - 12 ans : 50 F. Réduction à partir d'une semaine. Table d'hôtes sur réservation. Gare 25 km. Commerces 5 km. Situées entre le Parc du Futuroscope (42 km) et les Châteaux de la Loire, à 15 km de Richelieu. Ouvert de Pâques à la Toussaint. Anglais parlé.

Prix : 1 pers. 190 F 2 pers. 210 F 3 pers. 260 F repas 90 F

⛺	🎿	⛵	🐎	⚓	🏊	👫	🛒
35	5	35	9	SP	35	5	9

KOSYK Luc et Muriele – La Chaume – 86420 Berthegon – Tél. : 49.22.86.69 ou SR : 49.49.59.59.

Beuxes Moulin Pallu

♥♥♥ NN
(TH)

4 chambres meublées, rustique, dans cadre maison bourgeoise du XIXe siècle et ses dépendances. 3 chambres dans dépendance, 2 à l'étage, 1 au r.d.c. accessible handicapés (1 lit 2 pers. 1 lit 1 pers.), 1 chambre dans maison principale avec accès indépendant (1 lit 2 pers.), salle d'eau et wc privatifs pour chaque chambre. Salon. Séjour avec TV. Ouvert toute l'année. Bibliothèque à la disposition des hôtes. Restaurant à 1 km. Proximité des châteaux de la Loire. Visite de Richelieu et abbaye de Fontevraud. Loudun à 12 km. Golf de Roiffé à 18 km. Gare 12 km. Commerces 1 km. Futuroscope 65 km.

Prix : 1 pers. 190 F 2 pers. 230 F 3 pers. 280 F repas 90 F

⛺	🎿	⛵	🐎	⚓	🏊	🎣	👫	🛒
12	8	12	12	3	12	18	15	25

LECOMTE Danielle – Le Moulin Pallu – 86120 Beuxes – Tél. : 49.98.70.55 ou SR : 49.49.59.59.

Bonnes Les Barbalieres   📶   *C.M. n° 68 — Pli n° 14*

✹✹✹ NN
(TH)

Grande maison indépendante du début du siècle à 2 km de Chauvigny, « Ville d'Art et d'Histoire », à proximité de la D 749, dans un joli jardin, comprenant : 1 ch. (1 lit 2 pers.), 1 ch. (2 lits 2 pers.), 3 ch. (1 lit 2 pers. 1 lit 1 pers.), toutes avec salles d'eau et wc privatifs. TV, tél. et livres à dispo. des hôtes. Table d'hôtes sur réservation. Parking. Gare 15 km. Commerces 2 km. Ouvert toute l'année. Futuroscope 25 km.

Prix : 1 pers. **220 F** 2 pers. **260 F** 3 pers. **330 F** repas **65 F**

🛶	⛷	⛵	🚵	⚓	🎣	🚶	🎱
2	2	12	6	2	12	2	12

HERVE Dannie – 1 rue des Courlis – Les Barbalieres – 86300 Bonnes – Tél. : 49.46.53.58 ou SR : 49.49.59.59.

Bonneuil-Matours Les Pierres Blanches   *C.M. n° 68 — Pli n° 14*

✹✹✹ NN

3 ch. très confortables à la sortie d'un bourg, au calme. 1 ch. au r.d.c. (1 lit 2 pers.), 1 ensemble famille comprenant 1 ch. à l'ét. (1 lit 2 pers.) avec ch. attenante (1 lit 2 pers.). S.d.b. et wc privés pour chaque ch. Lits d'appoint possible. Séjour avec cheminée, TV, livres, revues, musique à dispo. des hôtes. Sandwicherie fraîche à emporter. Langage des signes. Jardin et terrasse privée pour chaque chambre. Situées à 17 km du Parc du Futuroscope et à 10 km du parc de loisirs de Saint-Cyr. Possibilité de spéléo et escalade 2 km. Poitiers « Ville d'Art et d'Histoire » 20 km. Gare 20 km. Commerces 1 km. Ouvert toute l'année. Anglais parlé.

Prix : 1 pers. **220 F** 2 pers. **260 F** 3 pers. **350 F**

🛶	⛷	⛵	🚵	⚓	🏊	🚶	🎱
7	SP	10	10	SP	SP	10	SP	10

GALLAIS-PRADAL – Chemin des Pierres Blanches – 86210 Bonneuil-Matours – Tél. : 49.85.24.75 ou SR : 49.49.59.59.

Bonneuil-Matours   *C.M. n° 68 — Pli n° 14*

✹✹✹ NN

Au 1er étage d'une maison récente, 1 ensemble familial comprenant 1 ch. (1 lit 2 pers.), 1 grande chambre/salon (2 lits 1 pers.), salle de bains avec wc privatifs. Lit d'appoint possible. Entrée indépendante. Séjour avec cheminée à disposition des hôtes. Jardin clos. Piscine (baignade non surveillée). Mobilier de jardin. Gare 20 km. Commerces sur place. A 15 km du Futuroscope et 10 km du parc de loisirs de Saint-Cyr. Quartier résidentiel calme. A proximité de la forêt. Circuit de la vallée de la Vienne. Chauvigny « ville d'Art et d'Histoire » 15 km. Ouvert toute l'année.

Prix : 1 pers. **200 F** 2 pers. **240 F** 3 pers. **310 F**

🐕	🛶	⛷	⛵	🚵	⚓	🏊	🚶	🎱
	SP	SP	10	7	SP	1	10	2	10

ROY Alain – 71 rue d'Aquitaine – 86210 Bonneuil-Matours – Tél. : 49.85.21.86 ou SR : 49.49.59.59.

Bournand Chateau de Bournand   *C.M. n° 68 — Pli n° 3*

✹✹✹ NN
(TH)

3 grandes ch. aménagées dans un petit château XVIIe et ses dépendances. 1 grande ch. (2 lits 1 pers.) avec coin-salon, 1 suite 1 ch. (1 lit 2 pers.), petit salon attenant avec convertible, 1 suite 1 ch. (2 lits 1 pers.) avec petit salon attenant avec convertible, salle de bains et wc privés pour chaque chambre. Salon à disposition des hôtes. Grand parc. Terrasse. Table d'hôtes sur demande (gastronomie ancienne XVIIe), apéritif, vin et café inclus. Ouvert toute l'année. Anglais, espagnol, italien et japonais parlés. Gare 20 km. Commerces sur place. Futuroscope 58 km.

Prix : 1 pers. **450 F** 2 pers. **500 F** 3 pers. **550 F** repas **200 F**

🐕	🛶	⛷	⛵	🚵	⚓	🚶	🎱
	10	SP	20	5	20	6	SP	20

LAURENS Christian – Chateau de Bournand – 86120 Bournand – Tél. : 49.98.77.82 – Fax : 49.98.97.30

Bournand La Dorelle   *C.M. n° 68 — Pli n° 3*

E.C. NN

Dans un hameau, 1 chambre d'hôtes au rez-de-chaussée d'une grande maison indépendante, face à la maison des propriétaires, (1 lit 2 pers.). Salle d'eau et wc communicants. Salon réservé aux hôtes avec cheminée, TV, revues, livres et kichenette à disposition des hôtes. Jardin, barbecue et meuble de jardin. Parking. Gare 30 km. Commerces 5 km. Ouvert toute l'année. Futuroscope 58 km. Anglais et italien parlés.

Prix : 1 pers. **200 F** 2 pers. **250 F** 3 pers. **300 F**

🛶	⛷	⛵	⚓	🚶	🎱
10	2	SP	3	10	20

CARON Danielle – La Dorelle – 86120 Bournand – Tél. : 49.98.72.23 ou SR : 49.49.59.59.

Brux   *C.M. n° 72 — Pli n° 4*

✹✹✹ NN

3 chambres à l'étage d'une grande maison poitevine, 1 ch. (1 lit 2 pers.), 1 ch. (2 lits 1 pers.), salle d'eau et wc privés pour chacune. 1 ch. classée 2 épis (2 lits 2 pers. 1 lit d'enfant), lavabo dans la ch. salle d'eau et wc réservés à cette chambre. Séjour à disposition des hôtes. Possibilité pique-nique. Jardin ombragé, parking dans la cour. Parc de loisirs à Payré à 15 km (port miniature). Art roman. Restaurant à proximité. Gare 15 km. Commerces 4 km. Ouvert toute l'année. Futuroscope 60 km.

Prix : 1 pers. **150/190 F** 2 pers. **190/225 F** 3 pers. **250 F**

🐕	🛶	⛷	⚓	🚶	🎱
	10	4	9	15	SP	15

GROLLIER Paule – Le Bourg – 86510 Brux – Tél. : 49.59.23.10 ou SR : 49.49.59.59. – Fax : 49.58.18.03

Brux Chez Saboureau   *C.M. n° 72 — Pli n° 4*

✹✹✹ NN
(TH)

3 jolies grandes chambres au r.d.c. d'une maison ancienne. Entrée indép. Propriétaires exploitants agricoles. Environnement soigné et agréable. 1 ch. (1 lit 2 pers. 2 lits 1 pers.), 1 ch. (1 lit 2 pers. lit d'appoint possible), 1 ch. (2 lits 120), salle d'eau et wc privatifs chacune. Séjour à disposition des hôtes, TV, véranda. Jardin ombragé. Meubles de jardin. Jeux pour enfants. Parc de loisirs 15 km (port miniature). Aérodrome ULM 10 km. Belles églises romanes dans les environs, paysages vallonnés et verdoyants. Ferme auberge à 1 km. Table d'hôtes sur réservation. Gare 15 km. Commerces 5 km. Ouvert toute l'année. Anglais et espagnol parlés.

Prix : 1 pers. **190 F** 2 pers. **225 F** 3 pers. **275 F** repas **65 F**

🐕	🛶	⛷	⚓	🚶	🎱
	12	5	9	15	SP	15

TOULAT Danielle – Chez Saboureau – 86510 Brux – Tél. : 49.59.23.04 ou SR : 49.49.59.59. – Fax : 49.53.41.87

Brux La Raffiniere   *C.M. n° 68 — Pli n° 13*

❦❦❦ NN   Dans une gentilhomière du XVIII° siècle, au milieu d'un parc arboré de 1 ha, M. et Mme Arnault vous proposent 3 chambres d'hôtes à l'ét. de leur maison. Calme assuré. 1 ch. 3 épis (1 lit 2 pers.), salle d'eau et wc privés, et un ensemble famille de 2 ch. 2 épis : 1 ch. (1 lit 2 pers. 1 lit 1 pers.) et 1 ch. (1 lit 2 pers. 1 lit 120), s.d.b. commune au 2 ch. Salon et TV à disposition des hôtes. Parking dans la cour. Location de vélo chez Monsieur Senelier à Couhé. Gare 3 km. Commerces 6 km. Futuroscope 50 km. Ouvert du 1er mars au 31 décembre.

Prix : 1 pers. **160/190 F** 2 pers. **200/230 F** 3 pers. **250 F**

6	6	9	7	9	10	0,3	12

ARNAULT – La Raffiniere – 86510 Brux – Tél. : 49.59.23.62 ou SR : 49.49.59.59.

Celle-l'Evescault La Livraie   *C.M. n° 68 — Pli n° 13*

❦❦❦ NN   (TH)   Dans un château restauré et entouré d'un parc boisé, 1 ch. (1 lit 2 pers.), 1 ch. (2 lits 120), 1 ch. (1 lit 2 pers. 1 lit 120, 1 lit 1 pers.), salle d'eau et wc privés pour chaque ch. 1 ch. famille comprenant 2 ch. (1 lit 2 pers.) avec salle d'eau et wc pour les 2 ch. + lavabo. Séjour et TV à disposition des hôtes. Ping-pong. Jeux. Gare 6 km. Commerces 3 km. Parc du Futuroscope à 35 mn. Poitiers « Ville d'Art et d'Histoire » 22 km. Région vallonnée. Promenades. Ouvert toute l'année.

Prix : 1 pers. **180 F** 2 pers. **210/230 F** 3 pers. **280 F**
repas **70/80 F**

3	3	8	SP	1

MORIN Eva – Chateau de la Livraie – 86600 Celle-l'Evescault – Tél. : 49.43.52.59 ou SR : 49.49.59.59.

Chalandray Treguel   *C.M. n° 68 — Pli n° 12*

❦❦❦ NN   (TH)   Demeure surplombant un ruisseau, château du XIX° siècle avec 2 tours au milieu d'un parc de chênes et de verdure. 5 ch. avec salle de bains et wc privés. Restaurant à 500 m et 5 km. Gare 30 km. Commerces 500 m. Ouvert toute l'année. Futuroscope 30 km. A proximité de N149, au calme. A 5 km du plan d'eau d'Ayron (baignade, voile, pêche...) et 15 km du golf des Forges.

Prix : 1 pers. **200/250 F** 2 pers. **250/300 F** 3 pers. **400 F**
repas **90 F** 1/2 pens. **290 F**

5	0,5	5	2	0,5	15	SP	5

SARAZIN Florent – Chateau de Treguel – 86190 Chalandray – Tél. : 49.60.18.95 ou SR : 49.49.59.59. – Fax : 49.60.18.95

Champigny-le-Sec   *C.M. n° 68 — Pli n° 3*

❦ NN   A l'étage d'une maison ancienne dans un bourg tranquille, ensemble familial comprenant 1 chambre (1 lit 2 pers. 1 lit bébé), 1 chambre (1 lit 120, 2 lits 1 pers.), salle de bains et wc privatifs séparés. Séjour à la disposition des hôtes avec TV. Jardin ombragé. Salon de jardin. Balançoires. Gare 25 km. Commerces 8 km. Ouvert toute l'année. Située à 18 km du Futuroscope et 25 km de Poitiers « Ville d'Art et d'Histoire ». Parc de loisirs d'Ayron à 10 km. Possibilité auberge.

Prix : 1 pers. **140 F** 2 pers. **190 F** 3 pers. **250 F**

10	SP	10	12	10	20	10	10

VAN DEN BERG Michel – 14 Route de Vouille – 86170 Champigny-le-Sec – Tél. : 49.54.62.49 ou SR : 49.49.59.59.

Charroux La Planche   *C.M. n° 72 — Pli n° 4*

❦❦ NN   1 chambre au rez-de-chaussée d'une maison récente (1 lit 2 pers.), salle d'eau avec wc privatifs, séjour avec TV, livres, revues à disposition des hôtes. Terrasse, jardin fleuri et ombragé. Possibilité auberge. Gare 25 km. Commerces 800 m. Ouvert toute l'année. Eglises romanes et châteaux dans toute la région. Plan d'eau 10 km. A la sortie du bourg de Charroux (classé un des plus beaux villages de France) sur la vallée de la Charente.

Prix : 1 pers. **170 F** 2 pers. **200 F**

10	1	18	18	SP	SP	10

FOURNIER Robert – La Planche - Route de Gorse – 86250 Charroux – Tél. : 49.87.57.07

Chateau-Garnier Toussac-Pellegrin   *C.M. n° 72 — Pli n° 4/5*

❦❦ NN   (TH)   Anne-Marie vous propose 2 ch. dans une très agréable maison récente sur une exploitation agricole. 1 ch en 1/2 sous-sol (2 lits 1 pers.), s. d'eau et wc privatifs, entrée indép., terrasse privative. 1 ensemble familial au r.d.c. 1 ch. (1 lit 2 pers.), 1 ch. (1 lit 1 pers. 1 lit 120), s. d'eau avec TV, revues, livres à dispo. des hôtes. Jardin. Belle région vallonnée propice aux promenades. Circuit du Vigeant à proximité. Gare 41 km. Commerces 7 km. Ouvert toute l'année. Espagnol parlé. Futuroscope 56 km.

Prix : 1 pers. **160/170 F** 2 pers. **190/220 F** 3 pers. **250 F**
repas **60 F**

5	5	20	10	5	5	5

RESSEGAND Anne-Marie – Toussac – 86350 Chateau-Garnier – Tél. : 49.87.80.53 – Fax : 49.87.64.36

Chauvigny Ville Haute   *C.M. n° 68 — Pli n° 15*

❦❦❦ NN   Aux portes du Futuroscope, en plein cœur d'une charmante cité médiévale, 6 chambres d'hôtes vous accueillent dans une maison de caractère des XII° et XV° siècles. A l'ét. 5 ch. (1 lit 2 pers.) et 1 ch. (1 lit 2 pers. 1 lit 1 pers.) chacune avec salle d'eau et wc privatifs. Poss. lit d'appoint. Parking à 50 m, tous commerces et restaurants sur place. Gare 25 km. Anglais, espagnol et italien parlés. Ouvert toute l'année. Possibilité auberge. Futuroscope 25 km.

Prix : 1 pers. **160 F** 2 pers. **230 F** 3 pers. **310 F**
pers. sup. **50 F**

SP	SP	15	SP	14	25	SP	25

BRACHET Gerald – 8, Plan Saint-Pierre - Chateau de Montleon – 86300 Chauvigny – Tél : 49.46.88.96 ou SR : 49.49.59.59.

Chauvigny La Veaudepierre   🔲 *C.M. n° 68 — Pli n° 14/15*

♈♈♈ NN **(TH)**   6 ch. : r.d.c. et étage, dans une belle demeure du XVIIe siècle, 1 ch. (1 lit 1 pers.), 4 ch. (1 lit 2 pers.) dont 1 avec petite ch. contiguë (1 lit 1 pers.), s.d.b. ou s. d'eau avec wc privatifs pour chaque ch., 1 ch. 2 épis (1 lit 2 pers.), s.d.b. séparée avec wc privatif. Poss. lits suppl. Salon avec TV, livres, musique à la disposition des hôtes. Garage. Jardin ombragé avec vue exceptionnelle sur les châteaux. Parc du Futuroscope et golf à 15 mn. Festival d'été à Chauvigny de juin à septembre. Chauvigny « ville d'Art et d'Histoire » (Eglises-Châteaux). Gare 23 km. Commerces sur place. Ouvert Pâques, Toussaint, vac. scol. et autres périodes sur résa.

Prix : 1 pers. **180/250 F** 2 pers. **230/300 F** 3 pers. **290/360 F**
repas **80 F** 1/2 pens. **260 F**

SP	SP	25	21	SP	14	18	1	25

DE GIAFFERRI Jacques – 8, rue du Berry - La Veaudepierre - 86300 Chauvigny – Tél. : 49.46.30.81 ou
SR : 49.49.59.59. – **Fax :** 49.47.64.12

Chauvigny Ville Haute   *C.M. n° 68 — Pli n° 15*

♈♈ NN   Maison indépendante au cœur de la cité médiévale pour 2 à 8 personnes. Ensemble familial comprenant 1 ch. (1 lit 2 pers.), 1 ch. (1 lit 2 pers. 1 lit d'appoint 1 pers.), salle d'eau, wc privés. Jardin en terrasse, très belle vue. 1 ch. (1 lit 2 pers.), s.d.b. et wc privés donnant sur cour du XVIIIe siècle. Salon avec TV, livres, revues, billard à dispos. Restaurants sur place. Chauvigny « ville d'Art et d'Histoire ». Parc du Futuroscope à 28 km. Gare 25 km. Commerces sur place. Ouvert de mars à novembre.

Prix : 1 pers. **150 F** 2 pers. **200 F** 3 pers. **300 F**

1	SP	20	20	SP	25	25	SP	25

GAYDON Roger – 6, rue Saint-Pierre – 86300 Chauvigny – Tél. : 49.46.32.99

Chauvigny La Grand'Metairie   *C.M. n° 68 — Pli n° 15*

E.C. NN   A 7 km de Chauvigny, Madame Bellod vous propose 1 grande chambre au rez-de-chaussée d'une grande maison en pleine campagne (1 lit 2 pers. 1 lit 1 pers.). Séjour avec TV à disposition des hôtes. Jardin. Mobilier de jardin. Gare 18 km. Commerces 7 km. Possibilité auberge.

Prix : 2 pers. **200 F** 3 pers. **260 F**

7	7	7	SP

BELLOD Genevieve – La Grand'Metairie – 86300 Chauvigny – Tél. : 49.46.53.37

Chauvigny Moulin Aux Dames   *C.M. n° 68 — Pli n° 15*

♈♈♈ NN   Situées au 1er étage d'une belle demeure de caractère sur la D749, 1 chambre d'hôtes (1 lit 130) avec salle de bains et wc privés, 1 ensemble famille comprenant 1 chambre (1 lit 2 pers.), 1 chambre (2 lits 1 pers.) communicantes avec salle d'eau et wc. Salon avec TV à la disposition des hôtes. Gare 25 km. Commerces 1 km. Ouvert du 1er février au 30 novembre. Parc du Futuroscope à 25 km. Festival d'été à Chauvigny. Chauvigny et Poitiers « ville d'Art et d'Histoire ». Possibilité auberge.

Prix : 1 pers. **210 F** 2 pers. **240 F** 3 pers. **340 F**

5	1	30	5	SP	30	25	1	25

TROUVE Jacqueline – Le Moulin Aux Dames – 86300 Chauvigny – Tél. : 49.56.07.74 – Fax : 49.46.70.32

Chauvigny Sainte-Radegonde   *C.M. n° 68 — Pli n° 15*

♈♈ NN   1 chambre au rez-de-chaussée d'une maison ancienne (1 lit 2 pers. 1 lit 1 pers.), salle d'eau et wc privatifs. Entrée indépendante. Séjour à la disposition des hôtes. Jardin. Grande cour, mobilier de jardin. Gare 30 km. Commerces 6 km. Ouvert toute l'année. A 6 km de Chauvigny « ville d'Art et d'Histoire », 20 km d'Angles sur Anglin, un des plus beaux villages de France et de Saint-Savin (collégiale classée au Patrimoine Mondial). Futuroscope 30 km.

Prix : 1 pers. **160 F** 2 pers. **200 F** 3 pers. **250 F**

4	6	25	10	4	14	25	2	4

CHARBONNEAU Marcel – Le Puy de la Lande - Sainte Radegonde – 86300 Chauvigny – Tél. : 49.46.44.95

Cheneche Chateau de Labarom   *C.M. n° 68 — Pli n° 3*

♈♈♈ NN   5 grandes ch. d'hôtes dans un château du XVIIe et XVIIIe siècles vous sont proposées. 1 ch. (2 lits 110) avec s.d.b. et wc privés, 2 ensembles famille comprenant pour l'un 1 ch. (1 lit 150, 1 lit 120), 1 ch. (1 lit 100), s.d.b. et wc privatifs pour ces 2 ch. L'autre 1 ch. (2 lits 110), 1 ch. (2 lits 80) avec s. d'eau et wc privés pour ces 2 ch. Anglais parlé. Salon avec livres, TV, musique à dispo. Situé dans la région du Haut-Poitou à la limite sud de la Touraine, en pleine campagne, au milieu d'une grande propriété. Piscine à dispo. des hôtes. (baignade non surv.) Réduction de 10 % à partir de 3 nuits. Ouvert du 1er mai à la Toussaint.

Prix : 1 pers. **300 F** 2 pers. **350 F** 3 pers. **450 F**

18	2	18	18	SP	18

LE GALLAIS Eric – Chateau de Labarom – 86380 Cheneche – Tél. : 49.51.24.22 ou SR : 49.49.59.59. –
Fax : 49.51.47.38

Cisse La Gannerie   *C.M. n° 68 — Pli n° 13*

♈♈ NN   1 ensemble famille à l'étage dans une ferme poitevine. Nous vous offrons 2 ch. (1 lit 2 pers. 1 lit 1 pers.), avec possibilité de 1 lit d'appoint. Salle de bains et wc communs sur le palier pour les 2 ch. Entrée indépendante avec cheminée à disposition des hôtes. Jardin. Mobilier de jardin. Garage. Gare 15 km. Commerces 1 km. Ouvert toute l'année. Possibilité auberge. A 15 km de Poitiers « Ville d'Art et d'Histoire ». Parc du Futuroscope à 11 km.

Prix : 1 pers. **180 F** 2 pers. **200 F** 3 pers. **260 F**

5	1	15	3,5	25	25

BROQUERAULT Josiane – 8 rue de la Gannerie – 86170 Cisse – Tél. : 49.51.35.36

Cisse   *C.M. n° 68 — Pli n° 13*

☘ NN

Ensemble familial de 2 ch. à l'étage d'une maison ancienne dans un bourg 1 ch. (1 lit 2 pers.) et 1 ch. (1 lit 110, 1 lit 1 pers.). Salle de bains et wc réservés aux hôtes. Séjour à disposition des hôtes (livres revues, piano). Cour fleurie, parking. Futuroscope 15 km. Poitiers 15 km. Gare 15 km. Commerces 5 km. Ouvert toute l'année.

Prix : 2 pers. 170 F

⛵	🎿	⛵	🐟	⛓	🚶	🏛
5	5	10	10	15	5	10

MAUDET – 12 rue du Plat d'Etain – 86170 Cisse – Tél. : 49.54.41.03 ou SR : 49.49.59.59.

Civray L'Hermitage   *C.M. n° 72 — Pli n° 4*

E.C. NN

Dans un petit château, 2 chambres d'hôtes (1 lit 2 pers.), lit d'enfant possible sur demande, salle de bains et wc particuliers. Séjour, TV, bibliothèque à disposition des hôtes. Terrasse. Parc. Parking privé. Entrée indépendante. Nous parlons anglais, allemand, néerlandais. Gare 8 km. Commerces sur place. Ouvert toute l'année. Possibilité auberge. Vallée de la Charente, belles promenades, pêche. Art roman (Eglises, Châteaux). Futuroscope 65 km.

Prix : 1 pers. 200 F 2 pers. 240 F

🐕	⛵	🎿	⛓	🐟	⛓	🚶	🏛
	2	1	10	SP	45	SP	2

GOUDSMIT – L'Hermitage – 86400 Civray – Tél. : 49.87.17.95

Couhe   *C.M. n° 68 — Pli n° 13*

☘☘ NN

Dans le bourg de Couhé à proximité de la N10, 2 chambres à l'étage d'une maison, 1 ch. (1 lit 2 pers. 1 lit 130) et 1 ch. (1 lit 160, 1 lit 85), salle d'eau privative pour chaque chambre. Séjour avec cheminée TV, livres, revues, musique à disposition des hôtes. Grand jardin, terrasse, mobilier de jardin, parking. Gare 40 km. Commerces sur place. Ouvert toute l'année.

Prix : 1 pers. 195 F 2 pers. 225 F 3 pers. 275 F

🐕	⛵	🐟	⛓	🚶	🏛
	12	1	12	1	12

ESNAULT Dominique – 14 avenue de Bordeaux – 86700 Couhe – Tél. : 49.53.63.10 ou SR : 49.49.59.59.

Dange-Saint-Romain La Grenouillere   *C.M. n° 68 — Pli n° 4*

☘☘☘ NN
(TH)

Dans ancienne ferme du XIXe siècle. 3 ch. à l'étage avec s.d.b. ou s. d'eau et wc privés : 1 ch. dans maison du propriétaire (1 lit 2 pers.), 2 ch. dans maison annexe, (1 ch. 1 lit 2 pers. 1 ch. 3 lits 1 pers.). Parc arboré d'1 ha avec rivière anglaise. Ameublement, décoration et vaisselle de qualité. Gare 1,2 km. Commerces sur place. Ouvert toute l'année. Cour fermée. Salon de jardin. Ping-pong et jeux de plein air. Séjour avec cheminée et documentation régionale. Circuits organisés. Châteaux de la Loire. Futuroscope à 25 km. Situé à 800 m de la RN 10. Table d'hôtes sur réservation. Anglais, espagnol et allemand parlés. Auberge à proximité.

Prix : 1 pers. 180 F 2 pers. 250 F 3 pers. 280 F repas 80 F

⛵	🎿	⛵	🐟	⛓	🐟	🚶	🏛
10	1,5	3	15	SP	30	30	SP	30

BRAGUIER Annie et Noel – La Grenouillere - 17 rue de la Grenouillere – 86220 Dange-Saint-Romain – Tél. : 49.86.48.68 ou SR : 49.49.59.59. – Fax : 49.86.46.56

Dienne   *C.M. n° 68 — Pli n° 14*

☘☘☘ NN

Une chambre d'hôtes à l'étage d'une maison ancienne dans un bourg (1 lit 2 pers. 1 lit 1 pers.), salle d'eau et wc privatifs. Séjour réservé aux hôtes (1 convertible 2 pers.). TV, livres à disposition des hôtes. Jardin. Salon de jardin. Situé à 2 km de la N147 Poitiers-Limoges, au calme. Gare 23 km. Commerces 5 km. Ouvert toute l'année. Poitiers « ville d'Art et d'Histoire » à 20 km. Futuroscope à 30 km. Château de Touffou à 20 km.

Prix : 1 pers. 150 F 2 pers. 170 F 3 pers. 240 F

🐕	⛵	🚶	🎿	⛵	🐟	⛓	🚶
	14	5	25	15	12	25	25	2

PANNETIER Colette – 86410 Dienne – Tél. : 49.42.62.12 ou SR : 49.49.59.59.

Dienne   *C.M. n° 68 — Pli n° 14*

☘ NN

1 chambre en 1/2 sous-sol d'une maison récente dans le bourg de Diénné, 1 ch. (1 lit 2 pers. 1 lit 80) avec salle d'eau privative. Coin-cuisine, TV, livres, revues et musique à disposition des hôtes. Jardin, salon de jardin, balançoires, parking. Poitiers, « Ville d'Art et d'Histoire » 20 km. Futuroscope 35 km. Gare 23 km. Commerces 5 km. Ouvert toute l'année. Allemand parlé.

Prix : 1 pers. 160 F 2 pers. 190 F 3 pers. 220 F

⛵	🚶	⛓	🎿	🐟	⛓	🚶
14	5	25	15	12	25	25	2

GINIBRE – Route de Vernon – 86410 Dienne – Tél. : 49.42.60.43 ou SR : 49.49.59.59.

Dissay La Moriniere   ▦   *C.M. n° 68 — Pli n° 14*

☘☘☘ NN

Petite maison indépendante réservée aux hôtes dans un ancien bâtiment de ferme rénovée. Au 1er étage, 1 mezzanine (1 lit 2 pers.), convertible 120 dans le séjour, salle d'eau et wc. Kitchenette. TV, cheminée. Chauffage électrique. Parking couvert. Jardin clos. Balançoire, meubles de jardin. Gare 1 km. Commerces sur place. Possibilité auberge. Ouvert toute l'année. Située à 7 km du parc du Futuroscope et à 5 km du plan d'eau de Saint-Cyr. Poitiers « Ville d'Art et d'Histoire » à 15 km. Anglais parlé.

Prix : 1 pers. 190 F 2 pers. 250 F 3 pers. 290 F

⛵	🎿	⛵	🐟	🐟	🚶	🏛
5	SP	5	6	SP	5	SP	5

WAENDENDRIES – 743 rue de Bellevue – 86130 Dissay – Tél. : 49.52.45.36

Dissay Bois de Chaume

C.M. n° 68 — Pli n° 14

♥♥♥ NN

2 chambres à l'étage d'une maison récente. 1 chambre (1 lit 2 pers.), grande salle de bains, wc séparés. 1 chambre (2 lits 1 pers.), salle de bains, wc séparés. Salon réservé aux hôtes, TV à la disposition. Téléphone. Parking dans la propriété. Animaux acceptés après accord du propriétaire. Gare 4 km. Commerces 1,5 km. Anglais parlé. Situées dans un cadre de verdure calme à 300 m de la N10 et 1,5 km du bourg. Jardin et bois de 1 ha. Terrasse. Salon de jardin. Château de Dissay 1,5 km. Futuroscope 7 km. Parc de loisirs de Saint-Cyr 5 km (baignade, voile, golf). Ouvert vac. scol. printemps/été, sur résa toute l'année.

Prix : 1 pers. **190 F** 2 pers. **240 F** 3 pers. **300 F**

5	2	5	4	SP	5	4	5

FOUQUES Michelle – 1 le Bois de Chaumes – 86130 Dissay – Tél. : 49.52.46.14 ou SR : 49.49.59.59.

Etables

C.M. n° 68 — Pli n° 3

♥ NN
(TH)

Maison ancienne dans bourg, 2 chambres (1 au rez-de-chaussée, 1 à l'étage), 1 chambre (1 lit 2 pers. 1 lit 80), 1 chambre (1 lit 2 pers. 1 lit 120). Lavabo dans chaque chambre, grande salle de bains et wc séparés communs aux hôtes. Pièce de séjour avec cheminée et TV à la disposition des hôtes. Cour close et fleurie avec salon de jardin, terrasse couverte. Prestations agréables à 13 km du parc du Futuroscope et 18 km de Poitiers « Ville d'Art et d'Histoire ». Parc de loisirs de Saint-Cyr à 20 km. Gare 18 km. Commerces 3 km. Ouvert toute l'année.

Prix : 1 pers. **170 F** 2 pers. **190 F** 3 pers. **260 F** repas **70 F**

3	3	20	10	20	20	12	20

COLLAS Claudine – 35 rue des Ecoles – 86170 Etables – Tél. : 49.54.50.31 ou SR : 49.49.59.59.

Fleure Le Point de Vue

C.M. n° 68 — Pli n° 14

♥♥ NN

Dans une maison neuve, 1 ensemble famille comprenant 1 chambre (1 lit 2 pers. 1 lit 1 pers.), et 1 chambre (1 lit 2 pers.), salle de bains et wc privés pour l'ensemble. Séjour et vérandas à la disposition des hôtes. Parc avec table pour pique-nique et piscine privée. Baignade non surveillée. Gare 18 km. Commerces sur place. Ouvert toute l'année. Anglais parlé. Proximité N 147. Parc du Futuroscope à 23 km. Poitiers « Ville d'Art et d'Histoire » à 18 km, Chauvigny à 14 km (festival d'été, églises, châteaux).

Prix : 1 pers. **150 F** 2 pers. **180 F** 3 pers. **250 F**

10	SP	18	10	SP	15	

BERTRAND Bernadette – Route de Poitiers – 86340 Fleure – Tél. : 49.42.62.00

Fleure La Poiteviniere

C.M. n° 68 — Pli n° 14

♥♥ NN

1 chambre indépendante au rez-de-chaussée, d'un ensemble comprenant deux gîtes. 1 chambre (1 lit 2 pers. 1 lit 120) avec salle de bains privative. Séjour dans la maison des propriétaires. Livres, TV et téléphone à disposition des hôtes. Grande cour avec parking. Pêche et baignade (non surveillée) possibles sur place dans un étang de 4 ha. Ouvert toute l'année. Poitiers « Ville d'Art et d'Histoire » à 18 km. Parc du Futuroscope à 25 km. Gare 18 km. Commerces 2 km. Anglais parlé.

Prix : 1 pers. **200 F** 2 pers. **240 F** 3 pers. **260 F**

SP	3	SP	SP	15	7	SP	25

EARL VERGNIAUD. – La Poiteviniere – 86340 Fleure – Tél. : 49.42.60.09 ou SR : 49.49.59.59.

Ingrandes Lamboiron

C.M. n° 68 — Pli n° 4

♥♥ NN

2 ch. indépendantes dans une ferme rénovée, ou chambres familiales. 1 ch. (1 lit 2 pers. 1 lit 1 pers.), 1 ch. (1 lit 2 pers.), salle de bains et wc privés pour chaque chambre. Séjour réservé aux hôtes. Kichenette, parking. Animaux acceptés accord du propriétaire. Gare et commerces à 4 km. Ouvert toute l'année.

Prix : 1 pers. **175 F** 2 pers. **200 F** 3 pers. **250 F**

5	13	5	15	SP	5

BLANCHARD Sylvette et Serge – Lamboiron – 86220 Ingrandes – Tél. : 49.02.69.06 ou SR : 49.49.59.59.

Iteuil

C.M. n° 68 — Pli n° 13

♥♥ NN

1 ch au r.d.c. d'une maison récente, à 800 m d'un bourg. Chambre (1 lit 2 pers.) et s. d'eau. Séjour avec TV, cheminée à dispo. des hôtes (quelques marches pour y accéder). Terrasse, jardin, mobilier de jardin. Anglais parlé. Situé à 20 km du Futuroscope et à 15 minutes de Poitiers, « Ville d'Art et d'Histoire ». La N 10 est à 3 km. Gare 1 km. Commerces 800 m. Ouvert toute l'année.

Prix : 1 pers. **180 F** 2 pers. **220 F**

0,8	0,8	30	1	10	12	1	30

MELIN Anne Marie – 28, rue des Rocs – 86240 Iteuil – Tél. : 49.55.04.90

Jardres Pressec

C.M. n° 68 — Pli n° 14

♥ NN

3 chambres lumineuses aménagées dans une maison neuve. 1 ch. classée 2 épis (1 lit 2 pers.), s. d'eau et wc particuliers, 2 ch. (1 lit 2 pers. 1 lit 1 pers.), s. d'eau et wc communs, lavabo dans chaque ch. Séjour à la disposition des hôtes. Entrée indépendante. Parking clos. Lit d'appoint possible (60 F). Gare 18 km. Commerces 2,5 km. Ouvert toute l'année. Chauvigny « Ville d'Art et d'Histoire » à 2,5 km. Festival d'été. Futuroscope 20 km.

Prix : 1 pers. **180/200 F** 2 pers. **200/230 F** 3 pers. **260 F**

2,5	2,5	8	2,5	15	SP	2,5

COUSIN Jacques et Monique – Pressec – 86800 Jardres – Tél. : 49.46.36.16

Jaunay-Clan Lioux

 C.M. n° 68 — Pli n° 13

♥♥ NN Dans une ferme au centre de la Vienne, nous vous offrons à l'étage d'une maison récente, 1 ch. (1 lit 2 pers. 1 lit 1 pers.), salle de bains et wc privés. 1 ensemble famille comprenant 1 ch. (2 lits 1 pers.). 1 ch. (1 lit 2 pers.), salle de bains et wc communs à ces 2 chambres. A 7 km du Futuroscope et à 15 minutes de Poitiers. Gare 8 km. Commerces 5 km. Promenade sur l'exploitation, belle vue sur la campagne et grand calme. Ouvert du 1er avril au 30 septembre.

Prix : 1 pers. **180 F** 2 pers. **220 F** 3 pers. **260 F**

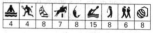

10	6	10	10	10	10	SP	10

DELION – Lioux – 86130 Jaunay-Clan – Tél. : 49.52.04.50 ou SR : 49.49.59.59.

Jaunay-Clan Chince

C.M. n° 68 — Pli n° 13

E.C. NN 3 chambres d'hôtes dans maison récente située dans le bourg de Chincé, 1 au r.d.c. ouverte sur terrasse (1 lit 2 pers.) avec salle d'eau privative, 2 ch. à l'étage formant un ensemble familial indépendant (TH) une salle d'eau pour les 2 ch., 1 ch. (1 lit 2 pers.), 1 petite ch. (2 lits 1 pers.). Séjour avec TV à disposition des hôtes. Jardin, terrasse, mobilier de jardin. Parking. Poitiers « Ville d'Art et d'Histoire » à 14 km. Gare 8 km. Commerces 4 km. Ouvert toute l'année. Futuroscope 4 km.

Prix : 2 pers. **220 F** 3 pers. **290 F** repas **70 F**

4	4	8	7	8	15	8	6	8

PLANCHON Daniel – 11 rue de l'Allee - Chince – 86130 Jaunay-Clan – Tél. : 49.88.75.34 ou SR : 49.49.59.59.

Jouhet La Cadrie

C.M. n° 68 — Pli n° 15

♥♥ NN 2 chambres dans une belle maison bourgeoise, 1 ch. (1 lit 2 pers. 2 lits 1 pers.), 1 ch. (1 lit 2 pers. 1 lit 1 pers.), salle d'eau particulière pour chaque chambre. Séjour à la disposition des hôtes. Téléphone (compteur). Chats admis. Cour. Prairie. Chauffage central. Gare et commerces à 7 km. Ouvert toute l'année. Saint-Savin à 9 km. (Collegiale, fresques classées au patrimoine mondial UNESCO). Montmorillon à 8 km "Ville d'Art et d'Histoire". Futuroscope 43 km.

Prix : 1 pers. **140 F** 2 pers. **180 F** 3 pers. **240 F**

1	8	12	8	1	20	SP	25

RABAN Rene – La Cadrie – 86500 Jouhet – Tél. : 49.91.05.50

Journet Le Haut Peu

 C.M. n° 68 — Pli n° 16

♥♥♥ NN 4 chambres dans maison de Maître. 1 ch. (1 lit 2 pers.) avec salle d'eau et wc privés., 1 ensemble famille (TH) comprenant 2 ch. (1 lit 160, 2 lits 1 pers.) avec salle d'eau et wc privés. Dans bâtiment indep. 1 ch. avec mezz. (1 lit 2 pers. 2 lits 1 pers. 1 lit 80), coin-cuisine, salle de bains et wc privés. Etang privé à 800 m. Parc ombragé. Gare et commerces 10 km. Table d'hôtes sur réservation sauf dimanche soir. 10 % de réduction si séjour d'une semaine. Saint-Savin (collégiale, fresques classées au patrimoine mondial UNESCO) à 18 km. Promenades vallée de la Gartempe. Visite de l'exploitation agricole. Ouvert toute l'année. Anglais et espagnol parlés.

Prix : 1 pers. **200 F** 2 pers. **220 F** 3 pers. **400 F** pers. sup. **40 F** repas **80 F**

10	10	10	SP	20	SP

COCHIN Chantal – Le Haut Peu – 86290 Journet – Tél. : 49.91.62.02 ou SR : 49.49.59.59. – Fax : 49.91.59.71

Journet La Bouliniere

C.M. n° 68 — Pli n° 16

♥♥♥ NN Grande maison de Maître avec jardin de 1,5 ha. 2 ch. (2 lits 1 pers.), 3 ch. (1 lit 190), salle de bains et wc (TH) privés pour chaque ch. Séjour (avec TV, livres, revues) à la disposition des hôtes. Abri couvert. Piscine privée (baignade non surveillée). Table d'hôtes sur réservation. Gare 10 km. Commerces 4 km. Ouvert toute l'année. Saint-Savin (collégiale fresques) à 20 km. Itinéraire « bis » Paris-Limoges à 2 km. Anglais et italien parlés.

Prix : 1 pers. **250 F** 2 pers. **290 F** 3 pers. **320 F** repas **90 F**

SP	10	10	10	4	SP

CORKILL-CALLIN John – La Bouliniere - Journet – 86290 La Trimouille – Tél. : 49.91.55.88 – Fax : 49.91.55.88

Latille La Coliniere

 *C.M. n° 68 — Pli n° 12/13*

♥♥ NN Maison poitevine rénovée sur une exploitation agricole ovine isolée. 1 ch. mansardée (1 lit 2 pers. 2 lits (TH) 1 pers.). Possibilité lit appoint. Lavabo, douche et wc indépendants. Séjour à la disposition des hôtes. Terrasse. Poitiers et Futuroscope à 20 mn. Marais poitevin à 1 heure. Repas sur demande. Gare 30 km. Commerces 5 km. Ouvert toute l'année.

Prix : 1 pers. **140 F** 2 pers. **200 F** 3 pers. **250 F** pers. sup. **30 F** repas **65 F**

10	5	10	8	10	8	15	10	1

FERJOUX J-Max et Christiane – La Coliniere – 86190 Latille – Tél. : 49.51.99.58 ou SR : 49.49.59.59.

Lavoux Bois Dousset

C.M. n° 68 — Pli n° 14

♥♥♥ NN Dans construction récente attenante au logis du château du Bois Dousset, 1 ch. (2 lits 1 pers. possibilité lit d'appoint), 1 ch. (1 lit 160, 2 lits enfants). Chambres meublées à l'ancienne. Salle à manger et salon à disposition des hôtes dans le logis classé Monument Historique. Calme assuré dans important domaine privé. Ouvert toute l'année. Situées à 11 km de Poitiers « Ville d'Art et d'Histoire » et à 17 km du parc du Futuroscope. Gare 11 km. Commerces 3 km. Anglais parlé.

Prix : 1 pers. **220/250 F** 2 pers. **300/350 F**

20	4	20	3	12	15	8	6	20

DE VILLOUTREYS Hilaire – Logis du Chateau - Bois Dousset – 86800 Lavoux – Tél. : 49.44.20.26

Lavoux Les Godiers
C.M. n° 68 — Pli n° 14

❄❄❄ NN (TH)

Au milieu d'un parc arboré et calme, maison de caractère sur vaste domaine familial avec château classé. 1 ch. 3 épis (1 lit 2 pers. 2 lits 1 pers.), avec salle de bains et wc privés dans pavillon à proximité. 1 ch. dans maison principale (2 lits 1 pers.), salle de bains et wc privatifs. Bibliothèque à la dispo. des hôtes. Chambres meublées avec goût. Réduction de 10 % à partir de la 2e nuit. Table hôtes sur réservation (- de 10 ans : 40 F). Futuroscope 17 km. Gare 15 km. Commerces 3 km. Ouvert toute l'année. Anglais parlé.

Prix : 1 pers. **230/290 F** 2 pers. **290/310 F** 3 pers. **350/370 F**
repas **100 F**

⛵	🎿	⛵	🎣	🚣	🏄	🎣	👥	◉
20	11	20	3	11	15	8	6	20

RABANY Philippe – Les Godiers – 86800 Lavoux – Tél. : 49.61.05.18

Loudun La Maison Blanche
C.M. n° 68 — Pli n° 3

❄❄ NN

Dans une maison neuve sur une exploitation agricole, 2 ch. 1 ch. (1 lit 2 pers. 1 lit 1 pers.), 1 ch. (1 lit 2 pers.), sanitaires privatifs pour chaque ch. Séjour réservé aux hôtes (livres, revues), jardin. Terrasse. Salon de jardin. Coin-pique-nique. Visite de la ferme. Gare et commerces à 5 km. Ouvert toute l'année. A 1 km de la N147 et de la D147. A proximité des châteaux de la Loire et de l'abbaye de Fontevraud. Golf de Roiffe à 20 km, parc de loisirs (base nautique) de Moncontour à 20 km. Futuroscope 40 km.

Prix : 1 pers. **150 F** 2 pers. **200 F** 3 pers. **240 F**

⛵	🎿	⛵	🎣	🚣	🏄	👥	◉
5	5	20	5	5	20	5	20

VILLAIN Pierre et Monique – La Maison Blanche – 86200 Loudun – Tél. : 49.98.07.88 ou SR : 49.49.59.59.

Luchapt Chez Mairine
C.M. n° 72 — Pli n° 6

❄ NN

Un ensemble familial comprenant 2 chambres dans une ferme (élevage de cerfs), 1 ch. (1 lit 2 pers.), 1 ch. (2 lits 1 pers.), s. d'eau et wc privatifs, livres à disposition des hôtes. Visite de l'élevage, promenade à la ferme. Location vélos à 7 km. Possibilité table d'hôtes sur réservation. Prévenir le propriétaire de votre arrivée. Gare 61 km. Commerces 7 km. Très jolie région boisée et vallonnée. Base nautique de l'Isle Jourdain à 6 km. Circuit du Vigeant à 10 km. Ouvert toute l'année. Anglais parlé. Futuroscope 76 km.

Prix : 1 pers. **110 F** 2 pers. **180 F**

⛵	🎿	⛵	🎣	🚣	🏄	🎣	👥	◉
6	6	6	15	1	9	55	SP	10

VAN AUBEL Annemee et Patrick – Chez Mairine - Mouterre Sur Blourde – 86430 Luchapt – Tél. : 49.48.89.65 ou SR : 49.49.59.59.

Marigny-Brizay Le Coteau
C.M. n° 68 — Pli n° 4

❄❄ NN (TH)

Maison à proximité d'un bois, vue panoramique sur la campagne. 2 chambres (1 lit 2 pers. 2 lits 80), salle d'eau et wc particuliers pour chacune. Séjour à la disposition des hôtes. Jardin, mobilier de jardin. Gare 20 km. Commerces 2 km. Ouvert du 1er avril au 31 octobre. Futuroscope 8 km. Possibilité de baignade au parc de loisirs de Saint-Cyr 8 km.

Prix : 1 pers. **160 F** 2 pers. **190 F** 3 pers. **240 F** repas **80 F**

⛵	⛵	🚣	👥	◉
8	8	8	SP	8

PARENT Pierre – Le Coteau – 86380 Marigny-Brizay – Tél. : 49.52.01.12

Mazerolles Le Logis
C.M. n° 68 — Pli n° 15

❄❄ NN (TH)

3 ch. dans un manoir XVIIIe siècle. 1 ch. (1 lit 2 pers. 1 lit 120), salle d'eau privée, 1 ch. (1 lit 120), 1 ch. (3 lits 1 pers.) avec douche et lavabo dans chacune des 2 ch., 2 wc. Salon, TV, à la disposition des hôtes. Location de vélos sur place. Grand jardin au bord d'un petit ruisseau. Gare et commerces à 3 km. Ouvert toute l'année. Anglais et allemand parlés. Plan d'eau privé à proximité. Circuit de la vallée de la Vienne. Futuroscope 52 km.

Prix : 1 pers. **190 F** 2 pers. **250 F** 3 pers. **350 F** repas **100 F**

⛵	🎿	⛵	🎣	🚣	🏄	🎣	👥	◉
5	2	20	12	SP	20	25	SP	20

LAUBUS Alain et Martine – Le Logis – 86320 Mazerolles – Tél. : 49.48.42.49 ou SR : 49.49.59.59.

Migne-Auxances Moulin des Boisses
C.M. n° 68 — Pli n° 13

❄❄ NN (TH)

A 15 km du Futuroscope, au 1er étage d'un ancien moulin rénové, 1 ensemble familial comprenant 1 chambre (1 lit 2 pers.), 1 chambre (2 lits 1 pers.), salle de bains, salle d'eau et wc. Grande cuisine équipée/salle à manger avec coin salon et TV. Terrasse sur la rivière, meubles de jardin. Table d'hôtes sur réservation. Gare 10 km. Commerces 1 km. A 10 km de Poitiers, joli moulin situé le long d'une vallée verdoyante. Etang avec possibilité de pêche. Les propriétaires mettent à votre disposition la piscine, le tennis et le ping-pong sur place. Ouvert toute l'année.

Prix : 1 pers. **250/300 F** 2 pers. **300/350 F** 3 pers. **350/400 F**
repas **120 F**

⛵	🎿	⛵	🎣	🚣	🏄	👥	◉
SP	SP	10	5	SP	10	SP	10

RANC Francis et Liliane – 38 rue des Boisses - Moulin des Boisses – 86440 Migne-Auxances – Tél. : 49.51.62.08 ou SR : 49.49.59.59.

Mirebeau
C.M. n° 68 — Pli n° 3

❄❄ NN

Dans une rue tranquille du bourg, 1 ensemble familial au 1er étage comprenant 2 chambres, 1 ch. (1 lit 2 pers.), 1 ch. (2 lits 1 pers.), petite salle d'eau, wc réservés aux hôtes, 1 lit d'appoint. Séjour, TV à la disposition des hôtes. Petite cour/terrasse. Garage. Gare 28 km. Commerces sur place. Ouvert toute l'année. Parc de loisirs de Saint-Cyr 30 km. Poitiers « Ville d'Art et d'Histoire » à 30 km. Circuit des abbayes du Haut-Poitou. Futuroscope 23 km.

Prix : 2 pers. **200 F** 3 pers. **260 F**

⛵	🎿	⛵	🎣	🚣	🏄	👥	◉
15	SP	20	12	2	30	SP	30

PEROUX Marcel – 34, rue Hoche – 86110 Mirebeau – Tél. : 49.50.42.14 ou SR : 49.49.59.59.

Mirebeau

❦❦❦ NN — Dans maison ancienne restaurée, 1 ensemble familial à l'étage comprenant 2 ch. donnant sur le jardin. 1 ch. (2 lits 1 pers.), possibilité lit d'appoint, salle de bains et wc privatifs, 1 ch. (2 lits 100) située sur le même palier. Séjour réservé aux hôtes, entrée indépendante. Abri pour la voiture. Cour et jardin, mobilier de jardin. Possibilité auberge. Maison dans le bourg de Mirebeau. Poitiers « Ville d'Art et d'Histoire » situé à 30 km. Parc du Futuroscope à 20 km. Circuit des abbayes du Haut Poitou. Gare 30 km. Commerces sur place. Ouvert toute lannée.

Prix : 1 pers. **180 F** 2 pers. **220 F** 3 pers. **280 F**

15	SP	20	12	2	20	SP	13

JEANNIN Annette – 19 rue Jacquard – 86110 Mirebeau – Tél. : 49.50.54.06 ou SR : 49.49.59.59.

Morthemer Bourpeuil

❦❦❦ NN — Dans une belle maison de caractère fin XVIIIe, dans un joli petit village calme, 1 grande chambre (1 lit 2 pers. 1 lit 1 pers.) chacune avec salle de bains et wc privés séparés. 1 ch. classée 2 épis (1 lit 2 pers. 1 lit 1 pers.), salle de bains et wc privés. Jardin et salon de jardin, parking privé. Gare 2 km. Commerces 4 km. Anglais parlé. Chambres non fumeur. A 12 km de Chauvigny « Ville d'Art et d'Histoire » (festival d'été). Circuit de la vallée de la Vienne. Futuroscope 40 km.

Prix : 2 pers. **250 F** 3 pers. **300 F**

SP	SP	20	SP	15	6

DUPOND Michel et M-France – Bourpeuil – 86300 Morthemer – Tél. : 49.56.48.82 ou SR : 49.49.59.59. – Fax : 49.56.48.82

Moulismes Le Bourg

❦❦❦ NN — 5 ch. d'hôtes dans ferme située dans cadre agréable et calme proche de la N147. 2 ch. (1 lit 2 pers.), 2 ch. (1 lit 2 pers. 1 lit 1 pers.), avec s. d'eau et wc privatifs pour chaque ch. 1 studio (1 lit 2 pers. 2 lits 1 pers.), s. d'eau et wc privés, kitchenette, prise tél., 1 ch. 2 épis avec s. d'eau et wc communs. Séjour avec TV à la disposition des hôtes. Produits fermiers sur place. Centre de plein air de Lathus à 10 km (kayak, équitation). Belle région vallonnée (vallée de la Gartempe). Possibilité auberge. Gare et commerces à 10 km. Ouvert toute l'année. Anglais parlé. Futuroscope 62 km.

Prix : 1 pers. **150/190 F** 2 pers. **180/230 F** 3 pers. **260/280 F**

SP	SP	20	10	SP	10	10

GAILDRAT Marcelle – Le Bourg – 86500 Moulismes – Tél. : 49.91.90.66 ou SR : 49.49.59.59. – Fax : 49.91.90.66

Mouterre-Silly

❦❦ NN
(TH) — 3 chambres aménagées à l'étage d'une maison ancienne rénovée située sur une exploitation agricole dans hameau à 50 m de l'Eglise en direction de Silly. 3 ch. (1 lit 2 pers.) avec salle d'eau et wc privés. Possibilité lit d'enfant. Séjour à la disposition des hôtes. Calme. Beau panorama. Produits fermiers sur place. Chauffage central. Entrée indépendante. 1/2 pension sur la base de 2 pers. Plage baignade à 12 km. Parc du Futuroscope à 50 mn. Gare 22 km. Commerces 5 km. Ouvert toute l'année.

Prix : 1 pers. **160 F** 2 pers. **195 F** 3 pers. **245 F** repas **75 F**
1/2 pens. 345 F

5	5	13	5	13	15	13

BREMAUD Henri et Agnes – Rue Saint-Maximin – 86200 Mouterre-Silly – Tél. : 49.98.09.72 – Fax : 49.22.33.40

Mouterre-Silly

❦❦❦ NN
(TH) — Dans une maison du XVIe siècle dans un hameau calme à proximité de Loudun, 1 très grande chambre (1 lit 2 pers. 1 lit 1 pers.), avec salle d'eau et wc privés. Séjour, terrasse à la disposition des hôtes. Entrée indépendante. Gare et commerces à 5 km. Ouvert toute l'année. Parc du Futuroscope 50 km. Plan d'eau de Moncontour 10 km. Tourisme familiale en roulotte à 5 km. Proximité des châteaux de la Loire.

Prix : 1 pers. **150 F** 2 pers. **200 F** 3 pers. **250 F** repas **75 F**

5	5	10	5	5	13	5	10

POUIT Serge – Rue de la Fontaine - Silly – 86200 Mouterre-Silly – Tél. : 49.22.46.41 ou SR : 49.49.59.59.

Mouterre-sur-Blourde Logis de Roche

❦ NN
(TH) — 6 chambres dans une belle maison de campagne avec jolie vue. 1 ch. (4 lits 1 pers.), 1 ch. (1 lit 2 pers. 1 lit 1 pers.), 4 ch. (1 lit 2 pers.), salle d'eau privée pour chacune des ch., wc communs réservés aux hôtes. Pièce de séjour. Grand jardin, salon de jardin. Jeux (ping-pong, pétanque). Piscine sur place (baignade non surveillée). Gare 64 km. Commerces 6 km. Circuit auto-moto du Vigeant à 10 km. Base nautique de l'Isle Jourdain/Jousseau à 10 km. Futuroscope à 60 km. Ouvert toute l'année.

Prix : 1 pers. **150 F** 2 pers. **200 F** 3 pers. **260 F** repas **70 F**
1/2 pens. 150 F

SP	6	10	3	10	10	15

RORPACH Chantal – Le Logis de Roche – 86430 Mouterre-sur-Blourde – Tél. : 49.48.92.77 ou SR : 49.49.59.59. – Fax : 49.84.55.70

Neuville Bellefois

E.C. NN — A 2 km du bourg de Neuville de Poitou, 3 chambres à l'étage d'une maison, 1 ensemble familial comprenant 2 ch. (1 ch. : 1 lit 2 pers. 1 lit 120. 1 ch. : 1 lit 2 pers.) avec salle d'eau et wc communs pour les 2 ch. 1 ch. (1 lit 2 pers.) avec salle d'eau et wc privatifs. TV, livres et musique à disposition des hôtes. Grande cour parking. Gare 18 km. Commerces 2 km. Ouvert toute l'année. Futuroscope 5 km.

Prix : 1 pers. **180 F** 2 pers. **200 F** 3 pers. **300 F**
pers. sup. 30 F

2	2	5	18	2	8

PLISSON Jeanne – Impasse Saint-Maur - Bellefois – 86170 Neuville – Tél. : 49.51.34.49 ou SR : 49.49.59.59.

Neuville-du-Poitou La Galerne

C.M. n° 68 — Pli n° 13

♥♥♥♥ NN (TH)

A 8 km du Futuroscope et 16 km de Poitiers, sur exploitation agricole, 5 ch. au r.d.c. d'une construction récente. 3 ch. (1 lit 2 pers.), 1 ch. (1 lit 2 pers. 1 lit 130), 1 ch. accessible aux handicapés. TV et salle d'eau privatives pour chacune. Lit d'appoint possible. Séjour avec kichenette à la disposition des hôtes. VTT. Ping-pong. Entrées indépendantes. Piscine sur place à disposition des hôtes (baignade non surveillée). Gare 16 km. Commerces 1 km. Ouvert du 15 mars au 15 novembre.

Prix : 1 pers. **190 F** 2 pers. **220 F** 3 pers. **260 F** repas **60 F** 1/2 pens. **160 F**

SP	1	16	16	16	16	16

MORIN Christine – La Galerne - Chemin de Couture – 86170 Neuville-de-Poitou – Tél. : 49.51.14.07 ou SR : 49.49.59.59.

Ouzilly Les Vallees

C.M. n° 68 — Pli n° 4

♥♥♥♥ NN (TH)

2 chambres d'hôtes lumineuses dans ancienne ferme rénovée au milieu d'un jardin ombragé et fleuri. 1 ch. (1 lit 150, 1 lit 100), salle de bains et wc privatifs, 1 ch. (1 lit 160), salle d'eau et wc privatifs. Salon avec cheminée, livres à disposition des hôtes. Entrée indépendante. Table d'hôtes sur réservation. Salon de jardin. Gare 16 km. Commerces 6 km. Situées à 12 km du parc du Futuroscope. Ouvert toute l'année. Anglais parlé.

Prix : 1 pers. **200 F** 2 pers. **220 F** 3 pers. **280 F** repas **90 F**

8	8	8	8	8	8	8	SP	8

PARVIN Ida – La Grange Aux Loups - Les Vallees – 86380 Ouzilly – Tél. : 49.90.75.73 ou SR : 49.49.59.59. – Fax : 49.93.07.27

Paizay-le-Sec

C.M. n° 68 — Pli n° 5

E.C. NN

A proximité de la N151, à l'étage d'une maison ancienne 1 ch. (4 lits 1 pers. dont 2 superposés). Salle de bains et wc privatifs, lavabo dans la ch. Séjour réservé aux hôtes. Cour fermée avec parking. Chauvigny, cité médiévale à 12 km. Abbatiale de Saint-Savin à 8 km. Stage de vol à voile à Chauvigny. Gare 34 km. Commerces 8 km. Ouvert toute l'année. Anglais et allemand parlés.

Prix : 1 pers. **220 F** 2 pers. **220 F** 3 pers. **260 F**

6	8	8	6	8	40

REED Barbara – Le Bourg – 86300 Paizay-le-Sec – Tél. : 49.46.87.89 ou SR : 49.49.59.59. – Fax : 49.46.13.01

Persac La Porcelaine

C.M. n° 68 — Pli n° 15

♥ NN

Dans une maison récente sur la N147, 2 ch. au rez-de-chaussée donnant sur jardin. 1 ensemble familial comprenant 1 ch. (1 lit 2 pers.), 1 ch. (2 lits 1 pers. avec lavabo), salle de bains et wc séparés à l'usage exclusif des hôtes. Meubles de jardin. Parking. Entrée indépendante. Gare et commerces à 5 km. Ouvert toute l'année. Futuroscope 50 km. Circuit Automobile du Val de Vienne à 25 km.

Prix : 1 pers. **170 F** 2 pers. **200 F** 3 pers. **300 F**

10	6	10	6	12	10

BRETON Alice – La Porcelaine - Persac – 86320 Lussac-Les Chateaux – Tél. : 49.48.33.12 ou SR : 49.49.59.59.

Persac Le Gros Bost

C.M. n° 68 — Pli n° 15

♥♥ NN

Dans une maison confortable entourée de bois, 1 ch. (2 lits 2 pers.) avec salle d'eau et wc privés (non communicants), 1 ensemble familial comprenant 1 ch. (1 lit 2 pers.), 1 ch. (2 lits 1 pers.), salle de bains privative non communicante. Séjour et TV à disposition des hôtes. Lit d'appoint enfant possible : 50 F. Gare et commerces à 5 km. Situées à 500 m de la RN147, entre Lussac-les-Châteaux et Moulismes, au milieu d'un grand jardin. Circuit Automobile du Val de Vienne à 25 km. Futuroscope 50 km.

Prix : 1 pers. **145 F** 2 pers. **180/210 F** 3 pers. **250 F** pers. sup. **50 F**

12	12	30	12	5

CHARBONNIER Gilberte – Gros-Bost – 86320 Persac – Tél. : 49.48.41.16 ou SR : 49.49.59.59.

Poitiers

C.M. n° 68 — Pli n° 14

♥♥♥ NN

3 chambres de charme dans l'aile d'un château XVIIe siècle, grand calme et verdure. 1 ch. (1 lit 2 pers. 2 lits 80), 2 ch. (2 lits 1 pers.), salle de bains et wc particuliers pour chaque chambre. Cuisine équipée à la disposition des hôtes. Séjour réservé aux hôtes avec TV, chaîne stéréo, livres, revues. Gare 8 km. Commerces 3 km. Anglais parlé. Situées à 10 mn du Futuroscope « Parc européen de l'image », 3 golfs à proximité. Richesses artistiques et architecturales de Poitiers et des environs. Point de départ touristique dans tout le Haut Poitou Roman et des riantes vallées de la Vienne, du Clain et de la Creuse.

Prix : 1 pers. **300/350 F** 2 pers. **350/400 F** 3 pers. **450 F**

6	3	16	5	16	9	SP	16

VAUCAMP Odile – Chateau de Vaumoret - rue du Breuil Mingot – 86000 Poitiers – Tél. : 49.61.32.11 ou SR : 49.49.59.59. – Fax : 49.01.04.54

Pouant Le Bois Goulu

C.M. n° 68 — Pli n° 3

♥♥♥ NN

3 ch. d'hôtes aménagées à l'étage d'une jolie ferme dans un cadre verdoyant et calme, située à l'entrée d'un bourg. 1 ch. (1 lit 2 pers.), avec salle d'eau et wc privés. 1 ensemble famille comprenant 2 ch. (1 lit 160, 2 lits 80), salle de bains et wc privés. Séjour à la disposition des hôtes. Cour fermée. A partir de 2 ans : 60 F. Possibilité auberge. Réduction pour long séjour. Parc du Futuroscope 45 km. Proximité des châteaux de la Loire, Richelieu 5 km. Forêts 10 km. Gare 35 km. Commerces 5 km. Ouvert toute l'année.

Prix : 1 pers. **210 F** 2 pers. **250 F**

5	5	40	15	5	25	15

PICARD Marie-Christine – Allee du Bois Goulu – 86200 Pouant – Tél. : 49.22.52.05 ou SR : 49.49.59.59.

Pressac La Renauderie

☳☳ NN
(TH)

Dans un bâtiment rénové, annexe à l'habitation de la propriétaire, Michelle vous propose 4 ch. dont 1 au r.d.c., 1 ch. (1 lit 1 pers. 1 lit 2 pers.), 2 ch. (1 lit 2 pers.), 1 ch. (1 lit 2 pers. 2 lits superposés). Douches privées pour chaque ch., wc privés pour 1 ch. Séjour réservé aux hôtes, avec TV et cheminée. Téléphone (compteur). Chauffage électrique. Vélos à disposition des hôtes. Restaurant à 800 m. Circuit auto-moto du Vigeant à 10 km. Festival Folklorique de Confolens à 14 km, base de loisirs d'Availles Limouzines à 8 km et base nautique à 15 km. Gare 30 km. Commerces 1 km. Ouvert toute l'année.

Prix : 1 pers. **140 F** 2 pers. **200 F** 3 pers. **250 F**
repas **40/60 F**

⛵	🎿	⛵	🦅	🎣	🚣	🏇	🕸
7	1,5	15	18	SP	15	2	8

LEYGNAC Michelle – La Renauderie – 86460 Pressac – Tél. : 49.48.52.92 ou SR : 49.49.59.59.

La Roche-Posay Le Castel·

☳☳☳ NN

Dans petit castel fin XIXᵉ, 3 ch. à l'étage avec s. d'eau ou s.d.b. et wc privatifs. 1 ch. (1 lit 2 pers.), 1 ch. (2 lits 1 pers.), 1 ch. (1 lit 160). Dans pavillon 1930, 1 ch. au r.d.c. (3 lits 1 pers.), 2 ch. à l'étage (2 lits 2 pers.), s.d.b. privative avec wc pour ces ch. Salon (cheminée) et salle à manger réservés aux hôtes. Possibilité auberge. Kitchenette. Grande terrasse dominant la vallée. Jardin. Mobilier de jardin. Grande cour fermée le soir. Belle maison dominant la confluence de la Creuse et de la Gartempe dans ville thermale de la Roche-Posay. Très beau panorama. À 4 km d'Angles sur Anglin. Gare 21 km. Commerces sur place.

Prix : 1 pers. **250 F** 2 pers. **300/350 F** pers. sup. **50 F**

⛵	🎿	⛵	🦅	🎣	🚣	🏇	🕸
21	SP	15	1	SP	SP	1	15

ROULET Marie-Helene – Le Castel - 2 rue Saint-Denis – 86270 La Roche-Posay – Tél. : 49.86.17.59 ou SR : 49.49.59.59. – Fax : 49.86.66.00

La Roche-Posay Fontsemont

E.C. **NN**

1 chambre au rez-de-chaussée d'une maison indépendant (1 lit 2 pers.), avec salle d'eau privative pour la chambre. Exploitation agricole avec camping à la ferme. Belles promenades à faire dans la vallée verdoyante de la Gartempe. Station thermale de la Roche Posay à 5 km. Possibilité de table d'hôtes. Gare 21 km. Commerces 5 km. Ouvert toute l'année.

Prix : 1 pers. **110 F** 2 pers. **120 F**

⛵	🎿	⛵	🦅	🎣	🚣	🏇	🕸
5	5	5	2	5	SP		

PARE Roland – Fontsemont – 86270 La Roche-Posay – Tél. : 49.86.27.18

Les Roches-Premaries

☳☳☳ NN

5 ch. d'hôtes dans un château XIVᵉ, XVIIIᵉ et XIXᵉ siècles avec parc de 18 ha, 3 ch. (2 lits 1 pers.), 1 ch. (1 lit 160), 1 ch. (1 lit 200) salle d'eau et wc particuliers pour chaque chambre, 1 ch. au rez-de-chaussée. Salon, bibliothèque à la disposition des hôtes. Gare 13 km. Commerces 2,5 km. Ouvert de Pâques à la Toussaint. Anglais et allemand parlés. Poitiers « Ville d'Art et d'Histoire » à 13 km. Parc du Futuroscope à 23 km.

Prix : 2 pers. **400/450 F**

⛵	🎿	🚣	🏇	🕸
4	SP	8	3	10

DE BOYSSON Jean-Pierre – Chateau de Premarie – 86340 Les Roches-Premaries – Tél. : 49.42.50.01 ou SR : 49.49.59.59. – Fax : 49.42.07.63

Les Roches-Premaries Raboue

☳☳ NN

Une chambre familiale comprenant 2 chambres confortables dans cadre verdoyant. Calme absolu. 1 ch. (1 lit 2 pers. 1 lit 1 pers.), 1 ch. (1 lit 160 et 1 convertible), salle d'eau et wc privatifs, séjour à la disposition des hôtes. Gare 13 km. Commerces 2,5 km. Ouvert toute l'année. Parc du Futuroscope 27 km. Poitiers « Ville d'Art et d'Histoire » à 13 km. Abbaye de Nouaillé Maupertuis à 3,5 km (fêtes médiévales en juin).

Prix : 1 pers. **190 F** 2 pers. **240 F** 3 pers. **340 F**

⛵	🎿	⛵	🦅	🎣	🚣	🏇	🕸
4	3	26	13	3	6	9	4

POIRIER Odette – Raboue – 86340 Les Roches-Premaries – Tél. : 49.42.52.83

Roiffe Le Chateau de la Roche Marteau

☳☳☳ NN

5 ch. d'hôtes dans un château des XIᵉ et XVᵉ siècles, avec souvenir des rois Plantagenêt, dans un grand parc à la disposition des hôtes. 3 ch. (3 pers.), 2 ch. (2 pers.), toutes équipées de salle de bains et wc privés. Grand salon réservé aux hôtes (cheminées). Terrasse ombragée. Anglais, allemand, espagnol, italien parlés. Gare 18 km. Commerces 500 m. Golf 18 trous à proximité. Location de vélos sur place. Proximité des châteaux de la Loire. Abbaye de Fontevraud à 4 km. Futuroscope 57 km. Ouvert toute l'année.

Prix : 1 pers. **260 F** 2 pers. **340 F** 3 pers. **420 F**

⛵	🎿	⛵	🦅	🎣	🏇	🕸
8	1	8	SP	SP	1	SP

MOREAU Jacqueline – Chateau de la Roche Marteau – 86120 Roiffe – Tél. : 49.98.77.54 ou SR : 49.49.59.59. – Fax : 49.98.98.30

Rouille La Gree

☳☳☳ NN
(TH)

3 ch. d'hôtes aménagées avec goût dans une maison située dans un hameau très calme. 1 ch. (1 lit 2 pers.), 1 ch. (1 lit 2 pers. 1 lit 100 et 1 lit bébé), avec salle d'eau et wc privés, 1 ch. d'appoint (1 lit 2 pers.), séjour avec cheminée, TV, jeux et revues à la disposition des hôtes. Gare et commerces à 4 km. Ouvert toute l'année. Terrain et étang privés. Pêche et pique-nique au bord de l'étang. Plan d'eau à 4 km et Marais Poitevin à 15 km. Site Gallo-Romain de Sanxay à 10 km et site préhistorique de Bougon à 15 km. Futuroscope 43 km.

Prix : 1 pers. **180 F** 2 pers. **220 F** 3 pers. **260 F** repas **70 F**

⛵	🎿	⛵	🦅	🎣	🏇	🕸
4	4	SP	SP	SP	4	

GIRAULT Guy et Jacqueline – La Gree – 86480 Rouille – Tél. : 49.53.50.94

Saint-Genest-d'Ambiere La Garenne
C.M. n° 68 – Pli n° 4

ΨΨΨ NN
TH

Anne vous propose 5 jolies chambres dans belle maison de caractère sur propriété boisée. 1 ensemble famille comprenant 2 ch. (1 lit 2 pers. 1 lit enfant), 4 ch. (1 lit 2 pers.), s.d.b. et wc privatifs pour chacune des chambres dont 1 au r.d.c. avec entrée indépendante. Séjour avec cheminée, TV, livres, revues à dispo. des hôtes. Table d'hôtes sur réservation. Situées entre Futuroscope (21 km) et châteaux de la Loire, dans un grand parc boisé avec mobilier de jardin à votre disposition. Centre de soins esthétiques et de remise en forme sur place. Gare 17 km. Commerces 500 m. Ouvert toute l'année.

Prix : 2 pers. **290 F** repas **160 F** 1/2 pens. **210 F**

⛵	🎿	🏄	🦅	🐾	🚶	👫
15	2	15	10	15	15	SP

MICHEAU Anne – La Garenne – 86140 Saint-Genest-d'Ambiere – Tél. : 49.90.71.98 ou SR : 49.49.59.59.

Saint-Georges-les-Bx
C.M. n° 68 — Pli n° 14

ΨΨ NN

Situées dans le bourg de Saint-Georges dans une rue tranquille, à 4 km du Futuroscope 3 chambres d'hôtes sont aménagées au r.d.c. et à l'étage d'une ancienne dépendance de la maison des propriétaires, chacune avec 1 lit 2 pers. et 1 salle d'eau et wc privatifs. Petit jardin ombragé, mobilier de jardin. Grande cour fermée pour garer les voitures. Petit déjeuners servis dans la maison des propriétaires. Gare 2 km. Commerces sur place.

Prix : 1 pers. **180 F** 2 pers. **230 F** 3 pers. **280 F**

🐕	⛵	🎿	🏄	🦅	🐾	🚶	🔵
1,5	SP	7	3	SP	20	7	1

BOUTET Gisele – 4 rue de la Tonnelle – 86130 Saint-Georges-Les Bx – Tél. : 49.52.50.28 ou SR : 49.49.59.59.

Saint-Leger-de-Montbrillais Le Verger
C.M. n° 67 — Pli n° 8

Ψ NN
TH

2 grandes ch. à l'étage d'une maison ancienne restaurée, à la sortie du bourg. 2 ch. (1 lit 2 pers. 1 lit 1 pers.), lavabo dans chaque ch., salle de bains commune. Séjour, salon, cheminée, TV, à la disposition des hôtes. Supplément de 30 F pour le breakfast anglais. Gare 22 km. Commerces 9 km. Ouvert toute l'année. Anglais parlé. 1/2 pens./semaine. Proximité des châteaux de la Loire, de l'abbaye de Fontevraud et du parc du Futuroscope (63 km). Ambiance britannique feutrée.

Prix : 1 pers. **160 F** 2 pers. **190 F** 3 pers. **220 F** repas **90 F** 1/2 pens. **2046 F**

🐕	⛵	🎿	🏄	🦅	🐾	🐾	🚶	👫	🔵
9	9	9	20	15	8	9	17	SP	37

KAYE David – Le Verger – 86120 Saint-Leger-de-Montbrillais – Tél. : 49.22.93.06 ou SR : 49.49.59.59.

Saint-Savin Siouvres
C.M. n° 68 — Pli n° 15

ΨΨΨ NN

Maison entièrement rénovée du XIII° siècle chez l'apiculteur professionnel. 1 ch. (2 lits 130) avec salle d'eau particulière, coin-cuisine, coin-repas. 1 ch. 3 pers. avec salle d'eau particulière, possibilité lit d'appoint. Salle de TV à la disposition des hôtes. Parking. Vélos sur place. Barbecue + espace jeux d'enfants. Calme assuré. Futuroscope à 40 mn. Découvrez à travers notre exploitation le tourisme apicole. A Saint-Savin collégiale avec fresques classées au patrimoine mondial de l'UNESCO, Centre International d'art mural. Belles promenades sur la vallée de la Gartempe. Gare 20 km. Commerces 2 km. Ouvert du 15/02 au 1er/11.

Prix : 2 pers. **220 F** 3 pers. **260 F**

⛵	🎿	🏄	🦅	🐾	🐾	🚶	👫	🔵
2	35	4	2	6	35	SP	45	

BARBARIN Jacky et Charline – Siouvres – 86310 Saint-Savin – Tél. : 49.48.10.19 ou SR : 49.49.59.59. – Fax : 49.48.46.89

Saint-Savin La Pierre Plastique
C.M. n° 68 — Pli n° 15

Ψ NN

1 ensemble familial de 2 chambres dans une maison confortable. 1 ch. (1 lit 2 pers. 1 convertible 80), 1 ch. (1 lit 2 pers. 1 lit 1 pers.), salle d'eau et wc réservés aux hôtes. Séjour avec TV à la disposition des hôtes. Chauffage central. Jardin. Meubles de jardin. Parking. Gare 42 km. Commerces 500 m. Ouvert toute l'année. Possibilité auberge. Futuroscope 45 km. Eglise romane de Saint-Savin classée Patrimoine Mondial et Centre International d'Art Mural. Région touristique avec la vallée de la Gartempe : paysages pittoresques, églises, châteaux.

Prix : 1 pers. **180 F** 2 pers. **200 F** 3 pers. **230 F**

🐕	⛵	🎿	🏄	🐾	🚶	👫
SP	SP	3	SP	SP	42	SP

GUERAUD Odette – 7, rue Prosper-Merimee – La Pierre Plastique – 86310 Saint-Savin – Tél. : 49.48.19.47

Saulge Les Gats
C.M. n° 68 — Pli n° 15

ΨΨ NN

Maison avec étage dans vallée de la Gartempe. 1 ch. (1 lit 2 pers. 1 lit 1 pers. lit bébé) salle d'eau particulière. Séjour à la disposition des hôtes. Chauffage central. Entrée indépendante. Loisirs gratuits sur place (tennis, mini-golf). Lit supplémentaire : 40 F. Gare 5 km. Commerces sur place. Ouvert toute l'année. Futuroscope 50 km. Montmorillon « Ville d'Art et d'Histoire » à 5 km. Centre de plein air de Lathus à 10 km (canoë kayak, équitation).

Prix : 1 pers. **150 F** 2 pers. **180 F** 3 pers. **220 F**

🐕	⛵	🎿	🏄	🦅	🐾	🚶
SP	1	35	6	SP	15	SP

CHARRITON Martin – Les Gats – 86500 Saulge – Tél. : 49.91.05.87

Saulge Les Gats
C.M. n° 68 — Pli n° 15

ΨΨΨ NN

Grande maison de Maître indépendant à la ferme au bord de la Gartempe. 2 ch. (1 lit 2 pers.), possibilité lit d'appoint, salle d'eau et wc particuliers pour chaque ch. Séjour réservé aux hôtes avec TV. Chauffage central. Restaurant à 600 m. Lit supplémentaire possible : 40 F. Gare 5 km. Commerces sur place. Ouvert toute l'année. Mini-golf et tennis gratuits à 1 km. Situées à 10 km du centre de plein air de Lathus et 50 km du parc du Futuroscope. Montmorillon, « Ville d'Art et d'Histoire » est à 5 km. Région verdoyante et pittoresque.

Prix : 1 pers. **160 F** 2 pers. **190 F** 3 pers. **230 F**

🎿	⛵	🎿	🏄	🦅	🐾	🚶	👫	🔵
SP	1	15	7	SP	12	45	SP	1

DUDOIT Philippe – Les Gats – 86500 Saulge – Tél. : 49.91.06.10 ou SR : 49.49.59.59.

Saulge Les Gats

♥♥♥ NN   1 ensemble famille comprenant 2 ch. dans la maison d'un antiquaire en bordure de rivière. Jolie vue sur le village. 1 ch. (1 lit 2 pers.), 1 ch. (2 lits 115), avec salle de bains et wc privés. Séjour avec TV et cheminée réservé aux hôtes. Chauffage central. Jardin. Meubles de jardin. Parking dans la cour. Pêche et baignade en rivière sur place. Ouvert toute l'année. Montmorillon « Ville d'Art et d'Histoire » à 5 km. Paysages pittoresques de la vallée de la Gartempe. Gare 5 km. Commerces sur place. Possibilité auberge. Futuroscope 50 km.

Prix : 1 pers. **180 F** 2 pers. **210/280 F** 3 pers. **390 F**

SP	SP	6	SP	6

MATHIEU Jean-Claude – Les Gats – 86500 Saulge – Tél. : 49.91.18.55

Savigne Chez Benest

♥♥ NN (TH)   3 chambres à l'étage d'une maison ancienne rénovée. 1 ch. (1 lit 2 pers.), salle de bains et wc privés, 1 ch. (1 lit 2 pers.), lavabo et douche, 1 ch. (2 lits 120), salle de bains privée, wc communs. Séjour avec TV à la disposition des hôtes, cheminée, livres, revues, jardin, salon de jardin. Table d'hôtes sur réservation. Ouvert toute l'année. Vallée de la Charente à 3 km. Eglises romanes et châteaux aux alentours. Charroux, un des plus beaux villages de France est à 8 km. Gare 10 km. Commerces 4 km. Anglais parlé. Futuroscope 66 km.

Prix : 1 pers. **190 F** 2 pers. **250 F** 3 pers. **300 F** repas **85 F**

7	3	SP	3	50	SP

REID Ruth – Chez Benest – 86400 Savigne – Tél. : 49.87.39.85 ou SR : 49.49.59.59. – Fax : 49.87.92.46

Surin Chateau de Cibioux

E.C. NN (TH)   Une suite comprenant 1 ch. (1 lit 150), avec salon attenant donnant sur loggia Renaissance (1 divan 1 pers.), salle de bains et wc séparés privatifs, téléphone et TV dans le salon. Grand salon à disposition des hôtes. Tarif forfaitaire pour long séjour. Gratuit pour enfant de moins de 12 ans. Gare 15 km. Commerces 8 km. Parc, grande terrasse, dominant un ruisseau. Château des XVe et XVIIe siècles avec des vestiges d'une enceinte médiévale, décoration soignée. Le propriétaire organise régulièrement des expositions artistiques dans le château. Région riche en patrimoine roman. Restaurant à 400 m.

Prix : 1 pers. **450 F** 2 pers. **550 F** 3 pers. **650 F** repas **100 F**

10	SP	5	10	SP

CORBIN Jean-Claude – Chateau de Cibioux – 86250 Surin – Tél. : 49.87.04.89 ou SR : 49.49.59.59. – Fax : 49.87.46.30

Terce

♥♥ NN   Ens. familial de 3 ch. au 2e étage d'une maison à l'entrée d'un bourg. 1 ch. (1 lit 2 pers.), 1 ch. (2 lits 1 pers.), 1 ch. (1 lit 1 pers.), s.d.b. et wc indépendants. Séjour avec TV, livres, musique à la dispo. des hôtes. A 7 km de Chauvigny, « Ville d'Art et d'Histoire ». Excursions accompagnées sur demande. Gare 10 km. Commerces 7 km. Ouvert toute l'année. Animaux tenus en laisse acceptés. La suite de 5 personnes : 350 F. Anglais et allemand parlés. Futuroscope 20 km.

Prix : 1 pers. **180 F** 2 pers. **220 F** 3 pers. **260 F**

7	6	SP	20	SP

PARENTEAU-DENOEL – Route de Saint-Julien l'Ars – 86800 Terce – Tél. : 49.56.59.64 ou SR : 49.49.59.59.

La Trimouille Regner

♥♥ NN (TH)   2 chambres dans un château du XIXe siècle avec parc en bordure de la rivière, 1 chambre (1 lit 2 pers.), 1 chambre (2 lits 1 pers.), salle de bains ou salle d'eau et wc privés pour chaque chambre. Chevaux et pêche sur place. Espagnol parlé. Ouvert toute l'année. Gare 61 km. Commerces 3 km. Collégiale de Saint-Savin (classée patrimoine mondial) à 25 km. Art roman, vallées verdoyantes.

Prix : 1 pers. **200 F** 2 pers. **250 F** 3 pers. **300 F** repas **90 F**

5	5	SP	SP	SP

DE LINIERS Charles – Regner – 86290 La Trimouille – Tél. : 49.91.60.06 ou SR : 49.49.59.59.

La Trimouille Toel

♥♥♥ NN (TH)   3 chambres dans une belle maison très bien rénovée, 1 ch. (1 lit 2 pers. 1 lit 1 pers.), avec salle de bains et wc privés, 2 ch. (1 lit 2 pers.), possibilité lit d'appoint, avec salle d'eau et wc privés pour chacune. Chauffage central. Séjour avec TV, bibliothèque, salon de jardin, jeux à la disposition des hôtes. Parc avec poneys. Gare 15 km. Commerces 2 km. Situées à 2 km de l'itinéraire Paris-Limoges. Collégiale de Saint-Savin (fresques) à 20 km. Montmorillon Ville « d'Art et d'Histoire » à 15 km. Futuroscope 76 km.

Prix : 1 pers. **180 F** 2 pers. **200/220 F** 3 pers. **270 F** repas **70/80 F**

2	15	15	2	15	7	15

VOUHE Gerard – Toel – 86290 La Trimouille – Tél. : 49.91.67.59 ou SR : 49.49.59.59.

Les Trois-Moutiers La Cour Aux Moines Bernazay

E.C. NN   Dans un beau logis du XVe siècle, situé dans un grand jardin ombragé, jolie chambre (1 lit 2 pers.), mobilier ancien, grande salle de bains, wc. Très grandes caves typiques de la région. Cour avec parking. Gare 20 km. Commerces 1,2 km. Ouvert toute l'année. Anglais et espagnol parlés.

Prix : 1 pers. **250 F** 2 pers. **280 F** pers. sup. **30 F**

7	1,2	10	7	10	7	10

ROUSSEAU Jean-Bernard – La Cour Aux Moines - Bernazay – 86120 Les Trois-Moutiers – Tél. : 49.22.61.48 ou SR : 49.49.59.59.

Usseau La Cadetterie

CM. n° 68 — Pli n° 4

♥♥♥ NN
(TH)

2 chambres dans ancienne ferme rénovée, spacieuse dont l'étage est entièrement réservé aux hôtes. Grande cour fermée et ombragée. Chauffage central. 1 ch. (1 lit 2 pers.), 1 ch. contiguë à la première (1 lit enfant) et 1 ch. (1 lit 1 pers. 1 lit 120), séjour, TV, à la disposition des hôtes. La suite 5 personnes : 430 F. Ligne téléséjour. A 10 km de la sortie Nord de Chatellerault (autoroute A 10) et 6 km de la N 10. Havre de paix et de calme entre châteaux de la Loire et Futuroscope. Gare et commerces à 10 km. Ouvert toute l'année sauf octobre.

Prix : 1 pers. **145 F** 2 pers. **170 F** repas **70 F**

10	12	25	12	10	13	25	SP	25

LABALME Denise – La Cadetterie – 86230 Usseau – Tél. : 49.02.72.09 – Fax : 49.02.72.09

Velleches La Blonnerie

CM. n° 68 — Pli n° 4

♥♥♥
(A)

Marie-France sera heureuse de vous recevoir dans sa ferme pour une nuit ou plus. Elle met à votre disposition 1 suite comprenant 1 ch. (1 lit 2 pers.) et un salon avec TV. Canapé convertible 2 pers. dans le salon, salle d'eau et wc privatifs, 1 ch. (1 lit 2 pers.), 1 canapé convertible 2 pers. S. d'eau et wc privatifs TV dans la ch. Séjour à disposition des hôtes. Etang de pêche sur place. Chasse en saison. Calme. Environ boisé. Proximité des châteaux de la Loire et à 25 m du parc du Futuroscope. La propriétaire vous propose des repas à la table d'hôtes et dans sa ferme auberge. Gare 13 km. Commerces 7 km. Ouvert toute l'année.

Prix : 1 pers. **170 F** 2 pers. **210 F** 3 pers. **260 F** repas **70 F**

13	7	27	15	SP	13	35	SP	27

MASSONNET Marie-France – La Blonnerie – 86230 Velleches – Tél. : 49.86.41.72 ou SR : 49.49.59.59. – Fax : 49.86.41.72

Vendeuvre Couture

CM. n° 68 — Pli n° 3

♥♥ NN

Dans une ancienne dépendance de la maison du propriétaire, ensemble familial comprenant 2 ch. : au rez-de-chaussée 1 ch. (1 lit 120, 2 lits 1 pers.), à l'étage : 1 ch. (2 lits 1 pers. 1 berceau), salle d'eau avec wc. Salle à manger dans maison principale. Cour, mobilier de jardin. Ping-pong. Garage. Gare 16 km. Commerces 3,5 km. Ouvert de Pâques au 15 octobre. A 10 km du parc du Futuroscope dans hameau tranquille, jolie maison sur cour fermée par un porche. Poitiers « Ville d'Art et d'Histoire » à 16 km, parc de loisirs à 17 km.

Prix : 2 pers. **235 F** 3 pers. **290 F** pers. sup. **55 F**

3,5	3,5	17	15	17	15	17

PERCHENET Jean-Loup – 11 rue du Courtioux - Couture – 86380 Vendeuvre – Tél. : 49.51.25.29 ou SR : 49.49.59.59.

Vendeuvre Bataille

CM. n° 68 — Pli n° 3

E.C. NN

2 chambres à l'étage d'une grande maison avec jardin, 1 ch. et salon (1 lit 2 pers.), 1 ch. avec entrée indépendante et salon (1 lit 2 pers.). Salle d'eau et wc privatifs pour chaque ch. Piscine sur place avec abri télescopique (baignade non surveillée, possible d'avril à oct.). Poitiers « Ville d'Art et d'Histoire » à 17 km. Futuroscope à 9 km. Gare 17 km. Commerces 4 km. Ouvert toute l'année.

Prix : 1 pers. **200 F** 2 pers. **200 F** 3 pers. **300 F**

SP	3	15	1	3	15	4	15

CHAUZAMY Jacky – Bataille – 86380 Vendeuvre-du-Poitou – Tél. : 49.51.34.95 ou SR : 49.49.59.59. – Fax : 49.54.08.81

Vicq-sur-Gartempe La Serenne

CM. n° 68 — Pli n° 15

♥♥♥ NN
(TH)

Ancienne grange rénovée, dans la campagne entre la Roche Posay et Angles sur l'Anglin « un des plus beaux villages de France ». Anne-Marie vous propose 3 ch. dont 1 aménagée pour handicapés. 2 ch. (1 lit 2 pers.), 1 ch. (1 lit 2 pers. 2 lits 1 pers. superposés). Salle d'eau et wc pour chaque ch. Séjour à disposition des hôtes (livres, cheminée, jeux). De temps en temps, Daniel rallume le four à bois pour cuire rotis, tartes ou pains. Chèques Vacances acceptés. Séjour 3 nuits et + : réduction de 10 %. Ouvert toute l'année sauf du 20 décembre au 3 janvier. Gare 25 km. Commerces 2 km. Anglais et italien parlés.

Prix : 1 pers. **150 F** 2 pers. **200 F** 3 pers. **240 F** repas **60 F**

2	10	4	2	2	10	SP

CHARRON Anne-Marie – La Serenne – 86260 Vicq-sur-Gartempe – Tél. : 49.86.33.15

Vivonne La Rochette

CM. n° 68 — Pli n° 13

♥♥♥ NN
(TH)

Colette vous reçoit dans sa ferme et propose 3 jolies chambres à l'étage, dont 1 ensemble famille comprenant 2 ch. (1 lit 2 pers. 1 lit 130), 1 ch. (1 lit 2 pers. 1 lit 1 pers.), salle d'eau et wc séparés pour ces ch. Séjour avec cheminée, livres, revues à la disposition des hôtes. Piscine sur place (baignade non surveillée). Terrain boisé en bordure de rivière. A 3 km de la N10 Poitiers-Angoulème et à 7 km de la N11 Poitiers-Niort. A 15 km, Poitiers « Ville d'Art et d'Histoire ». Futuroscope 30 km. Demi-pension à partir de 3 jours. Gare 15 km. Commerces 4 km. Anglais parlé.

Prix : 1 pers. **160 F** 2 pers. **200 F** 3 pers. **240/260 F** repas **70 F** 1/2 pens. **150 F**

SP	4	SP	4	25	SP

VINCENT Colette – Route de Marcay - La Rochette – 86370 Vivonne – Tél. : 49.43.50.17 ou SR : 49.49.59.59.

Vivonne La Salle

CM. n° 68 — Pli n° 13

E.C. NN
(TH)

Sur une exploitation agricole, 1 chambre en rez-de-chaussée avec entrée indépendante (1 lit 2 pers. 1 lit 120), salle de bains et wc privatifs. Cour ombragée. Salon de jardin, abri couvert pour la voiture. Gare et commerces à 6 km. Ouvert toute l'année. Anglais parlé. Futuroscope 30 km.

Prix : 1 pers. **180 F** 2 pers. **200 F** 3 pers. **250 F** pers. sup. **50 F** repas **60 F**

12	6	7	SP	6	15	SP	12

DUBREUIL Christian – La Salle – 86370 Vivonne – Tél. : 49.43.49.17 ou SR : 49.49.59.59. – Fax : 49.43.49.17

Vouille    *C.M. n° 68 — Pli n° 13*

♨♨♨ NN Dans maison ancienne rénovée située au centre du bourg de Vouillé, 2 ensembles familiaux comprenant chacun 2 chambres avec sanitaires privatifs 1 ch. (2 lits 1 pers.), 3 ch. (1 lit 2 pers.), possibilité de lit d'enfant, salon TV. Terrasse, jardin ombragé au bord de la rivière de l'Auxance (barque). Parking privé fermé. Portique et ping-pong. A 15 minutes du Futuroscope. A 10 minutes de Poitiers. Gare 17 km. Commerces sur place. Ouvert toute l'année. Anglais parlé.

Prix : 1 pers. **190 F** 2 pers. **220 F**

4	SP	4	10	1	20	22	2	4

LECANUET Therese – 3 rue de la Grand'Maison – 86190 Vouille – Tél. : 49.51.96.38 ou SR : 49.49.59.59.

Vouneuil-sous-Biard Le Petit Mazais   *C.M. n° 68 — Pli n° 13*

E.C. NN 4 grandes chambres dans une maison rénovée en pierre dominant la vallée de la Boivre. 2 grandes chambres formant une suite familiale avec chacune 1 lit 2 pers. et 1 lit 1 pers., salle de bains et wc privatifs séparés pour les 2 ch. 2 ch. (1 lit 2 pers. 1 lit 1 pers.), s. d'eau et wc privatifs pour chaque ch. Séjour avec coin-kichenette réservés aux hôtes. TV, bibliothèque, grande terrasse sur la vue, piscine à disposition des hôtes, parking. Possibilité de lit bébé sur réservation. Gratuit pour bébé de moins de 2 ans. Gare 4 km. Commerces 3 km. Ouvert toute l'année. Anglais et espagnol parlés.

Prix : 1 pers. **230 F** 2 pers. **270 F**

SP	3	2	SP	3	6	1	3

GOMBERT Josiane – Le Petit Mazais – 86580 Vouneuil-sous-Biard – Tél. : 49.52.68.16 ou SR : 49.49.59.59.

Vouneuil-sur-Vienne   *C.M. n° 68 — Pli n° 4*

♨♨ NN Dans pavillon récent, de plain-pied avec terrasse et jardin de 1500 m², Liliane et Michel vous proposent 1 ch. (1 lit 2 pers.) avec s.d.b. et wc privés, un ensemble famille comprenant 1 ch. (1 lit 160) et 1 ch. (2 lits 1 pers. + convertible). Séjour à disposition des hôtes. Situées à 12 km de Chatellerault. Plan d'eau 4 km. Planche à voile 8 km. Parc du Futuroscope 16 km. Réserve floristique et faunistique 1 km. Accueil chaleureux et convivial chez des propriétaires passionnés de théatre et de nature. Gare 12 km. Commerces sur place. Ouvert toute l'année.

Prix : 1 pers. **150 F** 2 pers. **180/210 F** 3 pers. **250 F**

6	SP	6	2	SP	4	6	SP	8

GEAIS Michel et Liliane – 3 rue des Ardentes – 86210 Vouneuil-sur-Vienne – Tél. : 49.85.12.38 ou SR : 49.49.59.59.

Vouneuil-sur-Vienne Chabonne   *C.M. n° 68 — Pli n° 4*

♨♨ NN 1 ensemble famille comprenant 2 ch. à l'étage d'une maison indépendante, (1 lit 2 pers.), mezzanine (1 lit 1 pers.). Coin-salon. S.d.b. et wc pour les 2 ch. Au r.d.c., séjour réservé aux hôtes (TV, revues), kichenette, véranda. Parc d'agrément d'1 ha, ping-pong, poss. de promenades, vallée de la Vienne, forêt, réserve naturelle. Garage voitures. Ouvert toute l'année. Animaux acceptés après accord des propriétaires. Anglais parlé. Vous serez logés dans la résidence du Professeur Camille Guerin, inventeur avec M. Calmette, du vaccin anti-tuberculeux BCG. Gare 14 km. Commerces 1 km. Anglais et allemand parlés.

Prix : 1 pers. **180 F** 2 pers. **220 F** 3 pers. **270 F**

8	1	8	2	1	,	8	2	8

GUERIN-THENAULT Francoise – Domaine de Camille Guerin - Chabonne – 86210 Vouneuil-sur-Vienne – Tél. : 49.85.10.40 ou SR : 49.49.59.59.

Vouneuil-sur-Vienne La Pocterie   *C.M. n° 68 — Pli n° 4*

♨♨♨ NN Dans une belle maison de caractère, 1 ch. au r.d.c. (1 lit 2 pers. 1 lit 1 pers.), s. d'eau et wc privatifs, 2 ch. à l'étage, 1 grande ch. (1 lit 2 pers. 1 convertible 1 pers.), avec s. d'eau et wc privés. 1 ch. classée 2 épis (1 lit 2 pers.), douche, lavabo privatifs, wc réservés aux hôtes. Séjour avec cheminée, livres. Grand jardin calme et fleuri. Anglais parlé. Salon de jardin. Terrasse couverte. Belle vue sur la vallée de la Vienne. Piscine (baignade non surveillée). Prestations raffinées. Circuit de la vallée de la Vienne. Promenade en forêt et réserve naturelle à proximité. Parc de loisirs de Saint-Cyr à 11 km. Futuroscope à 17 km. Ouvert toute l'année.

Prix : 1 pers. **190 F** 2 pers. **260 F** 3 pers. **320 F**

SP	3	11	4	1	3	11	SP	11

POUSSARD Martine – La Pocterie – 86210 Vouneuil-sur-Vienne – Tél. : 49.85.11.96 ou SR : 49.49.59.59.

Vouneuil-sur-Vienne Les Hauts de Chabonnes *C.M. n° 68 — Pli n° 4*

♨♨♨ NN (TH) Dans hameau au r.d.c. d'une dépendance dans la cour des propriétaires 3 chambres (1 lit 2 pers. 1 lit 1 pers.), salle d'eau et wc privatifs pour chacune. Au 1er étage : 2 ch. classée 2 épis (1 lit 2 pers.) s.d.b. privatives, 1 ch. classée 2 épis dans maison des propriétaires, salon avec cheminée, TV, livres revues à disposition des hôtes. Jardin. A 15 km du Futuroscope et 6 km du parc de loisirs de Saint-Cyr et 500 m de la forêt et réserve naturelle floristique et faunistique. Location de matériel. Hors saison et + de 3 nuits : réduction de 10 %. Gare 15 km. Commerces 1 km. Ouvert toute l'année. Anglais parlé.

Prix : 1 pers. **220 F** 2 pers. **230/260 F** 3 pers. **330 F**
repas **90 F**

6	1	6	2	6	3	6	SP	6

PENOT Florence – Les Hauts de Chabonne – 86210 Vouneuil-sur-Vienne – Tél. : 49.85.28.25 ou SR : 49.49.59.59. – Fax : 49.85.55.17

ILE-DE-FRANCE

Pour réserver, écrire ou téléphoner :

77 - SEINE-ET-MARNE
Gîtes de France
Maison du Tourisme
Château Soubiran – B.P. 144
77194 DAMMARIE-LES-LYS Cedex
Tél. : 16.1.64.10.10.64
Fax : 16.1.64.10.10.65

78 - YVELINES
Gîtes de France
2, place André-Mignot
78012 VERSAILLES Cedex
Tél. : 16.1.30.21.36.73
Fax : 16.1.30.97.78.87

91 - ESSONNE
Gîtes de France
2, cours Monseigneur-Romero
91025 ÉVRY Cedex
Tél. : 16.1.64.97.23.81
Fax : 16.1.64.97.35.13

95 - VAL-D'OISE
Gîtes de France
Château de La Motte - Rue François de
Ⓡ Ganay
95270 LUZARCHES
Tél. : 16.1.34.71.90.00
Fax : 16.1.30.29.80.86

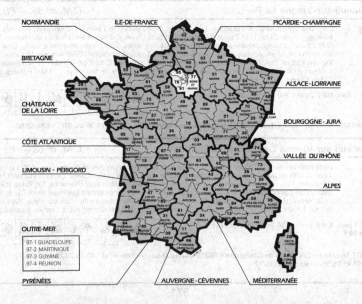

NORMANDIE
ILE-DE-FRANCE
PICARDIE-CHAMPAGNE
BRETAGNE
ALSACE-LORRAINE
CHÂTEAUX DE LA LOIRE
BOURGOGNE-JURA
CÔTE ATLANTIQUE
VALLÉE DU RHÔNE
LIMOUSIN - PÉRIGORD
ALPES

OUTRE-MER
97-1 GUADELOUPE
97-2 MARTINIQUE
97-3 GUYANE
97-4 RÉUNION

PYRÉNÉES
AUVERGNE - CÉVENNES
MÉDITERRANÉE

Bazoches-les-Bray

♥♥♥ NN
(TH)

A la ferme, 1 chambre d'hôtes dans une maison indépendante dans le village, accueil sympathique. 1 chambre 3 pers. (1 lit 2 pers. + 1 lit 1 pers), salle d'eau, wc privés. Salle des petits déjeuners avec coin-cheminée. Bibliothèque. Jardin. Terrasse. Terrain clos. Ping-pong. Table d'hôtes sur réservation. Animaux admis sous réserve. Location de vélos. Voile 20 km. Bray sur Seine 4 km. Provins 20 km. Gare 18 km. Commerces sur place.

Prix : 1 pers. **205 F** 2 pers. **235 F** 3 pers. **320 F** pers. sup. **90 F** repas **90 F**

♣	⛵	🚲	🏇	⛷	🎿	🗼
3	4	3	7	SP	20	90

BENOIT Laurence – 13 rue de la Poterne – 77118 Bazoches-Les Bray – Tél. : 1.60.67.14.05

Bois-le-Roi
C.M. n° 237 — Pli n° 43

♥♥♥ NN

Très belle maison de village, décorée avec goût. Vaste jardin. Terrasse. Vaste séjour (TV, cheminée). Rez-de-chaussée, salle des petits déjeuners. 1er étage, 2 ch. 2 pers. Poss. 1 lit suppl. Salles de bains privées, wc. Bibliothèque. Base de loisirs et nombreuses activités tout près. Paris à 35 mn par train. Escalade. Commerces 500 m. Gare 1,5 km.

Prix : 1 pers. **205 F** 2 pers. **235 F** 3 pers. **320 F** pers. sup. **90 F**

🐕	♣	⛵	🚲	🍽	🏇	⛷	🎿	🗼
	0,8	1,5	1,5	0,5	1,5	1,5	1,5	50

BERTRAND Dominique et Suzanne – 22 rue Guido Sigriste – 77590 Bois-le-Roi – Tél. : 1.60.69.14.21 ou 84.21.18.92

Boissy-aux-Cailles Marlanval

♥♥♥ NN
(TH)

2 ch. d'hôtes spacieuses et décorées avec goût aménagées à l'étage. 1 chambre double + 1 chambre (1 lit 2 pers. 1 lit 1 pers.), avec salle d'eau, wc privés. Au rez-de-chaussée, salle des petits déjeuners et table d'hôtes. Terrasse aménagée. Gare 8 km. Commerces 5 km. Belle ferme en lisière de la forêt de Fontainebleau avec grande cour paysagère. Repas tout compris. Calme et détente assurés. Accueil convivial. Anglais parlé. Varappe et base de loisirs à 4 km.

Prix : 1 pers. **205 F** 2 pers. **235 F** 3 pers. **320 F** pers. sup. **90 F** repas **85 F**

🐕	♣	⛵	🚲	🏇	⛷	🎿	🗼
	SP	18	6	5	4	18	60

POCHON Patrick et Anne – Ferme Aux Cailles - 9 rue des Saules - Marlanval – 77760 Boissy-aux-Cailles – Tél. : 1.64.24.57.69 – Fax : 1.64.24.56.46

Breau Ferme-Relais-du-Couvent

♥♥♥ NN
(TH)

Très belle ferme restaurée où 3 chambres d'hôtes sont aménagées. 1 chambre 2 pers. 1 chambre 3 pers. 1 chambre 4 pers. avec chacune, salle d'eau et wc. Salle pour petits déjeuners et la table d'hôtes, au rez-de-chaussée. Table d'hôtes : boissons en suppl. 6 ha de terrain. Spécialités de la ferme : le vol en montgolfière et paramoteur, VTT. Poss. baby-sitting. 1 gîte de groupe et 3 gîtes ruraux à la ferme. Gare 7 km. Commerces 1 km. Melun 15 km. Anglais parlé.

Prix : 1 pers. **205 F** 2 pers. **235 F** 3 pers. **320 F** pers. sup. **90 F** repas **69 F**

🐕	♣	⛵	🚲	🏇	⛷	🎿	🗼
	SP	7	2	3	SP	5	50

LEGRAND Nicole et Jacques – Ferme Relais du Couvent – 77720 Breau – Tél. : 1.64.38.75.15 – Fax : 1.64.38.75.75

Cely-en-Biere

♥♥♥ NN

Alt. : 500 m — A 14 km de Fontainebleau et à 6 km de Barbizon. Très belle ferme dans une magnifique région. Vaste terrain. Jardin. Meubles de jardin. Séjour/salon au r.d.c. Au 1er étage, très grande chambre 3 pers. meublée avec goût (1 lit 2 pers. 1 lit 1 pers.). Salle d'eau et wc privés au r.d.c. Dans bâtiment annexe, 1 chambre (2 lits 1 pers.), salle d'eau et wc privés. Italien parlé. Très belle maison. Mobilier de grande qualité. Beaucoup de caractère et de charme. Région très touristique avec de nombreuses promenades alentours. Fontainebleau (Forêt et Palais). Barbizon, village des peintres paysagistes. Domaine de Vaux le Vicomte. Vallée de la Seine. Gare 14 km.

Prix : 1 pers. **205 F** 2 pers. **235 F** 3 pers. **320 F** pers. sup. **90 F**

🐕	♣	⛵	🚲	🍽	🏇	⛷	🎿	🗼
	5	6	0,2	SP	2	0,5	0,3	50

BOURDIN Jean et Rita – 23 rue de la Mairie – 77930 Cely-en-Biere – Tél. : 1.64.38.05.96

Cessoy-en-Montois Le Petit Cessoy

♥♥♥♥ NN
(TH)

Au 1er étage, 2 chambres de 2 pers. spacieuses avec salles d'eau et wc séparés. 1 ch. familiale (2 ch. communicantes) avec salle de bains et wc séparés. TV et téléphone dans les chambres. Salon de détente, salle à manger avec cheminée. Table d'hôtes de qualité. Gare 12 km, commerces 4 km. Ouvert toute l'année. Espagnol, anglais et allemand parlés. Beaucoup de charme pour cette ancienne ferme rénovée dans la très belle région du Montois. Beau parc et calme assuré. Cadre et accueil chaleureux. Soirées spectacles sur demande. Nombreuses activités sur place. Provins 15 km.

Prix : 1 pers. **350 F** 2 pers. **400 F** pers. sup. **90 F** repas **100 F**

🐕	♣	⛵	🚲	🍽	🏇	⛷	🎿	🗼
	4	12	0,2	4	4	3	15	80

DINEUR Sylvie et Philippe – Le Clos Thibaud de Champagne - Le Petit Cessoy – 77520 Cessoy-en-Montois – Tél. : 1.60.67.32.10 – Fax : 1.64.01.36.50

Champeaux
C.M. n° 237 — Pli n° 42

♥♥ NN

Sur une petite exploitation agricole, à proximité du château d'Aulnoy, 2 ch. 2 pers. avec salle d'eau commune aux 2 chambres. 1 ch. 3 pers. 3 épis NN, salle d'eau, wc privés. Salle de séjour, salon, TV, terrasse, jardin. A proximité du domaine de Vaux-le-Vicomte. Baby-sitting.

Prix : 1 pers. **175/205 F** 2 pers. **205/235 F** 3 pers. **280/320 F** pers. sup. **80/90 F**

🐕	♣	⛵	🚲	🍽	🏇	⛷	🗼
	SP	12	0,5	1	15	1	18

LE GALL Paul et Henriette – Rue du Chateau d'Aulnoy – 77720 Champeaux – Tél. : 1.60.66.92.86

La Chapelle-Iger

♥♥♥ NN

1 chambre (2 pers.) avec salle d'eau et wc privés. Grande salle et salon, véranda. La Source à 4 km de Rozay-en-brie, 17 km de Champeaux et 25 km de Disneyland Paris. 1 chambre confortable aménagée dans une ancienne laiterie rénovée. Week-end à thème, remise en forme (musicothérapie thérapie manuelle, énergétique et relaxation). Accueil sympathique. Gare 13 km, commerces 1,5 km. Ouvert toute l'année. Anglais parlé. Possibilité de table d'hôtes sur réservation.

Prix : 1 pers. **205 F** 2 pers. **235 F** pers. sup. **90 F**

10	4	3	SP	10	56

MESMAQUE Francine – 4 rue du Marechal Leclerc – 77540 La Chapelle-Iger – Tél. : 1.64.42.91.99

Le Chatelet-en-Brie La Borde

♥♥♥ NN
(TH)

Alt. : 500 m — A 12 km de Melun et à 5 km du Châtelet en Brie. Très belle maison ancienne rénovée dans un hameau. Calme. Terrain clos. Jardin. Meubles de jardin. Jeux pour enfants. Terrasse. Au rez-de-chaussée : salon/salle à manger avec cheminée et TV. Au 1er étage : 2 chambres de 2 pers. avec salle d'eau particulière. WC. Chauffage central. Anglais parlé. Vélos. Table d'hôtes : spécialités de terrines et de pâtisseries maison. Nombreux jeux sur place (boules, vélos...). Nombreux sites touristiques à proximité (Vaux le Vicomte, Fontainebleau, Barbizon, etc...). Paris-Gare de Lyon : 30 mn en train. Sortie A5 3 km. Cours de cuisine. Poss. transfert SNCF Melun.

Prix : 1 pers. **200 F** 2 pers. **235 F** pers. sup. **90 F** repas **100 F**

0,5	12	5	SP	8	5	10	60

GUERIF Yves et Nadine – 16 Grande Rue - Hameau de la Borde – 77820 Le Chatelet-en-Brie – Tél. : 1.60.66.60.54

Le Chatelet-en-Brie C.M. n° 237 — Pli n° 43

♥♥

« La Fauconnière », 3 chambres d'hôtes sont aménagées. 1 chambre 2 pers., 1 chambre 3 pers. avec salle de bains commune aux chambres. 1 chambre 2 pers. avec salle d'eau. Séjour. Salon à la disposition. Jardin. Terrain. pré. Abri couvert. A 14 km du Domaine de Vaux-le-Vicomte. Gare 7 km, commerces 3 km.

Prix : 1 pers. **175 F** 2 pers. **205 F** 3 pers. **280 F** pers. sup. **80 F**

2	7	0,1	3	2	3	7	57

DUMORTIER Pierre et Monique – Ferme de la Fauconniere – 77820 Le Chatelet-en-Brie – Tél. : 1.60.69.40.45

Chatres Le Portail Bleu

♥♥♥ NN
(TH)

1 chambre au rez-de-chaussée avec un lit 2 pers. Salle de bains et wc séparés, salle à manger/salon avec cheminée, mobilier et décoration soignés. 1 chambre familiale à l'étage (4 pers.). Gare 7 km, commerces 5 km. Ouvert toute l'année. Anglais parlé. Dans un joli village situé à 7 km de Tournan-en-Brie, 20 mn de Disneyland Paris. Calme et détente. Cuisine familiale de qualité à la table d'hôtes, vin non compris. Week-end à thèmes et nombreux loisirs de proximité.

Prix : 1 pers. **205 F** 2 pers. **235 F** 3 pers. **320 F** pers. sup. **90 F** repas **90 F**

0,5	5	5	5	5	0,3	25	45

LAURENT Pierre et Dominique – Le Portail Bleu - 2 Route de Fontenay – 77610 Chatres – Tél. : 1.64.25.84.94 – Fax : 1.64.25.84.94

Chaumes-en-Brie Ferme-de-Forest

♥♥♥ NN

4 ch. d'hôtes au rez-de-chaussée. 3 ch. (2 lits 1 pers. chacune), 1 ch. (3 lits 1 pers.). Poss. lit bébé. Salle d'eau + wc privés. Salle rustique pour les petits-déjeuners. TV sattelite dans les ch. (chaînes européennes). Ch. central au gaz. Grande cour. Pelouse. Salon de jardin. Voile 15 km. Gare 3 km. Commerces 2 km. Chaumes en Brie 2 km. Disneyland Paris 20 km. Meaux 25 km. Anglais parlé. Salon de jardin. Vélos sur place. Voile 15 km. Accueil convivial dans cette belle ferme de caractère. Calme et détente assurés. Nombreuses promenades. 1 chambre accessible aux personnes handicapées. Petits animaux admis sous réserve.

Prix : 1 pers. **205 F** 2 pers. **235 F** 3 pers. **320 F** pers. sup. **90 F**

SP	6	2	1	2	45

VANDEWEGHE Patrick et M.Joseph – Ferme de Forest - 1 Grande Rue – 77390 Chaumes-en-Brie – Tél. : 1.64.06.27.35 – Fax : 1.64.06.25.33

Courpalay Ferme de Gratteloup

♥♥♥ NN
(TH)

4 chambres de 2,3 et 4 pers. avec salle d'eau et wc individuels. TV dans les chambres. Table d'hôtes : salle rustique avec salon détente au coin du feu l'hiver, à l'ombre des parasols l'été. Barbecue, cuisine traditionnelle. Gare 10 km, commerces 1 km. Ouvert toute l'année. Anglais parlé. Ferme de caractère rénovée à 20 km de Disneyland Paris. Isolée, calme sur un terrain valonné de 3 ha. Ferme équestre, accueil de cavaliers randonneurs. Ambiance chaleureuse. Melun 25 km.

Prix : 1 pers. **205 F** 2 pers. **235 F** 3 pers. **320 F** pers. sup. **90 F** repas **70 F**

4	5	1	1	SP	1	12	45

BERTRAND Patrick – Ferme de Gratteloup – 77540 Courpalay – Tél. : 1.64.25.63.04

Crecy-la-Chapelle

♥♥♥ NN

Maison située dans le bourg, bordé par une rivière, une chambre agréable avec accès de plain-pied donnant sur un jardin clos, 2 lits 1 pers. 1 lit bébé. Salle d'eau, wc privés. Salon. TV. Grand séjour rustique. Salle pour petits-déjeuners. Chauffage central. Piscine couverte et chauffée. Jardin spacieux. Gare 500 m. Commerces sur place. Euro Disney 7 km. Nombreux sites touristiques aux alentours. Voile 15 km. Anglais, allemand et espagnol parlés.

Prix : 1 pers. **175 F** 2 pers. **205 F** pers. sup. **75 F**

2	SP	SP	1	0,1	1	45

DUFOUR Muguette – 63 rue du General Leclerc – 77580 Crecy-la-Chapelle – Tél. : 1.64.63.83.89 – Fax : 1.64.63.92.65

Seine-et-Marne   *Ile-de-France*

Crisenoy Vert-Saint-Pere   *C.M. n° 196 — Pli n° 10*

❦❦❦ 1 chambre d'hôtes 3 pers. et 1 chambre/suite au 1er étage avec entrée indépendante (1 lit 2 pers. 1 lit 1 pers.), salle d'eau et wc indépendants. Poss. cuisine. Dans un très beau corps de ferme, avec entrée indépendante. Salle d'eau particulière. WC indépendants. Salle de séjour. Salon. Jardin. Accès RN 36. Anglais et espagnol parlés. A 10 mn du château de Vaux-le-Vicomte. Accueil possible à l'aéroport. Gare 12 km. Commerces 6 km.

Prix : 1 pers. **205 F** 2 pers. **235 F** 3 pers. **320 F**

12	5	6	6	2	18	

MAUBAN Philippe et Jeanne – 77390 Crisenoy – Tél. : 1.64.38.83.51

Crisenoy   *C.M. n° 237 — Pli n° 42*

❦❦ 4 chambres aménagées dans un très beau corps de ferme. Au 1er étage : 2 chambres 4 pers. 1 chambre 2 pers. Salle d'eau et wc communs. Salle d'eau particulière. Au rez-de-chaussée, 1 chambre 3 pers. Salle d'eau privée. Séjour, TV, cheminée. Jardin. Accueil chaleureux. Ambiance sympathique. Commerces 6 km. Baby-sitting.

Prix : 1 pers. **175 F** 2 pers. **205 F** 3 pers. **280 F** pers. sup. **80 F**

5	12	5	6	6	1	15

CHATTE Didier et Francoise – 2 rue de l'Eglise – 77390 Crisenoy – Tél. : 1.64.38.82.79 – Fax : 1.64.38.84.01

Crisenoy   *C.M. n° 237 — Pli n° 42*

❦❦❦ NN Maison briarde rénovée avec goût. 2 chambres 2 pers. au 1er étage et 1 ch. (1 lit 2 pers.), de plain-pied. Lit enfant. Lavabos dans les chambres. Salle d'eau pour chaque chambre avec wc. Salle commune des petits déjeuners au rez-de-chaussée. Accueil chaleureux. Détente assurée. Terrasse, jardin, parking, meubles de jardin. 3e chambre (2 pers.) en finition. Gare 12 km. Commerces 6 km.

Prix : 1 pers. **205 F** 2 pers. **235 F** pers. sup. **90 F**

5	12	5	6	6	2	15

VALERY Alain et Josette – 6 rue de l'Eglise – 77390 Crisenoy – Tél. : 1.64.38.83.20

Croissy-Beaubourg

❦❦❦ NN Belle demeure du XVIIIe siècle : 2 chambres d'hôtes à l'étage. 1 ch. (2 pers.), 1 ch. familiale 4/5 pers., salle d'eau + wc privés. Salon avec cheminée. TV. Salle pour petits déjeuners. Véranda. Environnement paisible. Calme et détente. Animaux admis sous réserve. Euro Disney 10 km. Torcy 2 km. Gare 3 km. Commerces sur place. Voile 15 km. Anglais parlé. Parc arboré de 2 ha. avec étang à l'orée de la forêt de Ferrières. Accès par autoroute A4 ou par la Francilienne. Tables de pique-nique. Organisation de visites ou circuits avec location de voitures. Baby-sitting. Famille bilingue.

Prix : 1 pers. **205 F** 2 pers. **235 F** 3 pers. **320 F** pers. sup. **90 F**

SP	15	SP	20	2	10	25

PASQUIER J.Louis et Christine – Allee Clotomont – 77183 Croissy-Beaubourg – Tél. : 1.60.06.44.50 – Fax : 1.60.05.03.45

Dammarie-les-Lys   *C.M. n° 237 — Pli n° 42*

❦❦❦ NN Belle ferme d'élevage. Accueil chaleureux. 1 chambre familiale (1 lit 2 pers. superposés dans chaque chambre mitoyenne), avec salle d'eau et wc. 1 chambre 3 pers. avec salle de bains et wc indépendants. Séjour. Salon à disposition. Très beau jardin. Patinoire. Stages d'aquarelle et de peinture (Mme Lemarchand est artiste peintre). Gare 1 km. Commerces 2 km.

Prix : 1 pers. **205 F** 2 pers. **235 F** pers. sup. **90 F**

7	4	1	3	8	5	40

LEMARCHAND Genevieve – Vosves - 155 rue de Boissise – 77190 Dammarie-Les Lys – Tél. : 1.64.39.22.28

Dormelles

❦❦❦ NN Au rez-de-chaussée, salle pour les petits déjeuners. 1 chambre 2 pers. au 1er étage d'un bâtiment indépendant. Salle d'eau et wc privés. Chauffage central. Décoration soignée. Gare 10 km. Commerces 100 m. Possibilité 1 ch. mitoyenne pour famille (2 pers.) A 18 km de Fontainebleau et à 10 km de Moret sur Loing. Très belle région. Maison avec beaucoup de caractère. Vaste jardin. Le propriétaire est artisan (cuir).

Prix : 1 pers. **205 F** 2 pers. **235 F** pers. sup. **90 F**

1	10	2	3	3	2	10	75

LARGILLIERE Guy – Les Bois de Dormelles - 17 rue de la Mare Aux Loups – 77130 Dormelles – Tél. : 1.60.96.62.46 – Fax : 1.64.70.90.90

Echouboulains Ferme-de-la-Recette

❦❦❦ NN 3 chambres d'hôtes confortables à la décoration soignée sont aménagées à l'étage. 1 chambre (1 lit 2 pers.) et 2 chambre (2 lits 1 pers. chacune). Salle d'eau et wc privés. Grande ferme avec beaucoup de charme où l'on vous réserve un accueil chaleureux. Jardin. Vente de produits fermiers. Ferme-auberge et gîte rural sur place. Gîte de groupe. Gare 10 km. Commerces 2,5 km. Melun et Fontainebleau à 12 km. Voile 20 km.

Prix : 1 pers. **205 F** 2 pers. **235 F** pers. sup. **90 F**

1	10	10	10	2,5	15	65

DUFOUR Philippe et Pascale – Ferme de la Recette - 3 rue du Moulin - Echou – 77820 Echouboulains – Tél. : 1.64.31.81.09 – Fax : 1.64.31.89.42

Egreville

Dans une maison moderne, à 500 m du centre de la commune, 2 ch. d'hôtes de 2 pers. + 1 lit 1 pers., situées au 1er étage avec salle d'eau commune aux chambres. Salle de séjour. Salon. TV. Terrasse. Beau village avec vieilles halles du XVIe siècle. Baignade, voile. Gare 10 km. Commerces 500 m.

Prix : 1 pers. **175 F** 2 pers. **205 F** pers. sup. **80 F**

3	0,5	10	5	0,1	15	90	

DELANDRE Roger et Genevieve – 21 Route de Bransles – 77620 Egreville – Tél. : 1.64.29.51.85

La Ferte-Gaucher Les Granges

TH

3 chambres d'hôtes confortables. 2 chambre (1 lits 2 pers.), 1 chambre (1 lit 2 pers. 1 lit 1 pers.). Salle d'eau, wc privés à chaque chambre. Salle pour petits déjeuners et la table d'hôtes. Belle salle rustique. Accueil à la ferme des Granges située dans un écrin de verdure. Cadre agréable. Ambiance sympatique. Table d'hôtes sur réservation. Anglais parlé. Soirée à thèmes. Salle de réceptions. Séminaires. Promenades diverses aux alentours dans la vallée du Grand et Petit Morin. Voile 5 km. Parachutisme 2 km. Gare et commerces à 1,5 km. Euro Disney 30 km.

Prix : 1 pers. **205 F** 2 pers. **235 F** 3 pers. **320 F**
pers. sup. **90 F** repas **90 F**

SP	2	0,1	4	5	22	80

VAN AUTREVE Claude et Edwige – Ferme Les Granges – 77320 La Ferte-Gaucher – Tél. : 1.64.04.00.91

Germigny-l'Eveque

2 chambres d'hôtes aménagées dans une maison indépendante située dans le village. 2 chambres 2 pers. 1 salle d'eau et wc et 1 salle de bains. wc. Terrasse. Terrain boisé autour de la maison. Gare 1 km. Commerces 5 km.

Prix : 1 pers. **205 F** 2 pers. **235 F**

1	10	1	3	10	2	0,5	55

BERSOUX Daniele – Germigny l'Eveque - 12 Chemin du Heurt – 77910 Varreddes – Tél. : 1.60.25.27.61

Grez-sur-Loing

Très belle maison de village habitée par un artiste peintre et sa famille. 1 chambre de 2 pers. Au 1er étage : cuisine à l'ancienne très agréable. Séjour accueillant. Salle de bains et wc privés. Vaste cour et jardin. Terrasse. Accueil chaleureux. Découverte des œuvres du propriétaire. Gare 5 km. Commerces sur place.

Prix : 1 pers. **205 F** 2 pers. **235 F**

0,3	5	0,3	1	3	1	10	70

ANSERMET Roland et Colette – 45 rue Wilson – 77880 Grez-sur-Loing – Tél. : 1.64.45.95.02

Grisy-sur-Seine Ferme-de-Toussacq

Au rez-de-chaussée, accueil, salle petits déjeuners et de détente, 3 chambres de 3 et 2 pers. A l'étage, 2 ch. à la décoration rustique et soignée (1 lit 2 pers. 4 lits 1 pers.), salle d'eau et wc privatifs. Gare 15 km, commerces 6 km. Ouvert toute l'année. Anglais parlé. Ferme de Toussacq, D.411 à 6 km de Bray-sur-Seine, 3 km de Villenauxe-la-Petite. 5 belles chambres confortables dans un corps de ferme rénové, bordé par la Seine. Calme et détente assurés.

Prix : 1 pers. **205 F** 2 pers. **235 F** pers. sup. **90 F**

13	SP	14	3	50	95

**COLAS Dominique et Jean-Louis – Ferme de Toussacq - D.411 – 77480 Grisy-sur-Seine – Tél. : 1.64.01.82.90 –
Fax : 1.64.01.82.61**

Grisy-sur-Seine Ouinottes

TH

R.d.c., salon de détente, TV, séjour pour la table d'hôtes. Terrasse, grand jardin. Et., 2 ch. (2 pers.), cabinet de toilette sur le palier, salles de bains au r.d.c. Belle propriété, calme et détente assurés. Gare 17 km, commerces 7 km. Ouvert toute l'année. Anglais parlé. Pension du vendredi 18 h au dimanche 20 h, 1000 F/1 pers. Animaux acceptés sous réserve. Accès à la Seine. Relais des pêcheurs 77. Ouinottes à 7 km de Bray-sur-Seine, 20 km de Provins. Paradis des pêcheurs, Seine, Yonne, rivières, canal ; Pêche 1ere et 2e catégories. De mai à septembre, tous poissons. Ecole de pêche et accompagnateur sur place. Fabrication de lignes, flotteurs...

Prix : 1 pers. **175 F** 2 pers. **205 F** pers. sup. **80 F** repas **75 F**

14	SP	15	5	52	98

RELAIS DES PECHEURS 77 – Ouinottes - 1 Route de Noyen – 77480 Grisy-sur-Seine – Tél. : 1.64.01.89.07

Grisy-sur-Seine Ouinottes

TH

En rez-de-chaussée : 1 chambre familiale communicante pouvant acceuillir 5 personnes ; salle d'eau et wc privés. Séjour, coin-salon, télévision. Cour avec salon de jardin. Gare 17 km, commerces 7 km. Anglais parlé. Ouvert toute l'année. A 7 km de Bray-sur-Seine et 20 km de Provins. Accueil convivial. Promenade donnant directement au bord de la Seine. Animaux acceptés sous conditions. Produits de la ferme.

Prix : 1 pers. **175 F** 2 pers. **205 F** 3 pers. **280 F**
pers. sup. **80 F** repas **70 F**

14	SP	15	5	52	98

FLON Martine et Philippe – Ouinottes - 1 Ferme de Ouinottes – 77480 Grisy-sur-Seine – Tél. : 1.64.01.85.31

Seine-et-Marne *Ile-de-France*

Guignes

♦♦♦ NN Maison briarde en pierres de pays avec jardinet. 2 chambres à l'étage (2 pers.), avec salle d'eau ou salle de bains chacune, wc privatifs. 1 ch. 3 pers. en finitions. Salle petits déjeuners et de détente au rez-de-chaussée. A 12 km de Melun et 40 mn d'Eurodisney. Anglais parlé. Gare 3 km, commerces 500 m. Ouvert toute l'année. La maison est située devant la place ombragée du village et de la ferme-château. Possibilité de table d'hôtes sur réservation.

Prix : 1 pers. **205 F** 2 pers. **235 F** pers. sup. **90 F**

1	2	5	0,2	15	40

ROFE Francoise et Antony – 26 rue de Mortry – 77390 Guignes – Tél. : 1.64.06.34.13

La Haute-Maison Ferme-des-Arceries

♦♦ NN 2 chambres d'hôtes (2 pers.) aménagées à l'étage d'une maison mitoyenne, dans un bel ensemble de 3 gîtes. Salle d'eau, wc privés. Au rez-de-chaussée, salle pour les petits déjeuners. Calme et détente assurés. Jardin avec mobilier. Gare 12 km. Commerces 5 km. Coulommiers 11 km. Euro Disney 20 km. Circuit cyclo 25 km. Ponit-phone.

Prix : 1 pers. **175 F** 2 pers. **205 F** pers. sup. **80 F**

0,1	12	4	5	4	12	50

BOUTOUR Jean et Josette – Ferme des Arceries – 77580 La Haute-Maison – Tél. : 1.60.25.70.33 –
Fax : 1.60.25.75.91

Hericy *C.M. n° 237 — Pli n° 43*

♦♦ 2 chambres d'hôtes aménagées dans une maison proche du bourg et du bord de Seine. 1 chambre 2 pers., 1 chambre 3 pers. avec salle d'eau commune aux chambres. Salle de séjour, salon avec TV à la disposition des hôtes. Jardin, terrain. Rivière, baignade, voile, sur place. Patinoire 15 km. Produits fermiers sur place. Gare 300 m. Commerces 100 m.

Prix : 1 pers. **175 F** 2 pers. **205 F** pers. sup. **80 F**

0,5	4	0,3	5	6	3	60

MADAMOUR Roger et Josette – Le Relais - 1 rue Elie Rousselot – 77850 Hericy – Tél. : 1.64.23.63.54

Jouarre Ferme-de-la-Brosse

♦♦ NN (TH) 5 chambres de style rustique aménagées au rez-de-chaussée dont 2 communicantes, dans une aile de la ferme. 3 ch. 2 pers. 2 ch. 3 pers. Salle d'eau, wc privés. Salle des petits déjeuners avec cheminée. Grande ferme briarde avec cour fermée. Gare 17 km. Commerces 8 km. Nombreux sites et promenades aux alentours. Meaux 18 km. Euro Disney 12 km. Salon de jardin.

Prix : 1 pers. **175 F** 2 pers. **205 F** pers. sup. **80 F** repas **70 F**

1,5	12	4	12	8	12	60

VAN PRAET Marie-Therese – Ferme « La Brosse » - D.19 – 77640 Jouarre – Tél. : 1.60.22.15.14 –
Fax : 1.60.22.36.58

Jouy-le-Chatel Le Petit Paris

♦♦ NN 2 chambres dont 1 ch. à l'étage 2 pers. avec salle d'eau et wc non communicants, au rez-de-chaussée, 1 ch. familiale 4 pers. avec cabinet de toilette, salle d'eau et wc privés. Salon, salle de billard. Très beau jardin fleuri. Gare 15 km, commerces 2 km. Ouvert toute l'année. Anglais parlé. Disneyland Paris 35 km, hameau du Petit-Paris, calme et détente assurés. Vélos sur place. Promenades aux alentours. Salle de ping-pong. Provins et Nangis 15 km.

Prix : 1 pers. **175 F** 2 pers. **205 F** 3 pers. **280 F**
pers. sup. **80 F**

0,5	15	8	5	2	2	20	60

DIVET Raymonde et Daniel – Le Petit Paris - 9 rue du Lavoir – 77970 Jouy-le-Chatel – Tél. : 1.64.01.55.98

Liverdy

♦♦♦ NN (TH) Au rez-de-chaussée : salle petits déjeuners et table d'hôtes le soir (sur réservation), TV. 1 ch. (3 épis NN), confortable à la décoration soignée (2 pers.), salle d'eau, wc privés, ouvrant sur le jardin. A l'étage, 1 ch. (2 épis NN 2 pers.) avec poss. 1 ch. enfants, salle d'eau, wc attenants. Gare 15 km, commerces 8 km. Anglais parlé. Ouvert toute l'année. Vins non compris dans le prix repas. Tournan-en-Brie 7 km, Melun et Eurodisney 20 km. Week-end à thèmes, remise en forme, cours de cuisine diététique, massage californien. Randonnées vélos avec pique-nique. Petit-déjeuner gastronomique sur demande.

Prix : 1 pers. **175/205 F** 2 pers. **205/235 F**
pers. sup. **80/90 F** repas **85 F**

1	5	1	0,5	10	35

CONSTANCIS Michelle – 21 rue de la Croix de Retal – 77220 Liverdy – Tél. : 1.64.25.82.10 – Fax : 1.64.25.58.21

Lizines *C.M. n° 237 — Pli n° 44*

♦♦♦ (TH) 3 chambres d'hôtes très agréables aménagées dans un corps de ferme. Au rez-de-chaussée, 1 ch. 2 pers. avec salle d'eau, wc. 1 ch. 3 pers. 1 ch. 2 pers. avec salle d'eau, wc indép. Séjour. Petits déjeuners avec produits fermiers. Table d'hôtes le soir uniquement sauf le vendredi. Accueil chaleureux. Ambiance familiale. TV dans les chambres. Coin-cuisine à disposition. Ferme adossée à une belle église. A 12 km de la cité médiévale de Provins. Nombreuses visites aux alentours. Gare 12 km. Commerces 4 km.

Prix : 1 pers. **205 F** 2 pers. **235 F** repas **60 F**

15	12	15	SP	15	4	80

DORMION Jean-Marie et Annick – 24 rue de Perre - Lizines – 77650 Longueville – Tél. : 1.60.67.32.47 –
Fax : 1.60.67.32.47

Lizines

❄❄❄ NN
(TH)

A la ferme, 5 ch. d'hôtes confortables et spacieuses. 1 ch. double au rez-de-chaussée et 2 ch. 3 pers. à l'étage, face à la ferme des propriétaire. Salle de bains et wc privés. TV et réfrigérateur dans les ch. Salon de jardin. 2 ch. indépendants à l'étage chez le propriétaire. Ambiance familiale et chaleureuse. Gare 12 km. Commerces 4 km. Région touristique. Provins 12 km.

Prix : 1 pers. **205 F** 2 pers. **235 F** 3 pers. **320 F**
pers. sup. **90 F** repas **80 F**

🌲	⛵	🚴	🏇	🗼
15	12	8	12	80

DORMION J.Claude et Christine – 2 rue des Glycines – 77650 Lizines – Tél. : 1.60.67.32.56 – Fax : 1.60.67.32.56

Mainbervilliers

❄❄❄ NN
(TH)

2 chambres d'hôtes de style rustique et spacieuses sont aménagées à l'étage. 1 chambre (1 lit 2 pers.), 1 chambre (1 lit 2 pers. 1 lit 1 pers.), avec salle d'eau et wc privés. Salle à manger et cuisine à l'américaine pour les petits déjeuners et la table d'hôtes (boissons non comprises). Terrasse ensoleillée. Location vélos. TV dans chaque ch. Parking. Vaste jardin avec jeux d'enfants. Chèques vacances acceptés. Vous serez reçus dans une des dépendances de la ferme entièrement rénovée et chaleureusement aménagée pour votre confort. Gare et commerces 5 km. Belle région touristique. Fontainebleau 22 km, à 8 km de la sortie de l'autoroute A6 à Ury.

Prix : 1 pers. **205 F** 2 pers. **235 F** 3 pers. **320 F**
pers. sup. **90 F** repas **60 F**

🐕	🌲	⛵	🚣	🏇	🎿	🗼	🏊
	SP	3,5	6	6	3,5	20	60

**STELMACK Laurent et Nadine – 6 rue de la Liberation - Mainbervilliers – 77760 Boissy-aux-Cailles –
Tél. : 1.64.24.56.77**

Moisenay Le Petit-Moisenay

❄❄

Alt. : 500 m — A 7 km de Melun. Charmant hameau à 2 km du magnifique domaine de Vaux le Vicomte. Maison dans le village. Entrée indépendante. Terrain. Meubles de jardin. Véranda. Salon/salle à manger. 1 chambre de 2 pers. et 1 chambre de 1 pers. + 1 lit pliant. Salle d'eau et wc communs aux chambres. Chauffage électrique. Gare 7 km. Commerces 3 km. Très facile d'accès. Maison dans le centre du village. Beau terrain. Accueil chaleureux. Nombreuses promenades et sites à découvrir aux alentours.

Prix : 1 pers. **175 F** 2 pers. **205 F** pers. sup. **80 F**

🌲	⛵	⛳	🍴	🏇	🎿	🗼	🏊
2	7	SP	3	2	3	6	50

GOMES Armando et Therese – 7 rue de Blandy - Le Petit Moisenay – 77950 Moisenay – Tél. : 1.60.66.93.75

Mons-en-Montois

❄❄❄ NN
(TH)

1 chambre (1 lit double) au rez-de-chaussée. 1 chambre 1 pers. et 1 chambre (1 lit 2 pers. 1 lit 1 pers.) à l'étage. 1 chambre 2 pers. dans un pigeonnier. Salle d'eau + wc privés à chaque ch. Salle à manger rustique pour les petits déjeuners et la table d'hôtes. Salon. TV. Chauffage central. Chambres de grand confort situées dans un jardin arboré, piscine. Parking. Terrasse d'été. Gare 14 km. Commerces 1 km. Agréable région touristique. A 14 km de Nangis, à 1 km de Donnemarie-Dontilly. Voile 14 km.

Prix : 1 pers. **205 F** 2 pers. **235 F** 3 pers. **320 F**
pers. sup. **90 F** repas **75 F**

🌲	⛵	⛳	🏇	🎿	🗼	🏊
2	SP	2	5	1	15	80

SOULOY Yves et Monique – 29 Grande Rue – 77520 Mons-en-Montois – Tél. : 1.64.01.31.84

Montceaux-les-Provins

❄❄❄ NN
(TH)

Au rez-de-chaussée, salle pour les petits déjeuners et la table d'hôtes. Salon avec cheminée. 1 chambre 2 pers. de style. Salle de bains et wc au rez-de-chaussée. possibilité 1 chambre familiale supplémentaire. Très belle maison aménagée avec goût, située dans le village. Jardin clos avec meubles de jardin. Accueil chaleureux. Excellente table d'hôtes. Provins 18 km.

Prix : 1 pers. **205 F** 2 pers. **235 F** pers. sup. **90 F**
repas **100 F**

🐕	🌲	⛵	⛳	🍴	🏇	🎿	🗼
	2	18	5	5	5	5	90

EYRAUD Alberte – Impasse du Prieure – 77151 Montceaux-Les Provins – Tél. : 1.64.01.99.31

Montigny-sur-Loing

❄❄❄ NN
(TH)

Maison de caractère dans le bourg : 3 chambres confortables (2 ou 3 pers.), décoration soignée, salle d'eau et wc privés chacune. Lit bébé. TV, coin-lecture. Salle petits déjeuners au rez-de-chaussée. Gare 600 m, commerces 200 m. Anglais et allemand parlés. Ouvert toute l'année. A 8 km de Fontainebleau, 6 km de Moret-sur-Loing. Agréable vallée du Loing. Nombreuses promenades et sites touristiques. Cour fermée, salon de jardin. Table d'hôtes et paniers pique-nique sur réservation.

Prix : 1 pers. **205 F** 2 pers. **235 F** repas **80 F**

🌲	⛵	⛳	🏇	🗼	🏊
0,5	0,3	0,1	0,4	25	70

**GICQUEL Pascale et Jean-Michel – 46 rue Rene Montgermont – 77690 Montigny-sur-Loing –
Tél. : 1.64.45.87.92**

Nesle-la-Gilberde Ferme-de-Bourbeaudoin

❄❄ NN
(TH)

3 chambres rustiques (2 pers.), salle d'eau et wc privés chacune. Salle petits-déjeuners et table d'hôtes au rez-de-chaussée. Gare 10 km, commerces 5 km. Anglais parlé. Ouvert toute l'année. A 8 km de Rozay-en-brie, 15 km de Coulommiers et 10 km d'Eurodisney. Nombreuses promenades en forêt. Piscine. Terrain de boules, barbecue, salon de jardin. Gîtes ruraux et de groupe sur place.

Prix : 1 pers. **175 F** 2 pers. **205 F** pers. sup. **80 F**
repas **50/120 F**

🐕	🌲	⛳	🏇	🎿	🗼	🏊
	SP	SP	8	3	10	40

**HARLIN Yolande et Kleber – Ferme de Bourbeaudoin - D.402 – 77540 Nesle-la-Gilberde – Tél. : 1.64.25.65.24 –
Fax : 1.64.42.99.84**

Neufmoutiers-en-Brie Ferme-de-Bellevue

♉♉♉ NN
(TH)
5 chambres d'hôtes aménagées à l'étage d'une belle maison de maître briarde du XIXe siècle. 4 chambres (1 lit 2 pers. 2 lits 1 pers. chacune) et 1 chambre (4 lits 1 pers.). Salle d'eau, wc dans chaque chambre + TV. Au rez-de-chaussée, salle pour les petits-déjeuners et la table d'hôtes. Salon. Grand jardin paysagé. Terrasse. Coin-jeux pour enfants. Anglais parlé. Enfant 60 F. Repas boissons non comprises. Paniers pique-nique. Location de vélos. Gare et commerces 7 km. A 22 km de Meaux et à 10 mn d'Euro Disney. Circuits cyclo sur place.

Prix : 1 pers. **205 F** 2 pers. **235 F** 3 pers. **320 F**
pers. sup. **90 F** repas **95 F**

1	6	0,3	7	SP	8	45	

GALPIN Patrick et Isabelle – Ferme de Bellevue – 77610 Neufmoutiers-en-Brie – Tél. : 1.64.07.11.05 – Fax : 1.64.07.19.27

Noisy-sur-Ecole *C.M. n° 237 — Pli n° 42*

♉♉♉ NN
Dans le village en bordure de forêt, petite maison dans le jardin paysager d'une grande propriété de caractère. 1 chambre 3 pers, Salle d'eau et wc privés. Terrasse. Très belle salle de séjour, salon avec cheminée. Belles promenades dans la forêt de Fontainebleau toute proche. Accueil chaleureux. Ambiance sympathique.

Prix : 1 pers. **205 F** 2 pers. **235 F** 3 pers. **320 F**
pers. sup. **90 F**

15	12	15	SP	15	4

TAISNE Pierre et Catherine – La Fougeraie - 3 Chemin de la Croix Pigoreau – 77123 Noisy-sur-Ecole – Tél. : 1.64.24.75.97

Othis Beaumarchais

♉♉♉♉ NN
(TH)
1 chambre de caractère pour 2 pers. avec salon. Dressing, wc séparés, salle de bains. Terrasse et jardin fleuri. Prestations de très haute qualité. Décoration raffinée et accueil chaleureux. Gare 6 km, commerces 3 km. Anglais, italien et turc parlés. Ouvert toute l'année. Véritable hâvre de paix, propice à la détente où un petit déjeuner inoubliable vous sera servi. A 1/2 heure de Paris. Table d'hôtes sur demande. Une adresse qui vous enchantera.

Prix : 1 pers. **560 F** 2 pers. **610 F** repas **150 F**

0,2	10	5	5	6	3	15	45

MONTROZIER Françoise – Beaumarchais - 12 rue des Suisses – 77280 Othis – Tél. : 1.60.03.33.98

Perthes-en-Gatinais Manoir-des-Freyculs

♉♉♉♉ NN
(TH)
4 ch. + 1 suite très confortables (tél. TV, cheminée, bar). Salle de bains, wc privés chacune. Décoration raffinée et stylée. Salle à manger, salon, cheminée, petite salle de séminaire. Baby-sitting. Transfert aéroport ou gare. Animaux : 60 F/j. nourriture incluse. Gare 12 km, commerces 2 km. Anglais parlé. Ouvert toute l'année. Table d'hôtes sur résa. Piscine, sauna. Suite : 610 F. Manoir des freyculs. Fontainebleau 14 km, Vaux-le-Vicomte 20 km, Eurodisney 40 mn. Au cœur d'une agréable région touristique au seuil de la forêt de Fontainebleau. Vous trouverez dans cette belle propriété le calme, le charme d'un parc (16 ha.) bordé d'une rivière. Piste de pétanque.

Prix : 1 pers. **460 F** 2 pers. **510 F** repas **120 F**

0,1	SP	SP	1	1	2	45

DEL RIO Michele – Manoir des Freyculs - Place du Petit Moulin – 77930 Perthes-en-Gatinais – Tél. : 1.60.66.03.31

Pommeuse Tresmes-de-Pommeuse

♉♉♉ NN
Le Cottage du Martin Pêcheur : au rez-de-chaussée, salle pour les petits déjeuners avec coin-cheminée. A l'étage, 4 chambres avec salle de bains et wc privés. 3 chambres 2 pers. (lits 2 pers.). 1 chambre 3 pers. (1 lit 2 pers. 2 lits 1 pers.). Salon. Chauffage central. Ping-pong. Vélos. Gare et commerces sur place. Anglais parlé. A 7 km de Coulommiers et à 15 km du site de Disneyland Paris. Belle maison avec un vaste terrain bordé par la rivière « le Grand Morin ». Accueil très sympathique.

Prix : 1 pers. **205 F** 2 pers. **235 F** 3 pers. **320 F**
pers. sup. **90 F**

SP	7	SP	SP	5	0,5	5	55

THOMAS Jacky et Annie – Tresmes de Pommeuse - 1 rue des Iris – 77515 Pommeuse – Tél. : 1.64.20.00.98 – Fax : 1.64.20.00.98

Provins Ferme-du-Chatel-Ville-Haute

♉♉♉ NN
Ferme du Chatel en ville-Haute. Rez-de-chaussée : 2 ch. (2 pers.), salle d'eau, wc privés chacune. Salle d'accueil et petits déjeuners, coin-détente, TV, coin-cuisine. Jardin et salon de jardin. Parking. Possibilité pique-nique. A l'étage : 1 ch. (2 pers.), 1 ch (3 pers.), 1 ch. (4 pers.), salle d'eau et wc privés. Gare 1 km, commerces sur place. Anglais parlé. Baby-sitting. Ouvert toute l'année. Fontainebleau 55 km, Eurodisney 50 km. Dans une cité médiévale classée, nombreuses animations estivales. Un accueil chaleureux vous attend près des remparts de la vieille ville. Petite salle de séminaire (10/12 pers.), Week-end à thèmes. Chevaux à la ferme.

Prix : 1 pers. **205 F** 2 pers. **235 F** pers. sup. **90 F**

6	1	8	0,2	8	0,5	20	80

LEBEL Annie et Claude – Ville Haute Ferme du Chatel - 5 rue de la Chapelle St Jean – 77160 Provins – Tél. : 1.64.00.10.73

Rampillon Domaine de Bellevue

♉♉ NN
2 chambres d'hôtes au rez-de-chaussée (chambres de 2 pers.), salles d'eau et wc privés. Salle des petits déjeuners au rez-de-chaussée. Gare 3 km, commerces 1,5 km. Ouvert toute l'année. Chambres situées dans un ancien moulin, aujourd'hui centre équestre. Elevage de chevaux, randonnées. Région touristique. Possibilité table d'hôtes. Provins 12 km, cité médiévale. Gîte équestre sur place.

Prix : 1 pers. **175 F** 2 pers. **205 F** 3 pers. **280 F**
pers. sup. **80 F**

3	3	1,5	SP	SP	1,5	7	70

POMMIER Jean-Claude – Domaine de Bellevue – 77370 Rampillon – Tél. : 1.64.08.76.97 – Fax : 1.64.08.32.85

Thomery

♥♥♥ NN Belle maison du XVIIIe siècle avec jardin, au centre d'un charmant village. 1 grande ch. spacieuse, meublée avec style, (1 lit 2 pers.), salle d'eau, wc privés. Poss. 2e ch. contiguë pour famille. Salle pour petits déjeuners au rez-de-chaussée. Gare 5 km. Commerces 100 m. Région très touristique et proche de la forêt de Fontainebleau. A 7 km de Fontainebleau. Voile 20 km.

Prix : 1 pers. **205 F** 2 pers. **235 F** pers. sup. **90 F**

SP	5	0,5	5	5	5	65

FARNAULT Jean et Regine – 7 rue de Cronstadt – 77810 Thomery – Tél. : 1.60.70.07.23

Thomery

♥♥ NN 2 chambres au 1er étage (2 lits 2 pers.), salle d'eau commune, wc séparés. Salon de détente au 1er étage. terrasse, véranda. Maison spacieuse. Gare 2 km, commerces 1 km. Ouvert toute l'année. Très beau jardin fleuri, jeux pour enfants, beaucoup d'espace. Chambres propices à la détente dans ce beau village de la forêt de Fontainebleau. Accueil très chaleureux et souriant.

Prix : 1 pers. **175 F** 2 pers. **205 F**

SP	7	0,2	SP	5	2	8	65

VARNEROT Marie-Rose et Pierre – 56 rue Neuve – 77810 Thomery – Tél. : 1.60.96.43.26

Thoury-Ferottes

♥♥♥ NN Dans une très belle ferme fortifiée isolée, avec beaucoup de caractère, 2 chambres d'hôtes 3 pers. avec salles d'eau privées. WC. Jardin + club house. Possibilité repas.

Prix : 1 pers. **205 F** 2 pers. **235 F** 3 pers. **320 F** pers. sup. **90 F**

SP	10	2	4	20	4	SP	65

CRAPARD Francois et Michele – La Forteresse – 77156 Thoury-Ferottes – Tél. : 1.60.96.95.10 ou 1.60.96.97.00 – Fax : 1.60.96.01.41

Tousson

♥♥ Maison rénovée avec goût : 3 chambres d'hôtes aménagées au 1er étage (1 double, 1 triple et 1 quadruple), cabinet de toilette, 2 douches, wc communs aux 3 ch. Séjour (cheminée). Anglais et espagnol parlés. Gare 5 km, commerces 7 km. Ouvert du 1e mai au 30 septembre. Très jolie région touristique, proche de la base de loisirs de Buthiers. Accueil chaleureux. Belles promenades aux alentours, proximité d'un GR.

Prix : 1 pers. **175 F** 2 pers. **205 F** 3 pers. **280 F** pers. sup. **80 F**

4	4	SP	4	18

VERMILLARD Eliane et Michel – 5 rue de la Mairie – 77123 Tousson – Tél. : 1.64.24.76.41

Treuzy-Levelay Levelay

♥♥♥ NN 2 ch. (2 pers.) confortables à l'étage d'une maison agréable dans le hameau de Levelay. Salle de bains ou salle d'eau et wc privés. Petits déjeuners à base de produits locaux. Jardin arboré de 4000 m². Gare 8 km, commerces 100 m. Ouvert toute l'année. Nemours à 10 km. Agréable vallée de l'Orvanne et du Lunain. Nombreuses promenades et sites touristiques. Anglais parlé. Ancienne grange aménagée.

Prix : 1 pers. **205 F** 2 pers. **235 F** pers. sup. **90 F**

2	1	3	0,1	7	80

CAUPIN Damienne et Gilles – Levelay - 3 rue Creuse – 77710 Treuzy-Levelay – Tél. : 1.64.29.01.11 ou 1.64.29.07.47 – Fax : 1.64.29.05.21

Vaudoy-en-Brie

♥♥♥ NN 3 chambres d'hôtes 2 pers. dans une ferme aménagée et meublée avec goût. Au 1er étage : 1 chambre 3 pers. (1 lit 2 pers. 1 lit 1 pers.), salle d'eau et wc privés. 1 chambre 2 pers. (1 lit 2 pers.), salle d'eau et wc privés. 1 chambre 2 pers. (2 lits 1 pers.), salle d'eau et wc privés. Salon à disposition des hôtes. Jardin. Garage. Poss. pique-nique. Gare 20 km, accès en bus de Paris possible, Commerces 200 m. Disneyland Paris 30 km. Aire de jeux pour enfants à 500 m. Provins, cité médiévale 20 km.

Prix : 1 pers. **175/205 F** 2 pers. **205/235 F** pers. sup. **80/90 F**

5	10	SP	0,2	10	SP	60

VANDIERENDONK Gilbert et Marie-Jo. – 7 rue de Coulommiers – 77141 Vaudoy-en-Brie – Tél. : 1.64.07.51.38 – Fax : 1.64.07.52.79

Vaux-sur-Lunain Ferme de l'Abondance

♥♥♥ NN 2 chambres confortables à l'étage de cette très belle ferme du XVIIe siècle. (1 ch. 3 lits 1 pers.), 1 ch. double avec cheminée. Salle d'eau et wc privés dans chaque chambre. Grand séjour et salon avec cheminée au rez-de-chaussée. Gare 30 km, commerces 5 km. Ouvert toute l'année. Magnifique ferme du bacoge gâtinais à 30 km au sud de Fontainebleau. Belles promenades aux environs. Nemours 18 km.

Prix : 1 pers. **205 F** 2 pers. **235 F** 3 pers. **320 F** pers. sup. **90 F**

5	7	18	5	5	7	10	85

DOUBLIER Henri – Ferme de l'Abondance - 18 rue de Lorrez – 77710 Vaux-sur-Lunain – Tél. : 1.64.31.50.51 – Fax : 1.64.31.49.13

Villeneuve-le-Comte

♥♥♥ NN Au cœur du village, maison ancienne rénovée dans un environnement très calme, au rez-de-chaussée : 1 ch. (1 lit 2 pers.) confortable, salle de bains, wc privés. TV. Décoration soignée. Salle petit déjeuner agréable. Panier pique-nique sur demande. Meaux à 20 km, Disneyland Paris 20 km. Gare 12 km, commerces 100 m. Anglais parlé. Ouvert toute l'année. Accès à un jardin fleuri, clos avec salon de jardin. Entrée indépendante. Accueil chaleureux.

Prix : 1 pers. **205 F** 2 pers. **235 F**

0,2	12	10	0,1	10	33

BRUT Anne-Marie – 8 Place de la Mairie – 77174 Villeneuve-le-Comte – Tél. : 1.60.43.04.01

Villiers-Saint-Georges

♨♨♨ NN
(TH)

A l'étage 2 chambres 2 pers. Salle d'eau dans chaque chambre. Au rez-de-chaussée salle des petits déjeuners. Salon de détente avec télévision. Très beau jardin avec terrasse et meubles de jardin. Accueil chaleureux. Gîte de groupe dans le même bâtiment.

Prix : 1 pers. **205 F** 2 pers. **235 F** pers. sup. **90 F** repas **65 F**

🌲	⛵	🍴	🍽️	🐎	🎿
2	7	2	SP	0,5	0,5

BEDEL Josiane – 32 rue de Provins – 77560 Villiers-Saint-Georges – Tél. : 1.64.01.23.05 ou 1.64.01.90.35

Voinsles Ferme de Planoy

♨♨♨ NN

1 chambre en rez-de-chaussée 3 pers. accessible avec une certaine autonomie (1 pers. en fauteuil roulant), 1 lit double, 1 lit simple, salle d'eau et wc privés. Espace vert face à la chambre. Gare 17 km, commerces 7 km. Ouvert toute l'année. A 28 km de Disneyland Paris, belle ferme briarde (gîte de groupe sur place). Décor rustique, accueil chaleureux. Randonnées à proximité. Rozay-en-brie 7 km.

Prix : 1 pers. **205 F** 2 pers. **235 F** 3 pers. **320 F**
pers. sup. **90 F**

🐕	🌲	⛵	🍴	🍽️	🐎	🎿	🏹
	3	10	6	3	4	3	25	50

DESAINDES Louisette et Bernard – Ferme de Planoy – 77540 Voinsles – Tél. : 1.64.07.51.48

Yebles-Guignes

♨♨ NN
(TH)

Dans ce très beau domaine, 3 chambres d'hôtes de 2 pers. avec salle de bains et wc pour chaque chambre. Salle de séjour, salle de jeux, vaste terrain clos. Ruisseau. Randonnées sur place. Possibilité de recevoir des groupes.

Prix : 1 pers. **175 F** 2 pers. **205 F** 3 pers. **280 F**
pers. sup. **80 F** repas **70 F**

🌲	⛵	🍴	🍽️	🐎	🎿	🏹
SP	10	SP	SP	SP	10	42

BOISSELIER Annick – Domaine de la Pierre Blanche - Rn19 – 77390 Yebles/Guignes – Tél. : 1.64.06.31.05

Yvelines

Auffargis Saint-Benoit

♨♨♨ NN

Au 1er étage : 1 chambre (2 lits 1 pers.), salle de bains et wc privés. 2 chambres formant 1 suite (1 lit 2 pers. 2 lits 1 pers.), salle d'eau, wc indépendants. Gare et commerces 5 km. Ouvert toute l'année. Dans le petit hameau calme de Saint-Benoit dans le Parc Naturel de la Haute Vallée de Chevreuse à proximité du GR1. Lit bébé à disposition. Rambouillet 10 km, Versailles 25 km. Mr et Mme Lorber ont aménagé 2 chambres de bon confort.

Prix : 1 pers. **180 F** 2 pers. **240/260 F** 3 pers. **320 F**
pers. sup. **80 F**

🐕	🌲	🎣	🍽️	🏛️	🐎	🎿	🏹
	0,3	15	5	10	10	5	0,2	7

LORBER – Saint-Benoit - 4 rue de la Croix Picard – 78610 Auffargis – Tél. : 1.34.85.80.99

Behoust

♨♨♨ NN

Petite maison indépendante comprenant une chambre d'hôtes pour 4 pers. Au rez-de-chaussée : 1 chambre 1 lit 2 pers. avec coin salon pour le petit déjeuner, salle de bains et wc. Au 1er étage : 1 chambre 2 lits 1 pers. Possibilité lit bébé disponible gratuitement. Gare 2 km, commerces 1 km. Ouvert toute l'année. Anglais parlé. 3 épis de caractère. Mr & Mme Seray ont aménagé dans leur propriété une petite maison indépendante pour en faire une grande chambre d'hôtes de très bon confort pouvant recevoir jusqu'à 4 personnes. Décoration raffinée. Situation calme dans un petit village à proximité du château de Thoiry et du golf de la Couarde.

Prix : 1 pers. **250 F** 2 pers. **300 F** 3 pers. **400 F**
pers. sup. **100 F**

🐕	🌲	🎣	👫	🍽️	🏛️	⛵	🐎	🎿	🏹
	1	6	1	3	8	14	9,5	1,5	14

SERAY Michel et Josiane – 2 rue de la Masse – 78910 Behoust – Tél. : 1.34.87.27.88

La Boissiere-Ecole

♨♨♨ NN

4 ch. de bon confort au 1er étage d'une maison indépendante. 1 ch. (2 lits 1 pers.) salle d'eau, wc privés. 1 ch. (1 lit 2 pers.) salle d'eau privée. 1 ch. (1 lit 2 pers.) salle d'eau et wc communs. 1 ch. (2 lits 1 pers.), salle d'eau et wc communs. Séjour, salon, TV, bibliothèque. Vaste jardin. Lit enfant 50 F./nuitée. Parking. 2 chambres classées 2 épis NN et 2 chambres classées 3 épis NN. Maison située dans un vaste site verdoyant très calme. Cadre reposant et accueil convivial. Gare 10 km. Commerces 1 km. Ouvert toute l'année sauf du 1er au 15 janvier 1995.

Prix : 1 pers. **170/200 F** 2 pers. **200/250 F**

🐕	🌲	🎣	🍽️	⛵	🎿	🏹
	1	14	2	17	1	1,5	15

ROSSI Hedwidge – 7 rue de la Grande Vallee - La Boissiere Ecole – 78125 Rambouillet - Tél. : 1.34.85.06.18

Chapet

♨♨♨ NN

Au 1er étage de la maison, 1 chambre (1 lit 2 pers.), 1 ch. 2 lits 1 pers.). Salle de bains avec wc privatifs. Petit salon particulier avec TV. Gare et commerces à 5 km. Possibilité table d'hôtes sur demande. Ouvert toute l'année. A 12 km de Saint-Germain en Laye et à 24 km de Versailles. Dans un pavillon récent avec un jardin donnant sur la campagne, Mme Piquerey a aménagé 2 chambres d'hôtes agréables et confortables pouvant accueillir jusqu'à 4 personnes.

Prix : 1 pers. **165 F** 2 pers. **195 F** 3 pers. **250 F**
pers. sup. **45 F**

🐕	🌲	🎣	🍽️	🎿	🏹
	5	8	SP	5	12	1	12

PIQUEREY – 15 rue du Parc – 78130 Chapet – Tél. : 1.34.74.84.51

Epone

♥♥ NN

4 ch. d'hôtes dans une partie d'une ancienne ferme du XIXe au cœur d'un village typique des coteaux de la Vallée de la Seine avec salle d'eau et wc privatifs. 1 ch. (1 lit 2 pers.). Ch. central. 1 ch. (3 lits 1 pers.). 2 ch. (2 lits 1 pers.), ch. élect. Ouvert toute l'année sauf le 24 et 25/12, 01/09/96, du 17/11 au 27/11/96 inclus, du 09/06 au 16/06 inclus. Chambres de très bon confort. Location VTT : 25 F/heure à partir de 2 nuitées. Gare 800 m. Commerces 500 m.

Prix : 1 pers. **200/215 F** 2 pers. **220/270 F** 3 pers. **320 F** pers. sup. **60 F**

1	5	0,5	3	13	0,5	3

DEGORRE Olivier et Denise – 17 rue Roulette – 78680 Epone – Tél. : 1.30.91.09.65

Follainville

E.C. NN

1 entrée/véranda, 1 chambre avec 1 lit 2 pers. et la possibilité d'1 lit 1 pers. supplémentaire. Coin-détente, salle d'eau et wc indépendants privatifs. TV. Lit bébé à disposition. Gare 5 km, commerces 3 km. Ouvert toute l'année. Anglais et allemand parlés. A 50 mn de Paris et 40 km de Versailles, belle chambre de bon confort avec une véranda attenante pour le petit déjeuner ou s'y reposer.

Prix : 1 pers. **180 F** 2 pers. **230 F** 3 pers. **300 F**

0,5	5	3	3	15	3	5

RAUSER – 26 rue Jules Ferry – 78520 Follainville – Tél. : 1.30.92.20.91

Fourqueux

E.C. NN

Dans une maison récente avec jardin, 2 chambres d'hôtes agréables et de bon confort pouvant accueillir 4 personnes (2 lits 2 pers.), 1 lit bébé à disposition, salle de bains et wc communs. TV. Au centre du village, à 2 km de Saint-Germain-en-laye et 12 km de Versailles. Jardin. Gare et commerces 2 km. Ouvert toute l'année.

Prix : 1 pers. **180 F** 2 pers. **240 F** 3 pers. **420 F** pers. sup. **60 F**

1	0,5	SP	2	2	0,5

BISSIANNA – 6 Allee des Jardins – 78112 Fourqueux – Tél. : 1.30.61.05.33

Mittainville Les Patis

♥♥ NN
(TH)

1 grande ch. pouvant accueillir 2 personnes. Coin-salon avec TV. Salle d'eau et wc privés. Lit bébé. Ouvert toute l'année. A 50 km de Versailles et 20 km de Rambouillet, dans un petit village très calme à l'orée de la forêt de Rambouillet, une petite chaumière attenante à la maison principale a été aménagée en une grande ch. d'hôtes. Enfants - 2 ans gratuit. Gare 10 km. Commerces 8 km.

Prix : 1 pers. **200 F** 2 pers. **250 F** pers. sup. **50 F** repas **80 F**

1	36	8	20	4	10	15

LABORDE – Les Patis - 10 rue de la Mare – 78125 Mittainville – Tél. : 1.34.94.30.02

Poigny-la-Forêt

♥♥♥ NN

2 chambres dont 1 avec lavabo et sanitaires communs, 2 chambres avec salle d'eau et wc privés. 1 suite de 2 chambres avec salle d'eau privative pour 4 et 5 pers. (1 ch. 3 lits 1 pers. 1 ch. 1 lit double). Gare et commerces 8 km. Ouvert toute l'année. Possibilité auberge sur place. Au cœur de la forêt de Rambouillet dans une maison du XIXe siècle, 5 chambres meublées à l'ancienne et collections d'objets du monde entier. Chaque chambre a un style personnel.

Prix : 1 pers. **250/300 F** 2 pers. **290/350 F** 3 pers. **430 F**

SP	15	0,2	8	SP	1

LE BRET Francois – 2 rue de l'Eglise – 78125 Poigny-la-Forêt – Tél. : 1.34.84.73.42 – Fax : 1.34.84.74.38

Richebourg

♥ NN

2 chambres d'hôtes aménagées au 1er étage de la maison du propriétaire. 2 ch. (2 lits 1 pers. chacune), salles d'eau privées. WC communs aux 2 chambres. Chauffage électrique. Jardin. Parking. Chambres simples situées à 4 km de Houdan et 50 km de Versailles. A l'extérieur du village, au calme. Gare et commerces à 4 km. Ouvert toute l'année. Anglais et italien parlés.

Prix : 1 pers. **155/175 F** 2 pers. **175/220 F**

7	8	4	4	3	4	13

HEUDE – 4 Sente des Pointes – 78550 Richebourg – Tél. : 1.34.87.69.17

Essonne

Boissy-la-Riviere

♥♥♥ NN
(TH)

A 8 km d'Etampes. Dans la très belle vallée de la Juine, nichée dans la verdure, dans une maison de style mansard au 1er étage, une suite : 2 ch. (1 lit 2 pers. 2 lits 1 pers.) avec s. d'eau et wc privés. Mezzanine avec coin-détente (TV, bibliothèque). Garage ou parking, vélos à disposition. Ouvert toute l'année. Copieux petits déjeuners (super petit déjeuner + 25 F) servis dans une salle de séjour chaleureuse, coin-salon (cheminée), ou sur la terrasse dans un jardin paysager. Table d'hôtes sur réservation. Sentier GR111. Gare 9 km. Commerces 2 km. Tarifs dégressifs à partir de 3 nuits.

Prix : 1 pers. **210 F** 2 pers. **245 F** 3 pers. **365 F** repas **85/125 F**

SP	1	7	0,5	1	25	0,5	55

GALLAND – 34 Montoir des Grands Rebords – 91690 Boissy-la-Riviere – Tél. : 1.64.95.63.78

Boissy-sous-Saint-Yon

C.M. n° 106 — Pli n° 6

✿✿✿ NN Frédérique et Philippe vous accueillent dans leur très belle propriété située au cœur du village. 1 suite 3 pers. aménagée au 2ᵉ étage de la maison. 2 chambres (1 lit 2 pers. 1 lit 1 pers.) avec salle d'eau et wc privés. De copieux petits déjeuners sont servis dans une salle de séjour de charme. Possibilité table d'hôtes sur réservation. Grand jardin paysagé. A proximité : centre équestre, tennis, sentier de randonnée GR 1, forêt (500 m). Gare 3 km. Commerces 5 km. Ouvert toute l'année. Accueil international, anglais parlé. Restaurant 2 km.

Prix : 1 pers. **210 F** 2 pers. **260 F** 3 pers. **400 F**

5	5	3	0,5	5	10	3	3	30

JAILLON Philippe – 3 rue du Pont Cage – 91790 Boissy-sous-Saint-Yon – Tél. : 1.60.82.08.03 ou 1.44.79.80.83

Buno-Bonnevaux *Chantambre*

C.M. n° 106 — Pli n° 7/8

✿✿✿ NN Dans un joli hameau, M. et Mme Despert proposent 4 ch. : 1 ch. (1 lit 2 pers.), 1 ch. (2 lits 1 pers.). Salle d'eau et wc pour chaque chambre. 1 suite mansardée : 1 ch. (1 lit 2 pers.) TV et 1 ch. (2 lits 1 pers.), salle d'eau et wc privés. Petits déjeuners maison sont servis. Restaurants 8 km. Gare 1 km. Commerces 6 km. Ouvert toute l'année. Anglais parlé. Entrée indépendante. Accès à un jardin paysagé (salon de jardin), calme assuré. A proximité : sentier de randonnée GR1, centre de vol à voile, base de loisirs 10 km. Visiter Milly la Forêt (halle, maison de Cocteau...). Fontainebleau à 25 km. Tarifs dégressifs pour plusieurs nuitées.

Prix : 1 pers. **210/250 F** 2 pers. **250/310 F** 3 pers. **350 F** pers. sup. **60 F**

SP	3	8	5	SP	10	8

DESPERT Genevieve et Albert – 8 Route de Malesherbes - Chantambre – 91720 Buno-Bonnevaux – Tél. : 1.64.99.40.23

Cerny

C.M. n° 106 — Pli n° 7

✿✿✿ NN A 16 km de Milly la Forêt, 1 km de la Ferté Alais. M. et Mme Laporte vous accueillent dans une maison récente, située à proximité du cœur du village. 1 ch. d'hôtes est aménagée en rez-de-jardin (1 lit 2 pers. 1 lit d'appoint), TV. Entrée indépendante par une terrasse. Salle d'eau et wc privés. Animaux acceptés sur demande. Ouvert toute l'année. Les petits déjeuners sont servis dans une salle très agréable réservée aux hôtes avec un coin-salon ou sur la terrasse. Accès au jardin. A proximité : aérodrome de Cerny (musée volant, meeting aérien à la Pentecôte), étangs de pêche, sentier de randonnée GR 111. Restaurants, gare et commerces 1 km.

Prix : 1 pers. **220 F** 2 pers. **270 F** pers. sup. **60 F**

0,5	3	1	1	3	8	0,1	7	1	50

LAPORTE Annie – 9 rue du Moulin à Vent – 91590 Cerny – Tél. : 1.64.57.75.44

Chalo-Saint-Mars *Hameau de Boinville*

C.M. n° 106 — Pli n° 5

✿✿✿ NN A 7 km d'Etampes. Dans une très belle propriété située en vallée de la Chalouette. 1 chambre d'hôtes aménagée au r.d.c. de la maison des propriétaires, (1 lit 2 pers. 2 lits 1 pers.), salle de bains et wc privés. Salon avec cheminée, une cuisine à disposition des hôtes. Accès à une terrasse et à un jardin paysager clos, salon de jardin. Ouvert toute l'année. Anglais parlé. A proximité : sentiers de randonnée GR 111 et 111B, à Etampes ne manquez pas : le centre historique et la base de loisirs (piscine à vagues...). Restaurants et commerces 3 km. Gare 7 km.

Prix : 1 pers. **225 F** 2 pers. **280 F** 3 pers. **350 F**

0,1	1	7	7	0,1	25	3	55

LE MORVAN-CHAPTAL Christine et Alain – 4 Hameau de Boinville – 91780 Chalo-Saint-Mars – Tél. : 1.64.95.49.76

Chevannes

C.M. n° 106 — Pli n° 8

✿✿✿ NN A 15 mn de Fontainebleau, 45 mn de Disneyland. Dans une ferme de caractère, 2 chambres d'hôtes de charme aménagées dans un bâtiment annexe avec un accès indépendant. 2 chambres (2 lits 2 pers. 1 lit 1 pers.) avec salle d'eau et wc privés. Dans chaque chambre un coin-cuisine, TV et téléphone télé-séjour. Ouvert toute l'année. Gare 5 km. Commerces 200 m. Petits déjeuners servis dans une agréable salle ou dans une jolie cour de ferme fleurie (salon de jardin). Sur place : panier accueil, location de vélos. Dans le village : golf 18 trous, tennis, restaurant. A proximité : piscine olympique 2 km. Anglais et espagnol parlés. Auberge à proximité.

Prix : 1 pers. **250 F** 2 pers. **300 F** 3 pers. **400 F**

3	5	5	0,3	6	0,3	0,2	40

POUTEAU Martine – 14 rue Saint-Martin - Ferme de la Joie – 91750 Chevannes – Tél. : 1.64.99.70.70 – Fax : 1.64.99.74.74

Dourdan *Hameau le Rouillon*

C.M. n° 106 — Pli n° 5

✿✿✿ NN Dans un hameau, M. et Mme Evain vous attendent dans une très belle ferme classée, située à 3 km de Dourdan. 2 ch. d'hôtes, 1 chambre (1 lit 2 pers. 1 lit 1 pers.), salle de bains privée non communicante, wc privés. 1 chambre (1 lit 2 pers. 1 lit 1 pers.) salle de bains communicante, wc privés. Prise TV dans chaque chambre. Gare et commerces à 3 km. Ouvert toute l'année. De copieux petits déjeuners vous seront servis dans une belle salle rustique (cheminée). Accès à un jardin (salon de jardin) calme assuré. Sur place : location de vélos, à proximité : forêt de Dourdan, sentiers de randonnée GR 1 et 111. Restaurants 3 km.

Prix : 1 pers. **185/195 F** 2 pers. **230/240 F** 3 pers. **300/310 F**

1	3	3	3	3	7	SP	3	45

EVAIN Paulette et Bernard – 4 rue de la Gambade - Hameau le Rouillon – 91410 Dourdan – Tél. : 1.64.59.84.27

Les Granges-le-Roi

C.M. n° 106 — Pli n° 5

♨♨♨ NN
(TH)

M. et Mme Laury vous accueillent dans leur maison, récente, dans un village à 3 km de Dourdan. A l'étage, 2 ch. d'hôtes, 1 ch. 3 épis NN (1 lit 2 pers.), TV, salle d'eau et wc communicants. 1 ch. 2 épis NN (1 lit 2 pers.), TV, salle d'eau et wc privés proches de la chambre. Ouvert toute l'année. Tables d'hôtes sur réservation. Gare 4 km. Commerces 3 km. Accès à un vaste jardin paysagé (salon de jardin). A proximité : tennis, sentier de randonnée GR 1, circuit vélo fléché, forêt de Dourdan. Le centre historique de Dourdan mérite votre visite, château du XIIIe siècle... Restaurant dans le village.

Prix : 1 pers. **175/185 F** 2 pers. **225/250 F** repas **70 F**

0,5	2	3	0,3	3	0,1	3	45	

LAURY Claudie et Louis – 3 rue d'Angerville – 91410 Les Granges-le-Roi – Tél. : 1.64.59.74.38

Milly-la-Forêt *Ferme de la Grange Rouge*

C.M. n° 106 — Pli n° 8

♨♨♨ NN

A 3 km de Milly la Forêt. Sophie et Jean-Charles vous accueillent dans une ferme aux champs, du XVe siècle, typique d'Ile de France. 5 ch. de caractère, avec accès indépendant. 3 ch. (1 lit 2 pers.), 2 ch. (2 lits 1 pers. lit d'appoint). Chaque chambre est équipée : d'une prise TV, d'une salle d'eau et de wc. Fermé en Janvier. Gare 4 km. Commerces 3 km. Les petits déjeuners sont servis dans une salle de séjour chaleureuse avec coin-salon, ouverte sur un agréable jardin clos. A proximité : Milly la Forêt (halle, Cyclop...), forêt de Fontainebleau, sentiers de randonnée GR1, vol à voile, base de loisirs 14 km. Restaurants 3 km.

Prix : 1 pers. **210 F** 2 pers. **250 F** pers. sup. **60 F**

5	4	4	4	6	14	5	3	55

DESFORGES Sophie-Jean Charles – Route de Gironville - Ferme de la Grange Rouge – 91490 Milly-la-Forêt – Tél. : 1.64.98.94.21 – Fax : 1.64.98.99.91

Milly-la-Forêt

C.M. n° 106 — Pli n° 8

♨♨♨ NN

Nathalie vous accueille dans sa maison récente de plain-pied située à proximité du cœur du bourg. 1 ch. chaleureuse (1 lit 2 pers. 1 lit d'appoint) avec accès indépendant, TV et tél. dans la chambre, s. d'eau privée à proximité. Accès à un grand jardin clos arboré (salon de jardin), calme assuré. Gare 7 km. Commerces 300 m. Ouvert toute l'année. Découvrez ce bourg plein de charme, riche d'un patrimoine touristique : halle du XVe, conservatoire des plantes médicinales, maison de Cocteau, le Cyclop. A proximité : centre de vol à voile 7 km, forêt de Fontainebleau, sentier de randonnée GR 11. Restaurants dans le bourg. Anglais parlé.

Prix : 1 pers. **220 F** 2 pers. **260 F** pers. sup. **60 F**

1	3	0,5	0,5	1	8	1	0,5	0,3	50

CHAMPEL Nathalie – 21 rue Lantara – 91490 Milly-la-Forêt – Tél. : 1.64.98.76.68 ou 1.64.98.72.72

Moigny-sur-Ecole

C.M. n° 106 — Pli n° 8

♨♨♨ NN

A 3 km de Milly la Forêt. M. et Mme Appel-Roulon vous accueillent dans une maison de caractère, dans un joli village du Gâtinais. Une suite : 2 chambres (4 pers.) de 210 F à 465 F, 1 ch. (1 lit 2 pers.), 1 ch. (2 lits 1 pers.), salle d'eau et wc privés. La suite a un accès indépendant sur le jardin, salon de jardin. Ouvert toute l'année. Gare 9 km. Commerces 3 km. De copieux petits déjeuners vous seront servis dans une salle de séjour, chaleureuse. A proximité : ne manquer pas la visite de Milly la Forêt (hâlle, le Cyclop...), le château de Courances ; sentier de randonnée GR 11. Anglais et espagnol parlés. Restaurants 3 km.

Prix : 1 pers. **210 F** 2 pers. **265 F** 3 pers. **405 F**

0,5	0,5	3	3	1	3	48

APPEL-ROULON Claude – 10 Sentier de la Grille – 91490 Moigny-sur-Ecole – Tél. : 1.64.98.49.97

Moigny-sur-Ecole

C.M. n° 106 — Pli n° 7

♨♨♨ NN
(TH)

A 3 km de Milly la Forêt. Dans un joli village et dans une propriété de caractère, 3 ch. d'hôtes indépendantes. En r.d.c. 1 ch. (1 lit 2 pers.) avec salle d'eau et wc privés, TV. A l'étage : 1 ch. (1 lit 2 pers. lit d'appoint), 1 ch. (2 lits 1 pers. lit d'appoint). Dans chaque chambre salle d'eau et wc privés. Ouvert toute l'année. Anglais parlé. Salle des petits déjeuners réservée aux hôtes avec coin-cuisine, salon mis à disposition, table d'hôtes sur réservation. Accès à un jardin clos paysagé (salon de jardin). A proximité : sentier GR 11, Milly la Forêt (halle, le Cyclop), forêt de Fontainebleau. Restaurant 3 km. Gare 9 km.

Prix : 1 pers. **200 F** 2 pers. **250 F** pers. sup. **60 F** repas **70 F**

0,5	0,5	3	3	1	7	3	48

LENOIR Frederic – 9 rue du Souvenir – 91490 Moigny-sur-Ecole – Tél. : 1.64.98.47.84 ou 1.64.57.33.53 – Fax : 1.64.57.22.50

Morigny-Champigny *Les Croubis*

C.M. n° 106 — Pli n° 7

♨♨ NN

A 5 km d'Etampes. Dans un hameau en bordure de forêt M. et Mme Hufschmitt vous accueillent dans leur maison. 1 ch. d'hôtes chaleureuse (1 lit 2 pers.), salle d'eau privée non communicante à la ch., wc indépendants. Entrée indépendante, accès à un jardin clos (salon de jardin). Accueil de cavalier possible : abri, boxe avec supplément. Gare et commerces à 3 km. Ouvert de Pâques à la Toussaint. Petits déjeuners « maison » (super petit déjeuner + 25 F). A proximité : belles promenades dans la vallée de la Juine, sentier de randonnée GR 11, aire de loisirs 1 km. A Etampes : centre historique, base de loisirs (piscine à vagues...). Allemand parlé.

Prix : 1 pers. **195 F** 2 pers. **250 F**

SP	0,3	10	2	0,5	17	1	3	1	45

HUFSCHMITT Rosemary – 7 Route d'Auvers - Les Croubis – 91150 Morigny-Champigny – Tél. : 1.69.92.21.99 ou 1.45.25.08.06

Prunay-sur-Essonne

❅❅❅ NN

A 25 km de Fontainebleau, 8 km de Milly la Forêt. En vallée de l'Essonne, Annick et Robert Chéron vous proposent 2 chambres. Au r.d.c. 1 ch. (1 lit 2 pers.), salle de bains et wc attenants. A l'étage 1 ch. (1 lit 2 pers., 1 lit 1 pers.), salle d'eau et wc privés proches de la chambre. Calme assuré. Ouvert toute l'année. Gare 1 km. Commerces 4 km. Anglais parlé. De copieux petits déjeuners vous seront servis dans le séjour (cheminée), salon à la disposition des hôtes, jardin ombragé non clos (salon de jardin). A proximité : sentier GR1, vol à voile 5 km, base de loisirs 10 km. Voir Milly la Forêt (halle, le Cyclop). Restaurants 4 km.

Prix : 1 pers. **180/200 F** 2 pers. **220/240 F** 3 pers. **305 F**

🌲	🚴	⛵	⛷	🕯	🍴	⚡	🍽	🚶
1	1,5	4	2	1	15	6	4	65

CHERON Robert – 4 rue des Bois – 91720 Prunay-sur-Essonne – Tél. : 1.64.99.53.34

Saclas Ferme des Pres de la Cure

❅❅❅ NN

A 10 km d'Etampes. M. et Mme Souchard vous accueillent dans leur très belle ferme du XVe siècle située au cœur du village. 3 ch. d'hôtes de caractère aménagées à l'étage, avec un accès indépendant. 3 ch. (3 lits 2 pers.) avec salles d'eau et wc privés. TV ou prise dans chaque chambre. Ouvert toute l'année. Gare 8 km. Commerces 100 m. De copieux petits déjeuners sont servis dans une salle de séjour avec coin-salon, accès à une terrasse et à un jardin. A 50 m. parc paysagé avec plan d'eau, sentier de randonnée GR 111. Aérodrome 5 km, base de loisirs à Etampes à 10 km (piscine à vagues). Restaurants 100 m.

Prix : 1 pers. **210 F** 2 pers. **260 F** 3 pers. **330 F**
pers. sup. **70 F**

🌲	🚴	⛵	⛷	🕯	🍴	🍽	🚶
0,1	5	6	0,1	0,1	12	0,1	58

**SOUCHARD Andre et Francoise – 17 rue Jean Moulin - Ferme des Pres de la Cure – 91690 Saclas –
Tél. : 1.60.80.92.28**

Vauhallan

❅❅❅ NN

A 5 km de Palaiseau. Au cœur d'un village, M. et Mme Leblond proposent 1 ch. d'hôtes à l'étage de leur maison (1 lit 2 pers.). Salle d'eau et wc privés, proches de la chambre. Les petits déjeuners sont servis dans la salle de séjour (cheminée), salon à la disposition des hôtes. Accès à un jardin clos (salon de jardin). Ouvert toute l'année. Gare à Igny 2,5 km. A proximité : vallées de la Bièvre et de Chevreuse, Bièvres : 5 km musée de la photographie, musée littéraire de V. Hugo. Dans le village : passage du GR 11, restaurants. R.E.R. à Massy-Palaiseau 5 km puis bus. Commerces 200 m. Auberge à proximité.

Prix : 1 pers. **195 F** 2 pers. **245 F**

🌲	🚴	⛵	⛷	🕯	🍴	🚲	🍽	🚶
5	2	5	5	3	6	2	0,2	13

LEBLOND Louise - Serge – 2 Impasse Leclerc – 91430 Vauhallan – Tél. : 1.69.41.31.19

Vert-le-Grand

❅❅❅ NN
(TH)

A 10 km d'Arpajon. Dans une ferme du village, Mme Le Mezo propose 4 ch. (6 pers.) aménagées à l'étage de sa maison. Une suite 3 épis NN : 2 ch. (1 lit 2 pers. 1 lit 1 pers.), salle d'eau et wc privés. 1 ch. 2 épis NN (2 lits 1 pers.), salle d'eau et wc privés proches. 1 ch. 2 épis NN (1 lit 2 pers.), petite salle d'eau privée. Gare 8 km. Commerces 500 m. De copieux petits déjeuners vous seront servis dans le séjour (cheminée) de la maison. Table d'hôtes sur réservation. A proximité : étangs de pêche, parc animalier de Saint-Vrain, sentiers de randonnée GR 11C et PR, château de Ballancourt. Restaurants 4 km. Ouvert toute l'année.

Prix : 1 pers. **170/190 F** 2 pers. **225/235 F** 3 pers. **385 F**
repas **70 F**

🌲	🚴	⛵	⛷	🕯	🍴	🍽	🚶
1	1	6	0,5	3	3	0,2	35

LE MEZO Lucette – 10 rue des Herses – 91810 Vert-le-Grand – Tél. : 1.64.56.00.28

Ambleville

❅❅
(TH)

1 chambre d'hôtes 3 pers. avec salle de bains particulière. Salle de séjour, salon. La pension complète doit être étudiée entre client et propriétaire pour les séjours de longue durée. Gratuité pour les enfants de 0 à 3 ans. Repas 1/2 tarif pour les enfants de 3 à 12 ans. 1/2 pension à partir de 3 nuits. Ouvert toute l'année. Gare 7 km, commerces 3 km.

Prix : 1 pers. **145 F** 2 pers. **195 F** 3 pers. **215 F**
repas **70/90 F** 1/2 pens. **210/380 F**

🌲	🚴	⛵	⛷	🕯	🍴	⚓	🏕	🍽
10	5	22	4	SP	5	30	15	SP

DEBEAUDRAP – Ferme en Haut – 95710 Ambleville – Tél. : 1.34.67.71.08 – Fax : 1.34.25.32.54

Ambleville

❅❅

1 chambre 2 pers. (1 lit 2 pers.) située au 1er étage de la maison du propriétaire. Salle de bains à l'usage exclusif des hôtes. WC au rez-de-chaussée. Ouvert toute l'année. Gare 7 km, commerces 3 km.

Prix : 1 pers. **145 F** 2 pers. **195 F**

🌲	🚴	⛵	⛷	🕯	🍴	⚓
10	5	22	4	SP	5	30

SAVALE – 3 rue d'En Haut – 95710 Ambleville – Tél. : 1.34.67.72.47 – Fax : 1.34.25.32.54

Auvers-sur-Oise

♈ NN Chambre de 20 m² (1 lit 2 pers. 1 convertible 2 pers. d'appoint). Salle d'eau et wc à l'usage exclusif des hôtes, attenants à la chambre. Petit déjeuner en terrasse ou chez le propriétaire. Gare et commerces 1 km. Possibilité de table d'hôtes sur demande préalable. Chambre d'hôtes à 500 m du centre ville, près de sites impressionnistes : église d'Auvers sur Oise, tombe de Vincent Van Gogh. A 35 km de Paris. Chambre indépendante mitoyenne à la maison des propriétaires, type chalet. Grand jardin d'agrément dans un cadre champêtre : bois, sentiers sur place.

Prix : 1 pers. **170 F** 2 pers. **220 F** 3 pers. **270 F**

SP	1	1	1	5	5	1	

AMANIERA – Chemin des Vallees aux Veaux – 95430 Auvers-sur-Oise – Tél. : 1.30.36.79.32 – Fax : 1.34.25.32.54

Auvers-sur-Oise Hameau de Chaponval

E.C. NN 2 ch. d'hôtes avec salon pour les petits déjeuners, accès indépendant. 1 ch. 25 m² (1 lit 2 pers. 2 lits 1 pers.), salle d'eau/wc privée, accès par le couloir. 1 ch. 20 m² (1 lit 2 pers. 1 lit bébé), cheminée, petit salon, salle d'eau, wc. Aménagement rustique, champêtre. Cour de ferme, jardin (petit déjeuner possible à l'extérieur). Gare 300 m. Ouvert toute l'année. Village des impressionnistes : château, église, tombe de Van-Gogh, maison Ravoux, musée de l'absinthe, Daubigny. Pontoise, ville d'art, vallée de l'Oise. Accès rapide par SNCF de Paris (halte de Chaponval). La ferme est en bordure du Cd4 (Pontoise/Auvers centre), toutes commodités.

Prix : 1 pers. **200 F** 2 pers. **250 F** 3 pers. **300 F**
pers. sup. **50 F**

1	1	1	0,5	5	5	0,1	

CAFFIN Serge – 4 rue Marceau-Ferme du Four - Hameau de Chaponval – 95430 Auvers-sur-Oise – Tél. : 1.30.36.70.26 – Fax : 1.30.29.30.86

Buhy

♈♈♈ 3 ch. dans une maison de construction récente. 2 ch. 2 pers. avec lit enfant. 1 ch. 4 pers. avec salle de
(TH) bains particulière. Salle de séjour. Terrasse. Véranda. Parking. La pension complète doit être étudiée entre client et propriétaire pour les séjours de longue durée. Possibilité de table d'hôtes sur demande préalable. Gare 12 km, commerces 1 km. Gratuité pour les enfants de 0 à 2 ans. Ouvert toute l'année.

Prix : 1 pers. **170 F** 2 pers. **240 F** 3 pers. **300 F**
pers. sup. **65 F** repas **70/90 F**

SP	8	15	6	5	10	15	1

GRANDIDIER – 3 Grande Rue – 95770 Buhy – Tél. : 1.34.67.63.45 – Fax : 1.34.67.64.37

Clery-en-Vexin

♈♈ 4 chambres d'hôtes dans une gentilhommière située dans un grand parc de 8000 m². 3 ch. 2 pers. 1 ch. 1 pers. avec salle d'eau et wc pour 2 ch. et salle de bains et wc pour 2 chambres. Salle de séjour. La pension complète doit être étudiée entre client et propriétaire pour les séjours de longue durée. Gratuité pour les enfants de 0 à 3 ans. Ouvert toute l'année. Gare 20 km. Commerces 5 km.

Prix : 1 pers. **185 F** 2 pers. **245 F**

SP	10	15	15	5	15	15	5

THEDREL Michel – 4 rue du Logis – Les Tourelles – 95420 Clery-en-Vexin – Tél. : 1.34.67.44.90 – Fax : 1.34.25.32.54

Genainville

♈♈♈ NN 2 chambres dans une maison récente. 1 ch. (1 lit 2 pers.), salle de bains, wc. 1 ch. (1 lit 2 pers. 1 lit 1 pers.), salle d'eau wc. Petit déjeuner dans un salon réservé ou sur la terrasse. Jardin et petite piscine. Gare 20 km, commerces 3 km. Environnement : Vexin français, étang de pêche sur place. Ouvert toute l'année sauf en août. Route des Crêtes : La Roche-Guyon, vallée de Seine, Epte. Vol à voile et montgolfière à Chérence. Site archéologique de Genainville.

Prix : 1 pers. **185/205 F** 2 pers. **235/270 F**

SP	SP	SP	3	SP	8

PATRY – Rue de la Croix Chevrier – 95420 Genainville – Tél. : 1.34.67.05.33 – Fax : 1.34.25.32.54

Mareil-en-France

♈♈♈ NN Grande maison de charme comportant : 1 ch. familiale (2 pièces communicantes : 1 lit 2 pers. 2 lits
(TH) 1 pers.), salle de bains et wc. 1 ch. (1 lit 2 pers.). 1 ch. (2 lits 1 pers. jumelables), salle de bains, wc sur le palier réservés à ces 2 ch. Petit déjeuner au 1er étage dans un salon. Jardin d'agrément clos, accès par une allée de tilleuls donnant sur la D9/D47. Gare 3 km, commerces 1 km. Roissy-en-France 10 km, Cergy-Pontoise 30 km et Paris 25 km. Grand confort. Environnement : plaine de France, vallée de l'Oise, abbaye de Royaumont et Chantilly. Paris et aéroports : accès rapide. Ouvert toute l'année. Anglais parlé.

Prix : 1 pers. **200 F** 2 pers. **250/270 F** 3 pers. **320/370 F**
pers. sup. **60 F** repas **65/85 F**

15	5	1	8	8	3	1	

DELRUE – 4 Allee des Tilleuls – 95850 Mareil-en-France – Tél. : 1.34.71.14.69 – Fax : 1.34.25.32.54

Nesles-la-Vallee Hameau-de-Verville

E.C. NN Grande maison dans un hameau très calme, en vallée de l'Oise. 2 ch. à l'étage : 1 ch. (1 lit 130. 1 pers.) avec bibliothèque, 1 ch. (1 lit 120. 1 lit 100). S.d.b. et wc indépendants communs aux 2 ch. Mobilier ancien. Sur le palier, petit salon avec revues et livres, jeux, TV. Petit déjeuner dans le séjour. Téléphone. Terrasse d'été. Poss. garage. Le propriétaire a 2 chiens non agréssifs. Gare 4 km. Commerces 1,5 km. Ouvert toute l'année. Près d'Auvers, poss. de découvrir le château d'Auvers et le musée de l'impressionnisme. Plage fluviale et site touristique de l'Isle Adam (5 km). Pontoise 10 km, ville d'art et capitale du Vexin.

Prix : 1 pers. **160/170 F** 2 pers. **220/230 F** 3 pers. **240/260 F**

5	1,5	1,5	5	10	5	1,5	

DAUGE Michel – Hameau de Verville - 51 Route de Valmondois – 95690 Nesles-la-Vallee – Tél. : 1.30.34.73.09 – Fax : 1.34.25.32.54.

Puiseux-en-France

♨ ♨ NN
(TH)

2 chambres aménagées à l'étage d'une maison récente à proximité d'un petit bois. 1 ch. double (1 lit 2 pers. 2 lits 1 pers.), 1 ch. (2 lits 1 pers.). Possibilité 2 lits suppl. Salle de bains, wc à usage exclusif des hôtes. Petit déjeuner dans le salon du propriétaire. Grand jardin. Table de ping-pong. Gare 3 km, commerces sur place. Ouvert toute l'année. Roissy-en-France 7 km, Cergy-Pontoise 30 km et Paris 25 km. Environnement : plaine de France, Chantilly, vallée de l'Oise, abbaye de Royaumont. Paris et aéroports : accès rapide.

Prix : 1 pers. **175 F** 2 pers. **235 F** 3 pers. **310 F**
repas **80/110 F** 1/2 pens. **215/430 F**

🌲	🎿	🎿	🎣	🏊	🚣	🍽️	
10	5	22	4	SP	5	30	0,5

STEIMETZ – 49 rue Lucien Gerard Boisseau – 95670 Puiseux-en-France – Tél. : 1.34.72.32.74 – Fax : 1.34.25.32.54

La Roche-Guyon

E.C. NN
(TH)

Chambres situées au cœur du village, l'un des plus beaux de France, dominant les falaises de craie de la vallée de la Seine. 2 ch. (2 lits 2 pers.), 4 ch. (4 lits 2 pers. 4 lits 1 pers.), s.d.b. et wc privés chacune. Grand confort. Ameublement années 30. Salon (bibliothèque, TV). Salle pour petits déjeuners ou repas. Gare 6 km. Commerces 300 m. Ouvert toute l'année. Sites impressionnistes : Vétheuil, Giverny. Paris 70 km. Grande maison bourgeoise avec un grand verger. Dégustation des fruits de saison. Repas à l'extérieur, l'été.

Prix : 1 pers. **195 F** 2 pers. **270/300 F** 3 pers. **350 F**
repas **60 F** 1/2 pens. **255 F** pens. **310 F**

🌲	🎿	🎿	🎣	🏊	🚣	🍽️	
1	4	SP	SP	8	15	0,5	

GITES DE FRANCE-SERVICE RESERVATION – Chateau de la Motte - rue Francois de Ganay – 95270 Luzarches – Tél. : 1.34.71.90.00. – Fax : 1.30.29.30.86.

Saint-Clair-sur-Epte

♨ ♨ NN
(TH)

Chambres à l'étage. 1 ch. (1 lit 2 pers.) avec douche et lavabo. 1 ch. (2 lits 1 pers.) avec douche. WC communs aux 2 ch. sur le palier réservés aux hôtes. Aménagement contemporain en pin. Petit déjeuner et repas à l'intérieur ou à l'extérieur. TV, bibliothèque. Gare 12 km. Commerces sur place. Location de VTT sur place. Ouvert toute l'année. Chambres d'hôtes dans une grande maison à colombage du XVIIIe siècle sur la N14, en centre ville. Parking dans la cour ou à l'extérieur. Région du Vexin français. Village à la limite de l'Eure. Vallée de l'Epte, château de Villarceaux. Stages d'initiation ou de confirmation : parapente, ULM...

Prix : 1 pers. **175 F** 2 pers. **235 F** repas **45/80 F**

🌲	🎿	🎿	🎣	🏊	🚣	🍽️	
1	8	0,5	0,8	6	20	SP	

GITES DE FRANCE-SERVICE RESERVATION – Chateau de la Motte - rue Francois de Ganay – 95270 Luzarches – Tél. : 1.34.71.90.00. – Fax : 1.30.29.30.86.

Saint-Leu-la-Forêt

E.C. NN
(TH)

1 chambre d'hôtes au rez-de-chaussée d'un pavillon des années 30 avec accès de plain-pied indépendant. Chambre de 20 m² (1 lit 2 pers. 1 lit d'appoint 1 pers.), salle de bains et wc. Terrasse, jardin et salon de jardin. Chauffage central électrique. Cafetière, micro-ondes. La propriétaire est anglaise. Gare 500 m, commerces 300 m. Ouvert toute l'année. Loc. de vélos sur place. Paris : 30 mn en voiture, accessible par le RER, dans un village du Parisis. Calme et commodités sur place. Forêt de Montmorency sur place. Enghien-les-Bains, station thermale, casino, champ de courses, lac. Auvers/Oise : site impressionniste, château, église, maison Ravoux.

Prix : 1 pers. **200 F** 2 pers. **250 F** pers. sup. **70 F**
repas **50/70 F**

🌲	🎿	🎿	🎣	🏊	🚣	🍽️	
SP	SP	2	5	2	0,3		

HOPE Karen – 12 rue de Pernelle – 95230 Saint-Leu-la-Forêt – Tél. : 1.34.18.19.13 – Fax : 1.30.29.30.86

Wy-Dit-Joli-Village Chateau d'Hazeville

♨ ♨ ♨ ♨ NN

2 chambres dans un magnifique pigeonnier au milieu d'une ferme près du château où habite les propriétaires. 1er étage : 1 ch. 25 m² en 1/2 cercle (2 lits 1 pers.), salle de bains, wc, TV, bibliothèque et coin-salon. 2e étage : 1 ch. avec mezzanine sous la charpente en ombrelle du toit (1 lit 2 pers. à baldaquins), salle de bains et wc, TV, salon, raffinement. Site classé monument historique (XVIe). Gare et commerces 10 km. Ouvert toute l'année. Espagnol et anglais parlés. Petit déjeuner à la table de « Léonie d'Hazeville » dans une vaisselle qu'il a peint à la main. Poss. table d'hôtes. Site du Vexin dans le Parc Naturel Régional. Paris à 3/4 d'heure.

Prix : 1 pers. **500 F** 2 pers. **600 F**

🌲	🎿	🎿	🎣	🏊	🚣	🍽️	
SP	2	1	1	2	SP	2	

DENECK Guy – Chateau d'Hazeville - Hazeville – 95420 Wy-Dit-Joli-Village – Tél. : 1.34.67.06.17 ou 1.42.88.67.00 – Fax : 1.34.67.17.82

Wy-Dit-Joli-Village

♨ ♨ ♨ NN
(TH)

Très belle maison rurale dans un des plus beaux villages du Vexin Français. 2 ch. réservées à la même famille : 1 ch. (1 lit 2 pers.), 1 ch. (1 lit 1 pers.), s.d.b., wc. 1 ch. (1 lit 2 pers.), s. d'eau, wc. A l'étage, ces 3 ch. ont une vue superbe sur le village. Séjour, cheminée pour petit déj., ambiance rustique. Table d'hôtes sur résa. Gare 10 km, commerces 7 km. Terrasse pour l'été avec jardin d'agrément. A 50 km de Paris, ces chambres permettent de découvrir le musée de l'outil, le musée d'archéologie de Guiny-en-Vexin, le jardin de Monet à Giverny, la route des crêtes de la Roche-Guyon, la Vallée de la Seine et les falaises de craie (église troglodytique).

Prix : 1 pers. **205 F** 2 pers. **270 F** 3 pers. **410 F**
repas **60/100 F**

🌲	🎿	🎿	🎣	🏊	🚣	🍽️	
SP	3	SP	3	10	15	3	

PAULET Beatrice – 32, rue Saint-Romain – 95420 Wy-Dit-Joli-Village – Tél. : 1.34.67.47.83 – Fax : 1.34.25.32.54,

LIMOUSIN-PÉRIGORD

Pour réserver, écrire ou téléphoner :

19 - CORRÈZE
(R) Gîtes de France
C.D.T. - Quai Baluze
19000 TULLE
Tél. : 55.29.98.70
Fax : 55.29.98.79

23 - CREUSE
Gîtes de France
8, rue Martinet – B.P. 7
23000 GUÉRET
Tél. : 55.52.87.50 ou 55.52.89.50
Fax : 55.41.02.73

24 - DORDOGNE
(R) Gîtes de France
25, rue Wilson
24009 PÉRIGUEUX Cedex
Tél. : 53.35.50.00
Fax : 53.09.51.41

46 - LOT
(R) Gîtes de France
53, rue Bourseul – B.P. 162
46003 CAHORS Cedex
Tél. : 65.22.32.83
Fax : 65.22.32.83

47 - LOT-ET-GARONNE
Gîtes de France
4, rue André-Chénier
47000 AGEN
Tél. : 53.47.80.87
Fax : 53.66.88.29

82 - TARN-ET-GARONNE
Gîtes de France
Hôtel des Intendants
(R) Place du Maréchal-Foch
82000 MONTAUBAN
Tél. : 63.66.04.42
Fax : 63.66.80.36

87 - HAUTE-VIENNE
Gîtes de France
Maison du Tourisme
4, place Denis-Dussoubs
87000 LIMOGES
Tél. : 55.79.04.04
Fax : 55.10.88.61

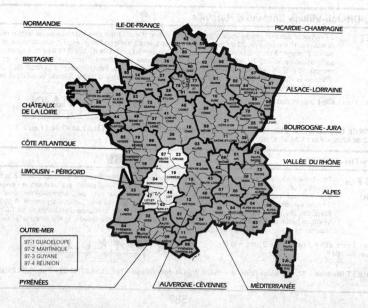

Albussac　　　　　　　　　　　　　　　　*C.M. n° 75 — Pli n° 9*

NN **TH** Alt. : 450 m – 3 chambres d'hôtes à l'étage, dans une ancienne ferme située dans un village classé. Salle d'eau, wc. Entrée indépendante sur cour et pelouse. Salle pour les hôtes. Chauffage central. Jardin avec salon. Abri pour vélos. Pétanque. Cascades sur place. A 10 km Vallée de la Dordogne, vol libre. Gratuit pour un séjour de 8 jours : 3 heures de tennis pour 2 pers. Lacs 6 km. Camping rural. Gare 18 km. Commerces sur place. Ouvert du 1er mai au 30 septembre. Repas enfant : 50 F.

Prix : 1 pers. **160 F** 2 pers. **180 F** 3 pers. **220 F** repas 75 F

0,5	6	SP	6	SP	10	8	

FARGE Paulette – Le Bourg – 19380 Albussac – Tél. : 55.28.61.02

Ambrugeat Le Goumoueix

NN **TH** Alt. : 700 m – 3 chambres situées dans un manoir ensoleillé au calme avec vue imprenable dont 2 de 25 m² de surface. 2 salles de bains à l'usage exclusif des hôtes. Chauffage central. Vaste salle à manger avec cheminée, TV et jeux. Parking et salon de jardin. Parc de 5 ha avec étang. Gare et commerces à 5 km. Lac à 4 km. Meymac 5 km. Ouvert toute l'année. Anglais parlé.

Prix : 1 pers. **200 F** 2 pers. **265 F** 3 pers. **300 F** repas 95 F

5	SP	4	SP	SP	25	4

MESDAMES COURTEIX ET ANDERSON – Manoir le Goumoueix – 19250 Ambrugeat – Tél. : 55.95.12.87

Argentat Chadiot

NN **TH** Alt. : 220 m – 6 chambres de pêche avec sanitaires complets privés chacune. Salon et cheminée, TV, bibliothèque, vidéothèque halieutique. Chauffage. Sise à 1 km de la Dordogne, « La Maison du pêcheur » accueille aussi bien les moucheurs que les pratiquants du lancer et autres amateurs de truites ou d'ombres et également ceux qui recherchent le calme. Commerces sur place. Ouvert du 11 mars au 14 novembre. Cuisine du terroir, champignons. Cuisson du poisson, panier pique-nique, conseil pour la pêche. A 1,5 km du bourg.

Prix : 1 pers. **180 F** 2 pers. **220 F** 3 pers. **265 F** repas 75 F

SP	SP	SP

DEZ Clarisse et Olivier – Chadiot – 19400 Argentat – Tél. : 55.28.81.99

Ayen La Boissiere　　　　　　　　　　　*C.M. n° 75 — Pli n° 7/8*

NN **TH** Alt. : 350 m – Un sculpteur céramiste et sa femme vous accueillent dans une belle demeure du XVIIIe siècle nichée sur les hauteurs d'Ayen, dominant sa verte vallée. 2 ch. 3 épis NN et 3 ch. 1 épi NN. Salon, bibliothèque, jardin et parking. Gare 10 km, commerces sur place. Ouvert toute l'année. Anglais et espagnol parlés. Réservation souhaitable même pour 1 nuitée. La Boissière est aussi un centre artistique où vous pourrez exprimer vos talents au cours de stages créatifs et conviviaux. Balades à pied, découverte, cheval et piscine à proximité occuperont vos loisirs. La table d'hôte, familiale, sert également des repas de spécialités sur demande.

Prix : 1 pers. **150/195 F** 2 pers. **195/265 F** 3 pers. **265 F** repas 70 F

SP	16	SP	3	SP	SP	40	30

VEILLET Gerard – La Boissiere – 19310 Ayen – Tél. : 55.25.15.69 – Fax : 55.25.23.87

Bassignac-le-Bas Chauvac

NN **TH** Alt. : 350 m – 4 chambres à l'étage d'un château des XVe et XVIe siècles restauré dominant la Vallée de la Dordogne. Sanitaires et wc privés pour chacune. Chauffage électrique individuel. Piscine sur place, TV, cheminée. Gare à Biars (10 km). Commerces 5 km. Ouvert de Pâques à septembre. Allemand parlé.

Prix : 1 pers. **270/360 F** 2 pers. **300/380 F** 3 pers. **430/455 F** repas 130 F 1/2 pens. **300 F**

5	SP	5	5	SP	SP	25	30

LAVERGNE Andre – Chateau de Chauvac - Route d'Aurillac Par Altillac – 19430 Bassignac-le-Bas – Tél. : 55.91.07.22 – Fax : 55.91.00.04

Beaulieu-sur-Dordogne　　　　　　　　　*C.M. n° 75 — Pli n° 19*

NN **TH** Alt. : 100 m – 5 chambres d'hôtes toutes avec salle de bains et wc privés et 1 suite en duplex avec salle de bains et wc privés. Possibilité de repas du soir sur demande. Nombreux restaurants à Beaulieu. Ouvert de Pâques à fin septembre. Ping-pong sur place. Gare 7 km. Commerces 200 m. Située au cœur de Beaulieu-sur-Dordogne « La Maison » vous accueille au calme de son patio fleuri et de son jardin en terrasse, vous serez séduits par le calme et le confort des chambres.

Prix : 1 pers. **200/240 F** 2 pers. **280/350 F** 3 pers. **380/400 F** repas 80/100 F

SP	SP	SP	SP	SP	SP	20

HENRIET J.Claude et Christine – 11, rue de la Gendarmerie – 19120 Beaulieu-sur-Dordogne – Tél. : 55.91.24.97

Benayes Forsac　　　　　　　　　　　　*C.M. n° 72 — Pli n° 18*

E.C. NN Alt. : 480 m – 3 chambres d'hôtes dans un château des XIIIe, XVIe et XIXe siècles (en cours de restauration), à l'étage. Salle d'eau et wc dans chaque chambre. Chauffage d'appoint électrique. Chasse sur place. Canoë à 15 km. Gare 15 km. Commerces 5 km. Ouvert toute l'année. Possibilité de repas sur demande. Anglais parlé. Chasse sur place.

Prix : 1 pers. **180 F** 2 pers. **200 F** 3 pers. **220 F**

6	6	SP	15	12	30

DEMONTBRON Mireille – Forsac – 19510 Benayes – Tél. : 55.73.47.78

Beynat Espagnagol

NN **TH** Alt. : 400 m — 4 chambres d'hôtes avec wc, douche particuliers + téléphone et TV dans chaque chambre. Piscine 72 m² sur place réservée aux hôtes. Plan du Coiroux et miel 6 km. Brive 22 km. Beynat (tous commerces et services) 3 km. Animaux admis sous conditions.

Prix : 1 pers. **250 F** 2 pers. **280 F** 3 pers. **330 F** repas 65 F 1/2 pens. **205 F**

6	SP	10	SP	SP	6	6

TRONCHE Guy – Espagnagol – 19190 Beynat – Tél. : 55.85.50.40 – Fax : 55.22.01.58.

Bilhac
C.M. n° 75 — Pli n° 9

❦❦ NN
(TH)

Alt. : 200 m — 2 chambres d'hôtes en rez-de-chaussée « la Belle Etoile » avec salle d'eau, lavabo, douche, wc dans chaque chambre dont 1 accessible aux personnes handicapées (sanitaires adaptés). Chauffage électrique. A 12 km de Beaulieu, 8 km de Vayrac. Ouvert toute l'année. Gare et commerces à 4 km. Plan d'eau et canoë à 8 km. Spéléologie à 25 km. Limitrophe de la Corrèze et du Lot. Bilhac (Bilac) offre l'accessibilité de tous les monuments et grands sites de la région, la tranquillité de la campagne et la bonne cuisine régionale tout près de la Dordogne. Anglais et espagnol parlés.

Prix : 1 pers. **180/200 F** 2 pers. **180/220 F** repas **70/160 F**
1/2 pens. **180 F** pens. **220 F**

🎿	⛵	🎣	🚴	🥾	🛥	⛵
8	5	5	2	SP	2	15	15

FLINT Stella – Le Bourg – 19120 Bilhac – Tél. : 55.91.08.40

Billac Mas-Vidal

❦❦❦ NN
(TH)

3 ch. à l'étage d'une maison en pierre. Chauffage, lits d'appoint. Sanitaires complets chacune, salon repos (TV, lecture). Accès au parc, salon de jardin. Ouvert toute l'année. Situation coteaux sud, vallée de la Dordogne. Gare et commerces 3 km. Animaux acceptés sous certaines conditions. Très nombreux sites (Rocamadour, Padirac, Sarlat, Collonges-la-Rouge, Curemonte, château de Castelnau, festival de musique de St-Céré en juillet et août, musée J. Lurçat, arts artisanaux).

Prix : 2 pers. **220 F** 3 pers. **270 F** pers. sup. **70 F**
repas **60/100 F**

🎿	⛵	🎣	🚴	🥾	🛥	⛵
5	3	SP	SP	SP	3	15	3

SIMBILLE Pierre et Michele – Mas Vidal – 19120 Billac – Tél. : 55.91.08.74

Bort-les-Orgues
C.M. n° 239 — Pli n° 41

❦❦❦ NN

Alt. : 400 m — Dans un petit village traversé par la Dordogne, 3 chambres avec salle de bains et wc, dont 2 avec vue sur les Orgues et 1 avec vue sur l'église. Salon très spacieux avec grande baie vitrée. TV. Terrain aménagé, 2 salons de jardin, barbecue. Gare 1 km, commerces 500 m. Ouvert toute l'année. Animaux acceptés sous certaines conditions. Possibilité de baptême ULM et balade sur les monts du Cantal. Pêche sur barrage et rivière, VTT. A la limite du Cantal, 40 km du Sancy et du Puy-Mary. Ballade en canoë-kayak sur barrage. Possibilité de ski nautique. Produits fermiers.

Prix : 1 pers. **180 F** 2 pers. **230 F** 3 pers. **290 F**

🎿	⛵	🎣	🚴	🥾	🛥	⛵
SP	3	3	5	SP	SP	20	3

BOURDOUX Jean-Claude – 51 Boulevard de la Nation - Place de l'Eglise – 19110 Bort-Les Orgues –
Tél. : 55.96.00.58

Chamberet

❦❦❦ NN

Alt. : 450 m — 5 chambres d'hôtes, toutes avec douche, wc, kitchenette. Pièce de jour avec TV, radio, disques, livres. Petit jardin avec tonnelle d'ifs centenaires et salon de jardin. Le petit déjeuner pourra être servi dans les chambres. Gare 25 km. Commerces sur place. Restaurant sur place. Animaux admis sous conditions. Ouvert toute l'année. Anglais et allemand parlés. Maison au centre du bourg avec jardinet, au cœur des animations estivales. Eglise romane et son trésor à 100 m. Nombreuses excursions possibles et randonnées pédestres, équestres et VTT.

Prix : 1 pers. **170 F** 2 pers. **220 F** 3 pers. **280 F**
pers. sup. **60 F**

🎿	⛵	🎣	🚴	🥾	🛥
SP	SP	SP	3	SP	3	10

DESMOULIN-CANTONNET Jean-Francois – 2 Route du Mont Gargan – 19370 Chamberet – Tél. : 55.98.34.26 –
Fax : 55.97.90.66.

Chamboulive
C.M. n° 75 — Pli n° 8

❦ NN

Alt. : 463 m — 4 chambres de 2 personnes avec salle d'eau et wc à l'usage exclusif des hôtes. Chauffage électrique. Salle de séjour. Commerces, restaurant, médecin, pharmacien sur place. Gare 12 km. Ouvert toute l'année.

Prix : 1 pers. **180 F** 2 pers. **200 F**

🐕	🎿	⛰	🎣	🚴	🥾	⛵
	0,8	0,5	SP	6	SP	6

FLEYGNAC Maurice – Le Bourg – 19450 Chamboulive – Tél. : 55.21.62.95

La Chapelle-Saint-Geraud Lagrange

C.M. n° 75

❦ NN
(TH)

Alt. : 520 m — 2 chambres d'hôtes à l'étage dont 1 chambre avec annexe, situées sur une exploitation agricole, dans un hameau. 1 ch. 2 pers., 1 ch. (2 à 4 pers.) avec salle de bains et wc indépendants communs. Salle de séjour à la disposition des hôtes. Chauffage central au mazout. Ecole de vol libre 10 km. Lac 12 km. Pelouse ombragée. Salon de jardin. Prix dégressifs pour 1 semaine. Gare 28 km. Commerces 8 km. Ouvert toute l'année. Au cœur de la Xaintrie, dominant la vallée de la Dordogne. Limite du Lot et du Cantal. Près des sites touristiques : Rocamadour, Padirac, Sarlat, Beaulieu.

Prix : 1 pers. **145 F** 2 pers. **180 F** repas **75 F**

🐕	🎿	⛰	🎣	🚴	🥾	🛥	⛵
	8	8	8	8	0,5	8	8

DUPUY Lucette – La Grange – 19430 La Chapelle-Saint-Geraud – Tél. : 55.28.51.50

Chaveroche Loriol
C.M. n° 73 — Pli n° 11

❦❦ NN
(TH)

Alt. : 670 m — 5 chambres dans une maison située en pleine campagne. 5 chambres de 2 pers. avec salle d'eau particulière, 1 salle de bains commune. Salle de séjour à la disposition des hôtes. Terrasse (salon de jardin). Centre de Tourisme du Ponty à 2 km : planche à voile... Gare 4 km. Commerces 3 km. Ouvert toute l'année. Anglais parlé.

Prix : 1 pers. **150 F** 2 pers. **220/230 F** repas **70/80 F**

🎿	⛰	🎣	🚴
2	2	2	2

GOUDENECHE Rene et Aurelie – Lariol – 19200 Chaveroche – Tél. : 55.72.54.70 ou 55.72.37.73

Clergoux Leix

❄❄❄ NN
(TH)

Alt. : 550 m — 1 chambre avec 1 lit 2 pers., placard, 1 chambre avec 1 lit 2 pers., 2 lits 1 pers., placard, 1 chambre 1 lit 2 pers., 2 lits 1 pers. superposés. Sanitaires complets chacune. Animaux acceptés sous certaines conditions. Gare 10 km, commerces 4 km. Ouvert toute l'année. Anglais et hollandais parlés.

Prix : 1 pers. **210 F** 2 pers. **260 F** 3 pers. **310 F**
pers. sup. **50 F** repas **80 F**

🎿	⛵	🎣	🏇	👥	🚲	⛷
8	4	4	SP	SP	12	8

RICHARD SOUDANT Sylvie – Leix – 19320 Clergoux – Tél. : 55.27.75.49

Collonges-la-Rouge La Raze

❄❄ NN

Alt. : 220 m — 6 ch. d'hôtes aménagées dans des maisons anciennes, rénovées et indépendantes. Cadre exceptionnel avec vue sur les tours de Collonges-la-Rouge. Toutes les chambres disposent d'une douche, wc communs. Salle de séjour à la disposition des hôtes. Grand parc calme et très fleuri. Gare 6 km. Commerces 3 km. Ouvert toute l'année. Anglais parlé. Pré. Rivière 12 km. Patinoire 20 km. 3 auberges dans le village. Camp de naturisme.

Prix : 1 pers. **160 F** 2 pers. **200/220 F** 3 pers. **250/280 F**

🎿	⛵	🎣	🏇	👥	🚲	🎱	⛷
2	15	15	5	0,5	2	15	20

TATIEN Eliane – La Raze – 19500 Collonges-la-Rouge – Tél. : 55.25.48.16

Cublac La Valade   *C.M. n° 75 — Pli n° 7*

❄❄ NN
(TH)

Alt. : 110 m — 4 chambres d'hôtes équestres à l'étage d'une maison ancienne. 2 lits jumeaux. Salle d'eau dans chaque chambre. Salle de séjour. Equitation sur place. Ouvert du 1er septembre au 30 juin. Gare 2 km. Commerces 1 km. Anglais parlé.

Prix : 1 pers. **100 F** 2 pers. **140 F** repas **60 F**

🎿	⛵	🎣	🏇	👥	⛷
1	2	1	SP	2	12

MALLET Roger – La Valade - Cublac – 19520 Mansac – Tél. : 55.85.23.25

Cublac La Moretie

❄ NN
(A)

Alt. : 300 m — 5 chambres d'hôtes dans une maison située en pleine campagne avec vue imprenable sur la vallée de la Vézère. 2 ch. 2 pers., 3 ch. 3 pers. avec salle d'eau commune. Terrain, pré. Chasse sur place. Restaurant sur place. Ouvert toute l'année. Possibilité repas gastronomique. Baby-foot, balançoire. 3 chambres 1 épi NN et 2 chambres 3 épis NN. Pêche sur étang privé sur place. Grande piscine sur place (15 x 7), terrain de volley, ping-pong. Anglais parlé. Gare et commerces à 2 km.

Prix : 1 pers. **120 F** 2 pers. **150/220 F** 3 pers. **185/270 F**
pers. sup. **50 F** repas **65 F** 1/2 pens. **180 F** pens. **220/260 F**

🎿	⛵	🎣	🏇	👥	🚲	🎱	⛷
2	10	SP	1	SP	SP	20	5

PRAUDEL Marie-Pierre – Auberge Rurale « La Farandole » - La Moretie – 19520 Cublac – Tél. : 55.85.19.79

Curemonte

❄❄❄ NN
(TH)

Alt. : 200 m — Dans l'un des plus beaux villages de France, au confin du Périgord, au cœur d'une cité médiévale, 3 chambres très confortables avec sanitaires complets chacune. Commerces 10 km. Repas du soir compris en 1/2 pension. Tarifs étudiés avec des enfants de moins de 10 ans.

Prix : 1 pers. **200 F** 2 pers. **280 F** 3 pers. **380 F** repas **70 F**
1/2 pens. **290 F**

🎿	⛵	🎣	🏇	👥	⛷
10	12	SP	6	SP	10

RAYNAL Fernande – Le Bourg – 19500 Curemonte – Tél. : 55.25.35.01

Donzenac La Vergne

❄❄ NN
(TH)

Alt. : 180 m — 3 chambres d'hôtes à l'étage avec wc et salle d'eau privée. Salon. Chauffage central électrique. A 1 km du bourg. Gare 10 km. Commerces 2 km. Ouvert toute l'année.

Prix : 1 pers. **200 F** 2 pers. **200 F** 3 pers. **280 F** repas **75 F**
1/2 pens. **275 F** pens. **350 F**

🐕

MONS Didier – La Vergne – 19270 Donzenac – Tél. : 55.85.63.74

Espagnac Le Mourigal

❄❄❄ NN

Alt. : 550 m — 1 chambre d'hôtes dans un bâtiment proche de la maison des propriétaires pouvant accueillir 2 personnes (1 lit 2 pers.), salle d'eau, wc. Plaque chauffante et réfrigérateur. Chauffage électrique. Gare 18 km, commerces 5 km. Ouvert toute l'année. Animaux acceptés sous certaines conditions. Cascades de Gimel 10 km. Foires Argentat et Marcillac, La Croisille. Château de Sédière 15 km. Fêtes votives, diverses manifestations pendant l'été.

Prix : 1 pers. **190 F** 2 pers. **220 F**

🎿	⛵	🎣	🏇	👥	🚲	⛷
5	12	SP	12	SP	5	17

DUPLESSY Christine – Le Mourigal – 19150 Espagnac – Tél. : 55.29.15.08

Espagnac La Traverse   *C.M. n° 75 — Pli n° 9*

❄❄❄ NN
(TH)

Alt. : 550 m — 2 chambres à l'étage d'une demeure de caractère du XVIIe siècle (1640), avec salle de bains et wc privés. Table d'hôtes sur réservation. Chauffage central. Gare 12 km. Commerces (boucher, tabac) 1 km. Ouvert de Pâques à la Toussaint. Nous demandons à nos clients d'avoir la gentillesse de ne pas fumer dans la maison. Possibilité de stages d'initiation à la recherche des champignons ou à l'apiculture. A 15 km de Tulle. Repas enfant - 8 ans : 50 F. 1/2 pension minimum 3 jours : 190 F.

Prix : 1 pers. **190 F** 2 pers. **220 F** 3 pers. **300 F**
pers. sup. **50 F** repas **85 F** 1/2 pens. **190 F**

🐕

🎿	⛵	🎣	🏇	👥	🚲	⛷
1	2	0,5	7	SP	6	12

ROUGET – Ferme Apicole – 19150 Espagnac – Tél. : 55.29.29.79 – Fax : 55.29.28.22

Limousin-Périgord

Corrèze

Estivaux Les Rebieres

❦❦❦ NN
(TH)

Alt. : 416 m — 1 chambre (1 lit 2 pers.), salle de bains, wc et lit d'appoint. 1 chambre suite (lits jumeaux), salle d'eau, wc, salon, TV, téléphone. Salle de détente située au même étage : TV, livres, jeux de société. Table et fer à repasser. Gare 10 km. Commerces 6 km. Vélos, jeux pour enfants, ping-pong, pétanque, crocket sur place. Canoë 10 km. Ouvert toute l'année. Près du Quercy-Périgord. Notre campagne vallonnée, verdoyante et giboyeuse invite à la détente, à la pêche, à la marche à pied, aux randonnées pédestres. Maison située dans un grand jardin bordé de thuyas préservant toute intimité, jardin où divers coins de repos sont aménagés. Balançoires, etc...

Prix : 1 pers. **200 F** 2 pers. **250/300 F** 3 pers. **350 F**
repas **65 F** 1/2 pens. **265 F** pens. **330 F**

6	14	SP	16	SP	9	

BUGEAT Anne-Marie – Les Rebieres – 19410 Estivaux – Tél. : 55.73.77.55

Forges La Souvigne

❦❦❦ NN
(TH)

Alt. : 250 m — 3 chambres 2 pers. tout confort dans une petite maison dans le bourg. 2 chambres aménagées à l'étage, chacune avec salle d'eau, wc. 1 chambre avec salle de bains privée au rez-de-chaussée. Salle de séjour à la disposition des hôtes avec coin-cuisine. Chauffage central. Parking facile. Gare 15 km, commerces sur place. Anglais et allemand parlés. Située à 100 m de la RN120, la maison est dans un quartier calme, abritée du bruit de la circulation. Bourg situé dans une campagne vallonnée avec de belles randonnées. Restaurant sur place. Propriétaires anciens cuisinier-traiteur. Ouvert du 1er mars au 31 décembre.

Prix : 1 pers. **140/170 F** 2 pers. **160/190 F** repas **75 F**

SP	SP	11	SP	10	11

HOARE Ian et Jacquie – 3 Impasse de la Fontaine – 19380 Forges – Tél. : 55.28.63.99 – Fax : 55.28.65.62

Gourdon-Murat Gourdon

❦❦❦ NN
(TH)

Alt. : 700 m — 2 chambres dont 1 au rez-de-chaussée avec salle d'eau et wc particuliers. Possibilité de cuisine/séjour dans les 2 chambres. Chauffage central. A 7 km de Bugeat. Cadre reposant à la campagne. Gare 6 km. Commerces 7 km. Ouvert toute l'année.

Prix : 1 pers. **200 F** 2 pers. **220/250 F** 3 pers. **300 F**
repas **80 F** 1/2 pens. **200 F**

SP	7	7	SP	8

CHEZE Eva – 19170 Gourdon-Murat – Tél. : 55.94.01.56

Juillac Fouillargeas

❦ NN

Alt. : 200 m — 2 chambres, avec lavabo dans chacune, salle d'eau commune, wc. 1 lit enfant dans chaque chambre. Gare 12 km, commerces 3 km. Ouvert toute l'année. Etang sur place avec sentiers pédestres, réserve naturelle de chasse, équitation à proximité, coteaux vallonnés avec vergers du bas-Limousin.

Prix : 1 pers. **160 F**

3	3	SP	3	SP	3

POUQUET Henri – Fouilargeas – 19350 Juillac – Tél. : 55.25.60.44

Juillac

❦ NN

Alt. : 300 m — 2 chambres d'hôtes au 2e étage dans une ferme. 1 ch. 2 pers. 1 ch. 3 pers. avec wc et salle d'eau à l'usage exclusif des hôtes. Chauffage central. Jardin, aire de jeux, parking, pré. Patinoire 30 km. Ouvert à partir d'avril. Gare 10 km. A Juillac : piscine, tennis, pêche près du quartier des chambres d'hôtes.

Prix : 1 pers. **130 F** 2 pers. **150 F** 3 pers. **160 F**

0,5	5	SP	SP

TREUIL Marie-Anne – 2 rue des Burdoux – 19350 Juillac – Tél. : 55.25.60.95

Lestards Coissac

❦❦ NN
(TH)

5 chambres d'hôtes dans une maison de caractère située dans le village. 5 ch. 2 pers. avec salle de bains ou salle d'eau et wc communs. Salle de séjour à la disposition des hôtes. Pré. Ski de fond, luge sur place. Rivière 4 km. Lac 6 km. Restaurant 3 km. Réduction à partir de 3 nuits. Prix dégressifs à la semaine pour pension, ou pour plusieurs nuitées. Gare 11 km. Commerces 8 km. Ouvert toute l'année. Anglais parlé.

Prix : 1 pers. **150 F** 2 pers. **170 F** 3 pers. **220 F**
repas **75/140 F** 1/2 pens. **160 F** pens. **210 F**

4	8	8	SP	SP	15

BARDELLE Michel – 19170 Gourdon-Murat – Tél. : 55.94.01.11

Liourdres Les Esplaces

❦❦❦ NN

Alt. : 175 m — Chambre d'hôtes aménagée à l'étage d'une maison neuve avec vue sur la vallée de la Dordogne. 1 lit 2 pers. (1 lit enf. disponible), douche et wc à l'étage réservés aux hôtes. Salle de séjour avec cheminée, TV. Terrasse, parc ombragé (bois de chênes). Chauffage central au fuel. Gare 8 km. Commerces 3 km. Ouvert toute l'année. Anglais et allemand parlés. Lit enfant 50 F. Lit adolescent : 110 F

Prix : 1 pers. **130 F** 2 pers. **170 F**

8	SP	SP	4	SP	8	3

PREVILLE Pierre et Irmtraud – Les Esplaces de Liourdres – 19120 Liourdres – Tél. : 55.91.19.58

Mansac Le Seuil-Bas

♥♥♥ NN
(TH)

Alt. : 160 m — 5 ch. d'hôtes situées à l'étage avec lavabo, douche et wc privés. Salle de séjour avec TV. Baby-foot dans la salle à manger. Jeux pour enfants, balançoires, ping-pong, toboggan, volley-ball. Pétanque. Le prix indiqué pour la 1/2 pension est pour 1 pers/semaine. Gare 10 km. Commerces 4 km. Ouvert toute l'année (en hors-saison été sur réservation). Anglais parlé.

Prix : 1 pers. **180 F** 2 pers. **220 F** 3 pers. **260 F** repas **85 F**
1/2 pens. **1360 F**

SP	SP	4	5	SP	SP	10	10

FRAYSSE Noel – Le Seuil Bas – 19520 Mansac – Tél. : 55.85.27.14 ou 55.85.11.69

Marcillac-la-Croisille Le Puy Nachet

♥♥♥ NN

Alt. : 500 m — 1 chambre d'hôtes avec suite pour une même famille ou amis aménagée au rez-de-chaussée (1 lit 2 pers. 2 lits 1 pers.), salle d'eau, wc communs. Gare 28 km, commerces 2 km. Ouvert du 1er avril au 30 octobre. Possibilité de ferme-auberge. Villa neuve face au lac de Marcillac-la-Croisille sur un terrain boisé et fleuri. Terrasse. Proximité des plages. Ski nautique sur place.

Prix : 1 pers. **150 F** 2 pers. **220 F** 3 pers. **280 F**
pers. sup. **60 F**

SP	SP	SP	SP	10	SP

**MILLESCAMPS Bernard – 12 Allee des Fougeres - Le Puy Vachet – 19320 Marcillac-la-Croisille –
Tél. : 55.27.86.95**

Marcillac-la-Croisille Le Sucquet   

♥♥♥ NN
(TH)

Alt. : 550 m — 1 ch. (1 lit 2 pers.), accès direct au verger. 1 ch. (2 lits 1 pers.), accès direct au verger. 2 ch. (mezz. 4 lits 1 pers.), accès direct au verger. Sanitaires complets chacune. Pièce d'accueil avec biblio., jeux de société, expositions. Salle à manger avec coin-repos. Ping-pong. Gare 17 km. Commerces 200 m. Ouvert du 1er avril au 1er novembre. Dans un verger où coule une petite rivière à proximité de Marcillac, à l'orée des bois. Lac de 250 ha. à 1,5 km (baignade, sports nautiques, tennis, nombreuses randonnées pédestres). Location VTT, séjour à thème, photo, champignons, yoga... Forfait pens., 1/2 pens. + de 3 nuits. Crêperie sur place.

Prix : 1 pers. **195 F** 2 pers. **230 F** 3 pers. **310 F**
repas **60/250 F** 1/2 pens. **250 F** pens. **310 F**

3	3	3	3	3

GILMERT Joelle – La Grange au Tissage - Le Sucquet – 19320 Marcillac-la-Croisille – Tél. : 55.27.83.75

Meyssac Bellerade   *C.M. n° 75 — Pli n° 9*

♥♥♥♥ NN
(TH)

1 suite 1 à 3 pers. avec salle de bains, wc, TV, téléphone. 1 suite 1 à 3 pers. avec salle de bains, wc, TV, téléphone. 1 suite 1 à 4 pers. avec salle de bains, entrée, wc, téléphone, TV. Terrasse. Salle à manger, salon, cuisine accueil. Garage ou parkage. Gare 20 km. Commerces sur place. Sur un domaine de 8 ha., manoir du XIXe siècle avec 3 chambres spacieuses. Calme, détente, belle vue, activités (ex : bridge), thé, goûter, dîner à la demande. Brunch (60 F). Ouvert toute l'année sauf janvier et février. Espagnol et anglais parlés. Salle de pique-nique équipée.

Prix : 1 pers. **320 F** 2 pers. **410 F** 3 pers. **500 F**
repas **120/150 F**

SP	SP	SP	20	20

**FOUSSAC-LASSALLE Jeanne – Manoir de Bellerade – 19500 Meyssac – Tél. : 55.25.41.42 ou 55.74.20.60 –
Fax : 55.84.07.51**

Meyssac Le Chauze   *C.M. n° 75 — Pli n° 9*

♥♥ NN
(TH)

Alt. : 220 m — 1 chambre d'hôtes sur une exploitation agricole. Salle d'eau et wc à l'usage exclusif des hôtes. Chauffage électrique. Gare à Brive 25 km. Tulle 35 km. Commerces 1 km. Ouvert toute l'année. Anglais et allemand parlés.

Prix : 1 pers. **150 F** 2 pers. **180 F** 3 pers. **200 F** repas **70 F**
1/2 pens. **135/165 F**

2	15	12	5	SP	2	15	20

RIVIERE Paul – Le Chauze – 19500 Meyssac – Tél. : 55.25.34.22

Monceaux-sur-Dordogne Saulieres      *C.M. n° 75 — Pli n° 9/10*

♥♥♥ NN

Alt. : 200 m — 2 chambres d'hôtes en rez-de-chaussée, 2 chambres à l'étage avec salle de bains et wc pour chaque chambre. Cuisine, salle de séjour réservée aux hôtes. Petits déjeuners servis sur la terrasse, pelouse, salon de jardin. Gare 35 km. Commerces 2 km. Canoë-kayak, deltaplane sur place. Ouvert toute l'année. Anglais parlé. A 200 m de la Dordogne. Vallée de la Dordogne. Grand site classé. Plan d'eau du Sablier (106 ha) pêche, planche à voile, pédalo à 8 km. Chaîne de barrages à 15 km. Argentat (ses vieilles maisons), Beaulieu (Abbatiale romane), spectacle son et lumière, ruines de Merle, mise au tombeau de Reygades.

Prix : 1 pers. **200 F** 2 pers. **250 F** 3 pers. **300 F**
pers. sup. **50 F**

3	8	SP	8	SP	2	8

LAFOND Marie-Jose – Saulieres – 19400 Monceaux-sur-Dordogne – Tél. : 55.28.09.22

Montaignac

♥ NN

Alt. : 620 m — 3 chambres d'hôtes dans une maison située dans le bourg. 3 chambres 2 pers. avec salle de bains commune. Salle de séjour, salle de jeux, salon avec TV à disposition des hôtes. Jardin, parking. Chauffage électrique. Gare et commerces sur place. Ouvert de Pâques au 31 décembre. Supplément 1 lit enfant, chauffage 1 nuit.

Prix : 1 pers. **220 F** 2 pers. **230 F**

0,5	2	SP	8	SP	8	15

CHABRIERE Yolande – 19300 Montaignac – Tél. : 55.27.60.09

Moustier-Ventadour Messence

❄❄❄ NN
(TH)

Alt. : 600 m — 4 chambres de 2 pers. en bungalow avec salle d'eau et wc particuliers. Chauffage central. Dans un site exceptionnel, calme assuré. Salle de séjour, bibliothèque, produits de la ferme, billard, tir à l'arc, piscine, étang, ping-pong, cheval sur place, pêche en lac. Sentiers pédestres fléchés sur place. Gare et commerces à 8 km. Ouvert toute l'année. Anglais parlé.

Prix : 1 pers. **200/280 F** 2 pers. **280/320 F** 3 pers. **380 F** repas **80/120 F** 1/2 pens. **260 F** pens. **330 F**

8	SP	SP	SP	SP	20	20

TERRIEN Gerard – Les Renardieres - Messence – 19300 Moustier-Ventadour – Tél. : 55.93.25.36

Nespouls Belveyre

❄❄❄ NN
(TH)

Alt. : 311 m — 4 ch. dont 1 avec terrasse, équipées de salle d'eau et wc privés ainsi que téléphone et mini-bar privés, plus de nombreuses attentions auxquelles vous ne pourrez que vous réjouir. « Aux sabots du Causse », ancienne demeure restaurée, le calme et l'accueil seront au rendez-vous, enclos pour voiture. Gare 15 km. Commerces 2 km. Ouvert durant les vacances scolaires. A « Cheval » sur le Lot et la vallée de la Dordogne, vous pourrez découvrir Pompadour et ses haras, des châteaux, Rocamadour (rocher des Aigles), Collonges la ville Rouge, Gramat (parc animalier), différentes grottes (Lascaux), etc... De quoi faire de vous des hôtes satisfaits à 100 %.

Prix : 1 pers. **180 F** 2 pers. **200 F** 3 pers. **250 F** pers. sup. **50 F** repas **70 F**

5	SP	5	5	SP	10	10	5

LALLE Eloi et Marie-France – Belveyre – 19600 Nespouls – Tél. : 55.85.84.47

Nespouls Belveyre   *C.M. n° 75 — Pli n° 8*

❄❄❄ NN
(TH)

5 chambres d'hôtes dans une ferme située dans un hameau. Toutes les chambres ont une salle d'eau et wc privés. Salle de séjour à la disposition des hôtes. Aire de jeux. Terrain. Possibilité cuisine. Forêt 1 km. Logement de chevaux sur place. Patinoire 10 km. Possibilité de camper dans la prairie (gratuit). Téléphone. Possibilité de garage. Gare à Brive 15 km. Commerces 1 km. Ouvert toute l'année. Anglais parlé.

Prix : 1 pers. **120 F** 2 pers. **190 F** 3 pers. **250 F** repas **68 F** 1/2 pens. **155 F**

4	4	4	SP	SP	10	6	4

VERLHAC Jacqueline – Belveyre - Nespouls – 19600 Larche – Tél. : 55.85.82.58

Neuville

❄❄❄ NN
(TH)

Alt. : 520 m — 4 chambres situées au 1er étage avec douche, lavabo, wc, TV, téléphone, terrasse. Gare 35 km. Commerces 10 km. Ouvert toute l'année. Boisson non incluses dans le prix du repas. Animaux admis sous conditions. Site calme, proximité vallée de la Dordogne, étang Miel, cascades de Murel, Roche de Vic, Collonges la Rouge, châteaux Turenne et Sedières, église de Neuville, Tours de Merle avec sons et lumières.

Prix : 1 pers. **200 F** 2 pers. **260 F** repas **55 F** 1/2 pens. **200 F** pens. **250 F**

6	6	SP	10	3	10	6

BROS Armand – Au Bourg – 19380 Neuville – Tél. : 55.28.08.82

Noailles   *C.M. n° 75 — Pli n° 8*

❄ NN
(TH)

« L'étape à la Ferme » comprend : au rez-de-chaussée : 2 chambres accessibles aux personnes handicapées, avec 1 salle d'eau et wc. 1 salon avec TV à disposition des hôtes. Au 1er étage : 3 chambres dont une avec douche commune et 2 wc. Chauffage central. Parking. Pré. Patinoire 8 km. Restaurants 4 km. Anglais parlé. Accès par RD920 et RD158, à 8 km au sud de Brive et par autoroute A20 sortie 52 à l'échangeur de Noailles. Gare 9 km. Commerces 100 m. Ouvert toute l'année. 4 chambres 1 épi NN et 1 chambre 2 épis NN. Dans une région touristique, aux confins du Limousin, Quercy, Périgord.

Prix : 1 pers. **135 F** 2 pers. **170 F** 3 pers. **220 F** repas **70 F**

8	6	SP	2	SP	8	6

DELMAS Gabriel et Jeanne – Le Bourg – 19600 Noailles – Tél. : 55.85.81.33

Noailles Pont de Coudert

❄❄ NN
(TH)

Alt. : 250 m — 5 chambres d'hôtes (2 ch. 3 épis NN, 3 ch. 2 épis NN), au rez-de-chaussée et à l'étage d'une maison située dans un village à 8 km de Brive. 1 ch. avec lits jumeaux, salle d'eau et wc particuliers. 1 ch. 4 pers., salle d'eau, wc et cuisine attenante. 2 ch. avec lavabo, douche et wc. 1 ch. avec lavabo, douche, wc communs. Salle de séjour, salon, TV, terrain. Possibilité garage. Animaux admis sous conditions. Cuisine régionale et pâtisserie maison. Gare 7 km. Commerces 700 m. Ouvert toute l'année. Espagnol et portugais parlés.

Prix : 1 pers. **160 F** 2 pers. **190/210 F** 3 pers. **230/260 F** repas **80 F**

5	5	5	8	6

DURAND Marie – Le Pont de Coudert – 19600 Noailles – Tél. : 55.85.83.22

Nonards Le Marchoux   *C.M. n° 239 — Pli n° 27*

❄ NN
(TH)

Alt. : 158 m — 2 chambres d'hôtes à l'étage (1 avec grand lit, 1 avec 2 lits), salle de bains et wc à l'usage exclusif des hôtes. Chauffage central. Parking privé autour de la maison. Gare 11 km à Biars. Commerces 5 km. Ouvert toute l'année. Anglais parlé. Malgré le fait que cette maison confortable n'est qu'à 500 m de la route D940, le cadre est très tranquille, idéal pour les itinéraires touristiques du Quercy. Tulle 35 km.

Prix : 1 pers. **130 F** 2 pers. **180 F** 3 pers. **230 F** repas **70 F**

SP	6	5	6	2	6	25	25

GREENWOOD Paul – Le Marchoux – 19120 Nonards – Tél. : 55.91.52.73

Corrèze   *Limousin-Périgord*

Nonards Combe-Janel

ψψ NN
(TH)
5 chambres (4 ch. 3 épis NN et 1 ch. 2 épis NN), situées au 1er étage d'une grande maison de maître. Chaque chambre dispose d'une salle de bains ou douche et wc particuliers. Grand salon/salle à manger à disposition des hôtes pour le petit déjeuner. Grand parking privé. Gare 14 km. Commerces 5 km. Ouvert toute l'année. Anglais parlé. Combe Janel est un lieu-dit de la commune de Nonards à 5 km de Beaulieu, où se trouve tous les commerces, ainsi qu'un grand nombre d'activités sportives : piscine, tennis, canoë-kayak, etc... Tout près : jolis villages Collonges la Rouge, Turenne, Curemonte, Loubressac, etc...

Prix : 1 pers. **250 F** 2 pers. **300 F** repas **95 F**

SP	5

WEBB Michael – Combe Janel - L'Emprunt – 19120 Nonards – Tél. : 55.91.54.79

Palazinges   *C.M. n° 75 — Pli n° 19*

ψψ NN
(TH)
Alt. : 450 m – 3 chambres d'hôtes dans une grande maison située dans le village, au milieu d'un parc. 2 chambres 2 pers. 1 chambre 4 pers. (2 adultes et 2 enfants), avec salles de bains particulières. Salle de séjour à disposition des hôtes. Parc, terrain, salons de jardin, terrasse. Parking. Chasse sur place. WC communs aux 3 chambres. Gare 8 km. Commerces 3,5 km. Repas sur réservation. Ouvert de mars à novembre.

Prix : 1 pers. **175 F** 2 pers. **210 F** 3 pers. **260 F** repas **88 F**

3,5	3,5	3,5	3,5	3,5	3,5	3,5

MESTUROUX Lucette – 19190 Palazinges – Tél. : 55.25.71.33

Perpezac-le-Blanc

ψψψ NN
(TH)
Alt. : 300 m — 3 chambres d'hôtes avec douche et wc, dans une maison entièrement restaurée, située dans un bourg. Astronomie, photo sur place. A 8 km d'Objat et à 20 km de Brive. Ouvert toute l'année (en dehors de l'été, sur réservaton). Anglais parlé. Convenant éventuellement à des groupes ou stagiaires. Observatoire. Lac du Causse 20 km. Village Saint-Robert 7 km.

Prix : 1 pers. **195 F** 2 pers. **195 F** 3 pers. **255 F** repas **55 F**
1/2 pens. **165 F** pens. **215 F**

SP	3

ASTROPOLE – B.P. 1 – 19310 Perpezac-le-Blanc – Tél. : 55.25.17.88 – Fax : 55.25.23.48

Pompadour

ψψψ NN
(TH)
Alt. : 420 m — « Pavillon Helie de Pompadour », 3 chambres à l'étage d'une maison neuve dans un parc. Salle de bains, wc dans chacune, avec mini-bar et TV couleur, téléphone direct. Chauffage électrique. Parc aménagé, terrasses, barbecue, parking. Lits d'appoint. Salle à manger pour petits déjeuners. Poss. plateaux repas sur demande. Gare 1,5 km. Commerces 1 km. Ouvert toute l'année.

Prix : 1 pers. **270/300 F** 2 pers. **300/330 F** 3 pers. **360/390 F**
repas **65 F**

1,5	1,5	2	1,5	1,5	1,5	20

LE HECH Jacques – 2 avenue du Midi – 19230 Pompadour – Tél. : 55.73.30.22 ou 55.73.37.77 – Fax : 55.73.68.26

Pompadour   *C.M. n° 75 — Pli n° 8*

ψψψψ NN
Alt. : 420 m — Rez-de-chaussée indépendant de 40 m², redistribué en coin-séjour, coin-chambre, salle de bains et wc, kitchenette pour petits déjeuners. Chauffage électrique. TV, cheminée, téléphone. Parking. Centre ville mais au calme entre cour et jardin. Gare et commerces sur place. Ouvert toute l'année. Au cœur de la « Cité du Cheval » à proximité, château, hippodrome, haras, commerces, courses et concours hippiques tout l'été. Nombreuses manifestations touristiques sur place, toutes possibilités sportives dans la région. Canoë-kayak 20 km.

Prix : 2 pers. **300 F**

SP	20	2	3	SP	SP	40	

REDON Jacques – 10 avenue du Limousin – 19230 Pompadour – Tél. : 55.73.33.73

Rosiers-d'Egletons La Peyriere

ψψψ NN
(TH)
Alt. : 600 m — 2 chambres avec salle de bains privée et wc privés pour chacune. Salle à manger commune : TV, lecture, grand parc avec étang de pêche, cueillette de champignons, randonnées pédestres. Gare 8 km. Commerces 500 m. Ouvert toute l'année. Visite des barrages, les Monédières, planche à voile, cyclo, randonnées, pêche en rivière, balade en Gabares sur la Dordogne, centre équestre, piscine, lac.

Prix : 1 pers. **190 F** 2 pers. **220 F** 3 pers. **400 F** repas **70 F**

0,8	5	SP	5	SP	5	15

PEYRICOT Jacqueline – La Peyriere – 19300 Rosiers-d'Egletons – Tél. : 55.93.10.73 ou 55.93.20.45

Saillac La Bertine   *C.M. n° 75 — Pli n° 19*

ψψψ NN
Alt. : 180 m — 1 chambre d'hôtes avec wc et salle de bains particuliers dans un logement en rez-de-chaussée indépendant. Chauffage électrique. Jardin d'agrément. Ferme à proximité. Produits fermiers. Restaurant 1 km. Gare 4 km. Commerces, alimentation, médecin et pharmacien à 4 km. Ouvert toute l'année. Village médiéval de Collonges La Rouge 2 km. Cité de Turenne 4 km. Grottes de Padirac et site de Rocamadour 25 km. Vallée de la Dordogne 12 km. Patinoire 20 km. Proche du Lot et de la Dordogne.

Prix : 1 pers. **170 F** 2 pers. **200/230 F** 3 pers. **260/290 F**

3	15	4	4	3	3	15

ULMET Joel – La Bertine – 19500 Saillac – Tél. : 55.25.41.24 ou 55.21.55.75

Saint-Augustin Chauzeix

ᘺᘺᘺ NN
(TH)

Alt. : 700 m — 3 ch. d'hôtes indépendants dont 2 en rez-de-jardin avec salle de bains ou salle d'eau, wc privés. 1 ch. avec cuisine pour séjours indépendants. Club house. Bibliothèque, terrasse, salon de jardin. Relais équestre (pré clos, écuries). Ouvert toute l'année. Anglais et espagnol parlés. Gare à Tulle ou Uzerche à 25 km. Commerces 8 km. Parmi genets et bruyères, sur un vaste domaine boisé, aux flancs des Monédières (700 m d'altitude), le ranch est le lieu de séjour idéal des amis de la nature pour vivre des vacances sportives ou se relaxer dans une ambiance sympathique et décontractée que ce soit pour 1 week-end ou 1 semaine.

Prix : 1 pers. **180 F** 2 pers. **250 F** pers. sup. **100 F**
repas **80/120 F** 1/2 pens. **225 F**

🛶	⛷	🚴	🚶	⛷
13	SP	5	SP	13

KILEN Gerald et Merry – Ranch de la Forêt - Chauzeix – 19390 Saint-Augustin – Tél. : 55.98.23.56 –
Fax : 55.98.23.56

Saint-Bonnet-l'Enfantier La Borde   *C.M. nº 75 — Pli nº 8*

ᘺᘺᘺ NN
(TH)

Alt. : 400 m — 5 chambres d'hôtes, 2 chambres 3 pers. lits enfants. 3 chambres 2 pers. avec salle d'eau particulière à chaque chambre. Salle de séjour, salle de jeux, cuisine équipée à disposition des hôtes. Chauffage central. En hiver : week-end foie gras. Jardin, aire de jeux, terrain, pré. Chasse sur place. Patinoire 20 km. Produits fermiers sur place. Restaurant 3 km. Gare 10 km. Commerces 3 km. Canoë-kayak 15 km. Ouvert toute l'année sauf octobre. 4 chambres 3 épis NN et 1 chambre 2 épis NN. 1/2 pension 180 F/jour à partir de 2 jours. Tarif dégressif à partir de 2 nuits.

Prix : 1 pers. **130 F** 2 pers. **260 F** 1/2 pens. **200 F**

🐩	⛷	🛶	🎣	🚶	⛷	🚴	⛵	⛷
3	10	SP	20	0,5	10	20	10	

BUGE Nadine – La Borde – 19410 Saint-Bonnet-l'Enfantier – Tél. : 55.73.72.44

Saint-Hilaire-Peyroux Bel-Air

ᘺᘺ NN

Alt. : 400 m — 2 chambres d'hôtes à l'étage avec salle d'eau et wc à l'usage exclusif des hôtes. Chauffage central au mazout. Garage pour voiture. Pêche en étang privé sur place. Patinoire et bowling 12 km. Sous-bois aménagé. Restaurant à 500 m. Gare 10 km. Commerces 6 km. Ouvert toute l'année.

Prix : 1 pers. **130/140 F** 2 pers. **160/170 F** 3 pers. **210 F**

⛷	🛶	⛷	🎣	🚶	⛷	🚴	⛵
0,2	10	SP	10	9	12	10	10

BANNE Madeleine – Bel Air – 19560 Saint-Hilaire-Peyroux – Tél. : 55.25.72.71

Saint-Jal Les Bessines

ᘺᘺ NN

Alt. : 500 m — 1 ou 2 chambres à louer ensemble, situées au rez-de-chaussée, avec salle d'eau à l'usage exclusif des hôtes. Chauffage central. Enfants : 80 F. Gare 7 km. Commerces 4 km. Ouvert toute l'année. Uzerches 7 km. Espagnol parlé.

Prix : 1 pers. **180 F** 2 pers. **210 F**

🐩	⛷	🛶	⛷	🎣	🚶	⛷	🚴	⛵
	6	9	9	9	4	4	8	9

DESAGUILLER Gaby et Simone – Les Bessines – 19700 Saint-Jal – Tél. : 55.73.19.70

Saint-Julien-le-Vendomois Domaine-de-la-Roche 🏠   *C.M. nº 75 — Pli nº 8*

ᘺᘺ NN
(A)

Alt. : 350 m — Dans un domaine de 70 ha ayant appartenu au roi et à la reine de Navarre. Petites ch. mansardées à l'étage d'un bâtiment indépendant. Accès délicat pour pers. à mobilité réduite. S. d'eau et wc chacune. Ch. central. Produits fermiers à la ferme auberge. A 5 km de Pompadour (cité du cheval). Douce chaleur de l'accueil à la ferme et fraîcheur des murs de pierres. Spécialités : foie gras, confit de canard, magret frais, blanquette de veau de lait, viande limousine, etc... (repas 85 F). A visiter : Coussac Bonneval 10 km. Châteaux : Pompadour 5 km, Ségur 5 km. Abbatiale du XIIe siècle 5 km. Ouvert du 1er mai au 30 septembre (en dehors sur résa.).

Prix : 1 pers. **180/200 F** 2 pers. **220/250 F** 3 pers. **290/320 F**
pers. sup. **70 F** repas **85 F** 1/2 pens. **265/285 F**
pens. **350/390 F**

⛷	🛶	⛷	🎣	🚶	⛷	🚴	⛵
5	5	SP	5	SP	5	5	5

FERME AUBERGE – Domaine de la Roche – 19210 Saint-Julien-le-Vendomois – Tél. : 55.98.72.87 –
Fax : 55.73.68.41

Saint-Julien-Maumont Le Clauzel   *C.M. nº 75 — Pli nº 9*

ᘺᘺᘺ NN
(TH)

Alt. : 220 m — 1 chambre d'hôtes en rez-de-chaussée dans une maison indépendante. Salle de bains et wc à l'usage exclusif des hôtes. Chauffage électrique. Vue panoramique. Salon avec cheminée. Jardin fleuri avec salon de jardin. Parking dans le jardin. Gare à Brive 25 km. Commerces 4 km. Ouvert toute l'année. Maison située à mi-chemin des 2 plus beaux villages de France : Collonges la Rouge, Curemonte, proche de Turenne. Martel. Possibilité de nombreuses promenades dans un petit périmètre très verdoyant. Accès facile pour se rendre à Brive. Anglais et espagnol parlés.

Prix : 1 pers. **190 F** 2 pers. **220 F** repas **80 F** 1/2 pens. **190 F**

🐩	⛷	🛶	🚶	🚴	⛵
	4	20	SP	4	20

BOSSCHEM Arlette – Le Clauzel – 19500 Saint-Julien-Maumont – Tél. : 55.84.07.09

Saint-Martin-Sepert Le Chateau   *C.M. nº 75 — Pli nº 8*

ᘺᘺᘺ NN

Alt. : 400 m — 3 ch. d'hôtes dans un château du XVIIIe siècle, situé dans un village. 2 chambres 2 pers. avec salle d'eau ou salle de bains et wc particuliers. Salle de billard. Chevaux disponibles sur place pour cavaliers confirmés. Possibilité cuisine dans bâtiment annexe. A partir de 8 jours : 170 à 220 F. Gare 15 km. Commerces 7 km. 2 chambres 3 épis NN et 1 chambre 2 épis NN. Ouvert toute l'année. Anglais et espagnol parlés.

Prix : 1 pers. **200/260 F** 2 pers. **200/260 F** 3 pers. **300 F**

⛷	🛶	⛷	🎣
10	1	1	1	6

DE CORBIER Jean-Luc – Chateau de Saint-Martin Sepert – 19210 Saint-Martin-Sepert – Tél. : 55.73.50.70

Saint-Mathurin Mialaret

♨♨♨ NN
(TH)

Alt. : 530 m — Dans une maison de caractère au sein d'une ferme équestre, 6 chambres de 2 à 4 lits individuels ou jumeaux, sanitaires complets (douche, lavabo, wc) dans chaque chambre. Grande salle à manger, salon, chauffage électrique. Salon de jardin, balançoires, toboggan. Réduction 15 % en hors-saison. Gare 20 km. Commerces 15 km. Ouvert toute l'année. Située au sud de La Corrèze, près de la vallée de la Dordogne aux portes du Quercy et de l'Auvergne, la ferme équestre du Mialaret répond à vos besoins de calme, de détente et de découverte. Forfait en 1/2 pension 1 semaine/jour/pers. : 215 F. Réduction pour enfants selon l'âge. Anglais parlé.

Prix : 1 pers. **230 F** 2 pers. **310 F** 3 pers. **380 F** repas **75 F**
1/2 pens. **225 F** pens. **295 F**

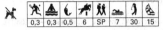

5	SP	SP	15

SEGOL Guy et Maryse – Mialaret – 19430 Camps-Saint-Mathurin – Tél. : 55.28.50.09 – Fax : 55.28.54.00

Saint-Pardoux-l'Ortigier Les Escures

♨ NN
(TH)

Alt. : 380 m — 3 chambres d'hôtes, 2 suites dans une grande maison indépendante au milieu des prés. 2 ch. 2 épis NN avec suite pour enfants, 1 ch. 3 épis avec suite., lavabo dans les chambres, salle d'eau et salle de bains. 2 wc communs. Salle de séjour. Salle de jeux. Terrain, cour. Poss. cuisine. Patinoire 20 km. Logement de chevaux sur place. Restaurant 500 m. Canoë-kayak 15 km. 1/2 tarif pour enfant. Gare 15 km. Commerces 500 m. Ouvert de mars à fin novembre. Vallées de la Vézère et de la Dordogne.

Prix : 1 pers. **140/150 F** repas **90 F** 1/2 pens. **230/240 F**

0,3	0,3	0,5	6	SP	7	30	15

DUMAS Marcel et Colette – Les Escures - Saint-Pardoux l'Ortigier – 19270 Donzenac – Tél. : 55.84.52.30

Sainte-Fortunade La Vergne

♨♨♨

Alt. : 500 m — 3 chambres d'hôtes à l'étage dont une sans lavabo, sanitaires indépendants à chaque chambre. Chauffage électrique. Lac 5 km. Gare 8 km. Commerces sur place. Ouvert du 1er juin au 30 septembre. Anglais parlé.

Prix : 1 pers. **300 F** 2 pers. **450 F** 3 pers. **550 F**

5	8	1	SP	SP	SP	8	8

MAUGEIN Liliane – Lavergne – 19490 Sainte-Fortunade – Tél. : 55.27.16.97

Sarroux Puy-de-Bort

♨♨♨ NN
(TH)

Alt. : 800 m — R.d.c. : 3 ch. dont 1 avec avec s. d'eau et wc privés. Etage : 2 ch. avec s. d'eau et wc privés, salle de séjour, TV. Ch. élect. Production laitière et veaux de lait fermiers. Situées au pays de Bort-Artence, en limite du Cantal, du Puy de Dôme, parc des volcans, vue sur le Sancy. Ski 30 km. Animaux acceptés sous conditions. Commerces 5 km. Ferme équestre 15 km. Chastreix-Sancy, sur la chaîne du Puy-Mary, sur les Orgues à 10 km du château de Val, à 3 km du barrage. A proximité des Orgues 1,5 km (table d'orientation), à 3,5 km du Barrage de Bort les Orgues, à 4 km de la plage, à 8 km du site de Saint-Nazaire (vallée et gorge de la Dordogne).

Prix : 1 pers. **180 F** 2 pers. **230 F** 3 pers. **270 F** repas **80 F**
1/2 pens. **195 F**

5	3,5	5	15	1,5	5	30	3,5

VENNAT Roger – Puy de Bort – 19110 Sarroux – Tél. : 55.96.05.10

Segur-le-Chateau

♨♨♨ NN
(TH)

Alt. : 400 m — 3 chambres dans la tour avec mobilier ancien, lit à baldaquins, vue sur les ruines du vieux château, illuminé l'été. Parc. 1 chambre au rez-de-chaussée, salle d'eau, wc privés. 1 grand lit. 1 chambre au 1er étage, salle d'eau, wc privés. 2 lits jumeaux. 1 chambre au 3e étage 2 lits 120, salle de bains, wc privés + duplex avec 2 lits 1 pers. Gare 15 km. Commerces 10 km. Ouvert du 15 avril au 15 novembre. Anglais parlé.

Prix : 1 pers. **250 F** 2 pers. **300/450 F** 3 pers. **350 F**
repas **85/150 F**

10	10	10

DE LABORDERIE Monique – La Tour Saint-Laurent – 19230 Segur-le-Chateau – Tél. : 55.73.54.17 ou 55.73.61.31

Soursac

♨♨ NN
(A)

Alt. : 530 m — Dans un petit bourg sur un plateau entre Luzège et Dordogne dans une grande maison, les chambres sont au 2e étage : 2 chambres avec sanitaires complets (classées 3 épis NN), 3 chambres avec douche et lavabo et wc communs. Grande salle de séjour. Chauffage central électrique. Gare 15 km, tous services et commerces sur place. Ouvert du 1er juin au 30 septembre.

Prix : 1 pers. **175/195 F** 2 pers. **200/230 F** 3 pers. **50 F**

SP	SP	SP	15	SP	15	15

QUILLET Henri – Le Bourg – 19550 Soursac – Tél. : 55.27.51.08

Tarnac Larfeuil

♨♨♨ NN

Alt. : 800 m — 2 chambres d'hôtes avec pour chacune : douche et wc. Chauffage dans chaque chambre. Au rez-de-chaussée : salle commune avec bibliothèque, cheminée et jeux pour enfants. 1 dortoir de 7 pers. à l'étage. Gare 6 km, commerces 5 km. Ouvert toute l'annnée. Equitation et attelage sur place. Proximité des tourbières du Longeroux et du bac des cars.

Prix : 1 pers. **180 F** 2 pers. **200 F**

5	5	SP	SP	SP	15	7

JAGAILLOUX Jean-Luc – Larfeuil – 19170 Tarnac – Tél. : 55.95.51.66

Limousin-Périgord

Treignac
C.M. nº 239

♣♣♣ NN — Alt. : 540 m — Dans l'un des plus beaux villages de France, 3 chambres d'hôtes avec salle d'eau, wc et lits jumeaux dans chaque chambre. Jardin privé de caractère médiéval. 2 ch. mansardées avec poutres et armoires anciennes. Gare 28 km. Commerces sur place. Anglais, italien et japonais parlés. Canoë sur place. Mini-golf 4,5 km. Ski de fond 15 km. Rivière, chasse, VTT sur place. Demeure dans la partie médiévale au cœur de Treignac construite au XVIᵉ siècle, en face d'un charmant square et d'une église (XVIᵉ siècle). Poss. goûter anglais servis dans le jardin. Ouvert toute l'année. Lit pliant : 50 F suppl. Prix dégress. à partir de 5 nuits hors saison. Restaurant sur place.

Prix : 1 pers. **220/250 F** 2 pers. **250/280 F**

SP	4,5	SP	2	SP	6	15	4,5

RAOUL Marisa – 6 Place de la Mairie – 19260 Treignac – Tél. : 55.98.01.24 – Fax : 55.98.87.08

Treignac

E.C. NN — Alt. : 500 m — Dans une très jolie maison, 2 chambres d'hôtes à l'étage dont 1 suite. Salle d'eau et wc particuliers. Salon, TV, bibliothèque. Chauffage central électrique. Possibilité de cuisiner. Terrasse, jardin, balcon, panorama, très belle vue sur la campagne. A proximité du massif des Monedières. Gare 30 km. Commerces sur place. Ferme-auberge sur place. Ouvert toute l'année. Lit enfant : 40 F.

Prix : 1 pers. **200 F** 2 pers. **260 F** 3 pers. **310 F**
pers. sup. **50 F**

SP	5	SP	2	SP	15	5	5

PISSOT Albert – 11 avenue Rene Cassin – 19260 Treignac – Tél. : 55.98.08.03

Troche La Petite Brunie

♣♣♣ NN — Alt. : 420 m — 4 confortables chambres avec salle d'eau et wc particuliers. Chauffage électrique. Grande salle commune/coin-cheminée. Coin-cuisine équipé, lave-vaisselle. Point-phone. Gare et commerces 2 km. Ouvert toute l'année. En plein cœur du Limousin, à proximité du Périgord, à 2 km de Pompadour, nous vous offrons le calme et la tranquillité, dans un bâtiment entièrement rénové et indépendant.

Prix : 1 pers. **230 F** 2 pers. **260 F**

2	3	SP	1,5	SP	2	15

CROUZILLAC Jacques et Marthe – La Petite Brunie – 19230 Troche – Tél. : 55.73.34.17 – Fax : 55.73.57.25.

Turenne

♣♣♣ NN — Une artiste peintre vous accueille dans l'ancien hôtel particulier des comtes de Cosnac, au cœur d'un des plus beaux villages de France, capitale de la Vicomte. 2 ch. d'hôtes à l'étage, sanitaires dans chaque chambre. Salle de séjour. Bibliothèque. Chauffage central au gaz. Pergola, jardin. Gare 3 km. Commerces sur place. Ouvert de mars à novembre. Anglais parlé. Ferme-auberge sur place.

Prix : 1 pers. **210 F** 2 pers. **290 F** 3 pers. **370 F**

8	12	3	8	SP	11	20	12

ADENIS-TATIEN Francoise – 19500 Turenne – Tél. : 55.85.59.84

Turenne Coutinard
C.M. nº 75 — Pli nº 8

♣♣♣ NN
(TH) — Alt. : 350 m — 5 chambres avec salle de bains et wc. 2 salles à manger et 1 salon de style. Mobilier de l'époque du château soit XIXᵉ siècle. Ce château est situé au milieu d'un parc de 14 ha. A 14 km de Brive, 40 km de Tulle, 520 km de Paris, 200 km de Bordeaux ou Toulouse. Gare 1 km. Commerces 800 m. Plan d'eau 10 km. Rivière 12 km. Ouvert toute l'année.

Prix : 1 pers. **200 F** 2 pers. **280 F** 3 pers. **350 F** repas **85 F**
1/2 pens. **230 F** pens. **300 F**

6	0,8	6	10

CONTINSOUZAS Jacqueline – Coutinard - Chateau de Coutinard – 19500 Turenne – Tél. : 55.85.91.88

Ussel La Grange-du-Bos

♣♣ NN
(TH) — Alt. : 650 m — 2 chambres d'hôtes dans une maison de caractère. 1 chambre 2 pers. 1 chambre 3 pers. sanitaires communs aux chambres. Télévision à disposition des hôtes. Aire de jeux, parking. Produits fermiers sur place. Restaurant 500 m. Tarifs spéciaux pour enfants de moins de 7 ans : 1/2 pension 74 F, pension complète 86 F, repas 66 F. Gare 4 km. Commerces 1,5 km. Ouvert du 10 janvier au 20 décembre.

Prix : 1 pers. **120 F** 2 pers. **180 F** 3 pers. **240 F**
1/2 pens. **185 F** pens. **225 F**

0,8	0,8	0,8	0,8	3	20	20	0,8

MALPELAS Huguette – La Grange du Bos – 19200 Ussel – Tél. : 55.72.15.68

Uzerche La Bessoule
C.M. nº 75 — Pli nº 8

♣♣♣ NN — Alt. : 356 m — Dans une maison de caractère, 1 chambre avec 1 grand lit + douche + wc particuliers. 1 chambre avec lits jumeaux + salle de bains et wc particuliers. Salle de séjour et salle de jeux à disposition des hôtes. A proximité canoë-kayak, golf miniature. Restaurant 500 m. Réduction suivant la durée du séjour. Possibilité lit enfant avec supplément de 80 F. Gare 400 m. Commerces 500 m. Ouvert toute l'année.

Prix : 1 pers. **190/220 F** 2 pers. **210/240 F**

1,5	1,5	1	15	SP	1,5	15	15

BERNIER Claude et Reine-Claude – L'Atelier - La Bessoule – 19140 Uzerche – Tél. : 55.73.18.62

Vars-sur-Roseix Le Logis Varsois

❅❅❅ NN — Alt. : 300 m — 5 chambres d'hôtes à l'étage avec douche, lavabo et wc pour chacune. Grande salle avec cheminée (cantou). TV, bibliothèque. Chauffage électrique. Parking, jardin. Gare 20 km. Commerces 3 km. Ouvert toute l'année. Animaux admis sous conditions. Dans une maison ancienne restaurée, dans un joli village médiéval correzien, dans le pays de Brive. Dordogne 8 km. Centre équestre (poney ou cheval) 3 km. Circuits pédestres, vélo, VTT. A proximité : châteaux, grottes, villages, restaurants (50 m). Ferme-auberge sur place.

Prix : 1 pers. **180 F** 2 pers. **220 F** 3 pers. **265 F**

5	25	SP	3	SP	5	25	30

VAN CAUWENBERG Annick – Le Logis Varsois – 19130 Vars-sur-Roseix – Tél. : 55.25.23.61

Vegennes Laverdes
C.M. n° 75 — Pli n° 3

❅❅ NN — 2 chambres d'hôtes dans un logement indépendant, situé dans le village. 1 chambre 2 pers. 1 chambre 3 pers. avec salle d'eau et wc particuliers. Jardin clos. Possibilité de ch. avec cuisine. Produits fermiers sur place. Chasse sur place. Restaurant 2,5 km. Gare et commerces à 3 km. Ouvert du 1er mars au 31 décembre. Centre de loisirs à 4 km. Vallée de la Dordogne à proximité.

Prix : 1 pers. **125 F** 2 pers. **160 F** 3 pers. **195 F**

3	3,5	3,5	4	SP	3	5	10

LACROIX Remy – Laverdes – 19120 Vegennes – Tél. : 55.91.10.98

Vitrac-sur-Montane

❅❅❅ NN — Alt. : 600 m — 2 ch. à l'étage (1 lit 2 pers. 2 lits 1 pers., douche, wc privés). Ch. central. Salle de séjour. Pelouse ombragée. Raymonde et Roland Manoury vous accueillent dans leur maison en granit et toit de lauzes, près de l'église romane classée, à l'ombre d'un tilleul séculaire. Restaurant dans le village. Gare 8 km. Commerces 7 km. Plan d'eau 10 km. Cascades de Gimel 12 km, les Monédières 14 km. 21 km au nord-est de Tulle. Sentiers pédestres. RN89 à 4,5 km (gare d'Eyrein). Egletons 11 km. Ouvert toute l'année. Une aire de pique-nique vous est réservée dans le jardin.

Prix : 1 pers. **200 F** 2 pers. **240 F** 3 pers. **280 F**

SP	10	SP	11	SP	11	10

MANOURY Roland et Raymonde – Place de l'Eglise – 19800 Vitrac-sur-Montane – Tél. : 55.21.35.50

Yssandon La Quitterie
C.M. n° 75 — Pli n° 8

❅❅❅ NN — Alt. : 260 m — Située sur une colline à 15 km à l'ouest de Brive, portes du Quercy et du Périgord. La maison « Quitterie » est entourée de prairies et bois. La maison comporte à l'étage, 2 ch. 3 épis NN. R.d.c. : cuisine, vaste salle de séjour avec cheminée. Ouvert toute l'année sauf noël. Possibilité table d'hôtes. Confiture, pâtisserie maison. Excursions dans les environs (villages, châteaux, grottes). Terrasson. Marché de Brive. Objat. Puy et Tour. Yssandon (table d'orientation). Commerces 2 km. Prix suivant durée du séjour.

Prix : 2 pers. **250 F** 3 pers. **300 F**

6	15	10	7	8	15	

GAYERIE Ginette – La Quitterie – 19310 Yssandon – Tél. : 55.25.11.86

Creuse

Ajain La Maison-du-Bois
C.M. n° 72 — Pli n° 10

❅ NN — 4 chambres d'hôtes dans une ferme située dans un hameau. 3 ch. 2 pers. 1 ch. 4 pers. Salle d'eau, wc réservés aux hôtes. Salle de séjour à la disposition des hôtes. Chauffage central. Terrain. Possibilité cuisine. Restaurant 2 km. Gare 10 km. Commerces 2 km. Ouvert toute l'année. Anglais parlé.

Prix : 1 pers. **85 F** 2 pers. **110 F** 3 pers. **130 F**

10	10	SP	10	10	SP	6

SENOTIER Maxime – La Maison du Bois – 23380 Ajain – Tél. : 55.80.92.59

Alleyrat Ourdeaux
C.M. n° 73 — Pli n° 1

❅❅❅ NN (TH) — Alt. : 576 m — Maison de caractère située sur une ferme d'élevage ovin. 3 chambres 2 pers. indépendantes, de plain-pied, avec terrasse, salle d'eau et wc particuliers. Salle de séjour. Chauffage électrique. Jeux d'enfants. Parking. Vélos. Promenades à cheval en attelage sur place. Gare et commerces à 7 km. Ouvert toute l'année.

Prix : 1 pers. **180 F** 2 pers. **220 F** 3 pers. **320 F** repas **80 F**

7	SP	7	SP	SP	SP

D'HIVER Patrice et Guylaine – Ourdeaux – 23200 Alleyrat – Tél. : 55.66.29.65

Aubusson Domaine-des-Tilleuls

❅❅❅ NN (TH) — Alt. : 500 m — Belle demeure bourgeoise implantée sur un parc boisé de 3 ha. 3 chambres de 2 pers. avec salles d'eau privées. Séjour avec coin-salon, TV. Chauffage électrique. Parking. Salle de jeux. Restaurant à 1 km. Gare et commerces à 2 km. Ouvert toute l'année. Anglais parlé.

Prix : 2 pers. **250 F** repas **90 F**

10	2	1	20	2	5	25	SP	SP

SHERIDAN Marc et Susan – Domaine des Tilleuls - La Seigliere – 23200 Aubusson – Tél : 55.83.88.76

Auzances-les-Mars Les Coursieres

C.M. n° 73 — Pli n° 2

Ψ NN
(TH)

Alt. : 600 m — 4 chambres d'hôtes dans une ferme située dans un village. 2 ch. 2 pers. 1 ch. 3 pers. 1 ch. 4 pers. 2 salles d'eau et 3 wc communs. Salle de séjour à disposition des hôtes. Terrain, cour. Salle de repassage. Chauffage électrique. Produits fermiers sur place. Restaurant 3 km. Gare 3 km. Commerces 4 km. Ouvert toute l'année. Anglais parlé.

Prix : 1 pers. **120 F** 2 pers. **140 F** 3 pers. **155 F** repas **70 F**

4	SP	4	4

KIRSCH Antoinette – Les Coursieres – 23700 Auzances – Tél. : 55.67.05.78

Banize Meyzoux

C.M. n° 72 — Pli n° 10

ΨΨΨ NN

Alt. : 600 m — 4 chambres d'hôtes aménagées dans un ancien manoir situé en pleine campagne. 1 ch. 4 pers. avec salle de bains privée. 1 ch. 1 pers. avec salle d'eau privée. 1 ch. 2 pers. avec salle de bains privée. 1 ch. 4 pers. avec salle de bains privée. Séjour/coin-salon avec TV, bibliothèque. TV dans les chambres. Chauffage électrique. Parc. Restaurants à 2,5 km. Ski de fond 18 km. Gare 14 km. Commerces 4 km. Ouvert toute l'année. Enfant à partir de 10 ans : 100 F.

Prix : 1 pers. **150 F** 2 pers. **250 F**

18	14	5	18	6	18	18	2

GUY Maryse – Meyzoux - Banize – 23120 Vallieres – Tél. : 55.66.07.17

Betete Chateau-de-Moisse

C.M. n° 68 — Pli n° 19

ΨΨΨ NN

Alt. : 350 m — 4 chambres d'hôtes dans un château bâti en 1840 et 1882. R.d.c. : séjour, salon (TV). 1er étage : ch. « comtesse » (1 lit 2 pers. 3 lits enfant), salle de bains/wc, ch. « rouge » (1 lit 2 pers. 1 lit enfant), salle d'eau/wc, ch. « marquise » (2 lits 1 pers. 1 lit enfant), salle d'eau/wc, ch. « Marie des Neiges » (1 lit 2 pers.) salle d'eau/wc. Sur un parc arboré de 25 ha. Chauffage au gaz. Parking. Commerces 15 km. Restaurant à 3,5 km. Location de vélos. Ouvert du 1er juin au 30 septembre. Anglais et allemand parlés.

Prix : 1 pers. **370 F** 2 pers. **400 F** 3 pers. **450 F**

5	30	0,5	3,5	12	15	SP

DEBOUTTE Simone et Ignace – Chateau de Moisse – 23270 Betete – Tél. : 55.80.84.25 ou 55.80.81.21 – Fax : 55.80.84.25

Boussac

C.M. n° 68 — Pli n° 20

ΨΨΨ NN

Alt. : 450 m — 3 chambres d'hôtes aménagées dans une ancienne demeure du XVIIIe siècle. Rez-de-chaussée : 1 ch. 3 pers. avec kitchenette et salle de bains, wc. Séjour/salon avec TV et bibliothèque. A l'étage : 1 ch. 3 pers. avec salle d'eau et wc. 1 chambre 3 pers. avec salle de bains, wc. Chauffage central. Garage à 200 m. Prix enfant de 4 à 12 ans : 30 F. Terrasse avec salon de jardin. Jardin. Jeux pour enfants. Restaurant à proximité. Commerces sur place. Ouvert toute l'année.

Prix : 1 pers. **180 F** 2 pers. **230 F** 3 pers. **280 F**

20	10	1	20	SP	5	10	SP	SP

GROS Francoise – 3 rue des Loges – 23600 Boussac – Tél. : 55.65.80.09

La Celle-Dunoise L'Age

C.M. n° 68 — Pli n° 18

ΨΨΨ NN

Alt. : 300 m — Maison du début du siècle, située dans un hameau, en pleine nature. En rez-de-chaussée, indépendant du logement du propriétaire, 3 chambres avec mezzanine : 1 ch. (2 lits 1 pers. 2 lits enf.), s.d.b. et wc. 1 ch. (2 lits 1 pers. 2 lits enf.), s. d'eau et wc. 1 ch. (1 lit 2 pers. 2 lits enf.), s. d'eau et wc. Séjour/coin-salon, cuisine réservée aux hôtes. Ch. élect. Jardin clos, parking, salle de jeux (ping-pong). Restaurant 4 km. Enfant à partir de 6 ans : 50 F. Commerces 4 km. Ouvert toute l'année. Possibilité de table d'hôtes.

Prix : 1 pers. **200 F** 2 pers. **250 F** 3 pers. **300 F**

4	18	SP	4	4	4	4	SP

N'GUYEN Henry et Beatrice – L'Age – 23800 La Celle-Dunoise – Tél. : 55.89.23.49

La Chapelle-Saint-Martial

C.M. n° 72 — Pli n° 10

ΨΨΨΨ NN

Maison de caractère, totalement indépendante. R.d.c. : séjour. 1er étage : 1 ch. 2 pers. salle d'eau et wc privés, 1 ch. 2 pers. salle de bains et wc privés. 2e étage : 1 ch. 2 pers. salle d'eau et wc privés. De plain-pied, indépendant avec vue sur le jardin et la piscine : 1 ch. 2 pers. salle d'eau et wc privés. TV couleur dans les chambres. Chauffage central. Terrasse avec salon de jardin. Restaurant à 6 km. Commerces 8 km. Ouvert toute l'année. Anglais parlé. Petits animaux admis.

Prix : 1 pers. **220/300 F** 2 pers. **260/350 F**

4	SP	4	25	4	25	30	SP

COUTURIER Alain – Le Bourg - La Chapelle Saint-Martial – 23250 Pontarion – Tél. : 55.64.54.12

Chatelus-Malvaleix Lauzine

C.M. n° 68 — Pli n° 19

ΨΨ NN

Alt. : 400 m — 2 chambres d'hôtes aménagées au 1er étage d'une maison d'habitation. 1 chambre (1 lit 2 pers., TV couleur). 1 chambre (1 lit 1 pers.). Salle d'eau et wc communs aux 2 chambres. Séjour avec coin-salon et TV couleur. Chauffage électrique. Terrain attenant. Parking aménagé. Restaurants à 3 et 6 km. Commerces 3 km. Ouvert toute l'année.

Prix : 1 pers. **140/180 F** 2 pers. **200 F**

3	27	3	3	10	30	5

FOURREAU Claude et Veronique – Lauzine – 23270 Chatelus-Malvaleix – Tél. : 55.80.76.16

Crocq La Hetraie

❦❦❦ NN — Alt. : 770 m — Maison contemporaine située à 500 m du bourg, dans un cadre de calme et de verdure. 1 ch. 2 pers., salle de bains privée. 1 ch. 2 pers. salle d'eau privée. Salon d'accueil. TV dans chaque chambre. Chauffage central. Garage. Terrain clos avec salon de jardin et barbecue. Possibilité cuisine. Restaurant à 7 km. Commerces 500 m. Ouvert toute l'année. Enfant à partir de 5 ans : 60 F.

Prix : 1 pers. **200 F** 2 pers. **250 F**

7	25	2	7	1	3	25	SP	SP

LONGCHAMBON Jacques et Edith – La Hetraie – 23260 Crocq – Tél. : 55.67.41.77

Crocq

❦ NN — Alt. : 770 m — Maison indépendant située dans un bourg. 2 chambres 3 pers. au 1er étage (1 lit 2 pers. 1 lit 1 pers.). Sanitaires communs aux chambres. Chauffage central. Séjour avec coin-salon et TV. Terrasse commune. Garage. Enfant à partir de 5 ans : 60 F. Restaurant dans le bourg. Commerces sur place. Ouvert toute l'année.

Prix : 1 pers. **170 F** 2 pers. **220 F** 3 pers. **280 F**

12	20	SP	SP	3	25	3	SP

LAFRIQUE Jacques et Colette – Route de la Bourboule – 23260 Crocq – Tél. : 55.67.41.45

Le Donzeil Lascaux

❦❦❦ NN — Alt. : 590 m — Chambre d'hôtes avec suite, dans un bâtiment ancien, proche de la maison des propriétaires. R.d.c. : séjour/coin-salon (TV, bibliothèque, cheminée). Etage : 1 chambre (1 lit 2 pers.) avec suite (1 lit 1 pers.). Chauffage central. Terrain aménagé, parking. Restaurant 3 km. Commerces 5 km. Enfant à partir de 3 ans : 50 F. Ouvert toute l'année. Carte France-Télécom : 55.66.69.01.

Prix : 1 pers. **250 F** 2 pers. **350 F**

0,5	25	SP	SP	SP

FRIC Rene et Denise – Lascaux – 23480 Le Donzeil – Tél. : 55.66.64.18

Le Donzeil Le Bourg

❦❦❦ NN — Alt. : 450 m — Maison de caratère entièrement restaurée, totalement indépendante de la maison des propriétaires, située dans un bourg. 1 chambre (1 lit 2 pers.), salle d'eau, wc. Séjour, TV. Chauffage central, jardin, jeux d'enfants, garage. Restaurant 3 km. Ouvert toute l'année (hors-saison sur réservation).

Prix : 1 pers. **210 F** 2 pers. **280 F**

SP	21	SP	21	SP	30	SP	SP

FROIDEFON Claude et Marie-Josephe – Le Bourg – 23480 Le Donzeil – Tél. : 55.66.67.81

Fresselines La Bussiere

❦❦❦ NN (TH) — Alt. : 400 m — 3 chambres d'hôtes aménagées dans une maison des années 1900, implantée sur un parc ombragé clos de 5000 m². R.d.c. : cuisine, séjour, salon avec bibliothèque. Etage : 1 ch. (1 lit 2 pers.), salle d'eau, wc. 1 ch. (2 lits jumeaux), salle de bains, wc. 1 ch. (1 lit 2 pers.), salle d'eau, wc. Terrasse. Cuisine d'été à dispo. Parking. Sur place : relaxation, remise en forme, connaissance des plantes médicinales. Restaurant 5 km. Commerces 6 km.

Prix : 1 pers. **200 F** 2 pers. **250/300 F** repas **70 F**

5	1	5	7

MATHE Maite – La Bussiere – 23450 Fresselines – Tél. : 55.89.74.83

Fresselines Confolent

❦❦❦ NN (TH) — Alt. : 260 m — Très belle maison creusoise, des XVIIe et XVIIIe siècles, implantée sur le site Claude Monet au confluent des deux Creuse. 2 chambres 2 pers. avec salles d'eau, wc particuliers. Séjour. Salon avec TV et bibliothèque. Chauffage central. Parking. Gare 30 km. Commerces 10 km. Restaurant à 500 m. Ouvert toute l'année.

Prix : 1 pers. **250/350 F** 2 pers. **300/400 F** repas **85/125 F**

SP	SP	10	0,5	10	SP

DEMACHY-DANTIN Danielle – Confolent – 23450 Fresselines – Tél. : 55.89.70.83

Genouillac Montfargeaud

❦❦❦ NN (TH) — Alt. : 300 m — Aux portes du département, à mi-chemin entre Guéret et La Châtre, 4 chambres d'hôtes et 1 suite aménagées dans une ancienne ferme située dans un village paisible. 3 ch. 3 pers., 1 ch. 2 pers., 1 suite 4 pers., chacune avec salle de bains, wc, téléphone et TV. Séjour. Chauffage électrique. Parking. Commerces 2 km. Ouvert toute l'année. Anglais parlé. Auberge sur place.

Prix : 1 pers. **250 F** 2 pers. **280 F** 3 pers. **360 F** repas **98 F**

2	12	2	12	12	SP	12	SP	SP

AUDOUX Annie – Montfargeaud - « Petite Marie » – 23350 Genouillac – Tél. : 55.80.85.60

Gentioux Pallier-la-Commanderie

❦❦❦❦ NN (TH) — Alt. : 830 m — Maison du XVIIIe siècle (ancienne maison forte templière), avec 4 chambres d'hôtes. Rez-de-chaussée : salle de séjour, salon (TV, bibliothèque), 1 ch. (1 lit 2 pers. salle de bains et wc), 1er étage : 1 ch. (1 lit 2 pers. salle de bains et wc), 1 ch. (1 lit 2 pers. salle de bains et wc). 2e étage : 1 ch. (3 lits 1 pers. salle de bains et wc). Chauffage central. Terrain aménagé, parking, jeux d'enfants. Boissons non comprises dans les prix repas. Restaurants à 5 km. Commerces 4 km. Ouvert du 25 juin au 8 septembre et durant les vacances scolaires.

Prix : 1 pers. **245 F** 2 pers. **290 F** 3 pers. **345 F** repas **85 F**

12	30	SP	12	5	5	5	5	SP

GOMICHON Yolande et Yves – Pallier - La Commanderie – 23340 Gentioux – Tél. : 55.87.91.73

Gentioux-Pigerolles Ferme-des-Nautas · C.M. n° 72 — Pli n° 20

♣ NN
(TH)

Alt. : 850 m — Maison de caractère située sur le « Plateau de Millevaches », sur une ferme orientée principalement vers l'élevage (bovins et ovins). 1 chambre (2 lits 2 pers. 2 lits enfant) 1 chambre (2 lits 2 pers.) sanitaires communs. Salle commune avec coin-cheminée, chauffage central. Commerces 7 km. Ouvert toute l'année. Ski de fond sur place. Anglais parlé.

Prix : 1 pers. **140 F** 2 pers. **160 F** 3 pers. **200 F** repas **75 F**

🚣	⛴	🎣	⛵	🎿	🐎	🏇	🚴	🚶
15	15	SP	15	15	15	10	15	SP

CHATOUX Francois et Danielle – Pigerolles – 23340 Gentioux-Pigerolles – Tél. : 55.67.90.68

Le Grand-Bourg Montenon · C.M. n° 72 — Pli n° 9

♣♣♣ NN
(A)

Alt. : 423 m — Dans une demeure de caractère située sur une colline dominant la rivière au sein d'une ancienne ferme. 1 chambre 5 pers. 2 chambres 2 pers. 2 chambres 3 pers. Salle d'eau et wc dans chaque chambre. Séjour avec coin-salon (bibliothèque). Terrain attenant. Gare 15 km. Commerces 6 km. Ouvert toute l'année sauf janvier. Anglais parlé. Martine et Michel Limousin vous reçoivent dans une ambiance chaleureuse. Vous aurez accès à la piscine, pourrez partir pour une promenade à cheval et le soir déguster les produits du terroir (fromages de chèvres, foie gras, confits), qui seront servis au restaurant. Prix enfants selon l'âge.

Prix : 1 pers. **180 F** 2 pers. **250 F** 3 pers. **335 F** repas **85 F**

🐕	🚣	⛴	🎣	⛵	🎿	🐎	🚴	🚶
	15	SP	SP	18	6	SP	SP	SP

LIMOUSIN Michel et Martine – Montenon – 23240 Le Grand-Bourg – Tél. : 55.81.30.00

Gueret Beausoleil

♣♣ NN
(TH)

Alt. : 450 m — Maison de caractère totalement indépendante. 1 ch. (1 lit 2 pers. 1 lit 1 pers). 2 ch. (1 lit 2 pers. 1 lit enfant). Chacune avec salle d'eau et wc. 1 ch. 2 pers. avec salle d'eau, wc privés non attenants à la chambre. Séjour/coin-salon avec TV et bibliothèque. Chauffage central. Terrain aménagé. Jeux d'enfants. Parking, terrasse couverte. Restaurant 3 km. Gare et commerces 3 km. Ouvert toute l'année. Enfants jusqu'à 4 ans gratuit. Table d'hôtes sur réservation.

Prix : 1 pers. **180/200 F** 2 pers. **220/280 F** repas **80 F**

🚣	⛴	🎣	⛵	🎿	🐎	🏇	🚴	🚶
1	3	1	1	1	5	2	1	

ROYER Claude et Jeanine – Beausoleil – 23000 Gueret – Tél. : 55.81.90.96

Lussat Puy-Haut · C.M. n° 73 — Pli n° 1

♣♣♣♣ NN
(TH)

Alt. : 480 m — Au cœur du village de Puy-Haut se trouve un beau bâtiment du XIIIe restauré au XVIIe. R.d.c. : séjour, salon (TV, bibliothèque). 1er ét. : 1 ch. (1 lit 2 pers., salle de bains, wc), 1 ch. (1 lit 2 pers. 1 lit enfant), salle d'eau et wc. 1 ch. (1 lit 2 pers. 1 lit 1 pers. 1 lit enfant, salle de bains, wc). Chauffage électrique. Terrain aménagé. Jeux d'enfants. Parking. Commerces 7 km. Ouvert du 1er avril au 31 octobre. Prix enfant selon l'âge.

Prix : 1 pers. **230 F** 2 pers. **270 F** 3 pers. **330 F** repas **95 F**

🚣	⛴	🎣	⛵	🎿	🐎	🏇	🚴	🚶
15	10	4	15	4	8	8	SP	SP

RIBBE Claude et Nadine – Puy-Haut – 23170 Lussat – Tél. : 55.82.13.07

Mainsat La Chaumette

♣♣♣ NN

Alt. : 540 m — Maison de caractère totalement indépendante. 2 chambres au 2e étage. 1 chambre (2 lits 2 pers.), salle d'eau et wc. 1 chambre (1 lit 2 pers. 1 lit enfant), salle d'eau et wc. Salon réservé aux hôtes avec bibliothèque régionale. Rez-de-chaussée : séjour avec coin-cuisine et TV, salon. Chauffage central. Garage. Parking. Restaurant à 4 km. Anglais parlé. Cette maison creusoise sera pour vous un havre de repos idéal pour les amoureux de la nature. Gare 12 km. Commerces 4 km. Ouvert toute l'année. Enfants 70 F à partir de 3 ans.

Prix : 1 pers. **220 F** 2 pers. **280 F**

🐕	🚣	⛴	🎣	🎿	🐎	🚴	🚶
	5	25	2	5	5	25	SP	SP

BAUDERE Brigitte – La Chaumette - Mainsat – 23700 Auzances – Tél. : 55.83.11.52

Merinchal Le Montaurat · C.M. n° 73 — Pli n° 2

♣♣♣ NN

Alt. : 780 m — Maison en pierre, totalement indépendante, sur une exploitation agricole. Rez-de-chaussée : séjour, 1 chambre (2 lits 1 pers.), salle de bains, wc. Etage : 1 chambre (1 lit 2 pers. 1 lit 1 pers.), salle de bains, wc. 1 chambre (1 lit 2 pers.), salle de bains, wc. Salon (TV, bibliothèque régionale). Chauffage central. Terrain. Parking. Jeux d'enfant. Restaurant 4 km. Commerces 4 km. Ouvert toute l'année. Enfant à partir de 6 ans : 50 F.

Prix : 1 pers. **200 F** 2 pers. **250 F** 3 pers. **300 F**

🚣	🎣	🎿	🐎	🚴	🚶
18	4	4	10	4	

LABAS Didier et Odile – Le Montaurat – 23420 Merinchal – Tél. : 55.67.25.99

Noth Le Bourg · C.M. n° 72 — Pli n° 8

♣♣ NN
(TH)

Alt. : 400 m — Maison entièrement restaurée, située dans un bourg. 3 chambres 2 pers. avec salles d'eau particulières, wc communs. Séjour/salon (TV, bibliothèque). Chauffage électrique. Gare et commerces à 7 km. Ouvert toute l'année. Enfant à partir de 7 ans : 50 F.

Prix : 1 pers. **120 F** 2 pers. **180 F** repas **75 F**

🚣	🎣	🎿
1	7	1	3

GAUCHER Ginette – Le Bourg – 23300 Noth – Tél. : 55.63.70.92

Peyrabout Le Faux · C.M. n° 72 — Pli n° 10

♣♣♣ NN

Alt. : 540 m — Maison de caractère totalement indépendante. 1 chambre avec suite (1 lit 2 pers. 1 lit 1 pers.), salle de bains, wc. Séjour avec coin-salon (TV couleur, cheminée). Chauffage électrique. Terrain aménagé. Garage. Jeux d'enfants. Restaurant à 200 m. Commerces 9 km. Ouvert toute l'année.

Prix : 1 pers. **180 F** 2 pers. **220 F** 3 pers. **250 F**

🚣	⛴	🎣	⛵	🎿	🐎	🚴	🚶
9	9	SP	9	9	9	9	SP

DUPIN Thierry – 6 le Faux – 23000 Peyrabout – Tél. : 55.80.08.40

Peyrat-la-Noniere La Vaureille

C.M. n° 73 – Pli n° 1

NN

2 chambres d'hôtes dans un château situé sur une exploitation agricole dans un hameau. 2 ch. de 2 pers. avec salle de bains commune. Salle commune à disposition des hôtes. Parc, étang sur place. Possibilité table d'hôtes le soir. Restaurant 3 km. Commerces 10 km. Ouvert du 1er juin au 30 septembre.

Prix : 1 pers. **140 F** 2 pers. **220 F**

🏊	🚤	⛵	🎿	🎿	🚵	🚶
3	18	SP	3	18	18	SP	SP

DELAMBERTERIE Odette – La Vaureille – 23130 Peyrat-la-Noniere – Tél. : 55.62.32.04

Pontarion Chateau-Gaillard

C.M. n° 72 — Pli n° 9

NN

Alt. : 400 m — 2 chambres d'hôtes aménagées au 1er étage d'une maison d'habitation, avec entrée indépendante. 1 ch. (1 lit 2 pers. 1 lit 1 pers.), 1 ch. (2 lits 2 pers.), salle d'eau particulière. Petit salon (TV couleur, bibliothèque). Séjour/salon en rez-de-chaussée. Garage. Parking. Terrain aménagé. Terrasse, salon de jardin. Chauffage électrique. Restaurant à 500 m. Commerces 500 m. Enfant à partir de 5 ans : 50 F. Ouvert toute l'année.

Prix : 1 pers. **150 F** 2 pers. **200 F** 3 pers. **250 F**

🏊	🚤	⛵	🎿	🎿	🚶
7	23	SP	23	7	23	SP

MAYNE Roger et Lorette – Chateau-Gaillard – 23250 Pontarion – Tél. : 55.64.52.76

Rimondeix

NN

Maison de caractère située dans un bourg. 3 chambres de 2 pers., salles d'eau particulières. Séjour avec coin-salon, TV, bibliothèque. Salon à l'étage. Chauffage électrique. Terrain aménagé. Jeux d'enfants. Parking. Commerces 6 km. Restaurant 5 km. Enfant à partir de 12 ans : 80 F. Ouvert du 15 juin au 15 septembre (sur réservation hors-saison).

Prix : 1 pers. **180 F** 2 pers. **250 F**

🏊	🚤	⛵	🎿	🎿	🚶
6	23	3	23	6	6	6	SP

MANCHON Gaby – Le Bourg - Rimondeix – 23140 Jarnages – Tél. : 55.80.89.95

Saint-Eloi La Forêt

C.M. n° 72 — Pli n° 9

NN

Alt. : 580 m — 3 chambres d'hôtes dans une maison située dans un hameau. 2 chambres 2 pers. avec salles d'eau privées. 1 chambre 2 pers. avec salle de bains privée non attenante à la chambre. Séjour avec coin-salon (TV, bibliothèque). Chauffage central. Jardin. Restaurant 5 km. Gare et commerces à 13 km. Ouvert toute l'année. Anglais parlé.

Prix : 1 pers. **160 F** 2 pers. **200 F**

🏊	🚤	⛵	🎿	🎿	🚵	🚶
13	13	5	13	6	13	6

PERRET Denise – La Forêt – 23000 Saint-Eloi – Tél. : 55.52.35.43

Saint-Hilaire-la-Plaine Grand-Villard

C.M. n° 72 — Pli n° 10

NN

Alt. : 380 m — 2 chambres d'hôtes dans une maison située dans un village. 2 chambres 2 pers. avec salle d'eau commune. Séjour. Jardin. Chauffage central. Restaurant 6 km. Commerces 6 km. Ouvert de mai à septembre.

Prix : 1 pers. **120 F** 2 pers. **150 F**

🏊	🚤	⛵	🎿	🎿
14	14	3	14	6	14

PAULY Aimee – Grand Villard – 23150 Saint-Hilaire-la-Plaine – Tél. : 55.80.04.11

Saint-Martial-le-Mont Les Bregeres

C.M. n° 72 — Pli n° 10

NN

2 chambres d'hôtes aménagées au rez-de-chaussée d'une maison d'habitation implantée dans un parc. 2 chambres 2 pers. avec salle d'eau commune aux chambres. Séjour (TV). Possibilité cuisine. Restaurant 1,5 km. Gare et commerces à 500 m. Ouvert du 20 juin au 10 septembre.

Prix : 1 pers. **140 F** 2 pers. **170 F**

🏊	🚤	⛵	🎿	🎿	🚵	🚵	🚶
5	15	1	25	2	10	20	4	SP

LOPEZ Carlos et Christiane – Les Bregeres – 23150 Saint-Martial-le-Mont – Tél. : 55.62.47.90

Saint-Pardoux-le-Neuf Les Vergnes

C.M. n° 73 — Pli n° 1

NN

(TH)

Alt. : 650 m — Dans une ferme du XVIIIe, maison de caractère à 6 km d'Aubusson, capitale de la tapisserie. 4 ch. (1 lit 2 pers.). 1 ch. (1 lit 2 pers.) + ch. communicante (2 lits 1 pers.). 1 ch. (1 lit 2 pers. 1 lit 1 pers.). Salle d'eau et wc particuliers dans chaque chambre. Séjour avec cheminée. Salon, TV. Piscine, terrasse sur place. Etang et bois face aux chambres. Table d'hôtes le soir. Ouvert du 1er avril au 15 octobre. Anglais parlé.

Prix : 1 pers. **230 F** 2 pers. **260 F** 3 pers. **330/360 F**
repas **90 F**

🏊	🚤	⛵	🎿	🎿	🚶
12	SP	SP	6	13	25	SP

DUMONTANT Patrick et Sylvie – Les Vergnes – 23200 Saint-Pardoux-le-Neuf – Tél. : 55.66.23.74

Saint-Pierre-Bellevue La Borderie

C.M. n° 72 — Pli n° 9

NN

(TH)

Alt. : 700 m — Grande maison du XIXe siècle, en pierres de taille, située dans un village. 1 ch. (1 lit 2 pers.), 1 ch. (1 lit 2 pers. 2 lits 1 pers.), 1 ch. (1 lit 1 pers. 1 lit 2 pers.), salle de bains et wc communs. 2 ch. 3 épis NN (1 lit 2 pers., salle d'eau, wc). Séjour/salon avec TV, bibliothèque et cheminée. Chauffage central. Terrain. Aire de jeux. Restaurants à 5 km. Ski de fond 15 km. Commerces 8 km. Ouvert toute l'année. Anglais parlé. Enfant de moins de 7 ans : 40 F

Prix : 1 pers. **150/170 F** 2 pers. **170/230 F** 3 pers. **230/290 F**
repas **70 F**

🏊	⛵	🎿	🎿	🚵	🚶
12	SP	12	8	5	SP	SP

DESCHAMPS Marc et Maryse – La Borderie – 23460 Saint-Pierre-Bellevue – Tél. : 55.64.96.51

Saint-Pierre-le-Bost Le Prieure — C.M. n° 68 — Pli n° 20

Alt. : 500 m — 2 chambres aménagées dans un prieuré du XII° siècle, entièrement restauré dans sa propre architecture. 1 chambre 3 pers. avec salle d'eau particulière. 1 chambre 4 pers. avec salle de bains particulière. Séjour/salon (cheminée, bibliothèque). 3 wc. Chauffage central. Parc attenant. Restaurant à 7 km. Commerces 7 km. Ouvert du 1er avril au 1er novembre. Enfants à partir de 3 ans : 60 F.

Prix : 1 pers. **200 F** 2 pers. **250 F** 3 pers. **300 F** repas **120 F**

12	13	7	12	7	10	17	SP	SP

SURPLY Cecile – Le Prieure – 23600 Saint-Pierre-le-Bost – Tél. : 55.65.16.16

Saint-Sulpice-le-Gueretois Domaine-du-Mouchetard — C.M. n° 72 — Pli n° 9

Alt. : 450 m — Chambre d'hôtes avec suite dans un manoir, au cœur d'un parc animalier de 30 hectares, (1 lit 2 pers. 2 lits 1 pers.), salle d'eau, wc. Salle à manger. Chauffage central. Restaurant 6 km. Gare et commerces à 6 km. Ouvert toute l'année.

Prix : 1 pers. **150 F** 2 pers. **200 F** 3 pers. **350 F**

6	6	SP	6	6	6	6	SP

LE MINTIER Bernadette – Domaine du Mouchetard – 23000 Saint-Sulpice-le-Gueretois – Tél. : 55.52.34.03

Saint-Sylvain-Montaigut Confolent — C.M. n° 72 — Pli n° 9

5 ch. 2 pers. dans une maison située dans un hameau avec salle d'eau commune. Salle de séjour avec TV. Terrain. Chauffage central. Tennis couvert, salle de jeux sur place. Gare et commerces à 11 km. Ouvert toute l'année.

Prix : 1 pers. **110 F** 2 pers. **170 F** repas **110 F**

11	11	SP	11	SP	SP

WARLOP Marcel – Confolent – 23320 Saint-Sylvain-Montaigut – Tél. : 55.81.32.66

Saint-Sylvain-Montaigut Confolent — C.M. n° 72 — Pli n° 9

2 chambres d'hôtes aménagées dans un chalet situé dans un hameau, dans une ferme. 2 chambres 2 pers. avec salles d'eau particulières. Chauffage électrique. Tennis couvert, salle de jeux sur place. Gare et commerces à 11 km. Ouvert toute l'année.

Prix : 1 pers. **125 F** 2 pers. **200 F** repas **110 F**

11	11	SP	11	SP	SP	SP

WARLOP Franky – Confolent – 23320 Saint-Sylvain-Montaigut – Tél. : 55.81.32.66

Saint-Sylvain-Montaigut Le Pont du Cher — C.M. n° 72 — Pli n° 9

Alt. : 430 m — 2 chambres d'hôtes aménagées dans une maison située en pleine campagne (avec entrée indépendante). R.d.c. : séjour avec coin-salon (TV couleur, cheminée, bibliothèque, billard). Etage : 1 ch. avec mezzanine (1 lit 2 pers. 2 lits 1 pers.), salle d'eau, wc. 1 ch. (2 lits 1 pers.) salle d'eau, wc. Chauffage électrique. Terrain aménagé. Parking. Restaurants à 4 et 9 km. Gare et commerces 9 km. Ouvert toute l'année.

Prix : 1 pers. **220 F** 2 pers. **230 F** repas **110 F**

9	9	9	9	9	9	SP

LECAILLE Guy et Annie – Le Pont du Cher – 23320 Saint-Sylvain-Montaigut – Tél. : 55.81.95.17

Saint-Yrieix-la-Montagne Gibouleaux — C.M. n° 72 — Pli n° 20

Alt. : 700 m — Maison de caractère de 1863, située sur une ferme orientée vers l'élevage caprin. 2 chambres 2 pers. avec salles d'eau et wc particuliers. Séjour/salon avec TV. Chauffage électrique. Terrain aménagé. Parking. Ferme-auberge sur place. Enfants à partir de 12 ans : 100 F. Gare et commerces à 20 km. Ouvert toute l'année.

Prix : 1 pers. **220 F** 2 pers. **250 F** repas **80 F**

13	20	13	17	6	20	30	SP	SP

DARDUIN Richard et Daniele – Gibouleaux – 23460 Saint-Yrieix-la-Montagne – Tél. : 55.66.03.27

Sannat Le Tirondet

Maison de caractère fin XVIII° siècle, implantée sur une propriété de 100 ha. 1er étage : 1 ch. (1 lit 2 pers.), salle d'eau. 1 ch. (2 lits 2 pers.), salle de bains, wc communs aux 2 ch. 2e étage : 1 ch. (1 lit 2 pers.), salle d'eau et wc. 1 ch. avec suite (1 lit 2 pers. 2 lits 1 pers.), salle de bains, wc privatifs non attenants. Séjour. Salon. Chauffage central. Parking. Salle de jeux (billard, ping-pong, TV, bibliothèque). Commerces 13 km. 2 ch. 2 épis NN, 2 ch. 3 épis NN. Anglais parlé. Ouvert toute l'année.

Prix : 1 pers. **220 F** 2 pers. **280 F** 3 pers. **330 F** repas **80 F**

SP	SP	2	SP	20	SP	SP

CARL Eric et Dominique – Le Tirondet – 23110 Sannat – Tél. : 55.82.37.13

Agonac Haut-Vaure *C.M. nº 75 — Pli nº 5*

❦❦ NN
(TH)

2 chambres d'hôtes dans une ferme restaurée. 2 chambres pour 3 pers. (1 lit 2 pers. 1 lit 1 pers.), salle d'eau et wc chacune. Salle de séjour avec TV. Terrasse avec meubles de jardin. Restaurant à 2 km. Forêt sur place. Tél. propriétaire Mme de Matha : 53.06.36.80. Ouvert toute l'année. Gare et commerces à 4 km.

Prix : 1 pers. **130 F** 2 pers. **170 F** 3 pers. **240 F**
1/2 pens. **170 F**

🐕	⛵	⚓	⛵	⛷	🎿	⛸	🎣
	10	4	10	4	8	8	15

GITES DE FRANCE-SERVICE RESERVATION – 25, rue Wilson – 24009 Perigueux-Cedex – Tél. : 53.35.50.01. – Fax : 53.09.51.41.

Agonac Borie-du-Caillou *C.M. nº 75 — Pli nº 5*

❦❦
(TH)

1 chambre d'hôtes dans une ferme située sur une colline. 1 chambre pour 4 personnes (1 lit 2 pers. 1 conv. 2 pers.) cabinet de toilette. Salle d'eau et wc communs. Terrasse couverte. Forêt, chasse sur place. Produits fermiers sur place. Accueil chaleureux. Tél. propriétaire Melle Lalanne : 53.06.37.92. Ouvert toute l'année sur réservation. Gare et commerces à 2 km.

Prix : 2 pers. **182 F** 3 pers. **230 F** pers. sup. **15 F**
1/2 pens. **168 F**

⛵	⚓	⚓	⛵	⛷	🎿	⛸	🎣
4	4	2	15	2	4	15	15

GITES DE FRANCE-SERVICE RESERVATION – 25, rue Wilson – 24009 Perigueux-Cedex – Tél. : 53.35.50.01. – Fax : 53.09.51.41.

Azerat Le Var *C.M. nº 75 — Pli nº 7*

❦❦❦
(TH)

5 chambres de 3 pers. (1 lit 2 pers. 1 lit 1 pers.). 2 lits bébé. Salle d'eau et wc pour chaque chambre. Ouvert du 1er mars au 30 novembre. Gare 14 km. Commerces 3 km. Ancienne ferme restaurée. Bibliothèque, TV, bicyclettes. Tél. propriétaire M. Deltel : 53.05.28.52.

Prix : 1 pers. **230 F** 2 pers. **260 F** 3 pers. **310 F**
1/2 pens. **205/275 F**

🐕	⚓	⛵	⛷
	5	3	3

GITES DE FRANCE-SERVICE RESERVATION – 25, rue Wilson – 24009 Perigueux-Cedex – Tél. : 53.35.50.01. – Fax : 53.09.51.41.

Beaumont-du-Perigord Le Grand Mayne *C.M. nº 75 — Pli nº 15*

❦❦

1 ch. pour 3 pers. (1 lit 2 pers. 1 lit 1 pers.). 1 salle d'eau, wc particuliers, confortable et très calme située en bout de maison, totalement indépendante. Terrasse. Parc ombragé avec salon de jardin. Restaurant 2 km. Mini-golf à Saint-Avit-Senieur 5 km. Tél. propriétaire M. Veyssi : 53.22.30.78. Ouvert toute l'année. Gare 17 km. Commerces 2 km.

Prix : 1 pers. **170 F** 2 pers. **200 F** 3 pers. **250 F**

⛵	⚓	⚓	⛵	⛷	🎿	⛸	🎣
10	10	3	3	1,5	10	35	25

GITES DE FRANCE-SERVICE RESERVATION – 25, rue Wilson – 24009 Perigueux-Cedex – Tél. : 53.35.50.01. – Fax : 53.09.51.41.

Beaumont-Perigord-Labouquerie Petit-Brassac 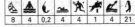 *C.M. nº 75 — Pli nº 16*

❦❦
(TH)

2 chambres 2 pers. (1 lit 2 pers.) avec salle de bains ou salle d'eau et wc privés. 1 chambre 3 pers. (1 lit 2 pers. 1 lit 1 pers.) avec salle d'eau et wc privés. Maison périgourdine de 1810. Salon avec TV. Repas pris en famille. Tél. propriétaire Mme Marescassier : 53.22.32.51. Ouvert toute l'année. Gare 17 km. Commerces 5 km.

Prix : 2 pers. **200 F** 1/2 pens. **180 F**

🐕	⛵	⚓	⚓	⛵	⛷	🎿	⛸
	20	10	5	8	5	10	20

GITES DE FRANCE-SERVICE RESERVATION – 25, rue Wilson – 24009 Perigueux-Cedex – Tél. : 53.35.50.01. – Fax : 53.09.51.41.

Belves Le But *C.M. nº 75 — Pli nº 16*

❦❦❦

3 chambres pour 4 pers. (1 lit 2 pers. 2 lits 1 pers.). 1 chambre pour 6 pers. (1 lit 2 pers. 4 lits 1 pers.). Salle de bains et wc pour chaque chambre. Les chambres donnent sur une terrasse avec meubles de jardin. Ouvert toute l'année. Gare et commerces à 6 km. Restaurant sur place. Tarifs hors saison et moyenne, nous consulter. Maison périgourdine dans un village restauré, en pleine campagne. Location VTT et randonnées libres ou accompagnées sur circuits balisés. Piscine adulte et piscine enfant. Club house. Tir à l'arc et pétanque. Buanderie gratuite. Tél. propriétaire M. Lheritier : 53.29.15.51.

Prix : 1 pers. **260 F** 2 pers. **285 F** 3 pers. **360 F**
pers. sup. **75 F**

⛵	⚓	⚓	⛵	⛷	🎿	⛸	🎣
10	10	10	SP	6	4	10	8

GITES DE FRANCE-SERVICE RESERVATION – 25, rue Wilson – 24009 Perigueux-Cedex – Tél. : 53.35.50.01. – Fax : 53.09.51.41.

Bourdeilles La Rigeardie *C.M. nº 75 — Pli nº 5*

❦❦

1 suite (1 lit 2 pers. 2 lits 1 pers.), 4 chambres (2 lits 2 pers. 4 lits 1 pers.), salles d'eau particulières, 2 wc communs. Ancienne métairie rénovée avec le souci de conserver son aspect campagnard et confortable, au milieu d'un grand jardin. Salon. Stages de langues. Tél. propriétaire M. Trickett : 53.03.78.90. Ouvert toute l'année. Gare 15 km. Commerces 4 km.

Prix : 1 pers. **160 F** 2 pers. **240 F** 3 pers. **300 F**
pers. sup. **140 F**

⛵	⚓	⚓	⛵	⛷	🎿	⛸	🎣
8	4	0,2	4	4	1	4	21

GITES DE FRANCE-SERVICE RESERVATION – 25, rue Wilson – 24009 Perigueux-Cedex – Tél. : 53.35.50.01. – Fax : 53.09.51.41.

Brantome Les Habrans   *C.M. n° 75 — Pli n° 5*

〰〰〰 NN   2 chambres 2 pers. (1 lit 2 pers. 2 lits 1 pers.), salle d'eau et wc privés. 1 chambre 2 pers. (1 lit 2 pers.), 1 chambre 3 pers. (3 lits 1 pers.), salle de bains et wc privés. Salle de séjour avec TV. Tél. propriétaire M. Doubleday : 53.05.58.84. Anglais parlé. Ouvert toute l'année. Gare 14 km. Commerces 1 km. Restaurant à proximité. Grande maison ancienne au bord de la rivière « La Dronne ». Calme et repos assurés, dans une région verdoyante à 1 km de Brantome (La Venise du Périgord) avec ses jardins aménagés au bord de l'eau et son abbaye.

Prix : 1 pers. **200 F** 2 pers. **275 F** 3 pers. **375 F**

SP	6	2	4	SP	20		

GITES DE FRANCE-SERVICE RESERVATION – 25, rue Wilson – 24009 Perigueux-Cedex – Tél. : 53.35.50.01. – Fax : 53.09.51.41.

Le Buisson Les Sycomores   *C.M. n° 75 — Pli n° 16*

〰〰   2 chambres pour 2 pers. (1 lit 2 pers. 2 lits 1 pers.). Salle d'eau chacune, wc communs. Grande maison Périgourdine avec jardin, à l'entrée du village. Séjour avec TV. Tél. propriétaire Mme Lines : 53.22.05.80. Ouvert de Pâques à fin septembre. Gare 500 m. Commerces 200 m. Restaurant à proximité.

Prix : 1 pers. **200 F** 2 pers. **240 F** 3 pers. **280 F**

10	0,8	1	8	0,1	3	0,8	10

GITES DE FRANCE-SERVICE RESERVATION – 25, rue Wilson – 24009 Perigueux-Cedex – Tél. : 53.35.50.01. – Fax : 53.09.51.41.

Le Buisson-de-Cadouin Cussac-Domaine-du-Pinquet   *C.M. n° 75 — Pli n° 16*

〰〰〰 NN   (TH)   2 chambres 2 pers. (2 lits 1 pers.). 2 chambres 3 pers. (1 lit 2 pers. 4 lits 1 pers.). 1 chambre 4 pers. (1 lit 2 pers. 2 lits 1 pers.). Salle de bains ou salle d'eau avec wc pour chaque chambre. Propriété de caractère entourée de bois. Accueil de qualité dans un site calme et reposant. Tél. propriétaire M. Bouant : 53.22.97.07. Ouvert d'avril à mi-novembre. Gare et commerces à 5 km.

Prix : 1 pers. **300 F** 2 pers. **340 F** 3 pers. **440 F** pers. sup. **100 F** 1/2 pens. **290/420 F**

10	6	6	SP	4	4	6	13

GITES DE FRANCE-SERVICE RESERVATION – 25, rue Wilson – 24009 Perigueux-Cedex – Tél. : 53.35.50.01. – Fax : 53.09.51.41.

Le Buisson-de-Cadouin Lacoste   *C.M. n° 75 — Pli n° 16*

〰〰〰   (TH)   1 chambre pour 2 pers. (2 lits 1 pers.) et 2 chambres pour 3 pers. (1 lit 2 pers. 1 lit 1 pers.). Salle d'eau et wc pour chaque chambre. Possibilité lit d'appoint et lit enfant. Ouvert du 1er février au 15 décembre. Gare et commerces à 1 km. Tél. prop. M. Donval : 53.23.95.37. Très belle maison dans la vallée de la Dordogne. Accueil chaleureux et repas soignés à la Feuillantine.

Prix : 2 pers. **260 F** 3 pers. **320 F** 1/2 pens. **230 F**

9	1	1	9	1	3	1,5	22

GITES DE FRANCE-SERVICE RESERVATION – 25, rue Wilson – 24009 Perigueux-Cedex – Tél. : 53.35.50.01. – Fax : 53.09.51.41.

Le Buisson-de-Cadouin Gavernat   *C.M. n° 75 — Pli n° 16*

〰〰〰   (TH)   Ferme de l'Embellie : 2 chambres 2 pers. (1 lit 2 pers.), 1 chambre pour 3 pers. (1 lit 2 pers. 1 lit 1 pers.) et 1 chambre pour 4 pers. (1 lit 2 pers. 2 lits 1 pers.). Salle d'eau et wc pour chaque chambre. Métairie restaurée avec soin dans un environnement pittoresque et fleuri très calme, proche des bois. Bibliothèque. Tél. propriétaire Mme Lambin : 53.22.95.43. Ouvert toute l'année. Gare et commerces à 6 km. TV à disposition des hôtes. Repas de qualité, volailles et produits fermiers.

Prix : 1 pers. **200 F** 2 pers. **260 F** 3 pers. **330 F** pers. sup. **60 F** 1/2 pens. **220/270 F**

10	6	6	10	6	7	6	10

GITES DE FRANCE-SERVICE RESERVATION – 25, rue Wilson – 24009 Perigueux-Cedex – Tél. : 53.35.50.01. – Fax : 53.09.51.41.

Le Buisson-Paleyrac Domaine-des-Farguettes   *C.M. n° 75 — Pli n° 16*

〰〰〰   (TH)   1 chambre (1 lit 2 pers.). 1 suite de 2 chambres (1 lit 2 pers. 1 lit 1 pers.). 1 suite de 2 chambres (2 lits 2 pers. 1 lit 1 pers.). Salle de bains avec wc pour chaque chambre. Salon avec bibliothèque, piano et TV. Ouvert toute l'année. Gare 7 km. Commerces 5 km. Le manoir des Farguettes se dresse au centre d'un parc paysager de 15 ha et offre de par sa position dominante un panorama exceptionnel. Sa situation permet d'accéder à tous les sites prestigieux du Périgord Noir. Tél. propriétaire M. de Torrente : 53.23.48.23.

Prix : 1 pers. **300 F** 2 pers. **350 F** 3 pers. **530 F** pers. sup. **110 F** 1/2 pens. **305/430 F**

10	7	4	SP	7	3	7	9

GITES DE FRANCE-SERVICE RESERVATION – 25, rue Wilson – 24009 Perigueux-Cedex – Tél. : 53.35.50.01. – Fax : 53.09.51.41.

Capdrot Le Bouyssou   *C.M. n° 75 — Pli n° 16*

〰〰 NN   (TH)   2 chambres pour 2 pers. (1 lit 2 pers.), salles d'eau privées. WC communs. Ouvert toute l'année. Gare 10 km. Commerces 4 km. Espace vert. A 5 km de la Bastide de Monpazier. Accueil chaleureux. Table d'hôtes sur réservation. Belle maison en lisière d'un bois. Tél. propriétaire Mme Legaut : 53.22.60.72.

Prix : 1 pers. **200 F** 2 pers. **250 F** 1/2 pens. **175 F**

20	4	0,5	20	4	4	20	

GITES DE FRANCE-SERVICE RESERVATION – 25, rue Wilson – 24009 Perigueux-Cedex – Tél. : 53.35.50.01. – Fax : 53.09.51.41.

Castels Campagnac

C.M. n° 75 — Pli n° 16

♥♥♥ NN
(TH)

Alt. : 150 m — 1 chambre pour 3 pers. (1 lit 2 pers. 1 lit 1 pers.), salle d'eau et wc privés. Terrasse couverte avec salon de jardin. Gare 10 km, commerces 1,5 km. Ouvert du 1er avril au 31 octobre. Située en pleine nature, cette chambre entièrement indépendante, bénéficie d'une magnifique vue sur la vallée de la Dordogne. Endroit très calme et reposant au cœur du Périgord Noir. Table d'hôtes sur réservation. Tél. et fax du prop. Mme Boureau : 53.29.26.03.

Prix : 1 pers. **180 F** 2 pers. **250 F** 3 pers. **290 F**
1/2 pens. **205/260 F**

🛶	⛵	🏊	⛷	🎣	⛵	🎿
5	5	10	1,5	12	5	8

GITES DE FRANCE-SERVICE RESERVATION – 25, rue Wilson – 24009 Perigueux-Cedex – Tél. : 53.35.50.01. – Fax : 53.09.51.41.

Chaleix Las Guillaumas

C.M. n° 72 — Pli n° 16

♥♥ NN
(TH)

2 ch. 2 pers. (1 lit 2 pers.), salle d'eau pour chaque chambre, wc communs. 1 ch. 3 pers. (1 lit 2 pers. 1 lit 120), salle d'eau et wc privés. Salon de repos, terrasse. Tél. propriétaire M. Lagares : 53.52.89.08. Ouvert de mai à septembre. Planche à voile 25 km. Gare et commerces à 2 km. Ferme dans la campagne où vous trouverez calme et tranquillité. VTT mis à disposition gracieusement, matériel de peinture (forfait). Démonstration de gavage et dégustation des produits. Atelier d'émail avec des séjours à thème sur les arts du feu.

Prix : 2 pers. **190 F** 3 pers. **285 F** 1/2 pens. **180 F**

⛵	⛵	🏊	⛷	🎣	⛵	🎿
12	1	SP	1,5	12	25	50

GITES DE FRANCE-SERVICE RESERVATION – 25, rue Wilson – 24009 Perigueux-Cedex – Tél. : 53.35.50.01. – Fax : 53.09.51.41.

La Chapelle-Gonaguet Les Brunies

C.M. n° 75 — Pli n° 5

♥♥♥ NN
(TH)

Manoir périgourdin du XVIIe siècle : 1 chambre (1 lit 2 pers.), 1 chambre (1 lit 2 pers. 1 lit 1 pers.), salle de bains et wc privés. Entrée indépendant donnant sur le jardin. Pigeonnier, dépendance et écuries. Sentiers de randonnées. Accueil chaleureux là où Victor Hugo a passé dans son enfance. Gare 10 km, commerces 5 km. Ouvert toute l'année. Cuisine fameuse, repas servis sous la tonnelle au bord de la piscine. Tél. prop. Mme Fruchaud : 53.04.79.83.

Prix : 2 pers. **400 F** 3 pers. **500 F** 1/2 pens. **320 F**

⛵	🏊	⛷	🎣	⛵	🎿
SP	SP	3	10	10	5

GITES DE FRANCE-SERVICE RESERVATION – 25, rue Wilson – 24009 Perigueux-Cedex – Tél. : 53.35.50.01. – Fax : 53.09.51.41.

Cherval Les Pouyades

C.M. n° 75 — Pli n° 4

♥♥♥ NN

Maison de maître du fin XIXe siècle, au milieu d'un vaste parc ombragé aux portes du Périgord Vert, sur le circuit des églises romanes : 1 ch. (2 lits 1 pers.), salle de bains et wc privés, 1 ch. (1 lit 150), salle d'eau et wc privés. 2 lits bébé, possibilité d'un lit d'appoint. Gare 40 km, commerces 5 km. Ouvert toute l'année. Restaurant à proximité. Tél. propriétaire Mme Truffaux : 53.91.02.96.

Prix : 1 pers. **250 F** 2 pers. **400 F**

🐕	🛶	⛵	🏊	⛷	🎣	⛵	🎿
	5	5	5	5	5	15	35

GITES DE FRANCE-SERVICE RESERVATION – 25, rue Wilson – 24009 Perigueux-Cedex – Tél. : 53.35.50.01. – Fax : 53.09.51.41.

Cherveix-Cubas Le Buisson

C.M. n° 75 — Pli n° 7

♥♥♥ NN
(TH)

1 chambre (1 lit 2 pers.), salle de bains et wc privés. 1 chambre (2 lits 2 pers.), salle d'eau et wc chacune. Terrasse avec salon de jardin. Gare 30 km, commerces 4 km. Ouvert de mi-avril à fin octobre. Anglais et portugais parlés. Tél. prop. M. Faure : 53.50.41.76. Table d'hôtes sur réservation. Ancienne demeure du XVIIIe siècle, où vous retrouverez le charme du Périgord dans un site calme et authentique, située sur l'une des collines avoisinant le château d'Hautefort.

Prix : 1 pers. **280 F** 2 pers. **320 F** 1/2 pens. **260/380 F**
pens. **330/450 F**

⛷	🐕	🛶	⛵	🏊	⛷	🎣	⛵	🎿
	30	6	4	6	3	8	3	

GITES DE FRANCE-SERVICE RESERVATION – 25, rue Wilson – 24009 Perigueux-Cedex – Tél. : 53.35.50.01. – Fax : 53.09.51.41.

Cornille Le Grand-Pognac

C.M. n° 75 — Pli n° 6

♥♥
(A)

3 ch. de 2 pers. (2 lits 2 pers. et 2 lits 1 pers.). 1 suite de 2 chambres (1 lit 2 pers. 2 lits 1 pers.). Salle d'eau ou salle de bains et wc pour chaque chambre. Ferme traditionnelle, proche de Périgueux. Jeux pour enfants. Tél. propriétaire M. Flourez : 53.04.60.05. Ouvert toute l'année. Gare et commerces à 5 km. Possibilité de repas en ferme auberge.

Prix : 1 pers. **160 F** 2 pers. **180 F** repas **80 F**

🛶	⛵	🏊	⛷	🎣	⛵	🎿
8	SP	8	4	7	10	18

GITES DE FRANCE-SERVICE RESERVATION – 25, rue Wilson – 24009 Perigueux-Cedex – Tél. : 53.35.50.01. – Fax : 53.09.51.41.

Le Coux-et-Bigaroque La Grave

C.M. n° 75 — Pli n° 16

♥♥♥

3 ch. pour 2 pers. (1 lit 2 pers.) et 1 ch. pour 3 pers. (1 lit 2 pers. 1 lit 1 pers.). Salle d'eau particulière. 2 wc sur le palier. Maison périgourdine récente dominant la vallée de la Dordogne « Chez Pauline ». Possibilité de séjour avec TV. Terrasse. Tél. propriétaire Mme Le Moal : 53.31.69.19. Ouvert du 1er mars au 31 octobre. Gare 8 km. Commerces 5 km.

Prix : 1 pers. **165 F** 2 pers. **180 F** 3 pers. **210 F**

🐕	🛶	⛵	🏊	⛷	🎣	⛵	🎿
	3	3	10	3	13	5	5

GITES DE FRANCE-SERVICE RESERVATION – 25, rue Wilson – 24009 Perigueux-Cedex – Tél. : 53.35.50.01. – Fax : 53.09.51.41.

Le Coux-et-Bigaroque Chateau de Cazenac  *C.M. n° 75 — Pli n° 16*

♥♥♥ NN
(TH)
2 ch. (1 lit 2 pers.), 2 ch. (2 lits 1 pers.), 2 lits bébé. Salle de bains et wc privés chacune. Salon avec cheminée et piano. Salle de réunion à la disposition des hôtes. Téléphone Carte France Télécom dans chaque chambre. Gare et commerces 5 km. Ouvert toute l'année. Anglais et italien parlés. Tél. prop. M. Constant : 53.31.69.31. Table d'hôtes sur réservation. Château du XVᵉ siècle situé au milieu d'un parc de 25 ha. et dominant la vallée de la Dordogne. Sites préhistoriques, châteaux et villages pittoresques à proximité.

Prix : 1 pers. **750 F** 2 pers. **800 F** 1/2 pens. **600/950 F**
pens. **700/1050 F**

🚣	⛵	🎣	🏊	⛷	🎿	🏌	♪
2	2	SP	SP	2	2	5	

GITES DE FRANCE-SERVICE RESERVATION – 25, rue Wilson – 24009 Perigueux-Cedex – Tél. : 53.35.50.01. – Fax : 53.09.51.41.

Le Coux-et-Bigaroque Les Tyssanderies  *C.M. n° 75 — Pli n° 16*

♥♥ NN
(TH)
Alt. : 150 m — 2 chambres (1 lit 2 pers.), salle d'eau et wc chacune, 1 chambre (1 lit 2 pers. 1 lit 1 pers.), salle de bains et wc privés. Poss. lits bébé. Gare 6 km, commerces 2 km. Ouvert toute l'année sur réservation. Entre la vallée de la Dordogne et de la Vézère, ferme située sur un coteau, accueil chaleureux dans un cadre verdoyant. Tél. prop. Mme Chazelas : 53.31.62.52.

Prix : 1 pers. **160 F** 2 pers. **180 F** 3 pers. **250 F**
1/2 pens. **160/210 F**

🐕	🚣	⛵	🎣	🏊	⛷	🎿	🏌	♪
	11	3	3	6	2	3	3	8

GITES DE FRANCE-SERVICE RESERVATION – 25, rue Wilson – 24009 Perigueux-Cedex – Tél. : 53.35.50.01. – Fax : 53.09.51.41.

La Douze Les Fontilles  *C.M. n° 75 — Pli n° 6*

♥♥
2 ch. pour 3 pers. (1 lit 2 pers. 1 lit 1 pers.). 2 ch. pour 2 pers. (1 lit 2 pers.). 1 ch. pour 4 pers. (2 lits 2 pers.). Salle d'eau, wc pour chaque chambre. Maison ancienne restaurée, très calme. Animaux admis avec supplément. Tél. propriétaire M. Coustou : 53.06.71.43. Ouvert du 1ᵉʳ janvier au 23 décembre. Restaurant à proximité. Gare 20 km. Commerces 1 km.

Prix : 2 pers. **220 F** 3 pers. **275 F** pers. sup. **55 F**

🚣	⛵	🎣	🏊	⛷	🎿	🏌	♪
20	10	1	10	10	2	20	10

GITES DE FRANCE-SERVICE RESERVATION – 25, rue Wilson – 24009 Perigueux-Cedex – Tél. : 53.35.50.01. – Fax : 53.09.51.41.

Eyliac La Maurinie *C.M. n° 75 — Pli n° 6*

♥♥
(A)
4 chambres d'hôtes 2 pers. (3 lits 2 pers. 2 lits 1 pers.), salle d'eau et wc privés dans une ferme périgourdine. Salon avec TV. Elevage de chèvres, canards. Stages foie gras, cuisine traditionnelle. Noix, fraises. Salle d'eau, wc pour chaque chambre : 53.07.57.18. Ouvert toute l'année sur réservation. Gare 5 km. Commerces 2,5 km. Possibilité de repas en ferme auberge.

Prix : 1 pers. **180 F** 2 pers. **200 F** 3 pers. **220 F** repas **80 F**

🚣	⛵	🎣	🏊	⛷	🎿	🏌	♪
10	5	SP	5	2	5	25	20

GITES DE FRANCE-SERVICE RESERVATION – 25, rue Wilson – 24009 Perigueux-Cedex – Tél. : 53.35.50.01. – Fax : 53.09.51.41.

Eymet Cogulot-La Falaise-du-Vergne *C.M. n° 75 — Pli n° 14*

♥♥
1 suite de 2 chambres pour 4 pers. (1 lit 2 pers. 2 lits 1 pers.) en rez-de-chaussée. Salle d'eau et wc particuliers. Lit bébé sur demande. Ouvert toute l'année. Gare 27 km. Commerces 2,5 km. Restaurant à proximité. Maison périgourdine au milieu d'un grand parc et des bois. Terrasse. Salon d'été avec bibliothèque et TV. Tél. propriétaire Mme Villemain : 53.23.88.95.

Prix : 1 pers. **190 F** 2 pers. **240 F** 3 pers. **310 F**
pers. sup. **50 F**

🐕	🚣	⛵	🎣	🏊	⛷	🎿	🏌	♪
	20	0,3	1	8	11	15	25	17

GITES DE FRANCE-SERVICE RESERVATION – 25, rue Wilson – 24009 Perigueux-Cedex – Tél. : 53.35.50.01. – Fax : 53.09.51.41.

Les Eyzies-Sireuil La Genebre *C.M. n° 75 — Pli n° 17*

♥♥
(A)
2 chambres 5 pers. (2 lits 2 pers. 1 lit 1 pers.). 1 chambre 4 pers. (2 lits 2 pers.). Salle d'eau, wc pour chaque chambre. Ferme périgourdine avec terrasse et jeux pour enfants. Tél. propriétaire M. Philip : 53.29.67.63. Ouvert de Pâques à fin septembre. Gare et commerces à 6 km. Ferme-auberge sur place.

Prix : 1 pers. **240 F** 2 pers. **270 F** 3 pers. **370 F**
pers. sup. **100 F** repas **75 F**

🚣	⛵	🎣	🏊	⛷	🎿	🏌
7	6	5	5	5	4	5

GITES DE FRANCE-SERVICE RESERVATION – 25, rue Wilson – 24009 Perigueux-Cedex – Tél. : 53.35.50.01. – Fax : 53.09.51.41.

Faux La Genebre *C.M. n° 75 — Pli n° 15*

♥♥ NN
Au cœur du Périgord pourpre, dans un hameau, maison périgourdine entourée d'un jardin paysager, proche d'un ruisseau. 1 ch. pour 3 pers. (1 lit 2 pers. 1 lit 1 pers.), 1 lit bébé, salle d'eau et wc privés. 2 vélos mis à dispo. des hôtes. Accueil chaleureux. Restaurant à proximité. Gare 20 km, commerces 3 km. Ouvert toute l'année sauf pendant les fêtes de fin d'année. Anglais parlé. Tél. propriétaire M. Bouilin : 53.24.30.21.

Prix : 1 pers. **190 F** 2 pers. **250 F** 3 pers. **300 F**

🐕	🚣	⛵	🎣	🏊	⛷	🎿	🏌	♪
	20	5	2	15	8	3	20	10

GITES DE FRANCE-SERVICE RESERVATION – 25, rue Wilson – 24009 Perigueux-Cedex – Tél. : 53.35.50.01. – Fax : 53.09.51.41.

Dordogne

Fleurac La Coste-Jaubert

(A)

3 chambres pour 2 pers. (3 lits 2 pers.). Salle d'eau et wc particuliers. Ouvert de Pâques à novembre. Cuisine traditionnelle. Gare et commerces à 5 km. Possibilité de repas en ferme auberge. Site calme. Vallée entourée de forêts et bordée d'un ruisseau, proche de « Les Eyzies ». Elevage d'oies et de canards. Tél. propriétaire Mme Lemuhot : 53.05.49.19.

Prix : 2 pers. 246 F repas **80 F**

5	5	SP	SP	5	SP	5

GITES DE FRANCE-SERVICE RESERVATION – 25, rue Wilson – 24009 Perigueux-Cedex – Tél. : 53.35.50.01. – Fax : 53.09.51.41.

Fleurac Le Maillet

NN

Alt. : 240 m — 1 chambre (1 lit 2 pers.), possibilité lit bébé. Salle de bains et wc privés. Entrée indépendante donnant sur un jardin fleuri. TV à disposition des hôtes. Gare 10 km, commerces 5 km. Ouvert toute l'année. Anglais parlé. Belle maison périgourdine, dans la campagne, à 10 mn des sites les plus réputés du Périgord Noir. Tél. prop. Mme Blight : 53.05.43.30. Calme et confort assurés, accueil chaleureux. Restaurant à proximité. Petits déjeuners gastronomiques.

Prix : 1 pers. 160 F 2 pers. 240 F

5	5	3	5	3	5	15

GITES DE FRANCE-SERVICE RESERVATION – 25, rue Wilson – 24009 Perigueux-Cedex – Tél. : 53.35.50.01. – Fax : 53.09.51.41.

La Force

1 ch. (1 lit 2 pers.), 1 ch. (1 lit 2 pers. 1 lit 130). Poss. lit enfant. Salle d'eau et wc communs. Maison de pierre entourée d'un jardin en bordure du bourg. Salle à manger. Accueil personnalisé. Restaurant 100 m. Tél. propriétaire Mme Chazeau : 53.58.18.28. Ouvert d'avril à décembre. Gare 10 km. Commerces sur place.

Prix : 1 pers. 160 F 2 pers. 180 F 3 pers. 250 F

9	9	5	9	0,1	9

GITES DE FRANCE-SERVICE RESERVATION – 25, rue Wilson – 24009 Perigueux-Cedex – Tél. : 53.35.50.01. – Fax : 53.09.51.41.

Genis La Pomelie

Dans une ferme du XVIIIe siècle, 1 suite de 2 chambres d'hôtes pour 4 pers. (2 lits 120, 2 lits 1 pers.). 1 chambre (1 convertible 2 pers.). Salle d'eau et wc pour chaque chambre. Salle de séjour avec bibliothèque. Grand jardin calme. Tél. propriétaire Mme Regnier : 53.52.47.44. Ouvert toute l'année. Gare 30 km. Commerces 7 km. Restaurant à proximité.

Prix : 1 pers. 155 F 2 pers. 195 F 3 pers. 240 F pers. sup. **50 F**

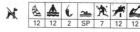

12	12	2	SP	7	12	12

GITES DE FRANCE-SERVICE RESERVATION – 25, rue Wilson – 24009 Perigueux-Cedex – Tél. : 53.35.50.01. – Fax : 53.09.51.41.

Genis Le Lac

(TH)

1 chambre pour 3 pers. (1 lit 2 pers. 1 lit 1 pers.). Salle d'eau et wc particuliers. Bibliothèque à la disposition des hôtes. Calme et repos assurés. Ouvert du 1er avril au 30 octobre. Gare 30 km. Commerces 1,5 km. Maison dans la campagne avec terrasse et jardin. Tél. propriétaire Mme Doulcet : 53.52.49.60.

Prix : 2 pers. 185 F 3 pers. 220 F 1/2 pens. 180 F

20	10	3	15	15	20	3

GITES DE FRANCE-SERVICE RESERVATION – 25, rue Wilson – 24009 Perigueux-Cedex – Tél. : 53.35.50.01. – Fax : 53.09.51.41.

La Gonterie-Boulouneix Le Coudert

(TH)

1 chambre (1 lit 2 pers.) avec salle de bains et wc particuliers. 2 chambres de 3 pers. (2 lits 2 pers. 1 lit 1 pers., 1 fauteuil-lit 1 pers.). Salle de bains et wc ou salle d'eau et wc pour chaque chambre. Ouvert toute l'année. Gare 27 km. Commerces 6 km. Jolie ferme restaurée dans la campagne au cœur du Périgord Vert. Accueil chaleureux. Calme et repos assurés. Elevage de vaches laitières. Tél. propriétaire Mme Magrin : 53.05.75.30.

Prix : 1 pers. 195 F 2 pers. 220 F 3 pers. 270 F 1/2 pens. **180/265 F**

6	8	6

GITES DE FRANCE-SERVICE RESERVATION – 25, rue Wilson – 24009 Perigueux-Cedex – Tél. : 53.35.50.01. – Fax : 53.09.51.41.

Gouts-Rossignol Le Bourg-de-Gouts

NN

Maison des XVe et XVIIIe siècles dans un parc arboré, sur le circuit roman du Verteillacois dans le Périgord Vert. 1 chambre 4 pers. (1 lit 2 pers. 2 lits 110), 1 lit bébé, salle de bains et wc privés. Salon (bibliothèque, TV et jeux) à disposition des hôtes. Prêt de vélos. Gare 40 km, commerces sur place. Ouvert de Pâques à la Toussaint. Restaurant à proximité. Tél. prop. M. Villemonte de la Clergerie : 53.90.91.84.

Prix : 1 pers. 300 F 2 pers. 350 F 3 pers. 400 F pers. sup. **50 F**

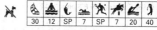

30	12	SP	7	SP	7	20	40

GITES DE FRANCE-SERVICE RESERVATION – 25, rue Wilson – 24009 Perigueux-Cedex – Tél. : 53.35.50.01. – Fax : 53.09.51.41.

Lamonzie-Montastruc La Barabie
C.M. n° 75 — Pli n° 15

♥♥♥
(TH)

2 chambres de 3 pers. (1 lit 2 pers. 1 lit 1 pers.). 1 suite pour 4 pers. (1 lit 2 pers. 2 lits 1 pers.). 1 chambre pour 2 pers. (1 lit 2 pers.). Salle d'eau et wc chacune. Salle de séjour, salon à dispo. des hôtes. Près de Bergerac, non loin des vignobles de Péchamant, ferme dans un cadre calme, ombragé avec terrasse. Tél. propriétaire Mme Archer : 53.23.22.47. Ouvert de février à fin novembre. Gare 10 km. Commerces 4 km. Vélos à disposition.

Prix : 1 pers. **200 F** 2 pers. **230 F** 3 pers. **295 F**
pers. sup. **65 F** 1/2 pens. **200/300 F**

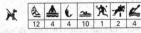

12	4	4	10	1	2	4

GITES DE FRANCE-SERVICE RESERVATION – 25, rue Wilson – 24009 Perigueux-Cedex – Tél. : 53.35.50.01. – Fax : 53.09.51.41.

Lamonzie-Montastruc Les Mazeaux
C.M. n° 75 — Pli n° 15

♥♥♥

3 chambres (1 lit 2 pers.), 1 ch. (1 lit 2 pers. 1 lit 1 pers.), salle de bains pour chaque chambre et 3 wc. Maison périgourdine dans un grand parc. Salon avec TV. Accueil chaleureux. Calme, repos. Tél. prop. Mme Villanueva : 53.23.41.83. Possibilité lits bébé. Ouvert de mars à décembre. Gare 10 km. Commerces 4 km. Anglais, espagnol, allemand et néerlandais parlés.

Prix : 1 pers. **190 F** 2 pers. **220 F** 3 pers. **300 F**

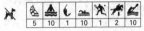

5	10	1	10	1	2	10

GITES DE FRANCE-SERVICE RESERVATION – 25, rue Wilson – 24009 Perigueux-Cedex – Tél. : 53.35.50.01. – Fax : 53.09.51.41.

Lanquais La Crabe

C.M. n° 75 — Pli n° 15

♥♥♥ NN
(TH)

Ferme périgourdine des XIV° et XVII° siècles dans un site protégé surplombant le château de Lanquais. 5 ch. en rez-de-chaussée (3 lits 1 pers.), salle d'eau, wc chacune. Calme et détente assurés. Elevage de chevaux Fjords norvégiens. Gare 7 km, commerces 2 km. Ouvert toute l'année. Table d'hôtes sur réservation. Tél. prop. Mme Brunet : 53.24.99.13. fax : 53.24.11.48.

Prix : 2 pers. **295 F** 3 pers. **375 F** 1/2 pens. **280 F**

0,5	0,5	SP	2	SP	6	12

GITES DE FRANCE-SERVICE RESERVATION – 25, rue Wilson – 24009 Perigueux-Cedex – Tél. : 53.35.50.01. – Fax : 53.09.51.41.

Leguillac-de-l'Auche Les Plantes
C.M. n° 75 — Pli n° 5

♥♥♥ NN
(TH)

1 chambre (2 lits 1 pers.) avec salle de bains et wc privés. 1 suite de 2 chambres pour 2 adultes et 2 enfants (1 lit 2 pers. 2 lits 1 pers.) avec salle de bains et wc communs aux 2 chambres de la suite. Ouvert toute l'année. Gare et commerces à 3 km. Maison récente à proximité du village. Grande salle d'accueil. TV dans chaque chambre. Itinéraires randonnées pédestres. Les propriétaires parlent anglais. Tél. propriétaire Mme Monassier : 53.54.66.05.

Prix : 1 pers. **225 F** 2 pers. **275 F** 1/2 pens. **270/300 F**
pens. **330/360 F**

6	6	0,1	3	1	12	10

GITES DE FRANCE-SERVICE RESERVATION – 25, rue Wilson – 24009 Perigueux-Cedex – Tél. : 53.35.50.01. – Fax : 53.09.51.41.

Marcillac-Saint-Quentin La Veyssiere

C.M. n° 75 — Pli n° 17

♥♥

1 chambre (1 lit 2 pers.). Salle d'eau et wc. Grande maison à la ferme, environnée par la campagne. Terrasse. Salon de jardin. Endroit ombragé. Tél. propriétaire Mme Merly : 53.59.10.84. Ouvert toute l'année. Gare et commerces à 7 km. Restaurant à proximité.

Prix : 2 pers. **160 F**

6	6	6	7	7	6	15	8

GITES DE FRANCE-SERVICE RESERVATION – 25, rue Wilson – 24009 Perigueux-Cedex – Tél. : 53.35.50.01. – Fax : 53.09.51.41.

Marcillac-Saint-Quentin La Fond-Estin
C.M. n° 75 — Pli n° 17

♥♥

1 chambre (1 lit 2 pers.) et une suite faisant salon avec possibilité de couchage pour 1 ou 2 pers. salle d'eau, wc. Jolie maison périgourdine restaurée dans un grand parc calme. Restaurant 2,5 km. Tél. propriétaire Mme Bouyssou : 53.31.02.74. Ouvert du 15 mars au 30 novembre. Gare et commerces à 4,5 km.

Prix : 1 pers. **190 F** 2 pers. **210 F** 3 pers. **280 F**
pers. sup. **50 F**

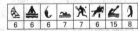

4	4	4	SP	2,5	5	15

GITES DE FRANCE-SERVICE RESERVATION – 25, rue Wilson – 24009 Perigueux-Cedex – Tél. : 53.35.50.01. – Fax : 53.09.51.41.

Marquay La Croix-d'Allix
C.M. n° 75 — Pli n° 17

♥♥

3 chambres 3 pers. (1 lit 2 pers. 1 lit 1 pers.). Salle d'eau et wc dans chaque chambre. Maison périgourdine au cœur du Périgord Noir. Accueil chaleureux. Portique sur place. Terrain de foot-ball à proximité. Salle de séjour avec bibliothèque à la disposition des hôtes. Restaurant à Marquay 1,5 km. Ouvert toute l'année. Gare 10 km. Commerces 1,5 km. Tél. propriétaire M. Ampoulange : 53.29.67.45.

Prix : 1 pers. **180 F** 2 pers. **200 F** 3 pers. **250 F**

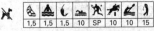

1,5	1,5	1,5	10	SP	10	10	15

GITES DE FRANCE-SERVICE RESERVATION – 25, rue Wilson – 24009 Perigueux-Cedex – Tél. : 53.35.50.01. – Fax : 53.09.51.41.

Marquay Bardenat   *C.M. n° 75 — Pli n° 17*

〰〰〰
(A)

1 ch. (1 lit 2 pers.), 2 ch. 3 pers. (1 lit 2 pers. et 1 lit 1 pers.), salle de bains et wc chacune. 2 ch. 4 pers. (3 lits 2 pers. 2 lits 1 pers.), salle de bains ou salle d'eau, wc et tél. chacune. Maison périgourdine à la ferme. Stage de cuisine hors-saison. Terrasse. Jardin. Tél. propriétaire Mme Veyret : 53.29.68.44. Ouvert toute l'année. Gare et commerces à 5 km. Possibilité de repas en ferme auberge.

Prix : 1 pers. **300 F** 2 pers. **320 F** 3 pers. **390 F**
pers. sup. **40 F** repas **80 F**

⛵	⛵	👤	🚣	🎿	🏇	🎣	🎵
5	5	5	SP	4	5	10	20

GITES DE FRANCE-SERVICE RESERVATION – 25, rue Wilson – 24009 Perigueux-Cedex – Tél. : 53.35.50.01. – Fax : 53.09.51.41.

Mauzens-et-Miremont Les Granges   *C.M. n° 75 — Pli n° 16*

〰〰〰

5 chambres d'hôtes dans une belle maison de caractère. 3 chambres 2 pers. (1 lit 2 pers.). 2 chambres 3 pers. (1 lit 2 pers. 1 lit 1 pers.). Salle d'eau et wc pour chaque chambre. Salle de séjour à la disposition des hôtes. Terrasse, jardin. Tél. propriétaire Mme Urvoy : 53.03.25.71. Ouvert toute l'année. Gare et commerces à 15 km. Restaurant à proximité.

Prix : 1 pers. **225 F** 2 pers. **250 F** 3 pers. **340 F**

⛵	⛵	👤	🚣	🎿	🏇	🎣	🎵
16	13	3	SP	SP	15	15	3

GITES DE FRANCE-SERVICE RESERVATION – 25, rue Wilson – 24009 Perigueux-Cedex – Tél. : 53.35.50.01. – Fax : 53.09.51.41.

Mazeyrolles   *C.M. n° 75 — Pli n° 16*

〰〰
(TH)

2 chambres 3 pers. (1 lit 2 pers. 1 lit 1 pers.). 3 chambres 2 pers. (1 lit 2 pers.). Salles d'eau et wc particuliers. Maison récente en pierre, entourée de prairies et de bois. Culture de kiwi. Tél. propriétaire Mme Marescassier : 53.29.93.38. Ouvert toute l'année. Gare et commerces à 9 km.

Prix : 1 pers. **170 F** 2 pers. **200 F** 1/2 pens. **180/230 F**
pens. **230/280 F**

🐩	⛵	👤	🚣	🎿	🏇	🎣	🎵
15	5	SP	12	5	SP	15	17

GITES DE FRANCE-SERVICE RESERVATION – 25, rue Wilson – 24009 Perigueux-Cedex – Tél. : 53.35.50.01. – Fax : 53.09.51.41.

Mazeyrolles Fontenille-Le Roucaillou   *C.M. n° 75 — Pli n° 16*

〰〰 NN

Alt. : 180 m — 1 chambre (1 lit 2 pers.), 1 chambre (1 lit 2 pers. 1 lit 1 pers.), salle d'eau et wc chacune. Possibilité lit bébé. Gare 3 km, commerces 7 km. Ouvert du 1er juillet au 31 août. Ferme périgourdine restaurée dans la campagne. Chambres confortables et très calmes situées en bout de maison, totalement indépendantes. Tél. prop. Mme Carrie : 53.29.14.31. Parc ombragé avec salon de jardin. Ferme auberge et restaurants à proximité.

Prix : 1 pers. **200 F** 2 pers. **230 F** 3 pers. **250 F**

⛵	⛵	👤	🚣	🎿	🏇	🎣	🎵
20	3	20	7	7	3	20	15

GITES DE FRANCE-SERVICE RESERVATION – 25, rue Wilson – 24009 Perigueux-Cedex – Tél. : 53.35.50.01. – Fax : 53.09.51.41.

Menesplet Les Loges   *C.M. n° 75 — Pli n° 3*

〰〰 NN
(TH)

1 chambre (2 lits 1 pers.), 1 chambre (1 lit 2 pers. 1 lit 1 pers.), 1 chambre (1 lit 2 pers. 2 lits 1 pers.). Salle d'eau ou salle de bains et wc chacune. Vaste salle d'animation dans une grange aménagée. Tél. propriétaire M. Berthier : 53.81.84.39. Ouvert toute l'année. Rivière, gare et commerces à 7 km. Maison dans un parc de 2 ha. avec étang et ruisseau. Jardin d'agrément et mobilier d'extérieur. Terrain de volley-ball et pétanque. Balançoire et bac à sable, baby-foot, ping-pong. Bibliothèque, jeux de société. Location de bicyclettes. Point-phone. Produits du terroir.

Prix : 1 pers. **190 F** 2 pers. **240 F** 3 pers. **290 F**
pers. sup. **50 F** 1/2 pens. **190/260 F**

👤	🚣	🏇	🎣	🎵
3	7	7	7	30

GITES DE FRANCE-SERVICE RESERVATION – 25, rue Wilson – 24009 Perigueux-Cedex – Tél. : 53.35.50.01. – Fax : 53.09.51.41.

Mensignac La Veyssiere   *C.M. n° 75 — Pli n° 5*

〰〰 NN

2 ch. 2 pers. (1 lit 2 pers. 2 lits 1 pers.). 2 ch. 3 pers. (1 lit 2 pers. 1 lit 1 pers.). Salle d'eau et wc pour chaque chambre. Chambres spacieuses et personnalisées. Maison située dans un vallon calme. Détente dans un cadre familial. Sentiers de randonnée. Tél. propriétaire M. Goncalves : 53.04.84.48. Ouvert toute l'année. Rivière 10 km. Restaurant à proximité. Gare 10 km. Commerces 3 km.

Prix : 1 pers. **175 F** 2 pers. **195 F** 3 pers. **245 F**
pers. sup. **50 F**

⛵	👤	🚣	🏇	🎣	🎣	🎵
10	10	10	3	4	10	15

GITES DE FRANCE-SERVICE RESERVATION – 25, rue Wilson – 24009 Perigueux-Cedex – Tél. : 53.35.50.01. – Fax : 53.09.51.41.

Meyrals Boyer   *C.M. n° 75 — Pli n° 17*

〰〰〰
(A)

5 chambres d'hôtes dans une ferme en pleine campagne avec four à pain (élevage d'oies). Terrasse couverte. Cuisine soignée. 3 chambres pour 2 pers. (2 lits 2 pers. 2 lits 1 pers.) et 2 chambres pour 3 pers. (6 lits 1 pers.) avec salle d'eau et wc. Téléphone dans chaque chambre. Forêt sur place. Produits fermiers sur place. Gare et commerces à 9 km. Tél. propriétaire M. Coustaty : 53.29.24.83. Ouvert du 1er février au 30 décembre. Possibilité de repas en ferme auberge.

Prix : 1 pers. **185 F** 2 pers. **255 F** 3 pers. **310 F** repas **85 F**

⛵	👤	🚣	🏇	🎿	🎣	🎵
6	SP	11	3	10	9	17

GITES DE FRANCE-SERVICE RESERVATION – 25, rue Wilson – 24009 Perigueux-Cedex – Tél. : 53.35.50.01. – Fax : 53.09.51.41.

Molieres Gaulhiac

C.M. nº 75 — Pli nº 16

TH

1 chambre (1 lit 2 pers.), 1 chambre (2 lits 1 pers.), 1 chambre (1 lit 2 pers. 1 lit 1 pers.), salle d'eau et wc chacune. Salle commune, jeux et bibliothèque. Gare et commerces 10 km. Ouvert d'avril à la Toussaint incluse. Maison ancienne située au milieu d'une noyeraie, très calme à 800 m de la Bastide de Molières. Tél. prop. M. Carrier : 53.63.18.69. Les propriétaires ont une très bonne connaissance du pays, de la préhistoire.

Prix : 2 pers. **210 F** 1/2 pens. **190 F**

8	5	10	10	10	10	

GITES DE FRANCE-SERVICE RESERVATION – 25, rue Wilson – 24009 Perigueux-Cedex – Tél. : 53.35.50.01. – Fax : 53.09.51.41.

Monbazillac Touron-Bas

C.M. nº 75 — Pli nº 14

1 chambre (1 lit 2 pers. 1 lit 120). 1 chambre (1 lit 2 pers.). Salle d'eau ou salle de bains pour chaque chambre. 1 wc commun. Maison périgourdine sur une exploitation viticole. Terrasse. Panorama sur la vallée. Restaurants dans un rayon de 2 km. Possibilité de randonnées pédestres. Tél. propriétaire Mme Gagnard : 53.58.21.16. Ouvert toute l'année. Gare et commerces à 5 km.

Prix : 2 pers. **280 F** 3 pers. **320 F**

6	SP	6	6	4	4	10

GITES DE FRANCE-SERVICE RESERVATION – 25, rue Wilson – 24009 Perigueux-Cedex – Tél. : 53.35.50.01. – Fax : 53.09.51.41.

Monbazillac La Rouquette

C.M. nº 75 — Pli nº 14

NN

2 chambres (1 lit 2 pers.). 2 chambres 3 pers. (1 lit 2 pers. 4 lits 1 pers.). 1 chambre (1 lit 2 pers. 2 lits 1 pers.). Poss. lits enfants. Salle de bains et wc pour chaque chambre. Salon avec TV, bibliothèque et jeux. Entrée indépendant pour l'accès aux chambres. Ouvert du 1er avril au 31 octobre, le reste de l'année sur réservation. Gare et commerces à 5 km. Belle chartreuse des XVIIIe et XIXe siècles entourée d'un parc. Grande terrasse avec vue panoramique sur la vallée de la Dordogne et le château de Monbazillac. Tél. propriétaire M. de Madaillan : 53.58.30.60.

Prix : 1 pers. **250 F** 2 pers. **270 F** 3 pers. **320 F**
pers. sup. **60 F**

20	5	5	6	5	5

GITES DE FRANCE-SERVICE RESERVATION – 25, rue Wilson – 24009 Perigueux-Cedex – Tél. : 53.35.50.01. – Fax : 53.09.51.41.

Monmarves Le Petit-Pey

C.M. nº 75 — Pli nº 15

2 ch. d'hôtes pour 3 pers. (1 lit 2 pers. 1 lit 1 pers.). Salle de bains et wc chacune. Dans une vieille demeure entourée d'un parc aux belles essences. Ambiance chaleureuse auprès d'une personne aimant le contact humain. Restaurant à 2 km. Tél. propriétaire Mme de Bosredon : 53.58.70.61. Possibilité lit d'appoint 1 pers. Ouvert de Pâques au 15 octobre. Gare 20 km. Commerces 2 km.

Prix : 2 pers. **310 F**

12	10	19	8	2	2	19

GITES DE FRANCE-SERVICE RESERVATION – 25, rue Wilson – 24009 Perigueux-Cedex – Tél. : 53.35.50.01. – Fax : 53.09.51.41.

Montagrier Caboce

C.M. nº 75 — Pli nº 4

1 chambre (1 lit 2 pers.) et 1 chambre (1 lit 2 pers. 2 lits 1 pers.). Salle d'eau et wc pour chaque chambre. Maison indépendante en pleine campagne. Salle de jeux. Garderie. Location de vélos et canoë sur place. Tél. propriétaire Mme Gaulot : 53.90.77.54. Ouvert toute l'année. Gare 25 km. Commerces 4 km.

Prix : 1 pers. **160 F** 2 pers. **190 F** 3 pers. **240 F**
pers. sup. **30 F**

20	1	1	12	4	4	1	25

GITES DE FRANCE-SERVICE RESERVATION – 25, rue Wilson – 24009 Perigueux-Cedex – Tél. : 53.35.50.01. – Fax : 53.09.51.41.

Montcaret Fonroque

C.M. nº 75 — Pli nº 13

NN

TH

3 ch. (1 lit 2 pers. 4 lits 1 pers.), 2 ch. (1 lit 160, 1 lit 1 pers.), salle de bains ou salle d'eau et wc chacune. Poss. lit bébé. Salle de séjour, TV et bibliothèque à la disposition des hôtes. Vieille demeure du XVIe siècle restaurée au XIXe siècle située dans un grand parc. Ambiance reflétant les traditions locales. Tél. propriétaire Mme Fried : 53.58.65.83. Ouvert du 1er février au 20 décembre sur réservation. Gare et commerces à 2 km.

Prix : 1 pers. **276 F** 2 pers. **314 F** 3 pers. **416 F**
1/2 pens. **245/364 F**

8	8	8	SP	1	10	10

GITES DE FRANCE-SERVICE RESERVATION – 25, rue Wilson – 24009 Perigueux-Cedex – Tél. : 53.35.50.01. – Fax : 53.09.51.41.

Montferrand-du-Perigord La Riviere

C.M. nº 75 — Pli nº 16

TH

3 chambres (1 lit 2 pers.). 1 chambre (1 lit 2 pers. 2 lits 1 pers.). Poss. lit bébé. Salle d'eau et wc privés. Grande maison périgourdine restaurée au milieu des champs. Ambiance jeune et dynamique. Hors-saison : stages de cuisine. Tél. propriétaire Mme Barriat-Sinico : 53.63.25.25. Ouvert toute l'année. Gare 12 km. Commerces 7 km.

Prix : 1 pers. **165 F** 2 pers. **190 F** 3 pers. **295 F**
pers. sup. **25 F** 1/2 pens. **180/245 F**

4	4	SP	10	7	10	15

GITES DE FRANCE-SERVICE RESERVATION – 25, rue Wilson – 24009 Perigueux-Cedex – Tél. : 53.35.50.01. – Fax : 53.09.51.41.

Dordogne — *Limousin-Périgord*

Montferrand-du-Perigord Boulegue
C.M. n° 75 — Pli n° 16

❀❀❀ NN (TH) Maison périgourdine dominant la vallée de la Couze au cœur des Bastides. 3 ch. 2 pers. (2 lits 2 pers. 2 lits 1 pers.), 1 ch. (1 lit 1 pers.). Poss. lit enfant. Salle de bains et wc chacune. Salon (bibliothèque, TV). Terrasse avec salon de jardin. Cuisine du pays soignée et gourmande. Calme et espace assurés. Accueil chaleureux. Gare et commerces 10 km. Ouvert toute l'année sauf du 23 juin au 10 juillet et après le 20 décembre. Tél. prop. Mme Belgarric : 53.63.26.42.

Prix : 1 pers. **175 F** 2 pers. **200 F** 1/2 pens. **180/230 F**

🐕	⛵	🎣	🏊	⛷	🐎	🚴	🚶
	5	10	12	12	5	10	10

GITES DE FRANCE-SERVICE RESERVATION – 25, rue Wilson – 24009 Perigueux-Cedex – Tél. : 53.35.50.01. – Fax : 53.09.51.41.

Montpon-Menesterol La Gravette
C.M. n° 75 — Pli n° 3

❀❀ NN (TH) 4 ch. (1 lit 2 pers. 1 lit 1 pers. chacune), salle d'eau et wc chacune. Accès de plain-pied donnant sur un espace vert avec salon de jardin. Gare et commerces 3 km. Ouvert toute l'année. Ancien séchoir à tabac situé en bordure de forêt de la Double à proximité de la rivière Isle. Endroit idéal pour des randonnées pédestres et VTT. Tél. prop. M. Massart : 53.80.44.39. Calme et repos assurés. Table d'hôtes sur réser-

Prix : 1 pers. **180 F** 2 pers. **200 F** 3 pers. **270 F**
1/2 pens. **170/250 F**

⛵	🎣	🏊	⛷	🐎	🚴
3	1	3	3	10	3

GITES DE FRANCE-SERVICE RESERVATION – 25, rue Wilson – 24009 Perigueux-Cedex – Tél. : 53.35.50.01. – Fax : 53.09.51.41.

Mortemart-St-Felix-de-Reilhac Landrevie
C.M. n° 75 — Pli n° 16

❀❀ NN 3 ch. pour 2 pers. (2 lits 2 pers. 2 lits 1 pers.), 1 ch. pour 3 pers. (1 lit 2 pers. 1 lit 1 pers.), 1 ch. pour 4 pers. (1 lit 2 pers. 2 lits 1 pers.). Salle d'eau et wc pour chaque chambre. Grande salle commune. Toutes les chambres donnent sur une terrasse avec salon de jardin. Tél. propriétaire M. Blondy : 53.03.20.94. Ouvert toute l'année. Restaurant à proximité. Superbe maison ancienne sur une exploitation agricole (céréales, moutons et bois). Grand parc fleuri avec table de ping-pong, portique et jeux pour enfants. Piscine d'eau salée (sans chlore ni produits chimiques) et tennis de terre battue. Chemins pédestres. Calme, beau panorama.

Prix : 1 pers. **195 F** 2 pers. **220 F** 3 pers. **295 F**
pers. sup. **65 F**

⛵	⛵	🎣	🏊	⛷	🐎	🚴	🚶
15	12	SP	SP	SP	2	12	2

GITES DE FRANCE-SERVICE RESERVATION – 25, rue Wilson – 24009 Perigueux-Cedex – Tél. : 53.35.50.01. – Fax : 53.09.51.41.

Orliaguet Castang
C.M. n° 75 — Pli n° 18

❀❀ 1 chambre (1 lit 2 pers. 1 lit 120). 1 chambre (1 lit 2 pers.), salle de bains commune. 1 chambre (1 lit 2 pers.) avec salle d'eau privée, wc communs aux 3 ch. Maison périgourdine entièrement restaurée. Accueil chaleureux et familial. Restaurant 5 km. Tél. propriétaire M. Guittard : 53.28.84.03. Ouvert du 1er mars au 30 novembre. Gare 12 km. Commerces 9 km. Restaurant à proximité.

Prix : 1 pers. **135 F** 2 pers. **160 F** 3 pers. **190 F**

⛵	🎣	🏊	⛷	🐎	🚴	🚶
35	6	4	12	9	12	4	20

GITES DE FRANCE-SERVICE RESERVATION – 25, rue Wilson – 24009 Perigueux-Cedex – Tél. : 53.35.50.01. – Fax : 53.09.51.41.

Paunat Maison-Neuve
C.M. n° 75 — Pli n° 16

❀❀❀ NN (TH) 1 ch. (1 lit 2 pers.) et 1 ch. (3 lits 1 pers.), salle de bains et wc chacune. Entrée indépendante. Gare 10 km, commerces 4 km. Ouvert toute l'année. Anglais et allemand parlés. Jolie propriété dans un parc ombragé de 12 ha. au cœur du Périgord Noir. Calme et confort assurés. Accueil chaleureux. Tél. prop. Mme Simand : 53.22.75.74. Table d'hôtes sur réservation.

Prix : 1 pers. **250 F** 2 pers. **350 F** 3 pers. **450 F**
1/2 pens. **250/325 F**

🐕	🎣	🏊	⛷	🐎	🚶
	2	SP	6	SP	15

GITES DE FRANCE-SERVICE RESERVATION – 25, rue Wilson – 24009 Perigueux-Cedex – Tél. : 53.35.50.01. – Fax : 53.09.51.41.

Port-Sainte-Foy La Ressaudie
C.M. n° 75 — Pli n° 13

❀❀❀ NN Maison ancienne rénovée datant du siècle dernier, dans un parc ombragé, entourée de vignes. 2 chambres pour 3 personnes (1 lit 2 pers. 1 lit 1 pers.), salle d'eau et wc chacune. Salon de lecture à la disposition des hôtes. Cadre verdoyant. Gare 3 km, commerces 1,5 km. Ouvert du 1er avril au 30 octobre. Restaurant à proximité. Tél. prop. M. Rebeyrolle : 53.24.71.48.

Prix : 1 pers. **190 F** 2 pers. **270 F** 3 pers. **340 F**

⛵	⛵	🎣	🏊	⛷	🐎	🚴	🚶
10	2	2	SP	1,5	3	1,5	5

GITES DE FRANCE-SERVICE RESERVATION – 25, rue Wilson – 24009 Perigueux-Cedex – Tél. : 53.35.50.01. – Fax : 53.09.51.41.

Prats-de-Carlux La Garrigue-Haute
C.M. n° 75 — Pli n° 17

❀❀❀ (A) 2 chambres (1 lit 2 pers.), 1 chambre (1 lit 2 pers. 2 lits 1 pers.), 1 chambre (1 lit 2 pers. 2 lits 1 pers. superposés), salle d'eau et wc pour chacune. Ouvert de Pâques à la Toussaint. Fabrication et ventes de conserves. Gare 9 km, commerces 5 km. Possibilité de repas en ferme auberge. Ferme restaurée dans le style de la région. Terrasse. Elevage d'oies et de canards. Tél. propriétaire Mme Boucherie : 53.29.80.08.

Prix : 1 pers. **205 F** 2 pers. **230 F** 3 pers. **295 F**
pers. sup. **65 F** repas **70 F**

🐕	⛵	🎣	🏊	⛷	🐎	🚴	🚶
	7	7	9	9	4	7	8

Proissans Les Chanets

C.M. n° 75 — Pli n° 17

♥♥ (TH) 4 chambres (1 lit 2 pers.). Possibilité lit supplémentaire. Salle d'eau et wc pour chaque chambre. Entrée indépendante. Ouvert du 1ᵉʳ février au 30 novembre. Gare et commerces à 5 km. Téléphone avec compteur. Belle maison périgourdine restaurée du XVIIIᵉ siècle. Four à pain. Terrasse. Parking. Calme et repos. Accueil chaleureux. Tél. propriétaire Mme Deleplace : 53.29.08.48.

Prix : 1 pers. **175 F** 2 pers. **200 F** 3 pers. **255 F**
1/2 pens. **175/250 F**

⛵	⛵	⌚	🚤	🎿	⛷	🏌
12	10	1	5	10	10	5

GITES DE FRANCE-SERVICE RESERVATION – 25, rue Wilson – 24009 Perigueux-Cedex – Tél. : 53.35.50.01. – Fax : 53.09.51.41.

Proissans Chez Michel

C.M. n° 75 — Pli n° 17

♥♥♥ NN (TH) 1 suite de 2 chambres (2 lits 2 pers.) non communicantes, salle d'eau et wc pour les 2 ch. Séjour avec coin-salon à disposition des hôtes. Calme et confort assurés. Gare 25 km, commerces 7 km. Ouvert du 1ᵉʳ mars au 31 octobre. Maison de construction récente à la campagne, à proximité de la ferme. Tél. prop. Mme Fumat : 53.59.11.79. Culture de tabac, céréales et noix. Elevage d'ovins et volailles. Au cœur du Périgord Noir, vous aurez la possibilité de découvrir la cuisine régionale et la vallée de la Dordogne avec ses sites touristiques.

Prix : 2 pers. **200 F** 3 pers. **300 F** pers. sup. **80 F**
1/2 pens. **180 F**

🐕	⛵	⛵	⌚	🚤	🎿	⛷	🏌
30	10	2	1	1	4	10	10

GITES DE FRANCE-SERVICE RESERVATION – 25, rue Wilson – 24009 Perigueux-Cedex – Tél. : 53.35.50.01. – Fax : 53.09.51.41.

Riberac Palenas

C.M. n° 75 — Pli n° 4

♥♥♥ 1 ch. d'hôtes (1 lit 2 pers.) avec salle d'eau et wc privés. 1 ch. (1 lit 2 pers. 1 lit 1 pers.) avec salle de bains et wc privés. Poss. lit enfant. Magnifique maison avec parc et terrasse. Salon (TV). Entrée indépendante. Restaurant à proximité. Tél. propriétaire Mme Vincent : 53.90.08.97. Ouvert toute l'année. Gare 27 km. Commerces 1,5 km.

Prix : 1 pers. **160 F** 2 pers. **180 F** 3 pers. **280 F**

⛵	⛵	⌚	🚤	🎿	⛷	🏌
10	2	2	2	2	8	3

GITES DE FRANCE-SERVICE RESERVATION – 25, rue Wilson – 24009 Perigueux-Cedex – Tél. : 53.35.50.01. – Fax : 53.09.51.41.

La Roque-Gageac La Ferme-Fleurie

C.M. n° 75 — Pli n° 17

♥♥♥ NN 3 chambres pour 2 pers. (1 lit 2 pers.). 2 chambres 3 pers. (1 lit 2 pers. 1 lit 1 pers.). Salle d'eau et wc pour chaque chambre. Tél. propriétaire Mme Rivière : 53.28.33.39. Ouvert de Pâques à la Toussaint. Rivière 500 m. Gare 10 km. Commerces 5 km. Ferme auberge à proximité. Dans le Périgord Noir, en plein cœur de la vallée de la Dordogne, la ferme fleurie vous accueille dans un cadre où calme et confort sont assurés. Les petits déjeuners sont agrémentés de pâtisseries maison. Culture du tabac. Elevage de vaches laitières. Récolte de noix.

Prix : 1 pers. **170 F** 2 pers. **190 F** 3 pers. **240 F**

⛵	⌚	🚤	🎿	⛷	🏌
0,5	0,5	8	4	5	0,5	1

GITES DE FRANCE-SERVICE RESERVATION – 25, rue Wilson – 24009 Perigueux-Cedex – Tél. : 53.35.50.01. – Fax : 53.09.51.41.

Sagelat Bugou

C.M. n° 75 — Pli n° 16

♥♥ (TH) 2 chambres pour 3 pers. (1 lit 2 pers. 1 lit 1 pers.). 3 chambres pour 2 pers. (1 lit 2 pers.). Salles d'eau ou salles de bains et wc chacune. Maison périgourdine dans la campagne. Point de départ pour les sentiers pédestres et équestres. Tél. propriétaire Mme Prunière : 53.29.01.08. Ouvert toute l'année. Gare et commerces à 3 km.

Prix : 1 pers. **140 F** 2 pers. **220 F** 3 pers. **300 F**
1/2 pens. **180/200 F** pens. **240/260 F**

⛵	⌚	🚤	🎿	⛷	🏌
5	5	3,5	3,5	5	4

GITES DE FRANCE-SERVICE RESERVATION – 25, rue Wilson – 24009 Perigueux-Cedex – Tél. : 53.35.50.01. – Fax : 53.09.51.41.

Saint-Aubin-de-Nabirat

C.M. n° 75 — Pli n° 17

♥♥ NN 2 chambres (1 lit 2 pers.), salle d'eau et wc chacune. Possibilité lit d'appoint 1 pers. Gare 10 km, commerces 3 km. Ouvert toute l'année. Maison récente dans le Périgord Noir, proche de la vallée de la Dordogne et de ses sites préhistoriques. Calme et détente assurés. Accueil chaleureux. Tél. propriétaire Mme Iragne : 53.28.40.05. Production de bovins. Restaurant à proximité.

Prix : 1 pers. **160 F** 2 pers. **180 F** 3 pers. **240 F**

🏇	⛵	⛵	⌚	🚤	🎿	⛷	🏌
9	9	0,5	10	10	10	9	18

GITES DE FRANCE-SERVICE RESERVATION – 25, rue Wilson – 24009 Perigueux-Cedex – Tél. : 53.35.50.01. – Fax : 53.09.51.41.

Saint-Avit-Senieur La Croix

C.M. n° 75 — Pli n° 16

♥♥ NN (TH) 1 chambre pour 2 pers. (1 lit 160 et 1 lit bébé). 1 suite de 2 ch. non communicantes pour 4 pers. (1 lit 160. 1 lit 2 pers.). Salle d'eau et wc privés pour la chambre ainsi que pour la suite. Tél. prop. M. Boucher : 53.22.31.96. Ouvert du 1ᵉʳ mars au 1ᵉʳ novembre. Rivière 15 km. Gare 14 km. Commerces 5 km. Très belle ferme restaurée sur la route des abbayes et des bastides, à la limite du Périgord Noir et du Périgord Pourpre. Culture du tabac. Vaches laitières (production de lait).

Prix : 1 pers. **150 F** 2 pers. **200 F** 1/2 pens. **175/250 F**

⌚	🚤	🎿	⛷	🏌
3	2	0,5	10	15	40

GITES DE FRANCE-SERVICE RESERVATION – 25, rue Wilson – 24009 Perigueux-Cedex – Tél. : 53.35.50.01. – Fax : 53.09.51.41.

Saint-Front-d'Alemps Bost-Vert
C.M. n° 75 — Pli n° 6

Chambres d'hôtes dans une ferme. 5 chambres 2 pers. (1 lit 2 pers.). Salle d'eau et wc pour chaque chambre. Les chambres sont accessibles de l'extérieur par la galerie côté cour. Tél. propriétaire Mme Montagut : 53.06.38.83. Ouvert toute l'année. Gare 10 km. Commerces 8 km. Possibilité de repas en ferme auberge.

Prix : 1 pers. **190 F** 2 pers. **205 F** repas **70 F**

10	7	7	10	15	20		

GITES DE FRANCE-SERVICE RESERVATION – 25, rue Wilson – 24009 Perigueux-Cedex – Tél. : 53.35.50.01. – Fax : 53.09.51.41.

Saint-Genies Les Genestes
C.M. n° 75 — Pli n° 17

3 chambres 2 pers. (1 lit 2 pers.). 1 chambre 3 pers. (1 lit 2 pers. 1 lit 1 pers.), possibilité 1 lit d'appoint 1 pers. Salles d'eau particulières, wc communs. Repos à la ferme. Accueil chaleureux au cœur du Périgord Noir, ses châteaux, ses grottes. VTT disponibles. Tél. propriétaire Mme Mazet : 53.28.97.71. Ouvert de Pâques à la Toussaint. Gare 12 km. Commerces 5 km. Possibilité de repas en ferme-auberge.

Prix : 1 pers. **160 F** 2 pers. **180 F** 3 pers. **220 F** repas **80 F**

5	5	5	5	5	5	15	10

GITES DE FRANCE-SERVICE RESERVATION – 25, rue Wilson – 24009 Perigueux-Cedex – Tél. : 53.35.50.01. – Fax : 53.09.51.41.

Saint-Laurent-la-Vallee La Plaine
C.M. n° 75 — Pli n° 17

2 chambres 3 pers. (1 lit 2 pers. 1 lit 1 pers.), 1 chambre (1 lit 2 pers. 1 lit 120), salle d'eau et wc chacune. 1 suite de 2 chambres 5 pers. (1 lit 2 pers. 3 lits 1 pers. dont 2 superposés), salle d'eau pour chaque chambre et wc communs. Ferme en pleine campagne, calme assuré. Tél. propriétaire Mme Pinault : 53.28.51.69. Ambiance familiale. Ouvert toute l'année sur réservation. Gare 10 km. Commerces 2 km.

Prix : 1 pers. **180 F** 2 pers. **210 F** 3 pers. **250 F** pers. sup. **30 F** 1/2 pens. **190/250 F**

8	8	11	11	8	8	13

GITES DE FRANCE-SERVICE RESERVATION – 25, rue Wilson – 24009 Perigueux-Cedex – Tél. : 53.35.50.01. – Fax : 53.09.51.41.

Saint-Michel-de-Riviere La Moulinasse
C.M. n° 75 — Pli n° 3

NN

1 chambre (1 lit 2 pers.), salle de bains et wc particuliers. 1 suite de 2 chambres (1 lit 2 pers. 1 lit 120), salle d'eau et wc particuliers. Possibilité lit d'appoint. Salon avec TV, bibliothèque et jeux à la disposition des hôtes. Ouvert toute l'année. Gare 15 km. Commerces 5 km. Table d'hôtes sur réservation. Accueil de qualité dans une belle maison. Site calme et reposant en bordure de la Dronne. Promenades en barque. Tél. propriétaire Mme Fare : 53.91.41.03.

Prix : 1 pers. **205 F** 2 pers. **230 F** 1/2 pens. **195/285 F**

10	SP	SP	5	1	20	4

GITES DE FRANCE-SERVICE RESERVATION – 25, rue Wilson – 24009 Perigueux-Cedex – Tél. : 53.35.50.01. – Fax : 53.09.51.41.

Saint-Pierre-de-Frugie Le Breuilh
C.M. n° 72 — Pli n° 16

TH

1 chambre (1 lit 2 pers.) avec 1 petite chambre communicante (1 lit 1 pers.), salle d'eau et wc particuliers. Maison périgourdine dans la campagne. Séjour avec télévision. Tél. propriétaire Mme Tinon : 53.52.85.76. Ouvert toute l'année sur réservation. Gare 4 km. Commerces 5 km.

Prix : 1 pers. **165 F** 2 pers. **195 F** 1/2 pens. **165 F**

7	SP	SP	20	4	22	30

GITES DE FRANCE-SERVICE RESERVATION – 25, rue Wilson – 24009 Perigueux-Cedex – Tél. : 53.35.50.01. – Fax : 53.09.51.41.

Saint-Rabier Grand-Coderc
C.M. n° 75 — Pli n° 7

1 ch. (1 lit 2 pers. possibilité lit d'appoint). 1 ch. (1 lit 2 pers. 1 lit 1 pers.). 1 ch. (1 lit 2 pers. 2 lits 1 pers.). Salle d'eau et wc pour chacune. Vous serez séduit par l'accueil, la table et les soirées familiales. Grand terrain pour les enfants avec jeux. Ouvert toute l'année. Gare 6 km. Commerces 5 km. Possibilité de repas en ferme auberge. Tél. propriétaire Mme Gaillard : 53.50.64.61.

Prix : 1 pers. **140 F** 2 pers. **160 F** 3 pers. **180 F** pers. sup. **70 F** repas **60/110 F**

35	15	3	5	4	15	12	30

GITES DE FRANCE-SERVICE RESERVATION – 25, rue Wilson – 24009 Perigueux-Cedex – Tél. : 53.35.50.01. – Fax : 53.09.51.41.

Sainte-Alvere Moulin-Latour
C.M. n° 75 — Pli n° 16

NN

2 chambres 2 pers. (1 lit 2 pers.). Salle de bains et wc communs. Ancien moulin avec plan d'eau situé au milieu d'un hectare de prés avec ruisseau, verdure, grand calme. Séjour avec TV. Restaurant 500 m. Tél. propriétaire Mme Lentignat : 53.22.74.84. Ouvert toute l'année. Gare 10 km. Commerces 1 km.

Prix : 1 pers. **160 F** 2 pers. **200 F**

10	10	SP	12	SP	17	15

GITES DE FRANCE-SERVICE RESERVATION – 25, rue Wilson – 24009 Perigueux-Cedex – Tél. : 53.35.50.01. – Fax : 53.09.51.41.

Sainte-Alvere Le Maine-Les-Hirondelles
C.M. n° 75 — Pli n° 16

NN

5 chambres de 2 pers. (2 lits 2 pers. 6 lits 1 pers.), salle de bains et wc pour chaque chambre. Ouvert de juin à septembre. Gare 10 km. Commerces 1 km. Maison ancienne restaurée dans la campagne. Grand jardin. Terrasse. Parking. Restaurant à proximité. Tél. propriétaire Mme Sharp : 53.22.75.40.

Prix : 1 pers. **225 F** 2 pers. **250 F** 3 pers. **300 F** pers. sup. **50 F**

10	10	SP	1	10	10

GITES DE FRANCE-SERVICE RESERVATION – 25, rue Wilson – 24009 Perigueux-Cedex – Tél. : 53.35.50.01. – Fax : 53.09.51.41.

Sainte-Foy-de-Belves Brouste   *C.M. n° 75 — Pli n° 16*

❄❄ NN

Alt. : 220 m — 1 chambre (1 lit 180), 1 chambre (1 lit 2 pers.). Salle d'eau chacune, wc communs. Gare 5 km, commerces 8 km. Ouvert du 15 juin au 15 septembre. Maison traditionnelle en pierre du pays dans la campagne. Confort et calme assurés, accueil chaleureux. Restaurant à proximité. Tél. prop. Mme Teï-Tos : 53.29.07.25.

Prix : 1 pers. **150 F** 2 pers. **200 F**

12	5	8	6	12	10	

GITES DE FRANCE-SERVICE RESERVATION – 25, rue Wilson – 24009 Perigueux-Cedex – Tél. : 53.35.50.01. – Fax : 53.09.51.41.

Sainte-Nathalene La Balagiere   *C.M. n° 75 — Pli n° 17*

❄

1 chambre 2 pers. (1 lit 2 pers.). Salle d'eau et wc particuliers dans le couloir. Maison périgourdine dans la campagne. Séjour avec TV. Restaurant à 3 km. Tél. propriétaire Mme Chapoulie : 53.59.04.19. Ouvert toute l'année. Gare et commerces à 6 km.

Prix : 1 pers. **150 F** 2 pers. **200 F**

25	10	2	1	1	6	12	1

GITES DE FRANCE-SERVICE RESERVATION – 25, rue Wilson – 24009 Perigueux-Cedex – Tél. : 53.35.50.01. – Fax : 53.09.51.41.

Sainte-Trie Le Fialleix   *C.M. n° 75 — Pli n° 7*

❄❄ NN

Alt. : 247 m — 1 chambre (1 lit 2 pers. 1 lit pers.), salle d'eau privée, 1 chambre (1 lit 2 pers. 1 lit 130), salle de bains privée, wc communs. Bibliothèque, jeux. Salon de jardin à disposition. Gare 25 km, commerces 8 km. Ouvert du 15 avril au 15 octobre. Tél. prop. M. Moreau : 53.50.51.14. Ancienne ferme rénovée située sur un site moyen-âgeux, entourée de prés et de bois. Un vaste jardin ombragé domine la campagne vallonnée et reposante. Randonnées : gorges de l'Auvézère, château d'Hautefort. Restaurant à proximité.

Prix : 1 pers. **190 F** 2 pers. **230 F** 3 pers. **300 F**
pers. sup. **50 F**

35	5	5	SP	8	6	8	50

GITES DE FRANCE-SERVICE RESERVATION – 25, rue Wilson – 24009 Perigueux-Cedex – Tél. : 53.35.50.01. – Fax : 53.09.51.41.

Salignac-Eyvigues Moulin-de-la-Garrigue   *C.M. n° 75 — Pli n° 17*

❄❄❄

4 chambres comportant au rez-de-chaussée (1 lit 2 pers.) + 1 mezzanine (2 lits 1 pers.). Salle d'eau, wc pour chaque chambre. Téléphone dans chaque chambre. Ancien moulin rénové datant de 1875 avec piscine privée. Terrasse. Restaurant et ferme-auberge à proximité. Accueil chaleureux. Tél. propriétaire Mme Vallée : 53.28.84.88. Ouvert toute l'année. Gare et commerces à 9 km.

Prix : 1 pers. **240 F** 2 pers. **260 F** 3 pers. **330 F**
pers. sup. **70 F**

9	9	SP	SP	9	9	9	9

GITES DE FRANCE-SERVICE RESERVATION – 25, rue Wilson – 24009 Perigueux-Cedex – Tél. : 53.35.50.01. – Fax : 53.09.51.41.

Sarlat La Croix-d'Allon   *C.M. n° 75 — Pli n° 17*

❄❄❄ NN

2 chambres (1 lit 2 pers.), 2 chambres (2 lits 1 pers.), salle d'eau et wc chacune. 1 suite de 2 chambres (1 lit 2 pers. 1 lit 1 pers.), salle de bains et wc pour les 2 ch. Kitchenette et barbecue à disposition. Parc avec salon de jardin. Gare 3 km, commerces 2 km. Ouvert du 15 janvier au 15 décembre. Tél. prop. Mme Pérusin : 53.59.08.44. Anglais, allemand parlés. Four à pain en activité. Les petits déjeuners sont agrémentés de pain de campagne, aux noix et confitures maison. Ferme en activité restaurée en pierre et colombages située dans un vallon au cœur du Périgord Noir, au centre d'une zone touristique (Lascaux, Domme, Les Eyzies, Eyrignac).

Prix : 1 pers. **205 F** 2 pers. **230 F** 3 pers. **340 F**
pers. sup. **50 F**

6	SP	0,5	2	4	6	4

GITES DE FRANCE-SERVICE RESERVATION – 25, rue Wilson – 24009 Perigueux-Cedex – Tél. : 53.35.50.01. – Fax : 53.09.51.41.

Sarlat-la-Caneda Pont-de-Campagnac   *C.M. n° 75 — Pli n° 17*

❄❄

2 chambres de 3 pers. (1 lit 2 pers. 1 lit 1 pers.). Salles d'eau particulières. WC communs. Ouvert toute l'année. Gare et commerces à 3 km. Restaurant à proximité. Maison en pierres du pays en bordure de forêt et à flanc de coteau, dominant la ville de Sarlat. Tél. propriétaire Mme Lasfargue : 53.59.07.83.

Prix : 1 pers. **190 F** 2 pers. **215 F** 3 pers. **270 F**
pers. sup. **60 F**

6	6	6	5	5	5	8	6

GITES DE FRANCE-SERVICE RESERVATION – 25, rue Wilson – 24009 Perigueux-Cedex – Tél. : 53.35.50.01. – Fax : 53.09.51.41.

Sarlat-la-Caneda Pech-Lafaille   *C.M. n° 75 — Pli n° 17*

❄❄❄
(TH)

2 ch. 2 pers. (1 lit 2 pers.). 2 ch. 3 pers. (1 lit 2 pers. 1 lit 1 pers.). Salle d'eau et wc pour chaque chambre. Maison périgourdine dans un grand parc calme, située sur la route de Sainte-Nathalène. Accueil chaleureux. Terrasse ombragée. Tél. propriétaire Mme Mathieu : 53.59.08.19. Ouvert toute l'année. Gare et commerces à 3 km.

Prix : 1 pers. **185 F** 2 pers. **210 F** 3 pers. **265 F**
1/2 pens. **180/260 F**

6	6	3	3	3	6	7

GITES DE FRANCE-SERVICE RESERVATION – 25, rue Wilson – 24009 Perigueux-Cedex – Tél. : 53.35.50.01. – Fax : 53.09.51.41.

Dordogne

Limousin-Périgord

Sarlat-la-Caneda Grogeac

C.M. n° 75 — Pli n° 17

♥♥♥ 3 chambres (1 lit 2 pers.). 2 chambres (2 lits 1 pers.). Salle d'eau et wc chacune. Entrée individuelle. Jardin. Tél. propriétaire Mme Bouynet : 53.59.32.73. Ouvert du 1er mars au 30 novembre.

Prix : 1 pers. **178 F** 2 pers. **196 F** 3 pers. **249 F**

6	6	6	3	3	4	8	10

GITES DE FRANCE-SERVICE RESERVATION – 25, rue Wilson – 24009 Perigueux-Cedex – Tél. : 53.35.50.01. – Fax : 53.09.51.41.

Sarrazac Laupiliere

C.M. n° 75 — Pli n° 6

♥♥ NN
(TH) 2 chambres de 3 pers. (1 lit 2 pers. 1 lit 1 pers.). 2 chambres de 2 pers. (1 lit 2 pers.). Salle d'eau et wc particuliers. Ouvert toute l'année (hors saison sur réservation). Gare et commerces à 8 km. Maison restaurée à la campagne au cœur du Périgord Vert avec piscine privée. Terrasse avec salon de jardin. Calme et espace assurés. Production de bovins et céréales. Tél. propriétaire Mme Blondy : 53.62.52.57.

Prix : 1 pers. **200 F** 2 pers. **220 F** 3 pers. **285 F**
1/2 pens. **185/275 F**

10	SP	SP	SP	3	10	10	45

GITES DE FRANCE-SERVICE RESERVATION – 25, rue Wilson – 24009 Perigueux-Cedex – Tél. : 53.35.50.01. – Fax : 53.09.51.41.

Siorac-de-Riberac La Borie

C.M. n° 75 — Pli n° 4

♥♥ 2 chambres d'hôtes (1 lit 2 pers. 1 lit 120). Salle de bains ou salle d'eau privées, wc communs. Ferme à proximité d'un étang. Salle de séjour avec TV. Ambiance chaleureuse, cadre très verdoyant. Tél. propriétaire Mme Ducher : 53.91.80.09. Ouvert toute l'année. Gare 30 km. Commerces 8 km. Restaurant à proximité.

Prix : 1 pers. **160 F** 2 pers. **180 F** 3 pers. **200 F**

8	8	SP	8	8	8	40	40

GITES DE FRANCE-SERVICE RESERVATION – 25, rue Wilson – 24009 Perigueux-Cedex – Tél. : 53.35.50.01. – Fax : 53.09.51.41.

Sorges Domaine-de-Poux

C.M. n° 75 — Pli n° 6

♥♥
(TH) 2 chambres d'hôtes communicantes de 5 pers. (2 lits 2 pers. 1 lit 1 pers.) avec salle d'eau et wc communs. 1 chambre (1 lit 2 pers. 1 lit 1 pers.) avec salle d'eau et wc. 1 chambre (1 lit 2 pers. 2 lits 1 pers.) avec salle d'eau et wc, dans une ferme. Grande maison entourée d'un parc avec terrasse. Calme, repos. Parking. Salle de séjour à la disposition des hôtes. Tél. propriétaire Mme Delaire : 53.05.02.02. Ouvert du 1er mai au 15 octobre. Gare 4 km. Commerces 1 km.

Prix : 1 pers. **195 F** 2 pers. **220 F** 3 pers. **330 F**
1/2 pens. **195/280 F**

15	6	6	1	1	18	8	30

GITES DE FRANCE-SERVICE RESERVATION – 25, rue Wilson – 24009 Perigueux-Cedex – Tél. : 53.35.50.01. – Fax : 53.09.51.41.

Tamnies

C.M. n° 75 — Pli n° 17

♥♥ 1 chambre (1 lit 2 pers. 1 lit 1 pers.), 1 lit bébé. Salle de bains et wc particuliers. Restaurant à proximité. Ouvert de Pâques à la Toussaint. Gare et commerces à 14 km. Maison dans la campagne du Périgord Noir. Vue sur la vallée. Terrasse avec meubles de jardin. Calme. Repos. Tél. propriétaire Mme Laborderie : 53.29.67.09.

Prix : 1 pers. **190 F** 2 pers. **220 F** 3 pers. **240 F**

1	1	1	0,2	1	2	15	15

GITES DE FRANCE-SERVICE RESERVATION – 25, rue Wilson – 24009 Perigueux-Cedex – Tél. : 53.35.50.01. – Fax : 53.09.51.41.

Tremolat

C.M. n° 75 — Pli n° 16

♥♥
(TH) 2 chambres 2 pers. (1 lit 2 pers. 2 lits 1 pers.). 1 chambre 3 pers. (1 lit 2 pers. 1 lit 1 pers.). Salle d'eau et wc particuliers. Maison avec un grand jardin à proximité du village. Calme et repos dans une ambiance amicale. Salon avec TV et bibliothèque. Tél. propriétaire Mme Moulin : 53.22.81.28. Ouvert du 1er mai au 20 septembre. Gare et commerces sur place. Table d'hôtes sur réservation.

Prix : 1 pers. **200 F** 2 pers. **230 F** 3 pers. **320 F**
1/2 pens. **195/280 F**

0,8	0,8	0,8	0,8	0,8	10	0,8	22

GITES DE FRANCE-SERVICE RESERVATION – 25, rue Wilson – 24009 Perigueux-Cedex – Tél. : 53.35.50.01. – Fax : 53.09.51.41.

Vergt-de-Biron Les Fonzades

C.M. n° 75 — Pli n° 16

♥♥♥ NN Maison construite à l'ancienne comportant 1 chambre en rez-de-chaussée et mezzanine : (1 lit 2 pers. 2 lits 1 pers.), 1 lit bébé, salle d'eau et wc privés. Entrée indépendante par terrasse couverte, calme assuré, ambiance familiale. Gare 24 km, commerces 6 km. Ouvert toute l'année. Restaurant à proximité. Tél. prop. M. Héroux : 53.58.80.10. Parc ombragé avec étang, situation isolée. Elevage d'ânes et de moutons.

Prix : 1 pers. **180 F** 2 pers. **200 F** 3 pers. **220 F**

18	7	SP	2	6	3	30	25

GITES DE FRANCE-SERVICE RESERVATION – 25, rue Wilson – 24009 Perigueux-Cedex – Tél. : 53.35.50.01. ou PROP : 53.58.80.10 – Fax : 53.09.51.41.

617

Villars   *C.M. n° 75 — Pli n° 5*

❦

2 ch. d'hôtes dans une maison située en bordure du village. 1 ch. (1 lit 2 pers.), 1 ch. (2 lits 2 pers.), salle d'eau et wc communs, poss. lit bébé. Ambiance familiale. Séjour, TV, bibliothèque à dispo. des hôtes. Sortie indépendante sur le jardin pour chaque chambre. Tél. prop. Mme Autier : 53.54.80.76. Ouvert du 15 avril au 30 octobre. Restaurant à proximité. Gare 15 km. Commerces sur place.

Prix : 1 pers. 150 F 2 pers. 180 F 3 pers. 210 F

15	6	6	6	SP	10	6	

GITES DE FRANCE-SERVICE RESERVATION – 25, rue Wilson – 24009 Perigueux-Cedex – Tél. : 53.35.50.01. – Fax : 53.09.51.41.

Lot   (R)

Albas La Meline   *C.M. n° 79 — Pli n° 7*

❦❦❦ NN
(TH)

3 chambres d'hôtes (2 lits 2 pers. 3 lits 1 pers.), salle d'eau ou salle de bains et wc particuliers dans chaque chambre. TV couleur dans chaque chambre. Chauffage central au gaz. Terrasse. Salon de jardin. Commerces 7 km. Ouvert toute l'année, sauf l'hiver sur réservation. Anglais, allemand et néerlandais parlés. Ces 3 chambres dont 1 adaptée particulièrement pour les personnes handicapées, sont situées dans une belle demeure un peu isolée bénéficiant d'un très beau point de vue et sur le circuit du vin de Cahors A.O.C.

Prix : 1 pers. 190 F 2 pers. 250 F 3 pers. 315 F repas 100 F 1/2 pens. 1790 F

7	4	9	4	4	4	4	SP

VOS Edouard – La Meline – 46140 Albas – Tél. : 65.36.97.25 – Fax : 65.36.97.25

Albas Riviere Haute   *C.M. n° 79 — Pli n° 7*

E.C. NN

1 chambres d'hôtes (1 lit 2 pers. 1 lit d'appoint 2 pers.), aménagée dans la maison des propriétaires avec entrée indépendante. Salle d'eau et wc particuliers. Chauffage. Terrasse. Parc. Commerces 2 km. Ouvert toute l'année.

Prix : 1 pers. 210 F 2 pers. 220 F 3 pers. 250 F

2	2	10	3	3	3	SP

SEMBLAT Colette – Riviere Haute – 46140 Albas – Tél. : 65.20.16.75

Alvignac Mazeyrac   *C.M. n° 75 — Pli n° 19*

❦❦❦ NN

3 chambres d'hôtes (3 lits 2 pers. 3 lits 1 pers.), dont 1 située en rez-de-chaussée avec entrée indépendante. Salle d'eau et wc particuliers pour chaque chambre. Chauffage central. Sites de Rocamadour et de Padirac à 5 km. Commerces 8 km. Ouvert toute l'année.

Prix : 1 pers. 180 F 2 pers. 200 F 3 pers. 230/250 F

8	2	8	SP	15	15	15	15	SP

LASCOSTE Simone – Mazeyrac – 46500 Alvignac – Tél. : 65.33.61.16

Alvignac   *C.M. n° 75 — Pli n° 19*

❦❦❦ NN

2 chambres aménagées à l'étage d'une maison de caractère (3 lits 2 pers. 1 lit 1 pers.), salle de bains ou salle d'eau et wc particuliers pour chaque chambre. Chauffage. Gouffre de Padirac, site de Rocamadour 6 km. Ouvert toute l'année. Gare 7 km. Commerces sur place.

Prix : 1 pers. 140 F 2 pers. 180 F 3 pers. 220 F

6	SP	6	3	3	SP

LASCOSTE Paul – Route de Padirac – 46500 Alvignac – Tél. : 65.33.60.95

Anglars-Juillac Mas-de-Bouyssou   *C.M. n° 79 — Pli n° 7*

❦ NN
(TH)

2 chambres d'hôtes aménagées dans une maison indépendante typique de la région. 1 ch. 2 pers., 1 ch. 3 pers. avec salle de bains et wc communs avec le propriétaire. Salle de séjour avec TV à la disposition des hôtes. Produits fermiers sur place. Restaurant 500 m. Ouvert toute l'année.

Prix : 1 pers. 140 F 2 pers. 160 F 3 pers. 180 F repas 80 F

1	1	SP	0,5	0,5	SP

BOUYSSET Claudine – Mas de Bouyssou – 46140 Anglars-Juillac – Tél. : 65.36.25.25

Arcambal Le Bousquet   *C.M. n° 79 — Pli n° 8*

E.C. NN
(TH)

1 chambre d'hôtes aménagée au rez-de-chaussée de la maison des propriétaires avec entrée indépendante (1 lit 2 pers. 1 lit 1 pers.), salle d'eau et wc particuliers. Chauffage électrique. Ouvert toute l'année. Gare et commerces 8 km.

Prix : 1 pers. 175 F 2 pers. 200 F 3 pers. 250 F repas 65 F

8	0,5	8	0,5	0,5	0,5	SP

GAUTHERET Daniel – Rue de l'Eglise - Le Bousquet – 46090 Arcambal – Tél. : 65.30.03.12

Autoire Taillefer   *C.M. n° 75 – Pli n° 19*

≋≋ NN   1 chambre d'hôtes (1 lit 2 pers.), salle d'eau et wc particuliers, de plain-pied avec entrée indépendante. Chauffage central. Située dans un village exceptionnel tant par la qualité de ses bâtiments que son environnement naturel (cirque d'Autoire). Commerces 6 km. Ouvert toute l'année. Téléphoner aux heures des repas.

Prix : 1 pers. **170 F** 2 pers. **200 F**

6	6	15	5	5	5	5	SP	

FEUILLADE Christian – Taillefer – 46400 Autoire – Tél. : 65.38.24.33

Autoire Taillefer   *C.M. n° 75 — Pli n° 19*

E.C. NN   1 chambre d'hôtes (1 lit 2 pers. 1 lit d'appoint 1 pers.), aménagée au rez-de-chaussée de la maison de la propriétaire, située à la sortie du village « classé ». Salle d'eau et wc particuliers. Terrasse. Gare et commerces à 7 km. Ouvert toute l'année.

Prix : 1 pers. **150/170 F** 2 pers. **180/200 F** 3 pers. **250/270 F**

7	7	7	5	5	5	SP

VESPIERS Odette – Taillefer – 46400 Autoire – Tél. : 65.38.15.60

Autoire La Riviere   *C.M. n° 75 — Pli n° 19*

≋≋≋ NN
(TH)   3 ch. (2 lits 2 pers. 3 lits 1 pers.) aménagées dans une maison de caractère. Salle de bains ou salle d'eau et wc privés chacune. Salon avec TV. Chauffage central. Gouffre de Padirac 6 km. Vente de produits régionaux sur place. Ouvert toute l'année. Golf 9 trous à 3 km.

Prix : 1 pers. **170 F** 2 pers. **190/220 F** 3 pers. **250/260 F**
repas **90 F**

4	4	4	SP

GRAVES Christiane – La Riviere – 46400 Autoire – Tél. : 65.38.18.01

Autoire La Plantade   *C.M. n° 75 — Pli n° 19*

≋≋ NN
(TH)   3 chambres aménagées à l'étage de la maison des propriétaires. 1 ch. (1 lit 2 pers. 1 lit 130.), salle d'eau et wc privés. 1 ch. (1 lit 2 pers. 1 lit 1 pers.), salle d'eau et wc privés. 1 ch. (1 lit 2 pers.), salle d'eau et wc privés. Gare et commerces à 4 km. Ouvert toute l'année. Chambres situées à 1 km du site d'Autoire (village très pittoresque) et à 4 km de Saint-Céré (festival de musique). Golf (9 trous) 4 km.

Prix : 1 pers. **160 F** 2 pers. **180 F** 3 pers. **250 F** repas **75 F**

4	4	4	SP	SP

GAUZIN Solange – La Plantade – 46400 Autoire – Tél. : 65.38.15.61

Bagat-en-Quercy Mourgues-Lasbouygues   *C.M. n° 79 — Pli n° 17*

≋≋ NN   1 chambre d'hôtes voûtée (2 lits 2 pers.) avec salle d'eau et wc particuliers. Chauffage central. Barbecue. Salle de jeux. Portique. Salon de jardin. Camping à la ferme sur place. Animaux admis. Piscine privée, mini-golf, ping-pong sur place réservés également aux hôtes d'un gîte rural et du camping à la ferme. Ouvert toute l'année.

Prix : 1 pers. **145 F** 2 pers. **190 F** 3 pers. **260 F**

SP	7	7	SP

DELMAS Anne-Marie – Mourgues Lasbouygues – 46800 Bagat-en-Quercy – Tél. : 65.36.91.03

Bagnac-sur-Cele Escaloutat   *C.M. n° 80 — Pli n° 1*

≋≋ NN
(TH)   2 chambres d'hôtes (2 lits 2 pers.) avec salle d'eau et wc réservés aux hôtes. Chauffage central. Salle de séjour à la disposition des hôtes. Ouvert toute l'année.

Prix : 1 pers. **140 F** 2 pers. **210 F** repas **70 F**

2	2	2	15	2	2	2	2	SP

SENAT Therese – Escaloutat – 46270 Bagnac-sur-Cele – Tél. : 65.34.94.20

Le Bastit « Bel Air »   *C.M. n° 79 — Pli n° 9*

≋≋≋ NN
(TH)   6 ch. aménagées dans la maison du propriétaire. 2 ch. (2 lits 1 pers.) avec douche et wc privés. 2 ch. (2 lits 2 pers. 1 lit d'appoint) avec douche et wc privés. 2 ch. (1 lit 2 pers.) avec douche et wc privés. Chauffage central. Salon, TV, buvette, terrasse ombragée. Terrain de boules, salon de jardin, spéléologie, sentiers sur place. Ouvert toute l'année. Sites de Rocamadour et de Padirac à proximité.

Prix : 1 pers. **180 F** 2 pers. **240 F** 3 pers. **280 F** repas **80 F**
1/2 pens. **180 F**

7	7	7	SP

CHAMBERT Francine – 46500 Le Bastit – Tél. : 65.38.77.54

Beduer Pech-Rougie   *C.M. n° 79 — Pli n° 10*

≋≋ NN   2 chambres d'hôtes (1 lit 2 pers. 2 lits 1 pers.) avec salle d'eau et wc particuliers. Chauffage central. Gare et commerces 9 km. Tennis privé, piscine privée (6 m de diamètre, 1,20 m de profondeur). Possibilité d'accueil de chevaux.

Prix : 1 pers. **140/150 F** 2 pers. **180/200 F** 3 pers. **225/250 F**

9	SP	9	9	3	3	3	3	SP

PISSOT Henri – Pech Rougie – 46100 Beduer – Tél. : 65.40.03.47

Belaye Marliac

C.M. n° 79 — Pli n° 7

TH

4 chambres d'hôtes (6 lits 1 pers. 1 lit 2 pers. 2 lits 160), salle d'eau et wc particuliers pour chaque chambre. Terrasse, barbecue, lave-linge, chauffage électrique. Commerces 7 km. Ouvert toute l'année. Anglais parlé. 4 chambres d'hôtes dont 2 aménagées en duplex situées dans une belle ferme Quereynoise du XVIIIe siècle. Chaque chambre a un accès indépendant. Piscine privée de 10 m sur 5 m sur place. Jeux d'enfants, ping-pong, bac à sable, jeu de boules sur place. Taxe de séjour : 1 F/pers./jour.

Prix : 1 pers. **140/270 F** 2 pers. **320/450 F** 3 pers. **415/500 F**
repas **99 F**

SP	4	6	8	8	6	8	SP	

STROOBANT Veronique – Marliac – 46140 Belaye – Tél. : 65.36.95.50

Belmont-Bretenoux

C.M. n° 75 — Pli n° 19

2 chambres d'hôtes de plain-pied (3 lits 1 pers.) avec petit salon. Salle de bains et wc réservés aux hôtes. 1 chambre à l'étage (1 lit 2 pers. lit bébé) avec salle d'eau et wc réservés aux hôtes. Jardin privatif réservé aux hôtes. Chauffage électrique. Ouvert toute l'année. Anglais parlé.

Prix : 1 pers. **150/160 F** 2 pers. **185/220 F**

6	6	6	6	6	SP

WILDER Anne – Belmont – 46130 Bretenoux – Tél. : 65.38.22.61

Belmontet Le Chartrou

C.M. n° 79 — Pli n° 17

1 chambre (2 lits 1 pers. 1 lit enfant). Salle de bains + wc privés. Séjour de remise en forme, soin d'hygiène naturelle : yoga, sauna, jaccuzi, sophrologie, baignoire à jet sous-marin sur place. Restaurant 6 km.

Prix : 1 pers. **170 F** 2 pers. **240 F**

6	6	6	SP

DARGERE Dominique – Le Chartrou – 46800 Belmontet – Tél. : 65.31.90.23

Le Bourg Mas de la Feuille

C.M. n° 79 — Pli n° 9

E.C. NN

3 chambres d'hôtes aménagées au rez-de-chaussée de la maison des propriétaires avec entrée indépendante. 3 ch. (7 lits 1 pers.), salle de bains ou salle d'eau et wc particuliers pour chaque chambre. Chauffage électrique. Téléphone en service Téléséjour. Possibilité de table d'hôtes. Gare 25 km. Commerces 3 km. Ouvert toute l'année. Anglais et japonais parlés.

Prix : 1 pers. **200 F** 2 pers. **250 F** 3 pers. **320 F**

3	3	5	3	SP

LARROQUE Charles – Mas de la Feuille – 46120 Le Bourg – Tél. : 65.11.00.17

Le Bourg Les Tragners

C.M. n° 79 — Pli n° 9

TH

5 chambres d'hôtes (4 lits 2 pers. 2 lits 1 pers.), lavabo, douche, wc dans chaque chambre. Chauffage électrique. Pain cuit au feu de bois, pescajoune au blé noir, jus de pomme, charcuteries. Ouvert toute l'année.

Prix : 1 pers. **160/170 F** 2 pers. **180/200 F** repas **70 F**

2	2	3	SP	SP

MOULENE Marcel – Les Tragners – 46120 Le Bourg – Tél. : 65.40.82.40

Brengues Vigne-Grande

C.M. n° 79 — Pli n° 9

2 chambres d'hôtes dans une maison neuve indépendante. 2 chambres (1 lit 2 pers. 3 lits 1 pers.) avec chacune 1 salle d'eau et wc particuliers. Salle de séjour, coin-cuisine, lave-linge. Mini-golf 2 km. Restaurant 600 m. Ouvert toute l'année.

Prix : 1 pers. **160 F** 2 pers. **200 F** 3 pers. **250 F**

0,5	0,5	23	0,5	0,5	0,5	0,5	SP

OULIE Guy – Vigne Grande – 46320 Brengues – Tél. : 65.40.00.46

Brengues Merlet

C.M. n° 79 — Pli n° 9

3 chambres aménagées à l'étage de la maison des propriétaires (2 lits 2 pers. 3 lits 1 pers. 1 lit bébé). Salle de bains ou salle d'eau et wc particuliers pour chaque chambre. Chauffage. Restaurant 1 km. Ouvert toute l'année. Gare 23 km. Commerces 7 km.

Prix : 1 pers. **180 F** 2 pers. **200 F** 3 pers. **250 F**

1	1	23	1	1	SP	1	SP

CHANUT Therese – Merlet – 46320 Brengues – Tél. : 65.40.05.44

Bretenoux Ferme-de-Borie

C.M. n° 75 — Pli n° 19

6 chambres d'hôtes aménagées à l'étage d'une maison de caractère du XIVe siècle avec entrée indépendante. 4 ch. (2 lits 1 pers.) et 2 ch. (1 lit 2 pers.). Salle d'eau et wc dans chaque chambre. Petit salon. Terrasse. Chauffage électrique. Parc. Bicyclettes 500 m. Parc ombragé. Festival de musique au château de Castelnau 2,5 km. Restaurants 300 m. Ouvert toute l'année.

Prix : 1 pers. **150 F** 2 pers. **200 F**

0,5	0,5	2	0,5	0,5	0,5	0,5	SP

RIGAL Jeanine – Ferme de Borie – 46130 Bretenoux – Tél. : 65.38.41.74 ou 65.38.61.49

Lot

Limousin-Périgord

Cabrerets Le Communal

C.M. n° 79 — Pli n° 9

♈ NN 6 chambres d'hôtes aménagées à l'étage de la maison des propriétaires (4 lits 2 pers. 4 lits 1 pers. 1 lit 120.). Salle d'eau et wc particuliers pour 2 ch. Salle d'eau et wc communs pour 4 chambres. Coin-cuisine. Chauffage d'appoint. Commerces sur place.

Prix : 1 pers. **120 F** 2 pers. **160/180 F** 3 pers. **200/260 F**

15	SP	7	SP	SP	SP	SP

BESSAC Patrick – Le Communal – 46330 Cabrerets – Tél. : 65.31.27.04 – Fax : 65.30.25.46

Cahors Saint-Henri

C.M. n° 79 — Pli n° 8

♈♈♈ NN (TH) 2 chambres d'hôtes dont 1 aménagée dans la maison des propriétaires (1 lit 2 pers.), salle de bains et wc particuliers, 1 aménagée dans une annexe (1 lit 2 pers. 2 lits 1 pers.), salle d'eau et wc particuliers. TV couleur. Chauffage électrique. Gare 5 km. Ouvert toute l'année. Piscine privée (10x5 m), tennis privé.

Prix : 1 pers. **180 F** 2 pers. **230 F** 3 pers. **300 F** repas **85 F**

SP	SP	5	10	10	10	SP

MASCHERETTI Noel – Saint-Henri – 46000 Cahors – Tél. : 65.22.56.47

Cahors

C.M. n° 79 — Pli n° 8

♈♈♈ NN Chambres d'hôtes de bon confort avec possibilité d'entrées indépendantes. 2 chambres (4 lits 1 pers.), possibilité de 3 lits 1 pers. supplémentaire dans une chambre attenante. Salle de bains et wc parti-culiers pour chaque chambre. Chauffage électrique. Grande terrasse, salon de jardin. Piscine privée commune avec la propriétaire. Salon avec bibliothèque et TV. Gare et commerces à 3 km. Auberge sur place. Ouvert toute l'année.

Prix : 1 pers. **230 F** 2 pers. **260 F** 3 pers. **310 F**

SP	3	3	SP

NOGARET Lucienne – 535 Combe d'Arnis – 46000 Cahors – Tél. : 65.35.39.68

Cahors Les Tuileries

C.M. n° 79 — Pli n° 8

♈♈ 3 chambres aménagées dans la maison des propriétaires (3 lits 2 pers. 1 lit 1 pers. 1 lit d'appoint 1 pers.). Salle de bains et wc privés pour 1 chambre. Salle de bains avec douche réservée aux hôtes pour 2 chambres. TV et wc particuliers pour chaque chambre. Possibilité de mise à l'eau de votre bateau sur place. Taxe de séjour : 2 F/jour/pers. Gare et commerces à 2 km. Ouvert toute l'année.

Prix : 1 pers. **140/160 F** 2 pers. **210/240 F** 3 pers. **250/280 F**

1	1	1	SP	SP	SP

MARTIN Guy – Les Tuileries - Route de Figeac – 46000 Cahors – Tél. : 65.22.05.34

Capdenac-le-Haut Malirat

C.M. n° 79 — Pli n° 10

♈ 4 chambres d'hôtes aménagées dans une maison attenante à la maison des propriétaires. 2 ch. (1 lit 2 pers.), cabinet de toilette pour chaque chambre. 2 ch. (2 lits 1 pers.) avec cabinet de toilette, wc réser-vés aux hôtes. Salle d'eau complète et wc pour les hôtes. Ouvert du 1er mai au 30 novembre. Possibilité 1 lit enfant jusqu'à 12 ans, au prix de 50 F/nuit.

Prix : 1 pers. **140 F** 2 pers. **160 F**

5	5	5	1	1	SP

DOURNE-GANIL – Malirat – 46100 Capdenac-le-Haut – Tél. : 65.34.19.53

Cenevieres Saint-Clair

C.M. n° 79 — Pli n° 9

♈♈♈ NN 1 chambre d'hôtes aménagée sous forme de suite (1 lit 2 pers. 1 lit 150), à l'étage d'une grande maison de caractère. Salle de bains et wc, salle d'eau et wc particuliers. Chauffage central. Ouvert toute l'année. Anglais parlé.

Prix : 1 pers. **260 F** 2 pers. **300 F** 3 pers. **560 F**

8	2	15	2	2	2	2	SP

PEETERS Jacques – Saint-Clair – 46330 Cenevieres – Tél. : 65.30.22.12

Degagnac Montsalvy

C.M. n° 75 — Pli n° 17

E.C. NN (TH) 2 chambres d'hôtes aménagées à l'étage d'une ancienne ferme entièrement restaurée (1 lit 2 pers. 2 lits 1 pers.), salle d'eau et wc particuliers pour chaque chambre. Séjour avec TV, vidéo, bibliothèque, che-minée. Terrain. Gare 15 km, commerces 8 km. Anglais et espagnol parlés. Ouvert toute l'année.

Prix : 1 pers. **150 F** 2 pers. **230 F** 3 pers. **300 F** repas **85 F**

SP	SP	8	8	8	20	20	SP	SP

HAUCHECORNE Gisele – Montsalvy – 46340 Degagnac – Tél. : 65.41.51.57

Douelle Mas-de-Laurie

C.M. n° 79 — Pli n° 8

♈ NN 1 chambre d'hôtes aménagée au rez-de-chaussée de la maison des propriétaires (1 lit 2 pers. 1 lit d'appoint 70), salle d'eau et wc particuliers, coin cuisine. Chauffage électrique. Petit terrain clos. Gare 8 km. Commerces 500 m. Ouvert toute l'année.

Prix : 1 pers. **150 F** 2 pers. **180 F**

8	0,5	8	0,5	0,5	SP

CASTELNAU Ginette – Mas de Laurie – 46140 Douelle – Tél. : 65.20.05.12

Douelle
C.M. n° 79 — Pli n° 8

NN

Dans une maison située dans le village et en bordure du Lot, 1 chambre d'hôtes située à l'étage (1 lit 2 pers. 1 lit d'appoint 70). Salle de bains + wc réservés aux hôtes. Vue directe sur le Lot. Chauffage central. Promenade en bâteau-mouche, circuit vin de Cahors sur place. Ouvert toute l'année. Possibilité location à la semaine.

Prix : 1 pers. **150 F** 2 pers. **180 F** 3 pers. **220 F**

SP	SP	SP	SP	SP	SP

HERRERO Antoine – 46140 Douelle – Tél. : 65.30.90.43

Douelle Le Barry-Douelle
C.M. n° 79 — Pli n° 8

1 chambre d'hôtes dans une maison mitoyenne située dans le village. 1 ch. (1 lit 2 pers.). Salle de bains + wc communs avec la propriétaire. Cour, terrasse. Possibilité de naviguer sur le Lot sur place (port dans le village). Restaurant sur place. Circuit du vin de Cahors. Chauffage central. Ouvert toute l'année.

Prix : 1 pers. **150 F** 2 pers. **180 F**

8	0,5	8	SP	0,5	0,5	SP

CLERMONT Odile – Le Barry – 46140 Douelle – Tél. : 65.20.04.21

Duravel La Roseraie
 C.M. n° 79 — Pli n° 7

NN

(A)

4 chambres d'hôtes situées au cœur du vignoble, sur la vallée du Lot. 3 chambres (1 lit 2 pers.), 1 chambre (2 lits 1 pers.). Salle d'eau et wc particuliers pour chaque chambre. Lave-linge, point-phone, salon avec TV. Chauffage électrique. Piscine privée. Gare et commerces 1 km. Taxe de séjour : 1 F/pers./jour. Ouvert toute l'année.

Prix : 1 pers. **180 F** 2 pers. **250 F** 3 pers. **300 F** repas **75 F**

1	1	1	1	1	1	SP

RIGAL Denis et Patricia – La Roseraie – 46700 Duravel – Tél. : 65.24.63.82

Fajoles Les Prinquieres
C.M. n° 75 — Pli n° 18

NN

Chambre d'hôtes aménagée dans un ancien fournil. 1 ch. (1 lit 2 pers.), salle d'eau et wc particuliers. Poêle à bois. Possibilité de table d'hôtes. Gare et commerces à 8 km. Ouvert toute l'année.

Prix : 1 pers. **160 F** 2 pers. **190 F** 3 pers. **240 F**

8	1	8	4	7	7	SP

MANSIOT Michele – Les Prinquieres – 46300 Fajoles – Tél. : 65.37.67.08

Fargues Bru
C.M. n° 79 — Pli n° 7

NN

(TH)

A 500 m du village. 1 chambre de caractère (28 m²) de plain-pied (1 lit 160 + 1 lit d'appoint 2 pers.). Salle d'eau et wc particuliers. Chauffage électrique. Salon de jardin réservé aux hôtes. Chemins balisés équestres, pédestres, VTT sur place. Ouvert toute l'année.

Prix : 1 pers. **170 F** 2 pers. **200 F** 3 pers. **240 F** repas **100 F**

10	7	10	10	SP

DALBERGUE Dominique – Bru – 46800 Fargues – Tél. : 65.36.92.20

Faycelles Le Village
C.M. n° 79 — Pli n° 10

NN

2 chambres d'hôtes aménagées à l'étage d'une maison de caractère bénéficiant d'un très beau point de vue sur la vallée du Lot, (2 lits 2 pers. 1 lit 110. 1 lit d'appoint 1 pers.), salle d'eau et wc particuliers pour chaque chambre. Chauffage central. Possibilité pique-nique. Gare et commerces 6 km. Espace vert, chaise longue.

Prix : 1 pers. **170 F** 2 pers. **200 F** 3 pers. **240 F**

6	0,5	6	6	2,5	6	2,5	6	SP

BESSE-DAYNAC Eloi – Le Village – 46100 Faycelles – Tél. : 65.34.07.66

Faycelles Lavalade
C.M. n° 79 — Pli n° 10

NN

(TH)

2 chambres (1 lit 2 pers. 2 lits 1 pers. 1 lit d'appoint 1 pers.) aménagées au rez-de-chaussée de la maison des propriétaires avec entrées indépendantes et bénéficiant d'un très beau point de vue sur le Lot. Salle d'eau et wc particuliers pour chaque chambre. Ouvert toute l'année. Anglais, allemand et hollandais parlés. Projet piscine privée pour 1996.

Prix : 1 pers. **200 F** 2 pers. **250 F** 3 pers. **300 F** repas **100 F**

8	2	8	8	8	8	SP

DUMOULIN Fernand – Lavalade – 46100 Faycelles – Tél. : 65.34.61.31

Faycelles La Cassagnole
C.M. n° 79 — Pli n° 10

NN

Chambre d'hôtes (1 lit 2 pers.), aménagée au rez-de-chaussée avec entrée indépendant, située sur le GR65 de Saint-Jacques de Compostelle. Salle d'eau et wc particuliers. Possibilité de table d'hôtes sur demande. Gare et commerces à 4 km. Ouvert toute l'année.

Prix : 1 pers. **170 F** 2 pers. **200 F**

4	3	4	4	4	SP

LEFRANCOIS Jean – La Cassagnole – 46100 Faycelles – Tél. : 65.34.03.08

Flaujac-Gard Layade-Scelles
 C.M. n° 79 — Pli n° 9

NN

(TH)

2 chambres d'hôtes aménagées sous forme de suite (1 lit 2 pers. 2 lits 1 pers.), salle de bains et wc particuliers. TV. Grand salon (90 m²) avec cheminée. Chauffage électrique. Anglais et allemand parlés. Ouvert du 1er mai au 30 septembre. Exposition permanente de tableaux dans la maison d'hôtes.

Prix : 1 pers. **270/300 F** 2 pers. **350/440 F** 3 pers. **500/630 F** repas **120 F**

SP	SP	SP

LEFEVRE Sylvie et Jean – Layade - Scelles – 46320 Flaujac – Tél. : 65.40.40.10 – Fax : 65.40.40.11

Fontanes-du-Causse Magnens-Haut

¥¥ NN
(TH)

4 ch. aménagées à l'étage de la maison des propriétaires. 3 ch. (1 lit 2 pers. 1 lit 1 pers. 1 lit pliant), 1 ch. (1 lit 1 pers. 1 lit 2 pers.). Salles d'eau particulières, wc réservés aux hôtes. Chauffage électrique. Padirac, Rocamadour, vallée du Célé à 20 km. Ouvert toute l'année. Spéléologie, sentiers sur place, location VTT à 15 km. Anglais et espagnol parlés. Table d'hôtes sur réservation. Repas enfant : 40 F et 1/2 pension 120 F. Gare et commerces à 10 km.

Prix : 1 pers. **150 F** 2 pers. **200 F** 3 pers. **240 F** repas **70 F**
1/2 pens. **170 F**

🏊	🎿	🚴	♨	⛵	🎣	🛶	🏃
10	10	15	20	20	20	20	SP

ISSALY J. Louis et Jacquie – Magnens Haut – 46240 Lunegarde – Tél. : 65.21.16.09 – Fax : 65.31.10.74

Francoules Engrange

¥¥¥ NN
(TH)

4 chambres d'hôtes aménagées à l'étage de la maison des propriétaires (4 lits 2 pers.), 2 ch. avec douche, lavabo et 1 wc indépendant commun aux hôtes. 2 ch. avec douche, lavabo et wc. Chauffage électrique. Grand salon avec cheminée. Gare et commerces 12 km. Anglais parlé. Ouvert toute l'année. 1/2 pension sur la base de 2 pers.

Prix : 1 pers. **190 F** 2 pers. **220 F** repas **90 F** 1/2 pens. **400 F**

🐕	🏊	🎿	🚴	♨	⛵	🎣	🛶	🏃
	12	2	8	12	12	12	12	SP

SZILAGYI Barbara et Andras – Engrange – 46090 Francoules – Tél. : 65.36.84.21

Frayssinet-le-Gelat La Serpt

¥¥ NN

Une chambre d'hôtes indépendante de plain-pied (1 lit 2 pers.), salle d'eau et wc indépendants. Chauffage électrique. Terrasse, salon de jardin. Ouvert toute l'année. Ferme-auberge sur place.

Prix : 1 pers. **160 F** 2 pers. **190 F**

🏊	🎿	♨	⛵	🎣	🛶	🏃
6	6	5	5	5	5	SP

SOULIE Jean-Claude – La Serpt – 46250 Frayssinet-le-Gelat – Tél. : 65.36.66.15 ou 65.36.60.34

Frayssinet-le-Gelat La Theze

E.C. NN

1 chambre d'hôtes (1 lit 2 pers.), aménagé au rez-de-chaussée de la maison du propriétaire. Salle d'eau et wc particuliers. Coin-cuisine, chauffage électrique. Gare 15 km. Commerces 4,5 km. Ouvert toute l'année.

Prix : 1 pers. **180 F** 2 pers. **200 F**

🐕	🏊	🎿	🚴	♨	🏃
	7	4,5	4,5	4,5	15	SP

MURAT Robert – La Theze – 46250 Frayssinet-le-Gelat – Tél. : 65.36.65.92

Frayssinet-le-Gourdonnais Le Pech

E.C. NN
(TH)

Chambre d'hôtes (1 lit 2 pers.), aménagé au rez-de-chaussée avec entrée indépendante et située dans le village. Salle de bains et wc communs avec la propriétaire. Coin-cuisine. Chauffage central. Terrasse. Salon de jardin. Barbecue. Piscine privée (8 m x 4 m) commune avec la propriétaire. Gare 12 km. Commerces 4 km. Ouvert toute l'année.

Prix : 1 pers. **200 F** 2 pers. **220 F** repas **65 F**

🐕	🎿	🚴	♨	⛵	🎣	🛶	🏃
	1	12	4	25	4	4	25	SP

DENEUX Nicole – Le Pech – 46310 Frayssinet-le-Gourdonnais – Tél. : 65.24.52.10

Gindou Le Mely

¥¥¥ NN
(TH)

3 chambres situées à l'étage. 2 ch. (1 lit 2 pers.), 1 ch. duplex (2 lits 2 pers. 1 lit 1 pers.), 1 ch. avec accès indépendant de plain-pied (1 lit 2 pers. 2 lits 1 pers.). Sanitaires complets particuliers pour chaque chambre. Salon avec TV, salle à manger voûtée. Chauffage central. Gare 20 km. Commerces 6 km. Ouvert toute l'année. Chambres aménagées dans une maison typique restaurée dans le style du pays. Piscine privée (11 m x 5 m) commune avec les propriétaires.

Prix : 1 pers. **190 F** 2 pers. **260 F** 3 pers. **350 F** repas **80 F**

🐕	🎿	♨	🎣	🏃
	6	6	6	SP

GRASSO Chantal – Le Mely – 46250 Gindou – Tél. : 65.22.87.38

Gorses La Vergne-de-Pagnoux

¥¥
(TH)

1 chambre d'hôtes aménagée à l'étage de la maison du propriétaire (2 lits 2 pers. poss. 2 lits 1 pers.), salle de bains et wc réservés aux hôtes. 2 chambres indépendantes avec salle de bains et wc particuliers. Chauffage au bois et électrique. Ping-pong, forêt sur place. Ouvert toute l'année.

Prix : 1 pers. **150 F** 2 pers. **170 F** 3 pers. **200 F** repas **65 F**

🏊	🎿	🚴	♨	⛵	🎣	🏃
4	4	SP	SP	2	2	SP

FONTANGE Alain – La Vergne de Pagnoux – 46210 Gorses – Tél. : 65.40.26.43

Gourdon La Peyrugue

¥¥¥ NN
(TH)

4 chambres d'hôtes. 1 ch. (1 lit 2 pers.), salle d'eau privée, 2 ch. (1 lit 2 pers. 2 lits 1 pers.), salle d'eau commune réservée aux hôtes, wc indépendants pour les 3 ch. et 1 ch. avec salle d'eau et wc particuliers. Chambres aménagées à l'étage. Piscine privée (14 m x 7 m), pataugeoire commune avec la clientèle d'une aire naturelle de camping. ULM 1 km. Ouvert toute l'année. Taxe de séjour : 2 F/jour/pers.

Prix : 1 pers. **170 F** 2 pers. **200 F** 3 pers. **250 F**
repas **70/100 F** 1/2 pens. **160 F**

🐕	🏊	🎿	♨	🎣	🏃
	SP	1	1	1	SP

JARDIN Jacquie – « Le Paradis Route de Salviac » – 46300 Gourdon – Tél. : 65.41.09.73

Gourdon Moulin de Planiol le Vigan

♥♥♥ (TH)

5 chambres (2 lits 1 pers. 2 lits d'appoint). 1 chambre (1 lit 2 pers. 1 lit d'appoint). Douche et lavabo dans chaque chambre. 2 wc réservés aux hôtes. Chauffage au sol. Réfrigérateur, lave-linge, terrasse couverte. Restaurant 1 km. Gare et commerces à 5 km. Ouvert toute l'année. Chambres d'hôtes de caractère situées dans un moulin datant de 1870, en bordure de la D673. Salon avec TV, piano. Salon de jardin. Barbecue. Piscine privée (12 m X 6 m).

Prix : 1 pers. **200/220 F** 2 pers. **240/270 F** 3 pers. **270/300 F**
repas **95 F**

	SP	1	5	SP

BUENO Georges – Moulin de Planiol - Le Vigan – 46300 Le Vigan – Tél. : 65.41.39.80

Gourdon   C.M. n° 79 — Pli n° 8

♥♥♥ NN

2 chambres d'hôtes. 1 avec entrée indépendante aménagée au rez-de-chaussée (1 lit 2 pers.), salle d'eau et wc particuliers, l'autre aménagée à l'étage (1 lit 2 pers. 1 lit d'appoint 80.), possibilité 1 lit 2 pers. dans une chambre attenante, salle d'eau et wc particuliers. Chauffage central. Gare 1 km. Commerces sur place. Ouvert toute l'année. Chambres situées à la sortie de Gourdon, à 25 km de Sarlat.

Prix : 1 pers. **160 F** 2 pers. **190 F** 3 pers. **240 F**

SP	SP	3	SP	10	SP	10	10	SP

BASTIT Jeanne – 37 rue Jean Joseph Calles – 46300 Gourdon – Tél. : 65.41.09.37

Gramat Le Causse   C.M. n° 75 — Pli n° 19

♥♥♥ NN

2 chambres d'hôtes (1 lit 2 pers. 2 lits 1 pers.), aménagées à l'étage de la maison des propriétaires, avec entrée indépendante. Salle d'eau pour chacune, wc communs aux 2 chambres. Chauffage. Terrasse. Commerces 1 km. Ouvert toute l'année.

Prix : 1 pers. **190 F** 2 pers. **200/210 F**

1	1	1	17	17	17	17	SP

CHAPPET Bernard – Le Causse - Route de Cahors – 46500 Gramat – Tél. : 65.38.79.27

Gramat Moulin-de-Fresquet   C.M. n° 79 — Pli n° 9

♥♥♥ NN (TH)

5 chambres de caractère et de charme aménagées dans un authentique moulin quercynois du XVIIIᵉ siècle (6 lits 2 pers. 1 lit 1 pers.). Salle d'eau et wc privés pour chaque chambre. Chauffage. Terrasse. Sites de Rocamadour et Padirac à 9 km. Bibliothèque. Salon. Parc ombragé de 3 ha. Pêche dans cours d'eau privé. 3 ch. avec accès direct sur le parc. Vin compris dans le prix repas.

Prix : 1 pers. **180/330 F** 2 pers. **250/360 F** 3 pers. **320/440 F**
repas **105 F**

0,8	0,8	0,8	SP	SP	SP

RAMELOT Claude – Moulin de Fresquet – 46500 Gramat – Tél. : 65.38.70.60

Grezels Chateau de la Coste   C.M. n° 79 — Pli n° 7

♥♥♥ NN (TH)

5 chambres d'hôtes avec sanitaires particuliers : 2 ch. (1 lit à colonnes 160 chacune), 1 ch. (1 lit 2 pers.), 1 ch. familiale (1 lit 2 pers. 1 lit 120), loggia pour enfant. Salons privés, salle d'accueil, galerie, cour d'honneur et parc. Commerces 4 km. Ouvert toute l'année. 5 chambres d'hôtes aménagées dans un château fort du XIIIᵉ siècle, dominant la vallée du Lot. Musée du vin de Cahors au château.

Prix : 2 pers. **460/630 F** 3 pers. **600 F** repas **140 F**
1/2 pens. **300 F**

4	4	4	1	4	1	4	SP

COPPE Gervais – Chateau de la Coste – 46140 Grezels – Tél. : 65.21.34.18 ou 65.30.87.55 – Fax : 65.21.38.28

Les Junies Le Chateau   C.M. n° 79 — Pli n° 7

♥♥♥ NN

1 chambre de caractère (2 lits 1 pers.), située au 1ᵉʳ étage du château. Salle de bains et wc particuliers. Possibilité 1 lit 2 pers. à baldaquin dans une autre chambre. Ouvert de Pâques à la Toussaint.

Prix : 1 pers. **420 F** 2 pers. **470 F**

4,5	3	SP	SP

BARBERET Yves – Le Chateau – 46150 Les Junies – Tél. : 65.36.29.98

Labastide-Murat L'Archer   C.M. n° 79 — Pli n° 8

♥♥♥ NN

2 chambres d'hôtes (2 lits 2 pers. 1 lit d'appoint 1 pers. 1 lit d'appoint 2 pers.), de plain-pied avec entrée indépendante. Salle d'eau et wc dans chaque chambre. Chauffage central. Salon de jardin. Vente directe à la ferme (foie gras, confit, pâtés...), location de VTT sur place. Ouvert toute l'année. Piscine privée. Ping-pong.

Prix : 1 pers. **140 F** 2 pers. **190 F** 3 pers. **230 F**

SP	3	3	3	SP

COLDEFY Patrick – L'Archer – 46240 Labastide-Murat – Tél. : 65.31.10.39

Lacapelle-Marival La Garrouste   C.M. n° 75 — Pli n° 19

♥♥♥ NN

1 chambre d'hôtes située au rez-de-chaussée de la maison des propriétaires (1 lit 2 pers.), salle de bains et wc particuliers. Chauffage électrique. TV. Ouvert toute l'année. Visite du château de Lacapelle (XIIᵉ siècle) en saison.

Prix : 1 pers. **200 F** 2 pers. **250 F**

1	1	12	25	25	1	SP

BOUSSAC Marcel – La Garrouste - Route de Latronquière – 46120 Lacapelle-Marival – Tél. : 65.40.84.15

Lacave La Plantade   *C.M. n° 75 — Pli n° 18*

E.C. NN   Une chambre d'hôtes avec entrée indépendante de plain-pied (1 lit 130, 1 lit d'appoint, 1 lit enfant), salle d'eau et wc particuliers. Chauffage central. Coin-cuisine. Ouvert toute l'année.

Prix : 1 pers. **150 F** 2 pers. **200 F** 3 pers. **250 F**

5	5	2	SP	SP	SP	SP	SP

THIEYRE Colette – Domaine de la Plantade – 46200 Lacave – Tél. : 65.37.84.08

Lamothe-Cassel Le Mas-Blanc   *C.M. n° 75 — Pli n° 18*

NN   1 chambre aménagée dans une maison attenante à celle des propriétaires. 1 lit 120, 2 lits 1 pers., 1 lit bébé. Salle de bains et wc particuliers. Mansarde pouvant recevoir 4 pers. supplémentaires. Salle de séjour à la disposition des hôtes. Chauffage électrique. Cheminée. Propriétaire de 3 gîtes ruraux. Ouvert toute l'année.

Prix : 1 pers. **140 F** 2 pers. **180 F** 3 pers. **220 F**

9	0,5	6	12	9	SP

GARRIGUES Paul – Le Mas Blanc – 46240 Lamothe-Cassel – Tél. : 65.36.80.11

Lamothe-Fenelon Mas-Del-Bosc   *C.M. n° 75 — Pli n° 18*

NN (TH)   2 chambres situées à l'étage de la maison des propriétaires (3 lits 2 pers. 1 lit 1 pers.). Salle d'eau privée pour chaque chambre. WC communs aux 2 chambres. Ouvert toute l'année.

Prix : 1 pers. **160 F** 2 pers. **200 F** 3 pers. **250 F** repas **75 F**

7	7	3	3	3	SP

SOULACROUP Claire – Mas Del Bosc – 46350 Lamothe-Fenelon – Tél. : 65.37.60.40

Lamothe-Fenelon   *C.M. n° 75 — Pli n° 18*

4 chambres d'hôtes dont 3 situées à l'étage (3 lits 2 pers. 2 lits 1 pers.), salle d'eau et wc réservés aux hôtes et 1 située au rez-de-chaussée (1 lit 2 pers.), salle d'eau et wc particuliers. Chauffage central. Possibilité de pique-nique, terrasse couverte. Ouvert toute l'année. Site de Rocamadour et Sarlat dans les environs. Restaurant sur place dans le village.

Prix : 1 pers. **140 F** 2 pers. **160 F** 3 pers. **200 F**

3	7	7	7	7	SP

FRANCOULON Colette – 46350 Lamothe-Fenelon – Tél. : 65.37.60.22

Lamothe-Fenelon Old-Well-House   *C.M. n° 75 — Pli n° 18*

2 chambres d'hôtes dont 1 située à l'étage d'une maison de caractère. Salle d'eau et wc particuliers pour chaque chambre. Chauffage central. Anglais parlé. Ouvert juillet et août.

Prix : 1 pers. **160 F** 2 pers. **220 F**

	7	7	7	7	SP

RIMMER David et Nicole – Old Well House – 46350 Lamothe-Fenelon – Tél. : 65.37.66.85

Laramiere Beaujot   *C.M. n° 79 — Pli n° 19*

NN (TH)   1 chambre d'hôtes (1 lit 2 pers.), située à l'étage de la maison des propriétaires, dans un hameau, avec piscine privée (9 m x 5 m). Salle de bains et wc particuliers. Chauffage. Ouvert toute l'année. Anglais parlé.

Prix : 2 pers. **230 F** repas **75 F**

	SP	2,5	15	SP

TURNER Annette – Beaujot – 46260 Laramiere – Tél. : 65.24.30.20

Larnagol   *C.M. n° 79 — Pli n° 9*

E.C. NN (TH)   Chambre d'hôtes (2 lits 1 pers.), aménagée à l'étage de la maison des propriétaires surplombant la rivière de Lot. Possibilité 1 lit 2 pers. supplémentaire dans une chambre attenante. Salle d'eau et wc particuliers. Chauffage. Jardin indépendant avec salon de jardin réservé aux hôtes. Gare et commerces à 7 km. Ouvert toute l'année.

Prix : 1 pers. **180 F** 2 pers. **200 F** 3 pers. **320 F** repas **70 F**

	7	7	5	SP	SP	7	SP

CASSOULET Pierre – Ancien Presbytere – 46160 Larnagol – Tél. : 65.30.25.27 – Fax : 65.30.25.27

Lascabanes Domaine de Saint-Gery   *C.M. n° 79 — Pli n° 17*

NN (A)   4 chambres de caractère (dont une voûtée) et 1 suite en duplex, (5 lits 2 pers. 2 lits 100), salle de bains et wc particuliers dans chaque chambre. Repas pris en ferme-auberge sur place. 1 ch./appartement 4/5 pers. avec salon, 2 s.d.b., wc, tél., terrasse privée. Piscine privée sur place. Tarifs dégressifs en hors-saison. Chauffage électrique. Ouvert toute l'année. Randonnées pédestres sur place. Gîte d'étape 10 pers. sur place. Animaux admis avec supplément (25 F/jour). Golf 8 km. Location de VTT.

Prix : 2 pers. **350/650 F** 3 pers. **450/700 F** repas **120 F**

SP	3	10	10

DULER Patrick et Pascale – Domaine de Saint-Gery – 46800 Lascabanes – Tél. : 65.31.82.51 – Fax : 65.22.92.89

Lhospitalet Le Baylou   *C.M. n° 79 — Pli n° 18*

1 chambre située à l'étage de la maison des propriétaires (1 lit 2 pers., 1 lit 1 pers.), salle de bains et wc communs avec les propriétaires. Sur place également, un gîte rural et un camping à la ferme. Golf (9 trous) 15 km. Chasse sur place. Chauffage électrique. Ouvert toute l'année. Projet de piscine privée commune avec camping à la ferme.

Prix : 1 pers. **130 F** 2 pers. **150 F** 3 pers. **180 F**

12	4	4	12	12	4	SP

GIRMA Micheline – Le Baylou – 46170 Lhospitalet – Tél. : 65.21.00.57

Limogne-en-Quercy *C.M. n° 79 — Pli n° 9*

❦❦ NN   2 chambres d'hôtes. 1 chambre 3 pers. avec salle d'eau et wc particuliers, 1 chambre 3 pers. avec salle de bains et wc communs avec le propriétaire. Salle de séjour à la disposition des hôtes. Chauffage électrique. Terrasse et cour ombragée, site calme. Accès indépendant donnant sur cour. Terrain. Parc de loisirs 8 km. Restaurant sur place. Ouvert toute l'année.

Prix : 1 pers. 140/170 F 2 pers. 160/230 F 3 pers. 220/250 F

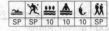					
SP	SP	10	10	10	SP

DUBRUN Roland – Route de Genevieres – 46260 Limogne-en-Quercy – Tél. : 65.31.50.50

Linac La Croux *C.M. n° 75 — Pli n° 20*

E.C. NN   (TH)   Une chambre d'hôtes avec accès indépendant dans une maison typique, dans un parc au cœur du Ségala, dans un très bel environnement boisé et vallonné.(1 lit 2 pers. 1 lit d'appoint 120), salle d'eau et wc privés. Chauffage électrique. Salon de jardin, barbecue. Téléphone. Ouvert toute l'année. Découverte guidée de la région en VTT par le propriétaire.

Prix : 1 pers. 160 F 2 pers. 220 F 3 pers. 260 F repas 70 F

7	7	7	20	5	5	SP	SP

FABIEN Gerard – La Croux – 46270 Linac – Tél. : 65.34.93.04

Lissac-et-Mouret Clavies 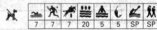 *C.M. n° 79 — Pli n° 10*

❦❦❦   (TH)   1 ch. (1 lit 2 pers.). 2 ch. (1 lit 2 pers. 1 lit 1 pers. chacune). Salle d'eau et wc privés pour chaque ch. Salle de séjour. Gîte rural, camping à la ferme sur place. A.T.C. (moto) 3 et 4 roues sur place. 2 piscines privées communes avec la clientèle d'un camping à la ferme et de 2 gîtes. Mini-golf, barbecue. Buvette sur place. Restaurant 7 km. Ouvert toute l'année.

Prix : 1 pers. 150 F 2 pers. 170 F 3 pers. 200 F repas 70 F

SP	2	4	5	SP

GAY Gerard et Nicole – Clavies – 46100 Lissac-et-Mouret – Tél. : 65.34.40.98

Livernon *C.M. n° 79 — Pli n° 9*

❦❦   4 chambres d'hôtes dont 3 aménagées à l'étage de la maison des propriétaires (3 lits 2 pers. 2 lits 1 pers.). Salle de bains et wc réservés aux hôtes. Rez-de-chaussée : 1 chambre avec sanitaires privés. Chauffage central. Dolmen de la Pierre Martine 2 km. Ouvert toute l'année.

Prix : 1 pers. 140 F 2 pers. 170 F 3 pers. 210 F

15	4	8	SP

MEJECAZE Elise – Viazac – 46320 Livernon – Tél. : 65.40.55.14

Loubressac Chateau-de-Gamot *C.M. n° 75 — Pli n° 19*

❦❦   5 chambres d'hôtes aménagées dans une belle maison bourgeoise, (3 lits 2 pers. 5 lits 1 pers.) avec 3 salles de bains et wc réservés aux hôtes. Salon. Chauffage. Les locations de juin et septembre bénéficient de l'accès à la piscine privée du propriétaire. Ouvert toute l'année. Chambres d'hôtes situées sur la D30 à 7 km de Saint-Ceré direction Carennac.

Prix : 1 pers. 180/270 F 2 pers. 270/360 F 3 pers. 360/400 F

7	7	7	SP	SP	SP

BELLIERES Annie – Chateau de Gamot – 46130 Loubressac – Tél. : 65.10.92.03 ou 65.38.58.50

Lunan-Figeac Liffernet *C.M. n° 79 — Pli n° 10*

❦❦❦ NN   (TH)   4 chambres d'hôtes (4 lits 2 pers. 2 lits 1 pers.), de plain-pied, meublées à l'ancienne avec salle de bains et wc privatifs attenant à chaque chambre. Aménagées dans une ancienne grange à côté de la maison des propriétaires. Jardin, terrasse, chaises longues. TV. Sèche-cheveux. Commerces 7 km. Ouvert toute l'année. Anglais parlé. Vin compris dans le prix repas.

Prix : 1 pers. 300/350 F 2 pers. 300/350 F 3 pers. 350/400 F repas 100 F

7	7	7	7	7	7	7	7	7	SP

NIELSON Anthony – Liffernet Grange – 46100 Lunan Figeac – Tél. : 65.34.69.76 – Fax : 65.50.06.24

Marcilhac-sur-Cele Monteils  *C.M. n° 79 — Pli n° 9*

❦ NN   4 chambres d'hôtes (3 lits 2 pers. 4 lits 1 pers. 1 lit enfant) avec salle d'eau et wc réservés aux hôtes. Chambres situées dans la maison du propriétaire. Chauffage électrique. Ouvert toute l'année.

Prix : 1 pers. 110 F 2 pers. 130 F 3 pers. 160 F

7	3	SP	SP	SP	SP	SP	SP

SOURSOU Robert – Monteils – 46160 Marcilhac-sur-Cele – Tél. : 65.31.28.62

Marcilhac-sur-Cele Montredon *C.M. n° 79 — Pli n° 9*

❦❦❦ NN   (TH)   2 chambres d'hôtes aménagées au rez-de-chaussée de la maison du propriétaire. 2 ch. (2 lits 2 pers. 1 lit 1 pers.), salle d'eau et wc particuliers pour chaque chambre, possibilité d'un lit supplémentaire (130), dans une chambre attenante. Chauffage central. Jardin, terrasse ombragée. Produits fermiers. Portique, toboggan. Salon de jardin. Ouvert toute l'année.

Prix : 1 pers. 160 F 2 pers. 200 F 3 pers. 250/280 F repas 55/85 F

5	5	5	5	5	5	SP

BLANC Huguette – Montredon – 46160 Marcilhac-sur-Cele – Tél. : 65.40.67.74 ou 65.40.69.77

Marcilhac-sur-Cele Montredon — *C.M. n° 79 — Pli n° 9*

❦❦❦ NN
(TH)

1 chambre aménagée au rez-de-chaussée (1 lit 2 pers. 1 lit 1 pers.). Salle de bains et wc réservés aux hôtes. Chauffage. Ouvert toute l'année. Gare et commerces à 15 km. Possibilité week-end foie gras de novembre à avril.

Prix : 1 pers. **160 F** 2 pers. **200 F** 3 pers. **250 F**
repas 55/90 F

	≋	🎿	✈	♨	⚓	🎣	🛶	🏃
	5	5	5	5	5	5		SP

LOWITZ Genevieve – Montredon – 46160 Marcilhac-sur-Cele – Tél. : 65.40.69.77 ou 65.40.67.74

Martel — *C.M. n° 75 — Pli n° 18*

❦❦❦ NN

3 chambres d'hôtes aménagées à l'étage de la maison des propriétaires avec accès indépendant. 1 ch. (2 lits 1 pers.) et 1 ch. (2 lits 1 pers. possibilité d'un lit supplémentaire), 1 ch. (1 lit 2 pers. possibilité de 2 lits supplémentaires), salle d'eau et wc particuliers. Chauffage central. Cour intérieure. Gare et commerces sur place. Tarif réduit en mi-saison.

Prix : 1 pers. **230 F** 2 pers. **250 F** 3 pers. **300 F**

	≋	🎿	✈	♨	⚓	🎣	🛶	🏃
	10	4	4	4	4	4	4	SP

BAZIN Myriam – Avenue du Capitani – 46600 Martel – Tél. : 65.37.34.08

Mauroux Les Gonies — *C.M. n° 79 — Pli n° 6*

❦❦❦ NN

1 chambre de caractère située au rez-de-chaussée de la maison des propriétaires (1 lit 2 pers. 1 lit 80), salle d'eau et wc réservés aux hôtes. Piscine privée réservée également aux locataires de 2 gîtes ruraux. Ping-pong, boulodrome sur place. Chauffage électrique. Ouvert du 1er avril au 31 octobre. Restaurant, épicerie à 1 km. Pique-nique sur place. Taxe de séjour : 1 F/jour/personne.

Prix : 1 pers. **160 F** 2 pers. **200 F** 3 pers. **230 F**

	≋	🎿	✈	♨	🏃
	SP	1	3	7	SP

RIGOT Jacques – Les Gonies – 46700 Mauroux – Tél. : 65.36.53.97

Maxou La Sagesse-Brouelles — *C.M. n° 79 — Pli n° 8*

❦❦❦ NN
(TH)

2 chambres d'hôtes aménagées dans la maison des propriétaires, (2 lits 2 pers. 3 lits 1 pers.), salle de bains ou salle d'eau et wc particuliers à chacune. Chauffage électrique. Gare et commerces 15 km. Ouvert toute l'année. Anglais parlé.

Prix : 1 pers. **145/200 F** 2 pers. **175/230 F** 3 pers. **210/270 F**
repas 75 F

	≋	🎿	✈	♨	⚓	🎣	🛶	🏃
	5	3	2	15	15	10	15	SP

STIBBON Judy – La Sagesse - Brouelles – 46090 Maxou – Tél. : 65.36.81.90

Mayrinhac-Lentour Gontal-Bas — *C.M. n° 75 — Pli n° 19*

❦❦❦ NN

2 chambres d'hôtes aménagées au rez-de-chaussée de la maison des propriétaires. Salle d'eau et wc particuliers. 1 ch. (1 lit 2 pers.), 1 ch. (1 lit 2 pers. 1 lit d'appoint). Chauffage électrique. Gouffre de Padirac 6 km. Pelouse ombragée. Rocamadour 20 km. Ouvert toute l'année. Ferme-auberge à proximité.

Prix : 1 pers. **140 F** 2 pers. **170 F** 3 pers. **210 F**

	≋	🎿	✈	♨	🏃
	12	10	5	10	10	SP

DONNADIEU Pierre – Gontal-Bas – 46500 Mayrinhac-Lentour – Tél. : 65.38.06.14

Mercues Le Mas-Azemar — *C.M. n° 79 — Pli n° 8*

❦❦❦❦ NN
(TH)

6 chambres d'hôtes de grand confort situées dans une belle demeure de charme au cœur du vignoble AOC Cahors. 2 chambres (1 lit 2 pers. 1 lit 1 pers. chacune). 2 chambres (1 lit 2 pers. chacune). 1 chambre (2 lits 120, 1 lit 1 pers.). 1 chambre (2 lits 2 pers.). Salle de bains et wc particuliers pour chaque chambre. Salle d'eau et wc privés pour 1 chambre. Taxe de séjour : 3 F/pers./jour. Gare 10 km. Commerces 1 km. Ouvert toute l'année. Anglais parlé.

Prix : 1 pers. **340/420 F** 2 pers. **340/420 F** 3 pers. **480 F**
repas 110 F

	≋	🎿	✈	♨	♨	⚓	🎣	🛶	🏃
	4	0,5	10	8	4	8	4	4	SP

PATROLIN Claude – Le Mas Azemar – 46090 Mercues – Tél. : 65.30.96.85

Miers Lamothe — *C.M. n° 75 — Pli n° 19*

❦❦ NN

2 chambres à l'étage de la maison des propriétaires (1 lits 2 pers. 1 lit d'appoint chacune). 2 salles d'eau, 1 wc réservés aux hôtes, possibilité d'un lit supplémentaire (2 pers.) dans une chambre attenante. Chauffage central. A 8 km de Rocamadour et 6 km de Padirac. Commerces 2 km. Ouvert toute l'année.

Prix : 1 pers. **120/150 F** 2 pers. **150/180 F** 3 pers. **200/220 F**

	≋	🎿	✈	♨	♨	⚓	🎣	🛶	🏃
	10	2	10	2	10	10	2	10	SP

SALACROUP Armande – Lamothe – 46500 Miers – Tél. : 65.33.64.14

Miers Borie — *C.M. n° 75 — Pli n° 19*

❦❦❦ NN

1 chambre d'hôtes (1 lit 2 pers. 1 lit 1 pers. 1 lit d'appoint), située dans la maison des propriétaires, avec entrée indépendante. Salle de bains et wc particuliers. Chauffage. Terrasse. Salon de jardin. Possibilité d'un lit supplémentaire dans une chambre attenante. Ouvert toute l'année. Location de VTT à 11 km. Rocamadour, 8 km. Gouffre de Padirac 4 km. A la ferme, démonstration de gavage, vente directe de conserves.

Prix : 1 pers. **170 F** 2 pers. **200 F** 3 pers. **250 F**

	≋	🎿	✈	♨	♨	⚓	🎣	🛶	🏃
	11	2,5	11	8	8	8	8	SP

LAVERGNE Alice – Borie – 46500 Miers – Tél. : 65.33.43.03

Miers Grezes
C.M. n° 75 — Pli n° 19

E.C. NN — 4 chambres d'hôtes (5 lits 2 pers. 1 lit 1 pers. 2 lits 1 pers. superposés, 1 lit d'appoint, 1 lit bébé), aménagées à l'étage d'une ancienne grange restaurée à côté de la maison des propriétaires. Salle d'eau et wc particuliers pour chaque chambre. Chauffage électrique. Salon de jardin. Barbecue. Portique. Gare et commerces à 10 km. Ouvert toute l'année. Site de Rocamadour à 10 km. Padirac à 5 km.

Prix : 1 pers. **180 F** 2 pers. **210 F** 3 pers. **250/270 F**

1,5	10	8	8	8	8	SP

LAVERGNE Josiane – Grezes – 46500 Miers – Tél. : 65.33.68.33

Milhac Les Granges
C.M. n° 75 — Pli n° 18

❦❦❦ NN (TH) — 1 chambre de plain-pied, avec entrée indépendante (1 lit 2 pers.), salle d'eau et wc particuliers. Coin-kitchenette, coin-salon (1 lit d'appoint 2 pers.). TV couleur. Chauffage électrique. Ouvert toute l'année. Espace vert ombragé. Barbecue, salon de jardin. Sarlat 18 km.

Prix : 1 pers. **160 F** 2 pers. **190 F** 3 pers. **220 F** repas **65 F**

7	0,5	7	7	6	6	6	6	SP

SOULACROUP Remy – Les Granges – 46300 Milhac – Tél. : 65.41.25.74

Milhac Les Maurelles
C.M. n° 75 — Pli n° 17

E.C. NN (TH) — 4 chambres d'hôtes aménagées à l'étage de la maison des propriétaires. 1 ch. (1 lit 2 pers.), salle d'eau et wc privés. 1 ch. (1 lit 130, 2 lits 1 pers. superposés), salle d'eau et wc privés. 2 ch. (2 lits 2 pers.), salle de bains et wc communs aux hôtes. Chauffage électrique. Piscine privée (12 m x 6 m), commune avec clientère d'un gîte rural et d'autres locations. Gare et commerces à 10 km. Ouvert toute l'année.

Prix : 1 pers. **135/225 F** 2 pers. **180/250 F** repas **80 F**

SP	SP	7	7	7	7	SP

KERKHOFF Peter – Les Maurelles – 46300 Milhac – Tél. : 65.41.48.59

Montamel
C.M. n° 79 — Pli n° 8

E.C. NN (TH) — 3 chambres d'hôtes (3 lits 2 pers. 2 lits 1 pers. 2 lits 1 pers. superposés), aménagées à l'étage de la maison des propriétaires. Salle d'eau ou salle de bains et wc particuliers pour chaque chambre. Chauffage central. Gare 25 km. Commerces 6 km. Ouvert toute l'année. Anglais parlé.

Prix : 1 pers. **180 F** 2 pers. **200 F** 3 pers. **230 F** repas **85 F**

6	SP	10	6	SP

DELAUNOY Marie-Christine – Ancienne Ecole – 46310 Montamel – Tél. : 65.31.02.83

Le Montat Les Tuileries
C.M. n° 79 — Pli n° 18

E.C. NN (TH) — 2 chambres d'hôtes (2 lits 2 pers. 3 lits 1 pers. 1 lit bébé), aménagées aux rez-de-chaussée de la maison des propriétaires. Salle d'eau et wc particuliers pour chaque chambre. Chauffage électrique. Salon de jardin. Espace vert ombragé. Gare et commerces à 10 km. Ouvert toute l'année.

Prix : 1 pers. **210 F** 2 pers. **260 F** 3 pers. **310 F** repas **70 F**

10	1	4	10	SP

CARRIER Andre – Les Tuileries – 46090 Le Montat – Tél. : 65.21.04.72

Montbrun La Bastide-Caillac
C.M. n° 79 — Pli n° 9

❦❦❦❦ NN — Chambres aménagées dans une très belle maison ancienne. 2 chambres d'hôtes dont une indépendante. 1 ch. (2 lits 1 pers.), salle de bains et wc particuliers. 1 ch. (1 lit 2 pers.), salle d'eau et wc particuliers, magnétoscope, TV couleur, coin-cuisine dans chaque chambre. Chauffage. Anglais parlé. Ouvert toute l'année. Possibilité d'en-cas froid : 100 F. Belle vue sur une boucle du Lot, face au saut de la Mounine. Piscine privée (12 m x 6 m) commune avec les propriétaires.

Prix : 1 pers. **480/580 F** 2 pers. **480/580 F** 3 pers. **780 F**

SP	0,5	0,5

JUGHON Jean-Claude – La Bastide de Caillac – 46160 Montbrun – Tél. : 65.40.65.29 – Fax : 65.40.69.61

Montbrun Mas Doucet
C.M. n° 79 — Pli n° 9

❦❦❦ NN — 1 chambres d'hôtes (1 lit 2 pers.), située dans une maison de caractère bénéficiant d'un beau point de vue. Salle de bains et wc particuliers. Chauffage. Petite terrasse particulière. Piscine privée (12 m x 6 m) commune avec la propriétaire et la clientèle d'un gîte rural. Gare et commerces à 9 km. Ouvert toute l'année.

Prix : 1 pers. **310 F** 2 pers. **350 F**

SP	9	9	0,5	0,5	0,5	SP

GROUZELLE Josiane – Mas de Doucet – 46160 Montbrun – Tél. : 65.34.58.49

Montbrun La Treille

C.M. n° 79 — Pli n° 9

❦❦❦ NN — 4 chambres d'hôtes (3 lits 2 pers. 4 lits 1 pers.), avec accès indépendant, situées à l'étage de la maison des propriétaires, en bordure de la rivière le Lot. 1 ch. accessible aux personnes handicapées. Salle d'eau et wc particuliers pour chaque chambre. Téléphone en service Téléséjour. Gare et commerces à 8 km. Ouvert toute l'année.

Prix : 1 pers. **170 F** 2 pers. **200 F** 3 pers. **250 F**

8	8	8	SP	SP	SP	SP

PRADINES Emmanuel – La Treille – 46160 Montbrun – Tél. : 65.40.77.20

Montfaucon Rouquette   *C.M. n° 79 — Pli n° 8*

❦❦ NN (TH)   3 chambres d'hôtes situées à l'étage d'une ancienne bâtisse restaurée datant des XVIIe et XVIIIe siècles avec tour médiévale du XIIIe. Chambres (2 lits 2 pers. 2 lits 1 pers.), salle d'eau dans chaque chambre, wc indépendants réservés aux hôtes. Armes médiévales, catapultes, sculptures. Parc de 30 ha. Ouvert toute l'année. Table d'hôtes sur réservation.

Prix : 1 pers. **170 F** 2 pers. **210 F** 3 pers. **260 F** repas **80 F** 1/2 pens. **230 F**

2	2	2	2	SP

TETARD Jean-Luc – Rouquette – 46240 Montfaucon – Tél. : 65.31.16.64

Montvalent La Blatte   *C.M. n° 75 — Pli n° 18*

❦❦ NN   1 chambre d'hôtes indépendante (1 lit 2 pers. 2 lits 70), salle d'eau et wc particuliers. Chauffage électrique. Taxe de séjour : 2 F/jour/pers. Ouvert toute l'année. Rocamadour et Padirac à 8 km.

Prix : 1 pers. **160 F** 2 pers. **180 F** 3 pers. **220 F**

4	15	4	4	4	4	SP

LAILLIER Monique – La Blatte – 46600 Montvalent – Tél. : 65.37.38.13

Nadaillac-de-Rouge Les Cassous   *C.M. n° 75 — Pli n° 18*

❦❦ NN (TH)   1 chambre d'hôtes (1 lit 2 pers.) avec entrée indépendante. Salle d'eau et wc particuliers. Possibilité 1 lit enfant et 1 lit bébé dans une chambre attenante. Gare 8 km. Commerces 4 km.

Prix : 1 pers. **150 F** 2 pers. **170 F** 3 pers. **200 F** repas **70 F**

8	8	SP	4	4	4	SP

COLONGE Gisele – Les Cassous – 46350 Nadaillac-de-Rouge – Tél. : 65.37.64.07 ou 65.37.60.68

Padirac Latreille   *C.M. n° 75 — Pli n° 19*

❦❦❦ NN (TH)   4 chambres d'hôtes (4 lits 2 pers. 3 lits 1 pers.), situées à l'étage de la maison des propriétaires. Salle d'eau et wc particuliers pour chaque chambre. Site de Rocamadour à 15 km. Site de Padirac à 1 km. Ouvert toute l'année.

Prix : 1 pers. **170 F** 2 pers. **190 F** 3 pers. **260 F** repas **85 F** 1/2 pens. **255 F**

10	10	10	8	8	8	8	SP

LESCALE Philippe et M.Joelle – Latreille – 46500 Padirac – Tél. : 65.33.67.57 ou 65.33.64.75

Payrignac/gourdon Le Syndic   *C.M. n° 75 — Pli n° 18*

❦❦❦ NN (TH)   4 chambres d'hôtes aménagées à l'étage de la maison des propriétaires avec entrée indépendante (4 lits 2 pers. 3 lits 1 pers. 1 lit d'appoint 1 pers.). Salle d'eau et wc particuliers pour chaque chambre. Chauffage électrique. Salon de jardin. Balançoires. Possibilité pique-nique. Gare et commerces à 6 km. Itinéraire Sarlat/Rocamadour.

Prix : 1 pers. **180 F** 2 pers. **220/250 F** 3 pers. **300/330 F** repas **85/110 F** 1/2 pens. **200 F**

5	1	5	1	6	6	6	SP

CAPY Jean-Michel – Le Syndic – 46300 Payrignac – Tél. : 65.41.15.70

Pelacoy Mas-de-Jaillac   *C.M. n° 79 — Pli n° 8*

❦ NN   2 chambres d'hôtes (2 lits 2 pers. 1 lit 1 pers.), salle de bains et wc réservés aux hôtes. Chauffage central. Possibilité pique-nique sur place. Ouvert de Pâques à la Toussaint ou sur réservation uniquement.

Prix : 1 pers. **120 F** 2 pers. **150 F** 3 pers. **190 F**

18	18	18	15	15

IMBERT Jean-Jacques – Mas de Jaillac – 46090 Pelacoy – Tél. : 65.36.86.12

Peyrilles Trespecoul   *C.M. n° 79 — Pli n° 8*

❦❦❦ NN   3 chambres indépendantes de caractère. 2 ch. avec 1 lit 2 pers., salle d'eau et wc pour chacune. 1 ch. avec 1 lit 2 pers. et 1 lit 1 pers., salle de bains et wc privés. Poss. un lit supp. (1 pers.) dans chacune avec supp. de 30 F. Chauffage électrique. Salon de jardin, barbecue, ping-pong à la disposition des hôtes. Gare et commerces à 10 km. Restaurant 2 km. Ouvert de Pâques à la Toussaint.

Prix : 1 pers. **160/170 F** 2 pers. **180/210 F** 3 pers. **240 F**

2	2	15	5	SP	SP

CHRISTOPHE Andre et Jacqueline – Trespecoul – 46310 Peyrilles – Tél. : 65.31.00.91

Pinsac Le Port   *C.M. n° 75 — Pli n° 18*

❦❦❦   2 chambres (5 lits 1 pers.) avec salle de bains et wc particuliers à chaque chambre + chauffage central. Entrée indépendante. Taxe de séjour : 2 F/jour/pers. Ouvert toute l'année.

Prix : 1 pers. **165 F** 2 pers. **210 F** 3 pers. **260 F**

5	5	5	0,1	0,1	0,1	0,1	SP

DU PELOUX DE SAINT-ROMAIN Olivier – Le Port – 46200 Pinsac – Tél. : 65.37.02.40

Pradines Flaynac   *C.M. n° 79 — Pli n° 8*

❦❦❦ NN   2 chambres aménagées à l'étage de la maison des propriétaires (2 lits 2 pers. 1 lit 1 pers. 1 lit d'appoint 1 pers.). Salle de bains ou salle d'eau et wc particuliers. Terrasse, salon de jardin, parc. Chauffage. Location VTT sur place. Gare et commerces à 7 km. Ouvert toute l'année.

Prix : 1 pers. **160 F** 2 pers. **220 F** 3 pers. **300 F**

5	1	5	SP	SP	SP

FAYDI Jean – Flaynac – 46090 Pradines – Tél. : 65.35.33.36

Prudhomat Vayssieres

C.M. n° 75 — Pli n° 19

❀❀❀ NN
(TH)

6 chambres avec sanitaires particuliers aménagées dans une demeure du XVIe siècle en bordure de la Dordogne, (3 ch. à l'étage et 3 de plain-pied dans un bâtiment annexe). Chauffage central. Bibliothèque privée. Bicyclettes et Dordogne sur place. Ouvert toute l'année. Gouffre de Padirac à 12 km. Carte bleue. Animaux acceptés uniquement dans les chambres de plain-pied.

Prix : 1 pers. **190/210 F** 2 pers. **230/260 F** 3 pers. **285/340 F**
repas **90 F** 1/2 pens. **200 F**

3	3	1	SP	SP	SP

DE LA BARRIERE Marie-Josee – Vayssieres – 46130 Prudhomat – Tél. : 65.38.50.22 – Fax : 65.39.72.49

Puy-l'Eveque Loupiac

C.M. n° 79 — Pli n° 7

❀❀ NN
(TH)

2 chambres d'hôtes (2 lits 2 pers. 2 lits 1 pers. 1 lit 120), aménagées à l'étage de la maison des propriétaires avec entrée indépendante. Salle d'eau et wc particuliers. Salle de séjour. Salon de jardin. Gare, commerces, base nautique et VTT à 3 km. Taxe de séjour : 1,50 F/jour/adulte et 0,80 F/jour/enfant.

Prix : 1 pers. **170/190 F** 2 pers. **190/210 F** 3 pers. **230/250 F**
repas **70 F**

3	3	3	3	3	3	SP

BORREDON Michel – Loupiac – 46700 Puy-l'Eveque – Tél. : 65.30.83.39

Puy-l'Eveque La Bouyssette

C.M. n° 79 — Pli n° 7

❀❀ NN

2 chambres dont 1 indépendante (1 lit 2 pers. 1 lit d'appoint 1 pers.), salle d'eau et wc particuliers. 1 chambre dans la maison des propriétaires (1 lit 2 pers. possibilité d'un lit supplémentaire), salle de bains et wc particuliers. Chauffage électrique. Salon de jardin. Club de bridge 2 km. Cueillette de champignons dans les bois du propriétaire. Piscine privée (10 m x 5 m). Ouvert du 1er juillet au 31 août.

Prix : 1 pers. **180/200 F** 2 pers. **200/260 F** 3 pers. **240/300 F**

SP	2	2	2	2	2	SP

VASSE Bernard – La Bouyssette – 46700 Puy-l'Eveque – Tél. : 65.21.37.04 ou 65.30.80.93

Reilhaguet

C.M. n° 79 — Pli n° 8

❀❀

2 chambres (2 lits 2 pers. 1 lit 1 pers.), salle d'eau + wc réservés aux hôtes. Chauffage central. Jardin et terrasse réservés aux hôtes. Sites, dolmen sur place. Ouvert toute l'année.

Prix : 1 pers. **120 F** 2 pers. **160 F**

6	6	6	SP

COUDERC Anne-Marie – 46350 Reilhaguet – Tél. : 65.37.96.88

Rignac Darnis

C.M. n° 79 — Pli n° 7

❀❀ NN
(TH)

4 chambres d'hôtes aménagées à l'étage de la maison des propriétaires (2 lits 2 pers. 2 lits 1 pers. 1 lit 180 x 200), salle d'eau ou salle de bains et wc particuliers pour chacune. Gare et commerces 5 km. Anglais parlé. Ouvert toute l'année.

Prix : 1 pers. **185/220 F** 2 pers. **220/290 F** 3 pers. **250/325 F**
repas **60/90 F**

3	3	5	10	10	10	10	SP

BELL Lillian – Darnis – 46500 Rignac – Tél. : 65.33.66.84

Rocamadour Maison-Neuve

C.M. n° 75 — Pli n° 19

❀❀❀ NN

3 chambres d'hôtes avec entrée indépendante. Sanitaires et wc particuliers pour chacune : 1 ch. (1 lit 2 pers.), 1 ch. (1 lit 2 pers. 1 lit 1 pers. possibilité 1 lit d'appoint 1 pers.), 1 ch. (1 lit 2 pers. 1 lit 1 pers.). Chauffage électrique. Ouvert toute l'année. Taxe de séjour : 1 F/jour. Belles chambres bénéficiant d'un très beau point de vue sur le Causse. Site de Rocamadour, rocher des Aigles, forêts des singes 1 km.

Prix : 1 pers. **180 F** 2 pers. **210/230 F** 3 pers. **260 F**

10	1	10	10	10	10	10	10	SP

ARCOUTEL Odette – Maison Neuve – 46500 Rocamadour – Tél. : 65.33.62.69

Rocamadour L'Hospitalet

C.M. n° 75 — Pli n° 19

❀❀❀ NN
(TH)

5 chambres situées à l'étage de la maison des propriétaires. 4 ch. (3 lits 2 pers. 4 lits 1 pers.) avec salle d'eau ou salle de bains et wc particuliers. 1 ch. (1 lit 2 pers.) avec lavabo et wc particuliers. Possibilité lits d'appoint. Gare 15 km. Commerces 8 km. Ouvert toute l'année. Taxe de séjour : 1 F/jour. Chambres situées à proximité du site de Rocamadour, de la forêt des Singes, du Rocher des Aigles.

Prix : 1 pers. **180 F** 2 pers. **210 F** 3 pers. **260 F** repas **85 F**
1/2 pens. **190 F**

6	SP	10	SP

LARNAUDIE Marguerite – L'Hospitalet – 46500 Rocamadour – Tél. : 65.33.62.60

Rostassac Mas-d'Ausse

C.M. n° 79 — Pli n° 7

❀❀❀ NN

1 chambre avec entrée indépendante, aménagée à l'étage d'une maison de caractère située sur la vallée du Vert. 1 chambre (1 lit 2 pers.), salle d'eau et wc particuliers. Possibilité 1 chambre supplémentaire. Ouvert du 1er juillet au 31 août. Restaurant à 400 m. Anglais parlé couramment. Gare 18 km. Commerces 5 km.

Prix : 1 pers. **200 F** 2 pers. **200/225 F** 3 pers. **275 F**

12	7	7	5	5	5	SP

DECHENE Charles – Mas d'Ausse – 46150 Rostassac – Tél. : 65.21.40.26

Lot

Saint-Chels Ussac C.M. n° 79 — Pli n° 9

❦❦ NN

2 chambres d'hôtes aménagées à l'étage de la maison des propriétaires. 2 ch. (2 lits 2 pers. 1 lit bébé. 1 lit d'appoint 1 pers.), salle d'eau ou salle de bains particulière, wc réservés aux hôtes. Chauffage central. Gare et commerces à 6 km. Terrasse, jardin, salon de jardin, barbecue. Possibilité de loger des chevaux sur place.

Prix : 1 pers. **160/180 F** 2 pers. **200/220 F** 3 pers. **250/260 F**

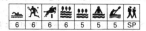

6	6	6	6	5	5	5	SP

VINGHES Janette – Ussac – 46160 Saint-Chels – Tél. : 65.40.63.43

Saint-Cirgues Landrieu C.M. n° 79 — Pli n° 10

❦❦ NN
(TH)

1 chambre d'hôtes située au cœur du Ségala. 1 ch. (1 lit 2 pers.), coin-salon (1 convertible 2 pers.), salle d'eau et wc particuliers. Chauffage central. Gare et commerces 8 km. Ouvert toute l'année.

Prix : 1 pers. **120 F** 2 pers. **150 F** 3 pers. **200 F** repas **55 F**
1/2 pens. **175 F**

8	8	16	8	8	8	SP

TRUEL Odette – Landrieu – 46210 Saint-Cirgues – Tél. : 65.40.21.62

Saint-Cirq-Souillaguet Le Mas-de-Maury   C.M. n° 79 — Pli n° 8

❦❦
(TH)

5 chambres d'hôtes (5 lits 2 pers.), aménagées à l'étage avec salle de bains pour chaque chambre. Chauffage électrique. Ouvert toute l'année.

Prix : 1 pers. **140 F** 2 pers. **190 F** 3 pers. **240 F** repas **75 F**

10	10	10	10	SP

LEMOINE Michele – Le Mas de Maury – 46300 Saint-Cirq-Souillaguet – Tél. : 65.41.11.97

Saint-Cyprien Marcillac C.M. n° 79 — Pli n° 17

❦❦ NN
(TH)

3 chambres aménagées à l'étage d'une maison de caractère, située au cœur du Quercy Blanc. 1 lit 2 pers. 4 lits 1 pers. Lavabo et douche dans chaque chambre. 2 wc indépendants réservés aux hôtes. Chauffage électrique. Ouvert toute l'année. Commerces 7 km. Téléphone avec carte France Télécom. Festival du Quercy Blanc (musique classique) du 20/07 au 15/08 sur place. Pêche sur place en lac privé. Golf (9 trous) à 5 km. Chemins de randonnées pédestres, équestres et VTT sur place, portique pour enfants.

Prix : 1 pers. **160 F** 2 pers. **220 F** 3 pers. **260 F** repas **80 F**
1/2 pens. **175 F**

7	2	10	7	7	SP	SP

MAT-PINATEL Mireille – Marcillac – 46800 Saint-Cyprien – Tél. : 65.22.90.42 ou 65.22.90.73

Saint-Denis-les-Martel Cabrejou C.M. n° 75 — Pli n° 19

E.C. NN
(TH)

4 chambres d'hôtes aménagées à l'étage d'une ancienne grange à côté de la maison des propriétaires (3 lits 2 pers. 2 lits 1 pers.). 2 chambres avec salle d'eau et wc particuliers, 2 chambres avec salle de bains et wc particuliers. Grand séjour. Chauffage électrique. Coin-cuisine. Commerces 3,5 km. Ouvert toute l'année.

Prix : 1 pers. **180 F** 2 pers. **200 F** 3 pers. **250 F** repas **80 F**

5	5	5	6	6	6	6	SP

ANDRIEUX Jean-Paul – Cabrejou – 46600 Saint-Denis-Les Martel – Tél. : 65.37.31.89

Saint-Denis-les-Martel Cabrejou C.M. n° 75 — Pli n° 19

E.C. NN
(TH)

3 chambres d'hôtes dont 2 situées en rez-de-chaussée et 1 à l'étage avec salon particulier (2 lits 2 pers. 3 lits 1 pers. 1 lit d'appoint 1 pers.), salle d'eau ou salle de bains et wc particuliers pour chaque chambre. Chauffage central ou électrique. Parc ombragé. Salon de jardin. Ouvert toute l'année.

Prix : 1 pers. **180 F** 2 pers. **200 F** 3 pers. **250 F** repas **70 F**

5	5	5	6	6	6	6	SP

ANDRIEUX Roger et Marinette – Cabrejou – 46600 Saint-Denis-Les Martel – Tél. : 65.37.31.89

Saint-Gery Domaine-du-Porche   C.M. n° 79 — Pli n° 8

❦❦❦ NN

3 chambres d'hôtes dont 2 à l'étage de la maison des propriétaires et 1 en rez-de-chaussée (3 lits 2 pers. 2 lits 1 pers.). Salle d'eau ou salle de bains et wc particuliers. Chambres d'hôtes situées dans le village. Commerces sur place. Terrasse ombragée, jardin pour pique-nique. Ouvert toute l'année.

Prix : 1 pers. **170 F** 2 pers. **200 F** 3 pers. **240 F**

5	0,2	0,2	0,2	0,2	SP

LADOUX Jean-Claude – Domaine du Porche – 46330 Saint-Gery – Tél. : 65.31.45.94

Saint-Laurent-les-Tours Crayssac   C.M. n° 75 — Pli n° 19

❦

1 chambre d'hôtes (1 lit 2 pers. possibilité 1 lit 1 pers.) située dans le hameau de Crayssac. Sanitaires communs avec le propriétaire. Chauffage central. Ouvert toute l'année.

Prix : 1 pers. **160 F** 2 pers. **190 F**

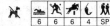

6	6	6	4	SP

SOULHOL Marie-Francoise – Crayssac – 46400 Saint-Laurent-Les Tours – Tél. : 65.38.00.82

Saint-Laurent-les-Tours Lacombe
C.M. n° 75 — Pli n° 19

E.C. NN   2 chambres d'hôtes sur les hauteurs de Saint-Céré, situées à l'étage de la maison des propriétaires (1 lit 2 pers. chacune), salle de bains et wc particuliers. Terrasse, véranda, chauffage. Piscine privée (8 m x 5 m). Festival de musique classique du 14 juillet au 15 août. Ouvert toute l'année.

Prix : 1 pers. **170/180 F** 2 pers. **220/240 F** 3 pers. **300/340 F**

🛏	🎿	✈	👫
SP	1	1	SP

CALVIGNAC Paquerette – « Lacombe Route de Belmont » – 46400 Saint-Laurent-Les Tours – Tél. : 65.38.38.03 ou 65.38.22.00

Saint-Martin-de-Vers
C.M. n° 79 — Pli n° 8

E.C. NN   2 chambres (1 lit 115, 1 lit 110, 1 lit 1 pers.) aménagées à l'étage d'une maison située dans le village. Sanitaires communs aux 2 chambres. Ouvert toute l'année.

Prix : 1 pers. **120/150 F** 2 pers. **140/240 F** 3 pers. **190/260 F**

🛏	🎿	✈	👫
8	3	SP	SP

SALVAGNAC Catherine – 46360 Saint-Martin-de-Vers – Tél. : 65.31.34.60

Saint-Pantaleon Malbouyssou
C.M. n° 79 — Pli n° 7

E.C. NN   4 chambres d'hôtes avec entrée indépendante. 4 chambres (1 lit 2 pers. 7 lits 1 pers.), lavabo et douche pour chaque chambre. 2 wc communs. Chauffage électrique. Possibilité de lit d'appoint. Gare et commerces 18 km. Ouvert toute l'année. Possibilité table d'hôtes.

Prix : 1 pers. **150 F** 2 pers. **170 F** 3 pers. **220 F**

🛏	〰	♨	🚶
10	10	10	0,1	SP

TOUZET Claude – Malbouyssou – 46800 Saint-Pantaleon – Tél. : 65.31.87.59

Saint-Pierre-Lafeuille Les Graves
C.M. n° 79 — Pli n° 8

(TH)   3 ch. (3 lits 2 pers. 2 lits 1 pers. possibilité lit d'appoint) jouxtant la maison des propriétaires, à 50 mètres de la RN20. Salle d'eau ou salle de bains et wc pour chaque chambre. Chauffage électrique. Salon de jardin. Jeux d'enfants. Piscine privée et pataugeoire commune avec la clientèle d'un camping 3 étoiles. Table d'hôtes sur réservation. Ouvert toute l'année.

Prix : 1 pers. **152/190 F** 2 pers. **176/220 F** 3 pers. **220/275 F** repas **80 F**

🛏	🎿	✈	♨	👫	
10	3	3	15	15	SP

MONCOUTIE Christian – Les Graves – 46090 Saint-Pierre-Lafeuille – Tél. : 65.36.83.12

Saint-Pierre-Lafeuille Chateau-du-Roussillon
C.M. n° 79 — Pli n° 8

Une très grande chambre d'hôtes (35 m²) aménagée dans un château du XIIIe siècle. 1 ch. 5 pers. (3 lits 1 pers. 1 lit 2 pers.) avec salle d'eau particulière. Chauffage électrique. Cheminée. Possibilité cuisine. Restaurant 1 km. Ouvert toute l'année. Téléphone en service restreint.

Prix : 1 pers. **400 F** 2 pers. **400 F** 3 pers. **500 F**

🐕	🛏	🎿	✈	♨	👫
	10	1	10	10	SP

HOURRIEZ Marcelle – Chateau du Roussillon – 46090 Saint-Pierre-Lafeuille – Tél. : 65.36.87.05 – Fax : 65.36.82.34

Saint-Pierre-Toirac La Cloterie
C.M. n° 79 — Pli n° 10

(TH)   1 chambre d'hôtes aménagée à l'étage d'une grande maison de maître datant du XVIIIe siècle et aménagée sous forme de suite (1 lit 2 pers. 1 lit 110. 1 lit 100.), salle de bains et wc particuliers, coin-salon, téléphone. Chauffage central. Parc clos et ombragé. Gare 14 km. Commerces 6 km. Téléphoner de 13 h à 15 h ou après 21 h.

Prix : 1 pers. **200 F** 2 pers. **280 F** 3 pers. **320 F** repas **75 F**

🐕	🛏	🎿	〰	♨	⛵	🚣	👫
	14	1	14	1	1	1	SP

GIRY Emma – La Cloterie – 46100 Saint-Pierre-Toirac – Tél. : 65.34.15.21

Saint-Simon
C.M. n° 79 — Pli n° 9

NN   2 chambres aménagées à l'étage (2 lits 2 pers., 1 lit 1 pers.) avec salle de bains et wc réservés aux hôtes. Chauffage au mazout. Ouvert toute l'année.

Prix : 1 pers. **120 F** 2 pers. **160 F** 3 pers. **210 F**

🛏	🎿	✈	👫
8	4	SP	SP

DELCROS Gisele – 46320 Saint-Simon – Tél. : 65.40.58.28

Saint-Simon Mas-de-Lavit
C.M. n° 75 — Pli n° 19

E.C. NN   Une chambre d'hôtes située à l'étage de la maison des propriétaires avec entrée indépendant (1 lit 2 pers.), possibilité 2 lits 1 pers. dans une chambre attenante, salle de bains et wc particuliers. Anglais et allemand parlés. Ouvert toute l'année.

Prix : 1 pers. **160/180 F** 2 pers. **180/200 F** 3 pers. **220/240 F**

🛏	🎿	✈	〰	⛵	♨	🚣	👫
15	15	15	15	15	15	15	SP

BAYARD Jean – Mas de Lavit – 46320 Saint-Simon – Tél. : 65.40.48.75 ou 65.40.57.15

Saint-Sozy Pech-Grand
C.M. n° 75 — Pli n° 18

(TH)   5 chambres d'hôtes (5 lits 2 pers. 1 lit 1 pers.), situées dans la vallée de la Dordogne, avec entrée indépendante. Salle d'eau ou salle de bains et wc dans chaque chambre. Chauffage d'appoint dans 2 chambres, chauffage central dans les 3 autres. Golf (9 trous) à 30 km. Ouvert toute l'année. Anglais parlé.

Prix : 1 pers. **180 F** 2 pers. **210/230 F** 3 pers. **230/250 F** repas **85 F**

🛏	🎿	✈	〰	⛵	♨	🚣	👫
1	1	4	1	1	1	1	SP

BURCH Edouard – « Pech Grand » – 46200 Saint-Sozy – Tél. : 65.32.27.98

Saint-Sulpice-sur-Cele Mas-de-Jordy *C.M. n° 79 — Pli n° 9*

♥♥♥
(TH)

2 chambres (2 lits 2 pers. 1 lit 1 pers. 1 lit d'appoint 1 pers.); avec salle d'eau et wc privés chacune. Chauffage électrique. Mini-golf 7 km. Terrasse ombragée. Entrée indépendante. Ouvert toute l'année.

Prix : 1 pers. **150 F** 2 pers. **180 F** 3 pers. **220 F** repas **70 F**

🏊	🎿	🏇	🌊	🏞	🎣	🚣	🏃
3,5	3,5	30	3,5	3,5	3,5	3,5	SP

RAFFY Raymond – Mas de Jordy – 46160 Saint-Sulpice-sur-Cele – Tél. : 65.40.03.80

Sainte-Alauzie Le Fort 📞 *C.M. n° 79 — Pli n° 17*

E.C. NN

1 chambre d'hôtes constituée de 2 pièces en enfilade située à l'étage d'une maison de maître dominant la vallée. 1 ch. (1 lit 150, 1 lit 110), salle de bains et wc communs avec la propriétaire. Chauffage central. Salon de jardin. Téléphone en service Téléséjour. Gare 20 km. Commerces 7 km. Ouvert toute l'année.

Prix : 1 pers. **250 F** 2 pers. **300 F** 3 pers. **400 F**

🐕

🏊	🎿	🏇	🏃
7	7	7	SP

SOULE Christiane – Le Fort – 46170 Sainte-Alauzie – Tél. : 65.22.92.21

Salviac Le Catalo *C.M. n° 79 — Pli n° 7*

♥♥

2 chambres aménagées à l'étage de la maison des propriétaires (2 lits 2 pers.). Salle de bains et wc réservés aux hôtes. Chauffage. Piscine privée (12 m x 7 m) commune à 2 gîtes ruraux. Golf 15 km. Ouvert toute l'année. Gare 10 km. Commerces 1 km.

Prix : 1 pers. **180 F** 2 pers. **200 F**

🐕

🎿	🏃
1	SP

MOMMEJAT Gerard – Le Catalo – 46340 Salviac – Tél. : 65.41.56.36

Sarrazac La Grange-Jacquou-Cartassac *C.M. n° 75 — Pli n° 18*

♥♥ NN
(TH)

6 chambres d'hôtes situées à l'étage d'une grande maison de caractère (6 lits 2 pers. 1 lit 1 pers.), salle d'eau ou salle de bains chacune. Chauffage central. Ouvert toute l'année.

Prix : 1 pers. **200 F** 2 pers. **260 F** 3 pers. **350 F** repas **75 F**
1/2 pens. **270 F**

🏊	🎿	🏇	🌊	🏞	🎣	🚣	🏃
SP	3	3	15	15	15	15	SP

WEYRICH Claude et Jeanne – La Grange Jacquou - Cartassac – 46600 Sarrazac – Tél. : 65.32.13.80

Sarrazac Platchamps *C.M. n° 75 — Pli n° 18*

♥♥♥ NN

5 chambres d'hôtes aménagées à l'étage de la maison des propriétaires (4 lits 2 pers. 4 lits 1 pers.), salle d'eau ou salle de bains et wc particuliers chacune. Chauffage central. Grand séjour avec cheminée. Grand parc ombragé, possibilité de pique-nique sur place. Gare et commerces 12 km. Ouvert toute l'année. Salon de jardin. Cadre exceptionnel situé à 12 km de Collonge-la-Rouge et 20 km de Rocamadour et 4 km de Turenne.

Prix : 1 pers. **200 F** 2 pers. **240 F** 3 pers. **280 F**

🐕

🏊	🎿	🏇	🌊	🏞	🎣	🚣	🏃
12	5	12	12	12	SP	12	SP

HELAS Maryse – La Ferme des Vieux Chenes - Platchamps – 46600 Sarrazac – Tél. : 65.37.76.25

Sarrazac Chateau-de-Couzenac *C.M. n° 75 — Pli n° 18*

E.C. NN
(TH)

2 chambres d'hôtes aménagées à l'étage d'un château datant du XVIIIe siècle, entièrement restauré (1 lit 2 pers. 3 lits 1 pers. 1 lit d'appoint 1 pers.), salle de bains et wc particuliers chacune. Grand salon avec TV. Chauffage central. Parc ombragé et fleuri. Ouvert toute l'année. Anglais parlé.

Prix : 1 pers. **200 F** 2 pers. **240 F** 3 pers. **300 F** repas **100 F**

🏊	🎿	🏇	🌊	🏞	🎣	🚣	🏃
10	3	10	15	15	15	15	SP

MAC CONCHIE Louise – Chateau de Couzenac – 46600 Sarrazac – Tél. : 65.37.78.32 ou 55.91.00.30

Saux La Guilhaumiere 📞 *C.M. n° 79 — Pli n° 7*

♥♥♥

2 ch. d'hôtes (2 lits 2 pers.) de grand confort dans une maison quercynoise, présentant un réel caractère. Sanitaires particuliers pour chaque chambre. Chauffage électrique. Piscine privée (12x6 commune avec un gîte rural). Tennis (abonnement offert par la propriétaire). Ouvert toute l'année. TV et téléphone en service restreint dans une chambre. Vélos sur place.

Prix : 1 pers. **230 F** 2 pers. **300 F** 3 pers. **430 F**

🏊	🎿	🏇	🌊	🏞	🎣	🏃
SP	2	6	8	15	15	SP

MAHIEU-DULOR Regine – Le Mas - La Guilhaumiere – 46800 Saux – Tél. : 65.31.91.82

Tauriac Cabrette *C.M. n° 79 — Pli n° 19*

♥♥♥ NN

1 chambre d'hôtes aménagée à l'étage de la maison des propriétaires, située en bordure de Dordogne. 1 ch. (1 lit 2 pers.), salle de bains et wc particuliers. Chauffage central. Possibilité 1 lit supplémentaire dans 1 chambre attenante. Commerces 6 km.

Prix : 1 pers. **160/180 F** 2 pers. **180/200 F** 3 pers. **250/280 F**

🐕

🏊	🎿	🏇	🌊	🏞	🎣	🚣	🚣	🏃
6	1	1	2	SP	SP	SP	SP	SP

SALACROUP Anne – Cabrette – 46130 Tauriac – Tél. : 65.10.94.12 ou 53.71.26.16

Vayrac *C.M. n° 75 — Pli n° 19*

♥ NN
(TH)

1 chambre aménagée dans la maison de la propriétaire, de plain-pied (1 lit 2 pers. possibilité 1 lit 1 pers.). Salle de bains et wc communs avec la propriétaire. Gare 10 km. Commerces 1 km. Ouvert toute l'année. Possibilité de plateau repas à la demande pour 40 F. Taxe de séjour : 1,50 F/jour/personne (uniquement juillet et août).

Prix : 1 pers. **120 F** 2 pers. **180 F** 3 pers. **280 F** repas **40 F**

🏊	🎿	🌊	🏞	🎣	🚣	🏃
1	1	1	1	1	1	SP

FAUCHER Jeanne – 46110 Vayrac – Tél. : 65.32.45.13

Vers Le Bois-Noir
C.M. n° 79 — Pli n° 8

🌿🌿🌿 NN (TH)   5 chambres d'hôtes aménagées dans une grande maison située au cœur d'une chêneraie. 2 chambres (2 lits 2 pers. 2 lits 1 pers.), salle de bains et wc particuliers, 3 chambres (3 lits 2 pers. 1 lit 1 pers.), salle de bains et wc particuliers dans chacune. Chauffage électrique. Salon de jardin, terrasse. Gare et commerces 10 km. Ouvert toute l'année. Jeux de société, ping-pong. Taxe de séjour : 2 F/jour.

Prix : 1 pers. **150/170 F** 2 pers. **170/200 F** 3 pers. **240/290 F**
repas **70 F**

SP	2	2	2	2	SP

DUFLOS Jacques – Le Bois Noir – 46090 Vers – Tél. : 65.31.44.50

Le Vigan Manoir la Barriere
C.M. n° 75 — Pli n° 18

🌿🌿🌿 NN (TH)   5 chambres d'hôtes (5 lits 2 pers. 4 lits 1 pers.), avec entrées indépendantes, aménagées dans un manoir du XIIIe siècle entièrement restauré. Salle de bains ou salle d'eau et wc particuliers pour chaque chambre. Parc de 1 ha. Projet de piscine privée pour 1996. Gare et commerces à 8 km. Ouvert toute l'année. Anglais parlé.

Prix : 1 pers. **250/300 F** 2 pers. **350/400 F** 3 pers. **425/500 F**
repas **125 F**

0,2	3	SP	SP

AUFFRET Michel et Christiane – Manoir la Barriere – 46300 Le Vigan – Tél. : 65.41.40.73

Lot-et-Garonne

Aiguillon Le Baraillot
C.M. n° 79 — Pli n° 14

🌿🌿🌿 NN (TH)   Ancienne maison de maître à 5 km d'Aiguillon, dans un environnement verdoyant. 4 chambres avec salle de bains et wc particuliers. Table d'hôtes le soir sur réservation. Piscine avec jaccuzi et contre courant. Prêt de vélos, ping-pong, salon avec TV et HIFI, jeux de société. Possibilité pension et 1/2 pension. Vin compris dans prix repas. Loisirs : ULM, base nautique, practice de golf, musée du pruneau, abbaye des automates, parc Walibi... Ouvert toute l'année.

Prix : 1 pers. **200 F** 2 pers. **260/290 F** pers. sup. **85 F**
repas **80 F**

SP	2	SP	3	5	SP	SP	10

CARLIN Maryvonne – Le Baraillot – 47190 Aiguillon – Tél. : 53.88.29.92

Allez-et-Cazeneuve Bordeneuve
C.M. n° 79 — Pli n° 5

🌿 NN   2 chambres avec lavabo aménagées à l'étage. Salle de bains et wc communs. Ouvert toute l'année. Commerces 4 km. Le propriétaire est agriculteur. Arts martiaux. Sainte-Livrade 4 km. Temple sur Lot 10 km. Plan d'eau aménagé à 10 km.

Prix : 1 pers. **120 F** 2 pers. **180 F**

5	5	5	15	16	4	9

FILLIETTE Frederic – Bordeneuve – 47110 Allez-et-Cazeneuve – Tél. : 53.01.46.44

Argenton Houm-Pechoun
C.M. n° 79 — Pli n° 3

🌿🌿 NN   La propriétaire vous accueille dans une maison bourgeoise et chaleureuse comprenant : 1 ch. au r.d.c. (2 lits 1 pers.), avec salle de bains (baignoire + douche) et wc privés, 1 ch. à l'étage (1 lit 2 pers. 1 lit 1 pers.) avec salle d'eau et wc communs. Petit déjeuner en salle à manger ou terrasse. Abri voiture. Grand parc arboré. Gare 15 km. Commerces 300 m. Ouvert toute l'année. Restaurants 200 m.

Prix : 1 pers. **185 F** 2 pers. **200 F** 3 pers. **250 F**

0,2	8	8	8	8	8

GUIBERT Cecile – Houm Pechoun – 47250 Argenton – Tél. : 53.89.21.14

Astaffort
C.M. n° 79 — Pli n° 15

🌿🌿 NN (TH)   Dans un hameau de la Lomagne, vaste chambre dans une maison du XVIIe avec salle de bains et wc indépendants. Environnement calme et fleuri. Possibilité de manger à l'extérieur. Mise à disposition de matériel « bébé ». Ouvert toute l'année. Agen 20 km. Lectoure 11 km. A62 15 km. Gare 20 km. Commerces 2 km. Anglais et espagnol parlés. Ouvert toute l'année.

Prix : 1 pers. **200 F** 2 pers. **280 F** 3 pers. **320 F**
pers. sup. **50 F** repas **85/120 F**

2	3	3	7	3	3	20	15	15

AURELIEN Didier et Claire – Hameau de Barbonville – 47220 Astaffort – Tél. : 53.67.18.93

Baleyssagues
C.M. n° 79 — Pli n° 13

🌿🌿🌿 (TH)   Dans une belle maison du XIIe siècle, située en pleine campagne, 5 chambres d'hôtes, toutes avec salle d'eau et wc particuliers. Salle à manger, salle de jeux. Salon et terrasse avec belle vue. Piscine privée. Pétanque. Ping-pong. Parking privé à l'ombre. Les dîners peuvent être servis soit sur la terrasse, soit dans la salle à manger au gré des saisons. Table d'hôtes sur réservation le soir. Petit déjeuner hollandais. Ouvert d'avril à octobre. A 4 km de Duras, route D134 direction Baleyssagues. Anglais, allemand et hollandais parlés.

Prix : 1 pers. **253 F** 2 pers. **281 F** 3 pers. **359 F**
pers. sup. **50 F** repas **75 F**

SP	0,2	20	0,5	4	4	20	SP	8

SCHAEPMAN Christoffer – Savary – 47120 Baleyssagues – Tél. : 53.83.77.82 – Fax : 53.83.77.82

Barbaste Sacot

(TH)

Grande maison landaise idéale pour une cure de repos, retirée de toute circulation. 1 ch. (1 lit 130, 1 lit 1 pers.), 1 ch. (2 lits 1 pers.). S.d.b. et wc privés à chacune. Vos repas vous seront servis dans 1 salle de séjour meublée ancien ou sur la terrasse. Sortie indépendante. Salon, jeux, bibliothèque, piano, chaîne HIFI. Hôtesse très accueillante et mélomane. Si vous aimez le calme, la nature, la musique, la lecture, les promenades en forêt, la détente autour d'un feu le soir, la maison vous est ouverte. Plan d'eau de Casteljaloux à 23 km. Commerces à 5 km. Ouvert toute l'année. Anglais, espagnol et italien parlés.

Prix : 1 pers. **140 F** 2 pers. **170 F** 3 pers. **200 F** repas **80 F**

SP	2	20	6	1	6	5	10	20

BEURRIER – Sacot - B.P. 29 – 47230 Barbaste – Tél. : 53.65.51.72

Bazens

(TH)

5 chambres d'hôtes aménagées dans une maison de caractère. 2 ch. 2 pers. avec lavabo (1 épi), 3 ch. 3/4 pers. avec salle d'eau privée (3 épis). Salle de séjour. Salle de jeux à disposition. Jardin, abri couvert. Vente de produits fermiers sur place. Cuisine végétarienne. Vélos, jeux. Ping-pong. Téléphone sur place. Ouvert toute l'année. Gare et Commerces 3 km.

Prix : 1 pers. **130/150 F** 2 pers. **220/260 F** 3 pers. **330/390 F** repas **70 F**

SP	3	15	6	20	0,5	20	SP	6

VAN STRAATEN Henri et Maria – Le Marchon – 47130 Bazens – Tél. : 53.87.22.26

Bazens

(TH)

Au rez-de-chaussée : 2 chambres (2 épis) avec lavabo. 1 wc. 2 chambres (1 épi NN) à l'étage avec lavabo. 1 wc. Douche commune. Cadre agréable et reposant. Prêt de bicyclettes. Base de loisirs à 9 km. Propriétaire Belge parlant néerlandais, anglais, allemand et notion d'espagnol. Propriétaire agriculteur. Ouvert de Pâques à fin octobre.

Prix : 1 pers. **175 F** 2 pers. **250 F** 3 pers. **325 F** repas **75 F**

SP	9	9	3	9	5	9

CORREMANS – Piquepe – 47130 Bazens – Tél. : 53.67.44.13

Bon-Encontre Chateau-de-Labatut

(TH)

Alt. : 120 m — Dans une tour du château, 1 suite avec 2 grands lits, salle de bains et wc particuliers. Dans le château, 2 chambres à grand lit, salle de bains et wc communs. Dans les dépendances, 1 chambre à grand lit, salle de bains et wc particuliers. Vaste parc de plusieurs hectares. Piscine. Large panorama. Bibliothèque. Certaines chambres : 2 épis NN. A 10 km d'Agen, à l'écart de la RN113 (4 km). Autoroute à 10 km. Gare 10 km (TGV). Commerces 5 km. Possibilité de séjours. Anglais et yougoslave parlés. Ouvert toute l'année. Enfant : 60 F/déjeuner, 80 F/dîner. Panier pique-nique : 40 F.

Prix : 1 pers. **220/350 F** 2 pers. **280/380 F** pers. sup. **100 F** repas **100/150 F**

SP	5	5	2	4	3	SP	30

LAPARRA Pierre – Chateau de Labatut - Mme de la Vaissiere – 47240 Bon-Encontre – Tél. : 53.96.26.24

Bouglon Domaine-de-Monfleuri

(TH)

2 chambres spacieuses au rez-de-chaussée avec salle d'eau privée, 2 chambres à l'étage dont une avec salle de bains et wc privés, le tout dans une demeure du XVIIIe siècle avec parc arboré. Piscine privée. Possibilité long séjour. Table d'hôtes : cuisine végétarienne. Ouvert toute l'année. Certaines chambres sont en cours de classement. Domaine à 1 km de Bouglon. Vue panoramique. Site attrayant. Grand choix d'activités sur place. Art avec dessin et peinture sur soie. Détente. Musique, lecture. Parc. Forme et nature avec jeux de plein air, bicyclettes. Commerces à 1,5 km. ULM 5 km. Anglais parlé.

Prix : 1 pers. **240 F** 2 pers. **270/330 F** 3 pers. **370/400 F** repas **95 F**

SP	3	20	7	7	2	8	SP	7

BARRON Dominique – Domaine de Monfleuri – 47250 Bouglon – Tél. : 53.20.61.30

Bourgougnague Bondu

(TH)

Alt. : 35 m — Maison régionale du XIXe siècle entièrement rénovée, tout confort. 1 chambre avec salle de bains et wc. 1 chambre avec salle d'eau et wc et chambre annexe pour 1 enfant. Salon, TV à disposition des hôtes. Parking clos. Cadre calme et fleuri. Jardin détente. Possibilité petit déjeuner sur terrasse. Table d'hôtes sur demande. Légumes du jardin et volailles fermières. Ouvert toute l'année. Commerces 5 km.

Prix : 1 pers. **170/190 F** 2 pers. **190/210 F** 3 pers. **260/280 F** repas **75 F**

SP	5	5	5	16	5	10	5	5

BOHY Ginette – Bondu - Bourgougnague – 47410 Lauzun – Tél. : 53.94.15.95

Bourgougnague Tiffaudie

(TH)

Ancienne ferme à l'écart de la route, site ombragé, agréable et reposant. 2 chambres avec chacune une chambre annexe pour lit supplémentaire. Salle de bains. WC particuliers. Baby-foot. TV. Jeux. Promenades champêtres. Miramont de Guyenne 6 km. Bergerac 30 km. Marmande 30 km. Commerces 6 km. Gare 25 km. Plan d'eau aménagé 6 km. Ouvert toute l'année. Prix 1/2 pension (minimum 7 nuits) pour 2 pers. : 280 F. Hôtesse parlant anglais.

Prix : 1 pers. **160 F** 2 pers. **180 F** pers. sup. **65 F** repas **65 F** 1/2 pens. **210 F**

2	8	6	6	6	20	6

TESSON Isabelle – Tiffaudie – 47410 Bourgougnague – Tél. : 53.94.15.54

Brax La Croix
C.M. n° 79 — Pli n° 15

♥♥♥ NN
(TH)

1 chambre 2 pers. avec cabinet de toilette (lavabo, douche). 1 chambre avec couchage 2 pers. et 1 pers. avec salle de bains en face. Grand séjour avec TV à disposition des hôtes, salon (jeux divers). Ouvert de février à décembre. Gare 5 km. Commerces 800 m. Vin compris dans le prix repas. Maison de plain-pied dans un cadre de verdure et de fleurs. Très calme. Parc privé de 2500 m² avec bassin d'eau d'agrément. Salon de jardin. Pergola très ombragée. A 5 km d'Agen. D119 direction Mont de Marsan. Parc Walibi 3 km.

Prix : 1 pers. 145 F 2 pers. 215/225 F pers. sup. 135 F
repas 90 F

♣	⛷	⛵	🏇	🎿	🏊	⛵	⚓
5	4	2	1	5	7	3	5

CUNY – La Croix – 47310 Brax – Tél. : 53.68.66.66

Buzet-sur-Baise Le Genthieu
C.M. n° 79 — Pli n° 14

♥♥♥ NN

4 chambres d'hôtes aménagées à l'étage d'une gentilhommière du XVIII° siècle. Salle d'eau et wc privés. Salle à manger rustique. Chauffage central. Parc et barbecue à la disposition des hôtes. Gare 7 km. Commerces 2,5 km. Ouvert du 15 juin au 15 septembre. Néerlandais et anglais parlés. Tarifs dégressifs à partir de 5 nuits.

Prix : 1 pers. 200 F 2 pers. 275 F 3 pers. 375 F

🐕	♣	⛵	🏇	🎿	🏊	⛵
	1	2,5	6	2,5	17	SP

CAMPENS Herve – Le Genthieu – 47160 Buzet-sur-Baise – Tél. : 53.84.84.99

Cancon
C.M. n° 79 — Pli n° 5

♥♥♥ NN
(TH)

4 chambres d'hôtes dans une demeure de caractère du XIX° siècle, à 500 m du village. 1er étage : 2 ch. (2 lits jumeaux chacune) et 1 ch. (1 grand lit). 2e étage : 1 suite (1 lit 2 pers. 2 lits 1 pers.). Salle d'eau et wc particuliers dans chaque chambre. Salle de séjour, cheminée, salon à la disposition des hôtes. Repas sur demande. Ouvert toute l'année. Grand parc fleuri. Petits déjeuners servis dans le parc. Piscine. Billard, piano, ping-pong, bicyclettes. Tarifs réduits pour séjour de + 3 nuits et hors saison. Commerces 500 m.

Prix : 1 pers. 270/290 F 2 pers. 330/370 F 3 pers. 410/450 F
repas 90 F

🏃	♣	⛷	⛵	🏇	🎿	🏊	⛵	⚓
0,8	2	10	4	7	0,6	7	SP	4

LARRIBEAU – Chanteclair – 47290 Cancon – Tél. : 53.01.63.34

Cancon Manoir-de-Roquegautier
C.M. n° 79 — Pli n° 5

♥♥♥ NN
(TH)

Manoir restauré du XVIII° siècle, dominant la vallée du Lot, et situé dans un vaste parc. 3 chambres avec salle de bains et wc. 3 suites avec douche et wc. Salle de jeux. Ping-pong. Piano. Lave-linge à disposition. Cancon 2 km. Ouvert du 1er avril au 30 septembre. Panier-piscine : 45 F. Gare 2,5 km. Commerces 2 km.

Prix : 1 pers. 275/335 F 2 pers. 295/360 F 3 pers. 435/580 F
repas 95 F

🐕	🏃	♣	⛵	🏇	🎿	🏊
	SP	1	1	2	2	SP

VRECH Brigitte – Manoir de Roquegautier – 47290 Cancon – Tél. : 53.01.60.75

Castelnau-sur-Gupie Pichelot

C.M. n° 79 — Pli n° 3

♥♥♥ NN
(TH)

Maison centenaire avec terrain clos. 2 grandes chambres avec chacune salle de bains et wc. 1 chambre avec douche et wc. TV dans chaque chambre. Réduction pour enfant. Gare 8 km. Commerces 1 km. A 8 km au nord de Marmande sur la D259. Table d'hôtes avec cuisine authentique du terroir sur réservation. Ouvert toute l'année. Anglais et allemand parlés.

Prix : 1 pers. 160/180 F 2 pers. 190/210 F 3 pers. 260/280 F
pers. sup. 50 F repas 90/140 F

🏃	♣	⛷	⛵	🏇	🎿	🏊	⛵	⚓
SP	SP	13	17	13	1	8	7	17

VALLET-GAUBAN Francette – Pichelot - Castelnau Sur Gupie – 47200 Marmande – Tél. : 53.94.28.49

Castillonnes Quercy
C.M. n° 79 — Pli n° 5

♥♥♥ NN

Entre les vallées de la Dordogne et du Lot, dans une jolie maison de caractère de plain-pied, ensoleillée, très belle vue, à 2 km du circuit des bastides. 2 ch. entrée indépendante, salle d'eau et wc privés, 2 lits 1 pers. ou 1 grand lit + lits suppl. Parking. Pique-nique. Randonnées pédestres. Commerces 3 km. Ouvert du 20 juin au 1er septembre. Anglais parlé.

Prix : 1 pers. 165 F 2 pers. 200 F 3 pers. 250 F

♣	⛵	🏇	🎿	🏊
5	5	2	20	2

SCHMILL Claudia – Quercy - Route de Pompiac – 47330 Castillonnes – Tél. : 53.36.92.11

Castillonnes Clos du Celine
⛺ 📠
C.M. n° 79

♥♥ NN
(TH)

Aux portes du Périgord, 2 chambres tout confort, salle d'eau et wc particuliers. 1 ch. (1 lit 2 pers.), 1 ch. (1 lit 1 pers.). TV dans chaque chambre. Petit déjeuner servi sur la terrasse couverte ou dans le jardin. Table d'hôtes avec cuisine familiale. En pleine campagne sur 3 ha. de pré, la basse cour, les chevaux, l'anesse et son bebe vous offriront un dépaysement. Route des Bastides. Gare 20 km. Commerces 1 km. Ouvert toute l'année. A 1 km de Castillonnes.

Prix : 1 pers. 185 F 2 pers. 200 F 3 pers. 265 F repas 65 F

♣	🏇	🎿	🏊
2	SP	1	10	1

HUGUET – Le Clos du Celine – 47330 Castillonnes – Tél. : 53.36.89.11 – Fax : 53.36.89.11

Clairac
C.M. n° 79 — Pli n° 14

♥♥♥ NN
(TH)

2 chambres (1 lit 2 pers. plus 1 canapé convertible dans une). 1 chambre 2 pers. avec salle de bains, wc. 1 coin-toilette par chambre. 2 chambres (1 lit 2 pers.) avec salle d'eau et wc privés. Salle de bains et wc communs. Prêt de vélos, ping-pong. 3 ch. classées 3 épis NN et 2 ch. classées 2 épis NN. Ouvert toute l'année. Gare 7 km. Commerces 2 km. Depuis Clairac, direction Granges-sur-Lot D911.

Prix : 1 pers. 160/200 F 2 pers. 180/220 F 3 pers. 230/270 F
repas 70 F

🏃	♣	⛷	⛵	🏇	🎿	🏊	⛵	⚓
SP	2	1	2	15	2	20	7	7

MASSIAS Aime et Gisele – Caussinat – 47320 Clairac – Tél. : 53.84.22.11

Clairac Le Relais de Compostelle   *C.M. n° 79*

E.C. NN
(TH)

Insolite décor tropical dans un cadre rénové d'un ancien relais du XVIIIe siècle. Accès indépendant. 2 suites, à chacune : 1 ch. (1 lit 2 pers.), salon (1 lit 1 pers.), kichenette. 1 ch. (1 lit 180). Séjour/salon. Gare 15 km. Commerces sur place. Ouvert toute l'année. Sur la route de Saint-Jacques de Compostelle, surplombant la vallée du Lot, à deux pas de l'abbaye des automates. Clairac est une escale fluviale sur le Lot.

Prix : 2 pers. **220/300 F** 3 pers. **350 F** repas **85/120 F**

SP	3	0,5	15	SP

GUILLOU Daniele – Le Relais de Compostelle – 47320 Clairac – Tél. : 53.79.77.11

Cocumont Domaine-de-Plaisance   *C.M. n° 79 — Pli n° 3*

NN
(TH)

Alt. : 120 m — Maison du XIVe siècle, indépendante dans une propriété de 2 ha. Grandes pelouses arborées. Terrasse avec vue. Calme. Salon de jardin. 2 chambres de caractère (2 lits 2 pers. 1 lit 1 pers. 1 lit enfant) avec salle d'eau et wc indépendants. Chauffage central. Grand salon/salle à manger avec cheminée. Mezzanine (jeux, lecture). Prêt de bicyclettes, promenades. Table d'hôtes, cuisine familiale. Ouvert en juillet et août, à Pâques et durant les week-ends (en dehors de ces périodes, sur réservation au 56.02.39.77.). Gare 12 km. Commerces 3 km. Anglais parlé.

Prix : 1 pers. **220 F** 2 pers. **300 F** 3 pers. **430 F** pers. sup. **70 F** repas **75 F**

20	20	20	20	20	10	3	20	20	20

ETAPE - PLUME – Domaine de Plaisance – 47250 Cocumont – Tél. : 53.94.54.65

Damazan Balous   *C.M. n° 79 — Pli n° 14*

NN
(TH)

2 chambres d'hôtes aménagées à l'étage dans une grande maison du XVIIIe siècle. 1 lit bateau de 2 pers. salle de bains (baignoire style Marat), wc particuliers. Piano, salle à manger, bibliothèque, salle de télévision et jeux. Grand jardin. Lac aménagé (planche à voile, pédalo) à 300 m. Parc ombragé. Sortie autoroute A62. Aiguillon 1 km. Ouvert toute l'année. Gare 5 km. Commerces 1 km.

Prix : 1 pers. **120 F** 2 pers. **200 F** 3 pers. **250 F** repas **60 F**

1	SP	SP	3	SP	15	5	SP

TAQUET-SAVY Francoise – Balous – 47160 Damazan – Tél. : 53.79.42.96

Devillac   *C.M. n° 79 — Pli n° 6*

NN
(TH)

2 chambres d'hôtes de 2 pers. tout confort aménagées dans une maison de caractère et dans un pigeonnier. Salle d'eau et wc privés dans chaque chambre, accès indépendant. Salon de jeux, lit et chaise haute pour bébé à la disposition des hôtes. Jeux d'enfants. Table d'hôtes le soir. Ouvert toute l'année. Commerces 7 km. Site calme et reposant, sur la route des bastides entre Monflanquin, Monpazier et Villeréal, vue sur le château de Biron. Swin-golf 3 km.

Prix : 1 pers. **220/240 F** 2 pers. **240/260 F** 3 pers. **330/350 F** repas **80/90 F**

SP	7	35	10	3	10	20	10	10

PANNETIER Michel – Colombie – 47210 Devillac – Tél. : 53.36.62.34

Douzains   *C.M. n° 79 — Pli n° 5*

NN
(TH)

1 chambre d'hôtes de 2 pers. et 1 suite aménagées dans une maison de caractère ayant chacune salle de bains et wc privés. Parc, terrasse. Possibilité de pique-nique. Barbecue. Table d'hôtes sur demande. Prix spéciaux pour enfants et séjours. Promenades à dos d'ânes 2 km. Ouvert toute l'année. Commerces 4 km.

Prix : 1 pers. **150 F** 2 pers. **180 F** pers. sup. **60 F** repas **65 F** 1/2 pens. **212/300 F**

4	3	4	9	4	3	4	9

JACQUOT Therese – Le Capi – 47330 Douzains – Tél. : 53.36.83.68

Duras Botte   *C.M. n° 79*

NN
(TH)

3 chambres à l'étage, aménagée dans une vieille maison restaurée. 1 ch. (1 lit 2 pers. 1 lit 1 pers.), 1 ch. (3 lits 1 pers.), 1 ch. (1 lit 2 pers.). 2 salles de bains/wc. 1 salle de bains/wc. Agréés A.P.F. Ascenseur, bibliothèque, TV. Jardin d'agrément, véranda, salons de jardin, jeux de plein-air. A la pointe du Lot-et-Garonne, la Dordogne, les vignoble du Bordelais. Duras : son château, ses vins, ses pruneaux. Panier pique-nique 45 F. Gare 25 km. Commerces 4 km. Ouvert toute l'année. Anglais parlé.

Prix : 1 pers. **190 F** 2 pers. **220 F** 3 pers. **260 F** pers. sup. **50 F** repas **75/150 F**

0,6	4	4	25	10

CHAUGIER Michel – Botte – 47120 Duras – Tél. : 53.83.81.27

Esclottes Petito   *C.M. n° 79 — Pli n° 3*

NN
(TH)

Maison du XVIIe siècle entièrement rénovée, située sur le coteau d'une petite vallée, entre les vergers de pruneaux et les vignobles du pays de Duras. 3 chambres, chacune avec salle de bains. Chauffage central. Tout confort. Table d'hôtes le soir sur demande. Piscine privée. Pétanque. Terrasse avec vue splendide. Ouvert toute l'année. Gare 18 km. Commerces 7 km. Anglais et italien parlés. Boisson comprise dans le prix repas.

Prix : 1 pers. **150 F** 2 pers. **250 F** 3 pers. **325 F** repas **100 F**

SP	7	18	SP	10	10	30	SP	7

WHITAKER – Petito - Esclottes – 47120 Duras – Tél. : 53.83.83.21 – Fax : 53.83.80.14

Feugarolles Las Barthes   *C.M. n° 79 — Pli n° 14*

NN

Maison avec un grand parc ombragé. 1 chambre avec salle de bains. 1 chambre avec salle d'eau. WC entre les 2 chambres. Possibilité repas à proximité. Circuits touristiques. Cave à vins. Lac aménagé 1,5 km. Sortie autoroute. Damazan 12 km. Agen 21 km. Nerac 15 km. Gare 25 km. Commerces 2,5 km. Ouvert toute l'année.

Prix : 1 pers. **180 F** 2 pers. **230 F** 3 pers. **290 F** pers. sup. **60 F**

1	1,5	1,5	2,5	10	1,5	1,5

TREVISAN Yolande – Las Barthes – 47230 Feugarolles – Tél. : 53.95.24.89

Grezet-Cavagnan Chateau-de-Malvirade

C.M. n° 79 — Pli n° 3

♥♥♥ NN (TH)
Château situé dans un espace de verdure de 23 ha. 2 grandes chambres Louis XV (Mme de Pompadour, Mme de Maintenon) et 2 grandes chambres avec lits à baldaquin (Colbert, Sully). 1 suite Charlotte Rose de Sacriste avec salle de bains. WC. Petit salon avec TV. Salon de lecture. Ouvert toute l'année. Gare 15 km. Commerces 7 km. Repas enfant - de 12 ans : 60 F. Plan d'eau aménagé 7 km. Table d'hôtes sur réservation. Petits animaux acceptés.

Prix : 1 pers. **400/500 F** 2 pers. **550/650 F** 3 pers. **700/900 F** repas **180 F**

2	5	7	10	15	7	SP	7

CUVILLIER Joel et Francoise – Chateau de Malvirade - Grezet Cavagnan – 47250 Bouglon – Tél. : 53.20.61.31 – Fax : 53.89.25.61.

Laplume Cazeaux

C.M. n° 79 — Pli n° 14

♥♥♥ NN (TH)
Face à l'église Saint-Pierre de Cazaux (art roman du XIe siècle), maison de caractère située entre « la Prune et l'Armagnac »... 1 chambre avec salle de bains et wc particuliers. Poss. 1 chambre pour 2 enfants. Repas et petit déjeuner servis dans une grande pièce à vivre avec cheminée. Poss. de service au salon de jardin suivant la saison. Lit enfant 3/4 ans : 50 F. Chauffage central. Parc 5000 m². Jeux de croquet, pétanque sur place. Table d'hôtes le soir sur demande. Ouvert toute l'année. Agen 10 mn. Condom 20 mn. Au bord de l'axe Agen-Pau. Aéroport et péage de l'autoroute à 10 mn. Commerces 1,5 km. Parc Walibi 10 km. Collection privée modélisme (voitures).

Prix : 1 pers. **220 F** 2 pers. **240 F** repas **80 F**

SP	2	12	3	10	1	17	2	3

VERGUIN Louis et Anne-Marie – Cazeaux – 47310 Laplume – Tél. : 53.95.15.91

Le Laussou Soubeyrac

C.M. n° 79 — Pli n° 6

♥♥♥♥ NN (TH)
Ce manoir du XVIe siècle vous apporte le plus reposant et le plus romantique des séjours, dans un site panoramique et pittoresque au cœur des bastides de Monflanquin, Villeréal et Montpazier. 3 ch. et 1 suite avec salle de bains balnéo, douche, multi-jets hydromassages et wc indépendants. Téléphone dans chaque chambre. Piscine à débordement avec jets stream. Repas servis dans la salle à manger ou la cour intérieure. Salon Louis XV pour repos ou lecture. Chauffage central. Parc arboré et ombragé de 2 ha. Location de vélos, ping-pong. Ouvert toute l'année. Commerces 4 km. Plan d'eau aménagé 5 km.

Prix : 1 pers. **300 F** 2 pers. **400/550 F** 3 pers. **800 F** repas **130 F**

1	2	4	4	18	SP

ROCCA Claude – Soubeyrac – 47150 Le Laussou – Tél. : 53.36.51.34

Lusignan-Petit

C.M. n° 79 — Pli n° 14

♥♥ NN
Chambre au rez-de-chaussée. Grande salle d'eau (baignoire + douche) réservée aux hôtes. WC privés. Chauffage central. Jardin ombragé. Ouvert toute l'année. Commerces 4 km. Maison de campagne restaurée dans un petit village (D 107). Table d'hôtes sur réservation. Prêt VTT. Base de loisirs à 3 km. Base U.L.M à 15 km.

Prix : 1 pers. **145 F** 2 pers. **165 F** 3 pers. **225 F**

SP	3	18	3	15	3	6	3	3

POUYLEAU – Le Bourg – 47360 Lusignan-Petit – Tél. : 53.95.98.71

Marmande

C.M. n° 79 — Pli n° 3

♥♥ NN
2 chambres d'hôtes aménagées en suite et 1 chambre dans l'aile indépendante. 1 ch. E.C (1 lit 2 pers.) de plain-pied dans la partie basse de la maison, salle d'eau et wc privés. Superbe maison des années 70. 2 chambres avec lits jumeaux. 1 chambre 2 pers. WC. Salle de bains avec baignoire, douche, double lavabos + 2 coins-toilette. Parc ombragé et fleuri. Parking. L'été les petits déjeuners sont servis sur une grande terrasse. Possibilité pique-nique sur place. Proche RN 113 (500 m). A 3 km de Marmande et Sainte-Bazeille. Ouvert toute l'année. Italien parlé.

Prix : 1 pers. **130 F** 2 pers. **150 F**

SP	1	3	3	10	3	6	25

CONSTANT Gilbert – La Chabirante - Bas de Beaupuy – 47200 Marmande – Tél. : 53.64.31.57

Miramont-de-Guyenne

C.M. n° 79

♥♥♥ NN (TH)
Aux portes de Miramont, 2 chambres d'hôtes dans une construction récente. 1 ch. avec douche, wc, salon TV et 1 ch. en annexe avec salle de bains, wc. Salon de jardin, détente sous les bananiers. Tarifs selon la saison. Ping-pong, balançoires, sentiers forestiers. Commerces 300 m. Ouvert toute l'année.

Prix : 2 pers. **190/210 F** pers. sup. **50 F** repas **70 F**

2	2	2	2	8	SP	2

SZPALA – Les Bananiers - 194 Route de la Z.I. – 47800 Miramont-de-Guyenne – Tél. : 53.93.24.85

Moirax Trouttet

C.M. n° 79 — Pli n° 15

♥♥ NN
1 chambre 2 pers. au rez-de-chaussée avec salle d'eau et wc privés. 2 entrées dont 1 privée. 1 chambre 2 pers. à l'étage. Salle d'eau particulière, wc communs. Grande maison campagnarde restaurée à 7 km d'Agen. Ouvert toute l'année. Commerces 1 km.

Prix : 1 pers. **180 F** 2 pers. **200 F**

SP	SP	10	7	7	1	10	1	7

BECERRA Andre – Trouttet – 47310 Moirax – Tél. : 53.87.12.58

Moncaut Domaine-de-Pouzergues   *C.M. n° 79 — Pli n° 14*

❅❅❅❅ NN   Au r.d.c. : jardin d'hiver, salon (TV), bibliothèque. Jeux de société. 1er étage : une suite style Louis XIII (2 lits 1 pers. 1 lit 2 pers.). 1 chambre 2 pers. 1 chambre 2 pers. 2e étage : 1 chambre 2 pers. 1 chambre indépendante dans le pigeonnier (1 lit 2 pers.). Salle de bains et téléphone pour chacune. Coin-cuisine. WC, douche. Maison de caractère avec grand parc, arbres centenaires, espèces rares. Piscine privée chauffée. Cadre calme et reposant. Sur la route de Nérac à 10 km d'Agen. Aéroport 10 km. Dégustation eaux de vie et liqueurs fabriquées sur le domaine. Fermé en janvier.

Prix : 1 pers. **390 F** 2 pers. **432 F** 3 pers. **550 F**

SP	8	20	9	7	4	12	SP	9

DOUBESKY – Domaine de Pouzergues – 47310 Moncaut – Tél. : 53.97.53.97 – Fax : 53.97.15.25.

Monclar-d'Agenais La Seiglal   *C.M. n° 79 — Pli n° 5*

❅❅❅ NN   (TH)   5 chambres d'hôtes dans un petit château situé en pleine campagne et entouré d'un grand parc. 3 ch. avec salle de bains et wc, 2 ch. avec salle d'eau, lavabo et wc communs. Salle de jeux, salle à manger, salon et bibliothèque à la disposition des hôtes. Baby-foot, ping-pong, bicyclettes sur place. Ouvert toute l'année. Gare 20 km. Commerces 2 km. 3 ch. 3 épis NN et 2 ch. 2 épis NN. Les propriétaires sont agriculteurs retraités. Prix repas tout compris. Montpezat 12 km (base ULM), Le Temple 12 km (base nautique), arts martiaux. D667 borne kilométrique 25.

Prix : 1 pers. **227/262 F** 2 pers. **262/298 F** repas **90 F**

SP	SP	7	SP	7	2	10	SP	7

DECOURTY Christian – La Seiglal – 47380 Monclar-d'Agenais – Tél. : 53.41.81.30 – Fax : 53.41.85.10.

Monflanquin   *C.M. n° 79 — Pli n° 5*

❅ NN   (TH)   2 ch. 2 pers. avec lavabo, dont 1 avec bidet et lit enf. Salle de bains et wc communs. Chauffage central. Monflanquin à 1 km de tous commerces. Ouvert toute l'année.

Prix : 1 pers. **130 F** 2 pers. **140 F** repas **70 F**

2	2	12	2	2	12	2	16

BOISGUERIN Joseph et Aime – Marot - Route de Lacaussade – 47150 Monflanquin – Tél. : 53.36.43.69

Monflanquin Domaine-de-Roquefere   *C.M. n° 79 — Pli n° 5*

❅❅❅ NN   (A)   Grande maison près d'un petit bourg. 4 ch. harmonieuses, de style avec terrasses privatives ouvrant sur un jardin fleuri et piscine, endroit très calme. Salle de bains et wc dans chaque chambre (4 disposition sèche-cheveux et TV). Salon, biblio., lecteur CD. Garages fermés ou parking. Circuit des Bastides. Réduc. à partir d'1 semaine en 1/2 pens. Venez à Roquefère, l'endroit y est exquis, fameuse y est la chair et l'hôtesse sourit. Auprès de Pierres Vieilles et face à Monflanquin, la piscine sommeille au soleil du matin. Voyageurs avertis, surtout n'oubliez pas qu'un peu de paradis se cache près de là (extrait de notre livre d'or).

Prix : 1 pers. **280 F** 2 pers. **330 F** 3 pers. **405 F** repas **85 F**

SP	SP	17	15	3	3	20	SP	25

SEMELIER Francis – Domaine de Roquefere – 47150 Monflanquin – Tél. : 53.36.43.74

Montagnac-sur-Lede Binou   *C.M. n° 79*

❅❅❅ NN   (TH)   Dans un environnement vallonné, propice aux randonnées, Binou vous offrira sa maison et ses 3 chambres coquettes (1 lit 2 pers. chacune), desservies par un large vestibule. Salles de bains et wc privés. Salon. Terrasse, ping-pong, vélos, pétanque. Parc fleuri, piscine à cascade. Chenil pour gros chien. Panier-piscine et table d'hôtes à la demande. Gare 12 km. Commerces 3 km. Ouvert du 1er avril au 30 septembre. Anglais parlé. Réduction de 15 % dès la 3e nuit, 7e nuit gratuite.

Prix : 1 pers. **220 F** 2 pers. **270 F** 3 pers. **340 F** pers. sup. **70 F** repas **75 F**

1	10	6	6	25	SP

SEFFALS Genevieve – Binou – 47150 Montagnac-sur-Lede – Tél. : 53.36.32.62

Montignac-de-Lauzun   *C.M. n° 79 — Pli n° 4*

❅❅ NN   (TH)   2 chambres d'hôtes aménagées au r.d.c. d'une grande maison, salle d'eau et wc individuels, chauffage central. Tranquillité assurée. Possibilité demi-pension. Ouvert toute l'année. Commerces 7 km.

Prix : 2 pers. **150 F** repas **65 F**

SP	SP	10	10	10	10	10	10

CADDOUX Rene – Becquet – 47800 Montignac-de-Lauzun – Tél. : 53.93.28.89

Montpezat-d'Agenais   *C.M. n° 79 — Pli n° 14*

❅❅❅ NN   (TH)   3 chambres d'hôtes à l'étage avec salle de bains et wc individuels. Salon réservé aux hôtes. Grande véranda. Chauffage électrique. Table d'hôtes sur réservation, cuisine régionale soignée. Repas enfant - 12 ans : 38 F. Prix repas vin compris. Gratuit jusqu'à 3 ans. Ouvert toute l'année. Commerces 3 km. Anglais parlé. Prix pour séjours. Maison de maître en pleine campagne. Site agréable et tranquille. Sentiers balisés et randonnées pédestres. Découverte d'un patrimoine architectural important. Base U.L.M. Arts martiaux. Gratuit pour les enfants de - de 6 ans.

Prix : 1 pers. **175/210 F** 2 pers. **228/258 F** pers. sup. **72 F** repas **78 F**

5	8	5	3	25	5	5

GASQUY Madeleine – Pince Guerre – 47360 Montpezat-d'Agenais – Tél. : 53.95.07.71

Moustier La Croix-Moustier
C.M. n° 79 — Pli n° 4

❦❦❦ NN
(TH)

5 chambres avec salle de bains ou salle d'eau individuelle. Sur place : piscine privée, balançoire. Table d'hôtes sur demande. Maison située sur la D668, à proximité du village (tous commerces). Ouvert toute l'année. Gare 25 km. Commerces 1 km. Tarif spécial en hors-saison. Circuit pédestre, plan d'eau, rivière, possibilité pêche. Les propriétaires sont agriculteurs. Balades en canoë-kayak à la journée ou 1/2 journée à 1 km.

Prix : 1 pers. **210 F** 2 pers. **230 F** pers. sup. **65 F** repas **70 F**

1	1	SP	8	8	20	SP	8	

PALU Jean-Claude – La Croix de Moustier – 47800 Moustier – Tél. : 53.20.21.87

Moustier
C.M. n° 79 — Pli n° 4

❦❦❦ NN

Dans un parc ombragé en bordure de rivière, ferme restaurée avec 3 ch. 3 épis NN. Douche et wc particuliers. Salle de séjour, salon, bibliothèque. Possibilité de table d'hôtes sur réservation. Services annexes : lave-linge, réfrigérateur. 3 ha. de bois pour vos promenades. Ouvert toute l'année. Commerces 1 km. Parc d'attraction Walibi à 80 km. A proximité des vignobles de Duras, entre deux mers. Saint-Emilion, Pomerol, Bergerac et Monbazillac. Week-end à thème. Tarifs dégressifs pour séjour minimum 15 jours. Modalité de paiement.

Prix : 1 pers. **210 F** 2 pers. **230 F** 3 pers. **300 F**

1	1	6	7	17	6	6

AUBER Odette – Baraille – 47800 Moustier – Tél. : 53.83.06.64

Nerac Le Cauze
C.M. n° 79 — Pli n° 14

❦❦❦ NN
(TH)

Alt. : 115 m — 4 chambres d'hôtes confortables, toutes avec salle d'eau et wc. Au r.d.c. : 3 ch. (1 lit 2 pers. chacune). Au 1er étage : 1 ch. (1 lit 2 pers. 1 lit 1 pers.). Salle à manger (32 m²), grand salon (50 m²) avec billard, TV, Hifi. Parc arboré de 1 ha. avec piscine, terrain de pétanque, ping-pong, salons de jardin. Gare 25 km. Commerces 2 km. Ouvert d'avril à octobre. Endroit calme situé seulement à 2 km du centre de Nérac (possibilité location de bateaux). Golf à Barbaste. Parc Waliby 20 km. Nombreuses visites dans un rayon de 25 km.

Prix : 1 pers. **250 F** 2 pers. **300 F** 3 pers. **400 F** pers. sup. **100 F** repas **100 F**

15	15	2	10	SP	15

DE BOER Jean-Jacques et Sylvie – Domaine du Cauze - Le Cauze – 47600 Nerac – Tél. : 53.65.54.44 – Fax : 53.65.54.44

Paulhiac
C.M. n° 79 — Pli n° 5

❦❦❦ NN
(TH)

5 chambres avec sanitaires particuliers, dans un manoir du XVIIe siècle, en pleine campagne. Grand confort, calme. Bibliothèque 3000 livres. Toutes les chambres sont personnalisées. Certaines chambres sont classées 2 épis NN. Réduction 20 % dès la 3e nuit. 15 F/animal. Gare 17 km. Commerces 9 km. Ouvert de Pâques à novembre. Piscine sur place. Chauffage central. Grand parc. Sentiers forestiers. Dépliant sur demande. Minitel 11 l'Ormeraie 47.

Prix : 1 pers. **380 F** 2 pers. **400/725 F** 3 pers. **875 F** repas **152 F**

SP	1	15	SP	5	9	25	9	43

DE L'ORMERAIE Michel – 47150 Paulhiac – Tél. : 53.36.45.96 – Fax : 53.36.45.96.

Pompiey
C.M. n° 79 — Pli n° 15

❦❦ NN
(TH)

Propriétaire agricultrice. Table d'hôtes sur demande. 2 chambres d'hôtes aménagées dans l'aile d'une demeure de caractère. Au rez-de-chaussée : 1 chambre avec salle de bains et wc privés et 2 chambres avec salle d'eau et wc privés. A l'orée de la forêt landaise. Sur place : ping-pong, baby-foot. Randonnées pédestres en forêt. Commerces 8 km.

Prix : 1 pers. **135 F** 2 pers. **150/170 F** 3 pers. **210/240 F** repas **70 F**

SP	SP	SP	0,5	5	3	12	18

DEHAN Marie-Mathilde – Mounon – 47230 Pompiey – Tél. : 53.65.94.28 ou 53.65.97.56

Pujols
C.M. n° 79 — Pli n° 15

❦❦ NN
(TH)

3 chambres d'hôtes aménagées dans une maison de construction neuve. 1 ch. 2 pers. et 2 ch. 3 pers. avec salle de bains commune. Salle de séjour à la disposition des hôtes. Jardin ombragé. Ouvert toute l'année. Gare 15 km. Commerces 5 km.

Prix : 1 pers. **150/250 F** 2 pers. **200/300 F** repas **50 F**

1,5	SP	4	4	10	4	18	4

COURNOU Guy – Plantou – 47300 Pujols – Tél. : 53.70.70.31

Rives
C.M. n° 79 — Pli n° 5

❦❦ NN

Dans un camping 4 étoiles bénéficiant de tous les services et animations : mini-golf, bibliothèque, bar, restaurant. 5 chambres aménagées dans les dépendances d'un château du XVIe siècle, avec salles d'eau et wc particuliers. Accès aux chambres depuis la salle du bar. Parc de 20 hectares. Réduction de 10 % en mai, juin et septembre. Commerces sur place. Ouvert du 15 mai au 30 septembre.

Prix : 1 pers. **210 F** 2 pers. **240 F** 3 pers. **330 F**

SP	SP	50	SP	15	3	15	SP

BLASSELLE Alain – Fonrives – 47210 Rives – Tél. : 53.36.63.38 – Fax : 53.36.09.98

Roquefort Le Chateau-de-Roquefort

C.M. n° 79 — Pli n° 15

♥♥♥ NN (TH)

Maison de caractère des XIIe et XVIe siècles. 4 ch. avec salle de bains et wc privés. Salon, bibliothèque. Maison située sur un domaine de 17 ha. dominant la vallée de la Garonne. Calme et repos. Jeux d'enfants. Randonnées pédestres (halte sentier St-Jacques de Compostelle). VTT, tennis, parc de Walibi 2 km. Agen 5 km. Ouvert toute l'année. Table d'hôtes sur réservation. Repas enfant : 40 F. Gare 5 km. Commerces 500 m. Anglais parlé.

Prix : 1 pers. **190 F** 2 pers. **220 F** 3 pers. **250 F** repas **80 F**

SP	5	5	7	3	0,5	7	7	7

GINCHELOT Yves et Danielle – Le Chateau – 47310 Roquefort – Tél. : 53.67.89.05

Saint-Antoine-de-Ficalba

C.M. n° 79 — Pli n° 15

♥♥♥ NN (TH)

Dans une maison ancienne du XVIIe siècle, 1 chambre pour 2 pers. donnant sur terrasse et parc, très confortable. Cabinet de toilette, douche et wc particuliers. Grand séjour/salon avec billard, cheminée. Grottes, sites et promenades. Commerces 6 km.

Prix : 1 pers. **200 F** 2 pers. **220 F** pers. sup. **50 F** repas **80 F**

SP	3	1	3	1	1

DELANEUVILLE Jean – Pechon – 47340 Saint-Antoine-de-Ficalba – Tél. : 53.41.71.59

Saint-Eutrope-de-Born Le Moulin-de-Labique

C.M. n° 79 — Pli n° 5

♥♥♥ NN (TH)

Entre Villeréal et Monflanquin, aux portes de la Dordogne. 2 chambres et 2 suites au décor raffiné avec salle de bains et wc privés aménagées dans un ensemble de bâtiments du XVIIIe siècle avec moulin, parc fleuri, étangs. Terrasse, salons, bibliothèque. Ouvert toute l'année sauf en novembre. Gare 19 km. Commerces 6 km. Enfant moins de 8 ans : 130 F. Plan d'eau aménagé 15 km.

Prix : 1 pers. **270 F** 2 pers. **420 F** repas **100 F**

SP	5	5	1	10	SP

BOULET Helene – Le Moulin de Labique – 47210 Saint-Eutrope-de-Born – Tél. : 53.01.63.90 ou 53.36.66.57

Saint-Eutrope-de-Born Coulet

C.M. n° 79

♥♥♥ NN (TH)

Chambre « le rosier blanc » : (2 lits jumeaux 80). Chambre « le marronier » : (2 lits 120). Chambre « la pruneraie » : (1 lit 2 pers. 1 lit 120). Toutes les chambres avec salle d'eau et wc privés. Piscine, ping-pong, bicyclette. Animaux de la ferme. Terrasse couverte. Gare 25 km. Commerces 5 km. Ouvert toute l'année. Vous êtes invités à la table familiale où vous retrouverez les saveurs d'autrefois, dans le silence d'une douce et verdoyante campagne. Colette vous fera découvrir le tour de main magique pour réaliser la tourtière.

Prix : 1 pers. **220 F** 2 pers. **250 F** 3 pers. **295 F** repas **85 F**
1/2 pens. **300 F**

5	25	5	5	15	SP

AUZERAL Colette – La Fournial-Coulet – 47210 Saint-Eutrope-de-Born – Tél. : 53.36.40.98

Saint-Jean-de-Duras

C.M. n° 79 — Pli n° 4

♥♥♥

Ancienne ferme à proximité des bois. Grand espace calme, salon. 2 chambres avec entrées indépendantes, salle de bains et wc particuliers. Vélos, jeux divers. Ouvert du 15 mai au 15 septembre. Commerces 4 km. Anglais parlé.

Prix : 1 pers. **185 F** 2 pers. **200 F**

5	5	5	5	5	5	40	10	5

PIERSON Jacques – Le Vigneau – 47120 Saint-Jean-de-Duras – Tél. : 53.83.04.64 – Fax : 53.83.01.86

Saint-Martin-de-Beauville Manoir-de-Galaup

♥♥♥ NN (TH)

Alt. : 195 m — Dans manoir du XVe siècle, 1 chambre de caractère à l'étage avec une petite chambre enfant. Entrée indépendante par escalier à vis d'origine. Grande cour intérieure avec ombrages. Salon de jardin. Grande chambre à l'étage de la tour, avec petite chambre enfant. Salle de bains et wc. Salle de séjour avec cheminée. Cadre reposant. Terrasse. Lit enfant : 60 F. Panorama. Circuit touristique. Gare 20 km. Commerces 3 km. Agen 20 km. Villeneuve-sur-Lot 30 km. Propriétaire agriculteur. Elevage de Blondes d'Aquitaine, culture de tabac. Produits fermiers. Ouvert d'avril à octobre.

Prix : 1 pers. **170 F** 2 pers. **220 F** pers. sup. **60 F** repas **70 F**

SP	8	8	12	3	12	8	12

BEVILACQUA – Manoir de Galaup - Saint-Martin de Beauville – 47270 Puymirol – Tél. : 53.95.33.52

Saint-Salvy

C.M. n° 79 — Pli n° 14

♥♥♥ NN (TH)

A l'étage : 1 ch. (2 lits jumeaux + coin-enfants lits superposés), salle de bains + wc. 1 ch. (1 lit 2 pers.) + mezzanine (2 lits 1 pers.), douche + wc. 1 ch. (1 lit 2 pers. 1 lit 1 pers. 1 lit 70), salle de bains + wc. Salon réservé aux hôtes. Piscine sans chlore. Jeux d'enfants. Prêt de bicyclettes. Gare et commerces 6 km. Ouvert toute l'année (réserver à l'avance). Chambres aménagées dans une gentilhommière du XVIIe siècle. Vente de conserves. -10 % avant le 15 juin et après le 15 septembre. Réduction pour enfants. Le propriétaire est agriculteur.

Prix : 1 pers. **275 F** 2 pers. **300 F** 3 pers. **325 F** repas **85 F**
1/2 pens. **235 F**

6	2	10	SP	10	5	20	SP	10

JANKOVSKY Robert et Caroline – La Grangette – 47360 Saint-Salvy – Tél. : 53.87.28.06

Saint-Urcisse Beausejour

C.M. n° 79 — Pli n° 16

♥♥ NN (TH)

Ferme restaurée à la campagne. Découverte de la nature et des bons petits plats. 2 chambres 3 pers., salle d'eau et wc particuliers. 1 chambre enfant avec lavabo (80 F). Services supplémentaires : lit enfant, repassage, lavage, panier pique-nique. Possibilité pension et 1/2 pension. Repas enfants à partir de 40 F. Agricultrice. Ouvert toute l'année.

Prix : 1 pers. **150 F** 2 pers. **175 F** 3 pers. **200 F**
repas **60/120 F**

SP	5	20	8	12	12	15	8	20

DE BORTOLI Aline – Beausejour – 47270 Saint-Urcisse – Tél. : 53.87.42.08 ou 53.87.42.21

Samazan

C.M. n° 79 — Pli n° 3

♥♥♥ NN (TH)

Maison noble du XVIIIe siècle avec un grand parc. 1 suite de 2 chambres avec salle d'eau et wc indépendants. 1 chambre avec dressing, salle de bains et wc indépendants. 1 chambre en r.d.c. pour 2 pers. avec salle d'eau et wc privés. Table d'hôtes sur demande. Ouvert toute l'année. Commerces 3 km. Chambre enfant : 160/180 F. Marmande 10 km. Casteljaloux 12 km.

Prix : 1 pers. **260/280 F** 2 pers. **280/300 F** 3 pers. **360/380 F** repas **90 F**

SP	2	5	SP	SP	10	14	SP	14	

DE LA RAITRIE Jean-Bernard – Chateau Cantet – 47250 Samazan – Tél. : 53.20.60.60 ou 53.89.63.53

La Sauvetat-sur-Lede La Renarde

C.M. n° 79 — Pli n° 15

♥♥ (TH)

3 ch. d'hôtes (2 et 3 épis) indépendantes de la maison, avec terrasse plein sud. 3 ch. 2 pers. avec 1 salle d'eau particulière, 2 salles d'eau communes. Salle de séjour, parking. Restaurant 4 km. Ouvert toute l'année. Gare 15 km.

Prix : 2 pers. **150/180 F** repas **60 F**

SP	6	6	3

COUFIGNAL Pierre et Denise – La Renarde – 47150 La Sauvetat-sur-Lede – Tél. : 53.41.90.34

Sauveterre-la-Lemance L'Oree-du-Bois

C.M. n° 79 — Pli n° 6

♥ NN (TH)

Dans une maison bourgeoise de 2 étages. 2 chambres d'hôtes avec cabinet de toilette. WC et salle de bains au même étage. WC au rez-de-chaussée. Douche au 2e étage. Parc de 3000 m² traversé par une petite rivière. Chauffage central. Réduction 20 % à partir de la 3e nuit. Ouvert toute l'année. Commerces 300 m.

Prix : 1 pers. **150 F** 2 pers. **200 F** 3 pers. **250 F** repas **70 F**

SP	10	6	0,5	25	10

SALLE Lise – L'Oree du Bois - Route du Chateau – 47500 Sauveterre-la-Lemance – Tél. : 53.40.65.33

Seyches

C.M. n° 79 — Pli n° 4

♥♥ NN

Ancienne ferme restaurée dans jardin ombragé. 3 chambres d'hôtes avec salle de bains et wc particuliers. Chauffage central. Salle à manger. Salon commun. Possibilité cuisine et barbecue. Piscine privée. Ouvert toute l'année. Commerces sur place.

Prix : 1 pers. **165 F** 2 pers. **190 F** 3 pers. **230 F**

SP	SP	5	5	5	SP	10	SP	5

CORIOU-DUCOS – Jean Berty – 47350 Seyches – Tél. : 53.83.61.40

Soubirous Clavie

C.M. n° 79 — Pli n° 5

♥♥♥♥ NN (TH)

Alt. : 100 m — 4 ch. doubles (1 lit 2 pers. 3 lits jumeaux 1 pers.), toutes équipées de tél. (sortie directe), TV, s.d.b. et wc privés. 2 grands salons, cheminées, bibliothèque, salle à manger, grand patio. Petite maison indépendante : 2 ch. (2 lits 160), salles de bains avec wc privés, séjour, cheminée, TV, cuisine, pergola. Commerces 7 km. Fermé janvier et février. Anglais parlé. Au cœur d'un magnifique domaine de pruniers, cette vaste demeure du XVIIe siècle, vous accueille pour un séjour de charme. Le propriétaire vous y reçois en ami et vous fera apprécier la douceur de vivre : piscine, apéritif dans le patio ou le jardin, cuisine du marché...

Prix : 2 pers. **600/800 F** repas **145 F**

1,5	7	3	3	SP

DISERENS MARC – Domaine de Clavie - Soubirous – 47300 Villeneuve-sur-Lot – Tél. : 53.41.74.30 – Fax : 53.41.77.50.

Tonneins Mou-Lerin

C.M. n° 79 — Pli n° 4

♥♥♥ NN (TH)

Belle maison de maître avec parc de 2 ha. en pleine campagne comprenant 2 chambres, l'une avec salle de bains et wc, l'autre avec douche et wc. Entrée particulière pour chaque, l'une des chambres a une vue sur la piscine privée. Ouvert toute l'année. Commerces 5 km. Plan d'eau aménagé à 12 km.

Prix : 1 pers. **220 F** 2 pers. **250 F** 3 pers. **320 F** pers. sup. **70 F** repas **75 F**

5	5	SP	7	20	SP

DE TAPOL HAUVIETTE – Mou Lerin – 47400 Tonneins – Tél. : 53.79.09.36

Villeneuve-sur-Lot

C.M. n° 79 — Pli n° 5

♥♥♥ NN (TH)

Domaine avec produits fermiers en bordure de grande ville, avec 5 chambres confortables de caractère. Salle de bains et wc privés. Piscine, sauna. Salon avec cheminée à disposition des hôtes. Vue panoramique. Chevaux sur place. Ouvert toute l'année. Gare 4 km. Commerces 5 km. Le propriétaire parle anglais, allemand, flamand et hollandais.

Prix : 1 pers. **220/235 F** 2 pers. **320/370 F** 3 pers. **405/455 F** repas **100 F**

SP	5	5	SP	SP	3	15	SP	5

POPPE-NOTTE BOOM – Les Huguets – 47300 Villeneuve-sur-Lot – Tél. : 53.70.49.34 – Fax : 53.70.49.34

Villereal

C.M. n° 79 — Pli n° 5

♥♥♥ NN

1 chambre de 2 pers. + 1 annexe 1 pers. aménagées à l'étage d'une maison dans le village. Salle de bains et wc particuliers. Salle de séjour. 3 restaurants dans le village. Ouvert de juin à septembre. Gare 30 km. Commerces 100 m.

Prix : 1 pers. **160 F** 2 pers. **180 F**

SP	1,5	SP	10	SP	20	12	8

LOPEZ Marie-Therese – 25 rue du Dropt – 47210 Villereal – Tél. : 53.36.00.85

Villereal

C.M. n° 79 — Pli n° 5

NN

2 chambres au 2ᵉ étage avec lavabo (2 lits jumeaux, 1 lit 2 pers.). WC et douches communs à l'étage. 1 chambre 2 pers. au 1ᵉʳ étage, salle d'eau privée, wc communs aux hôtes. Possibilité d'une suite avec chambres du 1ᵉʳ étage. 1ᵉʳ étage : 1 chambre (1 lit 2 pers.), salle de bains et wc privés. Chauffage central. Gare 35 km. Commerces sur place. Maison de maître du XIIIᵉ siècle à l'orée du Périgord dans une bastide. Villeneuve sur Lot 30 km. Bergerac 35 km. Toutes animations sur place. Itinéraires d'excursions. Châteaux du Périgord, grottes préhistoriques, hippisme.

Prix : 1 pers. **140/160 F** 2 pers. **180/230 F** 3 pers. **330/350 F**
pers. sup. **60 F**

SP	SP	SP	10	SP	20	4	SP

VIGERIE Gilberte – 5 rue Bissiere – 47210 Villereal – Tél. : 53.36.00.95

Villereal Chateau de Ricard

 C.M. n° 79

NN
(TH)

Alt. : 280 m — Belle demeure du XIXᵉ siècle au cœur des bastides du Haut-Agenais et du Périgord. 3 grandes chambres au château (1 lit 160 chacune), avec salle de bains/wc, TV, tél. Dans les dépendances, 2 suites avec chacune : 1 ch. (1 lit 160), salon, salle de bains/wc, TV, tél. Salons, bibliothèque, salle de billard, 2 salles à manger à disposition. Gare 30 km. Commerces 1 km. Ouvert du 15 avril au 31 octobre. Anglais et espagnol parlés. Vous pourrez flaner dans le parc, pêcher dans l'étang ou la rivière, profiter de la piscine, du tennis. Un petit déjeuner vous sera servi en terrasse. Table d'hôtes le soir sur réservation.

Prix : 1 pers. **400/700 F** 2 pers. **500/800 F** 3 pers. **600/900 F**
pers. sup. **100 F** repas 100/220 F

SP	20	5	SP	15	SP

DE GUILHEM Sylvia – Chateau de Ricard – 47210 Villereal – Tél. : 53.36.61.02 – Fax : 53.36.61.65

Tarn-et-Garonne

Auvillar Le Cap de Pech

C.M. n° 79 — Pli n° 16

NN

1 chambre double pour une même famille, aménagée avec charme et agrémentée d'un joli salon privatif. 1 ch. (1 lit 2 pers.), lavabo, 1 ch. (1 lit 2 pers.), salle de bains, wc indépendants. Auvillar : l'église et son trésor, l'ancienne halle aux grains, les vieilles maisons. Gare 6 km. Commerces sur place. Location vélos 6 km. Ouvert toute l'année.

Prix : 1 pers. **175 F** 2 pers. **220 F** 3 pers. **285 F**
pers. sup. **85 F**

13	6	1	SP	13	2

SARRAUT Annick et Jacques – Le Cap de Pech – 82340 Auvillar – Tél. : 63.39.62.45 ou 63.04.29.94

Beaumont-de-Lomagne

C.M. n° 82 — Pli n° 6

(TH)

Alt. : 100 m — Au rez-de-chaussée : 1 ch. acc. aux pers. hand. avec aide (2 lits 1 pers.), douche, wc. A l'étage. 1 suite familiale avec 1 ch. (1 lits 2 pers.), 1 ch. (2 lits 1 pers.), salle de bains avec wc. 1 ch. (1 lit 2 pers.), salle de bains et wc. 1 ch. (2 lits 1 pers.), salle d'eau, wc. Salle de séjour, TV au r.d.c. Ouvert toute l'année. Commerces sur place. Dans une grande maison bourgeoise à Beaumont-de-Lomagne, 4 chambres d'hôtes aménagées avec beaucoup de soin. Superbe parc à l'arrière de la maison. 1/2 pens./pers. sur la base de 2 pers. pour minimum 3 jours. Réduction : 3 jours et plus (-15 %), prix spécial week-end hors-saison. Anglais parlé.

Prix : 1 pers. **210 F** 2 pers. **260 F** 3 pers. **370 F** repas 90 F
1/2 pens. **200 F**

0,8	0,8	0,8	7	SP	22

ELLARD Tony – 16 rue Despeyrous – 82500 Beaumont-de-Lomagne – Tél. : 63.65.32.34 – Fax : 63.65.29.85

Bourret Le Chalet

C.M. n° 82 — Pli n° 7

NN

Au 1ᵉʳ étage : 1 chambre double pour une même famille : 1 ch. (1 lit 2 pers.), 1 ch. (2 lits 1 pers. 1 lit 2 pers.), salle d'eau et wc communs. Salon commun, jardin arboré très agréable. Portique. Gare 13 km, commerces sur place. Anglais parlé. Ouvert toute l'année. Le bed and breakfast, Marylyne Brown connait bien, anglaise d'origine, elle a choisi la France pour pratiquer l'activité chambre d'hôtes en vous proposant 1 chambre avec piscine sur place qui surplombe la vallée.

Prix : 1 pers. **150 F** 2 pers. **185 F** 3 pers. **225 F**

5	SP	1	0,3	10	5	7

BROWN Marylyn – Le Chalet – 82700 Bourret – Tél. : 63.64.82.27 ou 63.64.78.88

Brassac La Marquise

C.M. n° 79 — Pli n° 16

NN
(TH)

4 chambres d'hôtes aménagées au 1ᵉʳ étage de la maison du propriétaire. 1 ch. (1 lit 2 pers. 2 lits 1 pers.), 1 ch. (1 lit 2 pers.), 1 ch. (1 lit 2 pers. 1 lit 1 pers.), 1 ch. (1 lit 2 pers.). Salles de douche et wc privés. Ombrages, véranda, salon de jardin sur place. Connaissance de la flore, randonnée pédestre, pêche en étang. 1/2 pens./pers. sur la base de 2 pers. Initiation à la cuisine traditionnelle du Quercy. Vous trouverez dans cette ferme un aménagement soigné et rustique, un accueil très chaleureux, une table d'hôtes de qualité (médaille toque d'or 91). VTT disponibles et canne à pêche sur place. Gare 20 km. Commerces 8 km. Ouvert toute l'année.

Prix : 1 pers. **170 F** 2 pers. **220 F** 3 pers. **280 F**
pers. sup. **60 F** repas 80 F 1/2 pens. **190 F** pens. 270 F

14	11	SP	8	SP	1	1	22

DIO Gilbert – La Marquise – 82190 Brassac – Tél. : 63.94.25.16

Bruniquel
C.M. n° 79 — Pli n° 19

♨ NN

5 chambres d'hôtes aménagées dans une grande maison située dans le village. 5 chambres 2 pers. avec 2 salles d'eau communes, wc communs sur le palier. Salle de jeux à la disposition des hôtes. Tennis et randonnées pédestres sur place. Commerces 5 km. Ouvert toute l'année.

Prix : 1 pers. **94 F** 2 pers. **120 F**

🚣	🛥	⛵	⛷	🏃	🎿	♒	⛳
13	14	1	SP	SP	1	13	7

MAIRE DE BRUNIQUEL – 82800 Bruniquel – Tél. : 63.67.24.91 ou 63.67.24.76

Campsas La Tisarne
C.M. n° 82 — Pli n° 8

♨ NN

1 chambre double ne pouvant être louée qu'à une même famille, aménagée au rez-de-chaussée (1 ch. 3 lits 1 pers., 1 ch. 3 lits 1 pers.), salle bains et wc privés. Cuisine. Salon de jardin. Gare 14 km. Commerces 3 km. Ouvert toute l'année. Anglais et allemand parlés. Dans le cadre accueillant d'une ferme viticole, profitez des joies de l'eau et des activités de loisirs à proximité. Mini-golf sur place.

Prix : 1 pers. **160 F** 2 pers. **200 F** 3 pers. **280 F**

🛥	⛵	⛷	🏃	🎿	♒	⛳
SP	3	2	6	SP	6	15

WAEBER Diane – La Tisarne – 82370 Campsas – Tél. : 63.64.02.75 – Fax : 63.30.14.37

Castanet
C.M. n° 79 — Pli n° 19

♨ NN

Alt. : 480 m — 3 chambres d'hôtes aménagées dans une maison située au centre du village. 3 chambres (1 lit 2 pers. 1 lit 1 pers. lavabo chacune), avec salle d'eau commune, wc communs sur le palier. Gare 20 km. Commerces 8 km. Ouvert toute l'année. Anglais parlé.

Prix : 1 pers. **130 F** 2 pers. **150 F** 3 pers. **200 F**

🚣	🛥	⛵	⛷	🏃	🎿	♒	⛳
6	8	6	6	SP	4	6	10

CASTAGNE Jean-Claude – Castanet – 82160 Caylus – Tél. : 63.65.75.04

Castanet Cambayrac
C.M. n° 79 — Pli n° 19

♨♨♨ NN
(TH)

En prenant les repas à la table d'hôtes, vous découvrirez la cuisine locale préparée soigneusement par Myriam alors que Daniel saura vous guider pour de belles balades à travers les nombreux sentiers de randonnées. 4 ch. avec salle d'eau et wc privatifs. 3 ch. (1 lit 2 pers. chacune). 1 ch. (2 lits 120). Poss. lit d'appoint : 60 F. 1/2 pens./pers. sur la base de 2 pers. Sur place : piscine, loc. VTT, ping-pong. Ouvert toute l'année. En arrivant, l'ardoise du toit et les pierres du mur vous renvoient l'image typique des granges d'antan. A l'intérieur, au 1er étage, dans un cadre rustique et confortable, 4 chambres vous feront apprécier le calme de la campagne.

Prix : 1 pers. **190 F** 2 pers. **250 F** 3 pers. **310 F** repas **80 F**
1/2 pens. 195 F

🚣	🛥	⛵	⛷	🏃	🎿	♒
4	SP	SP	4	SP	9	11

VIDAL Daniel et Myriam – Cambayrac – 82160 Castanet – Tél. : 63.24.02.03 – Fax : 63.24.01.68

Castelsagrat Pachot
C.M. n° 79 — Pli n° 16

♨♨♨ NN
(A)

Alt. : 120 m — 5 chambres d'hôtes. 2 ch. (1 lit 2 pers. chacune). 1 ch. (2 lits 1 pers. 1 lit 1 pers.). 1 ch. (2 lits 2 pers.). 1 ch. (1 lit 2 pers. 1 lit 1 pers.). Salle d'eau et wc pour chaque chambre. Petite salle aménagée avec TV. Commerces 1 km. Gare 11 km. Ouvert toute l'année. 1/2 pension par pers. sur la base de 2 pers. Dans la maison du propriétaire, 5 chambres d'hôtes aménagées au 1er étage avec vue sur les coteaux, cadre agréable. Terrain avec pelouse.

Prix : 1 pers. **170 F** 2 pers. **220 F** 3 pers. **300 F** repas **90 F**
1/2 pens. 180 F

🚣	🛥	⛵	⛷	🏃	🎿	♒	⛳
5	5	5	13	1	4	13	12

BOYER Guy – Pachot – 82400 Castelsagrat – Tél. : 63.94.23.50

Castelsagrat Le Castel
C.M. n° 79 — Pli n° 16

♨♨♨ NN
(TH)

1 chambre (1 lit 2 pers.). 1 chambre (2 lits 1 pers.). 1 chambre (1 lit 2 pers.) avec salon, TV couleur multi-satellites, chaîne Hi-Fi, magnétoscope et possibilité de former une suite avec pièce adjacente à la salle de bains (1 lit 2 pers.). Salon de jardin. Parc ombragé. Piscine privée (5x10 m). 1/2 pension par pers. sur la base de 2 pers. Anglais parlé. Dans ce village médiéval classé, Le Castel, très belle maison de maître, avec de magnifiques tapisseries anciennes utilisées par Téchiné dans son film « Souvenirs d'en France », vous propose 3 chambres dont 1 double pour 1 même famille, grand confort, piscine. Superbe choix de vins à la table d'hôtes.

Prix : 1 pers. **200/300 F** 2 pers. **230/330 F** 3 pers. **310/410 F**
pers. sup. **80 F** repas **100 F** 1/2 pens. **200/250 F**

🐕	🚣	🛥	⛵	⛷	🏃	🎿	♒	⛳
17	SP	4	13	SP	4	17	17	15

JONQUA - CLEMENT Georges et Danielle – Le Castel – 82400 Castelsagrat – Tél. : 63.94.20.55 –
Fax : 63.94.20.55

Castelsagrat Cabanas
C.M. n° 79 — Pli n° 16

♨♨ NN
(TH)

A l'étage d'une superbe maison, sur un vallon dominant le vieux village, 1 ch. (1 lit 2 pers.), salle d'eau, wc indépendants. Salon et salle à manger communs aux propriétaires. Grand parc arboré, terrasse, salon de jardin. Chevaux sur place. Grandes pièces au sol d'antan. 1/2 pens./pers. sur la base de 2 pers. Gare et commerces 12 km. Ouvert toute l'année. Petites balades à pied ou à cheval. Anglais parlé.

Prix : 1 pers. **190 F** 2 pers. **230 F** 3 pers. **300 F** repas **85 F**
1/2 pens. 190 F

🚣	🛥	⛵	⛷	🏃	🎿	♒
21	6	3	6	SP	SP	21

BAUWENS Philippe – Cabanas – 82400 Castelsagrat – Tél. : 63.94.26.26

Tarn-et-Garonne

Castelsarrasin Dantous-Sud
C.M. n° 79 — Pli n° 16

♥♥♥ NN
(TH)
Dans une sympathique maison, 5 chambres ont été aménagées au 1er étage. 4 chambres (1 lit 1 pers. 1 lit 2 pers. chacune). 1 chambre (2 lits 1 pers. 1 lit 2 pers.). Dans chaque chambre salle de douche et wc. 2 chambres mansardées, toutes de grand confort. Piscine sur place. Terrain clos ombragé. Salle de jeux. Entrée indépendante. Ouvert toute l'année. Gare et commerces à 3 km. Terrain de boules, portique, salon de jardin. TV couleur. Canal latéral à la Garonne à 100 m. Nombreux sites touristiques à visiter (Cloître de Moissac).

Prix : 1 pers. **200 F** 2 pers. **220 F** 3 pers. **290 F**
pers. sup. **70 F** repas **80 F**

17	SP	4	3	6	8	31

GALEA Christiane – Dantous Sud – 82100 Castelsarrasin – Tél. : 63.32.26.95

Caumont Les Quatre-Chemins
C.M. n° 79 — Pli n° 16

♥♥ NN
(TH)
1 chambre double pour une même famille se composant de 1 ch. (1 lit 2 pers.), 1 ch. (1 lit 120, 1 lit 1 pers.), lavabo dans chaque chambre. Salle d'eau sur le palier réservée aux hôtes, wc privatifs. 1/2 pension par pers. sur la base de 2 pers. Gare 11 km. Commerces 3 km. Ouvert toute l'année. Anglais et espagnol parlés. Piscine privée. Dans cette maison traditionnelle à l'ambiance chaleureuse, 1 chambre double a été aménagée au 1er étage. Les propriétaires vous proposent également la table d'hôtes.

Prix : 1 pers. **190/200 F** 2 pers. **220/240 F** 3 pers. **320/350 F**
repas **90 F** 1/2 pens. **190 F** pens. **235 F**

SP	3	3	SP	SP	14

HUBIERE Alain et Christiane – Les Quatre Chemins – 82210 Caumont – Tél. : 63.94.81.14

Caylus La Coste-du-Milieu
C.M. n° 79 — Pli n° 19

♥♥ NN
1 ch. double pour une même famille au 1er étage : 1 ch. (1 lit 2 pers.), 1 ch. (1 lit 2 pers. 1 lit pliant 1 pers.), salle de bains/wc commune et attenante. Mobilier rustique, salon-salle à manger, kitchenette, frigo réservés aux hôtes au r.d.c. Terrain ombragé, salon de jardin. Loc. VTT au village. Sur réservation en dehors de juin à octobre. Poss. 2 lits d'appoint. Rose-Marie et Etienne sont prêts à vous accueillir chaleureusement dans leur maison de famille au cœur des gorges de l'Aveyron, région propice aux randonnées, qu'ils auront à cœur de vous faire découvrir. Gare 22 km. Commerces sur place. Ouvert du 1er juin au 31 octobre. Ang. et esp. parlés.

Prix : 1 pers. **280 F** 2 pers. **280 F** 3 pers. **340/560 F**
pers. sup. **70 F**

SP	12	SP	SP	SP	6	12

BELVEZE Rose-Marie – 762 avenue Garel – 82000 Montauban – Tél. : 63.67.05.85

Cazes-Mondenard Varere
C.M. n° 79 — Pli n° 17

♥ NN
A 6 km de la localité, sur la D81 en direction de Mazères dans un cadre rustique, 1 ch. aménagée dans l'ancienne ferme qu'habitent les propriétaires (1 lit 2 pers. 1 lit 1 pers.), salle de bains réservée aux hôtes. Salle de séjour, salon avec TV, bibliothèque, salle de jeux à disposition des hôtes. Commerces 3 km. Ouvert du 15 avril au 31 octobre. Piscine sur place.

Prix : 1 pers. **150 F** 2 pers. **170 F** 3 pers. **220 F**

9	SP	6	3	1	9

JEANJEAN Marcel – Vareres - Cazes Mondenard – 82110 Lauzerte – Tél. : 63.04.52.57

Dunes Sannac
C.M. n° 79 — Pli n° 15

♥♥♥ NN
(TH)
1 chambre double pour une même famille : 1 ch. (1 lit 2 pers.), 1 ch. (2 lits 1 pers.). Salle de bains et wc privatifs. 1er étage : terrasse, balcon, salon de jardin ombragé. Gare 15 km. Commerces 1 km. Ouvert du 9 janvier au 20 décembre. 1/2 pension par pers. sur la base de 2 pers. Anglais parlé. Au milieu des daims, belle maison de maître avec tour, dans un parc clôturé de 14 ha., avec des daims en liberté, confortable et chaleureuse sera pour vous le point de départ de randonnées et visites variées. Silence. Lac très poissonneux à 30 m de la maison.

Prix : 1 pers. **300 F** 2 pers. **300 F** 3 pers. **400 F** repas **90 F**
1/2 pens. **225 F**

9	SP	1	SP	6	10

BERGER Olivier – Sannac – 82340 Dunes – Tél. : 63.39.91.32

Fajolles
C.M. n° 79 — Pli n° 16

♥♥♥♥ NN
(TH)
4 chambres aménagées au 1er étage de la maison du propriétaire avec entrée indépendante. 3 chambres (1 lit 2 pers. chacune). Salle d'eau et wc attenants, 1 suite familiale (470/550 F) : 1 ch. (1 lit 2 pers.), 1 ch. (2 lits 1 pers.) communicantes, salle d'eau et wc. Sur place, piscine, jardin ombragé, terrasse, salle de séjour. Ouvert toute l'année. Commerces 5 km.

Prix : 2 pers. **275/330 F** pers. sup. **65 F** repas **95 F**

10	SP	1	5	6	10	7

CALLAGHAN Anthony – 82210 Fajolles – Tél. : 63.95.65.31 – Fax : 63.04.35.75

Feneyrols Les Clauzels
C.M. n° 79 — Pli n° 19

♥♥♥ NN
(TH)
Alt. : 400 m — 2 ch. 3 épis (2 lits 1 pers. 1 lit 2 pers.), sanitaires privés ; 3 ch. 1 épis 1 ch. (2 lits 1 pers.), 2 ch. (1 lit 2 pers. chacune), poss. lit bébé, lavabo chacune. Salle de bains réservée aux hôtes. Commerces 8 km. Anglais et espagnol parlés. Ouvert toute l'année. Environnement paysager boisé et valonné, accueil chaleureux. 1/2 pens./pers. sur la base de 2 pers. Au bout du chemin, le calme assuré dans cette ferme de séjour où les chemins de randonnées et les balades à cheval sont à 2 pas. A 18 km de Saint-Antonin ou de Cordes-sur-Ciel, dans un paysage vallonné et boisé, ces 5 chambres d'hôtes vous feront découvrir la vie paisible de la campagne.

Prix : 1 pers. **145/200 F** 2 pers. **160/220 F** repas **85 F**
1/2 pens. **165/195 F**

18	18	SP	1	SP	SP	18	18	40

AHARCHAOU Sonia – Les Clauzels - Feneyrols – 81140 Vaour – Tél. : 63.56.30.98

Gramont Les Garbes
C.M. n° 82 — Pli n° 6

❄❄❄ NN (TH) Simone et Patrice vous accueillent dans leur authentique petite ferme lomagnole. Vous aurez plaisir à séjourner dans leur ch. aux noms de fleurs des champs : au 1er étage, 1 ch. (2 lits 1 pers.), 1 ch. (1 lit 2 pers.), 2 ch. (1 lit 2 pers. 1 lit 1 pers. chacune). Commerces 7 km. Ouvert du 1er avril au 30 octobre. 1/2 pens./pers. sur la base de 2 pers. Anglais et espagnol parlés. Sur place : ping-pong, VTT, jeux pour enfants, grand terrain et terrasse avec vue exceptionnelle.

Prix : 1 pers. **175 F** 2 pers. **220 F** 3 pers. **285 F**
pers. sup. **60 F** repas **85 F** 1/2 pens. **195 F** pens. **280 F**

🏊	⛵	🎣	⛷	🚶	🐎	🏊
8	17	2	7	17	8	

GAILLARD - VARGAS Patrice et Simone – Les Garbes – 82120 Gramont – Tél. : 63.94.07.81

L'Honor-de-Cos Le Haras-du-Verger-d'Aussac
C.M. n° 79 — Pli n° 17

❄❄❄ NN (TH) 2 ch. (1 lit 2 pers. chacune), salle de bains privée et wc chacune. Petit déj. pris au bord de la piscine, surplombant la vallée de l'Aveyron en haut des coteaux, dominé par le pigeonnier. Nombreuses promenades à pied et à cheval ou encore en VTT prévues dans une région sans barrières tout en dégustant en chemin cerises, pêches, abricots,... à portée de main. Vaste ferme du XVIIIe siècle, au cœur d'une propriété arboricole de 12 ha, entièrement rénovée, où règne une atmosphère de raffinement, tableaux de maître, meubles anciens. Entre le piano à queue et la grande cheminée vous pourrez prendre place à la table d'hôtes. Ouvert toute l'année.

Prix : 1 pers. **400 F** 2 pers. **450 F** pers. sup. **100 F**
repas **120 F**

🏊	⛵	🎣	⛷	🚶	🐎	🏊
7	SP	1,5	6	SP	SP	10

DANEY Pascale – Le Haras des Vergers d'Aussac – 82130 Aussac-l'Honor-de-Cos – Tél. : 63.31.82.65 – Fax : 56.57.01.48

Labastide-du-Temple Barryquoutie
C.M. n° 79 — Pli n° 17

❄❄❄ NN (TH) 2 chambres rustiques aménagées dans l'ancien grenier d'une ferme. Chambre saumon (1 lit 2 pers.), salle d'eau/wc. Chambre verte (1 lit 2 pers.), salle d'eau/wc, salon privatif (fauteuils, livres). Grand salon privatif. Douceur et espace dans cette ferme où l'on cultive les fleurs et les plantes. 1/2 pens./pers. sur la base de 2 pers. Gare 15 km. Commerces sur place. Ouvert toute l'année.

Prix : 1 pers. **180/200 F** 2 pers. **240/260 F** 3 pers. **320/340 F**
pers. sup. **80 F** repas **85 F** 1/2 pens. **190/200 F**

🏊	⛵	🎣	⛷	🚶	🏊
8	SP	SP	SP	SP	8

POLYCARPE Francis – Barryquoutie – 82100 Labastide-du-Temple – Tél. : 63.31.68.36

Lachapelle

❄❄❄ NN (TH) Dans une ancienne ferme rénovée, ouvrant sur un grand espace vert, 1 ch. double pour une même famille : 1 ch. (2 lits 1 pers. 1 lit 2 pers.), salle d'eau et wc indépendants privés, 1 ch. (1 lit 2 pers.), salle de bains et wc privés. Salon et salle à manger. Salon de jardin, ping-pong. Gare 15 km, commerces 7 km. Anglais, espagnol, allemand et hollandais parlés. En bordure d'une commanderie, 2 chambres aménagées par un couple franco-hollandais qui vous réserve un accueil chaleureux et de qualité. Ouvert du 1er juillet au 31 août.

Prix : 1 pers. **200 F** 2 pers. **250 F** 3 pers. **380 F**
pers. sup. **70 F** repas **85 F**

⛵	🎣	⛷	🚶	🐎	🏊
SP	13	9	SP	15	15

VAN DEN BRINK Francoise et Cornelis – Village – 82120 Lachapelle – Tél. : 63.94.14.10

Lafrancaise Trouilles
C.M. n° 79 — Pli n° 17

❄❄❄ NN (A) A 2 km de Lafrançaise, 6 ch. sont aménagées dans une ferme, dans la maison du propriétaire. Rez-de-chaussée : 4 ch. d'accès direct (1 lit 2 pers. 1 lit 1 pers. chacune), salle de douches et wc. 1er étage : 1 chambre (1 lit 2 pers. 1 lit 1 pers.). 1 chambre (1 lit 2 pers.), salle d'eau et wc privatifs. 1/2 pension par pers. sur la base de 2 pers. Piscine sur place. Ouvert toute l'année, sauf en février. Réduction hors-saison. Commerces 2 km. Hébergement à la ferme. Anglais parlé.

Prix : 1 pers. **200 F** 2 pers. **270 F** 3 pers. **350 F** repas **90 F**
1/2 pens. **210 F**

🏊	🎣	⛷	🚶	🐎	🏊
3	SP	SP	2	SP	2	2

GUFFROY Benoit – Trouilles – 82130 Lafrançaise – Tél. : 63.65.84.46

Lafrancaise Les Rives
C.M. n° 79 — Pli n° 7

❄❄❄ NN Alt. : 60 m — Que de douceur dans cette demeure de caractère du XIXe siècle : à l'intérieur, confort douillet et mobilier rustique pour ces 2 chambres d'hôtes. 1 ch. au r.d.c. (1 lit 2 pers.) précédée du salon privé (canapé clic-clac), salle de bains (baignoire sabot), wc indépendants. 1 ch. familiale à l'étage : (1 lit 2 pers.), (1 lit 2 pers.), salle d'eau et wc. Portique, bac à sable, pêche et toboggan. A l'extérieur : un grand parc ombragé avec piscine (6x3 m) synonyme de repos et de détente à quelques pas du Tarn et de l'Aveyron. Piscine. Entrée indépendante pour les hôtes. Gare 12 km. Commerces 5 km. Ouvert toute l'année.

Prix : 1 pers. **190/210 F** 2 pers. **220/260 F** 3 pers. **320/340 F**

🏊	⛵	🎣	⛷	🚶	🐎	🏊	🏊
5	SP	SP	5	SP	12	5	12

HUC Francine – Les Rives – 82130 Lafrançaise – Tél. : 63.65.87.65

Laguepie
C.M. n° 79 — Pli n° 19

❄ NN 4 chambres d'hôtes aménagées dans une maison ancienne restaurée, située dans le village. 1 chambre située au r.d.c. (2 lits 1 pers.), lavabo et wc privatifs. Au 1er étage : 1 ch. (1 lit 2 pers. 1 lit 1 pers.) 1 ch. (1 lit 2 pers.), chacune avec un lavabo. Salle d'eau commune. Au 2e étage : 1 chambre (2 lits 1 pers.), salle d'eau privée, wc communs avec le 1er étage. Au cœur d'une région très touristique réputée, les Gorges de l'Aveyron. Commerces sur place. Ouvert toute l'année.

Prix : 1 pers. **150/160 F** 2 pers. **170/200 F** 3 pers. **220 F**
pers. sup. **50 F**

🏊	⛵	🎣	⛷	🚶	🐎	🏊	🛶
2	24	SP	1	SP	22	22	SP

CUVELIER Claude – 82250 Laguepie – Tél. : 63.30.27.67

Lauzerte Moulin-de-Tauran   *C.M. n° 79 — Pli n° 17*

☙☙☙ NN (TH) Près de la bastide perchée de Lauzerte, dans une ferme au bord d'une rivière, 2 ch. doubles pour une même famille : 1 ch. (1 lit 2 pers.) et 1 ch. (2 lits 1 pers.), salle de bains et wc. Salon commun. Produits de la ferme sur place. Anglais et allemand parlés. Gare 30 km, commerces 2 km. Sur place : piscine, ânes de bât, attelages et vélos de randonnées. Possibilité de 1/2 pension et pension. Ouvert toute l'année.

Prix : 1 pers. **195/225 F** 2 pers. **240/270 F** 3 pers. **360/400 F**
repas **95/135 F**

SP	SP	SP	2	SP	3	25	12

FRANQUEVILLE Marie-Helene – Moulin de Tauran – 82110 Lauzerte – Tél. : 63.94.60.68 – Fax : 63.94.66.28

Lavaurette Le Gendre   *C.M. n° 79 — Pli n° 18*

☙☙☙ NN (TH) Au rez-de-chaussée : 1 ch. (1 lit 2 pers.), salle d'eau et wc. Accès indépendant. 1er étage, 1 chambre double pour une même famille : 1 ch. (1 lit 2 pers.), 1 ch. (1 lit 2 pers.), salle de douches et wc. Salle à manger et salon, cheminée, bibliothèque et TV couleur. Pelouse, portique, salon de jardin, jeux de société. 1/2 pension par pers. sur la base de 2 pers. Profitez du confort douillet et de l'accueil chaleureux que vous offrent Françoise et Jean-Louis dans leur ferme en pierre, typiquement quercynoise et ancien relais de diligences de 1613. A 10 km de Saint-Antonin. Gare 10 km. Commerces 2 km. Ouvert toute l'année.

Prix : 1 pers. **175 F** 2 pers. **210 F** 3 pers. **300 F**
pers. sup. **60 F** repas **80 F** 1/2 pens. **175 F**

10	10	5	3	SP	1	10

ZAMBONI Francoise et J.-Louis – Le Gendre – 82240 Lavaurette – Tél. : 63.31.97.72

Lavaurette   *C.M. n° 79*

☙☙☙ NN (TH) 2 grandes chambres aménagées au 1er étage : la chambre bleue et la chambre rose ont chacune : (1 lit 2 pers. 1 lit 1 pers.), salle d'eau avec wc. Poss. lit de bébé, chaise haute. Salon et salle à manger réservés aux hôtes. Lave-linge. Portique, table de ping-pong. Gare 12 km. Commerces 5 km. Ouvert toute l'année. Lieu privilégié pour les passionnés du cheval dans cette ferme équestre.

Prix : 1 pers. **175 F** 2 pers. **210 F** pers. sup. **60 F** repas **70 F**

12	12	5	SP	SP	SP	12

HOUSSET Philippe – Le Bourg – 82240 Lavaurette – Tél. : 63.64.91.03

Lavit La Ferme-de-Floris   *C.M. n° 79 — Pli n° 16*

☙☙☙ NN (TH) Alt. : 230 m – 5 ch. au 1er étage aux couleurs pastels, 2 ch. (1 lit 2 pers. chacune), 1 ch. (2 lits 1 pers.). 2 ch. (1 lit 2 pers. 2 lits 1 pers. chacune), s. d'eau, wc chacune. Petit salon à l'étage. Lit d'appoint 1 pers. sur demande. Salle à manger, salon (cheminée) au r.d.c. réservés aux hôtes. Ping-pong, jeux de société, bac à sable. 1/2 pens./pers. sur la base de 2 pers. Produits de la ferme. A la saison, cueillette de champignons. Faites étape à la ferme de Floris où Joseph et Danielle vous proposent un hébergement en chambre d'hôtes. Vous y apprécierez le calme de la campagne, et la dégustation des produits du terroir à la table d'hôtes.

Prix : 1 pers. **190 F** 2 pers. **230 F** 3 pers. **300 F**
pers. sup. **50 F** repas **75 F** 1/2 pens. **185 F** pens. **260 F**

10	5	SP	3	SP	8	20	18

BORGOLOTTO Joseph et Danielle – La Ferme de Floris - Route de Saint-Clan – 82120 Lavit –
Tél. : 63.94.03.26 – Fax : 63.94.05.45

Montaigu-de-Quercy Les Chenes-de-Sainte-Croix   *C.M. n° 79 — Pli n° 16*

☙☙☙ NN (TH) Dans une belle maison en pierre du Quercy, 3 chambres au 1er étage. 1 ch. (2 lits 1 pers.), 1 ch. (1 lit 2 pers., 1 lit 1 pers.), chacune avec salle d'eau et wc. 1 ch. familiale : (1 lit 2 pers.), (2 lits 1 pers.), salle d'eau et wc privés. Enf. jusqu'à 12 ans : 40 F. Salle à manger réservée aux hôtes et salle de jeux avec TV et ping-pong. Piscine, jardin et parking ombragés. Réduction de 10 % à partir de 7 jours et plus. Ouvert toute l'année. Anglais parlé. Gare 40 km. Commerces 5 km.

Prix : 1 pers. **180 F** 2 pers. **230/240 F** 3 pers. **290/300 F**
repas **65 F**

5	SP	5	5	11	11	5	18

HUNT Arthur – Les Chenes de Sainte-Croix – 82150 Montaigu-de-Quercy – Tél. : 63.95.30.78

Montauban   *C.M. n° 79 — Pli n° 17*

☙☙☙ NN (TH) Sur une ferme proche de Montauban, sont aménagées au 1er étage 3 chambres de bon confort avec sanitaires privatifs. 2 chambres (1 lit 2 pers. chacune). 1 chambre (1 lit 2 pers. 1 lit 1 pers.). Salle de douches et wc dans chaque chambre. Centre équestre sur place et poney-club. Terrain. Ouvert toute l'année. Gare et commerces à 5 km.

Prix : 1 pers. **155 F** 2 pers. **180 F** 3 pers. **270 F** repas **85 F**

13	5	2	5	SP

FABRE Gerárd – Saint-Hilaire – 82000 Montauban – Tél. : 63.66.46.89

Montauban Peligry-Nord   *C.M. n° 79 — Pli n° 17*

☙☙☙ NN Un petit salon (bergère anglaise) avec kitchenette précède la chambre aux tons pastels (1 lit 2 pers.), une salle d'eau et wc indépendants. Grande terrasse ensoleillée avec salon de jardin, table de ping-pong, jeux de société, tél. carte téléséjour, TV coul. Gare et commerces 1 km. Ouvert toute l'année. Pour vous, chers amis hôtes, Mauricette a si soigneusement aménagé une chambre dans sa maison contemporaine qu'elle en a fait un « petit chez soi » douillet à la note Louis-Philippe aux portes de Montauban.

Prix : 1 pers. **200 F** 2 pers. **250 F** pers. sup. **60 F**

10	3	3	1	2,5	10	2

VIDAL Mauricette – Peligry Nord - 1152 Route de Molieres – 82000 Montauban – Tél. : 63.03.50.46

Montauban Al Waha

C.M. n° 79 — Pli n° 17

♥♥♥ NN
(TH)

R.d.c. 1 ch. (1 lit 2 pers.), lavabo, douche, wc. Etage : ch. rose (1 lit 2 pers.), petit coin-salon, salle d'eau, wc privé. Studio familial (1 lit 2 pers. 2 lits 1 pers. superp.), coin-salle à manger/cuisine équipé, s. d'eau, wc. TV coul. (40 chaines), magnétoscope, tél. mobile payant (6 F/mn). Salle à manger réservée aux hôtes. Salon de jardin, barbecue. Parking surveillé. Paiements chèques, CB. Poss. petit-déjeuner intercontinental complet : 30 F/pers. Véritable oasis, un petit coin de paradis à 5 mn de Montauban, superbe corps de ferme clôturé entouré de prés. Nombreux chevaux, élevage de pur-sang égyptiens. Ouvert toute l'année.

Prix : 1 pers. **250 F** 2 pers. **350 F** repas **80/150 F**

15	2	3	1	2	SP	15	

SCHWARTZ Michael – Al Waha - 1660 Chemin Saint-Pierre – 82000 Montauban – Tél. : 63.20.09.09 ou 07.04.75.37 – Fax : 63.66.49.22

Montesquieu La Baysse

C.M. n° 79 — Pli n° 16

♥♥♥ NN
(TH)

R.d.c. 1 ch. (1 lit 2 pers.), salle d'eau et wc privés. Avec accès indépendant, 1 ch. (2 lits 1 pers.), 1 ch. (1 lit 2 pers.), salle d'eau et wc privés à chacune. 1er ét. : 1 ch. (1 lit 2 pers. 1 lit pliant 1 pers., salle de bains et wc privés. Salon, TV couleur. Ping-pong. Cheminée. Pension, 1/2 pens./pers. sur la base de 2 pers. Poss. 2 ch. d'appoint pour enfants. Produits du jardin et du terroir. Espace vert fleuri. Piscine. Sur le chemin de Saint-Jacques de Compostelle, au milieu des vignes à chasselas et des vergers, sur un coteau. La Baysse, sympathique et chaleureuse vous propose son étape en ch. et table d'hôtes. Ouvert toute l'année.

Prix : 1 pers. **220/300 F** 2 pers. **250/330 F** 3 pers. **350/400 F**
pers. sup. **100 F** repas **110 F** 1/2 pens. **215/255 F**
pens. **610/690 F**

SP	8	8	SP	5	15	15

ORSONI Edmond et Maria – La Baysse – 82200 Montesquieu – Tél. : 63.04.54.00

Montgaillard La Cle-des-Champs

C.M. n° 82 — Pli n° 6

♥♥♥ NN
(TH)

Au rez-de-chaussée : 1 ch. (1 lit 2 pers.), 1 ch. (2 lits 1 pers.), salle de douches et wc privatifs à chacune. Salon, salle à manger communs, TV. Portique, espaces verts. Gare 15 km. Commerces 6 km. Ouvert toute l'année. 1/2 pension sur la base de 2 pers. Jocelyne et Peter vous accueillent dans leur maison traditionnelle en Gascogne, pour un séjour sans contrainte. Rustique, raffinement, calme. Très belle vue sur les collines de Lomagne, grande piscine au milieu de terrasses ensoleillées. Anglais et allemand parlés.

Prix : 1 pers. **180 F** 2 pers. **220 F** 3 pers. **270 F**
pers. sup. **60 F** repas **80 F**

12	SP	2	6	SP	14	

WOODHOUSE Peter et Jocelyne – La Cle des Champs – 82120 Montgaillard – Tél. : 63.94.13.77

Montpezat-de-Quercy La Madeleine

C.M. n° 79 — Pli n° 16

♥

5 ch. aménagées dans une maison de caractère située dans un hameau en pleine campagne. 1 ch. au r.d.c. (1 lit 2 pers.) avec salle de bains part. 1 ch. au 1er étage (2 lits 1 pers.), 3 ch. (2 lits 2 pers. chacune) avec lavabos. Salle de bains commune. 3 wc communs sur palier. Salle de séjour avec TV. Possibilité cuisine. Jardin. Parking. Lit supplémentaire 60 F. Montpezat de Quercy 8 km. Commerces 8 km. Ouvert de Pâques à la Toussaint.

Prix : 1 pers. **130 F** 2 pers. **165 F** 3 pers. **215 F**

15	7	SP	7	9	19	15	

COURPET Maurice – La Madeleine – 82270 Montpezat-de-Quercy – Tél. : 63.02.06.37

Montpezat-de-Quercy Le Barry

C.M. n° 79 — Pli n° 18

♥♥♥ NN
(TH)

En rez-de-jardin : 1 ch. (1 lit 2 pers.). Rez-de-chaussée : 1 ch. (2 lits 1 pers.). A l'étage : 2 ch. (1 lit 2 pers. chacune), douche, wc. 2e étage : 1 ch. (1 lit 2 pers. 1 lit 1 pers.). 3 chambres avec salle de bains et wc privés. Salon mis à disposition, TV, bibliothèque. 1/2 pension par pers. sur la base de 2 pers. Gare 12 km. Commerces sur place. Sur le rempart de la cité médiévale de Montpezat de Quercy, le Barry, maison en pierre vous propose 5 chambres récemment rénovées dans une ambiance de charme. Jardin, terrasse de 500 m² avec piscine, pelouse et fleurs. Vue exceptionnelle sur les coteaux de Quercy. Ouvert toute l'année.

Prix : 1 pers. **200/270 F** 2 pers. **250/325 F** 3 pers. **310/385 F**
pers. sup. **50 F** repas **110 F** 1/2 pens. **225/250 F**

14	SP	2	2	1	15	14	

BANKES - FRANCIS JAROSS LOTHAR – Le Barry - Faubourg Saint-Roch – 82270 Montpezat-de-Quercy – Tél. : 63.02.05.50 – Fax : 63.02.03.07

Montricoux Le Moulin-de-Mirande

C.M. n° 79 — Pli n° 18

♥♥ NN

Ancien moulin surplombant l'Aveyron, surprenant par sa belle restauration où la noblesse des matériaux se marie parfaitement avec le mobilier de style : 1er ét., 4 jolies ch. avec sanitaires privés vous assurent un agréable séjour, wc communs sur le palier. 3 ch. (1 lits 2 pers. chacune), salle de bains. 1 ch. (1 lit 80, 1 lit 1 pers.), salle d'eau. Gare 22 km, commerces 1,5 km. Ouvert toute l'année. Rez-de-chaussée : salle à manger réservée aux hôtes, wc. En vous promenant dans le parc environnant, laissez-vous attendrir par la beauté du site et le bruit agréable de la cascade.

Prix : 1 pers. **225 F** 2 pers. **250 F**

17	7	SP	1,5	SP	1,5	17	

DAUGE Reine – Moulin de Mirande - Montricoux – 82800 Negrepelisse – Tél. : 63.67.24.18

Negrepelisse Les Brunis   *C.M. n° 79 — Pli n° 18*

☼☼☼ NN
(TH)

Au rez-de-chaussée, 1 ch. familiale : 1 ch. (2 lits 1 pers.), qui communique avec 1 ch. mansardée (2 lits 1 pers. superp.), s. d'eau, wc. 1ᵉʳ étage : 1 ch. spacieuse donnant sur balcon (2 lits 1 pers.), superbe s.d.b. avec wc. 1 ch. (2 lits 1 pers.), s. d'eau, wc. 1 ch. (1 lit 2 pers.), s. d'eau, wc. Salon. Coin-détente. 1/2 pens./pers. sur la base de 2 pers. Dans une très belle maison située aux portes des gorges de l'Aveyron, vous serez très bien accueillis dans ces 4 chambres d'hôtes pour passer un excellent séjour et apprécier les joies de la piscine. Téléphone. Prise TV dans chaque chambre. Gare 24 km. Commerces 1 km. Ouvert toute l'année.

Prix : 1 pers. **210/230 F** 2 pers. **250/300 F** 3 pers. **310/360 F**
pers. sup. **60 F** repas **100/130 F** 1/2 pens. **210/240 F**

⛵	🚣	🎿	🏇	🎣		〰️	⛷️
13	SP	1	1	2	3	13	2

ANTONY Johnny – Les Brunis – 82800 Negrepelisse – Tél. : 63.67.24.08 ou 09.53.70.64

Puylaroque Les Chimeres   *C.M. n° 79 — Pli n° 18*

☼☼☼ NN
(TH)

Chaque suite au rez-de-chaussée comprend 1 ch. (2 lits 1 pers.), 1 entrée indépendante, 1 séjour (1 lit 1 pers. d'appoint), 1 coin-repas, cuisine et salle de douches avec wc. Terrain avec vue. Réduction pour un séjour d'une semaine. Gare 15 km. Commerces sur place. Ouvert toute l'année. Anglais parlé. Confortables et modernisées avec des tableaux peints par les propriétaires, ces 2 chambres ont été aménagées dans une grande maison située dans une bastide médiévale avec magnifique vue. Lisanne et Alan Cuthbert vous proposent un accueil chaleureux et aussi des stages de peinture et dessin.

Prix : 1 pers. **215 F** 2 pers. **270 F** 3 pers. **315 F**
pers. sup. **40 F** repas **80 F**

⛵	🚣	🎿	🏇	🎣		〰️
14	14	1	SP	SP	9	20

CUTHBERT Alan et Lisanne – Les Chimeres - avenue de Caussade – 82240 Puylaroque – Tél. : 63.31.25.71 – Fax : 63.64.90.16

Puylaroque Cassepeyre   *C.M. n° 79 — Pli n° 18*

☼☼☼ NN

1 chambre familiale : 1 ch. (1 lit 2 pers.), 1 ch. (2 lits 1 pers. superp.), salle d'eau et wc indépendants. Salle à manger avec coin-cuisine équipé. Cheminée, fauteuils. Jardin, ombrage, salon de jardin. Gare 18 km. Commerces 3 km. Ouvert toute l'année. Ici, ce n'est pas une simple chambre, mais une belle maison en pierre, entièrement restaurée, qui sera une étape si chaleureuse qu'on aura envie d'y rester un peu plus pour apprécier le calme de la région.

Prix : 1 pers. **180 F** 2 pers. **250 F** pers. sup. **80 F**

⛵	🚣	🎿	🏇	🎣		〰️
18	18	SP	3	3	3	16

POUSSOU Lucien – Cassepeyre – 82240 Puylaroque – Tél. : 63.31.98.63

Roquecor Fond-de-Gaillou   *C.M. n° 79 — Pli n° 16*

☼☼☼ NN
(TH)

Suite (ensemble constitué de 3 chambres communicantes, 1 lit 2 pers. chacune), avec accès aux sanitaires communs. Salle de bains avec wc. Salon réservé aux hôtes. Commerces 1 km. Ouvert du 1ᵉʳ mars au 1ᵉʳ novembre. 1/2 pension par pers. sur la base de 2 pers.

Prix : 1 pers. **185 F** 2 pers. **210 F** 3 pers. **380 F** repas **80 F**
1/2 pens. **175 F**

⛵	🚣	🎿	🏇	🎣		〰️
9	1	1	3	SP	5	9

MOUYSSET Gilbert – Fond de Gaillou – 82150 Roquecor – Tél. : 63.95.22.01

Saint-Antonin-Noble-Val   *C.M. n° 79 — Pli n° 19*

☼☼☼ NN

Ici, le charme du rustique, l'aménagement soigné et de qualité et l'accueil très chaleureux des propriétaires. Ces 2 chambres de grand confort aux couleurs pastels vous attendent. 1 ch. (2 lits 1 pers.), 1 ch. (1 lit 2 pers.). Salles d'eau et wc privés à chacune. Terrain fleuri. Pelouse. Commerces sur place. Ouvert du 1ᵉʳ juin au 15 septembre. Loc. vélo sur place.

Prix : 1 pers. **200 F** 2 pers. **250 F**

🐕	⛵	🚣	🎿	🏇	🎣		〰️
	12	1	SP	1	SP	13	1

MALIRAT-HERSENT Maryse – Marsac – 82140 Saint-Antonin-Noble-Val – Tél. : 63.30.65.00

Saint-Antonin-Noble-Val Bes-de-Quercy   *C.M. n° 79 — Pli n° 19*

☼☼☼ NN
(A)

Alt. : 150 m — 4 chambres d'hôtes à l'étage, 1 ch. familiale : 2 ch. (1 lit 2 pers. chacune), salle de bains, wc. 2 ch. (1 lit 2 pers. 1 lit 1 pers. chacune). Salle de bains et wc pour chaque chambre. Salle de repos. Terrain. Prix 1/2 pension à partir de 3 jours par pers. sur la base de 2 pers. Ouvert toute l'année. Commerces 8 km. Dans une maison typique en pierre à proximité de l'habitation des propriétaires, 4 chambres d'hôtes ont été aménagées avec soin. Cadre agréable et reposant.

Prix : 1 pers. **190 F** 2 pers. **220 F** 3 pers. **285/300 F**
repas **85 F** 1/2 pens. **180 F** pens. **250 F**

🐕	⛵	🚣	🎿	🏇	🎣		〰️
	9	8	9	8	SP	9	9

COSTES Michel – Du Bes de Quercy – 82140 Saint-Antonin-Noble-Val – Tél. : 63.31.97.61

Saint-Nicolas-de-la-Grave   *C.M. n° 79 — Pli n° 16*

☼☼☼ NN

A droite la chambre bleue sur le thème du cheval, vous propose un salon (canapé et fauteuil), 1 lit 2 pers., 1 lit d'appoint 1 pers. A gauche la chambre rose romantique avec son salon (fauteuil, bureau), 1 lit 2 pers., salle de bains, wc. Chacune avec TV. Salon réservé aux hôtes. Jardin clos avec possibilité de déjeuner en terrasse. Espagnol parlé. Gare 8 km, commerces sur place. Ouvert toute l'année. Après avoir traversé la galerie d'art, pris un rafraîchissement, monté l'escalier très ancien de la maison, vous aurez le choix entre 2 ch. si belles que vous hésiterez !

Prix : 1 pers. **200 F** 2 pers. **230 F** 3 pers. **290 F**

⛵	🚣	🎿	🏇	🎣		〰️
1,5	1,5	1,5	1,5	1,5	1,5	1,5

VALETTE Christiane – Rue Thomas Goulard – 82210 Saint-Nicolas-de-la-Grave – Tél. : 63.95.59.15 ou 63.95.59.16

Saint-Paul-d'Espis Les Gervaises
C.M. n° 79 — Pli n° 16

⚜ NN
1 chambre (1 lit 2 pers.) avec petit coin-cuisine, 1 salle de douches avec wc. Cour. Dans l'ensemble des bâtiments d'habitation du propriétaire, en bordure de la route, cette chambre d'hôtes vous offre une étape sur le chemin de Saint-Jacques de Compostelle. Gare et commerces à 7 km. Ouvert toute l'année.

Prix : 1 pers. 150 F 2 pers. 170 F

	🏊	⛵	🍴	🎿	🚶	⛷
	20	7	4	7	7	15

MAZET Celine – Les Gervaises - Route du Bourg de Visa – 82400 Saint-Paul-d'Espis – Tél. : 63.04.06.57

Saint-Vincent-Lespinasse Le Grenier-du-Levant
C.M. n° 79 — Pli n° 16

⚜ NN
(TH)
Au 1er étage : 1 chambre (4 lits 1 pers.), 1 lavabo et 1 wc. Salon avec bibliothèque. TV. Rez-de-chaussée : salle de séjour avec cheminée réservée aux hôtes, salle de douches et wc. Possibilité lit supplémentaire. Gare 8 km. Commerces 2 km. Ouvert toute l'année. 1/2 pension par pers. sur la base de 2 pers. Autour d'activités de loisirs d'éveil, de traditions et de découverte de l'environnement, Annie et Raymond ont aménagé leur chambre d'hôtes dans une maison traditionnelle joliment restaurée.

Prix : 1 pers. 165 F 2 pers. 210 F 3 pers. 290 F repas 85 F
1/2 pens. 180 F pens. 240 F

	⛵	🍴	🎿	🚶	⛸	🏊	
	7	1	2	SP	8	5	6

GRANIER Annie – Le Grenier du Levant – 82400 Saint-Vincent-Lespinasse – Tél. : 63.29.07.14

Valence-d'Agen
C.M. n° 79 — Pli n° 16

⚜⚜ NN
Très belle maison proche de la RN 113 où sont aménagées 2 chambres d'hôtes de grand confort. 1 chambre (1 lit 2 pers.) avec salle de bains. 1 chambre familiale : 1 ch. (2 lits 1 pers.), 1 ch. (1 lit 1 pers.) avec salle de douche, wc communs sur le palier. Au r.d.c. sanitaires privatifs réservés aux hôtes. Garage. Terrain clos ombragé et fleuri. Golf miniature, piste de patinage, skateboard, à 2 km de Valence d'Agen. Ouvert du 1er avril au 30 septembre. Gare et commerces sur place.

Prix : 1 pers. 170 F 2 pers. 220 F 3 pers. 300 F

	🏊	🍴
	13	5

LAUZIN Yvonne – 29 avenue Auguste Greze – 82400 Valence-d'Agen – Tél. : 63.29.07.49

Haute-Vienne

Arnac-la-Poste
C.M. n° 72 — Pli n° 8

⚜⚜⚜ NN
(TH)
Alt. : 210 m — Dans la maison de Mme Rouart, 3 chambres (2 pers.), 2 au 1er étage et 1 au 2e étage. Chacune est équipée de sanitaires privés. Convecteurs électriques. Salon avec cheminée réservé aux hôtes. TV, bibliothèque. Ouvert du 1er mai au 1er octobre. Gare 12 km. Commerces sur place. Dans le village, cette ancienne maison rénovée ouvre sur un jardin ombragé et sur la petite place où se dresse un grand marronnier. Mme Rouart vous offrira un accueil de qualité.

Prix : 2 pers. 220 F 3 pers. 270 F repas 80 F

	⛵	🏊	🍴	🎿
	12	12	6	SP

ROUART Yvonne – Rond Point du Marronnier – 87160 Arnac-la-Poste – Tél. : 55.76.87.26

Bellac Montmartre
C.M. n° 72 — Pli n° 7

⚜ NN
5 chambres d'hôtes dans une maison bourgeoise située dans un parc en pleine campagne. 1 ch. 2 pers., 2 ch. 3 pers., 2 ch. 4 pers. avec 2 s.d.b. communes. Salle de séjour à disposition des hôtes, salon, TV, bibliothèque. Jardin, aire de jeux, terrain, parking, pré. Chasse, pêche en étang sur place. Rivière 2 km. Restaurant 1 km. Ouvert toute l'année. Gare 1 km. Commerces 800 m.

Prix : 1 pers. 170 F 2 pers. 220 F 3 pers. 270 F

	🏊	🍴	🎿	⛷
	1	SP	1	9

DESPLANCHES Claire – Montmartre – 87300 Peyrat-de-Bellac – Tél. : 55.68.14.37

Bellac
C.M. n° 72 — Pli n° 7

⚜⚜
(TH)
Chambres d'hôtes aménagées dans une maison de caractère du XVIIe siècle, au cœur du vieux Bellac. 3 ch. (2 pers.), aux 1er et 2e étages avec sanitaires privés. Salon. Salle de séjour. Parking privé. Cour intérieure, petit terrain avec pelouse. Ouvert toute l'année. Gare 2 km. Commerces sur place. Anglais et allemand parlés.

Prix : 1 pers. 180 F 2 pers. 220 F 3 pers. 280 F repas 80 F

	🏊	⛵	🍴	🎿	🚶	⛷
	18	1	0,5	1	12	

FONTANEL Jean-Paul et Odile – 8 rue du Docteur Vetelay – 87300 Bellac – Tél. : 55.68.11.86

Bellac
C.M. n° 72 — Pli n° 7

⚜⚜⚜ NN
(TH)
Alt. : 240 m — 4 chambres d'hôtes aménagées aux 1er et 2e étages d'une ancienne maison située dans le centre historique de Bellac. Chambres pour 2 ou 3 pers. 3 chambres avec salle d'eau et wc, 1 avec salle d'eau et wc sur palier. Salle à manger et salon réservés aux hôtes. Possibilité cuisine ou table d'hôtes. Petite cour intérieure. Parking et commerces à proximité. Gare 1 km. Ouvert toute l'année.

Prix : 1 pers. 130 F 2 pers. 200 F 3 pers. 250 F repas 65 F

	🏊	⛵	🍴	🎿	🚶	⛷
	18	1	0,5	1	12	10

GAUTIER Jean et Colette – Le Bourg - 20 rue Armand Barbes – 87300 Bellac – Tél. : 55.68.74.45

Bersac-sur-Rivalier Domaine-du-Noyer   *C.M. n° 72 — Pli n° 8*

❦❦❦ NN
(TH)

4 ch. d'hôtes dans un logis seigneurial du XVI° siècle au cœur d'une propriété de 20 ha. classée réserve naturelle, piscine. 4 ch. 2 pers. (8 lits 1 pers.) avec s. d'eau et wc privés. Salle de séjour, salon, cheminée, bibliothèque, salle de jeux. Anna, médecin/acupuncteur/homéopathe et Jean, sculpteur vous accueillent pour passage, séjour et week-end remise en Forme. Boxes pour chevaux, carrière d'entrainement. Etang de pêche sur place. Gare 6 km. Commerces 2 km. Ouvert toute l'année. 1/2 pension/pers. pour 1 semaine : 1540 F.

Prix : 1 pers. **200 F** 2 pers. **260 F** 3 pers. **320 F**
pers. sup. **60 F** repas **90 F**

🏊	🚣	⛷	👫	🚴
2	SP	3	SP	15	5

MASDOUMIER Jean et Anna – Domaine du Noyer - Bersac Sur Rivalier – 87370 Saint-Sulpice-Laurière –
Tél. : 55.71.52.91

Bersac-sur-Rivalier Le Pre-de-Lafont   *C.M. n° 72 — Pli n° 8*

❦❦❦ NN
(TH)

Alt. : 450 m — Dans une ancienne chaumière du XVII° siècle, 2 chambres en mansarde (1 lit 2 pers.) avec salle d'eau et wc privés, coin-salon. TV réservée aux hôtes. Grand terrain. Gare et commerces 5 km. Ouvert aux vacances de printemps et du 14 juillet à fin août. Gérard Jacquemain aime revenir durant les vacances dans son pays natal, au cœur des monts d'Ambazac. Avec son épouse, il connait tous les chemins environnents et vous proposera de superbes randonnées.

Prix : 1 pers. **190 F** 2 pers. **220 F** 3 pers. **270 F** repas **75 F**

🏊	⛷	👫
6	1	5	SP

JACQUEMAIN Annie – Le Pre de Lafont – 87370 Bersac-sur-Rivalier – Tél. : 55.71.47.05

Bersac-sur-Rivalier Le Chambon   *C.M. n° 72 — Pli n° 8*

❦❦❦ NN
(TH)

Alt. : 470 m — Dans un château bâti aux XIV° et XVI° siècles, un escalier Renaissance conduit aux 4 chambres d'hôtes équipées de sanitaires privés, avec entrée indépendante. Salon, bibliothèque, TV. Mobilier de caractère. Commerces 7 km. Ouvert du 1er avril au 31 octobre et les vacances scolaires. Anglais parlé. Enchâssé dans de douces collines où se mêlent avec harmonie eaux vives, prés et bois, le château du Chambon vous accueille dans sa partie la plus ancienne où Henri IV séjourna pour chasser le loup.

Prix : 1 pers. **220 F** 2 pers. **270/300 F** 3 pers. **350 F**
repas **85 F**

🏊	⛷	👫
7	7	SP	SP

PERRIN Eric et Annie – Le Chambon – 87370 Bersac-sur-Rivalier – Tél. : 55.71.47.04 ou 55.71.42.90

Bessines Morterolles-sur-Semme   🏠   *C.M. n° 72*

❦❦❦ NN
(TH)

Dans une annexe indépendant de la maison, 2 chambres d'hôtes vastes et claires ouvrent sur une terrasse et 1 jardin. Elles accueillent de 2 à 4 pers. et disposent chacune d'une salle d'eau et wc particuliers. Salon mitoyen réservé aux hôtes. Terrain aménagé avec balançoires. Commerces 2 km. Ouvert toute l'année. Anglais parlé. La ferme d'élevage bovin de Jean-Marie et d'Andrée Tessier se trouve dans un petit hameau tout proche de l' A20, sortie 23.1 ou 24. Jean-Marie vous fera visiter sa ferme avant de vous inviter à goûter aux rillettes de lapins et aux volailles maison. 1/2 pension/pers. pour 1 semaine : 1300 F.

Prix : 1 pers. **170 F** 2 pers. **200 F** 3 pers. **250 F** repas **70 F**

🏊	🚣	⛷	👫		✒
6	15	5	5	5	5	9

TESSIER Jean-Marie et Andree – Chez Doussaud - Morterolles-sur-Semme – 87250 Bessines –
Tél. : 55.76.06.94

Blanzac Rouffignac   🏠   *C.M. n° 72 — Pli n° 7*

❦❦❦ NN
(TH)

Dans cette belle maison bourgeoise située dans un grand parc, 5 chambres confortables avec sanitaires privés. Séjour, salon, TV à disposition des hôtes. Jardin. Aire de jeux, parking, pré. Gare et commerces à 4 km. Ouvert toute l'année. Anglais parlé. Etang, pêche sur place. Rivière 1 km. Lac 20 km. Produits fermiers sur place.

Prix : 1 pers. **185 F** 2 pers. **230 F** 3 pers. **280 F** repas **85 F**

🚣	⛷	👫	✒
4	SP	4	SP	11

LEQUERE Marcelle – Rouffignac – 87300 Blanzac – Tél. : 55.68.03.38

Blond La Plaine-Blond   🏠   *C.M. n° 72 — Pli n° 6*

❦❦ NN
(TH)

5 chambres d'hôtes (2 à 4 pers.) aménagées dans une ferme située en pleine campagne. Salle d'eau et wc particuliers dans chaque chambre. Salle à manger avec cheminée. Salle à la disposition des hôtes (ping-pong). Aire de jeux. Terrain, portique, bac à sable. Gare 12 km. Commerces 2 km. Ouvert toute l'année. 1/2 pension/pers. pour 1 semaine : 970 F.

Prix : 1 pers. **170 F** 2 pers. **190 F** 3 pers. **230 F** repas **65 F**

🏊	🚣	⛷	👫	🚴
8	12	SP	2	SP	8	SP

VAUGOYEAU Gerard et Therese – La Plaine Blond – 87300 Bellac – Tél. : 55.68.82.57

Blond Thoveyrat   *C.M. n° 72 — Pli n° 7*

❦❦ NN
(TH)

Daniel et Bernadette agriculteurs vous reçoivent dans une maison typiquement limousine. 2 ch. 4 pers. 2 ch. 2 pers. avec salle d'eau particulière. TV. Possibilité baptême et initiation U.L.M. Chasse sur place. Rivière 1 km. Lac 14 km. Possibilité repas végétarien. Parking privé. Gare, commerces 3 km. Fermé du 15 octobre au 15 novembre.

Prix : 1 pers. **170 F** 2 pers. **200 F** 3 pers. **250 F** repas **80 F**

🏊	🚣	⛷	👫	⛷	🚴
14	3	SP	3	9	3	20

MORICE Daniel – Thoveyrat – 87300 Blond – Tél. : 55.68.86.86

Boisseuil Moulinard
C.M. n° 72 — Pli n° 18

🌿🌿🌿 NN — Alt. : 375 m — A l'étage de cette grande maison, 5 chambres spacieuses et claires, meublées en rustique. Des fenêtres, vue sur le jardin ombragé qui entoure la maison. Chaque chambre dispose de sanitaires privés. Ouvert d'avril à octobre. Gare 7 km. Commerces 2 km. Anglais parlé. A 6 km, complexe sportif, golf 18 trous, basket, parcours sportif, piscine chauffée. A 10 mn au sud de Limoges, en pleine campagne, non loin de l'axe Paris/Toulouse, Moulinard est une ferme d'élevage ovin et d'arboriculture. M. et Mme Ziegler ont restauré une partie de la maison de maître du XVIIIᵉ siècle, près de leur habitation. Idéal pour découvrir Limoges.

Prix : 1 pers. **170 F** 2 pers. **220/230 F**

6	7	6	10	7

ZIEGLER Brigitte – Moulinard – 87220 Boisseuil – Tél. : 55.06.91.22 – Fax : 55.06.91.22

Bosmie-l'Aiguille Charroux
C.M. n° 72 — Pli n° 17

🌿🌿 NN (TH) — Alt. : 210 m — 2 chambres d'hôtes : 1 avec salle de bains et wc privés et l'autre avec salle d'eau et wc privés, chauffage central. Gare 10 km. M. et Mme Berthe habitent un pavillon situé dans un hameau du Pays de Limoges. Le soir, après le repas pris en commun, il fait bon s'attarder sur la terrasse qui ouvre sur la campagne. Aux hôtes qui prolongent leur séjour, Daniel propose une balade en Cadillac-Cabriolet.

Prix : 1 pers. **190 F** 2 pers. **230 F** 3 pers. **280 F** repas **75 F**

7	1	5	7

BERTHE Daniel et Gisele – Charroux – 87110 Bosmie-l'Aiguille – Tél. : 55.36.12.87 – Fax : 55.36.12.87

Burgnac Le Marchadeau
C.M. n° 72 — Pli n° 17

🌿🌿🌿 NN (TH) — En pleine campagne, dans une grande maison de caractère. Suite de 2 chambres pour 2 à 4 pers. avec accès indépendant. Chauffage central. Salle de bains et wc réservés aux hôtes. Ouvert toute l'année. Gare 18 km. Commerces 7 km. 1/2 pension/pers. pour 1 semaine : 1100 F.

Prix : 1 pers. **180 F** 2 pers. **210 F** repas **80 F**

6	7	6	7	7	7	7

DACCORD – La Garenne – 87800 Burgnac – Tél. : 55.58.13.30

Bussiere-Boffy
C.M. n° 72 — Pli n° 6

🌿 NN (TH) — 5 chambres d'hôtes dans une maison située dans un village. 3 ch. 2 pers. 2 ch. 3 pers. Salle d'eau commune. Salle de séjour, cuisine à la disposition des hôtes. Jardin, parking, forêt sur place. Restaurant 5 km. Ouvert toute l'année. Gare 12 km. Commerces 6 km.

Prix : 1 pers. **105 F** 2 pers. **145 F** 3 pers. **160 F** repas **50 F**

7	1	8	9

VILLEGER-BARTKOWIAK Emilie – Le Bourg – 87330 Bussiere-Boffy – Tél. : 55.68.35.36

Bussiere-Galant Brumas
C.M. n° 72 — Pli n° 17

🌿 NN (TH) — 3 chambres d'hôtes dans une ferme située dans un village. 1 ch. 2 pers., 2 ch. 3 pers. avec salle d'eau commune. Salle de séjour à disposition des hôtes. Garage, terrain, parking, pré. Forêt, lac, rivière 8 km. Restaurant sur place. Ouvert toute l'année. Gare 7 km. Commerces 5 km. 1/2 pension/pers. pour 1 semaine : 1000 F.

Prix : 1 pers. **150 F** 2 pers. **180 F** 3 pers. **220 F** repas **70 F**

6	10	8	4	8	8	10

BARRY J.Raymond et Denise – Brumas - Bussiere Galant – 87230 Chalus – Tél. : 55.78.80.52

Les Cars
C.M. n° 72 — Pli n° 17

🌿 NN (TH) — 2 chambres d'hôtes à l'étage d'une ferme située dans un hameau. Salle d'eau et wc réservés aux hôtes. Séjour avec TV. Terrain, parking, pré. Forêt sur place. Logements chevaux sur place. Jeux d'enfants. Ouvert toute l'année. Gare 10 km. Commerces 2 km. 1/2 pension/pers. pour 1 semaine : 1100 F. Dans un cadre de vallons boisés parsemés de petits étangs, Marcel et Ginette vous accueillent sur leur ferme d'élevage ovin et équin. Vous ferez une étape tranquille. L'ambiance est cordiale et décontractée. Marcel pourra vous proposer une balade à cheval dans les monts de Chalus.

Prix : 1 pers. **150 F** 2 pers. **180/210 F** 3 pers. **240 F** repas **75 F**

3	1	SP	1	SP	30	10

FEVRIER Marcel et Ginette – Les Cars – 87230 Chalus – Tél. : 55.36.90.40

Champagnac-la-Riviere
C.M. n° 72 — Pli n° 16

🌿🌿🌿🌿 (TH) — Château du XVᵉ siècle situé dans un parc de 3 ha avec piscine et tennis. 5 ch. de caractère aux 1ᵉʳ et 2ᵉ étages. Salle de bains et wc privés. Salon, salle à manger, bibliothèque. Sur la propriété : vélo, promenades en forêt. Baignade 12 km. Ouvert du 1ᵉʳ mai au 1ᵉʳ novembre, autres mois sur réservation. Gare 8 km. Commerces 5 km. Anglais parlé.

Prix : 2 pers. **550/600 F** repas **250 F**

11	8	8	SP	SP	8	SP

DU MANOIR DE JUAYE Pierre – Chateau de Brie – 87150 Champagnac-la-Riviere – Tél. : 55.78.17.52 – Fax : 55.78.14.02

La Chapelle-Montbrandeix Lartimache
C.M. n° 72 — Pli n° 16

🌿🌿🌿 NN (TH) — Alt. : 400 m — A l'étage : 3 chambres aménagées dans un ancien grenier aux poutres apparentes. Chaque chambre dispose d'une salle d'eau ou salle de bains et de wc privés. Prêt de matériel de pêche et de vélos. Commerces 9 km. Ouvert toute l'année. Anglais parlé. Evelyne et Bernard vous accueillent cordialement dans l'ancienne ferme qu'ils ont rénovés, au cœur du pays des Feuillardiers. Un lieu idéal pour séjourner au calme.

Prix : 1 pers. **180 F** 2 pers. **220 F** 3 pers. **250 F** repas **80 F**

6	SP	5	2	SP

GUERIN Evelyne et Bernard – Lartimache – 87440 La Chapelle-Montbrandeix – Tél. : 55.78.75.65

Chateau-Chervix La Chapelle   *C.M. n° 72 — Pli n° 18*

♥♥♥ NN
(TH)

Dans une ferme d'élevage biodynamique de chèvres, petite maison traditionnelle avec 4 chambres, salle d'eau et wc particuliers. Salle de séjour avec bibliothèque réservée aux hôtes. Jardin, aire de jeux, terrain, parking. Rivière 3 km. Forêt sur place. Voiture indispensable. Ouvert toute l'année. Commerces 4 km. Anglais et espagnol parlés. A la table d'hôtes, cuisine avec les produits de la ferme. Accès par A20, sortie 41 à Magnac Bourg. 1/2 pension/pers. pour 1 semaine : 1150 F.

Prix : 1 pers. **180 F** 2 pers. **230 F** 3 pers. **260 F** repas **80 F**

6	3	4	SP	25

LESPAGNOL Patrick et Mayder – La Chapelle – 87380 Chateau-Chervix – Tél. : 55.00.86.67

Chateauneuf-la-Forêt La Croix-du-Reh   *C.M. n° 72 — Pli n° 18*

♥♥♥ NN
(TH)

Alt. : 450 m — 4 chambres pour 2 et 3 pers., dont 1 au rez-de-chaussée. Toutes ont des sanitaires particuliers. Salon réservé aux hôtes avec cheminée, TV, bibliothèque. Terrain aménagé avec jeux. Gare 6 km. Commerces sur place. 2 chambres 2 épis NN. Anglais parlé. 1/2 pension/pers. pour 1 semaine : 2200 F. Ouvert toute l'année. Cette belle demeure cossue s'abrite dans un parc aux arbres centenaires, parmi les massifs de rosiers et de rhododendrons. Monsieur Mac Laughlin est un grand amateur de voiliers anciens. Il organise et accueille sur place des séjours linguistiques.

Prix : 1 pers. **230 F** 2 pers. **300/350 F** 3 pers. **350/380 F** repas **120 F**

0,2	2	0,2	0,5

MAC LAUGHLIN Elisabeth – « La Croix du Reh » - avenue Amedee Tarrade – 87130 Chateauneuf-la-Forêt – Tél. : 55.69.75.37 – Fax : 55.69.75.38

Chateauponsac Les Verines   *C.M. n° 72 — Pli n° 7*

♥♥♥ NN
(TH)

Alt. : 280 m — 3 chambres 2 pers. ouvertes par de grandes baies sur une terrasse de plain-pied. A l'étage : 1 chambre 2 pers. et 1 enfant. Chaque chambre dispose de sanitaires particuliers. Salon, bibliothèque réservés aux hôtes. Salle de jeux, TV. Garage et terrain aménagé avec tennis. Ouvert toute l'année. Commerces 2 km. Jacques et Dominique résident dans une grande maison de style contemporain, près d'un hameau qui domine la vallée de la Gartempe, un cours d'eau réputé pour la pêche à la truite. Vous visiterez le musée des traditions limousines de Châteauponsac.

Prix : 1 pers. **160 F** 2 pers. **210 F** 3 pers. **240 F** repas **75 F**

13	SP	2	2	14	13	2

BOUTINAUD Jacques et Dominique – Les Verines – 87290 Chateauponsac – Tél. : 55.76.31.28

Cheissoux Villetelle   *C.M. n° 72 — Pli n° 19*

♥♥♥ NN

3 chambres d'hôtes aménagées dans un corps de bâtiment mitoyen à la maison du propriétaire, dans une ferme d'élevage. 1 ch. 3 pers. et 2 ch. 4 pers. avec salle de bains et wc particuliers. Séjour avec cheminée. Aire de jeux. Jardin, parking, pré. Rivière et restaurant 2 km. Voiture indispensable. Ouvert toute l'année. Gare 10 km. Commerces 3 km.

Prix : 1 pers. **160 F** 2 pers. **220 F** 3 pers. **260 F** pers. sup. **200 F**

2	2	3	3	2

JACQUELINE Rene et Therese – Villetelle – 87460 Cheissoux – Tél. : 55.69.51.45

Cheronnac Le Coudert   *C.M. n° 72 — Pli n° 15*

♥♥ NN
(TH)

Dans la maison des propriétaires, 1 chambre avec salle d'eau particulière. Séjour, TV, bibliothèque. Dans un bâtiment extérieur, 1 chambre 4 pers. avec salle d'eau et wc privés et coin-salon. Jeux d'enfants. Ouvert toute l'année (sur réservation). Commerces 6 km. Aux sources de la Charente, admirez le plus beau platane de France. Jacques et Florence vous accueillent dans le cadre verdoyant de leur ferme laitière.

Prix : 1 pers. **130/150 F** 2 pers. **170/200 F** 3 pers. **210/240 F** repas **60 F**

7	2	6	2	10	8

DE RANCOURT Jacques – Le Coudert – 87600 Cheronnac – Tél. : 55.48.61.08 – Fax : 55.48.61.08

Coussac-Bonneval Moulin-de-Marsaguet   *C.M. n° 72 — Pli n° 17*

♥♥♥ NN
(TH)

Ferme d'élevage de palmipèdes aménagée dans un ancien moulin au bord d'un bel étang de 12 hectares. A l'étage : 3 chambres pour 2 et 3 pers. Une avec salle de bains et wc privés, 2 avec salles d'eau individuelles et wc privés. Séjour avec cheminée, chauffage central. Possibilité pêche et vélos sur place. Ouvert toute l'année. Gare 12 km. Commerces 3 km.

Prix : 1 pers. **210 F** 2 pers. **230 F** 3 pers. **300 F** repas **90 F**

12	SP	3	SP	12	SP

GIZARDIN Renaud et Valerie – Moulin de Marsaguet – 87500 Coussac-Bonneval – Tél. : 55.75.28.29

Couzeix Texionneras   *C.M. n° 72 — Pli n° 7*

♥ NN

2 chambres d'hôtes dans ce pavillon moderne ouvrant sur un parc et situé en pleine campagne. 2 ch. de 2 pers. avec s.d.b. commune. Salle de séjour, salon, télévision et bibliothèque à la disposition des hôtes. Garage, jardin, aire de jeux, parking, pré, étang. Possibilité cuisine. Rivière, patinoire 8 km. Lac 20 km. Restaurant 3 km. Ouvert toute l'année. Gare 7 km. Commerces 3 km.

Prix : 1 pers. **140 F** 2 pers. **200 F** 3 pers. **260 F**

20	4	SP	1	1

AMBAYRAC Lucienne – L'Hermiterie – 87270 Couzeix – Tél. : 55.39.37.12

Couzeix Gorceix   *C.M. n° 72 — Pli n° 7*

♥ NN

2 chambres d'hôtes dans une maison bourgeoise ouvrant sur un parc et située dans un hameau. 1 ch. de 2 pers., 1 ch. de 3 pers. avec s.d.b. commune. Bibliothèque. Jardin, terrain, parking, pré. Patinoire 7 km. Rivière 8 km. Lac 20 km. Ouvert toute l'année. Gare 5 km. Commerces 500 m.

Prix : 1 pers. **130 F** 2 pers. **170 F** 3 pers. **200 F**

20	4	1,5	1,5

AUGERE Suzanne – Gorceix – 87270 Couzeix – Tél. : 55.39.31.27

Cussac

Château fort bâti du XII° au XV° siècle aux confins du Limousin et de l'Aquitaine. R.d.c. : séjour dans une ancienne salle d'armes, grand salon. 1 suite pour 2 pers. comportant chambre, salon-bibliothèque avec accès direct sur le parc. A l'étage : 2 chambres pour 2 pers. Ameublement de caractère. Sanitaires privés. Tennis, promenade en forêt. Ouvert de juin à octobre. Commerces 2 km. Anglais et allemand parlés.

Prix : 2 pers. 500/600 F

4	SP	SP	SP	4	4

DE CROMIERE Pierre et Eliane – Chateau de Cromieres – 87150 Cussac – Tél. : 55.70.94.43

Domps

3 chambres d'hôtes dans cette maison située dans petit bourg. 2 ch. 2 pers. et 1 ch. 3 pers., salle d'eau commune. Salle de séjour avec coin-cuisine et cheminée à disposition des hôtes. Terrain, parking, pré. Forêt sur place. Lac 6 km. Rivière 11 km. Ouvert toute l'année. Gare 11 km. Commerces 6 km.

Prix : 1 pers. 140 F 2 pers. 200 F 3 pers. 220 F

6	11	6	6	SP	11

MONTEIL Andre – Le Bourg – 87120 Domps – Tél. : 55.69.60.31

Le Dorat Escurat

(TH)

Alt. : 280 m — Dans une belle maison, en campagne Marchoise, 2 chambres jumelles pour 2 à 5 pers. avec salle d'eau et wc privés. Salon, bibliothèque. Commerces 2 km. Ouvert toute l'année. Anglais parlé. A proximité de l'ancienne cité du Dorat et sa collégiale romane, Elisabeth et Robert ont rénové un élégant logis marchois, situé dans un enclos bordé de tilleuls. A l'étage, la chambre double est décorée de jolies frises réalisées au pochoir par Elisabeth.

Prix : 1 pers. 160 F 2 pers. 240 F 3 pers. 300 F repas 70 F

14	9	2	10	2

CASS Robert et Elisabeth – Escurat – 87210 Le Dorat – Tél. : 55.60.65.75

Eymoutiers Fougeolles

Dans un manoir du XVII° siècle et ses dépendances. 3 chambres (2-3 pers.). Sanitaires privés. Séjour, salon, TV. Jardin et parc à disposition avec jolie vue sur Eymoutiers. Ferme-Auberge sur place. Ouvert toute l'année. Gare et commerces à 1 km.

Prix : 1 pers. 200 F 2 pers. 250 F 3 pers. 350 F

1	0,5	1	SP	1	1	1

DUMONTANT – Fougeolles – 87120 Eymoutiers – Tél. : 55.69.11.44

Eymoutiers La Roche

(TH)

Alt. : 500 m — 2 chambres pour 7 pers. à l'étage d'une maison indépendante, avec sanitaires privés. Salon avec cheminée réservé aux hôtes. Terrain paysager. Ouvert toute l'année. Gare et commerces à 8 km. Anglais et allemand parlés. Michel Jaubert, architecte d'intérieur, peintre et sculpteur habite avec son épouse, un petit hameau situé dans la montagne Limousine, dans l'arrière pays du lac de Vassi-vière. Randonnée pédestre douce, 2-3 jours, acheminement bagages assuré.

Prix : 1 pers. 210 F 2 pers. 270 F 3 pers. 320 F repas 80 F

9	8	0,5	8	0,2	8	8

JAUBERT Josette – La Roche – 87120 Eymoutiers – Tél. : 55.69.61.88

Feytiat Le Vieux Crezin

E.C. NN
(TH)

Alt. : 300 m — Dans un petit hameau tranquille, à 5 minutes du centre de Limoges, Danielle et Bernard, artisans, ont aménagé dans une vaste grange 3 chambres d'hôtes spacieuses donnant en mezzanine sur un immense séjour. Chaque chambre dispose d'une salle d'eau ou salle de bains et de wc privés. Une 4° chambre indépendante est aménagée en studio. Gare 6 km. Commerces 2 km. Ouvert toute l'année.

Prix : 1 pers. 180 F 2 pers. 240 F 3 pers. 290 F repas 80 F

3	3	4	5

BRULAT Danielle et Bernard – Le Vieux Crezin – 87220 Feytiat – Tél. : 55.06.34.41

Fromental

4 chambres d'hôtes dans cette maison indépendante près de la ligne S.N.C.F. Paris/Toulouse. 1 ch. 2 pers. 1 ch. 3 pers. 2 ch. 4 pers. Salle de bains commune. Possibilité cuisine dans une chambre. Forêt 2 km. Rivière 7 km. Lac 10 km. Restaurant sur place. Ouvert toute l'année. Commerces 10 km.

Prix : 1 pers. 150 F 2 pers. 180 F 3 pers. 210 F

10	10	2	SP

PENOT Berthe – Gare de Fromental – 87250 Bessines – Tél. : 55.76.12.86

Fromental Le Moulin du Goutay

(TH)

Alt. : 240 m — A l'étage de la maison, 3 chambres confortables avec salle d'eau privée. WC communs. Chauffage central. Bibliothèque, TV au rez-de-chaussée. Jeux extérieurs. Ouvert toute l'année. Gare 11 km. Commerces 10 km. Table d'hôtes sur réservation en hors saison. Sur le site pittoresque d'un ancien moulin, Patrick et Nathalie éleveurs de chevaux, ont entièrement restauré leur maison pour vous accueillir. Sur place : vélos et promenade attelée et montée.

Prix : 1 pers. 120 F 2 pers. 180 F 3 pers. 220 F repas 70 F

SP	8	SP	SP	10	SP

EMERY Nathalie – Le Moulin du Goutay – 87250 Fromental – Tél. : 55.76.60.22

Fromental

C.M. n° 7.

♥♥♥ NN (TH)

Alt. : 320 m — A la sortie du bourg, un petit chemin mène à ce joli mas couvert de fleurs, à l'o... forêt. Au rez-de-chaussée : 1 ch. avec salle de bains et wc privés, séjour aux boiseries de chêne... cheminée. Gare 2 km. Commerces 7 km. Ouvert toute l'année. Anglais parlé. Située dans un parc 2 ha., la maison dispose d'un court de tennis en terre battue. La fille de Monique, Marie, est une joueuse de très bon niveau (2ᵉ série), elle anime des stages de perfectionnement.

Prix : 1 pers. **200 F** 2 pers. **220 F** 3 pers. **250 F** repas 70 F

8	6	SP	2	12

THEILLAUD Monique – 87250 Fromental – Tél. : 55.76.25.26

Glanges Laucournet

C.M. n° 72 — Pli n° 18

♥♥♥ NN

Cette ravissante maison vous sera réservée. Au rez-de-chaussée : séjour/coin-bibliothèque et cheminée. Salle de bains. A l'étage : une suite de 2 chambres d'hôtes très calme. Vue sur les champs. Terrasse. Possibilité logement chevaux. Rivière 3 km. Forêt 10 km. Restaurant 4 km. Voiture indispensable (à 10 mn de l'A20 Limoges/Toulouse, sortie 41). Gare 10 km. Commerces 7 km. Ouvert de mai à septembre.

Prix : 1 pers. **220 F** 2 pers. **260 F** 3 pers. **300 F**

7	3	7

DESMAISON Jean-Luc et A.Marie – Laucournet – 87380 Glanges – Tél. : 55.00.81.27

Les Grands-Chezeaux Le Grand-Moulin

 C.M. n° 68 — Pli n° 17

♥♥♥ (TH)

Dans un coin de campagne très calme, près de leur ferme d'élevage de moutons et de poulets, Malou et Hervé vous proposent 2 chambres avec sanitaires privés. Chauffage électrique. Séjour avec TV. Terrasse et grand espace vert. Possibilité de promenades en calèche. Gare 6 km. Commerces 1 km. Ouvert toute l'année. Table d'hôtes sur réservation. 1/2 pension/pers. pour 1 semaine : 1200 F. Anglais parlé.

Prix : 1 pers. **170 F** 2 pers. **220 F** 3 pers. **270 F** repas 80 F

6	16	1	4	1	3	SP

DRU Herve et Malou – Le Grand Moulin – 87160 Les Grands-Chezeaux – Tél. : 55.76.75.67

Isle Verthamont

C.M. n° 72 — Pli n° 17

♥♥♥ NN (TH)

Dans une maison contemporaine isolée dans la campagne, ouvrant sur une terrasse avec piscine privée. 3 chambres dont 2 au rez-de-chaussée, avec salle d'eau et wc particuliers. Chauffage central. TV. Terrasse individuelle et salon de jardin. Parc paysager et fleuri. Golf 8 km. Repas végétarien possible. Repas préparés à partir de produits biologiques. Ouvert toute l'année. Gare 8 km. Commerces 3 km, à 10 mn du centre de Limoges. Anglais et allemand parlés.

Prix : 1 pers. **180 F** 2 pers. **220 F** 3 pers. **260 F** repas 80 F

SP	0,5	3	SP	4	4	4

BRUNIER Edith – Pic de l'Aiguille - Verthamont – 87170 Isle – Tél. : 55.36.12.89

Ladignac-le-Long Les Etangs

 *C.M. n° 72 — Pli n° 17*

♥♥♥ NN (TH)

Alt. : 440 m — A l'étage d'une maison attenante à leur habitation, M. et Mme Jarry ont aménagé 3 chambres avec salle d'eau privée. WC en commun. Au rez-de-chaussée : séjour réservé aux hôtes. Ouvert toute l'année. Gare 1 km. Commerces 5 km. 1/2 pension/pers. pour 1 semaine : 1450 F. Marcel Jarry et son épouse vous accueillent avec beaucoup de cordialité dans leur ferme d'élevage située au cœur du pays Arédien. Pour satisfaire votre gourmandise, vous hésiterez entre la table d'hôtes de Fernande et les spécialités de la ferme-auberge du moulin. Goûtez la « prune » maison.

Prix : 1 pers. **155 F** 2 pers. **190 F** 3 pers. **240 F** repas 75 F

5	5	5	5

JARRY Marcel – Les Etangs – 87500 Ladignac-le-Long – Tél. : 55.09.36.47

Lauriere La Bezassade

C.M. n° 72 — Pli n° 8

♥♥♥ NN (TH)

Alt. : 500 m — 1 chambre indépendante dans une partie mitoyenne de la maison familiale avec salle d'eau et wc privés. Salle de séjour/coin-salon avec cheminée, TV. Ouvert du 20 juin au 31 août. Gare et commerces à 4 km. 1/2 pension/pers. pour 1 semaine : 1200 F. Andrée Chanudet aime revenir chaque été avec son mari dans sa maison d'enfance, au cœur des monts d'Ambazac. Elle vous fera partager tous ses souvenirs.

Prix : 1 pers. **170 F** 2 pers. **200 F** 3 pers. **300 F** repas 70 F

6	4	4

CHANUDET Robert et Andree – La Bezassade – 87370 Lauriere – Tél. : 55.71.58.07 ou 21.99.30.71 – Fax : 21.99.30.00

Magnac-Laval L'Age

C.M. n° 72 — Pli n° 7

♥♥♥ NN (TH)

Aux 2ᵉ et 3ᵉ étages d'un manoir, 5 ch. pour 2 à 4 pers. avec sanitaires particuliers (3 avec salle d'eau, 2 avec salle de bains). 1 ch. pour 2 pers. Au rez-de-chaussée : 1 grand salon avec billard, coin-cheminée et bibliothèque. Commerces 2 km. Ouvert toute l'année. Anglais, espagnol, persan et allemand parlés. Annie et Jean-Paul sont des enseignants spécialistes du Moyen-Orient. Leur belle demeure s'abrite dans un joli parc, elle offre un vaste panorama sur le bocage de la Basse-Marche. Chevaux en location ou en pension sur place.

Prix : 1 pers. **200 F** 2 pers. **260 F** 3 pers. **320 F** repas 75 F

2	SP	SP	2

ALBESPY Jean-Paul et Annie – L'Age – 87190 Magnac-Laval – Tél. : 55.68.26.03

Magnac-Laval La Thibarderie *C.M. n° 72*

NN — Alt. : 240 m — Dans une maison proche de la leur, Hélène et Louis proposent 3 chambres avec lavabo, douche et wc communs. Gare 12 km. Commerces 2 km. Ouvert d'avril à septembre. Allemand parlé. A la Thibarderie, l'hospitalité est un art de vivre. Etienne, le fils aîné, a ouvert sur place une auberge de campagne où l'on déguste les spécialités du Limousin. Dany, le fils cadet, élève des bovins et des cervidés qui viennent s'ébrouer à 2 pas de la maison.

Prix : 1 pers. 150 F 2 pers. 180 F 3 pers. 250 F

SP	2	2	12	SP

MULLER Louis et Helene – La Thibarderie – 87190 Magnac-Laval – Tél. : 55.68.55.31

Masleon *C.M. n° 72 — Pli n° 18*

NN
(TH) — A l'étage d'une maison indépendante, 3 chambres d'hôtes pour 2 et 3 pers., chacune avec salle d'eau et wc particuliers. Au rez-de-chaussée : salon avec cheminée réservé aux hôtes, TV, bibliothèque. Terrasse, parking. Animaux admis avec supplément. Gare 10 km. Commerces 100 m. Ouvert toute l'année. 1/2 pension/pers. pour 1 semaine : 1300 F. Marylène et Frédéric agriculteurs, éleveurs de bovins limousins, dans un village à 7 km des lacs de Bujaleuf et de Chateauneuf la Forêt aménagés pour la baignade. Marylène vous fera déguster les légumes frais de son jardin.

Prix : 1 pers. 180 F 2 pers. 230 F 3 pers. 280 F repas 80 F

7	2	7	8

CHARBONNIAUD Frederic et Marylene – Le Bourg – 87130 Masleon – Tél. : 55.57.00.63 – Fax : 55.57.00.63.

Nexon La Garde *C.M. n° 72 — Pli n° 17*

NN
(TH) — Alt. : 350 m — 3 chambres d'hôtes aménagées dans un manoir, avec salle de bains et wc privés. Salon avec cheminée réservé aux hôtes. TV. Terrain aménagé, garage. Table d'hôtes sur réservation. Gare et commerces 2 km. Ouvert de mai à octobre. Anglais et espagnol parlés. Fabienne et Christian Gimenez se sont pris de passion pour ce manoir construit à la fin du XIX° siècle, dans un joli site proche de Nexon. La décoration des chambres, remarquable est leur œuvre personnelle. Un lieu très raffiné où l'on est accueilli avec sympathie.

Prix : 2 pers. 350/500 F repas 290 F

2	2	2	2

GIMENEZ Christian et Fabienne – La Garde – 87800 Nexon – Tél. : 55.58.18.66

Oradour-sur-Glane La Tuiliere-des-Bordes *C.M. n° 72 — Pli n° 7*

— Dans un hameau, une maison comportant 2 chambres 3 pers. avec salle d'eau particulière. WC sur le palier. Salle de séjour. Chauffage électrique. Terrain clos avec balançoires. Supplément 10 F/jour par animal. Ouvert juillet-août et sur réservation les autres mois. Commerces 3 km. A 3 km de la cité martyre d'Oradour sur Glane.

Prix : 1 pers. 160 F 2 pers. 180 F 3 pers. 240 F

6	15	0,5	3	7	10

DE CATHEU Louis et Paulette – La Tuiliere des Bordes – 87520 Oradour-sur-Glane – Tél. : 55.03.11.50

Panazol Echaudieras *C.M. n° 72 — Pli n° 17*

NN — Un coin de campagne, à 2 pas de Limoges. Dans une partie mitoyenne et indépendant de l'habitation ont été aménagées 2 chambres avec salle d'eau et wc particuliers : 1 ch. (1 lit 2 pers.), 1 ch. (2 lits 1 pers.). Séjour réservé aux hôtes. L'ensemble ouvre de plain-pied sur un terrain boisé et fleuri. Gare 5 km. Commerces et restaurant 2 km. Ouvert toute l'année. Roselyne et Daniel, originaires du nord, aiment le Limousin et auront plaisir à vous faire découvrir tout le patrimoine de Limoges et de sa région. En hors-saison : possibilité location avec coin-cuisine équipé pour séjour longue durée. A20 à 3 km, sorties 34 ou 35. Golf 4 km.

Prix : 1 pers. 190 F 2 pers. 220 F 3 pers. 270 F

6	5	2	3	SP	5	5

MAQUET Daniel et Roselyne – Echaudieras – 87350 Panazol – Tél. : 55.06.05.17

Pensol *C.M. n° 72 — Pli n° 16*

E.C. NN
(TH) — Alt. : 350 m — 3 chambres douillettes aménagées en mansarde dans une ancienne maison indépendante à la maison des propriétaires, chacune avec salle d'eau et wc privés. Au r.d.c. : salon et séjour réservés aux hôtes avec cheminée. Pensol est un petit bourg tranquille au cœur du futur Parc Naturel Régional du Périgord Vert et du limousin. Commerces 8 km. Ouvert toute l'année. 1/2 pension par pers. pour 1 semaine : 1500 F. Agnès aime régaler ses hôtes de spécialités régionales.

Prix : 1 pers. 180 F 2 pers. 250 F 3 pers. 280 F repas 80 F

9	7	3	SP	6

FOURGEAUD Agnes – Pensol – 87440 Saint-Mathieu – Tél. : 55.78.75.14

Peyrat-de-Bellac Les Ribes *C.M. n° 72 — Pli n° 6*

NN
(TH) — Dans la maison de construction neuve du propriétaire. A l'étage : 3 chambres, 2 avec salle d'eau individuelle et wc communs aux hôtes. 1 avec sanitaires individuels, chauffage central. Salon, TV. Garage, terrasse. Pêche en rivière sur place. Sentiers pédestres. Gare et commerces à 2 km. Ouvert toute l'année. Téléphonez aux heures de repas. Marie-France, super cordon bleu, vous fera déguster les produits de la ferme, soupe campagnarde, clafoutis, beurre, confitures maison. 1/2 pension/pers. pour 1 semaine : 1100 F.

Prix : 1 pers. 180 F 2 pers. 210 F 3 pers. 250 F repas 100 F

2	0,5	2	1

MORICHON Marie-France – Les Ribes – 87300 Peyrat-de-Bellac – Tél. : 55.68.07.69

Peyrat-de-Bellac La Lande   *C.M. n° 72 — Pli n° 7*

NN
(TH)

Alt. : 260 m — Au rez-de-chaussée de la maison : 3 chambres avec sanitaires particuliers. Grande salle commune avec cheminée qui donne de plain-pied sur une terrasse et un jardin avec piscine privée. Ouvert de Pâques à fin octobre. Gare et commerces à 5 km. Proche de Bellac, une petite route conduit à la ferme d'élevage ovin, de Marie et Georges. Belle maison traditionnelle de la Marche Limousine, à 3 km de la route Poitiers-Limoges. A la table d'hôtes, Marie, fin cordon bleu, vous fera déguster les spécialités limousines, l'agneau de l'élevage.

Prix : 1 pers. **180 F** 2 pers. **220 F** 3 pers. **280 F** repas **85 F**

SP	SP	5	SP	1

QUESNEL Georges et Marie – La Lande – 87300 Peyrat-de-Bellac – Tél. : 55.68.00.24 ou 55.68.31.83

Peyrat-le-Chateau Quenouille   *C.M. n° 72 — Pli n° 19*

NN
(TH)

A 3 km du Lac de Vassivière (1000 ha), le hameau de Quenouille bénéficie d'une vue imprenable sur la petite vallée de Peyrat-le-Château. 4 chambres avec salles d'eau particulières dont 1 avec wc privés dans une maison contiguë à l'habitation de Bruno et ses enfants. Séjour/coin-salon avec TV. Gare 12 km. Commerces 6 km. Ouvert de février à octobre. Anglais parlé. 1/2 pension/pers. pour 1 semaine : 1200 F.

Prix : 1 pers. **150 F** 2 pers. **210 F** 3 pers. **240 F** repas **80 F**

5	5	5	SP	6	5	10	10

PERIN Bruno – Quenouille – 87470 Peyrat-le-Chateau – Tél. : 55.69.25.76

Peyrilhac La Boisserie   *C.M. n° 72 — Pli n° 7*

NN
(TH)

Alt. : 330 m — 3 chambres dans une maison indépendante, avec salle d'eau privée et cuisine, séjour, coin-salon. Vous serez accueillis chez des artisans, dans des chambres spacieuses et confortables. Gare 2 km. Commerces 3 km. 1/2 pension/pers. 1 semaine : 1120 F. Table d'hôtes sur réservation. Ouvert toute l'année sauf pendant Noël et le 1er janvier. La Boisserie est un hameau tranquille à 2 km de la nationale Limoges/Poitiers. Base de départ pour randonnées dans les monts de Blond, location de vélos sur place.

Prix : 1 pers. **180 F** 2 pers. **220 F** 3 pers. **300 F** repas **80 F**

11	11	3	6

SAVATTE Louis et Josette – La Boisserie – 87510 Peyrilhac – Tél. : 55.75.69.68

Pierre-Buffiere La Fabrique   *C.M. n° 72 — Pli n° 18*

NN
(TH)

Alt. : 390 m — A l'entrée du bourg de Pierre-Buffière, au milieu d'un jardin fleuri, bordant la rivière, Elisabeth et Marie-Claude ont aménagé 4 chambres campagnardes dont 1 double, dans 2 jolies maisonnettes à colombages. Pour les enfants, des jeux de plein-air ont été installés : portique, balançoires, ping-pong. Gare 1 km. Commerces 500 m. Pour Elisabeth, c'est toujours un plaisir de cuisiner soupe à l'oseille, choux farcis, magret de canard au wisky, pâté de pommes de terres limousin, buffiéroise aux fruits, profiterolles. En contre-bas de la route, entre le pont de la Briance et de la Breuilh, prendre la ruelle qui descend.

Prix : 1 pers. **180 F** 2 pers. **210 F** 3 pers. **250 F** repas **80 F**

12	16	SP	2	8	12

DUTERTRE Elisabeth – La Fabrique Tranchelion – 87260 Pierre-Buffiere – Tél. : 55.00.69.65

Rancon   *C.M. n° 72 — Pli n° 7*

A l'étage d'une maison dans le bourg de Rancon, 4 chambres pour 2 pers. et 3 pers. avec salle d'eau particulière, chauffage électrique. Les petits déjeuners sont servis dans le petit restaurant « du Commerce », à proximité des chambres. Lac de Saint-Pardoux (300 ha) à 14 km. Ouvert toute l'année. Commerces sur place.

Prix : 1 pers. **160 F** 2 pers. **200 F** 3 pers. **240 F**

14	0,5	9	SP	2	9

DUMET Bernard et RIFAUT Monique – Le Bourg – 87290 Rancon – Tél. : 55.60.23.25 ou 55.68.09.78

Rempnat Chateau des Champs   *C.M. n° 72 — Pli n° 19*

NN
(TH)

Alt. : 507 m — A l'étage : 3 ch. d'hôtes (2 pers.), 1 suite familiale (4 pers.), toutes avec salle d'eau ou salle de bains et wc privés, TV et téléphone. Au rez-de-chaussée : grand salon, dont les larges baies donnent sur un parc de 5 ha. Gare 15 km. Commerces 5 km. Ouvert toute l'année. Anglais parlé. Le château des champs est une belle demeure du XIXe siècle, bâtie dans un site sauvage de la Haute Vallée de la Vienne, au cœur du plateau de Millevaches. Lac de Vassivière 15 km.

Prix : 1 pers. **300 F** 2 pers. **380 F** repas **100 F**

13	30	6	SP	11	15	15	SP

**LAGRIFFOUL Maryvonne et Gilbert – Le Chateau des Champs - La Villeneuve – 87120 Rempnat –
Tél. : 55.69.99.28 – Fax : 55.69.99.26**

Rilhac-Lastours Rilhac   *C.M. n° 72 — Pli n° 17*

NN

Dans une maison mitoyenne à celle de M. Debord : 3 chambres d'hôtes à l'étage, chacune pour 3 pers. avec salle d'eau et wc privés. Gare et commerces à 5 km. Ouvert toute l'année. Dans un village voisin, 2 petites maisons mitoyennes ont été aménagées pour l'accueil de 5 pers., chacune avec sanitaires particuliers et cuisine, elles peuvent être louées à la semaine (1200 F).

Prix : 1 pers. **160 F** 2 pers. **200 F** 3 pers. **260 F**

3	3	3	3

DEBORD Alexis – Rilhac – 87800 Rilhac-Lastours – Tél. : 55.58.22.43

Rochechouart Auvignac
C.M. n° 72 — Pli n° 16

❦❦❦ NN
(TH)

Alt. : 250 m — 5 chambres d'hôtes situées dans un hameau entre St-Junien et Rochechouart. 3 chambres mansardées à l'étage et 2 au rez-de-chaussée dont 1 accessible aux personnes handicapées. Sanitaires privés. Jardin ombragé, jeux d'enfants, ping-pong. Ouvert toute l'année. Gare 8 km. Commerces 5 km. Réduction de 10 % pour 3 nuits et plus. La grange de Cayaux est située dans un petit hameau aux confins de la Charente. Les chambres donnent sur une terrasse couverte et un jardin ombragé. Valérie et Thierry vous feront déguster leur spécialité à la table d'hôtes : la caille aux petits légumes, flognarde...

Prix : 1 pers. **160 F** 2 pers. **200 F** 3 pers. **240 F** repas **70 F**

5	5	1	5	SP	5

RASSAT Valerie – Auvignac – 87600 Rochechouart – Tél. : 55.03.79.54

Royeres Le Masbareau
C.M. n° 72 — Pli n° 18

❦❦❦ NN
(TH)

Alt. : 350 m — 1 chambre d'hôtes au mobilier de caractère, avec sanitaires privés, au 1er étage de la demeure avec splendide panorama. Ouvert toute l'année. Gare et commerces à 9 km. Anglais parlé. Vous êtes accueillis dans un parc aux arbres centenaires, au cœur d'un domaine agricole et forestier où sont élevés bovins limousins et poneys Connemara. Sur place : étang de pêche, équitation avec moniteur diplomé (manège, carrière, balades). Promenades en forêt.

Prix : 1 pers. **210 F** 2 pers. **230 F** 3 pers. **280 F** repas **80 F**

9	SP	6	SP	SP	9

BOUDET Anne – Le Masbareau – 87400 Royeres – Tél. : 55.00.28.22

Saint-Auvant
C.M. n° 72 — Pli n° 16

E.C. NN
(TH)

Alt. : 290 m — La demeure se tient légèrement en retrait de la place central du village. 3 chambres claires et spacieuses avec salle d'eau et wc privés, desservies par un bel escalier taillé dans le granit. Terrain, pelouse, piscine chauffée. Gare 15 km. Commerces 5 km. Ouvert toute l'année. Anglais et espagnol parlés. 1/2 pension/pers./semaine : 1600 F. Ce logis, construit au début du XIXe, possède le charme des vieilles maisons familiales.

Prix : 1 pers. **210 F** 2 pers. **260 F** 3 pers. **290 F** repas **90 F**

5	SP	1	0,5	SP	4

MEMBRIVE Maite et Antoine – 87310 Saint-Auvant – Tél. : 55.00.08.67

Saint-Bonnet-Briance Fraissanges
C.M. n° 72 — Pli n° 18

❦❦❦ NN
(TH)

A l'étage de la maison, 1 chambre avec douche et wc particuliers (1 lit 2 pers. 1 lit bébé) et 1 petit coin-salon indépendant avec 1 convertible 1 pers. Commerces 7 km. Ouvert de mai à septembre. Anglais parlé. Mme Vincent et ses enfants vous accueillent avec beaucoup de cordialité dans leur ferme d'élevage.

Prix : 1 pers. **160 F** 2 pers. **190 F** 3 pers. **240 F** repas **60 F**

12	2	7

VINCENT Simone – Fraissanges – 87260 Saint-Bonnet-Briance – Tél. : 55.75.50.34 ou 55.75.57.49

Saint-Brice-sur-Vienne
C.M. n° 72 — Pli n° 6

❦ NN
(TH)

Alt. : 190 m — 5 chambres 2 et 4 pers., salle d'eau commune, salle de séjour, salon, TV à disposition des hôtes. Terrain, parking privé. Gare 10 km. Commerces 3 km. Ouvert du 15 avril au 15 décembre. Dans une maison neuve située en pleine campagne au bord de la Vienne, Madame Ribette, accueille avec gentillesse. Grand terrain avec pelouse.

Prix : 1 pers. **130 F** 2 pers. **185 F** 3 pers. **240 F** repas **80 F**

10	SP	3	11	10

RIBETTE Gisele – 2 Route de Saint-Victurnien – 87200 Saint-Brice-sur-Vienne – Tél. : 55.03.80.77

Saint-Jouvent La Planche
C.M. n° 72 — Pli n° 7

❦ NN
(TH)

3 chambres d'hôtes dans un pavillon près d'un hameau. 2 ch. 3 pers. avec salle de bains commune. 1 ch. 4/5 avec salle d'eau particulière. WC. Salle de séjour, salon avec TV à disposition des hôtes. Garage. Jardin. Forêt 2 km. Rivière 7 km. Lac 15 km. Restaurant 500 m. Ouvert toute l'année. Gare 4 km. Commerces 1 km. Possibilité table d'hôtes sur réservation. 1/2 pension. 1 300 F/semaine.

Prix : 1 pers. **130 F** 2 pers. **175 F** 3 pers. **230 F**

15	8	7	1	13	15

BUREAU Marie-Louise – La Planche – 87510 Saint-Jouvent – Tél. : 55.75.81.44

Saint-Junien-les-Combes
C.M. n° 72 — Pli n° 7

❦❦❦ NN
(TH)

Alt. : 240 m — En mansarde une suite de deux chambres claires aux larges lucarnes ouvertes sur le ciel. Sanitaires privés. Gare 7 km. Commerces 2 km. Anglais et allemand parlés. Ouvert du 15 juin au 15 septembre. En arrivant dans le village, on remarque immédiatement la maison de Margarete aménagée et fleurie avec soin. Vous parlerez voyage avec Claude qui sillonne l'Europe à longueur d'année.

Prix : 1 pers. **180 F** 2 pers. **210 F** 3 pers. **260 F** repas **70 F**

8	7	7	7

MERCIER Margarete – 87300 Saint-Junien-Les Combes – Tél. : 55.68.93.36

Saint-Just-le-Martel Les Petits-Rieux
C.M. n° 72 — Pli n° 18

❦❦
(TH)

2 chambres (3 pers.) aménagées dans une maison indépendant à 800 m de la ferme avec salle de bains et wc privés. Terrain. Parking. Tennis privé. Jeux d'enfants. Plage, rivière 10 km. Produits fermiers sur place. Ouvert toute l'année. Gare 15 km. Commerces 5 km. 1/2 pension/pers. pour 1 semaine : 1100 F.

Prix : 1 pers. **150 F** 2 pers. **185 F** 3 pers. **245 F** repas **75 F**

10	10	SP	SP	2

BON Francois et Bernadette – Les Petits Rieux – 87590 Saint-Just-le-Martel – Tél. : 55.09.24.85 – Fax : 55.09.24.85

Saint-Leger-la-Montagne Saint-Leger

≝ NN Alt. : 580 m — 3 chambres sont aménagées à l'étage d'une maison communale qui abrite un gîte d'étape au rez-de-chaussée. Sanitaires communs. Chauffage électrique. Ouvert toute l'année. Gare 10 km. Commerces 6 km. Dans le petit village de Saint-Léger au cœur des monts d'Ambazac, la commune a souhaité faire revivre cette ancienne maison. Le petit déjeuner et le dîner sont servis dans l'auberge sympathique des trois clochers, à deux pas du gîte. Sur place, départ de sentiers de randonnée.

Prix : 1 pers. **140 F** 2 pers. **170 F**

⛵	🏊	⛷	🤾	🚴	
10	8	10	SP	12	8

COMMUNE DE SAINT-LEGER Mairie – 87340 Saint-Leger – Tél. : 55.39.80.83

Saint-Leonard-de-Noblat

≝≝≝ NN Dans le bourg de St-Léonard-de-Noblat, remarquable cité médiévale, 2 chambres (1 épi NN) dans la maison de M. et Mme Bigas avec salle d'eau et wc communs et 3 chambres avec salle d'eau et wc privés dans une maison attenante et reliée par un agréable jardin intérieur. A disposition : TV, lave-linge, atelier réparation vélo. Tarifs groupe, week-end et semaine. Mme Bigas vous racontera l'histoire de Léonard et vous fera déguster les massepains, spécialités de la cité. Accueil particulier réservé au cyclotouristes, comme il se doit dans la patrie de Raymond Poulidor. Gare 1 km. Commerces sur place. Ouvert toute l'année.

Prix : 1 pers. **130/175 F** 2 pers. **165/250 F** 3 pers. **220/330 F**

⛵	🏊	⚓	⛷	🚴	
1	1	1	1	10	1

BIGAS Francoise – 20 rue Jean Jaures – 87400 Saint-Leonard-de-Noblat – Tél. : 55.56.19.47

Saint-Leonard-de-Noblat La Reserve-A-Bassoleil

≝≝≝ NN Alt. : 410 m — 1 chambre d'hôtes 2 pers. aménagée à l'étage d'une maisonnette, attenante à la maison des propriétaires, au cœur d'un joli parc fleuri de perces neige, de rhododendrons ou d'hortensias bleus selon la saison. Salon avec cheminée. Cuisine. Salle d'eau et wc au rez-de-chaussée. Possibilité 1 chambre annexe. Ouvert toute l'année sur réservation. Gare et commerces à 5 km. Anglais, allemand et néerlandais parlés. Réduction de 25 F/pers. à partir de la 2e nuit.

Prix : 1 pers. **200 F** 2 pers. **250 F** pers. sup. **100 F**

🏊	⚓	⛷	🚴	
7	5	3	5	8

JANSEN DE VOMECOURT Neline – La Reserve à Bassoleil – 87400 Saint-Leonard-de-Noblat – Tél. : 55.56.18.39

Saint-Martin-le-Vieux Les Quatres-Routes

≝≝ NN 2 chambres d'hôtes aménagées au rez-de-chaussée d'un petit pavillon indépendant de la maison des propriétaires. 2 ch. 2 pers. (2 lits 2 pers.), salles d'eau particulières. Salle de séjour, salon avec TV à la disposition des enfants. Restaurant 4 km. Ouvert toute l'année. Gare 17 km. Commerces 7 km. Anglais et espagnol parlés.

Prix : 1 pers. **140 F** 2 pers. **170 F** 3 pers. **210 F**

⛵	🏊	⚓	
5	7	1	

BARRET Jacques et Ghislaine – Les Quatre Routes – 87700 Saint-Martin-le-Vieux – Tél. : 55.39.16.67

Saint-Martin-Terressus La Gasnerie

≝≝≝ NN
(TH) En pleine campagne limousine, la ferme d'élevage bovin de Paul et Marie ouvre sur un jardin fleuri avec pour horizon, les contreforts de la montagne limousine. Dans une dépendance à l'étage, 3 ch. lambrissées avec salle de bains et wc privés. Au r.d.c. : 1 ch. avec sanitaires. Salon avec TV et salle à manger. Chauffage électrique. Jardin et salon de jardin. Calme et tranquillité assurés. Promenade en forêt. Ouvert toute l'année. Gare 12 km. Commerces 3 km.

Prix : 1 pers. **140 F** 2 pers. **180 F** 3 pers. **220 F** repas **80 F**

⛵	🏊	⚓	⛷	🤾	🐎	
6	12	2	3	SP	1	3

POUSSIN Paul et Marie – La Gasnerie – 87400 Saint-Martin-Terressus – Tél. : 55.57.11.64 – Fax : 55.57.12.65

Saint-Pardoux Vauguenige

≝≝≝ NN
(TH) Alt. : 360 m — Dans un parc de 7 ha., avec piscine, château du XIXe. 5 grandes ch. avec salle d'eau particulière. Salon (TV, bibliothèque, piano). Salle de jeux. Vélos à disp. Centre équestre sur place. Marick, professeur de yoga et diététicienne et Alain, professeur d'éducation physique vous proposent : yoga, relaxation, volley ball, tir à l'arc. Cuisine diététique gourmande au service de la santé. Un espace est réservé aux fumeurs. Gare 38 km. Commerces 3 km. Ouvert toute l'année. 1/2 pension/pers. pour 1 semaine : 1890 F. Anglais, allemand, italien et espagnol parlés.

Prix : 1 pers. **275 F** 2 pers. **390 F** 3 pers. **495 F**
repas **80/120 F**

⛵	🏊	⚓	⛷	🚴	
3	SP	3	3	SP	3	SP

CLAUDE Alain et Marick – Chateau de Vauguenige – 87250 Saint-Pardoux – Tél. : 55.76.58.55

Saint-Pardoux Chantot

≝≝ NN
(TH) Alt. : 360 m — Dans la maison de ferme, 2 chambres et un salon rustique. Douche et wc dans chaque chambre. Elevage bovin. A 2 km du lac de Saint-Pardoux, magnifique plan d'eau de 330 ha. aménagés pour la baignade, la planche à voile et la pêche au brochet 2 km. Table d'hôtes sur réservation. Commerces 3 km. Ouvert du 1er juin au 31 août.

Prix : 1 pers. **178 F** 2 pers. **208 F** 3 pers. **258 F** repas **70 F**

🏊	⚓	🤾	🚴	
4	4	3	1	10	6	6

CHAMBON Nathalie et Francis – Chantot – 87250 Saint-Pardoux – Tél. : 55.76.38.62

Saint-Priest-Ligoure Moulin-du-Cap — *C.M. n° 72 — Pli n° 17*

NN **TH**

5 chambres d'hôtes aménagées dans un moulin, au bord d'un petit étang. 3 chambres avec douche et wc privés (2 et 3 épis), 1 chambre avec douche privée et wc communs (2 épis), 1 chambre dans une maison indépendante avec douche, wc privés et coin-cuisine. Chauffage central. Jeux, parking, pré. Forêt 9 km. Lac 10 km. Gare 11 km. Commerces 1 km. Ouvert toute l'année.

Prix : 1 pers. **180 F** 2 pers. **200 F** 3 pers. **250 F** repas **70 F**

11	SP	10

AUDEVARD Gaston et Renee – Moulin du Cap - Saint-Priest Ligoure – 87800 Nexon – Tél. : 55.00.62.28

Saint-Sylvestre Fanay — *C.M. n° 72 — Pli n° 8*

NN **TH**

Belle maison de granit dans un hameau typique des monts d'Ambazac. Dans une partie indépendante de la maison, en rez-de-chaussée, 2 chambres pour 2 pers. avec salle d'eau, wc et salon particuliers. Ouvert toute l'année. Anglais et espagnol parlés. Isabelle et Erick vous invitent à faire étape dans ce lieu tranquille à 5 mn de l'autoroute A20 (sortie A26). Isabelle adore faire la cuisine et vous fera déguster ses petits plats.

Prix : 2 pers. **200 F** 3 pers. **250 F** repas **70 F**

7	7	7	9	9

RAYNAUD Erick et Isabelle – Fanay – 87240 Saint-Sylvestre – Tél. : 55.71.08.37

Saint-Vitte-sur-Briance — *C.M. n° 72 — Pli n° 18*

TH

A l'étage de la maison, située dans un village, 3 chambres pour 2 et 3 pers., 2 salles d'eau communes. Coin-cuisine réservé aux hôtes. Chauffage central. Terrain avec portique. Salon de jardin. Ouvert toute l'année. Gare 6 km. Commerces 4 km. 11 km RN20, sortie 42 Saint-Germain les Belles.

Prix : 1 pers. **150 F** 2 pers. **170 F** 3 pers. **200 F** repas **75 F**

4	0,5	3	3

MARIAUD Andre – Le Bourg – 87380 Saint-Vitte-sur-Briance – Tél. : 55.71.74.59 ou 55.71.75.65

Saint-Vitte-sur-Briance Lapeyrousse — *C.M. n° 72 — Pli n° 18*

NN **TH**

4 chambres d'hôtes aménagées dans une maison indépendante. Salle d'eau et wc communs aux chambres. Chauffage central, salon, TV. Garage, terrain. Jeux d'enfants. Ouvert toute l'année. Gare et commerces à 5 km. 1/2 pension/pers. pour 1 semaine : 1050 F. Accès par A20, sortie 42, direction La Porcherie.

Prix : 1 pers. **140 F** 2 pers. **170 F** 3 pers. **220 F** repas **60 F**

6	6	1

DELORT Marie-Christine – Manin - Lapeyrousse – 87380 La Porcherie – Tél. : 55.71.83.23 ou 55.71.70.60

Saint-Yrieix-la-Perche Baudy — *C.M. n° 72 — Pli n° 17*

NN **TH**

4 chambres d'hôtes aménagées dans une grande maison de pierres dominant St-Yrieix. 4 ch. de 2 à 4 personnes (lits 2 pers.), avec salle d'eau commune. Salle de séjour, salon, bibliothèque à disposition des hôtes. Jeux pour enfants. Ouvert toute l'année. Gare et commerces à 2 km. 1/2 pension/pers. pour 1 semaine : 1300 F.

Prix : 1 pers. **150 F** 2 pers. **170 F** 3 pers. **240 F** repas **90 F**

1	2	1	2	2	1

JARRY Jean M. et Bernadette – Baudy – 87500 Saint-Yrieix-la-Perche – Tél. : 55.75.06.93

Saint-Yrieix-sous-Aixe La Roche — *C.M. n° 72 — Pli n° 17*

E.C. NN **TH**

Alt. : 180 m — Sur les coteaux de la vallée de la Vienne, dans une demeure du XIX°, dans un joli parc, à l'étage : 3 ch. avec salle d'eau privée et wc en communs. Prise TV dans chaque ch. Monique et Gérard ont décoré leur maison de souvenirs rapportés de leurs nombreux voyages. 1/2 pens./pers./semaine : 1300 F. Gare et commerces 9 km. Ouvert toute l'année. Espagnol parlé.

Prix : 1 pers. **170 F** 2 pers. **200 F** repas **85 F**

9	9	SP	1	5	7

CABIN Monique – La Roche – 87700 Saint-Yrieix-sous-Aixe – Tél. : 55.03.54.77

Sussac Murat Haut — *C.M. n° 72 — Pli n° 19*

NN **TH**

Alt. : 480 m — A proximité de la maison de ce jeune couple britannique, récemment installés dans ce hameau tranquille, 1 chambre (2 pers.) avec salle d'eau et wc privés. TV, kitchenette. Commerces 8 km. Ouvert toute l'année.

Prix : 1 pers. **120 F** 2 pers. **160 F** repas **70 F**

2	2	8	5	8

GILLARD – Murat Haut – 87130 Sussac – Tél. : 55.69.61.71

Sussac Murat-Bas — *C.M. n° 72 — Pli n° 19*

TH

1 chambre aménagée au rez-de-chaussée, mitoyenne à la maison du propriétaire, ouvrant sur une pelouse. 1 lit 2 pers., possibilité lit d'enfant ou bébé. Coin toilette avec wc ; salle de bains commune avec la famille d'accueil. 1/2 pension/pers. pour 1 semaine : 1000 F. Ouvert de mars à novembre. Gare 16 km. Commerces 2 km. Anglais parlé.

Prix : 1 pers. **130 F** 2 pers. **155 F** repas **85 F**

2	16	2	2	SP

WHITTON Peter et Anne – Murat Bas – 87130 Sussac – Tél. : 55.69.62.25

Vayres Nouiallas

🌾🌾🌾 NN
(TH)

Alt. : 260 m — Une grande grange attenante à la maison de la famille Maret a été aménagée pour offrir 5 chambres à l'étage avec sanitaires privés. Elles ouvrent en mezzanine sur un vaste salon avec bibliothèque, coin TV et salle de jeux. Ouvert toute l'année. Gare 8 km. Commerces 4 km. Allemand et italien parlés. Roselyne et Gérald, couple franco-Suisse, ont eu le coup de foudre pour ce petit hameau tout proche de la Charente où ils viennent de s'établir pour leur retraite. Gérald se fera un plaisir de vous initier au billard français. Le livre d'or atteste de l'excellence de la cuisine.

Prix : 1 pers. **160 F** 2 pers. **200 F** 3 pers. **280 F** repas **80 F**

⛵	🍴	🎿
3	3	4

MARET Roselyne – Nouiallas – 87600 Vayres – Tél. : 55.03.01.72

Verneuil-Moustiers Lafont

🌾🌾
(TH)

Aménagée à l'étage d'une ferme située dans un hameau, 1 chambre 4 pers. (double) avec salle de bains particulière. Jardin, aire de jeux, parking. Salle de séjour. Chasse sur place. Voiture indispensable. Ouvert toute l'année. Commerces 3 km.

Prix : 1 pers. **110 F** 2 pers. **140 F** 3 pers. **200 F** repas **60 F**

🚣	🍴	🎿	⛷	⛵
7	9	7	9	9

LEMOINE Clement et Odile – Lafont - Verneuil Moustiers – 87360 Lussac-Les Eglises – Tél. : 55.68.24.06 ou 55.60.14.54

Vicq-sur-Breuilh Champarnaud

🌾🌾🌾 NN
(TH)

Alt. : 360 m — 1 chambre d'hôtes avec sanitaires privés dans une ferme située à 30 km au sud de Limoges. Ouvert toute l'année. Italien parlé. Accès par autoroute A20. 1/2 pension pour 1 semaine par personne : 1400 F. Dans leur ferme limousine, Béatrice et Pascal ont aménagé une jolie chambre dans une maisonnette pleine de charme. Pascal vous racontera la transhumance qu'il effectue chaque année dans les Alpes Suisses.

Prix : 1 pers. **200 F** 2 pers. **250 F** 3 pers. **280 F** repas **75 F**

EGUISIER-MARQUET Beatrice – Champarnaud – 87260 Vicq-sur-Breuilh – Tél. : 55.00.92.83

MÉDITERRANÉE

Pour réserver, écrire ou téléphoner :

04 - ALPES-DE-HAUTE-PROVENCE
Gîtes de France
Maison du Tourisme
Rond-Point du 11-Novembre
04000 DIGNE-LES-BAINS
Tél. : 92.31.52.39
Fax : 92.32.32.63

06 - ALPES-MARITIMES
Gîtes de France
55, promenade des Anglais – B.P. 602
06011 NICE Cedex 1
Tél. : 93.44.39.39
Fax : 93.86.01.06

R 11 - AUDE
Gîtes de France
112, rue Barbacane
11000 CARCASSONNE
Tél. : 68.11.40.70
Fax : 68.11.40.72

13 - BOUCHES-DU-RHÔNE
Gîtes de France
Domaine-du-Vergon – B.P. 26
13370 MALLEMORT
Tél. : 90.59.18.05
Fax : 90.59.16.75

20 - CORSE
Loisirs Accueil
6, avenue P.-Paoli
20000 AJACCIO
Tél. : 95.22.70.79
Fax : 95.20.43.36

30 - GARD
Gîtes de France
3, place des Arènes – B.P. 122
30011 NÎMES
Tél. : 66.21.02.51

R 34 - HÉRAULT
Gîtes de France
Maison du Tourisme
B.P. 3070
34034 MONTPELLIER Cedex 1
Tél. : 67.84.71.66
Fax : 67.84.71.69

83 - VAR
Gîtes de France
Rond-Point du 4/12/74
83006 DRAGUIGNAN Cedex
Tél. : 94.67.10.40
Fax : 94.68.69.84

R 84 - VAUCLUSE
Gîtes de France
La Balance, place Campana – B.P. 147
84008 AVIGNON Cedex
Tél. : 90.85.45.00
Fax : 90.85.88.49

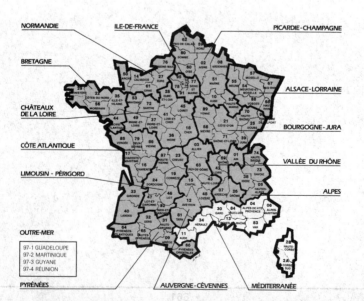

Alpes-de-Haute-Provence   *Méditerranée*

Allemagne-en-Provence   *C.M. n° 81 — Pli n° 16*

❦❦   Alt. : 400 m — 1 chambre-double comprenant : 1 lit 2 pers. et 2 lits 1 pers. Salle d'eau particulière. Dans maison de caractère calme. Gorges du Verdon. Lacs artificiels. Jardin clos. Tennis de table. Ouvert toute l'année. Gare 30 km.

Prix : 1 pers. 170 F 2 pers. 220 F 3 pers. 290 F

🎣	🚴	🚣	⛷	⛺	🚶	⛵	✈
30	14	8	8	8	SP	8	23

ANGELVIN Diane – Rue des Jardins – 04550 Allemagne-en-Provence – Tél. : 92.77.42.76

Allons *L'Ivoire-sur-Verdon*   *C.M. n° 81 — Pli n° 18*

❦ NN
(TH)
Alt. : 900 m — 5 chambres avec chacune 1 lavabo. 1 ch. (2 lits 1 pers.). 1 ch. (1 lit 2 pers. 1 lit 1 pers.). 1 ch. (2 lits 1 pers.). 1 ch. (1 lit 2 pers.). Possibilité 1 ch. mitoyenne (2 lits 1 pers.). Bloc sanitaires à proximité (3 douches, 3 wc). 1/2 pension et pension sur la base de 2 pers. et pour un minimum de 2 jours. Gare et commerces à 7 km. Ouvert toute l'année. Situées à proximité des gorges du Verdon. A 7 km de Saint-André-des-Alpes. Ski de fond à 3 km, ski de piste à 25 km.

Prix : 1 pers. 110 F 2 pers. 155 F 3 pers. 210 F repas 70 F
1/2 pens. 460 F pens. 660 F

🚴	⛺	🚶	⛷	✈	⚑
7	7	SP	7	25	7

TRILLAS Eliane – L'Ivoire Sur Verdon – 04170 Allons – Tél. : 92.89.14.22

Angles   *C.M. n° 81 — Pli n° 18*

❦❦ NN   Alt. : 980 m — 2 chambres comprenant chacune : douche, wc et kitchenette privatifs avec chacune 1 lit 2 pers. Situées dans un petit village calme. Gare et commerces à 8 km. Ouvert toute l'année. A proximité des gorges du Verdon (18 km de Castellane). A 8 km de Saint-André-les-Alpes. A 100 km de Nice.

Prix : 1 pers. 190 F 2 pers. 220 F

⛷	🚣	🚶	⛷	✈	⚑
8	8	SP	8	26	8

NEVEU Georges – Angles – 04170 Saint-Andre-Les-Alpes – Tél. : 92.89.03.39

Authon *Ferme du Riou*   🏔   *C.M. n° 81 — Pli n° 6*

E.C. NN
(TH)
Alt. : 1100 m — 3 chambres au 1er étage d'une ancienne ferme rénovée (élevage de brebis mouzeros). 1 ch. (2 lits 1 pers.). 1 ch. (3 lits 1 pers.). 1 ch. (2 lits 1 pers.). Salle d'eau privative à chacune, wc communs. Terrasse, terrain. Coin-bibliothèque. Belle salle voûtée avec four à bois pour veillées à disposition. Gare et commerces 18 km. Ouvert toute l'année. A 18 km de Sisteron, au cœur du Massif des Monges, Vallée du Vançon et de la réserve géologique. A proximité du Col de Fontbelle. Possibilité de randonnées avec le propriétaire qui accompagnateur en moyenne montagne (D.E).

Prix : 1 pers. 130 F 2 pers. 260 F repas 85 F 1/2 pens. 190 F

🐕	🎣	🚴	🚣	⛷	⛺	🚶	⛷
	6	18	18	18	18	SP	6

PERGOLIZZI Vincent – Ferme du Riou – 04200 Authon – Tél. : 92.61.44.01 – Fax : 92.61.06.52

Barcelonnette   *C.M. n° 81 — Pli n° 8*

❦❦
(TH)
Alt. : 1350 m — 6 chambres d'hôtes. 2 chambres 2 pers., 3 chambres 4 pers., toutes avec salle d'eau et wc privés, 1 chambre 4 pers. avec salle de bains et wc privés. Salle de séjour, salon. Produits fermiers. Forêt, luge, chasse sur place. Rivière, canoë-kayak, rafting. Parc du Mercantour 20 km. Gare 70 km. Commerces 3 km. Ouvert toute l'année sauf du 1er octobre au 1er décembre et vacances scolaires.

Prix : 1 pers. 192/229 F 2 pers. 229/284 F 3 pers. 287/343 F
repas 77 F 1/2 pens. 173/178 F

🚴	🚣	🚣	⛷	⛺	🚶	⛷	✈
SP	2	2	10	SP	25	2	SP

CUGNET M. C. – Les Allemands – 04400 Barcelonnette – Tél. : 92.81.13.57

Barcelonnette *Les Iscles-Faucon*   *C.M. n° 81 — Pli n° 8*

❦❦❦ NN   Alt. : 1135 m — 1 chambre (1 lit 1 pers. 1 lit 2 pers.), 1 chambre (1 lit 2 pers.). 2 salles de bains privées à proximité, wc communs. Petit-déjeuner traditionnel. Situées à 4 km de Barcelonnette, dans la Vallée de L'Ubaye, à proximité du Parc du Mercantour. Gare 60 km. Commerces 4 km. Ouvert toute l'année.

Prix : 1 pers. 200 F 2 pers. 230 F 3 pers. 295 F

🎣	🚴	🚣	⛷	🚣	🚶	⛷	⚑	✈
60	5	4	4	5	SP	25	10	70

SACKREUTER-BRUNET Annie – Les Iscles Faucon – 04400 Barcelonnette – Tél. : 92.81.31.22

Bayons   *C.M. n° 81 — Pli n° 6*

❦
(TH)
Alt. : 1104 m — Dans une ancienne petite bastide restaurée du Haut Pays Provençal, sur le massif des Monges. 1 ch. (2 lits 2 pers.), salle de bains. 1 ch. (1 lit 2 pers.), douche, wc communs. 1 ch. (1 lit 2 pers.), salle de bains et wc privés. 2 lits d'appoint (lavabo dans chaque chambre). Salle de bains, douche, wc privatifs. Coin-repas, cheminée. Spécialités du pays. Animaux admis. La Motte-du-Caire 15 km. Gare à Sisteron 30 km et à Gap 40 km. Commerces 3 km. Ouvert de Pâques à la Toussaint.

Prix : 1 pers. 173 F 2 pers. 230 F pers. sup. 100 F
repas 80 F 1/2 pens. 383 F

⛺	🚶	⛷
SP	SP	30

LEPORATI Jean-Jacques – Grange Joly – 04250 Bayons – Tél. : 92.68.34.32

Le Castellet   *C.M. n° 81 — Pli n° 16*

❦❦❦ NN   Alt. : 400 m — 3 chambres indépendantes à 5 km d'Oraison. 2 ch. (1 lits 2 pers. 1 lit d'appoint), s. d'eau et wc privés. 1 ch. (2 lits 1 pers.), s. d'eau et wc privés. Accès indépendant. Terrasse, solarium, piscine privée. Gare 10 km. Commerces 5 km. Ouvert toute l'année. Village calme dans une vallée verdoyante. Plan d'eau des Buissonnades. Manosque 26 km. A51 sortie La Brillanne.

Prix : 1 pers. 200 F 2 pers. 250 F 3 pers. 300 F

🚴	🚣	⛷	⛺	🚶	⛷
8	5	5	11	SP	26

CIRAVEGNA Jean et Catherine – Quartier Combe-Croix – 04700 Le Castellet – Tél. : 92.78.74.97

Cereste

¥¥ NN Alt. : 500 m — Réservé aux non fumeurs. 1 ch. (1 lit 160, 1 lit 1 pers.), salle de bains, wc. 1 ch. (1 lit 160, 1 lit 1 pers.) avec terrasse, entrée particulière, salle d'eau et wc. Salle commune avec coin-salon. Situées dans une maison de maître avec jardin, piscine, terrasse ombragée, table de ping-pong. Tout le nécessaire pour bébé à disposition. Gare 15 km, commerces sur place. Situées dans le parc du Lubéron, dans le village. Nombreuses randonnées sur place et à proximité. Ouvert du 1ᵉʳ mars au 31 novembre.

Prix : 1 pers. **200 F** 2 pers. **250 F** pers. sup. **100 F**

10	SP	SP	SP	5	SP	5	15	

THIOLLIER-MOULINIER Valerie – Rue de la Poste – 04280 Cereste – Tél. : 92.79.04.89 – Fax : 92.79.08.77

Cereste Le Pigeonnier

¥¥¥ NN Alt. : 500 m — 4 chambres d'hôtes dans maison de village du XIIᵉ siècle, joliment rénovée. 1 ch. (1 lit 2 pers.) avec salle de bains et wc privés. 1 ch. (1 lit 2 pers.) avec douche et wc privés, 1 ch. (2 lits 1 pers.) avec douche et wc privés à l'étage. 1 ch. de 40 m² (1 lit 2 pers. 2 lits 1 pers.), salle d'eau et wc privatifs dans une très belle salle voûtée en pierres apparentes. Salon de lecture et de musique pour la détente. Parking privé pour les clients, éclairé la nuit. Apt 19 km. Manosque 20 km. Plusieurs restaurants dans le village (spécialités). Gare 22 km. Commerces sur place. Ouvert du 1ᵉʳ avril au 1ᵉʳ novembre.

Prix : 2 pers. **230/300 F** 3 pers. **375 F** pers. sup. **75 F**

20	SP	SP	SP

EXBRAYAT Francoise – Le Pigeonnier - rue du Chateau – 04280 Cereste – Tél. : 92.79.07.54 – Fax : 92.79.07.75

Chasteuil

E.C. NN
(TH)
Alt. : 700 m — 3 chambres au rez-de-chaussée d'une maison ancienne rénovée. Entrées indépendantes. 1 ch. (1 lit 2 pers. 1 lit 1 pers.), salle d'eau/wc. 1 ch. (1 lit 150), salle d'eau/wc. 1 ch. (1 lit 2 pers.), salle d'eau, wc. Grande terrasse couverte. Table d'hôtes l'été seulement. Commerces 10 km. Anglais parlé. Ouvert toute l'année. A 10 km de Castellane, à l'entrée des Gorges du Verdon. GR4 à proximité. Randonnées à 15 km. Escalade, activités d'eau vive (rafting, kayak, canoyoning, hydrospeed) à 15 km. Lacs de Chaurdanne et de Castillon.

Prix : 1 pers. **195 F** 2 pers. **225 F** 3 pers. **295 F** repas **75 F** 1/2 pens. **260 F**

10	10	10	15	SP	15	60	30

BEGUIN Pascal et HERFIELD Nancy – Chasteuil – 04120 Castellane – Tél. : 92.83.72.45

Cruis

¥¥
(TH)
Alt. : 700 m — 5 chambres d'hôtes toutes avec douche ou bains, wc, lavabo, aménagées dans un mas de caractère sur 20 ha., à 1 km du village. Piscine familiale. Salle de jeux à la disposition, bibliothèque. A proximité : forêt, sentiers de randonnées, équitation, tennis. L'hiver : ski et luge à 20 mns. Sur place : ping-pong, bicyclettes. Table d'hôtes sur réservation. Gare 25 km. Ouvert toute l'année.

Prix : 1 pers. **110 F** 2 pers. **220 F** repas **80 F** 1/2 pens. **220 F**

40	SP	25	25	25	SP	25	18

COSTES Alain et MICHEL Monique – Le Mas des Grailles – 04230 Cruis – Tél. : 92.77.04.83

Cruis Le Claus

E.C. NN Alt. : 728 m — 1 chambre d'hôtes (1 lit 2 pers.) dans un mas provençal du XVIIᵉ siècle. 5 gîtes sur place. Salle d'eau et wc privatifs. Salle de rencontre de style provençal. Coin-cheminée. Terrain ombragé de 1,5 ha. Bassin, fontaine, abri-voiture, jeu de boules. Gare 21 km. Commerces 600 m. Ouvert toute l'année. A 600 m du village de Cruis. Forcalquier 17 km. Sisteron 25 km. Digne 40 km. Pays de la lavande et des fromages. Au pied de la montagne de Lure, dans un cadre de nature intacte.

Prix : 1 pers. **150/225 F** 2 pers. **200/275 F**

5	5	SP

ASSOCIATION VITAVERDE – Le Claus – 04230 Cruis – Tél. : 92.77.00.89 – Fax : 92.77.02.33

Dauphin

¥¥ Alt. : 400 m — 3 chambres d'hôtes 2 pers. avec salle d'eau et wc particuliers, situées dans une villa à proximité des bâtiments de l'exploitation agricole. Parking privé. Abri pique-nique ombragé. Village-cité de caractère, observatoire de Haute-Provence. Marché de provence, Prieuré de Salagon. Restaurant 1 km. Pêche. Ouvert toute l'année. Gare 18 km. Commerces 2 km. Plan d'eau 10 km. Randonnées, VTT, centre équestre 2 km. Forcalquier 6 km. Manosque 15 km.

Prix : 2 pers. **180 F**

SP	SP	8	8	8	SP

BOUFFIER Hubert et Emilie – Ferme des 4 Reines - Les Encontres – 04300 Dauphin – Tél. : 92.79.58.04

Dauphin Le Moulin-des-Encontres

¥¥¥ NN Alt. : 450 m — Face au Lubéron, dans un cadre de verdure calme et ombragé en rez-de-chaussée d'un ancien moulin restauré, 2 chambres comprenant chacune salle de bains, wc et coin-cuisine. Entrées indépendantes. Ch. Agathe (1 lit 2 pers.), ch. Marthe et Antonin (1 lit 2 pers. 2 lits 1 pers. dans alcove). Chauffage central. TV coul. Terrasse, parking, balançoire, barbecue. Ping-pong. Dauphin 2 km. Forcalquier 6 km. Manosque 18 km. Possibilité de séjour à thème d'octobre à mai : 15 à 20 h/semaine en petits groupes pour apprendre ou perfectionner l'anglais, le français. Entraînement multi-média interactif en centre de langues à proximité. Ouvert toute l'année.

Prix : 2 pers. **200 F**

8	8

ROCHON-BOUFFIER Marie-Claude – Le Moulin des Encontres - Parc du Luberon – 04300 Dauphin – Tél. : 92.79.53.84

Entrevaux La Siberie   C.M. n° 81 — Pli n° 19

♥♥ NN   Alt. : 396 m — 5 chambres d'hôtes. 3 chambres (1 lit 2 pers.), 1 chambre (1 lit 2 pers. 1 lit 1 pers. 1 lit enfant), 1 chambre (1 lit 2 pers. 2 lits 1 pers. superposés), toutes avec douche, wc, lavabo. Salle commune réservée aux hôtes avec possibilité de cuisine. Jeux de société. Barbecue. Meubles de jardin. Portique enfants. Entrevaux 6 km. Puget-Theniers 2,5 km. Nice 56 km. Produits fermiers. Ferme-auberge 2 km. Ouvert toute l'année.

Prix : 1 pers. **150 F** 2 pers. **198 F** 3 pers. **260 F**

6	3	SP	0,3	SP	

GAYDON Nadia – La Siberie - Plan du Puget – 04320 Entrevaux – Tél. : 93.05.06.91

Forcalquier   C.M. n° 81 — Pli n° 15

♥♥   Alt. : 550 m — 1 ch. 3 pers., s. d'eau et wc, 2 ch. 2 pers., s. d'eau privées et entrées indép. 2 ch. (1 lit
(A)   2 pers. 2 lits 1 pers.), s. d'eau et wc privatif. L-linge. Salon, cheminée et TV. Salle de jeux. Loc. VTT. Produits fermiers sur place. Camping à la ferme. Poney. Concours de boules, soirées provençales, pêche. 1/2 pension sur la base de 2 pers. - 20 % pour les - de 10 ans. Situées entre la montagne de Lure et le Luberon, sur une exploitation laitière, vaches et chèvres avec fabrication de fromages et élevage de biches. Piscine sur la propriété. A la ferme auberge, spécialités provençales et repas aux fromages. Forêt 3 km. Lac, pêche 5 km. Ouvert toute l'année.

Prix : 1 pers. **155 F** 2 pers. **190 F** pers. sup. **90 F** repas **90 F**
1/2 pens. **370 F**

3	2	2	5	SP	5	40	40

GOLETTO Henri et Mireille – Bas-Chalus – 04300 Forcalquier – Tél. : 92.75.05.67 – Fax : 92.75.39.20

Forcalquier   C.M. n° 81 — Pli n° 15

♥♥ NN   Alt. : 550 m — 4 chambres dans un bâtiment mitoyen à la maison du propriétaire. 1 ch. (1 lit 2 pers.), s. d'eau, wc + mezzanine (1 lit 2 pers.). 1 ch. (1 lit 2 pers.), s. d'eau et wc. Mezzanine (1 lit 2 pers.). 1 ch. (1 lit 2 pers.), 1 ch. (2 lits 1 pers.), chacune avec s. d'eau et wc. Salle à manger dans l'ancienne bergerie. Micro-ondes et chaise haute. Chauffage électrique. Terrain, terrasse, meubles de jardin. Gare 15 km. Commerces 1 km. Situées à la sortie de Forcalquier à la campagne. Ouvert toute l'année.

Prix : 1 pers. **175 F** 2 pers. **250 F** pers. sup. **70 F**

30	4	2	3	5	SP	5	17

POURCIN Gilbert – Quartier Paradis – 04300 Forcalquier – Tél. : 92.75.37.33

Forcalquier   C.M. n° 81 — Pli n° 15

♥♥ NN   Alt. : 500 m — 4 chambres d'hôtes. 3 chambres (1 lit 2 pers.), 1 chambre (2 lits jumeaux) avec salle d'eau et wc particuliers, aménagées dans un ancien moulin, au milieu d'un parc arboré, à 2 km du centre ville. Parking ombragé. Tir à l'arc 2 km. Nombreuses animations, pêche, baignade, équitation, randonnées pédestres. Ouvert toute l'année. Anglais et allemand parlés.

Prix : 2 pers. **210 F**

3	1,5	2	5	SP	5	40	40

REVERCHON Aimee – Le Vieux Moulin - Route de Digne – 04300 Forcalquier – Tél. : 92.75.13.36 ou 92.75.21.67

Forcalquier Bas-Chalus   C.M. n° 81 — Pli n° 15

♥♥ NN   Alt. : 550 m — 5 chambres d'hôtes aménagées dans un ancien moulin à eau. 1 ch. (1 lit 2 pers.) avec
(TH)   salle de bains, 2 ch. (1 lit 2 pers.) avec douche, 1 ch. (2 lits 1 pers.) avec douche, 1 ch. (1 lit 2 pers. 1 lit 1 pers. 1 lit d'appoint) avec salle de bains. WC privés pour chaque chambre. Cuisine à disposition des hôtes. Terrain non clos. Piscine réservée aux résidents. Prix demi-pension sur la base de 2 pers. Vente de produits fermiers. Auberge, camping et gîtes à 200 m. Forcalquier 2 km. Ouvert toute l'année.

Prix : 1 pers. **160 F** 2 pers. **190 F** 3 pers. **290 F**
pers. sup. **90 F** repas **90 F** 1/2 pens. **370 F**

3	2	2

GOLETTO Catherine – Moulin du Sarret – 04300 Forcalquier – Tél. : 92.75.05.67 – Fax : 92.75.39.20

La Foux-d'Allos   C.M. n° 81 — Pli n° 8

♥♥♥   Alt. : 1730 m — 3 chambres aménagées dans une ancienne ferme restaurée. 1 ch. 4 pers. avec bains, wc
(TH)   privés et mezzanine. 2 ch. de 2 à 4 pers. avec salle d'eau particulière et wc + mezzanine. Lac 5 km avec parc de loisirs, pédalo, jeux nautiques, pistes de bicross et de mountain-bike sur place, canoë-kayak 12 km. Pêche 100 m (1ère catégorie). Gare 40 km. Commerces 5 km. Station de ski alpin, fond et raquettes (2 et 5 km). Circuit de glace. Ouvert toute l'année sur réservation. Barcelonnette 25 km.

Prix : 2 pers. **200/250 F** 3 pers. **300 F** pers. sup. **100 F**
repas **90 F** 1/2 pens. **190/220 F**

2	2	2	5	SP	5	SP	2

GIRERD-POTIN Jacques – 04260 Allos – Tél. : 92.83.04.76

Le Lauzet-Ubaye Les Means   C.M. n° 81 — Pli n° 6

♥♥ NN   Alt. : 900 m — 2 chambres dans une ferme restaurée du XVIe siècle. 1 ch. (2 lits 1 pers.), prise TV et tél. Salle de bains particulière et wc, orientation sud. 1 ch. (1 lit 160), salle de bains et wc particuliers, tél. et prise TV. 2e étage : salle voûtée pour petits déjeuners. Coin-salon, cheminée. Table de ping-pong. Location de VTT. Gare et commerces à 10 km. Très nombreuses possibilités de randonnées (GR5 sur place). Le propriétaire du gîte est guide de haute montagne. Sports d'eau vive (rafting, canyoning). Escalade. Barcelonnette à 10 km. Ouvert du 15 février au 15 novembre. Vue imprenable.

Prix : 1 pers. **200 F** 2 pers. **250 F**

10	10	10	20	SP	20	18

MILLET Frederic et Elisabeth – Les Means - Meolans – 04340 Le Lauzet-Ubaye – Tél. : 92.81.03.91

Lurs
C.M. n° 81 — Pli n° 15

¥¥¥
(TH)
Alt. : 480 m — 3 ch. avec bains et wc, 2 avec douches, wc communs. Salon, salle à manger, TV à disposition. Piscine sur place. Vélos et VTT à disposition. Mini-golf sur place. Halfcourt (tennis) sur place. Ouvert toute l'année, sauf entre Noël et le jour de l'An.

Prix : 1 pers. 160/210 F 2 pers. 200/260 F 3 pers. 300 F
pers. sup. 50 F repas 110 F

SP	SP	4	4	SP

MEUNIER Louisette – Campagne la Grange – 04700 Lurs – Tél. : 92.79.95.44 – Fax : 92.79.81.80

Manosque
C.M. n° 81 — Pli n° 15

¥¥¥
Alt. : 370 m — 2 chambres 2 pers. avec douche, lavabo, wc, dans chaque chambre. Jardin, parking, grande terrasse. Concerts et spectacles divers. Cyclisme. Autoroute A51 Aix-Sisteron. Manosque 1 km. Ouvert du 1er février au 30 novembre.

Prix : 1 pers. 215 F 2 pers. 236 F

SP	SP	SP	SP	5	SP	SP	100	50

GRUNER France – Les Cigales - Montee des Vraies Richesses – 04100 Manosque – Tél. : 92.72.11.25

Manosque
C.M. n° 81 — Pli n° 15

¥¥
Alt. : 410 m — 1 chambre (1 lit 2 pers. 1 lit d'appoint 80). 1 chambre (2 lits 1 pers.). Chaque chambre comprend 1 cabinet de toilette, lavabo, wc, douche. Chasse. Aix en Provence 60 km. Digne 70 km. Autoroute A51 sortie Manosque. A proximité du centre de dialyse. Gare et commerces sur place. Ouvert toute l'année.

Prix : 2 pers. 210 F

SP	SP	SP	SP	5	SP	SP	100	50

DOSSETTO Josette – 346 avenue des Savels – 04100 Manosque – Tél. : 92.72.07.49

Les Mees Les Bourelles
C.M. n° 81 — Pli n° 16

¥¥¥ NN
(TH)
Alt. : 410 m — 4 chambres dans une maison de construction récente dans une aile indép. 1er étage : 1 ch. (1 lit 2 pers.), s.d.b., wc, solarium. R.d.c. : 1 ch. (1 lit 2 pers.), s. d'eau, wc. 1 chambre. 1 ch. (3 lits 1 pers.), s. d'eau, wc. 1 ch. (2 lits 1 pers.), s. d'eau, wc. Séjour, salon, cheminée. Equipement bébé, jeux d'enfants, jeux de boules, vue sur les Préalpes. Village au pied des rochers gigantesques « Les pénitents » et sur la commune d'Oraison. Oraison 13 km. Proche de l'A51, sortie Peyruis. Forcalquier et Sisteron 26 km. Gare 9 km. Commerces 2 km. Ouvert toute l'année. Gratuit jusqu'à 2 ans. Nous consulter pour la demi-pension.

Prix : 1 pers. 180 F 2 pers. 250 F repas 70/90 F

20	2	2	2	9	SP	9	25	

VERGER Daniel et Danielle – Les Bourelles - Le Mas des Oliviers – 04190 Les Mees – Tél. : 92.34.36.99

Les Mees Hameau-Les-Pourcelles
C.M. n° 81 — Pli n° 16

¥¥¥ NN
Alt. : 410 m — 1 chambre (1 lit 2 pers.). Salle d'eau et wc privatifs. Accès indépendant. Terrasse. Salon de jardin, maison neuve. Propriétaires exploitants agricoles. Camping sur place. Gare 10 km. Commerces 7 km. Ouvert toute l'année. Situées à 4 km d'Oraison. Sur la rive gauche de la Durance à 24 km de Digne les Bains. 50 km de Manosque.

Prix : 1 pers. 190 F 2 pers. 240 F

20	4	4	4	4	SP	4	80	20

GAUTHIER Jean et Eliane – Hameau Les Pourcelles – 04190 Les Mees – Tél. : 92.34.00.07

Les Mees Campagne du Barri
C.M. n° 81 — Pli n° 16

¥¥¥ NN
(TH)
Alt. : 410 m — 5 chambres dans maison de caractère. 1 ch. (1 lit 2 pers. 1 lit 110), s. d'eau, wc privés. 2 ch. avec chacune (1 lit 2 pers.), s. d'eau et wc privés. 1 ch. double (4 lits 1 pers.), s. d'eau, wc privés. 1 ch. (1 lit 2 pers. 1 lit 1 pers.) avec ch. attenante (1 lit 1 pers.), s. d'eau, wc privés. Salon, TV, Hifi, jeux et salle de jeux. Gare 8 km. Commerces 1 km. Ouvert des vacances de Pâques à la Toussaint. Anglais parlé. Belle maison du XVIIe située dans le Plan à la sortie des Mees. Vue panoramique sur « les Pénitents » et sur la montagne de Lure et le village de Montfort. Autoroute A51 à 1,5 km. A proximité : pêche et vol à voile.

Prix : 1 pers. 190 F 2 pers. 230 F 3 pers. 240 F repas 85 F
1/2 pens. 200 F

23	10	1	1	23	SP	14	80	8

DE MEESTER Gerard et Olga – Quartier de la Croix - Campagne du Barri – 04190 Les Mees – Tél. : 92.34.36.93

Les Mees La Roberte
C.M. n° 81 — Pli n° 16

¥¥
Alt. : 410 m — 1 chambre (1 lit 2 pers.). Salle de bains, wc particuliers. Oraison à 14 km. Digne à 24 km. Manosque à 50 km. Autoroute A51 sortie Peyruis à 2 km. Gare 10 km. Commerces sur place. Ouvert de Pâques à novembre. Allemand parlé.

Prix : 2 pers. 230 F

20	SP	20	SP	20	SP	30	70	20

VUARANT Jacques – La Roberte – 04190 Les Mees – Tél. : 92.34.31.18

Mezel Domaine-de-Prefaissal
C.M. n° 81 — Pli n° 17

E.C. NN
(TH)
Alt. : 600 m — Dans ce relais équestre : 2 chambres (2 lits 1 pers.) avec douche, lavabo et wc chacune. Situées dans un domaine calme et agréable de 340 ha, avec piscine, sauna, UVA. Domaine de chasse et parc animalier. Gare 30 km. Commerces 2 km. Ouvert toute l'année. En direction des gorges du Verdon, à 12 km de Digne. Golf à 8 km.

Prix : 1 pers. 187 F 2 pers. 229 F pers. sup. 70 F
repas 80/150 F

9	4	15	5	5	SP	35	80	30

GIRAUD Georges – Domaine de Prefaissal - Route de Mezel – 04270 Mezel – Tél. : 92.35.52.09

Noyers-sur-Jabron Le Jas-de-la-Caroline 🖼 *C.M. n° 81 — Pli n° 4*

E.C. NN
(TH)

Alt. : 550 m — 3 chambres dans une maison de caractère, dans un hameau à 600 m du village. 1 ch. (1 lit 2 pers. 1 lit d'appoint enf. : 50 F), s.d.b., wc. 1 ch. (1 lit 150), s.d.b., wc. 1 ch. (2 lits 1 pers.), coin-cuisine, s.d.b., wc. Salon, bibliothèque (nombreux ouvrages sur la Haute-Provence), cheminée. Abri voiture. Jardin ombragé, salon de jardin, VTT. Sisteron 12 km. Vue au sud sur la montagne de Lure (promenades et randonnées) et au nord sur le vieux village de Noyers. Tél. téléséjour. Service de cars journaliers. Repas sur réservation. Gare et commerces 12 km. Ouvert toute l'année.

Prix : 1 pers. **200 F** 2 pers. **260 F** repas **80 F**

15	12	12	12	SP	20	24

MOREL Henri et Monique – Le Jas de la Caroline – 04200 Noyers-sur-Jabron – Tél. : 92.62.03.48

Oraison *C.M. n° 81 — Pli n° 16*

💥💥💥 NN

Alt. : 375 m — 1 chambre (1 lit 2 pers.) avec salle d'eau et wc privés, possibilité lit d'enfant. 1 chambre (1 lit 2 pers. 1 lit 1 pers.) avec salle d'eau, wc privés. Une petite salle à disposition des hôtes avec TV, jeux de société, micro-ondes. Situées dans une petite ville de 2900 habitants. Nombreux loisirs sur place. Ouvert toute l'année. Forcalquier 17 km. Manosque 15 km. Sisteron 40 km. Gare 2 km. Commerces sur place.

Prix : 2 pers. **225 F** 3 pers. **280 F**

15	SP	SP	1	3	SP	3	100	50

BONTRON – Rue Terce Rossi - La Charmette – 04700 Oraison – Tél. : 92.78.64.54

Oraison *C.M. n° 81 — Pli n° 16*

💥💥💥

Alt. : 400 m — Situées dans une grande maison à caractère provençal, 2 ch. 2 pers. avec s.d.b. particulières et wc communs. L'hiver : salon/salle à manger, TV à la disposition des hôtes. Feu de bois dans la cheminée. L'été : jeux d'enfants, pergola, fontaine, barbecue à disposition des hôtes. Jardin, 3000 m² de terrain arboré, parking, abri couvert pour voitures. Ouvert toute l'année. Pêche 3 km. Village 1,2 km.

Prix : 2 pers. **216/230 F**

20	SP	1	SP	3	SP	3

BONNET Louis – Chemin de Thuve - Route des Buissonades – 04700 Oraison – Tél. : 92.78.62.54

Peipin Les Granges *C.M. n° 81 — Pli n° 6*

💥💥💥 NN

Alt. : 500 m — Réservé aux non fumeurs. Petits déjeuners copieux. 2 ch. de grand confort indépendantes au calme, dans une maison dominant le village de Peipin avec très belle vue sur les préalpes de Digne. 1 ch. (1 lit 160). 1 ch. (2 lits 1 pers.). Salle d'eau et wc privés chacune. Entrées indépendantes. Terrasse et parking sur terrain clos et arboré. Gare et commerces 7 km. A proximité de la « Route Napoléon », à 7 km de Sisteron (célèbre pour sa citadelle), à 35 km de Digne, 40 km de Gap et Manosque. Autoroute A51 à 3 km. Conseils et accompagnement pour randonnées. Vol à voile et plan d'eau à proximité, centre équestre au village. Ouvert du 1er avril au 1er octobre.

Prix : 1 pers. **220 F** 2 pers. **220/240 F**

25	1	7	7	7	SP	60	40	10

FLECHE Rene et Francoise – 17 Les Granges – 04200 Peipin – Tél. : 92.62.47.16

Peyruis Domaine-des-Martrons *C.M. n° 81 — Pli n° 16*

💥💥 NN
(TH)

Alt. : 750 m — 6 chambres d'hôtes avec sanitaires individuels. 1 chambre (1 lit 2 pers. 2 lits 1 pers.), 1 chambre (1 lit 2 pers.), 4 chambres (1 lit 2 pers. 1 lit 1 pers. superposés). Salon, salle à manger, terrasse. Pêche et lac 10 km. Domaine de chasse sur 300 ha. Sisteron 25 km. Digne 35 km. Gap 40 km. Ouvert toute l'année. Gare 30 km. Commerces 10 km.

Prix : 2 pers. **208 F** repas **83 F**

10	4	10	SP

GALLI Dominique – Domaine des Martrons – 04310 Peyruis – Tél. : 92.68.05.50

Pierrevert *C.M. n° 81 — Pli n° 16*

💥💥

Alt. : 500 m — 2 chambres d'hôtes au 1er étage dans une maison particulière. Salles de bains particulières. Séjour, télévision, bibliothèque. Pêche. Ouvert toute l'année.

Prix : 1 pers. **187 F** 2 pers. **208 F**

18	18	2	2	SP	2	40	SP

SUPPLISSON – Ecureuil-Bleu Quar. Parrin - avenue Rene Bigand – 04860 Pierrevert – Tél. : 92.72.88.93

Reillanne Le Mas-des-Collines *C.M. n° 81 — Pli n° 15*

💥💥💥 NN
(TH)

Alt. : 450 m — Mas ancien isolé et restauré entouré de chênes. 4 chambres (1 lit 2 pers.), en mezzanine (1 lit 80). Salle d'eau et wc particuliers. 2 chambres avec salles d'eau et wc extérieurs. TV couleur. Piscine à la disposition des hôtes. Terrain de foot. Terrain de boules. Gare 20 km. Commerces 5 km. Ouvert toute l'année. Très belle propriété isolée, située sur la commune de Reillanne à proximité du parc du Luberon, à 20 km de Manosque, d'Apt, de Forcalquier.

Prix : 1 pers. **292/402 F** 2 pers. **352/462 F** 3 pers. **477/667 F** repas **150 F**

20	5	SP	20	SP	120	150

SELLAM Rose – Le Mas des Collines – 04110 Reillanne – Tél. : 92.76.43.53 – Fax : 92.76.50.14

Reynier Les Deux-Tilleuls *C.M. n° 81 — Pli n° 6*

💥 NN
(TH)

Alt. : 1000 m — 1 chambre (1 lit 2 pers. 1 lit 1 pers.) avec salle de bains, wc particuliers. 1 chambre (1 lit 2 pers.), 1 chambre (3 lits 1 pers.) avec salle d'eau + cabinet de toilette communs aux 2 chambres. Ouvert toute l'année. Aux environs : pêche. Situées à 30 km de Sisteron, ancienne ville fortifiée. Gare 30 km. Commerces 6 km. Anglais et allemand parlés.

Prix : 1 pers. **150 F** 2 pers. **200 F** 3 pers. **250 F** repas **70 F**

45	20	10	10	15	SP	40	60	8

BRUNEL Marie-France – Les Deux Tilleuls - Reynier – 04250 Bayons – Tél. : 92.68.33.06

Rioclar-Revel
C.M. n° 81 — Pli n° 8

※ NN Alt. : 1200 m — 2 chambres dans une maison de construction récente avec salle de bains et wc communs. 1 lit 2 pers. ou 2 lits 80 au choix dans chaque chambre. Gare 15 km. Commerces 10 km. Ouvert toute l'année. Situées à 15 km de Barcelonnette. A proximité du parc du Mercantour, du lac de Serre-Ponçon. Ski de piste et de fond aux alentours.

Prix : 1 pers. **120/140 F** 2 pers. **150/170 F**

10	10	10	SP	25	20	25	

BLANC Monique – Lotissement Serre Legier – 04340 Rioclar-Revel – Tél. : 92.81.92.54

Roumoules
C.M. n° 81 — Pli n° 16

※※
(TH)
Alt. : 650 m — 6 chambres de 2 à 4 pers. avec salles de bains particulières, aménagées à l'étage d'une bastide du XVIIe, à 10 km du lac de Sainte-Croix. Table d'hôtes sur réservation. Fermé l'hiver. Gare 35 km.

Prix : 1 pers. **120 F** 2 pers. **190 F** 3 pers. **230 F**
pers. sup. **30 F** repas **70 F**

🐕					
	SP	5	5	SP	SP	15

ALLEGRE Christian – Le Vieux Castel – 04500 Roumoules – Tél. : 92.77.75.42

Saint-Etienne-les-Orgues Campagne-des-Vignaus
C.M. n° 81 — Pli n° 15

E.C. NN
(TH)
Alt. : 700 m — 2 chambres (1 lit 2 pers. avec douche, lavabo et wc chacune). 1 chambre (1 lit 2 pers.+ 1 lit d'appoint avec douche, lavabo et wc). Nombreuses activités sportives. VTT. Escalade. Canyoning. Ski de fond. Piscine. Tennis. Astronomie. Situées au pied de la montagne de Lure. Gare 40 km. Commerces sur place. Ouvert toute l'année. Anglais parlé. Repas à partir de 75 F.

Prix : 1 pers. **175 F** 2 pers. **210 F** 1/2 pens. **184 F**

40	5	SP	SP	10	SP	10	13	60

**PICHOUX-FAVRE Herve et Chantal – Campagne des Vignaus – 04230 Saint-Etienne-Les Orgues –
Tél. : 92.73.02.43**

Saint-Martin-les-Eaux
C.M. n° 81 — Pli n° 15

※※※※ Alt. : 500 m — Au cœur du parc du Luberon, 3 chambres de grand standing dans une bastide du XVIIe siècle. Salles de bains particulières, TV couleur individuelles. Salle à manger, salon de musique. Piscine avec système de nage à contre courant, ping-pong, volley-ball, pétanque. En option : salle de gym/ fitness, relaxation, VTT, tir à l'arc. Possibilité 1/2 pension. Terrasses avec vue panoramique sur Forcalquier et la chaîne des Alpes. Très nombreuses activités et excursion. Golf, équitation, voile, tennis. Ouvert : vacances de Pâques, du 30 avril au 26 mai et juillet/août. Gare 10 km. Commerces 3 km. Aéroport de Marseille 70 km.

Prix : 1 pers. **500 F** 2 pers. **575 F** 3 pers. **775 F**
pers. sup. **200 F**

🐕							
	10	2	2	15	SP	15	

**MASSELOT Didier et Cecile – Domaine d'Aurouze – 04870 Saint-Martin-Les Eaux – Tél. : 92.87.66.51 –
Fax : 92.87.56.35**

Saint-Vincent-les-Forts
C.M. n° 81 — Pli n° 6

※ Alt. : 1280 m — 3 chambres 2 pers. avec salle de bains commune. Pré, équitation. Lac de Serre-Ponçon : plage 2 km, rivière 3 km, restaurant 500 m, parapente, deltaplane. Ouvert toute l'année. Commerces 5 km. Activités nautiques, rafting, canoë kayak en Ubaye 10 km.

Prix : 1 pers. **150 F** 2 pers. **175 F** 3 pers. **215 F**

1	2	2	SP	2	4	SP	

IMBERT Christine – L'Auchette – 04570 Saint-Vincent-Les Forts – Tél. : 92.85.52.00

Saumane
C.M. n° 81 — Pli n° 15

※※ NN
(A)
Alt. : 850 m — 2 chambres d'hôtes (1 lit 2 pers. 1 lit 1 pers. chacune). 1 chambre (2 lits 1 pers.). Salle d'eau et wc. Situées dans la ferme auberge des propriétaires. Terrain non clos. Jeux de boules. Possibilité de pension à la demande. 1/2 pens. sur la base de 2 pers. Gare 35 km. Commerces 8 km. Ouvert toute l'année. Situées dans le pays de Forcalquiers. Aux environs, sites naturels, bergerie en pierre sèche. Forêts.

Prix : 1 pers. **160 F** 2 pers. **250 F** pers. sup. **60 F** repas **70 F**
1/2 pens. **390 F**

10	20	18	28	SP

SEGUIN Joel et Sophie – 04150 Saumane – Tél. : 92.73.35.56

Selonnet
C.M. n° 81 — Pli n° 7

※
(TH)
Alt. : 1200 m — 5 chambres. 1 ch. (1 lit 2 pers.), douche, lavabo, wc. 1 ch. (1 lit 2 pers. 1 lit 1 pers.), douche, lavabo, wc. 1 ch. (1 lit 2 pers. 2 lits 70), douche, lavabo, wc. 2 ch. (1 lit 2 pers. 2 lits 1 pers.), douche, wc, lavabo communs. Sur la route de Chabanon. Station de ski. Parking et garage. Terrasse, solarium. Jardin aménagé. Ouvert toute l'année. Gare 45 km. VTT, tennis, vol libre, pêche.

Prix : 1 pers. **140 F** 2 pers. **220 F** repas **70 F** 1/2 pens. **180 F**

2	2	2	10	SP	10	SP	5

STORDEUR Alain – Surville – 04460 Selonnet – Tél. : 92.35.00.81

Alpes-de-Haute-Provence
Méditerranée

Seyne-les-Alpes Ferme-des-Clots
C.M. n° 81 — Pli n° 7

Alt. : 1200 m – 3 ch. au r.d.c. : 1 ch. (1 lit 2 pers.), salle d'eau et wc à proximité. 1 ch. (2 lits 1 pers.), salle de bains particulière. 1 ch. (1 lit 2 pers. 1 lit 1 pers.), salle de bains particulière et entrée indépendante. 2 chambres mansardées au 1er étage. 1 ch. (1 lit 2 pers. 2 couchages enfants). 1 ch. (1 lit 2 pers.). Salle d'eau et wc communs aux 2 chambres. Gap à 50 km (SNCF). Digne à 42 km. Barcelonnette à 45 km. Serre Ponçon (lac) à 15 km. Parapente, ski de piste à Seyne 3 km. Commerces sur place. Ouvert toute l'année, automne/hiver sur réservation. Anglais parlé.

Prix : 1 pers. **140 F** 2 pers. **210 F** 3 pers. **350 F** repas **85 F**

2	SP	SP	6	SP	6	6	6

DE DEA-CICORELLI Lydia et Michele – Ferme des Clots - Bas Chardavon – 04140 Seyne-Les Alpes – Tél. : 92.35.23.13

Sigonce Les Clots
C.M. n° 81 — Pli n° 15

Alt. : 500 m – Dans un mas de caractère, cadre de verdure, au calme : 1 chambre (2 lits 1 pers. 1 lit d'appoint), salle de bains et wc particuliers. Accès indépendant, terrasse privative, cadre de verdure dans une ancienne maison typique restaurée. Pelouse, terrasse ombragée, petit plan d'eau à 800 m du village. Découverte des oiseaux avec Jean-Claude, ornithologue. Pour les repas : cuisine saine et de qualité. Situé à proximité du parc du Luberon et de la Montagne de Lure. Cadre exceptionnel pour le repos. Prix 3 pers. comprenant 1 enfant jusqu'à 8 ans. Gare et commerces à 9 km. Ouvert toute l'année. Anglais parlé.

Prix : 1 pers. **150 F** 2 pers. **220 F** repas **70 F**

10	9	10	10	SP	10

GENIN Jean-Claude et Nathalie – « Chante l'Oiseau » - Les Clots – 04300 Sigonce – Tél. : 92.75.24.35

Simiane-la-Rotonde Chaloux
C.M. n° 81 — Pli n° 14

E.C. NN

Alt. : 665 m – 2 chambres d'hôtes situées dans la maison du propriétaire, ancienne et rénovée. Gîte d'étape sur place. 1 ch. (1 lit 2 pers. 1 lit 1 pers.), salle de bains, wc privés. 1 ch. (3 lits 1 pers.), salle de bains, wc privés. GR4 et GR6 à proximité. Tour de Lure et du Lubéron. Simiane-la-Rotonde : village et cité de caractère. Commerces 20 km. Ouvert toute l'année sauf en janvier, février et mi-mars.

Prix : 1 pers. **230 F** 2 pers. **280 F** 3 pers. **300 F** repas **75/80 F**

15	10	10	SP

RIDER Gilles – Chaloux – 04150 Simiane-la-Rotonde – Tél. : 92.75.99.13

Thoard Les Bourres
C.M. n° 81 — Pli n° 6

E.C. NN

Alt. : 765 m – 2 chambres au 1er étage d'une vaste maison campagnarde restaurée, située à 2 km de Thoard. 1 ch. (1 lit 2 pers. 2 lits 1 pers. superp.), 1 ch. (3 lits 1 pers.), salle d'eau et wc communs. Initiation au travail du bois (tournage et jouets en bois). Digne 22 km. Sisteron 40 km. Gare 22 km. Commerces sur place. Ouvert toute l'année. Nombreuses randonnées possibles dans la vallée des Duyes. Circuit touristique du Col de Fontbelle.

Prix : 1 pers. **100 F** 2 pers. **150 F**

22	18	25	SP	22	SP	40	45	SP

VERCHOT Claude – Les Bourres – 04380 Thoard – Tél. : 92.34.63.92

Thoard La Banette
C.M. n° 81 — Pli n° 18

E.C. NN

Alt. : 800 m – 3 chambres en rez-de-chaussée dans la partie neuve d'une ancienne ferme restaurée. 2 ch. (1 lit 2 pers.), salle d'eau, wc privés. 1 ch. (2 lits 1 pers. 1 convert. 2 pers.), salle d'eau, wc privatifs. Chauffage électrique. Terrasse, jardin et salon de jardin à disposition. Tous commerces à Thoard 1 km. Gare 25 km. Ouvert toute l'année. Randonnées sur place. Circuits balisés de VTT. Lac de pêche 3 km. Circuit touristique du Col de Fontbelle. Sisteron 30 km. Digne 25 km.

Prix : 1 pers. **170 F** 2 pers. **220 F** repas **70 F**

25	15	25	SP	25	SP	45	50	SP

AGNIEL Jean-Charles – La Bannette – 04380 Thoard – Tél. : 92.34.68.88

Thorame-Basse
C.M. n° 81 — Pli n° 18

Alt. : 1138 m — 1 chambre (1 lit 2 pers. 1 lit 1 pers. d'appoint disponible). Kitchenette. Salle d'eau et wc particuliers, située dans une maison comprenant 4 gîtes. Gare 50 km. Commerces 4 km. Ouvert toute l'année. Située dans la vallée du haut Verdon. Plan d'eau à 3 km.

Prix : 1 pers. **150 F** 2 pers. **250 F** 3 pers. **370 F** repas **70/95 F**

3	12	12	3	SP	3	25

POUGNET Jacques et Georges – 04170 Thorame-Basse – Tél. : 92.83.92.53

Valensole
C.M. n° 81 — Pli n° 16

Alt. : 560 m — 2 chambres spacieuses (1 lit 2 pers chacune + 1 lit complémentaire enfant). Salle de bains et wc communs aux 2 chambres. Salle à manger et salon très agréable, dans une construction neuve, belle décoration, beau point de vue. Gare 35 km. Commerces sur place. Ouvert toute l'année. Situées à Valensole (secteur des gorges du Verdon) à 15 km de Gréoux les Bains.

Prix : 1 pers. **160 F** 2 pers. **200 F** 3 pers. **260 F** repas **80 F**
1/2 pens. **320 F**

20	2	SP	SP	10	SP	10	15

FOUILLOUX Jacques et M. Josee – Avenue de Provence - Quartier des Ecoles – 04210 Valensole – Tél. : 92.74.86.03

Valensole
C.M. n° 81 — Pli n° 16

❅❅
(TH)

Alt. : 500 m – 4 chambres aménagées dans une maison de caractère, jardin, pré, parking. 4 chambres 2 pers. dont 2 jumelées avec salle d'eau particulière. Rivière, forêt 500 m. Ouvert toute l'année.

Prix : 2 pers. **190 F** repas **75 F**

	🎿	🚴	⛵	🎿	⛰️	👫	⛷️	✈️
	20	2	SP	SP	10	SP	10	15

CARAT Christiane – Les Marronniers – 04210 Valensole – Tél. : 92.74.87.42 – Fax : 92.74.95.65

Venterol Le Banchet
C.M. n° 81 — Pli n° 6

❅❅❅ NN
(TH)

Alt. : 1000 m — 1 ch. (1 lit 2 pers. 1 lit 1 pers.), 1 ch. (1 lit 2 pers.), 1 ch. (2 lits 2 pers.), 1 ch. (1 lit 2 pers. 1 lit 1 pers.), 1 ch. (1 lit 2 pers. 1 lit 1 pers.) dont 3 avec mezzanine. Salle de bains, wc pour chacune. Salon, bibliothèque, vidéothèque. Tarif réduit à la semaine sur demande. Sur l'exploitation : producteur de fruits rouges et éleveur de petites volailles. Chambres situées dans une ancienne ferme rénovée. Parking. 2000 ha. de forêt. Parcours de santé, terrain de foot, verger et parc ombragé. Vue panoramique. Tallard 7 km. Gap 20 km. Lac de Serre-Ponçon à 15 mn. Ouvert toute l'année. Gare 20 km. Commerces 7 km.

Prix : 1 pers. **180 F** 2 pers. **230 F** 3 pers. **330 F**
pers. sup. **100 F** repas **80 F** 1/2 pens. **180 F**

🐩	🏊	🎿	⛰️	⛵	⛷️
	20	20	20	20	20

BOYER Sonia – La Meridienne - Le Banchet – 05130 Venterol – Tél. : 92.54.18.51

Villeneuve Le Cade - la Mauricine
C.M. n° 81 — Pli n° 5

❅❅❅ NN
(TH)

Alt. : 441 m – 3 chambres dans une belle construction neuve à 1,5 km du village. Au rez-de-chaussée : 1 ch. de 24 m² (3 lits 1 pers.), salle de bains, wc privés. 1 ch. de 20 m² (2 lits 1 pers.), salle de bains, wc privés. 1 ch. de 20 m² (2 lits 1 pers.), salle de bains, wc privés. Terrasse, salon de jardin, cheminée, TV, salle de réunion, jeux de société à disposition des hôtes. A 15 km de Manosque, dans la vallée de la Durance. Parc du Lubéron, Gorges du Verdon, montagne de Lure. Gare 15 km. Commerces sur place. Ouvert toute l'année.

Prix : 1 pers. **250 F** 2 pers. **300 F** 3 pers. **350 F** repas **70 F**
1/2 pens. **320 F**

🎿	🚴	🏊	🎿	⛵	👫
18	15	15	1,5	12	SP

MOUCHOT Nicole – Le Cade - La Maurissime – 04180 Villeneuve – Tél. : 92.78.47.61

Volonne Quartier Saint-Jean
C.M. n° 81 — Pli n° 16

E.C. NN

Alt. : 450 m — 1 chambre au 1er étage d'une maison de campagne à 2 km de Volonne. Environnement calme d'oliviers et de champs. Accès par le logement du propriétaire, puis escalier réservé à la chambre (1 lit 2 pers. 1 lit 1 pers.). TV, lavabo, douche et wc privés. Chauffage électrique. Possibilité table d'hôtes. Gare 5 km. Commerces sur place. Ouvert toute l'année sauf en octobre. Sisteron 10 km. Digne 30 km. Pêche 800 m.

Prix : 1 pers. **190 F** 2 pers. **230 F** pers. sup. **100 F**

🎿	🏊	🎿	⛰️	👫	✈️
10	10	SP	10	SP	10

REVELLI Monique – Quartier Saint-Jean - Villa El Cantara – 04290 Volonne – Tél. : 92.64.30.38

Alpes-Maritimes

Andon-Thorenc Thorenc
C.M. n° 195 — Pli n° 23

❅ NN
(TH)

Alt. : 1200 m — Grande salle de séjour réservée aux hôtes. Chambre n° 1 : 2 lits 1 pers. superposés, 1 lit 2 pers. Chambre n° 2 : 2 lits superposés 1 pers. et 1 lit 1 pers. Salle de bains, wc privés. Chambre n° 3 : 1 lit 2 pers. Salle de bains et wc communs aux chambres 1 et 3. Mise à disposition de linge de toilette (10 F/pers./jour). Trois chambres d'hôtes dans une ferme du XIXe siècle, à 2 km de THORENC, station climatique ensoleillée et jouissant d'un microclimat très doux. Lac agréable, circuits pédestres, golf à 10 km. Gare 50 km. Commerces 2 km.

Prix : 1 pers. **130 F** 2 pers. **170 F** 3 pers. **225 F** repas **75 F**

🏊	⛰️	♨️	👫	⛷️	🎿	🎣	🚴	🎿	🏊
60	SP	1	SP	17	1	1	10	1	35

VARRONE - EARL SAINT-JEAN – Ferme de l'Escaillon - Thorenc – 06750 Andon – Tél. : 93.60.00.57 ou 93.42.35.73

Antibes Le Bosquet
C.M. n° 195 — Pli n° 05

❅❅❅ NN

3 chambres d'hôtes dans une bastide provençale XVIIIe siècle. Chambre Bleue (1 lit 2 pers., 1 lit 1 pers.), salle de bains et wc. Chambre Jaune (1 lit 2 pers., 2 lits 1 pers.), salle d'eau et wc. Chambre Oursins (1 lit 2 pers., 1 lit bébé), salle de bains et wc. 2 chambres individuelles suppl. avec 1 lit simple chacune. Salon et TV à disposition. Terrasse, terrain (chênes verts), jardin. Situé au commencement du Cap d'Antibes, entre les plages d'Antibes et celles de Juan-Les-Pins (5 mn à pied), la Bastide au charme provençal, a accueilli en son temps Guy de Maupassant. Gare 2,5 km. Commerces 1 km. Ouvert toute l'année. Anglais parlé.

Prix : 2 pers. **390/420 F** pers. sup. **100 F**

🐩	🏊	⛰️	♨️	👫	⛷️	🎿	🎣	🚴	🎿	🏊
	0,2	30	4	10	60	60	2	8	3	3

AUSSEL Christian – 14 Chemin des Sables - Le Bosquet – 06160 Antibes – Tél. : 93.67.32.29 ou 93.34.06.04

Ascros Balmont-Est   *C.M. n° 195 — Pli n° 14*

💥💥💥 NN
(TH)

Alt. : 1150 m — En rez-de-jardin de la maison du propriétaire : 2 chambres (chacune 1 lit 2 pers. 1 convertible 2 pers.). Salle d'eau, wc indépendants. Terrain, parking, boxe à chevaux (possibilité de location de chevaux sur place). Elevage de canards gras. Prix dégressifs pour groupe de 8 personnes, ou séjour en 1/2 pension. Gare 17 km. Commerces sur place. Ouvert toute l'année. Pittoresque village, Ascros vous apportera le repos et la détente. Anglais et italien parlés.

Prix : 1 pers. **156 F** 2 pers. **250 F** repas 90 F 1/2 pens. **234 F**

🏊	⛰	👥	🚶	🎿	🎿	🚲	🎣	🎿	🚣
62	SP	17	SP	50	50	17	SP	17	17

JUGLARIS Huguette – Balmont-Est – 06260 Ascros – Tél. : 93.05.82.86 ou 93.05.80.05

Berre-les-Alpes Super-Berre   *C.M. n° 195 — Pli n° 17*

💥💥💥 NN
(TH)

Alt. : 740 m — 3 chambres d'hôtes dans une grande villa, campagne de Berre-les-Alpes. Chambres : « Lavande » (2 lits 1 pers.), « Rose » (3 lits 1 lit 1 pers.), « Chataîgne » (1 lit 3 pers. 1 lit 1 pers.). Chaque chambre avec salle de bains, wc, téléphone et TV. Salon, cheminée, jardin, terrasse, piscine privée, galerie d'Art sur place. Parking. Ping-pong sur place. La villa Saint-Benoît, ancien studio d'enregistrement (Queen, Rolling Stones, Elton John, Francis Cabrel...) est située dans la campagne de Berre-les-Alpes. Quiétude assurée à seulement 25 km de Nice. Gare 25 km. Commerces 2 km. Ouvert toute l'année. Anglais parlé.

Prix : 1 pers. **210 F** 2 pers. **310 F** pers. sup. **80 F** repas **90 F** 1/2 pens. **240 F** pens. **300 F**

🏊	⛰	👥	🚶	🎿	🎿	🚲	🎣	🎿	🚣
25	SP	7	SP	35	35	7	11	2	SP

LEGRAS Alain – Villa Saint Benoit - Super-Berre – 06390 Berre-Les Alpes – Tél. : 93.91.81.07 ou 93.91.84.30 – Fax : 93.91.85.47

La Brigue      *C.M. n° 195 — Pli n° 9*

💥💥💥 NN

Alt. : 800 m — Chemin Saint-Jean : 6 chambres dans la maison du propriétaire. Chaque chambre avec 1 lit 2 pers., s.d.b. et wc. Lit supplémentaire sur demande. Terrasse. Terrain. Parking. Jardin d'enfants 50 m. Jeux de boules. Ping-pong. Location de TV. Tél. Téléséjour. Rivière. Chauffage électrique. Gare 1 km. Commerces 500 m. Ouvert toute l'année. Anglais et italien parlés. Chambres d'hôtes situées dans une commune périphérique du Parc du Mercantour, dans l'arrière-pays Mentonnais, proche de l'Italie.

Prix : 1 pers. **180 F** 2 pers. **240 F** pers. sup. **60 F**

🏊	⛰	👥	🚶	🎿	🎿	🚲	🎣	🎿	🚣
40	SP	SP	SP	26	17	SP	5	1	18

MOLINARO Jean-Louis – Chemin Saint Jean – 06430 La Brigue – Tél. : 93.04.65.67

Cabris   *C.M. n° 195 — Pli n° 24*

💥💥💥 NN

Alt. : 550 m — 5 chambres d'hôtes dans maison de village. R.d.c. : 1 ch. (1 lit 2 pers.), salle d'eau avec wc. 1er étage : 1 ch. (1 lit 2 pers.), salle de bains avec wc. 1 ch. (2 lits 1 pers.), salle d'eau avec wc. 1 ch. (2 lits 1 pers.), salle d'eau, wc. Balcon attenant avec mobilier. 2e étage : 1 ch. (1 lit 2 pers.), salle de bains, wc. Salle à manger avec vue panoramique. Au cœur de Cabris, vieux village provençal perché en nid d'aigle. Pittoresques maisons encerclant les ruines du château féodal du 10e siècle. Vaste panorama sur le lac de Saint-Cassien. Golf 2 km. Gare 22 km. Commerces sur place. Ouvert du 30 décembre au 15 octobre. Anglais parlé.

Prix : 2 pers. **280/300 F**

🏊	⛰	👥	🚶	🎿	🎿	🚲	🎣	🎿	🚣
22	SP	12	SP	35	37	12	6	SP	5

GITES DE FRANCE-SERVICE RESERVATION – 55, Promenade des Anglais - B.P 602 – 06011 Nice-Cedex-1 – Tél. : 93.44.39.39. – Fax : 93.86.01.06.

Contes   *C.M. n° 195 — Pli n° 16*

💥💥💥 NN

Alt. : 260 m — Le grand calme à 20 km du cœur de Nice dans un cadre de verdure à 450 m d'alt. 1er étage : 1 chambre (1 lit 2 pers.) de style anglais, délicieusement rétro, balcon. Luxueux sanitaires. Vue panoramique sur collines. Solarium, petites terrasses pour rêver et découvrir les multiples senteurs du jardin « à la Monet » de 2000 m². Non fumeurs. Petit-déjeuner servi sous la tonnelle de kiwis par beau temps, face à une agréable pièce d'eau. Salon, cheminée, TV. Entre mer, montagnes et vieux villages. Proche de Cannes, Monaco et Parc du Mercantour. Conseils judicieux pour visiter. Restaurants sympas, prix modérés alentours. Parking.

Prix : 1 pers. **400 F** 2 pers. **400 F**

🏊	⛰	👥	🚶	🎿	🎿	🚲	🎣	🎿	🚣
18	SP	2	SP	37	37	2	6	6	6

VELUT-MOGAVERO Francine – Le Castellar - Route Superieure – 06390 Contes – Tél. : 93.91.83.51

Courmes   *C.M. n° 195 — Pli n° 24*

💥💥💥 NN
(TH)

Alt. : 550 m — 6 chambres sur une exploitation agricole. 3 chambres (1 lit 2 pers. 2 lits 1 pers.). 2 chambres (1 lit 2 pers.). 1 chambre (2 lits 1 pers.). Toutes chambres avec salle de bains et wc privatifs. Salle de séjour pour les hôtes, terrain, parking, jeux d'enfants, jeux d'extérieur. Gratuité pour enfant moins de 2 ans. Gare 27 km. Commerces 10 km. Ouvert toute l'année. La Cascade est située sur un replat de la montagne de COURMES, dans un pittoresque site de verdure. Vol libre et parapente à 10 km. Diaporama (faune et flore) organisé par Mr Baracco entre le 15 avril et le 15 septembre (2 fois/mois : 35 F/pers.).

Prix : 2 pers. **260/290 F** repas 75 F

🏊	⛰	👥	🚶	🎿	🎿	🚲	🎣	🎿	🚣
27	SP	3,5	SP	29	29	3,5	2	12	25

BARACCO Patrice – 06620 Courmes – Tél. : 93.09.65.85

Coursegoules Le Brec
C.M. n° 195 — Pli n° 35

❄ NN

Alt. : 1080 m — 2 chambres d'hôtes situées en rez-de-chaussée de la maison du propriétaire. Ch. 1 (1 lit 2 pers.), lavabo. Ch. 2 (1 lit 2 pers.). Salle d'eau et wc communs. 1 lit supplémentaire sur demande. Terrasse, jardin clos. Parking. Très belle vue sur vallée. Grand calme. Départ de chemins de randonnées. Gare 25 km. Commerces 300 m. Ouvert toute l'année. Depuis le magnifique Col de Vence dominant la méditerranée, l'on accède à Coursegoules, village perché au pied de la Barre du Cheiron. Départ de chemins de randonnées depuis les chambres d'hôtes. Autres loisirs : parapente, varappe, équitation. Artisanat d'art, ferme pédagogique.

Prix : 1 pers. **150 F** 2 pers. **165/195 F** pers. sup. **60 F**

25	SP	5	SP	34	26	5	7	11	11

WALRAVENS Jacques – L'Hebergerie – 06140 Coursegoules – Tél. : 93.59.10.53

La Gaude Les Nertieres
C.M. n° 195 — Pli n° 35

❄ NN

Alt. : 230 m — 2 chambres d'hôtes à la campagne. 1 chambre (2 pers.), 1 chambre (3 pers.). Salle de bains et wc communs. Séjour/salon à disposition des hôtes. Jardin, terrasse, parking. Gare 10 km. Commerces 200 m. Ouvert toute l'année. Village résidentiel à vocation agricole il y a une trentaine d'années, La Gaude est devenu un lieu recherché pour l'implantation de Centres de Recherches (I.B.M, industries légères, recherches scientifiques...). Entre mer et montagnes, son climat est doux et tempéré. Promenades, escalades.

Prix : 2 pers. **200 F** 3 pers. **250 F**

10	4	5	4	54	54	5	10	6	6

LIBRATI Norbert – Villa la Norjo - Les Nertieres – 06610 La Gaude – Tél. : 93.24.83.95

Gilette Quartier-Saint-Pierre
C.M. n° 195 — Pli n° 16

❄ ❄ NN
(TH)

Alt. : 450 m — Gîte équestre Saint-Pierre : 3 chambres d'hôtes. Chambre n° 1 : 2 lits rabattables 1 pers. Chambre n° 2 : 2 lits 1 pers. Chambre n° 3 : 1 lit 2 pers. Lits supplémentaires sur demande. Toutes chambres avec salle de bains et wc privatifs. Salle de séjour. Jeux d'enfants. Terrain. Parking. Forfaits et séjours équestres sur demande. Gratuité enfant moins de 2 ans. Vacances à thème principalement équestre depuis les chambres d'hôtes de la Ferme Saint-Pierre. Le moyen idéal pour apprécier le beau panorama sur la vallée du Var, à 30 km du littoral. Gare 34 km. Commerces 2 km. Ouvert toute l'année. Anglais parlé.

Prix : 2 pers. **203 F** repas **76 F**

35	SP	1	SP	55	55	1	SP	2	15

LE FRAPER DU HELLEN Martine – Ferme Equestre Saint Pierre - Quartier Saint Pierre – 06380 Gilette – Tél. : 93.08.53.32

Gourdon Pont-du-Loup
C.M. n° 195 — Pli n° 24

❄ ❄ ❄ NN

Alt. : 260 m — 3 chambres d'hôtes dans la maison des propriétaires. Chambre n° 1 (2 lits 1 pers.). Chambre n° 2 (1 lit 2 pers.). Chambre n° 3 (1 lit 2 pers.). Salle d'eau particulière pour les 3 chambres et wc indépendants. Séjour/salon et salon d'été sur terrasse à la disposition des hôtes. Gare 25 km. Commerces 2 km. Ouvert toute l'année. Agréables chambres d'hôtes dans l'arrière pays de Grasse. Une douceur de vivre à savourer au calme des terrasses cultivées de plantes à parfum et d'oliviers. Parapente, spéléo, VTT et bien d'autres loisirs...

Prix : 2 pers. **260 F** pers. sup. **60 F**

25	SP	2	SP	25	25	2	10	2	2

BARROIS Claire – 641 C Route de Grasse - Le Bosquet - le Pont-du-Loup – 06620 Gourdon – Tél. : 93.42.56.69

Levens
C.M. n° 195 — Pli n° 16

❄ ❄ ❄ NN

Alt. : 580 m — Rez-de-jardin, séjour spacieux, 1 chambre en mezzanine (1 lit 2 pers. 2 lits 1 pers.). Salle de bains et wc particuliers. Réfrigérateur, bibliothèque, jardin d'agrément. Petit-déjeuner avec vue panoramique l'été. Ouvert toute l'année. Supplément chauffage/hiver : 20 F/nuit. Gare 24 km. Commerces 2 km. Station touristique et climatique mais aussi cité historique du Comté de Nice, Levens vous apporte le calme et le charme de la campagne Niçoise.

Prix : 2 pers. **190 F** 3 pers. **230 F** pers. sup. **35 F**

22	SP	10	SP	45	45	10	1	2	2

PLAT – 367 Chemin de l'Ordalena – 06670 Levens – Tél. : 93.79.77.84

Nice Saint-Pierre-de-Feric
C.M. n° 195 — Pli n° 36

❄ ❄ ❄ ❄ NN

Alt. : 250 m — 3 chambres d'hôtes dans une belle maison italienne : 2 ch. pour 2 pers. (s.d.b., wc particuliers, TV et Canal +), 2 chambres communicantes pour 2 ou 4 pers. (s.d.b., wc particuliers, TV et Canal +). 1 ch. avec terrasse particulière. Séjour avec TV vidéo. Petit-déjeuner buffet dans la maison ou sur une terrasse. Point-phone. Gare 2 km. Commerces 1 km. Grand parc fleuri, terrasses ombragées. Nice côté jardin sur collines florentines de Nice. Jolie propriété de pur style italien du début du siècle. Chambres spacieuses, gaies et confortables. Une adresse détente à proximité de la capitale de la French Riviera. Ouvert toute l'année.

Prix : 2 pers. **460 F** pers. sup. **150 F**

2	30	9	30	66	66	3	6	0,5	0,5

OLIVIER Jacqueline – 61 Route Saint Pierre de Feric - Le Castel Enchante – 06200 Nice – Tél. : 93.97.02.08 – Fax : 92.15.07.87

Roquefort-les-Pins Chemin de la Carpenee
C.M. n° 195 — Pli n° 35

❄ ❄ NN

Alt. : 250 m — 2 chambres dans la maison du propriétaire. Chambre n° 1 (1 lit 2 pers.), salle d'eau. Chambre n° 2 (2 lits 1 pers.), salle d'eau. WC communs aux deux chambres. Salon avec TV couleur, cheminée, bibliothèque. Jardin, piscine privée et parking. Gare 13 km. Commerces 2 km. Ouvert toute l'année. Anglais et allemand parlés. Adresse détente au calme de Roquefort-les-Pins, quartier résidentiel évasé en hameaux.

Prix : 2 pers. **300 F**

13	10	4	1	49	45	4	5	3	14

CORPET Monique – 112 Chemin de la Carpenee – 06330 Roquefort-Les Pins – Tél. : 93.77.13.37

Saint-Martin-Vesubie Le Boreon   *C.M. n° 195 — Pli n° 6*

♨♨♨ NN

Alt. : 1500 m — Chalet sur trois niveaux. Rez-de-jardin, hall d'entrée. 1 chambre (1 lit 2 pers.), salle d'eau privée avec wc. 1er étage : 1 chambre (1 lit 2 pers.), salle d'eau privée avec wc. Séjour/salle à manger/salon (cheminée, TV). 2e étage : 1 chambre (1 lit 2 pers.), salle d'eau privative avec wc. Terrain clos, pelouse, terrasse, barbecue. Une chambre supplémentaire (2 lits 1 pers.) peut être mis à disposition. Taxe de séjour en vigueur, renseignements auprès du propriétaire. Adresse de détente et de repos, au Boréon. Air pur et dépaysement garanti. Gare 42 km. Commerces 8 km. Ouvert du 13 mai au 18 septembre.

Prix : 2 pers. **400/800 F**

73	SP	SP	SP	15	SP	SP	SP	8	8

ROSSI Paule – 1 Bis rue Cluvier – 06000 Nice – Tél. : 93.86.57.88

Saint-Martin-Vesubie   *C.M. n° 195 — Pli n° 6*

♨♨♨ NN

Alt. : 960 m — 2 chambres d'hôtes ouvertes toute l'année. 1 chambre (2 pers.) avec salle de bains et wc attenants et 1 chambre (2 pers.), avec salle de bains privative et wc indépendant. Salle de séjour réservée aux hôtes. Terrain (8000 m^2), parking, jeux d'enfants, jeux d'extérieur. Taxe de séjour : 1 Frs/pers./nuit. Gare 34 km. Commerces 1 km. Anglais parlé. Station verte de vacances, Saint-Martin-Vesubie est un centre d'excursions, d'escalades et de randonnées à ski (Parc du Mercantour). Vous vous ressourcerez parmi les sites exceptionnels de la « Suisse Niçoise ».

Prix : 2 pers. **296 F**

60	SP	0,5	SP	8	8	2	8	0,5	1

RUSSELL David - Route de Nice - « Le Rivoire » – 06450 Saint-Martin-Vesubie – Tél. : 93.03.32.21

Saint-Paul-de-Vence   *C.M. n° 195 — Pli n° 35*

♨♨♨♨ NN

Alt. : 250 m — 5 chambres d'hôtes dans un mas provençal indépendant. Chaque chambre avec salle de bains, télévision, téléphone et jardin particuliers. Salle de séjour et salon de TV sur terrasse et pelouse. Piscine, ping-pong, kitchenette, lit bébé. - 5 % sur séjours à partir de 5 nuits, - 10 % dès 10 nuits. Gare et commerces 3 km. Ouvert de février à octobre inclus. Anglais parlé. Le charme de la campagne provençale à Saint-Paul-de-Vence, village d'artistes, Fondation Maeght, galeries et artisanat d'art dans les ruelles du village fortifié. Golfs de 3 à 15 km.

Prix : 1 pers. **400 F** 2 pers. **550 F** pers. sup. **120 F**

8	20	20	20	45	45	8	5	0,5	SP

MAUBE Jacques - Le Mas des Serres - Route des Serres – 06570 Saint-Paul-de-Vence – Tél. : 93.32.81.10 – Fax : 91.37.65.98

Saorge   *C.M. n° 195 — Pli n° 18*

♨ NN
(TH)

Alt. : 600 m — Maison du propriétaire, type chalet de montagne, avec 1 gîte d'étape et 1 chambre d'hôtes pour 2 pers. avec salle de bains et wc privés. Possibilité de table d'hôtes à la demande. Ouvert du 15 juin au 15 septembre. Accès pédestre par sentier de montagne (20 mn). Gare 1,5 km. Commerces 500 m. Chambre d'hôtes au calme, dans un des beaux villages perchés de caractère italien, classé « village monumental ». Village Tibétain.

Prix : 1 pers. **100 F** 2 pers. **150 F** repas **78 F**

30	SP	3	SP	35	35	3	18	1,5	8

CHIMENES Franques - Quartier « Derriere le Couvent » – 06540 Saorge – Tél. : 93.04.55.49

Sospel La Colomba   *C.M. n° 195 — Pli n° 18*

♨♨ NN

Alt. : 350 m — 2 chambres d'hôtes dans une maison de maître de style niçois. Chambre « Pavot » (1 lit 2 pers.). Chambre « Capucine » (2 lits 1 pers.). Chaque chambre possède une salle d'eau particulière non attenante. Parc d'agrément boisé de 4 ha. Salle à manger provençale. Salon, atelier de peinture. Parking. Ouvert de Pâques à la Toussaint. Gare sur place. Commerces 5 km. Dans un environnement de campagnes et d'oliviers, le calme d'une station verte de vacances, mais aussi les activités sportives : tennis, squash, vol libre, randonnées équestres.

Prix : 2 pers. **300/350 F**

18	SP	3	SP	24	24	3	10	3	5

MAYER Marie - Domaine du Parais - La Vasta – 06380 Sospel – Tél. : 93.04.15.78

Sospel   *C.M. n° 195 — Pli n° 18*

♨♨ NN

Alt. : 400 m — 4 chambres d'hôtes dans la maison du propriétaire. 3 chambres 2 pers. avec salle de bains, 1 chambre 2 pers. avec cabinet de toilette. Séjour. Cuisine aménagée à la disposition des hôtes. Salle de jeux. Piscine. Parking. Ouvert de Pâques à la Toussaint. Gare 4 km. Commerces 5 km. Important bourg du Haut-Pays Mentonnais, Sospel est nichée dans la verdoyante vallée de la Bevera. Diverses activités sportives et culturelles.

Prix : 1 pers. **160 F** 2 pers. **220 F**

18	SP	3	SP	24	24	3	10	2	6

GERMAN Rene - Domaine Sainte Madeleine – 06380 Sospel – Tél. : 93.04.10.48

Tourrettes-sur-Loup Quartier-Tuff   *C.M. n° 195 — Pli n° 35*

♨ NN

Alt. : 400 m — 2 chambres d'hôtes dans la maison du propriétaire. 1 chambre pour 2 pers. et 1 chambre pour 3 pers. avec salle de bains et wc communs. Séjour, salon à la disposition des hôtes. Jardin, terrain, parking. Supplément pour le chauffage : 20 F/jour. Gare 15 km. Commerces 2 km. Ouvert toute l'année. Du village de caractère médiéval, la vue est dégagée jusqu'à la mer. Célèbre pour ses violettes, Tourrettes-sur-Loup est un lieu de rencontre d'artistes et d'artisans.

Prix : 2 pers. **200 F** 3 pers. **280 F**

15	SP	3	SP	40	40	5	12	2	5

MORNET Simone - 655 Chemin du Pre Neuf - Quartier Tuff – 06140 Tourrettes-sur-Loup – Tél. : 93.59.30.36

Valdeblore La Roche

 C.M. n° 195 — Pli n° 6

♥♥ NN Alt. : 1200 m — Chalet de construction récente sur 2 niveaux. Rez-de-jardin, entrée, wc et lave-mains. Salle de séjour. Salon avec cheminée, chaîne HiFi, TV couleur, magnétoscope. Cuisine. 1er étage : 3 chambres avec salle d'eau et wc (1 lit 2 pers. chacune), possibilité de lit supplémentaire. Terrain 4000 m², mobilier de jardin. Parking. Gare 45 km. Commerces 3 km. Ouvert toute l'année. Anglais et allemand parlés.

Prix : 1 pers. **115 F** 2 pers. **230 F**

65	SP	3	SP	6	6	3	14	3	3

ABOU Gerard – Sommets d'Azur - La Roche – 06420 Valdeblore – Tél. : 93.02.82.84

Valdeblore

C.M. n° 195 — Pli n° 6

♥♥♥ NN Alt. : 1300 m — Maison de montagne ouverte de mai à octobre. 3 chambres (pour 2 pers. chacune), avec 3 salles de bains et 1 salle d'eau. Séjour. Salon. TV à disposition des hôtes. Stages de vol libre et de parapente sur la Colmiane. Taxe de séjour en supplément (1,50 F/pers./jour). Gare 45 km. Commerces 3 km. Ouvert de mai à octobre. A 2 km du village de Valdeblore, air pur et quiétude des paysages alpins, dans un des plus beaux vallons du Haut-Pays.

Prix : 1 pers. **105 F** 2 pers. **180 F**

65	SP	8	SP	3	3	8	10	5	4

DAVILLER Jean-Jacques – Route de la Colmiane - Le Grand Chalet – 06420 Valdeblore – Tél. : 93.02.83.50

Aude

Albieres Domaine de Boutou

C.M. n° 86 — Pli n° 8

♥♥♥ NN (TH) Alt. : 550 m — 5 chambres d'hôtes dans la maison du propriétaire, dans un cadre de pleine nature à proximité d'un petit village des Corbières au cœur du Pays cathare à 10 km de Mouthoumet. Les chambres (2 pers.) sont situées au 1er étage avec sa salle d'eau et son wc particulier. Salle commune, chauffage central. Grande terrasse, espace extérieur entretenu. Ouvert toute l'année. Boucles et sentiers de randonnées pédestres, visite des sites Cathares : Château d'Arques, Termes, Peyrepertuse. Point-info sur les animations au district de Mouthoumet. Gare 32 km. Commerces 10 km.

Prix : 1 pers. **180 F** 2 pers. **250 F** repas **75 F**

65	7	7	7	7	20	4	15

LAFARGUE Christian – Domaine de Boutou – 11330 Albieres – Tél. : 68.70.04.05

Aragon Le Chateau d'Aragon

C.M. n° 83 — Pli n° 11

♥♥♥ NN (TH) Alt. : 190 m — 4 chambres de caractère avec sanitaires et wc privatifs dont 3 au 1er étage communicant avec un balcon-terrasse plein sud, à la vue superbe. Salle commune avec salon, cheminée face à un jardin d'intérieur en pelouse et terrasse. Bibliothèque et télévision. Chambres d'hôtes aménagées dans le château d'Aragon classé monument historique, entièrement rénové. La bâtisse est située sur les hauteurs d'un pitoresque village aux tuiles anciennes, aux portes du Cabardès. Prestation repas élaboré avec des produits du pays. Gare 12 km. Commerces 5 km. Ouvert du 15 avril au 15 octobre.

Prix : 2 pers. **200/300 F** pers. sup. **80 F** repas **80 F**

90	2	25	8	10	2	10

OURLIAC Aime – Le Chateau d'Aragon – 11600 Aragon – Tél. : 68.77.19.62

Arques Domaine du Bac

 *C.M. n° 86 — Pli n° 7*

♥♥♥ NN (TH) Alt. : 350 m — 4 chambres dans une propriété à 3 km du village près du lac d'Arques. A l'étage : 2 ch. (3 épis) 2 à 3 pers. avec sanitaires indépendants dont 1 avec baignoire. 2 ch. (2 épis) 2 pers. avec s. d'eau privée et wc communs. Salle commune. Pension et 1/2 pension sur demande. Gare 11 km. Commerces 2 km. Ouvert toute l'année et de novembre à mars pour les groupes uniquement. Sur un domaine agricole face au château d'Arques et près d'un plan d'eau. Ensemble de chambres d'hôtes aménagées dans une bâtisse ancienne entièrement renovée. Animations et promenades équestres et pédestres sur les sentiers balisés de la région.

Prix : 2 pers. **220/260 F** pers. sup. **70 F** repas **75 F**

70	2	0,5	SP	0,5	20	0,5	20

BOUCHET Catherine – Domaine du Bac – 11190 Arques – Tél. : 68.69.86.94 – Fax : 68.69.82.88

Azille

C.M. n° 83 — Pli n° 12

♥♥♥ NN Alt. : 80 m — Maison de maître au centre d'un village du Minervois avec jardin d'intérieur, comprenant 3 chambres avec sanitaires privés dont une avec terrasse privée. 1er étage : 1 ch. avec terrasse et bains, wc (1 lit 2 pers.). 1 ch. (2 lits 1 pers.) avec salon et bains. 2e étage : 1 ch. (1 lit 1 pers. 1 lit 2 pers.) avec salon, cheminée, salle d'eau et wc. Ouvert toute l'année. Chauffage central, pièce commune et salon. Balades sur les sentiers de Pays et visite du site de Minerve, baignade et randonnées équestres autour du lac de Jouarres. Gare 18 km. Commerces sur place.

Prix : 2 pers. **300 F** pers. sup. **100 F**

50	10	10	18	10	3	10

LOPEZ FOURCADE Brigitte – Avenue du Minervois – 11700 Azille – Tél. : 68.91.56.90

Badens Domaine de Saint-Georges

C.M. n° 83 — Pli n° 12

♥♥♥ NN
(TH) Alt. : 150 m – 5 chambres d'hôtes dont une double pour 2 à 4 pers. avec entrée indépendante donnant directement sur un parc. Salle d'eau et de bains privatives à chaque chambre. Salon, salle à manger, bibliothèque, mezzanine, terrasse. Repas du soir en table d'hôtes servis à l'extérieur ou dans la pièce commune avec vins des domaines. Gare 15 km. Commerces 2 km. Chambres situées dans une bâtisse du XVIIᵉ siècle sur un domaine viticole du Minervois à 2 km du village. L'environnement de pinèdes et le paysage doucement vallonné et complanté de vignes jouissent d'une situation imprenable face aux Monts d'Alaric et des Corbières. Ouvert toute l'année.

Prix : 1 pers. **180 F** 2 pers. **220 F** repas **80 F**

45	2	25	15	6	2	6

RENOUX MEYER Mireille – Domaine de Saint-Georges – 11800 Badens – Tél. : 68.79.20.24

Bages Domaine du Pavillon

C.M. n° 86 — Pli n° 9

E.C. NN
(TH) Alt. : 36 m – 2 chambres d'hôtes sur un domaine viticole à quelques kilomètres de Narbonne, au bord de l'étang de Bages. 1 ch. (1 lit 2 pers.), 1 ch. (1 lit 2 pers. 1 lit 1 pers.), salle d'eau pour chacune. Gare et commerces à 4 km. Ouvert du 1ᵉʳ mai au 15 octobre. Domaine viticole face aux étangs de Bages la Nautique, en retrait par rapport à la RN9, comprenant 2 chambres en rez-de-chaussée de la maison familiale. Balades autour des étangs de Bages et de Sigean. Visite de la ville de Narbonne.

Prix : 2 pers. **190 F** 3 pers. **220 F** repas **95 F**

10	1	3	3	3	3	4

FOISSIER Michele – Domaine du Pavillon – 11100 Bages – Tél. : 68.41.13.56

Bouisse Domaine des Goudis

C.M. n° 86 — Pli n° 8

♥♥♥ NN
(TH) Alt. : 650 m — Ensemble de chambres d'hôtes grand confort, sur un domaine entièrement restauré, tout en vieilles pierres, en plein cœur du Pays Cathare. 6 ch. avec sanitaires et wc privatifs. Salle à manger avec cheminée, salon, bibliothèque, salle de TV. Parc, pelouse et jardin en terrasse. Salle à manger d'été. Gare 17 km. Commerces 15 km. Ouvert du 1ᵉʳ avril au 31 décembre. Face aux Pyrénées, le domaine offre aux amateurs de vie au grand air de nombreuses activités : randonnées équestres et pédestres, piscine privée, visite de sites Cathares, visite de l'élevage de chevaux... Anglais et allemand parlés.

Prix : 2 pers. **400 F** repas **95 F** 1/2 pens. **289 F**

70	7	15	SP	SP	25	SP	90	SP

DELATTRE Michel – Domaine des Goudis – 11190 Bouisse – Tél. : 68.70.02.76 – Fax : 68.70.00.74

Bouriege Saint-Sernin

C.M. n° 86 — Pli n° 6

♥♥♥
(TH) Alt. : 450 m — 3 chambres d'hôtes situées aux 1ᵉʳ et 2ᵉ étages d'une maison de caractère, entièrement rénovée, dans un hameau. Sanitaires individuels. WC. Salle à manger, salon, coin-bibliothèque. Repas froid à emporter sur commande 50 F. Gare et commerces à 12 km. Ouvert du 1ᵉʳ avril au 31 décembre. Anglais et espagnol parlés. Ensemble de chambres d'hôtes situées dans un hameau au cœur du vignoble de l'appellation « Blanquette de Limoux », dans un site de pleine nature, sur la route des châteaux Cathares de Puivert et Montségur, à proximité de sentiers pédestres et équestres.

Prix : 1 pers. **125 F** 2 pers. **220 F** 3 pers. **270 F** repas **85 F**
1/2 pens. **210 F** pens. **370 F**

100	12	20	SP	SP	20	12	80	SP

DOUCET Bernard – Saint-Sernin – 11300 Bouriege – Tél. : 68.31.34.10 – Fax : 68.31.34.10

Brezilhac

C.M. n° 86 — Pli n° 6

♥♥♥
Alt. : 250 m — 3 chambres d'hôtes mitoyennes à la maison du propriétaire, située aux abords du village. Salle de bains individuelle. Terrasse, terrain attenant ombragé. Possibilité de repas sur place. Gare 25 km. Commerces 8 km. Ouvert du 15 mars au 31 décembre. Anglais et espagnol parlés. Maison récente indépendante comprenant 3 chambres d'hôtes, de plain-pied, dans un village proche du site de Fanjeaux. Balades pédestres sur les boucles de pays et visite des caves de la Blanquette de Limoux à 25 km.

Prix : 1 pers. **150 F** 2 pers. **190/210 F** 3 pers. **230 F**

90	8	35	10	30	10	8

DAUDIES Delia – 11270 Brezilhac – Tél. : 68.69.15.71

Les Brunels « Grangettes »

C.M. n° 82 — Pli n° 20

♥♥ NN
(TH) Alt. : 600 m — 2 chambres d'hôtes, situées sur un domaine, en pleine nature, proche du lac de Saint-Ferréol et du GR7. Chambres aménagées avec sanitaires privatifs. Salle à manger et salon commun. Promenades équestres sur le domaine. Parcours VTT, pêche sur le lac du domaine, sentier pédestre et boucles de pays, animations. Gare 20 km. Commerces 3 km. Ouvert toute l'année sur réservation.

Prix : 2 pers. **200 F** pers. sup. **80 F** repas **70 F**
1/2 pens. **260 F** pens. **360 F**

120	4	4	SP	4	SP	2

BARDIES Marie-Josephe – Les Grangettes – 11400 Les Brunels – Tél. : 68.60.46.97 – Fax : 68.60.48.41

Camps-sur-Agly « La Bastide »

C.M. n° 86 — Pli n° 8

♥♥ NN
(TH) Alt. : 580 m — Chambres d'hôtes situées dans le hameau de La Bastide près de Camps sur Agly, Montségur et à proximité du pic de Bugarach et des gorges de Galamus. 2 chambres d'hôtes avec mezzanine et salle d'eau/wc privatifs, salle commune. Chauffage. Repas possible à la table de l'exploitant. Gare 45 km. Commerces 3 km. Ouvert toute l'année. Anglais et allemand parlés. Visite des sites cathares de Queribus, Peyrepertuse et du village de Cucugnan. Visite des gorges de Galamus, ascension du Pic de Bugarach.

Prix : 2 pers. **238 F** 3 pers. **320 F** pers. sup. **100 F**
repas **79 F** 1/2 pens. **198 F** pens. **234 F**

55	0,5	25	0,5	0,5	10	10

G.A.E.C. DE LABASTIDE – 11190 Camps-sur-Agly – Tél. : 68.69.87.57 – Fax : 68.69.81.11

Cavanac
C.M. n° 86 — Pli n° 7

NN TH
Alt. : 130 m — 1 chambre d'hôtes aménagée dans une maison de vigneron située dans le village. 1 ch. (1 lit 2 pers.) avec sanitaires indépendants. Possibilité 1 chambre d'appoint (2 lits 110). Salle à manger/salon réservée aux hôtes. Randonnées équestres. Jardin d'agrément à 100 m. Table d'hôtes avec légumes du potager en saison. Gare 10 km. Commerces sur place. Ouvert toute l'année.

Prix : 1 pers. **140 F** 2 pers. **160 F** repas **65 F**

60	SP	15	SP	8	25	3	8

SOURNIES Henri – 54 rue Traversiere – 11570 Cavanac – Tél. : 68.79.78.38

Cazalrenoux Saint-Estephe
 C.M. n° 82 — Pli n° 20

NN TH
2 ch. d'hôtes (2 à 3 pers.) sur un domaine de la Piège, petite région au sud de Castelnaudary, à 4 km du village (D102), route de Fanjeaux-Belpech, dans la maison familiale. Domaine avec jardin et vue panoramique sur les Pyrénées. Salles d'eau privées et wc communs. Salle commune. Chauffage. Parc et piscine privés. Gare 20 km. Commerces 8 km. Ouvert toute l'année sauf le mercredi.

Prix : 2 pers. **220 F** pers. sup. **70 F** repas **70 F**

100	6	30	2	SP	8	SP

CHAUVEL Joelle – Saint-Estephe – 11270 Cazalrenoux – Tél. : 68.60.51.67

Cazilhac La Sauzette
 C.M. n° 86 — Pli n° 7

NN TH
Alt. : 100 m — A 5 km de Carcassonne, Diana et Christopher vous proposent 5 chambres d'hôtes de caractère, totalement rénovées, dans un cadre calme et en pleine nature. Chaque chambre a son sanitaire privé. 4 ch. pour 2 pers. (3 lits 2 pers. 2 lits 1 pers.), 1 ch. pour 4 pers. accessible aux personnes à mobilité réduite. Salle à manger et salons communs aux hôtes. Gare 6 km. Commerces 3 km. Ouvert du 15 février au 15 novembre et du 15 décembre au 15 janvier. Anglais parlé.

Prix : 1 pers. **275/300 F** 2 pers. **310/335 F** 3 pers. **395 F**
pers. sup. **85 F** repas **115 F** 1/2 pens. **540/565 F**

75	3	15	7	6	3	7

GIBSON Christopher – La Sauzette – 11570 Palaja – Tél. : 68.79.81.32 ou 68.79.65.99

Clermont-sur-Lauquet Metairie Laffon
 C.M. n° 86 — Pli n° 7

NN TH
Alt. : 450 m — 1 chambre d'hôtes aménagée à la propriété, dans une ancienne chapelle mitoyenne à la maison familiale. Site de pleine nature avec sentiers et boucles de randonnées. Balades équestres + VTT sur place. Accueil de groupe possible dans un petit dortoir pour 6 pers. 1 chambre avec 1 lit 2 pers. Sanitaires dans la maison. Extérieurs aménagés pour les enfants. Gare et commerces à 22 km. Ouvert toute l'année sur réservation. Anglais parlé.

Prix : 1 pers. **60 F** 2 pers. **90 F** 1/2 pens. **110 F** pens. **160 F**

70	17	25	SP	21	22	13	21

RIGAILL Isabelle – Metairie Laffon - L'Or du Temps – 11250 Clermont-sur-Lauquet – Tél. : 68.69.60.84

Cucugnan L'Amandiere
C.M. n° 86 — Pli n° 7

NN
Alt. : 350 m — A proximité des sites cathares de Quéribus et Peyrepertuse et aux abords du charmant petit village de Cucugnan, 2 chambres d'hôtes classées 3 épis et une chambre pour 2 pers. supplémentaires. Sanitaires et wc privatifs. Site arboré avec vue imprenable et 3 terrasses sur jardin. Parking privé dans la propriété. Gare 65 km. Commerces sur place. Restaurants au village à 200 m. Balades pédestres sur les sentiers du pays et dans le site des Gorges de Galamus, visite du théatre virtuel à Cucugnan. Fermé en janvier, du 15 juin au 15 juillet et du 20 septembre au 10 octobre. Anglais et allemand parlés.

Prix : 2 pers. **240 F** 3 pers. **320 F**

45	13	45	5	3	3	12

VERHEVEN Jean – L'Amandiere - 3, Chemin de la Chapelle – 11350 Cucugnan – Tél. : 68.45.43.42

Esperaza « Les Pailheres »
 C.M. n° 86 — Pli n° 7

NN TH
Alt. : 400 m — Vers la haute vallée de l'Aude, au cœur du Pays Cathare et à proximité du site de Rennes le Château, 2 chambres d'hôtes aménagées dans une dépendance de la maison familiale, avec sanitaires et wc privatifs donnant sur une terrasse panoramique. Salle à manger et cuisine à base de produits du terroir. Gare 10 km. Commerces 3 km. Ouvert toute l'année. Pour vos pique-nique, la fermière vous préparera un panier de choix.

Prix : 1 pers. **180 F** 2 pers. **220 F** pers. sup. **65 F** repas **80 F**

90	3	20	2	20	10	3	40	3

PONS Monique – Les Pailheres - Caderonne – 11260 Esperaza – Tél. : 68.74.19.23

Fontcouverte Le Chateau
C.M. n° 86 — Pli n° 9

TH
Alt. : 80 m — 5 chambres d'hôtes aménagées dans le château de Fontcouverte, au cœur d'un sympathique petit village des Corbières, piscine d'eau de source aux abords du village et promenade sur les GR 77 et 36, à proximité, sur la Montagne Alaric. Chambres de caractère avec sanitaires privés aux 1er et 2e étages d'une tour dépendance du château. Salle de sport équipée. Possibilité de prendre les petits déjeuners sur la terrasse dominant le parc. Gare 6 km. Commerces sur place. Ouvert toute l'année.

Prix : 2 pers. **240 F** pers. sup. **85 F** repas **90 F**
1/2 pens. **210 F**

30	0,5	40	5	0,5	5	0,5

TISSIER Martine – 11700 Fontcouverte – Tél. : 68.43.96.14

Fontiers-Cabardes « La Canade » *C.M. n° 83 — Pli n° 11*

☘☘
(TH)

Alt. : 780 m — 2 chambres d'hôtes dans une ferme d'élevage située à 3 km du village dans un cadre de prairie et de forêts. Chambres aménagées dans un pavillon indépendant au 1er étage. 1 ch. 2 pers., 1 ch. 2 pers. et 3 enfants avec salle d'eau commune. Salle de séjour et bibliothèque à la disposition des hôtes. Terrasse. Parking. Gare 30 km. Commerces 3 km. Ouvert toute l'année. Espace de jeux pour enfants. Chasse à 1 km, pêche à la truite dans un petit lac collinaire du domaine. Produits fermiers à 500 m. Restaurant à 3 km. Possibilité repas du soir. Vente produits artisanaux sur place. Enfants de moins de 12 ans : 35 F le repas, 40 F la nuit + petit déjeuner.

Prix : 1 pers. **135 F** 2 pers. **185 F** 1/2 pens. **205/325 F** pens. **255 F**

100	3	15	5	15	SP	12

DURET Beatrice – La Canade – 11310 Fontiers-Cabardes – Tél. : 68.26.61.04

Gaja-la-Selve Saint-Sauveur *C.M. n° 82 — Pli n° 19*

☘☘☘
(TH)

Alt. : 380 m — Chambres d'hôtes situées dans un domaine en pleine campagne entourées de bois, face aux Pyrénées, lac pour pêcher le brochet et la carpe. 3 chambres à l'étage d'une dépendance du château de Saint-Sauveur avec sanitaires privés et salle commune. Séjour avec cheminée, TV. Chauffage électrique. Piscine privée. Réservation 78 h. Gare et commerces à 20 km. Ouvert toute l'année sauf juillet et août.

Prix : 1 pers. **160 F** 2 pers. **220 F** 3 pers. **280 F** repas **80 F**

6	SP	3	SP	SP	SP

GRANEL Simone – Saint-Sauveur – 11270 Gaja-la-Selve – Tél. : 68.60.61.59 – Fax : 68.60.62.07

Gaja-la-Selve Domaine de la Selve *C.M. n° 82 — Pli n° 19*

☘☘☘ NN

Alt. : 325 m — 3 chambres d'hôtes aménagées dans une maison de maître, entièrement rénovée et située sur un domaine avec parc attenant ombragé. 2 ch. 2 pers. avec salle d'eau, wc attenants. 1 ch. 2 pers. avec salle de bains, wc privatifs non communicants. Salle commune. Salon. Parc aménagé et piscine à la disposition des hôtes. Chambre d'appoint non classée. Gare 18 km. Commerces 8 km. Ouvert toute l'année.

Prix : 2 pers. **350 F**

100	8	15	3	SP	6	SP

ROGER Raymond – La Selve – 11270 Gaja-la-Selve – Tél. : 68.60.64.69 ou 61.68.12.16

Gincla *C.M. n° 86 — Pli n° 17*

☘☘☘

Alt. : 590 m — 5 chambres d'hôtes aménagées aux 1er et 2e étages de la maison du propriétaire avec salle d'eau privée + wc, à l'entrée du village sur la D22, à 4 km du château cathare de Puilaurens dans la belle et calme vallée de la Boulzane. Salle commune. Chauffage. Auberge à proximité. Tarif dégressif selon la durée du séjour. Gare 25 km. Commerces 6 km. Ouvert toute l'année.

Prix : 1 pers. **170 F** 2 pers. **230 F** 3 pers. **300 F**

70	7	35	8	35	14	SP	14	25

BRUCHET Jean-Charles – 2, Route de Boucheville – 11140 Gincla – Tél. : 68.20.50.92

Labastide-Esparbeirenque *C.M. n° 83 — Pli n° 12*

☘☘ NN
(TH)

Alt. : 330 m — 4 chambres d'hôtes situées dans le village. 1 ch. 2 pers. avec sanitaires individuels. 2 ch. 2 pers. avec salle d'eau individuelle, wc communs. 1 ch. 3 pers. (1 épi) avec sanitaires communs. Possibilité week-end. VTT, randonnées équestres et pédestres. En saison, spectacle théâtre. 160 F moins de 8 jours. Pour plus de 8 jours : 140 F. Gare 25 km. Commerces 3 km. Michel et Gisèle (agriculteurs/éleveurs) dans un petit village de la Montagne Noire, vous accueillent dans les chambres spacieuses de leur maison ancienne, où vous pourrez goûter à la tranquillité de cette merveilleuse région et déguster tous les produits de la ferme.

Prix : 2 pers. **140/180 F** repas **70 F** 1/2 pens. **140 F**

100	2	5	2	15	1	15

SENGES Michel – 11380 Labastide-Esparbeirenque – Tél. : 68.26.31.79 – Fax : 68.26.31.79

Lagrasse Hameau de Villemagne *C.M. n° 86 — Pli n° 8*

☘☘ NN

Alt. : 170 m — 2 chambres d'hôtes aménagées dans une demeure de caractère avec jardin ombragé. 1 ch. (2 lits 1 pers.), 1 ch. composée de 2 pièces (2 lits 120, 1 lit 2 pers.), sanitaires et wc privés. Salle commune au rez-de-chaussée. Ouvert toute l'année sauf du 15 septembre au 30 octobre. Gare 28 km. Commerces 3 km. A proximité de Lagrasse, le « château de Villemagne » est situé à l'entrée des gorges de l'Alsou. Le propriétaire sera heureux de vous faire visiter le caveau et les vins du domaine.

Prix : 1 pers. **150 F** 2 pers. **200 F** 3 pers. **250 F**

60	8	60	25	20	0,1	20

CARBONNEAU Roger – 11220 Lagrasse – Tél. : 68.24.06.97

Laurabuc « Le Vieux Pesquier » *C.M. n° 82 — Pli n° 20*

☘☘☘
(TH)

Alt. : 201 m — 5 chambres d'hôtes situées dans une maison de caractère, indépendante, sur un domaine de la plaine Lauragaise, comprenant séjour avec cheminée, salle à manger, parc attenant ombragé non clos. 3 chambres avec sanitaires particuliers, 2 chambres avec sanitaires communs. Jardin ombragé. Repas pris dans le jardin (cuisine paysanne traditionnelle). Balançoires. Visite du site remarquable de Fanjeaux et de la ville de Castelnaudary « Cité du Cassoulet ». Petites balades le long des chemins du Canal du Midi et visite du musée Riquet. Gare et commerces à 7 km. Ouvert du 15 mars au 15 octobre. Anglais et espagnol parlés.

Prix : 2 pers. **180/230 F** pers. sup. **70 F** repas **80 F**

70	3	15	8	7	7	7

NOEL Anne-Marie – Le Vieux Pesquier – 11400 Laurabuc – Tél. : 68.23.12.73 ou 68.23.09.89

Laure-Minervois Domaine du Siestou *C.M. n° 83 — Pli n° 12*

¥¥ NN
(TH)
Alt. : 90 m — 2 chambres d'hôtes de 2 pers., aménagées à l'étage, mitoyenne avec le propriétaire. Entrée indépendante. Salles de bains et wc privatifs pour chaque chambre. Salle à manger et jardin ombragé en pinède. Terrain clos et parking. Gare 22 km. Commerces 4 km. Ouvert toute l'année. Chambres situées dans un domaine du Minervois à 4 km du village avec point de vue sur la Montagne Noire et à proximité des boucles de Pays balisées ainsi que des capitelles. Le propriétaire vous invite à la découverte des cépages du domaine.

Prix : 1 pers. **160 F** 2 pers. **180 F** pers. sup. **70 F** repas **70 F**
1/2 pens. **230 F**

🏊	🎿	🏄	🚴	⛵	🛶	�092	🏊
60	3	4	8	4	8	4	5

DHOMPS VIE Gabrielle – Domaine du Siestou – 11800 Laure-Minervois – Tél. : 68.78.30.81

Luc-sur-Aude Castillou *C.M. n° 86 — Pli n° 7*

¥¥ NN
(TH)
Alt. : 400 m — Isolé au milieu des bois et garrigues, « Castillou » (ancienne demeure d'été des Evêques d'Alet les Bains), est un domaine agricole et un lieu d'accueil situé à l'entrée de la haute vallée de l'Aude et sur les contreforts des Corbières. 4 chambres d'hôtes avec sanitaires et cuisine à disposition. 2 ch. 3 épis et 2 ch. 2 épis. Gare 15 km. Commerces 6 km. Ouvert toute l'année. Anglais et espagnol parlés.

Prix : 1 pers. **120/150 F** 2 pers. **180/250 F** 3 pers. **300 F**
pers. sup. **90 F** repas **80 F**

🎿	🏄	🚴	⛵	🛶	�092	🏊
5	40	SP	15	5	5	5

PONS Jean-Claude – Castillou – 11190 Luc-sur-Aude – Tél. : 68.74.05.31 – Fax : 68.74.30.05

Marquein Chateau de Fajac de Relenque *C.M. n° 82 — Pli n° 19*

¥¥¥ NN
Alt. : 350 m — 2 chambres d'hôtes de caractère aménagées dans un château du XVIe siècle en briques roses, entouré d'un parc de cèdres majestueux. 2 ch. 2 et 3 pers. avec sanitaires et wc privés. Salle commune. Parc ombragé. Location de vélomoteurs pour balades et visite du château. Ouvert toute l'année. Gare 15 km à Villefranche Lauragais. Commerces 10 km. Sur les routes historique du circuit du Pastel, au pays de Cocagne à la limite de l'Aude et de la Haute Garonne, ce château est en cours de restauration. Il se visite sur rendez-vous.

Prix : 2 pers. **400 F**

🏊	🎿	🏄	🚴	⛵	🛶	�092	🏊
130	6	10	12	10	6	10	6

LEROY Genevieve – Chateau de Fajac de Relenque – 11410 Marquein – Tél. : 68.60.37.16 – Fax : 68.60.37.47

Marsa Labau *C.M. n° 86 — Pli n° 7*

¥¥ NN
(TH)
Alt. : 650 m — Chambre d'hôtes située dans un hameau de montagne, mitoyenne à la maison du propriétaire. Chambre pour 2 personnes avec salle d'eau et wc, petite terrasse privative avec vue sur la vallée du Rebenty. Salle commune avec cheminée réservée aux hôtes. Gare 17 km. Commerces 5 km. Ouvert toute l'année. Chambre d'hôtes sur un domaine agricole, à proximité de sentiers de randonnées des Pyrénées Audoises. Accueil de groupe possible dans le gîte d'étape.

Prix : 2 pers. **250 F** repas **78 F**

🏊	🎿	🏄	🚴	⛵	🛶	�092	🏊
80	12	30	20	2	17	2	90	17

SOMOGYI Patrice – « Hameau de Labau » – 11140 Marsa – Tél. : 68.20.54.12

Mirepeisset « Beau Rivage » *C.M. n° 83 — Pli n° 13*

¥¥¥ NN
2 chambres d'hôtes aménagées dans une villa aux abords du village à proximité d'une ferme équestre, avec terrain attenant, parking, terrasse couverte, pièce commune. Chambres pour 2 personnes avec sanitaires et wc privatifs. 1 chambre pour 2 personnes non classée est également proposée. Gare 15 km. Commerces sur place. Ouvert toute l'année. Visite de la Cité de Minerve, de la Grange Cistercienne de Fontcalvy près d'Ouveillan, baignade et jeux au village sur la base de la Garenne. Balades sur les berges ombragées du Canal du Midi.

Prix : 2 pers. **220 F**

🏊	🎿	🏄	🚴	⛵	�092	🏊
25	2	20	SP	SP	SP	15

LEFEVRE DURAND Claire – « Beau Rivage » – 11120 Mirepeisset – Tél. : 68.46.25.07 ou 68.46.36.42

Mirepeisset « L'Herbe Sainte » *C.M. n° 83 — Pli n° 13*

¥ NN
(TH)
Alt. : 20 m — 4 chambres d'hôtes aménagées au 1er étage d'une maison de maître sur un domaine viticole du Minervois à 1 km du village. 1 ch. 1 pers. 2 ch. 2 pers. avec lavabos individuels, sanitaires, wc communs (1 épi). 1 ch. 3 pers. avec salle d'eau, wc privatifs (2 épis). Salle à manger, salon de détente et jardin ombragé. Gare 15 km. Commerces 1 km. Ouvert toute l'année. Visite de la Cité de Minerve, du Musée des potiers « Amphoralis à Salleles d'Aude ». Promenades équestres à la ferme équestre du village et baignade sur la base de la Garenne.

Prix : 1 pers. **125/200 F** 2 pers. **150/200 F** 3 pers. **300 F**
pers. sup. **50 F** repas **70 F**

🐕

🏊	🎿	🏄	🚴	⛵	�092	🏊
25	2	20	1	2	1	15

RANCOULE Monique – L'Herbe Sainte – 11120 Mirepeisset – Tél. : 68.46.31.17

Molandier Borde du Bosc *C.M. n° 82 — Pli n° 19*

E.C. NN
Alt. : 205 m — Chambre d'hôtes située dans une ferme du Lauragais, en rez-de-chaussée de la maison du propriétaire. Vue magnifique sur toute la plaine de Pamiers et de l'Ariège. Sanitaires privés. Chauffage central. Chambre pour 2 adultes et 2 enfants en rez-de-chaussée à l'accès indépendant. Gare 15 km. Commerces 3 km. Ouvert toute l'année sur réservation. Balade et baignade dans le lac de la Ganguise, visite des Châteaux et Maisons de Maître de la route du Pastel en Pays de Cocagne. Visite du Musée Riquet et de Castelnaudary.

Prix : 2 pers. **160 F** pers. sup. **80 F**

🐕

🏊	🎿	🏄	🚴	⛵	🛶	�092	🏊
100	3	15	10	15	20	1	7

CLOUYE Evelyne – Borde de Bosc – 11420 Molandier – Tél. : 68.60.66.25

Montbrun-des-Corbieres Domaine des Noyers — C.M. nº 83 — Pli nº 13

¥¥¥
(A)

Alt. : 128 m — 5 chambres d'hôtes dans une maison située à l'entrée du village sur D65. 3 ch. 2 pers. avec salle d'eau particulière. 2 ch. 3 pers. avec salle d'eau particulière. Chauffage électrique. Piscine, terrasse, cour, jardin, parking. Gare 7 km. Commerces 3 km. Ouvert de Pâques au 31 novembre. Anglais et allemand parlés. Balades sur les boucles et sentiers du Pays GR 77 et petite halte à l'église de Notre Dame du Colombier, perdue au milieu des vignes. Visite du vignoble du propriétaire et dégustation.

Prix : 1 pers. **170 F** 2 pers. **190 F** 3 pers. **270 F** repas **95 F**
1/2 pens. **370 F**

45	SP	15	7	7	6	6	SP

GALY Therese – Domaine des Noyers – 11700 Montbrun-des-Corbieres – Tél. : 68.43.94.01

Montbrun-des-Corbieres Au Petit Lion — C.M. nº 83 — Pli nº 13

¥¥ NN
(TH)

Alt. : 100 m — 2 chambres d'hôtes situées dans le petit village des Corbières. 1 chambre 3 pers., 1 chambre 4 pers. avec sanitaires individuels et chauffage. Salle à manger commune avec possibilité de repas en table d'hôtes avec des spécialités du Terroir. Terrasse, entrée indépendante. Billard Français. Téléphone. Gare 7 km. Commerces 3 km. Ouvert toute l'année. Balades sur les boucles et les chemins du Colombier perdus au milieu des vignes.

Prix : 1 pers. **160 F** 2 pers. **190 F** 3 pers. **260 F**
pers. sup. **60 F** repas **90 F** 1/2 pens. **240 F** pens. **350 F**

45	SP	15	7	7	6	6	7

ESQUIVA Therese – 11700 Montbrun-des-Corbieres – Tél. : 68.43.94.25

Montfort-sur-Boulzane — C.M. nº 86 — Pli nº 17

¥ NN
(TH)

Alt. : 740 m — A 7 km du château cathare de Puilaurens, dans un petit village de la belle et calme vallée de la Boulzane dans les Pyrénées Audoises, 3 chambres d'hôtes aménagées au 1er étage de la maison familiale de Dany et Jean Daubeze. 2 chambres avec salle d'eau et wc privatif, 1 chambre avec lavabos et salle d'eau non attenante. Salle à manger. Chauffage central. Repas à la demande à la table familiale. Ane de portage prêté pour séjour de deux jours minimum. Gare 27 km. Commerces sur place. Ouvert toute l'année.

Prix : 2 pers. **160/175 F** 3 pers. **195/210 F** repas **70 F**

70	15	30	7	30	15	SP	30	27

DAUBEZE Jean – 11140 Montfort-sur-Boulzane – Tél. : 68.20.62.56

Montmaur — C.M. nº 82 — Pli nº 19

¥¥¥
(TH)

Alt. : 230 m — Chambres d'hôtes aménagées sur un domaine du Lauragais, à l'ouest de Castelnaudary, dans la maison du propriétaire, aux abords du village avec un environnement calme et agréable, un jardin aménagé. Chambres avec sanitaires privatifs, chauffage, salon avec télévision, vidéo, bibliothèque. Gare 6 km. Commerces 17 km. Ouvert d'avril à octobre. Randonnées pédestres sur les sentiers et boucles du pays. Pêche et baignade autour du lac de la Ganguise à 10 km. Anglais et espagnol parlés.

Prix : 1 pers. **220 F** 2 pers. **270 F** pers. sup. **100 F**
repas **100 F**

4	10	2	SP	4	SP

MARTIN Jacqueline – « La Castagne » – 11320 Montmaur – Tél. : 68.60.00.40

Montmaur Libouilles — C.M. nº 82 — Pli nº 19

¥¥¥
(TH)

Alt. : 210 m — 2 ch. entièrement rénovées, situées au 1er étage de l'habitation du propriétaire, sur une exploitation agricole. Chambres disposant de salles d'eau privées, wc communs. Chauffage central. Au r.d.c. : séjour avec cheminée et salle à manger où sont servis les repas en table d'hôtes. Terrasse et terrain attenants ombragés complètent ces équipements. Randonnées pédestres. VTT. Canyon. Possibilité d'accompagnement DE pour groupe supérieur à 6 pers. Gare et commerces à 15 km. Ouvert toute l'année sur réservation. Anglais et espagnol parlés.

Prix : 1 pers. **150 F** 2 pers. **200 F** 3 pers. **270 F**
pers. sup. **70 F** repas **100 F**

120	4	10	1	10	6	6

GOMIS Christiane – Libouilles – 11220 Montmaur – Tél. : 68.60.03.07

Montmaur Ferme du Vales — C.M. nº 82 — Pli nº 19

¥¥ NN

Alt. : 230 m — Chambre d'hôtes sur un domaine agricole du Lauragais, à proximité du « Château de Vales ». 1 chambre (1 lit 2 pers. 1 lit 1 pers.) aménagée au 1er étage de la maison du propriétaire. Salle de bains et wc privés. Salle commune au rez-de-chaussée. Table d'hôtes et promenades équestres à la demande. Gare 20 km. Commerces 15 km. Ouvert toute l'année. Possibilité de baignade et pêche autour des lacs de la Ganguise et de la Pomarède à 10 et 15 km. Balades pédestres et équestres sur les sentiers balisés du pays.

Prix : 1 pers. **180 F** 2 pers. **200 F** pers. sup. **50 F**

120	4	15	SP	18	4	18

GALACHE Denise – Ferme du Vales – 11320 Montmaur – Tél. : 68.60.00.14

Montolieu Domaine de Villeneuve — C.M. nº 83 — Pli nº 11

¥¥¥

Alt. : 200 m — 5 chambres d'hôtes aménagées dans le château de Villeneuve à quelques kilomètres du « village du livre » de Montolieu sur la route de Saissac, dans un cadre de prairie, de forêts de chênes et de chataîgniers. 1 chambre 5 pers., 1 chambre 4 pers., 3 chambres 3 pers. avec chacune 1 salle d'eau et wc privatifs. Salle commune. Gare 20 km. Commerces 3 km. Restauration en ferme auberge à 1 km ou au village à 3 km. Animaux admis avec supplément de 20 F. Ouvert toute l'année.

Prix : 1 pers. **120 F** 2 pers. **200 F** 3 pers. **280 F**
pers. sup. **80 F**

90	3	20	10	20	1	3

OLIVIER Lucien et Emilia – 11170 Montolieu – Tél. : 68.24.84.08

Montolieu Le Bousquet   *C.M. n° 83 — Pli n° 11*

❀❀ NN

Alt. : 260 m — Chambres d'hôtes dans une propriété aux abords du « village du livre » de Montolieu, sur la route de Saissac et des plans d'eau du Cabardès. 2 ch. (1 lit 2 pers. 2 lits 1 pers.) avec sanitaires indépendants, aménagées au 1er étage d'une maison neuve. WC communs. Une des chambres dispose d'une terrasse plein sud. Pièce d'accueil au rez-de-chaussée. Chauffage. Gare 18 km. Commerces 1 km. Ouvert toute l'année.

Prix : 2 pers. **170 F**

90	3	15	10	15	1	3

BOYER Gilles – Le Bousquet – 11170 Montolieu – Tél. : 68.24.84.58

Montolieu Domaine de Peyremale    *C.M. n° 83 — Pli n° 11*

❀❀❀ NN
(A)

Alt. : 300 m — Chambres d'hôtes situées sur une exploitation agricole, mitoyenne à une ferme auberge. R.d.c. : 2 ch. (1 lit 2 pers.), 2 ch. (2 lits 1 pers.), 1 ch. (1 lit 2 pers. 2 lits 1 pers.). Sanitaires et wc privés. Chauffage électrique. Salle commune et terrasse ombragée. Petits déjeuners et repas servis sous la pergola ou dans la salle de la ferme-auberge. A proximité de Montolieu le « village du livre ». Ferme auberge ouverte en hors saison le week-end, juillet et août tous les soirs et dimanche midi, fermé le mercredi. Gare 20 km. Commerces 3 km.

Prix : 1 pers. **190 F** 2 pers. **230 F** pers. sup. **50 F** repas **85 F**
1/2 pens. **200 F**

85	3	3	5	3	3	3

PAUTOU Jean-Pierre – Domaine de Peyremale – 11170 Montolieu – Tél. : 68.24.85.35

Montolieu « Las Crabaries »

❀❀ NN
(TH)

Alt. : 300 m — 2 chambres d'hôtes avec entrées indépendantes, sanitaires et wc privatifs à chaque chambre avec communication intérieure vers pièces communes : séjour, salle commune, salon de jardin. Petits déjeuners possibles à l'extérieur. Repas en table d'hôtes préparés dans le four à bois de la propriété. Gare 20 km. Commerces sur place. Ouvert toute l'année. Au pied de la Montagne Noire à 20 km de Carcassonne, 2 chambres d'hôtes aménagées chez l'habitant dans une maison récente dominant le village du livre de Montolieu avec point de vue sur la plaine audoise et les Pyrénées.

Prix : 1 pers. **180 F** 2 pers. **200 F** repas **75 F**

90	3	15	10	15	1	2

RIVIERE Jeanne – Metairie Neuve - « Las Crabaries » – 11170 Montolieu – Tél. : 68.24.87.16

Moux Relais de l'Alaric   *C.M. n° 86 — Pli n° 8*

❀❀ NN
(TH)

Alt. : 82 m — 5 chambres d'hôtes dont 4 avec wc et salle d'eau et 1 avec salle de bains privatives. Table d'hôtes avec salle d'accueil, TV, bibliothèque, coin-cheminée. Centre équestre sur place avec A.T.E. et moniteur D.E., poney-club, randonnées à la journée sur le Massif de l'Alaric, sentiers pédestres et boucles de randonnées sur la route des châteaux Cathares. Gare 12 km. Commerces 1 km. Ouvert toute l'année.

Prix : 1 pers. **160 F** 2 pers. **220 F** 3 pers. **280 F** repas **85 F**

42	12	20	SP	20	5	12

BEAUVOIS Jacques – Chemin de Les Clauzes - Relais de l'Alaric – 11700 Moux – Tél. : 68.43.95.92 – Fax : 68.43.96.06

Narbonne   *C.M. n° 83 — Pli n° 14*

❀❀❀ NN
(TH)

Alt. : 20 m — 6 chambres d'hôtes aménagées dans une maison récente, indépendante. 4 ch. (3 épis) avec sanitaires individuels. 2 ch. (2 épis) avec salle d'eau privée, wc communs. Gare et commerces à 2 km. Ouvert toute l'année. A proximité de Narbonne, en direction de Coursan RN 9, structure aménagée dans la maison familiale pouvant être le point de départ de journées découvertes (culturelle et historique) ou de journées de détente sur « l'Espace Liberté », bases de loisirs de Narbonne, en bord de mer.

Prix : 2 pers. **250 F** pers. sup. **75 F** repas **90 F**

15	2	15	15	15	SP	5

BALESTA Jerome – Chemin Bas Razimbaud – 11100 Narbonne – Tél. : 68.32.52.06

Padern « La Fleurine »   *C.M. n° 86 — Pli n° 8*

❀❀ NN

Alt. : 200 m — Au pied du château de Padern et sur la route des citadelles cathares de Peyrepertuse et Quéribus, 4 chambres d'hôtes aménagées dans une bâtisse du village en 1er et 2e étages. 4 chambres pour 2 personnes avec sanitaires et wc privatifs, séjour, salle commune en mezzanine avec cheminée. Randonnées pédestres et équestres sur les sentiers balisés du pays, baignade dans les Gorges du Verdouble. Visite des caves et dégustation de vins d'appellation et vins doux naturels. Gare 60 km. Commerces sur place. Ouvert toute l'année. Anglais parlé.

Prix : 1 pers. **150 F** 2 pers. **200 F** pers. sup. **40 F**

50	8	50	8	SP	SP	8

SCHENCK Bruno – Rue Tranquille - La Fleurine – 11350 Padern – Tél. : 68.45.01.03

Pech-Luna Domaine de Manso   *C.M. n° 83 — Pli n° 19*

❀❀❀ NN

Alt. : 360 m — 2 chambres d'hôtes spacieuses situées dans une ferme rénovée à 18 km au sud de Castelnaudary avec un parc attenant en pelouse, ombragé. Chambres à l'étage pour 2 ou 3 personnes avec salle d'eau et wc privatifs. Chauffage électrique. Petit déjeuner servi dans la salle commune au rez-de-chaussée ou dans le parc près de la piscine. Salon de jardin. Gare 18 km. Commerces 12 km. Ouvert toute l'année.

Prix : 2 pers. **250 F** 3 pers. **350 F**

110	10	10	10	SP	9	SP

SPEYER Camilla – Domaine de Manso – 11420 Pech-Luna – Tél. : 68.60.67.84

Aude

Pennautier Domaine de Liet
C.M. n° 83 — Pli n° 11

♨♨♨ NN
(TH)

Alt. : 150 m — A 6 km de Carcassonne, ensemble de 6 chambres d'hôtes aménagées dans un château du XIXᵉ siècle avec parc attenant, piscine privée. 3 chambres simples et 3 suites avec dans chacune sanitaires et wc privatifs. Salle de séjour, salle à manger et salon. Tarif spécial enfants en table d'hôtes. Gare 6 km. Commerces 3 km. Ouvert toute l'année. Visite de la cité de Carcassonne, de la ville basse, promenades pédestres ou en VTT sur les boucles et sentiers balisés du pays et en particulier autour du joli village d'Aragon. Anglais et néerlandais parlés.

Prix : 2 pers. **250/300 F** 3 pers. **330/380 F** repas **120 F**

80	1	20	10	SP	5	SP

DE STOOP Isabelle – Chateau de Liet – 11610 Pennautier – Tél. : 68.71.55.24 – Fax : 68.47.05.22

Peyrefitte-du-Razes Domaine de Couchet
C.M. n° 86 — Pli n° 6

♨♨♨
(TH)

Alt. : 420 m — 2 chambres d'hôtes aménagées dans une très belle maison de maître du XVIIIᵉ, dans un cadre de pleine nature soigné et fleuri. Salle d'eau et wc privés pour chaque chambre. Salle commune et salon réservés uniquement aux hôtes. Petite chambre annexe avec 2 lits superposés. Possibilité 1/2 pension. Gare 19 km. Commerces 10 km. Ouvert de Pâques au 31 octobre. Hors saison séjour possible minimum 3 jours sur réservation. Balades sur les boucles et sentiers balisés du pays, baignade et pêche autour du lac de Montbel, et visite de la vieille ville de Mirepoix.

Prix : 1 pers. **280 F** 2 pers. **300 F** 3 pers. **380 F** repas **100 F**

90	19	15	8	15	25	10	15

ROPERS Jean-Pierre – Domaine de Couchet – 11230 Peyrefitte-du-Razes – Tél. : 68.69.55.06

Portel-des-Corbieres La Terrienne
 *C.M. n° 86 — Pli n° 9*

♨♨♨
(TH)

Alt. : 35 m — 3 chambres d'hôtes situées au 1ᵉʳ étage de la maison du propriétaire avec sanitaires privés. Table d'hôtes et salle commune avec tél. service télésèjour. Terrasse. L'ensemble comprend : 1 chambre 2 pers. 2 chambres 3 pers. (dont 1 classée 2 épis). Gare 15 km. Commerces sur place. Ouvert toute l'année. Dans un village des Corbières Maritime, à 15 km des plages, et 7 km des étangs de Bages et Sigean. Visite du site de Notre Dame des Oubiels, de la réserve africaine de Sigean, balades sur les sentiers du pays et visite des caves de vieillissement. Piscine des propriétaires à disposition.

Prix : 2 pers. **200 F** repas **80 F** 1/2 pens. **180 F**

15	1	7	15	7	10	SP

MOMBELLET Jacky – La Terriene – 11490 Portel-des-Corbieres – Tél. : 68.48.36.20

Pouzols-Minervois Les Auberges
C.M. n° 83 — Pli n° 13

♨♨ NN
(TH)

Alt. : 100 m — 2 chambres d'hôtes aménagées à l'étage de la maison familiale du propriétaire avec sanitaires et wc privatifs, situées sur un domaine en bordure de la D 5 (de Carcassonne à Béziers), au cœur du vignoble du Minervois. Structure d'accueil comprenant 2 chambres d'hôtes, 2 gîtes ruraux et un camping. Gare 22 km. Commerces 1 km. Ouvert toute l'année.

Prix : 2 pers. **160 F** repas **65 F**

35	5	15	6	SP	6	SP

CHARRY Jacques – « Les Auberges » – 11120 Pouzols-Minervois – Tél. : 68.46.13.87 ou 68.46.27.11

Prat-de-Cest
C.M. n° 86 — Pli n° 9

♨♨

5 chambres d'hôtes aménagées au 1ᵉʳ étage de la maison familiale. 3 ch. 4 pers., 2 ch. 2 pers. avec salle d'eau commune. Salle de séjour avec TV à la disposition des hôtes. Restaurant à proximité. Animaux admis avec accord préalable du propriétaire. Jardin avec table pour pique-niquer. Parking assuré. Gare et commerces à 10 km. Ouvert toute l'année. Chambres d'hôtes dans une maison en bordure de la RN 9, dans le village de Prat de Cest.

Prix : 1 pers. **145 F** 2 pers. **165 F** 3 pers. **205 F** pers. sup. **40 F**

18	4	4	4	8	3	7

BOU Martine – Les Vaquiers – 11100 Prat-de-Cest – Tél. : 68.41.58.36

Prat-de-Cest Domaine d'Estarac
C.M. n° 86 — Pli n° 9

♨♨♨

Alt. : 10 m — 5 chambres d'hôtes situées au 1ᵉʳ étage de la maison familiale, dans un environnement maritime protégé. 2 ch. 2 pers. 3 ch. 3 pers., avec salles d'eau particulières. Chauffage central. Jardin, abri voiture, parking. Forêt, chasse sur place. Patinoire 8 km. Restaurant 2 km. Bowling 8 km. Gare 10 km. Commerces 2 km. Ouvert toute l'année sauf Noël et jour de l'An. Chambres aménagées dans une maison bourgeoise rurale du XIXᵉ siècle sur un domaine en bordure des étangs de Bages et de Sigean. Anglais et allemand parlés.

Prix : 1 pers. **130 F** 2 pers. **170 F** 3 pers. **220 F**

18	4	4	10	5	3	10

VAN DER ELST Alexandre – Domaine d'Estarac – 11100 Prat-de-Cest – Tél. : 68.41.57.31

Puicheric Chateau de Saint-Aunay
C.M. n° 83 — Pli n° 12

♨♨♨
(TH)

Alt. : 100 m — 6 chambres d'hôtes dont 3 avec douche et wc privées. Piscine et billard sur place, ainsi que ping-pong et jeux d'enfants. En table d'hôtes vous sont proposés : cassoulet, magret cuit aux sarments de vigne, légumes du jardin. Gare 15 km. Commerces 5 km. Ouvert du 15 avril au 15 octobre. En plein cœur du Minervois, après avoir traversé une immense étendue de vignobles, vous apercevrez le château de Saint-Aunay datant du début du siècle, blotti dans un écran de verdure au calme. Vous serez accueillis en toute simplicité par les propriétaires, viticulteurs du domaine.

Prix : 2 pers. **230/260 F** pers. sup. **70 F** repas **85 F** 1/2 pens. **195/210 F**

40	4	12	12	SP	3	SP

GAEC SAINT-AUNAY – Chateau de Saint-Aunay – 11700 Puicheric – Tél. : 68.43.72.20 ou 68.43.71.03

Puivert Metairie d'En Bor   *C.M. n° 86 — Pli n° 6*

✿✿✿ NN
(TH)

Alt. : 520 m — 3 chambres d'hôtes aménagées à l'étage de la maison familiale à 1 km du village face au site de Puivert dans la « Métairie du château Cathare de Puivert », à proximité du sentier cathare « Montségur-la-Mer ». Chambres pour 2, 4 pers. avec entrée indépendante, sanitaires indépendants, chauffage, mezzanine. Salle commune. Gare 16 km. Commerces 1 km. Ouvert toute l'année sauf en octobre. Anglais parlé.

Prix : 2 pers. **300 F** pers. sup. **130 F** 1/2 pens. **260 F**

🏊	🎿	⛵	🏇	⛰	🎣	🚤
80	1	1	SP	1	17	1	SP

DELAVAQUERIE Yves – Metairie d'En Bor – 11230 Puivert – Tél. : 68.20.11.75

Saint-Martin-des-Puits   *C.M. n° 86 — Pli n° 8*

✿✿ NN

Alt. : 204 m — 2 chambres d'hôtes au village donnant sur terrasse et jardin, avec entrées indépendantes. 1 ch. (1 lit 2 pers.), 1 ch. (2 lits 1 pers.). Salles de bains et wc privatifs. Chauffage électrique. Petits déjeuners servis dans les chambres, sur la terrasse ou chez le propriétaire. Parking privé. Gare 25 km. Commerces 12 km. Ouvert toute l'année. Dominant les Gorges de l'Orbieu et à mi-chemin entre l'abbaye de Lagrasse et le château Cathare de Termes. Chambres d'hôtes aménagées dans une dépendance de la maison familiale en rez-de-chaussée. Sur place : boucles de promenades, topoguides, ping-pong, bibliothèque... Anglais et espagnol parlés.

Prix : 1 pers. **125 F** 2 pers. **210 F**

🏊	🎿	⛵	🏇	⛰	🎣	🚤
45	15	45	12	1	1	17

DOUSSET Annick – 11220 Saint-Martin-des-Puits – Tél. : 68.43.12.57

Saint-Martin-Lalande La Capelle   *C.M. n° 82 — Pli n° 20*

✿✿✿ NN

Alt. : 150 m — 3 chambres d'hôtes aménagées sur un domaine agricole. 2 ch. 3 épis avec coin-cuisine dans le séjour, wc, salle d'eau indépendante. 1 ch. 2 épis avec chez le propriétaire. Chauffage électrique. Gare 6 km. Commerces 3 km. Ouvert de juin au 15 septembre. Espagnol parlé. A proximité de Castelnaudary « la cité du cassoulet », dans un cadre de verdure. Sur la route de l'Abbaye de Saint-Papoul avec vue panoramique sur la chaîne pyrénéenne.

Prix : 2 pers. **200/300 F** 3 pers. **350 F**

🏊	🎿	⛵	🏇	⛰	🎣	🚤
90	2	20	10	20	1	6

SABATTE Jacques – « La Capelle » – 11400 Saint-Martin-Lalande – Tél. : 68.94.91.90 ou 68.25.01.50

Saint-Martin-le-Vieil « Gerrino »   *C.M. n° 82 — Pli n° 20*

✿✿ NN
(TH)

Alt. : 200 m — 2 chambres d'hôtes aménagées dans une villa indépendante aux abords du village, près du centre équestre de la « cavale Saint-Félix » et d'un parc de loisirs avec baignade aménagée. Les chambres pour 2 personnes sont équipées de salles d'eau privatives (douches et lavabos), wc communs. Séjour, terrasse, salon avec cheminée et télévision. Chauffage central. Gare 20 km. Commerces 7 km. Ouvert toute l'année.

Prix : 2 pers. **160 F** pers. sup. **60 F** repas **60 F**

🏊	🎿	⛵	🏇	⛰	🎣	🚤
90	0,5	18	1	0,5	0,5	7

VENDRAMINI Bernard – Gerrino – 11170 Saint-Martin-le-Vieil – Tél. : 68.76.02.80

Saint-Papoul Le Falga   *C.M. n° 82 — Pli n° 20*

✿

Alt. : 170 m — 2 chambres d'hôtes aménagées au 1er étage de la maison du propriétaire, 1 ch. (1 lit 2 pers. 1 lit 1 pers.). 1 ch. (3 lits 1 pers.). Lavabo individuel. Salle d'eau et wc communs. Chauffage électrique. Salle commune au rez-de-chaussée pour petit-déjeuner. Gare 8 km. Commerces 2 km. Ouvert toute l'année. A l'entrée du village de Saint-Papoul à 2 pas de l'Abbaye sur le GR7.

Prix : 1 pers. **120 F** 2 pers. **200 F** 3 pers. **280 F**
pers. sup. **60 F**

🐕 | 🏊 | 🎿 | ⛵ | 🏇 | ⛰ | 🎣 | 🚤 |
|----|----|----|----|----|----|----|
| 150 | 1 | 15 | 10 | 15 | 45 | 15 | 8 |

AVELINE Agnes – Le Falga – 11400 Saint-Papoul – Tél. : 68.94.94.74

Saissac L'Albejot   *C.M. n° 83 — Pli n° 11*

✿✿ NN
(TH)

Alt. : 600 m — 5 chambres d'hôtes de 2 à 4 pers., dans la maison du propriétaire, dont 3 avec salle d'eau commune et 2 avec entrée indépendante, salle de bains et wc privatifs (3 épis). Salle commune avec cheminée, repas en table d'hôtes avec produits de la ferme. Balade équestre sur place et autour du lac. Gare 23 km. Commerces 2 km. Ouvert toute l'année. Sur une ferme d'élevage des environs de Saissac (D403), à proximité du plan d'eau du Lampy, dans un cadre de prairies et de forêts.

Prix : 1 pers. **120/150 F** 2 pers. **180/260 F** 3 pers. **250/320 F**
pers. sup. **60 F** repas **70 F** 1/2 pens. **190/220 F**
pens. **250/280 F**

🏊	🎿	⛵	🏇	⛰	🎣	🚤
100	3	2	SP	2	2	3

ARRENDONDO Andre – L'Albejot – 11310 Saissac – Tél. : 68.24.44.03

Saissac Le Lampy Neuf   *C.M. n° 83 — Pli n° 11*

✿✿✿ NN
(TH)

Alt. : 650 m — 4 chambres d'hôtes dont 1 double, aménagées dans une maison de maître du XIXe siècle, au cœur de l'arboretum du Lampy, au bord du lac et des rigoles du Canal du Midi. Chambres au 1er étage avec sanitaires et wc privatifs et communicants. Salles communes, salon, salle à manger, bibliothèque. Gare 25 km. Commerces 5 km. Ouvert toute l'année. Espagnol et anglais parlés. Organisation de séjour à thème à la demande.

Prix : 2 pers. **200/300 F** pers. sup. **100 F** repas **70 F**

🏊	🎿	⛵	🏇	⛰	🎣	🚤
110	5	SP	5	SP	SP	10

BOUDET Claude – Le Lampy Neuf – 11310 Saissac – Tél. : 68.24.46.07

Salles-d'Aude   *C.M. n° 83 — Pli n° 14*

♥♥ NN
(TH)

Alt. : 50 m — 1 chambre aménagée dans une dépendance (3 épis) pour 2 à 4 pers. avec salle d'eau et wc privatifs. 1 chambre dans la maison d'habitation, disposant d'une salle de bains privative et wc privatifs non attenants. Salle à manger et terrasse pour les repas et petits déjeuners. Gare 10 km. Ouvert toute l'année. Chambres d'hôtes aménagées dans une villa sur les hauteurs du village dans un environnement de vignobles méditerranéens, à proximité des sites touristiques de Narbonne, amphoralis et randonnées pédestres dans le Massif de la Clape.

Prix : 2 pers. 250 F 3 pers. 325 F repas 60 F

12	SP	12	12	12	12	2

CATHALA Marie-France – 33, Chemin de Lies – 11110 Salles-d'Aude – Tél. : 68.33.31.28

Salsigne Domaine de Combestremieres   *C.M. n° 83 — Pli n° 11*

♥♥♥ NN
(TH)

Alt. : 400 m — 5 chambres d'hôtes dont 4 de 2 pers. et 1 de 3 pers. aménagées au 1er étage de la maison familiale avec sanitaires individuels privatifs. Salle commune. Repas en table d'hôtes avec tous les produits de la ferme servis dans une salle de caractère avec cheminée (feu de bois). Gare 25 km. Commerces 4 km. Ouvert toute l'année sauf en juin. Sur un domaine agricole de la Montagne Noire, entre Salsigne et Villardonnel, magnifique ferme restaurée bordée de bois, à proximité du Site Cathare des Châteaux de Lastours et des sentiers de randonnée qui sillonnent le Cabardès.

Prix : 2 pers. 200 F 3 pers. 250 F repas 80 F 1/2 pens. 280 F

85	12	25	10	25	6	12

LAFAGE Andre – Domaine de Combestremieres – 11600 Salsigne – Tél. : 68.77.06.97

Sonnac-sur-l'Hers Roubichoux   *C.M. n° 86 — Pli n° 6*

♥♥ NN

Alt. : 362 m — Sur un domaine du Chalabrais, à quelques km du Lac de Montbel, dans un cadre de prairies et de forêts. 1 chambre d'hôtes (1 lit 2 pers. 1 lit 1 pers.) avec entrée indépendante, sanitaires. Chauffage. Salle commune. Promenade en poney pour les enfants. Gare 30 km. Commerces 8 km. Ouvert toute l'année.

Prix : 2 pers. 180 F 3 pers. 210 F pers. sup. 35 F

100	8	12	4	12	12	3	15

BENET Jean – Roubichoux – 11230 Sonnac-sur-l'Hers – Tél. : 68.69.22.93

Sougraigne L'Ecluse au Soleil   *C.M. n° 86 — Pli n° 7*

♥♥
(TH)

Alt. : 400 m — 5 chambres d'hôtes tout confort, aménagées à l'étage d'un ensemble de bâtiments anciens, rénovés, situés dans un petit village typique des Hautes-Corbières, près des Termes de Rennes les Bains, au cœur du Pays Cathare. 5 chambres de 2 pers avec salle de bains et 2 salles d'eau. Salle de séjour. Salon à disposition des hôtes. Equitation, VTT, tennis. Gare 28 km. Commerces 13 km. Ouvert toute l'année. Anglais parlé.

Prix : 1 pers. 175 F 2 pers. 210 F pers. sup. 50 F repas 85 F 1/2 pens. 190/240 F pens. 265/330 F

80	SP	15	SP	SP	20	4	SP

VAN DER SLUIS Marcel – L'Ecluse du Soleil – 11190 Sougraigne – Tél. : 68.69.88.44 – Fax : 68.69.81.07

Soulatge La Giraudasse   *C.M. n° 86 — Pli n° 8*

♥♥♥
(TH)

Alt. : 375 m — Dans le cadre renovée d'une maison du XVIIe, Marie-Anne et Norbert vous proposent 5 ch. d'hôtes spacieuses avec salle d'eau et wc privés. Ch. central. Jardin, tonnelle. Salle à manger, coin-cheminée et petit salon de détente (lecture et jeux) sont à la disposition des hôtes. Dégustation produits agrobiologiques. Fermeture hebdomadaire le mardi. Sur la route des Châteaux Cathares de Quéribus et Peyrepertuse, ensemble de 5 chambres d'hôtes dans la maison familiale, au centre du village. Gare 50 km. Commerces 8 km. Ouvert toute l'année sauf du 20 décembre au 31 janvier.

Prix : 1 pers. 170 F 2 pers. 230 F 3 pers. 290 F repas 110 F 1/2 pens. 400 F

55	14	55	8	10	40	1	14

CHASSAGNAC-LEFEBVRE Norbert et Marie Anne – La Giraudasse – 11350 Soulatge – Tél. : 68.45.00.16

Ventenac-en-Minervois   *C.M. n° 83 — Pli n° 13*

♥♥ NN

Alt. : 35 m — 2 chambres pour 2 pers. dont 1 (3 épis) disposant d'un sanitaire-wc privatif, la 2e (2 épis) une salle d'eau, le wc étant extérieur à la chambre. Terrasse en véranda couverte et fermée, salon. Location possible de vélos pour balades le long du Canal du Midi. Gare 17 km. Commerces sur place. Ouvert toute l'année. Anglais parlé. A 20 km de Narbonne, près des berges du Canal du Midi, 2 chambres d'hôtes aménagées dans un joli pavillon avec pierres apparentes donnant sur un grand jardin fleuri et arboré de fruitiers avec terrasses et salon de jardin.

Prix : 1 pers. 140/160 F 2 pers. 170/190 F

25	3	18	8	7	SP	17

NYGAARD Jeanine – Route de Canet – 11120 Ventenac-en-Minervois – Tél. : 68.43.21.65

Villarzel-du-Razes Domaine du Granet   *C.M. n° 86 — Pli n° 7*

♥♥ NN
(TH)

Alt. : 245 m — 3 chambres d'hôtes aménagées au 1er étage d'une maison de maître sur un domaine agricole. 2 ch. 2 épis avec salle privée et wc communs. 1 ch. 3 épis (1 lit 2 pers. 1 lit 1 pers.) avec sanitaires et wc privés. Salle commune. Chauffage central. Petit parc aménagé avec jeux d'enfants, salon de jardin. Plan d'eau sur le domaine. Prairies environnantes. Gare et commerces à 12 km. Ouvert toute l'année.

Prix : 1 pers. 120 F 2 pers. 200/250 F 3 pers. 270/320 F pers. sup. 70 F repas 80 F 1/2 pens. 180/205 F pens. 240/265 F

80	10	30	5	12	12	10	12

GIANESINI Albert – Domaine du Granet – 11300 Villarzel-du-Razes – Tél. : 68.31.38.46

Méditerranée — Aude

Villelongue-d'Aude Domaine de Saboulard · *C.M. n° 86 — Pli n° 6*

≫ NN
(TH)

Sur la D626 entre Limoux et Mirepoix, domaine en pleine nature disposant de 2 chambres d'une capacité de 2 à 3 personnes avec salle d'eau et wc privatifs à chaque chambre, aménagés à l'étage de la maison des propriétaires. Séjour/salon et abords aménagés pour les hôtes. Gare 14 km. Commerces 5 km. Ouvert toute l'année.

Prix : 2 pers. 240 F repas 80 F

100	6	25	14	14	14	14	14

WALKER David – Domaine de Saboulard – 11300 Villelongue-d'Aude – Tél. : 68.69.55.21

Villeseque-des-Corbieres Chateau du Haut Gleon · *C.M. n° 86 — Pli n° 9*

≫≫≫ NN

Alt. : 78 m — Dans le cadre d'un château viticole de la vallée du Paradis dans les Corbières, à 25 km des côtes méditerranéennes, 6 chambres d'hôtes de charme aménagées dans la maison des bergers et la maison des vendangeurs. 2 chambres avec sanitaires et wc non communicants sont classées 2 épis. 4 chambres avec sanitaires et wc communicants classées 3 épis. Salle à manger avec salon et cheminée sont à disposition. Cour commune, parking et parc ombragé aménagé accessible à tous. Point-phone à disposition. Gare 20 km. Commerces 7 km. Ouvert toute l'année.

Prix : 2 pers. 350/450 F

25	2	25	7	7	2	7

DUHAMEL Leon Nicolas – Chateau de Haut Gleon – 11360 Villeseque-des-Corbieres – Tél. : 68.48.85.95 – Fax : 68.48.46.20

Villespy « La Bastide » · *C.M. n° 82 — Pli n° 20*

≫≫≫ NN
(TH)

Alt. : 200 m — Chambres d'hôtes situées dans une maison de maître du XVI° siècle, à 15 km de Castelnaudary avec parc attenant, tennis privé, salon, bibliothèque, salle à manger, salle de jeux. Petit lac d'agrément à 500 m. 2 chambres pour 2 à 4 pers. à l'étage dont une communicante avec salle de bains et wc privatifs. Gare 15 km. Commerces 2 km. Ouvert toute l'année.

Prix : 1 pers. 150 F 2 pers. 250 F 3 pers. 350 F repas 70 F

95	SP	15	10	0,5	15	10

JOUNIAUX Michele – « La Bastide » – 11170 Villespy – Tél. : 68.94.32.06 – Fax : 68.94.31.30

Bouches-du-Rhône

La Barben · *C.M. n° 84 — Pli n° 2*

E.C. NN

Sur une propriété de 3 ha., vieux mas provençal rénové, dans un cadre champêtre bien ombragé l'été. 1 ch. avec entrée indépendante (1 lit 2 pers.), un salon privatif avec un petit coin-cuisine, salle d'eau, wc, lit d'enfant sur demande. Terrasse privée avec salon de jardin, vélos, parking. Commerces 3 km. Ouvert toute l'année. Anglais parlé. Espace d'agrément non clôturé rafraîchi par une eau de source et bordé de champs de culture biologique.

Prix : 1 pers. 220 F 2 pers. 250 F pers. sup. 30 F

6	6	10	50	10	1	SP	10

ARNAUD ROUSTANG Catherine et Francois – Mas de Raiponce, Qu. d'Adane – 13330 La Barben – Tél. : 90.95.31.70

Barbentane · *C.M. n° 83 — Pli n° 10*

≫≫ NN

2 ch. en rez-de-jardin (2 lits 1 pers.) dont 1 lit d'enfant, avec salle d'eau et wc privés et classées 3 épis. Etage : 1 ch. (1 lit 2 pers.), 1 ch. (2 lits 1 pers.), chacune avec salle d'eau privée, wc communs. Séjour à disposition, salon réservé aux hôtes. Terrasse, salon de jardin, abri voitures, ping-pong, jeu de boules. Hamman (bain de vapeur). Vieux mas provençal rénové, en campagne, avec grand jardin et piscine. Situation calme. Gare 10 km. Commerces 3 km. Ouvert toute l'année. Anglais parlé.

Prix : 1 pers. 210/230 F 2 pers. 230/250 F pers. sup. 40 F

SP	80	10	2	3	3

MARRET Monique – Mas Temperance, - Le Mouton – 13570 Barbentane – Tél. : 90.95.62.55 – Fax : 90.95.62.55.

Barbentane · *C.M. n° 83 — Pli n° 10*

≫≫ NN

1 ch. à l'étage (1 lit 2 pers., 1 lit 1 pers.) avec salle d'eau/wc privatifs, dans un mas du XIX° siècle avec un joli jardin possédant une collection d'iris, de pivoines et de cactées. Lit bébé. Séjour avec cheminée et TV mis à la disposition des hôtes. Cour ombragée avec salon de jardin, barbecue, portique, parking. Gare 8 km. Commerces 2 km. Ouvert toute l'année. Anglais et italien parlés.

Prix : 1 pers. 150 F 2 pers. 200 F 3 pers. 250 F

8	8	2	80	10	2	0,5	0,3	2

LAMBERT Jane – La Cle des Champs, - La Fissarde – 13570 Barbentane – Tél. : 90.95.52.36

Barbentane · *C.M. n° 83 — Pli n° 10*

≫≫≫ NN

Etage réservé aux hôtes avec 1 ch. (1 lit 2 pers.), salle de bains et wc privés attenants et 1 ch. (2 lits 1 pers.) avec salle d'eau et wc privés attenants. Petit déjeuner servi au jardin. Salon et bibliothèque pour les hôtes. Terrasse avec salon de jardin, parking clos. Gare 8 km. Commerces sur place. Ouvert toute l'année. Anglais et italien parlés. Dans un village typique, maison provençale avec un très grand jardin paysager en terrasse, mitoyen au parc d'un château du XVII° siècle. Très calme et reposant. Proximité du Lubéron et des Alpilles.

Prix : 2 pers. 250/300 F

10	8	3	100	8	2	2	2	8

CASABIANCA Nicole et Jacques – 5 rue du Chateau – 13570 Barbentane – Tél. : 90.95.68.48

Bouches-du-Rhône

Les Baux-de-Provence-Paradou

C.M. n° 83 — Pli n° 10

♥♥♥♥ NN
(TH)

1 suite : 1 ch. (1 lit 2 pers.), 1 ch. (2 lits 1 pers.). 1 ch. (1 lit 2 pers.). 1 ch. (2 lits 1 pers.), chacune avec salle de bains et wc privés, TV, terrasse. Jardin d'hiver, salon avec cheminée, bibliothèque, table à jeu, piano à queue. Baby-sitting. Service lingerie. Primées aux Chambres d'hôtes fleuries 90 et 92. Piscine dans le parc. Gare 16 km. Commerces 2 km. Près des Baux de Provence (2 km à partir du village en direction d'Arles-Fontvieille, sur la D78 F, chemin de campagne à gauche situé au pied du panneau), très belle maison contemporaine en pleine campagne. Ouvert toute l'année. Anglais parlé. 4 pers./ suite : 740 F. Bébé : 100 F.

Prix : 1 pers. **405 F** 2 pers. **450/650 F** 3 pers. **695 F**
pers. sup. **145 F** repas **135 F**

	SP	16	10	45	2	2	SP	4

FAJARDO DE LIVRY Jenny – La Burlande, le Paradou – 13520 Les Baux-de-Provence – Tél. : 90.54.32.32

Chateaurenard

C.M. n° 84 — Pli n° 1

♥♥ NN

1 suite comprenant : 1 ch. (1 lit 2 pers.), 1 ch. (1 lit 2 pers., 1 lit 1 pers.), salon, séjour, salle de bains, wc, bibliothèque, jeux de société. Entrée indépendante. Cour, salon de jardin, parking fermé, abri voiture. Sites : St Rémy de Provence, Les Baux, Arles, Le Lubéron. 250 F pour 2 pers. à partir de la 3e nuit. Gare 8 km. Commerces sur place. À la croisée des chemins de Provence, dans un village tranquille, au pied de la pinède, une suite au rez-de-chaussée de la maison des propriétaires. Ouvert toute l'année. Anglais parlé.

Prix : 2 pers. **280 F** 3 pers. **350 F**

	SP	40	0,5	0,5	4	10

JOUVE Alyne et Gilbert – 19 Bis Av. du Docteur Perrier - « La Trentaine » – 13160 Chateaurenard – Tél. : 90.94.13.57

Ensues-la-Redonne

C.M. n° 84 — Pli n° 12

♥♥ NN

3 ch. (1 lits 2 pers.) avec douche privée, 2 ch. (2 lit 1 pers.) avec douche privée, 2 wc communs. Salle de séjour réservée aux hôtes avec réfrigérateur, micro-ondes, cheminée, bibliothèque. Terrasse ombragée, fleurie, plantes exotiques. Possibilité plongée, promenades en mer, planche à voile, randonnées pédestres : sentiers douaniers du littoral. Sur un petit port de pêche, 5 chambres d'hôtes au 1er étage d'une maison avec vue sur la mer, Marseille et ses îles, dans une petite calanque de la Côte Bleue. Gare 800 m. Commerces 3 km. Ouvert toute l'année. Anglais et espagnol parlés.

Prix : 1 pers. **180 F** 2 pers. **220 F**

	SP	7	3	SP

MARSEROU OTTENHEIMER Patricia et Bruno – 7 Chemin de la Madrague, - La Madrague de Gignac – 13820 Ensues-la-Redonne – Tél. : 42.45.96.50

Eygalieres

C.M. n° 84 — Pli n° 1

♥♥♥ NN

1 ch. (1 lit 2 pers.), 1 ch. (2 lits 1 pers.), 1 ch. (1 lit 2 pers., 1 lit 1 pers.), entrée indépendant, salle d'eau et wc particuliers à chaque chambre. Salon-bureau avec réfrigérateur réservé aux hôtes. Terrasse avec salons de jardin, ping-pong, parking, portail d'entrée avec système automatique. Les Baux 17 km, Avignon 30 km, Gordes 30 km. Belle maison de caractère de plain-pied, avec un grand jardin, pelouse et petit bois avec coin-repos, piscine sur la propriété, très calme, face aux Alpilles. Gare 10 km. Commerces 200 m. Ouvert de mars à fin septembre.

Prix : 1 pers. **200 F** 2 pers. **230 F** 3 pers. **300 F**

	SP	10	65	0,5	0,5	SP	10

BARBIER Ginette et Rene – Avenue des Molassis, - B.P. 9 – 13810 Eygalieres – Tél. : 90.95.98.13

Eygalieres

C.M. n° 84 — Pli n° 1

♥ NN
(TH)

2 ch. (1 lit 2 pers.), 1 ch. (2 lits 1 pers.), avec salle de bains et 2 wc communs aux 3 chambres. Terrasse, jardin non clos ombragé avec salon de jardin, parking. Possibilité personne suppl. Aide aux randonneurs et aux cyclistes. Chèques vacances acceptés. Prix 1/2 pension sur la base de 2 pers. Gare 10 km. Commerces 1 km. Ouvert toute l'année. Villa en campagne comprenant 3 chambres d'hôtes. Belles randonnées dans les environs. Site et nuits très calmes.

Prix : 2 pers. **220 F** pers. sup. **80 F** 1/2 pens. **360 F**

	10	10	50	1	1	7

CARLEO Colette – Quartier du Mas de la Brune – 13810 Eygalieres – Tél. : 90.95.94.42

Eygalieres

C.M. n° 84 — Pli n° 1

♥♥♥ NN

Une suite comprenant : 1 ch. (1 lit 2 pers.), 1 ch. (2 lits 1 pers.), salle d'eau/wc privés attenants, entrée indépendante, terrasse privée avec salon de jardin, TV dans la chambre. Séjour avec bibliothèque à la disposition des hôtes, cheminée. Jardin, barbecue, portique, parking. Gare 30 km. Commerces sur place. Ouvert toute l'année. Anglais parlé. Au milieu des oliviers, aux pieds des Alpilles, belle maison rénovée. Possibilité de superbes balades pour marcheurs et amateurs de VTT.

Prix : 1 pers. **180 F** 2 pers. **230 F** 3 pers. **340 F**

	11	11	11	50	0,4	0,7	SP	12

WIBAUX Marie C. et Bernard – Mas de la Machotte - Quartier des Molassis – 13810 Eygalieres – Tél. : 90.95.96.37

Eygalieres

C.M. n° 84 — Pli n° 1

♥♥♥ NN

3 chambres d'hôtes au 1er étage (escalier extérieur indépendant). 2 ch. (1 lit 2 pers.), 1 ch. (2 lits 1 pers.), salle d'eau/wc privés et attenants pour chacune. Séjour réservé aux hôtes. 1 lit suppl. et 1 lit enfant sur demande. Jardin non clos ombragé avec salon de jardin, parking. Gare 9 km. Commerces 1 km. Ouvert toute l'année. Exploitation agricole au calme, bénéficiant d'une belle vue sur les Alpilles. Possibilité de belles randonnées.

Prix : 1 pers. **200 F** 2 pers. **230 F** 3 pers. **300 F**

	10	10	60	10	4	0,5	15

PERNIX Danielle et Maurice – Quartier du Contras – 13810 Eygalieres – Tél. : 90.95.04.89

Eyragues

C.M. n° 84 — Pli n° 1

❀❀ NN

3 chambres d'hôtes aménagées dans un très beau mas provençal. 1 ch. (2 lits 1 pers.), avec salle d'eau et wc privés. 1 ch. (1 lit 2 pers.), 1 ch. (1 lit 130) avec salle d'eau privée et wc communs. Lit de bébé, réfrigérateur à disposition. Salle de séjour commune avec les propriétaires. Jardin ombragé, parking. Gare 12 km. Commerces 2 km. Ouvert d'avril à mi-septembre. Anglais et italien parlés.

Prix : 1 pers. **150 F** 2 pers. **250 F** pers. sup. **75 F**

5	10	80	5	3	6	15	12

**POLI Christiane et Robert – Le Mas des Chats qui dorment, - Chemin des Pres – 13630 Eyragues –
Tél. : 90.94.19.71 – Fax : 90.94.19.71.**

Eyragues

C.M. n° 84 — Pli n° 1

❀❀ NN

A l'étage : 1 suite (escalier extérieur indépendant) avec 1 ch. (1 lit 2 pers.), 1 ch. attenante (2 lits 1 pers.), 1 lit d'appoint, salle d'eau/wc privatifs, cuisine d'appoint avec plaque chauffante et réfrigérateur. 1 ch. (1 lit 2 pers.) avec salle de bains et wc privés. Salle de séjour avec cheminée et bibliothèque mis à la disposition des hôtes. Parking. Mas le plus ancien du village, situé sur une exploitation horticole (lys, muguet, cyclamen, hortensias, chrysanthème). Cour commune ombragée et fleurie avec salon de jardin. Gare 12 km. Commerces 1 km. Ouvert toute l'année. Enfant : 75 F.

Prix : 1 pers. **150 F** 2 pers. **250 F**

4	40	10	1	5	15

**MASSEBOEUF Louisette – Mas Saint Joseph, - Route des Jardins – 13630 Eyragues – Tél. : 90.94.25.12 –
Fax : 90.02.85.25.**

Fontvieille

C.M. n° 83 — Pli n° 10

❀❀❀ NN

2 ch. spacieuses avec meubles d'époque. 1er étage : 1 ch. (1 lit 2 pers.), et 1 suite : salon/chambre (1 lit 1 pers.), 1 ch. (1 lit 2 pers.), salle de bains/douche/wc privés attenants pour chacune. Séjour, table de bridge, chaine Hifi, salon avec TV réservé aux hôtes. Petite cour avec salon de jardin. Gare 9 km. Commerces sur place. Ouvert de Pâques à novembre. Maison de caractère au cœur de Fontvieille, et ayant appartenue à l'ancien maréchal-ferrant du village. Anglais parlé.

Prix : 2 pers. **450 F**

0,5	40	SP	SP

**RICARD DAMIDOT Edith et Jean Marie – Mas Ricard, - 107 avenue Frederic Mistral – 13990 Fontvieille –
Tél. : 90.54.72.67 – Fax : 90.54.64.43.**

Fontvieille

C.M. n° 83 — Pli n° 10

❀❀ NN

2 ch. (1 lit 2 pers., 1 lit 1 pers.) avec sanitaires privés et attenants, dont une avec terrasse privée, 2 ch. (1 lit 2 pers., 2 lits pers.) avec sanitaires privés et attenants. Salle de séjour avec coin-cheminée et piano réservée aux hôtes. Possibilité d'utiliser la cuisine.Terrasse avec salon de jardin, abri voiture, barbecue, ping-pong, vélos. A proximité du Moulin de Daudet et de l'Aqueduc Romain, maison avec piscine nichée dans la garrigue, proposant 4 chambres avec chacune une entrée indépendante donnant autour de la terrasse. Accueil de chevaux. Gare 10 km. Commerces 2 km. Ouvert toute l'année. Espagnol et anglais parlés.

Prix : 1 pers. **165/215 F** 2 pers. **250/290 F** 3 pers. **325/375 F**

SP	6	40	1	2	SP	8

HAMIEAU Renee – La Taniere, Crois de Joussand, - Route du Moulin – 13990 Fontvieille – Tél. : 90.54.61.40

Grans

C.M. n° 84 — Pli n° 1/2

❀❀❀ NN

1 ch. (1 lit 2 pers., 1 lit 1 pers.), s.d.b., wc privés. 1 ch. (2 lits 2 pers.), s. d'eau, wc privés. 1 ch. (1 lit 2 pers.), s. d'eau, wc privés. Salon, cheminée, TV, bibliothèque à disposition. Réfrigérateur à usage exclusif des hôtes, lit de bébé, ping-pong, badges de tennis, jeux de société, cuisine d'été, terrasse privée, salon de jardin. Entrée indépendante. Très belle demeure avec piscine, sur une propriété de chênes et de pins, en bordure de rivière. Nombreux sites tels que les Baux de Provence, Le Lubéron, Arles, Aix en Provence. Ambiance provençale. 1er prix de l'accueil en 1994. Gare 6 km. Commerces 1 km. Ouvert toute l'année. Anglais parlé.

Prix : 1 pers. **210/230 F** 2 pers. **260/300 F** 3 pers. **380 F**

SP	6	25	1	0,5	1	9

**RICHARD Veronique et J.-Pierre – Domaine du Bois Vert, - Quartier Montauban – 13450 Grans –
Tél. : 90.55.82.98**

Lambesc

C.M. n° 84 — Pli n° 2

❀❀❀ NN

Etage réservé aux hôtes : 1 ch. (1 lit 2 pers.), salle de bains et wc privés, terrasse avec salon de jardin et escalier indépendant. Salle de séjour, bibliothèque. Près de la piscine, cuisine d'été avec barbecue et réfrigérateur. Ping-pong, location de vélos, abri couvert, portique. Gare 15 km. Commerces 800 m. Ouvert toute l'année. Anglais parlé. Maison indépendante dans une pinède odorante de 8000 m² entièrement clôturée, au cœur d'une région au patrimoine varié.

Prix : 1 pers. **260 F** 2 pers. **310 F**

SP	0,8	40	2,5	0,8	1	7

VIALLE Michele et Gilbert – La Farigoule, - Route de Coudoux – 13410 Lambesc – Tél. : 42.57.11.18

Lambesc

C.M. n° 84 — Pli n° 2

❀❀❀ NN
(TH)

1 ch. (1 lit 2 pers.), avec entrée indépendante, salle d'eau et wc privatifs, lit pour bébé et lit d'appoint. Séjour à la disposition des hôtes, bibliothèque, TV, cheminée. Grande terrasse avec salon de jardin, barbecue, ping-pong, jeu de boules, jardin, parking, abri couvert, portique. Gare 20 km. Commerces 2 km. Ouvert toute l'année. Anglais et italien parlés. Au cœur de la Provence, à deux pas du Lubéron, venez savourer le calme et reposez dans une chambre d'hôtes, située une une propriété de 5 hectares avec piscine.

Prix : 1 pers. **220 F** 2 pers. **270 F** pers. sup. **50 F** repas **80 F**
1/2 pens. **430 F**

SP	2	50	2	2	SP	8

CRUCIANI Jacqueline et Roland – Campagne Gargory, - Route de Rognes – 13410 Lambesc – Tél. : 42.92.91.01

Bouches-du-Rhône

Noves

♥♥♥ NN   Mas indépendant en campagne comprenant 5 ch. d'hôtes (accès par escalier extérieur). Étage réservé aux hôtes : 4 ch. (1 lit 2 pers.), 1 ch. (1 lit 2 pers., 1 lit 120), salle d'eau et wc privés attenants pour chaque chambre. Espace extérieur avec terrasse, salon de jardin, barbecue, abri voiture, jeu de boules, parking. Gare 13 km. Commerces 1 km. Ouvert toute l'année (sur réservation du 15/11 au 15/02).

Prix : 1 pers. **200 F** 2 pers. **240 F** 3 pers. **320 F**

🐕	🏊	🏊	✈	⛷	👫	🎵
6	70	3	2	12	8

BOURILLON Pierrette et Andre – Route de Molleges, - Les Ferrages – 13550 Noves – Tél. : 90.94.20.85

Paradou

♥♥♥ NN   3 ch. d'hôtes avec entrée indépendante. 1 ch. (1 lit 2 pers. et possibilité 1 lit suppl.), 1 ch. (2 lits 1 pers. + 2 lits d'appoint), 1 ch. (1 lit 2 pers.). Salle de bains et wc privés. Séjour et salon de jardin dans le parc, barbecue, parking fermé. Gare 15 km. Commerces 500 m. Ouvert toute l'année. Chambres aménagées avec beaucoup de charme dans une belle villa indépendante avec un grand jardin, à la sortie du village. Primée aux chambres d'hôtes fleuries 1992.

Prix : 1 pers. **240 F** 2 pers. **280/320 F** pers. sup. **90 F**

🏊	🏡	🏊	🎿	👫	🎵
2,5	15	50	2,5	0,5	2,5

LETAILLEUR Micheline – Le Mazet des Alpilles, - Route de Brunelly – 13520 Paradou – Tél. : 90.54.45.89

Paradou

♥♥♥ NN   1 ch. en r.d.c. (1 lit 2 pers.), s.d.b. et wc privés. Et. : 1 ch. (1 lit 2 pers., 1 lit 1 pers.) avec terrasse, s.d.b. et wc privés. 1 ch. (1 lit 2 pers.), s. d'eau et wc privés. Séjour et salon à disposition, coin-cuisine, TV, bibliothèque, lit bébé, jeux de société. Tennis et promenades à cheval sur réservation (en suppl.). Gare 15 km. Commerces 500 m. Dans la vallée des Baux de Provence, belle bastide provençale à l'ancienne, au fond d'un grand jardin ombragé avec mobilier de jardin à usage exclusif des hôtes. Point de départ idéal pour de très nombreuses excursions : Les Baux, St Rémy, Avignon, Arles, la Camargue, le Lubéron.

Prix : 2 pers. **260/350 F** 3 pers. **450 F** pers. sup. **90 F**

🐕	🏊	🏡	🏊	✈	⛷	👫	🎵
2	15	40	2	0,5	2	2

JOLY Mireille – L'Espelido, - Route des Tours de Castillon – 13520 Paradou – Tél. : 90.54.38.55 – Fax : 90.54.38.55.

Peyrolles

♥ NN   Étage réservé aux hôtes : 1 ch. (1 lit 2 pers.), salle d'eau et wc privés. 1 ch. (2 lits 1 pers., 1 lit 2 pers.) avec coin-cuisine, salle d'eau et wc privés. Lit bébé. Terrasse commune aux ch. avec meubles de jardin. Séjour, TV, bibliothèque à disposition des hôtes. Parking, pool house, boulodromme, pique-nique possible dans le parc. Gare et commerces 2 km. Dans un parc fleuri et ombragé, belle maison indépendante avec piscine. Prix réduit pour séjours de 14 nuits, blanchisserie offerte, petits déjeuners personnalisés. Ouvert toute l'année. Anglais parlé.

Prix : 1 pers. **170 F** 2 pers. **240 F** 3 pers. **300 F**

🏊	🏊	✈	🎿	👫	🎵
SP	50	6	2	SP	20

LEVY Christine et J.-Claude – Quartier Vomanos – 13860 Peyrolles – Tél. : 42.67.05.16

Peyrolles

E.C. NN   Dans la région aixoise, non loin du Lubéron et des gorges du Verdon, maison dans une pinède, au calme, comprenant 2 ch. d'hôtes. 2 ch. (1 lit 2 pers.) avec salle d'eau et wc communs. Salle de séjour avec TV à la disposition des hôtes. Terrasse avec salon de jardin, jardin, parking. Accueil familial. Gare 6 km. Commerces 3 km. Ouvert toute l'année.

Prix : 2 pers. **210 F**

🐕	🏊	🏊	✈	🎿	👫	🎵
15	50	SP	2	SP	15

DE ROSA Claudette et Jean – Chemin de Pierrefiche, - Quartier Les Appiers – 13860 Peyrolles – Tél. : 42.57.87.08

Le Puy-Sainte-Reparade

♥♥♥ NN   1 ch. d'hôtes (1 lit 2 pers.) avec entrée indép., salle d'eau et wc privés. Salon particulier avec TV couleur. Terrasse couverte privée avec meubles de jardin sur espace privatif boisé, barbecue, portique, accès possible à la piscine des propriétaires, jeux de boules, tennis sur la propriété, promenades en forêt, jogging. Poste téléphonique sur place. Maison en campagne sur une grand terrain boisé de chênes, à 200 m de la D13. Vue exceptionnelle, calme. Tennis sur la propriété. Primée aux chambres d'hôtes fleuries 92. Gare 12 km. Commerces 6 km. Ouvert toute l'année.

Prix : 1 pers. **235 F** 2 pers. **265 F**

🐕	🏊	🏡	🎣	🏊	✈	🎿	👫	🎵	🏊
8	8	8	40	8	SP	SP	20	8

PAYRI Pierrette et Louis – Quartier Saint Esteve, - Hameau de Saint Canadet – 13610 Le Puy-Sainte-Reparade – Tél. : 42.61.97.55

Puyricard

♥♥♥ NN   Vaste maison avec meubles d'époque, située en campagne. 1 chambre en rez-de-chaussée (1 lit 2 pers.), avec salle de bains et wc privés et attenants. Séjour et salon mis à disposition. Jardin gazonné avec salon de jardin, petit bois, parking. Gare 5 km. Commerces 1 km. Ouvert toute l'année. Anglais et italien parlés.

Prix : 2 pers. **280 F**

🏊	🏡	✈	🎿	👫	🎵
1	5	2	2	10	8

DE ANDREIS Adrienne – La Coquillade – 13540 Puyricard – Tél. : 42.92.17.07 – Fax : 42.92.24.06.

Raphele-les-Arles

WW NN   Bel1e maison provençale comprenant 2 ch. d'hôtes, primées au challenge de l'accueil 1990. 1 ch. (1 lit 2 pers.) avec salle d'eau particulière, 1 ch. (1 lit 2 pers.) avec salle de bains particulière. + 1 lit d'appoint. Chambre pers. suppl. sur demande. WC communs aux hôtes. Salon privé avec bibliothèque. Terrasse, espace vert avec salon de jardin. Gare 7 km. Commerces 1 km. Ouvert d'avril à septembre (sur réservation l'hiver).

Prix : 1 pers. **230/240 F** 2 pers. **260/280 F** 3 pers. **420/440 F**
pers. sup. **80 F**

1	38	4	1	4

GRAUGNARD Josyanne et Robert – Mas des Abeilles, - Chemin de la Cabre d'Or – 13280 Raphele-Les Arles –
Tél. : 90.98.47.21

Rognes

WWW NN   A 2 km du village, dans un cadre très agréable et calme, charmante chambre aux meubles provençaux, dans une grande maison au milieu d'une pinède de 6000 m² clôturée. 1 ch. (1 lit 2 pers.), avec salle d'eau et wc particuliers, TV, entrée indépendante, bibliothèque attenante avec 1 lit 1 pers. Jardin privé avec salon de jardin, parking fermé. Gare 23 km. Commerces 2 km. Ouvert toute l'année. Anglais et italien parlés.

Prix : 1 pers. **200 F** 2 pers. **250 F** 3 pers. **300 F**

10	10	40	10	3	SP	13

SALINI M. Claude et Michel – 1215 Route des Mauvares – 13840 Rognes – Tél. : 42.50.23.28

Rognes

WW NN   Sur une exploitation agricole (cultures biologiques), bastide restaurée avec bassin d'agrément et terrasse ombragée, en pleine campagne. Dans la partie la plus ancienne : 1 chambre d'hôtes à l'étage (1 lit 2 pers.) avec salle de bains/wc privés. Terrasse avec salon de jardin, parking. Gare 20 km. Commerces 2 km. Ouvert toute l'année. Anglais et allemand parlés.

Prix : 2 pers. **230 F** pers. sup. **50 F**

12	5	30	5	5	SP	12

REGNAULT Isabelle et Philippe – L'Our de Chateau – 13840 Rognes – Tél. : 42.50.21.15

La Roque-d'Antheron

W NN   4 ch. d'hôtes à l'étage : 1 ch. (1 lit 2 pers., 1 lit 1 pers., lavabo), 1 ch. (1 lit 2 pers., cabinet de toilette), salle d'eau commune aux 2 chambres. 1 ch. (1 lit 2 pers., 1 lit 1 pers.) et 1 ch. (1 lit 2 pers.) avec salles de bains privées et classées 2 épis NN. Grande véranda à la disposition des hôtes (kitchenette), jardin, garage, parking. Dans une maison de village avec beau jardin, cadre fleuri. Gare 30 km. Commerces sur place. Ouvert de Pâques à la Toussaint.

Prix : 1 pers. **180/230 F** 2 pers. **200/260 F** 3 pers. **250/300 F**

0,5	50	2	0,5	SP

MICHELON Andre – 1 rue Jeanne d'Arc – 13640 La Roque-d'Antheron – Tél. : 42.50.40.26

Roquefort-la-Bedoule

WWW NN   Maison provençale avec vue sur la colline. A l'étage, 1 chambre (1 lit 2 pers.), salle de bains et wc privatifs, salon particulier avec bibliothèque. Séjour commun avec les propriétaires, TV, cheminée. Terrasse et jardin aménagé clos avec salon de jardin, parking, abri couvert, poss. pique-nique. Piscine, pelouse, terrain de 4000 m² dans une pinède. Gare 5 km. Commerces 2 km. Ouvert toute l'année. Anglais et italien parlés.

Prix : 1 pers. **220 F** 2 pers. **260 F**

SP	8	2	2	SP

ULIVI Anne Marie et Pascal – L'Acampadou, - Quartier des Nouvelles – 13830 Roquefort-la-Bedoule –
Tél. : 42.73.13.17

Saint-Marc-Jaumegarde

WWW NN   La chambre au 1er étage (escalier extérieur indépendant) donne sur une terrasse privée et propose 1 lit 2 pers. et 1 lit d'appoint 1 pers., salle d'eau et wc privés et attenants. Salon avec cheminée et TV mis à disposition. Salon de jardin, coin-détente près d'un bassin d'eau de source décoré de mosaïques, parking, ping-pong. Gare et commerces 3 km. Entre Aix-en-Provence et la Montagne Sainte-Victoire, bastide de caractère et de charme du XVIIIe siècle, au cœur d'un parc d'un hectare, à l'ombre de platanes centenaires. Possibilité de visites commentées à Marseille. Ouvert du 1er avril au 30 octobre. Anglais parlé.

Prix : 1 pers. **320 F** 2 pers. **380 F** 3 pers. **450 F**

1	3	25	1	1	3	10

LEYTES Renee et Michel – La Source – 13100 Saint-Marc-Jaumegarde – Tél. : 42.96.67.58

Saint-Martin-de-Crau

WWWW NN   5 ch. confortables avec chacune s.d.b. et wc, et proposant un beau mobilier provençal ancien. 2 ch.
(TH)   (2 lits 1 pers.), 1 ch. (1 lit 2 pers.), 1 ch. (2 lits 2 pers.), 1 ch. (1 lit 2 pers., 1 lit 1 pers.). Salle de billard. TV commune. Jardin aménagé non clos avec salon de jardin, parking, portique, ping-pong, vélos. 1/2 pension sur la base de 2 pers. Sobre et élégante demeure isolée, au cœur de l'immense plaine de la Crau, entourée d'arbres centenaires et de prairies. Le domaine agricole de Vergières (350 ha.) est limitrophe de la réserve de la Crau, site ornithologique recherché. Gare 25 km. Commerces 8 km. Ouvert toute l'année.

Prix : 1 pers. **750 F** 2 pers. **800 F** 3 pers. **1100 F**
1/2 pens. **1400 F**

SP	8	20	40	8	SP	15

PINCEDE Marie Andree et Jean – Domaine de Vergieres – 13310 Saint-Martin-de-Crau – Tél. : 90.47.17.16 –
Fax : 90.47.38.30.

Bouches-du-Rhône   *Méditerranée*

Saint-Mitre-les-Remparts   *C.M. n° 84 — Pli n° 11*

❦❦❦ NN Belle villa d'architecture moderne, dans un quartier calme. 1 ch. (1 lit 2 pers.), avec terrasse et entrée indépendante, s. d'eau et wc privés attenants (lit d'enfant). Séjour avec TV à disposition. Kitchenette. Poss. bateau, ski nautique, prêt de planche à voile, vélo, tennis, équitation. Salon de jardin, parking, jardin, piscine. Gare 5 km. Commerces 1 km. Prix enfant : 50 F. Ouvert toute l'année.

Prix : 1 pers. **240 F** 2 pers. **260 F**

SP	4	1	5	1	0,5	SP

TISSEAUX Colette et Guy – 16 Bis rue des Rocaledes – 13920 Saint-Mitre-Les Remparts – Tél. : 42.49.12.81

Saint-Remy-de-Provence   *C.M. n° 83 — Pli n° 10*

❦❦ NN A 1 km de Saint-Rémy-de-Provence, maison indépendante en campagne, sur le coteau de la Crau avec vue sur les Alpilles. 1 ch. (1 lit 2 pers.) avec salle d'eau/wc privés et attenants. Terrasse privée avec salon de jardin, barbecue, parking. Gare 25 km. Commerces 1 km. Ouvert d'avril à octobre. Espagnol parlé.

Prix : 1 pers. **230 F** 2 pers. **270 F**

1	2	50	1	1	1	7

BRUN Josette – Route de Noves, - Chemin Mejeans – 13210 Saint-Remy-de-Provence – Tél. : 90.92.09.94

Saint-Remy-de-Provence   *C.M. n° 84 — Pli n° 1*

❦❦ NN 2 chambres de 2 à 5 pers. (possibilité kitchenette), mezzanine, sanitaires privés. Séjour commun avec les propriétaires. Entrée et terrasse privées avec salon de jardin pour chaque chambre. Barbecue, parking, portique, ping-pong. TV sur demande dans la chambre. Piscine sur la propriété. Gare 19 km. Commerces 1,5 km. Ouvert toute l'année. Chambres aménagées en studios dans une bâtisse indépendante proche de la maison des propriétaires, située dans un domaine boisé de pins, avec vue panoramique sur les Alpilles et alentours. Calme assuré. 2 studios sur place. Anglais parlé.

Prix : 2 pers. **300 F** 3 pers. **400 F**

SP	40	1,5	1,5	2	10

FEIGE Ginette – Mas Clair de Lune, - Plateau de la Crau – 13210 Saint-Remy-de-Provence – Tél. : 90.92.15.65 ou 90.92.02.63

Saint-Remy-de-Provence   *C.M. n° 83 — Pli n° 10*

❦❦❦ NN Belle maison en pierre du Pont-du-Gard, proposant 4 ch. d'hôtes. Chaque chambre (2 lits 1 pers.) avec salle d'eau/wc privatifs et attenants, TV, terrasse, salon de jardin, parking clos. Abri clos pour voiture. Allemand, italien, anglais, espagnol, suisse parlés. Gare 17 km. Commerces 500 m. Ouvert de Pâques à octobre. Les chambres donnant sur un jardin d'arômes de 4000 m² avec piscine. Situation calme à 5 mn du village. Idéal pour voyageurs sans enfant.

Prix : 1 pers. **550 F** 2 pers. **600 F**

SP	40	0,5	0,5	SP	9	

BLASER Ingrid et Christian – Mas de la Tour, - Chemin de Bigau – 13210 Saint-Remy-de-Provence – Tél. : 90.92.61.00 – Fax : 90.92.61.00.

Saint-Savournin   🏠   *C.M. n° 84 — Pli n° 13*

❦❦ NN 1 chambre avec TV (1 lit 2 pers.), salle d'eau et wc privés. Mezzanine aménagée en coin-détente, séjour avec cheminée, bibliothèque à la disposition des hôtes. Réfrigérateur personnel, lave-linge, mini-bar. Grand jardin gazonné et terrasse avec salon de jardin, parking, ping-pong, poss. pique-nique, VTT. Gare 8 km. Commerces 600 m. Maison calme avec piscine, située en pleine campagne à 450 m d'altitude avec vue sur la Sainte-Victoire, dans un environnement de chênes et de pins. Petits déjeuners assortis à la nationalité. Ouvert toute l'année sauf du 15/12 au 15/01.

Prix : 1 pers. **220 F** 2 pers. **260 F**

SP	20	2	2	SP	8

LEROY Elyane et Bernard – Villa la Bartavelle, - Chemin de l'Ortolan – 13119 Saint-Savournin – Tél. : 42.32.47.02 – Fax : 42.37.47.02.

Les Saintes-Maries-de-la-Mer   🏠   *C.M. n° 83 — Pli n° 19*

❦❦❦ NN 1 ch. (1 lit 2 pers.), 1 ch. (1 lit 2 pers., 1 lit 1 pers.), 1 ch. (1 lit 2 pers., 2 lits 1 pers.). Salle de bains/wc particuliers pour chaque chambre. Salle de séjour mise à disposition. Jardin ombragé avec terrasse, parking. Gare 35 km. Commerces 4 km. Ouvert toute l'année. Entre marais, chevaux et roseaux au cœur de la Camargue, se cache le petit mazet rustique de Babeth abritant 3 chambres.

Prix : 2 pers. **310 F** 3 pers. **370 F**

4	SP	4

SERRE ANDRE Babeth – Mazet du Marechal Ferrand - Route du Bac – D85 – 13460 Les Saintes-Maries-de-la-Mer – Tél. : 90.97.84.60 – Fax : 90.97.84.60.

Vauvenargues   *C.M. n° 84 — Pli n° 3/4*

❦❦ 1 ch. (1 lit 2 pers.) avec salle d'eau + wc, 1 ch. (1 lit 2 pers.), salle d'eau, 1 ch. (2 lits 1 pers.), salle d'eau. WC à l'étage. Séjour réservé aux hôtes (avec réfrigérateur). Petits déjeuners sur la terrasse, possibilité de pique-nique dans le jardin clos. Gare 13 km. Commerces 1 km. Ouvert du 15 février au 15 octobre. Anglais parlé. Villa dans la colline, au pied de la Sainte Victoire. Silence complet. Primées aux chambres d'hôtes fleuries 1988 et 1990.

Prix : 2 pers. **250 F** pers. sup. **60 F**

13	13	45	10	2	SP

THERY Jacqueline – « La Jacquiere », - Chemin des Mattes – 13126 Vauvenargues – Tél. : 42.66.01.79

Vauvenargues
C.M. n° 84 — Pli n° 3/4

❦❦❦ Magnifiques chambres d'hôtes dans un pavillon indépendant, sur une très belle propriété, au cœur du Massif de la Sainte-Victoire. 3 ch. (1 lit 2 pers.) avec sanitaires privés pour chacune. Terrasse, salon de jardin privés, jardin, tennis sur place, petit étang. Gare 18 km. Ouvert toute l'année.

Prix : 1 pers. **260 F** 2 pers. **300 F**

🏊	⛵	✈	🎿	🚶
3	5	20	SP	SP

BOSC Madeleine – La Dame d'Oc, - Claps – 13126 Vauvenargues – Tél. : 42.66.02.36

Vauvenargues
C.M. n° 84 — Pli n° 3/4

❦❦ NN Maison située au cœur du village. 2 ch. (1 lit 2 pers.), 1 ch. (1 lit 2 pers., 1 lit 1 pers.). Salle d'eau et wc particuliers pour chacune. Salle de séjour et salon privés avec possibilité de faire la cuisine. Jeux de société, bibliothèque, prêt de vélos, entrée indépendante. Parking municipal à 150 m. Gare 15 km. Commerces sur place. Ouvert toute l'année. Anglais parlé.

Prix : 1 pers. **170 F** 2 pers. **210 F** 3 pers. **280 F**

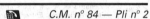

🏊	🏡	🚣	✈	🎿	🚶	🚶	🎣
8	15	45	8	SP	SP	15	

THIANT-GERMAIN Patrick et Myriam – 10 rue Gabriel Baron – 13126 Vauvenargues – Tél. : 42.66.00.65

Ventabren
C.M. n° 84 — Pli n° 2

❦❦❦ NN 2 chambres d'hôtes (1 lit 2 pers.), salle d'eau et wc privés et attenants, réfrigérateur, TV, une des chambres ayant un petit coin-salon (1 lit 1 pers.) et réfrigérateur. Salle de séjour et salon mis à disposition des hôtes. Terrasse ombragée avec salon de jardin. Gare 15 km. Commerces 1 km. Ouvert toute l'année. Anglais et espagnol parlés. Maison de maître datant du XVIIIe siècle, dans un magnifique parc ombragé avec bassin, fontaine, pinède, proposant 2 chambres avec vue panoramique sur le parc et le village perché de Ventabren.

Prix : 2 pers. **350 F** pers. sup. **150 F**

🏊	🍴	🚣	✈	🎿	🚶	🎣	〰
15	3	35	3	3	20	10	10

LESAGE Muriel et Alain – Val Lourdes, Route de Berre – 13122 Ventabren – Tél. : 42.28.75.15 – Fax : 42.28.92.91.

Vernegues
C.M. n° 84 — Pli n° 2

❦❦❦ NN 1 ch. (1 lit 2 pers.), 1 ch. (2 lits gigogne), séjour/coin-cuisine/salle à manger. S.d.b., wc. TV. Lit bébé. Terrasse couverte privée avec salon de jardin, parking. Petit déjeuner avec confitures maison, œufs du poulailler, fruits du verger. Accès au congélateur. Accueil de cavaliers. Commerces 2 km. Ouvert toute l'année. Anglais et néerlandais parlés. Maison à flanc de colline, au milieu de 1,2 ha. avec jardin fleuri et piscine, verger, pinède. Activités sur place : sentiers de randonnée, jeux pour enfants, jeu de boules. Location semaine possible en appartement en rez-de-jardin.

Prix : 2 pers. **385 F** 3 pers. **495 F** pers. sup. **50 F**

🏊	🏡	🚣	✈	🎿	🚶	🎣
SP	15	50	SP	1	SP	6

MOREAUX Catherine et Patrick – Les Cledes, - Route d'Alleins – 13116 Vernegues – Tél. : 90.59.33.72

Verquieres
C.M. n° 84 — Pli n° 1

❦❦❦ NN 3 ch. (1 lit 2 pers.), 2 ch. (2 lits 1 pers) dont 1 donnant sur le jardin. Chaque chambre possède une salle d'eau/wc privés attenants, une prise TV. Salle de séjour et jardin d'hiver à la disposition des hôtes. Jardin avec piscine et grande terrasse ombragée, parking. Gare 20 km. Commerces 4 km. Ouvert toute l'année. Italien parlé. Mas datant en partie du XVIIIe siècle, avec une belle façade recouverte de lierre, situé entre Alpilles et Lubéron, au creux des vergers, et d'un jardin plein de fraîcheur. 350 F à partir de 4 nuits.

Prix : 2 pers. **380 F** pers. sup. **50 F**

🏊	🚣	✈	🎿	🚶	🎣
SP	80	5	2,5	8	14

PINET Rene – Mas de Castellan – 13670 Verquieres – Tél. : 90.95.08.22 – Fax : 90.95.44.23.

Villeneuve-Camargue-Arles
C.M. n° 83 — Pli n° 10

❦❦ NN
(TH) 1 ch. (1 lit 2 pers.), salle d'eau/wc. Coin-cuisine. Terrasse avec salon de jardin. Séjour à la disposition des hôtes. Location de vélos (30 à 60 F) et de TV (50 F/jour). Chauffage en suppl. (50 F). Barbecue. Parking. Portique. Ping-pong. 2 ch. pour 2/3 pers. en cours de réalisation. Gare 20 km. Commerces 4 km. Ouvert toute l'année. 1/2 pens. sur la base de 2 pers. Joliment aménagée en studio, chambre dans un petit gîte indépendant, sur un mas camarguais. Elevage de chevaux. Activités : découverte de la monte gardiane sur la propriété avec chevaux et taureaux de la manade. Participation aux soins des taureaux l'hiver. Anglais et allemand parlés.

Prix : 1 pers. **200 F** 2 pers. **230 F** pers. sup. **50 F**
1/2 pens. **390 F**

🏊	🚣	✈	🎿	🚶	🎣
20	25	SP	20	SP	20

VADON Monique et Pierre – Mas Saint Germain – 13200 Villeneuve-Camargue-Arles – Tél. : 90.97.00.60 – Fax : 90.97.01.85.

Albitreccia Les Molini

♥♥ NN   Alt. : 150 m — 5 chambres au rez-de-chaussée de la maison de la propriétaire, avec sanitaires privatifs à chaque chambre. Accès extérieur, de plain-pied. Salle commune. Salon de jardin. Sur la côte ouest, à 22 km d'Ajaccio. Commerces 2 km. Ouvert toute l'année.

Prix : 2 pers. 260 F 3 pers. 340 F

1,5

DELAHOUSSE Nicky – Les Molini – 20166 Isolella – Tél. : 95.25.44.65

Asco

♥♥ NN   Alt. : 630 m — 5 chambres d'hôtes, salle d'eau, wc dans une maison indépendante. Terrasse. Terrain. Balcon. Parking. Animaux admis sous réserve. Kayak, ski sur place.

Prix : 2 pers. 250 F 3 pers. 325 F

SP

VESPIRINI Ambroise – Ferme Auberge l'Acropole – 20276 Asco – Tél. : 95.47.83.53 ou 95.47.61.89

Calvello-Patrimonio Chateau-Calvello

♥♥   Alt. : 50 m — Suite composée de 2 chambres 2 pers. avec salle d'eau et salon. Parking. Calme assuré.

Prix : 2 pers. 350/380 F

3	0,8	5	5	0,8

FICAJA Pierre-Louis – Chateau Calvello – 20253 Patrimonio – Tél. : 95.37.01.15

Casta

E.C. NN   (TH)   Alt. : 100 m — 3 chambres d'hôtes (1 lit 2 pers. chacune), dans la maison des propriétaires. 1 avec sanitaires privatifs, 2 avec sanitaires communs. Séjour commun aux propriétaires, TV, cheminée. A 8 km de Saint-Florent. Ferme équestre sur place avec possibilité de randonnées dans « le désert des Agriates ». Commerces 8 km. Ouvert toute l'année.

Prix : 1 pers. 120 F 2 pers. 150 F 3 pers. 190 F repas 65 F

6	SP	7

FERRARI Any – 20246 Casta – Tél. : 95.37.17.83

Corte Ferme-Equestre-l'Albadu

♥ NN   (TH)   Alt. : 500 m — 6 chambres d'hôtes situées dans l'un des bâtiments de la ferme équestre avec pour chacune 1 lit 1 pers. et salle d'eau privative. Gare 3 km, commerces 2 km. Ouvert toute l'année. De l'initiation au perfectionnement, la ferme équestre vous propose des randonnées au cœur de l'île.

Prix : 1 pers. 150 F pers. sup. 20 F repas 70 F
1/2 pens. 220 F

1	SP	2	1

PULICANI Jean – Ferme Equestre l'Albadu – 20250 Corte – Tél. : 95.46.13.08 ou 95.46.24.55

Corte San-Gavino

♥   Alt. : 500 m — 5 chambres d'hôtes dans la maison du propriétaire avec entrée indépendante et communication extérieure. 4 chambres avec salle de bains communes, 1 chambre avec sanitaires privatifs (classée 2 epis). Produits de la ferme. Savonnerie artisanale. Gare 2,5 km, commerces 2 km. Ouvert toute l'année. A deux pas de la vallée de la restonica, bien connue par les randonneurs et tous les amoureux de la nature.

Prix : 2 pers. 200 F

0,5	0,5	1,5	0,5

VALENTINI – San Gavino – 20250 Corte – Tél. : 95.61.02.88

Croce

♥ NN   (TH)   Alt. : 50 m — 4 chambres (2 x 2 lits 1 pers. superp.), dans un bâtiment annexe à la maison des propriétaires. Salle d'eau privative à chaque chambre. 2 wc. Salle commune avec cheminée, TV, point-phone. Ferme équestre sur place. Au cœur de la Castagniccia, région dense en châtaigners. Ouvert toute l'année.

Prix : 1 pers. 100 F 2 pers. 200 F 1/2 pens. 180 F

SOLIVA Etienne – 20237 Croce – Tél. : 95.39.22.56 ou 95.39.22.92

Lama

♥ NN   (TH)   Alt. : 500 m — 2 chambres d'hôtes avec salle d'eau commune (louable uniquement à une même famille) aménagées dans la maison du propriétaire. Ouvert toute l'année. Gare 20 km. Commerces sur place. Suite pour 3 pers. (2 chambres) : 350 F. Ferme équestre à proximité appartenant à M. Costa. Lama est un village fleuri, très animé en été.

Prix : 1 pers. 200 F 2 pers. 220 F repas 85 F

20	20	1	0,5	2	5

COSTA Pierre-Jean – 20218 Lama – Tél. : 95.48.22.99

Lopigna

Alt. : 350 m — 4 chambres dans une maison située dans le village. 1 ch. 1 pers. avec salle d'eau commune et 3 ch. 3 pers. avec sanitaires communs aux hôtes. Voiture indispensable.

Prix : 1 pers. **160 F** 2 pers. **180 F** 3 pers. **240 F**

25	25	25	25	25

EMMANUELLI Jean – 20139 Lopigna – Tél. : 95.28.94.49

Luri Li Fundali

NN — Alt. : 550 m — 4 chambres d'hôtes aménagées dans une construction annexe à la maison des propriétaires. Salon avec TV réservé aux hôtes. Salle d'eau et wc dans chaque chambre. Salon de jardin. Ouvert toute l'année. Commerces 2 km. Site pittoresque avec tour génoise. Location de VTT. Ping-pong. Initiation au tir à l'arc par le propriétaire.

Prix : 2 pers. **250 F**

8	8	15	15	SP

GABELLE Alain – Li Fundali – 20228 Luri – Tél. : 95.35.06.15

Luri Santa-Savara

NN — Alt. : 100 m — 4 chambres d'hôtes aménagées à l'étage de la maison des propriétaires avec accès indépendant. Sanitaires, balcon avec salon de jardin pour chaque chambre. Vue sur la mer et les montagnes. Commerces 3 km. Ouvert toute l'année.

Prix : 2 pers. **300 F**

0,5	0,2

MICHELI Raymonde – Santa Severa – 20228 Luri – Tél. : 95.35.01.27

Moltifao

NN — Alt. : 490 m — 2 chambres dans la maison de la propriétaire, louable uniquement pour une même famille. 1 ch. (1 lit 2 pers.), 1 ch. (1 lit 1 pers.). Sanitaires communs aux 2 chambres. Commerces 1 km. Ouvert de juin à septembre.

Prix : 1 pers. **130 F** 2 pers. **170 F**

25	3	3

COLLE Corinne – La Ventulella – 20271 Moltifao – Tél. : 95.47.80.04 ou 95.55.30.27

Moltifao

NN — Alt. : 500 m — 2 chambres d'hôtes aménagées dans la maison de la propriétaire avec salle d'eau commune aux hôtes. Jardin, salon de jardin, atelier de poterie. Ouvert toute l'année. Gare 13 km. Commerces 1 km.

Prix : 1 pers. **130 F** 2 pers. **160 F**

40	40	15	15	1

COLLE Corinne – La Ventulella – 20271 Moltifao – Tél. : 95.47.80.04 ou 95.55.30.27

Monticello Tre-Castelli

E.C. NN — Alt. : 200 m — 5 chambres d'hôtes (1 lit 2 pers. chacune), dans la maison de la propriétaire. 3 avec sanitaires privatifs, 2 avec sanitaires communs. Séjour commun aux hôtes. Au cœur de la Balagne. La propriétaire fabrique du nougat aux différentes saveurs. Commerces 1 km. Ouvert toute l'année.

Prix : 2 pers. **280 F** 3 pers. **340 F**

4	1,5	1,5

BANDINI Christiane – Tre Castelli - Route de Reginu – 20220 Monticello – Tél. : 95.60.24.27

Saint-Pierre-de-Venaco

E.C. NN — Alt. : 800 m — 2 chambres d'hôtes (2 lit 2 pers.) avec sanitaires privatifs. Salle de séjour commune avec les propriétaires. Possibilité de cuisiner. Commerces 1 km. Ouvert toute l'année. Maison traditionnelle en pierre dans un village de l'intérieur de la corse.

Prix : 1 pers. **200 F** 2 pers. **250 F** 3 pers. **300 F**

1	7	3	SP	1	3

HIVER Charles – 20250 Saint-Pierre-de-Venaco – Tél. : 95.47.02.80 ou 95.47.07.29

San-Gavino

NN — Alt. : 250 m — 2 chambres d'hôtes aménagées dans la maison de la propriétaire. Sanitaires privés pour chaque chambre. Salon commun aux propriétaires avec cheminée en service et TV. Ouvert toute l'année. A 17 km de Barifacio (capitale pittoresque de la Corse), cité médiévale isolée du reste de l'île par un vaste et aride plateau calcaire.

(TH)

Prix : 2 pers. **300 F** 3 pers. **350 F** repas **100 F**

7	7	25	2

BARTOLI Alberte – 20170 San-Gavino – Tél. : 95.71.01.29

Sartene Fior-Di-Riba

Alt. : 300 m — 5 chambres avec salle d'eau et wc privés. Salle de séjour commune. Terrain clos, jardin, parking. Ouvert du 1er mai au 30 septembre. Prix pour 2 pers. + 1 enfant : 320 F.

Prix : 2 pers. **260 F**

12	4

ROSSI Jean – Fior Di Riba - Jardin des Orangers – 20100 Sartene – Tél. : 95.77.02.72

Corse

Scata

♦♦♦ NN   Alt. : 300 m — 1 chambre d'hôte au mobilier rustique (1 lit 2 pers.) avec sanitaires privés. Séjour commun avec les propriétaires. Possibilité table d'hôtes : repas traditionnels corses. Commerces 20 km. Ouvert toute l'année. Au cœur de la castagniccia (châtaigneraie), une des rares régions corse toujours verte même en été.

Prix : 1 pers. **265 F** 2 pers. **290 F**

13	22	15	9	0,2

SCATA Marie – Villa Les Prairies – 20264 Scata – Tél. : 95.36.95.90

Speluncato Auberge-du-Barrage

♦♦ NN   Alt. : 400 m — 5 chambres d'hôtes avec sanitaires privatifs pour chacune. 3 chambres avec 1 lit 2 pers., 1 chambre avec 2 lits 1 pers., 1 chambre avec 1 lit 2 pers. et 1 lit 1 pers. ouvert du 1er avril au 30 septembre. Au cœur de la balagne, vous vivrez un véritable retour aux sources.

Prix : 1 pers. **260 F** 2 pers. **290 F** 3 pers. **340 F**

6	6

FRANCISCI Marie-Jecomine – Auberge du Barrage – 20281 Speluncato – Tél. : 95.61.50.31 ou 95.60.20.29

Suaricchio Ferme-Auberge-du-Celavu

♦♦♦   Alt. : 50 m — 5 chambres d'hôtes au-dessus de la ferme-auberge à proximité d'une route. Les chambres sont mansardées et toutes avec sanitaires privés. Ouvert toute l'année.

Prix : 1 pers. **245 F** 2 pers. **270 F** 3 pers. **335 F**

22	22	1

ORSONI Francois – U Celavu - Ferme Auberge du Celavu – 20133 Suaricchio – Tél. : 95.52.80.64

Tasso

♦♦ NN
Ⓐ   Alt. : 800 m — 4 chambres d'hôtes au-dessus de la ferme auberge. 1 ch. (2 lits 1 pers.), 3 ch. (3 lits 2 pers.). Accès indépendant. Sanitaires privatifs à chaque chambre. Salon de jardin. Idéal pour les amateurs de randonnées en montagne, de calme et de tranquilité. Ouvert toute l'année.

Prix : 2 pers. **200 F** repas **120 F**

60

BARTOLI Jacques – 20132 Tasso – Tél. : 95.24.50.54

Vico

♦ NN   Alt. : 500 m — 5 chambres au-dessus de la ferme auberge, accès indépendant. 1 ch. (1 lit 2 pers.), 1 ch. (1 lit 2 pers. 1 lit 1 pers.), 3 ch. (3 lits 1 pers.). Sanitaires privatifs à chaque chambre. Vico est un village au-dessus de Sagone, petite station balnéaire. Idéal pur allier mer et montagne. Commerces 1 km. Ouvert toute l'année.

Prix : 2 pers. **250 F** 3 pers. **350 F**

14	2

ARRIGHI Emilie – Col de Saint-Antoine – 20160 Vico – Tél. : 95.26.61.51

Vizzavona Casa-Alta

♦   Alt. : 1000 m — 5 chambres d'hôtes aménagées dans une maison située dans une forêt de pins. 2 ch. avec 2 lits 1 pers. 3 ch. avec 1 lit 2 pers. 1 salle de bains, salle d'eau, wc. Salon commun. Chauffage électrique. Escalade sur place. Petits déjeuners copieux et variés.

Prix : 1 pers. **250 F** 2 pers. **300 F** 3 pers. **370 F**

SP	10	SP	SP	20

COSTA-JOURDAN Pauline – Casa-Alta - Vizzavona – 20219 Vivario – Tél. : 95.47.21.09

Gard

Aigues-Vives

E.C. NN   Alt. : 50 m — Dans maison bourgeoise, 2 chambres d'hôtes avec salle de bains et wc indépendants, avec 1 lit 2 pers. et 1 lit 1 pers. Jardin clos de murs, piscine. Gare 1 km. Commerces sur place. Ouvert toute l'année. Entre Nîmes et Montpellier, aux portes de la Camargue et des Cévennes, dans un village typique du sud à tradition gardiane (taureaux) proche de la mer, du Grau du Roi, de la Grande Motte et de la rivière Vidourle.

Prix : 1 pers. **200 F** 2 pers. **230 F** 3 pers. **250 F**

SP	SP	5	3	SP	20

MONOD Edwige – 145 rue de la Poste – 30670 Aigues-Vives – Tél. : 66.35.49.48

Aigueze

♨♨♨ NN

5 ch. d'hôtes avec réfrigérateur, s. d'eau et wc individuels, en r.d.c. avec terrasse et jardin fleuri. Salon/séjour. Parking privé clos. 4 ch. 2 pers. 1 ch. 4 pers. avec coin-repas et cuisine. Restaurant 200 m. Crêperie 100 m. Baignade dans l'Ardèche 300 m. Lave-linge à disposition. Petit déjeuner (confiture maison) servi à la terrasse de chaque chambre. Piscine privée à disposition 5 j/7. Inscription et départ de canoë-kayak sur place. GR 4. Grill sur place en été. Ouvert du week-end des Rameaux à mi-octobre. Aigueze : village médiéval, site inscrit, domine l'arrivée des Gorges de l'Ardèche par ses falaises.

Prix : 2 pers. **330 F** pers. sup. **85 F**

SP	1	SP	20	10	110	SP	1	SP

CHENIVESSE Michel – Entree du Village – 30760 Aigueze – Tél. : 66.82.15.75 ou 66.82.11.42 – Fax : 66.82.15.75

Aimargues Mas-des-Cabanes

♨♨♨ NN

5 chambres d'hôtes aménagées au rez-de-chaussée avec salle de bains et wc dans chaque chambre. Coin-cuisine. Terrasse, jardin, aire de jeux, parking privé. Tennis privé. Ouvert toute l'année. Gare 20 km. Commerces 1 km. Anglais parlé. En pleine Camargue, visite d'élevage de taureaux. A proximité de Nîmes, Arles et Montpellier.

Prix : 1 pers. **220 F** 2 pers. **250 F** 3 pers. **300 F**

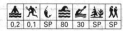

5	SP	5	10	SP	15

BRUNO Adeline – Mas des Cabanes – 30470 Aimargues – Tél. : 66.88.03.43 – Fax : 66.88.03.43

Allegre
C.M. n° 80 — Pli n° 8

♨♨
(TH)

4 chambres d'hôtes dans une maison isolée, en pleine campagne. 2 ch. 2 pers., 1 ch. 3 pers. avec salle d'eau commune. 1 ch. (1 lit 2 pers.) avec salle d'eau et wc privés. Salle de séjour à la disposition des hôtes. Abri couvert, parking. Logement pour chevaux sur place. Spéléologie. Escalades. Location VTT. Stage poterie. Ouvert toute l'année. Gare 4 km. Commerces 2 km. Anglais parlé.

Prix : 1 pers. **175 F** 2 pers. **240/270 F** 3 pers. **300 F**
repas **70 F**

4	1,5	0,5	1	7	80	7

SIMONOT Michel et Francoise – Mas Cassac - Allegre – 30500 Saint-Ambroix – Tél. : 66.24.85.65 – Fax : 66.24.80.55

Alzon

♨♨♨ NN
(TH)

Alt. : 600 m — Dans l'ancienne résidence d'été des Evêques de Nîmes, 5 chambres spacieuses et personnalisées, avec 1 lit 2 pers. dans chacune. Salle de bains indépendant, wc. Séjour commun, terrasse et jardin communs. A l'étage une suite. Gare 80 km. Commerces 500 m. Ouvert de Pâques à mi-novembre. Anglais et allemand parlés. Dans les Cévennes, aux portes de l'Aveyron, le château de Mazel, havre de paix et de verdure.

Prix : 2 pers. **555/850 F** repas **120/250 F**

0,2	0,1	SP	80	30	SP	SP

RECOLIN Gabriel – Route de Villaret - Chateau du Mazel – 30770 Alzon – Tél. : 67.82.06.33 – Fax : 67.82.06.37

Aramon
C.M. n° 81 — Pli n° 11

♨♨♨ NN

4 chambres avec salle de bains ou douche et wc privés. 2 ch. 2 pers. 1 ch. 2 pers. 4 épis NN. 1 ch. 3 pers. Petit déjeuner à l'anglaise, confiture maison. Salle de séjour, salle de jeux avec TV, musique, bibliothèque à disposition. Point-phone. Cuisine d'été aménagée. Barbecue. Terrasse. Ping-pong. Piscine avec vue panoramique. Ouvert toute l'année. Mas situé sur 7 ha vallonnés. Une oasis de calme en plein cœur d'une région touristique et culturelle. Accès : sur le D126 entre la D2 et la N100.

Prix : 1 pers. **330 F** 2 pers. **350/400 F** 3 pers. **490 F**

SP	3	3	6	SP	80	SP

MALEK Andre et Annie – Le Rocher Pointu - Plan de Deve – 30390 Aramon – Tél. : 66.57.41.87 – Fax : 66.57.01.77

Aramon

♨♨

2 chambres d'hôtes à l'étage d'une superbe demeure du XVIIᵉ siècle dominant une belle vallée agricole gardoise, vue extraordinaire. 1 grande chambre (1 lit 2 pers. 1 petit lit), salle de bains et wc. 1 chambre moyenne (1 lit 2 pers.). Salle de bains et wc. Grand salon pour détente. Ouvert de Pâques à septembre.

Prix : 1 pers. **330 F** 2 pers. **330 F** 3 pers. **430 F**

1	3	10	10	70	15	5	5

TAURELLE Emilienne – Mas du Paradis - Route de Domazan – 30390 Aramon – Tél. : 66.57.41.74

Barjac

♨♨♨ NN

Alt. : 160 m — En rez-de-chaussée totalement indépendantes, dans la partie sud d'un mas provencal, 2 chambres d'hôtes (1 lit 2 pers.) avec mezzanine (1 lit 120), salle d'eau et wc indépendants, coin-cuisine. Chaque chambre avec grande terrasse et salon de jardin. Ouvert toute l'année. Gare 60 km. Commerces 2,5 km. Abri voiture jouxtant les chambres. Grand pré et parc attenants. Lieu très calme avec très belle vue panoramique sur la campagne environnante, les Cévennes et la vallée de la Cèze. Nombreuses curiosités et promenades (grottes, avens, randonnées pédestres, gorges de l'Ardèche).

Prix : 1 pers. **260 F** 2 pers. **280 F** 3 pers. **330 F**

8	2,5	8	4	8	100	8	4

DIVOL Jean – Le Mas Neuf – 30430 Barjac – Tél. : 66.24.50.79

Barjac

❄❄❄❄ NN   Alt. : 100 m — Maison de village (XVIIIᵉ siècle) entièrement restaurée, entourée d'un beau jardin ombragé clos de hauts murs. 3 chambres avec sanitaires privés, beau salon voûté avec cheminée à la disposition des hôtes. La piscine et son coin-repos est au fond du jardin. Salons voûtés, pierres apparentes, vastes chambres, mobilier ancien. Gare 70 km. Commerces sur place. Auberge sur place. Plusieurs coins de détente dans le jardin. Ouvert toute l'année (l'hiver sur réservation).

Prix : 1 pers. **275 F** 2 pers. **300 F** 3 pers. **425 F**

🏔	🎿	🛶	🚴	🏊	⛵	
SP	0,5	5	5	SP	100	5

CIARAMELLA Claudy – Le Mas de la Ville - rue Basse – 30430 Barjac – Tél. : 66.24.59.63

Beaucaire Le Petit Saint-Paul
      C.M. nᵒ 240 — Pli nᵒ 4

E.C. NN   Alt. : 50 m — Dans un environnement de maisons isolées, 1 chambre (1 lit 2 pers. 1 lit 1 pers.) avec douche et wc privés, en rez-de-chaussée. Jardin commun, abri voiture. Garderie d'enfants possible. Parc à chevaux. Gare 10 km. Commerces sur place. Ouvert toute l'année. Anglais et espagnol parlés. Au milieu des vignes et des vergers. Au cœur d'une région touristique, Nîmes 20 km, Arles 16 km, Tarascon 10 km, Avignon 30 km. Aux portes de la Camargues. Le Pont du Gard, le Palais des Papes, les Baux de Provence... à visiter aux alentours.

Prix : 1 pers. **220 F** 2 pers. **250 F** 3 pers. **290 F**

🏔	🎿	🛶	🚴	🏊	⛵
20	5	3	7	8	40

GIBERT Annie – Chemin de Valescure - Le Petit Saint-Paul – 30300 Beaucaire – Tél. : 66.74.54.82

Bez-et-Esparon Le Chateau

❄❄❄ NN   Alt. : 400 m — 3 ch. de style avec lits 2 pers., salle de bains et wc indépendants. Entrée indépendante, dans le château du XIXᵉ flanqué de 2 tours disposant d'un cadre exceptionnel : bois de chêne et châtaigniers, roches ruiniformes, vue sur la vallée de l'Arre et vieux villages. Jardin arboré et fleuri où vous pourrez prendre vos petits déjeuners. Grand salon d'intérieur. Possibilité repas sur réservation. Gare 75 km. Commerces 5 km. Ouvert d'avril à fin octobre. Anglais parlé. Au cœur des Cévennes très riches en loisirs : randonnées dans forêts de l'Aigoual, immensité minérale des Causses, Cirques de Navacelle, grottes (Demoiselles), gorges (Tarn, Jonte).

(TH)

Prix : 2 pers. **300 F** pers. sup. **40 F** repas **80 F**

🏔	🎿	🛶	🚴	🏊	⛵	🥾
7	1	1	7	7	70	20	20

MARQUES DU LUC Francoise – Chateau Massal – 30120 Bez-et-Esparon – Tél. : 67.81.07.60 ou 67.92.35.26

La Bruguiere

❄   Alt. : 300 m — 2 chambres aménagées au rez-de-chaussée dans les dépendances de la ferme. (1 lit 2 pers. chacune). Salle d'eau et wc réservés aux hôtes. Cour, salle commune. Restaurant 3 km. Ouvert toute l'année. Gare 30 km.

Prix : 2 pers. **180 F**

🏔	🎿	🛶	🚴	🏊	⛵	🥾	🎣
12	12	15	12	12	80	15	SP	SP

MOUYON Fernand et Eliette – La Bruguiere – 30580 Lussan – Tél. : 66.72.80.17

Calvisson

❄❄❄ NN   Alt. : 80 m — 2 chambres d'hôtes aménagées à l'étage avec salle de bains et wc particuliers. Salle de séjour/coin-cuisine, salon avec cheminée, terrasses. Chambres donnant sur un patio intérieur. Garage voiture 30 F. Ouvert toute l'année. Anglais, italien et espagnol parlés. Environnement de village, totalement indépendant. Hôtel particulier du XVIᵉ siècle entièrement restauré. Visites guidées d'Arles, Nîmes, Montpellier, Avignon. Expositions de peinture sur place. Gare 8 km. Commerces sur place.

(TH)

Prix : 1 pers. **230 F** 2 pers. **280 F** 3 pers. **330 F** repas **75 F**

🏔	🎿	🛶	🚴	🏊	⛵	🥾
8	SP	8	5	SP	20	18	25

BURCKEL DE TELL Regis et Corinne – Pays de Nimes - Grande rue 48 – 30420 Calvisson – Tél. : 66.01.23.91 – Fax : 66.01.42.19

Campestre

❄❄❄ NN   Alt. : 700 m — Sur une propriété de 620 ha, 6 chambres d'hôtes spacieuses et personnalisées, avec 2 lits 1 pers. dans chacune. Salle de bains et wc indépendants. Séjour et jardin communs. Gare 80 km. Commerces 10 km. Ouvert toute l'année sauf Noël. Anglais et espagnol parlés. Auberge à proximité. Entre la cité templière de la Couvertoirade et le Cirque de Navacelles, à 15 mn de l'A75, le Domaine de Luc est un havre de paix admirablement situé pour rayonner du Causse à la mer. Possibilité forfait week-end groupes et séminaires.

(TH)

Prix : 1 pers. **240 F** 2 pers. **290 F** repas **78/190 F**

🎿	🛶	🚴	🏊	⛵	🥾
10	15	SP	130	40	SP

DOMAINE DU LUC – Hameau du Luc – 30770 Campestre-et-Luc – Tél. : 67.82.01.01 – Fax : 67.82.00.92

La Capelle-Masmolene

❄❄ NN   Alt. : 200 m — 1 chambre indépendant avec douche et wc. Terrasse indépendant. Jardin commun. Ouvert toute l'année. Anglais et flamand parlés. Gare 33 km. Commerces 10 km. A 1 km du village, environnement de mas en pleine campagne, ombragé et calme. Uzès 13 km. Pont du Gard 15 km. Vols en montgolfière sur place.

(TH)

Prix : 1 pers. **200 F** 2 pers. **250 F** repas **80 F**

🏔	🎿	🛶	🚴	🏊	⛵	🥾
12	SP	1	7	13	45	12	SP

DONNET Joan et Diane – Route de la Capelle – 30700 La Capelle-Masmolene – Tél. : 66.37.11.33 ou 66.37.15.21

Caveirac

※ ※ 3 chambres d'hôtes au rez-de-chaussée, s'ouvrant sur une terrasse fleurie. Totalement indépendantes. 2 chambres avec 1 lit 2 pers. chacune et 1 chambre 1 lit jumeaux, salle d'eau et wc pour chaque chambre. 2 chambres sont équipées d'un réfrigérateur. Grand jardin. Très calme. Piscine privée. Restaurant 500 m. Ouvert toute l'année.

Prix : 1 pers. **200 F** 2 pers. **250 F** 3 pers. **320 F**

🏊	🎿	🍴	🏇	🚣	⛵	🌲		
40	1	20	15	SP	40	20		

MARTIN Clement – La Station – 30820 Caveirac – Tél. : 66.81.35.16

Cendras Le Puech

※ ※ NN Alt. : 150 m — 2 chambres d'hôtes (1 lit 2 pers.) avec douches, lavabos et wc indépendants. TV. Jardin indépendant, terrasse. Ouvert toute l'année. Gare 6 km. Commerces 500 m. Villa très calme avec vue panoramique, très ensoleillée. En Cévennes, nombreuses activités à proximité (équitation, piscine, etc...). Nombreuses curiosités à visiter : bambouseraie, musée du désert, musée de la soie, etc...

Prix : 2 pers. **250 F** 3 pers. **300 F**

🏊	🎿	🍴	🏇	🚣	⛵	🌲		
0,5	0,2	0,5	9	0,2	80	30	20	

BORD Rene – Le Puech – 30480 Cendras – Tél. : 66.30.20.28

Chamborigaud Le Mas du Seigneur

※ ※ ※ NN
(TH)
Alt. : 510 m — Dans un mas cévenol du XVIe, 3 chambres rénovées et décorées avec soin à accès indépendant : 1 lit 2 pers., salle d'eau et wc dans chacune. Poss. lit suppl. Salle télévision, bibliothèque, vidéothèque. Piscine, boulodrome, parking privé. Gare 4 km. Commerces 3 km. Ouvert du 1er mai au 31 octobre. Anglais, espagnol, italien parlés. Situé au milieu de 15 ha de pins, de châtaigniers centenaires. Nous serons heureux de vous faire profiter de la nature environnante, du calme, de la beauté du site et de nombreuses activités (marche, cueillette, baignade).

Prix : 1 pers. **200 F** 2 pers. **280 F** 3 pers. **350 F**
pers. sup. **70 F** repas **70 F** 1/2 pens. **170 F**

🏊	🎿	🍴	🏇	🚣	⛵	🌲		
2	3	1	10	SP	90	15	SP	

BERTRAND Louis et Daniele – Altayrac - Le Mas du Seigneur – 30530 Chamborigaud – Tél. : 66.61.41.52

Collorgues

※ ※ ※
(TH)
2 chambres d'hôtes indépendants, aménagées dans un vieux mas indépendant, en limite de village. 2 ch. (1 lit 2 pers.) avec cabinet de toilette (lavabo, wc, douche) pour chacune. Chambres en rez-de-chaussée. Jardin méditérranéen. Terrasses indépendantes. Piscine privée. Ouvert du 15 juin au 15 septembre.

Prix : 2 pers. **320 F** repas **100 F**

🏊	🎿	🍴	🏇	🚣	⛵	🌲	👥	
SP	11	5	11	SP	60	15	SP	

VIEILLOT Claude et Claudine – Mas du Platane - Collorgues – 30190 Saint-Chaptes – Tél. : 66.81.29.04

Colognac

※ ※ ※
(TH)
Alt. : 600 m — 2 chambres d'hôtes au 2e étage. Vue sur la campagne. Salle d'eau dans chaque chambre. WC réservés aux 2 chambres. Salle de séjour avec cheminée. Jardin. Terrasse. Ouvert toute l'année. Anglais, espagnol parlés.

Prix : 1 pers. **170 F** 2 pers. **235 F** 3 pers. **300 F**
pers. sup. **45 F** repas **78 F** 1/2 pens. **248/390 F**

🏊	🎿	🍴	🏇	🚣	⛵	🌲	🥾	👥
6	0,1	0,1	6	6	60	15	0,1	0,1

CHARTREUX Anne – Colognac - Place de la Mairie – 30460 Lasalle – Tél. : 66.85.28.84 – Fax : 66.85.28.84

Congenies L'Amourie

※ ※ NN 1 chambre (2 lits 1 pers.) et 1 chambre (1 lit 2 pers.) avec salle d'eau et wc particuliers dans chacune. Mezzanine avec 2 lits enfant. Séjour commun, grande cour commune avec cuisine d'été. Gare 12 km. Commerces 300 m. Ouvert toute l'année sauf décembre et mai. Allemand parlé. Animation musicale à l'Amourié (orgue à tuyaux, musique ancienne) entre mer et montagne, petit village du midi calme et reposant.

Prix : 1 pers. **180 F** 2 pers. **200 F** pers. sup. **80 F**

🏊	🎿	🍴	🏇	🚣	⛵			
10	2	10	5	8	35			

ARMAND-DELORD Danielle – Avenue de la Malle Poste - L'Amourie – 30111 Congenies – Tél. : 66.80.76.35

Conqueyrac Ceyrac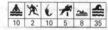

※ ※ NN Alt. : 125 m — En pays cévenol, grand mas du XVIIIe, 6 chambres studios avec lits 2 pers. et 1 lit 1 pers., salle d'eau et wc indépendants pour chaque chambre. Salle commune. Terrasse. Calme assuré, cadre très agréable. A proximité : nombreuses curiosités à visiter. Gare 45 km. Commerces 3 km. Ouvert toute l'année. Anglais et italien parlés.

Prix : 1 pers. **190 F** 2 pers. **240 F** 3 pers. **320 F**

🏊	🎿	🍴	🏇	🚣	⛵	🌲		
12	8	8	3	8	40	12	30	

SUMAR – Ceyrac - Domaine de Ceyrac – 30170 Conqueyrac – Tél. : 66.77.68.85 – Fax : 66.77.91.29

Courry Croix-Parens

※ ※ ※ NN
(TH)
Alt. : 280 m — Dans un vieux mas restauré, 4 chambres avec téléphone (11 pers.) situées à l'étage. Salle de bains et wc privés pour chaque chambre. Entrée indépendante. Chauffage électrique. 2 salles à manger, salon, terrasse, jardin, piscine, parking privé. Table d'hôtes le soir. Restaurant 2 km. Ouvert toute l'année. Gare 7 km. Commerces sur place. Anglais parlé. A 20 km de Barjac. Au pied des Cévennes, à la limite Gard/Ardèche. En bordure de village, calme assuré, confort, accueil chaleureux. Activités : VTT, balades. Sites touristiques : Parc National des Cévennes, bambouseraie, Gorges de l'Ardèche, vallée de la Cèze.

Prix : 1 pers. **290 F** 2 pers. **330/430 F** 3 pers. **420/470 F**
repas **85 F**

🏊	🎿	🍴	🏇	🚣	⛵	🌲	🥾	👥
7	SP	7	6	SP	110	0,7	5	35

BEGYN-PLACE Daniele – La Picholine - Courry – 30500 Saint-Ambroix – Tél. : 66.24.13.30

Durfort

✵✵✵ NN — Alt. : 150 m — Environnement de mas, dans la maison du propriétaire entourée de bois et prairies. 1 chambre (1 lit 2 pers. 1 lit 1 pers.), avec douche et wc indépendants. Pièce de jour commune avec cheminée. Tous loisirs à proximité. Alès 25 km. Anduze 10 km. Gare 25 km. Commerces 1 km. Ouvert toute l'année. Anglais parlé.

Prix : 2 pers. 230 F 3 pers. 290 F

6	10	6	6	10	50	10	SP

VIGNON Michel et Martine – Mas de Gouze – 30170 Durfort – Tél. : 66.77.03.44

Issirac

✵✵✵ — 3 chambres d'hôtes dans une maison de caractère au pied du village, qui a gardé son charme d'antan. Toutes les chambres ont une douche et wc, balcon attenant avec très belle vue où peut être servi le petit-déjeuner très personnalisé.

Prix : 1 pers. 250 F 2 pers. 270 F 3 pers. 320/330 F

6	6	6	10	2	90	12	0,5	0,5

FLANDIN Aime – Rue de la Fontaine – 30760 Issirac – Tél. : 66.82.17.06

Lasalle Domaine-de-Bagard

✵✵✵ NN (TH) — Alt. : 350 m — 5 chambres d'hôtes (1 lit 2 pers. ou 1 lit 1 pers.) selon la chambre, douche et wc indépendants. Terrasse et jardins communs. Piscine sur place. Ouvert toute l'année. Anglais parlé. Gare 30 km. Commerces 3 km. Chambres situées dans les Cévennes.

Prix : 1 pers. 240 F 2 pers. 270/330 F 3 pers. 340/350 F
repas 70/100 F

3	3	5	5	SP	70	15

MAC DONALD John – Domaine de Bagard – 30460 Lasalle – Tél. : 66.85.25.51

Laudun

✵✵ NN — Alt. : 60 m — 3 grandes chambres indépendantes avec salle de bains et wc particuliers, aménagées dans un château (XIIe et XVIIe siècles), classé monument historique, entouré de douves en eau vive. Salle d'accueil, petit déjeuner copieux, repas possible sur réservation, parking. Tranquillité assurée. Gare 25 km. Commerces 1,5 km. Anglais et italien parlés. Piscine dans le parc : 30 F. Alentours du château : Laudun, camp de César (site archéologique) et vignoble classé. Bagnols sur Cèze : musée de peinture. Uzès 17 km. Aéroports d'Avignon 25 km et Nîmes 40 km. Gare T.G.V. Avignon 25 km.

Prix : 1 pers. 300 F 2 pers. 400 F 3 pers. 450 F

15	0,3	15	0,5	0,3	80	15	60

BASTOUIL Jean-Louis – Chateau de Lascours – 30290 Laudun – Tél. : 66.50.39.61 – Fax : 66.50.30.08

Laval-Saint-Roman Trescouvieux

✵✵✵ (A) — Alt. : 130 m — 2 chambres d'hôtes (1 lit 2 pers.) aménagées à l'étage avec douche et wc indépendants, situées sur une exploitation agricole. Pays spiripontain, Cèze-Ardèche. Auberge de campagne. Gare 25 km. Commerces 3 km.

Prix : 1 pers. 235 F 2 pers. 270 F 3 pers. 330 F
repas 70/95 F

3	3	3	5	9	100	3	1

GAEC Charmasson – Trescouvieux – 30760 Laval-Saint-Roman – Tél. : 66.82.17.46

Liouc Clos-du-Martinou

C.M. n° 83 — Pli n° 7

✵✵✵ NN (TH) — Alt. : 150 m — 5 chambres avec salle d'eau et wc indépendants, dont 2 à l'étage (lits 2 pers. et 3 lits enfants superposés), balcon. 1 ch. à l'étage (lit 2 pers.), terrasse. 2 ch. au rez-de-chaussée (lits 2 pers.). 1 ch. accessible aux pers. handicapées. Salle à manger et cuisine commune. Gare 40 km. Commerces 1 km. Ouvert toute l'année. Anglais et espagnol parlés. Village de 80 habitants, situé au cœur du vignoble du Salvanès. Eglise du XIe siècle, bois de chêne centenaires, escalade 10 km (Claret : class Europ), bord de rivière le Vidourle, piscine municipale, tennis, randonnées GR, PR. A 40 mn de la mer et des Cévennes.

Prix : 1 pers. 200 F 2 pers. 250 F 3 pers. 300 F
pers. sup. 50 F repas 90 F

0,5	1	0,5	2	1	40	60	10	1

RATIER Jack – Clos de Martinou – 30260 Liouc – Tél. : 66.77.41.42 – Fax : 66.77.41.42

Lussan Mas-de-Rossiere

E.C. NN — Alt. : 300 m — 2 chambres avec lits 2 pers., salle d'eau et wc indépendants. Pièce commune avec cheminée. Ferme équestre et en exploitation, possibilité location de chevaux, nombreuses promenades pédestres. Piscine privée, spéléo 3 km, escalade 5 km, pistes VTT. Possibilité de loger son cheval à l'écurie : 50 F avec nourriture. Gare 26 km. Commerces 4 km. Ouvert toute l'année sur réservation.

Prix : 1 pers. 180 F 2 pers. 200 F

12	4	12	SP	SP	70	12	SP

CAILAR Maurice et Nicole – Mas-de-Rossiere – 30580 Lussan – Tél. : 66.72.96.57

Lussan La Leque

✵✵✵ NN (TH) — Alt. : 250 m — 4 chambres d'hôtes confortables avec salle de bains et wc indépendants, aménagées avec goût dans un beau mas, faisant partie d'un petit hameau plein d'un petit hameau très pittoresque. Chauffage. Grand séjour commun avec cheminée, billard. Ouvert de mars à octobre. Gare 50 km. Commerces 4 km. Allemand et anglais parlés. Rivière la Cèze, randonnées pédestres et cheval. Table d'hôtes sur réservation (cuisine provençale).

Prix : 2 pers. 270/300 F repas 90 F

8	SP	8	SP	SP	150	8

DOLLFUS Virginie et ROUMANILLE Jacques – La Leque - Mas des Garrigues – 30580 Lussan – Tél. : 66.72.91.18

Montaren-Saint-Mediers

♨♨♨
Ⓐ
4 chambres d'hôtes aménagées dans un mas de caractère en pleine campagne, au 1er étage. Salle d'eau et wc individuels dans chaque chambre. Possibilité pension ou 1/2 pension. Chauffage. Calme assuré. Environnement de garrigues. Ouvert toute l'année.

Prix : 1 pers. **260 F** 2 pers. **280 F** 3 pers. **330 F** repas **80 F**

⛵	⛷	🎣	🏇	🏊	🚣
8	5	10	5	5	80	10

STENGEL-DELBOS Therese – Cruviers-Larnac – 30700 Montaren-Saint-Mediers – Tél. : 66.22.10.89 – Fax : 66.22.06.76

Montclus

♨
Ⓐ
Alt. : 80 m — 3 chambres d'hôtes comprenant 1 lit 2 pers. 1 lit 1 pers. lavabo. Douche, wc communs aux 3 chambres. Terrasse. Taxe de séjour : 2 F/pers. Ouvert d'avril à octobre. Gare 50 km. Commerces 10 km.

Prix : 1 pers. **170 F** 2 pers. **180 F** 3 pers. **220 F** repas **75 F**

⛵	⛷	🎣	🏇	🏊	🚣
0,1	1	0,1	10	10	80

BRUGUIER Lucien – Le Moulin – 30630 Montclus – Tél. : 66.82.23.62

Montdardier *C.M. n° 83 — Pli n° 6*

♨♨ NN
TH
Alt. : 630 m — 1 chambre avec lit 1 pers., salle d'eau et wc. 2 chambres avec lit 2 pers., salle d'eau et wc. 1 chambre 4 pers., douche-cabine, lavabo, wc. Maison de plain-pied, salle de documentation sur la région, avec TV. Maison isolée sur une exploitation de 75 hectares. Gare 60 km. Commerces 2 km. Ouvert toute l'année. Chèques vacances. Sur le Causse de Blandas, chambres et tables d'hôtes à 2 km de Montdardier, 9 km du cirque de Navacelles, 12 km du Vigan. Terrasse privative pour chaque chambre. Elevage de lamas. Randonnées avec animaux bâtés. GR sur l'exploitation.

Prix : 1 pers. **170 F** 2 pers. **220 F** 3 pers. **260 F** pers. sup. **60 F** repas **70 F** 1/2 pens. **170 F** pens. **230 F**

🐕	⛵	⛷	🎣	🏇	🏊	🚣	🌲	👥
	9	2	9	7	11	65	14	2	SP

CAUSSE et LAMAS – Route de Navas – 30120 Montdardier – Tél. : 67.81.52.77

Moussac

♨♨ NN
Alt. : 110 m — Chambre en totalité au rez-de-chaussée avec 1 lit 2 pers., salle d'eau et wc indépendants. Coin-cuisine dans la chambre. Séjour commun. Piscine privée. Pays Alèz-Nîmes-Uzès : à proximité du village de Moussac, exploitation agricole. Calme assuré. Nombreuses curiosités aux alentours. Gare 3 km. Commerces 500 m. Ouvert toute l'année. Anglais et espagnol parlés.

Prix : 1 pers. **250 F** 2 pers. **280 F**

🐕	⛵	⛷	🎣	🏊	🚣
	20	0,5	1	SP	60	20

ISSAURAT Jean-Louis – Route de Castelnau – 30190 Moussac – Tél. : 66.81.68.14

Nimes

♨♨ NN
Alt. : 100 m — Maison indépendante, entourée de pins et d'oliviers comprenant 1 chambre d'hôtes au rez-de-chaussée (1 lit 2 pers.), douche et wc indépendants. Jardin commun. Chambre située en garrigues à 5 km des arènes de Nîmes. Gare 5 km. Commerces 1 km. Allemand parlé.

Prix : 1 pers. **210 F** 2 pers. **250 F**

🐕	⛵	⛷	🎣	🏇	🏊	🚣	🌲
	15	2	10	5	2	45	15	80

PIT Anne-Marie – 7, Impasse du Blasinier – 30000 Nimes – Tél. : 66.27.18.19

Nimes Golf-de-Vacqueyrolles 📶

♨♨♨ NN
Alt. : 50 m — Chambre de 25 m² avec lit 2 pers., salle de bains et wc indépendants. Meubles de style Louis Philippe, salle commune. Terrasse commune. Gare 3 km. Commerces 2 km. Ouvert toute l'année sauf en février. Allemand et anglais parlés. Chambre mansardée, ombragée et calme, à proximité de Nîmes. Piscine, golf et tennis à 5 minutes. Nombreux monuments à visiter (maison carrée, Arènes, etc...). Entre Cévennes et mer.

Prix : 1 pers. **230 F** 2 pers. **250 F** pers. sup. **50 F**

🐕	⛵	⛷	🎣	🏇	🏊	🚣	🌲
	8	3	8	3	35	15	20

LEFEVRE Josiane – Chemin Aven de la Belle Rose - 94 Montee des Myrtes – 30900 Nimes – Tél. : 66.23.09.39 ou 66.64.54.72 – Fax : 66.64.54.78

Nimes Le Garric 📶 *C.M. n° 83 — Pli n° 9*

♨♨♨ NN
TH
Alt. : 170 m — 5 chambres équipées de salle de bains et wc indépendants. Terrasse ou balcon de 20 m² environ. TV couleur, téléphone. Parc ombragé, terrain de boules, ping-pong, billard. Pièce commune en bordure de piscine équipée d'une cuisine où seront pris les petits déjeuners et les repas du soir. Gare 5 km. Commerces 2 km. Ouvert du 1er mars au 20 décembre. Une belle maison récente clos de murs en pierres sèches en plein cœur des garrigues nîmoises classées site protégé. Une oasis de verdure peuplée d'écureuils, d'oiseaux et de plantes aromatiques où règnent le calme et la quiétude. Magnifiques paysages sur le plateau de Garrons.

Prix : 1 pers. **420 F** 2 pers. **450 F** 3 pers. **600 F** pers. sup. **100 F** repas **140 F** 1/2 pens. **325 F**

🐕	⛵	⛷	🎣	🏇	🏊	🚣	🌲	👥
	15	3	15	5	SP	45	15	SP	SP

MARTIN Michel et Eliane – 631 Chemin d'Engance – 30000 Nimes – Tél. : 66.26.84.77 – Fax : 66.26.84.77

Notre-Dame-de-la-Rouviere

♨♨
1 chambre d'hôtes aménagée dans la ferme donnant sous un abri couvert. 1 grand lit 2 pers. + 1 lit 1 pers. Cabinet de toilette et wc réservés aux hôtes. Possibilité de cuisiner. Jardin. Ouvert toute l'année.

Prix : 1 pers. **140 F** 2 pers. **150 F** 3 pers. **160 F**

⛵	⛷	🎣	🏇	🏊	🚣	🌲	👥
1	6	1	25	6	70	30	SP	1

CAMPREDON Marcel – Mas Coiric - Notre Dame de la Rouviere – 30570 Valleraugue – Tél. : 67.82.44.21

Orthoux-Serignac-Quilhan Quilhan

E.C. NN Dans une grande villa de style italien du début du siècle, à l'étage 3 chambres (2 lits 1 pers. 1 lit enfant) avec salle d'eau et wc individuel. Au 2ᵉ étage, 1 suite, séjour, chambre à 2 lits 2 pers., salle d'eau et wc. Coin-cuisine et terrasse. Gare et commerces 6 km. Ouvert d'avril à décembre. Anglais et espagnol parlés. Sur un jardin de 1 ha, dans un lieu très attractif et très préservé : forêts de chênes verts, de pins et vignobles. Le Vidourle entoure la propriété. Proximité mer et Cévennes.

Prix : 1 pers. **200 F** 2 pers. **250 F** 3 pers. **300 F**

SP	6	SP	2	6	40	SP

HOUIX-TROUPEL Domine – Quilhan – 30260 Orthoux-Serignac-Quilhan – Tél. : 66.77.81.95 ou 66.84.20.32

Pont-Saint-Esprit   *C.M. nᵒ 80 — Pli nᵒ 10*

Alt. : 50 m — 3 chambres d'hôtes aménagées à l'étage d'une vieille bastide époque Empire, au bord de l'Ardèche (plage privée), dans un parc d'un hectare et demi. Salle d'eau individuelle. Ouvert toute l'année. Anglais et espagnol parlés.

Prix : 1 pers. **210 F** 2 pers. **240 F** 3 pers. **270 F**

SP	3	SP	3	SP	100	6	6	3

DEVERDUZAN Ghislaine – Pont d'Ardeche – 30130 Pont-Saint-Esprit – Tél. : 66.39.29.80 – Fax : 66.39.29.80

Pont-Saint-Esprit Domaine-de-Lamartine   *C.M. nᵒ 80 — Pli nᵒ 10*

NN Alt. : 45 m — 4 chambres d'hôtes aménagées au 2ᵉ étage disposant chacune d'une salle de bains et d'un wc privés. 1 lit 2 pers. ou 2 lits 1 pers. pour chacune. Petits déjeuners servis sous les ombrages. Ouvert du 15 mars au 15 octobre. Gare 10 km. Commerces 3 km. Maison de caractère, meublée en ancien. Demeure ancestrale, à proximité des Gorges de l'Ardèche, au milieu d'une région très riche en archéologie, histoire de l'architecture, culture et tourisme (Orange, Avignon, Nîmes, Vaison-la-Romaine).

Prix : 1 pers. **180 F** 2 pers. **210 F** 3 pers. **250 F**

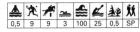						
0,5	SP	0,5	3	3	100	3	3

DE VERDUZAN Sabine – Domaine de Lamartine – 30130 Pont-Saint-Esprit – Tél. : 66.39.09.08

Ponteils-Concoules

(TH) Alt. : 560 m — 4 chambres d'hôtes aménagées dans une ferme située dans un hameau. 4 chambres 2 pers. avec chacune une salle d'eau particulière. Salle de séjour avec bibliothèque à la disposition des hôtes. Possibilité cuisine. Parking. Animaux admis sous réserve. 1/2 pension sur la base de 2 pers. D906 Alès-le-Puy-en-Velay et D451 reliant D906 à D51. Ouvert toute l'année. Gare 2 km. Commerces 3 km. Enfant : 30 F.

Prix : 1 pers. **110 F** 2 pers. **150 F** pers. sup. **65 F**
1/2 pens. **300 F**

0,5	9	9	3	100	25	0,5	SP

NEPLE Henry et Denise – Ponteils - Le Chambonnet – 30450 Genolhac – Tél. : 66.61.10.56

Ponteils-et-Bresis

NN Alt. : 560 m — 2 chambres dans maison indépendant à l'entrée du village, située en pleine campagne. (TH) Salle de séjour commune avec cheminée, possibilité cuisine. 1 ch. (1 lit 2 pers. 1 lit 1 pers.), salle d'eau et wc indépendants. 1 ch. (3 lits 1 pers.), 1 mezzanine (2 lits 1 pers.), salle d'eau et wc indépendants, possibilité lit enfant. Gare 6 km. Commerces 10 km. Ouvert toute l'année. A 100 m du cœur d'un petit village cévenol, face au Mont Lozère et au Parc National des Cévennes, Marie-Luce et Jean-Marie vous accueillent pour quelques jours de repos. Ils vous font connaître la vie rurale, leurs produits et spécialités fermières. Anglais parlé.

Prix : 1 pers. **250 F** 2 pers. **250 F** 3 pers. **350 F** repas **70 F**

0,2	8	0,2	SP	5	100	SP

COUSTES Jean-Marie – 30450 Ponteils-et-Bresis – Tél. : 66.61.21.62

Ponteils-et-Bresis Le Chambonnet

NN Alt. : 550 m — Au château. 1 chambre d'hôtes (2 lits 1 pers.) avec salle d'eau et wc, aménagée au 1ᵉʳ étage d'un manoir du XVIIIᵉ siècle (boiseries datées, cheminée en noyer), entouré de vergers et de forêts. Possibilité lit enfant. Petit déjeuner servi dans la chambre ou le jardin. Ouvert toute l'année. Anglais et espagnol parlés. En zone périphérique du Parc de Cévennes. Nombreuses randonnées possibles. Gare 2 km. Commerces 10 km.

Prix : 1 pers. **350 F** 2 pers. **400 F** pers. sup. **150 F**

0,3	10	0,3	2	2	100	10	0,3

DELAFONT Jean-Paul et Heini – Le Chambonnet - Chateau du Chambonnet – 30450 Ponteils-et-Bresis – Tél. : 66.61.17.98 – Fax : 66.61.24.46

Potelieres Potelieres

NN Alt. : 200 m — 1 chambre avec 2 lits 1 pers., salle de bains et wc, 1 autre avec 1 lit 2 pers. salle de bains et wc, 1 chambre double avec salle de bains, 1 lit 2 pers. 1 lit 1 pers. Gare et commerces 5 km. Ouvert toute l'année sur réservation. Entre Méditerrannée et Cévennes, le charme d'un petit château dans un parc de 12 ha avec piscine, étang et rivière. Loin du bruit, dans une région très riche en randonnées et patrimoines.

Prix : 2 pers. **400 F** 3 pers. **500 F**

0,8	5	2	SP	60	5	0,1

DE TCHEREPAKHINE J-Marie et Frederique – Le Chateau de Potelieres – 30500 Potelieres – Tél. : 66.24.80.92 – Fax : 66.24.82.43

Pujaut

❀❀ 3 chambres d'hôtes aménagées dans une vieille ferme des Chartreux XVII° siècle. 1 chambre pour 2 pers. avec douche, lavabo, wc. 1 chambre pour 2 pers. avec douche, lavabo. 1 chambre pour 4 pers. avec douche, lavabo, wc communs aux 2 chambres.

Prix : 2 pers. 300 F 3 pers. 350 F

2	4	4	4	80

ROUCHETTE Jacques – 30131 Pujaut – Tél. : 90.26.41.03 ou 90.26.41.15

Pujaut

C.M. n° 81 — Pli n° 1

❀❀ NN (TH) Alt. : 50 m — Chambre et salon adjacent dans pièces voûtées avec salle d'eau, wc et douche (lits jumeaux). Salon avec lit gigogne. Réfrigérateur. Possibilité café ou thé à toute heure. Entrée indépendante. 10 % de réduction pour séjour d'une semaine ou plus. Ouvert toute l'année. Commerces sur place. Anglais parlé. A 8 km d'Avignon, maison de village du XVII°, très calme avec jardin provençal en terrasse.

Prix : 1 pers. 200 F 2 pers. 250 F 3 pers. 300 F repas 65 F

2	4	4	4	80

THOMPSON Helen – Place des Consuls – 30131 Pujaut – Tél. : 90.26.31.68

Remoulins

❀❀ NN (TH) Alt. : 150 m — 5 chambres d'hôtes avec salle d'eau et wc particuliers, 1 lit 2 pers.. Salon et jardin communs. Gare et commerces sur place. Ouvert toute l'année. Remoulins est situé entre Nîmes et Avignon. Nombreuses curiosités à visiter à proximité (Pont du Gard, Cité des Papes, Baux de Provence...)

Prix : 1 pers. 170 F 2 pers. 280 F 3 pers. 380 F repas 75 F

1	SP	1	15	60	3	2

BARRE Georges – 18 Chemin du Grand Champ - Le Grand Champ – 30210 Remoulins – Tél. : 66.37.07.84 ou 66.37.21.01

Revens

❀❀❀ NN Alt. : 400 m — 5 chambres d'hôtes, toutes avec bains et wc (1 avec kitchenette), aménagées dans un prieuré roman restauré des X°, XI° et XV° siècles. Les chambres sont meublées en ancien et rustique, 2 disposent de lits à baldaquin. Repas possible le soir en hors-saison. Ouvert toute l'année. Vous apprécierez la beauté sauvage de la Vallée de la Dourbies. Entre Saint-Véran et Cantobre. Gare 30 km. Commerces 7 km.

Prix : 1 pers. 275 F 2 pers. 275/300 F 3 pers. 350/375 F

SP	6	1,5	14	100

MACQ Madeleine – Hermitage Saint-Pierre - Saint-Pierre de Revens – 12230 Nant – Tél. : 65.62.27.99

Rochefort-du-Gard

❀❀ 1 chambre d'hôtes au rez-de-chaussée d'une maison de caractère à l'abri d'un bosquet de chênes verts. Chambre complètement indépendante avec terrasse ombragée. Salle d'eau et wc réservés uniquement aux hôtes. 1 lit 2 pers. Grand jardin. Gare 7 km. Commerces 2 km. Ouvert toute l'année. Anglais parlé.

Prix : 1 pers. 200 F 2 pers. 220 F

14	5	14	0,5	7	60	20	0,5

CARRET Alain et Chantal – Les Joncs – 30650 Rochefort – Tél. : 90.31.75.11

Rochegude

❀❀❀ NN Alt. : 110 m — 1 chambre (1 lit 2 pers. 1 lit 1 pers. possibilité lit enfant), salle de bains, wc indépendants. Balcon, terrasse commune. Parking. Repas possible le soir. Cuisine commune. Piscine privée. Gare 22 km. Commerces 1,5 km. Ouvert du 1er mai au 31 octobre. Anglais parlé. Environnement village médiéval restauré, ruelles piétonnes. Organisation activités sportives, culturelles, artisanales. Pêche en rivière.

Prix : 1 pers. 250 F 2 pers. 300 F 3 pers. 360 F
pers. sup. 75 F

SP	8	0,5	SP	SP	80	1

CACES Michele – Rochegude – 30340 Barjac – Tél. : 66.24.48.91

Rogues

C.M. n° 80 — Pli n° 16

❀❀ NN (TH) Alt. : 560 m — 5 chambres d'hôtes indépendantes aménagées dans un mas caussenard, 2/3 lits avec mezzanines, wc, douches, lavabos particuliers. Salle de séjour, salle de travail, bibliothèque. Aire de jeux pour enfants. Cuisine à tendance végétarienne. 1/2 tarif enfant - 8 ans. Ouvert toute l'année.

Prix : 1 pers. 150 F 2 pers. 220 F 3 pers. 270 F repas 80 F

10	0,1	10	14	14	80	20	SP	SP

DAMBRIN Pierre – Le Revel - Rogues – 30120 Le Vigan – Tél. : 67.81.50.89

La Roque-sur-Ceze

❀❀❀ NN 2 ch. d'hôtes au 1er étage et 4 ch. d'hôtes au 2e étage d'une maison en pierre de type cévenol. 3 ch. double (1 lit 2 pers.), 3 ch. triple (1 lit 2 pers. 1 lit 1 pers.). Douche, lavabo et wc dans chaque chambre. Dans le centre du village (site inscrit, pont classé monument historique), au pied duquel coule la Cèze qui forme des cascades du Sautadet. Jardin, barbecue et piscine à disposition. Taxe de séjour : 3 F/ pers. (en juillet et août).

Prix : 1 pers. 220 F 2 pers. 260/300 F 3 pers. 320 F

0,5	6	0,5	1	100	10	4

RIGAUD Pierre – La Roque Sur Ceze – 30200 Bagnols-sur-Ceze – Tél. : 66.82.79.37

Roquemaure

☒ NN　Alt. : 50 m — Mas provençal, intérieur entièrement rénové dans le respect de l'authentique. 1 ch. 2 pers. avec s.d.b. et wc privés (3 épis NN). 2 ch. lits 2 pers. avec s.d.b. et wc communs. Meubles anciens, tissus provençaux. Sol en terre cuite, poutres apparentes. Abords et terrasse ombragés, grand jardin. Emplacements voitures privés. Ouvert du 1er avril au 30 septembre. Le mas Di Gramuso à Roquemaure se situe à proximité immédiate des vignobles de Tavel/Lirac, Châteauneuf du Pape, en plein cœur d'une région éminemment touristique célèbre pour ses monuments historiques, ses manifestations culturelles avec Avignon, Nîmes, Orange, Arles, le Pont du Gard.

Prix : 1 pers. **180 F** 2 pers. **220/270 F**

6	4	6	5	4	80	25	3	3

CONCALVES DA CRUZ Liliane – Mas Di Gramuso - Chemin de Tras le Puy – 30150 Roquemaure – Tél. : 66.82.57.27

Saint-Alexandre Mas-Chamfrass

☒☒☒ NN　Alt. : 100 m — Dans un cadre de verdure, au calme, 2 chambres : chacune équipée de salle de bains avec douche ou baignoire et wc. Accès par entrée indépendante. Parking ombragé, possibilité éventuellement de garage. Terrasse orientée au sud, piscine. Entre les gorges de l'Ardèche et la vallée de la Cèze. Gare et commerces à 5 km. Ouvert toute l'année. Anglais et italien parlés. A 30 mn d'Avignon et 20 mn d'Orange. Un lieu qui privilégie le calme et le repos.

Prix : 1 pers. **260 F** 2 pers. **330 F** 3 pers. **450 F**

10	5	10	5	SP	100	15	SP

CHAMBON Pierre-Jean – Quartier Vaillen - Chemin de Carsan – 30130 Saint-Alexandre – Tél. : 66.39.39.07 – Fax : 66.39.39.07

Saint-Andre-de-Majencoules　　　　　　　　　　　　*C.M. n° 80*

☒☒ NN
(TH)　Alt. : 450 m — 1 chambre d'hôtes en rez-de-chaussée (1 lit 2 pers.) avec mezzanine (1 lit 1 pers.). Salle d'eau, wc, coin-cuisine dans la chambre. Cour commune. Jardin commun. Ouvert toute l'année. Gare 70 km. Commerces 10 km. Chambre sur une exploitation agricole, mitoyenne à un hameau. Proximité Parc des Cévennes, calme, randonnée, près d'un ruisseau, vue superbe, pleine nature. Ski 30 km.

Prix : 1 pers. **200 F** 2 pers. **220 F** 3 pers. **250 F** repas **60 F**

3	10	3	10	4	75	8	30

WINTER Joel et Sylvaine – Valbonne - Saint-Andre de Majencoules – 30750 Valleraugue – Tél. : 67.82.40.41

Saint-Bres Le Deves

☒☒ NN　Alt. : 200 m — 35 m² au sol + mezzanine 10 m². 1 chambre (1 lit 2 pers.), mezzanine avec 2 couchages. Sanitaires (douche, wc), chauffage. Salon avec cheminée et TV. Coin-cuisine intégré (lave-vaisselle, lave-linge). Terrasse aménagée, ping-pong. Jardin. Gare 2 km. Commerces 1 km. Ouvert toute l'année. Anglais parlé. Entre Cévennes et Ardèche, rayonnant sur Nîmes, Pont du Gard, Uzès, Avignon, Camargue, Les Gorges du Tarn, les grottes renommées, la mer. A proximité de la rivière de la Cèze : baignade, canoë, pédalos, pêche. Au cœur de la campagne, dans une vieille maison cernée de terrasses arborées.

Prix : 2 pers. **260 F** 3 pers. **320 F** pers. sup. **60 F**

1	1	1	6	1	85	2	2

BEAUDOU Christian – Le Deves – 30500 Saint-Bres – Tél. : 66.24.36.81

Saint-Christol-les-Ales

☒☒
(TH)　2 chambres d'hôtes pour 2 ou 4 pers. aménagées dans une ferme située en pleine campagne. Salle d'eau et wc particuliers. Salle de séjour à la disposition des hôtes. Produits fermiers sur place. Jeux, distractions multiples. Possibilité repas du soir pris en commun avec les fermiers. Camping, calme. Piscine privée.

Prix : 1 pers. **180 F** 2 pers. **220 F** 3 pers. **280 F**
pers. sup. **50 F** repas **65 F**

5	1	5	2	SP	70	9	10	SP

MAURIN Helene – Mas Cauvy – 30380 Saint-Christol-Les Ales – Tél. : 66.60.78.24

Saint-Christol-les-Ales Boujac

☒☒☒ NN
(TH)　Alt. : 150 m — 3 chambres d'hôtes avec salle d'eau et wc indépendants et 1 chambre avec salle de bains et wc, aménagées dans un mas entièrement rénové. Chauffage central. Grand séjour commun avec cheminée. Ouvert toute l'année. Gare 5 km. Commerces 2,5 km. Enfant de moins de 7 ans : 50 F. En pleine nature, calme et repos assurés. Activités sportives à proximité. Possibilité de stages culturels et de remise en forme sur place.

Prix : 1 pers. **200/250 F** 2 pers. **250/300 F** 3 pers. **380/400 F**
pers. sup. **100 F** repas **85 F** 1/2 pens. **265 F** pens. **320 F**

9	0,5	9	2	0,1	70

SALLIERES Clotilde – Boujac « Les Micocouliers » - 128 Chemin des Brusques – 30380 Saint-Christol-Les Ales – Tél. : 66.60.71.94

Saint-Gilles

☒☒☒　4 chambres d'hôtes aménagées dans un bâtiment neuf, comprenant (1 lit 2 pers. ou 2 lits 1 pers.) avec salle d'eau et wc indépendants. Donnant sur un jardin clos. Parking ombragé clos. Possibilité d'ajouter un lit supplémentaire pour 1 enfant. Gare 17 km. Commerces 2 km. Ouvert toute l'année. Anglais et espagnol parlés.

Prix : 1 pers. **200 F** 2 pers. **230 F** 3 pers. **260 F**
pers. sup. **30 F**

30	3	4	5	2	35	30	5

DUPLISSY Claude – Mas Plisset - Route de Nîmes – 30800 Saint-Gilles – Tél. : 66.87.18.91

Saint-Hippolyte-du-Fort

♨♨♨ NN — Alt. : 300 m — 4 chambres dont 3 avec 2 lits jumeaux et 1 lit 1 pers. et 1 autre avec 1 lit 2 pers. Salle de bains et wc privés. Jardin à disposition des hôtes. Chauffage central. Gare 30 km. Commerces sur place. Anglais parlé. Maison de charme et de caractère du XVIII° siècle, avec un grand jardin très calme. Terrasse à disposition des hôtes, en pleine Cévennes.

Prix : 1 pers. **200 F** 2 pers. **300 F** 3 pers. **380 F**

🎿	⛵	🏇	🏊	🏊	🚵	🌲	🚶
0,2	10	4	0,1	49	7	7	1

NAINTRE-COLLIN Arlette – 14 rue Blanquerie – 30170 Saint-Hippolyte-du-Fort – Tél. : 66.77.94.10

Saint-Jean-du-Gard Banniere   *C.M. n° 242 — Pli n° 11*

♨♨ NN — Alt. : 280 m — Chambre 2 pers. (1 lit 2 pers. + couchette enfant), dans un mas cévenol sur une exploitation agricole. Entrée indépendante : terrasse ombragée. Chauffage central. Douche, wc indépendants, réfrigérateur. Gare 30 km. Commerces 3 km. Ouvert toute l'année. Anglais et espagnol parlés. Rivière, GR, aquarium, musée, grottes, bambouseraie à proximité.

Prix : 2 pers. **250 F**

🐕	🏊	🎿	⛵	🏇	🏊	🚵	🌲	🚶
	1	3	1	3	3	70	3	SP	SP

BOUDET Luc – Banniere – 30270 Saint-Jean-du-Gard – Tél. : 66.85.13.05

Saint-Julien-de-la-Nef Chateau-d'Isis

♨♨♨ NN
(TH) — Alt. : 150 m — 3 chambres d'hôtes : 1 ch. Rose (2 lits 1 pers.) avec salle de bains, plafond à la Française, sol ancien. 1 ch. Bleue (1 lit 2 pers.) avec vue sur parc, plafond à la Française, carrelage régional. 1 ch. verte avec lits à baldaquins (2 x 2 pers.) + 1 à 2 lits 1 pers. 2 tours dans la ch. WC et lavabo dans l'une, baignoire et lavabo dans l'autre. Salon avec cheminée. Prix pens. et 1/2 pens. selon le nombre de pers. Sur réservation. Anglais, espagnol et italien parlés. Dans la verdure et les magnolias, en Cévennes, calme assuré. Ruisseau, cascades, bois et prés naturels. Gare 70 km. Commerces 6 km.

Prix : 1 pers. **220/320 F** 2 pers. **290/440 F** 3 pers. **560 F**
pers. sup. **80 F** repas **85 F** 1/2 pens. **295/785 F**
pens. **465/995 F**

🏊	🎿	⛵	🏇	🏊	🚵	🌲
0,5	5	0,5	3	0,5	80	1	SP

M. ROUDIER ET MME VILLARD – Chateau d'Isis - Rive Droite de l'Herault – 30440 Saint-Julien-de-la-Nef – Tél. : 67.73.56.22 – Fax : 67.73.56.22

Saint-Just-et-Vacquieres

♨♨ NN
(TH) — Alt. : 150 m — 1 chambre d'hôtes (1 lit 2 pers.) avec salle de bains, lavabo, douche et wc privés, possibilité enfant. Accès direct au jardin. Piscine privée. A proximité auberge de campagne, restauration familiale de qualité, possibilité 1/2 pension. Ouvert toute l'année. Allemand, anglais et néerlandais parlés. Environnement de qualité, calme assuré. Nombreuses curiosités à visiter aux alentours. Gare et commerces 15 km.

Prix : 2 pers. **300 F** 3 pers. **360 F** repas **110 F**

🏊	🎿	⛵	🏇	🏊	🚵	🌲
2	15	15	15	SP	80	30	SP

ANTOINE Alain – Route de Vacquieres – 30580 Saint-Just-et-Vacquieres – Tél. : 66.83.72.02

Saint-Laurent-des-Arbres

♨ — 3 chambres indépendantes à l'étage d'une vieille demeure familiale. 1 lit double, salle d'eau, wc dans chaque chambre. 2 d'entre elles ont en plus 1 lit simple avec poss. d'y mettre un 2° lit simple. 1 suite (2 ch. contiguës) : 1 lit double, salle de bains, wc et 2 lits simples, salle de bains et terrasse (2 ch. ne pouvant être louées séparément). Petits déjeuners servis dans la salle de séjour voûtée avec cheminée (feu de bois en saison). Jardin, terrasse, aire de jeux. Restaurant, maison des vins 500 m. Suite pour 4 pers. : 550 F. Ouvert toute l'année.

Prix : 1 pers. **275/290 F** 2 pers. **300/350 F**
pers. sup. **90/105 F**

🏊	🎿	🚵
6	0,2	100

BERARD Jacques – Beaupre - Saint-Laurent des Arbres – 30126 Tavel – Tél. : 66.50.01.01

Saint-Mamert

♨♨♨ NN
(TH) — Alt. : 150 m — Maison du XIX° siècle rénovée contemporain comprenant à l'étage : 2 chambres (1 lit 2 pers.) et 1 chambre (3 lits 1 pers.) avec salle de bains et wc particuliers dans chacune, et donnant sur cour et jardin. Chauffage. Gare 15 km. Commerces sur place. Ouvert toute l'année. Espagnol parlé.

Prix : 1 pers. **250 F** 2 pers. **300 F** 3 pers. **350 F**
pers. sup. **50 F** repas **80 F**

🐕	🏊	🎿	⛵	🏇	🏊	🚵	🌲
	20	SP	15	6	11	40	20

COUSTON Eliette – 12 rue de la Mazade – 30730 Saint-Mamert – Tél. : 66.81.17.56

Saint-Nazaire-des-Gardies

♨♨♨♨ NN — Alt. : 100 m — 2 chambres d'hôtes avec salle de bains et wc indépendants aménagées dans la maison du propriétaire. Entrée indépendante. Grande piscine, terrasses et jardin. En pleine campagne. Ouvert toute l'année. Gare 20 km. Commerces 7 km. Anglais parlé. Chambres très confortables dans une ancienne magnanerie bien restaurée, vue superbe et tranquillité parfaite.

Prix : 1 pers. **300 F** 2 pers. **400 F** 3 pers. **500 F**

🐕	🏊	🎿	⛵	🏇	🏊	🚵
	SP	0,5	7	SP	SP	50

PRICE Edna – Mas de la Fauguiere – 30610 Saint-Nazaire-des-Gardies – Tél. : 66.77.38.67 – Fax : 66.77.11.64

Saint-Paulet-de-Caisson La Cantarelle   *C.M. n° 80 — Pli n° 9*

♨♨♨ — Alt. : 50 m — Au cœur d'une région touristique sur l'exploitation agricole, au calme. 1 chambre 3 pers. 2 chambres 4 pers. Lavabo et douche privés. WC communs aux 3 chambres. Entrée indépendante du propriétaire. Séjour à la disposition des hôtes. Jardin, piscine privée avec abri, douche, wc. Barbecue, poss. pique-nique. Restaurant 4,5 km. Plage. Pédalos, canoës 4,5 km. De Pont Saint-Esprit, direction Barjac N86 puis D901. Ouvert toute l'année. Gare 10 km. Commerces 1 km. Gorges de l'Ardèche 4,5 km.

Prix : 1 pers. **200 F** 2 pers. **235 F** 3 pers. **310 F**

🏊	🎿	⛵	🏇	🏊	🚵	🌲	🚶
1	4,5	1	10	SP	100	4,5	7	7

GUET Daniel et Francoise – La Cantarelle – 30130 Saint-Paulet-de-Caisson – Tél. : 66.39.17.67

Saint-Privat-de-Champclos

♥♥♥ Alt. : 200 m — 1 chambre d'hôtes aménagée à l'étage dans un mas régional typique surplombant la vallée de la Cèze, située dans un hameau en bordure de la D 901. Chambre avec 1 lit 2 pers. 2 lits superposés dans pièce attenante. Salle d'eau et wc dans la chambre. Terrasse, plage privée 2 km au bord de la Cèze. Camping à la ferme et gîte sur place. Piscine sur place. Ouvert toute l'année.

Prix : 1 pers. 190 F 2 pers. 220 F pers. sup. 50 F

⛵	🏃	⛷	🏇	♒	⛵	🚣	🌲	🚶
2	4	2	5	SP	100	2	SP	SP

BAYLE Maurice – Linde Montclus – 30630 Goudargues – Tél. : 66.24.50.96

Saint-Quentin-la-Poterie La Rabade

♥♥ NN Alt. : 100 m — En bordure du village de Saint-Quentin-la-Poterie, à 5 minutes d'Uzès. 1 chambre (2 lits 1 pers. 1 lit enfant), salle de bains et wc indépendants, TV. 1 chambre double ou suite (1 lit 2 pers. 2 lits 1 pers.), salle de bains et wc indépendants. Terrasse. Jardin commun. Piscine. Cuisine d'été commune. Parking fermé. Gare 25 km. Commerces 200 m. Ouvert toute l'année.

Prix : 1 pers. 200 F 2 pers. 300 F 3 pers. 450 F

🐕	⛵	⛷	⛷	🏇	♒	⛵	🚣	🌲
	10	1	3	5	SP	75	10	2

ANDRE Francoise – La Rabade - avenue du 14 Juillet – 30700 Saint-Quentin-la-Poterie – Tél. : 66.03.01.76

Saint-Sebastien-d'Aigrefeuille Cabries

♥♥ NN Alt. : 310 m — Dans maison individuelle, 1 chambre (1 lit 2 pers. 1 lit 1 pers.), avec salle de bains et wc indépendants, réfrigérateur. Piscine privée, jardin et terrasse indépendants. Portique, jeux d'enfants. Abri voiture. Gare 9 km. Commerces 3 km. Ouvert toute l'année. Anglais parlé. Environnement de hameau, au cœur des Cévennes. Endroit calme à 10 mn d'Alès et d'Anduze.

Prix : 1 pers. 220 F 2 pers. 250 F pers. 350 F

⛵	🏃	⛷	🏇	♒	⛵	🚣	🌲
6	8	6	7	SP	70	8	SP

VIZUETE Marie-Christine – Cabries – 30140 Saint-Sebastien-d'Aigrefeuille – Tél. : 66.52.34.00

Saumane Nimes

♥♥ NN Alt. : 250 m — 2 ch. 2 pers. 2 ch. 3 pers. avec salle de bains et wc. 1 ch. 3 pers. avec salle de bains. Chaque chambre se caractérise par ses couleurs, ses tentures, sa décoration et son aménagement. Salon, salle de jeux, TV à la disposition des hôtes. Possibilité de pension et 1/2 pension. Gare 40 km. Commerces 1 km. Ouvert toute l'année sauf mardi et mercredi pendant l'hiver. La Pradelle vous accueille dans un cadre agréable qui associe grands espaces, nature, mais également intimité et convivialité. Dans ancienne demeure domaniale restaurée, aménagée, gardant son caractère cévenol.

Prix : 1 pers. 155/165 F 2 pers. 245/255 F 3 pers. 335 F

🐕	⛵	⛷	⛷	🏇	♒	⛵	🚣	🌲
	SP	2	SP	12	12	80	45	SP

C.A.T. LA PRADELLE – 30125 Saumane – Tél. : 66.56.29.20 – Fax : 66.56.29.26

Sauve

♥♥♥ Alt. : 100 m — 4 chambres avec mezzanine (1 lit 2 pers. 2 lits 1 pers. dans chaque chambre), 2 ch. (1 lit 2 pers.). Salle de bains et wc privés. Possibilité 1/2 pension. Ouvert toute l'année. Gare 40 km. Commerces 2 km. Piscine privée. Chambres d'hôtes avec mezzanine contruites dans un bâtiment de ferme situé au milieu des vignes, un puits à roue curiosité architecturale caractérise le domaine. Rivière à proximité.

Ⓐ

Prix : 1 pers. 230 F 2 pers. 250 F 3 pers. 300 F repas 95 F

⛵	🏃	⛷	🏇	♒	⛵
2	0,3	SP	3	SP	60

MEILHAC Stephane – La Pousaranque – 30610 Sauve – Tél. : 66.77.51.97 ou 66.77.00.97

Servas

♥♥♥ NN Alt. : 180 m — En pleine nature, 4 chambres avec lits de 2 pers., salle d'eau et wc indépendants pour chaque chambre, salon, salle commune. Calme assuré, piscine privée, cour commune avec barbecue. Nombreuses curiosités à visiter aux alentours (les cascades du Sautadet, Pont du Gard, Arènes de Nîmes, etc...). Gare et commerces à 5 km. Ouvert toute l'année.

Prix : 1 pers. 240 F 2 pers. 260 F 3 pers. 320 F

⛵	🏃	⛷	🏇	♒	⛵	🚣
SP	5	0,3	2	SP	80	25

SORDI Myriam – Mas des Commandeurs – 30340 Servas – Tél. : 66.85.67.90

Sommieres

♥♥♥ NN 3 chambres d'hôtes aménagées à l'étage : 2 ch. (1 lit 2 pers.) avec salle de bains et wc. 1 ch. (1 lit 2 pers. 2 lits 1 pers.) avec salle d'eau. Terrasse indépendante. Piscine privée. Jardin. Ouvert toute l'année. Anglais parlé. Gare 12 km. Commerces et restaurants sur place. Calme, entre mer et Cévennes. Gastronomie régionale. Ville médiévale, festival de musique.

Prix : 2 pers. 330 F 3 pers. 380 F pers. sup. 50 F

🐕	⛵	⛷	⛷	🏇	♒	⛵	🚣
	24	SP	SP	15	SP	24	40

LABBE Colette – 8 avenue Emile Jamais – 30250 Sommieres – Tél. : 66.77.78.69 ou 67.50.30.96

Sumene

♥♥♥ NN Alt. : 300 m — Chambre au rez-de-chaussée, wc et douche indépendants. Sortie extérieure indépendante. Garage. Piscine, jardin privé pour les hôtes. Terrasse commune. Maison calme dans les Cévennes. Possibilité cheval si cavalier. Véranda aménagée pour les hôtes. Vélos à la disposition des hôtes. Possibilité gîte équestre. Ouvert toute l'année. Anglais parlé.

(TH)

Prix : 1 pers. 250 F 2 pers. 350 F 3 pers. 450 F repas 90 F

🐕	⛵	🏃	🏇	♒	⛵	🌲	🚶
	3	3	SP	SP	55	10	SP	SP

BOUTTIER Marie-Charlotte – Nisolle - Route de Lasalle – 30440 Sumene – Tél. : 67.81.32.62

Thoiras Massies

♨♨ NN

Alt. : 250 m — Chambre n° 1 avec mezzanine (2 lits 2 pers.), salle d'eau et wc indépendants. Chambre n° 2 et 3 avec mezzanine (1 lit 2 pers. 2 lits 1 pers.), salle d'eau et wc indépendants. Chambre n° 4 avec mezzanine (1 lit 2 pers. 3 lits 1 pers.), salle d'eau et wc indépendants. Terrasse et jardin communs. Salle commune. Gare 20 km. Commerces 4 km. Ouvert toute l'année. Chambres situées dans un corps de ferme, dans un petit hameau typique des Cévennes, proche du Gardon. Calme, repos, détente.

Prix : 2 pers. **200 F** 3 pers. **250 F** pers. sup. **50 F**

⛵	🎿	👤	🐎	🏊	🚣	🌲
0,8	4	0,8	4	4	70	35	0,1

GUYOT Paul et Daniele – Massies – 30140 Thoiras – Tél. : 66.85.11.66

Uzes Domaine-de-Malaric

C.M. n° 80 — Pli n° 19

♨♨♨ NN

Alt. : 60 m — 4 chambres à l'étage (4 lits 2 pers. + 1 convertible), salle d'eau et wc indépendants. Séjour commun en rez-de-chaussée. Terrasse commune. Cour. Parking fermé. Gare 3 km. Commerces 700 m. Ouvert toute l'année. Allemand parlé. Domaine viticole à 3 km d'Uzès (1er duché de France) au bord de la garrigue. Rivières, parc ombragé, golf limitrophe. Nombreux vestiges archéologiques accessibles à pied. PR en VTT.

Prix : 1 pers. **220 F** 2 pers. **300 F** 3 pers. **350 F**

🐕	⛵	🎿	👤	🐎	🏊	🚣	🌲
	8	3	0,5	3	3	70	8	2

STRAUB Rene – Pont des Charrettes - Domaine de Malaric – 30700 Uzes – Tél. : 66.22.15.24 – Fax : 66.03.00.69

Valleraugue

♨♨
(TH)

Alt. : 1230 m — 2 chambres avec douche et lavabo, au 1er étage d'une maison particulière, avec jardin, balcon. Salon à disposition des hôtes. Ouvert toute l'année. Gare 90 km. Commerces sur place. Italien, anglais parlés.

Prix : 1 pers. **155/185 F** 2 pers. **180/220 F** repas **70 F**

⛵	🎿	👤	🐎	🏊	🚣	🌲	🥾
6	SP	SP	8	30	100	40	SP	SP

DAUDEMARD Elisabeth – L'Esperou - Villa Notre Dame du Bonheur – 30570 Valleraugue – Tél. : 67.82.60.06

Valleraugue

C.M. n° 80 — Pli n° 16

♨♨♨

Alt. : 350 m — 1 grande chambre d'hôtes indépendante, aménagée au rez-de-chaussée du mas. 1 lit 2 pers. 2 lits superposés. Salle d'eau et wc indépendants. Terrasse indépendante. Restaurant 2 km. Ouvert toute l'année. Gare 70 km. Commerces 4 km.

Prix : 1 pers. **140 F** 2 pers. **240 F** 3 pers. **280 F**

⛵	🎿	👤	🐎	🏊	🚣	🌲	🥾
0,2	4	0,4	15	20	70	28	10	2

MARIE Richard – La Borie du Ponteil – 30570 Valleraugue – Tél. : 67.82.41.75

Valleraugue La Soureilhade

♨♨ NN

Alt. : 600 m — 4 chambres indépendantes avec bains et wc privés. Terrasse close privée. 1 chambre (1 lit 2 pers.), 3 chambres (3 lits 2 pers. 3 lits 1 pers.). Séjour commun, TV. Jardin commun. Parking clos. Gare 70 km. Commerces 5 km. Ouvert toute l'année. Anglais et hollandais parlés. Elevage de chevaux à 600 m d'altitude, hameau typique des Cévennes, ensoleillement exceptionnel, au pied des GR, près d'une rivière, piscine privée.

Prix : 1 pers. **250 F** 2 pers. **270 F** 3 pers. **370 F**

⛵	🎿	👤	🐎	🏊	🚣
7	7	2	20	75	6

JUST Marie-Noelle – La Soureilhade - Ardaillers – 30570 Valleraugue – Tél. : 67.82.44.37 – Fax : 67.82.44.37

Vauvert Montcalm

♨♨ NN
(TH)

Alt. : 10 m — 3 chambres avec chacune salle de bains et wc, 1 lit 2 pers., 2 lits 1 pers. Meubles peints, décoration personnalisée. Parc de 1 ha ombragé. Gare 12 km. Commerces 11 km. Ouvert toute l'année. Allemand parlé. En pleine Camargue entre vignes et mer. Au centre de 4 hauts lieux touristiques : les Saintes-Maries de la Mer, Aigues-Mortes, Arles, Nîmes. Approche de la Camargue profonde. Animaux de la ferme.

Prix : 2 pers. **280 F** 3 pers. **380 F** pers. sup. **100 F** repas **110 F**

🐕	⛵	🎿	👤	🐎	🏊
	20	25	3	4	20

WAELDELE Jo – Route d'Aigues-Mortes - Montcalm « Mas Apolline » – 30600 Gallician – Tél. : 66.73.52.20 – Fax : 66.73.52.20

Vers-Pont-du-Gard La Begude de Vers Pont du Gard

♨♨♨
(TH)

4 chambres d'hôtes aménagées à l'étage d'un vieux mas de famille, à 1 km du Pont du Gard. Chambres avec mezzanines, salle d'eau et wc dans chaque chambre. Salon avec cheminée et TV, salle de séjour. Patio. Exposition de peinture. La garrigue à 2 pas, location VTT sur place, sorties accompagnées. Ouvert de mars à octobre. Circuit F1 6 km, monuments 1 km, sites historiques 20 km. Gare 25 km. Commerces 3 km.

Prix : 1 pers. **190 F** 2 pers. **290 F** 3 pers. **340 F** repas **75 F**

⛵	🎿	👤	🐎	🏊	🚣	🌲	🥾
SP	1	SP	4	13	50	5	80

TURION Pierre-Jean – La Begude de Vers Pont du Gard – 30210 Remoulins – Tél. : 66.37.18.11

Vezenobres

♨♨

3 chambres d'hôtes 3 pers. dans une maison située dans le village, très ensoleillée, avec terrasse dominant la vallée, avec salle de bains et wc communs aux 3 chambres. Salle de séjour avec télévision à la disposition des hôtes.

Prix : 1 pers. **180 F** 2 pers. **200 F** 3 pers. **260 F**

⛵	🎿	👤	🐎	🏊	🚣	🌲	🥾
1	1	1	2	70	80	1	1

ROMEYER Danielle – Rue Portail de Viterne – 30360 Vezenobres – Tél. : 66.83.54.72 ou 66.83.51.63

Villeneuve-les-Avignon Les Jardins-de-la-Livree

C.M. n° 81 — Pli n° 11

✶✶✶ NN
Ⓐ

4 chambres d'hôtes avec douche et wc pour chacune, aménagées à l'étage. Terrasse. Grand jardin, parking, piscine privée. Ouvert toute l'année. Gare 5 km. Commerces sur place. Si vous le souhaitez, vos journées se termineront autour d'une table où vous dégusterez une cuisine du terroir. Anglais parlé. Dans l'ancien centre de Villeneuve-les-Avignon (art et histoire), à 3 km d'Avignon. Cité Papale, une bâtisse s'ouvre sur un vaste jardin calme et verdoyant. Découverte de la Provence et du Languedoc.

Prix : 1 pers. **315/405 F** 2 pers. **350/440 F** 3 pers. **465/555 F**
repas **85/145 F**

SP	0,5	1	1	SP	80	60

GRANGEON Irene – **Les Jardins de la Livree - 4 Bis rue Camp de Bataille – 30400 Villeneuve-les Avignon –** Tél. : **90.26.05.05 ou 90.25.46.34**

Villeneuve-les-Avignon

✶✶✶ NN

2 chambres d'hôtes aménagées dans une maison ancienne restaurée et indépendante. Salle de bains et wc indépendants. 1 ch. (1 lit 2 pers.) + 1 mezzanine (1 lit 1 pers.). 1 ch. (1 lit 2 pers.). Coin-salon, coin-cuisine. TV. Une partie du jardin est réservée aux locataires. Ouvert toute l'année. Gare 3 km. Commerces sur place. Anglais et espagnol parlés. Chambres situées au cœur historique du village (chartreuses, livrées cardinales, fort). A proximité immédiate d'Avignon. Nombreuses activités culturelles et sportives. Route des vins à découvrir, Carmargue, etc... Tarifs différents durant le festival, et dégressifs.

Prix : 1 pers. **290 F** 2 pers. **310 F** 3 pers. **380 F**

20	2	1	2	0,2	80	20

LETELLIER Pascale – **66, rue de la Republique – 30400 Villeneuve-Les Avignon – Tél. : 90.25.79.93**

Hérault

Adissan

C.M. n° 83 — Pli n° 5

✶✶✶ NN
(TH)

Alt. : 35 m — Maison de maître à la périphérie du village. R.d.c. : salon, cuisine, salle de séjour. 1er étage : 2 ch. (1 lit 2 pers. et 2 lits 1 pers.), s.d.b. et wc. 2 ch. (1 lit 2 pers.), s.d.b. et wc, ch. central, TV dans chaque chambre. Point-phone. Terrasse, parc ombragé et jeux pour enfants, parking clos. Repas sur réservation. Table d'hôtes fermée le lundi soir. Possibilité baptême de l'air : 5 km. Commerces sur place. Ouvert toute l'année.

Prix : 1 pers. **210/230 F** 2 pers. **260/280 F** 3 pers. **330/400 F**
pers. sup. **70 F** repas **80 F**

30	3	13	4	4	SP	11	13

FILLON Jean – **15, avenue de Pezenas - Villa des Roses – 34230 Adissan – Tél. : 67.25.01.24**

Aigues-Vives

C.M. n° 83 — Pli n° 13

✶✶✶ NN

Alt. : 200 m — Maison traditionnelle comprenant un ensemble de 5 chambres aménagées au 2e étage. Site calme. 3 chambres 2 pers. avec salles d'eau individuelles attenantes, wc. 1 chambre 2 pers., salle de bains individuelle attenante, wc. 1 chambre 4 pers., salle d'eau, wc, chauffage électrique. Lit de bébé à la demande ainsi que TV. Commerces sur place. Ouvert toute l'année.

Prix : 1 pers. **184 F** 2 pers. **230 F** 3 pers. **290 F**

35	5	8	2	5	SP	10	20

SICA GITES D'AIGUES-VIVES 741 Madame Monte – **Rue Etienne Iche – 34210 Aigues-Vives – Tél. : 68.91.32.34**

Argelliers Domaine de Saugras

C.M. n° 83 — Pli n° 6

✶✶ NN
Ⓐ

Alt. : 235 m — Mas du XIIe siècle sur une propriété de 150 ha., en pleine nature et à 20 minutes de Montpellier. Chaque chambre possède 1 lit 2 pers., salle de bains et wc. Auberge dans un bâtiment annexe. Piscine. Terrain. Parking. Bois. Gare 25 km. Commerces 5 km. Ouvert toute l'année.

Prix : 1 pers. **200 F** 2 pers. **220 F** 1/2 pens. **280 F**
pens. **360 F**

20	SP	15	1	1	15

AURELLE Marie-Claire – **Domaine de Saugras – 34380 Argelliers – Tél. : 67.55.08.71 – Fax : 67.55.04.65**

Autignac

C.M. n° 83 — Pli n° 14

✶✶ NN

Alt. : 174 m — A la lisière du village, s'ouvrant sur les vignobles, chambres de plain-pied, dans un pavillon mitoyen à la maison du propriétaire. Salle de séjour en véranda à dispo., coin-cuisine. 3 ch. (1 lit 2 pers. 1 lit 1 pers.). 1 ch. (1 lit 2 pers. 2 lits 1 pers.). 1 ch. (4 lits 1 pers. dont 2 superposés). Salles d'eau et wc privatifs. Chauffage électrique. Réfrigérateur dans chaque chambre. Jardin mi-ombragé, salon de jardin. Parking. Barbecue. Proximité sites touristiques et culturels. Gare 18 km. Commerces sur place. Ouvert toute l'année.

Prix : 1 pers. **185 F** 2 pers. **225 F** 3 pers. **280 F**
pers. sup. **55 F**

30	5	30	12	12	SP	12	20

CONDOUMY Alice – **2, rue du Moulin – 34480 Autignac – Tél. : 67.90.26.34**

Autignac

C.M. n° 83 — Pli n° 14

✶✶ NN
(TH)

Alt. : 60 m — Au cœur du vignoble Faugères, au centre du village, 3 chambres aménagées dans un ancien bâtiment agricole rénové. Chambre 1 (2 lits 1 pers. 1 lit d'appoint 1 pers.), chambre 2 (3 lits 1 pers.), chambre 3 (1 lits 2 pers.), salle d'eau, wc privatifs, chauffage électrique, coin-salon, TV. Jardin ombragé, barbecue. Gare 18 km. Commerces sur place. Ouvert toute l'année. Espagnol parlé.

Prix : 1 pers. **190 F** 2 pers. **240 F** 3 pers. **290 F** repas **90 F**

30	4	30	10	10	SP	SP	10	20

HORTER Josette – **Rue du 8 Mai – 34480 Autignac – Tél. : 67.90.24.05**

Avene Truscas

C.M. n° 83

☙☙☙ NN — Alt. : 400 m — A 3 km de la station thermale d'Avène-les-Bains, au centre du hameau, maison en pierre, entièrement restaurée. Ensemble de 5 chambres aménagées sur 2 niveaux. Pièce commune et coin-cuisine à dispos., chambres 1, 2, 3 (1 lit 2 pers.), chambres 4, 5 (2 lits 1 pers.), salle de bains et wc privatifs, chauffage électrique, cour, salon de jardin. Gare 25 km. Commerces 5 km.

Prix : 1 pers. **180 F** 2 pers. **230 F** 3 pers. **290 F**

🏊	🚣	⛵	🎣	🏇	⛷	
3	10	3	3	3	3	30

SICA D'AVENE Mr Castan Serge – 34260 Avene – Tél. : 67.23.40.99

Baillargues Domaine de Saint-Antoine

C.M. n° 83 — Pli n° 7

☙☙ NN — Alt. : 30 m — Chambres d'hôtes situées sur un domaine viticole. 2 ch. (2 lits 1 pers.), 3 ch. (1 lit 2 pers.), 1 ch. (1 lit 2 pers. 1 lit 1 pers.), avec salles d'eau et wc particuliers, chauffage central. Terrasse, cour intérieure permettant de garer les véhicules, aire de jeux. Gare 15 km. Commerces 1,5 km. Ouvert toute l'année. Espagnol parlé.

Prix : 1 pers. **150 F** 2 pers. **190 F** 3 pers. **230 F**
pers. sup. **30 F**

🏊	🚣	⛵	🎣	🏇	⛷	🎾	⛳	
15	5	15	15	15	5	10	SP	2

VITOU Michel – Domaine de Saint-Antoine – 34670 Baillargues – Tél. : 67.70.15.58

Balaruc-le-Vieux Issanka

C.M. n° 83 — Pli n° 17

☙☙ NN — Alt. : 31 m — 2 chambres situées de plain-pied dans une maison, à 1 km de la commune. Salle de séjour/kitchenette pour petits-déjeuners, 1 ch. (1 lit 2 pers.), 1 ch. (1 lit 2 pers. 1 lit 1 pers.), salle de bains et wc privatifs, chauffage électrique. Parking et terrain ombragés. Possibilité de restauration à 1 km. Gare 8 km. Commerces 1 km. Ouvert du 1er avril au 15 septembre.

Prix : 1 pers. **180 F** 2 pers. **200 F** 3 pers. **260 F**
pers. sup. **60 F**

🏊	🚣	⛵	🎣	🏇	🎾	
8	8	4	4	4	4	2

CUTULI Sebastien et Liliane – Issanka – 34540 Balaruc-le-Vieux – Tél. : 67.78.71.34

Bedarieux Domaine de Pelissols

C.M. n° 83 — Pli n° 4

☙☙ NN (TH) — Alt. : 200 m — Chambres situées dans une maison de caractère avec terrain très ombragé par des platanes centenaires. Fontaine du XIIe siècle. 2 ch. (1 lit 2 pers. 1 lit 1 pers.), s. d'eau. 1 ch. (1 lit 2 pers. 1 lit 1 pers.), s.d.b./wc privatifs. 1 ch. (2 lits 2 pers.) s. d'eau et wc privés. TV et réfrigérateur dans salle commune. Chauffage central. Point-phone. Terrasse. Piscine. Cave particulière, dégustation et vente de vins sur place. Gare et commerces à 2 km. Ouvert toute l'année.

Prix : 1 pers. **180 F** 2 pers. **230 F** 3 pers. **250 F**
pers. sup. **50 F** repas **75 F** 1/2 pens. **235 F**

🐕	🏊	🚣	⛵	🎣	🏇	⛷	🎾	⛳	
	50	SP	10	SP	SP	2	4	SP	12

BONNAL Rene – Domaine de Pelissols – 34600 Bedarieux – Tél. : 67.95.04.64

Bessan

C.M. n° 83 — Pli n° 16

☙☙☙ NN (TH) — Alt. : 20 m — Située au centre du village, maison de caractère comprenant 3 chambres et une suite. R.d.c. : ch. 1 (1 lit 2 pers.), 1er étage : ch. 2 (1 lit 2 pers.), ch. 3 (1 lit 1 pers.), 2e étage : suite (4 lits 1 pers.), salle d'eau et wc privatifs, chauffage électrique, salle de séjour réservée aux hôtes, TV, point-phone, tennis de table. Jardin clos, parking. Gare 6 km. Commerces sur place. Ouvert toute l'année.

Prix : 1 pers. **170 F** 2 pers. **220 F** 3 pers. **290 F**
pers. sup. **70 F** repas **80 F**

🐕	🏊	🚣	⛵	🎣	🏇	⛷	🎾	⛳
	10	SP	10	1	1	SP	10	10

PAUL Lucien – 30, avenue de la Victoire – 34550 Bessan – Tél. : 67.77.40.07

Beziers Mas Croix de la Reilhes

C.M. n° 83 — Pli n° 15

☙☙ NN — Alt. : 74 m — Vous trouverez le charme de la campagne et la proximité de la ville dans cette maison méditerranéenne, au milieu d'un parc de 6000 m². Salon intérieur et extérieur pour petits-déj., 1 ch. (1 lit 2 pers. 1 lit 1 pers.), terrasse, 1 ch. (1 lit 2 pers.), 1 ch. (2 lits 1 pers.) salle de bains privée dans chaque chambre, wc communs, TV. Garage, parking. Ping-pong. Possibilité restauration à proximité.

Prix : 1 pers. **170 F** 2 pers. **200 F** 3 pers. **240 F**
pers. sup. **45 F**

🏊	🚣	⛵	🎣	🏇	⛷	🎾	⛳	
12	2	12	2	2	0,3	2	10	6

GRANIER-MARECHAL Nicole – Mas Croix de la Reilhes - rue des Lutins – 34500 Beziers – Tél. : 67.31.26.57

Castanet-le-Haut Le Fau

C.M. n° 83 — Pli n° 3

☙ NN (TH) — Alt. : 800 m — Maison de caractère, cadre calme et verdoyant d'une ferme aux portes des Monts du Caroux et de l'Espinouse. A l'étage : 1 ch. (1 lit 2 pers.), lavabo. 1 ch. (2 lits 2 pers.), lavabo. Sanitaires communs : 2 douches, 2 lavabos, 2 wc. Chauffage. Gîte de groupe et ferme-auberge sur place. Possibilité VTT, belles randonnées pédestres, escalade, grottes.

Prix : 1 pers. **140 F** 2 pers. **160 F** 3 pers. **230 F** repas **80 F**

🐕	🏊	🚣	⛵	🎣	🏇	⛷	🎾	⛳
	60	25	15	7	15	6	10	25	23

BOUSQUET Daniel – Le Fau - Croix de Mounis – 34610 Saint-Gervais-sur-Mare – Tél. : 67.23.60.93

Castanet-le-Haut Moulieres

C.M. n° 83 — Pli n° 4

☙☙☙ NN (TH) — Alt. : 500 m — Au pied de l'Espinouse, dans le Parc du Haut Languedoc, chambres aménagées dans une bâtisse de caractère, site calme et reposant. Salle de séjour, salon. Ch. 1 (1 lit 2 pers.), ch. 2 (2 lits 1 pers.), ch. 3 (1 lit 2 pers.), suite (4 lits 1 pers.), s. d'eau/wc privés. TV, tél. Ch. electr. Parc, jardin, coin-repos, jardin aquatique, terrasse, patio, piscine. Salle de jeux, billard, tennis de table. Bar et coin-barbecue. Parking privé. Randonnée pédestres et en VTT sur place. Gare 20 km. Commerces 7 km. Ouvert toute l'année. Anglais et allemand parlés.

Prix : 1 pers. **250 F** 2 pers. **350 F** 3 pers. **525 F**
pers. sup. **150 F** repas **125 F** 1/2 pens. **300 F**

🐕	🏊	🚣	⛵	🎣	🏇	⛷	🎾	⛳
	62	SP	30	1	1	4	25	25

BUYSE/BONNE Erwin et Olympe – Moulieres – 34610 Castanet-le-Haut – Tél. : 67.23.68.01 – Fax : 67.23.68.01

La Caunette La Garrigue

❦❦❦ NN
(A)
Alt. : 400 m — Dans un hameau, sur les causses du Minervois, chambres aménagées au-dessus d'une ferme-auberge. Salon, 3 ch. (2 lits 1 pers.), 1 ch. (3 lits 1 pers.), 1 ch. (4 lits 1 pers.), salle d'eau et wc privatifs, chauffage, TV, lave-linge, point-phone, jeux. Jardin et terrasse ombragés, parking clos, Piscine privée. Idéal pour séjours prolongés. Randonnées, stages, séminaires. Gare 30 km. Commerces 4 km. Ouvert toute l'année. Anglais et espagnol parlés.

Prix : 1 pers. 240 F 2 pers. **280 F** 3 pers. **320 F**
pers. sup. **40 F** repas **80 F** 1/2 pens. **320 F** pens. **400 F**

45	SP	15	15	4		15

SANSON Corinne – La Garrigue – 34210 La Caunette – Tél. : 68.91.25.62 – Fax : 68.91.25.62

Caux

❦❦ NN
Alt. : 93 m — Maison de maître du XIXᵉ siècle, avec petite cour. Salle de séjour pour petits-déjeuners, cuisine. Etage : chambre 1 (1 lit 2 pers. 2 lits d'appoint 80), chambre 2 (2 lits 1 pers.), salle d'eau et wc dans chaque chambre, chauffage. Gare 20 km. Commerces sur place.

Prix : 1 pers. 185 F 2 pers. **220 F** 3 pers. **270 F**
pers. sup. **50 F**

25	7	25	7	7	SP	7

SCEA LAMBEYRAN – 15, avenue de Neffies – 34720 Caux – Tél. : 67.98.40.25 ou 67.98.43.59

Le Caylar

❦❦❦ NN
(TH)
Alt. : 750 m — Chambres aménagées dans une maison en pierre, typique des Causses du Larzac. Salon, salle de séjour. 2 chambres (1 lit 2 pers.). 2 chambres (1 lit 2 pers. 1 lit 1 pers.). 1 chambre (2 lits 2 pers.). Salles d'eau, wc privatifs. Chauffage central, cheminée. Terrasse. Parking. Gare 50 km. Commerces sur place. Ouvert toute l'année.

Prix : 1 pers. 200 F 2 pers. **240 F** 3 pers. **320 F**
pers. sup. **70 F** repas **100 F** 1/2 pens. **240 F**

70	1	30	1	30	1	5	30

CLARISSAC Bernard – Faubourg Saint-Martin – 34520 Le Caylar – Tél. : 67.44.50.19

Cazilhac Aux Trois Cedres

❦❦❦ NN
Alt. : 167 m — Dans les Cévennes de la soie, avec son parc au bord de l'eau, la demeure qu'occupait le Bonnetier, dans la filature du XIXᵉ siècle vous accueille avec, salon, bibliothèque. 1ᵉʳ étage : la suite des Roses (1 lit 2 pers. 1 lit 1 pers.). Salle de bains, wc privatifs. La chambre des Glycines (1 lit baldaquin). Salle de bains, wc privatifs. Ch. central. Parc ombragé. Garage. Restaurant à 50 m. Repas à la ferme à 8 km. Gare 47 km. Commerces 2 km. Ouvert toute l'année sur réservation.

Prix : 1 pers. 250/280 F 2 pers. **300/320 F** 3 pers. **400 F**
pers. sup. **100 F**

57	10	SP	SP	SP	SP	SP

ISNARD Nadia – 166, avenue des Deux Ponts - Aux Trois Cedres – 34190 Cazilhac – Tél. : 67.73.50.77

Clermont-l'Herault Les Servieres

❦❦ NN
(TH)
Alt. : 97 m — Chambres indépendantes en rez-de-chaussée surélevé, près d'un gîte de groupe. Salle de séjour non attenante pour table d'hôtes et petits-déjeuners. 3 chambres avec mezzanine (1 lit 2 pers.). 3 ch. (3 lits 1 pers.). Salle d'eau/wc privatifs. Terrasse, terrain, piscine. Point-phone. Gare 40 km. Commerces 2 km. Ouvert toute l'année.

Prix : 1 pers. 220 F 2 pers. **220 F** pers. sup. **80 F** repas **90 F**

40	SP	1	1	1	2	SP	1	20

BONNET Jean-Christophe – Les Servieres - Route du Lac – 34800 Clermont-l'Herault – Tél. : 67.96.37.10

Clermont-l'Herault Fouscais

❦ NN
(TH)
Alt. : 100 m — 6 chambres d'hôtes aménagées dans une grande maison Languedocienne, située dans un hameau en pleine campagne. 6 ch. pour 2 à 3 pers. pourvues de salles d'eau et wc privés. Possibilité lit sup. pour 3 ch. Salon avec cheminée. Terrasse, parc très ombragé. Parking privé. Lac à proximité. Randonnées. Repas sur réservation, vin compris. Repas enfant : 50 F. Gare 40 km. Commerces 2 km. Ouvert toute l'année. Anglais et espagnol parlés.

Prix : 1 pers. 200 F 2 pers. **220/260 F** 3 pers. **300/340 F**
repas **100 F**

40	2	6	2	6	2	5	15

VIAL-REVEILLON Felicie – Fouscais – 34800 Clermont-l'Herault – Tél. : 67.96.09.10

Colombieres-sur-Orb Sevirac

❦ NN
(TH)
Alt. : 180 m — Chambres d'hôtes situées aux pieds du Caroux, sur une exploitation agricole de 11 ha. Salle de séjour, 2 ch. (1 lit 2 pers. 1 lit 1 pers.), salle de bains et wc communs, TV. Parking, pré, baignade, pêche, chasse sur place, forêt 500 m. Logement de chevaux et produits fermiers sur place. Restaurant 5 km. Gare 15 km. Commerces 7 km. Ouvert toute l'année.

Prix : 1 pers. 90 F 2 pers. **130 F** 3 pers. **160 F** repas **60 F**

60	6	25	SP	1	4	5	6

RAYNAL Bernard – Sevirac – 34390 Colombieres-sur-Orb – Tél. : 67.95.68.15

Colombieres-sur-Orb

❦ NN
(TH)
Alt. : 180 m — Grande maison de maître avec jardin. Salle de séjour, 2 chambres pour 2 pers. avec lavabo, salle d'eau et wc communs, chauffage. Garage, jardin. Commerces 7 km. Ouvert toute l'année.

Prix : 1 pers. 90 F 2 pers. **130 F** 3 pers. **160 F** pers. sup. **30 F**
repas **60 F**

60	7	SP	2	4	7	5	6

RAYNAL Simone – 34390 Colombieres-sur-Orb – Tél. : 67.95.84.69

Colombieres-sur-Orb Sevirac

C.M. n° 83 — Pli n° 4

〰〰 NN
(TH)

Alt. : 180 m — Chambres aménagées au rez-de-chaussée de la maison du propriétaire, située dans une propriété de 4 ha, au pied des monts du Caroux. Salle de détente, ch. 1 (1 lit 2 pers.), ch. 2 (1 lit 2 pers. 2 lits 1 pers.), s.d.b. et wc privatifs, chauffage électrique. Jeux, terrain clôturé, table d'hôtes sur réservation, parking, vente de fruits sur place. Ruisseau de 1ère catégorie. Gare 15 km. Commerces 1 km.

Prix : 1 pers. **160 F** 2 pers. **180 F** 3 pers. **220 F**
pers. sup. **40 F** repas **70 F** 1/2 pens. **230 F**

40	7	20	SP	2	4	6	5	7

AZEMA Marie-Jose – Sevirac – 34390 Colombieres-sur-Orb – Tél. : 67.95.89.80

Courniou La Metairie Basse

C.M. n° 83 — Pli n° 13

〰〰〰 NN

Alt. : 500 m — Nous vous offrons 2 chambres aménagées dans un corps de ferme de caractère. Coin-cuisine à disposition, 1 ch. (1 lit 2 pers. 1 canapé 120), 1 ch. (1 lit 120), salles d'eau et wc particuliers, chauffage. Vente de plats sur commande, parking, jeux. Gare 25 km. Commerces 7 km. Ouvert du 1er avril au 30 septembre. Anglais et italien parlés. Nous vous accueillons dans le cadre paisible de notre ferme familiale, en moyenne montagne et au cœur du Parc Naturel du Haut Languedoc. Jardin à l'ombre de tilleuls centenaires. Ferme avec ses animaux. Grottes. Lac. Sites cathares. Randonnées pédestres.

Prix : 1 pers. **200 F** 2 pers. **250 F** 3 pers. **300 F**
pers. sup. **50 F**

60	8	20	SP	15	2	15	15	30

LUNES Jean-Louis et Eliane – La Metairie Basse - Prouilhe – 34220 Courniou – Tél. : 67.97.21.59

Dio-et-Valquieres Domaine de Prades

C.M. n° 83

〰〰〰 NN
(TH)

Alt. : 350 m — Chambres d'hôtes aménagées sur 2 niveaux, sur un domaine de charme, dans un parc entouré de vignes, de sous-bois, de terrasses fleuries. R.d.c. : 1 ch. (2 lits 1 pers.), 1 ch. (1 lit 2 pers.) avec chacune s.d.b. et wc privés. 1er étage : 2 ch. (2 lits 1 pers.) avec chacune s.d.b. et wc privés, 1 ch. (1 lit 2 pers.), 1 ch. (1 lit 160) avec chacune s.d.b. et wc privés. Grande salle de séjour, salle de jeux avec coin-détente (cheminée), chauffage central. Piscine, terrasses, salon de jardin, parking, ping-pong. Prix pour séjours. Gare et commerces à 8 km. Ouvert toute l'année. Anglais et allemand parlés.

Prix : 1 pers. **325 F** 2 pers. **360 F** pers. sup. **130 F**
repas **120 F** 1/2 pens. **330 F**

45	SP	7	SP	7	7	7	8	12

BOMBEECK Margaretha – Domaine de Prades – 34650 Dio-et-Valquieres – Tél. : 67.95.30.15

Ferrieres-Poussarou Hameau de Ferrieres

C.M. n° 83 — Pli n° 13

〰〰 NN

Alt. : 450 m — Situé dans un site sauvage isolé, dans un hameau typique qui ne mène nulle part, la chambre bénéficie d'une vue imprenable sur les collines de bruyère et de chênes verts. Chambre indépendante de la maison principale avec grand lit 180, salle d'eau, wc, chauffage électrique. Petit-déj. familial ou indiv. sur terrasse ou à l'intérieur. Poss. plats préparés. Après ce merveilleux pont de Poussarou, sur la RN 112, entre Saint-Chinian et Saint-Pons, faire 4 km pour arriver au Hameau de Ferrières. Seul réveil : le silence ! Gare 55 km. Commerces 11 km. Ouvert de juin à septembre ou sur réservation.

Prix : 1 pers. **225 F** 2 pers. **250 F** pers. sup. **125 F**

45	18	35	11	20	11	11	20

DE WALQUE Didier – Hameau de Ferrieres – 34360 Saint-Chinian – Tél. : 67.38.11.43

Florensac La Cruz de Clapie

C.M. n° 83 — Pli n° 15

〰〰 NN
(TH)

Alt. : 15 m — Chambres d'hôtes aménagées dans une maison de style méditerranéen sur un terrain arboré. Salle commune, 2 ch. (1 lit 2 pers.), salle de bains et wc communs, 2 ch. (1 lit 2 pers. 1 lit 1 pers.), salles d'eau et wc privés. 1 ch. (2 lits 1 pers.), salle d'eau et wc, chauffage central. Terrasse ombragée, parking. Famille parlant anglais et espagnol. Autoroute A9 sortie Agde. Autoroute A75 sortie Agde. Gare 9 km. Commerces sur place. Ouvert toute l'année sauf octobre.

Prix : 1 pers. **150/165 F** 2 pers. **200/220 F** 3 pers. **270 F**
repas **80 F** 1/2 pens. **180/190 F**

11	11	11	3	3	0,2	10	11

VALENTIN Francoise – 21 avenue de Pomerols – 34510 Florensac – Tél. : 67.77.91.54 – Fax : 67.77.76.42

Lieuran-les-Beziers

C.M. n° 83 — Pli n° 15

〰〰 NN

Alt. : 70 m — Maison de style méditerranéen, située au cœur du village. Coin-repos et coin-cuisine à disposition, ch. 1 (2 lits 110), ch. 2 (2 lits 120, 1 lit 1 pers.), salles d'eau et wc privatifs, chauffage, TV sur demande, jeux de société. Jardin ombragé de 1000 m², terrasses, garage. Gare 9 km. Commerces sur place.

Prix : 1 pers. **200 F** 2 pers. **250 F** 3 pers. **300 F**
pers. sup. **50 F**

22	5	22	SP	5	10	8

MARESMA Claude – 11, Grand Rue – 34290 Lieuran-Les Beziers – Tél. : 67.36.13.74

Lunas Val de Nize

C.M. n° 83 — Pli n° 5

〰〰 NN
(TH)

Alt. : 500 m — Nous vous accueillons dans les contreforts des Cévennes méridionales, dans un ancien rendez-vous de chasse du XVIIIe siècle. Maison confortable, au calme et en pleine nature, au bord du ruisseau de Nize. Salle de séjour, salon, ch. 1 (1 lit 2 pers.), ch. 2 (2 lits 1 pers.), s.d.b. et wc privatifs, ch. 3 (1 lit 2 pers. 1 lit 1 pers.), s. d'eau, wc. Chauffage. Pétanque, ping-pong. Gare et commerces à 3,5 km.

Prix : 1 pers. **160/195 F** 2 pers. **190/230 F** 3 pers. **280 F**
repas **76 F**

60	14	14	SP	SP	3,5	3,5	10

DAMERON Magali – Val de Nize – 34650 Lunas – Tél. : 67.23.81.48

Méditerranée

Lunel

✽✽ NN

Alt. : 16 m — 3 chambres d'hôtes aménagées dans cette bastide qui depuis sa construction (XIII° siècle environ) a une vocation d'accueil puisque propriété royale, elle était un relais de poste et auberge très renommés. Salle de séjour/salon, 2 ch. (1 lit 2 pers.) avec lavabo et douche, 1 ch. (2 lits 2 pers.) avec lavabo et douche. 2 wc communs. Terrain, terrasse, salon de jardin. Gare 3 km. Commerces 1,5 km.

Prix : 1 pers. **160 F** 2 pers. **190 F** 3 pers. **230 F**
pers. sup. **30 F**

🏊	⛵	🏄	🎣	🚶	🎿	⛷	🏇
12	1,5	12	SP	3	SP	6	10

BERTHELON Blandine – Pont de Lunel – 34400 Lunel – Tél. : 67.71.40.97

Maraussan

✽✽✽ NN
(TH)

Alt. : 90 m — Au centre du village, maison de caractère comprenant 5 chambres. 1er étage : 2 chambres (1 lit 2 pers.), 1 chambre (2 lits 1 pers.). 2° étage : 2 chambres (1 lit 2 pers.), salle d'eau et wc privatifs, chauffage électrique. Salle à manger. Cour intérieure, garage. Gare 7 km. Commerces sur place. Ouvert toute l'année.

Prix : 1 pers. **180 F** 2 pers. **200 F** 3 pers. **230 F**
pers. sup. **60 F** repas **65 F**

🏊	⛵	🏄	🎣	🚶	🎿	⛷	🏇
10	7	10	3	3	5	15	15	10

RAMOS Marcel – 90 rue du Cres – 34370 Maraussan – Tél. : 67.90.00.56 ou 67.93.58.27

Maureilhan

✽✽✽ NN
(TH)

Alt. : 35 m — Propriétaire-viticulteur possédant 6 chambres au cœur du village. Salle de séjour, coin-repos, bibliothèque, 4 chambres au 1er étage avec salles d'eau ou bains et wc particuliers (2 ou 3 pers.). 2 ch. au r.d.c. avec salles d'eau et wc privés (2/3/4 pers.), TV, cheminée. Jardin, aire de jeux, terrasse ombragée, parking fermé. Gare 9 km. Commerces sur place. Espagnol et anglais parlés.

Prix : 1 pers. **165 F** 2 pers. **200/220 F** 3 pers. **270 F**
pers. sup. **50 F** repas **80 F**

🏊	⛵	🏄	🎣	🚶	🎿	⛷	🏇
20	9	20	4	4	7	15	15

FABRE-BARTHEZ Leon et Marie-Andree – 7 rue Jean Jaures – 34370 Maureilhan – Tél. : 67.90.52.49

Minerve La Ferme du Bois Bas

✽✽ NN
(TH)

Alt. : 500 m — Sur un domaine d'élevage environné de garrigues et de forêts, avec accès à la Cesse (rivière 1ere catégorie). Chambres dans un corps de ferme de caractère : séjour, bibliothèque, 4 ch. dont 3 avec lit double et 1 avec lits jumeaux, s.d.b. et wc dans chaque ch., TV, jeux, point-phone. 1/2 pension et pension sur la base de 2 pers. Commerces 8 km. Terrasses, salons de jardin, piscine, abri vélos, escalade (force 5 à 8). Randonnées (pistes balisées), dolmens, visites vignerons minervois, accueil rand. équest. Prix spéciaux en période hiver (consulter le propriétaire). Repas enfant : 75 F, et bébé - 2 ans : 40 F. Anglais et allemand parlés.

Prix : 2 pers. **345 F** pers. sup. **155 F** repas **125 F**
1/2 pens. **550 F** pens. **680 F**

🏊	🎣	🚶	🎿	⛷	🏇
60	SP	SP	SP	15	SP

LOISEAU A. Jean et Vivienne – La Ferme du Bois Bas - Minerve – 34210 Olonzac – Tél. : 67.97.14.95 – Fax : 67.97.10.68

Mireval

✽✽ NN

Alt. : 8 m — 1 chambre d'hôtes située au rez-de-chaussée de la villa du propriétaire avec entrée indé-pendante. Salle de séjour, salon, coin-cuisine, 1 ch. (1 lit 2 pers.), salle d'eau et wc individuels, TV, chauffage central. Loggia. Frigo. Bar. Parking clos et couvert, piscine privée. Abords arborés. Gare 1 km. Commerces 400 m. Anglais parlé.

Prix : 1 pers. **220 F** 2 pers. **240 F**

🏊	🚣	🏄	🎣	⛵	🚶	🎿	🏇
4	SP	4	4	4	0,3	1	25

GARNIER Simone – Lotissement Savino – 34110 Mireval – Tél. : 67.78.15.24

Montagnac

✽✽ NN
(TH)

Alt. : 45 m — Dans une maison du XIX° siècle, située sur la Nationale 113, 2 chambres d'hôtes aména-gées au 1er étage. 1 ch. (1 lit 2 pers.) avec sanitaires attenants, 1 ch. (1 lit 2 pers. 1 lit 1 pers.), sanitaires non attenants. R.d.c. : salle de séjour, salon, cour ombragée, salon de jardin. Chauffage élec-trique. Parking. Gare 22 km. Commerces sur place. Anglais et allemand parlés.

Prix : 1 pers. **170 F** 2 pers. **220 F** 3 pers. **300 F** repas **70 F**

🏊	🚣	🏄	🎣	🚶	🎿	⛷	🏇
22	5	22	4	SP	3	4	20

HASKINS Margaret – 15, avenue Pierre Silver - La Vigneronne – 34530 Montagnac – Tél. : 67.24.14.36 – Fax : 67.24.03.59

Moules-et-Baucels Domaine de Blancardy

✽✽ NN
(A)

Alt. : 170 m — Mas des XII° et XVI° siècles sur un domaine viticole de 350 ha. Nous offrons un calme assuré à mi-chemin entre mer et montagne et la possibilité d'un séjour actif (stage culinaire ou sportif), 3 ch. situées en r.d.c. surélevé, 1er et 2° étages : 1 ch. (1 lit 2 pers.), 1 ch. (2 lits 1 pers.), 1 ch. (2 lits 2 pers.), salles d'eau et wc. Anglais et espagnol parlés. Chauffage électrique, TV. Cour intérieure, par-king, vente de produits du domaine (vins, foies gras...). Station Aigoual 40 km, ski de fond, ferme-auberge sur place (60 pers. et +). Point-phone. Carte bancaire acceptée. Gare 40 km. Commerces 7 km. Ouvert toute l'année sur réservation.

Prix : 1 pers. **180 F** 2 pers. **250 F** pers. sup. **50 F**
repas **85/140 F** 1/2 pens. **210 F**

🏊	🚣	🏄	🎣	🚶	🎿	⛷	🏇
45	8	45	7	7	3	7	7

MARTIAL Laure – Domaine de Blancardy – 34190 Moules-et-Baucels – Tél. : 67.73.94.94 – Fax : 67.73.55.59

Nissan-Lez-Enserune Les Cigalines

⚜ NN

Alt. : 20 m — A 1 km de Nissan, direction Béziers, accès par aires de repos bordant la RN 9/113. Agréable villa entourée de vignes et de garrigues. Petit-déjeuner servi sur terrasse ombragée ou intérieure. 4 chambres dont 3 (1 lit 2 pers.), 1 ch. (1 lit 1 pers.), salle de bains et wc individuels. Jardin 1000 m², parking fermé. Gare 7 km. Commerces sur place. Anglais et allemand parlés.

Prix : 1 pers. **160 F** 2 pers. **200 F** pers. sup. **50 F**

15	4	15	15	15	SP	SP	30	30

PAINT Nicole – Villa Les Cigalines – 34440 Nissan-Lez-Enserune – Tél. : 67.37.16.20

Notre-Dame-de-Londres Le Pous

⚜⚜⚜ NN

Alt. : 225 m — 6 chambres dans belle demeure du XVIII° siècle, entourée de bois et garrigues. Salle de séjour, coin-cuisine, coin-repos, 3 chambres (2 lits 1 pers.), 3 chambres (1 lit 2 pers.), salles d'eau ou salles de bains et wc privatifs, chauffage. Vaste terrain, piscine. Gare 35 km. Commerces 9 km. Ouvert toute l'année.

Prix : 1 pers. **280 F** 2 pers. **300 F** pers. sup. **50 F**

40	SP	40	12	10	2	2	10	

NOUALHAC Elisabeth – Le Pous - Notre Dame de Londres – 34380 Saint-Martin-de-Londres – Tél. : 67.55.01.36

Pignan

⚜⚜ NN

Alt. : 50 m — Chambres situées dans une maison de caractère au centre du village. Salle de séjour, ch. 1 (1 lit 2 pers. douche, balcon), ch. 2 (2 lits 1 pers. douche), wc communs, ch. 3 (1 lit 2 pers. douche, wc), ch. 4 (1 lit 2 pers. 1 lit 1 pers. salle d'eau/wc), chauffage. Garage, cour. Gare 10 km. Commerces sur place.

Prix : 1 pers. **146/163 F** 2 pers. **184/212 F** 3 pers. **265 F**

17	2	17	3	SP	4	5

PINEDE Gilbert – 1, rue de la Cite – 34570 Pignan – Tél. : 67.47.72.46

Plaissan

⚜⚜⚜ NN

Alt. : 200 m — Dans un village paisible, maison de maître du début du siècle. Salle de séjour, coin-cuisine. Chambres avec ciel de lit, meubles et objets de 1900-1930. 1 ch. 2/4 pers. (1 lit 150), coin-salon. 1 ch. (1 lit 2 pers.). 1 ch. (2 lits 1 pers.). 1 suite (1 lit 160, 1 lit 1 pers.). 1 ch. (1 lit 160). Salles d'eau, wc privatifs. Chauffage. Jardin, parc. Garage. Possibilité de restauration à 200 m.(réserv. 2 nuits min.). Gare 40 km. Commerces sur place.

Prix : 2 pers. **220/300 F** 3 pers. **320/360 F** pers. sup. **60 F**

32	12	14	5	15	SP	5	12	30

COLIN Michel – 9, rue des Prunus – 34230 Plaissan – Tél. : 67.96.81.16

Pomerols Fon de Rey

⚜⚜⚜ NN
Ⓐ

Alt. : 30 m — Demeure restaurée du XVII° siècle, située au cœur des vignes, dans un parc de pins centenaires. Salle de séjour, coin-repos, 5 chambres situées au 2è ét. pour 2 à 3 pers. pourvues de salles d'eau et wc privatifs, 1 suite pour 4/5 pers. en 1er ét., ch. central, piscine privée, salon de jardin, poss. logement chevaux, stages, atelier de vitrail, ping-pong. Salle de billard. Gare 10 km. Commerces 1 km. Ouvert de Pâques à la Toussaint.

Prix : 1 pers. **230 F** 2 pers. **250/300 F** 3 pers. **350 F** pers. sup. **100 F** repas **80 F** 1/2 pens. **230 F**

10	SP	10	3	10	1	5	10	10

POISSON Catherine – Domaine Fon de Rey - Route de Pezenas – 34810 Pomerols – Tél. : 67.77.08.56 – Fax : 67.77.08.56

Popian

⚜⚜ NN

Alt. : 80 m — 2 chambres aménagées dans une ancienne dépendance, entièrement rénovée, du château de Popian (XVII° siècle), à l'entrée du village. Salle à manger, salon. 2 ch. (1 lit 2 pers. 2 lits 1 pers.). 2 salles de bains et wc privatifs. Chauffage central. Cour intérieure pour petits déjeuners. Parc ombragé. Parking. Réduction pour séjours. Gare 30 km. Commerces 2 km. Ouvert de Pâques à la Toussaint. Anglais et italien parlés.

Prix : 1 pers. **200/250 F** 2 pers. **300/350 F** 3 pers. **500 F**

30	5	5	5	5	5	5	5	10

GRACEY Victoria – 4,Impasse du Cabanis – 34230 Popian – Tél. : 67.57.68.34 – Fax : 67.57.68.34

Pouzolles

⚜⚜⚜ NN
Ⓣⓗ

Alt. : 150 m — Chambres aménagées à l'étage d'une maison de caractère attenante à celle des propriétaires vignerons. R.d.c. : salle à manger, salon. 1er ét. 1 ch. (2 lits 1 pers. 1 lit 2 pers.), s. d'eau, wc, 1 ch. (1 lit 2 pers. 1 lit 1 pers.), s. d'eau, wc, 1 ch. (4 lits 1 pers.), s. d'eau, wc, 1 ch. (1 lit 2 pers. 2 lits 1 pers.), s.d.b., wc, 1 ch. (4 lits 1 pers.), s.d.b., wc. Ch. élect., cheminée, TV, tél. Piscine, salle de loisirs (doc. jeux de société...). Jardin et terrasse ombragés, portique, jeux, parking fermé, abri pour vélos. Repas enfant - de 6 ans : tarif réduit. Poss. menu à la carte à 13 h. Gare 16 km. Commerces 500 m. Ouvert du 1er avril au 20 octobre.

Prix : 1 pers. **220 F** 2 pers. **260/280 F** 3 pers. **350/370 F** repas **90 F** 1/2 pens. **200/230 F**

31	SP	25	10	10	0,5	8	20	8

GELLY Brigitte – L'Eskillou – 34480 Pouzolles – Tél. : 67.24.70.12 ou 67.24.60.50 – Fax : 67.24.60.50

Puimisson

⚜⚜ NN

Alt. : 40 m — 2 chambres d'hôtes situées de plain-pied, au rez-de-chaussée de la maison du propriétaire. 1 ch. (1 lit 2 pers.). Salle d'eau et wc privatifs. 1 ch. (1 lit 2 pers.) Salle d'eau et wc privatifs. Chauffage. Grand parc ombragé. Gare 15 km. Commerces sur place.

Prix : 1 pers. **180 F** 2 pers. **200 F** 3 pers. **230 F**

25	25	10	10	SP	9	9

SERRUS Andre – Rue des Caves – 34480 Puimisson – Tél. : 67.36.09.57

Quarante Chateau de Quarante   *C.M. n° 83*

Alt. : 30 m — R.d.c. : salle de séjour, coin-salon, cheminée, TV, 4 ch. (2 lits 1 pers.), 1 ch. (3 lits 1 pers.), salles de bains et wc privatifs. Chauffage électrique. Point-phone. Terrasse, piscine, aire de jeux. Gare 25 km. Commerces sur place. Anglais et allemand parlés. Sous le soleil exactement, entre mer et montagne, un coin privilégié du vignoble languedocien, vous apprécierez le charme de ce château XVIIIe siècle, rénové avec goût pour vous offrir des prestations de grand confort. Découvrez l'âpre beauté de l'arrière pays, dégustez la vraie cuisine du terroir.

Prix : 1 pers. **425/625 F** 2 pers. **425/625 F** repas **150 F**

40	SP	40	1	1	SP	2

NEUKIRCH Nicole et Nicolas – 25, Av du Chateau de Quarante – 34310 Quarante – Tél. : 67.89.40.41 – Fax : 67.89.40.41

Roquebrun Les Mimosas   *C.M. n° 83*

Alt. : 89 m — Dans un beau village, en bordure de l'Orb et aux portes du parc du Haut-Languedoc, belle maison de maître du XIXe siècle rénovée. R.d.c. : salon, 1 ch. (1 lit 2 pers.). Salle d'eau, wc privatifs. 1er étage : 1 ch. (1 lit 2 pers.). Salle d'eau non communicante, wc, 2 ch. (1 lit 2 pers.), salle d'eau et wc privatifs, bibliothèque. Terrasse ombragée, garage. Gare 30 km. Commerces sur place. Anglais parlé. Auberge à proximité.

Prix : 1 pers. **230 F** 2 pers. **245/285 F** pers. sup. **50 F** repas **95/125 F**

45	30	45	SP	SP	SP	25	SP	25

LA TOUCHE Denis et Sarah – Avenue des Orangers - Les Mimosas – 34460 Roquebrun – Tél. : 67.89.61.36 – Fax : 67.89.61.36

Saint-Andre-de-Bueges Bombequiols   *C.M. n° 83*

Alt. : 250 m — Bastide médiévale du XVIe siècle, au milieu de ses terres, dans un site sauvage et préservé. Salle à manger sous les arches de la terrasse ou devant la cheminée selon les saisons. 2 ch., 1 duplex et 3 suites (1 à 4 pers.) élégamment meublés et distribués autour de la cour intérieure. Salle de bains, wc privatifs. Piscine. Parc de 50 ha. Lac collinaire sur place. Le calme et la sérénité charmeront les inconditionnels du silence. Produits du terroir, vins de pays. Randonnées et visites de qualité : St-Guilhem-le-Désert, La Couvertoirade, églises romanes, grotte des Demoiselles, bambouseraie d'Anduze. Canoé, équitation, VTT à 10 km. Commerces 12 km.

Prix : 1 pers. **500/650 F** 2 pers. **550/700 F** 3 pers. **700/850 F** repas **80/130 F**

SP	SP	SP	12	6	2

BOUEC Anne-Marie – Route de Brissac - Bombequiols – 34190 Saint-Andre-de-Bueges – Tél. : 67.73.72.67

Saint-Clement-de-Riviere   *C.M. n° 83 — Pli n° 7*

Alt. : 170 m — Un havre de paix et de silence pour ces 3 chambres situées dans une maison de maitre du XVIIIe siècle. Salle de séjour, grand salon. 1 suite (1 lit 2 pers. 1 lit 120). S.d.b., wc privatifs. 1 ch. (2 lits 1 pers.), coin-salon. S.d.b., wc privatifs. 1 ch. (1 lit 2 pers.). Salle d'eau, wc privatifs. Cheminée. Téléphone. Piscine. Grand jardin. Gare 7 km. Commerces 500 m. Nombreuses possibilités de promenades et activités sportives entre mer et montagne. Circuits pédestres et cyclo-tourisme. Anglais parlé.

Prix : 2 pers. **450 F**

15	SP	15	SP	SP	0,5	8	5

BERNABE Calista – Domaine de Saint-Clement – 34980 Saint-Clement-de-Riviere – Tél. : 67.84.05.29 ou 67.84.00.44

Saint-Genies-des-Mourgues

Alt. : 85 m — 2 chambres aménagées dans une maison indépendant, entourée d'oliviers, dans un site calme et reposant, avec entrée indépendante pour chaque chambre. 1 ch. (2 lits 1 pers.) avec s. d'eau/wc attenants, coin-salon, TV, terrasse privative. 1 ch. (1 lit 2 pers.) avec s.d.b., wc privatifs non attenants, coin-salon, TV. Chauffage central. Terrain, terrasse, salon. Jardin, piscine. Gare 10 km. Commerces 1 km.

Prix : 1 pers. **220 F** 2 pers. **280 F** 3 pers. **320 F** repas **80 F**

25	SP	25	1	4	15

LESMARY Monique – 104, Chemin des Olivettes – 34160 Saint-Genies-des-Mourgues – Tél. : 67.86.22.31 ou 67.86.26.43 – Fax : 67.86.22.31

Saint-Georges-d'Orques   *C.M. n° 83 — Pli n° 17*

Alt. : 75 m — Situé à l'extérieur du village, ensemble de 6 chambres d'hôtes aménagées dans un bâtiment de construction récente. Ch.1, 4 et 5 (2 lits 1 pers.), ch. 2 (1 lit 2 pers.), ch. 3 (1 lit 2 pers. 2 lits 1 pers.), ch. 6 (1 lit 2 pers.), s. d'eau, wc privatifs, chauffage électr., kitchenette salon, barbecue. Terrain, terrasse, parking. Point-phone. Gare 6 km. Commerces sur place. Ouvert toute l'année.

Prix : 1 pers. **175 F** 2 pers. **220 F** 3 pers. **260 F** pers. sup. **45 F**

17	3	17	3	0,7	0,6	35	4

GAY J.Pierre et Brigitte – Chemin de Bouisson – 34680 Saint-Georges-d'Orques – Tél. : 67.75.07.67 ou 67.03.35.58

Saint-Jean-de-Bueges Le Grimpadou   *C.M. n° 83*

Alt. : 150 m — 4 chambres aménagées dans une maison traditionnelle au centre du village. Salle de séjour, coin-repos, salle d'eau, coin-salon. 1 ch. (2 lits 2 pers.), 2 ch. (1 lit 2 pers.), 1 ch. (1 lit 2 pers. 1 lit 1 pers.), salles d'eau, wc privatifs. TV. Chauffage. Jardin. Prix dégressifs à la semaine. Suppl. animaux : 20 F. Gare 45 km. Commerces sur place. Ouvert toute l'année sur réservation.

Prix : 1 pers. **200 F** 2 pers. **250 F** 3 pers. **300 F** pers. sup. **30 F** repas **85 F** 1/2 pens. **220 F**

50	18	SP	SP	SP	1	7

COULET Jean-Luc – Le Grimpadou – 34380 Saint-Jean-de-Bueges – Tél. : 67.73.11.34

Saint-Martin-de-l'Arcon La Pomarede
C.M. n° 83 — Pli n° 4

♒♒ NN
(TH)

Alt. : 200 m — Deux chambres aménagées au rez-de-chaussée d'une maison de caractère en pierres apparentes. 2 chambres (1 lit 2 pers.). Salle d'eau privative. WC communs. Chauffage central. Terrasse. Gare 16 km. Commerces 1,5 km.

Prix : 1 pers. **150 F** 2 pers. **170 F** 3 pers. **200 F** repas **70 F**
1/2 pens. **150 F** pens. **180 F**

60	7	30	SP	1	2	2	SP	9

RAYNAL Marie-Pierre – La Pomarede – 34390 Olargues – Tél. : 67.95.80.42

Saint-Maurice-de-Navacelles Le Coulet
C.M. n° 83

♒♒ NN
(TH)

Alt. : 633 m — Suite aménagée dans un ancien bâtiment entièrement rénové sur le parcours du GR74 entre Saint-Guilhem-le-Désert et Saint-Maurice-de-Navacelles. La suite est composée de 2 ch. (1 lit 2 pers.). Salle de bains, wc. Coin-détente, cheminée, téléviseur sur mezzanine. Terrasse. Possibilité de randonnées sur place. VTT. Chevaux. Gare 40 km. Commerces 25 km. Ouvert toute l'année. Anglais et espagnol parlés.

Prix : 2 pers. **200 F** 3 pers. **250 F** repas **60 F**

45	20	30	110	10	9	SP	30	25

LAURENT Alain – Le Coulet - Le Zibardie – 34520 La Vacquerie – Tél. : 67.46.09.98

Saint-Pons-de-Thomieres Tailhos
C.M. n° 83

♒ NN
(TH)

Alt. : 550 m — Dans le Haut-Languedoc, la ferme de Tailhos est située au flanc des Monts de Somail, entre sapins, chataîgniers et landes de bruyère. 2 ch. (1 lit 2 pers.). 2 ch. (1 lit 1 pers.). Douche, lavabo privatifs. 2 wc communs. Table d'hôtes et gîte de groupe sur place. Vente de produits fermiers. Commerces 5 km. Ouvert toute l'année. Anglais et allemand parlés.

Prix : 1 pers. **170 F** 2 pers. **230 F** repas **65/80 F**

65	5	12	SP	10	5	SP	12	40

DRUON Christian – Ferme Tailhos – 34220 Saint-Pons-de-Thomieres – Tél. : 67.97.27.62

Saint-Series Mas de Fontbonne
C.M. n° 83 — Pli n° 7

♒♒♒ NN
(TH)

Alt. : 75 m — Situé dans un mas, au cœur de la campagne et des vignobles, ensemble de 5 chambres aménagées au r.d.c. d'un ancien bâtiment d'exploit. rénové comprenant 4 gîtes. 4 ch. (1 lit 2 pers.), 1 ch. (2 lits 1 pers.). S. d'eau et wc privés, ch. électr., salon détente (TV hors-saison). Terrain, terrasse avec salon de jardin, parking, piscine ouverte de juin à octobre. Gare 7 km. Commerces 1,5 km. Ouvert toute l'année.

Prix : 1 pers. **200 F** 2 pers. **250 F** 3 pers. **280 F**
pers. sup. **40 F** repas **90 F**

20	SP	20	1,5	2	1,5	6	1,5	13

LIGNON Luc – Mas de Fontbonne – 34400 Saint-Series – Tél. : 67.86.00.30 ou 67.86.08.74

Salasc
C.M. n° 83 — Pli n° 5

♒♒♒ NN
(A)

Alt. : 207 m — 5 chambres aménagées dans une maison isolée en prolongation de la ferme-auberge (vin compris) donnant sur une terrasse particulière. 1 ch. 2 pers., 3 ch. 3 pers., 1 ch. 4 pers. avec salles d'eau et wc privés, lave-linge. Salle de séjour à disposition.

Prix : 2 pers. **240 F** 3 pers. **320 F** repas **90 F** 1/2 pens. **200 F**
pens. **250 F**

4	1	10	4	4	

DELAGE Lionel et Jocelyne – Route du Mas Canet – 34800 Salasc – Tél. : 67.96.15.62

Salelles-du-Bosc
C.M. n° 83 — Pli n° 5

♒♒ NN

Alt. : 160 m — Maison de maître située dans le village, comportant grande cuisine, ch. 1 (1 lit 2 pers.), ch. 2 (2 lits 1 pers.), ch. 3 (1 lit 2 pers. 1 lit 1 pers.), ch. 4 (1 lit 2 pers.), salles d'eau et wc privatifs, chauffage, cheminée, TV. Cour, terrasse. Gare 50 km. Commerces sur place.

Prix : 1 pers. **185 F** 2 pers. **200 F**

50	0,5	3	3	3	0,5	3	15	12

VAILLE Huguette – 1, rue de la Marguerite – 34700 Salelles-du-Bosc – Tél. : 67.44.70.60

La Salvetat-sur-Agout La Moutouse
C.M. n° 83 — Pli n° 3

♒ NN
(TH)

Alt. : 870 m — Sur le chemin de Saint-Jacques de Compostelle, 3 chambres d'hôtes dans une ferme sur une exploitation agricole. 1 ch. (1 lit 2 pers.), salle de bains, wc. 1 ch. (1 lit 2 pers. 2 lits 1 pers. superp.), salle d'eau, wc. 1 ch. (1 lit 2 pers. 1 lit 1 pers.), salle d'eau, wc. Chauffage central. Table d'hôtes avec produits de la ferme. Commerces 4 km.

Prix : 2 pers. **180/220 F** pers. sup. **60 F** repas **75 F**

87	5	5	4	5	5	5	SP	SP

PISTRE Noelie – La Moutouse – 34330 La Salvetat-sur-Agout – Tél. : 67.97.61.63

Saussan La Traboule
C.M. n° 83

♒♒ NN

Alt. : 50 m — 3 chambres d'hôtes avec entrée indépendante, attenantes à la maison de maître du propriétaire. Salle de séjour. 1 ch. (1 lit 2 pers. 1 lit 1 pers.). 2 ch. (1 lit 2 pers.). Salle d'eau, wc privatifs. Chauffage central. Jardin. Jeux pour enfants. Gare 10 km. Commerces sur place.

Prix : 1 pers. **180 F** 2 pers. **210 F** 3 pers. **250 F**

15	3	15	SP	4	10

GOUY Jacqueline – 5, rue des Penitents - La Traboule – 34570 Saussan – Tél. : 67.47.85.53

Saussan

�☆☆☆ NN

Alt. : 50 m — Nous vous accueillons dans un ancien bâtiment viticole, en pierres apparentes dans lequel nous avons aménagé 4 chambres avec entrée indépendante. R.d.c. : vaste salle de séjour, salon. 1 ch. (2 lits 1 pers.). 1 ch. (1 lit 2 pers.), s. d'eau et wc privés. 1er ét. : 2 ch. (1 lit 2 pers.), s. d'eau, wc privés. Ch. central. Terrasse ombragée. Grand jardin arboré. Parking clos. Gare 10 km. Commerces sur place.

Prix : 1 pers. **200 F** 2 pers. **250 F**

10	3	10	SP	4	10

GINE Ariane – 6, rue des Penitents – 34570 Saussan – Tél. : 67.47.81.01

La Tour-sur-Orb

☆☆☆ NN
(TH)

Alt. : 220 m — Nous vous accueillons dans notre maison de maître du début du siècle, comportant salle de séjour, 2 ch. (1 lit 2 pers.), 2 ch. (2 lits 1 pers.), 2 ch. (1 lit 2 pers. 1 lit 1 pers.), salles de bains de wc privatifs, chauffage, TV, lave-linge, téléphone. Jardin ombragé, parking privé. Possibilité location vélos. Gare et commerces à 6 km.

Prix : 1 pers. **230 F** 2 pers. **250 F** 3 pers. **300 F**
pers. sup. **50 F** repas **100 F**

50	6	25	SP	SP	6	10	SP	12

CHEVALIER-PERIER Francoise – 34260 La Tour-sur-Orb – Tél. : 67.95.02.99

Vailhauques

☆☆ NN
(TH)

Alt. : 297 m — A la périphérie du village, 3 chambres d'hôtes aménagées dans la villa du propriétaire. Ch. 1 (1 lit 2 pers.), ch. 2 (3 lits 1 pers.), salle d'eau privative, wc communs, ch. 3 (1 lit 150, 1 lit 1 pers.), salle d'eau et wc privatifs, poss. lit enf., chauffage central, TV, cuisine à dispo. pour séjours été. Terrain attenant 2 ha clôturés. Gare 15 km. Commerces 2 km. Tarifs réduits pour 3 nuits et plus. Ouvert toute l'année.

Prix : 2 pers. **250/300 F** pers. sup. **100 F** repas **75 F**

20	5	25	10	2	5	15

BOTTINELLI-FAIDHERBE Huguette – 114 Chemin de la Fontaine – 34570 Vailhauques – Tél. : 67.84.41.26

Velieux Domaine de Lacan

☆☆☆ NN

Alt. : 500 m — Chambres aménagées au 1er étage d'une maison de maître du XVIIIe siècle sur un domaine calme entouré de forêts. R.d.c. : salle de séjour, coin-salon, cheminée, TV. 4 ch. (2 lits 1 pers.). 1 ch. (3 lits 1 pers.). Salle de bains, wc privatifs, chauffage électrique, table d'hôtes. Point-phone. terrasse, piscine adultes et enfants, aires de jeux. Gare 65 km. Commerces 15 km.

Prix : 1 pers. **150 F** 2 pers. **250 F** 3 pers. **350 F**

40	SP	40	2	13	4

SIVOM DU MARCORY 32641 Cianfarra Bruno – Domaine de Lacan – 34220 Velieux – Tél. : 67.97.17.74 – Fax : 67.91.32.34

Vias Domaine de la Source

☆☆ NN

Alt. : 2 m — Chambres de construction récente en r.d.c. surélevé. Salle de séjour, coin-salon, 1 ch. (1 lit 2 pers.), 2 ch. (1 lit 2 pers. 1 lit 1 pers.), 1 ch. (4 lits 1 pers.), 2 ch. (1 lit 2 pers. 2 lits 1 pers.). Salle d'eau, wc privatifs. Chauffage électrique. TV. Téléphone. Frigo-bar. Terrasse, salon de jardin, jeux pour enfants. Parking. Gare 4 km. Commerces 2 km.

Prix : 1 pers. **210 F** 2 pers. **240 F** 3 pers. **290 F**
pers. sup. **50 F**

4	5	4	4	4	2	1	4	6

DUPLAN Pierre – Domaine de la Source - Route de Beziers – 34450 Vias – Tél. : 67.21.67.49

Villeneuve-les-Beziers

☆☆ NN
(TH)

Alt. : 70 m — Belle maison de maître sur deux niveaux, récemment rénovée au centre du village, dans un quartier très calme. Salle de séjour. 2 ch. (1 lit 2 pers.), s.d.b./wc, douche privés. 1 ch. 1 épi NN (2 lits 1 pers.), s.d.b./wc privés à l'extérieur. Chauffage électrique. TV. Cour, salon de jardin. Gare 5 km. Commerces sur place. Valras-Plage à 8 km. Ecoplage de Sérignan. Ouvert toute l'année. Anglais parlé.

Prix : 1 pers. **150 F** 2 pers. **160 F** 3 pers. **200 F**
pers. sup. **50 F** repas **80 F** 1/2 pens. **225 F**

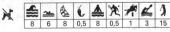

8	6	8	0,5	8	0,5	1	3	15

VINER Andre-Jean – 7, rue de la Fontaine – 34420 Villeneuve-Les Beziers – Tél. : 67.39.87.15

Villetelle Les Bougainvilliers

☆☆☆ NN
(TH)

Alt. : 25 m — Dans une belle maison de caractère, chambres de plain-pied avec entrées indépendants. 3 ch. (1 lit 2 pers.), coin-salon (canapé d'appoint). S. d'eau, wc. 1 ch. (2 lits 1 pers.), salon (canapé d'appoint). S. d'eau, wc. 2 suites (1 lit 2 pers. 2 lits 1 pers.). S. d'eau, wc. Ch. électr. Terrasse et salon de jardin individuel. Piscine, tennis privés. Grand terrain. Jeux d'enfants. Parking couvert. Panneau de basket, table de ping-pong, salle de billard. Gare 6 km. Commerces 1 km. Ouvert toute l'année.

Prix : 1 pers. **300 F** 2 pers. **320 F** 3 pers. **420 F**
pers. sup. **100 F** repas **100 F**

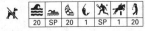

20	SP	20	1	SP	1	20

BARLAGUET Daniel – 343 Chemin des Combes Noires – 34400 Villetelle – Tél. : 67.86.87.00 – Fax : 66.53.30.77

Les Adrets-de-l'Esterel Domaine du Grand Jas

♨♨♨♨ NN Au cœur des montagnes de L'Esterel qui embrasent la baie de Cannes à 300 m, le domaine du Grand Jas : 2 ch. d'hôtes, 1 ch. (2 pers.), grande salle de bains/douche/wc 25 m², climatisation, téléphone, TV et terrasse, 1 ch. au rez-de-chaussée (2 pers.), salle de bains/douche/wc, TV, téléphone et terrasse. Ouvert toute l'année. Mandelieu 13 km, sortie autoroute. A 4 km du village, terrain ombragé avec vue sur la mer. Lac de Saint-Cassien 12 km (pêche, planches à voile et baignades).

Prix : 2 pers. 650/1100 F

	13	SP	4

DEMACON Pamela et Olivier – Domaine du Grand Jas – 83600 Les Adrets-de-l'Esterel – Tél. : 94.40.97.76 ou SR : 94.67.10.40.

Aiguines *C.M. n° 84 — Pli n° 6*

♨♨ NN Alt. : 800 m — Jean-Pierre vous accueille dans sa maison de village au-dessus d'un petit restaurant. 1er étage, 1 ch. (1 lit 2 pers.), 2 ch. (1 lit 2 pers. 1 lit 1 pers.). 2e étage, 1 ch. (1 lit 2 pers.), petit balcon avec vue sur le lac. Salle d'eau et wc privés pour toutes les chambres. Poss. réservation auprès du relais. Fax : 94.68.69.84. Les petits déjeuners peuvent se prendre au rez-de-chaussée à l'auberge du propriétaire. Vue splendide sur le lac de Sainte-Croix, pédalos, baignade, planche à voile. Escalade et randonnées pédestres dans les Gorges du Verdon. Le site attire les passionnés de rafting. Ouvert toute l'année.

Prix : 2 pers. 250 F 3 pers. 325 F

4	4	4	6	2

BAGARRE Jean-Pierre – Place du Village – 83630 Aiguines – Tél. : 94.84.23.11 ou 94.70.21.02 ou SR : 94.67.10.40.

Aiguines Domaine-de-Chanteraine *C.M. n° 84 — Pli n° 6*

♨♨♨ NN Alt. : 600 m — 6 chambres d'hôtes dans un château du XVIe siècle. Au 1er étage, 1 chambre (2 lits 1 pers.), salle de bains et wc. 1 chambre (1 lit 2 pers.), salle de bains et wc. 1 suite de 2 chambres (1 lit 2 pers. 1 lit 1 pers.), salle d'eau et wc. 1 séjour avec 2 lits 1 pers. 1 chambre (1 lit 2 pers.), salle d'eau et wc. 1 chambre (1 lit 2 pers.), salle de bains et wc. 6 chambres d'hôtes dominant le lac de Sainte-Croix, avec terrain, barbecue, accès par chemin de terre. Les Gorges du Verdon attirent les passionnés de rafting, de randonnées pédestres et d'escalade.

Prix : 1 pers. 270 F 2 pers. 270 F 3 pers. 345 F

85	2	SP	2	2	2	1

MORDELET – Domaine de Chanteraine – 83630 Aiguines – Tél. : 94.70.21.01 ou SR : 94.67.10.40.

Artigues Domaine-de-Pillaud *C.M. n° 84 — Pli n° 4*

♨♨♨♨ NN
(TH) Alt. : 469 m — 4 chambres d'hôtes situées sur un domaine boisé (possibilité chasse petit gibier). 1er étage : 4 chambres (2 lits 1 pers.), salle d'eau, wc. Chaque chambre comprend un salon particulier avec clic-clac 2 personnes et TV couleur par satellite. Poss. réservation auprès du relais. Fax : 94.68.69.84. A 7 km de Rians, 20 km de Saint-Maximin et non loin des gorges du Verdon qui attirent les passionnés de rafting et de randonnées pédestres. Un climat sec et des étendues boisées en font un lieu de séjour tranquille et vivifiant.

Prix : 2 pers. 400 F 3 pers. 500 F repas 140 F

65	35	SP	1,5	1,5

CURETTI Bruno – Domaine de Pillaud – 83560 Artigues – Tél. : 94.80.50.98 ou SR : 94.67.10.40. – Fax : 94.80.58.10

Aups Domaine-de-la-Tuilliere *C.M. n° 84 — Pli n° 6*

♨♨♨ Alt. : 650 m — 1 chambre d'hôtes dans un domaine agricole. Ouvert toute l'année. Cadre et vue exceptionnels au calme. 1 chambre (2 lits 1 pers.), salle de bains et wc + 1 fauteuil lit clic-clac pour une 3e pers. TV. Entrée indépendante donnant sur le jardin. Terrasse couverte. Possibilité cuisine simple. Chauffage central. Aups, petit village provençal à proximité du Lac de Sainte-Croix (15 km) et des célèbres Gorges du Verdon.

Prix : 1 pers. 300 F 2 pers. 350 F 3 pers. 450 F

65	15	1	15	15	1	5

MAILAENDER Nicolas – Domaine de la Tuilliere – 83630 Aups – Tél. : 94.70.00.59 ou SR : 94.67.10.40.

Bagnol-en-Forêt

♨♨ NN 2 chambres d'hôtes avec entrée indépendant du propriétaire. 2 chambres 2 lits 1 pers. chacune, 1 ch. avec salle de bains et wc indépendants, 1 ch. avec salle d'eau/wc. Commerces 1 km. Ouvert toute l'année. Fréjus 18 km, Saint-Raphaël et le lac de Saint-Cassien (pêche) 20 km. Terrain clos, terrasse. Parking à 900 m du village. Salon de jardin.

Prix : 2 pers. 200 F

	18	20	1,5	5

LOMBARD Jean-Louis – Route de Frejus – 83600 Bagnols-en-Forêt – Tél. : 94.40.62.50 ou SR : 94.67.10.40.

Bagnols-en-Forêt Le Poney-Blanc *C.M. n° 84 — Pli n° 8*

♨♨ NN Alt. : 300 m — 1 chambre d'hôtes au 1er étage de la maison du propriétaire en campagne avec terrasse. 1 chambre (2 lits 2 pers.), douche et wc. Possibilité de table d'hôtes. Fayence et son centre de vol à voile à 15 km. Saint-Raphaël et sa célèbre corniche d'Or des porphyres du Dramont aux roches rouges sont les points de départ d'excursions dans le massif de l'Esterel.

Prix : 2 pers. 230 F

20	20	15	15	3

TOUATI Claude – Quartier de Planpinet - Le Poney Blanc – 83600 Bagnols-en-Forêt – Tél. : 94.40.66.30 ou SR : 94.67.10.40.

Var

Bagnols-en-Forêt

¥¥¥
TH

Alt. : 250 m — 6 chambres d'hôtes en campagne avec terrain et terrasse. 5 chambres comprenant chacune (1 lit 2 pers.), 1 chambre (2 lits 1 pers.), salle d'eau et wc privés pour chaque chambre. Anglais parlé. Piscine privée. TV par satellite. Chambres d'hôtes au calme, à 5 km du village. Lac de Saint-Cassien à proximité. Parc, piscine et parking. Golf à Saint-Andréol 10 km. Site pour randonnées pédestres et cyclo.

Prix : 1 pers. **300 F** 2 pers. **320 F** 3 pers. **420 F** repas 100 F

17	17	SP	20	4	2	10	10

ROLLET Alain – Les Arcades Villa Arcadie - Chemin Saint-Denis – 83600 Bagnols-en-Forêt – Tél. : 94.40.68.36 ou SR : 94.67.10.40. – Fax : 94.40.30.87

Bagnols-en-Forêt

¥¥¥ NN

Alt. : 200 m — 1 chambre d'hôtes dans la maison du propriétaire, dans le bois, terrasse indépendante avec salon de jardin. 1 chambre (1 lit 2 pers.), salle d'eau et wc. TV coul. 1 réfrigérateur. Plusieurs restaurants à proximité. Téléphone avec ligne indépendante. Parking. A 3 km du village. Promenade et vol à voile à Fayence (15 km). Lac de Saint-Cassien 17 km.

Prix : 2 pers. **225 F**

17	17	4	4	4	3	4	10

ORSAT Anne-Marie – Villa « Ma Provencale » - Quartier Vauloube – 83600 Bagnols-en-Forêt – Tél. : 94.40.63.71 ou SR : 94.67.10.40.

Bargeme

¥¥¥ NN
TH

Annie vous accueille dans sa belle maison toute en pierre, rénovée, dans le village médiéval du XIIe siècle. Terrain, terrasse et salon de jardin. Rez-de-chaussée : 2 ch. (2 lits 1 pers. salle d'eau, wc), 1er étage : 3 ch. (2 lits 1 pers. salle d'eau, wc). TV dans le séjour du propriétaire, pique-nique et randonnées organisées. Anglais, allemand et italien parlés. Ouvert du 1er avril au 31 octobre. Commerces 5 km.

Prix : 1 pers. **250 F** 2 pers. **300 F** repas 90 F

5	2	5	5

NOEL Annie – Le Village - Les Roses Tremieres – 83840 Bargeme – Tél. : 94.84.20.86 ou SR : 94.67.10.40.

Barjols

¥¥¥ NN
TH

Michel vous accueille dans sa ferme restaurée du XVIIIe siècle sur une exploitation agricole de 10 ha. au milieu des vignes. Etage : 3 ch. (2 lits 1 pers.), s. d'eau, wc, 1 ch. (3 lits 1 pers.), s. d'eau, wc. Salle de lecture, jeux, piscine sur place à disposition des hôtes. Randonnées pédestres et VTT à partir de la ferme. Commerces 3,7 km. Lac de Quinson 25 km. Table d'hôtes le soir.

Prix : 1 pers. **290 F** 2 pers. **390 F** 3 pers. **490 F** repas 105 F

65	SP	3,7	25

PASSEBOIS Michel – Saint Jaume – 83670 Barjols – Tél. : 94.77.07.88 ou SR : 94.67.10.40.

Bauduen Domaine-de-Majastre

¥¥¥
TH

6 chambres d'hôtes dans propriété agricole au calme avec terrasse, terrain, salle commune pour petits déjeuners, salon avec TV. Au 1er étage, 5 ch. toutes avec (1 lit 2 pers. 1 lit 1 pers.), salle d'eau et wc. Au 2e étage, 1 ch. (1 lit 2 pers. 1 lit 1 pers.), salle d'eau et wc. Poss. réservation auprès du relais. Fax : 94.68.69.84. Site pittoresque avec sports nautiques au Lac de Sainte-Croix. Tous les avantages liés à l'arrière pays, climat sec et vivifiant. Les Gorges du Verdon attirent les plus passionnés de « rafting » et de randonnées pédestres. Piscine sur place.

Prix : 2 pers. **350 F** repas 120 F

3	SP	3	3	3	3

DE SANTIS Philippe – Domaine de Majastre – 83630 Bauduen – Tél. : 94.70.05.12 ou SR : 94.67.10.40.

Le Beausset

¥¥¥ NN
TH

Claude et André vous accueillent su leur exploitation viticole en pleine campagne et vous font découvrir l'amour leur métier. 2 chambres d'hôtes côte à côte (1 lit 2 pers.), salle d'eau/wc, (2 lits 1 pers.), salle de bains et wc, TV et mini-bar. Table d'hôtes sur réservation. A 1 km du village. Gare 17 km, commerces 1 km. Ouvert toute l'année.

Prix : 2 pers. **300 F** repas 80 F

9	1,5	0,5

MAILLET Claude – Route du Beausset Vieux – 83330 Le Beausset – Tél. : 94.98.72.79 ou SR : 94.67.10.40. – Fax : 94.90.25.91

Le Beausset Les Cancades

¥¥¥

2 ch. d'hôtes dans la maison du propriétaire sur un terrain de 5000 m² clôturé. R.d.c., 1 ch. avec jardin indépendant et salon de jardin (1 lit 2 pers.), s. d'eau et wc. 1er ét. 1 ch. (1 lit 2 pers.), s. d'eau et wc, 1 ch. (2 lits 1 pers.), salle de bains, wc. 1 ch. (1 lit 2 pers.), s. d'eau, wc. Poss. résa. auprès du relais. Fax : 94.68.69.84. Ouvert toute l'année. Pour les amateurs de motos : circuit du Castellet à proximité. Toulon, préfecture du Var et grand port militaire, ouvert sur l'une des plus belles rades d'Europe (17 km). Festival de danse à Châteauvallon.

Prix : 2 pers. **350/400 F** 3 pers. **440/490 F**

9	9	9	9	9	1,5	0,5	10

ZERBIB Charlotte – Les Cancades – 83330 Le Beausset – Tél. : 94.98.76.93 ou SR : 94.67.10.40.

Belgentier La Rouviere
C.M. n° 84 — Pli n° 15

☙☙ NN (TH)

Alt. : 180 m — Confortable chambre d'hôtes avec terrasse au 1ᵉʳ étage d'une villa provençale (1 lit 2 pers. 2 lits 1 pers.), lavabo, terrasse, salon de jardin. Salle de bains, wc privés au r.d.c. Petite TV dans la ch. Jolie vue, calme, au cœur d'une pinède avec piscine ombragée. Gare 25 km. Ouvert toute l'année. Anglais parlé. Résa auprès du SR, Fax : 94.68.69.84. Table d'hôtes en terrasse, cuisine provençale. Tarif pour séjour et enfant, nous consulter. Hyères et les îles d'or 22 km, Bormes-les-Mimosas et Le Lavandou, gorges du Verdon 60 km.

Prix : 1 pers. **200 F** 2 pers. **250 F** 3 pers. **290 F**
pers. sup. **40 F** repas 50/85 F

SP	22	SP	0,2	0,2	5	0,2

BISSUEL Daniel – La Rouviere – 83210 Belgentier – Tél. : 94.48.94.40 ou SR : 94.67.10.40.

Bras
C.M. n° 84 — Pli n° 5

☙☙☙

Alt. : 315 m — 2 chambres d'hôtes sur une propriété agricole. Ouvert toute l'année (sauf tous les mercredis d'octobre à mai). 1 chambre (1 lit 1 pers.), salle d'eau et wc. 1 chambre (1 lit 2 pers.), salle d'eau et wc. Terrasses. Animaux admis avec supplément. 2 courts de tennis et piscine sur place. Brignoles 14 km. Basilique de Saint-Maximin, les ruines du Château de Valbelle et l'Obélisque de Tourves, les Gorges et les Grottes du Carami, la Chartreuse de Méounes, les Montrieux sont des lieux d'excursions forts appréciés. Jeux de boules et randonnées en calèche sur place.

Prix : 1 pers. **220 F** 2 pers. **235 F**

70	70	SP	2	2	SP	5	18

HERMITTE Joseph – Quartier « Des Routes » – 83149 Bras – Tél. : 94.69.90.80 ou SR : 94.67.10.40. – Fax : 94.69.90.42

Le Cannet-des-Maures La Breche

☙☙☙ NN

1 chambre d'hôtes de 28 m² dans la maison des propriétaires pour une famille (2 pers. 2 enfants), s.d.b. et wc. Séjour, salon avec cheminée, TV à dispo. Terrain en restanque de plain-pied au niveau de la maison et de la terrasse. Commerces 4 km. Ouvert toute l'année. Abbaye du Thoronet 3 km, Draguignan 15 km et Le Luc 3 Km. Possibilité table d'hôtes sur réservation.

Prix : 2 pers. **200 F** 3 pers. **250 F**

28	3	3	5

AUBERT Marie – La Breche - Route du Thoronet – 83340 Le Cannet-des-Maures – Tél. : 94.73.85.95 ou SR : 94.67.10.40.

Carces Jas de la Rimade

☙☙ NN

A 5 km du village sur un domaine agricole, ancien domaine des Templiers situé entre pinède et vignoble. 2 chambres d'hôtes pour 4 pers. avec entrée indépendante en rez-de-chaussée, cabinet de toilette, wc et douche. Terrasse, terrain et salon de jardin. Commerces 5 km. Ouvert toute l'année. Lac (pêche), 10 km. Brignoles 11 km.

Prix : 2 pers. **330 F**

55	SP	5	5

HEINZ-SCHNEIDER Marcel – Jas de la Rimade – 83570 Carces – Tél. : 94.59.55.11 ou SR : 94.67.10.40.

Carces Mas-Saint-Jean
C.M. n° 84 — Pli n° 6

☙☙ NN (TH)

Alt. : 136 m — 4 chambres d'hôtes dans un vieux mas rénové entouré de vignes. 1 ch. (2 lits 2 pers. salle de bains), 1 ch. (2 lits 2 pers. salle d'eau), 1 ch. (1 lit 2 pers. 1 lit 1 pers. salle d'eau), 1 ch. (2 lits 1 pers. salle d'eau), 2 wc communs aux 4 ch. Salle de séjour, TV, bibliothèque, ping-pong, location de vélos sur place. Piscine sur place sans supplément. Fermé en décembre et janvier, pas de table d'hôtes en juillet et août. Le Lac de Carcès est 1 des principales réserves d'eau du département et attire de nombreux amateurs de pêche. Abbaye des bénédictins à La Celle, Abbaye Cistercienne au Thoronet, château d'Entrecasteaux, Collégiale de Lorgues.

Prix : 1 pers. **180 F** 2 pers. **240 F** 3 pers. **300 F**
pers. sup. **100 F** repas **80 F**

60	40	SP	0,5	0,5	6	6	10

BARGES Suzanne – C.D. 45 - Mas Saint-Jean – 83570 Carces – Tél. : 94.59.59.31 ou SR : 94.67.10.40.

Le Castellet
C.M. n° 84 — Pli n° 14

☙☙☙ NN

Jean-Luc vous accueille dans sa maison du XVIIᵉ siècle située dans une petite rue pittoresque. 2ᵉ étage. 5 chambres (1 lit 2 pers.), salle de bains ou salle d'eau chacune, wc. Terrasse, jardin, salon de jardin. Ouvert toute l'année. Poss. réservation auprès du relais. Fax : 94.68.69.84. Maison située dans le village médiéval du Castellet. Nombreuses boutiques. Le Circuit du Castellet attire les amateurs de motos et de voitures de courses 10 km. Toulon 15 km. Pittoresque marché de Sanary. Anglais parlé.

Prix : 1 pers. **285 F** 2 pers. **320 F**

9	9	1,5	9	1,5	10	9

AUDION Jean-Luc – B.P. 18 - 4 rue Droite – 83330 Le Castellet – Tél. : 94.32.67.67 ou SR : 94.67.10.40.

Claviers Carriero-de-la-Catalano
C.M. n° 84 — Pli n° 7

☙☙ NN

Alt. : 400 m — Michèle et Jean-Pierre vous accueillent dans leur maison de village. 1ᵉʳ étage, 1 suite (2 lits 2 pers.), salle d'eau, wc, séjour (kitchenette). 2ᵉ étage, 1 suite (1 lit 2 pers. 2 lits 1 pers.), salle d'eau, wc. R.d.c., salle à manger pour petits déjeuners. Garage (vélos, planche à voile). Poss. réservation auprès du relais. Fax : 94.68.69.84. Le village de Claviers est très pittoresque, il se situe non loin du Lac de Saint-Cassien à 16 km, près de Fayence et de son centre de vol à voile et à proximité des Gorges du Verdon, de l'escalade et des promenades pédestres. Ouvert toute l'année. Anglais, allemand et italien parlés.

Prix : 1 pers. **150/180 F** 2 pers. **200/230 F**

40	16	5	10	10	5	10	16

MICHELS Jean-Pierre – Carriero de la Catalano – 83830 Claviers – Tél. : 94.76.76.52 ou SR : 94.67.10.40.

Var

❤❤❤ NN   Jean-Pierre vous accueille dans sa propriété viticole de 30 ha. 5 chambres au rez-de-chaussée et demi étage. 1 ch. (1 lit 2 pers.), salle de bains, wc indép. avec bidet. 2 ch. (1 lit 2 pers.), salle d'eau, wc indép. avec bidet. 1 ch. (2 lits 1 pers.), salle de bains, wc avec bidet. 1 ch. (1 lit 2 pers. 1 lit 1 pers.), salle d'eau, wc indép. avec bidet. TV couleur. Possibilité table d'hôtes sur réservation avec produits de la ferme, terrasse avec salon de jardin et bassin décoratif. Promenades dans le Massif des Maures. Golfe de Saint-Tropez à 4 km. Cité lacustre Port-Grimaud à 5 km. Ouvert toute l'année. Anglais et italien parlés.

Prix : 2 pers. **280/400 F** 3 pers. **460/520 F**

4	4	10	0,8	0,8	2,5	0,8	6

SENEQUIER Jean-Pierre – Campagne Canadelle - Gîte du Bourru – 83310 Cogolin – Tél. : 94.54.62.21 ou SR : 94.67.10.40.

Collobrieres La Bastide de la Cabriere

❤❤❤ NN
(TH)   5 chambres d'hôtes dans maison restaurée, de caractère à 500 m de la route et 6 km du village, élevage de chèvres et vente de fromage sur la propriété. 5 ch. 2 pers. avec entrée indépendante, s. d'eau/wc. Terrasse, terrain, salon de jardin. Aéroport de Hyères 25 km. Gare 40 km, commerces 6 km. Ouvert toute l'année. 1/2 pens. sur la base de 2 pers.

Prix : 2 pers. **350 F** repas **150 F** 1/2 pens. **550 F**

20	12	6	6	25

DE SALNEUVE Loic – La Bastide de la Cabriere – 83610 Collobrieres – Tél. : 94.48.04.31 ou SR : 94.67.10.40.

Cotignac Domaine de Nestuby

❤❤❤ NN
(A)   Bastide provençale du XIX° au milieu des vignes à 5 km du village sur un domaine de 45 ha., 4 chambres d'hôtes pour 2,3 ou 4 pers. avec salle d'eau/wc ou salle de bains. Chauffage central. Terrain, terrasse, salon de jardin. Auberge de séjour sur place. Tarif repas le soir. Ouvert toute l'année. Lac Carcès (pêche) 7 km, Brignoles tous commerces 17 km.

Prix : 2 pers. **300 F** 3 pers. **350 F** repas **90 F**

10	10

ROUBAUD Nathalie – Domaine de Nestuby – 83570 Cotignac – Tél. : 94.04.60.02 ou SR : 94.67.10.40.

❤❤❤ NN
(TH)   4 chambres d'hôtes à 15 mn des plages d'Hyères avec terrasse couverte : 2 ch. (1 lit 2 pers. salle d'eau wc), 2 ch. (1 lit 2 pers. salle d'eau wc). TV et téléphone, terrain clos et jardin d'agrément à disposition des hôtes. Commerces 1,5 km. La Crau, Toulon, sa célèbre rade et son Mont Faron, les îles de Porquerolles et de Port-Cros. Table d'hôtes le soir avec vin de pays compris.

Prix : 1 pers. **230 F** 2 pers. **260/300 F** 3 pers. **350 F** repas **78 F**

12	SP	0,1	8

LALLIER Jean-Claude – 1417 rue de la Gare – 83210 La Farlede – Tél. : 94.33.01.79 ou SR : 94.67.10.40.

❤❤❤ NN
(TH)   Alt. : 349 m — 3 ch. dans la maison du propriétaire, au calme, au milieu de la verdure. R.D.C. : 2 ch. (2 lits 1 pers.), salle d'eau, wc. Etage : 1 ch. (1 lit 2 pers.), salle d'eau, wc. Salon (cheminée). Terrasse (salon de jardin). TV couleur. Le propriétaire organise des stages de yoga et cuisine. Piscine privée sur place. Centre international de vol à voile, Fayence se situe au carrefour des axes Grasse-Draguignan et Fréjus-Mons, à égale distance entre la barrière de l'Estérel et les premiers contreforts des Alpes de Haute-Provence, et à quelques minutes du lac de Saint-Cassien. Réduction à partir de 3 nuits.

Prix : 1 pers. **150 F** 2 pers. **280 F** 3 pers. **330 F** repas **100 F** 1/2 pens. **430 F**

30	15	6	2	15	6	6	35

MORANGE Jana – Ferme des Mouliers – 83440 Fayence – Tél. : 94.84.17.07 ou SR : 94.67.10.40.

❤❤❤ NN   Alt. : 300 m — Adélin et Myriam vous accueillent sur leur belle propriété avec piscine, terrasse et salon de jardin. 1 chambre avec suite (1 lit 2 pers. 2 lits 1 pers.), salle de bains et wc indépendants. Au calme avec terrain clôturé de 2000 m², jeu de boules. Pour séjour réduction 10 % à partir de la 2° nuit. Possibilité table d'hôtes sur réservation. A 800 m du village. Visite « Le Castellas », château médiéval en ruine. Promenades. Brignoles et son parc « mini France ». Ouvert toute l'année. Anglais, néerlandais et portugais parlés. Jeu de boules et ping-pong sur place.

Prix : 1 pers. **200 F** 2 pers. **300 F** 3 pers. **400 F** pers. sup. **50 F**

35	35	SP	1	0,7	0,1	0,8	20

VAN DER HAEGEN Adelin – Villa « La Chouette » - Chemin Peiracous – 83136 Forcalqueiret – Tél. : 94.86.79.29 ou SR : 94.67.10.40.

Forcalqueiret L'Arche

❤❤ NN
(TH)   Maison ancienne de 200 ans au centre du village, 3 chambres d'hôtes 2 pers. avec salle d'eau/wc ou salle de bains. Jardin paysager, barbecue, four à pizza dans le jardin. Commerces sur place. Ouvert toute l'année. Centre commercial Garéoult 5 km. Hyères (plages) 25 km. Table d'hôtes sur réservation.

Prix : 2 pers. **300 F** pens. **250 F**

35	5	5	1

PERNAUD Jean-Claude – 24 avenue Frederic Mistral - L'Arche – 83136 Forcalqueiret – Tél. : 94.86.66.80 ou SR : 94.67.10.40.

Forcalqueiret

☼ NN

Alt. : 296 m — 2 chambres d'hôtes dans une ancienne ferme avec grande cour clôturée, dans le village. 1 chambre (1 lit 2 pers. 1 lit 1 pers.), coin-toilette et wc. 1 chambre (1 lit 2 pers.), coin toilette et wc. Salle d'eau commune aux 2 chambres. Parking. Chauffage central. TV. Pénéplaine ouverte est-ouest, lieu de passage privilégié (voie Aurélienne, RN7, Autoroute A8 « la Provençale »). La Provence est ombragée de platanes et c'est un haut lieu de la pétanque. Brignoles à 11 km.

Prix : 2 pers. **250 F** 3 pers. **270 F**

40	40	3	1	0,5	0,5	3	

LESCOMBES – 32 rue Frederic Mistral – 83136 Forcalqueiret – Tél. : 94.86.72.92 ou SR : 94.67.10.40.

Frejus

☼☼ NN

Alt. : 8 m — 2 chambres d'hôtes au rez-de-chaussée de la maison du propriétaire. 1 chambre (1 lit 2 pers. 1 lit 1 pers.), coin-toilette dans la chambre, douche. 1 chambre (1 lit 2 pers.), coin-toilette dans la chambre, douche. WC communs aux 2 chambres. Jardin. Garage. Ouvert toute l'année. Fréjus, ville romaine aux nombreux vestiges : Arènes, lanterne d'Auguste, Aqueduc. Saint-Raphaël et sa célèbre Corniche d'Or. Le mont Vinaigre (616 m au Pic de l'Ours), domine les derniers contreforts et les nombreux circuits de randonnées pédestres.

Prix : 2 pers. **250 F** 3 pers. **290 F**

1	1	3	1	1	4	8

RIVIERE Helene – 282 Boulevard Severin Decuers – 83600 Frejus – Tél. : 94.53.71.33 ou SR : 94.67.10.40.

Gareoult

☼☼ NN
(TH)

Marceau vous accueille dans sa maison à l'entrée du village avec terrain clôturé, terrasse avec salon de jardin. 2 chambres aménagées au 1er étage (1 lit 2 pers.), salle d'eau, wc et TV chacune. Salle commune pour petits déjeuners au rez-de-chaussée, salon et séjour. Poss. réservation auprès du relais. Fax : 94.68.69.84. Village situé entre Forcalqueiret et Méounes. Gîte 4 pers. sur place. A 15 km de Brignoles et de son parc « mini France » et de tous ses commerces. Ouvert toute l'année. Italien parlé.

Prix : 2 pers. **220 F** repas **70 F**

35	35	0,3	0,3

PELISSIER Marceau – 10 Boulevard de la Liberation – 83136 Gareoult – Tél. : 94.04.92.70 ou SR : 94.67.10.40.

Ginasservis

☼☼☼ NN
(TH)

Jean-Marie vous accueille dans sa propriété de 80 ha. avec terrasse et salon de jardin à 2,5 km du village, rez-de-chaussée : 1 ch. (1 lit 160), 1 ch. attenante (1 lit 2 pers. salle d'eau wc), 1er étage : 1 ch. avec entrée indépendante (1 lit 160, salle de bains wc). Salon, TV, cheminée, billard chez le propriétaire. Commerces 2,5 km. Chasse privée sur domaine, ball-trap. Possibilité de baby-sitting. Randonnées pédestres, vol-à-voile. Lac d'Esparron 25 km et Aix-en- Provence 25 km. Fermé en janvier et février.

Prix : 1 pers. **300 F** 2 pers. **320 F** 3 pers. **370 F**
pers. sup. **30 F** repas **100 F**

2,5	2,5	10

PERRIER Jean-Marie – La Rougeonne – 83560 Ginasservis – Tél. : 94.80.11.31 ou SR : 94.67.10.40.

Ginasservis Aubanel

☼☼☼ NN

3 chambres d'hôtes dans sur une propriété agricole (élevage de chevaux) à 800 m de la route et 3 km du village, 1 ch. (1 lit 2 pers. 1 lit 1 pers.), salle d'eau/wc, terrasse, salon de jardin. 1 ch. (2 lits 1 pers.), salle d'eau/wc, 1 ch. (1 lit 2 pers.), salle de bains et wc. Salle commune avec cheminée. Téléphone. Possibilité table d'hôtes. Gare 30 km. Commerces 3 km. Ouvert toute l'année. Manosque 30 km. Lac d'Esparron-du-Verdon 15 km.

Prix : 2 pers. **280 F** 3 pers. **360 F**

3	3	SP

LAZES Michel – Aubanel - Route d'Esparron – 83560 Ginasservis – Tél. : 94.80.11.07 ou SR : 94.67.10.40.

Ginnasservis

☼☼☼ NN
(TH)

3 chambres d'hôtes dans un domaine agricole à proximité de 2 gîtes avec terrasse et salon de jardin. Au rez-de-chaussée : 3 ch. (1 lit 2 pers. salle de bains wc). Produits fermiers sur place. Commerces 5 km. Randonnées pédestres. Les gorges du Verdon attirent les amateurs de rafting.

Prix : 1 pers. **280 F** 2 pers. **280 F** 3 pers. **380 F** repas **100 F**

80	5	5

GRECH Paule – Domaine Espagne – 83560 Ginasservis – Tél. : 94.80.11.03 ou SR : 94.67.10.40.

Grimaud

☼☼ NN

Au pied du joli village de Grimaud entre Saint-Tropez et Sainte-Maxime, Marie-Claire et Jean-Pierre Martin vous proposent 1 ch. (2 lits 1 pers.) avec entrée indépendante, salle d'eau, wc privés. TV. Au grand calme dans un ravissant cadre de verdure avec piscine, parking sur la propriété. Jardin ou véranda pour les petits déjeuners. Commerces 2 km. Anglais parlé. Plages, promenades à cheval et tennis à proximité. Village à 800 m. Cogolin 1 km. Port-Grimaud 2 km.

Prix : 2 pers. **330 F**

2	SP	0,5	1	1

MARTIN Jean-Pierre – Quartier des Vassaux - Villa « La Chamade » – 83360 Grimaud – Tél. : 94.43.27.30 ou SR : 94.67.10.40.

Grimaud Bastide-de-l'Avelan   *C.M. n° 84 — Pli n° 17*

❦❦❦ NN Alt. : 5 m — 4 chambres d'hôtes en rez-de-chaussée de la maison du propriétaire, arborée et calme. 4 chambres comprenant chacune (1 lit 2 pers.), salle d'eau et wc. Terrasse commune. Ouvert toute l'année. Poss. réservation auprès du relais. Fax : 94.68.69.84. Anglais parlé. Saint-Tropez (11 km) carrefour international du monde artistique et littéraire. Cogolin (5 km) réputé pour ses fabriques de pipes et sa manufacture de tapis. Caps, baies, calanques et plages de sable fin.

Prix : 2 pers. 400 F

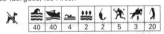

1,5	1,5	SP	1,5	1,5	1,5	1,5	1,5

HERMANGE – Quartier Robert - Bastide de l'Avelan – 83360 Grimaud – Tél. : 94.43.25.79 ou 94.43.37.61 ou SR : 94.67.10.40.

Lorgues La Matabone   *C.M. n° 84 — Pli n° 6*

❦❦❦❦ NN (TH) Alt. : 200 m — Dino et Thérésa vous proposent dans leur propriété au milieu d'un parc arboré de 2 ha, loin du bruit avec piscine et parking : 5 chambres d'hôtes dont 1 chambre 3 épis NN en maison indépendante, toutes équipées d'une salle d'eau, wc pour 2, 3 ou 4 pers. Table d'hôtes de qualité dans un cadre agréable. Gare 14 km, commerces 5 km. Ouvert toute l'année. Anglais parlé.

Prix : 2 pers. 320 F 3 pers. 380 F repas 110 F

35	35	5	3	2	5	3	8

DISCACCIATI Dino – La Matabone - 1614 Route de Vidauban – 83510 Lorgues – Tél. : 94.67.62.06 ou SR : 94.67.10.40. – Fax : 94.73.28.23

Lorgues   *C.M. n° 84 — Pli n° 6*

❦❦❦ NN (TH) Alt. : 350 m — 4 chambres d'hôtes au calme, terrasse ombragée, terrain de boules et parc fleuri. Parking. Salon avec TV. 2 chambres (1 lit 2 pers. chacune), salles de bains et wc privés. 2 chambres 2 épis NN (1 lit 2 pers.), salles d'eau et wc indépendants. Possibilité lit d'appoint pour les 4 chambres. La région est riche en sites culturels et en musées (Lorgues et sa Collégiale, le Thoronet et son Abbaye Cistercienne, Entrecasteaux et son château, Brignoles et son Palais des Comtes de Provence). C'est aussi le berceau des vins de Côtes de Provence (Lorgues, les Arcs).

Prix : 2 pers. 240 F 3 pers. 300 F repas 80 F

40	40	4	2	2	5	3	20

PERIN Ghislaine – Route de Saint-Antonin - D.50 – 83510 Lorgues – Tél. : 94.73.91.97 ou SR : 94.67.10.40.

Montauroux

2 chambres d'hôtes indépendants pour une famille de 4/5 au 1er étage de la villa des propriétaires avec salle d'eau/wc (1 lit 2 pers. 1 lit 1 pers. 1 lit 120, 1 lit bébé en toile). Terrasse, terrain (2500 m²), salon de jardin. Gare 28 km, commerces 4 km. Ouvert toute l'année. Lac de Saint-Cassien 3 km. Vol à voile à Fayence 12 km. Montauroux (cinéma) 4 km. Cannes 28 km.

Prix : 1 pers. 120 F 2 pers. 280 F pers. sup. 120 F

28	12	4	4

ROBARDET Pierre – Chemin de la Fontaine d'Aragon – 83440 Montauroux – Tél. : 94.47.71.39 ou SR : 94.67.10.40.

Montferrat   *C.M. n° 84 — Pli n° 7*

❦❦ NN 2 ch. d'hôtes à côté d'une auberge et de 5 gîtes, à l'entrée du village (1 lit 2 pers. 1 petite chambre 2 lits 1 pers. superposés), salle de bains wc. Les chambres donnent sur une kitchenette aménagée avec lave-linge et TV. Tennis et piscine sur place sans supplément, ping-pong et aire de jeux. Possibilité repas à l'auberge. Prix spécial pour contrat longue durée. Commerces 300 m.

Prix : 2 pers. 350 F

40	SP	SP	5

FAIVRE Daniel – Ferme du Baudron – 83131 Montferrat – Tél. : 94.70.91.03 ou SR : 94.67.10.40.

Montferrat La Calanco

❦❦ NN (TH) 4 chambres d'hôtes dans la maison des propriétaires, petite rue du village. 2 chambres 2/3 pers. avec salle d'eau/wc, 1 ch. 2 pers. avec salle de bains/wc et 1 ch. 2 pers. au rez-de-chaussée avec salle d'eau/wc. Gare 50 km. Ouvert toute l'année. Cascades, baignades dans le village. Accès à terrain, terrasse, salon de jardin en contrebas. Stage d'orfèvrerie organisé par la propriétaire.

Prix : 1 pers. 180/320 F 2 pers. 260/320 F 3 pers. 340/400 F repas 60/150 F

50	0,2

KUHLMANN Katrin – 20 rue du Docteur Rayel – 83131 Montferrat – Tél. : 94.70.93.10 ou SR : 94.67.10.40.

Montmeyan Campagne-Saint-Maurinet   *C.M. n° 84 — Pli n° 5*

❦❦❦ NN (TH) Alt. : 500 m — Vincent vous accueille dans sa maison en campagne, à 500 m du village. 2 chambres au rez-de-chaussée avec entrée indépendante, terrasse privée donnant sur les chambres. 1 ch. (1 lit 2 pers.), salle d'eau, wc. 1 ch. (2 lits 1 pers.), salle d'eau, wc. TV couleur et téléphone en service restreint dans les 2 chambres. Réfrigérateur commun à disposition. Arabe parlé. Table d'hôtes le soir uniquement. A 25 km du Lac de Sainte-Croix et des Gorges du Verdon qui attirent de nombreux amateurs de randonnées pédestres et d'escalade, ainsi que les passionnés de rafting. Ouvert toute l'année.

Prix : 1 pers. 260 F 2 pers. 280 F 3 pers. 380 F pers. sup. 100 F repas 100 F

25	0,8	5	5	0,8	20

GONFOND Dany – Campagne Saint Maurinet – 83670 Montmeyan – Tél : 94.80.78.03 ou SR : 94.67.10.40.

Montmeyan

❆❆ NN 1 chambre d'hôtes au 1er étage de la maison des propriétaires, terrasse avec salon de jardin, terrain et parking. 1 chambre avec suite (2 lits 2 pers. salle de bains wc), véranda et barbecue. Possibilité table d'hôtes. Commerces 800 m. Village 1 km. Lac de Quinson 2 km, Barjols 15 km.

Prix : 1 pers. 100 F 2 pers. 300 F

80	0,8	5	0,8	20

POUJOL Charles – Villa Chantoiseau - Quartier Les Teissonnieres – 83670 Montmeyan – Tél. : 94.80.71.52 ou SR : 94.67.10.40.

Neoules

❆❆❆ NN Jacky vous accueille dans sa maison à 2,3 km du village. 4 chambres d'hôtes indépendants en rez-de-chaussée : 3 ch. (1 lit 2 pers. salle d'eau wc), 1 ch. (1 lit 2 pers. 2 lits 1 pers. salle d'eau wc). Séjour avec TV et cheminée. Barbecue. Commerces 2,3 km. Piscine sur place à la disposition des hôtes. Tennis au village. Brignoles à 15 km, Hyères à 25 km. Pêche dans l'Issole à 2 km. Possibilité de table d'hôtes.

Prix : 1 pers. 250 F 2 pers. 280 F

25	SP	3	2,3

VIDAL Jacky – Chemin des Gres – 83136 Neoules – Tél. : 94.72.71.26 ou SR : 94.67.10.40.

Ponteves

❆❆❆ NN **(TH)** Armelle et Guillaume vous accueillent au sein d'un domaine agricole de 100 ha. adossé à la colline et parcouru par une petite rivière, rez-de-chaussée : salle commune, wc. 1 ch. en 1/2 étage avec accès sur terrasse indépendante (3 lits 1 pers. salle d'eau, wc). 1er étage : 1 ch. (2 lits 1 pers. salle de bains, wc), 1 suite de 2 ch. (4 lits 1 pers. salle de bains, wc.) Commerces 3 km. Belle vue sur le château de Pontevès et sur le Bessillon. 3 chambres d'hôtes dans une aile restaurée du corps de ferme datant du XVIIIe siècle. Verdon et lac de Sainte-Croix à 40 mn. Randonnées pédestres et VTT sur place. Table d'hôtes sur réservation.

Prix : 2 pers. 280 F 3 pers. 370 F repas 90 F

60	3	12	3	3

DE JERPHANION Armelle – Domaine Saint-Ferreol – 83670 Ponteves – Tél. : 94.77.10.42 ou SR : 94.67.10.40. – Fax : 94.77.19.04

Pourrieres Le Couvent

❆❆❆ NN 2 chambres d'hôtes dans la villa des propriétaires, 1 ch. au rez-de-chaussée (2 épis NN 2 pers. salle de bains et wc), 1 ch. au 1er étage (3 épis NN 2 pers. salle d'eau/wc). Chauffage électrique. Salon, séjour avec cheminée, TV. Terrain de 6000 m² ombragé et calme, terrasse ombragée, salon de jardin. A 1 km du village. Gare 20 km, commerces 1 km. Ouvert toute l'année. Aix-en-Provence (festival) 20 km. Saint-Maximin (basilique) 15 km.

Prix : 2 pers. 200 F

50	15	1	7

DRAGON Francis – Le Couvent - 80 rue des Cedres – 83910 Pourrieres – Tél. : 94.78.40.98 ou SR : 94.67.10.40.

Ramatuelle L'Audrac

❆❆❆ NN 3 chambres d'hôtes dans une maison rénovée sur une propriété de 30 ha. à 3 km du village. 2 chambres 3 épis pour 2 pers., salle d'eau/wc, entrée indépendant et 1 chambre 4 épis pour 2 pers. avec salle d'eau, wc, téléphone et TV, très bon confort. Chauffage électrique. Terrain, terrasse, salon de jardin autour de la piscine, au calme. Commerces 3 km. Ouvert toute l'année.

Prix : 2 pers. 350 F

3	3	3

BONNAURE-GHENO Sylvie – Quartier de l'Audrac – 83350 Ramatuelle – Tél. : 94.79.25.27 ou SR : 94.67.10.40.

Ramatuelle Lei Souco

❆❆❆ NN 5 chambres dans maison provençale. Rez-de-chaussée, 1 ch. (1 lit 2 pers.), salle de bains, wc. 1 ch. (2 lits 1 pers.), salle de bains, wc. 1 ch. (1 lit 2 pers.), salle d'eau, wc. 1er étage, 1 ch. (3 lits 1 pers.), salle de bains, wc. 1 ch. (1 lit 2 pers.), salle de bains, wc. Réfrigérateur et tél. direct dans toutes les chambres. Ouvert de Pâques au 30 septembre. A 2 km des plages de Pampelone. Ramatuelle à 3 km et Saint-Tropez à 7 km avec son célèbre port de plaisance, ses caps et ses baies, ses calanques et ses plages de sable fin. Commerces 3 km.

Prix : 2 pers. 350/680 F

2	2	7	2	SP	10

GIRAUD Gustave – Lei Souco – 83350 Ramatuelle – Tél. : 94.79.80.22 ou SR : 94.67.10.40.

Saint-Cyr-sur-Mer La Bastide-de-Pascal

❆❆❆ NN Alt. : 200 m — 3 ch. d'hôtes dans un mas rénové à la campagne. 1 suite indépendant avec hall d'entrée 2 lits 100, salle de bains/douche et wc, 1 ch. 2 lits jumeaux 100, salle de bains et wc, 1 ch. 1 lit 2 pers., salle d'eau et wc. Réfrigérateur communs aux 2 chambres. Entrée indépendante pour chaque chambre. Commerces 1 km. Plages 3 km. Ouvert de Pâques à la Toussaint. Tarif dégressif pour séjour.

Prix : 2 pers. 280/320 F pers. sup. 70 F

3	3	10	3	2	3	5

GRANIER Marguerite – Le Peras - La Bastide de Pascal – 83270 Saint-Cyr-sur-Mer – Tél. : 94.26.38.77 ou SR : 94.67.10.40.

Saint-Maximin   *C.M. n° 84 — Pli n° 4*

Dans un vieux mas restauré et isolé au cœur d'une exploitation agricole.5 ch. d'hôtes dans une vieille bâtisse rénovée au cœur d'un domaine de 25 ha de bois et de vignes, 2 ch. (1 lit 2 pers. salle d'eau wc), 1 ch. (1 lit 2 pers. 1 lit 1 pers. salle d'eau wc), 2 ch. (3 lits 1 pers salle d'eau wc). Commerces 5 km. Le midi, barbecue divers, le soir, table d'hôtes avec des recettes traditionnelles familiales. Piscine à la disposition des hôtes. Randonnées pédestres ou VTT dans les massifs de la Ste-Victoire et de la Ste-Baume. Aix-en-Provence et ses fontaines à 30 km.

Prix : 2 pers. **260 F** 3 pers. **340 F** repas **88 F**

🏊	🏊
50	SP

BAUDE Jean-Louis – **Domaine de Garrade - Route de Bras « Anai » – 83470 Saint-Maximin** – Tél. : **94.59.84.32** ou SR : **94.67.10.40.**

Saint-Raphael   *C.M. n° 84 — Pli n° 8*

1 chambre d'hôtes en rez-de-chaussée de la maison des propriétaires, petit studio de 50 m² avec salon et TV (1 lit 2 pers.), coin-cuisine, 1 ch. (2 lits 1 pers. superposés), salle d'eau, wc. Commerces 1 km. Idéal pour 2 adultes et 2 enfants. A 3 km du centre de St-Raphaël, à 1 km de Boulouris et 300 m du complexe sportif Roland Garros.

Prix : 2 pers. **300 F** 3 pers. **400 F** pers. sup. **50 F**

🐕	🏊	🏊	💧	🎿
	1	0,3	1	0,3

FERRY Berangere – **303 avenue Mozart – 83700 Saint-Raphael** – Tél. : **94.82.24.23** ou SR : **94.67.10.40.**

Saint-Tropez   *C.M. n° 84 — Pli n° 17*

2 chambres d'hôtes qui font studio dans une petite résidence en rez-de-chaussée : (1 lit 2 pers. 1 conv. 2 pers. salle de bains coin-cuisine équipée). Terrasse, parking. La plage à 500 m. Saint-Tropez 800 m. Commerces 800 m. Pour 4 pers. et selon période : 250 F/400 F. Juillet-août : 300 F/400 F.

Prix : 2 pers. **200 F** 3 pers. **250 F**

🏊	🏊	🎿	🐎
0,5	0,8	0,2	15

BONNAUD Roger – **Les Tivas - La Bouillabaisse – 83990 Saint-Tropez** – Tél. : **94.97.09.09** ou SR : **94.67.10.40.**

Sainte-Maxime   *C.M. n° 84 — Pli n° 17*

Jacqueline et Serge vous accueillent dans leur belle maison, avec accès indépendant en rez-de-jardin. Plus qu'une chambre d'hôtes, un petit appartement avec petit séjour privé (réfrigérateur), salle de bains et wc indépendants, en mezzanine une chambre (1 lit 2 pers.). Jardin en restanque, terrasse et salon de jardin. Chauffage électrique. Anglais parlé. A 1 km de la plage et à 18 km du Golfe de Saint-Tropez qui attire de nombreux touristes. Promenades dans les Maures. Ouvert du 20 février au 30 septembre.

Prix : 1 pers. **170 F** 2 pers. **300 F**

🐕	🏊	🚤	⛵	🎿	🏇
	1	1	1	3	0,5

FRANCOIS Jacqueline – **Lot « Les Pins Pignons » - 12 rue du Sequoia – 83120 Sainte-Maxime** – Tél. : **94.43.84.97** ou SR : **94.67.10.40.**

Salernes   *C.M. n° 84 — Pli n° 6*

1 chambre d'hôtes sur un domaine agricole à 2 km du village et à proximité d'un gîte de groupe dans la propriété, 1 chambre (1 lit 2 pers. salle d'eau wc). Terrasse et terrain. Commerces 3,5 km. Salernes et ses célèbres céramiques. Piscine naturelle aménagée dans la rivière la Muie. Ouvert d'avril à octobre.

Prix : 2 pers. **300 F** repas **90 F**

🐕	🏊	🎿	🎿	🏇
40	8	3,5	3,5	3,5

HENNY Caroline – **La Bastide Rose - Quartier du Gaudran – 83690 Salernes** – Tél. : **94.70.63.30** ou SR : **94.67.10.40.** – Fax : **94.70.77.34**

Les Salins-d'Hyeres Domaine-de-la-Ferme   *C.M. n° 84 — Pli n° 16*

2 chambres d'hôtes dans un domaine agricole avec possibilité de table d'hôtes. 1 chambre (2 lits 1 pers.), lavabo, coin-cuisine, douche et wc dans le couloir. Au 1ᵉʳ étage : 1 chambre (2 lits 1 pers.), salle d'eau, bidet, lavabo, wc. Toulon : préfecture du Var et grand port militaire, blotti au pied du Mont-Faron (542 m). Ouvert sur une des plus belles rades d'Europe.

Prix : 2 pers. **250/350 F** 3 pers. **300 F**

🏊	🏊	🏊	🎿	✈	🏇	🎿
1,5	3	5	5	SP	5	

RESSUGE – **Domaine de la Ferme - 1261 Chemin des Ourledes – 83400 Les Salins-d'Hyeres** – Tél. : **94.66.41.07** ou SR : **94.67.10.40.**

La Seyne-sur-Mer La Lezardiere   *C.M. n° 84 — Pli n° 15*

Norma et Alain vous accueillent dans leur très belle maison coloniale. 2 ch. au rez-de-chaussée avec accès indépendant (1 lit 2 pers.). Salle de bains et wc privés aux 2 ch. 2ᵉ étage : 1 chambre (1 lit 2 pers.), salle de bains, wc. Literie suédoise en 160. Bibliothèque, TV, salon. Petits déjeuners classiques ou à l'anglaise selon le désir des hôtes. Salle au 1ᵉʳ étage. Très belle propriété avec parc, terrain clôturé, terrasse, salon de jardin. A 1,2 km des plages et à proximité des bateaux qui font la navette La Seyne/Tamaris/Toulon. Ouvert toute l'année. Poss. réservation auprès du relais. Fax : 94.68.69.84. Anglais parlé.

Prix : 1 pers. **400 F** 2 pers. **450 F**

🐕	🏊	🚤	🎿
	1,2	1,2	1,2	0,2

JOUAN Norma – **La Lezardiere - Allee des Tamaris – 83500 La Seyne-sur-Mer** – Tél. : **94.30.08.89** ou SR : **94.67.10.40.**

Signes
C.M. n° 84 — Pli n° 15

♦♦♦ NN
(TH)

1 chambre d'hôtes dans la maison des propriétaires en campagne au calme, 1 ch. (1 lit 2 pers. 1 suite 2 lits 1 pers.), 1 mezzanine 1 lit 1 pers., salle d'eau, wc indépendants dans le couloir. TV. Terrasse avec salon de jardin. Commerces 1,5 km. Idéal pour une famille de 5 pers. Randonnées pédestres, VTT, circuit GR9 et GR99. Sanary à 20 km, Toulon à 30 km.

Prix : 2 pers. 270 F repas 90 F

20	1,5	1,5	0,5	

PENVERN Françoise – La Vieille Bastide – 83870 Signes – Tél. : 94.90.81.45 ou SR : 94.67.10.40.

Six-Fours
C.M. n° 84 — Pli n° 14

♦♦ NN

A l'entrée du village et à 600 m des plages, Michel vous accueille dans sa belle maison. Plus qu'une ch. d'hôtes, un petit appartement au 1er étage avec grande terrasse couverte en arcade, salon de jardin, séjour avec cheminée, salon, bibliothèque, TV couleur. 1 ch. (1 lit 2 pers.) et sa suite (1 lit 2 pers.), salle de bains et wc. Parking privé. Réfrigérateur. Convient très bien à une famille. Visitez la Collégiale Saint-Pierre, Notre-Dame du Mai, la Chapelle Pépiol, la Corniche Varoise, le Parc Méditerranéen, les îles des Embiez et du Gaou. Ouvert toute l'année. Anglais et italien parlés. Garage à vélos. L.linge. Micro-ondes.

Prix : 1 pers. 200 F 2 pers. 250 F

0,6	0,6	0,5	0,6	0,3	2	10

BERTRAND Michel – 1029 avenue John Kennedy – 83140 Six-Fours – Tél. : 94.25.92.12 ou SR : 94.67.10.40.

Six-Fours-les-Plages
C.M. n° 84 — Pli n° 14

♦♦♦ NN

1 chambre d'hôtes loin du bruit, au calme avec terrasse ombragée et salon de jardin. Kitchenette. 1 chambre, salle d'eau et wc. Terrain, jeux de boules, barbecue. A proximité de l'Ile des Embiez et de Toulon, préfecture du Var, grand port militaire et sa célèbre rade, l'une des plus belles d'Europe.

Prix : 2 pers. 290 F

0,3	0,3	1,5	SP	0,3	1	1,5	20

MERCHEYER – 688 Chemin des Faisses - Le Brusc – 83140 Six-Fours-Les Plages – Tél. : 94.34.01.07 ou SR : 94.67.10.40. – Fax : 94.34.09.37

Sollies-Toucas
C.M. n° 84 — Pli n° 15

♦♦♦ NN

Daniel vous accueille dans sa maison à 400 m du village, 1 chambre (1 lit 2 pers. salle de bains et douche wc), séjour, salon avec cheminée, TV à disposition. Terrasse avec salon de jardin, terrain. Commerces 200 m. Hyères et ses plages à 15 km. Possibilité de table d'hôtes sur réservation.

Prix : 2 pers. 250 F

15	0,2

LEFEVRE Daniel – Avenue du General de Gaulle – 83210 Sollies-Toucas – Tél. : 94.13.04.66 ou SR : 94.67.10.40.

Tavernes Domaine du Grand Chene

♦♦♦ NN

A 3,5 km du village, le domaine du grand chêne : 3 chambres d'hôtes au 1er étage de la maison des propriétaires : (2 pers. chacune), salle e bains et wc. Séjour, salon et cheminée. Terrain, terrasse, salon de jardin, piscine sur place. Commerces 8 km. Ouvert toute l'année. Lac Quison 10 km (pêche). Barjols 8 km.

Prix : 2 pers. 300 F pers. sup. 50 F

SP	3	3

PERRIN Adelaide – Domaine du Grand Chene - Route de Fox-Amphoux – 83670 Tavernes – Tél. : 94.72.34.37 ou SR : 94.67.10.40.

Trans-en-Provence Saint-Amour

♦♦♦♦ NN

1 chambre d'hôtes dans la maison du propriétaire avec entrée indépendant, terrain, terrasse, salon de jardin et petit lac aménagé pour la baignade. 1 chambre (1 lit 2 pers.) avec kitchenette, salle de bains/wc. Téléphone en service restreint. Buanderie, lave-linge et sèche-linge. Gare 10 km, commerces 1 km. Ouvert toute l'année. Draguignan 5 km.

Prix : 2 pers. 350 F

25	2	2	2

WAHL Camille – Saint-Amour - Chemin des Vignarets 286 – 83720 Trans-en-Provence – Tél. : 94.70.88.92 ou SR : 94.67.10.40.

Varages La Seignerolle
C.M. n° 84 — Pli n° 5

♦♦♦ NN

3 chambres d'hôtes aménagées dans la maison du propriétaire. Terrain, terrasse. Rez-de-chaussée : 1 chambre (2 lits 1 pers.), salle d'eau, wc. 1er étage : 1 suite de 2 chambres (1 lit 2 pers. chacune), salle de bains et wc communs. Salle commune. TV couleur. Poss. réservation. Fax : 94.68.69.84. A 1,8 km du village de Varages. Un climat sec et des étendues boisées en font un lieu de séjour tranquille et vivifiant. Les gorges du Verdon et le lac de Sainte-Croix à proximité.

Prix : 1 pers. 140 F 2 pers. 220 F

70	25	6	20	25	6

RAIBAUT Marc – La Seignerolle – 83670 Varages – Tél. : 94.77.85.39 ou SR : 94.67.10.40.

La Verdiere
C.M. n° 84 — Pli n° 5

♦♦♦ NN
(TH)

Alt. : 474 m — 2 chambres d'hôtes dans une ancienne maison rénovée avec vue sur la Sainte-Victoire avec entrée indépendante, au rez-de-chaussée : 1 ch. « Bergerie » (2 lits 1 pers. salle d'eau wc), au 1er étage : 1 ch. « Grenier » (3 lits 1 pers. salle d'eau wc). TV. Téléphone. Bibliothèque, jeux, initiation à l'astronomie. Location de vélos. Commerces 3 km. Ouvert du 1er avril au 30 septembre. Lac de Ste-Croix et gorges du Verdon pour les amateurs de rafting à 35 km. Manosques à 32 km. Gréoux les Bains à 20 km. Commune du Parc Régional du Verdon, passage du GR99 à proximité.

Prix : 1 pers. 200 F 2 pers. 260 F 3 pers. 320 F repas 90 F

3	3	20

ROSSI Gerard – Campagne la Brune – 83560 La Verdiere – Tél. : 94.04.12.70 ou SR : 94.67.10.40.

Le Vieux-Cannet

♥♥♥ NN Alt. : 127 m — 1 chambre d'hôtes dans la maison du propriétaire (1 lit 2 pers.), 1 ch supplémentaire (1 lit 1 pers.), salle de bains, wc. Accès à la salle de séjour avec cheminée. Commerces 2 km. Randonnées, vélos. Le Luc et sa base de loisirs à 3 km. Anglais parlé.

Prix : 2 pers. **300 F** 3 pers. **370 F**

🏊	♨	🎿	🏇	
27	11	2	SP	

LE DOUR Jean-Paul – Les Costettes – 83340 Le Vieux-Cannet – Tél. : 94.73.42.00 ou SR : 94.67.10.40. – Fax : 94.47.98.53

Vaucluse

Apt

♥♥♥ NN Alt. : 235 m — 4 chambres d'hôtes spacieuses dans belle maison située en dehors de la ville, au calme, avec vue panoramique. 4 chambres avec salle de bains et wc privés. Grand séjour avec cheminée et télévision, loggia, terrasse. Centre ville facilement accessible à pied comme en voiture. Commerces 1 km. Ouvert toute l'année.

Prix : 1 pers. **200 F** 2 pers. **270 F** 3 pers. **320 F** pers. sup. **60 F**

🏊	🏇	🏇	⛪	
3,7	3,7	5,3	3,7	

HEUZARD LA COUTURE Brigitte – « Les Mylanettes » par la rue des Bassins – 84400 Apt – Tél. : 90.74.67.15 – Fax : 90.74.47.20

Apt

♥♥ NN
(TH) Alt. : 235 m — Mireille et Yves vous proposent 3 chambres d'hôtes en famille au sein de leur exploitation agricole (vignes, cerisiers, légumes). Salle de bains et wc privés à chacune. Salle commune (télévision, bibliothèque). Piano. Ping-pong. Jardin clos. Petit paradis pour les randonneurs et les amoureux de la nature. Commerces et escalade 3 km. Ouvert toute l'année. Nombreux pôles d'attractions sportifs et culturels à proximité.

Prix : 1 pers. **202 F** 2 pers. **224 F** 3 pers. **280 F** pers. sup. **56 F** repas **80 F** 1/2 pens. **180 F**

🏊	🏇	🏇	🎣	⛪	🏃	
SP	3	3	30	3	SP	

NIEF – Moulin du Lavon – 84400 Apt – Tél. : 90.74.34.54 ou 90.04.76.63

Apt Les Vieilles Tourettes

♥♥♥ NN Alt. : 400 m — 2 chambres d'hôtes indépendantes dans une aile d'une très belle ferme du XVIIᵉ siècle située au milieu de champs de lavande, en campagne. 1 chambre au rez-de-chaussée avec salle de bains et wc privés. 1 chambre au 1ᵉʳ étage avec salle de bains et wc privés. Chauffage électrique. Salon/salle à manger avec cheminée réservé aux hôtes. Gare 45 km. Commerces 2 km. Ouvert toute l'année sauf du 10 juillet au 25 août. Anglais parlé.

Prix : 1 pers. **220 F** 2 pers. **260 F** pers. sup. **60 F**

🏊	🏇	🏇	🎣	⛪	🏔	🏃	
3	4	4	4	3	SP		

POIRSON Carole – Les Vieilles Tourettes – 84400 Apt – Tél. : 90.04.81.76 ou 90.04.83.28 – Fax : 90.04.83.56

Aubignan Quartier Bouteille

♥♥ NN
(TH) Alt. : 120 m — 2 chambres d'hôtes dans une partie ouest de la villa des propriétaires, dans un village, sur terrain clos arboré. 2 chambres au rez-de-chaussée avec salle d'eau et wc privés. Chauffage électrique. Salle commune, salon, salle à manger, cheminée, bibliothèque, TV, tél. Terrasse, parking. Gare 25 km. Commerces 200 m. Ouvert toute l'année. Espagnol parlé.

Prix : 1 pers. **180 F** 2 pers. **230 F** pers. sup. **80 F** repas **80/100 F** 1/2 pens. **260 F**

🐕	🏊	🏇	🏇	🎣	⛪	🏔	🏃	⛷
	3	1	1	25	1	8	4	25

HOSXE Gisele – Quartier Bouteille - Route de Carpentras – 84810 Aubignan – Tél. : 90.62.69.09

Aurel Richarnau

♥♥♥ NN
(TH) Alt. : 800 m — 5 chambres dont 2 suites dans une très belle maison indépendant de caractère. Au r.d.c. : 1 suite avec s. d'eau et wc privés. 1 ch. avec s.d.b. et wc privés et dressing. Au 1ᵉʳ étage : 1 ch. avec s. d'eau et wc privés, 1 ch. et 1 suite avec salle de bains et wc privés. Salle commune, salon, séjour, salle à manger, cheminée, TV. tél. Jardin non clos. Chauffage central. Parking. Vélos et VTT 8 km. Au calme, maison spacieuse et très confortable, située sur une propriété de 5 ha. entourée de champs de lavandes. Terrasse ombragée par un tilleul centenaire. Gare 60 km. Commerces 5 km. Ouvert du 15 février au 31 décembre. Anglais et allemand parlés.

Prix : 1 pers. **250 F** 2 pers. **300/450 F** pers. sup. **100 F** repas **120 F**

🏊	🏇	🏇	⛪	🏔	🏃	⛷
5	5	5	3	8	SP	20

MICHELLE Christian et Visnja – « Richarnau » – 84390 Aurel – Tél. : 90.64.03.62 – Fax : 90.64.03.62

Avignon Ile de la Barthelasse

♥♥♥ NN
(TH) Alt. : 50 m — 4 chambres d'hôtes dans une très belle ferme avec piscine sur place, en campagne. 2 chambres au rez-de-chaussée avec salle d'eau et wc privés. 1 chambre au 1ᵉʳ étage avec salle d'eau et wc privés et 1 chambre avec salle de bains et wc privés. Chauffage central. Salle commune, salon, séjour, salle à manger, cheminée. Bibliothèque. Terrain non clos. Parking. Lit supplémentaire gratuit. Gare et commerces 7 km. Ouvert toute l'année.

Prix : 1 pers. **300 F** 2 pers. **350 F** repas **100 F** 1/2 pens. **400 F**

🏊	🏇	🏇	🎣	⛪	🏃	
SP	5	2	10	1	SP	

MANGUIN Olga – L'Anastasie - Ile de la Barthelasse – 84000 Avignon – Tél. : 90.85.55.94 ou 90.86.32.31 – Fax : 90 82 59 40

Le Barroux

♥♥ NN
(TH)

Alt. : 300 m — 1 chambre d'hôtes en campagne, avec salle d'eau et wc privés. Chauffage électrique. Salle commune, bibliothèque, cheminée, télévision. Piscine commune à 3 gîtes, à la chambre et aux propriétaires. Terrain arboré et ensoleillé. Commerces 2,5 km. Ouvert du 1er avril au 31 octobre.

Prix : 1 pers. **200 F** 2 pers. **250 F** pers. sup. **60 F** repas **80 F**

SP	3,5	3,5	3,5	3,5	SP

CANET Michel – Quartier Clairier - « Route de Malaucene » – 84330 Le Barroux – Tél. : 90.65.10.84

Le Barroux Mas de Silvadour

♥♥♥ NN
(TH)

Alt. : 300 m — 4 chambres d'hôtes dans une bastide traditionnelle neuve. Environnement de vergers, vignes, en campagne, très belle vue sur les collines, Dentelles de Montmirail. Toutes avec salle d'eau, wc et terrasse privés. Chauffage central au sol. Salle à manger commune, salon, cheminée, bibliothèque, télévision, téléphone. Terrain non clos (6 ha.), en partie boisé. Parking. Table d'hôtes 3 fois/semaine. Gare 30 km. Commerces 5 km. Ouvert du 1er mars au 30 novembre. Anglais et allemand parlés.

Prix : 1 pers. **230/340 F** 2 pers. **230/400 F** 3 pers. **320/430 F**
pers. sup. **60 F** repas **80 F**

13	1	13	5	5	SP	25	

WEIS Simone et Claude – Mas de Silvadour – 84330 Le Barroux – Tél. : 90.65.04.73 – Fax : 90.65.03.32

Le Barroux Mas de la Lause

♥♥ NN
(TH)

Alt. : 300 m — 4 chambres d'hôtes dans un beau mas indépendant, en campagne, sur 2 ha. de terrain, vergers, pelouses. Au 1er étage avec salle d'eau et wc privés. Chauffage central. Salle à manger. Parking, terrasse. Gare 20 km. Commerces 1 km. Ouvert de Pâques à octobre. Anglais et allemand parlés.

Prix : 2 pers. **280 F** 3 pers. **360 F** repas **90 F**

12	0,5	7	20	5	5	SP	25

LONJON Christophe – Mas de la Lauze - Quartier Geysset – 84330 Le Barroux – Tél. : 90.62.32.77

Les Beaumettes

♥♥♥ NN

Alt. : 400 m — 5 chambres d'hôtes personnalisées, dans une belle maison de village, du XVIIe siècle. Piscine en terrasse. 3 ch. dont 1 suite dans cave voûtée, avec salle de bains et wc privés. 1 ch. avec mezzanine, salle de bains et wc privés. 1 ch. avec salle d'eau et wc privés. Chauffage électrique. Salle commune, grand salon, bibliothèque, cheminée en service, salle à manger. Cour commune, terrasses superposées, jardin, bois. Pétanque, jeux, ping-pong. Commerces 3 km. Ouvert du 15 mars au 30 octobre.

Prix : 2 pers. **350/500 F** pers. sup. **80 F**

SP	10

DENEITS Marthe – Le Ralenti du Lierre - Le Village – 84220 Les Beaumettes – Tél. : 90.72.39.22

Bedoin

♥
(TH)

Alt. : 300 m — 3 chambres d'hôtes dans une maison rénovée, dans un hameau, en campagne. Salle d'eau et wc communs aux chambres. Salle commune pour les repas. 1/2 pension enfant de 3 à 6 ans : 60 F. Vin compris dans le repas. Ouvert toute l'année.

Prix : 1 pers. **130 F** 2 pers. **160 F** 3 pers. **180 F**
pers. sup. **80 F** repas **80 F** 1/2 pens. **150 F**

3	3	3	5

CONSTANT – Les Baux – 84410 Bedoin – Tél. : 90.65.90.13

Bedoin

♥♥ NN
(TH)

Alt. : 300 m — 3 chambres d'hôtes dans la maison des propriétaires, dans le village. 2 chambres au 1er étage dont 1 indépendante avec terrasse privée (table et chaises), salle de bains et wc privés. 1 chambre avec salle d'eau et wc privés sur le palier. Chauffage électrique. Salle commune. Salon. Salle à manger/salon. Bibliothèque, télévision. Téléphone. Cheminée. Terrasse. Jardin clos. Parking. Hi-Fi, CD, Jeux de société. Vue exceptionnelle sur le Ventoux. Gare 40 km. Commerces 400 m. Oouvert toute l'année. Anglais parlé.

Prix : 1 pers. **200/220 F** 2 pers. **240/260 F** 3 pers. **280/300 F**
repas **80/90 F** 1/2 pens. **270/300 F**

0,3	0,3	1	5	5	0,1

GAUTIER Yves et Monique – 6 rue du Four Neuf - Près de l'Eglise – 84410 Bedoin – Tél. : 90.65.65.54 – Fax : 90.12.80.10

Bedoin Mas d'Angelique

♥♥ NN
(TH)

Alt. : 300 m — Ancienne ferme indépendante au pied du Mont-Ventoux, vue panoramique. Au 1er étage : 2 chambres et 1 suite toutes avec salle d'eau et wc privés (1 wc sur le palier). Chauffage électrique. Salon, salle à manger, cheminée, bibliothèque, télévision. Terrasse, terrain non clos. Longs séjours hors saison - 10 %. Gare 40 km. Commerces 1,5 km. Ouvert toute l'année.

Prix : 1 pers. **200 F** 2 pers. **250 F** 3 pers. **300 F**
pers. sup. **50 F** repas **75 F** 1/2 pens. **250 F**

1,5	1	1	5	5	SP	15

RABAGLIA Emile – Mas d'Angelique – 84410 Bedoin – Tél. : 90.65.95.23

Bedoin Les Tournillayres

♥♥♥ NN
(TH)

Alt. : 300 m — 4 chambres d'hôtes dans un très bel ensemble de petites maisons indépendantes de caractère, au pied du Mont-Ventoux, en campagne. 4 chambres indépendantes avec télévision, cheminée, coin-cuisine, jardin privatif, salle d'eau et wc privés. Chauffage électrique. Salle commune. Salle à manger. Bibliothèque. Terrain non clos. Parking. Repas sur réservation. Possibilité de stages. Gare 45 km. Commerces 1,5 km. Ouvert toute l'année. Anglais parlé.

Prix : 1 pers. **330 F** 2 pers. **390 F** 3 pers. **490 F** repas **100 F**

1	1	2	30	7	7	SP	15

RENAUDON Marie-Claire – Les Tournillayres – 84410 Bedoin – Tél. : 90.12.80.94

Bonnieux

☙☙☙ NN — Alt. : 450 m — 4 chambres d'hôtes dans une belle maison en pierre restaurée, en pleine campagne, dans un domaine boisé dominant la vallée, très belle vue, grand calme. 2 chambres avec salle de bains et wc privés. 2 chambres avec salle d'eau et wc privés. Chauffage central au mazout. Salon commun aux chambres. Terrasse. Terrain boisé de 1,5 ha. Grand patio. Gare 45 km. Commerces 3,5 km. Ouvert du 1er mars au 30 novembre. Anglais et espagnol parlés.

Prix : 1 pers. **325 F** 2 pers. **360 F** 3 pers. **420 F**

🛶	🎿	✈	☾	₵
5	5	4	30	8

ESCOBAR Angel et Francoise – La Bouquiere – 84480 Bonnieux – Tél. : 90.75.87.17

Bonnieux

☙☙☙ — Alt. : 450 m — 5 chambres d'hôtes dans une maison ancienne en haut du village. Salle de bains et wc privés. Chauffage central. Séjour, salle commune. Possibilité de faire la cuisine. Commerces sur place. Ouvert toute l'année.

Prix : 1 pers. **190 F** 2 pers. **220 F**

🛶	✈	⛵
12	8	20

MARIETTE – 19 rue Republique – 84480 Bonnieux – Tél. : 90.75.81.02

Bonnieux

☙ NN — Alt. : 450 m — 4 chambres d'hôtes dans une partie de la ferme des propriétaires, située en campagne au milieu des vignes. Très calme. Piscine privée (5 x 9) des propriétaires à la disposition des locataires. 4 chambres au 1er étage avec salle d'eau/salle de bains privée, wc communs aux chambres. Chauffage électrique. Commerces 3 km. Ouvert du 1er mars au 30 octobre.

Prix : 1 pers. **150 F** 2 pers. **150/200 F** 3 pers. **250 F**

🛶	🎿	✈	₵	⛵	🎿🎿
12	4	3	14	14	0,6

PARRAUD Laurent – Le Haut Trigaud – 84480 Bonnieux – Tél. : 90.75.91.61

Bonnieux Les Claparedes

☙☙☙ NN (TH) — Alt. : 460 m — 2 chambres d'hôtes dans une très grande bastide neuve construite sur le haut du plateau, sur 3 ha. de terrain arboré avec plusieurs terrasses. Au 1er étage : 1 suite et 1 chambre avec salle de bains et wc privés à chacune. Chauffage central. Salle commune, salon, séjour, salle à manger, cheminée en service, bibliothèque. TV. Terrasse avec auvent. Parking. Escalade 12 km. Location de VTT 8 km. Gare 36 km. Commerces 1 km. Ouvert toute l'année.

Prix : 2 pers. **400 F** 3 pers. **500 F** pers. sup. **100 F** repas **120 F**

🐩	🛶	🎿	✈	₵	⛵	🎿🎿
	12	1	8	12	25	SP

MAFFEO Francoise et Georges – Les Claparedes – 84480 Bonnieux – Tél. : 90.75.95.11 – Fax : 90.75.95.57

Buoux

☙☙ NN — Alt. : 500 m — 5 chambres d'hôtes dans une belle bastide du XVIIe siècle d'inspiration italienne, au pied du Lubéron dans un domaine de 70 ha., à proximité du village, en campagne. 1 ch. avec salle d'eau, wc, TV et cheminée privés. 2 ch. avec salle d'eau et wc privés. Ces 3 ch. sont classées 3 NN. 2 ch. avec lavabo privés, salle d'eau et wc communs aux 2 ch. Salle commune. Parking. Randonnées, passage du GR9. Restaurant 500 m. - 10 % à partir de 3 nuits, - 20 % à partir d'une semaine du 1er octobre au 30 avril. Ouvert toute l'année. Commerces 10 km.

Prix : 1 pers. **180/230 F** 2 pers. **230/330 F** 3 pers. **330/430 F** pers. sup. **100 F**

✈
1

CAYLA Jean-Alain – La Grande Bastide – 84480 Buoux – Tél. : 90.74.29.10

Buoux

☙☙ (TH) — Alt. : 500 m — 4 chambres d'hôtes en plein cœur des sites naturels et historiques du Lubéron, en campagne. Salle d'eau privée, wc communs aux chambres. Chauffage central. Salle commune avec cheminée et coin-cuisine (à partager avec le gîte d'étape) à la disposition des hôtes. Randonnées pédestres, équestres et escalade. - 10 % à partir de la 3e nuit. Commerces 7 km. Ouvert du 1er février au 31 décembre.

Prix : 1 pers. **170 F** 2 pers. **220 F** 3 pers. **300 F** pers. sup. **70 F** repas **70 F**

🐩	🛶	🎿	🎿🎿
	8	8	SP

GALLARDO Odile – Quartier de la Loube – 84480 Buoux – Tél. : 90.74.47.82

Cabrieres-d'Avignon

☙☙☙ — Alt. : 100 m — 5 chambres d'hôtes dans une maison indépendante à la sortie du village avec cour fermée. Salle d'eau et wc privés. Chauffage central. Salle commune, balcon, terrasse. Restaurant dans le village. Forêt de cèdres à 500 m. Commerces sur place. Ouvert toute l'année. A proximité de Cordes.

Prix : 1 pers. **180/250 F** 2 pers. **220/320 F** pers. sup. **100 F**

🐩	🛶	🎿	✈	☾	🎿🎿
	SP	1	1	5	0,5

TRUC Jacquy – 84220 Cabrieres-d'Avignon – Tél. : 90.76.97.03 – Fax : 90.76.74.67

Cabrieres-d'Avignon La Magnanerie

☙☙☙ NN — Alt. : 100 m — 2 chambres d'hôtes dans un beau mas du XVIIIe siècle entièrement restauré, avec piscine (6 x 12), patio, cour close, dans les vignes. 1 chambre au rez de chaussée avec salle d'eau et wc privés. 1 chambre au 1er étage avec salle d'eau et wc privés. Chauffage central. Salle commune, salon, salle à manger, cheminée en service, TV. Tél. Terrasse. Parking. Gare 12 km. Commerces 1 km. Ouvert toute l'année. Anglais parlé.

Prix : 2 pers. **350/450 F** 3 pers. **600 F**

🐩	🛶	🎿	✈	☾	₵	🎿🎿
	SP	12	10	10	10	2

FRANTZ Magali – La Magnanerie – 84220 Cabrieres-d'Avignon – Tél. : 90.76.89.65 – Fax : 90.76.89.65

Cadenet

♥♥♥ NN　Alt. : 250 m — 3 chambres d'hôtes dans une belle maison avec piscine, au pied du village. 2 chambres au rez-de-chaussée avec télévision, salle d'eau, wc, réfrigérateur, plaque chauffante, salon de jardin et terrasse privés. 1 chambre double avec salle de bains, wc, réfrigérateur, plaque chauffante, salon de jardin privés. Chauffage électrique. Bibliothèque. Jardin clos ombragé. Terrasse. Cuisine d'été et barbecue. Commerces 8 km. Ouvert toute l'année.

Prix : 1 pers. **250/280 F** 2 pers. **280/300 F** 3 pers. **580 F**

🚣	🎿	✈	🍴	⚓
SP	0,8	2	2	2

**GARNAUD Martine et J.Charles – La Madeleine - Ch de Lourmarin - Quartier Les Roques – 84160 Cadenet –
Tél. : 90.68.12.95**

Cairanne Le Moulin Agape

♥♥♥ NN
(TH)　Alt. : 184 m — 5 chambres d'hôtes dans un ancien moulin indépendant dans les vignes, en campagne, sur 1 ha. de terrain non clos, piscine (14 x 7) sur place. 2 chambres au rez-de-chaussée avec salle d'eau et wc privés. 1 chambre au 1er étage avec salle de bains et wc privés. 1 suite de 2 chambres avec salle d'eau et wc privés. Chauffage électrique. Salle commune, salon. Salle à manger. Terrasse, parking. Table d'hôtes sur réservation. Apéritif, vin et café compris dans le prix du repas. Lit supplémentaire enfant - 10 ans : 50 F. Gare 15 km. Commerces 1,5 km. Ouvert toute l'année, sur réservation du 1er novembre au 31 mars. Anglais et espagnol parlés.

Prix : 1 pers. **230/250 F** 2 pers. **270/290 F** 3 pers. **340/360 F**
repas **100 F**

🚣	🎿	🚴	♪	🍴	👥	🎿
SP	1,5	8	15	0,3	1	40

MOLLA Denise – Le Moulin Agape – 84290 Cairanne – Tél. : 90.30.77.04

Camaret La Rigole

♥♥ NN
(TH)　Alt. : 60 m — 5 chambres d'hôtes dans une ferme avec piscine sur place en campagne. 4 chambres avec salle d'eau privée et wc communs aux chambres. 1 chambre avec salle d'eau et wc privés. Chauffage électrique. Salle commune, salon, télévision. Terrain non clos, aire de jeux, ping-pong, location de vélos. Promenades en calèche. Dégustation de vin. Logement de chevaux sur place. Animaux tenus en laisse admis. Commerces 200 m.

Prix : 1 pers. **155/165 F** 2 pers. **195/210 F** 3 pers. **270/290 F**
repas **75 F** 1/2 pens. **240 F**

🚣	🎿	🚴	♪	🍴	👥
SP	0,2	SP	3	2	SP

MONNIER Jacques – « La Rigole » - Route de Vaison – 84850 Camaret – Tél. : 90.37.20.26

Caromb

♥♥ NN　Alt. : 230 m — 2 chambres d'hôtes dans une belle maison à la sortie du village. 2 chambres au 1er étage avec salle de bains privée et wc communs accessibles indépendamment par le couloir commun. Chauffage central. Salon, salle à manger, cheminée en service, bibliothèque, télévision, téléphone. Terrasse, jardin clos. Possibilité de se rendre au lac à pied. Maison magnifique encadrée par les Dentelles de Montmirail et le Ventoux. Gare 30 km. Commerces 200 m. Ouvert du 1er avril au 30 octobre. Anglais parlé.

Prix : 1 pers. **170 F** 2 pers. **200 F** 3 pers. **250 F**

🐕	🚣	🎿	✈	🍴	⚓	👥
	8	1	7	2	2	1

DEVEAUX Marie-Claire – Avenue Charles de Gaulle - Route de Malaucene – 84330 Caromb – Tél. : 90.62.43.72

Caumont-sur-Durance

♥♥
(TH)　Alt. : 40 m — 4 chambres d'hôtes dans villa indépendante à flanc de colline, dans les bois, en campagne, avec terrasse au nord-ouest. 1 chambre au 1er étage (mais accessible de plain-pied) avec salle d'eau et wc privés. 3 chambres dont 1 avec cuisine, au rez-de-chaussée avec salle d'eau et wc privés. Chauffage central. Salle à manger. Cheminée en service. Terrasse. Table d'hôtes le soir sur réservation. Circuit jogging. Tarifs spéciaux pour long séjour en hors saison. Repas enfant - 10 ans : 40 F. Télévision sur demande. Téléphone à disposition. Commerces 1 km. Ouvert toute l'année.

Prix : 1 pers. **179/224 F** 2 pers. **202/280 F** pers. sup. **67 F**
repas **80 F** 1/2 pens. **240 F**

🚣	🎿	✈	🍴	⚓
5	1	4	1	5

**LEFEBVRE Michelle et Bernard – Chemin des Terres de Magues – 84510 Caumont-sur-Durance –
Tél. : 90.23.07.49 ou SR : 90.85.45.00.**

Chateauneuf-de-Gadagne

♥♥ NN
(TH)　Alt. : 118 m — 2 chambres d'hôtes dans un mas restauré du XVIIIe siècle avec piscine en bordure d'une route avec terrain clôturé, en campagne. 1 chambre au 1er étage avec salle de bains, wc et terrasse privée, classée 3 NN. 1 chambre au 1er étage avec salle de bains et terrasse privées, wc privé sur le palier. Chauffage électrique. Salle commune, salle à manger, salon, cheminée. Gare et commerces 2 km. Ouvert du 15 mars au 30 octobre.

Prix : 1 pers. **170/220 F** 2 pers. **220/280 F** 3 pers. **320/360 F**
pers. sup. **100 F** repas **80 F** 1/2 pens. **220/240 F**

🚣	🎿	✈	♪	🍴
SP	1	2	6	1

**FAUQUE-GODENAIRE Henri - Mas Les Ormeaux - Route de Caumont – 84470 Chateauneuf-de-Gadagne –
Tél. : 90.22.29.13**

Chateauneuf-de-Gadagne

♥♥ NN　Alt. : 118 m — 3 chambres d'hôtes au 1er étage d'une belle villa de caractère, en campagne, vue magnifique. Salle d'eau et wc communs aux chambres. Chauffage central. Jardin non clos. Barbecue à disposition. Commerces 200 m. Ouvert toute l'année.

Prix : 1 pers. **150 F** 2 pers. **180 F** 3 pers. **200 F**

🚣	🎿	✈	♪	🍴
9	0,8	10	6	0,5

PABST Colette – 211 Chemin de Bompas – 84470 Chateauneuf-de-Gadagne – Tél. : 90.22.53.02

Chateauneuf-du-Pape Clos Bimard

⚜⚜ Alt. : 80 m — Dans une villa année 30 restaurée entourée de vignes, calme, en campagne, 1 chambre au 1er étage avec salle de bains privée, wc communs avec le propriétaire. Chauffage central. Salle commune. Grande terrasse au sud. Balcon. Commerces 3 km. Ouvert du 1er mars au 30 novembre. Anglais et allemand parlés.

Prix : 1 pers. **160 F** 2 pers. **175 F** 3 pers. **220 F**

2	2	0,2

DEXHEIMER Beatrice – Clos Bimard – 84230 Chateauneuf-du-Pape – Tél. : 90.83.73.16 ou 90.83.73.43 – Fax : 90.83.50.54

Chateauneuf-du-Pape

⚜⚜ Alt. : 108 m — 2 chambres d'hôtes à l'entrée du village, dans la verdure, avec salle d'eau et wc privés. Terrasse commune aux 2 chambres. Chauffage électrique. Parking fermé privé. Commerces 500 m. Ouvert toute l'année. Anglais et allemand parlés.

Prix : 1 pers. **180 F** 2 pers. **230 F** 3 pers. **280 F**
pers. sup. **30 F**

0,1	0,5	0,5

MELCHOR Michel – La Font du Pape – 84230 Chateauneuf-du-Pape – Tél. : 90.83.73.97 ou 90.83.72.50

Crillon-le-Brave

⚜⚜⚜ NN Alt. : 360 m — 5 chambres d'hôtes dans une bastide 1820, ancien moulin à blé, structure conservée, dominant le parc. Piscine (25 x 12) et ruisseau. 3 chambres en rez-de-jardin avec salle d'eau et wc privés. 2 chambres au 1er étage avec salle de bains et wc privés. Chauffage central. Parking. Animaux refusés en juillet et août. Plan d'eau. Nombreux restaurants à proximité. Commerces 2 km. Ouvert toute l'année. Anglais parlé.

Prix : 2 pers. **314/358 F**

SP	3,5	3,5	5	3,5

RICQUART M. Luce et Bernard – Moulin d'Antelon – 84410 Crillon-le-Brave – Tél. : 90.62.44.89 ou SR : 90.85.45.00. – Fax : 90.62.44.90

Crillon-le-Brave

⚜⚜⚜⚜ NN
(TH)
Alt. : 360 m — 6 ch. d'hôtes dans un beau mas de caractère du XVIIIe siècle avec piscine, dans le village. 1 ch. au r.d.c. avec s. d'eau et wc privés, terrasse couverte, accès indép. 4 ch. au 1er étage avec s. d'eau et wc privés. 1 suite avec coin-cuisine, TV, tél., s. d'eau et wc privés. Chauffage central au fuel. Grande salle commune, salon, salle à manger, piano à disposition. Cheminée. Point-phone. Parking. Terrain de 6000 m² arboré. Terrain de boules. Salle de musculation. Table d'hôtes sur réservation et/ou sur proposition de la maitresse de maison (apéritif et vin compris). Gare 25 km. Commerces 500 m. Ouvert du 1er mars au 31 octobre. Espagnol et anglais parlés.

Prix : 1 pers. **370/420 F** 2 pers. **410/750 F** 3 pers. **540/860 F**
pers. sup. **110 F** repas **140 F**

SP	4	4	5	5	4

VAZQUEZ Francoise – Le Clos Saint Vincent – 84410 Crillon-le-Brave – Tél. : 90.65.93.36 – Fax : 90.12.81.46

Crillon-le-Brave Domaine la Condamine

⚜⚜ NN
(TH)
Alt. : 360 m — 2 chambres d'hôtes dans un grand mas indépendant avec piscine sur place, en campagne, dans les vignes et collines, au pied du Mont-Ventoux. Salle de bains et wc privés. Chauffage électrique. Salle à manger, bibliothèque, télévision. Point-phone. Terrasse, terrain non clos. Parking. Gare 30 km. Commerces 4 km. Ouvert toute l'année. Anglais parlé.

Prix : 1 pers. **220 F** 2 pers. **260/300 F** 3 pers. **330 F**
pers. sup. **80 F** repas **95 F**

SP	4	4	30	5	5	SP	15

EYDOUX Marie-Josee – Domaine la Condamine – 84410 Crillon-le-Brave – Tél. : 90.62.47.28

Crillon-le-Brave

⚜⚜ NN
(TH)
Alt. : 360 m — 5 chambres d'hôtes dans une maison construite à flanc de colline, en campagne, les chambres s'ouvrent sur une terrasse au sud, très belle vue sur le Ventoux, le village et les collines d'ocre. 4 ch. au rez-de-chaussée avec salle d'eau et wc privés. 1 suite au 2e étage avec salle d'eau et wc privés. Chauffage central. Salle à manger. Cuisine. Terrain non clos, parking. Gare 35 km. Commerces 3 km. Ouvert toute l'année. Anglais et allemand parlés.

Prix : 1 pers. **200/220 F** 2 pers. **240/260 F** 3 pers. **280/310 F**
pers. sup. **50 F** repas **85 F**

3	3	3	28	7	7	SP	20

MOINE Alain – Chemin de la Sidoine – 84410 Crillon-le-Brave – Tél. : 90.12.80.96

Entraigues Domaine du Grand Causeran

⚜⚜⚜⚜ NN
(TH)
Alt. : 100 m — 4 suites dans une vieille bastide provençale dans un parc d'1 ha. 3 suites (2 pers.), 1 suite de 2 ch. (4 pers.) au r.d.c. et au 2e étage. Toutes avec séjour, cuisinette équipée, s.d.b. et wc privés, TV et tél. direct. 1 suite avec douche en plus. Chauffage central. Salon, salle à manger, bar. Buanderie. Parking. Arbres, pelouse, jets d'eau, fontaines et bassins. Piscine (12 x 7). Salon de jardin, barbecue, jeux de boules, vélos. Billard. Gare 12 km. Commerces 1 km. Ouvert toute l'année sur réservation.

Prix : 2 pers. **1008 F** repas **130 F**

SP	2	6	6

PAPAPIETRO Claude et Bernard – Domaine du Grand Causeran - Allee du Grand Causeran – 84320 Entraigues – Tél. : 90.23.29.08 ou SR : 90.85.45.00. – Fax : 90.23.29.07

Entraigues-sur-la-Sorgue

♥♥♥ NN
(TH)

Alt. : 100 m — 3 chambres d'hôtes dans une ferme du XIXe siècle restaurée avec terrain clos de 1500 m², 2 chambres au 1er étage avec 2 salles de bains et wc privés dont 1 sur le palier. 1 chambre au 2e étage avec salle de bains et wc privés. Chauffage central et électrique. Salle à manger, cheminée en service, TV, tél. Terrasse, parking fermé. Tables d'hôtes sur réservation. Gare 13 km. Commerces 3 km. Ouvert de Pâques à octobre. Anglais parlé.

Prix : 1 pers. **220 F** 2 pers. **220/260 F** 3 pers. **310 F**
repas **100 F**

4	3	2	4	0,5	10	30

MARTIN Michel – 19 Chemin des Tempines – 84320 Entraigues-sur-la-Sorgue – Tél. : 90.62.14.39

Entrechaux

♥

Alt. : 370 m — 1 chambre d'hôtes dans une ferme avec cour intérieure et fontaine près d'une rivière, en campagne, au 1er étage avec salle d'eau et wc privés. Chauffage électrique. Coin-cuisine à la disposition des hôtes. Commerces 3 km. Ouvert de Pâques à novembre. Lit supplémentaire enfant : 50 F.

Prix : 1 pers. **180/190 F** 2 pers. **230/240 F**

5	5	5	5	0,1

BERNARD Gerard – Route de St Marcellin – 84340 Entrechaux – Tél. : 90.36.12.85 ou 90.36.29.35

Entrechaux

♥♥

Alt. : 370 m — 2 chambres d'hôtes dans une villa, en campagne, isolée. 1 chambre avec salle d'eau privée, 1 chambre avec lavabo privé. WC communs aux chambres. Chauffage électrique. Table de jardin, réfrigérateur et gaz à disposition des hôtes. Lit enfant : 50 F. Commerces 3 km. Ouvert du 1er mars au 30 novembre.

Prix : 1 pers. **180/190 F** 2 pers. **220/230 F**

5	1

BERNARD Marcel – « Les Tilleuls » - Route de St Marcellin – 84340 Entrechaux – Tél. : 90.36.29.35

Entrechaux

♥♥♥ NN
(TH)

Alt. : 370 m — 5 chambres d'hôtes dans une très belle maison avec piscine, en campagne. 1 ch. double et 2 ch. au r.d.c., 1 ch. et 1 suite au 1er étage. Toutes avec TV, s. d'eau/s.d.b., wc et terrasse privés. Chauffage électrique. Salle commune, bibliothèque, salle de billard français. Parking, jardin clos, parc ombragé, coin pique-nique au bord de la rivière. Point-phone. Chambres personnalisées et indép. Table d'hôtes le soir sauf jeudi et dimanche, (15/03 au 30/09) sur réservation. Jeux de boules. Point-phone. CB acceptées. Réfrigérateur à disposition. Gare 30 km. Commerces 1 km. ouvert toute l'année. Italien parlé.

Prix : 1 pers. **270/310 F** 2 pers. **300/340 F** 3 pers. **440/460 F**
pers. sup. **120 F** repas **100 F**

SP	1,5	1,5	SP	SP	2	25

GALLO Vincent – L'Escleriade - Route de St Marcellin – 84340 Entrechaux – Tél. : 90.46.01.32 – Fax : 90.46.03.71

Fontaine-de-Vaucluse

♥♥♥

Alt. : 100 m — 3 chambres d'hôtes dans une belle demeure, calme, spacieuse et fraîche de style 1925 dominant un grand parc fleuri et ombragé à disposition des hôtes, à proximité du village. Au 1er étage avec salle d'eau et wc privés. Chauffage central. Salon. Parking à l'ombre. Terrasse. Départ de randonnées à pied dans les Monts de Vaucluse ou en voiture dans le Lubéron. Restaurant 500 mètres. Canoë-kayak. Pour séjour consulter le propriétaire. Gare 5 km. Commerces 2 km. Ouvert toute l'année.

Prix : 1 pers. **200 F** 2 pers. **250/300 F** 3 pers. **350 F**
pers. sup. **50 F**

2	2	2	2	0,2

DOUYERE – Bois Court – 84800 Fontaine-de-Vaucluse – Tél. : 90.20.31.93

Fontaine-de-Vaucluse

♥♥ NN
(TH)

Alt. : 100 m — 4 chambres d'hôtes dans une très belle maison de village. 3 chambres avec salle de bains et wc privés. 1 chambre avec salle d'eau et wc privés. Chauffage électrique. Salle commune. Coin-cuisine. Terrasse. Poss. de stage peinture et restauration de tableaux. Repas provençaux sur commande. Petits déjeuners copieux. Ch. au 2e étage mais acc. au r.d.c. par rue haute. Pêche en rivière sur place, escalade, canoë-kayak, randonnées. Commerces sur place. Ouvert toute l'année sur réservation. Anglais et allemand parlés.

Prix : 1 pers. **170/250 F** 2 pers. **300/320 F** 3 pers. **440 F**
pers. sup. **150 F** repas **90/140 F**

1	1	1	0,1

GIORGIS Roselyne – Avenue Robert Garcin – 84800 Fontaine-de-Vaucluse – Tél. : 90.20.39.15 – Fax : 90.20.27.08

Fontaine-de-Vaucluse

♥

Alt. : 100 m — 2 chambres d'hôtes dans un hameau, au 1er étage avec salle d'eau et wc communs aux chambres. Chauffage électrique. Salle commune au rez-de-chaussée. Possibilité cuisine, supplément : 15 F/pers. et par repas. Gare 7 km. Commerces sur place. Ouvert toute l'année.

Prix : 1 pers. **200 F** 2 pers. **220 F** 3 pers. **270 F**

2	0,5	2	1	0,1	SP

MOUILLERON – Quartier Gallas – 84800 Fontaine-de-Vaucluse – Tél. : 90.20.37.29

Gordes

♥♥

Alt. : 200 m — 5 chambres d'hôtes dans une grande maison restaurée, en campagne, au 1er étage avec salle d'eau privée, 2 wc communs aux chambres. Salle commune. Terrain non clos. Location en hiver sur réservation. Commerces 2 km. Ouvert du 1er mars au 30 octobre.

Prix : 1 pers. **200 F** 2 pers. **235/255 F** 3 pers. **290 F**

3	5	5	0,1

ARNAUD Ariel – Mas Carcarille – 84220 Gordes – Tél. : 90.72.08.99

Gordes

❦❦ NN — Alt. : 200 m — 2 chambres d'hôtes en campagne, accessibles par l'extérieur par balcon, au 1er étage avec salle d'eau et wc privés. Chauffage électrique. Abri couvert, terrain clos. Commerces 100 m. Ouvert du 1er février au 15 novembre.

Prix : 1 pers. **200 F** 2 pers. **230 F**

5	5	3	15	SP

BONNELY Simone – Les Imberts – 84220 Gordes – Tél. : 90.76.95.18

Gordes

❦❦ — Alt. : 200 m — 4 chambres d'hôtes, en campagne, avec salle d'eau privée, wc communs aux chambres. 1 chambre avec salle d'eau et wc privés. Chauffage électrique. Salle commune. Cuisine, séjour, salon et bibliothèque à disposition des hôtes. Jardin non clos. Espace vert. Vente de produits fermiers. Jeux d'enfants. Terrain de boules. Vélos à disposition. Bus 1,5 km. Taxe de séjour comprise. Gare 15 km. Commerces 2 km. Ouvert toute l'année.

Prix : 1 pers. **180 F** 2 pers. **220/240 F** 3 pers. **280 F** pers. sup. **60 F**

5	5	2	15	15	SP

GAUDEMARD Alain – Les Bouilladoires – 84220 Gordes – Tél. : 90.72.21.59 ou 90.72.41.90

Gordes

❦❦❦ NN — Alt. : 300 m — Dans une maison de caractère, en campagne, très belle vue : 1 chambre (2 lits 1 pers.) avec mezzanine (1 lit 1 pers.), salle de bains et wc privés. Chauffage central. Terrasse, jardin non clos. Climatiseur. Voile 15 km. Gare 18 km. Commerces 5 km. Ouvert toute l'année. Anglais et allemand parlés.

Prix : 1 pers. **200 F** 2 pers. **250 F** pers. sup. **80 F**

5	15	6	18	18	18

LAWRENCE Pierrette – Villa la Lebre - Pres de St Pantaleon – 84220 Gordes – Tél. : 90.72.20.74

Gordes

❦❦❦ NN
(TH) — Alt. : 200 m — 4 chambres d'hôtes dans une ferme de caractère, dans les vignes à la sortie du hameau, avec salle d'eau privée. Chauffage électrique. Jardin clos. - 10 % à partir de 6 nuits. Commerces 2 km. Ouvert du 1er février au 15 novembre.

Prix : 1 pers. **200 F** 2 pers. **250 F** 3 pers. **300 F** repas **100 F**

5	5	3	10	5

PEYRON Claude – Les Martins – 84220 Gordes – Tél. : 90.72.24.15

Gordes Bastide Saint Blaise

❦❦❦ NN
(TH) — Alt. : 400 m — 3 chambres d'hôtes dans une très belle bastide neuve en pierre, dans un parc arboré, en campagne, au pied de Gordes. 1 suite avec salle de bains et wc privés. 2 chambres avec salle de bains et wc privés. Chauffage au fuel. Salle commune, salon, séjour, salle à manger, cheminée en service, piano, bibliothèque, télévision. Terrasse. Jardin clos arboré (1500 m²). Parking. Repas gastronomique. Gare 10 km. Commerces 800 m. Ouvert toute l'année.

Prix : 1 pers. **350 F** 2 pers. **400 F** repas **120 F** 1/2 pens. **450 F**

4	4	7	10	10	SP

GORLIER Christiane – Bastide St Blaise – 84220 Gordes – Tél. : 90.76.98.21

Goult

❦❦❦ NN
(TH) — Alt. : 300 m — 5 chambres d'hôtes dans un mas de caractère du XVIIIe siècle très bien restauré, en campagne, à proximité du hameau de Lumières, calme, très belle vue. 1 chambre au r.d.c. avec salle de bains et wc privés. 2 chambres au 1er étage avec salle de bains et wc privés. 2 chambres au 1er étage avec salle d'eau et wc privés. Chauffage central. Salle commune, TV. Point-phone. Terrasse. Cour intérieure. Parking. Demi-pension à partir du 3e soir et pas le dimanche. Gare 40 km. Commerces 2 km. Ouvert toute l'année.

Prix : 1 pers. **230 F** 2 pers. **280 F** 3 pers. **350 F** repas **70 F** 1/2 pens. **300 F**

12	2	2	15	15	SP

CHABAUD Maryline – Mas Marican – 84220 Goult – Tél. : 90.72.28.09

Grambois

❦❦
(TH) — Alt. : 500 m — 2 chambres d'hôtes dans une villa moderne, au milieu d'un parc, en campagne. Salle de bains privée, wc communs aux chambres. Chauffage électrique. Salon à la disposition des hôtes, bibliothèque, télévision, chaîne Hi-Fi. Jardin non clos. Aire de jeux. Chemins de randonnées devant la maison. Commerces 3 km. Ouvert toute l'année.

Prix : 1 pers. **120 F** 2 pers. **120/140 F** pers. sup. **60 F** repas **60/70 F** 1/2 pens. **180/190 F**

10	2	5	7	7

BORDE – Quartier Pradinou – 84240 Grambois – Tél. : 90.77.90.03

Grambois

❦❦❦
(TH) — Alt. : 500 m — 2 chambres d'hôtes dans une ancienne ferme monastique du XIIIe siècle, en pleine nature, au calme, environnement exceptionnel, construction de caractère en pierre. 1 chambre au 1er étage avec s.d.b., terrasse et accès privés. 1 chambre au 1er étage avec s.d.b. et wc privés, aménagée avec balnéothérapie. Chauffage central. Salle voûtée. Coin-feu. TV. Bibliothèque. Grand jardin ombragé. Terrasse pour petits déjeuners. Boules, ping-pong sur place. Nombreux chemins pédestres privés. Table d'hôtes le soir. Etape VRP hors-saison : 280 F diner compris. D'avril à octobre : - 20 % sur 1/2 pension. Ouvert du 5 janvier au 19 décembre. Commerces 1,5 km.

Prix : 1 pers. **280/380 F** 2 pers. **350/450 F** 3 pers. **400/500 F** pers. sup. **70 F** repas **90 F** 1/2 pens. **300/350 F**

3	3	8	SP	SP

GFA CHAPEAU – Domaine de Piegros – 84240 Grambois – Tél. : 90.77.90.53

Grambois

✿✿✿ NN Alt. : 500 m — 2 chambres d'hôtes dans bastide de maîtres du XVIIIe siècle. Lieu de charme au sein du Parc Régional du Sud Luberon sur un domaine de 130 ha. Piscine et parc à disposition des hôtes. Au 1er étage avec salle de bains et wc privés. Chauffage central. Terrasse. Chemins pédestres privés. Gare 10 km. Commerces 1 km. Ouvert toute l'année.

Prix : 1 pers. **230 F** 2 pers. **250 F** pers. sup. **70 F**

SP	1	10	SP	SP

MAZEL Monique – Le Jas de Monsieur – 84240 Grambois – Tél. : 90.77.92.08

Grillon

✿✿✿ NN
(TH) Alt. : 170 m — 4 chambres d'hôtes dans la maison des propriétaires. 1 chambre au r.d.c. avec salle d'eau et wc privés. 1 chambre au 1er étage avec salle d'eau et wc privés. 2 chambres au 1er étage avec salle de bains et wc privés. Chauffage électrique. Cuisine à disposition ou repas sur réservation. Accès aux ch. et au salon/séjour par la terrasse couverte à l'ouest de la maison. Les petits déjeuners sont servis dans le séjour réservé aux hôtes ou dans la cour terrasse. Gare 35 km. Commerces 4 km. Ouvert toute l'année.

Prix : 1 pers. **180 F** 2 pers. **200/250 F** 3 pers. **270 F** pers. sup. **70 F** repas **80 F** 1/2 pens. **260 F**

4	4	4	3	15

HILAIRE Yvette – « Au Vieux Chene » - Route de Valreas – 84600 Grillon – Tél. : 90.35.24.47

Grillon

✿✿
(TH) Alt. : 170 m — 2 chambres d'hôtes à la campagne, avec salle d'eau et wc privés. Chauffage électrique. Salle commune, cuisine, cheminée. Jardin non clos, salon de jardin et jeux pour enfants à la disposition des hôtes. Commerces 1 km. Ouvert toute l'année.

Prix : 1 pers. **150/170 F** 2 pers. **170/185 F** 3 pers. **210/220 F** pers. sup. **40 F** repas **70 F** 1/2 pens. **235 F**

4	1	5	0,5	

VERNET Vincent – Ferme St Martin – 84600 Grillon – Tél. : 90.35.06.75

Isle-sur-la-Sorgue

✿✿✿ NN Alt. : 91 m — 5 chambres d'hôtes dans une partie de la maison de caractère du propriétaire, piscine sur place, en campagne. Au rez-de-chaussée avec salle d'eau, wc et terrasse privés. Chauffage électrique. Pièce commune et coin-cuisine réservés aux hôtes, salle commune, salle à manger. Parking. Gare et commerces 3 km. Ouvert toute l'année. Anglais et espagnol parlés.

Prix : 1 pers. **220/250 F** 2 pers. **250/300 F** 3 pers. **330/380 F**

SP	3	2	2	2	2

TARAYRE Jerome – La Meridienne - Chemin de la Lone – 84800 Isle-sur-Sorgue – Tél. : 90.38.40.26 – Fax : 90.38.58.46

Isle-sur-la-Sorgue Domaine de la Fontaine

✿✿✿ NN
(TH) Alt. : 91 m — 3 chambres d'hôtes dans un mas indépendant restauré avec piscine, sur grand terrain non clos, en campagne. 1 chambre au r.d.c. avec salle d'eau et wc privés. 1 chambre au 1er étage avec salle d'eau et wc privés. 1 chambre au 2e étage avec salle d'eau et wc privés. Chauffage central au fuel. Salon, salle à manger, télévision, téléphone. Terrasse, parking. Gare et commerces 2 km. Ouvert toute l'année. Anglais et allemand parlés.

Prix : 1 pers. **410 F** 2 pers. **450/490 F** 3 pers. **680 F** pers. sup. **100 F** repas **130 F**

SP	2	2	4	2	1

SUNDHEIMER Irmy et Dominique – Domaine de la Fontaine - Chemin du Bosquet – 84800 Isle-sur-Sorgue – Tél. : 90.38.01.44 – Fax : 90.38.01.44

Joucas

✿✿ NN
(TH) Alt. : 186 m — 4 chambres d'hôtes dans mas XVIIIe et XIXe siècles de caractère, en campagne. Salle d'eau privée, wc communs aux chambres. Chauffage central. Salle commune, salon, télévision et bibliothèque. Jardin ombragé clos, garage. Ecole d'équitation catégorie 3 agréée par la Fédération équestre depuis 1974 sur place. Ecole de golf 20 km. Location de vélos. Table d'hôtes gastronomique. Commerces 1 km. Ouvert du 1er février au 31 décembre. Anglais et allemand parlés.

Prix : 1 pers. **180 F** 2 pers. **250 F** 3 pers. **275 F** repas **90/140 F** 1/2 pens. **330 F**

2	1,5	1,2	23	24	20	0,1

HERBST Guy – 84220 Joucas – Tél. : 90.05.78.26

Lacoste Relais du Procureur   *C.M. n° 81 — Pli n° 13*

✿✿✿ NN Alt. : 300 m — 6 chambres d'hôtes dans très belle demeure de caractère du XVIIe siècle avec piscine, dans le village. 6 ch. dont 3 climatisées, avec salle de bains et wc privés, télévision, mini-bar et téléphone. Salle commune, séjour. CB acceptées. Terrasse. Forêt 5 km. Promenades pédestres. Cyclotourisme, chasse. Restaurant au village. Loc. voitures possible sur place. Renseignements uniquement par téléphone. Sur réservation en janvier et février. Commerces sur place. Ouvert toute l'année.

Prix : 2 pers. **500/700 F**

SP	8	SP	20	15	SP

COURT DE GEBELIN – Relais du Procureur - rue Basse – 84710 Lacoste – Tél. : 90.75.82.28 – Fax : 90.75.86.94

Lacoste

♥♥♥ NN — Alt. : 300 m — 5 chambres d'hôtes doubles personnalisées, dans une maison de caractère. Vue panoramique dans site de nature exceptionnelle, à proximité du village. Parc ombragé. Piscine sur place. Grand calme. Confort. 4 chambres avec salle d'eau et wc privés. 1 chambre avec salle de bains et wc privés. Chauffage électrique. Terrasses. Point-phone. Parking. CB acceptées. Commerces sur place. Ouvert toute l'année. Anglais et allemand parlés.

Prix : 1 pers. **420/470 F** 2 pers. **450/500 F** pers. sup. **120 F**

SP	4	25

LAMY Roland – « Bonne Terre » – 84710 Lacoste – Tél. : 90.75.85.53 – Fax : 90.75.85.53

Lacoste
C.M. n° 81 — Pli n° 13

♥♥♥ NN **(TH)** — Alt. : 300 m — 5 chambres d'hôtes en campagne à 800 m du village. Domaine du XVIII° siècle d'une surface de 15 ha. Chambres avec salle d'eau et wc privés. Chauffage électrique. Salle avec cheminée et terrasse couverte. Téléphone. Parc ombragé, terrain de boules éclairé, ping-pong, piscine sur place, parking. Centre équestre et location de VTT à proximité. Forêt de cèdres 5 km. Mas restauré dans la plus pure tradition. Au pied du Lubéron, vue panoramique extraordinaire sur le Mont-Ventoux depuis la terrasse. Table d'hôtes provençale et familiale, vin compris. Petit déjeuner très copieux avec confiture, miel artisanal. Commerces 1 km. Ouvert toute l'année.

Prix : 2 pers. **400/450 F** 3 pers. **540 F** pers. sup. **110 F**
repas **110 F** 1/2 pens. **300/330 F**

SP	4

MAZEL Olivier et Lydia – Domaine Layaude Basse – 84710 Lacoste – Tél. : 90.75.90.06 – Fax : 90.75.99.03

Lacoste

♥♥ NN **(TH)** — Alt. : 300 m — 4 chambres d'hôtes dans une ferme indépendante au milieu de 10 ha., dans un vallon très calme, vue sur le Ventoux. 1 ch. au rez-de-chaussée avec salle d'eau et wc privés. 2 ch. au 1er étage avec salle de bains et wc privés. 1 chambre avec salle d'eau et wc privés avec mezzanine (4 pers.). Chauffage central. Salle à manger, cheminée, bibliothèque, tél. Parking. Jardin de sculptures. Cuisine familiale avec les produits du terroir. Vivier de truites. La ferme est restaurée avec des matériaux naturels, pierre, chaux, chanvre, ocre. Vignes, cerisiers, bois. Commerces 1 km. Ouvert toute l'année.

Prix : 1 pers. **230 F** 2 pers. **260/290 F** pers. sup. **80 F**
repas **80 F** 1/2 pens. **200 F**

10	3	1	20	20	10	4

RAVOIRE Daniele – Ferme l'Avellan – 84480 Lacoste – Tél. : 90.75.85.10

Lagarde-d'Apt

♥ **(A)** — Alt. : 1100 m — 4 chambres d'hôtes dans une ferme auberge, en campagne. 4 chambres au 1er étage avec salle d'eau et wc communs aux chambres. Chauffage central. Animaux admis dans les dépendances. Commerces 10 km. Ouvert toute l'année.

Prix : 1 pers. **145 F** 2 pers. **170 F** 3 pers. **255 F**
pers. sup. **85 F** repas **75 F** 1/2 pens. **220 F**

10	10	10	10	20

CHASSILLAN – Les Esfourniaux – 84400 Lagarde-d'Apt – Tél. : 90.75.01.04

Lagnes

♥♥♥ NN **(TH)** — Alt. : 100 m — 6 chambres d'hôtes doubles dans un très beau mas restauré du XVIII° siècle, au milieu de 2 ha. de pelouse, cerisiers et pruniers. 2 ch. au r.d.c., 3 ch. au 1er étage, toutes avec salle d'eau, wc privés, TV, tél. 1 ch. au 1er étage avec TV, tél., salle d'eau et wc privés sur le palier. Chauffage central. Salon, séjour, salle à manger. Terrasse, terrain non clos. Parking surveillé par télé-vidéo. Cartes bancaires acceptées. Tables d'hôtes individuelles (cuisine raffinée et gourmande). Etape V.R.P. hors saison : 400 F. Gare 13 km. Commerces 3 km. Ouvert toute l'année. Anglais et allemand parlés.

Prix : 1 pers. **450 F** 2 pers. **450 F** pers. sup. **100 F**
repas **130 F**

SP	4	3	5	5	13	SP

GRECK Francois et Monique – Le Mas du Grand Joncquier – 84800 Lagnes – Tél. : 90.20.90.13 – Fax : 90.20.91.18

Lagnes Les Gardiolles

♥♥♥ NN — Alt. : 100 m — 3 chambres d'hôtes dans un très beau mas en pierre, restauré, en campagne, à 5 mn de l'Isle/Sorgue, calme. 2 chambres doubles au 1er étage avec salle de bains et wc privés. 1 chambre au 1er étage avec salle d'eau et wc privés. Chauffage électrique. Salle commune, salle à manger. Garage fermé. Terrasse. Terrain ombragé non clos. Téléphone. Gare 3,5 km. Commerces 1 km. Ouvert toute l'année. Anglais et allemand parlés.

Prix : 1 pers. **200/250 F** 2 pers. **250/300 F** 3 pers. **350 F**
pers. sup. **50 F**

1	1	1	1,5	1	1	1	35

NEGREL Elisabeth – La Pastorale - Les Gardiolles - Rte de Fontaine de Vaucluse – 84800 Lagnes – Tél. : 90.20.25.18 – Fax : 90.20.21.86

Lapalud

♥♥ **(TH)** — Alt. : 40 m — En campagne, beau cadre, calme, 2 chambres d'hôtes, dont 1 pour 2 enfants, avec salle d'eau et wc communs aux 2 chambres. Chauffage central. Salon à la disposition des hôtes, cheminée, bibliothèque. Jardin pré. Terrasse. Parking. Vin compris dans le repas. Voile 5 km. Commerces 3 km. Ouvert toute l'année. Anglais et espagnol parlés.

Prix : 1 pers. **170 F** 2 pers. **230 F** 3 pers. **400 F**
pers. sup. **60 F** repas **85 F**

10	3	12	1	20	10

GUET Gabriel - La Bergerie - Les Iles – 84840 Lapalud – Tél. : 90.40.30.82 – Fax : 90.40.24.29

Lauris

⚘⚘ NN
(TH)

Alt. : 200 m — 5 chambres d'hôtes dans une partie annexe d'un gîte d'étape, dans une propriété, en campagne. Au rez de chaussée avec salle d'eau, wc et terrasse privés. Chauffage électrique. Salle commune, cheminée. Parking, terrain non clos. Tarifs dégressifs en 1/2 pension suivant le nombre de pers. Commerces 2,5 km. Ouvert toute l'année.

Prix : 1 pers. **200 F** 2 pers. **250 F** 3 pers. **325 F**
pers. sup. **75 F** repas **95 F** 1/2 pens. **280 F** pens. **330 F**

2,5	SP	3	8	SP

SIMONOT Didier – Mas de Recaute – 84360 Lauris – Tél. : 90.08.29.58 – Fax : 90.08.41.37

Lauris La Maison des Sources

⚘⚘⚘ NN
(TH)

Alt. : 200 m — 4 chambres d'hôtes dans un ancien mas agréablement restauré avec terrasses et jardin privé de 3 ha. en campagne. 4 chambres au 1er étage avec salle d'eau et/ou salle de bains et wc privés. Chauffage central. Salle commune, salon, salle à manger. Point-phone, TV. Bibliothèque. Cheminée, tél. Parking, ping-pong. Belle vue sur la vallée de la Durance. Gare 20 km. Commerces 1 km. Ouvert toute l'année.

Prix : 1 pers. **280 F** 2 pers. **350 F** 3 pers. **430 F** repas **100 F**

	4	1	1,5	15	2	5	SP

COLLART Martine – La Maison des Sources - Chemin des Fraysses – 84360 Lauris – Tél. : 90.08.22.19 –
Fax : 90.08.22.19

Loriol-du-Comtat

⚘⚘⚘
(TH)

Alt. : 100 m — 5 chambres d'hôtes dans une ferme entièrement rénovée, parc ombragé, en campagne. 2 chambres avec salle de bains et wc privés. 3 chambres avec salle d'eau et wc privés. Chauffage central. Barbecue, réfrigérateur et salle à manger à la disposition des hôtes. Point-phone. Terrasse avec table pique-nique. Parking. Entrée indépendante. Restaurant à 900 m. Commerces 3 km. Ouvert toute l'année.

Prix : 1 pers. **155/175 F** 2 pers. **175/195 F** 3 pers. **235/255 F**
pers. sup. **50 F** repas **75 F**

0,3	0,3	10	2	0,8

GUILLERMIN Josette et Claude – Le Deves – 84200 Loriol-du-Comtat – Tél. : 90.65.70.62

Lourmarin

⚘⚘⚘ NN

Alt. : 240 m — 5 chambres d'hôtes au 2e étage d'une belle maison du XVIIIe siècle à l'entrée du village, ancien relais de poste dans un grand jardin ombragé. Chaque chambre avec TV, téléphone, salle de bains/salle d'eau et wc privés. Chauffage central. Salon, bibliothèque. Moutain-bike sur place. Enfant suppl. : 50 F. Commerces sur place. Ouvert toute l'année.

Prix : 1 pers. **300/400 F** 2 pers. **300/400 F**

1	0,1	1

LASSALETTE Michel – 35 rue Henri de Savournin – 84160 Lourmarin – Tél. : 90.68.39.18 – Fax : 90.68.10.07

Lourmarin

⚘⚘⚘ NN
(TH)

Alt. : 250 m — 4 chambres d'hôtes dans un mas du XVIIe siècle, situé dans une propriété de 6 ha. plantée et boisée, avec piscine, en campagne. 4 chambres accessibles par l'extérieur, avec hall de dégagement, réfrigérateur, salle d'eau, wc et terrasse privés. Chauffage central. Cour commune. Salle à manger. Salle commune. Bicyclettes, V.T.T., ping-pong, pétanque. Possibilité cuisine. Espace barbecue. Table d'hôtes le soir, cuisine provençale. Commerces 500 m. Ouvert toute l'année. Anglais et espagnol parlés.

Prix : 2 pers. **340/360 F** pers. sup. **100 F** repas **85 F**

SP

LEBRE Eva – La Lombarde - B.P. 32 - Puyvert – 84160 Lourmarin – Tél. : 90.08.40.60 – Fax : 90.08.40.64

Malaucene

⚘⚘ NN
(TH)

Alt. : 300 m — 4 chambres d'hôtes dans une maison située dans un très beau cadre, en campagne, piscine sur place. 1 chambre au rez de chaussée avec salle d'eau, wc, terrasse et coin-cuisine privés. 1 chambre au 1er étage avec salle d'eau et wc privés. 1 chambre au 1er étage avec salle de bains et wc privés. 1 chambre au 2e étage avec salle de bains, wc et TV privés. Chauffage électrique. Salle commune, séjour, bibliothèque, piano. Terrasse. Table d'hôtes provençale. Promenades et sentiers GR au pied de la maison. Poss. d'apprendre la poterie, musique pour enfants et adultes, stages hors saison. Gare 42 km. Commerces 2 km. Ouvert du 15 janvier au 15 décembre.

Prix : 1 pers. **240 F** 2 pers. **270 F** 3 pers. **350 F** repas **95 F**

SP	3	3	5	5	SP

GAILLARD-DAY Patrick et Anne – La Boissiere – 84340 Malaucene – Tél. : 90.65.25.33

Malaucene Le Chateau Cremessiere

⚘⚘⚘ NN
(TH)

Alt. : 300 m — 5 ch. d'hôtes aménagées dans une très belle propriété, dans le village de Malaucene avec terrain arboré et prairie de 2 ha. 3 ch. au 1er étage, s. d'eau et wc privés. 2 ch. au r.d.c., entrée indépendante, s. d'eau et wc privés. Chauffage central. Salon, salle à manger. Réfrigérateur à disposition. Cheminée. TV. Terrasse ombragée par platane centenaire. Anglais parlé. Parking. Ping-pong. Boules. Fauteuils jardin, pelouse. Garage vélo/moto. Animaux admis sur demande. Poss. pique-nique. Apéritif, vin et café compris. Petits déjeuners et repas sur la terrasse à la belle saison. Gare 40 km. Commerces 200 m. Ouvert de Pâques au 30 septembre et à la Toussaint.

Prix : 1 pers. **310/340 F** 2 pers. **330/360 F** pers. sup. **80 F**
repas **130 F**

9	1	3	35	3	3	SP	10

DALLAPORTA-BONNEL Elisabeth – Le Chateau Cremessiere – 84340 Malaucene – Tél. : 90.65.11.13

Malemort-du-Comtat

♥♥♥♥ NN
(TH)
Alt. : 210 m — 4 chambres d'hôtes dans beau château de caractère situé dans un vaste parc avec piscine. Au 1ᵉʳ étage avec salle de bains, wc et téléphone privés. Salon privé mis à la disposition avec feu de cheminée en hiver. Vous y serez accueillis dans une ambiance sympathique et décontractée. Les chambres sont spacieuses et décorées de mobilier ancien. Confort et calme assurés. Table d'hôtes sur réservation. Nombreuses balades possible sur la propriété. Possibilité dégustation du vin du château et visite de la cave. Gare 30 km. Commerces 2 km. Ouvert toute l'année. Anglais et espagnol parlés.

Prix : 1 pers. **390/550 F** 2 pers. **500/650 F** repas **180 F**

≊	⛷	🏇	♿	⛵	🚶
SP	1	6	10	6	SP

LEFER Marie – Domaine d'Unang – 84570 Malemort-du-Comtat – Tél. : 90.69.71.06 – Fax : 90.69.92.80

Maubec

♥♥
Alt. : 130 m — 1 chambre d'hôtes dans une ferme, en campagne. 1 chambre avec salle de bains et wc privés. Chauffage central. Escalade et randonnées à proximité. Commerces 1 km. Ouvert toute l'année.

Prix : 1 pers. **150 F** 2 pers. **180/200 F** 3 pers. **235 F**
pers. sup. **35/55 F**

≊	⛷	🏇	♿
9	1	5	10

VIALIS Max – Les Biguieres - Route d'Oppede – 84660 Maubec – Tél. : 90.76.90.62

Mazan

♥♥
Alt. : 175 m — 1 chambre d'hôtes à la sortie du village, en campagne, avec salle d'eau et wc privés. Chauffage électrique. Jardin clos. Garage. Restaurant dans le village. Gare 7 km. Commerces 300 m. Ouvert de mars à novembre.

Prix : 1 pers. **160 F** 2 pers. **170 F**

≊	⛷	🏇
7	1	1

MEYSEN Rene – 23 Chemin Sainte Anne – 84380 Mazan – Tél. : 90.69.72.20

Menerbes Le Mas du Magnolia

♥♥♥ NN
Alt. : 300 m — 3 chambres d'hôtes dans une maison récente indépendante sur un grand jardin fleuri de 5000 m² avec grande piscine (16 x 8) sur place, en campagne. 1 ch. avec salle de bains, wc et terrasse privés. 1 suite avec salle de bains et wc privés aux 2 ch. 1 ch. dans une dépendance avec kitchenette équipée, salle d'eau et wc privés. Chauffage central au mazout et électrique. Salle commune, salon-bibliothèque, salle à manger, coin-télévision, téléphone. Terrasses. Patio avec fontaine. Pool-house de 70 m². Grand barbecue, parking ombragé, jeux de boules. Gare 15 km. Commerces 2 km. Ouvert toute l'année. Anglais et allemand parlés.

Prix : 1 pers. **500 F** 2 pers. **600 F** 3 pers. **650 F**
pers. sup. **50 F**

≊	⛷	🏇	🎣	♿	🚶
SP	2	8	15	15	SP

HAUSCHILD Monika – Le Mas du Magnolia - Quartier du Fort – 84560 Menerbes – Tél. : 90.72.48.00 – Fax : 90.72.48.00

Monieux

♥♥ NN
Alt. : 886 m — 2 chambres d'hôtes dans une vieille bâtisse rénovée en campagne, sur le plateau des abeilles près de Sault, face au Mont-Ventoux. 1 chambre au rez-de-chaussée avec salle d'eau et wc privés. 1 chambre au 1ᵉʳ étage avec salle d'eau et wc privés sur le palier. Chauffage électrique. Jardin non clos. Gare 50 km. Commerces 8 km. Ouvert toute l'année.

Prix : 1 pers. **135/180 F** 2 pers. **160/205 F** pers. sup. **60 F**

≊	⛷	🏇	♿	⛰	🚶
9	9	9	14	9	SP

PAPILLON Solange – Ferme la Sone - La Gabelle – 84390 Monieux – Tél. : 90.64.03.79

Monieux

♥♥ NN
Alt. : 600 m — 1 chambre d'hôtes dans une maison, en campagne, accès indépendant avec salle d'eau et wc privés. Chauffage central. Terrain non clos. Bel environnement. Pêche, spéléologie, escalade, cyclotourisme, sentiers balisés. Commerces 2 km. Ouvert toute l'année.

Prix : 1 pers. **140 F** 2 pers. **160 F**

≊	⛷	🏇	♿	🚶
5	0,5	3	1	SP

DUPASQUIER Bernard – La Tuiliere – 84390 Monieux – Tél. : 90.64.06.94 – Fax : 90.64.06.94

Monieux

♥♥
Alt. : 600 m — 5 chambres d'hôtes dans une grande maison avec piscine et tennis sur place, en campagne. 5 chambres au 2ᵉ étage avec salles d'eau privées, 2 wc communs aux chambres. Chauffage électrique. Salle commune. Jardin clos. Tennis : 30 F/heure. Commerces 1 km. Ouvert toute l'année.

Prix : 1 pers. **170 F** 2 pers. **220 F** 3 pers. **320 F**

≊	⛷	🏇	♿	🚶
SP	SP	8	0,5	SP

PICCA Michele – Le Moulin – 84780 Monieux – Tél. : 90.64.04.64

Monteux

♥♥♥ NN
(TH)
Alt. : 45 m — 5 chambres d'hôtes dans une belle ferme, en campagne. 5 chambres au 1ᵉʳ étage avec salle d'eau et wc privés. 1 chambre avec mezzanine. Chauffage électrique. Coin-salon réservé et coin-repas (plaques électriques, évier, four électrique, frigo, congélateur) à la disposition des hôtes. Salle commune. Point-phone. Lit suppl. enfant - 10 ans : 35 F, enfant + 10 ans : 60 F. Commerces 2 km. Ouvert toute l'année.

Prix : 1 pers. **185 F** 2 pers. **225 F** 3 pers. **285 F**
pers. sup. **60 F** repas **85 F**

≊	⛷	🏇	🎣	♿	⛰	🚶
5	2	6	12	20	20	18

STERLE Rene – La Pontete – 84170 Monteux – Tél. : 90.66.22.71 – Fax : 90.66.93.19

Monteux

♨♨ Alt. : 45 m — 2 chambres d'hôtes dans une maison à la sortie du village. 1 chambre avec salle de bains et wc privés. 1 chambre avec salle de bains privée, wc sur le palier. Chauffage central. Terrasse. Jardin clos. Possibilité de prendre les repas sous les marronniers. Réfrigérateur à disposition des hôtes. Jeux d'enfants : ping-pong, balançoire. Cour ombragée (pétanque). Possibilité de location de vélos à Carpentras. Lit supplémentaire enfant : 20 F. Commerces 300 m. Ouvert toute sauf du 25 octobre au 20 novembre.

Prix : 1 pers. **120/140 F** 2 pers. **140/160 F** pers. sup. **20 F**

4	0,8	4	3

TELLENE Ghislaine – 3 Bld du Cdt Berthier - Ex. Bld de la Gare – 84170 Monteux – Tél. : 90.66.25.63

Mormoiron

♨♨♨ NN Alt. : 250 m — 5 chambres d'hôtes dans une très belle maison de village, bien aménagée. 1 ch. au rez-
(TH) de-chaussée avec salle de bains et wc privés. 1 suite au 2ᵉ étage avec salle d'eau et wc privés. 2 ch. au 2ᵉ étage avec salle d'eau et wc communs aux 2 chambres. 1 ch. 1 pers. avec salle d'eau et wc privés. Chauffage central. Salle commune. Salle à manger/salon. Cheminée, TV, tél. Atelier disponible pour artistes. Jardin-terrasse. Parking. Suite familiale : 480 F. Lit suppl. enfant : 90 F. Gare 35 km. Commerces 200 m. Ouvert toute l'année.

Prix : 1 pers. **190 F** 2 pers. **260 F** repas **100 F**

5	1	5	1	1	0,1

OCHS Chantal – Portail Vieux – 84570 Mormoiron – Tél. : 90.61.80.34 – Fax : 90.61.97.55

La Motte-du-Rhone Mas Zazezou

♨♨ NN Alt. : 120 m — 3 chambres d'hôtes en annexe dans un mas indépendant restauré, dans les champs, en campagne, avec terrain de 3200 m². Salle d'eau et wc privés. Chauffage électrique. Salle commune. Salle à manger. Parking. Restaurant 2 km. Gare 22 km. Commerces 2 km. Ouvert toute l'année. Anglais et allemand parlés.

Prix : 1 pers. **200 F** 2 pers. **250 F** pers. sup. **80 F**

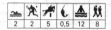

2	2	5	0,5	12	8

CARDINAEL Monique et Pierre – Mas Zazezou - Quartier Malatras – 84840 La Motte-du-Rhone – Tél. : 90.40.45.16

Murs Les Chalottes

♨♨ NN Alt. : 500 m — 2 chambres d'hôtes dans une maison en pierre, en campagne boisée, dans une propriété
(TH) de 4 hectares, au pied du village et à l'entrée des gorges de la Véroncle, très bel environnement. 2 chambres au rez-de-chaussée donnant directement sur jardin avec salle d'eau et wc privés. Chauffage central au gaz. Salle commune, salle à manger, TV commune avec les hôtes. Terrasse. Terrain non clos (4 ha.). Parking. Apéritif, vin et café compris dans le prix du repas. Gare 25 km. Commerces 1,5 km. Ouvert toute l'année. Anglais et italien parlés.

Prix : 1 pers. **220 F** 2 pers. **260 F** 3 pers. **360 F** repas **115 F**
1/2 pens. **245 F**

1,5	1,5	5	15	18	SP

DELCORSO Didier – Les Chalottes – 84220 Murs – Tél. : 90.72.60.91 – Fax : 90.72.62.07

Oppede-le-Vieux-Village

♨♨♨ NN Alt. : 300 m — 3 chambres dans une ancienne maison située au pied du vieux château d'Oppède dans le village. 3 chambres au 1ᵉʳ étage avec salle d'eau et wc privés. Chauffage électrique. Salle commune. Terrasse. Salle à manger. Vieux village d'Oppède accroché au flanc de la montagne et situé au cœur même du Parc National du Lubéron et à la croisée de tous les sentiers de randonnées. Forêt à 100 m. Pistes cyclables à proximité. Commerces 500 m. Ouvert toute l'année.

Prix : 1 pers. **200/220 F** 2 pers. **240/260 F** 3 pers. **290/310 F**

2	1	10	SP

BAL Dominique – Le Village – 84580 Oppede-le-Vieux – Tél. : 90.76.93.52 ou 90.76.89.08

Oppede-le-Village

♨♨ Alt. : 300 m — 3 chambres d'hôtes dans une ancienne maison de meunier, en campagne. 2 chambres communicantes avec salle de bains et wc communs aux 2 chambres. 1 chambre avec salle de bains privée, wc communs avec le propriétaire. Chauffage électrique et mazout. Salle commune, séjour, télévision. Cuisine à disposition des hôtes. Commerces 3 km. Ouvert toute l'année, du 15 novembre au 31 janvier et du 1ᵉʳ janvier au 15 février sur réservation.

Prix : 2 pers. **220 F** 3 pers. **260 F**

5	5	21	10

BONNET Simone – Moulin à Vent - Canteperdrix – 84580 Oppede – Tél. : 90.76.90.60

Oppede-le-Village

♨♨ NN Alt. : 300 m — 4 chambres d'hôtes dans une vieille ferme, au pied du Lubéron, en campagne. 3 chambres avec salle d'eau et wc privés. 1 chambre avec salle de bains et wc privés. Commerces 1 km. Ouvert du 1ᵉʳ mars au 30 novembre.

Prix : 1 pers. **200 F** 2 pers. **250 F** 3 pers. **300 F**
pers. sup. **70 F**

5	1,5	1,5	10	9	9	SP

FOURNIER Maryse – Mas du Guillaumet – 84580 Oppede – Tél. : 90.76.82.47

Oppede-le-Village

❦❦❦ NN
(TH)
Alt. : 300 m — 4 chambres d'hôtes dans un mas restauré, entouré de cerisiers, piscine sur place, en campagne. 2 chambres avec salle d'eau et wc privés. 1 chambre climatisée avec salle de bains et wc privés. 2 chambres avec salle d'eau privée, wc et coin-cuisine communs aux 2 chambres. Chauffage électrique. Salle commune. Salle de séjour climatisée avec télévision. Livres dans les chambres. Jardin clos. Chambre climatisée : 25 F/jour en supplément. 1/2 pension 1 pers. : 235 F à partir de la 2e nuit. Commerces 1 km. Ouvert du 15 mars au 30 septembre.

Prix : 1 pers. **250 F** 2 pers. **300 F** 3 pers. **450 F** repas **100 F**

SP	5	3	10	10

MARCHAND Pierre – La Cerisaie - Route d'Apt – 84580 Oppede – Tél. : 90.76.91.34

Oppede-le-Village Le Petit Creuil

❦❦❦ NN
Alt. : 300 m — 4 chambres d'hôtes dans un beau mas entièrement restauré, en campagne, avec piscine (9 x 7) sur place commune à deux gîtes et aux propriétaires. 2 ch. au r.d.c. avec salle d'eau et wc privés. 1 ch. au 1er étage avec salle de bains et wc privés. 1 suite au 2e étage avec salle de bains, wc privés et kitchenette. Chauffage central. Salle à manger. Lave-linge commun. Point-phone. Cuisine extérieur à disposition. Terrasse. Parking. Commerces 1 km. Ouvert toute l'année.

Prix : 1 pers. **336 F** 2 pers. **392 F** 3 pers. **504 F**

SP	1	2	15	10	SP

GOUDIN Michele – Le Petit Creuil – 84580 Oppede-le-Poulivets – Tél. : 90.76.80.89 ou SR : 90.85.45.00.

Orange

❦❦❦ NN
(TH)
Alt. : 300 m — 5 chambres d'hôtes dans une aile de la ferme du propriétaire, en campagne. Toutes avec salle d'eau et wc privés. Chauffage électrique. Salle commune. Au rez-de-chaussée : salon avec télévision. Au 1er étage : un autre salon. Vin compris dans le prix repas. Commerces 1 km. Ouvert du 1er mars au 30 octobre.

Prix : 1 pers. **300 F** 2 pers. **350 F** pers. sup. **50 F** repas **90 F**

SP	1	2	5

HERMITTE-NGUYEN-NGOC-LAM Olga – Domaine la Violette - Chemin de Lauriol – 84100 Orange – Tél. : 90.51.57.09 – Fax : 90.34.86.15

Orange

❦❦ NN
(A)
Alt. : 300 m — 5 chambres d'hôtes en campagne avec piscine sur place. 2 chambres doubles avec salle d'eau et wc privés. 3 chambres avec salle d'eau et wc privés. Chauffage électrique. Salle commune avec coin-salon (télévision, bibliothèque, jeux de société). Cheminée. Terrain non clos. Pêche avec permis et voile 2 km. Commerces 1 km. Ouvert toute l'année sur réservation.

Prix : 1 pers. **140 F** 2 pers. **190 F** 3 pers. **230 F** pers. sup. **40 F** repas **70 F** 1/2 pens. **195/210 F**

SP	3	10

MONNIER Claude – F.A. la Barque Aux Romarins - Rte de Roquemaure/Q.B.Feuillet – 84100 Orange – Tél. : 90.34.55.96

Pernes-les-Fontaines Hameau Les Valayans

❦❦ NN
(TH)
Alt. : 82 m — 4 chambres d'hôtes dans un mas restauré, typiquement provençal, en campagne, très calme. 3 chambres au 1er étage avec salle d'eau et wc privés. 1 chambre au 1er étage avec salle d'eau et wc privés sur le palier. Chauffage central. Salon, séjour, salle à manger, cheminée, bibliothèque, télévision, téléphone. Terrasse, terrain clos. Garage, parking. Repas sur réservation. 1/2 pension sur la base de 2 pers. Produits du terroir. Gare 13 km. Commerces 1 km. Ouvert toute l'année.

Prix : 1 pers. **190 F** 2 pers. **230 F** 3 pers. **300 F** repas **80/100 F** 1/2 pens. **380 F**

4	4	5	0,5	10	10

DUREGNE Pierre – Chemin de Doche - Les Valayans – 84210 Pernes-Les Fontaines – Tél. : 90.62.09.23 – Fax : 90.62.00.03

Pernes-les-Fontaines

❦❦❦ NN
Alt. : 82 m — 4 chambres d'hôtes dans un grand mas de caractère du XVIIe siècle restauré, au milieu de 5 ha. de nature. Au 1er étage avec salle d'eau et wc privés. Chauffage électrique. Séjour, salle à manger, cuisine équipée, salon, bibliothèque. Jardin non clos. Parking. Entrée indépendante. Commerces 3 km. Ouvert toute l'année.

Prix : 1 pers. **200 F** 2 pers. **240 F** 3 pers. **310 F** pers. sup. **70 F**

3	3	5	10	3

BALDELLI Genevieve – Domaine de la Petite Cheylude - Quartier St Hilaire – 84210 Pernes-Les Fontaines – Tél. : 90.61.37.24

Pernes-les-Fontaines Saint-Barthelemy

❦❦❦ NN
Alt. : 82 m — 5 chambres d'hôtes dans un mas provençal du XVIIIe siècle entièrement restauré, en campagne. 1 ch. avec salle de bains et wc privés. 4 ch. avec salle d'eau et wc privés. Chauffage central. Salle commune, salle à manger, terrasse. Parc ombragé attenant et clos. Parking fermé. Cabine téléphonique. Gare 20 km. Commerces 1,5 km. Ouvert toute l'année. Anglais parlé.

Prix : 1 pers. **200 F** 2 pers. **260 F** 3 pers. **340 F**

1,5	1,5	5	10	1	1

MANGEARD Jacqueline – St Barthelemy – 84210 Pernes-Les Fontaines – Tél. : 90.66.47.79

Pernes-les-Fontaines

♥♥ NN — Alt. : 160 m — 2 chambres d'hôtes dans une ferme indépendante, en campagne, avec collines, vignes et bois de pins. 2 chambres au rez-de-chaussée, accessibles par l'extérieur, avec salle d'eau et wc privés. Chauffage électrique. Salle à manger, cheminée, téléphone. Terrasse. Terrain non clos. Parking. Location de VTT 5 km. Commerces 500 m. Ouvert toute l'année.

Prix : 1 pers. **150 F** 2 pers. **200 F** 3 pers. **250 F**

3	5	4	5	8	SP

BLANC Janine et Jacky – Ferme de Fontblanque – 84210 Pernes-Les Fontaines – Tél. : 90.61.62.61

Pertuis

♥♥ NN — Alt. : 216 m — 3 chambres d'hôtes dans une maison ancienne, dans le village, de caractère provençal avec jardin fleuri et ombragé clos donnant sur une cour fleurie. 3 chambres au 1er étage avec salle d'eau privée, wc commun aux chambres. Chauffage central. Salle commune avec coin-musique, salon, cheminée, bibliothèque. Terrasse. Parking facile et possibilité garage fermé : 15 F. Festivals : la Roque d'Anthéron à 18 km, Aix à 20 km, la Tour d'Aigues à 6 km. Randonnées dans le Lubéron. Ouvert toute l'année, janvier sur réservation. Anglais parlé.

Prix : 1 pers. **200 F** 2 pers. **260/280 F** pers. sup. **80 F**

1	1	2	2	2

VAN COUYGHEM Clemence – La Charmotte - 296 Cours de la Republique – 84120 Pertuis – Tél. : 90.79.09.79

Pertuis

♥♥♥ NN
(TH) — Alt. : 216 m — 4 chambres d'hôtes dans un beau mas agréablement restauré, dans les champs, en campagne. 2 chambres au rez-de-chaussée avec salle d'eau/salle de bains et wc privés. 2 chambres au 1er étage avec salle d'eau/salle de bains et wc communs. Chauffage central. Salle commune, salon. Partie ouest aménagée et réservée aux hôtes, coin-feu, bibliothèque et salle à manger. Téléphone. Terrasse. Terrain et jardin clos. Parking. Repas enfant - 12 ans : 50 F. Enfant - 3 ans : gratuit. Gare 10 km. Commerces 2 km. Ouvert toute l'année. Anglais et italien parlés.

Prix : 1 pers. **150 F** 2 pers. **200 F** 3 pers. **250 F** repas **80 F**

3	2	SP	30	0,2	0,2	SP

BIDAULT Gerard – Campagne Saint Loup - Quartier de Croze – 84120 Pertuis – Tél. : 90.79.03.65

Piolenc

♥♥ — Alt. : 47 m — 3 chambres dans mas restauré, calme et ombragé, en campagne. Piscine, pêche et plan d'eau sur place. Salle d'eau, wc et réfrigérateur privés. Chauffage électrique. Terrasse. Salon de jardin. Barbecue. Parking fermé. Commerces 2 km. Ouvert toute l'année.

Prix : 1 pers. **170 F** 2 pers. **200/220 F** 3 pers. **280/300 F** pers. sup. **80 F**

SP	3	3	8	SP

LEVEQUE Jean - Les Buisses - Qu. des Paluds - Route Orange-Uchaux – 84420 Piolenc – Tél. : 90.40.62.25 ou 90.40.63.75

Puymeras

♥♥♥ NN
(TH) — Alt. : 400 m — 5 chambres d'hôtes dans une grande maison neuve attenante à un caveau de dégustation, piscine (16 x 7) sur place, en campagne. 5 ch. au 1er étage dont 1 avec salle de bains et wc privés, et 4 avec salle d'eau et wc privés. Chauffage central. Salle commune, salon, salle à manger, cheminée en service, télévision. Table d'hôtes sur réservation. Produits du terroir servis à table, de nos vins vinifiés à la propriété, de l'apéritif fait à base de vin. Coin-lavage sous la montée d'escalier, vaisselle pique-nique et réfrigérateur. Gare 35 km. Commerces 2 km. Ouvert toute l'année. Anglais parlé. Chambres non fumeur.

Prix : 1 pers. **250 F** 2 pers. **270 F** 3 pers. **370 F** repas **105 F**

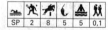

SP	2	8	5	5	0,1

SAUVAYRE Maryse – Domaine le Puy du Maupas - Route de Nyons – 84110 Puymeras – Tél. : 90.46.47.43 – Fax : 90.46.48.51

Puymeras Le Saumalier

♥♥♥ NN
(TH) — Alt. : 400 m — 2 chambres d'hôtes dans un beau mas en pierre perché sur une colline dominant la campagne face au Ventoux. Terrasse donnant sur un terrain arboré d'oliviers et pelouse très reposante. 1 chambre au 1er étage avec une grande baie vitrée donnant sur le Ventoux, salle de bains et wc privés. 1 chambre au 2e étage avec salle d'eau et wc privés. Chauffage central au sol. Salle commune. Salon. Salle à manger. Télévision. Téléphone. Parking. Piscine intérieure avec nage à contre-courant et spa.

Prix : 1 pers. **250/300 F** 2 pers. **300/350 F** 3 pers. **400/450 F** pers. sup. **100 F** repas **100/150 F**

SP	2	10	20	4	6	SP	20

SAUVAYRE Michele et J. Luc – Le Saumalier – 84110 Puymeras – Tél. : 90.46.49.61 – Fax : 90.46.49.61

Puymeras L'Oustaou des Oliviers

♥♥♥ NN
(TH) — Alt. : 400 m — 4 chambres d'hôtes dans une maison récente avec les collines et vignobles, en campagne. Au rez-de-chaussée avec salle d'eau et wc privés. Chauffage électrique. Salle commune, salle à manger, bibliothèque, téléphone. Terrasse. Jardins et cour aménagés. Parking. Gare 30 km. Commerces 5 km. Ouvert du 1er mars au 30 novembre.

Prix : 1 pers. **280 F** 2 pers. **336 F** pers. sup. **112 F** repas **120 F**

7	2	10	25	15	15	SP	35

ROUSTAN Marie-Francoise – L'Oustaou des Oliviers - Quartier des Eyssarettes – 84110 Puymeras – Tél. : 90.46.45.89 ou SR : 90.85.45.00.

Rasteau

ψψ Alt. : 240 m — 5 chambres d'hôtes à la sortie du village. 3 chambres avec salle de bains et wc privés. 2 chambres avec salle d'eau et wc communs aux chambres. Chauffage central. Salle commune. Jardin non clos. Parking. Jeux d'enfants. Restaurant 3 km. Gare 18 km. Commerces 100 m. Ouvert toute l'année.

Prix : 1 pers. **90/120 F** 2 pers. **160/180 F** 3 pers. **190/220 F**

9	SP	2	2	SP

MOURGAND Yvonne – Route de Cairanne – 84110 Rasteau – Tél. : 90.46.11.12

Roaix

ψψ NN Alt. : 240 m — 3 chambres d'hôtes dans une grande maison en pierre avec verger et jardin fleuri, à proximité du village. Chambres indépendantes avec lababo, salle de bains et wc communs aux chambres. Chauffage électrique. Salle à manger. Parking. Commerces 700 m. Ouvert toute l'année.

Prix : 1 pers. **175 F** 2 pers. **200 F** pers. sup. **85 F**

3	3	1	0,1	2

BOURDONNAS Emile – Les Grillons – 84110 Roaix – Tél. : 90.46.14.45

Robion

ψψ NN (TH) Alt. : 350 m — 2 chambres dans villa, en campagne. 1 chambre au rez-de-chaussée avec salle d'eau et wc privés. 1 chambre au 1er étage avec salle de bains privée sur le palier, wc et terrasse privés. Chauffage central. Salle commune. Table d'hôtes sur demande. Cour close. Terrain clos de 2600 m^2. Parking. Circuits pédestres et villages touristiques à proximité. Commerces 1,5 km. Ouvert du début avril au 1er octobre, hors saison sur demande. Espagnol parlé.

Prix : 1 pers. **180 F** 2 pers. **200 F** 3 pers. **280 F** repas **85 F**

3	3	3	3	1

LAFFONT Isabelle – Route de Cavaillon – 84440 Robion – Tél. : 90.76.27.99

Robion Domaine Canfier

ψψψ NN (TH) Alt. : 350 m — 3 chambres d'hôtes dans une ferme indépendante de caractère avec piscine (11 x 5) sur place, en campagne. 1 suite au 1er étage avec salle de bains et wc privés. 2 chambres au 2e étage avec salle d'eau et wc privés. Chauffage central. Salle commune, salon, salle à manger, cheminée en service, bibliothèque, piano, télévision, téléphone. Cuisine d'été. Terrasse. Jardin clos. Parking. Gare 5 km. Commerces 1 km. Ouvert toute l'année. Anglais et espagnol parlés.

Prix : 1 pers. **300 F** 2 pers. **350 F** 3 pers. **440 F** pers. sup. **90 F** repas **110 F**

SP	1	5	15	0,3	7	SP	35

CHARVET Michel et Catherine – Domaine de Canfier – 84440 Robion – Tél. : 90.76.51.54 – Fax : 90.76.67.99

Roussillon

ψψ NN Alt. : 300 m — 5 chambres d'hôtes dans une grande maison ocre rose avec cour intérieure fleurie, en campagne. Salle d'eau et wc privés. Chauffage électrique. Bibliographie et cartes IGN locales. Parking ombragé. Jardin non clos. Tables de jardin et chaises longues dans cour intérieure. Calme, nature et bois alentour. Exposition de poteries sur place. Restaurant 1 km. Commerces 2 km. Ouvert toute l'année. Allemand et anglais parlés.

Prix : 1 pers. **230 F** 2 pers. **280/310 F** 3 pers. **360 F**

0,5	0,5	SP

FRUCHART Claire – Poterie de Pierroux – 84220 Roussillon – Tél. : 90.05.68.81

Roussillon

ψψ NN (TH) Alt. : 300 m — 2 chambres d'hôtes dans une maison indépendant dans une pinède au pied des falaises de Roussillon, site classé. 1 chambre au rez-de-chaussée avec salle d'eau et wc privés. 1 chambre double au rez-de-chaussée avec salle de bains, wc et terrasse privés. Chauffage central. Salle commune. Salle à manger, cheminée, télévision, téléphone. Terrasse, parking. Grand terrain non clos 3 ha. Gare 15 km. Commerces 2 km. Ouvert toute l'année. Anglais et espagnol parlés.

Prix : 1 pers. **250 F** 2 pers. **300 F** 3 pers. **350 F** repas **80 F**

SP	4	3	SP

BUSETTO Sylviane – Quartier Fontaine – 84220 Roussillon – Tél. : 90.05.67.30

Roussillon

ψψψ NN Alt. : 300 m — 2 chambres d'hôtes dans une maison sur les remparts en haut du village, s'ouvrent sur une exceptionnelle vue des falaises, du Luberon et des pré-alpes. 1 « suite provençale » avec télévision, salle d'eau, wc et terrasse privés. 1 « chambre à la cheminée » avec télévision, salle d'eau, wc, terrasse ensoleillée et majestueuse, cheminée. Petits déjeuners copieux. Salle commune/salle à manger avec cheminée. Salon avec cheminée et bibliothèque. Plusieurs terrasses. Parking au village. Gare 40 km. Commerces sur place. Ouvert toute l'année. Allemand parlé.

Prix : 1 pers. **350 F** 2 pers. **450/550 F** 3 pers. **650 F**

3	3	3	25	20	SP	50

WEISER Lilly – Residence des Remparts - Place Pignotte – 84220 Roussillon – Tél. : 90.05.61.15 – Fax : 90.05.65.38

Roussillon Mamaison

ξξξ NN
(TH)

Alt. : 300 m — 5 chambres d'hôtes dans un mas indépendant entièrement restauré avec piscine (12 x 6) sur place. 2 chambres au rez-de-chaussée avec salle d'eau et/ou salle de bains et wc privés. 3 chambres au 1er étage avec salle d'eau et/ou salle de bains et wc privés. Chauffage central au gaz. Salon, salle à manger, bibliothèque, TV, tél. Parking. Terrasse avec auvent et terrain non clos de 3 ha. au pied du Lubéron. Gare 15 km. Commerces 4,5 km. Ouvert toute l'année. Anglais et allemand parlés.

Prix : 2 pers. **600/1200 F** pers. sup. **150 F** repas **140/180 F**

SP	4	4	18	14	7	SP

GUILLEMOT Marine – Mamaison – 84220 Roussillon – Tél. : 90.05.74.17 – Fax : 90.05.74.63

Rustrel La Forge

ξξξ NN
(TH)

Alt. : 350 m — 3 chambres d'hôtes dans un grand bâtiment du XIXe siècle classé monument historique (hauts fourneaux), avec piscine (9 x 4) sur place, en campagne, à l'entrée de la forêt du Colorado Provençal. Chambres en annexe sur terrasse gazonnée avec salle de bains et wc privés. Chauffage central au gaz. Salle commune. Cheminée. Télévision. Téléphone. Barbecue. Garage. Parking. Table d'hôtes sur demande. Gare 30 km. Commerces 3 km. Ouvert toute l'année. Anglais et espagnol parlés.

Prix : 1 pers. **420/549 F** 2 pers. **448/594 F** 3 pers. **644/806 F** pers. sup. **84/101 F** repas **150 F**

SP	7	10	35	7	SP

BERGER-CECCALDI Dominique – La Forge - Notre Dame des Anges – 84400 Rustrel – Tél. : 90.04.92.22 ou SR : 90.85.45.00. – Fax : 90.04.95.22

Sablet

ξξ NN
(TH)

Alt. : 150 m — 5 chambres d'hôtes dans la maison du propriétaire, en campagne. Au rez-de-chaussée, accès intérieur et extérieur avec salle d'eau privés, 3 wc communs aux chambres. Chauffage électrique. Salle commune. Salon. Terrain non clos. La salle à manger est aménagée en véranda. Réfrigérateur à la disposition des hôtes. Commerces 2 km. Ouvert du 1er mars au 31 octobre.

Prix : 1 pers. **160 F** 2 pers. **220 F** 3 pers. **270 F** pers. sup. **80 F** repas **100 F** 1/2 pens. **260 F**

SP

CASAS Muriele – Les Catalans – 84110 Sablet – Tél. : 90.46.92.42

Sablet

ξξξ NN

Alt. : 150 m — 5 chambres d'hôtes dans une maison de caractère dotée d'un grand parc ombragé et d'une piscine. Toutes avec salle de bains et wc privés. Chauffage électrique. Salle commune, séjour, cuisine. Point-phone. Parking ombragé. Boulodrome. Location de VTT au village. Commerces 700 m. Ouvert du 1er mars au 30 novembre.

Prix : 1 pers. **200/250 F** 2 pers. **250/300 F** 3 pers. **300/350 F** pers. sup. **50 F**

SP	2	8	2	2	SP

FERT Daniel – Les Templiers - Les Monts de Chevalllong – 84110 Sablet – Tél. : 90.46.94.77

Sablet

ξξ

Alt. : 150 m — 2 chambres d'hôtes dans une maison, à proximité du village. Salle de bains et wc communs aux chambres. Chauffage central. Jardin clos. Restaurant à 400 m. Commerces 100 m. Ouvert toute l'année.

Prix : 2 pers. **180/200 F** pers. sup. **50 F**

0,4	SP	35

MOURET Marguerite – La Souleiado – 84110 Sablet – Tél. : 90.46.90.66

Saignon

ξξξ NN

Alt. : 475 m — 2 chambres d'hôtes dans une très belle maison de caractère au pied du village avec des jardins en terrasses construite autour d'un patio, agrémentée de 2 sources. 1 chambre avec salle de bains et wc privés agrémentée d'une autre chambre pour 2 enfants. 1 chambre au r.d.c. avec salle de bains et wc privés avec lit suppl. 1 pers. Chauffage central. A disposition : piscine, solarium avec vue panoramique, salon en mezzanine, bibliothèque, musique, coin-cheminée. Conseils pour circuits touristiques. Poss. baby-sitting. Plan d'eau 4 km. Restaurants 200 m. Réduction pour + 10 jours. Commerces 300 m. Ouvert toute l'année. Anglais et italien parlés.

Prix : 1 pers. **270 F** 2 pers. **380 F** 3 pers. **530 F** pers. sup. **160 F**

SP	2	3	4	1

GUILLAUME Helene – Rue du Jas - La Pyramide – 84400 Saignon – Tél. : 90.74.46.86 – Fax : 90.74.28.03

Saint-Hippolyte-le-Graveyron

ξξ

Alt. : 240 m — 2 chambres d'hôtes dans un mas, en campagne, en haut d'une colline, entourée de vignes. 2 chambres au 1er étage avec salle de bains et wc communs aux chambres. Chauffage électrique. Salle à manger commune. Très belle vue. Calme. Lit supplémentaire enfant : 30 F. Commerces 5 km. Ouvert toute l'année.

Prix : 1 pers. **170 F** 2 pers. **200 F**

7	7	7	5	0,1

PEUCHOT Elisabeth – Chemin des Cotes – 84330 Saint-Hippolyte-le-Graveyron – Tél. : 90.62.58.79

Saint-Martin-de-Castillon

ξξ
(A)

Alt. : 450 m — 2 chambres d'hôtes dans une maison de caractère, en campagne. Salle d'eau et wc privés. Chauffage central. Salle commune, séjour. Produits de la ferme (foie gras). Forêt, chasse sur place. Location avec réservation exclusivement. Arrivée si possible à 18 heures. Commerces 8 km. Ouvert du 1er février au 30 novembre.

Prix : 1 pers. **180 F** 2 pers. **230 F** pers. sup. **75 F** repas **85 F** 1/2 pens. **265 F**

8	8	5	3

MERAT – La Testaniere – 84750 Saint-Martin-de-Castillon – Tél. : 90.75.24.88

Saint-Martin-de-Castillon

♨ ♨ NN   Alt. : 450 m — 2 chambres d'hôtes dans une partie de la ferme des propriétaires, très isolée sur une colline, face au Luberon, en campagne, très belle vue. Petite terrasse avec petite piscine très agréable et ensoleillée. 2 chambres, avec entrée indépendante au rez-de-chaussée avec salle de bains et wc privés. Chauffage central. Parking. Terrain non clos. Planche à voile et canoë à 12 km. Commerces 2 km. Ouvert toute l'année.

Prix : 1 pers. **200 F** 2 pers. **260 F** 3 pers. **300/400 F**
pers. sup. **40 F**

🛶	🎿	✈	🎣	🥾
SP	6	6	12	SP

FRAVEGA Vincent – Mas d'Aigrevin – 84750 Saint-Martin-de-Castillon – Tél. : 90.75.20.85

Saint-Roman-de-Mallegarde

♨ ♨ NN
(TH)   Alt. : 200 m — 4 chambres d'hôtes dans une partie de la ferme des propriétaires, située au milieu des vignes. Très calme. Chambres au 1er étage avec salle d'eau et wc privés. Terrain non clos. Possibilité de randonnée pédestre. Location de VTT sur place. Table d'hôtes sur réservation le matin. Commerces 2 km. ouvert du 15 avril au 30 septembre.

Prix : 1 pers. **202 F** 2 pers. **246 F** 3 pers. **280 F** repas **70 F**
1/2 pens. **250 F**

🛶	🎿	✈
3	3	3

ARNAUD Jean-Paul – Le Colombier – 84290 Saint-Roman-de-Malegarde – Tél. : 90.28.92.21 ou SR : 90.85.45.00.

Saint-Saturnin-d'Apt

♨ ♨
(TH)   Alt. : 400 m — 3 chambres d'hôtes dans une villa, en campagne, grand terrain arboré non clos avec piscine et boulodrome. 2 chambres au rez-de-chaussée l'une avec salle de bains et wc privés, l'autre avec lavabo, salle d'eau et wc privés sur le palier, terrasse privée. 1 chambre au 1er étage avec salle d'eau, wc et terrasse privés. Chauffage électrique. Coin-musique et lecture. Salon avec cheminée, salle commune. Terrasse. Commerces 2 km. Ouvert toute l'année.

Prix : 1 pers. **280/380 F** 2 pers. **310/410 F** pers. sup. **50 F**
repas **150 F** 1/2 pens. **530 F**

🐕

🛶
SP

ARNAUD Claude – Les Sentiers de Pereal – 84490 Saint-Saturnin-d'Apt – Tél. : 90.75.49.48

Saint-Saturnin-les-Avignon

♨ ♨ NN   Alt. : 50 m — 2 chambres d'hôtes dans une belle propriété arborée donnant sur un grand parc où passe la Sorgue, en campagne. 1 chambre au 1er étage avec salle d'eau attenante à la chambre, wc réservés au rez-de-chaussée, balcon donnant sur la Sorgue. 1 chambre au 1er étage avec salle de bains et wc sur le palier. Chauffage central. Salle commune, salon, salle à manger. Cheminée, téléphone, télévision. Terrasse, terrain non clos, parking. La propriétaire parle l'allemand et l'italien. Gare 10 km. Commerces 1,5 km. Ouvert de Pâques à fin octobre.

Prix : 1 pers. **170 F** 2 pers. **200/230 F** 3 pers. **330 F**

🛶	🎿	✈	🎣	⛵	🥾
3	4	7	0,1	13	0,1

TROTTIER Colette – Claus de l'Islette - Route de Pernes – 84450 Saint-Saturnin-Les Avignon –
Tél. : 90.22.04.22

Saint-Trinit Les Bayles

♨ ♨ NN
(A)   Alt. : 850 m — 4 chambres d'hôtes dans une ferme de 75 ha., piscine sur place, en campagne. Chacune avec salle d'eau et wc privés. Chauffage électrique. Salle commune, télévision, cheminée en service, coin-lecture. Terrain non clos. Location de VTT. Possibilité de 1/2 pension. Commerces 3 km. Ouvert toute l'année sur réservation.

Prix : 2 pers. **250 F** 3 pers. **320 F** repas **100/125 F**

🛶	🎿
SP	3

SANCHEZ Gerard – Les Bayles – 84390 Saint-Trinit – Tél. : 90.75.00.91

Saumane

♨ ♨ ♨   Alt. : 140 m — 3 chambres d'hôtes dans maison en pierre sèche, située dans la colline, en campagne, avec vue imprenable sur le vieux village, dans le calme absolu d'un site de terrasses. Chambres avec salle d'eau et wc privés. Chauffage électrique. Salle commune, séjour, cuisine. Terrain non clos de 1 ha. Table de ping-pong. Forêt et chasse sur place. Restaurant 300 m. Commerces 3 km. Ouvert toute l'année.

Prix : 1 pers. **180 F** 2 pers. **200 F** 3 pers. **220 F**

🐕

🛶	🎿	✈	🚣	🎣	🥾
4	4	3	1	4	13

BEAUMET Robert – Chemin de la Tapy – 84800 Saumane – Tél. : 90.20.32.97

Saumane

♨ ♨ ♨ NN
(TH)   Alt. : 140 m — 2 chambres d'hôtes accessibles uniquement de l'extérieur, dans maison située dans un très beau cadre en collines. 1 ch. avec salle d'eau, wc et terrasse privés. 1 ch. avec mezzanine, salle d'eau et wc privés. Chauffage électrique. Salle commune, salon, terrasse. Animaux admis sous réserve. Table d'hôtes cuisine régionale, vin compris. Jardin fleuri et ombragé. Promenades. Commerces 2 km. Ouvert du 1er mars au 30 octobre, pour autre période, consulter le propriétaire.

Prix : 1 pers. **250 F** 2 pers. **270 F** 3 pers. **380 F**
pers. sup. **110 F** repas **100/110 F**

🛶	🎿	✈	🚣	🎣	🥾
7	7	7	3	7	SP

MARQUET Annie – Sous Les Canniers - Route de la Roque/Pernes – 84800 Saumane – Tél. : 90.20.20.30

Seguret

Alt. : 200 m — 2 chambres d'hôtes en campagne avec piscine sur place clôturée. Chambres avec douche et baignoire privées, wc communs aux chambres. Chauffage central. Salle commune, séjour. Réfrigérateur à disposition. Possibilité pique-nique. Terrasse aménagée. Possibilité approvisionnement à domicile pour tout alimentaire. Location de VTT. Commerces 1 km. Montagne à proximité : sentiers grandes randonnées, cyclotourisme. Barbecue à disposition des hôtes. Ouvert toute l'année.

Prix : 1 pers. **150 F** 2 pers. **180 F** 3 pers. **220 F**

SP	0,2	2

CRIQUILLION Annie – Quartier Saint Quenin – 84110 Seguret – Tél. : 90.46.91.31 – Fax : 90.46.91.31

Seguret

✹✹✹ NN   Alt. : 200 m — 5 chambres d'hôtes dans un beau mas, sur une colline, en campagne, avec cour intérieure, belle vue. Chambres au 2e étage avec salle d'eau et wc privés. Chauffage électrique. Salle commune, salle à manger. Ouvert du 1er avril au 15 septembre. Commerces 2 km.

Prix : 1 pers. **180 F** 2 pers. **230/250 F** 3 pers. **280/300 F**
pers. sup. **50 F**

5	5	10	20	3	10

MONTJEAN Jacqueline – Domaine Saint Just – 84110 Seguret – Tél. : 90.46.11.55

Seguret

✹✹✹✹ NN   Alt. : 200 m — 3 chambres d'hôtes dans une très belle maison d'inspiration italienne dans un très beau parc avec piscine, très belle vue. 2 suites au rez-de-chaussée avec télévision, téléphone, salle d'eau et wc privés. 1 suite avec terrasse et véranda privés. 1 chambre au 1er étage avec télévision, téléphone, salle d'eau et wc privés. Chauffage central. Salle commune. Salle à manger/salon. Bibliothèque. Terrasse, terrain non clos, parking. Petits animaux admis. Petits déjeuners variés, raffinés et agréablement copieux. Location de VTT 6 km. Club escalade 10 km. Gare 20 km. Commerces 2 km. Ouvert toute l'année. Anglais et espagnol parlés.

Prix : 1 pers. **350/400 F** 2 pers. **440/550 F** 3 pers. **550/650 F**
pers. sup. **100 F**

SP	1	14	4	4

AUGIER Gisele – Saint Jean – 84110 Seguret – Tél. : 90.46.91.76

Serignan-du-Comtat

✹✹ NN   Alt. : 100 m — 4 chambres d'hôtes dans maison style mas avec grande terrasse aménagée et piscine sur place, en campagne. 2 chambres au rez-de-chaussée avec salle de bains et/ou wc privés. 2 chambres au 1er étage avec salle d'eau et wc privés. Chauffage électrique. Petite pièce pour cuisiner. Jardin et terrain de 5000 m² clos. Salon de jardin. Barbecue extérieur. Parking. Voile à 15 km. Forêt à 2 km. Restaurant à 1 km. Commerces 2 km. Ouvert du 1er février au 30 octobre.

Prix : 1 pers. **135/140 F** 2 pers. **165/180 F** 3 pers. **220/230 F**
pers. sup. **60 F**

SP	1	4	6	0,5

CANO Gilbert et A. Marie – Les Genets – 84830 Serignan – Tél. : 90.70.07.18

Serignan-du-Comtat

✹✹ NN   Alt. : 100 m — 2 chambres d'hôtes dans villa, verdure, fraîcheur, en campagne. 1 chambre au rez-de-chaussée avec salle d'eau et wc privés. 1 chambre au 1er étage avec salle d'eau et wc privés. Chauffage central. Village au centre d'une région touristique. Montagne ou mer à 1 heure de voiture. Possibilité de pique-niquer dans le jardin. Gare 7 km. Commerces 1 km. Ouvert toute l'année, sur réservation d'octobre au 15 avril. Anglais et espagnol parlés.

Prix : 1 pers. **140 F** 2 pers. **180 F** 3 pers. **220 F**

7	1	1	1	

GOUBIN Jean – Quartier Les Pessades – 84830 Serignan-du-Comtat – Tél. : 90.70.00.68

Le Thor

✹✹✹ NN
(TH)   Alt. : 70 m — 3 chambres d'hôtes dans un mas indépendant en campagne, avec terrain clos au sud. 2 chambres au 1er étage avec salle d'eau et wc privés. 1 chambre au 1er étage avec salle de bains privée et wc privés sur le palier. Chauffage, pompe à chaleur. Salle commune, salon, séjour, salle à manger, télévision, bibliothèque, téléphone. Terrasse, abri-couvert. Parking. 1/2 pension à partir de 3 jours : 360 F. Gare et commerces 2 km. Ouvert toute l'année.

Prix : 1 pers. **185 F** 2 pers. **230 F** pers. sup. **65 F** repas **75 F**

2,5	1	7	1	20	20

DE MAZIEUX Therese – Eleuthera - Rte de St Saturnin - Le Trentin – 84250 Le Thor – Tél. : 90.33.70.26

Le Thor

✹✹ NN
(A)   Alt. : 70 m — 3 chambres d'hôtes dans la ferme-auberge, en campagne. 1 chambre au rez-de-chaussée avec salle d'eau et wc privés. 2 chambres au 1er étage avec salle de bains et wc privés. Chauffage central. Terrain attenant et clos. Commerces 2 km. Ouvert toute l'année. Anglais et espagnol parlés.

Prix : 1 pers. **170 F** 2 pers. **220 F** 3 pers. **260 F**
pers. sup. **40 F** repas **80 F** 1/2 pens. **250 F**

4	4	1	10	4	10

GRANGIER Mireille – Lou Mas de Mireio - Route des Vigneres – 84250 Le Thor – Tél. : 90.33.83.64

Le Thor

✹✹
(TH)   Alt. : 70 m — 4 chambres d'hôtes dans une ferme rénovée avec petit parc ombragé, en campagne. 2 chambres avec salle de bains privée sur le palier. 2 chambres avec salle d'eau privée dont 1 sur le palier. 2 wc communs aux 4 chambres. Chauffage central. Séjour avec cheminée et télévision. Salle commune. Repas enfant 1/2 tarif. Commerces 3 km. Ouvert toute l'année.

Prix : 1 pers. **150/160 F** 2 pers. **190/200 F** 3 pers. **250/260 F**
pers. sup. **60 F** repas **80 F** 1/2 pens. **230 F**

3	3	2

GROS Maryse – Chemin du Trentin – 84250 Le Thor – Tél. : 90.33.92.75

Le Thor

✿✿✿ NN   Alt. : 70 m — 3 chambres d'hôtes spacieuses et hautes dans une propriété de 6 ha. de verdure et de calme, loin de la route. Ancien bâtiment de ferme restauré en 1988, indépendant du propriétaire. 2 chambres au 1er étage avec salle d'eau et wc privés. 1 chambre au 1er étage avec salle de bains et wc privés. Salle à manger. Chauffage central. Terrasses. Parking. Vous serez accueillis comme des amis dans notre maison de famille. Commerces 3 km. Ouvert du 1er avril au 31 octobre. Anglais et allemand parlés.

Prix : 2 pers. **300/350 F**

3	3	10	3	3

MOURGES Andre – « La Palasse » – 84250 Le Thor – Tél. : 90.33.92.38 – Fax : 90.33.76.05

Le Thor Mas des Gerbauts

✿✿✿ NN (TH)   Alt. : 70 m — 2 suites dans un mas restauré avec piscine (12 x 5) sur place, terrasse et jardin clos ombragé de 1500 m², dans la plaine, en campagne. 2 suites au 1er étage avec salle de bains et wc privés. Chauffage central. Salon, salle à manger, cheminée en service, télévision. Parking. Gare 15 km. Commerces 4 km. Ouvert toute l'année.

Prix : 1 pers. **200 F** 2 pers. **250 F** 3 pers. **330 F**
pers. sup. **70 F** repas **90 F** 1/2 pens. **220 F**

SP	3	10	15	1	20	

DORIDI Marie-Claude – Mas des Gerbauts - Trentin - Prox. Rte de St-Satur – 84250 Le Thor – Tél. : 90.33.88.85

Vacqueyras

✿✿✿ NN (TH)   Alt. : 300 m — 5 chambres d'hôtes dans une demeure au milieu des vignes, à proximité du hameau, avec piscine sur place. Salle d'eau et wc privés. Chauffage électrique et central. Salle commune, séjour, salon et salle à manger climatisés. Télévision, réfrigérateur et cuisine à disposition des hôtes. Parking. Terrain non clos. Pêche en rivière à 4 km. Lac et forêt à 10 km. Restaurant à proximité. 1/2 pension à partir du 3e jour. Commerces 1 km. Ouvert du 1er mars au 30 octobre.

Prix : 2 pers. **240/260 F** 3 pers. **340 F** repas **100/120 F**

SP	1	1

CHABRAN Claude – Domaine l'Ousteau des Lecques – 84190 Vacqueyras – Tél. : 90.65.84.51 – Fax : 90.65.81.19

Vacqueyras

✿✿ NN (TH)   Alt. : 300 m — 4 chambres d'hôtes dans une ferme du XVIIe siècle restaurée avec piscine, à l'entrée du village dans les vignes. 1 chambre au 1er étage avec salle d'eau et wc privés. 3 chambres au 2e étage avec salle d'eau et wc privés. Chauffage électrique. Salle commune, salon. Réfrigérateur. Téléphone commun. Parking. Terrain non clos. Cour close. Loc. VTT à Beaumes-de-Venise. Commerces 500 m. Ouvert du 1er mai au 15 septembre.

Prix : 1 pers. **230 F** 2 pers. **260 F** 3 pers. **350 F** repas **95 F**
1/2 pens. **220 F**

SP	1	8	2	2	SP	

BRUEL Regine – Les Ramieres – 84190 Vacqueyras – Tél. : 90.65.89.61

Vaison-la-Romaine

✿✿✿ NN   Alt. : 300 m — 2 chambres d'hôtes dans villa sur un quartier résidentiel, vue panoramique sur le Ventoux et la vieille ville. 2 chambres au r.d.c. avec salle d'eau, wc, terrasse fleurie et réfrigérateur privés. 1 ch. avec kitchenette. Chauffage électrique. Salle commune. Terrasse, jardin clos, parking. Chambres non fumeur. Petits animaux admis. Piscine sur place, par beau temps. Commerces 1 km. Ouvert du 1er mars au 31 octobre.

Prix : 1 pers. **210 F** 2 pers. **250 F**

SP	1	2	2

BEGAGNON Marcelle – Quartier Saume Longue - La Pinede – 84110 Vaison-la-Romaine – Tél. : 90.36.25.34

Vaison-la-Romaine

✿✿✿ NN   Alt. : 300 m — 1 chambre d'hôtes dans très belle maison de caractère avec cour close et piscine sur place, belle vue. 1 chambre (entrée indépendant) avec salle de bains et wc privés, petite terrasse couverte privée. Réfrigérateur. Chauffage central. Salle commune. Ping-pong sur place. Possibilité lit d'enfant. Les propriétaires parlent l'anglais et l'allemand. Restaurant à 1,5 km. Ski de fond à 25 km. - 10 % à partir de la 4e nuit et - 15 % à partir de la 8e nuit. Commerces 1,5 km. Ouvert toute l'année.

Prix : 1 pers. **230 F** 2 pers. **280 F** 3 pers. **360 F**

SP	1	3

DELESSE – Quartier le Brusquet – 84110 Vaison-la-Romaine – Tél. : 90.36.38.38

Vaison-la-Romaine La Maison Bleue

✿✿ NN   Alt. : 400 m — 1 chambre d'hôtes dans très jolie fermette de caractère, « la Maison bleue », lieu privilégié, en campagne, petite piscine commune au propriétaire, aux locataires de la chambre d'hôtes et au gîte. Entrée indépendant au rez-de-chaussée avec salle d'eau privée, wc communs avec le propriétaire. Chauffage central. Animaux admis après accord avec le propriétaire. Belles promenades à partir de la maison. Practice de golf à 4 km. Commerces 3 km. Ouvert toute l'année. Anglais parlé.

Prix : 1 pers. **210 F** 2 pers. **230 F**

SP	3	4	4	SP

GERMSER Mireille – Chemin de Sainte Croix – 84110 Vaison-la-Romaine – Tél. : 90.36.14.81

Vaison-la-Romaine

❦❦❦ NN   Alt. : 300 m – 4 chambres d'hôtes dans une maison en L, à proximité du village, avec piscine sur place
à la disposition des locataires à certaines heures. 4 chambres dont 1 indépendante accessible par la
cour, les autres sont groupées autour d'un salon, avec salle d'eau et wc privés. Chauffage central.
Salon avec télévision, véranda pour le petit déjeuner, réfrigérateur. Salle commune, salon. Cour réservée. Parking. Jardin avec coin-repas au calme. Excursions à proximité, vestiges romains, le Ventoux,
Avignon, Orange, le Luberon, Arles, coteaux des vins... Gare 25 km. Commerces 500 m. Ouvert du 1er
avril au 1er octobre. Anglais parlé.

Prix : 1 pers. **230 F** 2 pers. **290 F** 3 pers. **380 F**

SP	1	10	2

HORTE Claudette – Les Cigales - Chemin des Abeilles – 84110 Vaison-la-Romaine – Tél. : 90.36.02.25

Vaison-la-Romaine

❦❦   Alt. : 300 m – 1 chambre d'hôtes à proximité du village. Salle d'eau, wc et terrasse privés. Chauffage
électrique. Terrasse. Jardin clos. Parking. Restaurant à 1 km. Petits déjeuners servis en terrasse l'été.
Commerces 1 km. Ouvert toute l'année.

Prix : 1 pers. **160 F** 2 pers. **200 F**

0,5	0,5	1,5	1,5	2	15

LAFONT Renee – Quartier Saumelongue – 84110 Vaison-la-Romaine – Tél. : 90.36.05.69

Vaison-la-Romaine

❦   Alt. : 300 m – 2 chambres d'hôtes dans une ancienne ferme, en campagne. 1 chambre avec lavabo.
Salle de bains commune aux propriétaires, wc privés. 1 chambre sans lavabo, avec salle de bains et wc
communs aux chambres. Chauffage central. Coin-cuisine à la disposition des hôtes. Salle commune. Terrain non clos. Parking. Forêt à
10 km. Restaurant à 5 km. Commerces 5 km. Ouvert du 1er avril au 30 octobre.

Prix : 1 pers. **150 F** 2 pers. **170 F** 3 pers. **220 F**
pers. sup. **65 F**

5	5	2	5	5	15

MERCIER Yves – Le Palis – 84110 Vaison-la-Romaine – Tél. : 90.36.19.37

Vaison-la-Romaine

❦ NN   Alt. : 300 m – 2 chambres d'hôtes dans une villa, en campagne. Chambres avec lavabo et bidet privés,
douche et wc communs. Chauffage central. Coin-cuisine à la disposition des hôtes. Jardin clos. Parking
clos. Restaurant à 900 m. Forêt à 2 km. Lac et ski de fond à 15 km. Commerces à 900 m. Ouvert toute
l'année.

Prix : 1 pers. **180 F** 2 pers. **200 F** 3 pers. **260 F**

0,9	0,9	1	2	2

MONDON Genevieve – Quartier Saume Longue – 84110 Vaison-la-Romaine – Tél. : 90.36.29.21

Vaison-la-Romaine

❦❦❦ NN   Alt. : 300 m – 4 chambres d'hôtes dans le cadre médiéval de la haute ville de Vaison, maison de caractère du XVIIe siècle restaurée. 1 chambre au 1er étage avec salle de bains, wc et téléphone privés.
2 chambres au 1er étage avec salle d'eau, wc et téléphone privés. 1 chambre au 2e étage avec salle
d'eau, wc et téléphone privés. Chauffage électrique. Salle commune, salon. Cheminée en service. Terrasse. - 10 % 8e jour et les suivants. - 13 % 15e jour et suivants. Piscine et tennis dans la ville. Possibilité
de location de bicyclettes sur place. Commerces 200 m. Ouvert toute l'année.

Prix : 1 pers. **300/360 F** 2 pers. **360/400 F**

0,5	0,5	5	5

**VERDIER Aude – Rue de l'Eveche - Haute Ville – 84110 Vaison-la-Romaine – Tél. : 90.36.13.46 ou 90.36.38.30 –
Fax : 90.36.32.43**

Valreas

❦❦❦ NN   Alt. : 170 m — Dans une vallée de vignobles, domaine vinicole, en campagne. Chambres au 1er étage
avec salle d'eau et wc privés. Chauffage central. Salle commune, salle à manger, cheminée en service,
télévision, téléphone. Terrasse. Parking. Terrain non clos. Musée de la truffe à Saint-Paul les 3 Châteaux. Université du vin à Suze. Ouvert pendant la période des truffes (les propriétaires peuvent emme-
ner les hôtes ramasser les truffes). Commerces 6 km. Ouvert du 1er janvier au 30 septembre.

Prix : 1 pers. **220 F** 2 pers. **270 F** 3 pers. **350 F**

6	6	10	25	6	6	1

**SINARD Renee – Entre Valreas et Visan - Domaine Les Grands Devers – 84600 Valreas – Tél. : 90.35.15.98 –
Fax : 90.37.49.56**

Velleron

❦❦ NN
(TH)   Alt. : 45 m — 5 chambres d'hôtes dans une maison située à proximité du village, au calme au bas d'une
colline de pins, piscine et cheval sur place. Au 1er étage avec salle d'eau privés, 3 wc communs aux
chambres. Chauffage électrique. Salle commune. Salon, télévision, chaîne hi-fi et cheminée en service.
Grand jardin ombragé. Terrasse. Kayak à 5 km. Pistes pédestres à proximité du gîte. Gare 6 km. Commerces 6 km. Ouvert du 1er mars au 31 octobre.

Prix : 1 pers. **190/200 F** 2 pers. **220/230 F** pers. sup. **50 F**
repas **100/120 F** 1/2 pens. **290/300 F**

SP	2	SP	8	1

FINA Salvatore – Chemin des Murets – 84740 Velleron – Tél. : 90.20.01.53

Velleron Villa Velleron

❦❦❦ NN
(TH)

Alt. : 45 m — 6 chambres d'hôtes dans une maison de village sur cour close avec jardin en terrasse et piscine sur place. 4 chambres au 1er étage avec salle de bains et wc privés. 2 chambres en annexe (dont 1 avec mezzanine et cheminée) avec salle de bains, wc et terrasse privés. Chauffage électrique. Salle commune. Salon. Salle à manger. Cheminée en service. Bibliothèque. Télévision. Téléphone. Parking. Enfant suppl. : 100 F. Gare 6 km. Commerces sur place. Ouvert toute l'année sauf du 16 janvier à Pâques. Hollandais et anglais parlés.

Prix : 2 pers. **450/590 F** repas **150 F** 1/2 pens. **345/415 F**

	SP	1	1	8	1	2	30

SIMONE SANDERS ET WIM VISSER. – Villa Velleron – 84740 Velleron – Tél. : 90.20.12.31 – Fax : 90.20.10.34

Venasque

❦❦❦ NN

Alt. : 300 m — 5 chambres dans une ferme restaurée, dans un vallon, en campagne, avec piscine sur place. 2 chambres avec salle d'eau et wc privés. 2 chambres avec salle d'eau privée et wc privé sur le palier. 1 chambre avec salle de bains et wc privés. Chauffage central. Salon avec vidéo, chaine hi-fi, télévision, point-phone. Salle commune. Jardin non clos ombragé. Parking. Randonnées pédestres sur place (GR 91), sentiers balisés de petites randonnées. Forêt et chasse sur place. Gare 30 km. Commerces et restaurant 3 km. Ouvert toute l'année.

Prix : 1 pers. **165/220 F** 2 pers. **195/250 F** 3 pers. **300 F**
pers. sup. **60 F**

	SP	3	8	10	12	12	SP

BOREL Regis – Quartier du Camp-Long – 84210 Venasque – Tél. : 90.66.03.56 – Fax : 90.66.03.56

Venasque

C.M. n° 81 — Pli n° 13

❦❦❦ NN
(TH)

Alt. : 300 m — 4 chambres d'hôtes dans une maison provençale de caractère, dans le village. Situation exceptionnelle, panoramique. Salle de bains et wc privés. Chauffage central. Salle commune, séjour, salon, télévision. Cheminée en service. Jardin fleuri. Terrasse. Tennis, randonnées et chasse sur place. Table d'hôtes le soir sauf jeudi et dimanche. Commerces 4 km. Ouvert de mi-mars à mi-novembre. Anglais parlé.

Prix : 2 pers. **330/400 F** 3 pers. **480/500 F** pers. sup. **120 F**
repas **120 F**

10	SP	6	10	10	10	SP

MARET Martine – Le Village - « La Maison Aux Volets Bleus » – 84210 Venasque – Tél. : 90.66.03.04 – Fax : 90.66.16.14

Venasque

❦❦

Alt. : 300 m — 4 chambres d'hôtes dans une maison provençale, dans le village, face à la poste. Salle d'eau et wc privés. Chauffage électrique. Salle de séjour, télévision et cuisine à la disposition des hôtes. Possibilité de cuisiner. Terrasse panoramique fleurie. Jardin clos. Restaurant à 200 m. Parking privé. Location de VTT. Forêt et chasse sur place. Commerces 100 m. Ouvert du 1er février au 31 décembre. Anglais parlé.

Prix : 1 pers. **150 F** 2 pers. **200/250 F** 3 pers. **270 F**
pers. sup. **50 F**

10	SP	5	7	10	7	SP

RUEL Gerard et Jany – « Maison Provençale » - Le Village – 84210 Venasque – Tél. : 90.66.02.84 – Fax : 90.66.02.84

Venasque Les Basses Garrigues

❦❦ NN

Alt. : 300 m — 4 chambres d'hôtes dans une ferme indépendante, en campagne. 2 chambres au 1er étage avec salle de bains et wc privés. 2 chambres au 1er étage avec salle d'eau et wc privés. Chauffage électrique. Salle à manger. Terrasse. Terrain non clos. Parking. Gare 30 km. Commerces 3 km. Ouvert toute l'année.

Prix : 1 pers. **160/190 F** 2 pers. **200/240 F** 3 pers. **250/290 F**
pers. sup. **60 F**

	3	3	9	10	9	9	SP	25

BOREL Celine – Les Basses Garrigues – 84210 Venasque – Tél. : 90.66.14.20

Venasque La Grande Rue

❦❦ NN

Alt. : 300 m — 2 chambres d'hôtes dans une maison de village accessible par la rue ouverte au sud-ouest sur un grand jardin non clos arboré surplombant les combes, très belle vue. 1 chambre au 1er étage avec salle d'eau et wc privés. 1 chambre au 2e étage avec salle d'eau et wc privés. Chauffage central au fuel. Salle commune. Salle à manger. Cheminée en service. Terrasse. Garage. Parking. Gare 35 km. Commerces sur place. Ouvert toute l'année. Anglais parlé.

Prix : 1 pers. **250 F** 2 pers. **250 F** 3 pers. **350 F**

	10	1	18	20	15	12	SP	35

TOURRETTE Bernadette – La Grande Rue – 84210 Venasque – Tél. : 90.66.03.71

Viens

❦❦

Alt. : 630 m — 4 chambres d'hôtes dans une maison de village. 2 chambres avec lavabo, wc communs aux chambres. 1 chambre avec lavabo, douche, wc communs aux chambres. 1 chambre avec lavabo, douche, salle de bains et wc communs aux chambres. Chauffage électrique. Salle commune donnant sur une loggia. Terrasse. Commerces 100 m. Ouvert du 1er mars au 20 décembre et vacances de février.

Prix : 1 pers. **145 F** 2 pers. **170/220 F** 3 pers. **245/315 F**
pers. sup. **50 F**

7	8	9

ROSE Marc – Rue du Ravelin – 84750 Viens – Tél. : 90.75.27.83

Villedieu

♥♥ NN
(TH)
Alt. : 300 m — 4 chambres d'hôtes dans une très belle maison de caractère, en campagne. Salle de bains privée, wc communs aux chambres. Salle commune. Séjour. Télévision. Jardin non clos. Parking. Commerces 300 m. Ouvert du 15 mars au 15 novembre.

Prix : 1 pers. **170 F** 2 pers. **210 F** 3 pers. **250 F** repas **70 F**
1/2 pens. **175 F**

7	1	2	2

BERTHET Jean-Marie – Domaine Pierre Prad – 84110 Villedieu – Tél. : 90.28.92.32

Villedieu

♥♥ NN
Alt. : 300 m — 5 chambres d'hôtes dans une grande maison confortable à caractère provençal, dans le village. Salle de bains privée, 2 wc communs aux chambres. Chauffage électrique. Séjour, salon, cuisine. Terrasse ensoleillée. Parking. Possibilité de cuisiner et de faire des stages à thème. Prix spéciaux pour groupes et longs séjours. Mini-golf et restaurants 7 km. Commerces 100 m. Ouvert toute l'année.

Prix : 1 pers. **145 F** 2 pers. **190 F**

7	1	2	2	SP

LA CARDELINE – 84110 Villedieu – Tél. : 90.28.92.40

Villedieu La Baude

♥♥♥♥ NN
(TH)
Alt. : 300 m — 5 chambres d'hôtes dans une très belle grande ferme fortifiée de caractère avec enceinte à 4 tours, sur une colline arborée. 2 ch. et 2 duplex au 1er étage avec s. d'eau et wc privés. 1 chambre au 1er étage avec s. d'eau, s.d.b. et wc privés. Chauffage central. Salle commune, salon, séjour, salle à manger, cheminée, bibliothèque, TV, tél. Billard dans salle indép. Terrain. Terrain de boules, location de VTT et parcours de santé sur place. Pas de table d'hôtes le jeudi et le dimanche. Apéritif, vin et café compris dans repas. Très belle vue. Gare 25 km. Commerces 500 m. Ouvert toute l'année sur réservation. Anglais et italien parlés.

Prix : 1 pers. **400 F** 2 pers. **480 F** pers. sup. **100 F**
repas **135 F**

SP	SP	3	25	2	3	SP

MONIN Chantal et Gerard – La Baude – 84110 Villedieu – Tél. : 90.28.95.18 – Fax : 90.28.91.05

Villelaure Le Frigoulier

♥♥ NN
(TH)
Alt. : 240 m — 2 chambres d'hôtes dans une aile de la maison des propriétaires, dans les collines du Lubéron, en campagne, avec terrasse et terrain clos de 1,5 ha. En annexe au rez-de-chaussée avec salle d'eau et wc privés. Chauffage électrique. Salle à manger. Cheminée en service. Bibliothèque. Parking. Gare 30 km. Commerces 1 km. Ouvert toute l'année. Anglais et italien parlés.

Prix : 1 pers. **180 F** 2 pers. **230 F** 3 pers. **280 F**
pers. sup. **50 F** repas **70 F** 1/2 pens. **250 F**

5	5	5	25	0,5	5	SP

LEONIDAS Josiane – Le Frigoulier – 84530 Villelaure – Tél. : 90.09.95.83 ou 90.09.89.50

Villes-sur-Auzon

♥♥♥ NN
(TH)
Alt. : 350 m — 4 chambres d'hôtes dans un très beau mas à la sortie du village, au 1er étage avec salle d'eau et wc privés. Chauffage électrique. Salle commune, séjour, salle à manger, cheminée en service, bibliothèque, TV, tél. Terrasse, terrain. Parking. Location de VTT sur place. Supplément animaux : 20 F. Apéritif et vin compris dans le repas. Gare 42 km. Commerces 100 m. Ouvert toute l'année.

Prix : 1 pers. **210 F** 2 pers. **290 F** 3 pers. **340 F** repas **110 F**

0,8	0,8	10	1	3	SP

SALIGNON Fabienne – Le Pigeonnier – 84570 Villes-sur-Auzon – Tél. : 90.61.81.76

Violes

♥♥♥ NN
Alt. : 40 m — 5 chambres d'hôtes dans une belle ferme du XVIIe siècle restaurée, au milieu des vignes, sur une cour intérieure. 1 chambre au 1er étage, 4 chambres au 2e étage dont 1 avec cuisine et salon. Chaque chambre avec salle d'eau et wc privés. Chauffage électrique. Salon avec radio, TV, bibliothèque provençale avec cartes et guides de la région. Belle salle voûtée. Petit déjeuner très copieux. Cuisine d'été. Téléphone. Parking. Terrasse. Barbecue. Vélos. Les propriétaires sont libraires. Gare 10 km. Commerces 1,5 km. Ouvert de Pâques à la Toussaint.

Prix : 1 pers. **220 F** 2 pers. **270/330 F** pers. sup. **80 F**

5	1,5	2	2	2	5

CORNAZ Augustine – La Farigoule - Le Plan de Dieu – 84150 Violes – Tél. : 90.70.91.78

Violes

♥
Alt. : 40 m — 5 chambres d'hôtes dans une ancienne ferme restaurée, à proximité du hameau. 5 chambres avec salle de bains et wc communs aux chambres. Salle commune, séjour, télévision. Jardin clos. Parking. Restaurant à 10 mètres. Commerces 3 km. Ouvert du 15 mars au 15 septembre.

Prix : 1 pers. **170 F** 2 pers. **180 F** 3 pers. **190 F**
pers. sup. **10 F**

10	3	1	0,1

GOURJON Roland – 84150 Violes – Tél. : 90.70.92.40

NORMANDIE

Pour réserver, écrire ou téléphoner :

14 - CALVADOS
Gîtes de France
6, promenade Madame-de-Sévigné
14050 CAEN Cedex
Tél. : 31.82.71.65
Fax : 31.83.57.64

27 - EURE
Gîtes de France
Chambre d'Agriculture
9, rue de la Petite-Cité
27008 ÉVREUX Cedex
Tél. : 32.39.53.38
Fax : 32.33.78.13

50 - MANCHE
Gîtes de France
Maison du Département
50008 SAINT-LÔ Cedex
Tél. : 33.56.28.80
Fax : 33.56.07.03

61 - ORNE
(R) Gîtes de France
88, rue Saint-Blaise – B.P. 50
61002 ALENÇON Cedex
Tél : 33.28.07.00
Fax : 33.29.01.01

76 - SEINE-MARITIME
Gîtes de France
Chemin de la Brétèque – B.P. 59
76232 BOIS-GUILLAUME Cedex
Tél. : 35.60.73.34
Fax : 35.61.69.20

Ablon

C.M. n° 54 — Pli n° 8

♥♥ NN Sur les coteaux des rives de la Baie de la Seine, dans une petite maison à colombages, proche d'Honfleur. A l'étage : 1 ch. 2 pers. avec 1 mezzanine 2 pers., salle d'eau et wc particuliers. Coin-salon. Chauffage. Parking, salon de jardin. Gare 15 km. Commerces 2 km. Restaurant 1 km. Ouvert toute l'année.

Prix : 1 pers. **190 F** 2 pers. **220 F** 3 pers. **300 F**

5	5	5	10	15	1	3	15	8	

DUCHEMIN Yves et Francoise – Chemin de la Batterie – 14600 Ablon – Tél. : 31.98.71.15 – Fax : 31.98.71.15

Ablon Le Gros Chene

C.M. n° 55 — Pli n° 3/4

♥♥ NN Dans un bâtiment proche de l'habitation, à l'étage : 2 ch. 2 pers., salle de bains et wc particuliers. Chauffage. Salon de jardin, parking. Gare 8 km. Commerces 3 km. Restaurant 1 km. Ouvert toute l'année. A 2 pas d'Honfleur, M. et Mme Gimer, vous accueillent. Vous pourrez profiter du jardin agrémenté d'une mare et apprécier le calme des lieux.

Prix : 1 pers. **160 F** 2 pers. **210 F**

8	6	3	10	15	1	3	15	8	

GIMER Christian et Francoise – Le Gros Chene – 14600 Ablon – Tél. : 31.98.77.01

Ablon

C.M. n° 54 — Pli n° 8

♥♥♥ NN Dans un bâtiment annexe à l'habitation, au r.d.c. : 2 ch. 2 pers., s.d.b. et wc privés, 2 ch. 3 pers., s. d'eau et wc privés. A l'étage : 1 ch. 5 pers., s. d'eau et wc privés. Possibilité TV. Chauffage. Jardin. Salon de jardin. Salle de détente. Terrasse. Entrée indépendant. Restaurant à 6 km. Honfleur 6 km. Ouvert toute l'année.

Prix : 1 pers. **180 F** 2 pers. **230 F** 3 pers. **280 F**

5	5	5	6	3	2	14	10	

MICHEL Odile – Cote des Buis – 14600 Ablon – Tél. : 31.98.76.55

Amblie

C.M. n° 54 — Pli n° 15

♥♥♥ NN Dans un bâtiment à proximité de l'habitation, à l'étage : 3 chambres 2 pers., salle d'eau et wc particuliers. Au rez-de-chaussée : salle de détente. Chauffage. Salon de jardin. Parking. Restaurant 3 km. Gare 17 km. Commerces 1 km. Ouvert toute l'année. Trois chambres indépendantes à l'étage, en annexe d'une habitation située dans un petit village pittoresque.

Prix : 1 pers. **160 F** 2 pers. **220 F**

6	1	2	SP

FIQUET Daniel et Lydie – 28 rue des Porets – 14480 Amblie – Tél. : 31.80.57.97

Amblie

C.M. n° 55 — Pli n° 1

♥♥ NN Dans la maison de la ferme, à l'étage : 1 chambre de 2 pers. et 1 chambre de 4 pers. Salle de bains, salle d'eau. Chauffage. Aire de jeux. Cour. Pelouse. Rivière, équitation. Restaurant 3 km. Ouvert toute l'année. Courseulles-sur-Mer 8 km.

Prix : 1 pers. **160 F** 2 pers. **220 F** 3 pers. **300 F**

8	8	1	3	15

RINGOOT-FIQUET Eliane – Hameau de Pierrepont – 14480 Amblie – Tél. : 31.80.10.04 – Fax : 31.08.17.59.

Amblie

C.M. n° 54 — Pli n° 1

♥ NN 3 chambres d'hôtes dans la maison d'habitation d'une ferme. A l'étage : 2 ch. 3 pers. avec salle d'eau et wc particuliers et 1 ch. 4 pers. avec salle d'eau et wc privés. Coin-cuisine. Chauffage. Cour, pelouse, parking. Gare 15 km. Commerces 3 km. Restaurant 3 km. Ouvert toute l'année. Courseulles-sur-Mer 8 km.

Prix : 1 pers. **120/140 F** 2 pers. **170/200 F** 3 pers. **230/250 F**

7	6	3	6	2	SP	SP

FIQUET Julia – 26 rue des Moulins – 14480 Amblie – Tél. : 31.80.11.64

Amfreville

C.M. n° 54 — Pli n° 16

♥♥♥ NN Dans un bâtiment indépendant, au rez-de-chaussée, 1 chambre de 4 pers. et 1 chambre de 2 pers. Salles de bains particulières. Chauffage. Pelouse. Cour fermée. Restaurant à 200 m. Location de vélos. Ouvert toute l'année. Merville-Franceville 5 km. Gare 13 km. Commerces 1 km.

Prix : 1 pers. **190 F** 2 pers. **210 F** 3 pers. **250 F**

5	5	SP	5	1	2	8	

LAMOTTE Philippe et Janine – L'Ecarde - 10 Route de Cabourg – 14860 Amfreville – Tél. : 31.78.71.78

Amfreville

C.M. n° 54 — Pli n° 16

♥♥♥ NN Dans une maison de construction récente, au rez-de-chaussée : 1 chambre 2 pers. avec 1 chambre complémentaire 1 pers., salon avec convertible 2 pers., salle de bains et wc particuliers. Chauffage. Terrasse. Salon de jardin. Parking. Entrée indépendante. Restaurant à 800 m. Gare 15 km. Commerces 4 km. Accessible aux personnes handicapées. Ouvert en juillet et août. En arrière de la côte, à 9 km de Cabourg dans un environnement calme et boisé. Anglais parlé.

Prix : 1 pers. **180 F** 2 pers. **240 F** 3 pers. **320 F**

4	5	4	4	2	2	SP	7	

LE FOULON Lucie – 15 rue de Dolton – 14860 Amfreville – Tél. : 31.78.71.56

Annebault

♥♥ NN — A l'étage : 1 ch. 2 pers., salle de bains et wc communs à 1 ch. complémentaire 3 pers. 1 ch. 2 pers., salle d'eau particulière et wc communs. Entrée indépendante. Chauffage. Terrasse et salon de jardin. Parking. Restaurant à 300 m. Gare 15 km. Commerces 8 km. Ouvert toute l'année. Prêt de vélos. Dans une habitation de construction récente, à proximité de la N175 et à 15 minutes de la mer et des stations balnéaires de Cabourg et d'Houlgate.

Prix : 1 pers. **160 F** 2 pers. **200 F** 3 pers. **250 F**

🏊	🚣	🎿	⛷	🐎	🎣
15	15	6	15	8	15

LEROY Monique – Route de Rouen – 14430 Annebault – Tél. : 31.64.80.86

Arganchy

♥♥ NN
(TH) — 3 chambres d'hôtes dans la maison d'habitation, dans une ancienne abbaye des XI° et XII° siècles. 1 ch. 4 pers. et 1 ch. 3 pers. avec salle d'eau commune et 1 ch. 3 pers. avec salle d'eau particulière, à l'étage. Chauffage. Salle de détente. Entrée indépendante. Parking privé. Restaurant 2,5 km. Bayeux 7 km. Ouvert de mars à la Toussaint.

Prix : 1 pers. **110/130 F** 2 pers. **160/190 F** 3 pers. **210/240 F**
repas **60/100 F**

🏊	🚣	🎿
15	7	7

LETOUZE Michel – 14400 Arganchy – Tél. : 31.92.57.22

Argences

♥♥ NN — Dans une maison de construction récente, située en agglomération, à l'étage : 2 chambres 2 pers., salle d'eau et wc particuliers. Possibilité lit d'appoint. Chauffage. Salon de jardin. Parking. Restaurant à 500 m. Gare 11 km. Commerces sur place. Ouvert toute l'année. Dans un village animé par ses commerces et son marché hebdomadaire, au cœur du pays d'Auge, région célèbre par ses manoirs, haras et chaumières.

Prix : 1 pers. **140 F** 2 pers. **180 F** 3 pers. **240 F**

🏊	🎿	⛵	🎣
20	SP	SP	10

PERREE Claude et Solange – 10 rue Eustache Pillon – 14370 Argences – Tél. : 31.23.03.02

Argences

♥♥ NN — Maison de construction récente située dans une zone pavillonnaire d'un village du Pays d'Auge. A l'étage : 1 chambre 3 pers. avec salle d'eau et wc particuliers. Possibilité d'utiliser une chambre complémentaire de 2 pers. Chauffage central. Jardin, salon de jardin. Gare 15 km. Commerces sur place. Restaurant à proximité. Ouvert toute l'année. Dans un village animé par ses commerces et son marché hebdomadaire, dans le cœur du Pays d'Auge, région célèbre par ses manoirs, haras et chaumières.

Prix : 1 pers. **160 F** 2 pers. **200 F** 3 pers. **280 F**

🐕	🏊	🚣	🎿	⛷	🛶	👥	🎣
	15	15	1	5	3	SP	10

LEBRETON Albert et Renee – 5 Impasse des Jonquilles – 14370 Argences – Tél. : 31.23.02.58

Argences

♥♥ NN — Maison de construction récente dans une zone pavillonnaire d'un village du Pays d'Auge. A l'étage : 2 chambres 2 pers. avec salle d'eau et wc particuliers. Possibilité lit d'appoint. Chauffage électrique. Jardin, salon de jardin et billard. Ferme-auberge 7 km. Gare 20 km. Commerces sur place. Ouvert toute l'année. Dans un village animé par ses commerces et son marché hebdomadaire, dans le cœur du Pays d'Auge, région célèbre par ses manoirs, haras et chaumières.

Prix : 1 pers. **140 F** 2 pers. **180 F** 3 pers. **250 F**

🐕	🏊	🚣	🎿	⛷	🎣
	25	20	1	1	10

EGRET Henri et Marguerite – 2 Impasse des Jonquilles – 14370 Argences – Tél. : 31.23.60.63

Argences

♥♥♥ NN — Au rez-de-chaussée : 1 chambre 2 pers., salle de bains et wc particuliers. TV. Possibilité d'utiliser 1 chambre complémentaire 2 pers. Possibilité cuisine. Terrain avec terrasse et salon de jardin. Parking. Restaurant à proximité. Gare 15 km. Commerces sur place. Ouvert toute l'année sauf octobre. Dans une maison de construction récente d'un village augeron avec un intérieur rustique chez des amateurs de vieux meubles...

Prix : 1 pers. **160 F** 2 pers. **200 F** 3 pers. **270 F**

🏊	🚣	🎿	⛷	🐎	🛶	👥	〰	🎣
20	15	SP	20	0,5	SP	15	15	

JAUTEE Gerard et Annick – 28 rue Marechal Joffre – 14370 Argences – Tél. : 31.23.64.82

Aunay-sur-Odon

♥♥ NN — 2 chambres d'hôtes dans l'habitation d'une ferme typique de la région. 2 ch. 2 et 3 pers. à l'étage avec salles de bains particulières. Restaurant à 1 km. Villers Bocage à 7 km. Ouvert toute l'année.

Prix : 1 pers. **150 F** 2 pers. **200 F** 3 pers. **250 F**

🐕	🏊	🎿	⛷	👥	〰
	3	9	7	3	

LENORMAND Guy – La Faucterie – 14260 Aunay-sur-Odon – Tél. : 31.77.60.61

Aunay-sur-Odon

♥♥ NN — Dans une maison d'habitation située dans un bourg rural. Au 2° étage : 2 chambres de 2 pers. avec possibilité d'une chambre complémentaire de 2 pers. Salles de bains particulières. Chauffage. Restaurant à proximité. Villers Bocage 7 km. Ouvert toute l'année.

Prix : 1 pers. **110 F** 2 pers. **160 F** 3 pers. **200 F**

🏊	🚣	🎿	⛷	👥	〰	🎣
40	7	SP	18	SP	15	14

PIMOR Rolande – 7 Place de l'Eglise – 14260 Aunay-sur-Odon – Tél. : 31.77.62.92

Les Authieux-sur-Calonne

✾✾✾ NN

Dans une habitation de construction récente, à l'étage : 1 ch. 2 pers. + 1 bébé avec 1 ch. complémentaire 2 pers., salle de bains et wc particuliers. Chauffage. Salon de jardin, parking. Gare 8 km. Commerces 2 km. Restaurant 2 km. Ouvert toute l'année. Au cœur du Pays d'Auge, à quelques pas du golf de Saint-Julien-sur-Calonne et de la vieille ville de Pont l'Evèque. Deauville 15 km.

Prix : 1 pers. **200 F** 2 pers. **250 F** 3 pers. **330 F**

20	8	8	8	3	SP	8	6	

LEROUX Francois et Francoise – Route de Blangy-le-Chateau – 14130 Les Authieux-sur-Calonne – Tél. : 31.64.67.28

Balleroy

✾✾ NN
(TH)

Dans une maison de construction récente, au rez-de-chaussée : 1 chambre 3 pers. Salle de bains et wc privés. A l'étage : 2 chambres de 2 et 3 pers., salles d'eau et wc privés. Chauffage. Salon de jardin. Salle de détente. Restaurant 500 m. Bayeux 15 km. Ouvert toute l'année. Gare 15 km. Commerces 500 m.

Prix : 1 pers. **180 F** 2 pers. **200 F** 3 pers. **260 F** repas **80 F**

22	5	0,2	2	2	SP

AMELINE Louis et Huguette – 3 rue des Auges – 14490 Balleroy – Tél. : 31.21.92.99

Banville Ferme-du-Petit-Val

✾✾✾ NN
(TH)

Dans la maison d'habitation d'une ferme typique du Bessin, dans un village. A l'étage : 2 ch. 4 pers., salle d'eau ou salle de bains et wc particuliers. 3 ch. 2 et 3 pers. dans un bâtiment annexe avec entrée indépendante, salle d'eau et wc particuliers. Chauffage. Salle de détente avec TV. Grand jardin d'agrément. Restaurant 2 km. Gare 20 km. Commerces sur place. Courseulles-sur-Mer 3 km. Ouvert toute l'année. Anglais parlé.

Prix : 1 pers. **180 F** 2 pers. **220 F** 3 pers. **275 F** repas **80 F**
1/2 pens. **260 F**

3	3	3	3	SP	

LESAGE Arlette – Ferme du Petit Val - 24 rue du Camp Romain – 14480 Banville – Tél. : 31.37.92.18

Basly

✾✾ NN

A l'étage : 1 chambre 4 pers. Salle d'eau et wc particuliers. 1 chambre 2 pers. avec salle d'eau particulière. Possibilité 1 chambre complémentaire 3 pers. et lit enfant. Chauffage. TV dans les chambres. Gare 12 km. Commerces 5 km. Entre Caen et la mer, dans un village, maison de construction récente. Jardin clos avec salon de jardin et barbecue pour les hôtes. Caen 12 km.

Prix : 1 pers. **140 F** 2 pers. **180 F** 3 pers. **230 F**

5	5	5	5	5	5	8

DESPERQUES Colette – 14, Route de Douvres – 14610 Basly – Tél. : 31.80.94.15

Bayeux

✾ NN

Dans la maison de la ferme, à l'étage : 1 chambre de 2 pers. et 2 chambres de 3 pers., salle d'eau et wc particuliers. Chauffage. Restaurant à 300 m. Ouvert toute l'année. Gare 3 km. Commerces 1 km.

Prix : 1 pers. **150 F** 2 pers. **180 F** 3 pers. **230 F**

6	0,8	0,8	2	6	4

HUE Joseph – Ferme du Clos Moulin – 67 Route de Port en Bessin – 14400 Bayeux – Tél. : 31.92.17.47

Beaumont-en-Auge

✾✾✾ NN

Dans une maison de construction récente, dans un environnement calme et verdoyant, au rez-de-chaussée, 2 chambres 2 pers. et 3 pers. Salle d'eau part., entrée indépendante. A l'étage : 1 chambre 2 pers. avec 1 chambre complémentaire 2 pers. Salle de bains particulière. Chauffage. Salon de jardin. Parking. Planche à voile 6 km. Restaurant 2 km. Ouvert toute l'année. Deauville à 11 km. Gare 6 km. Commerces 3 km.

Prix : 1 pers. **155 F** 2 pers. **205 F** 3 pers. **260 F**

11	11	7	6	7	SP	6	

PIOGER Liliane – Bois Jourdain – 14950 Beaumont-en-Auge – Tél. : 31.64.82.10

Beaumont-en-Auge

✾✾ NN

Dans une grande maison bourgeoise, à l'étage : 2 grandes chambres 3 et 4 pers., salle de bains et wc particuliers. Chauffage central. Parking. Gare 7 km. Commerces et restaurant 1 km. Ouvert toute l'année. Proche du village sauvegardé de Beaumont-en-Auge et à quelques kilomètres des stations balnéaires de Deauville-Trouville.

Prix : 1 pers. **200 F** 2 pers. **235 F** 3 pers. **295 F**

10	10	7	10	1	7	1	17	3

LECARPENTIER Gilbert et Annick – Ferme de Drumard – 14950 Beaumont-en-Auge – Tél. : 31.64.83.52

Bellengreville Les Delles-Notre-Dame

✾✾ NN

Dans une maison bourgeoise de caractère. R.d.c. : 1 ch. 2 pers., s. d'eau et wc particuliers, entrée indép. Entre le 1er et 2e étage : 1 ch. 2 pers., s. d'eau et wc particuliers. 2e étage : 1 ch. (2 lits 1 pers. 1 convertible 2 pers.), s. d'eau et wc particuliers. Chauffage. Salle de détente. Salon de jardin. Parking. Restaurant 3 km. Gare 12 km. Commerces 3 km. Maison bourgeoise de caractère située dans un parc boisé. Ouvert toute l'année.

Prix : 1 pers. **200 F** 2 pers. **250 F** 3 pers. **300 F**

20	12	0,5	3	1	7

BEAUVISAGE Marie-France – Les Delles Notre Dame – 14370 Bellengreville – Tél. : 31.50.01.11

Beny-Bocage

C.M. n° 59 — Pli n° 10

☘ NN En rez-de-jardin : 1 chambre 2 pers., salle d'eau particulière, wc. Entrée indépendante. Chauffage. Parking. Ouvert toute l'année. Gare 12 km. Commerces sur place. Restaurant 500 m. Habitation de construction récente située dans un bourg typique du Bocage Normand. Vire 12 km. Saut à l'élastique 5 km.

Prix : 1 pers. **110 F** 2 pers. **150 F**

12	SP	2	2	SP	1	20

MANDRON Ginette – Rue Georges Brassens – 14350 Beny-Bocage – Tél. : 31.68.63.55

Bernesq

C.M. n° 54 — Pli n° 14

☘☘☘ NN
(TH) Dans la maison d'habitation de la ferme, située dans un environnement campagnard, au rez-de-chaussée : 1 chambre 4 pers. A l'étage : 2 chambres 4 pers., salle d'eau et wc particuliers. Entrée indépendante. Chauffage. Parking. Restaurant 6 km. Trévières 6 km. Ouvert toute l'année. Fabrication de pain cuit au feu de bois. 1/2 pens. sur la base de 2 pers.

Prix : 1 pers. **150 F** 2 pers. **220 F** 3 pers. **280/300 F** repas **80 F** 1/2 pens. **380 F**

10	20	5	6	SP	5	15

MARIE J.C. – 14710 Bernesq – Tél. : 31.22.54.44

Bernieres-d'Ailly

C.M. n° 55 — Pli n° 12

☘☘☘ NN
(TH) Dans l'habitation de la ferme. A l'étage, 2 ch. 2 et 3 pers. avec salles d'eau et wc privés. Possibilité ch. complémentaire 2 pers. 1 ch. 3 pers. avec salle d'eau et wc privés. Possibilité ch. complémentaire 2 pers. Au rez-de-chaussée : 1 ch. 3 pers. salle d'eau et wc privés. Salle de séjour. Salle de jeux sur place. Parking. Vélos à disposition. Ouvert de Pâques à décembre. Restaurant 4 km. Falaise 10 km.

Prix : 1 pers. **150 F** 2 pers. **190 F** 3 pers. **230 F** repas **75 F**

45	10	10	10

VERMES Andre et Arlette – Ferme d'Ailly – 14170 Bernieres-d'Ailly – Tél. : 31.90.73.58 – Fax : 31.40.89.39

Bernieres-sur-Mer

C.M. n° 54 — Pli n° 15

☘☘☘ NN Dans une maison de construction récente, au rez-de-chaussée : 1 chambre 3 pers. avec salle d'eau et wc particuliers. Chauffage. Entrée indépendante. Restaurant à proximité. Courseulles-sur-Mer 2 km. Ouvert toute l'année. Gare 20 km.

Prix : 1 pers. **165 F** 2 pers. **195 F** 3 pers. **225 F**

SP	2	SP	2	SP	23

DUVAL Reine – 68 rue Berthelemy – 14990 Bernieres-sur-Mer – Tél. : 31.96.46.19

Bernieres-sur-Mer

C.M. n° 54 — Pli n° 15

☘☘ NN
(TH) Dans un bâtiment indépendant. Au rez-de-chaussée : 2 ch. 3 et 4 pers. avec salle d'eau particulière. A l'étage : 2 ch. 3 pers. avec salle d'eau particulière. Chauffage. Cour. Salon de jardin. Parking. Restaurant à 800 m. Courseulles sur Mer 2 km. Ouvert toute l'année. Gare 18 km. Commerces 1 km.

Prix : 1 pers. **150 F** 2 pers. **180 F** 3 pers. **210 F** repas **70 F**

1	2	SP	2	SP	1	23

BARDELLE J.Claude et Elisabeth – 1 rue Leopold Hettier – 14990 Bernieres-sur-Mer – Tél. : 31.96.65.46

Berville-l'Oudon

C.M. n° 55 — Pli n° 13

☘☘☘ NN 4 chambres d'hôtes dans un ancien pressoir du XVe siècle. A l'étage : 2 ch. de 3 pers. avec salle de bains particulière ou salle d'eau et wc particuliers. 1 chambre 2 pers., salle d'eau particulière. Au rez-de-chaussée : 1 ch. 2 pers. salle d'eau et wc particuliers. Entrée indépendante. Chauffage. Parking. Restaurant 3 km. Ferme-Auberge 10 km. Saint-Pierre sur Dives 2 km. Ouvert toute l'année. Gare et commerces 3 km.

Prix : 1 pers. **200 F** 2 pers. **250 F** 3 pers. **300 F**

35	2	3	2	SP	SP	6

DUHAMEL Annick – Rue de l'Eglise - « Le Pressoir » – 14170 Berville-l'Oudon – Tél. : 31.20.51.26

Beuvillers Cour-de-la-Tour

C.M. n° 55 — Pli n° 13

☘☘☘ NN Dans une habitation de construction récente, au rez-de-chaussée : 1 chambre 2 pers. avec salle de bains et wc particuliers. Possibilité d'une chambre complémentaire pour 2 pers. Chauffage. Terrasse. Salle de détente. Restaurant 1,5 km. Gare et commerces 2 km. Ouvert de Pâques à la Toussaint. Site intéressant sur le Pays d'Auge et Lisieux. RN819 à 1,5 km de Lisieux.

Prix : 1 pers. **170 F** 2 pers. **200 F** 3 pers. **270 F**

28	2	0,5	13	SP	12	12

MANCEL Yvette – 9 rue de la Liberte - Cour de la Tour – 14100 Beuvillers – Tél. : 31.62.18.32

Beuvron-en-Auge

C.M. n° 54 — Pli n° 17

☘☘☘ NN 2 chambres d'hôtes aménagées dans une maison de caractère, à colombages, située dans un village classé. Rez-de-chaussée : 1 ch. (2 lits 1 pers.), salle d'eau et wc particuliers. A l'étage : 1 ch. 2 pers., salle de bains et wc particuliers. Possibilité 1 ch. supplémentaire 2 pers. (lits superposés). Salle de séjour. Parking. Jardin d'agrément. Chauffage. Baignade 17 km. Restaurant sur place. Dozulé 7 km. Ouvert de Pâques à la Toussaint. Gare 25 km. Commerces sur place.

Prix : 1 pers. **180 F** 2 pers. **230 F** 3 pers. **310 F**

17	17	5	7	SP	17

HAMELIN Monique – La Place de Beuvron – 14430 Beuvron-en-Auge – Tél. : 31.39.00.62

Beuvron-en-Auge   *C.M. n° 54 — Pli n° 17*

♥♥♥ NN   Dans une habitation à colombages, à l'étage, accès par l'extérieur, 1 ch. 2 pers. avec salle d'eau et wc particuliers et par accès intérieur, 1 ch. 2 pers. avec salle d'eau particulière. Chauffage. Restaurant à proximité. Dozulé 7 km. Ouvert de Pâques à la Toussaint. Commerces 2 km.

Prix : 1 pers. **215/225 F** 2 pers. **225/235 F**

14	14	7	6	3	SP	14	

MARIE Jeannine – Lieu Brunet - Route de Gerrots – 14430 Beuvron-en-Auge – Tél. : 31.79.23.01

Beuvron-en-Auge   *C.M. n° 54 — Pli n° 17*

♥♥ NN   Dans une habitation typique de la région. Au rez-de-chaussée : 1 ch. 2 pers. avec salle d'eau et wc particuliers. A l'étage : 1 ch. 2 pers. avec salle de bains et wc particuliers, avec une petite chambre communicante 2 pers. Chauffage. Salle de détente. Parking. Jardin, salon de jardin. Possibilité pique-nique. Restaurant sur place. Dozulé 7 km. Ouvert toute l'année.

Prix : 1 pers. **170 F** 2 pers. **230 F** 3 pers. **330 F**

12	12	4	12	7	12

DUVAL Marie-Therese – Rue Principale – 14430 Beuvron-en-Auge – Tél. : 31.79.23.79

Beuvron-en-Auge Chalet-Normand   *C.M. n° 54 — Pli n° 17*

♥♥♥ NN   A l'étage, 1 chambre 3 pers., salle de bains et wc particuliers. Au 2° étage : 1 chambre 3 pers. et sa complémentaire 2 pers., salle d'eau et wc particuliers. Chauffage. Jardin clos avec salon de jardin. Restaurant à proximité. Gare 27 km. Commerces sur place. Ouvert toute l'année. Dans un village classé, une maison typique du Pays d'Auge meublée avec goût, dans un site calme et spacieux.

Prix : 1 pers. **185 F** 2 pers. **250 F** 3 pers. **300 F**

14	14	7	12	7	14	

FOUQUET Jacqueline – Chalet Normand – 14430 Beuvron-en-Auge – Tél. : 31.39.02.57

Bieville-Beuville   *C.M. n° 55 — Pli n° 21*

♥♥♥ NN   4 chambres d'hôtes dans une ferme. A l'étage : 1 chambre 2 pers. salle de bains et wc particuliers. Possibilité 1 chambre complémentaire 3 pers. 2 chambres 3 pers., salle d'eau particulière. 1 chambre 4 pers., salle d'eau et wc particuliers. Salle de séjour. Bibliothèque. Téléphone dans chaque chambre. Restaurant 2 km. Boxes pour chevaux. Caen 7 km. Ouvert toute l'année. Gare 7 km. Commerces sur place.

Prix : 1 pers. **160 F** 2 pers. **210 F** 3 pers. **260 F**

6	0,3	6	2	1

BARTASSOT Jean-Marie et Annie – 4 rue Haute – 14112 Bieville-Beuville – Tél. : 31.44.34.99

Bieville-Beuville   *C.M. n° 55 — Pli n° 1/2*

♥♥♥ NN   Dans une habitation récente, au r.d.c. : 1 ch. 2 pers., s.d.b. et wc particuliers (2 épis NN). Dans une annexe de l'habitation, 1 ch. 2 pers., s. d'eau et wc particuliers (3 épis NN). Coin-cuisine. Entrée indépendante. Jardin avec salon de jardin. Parking. Restaurant à 500 m. Gare 7 km. Commerces 1 km. Ouvert toute l'année. Entre Caen et Ouistreham, dans un cadre fleuri et reposant.

Prix : 1 pers. **150/160 F** 2 pers. **200/220 F**

5	0,5	5	0,5	0,5

LEMARIE Jacques et Madeleine – 23 Basse Rue – 14112 Bieville-Beuville – Tél. : 31.44.33.97

Bieville-Beuville   *C.M. n° 55 — Pli n° 2*

♥♥ NN   Dans une maison neuve à l'étage, 2 chambres de 2 pers. avec salle d'eau et wc particuliers, 1 chambre 3 pers., salle d'eau et wc particuliers. Entrée indépendante. Chauffage. Restaurant 4 km. Caen 7 km. Ouvert toute l'année. Gare 10 km. Commerces 5 km.

Prix : 1 pers. **160 F** 2 pers. **230 F** 3 pers. **300 F**

6	6	4	6	3

BRUAND J.Claude et Danielle – Le Londel – 14112 Bieville-Beuville – Tél. : 31.44.51.74

Bieville-Beuville La Petite-Lande   *C.M. n° 54 — Pli n° 16*

♥♥♥ NN   2 chambres d'hôtes dans une maison récente, 1 ch. 2 pers. avec salle d'eau et wc particuliers (3 épis NN). 1 ch. 2 pers., salle de bains particulière (2 épis NN). Salon. Parking. Restaurant 2 km. Caen 7 km. Ouvert toute l'année. Anglais parlé.

Prix : 1 pers. **150 F** 2 pers. **200 F**

10	5	3	10	5	3

LANCE J.Pierre et Francoise – La Petite Lande – 14112 Bieville-Beuville – Tél. : 31.44.52.03

Bieville-Quetieville Le Val   *C.M. n° 55 — Pli n° 12/13*

♥ NN   Dans l'habitation, à l'étage : 1 chambre 3 pers. avec 1 chambre complémentaire 2 pers., salle d'eau et wc particuliers. Chauffage. Salon de jardin. Parking. Restaurant à 3,5 km. Gare 20 km. Commerces 2 km. Ouvert toute l'année. Dans une ferme typique du pays d'Auge, vous apprécierez le calme, les petites vallées augeronnes, les sites historiques, les nombreux manoirs et châteaux.

Prix : 1 pers. **130 F** 2 pers. **180 F** 3 pers. **230 F**

30	12	4	12	2	9

LESCELLIERE Andre et Yvette – Le Val – 14270 Bieville-Quetieville – Tél. : 31.63.07.60

La Bigne Cabourg

C.M. n° 54 — Pli n° 14

〰〰 NN

Dans une ferme du Bocage, à l'étage, 1 chambre 3 pers. et 1 chambre complémentaire 1 pers. Salle de bains et wc particuliers. Possibilité lit supplémentaire. Parking. Gare 36 km. Commerces 5 km. Ouvert de Pâques à la Toussaint. Les petits chemins bocagers, feront la joie des randonneurs. Artisanat, musées et loisirs sportifs agrémenteront aussi votre séjour.

Prix : 1 pers. **150 F** 2 pers. **180 F** 3 pers. **250 F**

35	18	5	20	5	SP	6

DELAUNAY Pierre et Anne-Marie – Cabourg – 14260 La Bigne – Tél. : 31.77.80.07

La Bigne La Quettevilliere

C.M. n° 54 — Pli n° 14/15

〰〰 NN
(TH)

Dans une ferme restaurée, à l'étage : 1 chambre 4 pers. et 1 chambre complémentaire 2 pers., salle d'eau et wc particuliers. 1 chambre 2 pers., salle de bains et wc particuliers. Chauffage. Parking. Ferme-auberge à 5 km. Vélos. Ouvert toute l'année. Commerces 7 km. Dans les vallons du Bocage, ces chambres d'hôtes se situent dans une ferme restaurée en briques et pierres du bocage. Calme et tranquillité assurés.

Prix : 1 pers. **180 F** 2 pers. **220 F** 3 pers. **250 F** repas **70 F**

12	12	SP	8	8

BAMFORD Andrew et Elisabeth – La Quettevilliere – 14260 La Bigne – Tél. : 31.77.45.94 – Fax : 31.77.59.27

Blangy-le-Chateau

C.M. n° 55 — Pli n° 3/4

E.C. NN

Dans une habitation située dans le bourg, au 2ᵉ étage. 1 chambre 3 pers., salle d'eau particulière. Chauffage. Salon de jardin. Restaurant à 50 m. Gare 10 km. Commerces sur place. Ouvert de Pâques à la Toussaint. Manoir en briques et colombages, haras, campagne vallonnée agrémentée de pommiers, font la richesse du Pays d'Auge. Blangy-le-Château sera votre point de départ.

Prix : 1 pers. **140 F** 2 pers. **180 F** 3 pers. **230 F**

21	15	SP	10	5	10	10

TROUSSARD Roger et Jacqueline – Le Bourg – 14130 Blangy-le-Chateau – Tél. : 31.65.15.24

Blonville-sur-Mer

C.M. n° 54 — Pli n° 17

〰 NN

1 chambre de 4 pers. avec salle d'eau particulière et TV (2 épis). Dans un bâtiment indépendant, 3 chambres de 2 pers. et 1 chambre de 3 pers. Salle d'eau commune. Chauffage. Jardin. Boxes pour chevaux. Restaurant 2,5 km. Deauville 5 km. Ouvert toute l'année. Gare et commerces 2 km.

Prix : 1 pers. **180 F** 2 pers. **210/260 F** 3 pers. **250/300 F**

2	6	2	1,5

ORLEACH Roland – Le Lieu Pieuge – 14910 Blonville-sur-Mer – Tél. : 31.87.41.37

Le Bo

C.M. n° 55 — Pli n° 11

〰〰 NN

A l'étage : 3 chambres 2 pers. Salle d'eau particulière, avec possibilité de lits supplémentaires. Salle de détente avec TV. Chauffage. Parking. Salon de jardin. Restaurant 5 km. Gare 37 km. Commerces 5 km. Ouvert toute l'année. Dans l'habitation contiguë à un petit commerce rural. Situation idéale pour découvrir la Suisse Normande. Clécy 5 km.

Prix : 1 pers. **130 F** 2 pers. **170 F**

10	3	3	3	SP	4	5

SALMON Claude et Jacqueline – 14690 Le Bo – Tél. : 31.69.70.08

La Boissiere Le Manoir

C.M. n° 54 — Pli n° 17

〰〰〰 NN

Dans un manoir de caractère augeron, du XVIᵉ siècle, à l'étage : 2 chambres de 4 et 5 pers. avec salles de bains et wc privés. Restaurant 1 km. Lisieux 6 km. Ouvert de Pâques à la Toussaint.

Prix : 1 pers. **180 F** 2 pers. **240 F** 3 pers. **310 F**

45	7	6	6	30	30

DELORT Monique – Le Manoir – 14340 La Boissiere – Tél. : 31.32.20.81

Bonnebosq Le Champ-Versant

C.M. n° 54 — Pli n° 17

〰〰〰 NN

Dans un magnifique manoir augeron, de caractère, à l'étage : 1 ch. 2 pers. salle de bains et wc privés. 1 ch. 2 pers. salle d'eau et wc privés. Chauffage. Parking. Restaurant et route du cidre 1 km. Pont l'Evèque 13 km. Chambres à la ferme. Ouvert de Pâques à la Toussaint. Gare 16 km. Commerces 3 km.

Prix : 1 pers. **190 F** 2 pers. **235/250 F** 3 pers. **325 F**

14	10	7	5	11	12

LETRESOR Marcel – Le Champ Versant – 14340 Bonnebosq – Tél. : 31.65.11.07

Bonneville-la-Louvet

C.M. n° 55 — Pli n° 4

〰〰 NN

Dans une habitation typique, au rez-de-chaussée : 1 chambre 2 pers., salle de bains et wc particuliers. A l'étage : 1 chambre (2 lits 1 pers.), possibilité d'une chambre complémentaire (2 lits 1 pers.), salle d'eau et wc particuliers. Chauffage. Parking. Gare 13 km. Commerces 5 km. Ouvert toute l'année. Deux chambres dans une habitation typique du Pays d'Auge. Site calme et panoramique.

Prix : 1 pers. **180 F** 2 pers. **200 F** 3 pers. **250 F**

25	25	1	5	SP	13

DUBOS Gilbert – Route du Brevedent – 14130 Bonneville-la-Louvet – Tél. : 31.65.44.83

Bonneville-sur-Touques Le Lieu-Martin
C.M. n° 54 — Pli n° 17

NN — Dans une maison de construction récente, au rez-de-chaussée, 1 chambre 2 pers. A l'étage, 1 chambre de 3 pers. Salle de bains commune. Chauffage. Restaurant 1 km. Deauville 6 km. Ouvert toute l'année. Gare et commerces 4 km.

Prix : 1 pers. **180 F** 2 pers. **220 F** 3 pers. **250 F**

5	4	4	2	2	7	3

LEROY Bernard – Le Lieu Martin – 14800 Bonneville-sur-Touques – Tél. : 31.88.08.81

Bonneville-sur-Touques La Forge
C.M. n° 54 — Pli n° 17

NN — 3 chambres d'hôtes dans une ferme traditionnelle située dans un hameau. 2 chambres 2 pers. et 1 chambre 3 pers. avec salle de bains commune. Deauville 6 km. Ouvert toute l'année.

Prix : 1 pers. **170 F** 2 pers. **200 F** 3 pers. **240 F**

5	2	2

LOUISET Lucien – La Forge – 14800 Bonneville-sur-Touques – Tél. : 31.64.79.69

Boulon
C.M. n° 55 — Pli n° 11

NN — Dans l'habitation du propriétaire, à l'étage : 1 chambre 2 pers., salle de bains et wc particuliers (3 épis NN). 1 chambre 2 pers., salle d'eau et wc particuliers (2 épis NN). Possibilité lit bébé. Gare 17 km. Commerces 3 km. Ouvert toute l'année. A proximité de Caen et de la Suisse Normande, demeure campagnarde où les attraits de la nature ne manquent pas.

Prix : 1 pers. **150/160 F** 2 pers. **210/230 F**

30	10	5	3	12	10	10	16

DUCHEMIN Marie-Josephe – 789 rue de la Republique – 14220 Boulon – Tél. : 31.39.23.86

Bourgeauville La Belle-Epine
C.M. n° 54 — Pli n° 17

(TH) — Au cœur du Pays d'Auge proche de la station balnéaire de Cabourg. Dans un bâtiment annexe à l'habitation. 1 chambre 2 pers. 2 chambres 3 pers. 1 chambre 4 pers. avec chacune salle d'eau et wc particuliers. Equipement bébé sur demande. Chauffage. Restaurant 1,5 km. Villers sur Mer 10 km. Ouvert toute l'année.

Prix : 1 pers. **180 F** 2 pers. **200 F** 3 pers. **250 F** repas **85 F**

13	13	2	13	1,5	13

CLOUET Vincent et Stephanie – La Belle Epine – 14430 Bourgeauville – Tél. : 31.65.27.26

Branville
C.M. n° 54 — Pli n° 17

NN — Dans un pavillon de construction récente, à l'étage, 1 chambre de 2 pers. avec entrée indépendante. Possibilité d'utiliser une chambre complémentaire de 2 pers., salle d'eau particulière, wc. Chauffage. Villers sur Mer 7 km. Ouvert toute l'année. Gare 12 km. Commerces 3 km.

Prix : 1 pers. **140 F** 2 pers. **200 F** 3 pers. **250 F**

8	2	2	2	5	12	12

LEGRIX Raymond et M.Therese – Route de Lisieux – 14430 Branville – Tél. : 31.79.22.28

Bremoy
C.M. n° 54 — Pli n° 14

(TH) — Dans la maison d'habitation de la ferme, 1 ch. 3 pers. au rez-de-chaussée avec salle d'eau et wc particuliers. A l'étage, 1 ch. 3/4 pers. avec salle d'eau et wc particuliers. Véranda avec coin cuisine et salon. Chauffage. Entrée particulière. Cour avec pelouse. Restaurant à 7 km. Prêt de vélos. Swing-golf à 15 km. Saut à l'élastique à 12 km. Ouvert toute l'année. Le Bény-Bocage à 10 km. Gare 50 km. Commerces 4 km.

Prix : 1 pers. **125 F** 2 pers. **185 F** 3 pers. **210 F** repas **75 F**

17	10	11	SP	15	SP

LALLEMAN Gilbert et Jacqueline – Le Carrefour des Fosses – 14260 Bremoy – Tél. : 31.77.83.22

Bretteville-l'Orgueilleuse
C.M. n° 54 — Pli n° 15

— Dans l'habitation, au rez-de-chaussée : 1 chambre avec 2 lits 1 pers. et 1 chambre complémentaire avec 1 lit 2 pers. Salle de bains et wc particuliers. Canapé. Chauffage. Restaurant à 200 m ou à 2 km. Caen 12 km. Ouvert de Pâques à la Toussaint.

Prix : 1 pers. **190 F** 2 pers. **220 F** 3 pers. **270 F**

14	SP	14	5

HELM Jean-Marc – 43 Route de Caen – 14740 Bretteville-l'Orgueilleuse – Tél. : 31.80.71.73

Bretteville-sur-Dives Le Pressoir de Glatigny
C.M. n° 55 — Pli n° 12/13

NN — Dans une grande maison, à l'étage : 1 ch. 2 pers., salle d'eau et wc particuliers attenants (3 épis), 1 ch. 2 pers., salle de bains particulière (2 épis). Salon de détente avec TV. Chauffage. Parking, salon de jardin. Gare et commerces 2,5 km. Restaurant 1,5 km. Ouvert toute l'année. Maison bourgeoise d'une ancienne ferme avec un vaste intérieur et une cour très fleurie l'été. A quelques encablures de l'abbatiale de Saint-Pierre-sur-Dives et de ses magnifiques halles.

Prix : 1 pers. **180 F** 2 pers. **200/230 F** 3 pers. **300 F**

35	2,5	2,5	2,5	2,5	25

DELACOUR Serge et Yvette – Le Pressoir de Glatigny – 14170 Bretteville-sur-Dives – Tél. : 31.20.68.93

Bretteville-sur-Dives Ferme-de-Glatigny

C.M. n° 54 — Pli n° 17

♥♥ NN

2 chambres d'hôtes dans un corps de ferme des XVIᵉ et XVIIᵉ siècles restauré. Au rez-de-chaussée : 1 chambre 3 pers. et à demi-étage 1 chambre 3/4 pers. avec salles d'eau particulières. Entrée indépendante. Restaurant 2 km. Forêt 6 km. Ferme-auberge 3,5 km. Saint-Pierre sur Dives 2,5 km. Circuits pédestres et vélo. Ouvert de Pâques à la Toussaint. Gare et commerces 3 km.

Prix : 1 pers. **150 F** 2 pers. **200/220 F** 3 pers. **250/280 F**

![]	![]	![]	![]	![]	![]
33	2,5	2,5	8	23	

RENAULDON Michele – Ferme de Glatigny – 14170 Bretteville-sur-Dives – Tél. : 31.20.78.34

Bretteville-sur-Laize Chateau-des-Riffets

C.M. n° 54 — Pli n° 16

♥♥♥♥ NN (TH)

4 chambres, situées dans un grand parc boisé. Au 1ᵉʳ étage : 2 chambres de 2 et 3 pers. et 1 suite de 4 pers. Au 2ᵉ étage : 1 suite de 4 pers. avec télévision. Parking fermé. Piscine chauffée privée. Caen 15 km. Ouvert toute l'année. Anglais et allemand parlés. Gare 15 km. Commerces 1 km.

Prix : 1 pers. **380 F** 2 pers. **470 F** 3 pers. **620 F** repas **200 F**

![]	![]	![]	![]	![]	![]	![]	![]
24	SP	1	4	1	1	5	

CANTEL Alain – Chateau des Riffets – 14680 Bretteville-sur-Laize – Tél. : 31.23.53.21 ou 31.95.62.14 – Fax : 31.23.75.14.

Le Breuil-en-Auge Le Lieu-Gaugain

C.M. n° 54 — Pli n° 18

♥ NN

Dans une maison de construction récente, au rez-de-chaussée : 2 chambres de 2 pers. avec possibilité d'une chambre complémentaire pour 2 pers., lavabo dans chaque chambre. Salle de bains commune. Véranda aménagée avec cuisine et salon. Chauffage. Jardin d'agrément. Parking fermé. Restaurant 1 km. Pont l'Evêque 4 km. Ouvert toute l'année.

Prix : 1 pers. **140 F** 2 pers. **180 F** 3 pers. **240 F**

![]	![]	![]	![]	![]	![]	![]
18	5	5	5	SP	4	7

AGUT Claude et Lydie – Le Lieu Gaugain – 14130 Le Breuil-en-Auge – Tél. : 31.65.02.10

Breville-les-Monts

C.M. n° 54 — Pli n° 16

♥♥ NN

Dans un bâtiment annexe de l'habitation, à l'étage : 2 ch. 2 et 3 pers., salle d'eau particulière, wc communs. Coin-cuisine. Entrée indépendante. Chauffage. Salon de jardin, parking. Gare 15 km. Commerces 3 km. Restaurant 1,5 km. Ouvert toute l'année. A proximité de Cabourg, de la mer et de la côte fleurie.

Prix : 1 pers. **150 F** 2 pers. **200 F** 3 pers. **250 F**

![]	![]	![]	![]	![]	![]	![]
5	7	9	4	5	4	7

FOSSE Gerard et Paulette – 34 rue de Beneauville – 14860 Breville-Les Monts – Tél. : 31.78.73.07

Buceels Hameau-de-la-Croix

C.M. n° 54 — Pli n° 15

♥♥♥ NN (TH)

Dans une ferme typique du Bessin, au rez-de-chaussée avec entrée indépendante : 1 chambre 4 pers. avec salle d'eau et wc particuliers. A l'étage : 1 chambre 3 pers., salle d'eau et wc particuliers. Salle de détente. Chauffage. Parking. Salon de jardin. Restaurant 2 km. Gare 10 km. Commerces 2 km. Ouvert de Pâques à la Toussaint. Jolie propriété en pierres locales, située dans le Bessin, région célèbre par ses plages du débarquement et à proximité de la jolie ville historique de Bayeux.

Prix : 1 pers. **160 F** 2 pers. **220 F** 3 pers. **270 F** repas **80/100 F**

![]	![]	![]	![]	![]	![]	![]
19	10	1	4	10	10	10

HARIVEL Daniel et M.Agnes – Hameau de la Croix – 14250 Buceels – Tél. : 31.80.38.11

Buceels La Croix

C.M. n° 54 — Pli n° 14/15

♥ NN

Dans une habitation située en bordure de la D6 (Bayeux/Tilly-sur-Seule). R.d.c. : 1 ch. 2 pers., salle de bains et wc particuliers, possibilité d'une chambre complémentaire 2 pers. Chauffage. Salon de jardin. Gare 10 km. Commerces 2 km. Restaurant 3 km. Ouvert de Pâques à la Toussaint. Dans le Bessin, à proximité de Bayeux et des plages du Débarquement.

Prix : 1 pers. **170 F** 2 pers. **200 F** 3 pers. **270 F**

![]	![]	![]	![]	![]	![]	![]
20	10	3	22	6	2	10	10

MOUROCQ Thierry et Francine – La Croix – 14250 Buceels – Tél. : 31.80.91.08

Bures-sur-Dives Manoir-des-Tourpes

C.M. n° 54 — Pli n° 16

♥♥♥ NN

A l'étage : 3 chambres de style pour 2 pers. avec salle d'eau et wc particuliers. Salon-bibliothèque avec cheminée. Chauffage. Salon de jardin. Jardin d'agrément. Parking privé. Restaurant 2 km. Gare 16 km. Commerces 2 km. Ouvert toute l'année. Anglais parlé. Dans un manoir du XVIIᵉ siècle, situé dans un petit village du Pays d'Auge, entouré d'un jardin où coule la Dives.

Prix : 1 pers. **250 F** 2 pers. **280 F**

![]	![]	![]	![]	![]	![]	![]
12	12	12	14	SP	SP	12

LANDON-CASSADY Michael et M.Cath. – Rue de l'Eglise - Manoir des Tourpes – Bures/Dives – 14670 Troarn – Tél. : 31.23.63.47

Cahagnes

C.M. n° 54 — Pli n° 14

♥♥ NN (TH)

Maison située dans un environnement campagnard, 1 ch. 4 pers., salle d'eau particulière. A l'étage, 2 ch. 3 pers., salle d'eau particulière. 1 ch. complémentaire 2 pers. Entrée indépendante pour 2 ch. Possibilité cuisine. Dans bâtiment indépendant 2 ch. 2 pers. salle d'eau et wc particuliers. 1 ch. 2 pers. salle de bains et wc particuliers. Villers-Bocage 8 km. Restaurant 1,5 km. Ouvert toute l'année. Ferme de séjour.

Prix : 1 pers. **140 F** 2 pers. **180 F** 3 pers. **210 F** repas **70 F**

![]	![]	![]	![]	![]	![]
7	4	15	2	SP	2

GUILBERT Joseph et M.Therese – Benneville – 14240 Cahagnes – Tél. : 31.77.58.05 – Fax : 31.77.37.84.

La Cambe Les Castelets
C.M. n° 54 — Pli n° 13

♥♥ NN

A l'étage : 2 chambres 3 pers. avec salle d'eau et wc particuliers. Chauffage. Possibilité cuisine. Parking. Location de vélos. Ferme-auberge 3 km. Télévision dans les chambres. Ouvert toute l'année. Gare 15 km. Commerces 5 km. Anglais parlé. Dans le Bessin, proche des Plages du Débarquement. 2 chambres à l'étage d'une grande maison de ferme typique de cette région. Grandcamp-Maisy 6 km.

Prix : 1 pers. **150 F** 2 pers. **200 F** 3 pers. **260 F**

6	1	6	6	2	SP	23

DESPREZ Helene – Les Castelets – 14230 La Cambe – Tél. : 31.22.71.44 ou 31.22.74.02

La Cambe Ferme-de-Savigny
C.M. n° 54 — Pli n° 14

♥♥♥ NN

3 chambres d'hôtes dans une maison typique. 3 chambres 2, 3 et 5 pers., avec salle de bains et wc particuliers. Entrée indépendante. Salle de détente. Restaurant 6 km. Grandcamp-Maisy 5 km. Plages du Débarquement, Pointe du Hoc à 3 km. Ouvert toute l'année.

Prix : 1 pers. **200 F** 2 pers. **230 F** 3 pers. **300 F**

3	3	6

LEDEVIN Maurice et Yvette – Ferme de Savigny – 14230 La Cambe – Tél. : 31.22.70.06

Cambremer Le Mesnil
C.M. n° 54 — Pli n° 17

♥ NN

Dans une habitation traditionnelle, 2 ch. 2 pers. à l'étage, 1 ch. complémentaire 1 pers., salle d'eau commune aux chambres. Chauffage. Jardin, parking. Gare 17 km. Commerces 3 km. Restaurant 3 km. Ouvert toute l'année. Au cœur du Pays d'Auge, à proximité de Cambremer.

Prix : 1 pers. **160 F** 2 pers. **185 F** 3 pers. **225 F**

22	15	3	7	SP	22

CAMUS Georgette – Le Mesnil – 14340 Cambremer – Tél. : 31.63.00.28

Cambremer
C.M. n° 54 — Pli n° 17

♥♥♥ NN

Dans une grande maison bourgeoise, à l'étage : 1 ch. 2 pers. avec 1 ch. complémentaire 2 pers., salle de bains et wc particuliers. Dans un bâtiment annexe : 2 ch. 4 pers., salles de bains et wc particuliers. Possibilité cuisine. TV. Chauffage. Parking, salon de jardin. Gare 17 km. Commerces 4,5 km. Ouvert toute l'année. Dans une grande maison entourée d'un verger avec à l'arrière une très belle vue sur la vallée de la Dives.

Prix : 1 pers. **180 F** 2 pers. **250 F** 3 pers. **350 F**

22	17	4,5	7	SP	17	24

DARONDEL Chantal – Ferme des Marronniers – 14340 Cambremer – Tél. : 31.63.08.28 – Fax : 31.63.92.54.

Campeaux Le Champ-Touillon
C.M. n° 54 — Pli n° 14

♥♥♥ NN (TH)

R.d.c. : 1 ch. 2 pers., salle d'eau et wc particuliers, poss. d'une ch. complémentaire 2 pers. Possibilité cuisine. A l'étage : 1 ch. 2 pers. 2 ch. 3 pers. salle d'eau et wc particuliers. Poss. lit d'appoint 1 pers. Entrée indépendante. Salle de séjour avec TV. Chauffage. Parking. Salon de jardin. Restaurant 1,5 km. Gare 15 km. Commerces 500 m. Ferme-auberge 300 m. Hébergement cheval gratuit. Chambres dans bâtiment annexe à l'habitation. Situation géographique favorable, pour découvrir : bocage normand, Vallée de la Souleuvre, Gorges de la Vire. St-Martin des Besaces 9 km. Le Mont Saint-Michel. Plages du Débarquement. Possibilité de saut à l'élastique à 2 km.

Prix : 1 pers. **160 F** 2 pers. **190 F** 3 pers. **240 F** repas **80 F**

15	15	4	20	SP	4	15

LEPILLEUR Gerard et Colette – Le Champ Touillon – 14350 Campeaux – Tél. : 31.68.66.86

Canchy Hameau-Gueret
C.M. n° 54 — Pli n° 13

♥♥ NN

A l'étage : 1 chambre 3 pers. Salle d'eau et wc particuliers. Chauffage central. Parking. Ferme-auberge 3 km. Gare 15 km. Commerces 8 km. Ouvert toute l'année. Une chambre à l'étage dans la maison de la ferme. Michel exploite une ferme laitière auprès des marais d'Isigny, proche de la mer. Site calme et reposant. Trévières 8 km

Prix : 1 pers. **160 F** 2 pers. **210 F** 3 pers. **280 F**

7	10	8	10	SP

FAUVEL Michel – Hameau Gueret – 14230 Canchy – Tél. : 31.22.72.68

Caumont-l'Evente
C.M. n° 54 — Pli n° 14

♥♥♥ NN (TH)

Dans une grande maison de caractère : 3 ch. 2 pers. à l'étage avec salle de bains ou salle d'eau et wc particuliers. Salon avec TV. Possibilité cuisine. Dans un petit bâtiment, à quelques mètres de l'habitation à l'étage : 1 ch. 2 pers., salle de bains et wc particuliers, 1 chambre complémentaire 2 pers. Chauffage. Jardin d'agrément. Ouvert toute l'année. Piscine chauffée, mini-golf et équitation sur place. Parking fermé. Restaurant 300 m. Villers Bocage 12 km.

Prix : 1 pers. **250 F** 2 pers. **300 F** 3 pers. **370 F** repas **135 F**

12	SP	SP	1	SP	8

BOULLOT Claude – 19 rue Thiers – 14240 Caumont-l'Evente – Tél. : 31.77.47.85

Chicheboville
C.M. n° 54 — Pli n° 16

♥♥♥ NN

Dans l'habitation à l'étage : 1 chambre 3 pers. Salle d'eau et wc particuliers. Possibilité d'une chambre complémentaire 1 pers. Chauffage. Jardin. Restaurant 2 km. Caen 13 km. Ouvert de Pâques à la Toussaint. Commerces 3 km.

Prix : 1 pers. **140 F** 2 pers. **170 F** 3 pers. **240 F**

20	12	5	6	3

VANNEAU Pierre – 21 Route de Bellengreville – 14370 Chicheboville – Tél. : 31.23.03.43

Chouain La Pompe
C.M. n° 54 — Pli n° 14/15

❦❦❦ NN Dans la maison d'habitation de la ferme, à l'étage : 1 ch. 2 pers. avec 1 ch. complémentaire 2 pers., salle d'eau et wc particuliers. Chauffage central. Jardin avec salon de jardin. Parking. Commerces 4 km. Restaurant 3 km. Ouvert de Pâques à la Toussaint. Dans une ferme traditionnelle d'élevage laitier, possibilité de suivre la fabrication du beurre. A quelques kilomètres de Bayeux et des plages du Débarquement.

Prix : 1 pers. **150 F** 2 pers. **190 F** 3 pers. **250 F**

🏊	🛶	🏇	🚶	👥	〰️
18	10	3	SP	SP	8

BOUIN François et M-Louise – La Pompe – 14250 Chouain – Tél. : 31.92.58.61

Clarbec Le Lieu Haut

❦❦ NN Dans un bâtiment indépendant de l'habitation, au r.d.c. : 2 ch. 2 pers., salle d'eau et wc particuliers. A l'étage : 1 suite de 2 ch. contiguës, salle d'eau et wc particuliers. Chauffage. Salon de jardin, parking. Gare 6 km. Commerces 2 km. Restaurant 2 km. Ouvert toute l'année. Dans une ferme d'élevage de vaches normandes, chez un producteur de produits cidricoles et passionné d'agriculture.

Prix : 1 pers. **180 F** 2 pers. **220 F** 3 pers. **300 F**

🏊	⛷️	⛵	🏇	🚶	👥	〰️	🎣	🎵
16	15	4	6	5	4	SP	6	8

LANGIN William et Dominique – Le Lieu Haut – 14130 Clarbec – Tél. : 31.65.15.90

Clarbec Lieu-Hubert
C.M. n° 55 — Pli n° 3

❦❦❦ NN Dans une habitation typique à colombages. Au rez-de-chaussée : 1 chambre 2 pers., salle de bains et wc particuliers. 1 chambre 2 pers., salle d'eau et wc particuliers. Chauffage. Restaurant 5 km. Pont-l'Evêque 6 km. Ouvert toute l'année. Gare et commerces 6 km.

Prix : 1 pers. **180 F** 2 pers. **220 F**

⛷️	⛵	🚶	👥	〰️	🎵
22	5	6	6	SP	6	9

ELIE Guy – Pressoir du Lieu Hubert – 14130 Clarbec – Tél. : 31.64.90.89

Clecy
C.M. n° 55 — Pli n° 11

❦ (TH) Dans une maison ancienne, située dans un hameau, à l'étage, 2 chambres de 2 pers. Salle d'eau commune. Véranda. Chauffage. Salon de jardin. Suisse Normande : escalade, canoë. Restaurant 1,5 km. Condé sur Noireau 9 km. Ouvert de Pâques à la Toussaint. Gare 36 km. Commerces 1 km.

Prix : 1 pers. **120 F** 2 pers. **160 F** 3 pers. **225 F** repas **78 F**

🛶	⛷️	🏇	🚶	👥	〰️
10	1	SP	SP	SP	SP

REGNIER Huguette – La Haute Bigne – 14570 Clecy – Tél. : 31.69.72.85

Clecy Cantelou
C.M. n° 55 — Pli n° 11

❦❦ NN 3 chambres d'hôtes aménagées dans une annexe de la ferme. 1 chambre 4 pers. avec salle d'eau et wc particuliers. A l'étage : 2 chambres 2 pers. avec salle de bains et wc particuliers. Salle de séjour, TV. Restaurant sur place. Animaux admis. Boxes pour chevaux. Clécy 4 km. Ouvert toute l'année. Gare 35 km. Commerces 3 km.

Prix : 1 pers. **240 F** 2 pers. **260 F** 3 pers. **350 F**

🛶	⛷️	⛵	🏇	🚶	👥	🎵
8	3	11	2	SP	SP	SP

RACLOZ Guy et Maryvonne – Cantelou – 14570 Clecy – Tél. : 31.69.72.72 – Fax : 31.69.70.22

Clecy La Loterie
C.M. n° 55 — Pli n° 11

❦❦❦ NN A l'étage d'une habitation : 1 chambre 4 pers. Salle de bains et wc particuliers. Dans un bâtiment annexe, à l'étage : 2 chambres 2 pers., salle d'eau et wc particuliers avec 1 chambre complémentaire 2 pers. Chauffage central. Equipement bébé. Salon de jardin. Parking fermé. Restaurant 2 km. Clécy 2 km. Ouvert toute l'année. Gare 40 km. Commerces 4 km.

Prix : 1 pers. **140 F** 2 pers. **180 F** 3 pers. **240 F**

🛶	⛷️	🏇	🚶	👥	〰️	🎵
12	4	4	1	SP	2	6

AUBRY Roger et M.Therese – La Loterie – 14570 Clecy – Tél. : 31.69.74.38

Colleville-sur-Mer
C.M. n° 54 — Pli n° 14

❦❦ NN Dans la maison d'habitation, 1 chambre d'hôtes de 2 pers. (et 1 lit enfant) avec salle de bains et wc particuliers, entrée indépendante. Chauffage. Cour fermée avec pelouse. Restaurant et ferme-auberge à 1 km. Port en Bessin 7 km. Ouvert toute l'année. Allemand parlé.

Prix : 1 pers. **175 F** 2 pers. **200 F** 3 pers. **250 F**

🏊	⛷️	🏇	🚶	🎵
0,5	0,5	6	SP	6

PICQUENARD Louis – Chemin des Forges – 14710 Colleville-sur-Mer – Tél. : 31.22.40.88

Colleville-sur-Mer Ferme-du-Clos-Tassin
C.M. n° 54 — Pli n° 14

❦❦ NN 5 chambres d'hôtes dans une maison traditionnelle. 4 chambres à l'étage avec salle d'eau ou salle de bains particulière, wc communs. Entrée indépendante. Dans un bâtiment annexe : 1 chambre 4 pers. avec salle d'eau et wc particuliers. Restaurant 300 m. Prêt vélos. Port en Bessin 7 km. Ouvert toute l'année. Possibilité pique-nique. Gare 15 km. Commerces 1 km.

Prix : 1 pers. **150 F** 2 pers. **160/180 F** 3 pers. **215/255 F**

🏊	⛷️	🏇	🚶	👥	🎵
1	0,5	7	2	0,5	7

PICQUENARD Daniel et M.Therese – Ferme du Clos Tassin – 14710 Colleville-sur-Mer – Tél. : 31.22.41.51

Colleville-sur-Mer   *C.M. n° 54 — Pli n° 14*

≋≋ NN   Dans l'habitation traditionnelle, au rez-de-chaussée : 1 chambre 4 pers. Salle d'eau et wc particuliers. A l'étage : 4 chambres 2 pers. Salle d'eau particulière. WC communs. Entrée indépendante. Chauffage. Parking privé. Restaurant 3 km. Ferme-auberge 200 m. Port en Bessin 7 km. Ouvert toute l'année. Salon de jardin.

Prix : 1 pers. **130 F** 2 pers. **180 F** 3 pers. **240 F**

7	7	15	7	7

ANQUETIL Roger et Solange – Ferme des Mouettes – 14710 Colleville-sur-Mer – Tél. : 31.22.42.53

Colombelles Les Terres-Noires   *C.M. n° 54 — Pli n° 16*

≋≋ NN   Dans une habitation de construction récente. A l'étage : 2 chambres 2 et 3 pers., salle d'eau et wc particuliers. 1 chambre complémentaire 2 pers. au rez-de-chaussée. Chauffage. Jardin. Salon de jardin. Parking. Barbecue. Caen 7 km. Ouvert toute l'année.

Prix : 1 pers. **115 F** 2 pers. **150 F** 3 pers. **190 F**

10	2	7	10	5	3	5	5	

KOSTRZ Adalbert et Suzanne – 29 rue Francis Pressense – 14460 Colombelles – Tél. : 31.72.60.83

Colombieres Hameau-Minet   *C.M. n° 54 — Pli n° 14*

≋ NN   (TH)   3 chambres d'hôtes dans une maison traditionnelle. 1 chambre 3 pers. avec 1 chambre complémentaire 3 pers. avec salle de bains et wc privés. 2 chambres 2 et 3 pers. 1 chambre fermée 3 pers., salle de bains commune. Possibilité cuisine. Chauffage d'appoint. Parking fermé. Trévière 7 km. Ouvert toute l'année.

Prix : 1 pers. **130 F** 2 pers. **220 F** 3 pers. **300 F** repas **90 F**

10	7	

PESQUEREL Desire et Helene – Hameau Minet – 14710 Colombieres – Tél. : 31.22.52.71

Commes   *C.M. n° 54 — Pli n° 14/15*

≋≋ NN   Dans une maison d'habitation de style contemporain. A l'étage : 1 ch. 2 pers. + 1 ch. complémentaire 2 pers. avec salle de bains et wc particuliers. R.d.c. : 1 ch. 2 pers. avec salle d'eau et wc particuliers. Chauffage. Parking, salon de jardin. Gare 2 km. Commerces 10 km. Ouvert toute l'année. Restaurant 300 m. Port-en-Bessin (port de pêche) 2 km.

Prix : 1 pers. **160 F** 2 pers. **230 F** 3 pers. **330 F**

2	9	2	2	2	2	1	3

CAIRON Michel et Lilou – L'Eglise – 14520 Commes – Tél. : 31.21.71.08

Commes Le Logis   *C.M. n° 54 — Pli n° 14*

≋≋≋ NN   Dans une ancienne ferme restaurée du Bessin, à l'étage : 1 ch. 4 pers. Salle de bains et wc particuliers. 2 ch. 2 pers. Salle d'eau et wc particuliers. Chauffage. Salle de détente. Salon de jardin. Entrée indépendante. Restaurant 2 km. Port en Bessin 2 km. Ouvert toute l'année. Anglais parlé.

Prix : 1 pers. **190 F** 2 pers. **210/230 F** 3 pers. **270/290 F**

2	8	2	2	2	2	2	2

HAELEWYN Gilles et Florence – Le Logis - Escures Village – 14520 Commes – Tél. : 31.21.79.56

Commes Ferme-du-Bosq   *C.M. n° 54 — Pli n° 14*

≋≋ NN   Dans la ferme du château. Rez-de-chaussée : 1 ch. 3 pers. avec salle d'eau et wc particuliers. 1 ch. 2 pers. avec possibilité 1 ch. 3 pers. avec salle d'eau particulière. Chauffage. Terrain. Site agréable. Plages du débarquement 2 km. Restaurant 2 km. Port en Bessin 2 km. Ouvert toute l'année.

Prix : 1 pers. **170 F** 2 pers. **200/210 F** 3 pers. **270/280 F**

2	10	2	10	2

LEROY Juliette – Ferme du Bosq – 14520 Commes – Tél. : 31.21.70.57

Commes   *C.M. n° 54 — Pli n° 14*

≋≋ NN   1 chambre d'hôtes, à l'étage, dans la maison d'habitation. 1 ch. 2 pers. (+ 2 lits d'enfants) avec salle de bains particulière. Chauffage. Pelouse. Site agréable. Plages du Débarquement 1,5 km. Restaurant 1,5 km. Port-en-Bessin 2 km. Ouvert de Pâques à la Toussaint. Gare 10 km. Commerces 4 km.

Prix : 1 pers. **170 F** 2 pers. **200 F** 3 pers. **260 F**

2	10	4	SP	4	1	5

MAIRESSE Albert – La Pintardiere – 14520 Commes – Tél. : 31.21.82.42

Commes Ferme-d'Escures   *C.M. n° 54 — Pli n° 14*

≋≋≋ NN   Dans l'habitation d'une ferme typique de la région, à l'étage : 2 chambres 2 pers. 2 chambres 4 pers. Salle de bains et wc particuliers. Chauffage. Plages du débarquement 500 m. Restaurant 200 m. Port en Bessin 2 km. Ouvert toute l'année. Gare 8 km. Commerces 2 km.

Prix : 1 pers. **200 F** 2 pers. **220/250 F** 3 pers. **320 F**

2	6	3	2	1	2	

HAELEWYN Charles et Christiane – Ferme d'Escures – 14520 Commes – Tél. : 31.92.52.23

Coulonces Montcoq   *C.M. n° 59 — Pli n° 9*

≋≋≋ NN   (TH)   Dans un manoir de caractère, typique du bocage normand. A l'étage : 2 chambres pour 2 et 4 pers. 1 lit bébé. Salle d'eau et wc particuliers. Salon. Chauffage. Parking. Gare 7 km. Commerces 2 km. Ouvert toute l'année. A proximité de Vire (7 km) ville riche de traditions rurales.

Prix : 1 pers. **150 F** 2 pers. **200 F** 3 pers. **240 F** repas **75 F**

7	2	10	SP	10	10

PEUVREL Yann – Montcoq – 14500 Coulonces – Tél. : 31.67.96.20

Calvados   *Normandie*

Courson La Brandonniere   *C.M. n° 59 — Pli n° 9*

♨♨ NN
(TH)

A l'étage : 1 chambre pour 2 pers. Possibilité d'une chambre complémentaire 3 pers. Lit et chaise bébé. Salle de bains et wc particuliers. Cour, jardin. Parking. Restaurant 3 km. Gare 20 km. Commerces 3 km. Ouvert de Pâques à la Toussaint. Dans une grande habitation en granit bleu, typique du bocage normand à proximité de la grande forêt de Saint-Sever (3 km). Location VTT 2 km. Planche à voile 7 km. Saut à l'élastique 20 km.

Prix : 1 pers. **110 F** 2 pers. **145 F** 3 pers. **185 F** repas **70 F**

🏊	⛷	🎣	👫	🎿	🎵
3	3	8	2	10	16

PERRARD Maurice – La Brandonniere – 14380 Courson – Tél. : 31.68.85.71

Courson   *C.M. n° 59 — Pli n° 9*

♨♨♨ NN
(TH)

Dans l'habitation située dans un environnement calme, à l'étage : 3 chambres 2 pers. Salle d'eau et wc particuliers. 2 chambres de 3 et 4 pers., salle de bains commune (1 épi NN). Billard. Cour. Jardin. Parking. Restaurant 3 km. Saint-Sever 3 km. Ouvert toute l'année. Piscine sur place. Gare 15 km. Commerces 3 km.

Prix : 1 pers. **115/145 F** 2 pers. **145/205 F** 3 pers. **185 F**
repas **80 F**

🏊	⛷	🎣	🎿	🎵
3	3	7	17	16

GUEZET Daniel – La Plaine Postel – 14380 Courson – Tél. : 31.68.83.41

Courson   *C.M. n° 59 — Pli n° 9*

♨♨ NN
(TH)

Dans la maison d'habitation située dans un environnement campagnard, au rez-de-chaussée, 1 chambre 3 pers. salle d'eau et wc particuliers à l'étage, 1 chambre 4 pers. salle de bains et wc privés. Chauffage. Véranda. Parking privé. Forêt sur place. Location de vélos 2 km. Planche à voile 7 km. Restaurant 2 km. Saint-Sever 3 km. Ouvert toute l'année. Prix pour la pension complète sur la base d'une semaine. Gare 18 km. Commerces 5 km.

Prix : 1 pers. **115 F** 2 pers. **150 F** 3 pers. **190 F** repas **80 F**
1/2 pens. **195 F** pens. **190 F**

🏊	⛷	🎣	⛵	🎿	🎵
5	5	8	3	15	15

VIMONT Ferdinand – La Porte – 14380 Courson – Tél. : 31.68.83.75

Crepon   *C.M. n° 54 — Pli n° 15*

♨♨♨♨ NN

A l'étage : 3 grandes chambres de 2 pers., salle d'eau et wc particuliers. Chauffage. Salon de jardin. Salle de détente. Parking. Prêt de vélos. Restaurant à 500 m. Gare 12 km. Commerces 3 km. Ouvert de Pâques à la Toussaint. Dans un manoir du XVIIIe siècle entouré d'un parc et situé à 3 km des plages du Débarquement.

Prix : 1 pers. **300 F** 2 pers. **350 F**

🏊	⛷	⛵	🎿
3	7	3	5	5

POISSON Anne-Marie – Route d'Arromanches – 14480 Crepon – Tél. : 31.22.21.27

Crepon Le Haras de Crepon   *C.M. n° 54 — Pli n° 15*

♨♨♨♨ NN
(TH)

Dans un manoir du XVIe siècle, au 1er étage : 1 ch. 2 pers., salle de bains et wc particuliers, 1 suite 4 pers., salle de bains, salle d'eau et wc particuliers. 2e étage : 3 ch. 2 pers., salle d'eau et wc particuliers. Salon commun. Chauffage. Parking. Vélos et piano à disposition. Gare 10 km. Commerces 3 km. Restaurant 500 m. Ouvert toute l'année. Manoir typique du Bessin, récemmment restauré, à proximité des plages du Débarquement. Anglais parlé.

Prix : 1 pers. **295/420 F** 2 pers. **370/470 F** 3 pers. **600 F**
repas **130 F**

🏊	⛷	⛵	🎣	🎵
5	5	3	5	5	5	10	15

LANDEAU Pascale – Le Haras de Crepon – 14480 Crepon – Tél. : 31.21.37.37 – Fax : 31.21.12.12.

Cresserons Ferme la Burbulence   *C.M. n° 55 — Pli n° 2*

♨♨ NN

2 chambres d'hôtes dans une maison de construction récente, située à la sortie du village. 1 chambre de 3 pers. à l'étage avec douche et wc particuliers. et 1 chambre de 2 pers. au rez-de-chaussée avec salle d'eau et wc particuliers. Télévision. Chauffage. Jardin d'agrément. Parking. Restaurant 3 km. Ouistreham 3 km. Ouvert toute l'année. Gare 10 km.

Prix : 1 pers. **150 F** 2 pers. **200 F** 3 pers. **250 F**

🏊	⛷	🎣
3	3	3	6	6

LEGRAS Janine – 10 Impasse de la Haie Pendue - Ferme la Burbulence – 14440 Cresserons – Tél. : 31.37.39.46

Cresserons   *C.M. n° 55 — Pli n° 2*

♨♨ NN

Dans une maison ancienne, à l'étage, 1 chambre de 3 pers. avec salle de bains et wc particuliers. Possibilité d'une chambre complémentaire 2 pers. Chauffage. Salon de jardin. Restaurant à proximité. Ouistreham 8 km. Ouvert de juin à septembre. Non fumeurs. Gare 10 km. Commerces 3 km.

Prix : 1 pers. **160 F** 2 pers. **220 F** 3 pers. **300 F**

🏊	⛷	🎣
3	3	3	3

MAROLLE Marcelle – 9 rue Neuve – 14440 Cresserons – Tél. : 31.37.38.94

Cresseveuille Longueval   *C.M. n° 54 — Pli n° 17*

♨♨♨ NN

Dans un manoir, en rez-de-jardin, 1 chambre 2 pers. avec salle d'eau et wc particuliers, TV. Dans un bâtiment annexe mitoyen à un gîte, 1 chambre 3 pers. avec salle de bains et wc particuliers. Chauffage. Entrée particulière, TV. Jardin, salon de jardin. Restaurant 1 km. Dozulé 4 km. Ouvert toute l'année. Gare 16 km. Commerces 5 km. Anglais et néerlandais parlés.

Prix : 1 pers. **190 F** 2 pers. **250 F** 3 pers. **300 F**

🏊	⛷	🎣
11	1	1	4

DELONCAMP Jeanne – Longueval – 14430 Cresseveuille – Tél. : 31.79.22.01

Cresseveuille Le Lieu-Glacon   *C.M. n° 54 — Pli n° 17*

≋≋ NN   Dans une maison de construction récente, au rez-de-chaussée : 1 chambre 2 pers., salle de bains et wc particuliers. Chauffage. Salon de jardin. Parking. Restaurant à 5 km. Gare 20 km. Ouvert de Pâques à la Toussaint. Commerces 6 km. Au cœur du Pays d'Auge, vous apprécierez les paysages vallonnés, verdoyants. Cette chambre d'hôtes est dans un site calme et spacieux.

Prix : 1 pers. **140 F** 2 pers. **180 F**

🏊	⛵	🎿	🏇
15	15	3	5	SP

LE BOSSE Michel et Colette – « Le Lieu Glacon » - Route de Beaufour – 14430 Cresseveuille – **Tél. : 31.79.25.47**

Creully   *C.M. n° 54 — Pli n° 15*

≋≋≋ NN   Située dans un bourg, dans la maison d'habitation, 1 chambre de 2 pers. à l'étage avec possibilité d'utiliser une chambre complémentaire de 2 pers., salle d'eau et wc particuliers. Chauffage. Restaurant à proximité. Courseulles sur Mer 10 km. Ouvert toute l'année.

Prix : 1 pers. **135 F** 2 pers. **190 F** 3 pers. **250 F**

🏊	⛵	🎿	🏇
5	10	SP	10

CORBET Claude et Claudine – 47 Place Paillaud – 14480 Creully – **Tél. : 31.80.14.23**

Cricqueville-en-Bessin Hameau-Guay   *C.M. n° 54 — Pli n° 4*

≋≋ NN   Dans l'annexe de l'habitation, 5 chambres de 2, 3 et 4 pers. 1 lit bébé. Salles d'eau et wc particuliers. Salle de détente. Chauffage. Salon de jardin. Parking. Restaurant à proximité. Gare 15 km. Commerces 4 km. Ouvert toute l'année. A proximité de la pointe du Hoc, lieu historique du département, vous découvrirez les charmes du port de Grandcamp Maisy.

Prix : 1 pers. **160 F** 2 pers. **220 F** 3 pers. **280 F**

🏊	🎿	🎣	🏇	🚶	🚴	🏊	🎵
5	5	5	10	5	1	10	10

PERRIGAULT Daniel et Corinne – Hameau Guay – 14450 Cricqueville-en-Bessin – **Tél. : 31.92.38.19**

Criqueville-en-Auge Belle-Mare   *C.M. n° 54 — Pli n° 17*

≋≋ NN   2 chambres d'hôtes 2 et 3 pers. à l'étage d'une habitation de caractère. Salle de bains ou salle d'eau particulières. Chauffage. Restaurant 2 km. Cabourg 9 km. Ouvert toute l'année. Gare 25 km. Commerces 1,5 km.

Prix : 1 pers. **180 F** 2 pers. **230 F** 3 pers. **280 F**

🏊	⛵	🎿	🏇	🚶	🚴	🎵
9	8	5	9	4	5	2	10

ALEXIS Michel et Francoise – Lieu de Belle Mare – 14430 Criqueville-en-Auge – **Tél. : 31.79.20.01**

Cristot   *C.M. n° 54 — Pli n° 15*

≋≋ NN (TH)   Dans un bâtiment annexe de la ferme, 1 chambre 2 pers. avec possibilité d'une chambre complémentaire 2 pers. Salle d'eau et wc particuliers. Chauffage. Pelouse. Restaurant 4 km. Tilly sur Seulles 4 km. Ouvert toute l'année. Gare 15 km. Commerces 4 km.

Prix : 1 pers. **130 F** 2 pers. **170 F** 3 pers. **230 F** repas **75 F**

🏊	⛵	🎿	🏇	🎵
15	10	4	7	25

HENRY Claude – 14250 Cristot – **Tél. : 31.80.80.88**

Culey-le-Patry   *C.M. n° 54 — Pli n° 15*

≋≋≋ NN   En rez-de-jardin, 1 chambre 2 pers. et 1 chambre complémentaire 2 pers., salle d'eau et wc particuliers. Entrée indépendante, possibilité cuisine. Chauffage. Parking. Restaurant à 3 km. Gare 32 km. Commerces 2 km. Ouvert toute l'année. Dans une maison récente qui surplombe le cours de l'Orne. Beau point de vue. Environnement exceptionnel.

Prix : 1 pers. **175 F** 2 pers. **225 F** 3 pers. **300 F**

⛵	🎿	🏇	🚶	🚴	🏊	🎵
5	7	8	SP	SP	7	7

AUBER-BALLANGER Gerard et Claudine – Allee des Chenes – 14220 Culey-le-Patry – **Tél. : 31.79.60.00**

Douville-en-Auge   *C.M. n° 54 — Pli n° 17*

≋≋≋ NN   Dans la maison de la ferme, à l'étage : 3 chambres 2, 3 et 4 pers. Salle d'eau et wc particuliers. Chauffage. Salon de jardin. Entrée indépendante. Parking privé. Restaurant 1 km. Cabourg 9 km. Ouvert toute l'année. Gare 15 km. Commerces 6 km.

Prix : 1 pers. **150 F** 2 pers. **200 F** 3 pers. **250 F**

🏊	🎿	🎣	🏇	🚶	🚴	🎵
6	6	6	3	SP	7

HOULET Louis et Gisele – Chemin de Deraine - Ferme de l'Oraille – 14430 Douville-en-Auge – **Tél. : 31.79.25.49**

Ecrammeville Ferme-de-l'Abbaye   *C.M. n° 54 — Pli n° 14*

≋≋≋ NN (TH)   Dans une ferme typique du Bessin, 1 ch. 2 pers. (r.d.c.) avec possibilité chambre compl. pour 1 pers., salle d'eau particulière. 1 ch. 2 pers. et une chambre complémentaire 2 pers. Salle de bains et wc privés. A l'étage 1 ch. 4 pers., salle d'eau et wc particuliers. Entrée indépendante. Chauffage central. Salon de jardin. Gare 20 km. Commerces 4 km. Parking. Restaurant 4 km. Grandcamp-Maisy 10 km. Ouvert toute l'année.

Prix : 1 pers. **160 F** 2 pers. **220 F** 3 pers. **280 F** repas **85 F**
1/2 pens. **160 F**

🏊	🎿	🎣	🏇	🚶	🚴	🎵
7	4	10	4	1	10	20

FAUVEL Annick – Ferme de l'Abbaye – 14710 Ecrammeville – **Tél. : 31.22.52.32**

Equemauville Ferme de Lisores C.M. n° 54 — Pli n° 17/18

〜〜 NN Dans l'habitation de la ferme, au 2ᵉ étage : 2 ch. 2 pers., 1 ch. 4 pers., salle d'eau et wc particuliers. Chauffage. Entrée indépendant. Parking, salon de jardin. Commerces 3 km. Ouvert toute l'année. Restaurant 500 m. A proximité de Honfleur et du pont de Normandie, dans un environnement campagnard.

Prix : 1 pers. **180 F** 2 pers. **230 F** 3 pers. **300 F**

🏊	🚣	🎿	⛷	
3	3	0,5	0,5	SP

BLANCHETIERE Jean-Yves et Sylvie – Ferme de Lisores – 14600 Equemauville – Tél. : 31.89.01.45

Equemauville La Ferme-Chevalier C.M. n° 54 — Pli n° 18

〜〜〜 NN Dans la maison à colombages, dans une ferme de caractère du XVIIᵉ siècle. A l'étage : 2 chambres 3 pers. 1 chambre 2 pers. 1 chambre de 5 pers. avec mezzanine, salles d'eau et wc particuliers. Chauffage. Parking. Portique. Salon de détente. Vélos. Site agréable. Restaurant 1 km. Honfleur 4 km. Ouvert toute l'année. Gare 12 km. Commerces 1 km.

Prix : 1 pers. **180 F** 2 pers. **220 F** 3 pers. **280 F**

🏊	🚣	🎿	⛷	🚴	🌊
4	4	1	6	3	15

GREGOIRE J.Yves et Francoise – La Ferme Chevalier – 14600 Equemauville – Tél. : 31.89.18.14

Eterville C.M. n° 54 — Pli n° 15/16

〜〜〜 NN Dans une grande maison récente au toit de chaume, à l'étage : 2 ch. 2 pers., salle d'eau et wc particuliers, poss. d'une ch. complémentaire 1 pers. Salon en mezzanine. Chauffage. Parking, salon de jardin. Gare 5 km. Commerces 3 km. Restaurant 200 m. Ouvert de juin à septembre. Anglais et allemand parlés. A quelques minutes de Caen, M. et Mme Wacheul vous recevront dans leur vaste chaumière. Pour agrémenter votre séjour, un petit salon en mezzanine et un parc ombragé avec bassin à poissons sont à votre disposition.

Prix : 1 pers. **170 F** 2 pers. **200 F** 3 pers. **250 F**

🏊	🚣	🎿	⛷	🎣	🚶	🌊
23	5	0,4	3	3	2	15

WACHEUL Jean et Geanna – 25 Route d'Aunay-sur-Odon – 14930 Eterville – Tél. : 31.74.30.50

Etreham Le Clos-Ribot C.M. n° 54 — Pli n° 14

〜〜〜 NN Dans un manoir du XVIIIᵉ siècle, entouré d'un grand parc avec de beaux arbres. 1ᵉʳ étage : 2 chambres 2 et 3 pers. avec salle de bains et wc particuliers. 2ᵉ étage : 1 chambre 3 pers. avec salle de bains et wc particuliers. Lit et chaise bébé. Chauffage central. Parking privé. Salon de jardin. Salle de détente. Restaurant 4 km. Gare 8 km. Commerces 4 km. Ouvert de juin à septembre. Dans un manoir du Bessin, entouré d'un grand parc et d'un haras, site très calme et agréable, à 4 km du golf et du port de pêche de Port en Bessin.

Prix : 1 pers. **200 F** 2 pers. **250/300 F** 3 pers. **400 F**

🏊	🚣	🎿	⛷	🚶	🌊
4	4	4	8	2	4

FILMONT Ann'yvonne – « Le Clos Ribot » - Chemin du Haras - Cidex 06 – 14400 Etreham – Tél. : 31.21.85.40 ou 31.43.87.61 – Fax : 31.47.36.80

Evrecy Flavigny C.M. n° 54 — Pli n° 15

〜〜 NN Dans une ferme d'élevage de chevaux « Appaloosa » du Pré Bocage, dans un bâtiment proche de l'habitation. Au rez-de-chaussée : 1 chambre 2 pers. avec salle d'eau et wc particuliers. A l'étage : 3 chambres 2 pers. avec salles d'eau et wc particuliers. Possibilité lit enfant. Salle de détente avec coin-cuisine et TV. Salon de jardin. Parking. Chauffage. Restaurant 1 km. Gare 12 km. Commerces 2 km. Caen 10 km. Location de chevaux ou poneys et randonnées équestres sur place. Ouvert toute l'année.

Prix : 1 pers. **170 F** 2 pers. **210 F**

🎿	⛷	🚶	🌊	
5	SP	5	14	19

FRERET Monique – Flavigny – 14210 Evrecy – Tél. : 31.80.90.69

Falaise Le Moulin-Bigoh C.M. n° 55 — Pli n° 12

〜〜〜 NN Au 1ᵉʳ étage : 1 grande chambre 2 pers., salle de bains et wc particuliers (4 épis NN). Au 2ᵉ étage : 2 chambres 2 pers., salles de bains et wc particuliers avec 1 chambre complémentaire 2 pers. (3 épis NN). Chauffage. Salon de jardin. Parking. Restaurant à 500 m. Gare 23 km. Ouvert toute l'année. Commerces sur place. Maison de caractère du XVIᵉ siècle en bordure des remparts de la ville historique de Falaise et face à un plan d'eau.

Prix : 1 pers. **200/250 F** 2 pers. **250/300 F** 3 pers. **330 F**

🏊	🚣	🎿	⛷	🎣	🚶
40	0,5	0,5	1	SP	SP

ROBBE Andre et Andree – Rue Herforts – 14700 Falaise – Tél. : 31.90.19.16

Fauguernon La Vache C.M. n° 55 — Pli n° 13

〜〜 NN 1 chambre d'hôtes dans une habitation typique du pays d'Auge située dans un verger. 1 chambre de 3 pers. à l'étage avec salle d'eau et wc particuliers. Salle de détente. Entrée indépendant. Parking. Restaurant 5 km. Ferme-auberge 8 km. Zoo 3 km. Lisieux 7 km. Ouvert toute l'année. Gare 7 km. Commerces 5 km.

Prix : 1 pers. **140 F** 2 pers. **220 F** 3 pers. **320 F**

🏊	🚣	🎿	⛷	🎣	🚶	🌊	
25	7	5	12	10	SP	12	17

SASSIER Serge – « La Vache » – 14100 Fauguernon – Tél. : 31.61.13.31

Fontaine-le-Pin Laize　　　　　　　　　　*C.M. n° 55 — Pli n° 11/12*

❀❀❀ NN
(TH)

Dans une ancienne demeure seigneuriale, à l'étage : 2 chambres 2 pers., salle d'eau et wc particuliers, 1 lit bébé. Chauffage. Salle de détente avec cheminée. Terrasse et salon de jardin. Parking. Ferme-auberge à 2 km. Table d'hôtes sur réservation. Gare 20 km. Commerces 2 km. Ouvert toute l'année. Anglais parlé. Environnement campagnard très agréable. Maison de caractère à proximité de la cité natale de Guillaume le Conquérant.

Prix : 1 pers. **190 F** 2 pers. **240/260 F** repas 60/90 F

	🏊	🎿	🚣	✈	⛪	👥	〰	🎣
	10	1	2		SP	SP	18	15

KNOWLMAN Timothy et Carolyn – Laize – 14190 Fontaine-le-Pin – Tél. : 31.90.23.62

Formentin　　　　　　　　　　　　　　*C.M. n° 54 — Pli n° 17*

❀❀❀ NN

Dans une habitation traditionnelle, 1 chambre 3 pers. au rez-de-chaussée avec salle d'eau et wc particuliers. A l'étage : 2 chambres 3 et 4 pers., salles d'eau et wc particuliers. Chauffage. Salle de détente avec TV. Parking. Salon de jardin. Point-phone. Restaurant 500 m. Gare 12 km. Commerces 4 km. Ouvert de Pâques à la Toussaint. Trois chambres indépendants dans l'habitation d'une ferme orientée sur l'accueil touristique. Région « Pays d'Auge » très intéressante à découvrir.

Prix : 1 pers. **160 F** 2 pers. **220 F** 3 pers. **280 F**

	🏊	🎿	🚣	✈	⛪	👥	🎣
	18	12	4	10	10	10	10

CARPENTIER Danielle – Route de Dives – 14340 Formentin – Tél. : 31.61.11.41

Formigny　　　　　　　　　　　　　　*C.M. n° 54 — Pli n° 14*

❀❀❀ NN
(TH)

2 chambres d'hôtes dans une maison du XVIe siècle typique du Bessin. 1 chambre 4 pers. avec salle d'eau, wc particuliers et 1 chambre 3 pers., avec possibilité d'une chambre complémentaire 3 pers., salle de bains et wc particuliers. Salle de détente avec cheminée. Chauffage central. Abri couvert. Jardin. Tennis de table. Plage 5 km. Restaurant 5 km. Trévières 3 km. Ouvert toute l'année. Gare 15 km. Commerces 3 km.

Prix : 1 pers. **150 F** 2 pers. **230 F** 3 pers. **280/320 F**
repas 85 F

🏊	🎿	🚣	✈	⛪	👥	🎣
5	3	5	3	3	5	13

DELESALLE Janine – Quintefeuille – 14710 Formigny – Tél. : 31.22.51.73

Formigny Ferme-du-Mouchel　　　　　　*C.M. n° 54 — Pli n° 14*

❀❀❀ NN

Dans la maison d'habitation de la ferme. A l'étage : 4 chambres de 2 à 4 pers.1 chambre complémentaire 2 pers. Salle d'eau et wc particuliers. Salle de détente. Chauffage. Parking. Restaurant 3 km. Ferme-auberge 6 km. Trévières 3 km. Ouvert de Pâques à la Toussaint. Gare 15 km. Commerces 5 km.

Prix : 1 pers. **210 F** 2 pers. **220/250 F** 3 pers. **300/360 F**

🏊	🎿	🚣	✈	⛪	👥	🎣
5	4	5	5	4	4	13

LENOURICHEL Odile – Ferme du Mouchel – 14710 Formigny – Tél. : 31.22.53.79 – Fax : 31.21.56.55.

Fresne-Camilly　　　　　　　　　　　　*C.M. n° 54 — Pli n° 15*

❀❀ NN

Dans une maison de construction récente, entourée d'un grand jardin avec des animaux. A l'étage : 1 chambre 2 pers. avec salle de bains et wc particuliers. Possibilité d'utiliser 1 chambre complémentaire 2 pers. Chauffage. Parking privé. Salon de jardin. Restaurant 4 km. Gare 14 km. Commerces 4 km. Ouvert de Pâques à la Toussaint. A quelques kilomètres de la ville balnéaire d'Arromanches, célèbre pour sa plage du débarquement.

Prix : 1 pers. **160 F** 2 pers. **195 F** 3 pers. **295 F**

🏊	🎿	🚣	✈	👥
12	4	10	4	SP

RIBARD Marcel et Genevieve – Chemin de la Londe – 14480 Fresne-Camilly – Tél. : 31.08.04.36

Fresne-la-Mere La Vieille-Ferme　　　　*C.M. n° 55 — Pli n° 12*

❀❀ NN
(TH)

Dans une ancienne ferme restaurée, à l'étage : 2 chambres de 3 pers. avec 1 lit bébé. Salle d'eau et wc particuliers. Au 2e étage : 1 chambre 3 pers., salle de bains et wc particuliers. Chauffage. Salon de jardin. Parking. Restaurant à 4 km. Gare 23 km. Commerces 4 km. Ouvert toute l'année. Anglais parlé. A quelques kilomètres de Falaise, dans un corps de ferme restauré, au goût anglais. Vous apprécierez également la campagne vallonnée du Pays d'Auge.

Prix : 1 pers. **200 F** 2 pers. **200 F** 3 pers. **250 F** repas 85 F

🏊	🎿	✈	⛪	👥	〰
4	4	4	4	SP	4

BASS Francis et Bobbie – La Vieille Ferme - Le Bourg – 14700 Fresne-la-Mere – Tél. : 31.90.34.98

Gefosse-Fontenay　　　　　　　　　　*C.M. n° 54 — Pli n° 13*

❀❀❀ NN
(TH)

Dans une ferme du XIIIe siècle, au 2e étage : 2 ch. 3 pers. salle d'eau et wc particuliers. Chauffage. Entrée indépendante. Salle de détente médiévale avec cheminée et TV. Point-phone. Etang de pêche. Restaurant 4 km. Salle de ping-pong. Grandcamp-Maisy 5 km. Ouvert toute l'année. Gare 20 km. Commerces 3 km.

Prix : 1 pers. **210 F** 2 pers. **230 F** 3 pers. **300 F** repas 80 F
1/2 pens. **195 F**

🏊	🎿	🚣
3	3	10

LEHARIVEL Gerard et Isabelle – La Riviere – 14230 Gefosse-Fontenay – Tél. : 31.22.64.45 – Fax : 31.22.01.18

Gefosse-Fontenay Lieu-d'Amours　　　　*C.M. n° 54 — Pli n° 13*

❀❀❀ NN

Dans une ferme fortifiée du Bessin, à l'étage 1 chambre de 3 pers. et 1 chambre de 4 pers. (1 canapé-lit 2 pers.), salle d'eau et wc particuliers. Cour, salon de jardin. Restaurant 5 km. Grandcamp-Maisy 5 km. Ouvert juillet et août. Gare 16 km. Commerces 5 km.

Prix : 1 pers. **155 F** 2 pers. **165 F** 3 pers. **215 F**

	🏊	🎿	🚣	✈	👥
	2	5	5	5	5

HUE Huguette – Lieu d'Amours – 14230 Gefosse-Fontenay – Tél. : 31.22.63.64

Gefosse-Fontenay Le Chateau *C.M. n° 54 — Pli n° 3*

❦❦❦ NN Dans une ferme, château du XVII° siècle comprenant : 1 chambre 3 pers. avec 1 chambre complémentaire 2 pers., salle d'eau et wc particuliers. 1 chambre 2 pers., possibilité lit enfant avec salle d'eau et wc particuliers (chambres à l'étage). Jardin d'agrément. Restaurant 3 km. Grandcamp-Maisy 5 km. Ouvert de Pâques à la Toussaint. Gare 20 km. Commerces 6 km.

Prix : 1 pers. **160 F** 2 pers. **185 F** 3 pers. **240 F**

🏊	🎿	⛵	🐟	🚶	
4	4	4	15	3	18

LEFEVRE Solange – Le Chateau – 14230 Gefosse-Fontenay – Tél. : 31.22.63.86

Gefosse-Fontenay L'Hermerel *C.M. n° 54 — Pli n° 13*

❦❦❦ NN Dans un manoir des XV° et XVII° siècles. R.d.c. : 1 ch. 2 pers. A l'étage : 1 ch. 2 pers. et 1 suite de 2 ch. 4/5 pers. Au 2° étage : grande mezzanine 4/5 pers. Salle d'eau et wc particuliers pour chaque ch. Poss. lit suppl. ou enft. pour chaque ch. Entrée indépendante. Salon de détente dans une chapelle (XV° siècle). Salon de jardin. Jeux pour enfants. Ouvert toute l'année. Grandcamp-Maisy 5 km. Restaurant 3 km. Gare 20 km. Commerces 4 km.

Prix : 1 pers. **160/200 F** 2 pers. **190/250 F** 3 pers. **320 F**

🏊	🎿	⛵	🐟	🚶	
1	4	3	15	1	18

LEMARIE Francois et Agnes – L'Hermerel – 14230 Gefosse-Fontenay – Tél. : 31.22.64.12 – Fax : 31.22.64.12.

Gefosse-Fontenay Le Bas-de-Gefosse *C.M. n° 54 — Pli n° 13*

❦❦❦ NN
(TH) A l'étage : 4 chambres de 2, 3 et 4 pers., salles d'eau et wc particuliers. Salon avec TV. Chauffage. Parking. Restaurant 6 km. Gare 20 km. Commerces 6 km. Récréagolf sur place. Ouvert toute l'année. Dans la Baie des Veys, région ostréicole à proximité des plages du Débarquement, 4 chambres d'hôtes situées dans la maison d'habitation de la ferme. Jardin clos avec salon de jardin et barbecue. Grandcamp-Maisy 6 km.

Prix : 1 pers. **140 F** 2 pers. **170 F** 3 pers. **210 F** repas **70 F**

🏊	🎿	⛵	🐟	🚶	🎣	
1	5	5	20	6	7	18

BLESTEL Janine – Ferme de Jaro – 14230 Gefosse-Fontenay – Tél. : 31.22.65.05

Genneville *C.M. n° 54 — Pli n° 18*

❦❦❦ NN Dans une maison de construction récente, à l'étage : 1 ch. 4 pers. avec salle d'eau et wc particuliers. Dans un bâtiment annexe, au r.d.c. : 3 ch. 2 pers., salle d'eau et wc particuliers. A l'étage : 1 ch. 4 pers., salle d'eau et wc particuliers. Salle de détente. Salle de séjour. Restaurant 6 km. Honfleur 7 km. Animaux admis. Ouvert toute l'année. Gare 20 km. Commerces 4 km.

Prix : 1 pers. **150 F** 2 pers. **200 F** 3 pers. **250 F**

🏊	🏄	🎿	🐟	🎣	🎱	
6	6	6	7	4	12	15

CRENN Bernadette – Le Bourg – 14600 Genneville – Tél. : 31.98.75.63

Glanville *C.M. n° 55 — Pli n° 3*

❦❦ NN Au rez-de-chaussée : 1 chambre 2 pers. Salle d'eau et wc particuliers. Entrée indépendante. Chauffage. Jardin avec salon de jardin. Parking. Restaurant 2,5 km. Gare 10 km. Commerces 3 km. Ouvert toute l'année. Au cœur du Pays d'Auge, dans une maison à colombages, entourée d'un grand jardin. Deauville 10 km.

Prix : 1 pers. **180 F** 2 pers. **210 F**

🐕	🏊	🏄	🎿	⛵	🐟	🎣	🚶	🎱	
	10	10	10	1	3	SP	10	6

TEXIER J.Pierre et Monique – Route de Villers Sur Mer – 14950 Glanville – Tél. : 31.64.88.33

Glos *C.M. n° 54 — Pli n° 18*

❦❦ NN Dans une habitation traditionnelle de la région, au 1er étage : 1 chambre 2 pers. avec 1 chambre complémentaire 2 pers. salle de bains et wc particuliers. 2° étage : 1 chambre 2 pers. et 1 chambre complémentaire 1 pers. Salle d'eau et wc particuliers. Chauffage. Restaurant 5 km. Ouvert toute l'année. Lisieux 5 km. Anglais parlé. Gare 25 km. Commerces 2,5 km.

Prix : 1 pers. **120 F** 2 pers. **200 F** 3 pers. **300 F**

🐕	🏊	🏄	🎿	🐟	🚶	🎱	
	33				SP	15

ZUINGHEDAU Rene et Jacqueline – La Haute Follie - Route du Sap - Route D164 – 14100 Glos – Tél. : 31.62.71.28

Gonneville-sur-Honfleur Le Mont-Bouy *C.M. n° 55 — Pli n° 4*

❦❦❦ NN Dans une chaumière 2 chambres avec entrées indépendantes. A l'étage : 1 grande chambre de 3 pers. avec coin-salon, fauteuils et TV. Salle de bains particulière. 1 chambre de 3 pers., possibilité d'utiliser 1 chambre complémentaire attenante de 2 pers., salle d'eau et wc particuliers. Chauffage. Jardin avec salon de jardin. Parking. Restaurant 4 km. Dans une belle chaumière de construction récente mais de style local, à 2 km du vieux port d'Honfleur. Dans un cadre agréable et très calme. Gare 10 km. Commerces 4 km. Ouvert toute l'année.

Prix : 2 pers. **250 F** 3 pers. **320 F**

🐕	🏊	🏄	🎿	⛵	🐟	🚶	🎱	
	5	5	5	14	5	SP	7

HEMERY Liliane – Le Mont Bouy – 14600 Gonneville-sur-Honfleur – Tél. : 31.89.42.51

Gonneville-sur-Honfleur La Ferme-de-Beauchamp *C.M. n° 55 — Pli n° 4*

❦❦ NN Dans une chaumière du Pays d'Auge, à l'étage, 1 chambre de 2 pers., salle d'eau et wc particuliers, entrée indépendante. 1 chambre de 2 pers., salle d'eau et wc particuliers, entrée par l'habitation. Chauffage. Salon de jardin. Restaurant 2 km. Parking. Gare 10 km. Commerces 4 km. Ouvert toute l'année. Deux chambres dans une chaumière typique et très ancienne. Remarquable fleurissement. Nombreuses excursions possibles.

Prix : 1 pers. **180 F** 2 pers. **240 F**

🐕	🏊	🏄	🎿	🐟	🎣	🎱	
	5	5	1	2	15	5

MICHEL Daniel – La Ferme de Beauchamp – 14600 Gonneville-sur-Honfleur – Tél. : 31.89.19.93

Gonneville-sur-Honfleur La Cote-Maillard   C.M. n° 54 — Pli n° 18

♥♥♥ NN   Dans un bâtiment proche de l'habitation, typique du Pays d'Auge, 2 chambres de 2 et 3 pers., salle d'eau et wc particuliers. Entrée indépendante. Parking. Restaurant 500 m. Honfleur 4 km. Ouvert toute l'année. Gare 15 km. Commerces 4 km.

Prix : 1 pers. **180 F** 2 pers. **230 F** 3 pers. **300 F**

4	4	0,5	4	12

GUIGOURESSE Chantal – La Cote Maillard – 14600 Gonneville-sur-Honfleur – Tél. : 31.89.06.31

Gonneville-sur-Honfleur La Cote-du-Canet   C.M. n° 54 — Pli n° 18

♥♥♥ NN   A l'extérieur de l'habitation à proximité de 2 gîtes ruraux. 3 chambres de 2 pers., avec salle d'eau et wc particuliers (2 à l'étage, 1 au rez-de-chaussée), coin-cuisine. Chauffage. Parking. Jardin clos et salon de jardin. Gare 14 km. Commerces 4 km. Ouvert toute l'année. Dans un cadre campagnard et calme, à quelques pas de la célèbre cité d'Honfleur et son vieux bassin.

Prix : 1 pers. **150 F** 2 pers. **250 F**

4	4	4	11	4	6	14	7

MERIEULT Pierre et Viviane – « La Cote du Canet » – 14600 Gonneville-sur-Honfleur – Tél. : 31.89.01.12 – Fax : 31.89.93.87

Gonneville-sur-Mer Ferme des Glycines   C.M. n° 55 — Pli n° 3

♥♥ NN   Dans une grande maison augeronne, à l'étage, 1 chambre 2 pers., salle de bains et wc particuliers, possibilité d'utiliser une chambre complémentaire 2 pers. Chauffage. Salle de détente. Salon de jardin et jardin. Parking. Restaurant à 4 km. Gare 12 km. Commerces 4 km. Ouvert toute l'année. A proximité des stations balnéaires d'Houlgate et Cabourg, ferme augeronne à pans de bois, située dans un cadre verdoyant, entourée de vergers et de grandes pelouses.

Prix : 1 pers. **150 F** 2 pers. **220 F** 3 pers. **300 F**

4	7	4	4	4	4	1

EXMELIN Hugues et Elisabeth – Ferme des Glycines – 14510 Gonneville-sur-Mer – Tél. : 31.28.01.15

Gonneville-sur-Mer La Ferme-de-la-Bruyere-Mannet   C.M. n° 55 — Pli n° 3

♥♥♥ NN   Dans une grande maison entourée d'un jardin, au 1er étage : 1 chambre 2 pers. avec salle de bains particulière non attenante, possibilité d'utiliser 1 chambre complémentaire d'une pers. 2e étage : 1 chambre 3 pers. avec salle de bains particulière, possibilité d'une chambre complémentaire 2 pers. Chauffage. Parking. Restaurant 3 km. Dans une belle propriété avec parc, à quelques kilomètres des célèbres stations balnéaires de la côte fleurie (Cabourg, Houlgate...), dans un cadre calme et très agréable. Gare 4 km. Commerces 3 km. Ouvert de Pâques à la Toussaint.

Prix : 1 pers. **180 F** 2 pers. **240 F** 3 pers. **360 F**

4	SP	4	4	6	SP

CROCHET Jean – La Ferme de la Bruyere Mannet - Chemin de Dramard – 14510 Gonneville-sur-Mer – Tél. : 31.28.04.15

Gonneville-sur-Mer Route-Neuve   C.M. n° 54 — Pli n° 17

♥♥ NN   Dans une maison d'habitation de construction récente, à l'étage, 2 chambres de 2 pers. Salle de bains particulière. Possibilité d'une chambre complémentaire de 2 pers. Chauffage. Restaurant 800 m. Houlgate 4 km. Ouvert de Pâques à la Toussaint. Gare et commerces 2 km.

Prix : 1 pers. **140 F** 2 pers. **195 F** 3 pers. **270 F**

2	7	3	8	4	1	0,8

TOURET Denise – Route Neuve – 14510 Gonneville-sur-Mer – Tél. : 31.28.90.37

Grainville-Langannerie Les Beliers   C.M. n° 54 — Pli n° 16

♥♥♥ NN
(TH)   A l'étage : 3 chambres 3 pers., avec salle de bains ou salle d'eau et wc particuliers. Chauffage. Salle de détente. Parking. Restaurant et ferme-auberge à 4 km. Gare 20 km. Commerces 1 km. Ouvert toute l'année. Dans l'habitation de la ferme, grande maison typique de la plaine de Caen en pierre et couverte de tuiles plates. Breteville sur Laize 5 km.

Prix : 1 pers. **160 F** 2 pers. **220 F** 3 pers. **270 F** repas **70 F**

40	15	2	15	5	9

CHAPRON Therese – Les Beliers – 14190 Grainville-Langannerie – Tél. : 31.90.52.37

Grainville-sur-Odon   C.M. n° 54 — Pli n° 15

♥ NN   Dans une maison de construction récente, proche du village. Au r.d.c. : 3 ch. 2 pers. avec salle de bains commune (1 épi NN). A l'étage : 1 ch. 4 pers. (possibilité d'une chambre complémentaire 2 pers.) avec salle d'eau et wc particuliers (2 épis NN). Chauffage. Restaurant à 4 km. Parking fermé. Caen 15 km. Villers Bocage 11 km. Ouvert toute l'année. Gare 13 km.

Prix : 1 pers. **110 F** 2 pers. **155/165 F** 3 pers. **200 F**

22	11	1,5	3	4

YON Marie-Therese – Rue du Chateau d'Eau – 14210 Grainville-sur-Odon – Tél. : 31.80.97.05

Grandcamp-Maisy Le Haras-des-Essarts   C.M. n° 54 — Pli n° 3/4

♥♥ NN   Dans l'habitation au 1er étage : 1 chambre 2 pers. avec 1 chambre complémentaire 3 pers., salle de bains et wc particuliers. Salon de détente avec TV. Chauffage. Salon de jardin. Boxes et herbages. Restaurant à 2 km. Gare 21 km. Commerces 2 km. Ouvert toute l'année. Proche du port de pêche de Grandcamp-Maisy, vous profiterez à la fois des plaisirs du littoral et de la campagne du Bessin.

Prix : 1 pers. **180 F** 2 pers. **200 F** 3 pers. **250 F**

2	2	2	2

CORNIERE Maurice et Anne-Marie – Le Haras des Essarts – 14450 Grandcamp-Maisy – Tél. : 31.22.47.08

Grandcamp-Maisy Ferme-du-Colombier   *C.M. n° 54 — Pli n° 4*

❦❦❦ NN   5 chambres d'hôtes à l'étage d'un bâtiment annexe à l'habitation. Salle d'eau et wc particuliers. Entrée indépendante. Chauffage. Salon. Salon de jardin. Terrain de jeux. Restaurant 30 m. Ferme-auberge 7 km. Isigny sur Mer 8 km. Ouvert toute l'année.

Prix : 1 pers. **180 F** 2 pers. **200 F** 3 pers. **275 F**

🏊	🎿	⛵	🎣	🚶	🎶
SP	SP	SP	SP	SP	23

LEGRAND Michel – Ferme du Colombier – 14450 Grandcamp-Maisy – Tél. : 31.22.68.46

Grandcamp-Maisy Ferme-Suard   *C.M. n° 54 — Pli n° 3*

❦❦ NN   Dans la maison de la ferme, une chambre de 2 pers. au rez-de-chaussée, avec possibilité d'un lit complémentaire 1 pers. Salle d'eau et wc particuliers. Entrée indépendante. Possibilité cuisine. Pelouse. Restaurant à proximité. Ferme-auberge 4 km. Ouvert de Pâques à la Toussaint. A 400 m de la plage. Gare 20 km. Commerces sur place.

Prix : 1 pers. **140 F** 2 pers. **160 F** 3 pers. **210 F**

🏊	🎿	⛵	🚶	🚶
SP	SP	SP	10	SP

MONTAGNE Colette – Ferme Suard – 14450 Grandcamp-Maisy – Tél. : 31.22.64.20

Grangues   *C.M. n° 55 — Pli n° 12*

❦❦ NN   A l'étage : 2 chambres 2 et 3 pers. Salle d'eau particulière. Chauffage. Parking. Entrée indépendante. Jardin d'agrément. Restaurant 1,5 km. Ferme-auberge 4 km. Gare 7 km. Commerces 4 km. Ouvert toute l'année. Dans le Pays d'Auge, une maison à colombages de construction récente. Stations balnéaires à proximité : Cabourg, Houlgate 7 km.

Prix : 1 pers. **130 F** 2 pers. **190 F** 3 pers. **250 F**

🐕	🏊	🎿	⛵	🎣	🚶	🎶	🎶
	7	7	7	7	4	1	3

BOSQUAIN Andre et Chantal – Route de l'Eglise – 14160 Grangues – Tél. : 31.28.76.80

Le Ham Les Vignes   *C.M. n° 55 — Pli n° 12*

❦❦ NN   Belle maison restaurée dans l'architecture typique du Pays d'Auge, entourée d'un grand jardin. Proche du village « sauvegardé » de Beuvron en Auge. Etage : 1 ch. 4 pers., salle d'eau et wc particuliers. 1 ch. 3 pers., douche et lavabo dans la chambre. Chauffage. Salle de détente avec TV. Dans un bâtiment proche, 1 ch. 2 pers., salle d'eau et wc particuliers (3 épis NN). Salon de jardin. Dozulé 8 km. Ouvert toute l'année. Gare 14 km. Commerces 5 km.

Prix : 1 pers. **165 F** 2 pers. **190/245 F** 3 pers. **240/295 F**

🏊	🎿	⛵	🚶	🎶
15	8	6	5	18

GALLOT Raymond et Marie – Les Vignes – 14430 Le Ham – Tél. : 31.79.22.89

Heurtevent Les Closaies-Heurtevent   *C.M. n° 54 — Pli n° 17*

❦❦❦ NN   Dans une maison typique du Pays d'Auge, à l'étage, 1 chambre 3 pers. et 1 chambre 2 pers. Salles d'eau et wc privés. Dans un bâtiment annexe, 1 chambre 3 pers. avec salle d'eau et wc particuliers, coin-cuisine. Chauffage. Jardin. Parking fermé. Salon de jardin. Centre de loisirs 11 km. Restaurant, ferme-auberge 4 km. Livarot 3 km. Gare 22 km. Commerces 4 km. Ouvert de Pâques à la Toussaint.

Prix : 1 pers. **170 F** 2 pers. **200 F** 3 pers. **270 F**

🏊	🎿	🎣	🚣	🚶	🎶
17	4	11	3	SP	8

LEBRETON Therese – Les Closaies Heurtevent – 14140 Heurtevent – Tél. : 31.63.50.49

La Hoguette   *C.M. n° 55 — Pli n° 12*

❦❦ NN   Dans une habitation typique, à l'étage : 1 chambre 2 pers., salle de bains et wc particuliers. Possibilité d'une chambre complémentaire 2 pers. au 2ᵉ étage. Chauffage. Salle de détente. Salon de jardin. Parking privé. Restaurant à 3,5 km. Gare 20 km. Commerces 4 km. Ouvert de juin à septembre. Petit bourg rural à 5 mn de Falaise, son château et ses vieux quartiers.

Prix : 1 pers. **150 F** 2 pers. **180 F**

🐕	🏊	🎿	🎣	🚶	🎶
	50	3,5| 4	4	SP	30

JOURDAN Michel et Andree – Le Bourg – 14700 La Hoguette – Tél. : 31.40.04.47 ou 31.90.18.55

La Hoguette Vesqueville   *C.M. n° 55 — Pli n° 12*

❦❦ NN   Dans l'habitation d'une ferme typique de la région, à l'étage : 3 chambres de 2 et 3 pers., salle particulière. Possibilité d'une chambre complémentaire 2 pers. Salle de détente avec TV. Chauffage. Entrée indépendante. Parking. Restaurant 2,5 km. Gare 23 km. Commerces 3 km. Ouvert toute l'année. Trois chambres indépendantes aménagées dans un bâtiment de ferme, cour carrée typique de la région de Falaise. Nombreuses excursions touristiques possibles.

Prix : 1 pers. **120 F** 2 pers. **160/180 F** 3 pers. **210 F**

🏊	🎿	🎣	🚶	🏊	🎶
3	3	3	SP	3	3

LHERMITE Beatrice – Vesqueville – 14700 La Hoguette – Tél. : 31.90.21.49

Hottot-les-Bagues Le Vallon   *C.M. n° 54 — Pli n° 15*

❦❦ NN   (TH)   A l'étage : 5 chambres 1, 2, 3 et 4 pers., salles d'eau et wc particuliers pour chaque chambre. Chauffage. Salle de détente. Salon de jardin. Restaurant à 1 km. Gare 15 km. Commerces 3 km. Ouvert toute l'année. Dans une grande maison d'habitation, d'un ancien corps de ferme, située dans un environnement très calme et reposant. Possibilité stage de yoga.

Prix : 1 pers. **140 F** 2 pers. **220 F** 3 pers. **280 F** repas **60 F**

🐕	🏊	🏊	🎿	🎣	🚣	🚶
	25	15	15	10	8	SP

GRENIER Cecile – « Le Vallon » – Hottot Les Bagues – 14250 Tilly-sur-Seulles – Tél : 31.08.11.85

Ifs Hameau-de-Bras   *C.M. n° 54 — Pli n° 15/16*

♥♥♥ NN   Dans une annexe de l'habitation, au rez-de-chaussée : 1 chambre 3 pers., salle d'eau et wc particuliers. Chauffage. Salon de jardin. Parking. Restaurant à 500 m. Gare 4 km. Commerces 1 km. Ouvert toute l'année. A proximité de Caen, vous profiterez de ce coin de campagne dans une maison restaurée en pierre.

Prix : 1 pers. **160 F** 2 pers. **220 F** 3 pers. **290 F**

20	5	4	8	5

LEMARINIER Jacques et Irene – Hameau de Bras - 114 rue du Scieur de Bras – 14123 Ifs – Tél. : 31.23.78.89

Isigny-sur-Mer   *C.M. n° 54 — Pli n° 13*

♥♥♥ NN   Dans un bâtiment proche de l'habitation, à l'étage : 1 chambre 2 pers. avec salle de bains et wc particuliers. Possibilité coin-cuisine. Entrée indépendante. Chauffage. Salon de jardin. Restaurant à 400 m. Gare 10 km. Commerces sur place. Ouvert toute l'année. Dans le bourg d'Isigny, agglomération célèbre pour les produits de sa laiterie proche de la baie des Veys où la faune est importante.

Prix : 1 pers. **200 F** 2 pers. **240 F**

6		1	6	15	0,5	1

LE DEVIN Regine – 7 rue du Docteur Boutrois – 14230 Isigny-sur-Mer – Tél. : 31.21.12.33 ou 31.21.18.75

Juaye-Mondaye Ferme-de-Saint-Barthelemy   *C.M. n° 54 — Pli n° 15*

♥♥ NN
(TH)   Dans l'habitation de la ferme, à l'étage : 1 chambre pour 2 pers., salle d'eau et wc particuliers. Salle de détente. Salle à manger rustique. Parking. Restaurant 500 m. Gare 9 km. Commerces 7 km. Ouvert de Pâques à la Toussaint. Nombreuses excursions possibles vers Bayeux et les plages du débarquement.

Prix : 1 pers. **150 F** 2 pers. **190 F** repas **70 F**

15	9	7	1

GUERIN Jean-Paul – Ferme de Saint-Barthelemy – 14250 Juaye-Mondaye – Tél. : 31.21.54.28

Juaye-Mondaye   *C.M. n° 54 — Pli n° 14/15*

♥♥ NN
(TH)   Dans la maison de la ferme, à l'étage : 2 ch. 2 pers. avec 1 ch. complémentaire 2 pers., salle d'eau et wc particuliers. Salle de détente. Chauffage. Salon de jardin, parking. Gare 10 km. Commerces et restaurant 1 km. Ouvert toute l'année. Dans le Bessin, à proximité de Bayeux et des plages du Débarquement.

Prix : 1 pers. **150 F** 2 pers. **180 F** 3 pers. **250 F** repas **70 F**

20	10	0,5	0,8	5	

COTIGNY Louis et Claudine – Ferme de Claironde – 14250 Juaye-Mondaye – Tél. : 31.92.58.56 – Fax : 31.51.81.16.

Juaye-Mondaye Ferme-de-l'Abbaye   *C.M. n° 54 — Pli n° 15*

♥♥♥ NN   Dans la maison de la ferme de l'abbaye, 2 chambres de 3 pers. à l'étage. Salles d'eau et wc privés. Chauffage. Parking. Restaurant 1 km. Bayeux 8 km. Ouvert toute l'année. Gare 10 km. Commerces 6 km.

Prix : 1 pers. **130 F** 2 pers. **180 F** 3 pers. **230 F**

15	10	10	2	10

GUILBERT Jeanne – Ferme de l'Abbaye – 14250 Juaye-Mondaye – Tél. : 31.92.98.38

Jurques   *C.M. n° 54 — Pli n° 14*

♥ NN
(TH)   Dans l'habitation de la ferme, à l'étage : 4 chambres de 2, 3 et 4 pers. avec salle d'eau et wc particuliers. Salon de jardin. Cour fermée. Villers Bocage 10 km. Ouvert toute l'année. Gare 32 km. Commerces 700 m. 1/2 pension sur la base de 2 pers.

Prix : 1 pers. **130 F** 2 pers. **180 F** 3 pers. **220 F** repas **75 F**
1/2 pens. **330 F**

8	8	5	1	5

BRUNEAU-MATHAN Suzanne – Ferme de la Sauvegarde – 14260 Jurques – Tél. : 31.77.53.71

Landes-sur-Ajon Le Chateau   *C.M. n° 54 — Pli n° 15*

♥♥ NN
(TH)   A l'étage d'une grande maison, 1 ch. d'hôtes 3 pers. avec salle de bains et wc particuliers. Chauffage. Salon de jardin, parking. Gare 25 km. Commerces 6 km. Restaurant 6 km. Ouvert toute l'année. Dans un petit village du Pré-Bocage, au calme et à 2 pas de la voie express Caen/Villers-Bocage, M. et Mme Vauquelin vous accueillent dans leur grande bâtisse en schiste, localement dénommée « Le Château ».

Prix : 1 pers. **140 F** 2 pers. **180 F** 3 pers. **230 F** repas **65 F**

35	6	6	5	SP

VAUQUELIN Therese – Le Chateau – 14310 Landes-sur-Ajon – Tél. : 31.77.08.88

Landes-sur-Ajon Le Bas-de-Lande   *C.M. n° 54 — Pli n° 15*

♥♥ NN
(TH)   Dans une maison traditionnelle, à l'étage : 1 chambre 2 pers. Salle de bains et wc privés. Possibilité d'une chambre supplémentaire 2 pers. 1 chambre 2 pers. Salle d'eau et wc particuliers au rez-de-chaussée. Chauffage. Salon de jardin. Salle de détente. Salon. Parking fermé. Entrée indépendante. Villers Bocage 6 km. Ouvert de juin à septembre.

Prix : 1 pers. **130 F** 2 pers. **170 F** 3 pers. **200 F** repas **65 F**

6	6	6	16

LAFOSSE Marie-Louise – Le Bas de Lande – 14310 Landes-sur-Ajon – Tél. : 31.77.05.79

Langrune-sur-Mer

✿✿✿ NN — Dans une habitation au rez-de-chaussée : 1 chambre 2 pers., salle d'eau et wc particuliers. A l'étage : 1 chambre 2 pers., salle de bains et wc particuliers. Chauffage. Salon de jardin. Parking. Restaurant à proximité. Gare 16 km. Commerces sur place. Ouvert de Pâques à la Toussaint. Dans une habitation spacieuse située sur un terrain paysager et à proximité de la mer.

Prix : 1 pers. **180 F** 2 pers. **240 F** 3 pers. **320 F**

0,1	7	0,3	0,1	2	11

JEANNE Alain et Annick – 5 avenue de la Liberation – 14830 Langrune-sur-Mer – Tél. : 31.97.24.49

Leaupartie

✿ NN — Dans l'habitation de la ferme, au rez-de-chaussée : 1 chambre de 2 pers., TV. A l'étage : 1 chambre de 4 pers. Salle de bains commune. Chauffage. Restaurant 100 m. Cambremer 4 km. Ouvert toute l'année.

Prix : 1 pers. **170 F** 2 pers. **200 F** 3 pers. **290 F**

20	8	8

GUERIN Suzanne – 14340 Leaupartie – Tél. : 31.63.01.99

Leaupartie

✿✿✿ NN — Dans une maison d'habitation entièrement rénovée, à l'étage : 2 chambres 2 pers. avec salle de bains particulière. Chauffage. Entrée indépendante. Restaurant 4 km. Auberge 2 km. Cambremer 4 km. Ouvert toute l'année. Gare 20 km. Commerces 4 km.

Prix : 1 pers. **140 F** 2 pers. **180 F**

15	20	4	6	20	1	6	13

GUERIN Daniel et Sylvie – Le Bois Hurey – 14340 Leaupartie – Tél. : 31.62.75.49

Lingevres Hameau-de-Verrieres

✿✿✿ NN (TH) — Dans la maison située dans un environnement campagnard. A l'étage : 3 ch. 2 et 3 pers., s. d'eau et wc privés. Dans un bâtiment mitoyen à l'habitation, à l'étage : 2 ch. 3 pers., s. d'eau et wc particuliers, entrée indépendante. Chauffage. Jardin d'agrément. Parking fermé. Tilly sur Seulles 3 km. Ouvert toute l'année. 1/2 pension sur la base de 2 pers. Gare 12 km. Commerces 3 km.

Prix : 1 pers. **150 F** 2 pers. **200 F** 3 pers. **250 F** repas **70 F** 1/2 pens. **340 F**

18	12	3	12

POLIDOR Charles et Marie – Hameau de Verrieres – 14250 Lingevres – Tél. : 31.80.91.17

Lisieux

✿✿ NN — Dans le maison d'habitation, à l'étage : 1 ch. 3 pers., salle d'eau et wc particuliers, possibilité d'une chambre complémentaire 3 pers. Salle de détente. Chauffage. Salon de jardin, parking. Gare, commerces et restaurant 2 km. Ouvert de Pâques à la Toussaint. Dans un cadre bucolique, une ferme normande à pans de bois. Vous serez accueillis par Roger et Thérèse qui adorent leur pays. A proximité, Lisieux avec sa vieille ville, sa piscine ludique, sa basilique et son zoo.

Prix : 1 pers. **160 F** 2 pers. **210 F** 3 pers. **270 F**

30	2	4	5	5

FONTAINE Roger et Therese – Chemin de la Folletiere – 14100 Lisieux – Tél. : 31.32.22.48

Lisieux

✿✿ NN — Dans une habitation de construction récente, à l'étage : 1 chambre 2 pers., salle d'eau et wc particuliers. Possibilité lits d'appoint. Salon de jardin. Chauffage. Parking fermé. Restaurant et centre ville de Lisieux à 1,5 km. A la campagne. Ouvert toute l'année. Possibilité pique-nique.

Prix : 1 pers. **180 F** 2 pers. **200 F** 3 pers. **260 F**

30	SP	SP	6	15	15	20

LEBOUCHER Yves et Murielle – Le Clos du Bois - Chemin de Rocques – 14100 Lisieux – Tél. : 31.62.56.93

Lisores Les Noyers

✿ NN (TH) — Dans la maison d'habitation, au r.d.c. : 1 ch. 2 pers., salle d'eau et wc particuliers, entrée indépendante. A l'étage : 2 ch. 2 et 4 pers., salle d'eau et wc particuliers. Chauffage. Parking. Restaurant 2 km. Ouvert de Pâques à la Toussaint. Anglais parlé. Dans le cadre champêtre d'une ferme, une famille anglaise installée en Normandie vous accueille. Belles promenades à proximité ainsi que la visite du musée de Fernand Léger.

Prix : 1 pers. **140 F** 2 pers. **200 F** 3 pers. **250 F** repas **70 F**

2	2	2	SP	2

BLAND Adam et Anne – Les Noyers – 14140 Lisores – Tél. : 31.63.42.16

Livry La Suhardiere

✿✿✿ NN (TH) — A l'étage : 2 chambres 3 pers. Salle d'eau et wc particuliers. Possibilité d'une chambre complémentaire 2 pers. Entrée indépendante. Salle de détente. Chauffage. Parking. Possibilité cuisine. Restaurant 1 km. Gare 23 km. Commerces 1 km. Ouvert toute l'année. Au cœur du Bocage, dans une ferme du XVIIe siècle, 1 chambre à l'étage d'une grande maison récemment restaurée. Environnement calme et reposant. Caumont l'Eventé 1 km. Pêche en étang dans la propriété.

Prix : 1 pers. **160 F** 2 pers. **220 F** 3 pers. **300 F** repas **110 F**

20	10	1	1	7	5

PETITON Alain et Francoise – La Suhardiere – 14240 Livry – Tél. : 31.77.51.02

Longues-sur-Mer   *C.M. n° 54 — Pli n° 14/15*

❦ NN

Dans une maison de construction récente, au r.d.c. : 1 ch. 2 pers. avec douche et wc particuliers. A l'étage : 2 ch. 2 pers. avec lavabo avec 1 ch. complémentaire 2 pers., salle de bains et wc communs. Chauffage. Jardin, parking, salon de jardin. Gare 5 km. Commerces 800 m. Restaurant 200 m. Ouvert toute l'année. A quelques pas des batteries de Longues, M. et Mme Ringuenet vous souhaitent la bienvenue. Vous séjournerez au calme et pour peu que le soleil soit de la partie, le petit déjeuner vous sera servi sur la terrasse.

Prix : 1 pers. 190 F 2 pers. 210/230 F 3 pers. 300 F

SP	5	5	5	3	0,8	SP	5	5

RINGUENET Yves et Reine – Rue de la Mer – 14400 Longues-sur-Mer – Tél. : 31.92.83.61

Longues-sur-Mer Fontenailles   *C.M. n° 54 — Pli n° 15*

❦❦❦ NN

Dans l'habitation d'une ancienne ferme typique de la région, à l'étage : 1 ch. 2 pers., salle d'eau et wc particuliers, avec 1 ch. complémentaire 2 pers. (s.d.b. au r.d.c.), 2 ch. 3 pers., salle d'eau et wc particuliers, entrée indépendante. Salle de détente avec coin-cuisine et TV. Parking. Restaurant 1,5 km. Arromanches 5 km. Ouvert toute l'année. Gare 7 km. Commerces 1,5 km.

Prix : 1 pers. 145 F 2 pers. 190 F 3 pers. 250 F

3	7	1,5	6	6	5	8

CHATEL Jean – Fontenailles – 14400 Longues-sur-Mer – Tél. : 31.21.78.49

Longues-sur-Mer Ferme-de-la-Tourelle   *C.M. n° 54 — Pli n° 14/15*

❦❦❦ NN

A l'étage : 3 chambres 4 pers., salle d'eau et wc particuliers. 2 chambres 2 pers., salle d'eau et wc particuliers. Chauffage. Au rez-de-chaussée : salle de détente, coin-cuisine. Terrasse. Salon de jardin. Salle de remise en forme sur place (avec participation). Gare 6 km. Commerces 2 km. Ouvert de février à la Toussaint. Dans une ferme du XVII°, typique du Bessin, proche de la mer, chambres d'hôtes aménagées dans un grand bâtiment en pierres apparentes, indépendant de la maison d'habitation.

Prix : 1 pers. 195 F 2 pers. 225 F 3 pers. 305 F

2	6	2	2		3	5	8

LECARPENTIER J. Maurice et Janine – Ferme de la Tourelle – 14400 Longues-sur-Mer – Tél. : 31.21.78.47 – Fax : 31.21.84.84

Longvillers La Nouvelle-France   *C.M. n° 54 — Pli n° 14/15*

❦❦❦ NN

Dans un bâtiment indépendant de l'habitation, 3 chambres de 2 pers. avec salles d'eau et wc particuliers. Salle de détente. Coin-cuisine. Chauffage. Terrasse et salon de jardin. Parking. Restaurant 4 km. Gare 25 km. Commerces 3 km. Ouvert toute l'année. Dans une propriété rurale située dans un cadre champêtre très agréable.

Prix : 1 pers. 160 F 2 pers. 190 F

35	3	3	8	4	SP	11	24

GODEY Anne-Marie – « La Nouvelle France » – 14310 Longvillers – Tél. : 31.77.63.36

Louvieres   *C.M. n° 54 — Pli n° 41*

❦❦❦ NN

Dans une maison d'habitation récemment restaurée : à l'étage, 1 chambre 3 pers. avec salle de bains et wc particuliers. Chauffage. Restaurant 3 km. Ferme-auberge 8 km. Vierville sur Mer 2 km. Ouvert juillet/août. Commerces 3 km.

Prix : 1 pers. 190 F 2 pers. 240 F 3 pers. 300 F

3	7	SP	SP	15

D'HEROUVILLE Simone – Quartier de Gruchy – 14710 Louvieres – Tél. : 31.22.41.58

Louvigny Le Mesnil   *C.M. n° 54 — Pli n° 15/16*

❦ NN

Dans une annexe de l'habitation, au 1er étage : 2 chambres de 2 pers., salle d'eau et wc communs. Entrée indépendante. Chauffage. Parc d'agrément. Salon de jardin. Parking. Restaurant à 1,5 km. Gare 5 km. Commerces 1 km. Ouvert de juin à septembre. A proximité de Caen, dans un environnement calme et reposant.

Prix : 1 pers. 150 F 2 pers. 190 F

20	5	2	1	1	SP

HOLLIER-LAROUSSE Guy et Michele – Chemin du 8e R.E.C.C.E. - Le Mesnil – 14111 Louvigny – Tél. : 31.75.25.17

Louvigny   *C.M. n° 55 — Pli n° 11*

❦ NN

Dans l'habitation, à l'étage, 1 chambre de 3 pers. avec salle d'eau particulière. Dans un bâtiment indépendant, à l'étage, 1 chambre de 3 pers. Possibilité 1 chambre complémentaire 2 pers. avec salle de bains particulière et coin-cuisine. Chauffage. Parc. Restaurant 2 km. Caen 5 km. Ouvert toute l'année. Gare 4 km. Commerces 2 km.

Prix : 1 pers. 150 F 2 pers. 190 F 3 pers. 250 F

20	3	1,5	2	SP	2	10

HOLLIER-LAROUSSE – Le Mesnil – 14111 Louvigny – Tél. : 31.73.52.77

Maisons Moulin-Gerard   *C.M. n° 54 — Pli n° 14*

❦❦ NN

Dans un moulin restauré du Bessin, à l'étage : 3 chambres de 3 et 4 pers., avec une chambre complémentaire 2 pers., salle d'eau et wc particuliers. Chauffage. Salon de jardin. Restaurant à 2 km. Gare 6 km. Commerces 3 km. Ouvert toute l'année. Situées entre Bayeux et Port en Bessin, ces chambres sont au carrefour de multiples découvertes : les plages du Débarquement, la ville historique de Bayeux et la superbe campagne du Bessin.

Prix : 1 pers. 195 F 2 pers. 225 F 3 pers. 305 F

3	6	0,5	3		3	3	3

BERNARD Pierre et Christiane – Moulin Gerard – 14400 Maisons – Tél. : 31.21.44.16

Calvados *Normandie*

Maisons

❦❦❦ NN Dans une habitation de construction récente, au rez-de-chaussée : 1 chambre 2 pers., possibilité 2 pers. supplémentaires (clic-clac), salle de bains et wc particuliers. Entrée indépendante. Chauffage. Salon de jardin. Parking. Restaurant 500 m. Port en Bessin 2,5 km. Tennis privé 1,5 km. Herbage pour chevaux. Ouvert toute l'année. Gare 7 km. Commerces 3 km.

Prix : 1 pers. **170 F** 2 pers. **230 F** 3 pers. **280 F**

🏊	🚣	⛷	🎣	🏇	⛲	🎵
2,5	2,5	1	1	0,5	3	1

KOUIDER Cecile – Le Petit Brandel – 14400 Maisons – Tél. : 31.92.52.76

Maisons *C.M. n° 54 — Pli n° 14*

❦❦❦ NN Dans un bâtiment séparé de l'habitation, au rez-de-chaussée : 1 chambre 3 pers. Salle d'eau et wc particuliers. Chauffage. Accessible aux personnes handicapées, avec aide. Dans l'habitation, à l'étage 1 chambre 3 pers. Salle d'eau et wc particuliers. Chauffage. Parking fermé. Restaurant 2 km. Port en Bessin 2,5 km. Ouvert toute l'année. Anglais parlé. Gare 7 km. Commerces 4 km.

Prix : 1 pers. **150 F** 2 pers. **200 F** 3 pers. **240 F**

🏊	🚣	🎣	🎣	🏇	🎵
4	6	1,5	0,5	2,5	3

VAUTIER Eric et Corinne – Ferme de la Claire Voie – 14400 Maisons – Tél. : 31.21.79.58

Maisons *C.M. n° 54 — Pli n° 14/15*

❦❦❦ NN Dans un bâtiment indépendant, mitoyen à un gîte. R.d.c. : 2 ch. 2 et 3 pers. avec salles d'eau et wc particuliers. A l'étage : 2 ch. 3 pers. avec salles d'eau et wc particuliers. Salle de détente, coin-cuisine. Chauffage. Parking. Gare et commerces 4 km. Restaurant 2 km. Ouvert toute l'année. Pierre, marin-pêcheur et Annie, son épouse, vous accueillent dans leurs chambres d'hôtes aménagées dans un bâtiment en pierres, à quelques pas de leur habitation. Environnement campagnard, situé à 4 km de Bayeux et de Port-en-Bessin.

Prix : 1 pers. **195 F** 2 pers. **225 F** 3 pers. **305 F**

🏊	🚣	⛷	🎣	🏇	🎵
4	4	4	4	4	4

LABBE Pierre et Annie – B.P. 29 – 14520 Maisons – Tél. : 31.92.53.47

Maltot Le Cottage *C.M. n° 54 — Pli n° 15*

❦❦❦ NN 2 chambres d'hôtes dans une habitation récente. A l'étage : 1 ch. avec 1 lit 2 pers. et 1 lit d'appoint. Salle d'eau et wc particuliers. 1 ch. avec 2 lits 1 pers. et salle d'eau et wc particuliers. Chauffage. Salon de jardin. Restaurant 2 km. Caen 7 km. Ouvert toute l'année.

Prix : 1 pers. **140 F** 2 pers. **190 F** 3 pers. **280 F**

🏊	🚣	⛷	🎣	🏇
26	9	9	9	SP

LARSON Jacques – Chemin du Longrais - Le Cottage – 14930 Maltot – Tél. : 31.26.96.10 ou 31.85.30.95

Mandeville-en-Bessin *C.M. n° 54 — Pli n° 14*

❦❦❦ NN Dans l'habitation de la ferme, à l'étage : 2 chambres 2 et 4 pers., salle d'eau ou salle de bains et wc particuliers. Possibilité lit enfant. Salon. Chauffage. Salon de jardin. Parking fermé. Location de vélos. Trévières 4 km. Ouvert de Pâques à la Toussaint. Anglais parlé. Gare 12 km. Commerces 3 km.

Prix : 1 pers. **130 F** 2 pers. **190 F** 3 pers. **250 F**

🏊	🚣	⛷	🎣	🍷	🏇	🎵
7	12	4	9	3	2	10

LEFEVRE Pierre – Dauval – 14710 Mandeville-en-Bessin – Tél. : 31.22.51.35

Manerbe *C.M. n° 54 — Pli n° 17*

❦❦❦ NN Dans une maison typique à colombages, à l'étage, 2 chambres de 2 pers. Salle de bains et wc particuliers, possibilité d'une chambre complémentaire pour 2 pers. Chauffage. Salon. Entrée indépendante. Dans un bâtiment annexe au rez-de-chaussée : 1 chambre 4 pers., 1 chambre 2 pers., salle d'eau et wc particuliers. Possibilité 1 chambre complémentaire 2 pers. Salon de jardin. Restaurant 1 km. Lisieux 7 km. Animaux admis. Ouvert toute l'année.

Prix : 1 pers. **150/180 F** 2 pers. **200/220 F** 3 pers. **250/270 F**

🏊	🚣	⛷	🎣	⛲	🎵
16	4	4	4	9	18

VALETTE Micheline – Saint-Sauveur – 14340 Manerbe – Tél. : 31.61.14.66 ou 31.62.17.66

Manerbe *C.M. n° 54 — Pli n° 17/18*

❦ NN Au rez-de-chaussée : 1 chambre 2 pers., à l'étage : 1 chambre 2 pers., salle de bains commune, wc. Chauffage. Jardin avec terrasse et salon de jardin. Parking. Restaurant à 600 m. Salle de détente avec TV. Gare 10 km. Commerces 2 km. Ouvert toute l'année. Anglais et espagnol parlés. Dans une habitation de construction récente, bien exposée, située au cœur du Pays d'Auge avec de belles promenades à proximité.

Prix : 1 pers. **170 F** 2 pers. **200 F** 3 pers. **260 F**

🏊	🚣	⛷	🏄	🎣	⛲
19	7	8	9	8	9

MAILLARD Claude et Michelle – Route de Formentin – 14340 Manerbe – Tél. : 31.61.00.66

Manvieux Les Jardins *C.M. n° 54 — Pli n° 15*

❦❦❦❦ NN Dans une ancienne ferme du XVIIIe siècle, typique du Bessin. A l'étage : 2 grandes chambres 2 pers. Salle de bains et wc particuliers. Entrée indépendante. Chauffage. Jardin clos avec salon de jardin. Parking. Restaurant 1 km. Gare 10 km. Commerces sur place. Ouvert toute l'année. Grande maison régionale en pierre entièrement restaurée, bien exposée avec un jardin abrité. Tennis gratuit sur place. Arromanches 3 km.

Prix : 2 pers. **300/350 F**

🏊	🚣	⛷	🏄	🎣	🏇	🎵
3	8	SP	3	8	SP	8

MARTRAGNY Gilberte – Les Jardins – 14117 Manvieux – Tél : 31.21.95.17

Marolles La Drouetterie   *C.M. n° 54 — Pli n° 18*

✿✿✿ NN   Dans une maison à colombages. A l'étage : 1 grande chambre mansardée de 2 pers. avec salle d'eau et wc particuliers. Possibilité d'utiliser une chambre complémentaire d'une pers. Entrée indépendante. Chauffage électrique. Parking privé. Jardin. Restaurant 4 km. Gare 10 km. Commerces 3 km. Dans une très belle propriété à colombages typique du Pays d'Auge, située dans une petite vallée très tranquille, à quelques kilomètres de la ville historique de Lisieux.

Prix : 1 pers. **200 F** 2 pers. **250 F** 3 pers. **300 F**

🏊	⛵	⛷	🏇	♨	🎣
30	7	3	12	18	20

GRAN Alain et Vicky – La Drouetterie - Marolles – 14100 Lisieux – Tél. : 31.62.73.93 ou 31.62.69.12

Marolles Le Mont Herault   *C.M. n° 55 — Pli n° 14*

✿✿✿ NN   Dans une grande habitation à colombages, située au cœur du pays d'Auge et entourée d'un verger de pommiers. A l'étage : 1 ch. 2 pers., salle d'eau et wc particuliers, coin-salon dans le chambre avec 1 convertible 1 pers. Entrée indépendante. Chauffage. Parking. Gare 12 km. Commerces 7 km. Restaurant 2 km. Ouvert toute l'année.

Prix : 1 pers. **170 F** 2 pers. **230 F** 3 pers. **300 F**

🐕	🏊	⛵	⛷	🏇	🎣
	35	12	0,5	5	25	27

DESLANDES J-Claude et Michele – Le Mont Herault – 14100 Marolles – Tél. : 31.63.66.33

Martragny Manoir de l'Abbaye   *C.M. n° 54 — Pli n° 15*

✿✿✿ NN   Dans un manoir des XVII et XVIII° siècles, au r.d.c. avec entrée indépendant, 1 ch. 2 pers. avec TV, salle d'eau et wc particuliers. A l'étage : 1 ch. 2 pers., TV, lit enfant + 1 ch. complémentaire 2 pers., salle d'eau et wc particuliers. Salle de détente. Chauffage. Salon de jardin, parking. Gare et commerces 7 km. Restaurant 900 m. Ouvert toute l'année. Maurice et Yvette Godfroy vous accueillent et vous pourrez profiter du parc. A quelques kilomètres des premières plages du Débarquement.

Prix : 1 pers. **180 F** 2 pers. **230/250 F** 3 pers. **330 F**

🏊	⛵	⛷	🏇	🎣	🎣
12	7	5	SP	2	20

GODFROY Maurice et Yvette – Manoir de l'Abbaye - 15 rue de Creuilly – 14740 Martragny – Tél. : 31.80.25.95

Mathieu   *C.M. n° 54 — Pli n° 16*

✿✿✿ NN   Dans une habitation récente, à l'étage : 2 ch. 2 pers. et 2 ch. 3 pers., salle d'eau ou salle de bains et wc particuliers. Restaurant 2,5 km. Caen 8 km. Ouvert toute l'année. Tennis sur place gratuit.

Prix : 1 pers. **160 F** 2 pers. **220 F** 3 pers. **270 F**

🐕	🏊	⛷	🏇	🎣
	6	6	6	5

LEBLANC Pierre – Le Londel – 14920 Mathieu – Tél. : 31.44.51.55

Mery-Corbon Mathan   *C.M. n° 55 — Pli n° 12*

✿ NN

(TH)

2 chambres d'hôtes dans une ferme traditionnelle. 2 chambres 2 pers. avec salle de bains commune. Possibilité lit supplémentaire. Chauffage. Parking. Salon de jardin. Prêt de vélos. Restaurant 2 km. Ferme-auberge 3 km. Troarn 11 km. Ouvert toute l'année. Gare 25 km. Commerces 1 km.

Prix : 1 pers. **120 F** 2 pers. **170 F** 3 pers. **230 F** repas **70 F**

🏊	⛷	🏇	🎣	🎣
20	9	9	SP	20

LENORMAND Yvan – Mathan – 14370 Mery-Corbon – Tél. : 31.23.63.51

Mery-Corbon   *C.M. n° 54 — Pli n° 16/17*

✿✿✿ NN   Dans une habitation de construction récente, à l'étage : 1 chambre 3 pers., salle d'eau et wc particuliers, salle de détente attenante. Chauffage. Jardin. Ferme-auberge à 1 km. Parking. Gare 25 km. Commerces sur place. Ouvert toute l'année. Proche d'un petit bourg du Pays d'Auge où se trouve une ferme-auberge. Belles promenades à proximité...

Prix : 1 pers. **180 F** 2 pers. **220 F** 3 pers. **280 F**

🐕	🏊	⛷	🏇	🎣	🚶	🎣
	22	9	9	1	6	22

WASIELEWSKI Jacques et Simone – Rue des Cottages – 14370 Mery-Corbon – Tél. : 31.23.63.78

Le Mesnil-Patry   *C.M. n° 54 — Pli n° 15*

✿✿ NN

(TH)

Maison située dans un hameau, 1 chambre de 3 pers. et 1 chambre complémentaire 1 pers. à l'étage. Salle de bains particulière. Chauffage. Jardin. Parking. Table d'hôtes sur réservation. Caen 15 km. Ouvert toute l'année.

Prix : 1 pers. **95 F** 2 pers. **150 F** 3 pers. **190 F** repas **65 F**
1/2 pens. **120 F**

🏊	⛷	🏇	🎣
20	15	15	8

FIQUET Lucie – 14740 Le Mesnil-Patry – Tél. : 31.80.72.62

Meuvaines   *C.M. n° 54 — Pli n° 15*

E.C. NN   Dans une maison d'habitation, au 2° étage : 1 ch. 2 pers. avec 1 ch. complémentaire 2 pers., salle d'eau et wc particuliers au 1er étage. Coin-détente en mezzanine. Entrée indépendante. Chauffage. Salon de jardin. Gare 14 km. Commerces 2 km. Restaurant 50 m. Ouvert toute l'année. A 2 km d'une plage familiale, proche des plages du Débarquement (Arromanches 4 km).

Prix : 1 pers. **160 F** 2 pers. **220 F** 3 pers. **280 F**

🏊	⛵	⛷	🏇	🎣	🎣
2	10	4	2	10	15

LE PERSON Sylvie – Route d'Arromanches – 14960 Meuvaines – Tél. : 31.92.53.95

Mezidon La Londe

♥♥ NN Dans la maison d'habitation d'une ancienne ferme, au 2e étage : 1 ch. 2 pers., salle d'eau et wc particuliers. Chauffage. Jardin, salon de jardin. Gare, commerces et restaurant 3 km. Ouvert toute l'année. A la ferme de la Londe datant du XVIIIe siècle, depuis la terrasse, votre regard embrassera la campagne augeronne, à moins que vous ne préfériez vous relaxer à l'ombre de l'important pigeonnier.

Prix : 1 pers. **170 F** 2 pers. **200 F**

30	10	3	15	28

HEYSER Ludivine – La Londe – 14270 Mezidon – Tél. : 31.20.27.49

Mittois Le Vieux-Chateau

♥♥♥ NN Dans un bâtiment indépendant à colombages au rez-de-chaussée : 1 chambre 2 pers., salle d'eau et wc particuliers. A l'étage : 1 mezzanine avec 1 lit 1 pers., possibilité lit d'appoint 1 pers. Chauffage. Salon de jardin. Parking. Restaurant à 2 km. Gare et commerces 5 km. Ouvert toute l'année. Exploitation d'élevage typique du Pays d'Auge, entourée d'un verger située à quelques km de Saint-Pierre sur Dives (Halles du XVe, abbatiale, musée du fromage...).

Prix : 1 pers. **200 F** 2 pers. **250 F** 3 pers. **300 F**

30	5	5	8	1	1	10

PFLIEGER Jean-Pierre et Anne – Le Vieux Chateau – 14170 Mittois – Tél. : 31.20.73.94

Molay-Littry

♥♥♥ NN Dans une maison de construction récente, située dans un cadre très calme. A l'étage : 1 chambre de 3 pers. avec 1 lit bébé. Salle d'eau et wc particuliers. Entrée indépendante. Pièce d'accueil avec TV et véranda au rez-de-chaussée. Parking avec garage. Restaurant 500 m. Gare 13 km. Commerces sur place. Ouvert en juillet et août. Dans un village animé par ses commerces et son marché, dans le Bessin, région célèbre par ses plages du Débarquement et sa ville historique de Bayeux.

Prix : 1 pers. **180 F** 2 pers. **220 F** 3 pers. **270 F**

17	13	SP	13	18

CLAVREUL Louis et Michele – Fosse Frandemiche – 14330 Molay-Littry – Tél. : 31.21.47.39

Monceaux-en-Bessin Les Equerres

♥♥♥ NN Au 1er étage : 2 chambres 2 pers., salle d'eau et wc particuliers. Au 2e étage : 2 chambres 2 pers., salle d'eau et wc particuliers. Salle de billard. Chauffage. Terrain. Salon de jardin. Parking. Restaurant à 3 km. Gare 2 km. Commerces 3 km. Ouvert toute l'année. Dans un manoir implanté dans un parc au calme et situé à 3 km de la ville historique de Bayeux.

Prix : 1 pers. **180 F** 2 pers. **250 F**

13	3	3	13	SP	2	13

CHAMBRY Marie-Therese – Les Equerres – 14400 Monceaux-en-Bessin – Tél. : 31.92.03.41 ou 31.92.29.74

Monceaux-en-Bessin Les Roquelines

♥♥♥ NN Dans une grande maison traditionnelle du Bessin, à l'étage : 1 chambre 3 pers., salle d'eau et wc particuliers. Entrée indépendante. Salon de jardin. Parking. Restaurant à 3 km. Gare et commerces à 3 km. Anglais parlé. Ouvert de Pâques à la Toussaint. Dans une grande demeure entourée d'un jardin à quelques kilomètres de la ville historique de Bayeux et à 10 km de la mer.

Prix : 1 pers. **180 F** 2 pers. **220 F** 3 pers. **280 F**

10	3	3	1	13

COLLIGNON Raymond – « Les Roquelines » – 14400 Monceaux-en-Bessin – Tél. : 31.92.44.30

Mondrainville Manoir-de-Colleville

♥♥♥ NN
(TH) Dans une maison typique, à l'étage : 3 chambres pour 2 pers., salle d'eau et wc particuliers attenants. Chauffage. Salle de détente. Salon de jardin. Parking. Gare 12 km. Commerces 4 km. Table d'hôtes sur réservation. Ouvert toute l'année. Trois chambres à l'étage dans une habitation, maison typique de la région. Environnement campagnard. Nombreuses excursions possibles sur Caen, Bayeux, les plages.

Prix : 1 pers. **180 F** 2 pers. **220 F** repas **100 F**

12	1	4

GROSS Monique – Manoir de Colleville – 14210 Mondrainville – Tél. : 31.80.96.75

Monteille Les Vergees

♥♥ NN Dans une habitation de caractère, à l'étage : 1 chambre 2 pers., salle d'eau particulière. 1 chambre 4 pers., salle de bains particulière. Chauffage. Restaurant 3 km. Crèvecœur en Auge 3 km. Route du Cidre. Ouvert toute l'année. Gare 12 km. Commerces 3 km.

Prix : 1 pers. **200 F** 2 pers. **240 F** 3 pers. **300 F**

30	12	3	12	3	SP

REQUIER-GUILLAUMIN Claudine – Les Vergees – 14270 Monteille – Tél. : 31.63.01.13

Montreuil-en-Auge

♥♥♥ NN Dans une maison ancienne récemment restaurée, située sur un vallon du Pays d'Auge, 4 ch. de 2 et 3 pers. à l'étage, avec salle d'eau et wc particuliers. Possibilité 1 chambre supplémentaire 2 pers. Chauffage. Jardin d'agrément. Mini-golf, location de VTT sur place. Restaurant sur place. Ouvert toute l'année. Cambremer 3 km. Gare 15 km. Commerces 2,5 km. Promenades à cheval ou poney à proximité.

Prix : 1 pers. **170 F** 2 pers. **240 F** 3 pers. **300 F**

25	3	3	SP	23

GESBERT Henri et Janine – 14340 Montreuil-en-Auge – Tél. : 31.63.00.64

Monts-en-Bessin La Variniere-la-Vallee
C.M. n° 54 — Pli n° 14

♥♥♥ NN (TH) A l'étage : 5 chambres pour 2, 3 et 4 pers. Salle d'eau et wc particuliers. Salon. Chauffage. Salon de jardin. Restaurant 4 km. Gare 18 km. Commerces 4 km. Table d'hôtes sur réservation. Ouvert toute l'année. Anglais parlé. Maison bourgeoise du bocage normand récemment restaurée et gérée par un jeune couple britannique très accueillant. Villers-Bocage 4 km.

Prix : 1 pers. **160 F** 2 pers. **260 F** 3 pers. **300 F** repas **100 F**

🏊	⛷	🏇	🎣	🌊
30	4	6	6	15

EDNEY Philippa – La Variniere la Vallee – 14310 Monts-en-Bessin – Tél. : 31.77.44.73

Montviette Le Manoir-d'Annique
C.M. n° 55 — Pli n° 13

♥♥♥ NN (TH) Dans un manoir à l'étage : 1 chambre 2 pers. avec 1 chambre complémentaire 2 pers., salle de bains et wc particuliers. 1 chambre 2 pers. avec 1 chambre complémentaire 2 pers., salle d'eau et wc particuliers. Chauffage. Salon de jardin. Parking. Restaurant à 3 km. Gare 12 km. Commerces 6 km. Ouvert toute l'année. Anglais parlé. Dans un manoir du Sud Pays d'Auge restauré par un couple d'anglais Nicholas et Anni, l'atmosphère et les couleurs intérieures sauront vous enchanter.

Prix : 1 pers. **190 F** 2 pers. **250 F** 3 pers. **315 F** repas **90 F**

🐕	🏊	⛷	🏇	🎣	⛵	🚴	🌊
	12	6	8	18	SP	18	

WILTSHIRE Nicolas – La Gravelle - Le Manoir d'Annique – 14140 Montviette – Tél. : 31.20.20.98

Morteaux-Couliboeuf Le Vieux-Moulin
C.M. n° 55 — Pli n° 12/13

♥♥♥ NN (TH) Dans un ancien moulin du XIX° siècle restauré. A l'étage : 2 chambres 2 et 3 pers., salle d'eau et wc particuliers. Dans un bâtiment annexe, 1 chambre 3 pers., salle d'eau et wc particuliers. Chauffage. Jardin avec salon de jardin. Parking. Gare 12 km. Ouvert de Pâques à la Toussaint. Table d'hôtes sur réservation. A proximité de Falaise, vous trouverez calme et tranquillité dans ce superbe moulin restauré. Chambres de style, jardin d'agrément.

Prix : 1 pers. **200 F** 2 pers. **250 F** 3 pers. **330 F** repas **105 F**

🐕	🏊	⛷	🏇	🎣	🌊
	8	8	10	SP	10

DOFFIN-LESAGE Francois – « Le Vieux Moulin » – 14620 Morteaux-Couliboeuf – Tél. : 31.40.86.72

Mosles
C.M. n° 54 — Pli n° 14

♥♥♥ NN Dans une maison de caractère récemment restaurée, à l'étage, 1 chambre d'hôtes de 2 pers. avec 1 chambre complémentaire 2 pers. Salle d'eau et wc particuliers. Jardin d'agrément. Parking fermé. Restaurant 1 km. Port en Bessin 8 km. Bayeux 10 km. Ouvert de Pâques à la Toussaint. Anglais parlé.

Prix : 1 pers. **150 F** 2 pers. **200 F** 3 pers. **250 F**

🏊	⛷	🏇	🎣	⛵	🚴	🏇	🌊
8	10	8	8	10	8	8	8

LEFEVRE Anne-Marie – Quartier d'Argouges – 14400 Mosles – Tél. : 31.92.43.40

Les Moutiers-en-Auge Les Petits-Moutiers
C.M. n° 55 — Pli n° 12/13

♥ NN Au rez-de-chaussée : 1 chambre 2 pers. avec salle d'eau et wc particuliers. Entrée indépendante. Chauffage. Parking. Restaurant 5 km. Gare 5 km. Commerces 8 km. Ouvert de Pâques à la Toussaint. Dans la maison d'habitation de style campagnard située dans un environnement paisible,...

Prix : 1 pers. **170 F** 2 pers. **200 F**

🏊	⛷	🏇	🎣	🌊
12	12	12	14	14

WEST Nicholas et Anya – « Les Petits Moutiers – 14620 Les Moutiers-en-Auge – Tél. : 31.90.23.80

Nonant Lieu-Foison
C.M. n° 54 — Pli n° 15

♥♥ NN Dans une annexe de l'habitation, au rez-de-chaussée : 1 chambre 2 pers., salle d'eau et wc particuliers. Chauffage. Restaurant à 5 km. Salon de jardin. Gare et commerces à 5 km. Ouvert toute l'année. Proche de Bayeux, cette chambre est située dans une ferme typique en pierre. Les villages du Bessin avec leurs églises, leurs fermes fortifiées agrémenteront vos visites.

Prix : 1 pers. **150 F** 2 pers. **195 F**

🐕	🏇	🎣	⛷
	15	5	5	5

LECORNU Simone – Lieu Foison – 14400 Nonant – Tél. : 31.92.50.36 – Fax : 31.92.50.36.

Nonant
C.M. n° 54 — Pli n° 15

♥♥ NN Dans une maison typique du Bessin, au rez-de-chaussée : 1 chambre 2 pers. Salle de bains et wc privés. Entrée indépendante. Chauffage. Parking. Salon de jardin. Restaurant 2 km. Bayeux 6 km. Ouvert toute l'année.

Prix : 1 pers. **150 F** 2 pers. **190 F**

🏊	⛷	⛵	🏇	🚴
15	6	6	15	6	15

DUVAL Francoise – Les Ruisseaux – 14400 Nonant – Tél. : 31.92.50.42

Notre-Dame-d'Estrees
C.M. n° 54 — Pli n° 13

♥♥ NN (TH) 5 chambres aménagées dans un bâtiment indépendant. 2 ch. 2 pers., 1 ch. complémentaire 2 pers., salle d'eau et wc particuliers, entrée indépendante. 1 ch. 2 pers., 1 chambre complémentaire 3 pers., salle d'eau et wc particuliers. Entrée indépendante. 1 ch. complémentaire 2 pers., salle d'eau et wc communs. Salle de séjour. Chauffage. Restaurant 2 km. Ferme-auberge 3 km. Cambremer 5 km. Ouvert toute l'année. Location boxes pour chevaux. Randonnées équestres. Gare 17 km. Commerces 2 km.

Prix : 1 pers. **100/170 F** 2 pers. **140/220 F** 3 pers. **190/270 F** repas **80 F**

🐕	🏊	⛷	🏇	🎣	🚴	🌊
	20	17	2	SP	2	20

NUDD MITCHELL P. – Carrefour Saint-Jean – 14340 Notre-Dame-d'Estrees – Tél. : 31.63.06.86

Calvados — Normandie

Notre-Dame-de-Livaye
C.M. n° 55 — Pli n° 13

☙ NN Dans un bâtiment à colombages du Pays d'Auge, 2 chambres de 2 pers. au rez-de-chaussée. Salle d'eau commune. Chauffage. Restaurant à 300 m. Ferme-auberge à 1 km. Cambremer 5 km. Anglais, allemand et norvégien parlés. Ouvert toute l'année. Gare 10 km. Commerces 200 m.

Prix : 1 pers. **180 F** 2 pers. **220 F**

🏊	🚣	⛷	🚴	🚶
22	10	0,5	10	6

ROULLIER-SIRI Philippe – 14340 Notre-Dame-de-Livaye – Tél. : 31.63.02.05

Noyers-Bocage
C.M. n° 54 — Pli n° 15

☙☙☙ NN Dans l'habitation d'une ferme équestre, à l'étage, 5 chambres de 2, 3 et 4 pers., salle d'eau et wc particuliers. Salle de détente avec cheminée et TV. Chauffage. Cour avec pelouse. Jardin avec terrasse. Restaurant 20 m. Randonnées à poney et cheval sur place. Villers Bocage 8 km. Environnement verdoyant. Ouvert toute l'année. Gare 20 km. Commerces 1 km.

Prix : 1 pers. **170 F** 2 pers. **220 F** 3 pers. **260 F**

🏊	🚣	⛷	🦅	🚶	🌊	🎣
25	7	SP	SP	5	7	15

FLAGUAIS Philippe – Route de Vendes – La Cordiere – 14210 Noyers-Bocage – Tél. : 31.77.18.64

Noyers-Bocage
C.M. n° 55 — Pli n° 15

☙☙☙ NN Dans une ferme typique du pré-bocage, dans un bâtiment indépendant, à l'étage, 1 chambre de 4 pers. avec salle de bains et wc particuliers. Chauffage. Salle de détente. Cour avec pelouse dans un cadre verdoyant. Restaurant 400 m. Villers Bocage 8 km. Ouvert de Pâques à la Toussaint.

Prix : 1 pers. **150 F** 2 pers. **180 F** 3 pers. **225 F**

🐕

🚣	⛷	🦅	🌊
7	SP	SP	10

LEROUILLY Georgette – Ferme de Noyers – 14210 Noyers-Bocage – Tél. : 31.77.97.62

Orbec Le Manoir de l'Engagiste
C.M. n° 54 — Pli n° 18/19

☙☙☙ NN Dans un manoir des XVIe et XVIIe siècles, r.d.c. : 1 ch. 2 pers., salle de bains et wc particuliers, à l'étage : 1 ch. 2 pers., 1 ch. 4 pers. en duplex, salles de bains et wc particuliers. Salle de détente. Chauffage. Billard. Salon de jardin, parking. Gare 10 km. Commerces 500 m. Restaurant à proximité. Ouvert toute l'année. Au cœur d'Orbec, M. et Mme Dubois vous réservent des chambres agréables et confortables. Vous pourrez flâner au salon, ou jouer au billard.

Prix : 1 pers. **300 F** 2 pers. **350 F** 3 pers. **500 F**

🌊	⛷	🦅	🎿	🚶	🎣
50	2	2	2	1	10

DUBOIS Christian et Annick – Le Manoir de l'Engagiste - 14 rue de Geole – 14290 Orbec – Tél. : 31.32.57.22 – Fax : 31.32.55.58.

Osmanville
C.M. n° 54 — Pli n° 13

☙ NN
(TH) 2 chambres d'hôtes dans une maison traditionnelle du Bessin. 1 chambre 2 pers., 1 chambre 3 pers. avec salle d'eau commune. Lit et chaise bébé. Parking. Restaurant 3 km. Isigny-sur-Mer 2 km. Ouvert de Pâques à la Toussaint. Anglais parlé. Gare 15 km. Commerces 3 km.

Prix : 1 pers. **135 F** 2 pers. **155 F** 3 pers. **205 F** repas **70 F**

🌊	⛷	🛥	🦅	🚶
8	3	8	15	8

JEAN Chantal – Le Bourg – 14230 Osmanville – Tél. : 31.21.34.58

Osmanville
C.M. n° 54 — Pli n° 13

☙ NN Proche de la RN13, dans un bâtiment annexe à l'habitation, 1 chambre de 3 pers. avec salle d'eau et wc particuliers. Entrée indépendante. Plages du Débarquement 10 km. Restaurant 2 km. Isigny sur Mer 2 km. Ouvert toute l'année. Gare 12 km. Commerces 2 km.

Prix : 1 pers. **80 F** 2 pers. **100 F** 3 pers. **150 F**

🌊	⛷	🦅	🎣	🚶
5	12	3	2	8

JEANNE Annick – 14230 Osmanville – Tél. : 31.22.03.42

Osmanville Champ-Manlay
C.M. n° 54 — Pli n° 13

☙☙ NN Dans un ensemble d'hébergements touristiques avec entrée indépendante. A l'étage : 1 chambre 3 pers. 1 chambre 2 pers. avec salles d'eau et wc particuliers. Coin-cuisine. Chauffage. Salle de détente. Piscine chauffée sur place. Jeux d'enfants. Salon de jardin. Restaurant 2 km. Isigny sur Mer 2 km. Ouvert toute l'année. Gare 10 km. Commerces 3 km.

Prix : 1 pers. **150 F** 2 pers. **200/220 F** 3 pers. **250/270 F**

🌊	⛷	🛥	🦅	🎣	🚶	🌊
10	SP	2,5	7	10	2	3

MANLAY Guy – Champ Manlay – 14230 Osmanville – Tél. : 31.22.02.91

Ouffieres Neumers
C.M. n° 54 — Pli n° 15

☙☙ NN 1 chambre d'hôtes dans une maison traditionnelle. A l'étage : 1 chambre 3 pers. avec salle d'eau et wc particuliers, entrée indépendante. TV. Possibilité cuisine. Parking. Environnement calme. Restaurant 2 km. Thury Harcourt 5 km. Ouvert toute l'année. Gare 27 km. Commerces 5 km.

Prix : 1 pers. **120 F** 2 pers. **170 F** 3 pers. **210 F**

🌊	⛷	🛥	🦅	🚶	🎣	🌊
25	5	2	7	5	1	5

MADELEINE Denise – Neumers – 14220 Ouffieres – Tél. : 31.79.73.88

Pennedepie Le Pressoir

C.M. nº 54 — Pli nº 7/8

ℳℳℳ NN — Dans une maison à colombages indépendante, au r.d.c. : 1 ch. 2 pers., salle d'eau et wc particuliers. A l'étage : 1 ch. 2 pers., salle de bains et wc particuliers. Poss. 1 ch. complémentaire 2 pers. Entrée indépendante. Jardin avec salon de jardin. Restaurant à 2 km. Gare 8 km. Commerces 4 km. Ouvert de Pâques à septembre. Dans un cadre calme et campagnard d'un vallon surplombant la baie de la Seine, situé à quelques minutes d'Honfleur et de Deauville.

Prix : 2 pers. **260 F** 3 pers. **350 F**

1	7	3	7	7	SP	4	

RETOUT-CLAVERIE Pierre – Chemin du Chalet - Pennedepie – 14600 Honfleur – Tél. : 31.81.48.50

Periers-sur-le-Dan Le Gîte Fleuri du Dan

C.M. nº 54 — Pli nº 16

ℳℳℳ NN — A l'étage : 1 chambre 3 pers. et 1 chambre complémentaire 2 pers. Salle de bains particulière avec wc. Chauffage. Grand jardin fleuri, terrasse avec salon de jardin, véranda. Parking privé. Non fumeurs. Restaurant 3 km. Gare 10 km. Commerces 3 km. Ouvert toute l'année. Entre Caen (8 km) et la mer, dans un pavillon de construction récente.

Prix : 1 pers. **170 F** 2 pers. **220 F** 3 pers. **290 F**

4	7	4	2	SP	2

MARIE Andre et Carmen – 11, rue du Bout Perdu – 14112 Periers-sur-le-Dan – Tél. : 31.44.11.52

Pertheville-Ners Le Chene-Sec

C.M. nº 55 — Pli nº 12

ℳℳℳ NN — Très belle demeure du XVᵉ, située dans un hameau. Rez-de-chaussée : 1 chambre 2 pers. avec salle d'eau et wc particuliers. A l'étage : 1 chambre 3 pers. et 1 chambre 4 pers. avec salles d'eau et wc particuliers. Parking. Restaurant 1 km. Falaise 7 km. Ouvert toute l'année. Commerces 7 km.

Prix : 1 pers. **140 F** 2 pers. **205 F** 3 pers. **225 F**

7	7	7	3	SP	7

PLASSAIS Michel – Le Chene Sec – 14700 Pertheville-Ners – Tél. : 31.90.17.55

Pierrefitte-en-Auge Les Trois-Ormes

C.M. nº 54 — Pli nº 17

ℳℳ NN — 2 chambres d'hôtes dans une maison récente. 1 chambre 4 pers., salle d'eau et wc particuliers, 1 chambre 2 pers. possibilité lit d'appoint, salle d'eau et wc particuliers. Restaurant 2 km. Pont l'Evèque 5 km. Ouvert toute l'année. Gare 13 km. Commerces 7 km.

Prix : 1 pers. **150 F** 2 pers. **200 F** 3 pers. **240 F**

16	7	4	7	4	SP	6	9

LEBEHOT Marcel – Les Trois Ormes – 14130 Pierrefitte-en-Auge – Tél. : 31.65.03.67

Pleines-Oeuvres La Fosse

C.M. nº 54 — Pli nº 13

ℳℳℳ NN (TH) — Dans une maison de style local, à l'étage : 2 chambres 2 pers. Salle de bains et wc particuliers. Chauffage. Salon de jardin. Plan d'eau privé. Aire de pique-nique. Restaurant 2 km. Pont Farcy 2 km. Ouvert toute l'année. Gare 18 km. Commerces 2 km.

Prix : 1 pers. **155 F** 2 pers. **185 F** 3 pers. **235 F** repas **75 F**

2	11	2	2	2

FIGAREDE Robert et Therese – La Fosse – 14380 Pleines-Oeuvres – Tél. : 31.68.93.30

Pont-d'Ouilly Arclais

C.M. nº 55 — Pli nº 11

ℳℳℳ NN (TH) — A l'étage : 2 chambres de 2 pers. avec chacune 1 chambre complémentaire 2 pers., salle d'eau et wc particuliers. Salle de détente. Chauffage. Salon de jardin. Parking. Restaurant à 4 km. Promenades en cariole sur place. Gare 20 km. Commerces 4 km. Ouvert toute l'année. Dans une habitation de construction récente située sur une colline de la Suisse Normande, proche de la station verte de Pont-d'Ouilly où l'on peut pratiquer de nombreuses activités sportives.

Prix : 1 pers. **150 F** 2 pers. **180 F** 3 pers. **250 F** repas **75 F**

12	4	6	1	SP	4

LEBATARD Claudine – Arclais – 14690 Pont-d'Ouilly – Tél. : 31.69.81.65

Pont-Farcy

C.M. nº 59 — Pli nº 9

ℳℳℳ NN — Dans un pavillon de construction récente, 2 chambres 2 pers. avec salle d'eau particulière et possibilité d'une chambre supplémentaire de 2 pers. Chauffage. Parking. Location de vélos sur place. Restaurant 300 m. Vire 18 km. Ouvert toute l'année. Gare 17 km. Commerces 300 m.

Prix : 1 pers. **155 F** 2 pers. **185 F** 3 pers. **235 F**

38	12	SP	3	SP	SP	SP

LECOUSTE Solange – Le Moulin Sous le Bois – 14380 Pont-Farcy – Tél. : 31.68.86.45

Pont-l'Eveque

C.M. nº 54 — Pli nº 17

ℳ NN — Au 1er étage d'une maison typique de la région, 1 chambre 2 pers., salle de bains particulière. Au 2e étage, 2 chambres de 2 pers. avec possibilité d'une chambre complémentaire pour 1 pers. Salle de bains commune. Chauffage. Restaurant 1 km. Ouvert de Pâques à la Toussaint.

Prix : 1 pers. **125 F** 2 pers. **180 F** 3 pers. **230 F**

0,5	0,5	0,5	0,5

HELIN Bernadette – 16 avenue de la Liberation – 14130 Pont-l'Eveque – Tél. : 31.64.01.88

Preaux-Bocage La Crete-Aux-Oiseaux *C.M. n° 54 — Pli n° 15*

♨♨♨ NN Dans une dépendance, proche de la maison d'habitation située dans un cadre verdoyant, 1 chambre de 4 pers. au rez-de-chaussée avec salle d'eau et wc particuliers. Chauffage. Jardin. Entrée indépendante. Restaurant 5 km. Evrecy 5 km. Ouvert toute l'année. Gare 10 km. Commerces 2 km.

Prix : 1 pers. **210 F** 2 pers. **285 F** 3 pers. **340 F**

🏊	🚣	⛷	🏇	👫	〰	🎣
24	12	3	3	1	15	15

CHESNEL Claude et Monique – La Crete Aux Oiseaux – 14210 Preaux-Bocage – Tél. : 31.79.63.52

Putot-en-Bessin *C.M. n° 54 — Pli n° 15*

♨ NN Dans la maison d'habitation située dans un hameau, à l'étage, 2 chambres de 2 pers. Salle d'eau commune. Chauffage. Restaurant 2 km. Caen 14 km. Ouvert toute l'année. Gare 20 km. Commerces 2 km.

Prix : 1 pers. **90 F** 2 pers. **140 F** 3 pers. **170 F**

🏊	🚣	⛷	🏇	👫
15	14	14	14	2

HERVOCHE Helene – 14740 Putot-en-Bessin – Tél. : 31.80.78.00

Reux Manoir-du-Lieu-Dey *C.M. n° 54 — Pli n° 17*

♨♨ NN A l'étage : 2 chambres 3 pers. Salle de bains particulière, wc sur palier. Possibilité d'une chambre complémentaire 2 pers., salle d'eau et wc particuliers. Salle de détente. Parking. Restaurants 2 km. Gare 3 km. Commerces 1 km. Ouvert de Pâques à la Toussaint. Dans un magnifique manoir de caractère, à pans de bois, typique du Pays d'Auge, agencé d'un mobilier rustique. A 1,5 km de Pont-l'Evêque et 12 km de Deauville.

Prix : 1 pers. **180 F** 2 pers. **220/270 F** 3 pers. **300/340 F**

🐕	🏊	🚣	⛷	🏇	⛵	🎣	〰
	13	13	SP	5	2	3	13

PELTIER Genevieve – Manoir du Lieu Dey - Route de Beaumont RD 118 – 14130 Reux – Tél. : 31.64.11.29

Reviers La Malposte *C.M. n° 54 — Pli n° 15/16*

E.C. NN Au 1er étage : 1 ch. 2 pers., salle d'eau et wc particuliers. Au 2e étage : 1 ch. 2 pers. avec 1 ch. complémentaire 2 pers., salle d'eau et wc particuliers. TV dans les chambres. Salle de détente. Chauffage. Salon de jardin. Vélos à disposition. Gare 18 km. Commerces 2,5 km. Restaurant 3 km. Ouvert de Pâques à la Toussaint. Italien et anglais parlés. Situé dans un village, où l'habitat a été préservé, un ancien moulin dont les dépendances ont été aménagées en chambres d'hôtes. Station balnéaire 3 km.

Prix : 1 pers. **190 F** 2 pers. **230 F** 3 pers. **330 F**

🐕	🏊	🚣	⛵	🎣	⛵	〰
	2,5	SP	2,5	2,5	SP	15

BLANLOT J-Michel et Patricia – La Malposte - 15 rue des Moulins – 14470 Reviers – Tél. : 31.37.51.29

Reviers   *C.M. n° 54 — Pli n° 15*

♨♨ NN 2 chambres d'hôtes dans une habitation typique de la région. 1 chambre 2 pers. avec salle d'eau et wc privés. 1 chambre 3 pers. avec salle de bains et wc privés. Parking. Restaurant 2 km. Animaux admis. Courseulles sur Mer 3 km. Ouvert de Pâques à la Toussaint. Visite de la ferme.

Prix : 1 pers. **180 F** 2 pers. **230 F** 3 pers. **290 F**

🏊	🚣	⛷	🎣	🏇
3	3	0,2	2	2

FRAS-JULIEN Laurence – 6 rue des Moulins – 14470 Reviers – Tél. : 31.37.85.62

La Riviere-Saint-Sauveur *C.M. n° 54 — Pli n° 8*

♨♨ NN
(TH) Dans la maison d'habitation, 3 chambres 2 pers. dont 1 au rez-de-chaussée, salle d'eau et wc particuliers. Chauffage. Dans une habitation annexe, au 2e étage : 2 chambres 2 et 4 pers., salle de bains et wc particuliers. Parking. Jardin avec pelouse. Salon de jardin. Restaurant 500 m. Gare 15 km. Commerces 3 km. Ouvert toute l'année. Proche de la côte, à deux pas de Honfleur et son célèbre vieux port. L'arrière pays s'ouvre sur une région bien connue pour ses haras, ses manoirs et ses chaumières.

Prix : 1 pers. **180 F** 2 pers. **230 F** 3 pers. **300 F** repas **80 F**

🐕	🏊	🚣	⛷	⛵	🎣	🚣	〰
	15	15	3	10	3	SP	12

DENIS Agnes – 28 rue Saint-Clair – 14600 La Riviere-Saint-Sauveur – Tél. : 31.89.38.05

La Riviere-Saint-Sauveur *C.M. n° 54 — Pli n° 8*

♨ NN Dans la maison d'habitation, à l'étage : 1 chambre 2 pers. 1 chambre 3 pers. Salle d'eau et wc communs. Chauffage. Salon de jardin. Restaurant 3 km. Honfleur 3 km. Ouvert toute l'année. Gare 15 km. Commerces 2 km. A proximité du pont de Normandie.

Prix : 1 pers. **130 F** 2 pers. **170 F** 3 pers. **200 F**

🏊	🚣	⛷	⛵	🏇	🎣
3	3	1	11	3	1

DELANGE Lysianne – 15 Route de Rouen – 14600 La Riviere-Saint-Sauveur – Tél. : 31.98.70.42

La Riviere-Saint-Sauveur La Vallee-d'Ingres *C.M. n° 54 — Pli n° 8*

♨♨♨ NN Au rez-de-chaussée : 1 chambre 2 pers. Possibilité d'une chambre complémentaire (2 lits 1 pers.). Salle de bains et wc particuliers. Chauffage. Entrée indépendant. Salon de jardin. Restaurant à proximité. Parking. Gare 4 km. Commerces 2,5 km. Ouvert toute l'année. A deux pas d'Honfleur, dans une habitation de caractère, à pans de bois, typique du Pays d'Auge, située à flanc de colline. Terrain d'agrément avec plan d'eau. Honfleur 4 km.

Prix : 1 pers. **220 F** 2 pers. **250 F** 3 pers. **340 F**

🐕	🏊	🚣	🏇	⛵	🎣	🚣	〰
	5	4	4	11	4	6	12

FOUILLEUL Rose-Marie – La Vallee d'Ingres – 14600 La Riviere-Saint-Sauveur – Tél. : 31.89.33.76

Robehomme

❦❦❦ NN   Dans une habitation de caractère du XVIᵉ siècle, 1 chambre de 2 pers. à l'étage avec possibilité d'une chambre complémentaire 1 pers. Salle de bains et wc particuliers. Chauffage. Parc, terrasse avec salon de jardin. Restaurant 5 km. Cabourg 10 km. Ouvert toute l'année. Gare 10 km. Commerces 4 km.

Prix : 1 pers. **150 F** 2 pers. **200 F** 3 pers. **280 F**

10	3	11	SP

MARIE Jacques et Annick – Robehomme – 14860 Bavent – Tél. : 31.78.01.74

Robehomme Hameau-de-Bricqueville

❦❦❦ NN   3 chambres d'hôtes dans une habitation de construction récente. A l'étage. 2 ch. 2 pers. avec salle de bains particulière et wc. 1 ch. 2 pers. avec salle d'eau particulière et wc. Chauffage. Restaurant 6 km. Cabourg 10 km. Ouvert toute l'année. Gare 18 km. Commerces 3 km.

Prix : 1 pers. **145 F** 2 pers. **190/215 F**

8	10	10	8	1

KONCEWIECZ – Hameau de Bricqueville - Robehomme – 14860 Bavent – Tél. : 31.78.84.90

Rocquancourt

❦ NN   Dans la maison d'habitation de la ferme, au 2ᵉ étage, 2 chambres de 2 et 3 pers. Salle d'eau commune. Chauffage. Restaurant 1 km. Caen 10 km. Ouvert de juin à septembre. Gare 10 km.

Prix : 1 pers. **115 F** 2 pers. **140 F** 3 pers. **165 F**

20	10	10	10	5	1

VAN RYCKEGHEM Marguerite – 14540 Rocquancourt – Tél. : 31.79.81.90

La Roque-Baignard Le Faingot

❦❦ NN   Dans une petite maison à colombages, à l'étage : 1 chambre 2 pers. avec salle d'eau et wc particuliers. Entrée indépendante. Chauffage. Salon de jardin. Parking. Restaurant 3,5 km. Gare 15 km. Commerces 7 km. Ouvert toute l'année. Au cœur du Pays d'Auge, tout proche du château de la Roque Baignard où vécu André Gide.

Prix : 1 pers. **175 F** 2 pers. **210 F**

20	18	15	0,5	SP	14	15

DRUMARE Louis et Claudine – « Le Faingot » – 14340 La Roque-Baignard – Tél. : 31.63.06.92

Roullours

❦❦ NN   5 chambres aménagées dans une ferme typique du Bocage. Au 1ᵉʳ étage, 3 chambres de 2, 3 et 4 pers. avec salles d'eau particulières (2 épis NN). Au 2ᵉ étage, 2 chambres 2 pers. avec salle d'eau, wc particuliers et TV couleur (3 épis NN). Chauffage. Jardin. Coin pique-nique abrité. Aire de jeux (ping-pong, mini-golf...). Forêt sur place. Restaurant 500 m. Vire 2 km. Possibilité cuisine. Ouvert toute l'année. Gare 3 km. Commerces 1 km.

Prix : 1 pers. **125/175 F** 2 pers. **180/230 F** 3 pers. **240 F**

2	2	4	2	SP	5

MARIE Camille – La Gage – 14500 Roullours – Tél. : 31.68.17.40

Rumesnil L'Islet

❦ NN   4 chambres d'hôtes dans l'habitation de la ferme à colombages. 3 ch. de 2 pers. à l'étage, avec salle d'eau commune. Possibilité lit d'appoint. Dans un bâtiment annexe : 1 ch. 2 pers. avec salle d'eau et wc particuliers (2 épis NN). Coin-cuisine. Entrée indépendante. Chauffage. Jardin d'agrément. Restaurant 3 km. Cambremer 5 km. Ouvert toute l'année.

Prix : 1 pers. **180/220 F** 2 pers. **200/240 F** 3 pers. **260/300 F**

17	5	7	SP	SP	3

LESUFLEUR Suzanne – Ferme de l'Islet – 14340 Rumesnil – Tél. : 31.63.01.08

Ryes Le Clos-Neuf

❦❦ NN   Dans un bâtiment annexe typique du Bessin, à l'étage : 4 chambres 2 pers. (possibilité 1 lit supplémentaire), salle d'eau et wc particuliers chacune. Salle de détente. Chauffage. Salon de jardin. Parking. Restaurant 1,5 km. Gare 15 km. Commerces 3 km. Ouvert toute l'année. Proche du littoral, vous apprécierez les nombreux villages environnants en pierre régionale où chapelle, églises, châteaux et fermes fortifiées se côtoient.

Prix : 1 pers. **170 F** 2 pers. **200 F** 3 pers. **250 F**

3	1	3	7	2	10

SEBIRE Andre et Madeleine – Le Clos Neuf – 14400 Ryes – Tél. : 31.22.32.34

Ryes

❦   Dans une habitation traditionnelle de la région, 3 chambres (2 et 3 pers.) à l'étage. Salle d'eau commune. Chauffage. Jardin d'agrément, salon de jardin. Plages du Débarquement 4 km. Restaurant 500 m. Arromanches 4 km. Ouvert toute l'année.

Prix : 1 pers. **150 F** 2 pers. **180 F** 3 pers. **230 F**

4	8	0,4	4	8	10

SEBIRE Paulette – 9 rue d'Asnelles - Le Bourg – 14400 Ryes – Tél. : 31.22.32.50

Calvados

Saint-Aubin-Lebizay La Cour-l'Epee
C.M. n° 54 — Pli n° 17

≋≋≋ NN Dans une maison de caractère (ancien pressoir restauré), à l'étage : 1 ch. 3 pers., salle de bains et wc privés. 1 ch. 2 pers. avec salle de bains et wc privés (4 épis). Dans un bâtiment annexe : 1 ch. 2 pers., coin-salon, 1 lit enfant, salle d'eau et wc privés (3 épis). Chauffage. Salon de jardin. Parking. Restaurant 5 km. Non fumeurs. Ouvert toute l'année. Dozulé 6 km. Très belle vue, grand calme, parc magnifique. Table d'hôtes sur réservation.

Prix : 1 pers. **230 F** 2 pers. **260/320 F** 3 pers. **390 F**

≋	≋	⚞	⛵	🏇
17	17	6	17	6

BATAILLE Bernard – La Cour l'Epee – 14340 Saint-Aubin-Lebizay – Tél. : 31.65.09.45

Saint-Come-de-Fresne La Poterie
C.M. n° 54 — Pli n° 15

≋≋≋ NN Dans un bâtiment mitoyen à l'habitation du propriétaire, au rez-de-chaussée : 1 chambre 3 pers. Salle de bains et wc particuliers. Possibilité lit supplémentaire. Chauffage. TV. Jardin. Parking. Restaurant 1 km. Gare 11 km. Commerces 2 km. Ouvert toute l'année. Anglais parlé. Dans le Bessin à proximité des Plages du Débarquement, 1 chambre avec entrée indépendante. Arromanches 2 km.

Prix : 1 pers. **190 F** 2 pers. **220 F** 3 pers. **280 F**

≋	≋	🏃	🏇	🥾	⚞	⚞
1	11	5	10	SP	13	

LE PETIT J.Paul et Catherine – 5, Route de Bayeux - « La Poterie » – 14960 Saint-Come-de-Fresne – Tél. : 31.92.95.78

Saint-Come-de-Fresne
C.M. n° 54 — Pli n° 15

≋≋ NN Dans un bâtiment mitoyen à l'habitation du propriétaire, au rez-de-chaussée : 1 chambre 2 pers., salle d'eau et wc particuliers. Possibilité de lits complémentaires. Chauffage. Salon de jardin. Parking. Restaurant à 300 m. Gare 11 km. Commerces 2 km. Ouvert toute l'année. Dans une habitation typique du Bessin à 1 km de la mer et tout proche des Plages du Débarquement.

Prix : 1 pers. **160 F** 2 pers. **220 F** 3 pers. **280 F**

≋	≋	🏃	⛵	🏇	🥾	⚞
1	12	2	2	2	SP	12

DAMECOUR Jean et Viviane – 7 Route de Bayeux – 14960 Saint-Come-de-Fresne – Tél. : 31.21.87.57

Saint-Denis-Maisoncelles
C.M. n° 54 — Pli n° 14

≋≋ NN (TH) A l'étage : 1 chambre 2 pers. Salle d'eau et wc particuliers. Possibilité 1 chambre complémentaire 2 pers. Chauffage. Jardin avec salon de jardin. Restaurant 5 km. Gare 30 km. Commerces 4 km. Ouvert toute l'année. Table d'hôtes sur réservation. Dans l'habitation d'une ferme d'élevage du Bocage Virois. Promenades pédestres et saut à l'élastique à proximité. Saint-Martin des Besaces 10 km.

Prix : 1 pers. **130 F** 2 pers. **170 F** 3 pers. **250 F** repas **60 F**

≋	🏃	🏇	🥾
20	8	3	SP

GRAVEY Alain et Odile – La Valette – 14350 Saint-Denis-Maisoncelles – Tél. : 31.68.74.31

Saint-Etienne-la-Thillaye
C.M. n° 54 — Pli n° 17/18

≋≋ NN Dans une habitation de construction récente, à l'étage : 1 chambre 2 pers., salle de bains et wc particuliers. Chauffage. Parking. Salon de jardin. Restaurant à 2 km. Gare 9 km. Commerces 5 km. Ouvert toute l'année. Au cœur du Pays d'Auge, proche de Haras célèbres, à 9 km de la station balnéaire de Deauville.

Prix : 1 pers. **170 F** 2 pers. **200 F**

🐕	≋	≋	🏃	⛵	🏇	≋
	9	9	5	9	5	5

EUSTACHE Gilbert et Francoise – Le Bourg – 14950 Saint-Etienne-la-Thillaye – Tél. : 31.64.33.09

Saint-Etienne-la-Thillaye Le Lieu d'Aubin
C.M. n° 54 — Pli n° 17/18

≋≋≋ NN Dans une habitation traditionnelle du Pays d'Auge, à l'étage : 1 ch. 2 pers., salle de bains et wc particuliers. Petit salon en mezzanine. Chauffage. Salon de jardin, parking. Gare et commerces 7 km. Restaurant 3 km. Ouvert toute l'année. Anglais et allemand parlés. Dans une vieille maison augeronne, Mme Zangs vous accueille avec chaleur, et pour peu que vous sachiez jouer au bridge, vous trouverez là un partenaire de choix.

Prix : 1 pers. **170 F** 2 pers. **250 F**

🐕	≋	🏃	🏇	🥾	≋	🎿
	9	5	3	SP	7	3

ZANGS Bernadette – Le Lieu d'Aubin – 14950 Saint-Etienne-la-Thillaye – Tél. : 31.65.22.54

Saint-Etienne-la-Thillaye
C.M. n° 54 — Pli n° 17

≋≋≋ Dans une maison à colombages, restaurée dans un environnement campagnard. 1er étage : 2 chambre 2 pers., salle de bains et wc particuliers. 2e étage : 1 chambre complémentaire 2 pers. Salle de bains et wc particuliers. Chauffage. Salon de jardin. Possibilité cuisine. Parking. Restaurant 4 km. Deauville 9 km. Ouvert toute l'année. Gare et commerces 7 km.

Prix : 1 pers. **170 F** 2 pers. **240 F** 3 pers. **280 F**

≋	≋	🏃	🏇	🥾	≋	🎿	🚣
10	10	10	8	7	3	6	10

CHAMPION Pierre et Simone – Chemin de la Barberie – 14950 Saint-Etienne-la-Thillaye – Tél. : 31.65.21.97

Saint-Etienne-la-Thillaye
C.M. n° 54 — Pli n° 17

≋≋ NN Dans une habitation traditionnelle, 2 chambres (2 à 3 pers.) à l'étage. Salle d'eau particulière. Chauffage. Jardin d'agrément. Restaurant 4 km. Deauville 9 km. Ouvert toute l'année.

Prix : 1 pers. **160 F** 2 pers. **200 F** 3 pers. **240 F**

≋	≋	🏃	🏇	≋
7	7	7	8	7	4

FORTIER Philippe et Therese – Classy – 14950 Saint-Etienne-la-Thillaye – Tél. : 31.65.21.28

Saint-Etienne-la-Thillaye

C.M. n° 54 — Pli n° 17/18

❅❅❅ NN

Dans une habitation de construction récente de style régional, 4 chambres de 2 et 3 pers. à l'étage. Salle d'eau et wc particuliers. Chauffage. Salle de détente. Parking. Restaurant à 4 km. Gare 3 km. Commerces 4 km. Ouvert toute l'année. En arrière de Deauville, dans un site calme et campagnard.

Prix : 1 pers. **175 F** 2 pers. **235 F** 3 pers. **275 F**

8	8	3	3	3	3	4

BARATTE Guy et Monique – La Friche Saint-Vincent – 14950 Saint-Etienne-la-Thillaye – Tél. : 31.65.22.04

Saint-Gatien-des-Bois

C.M. n° 54 — Pli n° 17

❅ NN

Dans une habitation traditionnelle. 1er étage : 1 ch. 2 pers., salle d'eau et wc particuliers (2 épis NN). 2e étage : 2 ch. 2 et 3 pers., salle de bains et wc communs (1 épi NN). Entrée indépendante. Chauffage. Salle de détente. Jardin. Forêt 3 km. Restaurant 2 km. Honfleur 8 km. Ouvert toute l'année. Gare 8 km. Commerces 2 km.

Prix : 1 pers. **150/170 F** 2 pers. **200/220 F** 3 pers. **270 F**

10	5	5	5	8	2	1

RUFIN Renee – Ancienne Cidrerie – 14130 Saint-Gatien-des-Bois – Tél. : 31.98.85.62

Saint-Germain-de-Montgommery Le Vaucery

C.M. n° 55 — Pli n° 13

❅❅ NN

Rez-de-chaussée : 1 chambre de 2 pers. avec salle d'eau et wc particuliers. Jardin avec salon de jardin. Chauffage. Restaurant 2 km. Gare 27 km. Commerces 1 km. Ouvert de Pâques à la Toussaint. Anglais parlé. Dans une ferme à colombages typique du sud pays d'Auge, dans un site exceptionnel et très calme (dans un ancien hâloir restauré). Promenades en poney à la ferme.

Prix : 1 pers. **150 F** 2 pers. **200 F**

3	2	2	SP	SP	3

CATEL Gerard et France – Le Vaucery – 14140 Saint-Germain-de-Montgommery – Tél. : 33.39.03.91

Saint-Germain-du-Pert

C.M. n° 54 — Pli n° 13

❅❅❅ NN
(TH)

Dans une ferme de caractère du XVIe siècle, 4 chambres à l'étage. 2 chambres 2 pers. avec salle d'eau et wc particuliers. 1 chambre pour 3 pers. 1 ch. complémentaire 2 pers. avec salle de bains et wc particuliers. Chauffage. Jardin d'agrément. Grandcamp Maisy 6 km. Ouvert de Pâques à la Toussaint. Gare 15 km. Commerces 2 km. A proximité des plages du Débarquement.

Prix : 1 pers. **150 F** 2 pers. **200 F** 3 pers. **300 F** repas **85 F**

7	7	11	0,5	SP	7

MARIE Herve et Paulette – Ferme de la Riviere – 14230 Saint-Germain-du-Pert – Tél. : 31.22.72.92

Saint-Hymer Ferme-l'Abbe

C.M. n° 54 — Pli n° 17

❅ NN

Dans une grange restaurée, annexe de la maison d'habitation, au 1er étage : 2 chambres 3 et 4 pers. Possibilité supplémentaire et lit bébé. WC à l'étage. Salle d'eau au rez-de-chaussée, ainsi que le coin-cuisine. Salon de jardin. Parking. Gare 5 km. Commerces 4 km. Ouvert toute l'année. Saint-Hymer est un joli village typique du Pays d'Auge. La maison est située dans un jardin fleuri et arboré. GR26.

Prix : 1 pers. **180 F** 2 pers. **200 F** 3 pers. **240 F**

15	15	3	15	5	3	SP	3	9

CAVELIER J.Pierre et Francoise – Ferme l'Abbe – 14130 Saint-Hymer – Tél. : 31.64.27.28

Saint-Jean-le-Blanc

C.M. n° 59 — Pli n° 10

❅❅ NN

Dans la maison d'habitation, à l'étage : 1 chambre 2 pers., salle de bains et wc particuliers avec 1 chambre complémentaire 1 pers. Entrée indépendante. Salon de détente. Chauffage. Salon de jardin. Possibilité de pique-nique. Restaurant à 3 km. Gare 22 km. Commerces 5 km. Ouvert toute l'année. Dans un petit bourg du Bocage, à proximité des sentiers pédestres.

Prix : 1 pers. **150 F** 2 pers. **180 F** 3 pers. **240 F**

15	3	15	2	SP	15	15

DELANGLE JEAN-JACQUES ET JACQUELINE – Le Bourg – 14770 Saint-Jean-le-Blanc – Tél. : 31.69.42.79 ou 31.69.60.43

Saint-Laurent-du-Mont La Vignerie

C.M. n° 55 — Pli n° 13

❅❅❅ NN

Dans un bâtiment indépendant de l'habitation, au rez-de-chaussée : 1 chambre de 4 pers. 1 chambre de 2 pers., salle de bains et wc particuliers. A l'étage : 3 chambres de 3 pers., salle de bains et wc particuliers. Entrée indépendante. Chauffage. Parking privé. Salon de jardin. Restaurant 2,5 km. Gare 15 km. Commerces 2,5 km. Anglais parlé. Au cœur du Pays d'Auge proche du village typique de Cambremer et de la route du Cidre. Dans le Pressoir restauré, au centre d'un corps de bâtiment Augeron du XVIIe siècle au rez-de-chaussée... Ouvert toute l'année. Prêt de vélos et VTT.

Prix : 1 pers. **180 F** 2 pers. **220 F** 3 pers. **290 F**

25	12	2,5	2	SP

HUET Marie-France – La Vignerie – 14340 Saint-Laurent-du-Mont – Tél. : 31.63.08.65

Saint-Laurent-sur-Mer Rabin

C.M. n° 54 — Pli n° 14

❅ NN

Dans l'habitation de la ferme, à l'étage : 3 chambres de 2 pers. Salle d'eau commune, wc sur palier. Chauffage. Restaurant 500 m. Ferme-auberge 2 km. Port en Bessin 10 km. Ouvert toute l'année.

Prix : 1 pers. **120 F** 2 pers. **150 F**

SP	3	SP	3

DERMILLY Daniel et Yvonne – Ferme du Rabin – 14710 Saint-Laurent-sur-Mer – Tél. : 31.22.42.47

Saint-Leger-Dubosq Le Mont-Menard   *C.M. nº 55 — Pli nº 13*

☙ NN

A l'étage : 1 chambre 3 pers. 1 chambre 2 pers. Salle d'eau commune. Chauffage. Possibilité cuisine. Restaurant 2 km. Parking. Gare 27 km. Commerces 3 km. Ouvert toute l'année. Petite maison de ferme située dans le Pays d'Auge. Belles promenades à proximité. Cabourg 10 km.

Prix : 1 pers. **140 F** 2 pers. **190 F** 3 pers. **250 F**

10	12	10	10	1,5	2	2

CARPENTIER Flavienne – Le Mont Menard – 14430 Saint-Leger-Dubosq – Tél. : 31.79.12.04

Saint-Loup-Hors Manoir-du-Pont-Rouge   *C.M. nº 54 — Pli nº 14*

☙☙ NN

A l'étage : 4 chambres 2 pers. Salle de bains ou salle d'eau et wc particuliers. Chauffage. Parking. Restaurant 1 km. Gare et commerces 2 km. Ouvert toute l'année. Anglais parlé. Dans une habitation de caractère, ancienne ferme typique de la région, à la porte de Bayeux. Bayeux 2 km.

Prix : 1 pers. **160 F** 2 pers. **200 F** 3 pers. **270 F**

10	2	2	2	2	10

CHILCOTT Michael – Manoir du Pont Rouge – 14400 Saint-Loup-Hors – Tél. : 31.22.39.09

Saint-Loup-Hors Chemin-des-Marettes   *C.M. nº 54 — Pli nº 14/15*

☙☙ NN

A l'étage : 1 grande chambre 3 pers., salle d'eau particulière non attenante et wc. En mezzanine, un coin-salon avec 2 fauteuils, 1 convertible 2 pers. et TV. Chauffage. Parking. Restaurant à 800 m. Salon de jardin. Gare et commerces à 1 km. Ouvert toute l'année. Dans une maison de construction récente située à quelques pas de la ville touristique de Bayeux et à 12 km de la mer et des plages du Débarquement.

Prix : 1 pers. **170 F** 2 pers. **200 F** 3 pers. **290 F**

12	1	1	2	2	1

JEANNETTE Simone – Chemin des Marettes – 14400 Saint-Loup-Hors – Tél. : 31.92.24.68 ou 31.21.24.49

Saint-Manvieu-Bocage La Mare   *C.M. nº 59 — Pli nº 9*

☙☙ NN
(TH)

Au rez-de-chaussée : 1 chambre 3 pers., salle d'eau et wc particuliers. Chauffage. Parking. Restaurant 1 km. Gare 7 km. Commerces 1 km. Ouvert toute l'année. Dans une habitation en pierre, typique du Bocage Virois...

Prix : 1 pers. **130 F** 2 pers. **180 F** 3 pers. **230 F** repas **70 F**

7	1	5	5	5	1	1	1

LEBOUCHER Gerard et Jeanine – « La Mare » – 14380 Saint-Manvieu-Bocage – Tél. : 31.66.01.62

Saint-Martin-de-Blagny La Coquerie   *C.M. nº 54 — Pli nº 14*

☙☙ NN
(TH)

Au 2ᵉ étage : 1 grande chambre mansardée de 4 pers. avec salle d'eau et wc particuliers. Chauffage. Salon de jardin. Parking. Ferme-auberge 2 km. Gare 20 km. Commerces 6 km. Ouvert toute l'année. Dans l'habitation de la ferme située en pleine campagne, entourée de prairies, environnement très calme.

Prix : 1 pers. **150 F** 2 pers. **200 F** 3 pers. **230 F** repas **70 F**

20	6	9	5

PASQUET Genevieve – La Coquerie – 14710 Saint-Martin-de-Blagny – Tél. : 31.22.50.89

Saint-Martin-des-Entrees   *C.M. nº 54 — Pli nº 15*

☙☙☙ NN

Au rez-de-chaussée : 1 chambre 4 pers. Salle d'eau et wc particuliers. Entrée indépendante. A l'étage : 2 chambres 2 et 3 pers. avec salle d'eau et wc particuliers. Chauffage. Possibilité pique-nique. Parking. Restaurant 1 km. Gare 2 km. Commerces 1 km. Ouvert toute l'année. Murielle et Pierre vous accueillent dans leur grande maison de style régional, récemment restaurée, toute proche de Bayeux. Jardin clos et salon de jardin. Bayeux 1 km.

Prix : 1 pers. **190 F** 2 pers. **240 F** 3 pers. **290 F**

8	1	8	2	4	8	10

LAUMONNIER Pierre et Murielle – 9, Route de Caen – 14400 Saint-Martin-des-Entrees – Tél. : 31.92.76.31

Saint-Pierre-de-Mailloc La Gare   *C.M. nº 54 — Pli nº 18*

☙☙ NN

A l'étage : 1 chambre 2 pers., salle de bains particulière, wc au rez-de-chaussée. Chauffage. Terrain avec pelouse. Parking. Restaurant à 8 km. Gare 12 km. Commerces 2 km. Ouvert de Pâques à la Toussaint. Dans un pavillon de construction récente situé dans un environnement calme et reposant. Belles promenades à proximité.

Prix : 1 pers. **120 F** 2 pers. **180 F**

40	12	3	9	3	SP

LESUEUR Madeleine – La Gare – 14290 Saint-Pierre-de-Mailloc – Tél. : 31.63.72.77

Saint-Remy-sur-Orne La Vallee   *C.M. nº 55 — Pli nº 11*

☙☙☙ NN

Dans une ferme typique de Suisse Normande, dans la maison d'habitation à l'étage : 2 chambres de 2 pers. avec salle d'eau et wc particuliers, possibilité d'utiliser 1 chambre complémentaire de 2 pers. Chauffage. Parking. Jardin avec salon de jardin. Restaurant 500 m. Gare 34 km. Commerces 1 km. Ouvert toute l'année. En plein cœur de la Suisse Normande, sur un vallon en face de la rivière « Orne » et à 2 km de la station verte et renommée de Clécy.

Prix : 1 pers. **150 F** 2 pers. **190 F** 3 pers. **240 F**

7	3	3	1	SP	3

DUMONT Michel et Christine – La Vallee – 14570 Saint-Remy-sur-Orne – Tél. : 31.69.78.64

Saint-Remy-sur-Orne
C.M. nº 55 — Pli nº 11

⚒⚒ NN Dans une habitation du village, au 1er étage : 2 chambres 2 pers. (non fumeur). Salles d'eau particulières et wc. Chauffage. Salle de détente. Parking privé. Restaurant 300 m. Clécy 4 km. Ouvert de mars à septembre. Gare 30 km.

Prix : 1 pers. **140 F** 2 pers. **200 F**

4	4	4	SP	SP	4

LEHERICEY Guy et Annick – Rue du Sous Lieau – 14570 Saint-Remy-sur-Orne – Tél. : 31.69.71.39

Saint-Vigor-le-Grand
C.M. nº 54 — Pli nº 14/15

⚒⚒⚒ NN Dans une habitation de construction récente, à l'étage : 1 ch. 2 pers., possibilité d'une chambre complémentaire 2 pers., salle d'eau et wc particuliers. Chauffage. Salon de jardin, parking. Gare 3 km. Commerces 1 km. Restaurant 2 km. Ouvert de Pâques à la Toussaint. A la sortie de Bayeux, en dir. d'Arromanches, vous pourrez séjourner chez M. et Mme Denage, qui vous ouvriront leur maison et prendront bien soin de vous.

Prix : 1 pers. **170 F** 2 pers. **200 F** 3 pers. **270 F**

9	1	2	10	5	5	10

DENAGE Louis et Yvette – 32 Route d'Arromanches – 14400 Saint-Vigor-le-Grand – Tél. : 31.92.29.08

Saint-Vigor-le-Grand Residence-de-la-Riviere
C.M. nº 54 — Pli nº 15

⚒⚒⚒ NN Dans une maison de construction récente : 1 chambre 2 pers. à l'étage avec salle de bains et wc particuliers, possibilité lit d'appoint. 2 chambres 2 pers. au rez-de-jardin avec salles de bains et wc particuliers. Chauffage. Salon de jardin. Restaurant 500 m. Bayeux 1 km. Ouvert toute l'année.

Prix : 1 pers. **180 F** 2 pers. **200/250 F** 3 pers. **300 F**

10	1	1	10	1	5

VINGTROIS Suzanne – Residence de la Riviere - Route d'Arromanches – 14400 Saint-Vigor-le-Grand – Tél. : 31.22.03.16

Saint-Vigor-le-Grand Le Hameau-Caugy
C.M. nº 54 — Pli nº 14/15

⚒⚒⚒ NN Au rez-de-chaussée : 1 grande chambre 4 pers., salle d'eau et wc particuliers attenants à la chambre. Chauffage. Salon de jardin. Restaurant à 1 km. Gare et commerces à 1 km. Ouvert toute l'année. Dans une ancienne demeure de caractère du XVIIe siècle du Bessin, au calme à quelques pas de la ville de Bayeux et à 10 km de la mer et des Plages du Débarquement.

Prix : 1 pers. **150 F** 2 pers. **200 F** 3 pers. **250 F**

10	1	1	10	1	5	10	10

SUZANNE Jacky et Lucienne – Le Hameau Caugy – 14400 Saint-Vigor-le-Grand – Tél. : 31.92.09.39

Sainte-Croix-sur-Mer
C.M. nº 54 — Pli nº 15

⚒⚒ NN 2 chambres d'hôtes dans une maison typique du Bessin. 1 chambre 3 pers. avec salle d'eau et wc particuliers. 1 chambre 1 pers. salle d'eau et wc particuliers. Baignade 4 km. Restaurant 2 km. Animaux admis (sous conditions). Courseulles 4 km. Ouvert de Pâques à la Toussaint. Gare 15 km. Commerces 3 km.

Prix : 1 pers. **180 F** 2 pers. **215 F** 3 pers. **285 F**

3	3	3	3	3

LANGLOIS Gerard et Elisabeth – La Gueranne – 14480 Sainte-Croix-sur-Mer – Tél. : 31.22.23.81

Sainte-Honorine-des-Pertes Le Grand-Hameau
C.M. nº 54 — Pli nº 14/15

⚒⚒⚒ NN Dans une maison restaurée du Bessin, à l'étage : 1 chambre 2 pers. avec 1 chambre complémentaire 2 pers., salle d'eau et wc particuliers. Petit salon. Chauffage. Parking. Restaurant à 800 m. Ferme-auberge 2 km. Gare 15 km. Commerces 1 km. Ouvert toute l'année. A proximité des plages du Débarquement et de la campagne du Bessin, agrémentée de châteaux et de fermes fortifiées.

Prix : 1 pers. **150 F** 2 pers. **200 F** 3 pers. **270 F**

2	13	2	4	4	SP	4

BROGGI Patrick et Guylene – Le Grand Hameau – 14250 Sainte-Honorine-des-Pertes – Tél. : 31.22.87.81

Sainte-Honorine-du-Fay
C.M. nº 54 — Pli nº 15

⚒⚒ NN (TH) 3 chambres d'hôtes aménagées dans une maison située dans un hameau. 1 chambre 2 pers. avec salle de bains particulière et 2 chambres 2 et 3 pers. avec salles d'eau particulières. Entrée indépendante. Chauffage. Salon de jardin. Parking. Table d'hôtes sur réservation. Restaurant 3 km. Evrecy 3 km. Ferme-auberge 8 km. Ouvert toute l'année. Gare 18 km. Commerces 600 m.

Prix : 1 pers. **120 F** 2 pers. **180 F** 3 pers. **220 F** repas **75 F**
1/2 pens. **140 F**

16	3	8	12	SP	15

MARIE Marie-Louise – Route des Ecoles - Les Mesnils – 14210 Sainte-Honorine-du-Fay – Tél. : 31.80.45.61

Sainte-Marie-Laumont Le Picard
C.M. nº 59 — Pli nº 9

⚒⚒ NN (TH) A l'étage : 1 chambre 3 pers. Salle d'eau et wc particuliers. Entrée indépendante. Chauffage. Salon de jardin. Coin pique-nique. Ouvert toute l'année. Dans une des rares chaumières du Bocage Normand, récemment restaurée et meublée d'un mobilier typique. Vire 10 km. Gare 10 km. Commerces 3 km.

Prix : 1 pers. **140 F** 2 pers. **180 F** 3 pers. **230 F** repas **60 F**

10	5	5	3	SP	5

GUILLAUMIN Nelly – Le Picard – 14350 Sainte-Marie-Laumont – Tél. : 31.68.43.21

Calvados

Normandie

Sannerville

C.M. n° 54 — Pli n° 16

❅❅ NN

Dans une grande maison de construction récente au 1er étage : 1 chambre 2 pers., salle d'eau et wc particuliers. Au 2e étage : 2 chambres 2 pers. avec salle d'eau et wc particuliers. Chauffage. Salle de détente. Jardin. Restaurant à 300 m. Gare 10 km. Ouvert de juin à septembre. Grande maison située dans un bourg, entourée d'un grand parc. A 10 mn de Caen et de la mer.

Prix : 1 pers. **170 F** 2 pers. **220 F** 3 pers. **280 F**

🏊	🚴	🎿	🐎
15	8	3	5

BELLOT Pierre – 15 rue Pasteur – 14940 Sannerville – Tél. : 31.39.55.75

Sept-Vents

C.M. n° 54 — Pli n° 14

❅ NN
(TH)

Dans une maison située en campagne, à l'étage, 2 chambres de 2 pers. Salle d'eau et wc privés. Chauffage. Pelouse. Restaurant à 6 km. Table d'hôtes sur réservation. Fabrication de pain à l'ancienne. Caumont l'Eventé 6 km. Ouvert toute l'année. Gare 25 km. Commerces 6 km.

Prix : 1 pers. **140 F** 2 pers. **170 F** 3 pers. **220 F** repas **70 F**

🐕	🏊	🚴	🎿	👥
	35	12	6	7

ACHARD Raoul et Genevieve – Ferme de la Riviere – 14240 Sept-Vents – Tél. : 31.68.70.44

Sommervieu

C.M. n° 54 — Pli n° 15

❅❅ NN

Dans une ferme du XVIIe siècle, 2 chambres d'hôtes de 2 et 3 pers. aménagées avec salle d'eau et wc particuliers, à l'étage. Dans un bâtiment indépendant, 2 chambres d'hôtes de 4 pers. avec salle d'eau et wc particuliers. Chauffage. Coin-repas avec cuisine. Location de bicyclettes. Ping-pong. Restaurant 150 m. Bayeux 4 km. Ouvert toute l'année.

Prix : 1 pers. **100 F** 2 pers. **130/160 F** 3 pers. **180/210 F**

🏊	🎿	🚴	🐎	🎣	⛵	🎾
4	4	4	4	4	8	13

SCHMIT J.Michel et Francoise – Ferme de l'Eglise – 14400 Sommervieu – Tél. : 31.92.55.17

Subles

C.M. n° 54 — Pli n° 14

❅❅❅ NN

Dans une maison de construction récente, à l'étage : 1 chambre 2 pers., 1 convertible 2 pers., salle d'eau et wc particuliers attenants à la chambre. Possibilité cuisine. Terrasse sur jardin. Entrée particulière. Parking privé. Chauffage. Restaurant sur place. Gare et commerces à 5 km. Ouvert toute l'année. Dans une maison de construction récente entourée d'un grand jardin, située à quelques kilomètres de la belle ville historique de Bayeux.

Prix : 1 pers. **160 F** 2 pers. **200 F** 3 pers. **250 F**

🐕	🏊	🎿	🚴	🐎	🎣	👥	🎾
	15	5	5	5	1	5	15

GOUBOT J.P. et Christiane – 42 rue Desmant – 14400 Subles – Tél. : 31.92.57.81

Sully

C.M. n° 54 — Pli n° 14

❅❅ NN

1 chambre d'hôtes dans l'habitation de la ferme. 1 chambre de 3 pers. à l'étage avec salle de bains et wc particuliers. Chauffage. Restaurant 5 km. Bayeux 3,5 km. Ouvert toute l'année. Gare 7 km. Commerces 5 km.

Prix : 1 pers. **160 F** 2 pers. **200 F** 3 pers. **280 F**

🏊	🎿	🚴	⛵	🐎	🎣	👥	🎾
7	5	5	12	3,5	7	5	7

BOISRAMEY Marcel – La Grande Rue – 14400 Sully – Tél. : 31.92.26.59

Surrain Hameau-de-Houtteville

C.M. n° 54 — Pli n° 14

❅❅❅ NN

Dans une habitation traditionnelle de la région, à l'étage : 1 chambre 3 pers. Salle d'eau et wc particuliers. Entrée indépendante. 1 chambre 2 pers. Salle d'eau et wc particuliers. Possibilité 1 chambre complémentaire 2 pers. Coin-cuisine. Chauffage. Salon de jardin. Restaurant 2 km. Ferme-auberge 4 km. Trévières 4 km. Ouvert toute l'année.

Prix : 1 pers. **130 F** 2 pers. **180 F** 3 pers. **250 F**

🐕	🏊	🎿	👥	🎾
	6	4	3	8

ENEE Jean et Marie-Claire – Hameau de Houtteville – 14710 Surrain – Tél. : 31.92.40.47

Surville Le Prieure

C.M. n° 54 — Pli n° 17/18

❅❅ NN

Dans une demeure normande, au 2e étage : 1 ch. 2 pers., salle de bains et wc particuliers. Chauffage. Parking, grand jardin avec salon de jardin. Gare et commerces 1 km. Restaurant 1,5 km. Ouvert toute l'année. Au cœur du Pays d'Auge, à proximité de la Côte Fleurie.

Prix : 1 pers. **150 F** 2 pers. **200 F** 3 pers. **260 F**

🐕	🏊	🎿	⛵	🚴	🐎	🎣	🏊	🎾
	12	12	3	12	3	1	3	3

COLIN Bernard et Laeticia – Le Prieure Boutfol – 14130 Surville – Tél. : 31.64.39.70

Tessel

C.M. n° 54 — Pli n° 15

❅ NN
(TH)

3 chambres 2 pers. aménagées dans un cadre verdoyant et calme. Salle de bains commune. Possibilité cuisine. Jardin d'agrément. Chauffage. Tilly-sur-Seulles 6 km. A 3 km de la N175 sortie D83. Ouvert toute l'année. Gare 17 km. Commerces 3 km.

Prix : 1 pers. **120 F** 2 pers. **165 F** 3 pers. **220 F** repas **70 F**

🐕	🏊	🎿	🚴
	30	10	3	3

AMEY Paul – La Londe – 14250 Tessel – Tél. : 31.80.81.12

Thaon

C.M. n° 54 — Pli n° 15

♥♥ NN
(TH)

Dans le village, 3 chambres dans une maison ancienne, récemment restaurée. A l'étage : 3 chambres 2 et 3 pers. avec salle d'eau particulière pour chaque chambre. Chauffage. Cour fermée. Parking fermé. Restaurant à proximité. Courseulles-sur-Mer 9 km. Ouvert de pâques à la Toussaint.

Prix : 1 pers. **130 F** 2 pers. **150 F** 3 pers. **200 F** repas 70 F

10	10	0,5	10	SP

SEVER J-Claude et Catherine – 4 Grande Rue – 14610 Thaon – Tél. : 31.80.00.05

Tilly-sur-Seulles

C.M. n° 54 — Pli n° 14/15

♥♥♥ NN

Dans un village du Bessin, à 10 km de Bayeux, une grande maison bourgeoise entourée d'un jardin. R.d.c. : 1 ch. 2 pers. (3 épis NN), salle de bains et wc particuliers. A l'étage : 1 ch. 2 pers. (2 épis NN), salle de bains et wc particuliers. Chauffage. Salon de jardin, garage. Gare 11 km. Commerces et restaurant 500 m. Ouvert toute l'année. Anglais parlé.

Prix : 1 pers. **170 F** 2 pers. **210 F**

20	11	1	20	8	0,5	5	22

BRILHAUT Sebena – 7 rue de la Varende – 14250 Tilly-sur-Seulles – Tél. : 31.08.25.73 – Fax : 31.08.25.73.

Tilly-sur-Seulles Hameau-Saint-Pierre

C.M. n° 54 — Pli n° 15

♥♥♥ NN
(TH)

Dans une maison typique du Bessin, située dans le hameau, à l'étage, 1 chambre de 3 pers. avec salle de bains et wc particuliers, avec 1 chambre complémentaire 2 pers. 2 chambres 3 pers., salle d'eau et wc particuliers. Chauffage. Possibilité cuisine. Table d'hôtes sur réservation. Plages du Débarquement 20 km. Restaurant 1 km. Bayeux 12 km. Ouvert toute l'année. Gare 12 km. Commerces 1 km.

Prix : 1 pers. **160 F** 2 pers. **200 F** 3 pers. **260 F** repas 75 F

20	12	1	8	1	4	10

BARATTE Michel et Nelly – Hameau Saint-Pierre – 14250 Tilly-sur-Seulles – Tél. : 31.80.82.10

Le Torquesne Chemin-Au-Pretre

C.M. n° 54 — Pli n° 17/18

♥♥ NN

A l'étage : 1 chambre 2 pers., salle de bains et wc particuliers non attenants à la chambre. Chauffage. Parking. Terrasse et salon de jardin. Restaurant à 4 km. Gare 10 km. Commerces 6 km. Ouvert toute l'année. Maison de construction récente entourée de verdure, au calme. Belles promenades à proximité dans cette région du Pays d'Auge. Entre Lisieux et Pont l'Evêque.

Prix : 1 pers. **150 F** 2 pers. **200 F**

18	10	10	10	10	10

LANGLOIS Genevieve – Chemin au Pretre – 14130 Le Torquesne – Tél. : 31.63.85.58

Tortisambert La Boursaie

C.M. n° 55 — Pli n° 13

♥♥♥ NN
(TH)

Dans une propriété à colombages, 2 chambres 2 et 3 pers., salle d'eau et wc particuliers, au rez-de-chaussée. Chauffage. Jardin. Salon de jardin. Parking. Restaurant à 5 km. Gare 24 km. Commerces 6 km. Anglais et allemand parlés. Ouvert toute l'année. Située en plein cœur du Pays d'Auge, région célèbre par ses manoirs, haras et chaumières, à proximité de Livarot, cité connue pour ses fromages.

Prix : 1 pers. **190 F** 2 pers. **240 F** 3 pers. **280 F** repas 98 F

40	15	6	2	5	9	6

DAVIES Peter et Anja – La Boursaie – 14140 Tortisambert – Tél. : 31.63.14.20 – Fax : 31.63.14.28

Tour-en-Bessin La Vignette

C.M. n° 54 — Pli n° 14/15

♥♥ NN
(TH)

Dans une ferme restaurée du Bessin. Au r.d.c. : 1 ch. 2 pers., salle d'eau et wc particuliers. A l'étage : 1 ch. 4 pers., salle d'eau et wc particuliers. Chauffage. Salon de jardin. Parking. Hébergement cheval. Restaurant à 4 km. Gare 5 km. Commerces 3 km. Ouvert toute l'année. Anglais parlé. Entre Bayeux et Port en Bessin, au cœur de la campagne du Bessin dans un vaste corps de ferme. les petites routes bordées de haies sont propices à la balade.

Prix : 1 pers. **190 F** 2 pers. **240 F** 3 pers. **300 F** repas 100 F

5	7	5	5	5	5

GIRARD Bertrand et Catherine – Route de Crouay - « La Vignette » – 14400 Tour-en-Bessin – Tél. : 31.21.52.83

Tourgeville

C.M. n° 54 — Pli n° 17

♥♥ NN

2 chambres d'hôtes dans l'habitation de la ferme, à l'étage. 2 chambres 2 et 4 pers. avec salles d'eau particulières. Restaurant 7 km. Deauville 5 km. Ouvert toute l'année. Gare et commerces 8 km.

Prix : 1 pers. **155 F** 2 pers. **195 F** 3 pers. **260 F**

8	8	5	8	8	SP	3

DUVAL Monique – Chemin du Quai au Coq – 14800 Tourgeville – Tél. : 31.87.95.31

Tournieres Ferme-du-Marcelet

C.M. n° 54 — Pli n° 14

♥♥ NN
(TH)

Dans une ferme typique du Bessin, à l'étage : 2 chambres 2 pers., salle d'eau particulière (possibilité 1 lit supplémentaire). 1 chambre 4 pers., salle d'eau et wc particuliers. Chauffage. Salle de détente avec TV. Jardin d'agrément. Parking. Ferme-auberge à 5 km. Gare 9 km. Commerces 4 km. Ouvert toute l'année. Dans une grande demeure, située dans un environnement très calme et reposant. A proximité des plages du Débarquement et de la ville historique de Bayeux.

Prix : 1 pers. **150 F** 2 pers. **180 F** 3 pers. **240 F** repas 65 F

18	19	5	18	12	10	5	10	19

ISIDOR Pierre et Solange – Ferme du Marcelet – 14330 Tournieres – Tél. : 31.22.90.86

Tracy-sur-Mer   C.M. n° 54 — Pli n° 15

ΨΨ NN
(TH)

3 ch. d'hôtes aménagées dans un manoir de ferme traditionnelle. Au r.d.c. : 2 ch. 3 et 4 pers. avec salle de bains ou salle d'eau et wc particuliers. Coin-cuisine. A l'étage : 1 ch. 4 pers. avec salle d'eau et wc particuliers. 1 ch. 2 pers. avec salle de bains et wc particuliers et entrée indépendante. Poss. lit d'appoint. Salle de détente. Restaurant à proximité. Ouvert de Pâques à la Toussaint. Anglais parlé. Bayeux à 7 km. Gare 6 km. Commerces 2 km.

Prix : 1 pers. 140 F 2 pers. 180/200 F 3 pers. 230/250 F
repas 70 F

⛵	🎿	⛵	✈	🚶	⛵
2	6	2	2	7	9

ETIENNE Roland et Brigitte – La Rosiere – 14117 Tracy-sur-Mer – Tél. : 31.22.33.88

Trevieres Le Perrey-Heroult   C.M. n° 54 — Pli n° 14

ΨΨΨ NN

A l'étage de l'habitation : 1 chambre de 2 pers., salle d'eau et wc particuliers. Possibilité d'une chambre complémentaire de 2 pers. Chauffage. Jardin. Restaurant 1 km. Ferme-auberge 3 km. Gare 15 km. Commerces 1 km. Ouvert juillet et août. Grande ferme typique du Bessin située dans un beau site du « Marais du Cotentin et Bessin ». Belles promenades à proximité dans les sentiers du Marais. Plages du Débarquement à 7 km.

Prix : 1 pers. 170 F 2 pers. 220 F 3 pers. 300 F

🐕	⛵	🎿	✈	🚶
	7	1	7	SP

BACHELEY Philippe et Brigitte – Le Perrey Heroult – 14710 Trevieres – Tél. : 31.22.07.87

Trevieres Le Calvaire   C.M. n° 54 — Pli n° 14

ΨΨ NN

Dans une maison d'habitation, à l'étage : 1 ch. 2 pers., salle d'eau et wc particuliers. Possibilité lit supplémentaire. Chauffage. Parking. Gare 15 km. Commerces 1 km. Restaurant 600 m. Ouvert de juin à septembre. Dans une commune du Parc Régional des Marais, à proximité des plages du Débarquement.

Prix : 1 pers. 160 F 2 pers. 220 F 3 pers. 260 F

🐕	⛵	🎿	✈	🎣	♪
	7	1	3	1	10

PERRON Renee – Le Calvaire – 14710 Trevieres – Tél. : 31.21.95.31

Troarn   C.M. n° 54 — Pli n° 16

ΨΨ NN

1 chambre d'hôtes dans l'habitation avec entrée indépendante. A l'étage, 1 chambre de 2 pers. avec salle d'eau et wc particuliers. Garage. Restaurant à 300 m. Caen 12 km. Ouvert de juin à septembre. Allemand parlé. Gare 12 km. Commerces 500 m.

Prix : 1 pers. 150 F 2 pers. 190 F

🐕	🎿	✈	♪
	8	12	SP	12

BLONDEL Daniel et Josephine – 1 rue de l'Abbaye – 14670 Troarn – Tél. : 31.39.10.99

Truttemer-le-Grand   C.M. n° 59 — Pli n° 9/10

E.C. NN

Dans la maison d'habitation, au 1er étage : 1 ch. 2 pers., au 2e étage : poss. d'une ch. complémentaire 1 pers. Salle de bains et wc particuliers. Chauffage. Salon de jardin, parking. Gare 10 km. Commerces et restaurant 5 km. Ouvert toute l'année. Dans une ferme traditionnelle du bocage où vous recevrez un accueil typique de la région. Promenades à proximité.

Prix : 1 pers. 130 F 2 pers. 160 F 3 pers. 260 F

🎿	⛵	✈	🎣	♪
10	10	15	0,5	10

FAUDET Julien et Denise – Village la Tostiniere – 14500 Truttemer-le-Grand – Tél. : 31.68.22.16

Vasouy Le Haut-Butin   C.M. n° 55 — Pli n° 3

Ψ NN

Dans une chaumière restaurée, au rez-de-chaussée : 2 chambres de 2 pers. avec douche et wc communs. Entrée indépendante. A l'étage : 1 chambre 3 pers., salle d'eau et wc particuliers (2 épis NN). Chauffage. Parking. Restaurant 500 m. Gare 15 km. Commerces 2 km. Ouvert toute l'année. Sur la Côte de Grâce, aux portes de Honfleur et à 15 km de Deauville. L'arrière pays, quant à lui, s'ouvre sur une région riche en manoirs, châteaux, haras aux multiples chaumières.

Prix : 1 pers. 170 F 2 pers. 210 F 3 pers. 300 F

⛵	🎿	⛵	✈	🚶	♪
2	5	5	2	9

**PERQUIS Didier et Christiane – Le Haut Butin - Chemin des Bruyeres – 14600 Vasouy-sur-Honfleur –
Tél. : 31.89.38.28**

Vassy La Calbrasserie   C.M. n° 59 — Pli n° 10

ΨΨΨ NN

Dans une maison typique du bocage, au r.d.c. (entrée indépendante), 1 ch. 2 pers. avec cheminée et fauteuils, s. d'eau et wc particuliers. Poss. d'une ch. complémentaire 2 pers. A l'étage : 1 ch. 3 pers., s. d'eau, wc ou r.d.c., poss. d'une ch. complémentaire 1 pers. (2 épis NN). Coin-cuisine. Chauffage. Salon de jardin. Panier pique-nique. Restaurant 2 km. En plein cœur du Bocage Normand renommé pour sa gastronomie et aux portes de la Suisse Normande, région escarpée aux multiples activités sportives (varappe, canoë-kayak, delta plane, randonnée...). Accessible aux personnes handicapées (agréé APF). Gare 16 km. Commerces 2 km. Ouvert toute l'année.

Prix : 1 pers. 120 F 2 pers. 180 F 3 pers. 230 F

⛵	🎿	✈	🎣	🚶	♪
10	6	16	2	SP	16

DE SAINT-LEGER Michel et Evelyne – La Calbrasserie – 14410 Vassy – Tél. : 31.68.51.53

Vaudry   C.M. n° 59 — Pli n° 9

ΨΨ NN

Dans une maison de construction récente, située dans une zone pavillonnaire. Au rez-de-chaussée : 1 chambre de 2 pers. avec salle de bains particulière. Chauffage central. Salon de jardin. Parking. Restaurant 300 m. Gare et commerces 1 km. Ouvert toute l'année. A 800 m des quartiers du vieux Vire, avec sa célèbre « Tour Horloge », dans une zone pavillonnaire résidentielle et calme.

Prix : 1 pers. 120 F 2 pers. 175 F

🐕	⛵	🎿	⛵	✈	🎣	🚶	⛵	♪
	1	3	8	8	4	4	8	8

LECOUFLET Jules et Suzanne – 15 Residence Edenvert – 14500 Vaudry – Tél. : 31.68.64.87

Vaux-sur-Aure Hameau de Quesnay

C.M. n° 54 — Pli n° 14/15

✹✹ NN Dans une maison de construction récente, au r.d.c. : 1 ch. 2 pers., salle de bains et wc particuliers. Chauffage. Salon de jardin, parking. Gare 3 km. Commerces 1,5 km. Restaurant 2 km. Ouvert toute l'année. A proximité de Bayeux et des plages du Débarquement, vous apprécierez le calme et l'environnement campagnard de cette chambre.

Prix : 1 pers. **150 F** 2 pers. **180 F**

🏊	🚣	🎿	🚴	⛸
5	3	3	3	5

ROULLAND Louis – Hameau de Quesnay – 14400 Vaux-sur-Aure – Tél. : 31.92.11.26

Vaux-sur-Aure

C.M. n° 54 — Pli n° 15

✹✹✹ NN Dans une maison d'habitation de la ferme, à l'étage : 1 chambre 4 pers. Salle de bains et wc particuliers. 2 chambres de 2 et 3 pers., avec salle d'eau et wc particuliers. Entrée indépendante. Salle de détente. Salon de jardin. Chauffage. Restaurant 3 km. Bayeux 3 km. Ouvert toute l'année. Gare 7 km. Commerces 3 km.

Prix : 1 pers. **150 F** 2 pers. **200 F** 3 pers. **250 F**

🏊	🚣	🎿	🚴	🏇	🚶	🎣
5	3	3	7	3	5	7

JORET Bernard et Simone – 14400 Vaux-sur-Aure – Tél. : 31.21.78.66

Vaux-sur-Aure Lieu-Aubin

C.M. n° 54 — Pli n° 15

✹✹ NN Dans un bâtiment indépendant d'une ferme typique de la région, à l'étage : 2 chambres 2 pers., salle d'eau et wc particuliers. Chauffage. Salle de détente avec coin-cuisine. Restaurant 5 km. Bayeux 3 km. Ouvert toute l'année. Gare 6 km. Commerces 5 km.

Prix : 1 pers. **180 F** 2 pers. **200 F** 3 pers. **280 F**

🏊	🚣	🎿	🚴	🏇	🚶	🎣
5	3	3	7	3	5	7

TEILLANT Andre et M.Christine – Lieu Aubin – 14400 Vaux-sur-Aure – Tél. : 31.92.53.56

Vaux-sur-Aure Le Grand-Fumichon

C.M. n° 54 — Pli n° 15

✹✹ NN 3 chambres dans un bâtiment indépendant d'une ferme typique de la région. A l'étage : 2 chambres 3 pers. (poss. lit suppl.) et 1 chambre 2 pers. Salles d'eau et wc particuliers. Chauffage. Entrée indépendante. Possibilité cuisine. Restaurant 3 km. Bayeux 3 km. Ouvert toute l'année. Gare 4 km. Commerces 3 km.

Prix : 1 pers. **140 F** 2 pers. **180 F** 3 pers. **230 F**

🏊	🚣	🎿	🚴	🏇	🚶	🎣
3	3	4	10	3	2	7

DUYCK Joseph et Agnes – Le Grand Fumichon – 14400 Vaux-sur-Aure – Tél. : 31.21.78.51

Vaux-sur-Seulles La Ferme-du-Clos-Mayas

C.M. n° 54 — Pli n° 15

✹✹✹ NN
(TH) Dans une demeure typique de la région, au r.d.c. : 2 ch. 2 pers., s. d'eau et wc particuliers, entrée indépendante. A l'étage : 1 ch. 2 pers., s. d'eau et wc particuliers. Poss. d'une ch. complémentaire 1 pers. ou 2 enfants. 1 ch. 4 pers., s.d.b. et wc particuliers, poss. lit 1 pers. Salle de détente. Salon de jardin. Chauffage. Parking. Restaurant 7 km. 4 chambres indépendants aménagées dans une habitation de caractère. Elevage de pigeons. Environnement campagnard et calme. Gare 4 km. Commerces 3 km. Ouvert toute l'année.

Prix : 1 pers. **180 F** 2 pers. **230 F** 3 pers. **310 F** repas **85 F**

🐕	🏊	🚣	🎿	🚴	🎣
	3	6	4	3	7

BASTARD Pierre – La Ferme du Clos Mayas – 14400 Vaux-sur-Seulles – Tél. : 31.22.32.71 – Fax : 31.22.33.50

Vendeuvre Le Bois-de-Tilly

C.M. n° 55 — Pli n° 12

✹✹✹ NN
(TH) Dans une grande demeure, à l'étage : 2 chambres de 2 et 3 pers. avec salle d'eau et wc particuliers. Chauffage. Salon de jardin. Parking. Restaurant à 5 km. Gare et commerces 8 km. Ouvert toute l'année. Dans le pays de Guillaume le Conquérant, à quelques pas du célèbre château-musée de Vendeuvres, une grande ferme céréalière (lin).

Prix : 1 pers. **170 F** 2 pers. **230 F** 3 pers. **300 F** repas **85 F**

🐕	🏊	🚣	🎿	🚴	♿	🚶
	45	8	8	8	2	SP

VANHOUTTE Jean et Annick – Le Bois de Tilly – 14170 Vendeuvre – Tél. : 31.40.91.87

Versainville

C.M. n° 54 — Pli n° 12

✹✹✹ NN Dans une maison de construction récente. R.d.c. : 1 ch. 2 pers., s.d.b. et wc particuliers. Etage : 1 ch. 3 pers. + 1 ch. 4 pers. Poss. d'une ch. complémentaire 2 pers. Possibilité lit d'appoint. Salle d'eau et wc particuliers. Chauffage. Cour fermée. Salle de détente avec TV. Restaurant 1 km. Ferme-auberge 4 km. Falaise 3 km. Ouvert toute l'année. Gare 35 km. Commerces 3 km.

Prix : 1 pers. **140 F** 2 pers. **180 F** 3 pers. **220 F**

🏊	🚣	🎿	🚴	♿	🚶	🎣
50	3	3	15	3	3	15

RALU Paulette – 14700 Versainville – Tél. : 31.90.27.82

Verson

C.M. n° 54 — Pli n° 15

✹ NN Dans un pavillon de construction récente. R.d.c. : 1 ch. 2 pers., salle d'eau particulière (2 épis NN). A l'étage : 3 ch. 2 et 3 pers. avec salle de bains commune (1 épi NN). Terrasse. Possibilité cuisine. Réduction à compter de la 2e nuit. Caen 7 km. Ouvert toute l'année. Gare 8 km. Commerces sur place.

Prix : 1 pers. **140 F** 2 pers. **200 F** 3 pers. **260 F**

🐕	🏊	🚣	🎿	🚴	🚶	🎣
	20	7	SP	3	SP	15

LANG Georges – 5 Bis rue Saint-Manvieu – 14790 Verson – Tél. : 31.26.83.98

Le Vey-sur-Clecy Le Bas-du-Vey   C.M. n° 55 — Pli n° 11

❦❦❦ NN Dans la cour d'une ferme, 3 chambres d'hôtes à l'étage. Salle d'eau et wc particuliers. Entrée indépendante. Parking. Restaurant 500 m. Condé sur Noireau 10 km. Ouvert toute l'année. Gare 20 km. Commerces 1 km.

Prix : 1 pers. **150 F** 2 pers. **190 F** 3 pers. **250 F**

11	2	2	SP	SP	1	3

S.C.S. BRISSET-LE BOUCHER – Le Bas du Vey – 14570 Le Vey-sur-Clecy – Tél. : 31.69.71.02 – Fax : 31.69.69.33

Le Vey-sur-Clecy   C.M. n° 55 — Pli n° 11

❦❦❦ NN (TH) Dans un manoir typique de la Suisse Normande, récemment restauré, à l'étage : 1 chambre 2 pers. avec 1 chambre complémentaire 1 pers. et 1 chambre 3 pers. Salle de bains ou salle d'eau et wc particuliers. Dans un autre bâtiment, 1 chambre 4 pers. avec salle d'eau et wc particuliers. Entrée indépendante. Gare 40 km. Commerces 3 km. Restaurant à 1 km. Ouvert toute l'année. Condé sur Noireau à 12 km.

Prix : 1 pers. **150 F** 2 pers. **200 F** 3 pers. **240 F** repas **70 F**

9	2	SP	2	SP	SP

PELLIER Louise – La Ferme du Manoir – 14570 Le Vey-sur-Clecy – Tél. : 31.69.73.81

Le Vey-sur-Clecy Le Manoir-de-Miette   C.M. n° 55 — Pli n° 11

❦❦❦ NN Dans une maison de caractère, à l'étage : 1 chambre 2 pers., salle d'eau et wc particuliers. Salon avec TV. Chauffage. Salon de jardin. Parking. Restaurant à 500 m. Gare 35 km. Commerces sur place. Ouvert de Pâques à la Toussaint. Au cœur de la Suisse Normande, site régional réputé, ce lieu de séjour permet de pratiquer de nombreuses activités de loisirs et de nature.

Prix : 1 pers. **180 F** 2 pers. **230 F**

9	1	1	SP	SP	3

LEBOUCHER Andre et Denise – Le Manoir de Miette – 14570 Le Vey-sur-Clecy – Tél. : 31.69.45.80

Vienne-en-Bessin La Ferme des Chataigniers   C.M. n° 54 — Pli n° 15

❦❦ NN A l'étage : 3 chambres de 2 et 3 pers. avec salle d'eau et wc particuliers. Chauffage. Jardin. Restaurant à 5 km. Gare 6 km. Commerces 5 km. Ouvert toute l'année. Dans un corps de ferme typique de la région à 5 mn de Bayeux et ses vieux quartiers et à quelques minutes de la mer et de Port en Bessin.

Prix : 1 pers. **180 F** 2 pers. **220 F** 3 pers. **280 F**

7	6	4	4	1	SP	6

FORTIN Fabienne – La Ferme des Chataigniers – 14400 Vienne-en-Bessin – Tél. : 31.92.54.70

Vierville-sur-Mer Hameau-de-Vacqueville   C.M. n° 54 — Pli n° 4

❦❦❦ NN Dans l'habitation, à l'étage : 2 chambres de 3 pers., salle d'eau et wc particuliers, avec possibilité 1 chambre complémentaire 2 pers. Chauffage. Salle de détente. Cour. Salon de jardin. Parking. Restaurant 2 km. Grandcamp Maisy 11 km. Ferme auberge 8 km. Ouvert de Pâques à la Toussaint. Gare 18 km. Commerces 2 km.

Prix : 1 pers. **200 F** 2 pers. **230 F** 3 pers. **300/380 F**

2	18	2	SP	7	1	SP	13

D'HEROUVILLE Elisabeth – Hameau de Vacqueville – 14710 Vierville-sur-Mer – Tél. : 31.22.13.88

Vieux   C.M. n° 54 — Pli n° 15

❦❦ NN 2 chambres d'hôtes dans l'habitation, à l'étage : 1 chambre de 2 pers. Salle de bains et wc particuliers. 1 chambre 4 pers. avec salle d'eau et wc particuliers. Chauffage. Grand terrain avec salon de jardin. Parking fermé. Restaurant 1 km. Ferme-auberge à Laize la Ville. Caen 11 km. Ouvert toute l'année.

Prix : 1 pers. **120 F** 2 pers. **170 F** 3 pers. **220 F**

30	3	3	SP	SP

LAMOTTE Claude et M.Josephe – Le Bosquet - 3 rue Duc de Guillaume – 14930 Vieux – Tél. : 31.26.91.30

Vieux   C.M. n° 54 — Pli n° 15

❦❦ NN A l'étage : 2 chambres 2 pers. Salle d'eau particulière. Possibilité d'un lit d'appoint. Chauffage. Salon de jardin. Gare 11 km. Commerces 6 km. Ouvert toute l'année. Maison située dans un petit bourg proche de la ville de Caen. Restaurant sur place. Caen 11 km.

Prix : 1 pers. **120 F** 2 pers. **170 F** 3 pers. **220 F**

25	11	3	3	SP	SP

LETELLIER Ernest et Jeanine – 24, rue Saint-Laurent – 14930 Vieux – Tél. : 31.26.92.48

Vieux-Pont-en-Auge Les Coutures   C.M. n° 55 — Pli n° 13

❦❦ NN Dans l'habitation de la ferme typique du pays d'Auge, 1 chambre de 3 pers. Salle d'eau et wc particuliers. Entrée indépendante. Chauffage. Ferme-auberge 4 km. Gare 18 km. Commerces 7 km. Ouvert toute l'année. Anglais parlé. Une chambre d'hôtes indépendante dans une habitation typique du Pays d'Auge. Environnement campagnard et calme.

Prix : 1 pers. **160 F** 2 pers. **200 F** 3 pers. **250 F**

35	7	3	8	SP

SADY Michel et Catherine – Les Coutures – 14140 Vieux-Pont-en-Auge – Tél. : 31.20.21.54

Vignats
C.M. n° 55 — Pli n° 12

❅❅ NN
(TH)

Dans une maison ancienne restaurée, à l'étage : 1 chambre 2 pers., salle d'eau particulière non attenante. 1 chambre 2 pers. avec salle d'eau attenante, wc communs. Chauffage. Parking. Restaurant 8 km. Gare 21 km. Commerces 3 km. Ouvert toute l'année. Anglais parlé. Table d'hôtes sur réservation. Dans une maison de pierre restaurée, située en pleine campagne proche d'un hameau typique du Pays de Falaise, à quelques kilomètres de cette célèbre cité de Guillaume le Conquérant.

Prix : 1 pers. **120 F** 2 pers. **160 F** repas **65 F**

43	8	8	8	SP	8

BRUNTON Colin et Arlette – La rue d'Ave – 14700 Vignats – Tél. : 31.40.83.23

Villers-sur-Mer
C.M. n° 54 — Pli n° 17

❅ NN

Dans la maison d'habitation, dans un environnement calme, à l'étage, 1 chambre de 2 pers. avec salle d'eau particulière, possibilité 1 chambre complémentaire 2 pers. WC communs. Chauffage. Jardin d'agrément. Restaurant 2 km. Deauville 7 km. Ouvert de juin à septembre. Gare 1 km. Commerces 2 km.

Prix : 1 pers. **95/130 F** 2 pers. **120/170 F**

3	3	2	SP

ORLEACH Simone – Ferme Saint-Martin – 14640 Villers-sur-Mer – Tél. : 31.87.40.53

Villers-sur-Mer
C.M. n° 55 — Pli n° 3

❅❅ NN

3 chambres d'hôtes au r.d.c. : 1 chambre 4 pers., salle de bains particulière. Au 1er étage : 2 chambres de 3 pers. et 1 chambre complémentaire de 2 pers., salle d'eau particulière. Chauffage. Coin-cuisine. Baignade 1,5 km. Restaurant à 1,5 km. Possibilité hébergement chevaux sur place. Location de bicyclettes et VTT. Deauville 7 km. Ouvert toute l'année.

Prix : 1 pers. **170 F** 2 pers. **210/260 F** 3 pers. **250/300 F**

1	8	1,5	1,5

SIMAR Antoinette – Route de Beaumont – 14640 Villers-sur-Mer – Tél. : 31.87.10.47

Villy-Lez-Falaise La Croix
C.M. n° 55 — Pli n° 12

❅❅❅ NN

A l'étage : 2 chambres de 2 pers. avec salle d'eau et wc particuliers. Possibilité d'une chambre complémentaire 2 pers. Chauffage. Jardin d'agrément. Salon de jardin. Restaurant 3 km. Commerces 4 km. Aire de jeux à 200 m. Parking. Ouvert toute l'année. Dans une ferme typique de la région du Pays de Falaise, à 4 km de la Cité de Guillaume le Conquérant et de son château.

Prix : 1 pers. **140 F** 2 pers. **190 F** 3 pers. **240 F**

4	SP	4	4	4	4

THOMAS Gilbert et Alice – La Croix – 14700 Villy-Lez-Falaise – Tél. : 31.90.19.98

Vire
C.M. n° 59 — Pli n° 9

❅❅ NN

Dans une ferme de caractère, typique du Bocage normand et récemment restaurée. A l'étage : 3 chambres 2 pers., salles d'eau particulières. Salle de détente avec TV et coin-cuisine. Entrée indépendante. Chauffage. Planche à voile à 10 km. Panier pique-nique. Restaurant à 3 km. Ouvert toute l'année. Gare 5 km. Commerces 4 km.

Prix : 1 pers. **120 F** 2 pers. **160 F**

6	4	13	5	SP	14	14

PRUNIER Bernard et Solange – La Blanquiere - Route de Caen – 14500 Vire – Tél. : 31.68.02.95

Vouilly Le Chateau
C.M. n° 54 — Pli n° 13

❅❅❅ NN

Dans un château du XVIII°, 5 chambres d'hôtes. A l'étage : 2 ch. 2 pers. et 1 ch. 3 pers. avec salle de bains et wc privés. 2 suites 4 pers. avec salle de bains et wc privés. Chauffage. Entrée indépendante. Salon de jardin. Possibilité pique-nique. Parking. Ferme-auberge 4 km. Gare 9 km. Commerces 7 km. Ouvert de mars à novembre. Isigny sur Mer 8 km. Restaurants 8 et 10 km. Sur place : étang de pêche, salle de ping-pong, jeux pour enfants.

Prix : 1 pers. **260 F** 2 pers. **300 F** 3 pers. **380 F**

8	8	10	28	SP	10	8	25

HAMEL James et Marie-Josee – Le Chateau – 14230 Vouilly – Tél. : 31.22.08.59 – Fax : 31.22.90.58

Eure

Acquigny
C.M. n° 55 — Pli n° 17

❅❅❅ NN

2 ch. dans une propriété, indépendants de la maison du propriétaire, qui est un passionné du billard, le sien est à votre disposition dans le séjour. Kitchenette à disposition. Cheminée. Salle d'eau et wc privés + 1 lit 2 pers. pour chaque chambre. 1 ch. avec accès indépendant dans la maison du propriétaire (1 lit 2 pers.), salle de bains et wc privés. Table d'hôtes occasionnelle. Possibilité lit bébé. Ouvert toute l'année. Gare 12 km. Commerces 500 m. Anglais parlé. Propriété au calme et à proximité des rivières de l'Eure et Iton.

Prix : 1 pers. **160/170 F** 2 pers. **190/200 F**

0,2	5	5	12	SP	SP	0,5	90

HEULLANT Claude et Michele – Quartier Saint-Mauxe – 27400 Acquigny – Tél. : 32.50.20.10

Amfreville-la-Campagne
C.M. n° 55 — Pli n° 16

E.C. NN
(TH)

2 chambres d'hôtes aménagées au 1er étage d'une maison récente de style normand. Très grand balcon couvert à l'étage, accès extérieur indépendant. 1 ch. (1 lit 2 pers.), salle d'eau privée et communicante, 1 ch. (1 lit 2 pers. 1 lit 1 pers.), salle d'eau privée et communicante, wc communs aux 2 ch. Lit bébé sur demande. Kitchenette à la disposition des hôtes. Salon commun avec le propriétaire, cheminée. Table d'hôtes occasionnelle. Grand jardin arboré. Maison en limite de commune et de campagne. Rouen 30 km, Château du Champ de Bataille 6 km, Harcourt 12 km, abbaye du Bec-Hellouin 20 km, Château-Gaillard 40 km. Base de loisirs de Poses 20 km.

Prix : 1 pers. **165 F** 2 pers. **195 F** 3 pers. **250 F** repas **60 F**

0,5	12	5	8	20	4	20	

BERTHELIN Marie-Therese – Rue des Perelles – 27370 Amfreville-la-Campagne – Tél. : 32.35.70.81

Les Andelys
C.M. n° 55 — Pli n° 17

NN

Maison en L située dans un grand jardin pentu en contre-bas de Château-Gaillard. 2 chambres situées au 1er étage. 1 chambre (2 lits 1 pers.) cabinet de toilette et wc privés. Salle de bains commune au rez-de-chaussée. 1 chambre (1 lit 2 pers.), avec salle d'eau privée, wc communs au rez-de-chaussée. Possibilité location de vélos. Ping-pong. Restaurant à 500 m. Randonnées sur place. Gare 10 km. Commerces sur place. Cinéma 2 km. Ouvert toute l'année.

Prix : 1 pers. **150 F** 2 pers. **180 F**

0,2	0,2	5	10	1	SP	100

RASEWSKI Henri et Blanche – 2 rue Gille Nicolle – 27700 Les Andelys – Tél. : 32.54.21.67

Angerville-la-Campagne
C.M. n° 55 — Pli n° 16

2 chambres d'hôtes dans une maison récente entourée d'un grand jardin, située dans le village à proximité d'Evreux. Chaque chambre avec 1 lit 2 pers., 1 avec douche (2 épis) et 1 avec sanitaires communs (1 épi). Salle de séjour. Terrasse, salon de jardin, parking. Table d'hôtes occasionnelle. Gare et commerces à 4 km. Ouvert toute l'année. Rivière 5 km.

Prix : 1 pers. **145 F** 2 pers. **185 F**

3	3	5	10	5	100

GROULT Henri et Nicole – 1 rue des Pommiers – 27930 Evreux – Tél. : 32.23.04.88

La Barre-en-Ouche
C.M. n° 55 — Pli n° 15

NN

2 chambres d'hôtes dans une maison récente située en pleine campagne. 1 ch. 2 pers. 1 ch. 4 pers. avec salle de bains commune. Salle de séjour avec télévision à la disposition des hôtes. Jardin. Rivière 1 km. Produits fermiers 500 m. Restaurant 200 m. Gare 18 km. Commerces sur place. Table d'hôtes occasionnelle. Ouvert toute l'année.

Prix : 1 pers. **110 F** 2 pers. **150 F** 3 pers. **170 F**

1	12	1	0,5	80

GODARD Denise – Route de Bosc Renoult – 27330 La Barre-en-Ouche – Tél. : 32.44.34.99

Les Baux-de-Breteuil
C.M. n° 55 — Pli n° 15

NN
(TH)

1 chambre de plain-pied, située dans une maison de pays. 1 lit 2 pers. avec salle de bains et wc privatifs et attenants. Prise TV. 1 lit d'appoint à la demande. Salon à la disposition des hôtes. Salon de jardin. Possibilité de séjour, repos assuré loin des bruits motorisés. Parking. Breteuil 9 km. Verneuil 20 km. Gare 13 km. Ouvert toute l'année.

Prix : 1 pers. **195 F** 2 pers. **220 F** 3 pers. **270 F** repas **70 F**

7	7	15	30	SP	100

NOEL Marie – La Bourganiere – 27160 Les Baux-de-Breteuil – Tél. : 32.30.68.18 – Fax : 32.30.19.93

Berville-en-Roumois Angoville
C.M. n° 55 — Pli n° 5

NN
(TH)

Maison en briques et silex, des années 20, située sur une exploitation agricole. 2e étage : 1 ch. (1 lit 2 pers.), 1 ch. (1 lit 2 pers. 1 lit 1 pers.), chaque chambre est équipée de salles d'eau et wc privés communicants. Grande salle à manger à la disposition des hôtes au rez-de-chaussée. Gare et commerces 2 km. Ouvert toute l'année. Notions d'anglais. Chambres dans la maison des propriétaires, à proximité de la ferme. Jardin fleuri, salon de jardin. Table d'hôtes occasionnelle. Location de VTT sur place.

Prix : 1 pers. **170 F** 2 pers. **200 F** 3 pers. **260 F** repas **70 F**

4	15	2	4	3	25	60

CAILLOUEL J.Marie et Martine – Angoville – 27520 Berville-en-Roumois – Tél. : 35.87.97.72

Berville-sur-Mer
C.M. n° 55 — Pli n° 4

NN

3 chambres d'hôtes aménagées dans une maison bourgeoise construite en 1940 dominant l'Estuaire de la Seine. Beau jardin. 1 ch. 4 pers. avec salle d'eau. 2 ch. 2 pers. avec salles d'eau privatives. WC communs aux 3 chambres. Parking. Salle de séjour à la disposition des hôtes. Restaurant 1 km. Baignade 12 km. Gare 50 km. Commerces 1 km. Ouvert toute l'année.

Prix : 1 pers. **150 F** 2 pers. **170 F** 3 pers. **220 F**

12	12	10	15	12

GANEE Andre et Monique – 27210 Berville-sur-Mer – Tél. : 32.57.60.42

Beuzeville
C.M. n° 55 — Pli n° 4

NN

3 chambres d'hôtes dans une maison normande située dans un hameau. 2 ch. 2 pers. (3 épis NN) au r.d.c. Possibilité lit supplémentaire. 1 ch. avec salle d'eau privée et attenante, l'autre avec salle de bains privée, wc privés à chaque ch. 1 ch. à l'étage (1 lit 2 pers.), salle de bains privée et wc communs (2 épis NN). Salle de séjour. Jardin. Rivière 18 km. Plage, baignade 20 km. Restaurant 1 km. Gare et commerces 1 km. Ouvert toute l'année.

Prix : 1 pers. **160/170 F** 2 pers. **190/200 F** 3 pers. **250 F**

0,8	13	18	10	17	13

BULTEY Philippe et Regine – Les Coutances – 27210 Beuzeville – Tél. : 32.57.75.54

Boncourt

C.M. n° 55 — Pli n° 17

§§§ NN — Belle propriété typique de la vallée de l'Eure sur laquelle sont aménagées 5 chambres. 3 chambres (1 lit 2 pers.), s.d.b. et wc privés. 1 ch. (2 lits jumeaux), 1 ch. (3 lits 1 pers.), salle d'eau et wc attenants à chaque chambre. Grange du XVIII° restaurée à la disposition des hôtes. Possibilité lit enfant et lit bébé à la demande. Point-phone dans le séjour/salon. Les chambres sont de construction contemporaine alliant bois, ardoise et pierre et sont de plain-pied, donnant sur le jardin autour d'un patio. Location de VTT sur place. Gare 10 km. Commerces 5 km. Ouvert toute l'année.

Prix : 1 pers. **250 F** 2 pers. **300 F** 3 pers. **380 F**

1	5	5	15	4	SP	25	100

BEGHINI Claude et Brigitte – 5 rue Divette – 27120 Boncourt – Tél. : 32.36.92.44 ou 32.36.73.01 – Fax : 32.26.39.11

Bosc-Benard-Commin Les Noes

C.M. n° 55 — Pli n° 5

§§§ NN — 3 chambres d'hôtes aménagées dans une maison normande, située à proximité du logement des propriétaires. 2 ch. au r.d.c. (1 lit 2 pers. chacune), salle d'eau et wc privés. 1 ch. à l'étage (1 lit 2 pers. 1 lit 1 pers.), salle de bains et wc privés. Séjour/coin-cuisine réservé aux hôtes. Gare 3 km. Commerces 2 km. Ouvert toute l'année. A proximité du Parc Naturel de Brotonne. Rouen 30 km. Honfleur 55 km.

Prix : 1 pers. **170 F** 2 pers. **200 F** 3 pers. **260 F**

6	12	3	20	15	2	25	35

AUVARD Jacques et Evelyne – Les Noes - Bosc-Benard-Commin – 27520 Bourgtheroulde – Tél. : 32.56.26.24

Bosc-Renoult-en-Ouche

C.M. n° 55 — Pli n° 15

§ NN — 2 chambres aménagées sur une exploitation agricole située dans un hameau très calme. Installées à l'étage, elles sont équipées d'1 lit 2 pers. et d'1 lit 1 pers. avec salle d'eau et wc communs aux 2 chambres. La Barre en Ouche 2 km, Bernay 20 km, Conches 18 km, Château de Beaumesnil 6 km. Bicyclettes. Gare 18 km. Commerces 4 km. Ouvert toute l'année. Anglais parlé.

Prix : 1 pers. **150 F** 2 pers. **170 F** 3 pers. **210 F**

2	20	18	4	2	2	18	75

MASSE Claude et Yvette – La Graverie – 27330 Bosc-Renoult-en-Ouche – Tél. : 32.44.43.44

Bosc-Roger-en-Roumois La Queue-Bourguignon

C.M. n° 55 — Pli n° 6

§§§ NN
(TH) — 3 chambres aménagées dans une maison située dans un verger. 1 ch. (1 lit 2 pers.) au r.d.c. avec salle d'eau et wc (2 épis NN). A l'étage : 2 ch. (1 lit 2 pers. 1 lit 1 pers.), avec sanitaires privés pour chaque chambre (3 épis NN). Possibilité de réserver une suite (1 lit 1 pers.) avec 1 lavabo. Table d'hôtes sur réservation. Ouvert toute l'année. En rez-de-chaussée, les propriétaires vous accueilleront sous la véranda ou dans leur salon équipé d'une cheminée. Gare 20 km. Commerces 4 km. Rouen 15 km. Parc de Brotonne 8 km. A proximité des châteaux de Harcourt et du Champ de Bataille, des vallées de la Risle et de l'Oison. Jumièges 10 km.

Prix : 1 pers. **160/170 F** 2 pers. **190/200 F** 3 pers. **250 F**
repas **60/80 F**

2	8	3	14	10	12	10	60

FONTAINE Pierre et Nicole – La Queue Bourguignon - 1034 Ch. du Bas Boscherville – 27670 Bosc-Roger-en-Roumois – Tél. : 35.87.75.16

Bosguerard-de-Marcouville

C.M. n° 55 — Pli n° 5

§ NN — 2 chambres dans une chaumière normande située dans un village. Salle d'eau commune. 1 chambre (1 lit 1 pers. 1 lit 2 pers.). Salle de séjour à la disposition des hôtes. Très beau jardin. Produits fermiers 500 m. Gare 30 km. Ouvert toute l'année.

Prix : 1 pers. **160 F** 2 pers. **175 F** 3 pers. **220 F**

12	12	1	12	50

VAUDREL Marcel et Jacqueline – 27250 Bosguerard-de-Marcouville – Tél. : 35.87.63.21

Bourg-Beaudouin Ferme-du-Coquetot

C.M. n° 55 — Pli n° 7

§§§ NN — 2 chambres d'hôtes aménagées à l'étage d'une charmante maison de maître, en briques. Chaque chambre dispose d'un lit 2 pers., salle d'eau et wc privés. Salon avec cheminée à la disposition des hôtes. Propriété très calme, forêt à proximité. Gare 20 km. Commerces 5 km. Ouvert toute l'année. Anglais parlé. Possibilité table d'hôtes sur réservation. Aux alentours : château de Radepont, Abbaye de Fontaine-Guérard, château de Bonnemare. Rouen 20 km. Lyons-la-Forêt 20 km, plus belle hêtraie d'Europe.

Prix : 1 pers. **170 F** 2 pers. **200 F**

4	12	24	4	20	50

DELAVOYE Jean-Luc et Benedicte – Ferme du Coquetot - 46 rue du Coq – 27380 Bourg-Beaudouin – Tél. : 32.49.09.91

Bourgtheroulde Chateau de Boscherville

C.M. n° 55 — Pli n° 6

E.C. NN — 3 chambres aménagées au 1er étage d'un petit château du XVIIIe siècle, situé dans un grand parc normand en cours de restauration. 1 ch. (1 lit 2 pers. 1 lit 1 pers.), 2 ch. (1 lit 2 pers. chacune). Sanitaires privés et attenants à chaque chambre. Salon et cheminée à disposition des hôtes. Gare 15 km. Commerces 3 km. Ouvert toute l'année. Anglais parlé. Vous trouverez calme et sérénité dans cette propriété. Tél. France Télécom dans chaque chambre, fax. Produits fermiers et paniers pique-nique à la demande.

Prix : 1 pers. **190 F** 2 pers. **240 F** 3 pers. **280 F**

3	12	3	10	12	SP	15	70

DU PLOUY Henry et Bernadette – Chateau de Boscherville – 27520 Bourgtheroulde – Tél. : 35.87.62.12 ou 35.87.61.41 – Fax : 35.87.62.12

Bournainville-Faverolles Les Mares-Hameau de Faverolles   *C.M. n° 55 — Pli n° 14*

❦❦❦ NN Les 2 chambres sont aménagées dans une très jolie maison à pans de bois à proximité d'une exploitation agricole. 1 ch. au rez-de-chaussée avec accès indépendant (1 lit 2 pers.) salle d'eau et wc privés. 1 ch. à l'étage (1 lit 2 pers.), possibilité 3e pers. dans petite ch. attenante. salle d'eau et wc privés, accès indépendant. Possibilité 1 lit d'appoint pour enfant. Bernay 6 km. Promenade à pied et cyclos à proximité. Possibilité de table d'hôtes sur réservation. Gare et commerces à 6 km.

Prix : 1 pers. **190 F** 2 pers. **220 F** 3 pers. **290 F**

6	6	6	6	6	8	20	40

SYRIN Michel et Marie – Les Mares-Hameau de Faverolles - 3 Route de Thiberville – 27230 Bournainville-Faverolles – Tél. : 32.45.19.83

Bourneville La Grange   *C.M. n° 55 — Pli n° 5*

❦❦❦ NN (TH) 2 ch. d'hôtes aménagées au r.d.c. d'une grande grange de briques, située à la sortie du village. 1 ch. (1 lit 2 pers.), salle d'eau et wc privés. 1 ch. (2 lits 1 pers.), salle d'eau et wc privés. Salon des propriétaires avec cheminée à la disposition des hôtes. Grand terrain avec terrasse et salon de jardin. Gare 40 km. Commerces sur place. Ouvert toute l'année. Anglais parlé. A proximité du Parc Naturel de Brotonne (promenades et découvertes). Maison des métiers de Bourneville et musée de Patchwork. Honfleur 44 km, Rouen 49 km, Le Havre 44 km. Table d'hôtes occasionnelle.

Prix : 1 pers. **195 F** 2 pers. **225 F** repas **50/80 F**

10	10	10	25	10	5	10	44

BROWN James et Claude – La Grange - Route d'Aizier – 27500 Bourneville – Tél. : 32.57.11.43

Bourth   *C.M. n° 60 — Pli n° 5*

❦❦❦ NN Grande maison bourgeoise du début du siècle en pierre et briques située dans un beau parc arboré et calme. L'étage est réservé aux hôtes avec ses 4 chambres doubles équipées de sanitaires attenants et privés. Salon réservé aux hôtes, bibliothèque et jeux divers. Salon de jardin avec terrasse réservé aux hôtes. Ouvert toute l'année. Anglais parlé. Gare à Verneuil 10 km ou à Laigle 14 km. Commerces sur place. Demeure très agréable située dans un parc aux arbres centenaires. M. et Mme Brugger sont d'origine anglo-canadienne et leur intérieur est très cosy. Tout est pensé pour que les hôtes se sentent bien. 2 restaurants dans le village.

Prix : 1 pers. **200 F** 2 pers. **240 F**

SP	10	SP	5	6	SP	95

BRUGGER-WRIGHT Geoffrey et Marlene – 21 avenue de Kronstorf – 27580 Bourth – Tél. : 32.32.70.29

Breux-sur-Avre La Troudiere   *C.M. n° 60 — Pli n° 6*

❦❦❦ NN 1 chambre d'hôtes aménagée au r.d.c. de la maison de l'exploitation agricole, au cœur du village. 1 ch. (1 lit 2 pers.), possibilité lit bébé, salle d'eau et wc attenants. Salon à la disposition des hôtes. Jardin, terrain, parking. Restaurants et gare 10 km. Commerces 2 km. Ouvert toute l'année. Anglais parlé. Location de vélos. GR 22 à 2 km. Verneuil-sur-Avre 10 km. Center Park 15 km. Evreux 30 km. Giverny 60 km. Paris 100 km par RN12.

Prix : 1 pers. **170 F** 2 pers. **200 F**

2	14	3	15	2	2	100

LEROY Bruno et M.Christine – La Troudiere – 27570 Breux-sur-Avre – Tél. : 32.32.50.79 – Fax : 32.32.33.23

Brionne Le Coeur-de-Lion   *C.M. n° 55 — Pli n° 15*

❦❦ NN (TH) Cette charmante demeure abrite 5 chambres situées au 1er étage. 2 ch. 3 pers. 3 épis NN (1 lit 2 pers. 1 lit 1 pers.), les sanitaires sont attenants à chaque chambre. 3 ch. 2 pers. 2 épis NN (2 lits 2 pers. 2 lits 1 pers.). Douche et lavabos dans les chambres. Les wc sont communs à ces 3 chambres. Salle de séjour. Parking. Rivière dans la propriété. Maison située à proximité de la base nautique de Brionne. Ouvert toute l'année. Gare 20 km. Commerces sur place. Anglais parlé.

Prix : 1 pers. **160/185 F** 2 pers. **185/225 F** 3 pers. **290 F** repas **85 F**

0,5	0,5	7	15	SP	1	SP	50

BAKER Pete et Hazel – 14 Boulevard de la Republique – 27800 Brionne – Tél. : 32.43.40.35 – Fax : 32.46.95.31

Bus-Saint-Remy

❦❦ 2 chambres dans une grande maison bourgeoise située à la sortie du village de Bray et Lu. 1 ch. 2 pers. avec s. d'eau particulière. 1 ch. 1 lit 2 pers., salle de bains et wc communs. Salle de séjour, salon à la disposition des hôtes. Garage, petit parc avec ruisseau. Rivière sur place. Restaurant 500 m. Les 2 chambres bénéficient d'un classement 2 épis de caractère. Possibilité de garer sa voiture. Gare 15 km. Commerces sur place. A 7 km de Giverny (maison de Claude Monet).

Prix : 1 pers. **200 F** 2 pers. **250 F** 3 pers. **300 F**

1	0,5	SP	3	150

BOYER DE LA TOUR – Bray-et-Lu - Le Petit Beaudemot – 27630 Bus-Saint-Remy – Tél. : 34.67.72.40

Campigny   *C.M. n° 55 — Pli n° 4*

❦❦❦ NN (TH) 3 ch. aménagées dans une charmante maison à pans de bois. 1 ch. au r.d.c. et 2 ch. à l'étage. Salle d'eau et wc privés à chaque ch. Elles sont équipées d'un lit 2 pers. chacune, possibilité d'un lit bébé et 1 lit supplémentaire 1 pers. Très beau jardin arboré avec pelouse et parking. Salle de séjour avec cheminée, TV, bibliothèque. Propriété très calme. Gare 25 km. Commerces 5 km. Ouvert toute l'année. Possibilité d'accueillir des cavaliers l'été. Vélos.

Prix : 1 pers. **180 F** 2 pers. **210 F** 3 pers. **270 F** repas **80 F**

6	5	5	37	3	SP	8	30

VAUQUELIN Alain et Regine – Le Clos Mahiet – 27500 Campigny – Tél. : 32.41.13.20

Capelle-les-Grands

C.M. n° 55 — Pli n° 14

♥♥♥ NN
(TH)

1 chambre (2 épis NN) avec accès indépendant à l'étage d'une maison récente comprenant 1 lit 2 pers. et 1 lit 1 pers., salle d'eau et wc privés. Kitchenette et salon privés. A proximité, 1 ch. (1 lit 2 pers.), s. d'eau, wc, kitchenette de plain-pied et en mezzanine, 1 lit 2 pers. 1 lit 1 pers., terrasse, pergola, salons de jardin pour chaque chambre. Circuits vélos et pédestres. A visiter : de nombreux châteaux et manoirs. Vélos, ping-pong et musculation sur place. Anglais parlé. Gare 10 km. Commerces 5 km. Ouvert toute l'année. Cyclistes et cavaliers bienvenus.

Prix : 1 pers. **160 F** 2 pers. **200 F** 3 pers. **240 F** repas **80 F**

🎿	⛵	✈	⛵	🎣	🌲	⛵	🏊
10	10	3		5	15		55

BEAUDRY Pierre et Micheline – 27270 Capelle-Les Grands – Tél. : 32.44.76.33

Chambord

   *C.M. n° 55 — Pli n° 15*

♥♥ NN
(TH)

3 ch. d'hôtes aménagées au 1er étage d'une maison de maître située dans un parc boisé. 3 ch. de 3 pers. (1 lit 2 pers. 1 lit 1 pers.), salle d'eau et wc privés dans chaque chambre. Point-phone. Terrasse. Parking. Bibliothèque. Coin-salon avec cheminée. Gare 15 km. Commerces 4 km. Restaurant 3 km. Ouvert toute l'année.

Prix : 1 pers. **175 F** 2 pers. **240 F** 3 pers. **300 F** repas **80 F**

🎿	⛵	✈	⛵	🌲	⛵	🏊
3	12	12	SP	1	25	60

SAMAIN Veronique – La Hugoire - Chambord – 27250 Rugles – Tél. : 33.34.82.55

Cheronvilliers Les Petites-Bruyeres

C.M. n° 60 — Pli n° 5

♥♥♥ NN

Manoir du XVIIe très bien restauré dans un grand parc paysager. 1 ch. au 1er étage (1 lit 1 pers.), s.d.b. et wc privés communicants. 1 suite au 2e étage comprenant 2 ch. (1 lit 180. 1 lit 2 pers.), très grand salon, s.d.b. et wc communs aux hôtes. TV, téléphone et bar à disposition. Salon avec cheminée et biblio-thèque à la disposition des hôtes. Poss. table d'hôtes. Grand jardin d'hiver. Manoir datant de 1640 avec écuries et chevaux sur place, possibilité de chasse à disposition sur réservation. Le propriétaire vous fera partager sa passion du jardin. Au cœur du Pays d'Ouche, vous êtes à 8 km de l'Aigle et à 15 km de Ver-neuil-sur-Avre. Center Park 12 km.

Prix : 1 pers. **290 F** 2 pers. **550 F** 3 pers. **660 F**

🐕	🎿	⛵	✈	♪	✝	🌲	⛵	🏊
	7	7	SP	12	7	SP	12	80

BARROS Fernando et URQUHART Andrew – Les Petites Bruyeres - Cheronvilliers – 27250 Rugles – Tél. : 32.24.66.27

Conteville

C.M. n° 55 — Pli n° 4

♥♥♥ NN

3 ch. d'hôtes dans une maison normande meublée à l'ancienne, située en pleine campagne. Au rez-de-chaussée, 2 ch. 2 pers. avec salle de bains ou salle d'eau particulière, wc privés. A l'étage, 1 ch. avec salle d'eau et wc privés. Dans une annexe proche de la maison, 1 ch. familiale (2 lits 2 pers.), salle de bains privée. Séjour avec TV à disposition. Jardin, terrain, pré. Rivière 4 km. Produits fermiers sur place. Pressoir du XVIIe siècle. Restaurant 1,5 km. Vélos à disposition des hôtes. Ouvert toute l'année. Plage 19 km.

Prix : 1 pers. **200 F** 2 pers. **240 F** 3 pers. **320 F**

🎿	⛵	✈	✝	🌲	⛵	🏊
4	4	4	3	0,5	10	19

ANFREY Pierre et Odile – Le Clos Potier – 27210 Conteville – Tél. : 32.57.60.79

Conteville

C.M. n° 55 — Pli n° 4

♥♥ NN

2 chambres d'hôtes de 2 personnes + 1 lit bébé dans chaque chambre situées dans une maison de vil-lage. Salle de bains particulière au 1er étage et salle d'eau au rez-de-chaussée réservées aux hôtes. Par-king. Salle de séjour, TV à la disposition des hôtes. Coin-kitchenette. Possibilité repas sur place. Plage 12 km. Rivière 2 km. Baignade 12 km. Restaurant 100 m. Gare 50 km. Commerces sur place. Ouvert toute l'année. Honfleur 15 km. Deauville 30 km. Pont de Normandie 7 km.

Prix : 1 pers. **125 F** 2 pers. **150 F**

🎿	⛵	✈	✝	🌲	⛵	🏊
14	14	5	2	5	10	12

CANU Renee – Le Bourg – 27210 Conteville – Tél. : 32.57.20.87

La Croix-Saint-Leufroy

C.M. n° 55 — Pli n° 17

♥♥♥ NN
(TH)

Dans une ferme du XVe siècle, appelée Manoir de la Boissière, 4 ch. avec salle d'eau et wc particuliers. 2 ch. (1 lit 2 pers.). 2 ch. (2 lits 1 pers. 2 lits supplémentaires à la demande). Grande salle avec cheminée et TV à la disposition des hôtes. Coin-kitchenette. Belle mare avec cygnes et canards, grand jardin fleuri avec salon de jardin. Terrain de pétanque. VTT à disposition. Parking. Nombreuses activités à 15 km. Gare 15 km (Evreux). Commerces 3 km. Giverny 20 km. Rouen 40 km. Paris 190 km. Ouvert toute l'année.

Prix : 1 pers. **200 F** 2 pers. **250 F** 3 pers. **300 F** repas **70 F**

🐕	🎿	⛵	✈	♪	✝	🌲
	3	16	10	9	SP	SP	105

SENECAL Gerard et Clotilde – Ferme de la Boissiere - Hameau la Boissaye – 27490 La Croix-Saint-Leufroy – Tél. : 32.67.70.85 – Fax : 32.67.03.18

Damville

C.M. n° 55 — Pli n° 16

♥ NN

3 chambres aménagées dans une maison située dans le village. 2 lits 2 pers. et 2 lits 1 pers., cabinet de toilette particulier, douches et wc communs aux 3 chambres. Grande maison bourgeoise située en centre ville dans jardin clos et vaste véranda. Salle de séjour avec table et cheminée réservée aux hôtes. Ouvert du 15 mars au 15 octobre. Salle de jeux avec table de ping-pong à disposition des hôtes. Evreux 19 km. Gare 20 km. Commerces sur place.

Prix : 1 pers. **140 F** 2 pers. **170 F**

🎿	⛵	✈	♪	✝	🌲	🏊
2	1	8	2	2	14	100

VINCENT Josette – 28 rue de Verdun – 27240 Damville – Tél. : 32.34.54.61

Dangu

❦❦❦ NN
(TH)

2 chambres d'hôtes de caractère, dans une maison ancienne rénovée, en site protégé. 1 ch. 2 pers. salle de bains privée communicante. 1 ch. 2 pers. salle d'eau privée et attenante. Jardin en bordure de L'Epte (peinte par Monet), terrasse, salon avec cheminée. Visites des fermes. Restaurants. Ping-pong. Promenades découvertes et table d'hôtes sur réservation. Maison de caractère. Gare 10 km. Commerces sur place. Ouvert du 15 mars au 15 décembre. Anglais parlé.

Prix : 1 pers. 190 F 2 pers. 280/305 F repas 130 F

15	15	15	SP	15	150

DE SAINT-PERE Nicole – 4 rue du Gue - Les Ombelles – 27720 Dangu – Tél. : 32.55.04.95 – Fax : 32.55.59.87

Ecaquelon Le Hannoy

❦❦❦ NN

Jean-Pierre et Marie-Thérèse vous accueillent dans leur maison normande à colombages datant du XVIIIe siècle, située en lisière de forêt de Montfort sur Risle. 1 chambre au rez-de-chaussée avec accès indépendant. 1 lit 2 pers. 1 lit d'appoint pour adulte ou enfant (+ de 8 ans). Salle d'eau et wc privatifs. Gare 12 km. Commerces sur place. Possibilité de table d'hôtes. Anglais et allemand parlés. Ouvert toute l'année. Location de VTT. Abbaye de Bec Hellouin 10 km, Honfleur 35 km, Pont-Audemer (Venise Normande) 15 km.

Prix : 1 pers. 160 F 2 pers. 190 F 3 pers. 220 F

10	3	20	5	SP

PICARD J.Pierre et M.Therese – Le Hannoy – 27290 Ecaquelon – Tél. : 32.42.62.15

Emalleville

E.C. NN

1 ch. (2 lits 1 pers.), 2 ch. (1 lit 2 pers.), 1 suite (4 lits 1 pers.). Sanitaires privatifs à chaque chambre. Salon avec cheminée à disposition des hôtes. Grand parc, possibilité tennis sur la propriété (moyennant supplément) et équitation dans le village. Site reposant et calme situé à proximité d'Evreux. Gare 10 km. Commerces 5 km. Ouvert toute l'année. Parking. Le château d'Emalleville datant de 1725 restauré avec beaucoup de goût. Les chambres sont installées dans les communs et le colombier. Grand parc boisé de 12 hectares. Anglais, allemand, italien et russe parlés.

Prix : 1 pers. 420/450 F 2 pers. 450/590 F 3 pers. 620 F

SP	10	SP	10	SP	100

THIEBLOT Christian et Liliane – 17 rue de l'Eglise – 27930 Emalleville – Tél. : 32.34.01.87

Emanville

❦❦❦ NN

4 chambres d'hôtes dans une maison située en pleine campagne. 4 chambres (3 lits 2 pers. 2 lits 1 pers.) avec salle d'eau et wc privés. Salle de séjour, salon avec TV à la disposition des hôtes. Beau jardin fleuri. Rivière 14 km. Gare 15 km. Commerces 10 km. Ouvert toute l'année.

Prix : 1 pers. 160/180 F 2 pers. 190/210 F

7	14	14	15	14	5	65

FRAUCOURT Michel et Josiane – Saint-Leger – 27190 Emanville – Tél. : 32.23.02.47 ou 32.35.44.32

Epegard

❦❦❦ NN

4 ch. dans une très grande maison normande joliment rénovée, avec un grand jardin arboré et clos. R.d.c. : 1 ch. (1 lit 2 pers. 1 lit 1 pers.) accessible aux pers. handicapés, 1 ch. (2 lits 1 pers.). Etage : 1 ch. (1 lit 2 pers. 1 lit 1 pers.), ces 3 ch. sont classées 3 épis NN. 1 ch. (2 lits 1 pers.) classée 2 épis NN. Sanitaires privés à chaque ch. Anglais parlé. Ouvert toute l'année. Gare à Evreux 30 km ou à Elbeuf 20 km. Commerces à Le Neubourg 5 km. Propriété très agréable. Séjour réservé aux hôtes, coin-cuisine. Petite mare devant les chambres. Proximité du château et du golf du Champ de Bataille.

Prix : 1 pers. 165/185 F 2 pers. 210 F 3 pers. 260 F

5	20	0,5	2	2	80

LUCAS Maurice et Edith – 8 rue de l'Eglise – 27110 Epegard – Tél. : 32.35.08.95

Etreville-en-Roumois

❦❦ NN

2 chambres d'hôtes dans une maison normande située en pleine campagne. 1 ch. 2 pers. avec salle d'eau particulière. 1 chambre (1 lit 2 pers.), salle de bains et wc privés au rez-de-chaussée. Salle de séjour. Salon avec cheminée et TV à disposition des hôtes. Jardin. Pré. Rivière 8 km. Produits fermiers 500 m. Restaurant 1,5 km. Table d'hôtes occasionnelle. Gare 12 km. Commerces 1,5 km. Ouvert toute l'année. Table pour pique-nique et barbecue à disposition des hôtes. Allemand parlé. Stages artisanaux à 1,5 km. Honfleur 30 km.

Prix : 1 pers. 175 F 2 pers. 200 F 3 pers. 220 F

12	12	4	8	2,5	8	35

DAGORN Denise – Les Besnards – 27350 Etreville-en-Roumois – Tél. : 32.57.45.74

Farceaux La Londe

❦❦❦ NN

1 chambre d'hôtes aménagée au rez-de-chaussée d'une jolie maison en briques datant du XVIIIe siècle, dans une grande propriété d'1 hectare avec un grand jardin aménagé. 1 ch. (1 lit 2 pers. poss. lit enfant), salle d'eau et wc privés communicants. Salle de séjour et salon avec cheminée à la disposition des hôtes. Salon de jardin. Gare 18 km. Commerces 5 km. Ouvert toute l'année. Lyons-la-Forêt (plus belle hêtraie d'Europe) à 16 km. Abbaye de Mortemer. Rouen à 45 km. Château de Vascoeuil à 35 km. Giverny à 30 km.

Prix : 1 pers. 170 F 2 pers. 200 F

5	5	10	18	6	8

DELEU Henri et Yvette – La Londe Farceaux – 27150 Etrepagny – Tél. : 32.69.42.15

Fatouville-Grestain La Terrerie — C.M. n° 55 — Pli n° 4

♥♥ NN

Les 4 chambres sont aménagées à l'étage de la maison. 3 chambres (1 lit 2 pers.), sanitaires privés. Possibilité 1 lit bébé. 1 chambre (2 lits 1 pers.), salle de bains. Le salon et une véranda sont réservés aux hôtes. Gare 10 km. Commerces 8 km. Ouvert toute l'année. Chambres d'hôtes situées à proximité de l'estuaire de la Seine, non loin d'Honfleur et du marais Vernier. Véranda et jardin arboré à la disposition des hôtes. Pont de Normandie à 3 km.

Prix : 1 pers. 165 F 2 pers. 200 F

🎿	⛴	✈	🎣	🕯	🌲	⛵	〰
5	10	12	15	5	1	8	10

VILLEY Marceau et Leone – La Terrerie – 27210 Fatouville-Grestain – Tél. : 32.56.28.36 ou 31.89.49.46 – Fax : 31.89.57.46

Ferrieres-Saint-Hilaire — C.M. n° 55 — Pli n° 14/15

♥♥ NN
(TH)

Dans une maison située en bordure de forêt, 3 ch. (2 épis NN) sont aménagées à l'étage, 2 ch. (1 lit 2 pers.), salle d'eau privée pour 1 ch., salle de bains pour l'autre. 1 ch. (1 lit 2 pers. 1 lit 1 pers.), salle d'eau privée. WC communs aux 3 ch. Rez-de-chaussée : 1 ch. (3 épis NN), 2 lits jumeaux avec salle de bains et wc privés. Anglais parlé. Coin-détente avec TV. Nombreux châteaux et manoirs à proximité. Bernay 6 km. Jardin aquatique à Broglie 7 km. Gare et commerces à 6 km. Ouvert toute l'année.

Prix : 1 pers. 160/180 F 2 pers. 190/250 F 3 pers. 250 F repas 80 F

🐕	🎿	⛴	✈	🎣	🕯	🌲	⛵	〰
	6	6	SP	30	SP	SP	15	50

DROUIN Madeleine – Par Saint-Quentin des Iles - La Fosse Nardiere – 27270 Ferrieres-Saint-Hilaire – Tél. : 32.43.26.67

Fiquefleur-Equainville — C.M. n° 55 — Pli n° 4

♥♥ NN

2 ch. d'hôtes dans une maison à colombages située à la campagne. 1 ch. située au 2° étage (1 lit 2 pers.). 1 ch. (1 lit 2 pers.). Salle d'eau particuliers pour 1 chambre, salle de bains et wc pour l'autre. Jardin, parking, portique. Salle de séjour, salon, TV, bibliothèque à la disposition des hôtes. Rivière 2 km. Produits fermiers 1 km. Gare 14 km. Commerces 6 km. Restaurant 2 km. Ouvert toute l'année. Honfleur 6 km. Deauville 22 km. Pont de Normandie 2 km.

Prix : 1 pers. 140 F 2 pers. 175 F 3 pers. 230 F

🎿	⛴	✈	🎣	🕯	🌲	⛵	〰
7	7	8	2	1	7	7	

DOLBEAU Yvon et Madeleine – La Vieille Cote – 27210 Fiquefleur-Equainville – Tél. : 32.57.61.74

Fiquefleur-Equainville — C.M. n° 55 — Pli n° 4

♥♥ NN

2 chambres dans un pavillon situé à la campagne. 1 chambre au rez-de-chaussée équipée d'1 lit 2 pers. avec s.d.b. et wc privés. 1 chambre à l'étage équipée d'1 lit 2 pers. et 1 suite pour 1 pers., poss. 1 lit suppl., s. d'eau et wc privés. Salle de séjour, salon avec cheminée à la disposition des hôtes. Gare 14 km. Commerces 4 km. Ouvert toute l'année. Anglais parlé. Honfleur 6 km. Deauville 22 km. Restaurant 3 km. Pont de Normandie 3 km.

Prix : 1 pers. 140/150 F 2 pers. 155/165 F 3 pers. 225 F

🐕	🎿	⛴	✈	🎣	🕯	🌲	⛵	〰
	7	7	7	2	SP	7	7	

DELANNEY J.Francois et Regine – 27210 Fiquefleur-Equainville – Tél. : 32.57.66.46

Fontaine-Bellanger — C.M. n° 55 — Pli n° 17

♥ NN

3 chambres 2 pers. aménagées à l'étage d'une très grande maison contemporaine, située à proximité du village. 1 ch. 3 épis NN avec salle de bains privée et 2 ch. 1 épi NN avec sanitaires communs. Terrain, parking. Salle de séjour, TV à la disposition des hôtes. Rivière 13 km. Lac 12 km. Restaurant 500 m. Voiture indispensable. Ouvert toute l'année. Gare et commerces à 6 km.

Prix : 1 pers. 155/185 F 2 pers. 180/210 F

🐕	🎿	⛴	✈	🎣	🕯	🌲	⛵	〰
	6	8	10	13	4	12	95	

MONNIER Claude et Marie-Antoinette – Rue du Moulin à Vent – 27600 Fontaine-Bellanger – Tél. : 32.53.43.88

Fourges — C.M. n° 55 — Pli n° 18

♥♥♥ NN

1 ch. (1 lit 2 pers.), s. d'eau et wc privés, au rez-de-chaussée d'une maison en pierre de Vernon. 2 ch. (1 lit 2 pers.), salle d'eau et wc privés aménagés dans un bâtiment indépendant. Jardin, salon de jardin. Ouvert toute l'année. Gare 15 km. Commerces 4 km. Musée Claude Monet. Musée Américain. Ateliers de peinture à Giverny 7 km. Restaurant 200 m. Moulin de Fourges, site classé.

Prix : 1 pers. 190 F 2 pers. 210/230 F 3 pers. 280 F

🐕	🎿	⛴	✈	🎣	🕯	🌲	⛵	〰
	4	14	6	9	SP	SP	30	130

STEKELORUM Paul et Josette – 24 rue du Moulin – 27630 Fourges – Tél. : 32.52.12.51 – Fax : 32.52.13.12

Fourmetot La Croisee — C.M. n° 55 — Pli n° 5

♥♥♥ NN
(TH)

Maison bourgeoise en briques et colombages située dans un herbage. 2 ch. au 1er étage (2 lits 1 pers. 1 lit 2 pers.). 2e étage : 1 ch. (3 lits 1 pers.). 1 ch. (1 lit 2 pers.). 1 ch. (1 lit 2 pers.), salle de bains et wc privés attenants à chaque ch. Salon avec bibliothèque et jeux de société à disposition des hôtes. Possibilité lit bébé. Salle de séjour avec cheminée. Salon de jardin, parking. Chaque chambre a un caractère particulier, que ce soit la chambre thaïlandaise, mexicaine ou indienne. Commerces 1 km. Ouvert toute l'année. Anglais parlé. Propriété très calme à 30 km d'Honfleur et 45 km de Deauville.

Prix : 1 pers. 220 F 2 pers. 250 F 3 pers. 310 F repas 100 F

🎿	⛴	✈	🎣	🕯	🌲	⛵	〰
6	6	1	40	4	2	9	45

DUSSARTRE Regis et Nicky – L'Aufragere - La Croisee – 27500 Fourmetot – Tél. : 32.56.91.92 – Fax : 32.57.75.34

Grainville

≋ NN   3 chambres d'hôtes aménagées au 1ᵉʳ étage d'une grande maison de briques, située dans une belle cour de ferme fleurie, en plein village. 1 chambre 1 pers. 2 chambres 2 lits 1 pers. Chaque ch. est équipée d'un lavabo. Salle d'eau exclusivement réservée aux hôtes. Salle de séjour, salon avec TV à la disposition des hôtes. Restaurant 2 km. Ouvert toute l'année. Gare 25 km. Commerces 2 km. Base nautique de Poses 25 km.

Prix : 1 pers. **110/130 F** 2 pers. **170 F**

3	10	6	3	25	65

AMMEUX Philippe et Therese – 2 rue Grand Mare – 27380 Grainville – Tél. : 32.49.09.53

La Haye-Aubree

≋≋≋ NN   Très belle maison à pans de bois surplombant une petite vallée. 1 chambre familiale à l'étage avec accès indépendant. 1 lit 2 pers. et 2 lits 1 pers. dans la seconde chambre avec salle d'eau et wc privés + 1 lit bébé. Très beau jardin d'agrément, portique. Proximité de la forêt de Brotonne 300 m. Nombreuses abbayes à proximité. Gare 25 km. Commerces 5 km. Ouvert toute l'année. Ping-pong, bicyclettes sur place, restaurant au village. Anglais parlé. Animaux admis après accord du propriétaire. 320 F/4 pers.

Prix : 1 pers. **175 F** 2 pers. **210 F** 3 pers. **270 F**

5	15	10	12	15	SP	15	40

VERHAEGHE Hubert et Francoise – 27350 La Haye-Aubree – Tél. : 32.57.31.09

La Haye-du-Theil

≋≋≋   2 chambres d'hôtes dans belle maison située sur une exploitation agricole, en pleine campagne. 1 ch. (2 lits 2 pers.). 1 ch. (1 lit 2 pers. 1 lit 1 pers.), avec salle de bains et wc privés. Salle de séjour, salon avec TV à la disposition des hôtes. Jardin, pré. Rivière 15 km. Produits fermiers sur place. Restaurant 1 km. Tennis dans la propriété à disposition des hôtes. Gare 30 km. Commerces 1 km. Ouvert toute l'année. 285 F/4 pers.

Prix : 1 pers. **190 F** 2 pers. **220 F** 3 pers. **265 F**

SP	13	1	10	15	0,5	60

DEMAEGDT Luc et Paulette – Domaine de la Coudraye – 27370 La Haye-du-Theil – Tél. : 32.35.52.07 – Fax : 32.35.17.21

Heudreville-sur-Eure

≋≋≋ NN   2 chambres aménagées dans un beau colombier restauré. 1 ch. (1 lit 2 pers.) 3 épis NN avec salle d'eau et wc attenants. 1 ch. familiale sur 2 niveaux : 1 ch. (2 lits 1 pers.) avec salle d'eau et wc attenants et à l'étage, 1 ch. (1 lit 2 pers.) avec lavabo (2 épis NN). Coin-kitchenette réservé aux hôtes au r.d.c. Coin-salon avec cheminée. TV et téléphone à disposition. Grand jardin calme et reposant, parking. VTT. Ouvert toute l'année.

Prix : 1 pers. **190 F** 2 pers. **250 F** 3 pers. **290 F**

2	9	SP	3	SP	15	95

DEVISME Christian et Nadine – Hameau de Boos – 27400 Heudreville-sur-Eure – Tél. : 32.50.23.02

Heudreville-sur-Eure

≋≋≋ NN   2 chambres de caractère dans une très belle propriété normande au cœur du village. 1 chambre (2 lits 1 pers.) avec salle de bains et wc privés. 1 suite (1 lit 2 pers. 3 lits 1 pers. 1 lit bébé), salle de bains et wc privés. Salon avec TV à la disposition des hôtes. Cheminée. Grand jardin, rivière dans la propriété. Gare 12 km. Commerces sur place et à 9 km. Giverny 30 km, jardin Claude Monet et musée américain de l'impressionnisme. Ouvert toute l'année. 390 F/4 pers. 470 F/5 pers. Anglais parlé.

Prix : 1 pers. **210/220 F** 2 pers. **240/260 F** 3 pers. **310 F**

3	9	9	15	SP	10	20	95

BOURGEOIS Janine – 4 rue de l'Ancienne Poste - La Ferme – 27400 Heudreville-sur-Eure – Tél. : 32.50.20.69

Houlbec-Cocherel

≋≋≋≋ NN   Dans l'ancienne habitation monastique d'une ferme dont les origines remontent au XIᵉ siècle, vous trouverez 3 chambres au rez-de-chaussée. 1 ch. (1 lit 2 pers.). 1 ch. (2 lits 1 pers.). 1 ch. (1 lit 2 pers. 1 lit 1 pers.). Sanitaires privés et attenants à chaque chambre. Petit jardin d'hiver. Salle et coin-cuisine réservés aux hôtes. Possibilité 1 lit bébé. Parc ombragé avec salon de jardin. Bois privés de 7 ha. Gare 13 km. Commerces 3 km. Ouvert toute l'année.

Prix : 1 pers. **220 F** 2 pers. **280 F** 3 pers. **350 F**

5	5	5	13	5	SP	120

BESNARD Sandrine – La Moinerie – 27120 Houlbec-Cocherel – Tél. : 32.26.00.44 – Fax : 32.26.28.49

Juignettes

≋≋ NN   3 chambres situées dans un corps de ferme. Elles sont aménagées à l'étage. 1 chambre (1 lit 2 pers. 1 lit 1 pers.), salle de bains et wc attenants. 1 chambre (1 lit 1 pers.), 1 chambre (2 lits 1 pers.), salle d'eau et
Ⓐ   wc privés à chaque chambre. Portique, salon de jardin à disposition des hôtes, terrain de boules, 1 cheval de selle, vélos, Center Park 20 km. Pêche sur grande réserve d'eau et barque. Gare 20 km. Commerces 6 km. Ouvert toute l'année.

Prix : 1 pers. **170 F** 2 pers. **200 F** 3 pers. **260 F** repas **70 F**

4	7	19	7	70

VAUDRON Pierre et M.-Claude – 27250 Juignettes – Tél. : 33.34.91.84

Jumelles

✹✹✹ NN

5 ch. d'hôtes aménagées dans une ancienne bergerie. R.d.c. : 1 ch. (2 lits 1 pers.), s.d.b. et wc privés. 1 ch. (1 lit 2 pers.), s. d'eau et wc privés. Salon avec cheminée et kitchenette. A l'étage : 1 ch. (1 lit 2 pers. 1 lit 1 pers.). 1 ch. (2 lits 2 pers.). 1 ch. (1 lit 2 pers. 1 lit 1 pers.), coin-salon, s. d'eau et wc privés. Parc ombragé, salon de jardin. Les 5 chambres ont été aménagées avec goût dans cet ancien bâtiment agricole. Vous goûterez au plaisir d'un petit déjeuner gourmand dans la salle de séjour qui vous est réservée. Anglais parlé. Ouvert toute l'année.

Prix : 1 pers. **180/200 F** 2 pers. **210/260 F** 3 pers. **310/330 F**

4	14	10	15	15	45	115

POITRINEAU Daniel et Jacqueline – Ferme de la Huguenoterie – 27220 Jumelles – Tél. : 32.37.50.06

Longchamps

✹✹✹ NN

4 ch. dans un bâtiment agricole restauré, à proximité du logement des propriétaires. Salle de détente, kitchenette aménagée réservée aux hôtes. 1 ch. au r.d.c. (1 lit 2 pers. 1 lit 1 pers.). A l'étage : 1 ch. (1 lit 2 pers. 1 lit 1 pers.). 1 ch. (1 lit 2 pers.). 1 ch. (1 lit 1 pers.). Chaque ch. a des sanitaires attenants et privatifs. Gisors 16 km. Abbaye de Mortemer 15 km. Gare 16 km. Ouvert toute l'année.

Prix : 1 pers. **140/160 F** 2 pers. **195 F** 3 pers. **270 F**

3	3	3	SP

THIBERT Reine – Route Principale – 27150 Longchamps – Tél. : 32.55.54.39

Mainneville

✹✹✹ NN

5 chambres aménagées dans un agréable corps de ferme entouré d'un parc verdoyant et arboré. Chaque ch. est équipée d'une s. d'eau avec wc privés et attenants. 2 ch. (1 lit 2 pers.). 3 ch. (1 lit 2 pers. 1 lit 1 pers.). Salle de séjour avec cheminée réservée aux hôtes. Coin-cuisine pour 2 chambres. Ouvert toute l'année. Gare 15 km. Commerces 10 km. Lyons la Forêt (plus belle hêtraie d'Europe) à 20 km, Giverny avec le musée de Claude Monet et le musée de l'impressionnisme Américain à 40 km. Circuits pédestres et cyclistes dans la très jolie vallée de la Lévrière. Site protégé. Possibilité de table d'hôtes occasionnelle. Parking privé.

Prix : 1 pers. **180 F** 2 pers. **210 F** 3 pers. **290 F**

10	10	10	5	80

MARC J.Claude et Jeannine – Ferme Sainte-Genevieve – 27150 Mainneville – Tél. : 32.55.51.26

Manthelon

✹✹✹✹ NN

4 chambres aménagées dans une belle ferme normande. 2 chambres (1 lit 2 pers. dans chaque chambre), salle de bains privée (bain balnéo et wc). 2 autres chambres (1 lit 2 pers. dans chaque chambre) avec salle d'eau (douche massante et wc privés). Possibilité 3e pers. dans petite chambre attenante. Grand salon avec cheminée. TV sur demande. Cuisine à disposition des hôtes. Salle de billard et de musculation. Animaux admis sous conditions. Balançoires. Vélos. Salon de jardin. Restaurant et ferme-auberge 6 km. Gare 8 km. Commerces 6 km. Ouvert toute l'année. Anglais et allemand parlés. Vente de foie gras de canard de la ferme.

Prix : 1 pers. **230/250 F** 2 pers. **260/280 F** 3 pers. **310/330 F**

8	8	2	8	6	8	10	100

GARNIER Daniel et Annick – Le Nuisement – 27240 Manthelon – Tél. : 32.30.96.90

Marbeuf

✹✹✹ NN

1 chambre d'hôtes dans une maison de caractère, située à l'extrémité du village. Grand calme. 1 ch. 2 pers. avec lavabo et accès salle de bains privée. Salle de séjour. Garage, aire de jeux, terrain. Logement de chevaux sur place. Restaurant 5 km. Proximité : abbaye du Bec Hellouin. Château et golf du Champ de Bataille. Chien non admis dans ch. Gare 30 km. Commerces sur place. Ouvert toute l'année. Vallée de l'Oison. Possibilité table d'hôtes sur réservation.

Prix : 1 pers. **160 F** 2 pers. **210 F**

0,5	14	8	8	12	3	80

LECLER Anne-Marie – Rue Colombel - la Bergerie - Marbeuf – 27110 Le Neubourg – Tél. : 32.35.86.28

Martagny La Rouge-Mare

✹✹✹ NN

3 chambres dans un ancien bâtiment agricole totalement restauré, à proximité de la maison des propriétaires. Salle de détente avec coin-kitchenette réservée aux hôtes. 1 ch. au r.d.c. (1 lit 2 pers. 1 lit 1 pers.), s. d'eau et wc attenants. 2 ch. à l'étage (1 lit 2 pers. 1 lit 1 pers. 2 lits 2 pers.), salle d'eau et wc privés communicants pour chaque chambre. Très beau jardin fleuri. Forêt de Lyons 300 m. Abbaye de Martenes 7 km. Rouen 50 km. Ouvert toute l'année. Gare 18 km. Commerces 4 km.

Prix : 1 pers. **170 F** 2 pers. **200 F** 3 pers. **270 F**

10	10	4	15	6	SP	10

LAINE Jacques et M.France – 21 rue de la Chasse - La Rouge Mare - Martagny – 27150 Etrepagny – Tél. : 32.55.57.22 – Fax : 32.55.14.01

Martainville

✹✹✹ NN
(TH)

Les 2 chambres sont aménagées au rez-de-chaussée. 1 chambre (1 lit 2 pers. 1 lit 1 pers.), salle de bains et wc privés avec accès indépendant. 1 chambre 2 pers. avec salle d'eau et wc particuliers. Salle de séjour à la disposition des hôtes. Parking. Gare 30 km. Commerces 5 km. Ouvert toute l'année. Paris 170 km. Honfleur 20 km. Deauville 35 km. Maison normande à colombages, dans un beau jardin fleuri. La vache et son veau, l'âne, les poules et la basse cour, vous feront bon accueil.

Prix : 1 pers. **170 F** 2 pers. **200 F** 3 pers. **230 F** repas **80 F**

5	3	15	15	18	25

BOUTEILLER Jacques et Odette – 27210 Martainville-en-Lieuvin – Tél. : 32.57.82.23

Mesnil-Verclives
C.M. n° 55 — Pli n° 7/8

❦❦ NN La chambre est aménagée dans la grande maison des propriétaires. Elle est située au 1er étage, l'accès est indépendant. Chambre pour 2 pers. (1 lit 2 pers.), salle de bains et wc privés. Salle de séjour avec cheminée réservée aux hôtes. Salon de jardin. Gare 25 km. Commerces 3 km. Ouvert toute l'année. Etrepagny, Fleury-sur-Andelle, Lyons-la-Forêt 12 km. Forêt de Lyons 3 km, plus belle hêtraie d'Europe. Giverny 35 km. Les Andelys, Château-Gaillard 10 km. Restaurant 8 km.

Prix : 1 pers. **170 F** 2 pers. **200 F**

SP	12	3	25	15	3	30	

MARC Guy et Simonne – 1 rue du Mesnil – 27440 Mesnil-Verclives – Tél. : 32.69.41.86

Mezieres-en-Vexin Hameau-de-Surcy
C.M. n° 55 — Pli n° 18

❦❦❦ NN 4 chambres aménagées à l'étage d'une maison de maître en pierre de Vernon située sur une exploitation agricole. 1 chambre 1 pers. 1 chambre (2 lits 1 pers.). 1 chambre (1 lit 2 pers.). 1 chambre (1 lit 2 pers. 1 lit 1 pers.). Chaque chambre avec salle d'eau et wc privés. Salon réservé aux hôtes au rez-de-chaussée avec piano. Gare 12 km. Commerces 2,5 km. Château Gaillard, aux Andelys à 12 km, Giverny avec le musée Claude Monet et musée Américain de l'Impressionnisme à 15 km. Possibilité de louer des VTT. Ouvert toute l'année et sur réservation du 1er novembre au 31 mars. Paris 80 km.

Prix : 1 pers. **150 F** 2 pers. **200/250 F** 3 pers. **300 F**

SP	12	4	20	12	1	12	120

VARD Simone – 29 rue de l'Huis - Hameau de Surcy - Cidex 4 – 27510 Mezieres-en-Vexin – Tél. : 32.52.30.04 – Fax : 32.52.28.77

Le Neubourg Quittebeuf
C.M. n° 55 — Pli n° 16

E.C. NN 1 chambre d'hôtes aménagée dans une petite maison normande, située à proximité du logement des propriétaires. 1 ch. (1 lit 2 pers. 1 lit bébé), salle d'eau et wc privés. Petit salon et cuisine réservés aux hôtes. Gare 12 km. Commerces 1 km. Ouvert toute l'année. Anglais, portugais et espagnol parlés. Château du Champ de Bataille 8 km. Château de Harcourt 20 km. Abbaye du Bec Hellouin 30 km. Giverny 50 km. A proximité de la Vallée de l'Oison. Evreux 18 km.

Prix : 1 pers. **175 F** 2 pers. **210 F**

5	12	6	8	4	30	100	

MOREIRA Francoise – Ecambosc - Quittebeuf – 27110 Le Neubourg – Tél. : 32.34.04.58

Nojeon-en-Vexin
C.M. n° 55 — Pli n° 8

❦ NN 5 ch. d'hôtes dans une ferme située en pleine campagne. 1 ch. 1 pers., 2 ch. 2 pers. et 1 ch. 3 pers. avec salle d'eau commune à ces 4 ch. 1 ch. 4 pers. (1 lit 2 pers. 2 lits 1 pers.), salle d'eau et wc particuliers. Salle de détente à la disposition des hôtes. Garage, jardin, terrain. Rivière 6 km. Logement chevaux sur place. Produits fermiers 5 km. Restaurant 7 km. Gare 16 km. Commerces 6 km. Ouvert toute l'année.

Prix : 1 pers. **125/180 F** 2 pers. **155/190 F** 3 pers. **210/250 F**

7	7	12	18	6	4	90	

DELEU Jules et M. Louise – 27150 Nojeon-en-Vexin – Tél. : 32.55.71.03

Pont-Audemer
C.M. n° 55 — Pli n° 4

❦❦❦ NN 2 chambres d'hôtes aménagées dans une maison de ville, au fond d'une allée calme. 1 chambre dans l'aile de la maison (1 lit 2 pers.), salle de bains et wc attenants et 1 chambre dans une dépendance (1 lit 2 pers.), salle d'eau et wc, poss. lit 1 pers. suppl. Salon de jardin à disposition des hôtes. Grand verger pour la détente et les jeux. Endroit calme et reposant. Gare 400 m. Commerces 500 m. Ouvert toute l'année. Centre ville à 500 m. A proximité de la Côte Normande, 25 km d'Honfleur et 40 km de Deauville.

Prix : 1 pers. **175/195 F** 2 pers. **200/220 F**

0,5	5	15	15	15	2,5	30

ROUX Cecile – 94 rue Jules Ferry – 27500 Pont-Audemer – Tél. : 32.41.25.32

Les Preaux Prieure-des-Fontaines
C.M. n° 55 — Pli n° 4

❦❦❦ NN
(TH) 3 chambres d'hôtes 3 pers. aménagées dans une grande maison ancienne restaurée. 1 ch. au r.d.c. (1 lit 2 pers. 1 lit 1 pers.) avec salle de bains et wc privés communicants, 2 ch. à l'étage (1 lit 2 pers. 1 lit 1 pers. possibles dans chaque chambre), salle de bains et wc privés communicants. Gare et commerces 5 km. Ouvert toute l'année. Table d'hôtes occasionnelle. Maison ancienne du XVIIe siècle, entièrement restaurée, en assemblage de pierres et briques. Grand jardin avec piscine, salon de jardin, forêt sur place. Honfleur 25 km. A proximité du Parc Naturel Régional de Brotonne. Anglais, allemand et espagnol parlés. Location vélos sur place.

Prix : 1 pers. **200 F** 2 pers. **250/290 F** 3 pers. **340/380 F** repas **90 F**

5	SP	3	15	5	SP	5	25

DECARSIN Jacques et M. Helene – Prieure-des-Fontaines - Route de Lisieux – 27500 Les Preaux – Tél. : 32.56.07.78

Puchay
C.M. n° 55 — Pli n° 8

❦❦❦ NN
(TH) 2 chambres d'hôtes aménagées au 1er étage de la maison, située dans le village. 1 chambre comprenant 1 lit 2 pers. et 2 lits 1 pers. avec salle d'eau et wc privés. Coin-salon aménagé dans la chambre, 1 ch. (1 lit 2 pers.), salle d'eau et wc privés. TV et bibliothèque dans le salon des propriétaires. Gare 20 km. Commerces sur place. Ouvert toute l'année. Anglais parlé. Lyons-la-Forêt 9 km, la plus belle hêtraie d'Europe. Rouen 35 km. Abbaye de Mortemer 5 km. Château de Vascoeuil 20 km. Les Andelys 15 km.

Prix : 1 pers. **190 F** 2 pers. **290 F** 3 pers. **300 F** repas **80 F**

8	8	2	26	10	28	120	

DECEUNINCK Norbert et Madeleine – 14 rue Gosse – 27150 Puchay – Tél. : 32.55.73.55

Pullay Chalvigny   *C.M. n° 60 — Pli n° 5/6*

♥♥♥ NN 2 chambres d'hôtes dans une belle propriété de style normand. Chaque chambre comprend 1 salon privé au rez-de-chaussée. Accès par escalier privatif à la chambre du 1er étage. A l'étage : 1 chambre (1 lit 2 pers. 1 lit 1 pers.). 1 chambre (1 lit 2 pers.). Rez-de-chaussée : 1 lit 1 pers. Chaque chambre a sa salle d'eau et wc privés. Salon de jardin. Parking. Table de ping-pong, vélos. Gare et commerces à 5 km. Ouvert toute l'année.

Prix : 1 pers. **280 F** 2 pers. **350 F** 3 pers. **450 F**

SP	SP	3	3	10	5	3	100

LOQUER Francoise – Chalvigny - Allee des Tilleuls – 27130 Pullay – Tél. : 32.60.18.10

Reuilly   *C.M. n° 55 — Pli n° 17*

♥♥♥ NN (TH) Dans leur grande maison (ancien prieuré), les propriétaires, ont aménagé 3 ch. avec sanitaires privés. 1er ét. : 2 ch. (1 lit 2 pers.), 1 ch. (2 lits 1 pers.). Poss. lit suppl. 2 ch. (EC) au 2e ét. 1 lit 2 pers., s. d'eau et wc privés à chaque ch. Ils laissent à la disposition de leurs hôtes leur grande salle, cheminée et bibliothèque ainsi qu'un coin-kitchenette. Salon de jardin, portique, parking couvert à la demande. Boules et vélos sur demande. Ouvert toute l'année. Giverny, jardin Claude Monet 25 km. Gare 10 km. Commerces 5 km. Rivière de l'Eure 3 km. Les Andelys, château Gaillard 25 km. Base de loisirs et de plein air 30 km. Rouen 45 km.

Prix : 1 pers. **160/190 F** 2 pers. **190/230 F** 3 pers. **290 F**
repas **80 F**

0,5	10	3	10	3	100

NUTTENS Marie-Therese – Ferme de Reuilly - 20 rue de l'Eglise – 27930 Reuilly-(Sur-D316) – Tél. : 32.34.70.65

Reuilly   *C.M. n° 55 — Pli n° 17*

♥♥♥ NN 2 chambres situées dans l'aile d'un manoir, dans une propriété arborée et fleurie, entourée de haies vives, où vous trouverez l'ambiance paisible d'autrefois. 1 ch. avec mezzanine (2 lits 1 pers. au r.d.c. et 2 lits 1 pers. à l'étage), 1 ch. (1 lit 2 pers.), salle de bains et wc privés à chaque chambre. Accès aux chambres par l'intérieur et l'extérieur. Parking voitures face aux chambres. Possibilité de table d'hôtes (repas servis dans un beau salon avec cheminée). Gare 10 km. Commerces 5 km. Ouvert toute l'année. Anglais et espagnol parlés. Vallées de l'Eure et de la Seine. Giverny, jardin Claude Monet, les Andelys, Château-Gaillard, Rouen.

Prix : 1 pers. **190 F** 2 pers. **230 F** 3 pers. **280 F**

3	10	3	10	3	SP	25	80

TREVISANI J.Pierre et Amaia – 19 rue de l'Eglise – 27930 Reuilly – Tél. : 32.34.71.47 – Fax : 32.34.97.64

Rougemontiers   *C.M. n° 55 — Pli n° 5*

♥♥♥ NN 4 chambres d'hôtes dans une ancienne ferme située dans le village. 2 ch. classées 3 épis NN (2 lits 1 pers. dans l'une, 1 lit 2 pers., 1 lit 1 pers. dans l'autre), salle de bains et wc privés. 2 ch. classées 1 épi NN (1 lit 2 pers. dans l'une, 2 lits 1 pers. dans l'autre), salle d'eau commune et accès indépendant. Salle de séjour à la disposition des hôtes. Jardin. Terrain clos. Kitchenette à disposition des hôtes. Rivière 10 km. Produits fermiers, restaurant sur place. Ouvert toute l'année.

Prix : 1 pers. **145/165 F** 2 pers. **180/190 F** 3 pers. **245 F**

3	10	12	10	35

MASSELIN Odette – 27350 Rougemontiers – Tél. : 32.57.32.54

Rougemontiers La Mare-Vallee   *C.M. n° 55 — Pli n° 5*

♥♥♥ NN Les 3 chambres sont aménagées dans une maison normande à colombages. Rez-de-chaussée : 1 chambre (1 lit 2 pers. 1 lit 1 pers.). A l'étage : 2 chambres (1 lit 2 pers.). Chaque chambre a salle d'eau et wc privés. Salon réservé aux hôtes aménagé au rez-de-chaussée ainsi qu'une kitchenette. Gare à Rouen 40 km. Commerces 1 km. Ouvert toute l'année. Jolie maison normande de construction récente aménagée dans cette propriété tout près du Parc Naturel de Brotonne.

Prix : 1 pers. **170/180 F** 2 pers. **190/200 F** 3 pers. **250 F**

7	15	4	45	15	1	15	45

VANTORNHOUT Dominique et Lauriane – La Mare Vallee – 27350 Rougemontiers – Tél. : 32.42.92.27

Saint-Clair-d'Arcey   *C.M. n° 55 — Pli n° 15*

♥♥ NN Maison à colombages située dans un jardin clos à proximité de prairies. 2 chambres aménagées à l'étage. Salle d'eau et wc privés dans chaque chambre. 2 chambres (1 lit 2 pers. chacune). Mare dans la propriété, herbages. Salle d'accueil à disposition des hôtes avec coin-kitchenette. Table d'hôtes occasionnelle. Ouvert toute l'année. Gare et commerces à 5 km.

Prix : 1 pers. **140 F** 2 pers. **180 F** 3 pers. **260 F**

7	7	10	8	3	5	20	65

LECLERC Elisabeth – Le Bourg – 27300 Saint-Clair-d'Arcey – Tél. : 32.43.58.51

Saint-Clair-d'Arcey   *C.M. n° 55 — Pli n° 15*

♥♥♥ NN 1 chambre aménagée dans une maison normande à pans de bois. 1 ch. au 1er étage (1 lit 2 pers. 2 lits 1 pers.) et au r.d.c. 1 grand salon réservé aux hôtes. Jardin clos fleuri de rosiers. Salle de bains et wc privés. Possibilité de lit supplémentaire au rez-de-chaussée. Musée de la reliure à Beaumesnil. Gare et commerces à 7 km. Ouvert toute l'année.

Prix : 1 pers. **170 F** 2 pers. **210 F** 3 pers. **250 F**

7	7	10	8	3	5	20	65

HUET Michel et Ginette – La Benardiere – 27300 Saint-Clair-d'Arcey – Tél. : 32.45.84.57

Saint-Clair-d'Arcey Le Plessis　　　　　　　　*C.M. nº 55 — Pli nº 15*

E.C. NN　2 ch. 3 pers. (1 lit 2 pers. 1 lit 1 pers.), 1 ch. (1 lit 2 pers.). Sanitaires privatifs à chaque chambre. Salon à disposition des hôtes. Animaux admis, mais présence de chiens dans la propriété. Gare et commerces à 7 km. Possibilité de table d'hôtes. Anglais et espagnol parlés. Ouvert toute l'année. Les chambres sont aménagées à l'étage d'une gentilhomière en briques et colombages dont la reconstruction date du XVIIIᵉ siècle. Grand parc de 5 ha. avec bois. Site particulièrement calme et reposant. Bernay 7 km.

Prix : 1 pers. **250/290 F** 2 pers. **280/320 F** 3 pers. **340/380 F**

7	7	4	6	SP	60

GOUFFIER ANTOINE ET RODRIGUEZ HENRI – Le Domaine du Plessis – 27300 Saint-Clair-d'Arcey – Tél. : 32.46.60.00

Saint-Cyr-la-Campagne　　　　　　　　　　　*C.M. nº 55 — Pli nº 6/1*

TH　2 ch. d'hôtes de 2 pers. dans une maison ancienne rénovée, située à la sortie du village. Salle d'eau commune pour 2 ch. Jardin, parking. Salle de séjour, salon, télévision à la disposition des hôtes. Rivière sur place. Produits fermiers 3 km. Voiture indispensable. Ouvert toute l'année. Gare et commerces 7 km. Anglais parlé.

Prix : 1 pers. **170 F** 2 pers. **185 F** repas **90 F**

3	5	10	15	5	3	20	75

BOURREAU Jacqueline – « Le Clos du Neuf Moulin » – 27370 Saint-Cyr-la-Campagne – Tél. : 35.87.47.28

Saint-Cyr-la-Campagne　　　　　　　　　　*C.M. nº 55 — Pli nº 6/16*

NN　4 ch. d'hôtes aménagées aux 1ᵉʳ et 2ᵉ étages de la mairie, maison en briques et rénovation contemporaine. 2 ch. (1 lit 2 pers.) au 1ᵉʳ étage, 1 ch. (1 lit 2 pers.) et 1 ch. (2 lits 1 pers.) au 2ᵉ étage. Salle de bains et wc privés pour chaque chambre. Poss. lit supplémentaire à la demande. Petit salon au r.d.c. aménagé dans une véranda. Salle pour petit déjeuner à l'étage. Gare 8 km. Commerces 4 km. Ouvert toute l'année. Anglais et espagnol parlés. Restaurants 10 km. Très belle vallée de l'Oison sur place, ainsi que sentiers de randonnée. Elbeuf 7 km, Rouen 25 km.

Prix : 1 pers. **180 F** 2 pers. **210 F** 3 pers. **230/270 F**

SP	7	10	15	SP	20	80

COMMUNE DE SAINT-CYR-LA-CAMPAGNE – Mairie - Mme Pottie – 27370 Saint-Cyr-la-Campagne – Tél. : 35.81.90.98 – Fax : 35.81.90.97

Saint-Denis-le-Ferment　　　　　　　　　　　*C.M. nº 55 — Pli nº 8*

NN　Dans la vallée de la Levriere, 4 chambres d'hôtes spacieuses classées 3 épis NN, dans la propriété boisée et fleurie. 3 ch. 2 pers. 1 ch. 3 pers., salle d'eau et wc privés pour chaque chambre. Séjour avec cheminée. Salon particulier et coin-cuisine réservés aux hôtes. Restaurant 500 m. Ball-trap 4 km. Salon de jardin. Parking. Gare 7 km. Ouvert toute l'année. Gisors 6 km. Lyons la forêt 18 km. Paris 85 km.

Prix : 1 pers. **160 F** 2 pers. **195 F** 3 pers. **270 F**

6	6	2	18	1	0,5	12	100

BOURILLON-VLIEGHE Gerard et Marie Jose – 29 rue de Saint-Paer – 27140 Saint-Denis-le-Ferment – Tél. : 32.55.27.86

Saint-Denis-le-Ferment　　　　　　　　　　　*C.M. nº 55 — Pli nº 8*

NN　1 ch. de plain-pied aménagée dans un ancien four à pain (dont on a conservé la motte), située à proximité de la maison de la propriétaire, 1 lit 2 pers., salle d'eau et wc privés. Coin-kitchenette. 1 ch. aménagée à l'étage de la maison de Mme Rousseau, 1 lit 2 pers. 1 lit 1 pers. avec salle d'eau et wc privés. Poss. 1 lit 1 pers. suppl. Anglais parlé. Salon avec cheminée à disposition des hôtes dans la maison à colombages de la propriétaire. Parking, salon de jardin. Initiation parapente et ULM à proximité. Gare à Gisors 7 km. Commerces 5 km. Ouvert toute l'année.

Prix : 1 pers. **180 F** 2 pers. **230 F** 3 pers. **280 F**

6	6	2	15	1	0,5	8	100

ROUSSEAU Madeleine – 8 rue des Cruchets – 27140 Saint-Denis-le-Ferment – Tél. : 32.55.14.45

Saint-Didier-des-Bois Le Vieux-Logis　　　　*C.M. nº 55 — Pli nº 16*

NN　4 ch. d'hôtes aménagées dans une belle propriété du XVIIᵉ siècle, dans le centre du village, entourée d'un jardin clos. R.d.c. : belle salle de séjour avec cheminée réservée aux hôtes, 1 ch. (1 lit 2 pers.) avec sanitaires privés. 2 ch. 3 pers. à l'étage avec s. d'eau et wc attenants. 1 ch. au 1ᵉʳ ét. d'une annexe (1 lit 2 pers. 1 lit 1 pers.), s. d'eau et wc privés. Téléphone dans chaque chambre. Ouvert toute l'année. Anglais parlé. 4 chambres d'hôtes aménagées dans une maison indépendante, située à l'entrée de la propriété. Au cœur de la vallée de l'Oison, la commune est entourée de bois. Elbeuf est à 6 km de Saint-Didier-des-Bois et Rouen à 25 km.

Prix : 1 pers. **230 F** 2 pers. **260 F** 3 pers. **300/320 F**

0,8	10	10	25	10	SP	10	80

AUZOUX Annick – Le Vieux Logis - 1 Place de l'Eglise – 27370 Saint-Didier-des-Bois – Tél. : 32.50.60.93 – Fax : 32.50.59.47

Saint-Eloi-de-Fourques Manoir-d'Hermos　　*C.M. nº 55 — Pli nº 15*

TH　2 ch. d'hôtes au 1ᵉʳ étage d'un beau manoir datant du XVIᵉ siècle, en briques et pierres, ancien pavillon de chasse Henri IV. 1 ch. (1 lit 2 pers. 2 lits 1 pers.), petit salon dans la ch., s.d.b. et wc privés et communicants. 1 ch. (1 lit 2 pers. 1 lit 1 pers.), s. d'eau et wc privés. Pour joueurs confirmés : billard français sur demande. Table d'hôtes occasionnelle. Anglais parlé. Petit manoir situé dans un parc de 10 hectares. Belle perspective sur le plan d'eau et le verger. Abbaye du Bec-Hellouin 5 km, Château du Champ de Bataille et Harcourt 10 km. Gare 35 km. Commerces 4 km.

Prix : 1 pers. **220/270 F** 2 pers. **250/300 F** 3 pers. **320/370 F** repas **65 F**

2	10	8	8	SP	SP	10	60

NOEL-WINDSOR Patrice et Beatrice – Manoir d'Hermos - 3 Chemin Hermos – 27800 Saint-Eloi-de-Fourques – Tél. : 32.35.51.32 – Fax : 32.35.51.32

Saint-Germain-la-Campagne

C.M. n° 55 — Pli n° 14

❅❅❅ NN Très grande maison bourgeoise en briques et pierres située dans un beau parc boisé. Les chambres sont aménagées à l'étage, l'accès est indépendant. 1 chambre familiale (1 lit 2 pers.), salle de bains et wc privés, communiquant à une autre chambre (2 lits 1 pers.). 1 chambre (1 lit 2 pers.), salle d'eau et wc privés. Ouvert toute l'année. Notions d'anglais. Billard français, tennis de table et baby-foot sont à la disposition des hôtes dans la salle qui leur est réservée. Gare 16 km. Commerces 800 m. Sentier GR26 à 1,5 km. Restaurant 6 km. Location de vélos 6 km.

Prix : 1 pers. **230 F** 2 pers. **260 F** 3 pers. **330 F**

1	16	3	40	6	SP	35	55

DE PREAUMONT Bruno et Laurence – Le Grand Bus – 27230 Saint-Germain-la-Campagne – Tél. : 32.44.71.14 – Fax : 32.46.45.81

Saint-Gregoire-du-Vievre La Brotonniere

C.M. n° 55 — Pli n° 5/15

❅❅ NN La chambre est aménagée au 1ᵉʳ étage d'une maison à colombages du début du XIXᵉ siècle. 1 lit 2 pers. et 1 lit enfant. Douche et wc privatifs. Salle à manger et coin-salon à disposition des hôtes. Gare 25 km. Commerces 1 km. Ouvert toute l'année. Camping rural sur la même propriété, dans un site classé très calme à proximité du château de Launay. Vente de produits fermiers sur place. Lac 14 km.

Prix : 1 pers. **160 F** 2 pers. **190 F** 3 pers. **230 F**

1	1	8	30	6	SP	

SEJOURNE Ghislaine – La Brotonniere – 27450 Saint-Gregoire-du-Vievre – Tél. : 32.42.82.67

Saint-Maclou

C.M. n° 55 — Pli n° 4

❅❅ NN Dans une maison à colombages, 1 chambre (1 lit 2 pers. possibilité 1 lit bébé) située au rez-de-chaussée avec sortie indépendante. Salle d'eau et wc privés. La maison est située sur une exploitation agricole. Gare 30 km. Commerces 1,5 km. Ouvert toute l'année. Honfleur 15 km.

Prix : 1 pers. **160 F** 2 pers. **190 F**

2	8	2	30	3	2	7	18

AUBE Gilbert et Blandine – La Briere – 27210 Saint-Maclou – Tél. : 32.56.63.35 – Fax : 32.56.95.62

Saint-Meslin-du-Bosc

C.M. n° 55 — Pli n° 15/16

❅❅❅ NN 3 chambres d'hôtes dans une grande maison de maître au calme et à la campagne avec jardin arboré et parking. 1 cha. 2 pers. avec salle de bains et wc privés, au 1ᵉʳ étage. Au 2ᵉ étage, 2 ch. communicantes (1 lit 2 pers. et 2 lits 1 pers.) avec salle de bains et wc privés aux 2 chambres. TV dans chaque chambre. Salle de séjour. Salon avec TV à disposition des hôtes. Lac 20 km. Produits fermiers 500 m. Restaurant 3 km. Gare 17 km. Commerces 4 km. Ouvert toute l'année. Evreux 33 km. Auberge à proximité. Circuit touristique de l'Oison. Rouen 30 minutes. Côte normande 1 heure.

Prix : 1 pers. **160 F** 2 pers. **210 F** 3 pers. **260 F**

8	17	8	8	20	3	20	65

CHALUMEL Monique et Michel – 33 rue de l'Eglise – 27370 Saint-Meslin-du-Bosc – Tél. : 32.35.54.53

Saint-Ouen-des-Champs

C.M. n° 55 — Pli n° 4/5

❅❅❅ 3 chambres d'hôtes dans une maison normande située en zone protégée. 3 chambres 2 pers. avec salle d'eau et wc privés. Salle de séjour, salon à la disposition des hôtes. Jardin, terrain, pré. Rivière 10 km. Produits fermiers sur place. Restaurant 4 km. Ouvert toute l'année. Proximité du Parc Naturel Régional de Brotonne. Gare 10 km. Commerces 4 km. Site naturel du Marais Vernier.

Prix : 1 pers. **160 F** 2 pers. **200 F**

10	8	10	3	15	25

BLONDEL Marcel et Alice – Le Vivier - la Vallee – 27680 Saint-Ouen-des-Champs – Tél. : 32.42.17.25

Saint-Philbert-sur-Risle La Baronnie

C.M. n° 55 — Pli n° 5

❅❅❅ NN Très belle maison normande à colombages située dans un jardin arboré qui domine la Vallée de la Risle. Les 3 chambres sont aménagées à l'étage et sont équipées de 2 lits 1 pers. pour l'une et 1 lit 2 pers. pour les 2 autres. Sanitaires privés à chaque chambre. Poss. lit bébé et 1 lit 1 pers. sur demande. Animaux admis après accord. Anglais parlé. Kitchenette et salle à manger au rez-de-chaussée. Salon privé avec bibliothèque, jeux de société et TV vous sont réservés à l'étage. Tarifs pour longs séjours. Ouvert toute l'année sauf janvier et février. Honfleur est à 35 km et Rouen à 45 km.

Prix : 1 pers. **200/250 F** 2 pers. **250/300 F** 3 pers. **350 F**

4	13	4	27	SP	SP	13	35

M. NAEDER ET MME DE FROBERVILLE Yves et France – La Baronnie – 27290 Saint-Philbert-sur-Risle – Tél. : 32.57.08.49

Saint-Pierre-des-Fleurs

C.M. n° 55 — Pli n° 6

❅❅ 2 ch. d'hôtes dans une très belle maison de caractère normand. Au rez-de-chaussée : 1 chambre (1 lit 2 pers. 1 lit 1 pers.), salle de bains et wc privés. A l'étage : 1 chambre (2 pers. + 1 lit enfant) avec salle de bains et wc communs. Salle de séjour avec TV à la disposition des hôtes. Très beau jardin clos. Rivière. Lac 20 km. Restaurant 2 km. Gare 10 km. Ouvert toute l'année.

Prix : 1 pers. **150/170 F** 2 pers. **165/185 F** 3 pers. **225 F**

0,2	7	10	0,2	2	20	70

BONVOISIN Francoise – Route de Thuit Signol – 27370 Saint-Pierre-des-Fleurs – Tél. : 35.87.81.91

Saint-Pierre-du-Val   *C.M. n° 55 — Pli n° 4*

♥♥♥ NN 2 chambres de 2 pers. aménagées dans 1 maison contemporaine située en campagne. 1 chambre avec salle de bains particulière. 1 chambre avec salle d'eau et wc privés. Salon à la disposition des hôtes. Grand jardin. Rivière 1 km. Lac 15 km. Table d'hôtes occasionnelle. Honfleur 10 km. Gare 15 km. Commerces 5 km. Location de vélos sur place. Ouvert toute l'année. Pont de Normandie 4 km.

Prix : 1 pers. **135 F** 2 pers. **180 F**

🎿	🏊	🎣	🚵	⛵	🏊
15	15	6	1	15	20

LEBAS William et Francoise – La Charriere Bardel – 27210 Saint-Pierre-du-Val – Tél. : 32.57.68.80

Saint-Victor-d'Epine La Miniardiere   *C.M. n° 55 — Pli n° 15*

♥♥♥ NN Chambre avec accès indépendant aménagée au 1er étage d'une maison à colombages située au milieu d'un parc boisé et d'un superbe et très vaste jardin. 1 lit 2 pers., salle d'eau et wc privés. TV dans la chambre. Salle à manger réservée aux hôtes. Gare 18 km. Commerces 2,5 km. Ouvert toute l'année. Anglais et espagnol parlés. Jolie maison normande, située dans un cadre superbe et calme. Vallée de la Risle à proximité, nombreuses forêts alentours et circuits de randonnées. Brionne 8 km. Montfort sur Risle 12 km. Château de Launay 2,5 km. Lac 9 km.

Prix : 1 pers. **210 F** 2 pers. **250 F**

🐩	🎿	🏊	🎣	🚵	⛵	🌲
	9	3	1	30	9	SP

MESSIEURS CANSSE ET GRANDHOMME – Le Clos Saint-Francois - La Miniardiere – 27800 Saint-Victor-d'Epine – Tél. : 32.45.98.90 – Fax : 32.45.98.90

Sainte-Opportune-la-Mare La Vallee   🏕️   *C.M. n° 55 — Pli n° 4*

♥♥♥ NN
(TH) 2 ch. d'hôtes aménagées au 1er étage d'une maison normande. 1 ch. (1 lit 2 pers. 1 lit 1 pers.), salle de bains et wc attenants. 1 ch. (1 lit 2 pers.), salle d'eau et wc privés. Possibilité lit bébé. Petit salon à la disposition des hôtes. A proximité du site exceptionnel de la Grande Mare. Gare 10 km. Commerces 2 km. Ouvert toute l'année. Anglais et allemand parlés. Etang de 70 hectares sur la commune du Marais Vernier. Réserve Naturelle faune et flore. Poste d'observation pour les oiseaux. Sentiers pédestres à proximité. Gîte Panda.

Prix : 1 pers. **190 F** 2 pers. **230 F** 3 pers. **290 F**
repas **70/125 F**

🐩	🎿	🏊	🎣	🚵	🌲	⛵	🏊
	7	7	7	30	SP	8	30

BLONDEL Etienne et Jacqueline – Quai de la Forge - La Vallee – 27680 Sainte-Opportune-la-Mare – Tél. : 32.42.12.52

Le Theillement   *C.M. n° 55 — Pli n° 5*

♥♥♥ NN La chambre est aménagée dans la très grande maison des propriétaires. Située à l'étage, elle est équipée d'1 lit 2 pers. avec possibilité de rajouter 1 lit bébé, salle d'eau et wc privés. Salon au rez-de-chaussée à la disposition des hôtes, cheminée, TV, bibliothèque. Balançoire, salon de jardin et grand parc fleuri. Restaurant 6 km. Ouvert toute l'année. Gare 12 km. Commerces 3 km.

Prix : 1 pers. **175 F** 2 pers. **200 F**

🐩	🎿	🏊	🎣	🚵	⛵	🌲	🏊	🏊
	2	6	6	20	15	6	15	50

LAMY Christiane – Hameau le Roumois – 27520 Le Theillement – Tél. : 35.87.61.43

Thiberville Le Beaujouas   *C.M. n° 55 — Pli n° 14*

♥♥ NN 4 ch. d'hôtes aménagées dans une ancienne grange totalement rénovée, située dans un beau jardin avec volière d'agrément. R.d.c. : 1 ch. (3 lits 1 pers.), 1 ch. (1 lit 2 pers.). A l'étage : 1 ch. (1 lit 2 pers.), 1 ch. (1 lit 1 pers. 1 lit 2 pers.). Salle de bains et wc attenants à chaque chambre. Petit déjeuner pris dans la salle à manger des propriétaires. Gare 12 km. Commerces 2 km. Ouvert toute l'année. Restaurant à proximité. Les 4 chambres sont aménagées dans un ancien bâtiment agricole, proche de la RN13. Parc animalier de Cerza 10 km. Petits animaux admis.

Prix : 1 pers. **200 F** 2 pers. **225 F** 3 pers. **295 F**

🎿	🏊	🎣	🚵
5	12	9	5

BESNARD Francoise – Le Beaujouas – 27230 Thiberville – Tél. : 32.46.30.03

Tilly   *C.M. n° 55 — Pli n° 18*

♥♥ NN La chambre est installée à l'étage d'une belle maison située sur une exploitation agricole. Elle est composée de 2 chambres doubles avec salle de bains et wc communs aux 2 chambres. Salon au rez-de-chaussée avec TV à disposition des hôtes. Garage. Gare et commerces à 8 km. Ouvert toute l'année. La chambre est aménagée à 8 km de Vernon, et à 12 km de Giverny (musée de Claude Monet et musée Américain).

Prix : 1 pers. **180 F** 2 pers. **210 F** 3 pers. **310 F**

🐩	🎿	🏊	🎣	🚵	🚵	🌲	🏊	🏊
	8	8	1	22	22	SP	8	110

LEFEBVRE Pierre et Beatrice – 1 rue Grande – 27510 Tilly – Tél. : 32.53.56.17 – Fax : 32.52.92.11

Touffreville   *C.M. n° 55 — Pli n° 7*

♥♥♥ 1 chambre d'hôtes aménagée dans une maison de grande qualité. Jardin paysager splendide avec une rivière. 1 chambre 3 pers. (1 lit 2 pers. 1 lit 1 pers.) avec salle d'eau particulière. Possibilité de louer 1 ch. supplémentaire 1 pers. Parking. Salle de séjour à disposition des hôtes. Terrasse et salon de jardin. Restaurant 1,5 km. Ouvert toute l'année. Randonnées dans la région de Lyons la Forêt à 8 km. Gare 30 km. Commerces 5 km. Paris 100 km.

Prix : 1 pers. **180 F** 2 pers. **225 F** 3 pers. **310 F**

🐩	🎿	🏊	🎣	🚵	🌲	🏊
	8	8	8	4	1	95

HERMAN Daniel et Therese – 27440 Touffreville – Tél. : 32.49.17.37

Tourny
C.M. nº 55 — Pli nº 18

NN — 2 chambres (1 lit 2 pers.), salle d'eau et wc privés, situées dans une construction indépendante de la maison des propriétaires. Salon de jardin à disposition des hôtes. Tourny est situé au cœur du Vexin Normand à proximité de Giverny (12 km) et à 12 km de la vallée de la Seine. Gare à Vernon 15 km. Commerces sur place. Ouvert toute l'année.

Prix : 1 pers. **160 F** 2 pers. **190 F**

1	15	6	15	13	5	25	110

DAS Serge et Huguette – 28 rue du West – 27510 Tourny – Tél. : 32.52.31.57

Tourville-la-Campagne
C.M. nº 55 — Pli nº 16

NN — 3 chambres situées dans une belle chaumière normande entourée d'un grand jardin clos. Au rez-de-chaussée : 1 chambre 2 pers. (3 épis NN) avec salle de bains et wc attenants et 2 chambres 2 pers. (2 épis NN) à l'étage (1 lit 2 pers. 2 lits 1 pers.), salle de bains et wc privés. Très beau jardin et jardin d'hiver à la disposition des hôtes. Ouvert toute l'année. Réservation par téléphone, aux heures des repas de préférence. Gare 10 km. Commerces 3 km.

Prix : 1 pers. **180 F** 2 pers. **210 F** 3 pers. **260 F**

2	10	1	9	SP	20	110

PARIS Micheline – 72 rue des Canadiens - Le Soulanger – 27370 Tourville-la-Campagne – Tél. : 32.35.31.28

Tricqueville Ferme du Ponctey
C.M. nº 55 — Pli nº 4

TH — 2 chambres aménagées à l'étage. 1 chambre (1 lit 2 pers.), salle de bains et wc privés. 1 chambre (1 lit 2 pers. 1 lit 1 pers.), douche et wc privés. Possibilité de lit bébé. Gare 25 km. Commerces 6 km. Ouvert toute l'année. Anglais et allemand parlés. Belle maison de maître située au milieu des champs au bord du plateau dominant un cours d'eau. Proximité du Parc Naturel de Brotonne à 6 km. Deauville et Honfleur à 25 km.

Prix : 1 pers. **185 F** 2 pers. **210 F** 3 pers. **270 F**
repas **60/90 F**

6	6	6	25	SP	25

JAOUEN Philippe et Florence – Ferme des 2 Sapins – 27500 Tricqueville – Tél. : 32.42.10.37 – Fax : 32.57.54.53

Le Tronquay La Grand-Fray
C.M. nº 55 — Pli nº 8

E.C. NN — 1 chambre d'hôtes aménagée au rez-de-chaussée d'un petit bâtiment datant du XIXᵉ siècle, à colombages et toit de chaume. 1 ch. (1 lit 2 pers. 1 lit 1 pers.), salle d'eau et wc attenants. Coin-kitchenette réservé aux hôtes. Salle à manger dans le jardin d'hiver des propriétaires. Beau jardin aménagé avec salon de jardin. Gare 33 km. Commerces 3 km. Ouvert toute l'année. Anglais parlé. A proximité de Lyons-la-Forêt, plus belle hêtraie d'Europe, abbaye de Mortemer à 7 km, Rouen à 30 km, Château de Vascoeuil à 9 km. Animaux admis après accord du propriétaire.

Prix : 1 pers. **180 F** 2 pers. **210 F** 3 pers. **270 F**

0,5	3	5	20	3	SP	20	60

MONNIER Gerard – La Grand Fray - 1 rue des Angles – 27480 Le Tronquay – Tél. : 32.49.53.38

Manche

Acqueville Hameau-Voisin
C.M. nº 54 — Pli nº 1

NN — A 10 km de Cherbourg. 1 chambre avec annexe (2 X 2 pers.) à l'étage. Salle de bains et wc à l'usage exclusif des hôtes. Entrée indépendante. Salle de séjour. Chauffage électrique. Cure marine à 8 km. Ouvert toute l'année. Gare 10 km. Commerces 2 km.

Prix : 1 pers. **150 F** 2 pers. **175 F** 3 pers. **237 F**

6	12	6	8	8

JEAN Henri – Hameau Voisin – 50440 Acqueville – Tél. : 33.52.76.47

Acqueville La Belangerie
C.M. nº 54 — Pli nº 1

NN — TH — A 10 km de Cherbourg, dans un manoir du XVIᵉ siècle, 1 chambre d'hôtes est aménagée à l'étage, avec salle de bains privée. Gîte d'étape sur place. Cure marine à 8 km. Ouvert toute l'année. Gare 10 km.

Prix : 1 pers. **175 F** 2 pers. **225 F** 3 pers. **307 F** repas **80 F**

6	8	6	8	8	SP

GEOFFROY Daniel – La Belangerie – 50440 Acqueville – Tél. : 33.94.59.49

Airel Le Pont
C.M. nº 54 — Pli nº 13

— Dans une maison de caractère, à l'étage, 2 chambres 4 pers. Salle de bains commune. Chauffage électrique. Tennis, forêt 10 km. Plage 25 km. Gare 4 km. Dans le Parc Régional des Marais du Cotentin et du Bassin. St-Lô et Carentan à 15 km. Ouvert toute l'année.

Prix : 1 pers. **135 F** 2 pers. **170 F**

25	15	10	SP

BOUFFARD Jacques – Le Pont – 50680 Airel – Tél. : 33.56.87.00

Ancteville La Foulerie   *C.M. n° 54 — Pli n° 12*

♥♥
(TH)

Dans un manoir, à l'étage : 3 ch. (9 pers.) : 1 ch. au 1er étage et 2 ch. au 2e étage, salle d'eau et wc privés. Chauffage central. Tennis, promenade à cheval sur place. Produits fermiers sur place. Restaurant 4 km (randonneurs équestres acceptés). Ouvert toute l'année. Gare 8 km. VTT, practice golf, plan d'eau, coin-pique-nique, jeux pour enfants sur place.

Prix : 1 pers. **120 F** 2 pers. **170 F** 3 pers. **200 F** repas **80 F**

🏊	⛵	🎣	🚣	⛷	🚶	🎯
12	12	SP	8	SP	SP	SP

ENOUF Michel – La Foulerie – 50200 Ancteville – Tél. : 33.45.27.64

Anctoville-sur-Boscq Beaufougeray   *C.M. n° 59 — Pli n° 7*

♥♥♥

A 4 km de Granville, dans une maison récente, 2 chambres (6 pers.) sont aménagées à l'étage, avec salles d'eau et wc privés. Entrée indépendante. Possibilité lit enfant : 15 F. Bowling à 5 km. Ouvert toute l'année. Gare 5 km. Commerces 2 km.

Prix : 1 pers. **155 F** 2 pers. **175 F** 3 pers. **206 F**

🏊	⛵	🎣	🚣	🎾	⛷	🚶
6	6	6	6	6	4	SP

RENAULT Yves – Beaufougeray – 50400 Anctoville-sur-Boscq – Tél. : 33.51.64.88

Anctoville-sur-Boscq Le Manoir   *C.M. n° 59 — Pli n° 7*

♥♥

A l'étage, 3 chambres (8 pers.) avec salle d'eau à l'usage exclusif des hôtes. Chauffage central. Produits fermiers sur place. Ouvert toute l'année. Gare 5 km.

Prix : 1 pers. **115 F** 2 pers. **140 F** 3 pers. **175 F**

🏊	⛵	🎣	🚣	🐴	⛷
6	6	6	6	6	4

LEROYER Raymond – Le Manoir – 50400 Anctoville-sur-Boscq – Tél. : 33.50.28.96

Angoville-au-Plain La Guidonnerie   *C.M. n° 54 — Pli n° 13*

♥♥♥ NN

Dans un bâtiment indépendant. 1 chambre 2 pers. 1 chambre 3 pers. à l'étage, avec salles de bains et wc privés. Entrée indépendante. A 6 km de Carentan. Gare et commerces à 6 km. Ouvert du 15 mars au 1er novembre.

Prix : 1 pers. **140 F** 2 pers. **170 F** 3 pers. **210 F**

🏊	⛵	🎣	🚣	🐴	⛷	🚶
10	6	10	6	20	6	SP

LEONARD Fabienne – La Guidonnerie – 50480 Angoville-au-Plain – Tél. : 33.42.33.51

Angoville-au-Plain Ferme-d'Alain   *C.M. n° 54 — Pli n° 13*

♥♥
(TH)

A l'étage, 1 chambre 3 pers., 1 chambre 1 pers. salles d'eau et wc privés. Chauffage électrique. Restaurant 3 km. Table d'hôtes sur réservation. Accès : D913, direction le bourg (C201). Gare 6 km. Plages du débarquement à proximité.

Prix : 1 pers. **150 F** 2 pers. **175 F** 3 pers. **220 F**
pers. sup. **45 F** repas **50/80 F**

🏊	⛵	🎣	🚣	⛷	🚶
6	6	11	6	6	SP

FLAMBARD Roger et Jeanne – Ferme d'Alain – 50480 Angoville-au-Plain – Tél. : 33.42.11.30

Annoville Village-Hebert   *C.M. n° 54 — Pli n° 12*

♥♥ NN

1 chambre familiale (1 lit 2 pers. 2 lits 1 pers.) au rez-de-chaussée, avec salle d'eau et wc privés. Entrée indépendante. A 15 km de Coutances. Gare 15 km. Commerces 1 km. Ouvert de février à la Toussaint. Accès D20.

Prix : 2 pers. **185 F** 3 pers. **245 F**

🏊	⛵	🎣	🚣	🚶	⛷
2	3	3	15	1	SP

HEBERT Michel – Village Hebert - Tourneville – 50660 Annoville – Tél. : 33.47.64.90

Annoville Le Tot   *C.M. n° 54 — Pli n° 12*

♥ NN

4 chambres d'hôtes (10 pers.), à l'étage, une salle de bains et une salle d'eau à l'usage exclusif des hôtes. Chauffage électrique. (entrée indépendante). Ping-pong sur place. Produits fermiers sur place. Restaurant 4 km. Randonneurs équestres et pédestres acceptés. Ouvert toute l'année. Gare 13 km.

Prix : 1 pers. **105 F** 2 pers. **165 F** 3 pers. **215 F**

🏊	⛵	🎣	🚣	🚶	⛷
2	15	4	13	4	SP

GIRARD Janine – Le Tot – 50660 Annoville – Tél. : 33.47.50.99

Ardevon La Rive   *C.M. n° 59 — Pli n° 7*

♥♥♥

2 chambres au rez-de-chaussée et 3 chambres à l'étage (10 pers.), avec salle d'eau et wc dans chaque chambre. Chauffage électrique. Chambres avec vue sur le Mont-Saint-Michel. Restaurant 4 km. Gare 15 km. Ouvert toute l'année.

Prix : 1 pers. **140 F** 2 pers. **170 F** 3 pers. **210 F**
pers. sup. **40 F**

🏊	⛵	🎣	🚣	🚶
30	33	4	15	SP

AUDIENNE Louise – La Rive – 50170 Ardevon – Tél. : 33.60.23.56

Aucey-la-Plaine La Provostiere   *C.M. n° 59 — Pli n° 8*

♥♥ NN

A 5 km de Pontorson, une chambre d'hôtes (2 pers.) est aménagée, avec salle d'eau et wc privés. Entrée indépendante, 1 chambre avec salle d'eau et wc à l'usage exclusif des hôtes. Mont Saint-Michel à 12 km. Accès : par Vessey, à 1 km, direction Pontorson, D112. Gare 23 km. Commerces 3 km. Ouvert toute l'année.

Prix : 1 pers. **150 F** 2 pers. **180 F** 3 pers. **230 F**
pers. sup. **50 F**

🎣	🚣	⛷	🚶
10	23	3	SP

FEUVRIER Maryvonne – La Provostiere – 50170 Aucey-la-Plaine – Tél. : 33.60.33.67

Auderville
C.M. nº 54 — Pli nº 1

1 chambre d'hôtes (2 pers.) à l'étage d'une maison située dans le village. Salle d'eau à l'usage du propriétaire et des hôtes. Chauffage central. Chemin de randonnée. Gare 29 km. Restaurants à proximité. Ouvert toute l'année.

Prix : 1 pers. **140 F** 2 pers. **170 F**

0,6	10	8	29	0,5	SP

DIGARD Anne-Marie – Le Bourg – 50440 Auderville – Tél. : 33.52.81.88

Auderville
C.M. nº 54 — Pli nº 1

Dans un village, à la ferme, 4 chambres d'hôtes (10 pers.) avec salles d'eau et wc privés. 3 ch. au 2e étage avec vue sur la mer et 1 ch. au 1er étage. Chauffage central. Randonneurs équestres acceptés. Restaurant sur place. A 30 km de Cherbourg. Gare 29 km. Ouvert toute l'année.

Prix : 1 pers. **130 F** 2 pers. **185 F** 3 pers. **240 F**
pers. sup. **40 F**

0,6	10	8	29	0,5	SP

LECOUVEY Alain – Le Bourg – 50440 Auderville – Tél. : 33.52.73.46

Aumeville-Lestre Le Clos-Bon-Oeil

Dans une maison récente, 2 chambres 4 pers. à l'étage avec salle d'eau à l'usage exclusif des hôtes. Chauffage central. Coin-cuisine à la disposition des hôtes. Centre équestre 2 km. Gare 17 km.

Prix : 1 pers. **150 F** 2 pers. **170 F** 3 pers. **230 F**
pers. sup. **50 F**

2	8	17	4	SP

GOSSELIN Marie-Francoise – Le Clos Bon Oeil – 50630 Aumeville-Lestre – Tél. : 33.54.17.73

Bacilly La Croix-Saint-Gatien
C.M. nº 59 — Pli nº 7/8

A 9 km d'Avranches, dans une maison ancienne, 2 chambres à l'étage (dont 1 avec annexe 3 pers.), salle d'eau et wc privés. Baie du Mont Saint-Michel à 3 km. Gare 9 km, commerces 500 m. Ouvert toute l'année.

Prix : 1 pers. **160 F** 2 pers. **190 F** 3 pers. **265 F**

2	10	2	SP

YVON Yvette et Alphonse – La Croix-Saint-Gatien – 50530 Bacilly – Tél. : 33.70.85.15

Bacilly Le Grand-Moulin-Lecomte
C.M. nº 59 — Pli nº 8

A la campagne, 5 chambres (15 pers.). A l'étage : 3 ch. (dont 1 avec annexe 4 pers.). Au rez-de-chaussée : 2 ch. (1 familiale et 1 avec coin-cuisine) avec entrées indépendantes. Salles d'eau et wc privés. Restaurant 3 km. Traversée guidée de la baie du Mont Saint-Michel 3 km. Anglais parlé. Animaux 10 F. Gare 10 km. Ouvert toute l'année.

Prix : 1 pers. **150 F** 2 pers. **180 F** 3 pers. **240 F**

10	15	2	10	2	SP

HARVEY Alan et Gwen – Le Grand Moulin Lecomte – 50530 Bacilly – Tél. : 33.70.92.08

Bacilly Le Vivier
C.M. nº 59 — Pli nº 8

2 chambres d'hôtes situées à l'étage (6 pers.). Salle d'eau à l'usage exclusif des hôtes. 1 chambre au rez-de-chaussée avec salle d'eau et wc privés et kitchenette. Chauffage central. Restaurant 1 km. Baie du Mont Saint-Michel 3 km. Ouvert toute l'année. Gare 10 km.

Prix : 1 pers. **100 F** 2 pers. **130/170 F**

10	15	2	10	2	SP

RENAULT Raymond – Le Vivier – 50530 Bacilly – Tél. : 33.70.85.02

Barneville-Carteret
C.M. nº 54 — Pli nº 1

Au cap de Carteret, dans une maison récente, 2 chambres 4 pers. aménagées à l'étage avec 2 salles de bains à l'usage exclusif des hôtes. Chambres avec vue sur la mer. Chauffage central. Salon à la disposition des hôtes. Ouvert toute l'année. Gare 29 km. Commerces 500 m. 1er nº de téléphone le soir, 2e nº la journée.

Prix : 1 pers. **200 F** 2 pers. **230 F**

SP	0,5	8	8	0,5	SP

SIMON Pierre – 18, avenue de la Roche Billard – 50270 Barneville-Carteret – Tél. : 33.04.28.41 ou 33.53.84.93

Barneville-Carteret
C.M. nº 54 — Pli nº 1

Sur les hauteurs de Carteret, vue sur la mer et la campagne, dans une maison récente. Rez-de-chaussée : 1 chambre d'hôtes 3 pers., 1 chambre 2 pers. et 1 convertible. Salles d'eau et wc privés. Chauffage central. Plage, restaurant 600 m. Animaux (40 F). Gare 30 km. Commerces 600 m. Ouvert toute l'année.

Prix : 1 pers. **180/190 F** 2 pers. **210/220 F** 3 pers. **270/280 F**
pers. sup. **40 F**

1,5	1,5	1,5	17	1,5	SP

CESNE Marc – 74/76 Route du Cap – 50270 Barneville-Carteret – Tél. : 33.04.62.84

Barneville-Carteret
C.M. nº 54 — Pli nº 1

Maison située dans le bourg de Barneville. 2 ch. au 1er étage dont 1 avec annexe (3 pers.), 1 ch. au 2e étage avec annexe (4 pers.). Salle d'eau ou salle de bains et wc privés. Salle de séjour à l'usage exclusif des hôtes. Entrées indépendantes. Restaurant à proximité. Ouvert de Pâques au 30 septembre + week-ends et vacances scolaires. Gare 30 km. Garage pour vélos et motos.

Prix : 1 pers. **190 F** 2 pers. **220 F** 3 pers. **300 F**

1,5	1,5	1,5	17	6	1,5	SP

LEBOURGEOIS Gerard – 5 rue du Pic Mallet – 50270 Barneville-Carteret – Tél. : 33.04.90.22

La Barre-de-Semilly La Cosnetiere

E.C. NN   Dans un cadre champêtre, 2 chambres à l'étage avec salles d'eau privés. 1 wc commun aux 2 chambres. Entrée indépendante. Forêt de Cerisy, Saint-Lô à 5 km. Gare 5 km. Commerces 2 km. Ouvert toute l'année. Accès : D11, puis D550 direction Saint-Pierre-de-Semilly.

Prix : 1 pers. **170 F** 2 pers. **200 F** 3 pers. **260 F**

5	5	2	SP	

LAHAYE Pierre et Antonia – La Cosnetiere – 50810 La Barre-de-Semilly – **Tél. : 33.57.38.06**

Baupte Manoir-du-Fresne

NN   Dans un manoir, 1 chambre 2 pers. au 1er étage, et 1 chambre familiale 4 pers. au 2e étage. Salles d'eau et wc privés. Chauffage central. Gare 10 km. Commerces 500 m. Ouvert toute l'année.

Prix : 1 pers. **170 F** 2 pers. **200 F** 3 pers. **260 F** pers. sup. **50 F**

25	10	3	10	0,5	10	SP

VASCHE Daniel et Madeleine – Manoir du Fresne – 50500 Baupte – **Tél. : 33.42.03.29**

Beaubigny La Vallee   *C.M. n° 54 — Pli n° 1*

2 chambres d'hôtes (4 pers.) au rez-de-chaussée, avec salle de bains privée, l'autre avec salle de bains commune avec les propriétaires. Dans un bâtiment indépendant, 2 chambres 4 pers. à l'étage, avec salles d'eau et wc privés. Coin-cuisine à l'usage exclusif des hôtes. Chauffage électrique. Produits fermiers. Randonneurs équestres acceptés. Gare 35 km. Ouvert toute l'année.

Prix : 1 pers. **120/158 F** 2 pers. **140/185 F** 3 pers. **250 F**

2	5	5	35	2	5	SP

LECONTE Roger – La Vallee – 50270 Beaubigny – **Tél. : 33.53.83.35**

Beauchamps La Gaiete   *C.M. n° 59 — Pli n° 8*

NN   4 chambres d'hôtes (12 pers.) dans une maison située à proximité du bourg. A l'étage, chambres avec salle d'eau ou salle de bains et wc privés. Salle de séjour à l'usage exclusif des hôtes. Chauffage central. Restaurant sur place. Ouvert toute l'année. Accès : sur D 924, à la sortie du bourg, direction Granville. Gare 15 km.

Prix : 1 pers. **185 F** 2 pers. **205 F** pers. sup. **60 F**

15	15	15	15	2	SP

MOREL Josephine – La Gaiete – 50320 Beauchamps – **Tél. : 33.61.30.42**

Beaumont-Hague Le Closet   *C.M. n° 54 — Pli n° 1*

4 chambres (10 pers.) dans une maison neuve, située dans le bourg. Chambres aménagées à l'étage. Salle d'eau à l'usage exclusif des hôtes. Cuisine dans un bâtiment annexe réservée aux hôtes. Chauffage électrique. Restaurant sur place. Ouvert toute l'année. Gare 18 km.

Prix : 1 pers. **125 F** 2 pers. **155/175 F** 3 pers. **200 F**

3	18	8	18	SP	SP

DALMONT Leon – 2, Allee des Jardins - Le Closet – 50440 Beaumont-Hague – **Tél. : 33.52.72.46**

Beauvoir La Bourdatiere

E.C. NN   Petite maison indépendante. R.d.c. : 1 ch. avec salon, coin-cuisine, salle d'eau et wc privés. A l'étage : 3 ch. avec 3 salles d'eau et 3 wc. Marie-Pierre et Alain vous proposeront des circuits pour découvrir la Baie du Mont Saint-Michel (3 km). Gare 7 km. Commerces 1 km. Ouvert toute l'année. Accès : dans le bourg, au carrefour de la mairie, 1er chemin à droite. Anglais et allemand parlés.

Prix : 1 pers. **150 F** 2 pers. **170 F** 3 pers. **220 F**

7	SP

LEONETTI Alain et BOULLIER Marie-Pierre – La Bourdatiere – 50170 Beauvoir – **Tél. : 33.68.11.17**

Benoitville La Cuvette   *C.M. n° 54 — Pli n° 1*

2 chambres d'hôtes (6 pers.) indépendantes et à l'étage. Salle d'eau à l'usage exclusif des hôtes. Chauffage électrique. Produits fermiers sur place. Restaurant 3 km. Randonneurs équestres acceptés. Gare 20 km.

Prix : 1 pers. **100 F** 2 pers. **120 F** 3 pers. **150 F**

5	5	7	2	2	SP

LEBOISSELIER Francois – La Cuvette – 50340 Benoitville – **Tél. : 33.52.41.36**

Benoitville La Tostellerie   *C.M. n° 54 — Pli n° 1*

2 chambres d'hôtes (5 pers.) aménagées à l'étage. 1 ch. avec salle d'eau particulière. 1 ch. avec salle de bains à l'usage exclusif des hôtes. Chauffage central. Ouvert toute l'année. Gare 20 km.

Prix : 1 pers. **115 F** 2 pers. **160 F** 3 pers. **190 F**

5	5	2	2	2	SP

LECOUTOUR Desire et Denise – La Tostellerie – 50340 Benoitville – **Tél. : 33.52.45.82**

Benoitville Hameau-le-Terrier   *C.M. n° 54 — Pli n° 1*

NN   2 chambres d'hôtes (5 pers.), à l'étage avec salle d'eau et wc à l'usage exclusif des hôtes. Chauffage électrique. Randonneurs équestres acceptés. Gare 20 km.

Prix : 1 pers. **96 F** 2 pers. **113 F** 3 pers. **156 F**

5	5	7	2	2	SP

LETERRIER Andre – Hameau le Terrier – 50340 Benoitville – **Tél. : 33.52.93.01**

Berigny Saint-Quentin *C.M. n° 54 — Pli n° 14*

🌾🌾 NN   2 chambres d'hôtes aménagées à l'étage (dont 1 avec annexe) avec salles d'eau et wc privés. Rivière 1 km. Restaurant 4 km. Gare 12 km.

Prix : 1 pers. **120 F** 2 pers. **180 F** 3 pers. **200 F**

🏇	🚣	🎿	🥾
4	12	12	SP

AUVRAY Angele – Saint-Quentin – 50810 Berigny – Tél. : 33.57.87.22

La Besliere   *C.M. n° 59 — Pli n° 8*

🌾🌾🌾 NN   4 chambres (9 pers.) dont 1 au rez-de-chaussée avec coin-cuisine. Salles d'eau et wc privés. Entrée indépendante. Restaurant 1 km. Ouvert toute l'année. Gare 12 km.

Prix : 1 pers. **160 F** 2 pers. **200 F** 3 pers. **250 F**

🐕	🏊	⛵	🏇	🚣	🎿	🥾
	10	10	12	12	4	SP

BENSET Michel – Le Manoir – 50320 La Besliere – Tél. : 33.61.32.23

Beslon Les Vallees   *C.M. n° 59 — Pli n° 9*

🌾🌾   1 chambre avec annexe (4 pers.) aménagée à l'étage. Salle de bains à l'usage exclusif des hôtes. Chauffage électrique. Restaurant 5 km.

Prix : 1 pers. **130 F** 2 pers. **165 F** 3 pers. **200 F**

🏊	⛵	🎿	🥾
30	30	2	SP

BINET Denise – Les Vallees – 50800 Beslon – Tél. : 33.61.11.59

Besneville Hotel-Breuilly   *C.M. n° 54 — Pli n° 2*

🌾🌾🌾 NN   Dans une maison de caractère, 1 chambre double à l'étage avec annexe (4 pers.), salle d'eau et wc privés. Un salon avec cheminée est à la disposition des hôtes. Gare 20 km, commerces 6 km. Ouvert du 1er juin au 30 septembre. Forêt domaniale à 1 km. Canoë-kayak à 6 km. Portbail à 7 km.

Prix : 1 pers. **180 F** 2 pers. **200 F** 3 pers. **290 F** pers. sup. **60 F**

🐕	🏊	⛵	🚣	🎿	🥾
	7	7	20	6	SP

DE LEON Monique et Georges – Hotel Breuilly – 50390 Besneville – Tél. : 33.41.47.59

Besneville Hotel-Danois *C.M. n° 54 — Pli n° 12*

🌾🌾🌾 NN   A 7 km de Portbail, 1 chambre (2 x 2 pers.) est aménagée à l'étage, avec annexe. Salle d'eau et wc privés. Entrée indépendante. Canoë-kayak à 7 km. Gare 20 km. Commerces 2 km. Ouvert de Pâques à la Toussaint.

Prix : 1 pers. **170 F** 2 pers. **170 F** 3 pers. **233 F**

🐕	🏊	⛵	🏇	🚣	🎿	🥾
	7	7	7	20	7	SP

LAMY Michel – Hotel Danois – 50390 Besneville – Tél. : 33.41.62.63

Besneville Carmesnil   *C.M. n° 54 — Pli n° 12*

🌾🌾🌾 NN   Maison récente située dans le village. 1 chambre (2 pers.) aménagée au rez-de-chaussée avec salle d'eau particulière et wc à l'usage exclusif des hôtes. Chauffage central. Grand jardin. Restaurant 1,5 km. Forêts avec sentiers pédestres 4 km. Gare 22 km. Ouvert pendant les vacances scolaires.

Prix : 1 pers. **140 F** 2 pers. **180 F** 3 pers. **235 F**

🐕	🏊	⛵	🏇	🚣	🎿	🥾
	7	7	7	22	3	SP

LEPREVOST Guy – Carmesnil – 50390 Besneville – Tél. : 33.41.63.82

Besneville La Bretonnerie   *C.M. n° 54 — Pli n° 12*

🌾🌾 NN
(TH)   Dans une maison de caractère, 2 chambres à l'étage (6 pers.). 2 salles d'eau à l'usage exclusif des hôtes. Chauffage électrique. Canoë-kayak, location de vélos. Gare 22 km. Ouvert du 1er mars au 15 novembre.

Prix : 1 pers. **140 F** 2 pers. **180 F** 3 pers. **230 F** pers. sup. **50 F** repas **75 F**

🐕	🏊	⛵	🏇	🚣	🎿	🥾
	7	7	7	22	3	SP

LEROSSIGNOL Marcel et Michele – La Bretonnerie – 50390 Besneville – Tél. : 33.41.66.24

Blainville-sur-Mer

🌾 NN   Dans une maison bourgeoise du début du siècle, 3 chambres au 2e étage avec 1 salle de bains et 1 wc communs aux 3 chambres. 2 salons avec pianos et 1 grand jardin sont à la disposition des hôtes. Gare 12 km. Commerces 200 m. Coutances 12 km. Ouvert de juin à septembre et vacances scolaires. Anglais et allemand parlés. Accès : à 200 m du bourg, D244, dir. Coutances.

Prix : 1 pers. **180 F** 2 pers. **200 F**

🐕	🏊	⛵	🏇	🚣	🎣	🎿	🥾
	1,5	2	2	12	2	2	1,5

BOUTON Jean – Villa Alice - 21 Route de la Louverie – 50910 Blainville-sur-Mer – Tél. : 33.47.28.39 – Fax : 33.47.28.39

Blosville Les Vieilles-Cours  *C.M. n° 54 — Pli n° 3*

🌾🌾   2 chambres d'hôtes de 5 pers. A l'étage, salle d'eau à l'usage exclusif des hôtes. Produits fermiers sur place. Restaurant 4 km. Randonneurs équestres bienvenus. Ouvert de mars à octobre. Gare 8 km.

Prix : 1 pers. **125 F** 2 pers. **160 F** 3 pers. **200 F**

🏊	⛵	🏇	🚣	🎿	🥾
8	8	4	8	4	SP

DUVAL Yves – Les Vieilles Cours – 50480 Blosville – Tél. : 33.71.56.42

Bolleville La Croute   C.M. n° 54 — Pli n° 2

≯≯ NN
(TH)

2 chambres d'hôtes 4 pers. au rez-de-chaussée. 1 ch. à l'étage 3 pers. Salles d'eau et wc privés. 1 ch. avec annexe (2 x 2 pers.), salle de bains et wc privés. Chauffage électrique. Entrée indépendante. Cuisine aménagée. Séjour avec cheminée à disposition. Table d'hôtes sur réservation. Ping-pong sur place. Portball 5 km. Gare 26 km. Ouvert toute l'année.

Prix : 1 pers. **150 F** 2 pers. **180 F** 3 pers. **230/260 F**
repas **80 F**

6	8	8	26	6	SP

ROPTIN Roland – La Croute – 50250 Bolleville – Tél. : 33.46.00.58

Bourguenolles L'Epine   C.M. n° 59 — Pli n° 8

≯≯ NN
(TH)

4 chambres d'hôtes (12 pers.), dans une maison rénovée. 1 chambre au rez-de-chaussée et 3 chambres à l'étage. Salle d'eau et wc dans chaque chambre. Entrée indépendante. Chauffage électrique. Restaurant sur place. Repas enfant : 45 F. A 7 km de Villedieu les Poêles. Accès : RN175. Ouvert toute l'année.

Prix : 1 pers. **110 F** 2 pers. **150 F** 3 pers. **190 F**
pers. sup. **40 F** repas **70 F**

25	25	7	7	SP

PIHAN Daniel et Beatrice – L'Epine – 50800 Bourguenolles – Tél. : 33.51.23.15

Brecey La Martiniere   C.M. n° 54 — Pli n° 8

≯≯

2 chambres d'hôtes de 6 pers. 2 chambres à l'étage avec salle de bains à l'usage exclusif des hôtes. Chauffage central. Bicyclette, canoë sur place. Randonneurs équestres acceptés. Gare 16 km.

Prix : 1 pers. **130 F** 2 pers. **180/210 F** 3 pers. **230/260 F**

13	1	1	SP

MURIS Roger – La Martiniere – 50370 Brecey – Tél. : 33.48.71.59

Brecey Les Bois   C.M. n° 59 — Pli n° 8

≯≯

3 chambres d'hôtes (6 pers.) à l'étage, avec salle de bains à l'usage exclusif des hôtes, 1 ch. (2 pers.) au rez-de-chaussée avec salle d'eau et wc privés. Chauffage central. Produits fermiers sur place. Restaurant 1 km. VTT. A 15 km d'Avranches et à 35 km du Mont Saint-Michel. Accès : D999. Gare 16 km. Ouvert toute l'année.

Prix : 1 pers. **120/140 F** 2 pers. **150/180 F** 3 pers. **190/220 F**
pers. sup. **40 F**

13	1	1	SP

PACILLY Emile et Paulette – Les Bois – 50370 Brecey – Tél. : 33.48.71.39

Brehal   C.M. n° 59 — Pli n° 7

≯

Maison récente située dans une petite ville. A l'étage, 2 chambres de 2 pers. avec salle de bains à l'usage exclusif des hôtes. Chauffage central. Gare 10 km.

Prix : 2 pers. **167 F**

4	4	4	10	6	4	SP

GREARD Suzanne – 12 rue Beuve – 50290 Brehal – Tél. : 33.61.61.72

Brehal   C.M. n° 59 — Pli n° 7

≯≯

Dans un village à 1 km du bourg, dans une maison récente. A l'étage : 2 chambres 4 pers. avec salle d'eau à usage exclusif des hôtes et 1 chambre 2 pers. avec lavabo et douche. Chauffage central. Restaurant à 1 km. Possibilité lit supplémentaire. Gare 10 km. Ouvert toute l'année.

Prix : 1 pers. **155 F** 2 pers. **165 F** 3 pers. **215 F**
pers. sup. **50 F**

4	4	4	10	6	4	SP

LEMARECHAL Georges – Le Mesnil – 50290 Brehal – Tél. : 33.51.57.05

Brevands La Capitainerie   C.M. n° 54 — Pli n° 13

≯≯ NN

Dans une maison de caractère, 2 chambres à l'étage (5 pers.) avec salle d'eau et salle de bains privées. Chauffage central. Port de plaisance 5 km. Parc Naturel Régional des Marais. A proximité des plages du Débarquement. Gare 5 km. Ouvert toute l'année.

Prix : 1 pers. **120 F** 2 pers. **155 F** 3 pers. **195 F**

20	5	10	5	5	SP

FERON Alfred – La Capitainerie – 50500 Brevands – Tél. : 33.42.33.09

Bricquebec   C.M. n° 54 — Pli n° 2

≯≯ NN

Dans un lotissement, 2 chambres 7 pers. à l'étage. Salles d'eau et wc privés. Chauffage électrique. Salon avec télévision, véranda à disposition des hôtes. Gare 13 km.

Prix : 1 pers. **130 F** 2 pers. **180 F** 3 pers. **270 F**

14	14	14	11	SP

DUGUE Genevieve – 5 Residence Les Garennes – 50260 Bricquebec – Tél. : 33.04.06.41

Bricquebec   C.M. n° 54 — Pli n° 2

≯≯

Dans une maison bourgeoise entourée d'un parc de 1 ha, 3 chambres au 1er étage (dont 1 avec salle de bains privée) et 2 chambres au 2e étage (dont 1 avec annexe 2 x 2 pers.). 1 salle de bains, 1 salle d'eau et 2 wc à l'usage exclusif des hôtes. Salon à disposition. Entrée indépendante. Chauffage central. TV. Terrain de boules, tennis sur place dans la propriété. Restaurant à proximité. Gare 13 km. Ouvert toute l'année.

Prix : 1 pers. **135 F** 2 pers. **185 F** 3 pers. **230 F**

14	14	14	11	SP

FOLLIOT Renee – 28 rue Pierre Marie – 50260 Bricquebec – Tél. : 33.52.20.56

Bricquebec   *C.M. n° 54 — Pli n° 2*

¥¥¥ NN   Dans une maison de caractère située dans le bourg, 2 chambres à l'étage avec salles de bains et wc privés. Chauffage central. Restaurant sur place. Gare 13 km. Ouvert toute l'année.

Prix : 1 pers. **155 F** 2 pers. **195 F** 3 pers. **240 F**

14	14	14	11	SP

LETERRIER-LECOUTOUR Therese – 40 rue Pierre Marie – 50260 Bricquebec – Tél. : 33.52.21.87

Bricquebec   *C.M. n° 54 — Pli n° 2*

¥¥¥ NN   Dans une ancienne ferme, 1 chambres 2 pers. au rez-de-chaussée et 1 chambre à l'étage avec annexe (2 x 2 pers.). Salles d'eau et wc privées. Entrée indépendant. Dans un bâtiment indépendant, 1 chambre 3 pers. avec kitchenette, salle d'eau et wc privés. Salon à la disposition des hôtes. Chauffage central électrique. Gare 13 km. Ouvert toute l'année.

Prix : 1 pers. **140 F** 2 pers. **190 F** 3 pers. **250 F**

14	14	14	11	SP

MESNIL Denise – 14 rue de Bricqueville – 50260 Bricquebec – Tél. : 33.52.33.13

Bricquebosq Le Haut-de-Bricqueboscq   *C.M. n° 54 — Pli n° 1*

¥¥ NN   A 20 km de Cherbourg, à la campagne, 1 chambre 3 pers. avec salle d'eau et wc privés. Entrée indépendante. Chauffage électrique. Ouvert toute l'année. Gare 20 km. Commerces 6 km.

Prix : 1 pers. **135 F** 2 pers. **165 F** 3 pers. **200 F**

15	15	15	15	1

ESCOLIVET Jean – Le Haut de Bricqueboscq – 50340 Bricquebosq – Tél. : 33.04.46.17

Bricquebosq La Capellerie   *C.M. n° 54 — Pli n° 1*

¥¥¥ NN   Dans une maison récente. 2 chambres d'hôtes (4 pers.) aménagées à l'étage. 1 ch. avec salle de bains et wc privés. 1 ch. avec salle d'eau et wc privés. Chauffage central. Restaurant 6 km. Ouvert toute l'année. Gare 20 km.

Prix : 1 pers. **130 F** 2 pers. **170 F** 3 pers. **210 F**

15	15	15	7	1	SP

CAPELLE Jean – La Capellerie – 50340 Bricquebosq – Tél. : 33.04.41.70

Bricquebosq Hameau-Brande   *C.M. n° 54 — Pli n° 1*

¥¥ NN   Dans une maison récente. 3 chambres à l'étage (9 pers.) dont 2 avec annexe. Salle d'eau et wc privés pour chaque chambre. Chauffage central. Restaurant 6 km. Gare 20 km. Ouvert toute l'année.

Prix : 1 pers. **110 F** 2 pers. **145 F** 3 pers. **175 F** pers. sup. **20 F**

15	15	15	7		SP

ORANGE Alexandre – Hameau Brande – 50340 Bricquebosq – Tél. : 33.04.40.60

Bricquebosq La Pistollerie   *C.M. n° 54 — Pli n° 1*

¥¥¥ NN   Ferme de caractère. 2 chambres (5 pers.) au rez-de-chaussée avec salles d'eau et wc privés. Entrée indépendante. Chauffage électrique. Rivière, pêche, bicyclettes sur place. Produits fermiers sur place. Restaurant 2 km. Table de ping-pong sur place. Gare 20 km. Ouvert toute l'année.

Prix : 1 pers. **155 F** 2 pers. **180 F** 3 pers. **225 F**

15	15	15	7	1	SP

VILLOT Jean-Marie – La Pistollerie – 50340 Bricquebosq – Tél. : 33.04.40.81

Bricqueville-sur-Mer   *C.M. n° 59 — Pli n° 7*

¥ NN   3 chambres d'hôtes (9 pers.) situées à l'étage. Une salle d'eau et un wc à l'usage exclusif des hôtes. Chauffage central. Restaurant 2 km. Thalassothérapie 10 km. Ouvert toute l'année. Gare 10 km.

Prix : 1 pers. **115 F** 2 pers. **135 F** 3 pers. **170 F**

5	5	5	10	8	5	SP

BOIS Andre – Village Maire – 50290 Bricqueville-sur-Mer – Tél. : 33.61.63.22

Bricqueville-sur-Mer Les Brules   *C.M. n° 59 — Pli n° 7*

¥¥   Dans une ancienne ferme, 2 chambres d'hôtes (4 pers.) à l'étage. 1 salle de bains, 1 douche et 2 wc à l'usage exclusif des hôtes. Chauffage central. Entrée indépendante. Accueil de randonneurs. Thalassothérapie 10 km. Gare 10 km. Ouvert toute l'année.

Prix : 1 pers. **110 F** 2 pers. **150 F** pers. sup. **25 F**

5	5	5	10	8	5	SP

LABOUS Jean – Les Brules – 50290 Bricqueville-sur-Mer – Tél. : 33.51.01.24

Bricqueville-sur-Mer La Fourchette   *C.M. n° 59 — Pli n° 7*

¥¥¥ NN   1 chambre de 3 pers. à l'étage avec salle de bains et wc privés. Chauffage central. Produits fermiers sur place. Restaurant 2 km. Thalassothérapie 10 km. Gare 10 km. Ouvert toute l'année.

Prix : 1 pers. **115 F** 2 pers. **165 F** 3 pers. **195 F** pers. sup. **25 F**

5	5	5	10	8	5	SP	SP

MAHE Lucien – Route de Coutances - La Fourchette – 50290 Bricqueville-sur-Mer – Tél. : 33.51.71.79

Bricqueville-sur-Mer Les Hauts-Vents

C.M. n° 59 — Pli n° 7

♥♥ NN   A l'étage : 2 chambres (7 pers.) avec salles de bains particulières. Chauffage électrique. Entrée indépendante. Produits fermiers sur place. Restaurant 2 km. Thalassothérapie à 10 km. Ouvert toute l'année. Gare 10 km.

Prix : 1 pers. **105 F** 2 pers. **135/140 F** 3 pers. **165 F**

5	5	5	10	8	5	SP		

SANSON Jean – Les Hauts Vents – 50290 Bricqueville-sur-Mer – Tél. : 33.61.66.38

Brouains La Terterie

C.M. n° 59 — Pli n° 9

♥♥♥ NN   Dans une ancienne ferme, 2 chambres 2 pers. à l'étage avec salles d'eau et wc privés. Entrée indépendante. Randonneurs équestres acceptés. A 4 km de Sourdeval. Gare 15 km. Commerces 4 km. Ouvert vacances scolaires et week-end.

Prix : 1 pers. **140 F** 2 pers. **160 F**

2	15	10	0,5	2	SP

DUBOIS Christian et Marylene – La Terterie – 50150 Brouains – Tél. : 33.69.49.74

Brucheville La Haute-Folie

♥♥   1 chambre avec annexe (4 pers.), au rez-de-chaussée avec salle d'eau et wc privés. Chauffage électrique. Commerces, restaurants 2 km. Gare 12 km. Ouvert toute l'année.

Prix : 1 pers. **135 F** 2 pers. **165 F** 3 pers. **195 F**

4	12	15	12	4	SP

ONFROY Christian – La Haute Folie – 50480 Brucheville – Tél. : 33.71.57.77 ou 33.71.53.78

Camprond La Chapelle

C.M. n° 54 — Pli n° 12

♥♥♥ NN   A 7 km de Coutances, dans un cadre moderne, à proximité du bourg, 3 chambres d'hôtes à l'étage. 1 ch. 2 pers. 1 ch. 3 pers. 1 ch. 4 pers. Salles d'eau et wc privés. Chauffage central. Ouvert toute l'année. Accès : D972. Gare 7 km. Commerces 500 m. Plages du débarquement à 45 km.

Prix : 1 pers. **150 F** 2 pers. **180/200 F** 3 pers. **220 F**

20	20	5	7	0,1

LEBRUN Annick – La Chapelle – 50210 Camprond-Belval – Tél. : 33.45.13.90

Camprond La Vicardiere

C.M. n° 54 — Pli n° 12

♥♥ NN   2 chambres d'hôtes à l'étage avec annexes (8 pers.). 1 salle de bains et 1 salle d'eau à l'usage exclusif des hôtes. Chauffage central. Restaurant 5 km. Circuits randonnées à proximité. Gare 7 km. Ouvert toute l'année.

Prix : 1 pers. **140 F** 2 pers. **180 F** 3 pers. **230 F**

20	20	5	7	1	SP

PEPIN Yves – La Vicardiere – 50210 Camprond – Tél. : 33.45.18.61

Canville-la-Rocque

C.M. n° 54 — Pli n° 11/12

♥♥♥ NN   Dans une ancienne ferme de caractère, 1 chambre (2 pers.), à l'étage avec salle d'eau et wc privés. Un parc est à la disposition des hôtes. Ouvert toute l'année. Portbail à 4 km. Gare 27 km, commerces 4 km.

Prix : 1 pers. **165 F** 2 pers. **196 F** Pers. sup. **40 F**

4	4	4	27	4	SP

FRUGIER Gisele – 50580 Canville-la-Rocque – Tél. : 33.53.03.06

Canville-la-Rocque La Rocque-de-Bas

C.M. n° 54 — Pli n° 2

♥♥♥ NN   2 chambres d'hôtes (6 pers.). 1 chambre à l'étage avec salle de bains et wc indépendants, 1 chambre au rez-de-chaussée avec salle d'eau et wc indépendants. Entrée indépendante. Chauffage électrique. Ouvert toute l'année. Gare 25 km.

Prix : 1 pers. **124 F** 2 pers. **165 F** 3 pers. **206 F**

4	4	4	25	4	SP

VASSELIN Bernadette – La Rocque de Bas – 50580 Canville-la-Rocque – Tél. : 33.04.80.27

Catteville Le Haul

C.M. n° 54 — Pli n° 2

♥♥♥ NN
(TH)   A 6 km de Saint-Sauveur le Vicomte. 4 chambres à l'étage (10 pers.) dont 1 avec annexe (2 X 2 pers.), salles d'eau et wc privés. Salle de séjour et salon à l'usage exclusif des hôtes. Chauffage central. Entrée indépendante. Sur place : circuit privé réservé aux hôtes pour promenades, VTT, chasse à la journée, hutte d'observation sur le marais. Randonneurs équestres acceptés (6 boxes). Canoë-kayak, escalade 6 km. Ouvert toute l'année. Anglais parlé.

Prix : 1 pers. **180 F** 2 pers. **210 F** 3 pers. **260 F** repas **85 F**

10	10	10	20	SP	6	SP	SP

LANGLOIS Gerard et Odile – Le Haul – 50390 Catteville – Tél. : 33.41.64.69

Ceaux Le Rochelet

C.M. n° 59 — Pli n° 8

♥♥ NN   A 12 km du Mont Saint-Michel. Dans une maison récente, 2 chambres aménagées à l'étage (3 pers.) avec une salle d'eau à l'usage exclusif des hôtes. 1 chambre avec annexe (2x2 pers.), salle de bains et wc privés. Coin-salon à disposition des hôtes. Chauffage électrique. Gare 10 km. Commerces 100 m. Ouvert toute l'année.

Prix : 1 pers. **150 F** 2 pers. **165/175 F** 3 pers. **235/245 F**

25	2	10	2	0,2

THEBAULT Michel – Le Rochelet – 50220 Ceaux – Tél. : 33.70.94.07

Ceaux Le Mee-Provost   C.M. n° 59 — Pli n° 8

Dans une maison du XVIIIe siècle, 4 chambres à l'étage dont 1 avec annexe (4 pers.), 1 chambre familiale au rez-de-chaussée. Salles d'eau et wc privés. Entrée indépendante. Salle de séjour et cuisine à disposition des hôtes. Chauffage central. Ouvert toute l'année. A 11 km du Mont Saint-Michel. Gare 10 km.

Prix : 1 pers. **150 F** 2 pers. **180 F** 3 pers. **220 F**
pers. sup. **60 F**

25	31	7	10	1	SP

DELAUNAY Henri – Le Mee Provost – 50220 Ceaux – Tél. : 33.60.49.03

Ceaux Le Pommeray   C.M. n° 59 — Pli n° 8

Dans une maison récente, 4 chambres d'hôtes (10 pers.) aménagées à l'étage et 1 chambre au rez-de-chaussée. Salle d'eau et wc privés pour chaque chambre. Chauffage électrique. Gare 10 km. Ouvert du 15 mars au 15 novembre.

Prix : 1 pers. **160 F** 2 pers. **190 F** 3 pers. **230 F**

25	31	5	10	2	SP

MOREL Fernand – Route du Mont Saint-Michel - Le Pommeray – 50220 Ceaux – Tél. : 33.70.92.40

Ceaux Les Forges   C.M. n° 59 — Pli n° 8

Dans une demeure du XVIIe siècle, sur la route du Mont Saint-Michel, 3 chambres 8 pers. au rez-de-chaussée avec pour chacune une entrée indépendante. 1 chambre avec salle de bains et wc particuliers, 2 chambres avec salles d'eau et wc privés. Chauffage central. Bibliothèque, téléphone, bicyclettes à disposition des hôtes. VTT, restaurant à 200 m. Gare 10 km. Ouvert toute l'année.

Prix : 1 pers. **160 F** 2 pers. **190 F** 3 pers. **230 F**

25	31	3	10	1	SP

PERRIER Jean – Les Forges - Route du Mont Saint-Michel – 50220 Ceaux – Tél. : 33.70.90.54

Cerences

Dans une maison récente, située dans le bourg, 3 chambres dont 1 avec une annexe (8 pers.), à l'étage avec 1 salle d'eau à l'usage exclusif des hôtes et 1 salle d'eau et wc privés. Chauffage électrique. Ouvert toute l'année. Gare 14 km.

Prix : 1 pers. **135 F** 2 pers. **155 F** 3 pers. **195 F**

12	12	10	14	12	0,1

BRIENS Bernard – 26 rue du Vieux Manoir – 50510 Cerences – Tél. : 33.51.92.56

Cerisy-la-Forêt La Quesnelliere   C.M. n° 54 — Pli n° 14

Dans un ancien bâtiment de ferme, à l'étage, 1 chambre avec une salle d'eau et 1 chambre au rez-de-chaussée avec salle d'eau et wc. Chauffage électrique. Coin-cuisine. Forêt sur place. Gare 19 km. Ouvert toute l'année.

Prix : 1 pers. **160 F** 2 pers. **205 F** 3 pers. **270 F**

20	20	1	19	2	SP

PITREY Arlette – La Quesnelliere – 50680 Cerisy-la-Forêt – Tél. : 33.05.85.81

Les Champs-de-Losque Les Rondchamps   C.M. n° 54 — Pli n° 13

4 chambres 10 pers., aménagées à l'étage avec salle d'eau et wc dans chaque chambre. Entrée indépendante. Cuisine aménagée. Chauffage central. Etang, détente, pédalos 8 km. Hippodrome 10 km. Train touristique 15 km. Restaurant 3 km. Située dans le Parc Naturel des Marais. Gare 15 km. Table d'hôtes sur réservation.

Prix : 1 pers. **140/150 F** 2 pers. **170/190 F** 3 pers. **220/240 F**
pers. sup. **40 F** repas **70 F**

30	10	15	15	2	SP

VOISIN Georges et Irene – Les Rondchamps – 50620 Les Champs-de-Losque – Tél. : 33.56.21.40

La Chapelle-en-Juger La Barbanchonnerie   C.M. n° 54 — Pli n° 13

2 chambres d'hôtes (4 pers.), avec à l'étage, une salle d'eau à l'usage exclusif des hôtes. Chauffage central. Rivière sur place. Restaurant 2 km. Gare 10 km.

Prix : 1 pers. **130 F** 2 pers. **150 F**

30	30	10	10	0,5	SP

LECARDONNEL Hubert – La Barbanchonnerie – 50570 La Chapelle-en-Juger – Tél. : 33.56.28.89 ou 33.56.20.69

Coigny Chateau-de-Coigny   C.M. n° 54 — Pli n° 12

2 chambres (4 personnes) aménagées à l'étage d'un château fin XVIe siècle, début XVIIe siècle. Chaque chambre a une salle de bains particulière. Mobilier de style. Chauffage électrique. Entrée indépendante. Restaurants 12 km. Gare 12 km. Ouvert de Pâques à la Toussaint. Hors saison sur réservation.

Prix : 1 pers. **450 F** 2 pers. **500 F** 3 pers. **600 F**

27	12	6	12	12	SP

IONCKHEERE Odette – Chateau de Coigny – 50250 Coigny – Tél. : 33.42.10.79

Courcy Le Closet-de-la-Lande   C.M. n° 54 — Pli n° 12

A la campagne, dans une maison récente, 2 chambres à l'étage avec salles d'eau et wc privés. 1 chambre au rez-de-chaussée avec salle de bains à l'usage exclusif des hôtes, un salon, une terrasse. Chauffage électrique. Restaurant 3 km. Gare 3 km. Ouvert de Pâques à la Toussaint.

Prix : 1 pers. **120 F** 2 pers. **160 F**

15	15	3	3	3	SP

BATAILLE Annick – Les Vardes – 50200 Courcy – Tél. : 33.45.35.02

Courtils La Guintre *C.M. n° 59 – Pli n° 8*

E.C. NN   2 chambres (2 et 3 pers.) au rez-de-chaussée (dont 1 accès handicapés) et 3 chambres à l'étage (2 pers.). Salles d'eau et wc privés. Une salle à manger avec coin-cuisine est à l'usage exclusif des hôtes. Entrée indépendante. Vue sur la baie. Le Mont Saint-Michel 8 km. GR223 sur place. Gare et commerces 12 km. Ouvert toute l'année.

Prix : 1 pers. **152 F** 2 pers. **185 F** 3 pers. **240 F**
pers. sup. **40 F**

9	12	3	SP

LEMOINE Sylvie et Damien – Route du Mont-Saint-Michel – 50220 Courtils – Tél. : 33.60.06.02

Crasville *C.M. n° 54 – Pli n° 2*

NN   Dans une maison de caractère, 2 chambres 6 pers. à l'étage. Salle de bains à l'usage exclusif des hôtes. Restaurant 5 km. Gare 12 km. Ouvert de mai à octobre.

Prix : 1 pers. **120 F** 2 pers. **150 F** 3 pers. **210 F**

2	11	5	12	5	SP

COUPPEY Rene – Carmanville – 50630 Crasville – Tél. : 33.54.13.45

Creances Le Buisson   *C.M. n° 54 — Pli n° 12*

Dans une maison ancienne au milieu d'un parc boisé, 2 ch. (5 pers.) à l'étage. Salle de bains à l'usage exclusif des hôtes. Chauffage central. Produits fermiers, sentiers pédestres sur place. Ouvert de mars à octobre. Table d'hôtes sur réservation. Accès : sur D2 après carrefour du Buisson, direction Coutances. Gare 21 km. Location de bicyclettes 4 km.

Prix : 1 pers. **160 F** 2 pers. **190 F** 3 pers. **245 F**
pers. sup. **50 F**

6	6	10	21	25	5	SP

DUVAL Genevieve – Le Buisson - La Maison du Cocher – 50710 Creances – Tél. : 33.46.42.02

La Croix-Avranchin Mouraine *C.M. n° 59 — Pli n° 8*

(TH)   Dans une maison entièrement restaurée, 3 chambres d'hôtes 6 pers. avec salles d'eau particulières. Entrée indépendante pour 2 chambres. Chauffage électrique. Baie du Mont Saint-Michel 9 km. Accès : D40 Avranches-La Croix Avranchin. 500 m avant le bourg, D108. Ouvert toute l'année. Gare 18 km.

Prix : 1 pers. **180 F** 2 pers. **200 F** 3 pers. **240 F** repas **80 F**

18	18	18	SP

MESLIN Evelyne – Mouraine – 50240 La Croix-Avranchin – Tél. : 33.48.35.69

Dragey-Ronthon La Verguigne   *C.M. n° 59 — Pli n° 7*

NN   A 11 km d'Avranches. Dans une maison récente, à l'étage, 1 chambre avec annexe (4 pers.) avec une salle de bains à l'usage exclusif des hôtes. Chauffage central. Vue sur le Mont Saint-Michel. Gare 11 km. Commerces 3 km. Ouvert toute l'année. Anglais parlé.

Prix : 2 pers. **206 F** 3 pers. **268 F**

3	3	11	1

PETIT Gerard – La Verguigne – 50530 Dragey-Rothon – Tél. : 33.48.86.99

Dragey-Ronthon L'Eglise   *C.M. n° 59 — Pli n° 7*

NN   Dans une maison de caractère. 2 chambres 5 pers. (1 lit 180, 1 lit 1 pers. 1 ch. avec lits jumeaux) à l'étage, avec salles de bains et wc privés. Entrée indépendante. Possibilité accueil chevaux. A 15 km d'Avranches. Gare 15 km. Commerces 1 km. Ouvert toute l'année.

Prix : 1 pers. **250 F** 2 pers. **300 F** 3 pers. **370 F**

2	3	15	1	SP

BRASME Olivier et Florence – L'Eglise – 50530 Dragey-Rothon – Tél. : 33.48.93.96

Dragey-Ronthon Tissey   *C.M. n° 59 — Pli n° 7*

NN   Dans le village, 1 chambre de 2 pers., au rez-de-chaussée, avec salle d'eau et wc particuliers. Chauffage central. Baie du Mont Saint-Michel 3 km. Gare 12 km. Ouvert toute l'année.

Prix : 1 pers. **130 F** 2 pers. **155 F** 3 pers. **200 F**

6	10	10	12	3	SP

CACQUEVEL Rolande – Tissey – 50530 Dragey-Rothon – Tél. : 33.48.83.03

Dragey-Ronthon   *C.M. n° 59 — Pli n° 7*

NN   A la campagne, 3 chambres d'hôtes (9 pers.) situées à l'étage avec salle de bains à l'usage exclusif des hôtes. Chauffage électrique. Possibilité lit supplémentaire. Vue sur la baie du Mont Saint-Michel. Randonneurs acceptés. Accès par la D35. A 3 km du départ de la traversée du Mont Saint-Michel. Gare 12 km. Ouvert du 1er avril au 15 novembre.

Prix : 1 pers. **150 F** 2 pers. **180 F** 3 pers. **240 F**
pers. sup. **50 F**

6	10	10	12	3	SP

DESFEUX Louise – Les Chaudrayes – 50530 Dragey-Rothon – Tél. : 33.48.92.94

Flamanville Hameau-Cavelier *C.M. n° 54 — Pli n° 1*

NN   A 5 km des Pieux, dans une maison récente, 1 chambre d'hôtes 2 pers. est aménagée à l'étage, avec salle d'eau et wc privés. Plongée, speed-sail 1 km. Animations estivales au château de Flamanville. A proximité du GR223. Gare 23 km. Commerces 3 km. Ouvert toute l'année.

Prix : 1 pers. **160 F** 2 pers. **190 F** pers. sup. **50 F**

1	1	5	5	2	SP

TRAVERS Nicole – Hameau Cavelier – 50340 Flamanville – Tél. : 33.52.42.83

Flottemanville-Hague La Clemade   *C.M. n° 54 — Pli n° 1*

❦ ❦   Dans une maison récente, 2 chambres d'hôtes 5 pers. situées au rez-de-chaussée. Salle de bains à l'usage exclusif des hôtes. Chauffage électrique. Rivière sur place. Produits fermiers sur place. Restaurant 7 km. Gare 8 km. Ouvert toute l'année.

Prix : 1 pers. **160 F** 2 pers. **170 F**

🏊	🚣	🎣	🏇	🎿	🚶
7	10	8	6		SP

DESQUESNES Clement – La Clemade - Hameau Dumoncel – 50690 Flottemanville-Hague – Tél. : 33.94.79.88

Fresville Manoir-de-Grainville   *C.M. n° 54 — Pli n° 2*

❦ ❦ ❦ NN   Dans une maison de caractère, 3 chambres d'hôtes (7 pers.). Salles de bains et wc privés. Chauffage central. Pêche en rivière sur place. Ouvert toute l'année. Gare 12 km.

Prix : 1 pers. **200 F** 2 pers. **280 F** 3 pers. **350 F** pers. sup. **50 F**

🏊	🚣	🎣	🏇	🎿	🚶
9	9	6	12	6	SP

BRECY Bernard et Rolande – Manoir de Grainville – 50310 Fresville – Tél. : 33.41.10.49 – Fax : 33.21.07.57

Gatteville-le-Phare Village-Roville   *C.M. n° 54 — Pli n° 3*

❦ ❦ ❦ NN   A 3 km de Barfleur, dans une ferme de caractère, 1 chambre d'hôtes avec annexe (3 pers.) est aménagée à l'étage. Salle d'eau et wc privés. Salon à disposition des hôtes. Location de vélos à 2 km. Gare 25 km. Commerces 100 m. Ouvert toute l'année.

Prix : 1 pers. **180 F** 2 pers. **200 F** 3 pers. **240 F**

🏊	🚣	🎣	🏇	🎿	🚶
3	3	7	25	3	SP

LESCELLIERRE Octave – Village Roville – 50760 Gatteville-le-Phare – Tél. : 33.54.03.15

Gatteville-le-Phare

E.C. NN   Dans une maison de caractère, 1 chambre au rez-de-chaussée avec salle d'eau et wc privés. Entrée indépendante. Salon et véranda à la disposition des hôtes. A 4 km de Barfleur. Gare 25 km. Commerces 4 km. Ouvert toute l'année. Anglais parlé. Accès : D901, puis D116.

Prix : 1 pers. **160 F** 2 pers. **190 F**

🏊	🚣	🎣	🏇	🎿	🚶
1	5	15	25	5	SP

GRISARD Anne – Village Roville – 50760 Gatteville-le-Phare – Tél. : 33.23.12.04

Gavray Ferme-Amiot   *C.M. n° 59 — Pli n° 8*

❦   1 chambre de 3 pers. à l'étage, avec douche et lavabo. Chauffage central. Rivière 2 km. Produits fermiers sur place. Restaurant 2 km. Centre équestre 8 km. A 15 km de Villedieu-les-Poêles. Ouvert toute l'année. Gare 14 km.

Prix : 1 pers. **95 F** 2 pers. **145 F** 3 pers. **175 F**

🏊	🚣	🎣	🏇	🎿	🚶
20	20	8	20	2	SP

ALLIX Michel – Ferme Amiot – 50450 Gavray – Tél. : 33.61.41.45

Genets Le Moulin   *C.M. n° 59 — Pli n° 7*

❦ ❦ ❦ NN   Moulin à eau situé dans le bourg. 4 chambres 8 pers. (3 doubles, 1 avec lits jumeaux), au 2e étage. Salles d'eau et wc privés. Salon à l'usage exclusif des hôtes. Entrée indépendante. Crêperie sur place. Maison de la Baie 300 m. A 9 km d'Avranches. Gare 9 km. Commerces 300 m. Ouvert toute l'année.

Prix : 1 pers. **160 F** 2 pers. **190 F** 3 pers. **230 F**

🎣	🏇	🎿	🚶
2	9	0,2	SP

DANIEL Louis – Le Moulin – 50530 Genets – Tél. : 33.70.83.78

Genets   *C.M. n° 59 — Pli n° 7*

❦ ❦ ❦ NN   Dans le bourg, 3 chambres d'hôtes (10 pers.) à l'étage avec salle d'eau ou salle de bains et wc privés. 2 chambres avec annexe (2 x 2 pers.). Chauffage central. Salon avec cheminée et piano à queue à disposition des hôtes. Propriété du XVIIIe siècle avec parc. Baie du Mont Saint-Michel à 50 m (départ des traversées pédestres au Mont Saint-Michel). Restaurant dans le bourg. Ouvert toute l'année. Accès : bourg de Genets. Gare 10 km.

Prix : 1 pers. **280 F** 2 pers. **280 F** 3 pers. **380 F**

🏊	🚣	🎣	🏇	🎿	🚶
10	15	5	10	2	SP

LACOLLEY Jacques – Les Cedres - rue de l'Ortillon – 50530 Genets – Tél. : 33.70.86.45

Glatigny   *C.M. n° 54 — Pli n° 11*

❦ ❦ ❦ NN   3 chambres d'hôtes (11 pers.) situées à l'étage dont 1 chambre familiale et 1 chambre avec annexe (2 x 2 pers.). Salles d'eau et wc privés. 1 chambre (3 pers.) avec salle d'eau privée. Chauffage central. Coin-cuisine à l'usage exclusif des hôtes. Randonneurs équestres acceptés. Ouvert toute l'année.

Prix : 1 pers. **140 F** 2 pers. **170 F** 3 pers. **210 F**

🏊	🚣	🎣	🎿	🚶
3	3	10	1	SP

DUVERNOIS Mauricette – Le Manoir – 50250 Glatigny – Tél. : 33.07.08.33

Gonneville   *C.M. n° 54 — Pli n° 2*

❦ ❦ ❦ NN   A la campagne, dans une dépendance, 1 chambre (1 lit 2 pers. 1 lit 1 pers.), à l'étage avec annexe. Au rez-de-chaussée : 1 salle de séjour avec coin-cuisine. Salle d'eau et wc privés. Entrée indépendante. Ping-pong sur place. Aéroport à 3 km. A 10 km de Cherbourg. Gare 10 km. Commerces 7 km. Ouvert toute l'année.

Prix : 1 pers. **160 F** 2 pers. **180 F** 3 pers. **230 F** pers. sup. **50 F**

🏊	🚣	🎣	🏇	🛷	🎿	🚶
5	10	7	10	10	7	SP

LEROUX Dominique et Francoise – Rue Tabert – 50840 Gonneville – Tél. : 33.44.48.36

Gonneville *C.M. n° 54 — Pli n° 2*

♥♥ NN   Dans une maison restaurée, 3 chambres d'hôtes (6 pers.) situées à l'étage avec 2 salles d'eau réservées aux hôtes. Salon à l'usage exclusif des hôtes. Chauffage électrique. Restaurant 7 km. Entrée indépendante pour les chambres. Table de pique-nique sur place. Salon de jardin, portique. Aéroclub 5 km. Gare 10 km. Ouvert toute l'année.

Prix : 1 pers. **120 F** 2 pers. **170 F** 3 pers. **210 F**

5	10	5	10	10	5	SP

MOUCHEL Joel et Maryline – Hameau Cauchon – 50840 Gonneville – Tél. : 33.43.50.27

Gourbesville Les Surelles

♥♥♥ NN   Hélène et Pierre vous accueillent dans leur maison qu'ils viennent de restaurer. Ils sont maintenant à la retraite, mais ont gardé quelques chevaux. 2 chambres à l'étage avec salles d'eau et wc privés. Séjour et coin-cuisine à l'usage exclusif des hôtes. Entrée indépendante. Gare 15 km. Commerces 8 km. Ouvert toute l'année. Accès : dans le bourg, direction Amfreville sur Sainte-Mère, 1ere route à gauche.

Prix : 1 pers. **150 F** 2 pers. **180 F**

16	16	20	15	8

LEVAVASSEUR Pierre et Helene – Les Surelles – 50480 Gourbesville – Tél. : 33.41.99.54

Gouvets La Maison-Seule *C.M. n° 59 — Pli n° 13*

♥♥ NN   1 chambre familiale 3 pers. au 1er étage et 2 chambres 4 pers. au 2e étage. Salles de bains et wc privés. Salon à la disposition des hôtes. A 5 km de Tessy-sur-Vire. Gare 30 km. Commerces 5 km. Ouvert toute l'année. Anglais parlé.

Prix : 1 pers. **170 F** 2 pers. **190 F** 3 pers. **250 F**

40	20	5	SP

ROSE Timothy et Sue – La Maison Seule – 50420 Gouvets – Tél. : 33.55.27.28

Graignes Domaine-du-Memorial   *C.M. n° 54 — Pli n° 13*

♥♥♥ NN   A 12 km de Carentan, dans une maison récente, 2 chambres d'hôtes (6 pers.) sont aménagées à l'étage, dont 1 avec annexe. Salle de bains ou salle d'eau et wc privés. Ouvert toute l'année. Hippodrome sur place. Gare 12 km. Commerces 2 km.

Prix : 1 pers. **150/170 F** 2 pers. **180/200 F** 3 pers. **250 F**

33	SP	12	5	0,8	5	SP

DELAUNAY Denise – Domaine du Memorial – 50620 Graignes – Tél. : 33.56.80.58

Granville *C.M. n° 59 — Pli n° 7*

♥♥ NN   1 chambre d'hôtes (3 pers.) à l'étage, avec salle d'eau et wc indépendants. Chauffage électrique. Centre de thalassothérapie 4 km. Produits fermiers sur place. Restaurant 3 km. Ouvert toute l'année. Gare et commerces 3 km.

Prix : 1 pers. **135 F** 2 pers. **165 F** 3 pers. **200 F**

2	2	5	2	5	5	SP

LAISNE Jean-Claude – Village Mallouet – 50400 Granville – Tél. : 33.50.26.41

Greville-Hague Fief-de-Gruchy *C.M. n° 54 — Pli n° 1*

♥♥ NN   A 15 km de Cherbourg. 3 chambres (2 pers.), 1 chambre (1 pers.) aménagées à l'étage, dans une maison de caractère. Salles d'eau et wc privés. Chauffage électrique. Salle de séjour à l'usage exclusif des hôtes. Ouvert toute l'année. Gare 15 km. Commerces 3 km.

Prix : 1 pers. **180 F** 2 pers. **206 F** pers. sup. **50 F**

3	8	8	15	3	SP

AGNES Jacques – Fief de Gruchy – 50440 Greville-Hague – Tél. : 33.52.60.78

Herqueville *C.M. n° 54 — Pli n° 1*

♥♥ NN   1 chambre (3 pers.) à l'étage avec salle de bains particulière. Chauffage central. Gare 25 km. Ouvert toute l'année.

Prix : 1 pers. **130 F** 2 pers. **160 F** 3 pers. **200 F**

2	25	20	25	5	SP

LENEPVEU Albert – L'Eglise – 50440 Herqueville – Tél. : 33.52.75.61

Heugueville-sur-Sienne Moulay-de-Haut *C.M. n° 54 — Pli n° 12*

♥ NN
(TH)   A 6 km de Coutances, à l'étage, 2 chambres 4 pers. avec salle de bains à l'usage exclusif des hôtes. 1 chambre 3 pers. avec salle d'eau et wc privés. Gare 6 km. Commerces 3 km. Table d'hôtes sur réservation. Ouvert toute l'année.

Prix : 1 pers. **130 F** 2 pers. **160/180 F** 3 pers. **210 F** pers. sup. **50 F** repas **70 F**

6	6	6	6	3	SP

LEGALLAIS Isabelle – Ferme le Clos des Entes - Moulay de Haut – 50200 Heugueville-sur-Sienne – Tél. : 33.07.13.67

Heugueville-sur-Sienne Le Grand-Douit   *C.M. n° 54 — Pli n° 12*

♥♥♥ NN
(TH)   A 6 km de Coutances, à la campagne, 2 chambres d'hôtes (4 pers.) sont aménagées à l'étage, avec salle de bains ou salle d'eau et wc privés, 1 chambre avec annexe au 2e étage avec salle de bains et wc privés. Gare 6 km. Commerces 2 km. Anglais parlé. Ouvert du 1er avril au 30 septembre.

Prix : 1 pers. **180 F** 2 pers. **200/220 F** 3 pers. **280 F** pers. sup. **40 F** repas **80 F**

6	6	6	6	6	SP

PERRON France – Le Grand Douit – 50200 Heugueville-sur-Sienne – Tél. : 33.45.24.90

Houesville Village-de-la-Pierre C.M. n° 54 — Pli n° 3

❦❦❦ NN A 6 km de Sainte-Mère Eglise. Dans une maison restaurée, 1 chambre (2 pers.) au rez-de-chaussée avec salle de bains et wc privés. A l'étage, 1 chambre avec annexe (2 X 2 pers.) avec entrée indépendante, salle d'eau et wc privés, coin-cuisine. Embarcadère la Jourdan (promenade en bateau dans les marais) à 3 km. Ouvert toute l'année. Gare 7 km. Commerces 6 km.

Prix : 1 pers. **165 F** 2 pers. **175/196 F** 3 pers. **251 F**

8	7	6

MOUCHEL Gilbert – Village de la Pierre – 50480 Houesville – Tél. : 33.42.38.12

Isigny-le-Buat Le Bourg de Naftel

❦❦❦ NN Dans une maison récente entourée d'un grand jardin, 3 chambres (Lilas, Jonquille, Myosotis) à l'étage avec salles d'eau et wc privés, coin-cuisine. Une salle de séjour avec coin-salon et cheminée est à l'usage exclusif des hôtes. Entrée indépendante. Avranches 20 km. Base de loisirs la Mazure 5 km. Mont Saint-Michel 30 km. Gare 50 km. Ouvert toute l'année. Accès : D47, puis D85.

Prix : 1 pers. **160 F** 2 pers. **190 F**

5	5	15	2	SP

FORESTIER Marguerite – Le Bourg de Naftel – 50540 Isigny-le-Buat – Tél. : 33.46.37.76

Isigny-le-Buat Le Grand-Chemin C.M. n° 59 — Pli n° 8

❦❦ NN 3 chambres d'hôtes (6 pers.) dans une maison récente, situées à l'étage. Salle d'eau privée pour 1 chambre et salles d'eau et wc privés pour les 2 autres chambres. Chauffage central. Cuisine, véranda à la disposition des hôtes. Restaurant à 300 m. Lac, voile 5 km. Animaux admis. Mont-Saint-Michel 33 km. Avranches 15 km. Gare 20 km. Ouvert toute l'année.

Prix : 1 pers. **140 F** 2 pers. **170 F** 3 pers. **220 F**
pers. sup. **60 F**

48	50	1	20	0,3	SP

HEURTAUT Gisele – Le Grand Chemin – 50540 Isigny-le-Buat – Tél. : 33.60.40.14

Isigny-le-Buat La Martiniere C.M. n° 59 — Pli n° 8

❦❦❦ Dans une maison récente, 1 chambre d'hôtes avec annexe (2 x 2 pers.) au rez-de-chaussée, avec salle d'eau et wc privés. Chauffage par le sol. A 8 km de Saint-Hilaire du Harcouët. A 40 km du Mont Saint-Michel. Gare 22 km. Ouvert toute l'année.

Prix : 1 pers. **130 F** 2 pers. **170 F** 3 pers. **220 F**
pers. sup. **50 F**

10	10	10	SP

MAZIER Isabelle – La Martiniere Montigny – 50540 Isigny-le-Buat – Tél. : 33.48.09.50

Juilley Le Grand-Rouet C.M. n° 59 — Pli n° 8

❦❦❦ NN A 6 km de Saint-James. 1ᵉʳ étage : 1 chambre. 2ᵉ étage : 3 chambres dont 1 familiale. Salles d'eau et wc privés. Entrée indépendante. Plan d'eau sur place. Mont Saint-Michel 18 km. Gare 13 km. Commerces 4 km. Ouvert toute l'année. Ferme auberge à 3 km.

Prix : 1 pers. **160 F** 2 pers. **190 F** 3 pers. **240 F**
pers. sup. **50 F**

6	13	4	SP

FARDIN Christian et Isabelle – Le Grand Rouet – 50220 Juilley – Tél. : 33.60.65.25

Juilley La Lande-Martel C.M. n° 59 — Pli n° 8

❦❦❦ NN 3 chambres (2 pers.) à l'étage avec salles d'eau et wc privés. Entrée indépendante. Salle de séjour avec coin-cuisine à l'usage exclusif des hôtes. Le Mont Saint-Michel à 15 km. Avranches 12 km. Gare 12 km. Commerces 1 km. Ouvert toute l'année.

Prix : 1 pers. **160 F** 2 pers. **195 F** pers. sup. **50 F**

8	5	6	SP

COCMAN Bernard – La Lande Martel – 50220 Juilley – Tél. : 33.60.65.48 – Fax : 33.58.29.73

Juvigny-le-Tertre Le Logis C.M. n° 59 — Pli n° 9

❦❦❦ NN A 7 km de Mortain, dans une ferme de caractère, 2 chambres d'hôtes aménagées dans un ancien pigeonnier. Rez-de-chaussée : 1 chambre 2 pers., salle d'eau et wc privés. A l'étage : 1 chambre familiale avec salle d'eau et wc privés. Entrées indépendantes. Etang sur place. Escale 7 km. Gare 28 km. Commerces 2 km. Ouvert toute l'année.

Prix : 1 pers. **190 F** 2 pers. **230 F** 3 pers. **280 F**
pers. sup. **50 F**

7	SP	SP

FILLATRE Marie-Helene – Le Logis – 50520 Juvigny-le-Tertre – Tél. : 33.59.38.20

Lamberville Le Chateau C.M. n° 54 — Pli n° 14

❦❦❦ NN Dans une maison de caractère, 2 chambres doubles à l'étage avec salle d'eau et wc privés. Salle de séjour et cuisine à l'usage exclusif des hôtes. Entrée indépendante. Ouvert toute l'année. Chasse à la journée, étang sur place. Gare 17 km, commerces 9 km. Saint-lô à 17 km.

Prix : 1 pers. **260 F** 2 pers. **290 F** pers. sup. **55 F**

38	17	17	SP	SP	SP

DE BRUNVILLE Elisabeth et Francois – Le Chateau – 50160 Lamberville – Tél. : 33.56.15.70 – Fax : 33.56.35.26

Lessay La Montagne

♈ NN   Dans une maison récente (avec vue sur les marais), 2 chambres à l'étage avec 1 salle d'eau à l'usage commun des 2 chambres. Coutances 20 km. Gare 20 km. Commerces 2 km. Ouvert toute l'année. Accès : D900, D530.

Prix : 1 pers. **160 F** 2 pers. **180 F** 3 pers. **230 F**

7	20	20	SP	2	SP	

THOMAS Christian et Michele – La Montagne – 50430 Lessay – Tél. : 33.46.37.76

Lessay La Blondellerie   *C.M. n° 54 — Pli n° 12*

♈♈ NN   A 2 km de Lessay, à la campagne, 2 chambres d'hôtes (5 pers.) sont aménagées à l'étage. 1 chambre avec annexe (2+1 pers.), salle d'eau privée. 1 chambre avec salle de bains à l'usage exclusif des hôtes. Salon à disposition. Gare 25 km. Commerces 2 km. Ouvert toute l'année.

Prix : 1 pers. **120 F** 2 pers. **150 F** 3 pers. **200 F**

6	15	21	22	2	SP

VAUBERT Juliette – La Blondellerie – 50430 Lessay – Tél. : 33.45.64.67

Lessay   *C.M. n° 59 — Pli n° 12*

♈♈♈ NN   A proximité du bourg, dans une maison récente, 2 chambres à l'étage avec salles d'eau et wc privés. Coin-cuisine à l'usage exclusif des hôtes. Ouvert toute l'année. Centre ville à 300 m. Gare 20 km, commerces 300 m.

Prix : 1 pers. **150 F** 2 pers. **200 F** pers. sup. **50 F**

8	25	20	0,3	

BOULLAND Daniele – 15 rue Gaslonde – 50430 Lessay – Tél. : 33.46.04.84

Lieusaint    *C.M. n° 54 — Pli n° 12*

♈♈♈ NN   Dans une ferme de caractère, 5 chambres (15 pers.) situées à l'étage, dont une familiale et une avec annexe. Salle d'eau et wc particuliers pour chaque chambre. Entrée indépendante. Chauffage électrique. Cuisine aménagée, salle de séjour avec cheminée réservées aux hôtes. Bicyclette, ping-pong sur place. Restaurants 5 km. Mer 16 km. Ouvert toute l'année. Accès : D2, direction Saint-Sauveur le Vicomte.

Prix : 1 pers. **170 F** 2 pers. **200 F** 3 pers. **270 F** pers. sup. **50 F**

16	16	10	5	5	SP

MOUCHEL Andre et Ghislaine – Le Haut Pitois – 50700 Lieusaint – Tél. : 33.40.19.92

Lingreville Village-Beaumont   *C.M. n° 54 — Pli n° 12*

♈♈♈   A 5 km de Bréhal, dans une maison restaurée, 1 chambre d'hôtes est aménagée à l'étage avec annexe (4 pers.). Salle de bains et wc privés. Ouvert toute l'année. Gare 10 km. Commerces 1,5 km.

Prix : 1 pers. **135 F** 2 pers. **165 F** 3 pers. **220 F** pers. sup. **45 F**

3	5	3	10	8	3	3	SP

LEHALLAIS Leon – Village Beaumont – 50660 Lingreville – Tél. : 33.47.53.41

Lingreville La Gueriniere   *C.M. n° 54 — Pli n° 12*

♈♈   Dans une maison récente, 2 chambres d'hôtes (4 pers.) situées à l'étage. Salle d'eau à l'usage exclusif des hôtes. Chauffage central. Restaurant 2 km. Gare 15 km. Ouvert du 1er avril au 31 octobre.

Prix : 1 pers. **125 F** 2 pers. **145 F**

1	2	2	15	1	SP

FRANCOIS Marcelle – La Gueriniere – 50660 Lingreville – Tél. : 33.47.54.72

Lolif Les Fontaines   *C.M. n° 59 — Pli n° 8*

♈♈ NN   A 5 km d'Avranches, 2 chambres d'hôtes (5 pers.) sont aménagées à l'étage, avec salles d'eau et wc privés. Entrée indépendant. Cuisine à l'usage exclusif des hôtes. Ouvert toute l'année. Gare 5 km. Commerces 2 km.

Prix : 1 pers. **145 F** 2 pers. **170 F** 3 pers. **220 F**

10	5	5	2	SP

LEFEUVRE Louis – Les Fontaines – 50530 Lolif – Tél. : 33.58.05.40

Lolif La Gaspaillere   *C.M. n° 59 — Pli n° 8*

♈♈♈ NN   1 chambre à l'étage, avec annexe (2 lits 2 pers.), salle d'eau et wc privés. Salle de séjour avec coin-salon à la disposition des hôtes. Entrée indépendant. Gare et commerces à 4 km. Avranches 4 km. Ouvert toute l'année.

Prix : 1 pers. **150 F** 2 pers. **170 F** 3 pers. **250 F**

4	2	SP

LECOMPAGNON Michelle – La Gaspaillere – 50530 Lolif – Tél. : 33.58.04.49

Lolif La Turgotiere   *C.M. n° 59 — Pli n° 8*

♈   Dans une maison récente, 2 chambres au rez-de-chaussée (4 pers.), avec salles d'eau privée. A l'étage, 1 chambre avec annexe (2 + 1 pers.), avec salles d'eau et wc privés. Chauffage central. Restaurant 6 km. Gare 6 km. Ouvert toute l'année.

Prix : 1 pers. **140 F** 2 pers. **170 F** 3 pers. **250 F**

10	6	6	SP

LERIVRAY Therese – La Turgotiere – 50530 Lolif – Tél. : 33.58.04.38

Longueville Le Halot   *C.M. n° 59 — Pli n° 7*

ৠ ৠ NN
(TH)

A 4 km de Granville, dans une maison récente, 2 chambres d'hôtes 4 pers., aménagées à l'étage avec 2 salles d'eau à l'usage exclusif des hôtes. Bowling à 2 km. Gare 4 km. Commerces 2 km. Ouvert de Pâques à la Toussaint.

Prix : 1 pers. **140 F** 2 pers. **160 F** repas **70 F**

1	5	1	5	1	5	SP

MARIE Dominique – Le Halot – 50290 Longueville – Tél. : 33.50.26.85

Longueville L'Ecole   *C.M. n° 59 — Pli n° 7*

ৠ ৠ

4 chambres (8 personnes) aménagées à l'étage. Salle d'eau et wc à l'usage exclusif des hôtes. 2 ch. avec douche et wc privés. Coin-cuisine à la disposition des hôtes. Table de pique-nique. Barbecue sur place. Chauffage central. Possibilité d'un lit d'appoint. Produits fermiers sur place. Bowling 3 km. Gare 3 km. Ouvert toute l'année. Granville 4 km.

Prix : 1 pers. **120/140 F** 2 pers. **150/160 F** 3 pers. **175/195 F**

3	3	3	15	3	3	SP

COULOMB Denise – L'Ecole – 50290 Longueville – Tél. : 33.50.66.85

Longueville La Souquetiere   *C.M. n° 59 — Pli n° 7*

ৠ ৠ

A la ferme, 3 chambres d'hôtes (8 pers.) situées à l'étage, avec salle d'eau et wc pour chaque chambre. Coin-cuisine. Salon. Chauffage électrique. Bowling 3 km. Produits fermiers sur place. Restaurant 2 km. Randonneurs équestres acceptés. Gare 3 km. Granville 4 km. Ouvert toute l'année.

Prix : 1 pers. **150 F** 2 pers. **170 F** 3 pers. **200 F**
pers. sup. **20 F**

3	3	3	15	3	3	SP

GERVAIS Gerard – La Souquetiere – 50290 Longueville – Tél. : 33.50.36.84

Le Loreur La Mazardiere   *C.M. n° 59 — Pli n° 8*

ৠ ৠ NN

A 7 km de Bréhal. 2 chambres aménagées à l'étage (6 pers.) avec 2 salles d'eau à l'usage exclusif des hôtes. Gare 7 km. Commerces 1 km. Ouvert toute l'année.

Prix : 1 pers. **120 F** 2 pers. **150 F** 3 pers. **180 F**
pers. sup. **40 F**

10	15	7	15	10	3

AUVRAY Jean – La Mazardiere – 50510 Le Loreur – Tél. : 33.61.30.02

La Lucerne-d'Outremer Le Clos Saint-Gilles

ৠ ৠ NN

Dans une maison récente, 1 chambre à l'étage avec salle de bains et wc privés avec 1 chambre complémentaire non communicante. Sentiers de randonnées en forêt à proximité. Auberge à 300 m. Abbay de la Lucerne 2 km. Avranches 13 km. Gare 6 km. Commerces 3 km. Ouvert toute l'année. Accès : à la sortie du bourg, direction Saint-Ursin.

Prix : 1 pers. **150 F** 2 pers. **180 F** 3 pers. **280 F**

10	0,3	SP

GAZENGEL Marcel et Bernadette – Le Clos Saint-Gilles – 50320 La Lucerne-d'Outremer – Tél. : 33.61.50.06

Macey Les Chaliers   *C.M. n° 54 — Pli n° 8*

ৠ

1 chambre de 2 pers. à l'étage avec salle de bains à l'usage exclusif des hôtes. Chauffage central. Randonneurs équestres acceptés. Chevaux sur place. Mont Saint-Michel 10 km. Gare 20 km. Ouvert toute l'année.

Prix : 1 pers. **145 F** 2 pers. **190 F** 3 pers. **230 F**

5	20	5	5	SP

DUGUEPEROUX Augustine – Les Chaliers – 50170 Macey – Tél. : 33.60.01.27

Marchesieux Les Fontaines   *C.M. n° 54 — Pli n° 12*

ৠ ৠ

3 chambres d'hôtes (9 pers.) aménagées dans une ancienne ferme restaurée. 1 chambre au rez-de-chaussée, 2 chambres à l'étage. 1 chambre avec salle d'eau. 1 salle d'eau à l'usage exclusif des hôtes. Entrée indépendante. Cuisine, salle à manger à disposition des hôtes. Chauffage central. Restaurant, parc de loisirs 3 km. Ouvert toute l'année. Gare 23 km.

Prix : 1 pers. **100 F** 2 pers. **150 F** 3 pers. **180 F**
pers. sup. **30 F**

20	3	23	3	SP	SP

LAISNEY Michel – Les Fontaines – 50190 Marchesieux – Tél. : 33.46.57.92

Marchesieux Les Quesneries

ৠ ৠ
(TH)

Au cœur du Parc Naturel des Marais, à l'étage : 3 chambres d'hôtes 6 pers. 1 chambre avec salle d'eau particulière et 1 salle de bains commune à l'usage exclusif des hôtes pour les 2 autres chambres. Chauffage central. Parc clos, terrasse, barbecue, ping-pong sur place. Parc de loisirs (golf, étang, pédalos, poneys...) 3 km. Restaurant-pub 3 km. Gare 23 km. Ouvert toute l'année. Anglais et allemand parlés.

Prix : 1 pers. **100/120 F** 2 pers. **130/145 F** 3 pers. **170/185 F**
repas **45/60 F**

20	3	23	3	SP

REUTER Kirsten – Les Quesneries – 50190 Marchesieux – Tél. : 33.07.52.47

Marcilly Le Bourg   *C.M. n° 59 — Pli n° 8*

♨ NN   A 9 km d'Avranches. 2 chambres 5 pers., aménagées au 2ᵉ étage avec une salle d'eau à l'usage exclusif des hôtes. Chauffage central. Gare 9 km. Commerces 5 km. Ouvert de février à la Toussaint.

Prix : 1 pers. **130 F** 2 pers. **155 F** 3 pers. **190 F**

10	10	9	0,2	7

GAZENGEL Rene – Le Bourg – 50220 Marcilly – Tél. : 33.48.55.29

Marigny L'Epinette

E.C. NN   Dans une maison récente, 1 chambre 2 pers. à l'étage avec chambre complémentaire 2 pers. non communicante. Salle de bains et wc privés. Saint-Lô 13 km. Gare 13 km. Commerces 500 m. Ouvert toute l'année. Accès : D29, direction Carentan.

Prix : 1 pers. **155 F** 2 pers. **190 F** 3 pers. **290 F**

25	13	13	0,5	SP

DUPONT Jacques et Simone – L'Epinette - 20 Route de Carentan – 50570 Marigny – Tél. : 33.55.17.91

Marigny   *C.M. n° 54 — Pli n° 13*

♨♨ NN   A 13 km de Saint-Lô, dans une maison récente, 2 chambres d'hôtes (dont 1 avec annexe), salle d'eau ou salle de bains privée. WC communs aux 2 chambres. Ouvert toute l'année. Gare 13 km. Commerces 200 m.

Prix : 1 pers. **144 F** 2 pers. **175 F** 3 pers. **226 F**

25	13	13	15	0,3

GOUIX Yves – 30, rue du 8 Mai – 50570 Marigny – Tél. : 33.56.25.60

Marigny   *C.M. n° 54 — Pli n° 13*

♨♨♨   Dans une maison de caractère, 1 chambre (2 pers.) au rez-de-chaussée avec salle de bains et wc. 1 chambre (4 pers.) à l'étage avec salle d'eau indépendante. Chauffage électrique. Sentiers pédestres, rivière à proximité. Restaurant 1,5 km. Ouvert toute l'année. Accès par la D972. Gare 10 km.

Prix : 1 pers. **155 F** 2 pers. **190 F** 3 pers. **240 F**
pers. sup. **30 F**

25	25	10	10	2	SP

LEPOITTEVIN Micheline – Saint-Leger - Route de Coutances – 50750 Quibou – Tél. : 33.57.18.41

Marigny Le Val-Moulin   *C.M. n° 54 — Pli n° 13*

♨♨
Ⓐ   1 chambre avec annexe 2 x 2 pers. à l'étage. Salle de bains à l'usage exclusif des hôtes. Dans un bâtiment indépendant, 1 chambre 4 pers. à l'étage avec douche, wc au rez-de-chaussée, 1 salle de séjour/coin-cuisine. Chauffage électrique. Bicyclettes, pêche, chasse sur place. Produits fermiers sur place. Restaurant 2 km. Gare 11 km. Ouvert toute l'année.

Prix : 1 pers. **120 F** 2 pers. **180/200 F** 3 pers. **190 F**
repas **70 F**

20	20	2	11	2	SP

HULMER Jean – Le Val Moulin – 50570 Marigny – Tél. : 33.55.19.63

Le Mesnil-Aubert Ferme-de-la-Peurie   *C.M. n° 54 — Pli n° 12*

♨♨♨ NN   A 4 km de Gavray, 3 chambres (5 pers.) sont aménagées à l'étage, avec salles d'eau et wc privés. Salle de séjour à l'usage exclusif des hôtes. Gare 12 km. Commerces 2 km. Ouvert toute l'année.

Prix : 1 pers. **155 F** 2 pers. **175 F** pers. sup. **50 F**

12	12	10	12	12	4	2	SP

DAVENEL Antoinette – Ferme de la Peurie – 50510 Le Mesnil-Aubert – Tél. : 33.51.96.31

Le Mesnil-Gilbert La Motte   *C.M. n° 59 — Pli n° 9*

♨♨ NN   A proximité de la vallée de Brouains. 2 chambres 2 pers. 1 chambre 4 pers. à l'étage. 2 chambres avec salles d'eau et wc privés et 1 chambre avec douche, wc au rez-de-chaussée. Salle de séjour avec coin-cuisine à l'usage exclusif des hôtes. Entrée indépendante. A mi-chemin du Mont Saint-Michel et de la Suisse Normande. Mortain 14 km. Ouvert toute l'année. Gare 25 km. Commerces 4 km.

Prix : 1 pers. **160 F** 2 pers. **190 F** 3 pers. **240 F**
pers. sup. **50 F**

45	0,3	5	SP

LEMARCHANT Marcel et Agnes – La Motte – 50670 Le Mesnil-Gilbert – Tél. : 33.59.83.09 – Fax : 33.69.45.46

Le Mesnil-Rogues Le Verger   *C.M. n° 59 — Pli n° 8*

♨♨♨ NN   Maison de caractère à la campagne située au milieu d'un grand jardin. 2 chambres 4 pers. au 1ᵉʳ étage et 2 chambres 4 pers. au 2ᵉ étage, avec salle de bains ou salle d'eau et wc privés. Auberge à 200 m. A 7 km de Gavray. Gare 6 km. Commerces 7 km. Ouvert toute l'année. Anglais parlé.

Prix : 1 pers. **170 F** 2 pers. **210 F** 3 pers. **260 F**

16	6	20	3	SP

BENNETT Gordon et Dee – Le Verger - Le Hameau de la Ville – 50450 Le Mesnil-Rogues – Tél. : 33.90.19.20

Le Mesnil-Rogues La Pinotiere   *C.M. n° 59 — Pli n° 8*

E.C. NN   4 chambres à l'étage avec salle de bains ou salle d'eau et wc privés. Entrée indépendante. 4 chambres (3 lits 2 pers. 2 lits 1 pers.). Granville 15 km. Ouvert toute l'année. Gare 7 km, commerces 5 km. Visites de l'élevage de chèvres et ventes de produits du terroir sur place.

Prix : 1 pers. **150 F** 2 pers. **180 F** pers. sup. **30 F**

15	15	5	15	18	5	SP

LEGALLAIS Etiennette – La Pinotiere – 50450 Le Mesnil-Rogues – Tél. : 33.61.38.98

Le Mesnil-Rouxelin La Barberie
C.M. n° 54 — Pli n° 13

4 chambres 9 pers. situées à l'étage avec salle de bains à l'usage exclusif des hôtes. Entrée indépendante. Chauffage électrique. Salle de séjour et cuisine à l'usage exclusif des hôtes. Produits fermiers sur place. Restaurant 2,5 km. Gare 2,5 km. Ouvert toute l'année.

Prix : 1 pers. **120 F** 2 pers. **170 F** 3 pers. **230 F**
pers. sup. **40 F**

40	2,5	2,5	2,5	SP

ENEE Andre – La Barberie – 50000 Le Mesnil-Rouxelin – Tél. : 33.57.00.53

La Meurdraquiere La Grenterie
C.M. n° 59 — Pli n° 8

A 15 km de Granville, dans une demeure de maître du XVII° siècle, 3 chambres 7 pers., spacieuses à l'étage. Salles d'eau et wc privés. Salle de séjour avec cheminée et cuisine à l'usage exclusif des hôtes. Entrée indépendante. Située sur le circuit de la « Route du Cidre ». Gare 15 km. Commerces 3 km. Ouvert toute l'année.

Prix : 1 pers. **180 F** 2 pers. **200 F** 3 pers. **270 F**
pers. sup. **50 F**

12	15	7	15	15	1	SP

VASTEL Bruno et Delphine – La Grenterie – 50510 La Meurdraquiere – Tél. : 33.90.26.45 – Fax : 33.91.96.32

La Meurdraquiere La Butte
C.M. n° 59 — Pli n° 8

1 chambre 2 pers. accessible aux personnes handicapées, au rez-de-chaussée et 2 chambres à l'étage : 1 chambre 2 pers. 1 chambre 3 pers. Salles d'eau et wc privés. Salle de séjour cuisine à l'usage exclusif des hôtes. Entrée indépendante. Vente de produits fermiers sur place. Circuit de la « Route du Cidre ». A 9 km de Bréhal. Gare 15 km. Commerces 3 km. Ouvert toute l'année.

Prix : 1 pers. **160 F** 2 pers. **190 F** 3 pers. **245 F**

12	12	9	15	2	SP

VENISSE Roland et M.Therese – La Butte – 50510 La Meurdraquiere – Tél. : 33.61.31.52

La Meurdraquiere Le Mesnil
C.M. n° 59 — Pli n° 8

Dans un bâtiment indépendant d'une ancienne boulangerie, 1 chambre double à l'étage. Au rez-de-chaussée : salle d'eau et wc privés, salon avec couchage d'appoint. Granville à 15 km. Gare et commerces 5 km. Ouvert du 1er avril au 10 novembre.

Prix : 1 pers. **180 F** 2 pers. **215 F** 3 pers. **265 F**

15	15	9	15	2	SP

KLING Ghislaine – 50510 La Meurdraquiere – Tél. : 33.90.74.86

La Meurdraquiere La Pouperie
C.M. n° 59 — Pli n° 8

A l'étage, 1 chambre (2 pers.), avec salle de bains et wc privés (douche balnéo). Vente de produits cidricoles sur place. Ouvert toute l'année. Gare 6 km. Granville à 15 km.

Prix : 1 pers. **190 F** 2 pers. **220 F**

15	15	10	15	2	SP

VASTEL Albert – La Pouperie – 50510 La Meurdraquiere – Tél. : 33.61.31.44

Les Moitiers-d'Allonne Hatainville
C.M. n° 54 — Pli n° 1

Dans une maison récente, 2 chambres (5 pers.) situées à l'étage avec 2 salles d'eau particulières. Entrée indépendante. Chauffage central. Restaurant 2 km. Gare 29 km. Ouvert toute l'année.

Prix : 1 pers. **111 F** 2 pers. **157 F** 3 pers. **209 F**
pers. sup. **31 F**

2	3	3	29	3	SP

LEPREVOST Louis – Hatainville – 50270 Les Moitiers-d'Allonne – Tél. : 33.53.80.38

Montbray Le Siquet
C.M. n° 59 — Pli n° 9

3 chambres (9 pers.) avec entrée indépendante. 2 chambres à l'étage et 1 au rez-de-chaussée. 2 salles d'eau à l'usage des hôtes et 1 salle de bains à l'usage commun du propriétaire et des hôtes. Chauffage central. Rivière 2 km. Restaurant 2 km. Gare 10 km. Ouvert toute l'année.

Prix : 1 pers. **120 F** 2 pers. **155 F** 3 pers. **185 F**
pers. sup. **30 F**

30	30	7	10	2	SP

VIOLET Aime – Le Siquet – 50410 Montbray – Tél. : 33.61.97.28

Montchaton Le Quesnot
C.M. n° 54 — Pli n° 12

Dans une maison de caractère, 3 chambres 2 pers. à l'étage, avec salles d'eau et wc privés. Salle de séjour à l'usage exclusif des hôtes. Entrée indépendante. Chauffage central. A 6 km de Coutances. Gare 6 km. Commerces 500 m. Ouvert de Pâques à la Toussaint. Anglais parlé.

Prix : 1 pers. **190 F** 2 pers. **220 F**

4	6	6	6	4	SP

PALLA Andre et Fabienne – Le Quesnot – 50660 Montchaton – Tél. : 33.45.05.88

Montfarville Le Manoir
C.M. n° 54 — Pli n° 3

A 800 m de Barfleur. Dans un manoir du XVI° siècle, 1 chambre 2 pers., aménagée à l'étage avec coin-salon, vue sur la mer. Au rez-de-chaussée : 1 chambre 2 pers. Salles d'eau et wc privés. Entrée indépendante. Chauffage central. Gare 29 km. Commerces 800 m. Ouvert toute l'année.

Prix : 1 pers. **230 F** 2 pers. **280 F** pers. sup. **100 F**

0,3	0,8	8	25	0,8

GABROY Claudette – Le Manoir – 50760 Montfarville – Tél. : 33.23.14.21

Montgardon Le Mont-Scolan *C.M. n° 54 — Pli n° 12*

♥♥♥ NN
(TH)

A 3 km de la Haye du Puits. 2 chambres 4 pers., aménagées à l'étage avec salle d'eau et wc privés. Entrée indépendante. 1 chambre avec salle d'eau et wc privés. Salle de séjour à la disposition des hôtes. Table d'hôtes sur réservation. Gare 29 km. Commerces 3 km. Ouvert toute l'année.

Prix : 1 pers. 160 F 2 pers. 190 F 3 pers. 240 F repas 80 F

6	14	1	29	11	3

SEGUINEAU Yves et Nicole – Le Mont Scolan – 50250 Montgardon – Tél. : 33.46.11.27

Monthuchon La Guerie

♥♥ NN

Vivienne et Jack, britaniques viennent de restaurer leur maison. 1 chambre à l'étage avec 1 chambre complémentaire non communicante. Salle de bains et wc privés. Bicyclettes sur place. Coutances 7 km. Gare et commerces 7 km. Ouvert toute l'année. Accès : dans le bourg, D57 direction Gratot, 2e route à droite et 1ere à gauche.

Prix : 1 pers. 150 F 2 pers. 200 F 3 pers. 300 F

15	15	7	7	15	7	SP

BLAKE Jack et Vivienne – La Guerie – 50200 Monthuchon – Tél. : 33.45.80.04

Montmartin-en-Graignes Monceaux   *C.M. n° 54 — Pli n° 13*

♥

Dans une maison récente, 2 chambres (4 pers.) situées à l'étage. Salle d'eau à l'usage commun du propriétaire et des hôtes. Chauffage central. Ouvert du 1er mars au 31 octobre. Produits fermiers sur place. Accès : N174. Gare 7 km.

Prix : 1 pers. 140 F 2 pers. 180 F 3 pers. 215 F

17	13	7	2	SP

DUVAL Louis – Monceaux – 50620 Montmartin-en-Graignes – Tél. : 33.56.84.87

Montviron La Turiniere *C.M. n° 59 — Pli n° 8*

♥♥ NN

2 chambres 2 pers. au 2e étage, avec salles d'eau et wc privés. Equipement pour bébé : table à langer, chauffe biberon. A 10 km d'Avranches. Gare 10 km. Commerces 2 km. Ouvert toute l'année. Thalassothérapie 20 km.

Prix : 1 pers. 150 F 2 pers. 170/180 F pers. sup. 50 F

15	12	10	2	SP

LEROY Emile et Jacqueline – La Turiniere – 50530 Montviron – Tél. : 33.48.88.37

Montviron La Butterie   *C.M. n° 59 — Pli n° 8*

♥♥ NN

Dans une maison récente, 2 chambres (2 pers.) avec salle d'eau privées, wc communs aux chambres, dont 1 avec terrasse et entrée indépendante. Avranches à 10 km. Ouvert toute l'année. Possibilité de pique-nique. Le Mont Saint-Michel à 30 km. Gare 10 km, commerces 7 km.

Prix : 1 pers. 150 F 2 pers. 170 F pers. sup. 60 F

10	7	10	7	SP

BARTHELEMY Yvette – La Butterie – 50530 Montviron – Tél. : 33.48.59.86

Moon-sur-Elle   *C.M. n° 54 — Pli n° 13*

♥♥

Dans une maison de caractère, 1 chambre 2 pers. au 2e étage avec 1 salle de bains privée. Entrée indépendante. Chauffage central. Ouvert d'avril à octobre. Forêt 8 km. Gare 12 km.

Prix : 1 pers. 140 F 2 pers. 215 F 3 pers. 280 F

37	12	12	1	SP

DESBOUIS Helene – Le Presbytere – 50680 Moon-sur-Elle – Tél. : 33.05.85.49

Morsalines Les Masses   *C.M. n° 54 — Pli n° 2*

♥♥ NN

A la campagne, 1 chambre (1 lit 2 pers.) au rez-de-chaussée avec salle de bains et wc privés, 1 chambre (1 lit 2 pers.) à l'étage avec salle d'eau et wc privés. Ouvert toute l'année. Saint-Vaast-La-Hougue à 6 km. Gare 15 km, commerces 4 km.

Prix : 1 pers. 170 F 2 pers. 200 F pers. sup. 50 F

2	7	15	4	SP

BERGER Michele – Les Masses – 50630 Morsalines – Tél. : 33.54.21.50

Muneville-sur-Mer  *C.M. n° 54 — Pli n° 12*

♥♥

3 chambres 10 pers. : 2 chambres à l'étage et 1 chambre au rez-de-chaussée. Salle de bains à l'usage exclusif des hôtes. Toilettes dans chaque chambre. Chauffage électrique. Restaurant à 4 km. Gare 15 km. Ouvert toute l'année.

Prix : 1 pers. 115 F 2 pers. 140 F 3 pers. 170 F pers. sup. 25 F

4	7	7	15	7	SP

ADAM Michel – La Rousseliere - 29 Route des Chouaires – 50290 Muneville-sur-Mer – Tél. : 33.61.66.12

Muneville-sur-Mer  *C.M. n° 54 — Pli n° 12*

♥

2 chambres (5 pers.) situées à l'étage : 1 chambre avec salle d'eau à l'usage commun du propriétaire et des hôtes. 1 chambre avec salle d'eau et wc privés. Chauffage central. Restaurant 4 km. Gare 15 km. Ouvert toute l'année.

Prix : 1 pers. 100 F 2 pers. 120/150 F 3 pers. 160/180 F

4	7	7	15	7	SP

LEVERRAND Francois – Le Manoir – 50290 Muneville-sur-Mer – Tél : 33.51.73.71

Negreville La Vignonnerie
C.M. n° 54 — Pli n° 2

💥💥 NN Dans une ancienne ferme, 2 chambres 5 pers. à l'étage, avec salles d'eau et wc privés. Salle de séjour à l'usage exclusif des hôtes. Entrée indépendante. Restaurant à 800 m. A 8 km de Valognes. Gare 8 km. Commerces 3 km. Ouvert toute l'année.

Prix : 1 pers. **155 F** 2 pers. **185 F** 3 pers. **250 F**

20	8	8	20	0,5	8	SP

ROSE Jules – La Vignonnerie – 50260 Negreville – Tél. : 33.40.02.58

Nicorps La Moinerie

💥💥💥 NN Dans une maison typique du Coutançais, à l'étage, 1 chambre 3 pers. avec annexe 2 pers. et 1 chambre 2 pers. Salles d'eau et wc privés. Coutances 6 km. Gare 6 km. Commerces 2 km. Ouvert toute l'année. Accès : D27, après le bourg, 4° route à gauche.

Prix : 1 pers. **140 F** 2 pers. **180 F** 3 pers. **230/250 F**

12	15	6	6	15	6	SP

CALIPEL Solange – La Moinerie – 50200 Nicorps – Tél. : 33.45.20.87

Omonville-la-Rogue
C.M. n° 54 — Pli n° 1

💥💥 5 chambres (10 pers.) dans une maison de caractère. Elles se situent à l'étage avec 2 salles d'eau à l'usage exclusif des hôtes. Chauffage central. Ouvert toute l'année. A 18 km de Cherbourg. Gare 18 km.

Prix : 1 pers. **135 F** 2 pers. **175 F** pers. sup. **45 F**

2	5	18	2	SP

CANOVILLE Joseph – L'Epine d'Hue – 50440 Omonville-la-Rogue – Tél. : 33.52.81.28

Orval
C.M. n° 54 — Pli n° 12

💥💥 Dans un ancien corps de ferme, 2 chambres (8 pers.) situées à l'étage. Salle d'eau à l'usage exclusif des hôtes. Chauffage central. Restaurant à 3 km. Ouvert de mi-juin à mi-septembre. Gare 3 km.

Prix : 1 pers. **120 F** 2 pers. **180 F** 3 pers. **240 F**

9	9	9	3	SP	SP	SP

SIMON Catherine – Le Bourg de l'Eglise – 50660 Orval – Tél. : 33.45.59.29

Parigny La Croix-du-Bois
C.M. n° 59 — Pli n° 8

💥💥💥 NN 1 chambre à l'étage avec salle d'eau et wc privés, entrée indépendante. Gare 25 km, commerces 2 km. Ouvert toute l'année. Saint-hilaire-du-Harcouët à 4 km. Base de loisirs nautiques à 7 km. Escalade à 10 km. Le Mont Saint-Michel à 40 km.

Prix : 1 pers. **150 F** 2 pers. **170 F** 3 pers. **220 F** pers. sup. **30 F**

35	4	10	4	SP

VAUDOUR Nicole – La Croix du Bois – 50600 Parigny – Tél. : 33.49.24.60

Les Pas Village-le-Clos-Roux
C.M. n° 59 — Pli n° 7

💥 NN Dans une ancienne ferme, 3 chambres 2 pers. à l'étage avec 1 salle d'eau à l'usage exclusif des hôtes. Salle de séjour et véranda à la disposition des hôtes. A 7 km du Mont Saint-Michel. Gare et commerces à 5 km. Ouvert toute l'année.

Prix : 1 pers. **110 F** 2 pers. **150 F** pers. sup. **40 F**

30	5	3	SP

SAUVAGET Raymond et M.Joseph – Village le Clos Roux – 50170 Les Pas – Tél. : 33.68.17.71

Les Pas
C.M. n° 59 — Pli n° 7

💥💥 1 chambre 3 pers., située au rez-de-chaussée. Salle de bains à l'usage exclusif des hôtes. Chauffage électrique. Restaurant à 2,5 km. Possibilité d'un lit supplémentaire. Ouvert de Pâques à la Toussaint. Accès par Pontorson. Mont Saint-Michel 7 km. Gare et commerces à 5 km.

Prix : 1 pers. **120 F** 2 pers. **150 F** 3 pers. **200 F** pers. sup. **30 F**

3	16	2,5	4	SP

GAVARD Marie – 50170 Les Pas – Tél. : 33.60.12.01

Percy Les Berzellieres
C.M. n° 59 — Pli n° 8

💥 2 chambres (6 pers.) situées à l'étage avec entrée indépendante. Salle d'eau à l'usage exclusif des hôtes. Chauffage électrique. Rivière, restaurant à 3 km. Randonneurs équestres acceptés. Ping-pong sur place. Ouvert toute l'année. Accès par la D58, puis D258 direction Abbaye-Hambye. Gare 10 km.

Prix : 1 pers. **105 F** 2 pers. **150 F** 3 pers. **190 F**

30	3	10	3	SP

ANDRE Camille – Les Berzellieres – 50410 Percy – Tél. : 33.61.23.75

Percy La Voisiniere
C.M. n° 59 — Pli n° 8

💥💥💥 A la campagne, au milieu d'un jardin fleuri (dont 300 rosiers), 5 chambres d'hôtes (10 pers.) dont 1 au r.d.c. et 1 avec kitchenette. Entrées indépendantes. Salle d'eau et wc pour chaque chambre. Salle à manger/coin-cuisine à l'usage exclusif des hôtes. Chauffage central. Restaurant, rivière 1 km. Barbecue. Ouvert toute l'année. Supplément animal : 25 F. Possibilité de servir l'assiette « les saveurs du bocage » du 15/09 au 30/06. A 6 km de l'abbaye de Hambye. A 7 km de Villedieu les Poëles. Accès par la D98 direction Sourdeval les Bois-Abbaye de Hambye. Gare 10 km.

Prix : 1 pers. **190/230 F** 2 pers. **200/240 F** 3 pers. **260/290 F** pers. sup. **10 F**

30	3	10	3	SP

DUCHEMIN Daniel et Maryclaude – La Voisiniere – 50410 Percy – Tél. : 33.61.18.47 ou 09.38.21.83 – Fax : 33.61.43.47

Periers   *C.M. n° 54 — Pli n° 2*

NN 3 chambres d'hôtes (6 pers), dans une maison récente située dans le bourg. Chambres aménagées à l'étage. Salle d'eau à l'usage exclusif des hôtes. Chauffage électrique. Restaurant sur place. Ouvert du 1er avril au 31 octobre. Gare 17 km.

Prix : 1 pers. **145 F** 2 pers. **175 F**

15	13	17	1	SP

LECROSNIER Ernest – Rue au Batteux – 50190 Periers – Tél. : 33.46.62.95

Placy-Montaigu Groucy-le-Bas   *C.M. n° 59*

NN A la campagne, 1 chambre 2 pers. à l'étage, avec salle d'eau et wc privés. Salle de séjour avec coin-cuisine à l'usage exclusif des hôtes. Entrée indépendant. Saut à l'élastique (la Souleuvre) à 8 km. Canoë-kayak à 10 km. Torigny-sur-Vire à 6 km. Gare 22 km. Commerces 6 km. Ouvert toute l'année.

Prix : 1 pers. **150 F** 2 pers. **170 F** 3 pers. **200 F**
pers. sup. **20 F**

10	6	SP

VOISIN Philippe – Groucy le Bas – 50160 Placy-Montaigu – Tél. : 33.57.53.76

Poilley-sur-le-Homme Le Logis

E.C. NN Dans une demeure de caractère, entourée d'un parc, 2 chambres à l'étage avec salles de bains et wc privés. Mont Saint-Michel 17 km. Avranches 9 km. Gare 9 km. Commerces 1 km. Ouvert toute l'année. Accès : dans le bourg, en face de l'église.

Prix : 1 pers. **260 F** 2 pers. **300 F**

30	4	9	1	1	SP

LAMBERT Francois et Martine – Le Logis – 50220 Poilley-sur-le-Homme – Tél. : 33.58.35.90

Pont-Hebert La Crespiniere   *C.M. n° 54 — Pli n° 13*

2 chambres d'hôtes (4 pers), située dans la vallée de la Vire. Chambres aménagées à l'étage avec cabinet de toilette et wc privés pour chaque ch. (ch. pouvant communiquer). Douche à l'usage exclusif des hôtes. Ch. élect. Ouvert de Pâques à septembre. Pique-nique sur place. Restaurants 1,5 km. Hippodrome 10 km. Sentiers pédestres non balisés. Accès par la D446 direction Hebecrevon. Gare 8 km. Anglais parlé.

Prix : 1 pers. **149 F** 2 pers. **212 F** pers. sup. **60 F**

40	8	8	2	SP

CHAPON Jacqueline – La Crespiniere – 50880 Pont-Hebert – Tél. : 33.56.41.61

Pontaubault Cromel   *C.M. n° 59 — Pli n° 8*

NN A 4 km d'Avranches, dans une maison restaurée, 2 chambres d'hôtes (6 pers.) sont aménagées à l'étage, dont une avec annexe. Salles d'eau et wc privés. Entrée indépendante. VTT 500 m. Mont Saint-Michel 15 km. Ouvert toute l'année. Gare 4 km. Commerces 1 km.

Prix : 1 pers. **150 F** 2 pers. **180 F** 3 pers. **250 F**
pers. sup. **50 F**

3	4	1	0,5	SP

DENOT Andre et Myriam – Cromel – 50220 Saint-Quentin-sur-le-Homme – Tél. : 33.58.70.74

Pontaubault   *C.M. n° 59 — Pli n° 8*

NN Dans le bourg, 2 chambres 3 pers. 1 chambre 4 pers. à l'étage, avec salle de bains ou salle d'eau privée. Entrée indépendante. Location de VTT à 1 km. Mont Saint-Michel à 14 km. A 7 km d'Avranches. Gare 7 km. Commerces 200 m. Ouvert toute l'année.

Prix : 1 pers. **150 F** 2 pers. **180/200 F** 3 pers. **240 F**
pers. sup. **60 F**

3	6	1	0,5	SP

LOIZEL Jean-Francois – 23 rue Marechal Leclerc – 50220 Pontaubault – Tél. : 33.60.48.12

Ponts-sous-Avranches Maudon   *C.M. n° 59 — Pli n° 8*

A la campagne, une chambre au 2e étage avec wc privés et salle de bains commune au propriétaire, 1 chambre au 1er étage (entrée indépendante) avec salle d'eau et wc privés situés au rez-de-chaussée. Restaurant 2 km. Mont Saint-Michel 22 km. Gare 2 km. Ouvert toute l'année.

Prix : 1 pers. **150 F** 2 pers. **200 F** 3 pers. **245 F**
pers. sup. **45 F**

5	2	2	SP

JOUBIN Rene – Maudon – 50300 Ponts-sous-Avranches – Tél. : 33.58.50.00

Precey Le Bas-Glatigny   *C.M. n° 59 — Pli n° 8*

NN A 15 km du Mont Saint-Michel. Dans une maison récente, 3 chambres (8 pers.) aménagées à l'étage. 2 ch. avec salle d'eau et wc privés. 1 ch. avec salle de bains et wc à l'usage exclusif des hôtes. Chauffage électrique. Gare 11 km. Commerces 1 km. Ouvert toute l'année.

Prix : 1 pers. **160 F** 2 pers. **190 F** 3 pers. **240 F**

5	11	11	8

BARON Daniel – Le Bas Glatigny – 50220 Precey – Tél. : 33.70.93.21

Precorbin Le Manoir   *C.M. n° 54 — Pli n° 14*

(TH) 2 chambres avec annexes (8 pers.), à l'étage, salle d'eau et salle de bains à l'usage exclusif des hôtes. Chauffage central. Restaurant 4 km. Gare 11 km. Ouvert toute l'année. A 11 km de Saint-Lô.

Prix : 1 pers. **130 F** 2 pers. **160 F** 3 pers. **195 F**
pers. sup. **30 F** repas **70 F**

11	11	11	SP

FERET Octave – Le Manoir – 50810 Precorbin – Tél. : 33.56.16.81

Quettreville-sur-Sienne La Lande

C.M. n° 54 — Pli n° 12

NN 2 chambres 5 pers., situées au rez-de-chaussée avec salles d'eau et wc privés. Entrée indépendante. Chauffage électrique. Poneys sur place. Rivière 200 m. Ouvert toute l'année. A 8 km de Coutances. Gare 8 km.

Prix : 1 pers. **140 F** 2 pers. **175 F** 3 pers. **225 F**

8	8	8	8	8	SP

MARTIN Francoise – La Lande – 50660 Quettreville-sur-Sienne – Tél. : 33.07.48.29

Quibou

C.M. n° 54 — Pli n° 13

NN Dans le bourg, 1 chambre (3 pers.) à l'étage avec salle de bains et wc privés. Gare 12 km, commerces 2 km. Ouvert toute l'année. Saint-lô à 12 km. Location de VTT à 6 km.

Prix : 1 pers. **155 F** 2 pers. **185 F** 3 pers. **240 F**
pers. sup. **30 F**

25	12	12	0,1	SP

LEFRANC Gisele – 4 Place de la Mairie – 50750 Quibou – Tél. : 33.56.22.12

Ravenoville Le Grand-Clos

C.M. n° 54 — Pli n° 3

NN 2 chambres d'hôtes (4 pers.). Chambres aménagées à l'étage, avec 2 salles d'eau et 2 wc à l'usage exclusif des hôtes. Possibilité d'une chambre complémentaire. Chauffage central. Produits fermiers sur place. Restaurant 1 km. Ouvert toute l'année. Gare 20 km.

Prix : 1 pers. **130 F** 2 pers. **170 F** 3 pers. **250 F**

1	7	7	20	7	3	SP

AUBRIL Pierre – Le Grand Clos – 50480 Ravenoville – Tél. : 33.41.35.20

Reffuveille La Belletiere

C.M. n° 59 — Pli n° 9

NN
(TH) A 5 km de Mortain, 2 chambres d'hôtes (6 pers.) sont aménagées à l'étage, avec douche et wc dans chaque chambre. Bibliothèque à la disposition des hôtes. Gare 18 km. Commerces 1 km. Ouvert toute l'année. Anglais parlé.

Prix : 1 pers. **160 F** 2 pers. **180 F** 3 pers. **200 F** repas **65 F**

5	5	5	5	SP

LONGLANDS Michele – La Belletiere – 50520 Reffuveille – Tél. : 33.48.58.70

Regneville-sur-Mer

C.M. n° 54 — Pli n° 12

NN Maison à proximité de la mer. Les 4 chambres sont à l'étage (10 personnes). Une salle de bains et un wc par chambre. Chauffage électrique. Voile, restaurant 1 km. Gare 11 km. Ouvert toute l'année.

Prix : 1 pers. **150 F** 2 pers. **180 F** 3 pers. **210 F**
pers. sup. **50 F**

1	1	11	14	1	SP

**PESSIN Severine – Musee du Littoral de la Chaux - Route du Rey – 50590 Regneville-sur-Mer –
Tél. : 33.46.82.18**

Reville Manoir-de-Cabourg

C.M. n° 54 — Pli n° 3

NN A 4 km de Saint-Vaast la Hougue. 3 chambres d'hôtes aménagées à l'étage d'un manoir avec salles d'eau et wc privés. Chauffage électrique. Ouvert toute l'année. Gare 22 km. Commerces 1 km.

Prix : 1 pers. **200 F** 2 pers. **200/230 F** 3 pers. **280 F**
pers. sup. **50 F**

0,1	4	0,1	22	4

MARIE Marie – Manoir de Cabourg – 50760 Reville – Tél. : 33.54.48.42

Reville Jonville

C.M. n° 54 — Pli n° 3

NN A proximité de la plage, 1 chambre (2 pers.) à l'étage avec salle d'eau et wc privés. Saint-Vaast-La-Hougue à 4 km. Ouvert toute l'année. Gare 22 km, commerces 500 m.

Prix : 1 pers. **140 F** 2 pers. **150 F** pers. sup. **35 F**

0,1	3	0,5	22	3	SP

LEMONNIER Emile et Yvonne – Jonville – 50760 Reville – Tél. : 33.54.50.84

Reville Jonville

C.M. n° 54 — Pli n° 3

NN Maison à proximité de la mer. 1 chambre à l'étage 4 pers. avec annexe. Salle de bains et wc à l'usage exclusif des hôtes. Chauffage central. Ouvert toute l'année. Gare 25 km. Saint-Vaast-la-Hougue 4 km.

Prix : 1 pers. **134 F** 2 pers. **160 F** 3 pers. **206 F**
pers. sup. **41 F**

0,1	4	4	25	4	SP

FOUACE Rene – Jonville – 50760 Reville – Tél. : 33.54.48.75

Reville La Gervaiserie

C.M. n° 54 — Pli n° 3

NN Dans une ferme de caractère, 2 chambres 5 pers. aménagées à l'étage avec salles d'eau et wc privés. 1 salle de séjour à l'usage exclusif des hôtes. Salon, bibliothèque. Chauffage électrique. Randonneurs équestres acceptés. Equitation sur place. Gare 25 km. Saint-Vaast la Hougue 4 km. Ouvert toute l'année.

Prix : 1 pers. **225 F** 2 pers. **275 F** 3 pers. **320 F**
pers. sup. **50 F**

0,1	4	SP	25	4	SP

TRAVERT Alain – La Gervaiserie – 50760 Reville – Tél. : 33.54.54.64

La Rochelle-Normande La Marandiere   *C.M. n° 59 — Pli n° 8*

♨ NN   2 chambres (5 pers.) situées à l'étage avec salle d'eau à l'usage exclusif des hôtes. Entrée indépendante. Chauffage central. Restaurant 2 km. Gare 10 km. Ouvert toute l'année.

Prix : 1 pers. **95 F** 2 pers. **168 F** 3 pers. **210 F** pers. sup. **30 F**

10	10	10	10	3	SP	

CHAPDELAINE Roger – La Marandiere – 50530 La Rochelle-Normande – Tél. : 33.48.81.78

La Rochelle-Normande La Bellengerie   *C.M. n° 59 — Pli n° 8*

♨♨   2 chambres d'hôtes (2 pers.), situées à l'étage, salle de bains à l'usage exclusif des hôtes. Chauffage central. Piano et vélos à disposition des hôtes. Possibilité garderie enfants. Restaurant, forêt 3 km. Gare 10 km. Ouvert toute l'année.

Prix : 1 pers. **110 F** 2 pers. **150 F** 3 pers. **180 F**

10	10	10	10	3	SP

MESENGE Marie-Joseph – La Bellengerie – 50530 La Rochelle-Normande – Tél. : 33.60.90.40

Le Rozel Le Chateau

♨♨♨♨ NN   Dans un château qui subi une importante extention au XVIIe siècle : la diversité de son architecture lui confère à la fois austérité et charme. 1 suite 3 pers. à l'étage avec salle d'eau et wc privés. Vue panoramique depuis les tours sur la mer et les îlots anglo-normandes. Barneville-Carteret 15 km. Gare 28 km. Commerces 3 km. Ouvert toute l'année. Accès par la D117. Anglais parlé.

Prix : 1 pers. **400 F** 2 pers. **450 F** 3 pers. **650 F**

1,5	3	3	3	SP

GRANDCHAMP Josiane – Le Chateau – 50340 Le Rozel – Tél. : 33.52.95.08

Le Rozel Village-de-Syllerie   *C.M. n° 54 — Pli n° 1*

♨♨ NN   A la campagne, 2 chambres (4 pers.) à l'étage avec 1 salle de bains et wc à l'usage exclusif des hôtes, douche et wc au rez-de-chaussée. Salle de séjour avec coin-cuisine à l'usage exclusif des hôtes. Entrée indépendante. A 4 km de Les Pieux. Gare 25 km. Commerces 500 m. Ouvert du 1er juin au 30 septembre.

Prix : 1 pers. **140 F** 2 pers. **170 F** 3 pers. **210 F** pers. sup. **40 F**

0,5	4	4	4	SP

BIGOT Hubert – Village de Syllerie – 50340 Le Rozel – Tél. : 33.52.59.85

Saint-Andre-de-Bohon   *C.M. n° 54 — Pli n° 13*

♨♨   2 chambres (5 personnes) à l'étage. Une salle d'eau et des wc à l'usage exclusif des hôtes. Chauffage central. Parc de loisirs (étang, pédalos, poneys...) à 7 km. Canoë à 8 km. Ouvert toute l'année. Gare 10 km.

Prix : 1 pers. **125 F** 2 pers. **150 F** 3 pers. **180 F**

8	10	7	SP	10	SP	SP

YVETOT Francoise – Le Boscq – 50500 Saint-Andre-de-Bohon – Tél. : 33.42.27.59

Saint-Aubin-de-Terregatte Ferme-de-la-Patrais   *C.M. n° 59 — Pli n° 8*

♨♨♨ NN
(TH)   A 5 km de Ducey, 2 chambres d'hôtes familiales de 4 pers. (1 ch. au rez-de-chaussée et 1 ch. à l'étage), et 2 chambres de 2 pers. en rez-de-chaussée. Salles d'eau et wc privés. Entrées indépendants. Table d'hôtes sur réservation. Location VTT 1 km. Mont Saint-Michel 20 km. Gare 15 km. Commerces 1 km. Accessible aux personnes handicapées. Ouvert toute l'année. Anglais parlé.

Prix : 1 pers. **150 F** 2 pers. **200 F** 3 pers. **250 F** repas **80 F**

6	4	15	2	1	SP

CARNET Jean-Pierre – 3 Ferme de la Patrais – 50240 Saint-Aubin-de-Terregatte – Tél. : 33.48.43.13

Saint-Aubin-des-Preaux Cran   *C.M. n° 59 — Pli n° 7*

♨♨♨ NN   A l'étage : 2 chambres avec annexes. 1 chambre (1 lit 2 pers. 1 lit 1 pers.). 1 chambre (1 lit 2 pers. 1 lit jumeau). Coin-cuisine. Salle d'eau ou salle de bains et wc privés. Entrée indépendante. Thalassothérapie 7 km. A 7 km de Granville. Gare 7 km. Commerces 500 m. Ouvert pendant les vacances scolaires, les week-ends et le mois de juin.

Prix : 2 pers. **190 F** 3 pers. **240 F**

4	7	5	7	14	5	SP

DULIN Gilles et Marie – Village Cran – 50380 Saint-Aubin-des-Preaux – Tél. : 33.51.66.31

Saint-Cyr-du-Bailleul   *C.M. n° 59 — Pli n° 9*

♨♨♨ NN   Dans un village à 14 km de Domfront. 1 chambre d'hôtes est aménagée à l'étage avec annexe (2 x 2 pers.). Salle d'eau et wc à l'usage exclusif des hôtes. Salle de séjour et coin-cuisine réservés aux hôtes. Location de VTT sur place avec proposition de circuits. Maison de la Pomme et de la Poire à 2,5 km. Escalade à la Fosse Arthour 8 km. Mont Saint-Michel 60 km. Gare 30 km. Commerces 100 m. Ouvert toute l'année.

Prix : 1 pers. **130 F** 2 pers. **160 F** 3 pers. **210 F**

50	14	30	8	5	SP

HARDY Antoinette – Le Bourg – 50720 Saint-Cyr-du-Bailleul – Tél. : 33.59.43.89 – Fax : 33.59.39.85

Saint-Ebremond-de-Bonfosse *C.M. n° 54 — Pli n° 3*

〰〰〰 NN 2 chambres 4 pers. situées à l'étage avec entrée indépendant. Salle d'eau dans chaque chambre. 2 wc. Possibilité d'une chambre complémentaire 2 pers. Salle de séjour avec coin-cuisine à l'usage exclusif des hôtes. Chauffage central. Restaurant 1 km. Saint-Lô 5 km. Accès par la D38 direction Canisy. Gare 5 km. Ouvert toute l'année.

Prix : 1 pers. **155 F** 2 pers. **190 F** 3 pers. **235 F**
pers. sup. **25 F**

5	5	2	SP

OSMOND Roger – La Rhetorerie – 50750 Saint-Ebremond-de-Bonfosse – Tél. : 33.56.62.98

Saint-Georges-d'Elle   *C.M. n° 54 — Pli n° 14*

〰〰 A la campagne, 1 chambre (4 pers.) située à l'étage. Salle d'eau et salle de bains à l'usage exclusif des hôtes. Chauffage central. Pique-nique sur place. Forêt 500 m. Ouvert toute l'année. A 12 km de Saint-Lô. Gare 12 km.

Prix : 2 pers. **215 F** 3 pers. **300 F**

2	12	2	SP

HEURTEVENT Jocelyne – Le Muthier – 50680 Saint-Georges-d'Elle – Tél. : 33.05.81.47 ou 33.56.74.32 – Fax : 33.57.29.16

Saint-Georges-de-la-Riviere Manoir-de-Caillemont   *C.M. n° 54 — Pli n° 1*

〰〰〰〰 Dans un manoir de la fin du XVIIe s., 2 suites composées pour l'une : d'un salon, d'une salle d'eau avec wc, d'une chambre 4 pers. Pour l'autre : d'un salon, d'une salle de bains avec wc, d'une ch. 2 pers. Piscine privée, bicyclettes, jeux sur place. Lit bébé gratuit. Ouvert de mai à octobre. Hors-saison sur demande. A 2 km de Barneville-Carteret. Enfants : 75 F. Gare 32 km.

Prix : 1 pers. **465/515 F** 2 pers. **500/550 F** 3 pers. **570/620 F**

2	2	2	SP	2	SP

COUPECHOUX Eliane – Manoir de Caillemont – 50270 Saint-Georges-de-la-Riviere – Tél. : 33.53.81.16 – Fax : 33.53.25.66

Saint-Georges-de-Montcocq   *C.M. n° 54 — Pli n° 13*

〰〰〰 Dans une maison récente, 2 chambres (4 pers.) à l'étage, avec salle de bains ou salle d'eau et wc privés. 1 chambre au rez-de-chaussée avec salle de bains à l'usage exclusif des hôtes. Chauffage central. Téléphone et réfrigérateur dans chaque chambre. Salon. Salon de jardin, cheminée, barbecue. Vélos à disposition des hôtes. Restaurant 2 km. Ouvert toute l'année. Gare 4 km. A proximité du Parc Régional des marais et des plages du débarquement.

Prix : 1 pers. **150 F** 2 pers. **190 F** 3 pers. **250 F**
pers. sup. **60 F**

35	4	4	4	SP

DROUET Therese et Pierre – La Dainerie – 50000 Saint-Georges-de-Montcocq – Tél. : 33.72.22.80 – Fax : 33.57.27.85

Saint-Georges-de-Montcocq   *C.M. n° 54 — Pli n° 13*

〰〰〰 Dans une maison de caractère, 1 chambre d'hôtes située à l'étage, avec annexe (4 pers.). Salle d'eau privée. Entrée indépendante. Chauffage central. Restaurant 3,5 km. Animaux admis. Gare 4 km. Ouvert toute l'année.

Prix : 1 pers. **160 F** 2 pers. **200 F** 3 pers. **230 F**
pers. sup. **40 F**

35	4	4	4	SP

LEBOUTEILLER Jacques – La Meurie – 50000 Saint-Georges-de-Montcocq – Tél. : 33.57.83.43

Saint-Germain-d'Elle Gros-Mesnil  *C.M. n° 54 — Pli n° 14*

〰〰〰 NN
(TH) A 7 km de Caumont l'Evente. 1 chambre avec annexe (2 X 2 pers.) aménagée à l'étage, salle de bains et wc privés. Chauffage électrique. Canoë-kayak 17 km. Forêt 12 km. A 16 km de Saint-Lô. Ouvert de Pâques à la Toussaint. Gare 16 km. Commerces 1 km.

Prix : 1 pers. **140 F** 2 pers. **160/180 F** 3 pers. **200 F**
pers. sup. **40 F** repas **65 F**

35	14	17	2	2

BOUSSION Anne et Bruno – Gros Mesnil – 50810 Saint-Germain-d'Elle – Tél. : 33.05.38.70

Saint-Germain-de-Tournebut Chateau-de-la-Brisette *C.M. n° 54 — Pli n° 2*

〰〰〰〰 NN A 7 km de Valognes, chambres au château. 3 chambres d'hôtes aménagées à l'étage, dans le château de la Brisette (XVIIIe siècle) avec salle de bains et wc privés pour chaque chambre. Téléphone et TV couleur dans chaque chambre. Chauffage central. Etang et parc sur place. Ouvert du 1er avril au 31 octobre (hors période sur réservation). Table d'hôtes sur réservation. Gare et commerces à 7 km.

Prix : 1 pers. **400/450 F** 2 pers. **450/500 F**

13	13	6	7	6	7	SP

DE LA HAUTIERE Gentien – Chateau de la Brisette – 50700 Saint-Germain-de-Tournebut – Tél. : 33.41.11.78 – Fax : 33.41.22.32

Saint-Germain-sur-Ay-Plage

〰〰〰 Dans une villa, 2 chambres d'hôtes 4 pers. situées au 2e étage avec salles d'eau et wc privés. 1er étage : 1 chambre avec annexe 2 x 2 pers. avec salle de bains et wc privés. Chauffage électrique. Plage 200 m. Gare 33 km. Ouvert toute l'année.

Prix : 1 pers. **160 F** 2 pers. **190 F** 3 pers. **222 F**
pers. sup. **27 F**

0,2	22	12	33	3	SP

MOISAN Pierre – 26 rue d'Anjou – 50430 Saint-Germain-sur-Ay-Plage – Tél. : 33.46.32.49

Manche

Normandie

Saint-Germain-sur-Seves Les Tilleuls

C.M. n° 54 — Pli n° 12

ॐॐॐ NN — Dans le Parc Naturel des Marais. 4 chambres (12 pers.), situées à l'étage. 2 ch. dont 1 avec annexe, salles de bains et wc privés. 2 avec salles d'eau et wc privés. 1 ch. (2 pers.) au rez-de-chaussée avec salle d'eau et wc privés. Séjour avec cheminée. Chauffage électrique. Plan d'eau 10 km. Coutances 15 km. Restaurant 5 km. Terrain de boules et badminton sur place. Accès par la D971 direction Carentan. En venant de Periers, 3ᵉ route à gauche le CD301. Gare 15 km. Ouvert toute l'année.

Prix : 1 pers. **120 F** 2 pers. **170/190 F** 3 pers. **230/250 F**

15	5	15	10	5	SP

VAUTIER Alfred – Les Tilleuls - rue du Remeurge – 50190 Saint-Germain-sur-Seves – Tél. : 33.46.64.34 – Fax : 33.46.64.34

Saint-Hilaire-Petitville

C.M. n° 54 — Pli n° 13

ॐॐॐ (TH) — A proximité du bourg, 5 chambres d'hôtes (12 pers.). 3 chambres à l'étage avec salle de bains ou salle d'eau et wc par chambre. 2 chambres au rez-de-chaussée, avec entrée indépendante. Salle d'eau dans chaque chambre, wc communs aux 2 chambres. TV dans les chambres. Chauffage central. Restaurant 2 km. Gare 2 km. Ouvert toute l'année. Parc avec animaux, plan d'eau sur place.

Prix : 1 pers. **190/200 F** 2 pers. **200/270 F** 3 pers. **320/370 F**
repas **150 F**

15	2	7	2	2	SP

DELOM Yvan – Domaine de Saint-Hilaire – 50500 Saint-Hilaire-Petitville – Tél. : 33.71.12.84

Saint-Hilaire-Petitville

C.M. n° 54 — Pli n° 13

ॐॐ — 4 chambres d'hôtes (9 pers.) situées à l'étage avec 1 salle de bains et 1 salle d'eau privées. Chauffage central et chauffage électrique. Cuisine à l'usage exclusif des hôtes. Chasse à proximité. Restaurant 2 km. Gare 2 km. Ouvert toute l'année.

Prix : 1 pers. **135 F** 2 pers. **165 F** 3 pers. **200 F**
pers. sup. **50 F**

15	2	7	2	2	SP

PICQUENOT Daniel – Ferme de Marigny – 50500 Saint-Hilaire-Petitville – Tél. : 33.42.04.40

Saint-Jacques-de-Nehou

C.M. n° 54 — Pli n° 2

ॐ — 2 chambres (4 pers.) situées à l'étage avec salle de bains à l'usage commun du propriétaire et des hôtes, et wc à l'usage exclusif des hôtes. Chauffage central. Restaurant à 1 km. Randonneurs équestres acceptés. Ouvert toute l'année. Gare 18 km. Barneville-Carteret à 12 km.

Prix : 1 pers. **130 F** 2 pers. **160 F**

12	12	12	18	12	SP

FRANCOIS Paul-Emmanuel – Le Jacquin – 50390 Saint-Jacques-de-Nehou – Tél. : 33.41.77.58

Saint-James La Croisette

C.M. n° 59 — Pli n° 8

ॐ NN — A 21 km du Mont Saint-Michel. 2 chambres aménagées à l'étage. Douche commune aux 2 ch. Entrée indépendante. Chauffage électrique. Base de loisirs « La Mazure » à 12 km. Ouvert toute l'année. D998 direction Avranches. Gare 20 km. Commerces 2 km.

Prix : 1 pers. **135 F** 2 pers. **160 F** 3 pers. **210 F**

15	12	2	20	2

GAUTIER Jacqueline – La Croisette – 50240 Saint-James – Tél. : 33.48.32.44

Saint-James La Dierge

C.M. n° 59 — Pli n° 7

ॐॐ NN — 3 chambres 2 pers. 1 chambre twin, à l'étage avec salles d'eau et wc privés. Salle de séjour à l'usage exclusif des hôtes. Entrée indépendante. Centre équestre, sentiers sportifs sur place. Lit supplémentaire 60 F. A 21 km du Mont Saint-Michel. Gare 15 km. Commerces 100 m. Ouvert toute l'année.

Prix : 1 pers. **149 F** 2 pers. **180 F**

SP	0,5	SP

AMELINE Francois et Simone – La Dierge – 50240 Saint-James – Tél. : 33.48.32.43

Saint-James

C.M. n° 59 — Pli n° 8

ॐॐॐ NN (TH) — 4 chambres (12 pers.) situées à l'étage avec salle de bains ou salle d'eau et wc privés, (1 chambre familiale et 1 chambre avec annexe et coin-cuisine). Chauffage central. Restaurant à 2 km. Mont Saint-Michel à 21 km. Ouvert toute l'année. D12 direction Antrain, à 2 km de St-James. Gare 21 km.

Prix : 1 pers. **155 F** 2 pers. **185/205 F** 3 pers. **240 F**
pers. sup. **30 F** repas **80 F**

2	21	2	SP

TIFFAINE Francois et Catherine – La Gautrais – 50240 Saint-James – Tél. : 33.48.31.86 – Fax : 33.48.58.17

Saint-Jean-de-la-Haize

C.M. n° 59 — Pli n° 8

ॐॐ — A l'étage, 3 chambres avec 1 salle d'eau et wc à l'usage exclusif des hôtes et 2 chambres familiales (dont 1 avec entrée indépendante) avec salles d'eau et wc privés. Coin-cuisine réservé aux hôtes. Chauffage électrique. Restaurant 4 km. Gare 4 km. Ouvert toute l'année.

Prix : 1 pers. **130 F** 2 pers. **150/190 F** 3 pers. **240 F**
pers. sup. **60 F**

10	4	4	4	SP

AUBEUT Bernard – Les Rosieres – 50300 Saint-Jean-de-la-Haize – Tél. : 33.58.23.85

Saint-Jean-des-Champs
C.M. n° 59 — Pli n° 7

❦❦❦ NN   2 chambres d'hôtes aménagées à l'étage (5 pers.). Salle d'eau et wc dans les chambres. Chauffage central. Ouvert toute l'année. Gare 10 km.

Prix : 1 pers. **170 F** 2 pers. **195 F** 3 pers. **250 F**

10	10	3	10	10	1	SP

COULOMBIER Michel – La Vaudonniere – 50320 Saint-Jean-des-Champs – Tél. : 33.50.37.77

Saint-Jean-le-Thomas
C.M. n° 59 — Pli n° 7

❦❦ NN   A 15 km de Granville, propriété sur la Baie du Mont Saint-Michel avec accès direct à la plage, 1 chambre d'hôtes 4 pers. aménagée au rez-de-chaussée avec douche et wc privés et coin-cuisine. 2 chambres d'hôtes 6 pers. aménagées à l'étage, avec douches et wc privés. Salle de séjour avec cheminée, coin-cuisine donnant sur la mer. Parapente à 2 km. Ouvert toute l'année. Gare 15 km. Commerces 2 km. Location de vélos à 7 km. Anglais parlé.

Prix : 1 pers. **180 F** 2 pers. **200 F** 3 pers. **260 F**
pers. sup. **60 F**

SP	7	5	15	SP	1	SP

MALLE Louis et Bernadette – 7, Boulevard Stanislas – 50530 Saint-Jean-le-Thomas – Tél. : 33.68.10.37

Saint-Joseph
C.M. n° 54 — Pli n° 2

E.C. NN   A l'étage, 1 chambre avec salle d'eau privée et 1 chambre avec salle d'eau à l'usage exclusif des hôtes, wc communs aux 2 chambres. Cuisine avec cheminée (dans bâtiment indépendant) à disposition des hôtes. Bibliothèque, salon de jardin, bicyclettes. Chauffage électrique. Restaurant à 6 km. Randonneurs équestres acceptés. Gare 6 km. Ouvert toute l'année.

Prix : 1 pers. **120/135 F** 2 pers. **165/180 F** 3 pers. **220 F**

15	6	6	6	SP

EQUILBEC Bernard – La Remisserie – 50700 Saint-Joseph – Tél. : 33.40.03.51

Saint-Leger Les Landes
C.M. n° 59 — Pli n° 7

E.C. NN (TH)   Dans une maison de caractère, 1 chambre (1 lit 2 pers.) au 1er étage avec salle de bains et wc privés et 1 chambre au 2e étage avec annexe (3 pers.) avec salle d'eau privée. Billard à disposition des hôtes. Ouvert toute l'année. Gare 10 km, commerces 4 km. Granville à 10 km.

Prix : 1 pers. **150/160 F** 2 pers. **190/200 F** 3 pers. **230/240 F**
repas **75 F**

6	10	4	10	15	4	SP

MICONNET Jacqueline – Les Landes – 50320 Saint-Leger – Tél. : 33.90.63.46

Saint-Leger
C.M. n° 59 — Pli n° 7

❦❦❦   Dans une maison de caractère, 5 chambres (15 pers.) : 3 ch. au rez-de-chaussée (d'un bâtiment indépendant) et 2 ch. à l'étage. Salles d'eau et wc privés. Chauffage central. Restaurant à 3 km. Possibilité de louer à la semaine (hors saison uniquement). Ouvert toute l'année. Gare 10 km. Granville 10 km. Mont-Saint-Michel 30 km. Accès fléché après l'Abbaye de la Lucerne d'Outremer. Table d'hôtes tous les jours sauf le dimanche soir.

Prix : 1 pers. **200 F** 2 pers. **240 F** 3 pers. **300 F**
pers. sup. **50 F**

10	10	10	10	3	SP

CLOUET Marie-Therese – Vaucelles – 50320 Saint-Leger – Tél. : 33.51.66.97

Saint-Lo
C.M. n° 54 — Pli n° 13

❦❦❦ NN   Dans une maison restaurée, 3 chambres 6 pers., aménagées à l'étage. Pour chaque chambre : salle d'eau, wc, TV, téléphone et réfrigérateur. Entrée indépendante. Chauffage électrique. Centre ville de Saint-Lô à 1 km. Gare 1 km.

Prix : 1 pers. **180 F** 2 pers. **210 F** 3 pers. **300 F**
pers. sup. **80 F**

35	1	1	SP

FEVRIER Pierre – La Planche du Bois – 50000 Saint-Lo – Tél. : 33.57.13.01

Saint-Martin-d'Aubigny Les Boscqs

❦❦ NN   1 chambre à l'étage avec salle de bains et wc privés. Parc de loisirs (étang, pédalos, village miniature) à 300 m. Périers 7 km. Gare 18 km. Commerces 7 km. Ouvert toute l'année. Accès : par le centre William Harvey.

Prix : 1 pers. **120 F** 2 pers. **150 F**

18	0,3	7	SP

HUE Regis – Les Boscqs – 50190 Saint-Martin-d'Aubigny – Tél. : 33.07.58.93

Saint-Martin-de-Landelles La Jametiere
C.M. n° 59 — Pli n° 8

❦❦❦ NN   Dans une ancienne ferme, 2 chambres (dont 1 familiale 4 pers.) et 1 chambre (1 lit 2 pers.). Salle d'eau ou salle de bains et wc privés. Loisirs sur place : VTT, canoë, planche à voile. Lac et base de loisirs à 3 km. Saint-Hilaire-du-Harcouët à 10 km. Ouvert toute l'année. Gare 30 km.

Prix : 1 pers. **180 F** 2 pers. **250 F** 3 pers. **300 F**
pers. sup. **60 F**

3	SP	3	3	SP	

ADAMSON Carol et William – La Jametiere – 50730 Saint-Martin-de-Landelles – Tél. : 33.49.83.67

Manche

Saint-Martin-de-Varreville

C.M. n° 54 – Pli n° 3

≈≈≈ NN Dans une maison de caractère à la campagne, 2 chambres (5 pers.) à l'étage avec salle d'eau ou salle de bains et wc privés. Chauffage central. Musée 3 km. Plages du Débarquement. Restaurant 6 km. Randonneurs équestres acceptés. Gare 16 km. Ouvert du 1er avril au 1er octobre.

Prix : 1 pers. **150 F** 2 pers. **190 F** 3 pers. **230 F**

3	3	21	16	3	SP

DESSOLIERS Leone – Les Mezieres – 50790 Saint-Martin-de-Varreville – Tél. : 33.41.35.02

Saint-Michel-des-Loups

C.M. n° 59 — Pli n° 7

≈≈ NN
(TH)

Dans 2 bâtiments indépendants, 4 chambres (10 pers.), dont 1 familiale, avec salles d'eau et wc privés. Dans la maison du propriétaire, 1 chambre (3 pers.) avec salle de bains à l'usage exclusif des hôtes. Chauffage électrique. Coin-cuisine pour 2 chambres. A 11 km de Granville. Ouvert toute l'année. Gare 11 km.

Prix : 1 pers. **145 F** 2 pers. **175 F** 3 pers. **225 F**
pers. sup. **20 F** repas **70 F**

2	11	2	11	2	SP

PAGES Bernard – Langoterie – 50740 Saint-Michel-des-Loups – Tél. : 33.61.93.26

Saint-Nicolas-de-Pierrepont

≈≈≈ NN Dans une ancienne ferme, 1 chambre d'hôtes (2 pers.), à l'étage. Salle d'eau et wc privés. 1 chambre (3 pers.) avec salle de bains et wc privés. Chauffage central. Restaurant 5 km. Gare 16 km. Commerces 5 km. Ouvert toute l'année.

Prix : 1 pers. **120 F** 2 pers. **170 F** 3 pers. **210 F**

7	9	9	16	5	SP

CLAY Richard – La Ferme de l'Eglise – 50250 Saint-Nicolas-de-Pierrepont – Tél. : 33.45.53.40

Saint-Ovin La Coifferie

C.M. n° 59 — Pli n° 8

≈≈ NN A 9 km d'Avranches. Dans une maison récente, 3 chambres (8 pers.) aménagées à l'étage dont 1 familiale. Salles d'eau et wc privés pour 2 ch. Salle d'eau à l'usage exclusif des hôtes pour 1 ch. Chauffage électrique. Gare 9 km. Commerces 1 km. Ouvert toute l'année. Découverte de la région en voiture à cheval, sur réservation, pour groupes.

Prix : 1 pers. **140 F** 2 pers. **160/180 F** 3 pers. **220 F**
pers. sup. **40 F**

9	9	0,5	1

RESTOUT Philippe – La Coifferie – 50300 Saint-Ovin – Tél. : 33.60.53.22

Saint-Pair-sur-Mer La Marechalerie

C.M. n° 59 — Pli n° 7

≈≈≈ NN A 5 km de Granville. 4 chambres dont 1 familiale, aménagées à l'étage avec salles d'eau et wc privés. Chauffage électrique. Ping-pong sur place. Thalassothérapie 5 km. Gare 5 km. Commerces 3 km. Accès sur la D973. Ouvert toute l'année.

Prix : 1 pers. **170 F** 2 pers. **190 F** 3 pers. **240 F**

4	5	3	5	8	4

CARUHEL Claudine – La Marechalerie - Route d'Avranches – 50380 Saint-Pair-sur-Mer – Tél. : 33.51.65.37

Saint-Pair-sur-Mer

C.M. n° 59 — Pli n° 7

≈≈≈ NN Dans une maison bourgeoise du XIX° siècle, 1 chambre « la Granvillaise (1 lit 160) au rez-de-chaussée avec salle d'eau et wc privés. 1 chambre « la Cancalaise » à l'étage avec salle de bains et wc privés. Entrée indépendante. Granville à 5 km. Ouvert du 1er mars au 20 décembre. Gare 6 km, commerces 500 m.

Prix : 1 pers. **200 F** 2 pers. **240 F**

0,3	6	10	6	10	0,5	1

ELIE Nicole – 152 rue de la Hogue – 50380 Saint-Pair-sur-Mer – Tél. : 33.50.58.42

Saint-Planchers La Channiere

E.C. NN A l'étage, 1 chambre avec entrée indépendant et 1 chambre avec annexe (2 x 2 pers.). Salles d'eau et wc privés. Thalassothérapie et bowling à 5 km. Granville 5 km. Gare et commerces à 5 km. Ouvert toute l'année. Accès : sur la D924.

Prix : 1 pers. **160 F** 2 pers. **185 F** 3 pers. **245 F**

5	5	5	5	5	SP

LEBUFFE Guy et Jeannette – La Channiere – 50400 Saint-Planchers – Tél. : 33.50.43.75

Saint-Planchers Les Perrieres

C.M. n° 59 — Pli n° 7

≈≈ NN A 7 km de Granville, dans une maison récente, 3 chambres d'hôtes (8 pers.) sont aménagées à l'étage, avec salles d'eau et wc privés. Gare 7 km. Commerces 2 km. Thalassothérapie 7 km. Ouvert toute l'année.

Prix : 1 pers. **170 F** 2 pers. **190 F** 3 pers. **240 F**
pers. sup. **50 F**

7	7	7	7	8	3	SP

BENSET Yvette – Les Perrieres - D 924 – 50400 Saint-Planchers – Tél. : 33.61.32.64

Saint-Planchers

C.M. n° 59 — Pli n° 7

≈≈ Dans une maison neuve, entourée d'un jardin ombragé, les 2 chambres (4 pers.) sont à l'étage. Salle de bains à l'usage exclusif des hôtes. Chauffage électrique. Restaurant 4 km. Gare 9 km. Ouvert pendant les vacances scolaires et les week-ends.

Prix : 1 pers. **150 F** 2 pers. **190 F** 3 pers. **220 F**
pers. sup. **40 F**

8	2	9	8	1	SP

SILANDE Remi – La Vallee – 50400 Saint-Planchers – Tél. : 33.61.33.90

Saint-Quentin-sur-le-Homme
C.M. n° 59 — Pli n° 8

≋≋ NN
(TH)

A la campagne dans une maison récente, à l'étage, 3 chambres avec douche et wc privés (dont 1 avec annexe), 1 chambre avec salle d'eau et wc privés. Chauffage électrique. Cuisine à la disposition des hôtes. Mont Saint-Michel 15 km. Gare 5 km. Ouvert toute l'année. Accès par le bourg.

Prix : 1 pers. **150 F** 2 pers. **180/200 F** 3 pers. **240 F**
pers. sup. **30 F** repas **75 F**

5	5	5	SP

BOUTELOUP Lucette – Les Vallees – 50220 Saint-Quentin-sur-le-Homme – Tél. : 33.60.61.51

Saint-Romphaire
C.M. n° 54 — Pli n° 13

≋≋ NN

2 chambres (6 pers.) à l'étage (dont 1 avec annexe) avec salles d'eau et wc privés. Chauffage central. Restaurant 2 km. Gare 10 km.

Prix : 1 pers. **140 F** 2 pers. **170 F** 3 pers. **220 F**
pers. sup. **50 F**

10	10	2	SP

LETELLIER Renee – Le Mariage – 50860 Saint-Romphaire – Tél. : 33.55.80.06

Saint-Sauveur-la-Pommeraye Le Repas
C.M. n° 59 — Pli n° 8

≋≋ NN

Dans une maison restaurée, 1 chambre 2 pers. à l'étage, avec salle de bains privée (wc au rez-de-chaussée) et 1 chambre avec salle d'eau et wc privés. Entrée indépendante. A 15 km de Granville. Gare 15 km. Commerces 1 km. Ouvert toute l'année. Sur la D924.

Prix : 1 pers. **165 F** 2 pers. **185 F** pers. sup. **50 F**

15	15	15	20	SP

JOURDAIN Gisele – Le Repas – 50510 Saint-Sauveur-la-Pommeraye – Tél. : 33.51.65.64

Saint-Sauveur-le-Vicomte La Percemaillerie
C.M. n° 54 — Pli n° 2

≋≋ NN

A 14 km de Portbail, 3 chambres d'hôtes (6 pers.) sont aménagées à l'étage, avec salles d'eau et wc privés. Salle de séjour à l'usage exclusif des hôtes. Entrée indépendante. Lit supplémentaire : 30 F. Accès sur la D 900, direction Coutances. Canoë-kayak, sentier sportif à 500 m. Forêt à 2 km. Gare 16 km. Commerces 500 m. Ouvert toute l'année.

Prix : 1 pers. **150 F** 2 pers. **175 F**

11	11	11	16	0,5	SP

BLONDEL Andre – La Percemaillerie – 50390 Saint-Sauveur-le-Vicomte – Tél. : 33.21.19.69

Saint-Sauveur-Lendelin
C.M. n° 54 — Pli n° 2

≋≋≋ NN

A 10 km de Coutances. Dans le bourg, 2 chambres à l'étage (7 pers.) et 1 annexe. Salles d'eau et wc privés. Salle de séjour réservée aux hôtes. Chauffage électrique. Jeux pour enfants. A proximité du Parc Naturel des Marais. Gare 10 km. Commerces sur place. Ouvert de Pâques à la Toussaint.

Prix : 1 pers. **170 F** 2 pers. **190 F** 3 pers. **245/325 F**
pers. sup. **25/50 F**

15	22	10	10	0,5

LEMONNIER Rose-Marie – 1, rue du Marechal Leclerc – 50490 Saint-Sauveur-Lendelin – Tél. : 33.07.70.61

Saint-Senier-sous-Avranches Le Champ-du-Genet
C.M. n° 59 — Pli n° 8

≋ NN

Dans une maison de caractère, 2 chambres au 2e étage avec salles de bains et wc privés. Dans un bâtiment indépendant, 1 chambre au 1er étage et 1 chambre au 2e étage, cuisinette, salle d'eau et wc pour chaque chambre. Chauffage électrique. Randonneurs équestres acceptés. Ouvert toute l'année. Gare 5 km.

Prix : 2 pers. **185/215 F** 3 pers. **225/255 F**
pers. sup. **30/40 F**

20	20	5	5	SP	5	SP

JOUVIN Annette – Le Champ du Genet - Route de Mortain – 50300 Saint-Senier-sous-Avranches – Tél. : 33.60.52.67 – Fax : 33.60.52.67

Saint-Symphorien-le-Valois La Moricerie
C.M. n° 54 — Pli n° 12

≋≋ NN
(TH)

A 1 km de La Haye du Puits, dans une ancienne ferme, 3 chambres d'hôtes (5 pers.) sont aménagées à l'étage, avec salles d'eau et wc privés. Centre équestre sur place. Ouvert de Pâques à la Toussaint. Gare 27 km. Commerces 1 km.

Prix : 1 pers. **200 F** 2 pers. **270 F** repas **95 F** pens. **240 F**

10	14	SP	27	1	SP

HERDT Sylvie – La Moricerie – 50250 Saint-Symphorien-le-Valois – Tél. : 33.45.79.14

Saint-Symphorien-le-Valois Ferme-de-la-Valoiserie
C.M. n° 54 — Pli n° 12

≋≋≋ NN

Dans une ancienne ferme, 2 chambres 6 pers. à l'étage, avec salle d'eau ou salle de bains et wc privés. Salle de séjour avec coin-cuisine à l'usage exclusif des hôtes. A 1,5 km de la Haye-du-Puits. Gare 25 km. Commerces 1,5 km. Ouvert toute l'année.

Prix : 1 pers. **150 F** 2 pers. **170 F** 3 pers. **210 F**

10	15	1	25	1,5	SP

AGNES Solange – 4 rue de la Valoiserie – 50250 Saint-Symphorien-le-Valois – Tél. : 33.45.77.70

Saint-Symphorien-le-Valois
C.M. n° 54 — Pli n° 12

≋≋ NN

Dans une maison récente, 1 chambre à l'étage avec annexe (2x2 pers.). Salle d'eau et wc privés. 1 chambre au rez-de-chaussée avec salle de bains et wc privés. Barneville-Carteret 18 km. Gare 25 km. Accès : D903. Ouvert toute l'année.

Prix : 1 pers. **140 F** 2 pers. **160 F** 3 pers. **210 F**

7	18	9	25	16	10	0,5	SP

BELLEE Joseph – 29 Route de Barneville – 50250 Saint-Symphorien-le-Valois – Tél. : 33.46.11.13

Saint-Vigor-des-Monts L'Orgerie — *C.M. n° 59 — Pli n° 9*

≋≋ NN
(TH)

A 15 km de Vire. Dans une maison de caractère, 1 chambre avec annexe (2 X 2 pers.) aménagée à l'étage avec salle d'eau privée. Chauffage central. Canoë-kayak 3 km. Ouvert toute l'année. Accès : D52-D374 à 3 km de Pont Farcy direction Vire. A droite au lieu dit « Drôme ». Gare 15 km. Commerces 3 km.

Prix : 1 pers. **134 F** 2 pers. **155 F** 3 pers. **206 F**
pers. sup. **51 F** repas **60 F**

🏊	⛵	🎣	🚣	🎿	⛷	🎿
46	46	10	15	12	0,1	3

GOUDE Jacqueline – L'Orgerie – 50420 Saint-Vigor-des-Monts – Tél. : 31.68.85.58

Sainte-Genevieve Manoir-de-la-Fevrerie — *C.M. n° 54 — Pli n° 3*

≋≋≋ NN

Dans une ferme de caractère, à l'étage, 1 chambre avec annexe (2 lits 2 pers.) et une chambre (2 lits 1 pers.), salle d'eau et wc privés. Barfleur 3 km. Ouvert toute l'année. Gare 20 km, commerces 3 km.

Prix : 1 pers. **200 F** 2 pers. **260/320 F** pers. sup. **80 F**

🏊	⛵	🎣	🚣	🎿	🚶
3	3	5	20	20	5	SP

CAILLET Marie-France – Manoir de la Fevrerie – 50760 Sainte-Genevieve – Tél. : 33.54.33.53

Sainte-Marie-du-Mont La Vermonderie — *C.M. n° 54 — Pli n° 3*

≋≋≋ NN

A 8 km de Ste-Mère-Eglise. 1 chambre (3 pers.) à l'étage avec salle de bains et wc privés. Chauffage central. Possibilité lit d'appoint. Randonneurs équestres acceptés. Ouvert toute l'année. Gare 15 km. Commerces 3 km.

Prix : 1 pers. **180 F** 2 pers. **200 F** 3 pers. **250 F**
pers. sup. **40 F**

🐎	🏊	⛵	🎣	🚣	🎿
	3	15	18	15	2

BACHELEY Paul et Marie-Helene – La Vermonderie - Le Grand Chemin – 50480 Sainte-Marie-du-Mont – Tél. : 33.71.58.70

Sainte-Marie-du-Mont Hameau-Hubert — *C.M. n° 54 — Pli n° 3*

≋≋ NN

A 15 km de Carentan, à la campagne. Au cœur du Parc Régional des Marais, 2 chambres familiales (8 pers.) : 1 ch. au 1er étage, 1 ch. au 2e étage, salles d'eau et wc privés. Chauffage central. Ouvert toute l'année. Gare 15 km. Commerces 3 km. Réserve naturelle 4 km.

Prix : 1 pers. **140 F** 2 pers. **175/190 F** 3 pers. **220 F**

🐎	🏊	⛵	🎣	🚣	🎿
	3	15	18	15	2

BUSQUET Serge – Hameau Hubert – 50480 Sainte-Marie-du-Mont – Tél. : 33.42.43.49

Sainte-Marie-du-Mont — *C.M. n° 54 — Pli n° 3*

≋≋≋ NN

Maison située dans le bourg avec 1 chambre (3 pers.) au 2e étage avec salle de bains et wc privés. Ouvert toute l'année. Gare 10 km, commerces sur place. Carentan à 10 km. Réserve naturelle à 3 km. Anglais et espagnol parlés.

Prix : 1 pers. **200 F** 2 pers. **250 F** 3 pers. **300 F**

🐎	🏊	🚣	🎿	🚶
	6	10	10	5	SP

NAULEAU Nathalie – Place de l'Eglise – 50480 Sainte-Marie-du-Mont – Tél. : 33.71.91.06

Sainte-Marie-du-Mont La Riviere — *C.M. n° 54 — Pli n° 3*

≋≋≋ NN

Dans une maison de caractère, 2 chambres à l'étage (2 x 2 pers.). Salle d'eau et wc privés. Ouvert toute l'année. Réserve naturelle à 3 km. Carentan à 14 km. Gare 14 km, commerces 4 km.

Prix : 1 pers. **150 F** 2 pers. **190 F** 3 pers. **310 F**
pers. sup. **60 F**

🐎	🏊	⛵	🎣	🚣	🚶
	3	14	3	14	SP

GAILLEDRAT Veronique et Olivier – La Riviere – 50480 Sainte-Marie-du-Mont – Tél. : 33.71.54.46

Sainte-Marie-du-Mont Ferme Saint-Martin

≋≋≋ NN

Dans une ferme de caractère, 1 chambre à l'étage avec annexe (2 x 2 pers.). Salle d'eau et wc privés. Sainte-Mère-Eglise 6 km. Gare 12 km. Commerces 3 km. Ouvert toute l'année. Accès : sur D70, à 2 km du bourg, direction Sainte-Mère-Eglise.

Prix : 1 pers. **150 F** 2 pers. **190 F** 3 pers. **310 F**

🐎	🏊	⛵	🎣	🚣	🎿	🚶
	6	12	6	12	6	3	SP

MILET Henri – Ferme Saint-Martin – 50480 Sainte-Marie-du-Mont – Tél. : 33.71.58.93

Sainte-Marie-du-Mont — *C.M. n° 54 — Pli n° 3*

≋≋≋ NN

2 chambres d'hôtes (6 pers.), l'une est au rez-de-chaussée avec salle d'eau privée et wc, l'autre à l'étage avec salle d'eau privée et 1 wc à l'usage exclusif des hôtes. Chauffage central. Restaurant 3 km. Randonneurs équestres acceptés. Ouvert toute l'année. Gare 15 km.

Prix : 1 pers. **150 F** 2 pers. **180 F** 3 pers. **210 F**
pers. sup. **30 F**

🏊	⛵	🎣	🚣	🎿	🚶
3	15	20	15	3	SP

LECONTE Bertrand – La Bedelle – 50480 Sainte-Marie-du-Mont – Tél. : 33.71.52.99

Sainte-Mere-Eglise Ferme-Riou — *C.M. n° 54 — Pli n° 3*

≋≋≋ NN

A 1,5 km du bourg de Sainte-Mère (direction Ravenoville), 2 chambres d'hôtes (4 pers.) sont aménagées au rez-de-chaussée, avec salles d'eau et wc privés. Entrées indépendants. Dans l'habitation principale, 1 ch. à l'étage avec salle d'eau et wc. Gare 15 km. Commerces 1,5 km. Ouvert toute l'année.

Prix : 1 pers. **165 F** 2 pers. **195 F** pers. sup. **60 F**

🐎	🏊	⛵	🎣	🚣	🎿	⛷	🚶
	10	16	16	15	12	1,5	SP

DESTRES Victor et Madeleine – Ferme Riou – 50480 Sainte-Mere-Eglise – Tél. : 33.41.03.40

Sainte-Mere-Eglise Manoir-du-Roueur — *C.M. n° 54 — Pli n° 3*

E.C. NN
(TH)

Dans une dépendance du XVIII° siècle, 2 chambres (5 pers.) au rez-de-chaussée et 3 chambres (8 pers.) à l'étage. Salles d'eau et wc privés. Salle de séjour à l'usage exclusif des hôtes. Entrée indépendante. Bicyclettes, ping-pong sur place. A 1 km du centre ville. Gare 10 km. Commerces 1 km. Ouvert toute l'année. Table d'hôtes sur réservation. A la sortie du bourg, direction Carentan.

Prix : 1 pers. **185 F** 2 pers. **200 F** 3 pers. **250 F**
pers. sup. **30 F** repas **75 F**

10	10	10	10	1	SP

DERIEUX Yves – Manoir du Roueur - Village Fauville – 50480 Sainte-Mere-Eglise – Tél. : 33.41.30.99

Sainte-Mere-Eglise La Fiere — *C.M. n° 54 — Pli n° 2/3*

※※※ NN

Dans un bâtiment indépendant, 2 chambres au rez-de-chaussée : 1 chambre (3 pers.) avec coin-cuisine, 1 chambre (3 pers.) avec mezzanine. Salle d'eau et wc privés. Entrées indépendantes. Ouvert toute l'année. A 3 km du bourg. Gare 18 km, commerces 3 km.

Prix : 1 pers. **173 F** 2 pers. **195 F** 3 pers. **243 F**

8	18	3	18	15	SP	3	SP

POISSON Chantal et Yves – La Fiere – 50480 Sainte-Mere-Eglise – Tél. : 33.41.31.77

Sainte-Mere-Eglise La Fiere — *C.M. n° 54 — Pli n° 3*

※※

Dans une maison de caractère, à l'étage, 2 chambres d'hôtes (5 pers.) salle d'eau et wc à l'usage exclusif des hôtes. 1 chambre (3 pers.) avec salle de bains et wc privés. Chauffage électrique. Possibilité pique-nique dans le parc. Gare 13 km. Ouvert toute l'année.

Prix : 1 pers. **150 F** 2 pers. **170/200 F** 3 pers. **230/260 F**
pers. sup. **50 F**

10	13	10	13	SP	3	SP

BLANCHET Albert et Michele – La Fiere - Route de Pont l'Abbe – 50480 Sainte-Mere-Eglise – Tél. : 33.41.32.66

Sainte-Mere-Eglise — *C.M. n° 54 — Pli n° 3*

※※※ NN

4 chambres d'hôtes (12 pers.) dans cette ferme de caractère. Les chambres sont situées à l'étage avec une salle de bains particulière pour chaque chambre. Chauffage central. Restaurant 2 km. Gare 13 km.

Prix : 1 pers. **175 F** 2 pers. **210 F** 3 pers. **235 F**
pers. sup. **55 F**

10	13	10	13	3	SP

MUSEE DE LA FERME MME LEMARINEL Anne – 50480 Sainte-Mere-Eglise – Tél. : 33.41.30.25

Sainte-Mere-Eglise — *C.M. n° 54 — Pli n° 3*

※※※ NN

3 chambres d'hôtes 8 pers. dans une maison de caractère. Chambres aménagées à l'étage. 2 salles de bains et 1 salle d'eau à l'usage exclusif des hôtes. Chauffage électrique. Restaurant 1 km. Gare 13 km.

Prix : 1 pers. **170 F** 2 pers. **200/250 F** 3 pers. **280 F**
pers. sup. **80 F**

10	13	10	13	3	SP

VIEL Emile et Marie – Village de Beauvais – 50480 Sainte-Mere-Eglise – Tél. : 33.41.41.71

Sainte-Pience Manoir-de-la-Porte — *C.M. n° 59 — Pli n° 8*

E.C. NN

Dans une maison de caractère, 2 chambres (6 pers.) au 2° étage, avec salles d'eau et wc privés. Entrée indépendante. Mont Saint-Michel à 30 km. A 10 km d'Avranches. Gare 10 km. Commerces 1 km. Ouvert toute l'année. Parc arboré avec plan d'eau.

Prix : 1 pers. **200 F** 2 pers. **230 F** 3 pers. **280 F**
pers. sup. **50 F**

20	3	10	1	SP

LAGADEC Herve et Annick – Manoir de la Porte – 50870 Sainte-Pience – Tél. : 33.68.13.61 – Fax : 33.68.29.54

Sartilly La Fosse — *C.M. n° 59 — Pli n° 7/8*

※※ NN

A 10 km d'Avranches, à la campagne, 1 chambre d'hôtes avec annexe (2x2 pers.) et avec salle de bains et wc. 1 chambre d'hôtes 2 pers. avec salle d'eau à l'usage exclusif des hôtes. Entrées indépendantes. Traversée de la Baie du Mont Saint-Michel à pied et à cheval à 10 km. Ouvert toute l'année. Gare 15 km. Commerces 2 km.

Prix : 1 pers. **135 F** 2 pers. **170 F** 3 pers. **225 F**
pers. sup. **60 F**

7	12	10	10	2	SP

GUIADEUR Annick – La Fosse – 50530 Sartilly – Tél. : 33.48.25.89 ou 33.01.39.70

Servon — *C.M. n° 59 — Pli n° 8*

※ NN

A 9 km du Mont Saint-Michel. Dans une maison restaurée, 3 chambres (6 pers.) aménagées à l'étage avec 2 salles d'eau et 2 wc à l'usage exclusif des hôtes. Chauffage électrique. Ouvert toute l'année. Restaurant à 100 m. Gare et commerces 9 km.

Prix : 1 pers. **160 F** 2 pers. **180 F** 3 pers. **240 F**
pers. sup. **50 F**

6	3	0,5	3	0,1

LESENECHAL Gerard – Le Bourg – 50170 Servon – Tél. : 33.48.92.13

Servon — *C.M. n° 59 — Pli n° 7*

※※※ NN

A l'étage, 2 chambres (4 pers.) avec salles de bains et wc privés. Entrée indépendante. Chauffage central. Restaurant 500 m. Goûters à la ferme (sur réservation). Vente de produits fermiers. Mont Saint-Michel 10 km. Gare 16 km. Ouvert toute l'année.

Prix : 1 pers. **170 F** 2 pers. **200 F** pers. sup. **50 F**

6	5	0,5	3	0,5	SP

GEDOUIN-LAVAREC Annick – Le Petit Manoir – 50170 Servon – Tél. : 33.60.03.44

Siouville

♥♥ NN — 2 chambres d'hôtes (4 pers.) situées à l'étage avec salle d'eau et wc privés. Salle de séjour et coin-cuisine à la disposition des hôtes. Entrée indépendante. Plages, cures marines 2 km. Gare 20 km. Ouvert toute l'année.

Prix : 1 pers. **110 F** 2 pers. **150 F**

2		2	6	2	SP

GOGIBU Pierre – La Petite Siouville – 50340 Siouville – Tél. : 33.52.45.15

Sottevast Hameau-Es-Adam

♥♥♥ NN — A 8 km de Valognes, dans une demeure du XVIIIe siècle entourée d'un jardin clos, 3 chambres (6 pers.) aménagées à l'étage. Salles de bains et wc indépendants. Téléphone et TV dans chaque chambre. Chauffage central. Terrain de boules et ping-pong sur place. Gare 8 km. Commerces 500 m. Ouvert toute l'année.

Prix : 1 pers. **210 F** 2 pers. **250 F** 3 pers. **295 F**

25	25	8	10	13	0,5

LEBARILLER Francoise – Hameau Es Adam – 50260 Sottevast – Tél. : 33.41.98.35

Sottevast

♥♥ NN — Dans un hameau, 1 chambre d'hôtes 3 pers. aménagée à l'étage de la maison. Salle de bains particulière. Chauffage central. Restaurant 2 km. Gare 8 km. Ouvert toute l'année.

Prix : 1 pers. **105 F** 2 pers. **130 F** 3 pers. **170 F**

25	8	8	8	SP

LEBRISOIS Andre – La Roquerie – 50260 Sottevast – Tél. : 33.41.97.42

Sourdeval Les Vallees-Durand

♥♥♥ NN — A 12 km de Vire, dans une maison récente, 1 chambre d'hôtes avec annexe (2 x 2 pers.) est aménagée à l'étage, avec salle d'eau et wc privés. Pétanque à 1,5 km. Escalade à 10 m. Gare 12 km. Commerces 1,5 km. Ouvert toute l'année.

Prix : 1 pers. **155 F** 2 pers. **175 F** 3 pers. **230 F** pers. sup. **50 F**

2	10	1,5	SP

JOUAULT Rolande – Les Vallees Durand – 50150 Sourdeval – Tél. : 33.59.95.33

Sourdeval La Maurandiere

♥♥♥ NN — A la campagne, dans une maison typique de la région, 4 chambres (9 pers.). 3 chambres sont à l'étage, avec salle d'eau ou salle de bains et wc privés. La 4e chambre avec sanitaires complets dans une maisonnette indépendante. Chauffage central. Restaurant 3 km. Lac 16 km. Sites escalade 8 et 10 km. Gare 16 km. Possibilité de servir « l'assiette de la Maurandière ». Ouvert toute l'année. Accès : D977 direction Mortain. 1 km à gauche D499, puis D182.

Prix : 1 pers. **180 F** 2 pers. **200 F** 3 pers. **250 F**

16	11	0,2	3	SP

DUPART Evelyne – La Maurandiere – 50150 Sourdeval – Tél. : 33.59.65.44 – Fax : 33.69.47.97

Subligny La Grande-Coquerie

♥♥ NN — Dans une maison de caractère, 1 chambre à l'étage avec annexe (4 pers.), avec salle de bains privée. Dans une dépendance, 1 chambre à l'étage avec salle d'eau et wc privés, salon et coin-cuisine. Chauffage central. Elevage de chevaux de selle. Restaurant 5 km. Randonneurs équestres admis. Gare 10 km. Ouvert toute l'année.

Prix : 1 pers. **170/200 F** 2 pers. **200/300 F** 3 pers. **330/350 F** pers. sup. **20/50 F**

15	3	10	2	SP

DULIN Raphael – La Grande Coquerie – 50870 Subligny – Tél. : 33.61.50.23 – Fax : 33.61.18.24

Subligny Le Rocher-Boucan

♥♥ — 3 chambres d'hôtes (9 pers.) situées à l'étage. Salle d'eau à l'usage exclusif des hôtes et salle de bains à l'usage commun du propriétaire et des hôtes. Chauffage central. Restaurant 10 km. Gare 10 km. Ouvert toute l'année.

Prix : 1 pers. **115 F** 2 pers. **150 F** 3 pers. **200 F** pers. sup. **40 F**

15	3	10	2	SP

COUETIL Joseph – Le Rocher Boucan – 50870 Subligny – Tél. : 33.61.28.93

Subligny La Brehouliere

♥ NN — 1 chambre d'hôtes de 4 pers. dans cette maison de caractère. A l'étage, avec salle d'eau à l'usage exclusif des hôtes. 1 wc au rez-de-chaussée. Chauffage central. Restaurant 3 km. Ouvert toute l'année. Gare 10 km.

Prix : 1 pers. **120 F** 2 pers. **160 F** 3 pers. **180/200 F** pers. sup. **30 F**

15	3	10	2	SP

LEGEARD Pierre – La Brehouliere – 50870 Subligny – Tél. : 33.61.52.27

Tamerville Manoir-de-Belaunay

♥♥♥ NN — Dans une ferme de caractère, 1 chambre (2 pers.) au rez-de-chaussée avec salle d'eau et wc privés, entrée indépendante. Salle de séjour à la disposition des hôtes. Valognes à 4 km. Ouvert du 1er avril au 31 octobre ou sur réservation. Gare et commerces 4 km.

Prix : 1 pers. **200 F** 2 pers. **250 F**

12	16	12	4	15	4	SP

ALLIX DESFAUTEAUX – Manoir de Belaunay – 50700 Tamerville – Tél. : 33.40.10.62

Tanis La Chapelle   *C.M. n° 59 — Pli n° 7*

☒ NN   Dans une ancienne ferme, 1 chambre (2 pers.) au rez-de-chaussée avec salle de bains et wc privés, 1 chambre à l'étage avec salle d'eau, wc situés au rez-de-chaussée. Pontorson à 5 km. Restaurant à 300 m. Le Mont Saint-Michel à 7 km. Ouvert de Pâques à la Toussaint. Gare et commerces 5 km.

Prix : 1 pers. **140 F** 2 pers. **160/170 F** 3 pers. **210 F**

🏊	SP
5	SP

BOUTROUELLE Denise – La Chapelle - Bree – 50170 Tanis – Tél. : 33.60.09.84

Tanis   *C.M. n° 59 — Pli n° 7*

☒ NN   Dans une maison récente, 3 chambres (6 pers.), à l'étage avec salle d'eau et wc à l'usage exclusif des hôtes. Chauffage électrique. Restaurant 200 m. Mont Saint-Michel 7 km. Gare 24 km. Ouvert toute l'année.

Prix : 1 pers. **145 F** 2 pers. **165 F**

🏊	🚴	⛷	🚶	
5	24	5	SP	

DESGRANGES Guy – Bree – 50170 Tanis – Tél. : 33.48.18.26

Tanis   *C.M. n° 59 — Pli n° 7*

☒ NN   2 chambres d'hôtes (6 pers.) situées à l'étage, avec salle d'eau à l'usage exclusif des hôtes. Chauffage électrique. Restaurant à 200 m. Mont Saint-Michel à 7 km. Gare 24 km. Ouvert toute l'année.

Prix : 1 pers. **120 F** 2 pers. **155 F** 3 pers. **200 F** pers. sup. **30 F**

🏊	🚴	🎣	⛷	🚶
5	24	7	5	SP

GAVARD Louise – La Sansonniere Bree – 50170 Tanis – Tél. : 33.60.03.66

Le Teilleul La Gortiere   *C.M. n° 59 — Pli n° 9*

☒☒ NN (TH) A 20 km de Domfront, 2 chambres à l'étage, dont 1 avec annexe (2 x 2 pers.). Salle d'eau ou salle de bains privée. WC communs aux 2 chambres. Goûters et collations à la ferme du 1er juillet au 30 septembre. Escalade, VTT à 10 km. Bagnoles de l'Orne à 35 km. Mont Saint-Michel à 45 km. Commerces 1 km. Ouvert toute l'année.

Prix : 1 pers. **145 F** 2 pers. **175/195 F** 3 pers. **225/275 F** pers. sup. **50 F** repas **60 F**

🚴	⛷	🚶
11	3	SP

ROUSSEAU Marie-Ange – La Gortiere - Route de Paris-Brest – 50640 Le Teilleul – Tél. : 33.59.43.29

Tessy-sur-Vire La Poterie   *C.M. n° 54 — Pli n° 13*

☒☒☒ NN   3 chambres d'hôtes (6 pers.) situées à l'étage avec salle d'eau particulière pour chaque chambre. Séjour avec un coin cuisine réservé aux hôtes. Chauffage électrique. Ouvert toute l'année. Accès : D13 à 4 km de Tessy sur Vire, direction Bréhal. Gare 17 km.

Prix : 1 pers. **170 F** 2 pers. **200 F** 3 pers. **230 F**

🏊	🚴	⛷	🎣	🚶
35	17	17	3	3	SP

DESVAGES Roger – La Poterie – 50420 Tessy-sur-Vire – Tél. : 33.56.31.76

Tourlaville Manoir-Saint-Jean   *C.M. n° 54 — Pli n° 2*

☒☒☒ NN   Dans une maison de caractère, 3 chambres d'hôtes 7 pers. avec salle d'eau ou salles de bains et wc privés. Ouvert toute l'année. Accès par le château de Tourlaville (château des Ravalets D322). Gare 6 km. Gare maritime 5 km. Vue sur la vallée de Trottebecq. Centre de loisirs de Collignon 4 km.

Prix : 1 pers. **160 F** 2 pers. **210 F** 3 pers. **270 F**

🏊	⛵	🚴	⛷	🚶
4	6	4	6	4	SP

GUERARD Honore – Manoir-Saint-Jean - Pres du Chateau – 50110 Tourlaville – Tél. : 33.22.00.86

Tourville-sur-Sienne Le Haut-Manoir   *C.M. n° 54 — Pli n° 12*

☒ NN   Dans une maison de caractère à l'étage, 1 chambre 2 pers. avec douche et 1 chambre 3 pers. avec salle de bains et wc privés. Entrée indépendante. Chauffage central. Restaurant 4 km. Randonneurs équestres acceptés. Gare 6 km.

Prix : 1 pers. **160 F** 2 pers. **190 F** 3 pers. **240 F**

🏊	⛵	🚴	⛷	🚶
3	3	3	6	3	SP

CARBONNEL Vincent – Le Haut Manoir – 50200 Tourville-sur-Sienne – Tél. : 33.45.00.32

Tourville-sur-Sienne   *C.M. n° 54 — Pli n° 12*

☒☒☒ NN   3 chambres d'hôtes (6 pers). 2 chambres au rez-de-chaussée dont 1 avec véranda et coin-cuisine. Entrées indépendantes. Salles de bains et wc privés. 1 chambre à l'étage avec salle d'eau et wc privés. Chauffage électrique. Restaurant 4 km. Animaux admis sous conditions. Gare 6 km. Ouvert toute l'année.

Prix : 1 pers. **175 F** 2 pers. **230 F** 3 pers. **290 F**

🏊	⛵	🚴	⛷	🎣	🚶
3	3	3	6	3	3	SP

SANSON-ROULET Marie-Madeleine – La rue au Bon – 50200 Tourville-sur-Sienne – Tél. : 33.47.18.08

La Trinite La Chapeliere   *C.M. n° 59 — Pli n° 8*

☒☒ NN   Dans une petite dépendance, 2 chambres 2 pers. au rez-de-chaussée avec salles d'eau et wc privés. Dans l'habitation principale, à l'étage, 1 chambre avec annexe (2 lits 2 pers.), salle d'eau privée. Cité du cuivre 5 km. Zoo 7 km. Villedieu les Poëles 5 km. Commerces 5 km. Ouvert toute l'année.

Prix : 1 pers. **150 F** 2 pers. **170 F** 3 pers. **210/250 F** pers. sup. **40/50 F**

🏊	⛷	🚶
25	7	5	SP

DULIN Roger et Yvette – Le Col Vert - La Chapeliere – 50800 La Trinite – Tél. : 33.51.25.29

La Trinite La Chapeliere

C.M. n° 59 — Pli n° 8

✻✻ NN Dans une maison restaurée, 2 chambres 2 pers. à l'étage, avec salles d'eau et wc privés. Salle de séjour avec coin-cuisine à l'usage exclusif des hôtes. Entrée indépendante. Cité du cuivre à 5 km. Zoo à 7 km. Gare et commerces à 5 km. Villedieu-les-Poêles 5 km. Ouvert toute l'année.

Prix : 1 pers. **150 F** 2 pers. **170 F** pers. sup. **40 F**

🏊	🚣	⛷	🚶
25	7	5	SP

LELONG Marie-Christine – La Chapeliere – 50800 La Trinite – Tél. : 33.51.82.38

Urville-Nacqueville Eudal-de-Bas

C.M. n° 54 — Pli n° 1

✻✻ NN A 12 km de Cherbourg. Dans une maison récente, 2 chambres 6 pers. à l'étage avec salles d'eau et wc privés. Salon à l'étage à la disposition des hôtes. Chauffage électrique. Vol à voile à 8 km. Gare 12 km. Commerces 2 km. Ouvert toute l'année.

Prix : 1 pers. **155/165 F** 2 pers. **190/220 F** 3 pers. **240/270 F** pers. sup. **50/75 F**

🏊	⛵	🏇	🛶	🎿	⛷
2	2	2	12	17	2

THOMAS Eliane – Eudal de Bas – 50460 Urville-Nacqueville – Tél. : 33.03.58.16

Urville-Nacqueville La Blanche-Maison

C.M. n° 54 — Pli n° 1

E.C. NN Dans une ancienne ferme, 1 chambre 2 pers. avec kitchenette, dans une petite dépendance. Salle d'eau et wc privés. Vue sur la mer. Planche à voile et speed-sail à 500 m. Cherbourg 10 km. Gare 12 km. Commerces 500 m. Ouvert toute l'année.

Prix : 1 pers. **155 F** 2 pers. **185 F**

🏊	⛵	🏇	🛶	⛷	🚶
0,5	10	0,5	10	0,2	SP

POTEL Mickael et Isabelle – La Blanche Maison - 874 rue Saint-Laurent – 50460 Urville-Nacqueville – Tél. : 33.03.48.79

Le Val-Saint-Pere La Croix-Verte

C.M. n° 59 — Pli n° 8

✻✻ NN A 1 km d'Avranches, à la ferme, 1 chambre d'hôtes avec annexe (2x2 pers.) aménagée au rez-de-chaussée, salle d'eau et wc privés. A l'étage, 2 chambres d'hôtes (4 pers.) avec salle d'eau et wc à l'usage exclusif des hôtes. 2 ch. (côté jardin) avec salle d'eau et wc privés. Séjour avec coin cuisine à l'usage exclusif des hôtes. Entrées indépendantes. Loc. VTT 2 km. Gare 4 km. Commerces 1 km. Ouvert toute l'année. Le Mont Saint-Michel 20 km.

Prix : 1 pers. **160 F** 2 pers. **170/190 F** 3 pers. **250 F** pers. sup. **50 F**

🏊	🏇	🛶	🚶
18	1	1	1

JUGUET Simone – La Croix Verte – 50300 Le Val-Saint-Pere – Tél. : 33.58.33.06

Le Val-Saint-Pere

C.M. n° 59 — Pli n° 8

✻✻ NN 5 chambres d'hôtes (13 pers.) situées à l'étage. 3 chambres avec salle d'eau et wc privés. 1 chambre avec salle d'eau à l'usage exclusif des hôtes. A l'étage 1 chambre avec salle de bains commune avec les propriétaires. Chauffage central. Restaurant 2 km. Ouvert toute l'année. Accès : RN 175, sortie la Croix Verte. Gare 4 km. Mont Saint-Michel 20 km. Location VTT : 1 km. Randonneurs pédestres et équestres acceptés.

Prix : 1 pers. **145 F** 2 pers. **180/190 F** 3 pers. **250 F** pers. sup. **50 F**

🏊	🏇	🛶	🎣	⛷	🚶
15	4	4	2	4	SP

BOURGUENOLLE Roger – La Basse Guette – 50300 Le Val-Saint-Pere – Tél. : 33.58.24.35

Le Val-Saint-Pere

C.M. n° 59 — Pli n° 8

✻✻✻ NN 5 chambres d'hôtes (12 pers.). Salles d'eau et wc indépendants pour 4 chambres et 1 chambre avec salle de bains à l'usage exclusif des hôtes. Entrée indépendant pour 3 chambres (1 au rez-de-chaussée et 2 à l'étage). Chauffage électrique. Cuisine à l'usage exclusif des hôtes. Ouvert toute l'année. Restaurant 3 km. Location vélos sur place. Randonneurs équestres et pédestres acceptés. Accès : RN 175 sortie La Croix Verte. Gare 4 km. Mont Saint-Michel 20 km.

Prix : 1 pers. **160 F** 2 pers. **210 F** 3 pers. **260 F** pers. sup. **60 F**

🏊	🏇	🛶	🎣	⛷	🚶
15	4	4	2	4	SP

DESGRANGES Rene – La Maraicherie – 50300 Le Val-Saint-Pere – Tél. : 33.58.10.87

Le Vast La Dannevillerie

C.M. n° 54 — Pli n° 2

✻✻✻ NN A 7 km de Saint-Vaast la Hougue. Dans une ancienne ferme, 2 chambres (6 pers.) aménagées à l'étage avec salles d'eau et wc privés. Entrées indépendantes. Salle de séjour avec coin cuisine, à l'usage exclusif des hôtes. Chauffage électrique. Ouvert toute l'année. Ping-pong sur place. Accès : D26 direction Quettehou. Gare 17 km. Commerces 2 km.

Prix : 1 pers. **160 F** 2 pers. **190 F** 3 pers. **240 F** pers. sup. **40 F**

🏊	⛵	🏇	🛶	🎿	🚶
7	7	7	17	15	SP

PASSENAUD Benoit – La Dannevillerie – 50630 Le Vast – Tél. : 33.44.50.45

Vasteville La Grande Maison

✻✻✻ NN Dans une maison du début du siècle entourée d'un parc, 2 chambres au 2ᵉ étage avec salles d'eau et wc privés. Salon à la disposition des hôtes. Dunes 1,5 km. Vol à voile de Vauville 5 km. Cherbourg 15 km. Gare 15 km. Commerces 1 km. Ouvert toute l'année. Anglais et allemand parlés. Accès : D123 direction les Dunes.

Prix : 1 pers. **190 F** 2 pers. **220 F** 3 pers. **270 F**

🏊	🏇	🛶
3	10	10	SP

TOHIER Mireille – La Grande Maison - Toutfresville – 50440 Vasteville – Tél. : 33.04.52.23

Vasteville Le Manoir *C.M. n° 54 — Pli n° 1*

❄❄ Dans un manoir du XVIᵉ siècle, 2 chambres 4 pers. aménagées à l'étage. Entrée indépendant. Salle de bains à l'usage exclusif des hôtes. Site calme et reposant. Restaurant 7 km. Dunes 1 km. Sentiers pédestres. Gare 12 km. Ouvert toute l'année.

Prix : 1 pers. **145 F** 2 pers. **195 F**

🏊	⛵	🚣	⛷	🚶
6	12	12	4	SP

DAMOURETTE Hubert – Le Manoir – 50440 Vasteville – Tél. : 33.52.76.08

Vasteville *C.M. n° 54 — Pli n° 1*

❄ Dans un petit bourg, 3 chambres (8 pers.). Les chambres sont à l'étage avec salle de bains à l'usage commun du propriétaire et des hôtes. Entrée indépendante. Sentiers pédestres. Gare 12 km. Ouvert toute l'année.

Prix : 1 pers. **120 F** 2 pers. **170/200 F** 3 pers. **220 F**
pers. sup. **40 F**

🏊	⛵	🚣	⛷	🚶
6	12	12	4	SP

LEBAS Henri – 1 rue Jean-Francois Millet – 50440 Vasteville – Tél. : 33.52.73.91 – Fax : 33.52.73.91

Vaudrimesnil La Rochelle *C.M. n° 54 — Pli n° 2*

❄❄❄ NN Dans une ferme de caractère, à 13 km de Coutances. 1 chambre 3 pers., aménagée au rez-de-chaussée et 1 chambre 3 pers. à l'étage. Salles d'eau et wc privés. Chauffage central. Entrées indépendantes. Véranda à la disposition des hôtes. Accès par la D971 direction Perier. Gare 13 km. Commerces 3 km. Ouvert toute l'année.

Prix : 1 pers. **155 F** 2 pers. **190 F** 3 pers. **230 F**
pers. sup. **40 F**

🏊	⛵				
15	22	13	13	9	3

BERTHOU Alain et Olga – La Rochelle – 50490 Vaudrimesnil – Tél. : 33.46.74.95

Vengeons Le Val *C.M. n° 59 — Pli n° 9*

❄❄ 2 chambres d'hôtes (4 pers.), aménagées à l'étage. Salle d'eau à l'usage exclusif des hôtes. 1 chambre familiale avec salle d'eau et wc privés. Entrées indépendantes. Salle de séjour avec coin-cuisine à l'usage exclusif des hôtes. Chauffage central. Produits fermiers sur place. Lac 3 km. Randonneurs équestres acceptés. Sentiers pédestres. Restaurant 3 km. Gare 7 km. Ouvert toute l'année.

Prix : 1 pers. **130 F** 2 pers. **165 F** 3 pers. **225 F**
pers. sup. **65 F**

🚣	🎣	🚶	🚶
7	3	7	SP

DESDOITS Raymond – Route de Virc - Le Val – 50150 Vengeons – Tél. : 33.59.64.16

Vergoncey Ferme-de-l'Etang *C.M. n° 59 — Pli n° 8*

❄❄❄ NN
(TH) 4 chambres d'hôtes (12 pers.) aménagées à l'étage avec salle de bains ou salle d'eau, et wc particuliers. Chauffage électrique. Séjour avec cheminée. Jeux pour enfants. Ping-pong, billard. Bois, étangs sur place. A 18 km du Mont Saint-Michel. Ouvert toute l'année. Accès par la D40 direction la Croix Avranchin. A gauche D308. Gare 16 km.

Prix : 1 pers. **175 F** 2 pers. **195/215 F** 3 pers. **255 F**
pers. sup. **40 F** repas **75 F**

🎿	🚣	🎿	🚶
5	16	5	SP

GAVARD Jean-Paul et Brigitte – « Ferme de l'Etang » - Bouceel – 50240 Vergoncey – Tél. : 33.48.34.68 – Fax : 33.48.48.53

Vessey La Senellee *C.M. n° 59 — Pli n° 8*

❄❄❄ NN
(TH) A 14 km du Mont Saint-Michel. 5 chambres (10 pers.) avec salles d'eau et wc privés. 4 chambres à l'étage et 1 au rez-de-chaussée. Entrée indépendante. Salle de séjour/coin-cuisine à l'usage exclusif des hôtes. Chauffage électrique. Ouvert toute l'année. Gare 8 km. Commerces 800 m.

Prix : 1 pers. **160 F** 2 pers. **200 F** 3 pers. **260 F** repas **80 F**

🎿	🚣	🎿
8	23	5

CHARTOIS Therese – La Senellee – 50170 Vessey – Tél. : 33.60.11.51

Vessey La Butte *C.M. n° 59 — Pli n° 8*

❄❄
(TH) 2 chambres d'hôtes (6 pers.) à l'étage avec salles d'eau et wc privés. Chauffage électrique. A 12 km du Mont Saint-Michel. Gare 8 km. Ouvert toute l'année. Table d'hôtes sur réservation.

Prix : 1 pers. **120 F** 2 pers. **175 F** 3 pers. **210 F**
pers. sup. **50 F** repas **75 F**

🎿	🚣	⛳	🎿	🚶
10	25	SP	1	SP

TRINCOT Francois – La Butte – 50170 Vessey – Tél. : 33.60.20.32

Les Veys

❄❄❄ NN
(TH) Myriam et Denis, éleveurs de trotteurs, vous accueillent dans leur demeure de caractère. 4 chambres à l'étage avec salles d'eau et wc privés. Un salon est à l'usage exclusif des hôtes. Entrée indépendante. Table d'hôtes sur réservation. Isigny-sur-Mer 5 km. Gare 8 km. Commerces 5 km. Ouvert toute l'année. Accès : à l'église, direction Brévands.

Prix : 1 pers. **170 F** 2 pers. **200 F** 3 pers. **270 F** repas **70 F**

🏊	⛵	🎿	🚣	🎿	🚶
15	8	12	8	5	SP

AVENEL Denis et Myriam – Elevage du Vieux Chateau – 50500 Les Veys – Tél. : 33.71.00.38 – Fax : 33.71.63.38

Vezins La Galuce   *C.M. n° 59 — Pli n° 8*

♥♥   3 chambres d'hôtes (7 pers.). 2 situées à l'étage. Salle de bains à l'usage exclusif des hôtes. 1 chambre au rez-de-chaussée avec salle de bains particulière. Chauffage électrique. Restaurant 6 km. Bois, lac 1 km. A 25 km du Mont Saint-Michel. Ouvert toute l'année. Gare 20 km.

Prix : 1 pers. **107 F** 2 pers. **134/169 F** 3 pers. **201 F**

5	10	20	1	5	SP

LELANDAIS Marie-Therese – La Galuce – 50540 Vezins – Tél. : 33.48.02.76

Videcosville Manoir-Saint-Laurent   *C.M. n° 54 — Pli n° 2*

♥♥♥ NN   A 5 km de Quettehou, dans une maison de caractère, 3 chambres d'hôtes (6 pers.) sont aménagées à l'étage, avec salles d'eau et wc privés. Gare 10 km. Commerces 5 km. Ouvert toute l'année.

Prix : 1 pers. **170 F** 2 pers. **215 F** pers. sup. **45 F**

6	10	10	10	5	SP

LEVAILLANT Annick – Manoir Saint-Laurent – 50630 Videcosville – Tél. : 33.54.17.58

Villebaudon La Vaucelle 

E.C. NN   1 chambre à l'étage avec annexe (2 x 2 pers.). Salle d'eau et wc privés. Saint-Lô 18 km. Gare 15 km. Commerces 1 km. Ouvert toute l'année. Accès : D13 direction Bréhal.

Prix : 1 pers. **170 F** 2 pers. **190 F** 3 pers. **270 F**

30	7	18	7	SP	

JAMARD Christian et Liliane – La Vaucelle – 50410 Villebaudon – Tél. : 33.61.18.61

Villedieu-les-Poeles   *C.M. n° 59 — Pli n° 8*

♥♥♥ NN   Dans une maison récente, 2 chambres 2 pers. à l'étage, avec salles d'eau et wc privés. Cité du cuivre à 1 km. Centre ville et commerces à 1 km. Gare 2 km. Ouvert toute l'année.

Prix : 1 pers. **150 F** 2 pers. **180 F**

30	30	10	30	1	

POULAIN Eugene et Therese – 44 Route de Caen – 50800 Villedieu-Les Poeles – Tél. : 33.61.06.26

Villedieu-les-Poeles Les Hauts-Bois   *C.M. n° 59 — Pli n° 8*

♥♥♥ NN   3 chambres d'hôtes (8 pers.) aménagées dans une jolie maison. Chambres situées à l'étage. Une salle d'eau par chambre, 3 wc. Chauffage central. Restaurant 1 km. Forêt 10 km. Ouvert de Pâques à la Toussaint. Accès : D924. Gare 2 km.

Prix : 1 pers. **155/160 F** 2 pers. **160/190 F** 3 pers. **220 F**

30	30	30	2	SP

COTTAIS Jean et Nicole – 1 Fontaine Minerale - Route de Granville – 50800 Villedieu-Les Poeles – Tél. : 33.61.06.00

Villedieu-les-Poeles Bellevue   *C.M. n° 59 — Pli n° 8*

♥♥   3 chambres d'hôtes (8 pers.) situées à l'étage d'une maison récente. Salle d'eau à l'usage exclusif des hôtes. Chauffage central. Restaurant 2 km. Ouvert toute l'année. Accès : N175 direction Avranches, puis D33 direction St-Pois-Mortain. Gare 2 km.

Prix : 1 pers. **110/120 F** 2 pers. **150/160 F** 3 pers. **190/200 F**

30	30	30	2	SP

MARY Daniel – Bellevue - Saultchevreuil – 50800 Villedieu-Les Poeles – Tél. : 33.51.20.12

Villiers-Fossard Le Repas   *C.M. n° 54 — Pli n° 13*

♥♥♥ NN   A 6 km de Saint-Lô, à la campagne, dans une maison restaurée, 1 chambre d'hôtes avec annexe (2 x 2 pers.) est aménagée à l'étage. Salle d'eau et wc privés. Accès par la D 6, direction Isigny sur Mer. Gare 6 km. Commerces 1 km. Ouvert du 15 janvier au 15 décembre.

Prix : 2 pers. **175 F** 3 pers. **240 F** pers. sup. **60 F**

6	6	1	SP

LEMOINE Louis et Julienne – Le Repas – 50680 Villiers-Fossard – Tél. : 33.57.41.81

Villiers-Fossard Le Suppey   *C.M. n° 54 — Pli n° 13*

♥ NN   2 chambres d'hôtes (5 pers.). Elles sont situées à l'étage avec salle de bains à l'usage commun du propriétaire et des hôtes. Chauffage central. Randonneurs équestres acceptés. Ouvert toute l'année. Gare 6 km.

Prix : 1 pers. **129 F** 2 pers. **175 F** 3 pers. **216 F**

35	6	6	6	SP

BUISSON Jacques – Le Suppey – 50680 Villiers-Fossard – Tél. : 33.57.30.23

Virey La Jaunais   *C.M. n° 59 — Pli n° 8/9*

♥♥♥ NN   Dans une maison récente, 1 chambre 2 pers. à l'étage, avec salles d'eau et wc privés. Centre de loisirs la Mazure à 3 km. Le Mont Saint Michel à 35 km. Saint-Hilaire du Harcouët 4 km. Commerces 4 km. Ouvert toute l'année.

Prix : 1 pers. **200 F** 2 pers. **250 F** 3 pers. **300 F**

3	3	3	SP

ERMENEUX Brigitte – La Jaunais – 50600 Virey – Tél. : 33.49.14.75

Le Vretot Manoir-du-Val-Jouet   *C.M. n° 54 — Pli n° 1*

❀❀❀ NN   1 chambre avec annexe (4 pers.), dans une maison de caractère du XVIIe siècle, située à l'étage, avec salle de bains et wc particuliers. Salle de séjour avec coin-salon. Chauffage central. Ouvert toute l'année. Restaurant 3 km. Gare 20 km.

Prix : 1 pers. **160 F** 2 pers. **210 F**

6	6	1	15	6	SP

DAVENET Jean-Louis – Manoir du Val Jouet – 50260 Le Vretot – Tél. : 33.52.24.42

Yvetot-Bocage Fenard   *C.M. n° 54 — Pli n° 2*

❀❀❀ NN   Dans une maison de caractère, à l'étage, 1 chambre avec annexe (1 lit 2 pers. 2 lits 1 pers.), salle d'eau et wc privés. Valognes à 5 km. Ouvert pendant les vacances scolaires. Gare et commerces 5 km.

Prix : 2 pers. **200 F** 3 pers. **260 F** pers. sup. **80 F**

20	20	15	5	20	5	SP

BUHOT Marie-Catherine – Fenard – 50700 Yvetot-Bocage – Tél. : 33.40.15.17

Yvetot-Bocage La Cointerie    *C.M. n° 54 — Pli n° 2*

❀❀ NN   2 chambres d'hôtes (6 pers.) à l'étage avec salle d'eau et wc privés pour chaque chambre. Chauffage électrique. Restaurant 2 km. Randonneurs équestres acceptés. Ouvert toute l'année. Accès : D902 à 2 km de Valognes, direction Bricquebec. Gare 3 km.

Prix : 1 pers. **130 F** 2 pers. **160 F** 3 pers. **200 F**
pers. sup. **40 F**

18	18	15	3	3	SP

AUBRIL Michel et Genevieve – La Cointerie – 50700 Yvetot-Bocage – Tél. : 33.40.13.29

Yvetot-Bocage Le Bas-Marais   *C.M. n° 54 — Pli n° 2*

❀❀ NN   3 chambres d'hôtes (9 pers.) dans une maison de caractère. 2 chambres à l'étage avec 1 salle d'eau et 1 salle de bains à l'usage exclusif des hôtes. 1 chambre avec annexe (entrée indépendante), salle d'eau privée et coin-cuisine à la disposition des hôtes. Chauffage central. Restaurant 2 km. Randonneurs équestres acceptés. Ouvert toute l'année. Accès : D902 à 2 km direction de Valognes, direction Bricquebec. Gare 3 km.

Prix : 1 pers. **150 F** 2 pers. **180 F** 3 pers. **230 F**
pers. sup. **70 F**

18	18	3	3	3	SP

AUBRIL Raymond et Christiane – Le Bas Marais – 50700 Yvetot-Bocage – Tél. : 33.40.05.32

Yvetot-Bocage Hameau Fenard   *C.M. n° 54 — Pli n° 2*

❀❀❀ NN
(TH)   A la campagne, 3 chambres (9 pers.) aménagées à l'étage. Une salle de bains et un wc particuliers à chaque chambre. Chauffage électrique. Restaurant 2 km. Crêperie à proximité. Accès : D902 à 5 km de Valognes, direction Bricquebec, à gauche. Gare 4 km.

Prix : 1 pers. **150 F** 2 pers. **185 F** 3 pers. **240 F** repas **50 F**

18	18	3	3	3	SP

BAUDRY Alfred et Elisabeth – Hameau Fenard - Route de Bricquebec – 50700 Yvetot-Bocage –
Tél. : 33.40.19.81

Yvetot-Bocage La Chesnee   *C.M. n° 54 — Pli n° 2*

❀❀ NN   2 chambres d'hôtes (5 pers.), situées à l'étage dont 1 avec douche privée. Salle de bains à l'usage exclusif des hôtes. Chauffage électrique. Restaurant 5 km. Randonneurs équestres acceptés. Ouvert toute l'année. Accès : D902, direction Bricquebec. Carrefour des Vergers, à droite D346. Gare 3 km.

Prix : 1 pers. **130 F** 2 pers. **165 F** 3 pers. **218 F**

18	18	3	3	3	SP

COUPPEY Georges – La Chesnee – 50700 Yvetot-Bocage – Tél. : 33.40.17.71

Yvetot-Bocage Le Haut-Billy   *C.M. n° 54 — Pli n° 2*

❀❀ NN   2 chambres (5 pers.) à l'étage avec salles d'eau particulières. Chauffage central. Cuisine. Restaurant 5 km. Ouvert toute l'année. Accès : bourg de Yvetot-Bocage, direction Morville. Gare 3 km.

Prix : 1 pers. **135 F** 2 pers. **155 F** 3 pers. **195 F**

18	18	3	3	3	SP

DUBOST Leon – Le Haut Billy - Route de Morville – 50700 Yvetot-Bocage – Tél. : 33.40.06.74

Yvetot-Bocage La Girotterie   *C.M. n° 54 — Pli n° 2*

❀❀ NN   Dans une maison récente, 2 chambres à l'étage avec salles d'eau et wc privés. Possibilité d'une chambre complémentaire pour enfants. Coin-cuisine. Chauffage central. Restaurant 3 km. Randonneurs équestres acceptés. Ouvert toute l'année. Accès : D902 à 4 km de Valognes, direction Bricquebec, à droite. Gare 3 km.

Prix : 1 pers. **124 F** 2 pers. **155 F** 3 pers. **206 F**

18	18	3	3	3	SP

TARDIF Josiane – La Girotterie – 50700 Yvetot-Bocage – Tél. : 33.40.16.51

L'Aigle « Le Buat »

✿✿✿ NN

A proximité de L'Aigle (1,5 km), au 1er étage : 1 chambre avec TV (1 lit 2 pers. 1 lit 1 pers. 1 lit bébé), salle d'eau et wc privatifs. Chauffage électrique. Entrée indépendante. Gare et commerces 2 km. Ouvert toute l'année. Anglais parlé. En Pays d'Ouche, non loin de Center-Park (20 km), Michel et Annie Soret vous proposent une halte reposante dans cette spacieuse et confortable chambre, qu'ils ont aménagée pour vous.

Prix : 1 pers. **170 F** 2 pers. **200 F** 3 pers. **250 F**

🚶	⛵	🎿	♒	🌲	🐎	♨	🎣	♒
SP	6	1,5	1,5	4	6	12	20	83

SORET Michel – 52, le Buat – 61300 St-Ouen-sur-Iton – Tél. : 33.24.25.91 ou SR : 33.28.07.00.

Alencon-Valframbert Haras de Bois Beulant

✿✿✿ NN

Aux portes d'Alençon (3 km). Manoir normand dans un parc de 6 hectares. Au 1er ét., une suite : 2 ch. (2 lits 2 pers.) dont 1 avec dressing, 1 ch. (2 lits 1 pers.), s. d'eau, wc privés. 2e ét. : 1 suite de 2 ch. (2 lits 2 pers.), s. d'eau, wc privés. Séjour. Ch. central et électrique. Boxes chevaux. Gare et commerces 3 km. Anglais et italien parlés. Ouvert toute l'année. Massimo et Claudia Siri ont entrepris la restauration du haras de Bois Beulant et vous proposent de venir goûter aux charmes de leur demeure et découvrir autant la proche forêt d'Ecouves que la ville et les musées de la « Cité des Ducs ».

Prix : 1 pers. **160/230 F** 2 pers. **220/260 F** 3 pers. **320/360 F**

🚶	⛵	🎿	♒	🌲	🐎	♨	🎣	♒
SP	7	2	3	3	0,3	25	42	5	110

SIRI – Haras de Bois Beulant – 61250 Valframbert – Tél. : 33.28.62.33

Argentan « Le Val de Baize »

✿✿ NN
(TH)

Région des haras (Argentan 2 km). Dans une ancienne demeure restaurée datant de 1774, 4 ch. (accès indép.). R.d.c. : wc, 1 ch. (1 lit 2 pers.), s. d'eau et kitchenette privées. Etage : 1 ch. (1 lit 2 pers.), s. d'eau et kitchenette privées, 2 ch. 1 épi NN (1 lit 2 pers. 2 lits 1 pers.), s. d'eau et wc communs. Ch. central. Salle de séjour. Grand parc et verger. Gare et commerces 2 km. Ouvert toute l'année. Venez découvrir le pays des haras et la ville d'Argentan. M. et Mme Huet des Aunay vous accueillent à Mauvaisville dans leur belle maison du « Val de Baize ». Volley-ball et ping-pong sur place.

Prix : 1 pers. **150 F** 2 pers. **200 F** 3 pers. **230 F** repas **75 F**

🚶	⛵	🎿	♒	🌲	🐎	♨	♒
2	SP	2	2	8	5	20	75

HUET DES AUNAY Michel – « Le Val de Baize » - 18 rue de Mauvaisville – 61200 Argentan – Tél. : 33.67.27.11

Argentan « La Gravelle »

✿✿ NN

Région des haras (Argentan 2,5 km). R.d.c. : 1 ch. (1 lit 2 pers.), s. d'eau, wc, kitchenette, cheminée et TV réservés à la chambre. 1er étage : 1 ch. (1 lit 2 pers.), s.d.b. et wc privés. 2e étage : 1 ch. (2 lits 1 pers.), s.d.b. et wc privés. Salle de séjour avec coin-cuisine réservée aux 2 ch. Poss. 1 ch. suppl. (1 lit 2 pers., 1 lit 1 pers.). Ch. central. Gare et commerces 2,5 km. Ouvert toute l'année. Aux portes d'Argentan, M. Mme Sineux ont aménagé de confortables chambres et vous invitent à découvrir leur grande maison de pays avec son porche, son jardin et les multiples facettes de cette terre vouée à la grande culture et aux haras.

Prix : 1 pers. **140 F** 2 pers. **200 F** 3 pers. **220 F**

🚶	⛵	🎿	♒	🌲	🐎	♨	♒
SP	SP	2	2	4	2	20	75

SINEUX Claude – « La Gravelle » – 61200 Sarceaux – Tél. : 33.67.04.47

Argentan-Occagnes « Le Mesnil »

✿✿✿ NN

Région des Haras (Argentan 5 km). 2 chambres indépendantes. R.d.c. : 1 ch. (1 lit 2 pers.), salle d'eau, wc, mini-kitchenette privés. 1er étage : 1 ch. (1 lit 2 pers.), salle d'eau et wc privés, mini-kitchenette. Poss. 1 lit enfant. Ch. électrique. Terrain et parking à la disposition des hôtes. Gare et commerces 5 km. Ouvert toute l'année. M. et Mme Laignel vous accueillent à la ferme dans de confortables chambres. Aux portes d'Argentan, depuis Occagnes, découvrez aux alentours le Perche, le Pays d'Auge et d'Ouche et le Bocage.

Prix : 1 pers. **140 F** 2 pers. **200 F**

🚶	⛵	🎿	♒	🌲	🐎	♨	♒
6	3	3	5	7	7	20	65

LAIGNEL Remy – Le Mesnil – 61200 Occagnes – Tél. : 33.67.11.12 ou SR : 33.28.07.00.

Argentan-Urou-et-Crennes Bourg de Crennes

✿✿✿ NN

Région des Haras (Argentan 4 km). 1er étage : 1 ch. (1 lit 2 pers.), salle de bains et wc privatifs contigus à la chambre. Chauffage central. Gare et commerces 4 km. Anglais parlé. Ouvert toute l'année. Au cœur du Pays des Haras et à proximité d'Argentan, Monsieur et Madame Lebouteiller vous accueillent dans leur joli château.

Prix : 1 pers. **200 F** 2 pers. **260 F**

🚶	⛵	🎿	♒	🌲	🐎	♨	♒
3	4	2	4	2	4	75

LEBOUTEILLER Michel – Chateau de Crennes – 61200 Urou-et-Crennes – Tél. : 33.36.22.11

Aubry-en-Exmes « Ste Eugenie »

✿✿ NN
(TH)

Région des Haras (Argentan 10 km). 3 ch. d'hôtes avec entrée indép. 1er étage : 2 ch. (1 lit 2 pers., douche privée, wc communs, 1 ch. (1 lit 2 pers. 1 lit 1 pers.), s. d'eau et wc privés. (1 lit 2 pers. 2 lits 1 pers.), s. d'eau et wc privés. Ch. central et élect. Séjour réservé aux hôtes, petite cuisine (15 F/jour). Location vélos et boxes sur place. Gare et commerces 10 km. Anglais parlé. Ouvert toute l'année. Dans un petit hameau, en lisière de forêt, grande maison bourgeoise située à l'extrémité d'un corps de ferme avec parc et petit ruisseau sur l'arrière. M. et Mme Maurice vous accueillent à la ferme en toute convivialité.

Prix : 1 pers. **135 F** 2 pers. **195 F** 3 pers. **250 F** repas **80 F**

🚶	⛵	🎿	♒	🌲	🐎	♒
0,3	4	4	10	0,3	0,3	85

MAURICE Pierre – Ste Eugenie – 61160 Aubry-en-Exmes – Tél. : 33.36.82.36

Autheuil « La Haute Duquerie »
C.M. n° 231 — Pli n° 45

Dans les dépendances de la maison du propriétaire. R.d.c. : 1 ch. (1 lit 2 pers. 1 lit 1 pers. 1 lit enfant), salle d'eau et wc privés. 1er étage : 1 ch. (1 lit 2 pers. 2 lits 1 pers.), 1 ch. (1 lit 1 pers.), salle d'eau et wc privés pour chaque ch. Chauffage élect. Salon avec cheminée et coin-cuisine réservés aux hôtes. Gare 26 km, commerces 5 km. Ouvert toute l'année. Anglais parlé. Dans un charmant village du Perche, une maison de pays accueillante. Nombreuses visites aux alentours pour les amateurs de nature et de randonnées. Sorties champignons. Anglais parlé couramment.

Prix : 1 pers. **160 F** 2 pers. **180 F** 3 pers. **220 F** repas **110 F**

SP	1	5	13	1	1	10	26	130	

LEGUEZENNEC Annie – La Haute Duquerie – 61190 Autheuil – Tél. : 33.25.67.79

Avoines Le Bourg
C.M. n° 231 — Pli n° 43

Plaine d'Argentan (Argentan 10 km). Dans la maison du propriétaire au 2e étage : 2 ch. (1 lit 2 pers. 1 lit 1 pers.), salle d'eau privée pour chaque ch., wc communs. Dans une dépendance : 1er étage : 1 ch. (1 lit 2 pers. 1 lit bébé), salle d'eau et wc privés, coin-repas et kitchenette réservés à la chambre. Gare et commerces 10 km. Ouvert toute l'année. Dans la région des haras, terre d'élevage de prédilection, accueil à la ferme chez Madame Maupiler. Dans les alentours, visitez Argentan, le Pays d'Auge, la Suisse Normande et bien sûr les châteaux d'O et de Sassy.

Prix : 1 pers. **110 F** 2 pers. **160 F** 3 pers. **210 F** repas **50 F**

1	1	SP	10	12	10	15	34	83	

MAUPILER Roger – Le Bourg – 61150 Avoines – Tél. : 33.35.24.94

Bagnoles-Tesse-la-Madeleine
C.M. n° 231 — Pli n° 41

A proximité de Bagnoles-de-l'Orne (1 km). 4 chambres (1 lit 2 pers.), 1 chambre (2 lits 1 pers.), wc et lavabo pour chaque chambre, 2 douches réservées aux hôtes. Séjour. Chauffage central. Gare et commerces 1 km. Ouvert du 1er avril au 31 octobre. Anglais parlé. Dans la station thermale de Bagnoles de l'Orne-Tessé la Madeleine, le charme de cette villa restaurée par les propriétaires. Très nombreuses activités aux alentours immédiats.

Prix : 1 pers. **170 F** 2 pers. **210 F** repas **95 F**

SP	SP	SP	SP	SP	SP	SP	SP	SP	80

BOURGE Daniel – « Villa Yvonne » - 42 rue Sergenterie de Javains – 61140 Tesse-la-Madeleine – Tél. : 33.38.44.02

Banvou « Le Pont »
C.M. n° 231 — Pli n° 41

Région du Bocage (Flers 12 km). Dans les dépendances de la maison des propriétaires. 1er étage : 1 ch. (1 lit 2 pers., 1 lit 1 pers., poss. lit bébé), salle de bains et wc privés, 1 ch. (2 lits 1 pers.), salle de bains et wc privés. Ch. électrique. Séjour avec TV et cheminée. Box pour chevaux. Dans un vieux bâtiment restauré, le caractère et le confort d'un gîte-chambre d'hôtes d'où vous pourrez partir à la découverte de la Suisse Normande, de la forêt d'Andaine et de Bagnoles-de-l'Orne, ou bien encore du bocage alentour.

Prix : 1 pers. **195 F** 2 pers. **260 F** 3 pers. **300 F** repas **65 F**

SP	2	SP	12	16	10	18	16	16	70

JEUSSET Didier – Le Pont – 61450 Banvou – Tél. : 33.96.44.02 ou SR : 33.28.07.00.

Barville « La Patardiere »
C.M. n° 231 — Pli n° 44

Dans le Pays Mêlois, non loin de la RN12 (4 km). Au 1er étage de la maison des propriétaires : 1 ch. (1 lit 2 pers., possibilité 1 lit enfant), salle de bains et wc privatifs. Chauffage central. Séjour à disposition des hôtes. Gare 23 km, commerces 3,5 km. Anglais parlé. Ouvert toute l'année. Monsieur et Madame Olivier vous accueillent dans cette chambre d'hôtes qu'ils ont aménagée dans leur maison, siège d'une exploitation agricole. Nombreux sites et monuments à visiter aux alentours.

Prix : 1 pers. **150 F** 2 pers. **180 F**

SP	1,5	4	15	7	7	4	12	130	

OLIVIER Albert – La Patardiere – 61170 Barville – Tél. : 33.27.62.48

Beauvain « La Petite Bletiere »
C.M. n° 231 — Pli n° 42

Région de bocage (Bagnoles-de-l'Orne : 10 km). 1er étage : 2 chambres (1 lit 1 pers. 1 lit 2 pers. par chambre), salle d'eau et wc pour chaque chambre. Chauffage central. Gare et commerces 5 km. Ouvert toute l'année. Dans la maison de pays qu'ils restaurent, M. et Mme Launé ont aménagé de confortables chambres d'hôtes depuis lesquelles vous pourrez découvrir la forêt d'Andaines, visiter la station thermale de Bagnoles-de-l'Orne et les belles régions alentours.

Prix : 2 pers. **200 F** 3 pers. **240 F**

SP	1	5	5	7	5	5	10	10	90

LAUNE Roland – La Petite Bletiere – D. 916 – 61600 Beauvain – Tél. : 33.37.41.37

Belleme « Bellevue »
C.M. n° 231 — Pli n° 45

Au 1er étage d'une maison moderne située au fond d'un terrain fleuri avec pelouse. 1 ch. (1 lit 2 pers. 1 lit 1 pers., possibilité lit bébé), salle d'eau et wc privés, salle de séjour, chauffage électrique. Box pour chevaux sur place. Gare 20 km, commerces 1 km. Ouvert toute l'année. Aux portes de Bellême, jolie ville du Perche, à découvrir. Promenade en calèche à 1 km. Accueil convivial de Madame Cocq et un superbe golf à « deux pas » ...

Prix : 1 pers. **155 F** 2 pers. **180 F** 3 pers. **235 F**

1,5	3	1	1	2	0,5

COCQ Simone – Route du Mans - « Bellevue » – 61130 Belleme – Tél. : 33.73.14.67

Bizou « Pre la Fontaine »

C.M. n° 231 — Pli n° 45

☘☘☘ NN
(TH)

Région du Perche (Longny-au-Perche 4,5 km). R.d.c. : 1 chambre (1 lit 2 pers.), salle de bains et wc privatifs. Possibilité 1 lit 2 pers. supplémentaire. Chauffage central. Etang privé. Gare 20 km, commerces 4 km. Ouvert toute l'année. Dans un pays de forêt et d'étang (Massif de Réno-Valdieu à 5 km), M. et Mme Fontaine vous proposent une halte campagnarde. Nombreux monuments et sites naturels à découvrir aux alentours.

Prix : 1 pers. **150 F** 2 pers. **200 F** repas 80 F

SP	SP	4	4	SP	8	30	110	

FONTAINE Jean – Pre la Fontaine – 61290 Bizou – Tél. : 33.73.58.58

Boece « La Fosse »

C.M. n° 231 — Pli n° 44

☘☘☘ NN
(TH)

Région du Perche (Mortagne 8 km). Dans la maison des propriétaires, 1er ét. : 1 suite (2 lits 1 pers. 2 lits 2 pers.), s.d.b. et wc privés. Dans dépendances : 1er ét. : 1 ch. (1 lit 2 pers. 1 lit 1 pers.), s. d'eau et wc privés. 2e ét. : 1 ch. (3 lits 1 pers.), s. d'eau et wc privés. Ch. central, salle à manger, séjour, bibliothèque, piscine couverte chauffée. Dans la maison de pays qu'ils ont restaurée, M. et Mme Lhoumaud vous proposent une halte reposante. Venez y découvrir le Perche, cette belle région si réputée. Gare 35 km, commerces 8 km. Anglais parlé. Ouvert toute l'année. Tél. propriétaire (bureau) : 33.25.32.04.

Prix : 1 pers. **160 F** 2 pers. **210/230 F** 3 pers. **285 F** repas 75 F

15	2,5	0,8	SP	15	8	20	115	

LHOUMAUD Patrick – La Fosse – 61560 Boece – Tél. : 33.25.41.79 ou SR : 33.28.07.00. – Fax : 33.83.56.02

Boissy-Maugis « La Cochonniere »

C.M. n° 231 — Pli n° 45

☘☘ NN

Région du Perche (Rémalard 5 km). 1er étage : 1 ch. (2 lits 1 pers.), salle de bains privative, 1 ch. (2 lits 1 pers.), salle d'eau privative, wc communs aux deux chambres. Chauffage central ou électrique. Gare 15 km, commerces 5 km. Ouvert toute l'année. Madame Koning vous accueille dans cette maison de pays restaurée, dans le Perche, une région aux multiples attraits.

Prix : 1 pers. **100 F** 2 pers. **180 F** 3 pers. **280 F**

2,5	5	5	0,3	5	7	15	130

KONING Jantina – « La Cochonniere » – 61110 Boissy-Maugis – Tél. : 33.73.70.10

Briouze

C.M. n° 231 — Pli n° 42

☘☘☘ NN

Région de bocage (Briouze 1,8 km). Dans les dépendances de la maison des propriétaires. R.d.c. : 1 ch. (2 lits 1 pers.), salle d'eau et wc privatifs. Chauffage électrique. Possibilité garage. Ping-pong sur place. Gare et commerces 1,8 km. Ouvert du 1er septembre au 31 juillet. Dans la région du Houlme, à proximité de la Suisse Normande et de la station thermale de Bagnoles-de-l'Orne, Monsieur et Madame Pierrot vous accueillent dans leur propriété fleurie et paysagée.

Prix : 1 pers. **170 F** 2 pers. **200 F**

1	1,8	12	10	2,5	12	20	20	110

PIERROT Jean-Claude – Route de Bellou – 61220 Briouze – Tél. : 33.66.07.98 ou SR : 33.28.07.00.

Bure

C.M. n° 231 — Pli n° 44

E.C. NN
(TH)

Aux portes du Perche (Mortagne 14 km). Dans une maison percheronne, à l'étage, 1 chambre (1 lit 2 pers.) avec salle d'eau et wc privatifs et 1 chambre (1 lit 2 pers., possibilité 1 lit enfant <3 ans) avec salle d'eau et wc privatifs. Chauffage central. Séjour avec cheminée à disposition des hôtes. Jardin avec pièce d'eau. Anglais parlé. Gare 25 km, commerces 3 km. Ouvert toute l'année.

Prix : 1 pers. **170 F** 2 pers. **195 F** 3 pers. **250 F** repas 70 F

6	SP	5	12	6	6	3	25

RICHOMME Jean – Le Bourg – 61170 Bure – Tél. : 33.25.93.39 ou SR : 33.28.07.00.

Ceauce « La Sebaudiere »

C.M. n° 231 — Pli n° 41

☘ NN
(TH)

A proximité de Saint-Fraimbault (7 km). 1er étage : 1 ch. (1 lit 2 pers.), 1 ch. (2 lits 1 pers.), salle de bains et wc communs aux 2 chambres. Possibilité lit bébé. Chauffage central. Salle de séjour. Gare 35 km, commerces 2 km. Anglais parlé. Ouvert toute l'année. Saint-Fraimbault, village fleuri « 4 fleurs », trophée international 1989 à proximité. Canoë à 7 km. Musée du cidre à 10 km. Musée des tisserands d'Ambrières à 12 km. Domfront, cité médiévale (VTT, escalade) à 15 km.

Prix : 1 pers. **140 F** 2 pers. **180 F** repas 80 F

SP	3	2	12	20	20	15	20	20	70

HAMARD-DESMONTS Laurent – « La Sebaudiere » – 61330 Ceauce – Tél. : 33.38.38.93 ou SR : 33.28.07.00.

Ceton « L'Aitre »

C.M. n° 60 — Pli n° 15

☘☘☘ NN
(TH)

Au 1er étage de la maison des propriétaires : 1 suite (3 lits 1 pers., poss. 1 lit bébé), s. d'eau et wc privés. Dans les dépendances, 1er étage : 1 ch. (2 lits 1 pers.), s. d'eau et wc privés, 1 suite (1 lit 1 pers. 1 lit 2 pers. 1 lit bébé), s.d.b. balnéo et wc privés. Salle de séjour réservée aux 2 ch. Chauffage central. Gare 12 km, commerces 8 km. Ouvert toute l'année. Au cœur du Perche, Madame Pinoche vous accueillent dans sa jolie maison de caractère et vous propose de découvrir les richesses du patrimoine et de la campagne, mais aussi les secrets et les saveurs de sa table d'hôtes végétarienne.

Prix : 1 pers. **220/250 F** 2 pers. **280/320 F** 3 pers. **320/400 F** repas 85 F

SP	SP	1	1	20	6	8	165

PINOCHE Therese – L'Aitre – 61260 Ceton – Tél. : 37.29.78.02

Chambois « Le Chateau »

C.M. n° 231 — Pli n° 31

❀❀❀ NN — Région des haras. Dans un château style Empire. 1er étage : 1 ch. (1 lit 2 pers. 1 lit bébé), s. d'eau, wc privés, 1 ch., 1 ch., s. d'eau, wc privés, 1 ch. (1 lit 1 pers., 1 lit 2 pers.), s.d.b., wc privés. 2e étage : 1 ch. (1 lit 2 pers.), 1 ch. (1 lit 2 pers.), s. d'eau, wc privés par ch. Ch. central. Séjour. A proximité du célèbre haras du Pin et non loin du Pays d'Auge réputé pour ses paysages et sa gastronomie, Madame Clapeau vous accueille dans sa très belle et confortable demeure.

Prix : 1 pers. **230 F** 2 pers. **260 F** 3 pers. **310 F**

	ᛟ							
SP	6	6	12	6	6	12	75	

CLAPEAU – « Le Chateau » - Route de Vimoutiers – 61160 Chambois – Tél. : 33.36.71.34

Chambois

C.M. n° 231 — Pli n° 31

❀❀ NN — Région des haras (Haras National du Pin 10 km). Dans la maison des propriétaires avec entrée indépendante. R.d.c. : 1 chambre (1 lit 2 pers.), s. d'eau et wc privés. Etage : 1 ch. (1 lit 2 pers.), 1 ch. (1 lit 1 pers.), s. d'eau et wc privés chacune, 1 ch. (1 lit 2 pers), s.d.b. et wc privés. Séjour (cheminée) à la disposition des hôtes. Ch. central. Gare 12 km, commerces 7 km. Ouvert toute l'année. A proximité du Pays d'Auge et surtout du mémorial de Montormel, haut lieu touristique de la Bataille de Normandie, Chambois, à l'ombre de son donjon, vous accueillent.

Prix : 1 pers. **160 F** 2 pers. **190 F** 3 pers. **250 F**

SP	SP	SP	15	6	6	11	75	

BOISNAIS Jean Claude – Rue Paul Buquet – 61160 Chambois – Tél. : 33.35.77.25 ou 33.36.03.84 – Fax : 33.35.85.71

Chandai « Les Margrains »

C.M. n° 231 — Pli n° 33

❀❀❀ NN
(TH) — Région du pays d'Ouche (L'Aigle 9 km). Dans la maison des propriétaires. R.d.c. : 1 chambre (1 lit 2 pers.), s. d'eau et wc privés. Possibilité bébé. Chauffage électrique. Gare et commerces 9 km. Ouvert toute l'année. Anglais parlé. Entre l'Aigle et Verneuil-sur-Avre, Les Margrains sont un petit hameau dans la campagne. M. et Mme Hardwick-Sharp vous accueillent dans leur maison de pays restaurée et décorée avec charme.

Prix : 1 pers. **175 F** 2 pers. **275 F** repas **130 F**

10	5	5	9	10	8	10	25	90	

S.A.R.L. JAMAR – « Les Margrains » – 61300 Chandai – Tél. : 33.24.59.87

Conde-sur-Sarthe

C.M. n° 231 — Pli n° 43

❀❀ NN — A proximité d'Alençon (5 km). 1er étage : 1 ch. (1 lit 2 pers., 1 lit enfant), salle de bains privatifs, wc communs. Chauffage central. Salle de séjour à la disposition des hôtes. Jardin. Gare 5 km, commerces 2 km. Ouvert toute l'année. Aux portes d'Alençon, non loin des Alpes Mancelles, en direction du Mont Saint-Michel, le propriétaire vous accueille dans sa chambre d'hôtes.

Prix : 1 pers. **150 F** 2 pers. **180 F** 3 pers. **250 F**

SP	SP	3	5	6	5	24	42	10	120

BOURGINE G. – 53 rue des Alpes Mancelles – 61250 Conde-sur-Sarthe – Tél. : 33.27.70.35

Conde-sur-Sarthe Le Clos des Roses

C.M. n° 231 — Pli n° 43

❀❀❀ NN — A proximité des Alpes Mancelles et de la Sarthe (Alençon 3 km). Dans une maison rénovée en sous-sol avec accès indép., 1 ch. (1 lit 2 pers. 1 lit 1 pers. poss. lit bébé), s. d'eau et wc privés. 1er étage : 1 ch. (1 lit 2 pers), s. d'eau et wc privés, 1 ch. 2 épis NN (1 lit 2 pers.), s.d.b. et wc privés. Ch. central, salle de séjour, véranda. Gare 4 km, commerces 1 km. Ouvert toute l'année. Dans une maison rénovée avec vue sur la vallée de la Sarthe, des chambres confortables proposées par M. et Mme Pellegrini. A découvrir aux alentours : la ville d'Alençon et ses musées, la forêt d'Ecouves et les Alpes Mancelles.

Prix : 1 pers. **150 F** 2 pers. **180/200 F** 3 pers. **280 F**

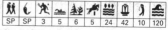

SP	SP	1	3	10	4	24	120

PELLEGRINI Pierre – Le Clos des Roses - 10 rue de la Jardiniere – 61250 Conde-sur-Sarthe – Tél. : 33.27.70.68

Courgeon « Ferme de l'Hotel Neveu »

C.M. n° 231 — Pli n° 45

❀❀❀ NN
(TH) — Région du Perche (Mortagne 8 km). R.d.c. : grande salle avec cheminée et TV réservée aux hôtes. Etage mansardé : 1 ch. (1 lit 2 pers. 2 lits 1 pers. 1 lit bébé), salle d'eau et wc privatifs, 1 ch. (1 lit 2 pers. 1 lit 1 pers.), salle d'eau et wc privatifs. Chauffage central. Ping-pong, jeux pour enfants sur place. Gare 25 km, commerces 8 km. Ouvert toute l'année. Anglais parlé. L'Hôtel Neveu est une ferme typiquement percheronne dans laquelle M. et Mme Simoen ont aménagé de confortables chambres. Venez y déguster les produits laitiers fabriqués sur place et découvrir cette région du Perche aux multiples facettes.

Prix : 1 pers. **170 F** 2 pers. **200/220 F** 3 pers. **230 F** repas **75 F**

SP	6	4	8	4	4	32	15	120	

SIMOEN Gilbert – Ferme de l'Hotel Neveu – 61400 Courgeon – Tél. : 33.25.10.67 – Fax : 33.83.39.57

Croisilles « Le Parc au Chien »

C.M. n° 231 — Pli n° 32/44

❀ NN — Région des haras (Gacé 5 km). Rez-de-chaussée : 1 ch. (1 lit 2 pers. 2 lits d'appoint 1 pers.), salle de bains et wc privatifs. A l'étage : 1 ch. (1 lit 2 pers.), salle d'eau avec wc privatifs. Chauffage central et électrique. Salle de séjour. Gare 20 km, commerces 5 km. Ouvert toute l'année. Dans la région des haras et à proximité du Pays d'Auge, venez découvrir l'accueil à la ferme chez M. et Mme Hervé.

Prix : 1 pers. **100 F** 2 pers. **170 F** 3 pers. **220 F**

5	5	5	10	12	12	80	

HERVE Jean-Noel – Le Parc au Chien – 61230 Croisilles – Tél. : 33.35.54.12

Croutte « Le Haut Bourg »
C.M. n° 231 — Pli n° 31

≆≆≆ NN Au cœur du Pays d'Auge (Vimoutiers 5 km). A flanc de coteau. 1 ch. (1 lit 2 pers.), salle d'eau et wc privés, 1 ch. (2 lits 1 pers.), salle d'eau et wc privés, prise TV par chambre. Séjour (cheminée) commun avec les propriétaires. Chauffage électrique. Centre d'artisanat sur place. Gare 30 km, commerces 7 km. Espagnol et anglais parlés. Ouvert toute l'année. Arrêtez-vous au Haut-Bourg de Crouttes, petit village pittoresque du Pays d'Auge, dans ces chambres hors du commun, venez séjourner et découvrir les secrets et les techniques de l'artisanat d'art.

Prix : 1 pers. **180 F** 2 pers. **200 F** 3 pers. **250 F**

SP	3	3	3	1	3	3	62

LECONET Anne-Marie – Le Haut Bourg – 61120 Crouttes – Tél. : 33.39.22.16 – Fax : 33 35 84 17

Dance « Le Mesnil »
C.M. n° 60 — Pli n° 15

≆ NN Région du Perche (Nogent-le-Rotrou 3 km). R.d.c. : 2 ch. (1 lit 2 pers., 2 lits 1 pers., possibilité lit bébé), salle d'eau et wc communs aux deux chambres. Kitchenette réservée aux hôtes. Chauffage central. Location VTT, ping-pong sur place. Gare et commerces 3 km. Anglais parlé. Ouvert toute l'année. Au pays de manoirs, de forêts et de chevaux réputés, à moins de deux heures de Paris, M. et Mme Gouault vous y accueillent en toute convivialité et vous proposent de découvrir leur belle région.

Prix : 1 pers. **150 F** 2 pers. **180 F** 3 pers. **210 F**

3	3	3	3	22	7	3	11	145

GOUAULT Philippe – « Le Mesnil » – 61340 Dance – Tél. : 33.83.06.45

Domfront
C.M. n° 231 — Pli n° 41

≆≆≆ NN Au cœur de la cité médiévale de Domfront, à l'étage : 1 ch. (3 lits 1 pers.), 1 ch. (1 lit 2 pers.), 1 ch. (2 lits 1 pers.) avec en mezzanine mansardée (2 lits 1 pers.). Salle d'eau, wc, téléphone et poss. TV dans chaque chambre. Ch. central. Séjour et salon (cheminée) à disposition des hôtes. Grand jardin donnant sur les remparts. Gare 23 km, commerces sur place. Anglais et italien parlés. Ouvert toute l'année. Sylviane Tailhandier vous accueille dans cette vieille maison pleine de charme et de surprises et saura vous faire découvrir le pays de Lancelot du Lac.

Prix : 1 pers. **265 F** 2 pers. **265 F** 3 pers. **320 F**

SP	1	1	19	2,5	19	22	19	19	60

TAILHANDIER/JACOBSON Sylvia – « La Demeure d'Olwenn » - 1 rue de Godras – 61700 Domfront – Tél. : 33.37.10.03 ou SR : 33.28.07.00. – Fax : 33.37.10.03

Durcet « Les Poulardieres »
C.M. n° 231 — Pli n° 29/41

≆≆ NN Région du bocage (Flers 11 km). 1er étage : 2 ch. (1 lit 2 pers. par chambre, 1 lit d'appoint), douches privatives. 1 ch. (1 lit 2 pers., 1 lit d'appoint), salle d'eau privative. WC réservés aux 3 chambres. Chauffage central. Salle de séjour. Possibilité cuisine. Gare et commerces 7 km. Ouvert toute l'année. Dans le bocage, une halte reposante à la ferme. De là, partez à la découverte de la Suisse Normande, région naturelle aux reliefs mouvementés, « torrents », prairies et forêts verdoyantes.

Prix : 1 pers. **130 F** 2 pers. **160 F** 3 pers. **220 F**

SP	1	1	11	11	7	13	27	12	95

TOUTAIN Charles – Les Poulardieres – 61100 Durcet – Tél. : 33.66.20.12

Ecouche « Le Bourg »
C.M. n° 231 — Pli n° 42

≆≆≆ NN Région des haras (Argentan 9 km). 1er étage : 1 chambre (1 lit 2 pers., 1 lit 1 pers., poss. 1 lit bébé ou lit supplémentaire), salle de bains et wc privatifs. Coin-salon, cheminée, poss. TV couleur, tél. téléséjour, terrasse, jardin, accès cuisine, possibilité long séjour. Chauffage central. M. et Mme Boulier vous recevront agréablement à Ecouché, petite cité très bien située pour les amateurs de randonnée (G.R. 36) et de sport d'eau (Lac de Rabodanges).

Prix : 1 pers. **170 F** 2 pers. **200 F** 3 pers. **230 F**

SP	SP	SP	9	3	SP	18	27	27	65

BOULIER Pierre – 14 rue du General Warabiot – 61150 Ecouche – Tél. : 33.35.13.58 ou SR : 33.28.07.00.

Faverolles « Le Mont Roti »
C.M. n° 231 — Pli n° 42

≆≆≆ NN (TH) Entre bocage et Suisse Normande (Briouze 8 km). Sur une exploitation agricole. 1er étage : 1 suite (1 lit 2 pers. 1 lit 1 pers.), salle d'eau et wc privatifs, 1 ch. (1 lit 2 pers.) avec salle d'eau et wc privatifs. Chauffage central. Véranda réservée aux hôtes. Gare et commerces 8 km. Anglais parlé. Ouvert toute l'année. Le mont Rôti est une ferme en pleine campagne bocagère. Bernard et Sylviane Fortin vous y accueillent dans de coquettes chambres mansardées. Nombreux sites à découvrir aux alentours.

Prix : 1 pers. **160 F** 2 pers. **190 F** 3 pers. **230 F** repas **75 F**

SP	3	13	13	13	10	13	18	18	100

FORTIN Bernard – « Le Mont Roti » – 61600 Faverolles – Tél. : 33.37.34.72

La Ferriere-au-Doyen « La Grimonniere »
C.M. n° 231 — Pli n° 44/45

≆≆≆ NN (TH) Région des haras (L'Aigle 15 km). R.d.c. : 1 ch. (1 lit 2 pers. 1 lit 1 pers. 1 lit bébé), salle de bains, wc, kitchenette privés. 1er étage : 1 ch. (1 lit 2 pers.), salle de bains et wc privés, 1 ch. (1 lit 2 pers. 1 lit enfant), salle d'eau et wc privés. Chauffage central. Séjour. Pas de table d'hôtes le mardi. Gare 15 km, commerces 5 km. Ouvert toute l'année. La Grimonnière est une grande maison dans la campagne où Jean et Françoise Gouffault-Dedde sauront vous accueillir et vous faire découvrir les richesses de la région, dont l'abbaye de la Trappe.

Prix : 1 pers. **140 F** 2 pers. **180 F** 3 pers. **210/260 F** repas **70 F**

SP	6	5	15	SP	10	20	100

GOUFFAULT-DEDDE Jean – « La Grimonniere » – 61380 La Ferriere-au-Doyen – Tél. : 33.34.57.37 – Fax : 33.24.69.97

La Ferriere-aux-Etangs « Le Haut Parc »

C.M. n° 231 — Pli n° 41

♨♨♨ NN Région de bocage (Bagnoles-de-l'Orne 13 km). Chambres d'hôtes aménagées dans une vieille et belle maison de pays. 1er ét. : 1 suite avec 1 ch. (2 lits 1 pers.) et 1 ch. (1 lits 2 pers.), salle de bains et wc privatifs. Chauffage central au fuel. Instruments de musique. Salle de séjour. Gare 12 km, commerces 3 km. Ouvert toute l'année. Anglais parlé. Jean-Luc et Martine Pithois vous accueillent dans leur maison de pays restaurée par leur soin. Une halte plaisante dans le bocage. Jardin biologique et curcubitacés.

Prix : 1 pers. **160 F** 2 pers. **180 F** 3 pers. **320 F**

SP	3	3	13	1,5	13	3	13	13	85

PITHOIS Jean-Luc – Le Haut Parc – 61450 La Ferriere-aux-Etangs – Tél. : 33.66.97.12 – Fax : 33.64.24.35

La Ferte-Fresnel « Le Chateau »

C.M. n° 231 — Pli n° 33

♨♨♨ NN Pays d'Ouche (L'Aigle 12 km). Dans un château du XIXe, 1er étage : 3 ch. (1 lit 2 pers., poss. lit enfant), 2e ét. : 1 ch. (2 lits 2 pers. 1 lit enfant), 1 ch. (2 lits 1 pers.), s.d.b., w.c., TV, tél., kitchenette par chambre. Cheminée dans 3 ch. Chauffage élect., ascenseur, salle de musculation, billard américain, ping-pong, parc avec étang. Poss. l-linge. Gare et commerces 12 km. Anglais et allemand parlés. Ouvert toute l'année. Très belle propriété du XIXe avec parc et étang. La vie de château avec tout le confort moderne et de nombreuses activités à pratiquer sur place. Halte reposante idéale pour de courts séjours et des week-ends en Pays d'Ouche.

Prix : 1 pers. **250 F** 2 pers. **350 F** 3 pers. **420 F**

SP	SP	2,5	12	SP	12	20	80

SODECHAFF – Madame Chaix - « Le Chateau » – 61550 La Ferte-Fresnel – Tél. : 33.24.23.23 – Fax : 33.24.50.19

La Forêt-Auvray Le Pont

C.M. n° 231 — Pli n° 30

E.C. NN Au cœur de la Suisse Normande (Briouze 15 km), ancienne orangerie du XIVe siècle. Au rez-de-chaussée : 1 chambre (1 lit 2 pers. 1 lit enfant), salle d'eau et wc privatifs. Séjour avec cheminée. Chauffage central. Jardin. Gare 15 km, commerces 7 km. Ouvert toute l'année. Espagnol et anglais parlés. Dans un vallon d'une région naturelle préservée, un cadre paisible pour des chambres confortables.

Prix : 1 pers. **160 F** 2 pers. **195 F** 3 pers. **230 F**

SP	SP	13	13	SP	15	7	40	17	60

GUYARD Philippe – « L'Orangerie » - Le Pont – 61210 La Forêt-Auvray – Tél. : 33.64.29.48 ou 31.26.31.26 – Fax : 31.26.68.18

La Fresnaye-au-Sauvage « La Fleuriere »

C.M. n° 231 — Pli n° 42

♨♨♨ NN Suisse Normande (Putanges 6 km). Au rez-de-chaussée : 1 ch. (1 lit 2 pers., 1 lit 1 pers., possibilité 1 lit enfant), 1 ch. (1 lit 2 pers.), salle d'eau et wc privatifs pour chaque chambre. Chauffage central. Salle de séjour. Grand jardin avec pièce d'eau. Gare 10 km, commerces 6 km. Ouvert du 1er avril au 30 septembre. Dans leur jolie ferme entourée d'un très beau jardin, Maurice et Janine Gaultier vous accueillent entre bocage et Suisse Normande. Nombreuses excursions possibles aux alentours. A 10 km, croisière en bateau sur le lac de Rabodanges, classé grand lac intérieur.

Prix : 1 pers. **170 F** 2 pers. **190 F** 3 pers. **230 F**

SP	6	10	25	25	25	10	25	25	70

GAULTIER Maurice – « La Fleuriere » – 61210 La Fresnaye-au-Sauvage – Tél. : 33.35.01.47

Gace « Castel Morphee »

C.M. n° 231 — Pli n° 32

♨♨♨ NN En Pays d'Auge, manoir avec parc arboré, pièce d'eau. 1er étage : 2 ch. (1 lit 2 pers.). 2e étage : 1 ch. (1 lit 2 pers., 1 lit 1 pers.), 1 ch. (2 lits 1 pers., 1 lit d'appoint), 1 suite (1 lit 2 pers., 2 lits 1 pers.), s.d.b., wc, TV et tél. dans chaque chambre. Chauffage central. Salon, grand et petit séjour. Gare 18 km, commerces 200 m. Anglais parlé. Ouvert toute l'année. Aux portes du Pays d'Auge, dans la cité de la Dame aux Camélias, le charmes et le confort d'une maison bourgeoise (époque Napoléon III). A moins de deux heures de Paris, un lieu de séjour idéal en Basse Normandie. Forfait week-end.

Prix : 1 pers. **225/295 F** 2 pers. **330/450 F** 3 pers. **435/505 F**

SP	0,1	0,5	0,5	3	7	5	80

BAYADA Andre – Castel Morphee - 2 rue de Lisieux – 61230 Gace – Tél. : 33.35.51.01 – Fax : 33.35.20.62

Ginai « La Douitee »

C.M. n° 231 — Pli n° 44

♨♨♨ NN
(TH) Région des haras (Gacé 10 km). Rez-de-chaussée : 1 chambre (1 lit 2 pers. possibilité 1 lit 1 pers. supplémentaire), salle d'eau et wc privatifs. Chauffage central. Gare 20 km, commerces 3 km. Ouvert toute l'année. A proximité du célèbre haras du Pin (4 km), et non loin du Pays d'Auge, réputé pour ses paysages et sa gastronomie, M. et Mme Doffagne vous accueillent en toute convivialité dans une chambre d'hôtes confortable.

Prix : 1 pers. **190 F** 2 pers. **220 F** 3 pers. **270 F** repas **80 F**

3	3	20	3	15	10	80

DOFFAGNE Guy – « La Douitee » – 61310 Ginai – Tél. : 33.39.95.51

Glos-la-Ferriere « Le Haras du Boele »

C.M. n° 231 — Pli n° 33

♨♨♨♨ NN
(TH) Pays d'Ouche (L'Aigle 10 km). Dans un haras, château du XVIIe. 1er ét. : 1 ch. (1 lit 2 pers.), 2e ét. : 2 ch. (2 lits 1 pers.), 1 ch. (1 lit 2 pers.), s.d.b., wc et tél. privatifs à chaque chambre. Billard. Ch. central. Grand parc avec pièce d'eau, tennis, piscine, piste d'aviation, héliport, poss. baptême hélicoptère. Gare 10 km commerces 5 km. Madame Dussaut vous accueille au Haras du Boële dont elle vous fera découvrir les charmes. Une étape prestigieuse en Pays d'Ouche. Château du XVIIe siècle (ISMH) au sein d'un vaste parc fleuri en saison. Hébergement chevaux. Ouvert toute l'année. Anglais parlé.

Prix : 1 pers. **550 F** 2 pers. **600 F** repas **200 F**

SP	SP	SP	SP	5	SP	SP	80

DUSSAUT Catherine – Haras du Boele – 61550 Glos-la-Ferriere – Tél. : 33.34.87.59 – Fax : 33.24.03.26

Joue-du-Plain « Le Chateau de la Motte »   C.M. n° 231 — Pli n° 42

E.C. NN

Château du XIX⁰ (« Folie »). 2⁰ étage : 1 suite avec 1 chambre (1 lit 2 pers.) et 1 chambre (1 lit 1 pers.), salle de bains et wc privatifs. Séjour et salon à la disposition des hôtes. Billard en sous-sol. Chauffage central. Parc de 2 ha. avec 2 pièces d'eau. Gare 10 km, commerces 3 km. Ouvert toute l'année. Anglais parlé. Mme Rhoisin Beresford vous ouvre les portes de sa charmante « folie ». Aux alentours, ne pas manquer de visiter châteaux, églises et vieilles villes.

Prix : 1 pers. **500 F** 2 pers. **600 F** 3 pers. **600 F**

🐕	🚶	🎣	⛷	🏊	🌲	🏇	♨	🏛	🎿	🌊
3	SP	1	13	20	5	20	30	30	80	

BERESFORD Rhoisin – « Le Chateau de la Motte » – 61150 Joue-du-Plain – Tél. : 33.36.50.59 ou SR : 33.28.07.00. – Fax : 33.36.50.59

Juvigny-sous-Andaine « La Chevairie »   C.M. n° 231 — Pli n° 41

E.C. NN
(A)

Région de bocage (Bagnoles-de-l'Orne 6 km). 1⁰ʳ étage : 3 chambres (1 lit 2 places) avec salle d'eau et wc réservés à chacune d'entre elles, séjour. Chauffage électrique. Gare 25 km, commerces 2 km. Italien parlé. Ouvert du 1⁰ʳ mars au 31 décembre. En lisière de forêt d'Andaine, non loin de la Tour de Bonvouloir, venez goûter aux délices de la gastronomie locale et découvrir les charmes du bocage. Chasse aux canards sur les étangs de la propriété.

Prix : 1 pers. **180 F** 2 pers. **200 F** repas **70 F**

🐕	🚶	🎣	⛷	🏊	🌲	🏇	♨	🎿	🌊
1	6	2	6	1	6	11	6	6	

MONSALLIER Alfred – « La Chevairie » – 61140 Juvigny-sous-Andaine – Tél. : 33.38.27.74 – Fax : 33.37.72.40

La Lacelle « Les Communes »   C.M. n° 231 — Pli n° 42

❦❦ NN
(TH)

Proximité des Alpes Mancelles (Carrouges 10 km). 1⁰ʳ étage : 1 ch. (1 lit 2 pers. 1 lit 1 pers. 1 lit enfant), salle d'eau privée, 1 ch. (1 lit 2 pers. 1 lit enfant), salle de bains privée, wc communs aux 2 chambres. Chauffage central. Boxes pour chevaux. Gare 20 km, commerces 4 km. Anglais parlé. Ouvert toute l'année. En pleine campagne, venez goûter au calme de cette belle maison de pays et apprécier la convivialité de l'accueil de M. et Mme Cavey. A voir aux alentours, le château de Carrouges, la forêt d'Ecouves et à 30 km, la station thermale de Bagnoles-de-l'Orne.

Prix : 1 pers. **140 F** 2 pers. **170 F** 3 pers. **210 F** repas **65 F**

🚶	🎣	⛷	🏊	🌲	🏇	♨	🏛	🎿	🌊
SP	1	10	7	10	20	25	30	30	100

CAVEY Jean Luc – « Les Communes » – 61320 La Lacelle – Tél. : 33.27.38.01

Larre « La Raiterie »   C.M. n° 231 — Pli n° 43

❦❦ NN

Entre les forêts de Bourse et d'Ecouves (Alençon 8 km). Dans une maison de pays rénovée. R.d.c. : 1 chambre avec TV (1 lit 2 pers. 1 lit d'appoint 1 pers.), salle de bains et wc privatifs. Chauffage électrique et bois. Séjour avec cheminée (insert) commun aux hôtes et aux propriétaires. Gare et commerces 8 km. Ouvert toute l'année. Non loin d'Alençon, Madame Loison vous accueille à « La Raiterie », petit hameau dans la campagne. Halte reposante bien desservie (N12 à 1 km) et nombreuses curiosités aux alentours dont les forêts de Bourse et d'Ecouves, faites-y étape ou restez-y quelques jours.

Prix : 1 pers. **160 F** 2 pers. **180 F** 3 pers. **220 F**

🐕	🚶	🎣	⛷	🏊	🌲	🏇	♨	🎿	🌊
SP	20	5	8	6	8	20	11	120	

LOISON Simone – La Raiterie – 61250 Larre – Tél. : 33.31.06.58

Lonlay-l'Abbaye Le Bourg   C.M. n° 231 — Pli n° 40/41

❦❦❦ NN

Région de bocage (Domfront 7 km). 1⁰ʳ étage : 1 suite avec 1 chambre (1 lit 2 pers.) et 1 chambre (1 lit 130), salle d'eau et wc privatifs à la suite. Chauffage central. Gare 17 km, commerces sur place. Ouvert toute l'année. M. et Mme Lagranderie vous accueillent chaleureusement dans leur agréable demeure d'où vous pourrez aller visiter la ville médiévale de Domfront, la région de Mantilly, célèbre pour son poiré, ou bien encore, gagner le Mont Saint-Michel (70 km).

Prix : 1 pers. **175 F** 2 pers. **200 F** 3 pers. **265 F**

🐕	🚶	🎣	⛷	🏊	🌲	🏇	♨	🎿	🌊
SP	SP	SP	17	6	28	27	28	28	65

LAGRANDERIE Andre – Route de Rouelle – 61700 Lonlay-l'Abbaye – Tél. : 33.38.08.71

Luce « Les Paquerets »   C.M. n° 231 — Pli n° 41

E.C. NN

Bocage domfrontais (Domfront 6 km). A la ferme. A l'étage de la maison des propriétaires, 1 chambre (1 lit 2 pers.), salle d'eau et wc privatifs, 1 chambre (2 lits 1 pers.), salle d'eau et wc privatifs. Chauffage central. Séjour avec cheminée à disposition des hôtes. 2 petites chambres chez de sympathiques agriculteurs. Gare 28 km. Commerces 6 km. Ouvert toute l'année.

Prix : 1 pers. **170 F** 2 pers. **190 F** 3 pers. **250 F**

🚶	🎣	⛷	🏊	🌲	🏇	♨	🏛	🎿	🌊
2	2	3	18	2	18	23	18	18	70

DUMESNIL Gerard – Les Paquerets – 61330 Luce – Tél. : 33.30.13.87 ou SR : 33.28.07.00.

La Madeleine-Bouvet « La Thomaserie »   C.M. n° 231 — Pli n° 46

❦❦ NN
(TH)

Région du Perche (La Loupe 10 km). R.d.c. : 1 ch. (1 lit 2 pers. 1 lit 1 pers.), salle de bains et wc privatifs. Etage : 1 suite avec 1 ch. (1 lit 2 pers.) et 1 ch. (2 lits 1 pers. possibilité 1 lit bébé), salle de bains et wc privatifs. Chauffage central. Gare et commerces 10 km. Ouvert toute l'année. Venez découvrir les forêts, les manoirs, les célèbres chevaux et les produits du terroir de cette belle région. Les pêcheurs apprécieront l'étang communal et les rivières à truites des environs.

Prix : 1 pers. **120 F** 2 pers. **180 F** 3 pers. **210 F** repas **65 F**

🚶	🎣	⛷	🏊	🌲	🏇	🎿	🌊
SP	2	5	12	1	2	31	130

BOSSE Claude – « La Thomaserie » – 61110 La Madeleine-Bouvet – Tél. : 33.73.13.59 ou 33.73.94.41

Magny-le-Desert « La Retaudiere »   *C.M. n° 231 — Pli n° 42*

❀❀❀ NN   Région de bocage. Maison ancienne avec un grand jardin. 1ᵉʳ étage : 1 suite avec 1 ch. (1 lit 2 pers. 1 canapé-lit 2 pers. 1 lit bébé) et 1 ch. (1 lit 2 pers.) ou 1 ch. (2 lits 1 pers.), salle d'eau et wc réservés à la suite. Chauffage électrique. Salle de séjour. Gare 18 km, commerces 2 km. Ouvert toute l'année. A proximité de Bagnoles-de-l'Orne, station thermale, M. et Mme Lalande vous accueillent dans cette maison qu'ils ont restaurée. Le calme de la campagne, les charmes du jardin et les richesses de la région sauront vous plaire. Casino à 8 km.

Prix : 1 pers. **140 F** 2 pers. **180 F** 3 pers. **210/300 F**

SP	2	2		3	8	2	8	8	85

LALANDE Andre – La Retaudiere – 61600 Magny-le-Desert – Tél. : 33.37.36.52

Maletable Le Moulin de Sevoue   *C.M. n° 231 — Pli n° 45*

E.C. NN
(TH)   Région du Perche (Longny-au-Perche 10 km). Ancien moulin restauré. 1ᵉʳ étage : 4 chambres (1 lit 2 pers. chacune), salle d'eau et wc privatifs. Chauffage électrique. Séjour avec cheminée à disposition des hôtes. Jardin. Gare 25 km, commerces 8 km. Anglais parlé. Ouvert toute l'année. La vallée de La Commeauche, petite rivière percheronne, mérite qu'on s'y attarde. La toute proche forêt de Réno-Valdieu, célèbre pour ses chênes de collection enthousiasmera les amateurs de nature.

Prix : 1 pers. **160 F** 2 pers. **195 F** repas **70 F**

SP	SP	4	17	3,5	13	8	30

LIARD Christine – Le Moulin de Sevoue – 61290 Maletable – Tél. : 33.25.23.92 ou SR : 33.28.07.00.

Le Mele-sur-Sarthe   *C.M. n° 231 — Pli n° 44*

E.C. NN   Région du Pays Mêlois. Maison de style normand. 2ᵉ étage : 1 suite (2 lits 2 pers.), 1 ch. (1 lit 2 pers.) avec bibliothèque. Salle d'eau et wc communs aux 2 chambres. Séjour et jardin à la disposition des hôtes. Gare 22 km, commerces sur place. Ouvert toute l'année. Tout le charme d'une belle maison normande dans un bourg campagnard. Une étape idéale aux marches du Perche et aux contreforts du Maine. M. et Mme Thonnerieux vous y invite à découvrir le Pays Mêlois.

Prix : 1 pers. **220 F** 2 pers. **260 F** 3 pers. **440 F**

SP	SP	SP	15	4	6	SP	65	22	130

THONNERIEUX Pierre – 20 avenue de la Moriniere – 61170 Le Mele-sur-Sarthe – Tél. : 33.27.49.47

Montchevrel « La Chapelle »   *C.M. n° 231 — Pli n° 44*

❀❀❀ NN   Proximité du Perche (Mortagne 20 km). Maison ancienne de style local restaurée. 1ᵉʳ étage : 1 chambre (1 lit 2 pers. 2 lits 1 pers.), salle de bains et wc privatifs. Chauffage électrique. Salle de séjour et coin-cuisine réservés aux hôtes. Artisanat (céramique, émaux) sur place. Gare 13 km, commerces 7 km. Anglais parlé. Ouvert toute l'année. Dans une ferme percheronne, à proximité de Sées, Monsieur et Madame Grignaux vous proposent le calme et le confort de leur chambre d'hôtes, depuis laquelle vous pourrez découvrir la région.

Prix : 1 pers. **110 F** 2 pers. **150 F** 3 pers. **190 F**

SP	2	3	30	6	3	7	120

GRIGNAUX Lucien – « La Chapelle » – 61170 Montchevrel – Tél. : 33.27.68.10

Mortagne-au-Perche « L'Archangerie »   *C.M. n° 231 — Pli n° 45*

❀❀ NN   Région du Perche. 1ᵉʳ étage : 1 suite avec 1 ch. (1 lit 2 pers.) et 1 ch. (1 lit 1 pers., 1 lit enfant), salle de bains et wc privatifs, TV dans la suite. Chauffage central au gaz. Jardin. Gare 30 km, commerces sur place. Ouvert toute l'année. Aux portes de Mortagne-au-Perche, jolie cité percheronne aux multiples richesses architecturales, historiques et gastronomiques, Madame Desjouis vous accueille en toute convivialité.

Prix : 1 pers. **150 F** 2 pers. **200 F** 3 pers. **250 F**

10	8	SP	SP	10	8	8	12	120

DESJOUIS Genevieve – 24 rue du Moulin à Vent – 61400 Mortagne-au-Perche – Tél. : 33.25.12.64

Moulicent « Les Grosses Pierres »   *C.M. n° 60 — Pli n° 5*

E.C. NN   Région du Perche (Longny-au-perche 7 km). Maison de pays restaurée. 1ᵉʳ étage : 1 suite avec 1 ch. (1 lit 2 pers.) et 1 ch. (2 lits 1 pers.), salle de bains privative. R.d.c : séjour avec cheminée et TV couleurs, wc. Chauffage électrique. Parc de 1 hectare. Ouvert de Pâques à la Toussaint. Espagnol et anglais parlé. Gare 25 km, commerces 5 km. En plein campagne, Monsieur Ibanez vous accueille dans cette maison percheronne restaurée et décorée avec soin.

Prix : 1 pers. **450 F** 2 pers. **500 F** 3 pers. **700 F**

SP	5	7	9	SP	5	9	21

IBANEZ Aurelio – « Les Grosses Pierres » – 61290 Moulicent – Tél. : 33.73.67.64 ou SR : 33.28.07.00.

Moulicent « La Grande Noe »   *C.M. n° 231 — Pli n° 45*

❀❀❀❀ NN
(TH)   Région du Perche (Longny 6 km). Dans un château percheron des XVᵉ, XVIIIᵉ, XIXᵉ siècles. Etage : 1 ch. (2 lits 1 pers.), 1 ch. (1 lit 2 pers.), 1 ch. (1 lit 2 pers.), salle de bains et wc privatifs pour chaque ch. Chauffage central. Grand parc, ping-pong, bicyclettes, boxes pour chevaux et attelage sur place. Gare 25 km, commerces 6 km. Anglais et espagnol parlé. Ouvert du 1ᵉʳ avril au 30 octobre. Très bien desservi par la RN 12 qui passe à quelques kilomètres, dans la campagne, au calme, la demeure de « La Grande Noë » est une propriété familiale où vous accueillent M. et Mme de Longcamp. Maison de grand confort et de caractère.

Prix : 2 pers. **450/600 F** repas **220 F**

2	4	6	8	2	4	8	20	110

DE LONGCAMP Jacques – La Grande Noe – 61290 Moulicent – Tél. : 33.73.63.30 – Fax : 33 83 62 92

Passais-la-Conception « Le Bas du Bourg »

C.M. n° 231 — Pli n° 40

⅋ NN

Région du bocage Domfrontais (Domfront 14 km). 1er étage : 1 ch. (1 lit 1 pers. 1 lit 2 pers., possibilité 1 lit enfant), salle d'eau et wc privatifs. Séjour, chauffage central. Gare 32 km, commerces sur place. Ouvet toute l'année. M. et Mme Brière vous accueillent dans leur vieille maison de pierres dans ce pays de Domfront, centre de production de cidre et de poiré réputés, riche de beaux manoirs noyés dans la verdure du bocage.

Prix : 1 pers. **135 F** 2 pers. **165 F** 3 pers. **220 F**

🏃	🍴	🎿	🚣	🌲	🦅	〰️	⛪	🎣	⛵
SP	SP	SP	16	30	30	5	32	32	55

BRIERE Henri – Le Bas du Bourg – 61350 Passais-la-Conception – Tél. : 33.38.73.29

Preaux-du-Perche « La Carriere du Poele »

C.M. n° 60 — Pli n° 15

⅋ NN

Région du Perche (Nogent-le-Rotrou 11 km). 1er étage : 1 ch. (2 lits 1 pers.), 1 ch. (3 lits 1 pers.), salle de bains et wc communs aux 2 chambres. Chauffage électrique. Salle de séjour. Gare et commerces 12 km. Ouvert toute l'année. A moins d'une heure trente de Paris, l'accueil chaleureux de M. et Mme Bouthry qui vous proposent des séjours campagnards dans cette belle région qui est le Perche. Ils sauront vous la faire découvrir et aimer.

Prix : 1 pers. **140 F** 2 pers. **170 F** 3 pers. **200 F**

🏃	🍴	🎿	🚣	🌲	🦅	🎣	〰️
SP	1	12	12	15	15	15	145

BOUTHRY Roland – « La Carriere du Poele » – 61340 Preaux-du-Perche – Tél. : 33.83.00.21

Les Rotours Lac de Rabodanges

C.M. n° 231 — Pli n° 30

⅋ ⅋ NN
(TH)

Au cœur de la Suisse Normande (Putanges 5 km). 1er étage : 1 ch. (1 lit 2 pers., 1 lit 1 pers., 1 lit bébé), 1 ch. (1 lit 2 pers.), 1 ch. (1 lit 2 pers.) avec kitchenette. 2e étage : 1 ch. (1 lit en 130 cm), 1 ch. (1 lit 2 pers.), salle d'eau et wc privés pour chaque chambre. Ch. central et électrique, salle de séjour. Gare 8 km, commerces 5 km. Ouvert toute l'année. Dominant le lac de Rabodanges, la maison de Madame d'Angelo vous permet de venir découvrir la région. Possibilité ski nautique et croisières sur le lac tout proche.

Prix : 1 pers. **155 F** 2 pers. **185 F** 3 pers. **235 F** repas **70 F**

🏃	🍴	🎿	🚣	🌲	🦅	〰️	🎣	⛵
SP	SP	SP	17	SP	2	SP	18	75

D'ANGELO Michele – Lac de Rabodanges – 61210 Les Rotours – Tél. : 33.35.76.38

Saint-Andre-de-Messei « Les Refours »

C.M. n° 231 — Pli n° 41

⅋ ⅋ ⅋ NN

Région de bocage (Flers 6 km) : 3 chambres d'hôtes situées dans la ferme des propriétaires. R.d.c. : 1 ch. (1 lit 2 pers., 1 lit d'appoint, 1 lit bébé), 1 ch. (1 lit 2 pers.). A l'étage : 1 ch. ECC (1 lit 2 pers.), salle d'eau et wc privatifs chacune. Cuisine et salle de séjour réservées aux hôtes, TV, prise tél. Ch. central et électrique. Gare et commerces 6 km. Anglais parlé. Ouvert toute l'année. Entre le Pays d'Andaines (Bagnoles-de-l'Orne : 17 km) et la Suisse Normande, une halte reposante à la ferme, idéale pour de courts séjours.

Prix : 1 pers. **160 F** 2 pers. **190 F** 3 pers. **230 F**

🏃	🍴	🎿	🚣	🌲	🦅	〰️	⛪	🎣	⛵
SP	5	2	6	3	SP	5	17	5	75

DENIS Serge – « Les Refours » – 61440 St-Andre-de-Messei – Tél. : 33.96.72.32

Saint-Aubin-d'Appenai « Le Gue Falot »

C.M. n° 231 — Pli n° 44

⅋ ⅋ ⅋ NN
(TH)

Dans la région du Pays Mêlois (Le Mêle/Sarthe 5 km). Dans une maison de style local restaurée. R.d.c. : 1 ch. (2 lits 1 pers.), 1 ch. (1 lit 2 pers. 1 lit 1 pers.), s. d'eau et wc privés pour chaque chambre. Etage : 1 ch. (4 lits 1 pers.), s. d'eau et wc privés. Chauffage central. Gare 15 km, commerces 5 km. Ouvert de mars à novembre. Anglais et allemand parlé. A deux pas de la forêt domaniale de Bourse, Madame Flochlay vous propose de confortables chambres dans la maison qu'elle a restaurée. Venez y découvrir les charmes et les joies de la campagne. Sons et lumières à Sées (15 km).

Prix : 1 pers. **160 F** 2 pers. **220 F** 3 pers. **280 F** repas **85 F**

🏃	🍴	🎿	🚣	🌲	🦅	〰️	🎣	⛵
SP	SP	5	18	1	1	5	20	120

FLOCHLAY Marie-Annick – « Le Gue Falot » – 61170 St-Aubin-d'Appenai – Tél. : 33.28.68.12

Saint-Bomer-les-Forges « La Roculiere »

C.M. n° 231 — Pli n° 41

⅋ ⅋ ⅋ NN
(TH)

Bocage Domfrontais (Domfront 10 km). 1er ét. : 1 ch. (1 lit 2 pers., 1 lit bébé), salle d'eau et wc privés, 2 ch. (1 lit 2 pers.), salle d'eau et wc privés/ch., 1 ch. (2 lits 1 pers.), salle de bains et wc privés. Chauffage central, ancien four à pain aménagé en cuisine à disposition des hôtes. Gare 10 km, commerces 8 km. Anglais parlé. Ouvert toute l'année. Entre Domfront et Flers, M. et Mme Roussel vous accueillent dans cette ferme aux chambres confortables et conviviales. Venez découvrir les charmes de la campagne. Venez avec votre cheval, 4 boxes et un pré l'y attende. Mont Saint-Michel (80 km), Mémorial de Caen (70 km).

Prix : 1 pers. **175 F** 2 pers. **200 F** 3 pers. **265 F** repas **80 F**

🐕

🏃	🍴	🎿	🚣	🌲	🦅	〰️	⛪	🎣	⛵
SP	SP	3	10	5	10	10	20	10	60

ROUSSEL Pierre – « La Roculiere » – 61700 St-Bomer-Les-Forges – Tél. : 33.37.60.60

Saint-Bomer-les-Forges « La Nocherie »

C.M. n° 231 — Pli n° 41

⅋ ⅋ NN
(TH)

Bocage Domfrontais (Domfront 7,5 km). Dans les dépendances du manoir de la Nocherie (XVIe siècle). 1er étage : 1 ch. (1 lit 2 pers. 2 lits 1 pers.), salle d'eau et wc privés, 1 ch. (1 lit 2 pers.), salle d'eau et wc privés. Chauffage électrique. Séjour réservé aux hôtes. Gare 16 km, commerces 9 km. Ouvert toute l'année. Anglais parlé. M. et Mme Mottier vous accueillent dans un environnement exceptionnel, havre de paix où vous pourrez apprécier la Normandie au travers de ses paysages (possibilité de pêche sur place).

Prix : 1 pers. **185 F** 2 pers. **200 F** 3 pers. **220 F** repas **75 F**

🐕

🏃	🍴	🎿	🚣	🌲	🦅	〰️	⛪	🎣	⛵
SP	SP	7	16	4	17	17	17	17	70

MOTTIER Albert – La Nocherie – 61700 St-Bomer-Les-Forges – Tél. : 33.37.60.36

Saint-Christophe-le-Jajolet « Les Marais »

C.M. n° 231 — Pli n° 43

❦❦❦ NN Région des plaines (Argentan : 9 km). Dans la maison des propriétaires, à l'étage : 1 chambre (1 lit 2 pers. 1 lit bébé), salle d'eau et wc privatifs. Possibilité 1 chambre supplémentaire (1 lit 2 pers.). Séjour, coin-cuisine réservé aux hôtes en été. Chauffage central. Gare et commerces 9 km. Ouvert toute l'année. Madame Jean vous ouvre les portes d'une agréable demeure située à proximité du château et du haras de Sassy (2 km).

Prix : 2 pers. 200 F

1	5	9	9	1	1	75	

JEAN Marie-Madeleine – Les Marais – 61570 St-Christophe-le-Jajolet – Tél. : 33.36.51.28 ou 33.35.34.13

Saint-Evroult-de-Montfort « La Gaspardiere »

C.M. n° 231 — Pli n° 32

❦ NN (TH) Région des haras (Gacé 4 km). Dans la maison des propriétaires au r.d.c. : 1 ch. (1 lit 2 pers. 1 lit bébé), salle d'eau, wc et coin-cuisine privés. Au 2e étage : 1 ch. (3 lits 1 pers.), douche privative, 1 ch. (1 lit 2 pers. 1 lit 1 pers.), douche privative, wc communs au 2 chambres. Séjour. Chauffage central et électrique. Petit déjeuner anglais. Gare 25 km. Commerces 4 km. Anglais parlé. Ouvert toute l'année. Non loin de la pittoresque cité de Gacé, Deborah et Jonathan Joseph vous accueilleront chaleureusement dans leur demeure.

Prix : 1 pers. 150 F 2 pers. 250 F 3 pers. 300 F repas 100 F

SP	1	4	4	5	10	18	85	

JOSEPH Deborah – « La Gaspardiere » – 61230 St-Evroult-de-Montfort – Tél. : 33.35.50.99

Saint-Fulgent-des-Ormes « Le Buisson »

C.M. n° 60 — Pli n° 14

❦❦❦ NN (TH) Région du Perche (Mamers 8 km). 1er étage : 1 ch. (1 lit 2 pers., 1 lit 1 pers.), 1 ch. (1 lit 2 pers.), 1 ch. (2 lits 1 pers.), salle d'eau et wc privatifs pour chaque chambre. Chauffage central. Salle de séjour. Gare 35 km, commerces 8 km. Ouvert toute l'année. Aux confins du Perche et du Saosnois. Ne pas manquer de parcourir la campagne Percheronne et les forêts de Bellême et de Perseigne.

Prix : 1 pers. 185 F 2 pers. 230 F 3 pers. 285 F repas 65 F

SP	3	8	8	11	8	27	11	150

TISON Charles – Le Buisson – 61130 St-Fulgent-des-Ormes – Tél. : 43.97.70.12

Saint-Jouin-de-Blavou « Les Coudereaux »

C.M. n° 231 — Pli n° 44

❦❦❦ NN Région du Perche (Mortagne-au-Perche 10 km). 1er étage : 1 suite comprenant : salon (clic-clac 2 pers. TV, tél. téléséjour), kitchenette, 1 chambre (1 lit 2 pers. 1 lit enfant), salle d'eau et wc privatifs. Chauffage central gaz. Gare 35 km, commerces 10 km. Ouvert toute l'année. Non loin des vieilles cités de Bellême et de Mortagne-au-Perche, M. et Mme Baudouin ont aménagé une confortable suite dans leur vieille maison restaurée. Etape idéale pour des séjours campagnards.

Prix : 1 pers. 180 F 2 pers. 200 F 3 pers. 250 F

SP	0,3	3	10	7	7	13	13	130

BAUDOUIN – « Les Coudereaux » – 61360 Saint-Jouin-de-Blavou – Tél. : 33.25.93.79 ou SR : 33.28.07.00.

Saint-Maurice-les-Charencey « Le Bois Foucher »

C.M. n° 231 — Pli n° 45

❦ NN Région du Perche à 16 km de L'Aigle. Au rez-de-chaussée : 1 ch. (1 lit 2 pers., poss. 1 lit enfant), s. d'eau et wc privés. A l'étage, avec accès indép. : 1 ch. (1 lit 2 pers.), s. d'eau et wc privés, 1 ch. (1 lit 2 pers., poss. lit enfant), s. d'eau et wc privés. Séjour, chauffage central. Box pour chevaux. Gare 17 km. Anglais et allemand parlé. Ouvert toute l'année. Aux portes de l'Orne, le haras de La Perfie d'Albion rassemble 11 races de chevaux différentes dont un étalon Akhal Téké. Les propriétaires vous proposent des randonnées équestres, une façon originale de visiter le Perche. Center Park 7 km.

Prix : 1 pers. 150 F 2 pers. 200 F 3 pers. 250 F

SP	SP	5	16	SP	SP	17	53	115

WENMAN Graham – Le Bois Foucher – 61190 St-Maurice-Les Charencey – Tél. : 33.25.63.61 – Fax : 33.25.63.95

Saint-Ouen-sur-Iton « La Sablonniere »

C.M. n° 231 — Pli n° 45

❦❦❦ NN (TH) Proximité de L'Aigle (6 km). Rez-de-chaussée : 1 chambre (1 lit 2 pers., possibilité 1 lit bébé), salle d'eau et wc privatifs. Chauffage électrique. Vélos sur place. Table d'hôtes sur réservation. Gare et commerces 6 km. Ouvert du 1er juin au 30 octobre. Saint-Ouen-sur-Iton, charmant village réputé pour ses cheminées hélicoïdales se situe aux portes de L'Aigle. M. et Mme Bedou vous y accueillent et sauront faire découvrir les charmes et les secrets du pays d'Ouche. Marché de l'Aigle le mardi matin.

Prix : 1 pers. 190 F 2 pers. 220 F 3 pers. 250 F repas 70 F

SP	0,5	0,5	6	10	6	10	20	100

BEDOU Bernard – 27 rue de la Sablonniere – 61300 St-Ouen-sur-Iton – Tél. : 33.34.39.08

Saint-Ouen-sur-Maire « La Cour »

C.M. n° 231 — Pli n° 42

❦❦❦ NN Région de bocage (Argentan 14 km). Rez-de-chaussée : 1 chambre (1 lit 2 pers.), salle d'eau et wc privés. 1er étage : 1 suite avec 1 chambre (1 lit 2 pers.) et 1 chambre (2 lits 1 pers.), salle d'eau et wc privés. Chauffage central. Véranda, salle à manger à disposition des hôtes. Gare et commerces 4 km. Anglais parlé. Ouvert toute l'année. C'est un accueil très convivial que vous réserve Madame Smith dans sa propriété de « La Cour », calme absolu, très beau jardin avec pergola, des chambres charmantes. Une bonne étape entre bocage et Suisse Normande.

Prix : 1 pers. 160 F 2 pers. 220 F

SP	5	4	14	20	25	25	25	25	85

SMITH Roma – La Cour – 61150 St-Ouen-sur-Maire – Tél. : 33.36.74.83

Saint-Pierre-du-Regard « La Bristiere » — C.M. n° 231 — Pli n° 29

ǂǂǂ NN

Suisse Normande (Condé-sur-Noireau 3 km). Dans la maison des propriétaires, au 1er étage : 1 ch. (1 lit 2 pers.), salle d'eau et wc privés. Dans les dépendances : 1er étage : salon (TV noir et blanc, téléphone), kitchenette, salle de bains et wc. 2e étage : 1 ch. (1 lit 1 pers. 1 lit 2 pers. 1 lit 1 pers. supplémentaire). Chauffage électrique et central. Gare 10 km, commerces 3 km. Anglais parlé. Ouvert toute l'année. Sur la route de la mer (65 km) et de Caen, M. et Mme Toussaint vous accueillent dans cette chambre confortable qu'ils ont aménagée.

Prix : 1 pers. **150/180 F** 2 pers. **200/250 F** 3 pers. **300 F**

SP	3	0,3	3	10	12	15	65

TOUSSAINT Michelle – La Bristiere – 61790 St-Pierre-du-Regard – Tél. : 31.69.11.04

Saint-Symphorien-des-Bruyeres « La Fransonniere » — C.M. n° 231 — Pli n° 33

E.C. NN

Au cœur du pays d'Ouche (L'Aigle 7 km). Dans une ferme restaurée. A l'étage : 1 ch. (1 lit 2 pers. poss. lit bébé), salle d'eau et wc privatifs, 1 ch. (2 lits 1 pers.) avec extension, salle de bains et wc privatifs. Entrée indépendante. Chauffage électrique. Gare et commerces 7 km. Anglais et italien parlé. Ouvert toute l'année. Agréable propriété situé à 7 km de L'Aigle dont le marché hebdomadaire (mardi matin) est à ne pas manquer.

Prix : 1 pers. **180 F** 2 pers. **230 F**

2	6	6	7	2	3	6	90

RAFFI Guy – « La Fransonniere » – 61300 St-Symphorien-des-Bruyeres – Tél. : 33.24.04.58

Saint-Victor-de-Reno « Le Bas Chene » — C.M. n° 231 — Pli n° 45

ǂǂ NN
(TH)

Région du Perche (Mortagne 15 km). 1er étage : 3 ch. (1 lit 2 pers. 1 lit 1 pers.), salle de bains et wc privés pour chaque chambre. Possibilité lit bébé. Dans les dépendances, 1 ch. (1 lit 2 pers. 1 lit 1 pers.), salle d'eau et wc privés. Chauffage électrique et central. Salle de séjour. Gare 12 km, commerces 8 km. Ouvert toute l'année. Au cœur du Perche, près de la forêt de Réno-Valdieu, une halte reposante dans un cadre naturel préservé.

Prix : 1 pers. **160 F** 2 pers. **220 F** 3 pers. **280 F**
repas **45/80 F**

0,5	0,2	6	6	0,5	0,5	26	20	120

COURTOIS Jeanine – « Le Bas Chene » – 61290 St-Victor-de-Reno – Tél. : 33.73.65.22

Sainte-Gauburge-Sainte-Colombe « La Bussière » — C.M. n° 231 — Pli n° 44

ǂǂǂ NN
(TH)

Région des haras (L'Aigle 15 km). Dans un manoir de style normand. 2e étage : 1 suite avec 1 ch. (1 lit 2 pers.) et 1 ch. (2 lits 1 pers., poss. 1 lit bébé), salle de bains et wc privatifs, 1 ch. (2 lits 1 pers.) avec salle de bains et wc privatifs. Chauffage central. Table d'hôtes sur réservation. Box pour chevaux. Gare et commerces 1,5 km. Ouvert toute l'année. Anglais et allemand parlés. M. et Mme Le Brethon vous reçoivent dans leur manoir et vous permettent de profiter d'un cadre très agréable et du confort intérieur des chambres qu'ils ont restaurées avec goût.

Prix : 1 pers. **230 F** 2 pers. **300 F** 3 pers. **400 F** repas **120 F**

SP	1,5	15	3	10	8	88	

LE BRETHON Antoine – La Bussière – 61370 Ste-Gauburge – Tél. : 33.34.05.23

Sainte-Honorine-la-Chardonne « La Boisnerie » — C.M. n° 231 — Pli n° 29

ǂ NN

A 11 km de Flers, dans une maison de ferme du 17e siècle avec jardin arboré. R.d.c. : 1 ch. 3 épis NN (1 lit 2 pers.), s. d'eau et wc privés. Etage : (1 épi NN), 2 ch. (1 lit 2 pers. chambre, poss. lit enfant), 1 ch. (2 lits 1 pers.), s. d'eau et wc communs aux 3 chambres. Ch. électrique. Salle de séjour et cuisine réservés aux hôtes. Gare 11 km, commerces 8 km. Ouvert toute l'année. En Suisse Normande, belle région aux paysages naturels préservés. Une maison de pays restaurée pour un accueil convivial de M. et Mme Harivel.

Prix : 1 pers. **150/200 F** 2 pers. **200/250 F** 3 pers. **250/300 F**

SP	1	3	9	9	20	15	60

HARIVEL Raymond – « La Boisnerie » – 61430 Ste-Honorine-la-Chardonne – Tél. : 33.66.42.95 ou SR : 33.28.07.00.

Le Sap « Les Roches » — C.M. n° 231 — Pli n° 32

ǂǂǂ NN
(TH)

Pays d'Auge (Gacé 15 km). 1er étage : 1 ch. (1 lit 2 pers. 1 lit 1 pers.), salle d'eau et wc privés, 1 ch. (1 lit 2 pers.), salle de bains et wc privés, 1 ch. (1 lit 2 pers. 2 lits 1 pers.), salle d'eau et wc privés. Possibilité lit enfant. Chauffage central, salle de séjour, jardin. Gare 30 km. Commerces sur place. Ouvert toute l'année. C'est dans cette belle maison de ferme du XVIIe siècle située en pleine campagne que M. et Mme Bourgault vous accueillent en toute convivialité. Proximité des régions renommées du Perche et du Pays d'Auge.

Prix : 1 pers. **150 F** 2 pers. **230 F** 3 pers. **280 F** repas **100 F**

SP	6	2	16	5	16	16	70

BOURGAULT Gerard – « Les Roches » – 61470 Le Sap – Tél. : 33.39.47.39

Survie « Les Gains » — C.M. n° H8 — Pli n° 44

ǂǂ NN
(TH)

Entre la région des haras et du Pays d'Auge (Vimoutiers 10 km). Dans une aile de la maison des propriétaires. 1er ét. : 1 ch. (1 lit 2 pers.), salle de bains et wc privés, 1 ch. (2 lits 1 pers.), s. d'eau et wc privés, 1 ch. (2 lits 1 pers. 1 lit d'appoint), s. d'eau et wc privés. Chauffage électrique. Séjour réservé aux hôtes. Gare 15 km, commerces 10 km. Ouvert toute l'année. Anglais parlé. A proximité des sites de la bataille de Normandie, l'accueil à la ferme. Aux alentours, le haras du Pin, les collines du Pays d'Auge et le charmant village de Camembert vous attendent.

Prix : 1 pers. **150 F** 2 pers. **200 F** 3 pers. **250 F** repas **100 F**

SP	SP	15	15	15	15	80	

WORDSWORTH Christopher – « Les Gains » – 61310 Survie – Tél. : 33.36.05.56 – Fax : 33.36.05.56

Tanques « La Noe »
C.M. n° 231 – Pli n° 43

❀❀❀ NN — Région des plaines d'Argentan. 1er étage : 1 suite avec 1 ch. (1 lit 120) et 1 ch. (1 lit 130, 1 lit bébé), salle d'eau et wc privatifs à la suite. Chauffage central. Gare 7 km, commerces 5 km. Ouvert du 1er avril au 15 octobre. La Noë est une belle ferme de la région des plaines. M. et Mme Sineux vous y accueillent dans une suite confortable, pleine de charme et vous proposent de venir découvrir les richesses de leur région.

Prix : 1 pers. 200 F 2 pers. 250 F

SP	0,5	2	7	15	7	20	30	30	80	

SINEUX Roger – « La Noe » – 61150 Tanques – Tél. : 33.67.05.51

Tinchebray « Les Genetets »
C.M. n° 231 — Pli n° 28

❀❀❀ NN — Région de bocage (Flers 15 km). En sortie de village (direction Vire), au 1er étage d'une vieille maison de pays restaurée : 1 ch. (1 lit 2 pers.), 1 ch. (2 lits 1 pers.), salle d'eau et wc réservés à chaque chambre. Poss. 1 ch. supplémentaire (1 lit 2 pers.), séjour, chauffage central et terrasse. Gare 14 km, commerces 1 km. Ouvert toute l'année. Aux confins de l'Orne, de la Manche et du Calvados, Roger et Claude Vardon vous proposent de venir découvrir Tinchebray et le bocage alentour. Vente de produits cidricoles sur place. Elevage de cerfs à 1 km.

Prix : 1 pers. 150 F 2 pers. 190 F

SP	1	1,5	15	8	15	7	35	17	70

VARDON Roger – « Les Genetets » – 61800 Tinchebray – Tél. : 33.66.61.23

Tremont « La Foleterie »
C.M. n° 231 — Pli n° 44

E.C. NN
(TH) — Proximité du Perche (Sées 10 km).Dans une maison de pays, 1 chambre (1 lit 2 pers.) avec salle de bains et wc privatifs. Chauffage central. Entrée indépendante et coin-salon privatif (canapé-lit 2 pers.), séjour à disposition des hôtes. Grande chambre très personnalisée dans une ambiance très familiale.

Prix : 1 pers. 200 F 2 pers. 250 F 3 pers. 280 F repas 80 F

SP	10	10	25	20	10	15	25

LEDEMAY Yves – « La Foleterie » – 61390 Tremont – Tél. : 33.28.72.15 ou SR : 33.28.07.00.

Villebadin « Champobert »
C.M. n° 231 — Pli n° 43

❀❀ NN — Région des haras (Argentan 12 km). Dans le château des propriétaires. 1er étage : 1 ch. (1 lit 2 pers.), possibilité 1 ch. supplémentaire (1 lit 2 pers.), salle de bains et wc privatifs. Chauffage central. Parc arboré avec pièce d'eau. Gare 12 km, commerces 5 km. Ouvert du 1er septembre au 31 juillet. Venez découvrir le cadre raffiné, les meubles d'époque et calme absolu de cette belle demeure.

Prix : 1 pers. 220 F 2 pers. 230 F

SP	3	3	12	SP	5	30	75

DU MESNIL DU BUISSON Jean-Charles – Champobert – 61310 Villebadin – Tél. : 33.39.93.61

Vingt-Hanaps
C.M. n° 231 — Pli n° 43

❀❀ NN
(TH) — En lisière de forêt d'Ecouves (Alençon 12 km). Chambre d'hôtes aménagée dans une maison à colombages. R.d.c. : 1 ch. (1 lit 2 pers., possibilité lit bébé), salle d'eau, wc et kitchenette privatifs. Terrasse. Chauffage central. Location VTT, boxes et pré pour chevaux sur place. Gare 12 km, commerces 4 km. Ouvert du 1er juin au 1er décembre. A l'orée d'une grande et belle forêt domaniale, toute la convivialité d'une grande maison de style normnad. Etape idéale pour de courts séjours. Venez y découvrir les charmes de la campagne et visitez aux alentours châteaux, musées et vieilles cités.

Prix : 1 pers. 190 F 2 pers. 260 F 3 pers. 310 F repas 85 F

SP	4	3	12	SP	SP	15	110

IVALDI-SOREL – « Les Quatre Saisons » - Les Chauvieres – 61250 Vingt-Hanaps – Tél. : 33.28.82.92

Seine-Maritime

Anceaumeville
C.M. n° 52 — Pli n° 14

❀❀❀ NN — Rez-de-chaussée : 1 chambre de 3 pers. avec salle de bains et wc privés. A l'étage : 2 chambres de 2 pers. Salles d'eau particulières. Salle de séjour avec cheminée et TV à disposition. WC privés. Possibilité table d'hôtes sur réservation. Gare et commerces 4 km. Ouvert toute l'année. Dans une maison normande entourée d'un jardin avec salon de jardin, située au cœur du village, une terrasse permet l'accès indépendant aux chambres. Parc zoologique de Clères. Rouen à 10 minutes.

Prix : 1 pers. 170 F 2 pers. 210 F 3 pers. 270 F

4	40	30	4	SP	6	25	40	10	6	

ALEXANDRE Roger et Ginette – 95, Route de Sierville – 76710 Anceaumeville – Tél. : 35.32.50.22

Angerville-Bailleul Le Hameau-de-l'Etang
C.M. n° 52 — Pli n° 12

E.C. NN — A 10 km de Fécamp dans une maison ancienne à colombages. A l'étage : 1 chambre de 3 pers. et 2 chambres de 2 pers. avec salle d'eau et wc privatifs à chacune. Au rez-de-chaussée : 1 chambre 3 pers. avec salle d'eau et wc privatifs. Possibilité d'accès indépendant. Table d'hôtes sur réservation. Vente de produits fermiers sur place. Gare 10 km. Commerces 5 km. Ouvert toute l'année.

Prix : 1 pers. 160 F 2 pers. 190 F 3 pers. 250 F

5	5	5	SP	10	10	10	SP	18

MADIOT Jacques – Le Hameau de l'Etang – 76110 Angerville-Bailleul – Tél. : 35.27.74.89

Angerville-la-Martel
C.M. n° 52 — Pli n° 11

❦❦❦ NN

2 chambres 2 pers. 1 chambre 3 pers., avec salle d'eau et wc particuliers chacune. Entrée indépendante. Restaurant 3 km. Terrain de boules. Ouvert de février à la Toussaint. Gare 8 km, commerces 3 km. Table d'hôtes le week-end sur demande. Belle chaumière de caractère, à 8 km de Fécamp, entourée d'un grand jardin. Terrain de pétanque. Séjour avec TV, salon, bibliothèque. Salon de jardin. Parking privé.

Prix : 2 pers. **210 F** 3 pers. **260 F** pers. sup. **50 F**

8	4	4	1	SP	4	8	4	SP	23

CHERET Claude et Monique – Hameau des Miquetot – 76540 Angerville-la-Martel – Tél. : 35.29.90.26

Angerville-la-Martel Les Hates
C.M. n° 52 — Pli n° 12

❦❦❦ NN
(TH)

A 8 km de Fécamp, 3 km de Valmont, pavillon au milieu d'un grand jardin d'agrément, vue panoramique, calme. 1 ch. 2 pers. avec salle de bains et wc privés. 2 ch. 2 pers. avec salles d'eau et wc privés. Poss. lits suppl. Coin-cuisine. Séjour, salon, TV, jeux. Terrain de pétanque. Centre aquatique 10 km. Gare 9 km. Commerces 3 km. Ouvert toute l'année. Prix VRP : 1 nuit + 1 repas/semaine hors saison : 210 F/pers.

Prix : 2 pers. **210 F** 3 pers. **270 F** pers. sup. **60 F** repas **80 F**

9	6	3	2	SP	9	9	6	2	25

LEDOULT Gilbert et Michele – « Les Hates » – 76540 Angerville-la-Martel – Tél. : 35.29.80.82

Anglesqueville-la-Bras-Long
C.M. n° 52 — Pli n° 13

❦❦ NN

A 11 km de Saint-Valéry en Caux, maison traditionnelle en briques comportant 3 chambres d'hôtes. A l'étage : 2 ch. 2 pers., salles d'eau privées et wc communs. 2e étage : 1 ch. mansardée (1 lit 2 pers.), salle d'eau et wc privés. Séjour. Ferme-auberge 5 km. Ouvert toute l'année. Gare 7 km. Commerces 6 km. Anglais parlé.

Prix : 1 pers. **150 F** 2 pers. **180 F** 3 pers. **250 F**

10	10	10	SP	12	10	10	

MARESCOT Gil et Nadine – 76740 Anglesqueville-la-Bras-Long – Tél. : 35.97.01.40

Ardouval
C.M. n° 52 — Pli n° 13

❦❦ NN
(TH)

Maison de maître traditionnelle de haute Normandie située dans un hameau à 15 km de Neufchâtel-en-Bray. 1 ch. 3 pers. et 1 lit d'appoint, 1 ch. 2 pers. et 1 lit d'appoint avec salle de bains et wc commun. Salle de séjour, TV à disposition. Ouvert toute l'année. Ferme-auberge 50 m. Aire de jeux. Forêt et produits fermiers sur place. Restaurant 5 km. Logement de chevaux sur place. Voiture indispensable. Commerces 10 km.

Prix : 1 pers. **140 F** 2 pers. **155 F** 3 pers. **200 F** repas **65 F**

15	25	7	6	SP	4	20

SANSON Jacques et Ghislaine – 1 Place de l'Eglise – 76680 Ardouval – Tél. : 35.93.15.00

Arques-la-Bataille Villa-d'El-Kantara
C.M. n° 52 — Pli n° 4

❦❦❦ NN

1 chambre de 3 pers. avec salle de bains et wc privés. Salon et bibliothèque à disposition des hôtes. Possibilité table d'hôtes sur réservation. Gare 4 km. Commerces sur place. Ouvert toute l'année. Villa entourée d'un grand parc de 3000 m², bordée par une rivière.

Prix : 2 pers. **350/500 F**

1	SP	5	SP	SP	SP	5	SP	5

NIKOLAS Daniele – Villa d'El Kantara - 2 rue de la Chaussee – 76880 Arques-la-Bataille – Tél. : 35.85.58.85

Auppegard Le Colombier
C.M. n° 52 — Pli n° 14

❦❦❦ NN

Au rez-de-chaussée : 1 suite composée d'une chambre 2 pers. et 1 mezzanine avec 2 lits 1 pers. Salle d'eau, wc. 1 lit bébé (4 ans). Séjour. Gare 6 km. Commerces 4 km. Ouvert toute l'année. Bébé : 40 F. Anglais et allemand parlés. Maison indépendante à colombages, à 12 km de Dieppe. Jardin clos, salon de jardin, parking. Ferme-auberge à proximité. Restaurant 3 km.

Prix : 1 pers. **180 F** 2 pers. **200 F** 3 pers. **260 F**
pers. sup. **60 F**

12	10	10	SP	4	12	10	10	10

FAUQUET Madeleine – Le Colombier – 76730 Auppegard – Tél. : 35.85.20.43

Autigny
C.M. n° 52 — Pli n° 13

❦❦❦ NN

A 8 km de Veules les Roses, maison traditionnelle en briques du XIXe comportant 5 chambres d'hôtes de 2 à 5 pers. Chaque chambre dispose d'une salle d'eau et wc privés. Jardin aménagé. Cuisine, séjour à disposition des hôtes. Herbage pour chevaux sur place. Portique, ping-pong. Ferme-auberge 5 km. Saint-Valéry en Caux 16 km. Commerces 1 km. Gare 25 km. Ouvert toute l'année. Anglais parlé.

Prix : 1 pers. **150 F** 2 pers. **200 F** 3 pers. **260 F**
pers. sup. **60 F**

16	10	10	8	10	8	10	10	25

HELUIN Rene et Yvette – Centre du Bourg - Autigny - le Village – 76740 Autigny – Tél. : 35.97.42.55

Auzouville-Auberbosc Le Vert-Bocage
C.M. n° 52 — Pli n° 12

❦❦❦ NN

Dans une maison traditionnelle en briques et silex, avec poutres intérieures. 1 chambre 3 pers. totalement indépendante avec accès extérieur. Salle d'eau et wc privés. Séjour avec TV, salon avec bibliothèque. Possibilité de cuisine. Salon de jardin. Ferme-auberge 4 km. Ouvert toute l'année. Produits fermiers. Location de vélos. Terrain de pétanque 200 m. Gare 13 km.

Prix : 2 pers. **200 F** 3 pers. **250 F**

3	20	13	SP	13	13	13	20	13

LEVESQUE Yvette – Le Vert Bocage – 76640 Auzouville-Auberbosc – Tél. : 35.96.72.37

Auzouville-sur-Ry La Gentilhommiere   *C.M. n° 52 — Pli n° 15*

♥♥♥ NN   A 3 km de Ry, belle maison de caractère du XVII° siècle comportant à l'étage : 1 ch. 2 pers., salle d'eau et wc privés. 1 ch. 3 pers. avec salle de bains et wc particuliers. Séjour, salon. TV. Salon de jardin, bac à sable, portique, parking. Restaurant 3 km. Logement chevaux sur place. Rouen 16 km. Gare 16 km. Commerces 3 km. Ouvert toute l'année.

Prix : 1 pers. **150 F** 2 pers. **200 F** 3 pers. **250 F**

12	60	6	SP	SP	8	25

COUSIN Paul et Ginette – Gentilhommiere – 76116 Auzouville-sur-Ry – Tél. : 35.23.40.74

Auzouville-sur-Ry Le Thill   *C.M. n° 52 — Pli n° 15*

♥♥ NN   Au centre d'un corps de ferme dans un cadre verdoyant. 1 chambre de 3 pers. avec lit d'appoint pour 2 enfants, avec salle d'eau et wc privés. Salle de séjour avec TV à disposition. Gare 18 km. Commerces 2 km. Ouvert toute l'année.

Prix : 1 pers. **140 F** 2 pers. **170 F** 3 pers. **240 F**

12	60	6	2	SP	10	60	60	SP	25

LECONTE Yvonne – Hameau le Thill – 76116 Auzouville-sur-Ry – Tél. : 35.23.40.76

Auzouville-sur-Saane Le Teillage   *C.M. n° 52 — Pli n° 14*

♥ NN   Dans une maison de construction récente en bordure de route, 1 chambre 3 pers., 1 chambre 2 pers., 1 chambre 1 pers., avec salle de bains et wc communs. Salle de séjour à la disposition des hôtes. Garage, jardin. Parc d'attractions et restaurant 500 m. Commerces 4 km. Ouvert toute l'année.

Prix : 1 pers. **145 F** 2 pers. **170 F** 3 pers. **210 F**

4	18	SP	4	SP	4	18

LAMBERT Remi – Le Teillage – 76730 Auzouville-sur-Saane – Tél. : 35.83.23.80

Auzouville-sur-Saane   *C.M. n° 52 — Pli n° 14*

♥♥ NN   Maison de caractère en briques et silex, comprenant 2 chambres 2 pers. avec entrée indépendante. Salle d'eau et wc privés. Salle de séjour, salon, TV à la disposition des hôtes. Aire de jeux. Restaurant 150 m. Dieppe 22 km. Commerces 4 km. Ouvert toute l'année.

Prix : 1 pers. **130 F** 2 pers. **150 F**

22	22	SP	22	SP	4	22

MORTIER Remye – 76730 Auzouville-sur-Saane – Tél. : 35.83.74.43

Bacqueville-en-Caux Le Tilleul   *C.M. n° 52 — Pli n° 14*

♥♥ NN   A 15 km de Dieppe, 2 chambres de 3 pers. avec salle de bains et wc particuliers à chacune. Possibilité lit bébé et logement chevaux. Gare 15 km. Commerces 1 km. Ouvert toute l'année. Restaurant 3 km.

Prix : 1 pers. **170 F** 2 pers. **190 F** 3 pers. **240 F**
pers. sup. **70 F**

12	15	4	3	10	5	15	15	15	15

LEMARCHAND Denis et Anne-Marie – Le Tilleul – 76730 Bacqueville-en-Caux – Tél. : 35.83.20.14 – Fax : 35.83.60.20

Bacqueville-en-Caux   *C.M. n° 52 — Pli n° 14*

E.C. NN   Dans un bâtiment mitoyen à la maison du propriétaire : 2 chambres de 2 pers. avec salles de bains privatives. 1 chambre de 3 pers. avec salle d'eau et wc privés. Gare 18 km. Commerces 2 km. Ouvert toute l'année.

Prix : 1 pers. **160 F** 2 pers. **180 F** 3 pers. **240 F**

18	18	2	SP	10	18	18	SP	18

ROPARS Elise – Route du Bois de Lammerville – 76730 Bacqueville-en-Caux – Tél. : 35.04.31.44

Bardouville Le Val-Sarah   *C.M. n° 55 — Pli n° 6*

♥♥♥ NN   2 chambres 2 pers., 1 ch. 3 pers. avec salles d'eau et wc privés. Cuisine équipée à disposition. Séjour, salon avec cheminée, TV. Ouvert toute l'année. Gare 25 km. Commerces 5 km. Duclair 6 km. Maison indépendante située à proximité de la Seine. Jardin clos, salon de jardin, barbecue. Jeux pour enfants. Mini-golf sur place. Location de salle pour banquets et receptions 120 ouverts + parking 50 voitures.

Prix : 1 pers. **180 F** 2 pers. **200 F** 3 pers. **270 F**

10	50	SP	SP	SP	5	5	20

LEFEBVRE Jean et Micheline – Beaulieu - Le Val Sarah – 76480 Bardouville – Tél. : 35.37.08.07

Barentin   *C.M. n° 52 — Pli n° 14*

♥♥ NN   A 15 km de Rouen, 4 chambres d'hôtes. 2 ch. 2 pers. avec lavabo, douche et TV. 1 ch. 3 pers. avec salle d'eau et TV pour chacune. 1 ch. 4 pers. avec lavabo, douche et TV. 1 ch. 2 pers. + 1 lit pliant : 45 F. Possibilité cuisine. Ping-pong, balançoires, volley-ball, pique-nique, grillades sur place. Commerces 1 km. Ouvert toute l'année.

Prix : 1 pers. **140/160 F** 2 pers. **175/190 F** 3 pers. **235 F**

3	30	3	SP	3	30	

CARPENTIER Brigitte – Ferme de l'Atreaumont – 76360 Barentin-Pavilly – Tél. : 35.92.44.70

Barentin-Pavilly   C.M. n° 52 — Pli n° 14

⚘ NN
(TH)

1 suite (1 chambre double 5 pers.) avec salle de bains et wc privés au 1er étage de la maison des propriétaires. Séjour, salon, TV (communs à la famille d'accueil) à disposition des hôtes. Possibilité table d'hôtes sur réservation exclusivement. Jardin privatif clos. Gare 2 km, commerces 1 km. Ouvert toute l'année. Maison normande en briques et silex. Restaurant 1 km. Barentin 2 km.

Prix : 1 pers. **140 F** 2 pers. **160 F** 3 pers. **210 F** repas **60 F**

2	30	3	2	SP	5	10	30	SP	10

LETHUILLIER Raoul et Genevieve – 247 rue du Docteur Laennec - Les Campeaux – 76360 Barentin-Pavilly – Tél. : 35.92.28.53

Bazinval   C.M. n° 52 — Pli n° 6

⚘⚘ NN

Maison restaurée, située dans un village à 17 km du Tréport. 2 ch. 2 pers. avec salles d'eau particulières pour les 2 chambres. Forêt sur place. Voiture indispensable. Commerces sur place. Restaurant 5 km. Ouvert toute l'année.

Prix : 1 pers. **150 F** 2 pers. **190 F** 3 pers. **220 F**

15	35	6	4	SP	6	35	35	6

LANGLOIS Aime et Daniele – 76340 Bazinval – Tél. : 32.97.04.89 ou 35.93.51.54

Beaumont-le-Hareng La Cour-Cormont   C.M. n° 52 — Pli n° 15

⚘⚘⚘ NN

A 6 km de Saint-Saëns et à 20 mn de Rouen. Au milieu d'un site remarquable authentique, chaumière normande très calme. R.d.c. : 1 ch. (1 lit 2 pers. 1 lit 1 pers.) avec salle d'eau et wc privés. Cuisine et séjour privatifs. Entrée indépendante. Gare 27 km. Commerces 6 km. Ouvert toute l'année.

Prix : 1 pers. **250 F** 2 pers. **280 F** 3 pers. **330 F**

15	35	6	4	SP	6	35	35	4	6

LEMONNIER Remy et Marie-Claude – La Cour Cormont – 76850 Beaumont-le-Hareng – Tél. : 35.33.31.74 – Fax : 35.33.11.53

Beaumont-le-Hareng Les Jardins de Bellevue   C.M. n° 52 — Pli n° 15

E.C. NN

Dans une belle charreterie rénovée en torchis et toit de chaume, 2 chambres d'hôtes (2 lits 1 pers. chacune) avec salle d'eau et wc privés, entrée indépendante. TV, kitchenette réservées aux hôtes. Au milieu d'un parc paysager de 5 ha. avec vue remarquable, calme assuré. Arboretum sur place. Gare et commerces 7 km. Ouvert toute l'année. A 7 km de Saint-Saëns et à 20 mn de Rouen.

Prix : 1 pers. **250 F** 2 pers. **280 F** 3 pers. **330 F**

15	10	7	SP	7	10	35

LEMONNIER Martine – Les Jardins de Bellevue – 76850 Beaumont-le-Hareng – Tél. : 35.33.31.37

Bec-de-Mortagne La Vallee   C.M. n° 52 — Pli n° 12

⚘⚘⚘ NN

Grande maison à colombages, fleurie au centre du village près d'une rivière : 1 chambre (1 lit 2 pers.), 1 chambre (1 lit 2 pers. 1 lit 1 pers.), possibilité de mettre 1 lit supplémentaire dans 1 chambre. Salle d'eau privée chacune. Salle de séjour à disposition. Salon de jardin. Gare 12 km. Commerces 8 km. Ouvert toute l'année. Fécamp 9 km.

Prix : 1 pers. **150 F** 2 pers. **200 F** 3 pers. **250 F**
pers. sup. **50 F**

8	10	10	10	SP	10	10	10	0,5	20

MOREL Jean-Pierre – La Vallee - rue de la Poste – 76110 Bec-de-Mortagne – Tél. : 35.28.00.81

Bellencombre

⚘⚘⚘ NN

Maison de maître du XIXe siècle avec petit parc aux arbres centenaires. 1 chambre de 2 pers. avec salle de bains et wc privatifs. Possibilité logement de chevaux sur place (1 box). Saint-Saëns 7 km. Commerces 5 km. Ouvert toute l'année.

Prix : 1 pers. **170 F** 2 pers. **200 F**

20	3	1	SP	10	20	25	5	1

LETEURTRE Marie-Jose – Hameau Saint-Martin – 76680 Bellencombre – Tél. : 35.93.95.45

Bellencombre Les Authieux   C.M. n° 52 — Pli n° 5

⚘⚘⚘ NN

1 chambre (1 lit 2 pers.) avec salle d'eau particulière. Grand séjour et salon à disposition des hôtes dans la chaumière. Commerces 8 km. Possibilité lit supplémentaire. Location de vélos sur place. Rouen à 30 minutes. Location de canoë-kayak. Promenades accompagnées. Lit enfant : 60 F. Très belle et agréable chaumière avec jardin spacieux et fleuri, aire de jeux, située dans un hameau, au bord de l'eau, au pied de la forêt domaniale d'Eawy.

Prix : 1 pers. **250 F** 2 pers. **280 F**

20	25	SP	SP	SP	4	25

DELAIRE Alain et Annick – Les Authieux – 76680 Bellencombre – Tél. : 35.93.90.16

Bezancourt Gîte-du-Verger   C.M. n° 52 — Pli n° 16

⚘⚘⚘ NN

Dans un bâtiment normand annexe, 2 chambres au rez-de-chaussée avec salles d'eau et wc privatifs. Salle de séjour commune à disposition. Possibilité de cuisine. Possibilité logement de chevaux. Commerces 1 km. Restaurant 3 km. Gournay 12 km. Ouvert toute l'année. Anglais parlé.

Prix : 1 pers. **170 F** 2 pers. **210/230 F**

2	80	10	1	SP	3	40	10

TRANCART Antoine et Catherine – 76220 Bezancourt – Tél . : 35.90.16.42 – Fax . 35.09.69.98

Blacqueville Domaine-de-la-Fauconnerie      *C.M. n° 52 — Pli n° 13*

❄❄❄ NN
(A)

Grande maison de maître du XVIIe siècle. Au 2e étage : 1 suite 4 pers. avec salle de bains et wc. 4 chambres 2 pers. avec salles de bains ou salle d'eau privatives et wc. Possibilité lit d'enfant. Soirée étape VRP 250 F/pers. en semaine et hors-saison. Gare 12 km. Commerces 2 km. Ouvert toute l'année. Anglais parlé.

Prix : 1 pers. **220 F** 2 pers. **245 F** 3 pers. **420 F**
pers. sup. **70 F** repas **90 F**

10	35	10	10	SP	SP	35

MIGNOT Annie – Domaine de la Fauconnerie – 76190 Blacqueville – Tél. : 35.92.19.41 ou 35.92.68.08

Boos   *C.M. n° 52 — Pli n° 14*

❄❄❄ NN

3 chambres 2 pers. 1 chambre 3 pers. avec salles d'eau ou salles de bains et wc privés à l'usage exclusif des hôtes. Parking voiture fermé. Forêt sur place. Patinoire, châteaux 8 km. Petit déjeuner gastronomique. Chambres situées à 8 km de Rouen. Restaurant 2 km. Gare 8 km. Commerces 1 km. Ouvert toute l'année. Armelle Jouan, retraitée. Privilégie la convivialité et la qualité.

Prix : 1 pers. **185 F** 2 pers. **235 F** 3 pers. **320 F**

2	60	5	SP	SP	8	10

JOUAN Armelle – 105 rue de l'Anneau - Franquevillette - Ker Jouan – 76520 Boos – Tél. : 35.80.33.10

Bosc-le-Hard   *C.M. n° 52 — Pli n° 15*

❄❄❄ NN

Maison bourgeoise du XIXe siècle située au centre du bourg. A l'étage : 1 chambre de 2 pers. avec salle de bains et wc privatifs. 1 suite de 4 pers. avec salle d'eau et wc privatifs. Jardin privatif avec terrasse. Gare 4 km. Commerces sur place. Ouvert toute l'année.

Prix : 1 pers. **200/220 F** 2 pers. **220/250 F** 3 pers. **300 F**

12	8	SP	5	1	30	30	5	10

THOREL Marcel et Alice – 64 Place du Marche – 76850 Bosc-le-Hard – Tél. : 35.33.58.07

Bosc-Roger-sur-Buchy   *C.M. n° 52 — Pli n° 15*

❄❄❄ NN

Château de village (300 m²) construit en 1852, grand confort parc arboré avec arbres de 300 ans. 2 chambres 2 pers. et 1 chambre 3/4 pers. avec salles d'eau ou de bains particulières, wc privés. Salle de jeux. Salon, TV. Billard français. Restaurant 1,5 km. Logement de chevaux sur place. Vélos. Rouen à 30 mn. Tarifs dégressifs à partir de 3 nuits. Gare 3 km. Commerces 2 km. Ouvert du 1er mars au 30 novembre. Anglais, russe et espagnol parlés.

Prix : 1 pers. **240 F** 2 pers. **350 F** 3 pers. **420 F**
pers. sup. **50 F**

12	43	10	1	SP	6	43	43	12	12

PRETERRE-RIEUX Katia – Le Chateau, Place de l'Eglise – 76750 Bosc-Roger-sur-Buchy – Tél. : 35.34.29.70

Bourg-Dun Blengre   *C.M. n° 52 — Pli n° 3*

❄❄ NN

Maison de construction récente. 3 chambres avec salle de bains et wc communs. 1 chambre 2 pers. et 2 chambres 3 pers. Séjour, salon avec TV. Billard américain. Terrain de pétanque. Gare 17 km. Commerces sur place. Restaurant 600 m. A 4 km de Saint-Aubin sur Mer. Ouvert toute l'année. Salle de jeux. 8000 m² de terrain.

Prix : 1 pers. **150 F** 2 pers. **180 F** 3 pers. **230 F**
pers. sup. **50 F**

17	3	SP	SP	SP	5	3	4

LEMERCIER Genevieve – Blengre – 76740 Le Bourg-Dun – Tél. : 35.04.20.96

Brachy Hameau-Gourel      *C.M. n° 52 — Pli n° 14*

❄❄ NN

Dans une belle maison normande en briques et à colombages à 16 km de Dieppe, 1 chambre 2 pers. avec salle d'eau particulière. Salon avec TV à la disposition des hôtes. Bibliothèque. Commerces 2 km. Ouvert toute l'année.

Prix : 2 pers. **180 F**

10	10	10	SP	SP	7	10	10	4

LHEUREUX Eric – Hameau Gourel – 76730 Brachy – Tél. : 35.83.01.98

Bretteville-du-Grand-Caux Ferme-du-Beau-Soleil      *C.M. n° 52 — Pli n° 12*

❄ NN

A 10 km de Fécamp, grande maison en briques du XIXe siècle dans un cadre de verdure. 2 ch. 2 pers. avec salle de bains et wc communs. Salon, TV à la disposition des hôtes. Jardin. Restaurant 5 km. Ferme-Auberge 10 km. Commerces 5 km. Ouvert toute l'année. Aire de jeux.

Prix : 2 pers. **135 F** 3 pers. **190 F**

5	10	10	2,5	5	7	10	10	14

**BLONDEL Alain et Beatrice – Ferme du Beau Soleil - Route de Mentheville –
76110 Bretteville-du-Grand-Caux – Tél. : 35.29.17.31**

Bretteville-du-Grand-Caux   *C.M. n° 52 — Pli n° 12*

❄❄ NN

Maison du XVIIIe siècle indépendant. 4 ch. à l'étage dont 1 ch. 3 pers. 1 ch. 2 pers. avec salles d'eau privatives et wc communs. 1 ch. 2 pers. avec salle d'eau et wc privés. 1 ch. double 4 pers., salle d'eau et wc privés. Séjour, cheminée. Coin-cuisine au rez-de-chaussée. Coin-salon, TV. Salle de jeux, jardin. Ouvert toute l'année. Téléphone carte téléséjour. Gare 6 km. Commerces sur place. Fécamp 10 km. Restaurant 2 km.

Prix : 1 pers. **160 F** 2 pers. **170 F** 3 pers. **235 F**
pers. sup. **65 F**

2	12	5	SP	12	12	12	7	28	17

KERDAL J.-Marie et Brigitte – Le Village – 76110 Bretteville-du-Grand-Caux – Tél. : 35.27.74.96

Butot-Venesville Hameau-de-Vaudreville　　　　C.M. n° 52 — Pli n° 12

✵✵✵ NN　4 ch. d'hôtes dans une habitation traditionnelle située dans un hameau. 3 ch. 2 pers., 1 ch. 3 pers. avec salle de bains et wc particuliers pour 4 chambres. Salon. Chasse 3 km. Restaurant 5 km. Aire de jeux. Chambres situées à 5 km des Petites Dalles. Ouvert toute l'année. Commerces 4 km.

Prix : 1 pers. 160 F 2 pers. 190/230 F 3 pers. 330 F

8	5	5	2	SP	8	5	5	8	30

MOSER Marc et Marie-France – Hameau de Vaudreville – 76450 Butot-Venesville – Tél. : 35.97.52.86

Canouville　　　　　　　　C.M. n° 52 — Pli n° 12

✵✵✵ NN　Grande propriété de caractère avec grand jardin, salon de jardin. 5 chambres. 4 chambres de 2 pers. 1 chambre de 4 pers. Salle d'eau et wc privés dans chaque chambre. Salle de séjour. Gare 15 km. Commerces 5 km. Fécamp 25 km. Ouvert toute l'année. Restaurant 5 km.

Prix : 1 pers. 220 F 2 pers. 270/300 F 3 pers. 350 F

5	4	4	1	10	10	3	2

DOURY Jean et Monique – Rue du Bas – 76450 Canouville – Tél. : 35.97.50.41

Canville-les-Deux-Eglises　　　　　　C.M. n° 52 — Pli n° 13

✵✵ NN　Maison traditionnelle de plain-pied. 1 chambre 3 pers. et 1 chambre 4 pers. avec salle d'eau et wc privés chacune. Séjour. Salon de jardin. Hébergement pour chevaux. Ecole de sculpture au village (fondation Douville). Gare 8 km. Commerces sur place. Doudeville 8 km. Ouvert toute l'année. Possibilité de table d'hôtes sur réservation. Restaurant 4 km.

Prix : 1 pers. 170 F 2 pers. 200 F 3 pers. 260 F pers. sup. 70 F

12	14	15	8	10	15	14	14	SP	8

DUCASTEL Etienne et Francoise – Notre Dame – 76560 Canville-Les Deux-Eglises – Tél. : 35.96.60.00

Caudebec-en-Caux Cavee-Saint-Leger　　　　C.M. n° 52 — Pli n° 13

✵✵✵ NN　A 3 km de St-Wandrille. Ouvert toute l'année. Dans une maison ancienne, verger, jardin fleuri, sur la route des abbayes à 500 m de la Seine : 1 ch. 2 pers., 2 ch. 3 pers., 1 ch. 4 pers. avec chacune salle d'eau et wc. Bibliothèque, TV. Barbecue et salon de jardin à disposition des hôtes. Séjour avec réfrigérateur et micro-ondes, cheminée. Restaurant à 500 m. Ferme auberge à proximité. Gare 10 km. Commerces sur place. Ligne autocar Rouen-Caudebec-Le Havre.

Prix : 1 pers. 200/220 F 2 pers. 240/260 F 3 pers. 310/330 F

2	36	SP	SP	SP	2	2	40	SP	22

VILLAMAUX Hubert et Christiane – 68 rue de la Republique - N° 1 Cavee Saint-Leger – 76490 Caudebec-en-Caux – Tél. : 35.96.10.15

Cliponville Rucquemare　　　　　　C.M. n° 52 — Pli n° 13

✵✵✵ NN　A 10 km d'Yvetot. Demeure normande du XVIIᵉ siècle typique du Pays de Cause avec pigeonnier et étang salés. Chambres personnalisées, belle cheminée. R.d.c. : séjour avec cheminée, TV (avec chaînes étrangères) à disposition des hôtes, cuisine, 1 ch. 2 pers. avec s.d.b. et wc particuliers. A l'étage : 2 ch. 3 pers. avec s.d.b. et wc particuliers. Ping-pong, vélos, téléphone en service téléséjour. Gare 10 km. Commerces 4 km. Ouvert toute l'année.

Prix : 1 pers. 160 F 2 pers. 190 F 3 pers. 250 F pers. sup. 40 F

4	20	SP	4	SP	7	20	20	7	30

LEVEQUE J.Pierre et Beatrice – Hameau de Rucquemare – 76640 Cliponville – Tél. : 35.96.72.21

Contremoulins-la-Vallee　　　　　　C.M. n° 52 — Pli n° 12

✵ NN　A 3 km de Fécamp, dans une maison traditionnelle, 1 chambre double avec 3 lits 2 pers., 1 lit 1 pers. avec cabinet de toilette, wc et douche privés. Commerces 3 km. Ouvert toute l'année. Possibilité table d'hôtes.

Prix : 1 pers. 115 F 2 pers. 145 F 3 pers. 190 F pers. sup. 30 F

3	3	3	3	SP	10	3

LEFEBVRE France – Route de Bec de Mortagne – 76400 Contremoulins-la-Vallee – Tél. : 35.29.19.45

Criquebeuf-en-Caux　　　　　　C.M. n° 52 — Pli n° 12

✵✵✵ NN　Dans une grande maison en silex et briques, avec grand terrain. A l'étage : 1 chambre (1 lit 2 pers.). 1 chambre (2 lits 2 pers.). Salles d'eau wc privatifs. Salle à manger réservée aux hôtes. Ferme-auberge sur place. Gare, commerces et forêt à 5 km. Golf 15 km. Fécamp 5 km. Ouvert toute l'année.

Prix : 1 pers. 180 F 2 pers. 230 F 3 pers. 300 F

5	5	5	SP	SP	5	5

BASILLE Michel et Odile – 190 le Bout de la Ville – 76111 Criquebeuf-en-Caux – Tél. : 35.28.01.32

Criquetot-l'Esneval　　　　　　C.M. n° 52 — Pli n° 11

✵✵✵ NN　A 9 km d'Etretat, 2 chambres aménagées au rez-de-chaussée, complètement indépendantes avec accès extérieur. Chambres avec poutres apparentes et porte fenêtre. 2 ch. de 4 pers. avec salles de bains et wc particuliers. Restaurant 1 km. Gare 12 km. Commerces 1 km. Ouvert de mars à novembre. Possibilité lit supplémentaire. Jardin.

Prix : 1 pers. 170 F 2 pers. 190 F 3 pers. 250 F pers. sup. 60 F

9	5	5	1	1	6	5	5	2

PAUMELLE Daniel et Genevieve – Route de Gonneville – 76280 Criquetot-l'Esneval – Tél. : 35.27.28.47

Doudeville Hameau-de-Vautuit — C.M. n° 52 — Pli n° 13

✿✿✿ NN

Maison normande à colombages, du XVIIIe siècle à 13 km de Veules les Roses. 1 chambre 2 pers. avec salle de bains privée, wc à proximité. 1 chambre 5 pers. avec salle de bains particulière et wc privés. Séjour. Jardin. Salon de jardin. Ferme-auberge 4 km. Gare 5 km. Commerces 3 km. Ouvert toute l'année. Suite : 400 F. Anglais parlé.

Prix : 1 pers. **160 F** 2 pers. **200 F**

17	17	12	4	SP	9	17

LAURENT Gerard et M.Francoise – Hameau de Vautuit – 76560 Doudeville – Tél. : 35.96.61.61 ou 35.96.52.40

Doudeville Hameau-de-Seltot — C.M. n° 52 — Pli n° 13

✿✿✿ NN

Dans une maison normande à 15 km de Veules-les-Roses, 1 ch. 2 pers., 1 ch. 4 pers. avec salle de bains et wc privés. Salle de séjour à la disposition des hôtes. TV. Salon, bibliothèque. Possibilité cuisine sur place. Ferme-auberge 5 km. Gare 2 km. Commerces 1 km. Ouvert toute l'année. Possibilité lits supplémentaires.

Prix : 1 pers. **130 F** 2 pers. **180 F** 3 pers. **230 F**
pers. sup. **50 F**

20	15	12	1	SP	15	17	15	1

LEFEL Evelyne – Hameau de Seltot – 76560 Doudeville – Tél. : 35.96.43.12

Duclair La Mustad — C.M. n° 52 — Pli n° 13

✿✿ NN

Dans une grande propriété de caractère avec parc, chambre dans un pavillon indépendant. 1 ch. (1 lit 2 pers.), 1 ch. (2 lits 1 pers.), avec salle d'eau et wc privés au rez-de-chaussée. Salle de séjour et bibliothèque réservées aux hôtes. Gare 20 km. Commerces 300 m. Ouvert toute l'année. Rouen 20 km.

Prix : 1 pers. **170 F** 2 pers. **200 F** 3 pers. **250/300 F**

10	70	1		8	5	70	SP	8	

BROUILLIEZ Genevieve – La Mustad - 161 rue du Parc – 76480 Duclair – Tél. : 35.37.12.72

Duclair — C.M. n° 52 — Pli n° 14

✿✿✿ NN

A 18 km de Rouen, maison bourgeoise dominant la Seine. 3 chambres avec salles de bains et wc privés. Salon de jardin. Parking dans une cour fermée. Restaurant à Duclair. Commerces sur place. Base de loisirs 8 km. Possibilité cuisine. Ouvert toute l'année. Sur un chemin de grande randonnée, sur la route des abbayes. Se rendre place de l'Hôtel de Ville, au coin d'une boulangerie, route de Maromme, à 150 m du groupe scolaire Malraux.

Prix : 1 pers. **180/200 F** 2 pers. **240 F** 3 pers. **300 F**
pers. sup. **60 F**

60	1	SP	SP	5	8

LEMERCIER Bernard – 282 Chemin du Panorama – 76480 Duclair – Tél. : 35.37.68.84

Ecrainville — C.M. n° 52 — Pli n° 12

✿ NN

A 11 km de Fécamp et 12 km d'Etretat. A l'étage : 1 ch. 2 pers. avec lavabo, salle d'eau et wc communs. Possibilité lit d'appoint. Chauffage central au gaz. Jardin, salon de jardin. Séjour, salon, TV à disposition des hôtes. Possibilité de prendre le café dans la chambre. Aire de jeux. Commerces sur place. Ouvert toute l'année.

Prix : 1 pers. **140 F** 2 pers. **190 F** 3 pers. **240 F**
pers. sup. **60 F**

3	12	7	3	SP	12	12	12	2	12

BALLANDONNE Monique – Route de Fongueusemare – 76110 Ecrainville – Tél. : 35.27.73.50

Ecrainville La Forge-Vimbert — C.M. n° 52 — Pli n° 12

✿✿ NN

A 10 km d'Etretat, dans une maison traditionnelle, 3 ch. 2 pers. et 2 ch. 3 pers. avec salles d'eau particulières. Salle de séjour, TV. Serre aménagée en jardin d'hiver. Forfait à partir de 2 nuits : 175 F/2 pers. Gare 12 km. Commerces 1 km. Ouvert du 1er mars au 30 novembre.

Prix : 1 pers. **150 F** 2 pers. **195 F** 3 pers. **245 F**
pers. sup. **50 F**

5	12	12	1	SP	15	12	12	4	12

MALO Vincent – La Forge Vimbert – 76110 Ecrainville – Tél. : 35.27.17.97

Eletot — C.M. n° 52 — Pli n° 12

✿ NN

Maison cauchoise, intérieur normand avec jardin très calme. 2 chambres de 2 pers. avec salle de bains commune et wc. Séjour, salon, TV, bibliothèque à disposition. Accueil chaleureux. Fécamp à 6 km. Gare 30 km. Commerces 6 km. Ouvert toute l'année.

Prix : 1 pers. **150 F** 2 pers. **170 F**

7	2	7	SP	7	1	SP

EDOUARD Christiane – Rue des Wagans – 76540 Eletot – Tél. : 35.28.26.69

Epouville Le Moulin — C.M. n° 52 — Pli n° 11

✿✿✿ NN

Belle maison du XIXe siècle à 18 km d'Etretat et 10 minutes du Havre. Beau jardin arboré traversé par une rivière. Beaucoup de charme. 3 grandes ch. 2 pers. Salle d'eau et wc privés. 1 suite de 2 ch. 2 pers. (1 lit 2 pers. 2 lits 1 pers.) avec salle de bains et wc privés. Salon, TV, bibliothèque. Gare et commerces sur place. Ouvert toute l'année.

Prix : 1 pers. **250 F** 2 pers. **290 F** 3 pers. **390 F**
pers. sup. **100 F**

2	10	SP	SP	SP	2	10	10	5

AUBER Maurice et Catherine – Le Moulin – 76133 Epouville – Tél. : 35.30.56.28

Eu Ferme-du-Viaduc — C.M. n° 52 — Pli n° 5

A l'étage d'une maison ancienne : 1 ch. 2 pers. et 1 ch. 3 pers. avec salle de bains et wc privés, kitchenette. Possibilité enfant et lit supplémentaire. Accès indépendant. Le Tréport 3 km. Gare 4 km. Commerces 1 km. Ouvert toute l'année.

Prix : 1 pers. **200 F** 2 pers. **250 F** 3 pers. **300 F**

3	3	3	1	SP	1	3	3	1	40

DEVILLEPOIX Rene – Ferme du Viaduc - 54 rue des Canadiens – 76260 Eu – Tél. : 35.86.09.69

Fauville-en-Caux — C.M. n° 52 — Pli n° 13

Maison traditionnelle comprenant 2 ch. 2 pers. avec s. d'eau particulière et wc. Entrée indépendante. Séjour, salon avec TV et convertible, coin-cuisine individuel. Aire de jeux. Jardin et salon de jardin. Restaurant 200 m. Golf 25 km. Yvetot 14 km. Gare 3 km. Commerces sur place. Ouvert toute l'année. Accueil par Mme Gervais. Pêche à la mare sur place.

Prix : 1 pers. **170 F** 2 pers. **200 F**

SP	19	SP	SP	8	16	19	8	25

POISSON Helene – 123 rue de la Mare du Pre – 76640 Fauville-en-Caux – Tél. : 35.96.75.30

Flamanville Le Carreau — C.M. n° 52 — Pli n° 13

(TH)

A 6 km d'Yvetot, dans une maison de maître. 1 ch. 3 pers. avec douche et lavabo privés. WC communs. 1 ch. 4 pers. avec salle de bains et wc communs. 2 ch. 2 pers. avec salle de bains et wc privés. Dans une seconde habitation, au dessus d'un gîte, par un escalier extérieur, 1 suite de 2 ch. (2 lits 2 pers.) avec salle de bains et wc. Séjour, TV à disposition. Location de vélos, logement pour chevaux. Commerces sur place. Gare 2 km. Ouvert toute l'année.

Prix : 1 pers. **130 F** 2 pers. **190 F** 3 pers. **220 F** repas **70 F** 1/2 pens. **170 F** pens. **210 F**

6	25	15	2	SP	5	20	25	2

ROUSSIGNOL-QUEVILLY Brigitte – Le Carreau - Route d'Ecalles Alix – 76970 Flamanville – Tél. : 35.96.85.57 ou 35.95.32.66

Flamanville — C.M. n° 52 — Pli n° 13

Dans une maison du XVII° siècle, à 7 km d'Yvetot, 4 chambres sont aménagées. 2 ch. 2 pers. avec salle d'eau et wc communs. 1 ch. 3 pers. avec salle d'eau et wc privés + TV. 1 ch. 3 pers. avec salle de bains et wc privés + TV. Séjour, salon avec TV. Salle de jeux. Possibilité cuisine. Logement chevaux sur place. Restaurant 1 km. Commerces sur place. Ouvert toute l'année.

Prix : 1 pers. **130 F** 2 pers. **170/195 F** 3 pers. **220 F**

6	28	15	7	SP	3	15	4	25

QUEVILLY BARET Yves et Beatrice – Le Bourg - rue Verte – 76970 Flamanville – Tél. : 35.96.81.27

Fontaine-la-Mallet — C.M. n° 52 — Pli n° 11

A 3 km de Montvilliers, 15 mn d'Etretat et 5 km de la plage d'Octeville/Mer. Pavillon dans un hameau récent et calme entouré de verdure. 2 ch. au rez-de-chaussée et 2 ch. à l'étage avec chacune : salle d'eau et wc privés. Entrée indépendante. Salon avec hifi à disposition. Abri vélos. Restaurant sur place. Jardin fleuri. Gare 3 km. Commerces 2 km. Ouvert toute l'année.

Prix : 1 pers. **170 F** 2 pers. **210 F** 3 pers. **330 F**

2	2	1	SP	2	8	5	SP	2

SALMON Yvan et Joelle – 39 rue des Prunus – 76290 Fontaine-la-Mallet – Tél. : 35.55.95.40

Fontaine-sous-Preaux — C.M. n° 52 — Pli n° 14

Dans maison ancienne. A 7 km de Rouen, 1 ch. 2 pers. avec salle d'eau et wc privés dans l'habitation principale. 3 ch. de 2 pers. avec salles d'eau et wc privés dans une annexe du même type (briques et cailloux) datant de 1870. Séjour, salon et bibliothèque à la disposition des hôtes. Logement de chevaux sur place. Restaurant 2 km. Gare 4 km. Commerces à 7 km. Ouvert toute l'année. Lit et nécessaire pour bébé. Poss. lit supplémentaire : 50 F/enfant.

Prix : 1 pers. **150 F** 2 pers. **180 F** pers. sup. **60 F**

7	50	20	3	1	7	40	50	SP	5

PETIT Virgile et Anne-Marie – Ferme de la Houssaye – 76160 Fontaine-sous-Preaux – Tél. : 35.34.70.64

Fontenay Le Tot — C.M. n° 52 — Pli n° 11

(TH)

A 15 km du Havre et 13 km d'Etretat, maison de ferme restaurée. Entrée indépendante, salon. 1 ch. 2 pers., 1 ch. 3 pers. avec salles de bains particulières. Grand jardin d'agrément, jeux pour enfants, ping-pong, coin pique-nique, salon de jardin. Poss. de prendre les repas à la ferme. Poss. accueil chevaux en boxes. Table d'hôtes sur réservation. Gare 6 km. Commerces 5 km. Ouvert toute l'année. Anglais parlé.

Prix : 1 pers. **150 F** 2 pers. **200 F** 3 pers. **350 F** repas **60 F**

4	3	3	3	SP	3	5	3	3

VASSE J.Louis et Catherine – Le Tot - D111 – 76290 Fontenay – Tél. : 35.30.13.16

Foucart Ferme-des-Peupliers — C.M. n° 52 — Pli n° 12

A 5 km de Fauville-en-Caux et 22 km d'Etretat, dans un corps de ferme entouré de peupliers, maison traditionnelle avec poutres intérieures et cheminée ancienne. 2 ch. 3/4 pers. avec salle d'eau et wc particuliers, accès indépendant. Cuisine réservée aux hôtes, TV. Salon de jardin. Restaurant et gare 1 km. Commerces 4 km. Ouvert toute l'année.

Prix : 1 pers. **140 F** 2 pers. **180 F** 3 pers. **220 F**

5	20	4	SP	8	15	4

LEMERCIER Moïse et Marie-Anne – Ferme des Peupliers – 76640 Foucart – Tél. : 35.31.17.72

Gaillefontaine Les Noyers *C.M. n° 52 — Pli n° 16*

♥♥ NN
(TH)
A 7 km de Forges-les-Eaux au calme, maison de maître. 1 ch. (3 épis NN) 2 pers. avec salle de bains et wc privés. 2 ch. (2 pers.) avec salle de bains privative et wc communs. 2 ch. (2 pers.) avec salle d'eau privative et wc communs. Cuisine normande avec produits locaux. Salon, salle de billard français. Ambiance familiale. Possibilité TV dans les chambres. Commerces 5 km. Ouvert toute l'année. Soirées à thèmes. Casino 7 km.

Prix : 1 pers. **200 F** 2 pers. **250 F** repas **80 F**

5	50	6	2	SP	6	5	20

THUAULT-ASSIE J.Jacques et Isabelle – Les Noyers – 76870 Gaillefontaine – Tél. : 35.90.93.54

Goderville *C.M. n° 52 — Pli n° 12*

♥♥♥ NN
(TH)
Dans une maison normande du XVII⁰ siècle à colombages. 3 chambres 2 pers. avec salle d'eau et wc privés. 1 chambre 3 pers. 1 chambre 4 pers. avec salle d'eau et wc privés. Produits fermiers. Séjour, salon. Possibilité cuisine. Commerces sur place. Ouvert toute l'année. Repas et goûters sur réservation.

Prix : 1 pers. **150 F** 2 pers. **180 F** 3 pers. **230 F**
pers. sup. **50 F** repas **60 F**

	12	12		1	SP	12	12

CHEDRU J.Louis et Francoise – 41 rue Jean Prevost – 76110 Goderville – Tél. : 35.27.70.29

Goderville *C.M. n° 52 — Pli n° 12*

♥♥♥ NN
1 ch. 2 pers. avec salle de bains et wc particuliers. 1 ch. double 4 pers. avec salle d'eau et wc particuliers. Salle de séjour, TV à la disposition des hôtes. Ping-pong. Terrain de pétanque. Chambres situées à 15 km d'Etretat. Commerces et restaurant sur place. Fécamp 12 km. Ouvert d'avril à octobre.

Prix : 1 pers. **150 F** 2 pers. **200 F** 3 pers. **250 F**
pers. sup. **50 F**

SP	12	12	SP	SP	12	12	15

HAMEL Gerard et Monique – 15 rue Emile Benard – 76110 Goderville – Tél. : 35.27.74.00

Gonneville-sur-Scie Les Hameaux *C.M. n° 52 — Pli n° 14*

♥♥♥ NN
Domaine de Champdieu, à 10 km d'Etretat, 3 chambres dans une dépendance d'un corps de ferme ancien. 3 ch. 2 pers. avec salle d'eau et wc privés. Demeure du XVII⁰ siècle avec son mobilier haute époque. Poss. table d'hôtes gastronomique sur place et dîner aux chandelles (400 F tout compris). Poss. de louer 2 ch. comme 1 suite : 800 F/2 pers. Commerces 5 km. Gare 6 km. Ouvert toute l'année. Dieppe, 10 km. Jardin de roses et de buis à la française.

Prix : 1 pers. **450 F** 2 pers. **550 F** 3 pers. **750 F**

15	20	5	5	SP	5	20

BUQUET – Les Hameaux – 76590 Gonneville-sur-Scie – Tél. : 35.32.66.82

Les Grandes-Ventes Hameau-Les-Moreaux *C.M. n° 52 — Pli n° 14*

E.C. NN
(TH)
2 ch. d'hôtes au 2⁰ étage de la maison des propriétaires. 2 ch. (1 lit 2 pers.) avec salle d'eau et wc privés pour chacune. Salon avec TV réservé aux hôtes. Dans un ancien corps de ferme, maison entièrement rénovée avec jardin, salon de jardin, p-pong, baby-foot, barbecue. Loc. de chevaux, poss. boxes. Gare 15 km. Commerces 1 km. Ouvert toute l'année. Anglais parlé. A 22 km de Dieppe et à 30 mn de Rouen.

Prix : 1 pers. **180 F** 2 pers. **220 F** repas **80 F**

9	6	9		SP	3	22	22	SP

CAROLE Ambroise – Hameau Les Moreaux – 76950 Les Grandes-Ventes – Tél. : 35.04.03.17

Guerville Ferme-de-la-Haye *C.M. n° 52 — Pli n° 5/6*

♥♥♥ NN
(TH)
A 18 km du Tréport, au rez-de-chaussée d'une maison traditionnelle du XIX⁰ siècle, au milieu d'une forêt. 1 suite de 2 chambres (1 lit 2 pers. 2 lits 1 pers.), avec salle d'eau et wc particuliers. Entrée indépendante. Salle de séjour, salon à disposition des hôtes. Forêt. Chauffage central. Gare et commerces 7 km. Ouvert toute l'année.

Prix : 1 pers. **150 F** 2 pers. **200 F** 3 pers. **260 F** repas **70 F**

17	17	7	2	SP	9	7	17	SP	30

MAIRESSE Jean et Dominique – Ferme de la Haye – 76340 Guerville – Tél. : 22.26.14.26

Haudricourt Ferme-de-la-Mare-du-Bois *C.M. n° 52 — Pli n° 16*

♥♥♥ NN
3 chambres aménagées dans une grande maison de maître : salle d'eau et wc privés. En hors saison possibilité 1 chambre supplémentaire 4 pers. avec salle d'eau et wc privés. Ferme-auberge sur place, location de salle 80 couverts. Commerces 6 km. Ouvert toute l'année.

Prix : 1 pers. **170 F** 2 pers. **170 F** 3 pers. **240 F**

6	54	6	SP	SP	SP	54

NUTTENS Bernadette – Ferme de la Mare du Bois - Route de Neufchatel-Aumale – 76390 Haudricourt – Tél. : 35.93.40.78

Hermanville L'Ancien-Moulin *C.M. n° 52 — Pli n° 14*

♥♥♥ NN
Ancien moulin rénové, proche d'une rivière avec un grand terrain. 1 suite de 2 ch. (2 lits 2 pers.). 1 chambre 2 pers. Salles d'eau et wc privatifs à chaque chambre. Séjour commun avec TV. Balançoire, ping-pong, salon de jardin, location de vélos. Logement de chevaux sur place. Gare 10 km. Commerces 3,5 km. Ouvert toute l'année. Dieppe 12 km.

Prix : 1 pers. **190 F** 2 pers. **250 F** 3 pers. **350 F**
pers. sup. **70 F**

12	8	1	3	SP	SP	8

LECOMTE Maryline – L'Ancien-Moulin – 76730 Hermanville – Tél. : 35.04.10.86

Seine-Maritime   *Normandie*

Houdetot   *C.M. n° 52 — Pli n° 3*

♥♥♥ NN
(TH)

Dans une maison à colombages au milieu d'un bel espace vert, à 7 km de la mer. 2 ch. de 3 pers. avec salle d'eau et wc particuliers. Entrée indépendante. Coin-cuisine. Salle de séjour à disposition des hôtes. Possibilité lit d'appoint. Logement pour chevaux sur place. Table d'hôtes du 15 octobre au 15 avril. Gare et commerces 12 km. Ouvert toute l'année. Yvetot 8 km, Saint-Valéry-en-Caux 12 km.

Prix : 1 pers. **170 F** 2 pers. **200 F** 3 pers. **250 F**
pers. sup. **55 F** repas **55 F**

🚤	⛵	⛪	🎿	🏃	🐴	⛵
12	7	1	12	SP	6	7

BOCQUET J.Francois et Cath. – 76740 Houdetot – Tél. : 35.97.08.73

Jumieges Le Conihout   *C.M. n° 52 — Pli n° 13*

♥♥♥ NN

A 12 km de Duclair, verger en bord de Seine, maison en briques roses avec jardin fleuri et belle véranda. 1 ch. 2 pers. avec salle d'eau et wc particuliers. Salle de séjour, salon, TV à la disposition des hôtes. Gare 30 km. Commerces 2 km. Ouvert toute l'année.

Prix : 1 pers. **150 F** 2 pers. **190 F**

🚤	⛵	⛪	🎿	🏃	🐴	⛵
2	60	SP	2	SP	4	2

CADINOT Roland et Simone – 1449 Route le Conihout – 76480 Jumieges – Tél. : 35.37.24.35

Jumieges   *C.M. n° 52 — Pli n° 13*

♥♥♥ NN

Dans une très belle maison normande de caractère, agrémentée d'un superbe jardin avec terrasse, 3 ch. 2 pers., 1 ch. 3 pers. Salle d'eau et wc dans chaque chambre. Entrée indépendante. A 12 km de Duclair et 25 km de Rouen. Située derrière l'abbaye, à l'orée d'un parc boisé, calme garanti. Syndicat d'initiative sur place. Restaurant et commerces à 600 m.

Prix : 1 pers. **190 F** 2 pers. **220 F** 3 pers. **270 F**

🚤	⛵	⛪	🎿	🏃	🐴	⛵
3	60	1	1	SP	1	3

CHATEL Patrick et Brigitte – 798 rue du Quesney - Le Relais de l'Abbaye – 76480 Jumieges – Tél. : 35.37.24.98

Jumieges   *C.M. n° 55 — Pli n° 5*

♥♥ NN

Grand bâtiment restauré à colombages, face à l'Abbaye de Jumièges, proche du centre, au calme. 1 ch. (1 lit 2 pers.). 1 ch. (1 lit 2 pers. 1 lit 1 pers.). 1 ch. (1 lit 2 pers. 1 lit 1 pers.) avec accès indépendant. S. d'eau privée pour chacune. Grande salle et TV à disposition. Gare 26 km. Commerces sur place. Ouvert toute l'année. Base de plein air avec nombreuses activités à 3 km. Sur la route des abbayes, route des fruits. Ferme-auberge sur place.

Prix : 1 pers. **190 F** 2 pers. **220 F** 3 pers. **270 F**

🚤	⛪	🎿	🏃	🐴	⛵	⛵	🌲	🎣
20	3	3	SP	1	3	60	2	3

DOUILLET Gilbert et Monique – Route du Mesnil – 76480 Jumieges – Tél. : 35.37.43.57

Jumieges Le Conihout   *C.M. n° 52 — Pli n° 13*

♥♥♥ NN

Maison récente à colombages en bord de Seine, 2 chambres avec chacune 1 lit 2 pers., 1 lit 1 pers., salle d'eau particulière pour chacune. Séjour, TV à disposition. Jardin, salon de jardin. Duclair, 12 km, Rouen, 25 km. Gare 28 km, commerces 4 km. Ouvert toute l'année.

Prix : 1 pers. **160 F** 2 pers. **200 F** 3 pers. **250 F**

🚤	⛵	⛪	🎿	🏃	🐴	⛵	⛵	🌲	🎣
2,5	65	2,5	3	4	4	3	65	4	3

GRANDSIRE Hubert et Jocelyne – 1449 le Conihout – 76480 Jumieges – Tél. : 35.37.33.79

Jumieges Le Conihout   *C.M. n° 52 — Pli n° 13*

♥ NN

Maison du XVIII° siècle en pierres et briques. 2 chambres 2 pers., 1 chambre 3 pers. à 12 km de Duclair. Salle de bains et wc à l'usage exclusif des hôtes. Possibilité cuisine. Restaurant 4 km. Commerces 2 km. Gare 25 km. Ouvert du 15 mars au 15 septembre.

Prix : 1 pers. **130 F** 2 pers. **160 F** 3 pers. **200 F**

🚤	⛵	⛪	🎿	🏃	🐴	⛵
2	60	2	2	SP	4	2

LAMBERT Emile – 1303 le Conihout – 76480 Jumieges – Tél. : 35.37.24.07

Les Landes-Vieilles-et-Neuves   *C.M. n° 52 — Pli n° 16*

♥♥♥ NN
(TH)

Château du XIX° en briques, dans un parc de 1 ha planté d'arbres séculaires, à 200 m de la Basse Forêt d'Eu sur la D7. A 5 km de la N29 Rouen-Amiens. 4 très grandes chambres avec salle d'eau et wc privatifs. 1 suite 4 pers. de grand confort (650 F/4 pers.) avec salle d'eau et wc privés. Salle à manger, séjour et salon-bibliothèque à disposition. Lit bébé gratuit. Véranda pour les petits déjeuners. Gare et commerces à 12 km. Forêt 500 m. Ouvert toute l'année. Anglais parlé.

Prix : 1 pers. **260/300 F** 2 pers. **300/350 F** 3 pers. **400 F**
pers. sup. **50 F** repas **110 F**

🚤	⛵	⛪	🎿	🏃	🐴	🌲	🎣
15	45	15	15	SP	3	25	25

SIMON-LEMETTRE Gerard et Jacqueline – Chateau des Landes – 76390 Les Landes-Vieilles-et-Neuves – Tél. : 35.94.03.79

Les Loges Ferme-du-Jardinet   *C.M. n° 52 — Pli n° 11*

♥♥♥ NN

A 6 km d'Etretat, maison de caractère traditionnelle en briques. 1 ch. 2 pers. avec salle d'eau et wc privés. 1 ch. 4 pers. avec salle d'eau et wc privés. Séjour avec TV, bibliothèque. Jardin arboré. Restaurant dans la commune. Logement pour chevaux. Abonnement tennis couvert et plein air pour les hôtes. Gare 12 km. Commerces sur place. Ouvert toute l'année. Fécamp 12 km.

Prix : 1 pers. **170 F** 2 pers. **210 F** 3 pers. **280 F**

🚤	⛪	🎿	🏃	🐴	⛵
6	5	6	SP	SP	6	10

VASSE Laurent et Beatrice – Ferme du Jardinet – 76790 Les Loges – Tél. : 35.27.04.07

La Mailleraye-sur-Seine   *C.M. n° 52 — Pli n° 13*

♥ NN

Maison de maître (1766), située dans le bourg, avec un petit jardin isolé. Vue sur la Seine. 1 ch. 2 pers. 1 ch. (1 lit 2 pers. 1 lit 1 pers.), 1 ch. (1 lit 2 pers. 2 lits 1 pers. superposés). Chacune avec coin-toilette. Salle de bains et wc communs. Salle de détente avec TV, bibliothèque, salon de jardin. Route des abbayes, forêt de Brotonne. Possibilité cuisine. Gare 15 km. Commerces sur place. Restaurant 200 m. Ouvert toute l'année.

Prix : 1 pers. **150 F** 2 pers. **180 F** 3 pers. **240 F**

5	60	5	SP	SP	2	5

PERRIN J.Jacques et Danielle – 16 rue de la Republique – 76940 La Mailleraye-sur-Seine – Tél. : 35.37.48.52

Manehouville Calnon   *C.M. n° 52 — Pli n° 14*

♥♥ NN

A 10 km de Dieppe. 2 chambres 3 pers. avec cheminée + 2 chambres attenantes pour enfants. 2 chambres avec salles d'eau privées et wc communs aux 2 chambres. Salle de séjour avec TV à la disposition des hôtes. Réduction 10 % à partir de la 2e nuit. Sur place : goûters en après-midi. Gare et commerces 3 km. Ouvert toute l'année. Anglais parlé. Grande maison de maître milieu XIXe, jardin et salon de jardin, parking. Forfaits randonnées pédestres.

Prix : 1 pers. **150 F** 2 pers. **200 F** 3 pers. **240 F** pers. sup. **60 F**

8	8	8	6	2	8

DURAME Henri et M.Therese – Calnon – 76590 Manehouville – Tél. : 35.85.41.41

Maniquerville   *C.M. n° 52 — Pli n° 2*

♥♥ NN

A 7 km de Fécamp et à 11 km d'Etretat, 2 chambres d'hôtes 2 et 4 pers. aménagées dans une maison du XVIIe siècle dans un clos masure. 1 salle de bains et wc communs aux 2 chambres. Salon avec TV. Coin-cuisine. Restaurant 2 km. Gare 10 km. Commerces 6 km. Ouvert toute l'année.

Prix : 1 pers. **150 F** 2 pers. **200 F** 3 pers. **250 F** pers. sup. **50 F**

7	5	6	3	10	12	6	5	5	11

LOISEL Michel et Francoise – 76400 Maniquerville – Tél. : 35.29.31.28 – Fax : 35.27.30.32

Manneville-Es-Plains   *C.M. n° 52 — Pli n° 3*

♥ NN

Maison de construction récente à la campagne agréablement aménagée. 2 chambres de 2 pers. d'excellente qualité, avec 1 lavabo dans chaque chambre et salle d'eau commune. WC communs aux 2 chambres. Jardin, aire de jeux, parking. Gare et commerces 4 km. Saint-Valéry en Caux 4 km. Restaurant 500 m. Ouvert toute l'année.

Prix : 1 pers. **160 F** 2 pers. **180 F**

4	4	4	4	SP	3	4	30

GOUARD Andre et Genevieve – Rue de la Forge – 76460 Manneville-Es-Plains – Tél. : 35.97.11.73

Manneville-la-Goupil Hameau d'Ecosse   *C.M. n° 52 — Pli n° 12*

♥♥♥ NN
(TH)

Dans une maison de maître du XVIIIe siècle ouvert toute l'année, à 15 km d'Etretat et du Pont de Normandie. 1 suite de 4 ou 6 pers. avec salle d'eau et wc privés. 1 chambre 2/3 pers. avec salle de bains et wc privés. 1 chambre 2 pers. avec salle d'eau et wc privés. Table d'hôtes sur réservation avec produits de la ferme, cidre. Jardin, salon de jardin. Commerces 5 km. Ouvert toute l'année.

Prix : 2 pers. **180/265 F** 3 pers. **300 F** pers. sup. **60 F** 1/2 pens. **240 F**

5	15	15	15	15	15	15	15

LOISEL Hubert et Nicole – Hameau d'Ecosse – 76110 Manneville-la-Goupil – Tél. : 35.27.77.21 – Fax : 35.27.77.21

Maucomble   *C.M. n° 52 — Pli n° 15*

♥♥♥ NN
(TH)

Rez-de-chaussée : 1 chambre 2 pers. avec salle de bains et wc privatifs. Possibilité d'accès indépendant. A 4 km de Saint-Saens. Table d'hôtes sur réservation. Gare 11 km. Commerces 4 km. Ouvert toute l'année.

Prix : 1 pers. **180 F** 2 pers. **200 F** 3 pers. **260 F** repas **65 F**

12	35	6	1	SP	4	35	35	SP	4

MARUITTE Guy et Solange – Le Bourg – 76680 Maucomble – Tél. : 35.34.50.91

Maulevrier-Sainte-Gertrude   *C.M. n° 52 — Pli n° 13*

♥♥♥ NN

A 3 km de Caudebec-en-Caux. Dans une maison normande, en bordure de forêt domaniale, sur le GR211, 2 chambres 2 pers. dont 1 au rez-de-chaussée avec salle de bains et wc particuliers. Salon, bibliothèque à la disposition des hôtes. Jardin. Restaurant à proximité. Gare 9 km. Commerces 1 km. Ouvert toute l'année sauf en septembre..

Prix : 1 pers. **150 F** 2 pers. **200 F**

2	40	SP	3	SP	SP	20

SAINT-LEGER Jacqueline – Le Bourg – 76490 Sainte-Gertrude – Tél. : 35.96.38.87

Melleville La Marette   *C.M. n° 52 — Pli n° 5*

♥♥♥ NN

Maison 1900 entourée de jardins, à l'orée de la forêt d'Eu. 1 chambre 2 pers. (pouvant avoir 1 suite pour 4 pers.), 1 chambre 3 pers. avec lavabo et wc privés. Salle d'eau commune. Séjour, salle de jeux, salons de jardin à disposition. Cuisine l'été. Tréport 13 km. Eu 12 km. Gare et commerces à 7 km. Ouvert toute l'année.

Prix : 1 pers. **160/200 F** 2 pers. **200/280 F** 3 pers. **270 F**

12	14	7	4	SP	6	7	SP	14

GARCONNET Etienne et Nelly – La Marette – 76260 Melleville – Tél. : 35.50.81.65

Mesnieres-en-Bray

☘☘☘ NN
(TH)

Grange restaurée dans un ancien corps de ferme, face à un château Renaissance, avec jardin. 1 chambre 2 pers. 1 chambre 3 pers. 2 chambres 4 pers. 1 suite jusqu'à 6 pers. avec salle de bains et wc pour chaque chambre. Equipement pour bébé. Séjour à disposition des hôtes. Table d'hôtes (avec espace non fumeur) sur réservation. Gare 20 km. Commerces 1 km. Neufchâtel en Bray 5 km. Ouvert de Pâques à la Toussaint. Suite 4/6 pers. 410 F. Anglais parlé.

Prix : 1 pers. **200 F** 2 pers. **250 F** 3 pers. **350 F**
pers. sup. **50 F** repas **75 F**

5	30	3	1	1	0,3	30		

GALLAGHER Oliver et Kate – Ferme de Rambure – 76270 Mesnieres-en-Bray – Tél. : 35.94.14.13

Mesnil-Esnard

E.C. NN

Belle maison du XIXe siècle. R.d.c. : séjour à la disposition des hôtes. A l'étage : 2 ch. 2 pers. avec salle de bains et wc privés. Lit bébé à disposition. Gare 6 km. Commerces 1 km. A 6 km de Rouen, en bordure de forêt, au bout d'un chemin privé, avec prairie de 3 ha. Logements de chevaux sur place.

Prix : 1 pers. **160 F** 2 pers. **190 F** sup. **50 F**

3	1	SP	25	60	SP

TREVET Claude et Nathalie – Chemin du Val Aux Daims – 76240 Mesnil-Esnard – Tél. : 35.79.83.83

Meulers

☘ NN

Pavillon récent avec véranda donnant sur le jardin : 1 chambre (1 lit 2 pers. 1 lit 1 pers.), lavabo, 1 chambre (1 lit 2 pers. 1 lit 1 pers.), lavabo, mezzanine (2 lits supplémentaires 1 pers.). Salle d'eau commune. Séjour, salon et véranda à disposition. Gare 15 km, commerces 1 km. Ouvert toute l'année. Salon de jardin. Possibilité table d'hôtes sur réservation. Vue sur la forêt. Dieppe 12 km.

Prix : 1 pers. **150 F** 2 pers. **180 F** 3 pers. **220 F**
pers. sup. **40 F**

9	15	6	3	SP	6	9	15	SP	15

DUBOIS Jean-Marie et Maryse – Route de Dieppe – 76510 Meulers – Tél. : 35.83.45.70

Montreuil-en-Caux

☘☘ NN

Dans une maison indépendante avec grande cour, 1 chambre 2 pers., 1 chambre 3/4 pers. avec salle d'eau et wc privés pour chacune. TV dans chaque chambre. Jardin et aire de jeux. Parking dans cour fermée. Restaurant 6 km. Commerces 8 km. Dieppe 30 km. Ouvert toute l'année.

Prix : 1 pers. **160 F** 2 pers. **190 F** 3 pers. **270 F**
pers. sup. **50 F**

28	28	8	3	3	8	25	26	6	8

LAMPERIER Didier et Maryline – C.D. 96 - Le Bourg – 76850 Montreuil-en-Caux – Tél. : 35.32.63.47

Morgny-la-Pommeraye La Pommeraye

☘ NN
(TH)

Grande maison à la campagne. 2e étage : 2 ch. (1 lit 2 pers. chacune) avec douche et wc privés, 1 ch. (2 lits 1 pers.), 1 ch. (1 lit 2 pers. 2 lits 1 pers.) avec salles d'eau et wc privés. Lit bébé. Salon, salle à manger à disposition. Téléphone dans les chambres. Jardin clos, salon de jardin et barbecue à disposition. Gare 10 km. Commerces 3 km. Ouvert toute l'année.

Prix : 1 pers. **150 F** 2 pers. **180 F** 3 pers. **240/300 F**
repas **65 F** 1/2 pens. **150 F**

10	10	10	SP	10	40	60

PIRON Josiane – La Pommeraye - 651 rue de la Pommeraye – 76750 Morgny-la-Pommeraye – Tél. : 35.34.70.07

Motteville L'Orangerie

E.C. NN

5 ch. d'hôtes au 1er étage. 1 ch. (1 lit 2 pers. 1 lit 1 pers.) avec salle de bains et wc privés, 1 ch. (1 lit 2 pers. à baldaquin) avec salle de bains et wc privés, 1 ch. (1 alcôve 2 pers.) avec salle de bains et wc privés, 1 ch. (2 lits 1 pers. 2 lits 1 pers.) avec salle de bains et wc privés. Séjour avec cheminée, TV, téléphone, fax. Salon de jardin. Gare 2 km. Commerces 1 km. Ouvert toute l'année. A 6 km d'Yvetot, chambres de charme dans un château du XVIIe siècle, dans un parc paysager. Possibilité table d'hôtes sur réservation.

Prix : 2 pers. **200/250 F** 3 pers. **300/350 F**

6	12	6	SP	6	20	28

DEPINAY Patrice – L'Orangerie – 76970 Motteville – Tél. : 35.95.61.68

Nesle-Hodeng La Maison-Blanche

☘☘☘ NN
(TH)

Maison contemporaine avec 3 ch. (1 lit 2 pers.) chacune dont 1 avec 1 lit enfants., salle d'eau et wc privés chacune. Salle de séjour. Salon, TV, bibliothèque à disposition des hôtes. Jardin. Gare et commerces 6 km. Table d'hôtes sur réservation. Coin-cuisine. Véranda panoramique. Ouvert toute l'année. Neufchatel-en-Bray 5 km.

Prix : 1 pers. **170 F** 2 pers. **220 F** 3 pers. **280 F** repas **70 F**

5	35	5	5	SP	SP	35	35	SP	15

FAUVILLE Annick – La Maison Blanche – 76270 Nesle-Hodeng – Tél. : 35.94.57.79

Nesle-Normandeuse

☘☘☘ NN

A 4 km de Blangy sur Bresle et 25 km du Tréport, 2 chambres aménagées dans une maison de caractère de style normand. Jardin. Aire de jeux. 2 chambres 2 pers. avec salle de bains et wc particuliers. Logement de chevaux en plein air. Restaurant 5 km. Commerces 4 km. Ouvert toute l'année.

Prix : 1 pers. **220 F** 2 pers. **260 F**

25	25	SP	5	SP	12

CANNEVIERE Robert et Denise – Chemin des Charbonniers – 76340 Nesle-Normandeuse – Tél. : 35.94.03.25

Neville Les Mesanges   *C.M. n° 52 — Pli n° 13*

❦❦❦ NN   Au calme, pavillon récent avec jardin comprenant 1 ch. d'hôtes spacieuse à l'étage (1 lit 2 pers.) avec salle d'eau et wc privés. Salon, TV à disposition. Salon de jardin. Possibilité location de vélos. Gare et commerces 4 km. Ouvert toute l'année. Anglais parlé.

Prix : 1 pers. **150 F** 2 pers. **180 F**

🐕	🏊	⛵	🎣	🎿	🚶	🚴	⛷	🏖
	4	4	5	4	6	4	4

PATENOTRE Armelle – Les Mesanges - 33 Grande Rue – 76460 Neville – Tél. : 35.97.94.48

Octeville-sur-Mer   *C.M. n° 52 — Pli n° 11*

❦❦ NN   Dans une maison en briques et silex. Au rez-de-chaussée : 1 ch 2 pers., à l'étage : 1 chambre de 2 pers. et 1 ch. 3 pers. avec salle d'eau et wc privatifs à chacune. A 5 km du Havre et à 2 km de la plage d'Octeville sur Mer. Possibilité table d'hôtes sur réservation. Gare 5 km. Commerces 1 km. Ouvert toute l'année. Jardin fleuri.

Prix : 1 pers. **155 F** 2 pers. **185 F** 3 pers. **255 F**

🐕	🏊	🏊	⛵	🎣	🎿	🚶	🚴	⛷	🌲	🏖
	7	2	2	1	7	7	2	2	5	3

DAUSSY Genevieve – Hameau de Dondeneville – 76930 Octeville-sur-Mer – Tél. : 35.46.74.49

Omonville Le Pavillon   *C.M. n° 52 — Pli n° 14*

❦❦ NN (TH)   Maison bourgeoise avec grand jardin, située à 15 km de Dieppe. 2 chambres 2 pers. avec salle d'eau ou salle d'eau et wc privés. Salon, TV à la disposition des hôtes. Supplément de 70 F pour la demi-pension. Restaurant 3 km. Gare 15 km. Commerces 4 km. Ouvert toute l'année. Logement de 1 cheval (écurie + herbage : 80 F).

Prix : 1 pers. **200 F** 2 pers. **220 F** repas **70 F**

🏊	🏊	⛵	🎣	🎿	🚶	🚴	⛷	🌲	🏇
10	15	3	SP	5	8	10	8	12

BROCHERIOU Mireille – Le Pavillon – 76730 Omonville – Tél. : 35.83.20.81

Omonville Les Ecureuils   *C.M. n° 52 — Pli n° 14*

❦❦❦ NN   A 15 km de Dieppe, dans une maison du XVIIIe siècle à colombages. Cheminée. 3 chambres 2 pers. 1 chambre 3 pers. avec salle d'eau et wc particuliers. Salle de jeux, séjour, salon, TV à disposition des hôtes. Restaurant 3 km. Gare 5 km. Commerces 3 km. Ouvert toute l'année.

Prix : 1 pers. **190/195 F** 2 pers. **205/210 F** 3 pers. **265/270 F** pers. sup. **60 F**

🐕	🏊	🏊	⛵	🎣	🎿	🚶	🚴	⛷	🌲
	10	10	3	SP	3	8	10	10	8

LEMARCHAND Jerome et Nicole – Les Ecureuils – 76730 Omonville – Tél. : 35.83.21.69

Ouainville   *C.M. n° 52 — Pli n° 13*

❦❦❦ NN   Dans un corps de ferme, belle maison restaurée en briques. Au rez-de-chaussée : 1 chambre (1 lit 2 pers.), salle de bains et wc privés. Lit bébé à disposition. Base nautique à 3 km. Gare 22 km. Commerces 3 km. Ouvert toute l'année.

Prix : 1 pers. **150 F** 2 pers. **180 F**

🏊	⛵	🎣	🚶	🚴	⛷	🏖
3	3	9	15	15	14	5

LEFRANCOIS Bruno et Astrid – 76450 Ouainville – Tél. : 35.97.33.15

Ouville-l'Abbaye Le Prieure   *C.M. n° 52 — Pli n° 13*

❦ NN   A 4 km de Yerville, dans une maison de maître, sur 2 ha de pâture dans un ancien four à pain, dans la propriété. 2 chambres 2 pers. 2 chambres 3 pers. 1 chambre 4 pers. 3 ch. avec s.d.b. privées et 2 ch. avec s. d'eau commune, wc. TV, salle de séjour. Salon. Logement pour chevaux. Possibilité cuisine sur place. Le week-end, poss. location salle 40 pers. : + 1000 F. Commerces et restaurant à 4 km. Ouvert toute l'année.

Prix : 1 pers. **130 F** 2 pers. **190 F** 3 pers. **220 F**

🐕	🏊	🏊	⛵	🎣	🎿	🚶	🚴	⛷	🌲	🏇
	12	20	12	4	SP	18	20	20	10	20

QUEVILLY Vincent – Le Prieure – 76760 Ouville-l'Abbaye – Tél. : 35.96.85.57 ou 35.95.32.66

Paluel Conteville   *C.M. n° 52*

❦❦ NN   Ancien corps de ferme du XVIIe siècle : 2 chambres (2 lits 2 pers.), salle d'eau, wc et TV chacune. 2 chambres (1 lit 1 pers), lavabo, 1 chambre (1 lit 1 pers. lavabo), salle d'eau et wc communs à ces 3 chambres. Gare et commerces à 7 km. Ouvert toute l'année. Jardin, salon de jardin. Casino, 2 km. Saint-Valéry-en-Caux 7 km.

Prix : 1 pers. **150 F** 2 pers. **200/235 F** pers. sup. **50 F**

🏊	🏊	⛵	🎣	🎿	🚶	🚴	⛷	🏇
7	2	2	SP	SP	7	7	2	2

LIARD Marie-Claire – Hameau de Conteville – 76450 Paluel – Tél. : 35.57.11.83

Paluel Conteville   *C.M. n° 52 — Pli n° 3*

❦ NN   Ancien pavillon de chasse, style XVIIIe siècle, entouré d'un parc clos : 4 chambres (2 pers.), 1 chambre (1 pers.), 2 salles d'eau et 2 wc communs. Salon, TV à disposition des hôtes. Gare et commerces à 7 km. Ouvert toute l'année.

Prix : 1 pers. **160 F** 2 pers. **240 F** pers. sup. **50 F**

🏊	🏊	⛵	🎣	🎿	🚶	🚴	⛷	🏇
5	2	2	SP	SP	5	5	2	30

CARNEIRO Danielle et Gil – Hameau de Conteville – 76450 Paluel – Tél. : 35.97.19.24 ou 35.97.19.62

Pommereval Les Essarts

C.M. n° 52 — Pli n° 15

❦❦ NN
(TH)

Dans bâtiment annexe à la maison du propriétaire, au calme en pleine campagne. 2 chambres de 3 pers. (1 lit 2 pers. 1 lit 1 pers.), avec salles d'eau privées. Accès indépendant. Grande salle au rez-de-chaussée avec cheminée, colombages. Centre équestre sur place. Possibilité logement chevaux. Gare et commerces à 9 km. Ouvert toute l'année.

Prix : 1 pers. **150 F** 2 pers. **200 F** 3 pers. **250 F** repas **50 F**
1/2 pens. **100 F**

🚣	⛵	🎣	🎿	🏇	🏊	🏊	🌲	🎵
9	35	15	1	SP	SP	30	35	0,1	9

LERAT Catherine – Centre Equestre – 76680 Pommereval – Tél. : 35.93.09.05

La Poterie-Cap-d'Antifer Le Presbytere
C.M. n° 52 — Pli n° 11

❦ NN

A 4 km d'Etretat. 3 chambres 2 pers., 2 chambres 3 pers. 3 ch. avec salle d'eau privée, 1 ch. avec salle de bains privée, 2 ch. avec douche commune, (2 chambres sont classées 2 épis NN). Séjour, salon avec TV à disposition. Possibilité cuisine. Nécessaire bébé sur demande. Jardin. Piscine. Salon de jardin. Aire de jeux. Ouvert toute l'année. Restaurant 500 m. Gare 20 km. Commerces 1 km.

Prix : 1 pers. **156/200 F** 2 pers. **178/250 F** 3 pers. **248/320 F**

🚣	⛵	🎣	🎿	🏇	🏊	🏊
SP	2	3	4	SP	2	4

LEBRUN Jean et Claudine – Le Presbytere – 76280 La Poterie-Cap-d'Antifer – Tél. : 35.29.12.49

Pourville-sur-Mer Les Hauts-de-Pourville
C.M. n° 52 — Pli n° 4

❦❦ NN

Maison moderne sur la falaise : 1 chambre (1 lit 2 pers.), 1 chambre (2 lits 1 pers.), 2 salles d'eau dont 1 non attenante à la ch., wc communs. 1 lit pliant pour bébé (jusqu'à 3/4 ans). Patio, piscine couverte chauffée à disposition. Gare et commerces 3 km. Ouvert toute l'année. Vue sur la mer et la vallée. Dieppe 1 km.

Prix : 2 pers. **230 F**

🚣	⛵	🎣	🎿	🏇	🏊	🏊	🌲	🎵
SP	SP	SP	0,5	SP	3	SP	SP	5	0,5

MARCHAND Colette – Les Hauts de Pourville – 76550 Pourville-sur-Mer – Tél. : 35.84.14.29

Preaux

C.M. n° 52 — Pli n° 15

❦❦ NN

Dans une grange restaurée de style normand dans un endroit calme, à 10 km de Rouen, 3 chambres 2 pers. 1 chambre 4 pers. avec salles d'eau et wc particuliers. Salon avec TV réservé aux hôtes. Possibilité cuisine. Jardin. Gare 10 km. Commerces 3 km. Ouvert toute l'année.

Prix : 1 pers. **155 F** 2 pers. **185 F** 3 pers. **240 F**
pers. sup. **55 F**

🚣	⛵	🎿	🏇	🏊	🌲
10	40	SP	9	50	SP

ALEXANDRE Estelle – 298 rue du Stade - La Boisiere – 76160 Preaux – Tél. : 35.59.06.26

Pretot-Vicquemare
C.M. n° 52 — Pli n° 13

❦❦❦ NN

A 15 km de Veules les Roses, 2 chambres d'hôtes 2 pers. avec 1 salle de bains particulière commune aux 2 chambres, pour 1 famille ou groupe d'amis. Salle de séjour, salon, TV à la disposition des hôtes. Possibilité lit enfant. Ferme-auberge 4 km. Commerces 4 km. Ouvert toute l'année. Anglais parlé.

Prix : 1 pers. **170 F** 2 pers. **190 F** 3 pers. **230 F**

🚣	⛵	🎣	🎿	🏇	🏊	🏊
15	15	15	3	SP	15	15

MAUPAS J.Pierre et M.Therese – 76560 Pretot-Vicquemare – Tél. : 35.96.08.72

Pretot-Vicquemare Saboutot
C.M. n° 52 — Pli n° 3

E.C. NN

Dans la maison des propriétaires entièrement rénovée. 1 ch. (2 lits 2 pers.) avec salle de bains et wc privés. Salle de séjour avec TV à la disposition des hôtes. Grand jardin avec portique, bac à sable. Gare 15 km. Commerces 3 km. Ouvert toute l'année. Anglais parlé. A 16 km de Veules-les-Roses.

Prix : 1 pers. **165 F** 2 pers. **185 F** 3 pers. **225 F**

🚣	🎣	🎿	🏇	🏊	🏊	🏊
10	10	2	SP	10	15	15

HOLMAN Jeanne – Hameau de Saboutot – 76560 Pretot-Vicquemare – Tél. : 35.56.59.27

Quiberville-sur-Mer
C.M. n° 52 — Pli n° 4

❦❦❦ NN

Château situé au fond d'une allée de marronniers. Grand calme. 4 chambres 2 pers. 1 chambre 3 pers. 1 chambre 4 pers. Salle de bains ou salle d'eau et wc particuliers. Salon, salle à manger. Cheminée. Jardin, véranda, VTT. Gare 15 km. Commerces 1 km. Ouvert toute l'année. Chambre de 4 pers. 480 F. Anglais parlé. Restaurant 1 km. Dieppe 15 km. Possibilité séjour « relaxation détente » sur demande.

Prix : 1 pers. **260 F** 2 pers. **320/340 F** 3 pers. **400 F**
pers. sup. **80 F**

🚣	⛵	🎣	🎿	🏇	🏊	🏊
15	1	1	1	3	8	1

AUCLERT Christian et M.France – Rue des Vergers – 76860 Quiberville-sur-Mer – Tél. : 35.83.16.10 – Fax : 35.83.36.46

Quiberville-sur-Mer
C.M. n° 52 — Pli n° 4

❦❦ NN

Près de Dieppe (14 km), maison du début du siècle, très bien située. Jardin, terrasse, salon de jardin. Séjour-salon avec TV. 4 chambres 2 pers. avec lavabo dans chacune, dont 2 avec douche privative et 2 avec salle de bains commune. 2 wc. 1 chambre double 4 pers. avec salle d'eau et wc particuliers. 3 chambres 2 épis NN et 2 chambres 1 épi NN. 4 chambres avec vue sur la mer. Restaurant à 200 m. Fermeture en janvier. Gare 15 km. Commerces sur place. Anglais parlé.

Prix : 1 pers. **220/250 F** 2 pers. **250/290 F** 3 pers. **360 F**

🚣	⛵	🎣	🎿	🏇	🏊	🏊	🌲	🎵
12	0,2	SP	SP	SP	8	SP	1	4	12

MYRING Terry et Myriam – Les Iris - rue de la Saane – 76860 Quiberville-sur-Mer – Tél. : 35.83.15.44

Reuville

C.M. n° 52 — Pli n° 13

♥♥♥ NN
(TH)

Dans corps de ferme normand, colombages à l'intérieur. Très calme. 1 chambre de 2 pers. avec possibilité de 2 pers. supplémentaires. Salle d'eau particulière. Salle de séjour, cheminée, TV à disposition. Gare 6 km. Commerces 1 km. Ouvert toute l'année.

Prix : 1 pers. **150 F** 2 pers. **185 F** 3 pers. **250 F** repas **80 F**
pens. **250 F**

8	15	6	5	10	15	15	30	6	

LAINE Aline – 76560 Reuville – Tél. : 35.95.24.01

Riville Bosc-Aux-Moines

C.M. n° 52 — Pli n° 12

♥ NN
(TH)

A 11 km de Fécamp, 3 chambres d'hôtes. 1 ch. 2 pers. 1 ch. 5 pers. avec salle de bains commune. Salle de séjour à la disposition des hôtes. Gare 15 km. Commerces 3 km. Ouvert toute l'année.

Prix : 1 pers. **130 F** 2 pers. **165 F** 3 pers. **250 F**
1/2 pens. **175 F**

10	8	8	1	SP	16	16	8	

DEFRANCE Jean-Pierre – Bosc Aux Moines – 76540 Riville – Tél. : 35.27.60.56

Rouen

C.M. n° 52 — Pli n° 14

♥♥♥ NN

Maison XVe et XVIIe siècles appartenant à la famille depuis 100 ans, entièrement meublée ancien. Nombreuses collections d'objets et meubles normands. Centre historique de Rouen. 150 m de la cathédrale et du Gros Horloge. 1 suite de 3/4 pers. Salle de bains et wc privés pour chaque chambre, toutes à l'étage. Possibilité cuisine pour 2 ch. Salle de séjour avec coin-salon. Gare et commerces sur place. Ouvert toute l'année. Téléphone service Télécom Globéo.

Prix : 1 pers. **215 F** 2 pers. **270 F**

3	60	25	3	11	11	25	

AUNAY Philippe – 45 rue Aux Ours – 76000 Rouen – Tél. : 35.70.99.68

Rouen

C.M. n° 52 — Pli n° 14

♥♥♥ NN

Maison de caractère avec jardin paysager à l'anglaise de 850 m², calme. 1 suite de 2 pers. (1 lit 160) avec salle de bains + douche, wc privatifs. Possibilité lit bébé et lits d'appoint pour enfants. Salon de jardin. Séjour à disposition. Gare 1,5 km. Commerces 700 m. Ouvert toute l'année.

Prix : 1 pers. **300 F** 2 pers. **350 F**

2	50	5	4	2	30	50	5	5	

SICRE Dominique – 50 rue Louis Bouilhet - Quartier Jouvenet – 76000 Rouen – Tél. : 35.98.51.05

Routes Le Calvaire

C.M. n° 52 — Pli n° 3

♥ NN
(TH)

A 3 km de Doudeville, maison traditionnelle en briques comportant 2 chambres 2 pers. avec lavabo dans chacune et salle d'eau et wc communs. Séjour, TV, salon au rez-de-chaussée. Location de vélos sur place. Jardin, terrain de pétanque, portique et bac à sable pour les enfants. Gare 4 km. Commerces 2 km. Ouvert toute l'année.

Prix : 1 pers. **155 F** 2 pers. **180 F** repas **80 F**

13	20	6	3	SP	12	12	20	SP

BUREL Maurice et Odile – Le Calvaire – 76560 Routes – Tél. : 35.56.74.01

Rouville

C.M. n° 52 — Pli n° 12

♥♥♥ NN
(TH)

Maison de caractère située en dehors du village. Jardin, salon de jardin, barbecue. Séjour, TV. 1 suite : 2 ch. (2 lits 2 pers.), salle de bains, wc. 1 ch. (1 lit 2 pers. 1 lit 1 pers.), salle de bains, wc. 1 suite : 1 ch. (2 lits 1 pers.), 1 ch. (1 lit 2 pers.), salle de bains, wc. Possibilité lit bébé. Téléphone service téléséjour : 35.39.09.58. Demi-pension : 320 F/2 pers. (si 1 semaine minimum). VRP : 150 F/nuit. Gare 5 km. Commerces 2 km. Ouvert toute l'année. Fauville en Caux et Bolbec 5 km.

Prix : 1 pers. **180/200 F** 2 pers. **200/220 F** 3 pers. **300/350 F**
repas **70 F**

5	15	SP	2	SP	6	15	15

HERVIEUX J.Cl. et M.Madeleine – Ferme du Chateau – 76210 Rouville – Tél. : 35.31.13.98 – Fax : 35.39.00.77

Royville

C.M. n° 52 — Pli n° 14

♥♥ NN

Dans une maison récente, 2 chambres de 2 pers. et 1 chambre de 3 pers. avec salles d'eau et wc privatifs. Séjour à disposition. Gare 25 km. Commerces 7 km. Dieppe 25 km. Ouvert toute l'année.

Prix : 1 pers. **150 F** 2 pers. **190 F** 3 pers. **250 F**

15	18	5	4	SP	15	22	7

LEFRANCOIS Dominique – 76730 Royville – Tél. : 35.83.24.98

Royville

C.M. n° 52 — Pli n° 14

♥♥ NN

Maison en briques et à colombages. 1 suite de 4 pers. (2 chambres de 2 pers.) avec salle d'eau et wc privatifs. Salon, TV, bibliothèque communs à disposition. Gare 22 km. Commerces 3,5 km. Dieppe 22 km. Ouvert pendant les vacances scolaires.

Prix : 2 pers. **190 F** 3 pers. **280 F**

12	25	4	3	SP	15	22	18	25

LEGRAS Francois et M.France – 76730 Royville – Tél. : 35.83.21.30

Ry La Bouleautiere
C.M. n° 52 — Pli n° 15

♥♥♥ NN Longue maison Brayonne en briques roses dans un cadre de verdure, dominant Ry en lisière de forêt. R.d.c. : 1 ch. 3 pers. avec salle de bains + wc. A l'étage : 1 ch. double avec salle de bains commune et wc sur le palier. Salon avec TV et bibliothèque, téléphone. Jardin, salon de jardin, terrasse. Gare 20 km. Commerces sur place. Ouvert toute l'année. Anglais et allemand parlés.

Prix : 1 pers. **180 F** 2 pers. **220 F** pers. sup. **100 F**

10	50	1	SP	SP	10	50	20

AUBRY Renaud et Josianne – Le Bel Event – 76116 Ry – Tél. : 35.23.64.81

Saane-Saint-Just
C.M. n° 52 — Pli n° 14

♥♥ NN Bâtiment ancien rénové en briques et silex, mitoyen à 2 gîtes. Jardin, aire de jeux. Grande salle-salon, TV, bibliothèque, possibilité cuisine. Séjour. 3 ch. 2 pers., 2 ch. 4 pers. avec chacune salle de bains privative et wc. Carte téléséjour : 35.85.78.85. Dieppe 25 km. Bacqueville en Caux 7 km. Gare 25 km. Commerces 3 km. Ouvert toute l'année. Restaurant 3 km.

Prix : 1 pers. **150 F** 2 pers. **180 F** 3 pers. **240 F** pers. sup. **60 F**

8	20	8	8	SP	12	25	20	25

FAUVEL Jacques et Denise – Route de la Mer – 76730 Saane-Saint-Just – Tél. : 35.83.24.37

Sainneville-sur-Seine Le Grenese
C.M. n° 52 — Pli n° 11

♥♥♥ NN Authentique chaumière normande rénovée (18e s.). 1 ch. (2 lits jumeaux, 1 lit d'appoint). Mobilier normand, salle d'eau, wc particuliers. 1 ch. 3 pers. mobilier normand, salle d'eau, wc particuliers. Entrées indépendantes. Séjour, salon, TV, salle de jeux, bibliothèque, ping-pong, volley, vélos, barbecue, terrasse et salon de jardin. Gare et commerces 4 km. Relais équestre. Etretat, Pont de Normandie et le Havre 15 km. Au pied du GR2, 61 km de parcours du patrimoine. Ouvert toute l'année. Allemand parlé couramment.

Prix : 1 pers. **190 F** 2 pers. **250 F** 3 pers. **350 F**

4	14	5	1	SP	6	14	14	3	15

GRANGER Daniel et Brigitte – Le Grenese - La Chaumiere – 76430 Sainneville-sur-Seine – Tél. : 35.20.89.04

Saint-Andre-sur-Cailly Le Varat
C.M. n° 52 — Pli n° 14

♥♥ NN A 15 km de Rouen, maison traditionnelle en lisière de bois comprenant 1 chambre 3 pers., bibliothèque dans petit salon particulier. Salle d'eau et wc privés. Possibilité cuisine. Ambiance familiale. Commerces 1 km. Ouvert toute l'année.

Prix : 1 pers. **160 F** 2 pers. **200 F** 3 pers. **250 F**

15	40	1	3	SP	3	40	10	10

BOUTRY Jean et Jacqueline – Le Varat – 76690 Saint-Andre-sur-Cailly – Tél. : 35.34.71.28 – Fax : 35.34.82.36

Saint-Arnoult
C.M. n° 52 — Pli n° 12

♥♥ NN (A) Maison du XIXe siècle, 1 chambre 2 pers. avec salle d'eau et wc privés. 1 chambre 2 pers. avec salle d'eau privée et wc communs. Séjour. Jardin d'agrément, aire de jeux. Cartes de crédit et chèques vacances acceptés. Caudebec en Caux 5 km. Gare 20 km. Commerces 5 km. Soirée étape 250 F. Ouvert toute l'année. Anglais parlé. Logement chevaux sur place. Baby-sitting + location de VTT sur demande.

Prix : 1 pers. **190 F** 2 pers. **215 F** 3 pers. **295 F** repas **75 F** 1/2 pens. **250 F** pens. **325 F**

10	30	5	2	SP	5	20	

LEFRANCOIS Lucien et Chantal – Route de la Bergerie – 76490 Saint-Arnoult – Tél. : 35.56.75.84 – Fax : 35.56.75.84

Saint-Aubin-Routot Beaucamp
C.M. n° 52 — Pli n° 11

♥♥♥ NN (A) 5 chambres 2 pers. dans maison de caractère du XVIIe siècle, colombages, jardin paysage, (mobilier régional), située dans un hameau, en pleine campagne. Salle d'eau particulière et wc privés pour chaque chambre. Jardin, aire de jeux, parking. Salon, TV à disposition des hôtes. Produits fermiers sur place. Voiture indispensable. Le Havre 12 km. Possibilité pension complète. Commerces 4 km. Ouvert toute l'année. 1/2 pension sur la base de 2 pers., boissons comprises.

Prix : 1 pers. **220 F** 2 pers. **240 F** 3 pers. **300 F** 1/2 pens. **210 F**

3	12	3	3	2	2	12	20

COTTARD Philippe et Christiane – Beaucamp – 76530 Saint-Aubin-Routot – Tél. : 35.20.52.01

Saint-Aubin-sur-Mer Ramouville
C.M. n° 231 — Pli n° 10

♥♥ NN (TH) Dans un ancien corps de ferme normand restauré. 1 chambre 2 pers. à l'étage avec salle d'eau particulière. 1 chambre (1 lit 2 pers. 1 lit 1 pers.) au rez-de-chaussée avec salle d'eau privée. WC privés. Situé dans un léger val face à la campagne. Logement chevaux sur place. Veules les Roses et Varengeville à 6 km. Ouvert toute l'année. Stage garniture de siège sur demande. Gare 18 km. Commerces 6 km.

Prix : 1 pers. **180 F** 2 pers. **230 F** 3 pers. **290 F** repas **60/90 F** 1/2 pens. **190 F**

14	1	0,5	SP	18	18	1	6	18

GENTY Gisele et Serge – Ramouville - Route de Quiberville – 76740 Saint-Aubin-sur-Mer – Tél. : 35.83.47.05

Saint-Aubin-sur-Scie
C.M. n° 52 — Pli n° 4

♥♥♥ NN Dans un bâtiment indépendant, 2 chambres 2 pers. 2 chambres 4 pers. 1 chambre 5 pers. avec chacune salle d'eau et wc privés. Salle de séjour à la disposition des hôtes. Possibilité d'utiliser la cuisine. Dieppe 3 km. Gare 3 km. Commerces 2 km. Ouvert toute l'année. Restaurant 1 km. Demeure de caractère du XVIIe siècle en briques roses et silex taillés. Jardin, portique, ping-pong. Ferme auberge à 5 km. Centre de thalassothérapie 3 km.

Prix : 1 pers. **150 F** 2 pers. **210/250 F** 3 pers. **260 F** pers. sup. **60 F**

1	3	1	SP	1	3

LULAGUE Gerard et Viviane – D 915 - Rouxmesnil le Haut – 76550 Saint-Aubin-sur-Scie – Tél. : 35.84.14.89

Saint-Denis-le-Thiboult Le Village   *C.M. n° 52 — Pli n° 15*

✾✾✾ NN   Au centre d'un village normand, villa récente au bord d'un ruisseau, vue panoramique, très calme. 1 chambre de 3 pers. (3 lits 1 pers.), avec salle d'eau privée et wc indépendants. 1 ch. 2 pers., 1 ch. 4 pers., chacune avec salle d'eau et wc. Salle de séjour avec TV et bibliothèque. Gare 15 km. Commerces 2 km. Forêt 3 km. Rouen 14 km. Ouvert toute l'année. Restaurant 2 km.

Prix : 1 pers. **180 F** 2 pers. **220/250 F** 3 pers. **300 F**

14	3	2	SP	5	25	60	2

VERHAGUE Andre et Astrid – Le Village – 76116 Saint-Denis-le-Thiboult – Tél. : 35.23.40.37

Saint-Jean-du-Cardonnay   *C.M. n° 52 — Pli n° 14*

✾✾✾ NN   Maison normande du XVII° siècle. Accès indépendant. R.d.c. : 2 ch. 2 pers., salle d'eau et wc privés dont 1 ch. accessible aux pers. handicapées avec aide. A l'étage : 1 ch. 4 pers. 1 ch. 3 pers., salle d'eau ou salle de bains, wc privatifs. Séjour, salon, TV, kitchenette, lave-linge. Jardin, salon de jardin. Gare 15 km. Commerces 3 km. Ouvert toute l'année. Rouen 7 km. A 9 km de Duclair au centre des abbayes normandes.

Prix : 1 pers. **160 F** 2 pers. **210 F** 3 pers. **270 F** pers. sup. **60 F**

4	40	2	1	1	5	15	10

LAMBERT J.Claude et M.Cecile – 88 Route de Duclair – 76150 Saint-Jean-du-Cardonnay – Tél. : 35.33.80.42

Saint-Laurent-de-Brevedent Le Carreau   *C.M. n° 52 — Pli n° 11*

✾✾✾ NN (TH)   « La Vieille Pommeraie », chaumière du XVIII° siècle de plain-pied rénovée dans cour plantée, paysagère. Terrasse. Salon de jardin. Parking. Ouvert toute l'année. 1 suite de 2 chambres avec salon privatif (TV couleur), salle de bains et wc. A 20 mn : Etretat, Le Havre, Pont de Normandie. Ouvert toute l'année. Anglais parlé. Prêt de matériel pour enfants handicapés (nous contacter). Téléphone en service Télétel. Parking privé clos. Equipement complet bébé (jusqu'à 3/4 ans).

Prix : 1 pers. **190 F** 2 pers. **250 F** 3 pers. **380 F** pers. sup. **100 F** repas **80 F**

SP	20	SP	2	SP	5	20	20

BEAUCUSE-FEREY Bernard et Martine – Chemin des Pres - Le Carreau – 76700 Saint-Laurent-de-Brevedent – Tél. : 35.20.44.34 – Fax : 35.30.47.89

Saint-Laurent-en-Caux Hameau-de-Caltot   *C.M. n° 52 — Pli n° 13*

✾✾ NN   2 chambres d'hôtes dans une grande maison neuve avec terrasse. 2 chambres 2 pers. avec salle de bains ou salle d'eau particulières. Salle de séjour, salon avec TV. Lit bébé + accessoirs : 30 F/jour. Salon de jardin. Restaurant 1 km. Commerces sur place. Veules les Roses 15 km. Ouvert toute l'année.

Prix : 1 pers. **150 F** 2 pers. **220 F**

12	12	12	1	10	15	12

MAYEU Arthur et Anne-Marie – Hameau de Caltot – 76560 Saint-Laurent-en-Caux – Tél. : 35.96.65.26

Saint-Lucien   *C.M. n° 52 — Pli n° 5*

✾✾ NN (TH)   Maison brayonne entièrement rénovée. R.d.c. : entrée indépendante, salon privé avec bibliothèque. A l'étage : 4 ch. équipées chacune d'un lavabo et d'une douche. 2 wc communs. Poss. salle de bains. 1 ch. (2 lits 1 pers.), 2 ch. (1 lit 2 pers.) et 1 ch. (1 lit 2 pers. 1 lit 1 pers.). Gare 15 km. Commerces 6 km. Ouvert toute l'année. Anglais parlé. A 25 km de Gournay, 30 km de Rouen et à 120 km de Paris.

Prix : 1 pers. **150 F** 2 pers. **200 F** 3 pers. **250 F** repas **70 F**

12	5	5	SP	8	60	60	2

MILLS Keith et Jeannette – Saint-Lucien – 76780 Argueil – Tél. : 35.90.51.95

Saint-Maclou-de-Folleville La Pierre   *C.M. n° 52 — Pli n° 14*

✾ NN   A 5 km d'Auffay, maison typique du Pays de Caux à colombages située dans un corps de ferme et disposant de 2 chambres. 1 chambre (1 lit 2 pers.). 1 chambre (2 lits 1 pers.). Salle d'eau et wc communs aux 2 chambres. Restaurant 5 km. Commerces 5 km. Ouvert toute l'année.

Prix : 1 pers. **140 F** 2 pers. **155 F**

10	30	5	10	5	30

VANDECANDELAERE Pierre et Ses Enfants – La Pierre – 76890 Saint-Maclou-de-Folleville – Tél. : 35.32.67.34

Saint-Martin-aux-Buneaux Vinchigny   *C.M. n° 52 — Pli n° 12*

✾✾✾ NN   Dans une maison de ferme du XVII° siècle. Entièrement au rez-de-chaussée : 1 ch. (1 lit 2 pers.), salle de bains et wc privés. 1 ch. (1 lit 2 pers.), salle d'eau et wc privés. Possibilité lit d'appoint 1 pers. et lit bébé. Salle de séjour, TV. Prairie aux alentours, paisible et calme à la campagne, située sur la côte d'albâtre et à 2 km de la mer. Gare 20 km. Commerces 500 m. Restaurant 2 km. Ouvert toute l'année.

Prix : 1 pers. **160 F** 2 pers. **200 F** 3 pers. **250 F**

10	2	1	4	2	35

BENARD Bernadette – Hameau Vinchigny – 76450 Saint-Martin-aux-Buneaux – Tél. : 35.97.54.48

Saint-Martin-de-Boscherville   *C.M. n° 52 — Pli n° 14*

✾✾ NN   Grande et belle maison de construction récente située à 10 km de Rouen. 5 chambres 2/3 pers. avec salle d'eau ou salle de bains et wc privés. Séjour, salon, TV à disposition. Commerces 1 km. Ouvert toute l'année.

Prix : 1 pers. **160 F** 2 pers. **200 F** 3 pers. **260 F** pers. sup. **60 F**

5	50	2	4	SP	3	12	12

LIANDIER Jean et Marie – 178 Route de Duclair – 76840 Saint-Martin-de-Boscherville – Tél. : 35.32.03.11

Saint-Martin-du-Bec   *C.M. n° 52 — Pli n° 11*

NN 1 chambre 2 pers. 1 chambre 3 pers. 1 chambre 4 pers. avec chacune 1 lavabo. Salles de bains et wc communs. Salle de séjour. Salon avec TV et bibliothèque à la disposition des hôtes. Restaurant 3 km. A 10 km d'Etretat. Commerces 6 km. Ouvert toute l'année. Logement pour chevaux sur place. Lit bébé : 40 F.

Prix : 1 pers. **145 F** 2 pers. **175 F** 3 pers. **240 F** pers. sup. **70 F**

5	6	3	2	SP	10	6	SP	10

LEROUX Beatrice – Chemin de la Marguerite – 76133 Saint-Martin-du-Bec – Tél. : 35.20.26.20

Saint-Martin-du-Vivier Mesnil-Gremichon   *C.M. n° 55 — Pli n° 7*

NN A 4 km de Rouen, 300 m du restaurant « La Bertelière », rue de la Mare au Mesnil et à gauche dans l'impasse, maison confortable dans un parc boisé et fleuri. 1 ch. (1 lit 2 pers., TV), 1 ch. (2 lits 1 pers.), douche et wc privés pour chacune. Poss. lits suppl. Petit déjeuner biologique sur demande. Gare 5 km. Commerces 1 km. Ouvert toute l'année. Anglais parlé.

Prix : 2 pers. **210/230 F**

3	55	15	SP	SP	3	6	7

KOPP-WELBY – Impasse Beau Mesnil - Mesnil Gremichon - D433 – 76160 Saint-Martin-du-Vivier – Tél. : 35.61.82.70

Saint-Paer   *C.M. n° 52 — Pli n° 13*

NN Au château, 1 chambre 2 pers., salle d'eau, wc privés. 1 chambre 3 pers., salle de bains, wc privés. 1 chambre 4 pers., salle d'eau, wc privés. 1 chambre 5 pers., salle d'eau et wc privés. Salle à manger. Gare 10 km. Commerces 2 km. A 5 km de la Vallée de la Seine. Ouvert de début mars à fin octobre.

Prix : 1 pers. **210 F** 2 pers. **250/280 F** 3 pers. **320/350 F** pers. sup. **70 F**

5	40	7	5	SP	4	10	

WEISZ-PATRAULT Philippe et Catherine – Hameau des Vieux - Chateau du Bois Groult – 76480 Saint-Paer – Tél. : 35.37.16.02 ou 35.37.64.37

Saint-Paer La Ville des Champs   *C.M. n° 55 — Pli n° 5*

E.C. NN
(TH) Maison normande en briques. 1 ch. (1 lit 2 pers.), 1 ch. (3 lits 1 pers.). Salles d'eau privatives, wc communs. Séjour à la disposition avec cheminée et TV. Salle de jeux. Grand jardin fleuri, pelouse, salon de jardin, bac à sable, portique. Gare 15. Commerces 4 km. Ouvert toute l'année. Vente de produits fermiers sur place. Base de loisirs 6 km. Vallée de Seine, forêt de Brotonne. A 5 km du Duclaire.

Prix : 1 pers. **160 F** 2 pers. **180 F** 3 pers. **230 F** repas **50 F**

10	8	8	SP	5	45	45

BREEMEERSCH Jean-Claude – La Ville des Champs – 76480 Saint-Paer – Tél. : 35.37.02.95

Saint-Pierre-de-Manneville Les Etangs   *C.M. n° 55 — Pli n° 6*

NN Demeure à colombages dans un cadre agréable et calme (possibilité location de salle 50 pers.), 1 ch. 2 pers., 2 ch. 1 pers., 1 ch. 5 pers. avec salle d'eau ou salle de bains chacune. Salon avec bibliothèque à disposition. Gare 15 km. Commerces 6 km. Ouvert toute l'année. Jardin fleuri. Sur place, goûter à la ferme (capacité 50 pers.). Parc Naturel de Brotonne. Route des abbayes. Vallée de Seine.

Prix : 1 pers. **150 F** 2 pers. **190 F** 3 pers. **270 F**

8	60	SP	3	15	60	SP	15

BERNARD Jean et Evelyne – 78 rue de Bas – 76113 Saint-Pierre-de-Manneville – Tél. : 35.32.07.13

Saint-Saens   *C.M. n° 52 — Pli n° 15*

NN 1 chambre d'hôtes 3 pers., 1 chambre 4 pers. dans une belle maison traditionnelle au centre du bourg, avec douche et lavabo dans chaque chambre, wc communs. Salle de séjour, salon. Restaurant et commerces sur place. Ouvert toute l'année. Anglais parlé.

Prix : 1 pers. **165 F** 2 pers. **210 F** 3 pers. **275 F**

15	35	SP	SP	SP	30	SP

LEMASLE Remy et Huguette – 27 rue des Tanneurs – 76680 Saint-Saens – Tél. : 35.34.52.21

Saint-Saens   *C.M. n° 52 — Pli n° 15*

NN Chambre située dans un bâtiment annexe à la maison des propriétaires, avec balcon original dominant le bourg. 1 chambre de 2/4 pers. avec salle d'eau privative et wc. TV, canapé lit, kitchenette. Possibilité logement de chevaux. Jardin et aire de jeux à disposition. Ouvert d'avril à septembre. Gare 25 km. Commerces sur place.

Prix : 1 pers. **220 F** 2 pers. **250 F** 3 pers. **310 F** pers. sup. **60 F**

15	20	SP	SP	SP	SP	20	SP

LE VERN Annette – 1 Chemin du Bienheureux – 76680 Saint-Saens – Tél. : 35.32.99.33

Saint-Sauveur-d'Emalleville   *C.M. n° 52 — Pli n° 11/12*

NN
(TH) Dans une chaumière normande, 1 ch. avec salle d'eau et wc privés. Dans une annexe, à l'étage, 3 ch. 2 pers. avec salle d'eau et wc particuliers. Ping-pong, terrain de pétanque sur place. Téléphone particulier. Poss. lit bébé sur demande. Commerces 6 km. Ouvert toute l'année. Goderville, 5 km, Etretat, 13 km. Ouvert toute l'année. Anglais parlé.

Prix : 1 pers. **140/160 F** 2 pers. **190/220 F** repas **80 F** 1/2 pens. **190 F**

5	13	17	2	SP	12	13	25	13

DEBREUILLE Marcel et Evelyne – Route de la Ferme Chevallier – 76110 Saint-Sauveur-d'Emalleville – Tél. : 35.29.50.01

Saint-Sauveur-d'Emalleville Grand-Blesimare — *C.M. n° 52 — Pli n° 12*

❄❄❄ NN

Maison normande indépendante à colombages avec grand jardin, calme : 1 chambre (1 lit 2 pers.) avec possibilité de lit supplémentaire dans une chambre. Salle d'eau privée. Séjour, salon, TV à disposition. Salon de jardin. Gare 4 km, commerces 6 km. Ouvert toute l'année. Fécamp 17 km, Etretat 13 km. Anglais et hollandais parlés.

Prix : 1 pers. **110 F** 2 pers. **220 F**

6	12	12	2	SP	10	12	12	8	12

KLEIN Johanna et Jacques – Grand Blesimare - Route d'Angerville – 76110 Saint-Sauveur-d'Emalleville – Tél. : 35.55.79.13

Saint-Sylvain Hameau-d'Anglesqueville

❄ NN

Belle maison normande en briques, calme. 1 ch. 3 pers (1 lit 2 pers. 1 lit 1 pers.) avec salle de bains et wc privés. Restaurant 3 km. Gare 25 km. Commerces 4 km. Ouvert toute l'année. Ambiance familiale dans un cadre campagnard. St-Valery-en-Caux, 4 km.

Prix : 1 pers. **170 F** 2 pers. **210 F** 3 pers. **270 F**

4	2	2	1	SP	4	4

DEBELLOY Michel – Hameau d'Anglesqueville – 76460 Saint-Sylvain – Tél. : 35.97.08.77

Saint-Vaast-du-Val Parc-du-May — *C.M. n° 52 — Pli n° 14*

❄❄❄ NN

Dans une maison blanche du XVIIIe siècle, style manoir, à la campagne, 1 suite : 1 chambre 2 pers. et 1 lit enfant (possibilité 2e lit enfant), 1 chambre (2 lits 1 pers.), salle de bains et wc particuliers pour la suite. Salle de séjour à disposition pour les petits déjeuners. Nécessaire bébé. Parc paysager, calme, salon de jardin. Tôtes 2 km. Rouen 20 km. Gare 8 km. Commerces 4 km. Ouvert toute l'année.

Prix : 1 pers. **200 F** 2 pers. **240 F** 3 pers. **300 F**

25	25	5	5	4	10	25	25	5	15

VANDENBULCKE Pascal et Laurence – Parc du May - Hameau de Glatigny – 76890 Saint-Vaast-du-Val – Tél. : 35.34.61.91

Saint-Wandrille-Rancon — *C.M. n° 52 — Pli n° 13*

❄❄❄ NN

Demeure confortable, au calme, exposée sud avec vue sur la campagne. 1 chambre d'hôtes dans un ancien corps de ferme situé dans un hameau. 1 ch. 2 pers. avec salle d'eau et wc particuliers. Salle de séjour, salon avec TV. Parking. Logement de chevaux sur place. Gare 15 km. Commerces 4 km. Restaurant 2 km. Ouvert toute l'année.

Prix : 1 pers. **170 F** 2 pers. **200 F**

5	40	2	2	SP	4	8

SAUTREUIL Antoinette – Manoir d'Abbeville – 76490 Saint-Wandrille-Rancon – Tél. : 35.96.20.89

Sainte-Croix-sur-Buchy Hameau-de-Freval — *C.M. n° 52 — Pli n° 15*

❄❄❄ NN
(TH)

Maison récente de style traditionnel dans un cadre champêtre et vallonné. Rez-de-chaussée : 1 chambre de 2 pers. avec salle d'eau et wc privatifs. Salon avec TV et cheminée à disposition des hôtes. Possibilité lit enfant. Gare 8 km. Commerces 5 km. Ouvert toute l'année. Salon de jardin, barbecue, parking extérieur. Table d'hôtes sur réservation. Rouen 20 mn. Buchy 5 km.

Prix : 1 pers. **180 F** 2 pers. **200 F** repas **60 F**

15	15	6	4	SP	6	45	45	4	15

DELCROIX Michel et Mireille – Hameau de Freval – 76750 Sainte-Croix-sur-Buchy – Tél. : 35.34.33.84

Sainte-Marguerite-sur-Fauville — *C.M. n° 52 — Pli n° 13*

❄❄❄ NN

Dans un beau corps de ferme normand, maison en briques recouverte d'une vigne vierge, calme, spacieux, à la campagne. 2 chambres de 2 pers. avec salle de bains et wc. Salle de séjour à disposition. Gare 15 km. Commerces 2 km. Ouvert de fin février à début novembre.

Prix : 1 pers. **160 F** 2 pers. **200/250 F**

2	2	5	8	15

LEPICARD Philippe et Brigitte – 76640 Sainte-Marguerite-sur-Fauville – Tél. : 35.96.75.01

Sassetot-le-Mauconduit Criquemauville — *C.M. n° 52 — Pli n° 12*

❄❄❄ NN

Belle maison normande avec grand jardin et salon d'été. 2 chambres (1 lit 2 pers. chacune) dont 1 de caractère. 1 chambre (1 lit 2 pers. 1 lit 1 pers.). 1 chambre (1 lit 2 pers. 2 lits 1 pers.). Salle d'eau et wc privés dans chaque chambre. Poss. 2 lits d'appoint. Séjour avec TV et kitchenette réservés aux hôtes. Gare et commerces à 6 km. Garages pour voitures. Salon de jardin par chambre.

Prix : 1 pers. **180 F** 2 pers. **200/220 F** 3 pers. **250 F**

6	2	2	2	SP	2	2,5	6

SOUDRY Michel et Daniele – Hameau de Criquemauville – 76540 Sassetot-le-Mauconduit – Tél. : 35.27.45.64

Saussezemare-en-Caux La Mare-du-Montier — *C.M. n° 52 — Pli n° 12*

❄❄❄ NN
(TH)

Chaumière du XVIIIe siècle. 2 chambres 2 pers. avec salle d'eau et wc privés. Commerces 3 km. Entre Etretat et Fécamp. Ouvert toute l'année. Fécamp 8 km. Ping-pong, Location VTT sur place.

Prix : 1 pers. **190 F** 2 pers. **240 F** repas **110 F**
1/2 pens. **220 F**

2	10	2	SP	10	10

COISY Josette – La Mare du Montier - D72 – 76110 Saussezemare – Tél. : 35.27.93.55

Senneville-sur-Fecamp Val-de-la-Mer　　　　　　*C.M. n° 52 — Pli n° 12*

❤❤❤ NN　3 chambres d'hôtes dans une maison récente de caractère, normande. 2 chambres 2 pers. avec salles de bains particulières et wc privés. 1 chambre 3 pers. avec salle d'eau et wc. Poss. 1 lit d'appoint 1 pers. Jardin. Gare 4 km. Commerces 3 km. Ouvert toute l'année.

Prix : 1 pers. **230 F** 2 pers. **270 F** 3 pers. **350 F**

3,5	SP	3,5	3,5	SP	3	3,5	18

LETHUILLIER Andre et Mireille – Val de la Mer – 76400 Senneville-sur-Fecamp – Tél. : 35.28.41.93

Sept-Meules La Motte　　　　　　　　　　*C.M. n° 52 — Pli n° 5*

❤ NN　A 13 km du Tréport. 1 chambre 2 pers. et 1 chambre 3 pers. avec salle de bains et wc communs. Jardin, salon de jardin. Parking. Gare 13 km. Commerces 11 km. Ouvert toute l'année.

Prix : 1 pers. **140 F** 2 pers. **170 F** 3 pers. **200 F** pers. sup. **50 F**

12	12	SP	13	SP	5	11	12	5

TAILLEUX Michel et Arlette – Ferme de la Motte – 76260 Sept-Meules – Tél. : 35.50.81.31

Sommery Ferme-de-Bray　　　　　　　　　*C.M. n° 52*

❤❤❤ NN　Belle et grande maison de maître en briques (XVI° et XVII° siècles), 1 ch. (1 lit 2 pers.), 3 ch. (1 lit 2 pers. 1 lit 1 pers. chacune), 1 ch. (2 lits 2 pers.) avec salle d'eau et wc privés. Salle de séjour, TV pour les hôtes. Gare 20 km, commerces 6 km. Ouvert de Pâques à la Toussaint. Cadre champêtre, nombreuses animations sur place. Forges-les-Eaux 10 km.

Prix : 1 pers. **150 F** 2 pers. **220 F** 3 pers. **280 F**

6	45	SP	2	SP	4	15	45	10	15

PERRIER Patrice et Liliane – Ferme de Bray – 76440 Sommery – Tél. : 35.90.57.27

Sotteville-sur-Mer Le Bout-du-Haut　　　　　*C.M. n° 989 — Pli n° 5*

❤❤❤ NN
(TH)　3 chambres dans maison neuve de caractère sur terrain, espace vert, parking, fleurs. 2 chambres de 2 pers. et 1 ch. 3 pers. avec salles d'eau particulières et wc privés. Séjour et TV à disposition. Gare 10 km. Commerces 400 m. Dieppe 20 km. Ouvert toute l'année.

Prix : 2 pers. **210 F** 3 pers. **280 F** pers. sup. **80 F** repas **80 F**

9	0,6	SP	SP	SP	3	3	SP	15	19

LEFEBVRE Francois et Denise – Rue du Bout du Haut – 76740 Sotteville-sur-Mer – Tél. : 35.97.61.05

Thietreville Hameau-de-la-Forge　　　　　　*C.M. n° 52 — Pli n° 12*

E.C. NN　Dans une maison de maître à 2 km du château et de l'abbaye de Valmont : 2 ch. 2 pers. avec salle d'eau particulière et wc privés, possibilité 1 lit supplémentaire 1 pers. Salon de jardin à disposition. Restaurant à 2 km. Anglais parlé. Commerces 3 km. Ouvert toute l'année.

Prix : 1 pers. **180 F** 2 pers. **220 F** 3 pers. **260 F**

12	10	SP	3	10	10	12	10	SP	30

TIENNOT Didier et Nathalie – Hameau de la Forge – 76540 Thietreville – Tél. : 35.29.63.31

Le Tilleul　　　　　　　　　　　　*C.M. n° 52 — Pli n° 11*

❤❤ NN　Maison indépendante restaurée avec jardin. Salon de jardin. Etretat 3 km. 4 chambres d'hôtes de plain-pied avec accès extérieur. 1 ch. 4 pers. 1 ch. 2 pers. 2 suites de 2 ch. de 4 et 6 pers. Salle d'eau et wc privés pour chaque chambre, TV à disposition. Gare 20 km. Commerces sur place. Restaurant dans la même commune. Ouvert toute l'année.

Prix : 1 pers. **170 F** 2 pers. **200 F** 3 pers. **260 F** pers. sup. **60 F**

12	3	3	SP	SP	1	3	3

DELAHAIS Alain et Francoise – Place du General de Gaulle – 76790 Le Tilleul – Tél. : 35.27.16.39

Tocqueville-les-Murs Le Rome　　　　　　　*C.M. n° 52 — Pli n° 12*

❤❤❤ NN
(TH)　Dans les communs d'un château des XVII° et XVIII° siècles. Accès indépendant. A l'étage : 1 chambre de 2 pers. et 1 chambre de 4 pers. avec salle d'eau et wc privatifs pour chacune. Séjour, salon, TV. Calme et verdure. Table d'hôtes sur réservation. Vente de produits fermiers sur place (rillettes d'oie). Gare 5 km. Commerces 7 km. Ouvert toute l'année.

Prix : 1 pers. **200 F** 2 pers. **220 F** 3 pers. **280/300 F** repas **70 F**

7	15	5	7	SP	4	15	15	4	25

DAUBEUF Antoine et Christine – Ferme du Rome – 76110 Tocqueville-Les Murs – Tél. : 35.27.70.84

Le Torp-Mesnil Hameau-des-Heudieres　　　　*C.M. n° 52 — Pli n° 13*

❤ NN　Grande bâtisse en briques de construction des années 50, en pleine campagne avec terrain. 2 ch. (1 lit 2 pers.) avec lavabo privatif, salle d'eau et wc communs. Salle de séjour avec TV à disposition. Gare 20 km, commerces 8 km. Ouvert toute l'année. Yerville 6 km.

Prix : 1 pers. **130 F** 2 pers. **160 F** 3 pers. **200 F** pers. sup. **50 F**

5	20	3	7	SP	10	20	20	1	10

VARIN Christian et Bernadette – Hameau des Heudieres – 76560 Le Torp-Mesnil – Tél. : 35.96.83.14

Touffreville-la-Corbeline Le Vert-Bosc　　　*C.M. n° 52 — Pli n° 13*

❤ NN　3 chambres 2 pers. aménagées dans une maison de caractère et à 6 km d'Yvetot. 3 ch. 2 pers. : 1 ch. avec salle de bains et wc privés, 1 ch. avec douche et lavabo, wc indépendants, 1 ch. avec douche et wc à l'étage, lit enfant. Restaurant 3 km. Gare 6 km. Commerces 6 km. Ouvert toute l'année. 1 chambre 2 épis NN et 3 chambres 1 épi NN.

Prix : 2 pers. **210/240 F** 3 pers. **240 F**

6	30	8	6	SP	6	8	8	SP

ALLARD Marguerite – Le Vert Bosc – 76190 Touffreville-la-Corbeline – Tél. : 35.95.18.85

Touffreville-sur-Eu

C.M. n° 52 — Pli n° 5

❀❀❀ NN
(TH)

Vieille demeure du XIXᵉ siècle restaurée avec jardin et salon de jardin. 1 chambre 2 pers. 1 chambre 3 pers. avec salle de bains et wc particuliers pour chacune. Location de VTT. Canoë-kayak, kayak de mer, jeux d'enfants. Gare 10 km. Commerces 4 km. Ouvert toute l'année. Repas enfant : 35 F. Logement chevaux sur place.

Prix : 1 pers. **170 F** 2 pers. **220 F** 3 pers. **260 F** repas **75 F**
1/2 pens. **185 F**

4	4	2	4	SP	5	20	20	

COPIN - DUPONCHEL ET LEFEBVRE – La Demeure de Litteville – 76910 Touffreville-sur-Eu – Tél. : 35.50.93.04

Tourville-les-Ifs *Ferme-d'Ygneauville*

C.M. n° 52 — Pli n° 12

❀❀❀ NN

Grande maison d'époque XVIIIᵉ siècle : 1 chambre (1 lit 2 pers. 1 lit 1 pers.), possibilité d'ajouter 1 lit supplémentaire. Salle de bains particulière. Pelouse, jardin fleuri, salon de jardin. Gare et commerces 5 km. Ouvert toute l'année. Etretat 13 km. Fécamp 5 km.

Prix : 1 pers. **170 F** 2 pers. **210 F** 3 pers. **280 F**

5	5	5	SP	5	5	5	5	5	2	13	

DECULTOT Hubert et Denise – Ferme d'Ygneauville – 76400 Tourville-Les Ifs – Tél. : 35.29.17.61

Tourville-sur-Arques

C.M. n° 52 — Pli n° 4

❀❀❀ NN

Maison traditionnelle au milieu d'un grand jardin d'agrément, salon de jardin. 3 ch. 2 pers. dont 1 suite et 1 ch. avec TV. Salles d'eau particulières et wc. Salon, cheminée. Possibilité cuisine. Parking fermé. Centre de thalasso à 8 km. Pêche en mer, en étang et en rivière à proximité. Dieppe 8 km. Gare 8 km. Commerces 2 km. Anglais parlé. Ouvert toute l'année.

Prix : 1 pers. **200/240 F** 2 pers. **230/270 F** 3 pers. **370 F**
pers. sup. **70 F**

3	5	6	2	4	6	

LAMIRAND Francine – Route des Coteaux – 76550 Tourville-sur-Arques – Tél. : 35.04.10.63

Le Trait

C.M. n° 52 — Pli n° 5

E.C. NN

Belle demeure de style récent avec 1 ha. de jardin arboré. Accès indépendant. 2 ch. de plain-pied, en rez-de-jardin de la maison du propriétaire : 1 ch. (1 lit 2 pers.), 1 ch. (2 lits 2 pers.), salles d'eau et wc privés. Cuisine et salle à manger avec TV réservées aux hôtes. Lits enfant et bébé à disposition. Téléphone. Salon de jardin. Gare 15 km. Commerces 800 m. Ouvert toute l'année.

Prix : 1 pers. **160 F** 2 pers. **200 F** 3 pers. **270 F**

3	10	1	SP	15	10	60

VAISSAIRE Felix – 1204 rue Gallieni - B.P. 50 – 76580 Le Trait – Tél. : 35.37.22.57

Le Treport *Prieure-Sainte-Croix*

C.M. n° 52 — Pli n° 5

❀❀❀ NN

Maison ancienne de caractère dans l'ancienne ferme du château d'Eu, avec jardin à 1,5 km du Tréport. 3 ch. 2 pers. avec s.d.b. ou s. d'eau et wc privés. Poss. convertible 2 pers. Jardin privatif avec salon de jardin. Entrée indépendante. Pièce de séjour réservée aux hôtes située dans une annexe proche de la maison du propriétaire. Parking, cour fermée. Gare et commerces 2 km. Ouvert toute l'année.

Prix : 2 pers. **240/280 F** pers. sup. **70 F**

2	2	2	1	SP	2	2	3	

CARTON Romain et Nicole – Prieure Sainte-Croix – 76470 Le Treport – Tél. : 35.86.14.77

Les Trois-Pierres *Manoir-de-Froide-Rue*

C.M. n° 52 — Pli n° 12

❀❀❀ NN

Manoir fin XVIᵉ siècle, style normand, jardin d'agrément, salon de jardin, bac à sable. 2 chambres 3/4 pers. (1 lit 2 pers. lits 1 pers.), salles de bains et wc privatifs à chaque chambre. Séjour avec TV, salon, bibliothèque à disposition. Gare 10 km. Commerces 4 km. Restaurant 3 km. Ouvert toute l'année.

Prix : 1 pers. **200 F** 2 pers. **250 F** 3 pers. **300 F**
pers. sup. **100 F**

4	20	20	3	SP	20	15	

PAUMELLE Auguste et Jacqueline – Manoir de Froide Rue – 76430 Les Trois-Pierres – Tél. : 35.20.03.74

Turretot *Ecuquetot*

C.M. n° 52 — Pli n° 11

❀❀❀ NN

A 10 km d'Etretat, à la ferme St-Simon, près de la voie express Le Havre-Fécamp, 18 km du pont de Normandie, maison normande avec entrée indépendante donnant sur un jardin d'agrément avec salons de jardin. Intérieur avec colombages, cheminée du XVIIᵉ siècle. 3 ch. avec s. d'eau et wc privés : 1 ch. 3 pers., 2 ch. 2 pers., coin-repas et salon. Gare 3 km. Commerces 1 km. Ouvert toute l'année.

Prix : 1 pers. **150 F** 2 pers. **180 F** 3 pers. **250 F**

7	7	7	1	SP	10	7

LHOMMET Jean et Cecile – Ecuquetot – 76280 Turretot – Tél. : 35.20.20.76

Turretot *Les Quatre-Brouettes*

C.M. n° 52 — Pli n° 1

❀❀❀ NN
(TH)

Dans maison traditionnelle normande. Jardin d'agrément aux floraisons multicolores. Entrée indépendante. R.d.c. : ch. coquelicots 2 pers., séjour avec kitchenette, convertible 2 pers., s. d'eau et wc privatifs, tél., TV. A l'étage : 1 ch. camélia 2 pers. + 1 lit bébé. 1 ch. pervenche 2 pers. 1 ch. myosotis 3 pers., s. d'eau et wc privés. Kitchenette et salon commun. Téléphone téléséjour. TV dans chaque chambre. Salon de jardin. Location de vélos sur place. Table d'hôtes sur réservation. Commerces 1 km. Ouvert toute l'année. Etretat 10 km. Pont de Normandie à 20 mn.

Prix : 1 pers. **150 F** 2 pers. **180/220 F** 3 pers. **240/280 F**
repas **75 F**

10	7	7	1	SP	10	7

RAS Alain et Claudine – Les Quatres Brouettes – 76280 Turretot – Tél. : 35.20.23.73

Val-de-Saane Renieville — *C.M. n° 52 — Pli n° 14*

♥♥ NN Maison à colombages, terrasse abritée. Salon de jardin, entrée indépendante. 1 chambre 2 pers. et 1 chambre 3 pers. avec salles d'eau privées. Possibilité lit supplémentaire enfant, lit bébé gratuit. Produits fermiers. Location de vélos. GR 212 sur place. Gare 12 km. Commerces sur place. Ouvert toute l'année. Restaurant 1,5 km. Chenil.

Prix : 1 pers. **150 F** 2 pers. **185 F** 3 pers. **250 F**

1	28	1	1	SP	10	22	28

AMOURETTE Rene et Josette – Hameau Renieville – 76890 Val-de-Saane – Tél. : 35.32.31.55

Val-de-Saane Les Carrieres — *C.M. n° 52 — Pli n° 14*

♥♥ NN Maison récente de style normand, surplombant un charmant bourg. 1 ch. 2 pers. 1 ch. 3 pers. avec chacune salle d'eau privative et wc. Salon et salle de séjour communs à disposition. Gare 17 km. Commerces sur place. Possibilité cuisine. Ouvert toute l'année. Possibilité table d'hôtes.

Prix : 1 pers. **140 F** 2 pers. **180 F** 3 pers. **255 F** pers. sup. **75 F**

1	28	1	1	SP	10	22	SP	28

HEURTEVENT Catherine et Philippe – Les Carrieres – 76890 Val-de-Saane – Tél. : 35.34.36.39

Valliquerville La Vieille-Route — *C.M. n° 52 — Pli n° 13*

♥♥ NN Belle maison normande en briques, silex et colombages. A l'étage, 2 ch. (1 lit 2 pers. chacune), 1 ch. 3 pers. Salle d'eau et wc particuliers chacune. Jardin bien aménagé et aire de jeux. Parking voiture fermé. Tous services, restaurant à Yvetot 2 km. Ouvert toute l'année.

Prix : 1 pers. **160 F** 2 pers. **200 F** 3 pers. **250 F**

2	30	10	3	1,5	3	30	30

TANNAY Monique – La Forge - la Vieille Route – 76190 Valliquerville – Tél. : 35.95.21.36

Valmont Hameau-de-Saint-Ouen — *C.M. n° 52 — Pli n° 12*

♥♥♥ NN (TH) Chaumière de caractère avec poutres et cheminée, bel environnement. A proximité, abbaye de Valmont avec de nombreuses activités l'été. 2 chambres pour 3 pers. avec salle de bains privative. Poss. 1 lit suppl. Salon, TV et jardin communs à disposition. Gare 10 km. Commerces 1 km. Centre aquatique 8 km. Fécamp 11 km. Etretat 20 km. Ouvert toute l'année.

Prix : 2 pers. **330/360 F** 3 pers. **430 F** pers. sup. **70 F** repas **100 F**

10	10	SP	SP	SP	8	10	SP

CACHERA Dominique – Le Vivier - Hameau de Saint-Ouen – 76540 Valmont – Tél. : 35.29.90.95 ou 35.29.95.05 – Fax : 35.27.44.49

Vassonville — *C.M. n° 52 — Pli n° 15*

♥♥♥ NN (TH) Grande maison de maître en briques. Au 1er étage : ch. double (1 lit 2 pers. 3 lits 1 pers.), salle de bains, wc. 2e étage : 2 ch. (2 pers. + 1 pers.), salle de bains, wc dans chaque chambre. Séjour, salon avec cheminée. Table d'hôtes sur réservation. Gare 5 km. Commerces 2 km. Ouvert toute l'année.

Prix : 1 pers. **150 F** 2 pers. **180 F** 3 pers. **230 F** repas **80 F**

12	25	2	2	SP	4	25

CANNESANT J.Pierre et Christiane – Le Bois du Fil – 76890 Vassonville – Tél. : 35.32.84.84

Vatierville — *C.M. n° 52 — Pli n° 16*

♥♥ NN (TH) Maison traditionnelle à colombages. Rez-de-chaussée : 2 chambres de 2 pers. avec salle d'eau et wc privatifs à chacune. Salon à disposition avec TV. Possibilité d'entrée indépendante. Possibilité lit d'appoint. Table d'hôtes sur réservation. Gare 10 km. Commerces 6 km. Ouvert toute l'année. Logement chevaux sur place.

Prix : 1 pers. **180 F** 2 pers. **180 F** 3 pers. **240 F** repas **55 F**

10	SP	10	10	10	35	35	4	10

MEUNIER Josette – Route Departementale 36 - Relais du Paon – 76270 Vatierville – Tél. : 35.94.02.19

Vatteville-la-Rue L'Angle

♥♥♥ NN Belle chaumière avec jardin clos, intérieur normand agréable avec cheminée du XVe siècle : 1 chambre double (1 lit 2 pers. 1 lit pers.), salle de bains et wc privés. Séjour-salon, TV, bibliothèque, coin-cuisine à disposition des hôtes. Salon de jardin. Gare 35 km, commerces 8 km. Ouvert toute l'année. Proximité de la forêt de Brotonne, vallée de Seine, route des abbayes. En pleine campagne, au calme. Base de loisirs à proximité. Caudebec en Caux : 5 km.

Prix : 1 pers. **200 F** 2 pers. **230 F** 3 pers. **300 F**

4	45	5	1	SP	2	5	45	SP

SAUTREUIL Jacqueline – Hameau de l'Angle - rue du Gros Chene – 76940 Vatteville-la-Rue – Tél. : 35.96.31.72

La Vaupaliere Le Haut-de-l'Ouraille — *C.M. n° 52 — Pli n° 14*

♥♥♥ NN Dans une demeure de caractère du XVIe siècle, dans un parc, convient pour séjour bucolique. Entre Rouen et Barenton. Duclair 10 km. Entrée indépendante pour suite de 4 pers. à l'étage dont 1 chambre à lits jumeaux, à l'étage avec douche et wc privés. Au rez-de-chaussée, 1 chambre 2 pers. avec douche et wc privés. Possibilité lits supplémentaires. Ouvert toute l'année.

Prix : 1 pers. **140 F** 2 pers. **190 F** pers. sup. **50 F**

10	40	10	10	SP	10	10

TAUPIN Bernard et Francoise – 778 Domaine de l'Ouraille – 76150 La Vaupaliere – Tél. : 35.33.81.34

Vergetot
⅄⅄ NN
C.M. n° 52 — Pli n° 11

Dans une maisonnette, au calme, 1 ch. 2 pers. (poss. lit suppl.), 1 ch. 3 pers., salle de bains privée chacune et wc communs. Jardin sous les pommiers. Etretat 10 km, voie express à proximité. Restaurant 3 km. Gare 8 km. Commerces 6 km. Ouvert toute l'année.

Prix : 1 pers. **150 F** 2 pers. **180 F** 3 pers. **240 F**

7	10	15	1	SP	10	12	10	20	10

GRENIER Nicole – Route de l'Orme – 76280 Vergetot – Tél. : 35.27.26.72

Veules-les-Roses La Maudiere
E.C. NN
(TH)
C.M. n° 52 — Pli n° 3

Maison de caractère avec parc paysager dans le centre ville. Calme. Intérieur agréablement décoré. 1er étage : 2 ch. avec wc et lavabo privatifs et s.d.b. commune. 2e étage : appartement de 2 ch. avec s. d'eau commune. Salon, salle de séjour, TV à disposition. Table d'hôtes sur réservation. Ouvert du 1er avril à mi-octobre. Gare 8 km. Commerces sur place.

Prix : 1 pers. **350 F** 2 pers. **350 F** repas **200 F**

7	0,5	0,5	0,5	SP	1,5	0,5	0,5	25

LEROUX Maud – La Maudiere - 23 rue du Docteur Girard – 76980 Veules-Les-Roses – Tél. : 35.97.62.10

Villainville
⅄⅄ NN
C.M. n° 52 — Pli n° 11

2 chambres d'hôtes. 1 chambre 2 pers. 1 chambre 3 pers. Salle d'eau et wc communs. Jardin. Salon de jardin. Etretat 5 km. Gare 10 km. Commerces 2 km. Ouvert toute l'année.

Prix : 1 pers. **150 F** 2 pers. **190 F** 3 pers. **250 F**

9	4	4	4	2	6	4	2	4

LACHEVRE Roland et Maryvonne – 76280 Villainville – Tél. : 35.27.25.23

Villainville La Ferme
⅄ NN

Demeure Cauchoise, annexe chambres d'hôtes de style normand à colombages. 1 chambre de 4 pers., s. d'eau et wc privatifs (2 NN) et 2 chambres de 2 pers. Lavabo dans chaque ch. Salle d'eau commune. Séjour avec TV et bibliothèque. Salle de jeux, ping-pong, portique à dispo. Jardin paysager de 3000 m². Falaises d'Etretat 4 km. Ouvert de mai à septembre. Commerces 4 km. Nombreuses attractions. Animaux acceptés mais dans un local séparé des chambres.

Prix : 1 pers. **160 F** 2 pers. **200 F** 3 pers. **260 F**

10	4	4	0,2	SP	3	4	SP

PREVOST Adrienne et Serge – La Ferme - Le Cellier – 76280 Villainville – Tél. : 35.29.44.19

Villainville Hameau-le-Centre
⅄⅄ NN
C.M. n° 52 — Pli n° 11

Dans une petite maison indépendante, à l'étage : 1 chambre 2 pers. avec salle de bains et wc privés. 1 chambre double 4 pers. avec salle d'eau et wc privés. Possibilité d'utiliser la cuisine. Abris voitures. Restaurant 2 km. Gare 10 km. Commerces 2 km. Etretat 6 km. Ouvert toute l'année.

Prix : 1 pers. **140 F** 2 pers. **180 F** 3 pers. **240 F**
pers. sup. **60 F**

9	6	6	SP	SP	6	6

VASSELIN Rene et Regine – Hameau le Centre – 76280 Villainville – Tél. : 35.27.67.66

Villequier-le-Haut
⅄⅄⅄ NN
C.M. n° 52 — Pli n° 13

A 6 km de Caudebec-en-Caux et de Notre Dame de Gravenchon, dans un cadre de verdure et au calme. Dans une maison ancienne rénovée. 1 chambre (3 lits 1 pers.), avec entrée indépendant, salle d'eau et wc privés. 1 chambre (1 lit 2 pers.), salle d'eau et wc privés. Séjour avec TV. Salon de jardin. Gare 20 km. Commerces 6 km. Ouvert toute l'année. Allemand parlé.

Prix : 1 pers. **160 F** 2 pers. **220 F** 3 pers. **270 F**

5	45	10	5	SP	5	20	SP

ANDRIEU Vincent et Janine – La Mare à Bache – 76490 Villequier-le-Haut – Tél. : 35.56.82.60

Wanchy-Capval
⅄⅄⅄ NN
(TH)
C.M. n° 52 — Pli n° 5

Dans une grange à colombages avec jardin. 1 chambre 2 pers. 3 chambres 3 pers. 1 chambre 4 pers. Salles d'eau et wc privés pour chaque chambre. Salon de jardin. Londinières et Envermeu 5 km. Gare 5 km. Commerces et restaurant à 4 km. Ouvert toute l'année.

Prix : 1 pers. **200 F** 2 pers. **230 F** 3 pers. **300 F**
pers. sup. **80 F** repas **80 F**

20	20	SP	4	SP	SP	20

TREHOT Claude – Le Centre – 76660 Wanchy-Capval – Tél. : 35.94.42.63

Yvetot
⅄⅄ NN
C.M. n° 52 — Pli n° 13

Maison normande à colombages, restaurée, en dehors de la ville, calme avec jardin d'agrément clos, salon de jardin. Garage à disposition. R.d.c. : 1 ch. double (1 lit 2 pers. 1 lit 1 pers.), salle d'eau privative et wc. Séjour. Entrée indépendante. Possibilité lit supplémentaire. Séjour. Gare 500 m. Commerces sur place. Rouen 30 km. Ouvert toute l'année. Prendre la rue située à gauche de l'hôtes de ville et tout droit.

Prix : 1 pers. **150 F** 2 pers. **190 F** 3 pers. **250 F**
pers. sup. **60 F**

0,3	7	0,3	SP	0,4	20	20	0,5	10

VAUQUELIN Laurent et Anne-Marie – 110 rue d'Etang – 76190 Yvetot – Tél. : 35.95.33.71

PICARDIE-
CHAMPAGNE

Pour réserver, écrire ou téléphoner :

02 - AISNE
Gîtes de France
1, rue Saint-Martin – B.P. 116
02005 LAON Cedex
Tél. : 23.26.70.02
Fax : 23.20.11.23

08 - ARDENNES
Gîtes de France
1, av. du Petit-Bois – B.P. 331
08105 CHARLEVILLE-MÉZIÈRES Cedex
Tél. : 24.56.89.65
Fax : 24.33.50.77

(R) 10 - AUBE
Gîtes de France
2 bis, rue Jeanne-d'Arc – B.P. 4080
10014 TROYES Cedex
Tél. : 25.73.00.11
Fax : 25.73.94.85

3615 Gîtes de France
1,26 F/mn

51 - MARNE
Gîtes de France
Chambre d'Agriculture
Complexe agricole du Mont-Bernard – B.P. 525
51009 CHALONS-SUR-MARNE Cedex
Tél. : 26.64.95.05
Fax : 26.64.95.06

52 - HAUTE-MARNE
Gîtes de France
40 bis, avenue Foch
52000 CHAUMONT
Tél. : 25.30.39.00
Fax : 25.30.39.09

59 - NORD
Gîtes de France
14, square Foch
59800 LILLE
Tél. : 20.57.61.00
Fax : 20.42.00.40

60 - OISE
GITOISE - SERVICE RESERVATION
19, rue Pierre-Jacoby – B.P. 822
60008 BEAUVAIS Cedex
Tél. : 44.48.16.87
Fax : 44.45.16.19

62 - PAS-DE-CALAIS
Gîtes de France
24, rue Desille
62200 BOULOGNE-SUR-MER
Tél. : 21.83.96.77
Fax : 21.30.04.81

80 - SOMME
Gîtes de France
C.D.T.
21, rue Ernest-Cauvin
80000 AMIENS
Tél. : 22.92.44.44
Fax : 22.92.77.47

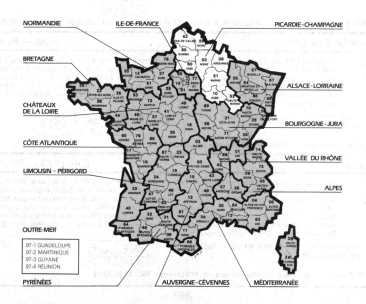

Berzy-le-Sec Lechelle
C.M. n° 56 — Pli n° 4

🌿🌿🌿 NN
(TH)

Alt. : 110 m — A 1 heure de Paris, à proximité de la Forêt de Retz. Dans une ancienne ferme picarde, 4 chambres d'hôtes de caractère, confortables, spacieuses et indépendantes, 2 avec sanitaires privatifs. 1 ch. (1 lit 2 pers.), 1 ch. (lits jumeaux). 1 ch. familiale (2 épis NN) : 1 ch. (1 lit 2 pers.), 1 ch. (lits jumeaux), salle d'eau et wc communs. Salle de séjour avec cheminée. Très grand jardin, paisible et verdoyant. Table d'hôtes sur réservation. Ouvert toute l'année, mais sur réservation de novembre à avril. Randonnée en forêt 8 km. Villers Coterrets 12 km et Soissons 10 km. Gare et commerces à 12 km. Anglais parlé.

Prix : 1 pers. 180/200 F 2 pers. **200/240 F** pers. sup. **80 F**
repas **90 F**

🎿	🏇	⛵	🎣	🏊
10	10	10	30	30

MAURICE Jacques et Nicole – Ferme de Lechelle – 02200 Berzy-le-Sec – Tél. : 23.74.83.29 – Fax : 23.74.82.47

Bony Ferme-du-Vieux-Puits
C.M. n° 53 — Pli n° 13/14

🌿🌿🌿 NN
(A)

Alt. : 110 m — 3 chambres spacieuses et très confortables aménagées au-dessus de la ferme-auberge, toutes équipées avec sanitaires privés, sèche-cheveux, téléphone, TV par satellite. 2 ch. (1 lit 2 pers. 1 lit 1 pers. chacune), 1 ch. (2 lits jumeaux). Salon et coin-cuisine à disposition avec accès indépendant. Salon de jardin et terrasse. Piscine chauffée sur place. 5 VTT et ping-pong mis gracieusement à votre disposition sur place. Gare 15 km. Commerces 2 km. Ouvert toute l'année.

Prix : 1 pers. 200 F 2 pers. **290 F** 3 pers. **400 F**
pers. sup. **80 F** repas **95 F** 1/2 pens. **270 F** pens. **340 F**

🎿	🏇	⛵	🏊	🎣
10	10	6	SP	15

GYSELINCK Philippe – Ferme du Vieux Puits - 5 Bis, rue de l'Abbaye – 02420 Bony – Tél. : 23.66.22.33

La Capelle
C.M. n° 53 — Pli n° 16

E.C. NN

4 chambres spacieuses situées à proximité du champ de courses de La Capelle. 3 chambres (1 lit 2 pers.) et 1 chambre (2 lits 1 pers.), avec salle d'eau et wc privatifs. Salon avec cheminée et bibliothèque. Randonnées sur place. Gare 15 km. Commerces sur place. Ouvert toute l'année. Anglais parlé.

Prix : 2 pers. 250/350 F pers. sup. **60 F**

🏇	⛵	🎣
SP	10	10

LA CRAVACHE D'OR – 10 avenue du General de Gaulle – 02260 La Capelle – Tél. : 23.97.82.40

La Chapelle-Monthodon Hameau-de-Chezy
C.M. n° 56 — Pli n° 15

🌿🌿🌿 NN
(TH)

4 chambres doubles (1 lit 2 pers.) avec salle de bains et wc privés. 1 chambre familiale (1 lit 2 pers. 2 lits 1 pers.) avec salle de bains et wc privés. Salle de séjour agréable à la disposition des hôtes. Possibilité réunions et séminaires. Accès indépendant. Parking assuré à la ferme. Salle de jeux, TV, téléphone. Ouvert toute l'année. Situées dans un endroit calme et reposant, avec vue sur les coteaux champenois. Possibilité location VTT sur place. Randonnées pédestres, golf, tir à l'arc 2 km. Mini-golf, gare et commerces 5 km.

Prix : 1 pers. 180 F 2 pers. **200 F** pers. sup. **60 F** repas **70 F**

🐩

🎿	🏇	⛵	🎣
5	5	5	2

DOUARD Christian – La Chapelle Monthodon – 02330 Conde-en-Brie – Tél. : 23.82.47.66 – Fax : 23.82.72.96

Le Charmel
C.M. n° 56 — Pli n° 15

🌿🌿🌿 NN
(TH)

4 chambres (1 lit 2 pers. chacune) avec salle d'eau et wc privatifs. Téléphone dans chaque chambre. TV. Gare 16 km. Commerces 3 km. Animaux admis avec supplément de 30 F/jour. Table d'hôtes sur réservation. Ouvert toute l'année. Supplément enfant : 60 F. Chambres dans un petit village, à proximité de la vallée de la Marne. Jardin d'agrément de 50 ares, avec salon de jardin. Location de VTT sur place. Sortie A4 à 16 km.

Prix : 1 pers. 200 F 2 pers. **250 F** repas **80 F**

🏇	🎣	🎣
SP	3	16

ASSAILLY Gaston – Le Charmel - 6 Route du Moulin – 02850 Le Charmel – Tél. : 23.70.31.27 – Fax : 23.70.31.27

Cheret Le Clos-Cheret
C.M. n° 56 — Pli n° 5

🌿🌿🌿
(TH)

5 chambres d'hôtes dans un vendangeoir du XVIII°, exposé plein sud, entouré d'un grand parc. 2 ch. 2 épis (1 lit 2 pers. 2 lits jumeaux), lavabo et bidet chacune. Salle d'eau et wc communs aux 2 ch. Poss. lit bébé. 1 ch. 3 pers. (3 épis) avec salle de bains et wc privés. 1 ch. 2 pers. (3 épis) avec salle d'eau et wc privés. 1 ch. (2 pers.), s. d'eau et wc privés. Salle de séjour, salon, TV, bibliothèque. Parking. Randonnée sur place. Table d'hôtes sur réservation. Pas de table d'hôtes le dimanche soir. Ouvert du 15 mars au 15 octobre.

Prix : 1 pers. 180/200 F 2 pers. **200/250 F** 3 pers. **340 F**
pers. sup. **90 F** repas **90 F**

🐩

🎿	🏇	🎣	🎣	🚣	⛵
8	8	8	8	7	8

SIMONNOT Monique – Le Clos – 02860 Cheret – Tél. : 23.24.80.64

Chigny
C.M. n° 53 — Pli n° 15

🌿🌿
(TH)

5 chambres d'hôtes aménagées dans une maison de caractère du XVIII° siècle de style Thiérachien, située sur la place du village. 1 ch. 3 pers. avec salle d'eau et wc privés. 1 ch. 2 pers. avec salle de bains et wc privés. 1 ch. 2 pers. 1 ch. 3 pers. 1 ch. 1 pers. avec salle de bains et wc communs. Coin-toilette dans chaque chambre. Salle de séjour à disposition. 2 ch. (3 épis NN). Jardin avec pelouse et parking clos. Table d'hôtes le soir uniquement, boissons comprises. Rivière 500 m. Randonnées pédestres sur place, sur l'Axe Vert (Vallée de l'Oise), idéal pour le cyclisme. Visite des églises fortifiées. Gare 30 km. Commerces 2 km. Ouvert toute l'année.

Prix : 1 pers. 150/170 F 2 pers. **250/270 F** 3 pers. **300/310 F**
pers. sup. **70 F** repas **80 F**

🏇	🎣	⛵	🚣
20	0,5	18	30

PIETTE Francoise – 6/7 Place des Marronniers – 02120 Chigny – Tél. : 23.60.22.04

Aisne

Ciry-Salsogne

♥♥♥ NN
(TH)

Belle maison récente, située dans le village entre Soissons (12 km) et Reims (40 km). Suite pour 4 pers. en 2 ch. séparées (1 lit 2 pers. 2 lits jumeaux), douche et wc privatifs à la suite. Séjour, jardin propice à la détente. Idéal pour une famille de 4 pers. ou 2 couples d'amis. Table d'hôtes sur réservation, enfant jusqu'à 12 ans : 30 F. Gare 15 km. Commerces 5 km. Dans le village : tennis, plan d'eau, baignade et aire de jeux. Ouvert du 1er avril au 30 septembre. Allemand parlé.

Prix : 1 pers. **150 F** 2 pers. **200 F** pers. sup. **60 F** repas **75 F**

SP	12	SP	12	

DUPILLE Brigitte – 27 avenue de la Liberation – 02220 Ciry-Salsogne – Tél. : 23.72.42.18

Connigis

♥♥♥ NN
(TH)

Dans la ferme de l'ancien château du village, située sur la route touristique du champagne, à 50 mn d'Eurodisney, accueil familial chez un viticulteur. 4 ch. d'hôtes spacieuses (2 ch. 2 pers. 1 ch. 3 pers. 1 ch. 4 pers.), toutes avec salle de bains et wc privés. Grande salle de billard français à disposition. Grand parc boisé avec jeux d'enfants. Sur place, vous trouverez : location de vélos, chevaux de randonnées, circuits pédestres (GR 14, PR), pêche 1ere catégorie, vente de produits régionaux. Du 1er octobre au 31 mars, 20 F supplémentaires par chambre pour le chauffage. Ouvert toute l'année.

Prix : 1 pers. **150 F** 2 pers. **200 F** 3 pers. **260 F** pers. sup. **60 F** repas **80 F**

3	10	SP	10	15	15	10

LECLERE Pierre et Jeanine – 02330 Connigis – Tél. : 23.71.90.51 – Fax : 23.71.48.57

Coucy-le-Chateau-Auffrique

♥♥♥ NN

2 chambres d'hôtes aménagées dans une maison de caractère, située dans un ancien village médiéval (domaine forestier de Saint-Gobain). 1 chambre 4 pers. + 1 lit de bébé, salle d'eau et wc privés (2 épis). 1 chambre 2 pers. avec salle d'eau et wc privés (3 épis). Jardin. Bois 500 m. Rivière 4 km. Restaurant 1 km. Prix 4 pers. : 280 F. Ouvert toute l'année pour la chambre en r.d.c. (3 épis) et d'avril à septembre pour la chambre à l'étage (2 épis).

Prix : 1 pers. **160 F** 2 pers. **220 F** 3 pers. **250 F** pers. sup. **50 F**

SP	4	4	13	30	30

LEFEVRE Yves – Chemin des Pres – 02380 Coucy-le-Chateau-Auffrique – Tél. : 23.52.76.64

Coupru Aulnoy-Bontemps

E.C. NN

Grande pièce commune (60 m²) pour 2 ch. d'hôtes, salle de bains, wc privatifs à chacune, l'une avec un petit salon. Parking dans la propriété. L'aménagement des chambres respecte le caractère rustique de l'habitation, tout en y intégrant le confort moderne. Gare 10 km. Commerces 6 km. Ouvert toute l'année. Proche de Paris, accès facile par la N3 et l'A4. Situées dans un endroit calme, reposant, cette ferme du XVIIIe siècle est idéale pour la méditation et la retraite. Activités : expositions de peintures, soirées, jazz, café littéraire.

Prix : 1 pers. **180 F** 2 pers. **250 F** 3 pers. **300 F**

15	10	10	10	10

BRONES Fabrice et Josephine – Ferme des Aulnoys Bontemps - rue des Aulnoys – 02310 Coupru – Tél. : 23.70.40.33

Courtemont-Varennes

E.C. NN
(TH)

Au rez-de-chaussée : 2 chambres doubles avec sanitaires privatifs. Coin-cuisine. L'accès aux chambres peut se faire par une entrée indépendante. Table d'hôtes le soir sur réservation. Gare 10 km. Commerces 2 km. Anglais et allemand parlés. Disneyland Paris 80 km. Pêche sur place dans l'étang communal. Ouvert toute l'année. Les chambres sont situées dans un village des bords de Marne. Endroit calme et reposant avec jardin clos. Parking assuré dans la cour. Paris 110 km. Reims 50 km. Epernay 35 km. Château Thierry 13 km.

Prix : 1 pers. **110 F** 2 pers. **155 F** repas **60 F**

4	4	SP	13	13

ADAM Michel et Sylvie – 3 rue Vinot – 02850 Varennes – Tél. : 23.70.26.69

L'Epine-aux-Bois Les Patrus

♥♥♥ NN
(TH)

En Brie-Champenoise, 2 ch. 2 pers. 1 ch. 3 pers. 1 ch. 4 pers. 1 ch. 5 pers. dans une grande ferme des XVIIe et XVIIIe s. (vaste cour fermée, écuries). Ch. spacieuses, confortables et calmes avec pour chacune : salle de bains/wc ou salle d'eau/wc et téléphone. Salon de lecture, musique, TV à disposition. Salle commune avec cheminée d'origine. Ouvert toute l'année. Environnement de belle campagne, prairies, étangs, bois, promenades pédestres. Salle de réunion pour séminaires ou stages. Eurodisney 45 km. Paris 1 heure.

Prix : 2 pers. **280/450 F** pers. sup. **100/180 F** repas **90/120 F**

3	15	SP	20	18

ROYOL Mary-Ann – Les Patrus - L'Epine Aux Bois – 02540 Viels-Maisons – Tél. : 23.69.85.85 – Fax : 23.69.98.49

Fere-en-Tardenois

E.C. NN
(TH)

3 chambres d'hôtes situées dans une belle propriété, à 300 m du centre du bourg. 2 ch. (1 lit 2 pers.), 1 ch. (2 lits 1 pers.), avec sanitaires et wc privatifs (2 avec salle d'eau, 1 avec salle de bains). Salon avec cheminée. Joli terrain clos. À 1 h 15 de Paris par A4, à 25 km de Château Thierry et 50 km de Reims. Gare 1 km. Commerces sur place. Lit enfant suppl. : 70 F. Anglais et espagnol parlés. Ouverture pendant les vacances scolaires et les week-ends.

Prix : 1 pers. **170 F** 2 pers. **250 F** repas **90 F**

2	1	SP	25	15	2	2

DESRUELLE Martine – 13 rue du Chateau – 02130 Fere-en-Tardenois – Tél. : 23.82.30.39

Landouzy-la-Ville La Cense-des-Nobles   *C.M. n° 53 — Pli n° 16*

❊❊❊ NN   Alt. : 200 m — 3 chambres (2 lits 2 pers. 2 lits jumeaux) avec salle de bains et wc privatifs. Salon, salle à manger. Parking. Jardin. Restaurant sur place. Gare et commerces à 8 km. Dans une maison du XIX° siècle, située en Thiérache, région des églises fortifiées. Golf 18 trous à 3 km. Ouvert toute l'année sur réservation.

Prix : 1 pers. **220 F** 2 pers. **260 F** pers. sup. **100 F**

🎿	✈	⛵	🚣	🏊
8	8	4	8	3

TIRTIAUX Jean – 32, Cense des Nobles – 02140 Landouzy-la-Ville – Tél. : 23.98.43.44 – Fax : 23.98.44.99

Largny-sur-Automne   *C.M. n° 56 — Pli n° 3*

❊❊❊ NN   2 ch. d'hôtes aménagées dans une maison de village, à proximité de la forêt domaniale de Retz. 2 chambres 2 pers. avec salle de bains et wc privatifs. 1 ch. est classée 2 épis NN. Cuisine à disposition des hôtes. Parking. Forêt, VTT et randonnées pédestres sur place. Tir à l'arc 2 km. Aéroport 50 km. Ouvert toute l'année.

Prix : 1 pers. **160/210 F** 2 pers. **180/230 F** pers. sup. **85 F**

🎿	✈	⛵
2	4	4

DOBBELS Suzanne – Rue du Paty – 02600 Largny-sur-Automne – Tél. : 23.96.06.97 ou 23.72.57.63

Missy-sur-Aisne La Biza   *C.M. n° 56 — Pli n° 4*

❊❊❊ NN   2 chambres d'hôtes confortables, spacieuses et indépendantes. 1 ch. 2 pers. 1 ch. (2 lits jumeaux), avec salle de bains et wc privés. Possibilité lit bébé. Table d'hôtes le soir sur réservation. Gare 10 km. Commerces 1 km. Cadre idéal pour les pêcheurs (pêche en étangs privés). Tennis de table. Jardin avec barbecue à disposition. Parc nautique de l'Ailette et planche à voile à 30 km. Laon à 35 km, Reims à 45 km, Paris à 100 km. Ouvert toute l'année. Anglais parlé.

(TH)

Prix : 1 pers. **210 F** 2 pers. **260 F** pers. sup. **80 F**
repas **100 F**

🐕	🎿	✈	⛵	🚣	♨	⛵
3	10	SP	10	30	SP	30

DUFFIE Georges – La Biza – 02880 Missy-sur-Aisne – Tél. : 23.72.83.54 – Fax : 23.72.91.43

Mont-Saint-Martin   *C.M. n° 56 — Pli n° 5*

❊❊ NN   Situées sur une ferme de caractère. 4 chambres d'hôtes spacieuses. Chambre rose avec lit double et sanitaires privés mais extérieurs à la chambre. 2 chambres avec lit double et 2 lits jumeaux et 1 chambre avec 2 lits 1 pers. et sanitaires communs (cabinet de toilette dans chaque chambre). Salons avec cheminée et TV, salle à manger à disposition des hôtes. Gare et commerces 5 km. Vue imprenable sur la région, à l'écart du village de Mont Saint-Martin. Stratégiquement bien positionné entre Reims, Soissons, Laon et Château-Thierry. Table d'hôtes sur réservation, boissons non comprises. Grand jardin avec salon à disposition. Cour fermée avec parking. Calme et repos assurés.

(TH)

Prix : 1 pers. **170 F** 2 pers. **250 F** repas **90 F**

🐕	🎿	✈	⛵	♨	⛵
	4	4	15	15	15

FERRY J. Paul et Valerie – Ferme de Ressons – 02220 Mont-Saint-Martin – Tél. : 23.74.71.00 – Fax : 23.74.28.88

Mont-Saint-Pere   *C.M. n° 56 — Pli n° 14*

❊❊❊ NN   Chambres d'hôtes situées chez des viticulteurs, dans un petit village de la vallée de la Marne. 2 chambres avec accès indépendant (1 lit 2 pers. chacune). Sanitaires et wc privatifs. Terrasse et jardin. Parking. Château-Thierry 9 km. Paris 100 km. Eurodisneyland à 3/4 d'heure. Randonnées pédestres sur place. Paysage vallonné. Gare 10 km. Commerces sur place. Anglais parlé. Ouvert toute l'année sauf en janvier.

Prix : 1 pers. **180 F** 2 pers. **220 F**

🐕	✈	⛵	🚣	🏊
8	SP	10	14	

COMYN Jean et Marie-Claire – 7 Bis rue Fontaine Sainte-Foy – 02400 Mont-Saint-Pere – Tél. : 23.70.28.79 – Fax : 23.70.36.44

Nouvion-et-Catillon Catillon-du-Temple   *C.M. n° 53 — Pli n° 14*

❊❊ NN   Alt. : 189 m — 2 chambres d'hôtes aménagées dans une maison de construction récente (1970), sur un site historique, "Commanderie Templière », dans un environnement verdoyant et boisé, vous offrent calme absolu. 1 chambre 2 pers. et 1 chambre 3 pers., avec sanitaires privés chacune, wc communs. 1 chambre 1 épi NN. Salon à disposition. Jardin spacieux avec salon de jardin. Parking assuré. Gare 17 km. Commerces 2 km. Accès : par l'autoroute A26 à 4 km. A 25 km de Laon et Saint-Quentin. Ouvert toute l'année.

Prix : 2 pers. **230 F** 3 pers. **290 F** pers. sup. **60 F**

🎿	⛵	🚣
2	25	25

CARETTE Jose-Marie – La Commanderie - Catillon du Temple – 02270 Nouvion-et-Catillon – Tél. : 23.56.51.28

Ressons-le-Long Ferme-de-la-Montagne   *C.M. n° 56 — Pli n° 3*

E.C. NN   Alt. : 145 m — 3 chambres spacieuses avec sanitaires attenants et privatifs, sur 3 niveaux, dont 1 au rez-de-chaussée. 2 chambres (1 lit 2 pers. 1 lit 1 pers.). 1 ch. (2 lits jumeaux, 1 lit 1 pers.). A 90 km de Paris, entre Soissons et Compiègne (RN31), la ferme de la montagne, ancienne propriété de l'abbaye, domine la vallée de l'Aisne et le village de Ressons-le-Long. Gare 15 km. Commerces 3 km. Anglais et Allemand parlés. Ouvert toute l'année.

Prix : 1 pers. **180 F** 2 pers. **300 F** 3 pers. **390 F**
pers. sup. **90 F**

🐕	🎿	⛵	🚣	♨
	SP	10	25	40

FERTE Patrick – Ferme de la Montagne – 02290 Ressons-le-Long – Tél. : 23.74.23.71 – Fax : 23.74.24.82

Sainte-Croix La Besace
C.M. n° 56 — Pli n° 5

❄❄❄ NN
(TH)

Dans une ancienne fermette située dans un village, 4 ch. 2 pers. (3 avec 1 lit 2 pers. 1 avec 2 lits 1 pers.) avec salle d'eau et wc privés par chambre, 1 ch. (1 lit 2 pers. 2 lits 1 pers. superp.), s. d'eau et wc privés. Salle de séjour, salon (TV et cheminée) à disposition. Jardin. Aire de jeux. Parking. Ping-pong sur place. Rivière, restaurant, forêt domaniale de Vauclaire 3 km. Log. chevaux sur place. Terrain de volley-ball. Ouvert de début mars à fin septembre.

Prix : 1 pers. **175 F** 2 pers. **205/220 F** pers. sup. **65 F** repas **90 F**

🎣	⛵	🚣	〰️	⛰️
3	18	6	6	6

LECAT Jean – La Besace - 21 rue Haute – 02820 Sainte-Croix – Tél. : 23.22.48.74

Sorbais
C.M. n° 53 — Pli n° 16

E.C. NN
(TH)

3 chambres d'hôtes à l'étage, situées en Thiérache. 1 ch. (1 lit 2 pers. 1 lit 1 pers.), 1 ch. (1 lit 2 pers. 1 lit bébé), 1 ch. (3 lits 1 pers.), chacune avec s. d'eau et wc privés. Coin-détente avec cheminée, TV, téléphone. Randonnée et rivière sur place. Canoë-kayak 16 km. Gare 16 km. Ouvert toute l'année. Table d'hôtes le soir uniquement et sur réservation.

Prix : 1 pers. **150 F** 2 pers. **250 F** pers. sup. **70 F** repas **90 F**

🐕

🚣
SP

DOUNIAUX Blandine – 10 rue du Gue – 02580 Sorbais – Tél. : 23.97.49.83

Torcy-en-Valois
C.M. n° 56 — Pli n° 14

❄❄❄

4 chambres d'hôtes dans une maison en pierre située dans un corps de ferme de style local. 1 ch. (1 lit 2 pers. 2 lits 1 pers. superp.) et 1 ch. (2 lits 1 pers.) et 1 ch. (1 lit 2 pers.). Salles d'eau privatives mais wc communs aux chambres. Salle de séjour. Randonnées sur place. Poss. loger les chevaux sur place. Lit suppl. enfants : 60 F.

Prix : 1 pers. **110 F** 2 pers. **200 F** 3 pers. **220 F**

⛷️	🎣	🚣	⛵	〰️
SP	8	1	11	8

PASCARD Jacques et Nelly – 50 rue du Chateau – 02810 Torcy-en-Valois – Tél. : 23.70.60.09 – Fax : 23.70.63.01

Vezilly Le Chartil
C.M. n° 56 — Pli n° 15

❄❄❄ NN

Dans un petit village du Tardenois, maison de style local, agrémentée d'un grand jardin. Rez-de-chaussée : petit salon avec TV et documentation touristique. A l'étage : 1 chambre 3 pers., 1 chambre 2 pers. avec 1 suite 2 pers., sanitaires et wc privatifs. Gare 15 km. Commerces 10 km. Fermé en janvier. Equipement bébé. Possibilité auberge sur place. VTT sur place. Proximité de la vallée de la Marne. Région champenoise. Reims 35 km. Epernay 30 km. Nombreuses visites de monuments à faire. Euro-disneyland 80 km.

Prix : 1 pers. **200 F** 2 pers. **250 F** 3 pers. **320/350 F**

🐕

⛷️	🎣	〰️	〰️
2	4	2	12

NOEL Jean-Marie et Sabine – 6, Route de Fismes - Le Chartil – 02130 Vezilly – Tél. : 23.69.24.11 – Fax : 23.69.24.11

Vic-sur-Aisne
C.M. n° 56 — Pli n° 3

❄❄❄ NN
(TH)

3 ch. d'hôtes spacieuses aménagées dans une maison ancienne. 2 ch. (2 lits 2 pers. 1 lit 1 pers. superp.), douche et wc privatifs. 1 ch. (2 pers.), douche et wc privatifs. Poss. 1 lit bébé. Salle commune, TV, cour fleurie, jardin. Tous commerces sur place. Ouvert toute l'année sauf en janvier. Anglais, espagnol, allemand parlés. Table d'hôtes le soir sur réservation. Paris 100 km. Roissy-Charles De Gaulle et Reims 70 km. Lieux historiques : Chemin des Dames, château de Pierrefonds, Compiègne, Villers-Cotterets. Animaux admis sous réserve.

Prix : 1 pers. **150 F** 2 pers. **190 F** 3 pers. **250 F** pers. sup. **50 F** repas **65 F**

🎣	🚣	⛵	〰️
1	SP	6	25

HENRY – 2 Bis, avenue de la Gare – 02290 Vic-sur-Aisne – Tél. : 23.55.32.76

Vic-sur-Aisne Domaine-des-Jeanne
C.M. n° 56 — Pli n° 3

❄❄❄❄
(TH)

5 chambres d'hôtes spacieuses et luxueuses. 3 ch. 3 pers. 2 ch. 2 pers., TV, salle d'eau et wc privés. Belle demeure de caractère avec magnifique parc. Salon et séjour. Cheminée et terrasse. Jeux pour enfants. Pêche, tennis, ping-pong et piscine dans la propriété. Table d'hôtes le soir uniquement sur réservation. Animaux admis sous réserve. Carte de crédit acceptée. Gare 16 km. Commerces sur place. Ouvert toute l'année. Anglais parlé.

Prix : 1 pers. **330 F** 2 pers. **360 F** 3 pers. **460 F** pers. sup. **80 F** repas **90 F**

⛷️	🚣	⛵
SP	SP	SP

MARTNER Anne – Domaine des Jeanne - rue Dubarle – 02290 Vic-sur-Aisne – Tél. : 23.55.57.33 – Fax : 23.55.57.33

Villers-Agron-Aiguizy Ferme-du-Chateau

C.M. n° 56 — Pli n° 15

❄❄❄ NN
(TH)

4 ch. d'hôtes 2 pers., sanitaires et wc privés. Vaste entrée à disposition des hôtes. 3 ch. avec salle d'eau et wc privés. 1 ch. avec salle de bains et wc privés. Table d'hôtes hors week-end sur réservation, forfait boissons incluses (1 flûte de champagne, entrée, plat, fromage, dessert, vin, café ou tisane). Chambres classées 3 et 4 épis. Enfant jusqu'à 4 ans : 70 F. Dans un village pittoresque, à la limite de la Picardie et de la Champagne. 4 chambres d'hôtes aménagées dans un très beau manoir du XVe siècle, sur une ferme. Cadre paisible et verdoyant, donnant sur le parcours de golf. Circuits pédestres. Ouvert toute l'année. Anglais et allemand parlés.

Prix : 1 pers. **310/400 F** 2 pers. **340/400 F** 3 pers. **530 F** pers. sup. **130 F** repas **160 F**

🐕

⛷️	〰️
SP	SP

FERRY Xavier et Christine – Ferme du Chateau – 02130 Villers-Agron-Aiguizy – Tél. : 23.71.60.67 – Fax : 23.69.36.54

Acy-Romance

❦❦❦ NN Alt. : 73 m — Corps de ferme du début du siècle à 150 m de l'Aisne (rivière) et du Canal des Ardennes, situé en village dans un joli cadre verdoyant. Terrain attenant, garage. Rez-de-chaussée : salle d'hôtes. 1er étage : 2 ch. (1 lit 2 pers. 1 lit d'appoint 1 pers. s. d'eau, wc). 1 chambre-suite (1 ch. 2 lits 2 pers. + annexe 1 lit 2 pers.), s. d'eau, wc. Lit bébé. Vous randonnerez tranquillement à pied ou à vélo (3 bicyclettes sur place) sur le sentier « Nature » balisé à 1 km. Musée, aéroclub, église gothique, belvédère, arboretum 1 km. Produits fermiers, visite d'exploitation sur place. Pistes VTT. Gare et commerces à 1 km. Ouvert toute l'année.

Prix : 1 pers. **170 F** 2 pers. **200 F** pers. sup. **60 F**

15	1	1	1	1	0,2	

LEBEGUE Alain et Noelle – Rue de l'Oseraie – 08300 Acy-Romance – Tél. : 24.38.50.16

Annelles Dime 1762 d'Anelle

❦❦ (TH) Alt. : 108 m — La Dime 1762 d'Anelle est l'un des 8 châteaux de la dynastie Pommery. Rez-de-chaussée : salle d'hôtes (TV, cheminée). Salle d'eau, wc. 1er étage : 1 chambre (1 lit 2 pers. 1 lit 1 pers.). 1 chambre (2 lits 1 pers. ou 1 lit 2 pers.). Lavabo et bidet dans chaque chambre. WC. Chauffage central gaz. Table d'hôtes : reserver à l'avance, harmonie des mets et des vins. Prix repas boissons non comprises. Truite, tir à l'arc, ball-trap 4 km. Aéroclub 12 km. Recueil sur le patrimoine de la région. Gare 12 km. Commerces 4 km. Ouvert toute l'année.

Prix : 1 pers. **120 F** 2 pers. **220 F** 3 pers. **300 F** repas **90 F**

12	12	12	12	12	4

CHRISTEN Xavier – Dime 1762 d'Anelle - La Gerbe d'Or – 08310 Annelles – Tél. : 24.72.71.03

Bayonville

❦❦❦❦ NN Alt. : 210 m — 4 chambres aménagées dans un château des XIIe et XVIe siècles entouré de douves. 1 ch. 3 pers. (+ 1 pers. en tourelle), salle d'eau, wc. 1 ch. 3 pers., salle de bains, wc. 2 ch. 2 pers. en tourelle, 2 salles d'eau, wc, 1 au r.d.c., 1 à l'étage. Possibilité lit bébé. Réduction 10 % à partir de 4 nuitées. Ouvert du 1er avril au 15 novembre, hors saison sur réservation. Chauffage central. Parc de Belval à 16 km. Etang « la Samaritaine » : baignade, canotage 6 km. Gare 50 km. Commerces 8 km. Anglais parlé.

Prix : 1 pers. **380 F** 2 pers. **470 F** pers. sup. **100 F**

SP	6	30	35	30	6	6	6

DE MEIXMORON Veronique et Jacques – Chateau de Landreville - Landreville – 08240 Bayonville – Tél. : 24.30.04.39

Bosseval

❦❦ NN (TH) Alt. : 250 m — 3 chambres d'hôtes dans un ancien presbytère comportant 2 gîtes. 1er ét. : 1 ch. (1 lit 2 pers. fauteuils, TV, s.d.b., wc). 2e ét. : salle d'hôtes, coin-cuisine, 1 ch. mezzanine (4 lits 1 pers. coin-salon, TV, s.d.b. wc), 1 ch. (1 lit 2 pers. coin-salon, TV, s.d.b., wc). 3 lits bébé gratuits. Tél. Carte Fr. Télécom. L-linge. Réduc. 10 % à partir 4 nuitées. Table d'hôtes : le soir, sur réservation boisson comprise, 35 F (enfant - de 7 ans). Usage barbecue, 3 salons de jardin. Location VTT (propriétaire). Boulodrome à 100 m. Possibilité hébergement 2 chevaux en boxes ou pâture close dans propriété à 6 km. Gare 10 km. Commerces sur place.

Prix : 1 pers. **170 F** 2 pers. **190 F** 3 pers. **235 F** repas **75 F**

SP	10	10	10	10	10	7	SP	SP

LAMBERTY Jean-Francois – 4, Place de la Republique – 08350 Bosseval – Tél. : 24.52.19.99

Brienne-sur-Aisne

❦❦❦ NN Alt. : 60 m — 3 chambres d'hôtes de caractère, avec entrée indépendant, au sein du corps de ferme des propriétaires, dans un cadre verdoyant, spacieux et tranquille. 1er étage : 2 ch. avec chacune : mezzanine (1 lit 2 pers. 1 lit 1 pers.), coin-salon (TV couleur), s. d'eau et wc privés. 1 ch. (1 lit 2 pers. TV couleur) avec s. d'eau privée et wc dans le couloir. Cuisine à disposition avec coin-repas. Restaurant au village. Ferme auberge à 4 km. Terrain attenant : salon de jardin, barbecue, portique. Salle de jeux (ping-pong, baby-foot...) et vélos à disposition. Commerces à 1 km. 18 km de Reims. Gare 18 km. Ouvert toute l'année.

Prix : 1 pers. **140 F** 2 pers. **170/190 F** pers. sup. **65 F**

SP	35	18	4	35	35	18	18	1

LERICHE Jacqueline et J.Pierre – 08190 Brienne-sur-Aisne – Tél. : 24.72.94.25

Champigneulle

❦❦❦ (TH) Alt. : 165 m — 4 chambres d'hôtes dans corps de ferme situé à proximité de la forêt d'Argonne. Terrain et parking attenants. R.d.c. : salle d'hôtes (cheminée, TV). Etage : 1 ch. (1 lit 2 pers.), salle d'eau, wc. 1 ch. (1 lit 2 pers. 1 lit 1 pers.), salle d'eau, wc. 1 ch. (1 lit 2 pers. 2 lits 1 pers.), wc, salle de bains. 1 ch. (1 lit 2 pers. 1 lit bébé 30 F.), s. d'eau, wc. Produits de la ferme. 4 bicyclettes à disposition. Table d'hôtes le soir : boissons non comprises. 35 F (enfants moins de 5 ans). Rivière 1 km. Gare 55 km. Commerces 6 km. Ouvert toute l'année.

Prix : 1 pers. **140 F** 2 pers. **180 F** 3 pers. **220 F** repas **60 F**

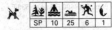

SP	10	25	6	1

DECORNE Marie-Ange – 08250 Champigneulle – Tél. : 24.30.78.66 ou 24.30.78.31

Ardennes
Picardie-Champagne

Chemery-sur-Bar
C.M. n° 56 — Pli n° 9

Alt. : 164 m — 3 chambres d'hôtes dans maison du XVIII° dans le village. Jardin, parking. Rez-de-chaussée : salle d'hôtes (cheminée). Étage : 1 ch. (1 lit 2 pers.), cabinet de toilette, wc privés. 1 ch. (1 lit 2 pers.), 1 ch. (2 lits 1 pers.), cabinet de toilette. Douche et wc communs. Ch. central. Routes des forêts, lacs, Abbayes. Restaurants 12 km. Gare 16 km. Commerces sur place. Rivière, canal 500 m, halte fluviale. Lac 12 km. Aérodrome 15 km. Ski de fond 20 km. Route Ardennes Eifel. Sentiers. Etape du GR 14. Aire de pique-nique et point de vue 1 km. Ouvert toute l'année. Anglais parlé.

Prix : 1 pers. **160 F** 2 pers. **190/250 F** pers. sup. **95 F**

	5	12	16	12	12	12	12		SP	0,5	

GUILLAUME Nicole et Remy – La Brasserie – 08450 Chemery-sur-Bar – Tél. : 24.35.40.31

Donchery Le Chateau du Faucon
C.M. n° 53 — Pli n° 19

NN (A) Alt. : 151 m — Dans un château XVII°, niché au cœur d'un parc verdoyant où galopent une centaine de chevaux et poneys, 6 ch. d'hôtes de caractère sur les herbages. Étage : 6 ch. (2 lits 1 pers.). Salle de bains, wc, TV et tél. par chambre. Lit suppl. et lit bébé sur demande. Auberge de terroir. Salles réunions, séminaires < 100 pers. Gare 12 km. Commerces 1,5 km. Véritable base de loisirs dans un cadre enchanteur. Activités : VTT, tir à l'arc, croquet, etc... Accès facile par l'autoroute A203 à mi-chemin entre Sedan et Charleville. VTT à disposition. Héberg. suppl. : gîtes de groupe et d'étape, gîtes ruraux. Ouvert toute l'année. Anglais parlé.

Prix : 1 pers. **250/350 F** 2 pers. **350/450 F** pers. sup. **150 F** repas **120 F**

SP	8	15	8	8		SP	SP	SP	SP		

FERME DE SEJOUR AU CHATEAU DU FAUCON – 08350 Donchery – Tél. : 24.52.10.01 – Fax : 24.52.71.56

Faissault
C.M. n° 56 — Pli n° 8

NN (TH) Alt. : 180 m — 2 chambres d'hôtes dans maison indépendante, jardin, parking clos. Rez-de-chaussée : salle d'hôtes. Étage : 1 ch. (1 lit 2 pers. 1 lit 1 pers.), TV, salle d'eau, wc. 1 ch. (3 lits 1 pers.), TV, salle d'eau, wc. Chambres très calmes sur jardin. Table d'hôtes : cuisine familiale, gastronomique ou végétarienne. Gare 18 km. Commerces sur place. Ouvert toute l'année. Anglais parlé.

Prix : 1 pers. **130 F** 2 pers. **190 F** 3 pers. **220 F** repas **70 F**

3	15	20	8	15	3	3	

GERARDIN Frederic – RN 51 – 08270 Faissault – Tél. : 24.72.11.33 – Fax : 24.72.17.32

Grandpre
C.M. n° 56 — Pli n° 9

E.C. NN (TH) Alt. : 116 m — 5 chambres d'hôtes dans maison XIX° et corps de ferme, jardin, garage, cour fermée. Rez-de-chaussée : salle d'hôtes (cheminée), lave-linge, wc. 1° étage : 1 ch. (1 lit 2 pers. 1 lit 1 pers.). 1 ch. (2 lits 2 pers.). 2° étage : 1 ch. mezzanine (1 lit 2 pers. 1 lit 1 pers.). 2 ch. (1 lit 2 pers. 2 lits 1 pers.). WC, salle de bains privées. Ouvert toute l'année. Prix table d'hôtes + boissons (vins + de 100 crus). Enfants moins de 8 ans 35 F. Repas dimanches 80 F. Produits fermiers. Chauffage central fuel. Boxes chevaux. 7 bicyclettes. Rivière sur place. Lac 20 km. Gare 17 km. Commerces sur place. Anglais et italien parlés.

Prix : 1 pers. **150 F** 2 pers. **200 F** 3 pers. **240 F** repas **60/80 F**

SP	13	17	20	SP	SP	

ARNOULD Dominique et Philippe – Rue de Montflix – 08250 Grandpre – Tél. : 24.30.52.87

Grivy-Loisy
C.M. n° 56 — Pli n° 8

NN (A) Alt. : 118 m — 5 chambres d'hôtes dans corps de ferme situé dans un hameau, cadre verdoyant et tranquille. Terrasse, aire de jeux. Rez-de-chaussée : ferme auberge. Étage : 4 chambres mezzanines (2 lits 2 pers.), salle d'eau et wc privatifs. 1 ch. (1 lit 2 pers. 1 lit 1 pers.), salle d'eau et wc. Coin-salon avec TV et téléphone dans chaque chambre. Gare et commerces à 6 km. Terrain et parking attenants. Sentiers, VTT, aquacycle 4 km. Lac 16 km. Ouvert toute l'année.

Prix : 1 pers. **225 F** 2 pers. **250 F** 3 pers. **325 F** repas **65/90 F**

15	16	6	16	4	15	4	15

CREUWELS Annie et Maurice – Auberge du Pied des Monts - Grivy – 08400 Grivy-Loisy – Tél. : 24.71.92.38 – Fax : 24.71.96.21

Mesmont
C.M. n° 56 — Pli n° 7

NN (TH) Alt. : 98 m — 3 chambres d'hôtes à l'étage d'une maison bourgeoise rénovée, isolée, terrain et parking attenants. Salle d'hôtes (coin-salon, cheminée, TV coul., billard français, américain, hifi, piano). 1 ch. (1 lit 2 pers. s.d.b., wc). 1 ch. (1 lit 2 pers. s. d'eau, wc). Lit bébé et lit d'appoint sur demande. Table d'hôtes enfants - 10 ans : 45 F. Ouvert toute l'année. Cadre verdoyant et tranquille, en bordure d'un ruisseau, sur itinéraire ardennais du Porcien. Salon de jardin, barbecue. Superficie des chambres : 16 m². Produits locaux, gastronomie familiale à l'ardennaise ou à l'italienne. Ch. électrique. 1 ch. ouverte en cours d'année. Gare 13 km. Commerces 1 km.

Prix : 1 pers. **150 F** 2 pers. **200 F** pers. sup. **90 F** repas **90 F**

SP	35	13	30	35	35	1	13	SP	SP

LEPOLARD Giuliana et Claude – Rue du Moulin – 08270 Mesmont – Tél. : 24.38.71.82

Mouzon Villemontry
C.M. n° 56 — Pli n° 10

NN Alt. : 158 m — 4 chambres d'hôtes dans corps de ferme donnant sur la Meuse. Salon de jardin. Rez-de-chaussée : coin-cuisine avec réfrigérateur, salle d'hôtes (cheminée). 4 ch. (1 lit 2 pers. 1 lit pliant 1 pers.), salles d'eau et wc privés. Réduction 10 % à partir de la 4° nuitée ou locations de chambres groupées. Possibilité repas 30 pers. avec traiteur, salle 500 F. Vue exceptionnelle sur la gorge boisée de l'Alma et la vallée riante de Mouzon. Pension chevaux. Mini-golf 2 km. Canotage 10 km. Lac 30 km. Gare 14 km. Commerces 2 km. Ouvert toute l'année.

Prix : 1 pers. **160 F** 2 pers. **200 F** 3 pers. **280 F** pers. sup. **80 F**

2	10	2	2	30	2	2	

ADAMS Madeleine – Villemontry – 08210 Mouzon – Tél. : 24.26.12.73

Neuville-Day Ferme du Bout de la Ville

C.M. n° 56 — Pli n° 8

E.C. NN
TH

Alt. : 160 m — 3 chambres d'hôtes dans corps de ferme indépendant avec terrasse. Rez-de-chaussée : salle d'hôtes avec salon (TV, cheminée), wc. Etage : 3 ch. (1 lit 2 pers. salle d'eau). WC communs. Possibilité lit bébé. Table d'hôtes boissons comprises, 40 F enfants moins de 10 ans. Produits fermiers. Chauffage central. Sentiers fléchés pour randonneurs. Ouvert toute l'année. Visite château et caves médiévales. Petit train, bateau 4 km. Lac de Bairon (voile, baignade, pêche) 7 km. Gare 30 km. Commerces sur place.

Prix : 1 pers. **140 F** 2 pers. **160 F** pers. sup. **50 F** repas **60 F**

SP	7	16	10		7	7	4	10	SP	SP

PARIS Therese et J.Pierre – Ferme du Bout de la Ville – 08130 Neuville-Day – Tél. : 24.71.45.48

La Neuville-Lez-Beaulieu Pont d'Any

C.M. n° 53 — Pli n° 17

TH

Alt. : 250 m — 2 chambres d'hôtes dans maison indépendante dans un hameau, terrain clos, garage. Rez-de-chaussée : salle d'hôtes, salon (TV, cheminée), salle d'eau. Etage : 1 ch. (1 lit 2 pers. 1 lit 1 pers. 1 lit enfant 4 ans), lavabo. 1 ch. (2 lits 2 pers.), lavabo. Chauffage central. Table d'hôtes le soir tout compris. Fermé du 1er au 21 août. Gare 23 km. Commerces 6 km. Salle de jeux sur jardin, mobilier de jardin. Lac 20 km. Artisanat, location de bicyclettes 20 km.

Prix : 1 pers. **100 F** 2 pers. **120 F** 3 pers. **150 F** repas **50 F**

2	20	25	20	20	20	2	SP

FLORENT Therese – Pont-d'Any – 08380 La Neuville-Lez-Beaulieu – Tél. : 24.54.34.62

Pargny-Resson

C.M. n° 53 — Pli n° 7

NN
TH

Alt. : 74 m — 5 chambres d'hôtes dans corps de ferme avec étang. Rez-de-chaussée : salle d'hôtes, salle d'eau, wc. Etage : 2 ch. (1 lit 2 pers.). 2 ch. (2 lits 1 pers.). 1 ch. (1 lit 1 pers.). Salle d'eau, wc. Produits fermiers (beurre, fromages). Table d'hôtes 1 boisson comprise, 55 F enfant ou dîner léger. Gare et commerces à 2 km. Ouvert toute l'année. Italien et anglais parlés. Accueil chevaux. Visite d'exploitation. Musée, aéroclub 2 km. Lac 35 km.

Prix : 1 pers. **120 F** 2 pers. **160 F** pers. sup. **50 F** repas **55/75 F**

35	2	35	35	2	2	SP

CARTEL Josepha – Pargny-Resson – 08300 Rethel – Tél. : 24.38.40.86 ou 24.38.37.75

Saulces-Monclin Les Sources

C.M. n° 56 — Pli n° 8

NN
TH

Alt. : 152 m — Dans un parc de 5 hectares traversé par rivière de 1ere catégorie avec chutes d'eau, barrage, marais... Vaste demeure avec gîte de groupe (10 pers.) et table d'hôtes. 4 ch. (3 lits 1 pers., s.d.b., wc). 1 ch. (3 lits 1 pers., s.d.b.). WC sur palier commun. Animaux acceptés. Point-phone. TV. Espagnol, anglais, portugais et allemand parlés. Gare 12 km. Commerces 500 m. Sur l'axe SNCF Paris-Luxembourg (12 km de Rethel). Magnifique coin de verdure. 300 km de circuits fléchés avec cartoguides. Cuisine familiale, régionale ou végétarienne. Draps et serviettes fournis. Ouvert toute l'année.

Prix : 1 pers. **170 F** 2 pers. **220 F** 3 pers. **270 F** repas **70 F**

SP	25	12	40	25	25	12	20		SP	SP

GOULDEN Regis et Sylvie – 12 rue du Lieutenant Machet – 51420 Cernay-Les Reims – Tél. : 24.38.59.71 – Fax : 26.07.30.00

Termes

C.M. n° 56 — Pli n° 9

NN
TH

Alt. : 120 m — 1 chambre d'hôtes dans petit village au cœur de la forêt d'Argonne, dans corps de ferme. R.d.c. : salle d'hôtes. Etage : 1 ch. (1 lit 2 pers. 2 lits 1 pers.), salle d'eau, wc. Produits de la ferme. Table d'hôtes le soir (+ boissons), enfants moins de 8 ans : 35 F. Vie de la ferme. Découverte des chevreuils à l'orée de la forêt. Gare 30 km. Commerces 5 km. Accueil de 2 enfants en vacances à la ferme. Ouvert toute l'année.

Prix : 1 pers. **140 F** 2 pers. **170 F** pers. sup. **65 F** repas **60 F**

SP	17	13	20	20	5	SP	SP

THIEBAULT Denise et Gildas – Termes – 08250 Termes – Tél. : 24.30.50.54 – Fax : 24.30.07.35

Thugny-Trugny

C.M. n° 56 — Pli n° 7-8

NN

Alt. : 70 m — 6 chambres d'hôtes dans ancienne demeure. R.d.c. : salle d'hôtes (TV, tél.), wc. 1 ch. (2 lits 2 pers. accessible handicapés), wc, s. d'eau. Etage : 1 ch. (2 lits 2 pers.), s. d'eau, wc. 2 ch. (1 lit 2 pers.), s. d'eau, wc. 1 ch. 3 épis AN (1 lit 2 pers. s. d'eau), wc. 1 ch. 3 épis AN (1 lit 2 pers. 2 lits 1 pers.), s. d'eau. WC communs aux ch. AN. Lits enf. 4 ans. Ancienne demeure d'un officier de la garde Napoléon, parc ombragé, jeux, barbecue, salon de jardin, parking clos. Chauffage électrique. Réduction 10 % à partir de la 4e nuitée, 15 % si séjour minimum 3 semaines. Rivière, sentiers 250 m. Survol des Ardennes en avion. Accueil chevaux (pâtures).

Prix : 1 pers. **110/146 F** 2 pers. **148/185 F** 3 pers. **186/245 F**

18	20	6	20	20	7	4	6	0,3	0,3	

CAMU Anne-Marie et Robert – 08300 Thugny-Trugny – Tél. : 24.38.35.20 ou 24.38.34.48 – Fax : 24.38.60.11

Touligny Ferme de la Basse Touligny

C.M. n° 53 — Pli n° 18

NN
TH

Alt. : 270 m — 2 ch. + 1 suite dans ferme fortifiée de 1652, cadre verdoyant. R.d.c. : salle d'hôtes. Salon (TV coul., Tél. carte pastel, cheminée). 1 ch. (1 lit 2 pers. 1 lit 1 pers. s.d.b., wc). Etage : 1 ch. (1 lit 2 pers. 1 lit 1 pers. s.d.b., wc). 1 suite (1 ch. : 1 lit 2 pers. 1 lit 1 pers. 1 ch. annexe : 1 lit 2 pers. 1 lit 1 pers. coin-salon, s. d'eau, wc). Ferme champêtre d'élevage bovin et ovin dans cadre calme avec parcours de pêche privée sur la Vence. Table d'hôtes le soir sur réservation boissons comprises, 60 F enfants (- de 12 ans). Réductions pour groupes et long séjour. Poss. accueil chevaux l'été.

Prix : 1 pers. **200 F** 2 pers. **250 F** pers. sup. **60 F** repas **120 F**

SP	18	15	12	18	18	2,5	12		SP	SP

LEDOUX-FOSTIER J.-Claude et Dominique – La Basse Touligny – 08430 Poix-Terron – Tél. : 24.35.60.07

Tournavaux

♨♨ NN
(TH)

Alt. : 164 m — 2 chambres d'hôtes dans ancienne fermette restaurée située dans cadre verdoyant et tranquille en bordure de Semoy (rivière). Terrain, parking attenants. R.d.c. : salle d'hôtes (cheminée, TV coul.). Etage : 1 ch. (1 lit 2 pers. 1 lit 1 pers. wc, s.d.b.). 1 ch. mezzanine (1 lit 2 pers. 1 lit 1 pers. coin-cuisine, wc, s.d.b.). Gare 9 km. Commerces sur place. Table d'hôtes le soir, boissons comprises, 40 F enfants moins de 10 ans. Possibilité location semaine (sans petit déjeuner) : 2630 F les 2 chambres (6 pers.), 1630 F la chambre mezzanine (3 pers.). Caution 1000 F. Draps fournis. Ouvert toute l'année.

Prix : 1 pers. **175/205 F** 2 pers. **250/300 F** 3 pers. **350/375 F** repas **70 F**

SP	1	10	15	1	1	10	SP	SP

DUPONT Guy – 08800 Tournavaux – Tél. : 24.32.83.54

Vieux-les-Asfeld

♨♨♨ NN
(A)

Alt. : 63 m — Dans un cadre très fleuri, ancien bâtiment agricole récemment aménagé et indépendant de l'auberge. R.d.c. : salle d'hôtes (âtre, tél.). Etage : 1 ch. avec mezzanine (1 lit 2 pers. 2 lits 1 pers., s. d'eau). 1 ch. (2 lits 1 pers., s. d'eau). 1 ch. (1 lit 2 pers. 2 lits superposés, 1 lit 1 pers., s.d.b.). 1 ch. (1 lit 2 pers., s. d'eau). TV dans les ch. Chauffage central au gaz. Salle de séminaire. Parking, jardin, terrasse. Rivière et canal. Route du Porcien. Caves de Champagne à 25 km. Location de VTT. Eglise d'Asfeld (XVIᵉ). Chemin des Dames. Musées... Gare 25 km. Commerces 1,5 km. Ouvert toute l'année.

Prix : 1 pers. **160/200 F** 2 pers. **200/240 F** pers. sup. **80 F** repas **55/100 F**

0,5	25	25	10	40	1	5	12	SP	1

AUBERGE D'ECRY – Chez Christiane LAMOTTE et Michel BOUCTON – 08190 Vieux-les-Asfeld – Tél. : 24.72.94.65 – Fax : 24.38.39.41

Villers-sur-le-Mont

♨♨ NN
(TH)

Alt. : 283 m — 4 chambres d'hôtes dans corps de ferme isolé, avec cour, jardin et parking attenants. R.d.c. : salle d'hôtes (TV, cheminée, tél. carte France Télécom). Etage : 1 ch. (1 lit 2 pers. 1 lit 1 pers. salle de bains, wc). 1 ch. (1 lit 2 pers. 1 lit 1 pers. salle d'eau, wc). 2 ch. (1 lit 2 pers. salle d'eau, wc). Lit bébé sur demande. Gare 14 km. Commerces 3 km. Grand calme au milieu des prés et des bois. Ouvert toute l'année.

Prix : 1 pers. **150 F** 2 pers. **170 F** pers. sup. **60 F** repas **65 F**

3	25	14	5	25	25	3	5	SP	SP

COLINET M.France et J.Claude – 08430 Villers-sur-le-Mont – Tél. : 24.32.71.66

Vireux-Wallerand

♨♨ NN

Alt. : 108 m — 1 Chambre d'hôtes + annexe au second étage d'une maison indépendante mitoyenne avec terrain clos, abri couvert. 1 ch. (1 lit 2 pers. 2 lits 1 pers.). Salle d'hôtes (TV coul., divan). Salle d'eau. WC. Chauffage central. Salon de jardin, barbecue, jeux enf. Commerces sur place. Restaurant, produits fermiers au village. Sentiers sur place. Visite Camp Romain. Canotage au Lac des Vieilles Forges 30 km. 3 bicyclettes (2 adultes, 1 enfant) à disposition auprès du propriétaire. Gare sur place. Ouvert du 1ᵉʳ avril au 31 octobre.

Prix : 1 pers. **175 F** 2 pers. **200 F** pers. sup. **60 F**

SP	10	10	30	30	SP	SP	SP	SP

HENQUIN Edouard – 8 Place de l'Eglise – 08320 Vireux-Wallerand – Tél. : 24.41.61.57

Wasigny

♨♨ NN

Alt. : 102 m — 1 chambre d'hôtes en bordure de la forêt de Signy l'Abbaye. Terrain et parking attenants. R.d.c. : salle d'hôtes (TV, cheminée). Etage : 1 ch. (1 lit 2 pers. 1 lit bébé 3 ans), grand palier d'accès avec 1 lit 120. S.d.b., wc. Four à pain du XVIIᵉ siècle utilisable. Initiations à la peinture sur différents supports et aux marionnettes. Gare 12 km. Commerces sur place. 3 bicyclettes. Halle au grain du XVIIᵉ siècle au centre du village. 2 lavoirs anciens. Château. Possibilité de table d'hôtes le soir. Ouvert toute l'année. Anglais parlé.

Prix : 1 pers. **180 F** 2 pers. **200 F** pers. sup. **60 F**

SP	40	12	25	40	40	12	12	SP	SP

FAROUX Marcel – Le Four à Pain – 08270 Wasigny – Tél. : 24.72.27.47 – Fax : 24.38.65.07

Aube

Bercenay-en-Othe

♨ NN
(TH)

Dans village reposant à proximité de Troyes médiéval et renaissance, maison de caractère rénovée au cœur du Pays d'Othe dans la vallée de l'Ancre. 3 ch. (2 lits 1 pers.). Possibilité enfant en supplément. Salle de bains, douche et wc communs. Accès indépendant. Grand jardin clos avec terrasse. Coin-repas avec TV. Chèque vacances accepté. Ouvert toute l'année. Spécialité gastronomique, le cervidé. Anglais, allemand, hongrois et tchèque parlés. Gare 15 km. Commerces sur place.

Prix : 1 pers. **130 F** 2 pers. **200 F** 3 pers. **270 F** repas **75/105 F** 1/2 pens. **175 F** pens. **240 F**

10	SP	SP	50	15	SP	SP	10

GERLACH Albert – 7 rue d'Estissac – 10190 Bercenay-en-Othe – Tél. : 25.75.86.40 – Fax : 25 75.82.67

Bourguignons   *C.M. n° 61 — Pli n° 17*

≋≋≋≋ NN   A 2 h de Paris sur la route du Champagne, faites halte à « la Capitainerie », ancienne maison éclusière de 150 ans. 5 ch. personnalisées vue sur la Seine et jardin. 1 ch. (2 lits 1 pers.). 1 ch. (2 lits 1 pers. 1 lit 2 pers.). 2 ch. (1 lit 2 pers.). 1 ch. (1 lit 2 pers. + possibilité 3 pers.) avec salle de bains individuelle. Commerces sur place. Ouvert toute l'année. La salle du four à pain sert d'atelier de peinture sur œufs. Pelouse avec meubles de jardin. De vieilles porcelaines égayent le petit déjeuner.

Prix : 1 pers. **180 F** 2 pers. **200/250 F** 3 pers. **300/350 F** pers. sup. **60 F**

⛴	🕯	🌲	⛷	⛵	🎿	🚶
30	SP	3	18	18	1,5	SP

GRADELET Raymond – Capitainerie de Saint-Vallier – 10110 Bourguignons – Tél. : 25.29.84.43

Bouy-Luxembourg      *C.M. n° 61 — Pli n° 17*

≋≋ NN   Dans un petit village très calme à 18 km de Troyes. Lac et forêt d'Orient à 10 km. 2 ch. (1 lit 2 pers. 1 lit 1 pers.). 1 ch. (1 lit 2 pers.), avec toutes possibilités de lit d'appoint. 2 salles d'eau, wc communs aux 3 chambres. Jardin. Barbecue. Portique. Ping-pong. Possibilité de cuisiner. Gare 15 km. Commerces 5 km. Ouvert toute l'année.

Prix : 1 pers. **110 F** 2 pers. **155 F** 3 pers. **190 F**

⛴	🕯	🌲	⛷	⛵	🎿	🚶
15	10	10	10	10	10	10

LHERMITTE Monique – 10220 Bouy-Luxembourg – Tél. : 25.46.31.60

Bouy-Luxembourg   *C.M. n° 61 — Pli n° 17*

E.C. NN (TH)   Nicole, Serge et leurs 3 enfants vous accueillent dans leur ferme familiale au milieu d'un village calme situé à 18 km de Troyes. 4 ch. sont à votre disposition. 3 ch. dans bâtiment rénové avec salle de bains individuelle. 1 ch. (1 lit 2 pers. 1 lit 1 pers.), 2 ch. (1 lit 2 pers. 2 lits supplémentaires). A l'étage de la maison du propriétaire, 1 ch. (1 lit 2 pers.). Cuisine à disposition ainsi que coin-détente et grande cour de ferme. Au village, visite de l'église Saint-Loup XVe et XVIe siècles classée monument historique. Découverte des animaux ainsi que matériel agricole. Gare 15 km. Commerces 5 km. Ouvert toute l'année.

Prix : 1 pers. **140 F** 2 pers. **180 F** pers. sup. **40 F** repas **75 F** 1/2 pens. **720 F**

⛴	🕯	🌲	⛷	⛵	🎿	🚶
15	10	10	10	10	2	10

BOUVRON Nicole et Serge – 10220 Bouy-Luxembourg – Tél. : 25.46.31.67

Bouy-sur-Orvin   *C.M. n° 61 — Pli n° 5*

E.C. NN   A la ferme du château et à l'étage, 1 chambre (2 lits 2 pers.). Lavabo dans la chambre, wc et salle d'eau en communs aux hôtes du gîte rural. Pêche dans la propriété. Gare 10 km. Commerces 5 km. Ouvert toute l'année. Anglais parlé.

Prix : 1 pers. **120 F** 2 pers. **180 F** 3 pers. **240 F**

🐕 | ⛴ | 🕯 | 🌲 | ⛵ | 🎿 | 🚶 |
|---|---|---|---|---|---|
| 10 | SP | SP | 10 | 5 | SP |

BAUGNET James – Ferme du Chateau – 10400 Bouy-sur-Orvin – Tél. : 25.39.20.56

Brevonnes   *C.M. n° 61 — Pli n° 18*

≋≋ NN   2 chambres avec chacune 1 lit 2 pers. Possibilité 1 lit 1 pers. supplémentaire. Douche individuelle. WC communs. Entrée indépendant du propriétaire. Restaurant au village. Barbecue dans jardin. Terrain clos. Lac et forêt 7 km. Tennis au village. Commerces 5 km. Ouvert toute l'année.

Prix : 1 pers. **130 F** 2 pers. **180 F** pers. sup. **50 F**

⛴	🕯	🌲	⛵	⛷	🎿	🚶
20	SP	7	7	7	SP	SP

MAILLY Rene – Rue du Bois – 10220 Brevonnes – Tél. : 25.46.31.30

Brevonnes   *C.M. n° 61 — Pli n° 18*

≋ NN (TH)   Au cœur des grands lacs de la Forêt d'Orient, vous serez accueillis dans notre maison. 3 chambres avec salle d'eau et wc communs. 2 ch. (1 lit 2 pers.). 1 ch. (1 lit 2 pers. 1 lit 1 pers.). Pelouse ombragée, jeux, petite cuisine à disposition. Restaurant, commerces, tennis au village. Toutes activités nautiques à 10 km. Gare 30 km. Ouvert toute l'année.

Prix : 1 pers. **120 F** 2 pers. **160 F** pers. sup. **45 F** repas **80 F**

🐕 | ⛴ | 🕯 | 🌲 | ⛵ | ⛷ | 🎿 | 🚶 |
|---|---|---|---|---|---|---|
| 30 | 2 | 7 | 10 | 9 | SP | SP |

ANTOINE Gilles – Rue de Dienville – 10220 Brevonnes – Tél. : 25.46.31.44

Charmont-sous-Barbuise   *C.M. n° 61 — Pli n° 7*

≋≋≋   Au rez-de-chaussée de la maison du propriétaire. 2 ch. (1 lit 2 pers.). Salle d'eau, lavabo, wc, et télévision individuels. Salle commune. Cour détente avec rivière. Salon de jardin en terrasse. Barbecue possible. Mise à disposition lit enfant. A 10 mm des lacs. Sortie autoroute A26 au village. Gare et commerces à 14 km. Ouvert toute l'année.

Prix : 1 pers. **175 F** 2 pers. **200 F**

🐕 | ⛴ | 🕯 | 🌲 | ⛵ | ⛷ | 🎿 | 🚶 |
|---|---|---|---|---|---|---|
| 14 | 10 | 10 | 10 | 10 | SP | 10 |

LAURENT Michel – 27 rue des Sources – 10150 Charmont-sous-Barbuise – Tél. : 25.41.01.64

Courteron   *C.M. n° 61 — Pli n° 18*

≋≋≋ NN (TH)   Dans un ancien monastère du XIIIe siècle, dont on peut visiter de beaux vestiges. 3 chambres de plain-pied avec salle de bains, wc individuels. 1 ch. (1 lit 2 pers. 1 lit 1 pers.). 2 ch. (1 lit 2 pers.). Salle commune, coin-détente à disposition. Parc ombragé. Salon de jardin. Parking non couvert. Seine à 20 m. Animaux admis, sauf gros chien. Commerces 10 km. Restauration sur place, spécialité caille au Foie Gras. Ouvert de février à décembre.

Prix : 1 pers. **170 F** 2 pers. **210 F** 3 pers. **290 F** pers. sup. **80 F** repas **100 F**

⛴	🕯	🌲	⛵	⛷	🎿	🚶
20	2	1	35	SP	8	SP

RUELLE Frederic – La Gloire Dieu – 10250 Courteron – Tél. : 25.38.20.67

Crespy-le-Neuf
C.M. n° 61 – Pli n° 8

E.C. NN Demeure du XVIIIᵉ siècle avec grand parc ombragé. 1 chambre familiale séparée en 2 par une salle d'eau et wc (2 lits 2 pers.). Salle commune. Coin-détente avec TV. Terrasse. Salon de jardin. Barbecue. Parking privé. Club d'aviation à proximité. Grand parc boisé. Possibilité de repas par traiteur sur demande. Gare et commerces à 5 km. Ouvert toute l'année. Anglais parlé.

Prix : 1 pers. **200 F** 2 pers. **250 F** 3 pers. **320 F**

🏊	⛵	🚴	🛶	🎣	🎾	🚶	🏇
30	SP	SP	7	7	5	SP	6

GUILLEMINOT Pierre – Le Chateau de Crespy – 10500 Crespy-le-Neuf – Tél. : 25.92.80.14 ou 25.92.62.55

Les Croutes
C.M. n° 61 — Pli n° 16

🌾🌾🌾🌾 NN (TH) Entre la Champagne et la Bourgogne aux portes du chablisien, maison de caractère dans un cadre boisé. 2 chambres (1 lit 2 pers. wc et salle d'eau indépendant). 1 ch. (4 lits 1 pers. wc et salle d'eau). Coin-détente avec cheminée, TV et vidéo. Table d'hôtes de qualité (réservation avant 16 h). Gare 12 km. Commerces 5 km. Ouvert toute l'année.

Prix : 1 pers. **175/225 F** 2 pers. **205/255 F** 3 pers. **315 F** pers. sup. **40 F** repas **95 F**

🚴	🛶	🚶
1	SP	1

ALBERT-BRUNET Marie-Anne – 10130 Les Croutes – Tél. : 25.70.60.90

Dienville
C.M. n° 61 — Pli n° 18

🌾 NN A l'étage : 4 chambres (1 lit 2 pers.). 1 chambre (2 lits 1 pers.). Lavabo dans chaque chambre. Douche, 2 wc en communs. Salle commune. TV. Jeux. Réfrigérateur et micro-ondes à disposition. Rivière en bordure de terrain. Base nautique du bassin d'Amance à 200 m. Commerces sur place. Ouvert toute l'année.

Prix : 1 pers. **120 F** 2 pers. **160 F** pers. sup. **70 F**

🏊	🛶	🚴	🎣	🎾	🚶	🏇
20	SP	SP	10	SP	SP	SP

LE COLOMBIER – 10500 Dienville – Tél. : 25.92.23.47

Estissac
C.M. n° 61 — Pli n° 16

🌾🌾🌾🌾 NN (TH) Au pied de la rivière « La Vanne », 5 chambres à l'étage du moulin. WC, salle de bains, télévision dans chaque chambre. 4 ch. (1 lit 2 pers.). 1 ch. (3 lits 1 pers.). Sauna, grande salle et salon à disposition. Parc ombragé, parking, point-phone, boutique cadeaux du terroir, parc animalier. Gare 25 km. Commerces sur place. Ouvert toute l'année. Anglais parlé.

Prix : 1 pers. **280/310 F** 2 pers. **320/350 F** 3 pers. **390 F** repas **95 F**

🏊	🛶	🚴	🛶	🎣	🎾	🚶	🎿
7	SP	SP	50	6	SP	SP	SP

MESLEY Edouard – Moulin d'Eguebaude – 10190 Estissac – Tél. : 25.40.42.18 ou 25.40.40.92 – Fax : 25.40.40.92

Foucheres
C.M. n° 61 — Pli n° 17

🌾🌾🌾 NN Prieuré du XIᵉ et la ferme avec sa tour centrale à escalier de pierres. 1er étage : chambres séparées par une salle de détente et audio. 1 ch. avec cheminée en marbre (1 lit 2 pers.), salle d'eau, wc. 1 ch. (2 lits 2 pers.), wc, cheminée champenoise d'époque. Mobilier XVIIIᵉ et XIXᵉ régional. Possibilité lit d'appoint dans chaque chambre. Ouvert toute l'année. Foucheres, village ceinturé de bois, traversé par la Seine à proximité de Troyes, de Bar-sur-Seine capitale historique de Champagne, et des Grands Lacs. Gare 25 km. Commerces 8 km.

Prix : 1 pers. **170 F** 2 pers. **200 F** 3 pers. **250 F**

🛶	🚴	🛶	🎣	🎾	🚶
SP	SP	SP	25	3	SP

BERTHELIN Gilles – Place de l'Eglise - Le Prieure – 10260 Foucheres – Tél. : 25.40.98.09

Geraudot
C.M. n° 61 — Pli n° 17

🌾🌾 NN Dans les larges espaces de la Champagne Humide, en bordure du Lac de la Forêt d'Orient, notre maison en pierre abrite 6 chambres. 2 ch. (1 lit 2 pers.). 2 ch. (1 lit 1 pers. 1 lit 2 pers.). 1 ch. (2 lits 1 pers. 1 lit 2 pers.). 1 ch. (1 lit 2 pers. 2 lits 1 pers. douche individuelle). 2 salles d'eau et wc communs pour les autres chambres. Coin-cuisine. Commerces 6 km. Ouvert toute l'année. Anglais parlé.

Prix : 1 pers. **100 F** 2 pers. **160 F** 3 pers. **200 F** pers. sup. **40 F**

🏊	🛶	🚴	🛶	🎣	🎾	🚶
17	1	SP	1	SP	1	SP

RENAUDET Alain – 19, rue du General Bertrand – 10220 Geraudot – Tél. : 25.41.22.92 ou 25.80.63.40

Landreville
C.M. n° 61 — Pli n° 18

🌾🌾 NN Dans cette famille de vigneron, la quête constante de perfection s'applique autant à la qualité des vins de Champagne qu'elle élabore, qu'à l'hospitalité des lieux et à l'accueil qu'elle vous réserve. Dans une grande maison de village à côté de l'Eglise classée, 1 suite de 2 ch. Chambre d'Annette (1 lit 2 pers.), chambre aux papillons (1 lit 2 pers.). Salle au décor de la vigne et du vin de Champagne. Gare 45 km. Commerces sur place. Ouvert toute l'année. Anglais parlé.

Prix : 1 pers. **180 F** 2 pers. **220 F** 3 pers. **360 F**

🏊	🛶	🚴	🛶	🎣	🎾	🚶	🏇
30	SP	SP	20	SP	SP	SP	5

DUFOUR Francoise – 4 rue la Croix Malot – 10110 Landreville – Tél. : 25.29.66.19 – Fax : 25.38.56.50

Laubressel
C.M. n° 61 — Pli n° 17

🌾🌾🌾 NN 6 chambres avec salle d'eau et wc privés dans une ancienne grange et pigeonnier tout en colombage régional. 1 ch. (1 lit 2 pers.). 2 ch. (1 lit 2 pers. 2 lits 1 pers.). 1 ch. (4 lits 1 pers.). 2 ch. (2 lits 2 pers.). 2 salles avec coin-cuisine, lave-linge à dispo. Salon de jardin, barbecue. Terrain clos arboré et fleuri, parking privé. Ouvert toute l'année. Petit déjeuner avec lait, fromage blanc et yaourt de la ferme, viennoiserie, confitures maison. Chambres situées sur le circuit touristique du Balcon du Parc Naturel de la Forêt d'Orient. Autoroute A26 sortie Thennelière à 4 km.

Prix : 1 pers. **120 F** 2 pers. **190 F** 3 pers. **230 F**

🏊	🛶	🚴	🛶	🎣	🎾	🚶
8	8	SP	8	8	SP	SP

JEANNE Joelle – 33 rue du Haut – 10270 Laubressel – Tél. : 25.80.27.37 – Fax : 25.80.80.67

Laubressel
C.M. n° 61 — Pli n° 17

Durant les petits déjeuners copieux ou les diners préparés avec passion par Nelly, Gabriel vous contera la région et la richesse de son patrimoine historique. 3 chambres entrée indépendante. 1 ch. (1 lit 2 pers.). 1 ch. (2 lits 1 pers.). 1 ch. (1 lit 2 pers. 2 lits 1 pers.). Salle d'eau et wc individuels. Séjour avec cheminée, cuisine. Ouvert toute l'année. Barbecue au jardin à disposition. Table d'hôtes le soir uniquement et sur réservation. A 10 km de Troyes et des 8 lacs de la Forêt d'Orient, au centre du village, maison champenoise à pans de bois.

Prix : 1 pers. **150 F** 2 pers. **200 F** 3 pers. **240 F**
pers. sup. **40 F** repas **85 F**

8	8	SP	8	8	SP	SP	

NOAILLY Gabriel – 2, rue Paty – 10270 Laubressel – Tél. : 25.80.61.77

Longchamp-sur-Aujon
C.M. n° 61 — Pli n° 19

Dans la vallée de l'Aube entre la forêt de Clairvaux et la forêt des Dhuys, à proximité du vignoble du Champagne et au pied de l'Abbaye de Clairvaux, nous vous accueillerons comme des amis dans notre maison traditionnelle entourée d'un parc fleuri. 1 ch. (1 lit 2 pers. cabinet de toilette). 2 ch. (1 lit 2 pers. 1 lit 1 pers.), douche et lavabo privés. Ferme-Auberge à 50 m. Ouvert toute l'année.

Prix : 1 pers. **180 F** 2 pers. **250 F** 3 pers. **350 F**

10	SP	SP	40	0,5	2	SP

BRESSON Robert – Hameau d'Outre Aube – 10310 Longchamp-sur-Aujon – Tél. : 25.27.80.17

Lusigny-sur-Barse
C.M. n° 61 — Pli n° 17

Demeure de caractère dans un hameau calme. 2 chambres (1 lit 2 pers.). 1 chambre (2 lits 1 pers.). Lavabo dans chaque chambre. Salle de bains et wc communs. Salle de séjour. Télévision. Bibliothèque. Forfait enfant de 3 à 7 ans plus parents : 200 F. Lac et forêt d'Orient 3 km. Troyes 13 km. Gare 15 km. Commerces 3 km. Ouvert toute l'année.

Prix : 1 pers. **130 F** 2 pers. **180 F**

15	SP	1	6	6	2	SP	8

VERHEECKE Antoine – Hameau de Larivour – 10270 Lusigny-sur-Barse – Tél. : 25.41.29.06

Lusigny-sur-Barse
C.M. n° 61 — Pli n° 17

A l'étage : 2 ch. (1 lit 2 pers. avec douche et lavabo), wc sur pallier. 2 ch. (1 lit 2 pers.). 1 ch. (2 lits 1 pers. superposés). Douche et wc sur palier. Table d'hôtes (sauf le dimanche) : 60 F enfant de moins de 10 ans. Loisirs : ping-pong, court de tennis, portique, pelouse. Terrain et parking. Le tout en annexe d'un gîte de groupes de 65 personnes. Commerces 3 km. Ouvert toute l'année.

Prix : 1 pers. **115/120 F** 2 pers. **150/160 F** repas **75 F**

10	3	SP	10	2	SP	2	6

GUAQUIERE Maurice – Ferme des Prairies – 10270 Lusigny-sur-Barse – Tél. : 25.41.23.29 – Fax : 25.73.04.54

Maraye-en-Othe
C.M. n° 61 — Pli n° 16

A l'étage : 1 ch. (2 lits 2 pers.). 2 ch. (1 lit 2 pers.). 1 ch. (1 lit 2 pers. 1 lit 1 pers. et lit enfant). Chauffage central. Salles d'eau communes. TV. Cuisine à disposition. Cour close aménagée. Lac à 10 km. Restaurant 50 m. Supplément 5 F pour animal. Ouvert toute l'année.

Prix : 1 pers. **105 F** 2 pers. **135 F** 3 pers. **175 F**

10	1	SP	10	10	SP	1

LAINE Claude – Grande Rue – 10160 Maraye-en-Othe – Tél. : 25.70.14.86

Messon
C.M. n° 61 — Pli n° 16

5 chambres avec douche et sanitaires individuels en annexe de la ferme auberge. 1 ch. (2 lits 1 pers.). 2 ch. (1 lit 2 pers. 1 lit 1 pers.). 1 ch. (3 lits 1 pers.). 1 ch. (1 lit 2 pers. 2 lits 1 pers.). Possibilité lit supplémentaire, lit bébé. Maison de caractère avec parc. VTT. Vente de Produits du Terroir Aubois. Gare 15 km. Commerces 8 km. Ouvert toute l'année.

Prix : 1 pers. **170 F** 2 pers. **220 F** 3 pers. **260/270 F**
repas **85 F**

10	SP	10	8	SP	8

DEBROUWER Daniel – 10190 Messon – Tél. : 25.70.31.12 – Fax : 25.70.37.03

Plancy-l'Abbaye
C.M. n° 61 — Pli n° 6

Située dans la vallée de l'Aube, propriété de caractère avec rivière au fond du parc ombragé et fleuri. 1 ch. (2 lits 2 pers. 1 lit 1 pers.), salle d'eau et wc privés. 2 ch. (1 lit 2 pers.), salle de bains et wc privés. Cuisine à disposition. Parking. Gare 25 km. Commerces sur place. Ouvert du 1er mai au 30 octobre.

Prix : 1 pers. **200 F** 2 pers. **250 F** 3 pers. **350 F**

25	SP	3	40	SP	SP

MISSWALD Violette – 1, Place du Marechal Foch – 10380 Plancy-l'Abbaye – Tél. : 25.37.44.71

Pougy
C.M. n° 61 — Pli n° 7

Sur un parc clos aux arbres centenaires, demeure du XVIIIe siècle abritant 6 chambres. 3 ch. (1 lit 2 pers. + possibilité lit d'appoint). 2 ch. (1 lit 2 pers.). 1 ch. (1 lit 2 pers. 2 lits 1 pers.). Salle de bains et salles d'eau, wc individuels. Salon de détente avec TV. Table d'hôtes sur demande. Gare 30 km. Ouvert toute l'année. Anglais parlé.

Prix : 1 pers. **225 F** 2 pers. **250 F** pers. sup. **30 F** repas **90 F**

30	SP	SP	20	SP	7	SP

MORLET Antoine. – Grande Rue - Chateau de Pougy – 10240 Pougy – Tél. : 25.37.09.41

Aube

Precy-Saint-Martin
C.M. n° 61 — Pli n° 8

 NN Dans un village calme, notre maison s'appelle « Retour de Perles ». A l'étage de celle-ci, 2 grandes chambres pour vous accueillir, (1 lit 2 pers. + 1 lit d'appoint chacune). Salles d'eau privées et wc communs. Coin-cuisine, barbecue à disposition, salon de jardin, pelouse et jeux pour enfants. Parking, téléphone à carte pastel. Gare et commerces à 3 km. Pour les amateurs de pêche, l'Aube coule à 1 km. Ouvert toute l'année.

Prix : 1 pers. **120 F** 2 pers. **160 F** 3 pers. **210 F**

25	SP	SP	12	1	3	5

DEVANLAY Pierre et Bernadette – Rue de la Louviere – 10500 Precy-Saint-Martin – Tél. : 25.92.42.20

Radonvilliers
C.M. n° 61 — Pli n° 18

 NN En bordure de la Forêt d'Orient situées entre 2 lacs, à 2 km de la base nautique de Dienville, dans une ancienne maison champenoise au décor de pans de bois. 1 ch. (4 lits 1 pers.) avec douche et wc, 1 ch. (1 lit 2 pers.), 1 lit 2 pers.), 1 ch. (2 lits 1 pers.), douche et wc communs, 1 ch. (2 lits 1 pers.) avec douche et wc. Salle de détente, terrasse. Ouvert de mars à novembre.

Prix : 1 pers. **110 F** 2 pers. **180 F** 3 pers. **270 F**
pers. sup. **90 F**

16	SP	1	2	2	SP	SP

PISANI Odette – 10500 Radonvilliers – Tél. : 25.92.25.30

Rigny-le-Ferron

C.M. n° 61 — Pli n° 15

 NN Au cœur du Pays d'Othe, vous découvrirez à la sortie du village, la ferme fortifiée des Ardents du XVIe siècle avec ses 2 tours, ses pigeonniers et sa cour fleurie. 4 ch. (2 lits 1 pers.), 1 ch. (1 lit 2 pers. poss. lit suppl.). S. d'eau privée pour 1 ch. 2 épis NN. S.d.b. et wc communs pour les autres 1 épi NN. Kitchenette, salle à manger, TV à dispo. des hôtes. Gare 35 km. Commerces sur place. Ouvert toute l'année.

Prix : 1 pers. **130 F** 2 pers. **175 F** pers. sup. **50 F**

15	8	1	8	8	SP	1

DERAEVE Patrice – 16, rue du Moulin – 10160 Rigny-le-Ferron – Tél. : 25.46.79.82 – Fax : 25.46.75.80

Soligny-les-Etangs
C.M. n° 61 — Pli n° 15

 NN Le Vallon est un relais de calme et de confort du Pays Nogentais, aux abords de rivière et de belles forêts vous augurant un séjour de détente et d'air pur. Décoration méticuleuse. 3 chambres (1 lit 2 pers.). Salle d'eau et wc indépendants. Possibilité lit supplémentaire dans chaque chambre. Cheminée, TV, cuisine possible, salon, salle à manger. Grand confort. Jardin fleuri. Ouvert toute l'année.

Prix : 1 pers. **220 F** 2 pers. **240 F** 3 pers. **340 F**

7	SP	SP	7	7	7	SP

HERBOMEL Jeannine – Le Vallon – 10400 Soligny-Les Etangs – Tél. : 25.39.22.08

Thil
C.M. n° 61 — Pli n° 19

 NN 1 ch. (1 lit 2 pers. 1 lit 1 pers.). 1 ch. (2 lits 1 pers.). Salle d'eau dans chaque chambre, wc communs. Chauffage central. Chenil pour les animaux. Lac du Der 25 km. Dienville 19 km. Colombey-les-Deux-Eglises et Bar-sur-Aube 17 km. Soulaines 4 km. Mise à disposition table de ping-pong, panier de basket, sable pour enfants. Possibilité de pique-nique. Cour fermée. Ouvert toute l'année.

Prix : 1 pers. **100 F** 2 pers. **160 F** pers. sup. **50 F**

16	SP	25	9	SP

HENRY Michel – 10200 Thil – Tél. : 25.92.76.67

Thil
C.M. n° 61 — Pli n° 19

E.C. NN A 23 km de la plage de Dienville, vous découvrirez le calme d'un petit village où Laurence et François vous accueilleront chaleureusement dans leur ferme. 1 ch. (1 lit 2 pers. douche et wc privés). 1 ch. (2 lits 1 pers. douche sur le palier), wc communs à ces 2 chambres. Pelouse avec salon de jardin, possibilité de location de vélos pour balades en forêt. Chenil pour animaux. Commerces 3 km. Ouvert toute l'année. Anglais parlé.

Prix : 1 pers. **100 F** 2 pers. **160/180 F**

16	SP	25	9	SP	20

HENRY Francois – 10200 Thil – Tél. : 25.92.73.58

Vallant-Saint-Georges
C.M. n° 61 — Pli n° 6

 NN Dans une propriété indépendante avec grand jardin. 1 chambre (1 lit 2 pers. 1 lit enfant). 1 chambre (2 lits 1 pers.). Salle d'eau et kitchenette pour chaque chambre. Chauffage électrique. Grand jardin clos et fleuri. Canoë 4 km, canal et Seine à 500 m. Troyes 25 km. Ouvert de septembre à juin.

Prix : 1 pers. **130 F** 2 pers. **170 F** 3 pers. **220 F**

25	SP	SP	50	4	4	SP	4

GALLAND Jean – 10170 Vallant-Saint-Georges – Tél. : 25.21.12.47

Villehardouin
C.M. n° 61 — Pli n° 7

 NN (TH) Trois épis pour l'accueil et les services mais salles d'eau non individuelles. Petite ferme dans un village au nom historique, située à la limite de la Champagne humide et crayeuse. 2 ch. (1 lit 2 pers.). 2 ch. (1 lit 2 pers. 1 lit 1 pers.). 1 ch. (2 lits 1 pers. superposés). 1 salle de bains, 2 douches, 3 wc. Cuisine équipée, séjour rustique. Ch. électrique. Jeux d'intérieur et d'extérieur. Lac Forêt d'Orient à 10 mm. Forfait semaine 1/2 pension 2300 F. Forfait 1/2 pension week-end 700 F. Ouvert toute l'année. Anglais parlé.

Prix : 1 pers. **135 F** 2 pers. **200 F** 3 pers. **240 F** repas **88 F**

25	7	SP	9	9	5	SP

MEURVILLE-DETHUNE. – 10220 Villehardouin – Tél. : 25.46.40.28 – Fax : 25.46.32.39

Villemaur-sur-Vanne

C.M. n° 61 — Pli n° 5

✵✵✵ NN — En Pays d'Othe, accueil et maison sympa dans grand parc ombragé de pommiers où coule la Vanne. Venez vous reposer dans 2 chambres de charme, spacieuses (1 lit 2 pers.), salle de bains et wc individuels. Salle de séjour à disposition avec télévision. Barbecue. Restaurant au village. 2 VTT à disposition. Ouvert toute l'année.

Prix : 2 pers. **175 F** pers. sup. **50 F**

2	SP	SP	1,5	1,5	2	SP

DAUPHIN Evelyne – 27, rue Notre Dame – 10190 Villemaur-sur-Vanne – Tél. : 25.40.55.57

Villiers-le-Brule

C.M. n° 61 — Pli n° 18

✵✵✵ NN — Maison de caractère située dans le parc naturel de la Forêt d'Orient. 1 ch. (1 lit 2 pers. 1 lit d'appoint).
(TH) — 1 ch. (1 lit 2 pers. 1 lit 1 pers.). 2 ch. (1 lit 2 pers.). 1 ch. aménagée pour pers. handicapées (1 lit 2 pers.). 2 wc. 3 ch. 3 épis NN avec s. d'eau et wc privés. 2 ch. 2 épis NN avec s. d'eau privée et wc communs. Salon avec TV. Téléphone. Salle à manger. Parking. Parc ombragé et fleuri. Golf 7 km. Piney 4 km. Géraudot 7 km. Forfait week-end en 1/2 pension 700 F. Forfait semaine 1/2 pension : 2200 F. Gare 20 km. Commerces 2 km. Ouvert toute l'année.

Prix : 1 pers. **150 F** 2 pers. **200 F** 3 pers. **250 F**
pers. sup. **50 F** repas **80 F**

20	7	SP	7	7	2	SP	15

WIECZORECK Edouard – 10220 Villiers-le-Brule – Tél. : 25.46.32.86

Virey-sous-Bar

C.M. n° 61 — Pli n° 17

✵✵✵ NN — Au centre du village à 300 m de la RN 71, à 15 mn des plus grands lacs d'Europe. 4 ch. (1 lit 2 pers.),
(TH) — 1 ch. (2 lits 1 pers.). Salle d'eau et wc individuels. Cuisine équipée à disposition, salle commune avec cheminée. VTT. Ouvert toute l'année.

Prix : 1 pers. **125/150 F** 2 pers. **220/260 F** 3 pers. **325 F**
pers. sup. **115 F** repas **75 F** 1/2 pens. **190 F** pens. **240 F**

25	0,5	SP	20	20	SP	SP

GRIS Francis – 10260 Virey-sous-Bar – Tél. : 25.29.73.19

Vulaines

C.M. n° 61 — Pli n° 15

✵✵✵✵ NN — Dans le Pays d'Othe, aux portes de la Champagne et de la Bourgogne, une demeure de caractère avec 5 chambres personnalisées en rez-de-chaussée surélevé. 1 ch. (1 lit 2 pers. salle de bains, wc). 2 ch. (1 lit 2 pers. salle d'eau, wc). 2 ch. 2 épis (1 lit 2 pers.). Salle d'eau, wc communs. Lit suppl. Séjour + TV à disposition des hôtes. Restaurant à 200 m. Sortie Autoroute A5 à 2 km. Accueil chaleureux dans lieu calme agrémenté d'un grand jardin fleuri où vous pourrez vous détendre. Petits déjeuners copieux (viennoiseries, pâtisseries et confitures maison). Circuits VTT à proximité. Ouvert toute l'année.

Prix : 1 pers. **150/180 F** 2 pers. **200/240 F** pers. sup. **50 F**

5	SP	5	5	3	SP

FANDARD DERAEVE – Rue de l'Ancienne Gare – 10160 Vulaines – Tél. : 25.40.80.99

Marne

Ambrieres

✵✵ NN — 1 chambre d'hôtes (1 lit 2 pers.) chez un agriculteur. Salle d'eau et wc privés. Accueil simple et familial.
(TH) — Salle de séjour, salon à la disposition des hôtes. Garage. Parking. Restaurant 3 km. Voile 4 km. Baignade 5 km. Ouvert toute l'année. Commerces 3 km. Gare 10 km.

Prix : 1 pers. **180 F** 2 pers. **240 F** pers. sup. **100 F**
repas **85 F** 1/2 pens. **410 F**

4	1	10	3	9

TRICHOT Therese – 51290 Ambrieres – Tél. : 26.73.70.03

Bannay

C.M. n° 56 — Pli n° 15

✵✵✵ NN — Alt. : 227 m — Dans un village pittoresque, maison de caractère dans un cadre rustique, confortable et
(TH) — calme : 1 ch. 2 pers. et 1 ch. 3 pers. avec salle de bains privées. Salle de séjour campagnarde. Dans une maison indépendante : 1 ch. 2 pers. et 1 suite 1 pers., kitchenette à disposition. Table d'hôtes et ses spécialités, boissons en sus, produits fermiers, panier pique-nique. Vélos sur place, visite de la ferme avec ses animaux. Sites préhistoriques. Ouvert toute l'année. Anglais et allemand parlés. Pelouse et jardin d'agrément. Baye 3 km, Sézanne et Montmirail 15 km. Jeux de société, bibliothèque. Anglais et allemand parlés.

Prix : 1 pers. **200/280 F** 2 pers. **260/320 F**
pers. sup. **100/180 F** repas **105 F**

SP	5	SP	8	10	15

CURFS J.Pierre et Muguette – 51270 Bannay – Tél. : 26.52.80.49 – Fax : 26.59.47.78

Beaumont-sur-Vesle

✵✵✵ NN — Maison spacieuse et confortable située dans un grand jardin avec aire de jeux. 1 ch. 4 pers. (1 lit 2 pers. 2 lits 1 pers.), douche et wc privés. 1 ch. (1 lit 2 pers.), douche et wc privés (poss. lit suppl.). Lit bébé à disposition, gratuit jusqu'à 2 ans. Accès indépendant aux chambres, coin TV, bibliothèque. Gare 15 km. Ouvert toute l'année. Anglais parlé. Village situé au pied du vignoble et du parc de la Montagne de Reims (Faux de Verzy). Sur place : restaurant, bureau de poste, garage, station service.

Prix : 1 pers. **200 F** 2 pers. **250 F** 3 pers. **320 F**
pers. sup. **70 F**

5	SP	5	5

HAUTUS Brigitte – Rue du Port – 51360 Beaumont-sur-Vesle – Tél. : 26.03.94.31 – Fax : 26.03.93.70

Berzieux

❦❦ NN   Maison indépendante chez un agriculteur retraité. 1 ch. 2 pers. salle d'eau. et wc privés, possibilité lit
(TH)   supplémentaire. VTT 12 km, sites 15 km. Gare 12 km. Commerces 5 km. Ouvert toute l'année.

Prix : 1 pers. **130 F** 2 pers. **170 F** pers. sup. **60 F** repas **60 F**

12	9

BLONDELLE Roger et Ginette – 51800 Berzieux – Tél. : 26.60.43.17

Bligny   *C.M. n° 56*

❦❦❦ NN   Alt. : 180 m — Dans un petit village de la vallée de l'Ardre réputée pour ses églises romanes, 1 ch. avec
suite (1 lit 2 pers. 2 lits 1 pers.), salon. TV. Cabinet de toilette, douche, wc indépendants. Terrasse,
pelouse, parking. Sports nautiques 12 km. Plan d'eau 25 km. Gare 5 km. Commerces 5 km. Au cœur
du Parc Naturel de la Montagne de Reims. Ouvert toute l'année. Région agricole et viticole très vallonnée, sillonnée de sentiers de randonnées pédestres qui vous feront découvrir les forêts et le vignoble
champenois. Vous serez accueillis dans une maison très confortable avec un feu de bois et dans le plus
grand calme.

Prix : 1 pers. **200 F** 2 pers. **250 F** 3 pers. **350 F**

1	2	1	2	12	12

ROBION Jean – 8 rue de la Barbe Aux Canes – 51170 Bligny – Tél. : 26.49.27.79 – Fax : 26.49.25.77

Boissy-le-Repos   *C.M. n° 56*

❦ NN   Alt. : 180 m — 1 chambre d'hôtes de caractère aménagée dans un ancien couvent du XVIe siècle situé
en pleine campagne. 1 ch. 2 pers. avec sanitaires privés. Salle de séjour. Poss. cuisine. Jardin. Aire de
jeux. Rivière. Logement chevaux disponible sur place. Salon privé, pour la ch., 1 ch. enf. 60 F/
lit. Restauration et ferme-auberge 5 km. Gare et commerces 7 km. Ouvert toute l'année.

Prix : 1 pers. **180 F** 2 pers. **200 F**

SP	SP	SP	SP	4	8	20	4	7

BEAUDOIN FOURNAISE Vincent et A.Marie – Les Nonettes - Basse Vaucelle – 51210 Boissy-le-Repos –
Tél. : 26.59.24.22

Boissy-le-Repos Basse Vaucelle      *C.M. n° 237*

❦❦❦ NN   Alt. : 145 m — 2 jolies ch. meublées rustique à l'étage dans une fermette champenoise rénovée aux
(TH)   abords accueillants et fleuris. Chaque ch. comprend 1 lit 2 pers., salle de bains, wc, lavabo et douche
privés. Poss. lits suppl. Notre fermette est située dans une vallée calme et verdoyante à 100 km de
Paris. Entrée indépendante, salon de jardin, portique. Gare 30 km, commerces 6 km. Ouvert toute
l'année. Parking. Possibilité équitation. Sentiers pédestres balisés. Table d'hôtes sur réservation 24
heures à l'avance et possibilité de préparation d'un panier pique-nique. Promenade en calèche 2 km,
cinéma 6 km, vélos sur place. 1/2 pens. pour 2 pers. à partir de 3 nuits.

Prix : 1 pers. **175 F** 2 pers. **200 F** pers. sup. **80 F**
repas **70/95 F** 1/2 pens. **340 F**

SP	10	SP	12	6	20	20	6

LAFORET Roselyne et Jean – La Basse Vaucelle – 51210 Boissy-le-Repos – Tél. : 26.81.16.52 ou
SR : 26.64.08.13. – Fax : 26.59.76.33

Champaubert-la-Bataille

❦❦   A l'étage : 2 chambres indépendantes très confortables, avec salle d'eau et wc pour chacune. Séjour
(TH)   campagnard aménagé à disposition. Gare 24 km, commerces 3 km. Restaurant 5 km. Ouvert toute
l'année. Table d'hôtes (le soir uniquement) préparée avec les produits de notre ferme. Chez un agri-
culteur, dans un cadre de verdure, maison de grand confort. Agréable panorama sur la plaine. Sur l'axe
RD33 et RD51. Route des 4 victoires. Itinéraires conseillés. A proximité de la Route du Champagne.
Tarif dégressif à partir de la 3e nuit.

Prix : 1 pers. **180 F** 2 pers. **200 F** pers. sup. **70 F**
repas **70/85 F**

2	6	10	16

LEGRET Gilbert et Agnes – 51270 Champaubert-la-Bataille – Tél. : 26.52.80.22

Les Charmontois

❦❦ NN   1 chambre d'hôtes aménagée dans une ferme au cœur du village. 1 ch. (1 lit 2 pers. poss. 2 lits suppl.).
(TH)   Salle d'eau privée, wc communs. Salle de séjour. Jardin. Garage. Produits fermiers sur place. Restaurants 9 km. Ouvert toute l'année. Sur place camping à la ferme et poss. de logement de chevaux sur
place de mai à octobre.

Prix : 1 pers. **140 F** 2 pers. **180 F** 3 pers. **240 F**
pers. sup. **60 F** repas **70 F**

SP	SP	SP	SP	9	18

PATIZEL Bernard et Nicole – 51330 Les Charmontois – Tél. : 26.60.39.53 – Fax : 26.60.39.53

Le Gault-Soigny   *C.M. n° 61 — Pli n° 5*

❦❦❦ NN   R.d.c. : salle de détente, TV, cheminée, coin-kitchenette. (20 F). Et. : 1 ch. (2 lits 1 pers. style scandinave),
(TH)   salle de bains, wc privés. 1 ch. 1 lit 2 pers. style romantique, salle de bains et wc privés extérieur à la ch.
Accès indépendant chacune. Dans la maison propriétaire, 1 ch. très confort. 1 lit 2 pers. 1 lit 1 pers.
style ancien, salle de bains, wc privés. Lit supplémentaire sur demande : 60 F/enf., 40 F/bébé. Table
d'hôtes sur réservation. Panier pique-nique, boissons en sus. Gare 30 km, navette SNCF à 2 km en liaison avec la gare de Château-Thierry. Commerces 10 km. Loc. vélos SP. Promenade calèche 8 km.
Ouvert toute l'année. Anglais parlé.

Prix : 1 pers. **160 F** 2 pers. **200 F** 3 pers. **270 F**
repas **70/90 F** 1/2 pens. **160 F**

SP	8	SP	10	3	12

BOUTOUR Guy et Nicole – Ferme de Desire – 51210 Le Gault-Soigny – Tél. : 26.81.60.09 – Fax : 26.81.67.95

Igny-Comblizy   *C.M. n° 56 — Pli n° 15*

✿✿✿✿ NN (TH) Château du XVIIIe siècle dans un parc de 15 ha. 6 ch. de caractères, avec salle de bains et wc privés. Grand confort. Salle à manger Louis XVI avec cheminée, salon Louis XV avec cheminée, bibliothèque et TV. Table d'hôtes sur réservation (boissons non comprises). Ouvert toute l'année. Gare et commerces 7 km. A 7 km de Dormans sur la route de Montmort. Sur la propriété : étang, location de VTT, parc animalier, promenade en attelage. A 7 km piscine, canoë-kayac, restaurants. A 15 km de la sortie de Dormans (A4).

Prix : 1 pers. **360/390 F** 2 pers. **380/410 F** 3 pers. **480/510 F** pers. sup. **100 F** repas **50/150 F**

SP	SP	7	9

GRANGER Robert – Chateau du Ru Jacquier – 51700 Igny-Comblizy – Tél. : 26.57.10.84 – Fax : 26.57.11.85

Isles-sur-Suippes   *C.M. n° 56 — Pli n° 7*

✿✿✿ NN En bordure de rivière dans un cadre calme et verdoyant, une maison de caractère fleurie, vous accueille. Etage : 1 ch. spacieuse (1 lit 2 pers.) salle de bains et wc privés. 1h. (1 lit 2 pers.) + suite avec convertible 2 pers., douche et wc privés. Ameublement de qualité, ambiance chaleureuse. Prise TV, lit bébé gratuit. Bibliothèque, jeux de société. TV à disposition des hôtes. Rez-de-chaussée : salon, salle à manger, service petits déjeuners améliorés. Jardin arboré, salon de jardin, possibilité pique-nique, portique, ping-pong. Garage. Restaurants à proximité. Promenade. Gare 17 km. Commerces 1 km. Ouvert toute l'année.

Prix : 1 pers. **170 F** 2 pers. **220 F** 3 pers. **330 F** pers. sup. **80 F**

SP	SP	17	18

DEIBENER Simone – 34 rue du Piquelet - « Le Chignicourt » – 51110 Isles-sur-Suippes – Tél. : 26.03.82.31

Les Islettes-la-Vignette

✿✿✿ NN Alt. : 300 m — Au cœur de la forêt d'Argonne, dans un parc de 5 ha., maisons de caractère, l'une du XVIe siècle et l'autre du XVIIIe : 3 ch. très confortables avec salle de bains et wc privés, 2 ch. 2 pers. dont une avec une suite. 1 ch. 2 pers. avec salon et convertible 2 pers. Coin- cuisine, lave-linge, salon de jardin, terrasse. Tarif dégressif après 3 nuits. Jeux pour enfants et adultes. Parking privé. Pique-nique. Gare et commerces 1 km. Paris 200 km. Restaurant à 300 m. ouvert toute l'année.

Prix : 1 pers. **180/220 F** 2 pers. **180/270 F** pers. sup. **90 F**

SP	SP	SP	7	8	8	30	7

CHRISTIAENS Leopold – « Villa Les Roses » – 55120 Les Islettes – Tél. : 26.60.81.91 – Fax : 26.60.23.09

Mailly-Champagne   *C.M. n° 56 — Pli n° 16*

✿✿✿ NN Chez un viticulteur, au cœur du vignoble et du Parc Régional de la Montagne de Reims. 2 ch. indépendantes et 1 suite à l'étage avec salle d'eau et wc privés. Meublées à l'ancienne dans une vieille maison champenoise. 1 ch. (1 lit 2 pers.), 1 ch. (1 lit 2 pers. + 1 lit 1 pers.) + 1 suite contiguë (1 lit 2 pers.). Salon. Parking dans la cour fermée. Jardin d'agrément. Terrasse. Anglais parlé. Restaurant au village et restaurant gastronomique à 8 km. Vente de champagne. Commerces sur place. Ouvert toute l'année.

Prix : 1 pers. **250 F** 2 pers. **280 F** 3 pers. **390/470 F**

1	4	14

CHANCE Irene et Jacques – 18 rue Carnot – 51500 Mailly-Champagne – Tél. : 26.49.44.93

Maison-en-Champagne   *C.M. n° 56*

✿✿✿ NN (TH) 2 ch. 2 pers. avec poss. 1 lit suppl. (50 F), lit bébé (20 F) avec accessoires. Salle d'eau et wc particuliers dans chaque ch. Etage réservé aux locataires avec salle de détente, TV. Demi-tarif table d'hôtes pour les enfants de - de 10 ans, boissons non comprises. Terrasse. Gare 8 km. Commerces 4 km. Ouvert toute l'année. Ferme champenoise en limite du vignoble. Possibilité de promenade pédestre sur place.

Prix : 1 pers. **160 F** 2 pers. **195 F** repas **70 F**

6	8	SP

COLLOT Michel – 19 rue de Coole – 51300 Maison-en-Champagne – Tél. : 26.72.73.91

Margerie-Hancourt

✿✿✿ NN (TH) Maison indépendante dans un corps de ferme. Salle de détente avec coin-cuisine, TV, cheminée. R.d.c. : 2 ch. 2 pers. avec wc et salle de bains chacune. Et. : 1 ch. (2 lits 2 pers.), 1 ch. (1 lit 2 pers. 1 pers.), salle de bains et wc chacune (dont 1 ch. EC). Repas (boissons en sus). Poss. lit bébé. Gare 20 km, commerces 6 km. Téléphone téléséjour. Balançoire et salon de jardin. Tarif dégressif à partir de la 3e nuit. Loisirs nautiques 20 km. Rivière 2 km.

Prix : 1 pers. **160 F** 2 pers. **180 F** 3 pers. **250 F** pers. sup. **50 F** repas **60 F**

2	2	1	15	5	20	15	20

GEOFFROY Denis – 51290 Margerie-Hancourt – Tél. : 26.72.48.47

Matougues   *C.M. n° 56 — Pli n° 5*

✿✿✿ NN (TH) 1 ch. 2/3 pers. 1 ch. 2 pers. 1 ch. 3/4 pers. dans une maison de caractère et de grand confort dans un cadre accueillant de verdure et de fleurs. Salle de bains ou douche dans chaque ch., wc. Jeux pour enfants et adultes. Bibliothèque sur la champagne. Randonnée GR 14 2 km. Circuits VTT et touristiques proposés. Ouvert toute l'année. Espace vert et arboretum. Commerces 6 km. Ferme poly-élevage. Maison en vallée de Marne et plaine champenoise. Loc. vélos. Poss. de repas gastronomique et anniversaire sur réservation, spécialités « Nicole ». A partir 6 pers., soirées raclette, fondue, pierrade.

Prix : 1 pers. **185 F** 2 pers. **230/240 F** 3 pers. **270 F** repas **85/150 F**

4	SP	SP	10	18

SONGY Jacques et Nicole – Chemin de Saint-Pierre - Gaec de la Grosse Haie – 51510 Matougues – Tél. : 26.70.97.12 – Fax : 26.70.12.42

Le Meix-Tiercelin   *C.M. n° 61 — Pli n° 7*

✤ NN
(TH)

1 ch. 2 pers. (1 lit 2 pers.). 1 ch. 3 pers. (1 lit 2 pers. 1 lit 1 pers.) avec salle de bains commune. Produits fermiers sur place. Ouvert toute l'année. Gare 20 km, commerces sur place.

Prix : 1 pers. **160 F** 2 pers. **230 F** 3 pers. **270 F** repas **75 F**
1/2 pens. **235 F**

5	SP	6	20

COLLOMBAR Emile – 7 Grande Rue – 51320 Le Meix-Tiercelin – Tél. : 26.72.40.37

Mutigny   *C.M. n° 56 — Pli n° 16*

✤✤✤✤ NN
(TH)

Alt. : 240 m — Au cœur du vignoble champenois en bordure de forêt. Manoir du XVIIᵉ siècle, ancien relais de chasse des Ducs de Gontaut-Biron. 6 ch. stylisées de bon confort, salle de bains et wc privés, salle à manger XIXᵉ siècle. Salon Louis XV. Bureau d'accueil Empire avec biblio. Terrasse, parc et une paisible pièce d'eau pleine de charme. Endroit paradisiaque, très calme. Table d'hôtes sur réservation, boisson non comprise. Ouvert du 15 mars au 31 décembre. Anglais parlé.

Prix : 1 pers. **420/570 F** 2 pers. **450/600 F** 3 pers. **700 F**
repas **190 F**

SP	6	SP	3	9	25

RAMPACEK Renee – Manoir de Montflambert – 51160 Mutigny – Tél. : 26.52.33.21 – Fax : 26.59.71.08

Nuisement-sur-Coole   *C.M. n° 56 — Pli n° 17*

✤✤✤ NN
(TH)

1 ch. 1 lit 2 pers., 1 suite 1 lit 2 pers. avec salle de bains et wc particuliers. Maison de caractère dans un village de la vallée de la Coole au cœur de la plaine champenoise. Calme et repos parmi les arbres et les fleurs. Salon de détente, coin détente. Boissons en sus. Ouvert toute l'année. Gare et commerces 10 km. Anglais et allemand parlés.

Prix : 1 pers. **180 F** 2 pers. **230 F** 3 pers. **310 F** repas **80 F**

35	SP	45	SP	7	SP	10	20	SP

PICARD Patrick et Regine – 6 rue du Moulin – 51240 Nuisement-sur-Coole – Tél. : 26.67.62.14 – Fax : 26.67.62.14

Oeuilly

✤✤✤ NN

4 chambres d'hôtes (2 pers.) calmes et confortables, dans un pavillon individuel au r.d.c. avec douche et wc dans la chambre. Chez un vigneron, au cœur du vignoble champenois. Ouvert de mai à octobre. Visite de caves et dégustation commentée de nos Champagnes. Sur la route touristique du Champagne avec vue panoramique sur le pittoresque Vallée de la Marne. Pelouses fleuries, salon de jardin, parking privé. Commerces, PTT 3 km, gare 10 km, loisirs. Au village : randonnée pédestre (forêt et vignoble), 2 musées, église classée et restaurant. Anglais et allemand parlés.

Prix : 1 pers. **190 F** 2 pers. **250 F** pers. sup. **60 F**

SP	2	SP	3	SP	12	10

TARLANT Jean-Mary – 51480 Oeuilly – Tél. : 26.58.30.60 – Fax : 26.58.37.31

Oger

✤✤✤ NN
(TH)

4 ch. avec sanitaires privés. Coin-détente sur le palier. Grande salle de réception pour le petit déjeuner meublée d'objets champenois familiaux et anciens. TV, tél., jeux de société, ping-pong, baby-foot. Parking. Loisirs variés (musée, cave, etc.) dans un rayon de 9 km. Vente de champagne. Gare 10 km, commerces 1 km. Oger, l'un des plus beaux village de France, fort renommé pour ses lavoirs et ses girouettes, baigne dans les vignes. Notre maison est typiquement champenoise, meublée à l'ancienne, caractéristique même de la demeure traditionnelle et familiale viticole du pays. Bois à proximité (vue panoramique).

Prix : 1 pers. **180 F** 2 pers. **250 F** 3 pers. **320 F**
pers. sup. **70 F** repas **85 F**

DREMONT-LEROY Thierry – 7 rue du Fort – 51190 Oger – Tél. : 26.57.94.78 ou SR : 26.64.08.13. – Fax : 26.59.17.41

Passy-Grigny « Le Temple »   *C.M. n° 56 — Pli n° 15*

✤✤✤ NN
(TH)

Offrez vous le pittoresque du tardenois dans le cadre verdoyant de cette ancienne commanderie des Templiers. Vous vous endormirez dans une de nos ch. aux thèmes printaniers où vous savourerez le calme de la campagne. 3 ch. 2 pers. à l'étage, 1 ch. 3 lits 1 pers. au r.d.c. Salle de bains et wc privés pour chaque chambre. Gare 10 km. Anglais parlé. Ouvert toute l'année. Dans notre jardin, vous pourrez vous détendre près de vieilles pierres recouvertes de vigne-vierge, avant de déguster, si vous le souhaitez, la traditionnelle cuisine familiale de Chantal. Table d'hôtes sur réservation, sauf pendant les fêtes de fin d'année.

Prix : 1 pers. **270 F** 2 pers. **290 F** 3 pers. **380 F** repas **110 F**

SP	10	2

LE VARLET Michel et Chantal – Le Temple – 51700 Passy-Grigny – Tél. : 26.52.90.01 – Fax : 26.52.18.86

Pontgivart-Aumenancourt   *C.M. n° 56 — Pli n° 6*

✤✤ NN

Alt. : 87 m — 5 ch. (10 lits 1 pers. 5 lits 1 pers. en mezzanine). Ch. aménagées dans les anciens greniers à foin chez un agriculteur, dans un cadre clos. Cheminée et cuisine à disposition, douches et lavabos privés. Pique-nique possible. Organisation de circuits et visites. Espace verdoyant très calme. Ouvert toute l'année. Sur D966. Gare 10 km. Anglais et allemand parlés. Restaurant 5 km.

Prix : 1 pers. **140 F** 2 pers. **220 F** 3 pers. **300 F**

SP	10	2	10	10

DUPUIT Jean-Rene – 2 rue du Molveau - « La Carandace » – 51110 Pontgivart-Aumenancourt – Tél. : 26.97.53.69 – Fax : 26.97.00.59

Prunay

♥♥♥ NN   Alt. : 90 m — 1 ch. 2 pers., 1 ch. 3 pers. (2 lits) avec chacune salle d'eau et wc privés. Possibilité lits supplémentaires. Accès indépendant aux chambres. Salle de séjour avec coin-repos. TV. Lecture, jeux. Réfrigérateur. Baby- sitting. Ouvert toute l'année. Auberge sur place. Gare 12 km, commerces 3 km. Restaurants à proximité. Vous êtes attendus dans une maison de caractère, ancien relais de chasse où vous pourrez profiter d'un beau jardin clos avec salons, pelouse, portique, ping-pong. Visiste de Reims et route du Champagne, cinéma 10 mn. Parc des expositions 5 mn.

Prix : 1 pers. **210 F** 2 pers. **290 F** 3 pers. **390/440 F**
pers. sup. **100/150 F**

LE BEUF Christian – « La Bertonnerie en Champagne » – 51360 Prunay – Tél. : 26.49.10.02 – Fax : 26.49.17.13

Rosnay   *C.M. n° 56 — Pli n° 6*

♥♥♥ NN   Chambres aménagées dans une maison restaurée dans les dépendances d'un château. Style rustique. 3 ch. avec salle de bains privée, wc indépendants. Séjour. Salon avec cheminée. TV et bibliothèque à disposition. Jardin. Abri couvert. Piscine privée. Vignoble proche. Restaurant à 6 km. Animaux admis sur demande. Tarifs dégressifs à partir de 4 nuits. Lit bébé gratuit. Ouvert toute l'année.

Prix : 1 pers. **200/240 F** 2 pers. **270/290 F** pers. sup. **70 F**

🌲	🏇	⛷		🚣
SP	8	3	SP	3

LEGROS Jeannine – 12 Grande Rue – 51390 Rosnay – Tél. : 26.03.63.07

Saint-Martin-d'Ablois   *C.M. n° 56*

♥♥♥ NN
(TH)   Alt. : 120 m — Un viticulteur vous accueille dans un site panoramique, grand calme, entre forêt et vignes, la maison neuve (accès au r.d.c.) surplombe le village. Parc Municipal, cascades et aires de pique-nique. 3 ch. 2 pers. (poss. lit suppl.), wc et douche dans chacune, décor personnalisé contemporain, gai et chaleureux. Poss. ch. enf. (1 pers. 110 F + 60 F pers. supp.). Salon (TV coul. hifi). Jardin et parking clos, salon de jardin. Cave du propriétaire, vente de champagne, forfaits w.e. (circuits historiques, iticoles, initiation à la dégustation). Anglais parlé. Tarif préférentiel après 3 nuits, l'hiver. Gratuit 2 ans et 1/2 tarif - 5 ans. Ouvert toute l'année.

Prix : 1 pers. **190 F** 2 pers. **250 F** 3 pers. **310 F**
pers. sup. **60 F** repas **60 F**

🌲	🚶	👫	⛷			🚣
0,5	1,5	0,5	10	1	12	20

DAMBRON Christian et Christine – Route de Vauciennes - Montbayen – 51530 Saint-Martin-d'Ablois – Tél. : 26.59.95.16 – Fax : 26.51.67.91

Saint-Remy-en-Bouzemont   *C.M. n° 61 — Pli n° 8*

♥♥♥ NN
(TH)   Alt. : 140 m — 5 ch. de 2 et 3 pers., s.d.b. et wc privés dans chaque ch., aménagées dans une maison construite en pans de bois et colombages apparents. Salle de séjour, salon avec bibliothèque à la disposition des hôtes. Location sur place de vélos, canoë, barques, planches à voile, ski nautique, ball trap, pédalos. Poss. de pêche en rivière ou au large (lac du Der). Terrasse, parking fermé. Repas pour les enfants - de 5 ans : 50 F. Gare 13 km, commerces sur place. Ouvert toute l'année.

Prix : 1 pers. **180 F** 2 pers. **230 F** 3 pers. **270 F**
pers. sup. **50 F** repas **80 F**

🌲	🚶	👫	⛷		🚣	
15	SP	5	4	SP		

GAUTHIER Rene – « Au Brochet du Lac » - 15 Grande Rue – 51290 Saint-Remy-en-Bouzemont – Tél. : 26.72.51.06 – Fax : 26.73.06.95

Sarcy

♥♥♥ NN   2 ch. 3 pers. (mobilier de famille) avec 2 salles d'eau et wc privés. 1 lit en mezz. avec TV, biblio., jeux de société. Bons petits déjeuners (confiture, jus de fruits maison), servis près d'un feu de bois ou sur la terrasse couverte, dominant le jardin, le verger, l'étang privé, la vallée de l'Ardre. Parking, garage. Gare 17 km, commerces 4 km. Ouvert toute l'année. Dans la belle campagne vallonnée et verdoyante du Tardenois, dans le Parc Régional de la Montagne de Reims, M. et Mme Bouché vous accueillent avec simplicité et gentillesse dans leur maison calme et confortable (intérieur chaud et rustique). Vignoble champenois. Itinéraires touristiques.

Prix : 1 pers. **200 F** 2 pers. **250 F** 3 pers. **350 F**

👫	🚶
SP	SP

BOUCHE Michel – 33 rue de la Sous-Prefecture – 51170 Sarcy – Tél. : 26.61.86.71

Sezanne   *C.M. n° 61 — Pli n° 5*

♥♥   Anne-Marie et Jacques viticulteurs, vous accueillent sur leur propriété, où vous pourrez y séjourner, au calme, dans 3 ch. confortables (lits 2 pers.) avec salle de bains et wc privés. Lit bébé gratuit. Salon, TV. Vélos à dispo., ping-pong. Tarif degressif après 2 nuits. Visite des celliers. Accueil au champagne. Tous services, commerces et restaurants sur place. Gare 25 km. Ouvert toute l'année. A l'intersection de la RN4 et de la D51.

Prix : 1 pers. **190 F** 2 pers. **240 F**

🐕	🌲	🚶	👫	🏇	🚶	
	SP	SP	SP	8	SP	SP

PINARD Jacques et Anne-Marie – 29 rue Gaston Laplatte – 51120 Sezanne – Tél. : 26.80.58.81 – Fax : 26.81.37.37

Val-de-Vesle   *C.M. n° 56 — Pli n° 17*

♥♥♥ NN   3 ch. d'hôtes dans une maison d'agriculteurs au pied du vignoble champenois 1 ch. 2 pers., salle de bains privée. 1 ch. 3 pers., salle d'eau privée. 1 ch. 2 pers., salle d'eau privée et wc dans chaque chambre. Poss. lits suppl. Lit bébé gratuit. Salon, TV, bibliothèque. Terrasse. Pelouse. Salons de jardin. Ancien village, calme et verdoyant de Courmelois. Ouvert toute l'année. Rivière, église classée, camping, parc communal, commerces, restaurants à proximité. Visites et circuits touristiques proposés (caves, cathédrale de Reims, route du champagne, Vallée de la Marne, parc régional, site des Faux de Verzy). Reims 18 km.

Prix : 1 pers. **190 F** 2 pers. **240 F** 3 pers. **300 F**
pers. sup. **60 F**

🌲	🚶	🚣
4	SP	SP

LAPIE Marie-Jose et Marc – 2 rue de Calvaire - Courmelois – 51360 Val-de-Vesle – Tél. : 26.03.92.88 – Fax : 26.03.92.88

Vert-Toulon   *C.M. n° 56 — Pli n° 16*

E.C. NN   2 ch. 1 ch. avec 1 lit 1 pers. et 1 lit 2 pers. avec TV et salle de bains privé. 1 ch. avec 1 lit 2 pers. et sanitaires privés. Garage, salon de jardin, balançoire, cheminée. Boulangerie, épicerie et restaurant sur place. Connaissances de la vigne, du vin et visite des caves. Anglais parlé. Ouvert toute l'année sauf en période de vendanges. Gare 25 km.

Prix : 1 pers. **170 F** 2 pers. **220 F** 3 pers. **270 F**

SP	20	10	SP	10	12	12	SP	SP	

LECLERC Didier – 20 rue des Ruisselots – 51130 Vert-Toulon – Tél. : 26.52.10.46 ou 26.52.20.59 – Fax : 26.59.39.51

Vertus La Madeleine

✲✲✲ NN   Au cœur du vignoble champenois, dans un environnement très calme de verdure et de fleurs, à proximité de la forêt, vous serez accueilli chez un agriculteur/éleveur. 2 ch. 2 pers. + mezzanine, salon, balcon et sanitaires chacune. 1 ch. 3 pers. avec cheminée, sanitaires privés. Salle de séjour, salon, TV, tél à disposition. Poss. lit suppl. Gare 18 km. Rochers d'escalade et parcours sportif à 800 m, circuits touristiques, circuits GR, visite chez un viticulteur. Tous commerces à 2 km. Ouvert toute l'année.
(TH)

Prix : 1 pers. **200 F** 2 pers. **250 F** 3 pers. **310 F**
pers. sup. **60 F** repas **85 F**

SP	2	2	SP	2	2

CHARAGEAT Rene et Huguette – La Madeleine – 51130 Vertus – Tél. : 26.52.11.29 – Fax : 26.59.22.09

Vertus   *C.M. n° 56 — Pli n° 16*

✲✲✲ NN   A Vertus, au cœur du vignoble champenois de la Côte des Blancs, un des plus prestigieux crus classés de la Champagne. Chez un viticulteur, dans un cadre calme et verdoyant. Parking intérieur et garage. 1 ch. (1 lit 160) avec salle bains et wc privés. 1 ch. (1 lit 160, 1 clic-clac), salle de bains et wc privés non communicants. Grand pièce commune au rez-de-chaussée. Terrasse et salon de jardin. Gare 20 km, commerces sur place. Ouvert du 1er mars au 30 novembre sauf en période de vendanges. Anglais parlé. Situées à 20 km au sud d'Epernay, 50 km de Reims et 30 km à l'ouest de Chalons-sur-Marne.

Prix : 1 pers. **180/200 F** 2 pers. **230/250 F** pers. sup. **80 F**

SP	SP	70	SP	10	SP	SP	50	SP	

DOQUET Jean-Claude – Route de la Cense-Bizet - Les Chantereines – 51130 Vertus – Tél. : 26.52.14.68 – Fax : 26.58.41.28

Ville-en-Tardenois

✲✲✲ NN   Dans la ferme des propriétaires, 1 ch. 2 pers. et 1 suite 1 pers. avec salle de bains, wc et TV. 1 ch. 2 pers. et 1 suite 2 pers. avec salle de bains, wc et TV. Terrasse. Salon de jardin. 2 restaurants au village. Gare 20 km. Commerces sur place (supérette, banque). Village verdoyant et agricole du Tardenois. Belles promenades. Reims et Epernay 20 km. Paris à 1 heure. Gare 20 km. Ouvert toute l'année.

Prix : 1 pers. **200 F** 2 pers. **250 F** 3 pers. **330 F**

7	20	10

LELARGE Nathalie et Eric – Ferme du Grand Clos - rue de Jonquery – 51170 Ville-en-Tardenois – Tél. : 26.61.83.78

Villeneuve-Renneville

✲✲✲✲ NN   Au cœur du vignoble de la Côte des Blancs, chez un viticulteur, 3 ch. d'hôtes situées dans un cadre verdoyant et très calme. 1 ch. 2 pers. avec salle de bains et wc privés. 1 ch. 2 pers. avec salle de bains et wc privés. Poss. lit enf., gratuit pour les - 2 ans. Gare 20 km. Commerces 4 km. Ouvert toute l'année. Tarif dégressif à partir de 3 nuits. Boissons non comprises dans le menu. Poss. repas gastronomique sur réservation à partir de 6 pers. (200 F.). Vente de champagne Jacques Collard sur place, visite des caves de la propriété, cuverie, pressoir.
(TH)

Prix : 1 pers. **250 F** 2 pers. **280 F** 3 pers. **310 F**
repas **120/140 F**

4	SP	4	4

COLLARD Jacques – Chateau de Renneville – 51130 Villeneuve-Renneville – Tél. : 26.52.12.91

Haute-Marne

Ageville   *C.M. n° 62 — Pli n° 12*

✲✲ NN   1 chambre (2 lits 2 pers.) aménagée dans la maison du propriétaire. Salle d'eau et wc privés. Salle de séjour. Chauffage central. Parking. Gare 20 km. Commerces 5 km. Ouvert du 15 mars au 15 novembre.
(TH)

Prix : 1 pers. **150 F** 2 pers. **180 F** 3 pers. **250 F**
pers. sup. **60 F** repas **60 F** 1/2 pens. **210 F** pens. **260 F**

SP	SP	2	2	10	20	20	20	2	

DAREY Mauricette – 52340 Ageville – Tél. : 25.31.93.48

Anrosey   *C.M. n° 66 — Pli n° 4*

✲✲   5 chambres d'hôtes (2 pers.) situées dans ce village avec salle d'eau et 2 wc. à l'usage exclusif des hôtes. 3 chambres possèdent une douche particulière. Salle de séjour à la disposition des hôtes. Ch. central. Jardin. Half-court sur place. Ferme-auberge sur place, repas préparés à partir des produits de la ferme. Ping-pong. Chemins pédestres balisés. Pêche en rivière. Vannerie, vignobles.
(A)

Prix : 1 pers. **140 F** 2 pers. **170 F** 2 pers. **230 F**
pers. sup. **60 F** repas **80 F** 1/2 pens. **160 F**

SP	SP	5	3	17	10	30	30

GUILLAUMOT Nicolas – Anrosey – 52500 Fayl-la-Forêt – Tél. : 25.88.88.27 ou 25.88.85.43

Blaise

❦❦❦ NN
(TH)

1 chambre aménagée dans la maison rénovée du propriétaire avec 1 chambre annexe pour amis ou enfants. Salle de bains et wc indépendants privés. Salon, TV, bibliothèque, jeux de société, billard. Jardin d'agrément, salon de jardin. Parking. Gare 25 km. Commerces 10 km. Ouvert toute l'année.

Prix : 1 pers. **150 F** 2 pers. **200 F** 3 pers. **240 F**
pers. sup. **100 F** repas **70 F**

1	SP	9	25	12	45	45	9

DEGREZE Andree – 52330 Blaise – Tél. : 25.01.55.68

Chalindrey Les Archots

❦❦❦ NN
(TH)

5 ch. avec salles d'eau et wc privatifs : 1 ch. 5 pers., 3 ch. 2 pers. et 1 ch. 3 pers. Séjours, salon et salle de jeux. TV. Bibliothèque. Possibilité de cuisine. Parking. Gare et commerces 3 km. Anglais et allemand parlés. Ouvert toute l'année. Dans un domaine de 5 ha. traversé par 3 rivières, en bordure de l'ancienne voie romaine, dans un cadre verdoyant et sauvage. En lisière de 2000 ha. de forêt. Aire de jeux pour enfants. Pêche dans l'étang du propriétaire, cueillette de champignons et promenades vous sont proposés.

Prix : 1 pers. **140 F** 2 pers. **170 F** 3 pers. **200 F**
pers. sup. **30 F** repas **60 F** 1/2 pens. **200 F** pens. **260 F**

SP	SP	3	SP	10	10	10	10	3

FRANCOIS Serge et Veronique – Les Archots - Gîtes des Archots – 52600 Chalindrey – Tél. : 25.88.93.64

Coiffy-le-Haut Ferme-Adrien

❦❦❦ NN
(TH)

5 chambres d'hôtes aménagées dans une ferme indépendante du village. 2 ch. 3 pers. dont 1 avec 1 lit d'appoint 1 pers. 3 ch. 2 pers. Salles d'eau et wc particuliers. Parking, cuisine, salle de séjour, salle de jeux, bibliothèque, TV. Mobilier de jardin, barbecue, ping-pong, jeux, vélos à disposition. Sentiers pédestres. Dans un cadre de verdure, les propriétaires vous proposent 5 chambres d'hôtes toutes personnalisées et équipées de salle d'eau et wc particuliers. Gare 25 km. Commerces 10 km.

Prix : 1 pers. **160 F** 2 pers. **200 F** 3 pers. **270 F**
pers. sup. **70 F** repas **70 F** 1/2 pens. **230 F** pens. **300 F**

SP	5	10	10	10	20	30	30	6

PELLETIER Henri et Gaby – Ferme des Granges du Vol - Adrien – 52400 Coiffy-le-Haut – Tél. : 25.90.06.76

Colmier-le-Bas

❦❦❦ NN
(TH)

4 chambres d'hôtes aménagées dans une ancienne maison de maître rénovée. Salles de bains avec wc, privés. Séjour, TV, bibliothèque. Garage. Parking. Gare 35 km. Commerces 10 km. Ouvert toute l'année. Les propriétaires anglais qui ont rénové cette maison, vous accueillent chaleureusement dans 4 chambres spacieuses et de grand confort. Cuisine classique, bienvenue aux végétariens. Vues superbes.

Prix : 1 pers. **200 F** 2 pers. **250 F** 3 pers. **300 F**
pers. sup. **50 F** repas **75 F**

1	3,5	3,5	3,5	35	3,5	35	35	10

MC NAMARA Terence – Le Chat-Dodu – 52160 Colmier-le-Bas – Tél. : 25.88.93.43

Culmont

❦❦ NN
(TH)

4 chambres d'hôtes avec salles d'eau et wc privatifs et entrée indépendants. Salon, TV. Possibilité de cuisiner. Chauffage central. Parking, cour et terrain. Gare 2 km, commerces 2,5 km. Ouvert toute l'année. Accès par la RN19 (proche de l'A31/A5). A l'entrée d'un village calme, dans une vallée boisée. Au pays des 4 lacs et à proximité des remparts de Langres et de ses sites historiques, à 8 km du lac de la Liez (270 ha.) où vous pêcherez brochets et carpes.

Prix : 1 pers. **120 F** 2 pers. **150 F** 3 pers. **210 F**
pers. sup. **50 F** repas **60 F**

SP	2	3	SP	12	10	10	8	2

VARNEY Edith et Jean-Claude – 9 rue du Haut – 52600 Culmont – Tél. : 25.88.91.61

Droyes

❦❦❦ NN

1 ch. avec suite pour enfants ou amis à l'étage, exclusivement réservée aux hôtes, (2 lits 2 pers. 1 lit bébé), salle de bains (lavabo encastré dans une ancienne cuisinière) et wc privés. Séjour, salon, jeux, TV, bibliothèque, billard. Parking. Accès par escalier indépendant. Gare 25 km, commerces 7 km. Ouvert toute l'année. Anglais et espagnol parlés. Enfants de 4/10 ans : 1/2 tarif et tarif dégressif après la 3e nuit. Jardin clos. Sur la route des églises à pans de bois, à quelques kilomètres à vol de Grue Cendrée, du plus grand lac artificiel d'Europe (lac du Der-Chantecoq), vous serez accueillis dans une maison à pans de bois, fleurie, calme.

Prix : 1 pers. **200 F** 2 pers. **250 F** 3 pers. **350 F**
pers. sup. **100 F**

SP	SP	SP	SP	25	9	9	9	SP

GRAVIER Sylvie – Rue de la Motte – 52220 Droyes – Tél. : 25.04.62.30

Droyes

❦❦❦ NN

2 chambres (3 et 4 pers.) à pans de bois avec mobilier d'époque dans une ancienne ferme champenoise avec salles d'eau et wc privatifs. Coin-de-jour dans chaque chambre avec : TV, bibliothèque et jeux de société. Terrasse, jardin, jeux de plein air et parking sur la propriété. randonnées pédestres. Vélos sur place. Anglais parlé. Ouvert toute l'année. Lac du Der à 5 mn : toutes activités nautiques, observation d'oiseaux migrateurs.

Prix : 1 pers. **200 F** 2 pers. **250 F** 3 pers. **325 F**
pers. sup. **75 F**

SP	SP	SP	SP	25	9	9	9	SP

STEIN Pascale – 6 rue de la Motte – 52220 Droyes – Tél. : 25.94.32.44

Esnoms-au-Val

❦❦❦ NN
(TH)

5 chambres aménagées dans une maison de caractère. Salles d'eau et wc privés. Salle de séjour, salon, TV, cheminée. Chauffage électrique. Terrain avec salon de jardin, balançoire, piscine. Gare 25 km. Commerces 8 km. Ouvert toute l'année. Chemins de randonnées (VTT, pédestre et équestre).

Prix : 1 pers. **160 F** 2 pers. **200 F** 3 pers. **240 F** repas **70 F**
1/2 pens. **170 F** pens. **210 F**

1	5	SP	SP	12	12	12	8

PASCARD Gerard – Au Gîte du Val – 52190 Esnoms-au-Val – Tél. : 25.84.82.02

Flagey

❦❦❦ NN
(TH)

3 chambres aménagées dans la maison rénovée du propriétaire. 2 chambres 3 pers. 1 chambre 2 pers. Salles d'eau et wc privés. Séjour, salon, TV, bibliothèque. Possibilité lit bébé (50 F). Chauffage électrique. Parking. Gare 14 km. Commerces 5 km. Ouvert toute l'année.

Prix : 1 pers. **180 F** 2 pers. **230/250 F** 3 pers. **310 F**
pers. sup. **80 F** repas **70 F**

SP	5	5	10	12	5	5	5	1

JAPIOT Sylvie – 52250 Flagey – Tél. : 25.84.45.23

Longeville-sur-la-Laines

❦❦❦ NN
(TH)

5 chambres d'hôtes 2 pers., avec salles de bains et wc privés. 1 chambre avec suite pour enfants. Salon avec TV. Parc verdoyant et reposant dominant étang et rivière. Logement chevaux. Repas à la table d'hôtes sur réservation (19h30-20h00). Circuit églises champenoises. A visiter : Maison de l'Oiseau et du Poisson, Route du Fer, Haras de Montier-en-Der. Point-phone. A proximité immédiate des grands lacs de Champagne-Ardennes, Christine et Philippe Viel-Cazal vous reçoivent dans leur belle demeure familiale. Spécialités de la table : sanglier (en période de chasse), poissons d'étang, tourte à la choucroute, tarte aux quetsches...

Prix : 1 pers. **210 F** 2 pers. **270 F** pers. sup. **100 F**
repas **110 F** 1/2 pens. **320 F**

SP	SP	2	7	15	15	15	10

VIEL-CAZAL Philippe et Christine – Boulancourt - Longeville Sur la Laines – 52220 Montier-en-Der –
Tél. : 25.04.60.18

Nully

❦ NN

2 chambres d'hôtes aménagées à l'étage de la maison des propriétaires. 2 chambres 2 pers. avec salle d'eau et wc, réservés aux hôtes. Salle de séjour et salon à la disposition des hôtes. Abri couvert. Parking. Repas le soir en dépannage. Chauffage central. Cour intérieure fleurie avec terrasse. Gare 20 km. Commerces et restaurant à 6 km. Sur la route 960 entre Brienne le Château et Joinville.

Prix : 1 pers. **120 F** 2 pers. **170 F** pers. sup. **70 F**

SP	6	10	10	20	20	20	6

MOREL Madeleine – Nully – 52110 Blaiserives – Tél. : 25.55.40.36

Orges

❦❦❦ NN

2 chambres avec salles d'eau particulières dont une avec wc particuliers. 1 chambre (1 lit 2 pers. 1 lit 1 pers. 1 lit bébé). 1 chambre (1 lit 2 pers. 1 convertible 2 pers.), wc. Séjour. Salon. TV. Parking. Parc (étang et camping à la ferme). Gare 18 km. Commerces 6 km. Chambres d'hôtes aménagées dans une maison de caractère avec un parc agrémenté d'un étang. Joli petit village traversé par une rivière. Calme et repos assurés.

Prix : 1 pers. **130 F** 2 pers. **200 F** 3 pers. **270 F**
pers. sup. **50 F**

SP	SP	SP	6	20	6

GEOFFROY Bernard et Yvette – 52120 Orges – Tél. : 25.31.01.13

Prangey

❦❦❦ NN
(TH)

3 chambres avec chacune : salle de bains et wc privatifs. Séjour/salon. 2 chambres avec 1 lit 2 pers. et 1 chambre avec 2 lits 1 pers. Table d'hôtes sur réservation. Anglais parlé. Gare 15 km, commerces 2 km. Ouvert toute l'année (hors saison sur réservation). Les propriétaires vous accueillent pour un séjour de détente dans une demeure de charme située dans un cadre séduisant où règnent le calme et l'agrément d'une nature verdoyante et reposante.

Prix : 1 pers. **240 F** 2 pers. **290 F** pers. sup. **80 F** repas **90 F**

2	2	2	18	10	2	2	2	1

TRINQUESSE Monique et Patrick – L'Orangerie – 52190 Prangey – Tél. : 25.87.54.85

Pressigny

❦❦❦ NN
(TH)

2 chambres 2 pers. avec salles d'eau privatives et wc communs, 1 chambre 3 pers. avec salle d'eau et wc privatifs. Séjour, salon, salle de jeux, TV et bibliothèque. Parking, garage et jardin. Gare 25 km, commerces sur place. Anglais parlé. Ouvert toute l'année. 3 chambres dans une maison bourgeoise du XIXᵉ siècle dans un village calme et accueillant, près d'un étang de pêche. Exposition permanente d'acquarelles réalisées par le propriétaire.

Prix : 1 pers. **170 F** 2 pers. **200 F** 3 pers. **300 F**
pers. sup. **60 F** repas **65 F**

SP	SP	SP	8	30	10	30	10	8

POOPE Evelyne et Michel – Maison Perrette – 52500 Pressigny – Tél. : 25.88.80.50 – Fax : 25.88.80.49

Roocourt-la-Cote

❦ NN

3 chambres d'hôtes : 2 ch. 2 pers. et 1 ch. 3 pers. avec sanitaires communs. Salon, bibliothèque. Parking, terrain, jardin. Aire de jeux. Chauffage central. Enfant suppl. (30 F). Animaux admis sous conditions. Tranquillité assurée. Espace vert. Accueil dans la simplicité. Halte reposante. Gare et commerces à 3 km. Ouvert de mai à septembre.

Prix : 1 pers. **95 F** 2 pers. **155 F** 3 pers. **210 F** pers. sup. **30 F**

SP	SP	3

CAMUSET Simone – Roocourt la Cote – 52310 Bologne – Tél. : 25.01.40.40

Saint-Loup-sur-Aujon

♈♈ NN
(TH)

2 chambres d'hôtes aménagées dans une maison située dans une grande cour. 1 ch. 2 pers. et 1 ch. 3 pers. avec salle d'eau particulière et wc à l'usage exclusif des hôtes. Barbecue. Parking. Pêche en étang privé. Golf 10 km. Ferme-auberge 8 km. Produits fermiers sur place. Logement chevaux. Sentiers de grande randonnée. Tarif spécial pour long séjour. Gare 30 km. Commerces 10 km. Table d'hôtes en dépannage. Jardin d'agrément, portique pour enfants, mini-bar.

Prix : 1 pers. **120 F** 2 pers. **180 F** 3 pers. **240 F**
pers. sup. **50 F** repas **60 F**

🐾	♠	♣	⛷	🚴	≏	⛵	⚓	≋	IOI
	SP	SP	3	10	25	15	25	15	SP

LARDENOIS Henri et Claudette – Saint-Loup Sur Aujon – 52210 Arc-en-Barrois – Tél. : 25.84.40.64

Thonnance-les-Joinville Le Moulin

♈♈
(TH)

2 chambres aménagées dans la fermette des propriétaires. Entrée indépendante. 1 chambre 2 pers. et 1 chambre 3 pers. Salle de bains et wc à l'usage exclusif des hôtes. Chauffage central. Séjour et salon rustiques (cheminée, TV, lecture, jeux de société). Garage. Espaces verts. Aire de jeux. Barbecue. Logement de chevaux possible. Gare 3 km. Commerces 1 km. Petite ferme agréable à l'écart du village où vous pourrez profiter pleinement des espaces verts et bois environnants, qui invitent au calme et au repos. Prix enfant : 40 F/nuit.

Prix : 1 pers. **120 F** 2 pers. **160 F** 3 pers. **220 F**
pers. sup. **60 F** repas **60 F** 1/2 pens. **180 F** pens. **240 F**

♠	♣	⛷	≏	♦	⚓	≋
SP	1	1	30	1	35	35

REMY Robert – Le Moulin - Route de Nancy – 52300 Thonnance-Les Joinville – Tél. : 25.94.13.76

Treix
C.M. n° 62 — Pli n° 11

♈♈♈ NN
(TH)

2 chambres 2 pers., aménagées dans une ancienne ferme restaurée. 1 ch. (1 lit 2 pers.), 1 ch. (2 lits 1 pers. + 1 conv.). Possibilité lits supplémentaires dans chaque ch. Salle de bains et wc privés dans chaque chambre. Salle de séjour. Salon avec cheminée. Jardin, terrain avec salon de jardin. Garage. Gare et commerces 5 km. Animaux admis sauf dans les chambres. Les propriétaires vous accueilleront dans leur charmante ferme restaurée où vous pourrez profiter d'un cadre agréable pour vous détendre. La table d'hôtes est ouverte de mai à septembre et durant les vacances scolaires. Possibilité de pique-nique. Produits fermiers sur place.

Prix : 1 pers. **130 F** 2 pers. **150 F** 3 pers. **190 F**
pers. sup. **40 F** repas **70 F**

♠	♣	⛷	🚴	≏	⛵	⚓	≋	IOI
SP	5	SP	6	5	35	35	35	5

PAUTHIER Francis – Treix – 52000 Chaumont – Tél. : 25.32.26.88

Velles

♈♈

4 chambres d'hôtes aménagées dans une ancienne ferme. 3 chambres 2 pers. et 1 chambre 3 pers. avec salles d'eau particulières et wc réservés aux hôtes. Possibilité de cuisiner. Pelouse. Abri couvert. Randonnées équestres, pédestres et location de vélos sur place. Gare 20 km. Commerces 5 km. Animaux admis sauf dans les chambres. Anglais parlé. Maison de caractère située au bout du village. Cadre et environnement calmes et reposants dans un village d'artistes et d'artisans (artiste peintre. Promenades en calèche, circuit botanique, poésie, musique, apiculture).

Prix : 1 pers. **110 F** 2 pers. **160 F** 3 pers. **200 F**

♠	♣	⛷	🐫	🚴	≏	⛵	⚓	≋	IOI
1	3	5	SP	15	1	35	35	3	

ROUSSELOT Alain et Christine – 52500 Velles – Tél. : 25.88.85.93

Villars-Santenoge
C.M. n° 66 — Pli n° 2

♈ NN
(TH)

5 chambres aménagées dans un style rustique. 4 chambres 2 pers. 1 chambre 3 pers. 2 salles d'eau et 2 wc dont 1 indépendant, à l'usage exclusif des hôtes. Séjour. Possibilité cuisine. Cheminée. Terrasse donnant sur un grand espace vert. Chauffage électrique. Parking. Centre équestre sur place. Gare 40 km. Commerces 15 km. Ouvert toute l'année. Ancienne maison de ferme rénovée dans un cadre naturel rural de qualité. Possibilité randonnées pédestres et équestres sur les sentiers de la région (GR7 10 km). Pêche dans rivières et étangs.

Prix : 1 pers. **120 F** 2 pers. **160 F** 3 pers. **190 F** repas **60 F**
1/2 pens. **180 F** pens. **230 F**

♠	♣	⛷	🚴	≏	⛵	⚓	≋	IOI
SP	SP	SP	SP	40	15	40	40	SP

GUENIN Lionel – Relais de la Valle de l'Ource – 52160 Villars-Santenoge – Tél. : 25.84.20.62

Nord

Aix
C.M. n° 51 — Pli n° 17

♈♈ NN

2 chambres d'hôtes indépendantes de la maison des propriétaires. A l'étage. Ch. 1 (1 lit 2 pers. 1 lit 1 pers.). Ch. 2 (1 lit 2 pers.). Possibilité lit enfant. Lavabo, wc, douche privés. Auberge de campagne 4 km. Gare d'Orchies 5 km. Commerces 3 km. Commerçants ambulants. Belgique 6 km, Saint-Amand 9 km, Lille 25 km, Villeneuve d'Ascq, Valenciennes 26 km. Douai, Lesquin (aéroport) 20 km. Bruges 90 km. Propriétaire ayant un gîte rural. Autoroute Lille-Valenciennes, sortie Orchies, direction Tournai, puis Aix. Dans Aix, suivre direction Saméon. Ancienne ferme (1800), rénovée en 1994.

Prix : 1 pers. **160 F** 2 pers. **180 F** 3 pers. **200 F**

≏	⚓	♦	⛷	🚴	♪	♠
100	6	20	6	9	12	9

GITES DE FRANCE-SERVICE RESERVATION – 14, Square Foch – 59800 Lille – Tél. : 20.57.61.00. ou PROP : 20.71.09.54 – Fax : 20.42.00.40.

Aix

♥♥ NN
(A)

2 ch. d'hôtes indépendantes de la maison des propriétaires, à la frontière belge. Auberge de campagne sur place. Ch. 1 (1 lit 2 pers.), Ch. 2 (2 lits 1 pers.). Lavabo, wc, baignoire privés. Ch. élect. Gare d'Orchies 8 km. Commerces 4 km. Saint-Amand (station thermale) 9 km, Douai 18 km, Villeneuve d'Ascq 20 km, Lille 25 km, Valenciennes 26 km, Tournai 30 km. Bruges 90 km. Propriétaire ayant 1 gîte rural. Autoroute Lille-Valenciennes, sortie Orchies, direction Mouchin. A l'entrée d'Aix : RN, prendre 1ère rue à droite (chambres à 100 mètres). Construit avant 1914. Rénové en 1993.

Prix : 1 pers. **150 F** 2 pers. **170 F** repas **65 F**

≋	⛵	⛵	⛷	⛷	🏂	🚶	♪	🌲
80	8	10	10	8	10	9	9	9

GITES DE FRANCE-SERVICE RESERVATION – 14, Square Foch – 59800 Lille – Tél. : 20.57.61.00. ou PROP : 20.79.62.47 – Fax : 20.42.00.40.

Bailleul Le Steent'Je.

♥♥ NN

Ancienne ferme rénovée en 1994. 4 ch. d'hôtes mitoyennes à 1 gîte, à 2 km de l'A25. 3 ch. au r.d.c. acc. pers. hand., wc, lavabo, douche privés. Ch. 1 (2 lits 1 pers.), Ch. 2 (1 lit 2 pers.), Ch. 3 (1 lit 2 pers. 1 lit 1 pers.). Etage : Ch. 4 (1 lit 2 pers. 1 lit 1 pers.), wc, lavabo, douche. Pièce commune avec coin-salon, cheminée, TV. Terrain commun non clos. Salon de jardin, barbecue, balançoire. Animaux sur place (ânes, chèvres naines, basse-cour, lapins), promenade à dos d'âne. Mare à poissons clôturée. Gare et commerces 3 km. Produits fermiers 500 m. Monts de Flandre 6 km. Base des Prés du Hem 8 km. Ypres 15 km. Lille 25 km. Voie ferrée 500 m.

Prix : 1 pers. **170 F** 2 pers. **190 F** 3 pers. **210 F**

≋	⛵	⛵	⛷	⛷	🏂	🚶	♪	🌲
40	4	8	8	4	2	0,1	8	7

GITES DE FRANCE-SERVICE RESERVATION – 14, Square Foch – 59800 Lille – Tél. : 20.57.61.00. ou PROP : 28.41.19.04 – Fax : 20.42.00.40.

Baives

♥♥♥ NN
(TH)

Alt. : 225 m — 5 ch. d'hôtes (1 lit 2 pers.) de prestige indépendantes de l'habitation des propriétaires, mezzanine. Salle commune, cheminée. Salon, jardin d'intérieur. A l'étage : Ch. 1 et 2 avec lavabo, douche, wc. Ch. 3 et 4 avec lavabo, baignoire, wc. Ch. 5 avec 2 lavabos, douche, wc. Accueil chevaux. Commerces, Val Joly 8 km. Gare 15 km. 3 épis NN : 107.8 points. Au cœur du Pays de la Fagne et de la Petite Suisse du Nord. Fourmies 15 km, Avesnes-sur-Helpe 20 km, Chimay 8 km. Architecture contemporaine mariée à une charpente apparente aux poutres séculaires. En arrivant dans le village à gauche après l'église. Construit en 1880. Rénové en 1993.

Prix : 1 pers. **240/340 F** 2 pers. **240/340 F** repas **80 F**

⛵	⛵	⛷	⛷	🏂	🚶
8	8	8	8	0,1	1

GITES DE FRANCE-SERVICE RESERVATION – 14, Square Foch – 59800 Lille – Tél. : 20.57.61.00. ou PROP : 27.57.02.69 – Fax : 20.42.00.40.

Banteux Ferme de Bonavis

♥♥♥ NN

Alt. : 124 m — 3 ch. d'hôtes de prestige à l'étage de la maison de la ferme de Bonavis. Lavabo, wc, douche, TV privés. Ch. 1 (1 lit 2 pers.) avec accès sur balcon. Ch. 2 (1 lit 2 pers. 1 lit 1 pers.). Ch. 3 double (2 lits 2 pers. 2 lits 1 pers.). Ch. central (double vitrage). Parking fermé, garage sur demande. Restaurants - 500 m. A 10 km au sud de Cambrai. Ouvert toute l'année. Abbaye de Vaucelles, randonnées pédestres et cyclistes autour de l'Abbaye 2 km. Vol à voile, aérodrome 9 km. Gare 10 km. Commerces 3 km. 3 épis NN : 86 pts. A26 2 km, sortie 9 Masnières. Carrefour N44 et D917 entre Cambrai et St Quentin. A 2 km au nord du village. Construit : 1920, rénové : 1990.

Prix : 1 pers. **190/235 F** 2 pers. **230/315 F** 3 pers. **345/385 F**

⛵	⛷	🏂	🚶	🚶	♪
6	1	6	1	1	6

DELCAMBRE Michel – Ferme de Bonavis – 59266 Banteux – Tél. : 27.78.55.08

Blaringhem

♥♥ NN
(A)

2 ch. d'hôtes indépendantes de la maison des propriétaires. Auberge de campagne sur place. A l'étage. WC, lavabo, douche, TV privés. Ch. 1 : Plein soleil (1 lit 2 pers.), Ch. 2 : Le Grand Bleu (1 lit 2 pers. 1 lit 1 pers.). Séjour, coin-lecture. Terrasse, salon de jardin, parking, garage. Terrain clos. Petit déjeuner à la fourchette sur demande, surplus : 25 F/pers. Aire/Lys 5 km. Arcques 6 km. Clairmarais (promenade en barques dans les marais) 10 km. St Omer 12 km. Hazebrouck 14 km. Dunkerque 50 km. Calais, Lille 60 km. Aut. Lille-Dunkerque, sortie Hazebrouck, direction St Omer, puis Blaringhem jusque N43, puis direction St Omer, ch. d'hôtes à 500 m.

Prix : 1 pers. **180 F** 2 pers. **220 F** 3 pers. **280 F** repas **80 F**
1/2 pens. **250 F**

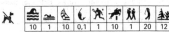

≋	⛵	⛵	⛷	⛷	🏂	🚶	♪	🌲
50	5	3	1,5	5	2	0,1	15	8

GITES DE FRANCE-SERVICE RESERVATION – 14, Square Foch – 59800 Lille – Tél. : 20.57.61.00. ou PROP : 28.43.20.11 – Fax : 20.42.00.40.

Bourbourg Le Withof

♥♥♥ NN
(TH)

Ch. d'hôtes de prestige. Ancienne ferme fortifiée du XVIe. Rénovée en 1992. A l'étage de l'habitation des propriétaires. 1 ch. (1 lit 2 pers. + suite 1 lit 2 pers.), lavabo, baignoire privés, wc indép. sur palier. 4 ch. avec baignoire, wc, lavabos privés : 1 ch. (1 lit 2 pers.). 2 ch. (1 lit 2 pers.). 1 ch. (1 lit 2 pers. 1 lit 1 pers.). Séjour avec chem. feu de bois. Mobilier Louis Philippe dans les chambres. Dunkerque 18 km. Calais, St Omer, Tunnel sous la Manche 30 km. Pêche sur place. Tennis, piscine 1 km. Equitation, golf 18 km. De la place de Bourbourg, direction Audruicq et 400 m après la gendarmerie à droite.

Prix : 1 pers. **250 F** 2 pers. **300 F** 3 pers. **350 F** repas **100 F**

≋	⛵	⛵	⛷	⛷	🏂	🚶	♪	🌲
10	1	10	0,1	1	10	1	20	12

GITES DE FRANCE-SERVICE RESERVATION – 14, Square Foch – 59800 Lille – Tél. : 20.57.61.00. ou PROP : 28.62.32.50 – Fax : 20.42.00.40.

Broxeele

C.M. n° 51 — Pli n° 3

§ § NN

2 chambres d'hôtes communicantes, au r.d.c. de la maison des propriétaires. Ch. 1 (1 lit 2 pers.). Ch. 2 (2 lits 1 pers.). Lavabo, douche, wc privés. Terrain privatif, salon de jardin. Commerces 2 km. Gare 8 km. Médecin, pharmacien 2,5 km. Wormhout 14 km. Dunkerque, Belgique 25 km. Gravelines 28 km. Site des 2 Caps et d'Eurotunnel 45 mns. 2 épis NN : 78 points. Propriétaire ayant des gîtes ruraux. A25 sortie Bergues, direction Socx, Bisseezeele, Zeggers-Cappel puis Saint-Omer. A Bollezeele : 1ère route à gauche, après le camping de l'Yser. Construit en 1920. Rénové en 1990.

Prix : 1 pers. **170 F** 2 pers. **200 F**

25	14	18	8	4	18	8	18	6

LEURS Raymond – 59470 Broxeele – Tél. : 28.62.42.05

Cassel

C.M. n° 51 — Pli n° 4

§ § NN
(A)

Ferme reconstruite après guerre (1956), rénovée en 1991, au pied du Mont des Récollets. A l'étage d'une construction annexe : 2 ch. (1 lit 2 pers.), 1 ch. (1 lit 2 pers. poss. 1 lit 1 pers.). Lavabo, douche, wc privés. Gare 4 km. Commerces 3 km. A25 4 km, centre de Cassel 3 km, Belgique 7 km. 2 épis NN : 70 points. Auberge de campagne sur place. Terrain clos, jeux pour enfants. Nombreux musées et villes à visiter dans un rayon de 30 km. En venant de Calais, direction Saint-Omer, Cassel. A Cassel, direction Steenvoorde (D948). En venant de Dunkerque, sortie Steenvoorde, puis direction Cassel. Ouvert toute l'année.

Prix : 1 pers. **160 F** 2 pers. **190 F** repas **80 F**

35	12	35	3	1	0,1	18

GITES DE FRANCE-SERVICE RESERVATION – 14, Square Foch – 59800 Lille – Tél. : 20.57.61.00. ou PROP : 28.40.53.48 – Fax : 20.42.00.40.

Comines

C.M. n° 51 — Pli n° 6

§ § NN
(TH)

3 chambres d'hôtes à l'écart du village, dans une ferme entourée de prairies et d'arbres. A l'étage. Ch. 1 et 2 (1 lit 2 pers.), Ch. 3 double (2 lits 1 pers. 1 lit 2 pers.). Téléphone, lavabo, wc, douche privés. Gare SNCF et arrêt de bus au hameau Sainte-Marguerite 800 mètres. Commerces 2 km. Belgique 2 km, Armentières 12 km. Ypres 15 km, Roubaix-Tourcoing 17 km. 2 épis NN : 63,12 points. A25 Lille-Dunkerque, sortie 8. Prendre direction Houplines, puis Frelinghien et enfin Comines. Accès facile D 945, D 308. Reconstruction : 1990.

Prix : 1 pers. **150 F** 2 pers. **180 F** 3 pers. **220 F** repas **60 F**

60	1	15	3	2	5	8	15

VERMES Pascal – Chemin du Petit Enfer – 59560 Comines – Tél. : 20.39.21.28

Crochte Voie Romaine

C.M. n° 51 — Pli n° 4

§ § § NN

2 ch. d'hôtes de pain-pied, indépendants de la maison des propriétaires. 1 lit 2 pers./chambre. Lavabo, douche, wc privés. Garage, jardin. Chauffage électrique. Gare 2 km. Commerces, médecin, pharmacien 5 km. Sur place : vélos, salle de loisirs, ping-pong, tennis couvert. Belgique 10 km, Bruges 60 km. Gravelines, Malo, Dunkerque 20 km. Ouvert toute l'année. Bray-Dunes, Calais 30 km. Propriétaires ayant 3 gîtes ruraux. A25, sortie Bergues, direction Bergues pendant 150 m, à gauche, passer Crochte, à 800 m au stop à gauche. Départementale à 40 m. Construit en 1965. Rénové en 1990. Anglais parlé.

Prix : 1 pers. **180 F** 2 pers. **190 F**

20	5	10	2	0,1	5	5	10	12

BEHAEGHE Pierre – Voie Romaine – 59380 Crochte – Tél. : 28.62.13.96 – Fax : 28.62.16.45

Ebblinghem

C.M. n° 51 — Pli n° 4

§ § NN

5 chambres d'hôtes indépendants de la maison des propriétaires. 4 gîtes sur place. Cadre verdoyant, au calme sur la D55. Au r.d.c. : Ch. 1 et 2 (1 lit 2 pers.), Ch. 3 (2 lits 1 pers.). Chambres rustiques avec poutres, lavabo, wc, douche privés. Etage : Ch. 4 (2 lits 2 pers., lavabo, douche), Ch. 5 (1 lit 2 pers., lavabo). Douche sur palier. WC communs aux ch. 4 et 5. Point-phone en saison. Pelouse, balançoires, salon de jardin. Gare et commerces 800 m, Cassel 10 km, Hazebrouck 9 km. Saint-Omer, Aire-sur-Lys 12 km, Calais 50 km, Belgique 25 km, Bruges 100 km. A26 sortie St-Omer 15 km, A25 sortie Hazebrouck 20 km. Construit en 1895, rénové en 1985.

Prix : 1 pers. **160 F** 2 pers. **180/200 F** 3 pers. **250 F**

45	9	40	9	9	9	10	30	9

BATAILLE Therese – 1 173 Route de Lynde – 59173 Ebblinghem – Tél. : 28.43.21.69

Esquelbecq

C.M. n° 51 — Pli n° 4

§ § § NN
(A)

2 chambres d'hôtes mitoyennes à 2 gîtes, sur un ancien corps de ferme. Plain-pied. 1 lit 2 pers./chambre. Lavabo, wc, douche privés. Auberge de campagne sur place. Médecin et pharmacien 2 km. Gare 2 km. Commerces 2 km. Belgique 2 km, Malo-les-Bains 20 km. Bray-Dunes, La Panne 30 km. Côte d'Opale 50 km, Lille 60 km. Sur place : pêche à la truite, salle de loisirs. Autoroute Lille-Dunkerque, sortie Wormhout. Autoroute Dunkerque-Lille, sortie Bergues.

Prix : 1 pers. **140 F** 2 pers. **160 F** 3 pers. **180 F** repas **80 F**

5	10	1	2	5

JOOS Marie-Jeanne – Route de Socx - Gîtes Les Roses – 59470 Esquelbecq – Tél. : 28.62.90.09

Estaires La Queneque

C.M. n° 51 — Pli n° 4

§ § § NN
(TH)

4 chambres indépendantes de la maison des propriétaires, dans la campagne de la Vallée de la Lys, proche de la Belgique. A l'étage : Ch. 1 et Ch. 2 (1 lit 2 pers.), Ch. 3 (2 lits 1 pers.). Ch. 4 (1 lit 2 pers. 1 lit 1 pers.). WC, lavabo, douche privés. 1 ch. mitoyenne à 1 gîte. Salle au r.d.c., cheminée. Salon de jardin. Parking clos. Gare 10 km. Commerces 3,5 km. Bailleul, Armentières 12 km, Hazebrouck 20 km, Ypres 25 km, Lille 30 km, Dunkerque 60 km. Au cœur du Nord Pas-de-Calais, des villes touristiques de Belgique. A 60 km : Arras, Béthune, Saint-Omer, Bruges. Construit en 1993. A25, sortie 9, puis dir. Estaires, à 3,5 km du bourg sur D77.

Prix : 1 pers. **160 F** 2 pers. **240 F** 3 pers. **300 F** repas **75 F**

60	12	10	8	12	4	0,1	20	12

HUYGHE Bernard – 1822 rue de l'Epinette - La Queneque – 59940 Estaires – Tél. : 28.40.84.69

Faumont   *C.M. n° 53 — Pli n° 3*

❦❦❦ NN   Alt. : 40 m — Ancienne ferme. 3 chambres indépendantes de la maison des propriétaires, mitoyennes à 1 gîte. R.d.c. : salle d'accueil. Etage : Ch. 1 (2 lits 1 pers.), lavabo, douche, wc. Ch. 2 (1 lit 2 pers.), lavabo, douche, wc. Ch. 3 (1 lit 2 pers.), 1 lit 1 pers.), lavabo, douche dans la ch., wc privés sur palier. Orientées plein sud. Cour fermée. Abris voitures. Douai 13 km. Lesquin 15 km. Belgique 18 km, St-Amand 20 km. Produits fermiers 1 km. Circuit de petite rando. Centre historique minier 15 km. A23 Lille Valenciennes, sortie Orchies. A1 : sortie Seclin, Faumont 12 km ou sortie Fresnes Les Montauban, Faumont 20 km. Construit en 1800. Rénové en 1990.

Prix : 1 pers. **150 F** 2 pers. **170/200 F** 3 pers. **225 F**

🏊	⛵	🎣	⛷	🚴	🏇	🎯	🌲
80	8	10	5	1,5	1,5	0,8	20	10

DEWAS Louis – 61 rue du General de Gaulle – 59310 Faumont – Tél. : 20.59.27.74

Felleries   *C.M. n° 53 — Pli n° 6*

❦❦❦ NN   Dans une impasse, 2 chambres d'hôtes indépendantes de la maison des propriétaires. R.d.c. (10 marches). Lavabo, douche, wc privés. Ch. 1 (1 lit 2 pers. 1 lit 1 pers.), Ch. 2 (2 lits 1 pers.). Belgique 4 km, base de loisirs Val Joly 7 km, Maubeuge 17 km, RN2 4 km. Médecin 1 km, pharmacie 100 m, commerces 500 m. Gare 7 km. Musée des bois jolis face aux chambres. Atelier de tourneur sur bois, visite, démonstration, stages d'initiation sur demande. Loc. VTT. Construit en 1980. Rénové en 1991. D'Avesnes, direction Bruxelles, puis Solre le Chateau, à Beugnies prendre Felleries et musée des Bois Jolis. Route départementale à 50 m.

Prix : 1 pers. **170 F** 2 pers. **195 F** 3 pers. **240 F**

🐕	🏊	⛵	🎣	⛷	🚴	🏇	🎯	🌲
	7	7	7	4	7	7	25	1

DUMESNIL Edith et J.Pierre – 20 rue de la Place – 59740 Felleries – Tél. : 27.59.07.43 – Fax : 27.59.00.50

Fournes-en-Weppes Ferme de Rosembois      *C.M. n° 51 — Pli n° 15*

❦❦❦ NN (TH) Au calme de la campagne, chambres d'hôtes à l'étage de la maison des propriétaires. Ch. 1 (1 lit 2 pers.). Ch. 2 (1 lit 2 pers. 1 lit 1 pers.). Ch. 3 (2 lits 1 pers.). Lavabo, douche, wc privés. Salle de séjour avec TV. Salon de jardin. Médecins, pharmacien, tous commerces à 2 km. Gare 15 km. Restaurants au village. Base de loisirs d'Armentières, Belgique 10 km, Parc d'Olhain 25 km. Possibilité tennis dans un centre de tennis, musculation, gym. Autoroute A25 : 7 km. RN 41 : 2 km. Construit en 1929, rénové en 1991.

Prix : 1 pers. **160 F** 2 pers. **195 F** 3 pers. **245 F** repas **65 F**

🏊	⛵	🎣	⛷	🚴
80	6	10	2	4

BAJEUX Francine – Ferme de Rosembois - Hameau du Bas Flandres – 59134 Fournes-en-Weppes – Tél. : 20.50.25.69

Grand-Fayt   *C.M. n° 53 — Pli n° 5/6*

❦❦ NN (TH) 5 chambres d'hôtes dans un ancien presbytère du XVIIe s. Moulin à eau. 1er étage : ch. 1 (3 lits 1 pers.), ch. 2 (1 lit 2 pers.), ch. 3 (1 lit 2 pers. 1 lit 1 pers.). Lavabo, baignoire, wc privés. 2e étage : ch. 4 et 5 (1 lit 1 pers.). Lavabo, baignoire, wc privés. Jardin clos. Forêt Mormal 10 km. Aulnoye Aymeries 11 km, parc de loisirs du Val Joly 20 km. Anglais et italien parlés. De Paris, direction Soissons, La Capelle, Avesnes/Helpe, puis direction Valenciennes, à Marbaix, sur la gauche : Grand Fayt. De Lille, direct. Le Quesnoy, Landrecies, Maroilles, direct. Avesnes/Helpe, à 1,5 km de Maroilles à droite : Grand Fayt. Chambres d'hôtes face à l'église.

Prix : 1 pers. **225 F** 2 pers. **250 F** 3 pers. **310 F** repas **95 F**

🏊	🎣	🍴	⛷	🚴	🏇	🎯	🌲
7	25	0,1	12	25	0,1	12	12

GERARD Serge – 10 Place de Grand Fayt – 59244 Grand-Fayt – Tél. : 27.59.44.33

Halluin   *C.M. n° 51 — Pli n° 6*

❦❦❦ NN   A l'étage de 2 gîtes, indépendants de la maison des propriétaires. Lavabo, douche, wc privés. Ch. 1 (1 lit 2 pers. 1 lit 1 pers.). Ch. 2 (1 lit 2 pers.). Ch. 3 (4 lits 1 pers.). Séjour avec TV. Terrain non clos commun, parking privé. Téléphone téléséjour. Reconstruit en 1991. Belgique 1 km, Roubaix-Tourcoing 12 km. Lille, Lesquin, Courtrai 18 km. Tournai 30 km. A 20 mn de Lille par voie rapide. De Lille, sortie 17 Tourcoing, direction Halluin douane, au feu à droite, direction Mont d'Halluin. De Belgique, sortie Tourcoing de l'E17 (Rijsel) Lille, direction Halluin Douane, au feu à droite.

Prix : 1 pers. **140 F** 2 pers. **180 F** 3 pers. **245 F**

🏊	🎣	🍴	⛷	🏇	🌲
60	2	2	3	4	10

GITES DE FRANCE-SERVICE RESERVATION – 14, Square Foch – 59800 Lille – Tél. : 20.57.61.00. ou PROP : 20.37.02.05 – Fax : 20.42.00.40.

Helesmes Chateau d'Helesmes   *C.M. n° 51 — Pli n° 6*

❦❦❦ NN   Dans maison de maître du XVIIIe s. Vue sur parc. Ch. 1 (2 lits 1 pers.), wc, lavabo, douche. Ch. 2 (2 lits 130), wc, lavabo, baignoire. Ch. 3 (1 lit 2 pers.), wc, lavabo, baignoire. Ch. 4 (1 lit 2 pers.), wc, 2 lavabos, douche, baignoire, dressing. Ch. 5 (1 lit 200), wc, lavabos, douche, baignoire. Chauffage fuel. Valenciennes 12 km. Navette jusqu'à la gare 4 km. Commerces 500 m. Salle (TV, hifi, cheminée, jeux vidéo, piano). Fax, tél. propriétaire. Denain 5 km, Douai 25 km, Lille 40 km. De Lille, aut. Valenciennes, sortie 4 Wallers. De Paris, direct. Valenciennes puis Douai. Sortie Escaudain. Rénové en 1993.

Prix : 1 pers. **200 F** 2 pers. **250 F**

🏊	🎣	🍴	⛷	🚴	🏇	🎯	🌲
80	4	3	4	5	3	10	3

GITES DE FRANCE-SERVICE RESERVATION – 14, Square Foch – 59800 Lille – Tél. : 20.57.61.00. ou PROP : 27.35.58.30 – Fax : 20.42.00.40.

Herlies
C.M. n° 51 — Pli n° 15

♥♥ NN

2 chambres d'hôtes indépendantes de l'habitation des propriétaires avec sortie sur l'extérieur et terrasse privatives. Parking clos. Au r.d.c. : lavabo, douche, wc privés. 1 lit 2 pers./chambre. Pièce commune aux 2 ch. avec salle à manger et coin-salon. Parking clos. Gare 4 km. Commerces 2 km. Construit en 1994. La Bassée 7 km, Lille 17 km. Armentières 14 km, Béthune 18 km. 4 courts de tennis, étang de pêche, club d'équitation, club d'ULM, golf dans le village. En venant de Lille, autoroute de Dunkerque, sortie Béthune, puis la RN41 jusqu'au carrefour « Les 4 chemins ». Direction de Fromelles, tournez rue des Riez.

Prix : 1 pers. **225 F** 2 pers. **250 F**

70	10	14	2	2	2	3	10

LIAGRE Bruno – 59 rue du Riez – 59134 Herlies – Tél. : 20.29.20.70 ou SR : 20.57.61.00.

Hondschoote La Xaviere
C.M. n° 51 — Pli n° 4

♥♥ NN

(A)

Alt. : 3 m — Dans un ancien corps de ferme, auberge de campagne. 6 chambres d'hôtes, à 5 km du village, sur la frontière belge. Au r.d.c. : 1 ch. (1 lit 2 pers.), 1 ch. (1 lit 2 pers. 1 lit 1 pers.). A l'étage : 1 ch. (1 lit 2 pers.), 2 ch. (2 lits 1 pers.), 1 ch. (1 lit 2 pers. 1 lit 1 pers.). Lavabo, wc, douche dans 5 ch. Lavabo, wc, baignoire dans 1 ch. Tél. dans chaque ch. 1 ch. accessible aux pers. handicapées. Gare 15 km. Commerces 5 km. Littoral 18 km. Dans rayon de 5 à 40 km : villes d'art (Bruges, Furnes, Ypres). Monts de Flandres, ports (Dunkerque, Oostende). Pays Bas, Grande Bretagne 80 km. A25, sortie Bergues ou Bray-Dunes. Reconstruit en 1990.

Prix : 1 pers. **180 F** 2 pers. **235/255 F** 3 pers. **300 F**
repas **85 F**

18	11	18	5	5	18	5	18	40

ROUFFELAERS Serge – La Xaviere – 59122 Hondschoote – Tél. : 28.62.61.04 – Fax : 28.68.31.27

Houplines La Cour du Roy
C.M. n° 51 — Pli n° 5/15

♥♥ NN

2 chambres d'hôtes indépendantes de la maison des propriétaires. Mitoyennes à des gîtes ruraux. R.d.c. : Ch. 1 (1 lit 2 pers. poss. lit enf.). Ch. 2 (1 lit 2 pers. 1 lit 1 pers.). Lavabo, wc, douche privés. Point-phone. Produits fermiers à proximité. Médecin, pharmacien, Belgique 2 km. Armentières, gare 3 km. Base des Prés du Hem 4 km. Commerces 1 km. Ypres, Lille, Bellewaerde, Monts Noir, Rouge 15 km. Mont des Cats 20 km. Bruges, Gand 30 km, Anvers, zoo 150 km. A 25 (Lille-Dunkerque), sortie 8, direction Houplines. Propriétaires ayant 6 gîtes, 2 gîtes de groupes, un camping à la ferme. Reconstruction : 1987. Anglais parlé.

Prix : 1 pers. **170 F** 2 pers. **200 F** 3 pers. **260 F**

60	2	4	1	0,5	0,5	2	15	15

DELANGUE M.Paule et Gerard – 44 rue du Pilori - La Cour du Roy – 59116 Houplines – Tél. : 20.35.05.79

Jenlain
C.M. n° 53 — Pli n° 5

♥♥♥ NN

2 chambres d'hôtes à l'étage de la maison des propriétaires. Ch. 1 (1 lit 2 pers. 1 lit 1 pers.), lavabo, wc, douche. Ch. 2 (2 lits 1 pers. 2 lits enfants), lavabo, douche. WC sur palier. Grand jardin. Aux portes de la forêt de Mormal (10 km) et de l'Avesnois. Gare 8 km. Commerces 100 m. Chauffage central, isolation. Tarif dégressif pour plusieurs nuits. Belgique 4 km, Le Quesnoy, ville fortifiée 7 km, Valenciennes 10 km. location de vélos (VTT). Restaurants dans le village. Venant de Paris, sortie Maubeuge puis Le Quesnoy. Vénant de Belgique, sortie Onnaing, puis Le Quesnoy.

Prix : 1 pers. **160 F** 2 pers. **185 F** 3 pers. **245 F**

10	10	8	8	5	0,1	8	10

DEFOORT Francis – 8 rue Friquet – 59144 Jenlain – Tél. : 27.49.76.09

Jenlain Chateau d'En Haut
C.M. n° 53 — Pli n° 5

♥♥♥♥ NN

A l'étage d'un château du XVIIIe s. avec un parc de 2,5 ha. Ch. 1 (1 lit 2 pers.), Ch. 2 (2 lits 1 pers.), Ch. 3 (1 lit 2 pers. 1 lit 1 pers.), (1 lit 1 pers.) dans ch. attenante. Chacune avec lavabo, wc, douche privés. Ch. 4 (1 lit 2 pers.). Ch. 5 (2 lits 1 pers.). WC, lavabo, baignoire à chacune. Ch. 6 (1 lit 2 pers. 1 lit 1 pers.), lavabo, douche, wc. Salon à disposition des hôtes. Point-Phone. Gare 6 km. Commerces 500 m. Valenciennes 10 km, Belgique 12 km. Sortie A2 Onnaing ou Le Quesnoy-Maubeuge, à 5 km de l'axe Paris-Bruxelles. Anglais parlé.

Prix : 1 pers. **210/240 F** 2 pers. **240/340 F** 3 pers. **370 F**

10	10	10	10	10	10

DEMARCQ Michel – Chateau d'En Haut – 59144 Jenlain – Tél. : 27.49.71.80 – Fax : 27.49.71.80

Lecelles
C.M. n° 53 — Pli n° 4

♥♥ NN

(TH)

2 ch. d'hôtes à l'étage de l'habitation des propriétaires. 1 lit 2 pers./chambre, wc, lavabo, douche, TV privés. Terrain clos avec mare, balançoire, balancelle, table de ping-pong, salon de jardin. Belgique 2 km, centre du village 3 km, Saint-Amand-Les-Eaux 4 km, Valenciennes 15 km, Tournai et Orchies 20 km, Lille 40 km. Base de loisirs de Raismes 8 km. Bruges, Bruxelles 110 km. Médecins, pharmaciens, gare et commerces 4 km. En venant de Lille, sortie d'autoroute Hasnon puis direction Tournai. En venant de Valenciennes, sortie Saint-Amand-Thermal puis direction Tournai. Situé sur la D169.

Prix : 1 pers. **160 F** 2 pers. **180 F** repas **55 F** 1/2 pens. **205 F**
pens. **250 F**

120	4	10	2	4	2	2	4

GITES DE FRANCE-SERVICE RESERVATION – 14, Square Foch – 59800 Lille – Tél. : 20.57.61.00. ou PROP : 27.48.66.18 – Fax : 20.42.00.40.

Lompret
C.M. n° 51 — Pli n° 15

♥ NN

Chambres d'hôtes à l'étage de la maison des propriétaires. Ch. 1 (1 lit 2 pers.). Ch. 2 (1 lit 2 pers.). Ch. 3 (2 lits jumeaux). Ch. 4 (1 lit 2 pers. 1 lit 1 pers.). Lavabo à chacune. Douche, wc communs aux 4 chambres. Possibilité garde d'enfants. Médecin, pharmacien et restaurants dans le village. Gare 2 km. Commerces 3 km. Tennis couvert à côté de la maison. Base de loisirs 1 km, Lille 7 km, Belgique 10 km. Au centre du village, près de l'église. Construit en 1900. Rénové en 1989. Polonais et anglais parlés.

Prix : 1 pers. **130 F** 2 pers. **160 F** 3 pers. **200 F**

80	4	5	4	0,1	5	15	10

WOJTUSIAK CYGAN M.Therese et J.Luc – 40 rue de l'Eglise – 59840 Lompret – Tél. : 20.22.45.15

Lynde Saint-Leger   *C.M. n° 51 — Pli n° 4*

♥ ♥ NN   Maison comprenant 1 gîte au r.d.c. et 2 ch. d'hôtes à l'étage. Ch. 1 (3 lits 1 pers.). Ch. 2 (1 lit 2 pers.). Lavabo, wc, douche privés. Poss. lit enfant et TV sur demande. Vue sur les Monts de Flandre. Terrain de jeux. Parking privé. Salon de jardin. Commerces, médecin, pharmacien 5 km. Gare 4 km. Commerces 5 km. Produits fermiers dans le village. Hazebrouck 8 km, Saint-Omer 15 km. A 2 km de la RN42 Lille-Boulogne, quitter RN42 à Wallon-Cappel, direction Aire/Lys, 1ère route à droite (rue de Verdun), direction Lynde, 2e rue à gauche : Rue des Loups. Construit en 1927. Rénové en 1990. Ouvert toute l'année.

Prix : 1 pers. **140 F** 2 pers. **170 F** 3 pers. **200 F**

40	8	30	2	8	2	4		4

ANQUETIL Gerard – 2435 rue de Morbecque - Hameau Saint-Leger – 59173 Lynde – Tél. : 28.43.21.96

Maroilles   *C.M. n° 53 — Pli n° 5*

♥ NN   (TH)   2 ch. d'hôtes chez le propriétaire à 300 m du village (impasse). Ancienne ferme rénovée, entourée de prairies. Ch. 1 (1 lit 2 pers.), lavabo. Ch. 2 (1 lit 2 pers.), lavabo., poss. 1 lit suppl. Douche commune aux 2 ch. Chauffage élect. Isolation. Point-phone. Parking. Aire de jeux, étang. Initiation : peinture, aquarelle avec la propriétaire. Gîte de groupe mitoyen. Circuits pour randonnées pédestres, cyclo, VTT (découverte bocage, moulins, châteaux, chapelles). Visites de caves de fabrication du Maroilles. Bases de loisirs Le Quesnoy 15 km. Val Joly 30 km. GR 122. Construit en 1900, rénové en 1985-86. A 12 km d'Avesnes-sur-Helpe, RN2.

Prix : 1 pers. **130 F** 2 pers. **170 F** 3 pers. **220 F** repas **75 F**

10	30	0,1	0,1	6	0,1	25	3

BEGUIN Paul – Ruelle Saint Humbert – 59550 Maroilles – Tél. : 27.77.11.85

Masnieres   *C.M. n° 53 — Pli n° 3/4*

♥ ♥ ♥ NN   (TH)   A l'extérieur du village, 4 ch. d'hôtes, dans l'habitation des propriétaires. Ch 1. au r.d.c. (1 lit 2 pers.). A l'étage : Ch. 2 (1 lit 2 pers. 1 lit enfant), ch. 3 (3 lits 1 pers.), ch. 4 (1 lit 2 pers.). Lavabo, wc, douche privés. Parking, garage sur demande. Chauffage central, isolation. Culture de fraises, élevage de porcs. Marcoing 3 km. Château d'Esnes et Abbaye de Vaucelles 5 km. Cambrai 8 km. Rivière 1 km. Parc de loisirs 5 km. Vol à voile 6 km. Commerces 1 km. Gare 8 km. A 6 km de l'A26 sortie Masnières (n° 9), à 200 mètres de la RN 44 Cambrai Saint Quentin. Construit en 1900, rénové en 1988.

Prix : 1 pers. **190 F** 2 pers. **220/230 F** 3 pers. **310 F** pers. sup. **60 F** repas **80 F**

6	1	7	5

CATTEAU Gerard et Jeannette – Ferme des Ecarts – 59241 Masnieres – Tél. : 27.37.51.10

Maulde   *C.M. n° 51/53 — Pli n° 17/4*

♥ ♥   3 chambres d'hôtes, indépendantes de la maison des propriétaires. A l'étage : Ch. verte (1 lit 2 pers.), lavabo. Ch. saumon (1 lit 2 pers. 1 lit 1 pers.), lavabo. Ch. bleue (2 lits 1 pers.), lavabo. Douche, wc, lavabo communs (sur le palier). Parking privé, jardin. Restauration sur place. Médecin, pharmacien, PTT 2 km. Gare de Saint-Amand 7 km. Commerces dans le village. Station thermale de Saint-Amand 9 km, autoroute 10 km. Plan d'accès : autoroute Lille-Valenciennes, sortie Saint-Amand centre, puis direction Tournai, situé sur la place de Maulde, à 150 m de la frontière belge. Construit : 1985.

Prix : 1 pers. **130 F** 2 pers. **180/230 F** 3 pers. **270 F**

2	2	2	2	7

BRIDOUX Francis – « Les Gabelous » - Grand'Place – 59158 Maulde – Tél. : 27.26.82.75

Meteren L'Haghedoorn   *C.M. n° 51 — Pli n° 5*

♥ ♥ NN   4 chambres d'hôtes indépendantes de la maison des propriétaires. Au r.d.c. Ch. 1, 2, 3 (1 lit 2 pers.). Ch. 4 (1 lit 1 pers.). Lavabo, wc et douche privés. Ferme auberge et vente de produits fermiers sur place. Mont Noir, Abbaye du Mont des Cats 6 km. Lille, Saint-Omer 30 km. Dunkerque 40 km. Eurotunnel 80 km. Commerces 900 m. Gare 2 km. A25, sortie 11. Construit en 1930. Rénové en 1990.

Prix : 1 pers. **170 F** 2 pers. **205 F**

45	3	15	4	1	5	5		15

HERREMAN Marie-Noelle – L'Haguedoorn – 59270 Meteren – Tél. : 28.41.22.41 – Fax : 28.42.27.41.

Morbecque   *C.M. n° 51 — Pli n° 4/14*

♥ ♥ NN   Chambre d'hôtes au r.d.c., mitoyenne à 2 gîtes. 1 lit 2 pers. lavabo, wc, douche. Vente de produits fermiers chez le propriétaire. Médecin, pharmacien, infirmière dans le village. Centre du village 500 m, Hazebrouck 3 km, Belgique 15 km. Gare 4 km. Commerces 1 km. Date de construction : 1989. A25, sortie Hazebrouck, puis direction A26. Morbecque (1er village à la sortie d'Hazebrouck).

Prix : 1 pers. **130 F** 2 pers. **150 F**

30	3	30	2	0,5	4	1	50		1

VANBERTEN-VANDALE Georges – 21 avenue des Flandres – 59190 Morbecque – Tél. : 28.41.99.45

Noyelles-les-Seclin   *C.M. n° 51 — Pli n° 16*

♥ ♥ ♥ NN   4 chambres d'hôtes à l'étage de la maison du propriétaire. Mezzanine, salon à la disposition des hôtes. Ch. 1 (1 lit 2 pers. wc, lavabo, douche). Ch. 2 et 3 (1 lit 2 pers. lavabo, douche, bidet particulier). Ch. 4 (1 lit 2 pers. lavabo). Ch. 2, 3, 4 : wc communs. Poss. 1 lit suppl./ chambre. Bibliothèque. 3 400 m² de jardin clos. Garage. Commerces 300 m. Gare 3,5 km. Prix spéciaux longue durée. A 4 km de l'Autoroute Paris-Lille-Bruxelles. A1, sortie 19 Seclin. Construit en 1900. Rénové en 1988.

Prix : 1 pers. **180/250 F** 2 pers. **195/265 F** pers. sup. **75 F**

7	7	10	15	10

MARTIN Clement – 13 rue d'Ancoisne – 59139 Noyelles-Les Seclin – Tél. : 20.90.01.59

Le Quesnoy
C.M. n° 53 — Pli n° 3/4

♥♥♥ NN — 2 ch. au r.d.c. de l'habitation des propriétaires. Ch. 1 (1 lit 2 pers. 1 lit 1 pers.). Ch. 2 (1 lit 2 pers. et poss. lit enfant.). Lavabo, wc, douche privés. Séjour avec bibliothèque et TV. Chauffage au fuel. Parking, pelouse, ping-pong. Le Quesnoy, ville fortifiée, base de loisirs, gare. Forêt de Mormal 2 km, golf 8 km. Belgique 10 km. Enfant : 60 F. Bruxelles 100 km. Médecins, pharmaciens, commerces, équipements sportifs, restaurants, visites guidées des remparts à Le Quesnoy 2 km. Départementale 942, à 2 km de Le Quesnoy. Construit en 1930. Rénové en 1992.

Prix : 1 pers. 160 F 2 pers. 180 F 3 pers. 240 F

170	10	40	2	2	7	2	8	8

COUPET-LEFRANC Emile – Route de Beaudignies - Ferme de Bear – 59530 Le Quesnoy – Tél. : 27.49.56.43

Raimbeaucourt
C.M. n° 51.53 — Pli n° 16.4

♥♥♥ NN — 4 chambres indépendants de la maison des propriétaires. 1 lit 2 pers./ch. Lavabo, wc, baignoire privés pour 3 ch. Lavabo, wc, douche privés pour 1 ch. Tél., TV/chambre. Cheminée. Ping pong. Anglais parlé. Gare 5 km. Commerces 500 m. Douai 12 km, Orchies 15 km, Lens 35 km, Saint Amand 20 km, Villeneuve d'Ascq 25 km. Lille, Tournai, Valenciennes 30 km. Cambrai 30 km, Béthune 40 km. Vente de produits fermiers. 2 gîtes sur place. Autoroute de Paris, sortie seclin, direction Avelin, Pont à Marcq, Faumont, Raimbeaucourt, à 300 mètres de l'église. Construit avant 1900. Rénové en 1992.

Prix : 1 pers. 170 F 2 pers. 200 F

80	5	3	2	4	10	2

GITES DE FRANCE-SERVICE RESERVATION – 14, Square Foch – 59800 Lille – Tél. : 20.57.61.00. ou PROP : 27.80.12.56 – Fax : 20.42.00.40.

Renescure Bloem Straete
C.M. n° 51 — Pli n° 4

♥♥ NN — 4 chambres d'hôtes dans l'habitation des propriétaires. Au r.d.c. : Ch. 1 (1 lit 2 pers. lavabo, wc, douche). A l'étage : Ch. 2 (1 lit 2 pers. lavabo), wc, douche sur le palier. Ch. 3 (2 lits de 2 pers., lavabo, wc, douche). Ch. 4 (1 lit 2 pers., lavabo, wc, douche). Terrain clos. Salon de jardin, barbecue, balançoire. Point-phone. Gare 500 m. Tous commerces, médecin, pharmacien 1 km. Arques 5 km. Cassel, Saint-Omer 10 km, Hazebrouck 12 km. Accès : D406 entre la N42 et D933, à 800 mètres de la RN42. Propriétaire ayant 4 gîtes ruraux. Rénové en 1986.

Prix : 1 pers. 170 F 2 pers. 220 F 3 pers. 310 F

50	5	4	7	2

FLAMENT Colette – Bloem Straete – 59173 Renescure – Tél. : 28.49.85.65

Sainte-Marie-Cappel
C.M. n° 51 — Pli n° 4

♥♥ NN — 2 chambres d'hôtes à l'étage de la maison des propriétaires. (1 lit 2 pers.), wc, lavabo, douche privés. Terrain clos, salon de jardin, balançoire. Enfant : 50 F. Gare et commerces 2 km. Médecin, pharmacien 3 km. Hôpital 8 km. Cassel 3 km, Hazebrouck 8 km, Belgique 10 km, Clairmarais (forêt, étang) 15 km. Dunkerque, Malo-les-Bains 30 km, Lille 35 km. Parc d'attractions de Bellewaerde 30 km, Eurotunnel 50 km. Propriétaire ayant un gîte rural. Autoroute Lille-Dunkerque, sortie Méteren, direction Cassel. Autoroute Dunkerque-Lille, sortie Steenvoorde, direction Cassel. Construit en 1976. Rénové en 1990.

Prix : 1 pers. 160 F 2 pers. 200 F

30	8	25	15	3	3	15	25	15

DEHEELE Marie-Dominique – 157 Village Straete – 59670 Sainte-Marie-Cappel – Tél. : 28.42.41.07

Solre-le-Chateau
C.M. n° 53 — Pli n° 6/7

♥♥♥ NN (TH) — Maison de maître du XIXe s. 2 ch. dans la maison des propriétaires et 1 ch. mitoyenne. 1er étage : Ch. 1 (1 lit 2 pers.), lavabo, wc, douche. Poss. lit enf. 2e étage. Ch. 2 (2 lits 1 pers.), lavabo, wc, baignoire. poss. lit suppl. Ch. 3 : 1 lit 2 pers, lavabo, wc, douche, kitchenette. Salon avec TV. Accès au jardin, jeux enfants. Loc. vélos rando sur place. Val Joly 10 km. Artisanat, poteries, musées, Chimay, barrage de l'Eau d'Heure. Expo. d'Art contemporain régulières dans le salon, église (monument historique), médecin, pharmacien, commerces, restaurant Belgique 10 km. A proximité de la RN2 Paris-Bruxelles. Construit : 1870, rénové : 1989.

Prix : 1 pers. 190 F 2 pers. 240/270 F 3 pers. 325/355 F repas 70 F

13	10	3	5	4	1	5

MARIANI Patrick – 5 Grand'Place – 59740 Solre-le-Chateau – Tél. : 27.61.65.30 – Fax : 27.61.63.71

Strazeele
C.M. n° 51 — Pli n° 4

♥♥♥ NN (A) — 4 chambres d'hôtes à l'étage d'une ferme auberge. 3 ch. (1 lit 2 pers.), 1 ch. (2 lits 2 pers.). Lavabo, douche privés. Fabrication d'apéritif sur place. Point-phone. Poss. pension et demi-pension. Poss. garage. Terrain clos, terrasse, salon de jardin, pelouse, terrasse (30 m²). Médecin, pharmacien 3 km. Gare 2 km. Commerces 5 km. Anglais parlé. Produits fermiers 4 km. Bailleul, Hazebrouck 5 km. Forêt domaniale de Nieppe, Belgique et Monts de Flandre 10 km. Cassel 15 km. Lille, mer 35 km. Bruges 90 km. Autoroute Lille-Dunkerque, sortie 11 (4 km). Ligne TGV 1 km. Construit en 1921, rénové en 1988.

Prix : 1 pers. 150 F 2 pers. 200 F 3 pers. 230 F repas 70 F

35	5	35	5	3	2

RUCKEBUSCH Therese – 573 Route d'Hazebrouck – 59270 Strazeele – Tél. : 28.43.57.09 – Fax : 28.43.57.09

Tilloy-les-Marchiennes
C.M. n° 53 — Pli n° 4

♥♥ NN (TH) — 3 chambres d'hôtes à l'étage d'un gîte. Ferme équestre. Ch. 1 (1 lit 2 pers.). Ch. 2 (1 lit 2 pers.). Ch. 3 (1 lit 2 pers. 1 lit 1 pers.). Lavabo, wc, douche privés. Salon commun avec TV. Loc. de chevaux et de poneys/place. Gare 5 km. Commerces 3 km. Forêt 100 m, Marchiennes 3 km. Saint Amand (station thermale), Orchies 7 km, Belgique 10 km. Lille 35 km. Douai 20 km. Villeneuve-d'Ascq 25 km. A 23 Lille-Valenciennes, sortie Saint-Amand Centre. A 23 Valenciennes-Lille, sortie Marchiennes. Direction Brillon, puis Tilloy, 1ère route à droite après panneau Tilloy. Camping à la ferme sur place. Construit en 1900. Rénové en 1990.

Prix : 1 pers. 150 F 2 pers. 185 F 3 pers. 235 F pers. sup. 50 F repas 65 F

7	2	7	0,1	0,1	9	0,1

DECOOPMAN Valentin – 231 rue Emile Bot – 59870 Tilloy-les-Marchiennes – Tél. : 27.27.92.42

Toufflers

✿ ✿ ✿ NN   3 chambres d'hôtes à l'étage de l'habitation des propriétaires. 2 ch. (2 lits 1 pers., wc, lavabo, douche), 1 ch. (1 lit 2 pers. wc, lavabo, baignoire). Chauffage au gaz. Salon de détente à disposition des hôtes sur le palier. Liaison par bus pour Lille et Villeneuve d'Ascq à 700 mètres. Gare 8 km. Commerces 500 m. Courtrai 14 km, Bruges 50 km. Château d'Estainbourg 10 km. Autoroute Tourcoing-Gand, sortie Roubaix-Est, ou ZI de Leers. Construit en 1889. Rénové en 1991.

Prix : 1 pers. **180 F** 2 pers. **200 F**

90	5	3	3	1	2	3	1

DURIEUX Nicole et J-Pierre – 75 rue de la Festingue – 59390 Toufflers – Tél. : 20.85.37.92 ou 20.83.65.99

Vieux-Conde Mont de Peruwelz

✿ ✿ ✿ NN   Alt. : 27 m — 3 chambres d'hôtes à l'étage de la maison des propriétaires. Ch. 1 (1 lit 2 pers.). Ch. 2 (2 lits 1 pers.). Ch. 3 (1 lit 2 pers. 2 lits 1 pers.). Lavabo, douche, wc privés. Gare 15 km. Commerces 2 km. Base de loisirs d'Amaury et de Bonsecours (Belgique) 4 km. Station thermale, parc de Saint Amand 9 km. Château Beloeil, Valenciennes 15 km, Tournai 25 km. Lille 35 km, Douai 50 km, Bruxelles 80 km, Bruges 100 km. A8 de la Belgique et A23 de Lille. De Vieux-Condé, suivre poste de police, Mont de Peruwelz, au château d'eau, tourner à gauche : chambres à 2,5 km. Propriétaires ayant 2 gîtes. Construit en 1896. Rénové en 1989.

Prix : 1 pers. **140 F** 2 pers. **180 F** 3 pers. **260 F**

120	4	2	2	2	2	15	4	5

MATHYS M.Paule et Albert – 935 rue de Calonne - Mont de Peruwelz – 59690 Vieux-Conde – Tél. : 27.40.16.13

Villers-en-Cauchies

✿ ✿ NN   Ferme du XVIIIᵉ siècle, dont une partie reconstruite après la guerre. 2 chambres à l'étage de la ferme, indépendantes de la maison des propriétaires : (2 lits 1 pers. 1 berceau), (2 lits 1 pers. poss. 1 lit suppl.). Lavabo, wc, douche privés. Décorations personnalisées. Commerces 100 m. Découverte de la fleur séchée, chemin de randonnées. Gare 13 km. Bouchain 8 km. Cambrai 13 km, Valenciennes 17 km, Le Quesnoy 20 km, Douai et Saint-Amand-Les-Eaux 35 km. Restaurant 2 km. Autoroute A2, sortie Hordain puis direction Iwuy, puis Rieux en Cambrésis et Villers en Cauchies. Chambres d'hôtes situées sur la rue Principale.

Prix : 1 pers. **180 F** 2 pers. **200 F**

10	10

GITES DE FRANCE-SERVICE RESERVATION – 14, Square Foch – 59800 Lille – Tél. : 20.57.61.00. ou PROP : 27.79.12.70 – Fax : 20.42.00.40.

Oise

Achy Polhay

✿ ✿ ✿ NN   1 chambre-mezzanine aménagée dans un bâtiment annexe (1 lit 2 pers.) avec salle d'eau et wc particuliers. Salon au rez-de-chaussée. Parc clos. Restaurant 3 km. Location de vélos et ping-pong sur place. Gare et commerces à 3 km. Anglais parlé.

Prix : 1 pers. **220 F** 2 pers. **270 F**

13	4	13	1	4

MAURICE Monique – Polhay - 12 rue Principale – 60690 Achy – Tél. : 44.46.29.24

Ansacq

✿ ✿ ✿ NN   (TH)   2 chambres d'hôtes aménagées dans une ferme rénovée du XIXᵉ siècle. 1 ch. au rez-de-chaussée (1 lit 2 pers.), salle d'eau et wc privés, 1 ch. à l'étage (1 lit 2 pers.), mezzanine (1 lit d'appoint), salle d'eau et wc privés. TV dans les chambres. Grand séjour avec cheminée. Terrasse, jardin, parking privé. Espagnol, anglais et allemand parlés. Gare et commerces à 6 km.

Prix : 1 pers. **230 F** 2 pers. **270 F** repas **90 F**

6	6	6	6

BALAND Elke – 147, rue d'En Haut – 60250 Ansacq – Tél. : 44.56.55.33 – Fax : 44.69.20.45

Anserville

✿ ✿ ✿ NN   (TH)   1 suite composée d'une chambre à alcôve (1 lit 2 pers.), salon, TV, téléphone, salle de bains et wc privés, 2 ch. (1 lit 2 pers. chacune), salle d'eau et wc privés. Ferme-auberge et restaurant dans le village. Gare et commerces à 8 km. Ouvert toute l'année. Elisabeth Husch vous accueillera dans son château des XVIIᵉ et XVIIIᵉ siècles. Grand parc. Tarif dégressif (550 F) à partir de la 2ᵉ nuit. Le château est inscrit à l'inventaire des monuments historique.

Prix : 1 pers. **800 F** 2 pers. **850 F** repas **220 F**

12	12	5

HUBSCH Elisabeth – Chateau – 60540 Anserville – Tél. : 44.08.42.13

Anserville

✿ ✿ ✿   (A)   5 chambres d'hôtes aménagées dans une ferme située dans un village. 4 ch. 2 pers. 1 ch. 1 pers. Salles d'eau et wc privés. Téléphone dans les chambres. Salle de séjour. Salon avec TV à disposition. Jardin. Abri couvert. Terrain. Parking. Log. chevaux sur place. Produits fermiers sur place. Restaurant 500 m. Gare et commerces à 8 km. Ferme-auberge sur place.

Prix : 1 pers. **200 F** 2 pers. **220 F** pers. sup. **60 F** repas **60 F** 1/2 pens. **200 F**

7	3	20	5	3

COUBRICHE Jean et Marie-Louise – 4 Grande Rue - Anserville – 60540 Bornel – Tél. : 44.08.43.76

Antheuil-Portes

♥♥ NN
(TH)

2 chambres d'hôtes à l'étage. 1 chambre (1 lit 2 pers. 2 lits 1 pers.) et 1 chambre (1 lit 2 pers.). Salle d'eau et wc particuliers. Gare 12 km. Commerces 8 km. Billard sur place.

Prix : 1 pers. **150 F** 2 pers. **190 F** 3 pers. **320 F** repas **75 F**

12	SP	12	12	6

DALONGEVILLE Pierre – 127 rue de Genlis – 60162 Antheuil-Portes – Tél. : 44.42.56.91

Apremont

♥♥♥ NN

1 chambre (1 lit 2 pers.) au rez-de-chaussée, avec salle de bains et wc privés. Accès indépendant sur le jardin. Restaurant dans le village. Gare et commerces à 8 km. Ouvert toute l'année. Bernard et Anne-Marie Lemoigne vous accueilleront dans ce charmant village situé entre Senlis et Chantilly.

Prix : 1 pers. **260 F** 2 pers. **300 F** 3 pers. **380 F**

8	SP	SP	8	SP

LE MOIGNE Bernard et A. Marie – 4 Allee de la Chenaie – 60300 Apremont – Tél. : 44.25.07.67

Apremont

♥♥♥ NN
(TH)

1 chambre d'hôtes 2 pers. (1 lit 2 pers.) aménagée au 1ᵉʳ étage avec salle d'eau et wc particuliers. Cadre de verdure, allée très calme, salon de jardin. Table d'hôtes le soir sur demande. 2 restaurants dans le village dont 1 gastronomique. Villes attrayantes proches avec musées (Chantilly, Senlis). Gare 8 km (Paris 25 mn). Aéroport Roissy 30 mn. Commerces 8 km. Repas boissons comprises.

Prix : 1 pers. **160 F** 2 pers. **210 F** repas **75 F**

8	SP	SP	8	SP

OISEL Jean et Mamina – 6 Allee de la Chenaie – 60300 Apremont – Tél. : 44.25.07.54 – Fax : 44.25.63.13

Attichy

♥♥♥ NN
(A)

5 chambres aménagées au rez-de-chaussée (1 lit 2 pers. chacune), salle d'eau et wc particuliers. Salon réservé aux hôtes. Ouvert toute l'année. Gare 15 km, commerces sur place.

Prix : 1 pers. **210 F** 2 pers. **250 F** 3 pers. **290 F**
1/2 pens. **290 F**

SP	SP	SP	SP	SP

COMMUNE D'ATTICHY M. FENARD – 13 rue Tondu de Metz – 60350 Attichy – Tél. : 44.42.15.37

Auteuil Saint-Quentin-d'Auteuil

♥ NN
(TH)

2 chambres d'hôtes aménagées au rez-de-chaussée d'une ancienne ferme avec 2 lits 2 pers., salle d'eau et wc particuliers. Séjour avec cheminée. Restaurant à 7 km. Gare 11 km. Commerces 7 km. Ouvert toute l'année.

Prix : 1 pers. **150 F** 2 pers. **180 F** repas **60 F**

14	7	14	0,8	2

GRUMEL Gerard et M.Paule – Saint-Quentin d'Auteuil - 15 Route de Beauvais – 60390 Auteuil – Tél. : 44.81.13.32

Bargny

♥♥♥ NN
(TH)

1 chambre à l'étage avec 3 lits 1 pers. avec salle d'eau et wc. Séjour avec cheminée. Très belle propriété à proximité de la forêt de Retz. Gare et commerces à 9 km. Ouvert toute l'année. Téléphone. Tarifs dégressifs selon la durée du séjour.

Prix : 1 pers. **280 F** 2 pers. **360 F** 3 pers. **440 F** repas **50 F**
1/2 pens. **280 F**

9	9	9	5

TRIBOULET Jacques – 211 rue de la Gruerie – 60620 Bargny – Tél. : 44.87.23.52

Beauvais

♥

3 ch. d'hôtes 2 pers., aménagées dans une maison de caractère située dans un quartier très calme de la ville. 1 ch. avec salle d'eau privée. 2 ch. avec salle d'eau et wc communs aux hôtes. Salle de séjour, salon avec TV à la disposition des hôtes. Jardin, abri couvert. Garage couvert et fermé. Patinoire 1 km. Voile 2 km. Restaurant 500 m. Gare et commerces sur place. Ouvert toute l'année.

Prix : 1 pers. **130 F** 2 pers. **170 F** 3 pers. **220 F**

SP	SP	10	2	SP	2

HEYNSSENS Francoise – 45 rue Faubourg Saint-Jacques – 60000 Beauvais – Tél. : 44.02.12.85

Betz Macquelines

♥♥♥ NN

3 chambres d'hôtes aménagées dans un bâtiment annexe de la ferme, dans la vallée de la Grivette, en forêt. 2 ch. à l'étage (2 lits 1 pers.) avec salle d'eau et wc privés. 1 ch. avec salle de bains et wc privés, communicante à 1 ch. (1 lit 2 pers.). Téléphone. Gare 9 km. Commerces 2 km. Situées entre le parc Astérix et Eurodisney (30 mn). Aéroport Charles de Gaulle à 30 mn. Anglais parlé.

Prix : 1 pers. **230 F** 2 pers. **300 F** 3 pers. **370 F**
pers. sup. **50 F**

9	SP	9	SP

HAMELIN Philippe – Macquelines – 60620 Betz – Tél. : 44.87.20.21

Bonvillers Le Presbytere

 NN
(TH)

5 chambres aménagées dans les bâtiments annexes d'un ancien presbytère. 3 ch. à l'étage (1 lit 2 pers. + 1 convertible 2 pers.), (1 lit 2 pers. + 1 convertible 2 pers.), (2 lits 1 pers.) avec s. d'eau et wc privés. 1 ch. au r.d.c. (1 lit 2 pers. + kitchenette), s. d'eau et wc privés. 1 ch. (2 lits 1 pers.) avec salon, s. d'eau et wc privés. Séjour (TV, billard). Gare et commerces à 5 km. Chantier archéologique à 4 km. Ouvert toute l'année.

Prix : 1 pers. 140/230 F 2 pers. 210/255 F pers. sup. 70 F
repas 68 F 1/2 pens. 200 F pens. 280 F

5	5

LOUREIRO – Le Presbytere – 60120 Bonvillers – Tél. : 44.51.91.54

Boubiers

NN

4 chambres aménagées aux 1er et 2e étages d'un bâtiment communal. 2 lits 1 pers. dans 1 chambre et 1 lit 2 pers. dans 2 chambres, kitchenette. 1 chambre familiale (1 lit 2 pers. 1 conv. 2 pers.), salle de bains et wc particuliers, Kitchenette. Salle d'eau et wc privés. Gare et commerces à 6 km. Ouvert toute l'année. Chambres aménagées dans un village typique du Vexin Français à 11 km de Gisors et à 30 km de Cergy-Pontoise.

Prix : 1 pers. 140 F 2 pers. 190 F 3 pers. 260 F

6	6	6	SP

MERRIEN – Commune de Boubiers - Mairie – 60240 Boubiers – Tél. : 44.49.30.00 ou 44.49.18.03

Boulogne-la-Grasse

NN

2 chambres (1 lit 2 pers. 2 lits 1 pers.), au 1er étage d'un bâtiment communal. Salles d'eau et wc privés. Kitchenette à disposition. Gare 22 km. Commerces 3 km. Charmant village vallonné et boisé. Ouvert toute l'année.

Prix : 1 pers. 170 F 2 pers. 200 F

22	11	25	SP	25

COMMUNE DE BOULOGNE LA GRASSE Madame Lecat – Mairie – 60490 Boulogne-la-Grasse – Tél. : 44.85.05.54

Brombos   *C.M. n° 236 — Pli n° 32*

(TH)

2 chambres d'hôtes 2 pers. dans une ancienne ferme picarde. 2 lits 1 pers dans chaque chambre, communicantes avec salle d'eau commune. Salle de séjour, salon, TV. Parking. Restaurant 4 km. Stages chant, stages musicaux (en saison). Gare et commerces à 4 km.

Prix : 1 pers. 150 F 2 pers. 200 F repas 60 F

4	4	4

MEIER – Route de Briot – 60210 Brombos – Tél. : 44.46.04.91

Buicourt

NN
(TH)

2 chambres dans une maison ancienne rénovée. 1 lit 2 pers. dans chaque chambre. Salle de bains et wc particuliers. Salle de séjour avec cheminée. Restaurant 3 km. Gerberoy (cité médiévale) 3 km. Table d'hôtes le soir sur réservation.

Prix : 1 pers. 180 F 2 pers. 220 F repas 85 F

13	6	SP

VERHOEVEN – 3 rue de la Mare – 60380 Buicourt – Tél. : 44.82.31.15

Cambronne-les-Ribecourt

NN
(TH)

2 ch. à l'étage (1 lit 2 pers. chacune), salle d'eau et wc privés. 2 chambres au rez-de-chaussée (2 lits 1 pers. 1 lit 2 pers.), salle de bains et wc privés. Gare 12 km. Commerces sur place. Ouvert toute l'année. Pauline Brunger, d'origine anglaise vous accueillera sa propriété au bord du Canal de l'Oise. Anglais parlé. Vous pourrez vous promener en forêt de Compiègne, toute proche. Repas boissons comprises.

Prix : 1 pers. 190 F 2 pers. 275 F repas 80 F 1/2 pens. 270 F

12	12	12	6	12	12

BRUNGER Pauline – 492, rue de Bellerive – 60170 Cambronne-Les Ribecourt – Tél. : 44.75.02.13

Chamant Balagny

1 chambre d'hôtes 2 pers. aménagée dans une maison neuve située dans un hameau, avec salle d'eau et wc privés. Salle de séjour, salon à disposition. Jardin. Rivière sur place. Produits fermiers 500 m. Restaurant 4 km. Voiture indispensable. Gare 15 km. Commerces 4 km. Senlis 4 km. Possibilité table d'hôtes.

Prix : 1 pers. 180 F 2 pers. 220 F

4	4	4	4	4

HILEY Claude et Therese – Place de l'Eglise - Balagny – 60300 Chamant – Tél. : 44.54.41.89

Chantilly-sur-Gouvieux

NN

1 chambre d'hôtes aménagée dans un bâtiment annexe (2 lits 1 pers.), kitchenette et salle d'eau/wc, formant un studio indépendant dans le jardin des propriétaires avec terrasse couverte. Anglais parlé. Gare et commerces sur place. Ouvert toute l'année. Parking. Château et grandes écuries de Chantilly à proximité. Parc Astérix à 30 mn. Aéroport Roissy/Charles-de-Gaulle à 45 mn. Paris en train à 25 mn.

Prix : 1 pers. 280 F 2 pers. 350 F

SP	SP	SP	SP	SP	SP

LOKMER – 30C rue Victor Hugo – 60500 Chantilly-sur-Gouvieux – Tél. : 44.57.63.91 – Fax : 44.57.63.91

Chaumont-en-Vexin

‽‽ NN

2 chambres dans une maison située dans un bourg. 1 lit 2 pers. dans une chambre, 2 lits 1 pers. dans l'autre. Lit bébé. Salle d'eau et wc particuliers. Parking privé. Restaurant dans le village. Ouvert toute l'année.

Prix : 1 pers. 150 F 2 pers. 200 F 3 pers. 250 F

SP	SP	SP

CANCHON Claude – 21 rue de Noailles – 60240 Chaumont-en-Vexin – Tél. : 44.49.32.51

Chiry-Ourscamps

‽‽ NN

2 chambres au rez-de-chaussée avec 1 lit 2 pers. Salle d'eau et wc particuliers. Possibilité de cuisiner. Gare et commerces à 6 km. Compiègne à 18 km. Prix indicatifs 1995.

Prix : 1 pers. 150 F 2 pers. 200 F

6	6	6	6

BOUDOT – Camping la Montagne - Chiry – 60138 Chiry-Ourscamps – Tél. : 44.76.98.29

Le Coudray-Saint-Germer

‽‽ NN
(TH)

3 chambres avec 1 lit 2 pers., salle de bains ou salle d'eau et wc particuliers. 1 chambre avec 2 lits 1 pers. avec salle de bains et wc particuliers. Séjour avec TV. Bibliothèque. Chambres aménagées au 1er étage de la maison des propriétaires. Parc. Gare 12 km. Commerces sur place. Repas boissons comprises.

**Prix : 1 pers. 255 F 2 pers. 290 F 3 pers. 310 F repas 100 F
pens. 400/450 F**

12	3	5	3

LE MARCHAND Marc et Eugenie – 58, rue Paul Dubois – 60850 Le Coudray-Saint-Germer – Tél. : 44.81.56.74

Coye-la-Forêt

‽‽‽ NN
(TH)

5 chambres dans une maison de caractère : 1 ch. (1 lit 2 pers. 1 lit 1 pers), salle de bains/wc, 1 ch. (1 lit 2 pers.), salle de bains/wc, 1 ch. (1 lit 2 pers.), salle d'eau/wc, 1 ch. (1 lit 2 pers.), salle d'eau/wc et accès au parc. Téléphone dans chaque chambre. Poss. de TV. 1 ch. accessible aux pers. handicapées (1 lit 2 pers. 1 lit 1 pers.), salle d'eau/wc privés. Gare 1 km, commerces sur place. Belle propriété en forêt à proximité de Chantilly. Ouvert toute l'année.

**Prix : 1 pers. 220 F 2 pers. 385 F 3 pers. 495 F
pers. sup. 85 F repas 100 F**

5	SP	SP	SP

**OUAKI Sylvain – Route de la Morlaye - B.P. 21 – 60580 Coye-la-Forêt – Tél. : 44.58.91.08 ou 44.58.70.27 –
Fax : 44.58.62.79**

Cressonsacq

‽‽‽ NN
(TH)

1 chambre (2 lits 1 pers.) aménagée au 1er étage d'un bâtiment annexe. Cuisine à l'usage exclusif des hôtes. Salle d'eau et wc particuliers. Gîte rural au même étage. Terrasse. TV. Repas boissons comprises. Téléphone.

Prix : 1 pers. 180 F 2 pers. 210 F repas 70 F

	22	7	22	22

ALEXANDRE Charles et Chantal – 2 rue du Bois – 60190 Cressonsacq – Tél. : 44.51.72.99

Croutoy

‽‽ NN

5 chambres d'hôtes aménagées au 1er étage d'un bâtiment communal. 3 chambres avec 1 lit 2 pers., salle d'eau et wc particuliers. 2 chambres 2 lits 1 pers., salle d'eau et wc particuliers. Salle commune. Gare 18 km, commerces 3 km. Compiègne 18 km. Possibilité auberge sur place.

Prix : 1 pers. 180 F 2 pers. 230 F 3 pers. 280 F

3	3	3	SP	3

COMMUNE DE CROUTOY M. Goureau – 60350 Croutoy – Tél. : 44.42.92.11

Delincourt

‽ NN

2 chambres d'hôtes aménagées dans une maison de caractère située dans un village. 2 chambres 2 pers. avec salle d'eau commune. Jardin. Terrain. Rivière 500 m. Produits fermiers 500 m. Restaurant 7 km. Gare et commerces à 5 km. Ouvert toute l'année.

Prix : 1 pers. 85 F 2 pers. 130 F

5	5	5	1

LE MAIRE – Mairie de Delincourt – 60240 Delincourt – Tél. : 44.49.03.58

Esquennoy

‽‽‽ NN
(TH)

6 chambres d'hôtes situées dans un village, (1 lit 2 pers.), (1 lit 2 pers.), (1 lit 2 pers.), (3 lits 1 pers.), (3 lits 1 pers.), (1 lit 2 pers. + kitchenette). 4 salles d'eau et wc privés. 2 salle de bains et wc privés. Salle de séjour à disposition. Possibilité TV. Jardin. Abri couvert. Produits fermiers 500 m. Voiture indispensable. Gare et commerces à 5 km. Téléphone.

Prix : 1 pers. 140 F 2 pers. 210 F 3 pers. 280 F repas 70 F

5	SP	5

RIVIERE Francoise – 37 Grande Rue – 60120 Esquennoy – Tél. : 44.07.13.41

Fay-les-Etangs

♯♯ NN 1 chambre d'hôtes aménagée dans une maison située dans un village. 1 chambre 2 pers. avec salle d'eau particulière. Jardin. Terrain. Parking. Possibilité cuisine. Rivière 3 km. Produits fermiers 500 m. Restaurant 5 km. Gare et commerces à 5 km.

Prix : 1 pers. **100 F** 2 pers. **150 F**

5	5	5	0,5

VAN MELKEBEKE – Mairie de Fay Les Etangs – 60240 Fay-Les Etangs – Tél. : 44.49.29.51

Fontaine-Chaalis La Bultee

♯♯♯ NN 5 chambres aménagées dans un bâtiment annexe, dans une ferme typique du Valois. 4 chambres à l'étage (1 lit 2 pers., 6 lits 1 pers.), salle d'eau et wc particuliers. 1 chambre au rez-de-chaussée (2 lits 1 pers.) avec salle d'eau et wc particuliers. TV. Séjour avec cheminée. Restaurant 2 km. Parc Astérix 7 km. Mer de sable 5 km. Roissy 25 km.

Prix : 1 pers. **200 F** 2 pers. **300 F** 3 pers. **380 F**
pers. sup. **80 F**

8	7	2

ANCEL Annie – La Bultee – 60300 Fontaine-Chaalis – Tél. : 44.54.20.63 – Fax : 44.54.08.28

Fresne-Leguillon

♯ NN 3 chambres d'hôtes aménagées dans une maison de caractère située dans un village, (1 lit 2 pers.), (2 lits 1 pers.), (1 lit 2 pers. + 2 lits 1 pers.). Salle d'eau commune. Salle de séjour, salon avec cheminée à la disposition des hôtes. Jardin, cour. Rivière 500 m. Produits fermiers 500 m. Gare et commerces à 8 km. Ouvert toute l'année.

Prix : 1 pers. **150 F** 2 pers. **190 F** 3 pers. **255 F**
pers. sup. **65 F**

8	8	3

BOUCHARD Francois et M.Claire – 3 rue de Beauvais – 60240 Fresne-Leguillon – Tél. : 44.49.04.40

Fresneaux-Montchevreuil Lormeteau

♯ NN 2 ch. à l'étage (1 lit 2 pers. chacune), salle d'eau et wc communs aux hôtes. 1 ch. au r.d.c. (1 lit 1 pers.) avec salle d'eau, wc privés et kitchenette. Séjour avec cheminée. Gare et commerces 9 km.

Prix : 1 pers. **160 F** 2 pers. **250 F** 3 pers. **330 F**

9	9	9	9

REBOURS Francis et Sabine – Lormeteau - 59 rue de la Patte d'Oie – 60240 Fresneaux-Montchevreuil – Tél. : 44.84.45.99

Haute-Epine

♯ NN
(TH) 2 chambres aménagées dans les bâtiments d'une ancienne ferme. 1 chambre 1 lit 2 pers., l'autre 2 lits 1 pers. Salle d'eau et wc communs aux hôtes. Téléphone. Location de vélos et gîte d'étape sur place. Restaurant dans le village.

Prix : 1 pers. **120 F** 2 pers. **180 F** repas **65 F** 1/2 pens. **120 F**
pens. **180 F**

12	5	2

GRAVELLE Francis et Martine – 60690 La Neuville-sur-Oudeuil – Tél. : 44.46.23.90 ou 44.46.25.87

Lattainville

♯ NN 2 chambres d'hôtes dont 1 à l'étage, aménagées dans une maison de caractère. 1 ch. 2 pers. 1 ch. 3 pers. Salle d'eau commune aux 2 chambres. Possibilité cuisine. Jardin. Parking. Produits fermiers 500 m. Restaurant 8 km. Gare et commerces à 6 km. Ouvert toute l'année.

Prix : 1 pers. **150 F** 2 pers. **200 F** 3 pers. **220 F**

8	8	9

COMMUNE DE LATTAINVILLE M. Machin – Mairie – 60240 Lattainville – Tél. : 44.49.91.27

Laverriere

♯♯♯ NN 4 chambres d'hôtes aménagées au 1er étage d'un bâtiment annexe (4 lits 2 pers. 1 lit 1 pers.) avec salle d'eau et wc particuliers. Ferme-auberge sur place. Gare et commerces à 5 km. Tarifs indicatifs 1995.

Prix : 1 pers. **140 F** 2 pers. **180 F** 3 pers. **220 F**

5	SP	5

VERSCHUERE – 60210 Laverriere – Tél. : 44.46.73.62

Lavilletertre

♯♯♯ NN 3 chambres au rez-de-chaussée (2 lits 1 pers.), (2 lits 1 pers.), (1 lit 2 pers.) avec salle d'eau et wc particuliers. 1 chambre en entresol (1 lit 2 pers.) avec salle d'eau et wc particuliers. Kitchenette à disposition. Chambres aménagées dans le prolongement de la maison des propriétaires avec accès indépendant. Gare 8 km, commerces sur place. Restaurant 3 km.

Prix : 1 pers. **180 F** 2 pers. **220 F** 3 pers. **260 F**

5	SP	5	3

TRIGALLEZ Jacky – Rue Houssemagne – 60240 Lavilletertre – Tél. : 44.49.26.83

Maisoncelle-Saint-Pierre

♯♯♯ NN 1 chambre d'hôtes (2 lits 1 pers.) avec salle d'eau et wc particuliers, aménagée dans un bâtiment annexe. 1 chambre dans la maison du propriétaire (1 lit 1 pers. 1 lit 2 pers.), salle de bains/wc particulière. Gare et commerces à 10 km. Ouvert toute l'année.

Prix : 1 pers. **190 F** 2 pers. **240 F** 3 pers. **300 F**

10	10	10	10	15

VERGNAUD J.Louis et Josette – 40, rue de l'Eglise – 60112 Maisoncelle-Saint-Pierre – Tél. : 44.81.70.56

Montreuil-sur-Breche

❀❀❀ NN (TH) 4 chambres d'hôtes aménagées dans un bâtiment annexe. 1 chambre (1 lit 2 pers.) au rez-de-chaussée : accès facilité pour les personnes handicapées accompagnées. 3 chambres à l'étage (4 lits 1 pers. 1 lit 2 pers. + 1 convertible). Salles d'eau et wc privés. Kitchenette. Salon à disposition. TV dans les chambres. Téléphone. Barbecue. Gare 10 km. Commerces 2 km. Ouvert toute l'année. Dans une authentique grange à colombages de 1849, entièrement restaurée à l'ancienne, Annie Fremeaux, vous accueillera et pourra vous servir sur réservation une cuisine conviviale à base de produits du terroir. Tarifs dégressif (- 30 %) à partir de la 2ᵉ nuit.

Prix : 1 pers. **170 F** 2 pers. **210 F** 3 pers. **260 F** repas **65 F**

	2	15

FREMEAUX Annie – La Ferme des 3 Bouleaux - 154 rue de Clermont – 60480 Montreuil-sur-Breche – Tél. : 44.80.44.85

Mouy

❀❀ NN (TH) A l'étage, 1 chambre avec 2 lits 1 pers., salle de bains et wc communs, TV, 1 chambre (1 lit 2 pers.), salle d'eau particulière et wc communs. Garage fermé. Allemand parlé.

Prix : 1 pers. **140 F** 2 pers. **170 F** repas **70 F**

8	8	5

MINOT – 8 Place Avinin – 60250 Mouy – Tél. : 44.26.23.09

Neuilly-en-Thelle

❀❀ NN 4 chambres aménagées au 1ᵉʳ étage de la maison des propriétaires, 1 chambre (1 lit 2 pers.), 3 chambres (1 lit 2 pers. 1 lit 1 pers.), salle d'eau/wc particuliers. Ouvert toute l'année. Gare 10 km, commerces sur place. Tarifs indicatifs 1995.

Prix : 1 pers. **180 F** 2 pers. **240 F**

8	SP	20	SP	10

LEFEVRE Edith – 6 Hameau de Belle – 60530 Neuilly-en-Thelle – Tél. : 44.26.71.12

Ons-en-Bray Ferme-de-l'Ancien-Comte

❀❀ (TH) 4 chambres d'hôtes aménagées dans une ferme située dans un village. 3 chambres 2 pers., avec salle d'eau commune, 1 chambre 3 pers. avec salle d'eau particulière. Salle de séjour avec télévision à la disposition des hôtes. Jardin. Terrain. Parking. Pré. Poss. cuisine. Rivière 500 m. Logement chevaux sur place. Produits fermiers sur place. Restaurant 1 km. Accès à la ferme laitière. Ouvert toute l'année.

Prix : 1 pers. **150 F** 2 pers. **190 F** 3 pers. **265 F** repas **75 F**

13	SP	SP	10	6

VILLETTE Bernard et Agnes – Ferme de l'Ancien Comte – 60650 Ons-en-Bray – Tél. : 44.81.61.24

Orrouy

❀❀❀ NN (TH) 4 chambres aménagées dans une ferme : 1 ch. avec accès facilité pour les personnes handicapées accompagnées (1 lit 2 pers.), salle d'eau et bains/wc. 3 chambres à l'étage (3 lits 2 pers. 1 lit 1 pers.), TV. Téléphone dans chaque chambre, salle d'eau/wc particuliers. Chèque vacances acceptés. Gare et commerces 7 km. Ouvert toute l'année.

Prix : 1 pers. **195 F** 2 pers. **230 F** 3 pers. **280 F** repas **70 F**
1/2 pens. **250 F** pens. **300 F**

13	7	10	SP

GAGE Daniel et Germaine – 64 rue de la Forêt – 60129 Orrouy – Tél. : 44.88.60.41 – Fax : 44.88.92.09

Pontpoint

❀❀❀ NN 2 chambres aménagées au 1ᵉʳ étage d'un bâtiment annexe (2 lits 2 pers. 1 lit 1 pers.), salle d'eau et wc particuliers. Séjour réservé aux hôtes avec coin-jardin réservé indépendant. Possibilité de cuisiner. Sauna avec supplément. Lit suppl. possible. Ouvert toute l'année. Gare et commerces 2 km. Téléphone. Chambres aménagées dans une ancienne grange entièrement rénovée et indépendante de la maison des propriétaires. Entrée, jardin et parking privatif.

Prix : 1 pers. **240 F** 2 pers. **280 F** 3 pers. **320 F**

8	SP	10	SP	SP	14	SP

LE FLOCHMOAN Roger – 32 rue du Gaudin – 60700 Pontpoint – Tél. : 44.70.03.98 ou 44.72.52.03

Puits-la-Vallee

E.C. NN (TH) 2 chambres d'hôtes (1 lit 2 pers. 1 conv. chacune) aménagées au 1ᵉʳ étage de la maison des propriétaires, salle d'eau et wc particuliers chacune. TV. Grand jardin. Gare 25 km, commerces 5 km. Ouvert toute l'année.

Prix : 1 pers. **190 F** 2 pers. **240 F** 3 pers. **290 F** repas **100 F**

25	5	10

DUMEZ Catherine et Philippe – 8 rue du Chateau – 60480 Puits-la-Vallee – Tél. : 44.80.70.29

Reilly

❀❀❀ NN 2 chambres d'hôtes (1 lit 2 pers. 2 lits 1 pers.) avec salle d'eau et wc particuliers aménagées au 1ᵉʳ étage d'un gîte rural avec accès extérieur indépendant. Cuisine à disposition. Salon de jardin et jardin commun au gîte. Gare 6 km, commerces 4 km. Ouvert toute l'année. Parc de loisirs 8 km.

Prix : 1 pers. **200 F** 2 pers. **250 F** 3 pers. **300 F**

4	4	4	5	SP

COMMUNE DE REILLY – Accueil Mme Martin - Mairie – 60240 Reilly – Tél. : 44.49.32.58

Saint-Arnoult

♥♥♥ NN 1 chambre d'hôtes 2 pers. aménagée à l'étage d'un ancien prieuré classé monument historique, avec salle d'eau et wc particuliers. Possibilité table d'hôtes. Gare 11 km. Commerces 8 km.

(TH)

Prix : 1 pers. **380 F** 2 pers. **410 F** repas **120 F**

10	2	10

ALGLAVE Nelly – Route de Sarens – 60220 Saint-Arnoult – Tél. : 44.46.07.34

Saint-Germain-la-Poterie

♥♥♥ NN 1 chambre (1 lit 2 pers.) aménagée dans un bâtiment annexe avec salon (1 convertible), salle d'eau, wc particuliers et kitchenette. Jardin, parking, pré, cour, salon de jardin, ping-pong. Produits fermiers 500 m. Voile 10 km. Parc de loisirs 3 km. Restaurant 6 km.

(TH)

Prix : 1 pers. **300 F** 2 pers. **320 F** 3 pers. **360 F** pers. sup. **40 F** repas **75 F**

1	SP	7	5	5	5

LEGRAIN Jean et Therese – 10, rue des Tuileries – 60650 Saint-Germain-la-Poterie – Tél. : 44.82.28.54

Saint-Jean-aux-Bois

♥♥♥ NN 2 chambres d'hôtes (1 lit 2 pers. 2 lits 1 pers.), aménagées dans un bâtiment annexe dans une charmante propriété en forêt de Compiègne, avec salle d'eau et wc particuliers. Gare 10 km, commerces 6 km. Ouvert toute l'année.

Prix : 1 pers. **250 F** 2 pers. **300 F** 3 pers. **350 F**

10	6	10	10	SP

LANGEVIN Soizick – 2 rue Parquet – 60350 Saint-Jean-aux-Bois – Tél. : 44.42.84.48

Savignies

♥♥♥ NN 3 chambres aménagées dans un bâtiment de la ferme : 2 chambres à l'étage (2 lits 2 pers. 1 lit 1 pers.), salle d'eau et wc particuliers. 1 chambre au rez-de-chaussée (1 lit 2 pers.), salle d'eau et wc particuliers. Production de fraises. Ouvert toute l'année. Gare 10 km, commerces 10 km. Repas boissons comprises. Possibilité lit enfant.

(TH)

Prix : 1 pers. **180 F** 2 pers. **220 F** 3 pers. **260 F** repas **60 F**

SP	SP	3	10	SP

LETURQUE Annick et J-Claude – 14 rue du Four Jean Legros – 60650 Savignies – Tél. : 44.82.18.49

Senlis

♥♥ NN 1 chambre aménagée au 1er étage de la maison des propriétaires (2 lits 1 pers.), salle d'eau et wc particuliers. Chambre non fumeur. TV. Gare 10 km, commerces sur place. Ouvert toute l'année. A proximité d'un parc écologique avec plan d'eau et observation ornithologique. Anglais et allemand parlés.

Prix : 1 pers. **220 F** 2 pers. **300 F** 3 pers. **370 F**

SP	SP	3	8	SP	10

FRANQUE Andre – 19 rue Renoir – 60300 Senlis – Tél. : 44.53.25.37

Serifontaine

♥♥ NN 5 chambres d'hôtes dont 4 à l'étage aménagées dans un bâtiment annexe de la ferme. 3 ch. (1 lit 2 pers.), 2 ch. (2 lits 1 pers.), salle d'eau et wc particuliers. Séjour, cheminée et kitchenette à la disposition des hôtes. Mme Borgoo cultive particulièrement les glaïeuls. Gare 8 km. Commerces sur place. Ouvert toute l'année. Téléphone.

Prix : 1 pers. **170 F** 2 pers. **200 F**

15	SP	15	6

BORGOO Claude et M.Annick – 29, rue A. Barbier – 60590 Serifontaine – Tél. : 44.84.80.26

Therines Montaubert

♥♥ NN 1 chambre d'hôtes (1 lit 2 pers.) avec salle d'eau et wc particuliers, aménagée à l'étage d'un bâtiment annexe d'une très belle propriété. Gare et commerces à 5 km. Anglais parlé. Téléphone.

Prix : 1 pers. **230 F** 2 pers. **260 F**

10	5	10	5

DEVILLARD Olivier – Montaubert – 60380 Therines – Tél. : 44.46.33.44

Trie-Chateau Domaine-du-Bois-de-Villers

♥♥♥ NN 2 chambres d'hôtes (1 lit 2 pers. dans chaque), aménagées au 1er étage de la maison des propriétaires. Salle d'eau et wc privés (sèche-serviettes, sèche-cheveux). Séjour avec cheminée à disposition. Véranda. En bordure d'un bois, calme assuré. Jardin avec terrasse, salon de jardin, barbecue à disposition. Véranda. En bordure d'un bois, calme assuré. Paris et Rouen 70 km. Givergny 40 km. Gare 3 km. Salle de jeux. Commerces sur place. Billard français, bibliothèque.

Prix : 1 pers. **210 F** 2 pers. **250 F**

5	5	5	5

CAMES Mireille – Domaine du Bois de Villers - 44 avenue des Lilas – 60590 Trie-Chateau – Tél. : 44.49.74.52

Trie-Chateau

♥♥♥ NN 2 chambres d'hôtes aménagées au 1er étage d'une maison située dans un village. 2 chambres communicantes (1 lit 2 pers. et 2 lits 1 pers.) ne pouvant être louées séparément. Salle d'eau et wc privés. Salle de séjour à disposition. Jardin, parking. Rivière 500 m. Produits fermiers, restaurant 500 m. Gare 3 km. Commerces sur place. Tarifs 1995.

Prix : 1 pers. **200 F** 2 pers. **260 F**

5	5	0,5	0,5

THIBAUDAT Marc et Laure – 52 rue Nationale – 60590 Trie-Chateau – Tél. : 44.49.72.17

Trie-la-Ville Ferme-des-4-Vents

TH ❦❦❦

3 chambres dont 2 à l'étage et 1 en rez-de-chaussée, aménagées dans un bâtiment de ferme, (1 lit 2 pers.), (1 lit 2 pers.), (2 lits 1 pers.). Salle d'eau et wc particuliers. Salle de séjour. 1 chambre au 1er étage dans un autre bâtiment annexe (3 lits 1 pers.), salle d'eau et wc particuliers. Gare et commerces à 5 km. Ouvert toute l'année. Téléphone.

Prix : 1 pers. **200 F** 2 pers. **220 F** 3 pers. **300 F** repas **60 F**
1/2 pens. **240 F** pens. **290 F**

🛶	🎿	🎣	🐎
5	5	5	5

PIHAN Monique – Ferme des 4 Vents - 14 rue des Hirondelles – 60240 Trie-la-Ville – Tél. : 44.49.74.41 – Fax : 44.49.62.07

Trumilly

E.C. NN

1 chambre d'hôtes aménagée au 1er étage de la maison des propriétaires (1 lit 2 pers.), salle de bains et wc privés. Gare et commerces à 8 km. Anglais parlé.

Prix : 1 pers. **150 F** 2 pers. **180 F** 3 pers. **210 F**

🐕	🛶	🎿
	8	8

GRIOT Karen – 10, rue de Beaurain – 60800 Trumilly – Tél. : 44.59.13.60

Vieux-Moulin

TH ❦❦❦ NN

5 chambres aménagées dans la maison du propriétaire dont 2 au rez-de-chaussée : 1 ch. (1 lit 2 pers., salle de bains et wc privés), 1 ch. 2 lits 1 pers., salle d'eau et wc privés. 3 chambres dans un bâtiment annexe (2 lits 1 pers.dans chacune, salle d'eau et wc privés). Gare, commerces 6 km. Petits animaux admis. Tarifs 1995.

Prix : 1 pers. **235 F** 2 pers. **280 F** repas **85 F**

🛶	🎿	🎣	🚴	🥾
6	SP	SP	6	SP

GEAY-COURTIN Christiane – 40 Bis rue Sainte Eugenie – 60350 Vieux-Moulin – Tél. : 44.85.92.91

Vignemont

C.M. n° 237 — Pli n° 7

TH ❦❦ NN

1 chambre au rez-de-chaussée avec salle de bains et wc privés. 1 chambre à l'étage avec salle d'eau et wc privés. Salle de séjour. TV. Possibilité lit enfant. Belle propriété dans un grand parc. Chambres non fumeur. Prix repas boissons comprises.

Prix : 1 pers. **150 F** 2 pers. **190 F** repas **75 F** 1/2 pens. **160 F**

🐕	🛶	🎿	🎣	🚴	🥾
	12	5	12	5	5

BOITEL Michel et Rosine – 118 rue Grand Martin – 60162 Vignemont – Tél. : 44.42.51.89

Villers-Saint-Frambourg

❦❦ NN

1 chambre (1 lit 2 pers.) aménagée au rez-de-chaussée de la maison des propriétaires. Salle d'eau et wc particuliers non attenants. Non fumeurs souhaités. Ouvert toute l'année. Tarif degressif pour plusieurs nuits. Gare 8 km, commerces 5 km.

Prix : 1 pers. **250 F** 2 pers. **300 F**

🐕

CHAPAT Liliane – 27 Bis rue de la Republique – 60810 Villers-Saint-Frambourg – Tél. : 44.54.40.56

Pas-de-Calais

Acquin-Westbecourt

TH ❦ NN

3 ch. d'hôtes dans une ancienne ferme : 2 ch. indépendantes et 1 ch. dans la maison des propriétaires. Salon, TV, cheminée. 1 ch. 2 épis (1 lit 2 pers.), salle d'eau particulière, poss. lit enfant. 1 ch. 2 épis (1 lit 2 pers.) et 1 ch. 2 épis (2 lits 1 pers.), salle d'eau et wc communs. Parking. Ouvert toute l'année. Restaurant 3 km. Circuit VTT sur place. Lumbres 3 km. Saint-Omer 13 km. Réservation Loisirs-Accueil : 21.83.96.77. Fax : 21.30.04.89.

Prix : 1 pers. **150 F** 2 pers. **170 F** 3 pers. **220 F**
pers. sup. **50 F** repas **70 F**

🐕	🛥	⚓	🛶	🎿	🚴	🥾
	35	18	3	3	3	SP

DENEUVILLE Claude – 49 rue Principale – 62380 Acquin-Westbecourt – Tél. : 21.39.62.57

Aix-en-Issart

❦❦❦ NN

3 chambres d'hôtes aménagées dans une maison de caractère. 2 ch. (1 lit 2 pers.), 1 ch. (1 lit 2 pers. 1 lit 1 pers. 2 lits d'appoint), salle d'eau et wc particuliers pour chaque chambre. Possibilité lit enfant. Salle de séjour, TV. Ouvert toute l'année. Gratuit pour les enfants de moins de 2 ans. Restaurant 5 km. Poss. cuisine (gratuite) dans une dépendance. Sentiers de randonnées balisés. Jardin, garage fermé. Belle vallée calme et verdoyante, près d'une rivière. Montreuil 10 km. Le Touquet 24 km. Le Bras de Brosne (7 vallées). Enfant de 2 à 10 ans : 50 F.

Prix : 1 pers. **150 F** 2 pers. **200 F** 3 pers. **270 F**
pers. sup. **70 F**

🛥	🎣	⚓	🛶	🎿	🚴	🥾
24	SP	24	10	SP	5	SP

SANTUNE Gilberte – 42, rue Principale – 62170 Aix-en-Issart – Tél. : 21.81.39.46

Ambleteuse Le Belvedere *C.M. n° 51*

2 chambres et 1 suite dans la maison des propriétaires, au rez-de-chaussée : 1 ch. (1 lit 2 pers.), salle de bains et wc particuliers. Etage : 1 ch. et 1 suite (1 lit 2 pers. 1 lit 1 pers.), salle d'eau et wc particuliers. Tv dans 1 ch. Téléphone dans chacune. Séjour, salon, TV. Véranda et jardin. Ouvert toute l'année. En dehors du village, Wimereux (5 km), Boulogne-sur-Mer (10 km). Restaurant à 2 km.

Prix : 2 pers. **300 F** 3 pers. **350 F**

1	1	10	5	SP

HENNEBELLE Monique – Residence le Belvedere N° 15/23 – 62164 Ambleteuse – Tél. : 21.32.60.29

Amettes

2 ch. d'hôtes dans une maison de caractère, dans un corps de ferme en pierre. 1 ch. (1 lit 2 pers.), s. d'eau et wc particuliers. 1 ch. (1 lit 1 pers. 1 lit 2 pers.), s. d'eau et wc particuliers. Poss. 2 lits enfants supplémentaires. Animaux admis en chenil. Garage, parking fermé. Ouvert toute l'année. Tarif spécial pour enfants, gratuit pour les moins de 3 ans. Restaurant sur place. Auchel et Lillers 8 km. Béthune 15 km. A26 à 8 km. Amettes sur RN341.

Prix : 1 pers. **110 F** 2 pers. **160 F** 3 pers. **210 F**

70	5	8	5	8	SP	8

GEVAS-MARIEN Jean-Baptiste – 2 rue de l'Eglise – 62260 Amettes – Tél. : 21.27.15.02

Ardres Bois-en-Ardres *C.M. n° 51*

A 10 km de Calais dans une maison de maître au milieu d'un parc boisé de 2 ha., Geneviève et Bernard vous accueillent dans leurs 3 ch. au calme de la campagne. 2 ch. (1 lit 2 pers. 1 lit 1 pers.). 1 ch. (1 lit 2 pers.), salle de bains et wc privés chacune. Grande salle de jeux (50 m²) avec 3 lits suppl. Accessibilité aux personnes handicapées pour 2 chambres. Bibliothèque, TV, jeux divers. Rez-de-chaussée : séjour, billard Francais et salon de lecture à disposition. Parking privé, jeux enfants et adultes dans le parc : badminton, volley, portique, bac à sable, salon de jardin. Gare 2 km, commerces 3 km. Anglais parlé. Ouvert toute l'année.

Prix : 1 pers. **200 F** 2 pers. **220 F** 3 pers. **280 F** pers. sup. **60/100 F**

12	1	1	8	3	8	SP	15

LETURGIE Bernard – La Chesnaie - RN 43 Bois-en-Ardres – 62610 Ardres – Tél. : 21.35.43.98 – Fax : 21.36.48.70

Ardres  *C.M. n° 236*

3 chambres d'hôtes indépendantes. R.d.c. : 1 ch. 3 épis (1 lit 2 pers. 1 lit 1 pers.) avec coin-cuisine. 1 ch. 3 épis (1 lit 2 pers. 2 lits 1 pers.), salle d'eau et wc particuliers pour chacune, TV pour la chambre 4 pers. A l'étage : 1 ch. 2 épis (1 lit 2 pers.), salle d'eau et wc particuliers en dehors de la chambre. Salon commun. Parking, garage. Ouvert toute l'année. En dehors du village, bâtiment de ferme, construction ancienne rénovée. Calais 10 km. Ardres 3 km. Par RN43. A26, sortie Nordausques.

Prix : 1 pers. **175 F** 2 pers. **200/220 F** 3 pers. **275 F** pers. sup. **75 F**

12	1	1	5	3	15	1	15

LELIEUR Jean-Louis – Ferme de la Cense Hebron – 62610 Bois-en-Ardres – Tél. : 21.35.43.45

Aubin-Saint-Vaast La Gentilhommiere *C.M. n° 51 — Pli n° 12*

4 ch. dans une maison de maître style Louis XIII, dans le village. 1 ch. (1 lit 2 pers.), 1 ch. (1 lit 1 pers. 1 lit 2 pers.), 1 ch. (2 lits 2 pers.) avec salle d'eau commune. 1 ch. 3 NN (1 lit 2 pers.) avec salle d'eau et wc privés. Salon, TV à dispo. Chauffage central. Téléphone. Parking, jardin, petit parc boisé. Voiture indispensable. Ouvert toute l'année. Restaurant sur place. Hesdin 6 km. Montreuil 17 km. Par RN39.

Prix : 1 pers. **160/180 F** 2 pers. **180/200 F** 3 pers. **250/270 F**

30	SP	30	6	4	6	SP

VEZILIER Marceau et Simone – La Gentilhommiere – 62140 Aubin-Saint-Vaast – Tél. : 21.86.80.48

Auchy-au-Bois *C.M. n° 51*

2 chambres d'hôtes aménagées dans une fermette rénovée, dans un cadre verdoyant. Salle de séjour, salon, salle de jeux, TV, bibliothèque. 1 ch. (1 lit 2 pers.), 1 ch. (1 lit 2 pers. 1 lit 1 pers.), salle de bains et wc particuliers. Parc, parking, ping-pong, bouldrome, javelot. Ouvert toute l'année. Restaurant sur place. Anglais parlé. Sur D341. Aire-sur-la-Lys 8 km. Béthune 5 km.

Prix : 1 pers. **175 F** 2 pers. **220 F** 3 pers. **260 F**

65	12	40	8	8	8	SP	20

BULOT – 28 rue de Pernes – 62190 Auchy-au-Bois – Tél. : 21.02.09.47 – Fax : 21.02.81.68

Auchy-au-Bois Ferme de la Vallee *C.M. n° 51*

Dans la maison ancienne en briques des propriétaires, meublée à l'ancienne, salle de séjour, salon, TV, bibliothèque, téléphone. 1 ch. (1 lit 2 pers.), 1 ch. (1 lit 2 pers.) + 1 suite (1 lit 1 pers.), salle de bains et wc communs réservés aux hôtes. Jardin, parking fermé. Ouvert toute l'année. A26, sortie Lillers, Therouanne sur D.341, chaussée Brunehaut. Possibilité table d'hôtes. Repos et détente assurés. Lillers 7 km. Aire-sur-la-Lys 9 km. Réservation Loisirs-Accueil : 21.83.96.77. Fax : 21.30.04.81.

Prix : 1 pers. **125 F** 2 pers. **160 F** 3 pers. **210 F**

60	10	60	7	2	9	SP

DE SAINT Laurent – Ferme de la Vallee - 13 rue Neuve – 62190 Auchy-au-Bois – Tél. : 21.25.80.09

Auchy-les-Hesdin

⚲ NN
2 ch. dans la maison des propriétaires. 2 ch. (1 lit 2 pers.), poss. d'ajouter 1 lit enfant. Salle d'eau et wc communs aux 2 ch. Salle de séjour, salon, TV, bibliothèque. Parking, plan d'eau. Passage du GR121 A. Forêt, canoë, tir à l'arc 5 km. Centre équestre, circuit 4X4. A 1/2 heure de la Côte d'Opale. Restaurant sur place. Ouvert toute l'année. Initiation au canoë-kayak. Hesdin 5 km. Saint-Pol 18 km. D108.

Prix : 1 pers. **130 F** 2 pers. **165 F** pers. sup. **50 F**

	40	SP	5	5	5	SP	

HURTREL Marie-Andree – 14 rue de la Besace – 62770 Auchy-Les Hesdin – Tél. : 21.41.97.07 – Fax : 21.04.93.52

Audinghen Cap-Gris-Nez

⚲ NN
3 chambres d'hôtes aménagées à l'étage d'une maison de caractère rénovée. 2 ch. (1 lit 2 pers.), 1 ch. (1 lit 2 pers. 1 lit enfant). Salle d'eau et wc communs. Salle de séjour, TV, salon. Jardin, ping-pong, garage, parking. Restaurant sur place. Ouvert toute l'année. Circuit randonnée en bord de mer. Enfant de plus de 5 ans : 30 F. A16, sortie Marquise. Cap Gris Nez, D191. Wimereux 10 km. Boulogne-sur-Mer 18 km.

Prix : 2 pers. **160 F** 3 pers. **180 F** pers. sup. **30 F**

SP	SP	SP	18	6	6	SP

CALAIS Paul et Marie – Cap-Gris-Nez – 62179 Audinghen – Tél. : 21.32.98.13

Audinghen Cap-Gris-Nez

C.M. n° 51

⚲⚲⚲⚲ NN
1 chambre aménagée dans un pavillon isolé avec jardin arboré et vue sur la mer (plage 200 m). 1 ch. (2 lits 1 pers. 1 lit 2 pers.), salle d'eau et wc particuliers. Salle de séjour. Possibilité 1 lit enfant. Parking. Ouvert toute l'année. Restaurant sur place. Anglais parlé. Gratuit enfant - 5 ans. Marquise 12 km. Boulogne-sur-Mer 18 km. D940 Calais/Boulogne.

Prix : 1 pers. **190 F** 2 pers. **220 F** 3 pers. **280 F**
pers. sup. **60 F**

	SP	SP	SP	18	18	10	SP

BROGNIART – Cap-Gris-Nez - Route de la Plage – 62179 Audinghen – Tél. : 21.87.30.24 – Fax : 21.87.30.24

Audrehem

C.M. n° 51

⚲⚲ NN
(TH)
2 chambres d'hôtes aménagées dans la maison des propriétaires. 2 chambres avec chacune 1 lit 2 pers., salle d'eau particulière. WC communs aux 2 chambres. Salle de séjour avec TV, bibliothèque. Parking, jardin. Ouvert toute l'année. Maison indépendante, de construction récente. Restaurant 10 km. D223. Saint-Omer, Calais et Boulogne 20 km. Audruicq 17 km.

Prix : 1 pers. **120 F** 2 pers. **170 F** repas **80 F**

20	5	20	10	15	SP

DE LAMARLIERE – 693, rue du Parc – 62890 Audrehem – Tél. : 21.35.06.30

Azincourt La Gacogne

⚲⚲⚲
3 ch. d'hôtes dans une petite maison campagnarde au cœur du Ternois, en annexe d'une maison de caractère où sont servis les petits déjeuners. 2 ch. (1 lit 2 pers.), 1 ch. (1 lit 2 pers. 1 lit 1 pers. Poss. 1 lit enfant suppl.). Lavabo, douche et wc dans les 3 chambres. Salon avec cheminée. Poss. cuisine. Parking. Promenade en voiture à cheval. Stage d'aquarelle. Fruges 6 km. Hesdin 20 km.

Prix : 2 pers. **220 F** 3 pers. **280 F**

	50	10	20	1	20	SP

FENET Patrick et Marie-Jose – La Gacogne – 62310 Azincourt – Tél. : 21.04.45.61

Bayenghen-les-Seninghen

⚲⚲⚲ NN
3 chambres aménagées dans des dépendances restaurées. 2 ch. (1 lit 2 pers.), coin-cuisine commun aux 3 ch. 1 ch. (1 lit 1 pers. 1 lit 2 pers.). Salle d'eau et wc particuliers chacune. Salle de séjour, salon, TV. Jardin. Lumbres 3 km. Restaurant 3 km. Enfant - 3 ans : 50 F. Ouvert du 1er mars à Noël. Endroit calme et confortable, à 15 km de Saint-Omer.

Prix : 1 pers. **160 F** 2 pers. **200 F** 3 pers. **270 F**
pers. sup. **70 F**

40	3	40	3	3	SP

DESVIGNES Alain – 32 rue Principale – 62380 Bayenghen-Les Seninghen – Tél. : 21.95.71.36

Bazinghen Ferme-de-Bertinghen

⚲ NN
(TH)
4 ch. aménagées dans un corps de ferme restauré en pierre de 1811. Salle de séjour, salon. Parking. Poss. de stage d'équitation, randonnées. 1 ch. (4 lits 1 pers.). 2 ch. (2 lits 1 pers.). 1 ch. (3 lits 1 pers.). Poss. lits suppl. Salle de bains pour 2 ch. Restaurant 5 km. Enfant moins de 5 ans gratuit. Ouvert toute l'année. Promenades à cheval (écuries, 15 chevaux, attelage, accueil de groupe). Marquise et Wissant 5 km.

Prix : 2 pers. **180 F** repas **85 F**

5	3	5	12	5	SP	SP

MOTTE Alex – Ferme de Bertinghen - Le Mont de la Louve – 62250 Bazinghen – Tél. : 21.92.72.73

Beauvoir-Wavans Chateau-de-Drucas

⚲⚲⚲ NN
1 chambre aménagée dans un petit château. 1 ch. (1 lit 2 pers.), salle de bains privée et wc privés. Poss. 1 convertible 2 pers., salon. Possibilité cuisine. Vue sur le lac. Maison située dans un coin de verdure. Auxi-le-Château 2 km. Abbeville 25 km. Restaurant 2 km. Ouvert toute l'année. Canoë-kayak sur place.

Prix : 2 pers. **200 F**

35	SP	15	2	2	SP	SP

AUGUSTIN Rene – Chateau de Drucas – 62390 Beauvoir-Wavans – Tél. : 21.04.01.11

Belle-et-Houllefort Le Breucq

♥♥ NN
(TH)

4 chambres dans un manoir de caractère. Salle de séjour, salon, téléphone, TV, bibliothèque. Parking. 1 ch. (2 lits 2 pers.), 1 ch. (1 lit 2 pers.), lavabo dans chaque ch. Salle d'eau commune aux 2 ch. 1 ch. (1 lit 1 pers. 1 lit 2 pers.), 1 ch. (1 lit 2 pers.), salle d'eau privée pour chaque. 2 wc communs aux 4 ch. Gratuit pour enfants - 5 ans. Ouvert toute l'année. Gare 4 km. Réservation Loisirs-Accueil : 21.83.96.77. Fax : 21.30.04.81. Restaurant 11 km. Boulogne-sur-Mer et Wimereux 11 km. Desvres 15 km.

Prix : 1 pers. **110/125 F** 2 pers. **160/185 F** 3 pers. **225 F**
pers. sup. **60 F** repas **65 F**

🏊	⛵	🚣	🎿	⛷	🚶
11	11	11	2	1	1

DE MONTIGNY Isabelle – Le Breucq – 62142 Belle-et-Houllefort – Tél. : 21.83.31.99

Blangermont Ferme des Tilleuls      *C.M. n° 51*

♥♥ NN
(TH)

2 chambres dans une maison de caractère : 1 ch. (1 lit 2 pers. 1 lit 1 pers.) et 1 ch. (1 lit 2 pers.) avec salles d'eau particulières, wc communs aux 2 ch. sur le palier. Salle de séjour. Jardin et parking. Ouvert toute l'année. Au centre du village, maison de maître rénovée. Frévent 9 km, Saint-Pol 12 km et Hesdin 18 km.

Prix : 2 pers. **150/170 F** 3 pers. **220 F** pers. sup. **50 F**
repas **60 F**

🏊	🍴	⛵	🚣	🎿	⛷	🚶
60	3	60	9	9	7	SP

COLIN Pierre et Monique – Ferme des Tilleuls - 33 rue Principale – 62270 Blangermont – Tél. : 21.41.34.39

Blangy-sur-Ternoise

♥♥

4 ch. aménagées dans une grande demeure située à la sortie du village. 2 ch. (1 lit 2 pers.) avec lavabo, s.d.b. commune, poss. lit suppl. 1 ch. (1 lit 2 pers.) avec s.d.b. privée + kitchenette. 1 ch. (1 lit 2 pers. 1 lit 1 pers.) avec lavabo, s. d'eau commune. 1 wc communs à 3 ch, 1 wc privés pour 1 ch. Séjour, salon, TV, bibliothèque, téléphone à disposition. Possibilité cuisine. Accès aux chambres par terrasse. Restaurant sur place. Réservation Loisirs Accueil : 21.83.96.77. Fax : 21.30.04.81. Randonnées pédestres. Circuit VTT 4 km. Hesdin et Fruges 10 km.

Prix : 2 pers. **170 F** 3 pers. **200 F**

🏊	🍴	🚣	🎿	⛷	🚶
40	SP	10	4	10	4

POYER Nestor – Blangy Sur Ternoise - 15 rue de Fruges – 62770 Le Parcq – Tél. : 21.41.80.32

Blangy-sur-Ternoise   *C.M. n° 51*

♥♥♥ NN

4 chambres d'hôtes aménagées dans la maison des propriétaires. 3 ch. avec chacune 1 lit 2 pers., salle d'eau et wc particuliers et 1 ch. (1 lit 2 pers.) avec salle de bains et wc particuliers. Salle de séjour. Possibilité lits et lit enfant supplémentaires (lit enfant : 30 F). Garage 2 places à la demande. Gare 12 km. Ouvert toute l'année. Poss. de réserver auprès de Loisirs-Accueil au : 21.83.96.77. Fax : 21.30.04.81. Ferme-auberge sur place.

Prix : 2 pers. **220 F** pers. sup. **80 F**

🐩	🏊	🍴	⛵	🚣	🎿	⛷	🚶
	40	SP	40	12	12	12	SP

DECLERCQ Bernard – 3, rue de la Gare – 62770 Blangy-sur-Ternoise – Tél. : 21.47.29.29

Bonningues-les-Ardres Le Manoir

♥♥ NN

6 ch. de caractère dans une demeure de style Napoléon III, sur 4200 m² de terrain boisé et en pelouses clos, avec parking et garage, salon de jardin. 5 ch. (1 lit 2 pers.), 1 ch. (2 lits 1 pers.), toutes avec un lavabo. Salle d'eau pour 4 ch. Salle de bains pour 2 ch. Poss. lit suppl. 3 wc dont 1 wc privés à 1 ch. Salle de séjour, salon, TV, téléphone. Ouvert toute l'année. Salon de 44 m² (30 pers.). Aire de jeux. Voiture indispensable. Réservation Loisirs-Accueil : 21.83.96.77. Fax : 21.30.04.81.

Prix : 1 pers. **150 F** 2 pers. **200/220 F** pers. sup. **50 F**

🐩	🏊	🍴	⛵	🚣	🎿	⛷	🚶	🎣
	25	5	25	7	3	15	SP	10

**DUPONT Christiane – Bonningues Les Ardres - Le Manoir. 40 Route de Licques –
62890 Tournehem-sur-la-Hem – Tél. : 21.82.69.05**

Boursin   📷   *C.M. n° 51*

♥♥♥ NN

2 ch. d'hôtes aménagées dans la maison des propriétaires (1 lit 2 pers. chacune), salle d'eau et wc particuliers. Téléphone, TV et magnétoscope dans chaque chambre. Salle de séjour, TV réservée aux hôtes. Salle de jeux et bibliothèque. Jardin agréable, garage non fermé, parking. Ouvert toute l'année. Construction récente au centre du village. Poss. lit enfant suppl. Par RN42, Calais et Boulogne-sur-Mer (25 km). Restaurant 3 km (Hardinghen).

Prix : 2 pers. **190 F** pers. sup. **50 F**

🐩	🏊	🍴	⛵	🚣	🎿	⛷	🚶
	25	8	25	10	SP	5	SP

DUTERTRE Daniel – Route d'Alembon – 62132 Boursin – Tél. : 21.85.01.21

Buire-le-Sec   *C.M. n° 51*

♥♥ NN

1 chambre d'hôtes aménagée dans la maison du propriétaire. 1 ch. (1 lit 2 pers. possibilité 1 convertible 2 pers.), salle de bains et wc particuliers. Salle de séjour et salon communs aux propriétaires. Parking (vans et voitures). TV et téléphone dans la chambre. Activités équestres, box, pâtures sur place. Montreuil 10 km. Hesdin 15 km. Ouvert toute l'année.

Prix : 1 pers. **150 F** 2 pers. **180 F**

🏊	🍴	⛵	🚣	🎿	⛷	🚶
28	4	28	10	28	SP	SP

NORE Chantal – 8 Route de Maintenay – 62870 Buire-le-Sec – Tél. : 21.81.40.80

La Calotterie

꙾꙾ NN

3 ch. aménagées à l'étage d'une maison rénovée, située dans un hameau. 1 ch. (1 lit 2 pers. 1 lit 1 pers.), 1 ch. (1 lit 2 pers.), 1 ch. (1 lit 2 pers. 2 lits 1 pers. superposés). Salle d'eau particulière pour chaque ch. WC communs à 2 ch. et 1 ch. avec wc privés. Parking. Jardin. Poneys sur place. Ouvert toute l'année. Gare 7 km, commerces 6 km. Montreuil-sur-Mer 7 km. Etaples 7 km.

Prix : 1 pers. 140 F 2 pers. 190 F 3 pers. 240 F

🏊	🎣	⛵	🚣	🎿	🚶	👫
7	2	7	7	2	2	SP

POIRET Pierre et Claudine – 2, rue de Valencendre – 62170 La Caloterie – Tél. : 21.86.78.41 – Fax : 21.86.78.41

Campagne-les-Boulonnais   *C.M. n° 51*

꙾꙾꙾ NN

1 ch. d'hôtes aménagée dans la maison de caractère ancienne du propriétaire. 1 ch. (1 lit 2 pers.) avec salle d'eau et wc particuliers. Possibilité 1 convertible 2 pers. supplémentaire. TV dans la chambre. Téléphone dans la ferme-auberge (possibilité repas). Petit déjeuner amélioré avec un supplément de 25 F/pers. Desures à 15 km. Le Touquet à 30 km. Chaussée Brunehaut.

Prix : 1 pers. 180 F 2 pers. 240 F pers. sup. 50 F

🐩

🏊	🎣	⛵	🚣	🎿	🚶	👫
30	3	30	10	10	8	SP

FRAMMERY – 5 Bout de la Ville – 62650 Campagne-Les Boulonnais – Tél. : 21.86.55.20

Campigneulles-les-Grandes   ⛺

꙾꙾꙾

2 ch. d'hôtes dans une petite maison indépendante, comprenant 1 ch. (1 lit 1 pers.), 1 ch. (1 lit 2 pers.), salle de bains et wc privés. Petit jardin, garage. Supplément chauffage de novembre à mars (50 F/nuit). Réservation Loisirs Accueil : 21.83.96.77. Fax : 21.30.04.81. Montreuil 5 km. Le Touquet 13 km. Gare 5 km. Restaurant 5 km. Ouvert toute l'année. Anglais parlé.

Prix : 2 pers. 220 F 3 pers, 280 F

🏊	🎣	⛵	🚣	🎿	🚶	👫
10	5	10	5	5	10	SP

SMITH John-Alexander – 1 Place Verte – 62170 Campigneulles-Les Grandes – Tél. : 21.06.02.76

Chelers   ⛺   *C.M. n° 51*

꙾ NN

2 chambres d'hôtes aménagées dans la maison des propriétaires, construction ancienne. 2 ch. (1 lit 2 pers. chacune) avec salle de bains + wc, douche à l'étage. Salon et salle de séjour à disposition. Parking. Ouvert toute l'année. Commerçants ambulants. Médecin et pharmacie 2 km. Restaurant 15 km. Aubigny et Saint-Pol 15 km.

Prix : 2 pers. 100 F

🏊	🎣	⛵	🚣	🎿	🚶	👫	🎣
80	5	80	30	15	2	SP	5

THELLIER Francoise – 18, rue du Faux – 62127 Chelers – Tél. : 21.47.34.92

Clairmarais

꙾꙾ NN

2 chambres aménagées dans une petite chaumière du Marais Audomarois (bâtiment neuf). 1 ch. (1 lit 2 pers.), 1 ch. (2 lits 1 pers. 1 lit d'appoint). Salle d'eau particulière pour chacune. WC communs aux 2 chambres. Possibilité garage. Jardin, parking. Restaurant 2 km. Animaux admis après accord. Ouvert toute l'année. Gare à Saint-Omer 5 km.

Prix : 1 pers. 140 F 2 pers. 190 F 3 pers. 240 F

🏊	🎣	⛵	🚣	🎿	🚶	👫
45	SP	45	5	5	SP	SP

GALAMEZ Marie-Laure – 2 Route du Grand Nieppe – 62500 Clairmarais – Tél. : 21.93.25.41

Conchil-le-Temple   *C.M. n° 51*

꙾꙾꙾ NN

4 chambres aménagées dans une maison de caractère, ancienne et rénovée située dans un bâtiment indépendant. 2 ch. (1 lit 2 pers.), 1 ch. (1 lit 2 pers. 2 lits 1 pers.), 1 ch. (1 lit 2 pers. 1 lit 1 pers.), salle d'eau et wc particuliers pour chacune. Possibilité 1 lit enfant. Salle de séjour, TV, téléphone. Jardin. Ouvert toute l'année. Restaurant 3 km. Anglais parlé. Berck 6 km. Boulogne-sur-Mer 10 km. Réservation Loisirs-Accueil : 21.83.96.77. Fax : 21.30.04.81.

Prix : 1 pers. 180 F 2 pers. 220 F 3 pers. 275 F pers. sup. 50 F

🏊	🎣	⛵	🚣	🎿	🚶	👫	🎣
6	SP	SP	6	6	6	SP	5

FROISSART Nicole – 51 rue de la Mairie – 62180 Conchil-le-Temple – Tél. : 21.81.11.02 – Fax : 21.81.88.32

Condette La Sauvagine   *C.M. n° 51*

꙾꙾꙾ NN

1 chambre d'hôtes indépendante (1 lit 2 pers.), salle d'eau et wc particuliers, salle de séjour et salons communs. TV (noir et blanc) dans la chambre. Jardin, parking. Poss. lit enfant suppl. (gratuit pour enfant - de 3 ans). Anglais parlé. Ouvert toute l'année. Construction récente au centre du village. Hardelot 2 km, Boulogne-sur-Mer 10 km, Le Touquet 16 km. Restaurant sur place. Possibilité auberge sur place.

Prix : 1 pers. 200 F 2 pers. 250 F

🐩

🏊	🎣	⛵	🚣	🎿	🚶	👫
2	1	2	2	SP	SP	SP

POULY Michele et Claude – La Sauvagine - 6 Allee Charles Dickens – 62360 Condette – Tél. : 21.32.21.37

Crequy

꙾꙾ NN
(TH)

2 chambres d'hôtes aménagées dans une maison en briques, entourée de verdure et de fleurs. 1 ch. (1 lit 2 pers. 1 lit 1 pers.), 1 ch. (2 lits 1 pers.), salle d'eau, salle de bains et wc communs aux 2 ch. Poss. 1 lit enfant suppl. Salle de séjour, salon, TV, bibliothèque, téléphone. Parking, jardin, pelouse. Fruges 7 km. Hesdin 14 km. Ouvert toute l'année.

Prix : 1 pers. 100 F 2 pers. 160 F 3 pers. 200 F repas 60 F

🐩

🏊	🎣	⛵	🚣	🎿	🚶	👫
35	12	14	14	7	7	SP

DEMAGNY Henri et Yvette – 9 rue des Maraitiaux – 62310 Crequy – Tél. : 21.90.60.14

Doudeauville Course

❦❦❦ NN
(TH)

2 chambres aménagées dans une ferme rénovée. 2 ch. (1 lit 2 pers.), salle d'eau/wc particulière chacune. Séjour avec cheminée réservé aux hôtes. Tv, bibliothèque. Poss. téléphone et lit enfant suppl. Jardin, parking. Ouvert toute l'année. Desvres 4 km. Restaurant sur place.

Prix : 2 pers. **200 F** pers. sup. **60 F** repas **70 F**

20	6	20	4	20	6	SP

TAVERNE Michel – Course - 3 Route du Bois de Course – 62830 Doudeauville – Tél. : 21.32.19.47

Douriez

❦

2 chambres d'hôtes aménagées dans un château de caractère du XVII siècle avec parc et pelouse sur le devant, très calme. Salle de séjour familiale. Poss. cuisine. Parking. 2 ch. (1 lit 1 pers. 1 lit 2 pers. chacune), lavabo dans chaque ch. WC et douche sur le palier communs aux 2 ch. Restaurant 3 km. Ouvert toute l'année. Montreuil-sur-Mer 15 km.

Prix : 1 pers. **140 F** 2 pers. **180 F** pers. sup. **50 F**

15	SP	25	15	3	SP

GRAUX Robert – Chateau de Douriez – 62870 Douriez – Tél. : 21.86.33.95

Duisans Le Clos Grincourt

❦❦❦ NN

2 ch. dans un manoir du XIXe siècle. 1 ch. (1 lit 2 pers.), salle d'eau et wc particuliers (2 épis). 1 ch. (2 lits 1 pers.), salle de bains et wc particuliers (3 épis). Maison de caractère avec salle de séjour/coin-détente, TV, bibliothèque. Parking. Jardin. Le Touquet par N.39, Arras 7 km. Restaurant 4 km. Ecuries sur place. Ouvert toute l'année. Gratuité pour les enfants de moins de 5 ans. Animaux admis à l'extérieur (chenil).

Prix : 1 pers. **170 F** 2 pers. **220 F**

80	SP	80	7	SP	4	SP	4

SENLIS Annie – Le Clos Grincourt - 18 rue du Chateau – 62161 Duisans – Tél. : 21.48.68.33

Echinghen

❦❦❦ NN

4 chambres d'hôtes aménagées dans une ferme rénovée, environnement agréable et calme. 2 ch. (1 lit 2 pers.), 1 ch. (2 lits 1 pers.), 1 ch. (3 lits 1 pers.), salle d'eau et wc particuliers pour chaque chambre. Salle de séjour, salon. TV (canal +) dans chaque chambre. Poss. 1 lit suppl. (50 F). Jardin, parking. Box chevaux. Lingerie avec sèche-cheveux. Ouvert toute l'année. Chambres au centre du village. Gare et commerces 4 km. Restaurant sur place. Réservation Loisirs-Accueil : 21.83.96.77. Fax : 21.30.04.81.

Prix : 1 pers. **200 F** 2 pers. **230/250 F** 3 pers. **300 F**

5	5	5	5	SP	2	SP

BOUSSEMAERE Jacqueline – Rue de l'Eglise – 62360 Echinghen – Tél. : 21.31.15.05 ou 21.91.14.34

Enquin-sur-Baillons

❦❦ NN

5 ch. d'hôtes aménagées dans une maison de maître rénovée. Salle de séjour. Salon avec TV. 4 ch. avec chacune 1 lit 2 pers. 1 ch. avec 1 lit 1 pers. et 1 lit 2 pers. 1 salle d'eau, 3 salles de bains et 3 wc. Petit jardin de plaisance. Parking, pelouse avec salon de jardin. Ouvert toute l'année. Gare 4 km. Commerçants ambulants. Restaurant sur place. Hucqueliers 5 km, Montreuil-sur-Mer 15 km.

Prix : 1 pers. **135 F** 2 pers. **165 F** 3 pers. **210 F**

18	SP	18	12	5	5	SP

VALENCOURT Paul et Gisele – Rue Principale – 62650 Enquin-sur-Baillons – Tél. : 21.90.93.93

Eperlecques Chateau de Ganspette

❦❦❦ NN

3 ch. d'hôtes aménagées dans un château dans un parc. 2 ch. (2 lits 1 pers.), 1 ch. (1 lit 2 pers.), salle d'eau et wc privés chacune. Salle de jeux. Parking, jardin. Ouvert toute l'année. Restaurant sur place. Réservation Loisirs Accueil : 21.83.96.77. Fax : 21.30.04.81. Saint-Omer 10 km. Watten 3 km.

Prix : 2 pers. **280 F** pers. sup. **50 F**

50	1	30	SP	SP	3	SP

PAUWELS Gerard – Chateau de Ganspette – 62910 Eperlecques – Tél. : 21.93.43.93

Eperlecques

❦❦❦ NN

2 chambres d'hôtes dans la maison des propriétaires. 1 ch. (1 lit 2 pers. 1 lit 1 pers.), 1 ch. (1 lit 2 pers. 2 lits 1 pers.) + coin-cuisine. Salle d'eau et wc particuliers pour chaque chambre. Salle de séjour commune. Possibilité lit enfant en supplément. TV, bibliothèque. Maison avec un jardin de 2500 m², parking. Ouvert toute l'année. Gare 3 km. Construction récente au centre du village. Découverte de l'Audomarois, visite du blockhaus, forêt 1 km. Saint-Omer 10 km. Par le train : gare de Watten/Eperlecques. Par la route : D221 jusqu'à Watten direction Eperlecques, le mont d'Eperlecques.

Prix : 2 pers. **200/220 F** 3 pers. **260/280 F**

20	4	15	10	2	4	SP	1

BAYARD Marie-Noelle – 47, rue du Mont – 62910 Eperlecques – Tél. : 21.93.78.77

Eperlecques Bleue-Maison

❦❦❦ NN
(TH)

2 chambres d'hôtes indépendantes. 1 ch. (2 lits 1 pers.) avec salle d'eau et wc particuliers, 1 ch. (1 lit 2 pers.), salle d'eau et wc particuliers + coin-cuisine en dehors de la chambre. Salle de séjour, salon, TV dans la maison des propriétaires. Jardin, parking. Gare 500 m. Ouvert toute l'année. Demeure rénovée (ancienne grange) en dehors du village. Watten 500 m. Saint-Omer 12 km. D300, direction Watten. Par le train : Saint-Omer/Watten/Calais.

Prix : 1 pers. **155 F** 2 pers. **195 F** repas **80 F**

35	SP	35	12	3	5	SP	5

DUMONT Jean-Luc – Bleue Maison - 8, Chemin de la Vlotte – 62910 Eperlecques – Tél. : 21.88.40.37

Escalles

≋≋ NN   5 ch. aménagées dans une maison neuve. 2 ch. (1 lit 2 pers.), 1 ch. (1 lit 1 pers.). 1 ch. (2 lits 1 pers.), 1 ch. (1 lit 2 pers. 2 lits 1 pers.), salle de bains et wc particuliers. Parking. Restaurant, location VTT sur place. Wissant 6 km. Commerces 5 km. Gare TGV. Tunnel sous la Manche. Tarif enfant de 2 à 8 ans : 30 F.

Prix : 1 pers. **140 F** 2 pers. **170/220 F** pers. sup **50 F**

	🕯	⛷	🚤	🎿	✈	🚶
0,8	SP	0,6	SP	0,6	0,6	SP

CORDONNIER Jacques – Route de Peuplingues – 62179 Escalles – Tél. : 21.36.21.16

Escalles

≋≋≋ NN   3 chambres aménagées dans une ferme. 1 ch. (1 lit 2 pers.). 1 ch. (2 lits 2 pers.). 1 ch. (1 lit 2 pers. 1 lit 1 pers.). Salle d'eau particulière pour chaque chambre. Parking, jardin. Calais 15 km. Restaurant sur place. Ouvert toute l'année.

Prix : 1 pers. **180 F** 2 pers. **220 F** 3 pers. **300 F**

🐕 | 🏊 | 🕯 | ⛷ | 🚤 | 🎿 | ✈ | 🚶 |
|---|---|---|---|---|---|---|
| SP | SP | 4 | SP | SP | 12 | SP |

BOUTROY Eric – Place de la Mairie – 62179 Escalles – Tél. : 21.85.20.19

Escalles

≋≋≋ NN (TH)   6 ch. dans une maison de caractère (pigeonnier du XVIIIe), cadre verdoyant et fleuri. 2 ch. (1 lit 1 pers. 1 lit 2 pers.), 1 ch. (2 lits 2 pers.), 1 ch. (1 lit 2 pers. 1 lit 1 pers.), 1 suite (1 lit 2 pers.) + coin-cuisine. Salle d'eau ou de bains et wc chacune. Lave-linge à disposition pour 3e ch. Parking, garage, jardin. TV sur demande. Salle de jeux. 4 restaurants 1 km. Wissant 7 km. Calais 12 km. Animaux admis sous réserve. Table d'hôtes sur réservation. Gare 10 km. Anglais parlé.

Prix : 1 pers. **180/210 F** 2 pers. **210/265 F** 3 pers. **295/370 F**
pers. sup. **80 F** repas **90 F**

🏊	⛷	🚤	🎿	✈	🚶
1	7	12	1	20	SP

BOUTROY Marc – La Haute Escalles - La Grand'Maison – 62179 Escalles – Tél. : 21.85.27.75 – Fax : 21.85.27.75

Estree

≋≋   2 chambres d'hôtes aménagées dans une maison de caractère. Parking, jardin. Salle de séjour, salon, TV, téléphone. 1 ch. (1 lit 2 pers.) et 1 ch. (1 lit 2 pers. 1 lit 1 pers.) salle d'eau et wc communs aux 2 chambres. Restaurant dans le village. Montreuil-sur-Mer 6 km. Le Touquet 15 km. Ouvert toute l'année.

Prix : 2 pers. **180 F** 3 pers. **240 F**

🏊	🕯	⛷	🚤	🎿	✈	🚶
10	SP	15	8	5	4	SP

SENECAT Jean – 8, rue de la Course - Estree – 62170 Montreuil-sur-Mer – Tél. : 21.06.12.94

Fampoux

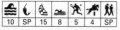

≋≋   5 chambres aménagées dans la maison des propriétaires. 1 ch. (1 lit 2 pers. 2 lits 1 pers.). 3 ch. (1 lit 2 pers.). 1 ch. (2 lits 1 pers.). Poss. lit suppl. Salle d'eau particulière à chaque chambre. 2 wc communs aux 5 ch. Salle de séjour, salon, TV, bibliothèque. Restaurant 5 km. Ouvert toute l'année. Lille 50 km. Réservation Loisirs-Accueil : 21.83.96.77. Fax : 21.30.04.81.

Prix : 1 pers. **130 F** 2 pers. **170 F** 3 pers. **200 F**
pers. sup. **30 F**

🏊	🕯	🚤	🎿	✈	🚶
100	SP	5	SP	5	SP

PEUGNIEZ Dominique – 17 rue Paul Verlaine – 62118 Fampoux – Tél. : 21.55.00.90

Fosseux
C.M. nº 51 — Pli nº 1/2

≋≋≋ NN   3 chambres aménagées dans une maison de caractère en pierre, avec jardin d'agrément, près d'un bois. 3 ch. (1 lit 2 pers.), salle d'eau et wc particuliers pour chacune. Possibilité lit supplémentaire. Salle de séjour, salon, TV, bibliothèque, téléphone. Garage, jardin. Doullens 18 km. Arras 17 km. Restaurant 5 km. Gratuit enfant - 5 ans. Ouvert toute l'année. Gare 17 km, commerces 5 km. Anglais et allemand parlés.

Prix : 1 pers. **150 F** 2 pers. **180 F** 3 pers. **230 F**
pers. sup. **50 F**

🐕 | 🏊 | 🕯 | ⛷ | 🚤 | 🎿 | ✈ | 🚶 | |
|---|---|---|---|---|---|---|---|
| 80 | 12 | 80 | 17 | 17 | 7 | SP | 18 |

GUILLUY-DELACOURT Genevieve – 3 rue de l'Eglise – 62810 Fosseux – Tél. : 21.48.40.13

Gauchin-Verloingt
C.M. nº 51 — Pli nº 3

≋≋≋ NN   4 ch. d'hôtes aménagées dans les dépendances d'un manoir du XIXe siècle. Salle de séjour réservée aux hôtes, TV, bibliothèque, téléphone. 2 ch. (1 lit 2 pers.), 2 ch. (2 lits 1 pers.), salle d'eau particulière pour chaque chambre. Possibilité lit supplémentaire. Gratuité pour les enfants de moins de 5 ans. Espagnol, anglais et allemand parlés. Ouvert toute l'année. Parking, garage, jardin. Circuit de Croix en ternois 2 km. Restaurant 2 km. Saint-Pol 1 km. Fruges D34.

Prix : 1 pers. **180 F** 2 pers. **220 F** 3 pers. **280 F**
pers. sup. **80 F**

🏊	🕯	⛷	🚤	🎿	✈	🚶
60	4	60	2	2	2	SP

VION Philippe – 550 rue de Montifaux – 62130 Gauchin-Verloingt – Tél. : 21.03.05.05

Gouy-Saint-Andre *Saint-Andre*
C.M. nº 51

≋≋ NN   2 chambres dans une maison de caractère, 1 ch. (2 pers.), douche et wc particuliers, 1 ch. (2 pers.), salle de bains et wc particuliers. TV dans chaque chambre. Parc, parking. Anglais, allemand et hollandais parlés. Ouvert toute l'année. Construction rénovée sur les lieux de l'ancienne abbaye Saint-André. Restaurant 9 km. Par D138, Hesdin 9 km, Montreuil 13 km.

Prix : 1 pers. **160/180 F** 2 pers. **230/250 F** 3 pers. **330 F**

🐕 | 🏊 | 🕯 | ⛷ | 🚤 | 🎿 | ✈ | 🚶 |
|---|---|---|---|---|---|---|
| 20 | 4 | 20 | 10 | 3 | 5 | 2 |

WITTEMANS – Saint-Andre - Gouy-Saint-Andre – 62870 Campagne-Les Hesdin – Tél. : 21.86.01.50 ou 21.86.47.31 – Fax : 21.86.60.98

Pas-de-Calais *Picardie-Champagne*

Grand-Rullecourt

❦❦ NN 3 ch. d'hôtes dans un château du XVIIIe siècle, de caractère, situé dans un parc. Lits à baldaquin. 2 ch. (1 lit 2 pers.), 1 ch. (2 lits 2 pers.), salle d'eau et wc particuliers pour chaque chambre. Salon, salle de jeux, bibliothèque, téléphone. Parking. Ouvert d'avril à novembre. Enfant : 50 F. Enfant - 10 ans gratuit. Avesnes-le-Comte 4 km, Arras 25 km, Lille 70 km, Amiens 35 km. Restaurant 4 km. Réservation Loisirs-Accueil :21.83.96.77. Fax : 21.30.04.81.

Prix : 2 pers. **350 F**

90	10	90	15	25	7	SP

DE SAULIEU Patrice – Chateau de Grand Rullecourt – 62810 Grand-Rullecourt – Tél. : 21.58.06.37

Groffliers

❦❦❦ NN 2 chambres d'hôtes aménagées dans une maison de caractère au 1er étage, construction récente de style rustique. Parking, jardin. 2 chambres avec chacune 1 lit 2 pers. Salle de bains et wc particuliers pour chaque chambre. Restaurant sur place. Ouvert toute l'année. Berk-sur-Mer 3 km. Commerces dans le village.

Prix : 1 pers. **170 F** 2 pers. **200 F** pers. sup. **60 F**

1	1	5	5	SP	5	SP

COURTOIS Bernard et Monique – 13 rue Pte Poitiere - Impasse des Rossignols – 62600 Groffliers –
Tél. : 21.09.31.35

Halinghen

❦❦ 6 ch. aménagées dans une maison campagnarde. 1 ch. (2 lits 1 pers.). 1 ch. (2 lits 1 pers. 1 lit 2 pers.), s. d'eau privée. 1 ch. (1 lit 2 pers.), 1 ch. (1 lit 1 pers. 1 lit 2 pers.), 2 ch. (2 lits 1 pers. 1 lit 2 pers.), s. d'eau commune à 5 ch. Séjour, salon, salle de jeux, TV, bibliothèque et téléphone. Garage, parking. Ouvert toute l'année. Lavabo dans chaque chambre. Poss. lit bébé. Ping-pong sur place. Restaurant 7 km. Montreuil 20 km. Réservation Loisirs Accueil : 21.83.96.77. Fax : 21.30.04.81. Possibilité table d'hôtes. Hardelot 6 km. Samer 7 km. Enfant + 2 ans : 50 F.

Prix : 1 pers. **150 F** 2 pers. **200 F** 3 pers. **250 F**
pers. sup. **75 F**

8	3	8	15	10	10	SP

GUILMANT Paul – Place de l'Eglise - Halinghen – 62830 Samer – Tél. : 21.83.51.60

Hallines

❦❦ 2 chambres d'hôtes aménagées dans une ancienne écurie située dans un village. 1 ch. (3 lits 1 pers.), 1 ch. (1 lit 1 pers. 1 lit superposé). Salle d'eau et wc communs aux 2 chambres. Salle de séjour, salon avec TV. Restaurant sur place. Gratuité pour les enfants de moins de 5 ans. Ouvert toute l'année. Saint-Omer et Lumbres à 7 km.

Prix : 1 pers. **100 F** 2 pers. **190 F** 3 pers. **240 F**

50	SP	50	7	7	7	SP

BIGOT Guy et Valentine – 13 Bis rue de l'Eglise – 62570 Hallines – Tél. : 21.95.11.70

Hardelot Villa le Bercail

❦❦❦ NN 2 ch. d'hôtes aménagées dans une villa de caractère, dans le domaine d'Hardelot. 1 ch. (1 lit 2 pers.), 1 ch. (2 lits 1 pers.), salle d'eau et wc particuliers pour chaque chambre. Salle de séjour/coin-salon. TV. Bibliothèque. Parking, jardin. A 1 km du littoral. Ouvert toute l'année. Restaurant 1 km. Stages de char à voile, speed-sail. Accès : par RN1, direction Hardelot.

Prix : 1 pers. **200 F** 2 pers. **250 F**

1	1	1	1	1	1	1	1	SP

FOURNIER Louis – Villa le Bercail - 51 avenue des Biches – 62152 Hardelot – Tél. : 21.83.74.24

Hardelot Le Carousel *C.M. n° 51*

❦❦❦ NN Dans la maison des propriétaires, 1 ch. (2 lits 1 pers.), 1 ch. (1 lit 2 pers. 1 lit 1 pers.), salle de bains et wc chacune. Salle de séjour, bibliothèque et salon avec TV communs. Jardin, garage et parking. Gare et commerces sur place. Ouvert de mars à octobre inclus. Construction récente en dehors du village.

Prix : 1 pers. **230 F** 2 pers. **250 F** 3 pers. **350 F**
pers. sup. **80 F**

2	2	10	SP	SP	SP

RIVOAL Danielle – Le Carousel - 221, avenue Francois 1er – 62152 Hardelot – Tél. : 21.91.84.31

Haut-Loquin 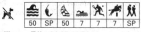 *C.M. n° 51*

❦❦ NN 4 chambres d'hôtes aménagées dans une construction récente située dans une ferme. 3 ch. (1 lit 2 pers.), 1 ch. (1 lit 2 pers. 1 lit superposé), salle d'eau et wc particuliers pour chaque chambre. Salle de séjour. Parking. Possibilité repas à la ferme-auberge. Gratuit pour enfant - 2 ans. Accès : N42. Gare à Saint-Omer 25 km. Lumbres 12 km. Ouvert toute l'année.

Prix : 2 pers. **210 F** pers. sup. **50 F**

3	SP	3	SP	SP

DUSAUTOIR Gilbert – 38 rue du Bas Loquin – 62850 Haut-Loquin – Tél. : 21.39.63.70

Herlin-le-Sec

❦❦ NN 1 chambre d'hôtes aménagée dans un château situé dans un corps de ferme. 1 ch. (1 lit 2 pers. 1 lit enfant), salle d'eau particulière, TV dans la chambre. Salle de séjour. Parking. Location de chevaux. Vélos, salle de jeux sur place. Gratuit pour les enfants - 5 ans. Ouvert toute l'année. Restaurant sur place. Saint-Pol 2 km. Frévent 12 km. Rollencourt 20 km.

Prix : 1 pers. **180 F** 2 pers. **200 F** pers. sup. **50 F**

60	3	20	12	2	SP	SP

DE BONNIERES Jean-Marie – 22, rue du Village – 62130 Herlin-le-Sec – Tél. : 21.03.01.19

Hermelinghen Le P'Tit-Bled

♨♨♨ 4 ch. d'hôtes aménagées dans une ancienne forge. Parking. Salle de séjour, bibliothèque. 3 ch. (1 lit 2 pers.), salle d'eau particulière pour chaque ch. 1 ch. (2 lits 2 pers.), salle d'eau particulière. 1 wc pour les 3 ch. de 2 pers. et wc particuliers pour la ch. de 4 pers. Restaurant sur place. Ouvert toute l'année. Réservation Loisirs-Accueil : 21.83.96.77. Fax : 21.30.04.81. 6 circuits VTT balisés sur place. Forfait week-end VTT + location VTT.

Prix : 2 pers. **230 F**

25	25	20	25	3	SP	

USAL Patrick et Sylvianne – Le P'Tit Bled – 62132 Hermelinghen – Tél. : 21.85.01.64

Hervelinghen Les Rietz-Quez

♨♨♨ NN 5 ch. d'hôtes dans un corps de ferme en pierres du Pays dans une vallée verdoyante, au creux des collines du Boulonnais, sur la route touristique des 2 Caps. 3 ch. (1 lit 2 pers.), 2 ch. (1 lit 2 pers. 1 lit 1 pers.). Salle de bains et wc particuliers pour chaque chambre. Salle de séjour, cuisine. Salle de jeux. Parking, jardin. Ouvert toute l'année. Restaurant 3 km. Gare 3 km.

Prix : 1 pers. **170 F** 2 pers. **220 F** 3 pers. **280 F**
pers. sup. **50 F**

3	10	3	10	3	2	SP	12

BOUTROY-HAZELARD – Ferme Les Rietz Quez - 990, rue Principale – 62179 Hervelinghen – Tél. : 21.85.27.06

Incourt  *C.M. n° 51*

♨♨♨ NN 2 chambres d'hôtes indépendants dans une ferme rénovée et fleurie. 1 ch. 3 épis NN (1 lit 2 pers. 1 lit 1 pers.), 1 ch. EC. (2 lits 1 pers.), accessible aux personnes handicapées. Salle d'eau et wc particuliers. Salle de séjour et salon dans la maison des propriétaires. TV sur demande dans la chambre. Parking, garage. Gare et commerces 7 km. Ouvert toute l'année. Au centre du village, construction rénovée avec charmante vue sur la prairie boisée. Par RN39, Hesdin 7 km, Saint-Pol 15 km. Restaurant 7 km. Documentation touristique à consulter sur place ou à emporter.

Prix : 1 pers. **190 F** 2 pers. **240 F** 3 pers. **290 F**

45	5	5	7	7	7	SP

DUBOIS Marie-Helene – 7 rue Principale – 62770 Incourt – Tél. : 21.41.90.76 ou 21.04.10.93

Inxent

♨♨ (TH) 5 ch. aménagées dans une maison typique régionale de 1776. Parking, jardin. Salle de séjour, TV. 1 ch. (1 lit 2 pers.), 1 ch. (1 lit 1 pers. 1 lit 2 pers.), 2 ch. (1 lit 2 pers. 2 lits 1 pers. superposés) avec salle de bains et wc communs aux 5 chambres. Poss. stage d'initiation à la randonnée équestre, d'attelage, de bourellerie. Restaurant 200 m. Ouvert toute l'année sauf en janvier. Montreuil-sur-Mer 9 km. Le Touquet 15 km.

Prix : 2 pers. **200 F** 3 pers. **255 F** repas **85 F**

15	SP	15	9	9	SP	SP

BOURDON Henri et Corinne – Relais Equestre – 62170 Inxent – Tél. : 21.90.70.34

Lacres

♨♨ NN Studio avec 1 suite de 2 chambres dans un corps de ferme (1 lit 2 pers. et 2 lits 1 pers.). Salle d'eau. Salle de séjour. Possibilité cuisine. TV. Possibilité lit supplémentaire. Maison isolée entièrement en rez-de-chaussée avec parking, coin-pelouse clos, meubles de jardin. A 13 km du littoral. Restaurant 5 km. Ouvert toute l'année. Possibilité d'aider aux travaux de la ferme. A 200 m de la RN1, entre Boulogne et Montreuil.

Prix : 2 pers. **220 F** 3 pers. **270 F** pers. sup. **50 F**

13	3	13	12	5	8	SP

FOURDINIER Michel – Hameau de Beauvois – 62830 Lacres – Tél. : 21.33.50.40

Lepine Puits-Berault

♨♨♨ NN (TH) 4 ch. d'hôtes dans un corps de ferme rénové. 2 ch. (1 lit 2 pers. 1 lit 1 pers.), 2 ch. (1 lit 2 pers.). Poss. lit suppl. Salle d'eau et wc particuliers dans chaque chambre. Salle de séjour, TV, bibliothèque. Coin-téléphone. Garage, parking, jardin. Produits fermiers : volailles, lait, oeufs. Ouvert toute l'année. Boissons non comprises dans les repas. Restaurant 2 km. Berck 13 km. Montreuil 9 km. Repas enfant - 5 ans : 30 F.

Prix : 1 pers. **135 F** 2 pers. **180 F** 3 pers. **210 F** repas **70 F**

13	3	13	9	3	3	7	9

CONVERT Denis – Puits Berault - 28, rue de la Mairie – 62170 Lepine – Tél. : 21.81.21.03

Lievin Ferme du Moulin

♨♨ (TH) 2 ch. d'hôtes aménagées dans une maison de caractère située dans un bourg. 1 ch. (1 lit 2 pers.) et 1 ch. (1 lit 2 pers. 1 lit 1 pers.) avec salle de bains et wc communs réservés aux hôtes. Salle de séjour avec TV. Salon, bibliothèque, téléphone. Parking fermé, meubles régionaux. Chauffage central. Salon de jardin. Ouvert toute l'année. Réservation Loisirs Accueil : 21.83.96.77. Fax : 21.30.04.81. A 3 km du mémorial Canadien de Vimy. Restaurant sur place. Lens 4 km. Arras 15 km. Lille 35 km. Idéal pour visiter les sites historiques de la guerre 1914/1918.

Prix : 1 pers. **130 F** 2 pers. **170 F** 3 pers. **210 F**
pers. sup. **50 F** repas **65 F**

100	SP	SP	SP	3	SP	10	

DUPONT Francois – Ferme du Moulin – 58 rue du 4 Septembre – 62800 Lievin – Tél. : 21.44.65.91

Locon

♙♙♙ NN Alt. : 18 m — 6 ch. dans une maison rénovée. 2 ch. 2 épis NN (1 lit 1 pers + lavabo), salle d'eau commune aux 2 ch. 3 ch. (1 lit 2 pers.), 1 ch. (1 lit 2 pers. 1 lit 1 pers.), salle d'eau chacune (3 épis NN). Salle de séjour, salon, TV. Garage pour 6 voitures, parking. Téléphone. Possibilité cuisine. Ouvert toute l'année. Gratuit pour les enfants - 5 ans dans la ch. des parents. Gare 6 km, commerces 2 km. Béthune 5 km. Restaurant 2 km. CB et chèques vacances acceptés. Anglais parlé.

Prix : 1 pers. **110/160 F** 2 pers. **160/195 F** 3 pers. **235 F** pers. sup. **54 F**

80	8	80	5	5	5	SP	

NOULETTE Maxime – 464 rue du Pont d'Avelette – 62400 Locon – Tél. : 21.27.41.42 – Fax : 21.27.80.71

Longvilliers

♙♙♙ NN 1 chambre d'hôtes avec une suite, aménagée dans les dépendances d'un ancien presbytère. 4 lits 1 pers. 1 lit 2 pers., salle d'eau et wc réservés aux hôtes. Parking, jardin, salon. Parking, jardin. Découverte de la nature, produits biologiques. Ferme-auberge 3 km. Ouvert toute l'année. Restaurants 2 et 4 km. Site classé et protégé. Anglais parlé. A 10 km du littoral. Etaples et Montreuil 10 km.

Prix : 2 pers. **250 F** pers. sup. **65 F**

10	5	6	10	2	4	SP	10

DESRUMAUX Francine et Pierre – 1 rue de Courteville – 62630 Longvilliers – Tél. : 21.90.73.51

Longvilliers La Longue Roye   *C.M. n° 51*

♙♙♙ NN 5 chambres indépendantes dans une ferme Cistercienne. Rez-de-chaussée : 1 ch. (2 lits 1 pers.), étage : 3 ch. (1 lit 2 pers. chacune), salle d'eau et wc privés, TV, téléphone, lit d'appoint chacune et 1 ch. (2 lits 1 pers.), salle de bains et wc privés. Salle de séjour commune. Poss. lit enfant suppl. Jardin, parking. Ouvert toute l'année. En dehors du village, construction rénovée. Petits animaux admis. VTT sur place. Restaurant 6 km. Par RN 1, Montreuil 10 km, Le Touquet 14 km et Etaples 10 km.

Prix : 1 pers. **270 F** 2 pers. **295 F** pers. sup. **70 F**

8	5	6	10	2	4	SP

DELAPORTE – La Longue Roye - 3 rue de l'Abbaye – 62630 Longvilliers – Tél. : 21.86.70.65 – Fax : 21.86.71.32

Mametz

♙♙♙ NN 5 chambres aménagées dans un bâtiment complètement rénové, au calme. 4 ch. (2 lits 1 pers.), 1 ch. (1 lit 2 pers. 2 lits 1 pers. superposés). Salle d'eau et wc particuliers pour chacune. Poss. lits suppl. Salle de séjour, bibliothèque, salon, TV. Poss. cuisine. Parking, jardin. Restaurant sur place. Gratuit pour les enfants de - 5 ans. Commerces sur place. Réservation Loisirs-Accueil : 21.83.96.77. Fax : 21.30.04.81. Ouvert toute l'année. Aire sur la Lys 5 km. Saint-Omer 15 km. Gare 15 km.

Prix : 1 pers. **150 F** 2 pers. **195 F** pers. sup. **50 F**

60	SP	SP	5	SP	5	SP

QUETU Jean-Pierre – 49 Grand'Rue – 62120 Mametz – Tél. : 21.39.02.76 ou 21.38.12.69

Marant   *C.M. n° 51*

♙ NN Dans la demeure principale, 1 ch. (2 lits 1 pers.), 1 ch. (1 lit 2 pers. à baldaquin). Salle d'eau commune. WC particuliers pour chaque chambre. Salle de séjour pour petit déjeuner. Entrée indépendante pour chaque ch. Jardin de 5000 m² (3e départemental de fleurissement 1994), parking, salon de jardin et barbecue. Ouvert toute l'année. Construction ancienne, maison de caractère. Accès par Montreuil/Hesdin.

Prix : 1 pers. **180 F** 2 pers. **210 F** pers. sup. **50 F**

18	3	18	7	7	SP

ALLEGAERT – L'Autourserie – 62170 Marant – Tél. : 21.86.10.27

Marconne

♙♙ NN 1 chambre aménagée dans une construction récente (2 lits 1 pers.) avec coin-cuisine et salle de bains et wc particuliers. Téléphone, TV. Parking, jardin. Hesdin 500 m. Montreuil 20 km. Kayak et restaurant sur place. Ouvert toute l'année.

Prix : 1 pers. **110 F** 2 pers. **180 F**

40	SP	40	SP	SP	SP	SP

CARRE Lucie – 43 rue des 3 Fontaines – 62140 Marconne – Tél. : 21.81.67.60

Marconne   *C.M. n° 51*

♙♙♙ NN 4 chambres d'hôtes indépendantes. 1 chambre (1 lit 1 pers.), 1 chambre (1 lit 2 pers.), 1 chambre (2 lits 1 pers.), 1 chambre (2 lits superposés). Salle d'eau et wc particuliers pour chaque chambre. Salon. Parking. Réservation Loisirs-Accueil : 21.83.96.77. Fax : 21.30.04.81. Ouvert toute l'année. Au centre du village, maison de caractère, construction ancienne rénovée. Stages d'équitation en période de vacances scolaires, stages multisports (VTT, équitation, canoë).

Prix : 1 pers. **150 F** 2 pers. **210 F** pers. sup. **100 F**

40	SP	40	SP	SP	SP	SP

RENART – 15 Route d'Arras – 62140 Marconne – Tél. : 21.81.08.06 ou 21.41.88.32 – Fax : 21.41.97.34

Maresquel Chateau-de-Riquebourg

♙♙♙ NN 2 chambres d'hôtes aménagées dans un petit château isolé. 1 ch. 2 épis (1 lit 1 pers. 1 lit 2 pers.) avec lavabo, salle d'eau particulière hors de la chambre. 1 ch. 3 épis NN (2 lits 2 pers.), salle d'eau et wc particuliers. Poss. lit supplémentaire. Parking, jardin. Ouvert toute l'année. Canoë-kayak 1 km. Montreuil 14 km. Hesdin 9 km.

Prix : 2 pers. **200 F** 3 pers. **280 F** pers. sup. **60 F**

24	2	24	9	SP	6	SP

PRUVOST Marie-Therese – Chateau de Riquebourg – 62990 Maresquel-Ecquemicourt – Tél. : 21.90.30.96

Maresville
C.M. n° 51

❀❀❀ NN 4 chambres d'hôtes indépendantes. 1 chambre au rez-de-chaussée (2 lits 1 pers.), 3 chambres à l'étage (1 lit 2 pers. chacune). Salle d'eau et wc particuliers, TV et téléphone pour chaque chambre. Salle de séjour avec billard, salon. Jardin, parking. Gare 10 km. Ouvert toute l'année. Ferme-auberge sur place. Ferme du XIVᵉ siècle rénovée en dehors du village. Le Touquet 15 km. Etaples 10 km. Par la route : RN39 Montreuil/Le Touquet.

Prix : 1 pers. 265 F 2 pers. 295 F

15	5	10	10	10	15	SP

DELIANNE Jean-Marie – Ferme-Auberge des Chartroux – 62630 Maresville – Tél. : 21.86.70.68 – Fax : 21.86.70.38

Marles-sur-Canche Manoir Francis
C.M. n° 51

❀❀❀ NN 3 ch. dans un manoir boulonnais de caractère XVIIᵉ. 1 ch. 3 épis (1 lit 1 pers. 1 lit 2 pers.), s.d.b. et wc privés (table et chaise). 1 ch. 3 épis (1 lit 2 pers.), s.d.b. et wc privés, coin-salon, bureau. 1 ch. 3 épis (1 lit 1 pers. 1 lit 2 pers.), bureau. S.d.b. et wc privés. Poss. lit enfant. Séjour. Parking (vans et voitures). Jardin. Salle de séjour avec TV, bibliothèque, téléphone portable. Anglais parlé. Par D.113, Montreuil à 5 km. Le Touquet à 20 km. Etaples à 15 km. Ouvert toute l'année. Canoë-kayak et restaurant 4 km. Base de loisirs 20 km.

Prix : 1 pers. 210 F 2 pers. 270 F 3 pers. 320 F pers. sup. 50 F

20	2	20	4	4	4	SP	20

LEROY Dominique – 1 rue de l'Eglise – 62170 Marles-sur-Canche – Tél. : 21.81.38.80 – Fax : 21.81.38.56

Marquise

❀❀ 2 ch. dans la maison de caractère des propriétaires, agréable, avec jardin fleuri. 2 ch. (1 lit 2 pers.), salle d'eau et wc communs. Salle de séjour. Salon. TV. Bibliothèque. Parking. Restaurant sur place. Pelouse avec salon de jardin, balançoires. A 10 km du littoral, par RN1 entre Boulogne (20 km) et Calais (25 km). Gratuit pour enfant - 4 ans. Enfant : 70 F. Maison du marbre. Découverte de la région en vélo. Randonnée des carrières en circuit automobile. Chasse 6 km. Réservation Loisirs Accueil : 21.83.96.77. Fax : 21.30.04.81.

Prix : 1 pers. 150 F 2 pers. 180 F pers. sup. 70 F

10	5	10	20	20	10	5

ELLART Daniel et Nicole – 12 rue du Docteur Schweitzer – 62250 Marquise – Tél. : 21.92.98.49

Marquise Hameau de Ledquent
C.M. n° 51

❀❀ NN 6 chambres d'hôtes indépendantes dans un corps de ferme restauré, rez-de-chaussée : 2 ch. (1 lit 2 pers. 1 lit 1 pers.), 1 ch. (1 lit 2 pers. 1 lit 1 pers. 1 bureau). Etage : 1 ch. (1 lit 2 pers.), 2 ch. (1 lit 2 pers. 1 bureau), salle d'eau avec wc chacune. Salle de séjour. Téléphone, poss. cuisine, 2 wc, lavabo. Ouvert toute l'année. 1 ch. accessible aux personnes handicapées. En dehors du village, construction rénovée. Restaurant 2 km, Boulogne et Calais 15 km, direction hameau de Ledquent sur la gauche.

Prix : 2 pers. 250 F 3 pers. 350 F

7	15	15	SP

RAVERDY – Hameau de Ledquent – 62250 Marquise – Tél. : 21.92.68.12

Matringhem
C.M. n° 51

❀❀❀ NN 5 ch. d'hôtes indépendantes aménagées dans une construction récente. 2 ch. (1 lit 2 pers.), 1 ch. (1 lit 1 pers.), 1 ch. (1 lit 2 pers. 1 lit superposé), 1 ch. pour pers. handicapées (1 lit 2 pers.), salle d'eau et wc particuliers chacune. Coin-cuisine commun pour toutes les chambres. Salle de séjour. Poss. 1 lit enfant. Parking (hors établissement). Salle de séjour. TV sur demande. Accès : Fruges 5 km. Le Touquet 45 km. Gare à Saint-Omer 30 km. Gratuit enfant - 5 ans. Ouvert toute l'année.

Prix : 1 pers. 150 F 2 pers. 200/220 F 3 pers. 250 F pers. sup. 50 F

45	SP	45	30	5	SP

MORIEUX Alain – Place du Village – 62310 Matringhem – Tél. : 21.04.42.83

Menneville Le Mont Evente

❀❀❀ NN Alt. : 85 m — 2 ch. aménagées à l'étage d'une ancienne fermette boulonnaise rénovée, vue sur la vallée (forêt, Monts-du-Boulonnais). 1 lit 2 pers. dans chaque ch. (poss. lit enfant suppl.). Salle d'eau, wc particuliers à chaque ch. Entrée indépendante. Salon, bibliothèque, TV. Jardin, salon de jardin, barbecue, aire de jeux, parking. Restaurant 2 km, ferme-auberge 7 km. Sur place : VTT, écuries pour chevaux, pâture. Ouvert du 1/04 au 30/10, du 1/11 au 31/3 uniquement le week-end. Enfant : 50 F. En forêt, sentiers balisés pédestres et équestres, GR120 et tour du Boulonnais.

Prix : 1 pers. 165 F 2 pers. 220 F

18	2	18	3	10	SP	15

DESALASE Guy et Marie-Claire – Le Mont Evente – 62240 Menneville – Tél. : 21.91.77.65

Montreuil-sur-Mer
C.M. n° 51 — Pli n° 1

❀❀ NN 1 ch. d'hôtes aménagée dans une maison de construction récente, dans le style du pays avec pierres apparentes, implantée au milieu d'une prairie, au pied de remparts du XVIᵉ siècle. 1 ch. (1 lit 2 pers.) avec lavabo. Salle d'eau privée et wc communs. Poss. lit pliant 1 pers. Restaurant sur place. Ouvert toute l'année. Propriétaire randonneur. Gare 1 km. Taxe de séjour : 1 F/nuit/pers.

Prix : 1 pers. 170 F 2 pers. 200 F pers. sup. 80 F

14	SP	15	SP	15	SP	15	15

MONCOMBLE Claude et Anne-Marie – 12 rue Tour-Justice – 62170 Montreuil-sur-Mer – Tél. : 21.06.07.06

Morchies

♥♥ NN   1 chambre aménagée dans une fermette de caractère rénovée. 1 ch. (2 lits 2 pers.) avec salle d'eau et wc privés. Salle de séjour, salon, TV, bibliothèque. Garage, parking. Bertincourt 10 km. Restaurant 10 km. Ouvert toute l'année.

Prix : 1 pers. 130 F 2 pers. 160 F 3 pers. 220 F

🏊	⛵	🎿	🚶	
150	150	10	10	SP

HERION Alain – 13 rue de Vaulx – 62124 Morchies – Tél. : 21.50.25.73

Muncq-Nieurlet

♥♥♥ NN (TH)   2 chambres d'hôtes aménagées dans une ancienne ferme. 2 ch. (1 lit 2 pers. chacune), salle d'eau et wc particuliers pour chaque chambre. Parking, garage, jardin. Ouvert du 1er avril à la Toussaint. Restaurant 2 km. Gratuit pour enfant - 5 ans. Enfant : 50 F. Saint-Omer 16 km. Calais 30 km.

Prix : 2 pers. 190 F repas 70 F

🏊	🍴	🐚	🚶	🎿	👫	♪
30	3	6	6	2	SP	2

BRETON Francoise – Rue du Bourg – 62890 Muncq-Nieurlet – Tél. : 21.82.79.63

Neufchatel-Hardelot Hameau-du-Chemin   *C.M. n° 51*

♥♥♥ NN (TH)   5 ch. d'hôtes aménagées dans une grande maison, tout confort, dans un cadre calme. Salle de séjour, véranda, salon, TV. Chambres non fumeurs. 4 ch. (2 lits 1 pers.), salles d'eau particulières. 1 ch. (2 lits 1 pers.), salle de bains particulière. WC particuliers à chaque chambre. Poss. lit enfant/bébé. Table d'hôtes le soir sur réservation. Gare 3 km. Ouvert toute l'année sauf de mi-novembre à début janvier. Terrain de 4000 m², terrasse, bassins, meubles de jardin, parking privé. Allemand parlé. Classes de conversation anglaise sur demande. Boulogne-sur-Mer 12 km. Le Touquet 15 km. D940 puis D119.

Prix : 1 pers. 200 F 2 pers. 275/290 F pers. sup. 50/70 F repas 85 F

🍴	🐚	🐚	🚶	👫	♪
3	3	3	12	2	SP	1

FIELD Alan – Hameau du Chemin - 91 rue du Chemin – 62152 Neufchatel-Hardelot – Tél. : 21.33.85.23 – Fax : 21.33.85.24

Neuville-sous-Montreuil

♥♥♥ NN   3 chambres aménagées dans une maison de caractère. 1 ch. (1 lit 2 pers. 1 lit 1 pers.), 1 ch. (1 lit 2 pers.), 1 ch. avec suite (2 lits 2 pers. + 2 lits 1 pers. superposés). Salle d'eau et wc particuliers pour chaque chambre. Possibilité cuisine. Possibilité lit bébé en supplément : 20 F. Parking, jardin. Court de tennis sur place. Ouvert toute l'année. Poss. TV. D113 et N1. Restaurant 3 km. Gare 3 km. Montreuil 3 km. Le Touquet 17 km.

Prix : 1 pers. 150 F 2 pers. 210/220 F 3 pers. 280 F pers. sup. 80 F

🐕	🏊	🍴	🐚	🐚	🚶	🎿	👫	
	17	3	13	3	SP	10	SP

FOURDINIER Hubert – Ferme de la Chartreuse – 62170 Neuville-sous-Montreuil – Tél. : 21.81.07.31 ou 21.86.46.52

Neuville-sous-Montreuil   *C.M. n° 51*

♥♥ NN   1 chambre d'hôtes aménagée dans la maison des propriétaire (1 lit 2 pers.), salle d'eau et wc particuliers, possibilité clic-clac dans la chambre. Salle de séjour commune aux propriétaires, salon, TV. Cour, terrasse, salon de jardin et parking. Enfants - de 5 ans gratuits. Ouvert toute l'année. Restaurant 2 km. Construction récente au centre du village. Par RN1, Montreuil 3 km, Etaples 12 km, le Touquet/Berck 15 km.

Prix : 1 pers. 160 F 2 pers. 210 F pers. sup. 40 F

🐕	🏊	⛵	🐚	🚶	🎿	👫	
	15	3	15	3	SP	8	SP

GRESSIER Regis – 12 Route de Boulogne – 62170 Neuville-sous-Montreuil – Tél. : 21.81.56.34

Nielles-les-Ardres Ferme du Chateau   *C.M. n° 51*

♥♥ NN   2 ch. d'hôtes aménagées dans une grande demeure de caractère, la maison du propriétaire. 1 ch. (1 lit 2 pers.) et 1 suite (1 lit 2 pers.). Salle d'eau particulière pour chacune. WC communs aux 2 chambres. Possibilité 1 lit enfant. Salle de séjour, TV, bibliothèque, téléphone. Cour, jardin de 2000 m². Parking. Ouvert toute l'année. Poss. lit suppl. Nombreux stages sportifs à Ardres. Par N43. Calais 18 km. Gratuit pour enfant - 4 ans. Enfant +4 ans : 40 F. Proximité sortie A26, n° 2.

Prix : 1 pers. 160 F 2 pers. 200 F pers. sup. 40 F

🏊	🍴	🐚	🚶	🎿	👫	♪
18	2	2	10	2	5	15

CALAIS – Ferme du Chateau - 26 rue Meraville – 62610 Nielles-Les Ardres – Tél. : 21.35.47.76

Nortleulinghen   *C.M. n° 51*

♥♥ NN (TH)   2 chambres d'hôtes aménagées dans la maison des propriétaires. 1 chambre (1 lit 2 pers.) et 1 chambre (2 lits 1 pers.). Salle d'eau et wc particuliers pour chaque chambre. Salle de séjour, TV, téléphone. Jardin, parking. Table d'hôtes sur réservation. Gare 10 km. Ouvert toute l'année. En bordure du village, maison en briques rouges (construction ancienne). Par RN43 et D221. Ardres 10 km. Saint-Omer 13 km.

Prix : 2 pers. 190 F pers. sup. 50 F repas 80 F

🐕	🏊	🍴	🐚	🚶	🎿	👫	♪
	25	5	10	12	5	SP	8

NOEL Henri – 8, rue de la Mairie – 62890 Nortleulinghen – Tél. : 21.35.64.60

Pernes-les-Boulogne Le Petit Fouquehove   *C.M. n° 51*

♥♥ NN   2 chambres dans la maison des propriétaires, manoir rénové. 1 ch. (1 lit 2 pers.), salle de bains particulière. 1 ch. (2 lits 1 pers.), salle de bains privée attenante à la chambre. WC communs aux 2 ch. Salle de séjour, salon. Possibilité 1 lit d'enfant supplémentaire. TV. Jardin, parking. Gratuit enfant - 5 ans. Fermé durant Noël et le jour de l'An. Accès par N42. Boulogne-sur-Mer 8 km. Wimereux 6 km.

Prix : 2 pers. 260 F

🏊	⛵	🐚	🚶	🎿	👫
6	6	8	SP	2	SP

MILLINER – Le Petit Fauquehove – 62126 Pernes-Les Boulogne – Tél : 21.83.37.03

Pernes-les-Boulogne — *C.M. n° 51*

♥♥♥ NN — 4 chambres d'hôtes aménagées dans la maison des propriétaires. 1 ch. (1 lit 2 pers. 2 lits 1 pers.) avec salle d'eau et wc particuliers. 1 ch. (1 lit 2 pers.) avec salle d'eau et wc particuliers. 2 ch. (1 lit 2 pers. chacune) avec salle de bains et wc particuliers. Salle de séjour, salon. Poss. lits suppl. Bibliothèque, TV, téléphone. Jardin, garage, parking. Au centre du village, ancien corps de ferme, construction ancienne rénovée. Location VTT. Boulogne-sur-Mer 10 km. Calais 30 km. RN42, A16 (6 km). Gare 10 km. Ouvert toute l'année. Ferme-auberge sur place.

Prix : 2 pers. 200 F 3 pers. 250 F pers. sup. 50 F

10	SP	10	10	SP	4	SP

LEFOUR Valerie – 4, Route de Souverain Moulin – 62126 Pernes-Les Boulogne – Tél. : 21.33.78.50

Pihem Aux Campagnes

♥♥♥ NN (TH) — 4 chambres d'hôtes aménagées dans une ancienne grange à l'intérieur d'un corps de ferme. Salon, salle de jeux, bibliothèque, parking, jardin clos. 2 ch. (1 lit 2 pers.), 1 ch. (1 lit 1 pers. 1 lit 2 pers.), 1 ch. (1 lit 2 pers. 2 lits 1 pers.). Salle d'eau et wc particuliers pour chaque chambre. Poss. lits suppl. Ouvert toute l'année. Poss. table d'hôtes, vin compris. 1/2 pension à partir de 3 nuits. Restaurant sur place. Saint-Omer 7 km. Gratuit pour les enfants de moins de 3 ans.

Prix : 1 pers. 180 F 2 pers. 200 F 3 pers. 260 F pers. sup. 90 F repas 90 F 1/2 pens. 180 F

40	2	40	7	2	4	SP

RENAULT Gerard et Nadine – Aux Campagnes - 18 rue du Flot – 62570 Pihem – Tél. : 21.93.81.53

Pihen-les-Guines Ferme de Beauregard — *C.M. n° 51*

♥♥ NN — 1 chambre d'hôtes indépendante dans une maison de caractère (1 lit 2 pers.), salle d'eau et wc particuliers, coin-cuisine privé dans une salle séparée. Possibilité lit pliant supplémentaire. Gare et commerces 1 km. Ouvert toute l'année. Restaurant 6 km. Construction rénovée en dehors du village. Parking. A16, sortie Saint-Inglevert, suivre Pihen-les-Guines. Guines 7 km, Marquise/Calais 8 km.

Prix : 2 pers. 200 F pers. sup. 70 F

6	18	8	6	1	3

LUYSSAERT Michel – Ferme de Beauregard – 62340 Pihen-Les Guines – Tél. : 21.35.12.96

Pittefaux — *C.M. n° 51*

♥♥♥ NN (A) — 3 chambres d'hôtes dans une ferme du Boulonnais, rez-de-chaussée : 2 ch. (1 lit 2 pers.), étage : 1 ch et 1 suite (1 lit 2 pers. 2 lits superposés), salle d'eau et wc particuliers chacune. Salle de séjour, salon, TV commune. Gare 15 km, commerces 2 km. Ouvert toute l'année. Anglais et hollandais parlés. Bar, accueil et brasserie. Centre équestre sur place. Parking. En dehors du village, construction ancienne rénovée. Restaurant 1 km. Par RN2, Marquise et Boulogne 12 km. Accès par A16, sortie n° 5 ou accès Auchan/boulogne par fléchage.

Prix : 1 pers. 150 F 2 pers. 300 F pers. sup. 70 F repas 70 F

10	1	14	12	10	SP	SP

CROMBE Yves – Ferme de la Cense - Route de Hesdres – 62126 Pittefaux – Tél. : 21.32.28.11 – Fax : 21.32.28.11

Quelmes — *C.M. n° 51*

♥♥♥ NN — 4 ch. d'hôtes aménagées dans un ancien corps de ferme. Salle de séjour, salon, TV. 3 ch. (1 lit 2 pers.), 1 ch. (1 lit 1 pers. 1 lit 2 pers.), salle d'eau et wc particuliers pour chaque chambre. Cuisine commune aux 4 chambres. Jardin, parking. Ouvert toute l'année. Anglais parlé. Par N42, A26 à 4 km. Réservation Loisirs-Accueil : 21.83.96.77. Fax : 21.30.04.81.

Prix : 1 pers. 200 F 2 pers. 250 F 3 pers. 350 F

45	15	35	5	5	5	2	7

HUYSENTRUYT Eric – 110 rue de la Place – 62500 Quelmes – Tél. : 21.95.60.62

Questrecques Ferme-du-Village — *C.M. n° 51*

♥♥ NN (TH) — 4 ch. d'hôtes aménagées dans une ferme du XVIIIe siècle avec pigeonnier. 1 ch. (7 lits 1 pers.), 1 ch. (3 lits 1 pers.), 1 ch. (1 lit 1 pers. 1 lit 2 pers.), 1 ch. (1 lit 2 pers.), salle de bains et wc particuliers dans chaque chambre. Salle de séjour, salle de jeux, TV, bibliothèque, téléphone. Parking, garage, jardin. Ouvert toute l'année. Stages poney, poney-club, promenade chevaux, VTT, pêche.

Prix : 1 pers. 100 F 2 pers. 200 F pers. sup. 80 F repas 80 F

12	SP	12	8	2	SP	SP

SARL GITE EQUESTRE DU MOULIN – Ferme du Village – 62830 Questrecques – Tél. : 21.33.66.32

Ramecourt Ferme-du-Bois-Quesnoy

♥♥♥ NN — 4 ch. d'hôtes aménagées dans une maison de caractère, dans un corps de ferme en pierre. 3 ch. (2 lits 1 pers.), 1 ch. (1 lit 2 pers.), salle d'eau, salle de bains et wc particuliers pour chacune. Salon avec TV, bibliothèque. Parking, jardin, 4 garages. Ouvert toute l'année. Saint-Pol 2 km. Frévent 8 km. Restaurant 2 km.

Prix : 2 pers. 230 F

70	20	20	2	1	10	SP

DELEAU Francois – Ferme du Bois Quesnoy – 62130 Ramecourt – Tél. : 21.41.66.60

Remilly-Wirquin Le Moulin

♥ NN — 2 chambres aménagées dans un moulin à eau. 1 ch. (1 lit 2 pers.), 1 ch. (1 lit 2 pers. 1 lit 1 pers.). Salle d'eau particulière pour chacune. Salle de séjour, salle de jeux, possibilité cuisine. Garage, parking. Vue sur la rivière et les sapins. Lumbres 6 km. Saint-Omer 10 km. Restaurant 3 km. Gratuité pour les enfants de moins de 5 ans. Ouvert toute l'année.

Prix : 1 pers. 140 F 2 pers. 160 F 3 pers. 200 F

30	SP	30	6	6	7	SP

FASQUELLE Andre – Le Moulin - 14 rue Bernard Chochoy – 62380 Remilly-Wirquin – Tél. : 21.93.05.99

Renty Ferme de la Tentation

♥♥♥ NN
(TH)

4 ch. d'hôtes aménagées dans un corps de ferme. 4 ch. (1 lit 2 pers.). Salle d'eau et wc particuliers pour chaque chambre. TV, bibliothèque, salle de jeux (billard, flipper, table de ping-pong). Parking. Garage. Mini-parc animalier. Ouvert toute l'année. Restaurant 3 km. Fauquembergues 3 km. Circuit VTT. Poss. location VTT. Poss. lits suppl. Pêche en rivière ou étang. Circuit VTT et pédestre balisés sur place. Promenade en poney. Terrain de pétanque, javelot, etc... Structure d'accueil dans un cadre exceptionnel où se conjuguent calme et verdure à l'orée des bois. Poss. loc. gîte ou chalet mobil-home. Fabrication de spécialités artisanales au feu de bois.

Prix : 1 pers. 170 F 2 pers. 190 F pers. sup. 55 F repas 65 F

30	SP	30	SP	3	3	SP

PRUVOST Denis – Ferme de la Tentation - rue du Corroy – 62560 Renty – Tél. : 21.95.28.19 – Fax : 21.95.28.19

Richebourg

♥♥♥ NN

Dans une ferme de caractère, 4 ch. à l'étage d'une dépendance attenante à l'habitation principale. 1 ch. (1 lit 1 pers.), 2 ch. (1 lit 2 pers. 1 lit 1 pers.), 1 ch. (1 lit 2 pers.). Salle d'eau et wc particuliers pour chaque chambre. Salle de séjour et cuisine communes au r.d.c. Véranda. TV. Téléphone. Poss. lit suppl. Parking, garage. Gratuit pour enfant - 5 ans. Ouvert toute l'année. D171 Béthune (12 km)/Armentières (16 km). Restaurant 2 km. La Bossée 8 km.

Prix : 1 pers. 140 F 2 pers. 175 F 3 pers. 210 F
pers. sup. 30 F

80	5	15	12	SP	2	SP

BAVIERE Andre et Christiane – 106, rue des Charbonniers – 62136 Richebourg – Tél. : 21.26.07.19

Richebourg   *C.M. n° 51*

♥♥ NN

2 chambres indépendants avec chacune : 1 lit 2 pers., salle d'eau et wc particuliers chacune. TV et téléphone téléséjour dans chacune. Salle de séjour dans la maison du propriétaire. Possibilité lit enfant supplémentaire. Enfant - 5 ans gratuit. Anglais parlé. Gare 14 km, commerces sur place. Construction rénovée en dehors du village. Ouvert toute l'année. Restaurant 2 km.

Prix : 1 pers. 150 F 2 pers. 180 F pers. sup. 50 F

80	20	80	10	SP	5	SP

BLONDIAUX-PRINS Benoit – 20 rue de la Croix Barbet – 62136 Richebourg – Tél. : 21.26.04.95

Royon

♥♥♥ NN

2 ch. d'hôtes aménagées dans une maison typique du haut pays d'Artois, bordée par la Créquoise. 2 ch. (1 lit 2 pers.), salles de bains et wc particuliers. Salle de séjour, salon, TV, bibliothèque. Parking, jardin. Ouvert toute l'année. Beaurainville 9 km. RN39. Restaurant sur place. Hesdin 15 km. Fruges 12 km. Gare 9 km.

Prix : 1 pers. 160 F 2 pers. 210 F

30	SP	30	15	5	7	SP

COUVREUR Francois – 21, rue du Moulin – 62990 Royon – Tél. : 21.90.60.72 ou 21.86.67.06

Sains-les-Fressin   *C.M. n° 51*

♥♥♥ NN

A 1/2 heure de la mer, dans un écrin de verdure et de fleurs, 1 ch. (1 lit 2 pers.), salle de bains (douche, 2 lavabos), wc privés, poss. lit pliant, lit enfant. 1 ch. et 1 suite (2 lits 2 pers.), salle d'eau et wc privés. Coin-cuisine, salle à manger et TV privés dans le hall. Chambres grand confort. Salle de séjour, salon. Jardin. Ouvert toute l'année sauf décembre. Anglais parlé. Fruges 9 km. Hesdin 12 km. Restaurant 1 km.

Prix : 2 pers. 250 F pers. sup. 50 F

45	4	45	12	SP	SP

RIEBEN Jo et Jacques – 35 rue Principale – 62310 Sains-Les-Fressin – Tél. : 21.90.60.13

Saint-Floris Les Buissonnets   *C.M. n° 51*

♥♥♥ NN

1 ch. d'hôtes aménagée dans la maison du propriétaire (construction ancienne rénovée) avec entrée indépendante. 1 ch. (1 lit 2 pers.), salle d'eau et wc particuliers. TV, téléphone et coin-cuisine dans la chambre. Poss. 1 lit enfant supplémentaire. Fer à repasser, sèchoir. Location vélos, jardin privatif avec salon. Ouvert toute l'année. Gare 6 km, commerces 1 km. Gratuit pour enfant - 5 ans. Enfant + 5 ans : 50 F. Par D916. Béthune 10 km. Restaurant 1 km. Hazebrouck 10 km. Merville 5.

Prix : 1 pers. 160 F 2 pers. 200 F

50	1	50	10	SP	1	SP

BOURGOIS Bruno – Les Buissonnets - 42 rue de la Calonne-S/-la-Lys – 62350 Saint-Floris – Tél. : 21.27.38.88

Saint-Inglevert

♥♥ NN

2 ch. d'hôtes dans un ancien corps de ferme rénové. 1 ch. (1 lit 2 pers. 1 lit 1 pers.), 1 ch. (1 lit 2 pers.). Salle d'eau et wc particuliers pour chaque chambre. TV, réfrigérateur, téléphone direct et sèche-cheveux dans chaque ch. Poss. locations cheval + attelage ou poney. Ouvert toute l'année. Réservation Loisirs Accueil : 21.83.96.77. Fax : 21.30.04.81. Restaurant 6 km. RN1 Calais/Boulogne-sur-Mer, sortie bretelle Saint-Inglevert/Wissant. Wissant 6 km. Calais 10 km.

Prix : 2 pers. 240 F 3 pers. 290 F

6	6	6	6	6	SP	SP

GIVELET Bruno – Route des Caps – 62250 Saint-Inglevert – Tél. : 21.87.08.90

Saint-Josse-sur-Mer

♥♥♥ NN

6 ch. d'hôtes aménagées dans une construction nouvelle, toutes avec 1 lit 2 pers., salle d'eau privée, wc particuliers. Salle de séjour. Poss. cuisine pour chaque chambre pour long séjour. Parking. Par RN1. Montreuil à 10 km. Gratuit enfant - 5 ans. Restaurant sur place. Ouvert toute l'année. Commerces 3 km.

Prix : 1 pers. 220 F 2 pers. 240 F pers. sup. 60 F

SP	0,5	7	SP	SP	SP	8

LEPRETRE Alain – Allee des Peupliers – 62170 Saint-Josse-sur-Mer – Tél. : 21 94.39.47

Saint-Josse-sur-Mer La Morinie *C.M. n° 51*

♨ NN
(TH)

Dans la maison récente des propriétaires au centre du village, 2 chambres d'hôtes. 1 ch. 2 épis (1 lit 2 pers.) avec salle de bains particulière. 1 ch. 1 épi (2 lits 2 pers. 1 lit 1 pers.) avec salle d'eau particulière. WC communs aux 2 chambres. Salle de séjour, salon, TV. Poss. lit enfant suppl. Jardin, parking. Table d'hôtes le soir. Ouvert toute l'année. Garde enfant le soir : 20 F de l'heure.

Prix : 2 pers. **200 F** 3 pers. **240 F** pers. sup. **40 F** repas **70 F**

15	1	5	8	SP	SP

HOYER Christiane – La Morinie - 8, rue des Corps Saints – 62170 Saint-Josse-sur-Mer – Tél. : 21.94.77.28

Saint-Josse-sur-Mer Ferme Dutertre *C.M. n° 51*

♨♨♨ NN

Dans une ancienne ferme, 3 chambres d'hôtes indépendantes avec terrasse : 2 ch. (1 lit 2 pers.), 1 ch. (3 lits 1 pers.), salle de bains et wc particuliers. Séjour avec cuisine, TV et cheminée réservés aux hôtes. Parking privé, parc paysagé avec étang. Ouvert toute l'année. Restaurant 1 km. 4 golfs à proximité. Montreuil et Etaples 8 km par D139, Le Touquet 8 km.

Prix : 1 pers. **200 F** 2 pers. **250 F** 3 pers. **320 F**

8	SP	8	4	SP

PRETRE Sabine – Ferme du Tertre - 77 Chaussée de l'Avant Pays – 62170 Saint-Josse-sur-Mer – Tél. : 21.09.09.13 ou 07.26.64.84

Saint-Nicolas-les-Arras

♨♨ NN

3 chambres aménagées dans une ferme familiale. 3 ch. (1 lit 2 pers.), salle d'eau particulière pour chacune et wc communs. Poss. cuisine dans l'entrée. Régrigérateur pour les 3 chambres. Garage. Arras 2 km. Restaurant sur place. Ouvert toute l'année. Gare 3 km. Garage fermé.

Prix : 1 pers. **130 F** 2 pers. **170 F**

80	1	80	2	1	2	SP	5

LESUEUR Antoinette – Route de Roclincourt – 62223 Saint-Nicolas-Les Arras – Tél. : 21.55.27.85

Saint-Omer

♨♨ NN

3 chambres aménagées dans une ancienne grange attenante à la maison avec accès indépendant. 2 ch. (1 lit 2 pers.), 1 ch. (1 lit 2 pers. 1 lit 1 pers.). Salle de bains particulière. Salle de séjour, prise TV. Poss. cuisine, parking, jardin. Gare de Saint-Omer 800 m. Ouvert toute l'année. Proximité du Marais Audomarois. Forêt 2 km.

Prix : 1 pers. **130 F** 2 pers. **170 F** 3 pers. **220 F**

35	SP	1	1	4

FLANDRIN Raymond – 6 Route de Clairmarais – 62500 Saint-Omer – Tél. : 21.38.11.65

Saint-Tricat *C.M. n° 51*

♨♨ NN
(TH)

4 chambres d'hôtes dans la maison des propriétaires. 3 chambres (1 lit 2 pers. chacune), 1 chambre (2 lits 2 pers.). Salle d'eau, wc, réfrigérateur et TV dans chaque chambre. Salle de séjour, salon, TV, téléphone, livres à disposition. Jardin, parking fermé. Tarif repas sans boissons. Gare 9 km. Ouvert toute l'année. Au centre du village, manoir du XVII° siècle de caractère. Guines 4 km. Calais 9 km. Par le train : TGV (Calais/Frethun/Saint-Tricat). Par la route : A26 puis RN 43.

Prix : 2 pers. **190 F** pers. sup. **50 F** repas **55 F**

4	6	4	9	9	8	SP

CORNILLE Nelly – Manoir Haute de Leulingue – 62185 Saint-Tricat – Tél. : 21.85.92.58

Salperwick Relais de l'Amitie

♨♨

3 ch. dans une gentilhommière du XVII° siècle. 1 ch. (1 lit 1 pers. 1 lit 2 pers.), salle de bains et wc particuliers. 1 ch. (1 lit 2 pers.), 1 ch. (2 lits 2 pers.) avec salle d'eau et wc communs. Salle de séjour, salon, TV, bibliothèque à disposition. Ouvert toute l'année. Produits fermiers sur place. Location de barques. Rivière 500 m. Restaurant sur place. Prix selon l'aménagement des chambres. Enfant : 40 F. Saint-Omer 4 km.

Prix : 1 pers. **130/140 F** 2 pers. **170/200 F** 3 pers. **220/250 F**

38	0,5	38	4	4	3	2	10

COSSART Jean-Etienne – Relais de l'Amitie - rue du Rivage – 62500 Salperwick – Tél. : 21.38.11.91

Samer *C.M. n° 51*

♨♨ NN

5 ch. d'hôtes aménagées dans une maison bourgeoise de caractère. 3 ch. 2 épis (1 lit 2 pers.) avec salle d'eau particulière et wc communs aux 3 chambres. 1 suite 3 épis : 1 ch. (1 lit 2 pers.) avec salle de bains particulière et 1 ch. (2 lits 1 pers.) avec salle de bains particulière, wc communs à la suite. Salon, salle de séjour, TV, téléphone. Jardin, parking. Ouvert toute l'année. Restaurant sur place. Réservation Loisirs-Accueil : 21.83.96.77. Fax : 21.30.04.81.

Prix : 2 pers. **250/280 F** pers. sup. **50 F**

12	3	12	10	1	2	4

BOUCLET Marie-Claire – 22 rue Roger Salengro – 62830 Samer – Tél. : 21.83.50.89

Samer Le Pont-d'Etienfort *C.M. n° 51*

♨♨ NN

1 ch. d'hôtes aménagée dans une maison de caractère. 1 ch. (1 lit 2 pers. 2 lits 1 pers.), salle de bains et wc particuliers. Salle de séjour, salon, TV. Jardin, parking. Ouvert toute l'année. 280 F/4 pers. Restaurant 2 km. Promenades à poney pour enfants.

Prix : 2 pers. **180 F** 3 pers. **230 F** pers. sup. **50 F**

12	2	12	7	10	2	SP

PRUVOST-DUVAL – Le Pont d'Etienfort - 1 rue Nationale – 62830 Samer – Tél. : 21.33.50.24

Samer   *C.M. n° 51*

♥♥♥ NN
(TH)

3 ch. d'hôtes dans une maison de caractère. 1 ch. (3 lits 1 pers.), 1 ch. (1 lit 2 pers.), salle d'eau et wc privés chacune, 1 ch. (2 lits 1 pers.) salle de bains et wc privés. Salle de séjour, salon, bibliothèque, TV, téléphone. Poss. lit enfant supplémentaire. Jardin, terrasse, parking. Ouvert toute l'année. Restaurant sur place. Table d'hôtes uniquement sur résa. Réservation Loisirs-Accueil : 21.83.96.77. Fax : 21.30.04.81.

Prix : 2 pers. **200/220 F** 3 pers. **250 F** pers. sup. **60 F** repas **60 F**

12	5	12	6	SP	5	SP

MAUCOTEL Joelle – 127 rue du Breuil – 62830 Samer – Tél. : 21.33.50.87

Le Sars   *C.M. n° 53 — Pli n° 12*

♥♥ NN

Alt. : 128 m — 3 ch. dans une maison de caractère donnant sur une nationale. A l'étage : 2 ch. (1 lit 2 pers. + lavabo), salle d'eau commune. R.d.c. : 1 ch. (2 lits 1 pers.), salle d'eau et wc privés, entrée indépendante. Poss. lits suppl., salle de séjour réservée aux hôtes, poss. coin-cuisine, cheminée feu de bois, téléphone. Parking privé fermé, jardin, salon de jardin, terrasse. Gare 13 km, commerces 6 km. A proximité des Batailles de la Somme. Restaurant 6 km. Ouvert toute l'année. Bapaume 6 km. Albert 13 km. Par l'A1, sortir à Bapaume D929. Anglais et allemand parlés.

Prix : 1 pers. **140 F** 2 pers. **200/230 F** pers. sup. **60 F**

100	5	100	6	6	6	SP	20

ROUSSEL Daniele – 37 Route Nationale – 62450 Le Sars – Tél. : 21.07.05.01 – Fax : 21.24.78.10

Saulty   *C.M. n° 53 — Pli n° 1*

♥♥♥ NN

5 chambres aménagées dans un château. 1 ch. (1 lit 2 pers.), salle d'eau part. 1 ch. (1 lit 2 pers.), salle de bains part. 2 ch. dont 1 ch. classée 2 épis NN (1 lit 2 pers. 1 lit 1 pers.), salle de bains part. pour chacune. 1 ch. (1 lit 2 pers. 2 lits 1 pers.), salle de bains et wc particuliers. Salle de séjour, salon, TV, bibliothèque et téléphone. Anglais parlé. Ouvert toute l'année sauf janvier. Parking. Restaurant sur place. Réservation Loisirs Accueil : 21.83.96.77. Fax : 21.30.04.81. Enfant : 70 F. Arras 18 km. Doullens 18 km. Gare 18 km.

Prix : 1 pers. **190 F** 2 pers. **250 F** 3 pers. **320 F** pers. sup. **70 F**

80	6	80	18	7	SP	18

DALLE Pierre – 82 rue de la Gare – 62158 Saulty – Tél. : 21.48.24.76 – Fax : 21.48.18.32

Sorrus Ferme du Colombier   *C.M. n° 51 — Pli n° 11*

♥♥♥ NN
(TH)

Alt. : 50 m — 6 ch. d'hôtes aménagées dans une construction neuve. Parking. 4 ch. (1 lit 2 pers. 1 conv. 2 pers.) dans chaque chambre, salle d'eau et wc privés. 2 ch. 1 NN (1 lit 2 pers. 1 conv. 2 pers.) chacune, salle d'eau et wc communs à 2 ch. Petit déjeuner à la table familiale. Ouvert toute l'année. Gratuit pour enfant de - 3 ans. Gare 4 km, commerces 3 km. Restaurant 3 km. Le Touquet 15 km. Montreuil 4 km. Anglais parlé.

Prix : 1 pers. **110/160 F** 2 pers. **160/210 F** 3 pers. **190/240 F** pers. sup. **30 F** repas **65 F**

12	10	15	4	12	SP	14

DEBUICHE Michel – Ferme du Colombier - 171 rue Saint-Riquier – 62170 Sorrus – Tél. : 21.06.07.27

Sorrus

♥♥ NN

1 chambre et 1 suite (1 lit 2 pers. 2 lits 1 pers.) avec salle d'eau et wc particuliers, aménagées dans une charmante petite maison. Salle de séjour. Montreuil 5 km. RN1. Ouvert toute l'année. Restaurant 2 km. Le Touquet 12 km.

Prix : 2 pers. **190 F** 3 pers. **220 F** pers. sup. **60 F**

10	2	10	5	5	10	SP

BONNINGUES Gilbert – 275, rue du Mont Hulin – 62170 Sorrus – Tél. : 21.86.21.70

Souchez

♥♥♥ NN
(A)

4 ch. aménagées dans une maison de caractère. 3 ch. (1 lit 2 pers.), 1 ch. (1 lit 2 pers. 1 lit 1 pers.), salle d'eau et wc particuliers pour chacune. Chambres très confortables avec une vue agréable. Jardin. Salon, salle de séjour, téléphone. Réservation Loisirs-Accueil : 21.83.96.77. Fax : 21.30.04.81. Restaurant sur place. Musée sur place. Arras 10 km. Lievin 5 km. Lens 8 km.

Prix : 1 pers. **180 F** 2 pers. **220 F** 3 pers. **250 F** pers. sup. **30 F** repas **70 F**

2	80	2	2	2	SP	

DUTRIEU Chantal – 114 Bd du General de Gaulle – 59100 Roubaix – Tél. : 20.24.31.77

Souchez

♥ NN
(TH)

1 chambre aménagée dans une ferme accessible aux personnes handicapées. 1 chambre (2 lits 1 pers. 1 lit 2 pers.). Salle d'eau particulière. Parking. Arras 12 km. Ouvert toute l'année.

Prix : 1 pers. **120 F** 2 pers. **150 F** 3 pers. **180 F** repas **80/110 F**

80	2	80	2	2	SP

BEAUCAMP Philippe – 1 Route Nationale – 62153 Souchez – Tél. : 21.45.06.10

Teneur   *C.M. n° 51*

♥♥♥ NN

3 ch. d'hôtes aménagées dans une ancienne grange, dans le cadre verdoyant et reposant de la vallée ternoise. Salle de séjour, bibliothèque, téléphone. 3 ch. (1 lit 2 pers.), salle d'eau et wc particuliers, coin-repos dans chaque chambre. Cuisine à la disposition des hôtes. Poss. 1 lit enfant supplémentaire. Jardin, parking. Ouvert toute l'année. Location VTT. Saint-Pol 12 km. Fruges 10 km. Gratuit pour enfant - 5 ans. Restaurant 5 km. Animaux admis après accord des propriétaires. Azincourt 7 km, circuit de Croix-en-Ternois 10 km. Situé sur le GR21.

Prix : 1 pers. **180 F** 2 pers. **200 F** 3 pers. **280 F** pers. sup. **50 F**

50	SP	7	15	5	10	SP

VENIEZ – 11 rue Marcel Dollet – 62134 Teneur – Tél. : 21.41.62.34

Therouanne

❀❀❀ NN
(TH)

3 ch. d'hôtes aménagées à l'étage d'une maison neuve. Salle de séjour, salon, TV, bibliothèque et cheminée. 1 ch. (2 lits 1 pers.), 1 ch. (1 lit 2 pers. 1 lit 1 pers.) et 1 ch. (1 lit 2 pers. 1 lit 1 pers.). Salle d'eau et wc particuliers pour chacune. Coin-cuisine commun. Possibilité 2 lits enfants. Salle de jeux. 1 ch. en cours de classement. Garage fermé. Gare 10 km, commerces 500 m. Ouvert toute l'année. Saint-Omer 15 km. A26, sortie 4. Thérouanne 3 km. Restaurant 1 km. Site archéologique, musée. Anglais et allemand parlés.

Prix : 1 pers. **150 F** 2 pers. **180 F** 3 pers. **220 F**
pers. sup. **40 F** repas **50 F**

🌊	🚣	⛵	🏊	🎿	🚴	👫	⛳
50	1	3	10	1	7	SP	15

DEWILDE Therese – 10 rue d'Aire – 62129 Therouanne – Tél. : 21.38.41.27 – Fax : 21.38.41.27

Thiembronne Drionville

❀❀

2 chambres d'hôtes aménagées dans une maison neuve. 1 ch. (2 lits 1 pers.), 1 ch. (1 lit 2 pers. 1 lit superposé). Salle de bains, wc communs. Salle de séjour, salon, TV, bibliothèque. Parking, jardin. Fauquembergues 8 km. A 32 km du littoral. Ferme-auberge sur place. Ouvert toute l'année. Saint-Omer 20 km. Boulogne-sur-Mer 30 km. Poss. table d'hôtes.

Prix : 2 pers. **160 F** pers. sup. **50 F**

🌊	🚣	⛵	🏊	🎿	🚴	👫	⛳
30	5	30	10	10	10	SP	10

DECROIX-DUPUIS – 2, Chaussee Brunehaut - Hameau de Drionville – 62560 Thiembronne-Fauquembergues – Tél. : 21.95.07.97

Tigny-Noyelle Le Prieure

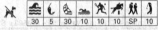

❀❀❀ NN
(TH)

4 ch. d'hôtes indépendantes aménagées dans une maison de caractère. 2 ch. (1 lit 2 pers. chacune), 1 ch. (2 lits 1 pers., poss. lit d'appoint), 1 ch. (2 lits 1 pers. 1 lit 2 pers.), salle de bains, wc et TV particuliers chacune. Poss. 1 lit enfant supplémentaire. Salle de séjour. Parking (hors propriété), jardin. Ouvert toute l'année. Accès par N1. Berck 12 km. Montreuil 14 km.

Prix : 2 pers. **250 F** 3 pers. **320 F** repas **80/100 F**

🌊	🚣	⛵	🏊	🎿	🚴	👫	⛳
12	SP	12	12	12	12	2	3

DELBECQUE Roger – Le Prieure - Impasse de l'Eglise – 62180 Tigny-Noyelle – Tél. : 21.86.04.38

Valhuon La Villa Jeanne d'Arc

❀❀ NN
(TH)

3 chambres indépendants au rez-de-chaussée, chacune 1 lit 2 pers., salle d'eau avec wc particuliers. Salle de séjour commune, salon, TV et bibliothèque. Possibilité lit enfant supplémentaire. Gare 7 km, commerces sur place. Ouvert toute l'année sauf en février (congés scolaires). Au centre du village, construction rénovée. Enfants - de 5 ans gratuit. Jardin, parking. Saint-Pol 7 km, Bruay 15 km par D77. Anglais et allemand parlés.

Prix : 1 pers. **180 F** 2 pers. **200 F** pers. sup. **50 F** repas **70 F**

🌊	🚣	⛵	🏊	🎿	🚴	👫	⛳
60	15	60	10	SP	12	SP	

ZIELMANN Sylviane – La Villa Jeanne d'Arc - 5 rue du Faubourg Brule – 62550 Valhuon – Tél. : 21.47.97.34

Verton

❀❀❀ NN

4 chambres aménagées dans une jolie chaumière de caractère au milieu d'un jardin arboré et fleuri au cœur du village calme et paisible. 3 ch. (1 lit 2 pers. chacune). 1 ch. (1 lit 2 pers. 1 lit fauteuil 1 pers.). Salle d'eau et wc particuliers + TV pour chaque chambre. Parking. VTT. Planche à voile 5 km. Gare 3 km. Commerces sur place. Ouvert toute l'année. Restaurant sur place. Berck 3,5 km. Le Touquet 15 km.

Prix : 1 pers. **220 F** 2 pers. **250 F** 3 pers. **320 F**

	🌊	🚣	⛵	🏊	🎿	🚴	⛳
	5	5	5	5	5	5	15

TERRIEN Christian et Genevieve – La Chaumiere – 19 rue du Bihen – 62180 Verton – Tél. : 21.84.27.10

Verton

❀❀ NN

1 chambre d'hôtes (1 lit 2 pers.) aménagée dans un corps de ferme, salle d'eau et wc particuliers, 1 ch. 3 épis (1 lit 2 pers. 1 lit 1 pers.), salle d'eau et wc privés. TV dans la chambre. Coin-cuisine. Salle de séjour dans la maison des propriétaires. Parking. A 3 km du littoral. Restaurant 2 km. Ouvert toute l'année. Aire de jeux. Gare 2 km, commerces sur place.

Prix : 2 pers. **180/200 F** 3 pers. **240 F**

🌊	🚣	⛵	🏊	🎿	🚴	👫	⛳
4	3	4	4	4	2	SP	11

LEMOR Roger – 2, rue de Montreuil – 62180 Verton – Tél. : 21.84.23.59

Waill

❀❀❀ NN
(TH)

4 chambres d'hôtes indépendantes : 1 ch. (1 lit 2 pers. 1 lit 1 pers.), 1 ch. (2 lits 1 pers.), 1 ch. (3 lits 1 pers. 2 lits 1 pers. superp.), 1 ch. (1 lit 2 pers.). Salle d'eau et wc particuliers. Salle de séjour et salon réservés aux hôtes. TV, bibliothèque et téléphone. Gare et commerces 8 km. Ouvert toute l'année. Enfant - de 10 ans : 50 F. En dehors du village, construction rénovée. Restaurant 4 km. Hesdin 7 km, Saint-Pol 20 km, Le Touquet 45 km.

Prix : 1 pers. **185 F** 2 pers. **230 F** 3 pers. **300 F** repas **80 F**

🌊	🚣	⛵	🏊	🎿	🚴	👫
45	SP	45	14	6	SP	SP

COURQUIN Anielle – 1 rue de Wawette – 62770 Waill – Tél. : 21.41.88.38

Pas-de-Calais

Wailly

C.M. n° 51

❦❦❦ NN 4 chambres d'hôtes indépendantes, 2 au rez-de-chaussée et 2 à l'étage. 2 chambres (2 lits 1 pers. chacune), 2 chambres (1 lit 2 pers. chacune). Salle d'eau et wc particuliers pour chacune. Coin-cuisine commun aux 4 chambres au r.d.c. Possibilité lits enfants en suppl. Salle de séjour, TV. Possibilité garage, parking. Gare 7 km. Ouvert toute l'année. Au centre du village, construction ancienne rénovée. Arras 7 km. Amiens 40 km. Par RN25 dir. Doullens.

Prix : 1 pers. **160 F** 2 pers. **200 F** pers. sup. **60 F**

	70	20	70	4	SP

DESSAINT Denise – 18, rue des Hochettes – 62217 Wailly – Tél. : 21.51.64.14

Wailly-Beaucamp

C.M. n° 51 — Pli n° 2

❦❦ 2 ch. d'hôtes aménagées dans une maison neuve en briques, avec accès extérieur pour les chambres. 1 ch. (1 lit 2 pers.) et 1 ch. (1 lit 2 pers. 1 lit 1 pers.). Salle d'eau et wc comuns aux 2 chambres, lavabo dans chaque chambre. Salon. Parking, jardin. Ouvert toute l'année. Restaurant 4 km. Montreuil 7 km.

Prix : 1 pers. **140 F** 2 pers. **180 F** 3 pers. **230 F** pers. sup. **50 F**

	12	7	7	7	7	20	7

LEBECQUE Bernard – 14 rue Verte – 62170 Wailly-Beaucamp – Tél. : 21.81.26.29

Wamin

❦❦ NN 2 ch. aménagées dans un château du XVIIe siècle. 1 ch. (1 lit 2 pers.) avec salle de bains particulière. 1 ch. (1 lit 2 pers. 1 lit 1 pers.) avec salle de bains particulière. Jardin. Parking. Restaurant 4 km. Gratuit enfant jusqu'à 3 ans. Le Touquet 38 km. Hesdin 5 km. Fruges 14 km. Ouvert toute l'année sur réservation. Gare et commerces 5 km.

Prix : 1 pers. **200 F** 2 pers. **230 F** 3 pers. **280 F** pers. sup. **55 F**

	38	4	38	5	5	5

LEFEBVRE DE GOUY – Chateau de Wamin – 62770 Le Parcq – Tél. : 21.04.81.49

Wamin

❦❦ NN 1 chambre d'hôtes (1 lit 2 pers.) aménagé dans une maisonnette de caractère très agréable, avec salle de bains particulière. Parking, cour fermée. Restaurant 3 km. Hesdin 5 km. Fruges 12 km.

Prix : 2 pers. **180 F**

	45	10	5	5	5	5	5

SAELENS Micheline – Rue d'En Haut – 62770 Le Parcq – Tél. : 21.04.81.40 ou 21.86.99.06

Wissant Le Breuil

C.M. n° 51

❦❦ NN 2 chambres d'hôtes aménagées dans la maison des propriétaires. 1 chambre (1 lit 2 pers.), 1 chambre (1 lit 2 pers. 1 lit 1 pers.). WC communs aux 2 chambres. Salle de séjour. Parking, salon de jardin dans la cour. Ouvert toute l'année. Gare 9 km, commerces 3 km. Construction rénovée en dehors du village.

Prix : 1 pers. **170 F** 2 pers. **200/220 F** 3 pers. **270 F** pers. sup. **50 F**

	3	3	3	20	3	3	SP

LEBAS – Le Breuil – 62179 Wissant – Tél. : 21.92.88.87

Zouafques Wolphus

❦❦ NN 3 ch. d'hôtes dans une ferme restaurée. 2 ch. (1 lit 2 pers. 1 lit 1 pers.), 1 ch. (1 lit 2 pers. 2 lits 1 pers. superposés), salle d'eau particulière pour chacune, wc communs à 2 chambres. Salle de séjour à la disposition des hôtes. Coin-cuisine commun avec poss. utilisation en studio. Parc de 15 ha., parking. Rivière 1,5 km. Voiture indispensable. Ardres 5 km. RN43. Restaurant 1 km. Commerces 5 km. Audruicq 9 km. Gare 9 km. Anglais et espagnol parlés.

Prix : 1 pers. **160 F** 2 pers. **210 F** 3 pers. **280 F**

	22	SP	5	9	4	SP	6

BEHAGHEL Jean-Jacques – Wolphus – 62890 Zouafques – Tél. : 21.35.61.61

Somme

Argoules

C.M. n° 236 — Pli n° 12

❦❦ NN (TH) 2 ch. d'hôtes au rez-de-chaussée (1 lit 2 pers. chacune). 1 ch. avec salle de bains et wc privés au 1er ét. avec accès direct et 1 ch. dans l'habitation avec salle d'eau et wc privés non attenants. 1 ch. 3 épis NN au r.d.c. dans les dépendances avec poss. utilisation en studio (1 lit 2 pers. 1 clic-clac 2 pers., coin-cuisine, cheminée, s. de bains et wc privés. Gare 15 km. Commerces 5 km. Boisson comprise dans le prix repas. Parking, jardin, bicyclettes. Restaurant sur place. Etang privé (chasse, pêche). Découverte privée. Ouvert toute l'année. Anglais parlé.

Prix : 1 pers. **150 F** 2 pers. **200/250 F** 3 pers. **300/350 F** pers. sup. **80 F** repas **80 F** pens. **280 F**

	20	10	SP	SP	6	2	SP	8	20

BAYART Jacques – 23, Grande Rue – 80120 Argoules – Tél. : 22.23.91.23 – Fax : 22.29.29.62

Argoules

❈❈❈ NN

5 chambres d'hôtes aménagées au 1er étage + 1 chambre au 2e étage de l'ancienne abbaye de Valloires, sur la vallée de l'Authie dans un cadre exceptionnel avec vue sur les jardins paysagers. 3 chambres (1 lit 2 pers.), 2 chambres (1 lit 1 pers.), 1 chambre (3 lits 1 pers.). Salle de bains et wc particuliers pour 5 chambres. Salle d'eau et wc particuliers pour 1 chambre. Jardin. Restaurant à Argoules 2 km. Téléphone dans chaque chambre. Gare 18 km. Commerces 12 km. Ouvert toute l'année. Anglais parlé.

Prix : 1 pers. **360 F** 2 pers. **420 F** 3 pers. **500 F** pers. sup. **80 F**

	🏊	🎿	⛵	🚶	✈	⛷	🏇	🎣	🛶
	20	12	15	3	20	12	SP	6	20

ASSOCIATION DE VALLOIRES – Abbaye de Valloires – 80120 Argoules – Tél. : 22.29.62.33 – Fax : 22.23.91.54.

Arry

❈ NN

2 chambres d'hôtes à l'étage de la maison des propriétaires. 1 chambre (1 lit 2 pers. 1 lit bébé). 1 chambre (2 lits 1 pers. 1 lit 2 pers.). Salle d'eau et wc communs au rez-de-chaussée. Salle de séjour à la disposition des hôtes. Restaurant 3 km. Gare et commerces 4 km. Parc ornithologique du Marquenterre. Ouvert toute l'année. Allemand parlé. A proximité de la RN1 et sur la CD938 (Rue-Crécy), la maison est située dans le village, à l'écart de la route principale.

Prix : 1 pers. **120 F** 2 pers. **150 F** 3 pers. **175 F**

🏊	🎿	⛵	🚶	✈	⛷	🏇	🎣	🛶
10	4	15	SP	10	3	3	8	10

LENNE Robert – 2 rue de l'Eglise - Arry – 80120 Rue – Tél. : 22.25.02.33

Assainvillers

❈❈❈ NN
(TH)

Au 1er étage d'une maison bourgeoise, 1 chambre (1 lit 2 pers.), salle d'eau et wc privés. 1 suite de 2 chambres avec chacune (1 lit 2 pers.), salle d'eau et wc privés à la suite. Salon avec TV et bibliothèque. Terrasse, jardin, salon de jardin. Restaurant 4 km. Commerces 4 km. Ouvert toute l'année. Anglais, italien et grec parlés. Boisson comprise dans le prix repas.

Prix : 1 pers. **130/150 F** 2 pers. **180/200 F** 3 pers. **310 F** repas **70 F**

⛵	🚶	✈	⛷	🏇	🎣
4	4	4	4	SP	20

ZOGAS Colette – 2 rue du Calvaire – 80500 Assainvillers – Tél. : 22.78.20.76

Auchonvillers

❈❈❈ NN
(TH)

Dans une fermette isolée entre Beaumont et Auchonvillers, au cœur même de la zone de combat de la 1ère guerre mondiale, ce couple britannique met à dispo. 4 ch. dont 3 au r.d.c : 2 ch. (2 lits 1 pers.), 1 ch. (1 lit 2 pers.), 1 ch. (3 lits 1 pers.). Salle d'eau et wc privés. Poss. lit suppl. Salon commun. Jardin, véranda. Ouvert de février à novembre 1996. Gare et commerces 9 km. Restaurant 5 km. Anglais parlé. Boissons comprises dans le prix repas. Table d'hôtes sur réservation.

Prix : 1 pers. **160 F** 2 pers. **225 F** 3 pers. **275 F** repas **65/85 F**

	🎿	⛵	🚶	✈	⛷	🏇	🎣
	3	9	4	10	9	4	9

RENSHAW Julie – Les Galets - Route de Beaumont – 80560 Auchonvillers – Tél. : 22.76.28.79

Bavelincourt

❈❈

4 ch. d'hôtes dans une maison de caractère avec parc dans le village. 1 suite de 2 ch. non communicantes (1 lit 2 pers. chacune) au 1er ét. avec wc, s.d.b. au r.d.c. 1 suite de 2 ch. non communicantes au 2e ét. (1 ch. 1 lit 2 pers. 1 ch. 2 lits 1 pers.). Salle à manger, salon, TV, coin-cuisine. Parc. Terrain, parking. Aire de jeux à la dispo. des hôtes. Pique-nique. Gare 12 km. Commerces 3 km. Ouvert du 1er mars au 30 novembre. Anglais parlé. Restaurant 5 km. Proximité du circuit du Souvenir. Gratuit pour les enfants de moins de 4 ans. Réduction 10 % après 5 jours.

Prix : 1 pers. **150 F** 2 pers. **200 F** pers. sup. **70 F**

	🎿	🚶	✈	⛷	🏇	🎣
	15	SP	SP	6	3	10

VALENGIN Noel – Les Aulnaies – 80260 Bavelincourt – Tél. : 22.40.51.51

Beauquesne

❈❈ NN

A l'étage de l'habitation de la propriétaire, 1 suite de 2 ch. non communicantes (1 lit 2 pers. 2 lits 1 pers.), s.d.b. privée à la suite. 1 ch. (1 lit 2 pers.), douche et lavabo. 1 ch. (1 lit 2 pers. 1 lit bébé), douche. WC communs. TV dans chaque ch. Salle de jeux, bibliothèque. Salle de séjour et salon au r.d.c. Poss. lits enfants. Parking fermé, jardin avec mobilier. Ecurie. Commerces sur place. Ouvert toute l'année. - 5 ans : gratuit. Près de l'église, dans une grande maison bourgeoise. Vallée de l'Authie 6 km. Doullens, sa citadelle et la salle du commandement unique 9 km. Village médiéval de Lucheux 12 km.

Prix : 1 pers. **140 F** 2 pers. **170 F** pers. sup. **70 F**

🎿	🚶	✈	⛷	🏇	🎣
9	5	12	SP	5	25

EVRARD Francine – Place Lucien Allard – 80600 Beauquesne – Tél. : 22.32.85.44

Behen Les Alleux

❈❈❈ NN
(TH)

A l'étage du château, 1 ch. (2 lits 1 pers. 1 lit enfant), s.d.b. et wc privés. Dans les communs attenants, 2 ch. (1 lit 2 pers. 2 lits 1 pers.). Ch. enfant en option. Studio (1 lit 2 pers.), coin-cuisine. S.d.b. ou s. d'eau et wc privés dans chaque ch. Poss. lit enfant. 4 à 12 ans : 75 F. Réduc. dès 3 nuits. Gare et commerces 10 km. Ouvert toute l'année. N28 à moins d'1 km. Abbeville 10 km, Blangy 15 km. Dans la région du Vimeu vert, château XVIIe/XVIIIe s., au milieu d'un grand parc. Côte Picarde et baie de Somme 25 km. Moulin St-Maxent 5 km. Restaurant 5 km. Poss. promenades poneys, vélos, chasse. Table d'hôtes le soir uniquement, sur réservation.

Prix : 1 pers. **250 F** 2 pers. **300 F** pers. sup. **80 F** repas **150 F**

	🏊	🎿	⛵	🚶	✈	⛷	🏇
	25	18	10	10	10	10	SP

DE FONTANGES Rene-Francois – Chateau des Alleux – 80870 Behen – Tél. : 22.31.64.88

Somme

Boismont

C.M. n° 236 — Pli n° 22

❀❀ NN 3 chambres d'hôtes aménagées au 1er étage de l'habitation des propriétaires avec accès indépendant. 1 ch. (1 lit 2 pers. 1 lit 1 pers.), 1 ch. (2 lits 1 pers. ou 1 lit 180), salle d'eau et wc privés pour chacune. 1 ch. (1 lit 2 pers.), salle de bains et wc privés. Salle pour petit déjeuner réservée aux hôtes avec accès sur le jardin. Jeux pour enfants, portique, toboggan, salon de jardin. Gare 10 km. Commerces 3 km. Ouvert toute l'année. Enfant de moins 12 ans : 50 F. Chambre situées hors du village, en direction de Mons-Boubert.

Prix : 1 pers. **150 F** 2 pers. **180 F** 3 pers. **240 F**

5	20	14	SP	5	5	5	12

LENNE Daniel – Moulin de Bretel – 80230 Boismont – Tél. : 22.31.44.54 – Fax : 22.31.15.14

Bouvaincourt/bresle

E.C. NN 1 ch. d'hôtes à l'étage de la maison des propriétaires (1 lit 2 pers. 1 lit 120) avec coin-salon, salle de bains et wc privés. Possibilité lit supplémentaire. Plan d'eau et sports nautiques dans le village. Restaurant 5 km. Gare et commerces 6 km. Ouvert de Pâques au 30 septembre. Dans la vallée de la Bresle, au terminus près de la D1015. Enfant jusqu'à 14 ans : 70 F.

Prix : 1 pers. **180 F** 2 pers. **230 F** 3 pers. **330 F**

8	1	8	SP	3	SP	SP	4

DELEERSNYDER – 3 Bis rue Georges Pillot – 80220 Bouvaincourt/Bresle – Tél. : 22.30.96.24

Boves La Bergerie

C.M. n° 236 — Pli n° 24

❀❀❀ NN Dans le village, en bordure de la D935 (Amiens/Montdidier), 1 chambre d'hôtes située dans les dépendances d'une grande propriété de 5800 m², (1 lit 2 pers. 1 lit d'appoint 1 pers.), salle de bains et wc privés. Grande baie vitrée donnant sur un jardin paysager, étang. Salon de jardin, parking fermé (portail électrique), abris couverts. Animaux admis sous réserve. Gare et commerces sur place. Ouvert toute l'année. Anglais parlé. Restaurant dans le village. Possibilité pêche et chasse.

Prix : 1 pers. **280 F** 2 pers. **320 F** pers. sup. **60 F**

2	9	5	2	SP	2	8	

DELCAMBRE – La Bergerie - 3 rue des Deportes – 80440 Boves – Tél. : 22.09.30.75

Bussus-Bussuel

C.M. n° 236 — Pli n° 23

E.C. NN 2 chambres d'hôtes aménagées en rez-de-jardin d'une maison de construction récente. 2 chambres 1 lit 2 pers., salle d'eau, wc et TV dans chacune. Possibilité lit supplémentaire. Restaurant sur place. Ouvert toute l'année. Gare 12 km, commerces 4 km.

Prix : 1 pers. **180 F** 2 pers. **220 F** 3 pers. **300 F**

25	15	12	10	12	SP	SP

BUISSON Jacques – Chemin Blanc – 80135 Bussus-Bussuel – Tél. : 22.28.06.17 ou 22.28.07.23 – Fax : 22.28.02.28

Candas

C.M. n° 236 — Pli n° 24

❀❀❀ NN Dans un cadre verdoyant, 1 suite de 2 chambres d'hôtes. A l'étage : 1 ch. (1 lit 2 pers.), 1 ch. (3 lits 1 pers.), avec salle de bains et wc exclusifs aux hôtes. Salle de séjour à la disposition des hôtes. Jardin. Restaurant 2 km. Possibilité lit enfant. Ouvert toute l'année. A 8 km de la RN16 (Doullens-Amiens) et à 3 km du CD925 (Doullens-Abbeville), sur le CD31.

Prix : 1 pers. **130 F** 2 pers. **180 F** 3 pers. **230 F**

20	10

VAST Lysiane – 103 rue de la Gare – 80750 Candas – Tél. : 22.32.03.25

Caours

C.M. n° 236 — Pli n° 22

❀❀❀ NN Face à l'habitation des propriétaires, dans un bâtiment rénové. 5 ch. au rez-de-chaussée avec accès direct au jardin donnant sur une rivière. 2 ch. (1 lit 2 pers. 1 lit 1 pers. chacune), salle de bains et wc privés et 3 ch. (1 lit 2 pers. chacune), salle de bains et wc privés. Kitchenette dans une chambre. Séjour à la disposition des hôtes. Possibilité cuisine. Location VTT sur place et hébergement chevaux sur place. Restaurant et tennis au village. Abbaye de St-Riquier 4 km. Ouvert toute l'année. Anglais et allemand parlés. Poss. d'utilisation en studio avec 50 F de supplément. Gare 5 km. Commerces 4 km.

Prix : 1 pers. **250 F** 2 pers. **300 F** 3 pers. **400 F** pers. sup. **100 F**

20	15	5	SP	5	SP	SP	12	20

DE LAMARLIERE Marc et Helene – 2 rue de la Ferme – 80132 Caours – Tél. : 22.24.77.49 – Fax : 22.24.76.97

Cayeux-sur-Mer

C.M. n° 236 — Pli n° 21

❀❀❀ NN Dans une jolie maison entourée d'un grand jardin fleuri clos, 1 chambre à l'étage (1 lit 2 pers. 1 lit 1 pers.), salle d'eau et wc privés. Commerces 3 km. Ouvert du 1er mars au 31 décembre. Taxe de séjour en supplément. Abri couvert pour vélos et motos, parking. Sur la côte Picarde, au hameau de la Mollière jouxtant la station balnéaire de Cayeux sur Mer, sur le CD 204 (St-Valéry-sur-Somme/Cayeux). Plage à 1 km. Baie de Somme. Saint-Valery sur Somme. La maison de l'Oiseau à proximité. Parc du Marquenterre à 15 km. Restaurant dans la station et à 3 km.

Prix : 1 pers. **200 F** 2 pers. **250 F** 3 pers. **350 F**

SP	15	12	SP	3	3	SP	2

VAHE Fernand – « La Picardiere » la Molliere - 465 rue Douville Maillefeu – 80410 Cayeux-sur-Mer – Tél. : 22.26.63.93

Cayeux-sur-Mer
C.M. n° 236 — Pli n° 21

❦❦ NN
A l'étage d'une maison de construction récente avec accès indépendant. 4 chambres avec salles d'eau privées. WC communs. 2 chambres (1 lit 2 pers.). 1 chambre (1 lit 2 pers. 1 lit 1 pers.). 1 chambre (2 lits 2 pers.). Séjour commun au rez-de-chaussée. Ouvert de Pâques au 11 novembre. Taxe de séjour en supplément. (3 F/pers. de plus de 10 ans). Sur la Côte Picarde, dans la station balnéaire de Cayeux sur mer. Plage à proximité immédiate. Baie de Somme. Saint-Valéry sur Somme. La Maison de l'Oiseau 5 km. Parc du Marquenterre 15 km. Restaurant dans la station. Commerces sur place.

Prix : 1 pers. **175 F** 2 pers. **210 F** 3 pers. **280 F**
pers. sup. **70 F**

🏊	🎣	⛵	♣	🚶	🎿	👫	⛷
4	15	10	SP	SP	SP	SP	SP

CREPIN Thierry – 8 Bis Route d'Eu – 80410 Cayeux-sur-Mer – Tél. : 22.26.75.09

Cayeux-sur-Mer
C.M. n° 236 — Pli n° 21

❦❦❦ NN
1 chambre 2 pers. et 1 suite de 2 chambres au rez-de-chaussée d'une villa située non loin de la plage, au pied du phare de Brighton. 1 ch. (1 lit 2 pers.), salle de bains et wc privés. 1 suite de 2 ch. avec 2 lits 1 pers. 1 lit 2 pers.), salle d'eau et wc privés. Jardin. Garage pour motos et vélos uniquement. Parking fermé. Restaurant 2 km. Ouvert du 1er mai au 15 septembre. Taxe de séjour en supplément. Anglais et allemand parlés.

Prix : 1 pers. **240 F** 2 pers. **260 F** 3 pers. **330 F**

🏊	🎣	⛵	♣	🚶	🎿	👫	⛷
SP	15	12	SP	1	2	SP	2

**QUENNEHEN Jean-Louis – Villa Equinoxe - 21 rue du Syndicat - Brighton – 80410 Cayeux-sur-Mer –
Tél. : 22.26.74.72**

Citernes

❦❦❦ NN
3 chambres d'hôtes (2 ch. 1 lit 2 pers., 1 ch. 2 lits 1 pers. chacune) aménagées au 1er étage d'une maison de maître entourée d'un parc de 15 ha., chacune avec salle de bains et wc privés. Possibilité lit enfant. Kitchenette fermée, coin-détente et salon d'été à disposition des hôtes. Anglais et allemand parlés. Gare 20 km, commerces 5 km. Ouvert toute l'année. Oisemont 5 km, prieuré d'Airaines et château de Rambures à 10 km. A proximité de la D936 (Amiens-Le Tréport), au hameau de Yonville et à 1,5 km de l'agglomération.

Prix : 1 pers. **270 F** 2 pers. **300 F** pers. sup. **100 F**

🐕

🏊	🎣	⛵	♣	🚶	🎿	👫	⛷	🎿
40	20	20	15	5	SP	SP	20	15

**DES FORTS Philippe – Hameau de Yonville - 5 rue de Yonville – 80490 Citernes – Tél. : 22.28.61.16 –
Fax : 22.28.61.16**

Crecy-en-Ponthieu
C.M. n° 236 — Pli n° 12

❦❦ NN
A l'étage d'une maison annexe à celle des propriétaires. 1 suite de 2 chambres, soit : 1 chambre (1 lit 2 pers.), salle d'eau et wc privés et 1 chambre (2 lits 1 pers.), lavabo et wc privés. Salle commune au rez-de-chaussée, TV. Restaurant sur place. Gare 20 km. Commerces sur place. Ouvert toute l'année. Au centre du village situé à l'orée de la forêt domaniale de Crécy, site de la célèbre bataille. Abbaye de Saint-Riquier et de Valloires.

Prix : 1 pers. **150/190 F** 2 pers. **180/220 F**

🏊	🎣	⛵	♣	👫	⛷	🎿
30	2	20	10	SP	15	25

GREVET Marie Paule – 9 rue des Ecoles – 80150 Crecy-en-Ponthieu – Tél. : 22.23.54.45

Cremery
C.M. n° 236 — Pli n° 35

❦❦❦ NN
(TH)
Dans une maison indépendant près de l'habitation des propriétaires, 5 ch. au r.d.c. : 4 ch. (1 lit 2 pers.), 1 ch. (2 lits 1 pers.). Chacune avec salle de bains et wc privés. Poss. lits enfants supplémentaires. Séjour avec TV et magnétoscope, salle de jeux (jeux de société, ping-pong) à disposition. Location de VTT, chevaux et poneys sur place. Cour fermée. Hébergement pour chevaux. Anglais parlé. Possibilité garage fermé. Ouvert toute l'année. Gare 10 km. Commerces 5 km. Boisson comprise dans prix repas.

Prix : 1 pers. **300 F** 2 pers. **350 F** 3 pers. **400 F** repas **120 F**

🐕

🏊	⛵	🚶	👫	⛷
5	10	SP	5	5

**CHIRAUX – Ferme du Merens - 3 rue de Gruny – 80700 Cremery – Tél. : 22.87.38.50 ou 22.87.42.19 –
Fax : 22.87.42.27**

Creuse
C.M. n° 236 — Pli n° 23

❦❦❦ NN
(TH)
2 ch. d'hôtes et 1 suite de 2 ch. dans les dépendances d'une chaumière du XVIIIe. Rez-de-jardin : 1 ch. (2 lits 1 pers.), coin-cuisine, communicante avec 1 ch. (1 lit 2 pers.), salle de bains et wc privés à la suite, 1 ch. (1 lit 2 pers.) 1 lit 1 pers.), salle de bains et wc privés. Salon avec cheminée feu de bois chez le propriétaire. Poss. lit suppl. Jardin. Gare 14 km, commerces 5 km. Ouvert toute l'année. Anglais parlé. Dans le village, à proximité immédiate de la forêt domaniale de Creuse, à 2 km de la RN29 (Amiens/Rouen). Amiens 14 km. Poix de Picardie 14 km. Ferme d'Antan sur place. Restaurant 4 km. Table d'hôtes sur réservation, boissons en sus.

Prix : 2 pers. **260/340 F** pers. sup. **100 F** repas **90 F**

🎣	⛵	♣	🚶	🎿	👫	⛷	🎿
SP	14	6	5	SP	SP	12	10

LEMAITRE Monique – 26 rue Principale – 80480 Creuse – Tél. : 22.38.91.50

Le Crotoy
C.M. n° 236 — Pli n° 21

❦❦ NN
Sur la Côte Picarde, en Baie de Somme, 5 chambres dans une maison située devant le port de pêche. 1er étage : 1 ch. 1 épi NN (1 lit 2 pers.) avec s.d.b. attenante commune et wc à mi-étage. 2 ch. 2 épis NN (1 lit 2 pers. chacune) s.d.b. (baignoire sabot) et wc privés. 2e étage : 2 ch. 2 épis NN (1 lit 2 pers. chacune), s.d.b. (baignoire sabot) et wc privés. Séjour. Gare 7 km. Commerces sur place. Ouvert du 15 février au 15 novembre. Restaurant sur place. Taxe de séjour.

Prix : 1 pers. **210/260 F** 2 pers. **230/280 F** pers. sup. **75 F**

🏊	🎣	⛵	♣	🚶	🎿	👫	⛷
SP	15	10	SP	SP	SP	SP	SP

LARSONNIER Roger – 26 Quai Courbet – 80550 Le Crotoy – Tél. : 22.27.04.93 ou 22.24.50.87

Crouy

♥ NN
(TH)

5 ch. d'hôtes à l'étage d'une abbaye située en pleine campagne. 3 ch. (2 lits 1 pers.). 1 ch. (1 lit 2 pers.). 1 ch. (3 lits 1 pers.), lavabo chacune. 3 blocs sanitaires (5 douches, 7 wc et 2 lavabos). Salle de séjour, bibliothèque, TV à disposition des hôtes. Terrain. Parking. Accueil de groupes. Anglais parlé. Possibilité de pension. Repas boissons comprises. Restaurant à 2 km. En Vallée de Somme, sur le CD218 qui relie Amiens à Abbeville, au milieu d'un parc boisé, dans des bâtiments du XVIIIᵉ siècle. Ouvert toute l'année sauf dernière semaine d'août.

Prix : 1 pers. 145 F 2 pers. 210 F 3 pers. 285 F repas 50 F

15	2	15	SP	10	

ABBAYE DU GARD « Le Gard Accueil » – 80310 Crouy-Saint-Pierre – Tél. : 22.51.40.50 – Fax : 22.51.24.79.

Curlu

♥♥♥ NN
(TH)

4 chambres d'hôtes aménagées au 1ᵉʳ étage d'un bâtiment attenant à l'habitation principale. 1 ch. (1 lit 2 pers. 1 lit 1 pers.), salle de bains et wc privés. 2 ch. (1 lit 2 pers. chacune), 1 ch. (2 lits 1 pers.) avec chacune salle d'eau et wc privés. Poss. lits supplémentaires. Téléphone dans chaque chambre. Séjour, TV, bibliothèque. Ouvert toute l'année. Location de vélos. Restaurant 2 km. Dans la vallée de la Haute-Somme, à proximité du CD Albert-Péronne. Anglais parlé. Gare et commerces 10 km.

Prix : 1 pers. 150 F 2 pers. 200 F 3 pers. 300 F pers. sup. 90 F repas 85 F

10	SP	6	10	SP

PLAQUET Gerard – « Le Pre Fleuri » - 11 rue de Maurepas – 80360 Curlu – Tél. : 22.84.16.16 – Fax : 22.83.14.67

Digeon

♥♥

3 chambres d'hôtes aménagées au 2ᵉ étage du château de Digeon où les propriétaires exploitent une pépinière. 1 chambre (1 lit 1 pers. 1 lit 2 pers.). 2 chambres (2 lits 1 pers. chacune). Salle de bains et wc communs aux 3 chambres. Séjour au rez-de-chaussée. Parc paysager (visites). Possibilité lits enfants. Tarif enfant jusqu'à 4 ans : 50 F. Gare et commerces 3 km. Restaurant sur place. Fermé du 24 décembre au 1ᵉʳ janvier. Anglais et néerlandais parlés.

Prix : 1 pers. 150 F 2 pers. 220 F 3 pers. 300 F

10	3	5	15	3	SP

GOISQUE Bruno – Chateau de Digeon – 80590 Morvillers-Saint-Saturnin – Tél. : 22.38.07.12

Doullens Freschevillers

♥ NN
(TH)

3 chambres d'hôtes situées au 1ᵉʳ étage de l'habitation, en bordure de route. 2 chambres communicantes (1 lit 2 pers. chacune), 1 douche dans une chambre, 1 chambre (1 lit 1 pers. 1 lit 2 pers.). Salle d'eau et wc communs aux 3 chambres. Lavabo dans chaque chambre. Possibilité table d'hôtes sur réservation (boisson comprises). Ouvert toute l'année. Anglais parlé. Gare 30 km. Commerces 2 km. Restaurant 3 km.

Prix : 1 pers. 125 F 2 pers. 180 F 3 pers. 240 F repas 70/85 F 1/2 pens. 155 F

10	3	SP	7	3	3

DE MUYT-HILAIRE – Freschevillers - Route d'Albert – 80600 Doullens – Tél. : 22.77.15.56

Dury

♥♥♥ NN

4 chambres d'hôtes aménagées dans un bâtiment annexe à l'habitation des propriétaires. 1 chambre au rez-de-chaussée (2 lits 1 pers.), salle d'eau et wc privés. A l'étage : 2 chambres (1 lit 2 pers.), salle d'eau et wc privés chacune. 1 suite de 2 chambres communicantes (1 lit 2 pers. 1 lit 1 pers.), séparées par la salle de bains et wc privés. Poss. lit enfant. Salon. Salle de séjour, TV à disposition. Parking fermé. Poss. de promenades en calèche sur place. Restaurant gastronomique dans le village. Gare 5 km. Commerces 1 km. Ouvert toute l'année. A proximité d'Amiens (5 km) sur la RN1. Anglais parlé.

Prix : 1 pers. 230 F 2 pers. 310 F 3 pers. 380 F pers. sup. 60 F

10	5	5	SP	5	SP	4	15

SAGUEZ Alain et Maryse – 2 rue Grimaux – 80480 Dury – Tél. : 22.95.29.52

Dury

♥♥ NN

Dans une habitation de construction récente, 2 chambres d'hôtes : 1 ch. 2 pers. au 1ᵉʳ étage avec salle d'eau et wc privés, 1 ch. 2 pers. au rez-de-chaussée avec salle d'eau et wc privés. Salle de bains commune. Possibilité lit supplémentaire. A proximité d'Amiens, dans un village fleuri de Dury sur la RN 1. Restaurant gastronomique dans le village. Cathédrale et hortillonnages d'Amiens 5 km. Gare 5 km. Commerces sur place. Ouvert toute l'année.

Prix : 1 pers. 180 F 2 pers. 220 F

10	5	SP	SP	5	SP	4	15

CALANDRE Francoise – Rue Etienne du Castel – 80480 Dury – Tél. : 22.45.07.27

Erondelle

♥♥♥ NN

1ᵉʳ étage : 3 ch. (1 lit 2 pers. chacune), wc privés, salle de bains. Cheminée feu de bois dans 2 ch. et balcon dans 1 ch. 2ᵉ étage : 1 ch. (2 lits 1 pers.), salle de bains et wc privés et 1 ch. (1 lit 2 pers.) avec douche non cloisonnée et wc privés. Poss. lit suppl. Poss. table d'hôtes sur résa. Poss. réduction à partir de la 2ᵉ nuit. Gare 10 km, commerces 5 km. Promenades en barque. Musique de chambre les 3ᵉ samedis. Hélisurface. Fermé en Janvier. Anglais parlé. Réduction à partir de la 2ᵉ nuit. Gratuit pour les enfants - de 4 ans. A proximité de la D901, élégant manoir victorien sur sa colline boisée avec vue sur les étangs de la vallée de la Somme.

Prix : 2 pers. 350/550 F pers. sup. 150 F

20	SP	10	10	7	SP	10	20

THAON-D'ARNOLDI – Manoir de la Renardiere – 80580 Erondelle – Tél · 22.27.13.00 – Fax : 22.27.13.12.

Estrees-les-Crecy
C.M. n° 236 — Pli n° 12

✳✳✳ NN
(TH)

En bordure du CD 938, 1 chambre d'hôtes côté cour à l'étage de la maison des propriétaires. 1 ch. (1 lit 2 pers. 1 lit 1 pers.), salle d'eau et wc privés. Poss. chambre enfants indépendante (2 lits 1 pers.). R.D.C. : séjour et salon communs. Poss. lit bébé. Ping-pong, terrain de pétanque. Commerces 3 km. Ouvert toute l'année. Anglais et espagnol parlés. Proche de la forêt domaniale de Crécy (3 km). Auxi-le-Château 14 km. Site de la bataille de Crécy-en-Ponthieu. Vallée de l'Authie 5 km. Restaurant 3 km. Gratuit jusqu'à 3 ans. Hébergement chevaux. 1/2 pens. : 1500 F/semaine/pers. ou 2500 F/semaine/2 pers. Table d'hôtes sur réservation.

Prix : 1 pers. **200 F** 2 pers. **250 F** 3 pers. **320 F**
pers. sup. **60 F** repas **100 F**

🏊	🎿	🚣	🎣	🚴	🎿	👫	🐎	
23	3	15	5	SP	20	23		

DE SAINTE-COLOMBE DE BOISSONNADE – 2 rue Nationale – 80150 Estrees-Les Crecy – Tél. : 22.23.61.88

L'Etoile
C.M. n° 236 — Pli n° 23

✳✳✳ NN

Au cœur de la vallée de la Somme dans le village. 3 ch. dans une ancienne maison picarde entièrement rénovée. R.D.C. : 1 ch. (1 lit 2 pers.), salle d'eau, wc privés et entrée indépendante. 1 ch. 2 lits superp. enfants), salle de bains et wc privés. Etage : 1 ch. (1 lit 2 pers. 1 lit 1 pers.), salle de bains, wc privés et TV coul., véranda. Parc de 13600 m² avec étang et court de tennis à disposition des hôtes. proximité de le RN1 (Amiens-Abbeville), dans le village. Gare et commerces 5 km. Ouvert toute l'année.

Prix : 1 pers. **240 F** 2 pers. **280 F** pers. sup. **100 F**

🐕	🏊	🎿	🚣	🎣	🚴	🎾	👫	🐎	
40	25	25	SP	10	SP	SP	25	40	

MERCHAT Laurent – 10 rue Saint-Martin – 80830 L'Etoile – Tél. : 22.51.02.84

Favieres
C.M. n° 236 — Pli n° 22

✳✳✳ NN

Dans un village situé près de la D940, entre le Crotoy et Rue, dans une aile de construction récente contiguë à la maison d'habitation. 4 ch. d'hôtes au r.d.c., toutes avec accès extérieur, salle d'eau et wc privés : 3 ch. (1 lit 2 pers. chacune) et 1 ch. (2 lits 1 pers.). Salle commune aux hôtes. Parking fermé devant les chambres. Barbecue à disposition. Gare 6 km. Commerces 4 km. Ouvert toute l'année. Restaurant gastronomique dans le village. Station du Crotoy 4 km. Petits animaux admis uniquement. Garage pour vélos.

Prix : 1 pers. **200 F** 2 pers. **270 F** pers. sup. **30/170 F**

🏊	🎿	🚣	🎣	🚴	🎿	👫	🐎	
4	10	4	4	1	4	SP	10	10

ROUSSEL – Rue de Romaine – 80120 Favieres – Tél. : 22.27.21.07

Fay
C.M. n° 235 — Pli n° 25

✳✳✳ NN

Dans le village, à proximité de la RN29 (Amiens/St-Quentin) et de la sortie autoroute A1, 3 chambres 2 pers. aménagées à l'étage d'une maison construite après la guerre 39-45. 1 ch. (2 lits 1 pers.) avec s. d'eau et wc privés, 1 ch. (1 lit 2 pers.) avec s. d'eau privée et wc indépendants, 1 ch. (1 lit 2 pers.) avec s.d.b. privée et wc indépendants. Salon avec coin-bibliothèque et TV couleur. Parking fermé, garage, jardin, salon de jardin, portique. Restaurants 2 km. Gare et commerces 4 km. Ouvert toute l'année. Anglais parlé. Circuit du souvenir, historial de Péronne à 12 km, basilique et musée des Abris à Albert (20 km).

Prix : 1 pers. **180 F** 2 pers. **250 F**

🏊	🎣	🎿	🎿	👫	
10	5	10	10	2	

ETEVE Bruno – 12 Grande Rue – 80200 Fay – Tél. : 22.85.20.53 – Fax : 22.85.91.94.

Forest-l'Abbaye
C.M. n° 236 — Pli n° 22

✳✳✳ NN

Dans un village à l'orée de la forêt domaniale de Crécy, 2 ch. d'hôtes aménagées dans une ferme, à côté du gîte rural. 1 ch. 2 épis NN à l'étage (1 lit 2 pers. 1 lit 1 pers.) avec salle de bains et wc particuliers. 1 ch. 3 épis NN avec poss. utilisation en studio, en r.d.c. avec salle d'eau privative et wc indépendants. Poss. lit bébé. TV. Parking, cour de ferme. Vélos à disposition. Logement de chevaux sur place. Gratuit jusqu'à 4 ans. Poss. table d'hôtes. Gare 12 km. Commerces 4 km. Ouvert toute l'année. Restaurant 4 km.

Prix : 1 pers. **220 F** 2 pers. **300 F** pers. sup. **120 F**

🏊	🎿	🚣	🎣	🚴	🎿	👫	🐎	
15	SP	12	10	15	12	SP	15	

BECQUET Michel – Forest l'Abbaye - 161 Place des Templiers – 80150 Crecy-en-Ponthieu – Tél. : 22.23.24.03

Forest-Montiers
C.M. n° 236 — Pli n° 12

✳✳ NN

4 chambres dont 2 côté jardin, au 1er étage d'une grande maison bourgeoise. 1 chambre (1 lit 2 pers.), 2 chambres communicantes avec chacune (1 lit 2 pers. et 1 pers.), 1 chambre (1 lit 2 pers. 1 lit 1 pers.). Salle d'eau et wc privés. Chauffage central. Jardin. Possibilité lits supplémentaires. Séjour. TV. Restauration à proximité. Gare et commerces à 5 km. Poss. barbecue. Location vélos. En bordure de la RN 1 (Paris/Amiens/Boulogne), dans l'arrière pays de la côte Picarde, à l'orée de la forêt domaniale de Crécy. Baie de Somme, le Crotoy. Parc du Marquenterre à 12 km. Ouvert toute l'année. Anglais et allemand parlés.

Prix : 1 pers. **200 F** 2 pers. **250 F** 3 pers. **320 F**
pers. sup. **70 F**

🏊	🎿	🚣	🎣	🚴	🎿	👫	🐎	
10	SP	18	6	5	SP	8	10	

LANDRIEUX Hubert et Chantal – 30 Route Nationale – 80120 Forest-Montiers – Tél. : 22.28.31.57 –
Fax : 22.28.31.57

Forest-Montiers
C.M. n° 236 — Pli n° 12

✳✳✳

A l'étage de l'habitation avec accès indépendant, 2 ch. 3 épis NN (1 lit 2 pers. chacune dont 1 avec 1 clic-clac), salle d'eau, wc et TV privés chacune. 2 ch. 2 épis NN (1 lit 2 pers. chacune), salle d'eau, wc privés chacune dont 1 ch. avec wc dans le couloir. Jeux d'enfants et table de jardin à dispo. Gare et commerces à 2 km. Ouvert toute l'année. Restaurant 2 km. Sur la Côte Picarde, à l'écart de la N1 (Abbeville-Boulogne) et du village sur la D940, la ferme de la Mottelette est isolée à 2 km de Rue (chapelle du Saint-Esprit) gothique flamboyant et beffroi. Stations balnéaires du Crotoy, Fort-Mahon, Quend. Aquaclub, parc du Marquenterre.

Prix : 2 pers. **230/270 F** pers. sup. **70 F**

🏊	🎿	🚣	🎣	🚴	🎿	👫	🐎	
7	2	12	2	5	2	SP	10	7

MANIER Yves – La Mottelette – 80120 Forest-Montiers – Tél. : 22.28.32.33 – Fax : 22.28.34.97

Foucaucourt-Hors-Nesle

C.M. n° 236 — Pli n° 22

✤✤ NN   Au 1er étage du Château de Foucaucourt, 1 ch. (1 lit 2 pers.), petite entrée, salle de bains et wc privés. 1 ch. (1 lit 2 pers.), salle d'eau et wc privés. Séjour, salon, TV. Parc. Logement pour chevaux. Restaurant à 5 km. Ouvert toute l'année. Animaux admis sous réserve. Anglais et espagnol parlés. Possibilité de table d'hôtes sur réservation. A proximité de la vallée de la Bresle et de la D1015 (Beauvais/Le Tréport). Château de Ramburés à 4 km.

Prix : 2 pers. 350/400 F pers. sup. 50 F

30	10	3	SP	4	3	27	15

DE ROCQUIGNY Elisabeth – Château de Foucaucourt – 80140 Foucaucourt-Hors-Nesle – Tél. : 22.25.12.58

Frise

C.M. n° 236 — Pli n° 25

✤✤✤ NN
(TH)   3 ch. d'hôtes aménagées au rez-de-chaussée avec terrasse et vue sur les étangs. 2 chambres (1 lit 2 pers. ou 2 lits pers.). 1 chambre (1 lit 2 pers. 1 lit 1 pers.), salle d'eau et wc privés pour chaque chambre. Salon avec TV et bibliothèque, cheminée feu de bois, salle à manger. Possibilité lit supplémentaire. Table d'hôtes sur réservation (boisson non comprise). Chasse au marais. 3 hectares d'étangs réservés aux hôtes pour la pêche et les promenades en barques. Location de VTT. Ouvert toute l'année. Gare et commerces 12 km. Ablaincourt-Pressoir 10 km (TGV).

Prix : 1 pers. 200 F 2 pers. 260 F 3 pers. 330 F pers. sup. 80 F repas 80 F

12	SP	SP	SP

RANDJIA Michel – « La Ferme de l'Ecluse » - 1 rue Mony – 80340 Frise – Tél. : 22.84.59.70

Ginchy

C.M. n° 236 — Pli n° 25

✤✤✤ NN   3 chambres d'hôtes avec salles d'eau et wc particuliers, situées au 1er étage de l'habitation familiale. 1 ch. (2 lits 2 pers.), 1 ch. (1 lit 2 pers. 1 lit 1 pers.), possibilité 1 lit enfant, 1 ch. (2 lits 1 pers.). Coin-salon avec kitchenette et TV, bibliothèque. Possibilité lit supplémentaire. Kitchenette. Gare 15 km. Commerces 3 km. Téléphone téléséjour. Location de vélos. Restauration à 10 km. Ouvert toute l'année. Gratuit jusqu'à 4 ans. Musée de Longueval. Gare TGV à 30 km. Table d'hôtes sur réservation (boissons non comprises).

Prix : 1 pers. 150 F 2 pers. 220 F 3 pers. 300 F pers. sup. 100 F

15	6	3	10

SAMAIN Roger – 1 Grande Rue – 80360 Ginchy – Tél. : 22.85.02.24 – Fax : 22.85.11.60

Grandcourt

C.M. n° 236 — Pli n° 25

✤✤✤ NN
(TH)   4 ch. d'hôtes : 1 ch. (1 lit 2 pers.) communicante avec 1 ch. (2 lits 1 pers.). 1 ch. (2 lits 2 pers.). 2 ch. (1 lit 2 pers.). Salles d'eau et wc particuliers pour chaque chambre. Possibilité lit enfant. Salle de séjour à la disposition des hôtes. Jardin, aire de jeux, parking. Gare 9, commerces 5 km. Table d'hôtes sur réservation (boisson non comprise). Location de vélos. Nombreux cimetières et monuments français, britanniques et allemands (bataille de la Somme en 1916). Restaurant 5 km. Ouvert toute l'année. Anglais parlé.

Prix : 1 pers. 150 F 2 pers. 200 F 3 pers. 260 F repas 60 F

10	5	4	10

BELLENGEZ Louis et Claudine – 9 rue de Beaucourt – 80300 Grandcourt – Tél. : 22.74.81.58 – Fax : 22.74.81.68.

Hautebut

✤✤✤ NN
(TH)   1 chambre (1 lit 2 pers. 1 lit d'appoint 1 pers.) à l'étage de l'habitation des propriétaires avec salle de bains et wc privés. TV à disposition dans le séjour des propriétaires. Jardin, salon de jardin, possibilité accès à l'étang de la propriété (2 ha.). Table d'hôtes sur réservation. Gare 12 km, commerces 5 km. Ouvert toute l'année. Animaux acceptés sous réserve. Petit train touristique de la baie de Somme. Ault 4 km, Cayeux 9 km. Anglais et italien parlés. A l'écart de la D940 (Saint-Valéry, Ault) et du hâble d'Ault. Taxe de séjour.

Prix : 1 pers. 230 F 2 pers. 280 F 3 pers. 350 F repas 75 F

1,5	12	8	SP	6	4	SP	SP

ZUCCHERI – La Catouillette - Hautebut – 80460 Ault – Tél. : 22.60.51.02 – Fax : 22.60.51.25

Hombleux

C.M. n° 236 — Pli n° 26

✤✤ NN   Dans un bâtiment annexe, 1 chambre aménagée au rez-de-chaussée (2 lits 1 pers. avec possibilité lit supplémentaire), cuisine, salle d'eau et wc privés. TV. Poss. lit enfant. Gare et commerces 5 km. Ouvert toute l'année. Anglais parlé. Possibilité de séjour à la semaine. Restauration 5 km. Etangs, canal de la Somme et canal du nord à proximité. Historial de Péronne à 20 km. Vestiges du château et crypte romane de l'église de Ham à 6 km. Pâture et box pour chevaux. Location de vélos. Petits animaux admis.

Prix : 1 pers. 130 F 2 pers. 180 F pers. sup. 50 F

8	6	3	3	SP	1

DOSSIN Claude – 8 rue Saint-Medard – 80400 Hombleux – Tél. : 23.81.06.06

Ignaucourt
C.M. n° 236 — Pli n° 19

♥♥♥ NN   A l'étage d'un bâtiment annexe à l'habitation des propriétaires, studio comprenant 2 ch. (1 lit 2 pers. 2 lits 1 pers.). R.d.c. : salle de bains et wc privés, séjour, salon avec convertible, coin-cuisine. Héberge- ment cheval. Gare et commerces 3 km. Ouvert toute l'année. Anglais, espagnol et allemand parlés. Location vélos sur place. Dans la vallée de la Luce, dans un village à 4 km de la D934 Amiens (22 km)- Royes (18 km). Promenades, pêche. Mémorial australien de Villers-Bretonneux 8 km. Abbatiale de Cor- bie 12 km. Restaurant à Marcelcave 3 km. Randonnées équestres 4 km.

Prix : 1 pers. **180 F** 2 pers. **215 F** 3 pers. **250 F**

🐾	🚣	🎣	🎿	🚶	⛷
	12	SP	5	3	SP

GROSSIER-LE QUEAU Eric – Rue de la Chapelle – 80720 Ignaucourt – Tél. : 22.42.35.03

Loeuilly
C.M. n° 236 — Pli n° 23

♥♥ NN   2 chambres d'hôtes (2 lits 2 pers. 1 lit 1 pers.) avec salle de bains particulière au 2e étage d'un bâtiment de caractère, possibilité chambre pour 2 enfants, séjour à la disposition des hôtes avec possibilité de cuisine, jardin, billard. Restauration dans le village. Cheminée feu de bois. Rivière. Base de loisirs. Ouvert toute l'année. Anglais parlé. Dans la vallée de la Selle, à proximité du CD 210 (Amiens- Beauvais). Gare 18 km. Commerces sur place.

Prix : 1 pers. **170 F** 2 pers. **200 F** 3 pers. **230 F**

🌲	🚣	🎣	🦅	🎿	🚶	⛷	⛵
8	15	SP	4	4	SP	14	SP

RICHOUX Bernard – 36 Route de Conty – 80160 Loeuilly – Tél. : 22.38.15.19

Louvrechy
C.M. n° 236 — Pli n° 34

♥♥ NN
(TH)   1 suite de 2 ch. (1 lit 2 pers.), 1 lavabo, salle d'eau et wc privés dans une maison indépendante située dans la cour des propriétaires. Chacune avec salle d'eau et wc privés. Poss. lit suppl. dans les cham- bres. Loc. poney et attelage sur place. Poss. pêche. Commerces 4 km. Ouvert toute l'année. Dans le bourg, à proximité de la D26 (Amiens-Montdidier). Anglais parlé. Gare 4 km. Prix 1/2 pension compre- nant le diner.

Prix : 1 pers. **200 F** 2 pers. **250 F** pers. sup. **50 F** repas **80 F**
1/2 pens. **300 F**

🐾	🌲	🚣	🎿	🚶
	10	20	4	SP

PRIEUR – 28 Grande Rue – 80250 Louvrechy – Tél. : 22.41.46.25 ou 22.41.46.46

Mailly-Maillet

E.C. NN   1 chambre d'hôtes (1 lit 2 pers.) avec s.d.b. et wc privés aménagée à l'étage (hopital de premier secours durant la grande guerre). Possibilité lit enfant. Salon et salle à disposition des hôtes. Poss. table d'hôtes sur réservation. TV. Anglais parlé. Gare 12 km, commerces sur place. Jardin d'agrément, salon de jar- din, transats. Site de la bataille de la Somme. Ouvert toute l'année. Parc terre-neuviau à proximité. A la sortie du village, en bordure de la D919 (Amiens-Arras) au cœur de la 1ère guerre mondiale.

Prix : 1 pers. **180 F** 2 pers. **250 F**

🌲	🚣	🎣	🦅	🎿	⛵
SP	12	4	6	12	30

HARLE-D'HERMONVILLE – Les Bieffes - 27 rue Pierre Lefebvre – 80560 Mailly-Maillet – Tél. : 22.76.21.44

Maison-Ponthieu
C.M. n° 236 — Pli n° 23

♥♥♥ NN   Château de pierres blanches du XVIIIe, entouré d'un parc fleuri. 1er étage : 1 ch. (2 lits 1 pers.), s.d.b., wc privés. 2e étage : 1 ch. (1 lit 2 pers.), s. d'eau, wc privés, 1 ch. (2 lits 1 pers. communicante avec 1 ch. (1 lit 1 pers.), s. d'eau, wc privés réservés à la suite. Véranda. Salon avec cheminée feu de bois à dispo. Poss. table d'hôtes sur demande. Gare 20 km, commerces sur place. Centre culturel de l'Abbaye de Saint-Riquier. Ouvert toute l'année. Anglais et allemand parlés. Location de vélos sur place. Canoë- kayak 6 km. Visite de la forêt de Crécy, du site de la bataille de Crécy, des « Muches » de Domqueur. Vallée de l'Authie.

Prix : 2 pers. **350 F** 3 pers. **450 F** pers. sup. **100 F**

🐾	🏊	🌲	🚣	🎣	🦅	🎿	🚶	⛷	⛵
	30	12	20	7	20	7	5	20	30

MALIVET Genevieve – Le Chateau de Maison Ponthieu – 80150 Maison-Ponthieu – Tél. : 22.29.03.01

Marcelcave
C.M. n° 236 — Pli n° 24

E.C. NN   3 ch. (3 lits 2 pers.) au 1er étage d'une maison d'habitation dont 2 avec wc privés et 1 avec wc non atte- nants. Lavabo dans chaque chambre. Douche commune. Véranda, TV à la disposition des hôtes. Jardin avec animaux d'agrément. Restaurant et tennis dans le village. Garage fermé. Possibilité 1 lit bébé. Commerces sur place. Ouvert toute l'année. Anglais parlé. A proximité de la N29 (Amiens-Saint- Quentin) et de la D934 (Amiens-Roye), non loin de la vallée de la Somme. Corbie, Abbatiale à 10 km.

Prix : 1 pers. **180 F** 2 pers. **210 F**

🚣	🎣	🦅	🎿	🚶
10	5	15	SP	3

BOUCHE Jean – 1 rue de l'Abbaye – 80720 Marcelcave – Tél. : 22.42.35.91

Le Mazis
C.M. n° 236 — Pli n° 22

♥♥ NN   Au 1er étage : 1 chambre (1 lit 2 pers.) avec salle d'eau et wc privés. Au 2e étage : 2 chambres (1 lit 2 pers. 1 lit 1 pers. chacune), salles d'eau particulières, wc communs. Salon à disposition des hôtes. Accès kitchenette possible. Jardin, barbecue et parking. Rivière 5 km. Restaurant 5 km. Ouvert toute l'année. Dans la vallée du Liger à 10 km d'Hornoy. Néerlandais parlé. Enfant - de 5 ans : 50 F. Gare 12 km, commerces 4 km.

Prix : 1 pers. **150 F** 2 pers. **230/250 F** 3 pers. **300 F**

🏊	🌲	🚣	🎣	🦅	🎿	🚶	⛵
30	5	10	5	15	5	3	20

ONDER DE LINDEN Dorette – Rue d'Inval – 80430 Le Mazis – Tél. : 22.25.90.88 – Fax : 22.25.76.04

Mesnil-Bruntel   🏚️   *C.M. n° 236 — Pli n° 26*

〽️〽️ NN   A proximité de la RN29 et non loin de la sortie d'autoroute A1, 1 suite de 2 chambres aménagées au 1er étage de l'habitation principale. 1 chambre 2 pers. + 1 chambre annexe 1 pers. (possibilité 2 lits enfants et lit bébé), salle de bains et wc communs à ces 2 chambres. Séjour, cheminée feu de bois, TV. Jardin. Gare 12 km. Commerces 5 km. Ouvert toute l'année. Lit enfant : 80 F. Historial de Péronne à 4 km.

Prix : 1 pers. **150 F** 2 pers. **200 F**

5	4	5	SP	2	5	5

ENNUYER Francine – 1 rue du Jeu de Paume – 80200 Mesnil-Bruntel – Tél. : 22.84.17.43

Naours   *C.M. n° 236 — Pli n° 24*

〽️〽️ NN   (TH)   Dans un bâtiment annexe à l'habitation des propriétaires, au rez-de-chaussée, 1 chambre (1 lit 2 pers. 1 lit enfant) avec salle d'eau et wc privés. Salle de séjour à disposition. 50 F pour un enfant - de 12 ans dans la même chambre. Commerces 7 km. Ouvert toute l'année. Dans le village, à 3 km de la RN 25. Grottes de Naours, visite des souterrains, refuges, Samara, parc archéologique 12 km. Restaurant sur place.

Prix : 1 pers. **130 F** 2 pers. **170 F** repas **50 F** 1/2 pens. **150 F**

15	5	SP	SP	SP

JONCKHEERE Monique – 13, rue d'Amiens – 80260 Naours – Tél. : 22.93.71.73

Naours   🏚️   *C.M. n° 236 — Pli n° 24*

〽️ NN   2 chambres d'hôtes aménagées dans l'habitation de la propriétaire. Rez-de-chaussée : 2 chambres (1 lit 2 pers.), salle de bains ou salle d'eau privée, wc communs. Séjour. Possibilité 1 lit enfant supplémentaire. 50 F pour enfants de 4 à 8 ans. Ouvert toute l'année. Gare 20 km. Commerces 8 km. Dans le village, à 3 km de la RN 25. Amiens 15 km, Doullens 15 km. Grottes de Naours, visite des souterrains (refuges). Samara, parc archéologique 12 km. Mini-golf dans le village.

Prix : 1 pers. **120 F** 2 pers. **170 F** 3 pers. **220 F**

15	5	SP	SP	SP

DELAMOTTE-SOIRANT Marie-Paule – 16 rue de la Raque – 80260 Naours – Tél. : 22.93.72.55

Oneux   🏚️   *C.M. n° 236 — Pli n° 23*

〽️〽️ NN   A la sortie du village, en direction de Gapennes, 3 ch. d'hôtes à l'étage de l'habitation. 1 ch. 3 épis NN (1 lits 2 pers.), salle d'eau et wc privés, 2 ch. 2 épis NN (1 lit 2 pers. salle d'eau chacune, wc communs aux 2 ch.). Salon avec TV, séjour et cuisine équipée à la disposition des hôtes. Parking fermé. Ouvert toute l'année. Gare 10 km, commerces 1 km. Restaurant 2 km. Centre culturel de l'Abbaye de Saint-Riquier. Forêt de Crécy.

Prix : 1 pers. **180 F** 2 pers. **200/230 F**

20	15	10	10	10	1	1	15	20

HECQUET Jean et Mauricette – 15 rue des Moulins – 80135 Oneux – Tél. : 22.28.80.62

Plachy-Buyon   *C.M. n° 236 — Pli n° 23*

〽️〽️〽️ NN   3 chambres d'hôtes aménagées dans une maison picarde. Rez-de-chaussée : 1 chambre (1 lit 2 pers. 1 lit 1 pers.). A l'étage : 2 chambres (2 lits 2 pers. 1 lit 1 pers.). Salle d'eau, wc et coin-cuisine dans chaque chambre. Séjour à la disposition des hôtes. Jardin. Bicyclettes. Restaurant 1 km. Ouvert de Pâques au 30 octobre. Parking privé.

Prix : 1 pers. **150 F** 2 pers. **210/230 F** 3 pers. **260 F**

3	6	2	3	SP	3	5	12

PILLON Jacqueline – L'Herbe de Grace – 80160 Plachy-Buyon – Tél. : 22.42.12.22

Port-le-Grand   🏚️   *C.M. n° 236 — Pli n° 22*

〽️〽️〽️ NN   2 chambres d'hôtes aménagées au 1er étage de l'habitation des propriétaires (ferme du XIXe siècle). 2 chambres (2 lits 1 pers. chacune), salles d'eau et wc particuliers. Jardin. Possibilité logement pour chevaux. Restaurant à 5 km. Piscine privée. Ouvert toute l'année. Anglais parlé. Gare et commerces 10 km.

Prix : 2 pers. **300 F**

15	5	SP	2	5	10	SP	4	10

MAILLARD Benoit – Ferme du Bois de Bonance – 80132 Port-le-Grand – Tél. : 22.24.34.97 – Fax : 22.31.63.77

Port-le-Grand   *C.M. n° 236 — Pli n° 22*

〽️〽️〽️ NN   (TH)   Dans une maison bourgeoise du XIXe siècle en briques, au milieu d'un beau jardin anglais, 3 chambres d'hôtes. 1er étage : 1 chambre (2 lits 1 pers.). 2e étage : 2 chambres (2 lits 1 pers. 1 lit 2 pers.). Toutes avec salles de bains et wc particuliers. Possibilité lit enfant. Jardin. Piscine privée. Restaurant 5 km. Ouvert du 15 février au 12 novembre. Anglais et allemand parlés. Gratuit pour les enfants jusqu'à 2 ans. Table d'hôtes sur réservation.

Prix : 1 pers. **300 F** 2 pers. **380 F** pers. sup. **100 F** repas **80 F**

12	10	SP	2	5	10	SP	4	10

MAILLARD Jacques et Myriam – Bois de Bonance – 80132 Port-le-Grand – Tél. : 22.24.11.97 – Fax : 22.31.63.77

Querrieu   *C.M. n° 236 — Pli n° 24*

〽️〽️〽️ NN   Dans le parc du château de Querrieu, avec accès indépendant. Grand confort. 5 ch. d'hôtes avec mezzanine dans les anciens communs. 3 ch. (3 lits 1 pers.), 1 ch. (4 lits 1 pers.), 1 ch. (1 lit 1 pers.). Chacune avec s.d.b. ou s. d'eau, wc privés et TV. Salon commun. Cheminée feu de bois. Poss. lit enfant. Ouvert toute l'année. Restauration 8 km. Gare 9 km. Commerces sur place. Anglais parlé.

Prix : 1 pers. **320 F** 2 pers. **380 F** 3 pers. **460 F**

6	SP	6	SP	5	3

D'ALCANTARA Yves – Chateau de Querrieu – 80115 Querrieu – Tél. : 22.40.13.42 ou 22.40.15.55 – Fax : 22.40.17.53.

Quivieres Guizancourt
C.M. n° 236 — Pli n° 26

♦♦♦ NN (TH) Studio au r.d.c. d'une grande maison bourgeoise, comprenant 1 ch. (1 lit 2 pers.), coin-séjour (2 lits 1 pers.), TV, cheminée feu de bois, convertible, coin-cuisine, s.d.b. et wc particuliers. 1er étage : 1 ch. (1 lit 2 pers.), s.d.b. et wc privés. Jardin. Restaurant 11 km. Poss. lit supplémentaire. Bibliothèque. Véranda avec ping-pong et baby-foot pour le studio. Séjour à la semaine possible dans le studio. Ouvert toute l'année. Anglais parlé. Enfant + 6 ans : 60 F. Gare 11 km. Commerces 3 km.

Prix : 1 pers. **170 F** 2 pers. **200 F** 3 pers. **260 F** pers. sup. **80 F** repas **80 F**

10	5	10	4	6	

DODEUIL Gerard – 10 rue d'Athies - Guizancourt – 80400 Quivieres – Tél. : 22.88.93.52

Ribemont-sur-Ancre
C.M. n° 236 — Pli n° 24

♦♦♦ NN À l'étage de la maison des propriétaires, 2 chambres d'hôtes (2 lits 2 pers.) chacune avec salle d'eau et wc privés. Séjour commun. Salle à l'étage avec TV. Cour, jardin. Gare et commerces sur place. Ouvert toute l'année. Possibilité table d'hôtes. Parking. Possibilité lits supplémentaires. Dans la vallée de l'Ancre, dans un village à 2 km de la D 929. Amiens 20 km, Albert 10 km. Circuits du souvenir, basilique d'Albert, abbatiale de Corbie (8 km), vallée de la Somme. Restaurant à Heilly 2 km.

Prix : 1 pers. **140 F** 2 pers. **175 F** pers. sup. **50 F**

8	SP	SP	SP	SP	16

GODBERT Madeleine – 32, rue d'En Haut – 80113 Ribemont-sur-Ancre – Tél. : 22.40.64.94

Rue Lannoy
C.M. n° 236 — Pli n° 12

♦♦♦ NN À l'écart de la D32, la « Fermette du Marais » est située plein sud, à proximité d'un bois. 3 ch. d'hôtes en rez-de-chaussée avec chacune accès direct sur une terrasse privée. 1 ch. (1 lit 2 pers. 1 lit 1 pers. 1 lit d'appoint tiroir). 1 ch. (1 lit 2 pers.). 1 ch. (1 lit 2 pers. 1 lit d'appoint tiroir) et kitchenette. Salles d'eau et wc privés. Jeux pour enfants. TV et téléphone avec ligne directe dans chaque chambre. Possibilité barbecue. Bibliothèque. Etang. Bibliothèque. Ouvert toute l'année. Anglais parlé. Restaurant 1 km. Gare et commerces 1,5 km.

Prix : 1 pers. **250 F** 2 pers. **320 F** 3 pers. **380 F**

7	3	7	1	5	1	2	7	7

BOUVET Brigitte – Fermette du Marais - Route d'Abbeville - Lannoy – 80120 Rue – Tél. : 22.25.06.95 – Fax : 22.25.89.45

Saint-Fuscien
C.M. n° 236 — Pli n° 24

E.C. NN Au village, dans un espace boisé, 1 chambre d'hôtes aménagée à l'étage d'un bâtiment annexe à la maison des propriétaires. 1 chambre (1 lit 2 pers.), avec salon (2 lits 1 pers.), salle de bains et wc privés. TV. Téléphone. Parc de 9000 m². Garage. Gare 5 km. Commerces 3,5 km. Ouvert toute l'année. Anglais et allemand parlés. Au sud d'Amiens (5 km) sur la D7 (Amiens-Ailly/Noye 12 km), région verdoyante du sud amiénois. Vallée de la Noye à proximité, promenades, pêche. Amiens (cathédrale et hortillonnages). Restauration à 4 km.

Prix : 1 pers. **230 F** 2 pers. **280 F** 3 pers. **360 F**

10	6	5	4	3	SP	12	15

GOUILLY Jean-Marie – 1 Ruelle de Rumigny – 80680 Saint-Fuscien – Tél. : 22.09.59.20 – Fax : 22.09.59.20.

Saint-Riquier
C.M. n° 236 — Pli n° 22

♦♦♦ NN À l'étage d'une maison particulière, 2 suites de 2 chambres avec (1 lit 2 pers. 2 lits 1 pers.). Salle d'eau et wc particuliers. Cour, parking fermé. Restauration à Saint-Riquier. Ouvert toute l'année. Centre culturel de l'Abbaye. Sentier GR123. Gare 8 km. Commerces sur place.

Prix : 1 pers. **210 F** 2 pers. **250 F** pers. sup. **100 F**

20	10	10	10	SP	SP	15	

GENCE Annie – 12 rue de Drugy – 80135 Saint-Riquier – Tél. : 22.28.83.19

Saint-Riquier
C.M. n° 236 — Pli n° 22

♦♦♦ NN À l'étage, 1 chambre (1 lit 2 pers.). 1 chambre (1 lit 2 pers. 1 lit 1 pers.). Salle d'eau et wc privés pour chaque chambre. Séjour et salon communs au rez-de-chaussée. TV à disposition. Ouvert toute l'année. Possibilité lit bébé. Gare 8 km. Commerces sur place. Enfant jusqu'à 4 ans : 60 F. Non loin du centre du bourg, dans un quartier tranquille à proximité de la D925 (Abbeville-Arras). Restaurant sur place. Abbaye et centre culturel. Forêt et site de la bataille de Crécy. Abbeville à 10 km.

Prix : 1 pers. **185 F** 2 pers. **200/220 F** 3 pers. **280 F** pers. sup. **80 F**

20	10	10	SP	10	SP	SP	20

NAJA Joseph – 18 rue Habingue – 80135 Saint-Riquier – Tél. : 22.28.87.18

Saint-Riquier
C.M. n° 236 — Pli n° 22

♦♦♦ NN (TH) Au cœur du site historique de Saint-Riquier, près du beffroi, en face de l'abbaye, 5 ch. d'hôtes à l'étage d'une maison du XVIIIe siècle avec chacune salle d'eau et wc privatifs : 1 ch. (2 lits 1 pers.), 1 ch. (1 lit 1 pers.), 2 ch. (1 lit 2 pers.), 1 ch. (1 lit 2 pers. 2 lits 1 pers.). Séjour, salon, TV, cheminée feu de bois à disposition. Possibilité lit supplémentaire sur demande (convertible 2 pers. dans une des chambres). Parking dans une cour fermée. Table d'hôtes sur réservation (boisson comprise). Gare 7 km. Commerces sur place. Ouvert toute l'année. Anglais et allemand parlés.

Prix : 1 pers. **180 F** 2 pers. **230/350 F** 3 pers. **350 F** pers. sup. **100 F** repas **90 F**

20	10	5	SP	10	SP	SP	15	20

DECAYEUX Philippe – 7 Place du Beffroi – 80135 Saint-Riquier – Tél. : 22.28.93.08 – Fax : 22.28.93.10

Saint-Valery-sur-Somme
C.M. n° 236 — Pli n° 21

≋≋≋ NN

2 chambres d'hôtes aménagées dans une maison neuve située dans un cadre verdoyant, non loin du centre de Saint-Valéry-sur-Somme. 1 chambre au rez-de-chaussée (2 lits 1 pers.) avec salle de bains et wc privés. 1 chambre à l'étage (1 lit 2 pers. 1 lit 1 pers.) avec salle d'eau et wc privés. Possibilité lit supplémentaire. Salon. Parking, jardin. Gare 5 km. Commerces 300 m. Restaurants dans le village. Ouvert toute l'année. Portugais et brésilien parlés. Enfant jusqu'à 6 ans : 30 F. Cité médiévale de Saint-Valéry-sur-Somme, petit port de pêche, petit train touristique de la Baie de Somme. Taxe de séjour.

Prix : 1 pers. **230 F** 2 pers. **270 F** 3 pers. **340 F**

	SP	12	11	SP	5	SP	SP	15

DE CIAN Alain et Claudia – 300 rue Jules Gaffe – 80230 Saint-Valery-sur-Somme – Tél. : 22.60.48.87

Saint-Valery-sur-Somme
C.M. n° 236 — Pli n° 21

≋≋ NN

En plein cœur de la station, face à la baie de Somme, 2 chambres d'hôtes dans une maison indépendante, à côté de la maison des propriétaires. 1 ch. (1 lit 2 pers.) communicante avec 1 ch. (1 lit 1 pers.), salle d'eau et wc privés. 1 ch. (1 lit 2 pers.), salle de bains et wc privés. Petite cuisine indépendante au r.d.c. à la disposition des hôtes. Cour fermée. Anglais parlé. Gare 6 km. Commerces sur place. Ouvert toute l'année. Ferme-auberge sur place. Restauration dans la station. Cité médiévale de Saint-Valéry-sur-Somme, petit port de pêche, petit train touristique de la Baie de Somme. Taxe de séjour.

Prix : 1 pers. **220 F** 2 pers. **250 F** 3 pers. **270 F**

SP	15	10	SP	5	SP	SP	15	5	

DELOISON Sophie et Patrick – 1 Quai Romerel – 80230 Saint-Valery-sur-Somme – Tél. : 22.26.92.17

Talmas Val-de-Maison
C.M. n° 236 — Pli n° 24

≋≋ NN
(TH)

2 suites dans une maison particulière, dans un hameau. R.d.c. : 1 suite de 2 ch. séparées par 1 salle d'eau privée (1 ch. 2 lits 1 pers. 1 ch. 1 lit 2 pers.), lavabo chacune, wc indépendants privés à la suite. Etage : 1 suite 2 ch. non communicantes (1 ch. 1 lit 1 pers. 1 ch. 1 lit 1 pers. 1 lit d'appoint 1 pers.), lavabo chacune, salle de bains et wc pour les 2 ch. Salle de séjour à la disposition des hôtes. Table d'hôtes sur réservation. Restaurant 3 km. Gare 20 km. Commerces 3 km. Enfant (50 F) dans la même chambre que les parents. Anglais parlé, notions d'allemand. Ouvert toute l'année. Grottes de Naours 8 km.

Prix : 1 pers. **145 F** 2 pers. **190 F** 3 pers. **320 F**
repas **50/70 F**

15	15	15	8	3	15	20

LEBOUCHER Jean-Pierre – Val de Maison - 7 Route du Rosel – 80260 Talmas – Tél. : 22.93.34.25

Varennes
C.M. n° 236 — Pli n° 24

≋≋ NN

A 2 km de la D938 (Doullens/Albert), dans le village, 1 suite de 2 chambres (1 lit 2 pers. 1 lit 1 pers. clic-clac) communicante avec un séjour privatif. Salle de bains et wc indépendants à l'usage exclusif des hôtes. TV à disposition. Garage sur demande, parking fermé. Poss. lit supplémentaire. Ouvert du 1er mai au 1er octobre. Albert 10 km, Parc Terre Neuvien 13 km, Vallée de l'Authie 10 km.

Prix : 1 pers. **150 F** 2 pers. **180 F** 3 pers. **250 F**
pers. sup. **70 F**

10	10	5	2	10

OMIEL Claude – 1 rue du Bois – 80560 Varennes – Tél. : 22.76.43.77

Vauchelles-les-Quesnoy
C.M. n° 236 — Pli n° 22

≋≋≋ NN

A l'étage de la maison d'habitation, 1 ch. 3 épis (1 lit 2 pers.), communicante avec 1 petite ch. (1 lit d'appoint 1 pers.), salle de bains et wc privés. 1 ch. 2 épis (2 lits 1 pers.), communicante avec 1 ch. (2 lits d'appoint 1 pers.), salle d'eau et wc privés. Séjour et salon communs au rez-de-chaussée. TV à disposition. Jardin. Fermé la dernière semaine de décembre. Au centre du village, non loin de la RN1 (Amiens-Abbeville) à 3 km d'Abbeville. Collégiale de Saint-Wulfran. Château de Bagatelle. Abbaye de Saint-Riquier à 6 km. Restaurant à Abbeville 3 km et dans le village. Gare et commerces à 3 km.

Prix : 1 pers. **180 F** 2 pers. **250 F** pers. sup. **100 F**

20	15	3	3	3	3	5	8

CREPELLE Joanna – 121 Place de l'Eglise – 80132 Vauchelles-Les Quesnoy – Tél. : 22.24.18.17 – Fax : 22.24.18.17

La Vicogne
C.M. n° 236 — Pli n° 24

≋≋ NN

Dans une ferme picarde, 3 ch. d'hôtes à l'étage. 1 ch. (1 lit 2 pers.) salle d'eau et wc privés. 1 suite de 2 ch. (1 ch. 1 lit 2 pers. 1 lit 1 pers. 1 ch. 1 lit 2 pers. et 1 lavabo), salle d'eau, wc communs. Salon avec TV à disposition des hôtes à l'étage. Jardin, portique, hébergement chevaux sur place. Possibilité lit enfant. Parking. Gare 20 km. Commerces 5 km. Cour fleurie. A 500 m de la RN 25 (Amiens-Doullens), au hameau du Rosel, prendre la D 125. Grottes de Naours 5 km. Doullens 8 km (citadelle), Amiens 20 km (cathédrale). Restaurant 4 km. Ouvert toute l'année.

Prix : 1 pers. **150 F** 2 pers. **190 F** 3 pers. **250 F**
pers. sup. **60 F**

10	10	7	SP	SP	20

LAMBERTYN Jean et Francine – Le Rosel - La Vicogne – 80260 Villers-Bocage – Tél. : 22.93.71.20

Vignacourt
C.M. n° 236 — Pli n° 23

≋≋ NN
(TH)

A l'étage de l'habitation des propriétaires, 1 ch. 3 épis NN avec entrée indépendante, 1 lit 2 pers., salle d'eau et wc privés. 3 ch. 2 épis NN (2 ch. avec 1 lit 2 pers. 1 ch. avec 3 lits 1 pers.), salle d'eau privative et wc communs. Séjour, salon communs. Cour. Possibilité lit supplémentaire. TV, bibliothèque à disposition. Table d'hôtes sur réservation. Notions d'anglais et d'allemand. Restauration à 6 km. Ouvert toute l'année. Hébergement chevaux. Au centre d'un bourg à proximité de la Vallée de la Somme. Picquigny à 6 km. Samara (Parc Archéologique). Grottes de Naours à 6 km.

Prix : 1 pers. **150 F** 2 pers. **200 F** 3 pers. **280 F**
pers. sup. **80 F** repas **70 F**

15	6	8	SP	SP	10

DENIS Pascal – 176 rue Thuillier Buridard – 80650 Vignacourt – Tél. : 22.52.86.44 – Fax : 22.39.05.32

Wargnies

NN

1 chambre d'hôtes (2 lits 1 pers. 1 lit enfant 80), salle de bains et wc particuliers. Bibliothèque à la disposition des hôtes. Parc. Restaurant 2 km. Ouvert toute l'année. Grotte de Naours 2 km. Samara 10 km. Calme assuré. Gare 20 km. Commerces 6 km.

Prix : 1 pers. **135 F** 2 pers. **175 F**

18	4	15	3	SP

DE FRANCQUEVILLE Claude – 29 rue Principale – 80670 Wargnies – Tél. : 22.93.71.75

PYRÉNÉES

Pour réserver, écrire ou téléphoner :

09 - ARIÈGE
Gîtes de France
Hôtel du Département – B.P. 143
09004 FOIX Cedex
Tél. : 61.02.73.29
Fax : 61.02.09.67

31 - HAUTE-GARONNE
Gîtes de France
14, rue Bayard
31000 TOULOUSE
Tél. : 61.99.44.00
Fax : 61.99.44.19

32 - GERS
Gîtes de France
(R) Route de Tarbes – B.P. 161
32003 AUCH Cedex
Tél. : 62.63.16.55
Fax : 62.05.83.73

(R) 64 - PYRÉNÉES-ATLAN-TIQUES
Gîtes de France
Maison de l'Agriculture
124, boulevard Tourasse
64078 PAU Cedex
Tél. : 59.80.19.13
Fax : 59.30.60.65

3615 Gîtes de France
1,28 F/mn

65 - HAUTES-PYRÉNÉES
Gîtes de France
22, place du Forail
65000 TARBES
Tél. : 62.34.31.50
Fax : 62.51.25.65

66 - PYRÉNÉES-ORIEN-TALES
Gîtes de France
33, place Jean-Moulin
66000 PERPIGNAN
Tél. : 68.66.61.11
Fax : 68.67.06.10

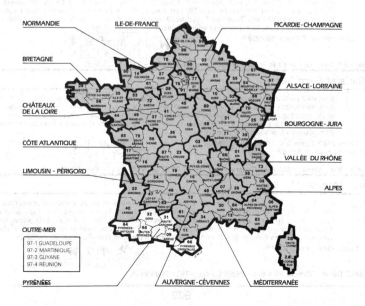

La Bastide-de-Serou Fittes

♥♥♥ NN Alt. : 450 m — Dans le château de « Fittes », du XVIIe siècle, 3 chambres à l'étage avec bains et wc privés. Chauffage central. Au rez-de-chaussée : bibliothèque. Pièce de TV. Salle à manger commune. Gare 17 km. Commerces sur place. Ouvert toute l'année. A la sortie de la Bastide de Sérou sur la D117, entre Foix et Saint-Girons, « Fittes » château du XVIIe siècle, entouré d'arbres centenaires dominant un joli village. Proximité d'un golf 18 trous.

Prix : 1 pers. **240 F** 2 pers. **290 F** 3 pers. **350 F**

SP	SP	SP	4	20	50	37	

BENOIT Claude – Fittes – 09240 La Bastide-de-Serou – Tél. : 61.64.51.71 ou 61.65.13.68

Le Bosc Madranque

♥ NN
(TH) Alt. : 900 m — 4 chambres d'hôtes, 2 chambres (3 épis NN) avec salle d'eau et wc privatifs, accès indépendant. 2 chambres (1 épi NN) avec salle d'eau et wc indépendants communs. Salle de séjour avec cheminée. Gare 15 km. Commerces 6 km. Ouvert toute l'année. Animaux acceptés sur demande. Allemand, anglais et espagnol parlés. Dans « la Vallée Verte », ancienne ferme dans un petit hameau de montagne, joliment restaurée avec vue sur les crêtes et la vallée. 15 km de Foix et 2 km du Col des Marous. Randonnées sur place et station de ski à 5 km. Possibilité de panier pique-nique.

Prix : 1 pers. **150/190 F** 2 pers. **280/220 F** 3 pers. **300 F**
repas **70 F** 1/2 pens. **160/180 F**

6	6	3	15	18	40	2	2

LOIZANCE Birgit – Madranque – 09000 Le Bosc – Tél. : 61.02.71.29

Boussenac

♥♥ 3 chambres d'hôtes 2 pers. dans des chalets individuels sur la ferme avec 1 lit 2 pers. et 1 lit 80. Salles d'eau individuelles avec douche et wc. Chauffage. Randonnées. Possibilité de 1/2 pension à la ferme-auberge.

Prix : 1 pers. **170 F** 2 pers. **240 F** 3 pers. **320 F**

30	7	SP	SP

SOULA Jacques – Trinquades – 09320 Boussenac – Tél. : 61.96.95.39

Camon   *C.M. no 86 — Pli no 6*

♥♥♥ NN Alt. : 410 m — Sur une ferme d'élevage de bovins, dans une villa indépendante séparée des bâtiments agricoles. 1 chambre d'hôtes 2 ou 4 pers. + 1 chambre attenante. TV. Salle d'eau et wc privés. Piscine sur place. Camping à la ferme et 2 gîtes ruraux à 400 m. Produits fermiers. Restaurant 1,5 km. Mirepoix 14 km. Ouvert toute l'année.

Prix : 1 pers. **160 F** 2 pers. **200 F** 3 pers. **240 F**

SP	5	5	0,3

DUMONS Roger – La Besse – 09500 Camon – Tél. : 61.68.13.11

Capoulet-Junac

♥♥♥ NN Alt. : 690 m — A 6 km de Tarascon, dans la vallée du Vicdessos, dans une très belle maison de caractère, indépendante, entourée d'un jardin fleuri. 1 chambre d'hôtes (2 lits 1 pers.). Coin-salon. Salle de bains privée avec wc. 1 chambre (1 lit 2 pers.), avec salle d'eau et wc privés. Ouvert toute l'année. Gare et commerces à 6 km. 1 ch. 3 épis NN, 1 ch. 2 épis NN. Couple de hollandais très sympathique. Anglais, hollandais et allemand parlés.

Prix : 2 pers. **200 F** 3 pers. **270 F**

6	0,5	10	3	10	0,3

VAN HOORN Pierre – 09400 Capoulet-et-Junac – Tél. : 61.05.89.88

Capoulet-Junac Le Pre-de-la-Forge   *C.M. no 86 — Pli no 17*

♥♥ NN Alt. : 600 m — Dans une maison indépendant entourée d'espaces verts et de fleurs, dans un cadre reposant, 2 ch. 2 épis NN, aménagées au 1er étage : 1 ch. (2 lits 1 pers.), TV, s.d.b., wc communs. 1 ch. (1 lit 2 pers.), s. d'eau non fermée, coin-TV. 1 ch. 3 épis NN (1 lit 2 pers.), s. d'eau privée attenante, wc. Gare et commerces 7 km. Ouvert du 1er mai au 30 septembre. M. et Mme Da Silva vous accueilleront en toute simplicité dans leur maison et vous séduiront par leur gentillesse.

Prix : 1 pers. **180/200 F** 2 pers. **200/220 F**

7	1	6	3	10

DA SILVA Pierre – Le Pre de la Forge – 09400 Capoulet-et-Junac – Tél. : 61.05.93.57

Le Carlaret Saint-Genes

♥♥
(TH) 4 ch. de 2 pers. dans une grande maison au charme d'autrefois, entourée d'un beau parc. 2 ch. (1 épi) avec coin-toilette et s. d'eau commune, 2 ch. (2 épis) avec s. d'eau individuelle. 2 salons avec cheminée et TV, chauffage central. Petit déjeuner : normal ou anglo-saxon. Repas : cuisine gastronomique nationale et internationale (menu à la demande). Ouvert du 5 janvier au 20 décembre. Gare et commerces à 6 km. Espagnol, anglais, allemand parlés.

Prix : 1 pers. **210 F** 2 pers. **210/360 F** 3 pers. **260/420 F**
repas **75 F** 1/2 pens. **360/510 F**

SP	7	SP	35	5

SZIGETI – Saint-Genes – 09130 Le Carlaret – Tél. : 61.67.08.32 ou 61.67.16.31 – Fax : 61.67.68.38

Castex Manzac-d'En-Bas

E.C. NN Alt. : 350 m — A 2 km de Daumazan, dans une ancienne ferme rénovée, au sommet d'une colline, avec une belle vue sur les Pyrénées. 2 ch. (1 épi) avec chacune 2 lits 1 pers., lavabo et s. d'eau et wc communs. 1 ch. (2 épis) 1 lit 2 pers., s. d'eau et wc privés dans la chambre. Cuisine, salle de séjour, salon à dispo. au rez-de-chaussée (communs avec propriétaire). Commerces, santé et restaurant à 3 km. Loisirs avec jeux pour les enfants, grand jardin calme. Propriétaires anglais. Ouvert toute l'année.

Prix : 1 pers. **150 F** 2 pers. **160/190 F**

12	12	12	18	14	60	50

HOPKINS David – Manzac d'En Bas – 09350 Castex – Tél. : 61.69.85.25

Cazaux Guillemot

NN — TH

Alt. : 450 m — Au rez-de-chaussée : 2 ch. (2 épis NN) pour 2 et 3 pers. avec salle d'eau privée avec wc sur le palier. Salle commune et salon. A l'étage : 1 ch. (3 épis NN) avec salle de bains et wc privatifs et 1 ch. (1 épis NN) avec s.d.b. et wc privés. Table d'hôtes sur réservation. Produits de la ferme mention nature et progrès. Cuisine familiale. Gare 12 km. Commerces 8 km. Ouvert toute l'année. A « Guillemot », petit hameau à caractère très ancien, Hugo et Annie vous accueillent dans leur fermette, lieu très ouvert, au grand calme. Néerlandais et anglais parlés.

Prix : 1 pers. **180 F** 2 pers. **200 F** 3 pers. **250 F** repas **70 F**

12	4	4	15	8	50	30

CABON-ELLEMEET Hugo et Annie – Guillemot – 09120 Cazaux – Tél. : 61.05.39.81

Clermont Le Chateau *C.M. n° 86 — Pli n° 3*

NN — TH

Alt. : 425 m — Dans une maison de maître, 3 chambres d'hôtes sont aménagées. Salon, salle à manger avec cheminée. Au 1er étage : 3 grandes chambres comprenant chacune 1 lit 2 pers. et 1 lit 1 pers., 1 salle d'eau privée avec wc. Chauffage central. Piscine sur place. Camping à la ferme. Gare 6 km. Commerces 3 km. Ouvert toute l'année. Dans un cadre de verdure au pied du Piémont Pyrénéen. Repos, visite musée et grotte du Mas d'Agil à 7 km.

Prix : 1 pers. **160 F** 2 pers. **200 F** 3 pers. **250 F** repas **75 F**

SP	6	6	12	7	60	45

SANS Georges – Le Chateau – 09420 Clermont – Tél. : 61.96.31.29

Cos Caussou

NN — TH

Alt. : 500 m — Ferme indépendante consacrée à l'élevage Gascon. 3 ch. (1 lit 2 pers. chacune), 1 ch. (1 lit 2 pers. 1 lit 1 pers.), 1 ch. (3 lits 1 pers.), 1 ch. (2 lits 1 pers.). Salle d'eau et wc privés pour chacune. 2 ch. avec balcon. Chambres aménagées à l'étage. Séjour, salle à manger, salon avec TV. Lit supplémentaire sur demande. Ouvert toute l'année. A proximité de la ville de Foix (5 mn en voiture) et près de Cos (petit village), la ferme de Caussou, entièrement rénovée, permet de passer d'agréables séjours au calme. Balades et randonnées autour du Caussou. Poss. de monter en estive avec la propriétaire 1 jour/semaine. Gare et commerces 2 km.

Prix : 1 pers. **180 F** 2 pers. **220 F** pers. sup. **50 F** repas **80 F**
1/2 pens. **250 F**

0,3	0,3	1,5	12	8	45	30	3

PORTET Paulette – Caussou – 09000 Cos – Tél. : 61.65.34.42

Fabas Peyre

NN — TH

Alt. : 500 m — Maison indépendante située sur les coteaux, comprenant 6 chambres à l'étage, toutes pour 2 pers. avec salle d'eau et wc privés. Salle de séjour et de rencontre dans un bâtiment contigu. Ouvert toute l'année. Anglais et allemand parlés. Maison de caractère, très belle vue sur la chaîne des Pyrénées. Ambiance particulièrement chaleureuse, veillées autour de thèmes comme l'Occitanie. Diverses animations culturelles à Peyre toute l'année.

Prix : 1 pers. **125/160 F** 1/2 pens. **220/255 F**
pens. **275/310 F**

25	4	4	20	15	4

LES ESTIVADES Rosina De Peira – Peyre – 09230 Fabas – Tél. : 61.96.40.16 ou 61.96.46.05 – Fax : 61.96.42.36

Foix

NN

Dans un beau cadre de verdure, au rez-de-chaussée de la villa, 1 chambre d'hôtes pour 1 couple. Possibilité d'héberger 1 ou 2 enfants dans chambre attenante. Salle de bains et wc réservés aux hôtes. Salle de détente avec TV indépendante. Terrasse. Tous services à 1,5 km. Ouvert toute l'année. Enfants : 50 F.

Prix : 1 pers. **120 F** 2 pers. **180 F**

1,5	1,5	4	30	6

FAURES Anne-Marie – La Prairie - avenue R. Lafagette – 09000 Foix – Tél. : 61.65.12.64

Ganac Les Carcis

NN — TH

Alt. : 550 m — Dans une maison de campagne très rustique, isolée, au bord d'un torrent poissonneux (truites). 1 chambre d'hôtes de bon confort aménagée avec soin, avec 2 lits 1 pers., fauteuils, salle d'eau et wc privés. Salle commune à disposition des hôtes, TV. Espace privé extérieur avec salon de jardin. Foix 5 km. Ouvert toute l'année. Gare et commerces à 6 km. Promenade en calèche avec pique-nique, en montagne, à la journée ou à l'heure.

Prix : 1 pers. **150 F** 2 pers. **190 F** pers. sup. **50 F** repas **65 F**

6	3	5	10	45	20	SP

PIEDNOEL Sylviane – Les Carcis – 09000 Ganac – Tél. : 61.02.96.54

Gaudies *C.M. n° 82/86*

NN — TH

Dans les coteaux, maison ancienne entièrement rénovée à proximité de la maison des propriétaires avec séjour, salon au rez-de-chaussée. 3 chambres à l'étage. 1 chambre 2 pers. 2 chambres 3 pers. avec salle de bains et wc privatifs. Chauffage. Grand espace extérieur. Stages de création artistique sur place. Enfants : 35 F. Ouvert toute l'année. Néerlandais et anglais parlés.

Prix : 1 pers. **200 F** 2 pers. **200 F** 3 pers. **250 F** repas **70 F**

15	4	15	SP

GOSSELIN Jeanne – Certe – 09700 Gaudies – Tél. : 61.67.01.56

Ignaux

NN
TH

Alt. : 1000 m — 2 chambres d'hôtes aménagées dans une maison traditionnelle de montagne située dans un village. 2 chambres 4 pers. avec salle d'eau et wc privés. Salon. Séjour avec cheminée typique. Cour indépendante avec vue sur la montagne. Ax-les-Thermes 5 km. Gare 5 km. Ouvert toute l'année.

Prix : 1 pers. 175 F 2 pers. 200 F 3 pers. 270 F
pers. sup. 70 F repas 70 F

5	5	3	3	10	5	SP

ROLLAND – Mme Raynal Claude - Maison de Casimir – 09110 Ignaux – Tél. : 61.64.04.40

Lacourt

TH

Alt. : 600 m — A 1/4 d'heure de St-Girons, 2 petites maisons Ariegeoises indépendantes dans un hameau familial, entouré de forêts et de prairies. A l'ét. : 2 ch. « couple » modulables pour famille (4 pers. maxi.). S. d'eau individuelle, wc communs sur le palier. 1 ch. (1 lit 2 pers. 2 lits 1 pers. superp.). 1 ch. (1 lit 2 pers. + 2 lits 1 pers. sur mezzanine). Dans la 2ᵉ maison : 1 ch. (1 lit 2 pers.) avec salle de bains et wc privés. Salle à manger, salon au rez-de-chaussée. Terrasse. Chauffage. Ouvert toute l'année. Anglais parlé. 1/2 pension à partir du 5ᵉ jour. Vin compris dans le prix repas.

Prix : 2 pers. 190 F 3 pers. 250 F repas 75 F 1/2 pens. 300 F

12	12	6	15	SP

LORNE Muriel – Raoubots – 09200 Lacourt – Tél. : 61.66.62.65

Lanoux Le Touron

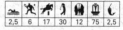

C.M. n° 86 — Pli n° 4

NN
TH

Alt. : 350 m — Au pays de Martin Guerre, une superbe contrée de coteaux verdoyants et boisés, un peu plus loin la chaîne des Pyrénées et ses pics enneigés, c'est ce que vous verrez depuis votre chambre. 4 ch. pour 2 ou 3 pers. (3 épis NN) + 1 ch. 2 pers. (1 épi NN). R.d.c. : salon et séjour donnant accès à une terrasse ombragée et à un vaste parc fleuri. Gare 28 km. Commerces 7 km. Danielle et François vous feront découvrir leurs élevages : canards gras, porcs, volailles... C'est au dîner, à la table d'hôtes, que vous goûterez les produits fermiers. Environnement soigné et calme. Nombreux sites à proximité (lacs, musées,...).

Prix : 1 pers. 180 F 2 pers. 220 F 3 pers. 260 F repas 80 F
1/2 pens. 240 F

2,5	6	17	30	12	75	2,5

DENRY Francois et Danielle – Le Touron – 09130 Lanoux – Tél. : 61.67.15.73 – Fax : 61.67.55.41

Leran

C.M. n° 235

NN
TH

Alt. : 450 m — 3 ch. d'hôtes avec salle de bains et wc privés, aménagées au 1ᵉʳ étage d'une ferme en activité (fruitiers, élevage, laitières). Salle à manger, salon avec cheminée et piano à l'usage exclusif des hôtes. Terrain ombragé. Ferme très calme. Sur la propriété : piscine privée, ping-pong, aménagement pique-nique, jardin ombragé. Ouvert toute l'année. Anglais parlé. Lac de Montbel à 3 km : pêche, canoë, promenades équestres et pédestres avec parcours naturaliste, VTT, animations, soirées. Karting 3 km. Musée du textile 8 km. Musée de la machine agricole 3 km. Sites historiques : Monségur, Mirepoix, Camon, Foix.

Prix : 1 pers. 220 F 2 pers. 250 F 3 pers. 295 F
pers. sup. 60 F repas 85 F 1/2 pens. 195 F

3	2	5	25	25	5

DE BRUYNE Marie-Anne – Ferme Bon Repos – 09600 Leran – Tél. : 61.01.27.83

Lorp Prat-du-Ritou

NN
TH

Alt. : 365 m — « La Maison Blanche » à 3 km de Saint-Girons, maison indépendante, de plain-pied : 1 ch. (1 lit 2 pers. 1 lit 120), s. d'eau et wc privés. 1 ch. 3 épis NN (1 lit 2 pers. 1 lit 1 pers.), terrasse de 10 m², s.d.b. et wc privés. 1 ch. 2 épis NN (2 lits jumeaux et 2 lits sup.), s. d'eau et wc privés. TV, vidéothèque, bibliothèque. Parc. Anglais et espagnol parlés. Maison réservée aux non fumeurs. Ouvert toute l'année. Bicyclettes, VTT, pêche, chevaux sur place. Vol à voile 1 km. Parapente 5 km. Escalade et randonnée en montagne. Chèques vacances acceptés. Equipement pour enfants. Accueil de chevaux possible. Gare 3 km. Commerces 1 km.

Prix : 1 pers. 200 F 2 pers. 250 F 3 pers. 300 F
pers. sup. 70 F repas 80 F

3	3	3	25	25	35	25	SP

ROQUES Alain et Agnes – Prat du Ritou - Maison Blanche – 09190 Lorp-Saint-Lizier – Tél. : 61.66.48.33 ou 61.66.30.10

Loubens Chateau de Loubens

NN
TH

Alt. : 600 m — Dans le château de Loubens, un peu à l'écart du village. 3 ch. + 1 d'appoint, sur 3 niveaux accessibles par l'escalier de la tour. Au rez-de-chaussée : salon, TV et salle à manger. 3 chambres pour 2 à 4 pers. très spacieuses, avec salle de bains et wc privés. Grand espace de 6 hectares attenant au château. Gare et commerces à 11 km. Ouvert toute l'année. Très belles chambres dans château du XVᵉ siècle. Proximité de Foix, de Varilhes et de tous les services et loisirs de ces villes. Rivière souterraine de la Bouïche. Loisirs privatifs : jardin, piscine. Anglais, espagnol et portugais parlés.

Prix : 1 pers. 200/300 F 2 pers. 250/350 F pers. sup. 100 F
repas 100 F

8	0,3	11	17	10	25

LELONG Michel-Pierre – Chateau de Loubens – 09120 Loubens – Tél. : 61.05.38.41 – Fax : 61.05.30.61

Montaut

C.M. n° 235 — Pli n° 38

4 chambres d'hôtes. 1 ch. 2 épis, 2 ch. 3 épis et 1 ch. en cours de classement, situées au 1ᵉʳ étage d'une très belle maison ancienne. 3 chambres (1 lit 2 pers.). 1 chambre (2 lits 120). Toutes avec salle d'eau et wc privés. Au rez-de-chaussée : salle de séjour réservée aux hôtes. Grand parc ombragé. Ouvert toute l'année. Anglais et italien parlés. Cuisine à disposition.

Prix : 1 pers. 180 F 2 pers. 230/250 F

6	1	2	3

GIANESINI Casimir et Bernadette – Royat – 09700 Montaut – Tél. : 61.68.32.09 – Fax : 61.68.32.09

Montbel Canterate

♥ NN
TH

Alt. : 600 m — 5 chambres d'hôtes dans une grande maison dans le hameau de Canterate avec lavabo, salle d'eau et wc. Située sur une colline au milieu des prés et des bois. Très beau paysage. Calme. Jeux d'enfants. Lac à 3 km. Randonnées guidées, cours de langues, jardin, ferme dans le hameau. Anglais et allemand parlés. Juillet et août, location en 1/2 pension. Ouvert d'avril à octobre.

Prix : 2 pers. 190 F 3 pers. 250 F repas 65 F

🚣	🎿	🐎	⛷	⛷
25	12	12	45	3

CROISON Pierre – Hameau de Canterate – 09600 Montbel – Tél. : 61.68.18.45

Montegut-Plantaurel Chateau-de-la-Hille   *C.M. n° 86 — Pli n° 4*

♥♥♥ NN
TH

Alt. : 320 m — Dans un château du XVIᵉ siècle où, dans le parc sont installés un camping et un gîte rural. Ensemble comprenant 1 chambre d'hôtes pour 2 pers. et 1 salon avec couchage pour 2 pers. Salle d'eau et wc privés. Chauffage central. TV. Entrée indépendante. Gare 15 km. Commerces 4 km. Ouvert toute l'année. Sur cette ferme vous pourrez apprécier le calme dans un beau parc ombragé, observer les animaux, pratiquer la pêche dans la rivière.

Prix : 1 pers. 200 F 2 pers. 260 F pers. sup. 50 F repas 80 F

🚣	🎿	🐎	🎣	🏠	⛷	⛰
2	2	7	18	5	45	30

DEDIEU Gaston – Chateau de la Hille – 09120 Montegut-Plantaurel – Tél. : 61.67.34.94

Montoulieu

♥♥ NN

Alt. : 650 m — Dans un petit village de montagne à 8 km de Foix, en direction de Tarascon, 2 chambres d'hôtes aménagées à l'étage, chez des propriétaires retraités. 2 ch. avec chacune 1 lit 2 pers. (pour 4 pers. de la même famille). S.d.b. et wc privés. Accès direct aux ch. par escalier et terrasse extérieurs. Cour close. Tous commerces, services à Foix 8 km. Ouvert toute l'année.

Prix : 1 pers. 160 F 2 pers. 180 F 3 pers. 340 F

🚣	🎿	🐎	🎣	🏠	⛷	⛰	🎿
8	8	16	25	13	15	3	

AMIEL Georges – 09000 Montoulieu – Tél. : 61.65.35.60

Saint-Girons Encausse

♥♥♥ NN
TH

Alt. : 450 m — 4 chambres d'hôtes. 1 chambre (4 lits 1 pers.) avec sanitaires complets. 3 chambres doubles avec sanitaires complets privés + 1 chambre individuelle avec lavabo, annexée à 1 chambre. Salon, cheminée, cuisine à disposition commune. 1 salle de 55 m² pour repas avec cheminée, 1 salle de 55 m² pour activités (billard, ping-pong). Gare et commerces 1,5 km. A 1,5 km de la ville, dans un cadre de verdure, maison ancienne rénovée. Vous pourrez associer le calme de la nature à la proximité d'une localité (tous commerces), offrant les activités les plus diversifiées (animations estivales). 1/2 pension sur la base de 2 pers. Ouvert toute l'année.

Prix : 1 pers. 185 F 2 pers. 220 F 3 pers. 300 F repas 75 F
1/2 pens. 185 F

🚣	🎿	🐎	🏠	⛷	⛰	⛷	🎿
1,5	1,5	2	25	23	35	4	2

KAWCZYNSKI – Le Relais d'Encausse – 09200 Saint-Girons – Tél. : 61.66.05.80 ou 61.96.21.03

Saint-Lary

♥♥♥ NN

Alt. : 700 m — 1 chambre d'hôtes aménagée avec soin, au 2ᵉ étage avec accès intérieur ou extérieur indépendant (1 lit 2 pers. 1 lit 110.), salle de bains et wc privés. Entrée avec réfrigérateur, rangement, micro-ondes. Chauffage. Pêche et promenade en montagne. Tous services à Castillon 15 km. Restaurant au village. Gare 25 km. Commerces 13 km. Dans un petit village de montagne, chez le fromager local, une délicieuse chambre d'hôtes bien indépendante, pour profiter des balades en forêt ou pour la pêche. Sentiers VTT.

Prix : 1 pers. 160 F 2 pers. 200 F 3 pers. 240 F

🚣	🎿	🐎	🎣	🏠	⛷	⛰	🎿
13	4	13	40	40	25	55	1

ESTAQUE Zelia – Village – 09800 Saint-Lary – Tél. : 61.96.70.32

Saint-Martin-de-Caralp Cantegril

♥♥♥ NN
TH

Alt. : 535 m — Dans une maison indépendante, en bout du hameau de Cantegril, 4 chambres d'hôtes aménagées dans la maison du propriétaire avec accès indépendant. Séjour, salon réservés aux hôtes. Cheminée. Bar. 3 ch. (1 lit 2 pers.), 1 ch. (2 lits 1 pers.). Salle d'eau ou salle de bains et wc privés pour chaque chambre. Environnement exceptionnel. Gare et commerces 7 km. Cantegril est un petit hameau réservé aux passionnés du cheval (stage d'initiation et de perfectionnement). Installation située sur un sentier de randonnée pédestre et équestre. Tous services et animations à Foix 10 mn. Ouvert toute l'année. Anglais et espagnol parlés.

Prix : 1 pers. 175 F 2 pers. 190 F 3 pers. 250 F repas 65 F

🚣	🎿	🐎	🎣	🏠	⛷	⛰	🎿
7	1	SP	10	10	20	25	SP

PAGES Jean-Michel – Ecole d'Equitation Cantegril – 09000 Saint-Martin-de-Caralp – Tél. : 61.65.15.43

Saint-Martin-de-Caralp Cantegril

♥ NN
TH

Alt. : 535 m — A 7 km de Foix, Cantegril est un petit hameau sur 45 ha. Au rez-de-chaussée : table d'hôtes d'intérieur et d'extérieur. A l'étage : 1 ch. (2 lits 1 pers.), 2 ch. (1 lit 2 pers.) avec coin-toilette. Salle d'eau et wc communs. Ouvert toute l'année. Gare et commerces à 7 km. Environnement exceptionnel, Cantegril est un petit hameau réservé aux passionnés du cheval (stages d'initiation et de perfectionnement). Installation située sur un sentier de randonnée équestre et pédestre.

Prix : 1 pers. 120 F 2 pers. 135 F 3 pers. 195 F repas 60 F

🚣	🎿	🐎	🎣	🏠	⛷	⛰	🎿
7	1	SP	10	10	20	25	SP

PAGES Elisabeth – Ecole Equitation de Cantegril – 09000 Saint-Martin-de-Caralp – Tél. : 61.65.15.43

Saint-Paul-de-Jarrat

❄❄❄ NN — Très belle maison individuelle entourée de prés et de forêts. 1 ch. très spacieuse (1 lit 2 pers.), salle d'eau et wc privés. Au r.d.c. : 1 ensemble de 2 ch. communicantes pour un couple et 2 enfants (1 lit 2 pers. 2 lits 1 pers.), salle d'eau et wc privés. Lit bébé sur demande. Vaste salon avec TV. Cuisinette à la disposition des hôtes. Foix 7 km. Ski nautique 4 km. Ouvert du 1er mai au 30 septembre. Anglais, espagnol et italien parlés. Gare 6 km. Commerces 3 km.

Prix : 1 pers. **190 F** 2 pers. **220 F**

SP	SP	10	30	30	30	3

SAVIGNOL Paul – 09000 Saint-Paul-de-Jarrat – Tél. : 61.64.14.26

Sainte-Croix-Volvestre

❄❄❄ (TH) — Alt. : 400 m — Dans une belle maison de caractère, près du lac, 3 ensembles : 1 ensemble avec 1 ch. (1 lit 2 pers.) et 1 ch. attenantes 3 épis NN (1 lit 1 pers.), salle d'eau et wc. 1 ensemble avec 1 ch. (1 lit 2 pers.), 1 ch. (1 lit 1 pers.), salon, s. d'eau et wc (3 épis NN). 1 ensemble avec 1 ch. (1 lit 2 pers.), 1 ch. (1 lit 1 pers.), s. d'eau et wc (2 épis NN). Salle de séjour. Billard, salon, TV, piano. Terrasse. Cheminée. jardin. Mini-golf. Ferme aux enfants. Gare 13 km. Commerces 500 m. Ouvert toute l'année.

Prix : 1 pers. **140 F** 2 pers. **220 F** 3 pers. **320 F** repas **75 F**

20	0,3	SP	35	0,3

PERE Josette – La Maison du Bout du Pont – 09230 Sainte-Croix-Volvestre – Tél. : 61.66.73.73

Saurat Layrole   *C.M. n° 86 — Pli n° 4*

❄❄ NN (TH) — Alt. : 800 m — A 3 km de Saurat sur la route du Col de Port, maison indépendante située dans un site de montagne. 1 chambre d'hôtes (1 lit 2 pers.), salle d'eau privée avec douche et lavabo. WC indépendants. TV. Bibliothèque. Terrasse et terrain arboré. Les hôtes s'abstiennent de fumer. Gare 9 km. Commerces 3 km. Table d'hôtes sur réservation. Très jolie maison en montagne, entourée d'un parc arboré et fleuri. Ouvert du 15 avril au 15 octobre.

Prix : 1 pers. **180 F** 2 pers. **200 F** repas **80 F**

10	3	10	5	20	SP

ROBERT Roger – Layrole – 09400 Saurat – Tél. : 61.05.73.24

Saverdun Ferme-de-l'Ours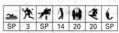

❄❄ NN (TH) — Alt. : 350 m — A 5 km de Saverdun, sur une exploitation céréalière comprenant un camping à la ferme. 4 chambres d'hôtes. Rez-de-chaussée : entrée indépendante, séjour. A l'étage : 3 chambres (1 lit 2 pers.). 1 chambre (3 lits 1 pers.). Salle d'eau et wc privés à chaque chambre. Gare et commerces à 5 km. Ouvert toute l'année. Anglais et allemand parlés. Dans la basse Ariège, vous pourrez découvrir les plaisirs fermiers à la ferme de l'Ours.

Prix : 1 pers. **180 F** 2 pers. **220 F** 1/2 pens. **280 F**

5	5	20

SCHONENBERG Urs – Ferme de l'Ours – 09700 Saverdun – Tél. : 61.60.41.02

Serres-sur-Arget Le Poulsieu

❄❄❄ NN (TH) — Alt. : 800 m — 4 ch. d'hôtes dans une ferme de montagne restaurée à 800 m d'altitude isolée sur 45 ha. de bois et de landes. 2 ch. 2 pers. (lits jumeaux par chambre) avec salle d'eau et wc privés. 2 ch. 2 pers. (1 lit 2 pers. 1 lit) avec salle d'eau et wc privés. Salle à manger et salon avec cheminée et TV. Grande terrasse. Chauffage. Jardin. Commerces 4 km. Ouvert toute l'année. Excursions en montagne accompagnées par le propriétaire en 4x4. Piscine sur place. Foix 12 km. Anglais, allemand et néerlandais parlés.

Prix : 1 pers. **180 F** 2 pers. **220 F** 3 pers. **270 F**
pers. sup. **50 F** repas **70 F** 1/2 pens. **175 F**

SP	3	SP	14	20	20	SP

BROGNEAUX Bob et Jenny – Le Poulsieu – 09000 Serres-sur-Arget – Tél. : 61.02.77.72 – Fax : 61.02.77.72

Unac

❄❄ NN (TH) — Alt. : 650 m — Dans la vallée de la Haute-Ariège, ancienne maison entièrement restaurée avec 3 ch. et table d'hôtes au 1er étage. Salle à manger et salon, TV. 1 ch. (2 lits 1 pers.), salle d'eau et wc avec 1 ch. compl. pour 1 même famille (1 lit 2 pers.), lavabo, wc. 1 ch. (1 lit 2 pers.), salle d'eau et wc. Cour, jardin avec vue sur les montagnes. Parking. Gare et commerces à 2 km. La famille Berde vous accueillera autour d'une table gourmande dans un cadre chaleureux. Bonne cuisine familiale. Proximité de la station thermale et climatique d'Ax les Thermes. Possibilité 1/2 pension. Ouvert toute l'année.

Prix : 1 pers. **140 F** 2 pers. **200 F** 3 pers. **280 F** repas **75 F**

8	8	4	45	15	16	8

BERDE J-Claude et Madeleine – 09250 Unac – Tél. : 61.64.45.51

Varilhes   *C.M. n° 86 — Pli n° 4*

❄❄❄ NN — Alt. : 350 m — 4 ch. d'hôtes aménagées dans une maison de caractère, dans un parc, en pleine campagne. 4 ch. 2 pers. avec possibilité de chambres attenantes. Salle d'eau et wc privés. Salle de repos avec TV, salle de jeux à la disposition des hôtes. Téléphone dans chaque chambre. Jardin, abri couvert, terrain, parking. Rivière, baignade, forêt, chasse sur place. Lac, voile 10 km. Ping-pong sur place. Chevaux et logement disponibles sur place. Gîte de pêche. Randonnées balisées. Animaux admis sous réserve. Restaurant 2 km. Ouvert toute l'année. Enfants : 40 F. Anglais et espagnol parlés.

Prix : 1 pers. **210 F** 2 pers. **280 F** 3 pers. **330 F**
pers. sup. **50 F**

SP	SP	3	30	10	45	SP

BAUDEIGNE Helene – Les Rives – 09120 Varilhes – Tél. : 61.60.73.42 – Fax : 61.60.78.76

Ventenac Saint-Martin

NN Alt. : 450 m — A 10 km de Vailhes, 15 km de Foix et de Lavelanet et 17 km de Pamiers, chez des agriculteurs qui gèrent un camping en ferme d'accueil. 1 chambre 2 pers. avec salle d'eau et wc privés, 1 chambre 2 pers. avec sanitaires sur le palier. 1 chambre supplémentaire pour 1 pers. avec sanitaires communs à une autre chambre. Gare et commerces 10 km. Ouvert toute l'année. Ambiance très chaleureuse dans cette installation de tourisme qui reste très familiale.

Prix : 1 pers. 160 F 2 pers. 190/200 F pers. sup. 120 F

10	10	20	25

COMELONGUE Robert et Marinette – Saint-Martin – 09120 Ventenac – Tél. : 61.60.72.43

Verdun

NN 3 ch. d'hôtes. 1 chambre 3 épis NN dans une petite maisonnette à côté de la maison des propriétaires (1 lit 2 pers.), salon, salle d'eau et wc privatifs. 1 ch. (2 épis NN) avec ch. attenante pour une même famille (2 lits 2 pers.). Tarifs : 2 pers. ou 2 enfants : 160 F), salle d'eau et wc privés. Entrée indépendante au rez-de-chaussée. Salle à manger, bibliothèque. Terrain. Bâtiment à proximité immédiate de la maison du propriétaire. Tous commerces et restaurant à 2 km. Ouvert du 15 mars au 1er octobre.

Prix : 1 pers. 160/180 F 2 pers. 180/200 F

1	2	6	6	15	8	SP

BERNADAC Martin – Village - Place du Bouy d'En Haut – 09310 Verdun – Tél. : 61.64.76.05

Le Vernet Saint-Paul

NN Alt. : 300 m — Dans une grande ferme de caractère rénovée, 5 chambres d'hôtes avec pour chacune : 1 lit 2 pers., salle de bains et wc. Entrée particulière aux hôtes. Salon, salle à manger communs avec cheminée et coin-bibliothèque. Gare 1 km. Commerces 4 km. Ouvert toute l'année. Anglais et espagnol parlés. Dans un endroit très calme (Le Vernet 1 km), ferme rénovée avec un parc de 2 ha., arboré, entourée d'une part par la rivière de l'Ariège et d'autre part par un petit ruisseau. Très proche de la RN20, malgré tout très calme, facile d'accès.

Prix : 1 pers. 180 F 2 pers. 220 F pers. sup. 50 F

4	1	10	40	20	60	40	SP

TOULIS Marie-France – Saint-Paul – 09700 Le Vernet – Tél. : 61.68.32.93 ou 61.68.37.63 – Fax : 61.68.31.53

Villeneuve-d'Olmes

NN 1 chambre d'hôtes 2 pers. avec 1 chambre attenante pour 2 pers. de la même famille, dans une villa indépendante, au 1er étage. Salle d'eau pour les hôtes, wc privés. Terrasse. Jardin. Ouvert toute l'année. Restaurant 2 km.

Prix : 1 pers. 140 F 2 pers. 170 F 3 pers. 230 F

4	4	4	18

ROUDIERE Yvette – 3 avenue du 11 Novembre – 09300 Villeneuve-d'Olmes – Tél. : 61.01.17.91

Haute-Garonne

Alan Notre-Dame-de-Lorette   *C.M. n° 82 — Pli n° 16*

NN
(TH) Alt. : 400 m — Ancien hôpital du XVIIIe siècle, monument historique avec 2 ch. aménagées au rez-de-chaussée. L'une est l'ancienne pharmacie avec un lit 2 pers. l'autre une ancienne salle à manger avec un lit à baldaquin. Coins-toilette individuels. Salle d'eau et wc communs, réservés aux hôtes. Terrasse dans le cloître. Possibilité utilisation cuisine d'été. Ouvert toute l'année. Gare et commerces à 6 km.

Prix : 1 pers. 180 F 2 pers. 200 F 3 pers. 300 F pers. sup. 100 F repas 60 F

5	1	20	20	1	1	7	45	70

REYMANN-FERRY Marie-Christine – Notre Dame de Lorette – 31420 Alan – Tél. : 61.98.72.76

Auterive Les Murailles   *C.M. n° 82 — Pli n° 18*

NN
(A) Alt. : 200 m — A l'étage : salon détente (TV, bibliothèque, jeux de société). Au rez-de-chaussée : 3 chambres (3 lits 2 pers.) avec chacune salle d'eau et wc. Chauffage électrique. Ouvert toute l'année sur réservation. Réductions enfants. Sur une exploitation céréalière et d'élevage (volailles, canards gras), à 2,5 km du village, ferme toulousaine rénovée comprenant une ferme-auberge et 3 chambres d'hôtes aménagées dans une ancienne grange.

Prix : 1 pers. 220 F 2 pers. 250 F pers. sup. 70 F repas 75 F

2,5	10	10	2,5	2,5

TOURNIANT Helene – Route de Grazac - Les Murailles – 31190 Auterive – Tél. : 61.50.76.98

Auzas   *C.M. n° 82 — Pli n° 16*

NN
(TH) Alt. : 400 m — Demeure typiquement commingeoise. 1 suite (1 lit 2 pers.). 1 ch. (2 lits 100 ou 1 lit 2 pers.), salle de bains et wc privés. 1 ch. (2 lits 100.), salle de bains et wc privés. Chauffage électrique. Salon/séjour avec cheminée et TV. Salle à manger. Terrasse aménagée. Garage. Ouvert toute l'année. Anglais et Allemand parlés. Propriété forestière de plus de 90 ha. Propriété boisée par 3 lacs alimentés à l'eau de source. Un cours d'eau traverse la propriété. Tarif de la suite 3/4 personnes : 600 F.

Prix : 1 pers. 300 F 2 pers. 350 F 3 pers. 600 F repas 70 F

6	SP	5	5	SP	2	6	35	45

JANDER Gabrielle – Domaine de Menaut – 31360 Auzas – Tél. : 61.90.21.51

Auzas C.M. n° 82 — Pli n° 16

E.C. NN
(A)

Alt. : 300 m — A l'étage : grande salle réservée aux hôtes, avec cheminée (coin TV), 3 ch. (1 lit 2 pers. 2 lits 1 pers. dans chacune), salle d'eau et wc privés. Chauffage électrique. Gare 10 km. Commerces 5 km. Ouvert toute l'année. Espagnol parlé. Sur une exploitation agricole (ovins, canards gras), produits de la ferme, visite de l'exploitation, stages découpe et mise en conserve, fabrication de pain (naturels).

Prix : 1 pers. 180 F 2 pers. **220 F** pers. sup. **80 F** repas **70 F**
1/2 pens. **180/320 F**

5	SP	SP	5

SCHMITT Angeline – 31360 Auzas – Tél. : 61.90.23.61

Avignonet-Lauragais En Jouty C.M. n° 82 — Pli n° 19

NN
(TH)

Alt. : 220 m — Au rez-de-chaussée : salle à manger/séjour avec cheminée. A l'étage : 1 ch. (2 lits 1 pers.) avec salle d'eau privée. 1 ch. (1 lit 2 pers.) avec salle de bains privée attenante, wc communs réservés. Chauffage électrique. Parking, abri voiture. Jardin, cour. Gare 45 km. Commerces 12 km. Ouvert toute l'année. Réduction pour séjours. Ferme du Lauragais (céréales, volailles) à 3 km du village. Lac sur place.

Prix : 1 pers. 140 F 2 pers. **180 F** 3 pers. **290 F** repas **70 F**

10	SP	4	SP	3	40	

LEGUEVAQUES Agnes et Anne – En Jouty – 31290 Avignonet-Lauragais – Tél. : 61.81.57.35

Bagiry Le Hameau-des-Meledes

NN
(TH)

4 chambres aménagées dans une maison indépendante située sur un terrain arboré avec à proximité un gîte rural. Situé au pied des Pyrénées. 4 chambres avec chacune 1 lit 2 pers. + 1 lavabo. Salle d'eau, wc. Salle à manger avec cheminée réservée aux hôtes. Chauffage électrique. Ouvert du 1er mai au 30 septembre. Gare 10 km. Commerces 3 km. 1/2 pension sur la base de 2 pers.

Prix : 2 pers. 150 F repas **70 F** 1/2 pens. **290 F**

13	SP	10	SP	3	13	20	25	

LONGAGNE Louis – Le Hameau des Meledes – 31510 Bagiry – Tél. : 61.79.64.89 ou 63.03.02.54

Berat Le Soubiran C.M. n° 82 — Pli n° 17

NN
(TH)

Alt. : 250 m — Ancienne ferme rénovée à l'entrée du village. Salle à manger, salon, cheminée, avec accès indépendant. 2 ch. (2 lits 2 pers.) salle d'eau privative avec wc. TV dans chaque chambre. Chauffage électrique. Parking. Grand terrain clos fleuri. Gare 36 km. Commerces 6 km. Ouvert toute l'année.

Prix : 1 pers. 180 F 2 pers. **210 F** pers. sup. **80 F** repas **70 F**
1/2 pens. **220/300 F**

6	5	5	SP	6

CAILLEAUD Danielle et Jean-Pierre – Le Soubiran – 31370 Berat – Tél. : 61.91.52.57 – Fax : 61.91.52.63

Bouloc Bouxoulis C.M. n° 82 — Pli n° 8

NN
(TH)

R.d.c. : salle d'accueil (TV, lecture), coin-cuisine. A l'étage : CH1 (1 lit 2 pers. poss. lit 1 pers.), salle d'eau. CH2 (1 lit 2 pers. poss. lit 1 pers.), salle d'eau et wc dans la ch. CH3 (1 lit 2 pers.), salle d'eau. CH4 (2 lits 1 pers.), lavabo, douche réservée sur le palier, wc communs à toutes les ch. Coin-détente sur rochelle. Lave-linge. Ch. central au bois. 2 chambres sont classées 2 épis NN. Aire de stationnement. Ancienne ferme rénovée. Réduction pour séjours de plus de 6 jours. Ouvert toute l'année. Animaux sous condition.

Prix : 1 pers. 100/120 F 2 pers. **130/170 F** pers. sup. **50 F**
repas **65 F**

7	7	25	25	SP	4	3	135	21

SOULARD Lucien – Bouxoulis – 31620 Bouloc – Tél. : 61.82.03.29

Bourg-Saint-Bernard Le Dagour C.M. n° 82 — Pli n° 9

NN

Alt. : 250 m — Au r.d.c. : pièces communes de réception avec cheminée. A l'étage : 1 ch. (1 lit 2 pers.), avec salle de bains, wc privés. 1 ch. double communicante (1 lit 2 pers. 2 lits 1 pers.), avec salle de bains, wc privés, une ch. mansardée (1 lit 2 pers.), salle de bains, wc privés. En rochelle, salon de lecture/repos commun aux 3 ch. (TV, jeux de société, bibliothèque). Terrasse, parc avec coin-détente ombragé. Lit enfant, lave-linge disponibles. Dans le cadre d'une bergerie du XVIIIe siècle entièrement rénovée, meublée d'époque, une antiquaire vous propose 3 ch. de grand confort. Vol à voile 2 km. lac 200 m. Gare 18 km. Commerces 2 km. Ouvert toute l'année.

Prix : 1 pers. 300 F 2 pers. **300/450 F** 3 pers. **380/530 F**
pers. sup. **80 F**

11	SP	2	10

CARRERE Corinne – Le Dagour – 31570 Bourg-Saint-Bernard – Tél. : 62.18.93.55 ou 62.18.56.89

Bretx Domaine-de-Fleyres C.M. n° 82 — Pli n° 7

NN
(TH)

Alt. : 300 m — Au rez-de-chaussée : salle à manger, séjour avec cheminée commun avec le propriétaire, coin-TV. 1 chambre avec possibilité d'accès indépendant (1 lit 2 pers. 1 lit 80) avec salle d'eau attenante et wc privés. Ouvert toute l'année. Gare 20 km. Voile 15 km. Vélo sur place. Réduction pour longs séjours. Très belle maison de maître avec un grand parc non clos, gazonné et fleuri, situé à 100 m de l'exploitation agricole.

Prix : 1 pers. 200 F 2 pers. **230 F** 3 pers. **300 F** repas **70 F**

4	SP	15	SP	4	SP

DELPRAT Andre – Domaine de Fleyres – 31530 Bretx – Tél. : 61.85.39.53

Calmont Chateau-de-Terraqueuse

C.M. n° 82 — Pli n° 18

Alt. : 200 m — 1er ét. : 2 ch. comprenant chacune salle de bains et wc privés (lits 160). 2e ét. : 1 ch. salle de bains et wc privés (1 lit 180), poss. couchage enfant dans chambre attenante (2 lits 1 pers.) supplément 300 F. R.d.c. : salle à manger et grand salon (100 m²), cheminée, TV, chaine-hifi, jeux de société, bibliothèque. Enfant -10 ans : 100 F (repas). Pièce réservée téléphone. Ouvert du 25 juin au 31 août. Situé à environ 3 km du village de Calmont, le château de Terraqueuse, dont il subsiste une tour, la cour d'honneur de 2500 m² et les communs du XVIIe siècle, est situé dans un parc de 20 ha cloturé, avec de nombreuses pièces d'eau.

Prix : 2 pers. **600 F** repas **250 F**

≅	👤	🚣	🎣	♨	🚶	⛷	
SP	SP	10	10	SP	SP	10	

PHILIPPE DE CARAYON TALPAYRAC – Chateau de Terraqueuse – 31560 Calmont – Tél. : 61.08.10.04 – Fax : 61.08.73.32

Cambiac En Pecoul

C.M. n° 82 — Pli n° 19

Alt. : 250 m — 2 chambres d'hôtes aménagées sur une exploitation agricole : r.d.c. : salle à manger, salon, TV, cheminée, communs avec le propriétaire. A l'ét. : salon réservé aux hôtes, 2 ch. (1 lit 2 pers.), 1 lit 1 pers. dans une chambre attenante. Salle d'eau et wc privés. Lit bébé disponible. Téléphone téléséjour. Chauffage électrique. Parking, abri voiture. Gare 33 km. Commerces 4 km. Ouvert toute l'année. A 3 km du village. Réductions pour longs séjours.

Prix : 1 pers. **210 F** 2 pers. **250 F** pers. sup. **150 F** repas **80 F**

👤	≅	👤	🚣	🎣	⛷
	3	3	3	3	

MESSAL – En Pecoul – 31460 Cambiac – Tél. : 61.83.16.13 – Fax : 61.83.16.13

Caraman

C.M. n° 82 — Pli n° 19

Sur une exploitation agricole, dans le château de Croisillat des XIVe et XVIIIe siècles. 5 ch. dont une est aménagée en suite. Salle d'eau ou salle de bains et wc dans chaque chambre. 3 ch. (1 lit 2 pers.). 1 ch. (1 lit 120). 1 ch. (1 lit 2 pers. 2 lits 1 pers.). Salon avec cheminée et TV. Buanderie, cuisine, aire de stationnement et salon de jardin communs. Les chambres donnent sur le parc ou sur la cour intérieure du château et sont meublées d'époque. Sur place, piscine commune aux chambres et aux gîtes. Gare 30 km. Commerces 2,5 km. Ouvert du 15 mars au 15 novembre.

Prix : 1 pers. **400 F** 2 pers. **500/600 F** 3 pers. **500/600 F**

≅	👤	🚣	🎣	♨	🚶	⛷	🏊
SP	2,5	20	2,5	SP	2,5	140	29

GUERIN Bernard – Chateau de Croisilat – 31460 Caraman – Tél. : 61.83.10.09 ou 61.83.30.11 – Fax : 61.83.30.11

Caraman Bordeneuve

C.M. n° 82 — Pli n° 19

Alt. : 225 m — Ancienne ferme lauragaise comprenant au rez-de-chaussée : salon/salle à manger privé. A l'étage : 1 ch. double communicante (1 lit 2 pers. 2 lits 1 pers.), salle de bains avec wc privatifs. 1 ch. mansardée climatisée (1 lit 1 pers.), salle d'eau avec wc. Téléphone téléséjour. Chauffage central. Jeux d'enfants, ping-pong. Parking. Gare 30 km. Commerces 2 km. Ouvert d'avril à octobre.

Prix : 1 pers. **220 F** 2 pers. **260 F** pers. sup. **80 F**

👤	≅	👤	🚣	🎣
	2	2	2	2

COURTOIS Anita – Route de Cambiac - Bordeneuve – 31460 Caraman – Tél. : 61.83.30.46

Castagnac Propriete-Tustet

C.M. n° 82 — Pli n° 17

Alt. : 300 m — 5 ch. situées à l'étage, chacune avec salle d'eau, wc et prise TV. 3 ch. (1 lit 2 pers.). 1 ch. (2 lits 1 pers.). 1 ch. 2 pièces (1 lit 2 pers. 2 lits 1 pers. superposés). R.d.c. : salle à manger commune avec coin-salon, TV, magnétoscope, jeux de société et bibliothèque. Cheminée. Ping-pong. Anglais, allemand et suédois parlés. 1/2 pens. sur base 2 pers. Pétanque. Salon de jardin, barbecue, parking. Grande maison de maître entièrement rénovée, située sur une exploitation agricole (production laitière) à 2 km du village. Prix enfants selon l'âge. Réduc. longs séjours. Possibilité accueil chevaux. Table d'hôtes avec produits de la ferme.

Prix : 1 pers. **190 F** 2 pers. **220 F** 3 pers. **280 F** pers. sup. **60 F** repas **70 F** 1/2 pens. **360 F**

≅	👤	🚣	🎣	♨	🚶	🏊
15	4	12	4	SP	15	8

GIRARD Gunnel – Propriete Tustet – 31310 Castagnac – Tél. : 61.90.45.63 – Fax : 61.97.52.99

Caujac Rieumajou

C.M. n° 82 — Pli n° 18

Alt. : 230 m — Et. : 3 ch. mansardées : 1 ch. (2 lits 1 pers.), 1 ch. (3 lits 1 pers.), 1 ch. (1 lit 2 pers. 2 lits 1 pers.), salle d'eau, wc sur palier. R.d.c. : 1 ch. (4 lits 1 pers.) avec lavabo, 1 ch. (2 lits 1 pers.), salle d'eau, wc communs, 1 ch (2 lits 1 pers.). Salle de séjour avec cheminée, TV. Coin-cuisine possible. Buanderie commune avec L.linge. Table et fer à repasser. Terrasse couverte. Sur une exploitation agricole de 180 ha. (céréales), une maison de maître à colombages, entièrement rénovée. Piscine privée gratuite. Barbecue. Ouvert toute l'année sauf décembre et janvier. 10 % de réduction pour les séjours de plus d'une semaine. Repas enfants -10 ans : 50 %.

Prix : 1 pers. **100 F** 2 pers. **170 F** 3 pers. **220 F** repas **60 F** 1/2 pens. **290 F**

≅	👤	🚣	🎣	♨	🚶	⛷	🏊	🎿
SP	5	20	20	SP	10	10	80	44

GORIS Henri – Rieumajou – 31190 Caujac – Tél. : 61.08.93.83

Ciadoux Le Manoir-de-la-Riviere

C.M. n° 82 — Pli n° 15

Alt. : 280 m — Au rez-de-chaussée : salle à manger avec cheminée, coin-salon et petits déjeuners. A l'étage : 3 chambres 1 épi NN (3 lits 160), salle d'eau et wc communs, 1 chambre 3 épis NN (1 lit 180) avec salle de bains et wc. Lave-linge disponible. Chenil pour animaux. Chauffage électrique. Commerces 6 km. Anglais et allemand parlés. Ouvert toute l'année. Au bord de la rivière, grande maison à 1 km du village avec parc ombragé et fleuri. Parking pour voitures.

Prix : 1 pers. **150/230 F** 2 pers. **180/260 F** pers. sup. **100 F** repas **70 F**

≅	👤	🚣	🎣	♨	⛷
6	SP	6	6	6	10

ROEHRIG Inge – Le Manoir de la Riviere – 31350 Ciadoux – Tél. : 61.88.10.88

Cintegabelle Escautils
C.M. n° 82 — Pli n° 18

❄❄ NN TH — Ancienne maison de maître avec dépendances de ferme, située en bordure de l'Hers. Grand parc ombragé. Terrasse. Ping-pong, hamac. Abri voiture. 1 chambre d'hôtes 2 pers. à l'étage, salle de bains, wc. Petite chambre attenante 1 pers. Repas enfant de moins de 12 ans : 50 F.

Prix : 1 pers. **80 F** 2 pers. **220 F** 3 pers. **300 F** repas **80 F**

🏊	⛵	🚣	♨	🏃	🎿	🏇	🏂	🎣
8	SP	12	12	SP	2	SP	80	41

DEGRAMONT Martine – Escautils – 31550 Cintegabelle – **Tél. : 61.08.08.60**

Cintegabelle
C.M. n° 82 — Pli n° 18

❄❄❄ NN TH — Alt. : 200 m — 2 ch. avec chacune salle d'eau et wc. (2 lits 2 pers. 2 lits 1 pers.). 1 ch. suppl. avec salle de bains et wc comprenant 1 suite (1 lit 2 pers. 2 lits 1 pers.), wc indépendants, cette ch. ne fonctionne qu'en juillet/août. Salle de séjour commune pour les repas. Coin-TV. Salon réservé aux hôtes. Volley, basket, ping-pong sur place. Réduction pour longs séjours. Sur les coteaux du Lauraguais, dans une ancienne ferme rénovée à 4 km de la commune. Ouvert toute l'année. Forfaits W.E. : 550 F/2 pers. (2 repas dont 1 gastronomique). Table de ping-pong et portique avec jeux pour enfants. Enfant - de 10 ans : 50 F.

Prix : 1 pers. **195 F** 2 pers. **220/250 F** 3 pers. **310/400 F** pers. sup. **60 F** repas **85 F** 1/2 pens. **270/370 F**

🏊	⛵	🚣	♨	🏃	🎿	🏂	🎣	🏇
SP	SP	16	16	SP	SP	80	40	

DESCHAMPS-CHEVREL Marie-Julie – Serres d'En Bas - Route de Nailloux – 31550 Cintegabelle – **Tél. : 61.08.41.11**

Figarol Chourbaou
C.M. n° 86 — Pli n° 2

❄❄❄ NN TH — Alt. : 450 m — Rez-de-chaussée, salle à manger commune, cheminée, salon réservé aux hôtes avec bibliothèque, jeux de société, TV. Etage, 2 ch. (1 lit 2 pers. 2 lits 1 pers.) salle d'eau privée attenante à chacune, wc non attenants. 1/2 pens. sur la base de 2 pers./7 nuits. Poss. lits enfants. Lave-linge. Espace réservé aux animaux (chenil) sous réserve. Jeux d'enfants. Ancienne ferme de caractère, entièrement rénovée, située au pied des Pyrénées, à l'écart du village. Grand terrain clôturé, ombragé, fleuri. Abri voitures. Ouvert toute l'année. Commerces 5 km.

Prix : 1 pers. **150 F** 2 pers. **195/250 F** pers. sup. **70/80 F** repas **75 F** 1/2 pens. **2100/2500 F**

🏊	⛵	🏃	🎿	🏇	🎣
10	2	SP	4	7	30

BORDERES MARQUAIS – Chourbaou – 31260 Figarol – **Tél. : 61.98.25.54**

Fourquevaux
C.M. n° 82 — Pli n° 8

❄❄❄ NN — 2 ch. d'hôtes dans un château du XVIe siècle réaménagé. Grand parc galerie, cour gravillonnée à l'avant. Salle d'eau, wc et téléphone dans chaque chambre. Ch. central. Salon avec cheminée monumentale, TV réservée aux hôtes. Salle de réunion (200 pers.) pour séminaire et réceptions. Gare 18 km. Ouvert toute l'année. Toulouse 18 km. Anglais et espagnol parlés.

Prix : 1 pers. **360 F** 2 pers. **480 F**

🏊	⛵	🚣	♨	🏃	🎿	🏂	🎣	🏇
8	3	25	25	SP	10	10	120	19

FAUX Pierre – Chateau de Fourquevaux – 31450 Fourquevaux – **Tél. : 62.71.71.03 – Fax : 61.27.24.39**

Francon La Bastide
C.M. n° 82 — Pli n° 16

❄❄ NN TH — Alt. : 440 m — Très grande maison ancienne, à proximité du village, comprenant : au rez-de-jardin, terrasse ombragée, cuisine d'été, au rez-de-chaussée, un grand séjour/salle à manger avec cheminée. A l'ét. : 2 ch. (2 lits 2 pers.), salle d'eau et wc privatifs dans chacune, 1 ch. (2 lits 1 pers.), salle de bains et wc privatifs réservée aux hôtes. Chauffage central au gaz. Piscine (11x5). Terrain clos ombragé et fleuri. Parking. Ouvert toute l'année. Réductions pour enfants et longs séjours.

Prix : 1 pers. **200 F** 2 pers. **230 F** pers. sup. **80 F** repas **85 F** 1/2 pens. **260/370 F**

🐩	🏊	⛵	🚣	🏇	🎣
	SP	15	15	5	8

DUCLAUD Viviane – La Bastide – 31420 Francon – **Tél. : 61.98.67.27**

Fronton
C.M. n° 82 — Pli n° 8

❄ — Dans le village, 2 chambres aménagées au 1er étage d'une maison indépendante et attenante à celle du propriétaire. 1 ch. (1 lit 2 pers.), coin-toilette (lavabo-bidet). 1 ch. (1 lit 120. 1 lit 1 pers.). Salle d'eau et wc communs. Rez-de-chaussée : entrée aménagée avec salle de repos commune. Ouvert du 1er avril au 30 octobre.

Prix : 1 pers. **130 F** 2 pers. **150 F** 3 pers. **220 F** pers. sup. **50 F**

🐩	🏊	⛵	🚣	♨	🏃	🎿	🏂	🎣
	SP	12	20	20	SP	SP	7	140	29

BALTARDIVE Pierre – 9-7 rue du Barry Del Angel – 31620 Fronton – **Tél. : 61.82.86.76**

L'Isle-en-Dodon En Catello

C.M. n° 82 — Pli n° 16

❄❄ NN TH — Alt. : 350 m — Aménagées à l'étage dans les anciens communs : 4 chambres (3 lits 2 pers. 2 lits 1 pers.) avec chacune salle d'eau et wc privatifs (lit bébé disponible). Lave-linge commun. Chauffage électrique. Garage. Ouvert toute l'année. Anglais parlé. Salon de détente (TV, bibliothèque, jeux de société), grande loggia réservée aux hôtes. 4 chambres d'hôtes aménagées sur une exploitation agricole à 3 km du village à côté de l'habitation des propriétaires et de gîtes ruraux. Grand espace et cour commune. Réduction possible au delà de 6 nuits. 1/2 pension possible à partir de la 7e nuit. 1/2 pension pour 2 pers. : 220 F.

Prix : 1 pers. **150 F** 2 pers. **170 F** pers. sup. **70 F** repas **70 F** 1/2 pens. **170 F**

🐩	🏊	⛵	🚣	♨	🏃	🏇
	3	15	15	15	3	20

EGRETAUD Philippe – En Catello – 31230 L'Isle-en-Dodon – **Tél. : 61.88.67.72**

L'Isle-en-Dodon
C.M. n° 82 — Pli n° 16

♥♥ NN
(TH)
Alt. : 350 m — Au rez-de-chaussée : salon (TV) en commun avec les appartements du propriétaire. A l'étage : chambre double (1 lit 2 pers. 2 lits 1 pers.), salle de bains et wc privatifs. Chauffage électrique. Ouvert toute l'année. Anglais, espagnol et portugais parlés. Réduction de 10 % pour enfants et longs séjours. Dans le village, maison indépendante avec petite cour fermée et ombragée.

Prix : 1 pers. **150 F** 2 pers. **180 F** pers. sup. **80 F**
repas **40/60 F**

0,3	15	15	15	0,3	20

DISGAND Pamela – 3 Place des Marronniers – 31230 L'Isle-en-Dodon – Tél. : 61.88.12.05

Lanta Garnes-d'Espagne
C.M. n° 82 — Pli n° 9

♥♥♥ NN
2 chambres avec dans chacune salle de bains et wc. 1 chambre au rez-de-chaussée (1 lit 2 pers.). 1 chambre à l'étage (1 lit 2 pers. 1 lit 1 pers.), avec une chambre attenante (2 lits 1 pers.). Au rez-de-chaussée, 1 pièce commune de repos (lecture) est réservée aux hôtes. Salon de jardin. TV. Gare 20 km. Commerces 2 km. Chambres d'hôtes aménagées dans l'aile d'une demeure de caractère, ancienne maison de maître entourée d'un parc de 15000 m² environ. Possibilité de pique-nique dans le jardin (réfrigérateur à dispo.). Restaurant à 2 km au village.

Prix : 1 pers. **220 F** 2 pers. **250 F** 3 pers. **330 F**
pers. sup. **80 F**

8	2	2	2	SP	2	8

PANEGOS Charles et Denise – Garnes d'Espagne – 31570 Lanta – Tél. : 61.83.75.23

Larra
C.M. n° 82 — Pli n° 7

♥♥ NN
(TH)
4 ch. d'hôtes. CH1 (1 lit 160. 1 lit 130. 1 lit pliant), s. de bains, wc. CH2 (1 lit 160. 1 lit 1 pers. 1 lit pliant), s. de bains, wc. CH3 (1 lit 2 pers. 1 lit 1 pers. 1 lit pliant), s. d'eau, wc. CH4 (1 lit 2 pers. 2 lits 80. 1 lit pliant), s. d'eau, wc. Poss. lit suppl. enfant 50 F. Cuisine équipée, aire de stationnement, salon de jardin, jeux d'enfants. Repas enfant -7 ans : 55 F. 1 nuit offerte pour 1 semaine de location. Château du XVIIIᵉ siècle, entouré d'un parc de 15 ha. non clos, situé sur une exploitation. Ouvert de Pâques à la Toussaint.

Prix : 1 pers. **350 F** 2 pers. **350 F** 3 pers. **450 F** repas **95 F**

16	19	19	19	SP	5	10	160	16

DE CARRIERE Brigitte – Chateau de Larra – 31330 Larra – Tél. : 61.82.62.51

Leguevin Domaine-de-Labarthe
C.M. n° 82 — Pli n° 7

♥ NN
Alt. : 190 m — Au rez-de-chaussée : 2 salons communs (cheminée, TV, bibliothèque). A l'étage : 3 chambres (2 lits 2 pers. 1 lit 120, 2 lits 1 pers. convertible et coin-salon), salle d'eau et wc indépendants communs aux 3 chambres. Chauffage central. Gare 18 km, commerces 1.5 km. Ouvert toute l'année. Sur une exploitation agricole céréalière à 1,5 km du village, 3 chambres aménagées à l'étage d'une grande maison ancienne, rénovée. Salon de jardin. Tarif enfant moins de 10 ans : 40 F.

Prix : 1 pers. **130 F** 2 pers. **160/200 F** pers. sup. **80 F**

1,5	14	14	1,5	3

LAPOINTE Charles – Domaine de Labarthe – 31490 Leguevin – Tél. : 61.86.60.25

Le Lherm
C.M. n° 82 — Pli n° 7

♥ NN
1ᵉʳ étage : 1 chambre (1 lit 2 pers.), salle d'eau et wc, possibilité lit supplémentaire. 1 chambre (1 lit 2 pers.), salle de bains, wc et possibilité lit supplémentaire. 2ᵉ étage : 1 chambre (1 lit 2 pers. 1 lit 120), salle de bains, wc. Salon de jardin commun avec le propriétaire. Salon, TV. 1 chambre est classée 2 épis NN. Château entouré d'un parc boisé de 13 ha., situé à 2 km de la commune. Cour fermée. Petite suite (300 F). Ouvert de Pâques au 30 octobre.

Prix : 1 pers. **180 F** 2 pers. **200 F** 3 pers. **250 F**
pers. sup. **80 F**

11	2	29	29	SP	2	11	100	29

CLAIRAC – Chateau de Jottes – 31600 Le Lherm – Tél. : 61.56.03.60

Martres-Tolosane Campignas
C.M. n° 82 — Pli n° 16

♥♥
(TH)
Alt. : 300 m — Au rez-de-chaussée : 1 ch. principale et 1 ch. attenante avec accès indépendant (3 lits 1 pers.), salle d'eau et lavabo privés. WC indépendants mais réservés aux hôtes. A l'étage : 1 ch. principale et 1 ch. attenante (1 lit 2 pers. 1 lit 1 pers.), salle d'eau et wc réservés aux hôtes. Salle à manger et salon communs avec les propriétaires. Sur une exploitation agricole de 30 ha. (céréales et vergers), une maison de maître avec un petit parc ombragé vous attend. Bâtiment d'exploitation à proximité. Ouvert de juin à septembre. Gare 2 km. Commerces 1 km.

Prix : 1 pers. **180 F** 2 pers. **200 F** 3 pers. **270 F**
pers. sup. **70 F** repas **75 F**

1	3	10	10	10	1	0,8	60	60

PERRIER Andre – 16 la Riviere - Campignas – 31220 Martres-Tolosane – Tél. : 61.90.02.29

Mauremont Chateau-de-Mauremont

♥♥♥ NN
(TH)
Alt. : 200 m — Au r.d.c. : salle à manger commune, salon réservé aux hôtes avec coin-TV, cheminée, bibliothèque. A l'étage : 3 ch. (1 lit 2 pers. 1 suite avec 2 lits 1 pers.), (1 lit 2 pers.avec 1 suite 1 lit 1 pers.), (1 lit 2 pers. 1 lit 1 pers. avec coin-bureau attenant), salle d'eau et wc privés pour chacune. Chauffage central au fuel. Lave-linge à disposition. Salon de jardin. Commerces 3 km. Ouvert toute l'année. Anglais et espagnol parlés. 3 chambres aménagées dans le château familial avec piscine et parc ombragé (17 ha). Table d'hôtes sur réservation.

Prix : 1 pers. **300 F** 2 pers. **350/400 F** 3 pers. **550 F**
pers. sup. **150 F** repas **150 F**

SP	SP	15	15	SP	3	10	20

DE RIGAUD Jean et Benedicte – Chateau de Mauremont – 31290 Mauremont – Tél. : 61.81.64.38 – Fax : 61.81.64.38

Milhas

☙ NN

Dans le petit village de Milhas, en bordure d'un petit ruisseau de montagne. A l'étage : 1 ch. (1 lit 2 pers.), salle d'eau et wc privés. 1 ch. (1 lit 2 pers. 1 lit 120), salle d'eau, wc privés sur le palier. Rez-de-chaussée : 1 ch. (1 lit 2 pers. 1 lit 120), salle d'eau, wc attenants. 1 chambre est classée 2 épis NN. Possibilité de garage. Ouvert toute l'année.

Prix : 1 pers. **180 F** 2 pers. **200 F** 3 pers. **250 F**
pers. sup. **50 F**

	🏊	⛵	🚣	♨	🏃	🎿	✈	🎣	🎵
	4	SP	25	20	SP	4	15	20	50

LAYLLE Jean-Bertrand – Milhas – 31160 Aspet – Tél. : 61.88.41.06

Montbrun-Bocage Pave

C.M. n° 82 — Pli n° 17

☙ NN
(TH)

Alt. : 450 m — 4 chambres. 2 ch. avec mezzanine : 1 ch. (1 lit 1 pers. 1 lit 2 pers.), lavabo. 1 ch. (2 lits 1 pers. 1 lit 2 pers.), lavabo. 2 ch. (1 lit 2 pers.). 3 salles de bains privées et 1 salle d'eau non attenante, 4 wc dont 2 dans salle de bains. Salle de séjour avec cheminée et piano. Table d'hôtes avec produits fermiers. Ouvert toute l'année. Anglais parlé. Réduction à partir de 3 nuits. 2 chambres sont classées 2 épis NN. Cadre très chaleureux pour cette petite ferme où se pratique l'élevage de brebis. Gare 20 km. Commerces 10 km. Prix 1/2 pension sur la base de 2 personnes.

Prix : 1 pers. **185 F** 2 pers. **230 F** 3 pers. **325 F**
pers. sup. **95 F** repas **80 F** 1/2 pens. **360/390 F**

	⛵	♨	🏃	🎿	🐴
	5	10	SP	5	20

PARINAUD Josette – « Pave » – 31310 Montbrun-Bocage – Tél. : 61.98.11.25

Montesquieu-Volvestre

C.M. n° 82 — Pli n° 17

☙☙☙ NN
(TH)

Alt. : 300 m — R.d.c. : salon, salle à manger, wc réservés aux hôtes. Vaste terrasse et pelouse intérieures. Et. : ch. chaleureuses et spacieuses, 1 ch. (1 lit 2 pers. 2 lits 1 pers.), salle d'eau, wc privés. 1 ch. (3 lits 1 pers.), salle d'eau, wc privés. 1/2 pens. à partir de 6 jours. Réductions pour enfants et longs séjours. TV sur demande. Ouvert toute l'année. Anglais parlé. Village typique du Volvestre, dominé par l'église du XIIIe siècle, ses arcades et ses bastides, entouré par l'histoire et cités cathares. Les chambres sont situées dans une maison du XVIIIe siècle au cœur du village. Gare 10 km. Commerces 100 m.

Prix : 1 pers. **200 F** 2 pers. **230 F** 3 pers. **290 F**
pers. sup. **80 F** repas **85 F** 1/2 pens. **255/350 F**

	🏊	⛵	🏃	🎿	🐴	🎵
	0,5	SP	SP	0,5	5	15

LORIOUX Jean-Christophe – 9 rue des Olieres - « Au Gîte d'Ibos » – 31310 Montesquieu-Volvestre – Tél. : 61.90.63.08

Montmaurin Caso-Nousto

C.M. n° 82 — Pli n° 15

☙ NN
(TH)

Alt. : 360 m — Au rez-de-chaussée : salle commune (cheminée) pour repos et petits déjeuners, salon commun (TV, bibliothèque). A l'étage 1 chambre (1 lit 2 pers.) avec salle d'eau, 1 chambre double communicante (2 lits 2 pers.), salle d'eau, wc communs aux 2 ch., 1 chambre (1 lit 1 pers.), salle d'eau et wc privés. Gare 15 km, commerces 10 km. Ouvert toute l'année. A 500 m du village, sur un grand terrain boisé, ancienne ferme restaurée comprenant 3 chambres d'hôtes et 2 gîtes ruraux. Parking privé, jeux d'enfants. Parc et cour cloturés. 1 chambre est classée 2 épis NN. Vente de produits fermiers, dégustation de plats régionaux. Espagnol parlé.

Prix : 1 pers. **160 F** 2 pers. **180 F** repas **65/80 F**

	🏊	⛵	♨	🎿
	SP	0,8	10	0,8

DALLIER Nicole – Caso Nousto – 31350 Montmaurin – Tél. : 61.88.25.50

Montpitol Stoupignan

C.M. n° 82 — Pli n° 9

☙☙☙ NN
(TH)

Dans le pays toulousain, grande maison de maître style Louis XIII rénovée, située dans un grand parc arboré. Salon de jardin. Chauffage électrique. 3 ch. d'hôtes. 1 ch. 2 pers. avec salle de bains, wc. 1 ch. 2 pers. avec salle d'eau et wc. 1 ch. 2 pers. avec salle de bains, wc. Salle commune avec TV. Grand salon. Ouvert toute l'année. Anglais parlé. Table d'hôtes sur demande pour longs séjours et le soir de l'arrivée.

Prix : 1 pers. **250 F** 2 pers. **350 F** 3 pers. **400 F** repas **120 F**

	🏊	⛵	🚣	♨	🏃	🎿	✈	🎣	🎵
	4,5	10	26	26	SP	4,5	18	140	10

FIEUX Claudette – Stoupignan – 31380 Montpitol – Tél. : 61.84.22.02

Palaminy Les Pesques

C.M. n° 82 — Pli n° 16

☙☙☙ NN
(TH)

Alt. : 260 m — Salon-salle à manger commun avec le propriétaire. Chambre double (1 lit 2 pers. 1 lit 1 pers.), avec vestibule. Salle d'eau privée, wc indépendants. Possibilité lit enfant supplémentaire. Ouvert toute l'année. Anglais parlé. Voile et parapente 3 km. 1/2 pension sur la base de 2 pers. à partir du 3e jour. Réductions repas enfants. Ancienne ferme de caractère, indépendante située sur un terrain non clos de 2 ha. Grande cour intérieure de 1500 m² environ, ombragée, gazonnée et fleurie avec allée piétonne. Abri voiture dans les dépendances. Gare et commerces à 3 km.

Prix : 1 pers. **200 F** 2 pers. **230 F** 3 pers. **300 F**
pers. sup. **70 F** repas **70 F** 1/2 pens. **350 F**

	🏊	⛵	♨	🏃	🎿	🐴
	3	0,8	3	SP	3	0,8

LE BRIS – Les Pesques – 31220 Palaminy – Tél. : 61.97.59.28

Peguilhan

C.M. n° 82 — Pli n° 15

☙☙ NN
(A)

Ancienne ferme avec maison de caractère située à 800 m du village. 2 chambres aménagées à l'étage : 1 ch. (1 lit 2 pers. 2 lits 1 pers.), salle d'eau et wc privés. 1 ch. (1 lit 2 pers. 1 lit 1 pers.), salle d'eau et wc privés. Salle de bains et wc communs. R.d.c. : salle commune avec cheminée, TV. Jeux pour enfants. Organisation week-end en pension complète sur le thème « nature, culture et gastronomie » : programme et tarifs sur demande. Réductions pour séjours, enfants, 1/2 pension couple. Ouvert toute l'année.

Prix : 1 pers. **140 F** 2 pers. **220 F** pers. sup. **90 F** repas **60 F**
1/2 pens. **195/330 F** pens. **250/440 F**

	🏊	⛵	🚣	♨	🏃	🎿	✈	🎣	🎵
	4	4	4	4	SP	0,8	SP	50	45

CASTEX Annie – 31350 Peguilhan – Tél. : 61.88.75.78

Arrouede Le Traquet

Alt. : 150 m — A l'étage, 6 chambres d'hôtes : 1 chambre 4 pers. avec salle d'eau et wc particuliers. 5 chambres 2 pers. avec salle d'eau et wc particuliers. Possibilité 3 lits supplémentaires sur demande. Au rez-de-chaussée : pièce détente/salon, cheminée, TV, salle de la ferme auberge à la disposition des hôtes. Gare 35 km. Commerces 10 km. Ouvert toute l'année. Ferme située sur la route de crête d'Arrouede à Mont d'Astarac, face à la chaîne des Pyrénées. Ferme de séjour (restaurant à la ferme) accès aux pers. handicapées. Gîte de séjour (17 pers.).

Prix : 1 pers. **140 F** 2 pers. **210 F** 1/2 pens. **215 F**
pens. **260 F**

3	3	3	3	10	3	6

STAELENS Joel et Chantal – Le Traquet – 32140 Arrouede – Tél. : 62.66.09.87

Arrouede Au Village

2 chambres d'hôtes aménagées au 1er étage d'une maison Gasconne située dans un village. Cour ombragée (salon de jardin). 1 chambre 2 pers. avec cabinet de toilette. 1 chambre 3 pers. avec cabinet de toilette. Salle d'eau commune. WC communs au rez-de-chaussée. Chauffage central. Grande salle de loisirs, séjour à la disposition des hôtes. Cour ombragée. Panassac 4 km. Gare 35 km. Commerces 4 km. Ouvert toute l'année. Tarifs dégressifs à partir de 3 nuits.

Prix : 2 pers. **190 F**

9	3	3	3	10	9	9

LIBAROS Yves et Lucienne – 32140 Arrouede – Tél. : 62.66.05.13

Auterrive Poudos

Alt. : 150 m — 1 ch. duplex dans la maison de la propriétaire d'origine hollandaise (1 lit 2 pers. 1 lit 1 pers.) 1 ch enfants (1 lit 1 pers. 1 lit bébé), salle d'eau et wc. 5 ch. dans annexe, 3 à l'étage (1 épi NN) avec lavabo (5 lits 1 pers.), salle de bains et wc communs sur palier. 2 ch. au r.d.c. 1 ch. (3 lits 1 pers.) salle d'eau, wc. 1 ch (1 lit 2 pers.), salle d'eau et wc. 6 ch. au domaine de poudos (parc ombragé fleuri portique balançoire). Grande salle et cuisine équipée. Bibliothèque, TV. Ch. central. Gare 8 km. Commerces 3 km. Tarifs dégressifs à partir de 3 nuits. Ouvert toute l'année. Anglais, allemand et néerlandais parlés. 1 Gîte 2 pers. sur place.

Prix : 2 pers. **190/225 F** 3 pers. **310 F** repas 60 F
1/2 pens. **155/175 F**

SP	14	14	1	5	5	12

WIEGGERS Gerda – Poudos – 32550 Auterrive – Tél. : 62.61.00.93

Avensac La Chaviniere

Alt. : 150 m — 4 ch. spacieuses donnant sur le parc ou la piscine et l'étang. « Chambre rose » (2 lits à baldaquin 1 pers.) s.d.b. et wc privés. « Les oiseaux » (1 lit 2 pers.) s.d.b. et wc privés. « Provençale » (2 lits 1 pers.) s.d.b. et wc privés. « Fruitier » (1 lit 2 pers.) s.d.b. et wc privés. Les ch. « Les oiseaux » et « Provençale » peuvent constituer 1 suite. Communs avec les propriétaires : salle à manger, salon, bibliothèque, aire de jeux. Yveline et Thierry vous invitent à venir savourer « la vie de château » dans le Gers en Gascogne dans une gentilhommière du XVIIIe siècle restaurée et aménagée avec goût. Accueil petits groupes (séminaires).

Prix : 1 pers. **340/520 F** 2 pers. **430/680 F** 3 pers. **770 F**
repas 200 F

SP	17	17	SP	25	3	25

MOREL Thierry et Yveline – La Chaviniere – 32120 Avensac – Tél. : 62.65.03.43 – Fax : 62.65.03.23

Avensac Le Petit-Robin

Alt. : 150 m — 2 chambres d'hôtes aménagées à l'étage. 1 ch. (1 lit 2 pers.) avec salle de bains particulière avec wc. 1 ch. duplex 2 épis NN, (1 lit 2 pers. 2 lits 1 pers.), salle de bains particulière avec wc. WC communs. Salle à manger avec cheminée à la disposition des hôtes. Tarifs dégressifs à partir de 3 nuits. Gare 27 km. Commerces 4 km. Ouvert toute l'année. A 800 m du village, chambres aménagées dans l'aile d'une ancienne ferme rénovée. Jardin, salon de jardin, parc de 1 ha. Vélos et terrain de boules sur place. Anglais parlé.

Prix : 1 pers. **170/200 F** 2 pers. **220/250 F**
pers. sup. **80/100 F**

9	4	9	4	15	9	28

HANTZPERG Sylviane – Le Petit Robin – 32120 Avensac – Tél. : 62.66.45.06 ou SR : 62.05.57.99.

Barran Mongrand

Alt. : 150 m — 3 chambres d'hôtes à l'étage, dans une aile de la maison des propriétaires. 1 chambre (2 lits 1 pers.), salle d'eau, wc. 2 chambres (2 lits 2 pers.), salle d'eau avec wc pour chacune. Chauffage central. Lave-linge à disposition des hôtes. Gare 15 km, commerces 6 km. Ouvert du 1er mai au 31 octobre. Tarifs dégressifs à partir de 3 nuits. A 7 km de Barran, grande maison restaurée datant de 1820, dans un ensemble de bâtiments de ferme, avec cour carrée (piscine, pelouse). Sur place un gîte rural.

Prix : 2 pers. **230 F**

SP	25	25	1	10	7	8

MENDOUSSE Christian et M.Chantal – Mongrand – 32350 Barran – Tél. : 62.05.62.41 ou SR : 62.05.57.99.

Bars Cantaou

Alt. : 150 m — 1 chambre aménagée sur 3 niveaux dans la tour de la maison avec accès direct indépendant, ouvrant sur cour fermée (arbres, pelouse, salon de jardin et petit bassin). Au rez-de-chaussée : salle des petits déjeuners (cheminée). 1er étage : salle de bains avec wc. 2e étage : 1 lit 1 pers., 1 lit 120. Chauffage central. Gare 35 km, commerces 9 km. Ouvert toute l'année. Espagnol parlé. Jean-Louis et ses parents vous accueillent dans une grande demeure du XVIIIe sur une exploitation agricole. Elevage de taureaux de combat, à proximité de la D.34. Festival de Country Music à Mirande 9 km (semaine du 14/07). Festival « Jazz in Marciac » 18 km (semaine du 15/08).

Prix : 2 pers. **200 F**

9	9	9	0,5	9	8	25

DARRE Jean-Louis – Cantaou – 32300 Bars – Tél. : 62.66.53.55

Bellegarde-Adoulins La Garenne — C.M. n° 82 — Pli n° 15

❀❀❀ NN
(TH)

Alt. : 300 m — Chambre familiale en duplex 1 ch. (1 lit 2 pers.), 1 ch. contiguë (1 lit 2 pers. 1 lit d'appoint 1 pers.), salle d'eau et wc particuliers. Salle de séjour avec cheminée et TV couleur à la disposition des hôtes. Chauffage central. Gare 30 km. Commerces 4 km. Ouvert toute l'année. Anglais et espagnol parlés. 2 gîtes sur place. Sur la commune de Bellegarde, belle maison restaurée à proximité d'une exploitation agricole. Terrasse couverte, grand balcon (salon de jardin, jeux enfants). Parking. Vue sur coteaux de l'Astarac et Chaîne des Pyrénées. Vélos. Tarifs dégressifs à partir de 3 nuits.

Prix : 1 pers. **150 F** 2 pers. **230 F** 3 pers. **380 F** repas 90 F
1/2 pens. **205 F**

🚲	🎣	⛵	♟	🚶	🎿	🏇
3,5	6	6	3	5	3,5	5

COUROUBLE Olivier et Mireille – La Garenne – 32140 Bellegarde-Adoulins – Tél. : 62.66.03.61 ou SR : 62.05.57.99.

Beraut Le Hour — C.M. n° 82 — Pli n° 4

❀ NN
(TH)

2 chambres d'hôtes aménagées à l'étage de la maison du propriétaire. 2 chambres 2 pers. Salle de bains et 2 wc communs. Station thermale à 16 km. Tarifs dégressifs à partir de 3 nuits. Condom 6 km. Sur demande : ch. enfant (1 lit 1 pers.). Chauffage central. Services payants : lave-linge. Gîte rural sur place. Gare 46 km. Commerces 6 km. Ouvert du 15 mars au 31 octobre.

Prix : 2 pers. **180 F** 1/2 pens. **180 F** pens. **250 F**

🚲	🎣	⛵	♟	🚶	🎿	🏇
6	15	15	7	6	6	25

DUSSAUT Yvon et Helene – Le Hour – 32100 Beraut – Tél. : 62.28.02.08 ou SR : 62.05.57.99.

Beraut Bordeneuve — C.M. n° 82 — Pli n° 4

❀❀ NN
(TH)

3 ch. d'hôtes dans une grande ferme entourée de pelouses ombragées. 1 ch. 2 pers. coin-toilette non cloisonné (douche lavabo), 1 ch. 3 pers. coin-toilette (douche lavabo) et 1 ch. 2 pers. (salle de bains). Sur palier : wc communs aux 3 ch. A la disposition des vacanciers une pièce détente avec télévision. Chauffage. Station thermale 16 km. Sur place : kit piscine (6 m de diamètre). Gare 46 km, commerces 6 km. Ouvert toute l'année sauf la 1ère quinzaine de novembre.

Prix : 2 pers. **180 F** 1/2 pens. **180 F** pens. **250 F**

🚲	🎣	⛵	♟	🚶	🎿	🏇
6	15	15	7	3	6	25

VIGNAUX Robert et Evelyne – Bordeneuve – 32100 Beraut – Tél. : 62.28.08.41

Biran La Broquere — C.M. n° 82 — Pli n° 4

❀ NN

Alt. : 150 m — A l'étage 2 ch. d'hôtes et 1 ch. d'appoint pour enfants : 1 ch. 3 pers. (cabinet de toilette), 1 ch. 2 pers. avec cabinet de toilette, ch. d'appoint (2 lits 1 pers.), sanitaires réservés communs aux ch. WC sur palier. Sanitaires des propriétaires à l'étage. Salle à manger, cheminée, salon, TV à la disposition des hôtes. Gare 17 km. Commerces 2 km. Ouvert toute l'année. A 300 m de la RN 124 Auch. Vic Fezensac, sur la commune de Biran, grande maison entourée d'un jardin fleuri, salon de jardin sur terrasse clôturée.

Prix : 2 pers. **170 F**

🚲	🎣	⛵	♟	🚶	🎿	🏇
11	7	7	2	11	7	17

BOURDERE Claude et Paulette – La Broquere – 32350 Biran – Tél. : 62.64.62.17

Biran Betaire-Sud — C.M. n° 82 — Pli n° 4

❀❀ NN
(TH)

Alt. : 150 m — 2 chambres d'hôtes (1 lit 2 pers.), lavabo, salle de bains et wc particuliers pour chaque chambre. 1 lit enfant (suppl. 50 F). Salle à manger, salon, cheminée, TV à la disposition des hôtes. Gare 15 km, commerces 8 km. Ouvert toute l'année. A proximité du village, maison de construction récente avec parc ombragé, prairie de 2000 m². Terrain de pétanque à 500 m. Lac privé 1 km, golf à Embats/Auch (12 km), Auberge à Saint-Lary (8 km), Lavandens (12 km), Auch (12 km).

Prix : 1 pers. **140 F** 2 pers. **200 F** repas 90 F 1/2 pens. **190 F**

🐕 | 🚲 | 🎣 | ⛵ | ♟ | 🚶 | 🎿 | 🏇 |
|---|---|---|---|---|---|---|
| 15 | 12 | 15 | 3 | 15 | 15 | 12 |

BARBE Henri et Jeannette – Betaire Sud – 32350 Biran – Tél. : 62.64.63.73

Blaziert La Bajonne — C.M. n° 82 — Pli n° 4

❀❀❀ NN
(TH)

Alt. : 150 m — 4 ch. aménagées en r.d.c dont 3 dans une ancienne maison restaurée à proximité de l'habitation de la propriétaire. Ch. « glaïeul » (2 lits 1 pers.) s.d.b. et wc privés. Ch. « marguerite » (1 lit 2 pers.) douche et wc privés. Ch. « tournesol » (1 lit 2 pers.) s.d.b. et wc privés. Ch. « paquerette » dans la maison de la propriétaire (2 lits 1 pers.) s.d.b., wc privés. A dispo. des hôtes : pièce de jour, salon, salle à manger. Poss. TV. Laverie payante. Ingrid vous accueille au hameau dans une ambiance de confort chaleureux en nuitée ou 1/2 pension. Parc, garenne, terrasse ombragée (salon de jardin), vélos, randonnée pédestre... Tarifs dégres. à partir de 3 nuits.

Prix : 2 pers. **290 F** 1/2 pens. **250 F**

🚲	🎣	⛵	♟	🚶	🎿	🏇
SP	12	12	12	12	12	40

D'ALOIA Ingrid – La Bajonne – 32100 Blaziert – Tél. : 62.68.27.09

Bouzon-Gellenave Chateau du Bascou — C.M. n° 82 — Pli n° 3

❀❀❀ NN

Alt. : 150 m — 1 chambre familiale (moquette, tapis, miroirs, murs lambrissés laqués et tendus de tissus) : 1 lit 2 pers. à baldaquin, 1 lit 2 pers. 1 lit 1 pers. et 1 lit 120. Sur le palier, sanitaires privés : salle de bains et wc indépendants. Gare 60 km, commerces 4 km. Ouvert toute l'année sauf du 15 août au 10 septembre. Anglais et espagnol parlés. Au village, Catherine et Robert vous accueillent dans leur belle demeure meublée et décorée avec goût, entourée d'un parc sur un domaine viticole (Floc, Armagnac).

Prix : 2 pers. **245 F**

🐕 | 🚲 | 🎣 | ⛵ | ♟ | 🚶 | 🎿 | 🏇 |
|---|---|---|---|---|---|---|
| 4 | 6 | 11 | 6 | 20 | 4 | 25 |

ROUCHON Catherine et Robert – Chateau du Bascou – 32290 Bouzon-Gellenave – Tél. : 62.09.07.80 ou SR : 62.05.57.99. – Fax : 62.09.08.94

Bretagne-d'Armagnac

₩₩ NN
(TH)

3 chambres aménagées à l'étage d'une ancienne gare transformée en maison d'habitation, entourée de bocage fleuri. 1 ch. (1 lit 2 pers.), salle d'eau et wc privés. 2 ch. (1 lit 2 pers. 1 lit d'appoint 1 pers.), salle d'eau et wc privés pour chaque ch. A la disposition des hôtes : salle à manger, salon, cheminée, TV. Possibilité 1 ch. d'appoint pour 2 enfants. Gare 60 km. Commerces 7 km. Ouvert toute l'année. Sur place : camping en ferme d'accueil. Station thermale à 25 km.

Prix : 1 pers. 200 F 2 pers. 240 F 1/2 pens. 210 F

6	12	25	1	2	7	6

DUCOYRET J.Claude et Danielle – La Gare – 32800 Bretagne-d'Armagnac – Tél. : 62.09.95.42 ou SR : 62.05.57.99.

Cadeilhan Labarthete

₩₩₩ NN

Alt. : 150 m — 2 ch. de grand confort dans un ancien pigeonnier. Au r.d.c. Ch. saumon et vert (2 lits 1 pers.) s.d.b. et wc privés. A l'étage : ch. bordeaux en duplex avec balcon (1 lit 2 pers. 2 lits 1 pers.) s.d.b. et wc privés sur palier. A dispo. des hôtes au rez-de-chaussée : cuisine/salle à manger (l-linge, l-vaisselle), salon (canapé, TV coul.). Gare 30 km, commerces 6 km. Chauffage électrique. Christine et Paul vous accueillent sur leur domaine consacré à l'agriculture biologique, dominant la campagne gersoise, parc ombragé, piscine avec terrasse. Randonnée pédestre. Ouvert du 1er octobre au 1er avril.

Prix : 2 pers. 300/350 F

SP	8	17	8	12	8	6

BARADAT Paul et Christine – Labarthete – 32380 Cadeilhan – Tél. : 62.06.13.53 ou SR : 62.05.57.99.

Cahuzac-sur-Adour A Galuppe

₩ NN
(TH)

Alt. : 150 m — 3 ch. aménagées au rez-de-chaussée : 1 ch. 2 épis NN ouvrant sur parc (1 lit 2 pers.) salle d'eau et wc privés attenants. 1 ch. 1 épi NN (1 lit 2 pers.) cabinet de toilette. 1 ch. 1 épi NN (1 lit 2 pers.) cabinet de toilette. Salle de bains et wc réservés aux 2 chambres. Chauffage central. Prise TV dans les chambres. Salle à manger (cheminée), véranda/salon. Corinte, Angélo et Ginette vous accueillent dans une belle villa récente, entourée d'un parc avec piscine et tennis, située dans le petit village de Cahuzac sur Adour. Gare 45 km. Commerces 5 km. Ouvert toute l'année. Tarifs dégressifs à partir de 3 nuits. Italien parlé.

Prix : 2 pers. 180 F 1/2 pens. 180 F pens. 250 F

SP	10	10	0,1	20	SP	40

POZZOBON CORINTE Angelo et Ginette – A Galuppe – 32400 Cahuzac-sur-Adour – Tél. : 62.69.22.48

Castelnau-Barbarens Le Baste

₩₩₩ NN
(TH)

2 chambres d'hôtes aménagées au 1er étage de la maison des propriétaires, avec parc ombragé. 2 chambres 2 pers. dont 1 ch. avec salle de bains et wc privés, l'autre avec salle d'eau et wc privés. A la disposition des hôtes séjour avec cheminée et TV. Chauffage. Gare 15 km. Commerces 1 km. Ouvert toute l'année.

Prix : 2 pers. 250 F 1/2 pens. 210 F

15	20	20	0,5	8	12	17

CARTIER Rene et Alice – Au Baste – 32450 Castelnau-Barbarens – Tél. : 62.65.97.17 ou SR : 62.05.57.99.

Castelnau-Barbarens La Tuquette

₩₩ NN
(TH)

Alt. : 150 m — 1 chambre familiale : 1 lit 2 pers. et 2 lits 1 pers., sanitaires privés : salle de bains et wc (accès par couloir). A disposition des hôtes : salle de séjour, cheminée et cuisine de la table d'hôtes. Gare 20 km, commerces 7 km. Ouvert toute l'année. Anne-Marie et Max vous accueillent en toute amitié dans leur maison rénovée au milieu des coteaux (cultures et bois). Piscine, barbecue, terrasse couverte et salon de jardin.

Prix : 2 pers. 150 F 3 pers. 230 F 1/2 pens. 145 F pens. 215 F

SP	7	7	2	2	7	25

BOGDANOS Anne-Marie et Max – La Tuquette – 32450 Castelnau-Barbarens – Tél. : 62.65.95.08

Castera-Lectourois Chateau-Peres

E.C. NN
(TH)

Alt. : 150 m — Suite aménagée à l'étage : 1 lit 2 pers., salle d'eau attenante avec wc, petit salon. Chauffage central. A la disposition des hôtes : salon à l'étage, salle à manger (cheminée) au rez-de-chaussée. WC communs au rez-de-chaussée. Service sur demande : lit et chaise bébé. Services payants : lavelinge. Gare 25 km, commerces 10 km. Espagnol parlé. Ouvert toute l'année. A 5 km de Castera-Lestourois, château des XIIe et XVIIe siècles sur une exploitation agricole, donnant sur un parc ombragé (salon de jardin), dans un petit hameau. Lac pour pêche sur la propriété. Tarifs degressifs à partir de 3 nuits.

Prix : 2 pers. 280 F 1/2 pens. 205 F

10	12	12	0,3	25	10	25

CADILLON Carmen – Chateau Peres – 32700 Castera-Lectourois – Tél. : 62.68.82.17

Castera-Verduzan Sonnard

₩₩ NN
(TH)

4 ch. aménagées dans un bâtiment annexe indépendant de la maison des propriétaires. A l'étage : 2 ch. 2 pers. avec salle d'eau et wc privés. 1 ch. 3 pers. avec salle d'eau et wc privés. Au r.d.c. : 1 ch. 2/3 pers. avec salle d'eau et wc privés. Salle polyvalente : animation, stages foie gras. Pièce de jour. Salle de séjour avec cheminée, salon avec TV. Jardin. Sur place : 1 gîte d'étape avec couloir commun aux chambres. Randonnées pédestres, chevaux. Station thermale 2,5 km. Gare 22 km. Commerces 2,5 km. Ouvert toute l'année. Anglais et italien parlés.

Prix : 2 pers. 260 F repas 100/180 F 1/2 pens. 210 F pens. 280 F

17	3	3	3	17	2	22

GUIRAUD Michelle et Marcel – Sonnard – 32410 Castera-Verduzan – Tél. : 62.68.15.39 ou SR . 62.05.57.99.

Castillon-Massas Moussas — *C.M. n° 82 — Pli n° 4/5*

≈≈ NN Alt. : 150 m — 2 chambres d'hôtes ouvrant sur le jardin : 1 grande chambre de 40 m² avec accès indépendant (1 lit 2 pers. dans partie séjour : 1 lit 1 pers., cheminée, petite salle d'eau/wc), 1 chambre au
rez-de-chaussée (1 lit 2 pers. salle d'eau attenante/wc). A disposition des hôtes : séjour/salon commun
aux propriétaires. TV, bibliothèque. Gare et commerces 10 km. Anglais parlé. Ouvert de décembre à
octobre. Marie-Louise et Roger vous accueillent pour un séjour au calme dans leur maison rénovée
avec un jardin fleuri, salon de jardin et tonnelle couverte, dans les vallons.

Prix : 2 pers. 230 F

≈	🐚	⛵	🍴	✈	🎿	🎵
4	20	20	10	16	2	8

VANSTEENKISTE M-Louise et Roger – Moussas – 32360 Castillon-Massas – Tél. : 62.64.57.03 ou
SR : 62.05.57.99.

Caussens Le Vieux-Pressoir — *C.M. n° 82 — Pli n° 4*

≈≈≈ NN
(A) Alt. : 150 m — 3 ch. à l'étage (salon pour les hôtes sur palier). 1 ch duplex (2 lits 2 pers.), salle d'eau
communicante avec wc. 1 ch (2 lits 1 pers.) jumelés, salle de bains avec wc, 1 ch. (1 lit 2 pers.), salle
d'eau avec wc. Chauffage central. Prise TV dans les ch. A dispo. des hôtes : salle à manger (TV couleur)
donnant sur terrasse. Service payant : l.linge. Ferme auberge sur place. A 5 km de Caussens, grande
demeure en pierre du XVII° siècle donnant sur une pelouse fleurie (piscine jacuzzi). Panorama sur les
coteaux. Etang pour pêche 300 m. Ouvert toute l'année. Tarifs dégressifs à partir de 3 nuits.

Prix : 1 pers. 190 F 2 pers. 290 F 3 pers. 350 F repas 85 F
1/2 pens. 230 F pens. 290 F

🐕	≈	🐚	⛵	🍴	✈	🎿	🎵
	SP	15	15	0,5	6	8	25

COURTES Christine et MARTIN Laurent – Le Vieux Pressoir - Saint-Fort – 32100 Caussens – Tél. : 62.68.21.32

Cologne — *C.M. n° 82 — Pli n° 6*

≈≈ NN Alt. : 150 m — 2 chambres d'hôtes aménagées à l'étage : 1 ch. (2 lit 120 1 convertible 80), salle d'eau
attenante/wc., 1 ch. (1 lit 2 pers. 1 lit 1 pers. dans une alcôve.), salle d'eau/wc attenante. A la disposition
des hôtes : grand séjour (TV, cheminée, Chaîne hifi). Chauffage central. Ouvert du 15 mars au 15 novembre et les fêtes de fin d'année. Michèle et sa mère vous
accueillent chaleureusement dans leur maison du XVIII° restaurée avec un petit jardin fleuri. Restaurant
à Mauvezin 9 km. Téléphone aux heures de bureau : 61.23.00.62.

Prix : 2 pers. 220 F 3 pers. 290 F

≈	🐚	⛵	🍴	✈	🎿	🎵
9	5	5	5	5	0,2	15

ROUSSEL Michele – Au Village - Route de Toulouse – 32430 Cologne – Tél. : 62.06.89.41 ou SR : 62.05.57.99.

Eauze La Tastotte — *C.M. n° 82 — Pli n° 3*

≈≈≈ NN
(TH) 5 chambres d'hôtes aménagées dans une villa de plain-pied. 4 chambres (2 pers.) avec salle d'eau et
wc privés pour chaque chambre. 1 chambre 2 pers. avec salle de bains et wc privés. Coin-salon et
bibliothèque (TV). Salle à manger avec cheminée. Chauffage. Parc fleuri. Gare 50 km. Commerces 3 km.
Ouvert toute l'année. Tarifs dégressifs à partir de 3 nuits. Allemand, anglais et espagnol parlés. Station
thermale 18 km. 3 chambres sont classées 2 épis NN.

Prix : 2 pers. 240 F repas 90 F 1/2 pens. 210 F

≈	🐚	⛵	🍴	✈	🎿	🎵
3	18	18	SP	4	3	4

ASO Emile et Marie – La Tastotte - Route d'Escagnan – 32800 Eauze – Tél. : 62.09.76.36

Eauze Mounet — *C.M. n° 82 — Pli n° 3*

≈≈≈ NN
(TH) 3 chambres d'hôtes aménagées dans une gentilhommière entourée d'un parc, sur une exploitation
agricole spécialisée dans la production de foie gras (conserverie à la ferme). 1 ch. (1 lit 2 pers.) salle
d'eau et wc privés. 1 ch. (1 lit 2 pers. 1 lit d'appoint 1 pers) salle d'eau et wc privés. R.d.c. : 1 ch (1 lit
2 pers.), salle de bains attenante avec wc. Accueil dans la salle à manger familiale (TV, cheminée), au
rez-de-chaussée. A la disposition des hôtes à l'étage : coin-détente, salon (TV, bibliothèque). Station
thermale 22 km. Gare 55 km. Commerces 4 km. Ouvert de Pâques à la Toussaint. Anglais et espagnol
parlés.

Prix : 2 pers. 260/300 F 1/2 pens. 240/260 F

≈	🐚	⛵	🍴	✈	🎿	🎵
3	20	20	4	3	3	3

MOLAS Bernard et Monique – Mounet – 32800 Eauze – Tél. : 62.09.82.85 ou SR : 62.05.57.99. –
Fax : 62.09.77.45

Estang Espelette — *C.M. n° 82 — Pli n° 2*

≈≈ NN Alt. : 150 m — 1 chambre à l'étage (parquet, belle charpente apparente) : 1 lit 1 pers. 1 lit 110, sanitaires
privatifs sur le palier (salle d'eau et wc indépendants). A la disposition des hôtes : salle à manger, salon
(TV). Chauffage central. Service payant : lave-linge. Gare 35 km, commerces 8 km. Ouvert toute l'année.
Marcelle et Gérard vous accueillent dans leur belle maison en pierre entourée d'un parc (salon de jardin) dominant le village, à 200 m de la mairie d'Estang. 1 gîte rural sur place.

Prix : 2 pers. 180 F

≈	🐚	⛵	🍴	✈	🎿	🎵
6	10	10	0,3	10	0,1	20

LABARTHE Marcelle et Gerard – Espelette – 32240 Estang – Tél. : 62.09.66.83

Faget-Abbatial Le Paradis — *C.M. n° 82 — Pli n° 15*

≈≈≈ NN
(TH) 5 chambres d'hôtes aménagées dans une grande maison sur un domaine de 25 ha. de côteaux et vallons, bois, prés, guarrigues. Au r.d.c. : 2 ch. 2 pers. salle de bains et wc privés pour chaque chambre. A
l'étage : 1 ch. 2 pers. salle de bains et wc privés. 2 ch. 1 pers. salle de bains et wc privés pour chaque
chambre. Salon, TV, salle à manger. Salle de jeux à disposition. Chauffage électrique. Salle de remise
en forme, détente, relaxation, gym sur place. Piscine et tennis privés. Lac, pêche, table de ping-pong
sur place. Gare 23 km. Commerces 5 km. Ouvert du 15 mars au 15 octobre. Anglais, allemand et espagnol parlés.

Prix : 2 pers. 270 F 1/2 pens. 270 F pens. 300 F

≈	🐚	⛵	🍴	✈	🎿	🎵
SP	16	16	1	18	SP	18

MALEK Serge – Le Paradis – 32450 Faget-Abbatial – Tél. : 62.65.42.71 ou SR : 62.05.57.99.

Fources Bajolle

C.M. n° 79 — Pli n° 13

♥♥ NN — Alt. : 150 m — 1 chambre avec possibilité d'accès direct par une porte fenêtre ouvrant sur la cour de ferme : 1 lit 2 pers., salle d'eau/wc attenante. A disposition des hôtes : salle à manger/salon (petits déjeuners), cuisine avec coin-repas. Chauffage central. Service payant : lave-linge. Espagnol parlé. Gare 50 km, commerces 7 km. Ouvert d'avril à septembre. Solange et Pierre vous accueillent dans leur grande maison gasconne (jardin fleuri avec salon de jardin) sur une ferme (vignes, céréales, vaches laitières), à proximité du joli petit village de Fourcès (Bastide ronde)

Prix : 2 pers. 215 F

8	7	30	1	8	1,5	20	

MONDIN Solange et Pierre – Bajolle – 32250 Fources – Tél. : 62.29.40.65 ou SR : 62.05.57.99. – Fax : 62.29.45.79

Galiax Le Minjon

C.M. n° 82 — Pli n° 3

♥♥♥ NN (TH) — Alt. : 150 m — 2 chambres à l'étage : grande chambre (1 lit 2 pers. 2 lits 1 pers.) avec mezzanine, salle d'eau et wc privés. 1 chambre duplex (1 lit 2 pers. 1 lit 1 pers.) salle de bains et wc privés. Rez-de-chaussée : grand hall, salle à manger, salon à la disposition des hôtes. Gare 7 km. Commerces 3 km. Ouvert toute l'année. A 400 m du village de Galiax, grande maison (rez-de-chaussée et étage) entourée d'un jardin ombragé et fleuri, située sur une exploitation agricole de polyculture et d'élevage, dans la vallée de l'Adour. Tarifs dégressifs à partir de 3 nuits.

Prix : 2 pers. 180/230 F 1/2 pens. 180/205 F

3	12	20	2	4	3

PUSTIENNE Paul et Yvonne – Le Minjon – 32160 Galiax – Tél. : 62.69.34.35 ou SR : 62.05.57.99.

Galiax Au Hameau

C.M. n° 82 — Pli n° 3

♥♥♥ NN (TH) — 3 ch. d'hôtes aménagées à l'étage de la maison des propriétaires. 2 ch. 2 pers. avec salle d'eau et wc privés. 1 ch. 2 pers. avec salle de bains et wc privés. Salle à manger et salon avec cheminée au rez-de-chaussée. Chauffage. Station thermale 35 km. Tarifs dégressifs à partir de 3 nuits. Gare 7 km. Commerces 3 km. Ouvert toute l'année.

Prix : 2 pers. 230 F 1/2 pens. 205 F pens. 275 F

4	18	10	0,5	15	2	35

METAYER Pierre et Michele – 32160 Galiax – Tél. : 62.69.34.23 ou SR : 62.05.57.99.

Gazaupouy Domaine-de-Polimon

C.M. n° 79 — Pli n° 14

♥♥♥ NN — Alt. : 150 m — 2 ch. familiales à l'étage dans une aile (avec pigeonnier) de la maison des propriétaires (1 lit 2 pers. 2 lits enfants), salle d'eau et wc. Prise TV dans chaque chambre. Séjour/salon à dispo. des hôtes. Prise TV, tél. ch. dans un petit pavillon (au r.d.c.) à l'entrée du domaine (1 lit 2 pers., mezz.), salle d'eau/wc. Coin-salon contigu (1 lit 115). Ch. électrique. Poss. lit suppl., lit bébé. Gare 26 km, commerces 10 km. Anglais, espagnol parlés. Ouvert toute l'année. Tarifs dégressifs à partir de 3 nuits. A proximité de la D931, Condom 10 km, vieille demeure gasconne rénovée donnant sur un jardin fleuri et ombragé, salons de jardin, parc, piscine, tennis.

Prix : 1 pers. 225 F 2 pers. 300 F 3 pers. 375 F

SP	8	8	1	10	SP	35

BOLAC Philippe et Catherine – Domaine de Polimon – 32480 Gazaupouy – Tél. : 62.28.82.66 ou SR : 62.05.57.99. – Fax : 62.28.82.88

Gondrin Chateau-de-Polignac

C.M. n° 82 — Pli n° 3/4

♥♥♥ NN (TH) — Alt. : 150 m — 4 ch. à l'étage : ch. rose (1 lit 2 pers.) salle de bains et wc privés. Ch. bleue avec balcon (1 lit 2 pers.) salle de bains et wc privés. Ch. blanche avec balcon (1 lit 2 pers.) salle de bains et wc privés. Ch. donnant sur le parc (2 lits 1 pers.) salle de bains et wc privés. A la disposition des hôtes au r.d.c. : vaste salon, salle à manger, véranda. Chauffage central. Christine, Paul et leurs parents, d'origine anglaise, vous accueillent dans leur château (XIXe siècle) avec parc et piscine, dans un petit hameau, offrant une vue sur les coteaux du Gers et le vignoble d'Armagnac. Gare 42 km. Commerces 12 km. Ouvert toute l'année.

Prix : 2 pers. 360 F 1/2 pens. 280 F

SP	20	20	3	20	6	20

SAINSBURY Paul et Christine – Chateau de Polignac – 32330 Gondrin – Tél. : 62.28.52.63 – Fax : 62.28.52.63

Le Houga Le Glindon

C.M. n° 82 — Pli n° 2

♥♥♥ NN (TH) — Alt. : 150 m — 2 chambres d'hôtes au rez-de-chaussée dans une aile de la maison : 1 ch. (1 lit 2 pers. 2 lits 1 pers. superposés, salle de bains/wc), 1 ch. (1 lit 2 pers. 2 lits 1 pers. superposés, salle d'eau/wc attenante). A la disposition des hôtes : salle de séjour/salon, salle de jeux, patio (salon de jardin). Anglais parlé. Gare 30 km, commerces 4 km. Ouvert toute l'année. Service payant : lave-linge. Ginette et Alain vous proposent de retrouver une certaine douceur de vivre dans leur maison rénovée (colombages) dans la forêt, à l'orée des Landes. En commun avec les propriétaires : séjour/salle à manger (bibliothèque, cheminée). Ping-pong sur place.

Prix : 1 pers. 160 F 2 pers. 200 F 3 pers. 250 F repas 70 F 1/2 pens. 170 F

7	4	4	4	4	4	15

CARLIN Ginette et Alain – Le Glindon – 32460 Le Houga – Tél. : 62.08.97.61

Le Houga Les Vignes

C.M. n° 82 — Pli n° 2

♥♥ NN (TH) — Alt. : 150 m — A 500 m du village, suite comprenant 2 chambres (2 lits 2 pers.), une salle de bains et wc donnant sur une mezzanine (petit coin-salon). Chauffage électrique. Au rez-de-chaussée : séjour/salon (cheminée piano TV) à disposition des hôtes. Possibilité 1 lit d'appoint et 1 lit bébé. Gare 10 km, commerces 400 m. Ouvert toute l'année. Tarifs dégressifs à partir de 3 nuits. Maison neuve de style landais avec terrasse couverte, entourée de pelouse (salon de jardin barbecue, terrain de pétanque).

Prix : 2 pers. 180 F repas 90 F

6	1	1	1	1	0,5	30

POUSSADE Raymond et Therese – Les Vignes – 32460 Le Houga – Tél. : 62.08.97.07

L'Isle-Jourdain Au Pigeonnier de Guerre   *C.M. n° 82 — Pli n° 6/7*

✹✹✹ NN
Ⓐ

Alt. : 150 m — 2 chambres (1 lit 2 pers. salle d'eau et wc chacune), 1 chambre ouvrant directement sur le jardin (1 lit 2 pers.), salle d'eau et wc. A la disposition des hôtes : hall d'accueil, salle de séjour (cheminée, TV, chaîne hifi), terrasse et salon de jardin. Gare et commerces 3 km. Anglais et espagnol parlés. Ouvert toute l'année. Tél. aux heures de bureau : 62.07.07.97. Eliane et sa mère vous accueillent chaleureusement dans la maison d'hôtes rénovée (espace en prairie) dans une annexe de la ferme comprenant 1 gîte rural, près d'un pigeonnier typique de la région. Possibilité de recevoir des groupes (8 pers.). Tarifs dégressifs à partir de 3 nuits.

Prix : 2 pers. 230 F 1/2 pens. 205 F

🛥	🅟	⛵	(	🏇	🎿	♪
3	10	3	0,3	10	3	3

BAJON Eliane – Au Pigeonnier de Guerre – 32600 L'Isle-Jourdain – Tél. : 62.07.29.17 ou SR : 62.05.57.99.

L'Isle-Jourdain Le Fiouzaire   *C.M. n° 82 — Pli n° 6/7*

✹✹✹ NN
(TH)

Alt. : 150 m — Dans la maison des propriétaires, 1 ch. familiale duplex (1 lit 2 pers.), salon, 1 conv. 2 pers., TV, s. d'eau privée, wc. Séjour/coin-repas/coin-salon, cheminée, cuisine à dispo. Dans annexe, 1 ch. (1 lit 2 pers. 1 lit 1 pers.), mezz. (2 lits 1 pers.), s. d'eau, wc, 1 ch. 1 lit 2 pers., mezz. 2 lits 1 pers., s. d'eau, wc, 1 ch. 1 lit 2 pers., s. d'eau, wc. 3 ch. sont E.C., dont 2 avec kitchenette. A 4 km de l'Isle Jourdain, fermette de caractère en r.d.c., espaces verts et ombragés (terrasse, coin-repas, barbecue, piscine commune). Spécialités : foie gras et confit de la ferme. Stage de cuisine. VTT et promenades sur place. Ouvert toute l'année.

Prix : 2 pers. 230 F 3 pers. 320 F repas 90 F 1/2 pens. 205 F

🛥	🅟	⛵	(	🏇	🎿	♪
SP	4	4	4	4	4	4

CHAUVIGNE Jacques et M.Claude – La Fiouzaire-Chemin de Ninets - Route de Grenade – 32600 L'Isle-Jourdain – Tél. : 62.07.18.80 ou SR : 62.05.57.99. – Fax : 62.07.08.24

Jegun Houreste   *C.M. n° 82 — Pli n° 4*

✹✹✹ NN

Alt. : 150 m — 2 ch. aménagées à l'étage. Chambre rose (1 lit 2 pers.) salle d'eau et wc privés. Chambre rotin (1 lit 2 pers.) salle d'eau et wc privés. A la disposition des hôtes : salon (TV, cheminée, bibliothèque), abri voiture. Possibilité 2 lits d'appoint, 1 lit bébé. Gare 20 km. Commerces 3 km. Ouvert toute l'année. Marie-Josephe et Louis vous accueillent chaleureusement dans leur ferme, dans un cadre agréable. Lac, pêche à proximité sur la propriété, ainsi qu'un gîte rural. Station thermale à 6 km. Tarif dégressif à partir de 3 nuits. Espagnol et italien parlés.

Prix : 2 pers. 250 F

🛥	🅟	⛵	(	🏇	🎿	♪
10	6	6	0,1	10	3	20

CAVERZAN Louis et M.-Josephe – Houreste – 32360 Jegun – Tél. : 62.64.51.96

Laas Marchou   *C.M. n° 82 — Pli n° 14*

✹✹ NN
(TH)

4 chambres d'hôtes aménagées à l'étage d'une ancienne ferme avec terrasse. Jardin ombragé et fleuri. 1 chambre (1 lit 2 pers.) salle de bains et wc privés. 2 chambres (1 lit 2 pers.) salle d'eau privée pour chaque chambre. 2 wc sur le palier réservés aux 2 chambres. 1 chambre duplex 3 épis NN (1 lit 2 pers. 2 lits 1 pers.) salle d'eau et wc privés. A la disposition des hôtes : salle à manger/salon avec cheminée et TV. Salle à manger, auvent pour repas à l'extérieur. Tarifs dégressifs à partir de 3 nuits. Commerces 4 km. Ouvert toute l'année.

Prix : 2 pers. 190/230 F 1/2 pens. 185/220 F

🛥	🅟	⛵	(	🏇	🎿	♪
10	3	3	3	3	0,2	25

DUFFAR Paul et Odette – Marchou – 32170 Laas – Tél. : 62.67.57.14

Laas Castelnau   *C.M. n° 82 — Pli n° 14*

✹✹✹ NN

Alt. : 150 m — 2 chambres à l'étage : 1 chambre (1 lit 2 pers. 1 lit d'appoint 1 pers.) salle d'eau et wc privés. 1 chambre (1 lit 2 pers.) salle de bains et wc privés. A la disposition des hôtes au rez-de-chaussée : salle à manger (cheminée, TV), salon (cheminée). Chauffage central. Gare 35 km. Commerces 2 km. Ouvert toute l'année. Isabelle et Claude vous accueillent dans leur grande maison gasconne ouvrant sur un jardin fleuri et ombragé. Ils vous feront partager leur passion pour la Gascogne et les meubles anciens, au cœur de la campagne vallonnée. Les Pyrénées sont à 1 h. de route. Tarif dégressif à partir de 3 nuits.

Prix : 2 pers. 230 F

🛥	🅟	⛵	(	🏇	🎿	♪
12	1	1	1	1	12	

LESCURE Claude et Isabelle – Castelnau – 32170 Laas – Tél. : 62.67.57.08 ou SR : 62.05.57.99.

Lanne-Soubiran Au Village   *C.M. n° 82 — Pli n° 2*

✹ NN
(TH)

Alt. : 150 m — 1 chambre familiale en duplex (1 lit 2 pers. 1 lit 120.). Salle d'eau et wc. Salle de séjour et de détente avec cheminée et coin-kitchenette à la disposition des hôtes. Tarifs dégressifs à partir de 3 nuits. Gare 15 km. Commerces 7 km. Ouvert toute l'année sauf l'hiver. Téléphoner aux heures de repas Au village, maison restaurée, à pignon, entourée d'une cour fleurie avec salon de jardin, sur le chemin de Saint-Jacques-de-Compostelle.

Prix : 2 pers. 180 F 1/2 pens. 180 F pens. 250 F

🛥	🅟	⛵	(	🏇	🎿	♪
7	20	7	7	6	0,5	25

MARTET Aline – Au Village – 32110 Lanne-Soubiran – Tél. : 62.69.04.19

Larroque-Saint-Sernin Le Prada   *C.M. n° 82 — Pli n° 4*

✹ NN

Alt. : 150 m — 3 ch. à l'étage, adossées à la maison. Entrée par l'escalier extérieur. Espace vert, salon de jardin. 3 ch. (1 lit 2 pers. cab. de toilette chacune). S. d'eau, wc réservés aux hôtes. A dispo. : séjour/salon/kitchenette commun, TV coul., pièce de jour, cheminée, barbecue dans le jardin. Gare 25 km. Commerces 4 km. Ouvert de septembre à juin. Roma et Joop, d'origine hollandaise, vous accueillent dans leur maison gasconne restaurée ouvrant sur un jardin fleuri et ombragé, piscine commune. Panorama sur la campagne vallonnée. Poss. : 2 vélos. Club VTT 4 km. Station thermale 5 km. Tarifs dégres. à partir de 3 nuits. Anglais, allemand parlés.

Prix : 2 pers. 180 F

🛥	🅟	⛵	(	🏇	🎿	♪
SP	5	5	2	20	25	25

VAN DEN AREND Joop et Roma – Le Prada – 32410 Larroque-Saint-Sernin – Tél. : 62.68.12.27

Lartigue Moulin-de-Mazeres
C.M. n° 82 — Pli n° 5

❦❦❦ NN
(TH)

4 chambres aménagées dans un ancien moulin à eau composé d'un bel ensemble de bâtiments (pelouse, prairies, arbres). 1 ch. (1 lit 2 pers.) salle d'eau, wc privés. 1 ch. (2 lits 1 pers.) salle de bains, wc privés. 1 ch. (3 lits 1 pers.) salle d'eau, wc privés. 1 ch. « la grange aux chouettes » (2 lits 1 pers.) salle d'eau, wc privés, coin-salon, cheminée. Situées sur la D40. Piscine, ping-pong sur place. Chauffage. Gare 20 km. Commerces 10 km. Ouvert toute l'année.

Prix : 2 pers. **300 F** 1/2 pens. **250 F**

🏊	🍽	⛵	🎣	🏇	🎿	♪
SP	15	15	SP	15	12	20

BERTHEAU Raymond et Regine – Moulin de Mazeres – 32450 Lartigue – Tél. : 62.65.98.68 ou SR : 62.05.57.99.

Laujuzan Domaine-du-Verdier
C.M. n° 82 — Pli n° 2

❦❦❦ NN

Alt. : 150 m — 3 ch. dont 2 au rez-de-chaussée. Ch. verte (1 lit 2 pers.) s.d.b., wc privés. Ch. « du piano » donnant sur le parc (2 lits 1 pers.) salle de bains, wc privés. A l'étage : ch. « Sienne » (1 lit 2 pers.) s.d.b., wc privés. Poss. ch. d'appoint pour 2 enfants face à cette ch. A dispo. des hôtes : salle à manger d'été/salon (TV), accès depuis le parc. Ouvert du 15/06 au 15/09. Geneviève et Jean-Pierre vous accueillent dans leur demeure Napoléon III, sur les coteaux de l'Armagnac en Gascogne, dans un cadre harmonieux et paisible. Parc ombragé et fleuri, étang. Sur place : piscine, 3 vélos, table de ping-pong, croquet, filet et ballon de volley, pétanque.

Prix : 1 pers. **240 F** 2 pers. **290 F** 3 pers. **330 F**

🐾	🏊	🍽	⛵	🎣	🏇	🎿	♪
	SP	20	20	SP	5	9	25

SANDRIN J.Pierre et Genevieve – Domaine du Verdier – 32110 Laujuzan – Tél. : 62.09.06.57 ou SR : 62.05.57.99.

Lavardens Nabat
C.M. n° 82 — Pli n° 4

❦❦ NN
(A)

2 chambres d'hôtes 2 pers. situées à l'étage de la maison des propriétaires. Salle d'eau et wc particuliers. Possibilité de repas dans la salle à manger de la ferme-auberge. Joli parc ombragé et fleuri. Station thermale 10 km. Gare 20 km. Commerces 5 km. Ouvert toute l'année. 1/2 pension et pension complète à partir de 3 nuits.

Prix : 1 pers. **195 F** 2 pers. **220 F** 1/2 pens. **170 F** pens. **245 F**

🏊	🍽	⛵	🎣	🏇	🎿	♪
20	10	10	2	20	5	20

ULRY Jack et Angele – Nabat – 32360 Lavardens – Tél. : 62.64.51.21

Lavardens Mascara
C.M. n° 82 — Pli n° 4

❦❦❦
(TH)

Alt. : 150 m — A l'étage, 4 chambres 2 pers. avec salle d'eau et wc particuliers. Au rez-de-chaussée : grande salle à manger, salon avec cheminée et TV, piano et bibliothèque à la disposition des hôtes. Anglais, allemand, italien parlés. Gare 15 km. Commerces 10 km. Ouvert de février à décembre. Sur la départementale 103 de Vic-Fezensac à Fleurance, grande maison de campagne ouvrant sur un vaste jardin fleuri (piscine, terrasse, pelouse, salon de jardin, table de ping-pong). A proximité une garenne ombragée. Week-ends gastronomiques d'octobre à juin sur réservation.

Prix : 1 pers. **230/270 F** 2 pers. **330/380 F** pers. sup. **100 F** repas **125 F** 1/2 pens. **275/300 F**

🐾	🏊	🍽	⛵	🎣	🏇	🎿	♪
	SP	14	14	4	15	14	12

HUGON Roger et Monique – Mascara – 32360 Lavardens – Tél. : 62.64.52.17 – Fax : 62.64.58.33

Lectoure Le Pradoulin
C.M. n° 82 — Pli n° 5

❦❦❦ NN

Suite aménagée à l'étage d'une maison de caractère, parc ombragé et fleuri (salon de jardin, hamac) comprenant 2 chambres donnant sur un grand salon, (1 lit 2 pers. 1 lit 1 pers.) salle de bains et wc privés (accessibles par salon). Gare 35 km. Commerces 1 km. Ouvert toute l'année sauf janvier. Tarifs dégressifs à partir de 3 nuits. A disposition des hôtes : maison avec souvenirs de plusieurs époques (meubles anciens, collections de tapis, tableaux, pièces archéologiques). Station thermale 1 km. Lectoure 1 km.

Prix : 2 pers. **230 F**

🏊	🍽	⛵	🎣	🏇	🎿	♪
1	2	2	2	8	1	12

VETTER Martine – Le Pradoulin – 32700 Lectoure – Tél. : 62.68.71.24

Loussous-Debat Au Village
C.M. n° 82 — Pli n° 3

❦❦ NN
(TH)

Alt. : 150 m — 1 ch. d'hôtes en duplex dans la maison du propriétaire, en r.d.c. : 1 ch. (1 lit 2 pers.) et 1 ch. (2 lits 1 pers.). Salle d'eau, wc. Dans annexe indépendante, 1 ch. (1 lit 2 pers.) + 1 mezz. (1 lit 1 pers.). 2 ch. communicantes à l'étage (2 lits 1 pers. salle d'eau, wc chacune). Salle à manger, salle de détente à dispo. Ch. électrique. A village, ancienne ferme restaurée avec piscine située dans les coteaux, au cœur du vignoble des Côtes de Saint-Mont. Jardin attenant à la maison avec espace de jeux clos (ping-pong, portique, jeux enfants). Possibilité randonnées pédestres et cyclistes accompagnées, location de vélos, VTT.

Prix : 1 pers. **150 F** 2 pers. **230 F** pers. sup. **50 F** repas **90 F** 1/2 pens. **205 F** pens. **275 F**

🏊	🍽	⛵	🎣	🏇	🎿	♪
SP	6	6	6	20	6	30

CARAVANNIER Pierre et DE JOLY Agnes – Au Village – 32290 Loussous-Debat – Tél. : 62.09.21.98 ou SR : 62.05.57.99.

Lupiac Domaine-de-Hongrie
C.M. n° 82 — Pli n° 3

❦❦❦ NN

Alt. : 150 m — Au rez-de-chaussée : 1 chambre 2 pers. (TV), salle de bains avec wc. Bibliothèque, salon de détente, salle à manger avec cheminée à la disposition des hôtes. Chauffage central. Possibilité table d'hôtes sur réservation. Gare 35 km. Commerces 10 km. Ouvert de février à décembre. Anglais parlé. A 2,5 km de Lupiac, ancienne ferme restaurée au sommet d'un côteau, au Pays de Dartagnan. Salle de jeux (billard américain, ping-pong, baby-foot), terrain de volley-ball, pétanque, tir à l'arc, vélos. Tarifs dégressifs à partir de 3 nuits.

Prix : 2 pers. **280 F**

🏊	🍽	⛵	🎣	🏇	🎿
10	2,5	2,5	2,5	10	2,5

GILLET Rene et Jacqueline – Domaine de Hongrie – 32290 Lupiac – Tél. : 62.06.59.58 – Fax : 62.64.41.93

Magnan Lassalle

C.M. n° 82 — Pli n° 2

ΨΨ NN Alt. : 150 m — 1 suite à l'étage de la maison des propriétaires, comprenant 3 chambres, salle de bains, wc. 1 ch.(1 lit 2 pers.), 1 ch. (2 lits 1 pers.), 1 ch. (1 lit 120) avec lavabo. A la disposition des hôtes : salle à manger/salon (cheminée, TV, chaîne hifi, magnétoscope). Chauffage central. Gare 35 km, commerces 8 km. Ouvert toute l'année. Suzette et Jean vous accueillent dans un cadre reposant dans leur maison récente, entourée d'un grand parc. Sur place : VTT, plan d'eau, conserverie (oies et canards gras). Aérodrome, circuit automobile à Nogaro 8 km.

Prix : 1 pers. **120 F** 2 pers. **180 F**

🏊	🎯	⛵	🎣	🐎	⛷	🎵
8	8	8	8	5	8	30

DUCLAVE Suzette et Jean – Lassalle – 32110 Magnan – Tél. : 62.09.05.16 ou SR : 62.05.57.99. – Fax : 62.69.04.97

Marciac Les Fontaines-du-Parvis

C.M. n° 82 — Pli n° 3

E.C. NN
(A)
Alt. : 150 m — 2 chambres à l'étage : 1 chambre (1 lit 2 pers.), salle d'eau avec wc, 1 chambre (1 lit 2 pers. 1 lit 1 pers.), salle de bains avec wc. Coin lecture à l'étage, salle à manger/salon au rez-de-chaussée à disposition des hôtes. Chauffage central et électrique. Gare 45 km, commerces 1 km. Ouvert toute l'année. Au village, grande maison bourgeoise restaurée avec cour clôturée, en face de l'église. En août, festival de « Jazz in Marciac ». Tarifs dégressifs à partir de 3 nuits.

Prix : 2 pers. **180/230 F** 1/2 pens. **180/205 F** pens. **250/275 F**

🏊	🎯	⛵	🎣	🐎	⛷	🎵
1	1	1	1	1	1	50

FONTAN Jean-Bernard – Les Fontaines du Parvis – 32230 Marciac – Tél. : 62.09.30.73

Maupas Le Pouy

C.M. n° 82 — Pli n° 2

ΨΨΨ NN Alt. : 150 m — 3 ch. au r.d.c. : 1 ch. (1 lit 2 pers. 1 lit bateau 120), salle d'eau/wc, 1 ch. (1 lit 2 pers. style 1900, 1 lit d'angle 1 pers., cheminée en marbre), salle de bains/wc, 1 ch. (1 lit 2 pers. à baldaquin style Empire, 1 lit bébé, cheminée en marbre), salle de bains/wc. Dans le couloir : wc. A dispo. : cuisine/séjour (cheminée), salon (cheminée, TV). Ch. électrique. Gare 35 km, commerces 3 km. Ouvert toute l'année. Jean, Germaine, leur fille Béatrice, vous accueillent chaleureusement dans leur maison du XVIIe rénovée, située en haut d'une colline dominant une forêt de chênes dans une région de vignobles. Piscine, auberge, camping et terrain de jeux à proximité.

Prix : 2 pers. **250/275 F** pers. sup. **75 F**

🐕	🏊	🎯	⛵	🎣	🐎	⛷	🎵
	SP	14	14	0,5	10	3	20

DUCASSE Jean, Germaine et Beatrice – Le Pouy – 32240 Maupas – Tél. : 62.09.60.68 ou 62.09.08.07 ou SR : 62.05.57.99.

Mauroux La Ferme des Etoiles

C.M. n° 82 — Pli n° 5/6

ΨΨΨ NN
(TH)
Alt. : 150 m — 1 chambre au rez-de-chaussée (1 lit 2 pers. 2 lits 1 pers.), salle de bains/wc, 1 ch. à l'étage (1 lit 2 pers. 1 lit 1 pers.), salle de bains/wc. Espaces communs à 1 gîte de séjour à thème (stages découverte de l'univers : plate-forme d'observation astronomique, coupole, planétarium, téléscopes, salle de projection, TV, vidéo). Gare 40 km, commerces 4 km. Ouvert de début avril à mi-novembre. Anglais, espagnol, portugais parlés. Bruno vous accueille dans une demeure gasconne restaurée dans le plus grand respect du style traditionnel, entre ciel et terre, implantée au cœur de la Lomagne et entourée d'un parc arboré et fleuri (piscine, salons de jardin).

Prix : 1 pers. **210 F** 2 pers. **260 F** 3 pers. **310 F** 1/2 pens. **210 F** pens. **280 F**

🐕	🏊	🎯	⛵	🎣	🐎	⛷	🎵
	SP	4	15	4	15	4	15

MONFLIER Bruno – La Ferme des Etoiles - Le Corneillon – 32380 Mauroux – Tél. : 62.66.46.83 ou SR : 62.05.57.99. – Fax : 62.66.32.96

Mielan La Tannerie

C.M. n° 82 — Pli n° 14

ΨΨΨ NN Alt. : 150 m — Au rez-de-chaussée : 1 ch. 2 pers., salle de bains avec wc. A l'étage : 2 ch. 2 pers., salle de bains et wc, 1 ch. 2/3 pers. avec salle de bains et wc. Salle à manger et coin-salon avec TV à la disposition des hôtes. Gare 35 km. Commerces 500 m. Ouvert toute l'année. Anglais, espagnol parlés. A l'entrée du village de Mielan, grande maison bourgeoise du XIXe siècle, ancienne tannerie, entourée d'un parc ombragé, avec vue sur la Chaîne des Pyrénées. Terrasse, parking privé. Propriétaires d'origine britannique.

Prix : 2 pers. **225/275 F**

🏊	🎯	⛵	🎣	🐎	⛷	🎵
1	1	1	1	1	1	20

BRYSON Barry et Carol – La Tannerie – 32170 Mielan – Tél. : 62.67.62.62

Miramont-d'Astarac Pierre-Paris

C.M. n° 82 — Pli n° 4

ΨΨ NN Alt. : 150 m — 4 chambres aménagées en rez-de-chaussée, mitoyen à 1 gîte. 1 chambre (2 lits 1 pers.). 3 chambres (1 lit 2 pers.). Salle d'eau et wc privés pour chaque chambre. Chauffage central. A la disposition des hôtes : grande salle de séjour/salon avec cheminée chez les propriétaires. Gare 20 km. Commerces 6 km. Ouvert toute l'année. Anglais parlé. Philippe et ses parents, Pierre et Marinette, vous réservent le meilleur accueil dans leur maison d'hôtes entourée d'espaces verts ombragés, à proximité de leur demeure. Tarifs dégressifs à partir de 3 nuits.

Prix : 2 pers. **225 F**

🐕	🏊	🎯	⛵	🎣	🐎	⛷
	6	20	20	0,6	6	6

VINCENT DE LESTRADE Philippe – Pierre Paris – 32300 Miramont-d'Astarac – Tél. : 62.66.60.55 ou SR : 62.05.57.99.

Monfort L'Esquiron

ΨΨΨ NN
(TH)
1 chambre d'hôtes contiguë à la maison du propriétaire située sur une exploitation de polyculture. 1 chambre 3 pers. avec salle d'eau et wc privés. Chauffage central. Cour. Gare 20 km. Commerces 7 km. Ouvert toute l'année.

Prix : 2 pers. **160 F** 1/2 pens. **145 F**

🏊	🎯	⛵	🎣	🐎	⛷	🎵
7	11	25	0,5	25	7	25

RICAUD Etienne et Renee – L'Esquiron – 32120 Monfort – Tél. : 62.06.83.20

Monlezun Saubiac

♥♥ NN — Alt. : 150 m – 2 chambres à l'étage : 1 chambre familiale (2 lits 2 pers. 1 lit 1 pers.), salle d'eau avec wc, 1 chambre 3 épis NN (1 lit 2 pers.), salle d'eau avec wc. Chauffage central. Séjour (cheminée/insert) à disposition des hôtes. Possibilité 1 lit d'appoint et 1 lit bébé. Gare 50 km, commerces 4 km. Ouvert toute l'année. A 4,5 km de Marciac, grande maison sur une exploitation agricole, avec cour goudronnée et jardin d'agrément (salon de jardin). En août, festival de « Jazz in Marciac ».

Prix : 2 pers. **180/220 F** 3 pers. **300 F**

4	4	4	4	4	4	50

SEAILLES Helene et Gerard – Saubiac – 32230 Monlezun – Tél. : 62.09.39.99 ou SR : 62.05.57.99.

Montamat Caufepe

 C.M. n° 82 — Pli n° 15/16

♥♥♥ NN (TH) — Alt. : 150 m – 2 chambres à l'étage : chambre verte (1 lit 2 pers. 1 petit lit enfant) salle d'eau et wc privés. Chambre ancienne (1 lit 2 pers. 1 lit enfant 90) salle d'eau et wc privés. Sur palier : petit salon. A la disposition des hôtes : salle à manger/salon (TV). Chauffage électrique. Gare 28 km. Commerces 7 km. Ouvert toute l'année. Monique et Lucien vous accueillent chaleureusement dans leur ferme (élevage de canards) sur les coteaux du Gers. Jardin. Salle à manger d'été. Ils vous feront découvrir les produits de leur ferme. Sur demande : lave-linge, garderie d'enfants. Tarifs dégressifs à partir de 3 nuits.

Prix : 2 pers. **250 F** 1/2 pens. **220 F**

5	7	7	7	10	7	30

JONCKEAU Lucien et Monique – Caufepe – 32220 Montamat – Tél. : 62.62.37.55 ou SR : 62.05.57.99. – Fax : 62.62.32.10

Montestruc En Saubis

 C.M. n° 82 — Pli n° 5

♥♥♥ NN (TH) — Alt. : 150 m — Dans une annexe contiguë à la maison des propriétaires, à l'étage : 1 chambre 3 pers. (accès indépendant). Au rez-de-chaussée : salle de bains, wc. Entrée/coin-détente, salle à manger avec cheminée, coin-salon avec TV à la disposition des hôtes. Gare 17 km. Commerces 1 km. Ouvert du 15 mai au 15 septembre. A 1 km de Montestruc, grande maison de ferme, entourée d'un jardin ombragé et fleuri, terrasse couverte, salon de jardin. Tarifs dégressifs à partir de 3 nuits.

Prix : 2 pers. **200 F** 1/2 pens. **190 F**

7	12	12	12	1	1	5

DAGUZAN Alain et Arlette – En Saubis – 32390 Montestruc – Tél. : 62.62.26.12

Montreal-du-Gers Gala

C.M. n° 79 — Pli n° 13

♥♥♥ NN — Alt. : 150 m — 1 grande chambre mansardée (2 lits 2 pers. 2 lits 1 pers.), salle d'eau attenante, wc. Accès indépendant par escalier extérieur, terrasse attenante à la chambre, salon de jardin, poss. d'y prendre les petits déjeuners. A disposition des hôtes : salle à manger ouvrant sur une terrasse (cheminée, TV). Gare 60 km, commerces 4 km. Espagnol, portugais et anglais parlés. Ouvert de janvier au 15 septembre et du 15 novembre au 31 décembre. A 4 km de Montréal (bastide gasconne), Rosine, Camille et leur fille Séverine, vous accueillent dans leur grande maison récente, pelouse ombragée et fleurie, 2 terrasses, salon de jardin, à proximité d'une exploitation agricole.

Prix : 2 pers. **230 F**

6	6	25	1	20	4	6

RANC Rosine et Camille – Gala – 32250 Montreal-du-Gers – Tél. : 62.29.43.72

Montreal-du-Gers Macon

 C.M. n° 82 — Pli n° 3

♥♥ NN (A) — 2 chambres aménagées à l'étage d'une ancienne ferme, entourée d'une chêneraie, située à 500 m de la villa gallo-romaine de Séviac. 2 chambres 2 pers. avec salle d'eau et wc particuliers. Possibilité 1 lit 1 pers. supplémentaire. Grande salle de séjour avec cheminée. Station thermale à 25 km. Situé entre Auch et Agen. Gare 55 km. Commerces 1 km. Ouvert du 1er avril au 30 octobre (tous les jours), du 1er novembre au 31 mars (week-end).

Prix : 2 pers. **245 F** repas **100 F** 1/2 pens. **220 F** pens. **320 F**

14	1	14	25	1	1	14

TRAMONT Yolande – Macon (Gers) – 32250 Montreal-du-Gers – Tél. : 62.29.42.07

Pavie La Feniere

C.M. n° 82 — Pli n° 5

♥♥ NN — Alt. : 150 m — A 4 km de Pavie, 6 chambres ouvrant sur une véranda et donnant sur une pièce commune : 3 ch. duplex avec chacune (1 lit 2 pers. 2 lits 1 pers. salle d'eau et wc). TV. Téléphone. 3 ch. avec mezzanine avec chacune : (1 lit 2 pers. 1 lit 1 pers.), salle d'eau avec wc. Salon avec TV à disposition des hôtes. Gare 6 km, commerces 4 km. Anglais parlé. Ouvert toute l'année. Située dans le cadre du complexe touristique de la Fenière (sport et espace). Sur place : squash, location VTT, restaurant. Week-ends, stages sportifs, séminaires.

Prix : 2 pers. **220 F** 3 pers. **220 F**

SP	30	30	31	SP	SP	6

DE SEZE Emmanuel – Domaine de Besmaux – La Feniere – 32550 Pavie – Tél. : 62.05.27.02

Pessoulens

C.M. n° 82 — Pli n° 6

♥♥♥ NN — 1 chambre d'hôtes aménagée dans une maison ancienne restaurée avec pigeonnier. 2 lits 1 pers. Salle de bains et wc particuliers. Salon avec cheminée en pierre. Salle à manger avec télévision et téléphone. Chauffage central. Terrasse. Jardin fleuri. Gare 50 km. Commerces 12 km. Ouvert de décembre à février et de juillet à septembre. Italien parlé. Possibilité location 1 chambre d'enfants (1 lit 2 pers.).

Prix : 1 pers. **155 F** 2 pers. **240 F**

12	8	12	2	12	5	22

JEANGRAND Solange – Au Village – 32380 Pessoulens – Tél. : 62.66.49.25

Polastron Lou-Cantou

C.M. n° 82 — Pli n° 6

⚜⚜⚜ NN
(TH)

Alt. : 150 m — 4 ch. dont 2 au r.d.c. : ch. « les années 30 « (1 lit 2 pers.) s.e. et wc privés. Ch. « campagne » (1 lit 2 pers.) s.e. et wc privés. A l'étage : ch. « chez grand mère » (1 lit 2 pers.) s.e. et wc privés. Ch. « les roses bleues » (2 lits 1 pers.) s.e. et wc privés. A la disposition des hôtes : salle à manger, cheminée, coin-salon. Téléphone. L-linge. Ouvert toute l'année. Lise et Louis vous accueillent pour une nuit ou un agréable séjour dans une maison entièrement rénovée au cœur du petit village de Polastron. Sur place : table d'hôtes (sur réservation), vente de produits de la ferme, visite conserverie. Tarif dégressif à partir de 3 nuits. Commerces 8 km.

Prix : 2 pers. 230 F 1/2 pens. 205 F pens. 275 F

🚣	🎱	⛵	🎣	🐎	🎿	🎵
8	8	5	8	4	30

BENEDET Louis et Lise – Lou Cantou – 32130 Polastron – Tél. : 62.62.53.39 ou 62.62.41.71 ou SR : 62.05.57.99.

La Romieu La Bordeneuve

C.M. n° 79 — Pli n° 14

⚜⚜ NN
(TH)

Alt. : 150 m — 1 chambre familiale au rez-de-chaussée composée de 3 ch. et d'un sanitaire (3 lits 2 pers. lavabo dans 1 ch., salle de bains et wc). Ensemble desservi par un couloir. A disposition : salle à manger/séjour (TV). Chauffage central. Lit, chaise bébé et lave-linge sur demande. Gare 30 km, commerces 1,5 km. Ouvert toute l'année. A 1,5 km de La Romieu (ancienne ville ecclésiale XIVe siècle), Paulette et Jean, vous accueillent dans leur maison de construction récente, entourée d'un grand jardin avec pelouse fleurie, à proximité d'un petit lac (pêche) et d'un verger sur une exploitation agricole. Ping-pong et vélo sur place.

Prix : 2 pers. 180 F 1/2 pens. 180 F pens. 250 F

🚣	🎱	⛵	🎣	🐎	🎿	🎵
1,5	13	6	SP	14	14	23

ARINO Paulette et Jean – La Bordeneuve – 32480 La Romieu – Tél. : 62.68.28.70

La Romieu

C.M. n° 79 — Pli n° 14

⚜⚜⚜ NN

Alt. : 150 m — 3 chambres à l'étage (accès par escalier en pierre) : 1 ch. (2 lits 2 pers. TV), salle de bains/wc, poss. 1 lit suppl. 1 ch. (2 lits 2 pers. TV), salle d'eau/wc, 1 ch. (1 lit 2 pers 1 lit 1 pers. TV), salle d'eau/wc. A disposition à l'étage : coin-repos/détente dans le hall. Gare 60 km, commerces 6 km. Ouvert toute l'année. Anglais parlé. R.d.c. : salle de la crêperie ouvrant sur la cour intérieure, salon de jardin. poss. lit bébé. Yvette, Gérard vous accueillent dans une bâtisse en pierre du XIVe rénovée avec une cour intérieure pittoresque donnant sur la place à arcades du petit village, ancienne ville ecclésiale du XIVe.

Prix : 2 pers. 330/380 F

🚣	🎱	⛵	🎣	🐎	🎿	🎵
1	12	6	12	11	11	20

DOUX Yvette et Gerard – Au Village - Place Etienne Bouet – 32480 La Romieu – Tél. : 62.28.84.35

Roquelaure En Boutan

C.M. n° 82 — Pli n° 5

⚜⚜⚜ NN
(TH)

Alt. : 150 m — 3 ch. à l'étage ouvrant sur un couloir aménagé en salon/détente/bibliothèque, 1 ch. style Louis-Philippe 1 lit 2 pers., salle d'eau/wc, 1 ch. style Empire 1 lit 130, salle d'eau/wc, 1 ch. style rustique 1 lit 2 pers., salle d'eau/wc. A dispo. au rez-de-chaussée : salon détente, salle de billard, jeux, salle à manger, cheminée, téléphone, petite cuisine. Gare et commerces 8 km. Ouvert de Pâques à la Toussaint. Anglais et espagnol parlés. A proximité d'Auch, Jeanne et Jean vous accueillent dans le cadre harmonieux et paisible de leur belle demeure dans un parc aux chênes centenaires sur un domaine de 200 ha. (élevage de Charolais).

Prix : 1 pers. 210 F 2 pers. 280 F repas 95 F 1/2 pens. 235 F

🚣	🎱	⛵	🎣	🐎	🎿	🎵
3	15	15	SP	1	3	8

DAUZERE Jeanne et Jean – En Boutan – 32810 Roquelaure – Tél. : 62.65.54.66 ou SR : 62.05.57.99. – Fax : 62.65.51.22

Saint-Clar

⚜⚜ NN
(TH)

A l'ét. d'une grande maison de maître du XIIIe s. en pierre de taille. 1 ch. (2 lits 1 pers.), antich. (1 lit 1 pers.) salle d'eau privée au fond du couloir. 1 ch. 1 lit 2 pers. et antich. (2 lits 1 pers.) salle d'eau privée en face de la ch. WC communs aux 2 ch. 1 ch. 3 épis NN (1 lit 2 pers. poss. 1 lit d'appoint 1 pers.), salle d'eau, entrée indépendante. En commun avec les propriétaires : cuisine, salle à manger (cheminée et salle de ping-pong). Salon, (TV) à la disposition des hôtes. Jardin clos aménagé. Pétanque sur place. Tarifs dégressifs à partir de 3 nuits. Gare 35 km. Commerces sur place. Ouvert toute l'année. Anglais parlé.

Prix : 2 pers. 190/250 F 3 pers. 260/320 F
1/2 pens. 185/215 F pens. 255/285 F

🚣	🎱	⛵	🎣	🐎	🎿	🎵
10	4	4	4	4	1	10

COURNOT J.Francois et Nicole – Place de la Halle – 32380 Saint-Clar – Tél. : 62.66.47.31 ou SR : 62.05.57.99.

Saint-Lary Le Cousteau

C.M. n° 82 — Pli n° 4

⚜⚜⚜ NN
(TH)

5 chambres d'hôtes aménagées dans une maison gasconne située sur une exploitation agricole (conserverie « foie gras »). A l'étage : 4 ch. 2 pers. avec salle d'eau et wc privés. Au rez-de-chaussée (accès direct) : 1 ch. 4 pers. avec salle de bains et wc privés. Chauffage central. Ameublement rustique. Salle de séjour, terrasse. Piscine privée. Station thermale à 11 km. Jegun 6 km. Gare 14 km. Commerces 6 km. Ouvert toute l'année. Week-ends : préparation cuisine gasconne et foies gras.

Prix : 2 pers. 230 F 1/2 pens. 210 F pens. 300 F

🚣	🎱	⛵	🎣	🐎	🎿	🎵
SP	11	11	20	15	15

DUPOUY Jean-Claude et Nicole – Le Cousteau – 32360 Saint-Lary – Tél. : 62.64.53.50 ou SR : 62.05.57.99.

Saint-Maur Noailles

C.M. n° 82 — Pli n° 14

⚜⚜⚜ NN

3 ch. d'hôtes aménagées au 1er étage de la maison des propriétaires. 2 ch. 2 pers. (1 lit 2 pers. 2 lits 1 pers.) salle d'eau et wc privés pour chaque chambre. 1 ch. duplex 2 épis NN (2 lits 2 pers.) salle d'eau et wc privés sur palier. Salle de bains et wc communs. Salle à manger, salon, coin-préparation cuisine. Jardin clos ombragé. Promenades sur place. Gare 32 km. Commerces 8 km. Ouvert toute l'année sauf le duplex (Pâques à octobre). Tarifs dégressifs à partir de 3 nuits, sauf pour le duplex.

Prix : 2 pers. 220 F

🚣	🎱	⛵	🎣	🐎	🎿	🎵
8	4	4	4	4	1	32

SABATHIER Louis et Marthe – Noailles – 32300 Saint-Maur – Tél. : 62.67.57.98 ou SR : 62.05.57.99.

Saint-Maur Domaine-de-Loran 🏠 *C.M. n° 82 — Pli n° 14*

♯♯♯ NN

Alt. : 150 m — 3 ch. à l'étage, dont 2 duplex. Chambre bleue (1 lit 2 pers.) salle de bains et wc privés sur palier. Chambre beige duplex (1 lit 2 pers. 1 lit d'appoint 2 pers.) salle d'eau et wc privés. Chambre verte duplex (1 lit 2 pers. 1 lit d'appoint 1 pers.) salle de bains et wc privés. A la disposition des hôtes : séjour, salle de jeux (billard), bibliothèque. Possibilité lit bébé. Chauffage d'appoint. Marie et Jean vous accueillent de Pâques à la Toussaint dans leur grande demeure de caractère disposant d'un beau parc et d'un plan d'eau à proximité. Gare 28 km. Commerces 3 km.

Prix : 2 pers. 230/260 F

🚣	🎣	🚴	⛷	🏇	🚶
3	4	3	3	3	1

NEDELLEC Jean et Marie – Domaine de Loran – 32300 Saint-Maur – Tél. : 62.66.51.55 ou SR : 62.05.57.99.

Saint-Puy Armentieux *C.M. n° 82 — Pli n° 4*

♯♯♯ NN
(TH)

Alt. : 150 m — 4 chambres dont 3 ouvrant sur une cour intérieure : 2 ch. (1 lit 2 pers.), salle d'eau/wc attenante pour chacune, 1 ch. (1 lit 2 pers.), salle d'eau/wc. Au rez-de-chaussée : 1 ch. duplex (1 lit 2 pers. 2 lits 1 pers.), salle de bains/wc. Pièces de jour réservées aux hôtes (décoration soignée) : salle à manger, salon (TV, hifi). Chauffage central. Poss. lit bébé. Gare 35 km, commerces 200 m. Ouvert de mars à janvier. Anglais parlé. Françoise et Pierre vous accueillent dans le cadre agréable de leur maison d'hôtes, belle demeure rénovée en pierre (XVIIe) avec jardin (pelouse, piscine, 2 vélos, table de ping-pong). Accueil de petits groupes.

Prix : 2 pers. 320 F 1/2 pens. 270 F

🐕

SP	🎣	🚴	⛷	🏇	🚶	)
SP	9	9	9	11	0,2	18

REICHENECKER Françoise – Armentieux – 32310 Saint-Puy – Tél. : 62.28.59.86 ou SR : 62.05.57.99.

Samatan Latrillote 🏠 *C.M. n° 82 — Pli n° 16*

♯♯♯ NN
(TH)

3 chambres d'hôtes aménagées dans une fermette entourée de prairie, pelouse. 2 ch. 2 pers. 3 épis avec salle de bains et wc particuliers. 1 ch. 2 pers. 2 épis NN avec salle d'eau particulière et wc dans le hall. Possibilité chambre d'enfant (2 lits 1 pers.). Salle de séjour. Salle à manger. Chauffage central. Tarifs dégressifs à partir de 3 nuits. Gare 35 km. Commerces 3 km. Ouvert toute l'année. A 3 km au nord-est de Saint-Samatan sur la D4 au lieu-dit Latrillote.

Prix : 2 pers. 200/230 F 1/2 pens. 195/205 F

🚣	🎣	🚴	⛷	🏇	🚶	)
3	3	2	SP	4	3	35

MORVAN Raymond et Monique – Latrillote – 32130 Samatan – Tél. : 62.62.31.17 ou SR : 62.05.57.99.

Sarragachies La Buscasse 🏠 📞 *C.M. n° 82 — Pli n° 2*

♯♯♯ NN
(TH)

Alt. : 150 m — 3 chambres à l'étage (mobilier de qualité et décor soigné) : 1 ch. (1 lit 160), salle de bains/wc, 1 ch. (2 lits 1 pers.), salle d'eau/wc, 1 ch. (1 lit 2 pers.), salle d'eau/wc. A disposition : salle à manger, séjour (cheminée), salon (magnétoscope, hifi, jeux de société). Lave-linge sur demande. Gare 40 km, commerces 5 km. Ouvert toute l'année. Anglais parlé. Fabienne et Jean-Michel vous accueillent dans le cadre agréable de leur belle demeure entourée d'un parc (terrasse, vue magnifique, calme, cadre raffiné) sur une exploitation agricole et viticole. Aérodrome, circuit automobile à Nogaro 10 km, festival de Jazz « in Marciac » 30 km (semaine du 15 août).

Prix : 1 pers. 180/210 F 2 pers. 250 F 1/2 pens. 215 F

🐕

🚣	🎣	🚴	⛷	🏇	🚶	)
5	15	15	15	15	1,5	20

ABADIE Fabienne et J-Michel – La Buscasse – 32400 Sarragachies – Tél. : 62.69.76.07 ou SR : 62.05.57.99.

Sarraguzan Maumus 🏠 *C.M. n° 82 — Pli n° 14*

♯♯ NN

Alt. : 150 m — 1 chambre d'hôtes à l'étage (1 lit 2 pers.), salle de bains privative sur le palier, wc près de la chambre. Rez-de-chaussée : pièces communes avec les propriétaires : grande cuisine intégrée (cheminée, TV), salle à manger/salon. Gare 40 km commerces 8 km. Ouvert toute l'année. Espagnol et anglais parlés. Tarifs dégressifs à partir de 3 nuits. Jean-Luc et sa mère vous accueillent dans une maison de ferme réstaurée, ouvrant sur une cour et un jardin fleuri, salon de jardin. Festival de Country Music à Mirande (25 km), semaine du 14 juillet.

Prix : 2 pers. 180 F

🚣	🎣	🚴	⛷	🏇	🚶	)
7	10	10	10	3	10	27

COMMERES Jean-Luc – Maumus – 32170 Sarraguzan – Tél. : 62.67.01.41.

Sauviac *C.M. n° 82 — Pli n° 14*

♯♯♯ NN
(TH)

Alt. : 150 m — 2 chambres d'hôtes aménagées à l'étage : 1 ch. (1 lit 2 pers.), salle d'eau/wc, 1 ch. (2 lits 1 pers.), salle d'eau/wc. A la disposition des hôtes : salle à manger, salon (TV, hifi). Service payant : lave-linge. Gare 35 km, commerces 16 km. Anglais parlé. Ouvert toute l'année. Paméla et Charles vous accueillent au calme dans leur maison entièrement restaurée. Décor soigné, jardin, piscine, salon de jardin, barbecue. Joli point de vue sur la campagne environnante. Propriétaires d'origine anglaise.

Prix : 2 pers. 230 F 1/2 pens. 150 F

🐕

SP	🎣	🚴	⛷	🏇	)
SP	18	18	3	18	20

BALSDON Pamela et Charles – Au Village – 32300 Sauviac – Tél. : 62.67.00.79.

Savignac-Mona En Touzan *C.M. n° 82 — Pli n° 16*

♯♯♯ NN
(TH)

Alt. : 150 m — 6 chambres d'hôtes : au rez-de-chaussée, 2 chambres 2 pers. avec salle d'eau et wc privés. A l'étage, 4 chambres 2 pers. avec salle d'eau et wc privés. Salle à manger, séjour avec kitchenette, lave-linge et salon avec TV couleur à la disposition des hôtes. Tarifs dégressifs à partir de 3 nuits. Gare 40 km. Commerces 10 km. Ouvert toute l'année. A 2 km du village de Savignac-Mona, 6 chambres d'hôtes aménagées dans l'aile (terrasse) d'une ancienne ferme rénovée avec un beau point de vue sur les coteaux. Sur place : piscine, salle de jeux pour enfants, randonnée. Spécialités : cuisine de canard, grillades grillées, plats en sauce, confitures.

Prix : 1 pers. 150 F 2 pers. 240 F 3 pers. 390 F repas 60 F
1/2 pens. 220 F pens. 280 F

SP	🎣	🚴	⛷	🏇	🚶	)
SP	10	10	10	10	10	25

CHARLOT J.Pierre et Marie-Jo – En Touzan – 32130 Savignac-Mona – Tél. : 62.62.38.12

Simorre La Ferme du Rey  *C.M. n° 82 — Pli n° 15*

♥♥♥ NN
Ⓐ
Alt. : 150 m — 3 chambres aménagées à l'étage (mobilier ancien de qualité) : 1 ch. (1 lit 2 pers.), salle d'eau/wc attenante, 1 ch. (1 lit 160), salle d'eau/wc, 1 ch. (1 lit 160), salle d'eau/wc. A disposition : coin-détente/hall (canapé, TV, magnétoscope, bibliothèque). Rez-de-chaussée : salle de séjour, cheminée. Chauffage central. Poss. lit bébé. Service payant : lave-linge. Gare 35 km, commerces 3 km. Anglais et espagnol parlés. Ouvert du 1er juin au 20 septembre. Marie et Pascal vous accueillent chaleureusement dans leur maison de maître restaurée dans les coteaux vallonnés et boisés, espace fleuri et ombragé.

Prix : 1 pers. **150 F** 2 pers. **230 F** 1/2 pens. **205 F**

14	7	7	1,5	3	4	4

CONSIGLIO Marie et Pascal – La Ferme du Rey – 32420 Simorre – Tél. : 62.65.35.91 ou SR : 62.05.57.99. – Fax : 62.65.36.42

Solomiac Ferradous *C.M. n° 82 — Pli n° 6*

♥♥ NN
Alt. : 150 m — Au rez-de-chaussée : 1 chambre 2 pers. salle d'eau attenante et privée (lavabo, bidet, cabine/douche, wc). Salle à manger, salon avec bibliothèque, TV à la disposition des hôtes. Gare 20 km. Commerces 5 km. Ouvert toute l'année. A 3 km de Solomiac, maison en pierre avec jardin ombragé et fleuri (salon de jardin). Randonnées sur place.

Prix : 2 pers. **190 F**

2	2	20	20	12	2	25

MARSOLAN Pierre et Marthe – Ferradous – 32120 Solomiac – Tél. : 62.65.00.94

Tachoires La Taniere du Blaireau  *C.M. n° 82 — Pli n° 15*

♥♥ NN
Ⓐ
Alt. : 150 m — 2 chambres aménagées à l'étage : 1 ch. avec charpente apparente, vélux, petite fenêtre, (1 lit 2 pers. 1 lit 160), salle d'eau/wc. 1 ch. avec petite fenêtre (1 lit 2 pers. 1 lit 1 pers.), salle de bains/wc. A dispo. : salle des petits déjeuners et coin-salon/détente dans la salle de l'auberge au rez-de-chaussée. Gare 25 km, commerces 7 km. Ouvert toute l'année. Anglais parlé. Patrick vous accueille dans sa maison restaurée ouvrant sur un jardin (pelouse fleurie, salon de jardin). Panorama sur les coteaux. Sur place : ping-pong, pétanque, soirées/animation à l'auberge. Sentiers pédestres à 100 m.

Prix : 2 pers. **270 F** 1/2 pens. **210 F** pens. **300 F**

9	11	11	23	7	16

KLEM Patrick – La Taniere du Blaireau – 32260 Tachoires – Tél. : 62.66.27.55 ou SR : 62.05.57.99.

Tournecoupe *C.M. n° 82 — Pli n° 6*

♥♥♥ NN
ⓉⒽ
5 chambres d'hôtes aménagées dans une aile de la maison des propriétaires (ancien pigeonnier). Rez-de-chaussée : 4 chambres 2 pers. avec salle d'eau et wc particuliers. A l'étage : 1 chambre 2 pers. avec salle d'eau et wc particuliers. Salon avec TV, salle à manger avec cheminée. Chauffage central. Jardin ombragé. Piscine privée. Gare 45 km. Commerces 5 km. 1/2 pension pour 2 pers. : 380 F. Tarifs dégressifs à partir de 3 nuits. Ouvert toute l'année. Sans supplément sur place : piscine, bicyclettes, pêche dans un lac, lave-linge, possibilité préparation repas du midi sous auvent aménagé.

Prix : 1 pers. **170 F** 2 pers. **240 F** 1/2 pens. **240 F**

SP	15	15	1	15	0,2	15

MARQUE Jean et Jacqueline – En Bigorre – 32380 Tournecoupe – Tél. : 62.66.42.47

Pyrénées-Atlantiques

Ⓡ
3615 Gîtes de France
1,28 F/mn

Accous

E.C. NN
Alt. : 430 m — 4 chambres d'hôtes avec sanitaires privés communicants (douche, lavabo, WC). 1 ch. (2 lits 1 pers.), 2 ch. (2 lits 2 pers.), 1 ch. (1 lit 1 pers. 1 lit 2 pers.). Salle commune avec salon (TV, jeux, livres, etc...), petit coin-cuisine (micro-ondes, cafetière, réfrigérateur). Jardin. Possibilité d'un lit enfant. Ouvert toute l'année. Situées en Vallée d'Aspe, dans un village où vous pourrez vous initier à de nombreuses activités : parapente, deltaplane, rafting, et découvrir une des plus belles vallées pyrénéennes. Montagne 20 km. Canoë 20 km.

Prix : 1 pers. **170 F** 2 pers. **220 F** 3 pers. **300 F**

20	20	20

LESIRE Jean-Francois – L'Arrayade – 64490 Accous – Tél. : 59.34.53.65

Agnos La Ferme-du-Cheval-Blanc *C.M. n° 234*

♥♥ NN
ⓉⒽ
Alt. : 120 m — 3 chambres avec sanitaires privés communicants (douche, lavabo), 1 wc commun. Chaque chambre donne sur une galerie. Aménagées dans une ferme béarnaise rénovée. Centre équestre et de randonnée sur place. Gare et commerces 6 km. A quelques kilomètres de Oloron Sainte-Marie et de la vallée d'Aspe. Randonnées équestres sur place. Montagne 20 km.

Prix : 1 pers. **110 F** 2 pers. **130 F** 3 pers. **150 F** repas **70 F**

110	6	6	SP	45

CONNABEL Nathalie – La Ferme du Cheval Blanc – 64400 Agnos – Tél. : 59.39.95.90

Aicirits Etchekumenia

E.C. NN Alt. : 51 m — 5 chambres d'hôtes aménagées dans une ferme aux portes de Saint-Palais. 5 chambres avec salles d'eau/wc privatives et communicantes. Grand séjour réservé aux hôtes. Coin-salon et coin-salle-à-manger. Entrée indépendante. Téléphone. Gare 20 km. Commerces 5 km. Ouvert toute l'année. Espagnol parlé. Située aux portes de Saint-Palais, charmante ville du Pays Basque vous découvrirez de nombreux sites sur la côte ou en montagne.

Prix : 1 pers. **180 F** 2 pers. **220 F** 3 pers. **270 F**

🏊	⛵	🎿	🚴
50	5	5	5

ESCONDEUR Arnaud – Etchekumenia – 64120 Aicirits – Tél. : 59.65.65.54

Ainhice-Mongelos Etxartia *C.M. n° 234*

🌿🌿🌿 NN Alt. : 200 m — 5 chambres aménagées dans une maison de style basque avec sanitaires privés communicants (lavabo, douche, wc). Salle de séjour, salon avec TV et bibliothèque. Cheminée. Véranda. Chauffage central. Terrain. Gare 60 km. Commerces 10 km. Située dans un petit village proche de Saint-Jean Pied de Port, du Col de Roncevaux, de la forêt d'Iraty et de l'Espagne, dans la belle vallée de Cize et de Baïgorry au cœur du Pays-Basque.

Prix : 1 pers. **170 F** 2 pers. **220 F** 3 pers. **270 F**

🐕	🏊	⛵	🎿	🚴	🎵
	60	10	10	10	60

PARIS Chantal – Etxartia – 64220 Ainhice-Mongelos – Tél. : 59.37.27.08 ou 59.37.09.71

Angais Craberes *C.M. n° 234*

🌿🌿 NN (TH) Alt. : 100 m — 1 chambre avec sanitaires privés communicants (douche, lavabo), wc sur le palier, aménagée dans une maison récente à 1 km du village et à 15 mns de Pau. Possibilité d'une 2e chambre pour une même famille, selon disponibilité du propriétaire. Chauffage central. Gare 20 km. Commerces 5 km. Réduction à partir de 5 nuits. 1/2 pension : 109 F/2 pers. À proximité de Pau, avec une vue panoramique sur les Pyrénées. Nay 7 km, Pau 13 km, Lourdes 28 km. Découverte de la vallée de l'Ouzom. Produits locaux à la table d'hôtes. Accueil et simplicité. Ouvert toute l'année.

Prix : 1 pers. **92 F** 2 pers. **120 F** 3 pers. **156 F** repas **52/68 F**

🐕	🏊	⛵	🎿	🚴	🎵
	130	15	15	15	20

FOURNIER-NEDELEC Veronique – Craberes - rue du Pic du Midi – 64510 Angais – Tél. : 59.53.28.42

Arroses *C.M. n° 234*

🌿🌿🌿 NN (A) 4 chambres avec sanitaires privés communicants (baignoire, lavabo, wc). 1 suite comprenant 2 chambres avec salle de bains commune (baignoire, lavabo, wc). 2 séjours avec cheminée. 2 chambres en rez-de-chaussée. Belle propriété béarnaise avec un parc (piscine et lac). Gare 40 km. Commerces 10 km. Suite : 450 F. Situé dans un site calme et très agréable. Pau et Tarbes 40 km. Sentiers balisés. Pêche dans le lac sur la propriété.

Prix : 1 pers. **230 F** 2 pers. **260 F** 3 pers. **310 F** repas **70 F**

🏊	⛵	🎿	🚴	🎵
140	SP	2	SP	40

LABAT Jose et Annie – 64350 Arroses – Tél. : 59.68.16.01

Artigueloutan Chateau-Saint-Jean *C.M. n° 234*

🌿🌿🌿 NN Alt. : 200 m — 3 chambres, toutes avec TV, bains ou douche et wc privés, aménagées dans un château du XVIIIe siècle au milieu d'un grand parc avec piscine. 2 ch. dont 1 avec salon et sanitaires privés communicants (lavabo, douche, wc). 1 ch. avec sanitaires privés communicants (lavabo, baignoire, wc). Séjour. Salon. Auberge sur place. Gare 15 km. Commerces 10 km. Au cœur d'un petit village à 10 km de Pau. Promenade en calèche. Ping-pong, salon de jardin.

Prix : 1 pers. **280 F** 2 pers. **310/330 F** 3 pers. **400 F**

🐕	🏊	⛵	🎿	🚴	🎵
	140	10	0,1	15	20

NICAISE Patrice et Christiane – Chateau Saint-Jean - 1 rue de l'Eglise – 64420 Artigueloutan – Tél. : 59.81.84.30 – Fax : 59.81.84.20.

Ascain Haranederrea *C.M. n° 234*

🌿🌿 NN Alt. : 70 m — 3 chambres avec sanitaires privés communicants (lavabo, douche, wc) et 2 chambres avec sanitaires privés communicants (lavabo, bidet, douche, wc). Salon. Bibliothèque. Ping-pong, fronton privé, terrasse, jardin, parking. Gare 10 km. Commerces 5 km. Située dans un village typique près de Saint-Jean de Luz, à 15 km de Biarritz et à 15 km d'Hendaye. Espagne à 10 km.

Prix : 2 pers. **235/265 F** 3 pers. **335 F**

🐕	🏊	⛵	🎿	🚴	🎵
	10	6	5	6	10

GRACY Jean-Louis – Haranederrea – 64310 Ascain – Tél. : 59.54.00.23

Ascain Ibargaia

🌿🌿🌿 NN Alt. : 30 m — 2 chambres d'hôtes (2 lits 2 pers.) avec sanitaires privés communicants, aménagées dans une grande et belle villa avec piscine privée. Salon, salle à manger réservés aux hôtes. Cheminée. TV. Téléphone. Ch. central. Terrasse et grand jardin. Gare 10 km. Commerces 5 km. Ouvert toute l'année. Chambres situées dans un endroit calme à l'écart du ravissant petit village d'Ascain, avec vue panoramique sur la Rhune. À découvrir : Saint-Jean-de-Luz et la côte Basque.

Prix : 1 pers. **300/400 F** 2 pers. **350/450 F**

🏊	⛵	🎿	🚴	🎵
10	SP	5	6	10

IDIART Nicole – Ibargaia – 64310 Ascain – Tél. : 59.54.08.33

Asson *C.M. n° 234*

❦❦❦ NN   3 chambres avec sanitaires privés communicants (douche, lavabo, wc) aménagées dans les dépendances d'une ferme béarnaise. TV dans chaque chambre. Entrées indépendantes. Séjour et salon avec cheminée réservés aux hôtes. Lave-linge. Chauffage. Gare 25 km. Commerces 5 km. Aux portes de la Vallée de l'Ouzom, à 20 km de Pau et Lourdes, à 5 km du zoo d'Asson et à 10 km des Grottes de Betharram. Accès : 4 km après le village en direction du Col du Soulor.

Prix : 1 pers. **180 F** 2 pers. **230 F** 3 pers. **280 F**

≋	≋	🎿	⛷	⛳
150	7	5	5	25

SAINT-PAUL Lucienne – 64800 Asson – Tél. : 59.71.05.05

Aydius *C.M. n° 234*

❦❦ NN
(A)   Alt. : 780 m – 3 chambres à l'étage aménagées au dessus d'une auberge de campagne. Sanitaires privés communicants (lavabo, douche, wc). Petit jardin. Entrée indépendante. Chauffage central. Gare 25 km. Commerces 7 km. Maison béarnaise située dans un endroit calme de la vallée d'Aspe non loin de l'Espagne et des stations de ski. Ouvert toute l'année.

Prix : 1 pers. **105 F** 2 pers. **210 F** repas 50 F 1/2 pens. **170 F** pens. **190 F**

≋	≋	🎿	⛷	⛳
150	30	7	8	60

CASTEIGNAU Paulette – Restaurant des Cols – 64490 Aydius – Tél. : 59.34.70.25

Barcus

❦❦ NN   Alt. : 100 m – 2 ch. d'hôtes aménagées dans la maison du propriétaire, au cœur de la Soule et offrant un point de vue panoramique sur la montagne basque. 2 ch. avec sanitaires privés communicants (douche, lavabo, bidet, wc). Entrée indépendante. Chauffage central. Salon de jardin, abri voiture. Gare 16 km. Commerces 10 km. Ouvert toute l'année. Restaurants gastronomiques à 5 mn. Oloron à 16 km. Mauléon à 13 km. Lanne à 10 km. Ferme-auberge sur place.

Prix : 1 pers. **180 F** 2 pers. **220 F** 3 pers. **270 F**

≋	≋	🎿	⛷
100	10	10	10

BIBOULLET Christine – Route de Mauleon – 64130 Barcus – Tél. : 59.28.92.66 ou 59.39.81.24

Bardos Minasanley

❦❦❦ NN
(TH)   6 ch. d'hôtes aménagées dans une maison située à l'extérieur du village de Bardos et au carrefour des Landes, du Béarn et du Pays Basque. 6 ch. avec sanitaires privés et communicants (lavabo, douche, wc), aux rez-de-chaussée et 1er étage. TV dans la chambre sur demande. Chauffage électrique. Accès indépendant. Grand séjour/coin-salon avec TV réservé Grandes terrasses à l'étage donnant sur le jardin et les Pyrénées réservées aux hôtes. Ping-pong. Gare 20 km. Commerces sur place. Ouvert toute l'année.

Prix : 1 pers. **190 F** 2 pers. **220 F** 3 pers. **260 F** repas **70 F**

≋	≋	🎿	⛷	⛳
25	7	7	5	20

ANICET Jean-Claude – Minasanley – 64520 Bardos – Tél. : 59.56.83.40 ou 59.56.81.13

Biarritz *C.M. n° 234*

❦❦❦ NN   2 chambres avec lits jumeaux et sanitaires privés communicants (douche, lavabo, wc), situées dans un quartier calme de Biarritz. Salon, séjour. Parc. Salon de jardin. A 2 km du centre ville et des plages. Gare 5 km. Nombreuses activités, manifestations, musées.

Prix : 2 pers. **250/280 F** 3 pers. **320/350 F**

🐩	≋	≋	🎿	⛷
	2	2	2	3

DURIF Claire – 6 rue de la Barthe – 64200 Biarritz – Tél. : 59.23.94.58

Bidache Sarrot

❦❦ NN
(TH)   Alt. : 45 m – 4 chambres d'hôtes. 2 ch. (2 lits 1 pers. 1 lit 2 pers.) avec sanitaires privés communicants. 1 ch. (1 lit 2 pers.) avec sanitaires privés communicants. 1 ch. (2 lits 1 pers) avec sanitaires privés non communicants. WC communs à ces 2 chambres. Ch. central. Séjour réservé aux hôtes. TV. Bibliothèque. Cheminée. Cour et jardin ombragés. Situées dans un quartier trés calme au carrefour des Landes, du Béarn et du Pays Basque, dans une ancienne ferme restaurée. Atelier de peinture du propriétaire à disposition. Anglais, espagnol et italien parlés. 2e enfant gratuit jusqu'à 6 ans. Repas enfant : 30 F.

Prix : 1 pers. **185 F** 2 pers. **200 F** 3 pers. **260 F** repas **70 F**

🐩	≋	≋	🎿
	34	SP	SP

GAUTHIER-DUBEDAT Pilar – Sarrot – 64520 Bidache – Tél. : 59.56.04.22

Bidarray Gaztanchoania

E.C. NN
(TH)   Alt. : 78 m – 4 chambres d'hôtes aménagées dans une ferme basque du XIXe siècle en bordure de rivière. 1 ch. (1 lit 2 pers. et balcon), 1 ch. (1 lit 2 pers. 1 lit 1 pers. et balcon), 2 ch. (2 lits 1 pers. 1 lit 2 pers. 1 lit 120), chacune avec sanitaires privés communicants (1 avec baignoire, 3 avec douche). Séjour commun. Ch. central. 1/2 tarif - 10 ans. Situées dans un cadre agréable en bordure de rivière, dans un quartier calme avec vue sur les montagnes. Rafting, canoë, kayak, VTT, randonnées sur place. Espagnol parlé. Gare 17 km. Commerces sur place. Ouvert toute l'année. Saint-Jean Pied de Port 17 km.

Prix : 1 pers. **180 F** 2 pers. **220 F** 3 pers. **270 F** repas **70 F**

🐩	≋	≋	🎿	⛷
	40	17	17	2

HARAN Marie – Gaztanchoania – 64780 Bidarray – Tél. : 59.37.70.37

Bidart Itsas-Mendia
C.M. n° 234

♥♥ NN 1 chambre avec sanitaires privés communicants (douche, lavabo, wc) et 1 chambre avec sanitaires privés non communicants (douche, lavabo, wc). Salle de séjour. TV commune avec les propriétaires. Gare 5 km. Commerces 700 m. Dans un village côtier avec de nombreuses activités et manifestations aux alentours. Biarritz à 10 km.

Prix : 2 pers. 240 F

| 0,2 | 5 | 5 | 5 | 5 |

LAMARINS Henriette – Itsas Mendia - rue de l'Ouhabia – 64210 Bidart – Tél. : 59.54.92.40

Boeil-Bezing La Lanne de Bezing

♥♥♥ NN (TH) Alt. : 230 m — 5 ch. (2 lits 1 pers.) avec sanitaires privés communicants aménagées dans les dépendances d'une belle maison béarnaise. Grande salle de séjour. Salon. TV coul. Tél. Espace nursery. Salle de jeux. CB Visa acceptée. Poss. transfert à l'aéroport. Poss. table d'hôtes le soir. Loc. VTT. Anglais, espagnol, allemand parlés. Gratuité jusqu'à 2 ans. Baby-sitting. Situées dans parc ombragé à proximité de la « Béarnaise » familiale, une grange restaurée dans le respect de la tradition vous accueille. Vue sur les Pyrénées. Pierre vous fera découvrir ses vignobles environnants et la gastronomie béarnaise, Myriam vous guidera ou organisera vos excursions.

Prix : 1 pers. 190/210 F 2 pers. 210/230 F 3 pers. 270/300 F pers. sup. 85 F repas 75 F

| 120 | 6 | 0,2 | 6 | 18 |

MINOT Myriam – Route de Lourdes Par Betharram - La Lanne de Bezing – 64150 Boeil-Bezing – Tél. : 59.53.15.31 – Fax : 59.53.15.21

Bosdarros Maison-Trille
C.M. n° 234

♥♥♥♥ NN 5 chambres avec sanitaires privés communicxants (3 baignoires, 2 douches, lavabo, wc), aménagés dans une demeure béarnaise du XVIIIe siècle. 1 chambre au rez-de-chaussée, entrée indépendante. TV dans chaque chambre. Salon privé avec cheminée. Terrasse. Jardin. Chauffage. Baby-foot. Gare 10 km. Commerces 5 km. A 10 km de Pau, en direction des Pyrénées dans un site choisi. Ping-pong. Randonnées, tourisme d'affaire...

Prix : 1 pers. 260 F 2 pers. 325 F

| 130 | 10 | SP | 10 |

BORDES Christiane – Maison Trille - Chemin de Labau – 64290 Bosdarros – Tél. : 59.21.79.51 – Fax : 59.21.66.98

Bruges Les Buissonets

♥♥♥ NN (TH) Alt. : 100 m — 5 chambres avec sanitaires privés communicants (douche, lavabo, wc). Salon avec cheminée et salle à manger conviviale, en commun avec le propriétaire. Terrasses ensoleillées. Grande châtaigneraie de 3 ha. invitant au repos, salon de jardin, barbecue. Ouvert toute l'année. Gare 30 km. Commerces 6 km. Chambres aménagées dans une belle demeure béarnaise restaurée sur les côteaux avec une vue panoramique sur les Pyrénées. Randonnées à cheval, rafting, grottes et zoo à proximité. Bruges 800 m. Lourdes 20 km. Pau 30 km. Cols des Pyrénées 25 km.

Prix : 1 pers. 220 F 2 pers. 280 F 3 pers. 370 F repas 80 F

| 150 | 6 | SP | SP | 30 |

BOURGHELLE Micheline – Les Buissonets – 64800 Bruges – Tél. : 59.71.08.24

Buzy
C.M. n° 234

♥♥♥ NN (TH) Alt. : 200 m — 3 chambres avec sanitaires privés communicants (douche, lavabo, wc), 1 chambre avec sanitaires privés non communicants (douche, lavabo, wc), 1 chambre avec sanitaires privés (baignoire, lavabo, wc). Produits fermiers sur place. Gare 15 km. Commerces 10 km. 1/2 tarif pour les enfants de moins de 7 ans. Dans un village aux portes de la vallée d'Ossau. Ski à 25 km. Randonnées en montagne. Produits de la ferme en table d'hôtes.

Prix : 1 pers. 200 F 2 pers. 240 F 3 pers. 300 F repas 85 F 1/2 pens. 205 F

| 120 | 5 | SP | 15 | 10 |

AUGAREILS Rolande – 64260 Buzy – Tél. : 59.21.01.01

Came Lamothe
C.M. n° 234

♥♥♥ NN (TH) Alt. : 40 m — 3 chambres (2 pers.) avec sanitaires privés communicants (douche, lavabo, wc) et 1 chambre bis (2 pers.) avec sanitaires privés communicants (douche, lavabo, wc) dans une ferme de style. TV dans chaque chambre. Séjour. Terrasse. 2 ch. en rez-de-chaussée avec entrées indépendantes. Ping-pong, jeux pour enfants. Biarritz 35 km. Dax. Repas pris en terrasse. Le village est situé entre le pays Basque, le Béarn et les Landes. Tarifs enfants - 7 ans. Quillet, balançoire, parc, fronton, centre équestre, piscine, jeux d'intérieur, bibliothèque.

Prix : 1 pers. 200 F 2 pers. 220 F 3 pers. 250 F repas 80 F 1/2 pens. 190 F

| 40 | 9 | 3 | 6 | 17 |

DARRACQ Bernard et Elisabeth – Ferme Lamothe – 64520 Came – Tél. : 59.56.02.73 – Fax : 59.56.40.02.

Came Bergay
C.M. n° 234

♥♥ NN Alt. : 40 m — 5 chambres avec sanitaires privés communicants (douche, lavabo). 2 wc communs aux hôtes. Salon avec TV réservé aux hôtes. Balcon, terrasse. Salon de jardin, barbecue, balançoire, ping-pong. Chauffage central. Gare 40 km. Commerces 5 km. 2e enfant gratuit. Aménagées dans une maison de caractère en bordure de rivière (baignade), dans un site calme à 40 km de Biarritz et Dax.

Prix : 1 pers. 185 F 2 pers. 210 F 3 pers. 260 F

| 40 | 10 | 5 | 10 | 15 |

PECASTAING Annie – Bergay – 64520 Came – Tél. : 59.56.02.79

Came Hayet
C.M. n° 234

♥♥♥ NN
(TH)
4 chambres avec sanitaires privés communicants (douche, lavabo, wc) dans une ferme de caractère. Ping-pong, Bibliothèque. Salon de jardin. Chauffage central. Salon avec TV. Circuit randonnée à la ferme. Gare 35 km. Commerces 6 km. Aménagées dans une ferme à 15 km de Salies de Béarn, 40 km de Biarritz (océan, golf), rivière à 3 km, Espagne à 50 km. Dax et Orthez à 35 km.

Prix : 2 pers. **220 F** repas 75 F

🏊	🚣	🎿	🐎	🌳
40	10	6	10	40

SAUBOT J.-Claude et Evelyne – Hayet – 64520 Came – Tél. : 59.56.04.52

Casteide-Cami
C.M. n° 234

♥ NN
(TH)
2 chambres (1 épi NN) avec sanitaires communs (baignoire, lavabo, wc) aménagées dans une ferme Béarnaise au village. Séjour commun avec les propriétaires. Cheminée. Salon de jardin. 1/2 tarif pour les enfants de moins de 7 ans. Gare 20 km. Commerces 7 km. Village à 18 km de Pau et 20 km d'Orthez. Circuit de Pau-Arnos à 4 km. Le propriétaire est producteur de foie gras et confits.

Prix : 1 pers. **120 F** 2 pers. **160 F** 3 pers. **200 F** repas 70 F

🏊	🚣	🎿	🐎	🌳
100	7	10	10	10

RANQUE Monique – 64170 Casteide-Cami – Tél. : 59.77.03.40

Castet
C.M. n° 234

♥
2 chambres avec sanitaires communs (baignoire, lavabo, wc). Présence d'un camping à la ferme et d'un gîte rural. Gare 30 km. Commerces 5 km. Chauffage central en supplément : 20 F/chambre. Dans la vallée d'Ossau, à 20 km de Gourette (station de ski) et pêche dans le Gave d'Oloron à 1 km.

Prix : 1 pers. **120 F** 2 pers. **150 F** 3 pers. **190 F**

🏊	🚣	🎿	🐎	🌳
120	13	13	5	20

CAZENAVE Jean et Irene – 64260 Castet – Tél. : 59.05.88.26

Castetbon
C.M. n° 234

♥ NN
1 chambre avec sanitaires privés communicants (douche, lavabo, wc), au rez-de-chaussée d'une ferme béarnaise. Petit coin-cuisine. Gare 25 km. Commerces 12 km. Situé à 12 km de Navarrenx, haut lieu de la pêche au saumon dans le Gave d'Oloron. Village également renommé pour ses remparts et ses fortifications. Restaurant à proximité.

Prix : 1 pers. **150 F** 2 pers. **170 F** 3 pers. **200 F**

🏊	🎿	🐎	🌳
70	12	12	12	25

REY Michel – 64190 Castetbon – Tél. : 59.66.57.63

Caubios-Loos
C.M. n° 234

♥♥ NN
(TH)
Alt. : 30 m – 3 chambres avec entrée indépendante. 2 chambres avec sanitaires privés communicants (lavabo, douche, wc) et 1 chambre avec sanitaires privés non communicants (lavabo, douche, wc). Séjour commun avec les propriétaires. Jardin et salon de jardin. Repas du midi en table d'hôtes. Gare 20 km. Commerces 7 km. Aménagées dans un village non loin de Pau ces chambres sont dans un site calme.

Prix : 2 pers. **200 F** 3 pers. **210 F** repas 60 F

🏊	🚣	🎿	🐎	🌳
120	7	7	10	30

DUPOUY-LAHITTE Michel – 64230 Caubios-Loos – Tél. : 59.33.23.20

Cosledaa
C.M. n° 234

♥♥♥ NN
(TH)
2 chambres au r.d.c. et 2 chambres à l'étage avec sanitaires privés communicants (lavabo, douche, bidet, wc) aménagées dans une villa à l'entrée du village. Salle de séjour avec TV. Jardin avec jeux. Poss. de garderie d'enfants. Terrasse ombragée. Chauffage central. Repas gastronomiques avec les produits fermiers. 1/2 tarif jusqu'à 7 ans. Situées à 25 km de Pau, 45 km de Lourdes. Parachutisme à 15 km. Océan à 1 h 1/2. Gare 25 km. Commerces 15 km. Ouvert toute l'année.

Prix : 2 pers. **180 F** repas 80 F 1/2 pens. **170 F**

🏊	🚣	🎿	🐎	🌳	⛷	⛷
130	15	5	15	25	45	45

LAUTECAZE Eugene et Noelle – La Noyeraie – 64160 Cosledaa – Tél. : 59.68.02.90

Cosledaa
C.M. n° 234

♥ NN
(TH)
5 chambres avec 2 sanitaires communs (douche, baignoires, lavabo, wc), dans une maison récente. 2 chambres en rez-de-chaussée. Parc ombragé. Repas pris en famille. Gare 25 km. Commerces 5 km. Dans la région du Vic-Bilh avec de nombreuses visites (églises, châteaux, vignobles du Madiran...), à 30 km de Pau et 50 km de Lourdes. Possibilité de randonnées pédestres avec accompagnateur (gratuitement).

Prix : 1 pers. **140 F** 2 pers. **160 F** 1/2 pens. **180/300 F**

🏊	🚣	🎿	🐎	🌳	⛷	⛷
120	15	6	SP	30	60	60

BOURGUINAT Joseph – A l'Eirene – 64160 Cosledaa – Tél. : 59.68.00.51 ou 59.68.03.24

Espoey Coste-Bielhe
C.M. n° 234

♥♥ NN
3 chambres au rez-de-chaussée, aménagées dans une maison récente avec sanitaires privés communicants (douche, lavabo), wc communs. 2 chambres à l'étage avec sanitaires communicants (lavabo, wc), douche commune. Séjour avec TV et cheminée commun au propriétaire. Garage. Gare 20 km. Commerces 10 km. Dans un petit village à 20 km de Pau en direction de Lourdes. Chasse et randonnée sur place.

Prix : 1 pers. **120 F** 2 pers. **160 F** 3 pers. **200 F**

🏊	🎿	🐎	🌳	⛷	⛷
140	10	10	10	20	40	40

LARQUIER Gaby – Coste Bielhe – 64420 Espoey – Tél. : 59.04.14.75

Estialescq

♨♨♨ NN · Alt. : 200 m — 4 chambres d'hôtes avec sanitaires privés communicants, aménagées dans une belle demeure béarnaise. 2 ch. (2 lits 2 pers.) 2 ch. (4 lits 1 pers.). Salle de séjour privée avec salon et cheminée, coin-kitchenette équipée. Belle terrasse ouverte sur un parc ombragé et fleuri. Salon de jardin. 100 F/lit suppl. pour un enf. gratuit pour un second enfant. Vous passerez un séjour agréable dans cette belle demeure béarnaise, située à quelques kilomètres de la ville d'Oloron-Sainte-Marie, du ski et de l'Espagne.

Prix : 1 pers. **180 F** 2 pers. **250 F** 3 pers. **350 F**

100	10	SP	5	25

PERICOU Jeanne – Maison Naba – 64290 Estialescq – Tél. : 59.39.99.11

Feas Quartier-du-Bas

♨♨♨ NN · (TH) · Alt. : 150 m — 3 chambres avec sanitaires privés communicants (baignoire ou douche, lavabo, wc) aménagées au rez-de-chaussée d'une dépendance. Terrain, salon de jardin privé. Possibilités de VTT et randonnées au départ des chambres. Ouvert toute l'année. Gare et commerces 6 km. Situées dans un petit village de la vallée du Baretous, sur une propriété bordée par une rivière. Stage d'initiation ou perfectionnement à la pêche à la mouche (le propriétaire est guide et moniteur de pêche).

Prix : 1 pers. **200 F** 2 pers. **235 F** 3 pers. **285 F** repas **75 F**

100	6	SP	6	6	20	20

PARIS Christian – Quartier du Bas – 64570 Feas – Tél. : 59.39.01.10

Feas Chateau-de-Boues · *C.M. n° 234*

♨♨♨ NN · Alt. : 200 m — 4 chambres avec entrée indépendante et sanitaires privatifs communicants (baignoire, lavabo, douche, wc), dans un château du XVIIIᵉ avec salon et TV dans chaque chambre. Parc ombragé. Piscine privée. Terrasse. Tennis au village. Possibilité de pêche à la truite au village. Gare et commerces à 6 km. Anglais et espagnol parlés. Situées aux portes de la vallée de Baretous, dans une très belle propriété béarnaise. 4X4 et escalade en montagne. Pau 40 km. Pays Basque 20 km.

Prix : 1 pers. **280 F** 2 pers. **320 F** 3 pers. **360 F**

120	SP	6	15	40	15	15

DORNON Monique – Chateau de Boues – 64570 Feas – Tél. : 59.39.95.49

Gabat Etxebestia

♨♨ NN · (TH) · 1 chambre d'hôtes située dans un endroit calme. 1 ch. avec sanitaires privés et communicants (baignoire, lavabo, wc). Chauffage électrique. Salle à manger, coin-salon, TV réservés aux hôtes. Jardin ombragé, salon de jardin. Gare 20 km. Commerces 5 km. Ouvert toute l'année. Espagnol parlé. Pêche à proximité, promenades pédestres. Saint-Jean-Pied-de-Port à 20 mn, océan 60 km.

Prix : 1 pers. **180 F** 2 pers. **200 F** repas **75 F**

60	5	5	5	20

SOUVESTE Odette – Etxebestia – 64120 Gabat – Tél. : 59.65.78.16

Ger · *C.M. n° 234*

♨♨♨ NN · Dans une demeure de style béarnais, 1 ch. bis climatisée avec sanitaires privés communicants (baignoire, douche, lavabo, bidet, wc), donnant sur le parc. Parc ombragé et fleuri avec salon de jardin au bord de la piscine. Terrasse. Chauffage central. Petit déjeuner servi dans la salle à manger ou sur la terrasse. Gare 20 km. Commerces 2 km. Dans une région gastronomique, entre Pau (25 km) et Tarbes, à 16 km de Lourdes, endroit calme. Aéroport 10 km.

Prix : 1 pers. **190 F** 2 pers. **230 F** 3 pers. **270 F**

SP	SP	6	12	25

CLEDE Andree – Maitechu - 7 Chemin la Hourcade – 64530 Ger – Tél. : 62.31.57.10

Hagetaubin · *C.M. n° 234*

♨♨♨ NN · 2 chambres aménagées dans une maison béarnaise de caractère avec sanitaires privés communicants (douche, lavabo, wc). Salon et coin-cuisine à la disposition des hôtes. Parc, piscine, tennis, salle de jeux (billard, baby-foot, ping-pong). Gare 20 km. Commerces 2 km. Dans un grand parc, cette ferme offre sur place un grand choix d'activités dans un cadre reposant entre Béarn et Landes.

Prix : 1 pers. **95 F** 2 pers. **190 F**

80	SP	SP	40	60	100	100

COSTEDOAT Raoul – 64370 Hagetaubin – Tél. : 59.67.51.18

Haut-de-Bosdarros Loutares · *C.M. n° 234*

♨♨♨ NN · (TH) · 6 chambres avec sanitaires privés communicants (4 douches, 2 baignoires, lavabos, wc), aménagées dans une ferme du XVIIIᵉ siècle, séjour avec TV et billard. Piscine privée. Salle de culture physique. Randonnée équestre. Gare 30 km. Commerces 5 km. Aménagées à proximité d'un centre de remise en forme (soins, nourriture régionale ou végétarienne). Site calme face aux Pyrénées.

Prix : 1 pers. **225 F** 2 pers. **295 F** 3 pers. **345 F** repas **80/100 F**

SP	10	10	30	25	25

DE MONTEVERDE-PUCHEU Beatrice – Ferme Loutares – 64800 Haut-de-Bosdarros – Tél. : 59.71.20.60 – Fax : 59.71.26.67

Issor · *C.M. n° 234*

♨ NN · (TH) · Alt. : 200 m — 1 chambre bis avec sanitaires privés (douche, lavabo, wc), dans un hameau de montagne avec entrée indépendant. Site calme avec vue sur les montagnes. Repas enfant 1/2 tarif. Gare 20 km. Commerces 5 km. Située dans la vallée de Baretous et à proximité du Pays Basque. Randonnée en montagne.

Prix : 1 pers. **150 F** 2 pers. **190 F** 3 pers. **280 F** repas **80 F** 1/2 pens. **175 F**

140	10	20	10	80

CAZAURANG Rose – 64570 Issor – Tél. : 59.34.45.01

Issor Micalet

E.C. NN
(TH)

4 ch. d'hôtes (2 pers.) claires et spacieuses aménagées dans une grange béarnaise rénovée, en pleine nature et montagne, grand calmes, sanitaires privés et communicants (douche, labavo, wc), bureau. Gratuit pour les enfants de moins de 4 ans. Table d'hôtes avec les produits de la maison (sangliers, veau, volailles, potager...). Gare 20 km. Commerces 5 km. Ouvert toute l'année.

Prix : 1 pers. **220 F** 2 pers. **280 F** 3 pers. **350 F** repas **80 F**
1/2 pens. **240 F**

140	10	20	10	80	25	25

CAZAURANG Francoise – Micalet – 64570 Issor – Tél. : 59.34.43.96

Itxassou Berrouetenia

♉♉♉ NN

Alt. : 39 m — 4 grandes chambres d'hôtes avec sanitaires privés communicants (3 lits 2 pers. 2 lits 1 pers.), aménagées dans un petit château entièrement rénové du XVIIe siècle. Salle de séjour réservée aux hôtes. Coin-cuisine à disposition. TV couleur. Téléphone. Chauffage central. Terrasse, jardin clos. Gare 5 km. Commerces sur place. Ouvert toute l'année. Situées à mi-chemin entre Biarritz et Saint-Jean-Pied-de-Port, à 2 pas de l'Espagne, avec vue panoramique. Rafting, randonnées, VTT, vol à voile au village.

Prix : 1 pers. **220 F** 2 pers. **250/300 F** 3 pers. **300/350 F**

25	5	5	5	25

REGERAT Marie-Francoise – Berrouetenia – 64250 Itxassou – Tél. : 59.29.78.64

Lanne

C.M. n° 234

E.C. NN
(A)

1 chambre avec sanitaires privés communicants (douche, lavabo, wc). Séjour commun. Gare 25 km. Commerces 5 km. 1/2 tarif pour les enfants de moins de 7 ans. Aménagées dans une ferme dans la vallée de Baretous à 30 km de l'Espagne.

Prix : 1 pers. **142 F** 2 pers. **214 F** 3 pers. **266 F** repas **70 F**
1/2 pens. **172 F**

130	5	5	5	60

HONTHAAS Gerard – Quartier Bascoute – 64570 Lanne – Tél. : 59.34.65.26

Laroin

C.M. n° 234

♉♉♉ NN

Dans ce petit village béarnais, niché entre le Gave de Pau et les coteaux du Jurançon, ancienne ferme de caractère rénovée. 3 ch. avec sanitaires privés et communicants (douche, lavabo, wc). Entrée indépendante. Salon, TV, bibliothèque, séjour et kitchenette complète réservés aux hôtes. Très calme, grand jardin d'agrément bordé d'une rivière, salon, tonnelle. Jeux extérieurs, vélos et VTT à disposition. Chauffage. Gare 7 km. Commerces sur place. Ouvert toute l'année. Anglais et espagnol parlés. Visite de dégustation sur les circuits vin de Jurançon. Restaurant 300 m.

Prix : 1 pers. **190 F** 2 pers. **230 F** 3 pers. **270 F**

100	4	SP	4	1

MARQUE Anne-Marie – Maison Miragou - Chemin de Halet – 64110 Laroin – Tél. : 59.83.01.19

Lasseube

E.C. NN
(TH)

Alt. : 225 m — 1 chambre d'hôtes (2 lits 1 pers.) avec sanitaires privés communicants aménagée dans une très belle demeure béarnaise du XVIIIe siècle entièrement rénové. Séjour, salon avec cheminée communs aux propriétaires. Terrain ombragé avec vue sur les Pyrénées. Salon de jardin. Anglais parlé. Gare 12 km. Commerces 2 km. Ouvert toute l'année. Situé au cœur des coteaux de Jurançon avec une très belle vue sur les Pyrénées, dans un site calme invitant au repos.

Prix : 1 pers. **250 F** 2 pers. **320 F** repas **80 F**

100	10	4	12

NEARS-CROUCH Desmond – Quartier Rey - Maison Rances – 64260 Lasseube – Tél. : 59.04.26.37

Lay-Lamidou

♉♉♉ NN
(TH)

Alt. : 80 m — 2 chambres avec sanitaires privés communicants (douche, baignoire, lavabo, wc). Parc aménagé, terrasses, salon de jardin. Possibilité de stages de reliure et réfection de fauteuils. Ouvert toute l'année. Gare 28 km. Commerces 5 km. Anglais et espagnol parlés. Situées dans une très belle maison de caractère dans un village de la vallée du Gave d'Oloron. Randonnées pédestres et équestres au village. Visite de caves et dégustation de Jurançon. Station de ski à 55 mns.

Prix : 1 pers. **220 F** 2 pers. **250 F** repas **80 F**

80	5	5	SP	15

DESBONNET Bernard et M.France – 64190 Lay-Lamidou – Tél. : 59.66.00.44

Louvie-Juzon Pedestarres

C.M. n° 234

♉♉ NN
(TH)

Alt. : 250 m — 2 chambres avec sanitaires privés communicants (baignoire, lavabo, wc). 2 chambres avec sanitaires privés non communicants (douche, lavabo). WC communs réservés aux hôtes. 1 chambre avec sanitaires privés communicants (douche, lavabo, wc). Coin-cuisine. Aménagées dans une ferme ossaloise à 25 km de Pau, à 26 km des stations de ski. Randonnée en montagne sur place. Poss. loc. chalet, caravane, camping. Dimanche : grillades. Sortie en montagne. En juillet et août pas de repas le mercredi et dimanche. Tarifs enfants. Restaurant 2 km.

Prix : 1 pers. **160 F** 2 pers. **200/220 F** 3 pers. **280/300 F**
repas **70 F** 1/2 pens. **170 F**

5	5	5	SP	25	25	25

GUILHAMET Jean et Juliette – Pedestarres – 64260 Louvie-Juzon – Tél. : 59.05.70.37 – Fax : 59.05.77.58.

Lucq-de-Bearn Quartier Auronce   C.M. n° 234

❄❄❄ NN
(TH)

Alt. : 100 m — 2 chambres avec sanitaires privés communicants (lavabo, douche, wc), aménagées dans une grange restaurée dans le corps de ferme (qui compte 2 autres chambres d'hôtes). Salon réservé aux hôtes. Jardin. Rivière. Chauffage central. Gare 15 km. Commerces 10 km. Table d'hôtes à partir des produits fermiers et du jardin. Proximité d'Oloron Sainte-Marie et de nombreux centres d'activités de montagne (rafting, canoë, ski). Lac avec animations à 6 km.

Prix : 1 pers. **180 F** 2 pers. **220 F** 3 pers. **280 F** repas **80 F**

100	10	10	15	15

LAVIE Marie – Quartier Auronce – 64360 Lucq-de-Bearn – Tél. : 59.39.18.39 ou 59.39.20.35 – Fax : 59.36.06.48

Lucq-de-Bearn Quartier Cap de Layou   C.M. n° 234

❄ NN
(TH)

Alt. : 100 m — 3 chambres avec lavabos particuliers, sanitaires communs aux hôtes (douches, lavabo, wc). Salle de séjour commune avec les propriétaires. Possibilité de repas en ferme-auberge à 4 km. Jardin ombragé avec salon de jardin aménagé pour les hôtes. 1/2 tarif pour les enfants de moins de 7 ans. Gare 15 km. Commerces 10 km. Aménagées dans une ferme béarnaise à proximité d'Oloron Sainte-Marie. Tous loisirs de montagne à proximité. Ski 45 km.

Prix : 1 pers. **120 F** 2 pers. **160 F** 3 pers. **220 F** repas **85 F**

100	10	10	10	40

MONGUILLOT Pascal – Quartier Cap de Layou – 64360 Lucq-de-Bearn – Tél. : 59.21.40.39

Lucq-de-Bearn Quartier Auronce   C.M. n° 234

E.C. NN
(TH)

2 chambres avec sanitaires communs (baignoire, lavabo, wc), dans une ferme béarnaise. Salon avec cheminée et TV. Jardin, rivière et forêt. Présence d'autres chambres dans la propriété. Chauffage central. Gare et commerces 10 km. Table d'hôtes à partir des produits fermiers et du jardin. Dans un village à 7 km d'Oloron Sainte-Marie (piscine, tennis), randonnées et ski à 45 km. Lac avec animations à 6 km.

Prix : 1 pers. **130 F** 2 pers. **150 F** repas **80 F**

100	10	10	10	40

LAVIE Marie – Quartier Auronce – 64360 Lucq-de-Bearn – Tél. : 59.39.18.39 ou 59.39.20.35 – Fax : 59.36.06.48

Lucq-de-Bearn   C.M. n° 234

❄❄❄ NN
(TH)

Alt. : 100 m — 4 chambres avec sanitaires privés communicants (lavabo, douche, wc), aménagées dans une ferme béarnaise située dans un hameau. Séjour commun avec le propriétaire. Jardin. Gare 15 km. Commerces 10 km. Tarifs enfants. A proximité d'Oloron Sainte-Marie et à 45 km des stations de ski. Activités et sports de montagne (kayak, randonnées...).

Prix : 1 pers. **170 F** 2 pers. **200 F** repas **75 F**

100	10	10	10	40

MONCAUBEIG Berthe – Quartier Bordes – 64360 Lucq-de-Bearn – Tél. : 59.34.37.25

Mesplede Parage   C.M. n° 234

❄❄❄ NN
(TH)

2 chambres avec sanitaires privés communicants (douche, lavabo, wc) dont 1 avec terrasse et salon de jardin. Salon avec TV réservé aux hôtes. Chauffage central. Gare 10 km. Commerces 5 km. 1/2 tarif pour repas enfants - 7 ans. Aménagées dans une ferme du XVIIIᵉ siècle à 10 km d'Orthez et 30 km de Pau. Lac de Biron à 12 km. Océan 45 mns. Montagne 1 h.

Prix : 1 pers. **180 F** 2 pers. **220 F** 3 pers. **280 F** repas **80 F**

70	5	5	5	30

BEDOURA Blandine – Parage – 64370 Mesplede – Tél. : 59.67.74.56

Monein Quartier-Laquidee   C.M. n° 234

❄❄❄ NN
(TH)

4 chambres avec sanitaires privés communicants (douche, lavabo, wc) aménagées dans une vieille ferme béarnaise rénovée. Salon privé avec TV et bibliothèque. Séjour avec cheminée. Possibilité de garderie d'enfants. Chauffage central. Jardin ombragé et calme. Gare 15 km. Commerces 5 km. 1/2 tarif repas enfants - 7 ans. Anglais parlé. Aménagées dans le vignoble de Jurançon, Pau et Oloron 20 km. Dégustation de fruits et de jurançon. Centre équestre à proximité. Carte pêche spéciale vacances.

Prix : 1 pers. **175 F** 2 pers. **220 F** 3 pers. **280 F** repas **75 F**

80	3	3	5	15

NOUSTY Marie-Jose – Quartier Laquidee – 64360 Monein – Tél. : 59.21.41.38 – Fax : 59.21.28.96

Monein Maison-Laguilharre

❄❄❄ NN

Alt. : 80 m — 2 chambres avec sanitaires privés communicants (baignoire, lavabo, wc), aménagées au rez-de-chaussée d'une dépendance, accessible aux pers. handicapées. Salon avec TV. Salon de jardin. Gare 15 km. Commerces sur place. Italien, allemand et anglais parlés. Tarif 4 pers. : 310 F. La maison est située sur la crête d'un coteau et offre un splendide point de vue panoramique. Possibilité de kayak et rafting. Vélo. Village sourire.

Prix : 1 pers. **170 F** 2 pers. **210 F** 3 pers. **260 F**

100	SP	SP	SP	20

GERST Hermann et Jasmine – Laguilharre - Quartier Castet – 64360 Monein – Tél. : 59.21.39.26 – Fax : 59.21.49.73.

Montory Sallenave   C.M. n° 234

❄❄❄ NN
(TH)

Alt. : 100 m — 3 chambres avec sanitaires privés communicants (douche, lavabo, wc), aménagées dans une ferme basque rénovée. Coin-salon, séjour. Gare 25 km. Commerces 10 km. Dans un petit village basque entre Béarn et Pays-Basque, proche de sites exceptionnels (grottes, gorges, station de ski). Jean-Pierre est guide de pêche à la mouche. Sentiers de randonnées à proximité. Calme assuré dans un très beau site, à 2,5 km du village.

Prix : 1 pers. **200 F** 2 pers. **230 F** 3 pers. **280 F** repas **80 F**
1/2 pens. **250/340 F**

140	10	10	5	70

RUATA J.-Pierre et Jeanine – Maison Sallenave - Route de Haux – 64470 Montory – Tél. : 59.28.59.69

Ogeu-les-Bains Hameau-du-Grand-Chene

E.C. NN — Alt. : 100 m – 2 chambres d'hôtes aménagées dans une ancienne ferme béarnaise, au pied des vallées pyrénéennes. 2 chambres avec sanitaires privés et communicants (douche, lavabo, wc). Séjour avec cheminée, coin-salon, coin-cuisine aménagé. Possibilité lave-linge. Jardin ombragé avec salon de jardin. Gare 10 km. Commerces 4 km. Ouvert toute l'année. Allemand et anglais parlés. A découvrir : Oloron-Ste-Marie, les vallées d'Aspe et d'Ossau.

Prix : 1 pers. **150 F** 2 pers. **220 F** 3 pers. **290 F**

10	4	10	20	30	30

SELINGER Paul – Maison Saint-Marty - Hameau du Grand Chene – 64480 Ogeu-Les Bains – Tél. : 59.34.93.36

Oregue Borde Cazaubon

E.C. NN — Alt. : 120 m – 4 chambres d'hôtes (4 lits 2 pers.) aménagées dans une maison située dans un quartier calme et boisé. 2 chambres avec salle d'eau (douche, lavabo) dont une avec WC. 2 chambres avec coin toilette séparé par un rideau (douche, lavabo). WC à l'étage. Grand séjour/coin-salon communs avec le propriétaire. TV. Ch. élect. Terrasse et grand jardin. Enf. suppl. 50 F. Situées dans un endroit calme et boisé, à mi-chemin entre la mer et la montagne, au cœur du Pays-Basque. Pêche et chasse possibles à proximité. Saint-Jean Pied de Port 30 km. Gare 30 km. Commerces 13 km. Ouvert toute l'année.

Prix : 1 pers. **150/250 F** 2 pers. **200/280 F** 3 pers. **250/300 F**

30	13	13	13

CHARRON Claudette – Borde Cazaubon – 64120 Oregue – Tél. : 59.56.87.27 – Fax : 59.56.87.27

Osses Mendikoa-Laka   *C.M. n° 234*

❅❅ NN — Alt. : 200 m – 5 chambres avec sanitaires privés communicants (douche, lavabo). 2 wc communs. Salle de séjour réservée aux hôtes. Entrée indépendante. Salon de jardin. Camping à la ferme sur place. Gare 45 km. Commerces 15 km. En plein cœur de la vallée basque de Cize et Baïgorry à 15 km de Saint-Jean Pied de Port et 45 km de Biarritz. Rivière à 30 mètres.

Prix : 1 pers. **120 F** 2 pers. **160 F** 3 pers. **170 F**

45	15	1	15	45

LEKUMBERRY Pierre – Mendikoa – 64780 Osses – Tél. : 59.37.70.29

Pau   *C.M. n° 234*

❅ NN / (TH) — 3 chambres (2 pers.) avec lavabo. Salle de bains et sanitaires communs. Entrée indépendante et parking privé. Jardin ombragé. Portique. Ping-pong. Tous loisirs à 5 mn. Situées dans une ferme à la sortie de Pau. Salon de jardin. Gare et commerces 5 km. Table d'hôtes l'été, sur réservation le reste de l'année. Boulevard des Pyrénées et la vieille ville. Pyrénées à 40 km. Découverte du tissage dans l'atelier des propriétaires. Lourdes 30 km. Culture et transformation des petits fruits rouges, moutons, basse-cour.

Prix : 1 pers. **140 F** 2 pers. **170 F** repas **70 F** 1/2 pens. **155 F**

120	5	5	5	5	50	50

SEGER Vincent – 73 avenue Copernic – 64000 Pau – Tél. : 59.84.36.85

Pontiacq-Villepinte

E.C. NN / (TH) — 3 chambres d'hôtes aménagées dans une belle maison béarnaise. 2 chambres avec sanitaires privés communicants (douche, lavabo, wc). 1 chambre avec lavabo, salle de bains non communicante. Salon réservé aux hôtes. Parc ombragé avec salon de jardin. A proximité d'un lac de plaisance. Gare 25 km. Commerces 10 km. Ouvert toute l'année. A découvrir : la Tour de Montaner, Lourdes et les Hautes-Pyrénées.

Prix : 1 pers. **140 F** 2 pers. **160 F** repas **75 F**

70	10	1	4	25	25	25

VIGNOLO Michel et Nicole – Route de Montaner – 64460 Pontiacq-Villepinte – Tél. : 59.81.91.45

Saint-Etienne-de-Baigorry Guerecietenia   *C.M. n° 234*

❅ NN / (TH) — Alt. : 200 m – 1 chambre avec sanitaires communs (douche, lavabo, wc), dans une maison de caractère basque isolée. Réservé aux non fumeurs. Gare 70 km. Commerces 3 km. Repas du soir sur demande. Située dans la vallée des Aldudes à 11 km de Saint-Jean Pied de Port et à 3 km du GR10. Espagne à 10 km. A 3 km de Saint-Etienne-de-Baïgorry.

Prix : 1 pers. **150 F** 2 pers. **175 F** repas **80 F**

70	17	17	17	70

MARJOLIN Romayne – Guerecietenia - Chemin d'Ispeguy – 64430 Saint-Etienne-de-Baigorry – Tél. : 59.37.47.77

Saint-Etienne-de-Baigorry Indas   *C.M. n° 234*

❅ NN / (TH) — Alt. : 200 m — 3 chambres (2 pers.) avec lavabo. Sanitaires communs (baignoire, douche, lavabo, wc) réservés aux hôtes. Salle de séjour. Chambres aménagées dans une ferme Basque. Emplacement pour voitures. Enfant - 10 ans : 100 F. Gare 60 km. Commerces 3 km. Dans la vallée de Cize et Baïgorry, proche de Saint-Jean Pied de Port, du col de Roncevaux, de la forêt d'Iraty et des Aldudes.

Prix : 1 pers. **120 F** 2 pers. **170 F** 1/2 pens. **165 F**

60	15	15	15	60

DORRE Claudine – Inda - Occos – 64430 Saint-Etienne-de-Baigorry – Tél. : 59.37.43.16

Saint-Faust-de-Haut

E.C. NN · (TH) — Alt. : 100 m — 1 chambre d'hôtes aménagée dans la maison du propriétaire, dans une ferme des coteaux du Jurançon. 1 chambre avec sanitaires privés et communicants (baignoire, lavabo, bidet, wc). Salon et séjour communs avec les propriétaires. Jardin ombragé et véranda. A découvrir : la Cité des Abeilles, le vin du Jurançon (circuit). Gare 20 km. Commerces 15 km. Ouvert toute l'année.

Prix : 1 pers. 150 F 2 pers. 200 F repas 75 F

🏊	🎿	⛷	🎣	⛷	🎿
20	2	SP	5	60	60

CAPDEPON Michel et Dominique – 64110 Saint-Faust-de-Haut – Tél. : 59.83.04.87

Saint-Jean-de-Luz Villa-Quieta *C.M. n° 234*

⍦⍦ NN — 1 chambre avec sanitaires privés non communicants (lavabo, douche, wc). Possibilité de salon, TV. Salon de jardin. Gare et commerces à 3 km. Située dans un quartier calme de Saint-Jean de Luz à quelques minutes des plages et du golf.

Prix : 2 pers. 280 F

🏊	🚣	⛵	🎿	🏇	
3	10	3	3	3	3

AMBROISE Yvonne – Villa Quieta - rue Joaquin de Haristeguy – 64500 Saint-Jean-de-Luz – Tél. : 59.26.15.89

Saint-Jean-Pied-de-Port Ixila *C.M. n° 234*

⍦⍦ NN — Alt. : 200 m — 1 chambre avec sanitaires communicants (douche, lavabo, wc) et salon privé, aménagée à l'étage d'une maison récente de style Basque à l'extérieur du village. Salon de jardin, parking privé. Point de vue panoramique. Gare 60 km. Commerces 4 km. Située dans le célèbre village fortifié de Saint-Jean Pied de Port. Visite de la vallée, de la citadelle, de la forêt d'Iraty, du col de Roncevaux et frontière. Nombreux restaurants à Saint-Jean Pied de Port.

Prix : 2 pers. 220 F

🏊	⛵	🎿	🏇	⛷	🎿
60	4	4	5	60	30

AURNAGUE Michel – Route de Saint-Michel – 64220 Saint-Jean-Pied-de-Port – Tél. : 59.37.03.94

Saint-Jean-Pied-de-Port Zeyarra *C.M. n° 234*

⍦⍦ NN — Alt. : 200 m — 2 ch. au 1er étage avec sanitaires privés non communicants pour chacune (douche, lavabo, wc), aménagées dans une villa Basque récente, surplombant St-Jean Pied de Port. Vue exceptionnelle sur les montagnes et la vallée de la Nive. Chauffage électrique. Salon de jardin, parking privé dans une cour clôturée. Réfrigérateur. Réservé aux non fumeurs. Situées dans le très beau village fortifié de Saint-Jean Pied de Port avec squash, pelote basque, mini-golf. GR10, GR65. Forêt d'Iraty. Espagne 4 km. Col de Roncevaux. Randonnée sur place. Calme et repos. Nombreux restaurants à 500 m.

Prix : 2 pers. 220/240 F

🐕	🏊	⛵	🎿	🏇	⛷	🎿
	60	0,2	0,2	1	60	30

LANDABURU Suzanne et Raymond – 4 Bis Chemin de Taillapalde – 64220 Saint-Jean-Pied-de-Port – Tél. : 59.37.08.05

Saint-Jean-Pied-de-Port

E.C. NN — Alt. : 160 m — 3 ch. d'hôtes aménagées dans une maison de style basque, située dans un site calme en hauteur, sur le chemin de St-Jacques-de-Compostelle, vue imprenable. 3 ch. avec sanitaires privés (lavabo, douche, wc) à l'étage, avec accès indépendant. Terrasse, patio. Chauffage. Salon commun au propriétaire. Gare et commerces sur place. Ouvert toute l'année. Spécialités gastronomiques. Village historique. Nombreuses activités et animations. Espagne à 5 mn. Randonnées sur place.

Prix : 2 pers. 220 F

🐕	🏊	⛵	🎿	🏇	⛷	🎿
	60	SP	SP	SP	60	30

GARICOITZ Jean – Chemin de Taillapalde – 64220 Saint-Jean-Pied-de-Port – Tél. : 59.37.06.46

Saint-Michel Ferme-Ithurburia *C.M. n° 234*

⍦⍦⍦ NN · (TH) — Alt. : 300 m — 3 chambres avec sanitaires privés communicants (douche, lavabo, wc). Chaque chambre dispose d'une mezzanine et donne sur une galerie couverte (fauteuils), ouverte sur un magnifique point de vue. Entrée indépendante. Chambres en r.d.c. surélevé. Chauffage. Parking privé, balançoires, jardin avec salon de jardin. 1/2 pension pour enfant : 100 F. Située à 5 km de Saint-Jean Pied de Port, sur un chemin de Saint-Jacques. Proche de la forêt d'Iraty, du Col de Roncevaux et de l'Espagne. Biarritz à 65 km. Gare 65 km. Commerces 5 km.

Prix : 1 pers. 170 F 2 pers. 220 F 3 pers. 270 F repas 80 F 1/2 pens. 185 F

🐕	🏊	⛵	🎿	🏇	⛷	🎿
	65	5	5	5	65	30

OURTIAGUE-PARIS Jeanne – Ferme Ithurburia – 64220 Saint-Michel – Tél. : 59.37.11.17

Saint-Michel Altzia

E.C. NN — Alt. : 180 m — 2 ch. d'hôtes aménagées dans une ferme basque rénovée, à l'extérieur du village, avec du mobilier rustique. 2 ch. avec sanitaires privés et communicants (douche, lavabo, wc). Salon avec TV et cheminée réservés aux hôtes, grand séjour, coin-bibliothèque. Gare et commerces 1,5 km. Ouvert toute l'année. A 1,5 km de St-Jean-Pied-de-Port. Vente de produits

Prix : 1 pers. 150 F 2 pers. 220 F 3 pers. 270 F

🏊	⛵	🎿	🏇	⛷	🎿
60	1,5	1,5	1,5	60	30

AHAMENDABURU Marie-Claire – Altzia – 64220 Saint-Michel – Tél. : 59.37.24.90

Saint-Pee-sur-Nivelle Ferme-Uxondoa

♥♥♥ NN 2 suites aménagées dans une ferme basque entièrement rénovée, située dans un vallon en bordure de Nivelle, sur une propriété de 6 ha. 2 suites avec terrasses indépendantes, 4 grandes chambres avec salle de bains et wc privés pour chacune. Gare 15 km. Commerces sur place. Ouvert toute l'année. Pêche réservée (saumon, truite, alose). Sentiers de montagne. Saint-Jean-Pied-de-Port 9 km. Plages à 15 mn. Ferme-auberge sur place. 20 % de réduction hors saison. Juillet-août : majoration de 50 F/nuit.

Prix : 1 pers. **300 F** 2 pers. **325 F** 3 pers. **500 F**

9	2	10	SP	SP	15

POULET Philippe – Ferme Uxondoa - Route de Chanchinea – 64310 Saint-Pee-sur-Nivelle – Tél. : 59.54.46.27

Saint-Pee-sur-Nivelle

♥♥♥♥ NN Alt. : 20 m — 3 grandes chambres d'hôtes spacieuses aux poutres apparentes décorées avec raffinement avec TV, téléphone (compteur de taxe) et sanitaires privés communicants (salle de bains et wc indépendants). Séjour avec coin-salon réservé aux hôtes. Entrée indépendante. Parc. Salon de jardin. Croquet. Promenades. Anglais et espagnol parlés. Au cœur d'une forêt classée, face à la chaine des Pyrénées, la ferme Bidachuna bastide du XIXe siècle, vous accueillera dans un site privilégié. Véritable havre de paix, vous apprecierez cette halte pour découvrir le Pays Basque.

Prix : 2 pers. **550/600 F**

10	2	SP	SP	5

ORMAZABAL Isabelle – Rd 3 - Bidachuna – 64310 Saint-Pee-sur-Nivelle – Tél. : 59.54.56.22 – Fax : 59.47.34.47

Salies-de-Bearn Domaine-Lavie

C.M. n° 234

♥♥ NN

(TH) 2 chambres avec sanitaires privés communicants dans une belle demeure béarnaise (douche, lavabo, wc). Salle de détente. Billard. Parc. Gare 15 km. Commerces 3 km. 1/2 pension : 350 F/2 pers., 450 F/3 pers. Dans la ville thermale de Salies célèbre pour ses soins d'eau salée. Ville typique du Béarn à 20 km du pays Basque.

Prix : 1 pers. **170 F** 2 pers. **230 F** 3 pers. **300 F** repas **60 F**
1/2 pens. **200 F**

50	15	3	3	10	3

MALLET Micheline – Domaine Lavie – 64270 Salies-de-Bearn – Tél. : 59.38.16.83

Sames Maison-Cabanious

♥♥♥ NN 3 ch. d'hôtes en r.d.c. aménagées dans une ex-ferme basque du XVIIIe siècle rénovée, site calme et ombragé de vieux chênes avec vue sur les Pyrénées. 3 ch. ouvrant sur le jardin avec sanitaires privés et communicants (lavabo, douche, wc). Salon avec cheminée réservé aux hôtes. Grande pelouse, salon de jardin, terrain de pétanque. Bayonne, Dax et océan à 35 km. Equitation et lac à 3 km. Italien parlé. Gare et commerces 6 km. Ouvert du 1er mai au 30 octobre.

Prix : 1 pers. **220 F** 2 pers. **250 F** 3 pers. **310 F**

35	3	7	7	3	35

SUNNERS Christiane – Maison Cabanious – 64520 Sames – Tél. : 59.56.05.09

Sare Larochoincoborda

C.M. n° 234

♥♥♥ NN Alt. : 70 m — 1 ch. 3 pers. et 1 ch. 2 pers. avec sanitaires privés communicants (baignoire, lavabo, wc), aménagées dans une très jolie maison de caractère, authentique ferme basque avec son four à pain. Chauffage électrique. Vue splendide, grand calme. Table d'hôtes sur demande. Tél. pour réservation. Ouvert toute l'année. Gare 17 km. Commerces 8 km. Situées dans un village classé à la frontière à deux pas de l'Océan. A visiter : les grottes de Sare, la Rhune, Saint-Jean-de-Luz (15 km), Biarritz (24 km). Village à 2,5 km.

Prix : 1 pers. **250 F** 2 pers. **280/300 F** 3 pers. **400 F**

17	15	2	2	8	17

BERTHON Jacques – Larochoincoborda - Quartier Lehembiscaye – 64310 Sare – Tél. : 59.54.22.32

Sare Olhabidea

C.M. n° 234

♥♥♥♥ NN Alt. : 70 m — 3 chambres avec sanitaires privés communicants (douche, lavabo, wc). Salon et séjour réservés aux hôtes. Entrée indépendant. Grand jardin, parking. Piscine et tennis au village. Chauffage central. Gare 17 km. Commerces 8 km. Situées dans un village classé à 3 km de l'Espagne et à 15 km de Saint-Jean de Luz, les chambres sont aménagées dans une très belle maison de caractère et de style basque, entourée d'un grand jardin, bordé par une rivière. Biarritz 17 km. Week-end équitation (forfait).

Prix : 1 pers. **250 F** 2 pers. **350 F** 3 pers. **450 F**

17	15	3	3	3	17

FAGOAGA Anne-Marie – Olhabidea – 64310 Sare – Tél. : 59.54.21.85

Sare Argaineneko-Borda

E.C. NN Alt. : 70 m — En campagne, 1 ch. d'hôtes au calme avec vue imprenable sur la Rhune. 1 ch. double avec sanitaires privés (lavabo, baignoire, bidet, wc) non communicants. Chauffage central. Salle à manger, séjour avec cheminée réservés aux hôtes. Entrée indépendante. Jardin ombragé. Gare 15 km. Commerces 7 km. Ouvert toute l'année. Anglais et espagnol parlés.

Prix : 1 pers. **200 F** 2 pers. **250 F** 3 pers. **350 F**
pers. sup. **50 F**

15	15	7	7	7	15

SAINT-MARTIN Michel – Argaineneko Borda – 64910 Sare – Tél. : 59.54.22.18

Sare Ibar-Gaina

꙳꙳꙳ NN   Alt. : 100 m — 2 chambres d'hôtes aménagées dans une très belle maison de caractère surplombant le village de Sare, charmant village classé, splendide vue sur les Pyrénées Basques. 2 ch. avec sanitaires privés communicants (bain, douche, wc). Grand balcon abrité. Joli jardin très fleuri et ombragé. Chauffage central. Gare 17 km. Commerces sur place. Ouvert toute l'année. A 3 km de l'Espagne, 12 km de Saint-Jean-de-Luz. 1,5 km du petit train de la Rhune. Vue sur les Pyrénées.

Prix : 1 pers. **200 F** 2 pers. **250 F** 3 pers. **300 F**

17	15	2	2	8	17

GARBISO Marianne – Ibar-Gaira – 64310 Sare – Tél. : 59.54.21.89

Sauvelade Les Campanhas *C.M. n° 234*

꙳꙳ NN   1 chambre bis (2 pers.) avec sanitaires privés communicants (douche, lavabo, wc), aménagée dans une villa. Petit déjeuner en terrasse. Garage. Gratuit pour 1 enfant de moins de 10 ans. Tous renseignements sur la langue et l'histoire du Béarn. Située à proximité d'Orthez, ce village permet de visiter le Béarn et le Pays Basque, grâce à sa situation centrale dans le département. Eglise romane à proximité (chemin Saint-Jacques-de-Compostelle, culture gasconne).

Prix : 1 pers. **130 F** 2 pers. **180 F**

70	15	15	50

GROSCLAUDE Michel – Las Campanhas – 64150 Sauvelade – Tél. : 59.67.60.57

Serres-Castet

E.C. NN   4 chambres d'hôtes aménagées dans une annexe aux portes de Pau. 4 chambres avec sanitaires privés et communicants (lavabo, douche, wc). Salon et séjour réservés aux hôtes. Jardin avec salon de jardin. Gare et commerces 5 km. Ouvert toute l'année. A découvrir : Pau, les vignobles du Jurançon et du Madiran.

Prix : 1 pers. **180 F** 2 pers. **200 F** 3 pers. **250 F**

100	5	5	5	5	80	80

PALANGUE Patrick et Christiane – Chemin de Devezes – 64121 Serres-Castet – Tél. : 59.33.16.44 ou 59.33.79.08

Souraide Erieutania

꙳꙳꙳ NN   Alt. : 50 m — 3 ch. d'hôtes aménagées dans une ferme basque, dans un charmant village au cœur du pays basque. 3 ch. avec sanitaires privés et communicants (lavabo, douche, wc), à l'étage. Salle de séjour réservée aux hôtes. Entrée indépendante. Chauffage central. Gare 20 km. Commerces 2 km. Ouvert toute l'année. St-Pée-sur-Nivelle 5 km. Golf rustique au village. Ferme-auberge sur place.

Prix : 1 pers. **150 F** 2 pers. **200 F** 3 pers. **300 F**

20	SP	SP	5	20

LARRE Jeanne – Erieutania – 64250 Souraide – Tél. : 59.93.85.40

Theze *C.M. n° 234*

꙳꙳꙳ NN   Alt. : 100 m — 3 chambres avec sanitaires privés communicants (douche, lavabo, wc). Salon avec cheminée et TV. Piscine privée, salon de jardin. Chauffage central. Gare 20 km. Commerces 6 km. Situées dans un petit village à 20 mn de Pau, possibilité de stages de parachutisme à 6 km.

Prix : 1 pers. **180 F** 2 pers. **220 F**

120	SP	1	30

HANRIOT Michele et Bernard – Le Clos des Chenes - rue des Pyrenees – 64450 Theze – Tél. : 59.04.85.45

Uhart-Cize Mendi-Beheria

꙳꙳꙳ NN   Alt. : 157 m — 1 chambre d'hôtes (1 lit 2 pers) avec sanitaires privés communicants (douche, lavabo, wc) et TV. Chauffage électrique. Séjour, salon communs au propriétaire. Accés indépendant par terrasse abritée privée. Jardin. VTT à disposition. Espagnol parlé. Gare et commerces à 4 km. Ouvert toute l'année. Maison située aux portes de l'Espagne et de Saint-Jean-Pied-de-Port. Nombreuses animations et activités à proximité : randonnée, pêche, piscine, tennis.

Prix : 1 pers. **170 F** 2 pers. **225 F** 3 pers. **270 F**

55	4	4	25

COTABARREN Christine – Mendi-Beheria – 64220 Uhart-Cize – Tél. : 59.37.21.38

Urt *C.M. n° 234*

꙳ NN   2 chambres avec lavabos. Douche commune réservée aux hôtes. Chauffage central. Situé dans un quartier calme avec vue sur l'Adour. Séjour. Jardin. Gare 20 km. Commerces 5 km. Dans un village en bordure du fleuve Adour et à 20 km de Biarritz et Bayonne, jeux nautiques (jet ski...) sur l'Adour à 5 km.

Prix : 2 pers. **210 F**

25	10	10	10	25

SARRAUDE Madeleine – Allee du Campas – 64240 Urt – Tél. : 59.56.24.55

Adast

❄ NN   Alt. : 350 m — 1 chambre d'hôtes au rez-de-chaussée d'une maison : 1 lit 2 pers., salle de bains/wc. Gare et commerces 1 km. Toutes activités à 5 km. Ferme auberge sur place. Ouvert toute l'année. Voile et lac 500 m.

Prix : 2 pers. **160 F**

🚶	⛷	🚣	🎿	🎿	⛷
SP	1	1	25	50	15

CAMPET Henri – Adast – 65260 Pierrefitte-Nestalas – Tél. : 62.92.73.88

Ade   *C.M. n° 85 — Pli n° 8*

E.C. NN   Alt. : 400 m — 5 chambres d'hôtes 2 pers. avec cabinet de toilette individuel et salle de bains commune. Appartement du propriétaire situé au rez-de-chaussée, accès extérieur pour les chambres d'hôtes. Salle de séjour. Cour pour les voitures. Forêt, restaurant 5 km. Squash 4 km. Ouvert de Pâques à octobre. Gare 4 km. Commerces 5 km. Voile et lac 5 km. Maison typique aux murs en galets roulés de l'Adour. Lourdes au sud, centre mondial du pélerinage qui contraste au milieu des communes rurales posées dans des paysages très vallonnés.

Prix : 1 pers. **110 F** 2 pers. **150 F** 3 pers. **180 F**

🎯	Ⓜ	⛷	🎿
10	SP	SP	30

POUEY Jean – Rue du Lavedan - Ade – 65100 Lourdes – Tél. : 62.94.67.36

Ade   *C.M. n° 85 — Pli n° 8*

❄   Alt. : 428 m — Dans le village, 3 chambres d'hôtes situées au rez-de-chaussée. 1 ch. (1 lit 2 pers. 1 lit pliant). 1 ch. (1 lit 2 pers.). 1 ch. (1 lit 2 pers. 2 lits 1 pers. Poss. 1 lit pliant) avec terrasse. Lit bébé à la demande. Parking dans la cour. Pelouse et salon de jardin. Salle de bains commune aux 3 ch., wc communs. Linge de toilette et draps fournis. Gare 4 km. Commerces sur place. Point-phone à pièce. Ouvert toute l'année.

Prix : 2 pers. **150 F**

🚶	Ⓜ	🚣	🎿	🎿	⛷
SP	4	4	4	4	5	25

MATHEU Michel – Rue Delasalle – 65100 Ade – Tél. : 62.94.44.02

Ancizan   *C.M. n° 85 — Pli n° 8*

❄❄ NN   Alt. : 750 m — Dans un petit village, 1 chambre chez l'habitant : menus typiques, accueil familial, repos et tranquillité assurés. Sanitaires complets dans la chambre et TV. Bus SNCF sur place. Gare 30 km, commerces sur place. Ouvert toute l'année. Auberge sur place. Voile et lac 10 km.

Prix : 1 pers. **190 F** 2 pers. **220 F**

🚶	⛷	🎯	🚣	🎿	🎿	⛷	⛷
SP	SP	SP	7	SP	30	1	7

MOULIE Lucien – 12 Cap de Bourg – 65440 Ancizan – Tél. : 62.39.96.89

Aneres   *C.M. n° 85 — Pli n° 9*

❄❄❄   Alt. : 480 m — 3 chambres de grand confort, 2 ch. avec salle d'eau et wc indépendants, 1 ch. avec salle
(TH)   d'eau indépendant, wc dans le couloir. Salle aménagée pour les repas et les petits déjeuners. Chauffage central. Gare 12 km, commerces 2 km. Ouvert toute l'année. Parking privé à l'extérieur. Voile et lac 6 km. Nombreux loisirs et grottes à proximité. L'hiver, station de ski Nistos Cap Nestes.

Prix : 1 pers. **180 F** 2 pers. **220 F** 3 pers. **300 F**
pers. sup. **50 F** repas **65 F** 1/2 pens. **245 F** pens. **300 F**

🚶	⛷	🎯	🚣	🎿	🎿	⛷	⛷
SP	SP	SP	9	2	6	6	28

ROGE Valerie – 65150 Aneres – Tél. : 62.39.75.41

Ansost   *C.M. n° 85 — Pli n° 8*

❄❄❄ NN   Alt. : 200 m — Dans un corps de ferme rénové dans un petit village, 5 chambres à l'étage, 4 ch. (1 lit
(TH)   2 pers.), 1 ch. (1 lit 2 pers. cabine avec lits superposés), wc, douche et lavabo dans chacune. Possibilité lit supplémentaire. Chauffage électrique. Cour avec ombrage et pelouse. Fronton 5 km. Gare 25 km, commerces 7 km. Ouvert toute l'année. Voile et lac 18 km. Téléphone téléséjour et TV. Lit bébé.

Prix : 1 pers. **160 F** 2 pers. **200 F** 3 pers. **250 F**
pers. sup. **50 F** repas **70 F**

⛷	🎯	🚣	🎿	🎿	⛷
3	10	7	3	5	60

LOUIT Charles – 65140 Ansost – Tél. : 62.96.62.63

Aragnouet Fabian   *C.M. n° 85 — Pli n° 9*

❄❄❄ NN   Alt. : 1115 m — Dans un petit village de la haute vallée d'Aure, 5 ch. confortables et douillettes de 2 à
(TH)   5 pers., toutes avec douche, lavabo et wc privés. A votre disposition, salle à manger rustique avec cheminée, bar et coin-salon. Local à skis. Documentation et livres pyrénéens, jeux. Parking privé, terrain aménagé. Acceuil chaleureux et ambiance conviviale assurés. Gare 45 km, commerces 9 km. Ouvert du 1er décembre au 31 septembre. Anglais, allemand et italien parlés. Nombreux itinéraires et activités sportives à proximité. Stations thermales et de ski : St-Lary-Soulan et Piau-Engaly. Prix 1/2 pension pour 1 semaine. Voile et lac 9 km.

Prix : 1 pers. **150 F** 2 pers. **230 F** 3 pers. **330 F** repas **70 F**
1/2 pens. **1150 F**

🚶	⛷	🎯	🚣	🎿	🎿	⛷	⛷
SP	1	1	9	9	10	10	10

DEDIEU Valerie – Fabian - Le Barbajou – 65170 Aragnouet – Tél. : 62.39.61.34

Arbeost
🔺 📷 *C.M. n° 85 — Pli n° 7*

💥💥💥 NN
(TH)

Alt. : 760 m — Dans un village de montagne, 2 chambres (1 lit 2 pers. chacune), 1 ch. (1 lit 2 pers. 2 lits 1 pers.), sanitaires privés chacune. Salle à manger indépendante avec cheminée, TV et bibliothèque. Jeux pour enfants. Terrain, terrasse et parking. Gare 28 km. Ouvert toute l'année. Randonnées pédestres sur un sentier, ski sur herbe et ski de fond. Canoë, accompagnateur pour la montagne sur place.

Prix : 1 pers. **235 F** 2 pers. **260 F** 3 pers. **340 F** repas **70 F**

🏃	👤		
SP	SP		9

SAINT-MARTIN Raymond – 65400 Bun – Tél. : 59.71.42.50 – Fax : 59.71.43.37

Arbeost
C.M. n° 85 — Pli n° 7

💥💥💥 NN
(A)

Alt. : 760 m — 4 chambres d'hôtes dont 2 ch. 2 pers. 1 ch. 3 pers. et 1 ch. 4 pers. et 3 ch. avec salle de bains et wc privatifs, 1 ch. avec salle d'eau et wc privatifs. Gare 25 km, commerces 17 km. Anglais et espagnol parlés. Lourdes 40 km, l'Espagne 50 km et Aubisque 17 km. Pêche à la truite en torrent. Possibilité auberge sur place. Maison de montagne rénovée face au col d'Aubisque. Possibilité d'accompagnement ou de conseils pour promenades en montagne. Circuits de découverte du patrimoine local.

Prix : 1 pers. **190/200 F** 2 pers. **240/260 F** 3 pers. **340/370 F** repas **75 F** 1/2 pens. **200 F** pens. **245 F**

🏃	👤	📷	🚤	🎿	🎿	
SP	SP	SP	17	17	18	9

DEBATS Fernand – Le Bourg – 65560 Arbeost – Tél. : 59.71.42.50 – Fax : 59.71.43.37

Arcizac-Ez-Angles
C.M. n° 85 — Pli n° 18

💥💥💥 NN

Alt. : 408 m — 3 chambres d'hôtes au rez-de-chaussée (4 lits 2 pers.) dans la maison du propriétaire, sanitaires privatifs. Cour fermée avec pelouse et parking. Gare 5 km. Ouvert toute l'année. Dans un petit village de 150 habitants, tous commerces à Lourdes 4 km. Voile et lac 5 km.

Prix : 1 pers. **200 F** 2 pers. **250 F** 3 pers. **250 F**

🏃	👤	📷	🚤	🎿	🎿	🎣	
SP	SP	SP	5	5	5	10	30

TARBES Amelie – Arcizac Ez Angles – 65100 Lourdes – Tél. : 62.42.92.63

Arcizans-Avant
🔺 📷 *C.M. n° 85 — Pli n° 17*

💥💥 NN

Alt. : 600 m — Maison ancienne (1855) typiquement bigourdane dans un petit village très calme au pied de la vallée des Gaves et du val d'Azun : 3 ch. d'hôtes confortables avec chacune : wc, douche, lavabo et chauffage. A votre disposition : cuisine équipée, salle à manger, coin-info. Lave-linge. Salon de jardin. Gare 10 km, commerces 2 km. Ouvert toute l'année. Voile et lac 10 km. Anglais et espagnol parlés. Vente de produits fermiers. Restaurant 200 m. Station thermale 2 km, station de ski (alpin et fond) 10 km. Nombreuses randonnées dans le Parc National des Pyrénées.

Prix : 1 pers. **180 F** 2 pers. **210 F** 3 pers. **270 F** pers. sup. **80 F**

🏃	👤	📷	🚤	🎿	🎿	🎣	
0,5	0,5	3	2	2	2	2	10

VERMEIL Marie-Therese – Arcizans-Avant – 65400 Argeles-Gazost – Tél. : 62.97.55.96

Arcizans-Avant Chateau du Prince Noir
C.M. n° 85 — Pli n° 17

E.C. NN
(A)

Alt. : 700 m — 2 chambres d'hôtes dans l'ancien château du Prince Noir, à l'étage : 1 ch. (1 lit 2 pers. poss. 1 lit 1 pers. suppl.), sanitaires complets adjacents. 1 ch. (2 lits 1 pers. poss. 1 lit suppl.), salle de bains. Grand séjour avec cheminée. Salon de jardin, terrasse, ping-pong (l'hiver). Gare 16 km, commerces 4 km. Anglais et allemand parlés. Ouvert toute l'année. Tarifs dégressifs. Sur un site classé aux monuments historiques, en haut d'un village pyrénéen avec panorama/bélvédère. Véronique et Hamda vous accueillent et vous font partager leur passion des chevaux et des langues étrangères. Tir à l'arc. Boxes pour chevaux.

Prix : 1 pers. **180 F** 2 pers. **250 F** repas **80 F**

🏃	👤	📷	🚤	🎿	🎿	🎣	
SP	SP	SP	4	4	18	6	20

ELFEKIH-FREDD Veronique et Hamda – Le Chateau du Prince Noir – 65400 Arcizans-Avant – Tél. : 62.97.02.79

Aries-Espenan Moulin-d'Aries
📷

💥💥💥 NN
(TH)

Alt. : 315 m — 1 ch. au r.d.c. et 4 ch. à l'étage. 1 ch. (1 lit 2 pers.), 4 ch. (2 lits 1 pers.), dans 2 ch. poss. 2 adultes et 2 enf. ou 3 adultes (1 grand lit suppl.). Douche et wc chacune. Grand pré derrière la maison. Salon, cheminée, salle à manger, TV par satellite. Meubles de caractère. Gare 22 km, commerces 2 km. Ouvert du 15/5 au 15/01. Allemand et anglais parlés. Proche de la D929 mais complètement au calme dans un moulin du XIVᵉ au bord du Gers, entièrement rénové dans une vallée riante du Piémont Pyrénéen. Grande diversité d'excursion : Pyrénées/Espagne (1 h.), l'atlantique (2 h.), sites, villes, marchés de ce pays gourmand, promenades à pied, en bicyclette.

Prix : 1 pers. **250 F** 2 pers. **300 F** 3 pers. **350 F** pers. sup. **50 F** repas **100 F** 1/2 pens. **250 F**

🏃	👤	📷	🚤	🎿	🎿	🎣	
SP	SP	SP	SP	SP	22	SP	60

WEIMER-VD-WEYDEN Dorit – Moulin d'Aries - Aries Espenan – 65230 Castelnau-Magnoac – Tél. : 62.39.81.85 – Fax : 62.39.81.85

Aspin-en-Lavedan
🔺

💥💥 NN
(A)

Alt. : 400 m — Dans un petit village, 3 chambres, 1 ch. (1 lit 2 pers.), salle de bains privée, 2 ch. (1 lit 2 pers. 1 lit 1 pers.), chacune avec sa propre salle d'eau, wc communs aux 3 chambres. Possibilité 1 lit 1 pers. supplémentaire. Pelouse avec salon de jardin, parking privé, barbecue. Gare et commerces 4 km. Ouvert toute l'année. Anglais et espagnol parlés. Voile et lac 4 km. Vente de produits fermiers. Cauterets 30 km. Argeles 12 km.

Prix : 1 pers. **130 F** 2 pers. **170 F** 3 pers. **200 F** repas **65 F**

🏃	👤	📷	🚤	🎿	🎿	🎣	
SP	SP	SP	4	4	4	12	20

BOYRIE Annie – Aspin en Lavedan - 1 rue du Curon Debat – 65100 Lourdes – Tél · 62.94.38.87

Bagneres-de-Bigorre Hameau-de-Trebons 　　　　C.M. n° 85 — Pli n° 18

NN

Alt. : 500 m — Dans une ferme isolée, maison typiquement bigourdane, 1 chambre (2 lits 2 pers.), wc et salle d'eau privés, 2 chambres (2 lits 2 pers. 1 lit 1 pers.), wc et salle d'eau commune. Vidéo, TV, séjour, jeux, bibliothèque. Gare 17 km, commerces 2,5 km. Anglais et espagnol parlés. Ouvert toute l'année. Dans un cadre de verdure à 5 km de Bagnères-de-Bigorre (station thermale) aux pieds des grands cols (l'Aspin Tourmalet), en bordure d'une route cyclotouristique, randonnées pédestres et équestres, VTT.

Prix : 1 pers. 130 F 2 pers. 180 F 3 pers. 220 F

👥	🍴	🔫	🚠	🎿	🎵	🐎	⛷
SP	SP	SP	5	2,5	2,5	2,5	40

FAURY Josette – Hameau de Trebons – 65200 Bagneres-de-Bigorre – Tél. : 62.95.20.80

Barbazan-Debat Le Chateau 　　　　C.M. n° 85 — Pli n° 18

(TH)

Alt. : 460 m — Dans la maison du propriétaire, 2 chambres d'hôtes avec entrée indépendante (2 lits 1 pers. 1 lit 1 pers.), salle d'eau, wc communs aux 2 chambres. TV sur demande à l'avance. Supplément animaux : 20 F. Gare 6 km, commerces 1 km. Espagnol parlé. Ouvert toute l'année. Tarbes 6 km, Lourdes 20 km, Bagnères-de-Bigorre 15 km. Calme assuré, situation hors agglomération. Voile et lac 20 km.

Prix : 1 pers. 120 F 2 pers. 200 F pers. sup. 50 F repas 69 F

👥	🍴	🚠	🎿	🎵	🐎
SP	1	2	1	14	12	25

DE CASTELBAJAC Arnaud – Le Chateau – 65690 Barbazan-Debat – Tél. : 62.33.83.51

Bareges

E.C. **NN**

Alt. : 1300 m — 5 chambres d'hôtes avec dans chaque chambre 1 ou 2 lits, lavabo et bidet. Douche et wc communs à l'étage. Salle à manger commune pour les repas. Gare 30 km, commerces sur place. Ouvert du 1er juillet au 15 septembre et l'hiver. Au cœur des Pyrénées, tout près des sites touristiques importants, Lourdes, Gavarnie, Pic du Midi, Cauterets. Formule originale de cuisine, chaque famille établit son menu, fait ses provisions et la propriétaire se charge de cuisiner et de servir les repas demandés.

Prix : 2 pers. 210/270 F

👥	🍴	🔫	🚠	🎿	🎵	🐎
SP	SP	SP	7	SP	SP	SP

LASSALLE CAZAUX Josephine – 65120 Bareges – Tél. : 62.92.68.27

Bartres 　　　　C.M. n° 85

E.C. **NN**

Alt. : 480 m — Dans un village, construction annexe avec pièce de jour réservée aux hôtes. 3 chambres d'hôtes (4 conv. 2 pers. 3 lits 1 pers.) avec sanitaires privatifs. Salle à manger et salon communs avec le propriétaire, cheminée, TV, tél., bibliothèque, jeux. Cour, terrain clos, jardin et parking. Gare et commerces 3 km. Ouvert toute l'année. Espagnol parlé. Auberge sur place. Restaurants 80 m. Venez découvrir les chambres situées dans une ferme en activité, au cœur d'un village de caractère au passé historico-religieux reconnu aux pieds des grands sites pyrénéens.

Prix : 1 pers. 150 F 2 pers. 200 F pers. sup. 50 F

🐕	👥	🍴	🔫	🎿	🎵	🐎	⛷
	SP	3	SP	3	3	5	20

LAURENS Daniel – 3 Route d'Ade – 65100 Bartres – Tél. : 62.94.58.06

Bonnefont 　　　　C.M. n° 85 — Pli n° 9

E.C. **NN**

2 chambres d'hôtes dans une ancienne ferme (Moyen-Age) mitoyennes à 1 gîte mais indépendantes dont 1 en rez-de-chaussée (1 lit 2 pers.), salle d'eau et wc attenants et 1 ch. (1 lit 120, poss. 1 pers. suppl.) à l'étage avec cabinet de toilette. Salon de jardin, petit jardin/verger. Anglais parlé. Possibilité table d'hôtes (alimentée par les fermes alentours). Ouvert toute l'année. Cette petite maison appartient à Mme Barrau qui a vécu de longues années en Afrique noire et néanmoins conservé le mobilier et la décoration de sa maison natale dans leur intégrité.

Prix : 1 pers. 170 F 2 pers. 190 F 3 pers. 350 F

👥	🍴	🔫
SP	SP	SP

BARRAU Francoise – Rue de l'Eglise – 65220 Bonnefont – Tél. : 62.35.62.39

Cadeac Le Pont 　　　　C.M. n° 85

NN

Alt. : 750 m — 2 chambres (1 lit 2 pers. 2 lits 1 pers.) avec sanitaires privatifs. Salle conviviale au rez-de-chaussée, coin-salon, cheminée, coin-repas et cuisine avec lave-vaisselle à disposition. Bibliothèque. Local technique. Terrasse, cour ombragée. Gare 500 m, commerces 2 km. Espagnol et anglais parlés. Ouvert toute l'année. Dans un petit village près de la Neste, 2 chambres d'hôtes confortables dans étable pyrénéenne restaurée. Départ de très belles balades d'autant plus personnalisées que le maître de maison est guide de haute montagne.

Prix : 1 pers. 150/160 F 2 pers. 230/250 F 3 pers. 330/360 F pers. sup. 85/90 F

👥	🍴	🚠	🎿	🎵	🐎	⛷
SP	SP	8	1	30	3	8

MEVELLEC Mylene – Le Relais de la Neste - Le Pont – 65240 Cadeac – Tél. : 62.98.62.51 – Fax : 62.98.62.51

Campan La Laurence 　　　　C.M. n° 85 — Pli n° 18

NN (TH)

Alt. : 1000 m — 2 chambres d'hôtes indépendantes composées de 2 pièces avec salle d'eau et wc, kitchenette (1 lit 2 pers. 2 lits gigogne 1 pers. formant canapé), salle de séjour commune avec équipement audiovisuel. Gare 12 km, commerces 3 km. Anglais, allemand et italien parlés. 2 chambres de grand confort dans un chalet dans la haute vallée de Campan, près du col d'Aspin. Ouvert toute l'année. Superbe vue sur la vallée et les montagnes.

Prix : 1 pers. 220 F 2 pers. 270 F 3 pers. 375 F pers. sup. 85 F repas 90 F 1/2 pens. 220 F pens. 270 F

👥	🍴	🔫	🚠	🎿	🎵	🐎	⛷
SP	SP	SP	4	4	15	3	12

MASSON Marian – La Laurence – 65710 Campan – Tél. : 62.91.84.02

Castelnau-Magnoac Au Verdier   C.M. n° 85 — Pli n° 10

❄❄❄ NN
(TH)
Alt. : 360 m — 3 chambres d'hôtes (4 lits 2 pers. 1 lit 1 pers.) avec sanitaires privatifs. Balcon dans chaque galerie. Dans la salle de séjour, trône une grande table bigourdane où vous pourrez prendre de succulents petits déjeuners et repas avec les produits frais de la ferme. Gare 25 km, commerces 2 km. Espagnol parlé. Ouvert toute l'année. Vous serez accueillis dans une étable où mangeoires et râteliers ont été conservés, on y a installé 3 belles chambres dans la grange à grains, chacune différente. Du balcon, on peut admirer les parterres de fleurs et le parc. Un lac de pêche est à votre disposition ainsi qu'une terrasse.

Prix : 1 pers. **160 F** 2 pers. **200 F** 3 pers. **250 F**
pers. sup. **50 F** repas **80 F**

🏃	🎣	🚴	🏊	⛷	🚶	🏇	🎿
SP	SP	1	13	3	23	5	45

FONTAN Nathalie – Au Verdier - Route de Lamarque – 65230 Castelnau-Magnoac – Tél. : 62.99.80.95

Castelnau-Riviere-Basse   C.M. n° 82 — Pli n° 2

❄❄❄ NN
(A)
Alt. : 150 m — Dans une propriété agricole gasconne du XVIII° siècle, r.d.c. : 1 ch. (2 pers.), accès aux personnes handicapées, 1 suite (1 pers.), salle de bains, wc séparés, cheminée. 1er étage : 1 ch. (2 pers.), douche, wc, cheminée. 1 ch. (2 pers.) et suite (2 pers.), douche, wc séparés. Salon, TV, cheminée, bibliothèque. Salle à manger, cheminée. Ch. central. Commerces 2 km. Gare 40 km. Ouvert toute l'année. Près de l'église romane de Mazères, Nicole et Jean se consacrent à l'élevage et à la sauvegarde de l'âne des Pyrénées. Randonnées pédestres avec âne de bât, pêche sur les bords de l'Adour. Table d'hôtes réputée. Ferme-auberge sur place. Allemand et anglais parlés.

Prix : 1 pers. **150 F** 2 pers. **220 F** pers. sup. **100 F**
repas **75 F**

🏃	🎣	🚴	🏊	⛷	🚶	🏇	🎿
SP	SP	SP	2	2	15	2	80

GUYOT Nicole et Jean Louis – Hameau de Mazeres – 65700 Castelnau-Riviere-Basse – Tél. : 62.31.90.56 – Fax : 62.31.90.56

Castelnau-Riviere-Basse   C.M. n° 85 — Pli n° 2/3

E.C. NN
(TH)
Alt. : 408 m — 2 ch. dans les communs d'un château (ancien vignole de Madiran) en r.d.c. 1 ch. (1 lit 180 à baldaquin), s.d.b., wc privés, 1 ch. (2 lits 1 pers.), s. d'eau, wc privés. Poss. 1 lit d'appoint. Séjour/salon commun aux hôtes, TV. Piscine, jardin, salon de jardin. Table d'hôtes sur résa. Gare 45 km, commerces 7 km. Ouvert toute l'année. Espagnol, anglais, allemand parlés. Notions d'italien et de japonais. Dans les communs d'un château du XVIII°, à côté du vignoble du Madiran, limitrophe du Gers, l'accueil de Claudie et Xavier, le fleurissement du parc, la fraicheur de la piscine, la chaleur de la décoration intérieure vous apporteront joie du cœur et repos du corps.

Prix : 1 pers. **280 F** 2 pers. **300 F** 3 pers. **375 F**
pers. sup. **75 F** repas **75 F**

🏃	🎣	🚴	🏊	⛷	🚶	🏇	🎿
SP	SP	SP	SP	0,5	5		90

BOLAC Claudie et Xavier – Le Chateau du Tail – 65700 Castelnau-Riviere-Basse – Tél. : 62.31.93.75

Castelnau-Riviere-Basse Pont-de-Prechac

E.C. NN
2 chambres d'hôtes au 1er étage d'une ancienne maison restaurée sur les berges de l'Adour, endroit idéal pour la pêche et le repas. 1 chambre (1 lit 2 pers. 1 lit 80), 1 chambre (3 lits 1 pers.), salle de bains et wc communs aux chambres. Gare 500 m, commerces 6 km. Ouvert toute l'année. Castelnau-Rivière-Basse près du Madiranais, à proximité de la D935 à la limite des Landes, du Gers et des Pyrénées Atlantiques. Tarbes 40 km, Lourdes 60 km.

Prix : 1 pers. **130 F** 2 pers. **150 F** 3 pers. **180 F**

🎣	🏊	⛷	🚶	🎿
SP	3	3	40	100

BOULANGER Claudine – Pont de Prechac - Route de Plaisance – 65700 Castelnau-Riviere-Basse – Tél. : 62.31.90.41

Chelle-Debat   C.M. n° 85 — Pli n° 9

E.C. NN
(TH)
Alt. : 350 m — Dans une ancienne ferme typique bigourdane, 2 chambres d'hôtes : 1 lit 2 pers. au rez-de-chaussée. 3 lits 1 pers. dans la chambre à l'étage. Salle d'eau, wc. Séjour avec cheminée. Piscine, cour commune à 1 gîte, salon de jardin. Gare 13 km, commerces 7 km. Ouvert toute l'année. Espagnol et anglais parlés. Patricia qui connait bien l'histoire vous fera partager celle de cet ancien relais des postes, du village et de la région. Visites guidées.

Prix : 1 pers. **130 F** 2 pers. **150 F** 3 pers. **180 F** repas **60 F**

🏃	🎣	🚴	🏊	⛷	🚶	🏇	🎿
SP	SP	SP	SP	15	2	27	

PEYRONNET Patricia – Le Bourg - Place de la Mairie – 65350 Chelle-Debat – Tél. : 62.35.11.94

Chis   C.M. n° 85 — Pli n° 8

❄❄❄ NN
Alt. : 360 m — Chez des agriculteurs, dans la maison restaurée à l'ancienne, 3 chambres (1 lit 2 pers.), salle de bains particulière, séjour, salon. Garage. Restaurant à proximité immédiate. Ping-pong, poney sur place. Gare 7 km, commerces 1 km. Espagnol parlé. Ouvert toute l'année. Voile et lac 20 km. Lourdes 25 km. Dans la ferme : vaches, chevaux, ânes, volailles et produits fermiers.

Prix : 1 pers. **180 F** 2 pers. **250 F** pers. sup. **80 F**

🏃	🎣	🚴	🏊	⛷	🚶	🏇	🎿
SP	SP	SP	7	SP	10	2	40

DALAT Jacques – Ferme Saint Fereol - 1 Chemin du Camparces – 65800 Chis – Tél. : 62.36.21.12

Escala Lannemezan   C.M. n° 85 — Pli n° 19

❄ NN
(TH)
Alt. : 600 m — 2 chambres d'hôtes aménagées dans une maison indépendante (1 lit 2 pers. 3 lits 1 pers.). Salle de bains, wc. Terrain clos. Salon de jardin. Terrasse. Abri couvert. Gare et commerces 5 km. Ouvert toute l'année. Réduction en fonction de la durée du séjour.

Prix : 1 pers. **125 F** 2 pers. **190 F** 3 pers. **310 F** repas **50 F**

🏃	🎣	🏊	⛷	🚶	🎿
6	8	5	3	5	39

BERTRAM Madeleine – Le Belvedere – 65250 Escala – Tél. : 62.98.26.36

Esquieze-Sere
C.M. n° 85 — Pli n° 18

¥¥ NN Alt. : 700 m — Entrée indépendante, 1 grande ch. (2 lits 1 pers.), séjour, coin-salon (1 conv. 2 pers.), salle de bains et wc privés. TV, kitchenette équipée. Chauffage central. Parking. Poss. camping sur place. Barèges, Luz Ardiden, station thermale 2 km. Auberges 2 km. Espagnol et italien parlés. Gare 30 km, commerces 500 m. Ouvert toute l'année. Dans la très belle vallée de Luz, la « grange bigourdane » vous propose 2 chambres d'hôtes sur une ancienne ferme typique avec terrain clos fleuri. (1er prix départemental des villages et maisons fleuries).

Prix : 1 pers. **150/175 F** 2 pers. **280/350 F**

🎿	♿	🚣	🎿	🦌	⛷
SP	SP	0,5	0,5	0,5	7

RIVIERE ACCORNERO – Esquieze Sere – 65120 Luz-Saint-Sauveur – Tél. : 62.92.87.43

Fontrailles
C.M. n° 85

¥¥¥ NN
(A) Alt. : 300 m — 1 chambre (1 lit 2 pers.) avec sanitaires privatifs. Séjour indépendant, cheminée, bibliothèque, jeux, chaine stéréo. Cour, jardin, parking et abri couvert. Gare 25 km, commerces 3 km. Ouvert toute l'année. Anglais et allemand parlés par la fille de la propriétaire souvent présente. Voile à proximité. Dans un paisible village, venez découvrir le charme d'une ferme typique avec table d'hôtes représentative de notre savoir-faire gastronomique (cuisine du terroir). Les propriétaires sauront vous faire découvrir les charmes de cette région.

Prix : 1 pers. **250 F** 2 pers. **300 F** repas **85 F**

🐕	🎿	♿	🔫	🚣	🎿	🦌	🦅	⛷
	SP	SP	SP	3		25	30	60

CASTERET Claudine – 65220 Fontrailles – Tél. : 62.35.51.70

Fontrailles
C.M. n° 85 — Pli n° 9

E.C. NN
(TH) Alt. : 240 m — 3 chambres d'hôtes chacune avec sanitaires privés dans une partie indépendante, salon et salle de jour/salle à manger indépendants avec bibliothèque et jeux. Parc avec piscine, badminton et location de vélos sur place. Gare 29 km, commerces 2 km. Ouvert toute l'année. Espagnol, italien, anglais et allemand parlés. Cette maison de maître de 1767 restaurée avec goût, propose des chambres d'hôtes de caractère au cœur d'une campagne particulièrement protégée.

Prix : 1 pers. **280 F** 2 pers. **320 F** pers. sup. **60 F**
repas **100 F**

🎿	♿	🚣	🎿	🦌	⛷
SP	SP	SP	0,5	26	50

COLLINSON Nicolas – Jouandassou – 65220 Fontrailles – Tél. : 62.35.64.43 – Fax : 62.35.66.13

Galan Namaste
C.M. n° 85 — Pli n° 9

¥¥¥ NN
(A) Alt. : 500 m — Dans une très belle maison de caractère, 1 chambre d'hôtes (3 lits 1 pers. sanitaires privatifs) avec accès indépendant, salon, cheminée, TV, bibliothèque, piano et sauna. Garage privé, jardin clos. Gare 12 km, commerces 500 m. Etape de charme. Ouvert toute l'année. Anglais parlé. Jean-Claude et Danièle vous accueillent dans leur ferme rénovée autour d'une table de produits du pays. Excellent pour se ressourcer.

Prix : 1 pers. **200 F** 2 pers. **250 F** 3 pers. **300 F**
pers. sup. **50 F** repas **80 F** 1/2 pens. **180 F**

🐕	🎿	♿	🔫	🚣	🎿	🦌	🦅	⛷
	SP	SP	SP	10	0,5	15	15	40

FONTAINE Jean-Claude – Namaste - 13 rue de la Baise – 65330 Galan – Tél. : 62.99.77.81

Galan
C.M. n° 85 — Pli n° 9

E.C. NN Alt. : 400 m — A l'étage d'une grande maison typique, 2 chambres d'hôtes (2 lits 1 pers. suppl. possible), cabinet de toilette et grande salle de bains avec terrasse. Bibliothèque. Rez-de-chaussée : wc, séjour et cuisine avec possibilité de cuisiner, TV. Gare 11 km, commerces sur place. Ouvert toute l'année. Possibilité auberge sur place. A proximité : dans un très beau village, église classée, charme désuet de la maison.

Prix : 1 pers. **150 F** 2 pers. **180 F** 3 pers. **280 F**

🎿	♿	🔫	🚣	🎿	🦌	🦅	⛷
SP	SP	SP	11	SP	11	11	50

CASTERAN Michel – 2 Place des Ormeaux – 65330 Galan – Tél. : 62.99.71.46 – Fax : 62.99.76.45

Garderes
C.M. n° 85 — Pli n° 7

¥¥¥ NN
(TH) Alt. : 320 m — 4 chambres d'hôtes aménagées dans une ancienne grange de style, indépendantes de la maison du propriétaire (3 lits 2 pers. 2 lits 1 pers.), sanitaires privatifs. Poutres apparentes, chambres insonorisées, terrasse couverte, cour et garage fermés. Produits fermiers à la table d'hôtes. Ping-pong, TV. Visite de la ferme. Gare 18 km, commerces 5 km. Ouvert toute l'année. Le site se trouve dans les enclaves des Hautes-Pyrénées sur la route départementale n° 47 (Aire-sur-Adour, Lourdes). Vue sur les pyrénées.

Prix : 1 pers. **200 F** 2 pers. **220 F** pers. sup. **60 F**
repas **70/130 F**

🐕	🎿	🚣	🎿	🦌	🦅	⛷
	30	5	5	20	10	40

LABORDE Joseph – 27 Route de Seron – 65320 Garderes – Tél. : 62.32.53.86

Gavarnie
C.M. n° 85 — Pli n° 18

¥ Alt. : 1375 m — 2 chambres d'hôtes (2 lits 2 pers.), salle d'eau commune, salle de séjour. Forêts sur place. Luge hiver/été sur place. Cirque de Gavarnie, Brèche de Roland, Lourdes 50 km, Luz St Sauveur 20 km. Ouvert toute l'année.

Prix : 2 pers. **200 F**

🐕	🎿	♿	🚣	🎿	🦌
	SP	SP	SP	7	SP

CUMIA Bastien – 65120 Gavarnie – Tél. : 62.92.47.69

Gez-Argeles

♥♥♥ NN
(TH)

Alt. : 650 m — Grange rénovée indépendante au cœur des Pyrénées dans un cadre verdoyant et calme : 4 ch. à l'étage, 1 ch. au rez-de-chaussée (accès aux personnes handicapées), 2 ch. (1 lit 2 pers.), 2 ch. (2 lits 1 pers.), 1 ch. (1 lit 2 pers. 2 lits 1 pers.), salle d'eau, wc chacune. Salle commune avec coin-détente. Parking. Pelouse, salon de jardin. Gare 12 km, commerces 2 km. Ouvert toute l'année. Téléphone téléséjour. Située dans un petit village à 2 km d'Argeles-Gazost, ville thermale, et climatique, grange confortable. Venez découvrir une source inépuisable de sites panoramiques, lacs, randonnées etc...

Prix : 1 pers. **160 F** 2 pers. **200 F** 3 pers. **230 F**
pers. sup. **30 F** repas **65 F**

SP	SP	SP	3	3	12	SP	15

DOMEC Jean – 65400 Gez-Argeles – Tél. : 62.97.28.61

Hiis   *C.M. n° 85 — Pli n° 18*

♥♥

Alt. : 400 m — Au rez-de-chaussée de la maison du propriétaire : 1 chambre (1 lit 2 pers. 1 lit 1 pers.), salle de bains, wc. Au 1er étage : 1 chambre (4 lits 1 pers.), salle de bains commune. Gare 10 km, commerces 2 km. Ouvert du 1er avril au 31 octobre. Ferme-auberge sur place. Voile et lac 30 km. Anglais et espagnol parlés.

Prix : 1 pers. **150 F** 2 pers. **180 F** 3 pers. **220 F**
pers. sup. **30 F**

SP	SP	10	10	10	10	45

LAFFAILLE Noelie – Chemin des Martinets – 65200 Hiis – Tél. : 62.91.52.44

Juncalas Maison-Monseigneur-Laurence   *C.M. n° 85 — Pli n° 18*

♥♥
(TH)

1 chambre (2 lits 2 pers.), salle d'eau privée, 1 chambre (1 lit 2 pers.), salle de bains et privés à l'étage. Séjour, coin-salon, cheminée, TV. Buanderie, réfrigérateur. Garage, parking, cour privative, salon de jardin, barbecue. Gare et commerces 7 km. Ouvert toute l'année. Voile et lac 7 km. Arlette et Robert vous accueillent en Piémont Pyrénéen dans une maison de caractère où Monseigneur Laurence a passé une partie de son enfance. Parc ombragé traversé par un ruisseau. Randonnées pédestres et VTT sur place. Sorties pêche et montagne accompagnées, soirées grillades.

Prix : 1 pers. **140 F** 2 pers. **180 F** 3 pers. **220 F**
pers. sup. **30 F** repas **75 F**

SP	SP	7	7	7	10	17

ASSOUERE Robert – Maison Monseigneur Laurence – 65100 Juncalas – Tél. : 62.42.02.04

Juncalas

♥♥♥ NN

Alt. : 480 m — 3 chambres d'hôtes situées dans la maison du propriétaire avec sanitaires privatifs. Cour. Gare et commerces 7 km. Ouvert toute l'année.

Prix : 1 pers. **150 F** 2 pers. **200 F** 3 pers. **230 F**

SP	SP	SP	7	7	7	12	25

COUMES Daniel – 65100 Juncalas – Tél. : 62.94.76.26

Labastide Lauga

E.C. NN

Alt. : 700 m — Au milieu d'une nature encore sauvage, maison typiquement pyrénéenne dans un petit village des Baronnis : 2 chambres avec salle de bains, cheminée, TV, coin-salon. Parking. Jardin ombragé. Gare 12 km, commerces 2 km. Ouvert toute l'année. Voile et lac 25 km.

Prix : 2 pers. **290 F**

SP	2	SP	SP	8	14	SP	25

DASQUE Evelyne – Route du Col de Coupe – 65130 Labastide – Tél. : 62.98.80.27 ou 62.98.13.92

Labatut-Riviere

♥♥
(TH)

Alt. : 250 m — Sur une exploitation céréalière dans un manoir, 5 ch. à l'étage : 3 ch. avec salle de bains commune et 2 ch. avec salle d'eau privés. Frigo, bar. Possibilité TV. Prise téléphone. Parking, sauna privé. Poneys, chevaux, bicyclette, VTT sur place. Gare 30 km, commerces sur place. Anglais parlé. Ouvert toute l'année. Restaurant 1 km, ferme-auberge 3 km. Lac, voile 7 km. 1/2 pension et pension sur la base de 2 pers. et sur demande.

Prix : 2 pers. **190/250 F** repas **60 F** 1/2 pens. **340 F**
pens. **450 F**

SP	SP	SP	SP	SP	35	SP

SOUQUET Daniel – Rue du Manoir Souquet - Labatut Riviere – 65700 Maubourguet – Tél. : 62.96.34.12 – Fax : 62.96.95.92

Laborde La Bouchette   *C.M. n° 85 — Pli n° 19*

E.C. NN
(TH)

Alt. : 600 m — Dans un petit village typique des Barnnies pyrénéennes, 3 chambres d'hôtes à l'étage avec chacune : 1 lit 2 pers. 1 lit 1 pers. et TV, balcon. Poss. lit suppl. Séjour et salon privatifs pour les hôtes, cheminée. Jardin, salon de jardin, aire de pique-nique. Location VTT sur place, circuit gastronomique ou non. Gare 20 km, commerces 4 km. Ouvert toute l'année. Anglais parlé. A la ferme de Mamette, Alain et Myriam vous accueillent au cœur des Baronnies (Lannemezan et Bagnères 25 km) et vous font découvrir leur production au magasin (canard gras, produits apicoles) ou en table d'hôtes. (magrets au miel, au gingembre, omelette flambée Baronnienne).

Prix : 1 pers. **180 F** 2 pers. **200 F** 3 pers. **260 F** repas **50 F**
1/2 pens. **150 F**

SP	SP	SP	25	7	25	7	30

DEGUINE Alain – La Ferme de Mamette - Quartier la Bouchette – 65130 Laborde – Tél. : 62.39.18.59 ou 62.39.19.28

Lanespede-Tournay Les Trois-Chenes

Alt. : 400 m — 4 chambres moquettées, lavabo et bidet dans chacune, 2 wc, 2 salles d'eau. Grande salle à manger avec grande cheminée rustique. Documentation touristique, jeux de société. Gare et commerces 3 km. Ouvert toute l'année. Anglais parlé. Ferme-auberge sur place. Vieille ferme bigourdane rénovée dans un espace de verdure de 1,5 ha. Cour, jardin, parc, petit bois, calme. Chef lieu de canton, Tournay à 3 km. Lannemezan 17 km, Tarbes 21 km, Bagnères de Bigorre 8 km.

Prix : 1 pers. **180 F** 2 pers. **240 F**

SP	SP	SP	3	3	17	13	35

LOUSSOUARN Charles – Les Trois Chenes - Lenespede – 65190 Tournay – Tél. : 62.35.77.82

Lannemezan

E.C. NN   Alt. : 600 m — Villa individuelle dans un parc de 3 ha., près de tous chemins ruraux, rez-de-chaussée : 1 ch. (2 pers.), salle de bains attenante, entrée indépendante, au 1er étage : 1 ch. (2 pers.), salle de bains commune. Parking fermé. Gare et commerces 3 km. Allemand, anglais et espagnol parlés. Ouvert du 1er mai au 31 octobre. Nombreuses randonnées, montagne à une 1/2 heure, Lourdes et l'Espagne à 14 km. Vue sur les Pyrénées et le Pic du Midi. A proximité de St-Bertrand-de-Comminges, grottes, Parc Naturel du Nouvielle, Gavarnie...

Prix : 1 pers. **180 F** 2 pers. **230 F** 3 pers. **380 F**

50	0,1	3	3	0,5	50

PALACIN Henri et Gisele – La Demi-Lune - 999 Route d'Auch – 65300 Lannemezan – Tél. : 62.98.06.86

Lau-Balagnas   *C.M. n° 85 — Pli n° 17*

NN   Alt. : 400 m — 5 chambres d'hôtes. 4 ch. (1 lit 2 pers. Possibilité lit d'appoint), 1 ch. (2 lits 1 pers.), salle de bains dans chaque chambre + 2 douches et 2 wc collectifs. Gare 12 km. Commerces 1 km. Ouvert toute l'année.

Prix : 1 pers. **190 F** 2 pers. **210 F** 3 pers. **235 F**

15	0,1	SP	SP	SP	12	3	15

NOGRABAT Pierre – 65400 Lau-Balagnas – Tél. : 62.97.22.45

Lau-Balagnas Les Artigaux   *C.M. n° 85 — Pli n° 17*

Alt. : 476 m — 3 chambres d'hôtes tout confort, lavabo, douche et wc pour 2 chambres, salle de bains et wc pour 1 chambre. Chauffage central. Bibliothèque enfants. Gare et commerces 1 km. Ouvert toute l'année. Calme assuré. Italien et anglais parlés.

Prix : 2 pers. **200 F** 3 pers. **220 F**

SP	0,4	1	1	15	1	15

VIGNES Georges – Les Artigaux – 65400 Lou-Balagnas – Tél. : 62.97.06.35

Loubajac   *C.M. n° 85 — Pli n° 8*

NN
(TH)
Alt. : 350 m — Dans une maison de caractère bigourdane entourée d'un terrain et d'un grand parc, un couple d'une trentaine d'années vous propose : 2 chambres (1 lit 2 pers.), 1 chambre (1 lit 2 pers. 1 lit 1 pers.), 1 chambre (2 lits 2 pers.), chacune avec salle de bains et wc. Salon privé avec TV et bibliothèque. Salon de jardin. Gare et commerces 5 km. Ouvert toute l'année. Voile et lac 5 km.

Prix : 1 pers. **170 F** 2 pers. **200 F** 3 pers. **250 F** pers. sup. **50 F** repas **60 F** 1/2 pens. **160 F**

SP	10	SP	5	5	5	30

VIVES Nadine et Jean-Marc – 28 Route de Bartres – 65100 Loubajac – Tél. : 62.94.44.17

Lourdes Hameau-de-Saux

E.C. NN   Alt. : 430 m — 3 chambres (1 lit 2 pers.), à l'étage d'une petite ferme dans un hameau de Lourdes. Cabinet de toilette indépendant sur le palier. Restaurant 1 km, sanctuaires 5 km. Lourdes est un centre mondial de pélerinage situé aux pieds des Pyrénées dans un paysage très vallonné et riche en curiosités. Gare 4 km, commerces 1 km. Ouvert du 1er mai au 31 octobre. Les forêts où dominent hêtres, chênes et chataîgniers sont nombreuses. Voile et lac 5 km.

Prix : 1 pers. **100 F** 2 pers. **120 F** 3 pers. **220 F**

SP	3	1	1	5	10	30

NONON Jean-Marc – Hameau de Saux – 65100 Lourdes – Tél. : 62.94.29.80

Loures-Barousse Ferme-de-Maribail   *C.M. n° 85 — Pli n° 20*

NN   Alt. : 500 m — 2 chambres d'hôtes avec cabinet de toilette, douche et wc dans chacune. Pelouse arborée et fleurie en bordure d'eau (canal). Les 2 chambres sont dans une ferme arboricole avec cour et jardin. Chambres calmes et fraîches avec possibilité détente dans le jardin. VTT sur place. Gare 5 km, commerces 1 km. Espagnol et anglais parlés. Ouvert toute l'année. Voile et lac 5 km.

Prix : 1 pers. **195 F** 2 pers. **195 F**

SP	SP	SP	7	2	5	10	20

RICKWAERT Yves – Ferme Maribail – 65370 Loures-Barousse – Tél. : 61.88.32.58 ou 61.94.93.88

Luz-Saint-Sauveur La Lanne

NN   Alt. : 730 m — Dans une maison sur prairie, 2 chambres d'hôtes (2 et 4 pers.) avec sanitaires communs. Coin-cuisine. Parking. Forêts à 400 m. Barèges 8 km. Gare et commerces 500 m. Ouvert toute l'année.

Prix : 1 pers. **200 F** 2 pers. **235 F** 3 pers. **250 F**

5	5	1	0,5	0,5	1	7

CASSAGNE CLOSE Jeanne – La Lanne - rue de la Forge – 65120 Luz-Saint-Sauveur – Tél. : 62.92.81.19

Maubourguet Domaine-de-la-Campagne — *C.M. nº 85 — Pli nº 8*

ꕔꕔꕔ NN
(TH)

Alt. : 176 m — A 1 km du centre de Maubourguet, au rez-de-chaussée, 2 grandes ch. avec sanitaires. A l'étage, 2 grandes chambres avec salle de bains. WC privés chacune. Salon de lecture et TV, jeux, salle de séjour. Gare 30 km, commerces 1 km. Ouvert toute l'année. Voile et lac 13 km. Terrains de sport, parc d'agrément. Hamac et transat face aux Pyrénées. Parking. Bonne table d'hôtes. Festival de jazz en août. Calme.

Prix : 1 pers. **120 F** 2 pers. **180 F** 3 pers. **220 F** repas **60 F**
1/2 pens. **180 F**

SP	50	SP	2	2	30	13	80

NOUVELLOM Françoise et H-Paul – Domaine de la Campagne – 65700 Maubourguet – Tél. : 62.96.45.71

Momeres

ꕔꕔꕔ NN
(A)

Alt. : 400 m — 6 chambres d'hôtes dans une ferme typiquement bigourdane, proche de la station thermale de Bagnères de Bigorre (Lourdes 20 km). 3 ch. (1 lit 2 pers.), 3 ch. (2 lits 2 pers.), salle de bains dans chacune. Parc, jardin, cour, terrasse, plan d'eau, VTT, Ping-pong. Vente produits fermiers. Gare 5 km, commerces sur place. Ouvert toute l'année.

Prix : 1 pers. **160 F** 2 pers. **200 F** 3 pers. **275 F**
pers. sup. **60 F** repas **65 F**

SP	SP	SP	5	SP	2	5	32

CABALOU Arlette – 32 Route de Bagneres – 65360 Momeres – Tél. : 65.45.99.34

Ossun-Bourg — *C.M. nº 85 — Pli nº 8*

ꕔꕔꕔ NN
(TH)

Alt. : 366 m — 4 chambres d'hôtes avec salle d'eau privée sur un site agréable et reposant entre Tarbes et Lourdes avec vue sur les Pyrénées, dans un petit village très calme. Entrée indépendante. Cour, jardin, terrasse, pétanque, ping-pong, VTT. Parking privé. Gare et commerces sur place. Ouvert toute l'année. Voile et lac 10 km.

Prix : 1 pers. **160 F** 2 pers. **200 F** 3 pers. **250 F**
pers. sup. **50 F** repas **60 F** 1/2 pens. **220 F**

SP	SP	3	5	SP	5	SP	

ABADIE Michel et Marinette – 38 rue Henri Maninat – 65380 Ossun – Tél. : 62.32.89.07

Ouzous La Ferme du Plantier

ꕔꕔꕔ NN

Alt. : 550 m — 3 chambres d'hôtes (3 lits 2 pers.) avec sanitaires privatifs. Salle commune, coin-détente (cheminée, TV, bibliothèque, jeux de société), coin-cuisine (possibilité de préparer son dîner). Grande terrasse avec vue sur les Pyrénées. Gare 10 km, commerces 3 km. Ouvert toute l'année. Fabienne et Bernard Capdevielle vous accueillent dans leur ferme typiquement bigourdane. Agriculteurs, ils vous proposent 3 chambres dans une ancienne grange. Petit camping à la ferme sur place. A moins de 2 km, vous pourrez profiter de 4 petits restaurants de campagne.

Prix : 1 pers. **180 F** 2 pers. **220 F** 3 pers. **250 F**

SP	SP	SP	3	3	2	13	

CAPDEVIELLE Bernard et Fabienne – Ouzous – 65400 Argeles-Gazost – Tél. : 62.97.58.01

Ouzous — *C.M. nº 85 — Pli nº 17*

E.C. NN

Alt. : 500 m — 4 chambres d'hôtes dans une grande et ancienne ferme de caractère : 2 lits jumeaux, 4 lits 2 pers. 2 lits d'appoint. 2 ch. avec sanitaires privatifs et 2 ch. avec sanitaires communs. Séjour, salon, TV et bibliothèque. Petits animaux admis. Restaurant typique. Gare et commerces 4 km. Espagnol et anglais parlés. Ouvert toute l'année. Dans un petit village montagnard de la vallée d'Aucun avec ses murettes de gros cailloux, vos salons de jardin sont placés sur un bélvédère qui surplombe toute la vallée.

Prix : 1 pers. **210 F** 2 pers. **250 F** 3 pers. **320 F**
pers. sup. **70 F**

SP	SP	SP	4	4	13	3	13

NOGUEZ Pierre – Chemin de l'Eglise – 65400 Ouzous – Tél. : 62.97.24.89 ou 62.97.26.69 – Fax : 62.97.29.87

Pierrefitte

ꕔꕔꕔ

Alt. : 700 m — Dans un village vers l'Agre, maison de caractère de 1916 : 2 ch. avec sanitaires complets chacune. Salle à manger et salon communs avec les propriétaires, cheminée, TV, bibliothèque. Jeux, terrain, parc clôturé, terrasse, mobilier de jardin et parking privé. Patinoire à Cauterets 10 km, cinéma et salle de jeux 5 km. Ski vert 15 km. Gare et commerces sur place. Espagnol et anglais parlés. Ouvert toute l'année. Voile et lac 25 km.

Prix : 2 pers. **250 F** pers. sup. **50 F**

SP	SP	SP	5	SP	15	25	10

PERE Marie-Paule – 28 avenue Leclerc - Villa Norvege – 65260 Pierrefitte-Nestalas – Tél. : 62.92.76.21 – Fax : 62.92.77.89

Pinas Domaine-de-Jean-Pierre — *C.M. nº 85 — Pli nº 19*

ꕔꕔꕔ NN

Alt. : 600 m — 3 formidables et confortables chambres d'hôtes avec salle de bains et wc privés. Au calme sur le plateau de Lannemezan, belle maison de caractère avec parc. Restaurant 3 km. Gare 5 km, commerces 1 km. Anglais et espagnol parlés. Ouvert toute l'année. Belle maison de caractère avec un parc ombragé, étape de charme. Joile décoration intérieure, hôtesse et petit chien joyeux très accueillants.

Prix : 1 pers. **200 F** 2 pers. **240 F** 3 pers. **300 F**
pers. sup. **60 F**

20	SP	5	1	3	5	40

COLOMBIER Marie – Route de Villeneuve - Domaine de Jean-Pierre – 65300 Pinas – Tél. : 62.98.15.08 – Fax : 62.98.15.08

Pujo

C.M. n° 85 — Pli n° 8

♥♥♥
(A)

Alt. : 272 m — Dans une ferme bigourdane, au 1er étage, 2 ch. mansardées avec bois apparent, 1 ch. (1 lit 2 pers.), 1 ch. (1 lit 2 pers. 1 conv. 130), salle d'eau et wc chacune, coin-toilette fermé. Chauffage. R.d.c., pièce de repos avec cheminée rustique, lecture et salle des petits déjeuners communs aux ch. Pièce avec véranda. Gare 13 km, commerces 4 km. Ouvert toute l'année. Mobilier ancien, literie très confortable. Cour, verger ombragé pour repos. Initiation à la cuisine et à la pâtisserie régionale. Promenade et visite de vieux monuments. Tarbes, Vignobles et Madiran. Voile et lac 30 km.

Prix : 1 pers. **150 F** 2 pers. **200 F** 3 pers. **250 F**
pers. sup. **30 F** repas **60 F**

🚶	🎣	🔫	⛵	🎾	🚴	⛷
SP	SP	SP	4	SP	15	4	60

SENMARTIN René – 51 Route des Pyrenees – 65500 Pujo – Tél. : 62.31.17.58

Saint-Aroman Domaine Vega

C.M. n° 85 — Pli n° 9

E.C. NN
(A)

Alt. : 600 m — Dans un manoir, 5 chambres d'hôtes rénovées avec chacune : 1 lit 2 pers. sanitaires privatifs, poss. lit enfant suppl. Salon/séjour. Parc, salon de jardin, piscine et terrain de 4 ha. Gare 12 km, commerces 5 km. Ouvert toute l'année. Espagnol et anglais parlés. Chambres décorées au décor pochoir. M. Mun qui vit dans ce manoir chargé d'histoire et qu'il réhabilite, vous fera partager l'amour qu'il porte à son activité principale : l'élevage des pigeons de Chail.

Prix : 1 pers. **230 F** 2 pers. **275 F** pers. sup. **50 F** repas **90 F**

🚶	🎣	🔫	⛵	🎾	🚴	⛷
SP	SP	SP	SP	5	12	5	25

MUN Jacques – Domaine Vega – 65250 Saint-Aroman – Tél. : 62.98.96.77 – Fax : 91.05.86.76

Saint-Pe-de-Bigorre

C.M. n° 85 — Pli n° 7

♥♥♥ NN
(TH)

Alt. : 350 m — Dans un hameau vallonné et reposant à 1,5 km du village, 2 ch. confortables au milieu d'un grand parc boisé et fleuri agrémenté d'un plan d'eau : 1 ch. (1 lit 2 pers. 1 lit 1 pers.), salle d'eau privée, 1 ch. (2 lits 1 pers.), salle d'eau privée, wc communs aux 2 ch. Séjour, salon, bibliothèque, TV. Gare 2 km, commerces 1,5 km. Ouvert toute l'année. Terrasse (vue sur le jardin) où sont servis les petits déjeuners et dîners. Base de plein air sur place (raft, VTT etc...). La proximité de Lourdes et l'accès des grands sites vous permettront une découverte totale. L'accueil chaleureux, l'atmosphère sympathique contribueront à votre détente.

Prix : 2 pers. **170 F** 3 pers. **225 F** repas **60 F** 1/2 pens. **145 F**

🚶	🎣	🔫	⛵	🎾	🚴	⛷
SP	SP	SP	1,5	1,5	10	5	40

WERGAY Guy et Odile – Chemin des Serres – 65270 Saint-Pe-de-Bigorre – Tél. : 62.41.81.13

Saint-Pe-de-Bigorre La Caleche

C.M. n° 85 — Pli n° 7

♥♥♥ NN
(TH)

Alt. : 400 m — A 10 km de Lourdes, des grottes de Betharram, Françoise et Luc L'Haridon vous accueillent à la calèche, maison de maître du XVIIIe siècle : ch. personnalisées à l'étage, 1 ch. (1 lit 2 pers. 2 lits 1 pers. wc, douche), 1 ch. (3 lits 1 pers. wc, douche), 1 ch. (1 lit 2 pers. 1 lit 1 pers. salle de bains, wc). Gare, commerces sur place. Voile et lac 10 km. Anglais, allemand et espagnol parlés. Vous disposerez du parc arboré et fermé, de la terrasse ombragée, où les repas pourront vous être servis le soir, d'une vaste pièce avec cheminée, TV et vidéo. Parking fermé. Ouvert du 1er mars au 31 octobre.

Prix : 1 pers. **220 F** 2 pers. **220 F** 3 pers. **286 F**
pers. sup. **66 F** repas **85 F** 1/2 pens. **195 F**

🚶	🎣	🔫	⛵	🎾	🚴	⛷
SP	SP	SP	SP	SP	10	4	40

L'HARIDON Francoise et Luc – La Caleche - 6 rue du Barry – 65270 Saint-Pe-de-Bigorre – Tél. : 62.41.86.71 ou 62.94.60.17

Saint-Pe-de-Bigorre Ferme-Versailles

C.M. n° 85 — Pli n° 7

♥♥♥ NN
(TH)

Alt. : 350 m — Dans une grande maison bigourdane, 3 chambres confortables avec salle d'eau/wc privés. Chauffage central. Salon avec TV. Grande salle à manger avec mobilier ancien dans la maison du propriétaire construite par ses grands-parents en 1863. Parking dans la cour de la ferme. Gare et commerces 1 km. Anglais parlé. Ouvert toute l'année. Voile et lac 10 km. Site facile d'accès, agréable et reposant. Table d'hôtes avec des produits de la ferme, cuisine soignée. Nombreuses activités, promenades, excursions, visite à proximité. 1/2 tarif enfant - 12 ans.

Prix : 1 pers. **180 F** 2 pers. **200 F** 3 pers. **270 F** repas **80 F**
1/2 pens. **180 F**

🚶	🎣	🔫	⛵	🎾	🚴	⛷
0,5	0,3	0,1	1	1	10	4	30

AZENS Michel et Lucienne – Ferme Versailles – 65270 Saint-Pe-de-Bigorre – Tél. : 62.41.80.48

Saint-Pe-de-Bigorre

C.M. n° 85 — Pli n° 17

♥♥♥ NN
(TH)

Alt. : 400 m — 3 chambres d'hôtes de caractère, meublées chacune dans son propre style : 1930, Louis XV et Henri II, sanitaires privatifs. Feu de cheminée possible dans chacune. Grand séjour, salon, TV et bibliothèque. Parc, salon de jardin et parking. Gare et commerces 1 km. Ouvert toute l'année. Anglais parlé. Situées sur le village base préolympique de raft. Pau 25 km, Lourdes 8 km. Le grand cèdre, demeure de caractère (1604), maison de maître du XVIIIe siècle, sise au cœur de Saint-Pe-de-Bigorre, bastide au passé chargé d'histoire à 50 m de la place aux arcades et de l'église classée du XIIe siècle.

Prix : 1 pers. **240 F** 2 pers. **275 F** 3 pers. **355 F** repas **100 F**
1/2 pens. **340 F**

🚶	🎣	🔫	⛵	🎾	🚴	⛷
SP	SP	SP	0,1	0,1	8	5	30

PETERS Christian – Le Grand Cedre - 6 rue Barry – 65270 Saint-Pe-de-Bigorre – Tél. : 62.41.82.04

Saint-Pe-de-Bigorre Ferme Campseisillou

C.M. n° 85 — Pli n° 17

E.C. NN
(TH)

Alt. : 495 m — 3 chambres d'hôtes avec sanitaires privatifs attenants (2 lits 2 pers. 3 lits 120), séjour réservé aux hôtes, TV, salon. Terrasse, salon de jardin. Gare 13 km, commerces 3 km. Ouvert toute l'année. Anglais, espagnol et portugais parlés. A 3 km du centre du village sont juchées 3 ch. en pleine montagne au milieu de la forêt dans le plus grand calme et jouissant chacune d'une très belle vue de leur porte-fenêtre. Les produits servis à table sont ceux de la ferme. Lourdes 13 km.

Prix : 1 pers. **160 F** 2 pers. **200 F** 3 pers. **270 F**
pers. sup. **50 F** repas **70 F** 1/2 pens. **150 F**

🚶	🎣	🔫	⛵	🎾	🚴	⛷
SP	SP	SP	3	3	13	1	30

ARRAMONDE Marie-Luce – Campseisillou - Quartier du Mousques – 65270 Saint-Pe-de-Bigorre –
Tél. : 62.41.80.92

Salles La Chataigneraie

NN
(TH)

Alt. : 650 m — 1 ch. (3 lits 1 pers.), 1 ch. (1 lit 2 pers. 4 lits 1 pers.), wc et salle de bains communs sur le palier. Grande salle (cheminée, TV, bibliothèque). Parc 1 ha., terrasse. Sous la pergola l'été, grillades au feu de bois. Gare 12 km, commerces 4 km. Ouvert durant les vacances scolaires et du 1er mai au 31 octobre sauf en janvier. Au cœur des pyrénées dans un beau village, redécouvrez le charme d'une maison typique bigourdane, les joies de la montagne de moyenne altitude, facile à vivre et à parcourir. La table d'hôtes est généreuse et accueillante. Voile et lac 12 km. Repas vin compris.

Prix : 1 pers. **110 F** 2 pers. **220 F** 3 pers. **330 F**
pers. sup. **110 F** repas **85 F** 1/2 pens. **195 F**

🎿	⛷	🔫	🚣	⛷	🏇	⛷
SP	SP	SP	4	4	12	2	10

DESSAY Danielle – La Chataigneraie - Salles – 65400 Argeles-Gazost – Tél. : 62.97.17.84

Sariac-Magnoac Sainte-Colombe
C.M. n° 85 — Pli n° 8

NN
(TH)

Alt. : 300 m — 4 chambres d'hôtes en rez-de-chaussée dans une construction neuve avec entrées indépendantes, salle de bains et wc privés pour chaque chambre. 1 ch. (2 lits 1 pers.), 3 ch. (1 lit 2 pers.), possibilité 1 lit supplémentaire. VTT sur demande. Portique, toboggan. Gare 25 km, commerces 3 km. Ouvert toute l'année. Voile et lac 6 km.

Prix : 1 pers. **100 F** 2 pers. **200 F** 3 pers. **300 F**
pers. sup. **60 F** repas **60 F** 1/2 pens. **160 F** pens. **220 F**

🎿	⛷	🔫	🚣	⛷	🏇	⛷
SP	SP	SP	SP	SP	10	1	20

VIAL Floreal – Sainte Colombe - Sariac Magnoac – 65230 Castelnau-Magnoac – Tél. : 62.99.88.44

Sarrancolin
C.M. n° 85 — Pli n° 19

NN

Alt. : 630 m — 1 chambre d'hôtes avec sanitaires complets privés à côté de la chambre, dans un gîte dans un village doté de tous les commerces, services et activités de loisirs. Gare 17 km, commerces sur place. Ouvert toute l'année. Auberge sur place. Voile et lac sur place.

Prix : 1 pers. **130 F** 2 pers. **190 F**

🎿	⛷	🔫	🚣	⛷	🏇	⛷
SP	SP	SP	17	SP	17	20	20

AYERBE Odette – 65410 Sarrancolin – Tél. : 62.98.77.32

Sarrancolin
C.M. n° 85 — Pli n° 19

NN

Alt. : 640 m — 2 chambres d'hôtes avec salle de bains et wc privés aménagées dans une maison pyrénéenne, avec coin-salon et TV, entourée d'un parc arboré avec balançoires, salon de jardin, dans un endroit calme et reposant près d'une route forestière. Bus et commerces 300 m. Ouvert toute l'année. Espagnol parlé.

Prix : 1 pers. **120 F** 2 pers. **200 F** 3 pers. **250 F**

🎿	⛷	🔫	🚣	⛷	🏇	⛷
SP	0,3	1	20	0,5	18	18	20

PUCHOL Jeanne – Route du Tous – 65410 Sarrancolin – Tél. : 62.98.78.18

Sarrancolin

NN

Alt. : 635 m — 1 chambre d'hôtes confortable (1 lit 2 pers. possibilité 1 lit 1 pers. et 1 lit bébé), salle d'eau et wc privés sur le palier, dans la maison du propriétaire. Salon, TV et cheminée. Gare et commerces 2 km. Ouvert toute l'année. Station de ski de fond, 2 stations thermales, piscine et plan d'eau à 18 km. Montagne, randonnée, gastronomie et pêche aux environs. Voile et lac à 15 km. En pleine nature, calme et repos garantis. Espagnol parlé.

Prix : 1 pers. **145 F** 2 pers. **220 F** 3 pers. **260 F**

🎿	⛷	🔫	🚣	⛷	🏇	⛷
SP	SP	SP	18	SP	15	12	15

MENVIELLE Marie – Quartier Fortailhet – 65410 Sarrancolin – Tél. : 62.98.77.60

Sauveterre
C.M. n° 85 — Pli n° 8

NN
(A)

Alt. : 800 m — 4 chambres d'hôtes (1 lit 2 pers. chacune), salle d'eau indépendante, séjour, salon. Parking, garage. Vaste pelouse ombragée pour le repos et les jeux de plein air, ping-pong, badminton. Gare et commerces 5 km. Ouvert toute l'année. Voile et lac 11 km.

Prix : 1 pers. **130 F** 2 pers. **154 F** 3 pers. **227 F**
pers. sup. **30 F** repas **75 F** 1/2 pens. **195 F** pens. **260 F**

🎿	⛷	🔫	🚣	⛷	🏇	⛷
SP	SP	SP	5	3	11	45

GOUT Raymonde et Gilles – Ferme Auberge Bidot - Sauveterre – 65700 Maubourguet – Tél. : 62.96.36.76

Soublecause
C.M. n° 85 — Pli n° 8

NN

Alt. : 160 m — 5 vastes chambres : 4 ch. (1 lit 2 pers.), 1 ch. (2 lits 1 pers.) avec chacune un coin-toilette. Douche et wc en communs. Possibilité de se restaurer dans une agréable pièce de jour. Grande cour avec parking privé. Gare 35 km, commerces 8 km. Espagnol et anglais parlés. Ouvert du 1er juillet au 30 septembre. Ferme auberge sur place. Voile et lac 10 et 20 km. 5 chambres d'hôtes dans un ancien hôtel-restaurant de campagne dans le vignoble de Madiran.

Prix : 1 pers. **130 F** 2 pers. **155 F**

🎿	⛷	🔫	🚣	⛷	🏇	⛷
SP	0,5	1	5	5	2	20

FRANQUIN Armand – Soublecause – 65700 Maubourget – Tél. : 62.96.35.84

Tarbes
C.M. n° 85

E.C. NN

Dans un chalet de charme, 1 chambre d'hôtes avec accès indépendant, poss. 1 ch. suppl. Salle d'eau et wc privatifs. Chauffage électrique. Draps de fil sur demande (suppl. 50 F). Parking. Gare 1 km, commerces sur place. Ouvert toute l'année. A la périphérie de Tarbes nord, Lourdes et Bagnères 20 km, aéroport Tarbes/Ossun 6 km. A proximité : squash, musées.

Prix : 1 pers. **150 F** 2 pers. **250 F** 3 pers. **350 F**

🐕	🎿	⛷	🔫	🚣	⛷	🏇	⛷
	SP	SP	6	2	1	5	10	60

LENIAU Jacques – 7 Impasse Louis Soula – 65000 Tarbes – Tél. : 62.36.05.49

Tostat

E.C. NN
(TH)

Alt. : 330 m — Dans les anciennes écuries du château, classé monument historique, se trouve 1 chambre accessible aux personnes handicapées en rez-de-chaussée (1 lit 2 pers.), à l'étage : 1 ch. (1 lit 2 pers. 1 lit 1 pers.), 2 ch. (2 lits jumeaux 1 pers.), sanitaires privatifs chacune. Poss. lits d'appoint et bébé. grande cuisine pouvant être en gestion libre, grand salon. Poss. de recevoir des séminaires (12/15 pers.). Gare 10 km, commerces 6 km. Ouvert toute l'année. Espagnol parlé. En contrebas de l'imposant château XVIIIe, l'espace intérieur de ces chambres redonne une ame aux anciennes écuries, l'extérieur dégage toute l'atmosphère de la plaine de l'Adour.

Prix : 1 pers. **280 F** 2 pers. **300 F** 3 pers. **350 F** repas **80 F**

🏃	⛷	🎣	🚣	⛷	🚶	🏂	🎿
SP	SP	SP	10	SP	12	5	30

RIVIERE D'ARC Catherine – Allee du Chateau – 65140 Tostat – Tél. : 62.31.23.27

Vic-en-Bigorre

❀❀❀ NN

Alt. : 250 m — 3 chambres d'hôtes dont 2 dans une extension à côté de la maison du propriétaire (2 lits 2 pers. 2 lits 1 pers.), salle d'eau et wc chacune. Séjour, salon communs avec le propriétaire, cheminée, TV, jeux, tél. Cour, parc clos, salon de jardin, barbecue et parking. Gare 17 km, commerces sur place. Ouvert toute l'année. Circuit VTT, aéromodélisme, plan d'eau : 10 km. Pétanque. Quelques monuments historiques.

Prix : 2 pers. **200/220 F** pers. sup. **50 F**

🏃	⛷	🚣	⛷	🏂
0,5	0,5	0,5	0,5	1

BROQUA Lucienne – Rue Osmin Ricau – 65500 Vic-en-Bigorre – Tél. : 62.96.26.29

Vidou

E.C. NN
(TH)

Alt. : 350 m — Ancienne ferme bigourdane en région de coteaux, rez-de-chaussée : chambre 36 m² (1 lit 2 pers. poss. 2 lits suppl.), à l'étage : 1 ch. mansardée 12 m² (1 lit 2 pers.), 1 ch. en mezzanine 21 m² (1 lit 2 pers. 2 lits 1 pers.), sanitaires privés chacune. 2 salons, 1 séjour. Anglais parlé. Piscine, jeux d'enfants, pré, salon de jardin et barbecue. Vos fenêtres s'ouvriront sur les Pyrénées, le jardin potager et le charme de la campagne. Table d'hôtes midi et soir avec des produits frais du jardin. Stage de janvier à mars : apprendre à cuisiner le canard gras.

Prix : 1 pers. **150 F** 2 pers. **190 F** pers. sup. **60 F** repas **70 F**

🏃	⛷	🎣	🚣	⛷	🚶	🏂	🎿
SP	SP	5	5	5	25	20	60

MANSOUX Chantal et Jean – Las Peloches – 65220 Vidou – Tél. : 62.35.65.04

Vielle-Aure

❀❀❀ NN
(TH)

Alt. : 800 m — Dans un village typique des pyrénées en montagne, 4 chambres d'hôtes à l'étage avec salle d'eau et wc privés, 2 salons, 1 salle à manger pour le petit déjeuner et la table d'hôtes. Salon de jardin, terrain aménagé et parking. Commerces sur place. Car SNCF sur place. Ouvert d'avril à octobre et durant les vacances scolaires. Sur la route du GR10. Près de la réserve naturelle de Néouvielle, à 1,5 km de la station de ski de Saint-Lary et d'autres stations de ski. Parapente, différentes activités de montagne. (canoë, raft...). L'espagne 20 km.

Prix : 1 pers. **200 F** 2 pers. **250 F** 3 pers. **350 F** repas **75 F**

🏃	⛷	🚣	⛷	🏂	🚶	🏂
SP	SP	1,5	1,5	35	3	1,5

FOURCADE-ABBADIE Claude – 65170 Vielle-Aure – Tél. : 62.39.42.33

Pyrénées-Orientales

Argeles-sur-Mer Mas-Les-Esperances

❀❀❀ NN
(TH)

3 ch. dans une grande maison de charme, entourée d'un parc boisé et fleuri (6500 m²). R.d.c. : 2 ch. (1 lit 2 pers.), 1 salle d'eau avec wc. 1er étage : 1 ch. (1 lit 160. 1 lit 1 pers.), s.d.b., wc indép. privés. Grande salle à manger/salon avec cheminée, bibliothèque, billard à la disposition des hôtes au r.d.c. Jardin, salon de jardin, terrasses, aire de jeux, pétanque, garage. Gare 1,5 km. Commerces 1 km. Ouvert toute l'année. Espagnol, anglais, catalan parlés. A 1 km du port et des plages d'Argelès et à 6 km de Collioure, à 20 km de la frontière espagnole.

Prix : 1 pers. **250 F** 2 pers. **280 F** 3 pers. **350 F** repas **95 F**

🚣	⛷	🏂	🌊	⛷	🌲	🌊
1	1,5	0,8	1	1,5	2	1,5

ROMERO Marina – Mas Les Esperances - Chemin de Charlemagne – 66700 Argeles-sur-Mer – Tél. : 68.95.93.63 – Fax : 68.81.17.27.

Caixas Mas Saint-Jacques

❀❀ NN

Alt. : 371 m — R.d.c. : salle à manger/cuisine. 1er ét. : suite familiale Cerdanya (1 lit 2 pers.), lavabo, Vallespir (2 lits 1 pers.), s. d'eau avec wc. 2e ét. : Capcir (1 lit 2 pers.), coin-salon, s. d'eau avec wc, Rossello (2 lits 1 pers.), s.d.b. avec wc, terrasse. Grand salon avec TV. Au jardin, annexe : Conflent (1 lit 2 pers.), s.d.b. avec wc. 550 F/suite. Fenollédès (1 lit 2 pers. 1 lit 1 pers.), s. d'eau avec wc. 5 ch. d'hôtes dans un mas catalan. Petit jardin fleuri avec salon de jardin, terrasses ombragées et fleuries avec mobilier de jardin, piscine avec solarium. Site préhistorique, églises, chapelles. Ouvert toute l'année. Anglais parlé.

Prix : 1 pers. **225 F** 2 pers. **295 F** 3 pers. **395 F**

🚣	⛷	🏂	🌊	🌲	🌊
15	20	9	31	SP	31

RICHARDS Jane et MAYES Ian – Mas Saint-Jacques – 66300 Caixas – Tél. : 68.38.87.83

Cases-de-Pene Domaine-Habana   *C.M. n° 86 — Pli n° 9*

♥♥♥ NN
(TH)

Alt. : 46 m — 6 ch. dans un bâtiment annexe avec accès indépendant. R.d.c. : salon, salle à manger donnant sur véranda. 1 suite (1 lit 2 pers. 1 divan 2 pers.) avec s.d.b. et wc privés. 3 ch. (1 lit 2 pers. 1 lit 1 pers.) avec s.d.b. et wc privés. 2 ch. (1 lit 2 pers.) avec s.d.b./douche et wc privés. TV couleur, tél. pour chaque ch. Poss. lit bébé. Poss. lavage linge (payant). Jardin, salon de jardin, pétanque, tennis de table, solarium, VTT à disposition. Dégustation de vins du domaine. Exploitation viticole, à la sortie de Cases de Pene, de nombreux loisirs sont proposés : sentiers de randonnée jusqu'à l'Hermitage Notre Dame de Pene.

Prix : 1 pers. 300 F 2 pers. 330 F 3 pers. 390 F repas 90 F
1/2 pens. 390 F

🏊	🚴	🐎	🎿	♨	⛵	🌲	🏊
SP	14	3	0,2	10	SP		17

SCEA DOMAINE HABANA – LESCADIEU Michel - Domaine Habana – 66600 Cases-de-Pene – Tél. : 68.38.91.70 – Fax : 68.38.92.64

Castelnou Domaine-de-Querubi      *C.M. n° 86 — Pli n° 19*

♥♥♥♥ NN
(TH)

Alt. : 446 m — R.d.c. : salle à manger, salon de jeux en mezzanine (billard) donnant sur une terrasse (salon de jardin). 1er ét. : terrasse, salon/bibliothèque. 4 ch. : Sud (1 lit 2 pers., terrasse, salle d'eau/wc), Amande (1 lit 2 pers. divan 1 pers. salle d'eau/wc), Tramontane (1 lit 2 pers. salle de bains/wc). Soleil 2 ch. (4 lits 1 pers.) avec s.d.b. et wc chacune. 2e ét. : une suite familiale 2 ch. (1 lit 2 pers. 3 lits 1 pers. conv. 1 pers.) + salon, s.d.b./wc. TV couleur et téléphone chacune. Chenil. Lavage et repassage payants. Piscine et solarium. Mas catalan des XIIe et XVIe siècles. Village médiéval de Castelnau à 3 km. Ouvert du 16 avril au 14 mars.

Prix : 1 pers. 350 F 2 pers. 380 F 3 pers. 460 F repas 150 F

🏊	🎿	🐎	♨	⛵	🌲	🏊
SP	5	25	10	10	5	25

SCEA DOMAINE DE QUERUBI – Roland et Francoise NABET - Domaine de Querubi – 66300 Castelnou – Tél. : 68.53.19.08 – Fax : 68.53.18.96

Ceret Domaine-de-Bellevue   *C.M. n° 86 — Pli n° 19*

♥♥♥ NN

Alt. : 154 m — 1 chambre d'hôtes dans une superbe maison du XIXe siècle, située sur un domaine agricole (arbres fruitiers), donnant sur un parc fleuri et ombragé avec salon de jardin, aire de jeux, parking. R.d.c. : 1 ch. (1 lit 2 pers.), avec divan, TV, salle de bains avec wc, totalement indépendante avec entrée et sortie directes sur le jardin. Gare 31 km. Commerces 3 km. Ouvert du 1er février au 31 novembre.

Prix : 1 pers. 240 F 2 pers. 280 F 3 pers. 330 F

🐕	🏊	🚴	🐎	🎿	♨	⛵	🌲	🏊
	3	25	3	25	1	3	5	25

DE BONET Olivier – Domaine de Bellevue – 66400 Ceret – Tél. : 68.87.38.42

Ceret Mas-Vidalou-Domaine-St-Georges      *C.M. n° 86 — Pli n° 19*

♥♥♥ NN

Alt. : 154 m — 3 ch. d'hôtes au cœur d'un mas typique situé entre Céret et Maureillas. R.d.c. : salle à manger/salon pour les hôtes. 1 ch. (1 lit 2 pers. 1 lit 1 pers.), salle d'eau, wc indépendants. 1 ch. (2 lits 1 pers. 1 lit 120), salle d'eau, wc indépendants. Cour ombragée, salon de jardin, parking, espace vert aménagé avec cuisine d'été avec terrasse, 2 barbecues. Vente de produits de l'exploitation. Gare 31 km. Commerces 3 km. Ouvert toute l'année.

Prix : 1 pers. 230 F 2 pers. 260 F 3 pers. 290 F

🐕	🏊	🚴	🎿	🐎	♨	⛵	🌲	🏊
	3	25	3	25	1	3	5	25

COSTASECA Yves – Mas Vidalou - Domaine Saint-Georges – 66400 Ceret – Tél. : 68.87.32.33 ou 68.87.27.21

Elne Mas-de-la-Roubine   *C.M. n° 86 — Pli n° 20*

♥♥♥ NN
(TH)

Alt. : 25 m — 3 ch. de caractère dans un très beau mas catalan. R.d.c. : salle à manger/salon d'été donnant sur le parc. 1 ch. (1 lit 2 pers.), s.d.b. et wc privés. 1er ét. : 1 ch. (1 lit 2 pers. 1 lit 1 pers.), s.d.b. et wc privés. 1 ch. (2 lits 1 pers.), s.d.b. et wc privés. Lit enfant à disposition. Vastes pelouses, salon de jardin, aire de jeux, parking privé abrité. Parc arboré et fleuri, sur une exploitation arboricole. A la sortie de Latour Bois Elne, plages de 3 à 5 km. entre Saint-Cyprien et Argelès. Gare et commerces sur place. Ouvert toute l'année.

Prix : 1 pers. 260 F 2 pers. 290 F 3 pers. 360 F repas 100 F
1/2 pens. 345 F

🏊	🚴	🎿	🐎	♨	⛵	🌲	🏊
3	4	5	6	2	2	15	4

PIQUEMAL-PASTRE Regine – Mas de la Roubine – 66200 Elne – Tél. : 68.22.76.72

Elne Mas-de-la-Couloumine   *C.M. n° 86 — Pli n° 20*

♥♥ NN
(TH)

Alt. : 23 m — 6 ch. dans un mas, sur une exploit. arboricole et maraîchère aux portes d'Elne. R.d.c. : salon (TV, cheminée, tél. à compteur), salle à manger. 1er ét. : 6 ch. avec s. d'eau et wc privés : 1 ch. (1 lit 2 pers. 2 lits 1 pers.), 2 ch. (1 lit 2 pers.), 1 ch. (2 lits 1 pers.), 1 ch. (1 lit 2 pers. 1 lit 1 pers.). Piscine avec petit bassin, terrasse avec salon de jardin. Grand jardin aménagé, ombragé et fleuri, aire de jeux (portique et toboggan), ping-pong, pétanque, parking. Services supplémentaires : lavage du linge payant. Gare et commerces sur place. Ouvert toute l'année. Repas enfant : 45 F de 4 à 9 ans. 20 F moins de 4 ans.

Prix : 1 pers. 155 F 2 pers. 190 F 3 pers. 230 F repas 75 F
1/2 pens. 230 F

🏊	🚴	🎿	🐎	♨	⛵	🌲	🏊
3	4	5	6	2	2	15	4

TUBERT Louis et Chantal – Mas de la Couloumine - Route de Bages – 66200 Elne – Tél. : 68.22.36.07

Ille-sur-Tet   *C.M. n° 86 — Pli n° 18*

♥ NN

Alt. : 160 m — 4 ch. exposées plein sud avec vue sur le Canigou et le jardin ombragé (200 m²). R.d.c. : salon, salle à manger, bibliothèque, cuisine équipée à dispo. 1er ét., 2 ch. (1 lit 2 pers. + divan), salle d'eau/wc privée, terrasse. 2e ét., 1 ch. (1 lit 2 pers.), salle d'eau/wc privée. 3e ét., 1 ch. (1 lit 2 pers. + divan 1 pers.), salle d'eau/wc privée, terrasse. Ancien hôtel particulier, situé au centre d'Ille-sur-Tet, à mi-chemin entre la mer et les montagnes. Gare et commerces sur place. Ouvert toute l'année.

Prix : 1 pers. 130 F 2 pers. 150 F 3 pers. 180 F

🏊	🚴	🎿	♨	⛵	🌲	🏊
1	5	1	1	4	2	30

VERLOO Jacques – 10 rue Pierre Fouche – 66130 Ille-sur-Tet – Tél. : 68.84.70.48

Mantet    *C.M. n° 86 — Pli n° 17*

✹✹ NN
(A)

Alt. : 1558 m — 3 ch. hôtes en r.d.c. : 1 ch. (1 lit 2 pers. 1 lit 1 pers.), 1 ch. (1 lit 2 pers. 1 lit 1 pers.), 1 ch. (1 lit 2 pers.). Salle d'eau avec wc pour chacune. Les repas sont pris dans la salle à manger qui s'ouvre sur une grande terrasse. Lavage du linge payant. Gare 24 km. Commerces 18 km. Ouvert toute l'année. Découverte de la faune et de la flore. La ferme est située dans un pittoresque petit village frontalier de haute montagne, découverte du milieu montagnard.

Prix : 1 pers. 190 F 2 pers. 250 F 3 pers. 330 F repas 86 F
1/2 pens. 255 F pens. 305 F

🛶	🏇	🎿	♨	⛪	🌲	🌊
22	SP	22	SP	SP	SP	80

CAZENOVE Angeline – Ferme Auberge Chez Richard – 66360 Mantet – Tél. : 68.05.60.99

Montferrier Mas Can Ripe   *C.M. n° 86 — Pli n° 18*

✹✹✹ NN
(TH)

Alt. : 800 m — R.d.c. bas : salle à manger, wc, lavabos, vestiaire. R.d.c. haut/1er ét. : terrasse, pièce d'accueil, 2 ch. (1 lit 2 pers.), s.d.b. avec wc, 1 ch. (2 lits 100), s. d'eau, 2 wc indép., suite familiale (2 lits 120), s. d'eau, wc indép. + (2 lits 100), s. d'eau avec wc (450 F). 2e ét. : 1 ch. (1 lit 120), 1 ch. (1 lit 2 pers.), s. d'eau et wc indép. pour chacune. 1 ch. (1 lit 2 pers. 1 lit 1 pers.), s. d'eau avec wc, wc indép. Coin-salon dans chacune. 6 ch. de grand confort dans un mas à 800 m d'alt., entouré d'un petit bois et accessible par un chemin non goudronné. Terrasses fleuries, barbecue, piscine, salon de jardin, parking commun, buanderie commune.

Prix : 1 pers. 250 F 2 pers. 280 F 3 pers. 370 F repas 90 F

🛶	🏇	🎿	♨	⛪	🌲	🌊
SP	16	SP	SP	SP	SP	51

CAUVIN Josette – Mas Can Ripe - Baynat d'En Galangau – 66150 Montferrier – Tél. : 68.39.32.15 – Fax : 68.39.32.15

Mosset Ferme-Auberge-du-Mas-Lluganas    *C.M. n° 86 — Pli n° 17*

✹✹ NN
(A)

Alt. : 710 m — R.d.c. : grande salle à manger avec cheminée, coin-bibliothèque. 1er ét. : 2 ch. (1 lit 2 pers. 1 lit 1 pers. chacune), s. d'eau indiv. avec wc, 1 ch. (3 lits 1 pers.), s. d'eau indiv. avec wc, 1 ch. (2 lit 1 pers. superp.), lavabo et bidet, 2 ch. (1 lit 2 pers. chacune), lavabo et bidet et 2 douches et wc communs aux 3 ch. Téléphone dans chaque chambre. Lavage du linge payant. Pique-nique. Jardin, aire de jeux, jeux pour enfants, parking privé, visite commentée de la ferme. Gare 10 km. Commerces 4 km. Ouvert du 01/04 au 15/10 (ouvert durant les vacances scolaires d'hiver). A 2,5 km de Mosset, au mileu d'une propriété de 3 ha.

Prix : 1 pers. 130/190 F 2 pers. 160/220 F 3 pers. 230/290 F
repas 80 F 1/2 pens. 170/220 F pens. 195/247 F

🛶	🏇	🎿	♨	⛪	🌲	🌊
10	SP	2,5	20	SP	10	60

FEIJOO Isabelle et TUBLET Eric – Ferme Auberge du Mas Lluganas – 66500 Mosset – Tél. : 68.05.00.37

Odeillo-Font-Romeu La Capeillette   *C.M. n° 86 — Pli n° 16*

✹✹ NN

Alt. : 1500 m — 5 chambres. R.d.c. : salle à manger, bibliothèque, salon avec cheminée communs aux les propriétaires. 1 ch. (1 lit 80), douche et wc. 1er ét. : 1 ch. (2 lits 1 pers.), 2 ch. (1 lit 2 pers. chacune), salle d'eau pour chacune, wc communs aux 3 ch., terrasse pour 2 d'entre elles. 2e ét. : 1 ch. (2 lits 1 pers.), salle d'eau, wc sur le palier. Dans une grande maison confortable, située à la sortie du village, entourée d'un jardin boisé et fleuri et d'un pré avec aire de jeux, parking privé. Gare 1 km. Commerces sur place. Ouvert de janvier à avril et de juin à septembre. Prix variables selon disposition ch.

Prix : 1 pers. 170/240 F 2 pers. 200/300 F

🛶	🏇	🎿	🐕	♨	⛪	🌲	🌊
2	4	SP	3	18	20	5	80

ENAUD Colette – La Capeillette – 66120 Odeillo – Tél. : 68.30.11.15

Oms Mas-Cantuern    *C.M. n° 86 — Pli n° 18*

✹✹ NN
(A)

Alt. : 496 m — 5 ch. de caractère dans un ancien mas situé à 1,5 km du village. R.d.c. : pièce pour petit déjeuner, salon. 1er ét. : 1 ch. (1 lit 2 pers. 1 lit 1 pers.) avec salon en mezzanine, 1 ch. (2 lits 130), 2 ch. (1 lit 2 pers. chacune), s. d'eau et wc pour chaque ch. 2e ét. : 1 ch. (2 lits 130), s. d'eau avec wc. Jardin, terrasse ombragée, salon de jardin, parking privé. Gare 28 km. Commerces sur place. Ouvert du 1er février au 31 décembre.

Prix : 1 pers. 220 F 2 pers. 280 F 3 pers. 350 F repas 100 F

🐕	🛶	🏇	🎿	♨	⛪	🌲	🌊
13	15	15	30	15	13	SP	35

VARGAS Francoise et Dolores – Ferme Auberge du Mas Cantuern – 66400 Oms – Tél. : 68.39.44.71

Ortaffa Mas-des-Genets-d'Or   *C.M. n° 86 — Pli n° 19*

✹✹✹ NN
(TH)

Alt. : 44 m — 6 chambres. R.d.c. : 2 ch. (1 lit 2 pers. 1 lit 1 pers. chacune), s. d'eau part., wc. R.d.c. surélevé : 1 ch. (1 lit 2 pers. 2 lits 1 pers.), s. d'eau part. et wc. 1er étage : 2 ch. (1 lit 2 pers. 1 lit 1 pers. chacune), s.d.b. part. et wc pour l'une, s. d'eau part. et wc pour l'autre. 2e étage : 1 ch. (1 lit 2 pers.), s. d'eau et wc. Dans une superbe maison située aux abords du village, donnant sur un parc. Piscine privée, petit bassin pour les enfants, jardin fleuri, abri couvert, mini-golf, tennis. Gare 6 km. Commerces sur place. Ouvert du 16/11 au 31/10.

Prix : 1 pers. 220 F 2 pers. 260 F 3 pers. 360 F repas 100 F
1/2 pens. 312 F

🛶	🏇	🎿	🐕	♨	⛪	🌲	🌊
SP	10	SP	10	2	10	10	10

CHOLLAT-NAMY Marie-Claude – Mas des Genets d'Or – 66560 Ortaffa – Tél. : 68.22.17.60

Prats-de-Mollo La Coste-de-Dalt    *C.M. n° 86 — Pli n° 18*

✹✹✹ NN
(A)

Alt. : 1200 m — 4 ch. d'hôtes dans une ferme d'élevage (vaches et brebis), à 1200 m d'alt. R.d.c. surélevé : entrée, salle à manger, salon avec cheminée, terrasse aménagée avec vue panoramique. A l'ét. : 1 ch. (1 lit 2 pers.), s. d'eau avec wc, 3 ch. avec douche (1 lit 2 pers. 1 lit 1 pers.), s. d'eau avec wc. Grand salon (cheminée, coin-bibliothèque). Poss. réunions, séminaires. Gare 61 km. Commerces 10 km. Ouvert de mars à décembre sur réservation. Anglais, espagnol et catalan parlés. En Vallespir, à 400 m de la route. A 3 km du Col d'Ares (frontière espagnole), à 10 km de Prats-de-Mollo, à 17 km de la station thermale de la Preste. Nombreux sentiers de randonnées.

Prix : 1 pers. 220 F 2 pers. 280 F 3 pers. 340 F repas 95 F
1/2 pens. 305 F

🐕	🛶	🏇	🎿	♨	⛪	🌲	🌊
	10	25	10	0,1	SP	SP	70

LANAU Gilbert et Michele – La Coste de Dalt – 66230 Prats-de-Mollo – Tél. : 68.39.74.40

Torderes Mas-d'En-Gouneille

♥♥ NN Alt. : 220 m — 2 chambres d'hôtes avec entrée indépendante, dans un mas situé à 1 km environ du village, au cœur des Aspres, en bordure de la forêt du Réart. A l'étage : 1 chambre (1 lit 2 pers.), salle d'eau particulière avec wc. 1 chambre (1 lit 2 pers. 1 lit 1 pers.) avec salle d'eau attenante avec wc. Terrasse avec vue sur la mer. Petit déjeuner servi dans la véranda au r.d.c. Gare 21 km. Ouvert toute l'année.

Prix : 1 pers. **175 F** 2 pers. **210 F** 3 pers. **280 F**

🏊	🎿	⛷	🎣	♨	🎣	🌲	⛵
9	30	3	30	15	15	SP	24

GERVAISE Nicole – Mas d'En Gouneille - Route de Llauro - D615 – 66300 Torderes – Tél. : 68.38.85.46

Villeneuve-de-la-Raho Domaine-de-Val-Marie

♥♥♥ NN Alt. : 55 m — R.d.c. : salle à manger/salon avec coin-bibliothèque, TV couleur. 1er étage : 1 ch. (1 lit 2 pers.) avec salle de bains et wc privés, 1 suite (1 lit 2 pers. 2 lits 1 pers.) avec salle de bains et wc privés. Poss. de préparer des pique-niques dans un bungalow (50 F/semaine). Suite : 380 F/3 pers. Ouvert du 16/12 au 14/11. Gare 9 km. Commerces sur place. 2 chambres d'hôtes dans une superbe maison du XIXe siècle, située dans un ancien domaine viticole, donnant sur un parc arboré, avec salon de jardin, aire de jeux, parking, pétanque. Poss. de loisirs sur le domaine : tennis, centre équestre, restaurant (1/2 pension pour les hôtes).

Prix : 1 pers. **250 F** 2 pers. **290 F** 3 pers. **350 F**

🏊	🎿	⛷	🎣	♨	🎣	🌲	⛵
5	SP	SP	10	SP	SP	10	10

DEPRADE Janine – Domaine de Val Marie – 66180 Villeneuve-de-la-Raho – Tél. : 68.55.90.71

VALLÉE-DU-RHÔNE

Pour réserver, écrire ou téléphoner :

01 - AIN
Gîtes de France
21, place Bernard – B.P. 198
01005 BOURG-EN-BRESSE Cedex
Tél. : 74.23.82.66
Fax : 74.22.65.86

07 - ARDÈCHE
Gîtes de France
4, avenue de l'Europe Unie – B.P. 402
07004 PRIVAS Cedex
Tél. : 75.64.70.70
Fax : 75.64.75.40

26 - DRÔME
Gîtes de France
95, avenue Georges-Brassens
26500 BOURG-LÈS-VALENCE
Tél. : 75.83.01.70
Fax : 75.82.90.57

42 - LOIRE
Gîtes de France
Chambre d'Agriculture
43, avenue A.-Raimond – B.P. 50
42272 SAINT-PRIEST-EN-JAREZ Cedex
Tél. : 77.92.18.49
Fax : 77.93.93.66

69 - RHÔNE
Gîtes de France
1, rue du Général-Plessier
69002 LYON
Tél. : 72.77.17.50
Fax : 78.38.21.15

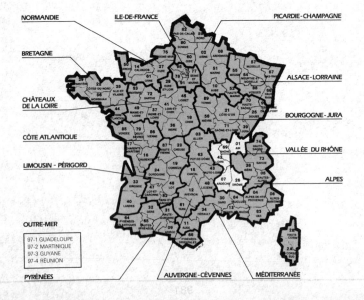

Ambronay La Championniere

❦❦ NN
Alt. : 200 m — 1 suite de 2 ch. à louer à une même famille, à l'étage de la maison du propriétaire, avec accès indépendant. 1 ch. (1 lit 2 pers.) + 1 ch. (1 lit 1 pers.), s.d.b./wc. Séjour et cuisine réservés aux hôtes. TV. Espace vert réservé. Gare et commerces 5 km. Ouvert toute l'année. Anglais parlé. Tarif dégressif selon période et durée du séjour. Maison située dans un hameau du village d'Ambronay, célèbre pour son abbaye et son festival de musique baroque à l'automne.

Prix : 1 pers. **143 F** 2 pers. **209 F** 3 pers. **286 F**

🐩	⛵	🏊	🎣	🚵	⛷	🏇	🏃	🎿	SP
4	6	2	4	3	5	7			SP

SIBERT Roger et Raymonde – La Championniere – 01500 Ambronay – Tél. : 74.38.14.10 – Fax : 74.34.50.94.

Arbigny Les Ormes

❦❦❦ NN
Alt. : 200 m — 5 ch. d'hôtes à l'étage d'une maison comportant 2 gîtes. 1 ch. (2 lits jumeaux), s.d.b./wc. 3 ch. (1 lit 2 pers. chacune), s. d'eau/wc. 1 ch. indép. avec sanitaires complets. Salon, TV, biblio., salle de jeux et de loisirs (ping-pong, billard) à la disposition des hôtes. Chèques vacances, carte bancaire. Tarif réduit au delà de 5 jours. Ouvert toute l'année. Maison indépendante, en pierres apparentes en bordure du village. Route de la Bresse. Port fluvial (Pont de vaux) 5 km. Abbatiale de Tournus, abbaye de Cluny. Mâcon 22 km. Gare 22 km. Commerces sur place.

Prix : 1 pers. **150 F** 2 pers. **210 F** 3 pers. **310 F**

⛵	🏊	🎣	🚵	⛷	🏃	🎿
4	SP	4	SP	SP	SP	

BARDAY Jacques – Sci Les Fins Palais - Les Ormes – 01190 Arbigny – Tél. : 85.30.34.72 ou 85.30.69.00 – Fax : 85.30.63.91.

Artemare

❦❦ NN
Alt. : 258 m — 6 ch. d'hôtes de plain pied à proximité d'un centre sportif et d'un centre de langues. Chambres (1 lit 2 pers. ou 2 lits 1 pers.), salle de bains/wc. Possibilité de stages de langues (anglais, français) sur place. Parcours jogging, sauna, salle de musculation et half-court sur place. Restaurants au village. Ouvert toute l'année. Anglais parlé.

Prix : 1 pers. **200 F** 2 pers. **280 F** 3 pers. **360 F**

🐩	⛵	🏊	🎣	🚵	⛷	🏇	🏃	🎿	⛷
5	SP	SP	SP	SP	2	SP	18	18	

BOURGEOIS Pamela – 01510 Artemare – Tél. : 79.87.33.96

Beny Chateau Feuillet

❦❦❦ NN
Alt. : 200 m — 2 ch. d'hôtes dans le prolongement de la maison des propriétaires, à la campagne, à proximité du village. Accès indépendant aux chambres. 1 ch. (1 lit 2 pers.), 1 ch. (2 lits 1 pers.), chacune avec salle d'eau/wc. Séjour et coin-salon à la disposition des hôtes. Terrasse, jardin et cour. Tarif dégressif pour séjour. Ouvert toute l'année. Allemand parlé. Route de la Bresse.

Prix : 1 pers. **160 F** 2 pers. **190/210 F**

🐩	⛵	🏊	🎣	🚵	⛷	🏇	🏃
5	15	SP	SP	4	12	SP	

MORAND Lucien et Brigitte – Chateau Feuillet – 01370 Beny – Tél. : 74.51.03.49

Biziat Retissinge

❦❦ NN
(TH)
Alt. : 250 m — 4 ch. à l'étage d'une maison de caractère : 1 ch. 3 épis (1 lit 2 pers. 2 lits 1 pers.), s. d'eau/wc. 2 épis : 1 ch. (1 lit 2 pers. 1 lit 1 pers. douche), 1 ch. (1 lit 2 pers.) communicante à 1 ch. (2 lits 1 pers. douche), wc communs. 1 ch. (1 lit 2 pers.), s.d.b./wc. Séjour à la disposition des hôtes. Tarif réduit à partir 5 nuits. Ouvert toute l'année. Table d'hôtes le soir sur réservation sauf le dimanche. Chambres dans la maison de caractère du propriétaire, au milieu d'un parc ombragé. Nautisme sur la Saône 8 km. Circuit découverte de la Bresse. Vonnas 7 km, cité gastronomique et fleurie, musée de l'attelage.

Prix : 1 pers. **120/140 F** 2 pers. **160/190 F** 3 pers. **210/240 F** repas **75 F**

⛵	🏊	🎣	🚵	⛷	🏇	🏃	🎿
8	7	0,8	12	7	8	10	SP

DEROCHE Rene et Simone – Retissinge – 01290 Biziat – Tél. : 74.50.02.00

Boyeux-Saint-Jerome

❦❦ NN
Alt. : 650 m — Dans un cadre agréablement rénové, l'ancienne fruitière vous accueille. 1er étage : 4 ch. d'hôtes 2 ou 3 pers., chacune avec salle d'eau/wc. Rez-de-chaussée : petits déjeuners servis dans la salle à manger, salon voûté (TV, bibliothèque). Terrasse fermée, jardin d'agrément (piscine). Ouvert du 1er février au 31 octobre sur réservation. Forêt. Au village, promenade en calèche, équitation, vente de vin pétillant du pays. Dans un rayon de 10 km, visites de châteaux, cuivrerie de Cerdon et grottes aménagées.

Prix : 1 pers. **185 F** 2 pers. **260 F** 3 pers. **310 F**

🐩	⛵	🏊	🎣	🚵	⛷	🏇	🏃	🎿	⛷
10	SP	10	SP	6	SP	SP	15	15	

CARUSO Claude et Roselyne – 01640 Boyeux-Saint-Jerome – Tél. : 74.36.89.95

Brens Le Petit-Brens

❦❦❦ NN
(TH)
Alt. : 270 m — 4 ch. d'hôtes aux 1er et 2e étages de la maison des propriétaires (accès indép. par terrasse). 2 ch. (1 lit 2 pers.), 1 ch. (1 lit 2 pers. 1 lit 1 pers.), 1 ch. (2 lits 1 pers.), chacune avec salle d'eau/wc. Salon/coin-cuisine pour les hôtes. Salle à manger spacieuse et rustique. Table d'hôtes le soir sur résa. Salon de jardin, terrasse. Ouvert toute l'année. Vue sur les Préalpes et les Monts du Bugey. Table d'hôtes à base de produits de la ferme, menus variés et de qualité. Possibilité VTT. Route touristique des vins et fours du Bugey. Cinéma à Belley 3 km. Anglais et allemand parlés. Gare et commerces 3 km.

Prix : 1 pers. **174 F** 2 pers. **195 F** 3 pers. **240 F** repas **65 F**

⛵	🏊	🎣	🚵	⛷	🏇	🏃	🎿	⛷
1,5	3	2	SP	3	6	SP	30	30

VEYRON Noel et Monique – Le Petit Brens – 01300 Brens – Tél. : 79.81.90.95

Ceyzeriat Les Rochettes

♥♥ (TH)

Alt. : 350 m — 2 chambres d'hôtes à l'étage d'un centre équestre, sur les contreforts du Revermont, proche du sentier de randonnée GR 59. 2 ch. (2 lits 1 pers. chacune), lavabo, douche. WC communs. Pré, terrain, parking. Centre équestre, logement de chevaux sur place. Stage d'équitation, promenade à cheval ou calèche. Ouvert toute l'année.

Prix : 1 pers. **125 F** 2 pers. **190 F** 3 pers. **210 F** repas **65 F**

🏖	🏊	⚓	⛷	🎣	🏇	🚶
10	2	10	2	10	SP	SP

DUNAND Monique – Les Rochettes – 01250 Ceyzeriat – Tél. : 74.25.01.93

Chaleins Le Fournieux

♥♥ NN

Alt. : 240 m — 3 chambres d'hôtes au r.d.c. de bâtiments restaurés, comportant un gîte près de l'exploitation agricole des propriétaires. 3 ch. (1 lit 2 pers. chacune) avec salle d'eau/wc privés. Une des chambres avec coin-cuisine et TV. Parking, terrasse et cour communs avec le gîte. Produits fermiers sur place. Ouvert toute l'année. Voile sur Saône 5 km.

Prix : 1 pers. **140/160 F** 2 pers. **160/200 F**

🏊	🏖	⚓	⛷	🎣
7	7	3	2	1

LIMANDAS Roger et Alice – Le Fournieux – 01480 Chaleins – Tél. : 74.67.80.16

Champagne-en-Valromey

♥♥ NN (TH)

Alt. : 530 m — 5 ch. d'hôtes confortables dans une belle demeure de caractère (XIXe siècle), terrasse et parc, en bordure de village, vue très dégagée. Ch. avec douche, lavabo, dont une avec wc. 2 wc à l'étage. Ch. prévues pour couchage 1, 2, ou 3 pers. Salle commune, salons. Téléphone libre accès, carte abonné France Télécom ou carte pastel. Fermé du 10/01 au 10/02. Animaux admis sur demande. Tarif dégressif selon la durée du séjour. Gare de Culoz 12 km. Commerces sur place.

Prix : 1 pers. **200 F** 2 pers. **250 F** 3 pers. **300 F** repas **75 F**

🏖	🏊	🚴	⛷	🎣	🏇	⛷	⛷
10	SP	7	SP	SP	SP	15	15

BRANDEIS-RAYBAUD Jacqueline – 01260 Champagne-en-Valromey – Tél. : 79.87.60.17

Champagne-en-Valromey Muzin

♥♥ NN (TH)

Alt. : 550 m — 2 ch. d'hôtes dans une maison en pierre, rénovée (hameau calme). 1 ch. (1 lit 2 pers.), douche et lavabo privés, wc à l'étage. 1 ch. (1 lit 2 pers.), salle d'eau/wc. Lit supplémentaire possible pour enfant. Salon réservé aux hôtes. Séjour à disposition. Terrain clos, salon de jardin, ping-pong. Petits animaux admis. Réduction pour les enfants. Ouvert toute l'année. Musée rural à Lochieu (4 km). Route de Bugey. Fêtes des Fours. Belley 22 km. Commerces 2 km.

Prix : 1 pers. **150 F** 2 pers. **180 F** 3 pers. **240 F** repas **60 F**

🏖	🏊	⚓	⛷	🏇	⛷	⛷
18	2	5	3	SP	15	18

CHARVET Michele – Muzin – 01260 Champagne-en-Valromey – Tél. : 79.87.64.16

Champagne-en-Valromey

♥♥ NN

Alt. : 530 m — 2 chambres d'hôtes (1 lit 2 pers.), à l'étage de la maison du propriétaire dans un village calme, au cœur du Valromey. 1 ch. avec salle de bains et 1 ch. avec lavabo (douche non attenante), wc communs aux chambres. Poss. lit enfant. Jardin clos. Salle de séjour à la disposition des hôtes. Lac de Massignieu, promenades à proximité. Gare 12 km. Commerces sur place. Ouvert toute l'année.

Prix : 1 pers. **115 F** 2 pers. **145 F** 3 pers. **145 F**

🏖	🏊	⚓	⛷	🏇	⛷	⛷
12	SP	7	SP	SP	15	15

COCHEZ Marthe – 01260 Champagne-en-Valromey – Tél. : 79.87.61.73

Chatillon-la-Palud Le Mollard

♥♥♥ NN (A)

Alt. : 327 m — 1 suite de 2 ch. (2 lits 130), s.d.b. et wc privés à l'étage d'une dépendance avec séjour/salon, 1 suite (1 lit 2 pers.) avec séjour, s.d.b. et wc privés au r.d.c. de la maison principale. A l'étage : 1 ch. (1 lit 2 pers.) avec s.d.b. et wc. Accès indép. aux ch. Auberge de campagne sur réservation. Ouvert l'été, week-end en hors-saison sur réservation. Bâtiments restaurés d'une ancienne ferme dombiste, au cœur de la propriété, proche de l'étang et de la forêt. Calme et repos assurés. Ping-pong. Equitation sur place (confirmés).

Prix : 1 pers. **300 F** 2 pers. **400 F** 3 pers. **500 F** repas **80 F**

🏊	⚓	⛷	🎣	🏇	🚶
12	SP	SP	10	SP	SP

DECRE FRERES – Ferme le Mollard – 01320 Chatillon-la-Palud – Tél. : 74.35.66.09 ou 78.37.69.54

Chatillon-sur-Chalaronne

♥♥♥ NN (TH)

Alt. : 240 m — 4 ch. d'hôtes avec TV et tél. à l'étage de la maison des propriétaires. 3 ch. 3 épis (1 lit 2 pers.), salle d'eau/wc pour chacune. 1 ch. 2 épis (2 lits 1 pers.), salle d'eau/wc privés non attenants. Cuisine équipée réservée aux hôtes. Séjour. Poss. accueil de familles. Terrain clos, parking. Table d'hôtes sur réservation (cuisine végétarienne familiale). Maison de caractère au cœur de la cité fleurie et historique de la Dombes, au centre de la Route touristique des étangs. Sur place : centre culturel, apothicairerie. Gare à Bourg-en-Bresse (TGV) ou Mâcon 25 km. Commerces sur place. Anglais parlé.

Prix : 1 pers. **170/180 F** 2 pers. **220/230 F** repas **65 F**

🏊	⚓	⛷	🎣	🏇
SP	SP	SP	15	6

SALMON Alain et Solange – 150, Place du Champ de Foire – 01400 Chatillon-sur-Chalaronne – Tél. : 74.55.06.86 – Fax : 74.55.18.59.

Chavannes-sur-Reyssouze Les Donguys - en Geffe — *C.M. n° 70 — Pli n° 12*

♥♥♥ NN
(TH)

Alt. : 215 m — 2 ch. d'hôtes dans le prolongement de la maison récente des propriétaires, située à la campagne au calme. Accès indépendant. 1 ch. (1 lit 2 pers.) et 1 chambre (1 lit 2 pers., 1 lit 1 pers.) chacune avec salle d'eau/wc. Lit supp. possible. Salon réservé aux hôtes. Bibliothèque, TV, jeux de société, ping-pong, vélos et terrain. Ouvert toute l'année. Route de la Bresse, Mâconnais et ses vignobles, abbaye de Tournus, port fluvial de Pont de Vaux, ULM 1 km. Mâcon (A6) 25 km.

Prix : 1 pers. **150 F** 2 pers. **180 F** 3 pers. **220 F**
repas **50/80 F**

🛶	🎣	⛵	🚴	🎿	🏇	🐾	🚶
6	15	1	SP	4	20	3	SP

MARTINIERE Marie-Lyse – Les Donguys - en Geffe – 01190 Chavannes-sur-Reyssouze – Tél. : 85.30.36.75

Chazey-sur-Ain L'Hopital — *C.M. n° 74 — Pli n° 3*

♥♥♥ NN

Alt. : 210 m — 6 ch. d'hôtes indépendantes dans 2 bâtiments comprenant un gîte. 2 ch. (1 lit 2 pers.), 1 ch. (2 lits 1 pers.) et 1 ch. (1 lit 2 pers. 1 lit 1 pers.), chacune avec salle d'eau/wc. 2 ch. 2 épis (1 lit 2 pers. ou 2 lits 1 pers.) avec salles d'eau privées, wc communs. Poss. lit bébé et d'appoint. Séjour/coin-cuisine et coin-lecture réservés aux hôtes. Salon de jardin, jardin et cour clos, jeux pour enfants, pétanque. Maison fleurie située dans un hameau. Pérouges, cité médiévale 9 km, restaurants 1 km, dancing 3 km. Gare à Meximieux 8 km. Ouvert toute l'année.

Prix : 1 pers. **160 F** 2 pers. **200 F** 3 pers. **275 F**

🐕	🛶	🎣	⛵	🎿	🏇	🚶
	2	8	2	9	1	1

DEBENEY-TRUCHON Mireille et Pierre – L'Hopital – 01150 Chazey-sur-Ain – Tél. : 74.61.95.87

Condeissiat Etang Ratel — *C.M. n° 74 — Pli n° 2*

♥♥

Alt. : 275 m — 3 ch. d'hôtes à l'étage de la maison du propriétaire en pleine campagne. Entrée indép./coin-cuisine. 1 ch. (2 lits 1 pers. + 1 lit 1 pers. en annexe). 1 ch. (2 lits 1 pers. 1 lit 2 pers. 1 lit 1 pers. à la demande), douche. 1 ch. (1 lit 2 pers. 1 lit 1 pers. sur demande), salle de bains et wc communs aux ch. Ouvert toute l'année. Anglais parlé. Base de loisirs de Saint-Paul de Varax à 9 km. Base de loisirs de Bouvent à 12 km. Randonnée, chasse sur place. Circuit des étangs de la Dombes accompagné à la demande. Promenade et observation d'oiseaux. Gare TGV à Bourg-en-Bresse 16 km.

Prix : 1 pers. **100 F** 2 pers. **140 F** 3 pers. **175 F**

🛶	🎣	⛵	🎿	🏇	🐾
9	15	SP	15	3	8

BELOUZARD Jean – Etang Ratel – 01400 Condeissiat – Tél. : 74.51.44.51

Confrancon Loriol — *C.M. n° 70 — Pli n° 12*

♥♥♥♥ NN

Alt. : 200 m — 2 ch. d'hôtes dans les tours du château de Loriol. Suite Diane : 1 ch. (1 lit 2 pers. 1 lit 1 pers. poss. 1 lit enfant). Tour de l'Amiral : 1 ch. (1 lit 2 pers.). Salle de bains et wc privés chacune. Billard, bibliothèque. Parc privé et boisé. Poss. de réduction suivant la durée du séjour. Ouvert de mai à juillet et septembre, week-end sur réservation. Ancienne maison forte du Moyen Age appartenant à la famille de Loriol depuis son origine. Mobilier d'époque, puissant donjon du XIIIᵉ siècle, château ceint de fossés. Routes touristiques de la Bresse et des étangs de la Dombes à proximité. Gastronomie. Anglais et allemand parlés.

Prix : 2 pers. **900/1300 F**

🎣	🚴	🎿	🏇	🐾
8	SP	4	12	15

COMTE ET COMTESSE DE LORIOL Arnaud et Francoise – Chateau de Loriol – 01310 Confrancon – Tél. : 74.30.26.71

Corlier — *C.M. n° 74 — Pli n° 4*

♥♥
(TH)

Alt. : 800 m — 2 chambres d'hôtes dans la maison du propriétaire, située en bordure du village. 2 chambres (1 lit 2 pers. 2 lits 1 pers. chacune), avec salle d'eau commune. Salle de séjour avec TV à la disposition des hôtes. Aire de jeux, parking, pré. Randonnées pédestres. Ouvert toute l'année sur réservation..

Prix : 1 pers. **125 F** 2 pers. **210 F** 3 pers. **275 F**
repas **60/65 F**

🎣	🚴	🎿	🏇	🚶	⛷	🎿
11	11	11	11	SP	SP	11

JACQUEMET Mireille – Les Amis du Haut Bugey – 01110 Corlier – Tél. : 74.38.57.12

Cormoz Le Grand Ronjon — *C.M. n° 70 — Pli n° 13*

♥♥

Alt. : 200 m — 1 chambre d'hôtes à l'étage de l'auberge de campagne du propriétaire, ancienne ferme bressane restaurée, en plein bocage au cœur de la zone d'appellation de la fameuse volaille de Bresse. 1 ch. (1 lit 2 pers.), salle d'eau commune. Séjour, salon à la disposition des hôtes. Aire de jeux, parking, pré. Ferme-auberge sur place. Ouvert toute l'année. Logement de chevaux sur place. Route touristique de la Bresse. Fermes à pans de bois. Folklore bressan. Cheminées sarrazines. Bourg-en-Bresse (TGV) 22 km.

Prix : 1 pers. **150 F** 2 pers. **210 F**

🛶	🎣	⛵	🎿	🏇
15	11	2	11	15

GUYON Claude et Helene – Le Grand Ronjon – 01270 Cormoz – Tél. : 74.51.23.97

Dommartin La Mure — *C.M. n° 70 — Pli n° 12*

♥♥

Alt. : 200 m — Ouvert toute l'année. 2 chambres d'hôtes au rez-de-chaussée, côté sud, de la maison du propriétaire. 1 chambre (1 lit 2 pers. 1 lit enfant). 1 chambre (2 lits 120 cm). Salle de bains et wc communs réservés aux deux chambres. Terrasse, jardin, parking. Poney sur place. Gare 12 km. Commerces sur place. Restaurant 1 km. Bourg en Bresse 27 km. Situées en pleine Bresse, ces deux chambres permettent la découverte d'une région de bocage et d'élevage du célèbre poulet de Bresse, en parcourant la « Route de la Bresse ».

Prix : 1 pers. **130 F** 2 pers. **165 F** 3 pers. **295 F**

🛶	⛵	🎿	🏇
13	10	6	10	15

CAMUS Pierre et Jeannine – La Mure – 01380 Dommartin – Tél. : 85.30.42.54

Echallon Le Favillon

C.M. n° 74 — Pli n° 4

NN Alt. : 850 m — 2 chambres d'hôtes aménagées à l'étage de la maison du propriétaire, située en pleine campagne, 2 ch. (2 lits 2 pers.), 2 salles d'eau, 2 wc. Salle de séjour au rez-de-chaussée à la disposition des hôtes. Possibilité de cuisiner. Parking. Pré. Nantua 21 km. Ouvert toute l'année. Espagnol parlé.

Prix : 1 pers. **110 F** 2 pers. **170 F** 3 pers. **240 F**

5	3	1	SP	0,5	10

EGRAZ Gaston – 01130 Plagne – Tél. : 74.76.47.86

Ferney-Voltaire

C.M. n° 70 — Pli n° 16

NN Alt. : 420 m — 1 chambre d'hôtes pour 2 pers. aménagée au rez-de-chaussée de la maison du propriétaire, dans un quartier calme, en bordure de la cité. Salle d'eau/wc et coin-cuisine particuliers. Accès direct à la terrasse et au jardin du propriétaire. Lac, voile à Divonne et sur le lac Léman 5 km. Ouvert toute l'année.

Prix : 1 pers. **170 F** 2 pers. **200 F**

4	0,5	5	SP	0,5	5	5	10	10	10

RICCI Florian et Elisabeth – 11 Chemin du Levant – 01210 Ferney-Voltaire – Tél. : 50.40.89.37

Grand-Abergement Les Routes

C.M. n° 74 — Pli n° 4

NN
(TH) Alt. : 1085 m — 4 ch. aux 1er et 2e étages : 1 ch. (3 lits 1 pers.), 1 ch. (1 lit 2 pers. 1 lit 1 pers.), 1 suite (1 lit 2 pers. 3 lits 1 pers.), 1 ch. (4 lits 1 pers.), s. d'eau/wc pour chacune. Séjour commun (immense cheminée, four à pain) au r.d.c. Loc. de skis et patins à glace. Cours de fond, initiation, orientation, raid, biathlon. Ouvert toute l'année. Au pays des championnes du monde de biathlon, chez un entraîneur régional, dans une ferme typique isolée, où, au gré des saisons, ski de fond rime avec moutons. Vente de fil à tricoter, de couvertures en mohair provenant de l'élevage de chèvres Angora. Hotonnes 7 km.

Prix : 1 pers. **100 F** 2 pers. **200 F** 3 pers. **300 F** repas **60 F**

15	10	2	4	4	SP	SP	4

BALLET Claude et Maryse – Les Routes – 01260 Grand-Abergement – Tél. : 79.87.65.76

Hotonnes Les Plans d'Hotonnes

C.M. n° 74 — Pli n° 4

NN
(TH) Alt. : 1100 m — 2 ch. d'hôtes avec accès indépendant dans un gîte jouxtant l'habitation des propriétaires, ancienne ferme rénovée en pleine nature. 1 ch. (1 lit 2 pers. 1 lit 1 pers.) avec salle d'eau/wc et 1 ch. (2 lits 1 pers.) avec salle d'eau privative et wc communs. Séjour avec coin-cheminée réservé aux hôtes. Terrasse plein sud ouvrant sur un large paysage. Terrain de jeux (volley, foot, boules, toboggan). Ouvert d'avril à décembre (en hiver, accueil en gîte). Réductions enfant et sur séjour de plusieurs nuits. GR9, parapente, escalade (10 à 20 km). Culoz 25 km. Anglais parlé.

Prix : 1 pers. **178/198 F** 2 pers. **226/246 F**
pers. sup. **103/113 F** repas **62/70 F**

10	20	10	SP	SP	SP	SP	SP	SP	

BIANCHI-THURAT Jocelyne – Les Pelaz – 01260 Les Plans-d'Hotonnes – Tél. : 79.87.65.73

Jasseron

C.M. n° 74 — Pli n° 3

NN Alt. : 300 m — 2 ch. d'hôtes à l'étage de la belle maison ancienne en pierres du Revermont, restaurée et fleurie par le propriétaire, située en bordure du village. 1 ch. (1 lit 2 pers.) avec s.d.b., 1 ch. (1 lit 2 pers.) avec s. d'eau/wc. Séjour avec TV à la disposition des hôtes. Parking fermé, pelouse avec terrasse fleurie aménagée. Chauffage central. Ouvert toute l'année. Forêt, promenades sur place. Sentier GR 59 à proximité. Chambres réservées aux non fumeurs. Gare 7 km.

Prix : 1 pers. **150 F** 2 pers. **180 F**

10	6	1	6	5	6	3	SP

SANSON Yvonne – Route de Meillonnas – 01250 Jasseron – Tél. : 74.30.08.30

Joyeux Le Blondel

C.M. n° 74 — Pli n° 12

NN Alt. : 300 m — 4 ch. d'hôtes dans le prolongement de la ferme. 1 ch. (1 lit 2 pers.) avec douche, lavabo et wc, 3 ch. (1 lit 2 pers.) avec douche privée et wc communs. Lits d'appoint, enfant ou bébé. Salle commune. Parc, jeux de boules. Terrasse, salon de jardin. Parking (indépendant de la ferme). Animaux acceptés (20 F de supplément). Salle de gym privée 3 km. Ouvert toute l'année. Parc des Oiseaux, maison de l'artisanat, cinéma à Villars-les-Dombes 8 km. Pérouges (cité médiévale) 13 km. Promenade en calèche 4 km. Route des étangs de la Dombes. Bourg en Bresse (TGV) 30 km.

Prix : 1 pers. **150/200 F** 2 pers. **200/250 F** 3 pers. **250/300 F**

12	3	7	2	7	10	15	SP

GAEC DU BLONDEL Famille Brocard – Le Blondel – 01800 Joyeux – Tél. : 74.98.21.62 ou 74.98.21.60

Lelex

C.M. n° 70 — Pli n° 15

NN Alt. : 920 m — Dans la maison du propriétaire, ancienne ferme rénovée, en bordure du village. 2 ch. rustiques (3 pers. et 4 pers.), dans un gîte d'étape. Salle d'eau commune aux 2 ch. Séjour/coin-cuisine/cheminée. Ambiance chalet-montagne. Terrasse, parking, local à skis. Point-phone. Restauration au village. Poss. table d'hôtes. Ouvert de juin à novembre. Entre le Crêt de la Neige et le Crêt de Chalam, dans la vallée de la Valserine, le long du GR9, liaison GTJ, balcon du Léman. Randonnées organisées, tir à l'arc, artisanat, école de ski, jardin d'enfants et garderie sur place. Centre de dialyse Mijoux 8 km. Taxe de séjour.

Prix : 1 pers. **125/130 F** 2 pers. **185/195 F** 3 pers. **258/275 F**

SP	SP	SP	SP	SP	SP

VACHER Jean-P et Marie-S – Maison Brulat – 01410 Lelex – Tél. : 50.20.90.98

Lhopital

ǁ ǁ (TH)

Alt. : 470 m — 2 chambres d'hôtes au 1er étage de la maison des propriétaires. Ancienne ferme, en pleine nature, à flanc de montagne avec vue imprenable sur les Alpes. 1 ch. (2 lits 1 pers.). 1 ch. (1 lit 2 pers. 2 lits 1 pers.). Salle d'eau et wc communs aux chambres. Parking. Table d'hôtes sur réservation. Accueil randonneurs équestres. Ouvert toute l'année. Seyssel 12 km. A 40, sortie n° 10. Delta-plane 20 km.

Prix : 1 pers. **120 F** 2 pers. **200 F** 3 pers. **270 F** repas **80 F**

10	10	10	SP	8	15	SP	15	25

BALSEM Jan et Cecile – 01420 Lhopital – Tél. : 50.59.50.58

Malafretaz La Citerne

ǁ ǁ NN (TH)

Alt. : 200 m — 3 ch. à l'étage de la maison du propriétaire, ferme équestre en plein bocage bressan. 1 ch. (1 lit 2 pers. 2 lits enfants), 1 ch. (4 lits 1 pers.), chacune avec salle d'eau/wc. 1 suite de 2 petites ch. (1 lit 2 pers. 1 lit 120), salle d'eau et wc privés. Salle de séjour au r.d.c. à disposition. Pré, balançoires pour enfants. Bourg TGV 15 km. Ouvert toute l'année. Logement pour chevaux et chevaux disponibles sur place. Promenades en calèche. Stages randonnées. A 2 km, base de plein air avec planche à voile, kayak, mini-golf, tir à l'arc, VTT, quad, etc. Promenades pédestres. Commerces 2 km.

Prix : 1 pers. **138/168 F** 2 pers. **161/211 F** 3 pers. **274 F** repas **65/75 F**

2	15	2	2	2	15	SP	2

CRETIN Jean et Josette – La Citerne – 01340 Malafretaz – Tél. : 74.30.81.19

Mijoux Le Boulu

ǁ ǁ ǁ NN (TH)

Alt. : 935 m — 6 ch. d'hôtes aux 1e et 2e étages de la maison des propriétaires. 2 ch. 2 pers. (1 lit 2 pers. ou 2 lits 1 pers.), 4 ch. 4 pers. avec mezzanine (1 lit 2 pers. 2 lits 1 pers.), chacune avec s. d'eau/wc. Séjour avec cheminée et coin salon. Terrasse et terrain aménagés. Cour et parking. Taxe de séjour comprise. Tennis à disposition. Poss. séjour en pension et 1/2 pension. Ouvert de Noël à Paques et juillet/août (tous les jours), hors-saison réserver. Maison jurassienne en bordure de la valserine. Randonnées accompagnées, tir à l'arc, luge d'été, vol libre, parapente, GR9 et Balcon du Léman à proximité.

Prix : 2 pers. **322 F** 3 pers. **418 F** repas **100 F**

20	12	SP	4	SP	6	4	SP	SP	4

GROSFILLEY Bernard et Claire – Le Boulu – 01410 Mijoux – Tél. : 50.41.31.47

Mijoux

ǁ ǁ NN

Alt. : 1000 m — 2 ch. d'hôtes en r.d.c., entrée commune avec un gîte. 1 ch. (1 lit 2 pers. 1 lit 1 pers.), 1 ch. composée de 2 pièces (1 lit 2 pers., 2 lits 1 pers. superposés), salle de bains/wc pour chacune. Possibilité lit bébé. Commerces sur place. Bar, pub, snack et restaurant à proximité. Gare 35 km. Ouvert de septembre à janvier et de mars à juillet. Anglais et allemand parlés. Au cœur du village, grande maison jurassienne rénovée au pied des pistes. Terrain de boules, delta-plane et parapente à la station. Randonnées. Minigolf 7 km. Genève 35 km. Gare 35 km.

Prix : 1 pers. **160 F** 2 pers. **220 F** 3 pers. **270 F**

SP	20	SP	SP	SP	SP	7	SP	SP	SP

TANGUY Agnes – La Mijolie - rue le Val Mijoux – 01410 Mijoux – Tél. : 50.41.33.48

Montcet Les Vignes

ǁ ǁ ǁ NN (TH)

Alt. : 230 m — 4 ch. d'hôtes confortables (sans animaux ni cigarettes) à l'étage, à côté de la maison des propriétaires. Accès indép. 3 ch. (2 lits 1 pers.) et 1 ch. (1 lit 2 pers. + lit d'appoint), chacune avec s. d'eau/wc. Séjour, salle TV-vidéo, bibliothèque. Cour, terrasse/salon de jardin. Parking. Table d'hôtes sur réservation (cuisine saine). Ouvert toute l'année. Ancienne ferme bressanne restaurée, en pleine campagne au calme dans un parc paysagé de 1 ha. avec plan d'eau poissonneux, piscine privée, terrain de jeux. Ping-pong, volley, badminton sur place, routes de la Bresse et de la Dombes. Possibilité de découverte de l'art roman local par M. Gayet.

Prix : 1 pers. **240 F** 2 pers. **270 F** 3 pers. **320 F** repas **75 F**

SP	SP	SP	12	12	12	SP

GAYET J.Louis et Eliane – Les Vignes – 01310 Montcet – Tél. : 74.24.23.13

Le Montellier Les Augiers

ǁ ǁ NN

Alt. : 250 m — 2 ch. d'hôtes à l'étage dans la maison du propriétaire, ancienne ferme Dombiste restaurée, à 600 m du village, en pleine campagne. 1 ch. 2 épis (1 lit 2 pers., lavabo, douche). 1 ch. 1 épi (2 lits 1 pers., lavabo). WC communs réservés aux hôtes à l'étage, s.d.b. au r.d.c. Poss. lit d'appoint. Accès indep. Cour et jardin. Parking. Ouvert toute l'année. Parc ornithologique et gare à Villars-les-Dombes 10 km. Auberge 600 m. Pérouges 6 km.

Prix : 1 pers. **115 F** 2 pers. **150 F**

10	10	6	10	10	6	SP

MILLOT Andre et Solange – Les Augiers – 01800 Le Montellier – Tél. : 78.06.61.71

Montrevel-en-Bresse Cuet

ǁ ǁ ǁ NN

Alt. : 200 m — 2 ch. d'hôtes à l'étage de la ferme-auberge des propriétaires, ferme bressane en plein bocage. 1 ch. (1 lit 160), 1 ch. (2 lits 1 pers.), salle d'eau/wc pour chacune. Coin-salon. Poss. repas en ferme-auberge. Base de loisirs de Montrevel (sports nautiques), Route de la Bresse, Ferme du Sougey, cheminées sarrazines. Ouvert de mars à décembre. Vignobles du Beaujolais, Mâconnais, vins du Bugey. Mâcon 20 km.

Prix : 1 pers. **200 F** 2 pers. **250 F**

2	2	SP	2	2	SP

BILLET Joel et Silvia – Ferme-Auberge du Poirier - Cuet – 01340 Montrevel-en-Bresse – Tél. : 74.30.82.97

Montrevel-en-Bresse
C.M. nº 70 — Pli nº 12

❄❄❄ NN — Alt. : 200 m — 2 ch. d'hôtes indépendantes dans la maison des propriétaires. 1 ch. (1 lit 2 pers.) avec salle d'eau/wc. 1 ch. (1 lit 2 pers.) avec balcon et salle d'eau/wc. Salon et salle à manger à la disposition des hôtes. Terrasse couverte et terrain. Mâcon 20 km. A40 10 km. Gare 17 km. Commerces 1 km. Ouvert toute l'année. Maison située au calme, en bordure du village. Base de loisirs (sports nautiques), route de la Bresse, ferme du Sougey, fermes bressanes à visiter dans les environs, vignobles du Beaujolais et du Mâconnais.

Prix : 1 pers. **150 F** 2 pers. **185 F**

⛵	🏊	🍴	🎿	⛷	🥾	
1	17	1	1	15	1,5	SP

RAZUREL Robert et Jeanine – Route du Sougey – 01340 Montrevel-en-Bresse – Tél. : 74.30.81.29

Neuville-les-Dames *La Poype*
C.M. nº 74 — Pli nº 2

❄❄ NN (TH) — Alt. : 200 m — 2 ch. à l'étage de la maison des propriétaires, à la campagne, à proximité du village et d'un centre équestre. 1 ch. (1 lit 2 pers.), 1 ch. (2 lits 1 pers.), salle d'eau/wc pour chaque chambre. Séjour à la disposition des hôtes. A la ferme (élevage bovin et poney). 10 % de remise sur le tarif à partir de 5 nuits. Ouvert toute l'année.

Prix : 1 pers. **160 F** 2 pers. **190 F** 3 pers. **230 F** repas **65 F**

🏊	🍴	🎿	⛷	🥾	
5	0,5	2	0,5	SP	

LENOIR Jean et Suzanne – La Poype - Chemin de la Cote – 01400 Neuville-Les-Dames – Tél. : 74.55.60.94

Ordonnaz *La Ville d'En Bas*
C.M. nº 74 — Pli nº 4

❄❄❄ NN — Alt. : 850 m — 2 ch. d'hôtes à l'étage d'une ancienne ferme rénovée. 1 ch. (1 lit 2 pers.) avec salle d'eau/wc et 1 ch. (1 lit 2 pers.), coin cuisine et salle d'eau/wc. Jardin. Possibilité de prendre ses repas à l'auberge toute proche (pension, 1/2 pension). Possibilité casse-croûte à emporter pour randonnée. GR9 à proximité. Ouvert toute l'année. Gare à Tenay (10 km).

Prix : 1 pers. **200 F** 2 pers. **220/240 F**

⛵	🏊	🍴	🎿	⛷	🥾	⛷	
11	20	11	SP	20	SP	SP	50

GRINAND Pierre – La Ville d'En Bas – 01510 Ordonnaz – Tél. : 74.40.90.79 ou 74.40.90.38

Ordonnaz *La Ville d'En Bas*
C.M. nº 74 — Pli nº 4

❄❄❄ NN (A) — Alt. : 850 m — 3 ch. d'hôtes aux 1er et 2e étages d'un bâtiment rénové comportant aussi 2 gîtes, près de l'auberge de campagne des propriétaires. 1 ch. (2 lits 1 pers.) 2 ch. (1 lit 2 pers.) chacune avec salle d'eau/wc. Poss. lit pour enfant. Salon réservé aux hôtes. Espace extérieur avec salon de jardin. Poss. pension ou 1/2 pension. Ouvert toute l'année. Gare 10 km. Au calme, près du village de montagne. Animations d'été, fête du four. Fruitière au village. Anglais parlé.

Prix : 1 pers. **170/200 F** 2 pers. **200/230 F** pers. sup. **60 F** repas **60 F**

⛵	🏊	🍴	🚲	🎿	⛷	🥾	⛷	
14	19	10	20	SP	20	SP	SP	50

GRINAND Bernard et Annie – La Ville d'En Bas – 01510 Ordonnaz – Tél. : 74.40.90.79

Ordonnaz
C.M. nº 74 — Pli nº 4

❄❄❄ NN (A) — Alt. : 850 m — 3 ch. d'hôtes de plain-pied dans une maison indépendante en bordure du village, comportant également un gîte, près de la ferme auberge des propriétaires. 2 ch. (1 lit 2 pers.), 1 ch. (2 lits 1 pers.), salle d'eau/wc dans chaque chambre. Coin-TV et lecture à la disposition des hôtes. Parking, Terrasse. Anglais parlé. Tél. Téléséjour : 74.40.92.36. Pré, logement pour chevaux possible sur place, lac à 11 km. GR 59 à proximité. Gare SNCF à Tenay 10 km. Ouvert toute l'année. Anglais parlé.

Prix : 1 pers. **180 F** 2 pers. **220 F** repas **65/90 F**

⛵	🏊	🍴	🚲	🎿	⛷	🥾	⛷	
11	20	11	SP	15	20	SP	SP	50

LARACINE Rene et Michele – Le Charveyron – 01510 Ordonnaz – Tél. : 74.40.90.20

Ordonnaz
C.M. nº 74 — Pli nº 4

❄❄ NN — Alt. : 850 m — 1 ch. d'hôtes (1 lit 2 pers. 1 lit 120) au rez-de-chaussée, dans le prolongement de l'exploitation agricole du propriétaire, comportant également 1 gîte. Salle d'eau et wc privés. Coin-salon à la disposition des hôtes. Terrain, parking, jardin. Sentier de randonnée GR 59 à proximité. Gare SNCF à Tenay 10 km. Ouvert l'été uniquement.

Prix : 1 pers. **125 F** 2 pers. **150 F** 3 pers. **210 F**

⛵	🏊	🍴	🎿	⛷	🥾	⛷	
11	18	11	15	SP	20	SP	SP	50

GHERARDI Pierre et Ginette – 01510 Ordonnaz – Tél. : 74.40.90.17

Oyonnax *Massiat*
C.M. nº 70 — Pli nº 14

❄ (TH) — Alt. : 500 m — 2 ch. d'hôtes à l'étage d'une ferme équestre. 1 chambre (3 lits 1 pers.). 1 chambre (1 lit 2 pers.), salle de bains et wc communs au rez-de-chaussée. Coin-cuisine ou table d'hôtes le soir. Salle de séjour avec cheminée. Hébergement chevaux sur place, promenades à cheval, poneys, calèches. Location VTT. Ouvert de mai à septembre.

Prix : 1 pers. **93 F** 2 pers. **154 F** 3 pers. **189 F** repas **67 F**

⛵	🏊	🍴	🚲	🎿	⛷	
15	5	5	SP	5	SP	

SONTHONNAX Paul – Massiat Bouvent – 01100 Oyonnax – Tél. : 74.73.64.85 ou 74.77.44.52

Ozan *Ronfer*
C.M. nº 70 — Pli nº 12

❄❄❄ NN — Alt. : 200 m — 1 ch. d'hôtes au r.d.c. de la maison du propriétaire. Belle demeure en pierre dans un parc ombragé en bordure du village. 1 ch. (2 lits 1 pers.). Salle de bains attenante avec wc. Salon réservé aux hôtes. Possibilité lit enfant. Chauffage central. A40 8 km. N6 10 km. Pont de Vaux 4 km. Vignobles : Mâconnais et Beaujolais. Ouvert toute l'année.

Prix : 1 pers. **200 F** 2 pers. **250 F**

⛵	🏊	🍴	🎿	⛷	🥾	
5	14	5	4	8	SP	

COULAS Marie-Ange – Ronfer – 01190 Ozan – Tél. : 85.30.32.85

Le Poizat Le Replat   *C.M. n° 74 — Pli n° 4*

Alt. : 900 m — 1 ch. d'hôtes à l'étage de la maison du propriétaire, avec accès indépendant par escalier extérieur. 1 ch. (1 lit 2 pers. 1 lit 1 pers. d'appoint). Salle d'eau/wc. Chauffage central et électrique. Maison située en pleine nature, dans un hameau en bordure du plateau de Retord (Jura sud). A40 sortie Sylans. Ouvert toute l'année. Sentiers pédestres GR 9, forêt à proximité. Lac de Nantua à 10 km, tous sports nautiques. Cinémas à Nantua et Bellegarde.

Prix : 1 pers. **150 F** 2 pers. **190 F** 3 pers. **230 F**

10	10	2	SP	SP	20

LE PECQ Yves et Jeanine – L'Herbe d'Or - Le Replat – 01130 Le Poizat – Tél. : 74.75.31.63

Revonnas Grillerin   *C.M. n° 74 — Pli n° 3*

Alt. : 310 m — 1 ch. d'hôtes indépendante au r.d.c. de la maison des propriétaires, demeure de caractère du XVIIIᵉ, parc arboré. Chambre spacieuse et agréable avec salle d'eau et wc privés, 1 lit 2 pers., lit bébé, possibilité de lits supplémentaires. Cheminée, piano. Promenades dans le parc. Ceyzériat 3 km. A40, Bourg Sud 6 km. Ouvert toute l'année. Anglais parlé.

Prix : 1 pers. **250 F** 2 pers. **280 F** pers. sup. **50 F**

8	11	2	3	8	3	SP

DE POMPIGNAN – Grillerin – 01250 Revonnas – Tél. : 74.30.02.60 ou SR : 74.23.82.66.

Romans Le Grand Janan   *C.M. n° 74 — Pli n° 2*

Alt. : 300 m — 2 ch. d'hôtes. 1 ch. 2 épis indép. au r.d.c. (1 lit 2 pers. 2 lits 1 pers. superposés), salle d'eau/wc. A l'étage (accès par escalier extérieur) : 1 suite de 2 ch. 3 épis pour une même famille (1 lit 2 pers. 1 lit 120. 2 lits 1 pers.), meublée en style ancien, salle d'eau/wc. Séjour/salon à disposition le matin. Terrasse, espace vert. Ouvert toute l'année. Bassin de pêche. Location de vélos. Forêt 1 km. Route des étangs de la Dombes à 3 km. A 25 km, le Beaujolais, Mâcon et Bourg en Bresse (TGV). A 3 km, Châtillon/Chalaronne, cité médiévale, commerçante et fleurie (4 fleurs).

Prix : 1 pers. **130/170 F** 2 pers. **170/220 F** 3 pers. **220/270 F**

3	SP	SP	3	5	7	SP

MONTRADE Guy et Suzanne – Le Grand Janan – 01400 Romans – Tél. : 74.55.00.80

Ruffieu   *C.M. n° 74 — Pli n° 4*

Alt. : 750 m — 5 ch. d'hôtes à l'étage dans la maison du propriétaire, au cœur du village. 1 chambre (1 lit 2 pers. 1 lit 1 pers.). 1 chambre (3 lits 1 pers.). 3 chambres (1 lit 2 pers.), salle d'eau et wc communs. Salle de séjour. Salon avec TV et bibliothèque à la disposition des hôtes. Terrain, parking, pré. Voile 12 km. Belley 30 km. Ouvert toute l'année.

Prix : 1 pers. **120 F** 2 pers. **180/200 F** 3 pers. **280/300 F**

15	5	10	12	12	SP	6	6

GROBON Louis et Denise – 01260 Ruffieu – Tél. : 79.87.71.01

Ruffieu   *C.M. n° 74 — Pli n° 4*

Alt. : 750 m — Ancienne maison bugiste rénovée au cœur du village, comportant également un gîte et 4 ch. d'hôtes à l'étage. 1 ch. (3 lits 1 pers.), 3 ch. (2 lits 1 pers.), salle d'eau et wc communs. Séjour et grand salon avec bibliothèque à disposition des hôtes au rez-de-chaussée. Possibilité repas végétarien. Hauteville 12 km. Ouvert toute l'année. Possibilité de yoga sur place. Parking, terrasse, jardin et terrain clos. Forêt et sentiers à proximité.

Prix : 1 pers. **120 F** 2 pers. **240 F** 3 pers. **360 F** repas **50 F**

20	15	5	10	3	15	SP	10	10

TOULAN Gaelle – Val d'Or – 01260 Ruffieu – Tél. : 79.87.75.76

Saint-Andre-d'Huiriat Bourdonnel   *C.M. n° 74 — Pli n° 2*

Alt. : 200 m — 3 ch. d'hôtes à l'étage du château, dans un parc arboré. 1 ch. (1 lit 2 pers. 1 lit 1 pers. 1 lit bébé). 1 ch. (1 lit 2 pers. 1 lit bébé). 1 ch. 2 épis (1 lit 2 pers.). Salle d'eau/wc privée chacune. 1 ch. pour enfants. Salon et salle à manger communs. Piscine privée. Promenades dans le parc. Parking, cour et terrain clos. Ouvert tout l'été (réservation l'hiver). Gare 17 km. Commerces 6 km. Vonnas 5 km. Bourg-en-Bresse 27 km. Anglais et allemand parlés.

Prix : 1 pers. **200/220 F** 2 pers. **250/270 F** pers. sup. **60 F** repas **70 F**

12	SP	4	SP	6	12	12	SP

BRAC DE LA PERRIERE Paule – Chateau de Bourdonnel – 01290 Saint-Andre-d'Huiriat – Tél. : 74.50.03.40

Saint-Andre-sur-Vieux-Jonc   *C.M. n° 74 — Pli n° 2*

Alt. : 264 m — 2 ch. d'hôtes au 1ᵉʳ étage d'une aile du château, en pleine nature, entre Bresse et Dombes, dans un beau parc (arbres centenaires). 1 suite : 1 ch. (2 lits 1 pers. 1 lit 2 pers.), s. d'eau/wc. 1 ch. (1 lit 2 pers.), s.d.b./wc. Anglais et italien parlés. Calme et repos assurés. Golf 18 trous sur place. Ouvert toute l'année (l'hiver sur réservation). Parking et garage possibles. Routes touristiques de la Bresse et de la Dombes, nombreux monuments historiques et sites touristiques (Brou 14 km, Pérouges 30 km). Restaurants à proximité. Vonnas et Bourg-en-Bresse 14 km. Gare 14 km. Gratuit pour enfant de moins de 10 ans.

Prix : 1 pers. **400 F** 2 pers. **450 F**

8	15	SP	SP	15	SP

GUIDO-ALHERITIERE Genevieve – Chateau de Marmont – 01960 Saint-Andre-sur-Vieux-Jonc – Tél. : 74.52.79.74

Saint-Benigne Petites-Varennes
C.M. n° 70 — Pli n° 12

❦❦❦ NN

Alt. : 200 m — Chambres 3 et 2 épis à l'étage d'une maison du XVIII° et de l'orangerie, au calme. 1 suite de 2 ch. à louer à une même famille (2 lits jumeaux, 1 lit 120), s.d.b. et wc privés, 1 ch. (1 lit 160 x 200) avec s.d.b./wc, 1 ch. (1 lit 150 x 200) avec s. d'eau/wc, 1 petite ch. pour personne suppl. Tél. dans les ch. Séjour avec grande terrasse ouvrant sur le parc. Petit salon réservé aux chambres de l'orangerie. Piscine intérieure chauffée. Restaurant au village. Vignobles du Mâconnais, fermes bressanes avec cheminées sarrazines, églises romanes, ULM. Port fluvial et nautisme à Pont de Vaux 2,5 km. Ouvert toute l'année. Anglais parlé.

Prix : 1 pers. **290 F** 2 pers. **350 F** 3 pers. **450 F**

🛶	⛵	🎣	🚴	🎿	♪	🐎	🚶
6	SP	2,5	2,5	2,5	15	15	SP

TREAL Christine – Petites Varennes – 01190 Saint-Benigne – Tél. : 85.30.31.98 ou 85.30.32.38

Saint-Didier-d'Aussiat Le Village
C.M. n° 70 — Pli n° 12

❦❦ NN

Alt. : 200 m — 3 vastes chambres d'hôtes à l'étage d'une maison du XIX°, ancien presbytère. 3 chambres (1 lit 2 pers. 1 lit 1 pers.), salle d'eau/wc privés. Petit salon et salle de séjour à la disposition des hôtes. Jardin. Terrain de boules à proximité. Commerces sur place. Bourg-en-Bresse 23 km. A40 13 et 5 km. Ouvert toute l'année. Route touristique de la Bresse, fermes typiques avec cheminée sarrazine.

Prix : 1 pers. **180 F** 2 pers. **200 F** 3 pers. **240 F**

🛶	⛵	🎣	🎿	♪	🐎
8	12	7	SP	16	8

TRIPOZ Regis et Anne-Marie – Le Village – 01340 Saint-Didier-d'Aussiat – Tél. : 74.51.11.30

Saint-Etienne-du-Bois Les Chatonnieres
C.M. n° 70 — Pli n° 13

❦❦ NN
(TH)

Alt. : 250 m — 1 ch. dans une villa (1 lit 2 pers.), s.d.b. et wc privés. Lit suppl. possible. Séjour à disposition (cheminée). Parking, terrasse, grand terrain arboré et clos avec salon de jardin, jeu de boules. Table d'hôtes sur réservation. Anglais, allemand et espagnol parlés. Poss. réduction selon saison et durée du séjour. Ouvert toute l'année. Repas sur la terrasse en été. Montagne du Revermont. Route touristique de la Bresse. Fermes bressanes à visiter au village. Etape sur l'axe Bourg-Strasbourg. Bourg TGV 9 km. A40. Gare 9 km. Commerces 3 km.

Prix : 1 pers. **180 F** 2 pers. **220 F** repas **50/100 F**

🛶	⛵	🎣	🎿	♪	🐎	🚶
10	7	2	2	9	9	SP

CAMUS Marie-Nicole – Les Chatonnieres – 01370 Saint-Etienne-du-Bois – Tél. : 74.30.53.20

Saint-Etienne-sur-Reyssouze
C.M. n° 70 — Pli n° 12

❦❦❦
(TH)

Alt. : 220 m — 5 ch. d'hôtes à l'étage de la maison des propriétaires, typique du bocage bressan, indép. calme et fleurie. Salon de verdure avec pièce d'eau. Accès aux ch. indép. par escalier extérieur. 2 ch. (2 lits 1 pers.), 1 ch. (1 lit 2 pers. 1 lit 1 pers.), 1 ch. (1 lit 2 pers.), 1 ch. (1 lit 1 pers.), s. d'eau pour chacune, 2 wc communs. Lit d'appoint pour chaque chambre. Salle de repas au r.d.c. à disposition des hôtes à toute heure du jour. Table d'hôtes diététique et gourmande, sur réservation le soir. On ne fume pas dans la maison. Tarif réduit (-15 %) à partir de 2 nuits. Pont de Vaux 4 km. Ouvert toute l'année sur réservation.

Prix : 1 pers. **200 F** 2 pers. **220 F** 3 pers. **300 F** repas **70/100 F**

🛶	🎣	🚴	♪	🐎
6	2	SP	15	6

CHERVET Georges et Arlette – Le Vert Bocage – 01190 Saint-Etienne-sur-Reyssouze – Tél. : 85.30.97.27

Saint-Martin-de-Bavel La Vellaz

C.M. n° 74 — Pli n° 4

❦❦❦ NN

Alt. : 300 m — 3 ch. d'hôtes au r.d.c. d'un bâtiment rénové. 1 ch. (1 lit 2 pers.), 1 ch. (1 lit 2 pers. et 1 lit 1 pers.) et 1 ch. (3 lits 1 pers.), toutes avec s. d'eau/wc privés. Poss. lit suppl. Salon et salle à manger réservés aux hôtes. Coin-cuisine à disposition. Vaste cour, parking, verger et pelouse. L'une des ch. accessible aux pers. hand. Ouvert toute l'année. Aux portes des Savoies et au cœur du Bugey. Route touristique. Fêtes des Fours. Réserve naturelle du marais de Lavours. Sentiers balisés, restaurants à proximité.

Prix : 1 pers. **170 F** 2 pers. **200 F**

🛶	⛵	🎣	🎿	🐎	♪	🚶	🎿
5	4	3	3	3	SP	20	20

VINCENT Raymond et Juliette – Les Charmettes - La Vellaz – 01510 Saint-Martin-de-Bavel – Tél. : 79.87.32.18

Saint-Martin-de-Bavel
C.M. n° 74 — Pli n° 4

❦ NN

Alt. : 300 m — Villa avec jardin et terrain, en bordure du village. 1 ch. d'hôtes indépendante (1 lit 2 pers.) au r.d.c. de la maison du propriétaire. Douche, coin-cuisine dans la chambre, wc non attenants. Institut de langues (français, anglais) à Artemare. Plan d'eau, planche à voile, promenade en bateau à 12 km. Gare à Virieu-le-G. 4 km. Ouvert toute l'année.

Prix : 1 pers. **160 F** 2 pers. **180 F**

🛶	⛵	🎣	🚴	🎿	🐎
3	3	3	3	3	1

MONTILLET Michel – Le Champ Gauthier – 01510 Saint-Martin-de-Bavel – Tél. : 79.87.44.65

Saint-Maurice-de-Gourdans

C.M. n° 74 — Pli n° 13

❦❦ NN
(A)

Alt. : 200 m — 5 ch. d'hôtes à l'étage de l'auberge de campagne du propriétaire. Belle maison typique, fleurie avec terrain arboré, dans un village. 3 ch. (1 lit 2 pers.). 2 ch. (1 lit 2 pers. 1 lit 1 pers.), dont 3 ch. 2 épis, douche ou bains privés, et 2 ch. 1 épi avec salle de bains commune. WC communs. Aire de jeux, parking, pré. Ouvert toute l'année. Auberge le dimanche midi et tous les soirs (sauf le jeudi en juillet/août). Loyettes 6,5 km. Commerces sur place.

Prix : 1 pers. **107/137 F** 2 pers. **124/154 F** 3 pers. **206 F** repas **70/140 F**

🛶	⛵	🎣	🚴	🎿	♪	🐎	🚶
SP	15	SP	SP	SP	12	SP	SP

MASSON Pierre – 01800 Saint-Maurice-de-Gourdans – Tél. : 74.61.82.44

Sainte-Euphemie

⚒⚒ NN (TH) — *C.M. n° 74 — Pli n° 1*

Alt. : 220 m — 1 ch. d'hôtes spacieuse pour 4 pers. à l'étage de la maison des propriétaires (1 lit 2 pers. 2 lits 1 pers.), salle d'eau et wc privés à l'étage. Accès indépendant. Parking et terrain clos. Jardin paysager. Terrasse. Table d'hôtes sur réservation. Gare 9 km. Commerces 4 km. Lyon 20 km. Trevoux 3 km. Ouvert toute l'année. Sainte-Euphémie est un petit village de la Dombes, à proximité d'Ars, village du Saint curé avec sa basilique et son pélerinage.

Prix : 1 pers. **190 F** 2 pers. **240 F** 3 pers. **290 F** repas **85 F**

3	3	3	3	12	10	SP

DUCROUX Raymond et Simone – Route de Reyrieux – 01600 Sainte-Euphemie – Tél. : 74.00.20.13

Sandrans Le Chateau

⚒⚒ NN (TH) — *C.M. n° 74 — Pli n° 2*

Alt. : 270 m — 3 ch. dans un bâtiment de ferme restauré en bordure du village, chacune avec s. d'eau/wc. 1 ch. (1 lit 2 pers.), 1 ch. (2 lits 1 pers.) et 1 suite de 2 ch. (2 lits 2 pers. et 1 lit 1 pers.). Accès indépendant. Séjour des propriétaires disponible aux hôtes le matin. Table d'hôtes le soir sur réservation (sauf dimanche), cuisine familiale. Ouvert toute l'année. Animaux acceptés après accord du propriétaire. Route touristique de la Dombes, parc ornithologique à Villars-les-dombes 9 km, Châtillon/Chalaronne, ville fleurie 7 km, restaurant à 200 m.

Prix : 1 pers. **150 F** 2 pers. **185 F** 3 pers. **230 F** repas **65 F**

12	7	1	7	7	8	15	SP

BERTHAUD Dominique et Robert – Le Chateau – 01400 Sandrans – Tél. : 74.24.51.35

Sergy

⚒⚒⚒ NN — *C.M. n° 70 — Pli n° 16*

Alt. : 450 m — 2 ch. d'hôtes au 1er étage d'une maison neuve indépendante comportant également 2 gîtes, au cœur du village, calme, en piémont du Jura Gessien, face à la chaîne des Alpes. 1 ch. (1 lit 2 pers. 1 lit enfant), 1 ch. (1 lit 2 pers. 1 lit 1 pers.), salle d'eau et wc pour chaque chambre. Cointisanière. Terrain, parking. Ouvert toute l'année. Pêche, sentiers pédestres et forêt à proximité. Le lac, le casino et les thermes de Divonne-les-Bains à 22 km. Gex 14 km.

Prix : 1 pers. **200 F** 2 pers. **220 F** 3 pers. **240 F**

22	8	3	2	10	7	SP	20	3

MOINE Liliane – Chemin de la Charriere – 01630 Sergy – Tél. : 50.42.18.03

Songieu

⚒⚒ NN — *C.M. n° 74 — Pli n° 4*

Alt. : 750 m — 1 grande chambre d'hôtes à l'étage de la maison des propriétaires comportant également des gîtes. 1 ch. (1 lit 2 pers. 1 lit 1 pers.), salle d'eau/wc privés. Possibilité lit d'appoint, lit bébé. A disposition : coin repas, jardin des propriétaires. Restaurant 4 km. Belley 30 km. Nantua 30 km. Bellegarde 28 km. Ouvert toute l'année. Anglais parlé. Maison Bugiste rénovée, dans le village calme, typique du Valromey. Nombreuses possibilités de promenades depuis la maison.

Prix : 1 pers. **150 F** 2 pers. **180 F** 3 pers. **220 F** pers. sup. **30 F**

6	9	1	9	9	9	SP	9	9

MARTINOD Marcel – Au Village – 01260 Songieu – Tél. : 79.87.72.06

Talissieu

⚒⚒⚒ NN (TH) — *C.M. n° 74 — Pli n° 14*

Alt. : 300 m — 6 ch. d'hôtes dans un château du XVIIe, dans un parc de 12 ha. aux espèces rares. Au 1er étage et dans les tours : 4 vastes ch. et 2 suites accueillent 2 ou 3 pers. S.d.b. et wc indépendants, tél. ligne directe pour chaque ch. 2 salons, bibliothèque, salle de billard. Lyon à la vallée. Piscine, tennis dans le parc. Ouvert toute l'année. Anglais parlé. Route du Bugey et vignobles, Montagne du Grand Colombier et randonnée GR9, Belley 18 km, Aix les Bains 23 km, lac du Bourget 15 km, Genève 65 km, Lyon 110 km. Gare TGV Culoz 5 km.

Prix : 1 pers. **550 F** 2 pers. **600/800 F** 3 pers. **900 F** repas **175 F**

10	SP	SP	SP	SP	28	SP	SP	20	20

PESENTI Gilbert – Domaine de Chateau Froid – 01510 Talissieu – Tél. : 79.87.39.99 – Fax : 79.87.45.69.

Trevoux

⚒⚒⚒ NN — *C.M. n° 74 — Pli n° 1*

Alt. : 240 m — Coquette chambre d'hôtes pour 2 pers. (lits jumeaux), avec kitchenette, salle d'eau et wc indépendants. Entrée indépendante en rez-de-jardin de la maison, au calme, à proximité du centre ville. Salon de jardin dans une petite cour avec pelouse. Parking à proximité. Ouvert toute l'année. Commerces sur place. Trévoux, capitale de l'ancienne principauté de la Dombes (Parlement, Apothicairerie, Château-fort avec tour octogonale...). Ars sur Formans 7 km.

Prix : 1 pers. **180 F** 2 pers. **240 F**

SP	SP	SP	8	SP

SAULNIER FERRAND S. – 9 rue du Bois – 01600 Trevoux – Tél. : 74.00.19.45

Trevoux

⚒⚒ NN — *C.M. n° 74 — Pli n° 1*

Alt. : 220 m — 2 ch. d'hôtes au rez-de-chaussée d'un ancien hôtel particulier dans un parc, face à la Saône. 1 chambre sur jardin (lits jumeaux), salle de bains, wc réservés aux hôtes, 1 chambre en étage, plafond voûté (1 lit 200 et 2 lits 1 pers.), salle d'eau/wc privés. Parking dans le parc. Ouvert toute l'année. Commerces sur place. Trévoux site historique (parlement, château fort, apothicairerie...) Routes touristiques de la Dombes et de la Bresse. Région des pierres dorées du Beaujolais. Lyon 25 km. Bourg-en-Bresse 50 km.

Prix : 1 pers. **190/200 F** 2 pers. **250/265 F** 3 pers. **300/320 F**

SP	SP	SP	SP	8	8	SP

BODET Alain et Sabine – 26 rue du Palais - Entree 4 Bis rue de la Gare – 01600 Trevoux – Tél. : 74.00.23.74 – Fax : 74.00.25.24.

Vieu-d'Izenave *C.M. n° 74 — Pli n° 4*

♥♥ Alt. : 650 m — 2 ch. d'hôtes à l'étage de la maison du propriétaire, en bordure du hameau, en pleine campagne. 1 ch. (1 lit 2 pers.). 1 ch. (1 lit 2 pers. 1 lit 1 pers.). Lavabo dans chaque chambre, salle de bains et wc communs. Chauffage central. Séjour, cuisine d'été à la disposition des hôtes, salon de jardin. Ouvert toute l'année. Grottes du Cerdon à 5 km. Cuivrerie du Cerdon à 10 km. Lac, voile 12 km. Forêt et sentiers balisés à proximité. Tarif dégressif pour séjour en hors-saison. A40 7 km.

Prix : 1 pers. 110 F 2 pers. 140 F 3 pers. 210 F

🚣	🚤	♿	🎿	🏇	🚶	🎿	⛷
12	11	0,5	0,5	12	SP	8	15

GOYFFON Georges et Jeanine – 01430 Vieu-d'Izenave – Tél. : 74.76.32.27

Villars-les-Dombes Les Petits Communaux *C.M. n° 74 — Pli n° 2*

♥♥♥ NN Alt. : 280 m — Maisonnette indép. aménagée en chambre d'hôtes près de la villa des propriétaires. Coin-salon (1 conv. 2 pers.), mezzanine (1 lit 2 pers.), salle d'eau/wc. Terrasse couverte ouvrant sur le jardin, terrain clos aménagé, ombrage, bassin, calme de la campagne environnante. RN83, cinéma 1 km. Ouvert de Pâques à la Toussaint, le week-end sur réservation. Parc des oiseaux 2 km. Route des Etangs de la Dombes : deux itinéraires à découvrir. Gare et commerces à 1 km.

**Prix : 1 pers. 190 F 2 pers. 230 F 3 pers. 280 F
pers. sup. 50 F**

🚣	🚤	♿	🚴	🎿	🏇	🚶	🚶🚶
14	1	1,5	7	1	3	3	SP

PETIT Regine et Gerard – Les Petits Communaux - 144 rue des Cigognes – 01330 Villars-Les Dombes – Tél. : 74.98.02.86 – Fax : 74.98.02.86.

Villars-les-Dombes Les Petits Communaux *C.M. n° 74 — Pli n° 2*

♥♥♥ NN Alt. : 280 m — 1 suite de 2 ch. à l'étage de la maison du propriétaire, dans un hameau calme, en bordure du village, jardin arboré et terrain clos. Pour une même famille : 1 ch. (2 lits 1 pers.), 1 ch. (1 lit 2 pers. 1 lit 1 pers.), s.d.b. et wc privés. Séjour (canapé, TV et bibliothèque) réservé aux hôtes. Accès indép. par escalier extérieur. Ouvert toute l'année. Parc ornithologique à 2 km. Circuit découverte des étangs de la Dombes. Cinéma, gare et commerces 1 km.

Prix : 1 pers. 180 F 2 pers. 225 F 3 pers. 285 F

🐕

🚣	🚤	♿	🚴	🎿	🏇	🚶	🚶🚶
15	1	1	12	1	3	1,5	SP

GEORGE Maurice et Therese – Les Petits Communaux – 01330 Villars-Les Dombes – Tél. : 74.98.05.44

Villars-les-Dombes *C.M. n° 74 — Pli n° 2*

♥♥ NN Alt. : 280 m — 2 ch. d'hôtes non fumeurs à l'étage de la maison du propriétaire au centre du village, avec jardin clos. 1 ch. (1 lit 2 pers. 1 lit pliant d'appoint). 1 ch. (2 lits 1 pers.), douche et lavabo dans chaque ch. WC communs. 5 restaurants + 1 pizzéria dans la rue. Parc ornithologique, circuit découverte des étangs de la Dombes. Ouvert toute l'année. Cinéma au village. Gare et commerces sur place.

Prix : 1 pers. 180 F 2 pers. 220 F 3 pers. 280 F

🚣	🚤	♿	🚴	🏇	🚶	🚶🚶	⛷
15	1	1	12	SP	SP	1,5	SP

VEULLIEN Monique – Rue du Commerce – 01330 Villars-Les Dombes – Tél. : 74.98.03.72

Villebois *C.M. n° 74 — Pli n° 13*

♥♥♥ NN Alt. : 250 m — 1 ch. d'hôtes de plain-pied dans la maison du propriétaire avec terrasse privative attenante et accès indépendant. Chambre avec 3 lits 1 pers., salle de bains et wc, TV, réfrigérateur. Salon à la disposition des hôtes. Vue sur la vallée du Rhône. Voile, canoë-kayak, ULM 10 km. Accès A42 à 20 km. Ouvert toute l'année.

Prix : 1 pers. 200 F 2 pers. 250 F 3 pers. 300 F

🐕

🚣	🚤	♿	🏇	🚶🚶	⛷
5	10	2	SP	SP	15

BON Genevieve et Leon – Route de la Carriaz – 01790 Villebois – Tél. : 74.37.60.35

Villemotier Montfollet *C.M. n° 70 — Pli n° 13*

♥♥ NN Alt. : 220 m — 3 ch. d'hôtes à l'étage de la maison des propriétaires, dans une ancienne ferme restaurée, typique du bocage bressan. 1 ch. 1 épi (2 lits 1 pers.), s. d'eau et wc au r.d.c., 1 ch. 2 épis (3 lits 1 pers.), s. d'eau privée et wc communs au r.d.c., 1 ch. 2 épis (3 lits 1 pers.), s. d'eau et wc privés. Ouvert toute l'année. Gare 4 km. Commerces sur place. Bourg-en-Bresse (TGV) 20 km. A40 15 km. Route touristique de la Bresse. Route fleurie du Revermont. Possibilité de randonnées pédestres dans le Revermont.

Prix : 1 pers. 110/130 F 2 pers. 160/180 F 3 pers. 230 F

🚣	🚤	♿	🎿	🏇	🚶	🚶🚶
12	10	0,5	4	17	17	5

TUFFIN Patrick – La Recouvrance Montfollet – 01270 Villemotier – Tél. : 74.42.01.18

Villereversure Noblens  *C.M. n° 74 — Pli n° 3*

♥♥♥ NN
(TH) Alt. : 280 m — Dans une maison de caractère en pierre, 6 ch. d'hôtes harmonieusement décorées, toutes avec s. d'eau/wc indépendants. 4 ch. (1 lit 2 pers.), 1 ch. (1 lit 2 pers. 1 lit 1 pers.), 1 ch. (1 lit 2 pers. 2 lits 1 pers.). Grand séjour/salon (TV, bibliothèque). Tarif réduit selon durée du séjour. Table d'hôtes le soir (réservation). Ouvert toute l'année. Parc arboré avec rivière en contrebas. Salon de jardin, parking. Dégustation et possibilité d'emporter pains et galettes cuits au four à bois ancestral. GR59. Chasse. Jeux de boules. Sports nautiques à 3 km. Contreforts du Revermont entre Bresse et Bugey. A42 15 km. Lyon 70 km.

Prix : 1 pers. 150 F 2 pers. 200 F 3 pers. 250 F repas 60 F

🚣	🚤	♿	🚴	🎿	🏇	🚶	🚶🚶	⛷
3	15	SP	SP	1	15	3	SP	30

GUILLERMIN Annie et Eric – L'Agnoblens - Noblens – 01250 Villereversure – Tél. : 74.30.60.50

Ardèche *Vallée-du-Rhône*

Alba-la-Romaine *C.M. n° 80 — Pli n° 9*

♥♥♥ NN — Alt. : 190 m — Ancienne magnanerie, début XIXe, en bordure du village médiéval, la maison a gardé la simplicité de l'architecture locale. 3 ch. d'hôtes au 1er étage : 1 avec s.d.b. et wc privés, 2 avec s. d'eau et wc privés dont 1 suite pour 4/6 pers. Séjour, cheminée, jardin arboré, piscine privée, cuisine d'été à disposition. Animaux admis avec supplément. Ouvert toute l'année. Gare 16 km. Commerces sur place. Exposition permanente de gravures. Découverte des vins du terroir, découverte d'Alba, médiévale et romaine. Anglais et italien parlés.

Prix : 1 pers. 200 F 2 pers. 230/300 F 3 pers. 290/360 F

10	10	SP	SP	10	SP	20

ARLAUD Maurice et M-Francoise – Le Jeu du Mail – 07400 Alba – Tél. : 75.52.41.59 – Fax : 75.52.41.59

Alba-la-Romaine *C.M. n° 80 — Pli n° 9*

♥♥ NN — Alt. : 200 m — 3 ch. d'hôtes au 1er étage de la maison du propriétaire située en pleine campagne, à 2 km du village. 2 ch. 2 pers. et 1 ch. 3 pers. avec salles d'eau privatives et wc communs, salle de séjour voûtée, coin-cuisine à disposition, cheminée, ch. central. Vente de produits régionaux. Restaurant à 1,5 km, piscine privée. Gare 20 km. Ouvert toute l'année. Classement d'une chambre en 1 épi NN.

Prix : 2 pers. 200 F

10	1	SP	2	12	SP	20

DELAUZUN Michel et Laurette – Les Faures – 07400 Alba – Tél. : 75.52.40.28

Asperjoc *C.M. n° 76 — Pli n° 19*

♥♥ NN / (TH) — Alt. : 500 m — Dominant la vallée et entièrement restaurée, une ancienne ferme du XVIIe dans un hameau, vous accueille dans ses 2 ch. d'hôtes au 1er étage. Salle d'eau et wc privatifs, ch. central, cheminée, ch. 1/2 pension à partir de 2 pers. et pour plus d'une nuit. Petits déjeuners, dîners servis en terrasse panoramique, randonnées pédestres avec carte de randonnée, circuits avec carte routière, escalade, spéléo, canyoning avec moniteur diplômé d'état, terrain de boules, volley, ping-pong, soirée dansante. Commerces 7 km. Ouvert toute l'année. Anglais parlé.

Prix : 1 pers. 230 F 2 pers. 260 F 3 pers. 320 F repas 115 F
1/2 pens. 235 F

3	3	SP	5	14	SP	17	SP	SP

CHAYNE Huguette – Le Chadenet – 07600 Asperjoc – Tél. : 75.37.55.13 – Fax : 75.37.55.13

Asperjoc *C.M. n° 76 — Pli n° 19*

♥♥♥ NN — Alt. : 275 m — 4 ch. d'hôtes au 1er étage d'une maison de maître, construite en 1816 au cœur d'un parc de 2 ha, avec jets d'eau et fontaine, en bordure de rivière. 3 ch. avec salle d'eau et wc privatifs, 1 ch. avec salle d'eau et wc privatifs, ch. électrique, salon indépendant réservé aux hôtes, TV et tél. commun, billard, garage, parking, terrasse. Hors-saison 360/410 F/2 pers. Gare 35 km. Commerces 1,5 km. Ouvert toute l'année. Anglais parlé.

Prix : 2 pers. 410/460 F pers. sup. 75 F

0,5	0,5	1,5	1,5	5	SP	15	5	20	20

MOCQUET Caroline – Domaine de Combelle – 07600 Vals-Les Bains – Tél. : 75.37.62.77

Aubenas *C.M. n° 76 — Pli n° 19*

♥♥ NN — A 5 mn d'Aubenas, dans la maison du propriétaire, 1 chambre d'hôtes pouvant accueillir jusqu'à 3 personnes avec salle de bains et wc privatifs. Petits déjeuners servis sur la terrasse ou dans la chambre. Parc ombragé, salon de jardin, garage couvert privatif, jeux d'enfants.

Prix : 2 pers. 200 F pers. sup. 100 F

0,1

FEUGIER Emmanuelle – Chemin du Moulin - La Prade – 07200 Aubenas – Tél. : 75.93.07.57

La Bastide-sur-Besorgues *C.M. n° 76 — Pli n° 18*

♥♥♥ NN / (TH) — Alt. : 650 m — Chambres avec téléphone, salle de bains et wc privatifs. Salle de séjour commune aux hôtes. Accès de plain-pied partout. Table d'hôtes le soir sur réservation. Anglais, allemand, néérlandais parlés. Hébergement non fumeur. 1/2 pension : consulter le propriétaire. Gare 70 km. Commerces 4 km. Ouvert toute l'année. Chambres très confortables dans un moulinage construit vers 1800, jouxtant les ruines du château des comtes d'Antraigues et les moulins de La Bastide, le tout niché dans un cadre montagneux d'une grande beauté (torrents, gorges,...). Location de VTT. Artisanat du bois. Descente de l'Ardèche.

Prix : 2 pers. 250 F pers. sup. 70 F repas 100 F

SP	SP	11	0,3	15	SP	12	11	5

FRANCOIS Jean-Michel – Le Chateau – 07600 La Bastide-sur-Besorgues – Tél. : 75.88.23.67 – Fax : 75.88.20.92

Beaulieu *C.M. n° 80 — Pli n° 8*

♥♥ NN — Alt. : 100 m — 2 ch. d'hôtes aménagées dans une maison de construction neuve à proximité d'un camping à la ferme, à 1 km du village, en r.d.c. Terrain, salles d'eau privatives, wc communs, chauffage électrique, salle de séjour, coin-cuisine, piscine, tennis, GR n° 4. Commerces sur place. Ouvert toute l'année. Anglais et espagnol parlés.

Prix : 2 pers. 210 F 3 pers. 230 F

SP	SP	SP	1	SP

DELEUZE Jacques – Les Lebres – 07400 Beaulieu – Tél. : 75.39.03.51

Beaumont La Roche de Beaumont   *C.M. n° 80 — Pli n° 8*

✿✿✿ NN
(TH)

Alt. : 450 m — Dominant la vallée de la Beaume, dans un pays de Faïsses, de châtaigniers, venez vous ressourcer dans une bastide du XIX°. Tout un espace naturel pour que vous goûtiez aux plaisirs des vacances sans sacrifier votre tranquillité, près de tout, loin des foules. 4 ch. 2 pers., 2 ch. 4 pers., toutes avec s. d'eau et wc privés. Commerces 12 km. Sur place, mini-piscine à bain bouillonnant et nage à contre courant, sauna. Table d'hôtes (le soir) : cuisine familiale à base de produits du terroir.

Prix : 1 pers. **190 F** 2 pers. **260/350 F** pers. sup. **100/120 F** repas **90 F**

3	3	SP	15	8	SP	30	30	15

ROUVIERE Henri – La Roche - La Petite Cour Verte – 07110 Beaumont – Tél. : 75.39.58.88 – Fax : 75.39.43.00

Berrias-Casteljau La Rouveyrolle   *C.M. n° 80 — Pli n° 8*

✿✿✿ NN

Alt. : 130 m — Sur une exploitation agricole, vignes et arbres fruitiers, avec toutes les activités sportives à 600 m. 5 ch. d'hôtes aménagées dans un bâtiment annexe à la maison du propriétaire. Chambres de 2 et 3 personnes toutes avec terrasse, salle d'eau et wc privatifs. Salle commune et coin-cuisine à disposition. De nombreux points de restauration à proximité. Ouvert toute l'année.

Prix : 1 pers. **180 F** 2 pers. **220 F** 3 pers. **280 F** pers. sup. **60 F**

0,6	0,6	0,5	3	SP	0,6	0,6	15

NEGRE Jean – La Rouveyrolle – 07460 Berrias-Casteljau – Tél. : 75.39.01.14

Bourg-Saint-Andeol Haut Darbousset   *C.M. n° 80 — Pli n° 9*

✿✿✿ NN
(TH)

Alt. : 220 m — Entre vignes et garrigues, Ghislaine Capron vous accueille au milieu d'un site panoramique dans sa maison totalement indépendante en pierre de pays. 2 ch. d'hôtes pouvant accueillir de 2 à 4 pers. Salle d'eau et wc privatifs, 1 lit 2 pers., salon privé avec 1 convertible 2 pers. Dans la salle commune, TV, cheminée, terrasse, parc. Piscine privée. Ouvert toute l'année. Gorges de l'Ardèche à 15 mn. Table d'hôtes : spécialités provençales. Gare 7 km. Commerces 4 km.

Prix : 1 pers. **180 F** 2 pers. **280 F** 3 pers. **340 F** pers. sup. **60 F** repas **70 F**

15	5	SP	3	6	SP	15	15	15

CAPRON Ghislaine – Haut Darbousset – 07700 Bourg-Saint-Andeol – Tél. : 75.54.83.62

Burzet Pratmiral   *C.M. n° 76 — Pli n° 18*

✿✿✿ NN

Alt. : 613 m — Au cœur des montagnes cévenoles, 2 chambres d'hôtes dans un petit hameau de caractère restauré. 1 ch. (1 lit 2 pers. 2 lits 1 pers.), 1 ch. (1 lit 2 pers.), toutes avec salle d'eau et wc privatifs. Possibilité de prendre les repas au restaurant du village. Cascades du Ray-Pic à proximité. Commerces 3 km. Anglais parlé.

Prix : 1 pers. **180 F** 2 pers. **250 F** 3 pers. **320 F** pers. sup. **70 F**

2	2	20	3	10	0,5	30	3	10

FICHOT Andre – Pratmiral – 07450 Burzet – Tél. : 75.94.47.58 ou 75.94.47.28

Champis Ferme de Leyrisse   *C.M. n° 76 — Pli n° 20*

✿✿ NN

Alt. : 600 m — A mi-chemin entre les cépages de la vallée du Rhône et les plateaux du Vivarais, au cœur d'une ferme ardéchoise, Françoise vous propose 1 chambre d'hôtes : suite de 2 ch. (5 lits 1 pers.), salle de bains et wc privatifs, salle à manger commune avec le propriétaire. Table d'hôtes avec les produits de la ferme. Gare 20 km. Commerces 4 km.

Prix : 1 pers. **150 F** 2 pers. **220 F** 3 pers. **280 F** pers. sup. **60 F** repas **65 F**

4	2	12	4	2	SP	12	10

LEFORT Francoise – Ferme de Leyrisse – 07440 Champis – Tél. : 75.58.25.88 – Fax : 75.58.28.88

Chandolas   *C.M. n° 80 — Pli n° 8*

✿ NN

Alt. : 120 m — 2 ch. d'hôtes aménagées dans une maison en pierre de pays dans un village à proximité d'un camping à la ferme. Salle de bains et wc communs, salle commune réservée aux hôtes, salon, chauffage électrique. GR n° 4. Commerces sur place. Ouvert toute l'année.

Prix : 1 pers. **140 F** 2 pers. **150 F** 3 pers. **180 F**

0,5	0,5	3	3	0,5	SP	2	SP

BALDY Georges – Maisonneuve – 07230 Chandolas – Tél. : 75.39.00.42

Chassiers Chalabreges   *C.M. n° 80 — Pli n° 8*

E.C. NN
(TH)

Alt. : 350 m — Dans un mas ardéchois du XVIII° siècle construit tout de guingois, Chantal et Rémy vous accueillent dans leur 4 chambres d'hôtes, toutes différentes les unes des autres et vous proposent de partager leur repas à base de produits du terroir. Toutes les chambres sont prévues pour 2 à 3 pers., avec salle d'eau et wc privés. De nombreux sites à visiter à proximité. Commerces 5 km. Ouvert toute l'année. Anglais et espagnol parlés.

Prix : 1 pers. **200 F** 2 pers. **240 F** 3 pers. **340 F** repas **80 F** 1/2 pens. **180 F**

1	1	20	5	10	SP	35	15	10

VALETTE Jean-Remy – Chalabreges – 07110 Chassiers – Tél. : 75.88.37.79

Chauzon Le Village   *C.M. n° 80 — Pli n° 9*

✿✿✿ NN

Alt. : 140 m — Dans un petit village de caratère, Chantal, jeune agricultrice, vous accueille dans ses 5 chambres d'hôtes, avec salle d'eau et wc privatifs, aménagées dans une ancienne ferme du XVIII° siècle. 1 suite de 2 ch. accessibles aux pers. handicapées pouvant accueillir 3 pers., 1 ch. de 4 pers. sur 2 niveaux, 2 ch. de 2 pers., 1 ch. de 3 pers. Gare 40 km. Commerces 100 m. Ouvert toute l'année. Anglais parlé.

Prix : 1 pers. **180 F** 2 pers. **230 F** 3 pers. **290 F** pers. sup. **60 F**

0,8	0,8	4	4	9	SP	3	1

MARCEL Chantal – Gaec Les Clapas - Le Village – 07120 Chauzon – Tél. : 75.39.72.31

Chauzon Le Village   *C.M. n° 80 — Pli n° 9*

E.C. NN — Alt. : 140 m — 2 chambres d'hôtes aménagées dans une maison ardéchoise, au cœur d'un petit village, à 800 m de l'Ardèche. 1 ch. en rez-de-chaussée (1 lit 1 pers. 1 lit 2 pers.), terrasse solarium et salon privatifs. 1 ch. au 1er étage (1 lit 2 pers. 1 lit 1 pers.), salon privatif. Piscine privée sur place. Toutes activités sportives à proximité. Gare 40 km. Commerces 100 m.

Prix : 2 pers. **230/250 F** 3 pers. **280/300 F** pers. sup. **50 F**

0,8	0,8	SP	4	9	SP	1	1

BOYER Jean – Place de la Mairie – Le Mas – 07120 Chauzon – Tél. : 75.39.66.15

Genestelle   *C.M. n° 76 — Pli n° 19*

NN (TH) — Alt. : 540 m — Au cœur d'un petit village ardéchois, 5 ch. d'hôtes aménagées au 2e étage d'une maison restaurée, dans un cadre reposant. Salle d'eau et wc privatifs, lit enfant sur demande, ch. électr., grande salle à manger réservée aux hôtes. Petits déjeuners copieux. Table d'hôtes : spécialités ardéchoises, produits de la ferme. Commerces sur place. Anglais parlé. Ouvert toute l'année. Fin octobre : stages de comtes et châtaignes (nous consulter). Antraigues à 5 km, Vals Les Bains à 13 km.

Prix : 1 pers. **180 F** 2 pers. **230 F** repas **70 F** 1/2 pens. **175 F**

SP	SP	13	5	40	SP	40	5	5

MAZOYER Gerard et Bernadette – Bise – 07530 Genestelle – Tél. : 75.38.71.77 ou 75.38.74.88

Gras   *C.M. n° 80 — Pli n° 9*

NN — Alt. : 320 m — 4 ch. d'hôtes aménagées dans une maison de caractère à 7 km de St Remèze et de St Montan, à 100 m de la RD 262. 2 ch. 2 pers. en r.d.c. avec sanitaires et wc privatifs, et au 1er étage 1 suite pour 6 pers. et 1 ch. 5 pers., avec sanitaires et wc privatifs. Salle commune, piano, bibliothèque, vidéothèque, ping-pong, ch. central. Terrasse couverte. Cuisine à disposition. Gorges de l'Ardèche à 12 km. Restaurant à 3,5 km. Gare 28 km. Commerces 3 km. Ouvert du 1er avril au 1er novembre.

Prix : 1 pers. **200 F** 2 pers. **220/250 F** 3 pers. **300 F** pers. sup. **100 F**

13	13	2	2	2	SP	17	7	10

GRANIER Francoise – Mas de Marquet – 07700 Gras – Tél. : 75.04.39.56 – Fax : 75.04.39.56

Grospierres   *C.M. n° 80 — Pli n° 8*

NN (TH) — Alt. : 120 m — Demeure de caractère au pied des dolmens et à 10 minutes des Gorges de l'Ardèche. Cadre calme et très ensoleillé. Terrain, terrasse, salon réservé aux hôtes et salle à manger commune. 1 ch. avec accès indépendant (1 lit 2 pers.), salle d'eau et wc privés. 2 suites de 2 ch. (1 lit 2 pers. 2 lits 1 pers.), salle d'eau et wc privés. Table d'hôtes sur réservation. Commerces 5 km. Anglais parlé.

Prix : 2 pers. **240/260 F** 3 pers. **300/320 F** repas **80 F**

4	4	5	5	SP	5	5	8

AMOROS Jean – 07120 Grospierres – Tél. : 75.39.07.11

Jaujac Le Monteil   *C.M. n° 76 — Pli n° 18*

NN (TH) — Alt. : 500 m — Dans un hameau dominant Jaujac, la vallée du Lignon et ses coulées basaltiques, 2 ch. aménagées au r.d.c. d'une maison en pierre. Salles d'eau et wc privatifs, ch. central, salle commune réservée aux hôtes avec coin-salon, cheminée, TV. Possibilité de lit et repas enfants. Table d'hôtes : produits du terroir et du jardin. Non fumeurs. Commerces 4 km. Calme et détente au milieu des prés et des vergers. Anglais parlé.

Prix : 1 pers. **220 F** 2 pers. **240 F** 3 pers. **300 F** pers. sup. **60 F** repas **80 F** 1/2 pens. **180 F**

3	4	15	4	10	SP	27

BRUN-MARECHAL Catherine – Le Monteil – 07380 Jaujac – Tél. : 75.93.28.56

Jaujac Les Roudils   *C.M. n° 76 — Pli n° 18*

NN — Alt. : 550 m — Havre de paix dominant une large vallée des Hautes Cévennes, au cœur d'une nature sauvegardée, une ferme restaurée comprenant 1 ch. 3 pers. avec salle d'eau et wc privatifs, une suite pouvant accueillir 5 pers. avec salle d'eau et wc privatifs. Séjour et salon communs. Table d'hôtes en terrasse : cuisine naturelle et produits du jardin. Commerces 4 km.

Prix : 1 pers. **200 F** 2 pers. **240 F** 3 pers. **300 F** pers. sup. **60 F** repas **80 F**

4	SP	15	4	10	SP	26

FLORENCE Marie et Gil – Les Roudils – 07380 Jaujac – Tél. : 75.93.21.11

Joyeuse   *C.M. n° 80 — Pli n° 8*

NN — Alt. : 180 m — 4 ch. climatisées au 2e étage d'une ancienne ferme au milieu des vignes. Salle d'eau et wc privés. Salon, salle à manger réservés aux hôtes, bibliothèque avec importante documentation régionale. Pelouse, salon de jardin. Copieux petits déjeuners avec produits de la ferme et confitures maison servis sur terrasse ombragée. Réduc. 10 % pour séjour d'une semaine ou plus. Pique-nique sur place possible. Gorges de l'Ardèche à 25 km. Commerces sur place. Ouvert toute l'année.

Prix : 2 pers. **230/240 F**

1	1	22	1	2	SP	40	25	10	30

POUZACHE Francis – Le Freyssinet – 07260 Joyeuse – Tél. : 75.39.41.47

Lablachere Sebet Haut   *C.M. n° 80 — Pli n° 8*

E.C. NN (TH) — Alt. : 260 m — Dans une ancienne ferme au milieu des vignes, 3 ch. d'hôtes aménagées dans de très belles salles voûtées du XVIIIe, salle d'eau et wc privés, accès de plain-pied, calme assuré. 1 ch. 3 pers., 1 ch. 2 pers., 1 suite pouvant accueillir 5 pers. Salon, salle à manger communs. Copieux petits déjeuners avec produits maison. Table d'hôtes sur réservation. Gare 60 km. Commerces 2 km. Ouvert de Pâques à la Toussaint. Anglais, néerlandais et italien parlés.

Prix : 1 pers. **190 F** 2 pers. **240 F** 3 pers. **300 F** pers. sup. **60 F** repas **90 F**

5	5	5	2	1	SP	40	5	5	15

BARRIAL Marie-Jose – Sebet-Haut – 07230 Lablachere – Tél. : 75.30.51.08 – Fax : 75.36.51.08

Laurac

❦❦ NN

Alt. : 180 m — 1 chambre d'hôtes au 1er étage d'une maison de construction récente située à 1 km du village. 1 ch. (2 lits 1 pers. et 1 convertible 2 pers.), salle de bains et wc privatifs, terrasse, chauffage électrique. Ouvert toute l'année. Commerces 1 km.

Prix : 2 pers. 220 F 3 pers. 260 F

4	3	10	1	3	2	30	10	10	20

LEBRE Claude – Quartier la Plaine – 07110 Laurac – Tél. : 75.36.88.32 ou 75.36.80.79 – Fax : 75.36.89.27

Lyas Le Chateau de Liviers

❦❦❦ NN
(TH)

Alt. : 550 m — Admirablement situé sur un éperon rocheux, à 550 m d'altitude, le château et son domaine de 13 ha dominent la vallée de Privas. De ses terrasses on aperçoit au loin la vallée du Rhône et de la Drôme, le Vercors, et à l'horizon les Alpes. Au 1er étage, 5 ch. de 2 à 4 pers., toutes avec sanitaires privatifs. Salons, cheminée, TV, tél. Gare 40 km. Commerces 7 km. Table d'hôtes (tarifs spéciaux pour les enfants). Ouvert toute l'année.

Prix : 1 pers. 230 F 2 pers. 290 F 3 pers. 390 F
pers. sup. 70 F repas 60/90 F 1/2 pens. 210 F pens. 260 F

7	7	7	15	SP	15	7	

HUMBERT Marie Jo et Jean-Luc – Chateau de Liviers – 07000 Lyas – Tél. : 75.64.64.00

Mauves

❦❦❦ NN

Alt. : 400 m — Sur les balcons de Rhône-Alpes et au cœur du Saint-Joseph, Monique vous accueille chaleureusement et vous fera découvrir sa merveilleuse région. 1 ch. 2 épis (1 lit 2 pers. 1 lit 1 pers.), s. d'eau privative, wc communs. 1 ch. 3 épis (1 lit 2 pers. 2 lits 1 pers.), s. d'eau et wc privatifs, 1 ch. 3 épis (1 lit 2 pers.), coin-salon, s. d'eau, wc. Commerces 4 km.

Prix : 1 pers. 150 F 2 pers. 220 F 3 pers. 300 F
pers. sup. 80 F repas 70 F

6	5	5	3	12	SP	60	5	15

CONRAD Monique – Roure Soleil – 07300 Mauves – Tél. : 75.07.61.52

Mirabel Le Mas des Vignes

❦❦❦ NN
(TH)

Alt. : 190 m — Venez retrouver la douceur de vivre dans un mas ardéchois de caractère au cœur des vignes et des vergers où Catherine et Daniel vous accueilleront en amis. 4 ch. indépendantes, confortables, personnalisées (meubles peints, tableaux, bouquets) avec salle de bains et wc privatifs. Salon, TV, tél. (carte pastel), cheminée, terrasse, cour fleurie et ombragée. Salon de jardin. Cadre calme et raffiné. Table d'hôtes : cuisine aux saveurs provençales et vins du terroir. Commerces 3 km.

Prix : 1 pers. 220/250 F 2 pers. 250/350 F 3 pers. 390/430 F
repas 90/130 F

10	0,1	3	15	SP	10	3

CHAMPAVIER Catherine – Le Prade - Le Mas des Vignes – 07170 Mirabel – Tél. : 75.94.28.54

Montpezat La Chaussade

❦❦❦ NN

Alt. : 560 m — Au pied des volcans, à mi-chemin des Cévennes et de la Montagne ardéchoise, 2 ch. pour 2 à 3 pers. avec salle d'eau et wc indépendants privatifs. Séjour et salon communs avec cheminée, télévision, jeux de société. Jeux de boules. De nombreuses activités à proximité : VTT, mini golf, plan d'eau... Commerces 1 km.

Prix : 1 pers. 180 F 2 pers. 220 F 3 pers. 260 F

0,3	0,3	18	0,3	2	SP	8	20

CHANIAC Suzette – La Chaussade – 07560 Montpezat – Tél. : 75.94.55.20

Montreal

❦❦ NN

Alt. : 300 m — 2 chambres d'hôtes au 1er étage d'une belle maison en pierre rénovée. Salle d'eau particulière et wc communs, salle de séjour, cheminée, terrasse, chauffage électrique. Gorges de l'Ardèche à 8 km et Vallon Pont d'Arc à 16 km. Commerces 3 km. Ouvert toute l'année.

Prix : 2 pers. 190/220 F

6	1	18	3	5	SP	10	3

BLACHERE Roland et Huguette – Le Village – 07110 Montreal – Tél. : 75.39.20.05

Montreal

❦ NN
(A)

Alt. : 200 m — 4 chambres d'hôtes aménagées dans un bâtiment attenant à la ferme. 2 ch. 2 pers. et 2 ch. 3 pers. avec salle d'eau et wc communs, salle de séjour à la disposition des hôtes. Chauffage électrique. Parking, aire de jeux. Camping à la ferme sur place. Repas pris à la ferme auberge. Commerces 3 km. Ouvert toute l'année sauf octobre.

Prix : 1 pers. 115 F 2 pers. 190 F 3 pers. 225 F repas 60 F

SP	SP	0,5	5	SP	SP

JAUZION Sebastien – Les Marronniers – 07110 Montreal – Tél. : 75.36.82.54

Montselgues Le Chastagnier

❦❦❦ NN
(TH)

Alt. : 1000 m — 4 chambres d'hôtes situées dans une très belle demeure du XVIIIe siècle. Cadre magnifique et très isolé sur 50 hectares de terrain privé. Etang de pêche aménagé. 4 ch. avec 1 lit 2 pers. (dont 1 avec 1 lit 1 pers. en supplément), s.d.b. et wc privés par chambre. Salon et séjour communs. Table d'hôtes : spécialités ardéchoises. Commerces 10 km. Ouvert toute l'année. Accès : piste sur 2 km. Anglais parlé.

Prix : 2 pers. 250 F pers. sup. 40 F repas 80 F

6	SP	6	6	6	SP	6	6

CHAZALON Francis – Le Chastagnier – 07140 Montselgues – Tél. : 75.36.97.00

Pailhares *C.M. n° 76 — Pli n° 9*

♥♥ NN
(TH)

Alt. : 900 m — 2 très belles chambres d'hôtes aménagées avec amour dans une ancienne ferme ardéchoise restaurée. Totale indépendance. Terrain. Vue imprenable. Cadre reposant. Coin-salon, salle d'eau, wc, réfrigérateur dans chaque chambre. Halte équestre. Table d'hôtes à base de produits du terroir, cuisine régionale et spécialités alsaciennes. Accueil chaleureux. Nombreuses activités sur place et à proximité. Anglais et allemand parlés. Tarifs enfants - 10 ans : repas 60 F, 1/2 pension : 150 F, pension : 210 F. Commerces 5 km. Ouvert toute l'année.

Prix : 1 pers. **185 F** 2 pers. **220 F** 3 pers. **300 F**
pers. sup. **60 F** repas **80 F** 1/2 pens. **185 F** pens. **250 F**

7	2	8	4	8	SP	4

ANDRY Jacques – Col du Marchand - « Petit Marchand » – 07410 Pailhares – Tél. : 75.06.06.80 – Fax : 75.06.13.46

Payzac La Giralde *C.M. n° 80 — Pli n° 8*

♥♥ NN

Alt. : 250 m — 1 chambre d'hôtes aménagée dans une très belle maison ardéchoise. 1 lit 2 pers. avec salle d'eau privative non cloisonnée et wc privatifs non communicants, 1 bureau, terrasse couverte avec salon. Commerces 2 km. Ouvert toute l'année.

Prix : 1 pers. **180 F** 2 pers. **230 F**

7	7	10	2	4	SP	7	7

BORDON Nadia – La Giralde – 07230 Payzac – Tél. : 75.39.47.57

Pourcheres *C.M. n° 76 — Pli n° 19*

♥♥♥ NN
(TH)

Alt. : 650 m — 4 ch. d'hôtes, d'accès indépendant, ouvrant sur le jardin, aménagées dans une vieille maison ardéchoise entourée de verdure. Salles d'eau et wc privatifs, ch. électr. La table d'hôtes offre les produits du jardin et du cru. Possibilité de menus végétariens sur demande. Table commune l'hiver, séparée l'été. Le maître de maison parle anglais et allemand. Le village situé sur les pentes d'un ancien volcan, permet de belles promenades à pied. Commerces 10 km. Ouvert du 1er avril au 31 décembre.

Prix : 1 pers. **145/195 F** 2 pers. **200/280 F** 3 pers. **255/335 F**
pers. sup. **65 F** repas **95 F**

10	10	SP

GOETZ Marcelle – 07000 Pourcheres – Tél. : 75.66.81.99 ou 75.66.80.22

Pradons *C.M. n° 80 — Pli n° 9*

♥♥ NN

Alt. : 120 m — 5 chambres d'hôtes aménagées dans une ferme entièrement restaurée, située sur une exploitation viticole à 5 km de Ruoms. Séjour réservé aux hôtes, 1 ch. (1 lit 2 pers.), 2 ch. (1 lit 2 pers. 1 lit 1 pers.), 2 ch. (1 lit 2 pers. 2 lits 1 pers.), toutes avec salle d'eau et wc privatifs. Petits déjeuners servis dans la véranda ou sur la terrasse. Chauffage central. Gare 50 km. Commerces 2 km. Ouvert toute l'année.

Prix : 1 pers. **180 F** 2 pers. **230 F** 3 pers. **290 F**
pers. sup. **60 F**

0,4	0,4	2	2	7	SP	50	2	15

RANCHIN Francis – Quartier « Les Ranchins » – 07120 Pradons – Tél. : 75.93.98.33

Preaux *C.M. n° 76 — Pli n° 10*

♥♥ NN
(TH)

Alt. : 650 m — 3 ch. d'hôtes aménagées dans une ancienne ferme restaurée, construite en 1858 à l'orée d'un bois. Chambres et séjour non fumeurs. 1 suite comprenant 1 ch. 2 pers. avec mezzanine et 1 ch. 1 pers., 1 ch. 2 pers. et 3 enfants, 1 ch. 2 pers. Salles d'eau et wc privatifs, ch. électr. Séjour avec cheminée d'époque, bibliothèque. VTT à disposition gratuite. Gare 18 km. Commerces 6 km. Ouvert toute l'année.

Prix : 1 pers. **150 F** 2 pers. **200 F** 3 pers. **250 F** repas **85 F**

6	4	6	6	6	SP	13

MILLERET-DUCROS Isabelle et Eric – Ferme de Mayard – 07290 Preaux – Tél. : 75.34.44.20

Rochemaure La Campane *C.M. n° 80 — Pli n° 10*

♥♥♥ NN

Alt. : 85 m — Dans une maison de caractère du XVIe siècle, au cœur du village médiéval, 1 suite aménagée à l'étage avec plafond à la française, meubles anciens et terrasse privative avec salon de jardin. 1 lit 2 pers., 2 lits 1 pers., salle d'eau, wc, cheminée et coin-salon dans la chambre, réfrigérateur. Restauration 500 m. Gare 5 km. Commerces 500 m.

Prix : 2 pers. **250 F** 3 pers. **320 F**

2	1	0,5	2	SP

BELLANGER Francine – Rue de la Violle – 07400 Rochemaure – Tél. : 75.49.00.06

Rochemaure Les Videaux *C.M. n° 80 — Pli n° 10*

♥♥♥ NN
(TH)

Alt. : 300 m — Henriette vous accueille dans un site calme et très ensoleillé. Vous dominerez le magnifique château de Rochemaure (XIIe siècle). RN 86 à 5 mn. En r.d.c. : 1 ch. 2 pers., s. d'eau et wc privés, terrasse privative avec salon de jardin. A l'étage : 3 ch. 2 pers., s. d'eau ou s.d.b. et wc privés. Découvrez la table d'hôtes et la cuisine de « Grand Mère ». Salon privatif pour les hôtes avec TV, téléphone, jeux d'enfants. Gare 15 km. Commerces 3 km.

Prix : 1 pers. **190 F** 2 pers. **230/250 F** pers. sup. **60 F**
repas **75 F** 1/2 pens. **170/230 F**

10	5	10	3	10	SP	25	25	25

COLENSON Henriette – Le Chenavari - Les Videaux – 07400 Rochemaure – Tél. : 75.49.10.16

Rocles 🏠 *C.M. n° 80 — Pli n° 8*

☟☟ NN
(TH)

Alt. : 450 m — 1 chambre 3 épis avec salle d'eau et wc privatifs, 3 ch. 2 épis avec s. d'eau privée et wc communs, sur une exploitation agricole (chèvres, chevaux, fruits) au milieu de 20 ha de bois et prés. Très calme et reposant. Salle commune avec coin-cuisine, ch. central. Terrasses et jardins ombragés. Promenades nombreuses à cheval, à pied, en forêt. Commerces 1 km. Table d'hôtes le soir avec produits de la ferme et des voisins. Tarifs pour séjour et groupes (nous consulter). Ping-pong et jeux divers. Nos amis les animaux ne sont pas admis dans les chambres. Ouvert toute l'année. Anglais et allemand parlés.

Prix : 1 pers. 180/220 F 2 pers. 230/270 F pers. sup. 70 F repas 80 F

3	3	12	SP	SP	20	12	

ROUVIERE Claude – La Croze – 07110 Rocles – Tél. : 75.88.31.43

Rosieres 🏠 *C.M. n° 80 — Pli n° 8*

☟☟ NN
(A)

Alt. : 160 m — 6 chambres d'hôtes aménagées dans une ferme typique en activité au milieu des vignes à 1 km du village. Chambres mansardées. 1 ch. 2 pers. sur terrasse avec salle d'eau et wc privatifs, 4 ch. 2, 3 ou 4 pers. avec salle d'eau privative et wc communs, 1 ch. 2 pers. avec salle d'eau et wc non privatifs. Salle à manger à disposition des hôtes. Repas en auberge. Gorges de l'Ardèche à 20 km. Pension complète en saison + 10 F. Commerces 500 m. Ouvert du 1er avril au 15 novembre.

Prix : 2 pers. 170/235 F pers. sup. 50 F repas 80 F pens. 160/193 F

1	1	0,2	2	SP	1		

BARAILLE Agnes – Les Granges – 07260 Rosieres – Tél. : 75.39.50.38 – Fax : 75.39.56.80

Sagnes-et-Goudoulet *C.M. n° 76 — Pli n° 18*

☟☟ NN
(A)

Alt. : 1230 m — 3 ch. d'hôtes au 1er étage d'une ancienne ferme au toit de lauzes, classée monument historique, au cœur d'un petit village de 50 habitants. 2 ch. avec salle d'eau privative et wc communs, 1 ch. avec salle d'eau et wc privatifs, ch. central. Ferme auberge en r.d.c. : spécialités locales, cuisine familiale. Table d'hôtes et 1/2 pension : consulter le propriétaire. Commerces sur place. Ouvert les week-ends et vacances scolaires.

Prix : 1 pers. 180 F 2 pers. 205 F pers. sup. 55 F repas 80 F

SP	SP	35	SP	8	SP	SP	4

CHANEAC Lucienne – Les Grandes Sagnes – 07450 Sagnes-et-Goudoulet – Tél. : 75.38.80.28

Sagnes-et-Goudoulet *C.M. n° 76 — Pli n° 18*

☟☟ NN
(A)

Alt. : 1230 m — 4 ch. d'hôtes aménagées dans la maison du propriétaire. Petit déjeuner pris à la ferme auberge. 2 ch. (1 lit 2 pers.) avec wc communs et salles d'eau privatives, 2 ch. (1 lit 2 pers.) avec wc et salle d'eau privatifs. Salon commun aux propriétaires et aux locataires. Tables d'hôtes et 1/2 pension : consulter le propriétaire. Commerces sur place. Ouvert les week-ends et vacances scolaires.

Prix : 1 pers. 180 F 2 pers. 205 F pers. sup. 55 F repas 80 F

SP	SP	35	SP	8	SP	SP

CHANEAC Marie-Therese – 07450 Sagnes-et-Goudoulet – Tél. : 75.38.80.28

Saint-Agreve *C.M. n° 76 — Pli n° 9*

☟ NN

Alt. : 1000 m — 1 chambre d'hôtes située dans une maison ancienne rénovée, à 1 km du village. Chambre en rez-de-chaussée, avec accès indépendant, salle d'eau et wc privatifs, coin-cuisine avec réfrigérateur et cuisinière à disposition, coin-salon, chauffage central, grande cour fermée. Commerces sur place.

Prix : 1 pers. 180 F 2 pers. 200 F 3 pers. 280 F pers. sup. 50 F

5	0,5	10	1,5	4	SP	10

MOULIN Elie – Route du Pont – 07320 Saint-Agreve – Tél. : 75.30.12.50

Saint-Agreve *C.M. n° 76 — Pli n° 9*

☟ NN

Alt. : 1050 m — 3 chambres d'hôtes situées près d'une ferme, au premier étage, à 1,5 km de Saint-Agrève. 2 chambres 2 pers., 1 chambre 3 pers., salle d'eau commune, salle de séjour, chauffage central. GR n° 7. Commerces sur place. Ouvert toute l'année.

Prix : 1 pers. 120 F 2 pers. 160 F 3 pers. 200 F

7	2	12	1,5	5	SP	1,5

VARIGNIER Charles et Juliette – Beauregard – 07320 Saint-Agreve – Tél. : 75.30.11.75

Saint-Andre-de-Cruzieres *C.M. n° 80 — Pli n° 8*

☟☟☟ NN
(A)

Alt. : 150 m — 4 chambres d'hôtes au 2e étage d'une vaste maison de famille à caractère méridional, à 2 km du village. Salle d'eau et wc privatifs, salon commun, cadre calme, ombragé, grande terrasse ensoleillée. Auberge : repas préparés avec des produits fermiers. Gare 30 km. Commerces sur place. Ouvert de Pâques à la Toussaint et vacances scolaires. Anglais et espagnol parlés.

Prix : 1 pers. 220 F 2 pers. 240 F pers. sup. 60 F repas 115 F 1/2 pens. 305/410 F pens. 360/520 F

10	10	4	3	10	SP	20	10	10

MAISTRE Jean Luc – Auberge « La Manaudiere » – 07460 Saint-Andre-de-Cruzieres – Tél. : 75.39.34.58

Saint-Andre-de-Cruzieres *C.M. n° 80 — Pli n° 8*

☟☟☟ NN

Alt. : 150 m — « Les mûriers », bâtisse provençale située aux confins de l'Ardèche et du Gard, où vous accueillent Elisabeth et Christian. 4 ch. tout confort de 2 ou 3 pers., s. d'eau et wc privatifs. Séjour commun avec coin-cuisine à disposition des hôtes et TV, ch. électrique. Possibilité de prendre les petits déjeuners en terrasse ombragée et d'ajouter lit d'appoint dans les 4 ch. Gare 30 km. Commerces 1 km.

Prix : 1 pers. 235 F 2 pers. 255/300 F 3 pers. 310 F pers. sup. 60 F

10	30	10	10	12	SP	15	10

DUMAS Christian – Pierregras - Les Muriers – 07460 Saint-Andre-de-Cruzieres – Tél. : 75.39.02.02 – Fax : 75.39.02.02

Ardèche

Saint-Basile Mounens

C.M. n° 76 — Pli n° 19

♥♥♥ NN
(TH)

Alt. : 560 m — 3 ch. 2 pers. avec salle de bains et wc privatifs (couchages supplémentaires 2 pers. en mezzanine ou en suite). Salle de séjour avec cheminée, bibliothèque à la disposition des hôtes. Table d'hôtes le soir (sur réservation). Cuisine à base de produits du terroir. Possibilité de prendre les repas en terrasse face à la piscine. Commerces 6 km. Ouvert toute l'année. En pleine nature, dans un hameau ardéchois, Mayèse et Max vous accueillent dans leur ferme restaurée du XVIIIᵉ siècle, offrant à ses hôtes le charme de son jardin fleuri et de sa piscine. Anglais et espagnol parlés.

Prix : 1 pers. **290 F** 2 pers. **330 F** pers. sup. **95 F**
repas **110 F**

6	0,1	SP	6	3	SP	15

DEJOUR Max et Mayèse – Mounens – 07270 Lamastre – Tél. : 75.06.47.59

Saint-Christol

C.M. n° 76 — Pli n° 19

♥♥ NN
(TH)

Alt. : 800 m — 3 ch. d'hôtes en r.d.c. aménagées dans une ferme située dans un hameau à 5 km du village. Cadre calme et reposant. Salle d'eau et wc privatifs, salle à manger commune aux hôtes et aux propriétaires, TV, tél., chauffage électrique. Salon de jardin, jeux de boules, jardin, parking. Table d'hôtes : le soir sur réservation. Commerces 12 km. Ouvert toute l'année.

Prix : 2 pers. **240 F** repas **80 F**

12	SP	15	12	15	SP	15

VIALLON Marc et Gisèle – Route de Saint-Christol – 07160 Saint-Christol – Tél. : 75.29.03.92

Saint-Clement

C.M. n° 76 — Pli n° 18

♥♥ NN
(TH)

Alt. : 900 m — 3 chambres d'hôtes dans une ferme isolée, au 1ᵉʳ étage, à 3 km du village. Salle à manger et salon communs, salle d'eau et wc privatifs attenants à chaque chambre, tél., TV, chauffage électrique. Table d'hôtes : produits fermiers. Commerces sur place. Ouvert toute l'année.

Prix : 1 pers. **190 F** 2 pers. **190 F** 3 pers. **235 F**
pers. sup. **45 F** repas **80 F** 1/2 pens. **175 F**

5	5	10	14	20	3	18

RAOUX Brigitte et Roland – Ferme de la Traverse – 07310 Saint-Clement – Tél. : 75.30.49.64

Saint-Desirat La Desirade

C.M. n° 76 — Pli n° 10

♥♥♥ NN

Alt. : 450 m — A 45 mn de Lyon, dans une très belle demeure bourgeoise, sur la route des vins de Côtes du Rhône, 3 ch. d'hôtes vous sont proposées. 1 ch. (1 lit 2 pers.) s. d'eau et wc privés, 1 ch. (1 lit 2 pers. 1 lit 1 pers.) s. d'eau et wc privés, 1 suite de 2 ch. (2 lits 2 pers. 1 lit 1 pers.) s.d.b. et wc privés. Parc ombragé, parking fermé, salon, TV. RN 86 à 5 mn. Gare 15 km. Commerces 2 km. Ouvert du 1ᵉʳ avril au 30 septembre. Anglais parlé.

Prix : 1 pers. **180 F** 2 pers. **220 F** 3 pers. **300 F**
pers. sup. **80 F**

3	3	3	3	10	SP	7	2

MEUNIER Philippe – La Desirade – 07340 Saint-Desirat – Tél. : 75.34.21.88

Saint-Georges-les-Bains Le Mas Fleuri

C.M. n° 76 — Pli n° 20

♥♥ NN
(TH)

Alt. : 200 m — 3 ch. au r.d.c. de la maison récente du propriétaire située dans un cadre très fleuri situé dans la Vallée du Rhône, à la porte de la vallée de l'Eyrieux avec accès direct à la RN 86 et à l'A7. 1 ch. (1 lit 2 pers. 1 lit 1 pers.), s. d'eau privative non communicante, 2 ch. (1 lit 2 pers.) s. d'eau privative. WC communs aux 3 ch. Table d'hôtes conviviale et familiale. Soirées barbecue. Gare 10 km. Commerces 2 km. Ouvert toute l'année et sur réservation du 1 octobre au 1 mars. Allemand parlé.

Prix : 2 pers. **220 F** 3 pers. **260 F** pers. sup. **40 F** repas **80 F**
1/2 pens. **180 F**

4	0,5	2	2	15	SP	5

MARTIN Marie-Reine et Alain – Le Mas Fleuri - Quartier Mars – 07800 Saint-Georges-Les Bains – Tél. : 75.85.33.06

Saint-Georges-les-Bains Saint-Marcel-de-Crussol

C.M. n° 76 — Pli n° 20

♥♥♥ NN

Alt. : 230 m — Venez vous détendre dans une maison de maître complètement indépendante au cœur d'un parc de 2 ha. La piscine et des jeux d'enfant sont à votre disposition. 1 ch. aménagée avec des meubles de style pouvant accueillir 3 pers. Coin-salon, TV et tél., salle de bains et wc. La 2ᵉ pouvant accueillir 2 pers., coin-salon, TV, salle de bains, wc. Gare 20 km. Commerces 2 km. Espagnol et anglais parlés.

Prix : 1 pers. **500 F** 2 pers. **500 F** 3 pers. **500 F**

8	SP	SP	5	15	SP	5

BIOSSE DUPLAN – Saint-Marcel-de-Crussol – 07800 Saint-Georges-Les Bains – Tél. : 75.60.81.77

Saint-Germain

C.M. n° 80 — Pli n° 9

♥♥ NN

Alt. : 195 m — 4 ch. d'hôtes dont 1 en r.d.c. et 2 en 1/2 étage, au cœur d'un village médiéval, situées dans une exploitation fruitière et viticole, très calme. Sanitaires privatifs, kitchenette à disposition, séjour (TV, jeux, lecture), salon de jardin. Nombreuses possibilités touristiques dans les environs. Gorges de l'Ardèche à 25 km. Commerces sur place. Ouvert toute l'année.

Prix : 1 pers. **150 F** 2 pers. **220/240 F** 3 pers. **270/290 F**
pers. sup. **50 F**

3	3	3	3	7	SP	5	10

TARDIEU Jean et Jacqueline – Le Village – 07170 Saint-Germain – Tél. : 75.37.70.60 – Fax : 75.37.70.60

Saint-Jacques-d'Atticieux Chavanon

C.M. n° 76 — Pli n° 10

♥♥♥ NN

Alt. : 500 m — Au pied des contreforts du Massif du Pilat, à deux pas du Parc Naturel Régional, 1 chambre d'hôtes aménagée dans la maison du propriétaire. Chambre avec 2 lits 1 pers., salle de bains et wc privatifs, chauffage central. Terrain, salon de jardin. Table d'hôtes le soir sur réservation. Commerces 3 km. Anglais parlé.

Prix : 1 pers. **175 F** 2 pers. **250 F** repas **70 F**

15	3	12	3	5	SP	14	10

MARECHAL Jacqueline – Chavanon – 07340 Saint-Jacques-d'Atticieux – Tél : 75.67.12.82

Saint-Jean-de-Pourcharesse
C.M. n° 80 — Pli n° 8

≋≋ NN
(A)

Alt. : 650 m — Presque au bout du monde, dans un hameau typique des Cévennes ardéchoises entouré par 100 ha de châtaigniers et de landes, vieux mas cévenol en schiste parfaitement restauré. 4 ch. d'hôtes pour 2 pers. avec salle d'eau et wc privatifs, chauffage électrique. Gîte d'étape et ferme auberge. Produits de la ferme. Cuisine du terroir. Commerces 8 km. Ouvert toute l'année.

Prix : 1 pers. **190 F** 2 pers. **230 F** repas **95 F** 1/2 pens. **190 F**

9	3	9	12	SP	12	25

CHAT Claire – Depoudent – 07140 Saint-Jean-de-Pourcharesse – Tél. : 75.39.48.58

Saint-Julien-du-Gua
C.M. n° 76 — Pli n° 19

≋≋≋ NN

Alt. : 750 m — 1 chambre d'hôtes au 1er étage d'une vieille ferme ardéchoise de granit rose, nichée sur un mamelon rocheux dans un hameau à 300 m du village. Salle d'eau et wc privatifs attenants, salon, bibliothèque à disposition, téléphone, chauffage central. Piscine privée. Commerces 7 km. Ouvert toute l'année. Anglais et allemand parlés.

Prix : 2 pers. **320 F**

3	3	SP	7	20	SP

LAMBERT Jean-Pierre – Hameau de Intres – 07190 Saint-Julien-du-Gua – Tél. : 75.66.85.04

Saint-Julien-du-Serre Le Chambon
C.M. n° 76 — Pli n° 19

≋≋≋ NN
(TH)

Alt. : 250 m — Venez découvrir notre moulinage situé à 5 km d'Aubenas (2 km de la RN 104), dans la vallée du Luol. Vous apprécierez le centre équestre, les baignades en rivière, les randonnées à pied ou en VTT, l'escalade... 1 suite de 2 ch. (4 lits 1 pers.), salle d'eau et wc privés. Table d'hôtes le soir sur réservation : repas traditionnel ou végétarien. Chambre non fumeur. Commerces 2 km. Ouvert toute l'année.

Prix : 1 pers. **180 F** 2 pers. **240 F** 3 pers. **320 F** repas **80 F** 1/2 pens. **180 F**

SP	SP	2	7	SP	SP	30	7	7

VANDAMME-LEFEVRE Viviane – Le Chambon - Le Moulinage – 07200 Saint-Julien-du-Serre – Tél. : 75.93.05.09

Saint-Julien-du-Serre Bourlenc
C.M. n° 76 — Pli n° 19

≋≋≋ NN
(TH)

Alt. : 410 m — Une belle maison en pierre style provençale ouverte sur la nature avec vue panoramique. Ses 5 chambres ont toutes un accès indépendant. 3 ch. avec lit double. 1 grande avec mezzanine pour 4/5 pers., 1 grand duplex pour 4/5 pers. Toutes avec salle d'eau et wc privatifs. Groupes bienvenus. Cuisine ensoleillée par les produits du jardin. Commerces 8 km. Terrasse de la maison. Vente de miel et de confitures maison. Jeux de boules, ping-pong, stage d'aquarelle en plein air en juillet/août sur réservation. Ouvert toute l'année. Anglais et espagnol parlés.

Prix : 2 pers. **260 F** 3 pers. **340 F** pers. sup. **80 F** repas **90 F** 1/2 pens. **180/200 F**

1	1	8	2,5	10	SP	30	25	16

VENTALON Thierry et Dorothée – Bourlenc – 07200 Saint-Julien-du-Serre – Tél. : 75.37.69.95

Saint-Laurent-sous-Coiron
C.M. n° 76 — Pli n° 19

≋≋ NN
(TH)

Alt. : 550 m — 5 ch. d'hôtes aménagées au 1er étage d'une ferme en basalte typique du Coiron, à 3 km de Darbres. 2 ch. 2 pers. avec salles d'eau privatives non communicantes et wc communs. 1 suite avec 2 ch. 2 pers., salle d'eau et wc privatifs. 1 ch. 2 pers. avec salle d'eau et wc privatifs, coin-cuisine. Salle de détente à disposition des hôtes. Terrasse ombragée. Table d'hôtes : cuisine familiale, produits de la ferme. Ferme équestre, spéléo, canyoning avec moniteurs D.E. 1/2 pension enfant : 135 Francs. Gare 45 km. Commerces 3 km. Ouvert toute l'année.

Prix : 1 pers. **100 F** 2 pers. **200 F** 3 pers. **300 F** repas **75 F** 1/2 pens. **175 F**

1	3	5	SP	SP	50	25	2

CARLEBACH Daniele – Le Solitary – 07170 Saint-Laurent-sous-Coiron – Tél. : 75.94.22.39

Saint-Martial
C.M. n° 76 — Pli n° 18

≋≋≋ NN
(TH)

Alt. : 800 m — 2 chambres d'hôtes dans une ancienne ferme rénovée de caractère, cadre reposant et boisé. Salle d'eau et wc privatifs, chauffage central, salle commune réservée aux hôtes, TV, tél., cheminée, bibliothèque. Table d'hôtes le soir : cuisine familiale et variée avec produits du cru, repas pris en commun, spécialités ardéchoises. Commerces 3 km. Ouvert toute l'année. Anglais parlé.

Prix : 2 pers. **210 F** 1/2 pens. **195 F**

3	3	3	7	SP	15

COSTEDOAT Raymond – Hameau des Faugeres – 07310 Saint-Martial – Tél. : 75.29.13.65

Saint-Martial
C.M. n° 76 — Pli n° 18

≋≋≋ NN
(TH)

Alt. : 1000 m — Au fond d'une magnifique vallée, 1 ch. voutée en r.d.c. d'une ancienne ferme de caractère au toit de Lauze, accès indépendant. Salle d'eau et wc privés, 1 lit 2 pers., 2 lits 1 pers., coin-salon dans la chambre. Pièce de jour commune avec TV, cheminée, bibliothèque. Table d'hôtes avec les produits du terroir. Accès par une piste forestière de 1,5 km. Commerces 8 km. Site boisé et encore très sauvage. Ouvert d'avril à octobre.

Prix : 1 pers. **180 F** 2 pers. **220 F** 3 pers. **300 F** repas **80 F** 1/2 pens. **190 F** pens. **240 F**

8	SP	8	18	SP	SP

LEFRANCOIS Herve – Ribalasse – 07310 Saint-Martial – Tél. : 75.29.00.26 – Fax : 75.29.00.62

Saint-Martial Condas   *C.M. n° 76 — Pli n° 18*

🌿🌿 NN
(TH)

Alt. : 700 m — Dans une belle ferme en pierre restaurée, au pied d'une pinède, dans un hameau, à 4 km du village, Pascale Quinon a aménagé 2 chambres (2 épis) mansardées et lambrisées au 1ᵉʳ étage de sa maison, avec sanitaires communs, et 3 chambres (3 épis) dans une annexe de la ferme, avec sanitaires privatifs, agréable salle de séjour. Ch. électr., TV, tél., salon détente. Stages de danse, de remise en forme, tir à l'arc, ping-pong. Table d'hôtes : produits de la ferme voisine. Commerces 4 km. Ouvert toute l'année. Anglais et allemand parlés.

Prix : 2 pers. **240 F** repas **85 F** 1/2 pens. **190 F**

SP	SP	4	20	SP	10	15

QUINON Pascale – Condas – 07310 Saint-Martial – Tél. : 75.29.28.44

Saint-Martin-d'Ardeche   *C.M. n° 80 — Pli n° 9*

🌿🌿 NN

Alt. : 40 m — Dans une demeure typique du Bas Vivarais au cœur d'une propriété ouvrant sur la perspective des Gorges de l'Ardèche. Chambres aménagées par un artiste peintre qui a voulu donner un style particulier et original à sa maison. 1 ch. 2 pers. avec s. d'eau et wc, 2 ch. 4 pers. avec s. d'eau et wc privés. Cuisine d'été à disposition. Petit déjeuner servi sous la glycine. Descente des Gorges de l'Ardèche, spéléologie, escalade. Gare 12 km. Commerces 500 m. Ouvert toute l'année. Anglais et espagnol parlés.

Prix : 1 pers. **200 F** 2 pers. **240/290 F** 3 pers. **320 F** pers. sup. **80 F**

SP	SP	12	0,5	10	SP	SP	SP

TERRAZZONI PILTANT Michele – Atelier des Granges – 07700 Saint-Martin-d'Ardeche – Tél. : 75.04.68.33 – Fax : 75.98.70.72

Saint-Martin-de-Valamas   *C.M. n° 76 — Pli n° 19*

🌿 NN

Alt. : 525 m — Maison ancienne à l'entrée du village, comprenant 2 chambres d'hôtes au 2ᵉ étage. 1ᵉʳᵉ chambre : salle d'eau privative non attenante, chauffage électrique. 2ᵉ chambre : salle d'eau privative attenante, chauffage au gaz. WC communs aux deux chambres. Commerces sur place. Ouvert toute l'année.

Prix : 1 pers. **140 F** 2 pers. **180 F**

SP	SP	SP	SP	15

CLOT Odette – Quartier du Pont – 07310 Saint-Martin-de-Valamas – Tél. : 75.30.42.61

Saint-Michel-de-Chabrillanoux   *C.M. n° 76 — Pli n° 19*

🌿🌿🌿 NN

Alt. : 525 m — 2 chambres d'hôtes aménagées dans une ancienne bergerie au cœur d'un village de 50 habitants. Salle d'eau et wc privatifs attenants, salon indépendant réservé aux hôtes, cheminée, chauffage électrique. Restaurant à 10 mètres. Commerces sur place. Ouvert toute l'année.

Prix : 1 pers. **190 F** 2 pers. **210 F** 3 pers. **260 F** pers. sup. **40 F**

7	7	SP	SP	7	SP

CHAPUS Alice – Le Village – 07360 Saint-Michel-de-Chabrillanoux – Tél. : 75.66.24.32

Saint-Paul-le-Jeune Sauvas   *C.M. n° 80 — Pli n° 8*

🌿🌿🌿 NN

Alt. : 250 m — 3 ch. d'hôtes aménagées dans la maison de caractère rénovée du propriétaire, à deux pas du Gard, de la Vallée de la Cèze et des Gorges de l'Ardèche, près des Grottes de la Cocalière. RN 104 à proximité. 1 ch. 2 épis (1 lit 2 pers.), 1 ch. 3 épis (1 lit 2 pers.), 1 ch. 3 épis (1 lit 2 pers. 1 lit 1 pers. 1 lit enfant). Toutes avec s. d'eau et wc privés. Salon réservé aux hôtes avec cheminée et TV. Entrée indépendante. Terrasse, balcon, jardin fruitier, parking. Commerces 1 km. Anglais, allemand et néerlandais parlés. Animaux admis sous réserve.

Prix : 1 pers. **180 F** 2 pers. **200/240 F** 3 pers. **330 F** pers. sup. **60 F** repas **65 F**

5	5	5	1	1	1	5	5

LUYPAERTS Godelieve – Sauvas – 07460 Saint-Paul-le-Jeune – Tél. : 75.39.80.74

Saint-Pierreville   *C.M. n° 76 — Pli n° 19*

🌿🌿🌿 NN

Alt. : 550 m — Dans un ancien moulinage du XVIIIᵉ, entièrement rénové, le propriétaire vous propose 6 ch. d'hôtes de 2 pers. avec salle d'eau et wc privatifs. Salle commune avec cheminée, chauffage central. Cadre calme et reposant. Baignade en rivière et pêche sur place. Commerces 4 km. Ouvert toute l'année. Anglais, hollandais et allemand parlés.

Prix : 2 pers. **250/300 F**

SP	SP	35	4	25	SP	20	15	25

DE LANG Edouard – Chabriol Bas – 07190 Saint-Pierreville – Tél. : 75.66.62.08

Saint-Remeze Les Chabannes   *C.M. n° 80 — Pli n° 9*

🌿🌿 NN

Alt. : 365 m — 3 ch. d'hôtes en r.d.c. à 500 m du village, aménagées dans un bâtiment attenant à la maison du propriétaire sur une exploitation viticole. Salle d'eau et wc privatifs attenants, TV, pièce de jour réservée aux hôtes, ch. central. Terrasse, terrain. Piscine privée. Gorges de l'Ardèche à 7 km. Grottes et musées à proximité. Gare 20 km. Ouvert toute l'année.

Prix : 1 pers. **160 F** 2 pers. **200 F** 3 pers. **250 F** pers. sup. **50 F**

10	10	SP	1	10	SP	0,5	6

SPIGA Pascale – Les Chabannes – 07700 Saint-Remeze – Tél. : 75.04.38.73

Saint-Remeze La Martinade
C.M. n° 80 — Pli n° 9

🌾🌾🌾 NN
(TH)
Alt. : 350 m — Sylvette et Gérard vous accueillent dans une ancienne ferme restaurée, au cœur de la garrigue ardéchoise, 6 km des Gorges de l'Ardèche ils vous proposent 4 ch. d'hôtes de 2 pers. (possibilité couchage sup.), toutes avec s. d'eau et wc privatifs. Repas du soir assuré en table d'hôtes, cuisine ardéchoise familiale à partir de 4 pers. Gare 20 km. Commerces 1,5 km. Animaux refusés dans les chambres mais possibilité de chenil gratuit. 2 chambres ouvertes toute l'année et 1 chambre du 1er juin au 30 septembre.

Prix : 1 pers. **200 F** 2 pers. **240 F** 3 pers. **300 F** pers. sup. **60 F** repas **80 F**

🏊	🎣	🏊	🎿	🏇	🚶	⛷
9	9	2	0,3	12	SP	SP

VAISSEAUX Sylvette – La Martinade – 07700 Saint-Remeze – Tél. : 75.98.89.42 – Fax : 75.04.36.30

Saint-Romain-de-Lerps Le Bec
C.M. n° 76 — Pli n° 20

🌾🌾 NN
(TH)
Alt. : 600 m — Maison ancienne très indépendante dans un petit hameau au cœur du Haut Vivarais. Table d'hôtes : spécialités ardéchoises. 2 ch. (1 lit 2 pers. 4 lits 1 pers.), salle d'eau privative et wc communs aux 2 ch., 1 ch. (3 lits 1 pers. 1 lit bébé) avec salle d'eau et wc privatifs. 1/2 pension : à partir de 2 pers./chambre. Anglais et espagnol parlés.

Prix : 1 pers. **170 F** 2 pers. **220 F** 3 pers. **270 F** pers. sup. **50 F** repas **70 F** 1/2 pens. **180 F**

🏊	🎣	🏊	🎿	🏇	🚶	⛷
8	8	8	4	10	SP	8

LEVEILLE Mireille – Hameau le Bec – 07130 Saint-Romain-de-Lerps – Tél. : 75.58.50.10

Saint-Vincent-de-Barres Les Faugeres
C.M. n° 76 — Pli n° 20

🌾🌾 NN
Alt. : 210 m — A 15 km de Privas et de Montélimar, au cœur d'une maison de maître du XVIIe siècle, 1 chambre d'hôtes aménagée au rez-de-chaussée, avec salle d'eau et wc privatifs. Entrée totalement indépendante. Sur place : produits régionaux, « Il était une Soie », expositions d'artistes locaux. Plan d'eau à 15 km. Gare 15 km. Commerces 7 km.

Prix : 1 pers. **160 F** 2 pers. **200 F**

🏊	🎣	🏊	🎿	🏇	🚶	⛷
6	6	2	2	3	1	7

PISSEVIN Lixiane – Les Faugeres – 07210 Saint-Vincent-de-Barres – Tél. : 75.65.93.40 – Fax : 75.65.93.40

Sampzon Les Rocheres
C.M. n° 80 — Pli n° 9

E.C. NN
Alt. : 250 m — Nous vous proposons de venir vous détendre dans notre chambre d'hôtes, admirablement située et avec une vue panoramique sur l'Ardèche. Cette chambre dispose d'une salle d'eau et d'un wc privatif (1 lit 2 pers. 1 lit 1 pers.). Terrasses, jeux d'enfants, séjour et salon communs avec le propriétaire, TV. Toutes les activités de loisirs et sportives à 2,5 km. Commerces 5 km. Taxe de séjour 2 F.

Prix : 2 pers. **270 F**

🏊	🎣	🏊	🎿	🏇	🚶	⛷		
2,5	2,5	2,5	2,5	3	SP	2,5	1	10

DUPUIS Gerard – Les Rocheres – 07120 Sampzon – Tél. : 75.39.65.49

Sanilhac
C.M. n° 80 — Pli n° 8

🌾 NN
Alt. : 380 m — 4 chambres d'hôtes aménagées au 1er étage d'une ancienne magnanerie au milieu des châtaigniers, dans un hameau, avec gîte rural, camping à la ferme et logement de vacances. Salle d'eau et wc communs, salle à manger et salon avec cheminée. Produits fermiers. Commerces 6 km. Ouvert toute l'année.

Prix : 1 pers. **130 F** 2 pers. **150 F**

🏊	🎣	🏊	🎿	🏇	🚶
5	5	SP	8	8	SP

ANDRE Dominique – Rochepierre – 07110 Sanilhac – Tél. : 75.39.17.40

Tauriers
C.M. n° 80 — Pli n° 8

🌾🌾 NN
(TH)
Alt. : 250 m — 6 ch. d'hôtes au 2e étage d'une ferme de caractère au bord d'un joli petit village du XIIe. 4 ch. de 2 pers., 1 ch. 3 pers. et 1 ch. 4 pers., toutes avec salles d'eau privatives, wc communs. Salle de séjour à la disposition des hôtes donnant sur une prairie ombragée et fleurie. Table d'hôtes avec produits de la ferme et patisseries, glaces maison. Commerces sur place. Ouvert toute l'année.

Prix : 2 pers. **190 F** repas **75 F** pens. **170 F**

🏊	🎣	🎿	🏇	🚶
10	10	3	5	3

TESTUD Genevieve et Bernard – 07110 Tauriers – Tél. : 75.39.18.06

Tournon
C.M. n° 76 — Pli n° 10

🌾🌾 NN
Alt. : 100 m — 1 chambre d'hôtes aménagée au rez-de-chaussée de la maison du propriétaire. 1 chambre avec 1 lit 2 pers., 1 salon privatif avec un convertible 2 pers., salle de bains et wc privatifs non attenants. Possibilité de prendre les petits déjeuners sur la terrasse ombragée. Animaux acceptés sous réserve. Commerces 2 km.

Prix : 2 pers. **210 F**

🏊	🎣	🏊	🎿	🏇	🚶
4	4	2	2	8	SP

BATIN Camille – 2 rue des Monges – 07300 Tournon – Tél. : 75.08.06.40

Usclades-et-Rieutord Larlin
C.M. n° 76 — Pli n° 18

🌾 NN
(TH)
Alt. : 1140 m — 2 chambres d'hôtes aménagées au 1er étage d'une ferme, en pleine campagne, à 7 km de Sainte-Eulalie. 1 ch. (1 lit 2 pers. 1 lit 1 pers.) et 1 ch. (1 lit 2 pers.), salle d'eau et wc communs aux 2 chambres. Commerces 7 km.

Prix : 1 pers. **120 F** 2 pers. **170 F** 3 pers. **220 F** repas **90 F** 1/2 pens. **160 F** pens. **210 F**

🏊	🎣	🏊	🎿	🏇	🚶	⛷
SP	SP	SP	7	12	SP	SP

VIALLE Marcel – Larlin – 07510 Usclades-et-Rieutord – Tél. : 75.38.81.71

Les Vans ⛺ *C.M. n° 80 — Pli n° 8*

❅❅ NN Alt. : 180 m — Au cœur des Cévennes, dans un petit hameau situé près des Vans, 3 chambres d'hôtes aménagées à l'étage de la maison du propriétaire. 2 ch. 2 pers. salle d'eau et wc privatifs, 1 ch. 4 pers. salle d'eau et wc privatifs. Salle à manger commune. Toutes les activités de loisirs sont à proximité. Vous découvrirez la cuisine ardéchoise à la table d'hôtes. Commerces 1 km.

Prix : 1 pers. **240 F** 2 pers. **240 F** 3 pers. **305 F**

2	2	1	3

GAILLARD Honore – Les Armas le Haut – 07140 Les Vans – Tél. : 75.37.22.83

Vernoux *C.M. n° 76 — Pli n° 20*

❅❅❅ NN (TH) Alt. : 585 m — Très belle maison de maître datant de 1870 avec parc privé, dans le village, comprenant 5 ch. d'hôtes. Salon privatif aux hôtes, cheminée, TV. 1 suite Garnier (1 lit 2 pers. 2 lits 1 pers.), salle d'eau et wc privatifs. 1 ch. haute (1 lit 2 pers.), salle de bains, wc. 3 ch. (1 lit 2 pers. 1 lit 2 pers. et 1 lit 1 pers. 2 lits 2 pers.), salle d'eau et wc privés. Notions d'anglais. Chambres accessibles par fauteuil élévateur aux personnes handicapées. Possibilité de louer toute la maison. Gare 30 km. Commerces sur place. Ouvert de Pâques à la Toussaint, l'hiver sur réservation.

Prix : 2 pers. **290 F** 3 pers. **390 F** repas **95 F**

SP	SP	SP	SP	6	SP	20	70	70

ESPOSITO-MASCHIO Roland – Rue Boissy d'Anglas - Roiseland – 07240 Vernoux – Tél. : 75.58.19.32 ou 75.58.16.47

Villeneuve-de-Berg ⛺ *C.M. n° 80 — Pli n° 9*

❅❅❅ NN Alt. : 365 m — Dans un hameau, à 1 km du village, 5 ch. d'hôtes aménagées, à 50 m d'une auberge rurale, dans un bâtiment rénové sur une exploitation agricole, avec salle d'eau et wc privatifs. Salle de séjour avec cheminée, coin-cuisine, cuisine pour groupe. Pelouse et espace détente. Circuit randonnées pedestres. Gare 25 km. Commerces 1 km. Ouvert toute l'année.

Prix : 1 pers. **200 F** 2 pers. **230 F** 3 pers. **280 F** pers. sup. **50 F**

15	8	3	1	2	SP	30	20	12

LOYRION Georges – Le Petit Tournon – 07170 Villeneuve-de-Berg – Tél. : 75.94.70.36 ou 75.94.83.03

Villeneuve-de-Berg Le Mas de Fournery *C.M. n° 80 — Pli n° 9*

❅❅❅ NN (TH) Alt. : 430 m — Venez vous détendre au Mas de Fournery qui vous offre le calme d'un séjour dans un site panoramique et incomparable. Vous profiterez de la piscine et de la Vinothèque. 5 chambres toutes indépendants et de grand confort avec TV couleur, tél., mini-bar, salle de bains ou salle d'eau et wc privatifs. Table d'hôtes avec ses spécialités. Gare 30 km. Commerces 3 km. Anglais parlé.

Prix : 1 pers. **215/255 F** 2 pers. **340/390 F** 3 pers. **465/525 F** pers. sup. **125 F** repas **130 F** 1/2 pens. **3780/4095 F**

15	15	SP	3	3	SP	15	15	15

KLAISS Sylvie – Le Mas de Fournery – 07170 Villeneuve-de-Berg – Tél. : 75.94.83.73 – Fax : 75.94.89.70

Vion La Cayra *C.M. n° 76 — Pli n° 10*

❅❅❅ NN (TH) Alt. : 120 m — Vieille maison en pierre restaurée avec cour fermée privative, dans un petit village à 7 km de Tournon. Route des vins et vignobles à proximité, chemin de fer touristique du Vivarais. 2 ch. mansardées (1 lit 2 pers.) avec salle d'eau et wc privatifs, 1 ch. (1 lit 2 pers. 2 lits superposés) avec salle d'eau et wc privatifs. Salon, séjour avec cheminée. Gare 10 km. Commerces sur place. Ouvert toute l'année. Anglais parlé.

Prix : 1 pers. **170 F** 2 pers. **240 F** pers. sup. **50 F** repas **80 F**

6	1,5	7	1,5	6	SP	7	12

GRIMAUD Monique – Rue de la Vierge - La Cayra – 07610 Vion – Tél. : 75.07.20.70

Drôme

Aix-en-Diois Les Derbons ⛺ 📷 *C.M. n° 77 — Pli n° 13*

❅❅ NN (TH) Alt. : 480 m — 4 ch. aménagées dans une aile indépendant de la grande maison d'habitation, mitoyenne à la ferme, avec beau panorama sur vallée et montagnes. 2 ch. (2 pers.). 2 ch (3 pers.). Sanitaires privés. Salle à manger privée. Chauffage central. Terrasse. Terrain. Gare et commerces à 8 km. Ouvert toute l'année. Anglais et allemand parlés. Dans cette région très touristique du Haut Diois, la famille Catier vous accueillera dans leur grande ferme réaménagée pour un confort agréable et un séjour reposant avec de multiples possibilités de loisirs.

Prix : 2 pers. **190 F** 3 pers. **230 F** 1/2 pens. **165 F**

8	1	2	SP	8	8	2

CATIER Denis et Sylvie – Les Derbons – 26150 Aix-en-Diois – Tél. : 75.21.82.56 ou 75.21.81.47

Albon Les Barris *C.M. n° 77 — Pli n° 2*

❅❅ NN (TH) Alt. : 180 m — En rez-de-chaussée d'une maison mitoyenne en face de l'habitation. 2 chambres (1 lit 2 pers. 2 lits 1 pers.), salle d'eau, wc privatifs. Chauffage électrique. Cour commune. Salle à manger commune aux propriétaires. Gare 6 km. Commerces 1 km. Ouvert toute l'année. Dans l'ancienne ferme restaurée, Jacques et Nadine vous accueilleront et vous feront découvrir cette région de collines et de verts paturages proche de la vallée du Rhône, avec deux chambres confortables.

Prix : 2 pers. **200 F** 1/2 pens. **175 F**

6	2	1	15	3

TONDUT Jacques et Nadine – Les Barris – 26140 Albon – Tél. : 75.03.11.73

Albon   *C.M. n° 77 — Pli n° 2*

❅ NN   1 chambre d'hôtes aménagée dans la maison du propriétaire située dans un hameau. 1 chambre 3 pers. donnant sur séjour au rez-de-chaussée avec salle d'eau et wc attenants. Kitchenette, bibliothèque. Jardin. Golf 2 km. Ouvert toute l'année.

Prix : 1 pers. **135 F** 2 pers. **184 F** 3 pers. **234 F**

🐕	🚣	⚓	♨	🏃	⛷
	8	SP	SP	1	SP

CHARIGNON Paul – Saint-Martin des Rosiers – 26140 Albon – Tél. : 75.03.14.22

Arthemonay La Chabotte

❅❅❅ NN   Alt. : 230 m — 2 chambres d'hôtes aménagées dans la maison du propriétaire. 1 ch. d'accès indépendant (1 lit 2 pers.), salle d'eau et wc privés. 1 ch. (3 lits 1 pers.), salle de bains, wc et douche privés. Chauffage central. Salle de séjour privative. Cheminée, TV. Terrasse, terrain. Ouvert toute l'année sauf octobre. Baignade et lac à 5 km. Bois 2 km. Exposition permanente, possibilité stage peinture (huile et aquarelle). Gare 8 km. Commerces 2 km.

(TH)

Prix : 1 pers. **200 F** 2 pers. **250 F** 3 pers. **300 F**
pers. sup. **50 F** 1/2 pens. **285 F**

🚣	⚓	♨	🏃	⛷
8	3	3	10	2

ARGOUD Bernadette – La Chabotte - Quartier Mont-Rond – 26260 Arthemonay – Tél. : 75.45.62.15 – Fax : 75.45.77.95

Barret-de-Lioure Les Genets-de-Bais   *C.M. n° 81 — Pli n° 4*

❅❅❅ NN   Alt. : 1000 m — 1 ch. d'hôtes aménagée dans une grande maison indépendant (1 lit 2 pers.), salle de bains et wc privés. Terrasse privée. Terrain commun. Salle à manger, salon communs aux propriétaires. Ouvert du 15 juin au 15 septembre. Commerces 2 km. Table d'hôtes sur demande le soir. Prix 1/2 pension sur la base de 2 pers. Téléphone à partir de septembre : 42.26.74.37. Alain et Alice vous accueilleront dans le pays de leur enfance pour des vacances d'été en pleine nature, avec un magnifique panorama sur les Monts du Séderonais. VTT sur place.

(TH)

Prix : 1 pers. **220 F** 2 pers. **270 F** 1/2 pens. **300 F**

🐕	🚣	⚓	♨	🏃	⛷
	2	5	5	0,5	14	2

FOURNIER Alain et Alice – Les Genets de Bais – 26560 Barret-de-Lioure – Tél. : 75.28.53.33

La Batie-Rolland La Joie      *C.M. n° 81 — Pli n° 2*

❅❅❅ NN   Alt. : 160 m — 4 ch. indépendantes dans maison mitoyenne à l'habitation, ancienne bergerie restaurée. Sanitaires privés/ch. Salle à manger voûtée. Ch. électrique. Terrain. 1 ch. accessible aux pers. handicapées en rez-de-chaussée. 1/2 pens. enfants moins de 12 ans : 170 F. 1/2 pension sur la base de 2 pers. Gare 12 km. Commerces 5 km. Panier repas midi et baby-sitting sur demande. Dans un cadre verdoyant et calme, Jackie et Francis vous accueillent et feront apprécier le confort et le calme de leur maison, tout en vous proposant activités et découvertes de la région. Aire de jeux sur place. Anglais, allemand et espagnol parlés.

(TH)

Prix : 1 pers. **230 F** 2 pers. **270/300 F** 3 pers. **400 F**
1/2 pens. **240/255 F**

🚣	⚓	♨	🏃	⛷
5	3	3	SP	4	1,5

MONEL Francis et Jackie – La Joie – 26160 La Batie-Rolland – Tél. : 75.53.81.51

La Baume-de-Transit   *C.M. n° 81 — Pli n° 2*

❅❅❅   5 chambres d'hôtes aménagées dans une demeure du XVIIIe siècle restaurée, située en pleine campagne. 4 ch. 2 pers. 1 ch. 3 pers. avec salles de bains particulières, wc. Salon, salle de séjour à la disposition des hôtes. Jardin, terrain, parking. Solarium. Ouvert du 1er avril au 15 octobre. Anglais parlé.

(TH)

Prix : 1 pers. **270 F** 2 pers. **320 F** 3 pers. **370 F**
1/2 pens. **300 F**

🐕	🚣	⚓	♨
	8	SP	SP	8

CORNILLON Ludovic et Eliane – Domaine Saint-Luc – 26790 La Baume-de-Transit – Tél. : 75.98.11.51 – Fax : 75.98.19.22

Beaumont-les-Valence   *C.M. n° 77 — Pli n° 12*

❅❅❅ NN   Au calme, en pleine campagne, dans une maison ancienne, 2 ch. avec salle d'eau, wc particuliers et ch. électrique. 1 ch. 1 pers. à l'étage (2 épis NN), 1 ch. 2 pers. au r.d.c. (3 épis NN) avec terrasse privée, entrée indépendante et tél. ligne directe. Salle de séjour (livres, TV) à disposition. Chambres ou lits suppl. possibles. Jardin, prairie, parking. Copieux petits déjeuners. Ouvert toute l'année. Anglais parlé. Golf à 8 km.

Prix : 1 pers. **180/225 F** 2 pers. **260 F**

🚣	⚓	♨
3	1	3

DUMOND DE CHIVRE Lina – Germont – 26760 Beaumont-Les Valence – Tél. : 75.59.71.70 – Fax : 75.59.75.24

Beausemblant   *C.M. n° 77 — Pli n° 1*

❅❅ NN   Alt. : 150 m — Chambre d'hôtes en 2 parties. 1 vaste chambre (1 lit 2 pers.), petite salle d'eau, wc privatifs. 1 chambre attenante (1 lit 130). Salle à manger privative, séjour commun. Chauffage central. Terrasse, terrain, garage. Commerces 500 m. Ouvert du 1er mai au 30 septembre. Madame Faure et ses enfants, vous accueilleront dans la vaste maison sur 2 niveaux en bordure de ce petit village de la vallée du Rhône, avec un espace extérieur vaste et fleuri au bord de la piscine.

Prix : 1 pers. **200 F** 2 pers. **250 F** 3 pers. **350 F**
pers. sup. **100 F**

🐕	⚓	♨	🏃	⛷
	SP	5	5	1

FAURE Regine – Le Bourg – 26240 Beausemblant – Tél. : 75.03.01.93

Bellecombe-Tarendol
C.M. n° 81 — Pli n° 3

NN
(A)

En pleine campagne, 3 chambres d'hôtes dans une maison mitoyenne à l'habitation du propriétaire à la ferme familiale et à 1 dortoir au gîte d'étape attenant (8 pers.). 2 ch. 2 pers., salle d'eau particulière, 1 ch. 3 pers., salle d'eau particulière. WC communs aux chambres. Lit suppl. sur demande. Terrasse. Salon de jardin, parking. Chauffage électrique. Ouvert du 1er mars au 31 décembre. Centre équestre 7 km. Parapente 3 km. Escalade 1,5 km.

Prix : 1 pers. **170 F** 2 pers. **210 F** 3 pers. **250 F**
pers. sup. **40 F** 1/2 pens. **170 F** pens. **225 F**

SP	6	SP	20

PEROTTI Patrice et Brigitte – Les Garelles-Col de Soubeyrand – 26110 Bellecombe-Tarendol – Tél. : 75.27.32.01

Benivay-Ollon
C.M. n° 81 — Pli n° 3

NN
(TH)

5 chambres d'hôtes dans une vieille ferme restaurée, près de l'habitation du propriétaire en pleine campagne. 3 ch. 3 pers. (lit suppl. sur demande) avec salle d'eau et wc particuliers. 2 ch. 3 pers. (lit suppl. sur demande) avec salle d'eau et wc communs. Kitchenette, salon avec biblio., lave-linge, réfrigérateur. Parking, salon de jardin, jeux d'enfants, escalade. Ouvert du 15 mars au 15 novembre. 2 ch. 1 épi NN. Commerces 10 km.

Prix : 2 pers. **170/190 F** 3 pers. **205/225 F** pers. sup. **35 F**
1/2 pens. **175/185 F**

1	SP	SP	10	10

CHARRASSE Daniel et Simone – Quartier Molieres – 26170 Benivay-Ollon – Tél. : 75.28.10.02

Chabrillan La Vaumane
C.M. n° 77 — Pli n° 12

NN
(TH)

Alt. : 305 m — 3 chambres aménagées au 1er étage des bâtiments restaurés de la ferme et mitoyens à l'habitation. Vaste salle commune, sanitaires privatifs par chambre. Chauffage électrique. Terrasse. Terrain. Gare et commerces à 6 km. Ouvert du 1er mai au 30 septembre. En pleine campagne, dans une vaste maison réaménagée avec goût, Jean-Marie saura vous faire apprécier le confort de son installation et vous guidera dans la découverte d'une région aux multiples possibilités touristiques. Elevage de chèvres.

Prix : 1 pers. **200 F** 2 pers. **250 F** pers. sup. **70 F**
1/2 pens. **200 F**

6	1	1	1	6	6

PERMINGEAT Jean-Marie – La Vaumane – 26400 Chabrillan – Tél. : 75.76.79.11

Chantemerle-les-Grignan Le Parfum Bleu
C.M. n° 81 — Pli n° 2

NN
(TH)

Alt. : 300 m — 4 chambres sur 2 niveaux. 2 chambres 2 pers. 2 chambres 3 pers. Salle d'eau, wc privatifs. Salle à manger, coin-repos privatifs. Terrasse, terrain, salon de jardin. Gare 18 km. Commerces 7 km. Ouvert toute l'année. Anglais, allemand et néerlandais parlés. Au cœur de la Drôme provençale, ce mas provençal restauré vous enchantera par ses jardins ombragés aux parfums des lavandins et aux chants des cigales. Accueillis par Guido et Lucie, belges d'origine mais déjà de cœur drômois.

Prix : 1 pers. **440 F** 2 pers. **490 F** 3 pers. **540 F**
1/2 pens. **340 F**

SP	3	0,5	10	10

LAMBERTS Guido et Lucie – Le Parfum Bleu – 26230 Chantemerle-Les Grignan – Tél. : 75.98.54.21

La Charce
C.M. n° 81 — Pli n° 4

NN
(TH)

2 chambres 2 pers. avec vue sur les montagnes. Salle d'eau particulière, wc. Salle de séjour à la disposition des hôtes. Chauffage électrique. Ouvert du 15 juin au 15 septembre.

Prix : 1 pers. **210 F** 2 pers. **240 F** 1/2 pens. **210 F**

7	SP	SP	SP	7	22

MARTEL Odette – La Halte de Philis – 26470 La Charce – Tél. : 75.27.21.99

Charens
C.M. n° 81 — Pli n° 4

NN
(TH)

3 chambres d'hôtes mitoyennes à la ferme du propriétaire non loin du village et d'un gîte communal. 3 ch. 3 pers. avec salle d'eau, wc. Salle de séjour à la disposition des hôtes. Ouvert toute l'année. Escalade 10 km. Golf 12 km. Tir à l'arc et VTT 20 km.

Prix : 1 pers. **120 F** 2 pers. **195 F** 3 pers. **245 F**
1/2 pens. **190 F** pens. **245 F**

14	2	2	SP	20	14	20

LAGIER Robert et Chantal – 26310 Charens – Tél. : 75.21.45.61 ou 75.21.46.39

Charpey Le Marais
C.M. n° 77 — Pli n° 12

(TH)

Dans la maison du propriétaire, 1 ch. 2 pers. au 1er étage avec douche et wc communs. TV. Bibliothèque. Ch. central. 3 ch. dans une maison attenante à l'habitation et à la ferme du propriétaire : 1 ch. 2 pers. au r.d.c. avec s. d'eau privée, wc attenants à la ch. 1er ét. : 1 ch. 2 pers. avec s.d.b. et wc privés et 1 ch. 2 pers. avec s. d'eau et wc privés. Coin-salon. Ouvert toute l'année. 3 ch. 3 épis et 1 ch. 1 épi. Artisanat (poupées chiffon), vente de tilleul. Golf 3 km. Tir à l'arc à 7 km. Lac 10 km. Parking, salon de jardin, aire de jeux enfants.

Prix : 1 pers. **128/182 F** 2 pers. **170/255 F** repas **70 F**

10	6	3	2

IMBERT J.P. et Christiane – Le Marais - Saint-Didier – 26300 Charpey – Tél. : 75.47.03.50

Chateaudouble-les-Peris
C.M. n° 77 — Pli n° 12

NN
(TH)

1 ch. d'hôtes dans la maison du propriétaire avec entrée commune, située près de la ferme, dans le hameau. 1 ch. 3 pers. salle de bains et wc particuliers. 1 ch. 3 pers., salle de bains particulière, wc communs. Séjour, cheminée. Salon au r.d.c. commun au propriétaire. Ch. élect. et central. TV, bibliothèque. Tir à l'arc à 3 km. Rivière et baignade 100 m. Jardin, salon de jardin, aire de jeux, parking, étang. Vente de produits fermiers. Vélos sur place. Ouvert toute l'année.

Prix : 1 pers. **135 F** 2 pers. **180 F** 3 pers. **250 F**
1/2 pens. **185 F** pens. **200 F**

SP	SP	3	3	3

CABANES Madeleine – Les Peris - CD 154 - Route de Combovin – 26120 Chateaudouble – Tél. : 75.59.80.51

Chateauneuf-du-Rhone Maladrerie 🕮 *C.M. n° 81 — Pli n° 1*

〰〰〰 NN — Alt. : 90 m — 2 chambres d'hôtes (2 lits 2 pers.) indépendantes, en rez-de-chaussée d'une partie mitoyenne de la maison. Salle de bains, wc privatifs. Salle à manger, salon communs. Terrasse, terrain, salon de jardin. Gare et commerces à 5 km. Ouvert d'avril à la Toussaint. Anglais parlé. Dans un site calme, en bordure de village, Gilles et Anne-Marie vous hébergeront avec leur expérience d'accueil, dans 2 chambres confortables, aux abords immédiats de leur piscine. Dans un cadre de verdure et de fleurs.

Prix : 1 pers. 250 F 2 pers. 350 F 3 pers. 450 F

SP	4	4	1

SAVIN Gilles et Anne-Marie – La Saviniere – 26780 Chateauneuf-du-Rhone – Tél. : 75.90.72.52

Comps *C.M. n° 81 — Pli n° 3*

〰〰〰 NN — 4 chambres d'hôtes aménagées dans une aile d'un château du XIIe siècle, voisin de l'habitation du propriétaire. 1 pers. avec salle d'eau, wc particuliers. 1 ch. 2 pers. avec salle de bains et wc particuliers. 2 ch. 2 pers. avec salle d'eau et wc particuliers. Ouvert toute l'année.

Prix : 1 pers. 230/280 F 2 pers. 280/300 F

2	4	4	1	4,5	SP

TERROT Marie Lou – Le Chateau – 26220 Comps – Tél. : 75.46.30.00

Comps *C.M. n° 81 — Pli n° 3*

〰 NN (TH) — 2 chambres d'hôtes aménagées dans la maison du propriétaire. 2 chambres de 2 pers. avec salle de bains, wc communs. Salle de séjour à la disposition des hôtes. TV. Garage. Pré, forêt sur place. Chauffage central. Ouvert toute l'année.

Prix : 1 pers. 130 F 2 pers. 190 F 3 pers. 240 F
1/2 pens. 190 F pens. 230 F

2	2	2	SP	5	1

MOURIER Simone – Le Buffelas – 26220 Comps – Tél. : 75.46.33.88

Dieulefit *C.M. n° 81 — Pli n° 2*

〰〰 NN (TH) — 4 chambres d'hôtes très autonomes. 2 ch. 2 pers., salle d'eau et wc particuliers. 2 ch. 3 pers. + 1 lit suppl. sur demande avec salles d'eau particulières et wc communs. Ch. central. Salle commune. Jardin, terrasse, prairie. Parking. Promenade à cheval et stage sur place. Piscine privée. Restaurant sur place. Ouvert toute l'année. Librairie thématique sur place. Topo-guides pour circuits pédestres et cyclo.

Prix : 1 pers. 165 F 2 pers. 220 F 3 pers. 275 F
pers. sup. 55 F 1/2 pens. 182 F

SP	3	3	SP	SP	3

MINGASSON Danielle – Route de Comps - Ferme de Veyret – 26220 Dieulefit – Tél. : 75.46.36.21 – Fax : 75.46.34.78

Etoile-sur-Rhone *C.M. n° 77 — Pli n° 12*

〰 NN (TH) — 5 ch. d'hôtes mitoyennes à la ferme du propriétaire et 1 gîte rural, en pleine campagne. 1 ch. 2 pers. et 2 ch. 3 pers. avec salle d'eau commune, wc. 2 ch. 2 pers. indépendantes au r.d.c. avec salle d'eau et wc particuliers dans maison mitoyenne à la ferme. Salle de séjour. Chauffage électrique. Bibliothèque. Aire de jeux, terrain, parking. Bois à 500 m. 2 ch. 3 épis NN. Ouvert toute l'année.

Prix : 1 pers. 100/130 F 2 pers. 170/200 F repas 70 F

5	8	8	SP	15

CHAIX Marcel – La Mare - Route de Montmeyran – 26800 Etoile-sur-Rhone – Tél. : 75.59.33.79

Etoile-sur-Rhone La Mare *C.M. n° 77 — Pli n° 12*

〰〰〰 NN (TH) — Alt. : 160 m — 2 chambres 3 épis au rez-de-chaussée d'une maison indépendante, comportant un gîte rural, proche de l'habitation et de la ferme. Chambre 2 pers., salle de bains, wc privatifs. 2 chambres 2 épis au 1er étage de la maison mitoyenne comportant : salle à manger, salle de détente, cheminée. Terrain. Gare 15 km. Commerces 3 km. Ouvert toute l'année. Dans un cadre champêtre et agréable, proche de la vallée du Rhône et non loin des montagnes du Vercors, vous passerez d'agréables moments à la ferme familiale.

Prix : 1 pers. 130 F 2 pers. 200 F pers. sup. 70 F repas 70 F

5	4	4	6	3

CHAIX Nathalie – La Mare – 26800 Etoile-sur-Rhone – Tél. : 75.59.33.79

Etoile-sur-Rhone *C.M. n° 77 — Pli n° 12*

〰 NN (TH) — 4 ch. d'hôtes aménagées dans une ferme restaurée située en pleine campagne. 2 ch. 2 pers. et 1 ch. 3 pers. avec salle d'eau et wc communs. 1 ch. 1 pers. avec salle d'eau et wc particuliers. Salle de séjour, salon, TV. Chauffage central. Jardin. Terrain. 1 ch. 2 épis NN. Ouvert toute l'année. Table d'hôtes le soir uniquement.

Prix : 1 pers. 100/120 F 2 pers. 150 F 3 pers. 200 F
pers. sup. 60 F repas 70 F

10	10

FRAISSE Francois – Quartier de Clavel – 26800 Etoile-sur-Rhone – Tél. : 75.60.62.58

Eygalayes La Forge-Sainte-Marie 🕮 *C.M. n° 81 — Pli n° 4*

〰〰〰 NN (TH) — Alt. : 800 m — 4 ch. aménagées sur 2 niveaux, mitoyennes à l'habitation. Salle de séjour commune, salon privatif. R.d.c. : 1 ch. 2 pers. 1 ch. 3 pers., salle d'eau et wc privatifs. A l'étage et rez-de-jardin : 2 ch. 3 pers., salle d'eau et wc privatifs. Chauffage électrique. Terrasse. Terrain. Commerces 8 km. Ouvert toute l'année. Anglais parlé. En Drôme Provençale, aux confins des Hautes-Alpes, au pays de la lavande et du mouton, Gaby et Jacques vous proposeront de découvrir et d'apprécier une région lumineuse et belle qu'ils ont déjà adoptée, dans un petit village niché au pied des collines.

Prix : 1 pers. 220 F 2 pers. 260 F 3 pers. 320 F
1/2 pens. 210 F

8	0,5	0,5	0,5	20	3	10

LAURENT Jacques et Gaby – La Forge Sainte-Marie – 26560 Eygalayes – Tél. : 75.28.42.77 – Fax : 75.28.42.77

Glandage   *C.M. n° 77 — Pli n° 14*

♥♥ NN
(TH)
3 chambres d'hôtes aménagées dans une maison en pierres apparentes, style dauphinois, dans un hameau. 3 ch. 2 pers. avec salles d'eau particulières et wc communs. Séjour, salon avec TV et bibliothèque communs à la disposition des hôtes. Terrain. Forêt à 100 m. 1/2 pension sur la base de 2 pers. Ouvert toute l'année sur réservation.

Prix : 1 pers. **135 F** 2 pers. **200 F** 1/2 pens. **180 F**

≈	🕴	⛷	🎿	♦
12	SP	SP	12	16

DOUVRIN Francoise – Hameau de Grimone – 26410 Glandage – Tél. : 75.21.15.23 ou 76.50.92.04

Hauterives La Vieille-Tuile   *C.M. n° 77 — Pli n° 2*

♥ NN
Alt. : 400 m — 4 chambres d'hôtes aménagées dans une grande maison d'habitation. A l'étage : 3 ch. 2 pers. 1 ch. 1 pers. Grande salle de bains et wc communs. Salle à manger, salon communs. Terrain ombragé. Jeux d'enfants. Parking. Salon. Exposition d'œuvres d'artistes locaux. En limite de village. Ouvert du 1er avril au 30 novembre. Commerces 500 m. Hélène, Daniel et leur fille vous accueillent à la « Vieille Tuile », maison traditionnelle dans la vallée de la Galaure, agrémentée d'un jardin ombragé, aux chambres calmes et agréables, au pays du Facteur Cheval. Pain et produits biologiques. VTT et vélo à 500 m.

Prix : 1 pers. **160 F** 2 pers. **220 F**

≈	🕯	🎏	🕴	⛷	🎿
0,5	6	6	0,5	2	0,5

COCIOVITCH-FERRIER Helene – La Vieille Tuile – 26390 Hauterives – Tél. : 75.68.90.67

Laval-d'Aix   *C.M. n° 77 — Pli n° 14*

♥♥ NN
1 chambre d'hôtes dans une maison mitoyenne ancienne et restaurée située dans le village. 1 ch. (1 lit 2 pers. 1 lit 1 pers.) avec salle d'eau et wc particuliers. Petite cuisine attenante. Chauffage électrique. Ouvert toute l'année.

Prix : 1 pers. **150 F** 2 pers. **175 F** 3 pers. **230 F**

≈	🕯	🕴	⛷	🎿
10	SP	SP	10	10

JUND Andre – Quartier Duchere – 26150 Laval-d'Aix – Tél. : 75.21.81.27

Luc-en-Diois   *C.M. n° 77 — Pli n° 14*

♥ NN
(TH)
En pleine nature, face au site du Claps, maison fleurie avec ferme d'élevage caprin (fabrication fromagère). 1er ét. : 2 ch. 2 pers. 3 ch. 3 pers., salle d'eau et wc communs. R.d.c. : 1 ch. 2 pers. avec salle d'eau et wc particuliers (lits suppl. sur demande). Salon, salle à manger réservés aux hôtes. Ch. central. Terrain. Ouvert d'avril à la Toussaint. 5 ch. 1 épi NN et 1 ch. 2 épis NN. Escalade à 2 km. Forêt sur place. Ping-pong. VTT, vélos sur place.

Prix : 1 pers. **130 F** 2 pers. **190 F** 3 pers. **240 F**
1/2 pens. **175 F**

≈	🕯	🎏	🕴	⛷	🎿	✈
5	2	2	SP	5	22	4

ROBIN PIERRE Emmanuel et Laurence – Les Grangiers – 26310 Luc-en-Diois – Tél. : 75.21.32.35

Marignac-en-Diois La Rollandiere   *C.M. n° 77 — Pli n° 13*

♥♥ NN
(TH)
Alt. : 610 m — 4 chambres indépendantes dont 2 à proximité de l'habitation. 2 ch. 2 pers., sanitaires privatifs 2 épis NN. Au rez-de-chaussée de la maison des propriétaires : 2 ch. 3 pers., sanitaires privatifs 3 épis NN. Salle de séjour privative, terrasse. Terrain. Chauffage central. Prix 1/2 pension dégressif à partir de 2 pers. Ouvert de Pâques à fin septembre. Pratiquant l'accueil depuis de nombreuses années, Jacky et Renée viennent d'aménager 2 nouvelles chambres très confortables et vous feront apprécier leur région, leur table et les produits du terroir et vous offriront de multiples activités de loisirs et de découverte. Gare et commerces à 7 km.

Prix : 1 pers. **190 F** 2 pers. **210/240 F** 3 pers. **280 F**
1/2 pens. **220 F**

≈	🕯	🎏	🕴	⛷	🎿
7	7	7	SP	10	7

SEGOND Jacky et Renee – La Rollandiere - L'Hermite – 26150 Marignac-en-Diois – Tél. : 75.22.08.51

Merindol-les-Oliviers   *C.M. n° 81 — Pli n° 3*

♥♥ NN
(TH)
Ferme restaurée en pierres apparentes du XVIIIe siècle, isolée au milieu des vignes et des bois avec vue sur le Mont Ventoux. 2 ch. 3 pers., salle d'eau particulière, wc communs. 1 ch. 3 pers., salle d'eau et wc particuliers. Jeux d'enfants. Parking ombragé. Salon de jardin. Terrasse couverte. Tarifs dégressifs à partir de 2 pers., réduction enfants. Ouvert de Pâques à la Toussaint.

Prix : 1 pers. **175/190 F** 2 pers. **195/210 F** 3 pers. **255/270 F**
pers. sup. **60 F** 1/2 pens. **250/265 F**

≈	🕴	⛷	🎿
SP	SP	8	1

COULET Andree – Le Grand Jardin – 26170 Merindol-Les Oliviers – Tél. : 75.28.71.17

Merindol-les-Oliviers   *C.M. n° 81 — Pli n° 3*

♥♥♥ NN
Maison ancienne provençale restaurée surplombant la plaine de l'Ouvèze et le mont Ventoux, magnifique panorama. 1 ch. lit double ou jumeaux, s. d'eau et wc particuliers + petite pièce attenante (1 lit 1 pers.), kitchenette et terrasse privatives, tél. direct, TV. 1 ch. (1 lit 2 pers.), cheminée, TV, salle de bains et wc particuliers, possibilité cuisine en option. Parking. Chauffage électrique. Jardin. Baignade 6 km. Restaurant 1 km. Ouvert toute l'année sauf février et août. Anglais et italien parlés.

Prix : 1 pers. **200 F** 2 pers. **260/330 F** 3 pers. **370 F**

≈	🕯	🕴	⛷	🎿
12	6	SP	10	1

**BOUCHET-POUSSIER Jean et Jacqueline – Route de Propiac - Le Balcon de Rosine –
26170 Merindol-Les Oliviers – Tél. : 75.28.71.18 – Fax : 75.28.71.18**

Merindol-les-Oliviers

C.M. n° 81 — Pli n° 3

♥♥♥ NN 2 chambres d'hôtes dans une grande maison typique provençale avec une vue exceptionnelle sur le mont Ventoux. 1 ch. 2 pers. (lit double ou jumeaux), poss. lit suppl. dans chambre annexe, salle d'eau et wc particuliers. 1 ch. avec petit coin-cuisine, poss. lit suppl., salle de bains et wc particuliers. TV dans les chambres. Ch. central. Cuisine d'été à disposition. Jardin ombragé. Ouvert toute l'année. Anglais et allemand parlés. Restaurant 150 m.

Prix : 1 pers. **230/270 F** 2 pers. **270/320 F**

🏊	🍴	🚶	🎿	🎿
SP	5	SP	7	0,5

SCHLUMBERGER Francois et Chantal – Les Grand'Vignes – 26170 Merindol-Les Oliviers – Tél. : 75.28.70.22

Mirabel-aux-Baronnies

C.M. n° 81 — Pli n° 2-3

♥♥♥ (TH) 3 chambres d'hôtes dans une très belle villa aménagée avec goût et très confortable, au milieu des vignes et des oliviers. 3 ch. 2 pers. + 1 lit 1 pers. sur demande, avec salle d'eau et wc particuliers. Cuisine. Salle de séjour. TV. Bibliothèque. Cheminée. Chauffage électrique. Terrasses couvertes. Salon de jardin, parking. Ouvert de mars à octobre. Téléphone service Téléséjour. Table d'hôtes sur réservation.

Prix : 1 pers. **200 F** 2 pers. **300 F** pers. sup. **120 F**
repas **80 F** 1/2 pens. **220/250 F**

🐕	🏊	🍴	🚶	🎿
	SP	SP	SP	1

DERENTY Mireille – Le Fournache Rte de Villedieu – 26110 Mirabel-aux-Baronnies – Tél. : 75.27.14.83

Mirmande

C.M. n° 77 — Pli n° 12

♥♥♥ NN Alt. : 220 m — 2 chambres indépendantes au 1er étage de la partie mitoyenne en bord de piscine. 1 chambre 2 pers., 1 chambre 3 pers. (terrasse). Salle d'eau, wc privatifs. Chauffage électrique. Salle à manger, salon privatifs. Terrain. Ouvert toute l'année. Dominant la vallée du Rhône, proche du village médiéval et botanique (cité des arts), Marinette et Tieno vous accueilleront près de l'atelier (sculpture), dans les chambres confortables aménagées à côté de leur grande maison.

Prix : 1 pers. **240 F** 2 pers. **280 F** 3 pers. **360 F**

🐕

GOURIOU Tieno et Marinette – 26270 Mirmande – Tél. : 75.63.01.15

Molieres-Glandaz Bas-Village

C.M. n° 77 — Pli n° 14

♥ NN Alt. : 430 m — 3 ch. d'hôtes indépendantes aménagées dans une partie mitoyenne à l'habitation des propriétaires. 1 ch. 2 pers., 1 ch. 3 pers. Salle d'eau et wc communs aux 3 chambres. Salle attenante pour le petit déjeuner. Terrain privatif. Ouvert du 1er juin au 1er septembre. Gare et commerces 3,5 km. Au calme, dans la vallée de la Drôme, Ernest et Raymonde vous accueillent sur leur exploitation agricole. Aire naturelle de camping à 300 m.

Prix : 1 pers. **130 F** 2 pers. **185 F** 3 pers. **275 F**
pers. sup. **65 F**

🏊	🍴	🚴	🚶	🎿	🎿
3,5	0,5	0,5	1	15	3,5

PASCAL Ernest et Raymonde – Bas Village – 26150 Molieres-Glandaz – Tél. : 75.21.82.71

Mollans-sur-Ouveze

C.M. n° 81 — Pli n° 3

♥♥ (TH) 2 ch. d'hôtes aménagées dans la ferme viticole du propriétaire (style provençal) avec piscine, face au mont Ventoux. 2 ch. 2 pers. avec salles d'eau et wc particuliers. Chambre supplémentaire à disposition. Salle à manger à la disposition des hôtes. Chauffage électrique. Terrain. Jardin. Baignade 1 km. Ouvert du 15 février au 15 octobre.

Prix : 2 pers. **200 F** 1/2 pens. **175 F**

🏊	🍴	🚴	🚶	🎿	🎿
SP	1	1	SP	5	8

BERNARD J-Luc et Rose-Marie – Ayguemarse – 26170 Mollans-sur-Ouveze – Tél. : 75.28.73.59

Montboucher-sur-Jabron Vermenon

C.M. n° 81 — Pli n° 2

♥♥ NN (TH) Alt. : 120 m — 4 ch. d'hôtes à l'étage d'une ferme en pleine campagne. 3 ch. 3 pers. (2 épis NN), salle d'eau et wc privatifs dont 2 ch. attenantes. 1 ch. 2 pers. (1 épi NN), salle de bains privative, wc communs. Chauffage central. Salle de séjour. Salon de jardin. Tarifs dégressifs à partir de 4 jours. Gare 8 km. Commerces 3 km. Ouvert du 15 février au 15 décembre. Mick et François vous accueilleront dans leur ferme typique régionale à la campagne, dans des chambres rénovées et à leur table d'hôtes sur demande. Possibilité de pique nique à emporter.

Prix : 1 pers. **160/180 F** 2 pers. **230/260 F** 3 pers. **310/330 F**
pers. sup. **60 F** 1/2 pens. **200/220 F**

🏊	🚶	🎿
8	SP	3

PROTHON Francois et Mick – Le Vermenon – 26740 Montboucher-sur-Jabron – Tél. : 75.46.08.37

Montboucher-sur-Jabron La Commanderie

C.M. n° 81 — Pli n° 1

♥♥♥ NN Alt. : 140 m — 1 ch. d'hôtes (1 lit 2 pers.) aménagé au rez-de-chaussée d'une grande maison, sur une exploitation agricole. Salle d'eau et wc privés. Chauffage central. Salle de séjour commune. Terrain, terrasse. Ouvert toute l'année. Gare 6 km. Commerces 1 km. Dans la ferme des propriétaires, au cœur d'une région touristique en vallée du Rhône, Marcel et Chantal vous accueilleront dans leur grande maison de style régional, où ils ont aménagé également 2 gîtes ruraux et 1 chambre confortable avec voûtes.

Prix : 1 pers. **200 F** 2 pers. **230 F** 3 pers. **290 F**
pers. sup. **80 F**

🏊	🍴	🚴	🚶	🎿	🎿
5	0,6	0,6	3	4	1,5

MAZZARA Marcel et Chantal – La Commanderie – 26740 Montboucher-sur-Jabron – Tél. : 75.46.08.91

Montboucher-sur-Jabron Domaine de la Tour — *C.M. n° 81 — Pli n° 1*

♥♥ NN
(TH)

Alt. : 90 m — 2 chambres d'hôtes dont 1 indépendante en rez-de-chaussée : ch. 2 pers., salon attenant (convertible 1 pers.), salle d'eau, wc privatifs. En étage : ch. 3 pers. + ch. attenante, salle d'eau, wc (sanibroyeur) privatifs. Salle à manger, salon communs. Terrasse couverte, terrain. Gare et commerces à 5 km. Ouvert de février à novembre. Tarifs dégressifs suivant séjours. Dans le Grand Mas provençal avec cour intérieur, Eliette et Jean-Pierre vous accueilleront dans les vastes dépendances de leur demeure, à 2 pas de la vallée du Rhône et des nombreuses excursions que cette région permet.

Prix : 2 pers. 260 F 1/2 pens. 250 F

5	SP	1	0,5	5

TRICON Eliette – La Tour - Route de Dieulefit – 26740 Montboucher-sur-Jabron – Tél. : 75.46.08.60 – Fax : 75.46.04.92

Montbrison-sur-Lez — *C.M. n° 81 — Pli n° 2*

♥♥♥ NN

Mas provençal au milieu des vignes. 3 chambres d'hôtes et 2 gîtes sur l'exploitation viticole des propriétaires. 3 chambres (1 lit 2 pers. salle d'eau, wc). 1 chambre 2 pers. 1 chambre 3 pers. à l'étage, salle de bains et wc privatifs. 1 kitchenette aménagée. Chauffage central. Ouvert toute l'année. Piscine commune avec les propriétaires sur place. Jardin.

Prix : 1 pers. 160/180 F 2 pers. 180/200 F 3 pers. 230 F pers. sup. 30 F

SP	2	6

BARJAVEL Remy et Marie Noelle – 26770 Montbrison-sur-Lez – Tél. : 75.53.54.04

Montfroc — *C.M. n° 81 — Pli n° 5*

♥ NN
(A)

Dans un bâtiment annexe à la maison et à la ferme du propriétaire, 2 ch. d'hôtes 2 pers. aménagées au rez-de-chaussée (poss. lit suppl.) avec salle d'eau et wc particuliers. Chauffage électrique. Salle commune. Terrain. Location VTT sur place. Piscine privée sur place. Squash et ping-pong sur place. Commerces 500 m. Ouvert de mars à décembre.

Prix : 2 pers. 230 F 1/2 pens. 205 F

SP	SP	SP	SP

LOPEZ Felix – Les Ricoux – 26560 Montfroc – Tél. : 92.62.08.33

Montvendre Les Dourcines — *C.M. n° 77 — Pli n° 12*

♥♥♥ NN
(TH)

Alt. : 240 m — 3 ch. aménagées dans une ancienne ferme dauphinoise du XVIIe restaurée, mitoyenne à l'habitation des propriétaires, face au Vercors, en pleine campagne. 1 ch. 2 à 3 pers. avec s.d.b. et wc privés + salon attenant (1 pers.). 1 ch. 2 pers. avec s. d'eau et wc privés. 1 ch. 2 à 3 pers. avec s. d'eau et wc privés. Cuisine. Salon, coin-cheminée. Terrasses, jardin. Chauffage par cheminée + air chaud et chauffage électrique. Escalade 5 km. Golf 4 km. Tir à l'arc 6 km. Vol libre 10 km. Organisation de stages/demande. Exposition peinture, sculpture. Ouvert du 15 mars au 15 novembre. Randonnées avec ânes bâtés, bicyclettes sur place. Gare 19 km. Commerces 4 km.

Prix : 2 pers. 250/380 F pers. sup. 80/100 F repas 85 F

4	4	4	1	4

GOLDSTEIN Madeleine – Les Dourcines – 26120 Montvendre – Tél. : 75.59.24.27

Mornans — *C.M. n° 77 — Pli n° 13*

♥♥ NN
(TH)

3 ch. d'hôtes aménagées aux 1er et 2e niveaux de la maison mitoyenne à l'habitation. 2 ch. 2 pers., s. d'eau, wc particuliers. 1 ch. 2 pers. s.d.b., wc particuliers. Coin-cuisine. Séjour privatif, cheminée, bibliothèque. Prise TV. Chauffage central. Jardin, salon de jardin. Table d'hôtes commune avec le gîte d'étape. Ouvert toute l'année. Chevaux disponibles sur place. Forêt 8 km. Escalade, VTT, vélo 6 km.

Prix : 1 pers. 190/230 F 2 pers. 240/300 F 3 pers. 350 F 1/2 pens. 190/220 F pens. 260/300 F

5	2	2	8	SP	5

ATHENOL Hugues – Le Temple – 26460 Mornans – Tél. : 75.53.35.43

La Motte-de-Galaure — *C.M. n° 77 — Pli n° 2*

♥ NN
(TH)

5 chambres d'hôtes aménagées dans la maison du propriétaire située en pleine campagne. 2 ch. 2 pers. 3 ch. 3 pers. avec salle d'eau privée pour chaque chambre + 1 salle de bains et 2 wc communs. 4 chambres avec prises TV. Salle de séjour, cheminée, salon à la disposition des hôtes. TV. Ch. central. Jardin, terrain. Forêt sur place. Salon de jardin, parking. Ouvert toute l'année. Gîte d'étape, relais équestre et table d'hôtes indépendants.

Prix : 1 pers. 150 F 2 pers. 180 F 3 pers. 270 F pers. sup. 90 F repas 60 F 1/2 pens. 160 F pens. 210 F

4	2	2	SP	10

DELHOME Pierre et Monique – Bruthias – 26240 La Motte-de-Galaure – Tél. : 75.68.41.72

Nyons — *C.M. n° 81 — Pli n° 3*

♥♥ NN
(TH)

Maison mitoyenne à l'habitation du propriétaire, sur un terrain non loin de la route. 1 ch. 2 pers. au r.d.c. avec salle d'eau et wc particuliers (accessible aux pers. hand.). 1er ét. : 1 ch. 2 pers. et 1 ch. 1 pers., salle d'eau et wc particuliers pour chaque. 2 ch. 2 pers., salle d'eau et wc communs. Salle commune, salon. Ch. électrique. Ouvert toute l'année.

Prix : 2 pers. 190/220 F pers. sup. 70 F 1/2 pens. 220/250 F

2	SP	SP	2

PETIT Daniel et M.Annick – La Ritournelle - Route de Mirabel – 26110 Nyons – Tél. : 75.26.15.62

La Penne-sur-l'Ouveze La Gautiere

C.M. n° 81 — Pli n° 3

♥♥♥ NN Alt. : 375 m — 1 grande chambre d'hôtes aménagée dans la maison du propriétaire, à la campagne, avec vue sur la montagne de Bluye, le Rocher Rond, le Saint-Julien. 1 ch. 2 pers. avec salle de bains et wc particuliers. Séjour et salon communs à la disposition des hôtes. Parking, terrain, salon de jardin. Ouvert d'avril à octobre. Forêt 500 m. VTT et escalade à 3 km. Commerces 3 km.

Prix : 2 pers. 350 F

	🎿	⛷	🏃	🏇	⛷	✝
3	1,5	1,5	0,5	1	3	10

ROCHE Georges – La Gautiere – 26170 La Penne-sur-l'Ouveze – Tél. : 75.28.01.99

Piegros-la-Clastre

C.M. n° 77 — Pli n° 13

♥ NN 5 ch. d'hôtes aménagées dans une demeure sur un vaste terrain, dominant la vallée de la Drôme. 2 ch. 2 pers., salle d'eau et wc particuliers. 2 ch. 2 pers., salle de bains et wc particuliers. 1 ch. 1 pers., salle d'eau et wc particuliers. Salle à manger avec TV. Bibliothèque à disposition. Jeux pour enfants. Abri couvert. Terrain. Parking. Terrasse. Rivière, baignade à 800 m. Forêt sur place. Ouvert du 1er avril au 30 septembre. 1 chambre 2 épis NN.

Prix : 1 pers. 170 F 2 pers. 230 F 3 pers. 280 F

	🎿	⛷	🏃	🏇	⛷
4	SP	SP	SP	4	1,5

BOUVAT Maurice et Danielle – Le Pigeonnier – 26400 Piegros-la-Clastre – Tél. : 75.25.46.00

Pont-de-Barret Les Tuillieres

C.M. n° 77 — Pli n° 12

♥♥♥ NN (TH) Alt. : 250 m — Dans une grande maison de caractère, ancienne ferme restaurée (maison du propriétaire). 6 ch. 2 pers., 3 ch. avec s.d.b. et wc particuliers, 3 ch. avec s. d'eau et wc particuliers. Grande salle de séjour, cheminée. Terrasse, parking, terrain. Chauffage central. Tarifs dégressifs à partir de 3 nuits et suivant saison. Ouvert de mars à novembre. Commerces 5 km. Susan et Hermann, vous accueilleront dans leur ferme du XVIIe siècle rénovée. Forêt 300 m. Escalades 12 km. promenades en vélos, parcours jogging, salle de fitness. Anglais, allemand et italien parlés.

Prix : 1 pers. 350 F 2 pers. 390 F 3 pers. 480 F pers. sup. 80 F repas 130 F 1/2 pens. 325 F

🎿	⛷	🏃	🏇
SP	5	5	1,5	2,5

JENNY Hermann et Susan – Les Tuillieres – 26160 Pont-de-Barret – Tél. : 75.90.43.91 – Fax : 75.90.43.91

Recoubeau-Jansac Jansac

C.M. n° 77 — Pli n° 14

♥♥♥ NN (TH) Maison de caractère mitoyenne au logement du propriétaire dans le hameau. 5 ch. dont 2 de 2 pers. avec salle d'eau et wc particuliers. 1 ch. 1 pers. avec salle d'eau commune et wc particuliers. 1 ch. 3 pers. avec salle d'eau privée, wc communs. 1 ch. 2 pers. avec salle d'eau et wc communs. Salle à manger du XIe. Chauffage central. Terrasse. Salon de jardin. Au hameau de Jansac, en pleine nature et face à la montagne, Mireille vous accueille dans sa maison en pierres apparentes du XVIIe siècle. 2 ch. 1 épi NN, 1 ch. 2 épis NN et 2 ch. 3 épis NN. Ouvert toute l'année.

Prix : 1 pers. 150/210 F 2 pers. 200/260 F 3 pers. 230/260 F 1/2 pens. 220/270 F

	🎿	⛷	🏃	🏇	⛷	✝
3,5	3,5	3,5	SP	3,5	7	27

CHAFFOIS Mireille – Recoubeau-Jansac – 26310 Luc-en-Diois – Tél. : 75.21.30.46

Remuzat

C.M. n° 81 — Pli n° 3

♥ 5 ch. d'hôtes dans une maison mitoyenne, proche du propriétaire et située au cœur du village, au confluent des rivières Oule et Aygues. 2 ch. 3 pers., 2 ch. 2 pers., 1 ch. 1 pers. 2 salles de bains et 2 wc communs. Salle de séjour. Salon de lecture. Kitchenette. Chauffage central. Terrasse. Cheminée. Ouvert de Pâques à la Toussaint.

Prix : 1 pers. 160 F 2 pers. 200 F 3 pers. 265 F

🎿	⛷	🏃	🏇	⛷
9	SP	SP	SP	9

BEAUDET Denis – La Maison Provencale – Le Village – 26510 Remuzat – Tél. : 75.27.85.03

La Repara Le Peage d'Auriples

C.M. n° 7 — Pli n° 12

♥♥♥ NN (TH) Alt. : 370 m — Chambres d'hôtes aménagées au rez-de-chaussée de l'habitation. 1 chambre (1 grand lit 2 pers. jumelable). 1 chambre (1 grand lit 2 pers. jumelable, 1 lit 1 pers.), salle d'eau, wc privatifs. Salle de séjour commune. Chauffage central. Ouvert toute l'année. Au cœur des collines verdoyantes et des forêts du pays de Saou, Yves vous accueillera dans sa grande maison restaurée avec goût et dotée de tout le confort, avec son espace extérieur et sa piscine.

Prix : 1 pers. 200 F 2 pers. 250 F pers. sup. 80 F 1/2 pens. 205 F

🎿	⛷	🏃	🏇
SP	6	0,3	2	3

DUROUX Yves – Le Peage d'Auriples – 26400 La Repara – Tél. : 75.25.04.25

La Roche-sur-Grane

C.M. n° 77 — Pli n° 12

♥♥ NN (TH) 5 ch. d'hôtes 2 pers. avec salles d'eau particulières, wc, attenantes au gîte d'étape et à l'habitation des propriétaires. Salle de séjour, bibliothèque. Espaces verts. Parking. Ch. élect. Aire de jeux enfants. Salon de jardin. Piscine privée sur place. Logement chevaux sur place. Poss. repas froid le midi 45 F. Table d'hôtes commune au gîte d'étape. Belle vue sur collines et vieux village. Aire de camping et sentiers de randonnée sur place. Forêt 500 m. Escalade, canoë, VTT 12 km. Location de VTT sur place. Ouvert toute l'année sur réservation.

Prix : 1 pers. 185 F 2 pers. 230 F 3 pers. 325 F 1/2 pens. 260 F pens. 305 F

🎿	⛷	🏃	🏇
SP	SP	SP	SP	12

BOHLER Roger et Pierrette – La Magerie – 26400 La Roche-sur-Grane – Tél. : 75.62.71.77

Drôme

Rochegude Le Mas des Vignes

💥💥💥 NN
(TH)

Alt. : 135 m — 5 chambres d'hôtes au 1er étage de la grande maison d'habitation. 3 ch. 2 pers. dont 2 avec salle d'eau, wc privatifs et 1 avec salle de bains, wc. 2 ch. 3 pers. salle d'eau, wc, grande salle de séjour privative. Chauffage électrique. Cour commune, terrain, aire de jeux. Commerces 2 km. Ouvert toute l'année sauf février. 1/2 pension sur la base de 2 pers. Au cœur des vignobles du Tricastin, avec une vue dégagée sur Rochegude, son château et sa forêt, vers le Ventoux. Babette et son mari vous accueilleront dans une ambiance détendue pour vous faire connaître les multiples facettes de cette belle région. Anglais et italien parlés.

Prix : 1 pers. **210 F** 2 pers. **250 F** 3 pers. **320 F**
1/2 pens. **210 F**

🏊	💦	🏇	⛷	🎿
SP	6	2	15	2

LURAULT Georges et Babette – Le Mas des Vignes – 26790 Rochegude – Tél. : 75.98.26.60

Saint-Agnan-en-Vercors

💥 NN
(TH)

4 ch. d'hôtes dans la maison du propriétaire avec table d'hôtes commune au gîte d'étape. 1 ch. 3 pers., salle d'eau, wc particuliers. 1 ch. 3 pers., salle d'eau, wc communs. 2 ch. 2 pers., salle d'eau, wc communs (lits suppl. sur demande). Salon commun au propriétaire avec cheminée. Point-phone. Terrasse, parking, terrain. Poss. cuisine au gîte d'étape. Ouvert toute l'année. 2 ch. 1 épi NN, 2 ch. 2 épis NN.

Prix : 2 pers. **190/210 F** 3 pers. **275/320 F**
pers. sup. **85/105 F** 1/2 pens. **170/180 F**

🏊	🎿	🏇	⛷	🎿
13	2	6	6	SP

FARAUD Jean-Louis et Eva – Les Liotards - Rousset en Vercors – 26420 Saint-Agnan-en-Vercors – Tél. : 75.48.21.18

Saint-Auban-sur-l'Ouveze La Galane 🏕

💥💥💥 NN
(TH)

Alt. : 650 m — 3 ch. indépendantes aménagées dans une maison mitoyenne à l'habitation des propriétaires, sur une exploitation agricole. 3 ch. 2 pers. avec salle d'eau et wc privés. Salle à manger et coin-salon en mezzanine réservés aux hôtes. Nuitée gratuite pour les moins de 7 ans. Buanderie à dispo. des hôtes. Terrasse, parking. Ouvert de mars à fin novembre. Commerces 17 km. Jean-Yves et Bruna, jeunes agriculteurs en Drôme Provençale, vous feront apprécier les multiples richesses touristiques de leur région avec 3 chambres d'hôtes confortables et un accueil attentionné. Anglais parlé.

Prix : 1 pers. **170 F** 2 pers. **220/240 F** 3 pers. **300 F**
pers. sup. **70 F** repas **80 F** 1/2 pens. **190/200 F**

🐕	🏊	🎿	💦	🏇	⛷
SP	1	1	0,5	17

ROCHAS Jean-Yves et Bruna – La Galane – 26170 Saint-Auban-sur-l'Ouveze – Tél. : 75.28.62.37 – Fax : 75.28.63.88

Saint-Julien-en-Vercors Le Chalimont

💥 NN
(TH)

Alt. : 950 m — 4 chambres d'hôtes aménagées au 1er étage de la maison des propriétaires. Grande maison indépendante avec terrain dans le hameau. Salle à manger, séjour et réunion au rez-de-chaussée. 4 ch. 2 pers. 1 lavabo privatif, salle d'eau, wc communs aux chambres. Commerces 12 km. Ouvert de juin à fin août. Au cœur des monts du Vercors et de ses verdoyants espaces, la maison de Marie-Danièle sera un lieu de repos et de détente pour vos vacances calmes ou actives.

Prix : 2 pers. **190 F** pers. sup. **40 F** 1/2 pens. **170 F**
pens. **200 F**

🏊	🎿	💦	🏇	⛷	🎿
12	5	5	0,5	12	2

GUILLET Marie-Daniele – Le Chalimont - La Marteliere – 26420 Saint-Julien-en-Vercors – Tél. : 75.45.50.74

Saint-Paul-Trois-Chateaux Le Santalou 📖

💥💥💥 NN

Alt. : 50 m — 2 chambres d'hôtes d'accès indépendant en rez-de-chaussée, à proximité de l'habitation. 2 chambres 2 pers., salle de bains, wc privatifs. Chauffage électrique. Terrasse, terrain. Salle de séjour commune aux propriétaires. Gare 22 km. Commerces 2 km. Ouvert toute l'année. Anglais parlé. En Drôme Provençale, à 2 pas de la vallée du Rhône, dans un site de pinèdes, calme ombragé et fleuri, Jean et Chantal vous feront connaître cette belle région, et vous hébergeront avec tout le confort et l'attention nécessaire.

Prix : 1 pers. **300 F** 2 pers. **330 F**

🐕	🏊	🏇	⛷
SP	5	2

FARDEL Jean et Chantal – Le Santalou – 26130 Saint-Paul-Trois-Chateaux – Tél. : 75.04.92.42

Saint-Restitut La Croze

💥💥💥 NN

Alt. : 150 m — 2 chambres d'hôtes indépendantes, mitoyennes à l'habitation de la propriétaire, donnant sur un grand parc ombragé. 1 ch. (1 lit 2 pers. 1 lit 1 pers. poss. 1 lit 1 pers. d'appoint) avec salle d'eau et wc privés. 1 ch. 2 pers. avec salle de bains et wc privés. Salle d'eau à disposition des hôtes. Chauffage électrique. Poss. table d'hôtes. Terrasse. Parking privé. Bowling 2 km. Golf 8 km. 1 ch. 2 épis NN et 1 ch. 3 épis NN. Ouvert toute l'année. Anglais parlé.

Prix : 1 pers. **240/290 F** 2 pers. **280/320 F** 3 pers. **320/370 F**

🏊	🎿	💦	🏇	⛷
2	5	5	1	1

PAMBOUR Jocelyne – La Croze – 26130 Saint-Restitut – Tél. : 75.04.93.91

Sauzet Le Sagnac 🏕

💥💥💥 NN
(TH)

Alt. : 160 m — 3 chambres au 1er étage d'une partie mitoyenne de la grande maison, entrée indépendante. 1 chambre 3 pers. 2 chambres 2 pers., salle d'eau, wc privatifs. Chauffage électrique. Salle à manger privative, salon commun. Terrasse, terrain. Gare 10 km. Commerces 2 km. Ouvert toute l'année. Anglais parlé. Au calme et dans la verdure d'un paysage campagnard et agréable, Françoise et Jean vous accueilleront au cœur de la vallée de Rhône, dans des chambres confortables aménagées avec goût.

Prix : 1 pers. **195 F** 2 pers. **280 F** 3 pers. **370 F**
1/2 pens. **215 F**

🏊	💦	🏇	⛷	🎿
2	3	SP	5	2

FAUGIER Jean et Francoise – Le Sagnac – 26740 Sauzet – Tél. : 75.46.71.78

Suze-la-Rousse La Poupaille
C.M. n° 81 — Pli n° 2

♥♥♥ NN
(TH)

Alt. : 270 m — Grande maison typique en campagne et entourée de vignes, proche de l'habitation. 5 chambres sur 2 niveaux avec sanitaires privatifs. Rez-de-chaussée : 2 chambres (4 lits 1 pers.). 1er étage : 3 chambres (3 lits 2 pers.). Salle de séjour privative, cheminée. Terrasse. Terrain. Commerces 6 km. Ouvert toute l'année. Anglais et allemand parlés. VTT sur place. Dans la plaine viticole du Tricastin et de la Drôme Provençale, Patricia et Pierre vous accueilleront dans leur grande maison entièrement réaménagée avec confort et goût pour faire apprécier une région attrayante qu'ils ont eux-mêmes très vite adoptée.

Prix : 1 pers. **200 F** 2 pers. **250 F** pers. sup. **80 F**
repas **100 F** 1/2 pens. **225 F** pens. **300 F**

🚣	⛵	🏇	🚶	⛷	🎿
6	2	SP	13	6	

FOSSOYEUX Pierre et Patricia – La Poupaille – 26790 Suze-la-Rousse – Tél. : 75.04.83.99

Suze-la-Rousse Clos-des-Panelles
C.M. n° 81 — Pli n° 2

♥♥♥
(TH)

Alt. : 80 m — 4 ch. d'hôtes indépendantes en rez-de-chaussée, à la proximité immédiate de l'habitation du propriétaire, séparées par une cour fermée. 2 ch. 3 pers. avec mezzanine dont 1 avec 1 lit 160. Salle de bains. WC privés. 2 ch. 2 pers., s.d.b., wc privés. Terrasse. Parking. Prix 1/2 pension dégressif à partir de 2 pers. 225 F. Ouvert toute l'année. Commerces 4 km. En Drôme Provençale à la campagne, Anne Marie et Hubert vous accueillent dans 4 chambres d'hôtes très confortables, en rez-de-chaussée d'une maison voisine de l'habitation, dans leur séjour spécialement aménagé et à leur table d'hôtes avec les produits faits régionaux. Bowling, patinoire 12 km.

Prix : 1 pers. **200 F** 2 pers. **240 F** 3 pers. **325 F**
pers. sup. **85 F** 1/2 pens. **290 F**

🐕	🚣	🏇	⛷	⛷
	4	1	12	2

PRADELLE Hubert et Anne Marie – Clos des Panelles – 26790 Suze-la-Rousse – Tél. : 75.98.23.20

Suze-la-Rousse
C.M. n° 81 — Pli n° 2

♥♥ NN
(TH)

5 ch. d'hôtes aménagées dans une ancienne bergerie restaurée, située au cœur des Côtes du Rhône, vue sur le Mont Ventoux. 4 ch. 2 pers. avec s. d'eau et wc particuliers. 1 ch. 1 pers. avec salle d'eau et wc particuliers. Salle de séjour à disposition. Cheminée. TV. Chauffage central. Cour ombragée, terrasse, solarium. Cuisine familiale et provençale. Parking privé. Ouvert toute l'année. Tarif dégressif à partir de 2 nuitées et à partir de 2 pers. en 1/2 pension. 1 ch. 2 épis NN et 4 ch. 1 épi NN.

Prix : 1 pers. **200 F** 2 pers. **250 F** pers. sup. **80 F**
1/2 pens. **300 F**

🚣	⛵	🏇	🚶	⛷
7	1	1	5	1

PREMIER Georges et Eve – Route de Rochegude – 26790 Suze-la-Rousse – Tél. : 75.04.81.70 – Fax : 75.98.23.38

Truinas Les Volets Bleus
C.M. n° 77 — Pli n° 12

♥♥ NN
(TH)

Alt. : 650 m — 5 chambre d'hôtes sur 2 niveaux. Rez-de-chaussée : 1 ch. (1 lit 2 pers.), 1 ch. (1 lit 2 pers. 1 lit 1 pers.), salle à manger privative. 1er étage : 2 ch. (1 lit 2 pers.), 1 ch. (3 lits 1 pers.). S. d'eau et wc privatifs. Chauffage central. Terrasse, terrain. Commerces 5 km. Ouvert toute l'année. Prix dégressifs suivant séjours. Anglais, italien et espagnol parlés. Dans l'ancienne ferme restaurée, attenante à l'habitation et dans le cadre agréable et boisé des collines du pays de Bordeaux, vous gouterez au calme, au confort des chambres, avec l'accueil des propriétaires.

Prix : 1 pers. **240 F** 2 pers. **280 F** 3 pers. **360 F**
1/2 pens. **230 F**

🐕	🚣	🏇	🚶	⛷	⛷
	5	5	0,5	6	5

FORTUNATO Pilar et Carlo – Les Volets Bleus – 26460 Truinas – Tél. : 75.53.38.48 – Fax : 75.53.49.02

Tulette
C.M. n° 81 — Pli n° 2

♥♥ NN

3 chambres d'hôtes indépendants dans la maison du propriétaire, au milieu des vignes. Grande maison indépendante à la campagne sur un terrain (ancienne papeterie, moulin à eau). 1 ch. 2 pers. avec s.d.b. et wc particuliers, 2 ch. 2 pers. avec s. d'eau, wc communs. Salle de séjour commune à disposition. Chauffage électrique. TV. Piscine privée sur place. Ouvert toute l'année. Tarifs dégressifs à partir de 2 nuits. 1 ch. 3 épis NN, 2 ch. 2 épis NN. Cuisine d'été.

Prix : 1 pers. **280 F** 2 pers. **330 F** 3 pers. **410 F**
pers. sup. **80 F**

🚣	🏇	⛷
SP	SP	SP

CIBERT Paul et Jany – La Papeterie – 26790 Tulette – Tél. : 75.98.35.51

Val-Maravel Le Pilhon
C.M. n° 77 — Pli n° 14

♥ NN
(TH)

Alt. : 1100 m — 3 chambres indépendantes aménagées dans une maison mitoyenne, dans le hameau proche de l'habitation. 1 chambre 2 pers. 2 chambres 3 pers. Salle d'eau, wc communs. Salle à manger commune au propriétaire. Terrain. Commerces 8 km. Ouvert toute l'année. Dans ce petit hameau perché au cœur des montagnes du Haut Diois, vous trouverez accueil, calme et repos, ou promenades et randonnées plus sportives, avec possibilité d'accueil de cavaliers.

Prix : 1 pers. **130 F** 2 pers. **180 F** 3 pers. **210 F**
1/2 pens. **160/200 F**

🚣	⛵	🏇	⛷	⛷	➕
23	3,5	SP	3,5	23	18

MUGUET J-Claude et Raymonde – Le Pilhon – 26310 Val-Maravel – Tél. : 75.21.46.16

Valdrome Le Cheylard
C.M. n° 77 — Pli n° 40

♥♥ NN
(TH)

Alt. : 950 m — Grande chambre indépendant en rez-de-chaussée d'une ancienne ferme restaurée et attenante à l'habitation dominant la vallée, dans un cadre verdoyant et calme. 1 ch. (1 lit 2 pers. 1 lit 1 pers.), lavabo, douche et wc privés. Coin-repos, salle à manger commune. Chauffage central. Terrasse, terrain. Salon de jardin. Ping-pong. Ouvert vacances scolaires et sur demande. Tarif dégressif à partir de 2 pers. en demi-pension. Commerces 25 km. 1 ch. 3 épis NN.

Prix : 1 pers. **190 F** 2 pers. **240 F** 3 pers. **310 F**
1/2 pens. **265 F**

🚣	⛵	🏇	🚶	⛷	➕
25	3	3	SP	3	25

M. RIVIERE ET MME CARPENTIER – Ferme du Serre - Le Cheylard – 26310 Valdrome – Tél. : 75.21.47.65 ou 93.87.38.93

Drôme

Valouse

🌿🌿🌿 NN
(A)

Sur une propriété de 60 ha., dans un hameau entièrement restauré, 4 ch. d'hôtes dans une maison mitoyenne à d'autres logements (gîtes ruraux, dortoir gîte d'étape). 1 ch. 1 pers., s.d.b. et wc privés. 2 ch. 2 pers., s. d'eau et wc privés. 1 ch. 3 pers., s. d'eau et wc privés. Ch. élect. TV. Bibliothèque. Prix 1/2 pens. à partir de 3 nuits. Ouvert toute l'année. Tarifs dégressifs selon durée de location et saison. Restaurant sur place.

Prix : 1 pers. **160/270 F** 2 pers. **280/450 F** 3 pers. **320/510 F**
1/2 pens. **245/355 F** pens. **315/425 F**

SP	0,2	0,2	SP	SP	7

GAULARD Michele – 26110 Valouse – Tél. : 75.27.72.05 – Fax : 75.27.75.61

Vassieux-en-Vercors La Mure

🌿 NN

Alt. : 1040 m — Maison mitoyenne à l'habitation du propriétaire, comportant un gîte et un autre logement (escalier commun). 2 ch. 2 pers., salle d'eau et wc communs. Salle à manger, séjour du propriétaire à la disposition des hôtes. Chauffage central. Terrain non clos, jeux de boules. Ouvert toute l'année. Vue sur la chaîne du Grand Veymont. Maison en pierres apparentes avec jardin fleuri.

Prix : 1 pers. **130 F** 2 pers. **180 F** pers. sup. **50 F**

8	8

REVOL Yves et Marie France – La Mure – 26420 Vassieux-en-Vercors – Tél. : 75.48.28.48

Vassieux-en-Vercors

🌿🌿 NN
(A)

4 chambres d'hôtes aménagées dans la maison du propriétaire située en pleine campagne avec vue sur le Chaîne du Veymont. 3 ch. 3 pers., salle d'eau privée, wc communs. 1 ch. 3 pers., salle d'eau et wc privés. Salle de séjour. Chauffage central. Abri couvert, terrain, VTT, vélos, escalade. Ouvert toute l'année. Tarif dégressif à partir de 2 nuits en 1/2 pension.

Prix : 1 pers. **135 F** 2 pers. **225 F** 3 pers. **335 F**
1/2 pens. **170 F** pens. **200 F**

9	SP	5	2	SP

HOEFFLER Pierre – Le Chateau - Ferme la Chatelaine – 26420 Vassieux-en-Vercors – Tél. : 75.48.27.26

Loire

Apinac La Bourgeat

🌿🌿🌿 NN

Alt. : 940 m — 1 suite de 2 chambres avec entrée particulière aménagée à l'étage d'un bâtiment indépendant, disposant d'une spacieuse terrasse privative (salon de jardin). 1 ch. (1 lit 2 pers.), 1 ch. d'enfants (lits superposés), salle d'eau avec wc. Maison de caractère, mobilier ancien. Confitures maison au petit déjeuner. Gare 40 km. Commerces sur place. Ouvert toute l'année. Propriétaire auteur et historien local. Restaurant 100 m. Ski à Saint-Antheme à 20 km.

Prix : 1 pers. **195/235 F** 2 pers. **220/270 F**

5	SP	6	SP	6	SP	6	SP	20

AUTRUC-COLCOMBET Jean-Cl. et Hedwige – La Bourgeat – 42550 Apinac – Tél. : 77.50.25.72 ou 77.50.21.54 – Fax : 77.50.20.36

Bard Sagne-l'Allier

🌿🌿 NN
(TH)

Alt. : 850 m — 2 ch. doubles dans la maison du propriétaire avec entrée indépendante, située en pleine campagne permettant l'hébergement de 2 familles. 4 ch. groupées par 2 avec salle de bains et wc privés. 2 ch. (1 lit 2 pers.), 2 ch. d'enfants (2 lits 1 pers.). Salle de séjour avec cheminée, bibliothèque. Terrain avec salon de jardin. A proximité du parc naturel Livradois-Forez. Ouvert toute l'année. Gare et commerces à 9 km. Montrond-les-Bains 22 km. 1/2 pension pour 2 pers. : 290 à 310 F.

Prix : 1 pers. **140/150 F** 2 pers. **170/180 F** 1/2 pens. **180 F**

1	9	25	SP	9	SP	20	10	26

MEUNIER Emile et Jeanne – Sagne l'Allier – 42600 Bard – Tél. : 77.76.20.06

La Benisson-Dieu

🌿🌿🌿 NN

Alt. : 285 m — 5 chambres d'hôtes avec sanitaires indépendants pour toutes (douche, lavabo, wc). 1 ch. (1 lit 2 pers. 1 lit 1 pers.), 1 ch. (2 lits 1 pers.), 1 ch. (1 lit 2 pers. 1 lit 1 pers.), 1 ch. (1 lit 2 pers. 1 lit 120), 1 ch. (1 lit 2 pers.). Salon, bibliothèque, salle d'accueil et de petits déjeuners. Gare 15 km. Commerces sur place. Dans un charmant village, maison du XIXᵉ siècle entièrement rénovée, à proximité d'une superbe église abbatiale du XIIᵉ siècle fondée par St-Bernard. Nombreux loisirs, promenades fluviale sur le canal de Roanne à Digoin. Ouvert du 15/06 au 15/09 + vac. scol. de Pâques, autres vac. sur réservation

Prix : 1 pers. **190 F** 2 pers. **210/230 F** pers. sup. **80 F**

0,5	0,5	2	7	11	SP	20

SYNDICAT D'INITIATIVE – Rue de Valbenoite – 42720 La Benisson-Dieu – Tél. : 77.66.64.44 ou 77.66.64.65

Burdignes

🌿 NN
(A)

Alt. : 900 m — 6 chambres d'hôtes dans le Parc Naturel du Pilat, aménagées à côté de la maison du propriétaire : 2 ch. (1 lit 2 pers. chacune), 1 ch. (1 lit 130), 1 ch. (1 lit 2 pers. 2 lits 1 pers.) et 1 ch. (1 lit 2 pers. 1 lit 1 pers.). 2 wc et 2 douches sur le palier. 1 lavabo et 1 bidet dans chaque chambre. Gare 34 km, commerces 6 km. Ouvert toute l'année. Auberge sur place. Village très calme et reposant. Le propriétaire parle l'Occitan. Bourg-Argental 6 km. Chien accepté avec supplément.

Prix : 1 pers. **159 F** 2 pers. **183 F** 3 pers. **260 F** repas **65 F**
1/2 pens. **170/300 F** pens. **210/390 F**

6	6	15	SP	6	6	8	SP	20

LINOSSIER Therese et Pierre – Le Bourg – 42220 Burdignes – Tél. : 77.39.60.81

Cervieres Le Chambon

C.M. n° 73 — Pli n° 16

Alt. : 725 m — 4 chambres d'hôtes dans une maison indépendante. au r.d.c. : 2 ch. (1 lit 2 pers.), douche et wc sur le palier, à l'étage : 2 ch. (1 lit 2 pers. et 2 lits 130, 1 lit 1 pers.), douche et wc sur le palier. Salon, TV, cheminée. Jardin, terrasse, salon de jardin. Ouvert toute l'année. Gare et commerces 5 km. RN 89 entre Noirétable et Chabreloche.

Prix : 1 pers. **130/140 F** 2 pers. **180/190 F** repas **60/70 F**
1/2 pens. **160/170 F**

⛷	🎿	✈	👥	🚣	♨	🎿	⛷
SP	5	5	SP	15	5	15	20

SEYCHAL Lucette – « Les Sapins » - Le Chambon – 42440 Cervieres – Tél. : 77.24.71.94

Chambles Biesse

C.M. n° 73 — Pli n° 18

Alt. : 720 m — 2 chambres à l'étage. 1 ch. (1 lit 2 pers. 1 lit 110.), 1 ch. (1 lit 2 pers.). Salle d'eau et wc sur le palier. Terrain, salon de jardin. Ouvert toute l'année. Gare 12 km. Commerces 9 km. Anglais parlé.

Prix : 1 pers. **130 F** 2 pers. **150 F** pers. sup. **50 F**

⛷	🎿	✈	👥	🚣	♨
3	2	15	SP	9	12

BARBIER Maria – Biesse – 42170 Chambles – Tél. : 77.52.32.33

Chamboeuf

C.M. n° 73 — Pli n° 18

Alt. : 450 m — 6 chambres d'hôtes. 2 ch. (1 lit 2 pers.), 2 ch. (1 lit 130.), 2 ch. (1 lit 120.). Douche et lavabo dans chaque chambre. 2 wc sur le palier. Gare et commerces à 3 km.

Prix : 1 pers. **140 F** 2 pers. **170 F**

🐕	🎿	✈	👥	🚣	♨
2	2	2	SP	2	10

LASSABLIERE Odette – Au Bourg – 42330 Saint-Galmier – Tél. : 77.54.06.79

Civens Les Rivieres

C.M. n° 73 — Pli n° 18

Alt. : 350 m — 3 chambres d'hôtes. 1 ch. (1 lit 2 pers.), 1 ch. (1 lit 2 pers. 2 lits 1 pers superposés), 1 ch. (2 lits 1 pers.). Salon avec TV. Cheminée. Balcon. Terrasse avec salon de jardin. Sanitaires privés pour chaque chambre. Terrain. Balançoire. Ouvert toute l'année. Gare et commerces 2 km. Endroit très calme à 5 mn de Feurs et 5 km de la sortie autoroute.

Prix : 1 pers. **150 F** 2 pers. **200 F** repas **60 F**

⛷	🎿	✈	👥	🚣	🚴	♨
3	2	8	SP	2	3	

PALAIS Bernard et Simone – Les Rivieres - Route de Feurs à Salvizinet – 42110 Civens – Tél. : 77.26.11.93

Colombier-sous-Pilat Vernollon

C.M. n° 76 — Pli n° 9

Alt. : 1063 m — 4 ch. d'hôtes : 2 ch. (2 lits 1 pers. wc, lavabo), (1 lit 2 pers. 1 lit 1 pers. douche lavabo, wc), les 2 autres se louant ensemble (1 lit 2 pers. 2 lits 1 pers. douche, lavabo, wc). Grande salle commune (80 m²), salon avec TV, bibliothèque. Terrain, terrasse, salon de jardin. Anglais et allemand parlés. 1 ch. est classée 1 épi NN. Gare 25 km, commerces 9 km. Ouvert toute l'année. Très belle vue panoramique. Parc naturel régional du Pilat (60000 ha.). Crêt de la perdrix (1432 m), panorama avec table d'orientation.

Prix : 1 pers. **100/160 F** 2 pers. **140/200 F** pers. sup. **70 F**
repas **60/120 F** 1/2 pens. **160/220 F** pens. **220/280 F**

⛷	🎿	✈	👥	🚣	🚴	♨	🎿	⛷
9	8	3	SP	17	8	13	SP	4

GRANGE Odile – Vernollon – 42220 Colombier-sous-Pilat – Tél. : 77.51.56.58

Cordelle Les Glycines

C.M. n° 73 — Pli n° 7

Alt. : 485 m — 1 ch. d'hôtes aménagée dans un corps de ferme rénové (XVIIIe siècle), situé sur un terrain arboré de 4000 m². 1 ch. 2 pers. à l'étage avec sanitaires et douche dans la chambre. WC réservés à la ch. sur le palier. Possibilité lit supplémentaire. TV, salon, cheminée, bibliothèque. Salon de jardin, terrasse. Gare 12 km. Commerces 500 m. Mini-golf sur place. Ouvert toute l'année. Anglais parlé. Tranquillité et charme assurés, proche des Gorges de la Loire et du plan d'eau de Villerest, vue panoramique. Roanne 12 km.

Prix : 1 pers. **210 F** 2 pers. **260 F**

⛷	🎿	✈	👥	🚣	🚴	♨	🎿	⛷
4	0,5	3	1	1	SP	4	30	30

SCILY Maite et Gerard – Les Glycines – 42123 Cordelle – Tél. : 77.64.93.45

Dance La Croix

C.M. n° 73 — Pli n° 7

Alt. : 542 m — 3 ch. d'hôtes aménagées à l'étage d'une maison ancienne à proximité d'une petite bourgade. 1 ch. (1 lit 2 pers.) et 1 ch. (2 lit 1 pers.) avec sanitaires communs. 1 ch. (1 lit 2 pers. 1 conv.) avec sanitaires incorporés. Possibilité lit pliant 1 pers. et 2 lits bébé. Salon de lecture, TV. Cour, salon de jardin. Possibilité d'héberger 3 ou 4 cavaliers. Gare 23 km. Commerces 4 km. Fermé de novembre à février. Canoë 5 km.

Prix : 1 pers. **145/150 F** 2 pers. **170/250 F** repas **50/60 F**
1/2 pens. **195/300 F**

⛷	🎿	✈	👥	🚣	🚴	♨	⛷
3	0,3	17	SP	15	SP	10	20

BARD Antonin et Christiane – La Croix – 42260 Dance – Tél. : 77.65.24.26

Grezieux-le-Fromental Le Thevenon

C.M. n° 73 — Pli n° 18

Alt. : 360 m — Maison indépendante du logement des propriétaires, dans un petit hameau. 2 ch. (2 lits 1 pers.), 2 ch. (1 lit 2 pers.), poss. lit pliant enf., sanitaires privés. Salle à manger/coin-salon avec TV réservée aux hôtes. Kitchenette (micro-ondes, l-linge). Terrasse avec salon de jardin. Terrain. Ouvert toute l'année. Gare et commerces 7 km. Boulanger et épicier ambulants. Repas occasionnel : 65 F. Proche de la sortie autoroute 4 km. Auberge 400 m avec mini-golf et repas dansants le samedi soir. A Montbrison, nombreux musées (Allard, de la poupée...). Anglais parlé.

Prix : 1 pers. **160 F** 2 pers. **200 F**

⛷	🎿	✈	👥	🚣	🚴	♨	🎿	⛷
5	5	14	SP	7	7	30	30	30

FARJON Francoise – Le Thevenon - Grezieux le Fromental – 42600 Montbrison – Tél. : 77.76.12.93

Jas

♥♥ NN
(A)

Alt. : 530 m — 3 ch. d'hôtes situées à l'entrée d'un petit village fleuri « 3 fleurs ». 1 ch. (2 lits 1 pers.), 1 ch. (1 lit 2 pers.), 1 ch. (3 lits 1 pers.). WC sur le palier. Douche et TV dans chaque chambre. Terrasse, salon de jardin. Restaurant sur place. Gare et commerces 8 km.

Prix : 1 pers. **180 F** 2 pers. **200 F** 1/2 pens. **220 F** pens. **260 F**

⛷	🎿	🚣	🚶	🏊	🚴
3	3	SP	SP	8	SP

MEILLAND Gabriel – Le Bourg – 42110 Jas – Tél. : 77.28.54.08

Jeansagniere

♥♥ NN
(A)

Alt. : 1050 m — 4 ch. aménagées à l'étage d'un restaurant avec entrée indépendante à l'arrière de la maison. 1 ch. (2 lits 1 pers.). 3 ch. (1 lit 2 pers. dont 2 avec 1 lit 1 pers. en plus). Toutes les chambres disposent d'un sanitaire incorporé. Salle avec cheminée au rez-de-chaussée. Terrain. Terrasse. Salon de jardin. Prise TV dans chaque chambre. Ouvert toute l'année. Restaurant sur place. Gare 20 km. Commerces 5 km.

Prix : 1 pers. **130 F** 2 pers. **190 F** repas **50/80 F** 1/2 pens. **160/190 F** pens. **200/230 F**

⛷	🎿	🚣	🚶	🏊	🎿	🏂
2	5	10	SP	17	5	9

FORCHEZ Denis – Au Bourg – 42920 Jeansagniere – Tél. : 77.24.81.21

Lay Dorthoray

♥♥ NN
(TH)

Alt. : 400 m — 1 chambre d'hôtes (1 lit 2 pers.), aménagée dans la maison du propriétaire, avec sanitaires incorporés. 2 lits jumeaux. Salon, TV. Terrain. Possibilité table d'hôtes le soir uniquement. Ouvert toute l'année. Gare et commerces 3 km. Anglais parlé.

Prix : 1 pers. **130 F** 2 pers. **160 F** pers. sup. **50 F** repas **55 F**

⛷	🎿	🚣	🚶	🚴	🏊
3	3	10	SP	3	4	3,5

DELOIRE Michel et M.Paule – Dorthoray - Lay – 42470 Saint-Symphorien-de-Lay – Tél. : 77.64.72.98

Leigneux-en-Forez Les Junchuns

♥♥ NN

Alt. : 520 m — 2 chambres d'hôtes à l'étage avec 1 lit 2 pers. 1 ch. avec sanitaires incorporés et 1 ch. avec sanitaires sur le palier (possibilité de lits supplémentaires). Salle de jeux, ping-pong. Jardin avec salon de jardin, aire de jeux. Ouvert toute l'année. Gare et commerces 3 km. 1 ch. 1 épi, 1 ch. 2 épis.

Prix : 1 pers. **130/160 F** 2 pers. **160/200 F**

⛷	🎿	🚣	🚶	🏊
2	2	4	SP	18	20

CHEZE Dominique – Les Junchuns – 42130 Leigneux-en-Forez – Tél. : 77.24.08.05

Lentigny Domaine-de-Champfleury

♥♥♥ NN

Alt. : 400 m — Dans la demeure familiale fin XIXe siècle, entourée d'un parc très arboré, calme, et tennis privé. 3 ch. personnalisées avec chacune salle d'eau et wc attenants. 1 ch. (1 lit 2 pers.), 1 suite de 2 ch. (1 lit 2 pers. 1 lit 120), salle de séjour, TV. Salle de jeux. Salons de jardin. Restaurant 2 km. Possibilité de servir sur place « l'assiette de la Vesinière ». Bords de Loire ou montagne 4 km. Roanne 8 km. Gare 8 km. Commerces sur place. Ouvert de Pâques à la Toussaint sur réservation l'hiver.

Prix : 1 pers. **300 F** 2 pers. **350 F** 3 pers. **580 F**

⛷	🎿	🚣	🚶	🏊
4	SP	2	SP	8	4

GAUME Maurice – Domaine de Champfleury – 42155 Lentigny – Tél. : 77.63.31.43

Machezal Les Couteaux

♥♥ NN

Alt. : 650 m — 2 chambres d'hôtes. 1 ch. (1 lit 2 pers. 1 lit bébé) avec salle d'eau, 1 ch. (3 lits 1 pers.) avec salle d'eau et wc sur le palier. Chambres aménagées à l'étage d'une maison ancienne. Kitchenette. Terrasse. Région vallonnée. Terrain. Salon de jardin. Ouvert du 1er avril au 30 octobre. Gare et commerces 6 km.

Prix : 1 pers. **140 F** 2 pers. **170 F** pers. sup. **50 F**

⛷	🎿	🚣	🚶	🏊
10	6	10	SP	6	10

FRECHET Marc – Les Couteaux – 42114 Machezal – Tél. : 77.62.41.08

Machezal La Forest

♥♥ NN
(TH)

Alt. : 550 m — 1 chambre (1 lit 2 pers. et 2 lits 1 pers.) avec sanitaires incorporés, lit bébé sur demande. 1 chambre (1 lit 2 pers. 1 lit 1 pers) avec sanitaires incorporés. Kitchenette et entrée indépendantes pour chaque chambre. Terrasse, salon de jardin. Ouvert toute l'année. Gare et commerces à 12 km. Prix repas vin non compris.

Prix : 1 pers. **140 F** 2 pers. **170 F** pers. sup. **50 F** repas **60 F**

⛷	🎿	🚣	🚶	🏊
10	4	10	SP	5	10

BISSUEL Raymond et Bernadette – La Forest – 42114 Machezal – Tél. : 77.62.41.03

Marlhes Le Temple

♥♥ NN

Alt. : 960 m — 2 chambres d'hôtes aménagées dans une ancienne ferme contiguë au logement des propriétaires, située dans le parc naturel régional du Pilat. 1 ch. (1 lit 2 pers. 1 lit 110). 1 ch. (1 lit 2 pers. 1 lit 1 pers.), chaque chambre dispose d'une salle d'eau. Terrain. Salon de jardin. Ouvert toute l'année. Gare 25 km. Commerces 2 km. Allemand et anglais parlés.

Prix : 1 pers. **170 F** 2 pers. **200 F** 3 pers. **250 F**

⛷	🎿	🚣	🚶	🚴	🏊	🎿
SP	3	10	SP	10	SP	10	3

DEBROSSE J.Pierre et Annie – Le Temple – 42660 Marlhes – Tél. : 77.51.82.82

Montagny Parcelly
C.M. n° 73 — Pli n° 8

�▲ NN
(TH)

Alt. : 450 m — 2 chambres d'hôtes, 1 ch. (1 lit 2 pers. 1 lit d'apoint), 1 ch. (2 lits 1 pers.), à l'étage de la maison du propriétaire avec sanitaires sur le palier réservés aux hôtes. Maison située en pleine campagne. Salon avec TV au rez-de-chaussée. Petit terrain avec salon de jardin. Possibilité logement pour chevaux. Gare 10 km. Commerces 6 km. Ouvert toute l'année. Plan d'eau aménagé et barrage à Villerest. Anglais et espagnol parlés. Promenades en calèche sur demande, sur place et VTT sur place.

Prix : 1 pers. **130/150 F** 2 pers. **170 F** 1/2 pens. **150/215 F**

🦮	⛷	🎿	🚶	👫	🚣	🚴	〰〰
	3	6	9	SP	8	15	15

CAUWE Denise – Parcelly – 42840 Montagny – Tél. : 77.66.13.61 ou 74.64.00.20

Neaux La Combe-Franche
C.M. n° 73 — Pli n° 8

�▲�▲ NN
(TH)

Alt. : 400 m — 1 ch. (1 lit 2 pers.) au r.d.c. avec salle d'eau particulière, wc sur le palier. Salon avec TV, cheminée et bibliothèque. Terrasse, salon de jardin, terrain. Ouvert toute l'année. Gare 15 km. Commerces 4 km. RN7 à 1,5 km. Anglais et allemand parlés.

Prix : 1 pers. **140 F** 2 pers. **180 F** repas 60 F

🦮	⛷	🎿	👫	〰〰
5	5	SP	4	4

CIMETIERE Jean-Noel – La Combe Franche – 42470 Neaux – Tél. : 77.64.77.00 ou 77.64.70.40

Neulise Lorgues
C.M. n° 73 — Pli n° 8

�▲ NN
(A)

Alt. : 450 m — 3 chambres d'hôtes aménagées à l'étage d'une maison de caractère. 3 ch. (1 lit 2 pers.), salle d'eau et wc sur le palier. Salle de séjour avec TV. Jardin, terrasse, salon de jardin. Chauffage central. Gare 7 km. Commerces 3 km. Auberge de campagne sur place.

Prix : 1 pers. **135/145 F** 2 pers. **155/165 F**
pers. sup. **60/80 F** repas 65/80 F 1/2 pens. **200/215 F**
pens. **240/280 F**

🦮	🎿	👫	🚣	〰〰
SP	3	SP	5	20

MOYSE Heather et Christopher – Lorgues – 42590 Neulise – Tél. : 77.64.61.51

Neulise
C.M. n° 73 — Pli n° 8

�▲ NN

Alt. : 550 m — 2 chambres d'hôtes aménagées en rez-de-chaussée. 1 ch. (1 lit 2 pers. 1 lit 1 pers.) avec sanitaires complets sur le palier. 1 ch. (1 lit 2 pers. 1 lit 1 pers.) avec douche. Salle de séjour, cheminée. Jardin, terrasse, salon de jardin. Ouvert de mars au 15 octobre. Gare 7 km. Commerces sur place.

Prix : 1 pers. **155 F** 2 pers. **180/198 F**

🦮	⛷	🎿	👫	🚣	〰〰
6	7	11	SP	7	8

LACHAIZE Paul – Lotissement Bellevue – 42590 Neulise – Tél. : 77.64.62.39

La Pacaudiere Le Gros Buisson
🖳 *C.M. n° 73 — Pli n° 7*

☲☲☲ NN

Alt. : 330 m — 4 chambres d'hôtes de très bon confort, TV et tél. dans chaque chambre. A l'étage : 1 ch. (2 lits 1 pers.), douche, wc. R.d.c. : 1 ch. (2 lits 1 pers.), douche, wc. 2 ch. (2 lits 2 pers.), bains, wc. Salle à manger, séjour, bibliothèque. Chauffage central, cheminée. Terrasse, piscine. Terrain de 4000 m². Gare 25 km. Commerces 1 km. Ouvert toute l'année. Dans une ancienne ferme restaurée, située sur une propriété agricole, avec un environnement calme et verdoyant à 1 km du bourg. Pêche en étang privé, idéal pour une étape, un week-end ou un séjour. Animaux acceptés avec supplément.

Prix : 1 pers. **260 F** 2 pers. **280 F** 3 pers. **310 F**

🦮	⛷	🎿	👫	🚣	🚴
SP	1	8	5	SP	SP

LE GROS Michel – Le Gros Buisson – 42310 La Pacaudiere – Tél. : 77.64.10.29 – Fax : 77.64.10.29

Precieux Grange-Neuve
C.M. n° 73 — Pli n° 18

☲☲ NN
(A)

Alt. : 375 m — 4 ch. d'hôtes avec sanitaires incorporés, à l'étage. 2 ch. (1 lit 2 pers.), 1 ch. (2 lits 1 pers.), 1 ch. (1 lit 2 pers. 1 lit 1 pers.). Téléphone et TV dans chaque chambre. Cour. Possibilité repas à l'auberge de campagne. Ouvert toute l'année. Gare 7 km. Commerces 4 km. Route départementale 105 entre Sury-le-Comtal et l'Hôpital-le-Grand.

Prix : 1 pers. **170 F** 2 pers. **220 F** repas 50/110 F
1/2 pens. **175/310 F** pens. **250/395 F**

🦮	⛷	🎿	👫	🚣
1	2	6	SP	7

BRUYERE Nicole – Grange Neuve – 42600 Precieux – Tél. : 77.76.10.69

Regny
C.M. n° 73 — Pli n° 8

☲☲☲ NN
(TH)

Alt. : 325 m — 1 ch. d'hôtes aménagée à l'étage d'une maison située au cœur du village, (1 lit 2 pers. 2 lits 1 pers. superposés), salle de bains, wc et TV. Garage. Salle de séjour, salon, TV. Patio. Ouvert toute l'année. Gare 200 m. Commerces sur place.

Prix : 1 pers. **140 F** 2 pers. **180 F** pers. sup. **60 F** repas 50 F

🦮	⛷	🎿	👫	🚣	🚴	〰〰
SP	SP	15	SP	6	SP	15

CHEVILLARD Etienne et Therese – Rue de la Tour et de la Poste – 42630 Regny – Tél. : 77.63.01.52

Renaison La Mayoufiere
C.M. n° 73 — Pli n° 7

☲☲ NN
(TH)

Alt. : 400 m — 5 ch. d'hôtes à l'étage. 1 lit 2 pers. par ch. + 1 lit 1 pers. pour 1 des ch. 3 ch. avec douche et lavabo, 2 ch. avec lavabo, bidet. 2 wc sur le palier. Salle de séjour avec cheminée, terrain, terrasse ombragée, salon de jardin. 2 ch. (1 épi NN) et 3 ch. (2 épis NN). Ouvert toute l'année sauf du 15 octobre au 15 novembre. Gare 12 km. Commerces 2 km. Repas sur commande.

Prix : 1 pers. **155 F** 2 pers. **200 F** repas 65/80 F
1/2 pens. **220/280 F** pens. **270/320 F**

🦮	⛷	🎿	👫	🚣	⛷	〰〰	🎿
1	1	3	1	12	7	20	20

BAYLE Paulette – La Mayoufiere – 42370 Renaison – Tél. : 77.64.27.88

Rozier-Cotes-d'Aurec Le Petit Martinange

E.C. NN — Alt. : 815 m — 2 chambres d'hôtes dans une ancienne ferme située dans un petit hameau dominant la vallée de la Loire. 1 lit 2 pers. avec sanitaires incorporés pour chaque chambre. Bibliothèque, jeux de société. Terrain de 700 m², terrasse de 40 m², salon de jardin, jeux de boules. Gare 19 km. Commerces 2 km. Ouvert toute l'année. Anglais parlé. Vue magnifique sur les monts de l'Ardèche. Très calme. Eglise classée à Rozier. De nombreux musées sur une périphérie de 20 km (boules, résistance, musée rural). Saint-Bonnet-le-Château 8 km, cité médiévale.

Prix : 1 pers. **160 F** 2 pers. **190 F**

8	8	2	SP	18	8	13

RENAUT Valerie – Le Petit Martinange – 42380 Rozier-Cotes-d'Aurec – Tél. : 77.50.33.87

Saint-Alban-les-Eaux Aux Echaux

NN — Alt. : 350 m — 2 chambres d'hôtes aménagées au rez-de-chaussée avec salle de bains, wc communs. Coin-cuisine (petit déjeuner à faire soi-même). 2 chambres (1 lit 2 pers. 1 lit 1 pers.). Jeux pour enfants. Cour. Ouvert de juin à octobre. Gare 12 km. Commerces 1,2 km. Camping sur place. 1 semaine 840 F pour 2 pers.

Prix : 1 pers. **80 F** 2 pers. **140 F**

SP	7	SP	SP	7

COUTY Andre – Aux Echaux – 42370 Saint-Alban-Les Eaux – Tél. : 77.65.84.07

Saint-Bonnet-le-Courreau

NN — **(A)** — Alt. : 1024 m — 2 chambres d'hôtes aménagées dans une maison indépendante. 1 chambre avec 1 lit 2 pers. et 1 chambre avec 2 lits 1 pers. Salon avec télévision. Repas au restaurant sur place. Gare et commerces à 15 km. Anglais parlé. Table d'orientation sur place.

Prix : 1 pers. **110/130 F** 2 pers. **130/150 F** repas **45/70 F**
1/2 pens. **140/150 F** pens. **190/210 F**

5	9	10	SP	15	10	18

SAUVADE Raymond – Le Bourg – 42940 Saint-Bonnet-le-Courreau – Tél. : 77.76.81.78

Saint-Bonnet-le-Courreau

NN — **(TH)** — Alt. : 1024 m — 1 ch. d'hôtes (1 lit 160, 1 lit enfant), sanitaires incorporés. 1 ch. (2 lits 1 pers.), sanitaires incorporés. 2 ch. (2 lits 1 pers.), salle d'eau et wc sur le palier. Terrain avec terrasse et salon de jardin. Portique enfants. Golf 18 km. Visite de l'exploitation. Vue panoramique sur la plaine du Forez. Tarifs dégressifs pour les enfants. Ouvert toute l'année. Gare 15 km. Commerces 2,5 km. 2 ch. classées 2 épis NN et 2 ch. classées 1 épi NN. Montbrison 15 km, musée d'Allard, de la poupée. Cité fleurie.

Prix : 1 pers. **120/140 F** 2 pers. **180/200 F** repas **70 F**
1/2 pens. **160/190 F** pens. **200/220 F**

2	9	8	SP	15	12	SP	15

FOURNIER Jean-Francois et Lucienne – Le Bourg – 42940 Saint-Bonnet-le-Courreau – Tél. : 77.76.80.20

Saint-Bonnet-le-Courreau La Chaize

NN — **(TH)** — Alt. : 960 m — 3 ch. d'hôtes à l'étage d'une maison indépendante. 1 ch. (1 lit 2 pers.) avec sanitaires incorporés (3 épis NN). 1 ch. (1 lit 2 pers.) 1 ch. (2 lits 1 pers.) avec sanitaires sur le palier (1 épi NN). Salon, bibliothèque, TV, kitchenette. Ping-pong, jeux enfants, baby-foot. Balançoire, cour fleurie avec gazon. Terrain, salon de jardin. Garage. Ouvert toute l'année. Gare et commerces 16 km. Visite de l'exploitation agricole. Produits fermiers : foie gras de canard.

Prix : 1 pers. **120/140 F** 2 pers. **150/170 F**
1/2 pens. **145/155 F**

5	9	8	SP	15	25	SP	12

MARCOUX Pierre et Jeanine – La Chaize – 42940 Saint-Bonnet-le-Courreau – Tél. : 77.76.81.05 ou 77.76.83.49

Saint-Chamond Bourdon

E.C. NN — Alt. : 400 m — 5 chambres d'hôtes. 3 chambres (3 lits 1 pers.), 2 chambres (1 lit 2 pers. 1 lit 1 pers.). Toutes de 20 m² chacune, sanitaires compris (douche et wc). Kitchenette, salon, TV, cheminée. Terrain de 400 m². Terrasse de 30 m². Salon de jardin, abri voiture dans une cour fermée. Gare 4 km. Commerces 3 km. Italien et espagnol parlés. Ouvert toute l'année. Piscine à vagues à 4 km. Parc Naturel du Pilat à proximité.

Prix : 1 pers. **160/180 F** 2 pers. **200/220 F** 3 pers. **220/230 F**

10	4	3	SP	6	20

LOBUE Antoine – Bourdon – 42400 Saint-Chamond – Tél. : 77.31.89.32

Saint-Cyr-de-Favieres Joannon

NN — **(TH)** — Alt. : 430 m — 2 chambres d'hôtes aménagées à l'étage avec entrée indépendante. Salle d'eau dans chaque chambre. WC sur le palier. 1 ch. (1 lit 2 pers. 1 lit 1 pers. 1 lit bébé), 1 ch. (1 lit 2 pers.). Aire de jeux. Terrasse. Terrain. Salon de jardin. Pêche en étang privé sur place. Ouvert toute l'année. Gare 10 km. Commerces 8 km.

Prix : 1 pers. **130 F** 2 pers. **160 F** repas **60 F** 1/2 pens. **180 F**

SP	3	2	SP	10	6

DELOIRE Paul et Therese – Joannon – 42132 Saint-Cyr-de-Favieres – Tél. : 77.64.90.05

Saint-Genest-Malifaux Le Troll

NN — Alt. : 960 m — Dans le Parc Naturel Régional du Pilat, 3 ch. dans une maison typique du pays mitoyenne à celle des propriétaires à l'entrée du village. 2 ch. (1 lit 2 pers. 2 lits 1 pers.), douche, lavabo chacune, wc sur le palier. 1 ch. (1 lit 2 pers.) sanitaires complets. Salle à manger avec kitchenette, entrée indépendante. Ouvert toute l'année. Anglais parlé. Gare 11 km, commerces sur place. Auberge sur place. Loisirs, nature à proximité.

Prix : 1 pers. **160 F** 2 pers. **190 F**

1	1	2	SP	12	SP	1	SP

BATTISTELLA Nicole et Jacques – 49, rue du Forez - Le Troll – 42660 Saint-Genest-Malifaux – Tél. : 77.39.02.70

Saint-Germain-Laval   *C.M. n° 73 — Pli n° 17*

❦❦ NN

Alt. : 360 m — 1 chambre d'hôtes de 40 m² dans un ensemble comprenant 1 gîte de pêche et 1 gîte de groupe. Chambre avec 1 lit 2 pers. et 1 lit 1 pers. sanitaires privés. Salon avec TV, cheminée. Salon de jardin. Parc arboré et rivière dans la propriété. Gare 13 km. Commerces 1 km. Ouvert du 1er mars au 30 novembre. Espagnol parlé. A Pommiers, pont de la Valla (XVe) sur l'Aix. Automusée du Forez à proximité.

Prix : 1 pers. **110 F** 2 pers. **220 F**

SP	0,3	SP	35	35	

OLAGNON Jean-Marc – Le Pont – 42260 Saint-Germain-Laval – Tél. : 77.65.50.72 ou 77.65.49.99

Saint-Haon-le-Vieux Magnerot   *C.M. n° 73 — Pli n° 7*

❦❦ NN
(TH)

Alt. : 465 m — 1 ch. avec 2 lits 1 pers. (3 épis NN) avec douche, lavabo et wc. 2 ch. avec 1 lit 2 pers. chacune (2 épis NN) avec douche et lavabo, wc sur le palier. Salle de séjour. Terrain, salon de jardin. Petits animaux admis. Tarifs dégressifs à partir de 3 jours (3 à 8 %). Ouvert toute l'année sauf durant les vendanges. Gare à Roanne 16 km. Allemand parlé. Epiceries au village (400 m) avec dépot de pain, autres commerces 6 km. Chambres chez un viticulteur, sur le passage de sentiers balisés.

Prix : 1 pers. **140/170 F** 2 pers. **170/205 F** repas 58 F

12	SP	10	SP	15	SP	10

PRAS J.Francois et Claude – Magnerot – 42370 Saint-Haon-le-Vieux – Tél. : 77.64.45.56

Saint-Jean-Saint-Maurice L'Echauguette   *C.M. n° 73 — Pli n° 7*

❦❦❦ NN
(TH)

Alt. : 430 m — 1 chambre d'hôtes dans une maison ancienne (2 lits 1 pers.), salle de bains et wc incorporés. Salon. Terrasse avec salon de jardin. Gare 14 km, commerces 300 m. Anglais, allemand et italien parlés. Ouvert toute l'année. Vue sur le lac de Villerest, village Médiéval.

Prix : 1 pers. **200 F** 2 pers. **250 F** pers. sup. **50 F** repas 90 F

1	1	5	SP	14	14	6	30

ALEX Michele – L'Echauguette - rue Guy de la Mure – 42155 Saint-Jean-Saint-Maurice – Tél. : 77.63.15.89

Saint-Just-en-Bas Le Mont   *C.M. n° 73 — Pli n° 17*

❦ NN

Alt. : 830 m — 2 chambre d'hôtes (1 lit 2 pers. 1 lit d'appoint) avec entrée indépendante à l'arrière de la maison. Salle d'eau et wc sur palier. Salle de séjour, kitchenette. Jardin, aire de jeux. Gare 15 km, commerces 1 km. Anglais, espagnol parlés. Ouvert toute l'année.

Prix : 1 pers. **110 F** 2 pers. **130 F**

SP	9	15	SP	20	7	7

FAYARD Paul – Le Mont – 42136 Saint-Just-en-Bas – Tél. : 77.24.82.79

Saint-Just-Saint-Rambert Cordeyron   *C.M. n° 73 — Pli n° 18*

❦❦ NN
(A)

Alt. : 500 m — 6 chambres d'hôtes à l'étage d'une auberge. 3 chambres avec salle d'eau privées, 3 chambres avec salle de bains commune. 3 ch. (1 lit 2 pers.), 2 ch. (1 lit 2 pers. 1 lit 1 pers.). 1 ch. (2 lits 2 pers.). Terrain, terrasse. Gare 8 km. Commerces 5 km. 3 ch. classée 2 épis NN et 3 ch. classées 1 épi NN. Saint-Just-Saint-Rambert, bourg gallo-romain d'Occiacum, forteresse de Grangent, vestiges du château.

Prix : 1 pers. **130/160 F** 2 pers. **150/210 F** repas 53/145 F
1/2 pens. **160/190 F** pens. **190/220 F**

1	6	5	1	6	5	15	20

JACQUIN Emmanuel et Gisele – Cordeyron – 42170 Saint-Just-Saint-Rambert – Tél. : 77.52.38.19

Saint-Laurent-Rochefort Dardes   *C.M. n° 73 — Pli n° 17*

❦❦ NN
(TH)

Alt. : 720 m — 3 chambres d'hôtes. 1 ch. (1 lit 2 pers. 2 lits 1 pers.), sanitaires complets et kitchenette. 1 ch. (1 lit 2 pers. 1 lit 1 pers.), salle d'eau, wc sur le palier. 1 ch. (3 lits 1 pers.), salle d'eau incorporée et wc sur le palier. Salle de séjour. terrain, salon de jardin. Ouvert toute l'année. Gare et commerces 11 km.

Prix : 1 pers. **150 F** 2 pers. **170 F** repas 50/55 F
1/2 pens. **160/165 F** pens. **210/215 F**

6	6	12	SP	12	18

REYNAUD Josette – Dardes – 42130 Saint-Laurent-Rochefort – Tél. : 77.24.51.52

Saint-Marcellin-en-Forez   *C.M. n° 73 — Pli n° 18*

❦❦❦ NN

Alt. : 400 m — 4 ch. d'hôtes à l'étage. 1 ch. double (1 lit 2 pers. et 3 lits 1 pers.), 2 ch. (1 lit 2 pers. 1 lit 1 pers.), 1 ch. (1 lit 2 pers.). Sanitaires pour chaque chambre. Salle à manger, kitchenette, salon avec TV, Hifi, magnétoscope sur demande. Parking, terrain, terrasse, salon de jardin, jardin ombragé à la disposition des hôtes ainsi que tennis et piscine privée. Week-ends « sympa » sur réservation. Tarifs modulables suivant nombre et durée. Gare 4 km. Commerces sur place. Anglais et allemand parlés.

Prix : 1 pers. **100/210 F** 2 pers. **200/250 F**

4	SP	SP	SP	10	

MALCLES Roland – 40 Rte de St-Bonnet le Chateau – 42680 Saint-Marcellin-en-Forez – Tél. : 77.52.89.63 ou 77.55.02.95

Saint-Medard-en-Forez   *C.M. n° 73 — Pli n° 18*

❦❦❦ NN
(TH)

Alt. : 540 m — 5 ch. d'hôtes à l'étage d'une maison ancienne (autrefois dépendance du château du XVIIIe entièrement restaurée, située au cœur d'un charmant village fleuri),. 2 ch. (1 lit 2 pers.), 1 ch. (2 lits 1 pers.), 2 ch. (1 lit 160. 1 lit d'appoint). Sanitaires complets pour chaque chambre. Salle de séjour, salon, tél. Table d'hôtes sur réservation. Ouvert toute l'année. Gare 6 km. Commerces sur place. Golf 12 km. Michele et Jean vous accueilleront avec gentillesse. Ils ont aménagé de belles chambres confortables et calmes. Ils vous serviront un agréable petit déjeuner et pourront vous faire déguster les spécialités du Forez à la table d'hôtes.

Prix : 1 pers. **200 F** 2 pers. **230 F** pers. sup. **90 F** repas 75 F

1	1	6	SP	8	SP	8

GOUILLON Jean et Michele – Le Bourg – 42330 Saint-Medard-en-Forez – Tél. : 77.94.04.44

Saint-Michel-sur-Rhone

🗻 *C.M. n° 73 — Pli n° 20*

✿ NN

Alt. : 225 m — Dans le parc du Pilat à 3 km de la RN86 entre Lyon et Valence, 3 chambres d'hôtes dans un batiment annexe. 1 ch. (3 lits 1 pers.), 1 ch. (2 lits 1 pers. poss. lit enfant). 1 ch. (1 lit 2 pers.). Salle d'eau et wc sur le palier. Salon, TV. Coin-cuisine à disposition. Espace vert de 3000 m². Salon de jardin, barbecue. Dégustation de vin. Gare 4 km. Commerces 3 km. Ouvert toute l'année.

Prix : 1 pers. 150 F 2 pers. 220 F pers. sup. 50 F

2	7	4	4	4

BONNET Claudette – L'Ollagniere – 42410 Saint-Michel-sur-Rhone – Tél. : 74.59.51.01 ou 74.56.80.74

Saint-Paul-en-Jarez They

⛺ *C.M. n° 73 — Pli n° 19*

E.C. NN

Ⓐ

Alt. : 600 m — 3 chambres d'hôtes (2 lits 2 pers. chacune) avec sanitaires privés. Salon, cheminée, terrasse, salon de jardin, aire de jeux, jeux de boules. Gare 15 km, commerces 3,5 km. Ouvert toute l'année. Ferme équestre 15 km. Parc naturel régional du Pilat (60000 ha.), Crêt de la perdrix (1432 m), panorama avec table d'orientation. Très belle vue panoramique.

Prix : 1 pers. 150/180 F 2 pers. 170/250 F repas 50/65 F

4	3	4	SP	10	19	20	20

CHATAIGNON Huguette – They – 42740 Saint-Paul-en-Jarez – Tél. : 77.20.95.63

Saint-Pierre-la-Noaille Domaine Chateau de Marchangy 🗻 *C.M. n° 73 — Pli n° 7*

✿✿✿✿ NN

(TH)

Alt. : 380 m — 3 ch. d'hôtes dans maison du XVIII° siècle. 2 suites (2 lits 1 pers. 2 lits 160). 1 ch. (1 lit 160). Toutes les chambres sont équipées de salle de bains, wc séparés, de TV et téléphone en ligne directe. Salle de séjour, cheminée, mini-bar. Parc de 2,5 ha avec salons de jardin, piscine, vélos. Petits déjeuners copieux, continental ou à l'anglaise. Dîner aux chandelles servi à l'extérieur en saison. Endroit calme, cadre superbe, panorama, circuit des églises Romanes, sur passage de sentiers balisés. Gare 15 km. Commerces 4 km. Anglais parlé. Prix enfant : 60 F.

Prix : 1 pers. 430/530 F 2 pers. 480/580 F pers. sup. 100 F repas 60/120 F

4	4,5	14	SP	SP	SP	20

RUFENER Patrick et M.Colette – Domaine Chateau de Marchangy – 42190 Saint-Pierre-la-Noaille – Tél. : 77.69.96.76

Saint-Priest-la-Roche Previeux

⛺ *C.M. n° 73 — Pli n° 8*

✿✿✿ NN

(TH)

Alt. : 510 m — Maison ancienne en pierre, entrée indépendant : 2 ch. à l'étage avec sanitaires privés (1 lit 2 pers. 1 pers.), (1 lit 2 pers.). Rez-de-chaussée : salle à manger, salon/bibliothèque. TV, chaine hifi à dispo. des hôtes. Kitchenette. Aire de jeux, salon de jardin, barbecue, terrasse, garage. Gare 2 km. Commerces 5 km. Anglais et espagnol parlés. Visite de la ferme. Camping sur place. Gorges de la Loire et château de la Roche à proximité. RN82 accès par Vendranges 1,8 km. Saint-Symphorien de Lay 11 km. Roanne 15 km. Vue panoramique des monts du Forez et de la Madeleine.

Prix : 1 pers. 120 F 2 pers. 150 F repas 60 F 1/2 pens. 180 F

SP	1	7	SP	8	10

ROCHE-MERCIER Andre et Odile – Previeux – 42590 Saint-Priest-la-Roche – Tél. : 77.64.92.12

Saint-Symphorien-de-Lay Le Marthorey

C.M. n° 73 — Pli n° 8

✿✿ NN

(TH)

Alt. : 440 m — 1 ensemble de 3 ch. pouvant héberger une famille (45 m²), à l'étage, dans une maison, en pleine campagne (1 lit 2 pers.), (1 lit 2 pers.), (1 lit 1 pers.). Vestibule, salle de bains et wc communs aux 3 ch. Salon avec TV. Bibliothèque, cheminée. Salon de jardin, terrasse, jardin d'agrément, parking. Ouvert toute l'année. Anglais, allemand et italien parlés. Escalade, base de loisirs, gare et commerces à 3 km.

Prix : 1 pers. 200/250 F 2 pers. 225/300 F pers. sup. 100 F repas 65/100 F 1/2 pens. 265/300 F pens. 330/350 F

1	3	3	SP	3	3	3

BRECHIGNAC Paul et Marie Josephe – Le Marthorey – 42470 Saint-Symphorien-de-Lay – Tél. : 77.64.73.65

Saint-Symphorien-de-Lay Le Picard

⛺ *C.M. n° 73 — Pli n° 8*

✿ NN

Alt. : 500 m — 2 chambres d'hôtes. 1 ch. (1 lit 2 pers. 1 lit 1 pers.). 1 ch. (1 lit 2 pers. 2 lits 1 pers.). Sanitaires pour chaque chambre. Kitchenette. Cour à la disposition des hôtes, salon de jardin. Commerces 2 km. Anglais parlé. RN7 à proximité. Roanne 20 km. Gare 10 km.

Prix : 1 pers. 130 F 2 pers. 165 F

2	2	SP	2	10

PIVOT Francois – Le Picard - R.N.7 – 42470 Saint-Symphorien-de-Lay – Tél. : 77.64.70.85

Saint-Thomas-la-Garde

C.M. n° 73 — Pli n° 17

✿✿✿ NN

Alt. : 450 m — 1 grande chambre d'hôtes de 30 m² à l'étage (1 lit 2 pers. 3 lits 1 pers.), dans une vieille maison de caractère de village. Douche et wc particuliers. Jardin, salon de jardin. Belle vue sur la campagne et le pic de Saint-Romain et son prieuré. Ouvert toute l'année. Gare et commerces 5 km. Promenades et lac sur place.

Prix : 1 pers. 200 F 2 pers. 250 F pers. sup. 80 F

SP	6	10	SP	6	SP	20

BELIN Jacques et Dominique – Place de l'Eglise – 42600 Saint-Thomas-la-Garde – Tél. : 77.58.03.94 ou 77.96.02.62

Sainte-Foy-Saint-Sulpice Les Rugneux

⛺ *C.M. n° 73 — Pli n° 18*

✿✿ NN

Alt. : 345 m — 1 chambre double permettant l'hébergement d'une famille à l'étage. 1 ch. (1 lit 2 pers.), 1 ch. enfants (2 lits 1 pers.) avec sanitaires complets, réfrigérateur et plaques électrique. Terrain, terrasse aménagée avec salon de jardin. Gare 10 km. Commerces 3 km.

Prix : 1 pers. 150 F 2 pers. 200 F

SP	3	8	SP	10

BRUEL Rene – Les Rugneux – 42110 Sainte-Foy-Saint-Sulpice – Tél. : 77.27.84.97

La Tourette Chazols

C.M. n° 76 — Pli n° 8

≋ NN — Alt. : 800 m — 1 chambre d'hôtes (1 lit 2 pers. 1 lit 1 pers.), aménagée à l'étage de la maison du proprié-taire. Sanitaires réservés aux hôtes sur le palier. Salon, TV. Ferme dans un petit hameau des monts du Forez. Cour avec salon de jardin. Jeux enfants. Gare 25 km. Commerces 2,5 km. Ouvert toute l'année. Saint-Bonnet le Château, petite ville fortifiée de grand caractère. Centre équestre à 500 m.

Prix : 1 pers. **150 F** 2 pers. **200 F**

🐕	🎿	⛷	🏊	🚴	♨
2,5	2,5	0,5	SP	2,5	2,5

PRADON Martine – Chazols - La Tourette – 42380 Saint-Bonnet-le-Chateau – Tél. : 77.50.19.33

La Valla-en-Gier Le Moulin-du-Bost

C.M. n° 76 — Pli n° 9

≋≋≋ NN — Alt. : 870 m — 3 ch. d'hôtes aménagées dans une maison de caractère au cœur du Parc Naturel Régio-nal du Pilat. 1 ch. (1 lit 2 pers.) avec sanitaires complets. 1 ch. (2 lits 1 pers.) + 1 ch. enfant (1 lit 1 pers.) avec sanitaires complets. Barbecue, terrasse, salon de jardin. 1 ch. (1 lit 2 pers.), kitchenette, 1 séjour (2 lits 1 pers.), sanitaires complets. L.linge. Prise TV. Gare 20 km. Commerces 12 km. Possibilité table d'hôtes. Soirée étape représentant : 260 F. Toutes les chambres sont équipées de TV.

Prix : 1 pers. **200 F** 2 pers. **280 F**

🐕	🎿	⛷	🏊	♨
SP	15	SP	10	15

FAURE Jacques et Annie – Le Moulin du Bost – 42131 La Valla-en-Gier – Tél. : 77.20.06.62

Vendranges Montissut

C.M. n° 73 — Pli n° 8

≋≋≋ NN (TH) — Alt. : 450 m — Suzanne et Jean vous accueillent dans leur ferme d'élevage, en pleine campagne. 2 ch. à l'étage avec sanitaires privés 1 ch. parents, enf. (30 m²) : 1 lit 2 pers. 2 lits 1 pers.), 1 ch. (2 lits 1 pers.), salon de lecture attenant. Poss. lit d'appoint. Salon, bibliothèque, cheminée, TV. Salon de jardin, ter-rasse ombragée, aire de jeux, ping-pong. Garage. Camping et pêche sur place. Gare 15 km. Com-merces 8 km. Ouvert toute l'année. Anglais parlé. Visite de la ferme. Aire de loisirs à Saint-Symphorien-de-Lay 11 km. Château de la Roche et Gorges de la Loire à 5 km.

Prix : 1 pers. **150 F** 2 pers. **180 F** repas **65 F** 1/2 pens. **155 F**

🐕	🎿	⛷	🏊	♨	♨
SP	1	6	SP	10	10

DELOIRE Jean et Suzanne – Montissut – 42590 Vendranges – Tél. : 77.64.90.96

Verrieres-en-Forez Le Soleillant

C.M. n° 73 — Pli n° 17

E.C. NN (TH) — Alt. : 830 m — 2 chambres d'hôtes dans une maison ancienne (1 lit 2 pers.) avec salle d'eau et wc cha-cune. Salon, TV, cheminée. Terrain de 10000 m², salon de jardin, garage. Gare 13 km. Commerces 1 km. Ouvert toute l'année. Anglais parlé. Vaste panorama, au sud vue sur le village, à l'est vue sur la plaine du Forez, monts du Lyonnais, Pilat, à l'ouest nombreuses forêts. Calme et repos assurés. Guide touris-tique à la disposition des vacanciers.

Prix : 1 pers. **180 F** 2 pers. **240 F** repas **70 F**

🐕	🎿	⛷	🏊	🚴	♨	♨	⛷
SP	10	10	SP	10	10	10	SP

RIVAL Camille – Le Soleillant – 42600 Verrieres-en-Forez – Tél. : 77.76.22.73

La Versanne Les Rouaires

C.M. n° 76 — Pli n° 9

≋≋≋ NN — Alt. : 1000 m — 1 chambre d'hôtes (1 lit 2 pers.). WC, salle de bains attenants. Entrée indépendante. Salle à manger, salon. Cheminée. Jardin. Terrain. Salon de jardin. Ouvert toute l'année. Gare 17 km. Commerces 9 km.

Prix : 1 pers. **180 F** 2 pers. **200 F**

🐕	🎿	⛷	🏊	🚴	♨	♨
SP	9	3	SP	9	2	10	2

FECHNER Gilles – Les Rouaires – 42220 La Versanne – Tél. : 77.39.19.39

Villerest

C.M. n° 73 — Pli n° 7

≋≋ NN — Alt. : 400 m — 4 chambres d'hôtes à l'étage : (1 lit 2 pers. 1 lit 1 pers. chaque), lavabo et douche pour chaque chambre, 2 wc sur le palier réservés aux hôtes ainsi que salle de séjour. Terrain, salon de jar-din. Ouvert toute l'année. Gare 6 km. Commerces sur place.

Prix : 1 pers. **130 F** 2 pers. **160 F**

🐕	🎿	⛷	🏊	♨
1	1	1	1	6	1

ROCHE Charles – 6 rue du Clos – 42300 Villerest – Tél. : 77.69.62.08

Viricelles Le Feuillat

C.M. n° 73 — Pli n° 18

E.C. NN — Alt. : 560 m — 1 chambre d'hôtes (2 lits 1 pers. 1 lit bébé sur demande). Terrain, terrasse, salon de jar-din. Sentier botanique et pique-nique sur place. Musée du chapeau 3 km. Gare 10 km. Commerces 3,5 km. Ouvert toute l'année.

Prix : 1 pers. **170 F** 2 pers. **200 F**

🐕	🎿	⛷	🏊	🚴	♨
5	4	4	SP	4	4	4

PONCET Fernand et Maguy – Le Feuillat – 42140 Viricelles – Tél. : 77.94.23.39

Virigneux Moulin-Cave

C.M. n° 73 — Pli n° 18

≋ NN (TH) — Alt. : 600 m — 2 chambres d'hôtes (1 lit 2 pers. 1 lit 1 pers.), aménagées à l'étage. Salle de bains, cabi-net de toilette et wc pour les 2 chambres. Salon, TV, bibliothèque. Jardin, terrain, salon de jardin. Etang avec barque. Ouvert toute l'année. Gare 12 km. Commerces 300 m. Musée du chapeau à 10 km.

Prix : 1 pers. **125 F** 2 pers. **155/160 F** 1/2 pens. **140/145 F** pens. **165/170 F**

🐕	🎿	⛷	♨	♨
SP	SP	5	SP	12	12

GUBIAN Francisque – Moulin Cave – 42140 Virigneux – Tél. : 77.94.44.38

Amplepuis Les Trois Pins   C.M. n° 244 — Pli n° 2

〰〰〰 (TH) Alt. : 623 m — Sylvie et Alban vous accueillent dans leur maison, une ancienne ferme rénovée des monts du Beaujolais, toute l'année sauf de novembre à février. Très calme. 1 ch. (2 lits 1 pers.), douche, lavabo, wc dans la ch., poss. 1 ch. suppl. et lits suppl. dans petit dortoir attenant. Salle commune pour les hôtes, bibliothèque, poss. de cuisiner. Gîte d'étape sur place. Poss. accueil chevaux. Vente de produits faits sur place : confitures... Gare et commerces 4 km.

Prix : 1 pers. **150 F** 2 pers. **200 F** 3 pers. **250 F**
pers. sup. **55 F** repas **75 F**

4	6	4	SP	SP	6	6	6

HOPPENOT Alban et Sylvie – Les Trois Pins – 69550 Amplepuis – Tél. : 74.89.03.08

Ampuis   C.M. n° 244 — Pli n° 2

〰〰〰 NN Alt. : 150 m — M. et Mme Barge, viticulteurs vous accueillent dans leurs 4 ch. situées à l'étage de leur maison, en bordure de la RN 86, au centre du bourg d'Ampuis. Accès indépendant. 2 ch. (1 lit 2 pers.), 2 ch. (2 lits 1 pers.), poss. 1 lit suppl., douche, lavabo, wc dans chaque ch. Chauffage central. Très bon confort. Jardin d'agrément clos avec sur le vignoble de la terrasse. Garage fermé. Dégustation et vente de vins Côtes Roties à la propriété. Idéal pour une étape sur la route de vos vacances. A 1,5 km de l'autoroute A7, sortie Condrieu, sud de Lyon. Gare 5 km. Commerces sur place. Ouvert toute l'année sauf de la Toussaint à février.

Prix : 1 pers. **220 F** 2 pers. **250 F** pers. sup. **60 F**

5	5	2	SP	5	5	5	SP	5

BARGE Gilles et Marie-Alice – 8 Bd des Allees – 69420 Ampuis – Tél. : 74.56.13.90 – Fax : 74.56.10.98

Ampuis Verenay   C.M. n° 244 — Pli n° 2

〰〰〰 NN (TH) Alt. : 150 m — M. Gagnor vous propose 3 chambres d'hôtes situées dans une maison récente surplombant le Rhône. D'un accès très facile à 1 km de la sortie d'autoroute la plus proche. 3 ch. (1 lit 2 pers.), sanitaires privatifs comportant douche, lavabo, wc. Chauffage central. TV, téléphone, poss. table d'hôtes. Accès indépendant. Salle commune réservée aux hôtes, coin-cuisine. Salon du propriétaire à disposition. Vaste terrain, terrasse. Idéal pour vos étapes. Découvrez le Parc du Pilat et le vignoble Côtes Roties. Gare 3 km. Commerces 1 km. Ouvert toute l'année.

Prix : 1 pers. **220 F** 2 pers. **240 F** pers. sup. **80 F**
1/2 pens. **220 F** pens. **280 F**

2	3	0,2	SP	20	3	3	1	20	3

GAGNOR Marcel – Villa Montplaisir - 9 Chemin de la Vialliere – 69420 Ampuis – Tél. : 74.56.16.43

Avenas Le Bourg   C.M. n° 244 — Pli n° 2

〰〰〰 NN (TH) Alt. : 700 m — Naomi et Nicholas d'origine anglaise, vous accueillent dans leur maison d'hôtes de caractère rustique, située dans le petit village d'Avenas. Accès indépendant. A l'étage : 1 suite familiale avec 2 ch. (1 lit 2 pers. 1 lit superposé). 2e étage : 1 ch. (1 lit 2 pers. poss. 1 lit suppl.), 1 ch. (4 lits 1 pers.). Salle d'eau et wc privés à chacune. Chauffage élect. Séjour et salon réservés aux hôtes. Table d'hôtes sur réservation. Jardin. Idéal pour une étape ou un séjour en Haut-Beaujolais, en famille ou entre amis, à deux pas de la Saône-et-Loire. Anglais parlé couramment. Poss. week-ends à thème linguistique. Ouvert toute l'année. Gare 8 km. Commerces 6 km.

Prix : 1 pers. **170 F** 2 pers. **220 F** 3 pers. **270 F**
pers. sup. **50 F** repas **60 F**

15	5	SP	10	5	6	8

CONNELL Nicholas et Naomi – Le Bourg – 69430 Avenas – Tél. : 74.69.90.64

Beaujeu Morne   C.M. n° 244 — Pli n° 2

〰〰〰 NN Alt. : 320 m — Philippe et Marie vous accueillent dans leur maison, en plein cœur du vignoble beaujolais. Dans une aile de bâtiments, entrée indép. et salle commune réservée aux hôtes. 1 ch. à l'étage, 2 épis NN (2 lits 1 pers.), balcon donnant sur le vignoble. R.d.c. : 1 ch. en duplex, 3 épis NN (1 lit 2 pers. 2 lits 1 pers. 1 lit 110, 2 lits bébé). Sanitaires privés à chacune. Poss. lit suppl. pour enf. Enfant : 50 F. Cour commune, jardin avec jeux d'enfants. Anglais et espagnol parlés. Ouvert toute l'année. Gare 13 km. Commerces 1 km.

Prix : 1 pers. **160/180 F** 2 pers. **180/200 F** 3 pers. **300 F**

15	15	4	SP	10	1	SP

LAPRUN Philippe et Marie – Chantemerle en Morne – 69430 Beaujeu – Tél. : 74.04.89.26

Belleville-sur-Saone La Combe   C.M. n° 244 — Pli n° 2

〰〰〰 NN Alt. : 150 m — Frédérique et Jacky, viticulteurs, vous accueillent dans leurs 4 ch. d'hôtes situées dans une maison ancienne. Accès indépendant. Etage : 2 ch. (1 lit 2 pers.), 1 ch. (1 lit 2 pers. 1 lit superposé), 1 ch. (2 lits 1 pers. 1 lit superposé). Lavabo, douche, wc privatifs dans chaque chambre. Coin-cuisine réservé aux hôtes, barbecue. Salon et séjour communs. Chauffage électrique, TV. Grande cour fermée. Parking. Dégustation et vente de vins à la propriété. Idéal pour une étape sur la route de vos vacances. A 2 km de la sortie d'autoroute Belleville (A6). Gare et commerces 2 km. Ouvert toute l'année.

Prix : 1 pers. **180 F** 2 pers. **220 F** 3 pers. **270 F**
pers. sup. **50 F**

2	2	SP	15	1	SP	2

PIRET Frederique et Jacky – La Combe – 69220 Belleville-sur-Saone – Tél. : 74.66.30.13 – Fax : 74.66.08.94

Brullioles Le Pothu   C.M. n° 244 — Pli n° 2

〰〰〰 NN Alt. : 750 m — Noëlle vous accueille dans son ancienne ferme rénovée du XVIIe siècle. 3 ch. d'hôtes de très bon confort ont été aménagées, dans une aile de bâtiment indépendante. 2 ch. (2 lits 1 pers.), 1 ch. (1 lit 2 pers. 1 lit 1 pers.), s. d'eau et wc privés dans les ch. Séjour réservé aux hôtes, poss. de cuisiner. Chauffage élect. Cour intérieure fermée, salon de jardin. Partie couverte. Anglais et espagnol parlés. Ouvert toute l'année. Gare 15 km. Commerces 1,6 km.

Prix : 1 pers. **180 F** 2 pers. **210 F** pers. sup. **60 F**

8	1,5	SP	7	7

PIERRE Noelle – La Maison de Noemi - Le Pothu – 69690 Brullioles – Tél. : 74.26.58.08

Bully Le Chene Patouillard — C.M. n° 244 — Pli n° 2

E.C. NN
(A)

Alt. : 350 m — Isabelle et Michel vous accueillent dans leurs 5 chambres d'hôtes personnalisées et aménagées avec goût, dans une ferme rénovée, au pays des Pierres Dorées. Accès indépendant, chambres réparties sur 2 étages. 3 ch. (1 lit 2 pers. 1 lit 1 pers.), 1 ch. style renaissance (1 lit 2 pers.), 1 ch. familiale (2 lits 2 pers. 1 lit 1 pers.), s. d'eau/wc privatifs à chacune. Poss. lit suppl. Chauffage central. Au r.d.c. : grande salle réservée aux hôtes (50 m²), coin-détente, cheminée. Terrasse, salon de jardin, parking. Table d'hôtes sur réservation. Animaux de la ferme sur place. Gare 5 km. Commerces 2 km. Ouvert toute l'année. Anglais parlé.

Prix : 1 pers. **200 F** 2 pers. **240 F** 3 pers. **310 F**
pers. sup. **60 F** repas **60 F**

5	35	2	SP	5	0,2	0,5	2	35

BIRON Isabelle et Michel – Le Chene Patouillard – 69210 Bully – Tél. : 74.26.89.50 ou 78.43.44.24

Cenves — C.M. n° 244 — Pli n° 2

E.C. NN
(A)

Alt. : 450 m — Jocelyne et Denis vous accueillent en pleine nature dans leur fermette située sur la route des vins Maconnais-Beaujolais. 2 ch. d'hôtes à l'étage avec accès indép. 1 ch. (2 lits 1 pers. poss. 1 lit 1 pers. suppl.) et 1 ch. (1 lit 2 pers.). Salle d'eau et wc privés à chacune. Ch. électrique. Salle d'hôtes avec exposition de tableaux et TV au r.d.c. Parking fermé. Produits fermiers et sentiers de randonnée sur place. Nombreuses possibilités de découvertes et d'activités à proximité (Roche de Solutré, Macon, circuit Lamartine, châteaux, musées). Ouvert toute l'année. Gare 11 km. Commerces 5 km. Anglais parlé.

Prix : 1 pers. **160 F** 2 pers. **220 F** 3 pers. **280 F**
pers. sup. **50 F** repas **70 F**

15	15	5	SP	1	1	1	30	15

PRUNOT Jocelyne – La Bruyere – 69840 Cenves – Tél. : 85.35.70.72

Chaponost Le Ronzere — C.M. n° 244 — Pli n° 2

¥¥¥ NN

Alt. : 250 m — Jean-Claude vous accueille dans son ancienne ferme rénovée de caractère, à 10 km du centre de Lyon. Au r.d.c. : 2 ch. (1 lit 160 chacune), sanitaires privés à chacune avec douche, lavabo, wc. Chauffage électrique. Accès indép. Etage : 1 ch. (1 lit 1 pers.), sanitaires privés dans la ch. avec baignoire, lavabo, wc. Chauffage central. Poss. lit bébé, lit d'appoint. Grand séjour avec coin-salon et coin-TV en mezzanine à la disposition des hôtes. Bibliothèque. Grand parc paysagé, terrasse avec salon de jardin, barbecue. Parking fermé. Idéal pour déplacements professionnels ou étapes touristiques. Gare et commerces 2 km. Italien parlé.

Prix : 1 pers. **250 F** 2 pers. **320 F** pers. sup. **60 F**

3	2	SP	3	3	2

BRUN Jean-Claude – 32 rue F.Ferroussat – 69630 Chaponost – Tél. : 78.45.42.03

Chenelette La Nuiziere Bas — C.M. n° 244 — Pli n° 2

¥¥

Alt. : 640 m — 2 chambres d'hôtes aménagées dans une maison, à proximité de la forêt. 1 ch. avec lavabo (1 lit 2 pers. 1 lit 1 pers. 1 lit enfant) et 1 ch. (3 lits 1 pers.) avec s.d.b. et wc communs aux 2 ch. Poss. de restauration sur place. Très calme. Sur place poss. accueil à la nuitée dans 2 gîtes ruraux si libres, tout confort, sanitaires privés : 2 pers. 220 F, 3 pers. 250 F. Gare 5 km. Commerces 2 km. Ouvert toute l'année.

Prix : 2 pers. **175 F** 3 pers. **240 F**

20	3	2	SP	25	3

PROTHERY Louis et Juliette – La Nuiziere du Bas – 69430 Chenelette – Tél. : 74.03.61.86

Chiroubles Domaine de la Grosse Pierre — C.M. n° 244 — Pli n° 2

¥¥¥ NN

Alt. : 300 m — Véronique et Alain vous proposent 5 ch. d'hôtes de grand confort aménagées dans leur maison beaujolaise de caractère. Entrée indépendante. Etage : 2 ch. (1 lit 2 pers. chacune), 3 ch. (1 lit 2 pers. chacune), sanitaires privés dans chaque ch. Poss. lit bébé ou enf. Au r.d.c. : grande salle commune avec cheminée, salon réservé aux hôtes. Chauffage central. Tél. France Télécom. Terrasse. Grande cour ombragée. Poss. garage. Dégustation et vente de vins à la propriété. Vue imprenable sur le vignoble. Idéal pour une étape ou un séjour en Beaujolais ou pour une réunion entre amis. Gare 10 km. Commerces 2,5 km. Ouvert toute l'année sauf décembre et janvier.

Prix : 1 pers. **230 F** 2 pers. **260/280 F**

12	18	2,5	SP	10	15	12	SP	18

PASSOT Veronique et Alain – Domaine de la Grosse Pierre – 69115 Chiroubles – Tél. : 74.69.12.17 – Fax : 74.69.13.52

Cogny Le Ricottier — C.M. n° 244 — Pli n° 2

¥¥ NN

Alt. : 250 m — 3 chambres de très bon confort, aménagées dans une maison de caractère en pierres dorées. Salle de séjour, salon, TV, cheminée à la disposition des hôtes. 1er ét. : 1 suite de 2 ch. : 1 ch. (1 lit 170), s.d.b., wc privés et 1 ch. enf. (2 lits 1 pers.), lavabo et wc pour enf. 1 ch 3 épis NN (1 lit 170), s.d.b., wc privés. 1 ch. (1 lit 2 pers.), cabinet de toilette. A l'extérieur : cour aménagée fermée. Musée de peinture sur place. Gare 8 km. Commerces 1,5 km. Ouvert toute l'année. Anglais parlé.

Prix : 1 pers. **200 F** 2 pers. **300 F** 3 pers. **350 F**

3	1,5	SP	3	SP

BARBIER Marie-Paule – Cidex 606 - Le Ricottier – 69640 Cogny – Tél. : 74.67.35.18 – Fax : 74.67.34.09

Coise Le Bourg — C.M. n° 244 — Pli n° 2

¥¥
(TH)

Alt. : 690 m — 4 chambres d'hôtes situées à l'étage d'une maison de village comportant aussi épicerie, café et auberge. 1 ch. (1 lit 2 pers.), salle de bains et wc privés, 2 ch. (2 lits 1 pers.), lavabo, sanitaires communs, 1 ch. (1 lit 2 pers. 1 lit 1 pers.), salle de bains et wc privés. Poss. lits suppl. Point-phone. Gare 23 km. Commerces sur place. Ouvert toute l'année.

Prix : 1 pers. **175 F** 2 pers. **195 F** pers. sup. **70 F** repas **60 F**
1/2 pens. **305 F** pens. **410 F**

4	4	4	SP	2	4

MAIRIE DE COISE – Le Bourg – 69590 Coise – Tél. : 78.44.49.90

Condrieu Les Grillons   *C.M. n° 244 — Pli n° 3*

♥♥ NN   Alt. : 300 m — 2 chambres d'hôtes aménagées à l'étage de la villa du propriétaire avec piscine privée. Accès indépendant. 1 ch. (1 lit 2 pers.), poss. 1 ch. communicante (2 pers.), douche et lavabo privatifs. 1 ch. (2 lits 1 pers.), poss. 1 ch. (1 pers.), sanitaires privatifs non attenants, wc commun. Cuisine et séjour réservés aux hôtes. Jardin ombragé. Barebecue, jeu de boules, parking. Très calme. Vue panoramique sur le Rhône. Parc du Pilat. Vienne, Saint-Romain en Gal. Anglais parlé. Gare 3 km. Commerces 2 km. Ouvert toute l'année.

Prix : 1 pers. **190 F** 2 pers. **230 F**

SP	3	3	SP	3	3	3	1	18	3

BESSON Gisele – Les Grillons - Le Rozay – 69420 Condrieu – Tél. : 74.87.87.67

Condrieu Cote de Chatillon   *C.M. n° 244 — Pli n° 3*

♥♥♥ NN
(TH)   Alt. : 300 m — 3 grandes chambres d'hôtes aménagées dans une villa. Table d'hôtes sur demande en hors saison de novembre à juin. Belle vue sur le Rhône. 1 ch. (1 lit 2 pers. 2 lits 1 pers. dans une alcove fermée), 1 ch. (1 lit 2 pers.) et 1 ch. (1 lit 1 pers.), possibilité lit suppl., lit enfant, salle d'eau et wc privés dans chaque chambre. Salle de séjour, jardin, garage, parking. Idéal pour une étape ou un séjour sur la route de vos vacances. Belles promenades à faire dans le Parc du Pilat et découverte du vignoble des Côtes Roties. Prix spéciaux pour séjour. Gare 3 km. Commerces 2 km. Ouvert toute l'année.

Prix : 1 pers. **210 F** 2 pers. **240 F** pers. sup. **80/120 F**
repas **65 F**

3	2	3	SP	3	3	SP	2

FONT Juliette – Cote de Chatillon – 69420 Condrieu – Tél. : 74.87.88.27

Condrieu Montee de la Caille    *C.M. n° 244 — Pli n° 3*

♥♥ NN
(TH)   Alt. : 300 m — Dans le Parc Naturel Régional du Pilat, 2 ch. d'hôtes aménagées au rez-de-chaussée de la maison du propriétaire, avec terrain et jardin, au cœur des vignes. Vue panoramique sur le Rhône. Accès indépendant : 1 ch. (1 lit 2 pers. 2 lits 1 pers.), s. d'eau privative dans la ch. 1 ch. (1 lit 2 pers. 1 lit enf.), sanitaires privatifs non attenants, wc communs. Salle à manger, coin-détente, coin-cuisine équipé réservé aux hôtes. Terrasse, salon de jardin. Anglais et italien parlés. Prix spéciaux pour séjour. Table d'hôtes sur demande. Prêt gratuit de plans, guides et cartes. Gare 2 km. Commerces 700 m. Ouvert toute l'année.

Prix : 1 pers. **200 F** 2 pers. **230 F** 3 pers. **305 F** repas **80 F**

2	2	2	SP	SP	4	SP	20

CHOSSON Joel et Monique – Montee de la Caille – 69420 Condrieu – Tél. : 74.59.58.09

Courzieu Les Gouttes   *C.M. n° 244 — Pli n° 2*

♥♥♥ NN   Alt. : 400 m — M. et Mme Bonnepart vous proposent 5 ch. d'hôtes situées dans un corps de bâtiments mitoyen à leur maison, avec entrée indépendante. Très bon confort pour vos étapes, week-ends ou séjours. 2 ch. (1 lit 2 pers.), 2 ch. (3 lits 1 pers.), 1 ch. (2 lits 1 pers.), poss. lits suppl. et lit enf. Sanitaires complets dans chaque ch. Salle de séjour, coin-cuisine, coin-salon, TV réservés aux hôtes. Terrasse, terrain, salon de jardin. Anglais et italien parlés. Gare 6 km. Commerces 3 km. Ouvert toute l'année.

Prix : 1 pers. **175 F** 2 pers. **230 F** 3 pers. **295 F**
pers. sup. **65 F**

2	10	5	SP	10	6	SP	10

BONNEPART Madeleine et Georges – Les Gouttes – 69690 Courzieu – Tél. : 74.70.80.74

Eveux   *C.M. n° 244 — Pli n° 2*

♥ NN   Alt. : 270 m — M. et Mme Laville vous proposent 2 ch. d'hôtes situées au rez-de-chaussée de leur villa. Accès indépendant. 1 ch. (1 lit 2 pers.), 1 ch. (2 lits 1 pers.), lavabo dans chaque ch., douche et wc communs. Salon à la disposition des hôtes. Terrain clos, petit jardin d'agrément ombragé, avec pelouse et salon de jardin. Très calme. Idéal pour une étape ou un séjour. Gare 500 m. Commerces 1 km. Ouvert toute l'année. Anglais parlé.

Prix : 1 pers. **160 F** 2 pers. **190 F**

3	30	0,6	SP	0,6	0,5	8	30

LAVILLE Marie-Jo et Marcel – 94 Allée des Ecureuils – 69210 Eveux – Tél. : 74.01.17.24

Fleurie Domaine de Roche Guillon   *C.M. n° 244 — Pli n° 2*

♥♥♥ NN   Alt. : 300 m — Valérie et Bruno, viticulteurs vous accueillent dans leurs 2 ch. d'hôtes situées en plein cœur du vignoble beaujolais. Accès indépendant. Etage : 1 ch. (2 lits 1 pers.), 1 ch. (1 lit 2 pers. 1 lit 1 pers.), douche, lavabo, wc dans chaque ch. Séjour, coin-cuisine à disposition des hôtes. Très bon confort. Idéal pour vos étapes, séjours. Cour commune et petit jardin d'agrément avec salon de jardin, jeux d'enfants. Gare 10 km. Commerces 1 km. Ouvert de Pâques à la Toussaint. Anglais parlé.

Prix : 1 pers. **180 F** 2 pers. **220 F** 3 pers. **280 F**

10	10	1	SP	6	6	SP

COPERET Valerie et Bruno – Domaine de Roche Guillon – 69820 Fleurie – Tél. : 74.69.85.34 – Fax : 74.04.10.25

Grandris Route du Goutel   *C.M. n° 244 — Pli n° 2*

♥♥♥ NN
(TH)   Alt. : 500 m — Françoise et Henry vous accueillent dans leurs 2 chambres d'hôtes de très bon confort, aménagées dans une ancienne maison : 1 ch. (1 lit 2 pers.) et 1 ch. (2 lits 1 pers.), sanitaires complets dans chacune. Poss. 1 ch. suppl. (2 lits 1 pers.). Jardin, terrasse. 2 gîtes ruraux et 1 mini-golf sur place. Idéal pour une étape ou un week-end. Gare et commerces sur place. Ouvert toute l'année.

Prix : 1 pers. **170 F** 2 pers. **230 F** pers. sup. **80 F** repas **75 F**

28	14	SP	SP	15	5	2	10	30	14

BIBOS Henry et Francoise – Route du Goutel - Les Godillots – 69870 Grandris – Tél. : 74 03.11.35

Grandris Les Chenes

❄❄ NN

Alt. : 600 m — Laurence et Pierre vous accueillent dans leur maison, à 4 km de Grandris, sur la route du Col de la Cambuse, au milieu des sapins. 5 ch. d'hôtes à l'étage : 2 ch. 3 épis NN (2 lits 2 pers. chacune), s. d'eau, wc privatifs dans chacune, 2 ch. 2 épis NN (1 lit 2 pers. et 2 lits 1 pers.), s. d'eau dans chacune, wc communs, 1 ch. E.C (1 lit 160), s.d.b., wc privatifs. Grande salle avec cheminée, coin-salon, coin-repas. Terrasse avec salon de jardin, terrain non clos. Idéal pour une étape, un week-end ou un séjour au calme. Nombreuses poss. de balades sur place. Poss. table d'hôtes sur réservation. Parking. Gare 7 km. Commerces 4 km. Ouvert toute l'année.

Prix : 1 pers. **170 F** 2 pers. **220/260 F** pers. sup. **60 F**

16	10	4	SP	10	10	5	10	10

PERRIER Laurence – Les Chenes - Au Gathier – 69870 Grandris – Tél. : 74.60.11.72

Jarnioux Chateau de Bois Franc

❄❄❄ NN

Alt. : 350 m — Deux suites de caractère aménagées dans un château style Napoléon III avec vue magnifique sur le vignoble. 1 suite 2 épis NN de 3 ch. : 1 ch. (1 lit 2 pers.), s.d.b., 1 ch. (1 lit 120), lavabo, 1 ch. (2 lits 1 pers.), lavabo. WC et douche communs. 1 suite 3 épis NN de 2 ch. : 1 ch. (1 lit 2 pers. 1 lit 130), s.d.b. et 1 ch. (2 lits 1 pers.), lavabo, wc indépendants. Salle à manger. Grande terrasse, parc ombragé. Vin à la propriété, caveau. Anglais et allemand parlés. Gare et commerces 7 km. Ouvert toute l'année.

Prix : 2 pers. **400/500 F** 3 pers. **450/600 F**

8	1	SP	15	4	SP	15	

DOAT Robert – Chateau de Bois Franc – 69640 Jarnioux – Tél. : 74.68.20.91 – Fax : 74.65.10.03

Jullie

❄ NN

Alt. : 400 m — Dans une ancienne maison de caractère, rénovée, située au cœur du village, M. et Mme Lux vous accueillent dans leurs 3 ch. d'hôtes : 1 ch. (1 lit 2 pers.), douche, lavabo, wc dans la ch. 1 ch. (3 lits 1 pers.), baignoire, lavabo, wc dans la ch. 1 grande ch. de 40 m² (1 lit 2 pers. 2 lits 1 pers. 1 lit bébé), douche, 2 lavabos, wc dans la ch. Poss. lit suppl. Chauffage central. Salle d'hôtes avec cheminée. Jardin clos, salon de jardin, parking. Découverte du vignoble beaujolais, de la Bourgogne, des Dombes. Très facile d'accès. Idéal pour une étape ou un séjour. Gare 12 km. Commerces 100 m. Ouvert pendant les vacances scolaires, sinon sur réservation.

Prix : 1 pers. **180 F** 2 pers. **250 F** 3 pers. **300 F**

1	SP	SP

LUX Robert – Le Bourg – 69840 Jullie – Tél. : 74.04.46.83

Lancie Les Pasquiers

❄❄❄ NN
(TH)

Alt. : 200 m — Accueil de qualité dans une vaste demeure du second Empire, de caractère, située dans un grand parc avec piscine et tennis au cœur du Beaujolais. Au R.d.c. : 1 ch. avec accès indép. équipée pour pers. à mobilité réduite (1 lit 2 pers.), salle d'eau/wc privés. A l'étage : 1 ch. (1 lit 2 pers.), 1 ch. (2 lits 1 pers.) avec salle d'eau et wc privatifs à chacune. Chauffage central. Piscine, tennis, poolhouse, parc ombragé. Table d'hôtes raffinée (cuisine du marché et vins sélectionnés). Idéal pour une étape ou un séjour de prestige dans le Beaujolais. Anglais et allemand parlés. Gare 8 km. Commerces 1 km. Ouvert toute l'année.

Prix : 1 pers. **300 F** 2 pers. **350 F** repas **100 F**

SP	8	SP	SP	3	1	8

GANDILHON-ADELE Laurence et Jacques – Les Pasquiers – 69220 Lancie – Tél. : 74.69.86.33 – Fax : 74.69.86.57

Lantignie Les Vergers

❄❄❄ NN

Alt. : 300 m — Dans un domaine viticole au cœur du Beaujolais, 5 ch. d'hôtes dans maison de caractère avec un grand jardin et piscine privée. A l'étage de la maison du propriétaire, 3 ch. (1 lit 2 pers.), 1 ch. (1 lit 2 pers. 1 convertible), 1 ch. (2 lits 1 pers.), douche, lavabo, wc dans chaque chambre. Chauffage central et électrique. Vaste jardin d'agrément. Parking. Anglais et espagnol parlés. Dégustation et vente de vins à la propriété. Gare 13 km. Commerces 3 km. Ouvert toute l'année sauf vendanges.

Prix : 1 pers. **180 F** 2 pers. **240 F** pers. sup. **70 F**

SP	15	2	2	8	8	3	SP	30	30

**NESME Bernard et M.Claude – Domaine des Quarante Ecus - Les Vergers – 69430 Lantignie –
Tél. : 74.04.85.80 – Fax : 74.69.27.79**

Lantignie Le Tracot

❄❄❄

Alt. : 300 m — Daniele vous accueille ds ses 3 ch. d'hôtes situées dans une partie indépendante de leur maison. 3 ch. à l'étage : 2 ch. 3 épis (2 lits 1 pers.), douche, lavabo, wc dans chaque ch. 1 ch. 2 épis (1 lit 2 pers.), lavabo dans la ch., douche, wc privatifs non attenants. Chauffage élect. Cour fermée, belle vue sur les vignes. Anglais parlé. Enfant : 60 F. Exploitation viticole avec caveau de dégustation et musée de la vigne. Réduction de 10 F par nuit à partir de 3 nuits. Gare 13 km. Commerces 3 km. Ouvert toute l'année sauf pendant les vendanges. Samedi soir sur réservation.

Prix : 1 pers. **190/220 F** 2 pers. **220/250 F** pers. sup. **90 F**

15	15	1	3	8	8	SP

DUBOST Daniele – Le Tracot – 69430 Lantignie – Tél. : 74.69.28.78

Lantignie Les Monterniers

❄❄❄ NN
(TH)

Alt. : 400 m — Chantal et Michel, viticulteurs vous accueillent dans leurs 2 ch. d'hôtes de caractère, situées au cœur du vignoble beaujolais. Accès indépendant. 1 ch. (1 lit 2 pers.), 1 ch. (2 lits 1 pers. poss. 1 convert. 2 pers. d'appoint), douche, lavabo, wc dans chaque ch. Chauffage électrique. Salon à la disposition des hôtes. Vue imprenable sur le vignoble. Parking, pelouse avec salon de jardin. Gîte rural 3 épis, tout confort sur place. Dégustation et vente à la propriété. Gare 15 km. Commerces 3 km. Ouvert toute l'année.

Prix : 2 pers. **240 F** 3 pers. **300 F** pers. sup. **50 F** repas **70 F**

15	30	1,5	SP	8	8	3	SP	30

PERRIER Chantal – Les Monterniers – 69430 Lantignie – Tél. : 74.04.84.60

Lucenay Le Chemin Neuf C.M. n° 244 — Pli n° 2

♥♥ NN Alt. : 250 m — Au pays des Pierres Dorées, 5 ch. d'hôtes de bon confort, dans une maison beaujolaise de caractère du XVIIIe. 2 ch. 3 épis NN : 1 ch. au r.d.c. (3 pers.) et 1 ch. au 1er étage (4 pers.) avec terrasse indép. Accès indép., s. d'eau, wc privés, coin-salon, TV noir/blanc dans chacune. 3 ch. 2 épis NN (1 lit 2 pers.), s. d'eau, wc privés. Poss. cuisiner. Tél. Cheminée. L-linge commun. Grande terrasse couverte, cour fermée réservée aux hôtes. Parking fermé. Poss. visites commentées par le propriétaire 10 % de réduction à partir de 4 nuits. Anglais parlé. A 20 mn de Lyon. Gare 1,5 km. Commerces sur place. Ouvert de Pâques à octobre.

Prix : 1 pers. 200/220 F 2 pers. 220/275 F 3 pers. 355 F

10	1	0,5	SP	2	0,5	0,5

RAVET Maurice – Le Chemin Neuf – 69480 Lucenay – Tél. : 74.60.25.28

Lucenay Les Grands Plantiers C.M. n° 244 — Pli n° 2

♥♥♥ NN Alt. : 250 m — Marie-Claude et Jacques, viticulteurs vous accueillent dans leur maison de caractère avec piscine, au cœur du Beaujolais. Tout confort, accès indépendant, (2 lits 1 pers.), salle d'eau, wc privés, chauffage électrique, salle à manger non attenante, 1 ch. (3 lits 1 pers.), douche, lavabo, wc privés. Parc, terrasse, jeu de boules. Idéal pour une étape, un week-end ou un séjour. Très facile d'accès. Animaux acceptés avec supplément : 30 F. Gare et commerces 1 km. Ouvert toute l'année sauf du 15 septembre au 15 octobre et les week-ends seulement de novembre à février.

Prix : 1 pers. 220 F 2 pers. 275 F

SP	1	0,2	SP	2	SP	0,2

TORRET Jacques et M-Claude – Les Grands Plantiers – 69480 Lucenay – Tél. : 74.67.05.42

Marchampt La Riviere C.M. n° 244 — Pli n° 2

♥♥ NN Alt. : 460 m — Dans une ancienne maison beaujolaise de caractère, 2 ch. au 2e étage : 1 ch. (2 lits 1 pers.), douche, lavabo (2 lits 1 pers.), wc privés non attenants, 1 ch. (3 lits 1 pers.), douche, lavabo, wc dans la ch. Poss. lit bébé. 1 ch. dans une maison attenante (3 lits 1 pers.), au r.d.c. accès indép. douche, lavabo, wc dans la ch. Salle commune, coin-détente, cheminée, TV. Tél. carte téléséjour. Terrain privatif donnant sur les vignes, parking. Très calme, en pleine nature. 3e ch. dans un des deux gîtes sur place. Gare 14 km. Commerces 5 km. Ouvert toute l'année.

**Prix : 1 pers. 160/180 F 2 pers. 200/220 F
pers. sup. 40/60 F**

14	1	SP	SP	14	14	SP

LAFOND Bernadette et Bernard – Paranges – 69430 Marchampt – Tél. : 74.04.34.07 ou 74.04.35.66

Messimy Quinsonnat C.M. n° 244 — Pli n° 2

♥♥
(TH) Alt. : 400 m — 1 chambres d'hôtes (1 lit 2 pers.), située dans une partie indépendante de la maison du propriétaire, une ancienne ferme. Entrée indépendante. Sanitaires privés dans la chambre. Coin-cuisine. Garage. Petit terrain privatif. Gare 4 km. Commerces sur place. Ouvert toute l'année sauf de décembre à février.

Prix : 1 pers. 165 F 2 pers. 185 F repas 70 F

3	9	1	SP	SP

VILLE Jean et Anne-Marie – Quinsonnat – 69510 Messimy – Tél. : 78.45.15.68

Morance Domaine des Tessonnieres C.M. n° 244 — Pli n° 2

♥♥♥ NN Alt. : 300 m — Michel et Annick, viticulteurs, vous accueillent dans leur chambre d'hôtes (2 lits pers.), de très bon confort, aménagée dans une maison rénovée, au cœur du Beaujolais avec vue sur le vignoble. Douche, lavabo, wc privés dans la chambre. Convert. 1 pers. Chauffage élect. Balcon, terrain commun attenant, à proximité des axes routiers A6 et N6. Idéal pour une étape ou un séjour en Beaujolais. Gare 8 km. Commerces 1 km. Ouvert toute l'année sauf pendant les vendanges.

Prix : 1 pers. 200 F 2 pers. 250 F 3 pers. 325 F

10	10	2	SP	1	1	3	SP	2

RAVET Michel et Annick – Domaine des Tessonnieres – 69480 Morance – Tél. : 74.67.02.70

Ouroux Gros Bois C.M. n° 244 — Pli n° 2

♥♥ NN Alt. : 550 m — 2 chambres d'hôtes aménagées dans une maison de caractère située dans un grand parc et en bordure de forêt : 1 ch. avec 2 lits 1 pers., 1 ch. avec 1 lit 2 pers. et 1 lit 1 pers., salle de bains privative dont l'une avec douche et l'autre avec bains, wc commun aux 2 ch. Poss. lit suppl. Terrasse, écurie pour chevaux. GR 76 à 500 m. Très calme. Idéal pour un séjour ou une étape au vert. Gare 27 km. Commerces 2 km. Ouvert toute l'année.

Prix : 1 pers. 180 F 2 pers. 200 F pers. sup. 70 F

25	12	2	SP	15	2	2	10

MAVET Jean-Robert et Simone – Gros Bois – 69860 Ouroux – Tél. : 74.04.63.96

Le Perreon Le Bourg C.M. n° 244 — Pli n° 2

♥♥♥ NN
(TH) Alt. : 350 m — Au cœur du Beaujolais, Karine et Marc vous proposent dans une demeure du XIXe, 6 grandes ch. décorées avec goût et équipées de spacieuses salles de bains (douches ou baignoires). R.d.c. : grand salon, séjour réservés aux hôtes. 3 ch. de 2/3 pers. et 3 suites de 4/5 pers. réparties sur 3 étages. Chauffage central. Petit jardin clos ombragé. Poss. garage fermé. Table d'hôtes sur réservation avec cuisine familiale et gourmande. Caveau de dégustation de vin sur place. Ambiance décontractée dans un cadre raffiné pour une étape ou un séjour sympathique et chaleureux. Gare 15 km. Commerces sur place. Ouvert toute l'année. Anglais parlé.

**Prix : 1 pers. 200 F 2 pers. 240 F 3 pers. 310 F
pers. sup. 50 F repas 65 F**

15	15	SP	SP	SP	7	SP	SP	30	15

**SOUPIZET Marc et Karine – Les Volets Bleus - Le Bourg – 69460 Le Perreon – Tél. : 74.03.27.65 –
Fax : 74.03.24.57**

Quincie-en-Beaujolais Domaine de Romarand

C.M. n° 244 — Pli n° 2

❀❀❀ NN

Alt. : 450 m — Annie et Jean vous accueillent dans leur maison de caractère avec piscine située au cœur du vignoble Beaujolais. 3 ch. avec accès indépendant : 2 ch. (1 lit 2 pers.), 1 ch. (2 lits 1 pers.), sanitaires privés dans chaque ch., poss. lits suppl., grande salle commune de 45 m² réservée aux hôtes, avec cheminée, de caractère. Ch. central, parking dans cour fermée. Piscine privée avec jardin d'agrément. Anglais parlé. Caveau sur place. Gare 12 km. Commerces 3 km. Ouvert toute l'année.

Prix : 1 pers. **240 F** 2 pers. **265/290 F** 3 pers. **340 F**

SP	3	SP	5	SP	

BERTHELOT Annie et Jean – Domaine de Romarand – 69430 Quincie-en-Beaujolais – Tél. : 74.04.34.49 – Fax : 74.04.34.49

Quincie-en-Beaujolais Saburin

C.M. n° 244 — Pli n° 2

❀❀❀ NN

Alt. : 400 m — Françoise, viticultrice vous propose 2 ch. d'hôtes situées dans une partie indép. de sa maison de caractère. Au r.d.c. : 1 ch. accès indép. (2 lits 1 pers.), salle d'eau, wc séparés. Salle d'hôtes attenante, entrée indép. (35 m²), cheminée, mini-bar, coin-détente, balcon. A l'étage : 1 ch. (1 lit 2 pers. 1 lit 1 pers. poss. 1 lit suppl. 1 pers.), s.d.b., wc séparés. Chauffage central et élect. dans les pièces d'eau. Petit terrain, salon de jardin réservé aux hôtes, parking privé. Dégustation et vente de vin. Cadre très agréable, vue magnifique sur le vignoble, en plein cœur du Beaujolais. Gare 10 km. Commerces 2,5 km. Ouvert toute l'année. Anglais parlé.

Prix : 1 pers. **220 F** 2 pers. **250 F** pers. sup. **70 F**

12	12	3	SP	SP	10	12	SP

GOUILLON Françoise – Domaine de la Font-Cure - Saburin – 69430 Quincie-en-Beaujolais – Tél. : 74.04.36.33 – Fax : 74.04.36.33

Regnie-Durette Domaine des Bois

C.M. n° 244 — Pli n° 2

❀❀ NN
(TH)

Alt. : 400 m — Au calme, au cœur des vignes, 3 ch. d'hôtes aménagées avec goût dans une maison vigneronne. 1er étage : 1 ch. 3 épis NN (4 lits 1 pers.), s. d'eau et wc privatifs non attenants. 2e étage : 2 ch. 2 épis NN (3 lits 1 pers. et 4 lits 1 pers.), cabinet de toilette, lavabo dans chaque ch. S. d'eau et wc communs. R.d.c. : salle d'accueil réservée aux hôtes, coin-cuisine. Tél. Chauffage central. Salon de jardin, parking privé. Table d'hôtes sur réservation. Anglais et espagnol parlés. Idéal pour une étape ou un séjour en Beaujolais. Dégustation, découverte du vignoble, circuits touristiques proposés par les propriétaires. A 10 mn de l'A6. Gare 8 km. Commerces 3 km.

Prix : 1 pers. **220 F** 2 pers. **270 F** 3 pers. **350 F** pers. sup. **100 F** repas **75 F**

8	8	4	SP	SP	3	1	SP	28	15

LABRUYERE Roger et M-Helene – Domaine des Bois – 69430 Regnie-Durette – Tél. : 74.04.24.09 – Fax : 74.69.15.16

Rivolet Les Maisonnettes

C.M. n° 244 — Pli n° 2

❀❀

Alt. : 450 m — 2 chambres d'hôtes (1 lit 2 pers.), situées dans une maison indépendante, mitoyenne à celle du prop., viticulteur. Lavabo dans chacune des ch., salle de bains et wc communs. Poss. lits suppl. Salle de séjour, cuisine réservées aux hôtes. Chauffage électrique. Terrain non clos donnant sur le vignoble beaujolais. Gîte rural sur rural. Ouvert toute l'année. Gare et commerces 10 km.

Prix : 1 pers. **160 F** 2 pers. **180 F**

10	10	5	SP	5	5	10

SANDRIN Georges – Les Maisonnettes – 69640 Rivolet – Tél. : 74.67.31.85

Saint-Jean-d'Ardieres Beauval

C.M. n° 244 — Pli n° 2

❀❀ NN

Alt. : 200 m — Yolande et Georges vous proposent 2 chambres d'hôtes, situées dans une ancienne maison Beaujolaise. Accès indépendant. Etage : 1 ch. (1 lit 2 pers. 1 convert. 2 pers.), salle d'eau/wc privatifs. Poss. lit bébé. 1 ch. (1 lit 2 pers. 1 convert. 2 pers.), salle d'eau/wc non attenants. Chauffage central. Séjour commun. Grande cour, salon de jardin, garage. Poss. dégustation et vente de vins à la coopérative de Bel Air. Idéal pour votre étape ou séjour en Beaujolais. Gare et commerces 2 km. Ouvert toute l'année.

Prix : 2 pers. **205/225 F** pers. sup. **62 F**

2	2	2	SP	15	1	2

RAVIER Yolande et Georges – La Ferme de Beauval - Route de Beaujeu – 69220 Saint-Jean-d'Ardieres – Tél. : 74.66.16.75

Saint-Lager Les Berthaudieres

C.M. n° 244 — Pli n° 2

❀❀❀ NN

Alt. : 450 m — Au cœur du Beaujolais, 2 chambres d'hôtes dans une maison de caractère : 1 ch. 3 épis NN (1 lit 2 pers.), douche, lavabo, wc. dans la ch. 1 ch. 2 épis NN (2 lits 1 pers.), douche, lavabo, wc. Poss. lits suppl. Accès indépendant, terrasses, véranda à la disposition des hôtes, salon de jardin. Coin-cuisine, coin-repas, coin-TV. Gare 6 km. Commerces 1 km. Vue panoramique sur le vignoble beaujolais. Poss. garage. Gîte rural sur place. Au-delà d'une nuit : 200 F/2 pers. Ouvert toute l'année.

Prix : 1 pers. **180 F** 2 pers. **250 F** pers. sup. **100 F**

5	15	0,5	SP	15	15	SP

LARGE Georges – Les Berthaudieres – 69220 St-Lager – Tél. : 74.66.80.60

Saint-Laurent-d'Oingt Dalbepierre

C.M. n° 244 — Pli n° 2

❀❀❀ NN

Alt. : 450 m — Nicole et Roger, viticulteurs vous proposent 3 ch. situées au 1er étage : 1 ch. 3 épis NN (1 lit 2 pers. et 1 lit suppl.), s. d'eau et wc privatifs. 1 ch. 2 épis NN (1 lit 2 pers. 2 lits 1 pers.), s.d.b. et wc privatifs non attenants, 1 ch. 3 épis NN avec accès indépendant (2 lits 1 pers. 1 lit 1 pers. suppl.), douche, lavabo, wc privatifs. Chauffage central. Salle commune, poss. cuisine. Cour, pelouse avec jeux d'enfants, parking. Poss. visite de cave sur place avec dégustation et vente de vins. Anglais parlé. Gare et commerces 5 km. Ouvert toute l'année sauf pendant les vendanges.

Prix : 1 pers. **160/190 F** 2 pers. **200/230 F** pers. sup. **70 F**

15	25	5	SP	5	SP	25	

GUILLARD Roger et Nicole – Dalbepierre – 69620 St-Laurent-d'Oingt – Tél. : 74.71.27.95

Saint-Laurent-d'Oingt Le Nevert · C.M. n° 244 — Pli n° 2

♥♥ NN · Alt. : 460 m — 1 chambre d'hôtes (1 lit 2 pers.), aménagée au rez-de-chaussée d'une villa récente avec très belle vue sur le vignoble beaujolais. Entrée indépendante et communication intérieure. Sanitaires privés non attenants. Poss. 1 ch. suppl. (2 lits 1 pers.), poss. cuisine et petit coin-salon privatifs. Chauffage électrique. Gare 17 km. Commerces 2,5 km. Terrasse couverte privative aménagée pour les hôtes avec salon de jardin, terrain clos aménagé. Possibilité table d'hôtes sur demande et de séjour à la semaine en hors saison. Ouvert toute l'année.

Prix : 2 pers. **225 F** pers. sup. **95 F**

	🏊	〜〜〜	🎿	👫		🍷
	15	17	1,5	SP		1,5

DEBILLY Yves et Simone – Le Nevert – 69620 Saint-Laurent-d'Oingt – Tél. : 74.71.65.76

Saint-Laurent-de-Mure · C.M. n° 244 — Pli n° 3

♥♥♥ NN · Alt. : 300 m — M. et Mme Encislai vous accueillent dans leur maison, une villa récente. Au rez-de-chaussée : 1 ch. (1 lit 2 pers.), 1 ch. (2 lits 1 pers.). Sanitaires privatifs dans chaque ch. Salon réservé aux hôtes avec bibliothèque, TV, tél. Très bon confort. Jardin d'agrément, terrasse, salons de jardin. Anglais parlé. Gare 15 km. Commerces 2 km.

Prix : 1 pers. **250 F** 2 pers. **300 F**

〜〜〜	🎿	👫
1,5	1,5	SP

ENCISLAI Yvette – 17 avenue du Mont Blanc – 69720 St-Laurent-de-Mure – Tél. : 78.40.82.70

Saint-Martin-en-Haut

♥ NN · Alt. : 750 m — 4 chambres d'hôtes dans ancien moulin rénové. R.d.c. : 1 ch. (2 lits 2 pers.), s. d'eau, wc privés. Interphone, prise tél. Accès indép. A l'étage : 1 ch. (1 lit 2 pers.), s.d.b., wc privés non attenants. Dans une aile du bâtiment, 1 suite familiale : 1 ch. (2 lits 2 pers.), s. d'eau, wc privés, 1 ch. (1 lit 2 pers. 2 lits 1 pers.), s. d'eau, wc privés non attenants. Accès indépendant. Coin-repos. Hall avec lit d'appoint. Chauffage électrique. Plan d'eau privés pour pêcher la truite. Très calme. Tarif dégressif dès la 4e nuitée pour 3 pers. Gare 20 km. Commerces 1,5 km. Ouvert toute l'année.

Prix : 1 pers. **170/190 F** 2 pers. **240/250 F** 3 pers. **300/340 F** pers. sup. **70 F**

🏊	〜〜〜	🎿	👫	🚴	🏇	🍴
15	3	1,5	SP	1,5	15	3

VILLARD Madeleine – Le Pont du Chier – 69850 Saint-Martin-en-Haut – Tél. : 78.48.61.38

Saint-Verand Taponas · C.M. n° 244 — Pli n° 2

♥♥♥ NN
Ⓐ · Alt. : 350 m — Danièle et Mike vous proposent 4 ch. d'hôtes dans un corps de bâtiment récent mitoyen à leur maison. 1 ch. (2 lits 1 pers.), s. d'eau/wc privés, 1 ch. acc. pers. mobilité réduite (2 lits 1 pers.), s.d.b./wc privés, 1 ch. familiale (1 lit 2 pers. 1 lit superp.), s. d'eau/wc privés, terrasse, salon jardin. 1 ch. indép. au milieu du jardin (1 lit 2 pers.), s. d'eau, wc. Cheminée, coin-salon. Chauffage électrique. Grande salle réservée aux hôtes avec coin-détente, TV, magnétoscope. Grand terrain arboré clos avec jeux boules, meubles jardin. Table d'hôtes sur demande. Anglais couramment et espagnol parlés. Gare 20 km. Commerces 1,5 km. Ouvert toute l'année.

Prix : 1 pers. **180 F** 2 pers. **250 F** 3 pers. **300 F** repas **70 F**

	🏊	〜〜〜	🎿	👫	🚴	🏇	🍴	🍷
	12	20	2	SP	12	7	5	2

RAVILY-ANNING Daniele et Mike – Fondvieille - Taponas – 69620 Saint-Verand – Tél. : 74.71.62.64

Saint-Verand Lerieux · C.M. n° 244 — Pli n° 2

♥♥ NN · Alt. : 350 m — Au cœur du vignoble, 4 chambres d'hôtes dans un corps de bâtiment en pierres dorées mitoyen à la maison des prop. viticulteurs. Accès indép. à l'étage : 1 ch. (1 lit 2 pers.), 1 ch. (1 lit 2 pers. 1 lit 1 pers.), s.d.b./wc privés à chacune. 1 ch. (2 lits 1 pers.), 1 ch. (1 lit 2 pers. 1 lit 1 pers.). Lavabo dans chacune. 1 douche, wc séparés privatifs dans le hall. Chauffage central. Salle à manger commune avec les prop. Terrasse avec salon de jardin et accès à terrain d'agrément en contre-bas. Parking à proximité immédiate des chambres. Enfant : 50 F. Gare 20 km. Commerces 2 km. Ouvert toute l'année sauf pendant les vendanges.

Prix : 1 pers. **160/190 F** 2 pers. **200/230 F** pers. sup. **70 F**

	🏊	〜〜〜	🎿	👫	🚴	🏇	🍴	🍷
	12	20	2	SP	12	7	5	SP

BASSET Bernard et M-Claude – Lerieux – 69620 Saint-Verand – Tél. : 74.71.74.82 – Fax : 74.71.67.24

Les Sauvages Mauvandran · C.M. n° 244 — Pli n° 2

♥♥ NN · Alt. : 723 m — Dans la villa récente des propriétaires, au r.d.c. : 1 ch. (1 lit 2 pers. 1 lit 1 pers.), sanitaires privatifs, douche, lavabo, wc. Chauffage central. Petit réfrigérateur. Salon et salle à manger communs aux hôtes et prop. à l'étage. Vaste terrain aménagé avec pelouse, salon de jardin et jeux d'enfants. Gare et commerces 7 km. Ouvert toute l'année. Possibilité d'étape sur le GR 7.

Prix : 1 pers. **160 F** 2 pers. **200 F** pers. sup. **50 F**

	🏊	〜〜〜	🎿	👫	🚴	🍴	⛷
	7	12	0,5	SP	0,5	12	12

LAURENT M.-Josephe et Victor – Mauvandran – 69170 Les Sauvages – Tél. : 74.89.11.49

Savigny Lanay · C.M. n° 244 — Pli n° 2

♥♥♥ NN · Alt. : 600 m — Luc et Aimée vous proposent 5 chambres d'hôtes aménagées dans un corps de bâtiment indép. 3 ch. (2 lits 1 pers.), 2 ch. (1 lit 2 pers. 1 lit 1 pers. poss. lits suppl. dans chacune), sanitaires complets et privatifs dans chaque chambre. Pièces de jour réservées aux hôtes avec cheminée. Poss. de cuisiner. Très calme, idéal pour vos étapes, week-ends ou séjours. Poss. de visite de l'exploitation agricole, nombreux animaux sur place, chèvres, ânes, poules. Vente de produits fermiers, vin, fromage.

Prix : 1 pers. **175 F** 2 pers. **240 F** 3 pers. **280 F**

〜〜〜	🎿	👫	🏇	🍴	🎣
5	15	SP	SP	3	15	15

DEMAREST Luc et Aimee – Lanay – 69210 Savigny – Tél. : 74.01.13.64

Taponas Bois Bettu  *C.M. n° 244 — Pli n° 3*

≋≋≋ NN
(TH)

Alt. : 189 m — Brigitte Chambaud vous propose 5 chambres d'hôtes, aménagées dans une ancienne ferme. Entrée indép., salle d'eau, wc privatifs pour chaque chambre (20 m²) dont 3 ch. familiales. Chauffage central. Salle commune avec coin-cuisine, salon réservé aux hôtes. Cour, pelouse, salon de jardin, jeux d'enfants. Abri voitures. Table d'hôtes sur réservation. Enfant : 65 F. Location de vélos sur place. Fermé le dimanche soir sauf pour réservation de plusieurs nuits. Val de Saône, très calme, maison entourée de champs, à proximité des crus du Beaujolais. Anglais parlé. Gare et commerces 4 km. Ouvert toute l'année.

Prix : 1 pers. **210 F** 2 pers. **240/245 F** pers. sup. **80 F**
repas **70 F**

4	4	4	SP	12	8	2	4	20

CHAMBAUD Brigitte – Bois Bettu – 69220 Taponas – Tél. : 74.66.38.45 – Fax : 74.66.22.98

Thurins L'Herse *C.M. n° 244 — Pli n° 2*

≋≋ NN

Alt. : 450 m — 1 chambre d'hôtes aménagée dans une maison ancienne rénovée de caractère. A l'étage, accès indépendant : (1 lit 2 pers. 1 lit 1 pers.), sanitaires privés. Cour fermée. Gare 11 km. Commerces 4 km. Ouvert de mars à novembre.

Prix : 1 pers. **170 F** 2 pers. **190 F** 3 pers. **265 F**
pers. sup. **70 F**

1	1	SP

DELORME Francois – L'Herse – 69510 Thurins – Tél. : 78.48.90.32

Valsonne Le Bourg *C.M. n° 244 — Pli n° 2*

≋≋≋ NN

Alt. : 420 m — 4 chambres d'hôtes (1 lit 2 pers.), aménagées dans une maison rénovée, avec accès indépendant. Salle de bains et wc privés dans chaque chambre. Salle de séjour réservée aux hôtes avec TV, cheminée, tél., coin-cuisine, wc. Poss. lits suppl. Garage, parking. Très facile d'accès. Nombreuses possibilités d'excursions à partir du village. Lac des Sapins 15 km. Gare 12 km. Commerces sur place. Ouvert toute l'année.

Prix : 1 pers. **170 F** 2 pers. **200 F** 3 pers. **250 F**
pers. sup. **50 F**

8	15	SP	SP	8	SP	10

ARRICOT Louis et Jacqueline – Le Bourg – 69170 Valsonne – Tél. : 74.05.12.51

Vaux-en-Beaujolais Clochemerle *C.M. n° 244 — Pli n° 2*

≋≋≋ NN

Alt. : 363 m — 2 chambres d'hôtes aménagées dans une maison typique de la région, à quelques mètres du caveau historique de Clochemerle : 1 ch. (1 lit 2 pers.), 1 ch. (1 lit 2 pers. 2 lits 1 pers. 1 lit enf.) et wc privés dans chacune. Salon réservé aux hôtes avec TV et réfrigérateur. Terrasse, salon de jardin, parking et cour fermés. Jeux d'enfants de plein-air. Poss. accueil chevaux : 20 F. Grill, auberge rurale, boulangerie-épicerie au bourg. Gare 15 km. Commerces sur place. Ouvert toute l'année. Anglais parlé.

Prix : 1 pers. **165 F** 2 pers. **205 F** pers. sup. **65 F**

15	2	SP	SP

MINGRET Cyrille et Dominique – Clochemerle – 69460 Vaux-en-Beaujolais – Tél. : 74.03.26.13

OUTRE-MER

Pour réserver, écrire ou téléphoner :

GUADELOUPE
Gîtes de France
Office du Tourisme
Place de la Victoire
97110 POINTE-A-PITRE
Tél. : 19.590.91.64.33
Fax : 19.590.91.45.40

MARTINIQUE
Gîtes de France
9, Bd du Général de Gaulle - B.P. 1122
97248 FORT-DE-FRANCE Cedex
Tél. : 19.596.73.67.92
Fax : 19.596.63.55.92

RÉUNION
Gîtes de France
10, place Sarda-Garriga
97400 SAINT-DENIS
Tél. : 19.262.90.78.90
Fax : 19.262.41.84.29

OUTRE-MER

97-1 GUADELOUPE
97-2 MARTINIQUE
97-3 GUYANE
97-4 RÉUNION

Capesterre-Marie-Galante Beausejour

♥♥ NN   4 chambres d'hôtes situées au cœur de la campagne marie-galantaise, « Le Jardin de Beauséjour ». Chambres climatisées avec TV, 1 lit 2 pers., salle d'eau, wc. Possibilité cuisine. Terrasse aménagée pour détente et possibilité de repas.

Prix : 1 pers. 250 F

🏖	🏺	🎣	🚶	🏰
2,5	2,5	2,5	0,2	12

GITES DE FRANCE-SERVICE RESERVATION – 1, Place de la Victoire - B.P. 759 – 97172 Point-à-Pitre – Tél. : 590.91.64.33 – Fax : 590.91.45.40

Gosier Perinette

♥♥ NN   Dans un quartier résidentiel, villa indépendante située dans un jardin de fleurs et d'arbres fruitiers, comprenant 2 gîtes et 2 chambres d'hôtes. A l'étage : 1 ch. (1 lit 2 pers.), 1 ch. (2 lits 1 pers.), terrasse. Chambres climatisées. Salle d'eau, wc et lavabo communs aux 2 chambres. Transports collectifs et commerces à 800 m. Anglais et allemand parlés.

Prix : 1 pers. 204 F

🐕	🏖	🏺	🎣	🌙	🏰
	1,5	1,5	1,5	30	4,5

ROLLE Ruth – Lotissement Faraux Perinette – 97190 Gosier – Tél. : 590.84.14.97 ou 590.83.15.74

Gosier Beau Manoir

♥♥ NN   « Les Hesperides », est un ensemble de 2 gîtes et d'1 chambre d'hôtes mitoyen à la maison de la propriétaire, dans un jardin tropical, luxuriant. Chambre « Poinsettia » (1 lit 2 pers.), possibilité cuisine. Brasseur d'air. Salle d'eau privative (eau chaude), wc séparés. Terrasse privative couverte sur jardin. Epicerie 1,5 km.

Prix : 1 pers. 189 F

🐕	🏖	🏺	🎣	🌙	🚶	🏰
	7	7	7	30	8	10

HENRY-COUANIER Annie – Villa Les Hesperides - Beau Manoir – 97190 Gosier – Tél. : 590.85.73.12

Gosier Louezel

♥♥♥ NN   Alt. : 30 m – Dans un quartier calme, un ensemble de 4 gîtes et 2 ch. d'hôtes, mitoyen à la maison du propriétaire. Ch./Quenette à l'étage avec 1 lit 2 pers., salle d'eau (eau chaude), wc. Ch./Surette avec vue sur la mer comprenant 1 lit 2 pers., salle d'eau (eau chaude), wc. Les 2 ch. sont climatisées. Possibilité cuisine (coin-repas). Point-phone. Barbecue commun. Commerces et transports 500 m. Anglais parlé.

Prix : 2 pers. 220 F

🐕	🏖	🏺	🎣	🌙	🚶	🏰
	1,7	1,5	1,5	30	2	4,5

FUNFROCK Colette – Louezel – 97190 Gosier – Tél. : 590.84.41.77 ou 590.84.00.04

Gosier Perinette

E.C. NN   Dans un cadre frais et agréable, entourée d'un jardin de plantes ornementales, villa indépendante dominant la campagne comprenant 3 gîtes au r.d.c. et 2 ch. d'hôtes à l'étage. Ch. comprenant chacune 1 lit 2 pers., 1 secretaire, 1 rocking-chair. Salle de bains (eau chaude) commune. Poss. cuisine. Balcon. Anglais parlé.

Prix : 2 pers. 220 F

🐕	🏖	🎣	🌙	🏰
	1	1	30	4,5

YOKO Adele – Chemin du Dr Helene Perinette – 97190 Gosier – Tél. : 590.84.34.69

Grand-Bourg Section Ducos

♥♥   « Au bon cocotier » à 2,5 km de la plage, 2 chambres d'hôtes dans un cadre chaleureux et verdoyant... Chambres mitoyennes au rez-de-chaussée comprenant : 1 lit 2 pers. chacune, salle d'eau, eau chaude, TV. Possibilité de cuisine. Jardin fruitier et floral, terrasse.

Prix : 2 pers. 228 F

🏖	🏺	🎣	🚶	🏰
2,5	2	8	1,5	3

DEFAUT Nadeige – Section Ducos – 97112 Grand-Bourg-Marie-Galante – Tél. : 590.97.77.28

Grand-Bourg Section-Les-Basses

♥ NN   Alt. : 30 m — Marie-Galante, le pays des moulins et du Muse Murat. 1 ensemble de 3 ch. d'hôtes aménagées dans une villa créole mitoyenne à l'habitation du propriétaire. Ch./Madras (à l'étage), ch./Flamboyant, ch./Emeraude, toutes climatisées avec 2 lits 1 pers., salle d'eau privée (eau chaude), wc. Les chambres sont spacieuses et confortables.

Prix : 2 pers. 268 F

🐕	🏖
	0,4

BASSIEN Marie-Claire – Section Les Basses - Grand Bourg – 97112 Marie-Galante – Tél. : 590.97.97.86 ou 590.97.95.80

Marquis-Thomas

E.C. NN   Alt. : 40 m — L'habitation Massieux est située à l'ombre des Flamboyants, à flanc de montagne. Ancienne demeure de planteurs de café, mitoyenne à l'habitation du propriétaire. 3 ch. d'hôtes climatisées, toutes avec 1 lit 2 pers., salle de bains (eau chaude). TV, salon de musique. Jardin, terrasse aménagés pour détente et loisirs.

Prix : 2 pers. 440 F

🏖	🏺	🎣	🚶	🏰
3	5	5	0,2	0,5

FAUCHILLE-DU-LYS Francois – Habitation Massieux - Marquis Thomas – 97125 Bouillante – Tél. : 590.98.89.80

Moule Durival

♥♥♥ NN Complexe de 4 chambres d'hôtes et 1 gîte rural aménagés dans un vieux moulin à canne à sucre. Ch./Nénuphar, ch./Frangipanier, ch./Hibiscus, ch./Bougainvilliers, toutes avec 2 lits 1 pers., salle de bains (eau chaude), wc. Salon d'accueil au r.d.c. du moulin, possibilité cuisine. Jardin créole, piscine, terrasse. Point-phone. Epicerie 500 m.

Prix : 1 pers. **346 F**

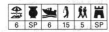

6	SP	6	15	5	SP

GITES DE FRANCE-SERVICE RESERVATION – 1, Place de la Victoire - B.P. 759 – 97172 Point-à-Pitre –
Tél. : 590.91.64.33 – Fax : 590.91.45.40

Petit-Bourg Vernou

♥♥♥ Dans un cadre frais et reposant, villa indépendante au milieu d'un jardin fleuri comprenant 4 chambres d'hôtes désservies en commun par : cuisine, salle à manger, salon avec TV, point-phone, piscine. 1 ch. (2 lits 1 pers.) et 3 ch. (1 lit 2 pers.). Chacune avec 1 secrétaire et 1 salle de bains (eau chaude). 2 wc. Commerces 200 m. Parc National 300 m. Station thermale de Ravine Chaude à 15 mn.

Prix : 1 pers. **250 F**

15	30	30	1	1

GITES DE FRANCE-SERVICE RESERVATION – 1, Place de la Victoire - B.P. 759 – 97172 Point-à-Pitre –
Tél. : 590.91.64.33 – Fax : 590.91.45.40

Petit-Bourg Vernou

♥♥♥ Dans un cadre frais et reposant, villa indépendant au milieu d'un jardin fleuri comprenant 5 chambres d'hôtes désservies en commun par : cuisine, salle à manger, salon avec TV. Point-phone, piscine. 3 ch. climatisées (1 lit 2 pers.) et 2 ch. climatisées (2 lits 1 pers.). 1 salle de bains, wc. 4 salles d'eau, wc, loggia. Commerces 200 m. Parking. Station thermale de Ravine Chaude à 15 mn.

Prix : 1 pers. **250 F**

15	30	30	1	1

ACCIPE TIBURCE – Barbotteau - Alpinia – 97170 Petit-Bourg – Tél. : 590.94.23.92 ou 590.94.12.54

Saint-Claude

♥♥ Au pied de la Soufrire, à proximité du centre thermal. Site calme et frais. Villa indépendante, dans un jardin de fleurs et d'arbres fruitiers comprenant un gîte au rez-de-chaussée et 2 chambres d'hôtes à l'étage avec vue sur la mer et la montagne. 2 chambres (2 lits 1 pers. chacune), salle de bains (eau chaude). Terrasse.

Prix : 1 pers. **143/172 F**

10	10	10	3	3

VEUVE DELBROC – Route des Bains Jaunes - Morne Houel – 97120 Saint-Claude – Tél. : 590.80.11.48

Saint-Francois Section May

E.C. NN Maison indépendante dans un parc fleuri, entouré de gazon avec piscine commune. 3 chambres climatisées (1 lit 2 pers. chacune). Salle d'eau, eau chaude, wc, TV, meubles de rangements, coin-bar. Terrasse aménagée, jardin... Anglais parlé.

Prix : 2 pers. **417 F**

3	3	3	3	2	10

LALSINGUE Joseph – Section May – 97118 Saint-Joseph – Tél. : 590.88.65.80 ou 590.88.72.93

Sainte-Rose La Boucan

♥♥ NN 1 ensemble de 4 ch. d'hôtes à l'étage de la villa du propriétaire. Chaque chambre dispose d'un lit 2 pers., d'une salle d'eau (eau chaude) et d'un wc. 2 des chambres sont climatisées. Cuisine commune, salon de détente avec TV. Possibilité table d'hôtes. Commerces à proximité. Station thermale 4 km.

Prix : 2 pers. **165 F**

10	20	20	SP	SP	SP

CYRILLE Paul – Ancenaux - La Boucan – 97115 Sainte-Rose – Tél. : 590.28.90.55

Saintes Terre de Haut

E.C. NN Chambres d'hôtes mitoyennes de plain-pied. 3 ch. (1 lit 2 pers.), salles d'eau et wc privés. Eau chaude. Terrasse aménagée pour la détente. Jardin, plage, commerces à proximité. Possibilité cuisine.

Prix : 2 pers. **275 F**

0,1	0,1	0,1	SP	SP

HERY Josette – Route de l'Aeroport - Terre Haute – 97114 Les Saintes – Tél. : 590.99.52.24 ou 590.99.50.52

Trois-Rivieres Domaine Grand Maison

♥♥♥ Domaine de « Grand Maison », maison coloniale du XVIIIe siècle rénovée avec vue sur la mer et la montagne. 5 chambres (2 lits 1 pers. chacune), salles d'eau attenantes. Gallerie pour détente, cuisine, salon, TV, lecture. Piscine, tennis. Site archéologique, commerces à 1 km.

Prix : 1 pers. **520 F**

4	1	4

BUREAU Paul-Etienne – Domaine Grand Maison - B.P.35 – 97114 Trois-Rivieres – Tél. : 590.92.80.91

Morne-Rouge Reduit - Plateau Sable

〲〲 NN   Chambre d'hôtes agréable dans la maison de style traditionnel de la propriétaire. 1 chambre avec salle d'eau individuelle et 1 lit de 2 pers., eau chaude située à la campagne dans un secteur frais et verdoyant. Ouvert toute l'année. Gare 44,5 km, commerces 2 km.

Prix : 1 pers. **185 F** 2 pers. **220 F**

6	6	6	2	55,4	33,4

GITES DE FRANCE-SERVICE RESERVATION – 9, Boulevard Gal de Gaulle - B.P. 1122 – 97248 Fort-de-France-Cedex – Tél. : 596.73.67.92 – Fax : 19.596.63.55.92

Riviere-Pilote Quartier Baudelle

E.C. NN   Chambre d'hôtes agréable avec mobilier d'époque dans la maison du propriétaire située sur une vaste propriété en bordure de la RN5, à proximité du gîte n° 276. 1 lit de 2 pers., salle d'eau attenante avec eau chaude, véranda, parking couvert. Gare 18 km, commerces 100 m. Ouvert toute l'année. Tarif semaine : 1620 F.

Prix : 1 pers. **270 F** 2 pers. **270 F**

5	5	5	8	8	13,4	32

GITES DE FRANCE-SERVICE RESERVATION – 9, Boulevard Gal de Gaulle - B.P. 1122 – 97248 Fort-de-France-Cedex – Tél. : 596.73.67.92 – Fax : 19.596.63.55.92

Riviere-Salee Quartier la Haut

〲〲〲 NN   Dans une zone calme et verdoyante, 4 belles chambres d'hôtes avec salle d'eau individuelle en rez-de-jardin d'une maison comprenant le logement du propriétaire et un restaurant à l'étage, petit déjeuner servi sur terrasse couverte, eau chaude, climatisation, salle d'eau. Dans chaque chambre : 1 lit 2 pers. Gare 8 km, commerces 1,5 km. Ouvert toute l'année.

Prix : 1 pers. **200 F** 2 pers. **200 F**

10	10	10	1	5	1,5	7

GITES DE FRANCE-SERVICE RESERVATION – 9, Boulevard Gal de Gaulle - B.P. 1122 – 97248 Fort-de-France-Cedex – Tél. : 596.73.67.92 – Fax : 19.596.63.55.92

Saint-Esprit

〲〲 NN   4 chambres situées dans le bourg d'une petite commune agricole au dessus d'un restaurant/bar. Chambre 1 et 2 : 1 lit 2 pers., salle d'eau. Chambre 3 : 2 lits 1 pers., salle d'eau. Chambre 4 : 1 lit 2 pers., 1 lit 1 pers. Salle d'eau. Commerce sur place. Gare 9 km. Ouvert toute l'année.

Prix : 1 pers. **180 F** 2 pers. **200 F** 3 pers. **260 F**

14,5	14,5	14,5	8	15,5	15	15

GITES DE FRANCE-SERVICE RESERVATION – 9, Boulevard Gal de Gaulle - B.P. 1122 – 97248 Fort-de-France-Cedex – Tél. : 596.73.67.92 – Fax : 19.596.63.55.92

Saint-Joseph Seailles

E.C. NN (TH)   5 chambres à l'étage d'une villa de style colonial dans une zone calme, fraîche et verdoyante. Chambre 1 : 1 lit 2 pers., salle d'eau, eau chaude. Chambre 3 : 1 lit 2 pers., salle de bain, eau chaude. Chambre 2-4-5 : 1 lit 2 pers., salle d'eau commune, eau chaude, salon équipé d'une télévision. Gare 10 km, commerces 200 m. Ouvert toute l'année.

Prix : 1 pers. **235/290 F** 2 pers. **235/290 F** repas **80 F**

16	16	16	1,5	5	29,7	29,7

GITES DE FRANCE-SERVICE RESERVATION – 9, Boulevard Gal de Gaulle - B.P. 1122 – 97248 Fort-de-France-Cedex – Tél. : 596.73.67.92 – Fax : 19.596.63.55.92

Sainte-Luce

〲〲 NN   4 chambres d'hôtes à l'étage de la maison familiale dans le bourg du village avec mobilier de style traditionnel. 2 chambres avec 2 lits 2 pers., 2 chambres avec 2 lits 1 pers., salle d'eau attenante à chaque chambre, eau chaude, salon équipé avec télévision, possibilité repas. Gare 21,5 km, commerces sur place. Ouvert toute l'année. Créole parlé.

Prix : 1 pers. **215 F** 2 pers. **215 F**

0,8	0,8	0,8	1,2	4	23	18

GITES DE FRANCE-SERVICE RESERVATION – 9, Boulevard Gal de Gaulle - B.P. 1122 – 97248 Fort-de-France-Cedex – Tél. : 596.73.67.92 – Fax : 19.596.63.55.92

Réunion

Les Avirons

E.C. NN (TH)   2 chambres d'hôtes de 2 pers. dans la maison du propriétaire. Sanitaires communs. Séjour (TV). Vue imprenable sur la ville.

Prix : 1 pers. **90 F** 2 pers. **120 F** repas **80 F**

14	14	14	10	5	9	9

TYPARY Marie-Anne – Route du Tevelave – 97425 Les Avirons – Tél. : 262.38.00.71

Les Avirons

♨♨ 3 chambres d'hôtes de 2 pers., 2 ch. 2 épis avec salle de bains privée et 1 ch. 1 épi avec lavabo et salle de bains commune, dans la maison du propriétaire. Séjour (TV).

Ⓐ

Prix : 1 pers. **100/120 F** 2 pers. **140/160 F** repas **75/130 F**

| 14 | 14 | 14 | 10 | 5 | 9 | 9 |

TURPIN Francois – Le Tevelave – 97425 Les Avirons – Tél. : 262.38.30.67

Cilaos

♨♨ NN 5 chambres d'hôtes (2 pers.), avec salle de bains privée, dans la maison du propriétaire.

(TH)

Prix : 2 pers. **160 F** pers. sup. **80 F** repas **80 F**

| 2,5 | 2 | 7 | 1 | 1 |

DIJOUX Christian – 40 Chemin Saul Bras Sec – 97413 Cilaos – Tél. : 262.25.56.64

Cilaos

E.C. NN 3 chambres d'hôtes (2 pers.).

(TH)

Prix : 1 pers. **100 F** 2 pers. **150 F** 3 pers. **200 F** repas **80 F**

| 2,5 | 2 | 7 | 1 | 1 |

GARDEBIEN Leonard – 50 rue de Saint-Louis – 97413 Cilaos – Tél. : 262.31.72.15

Cilaos

E.C. NN 2 chambres 2 pers. dans la maison du propriétaire. Salle de bains, wc. TV dans le séjour. Jardin. Cure thermale.

(TH)

Prix : 1 pers. **90 F** 2 pers. **150 F** repas **75 F**

| 2,5 | 2 | 7 | 1 | 1 |

HOAREAU Dany – Matharum - 4 rue des Chenes – 97413 Cilaos – Tél. : 262.31.72.09

Cilaos

♨♨ NN Alt. : 1200 m — 4 chambres d'hôtes indépendantes de 2 pers., situées au dessus de la maison du propriétaire. Salle de bains dans chaque chambre. TV. Chauffage. Jardin. Parking. Commerces 1 km.

(TH)

Prix : 1 pers. **150 F** 2 pers. **170 F** pers. sup. **70 F** repas **80 F**

| 2,5 | 2 | 7 | 1 | 1 |

IDMONT Jean – 9, rue Sery Victorine – 97413 Cilaos – Tél. : 262.31.72.47

Cilaos

E.C. NN 3 chambres d'hôtes (2 pers.) dans la maison du propriétaire. Salle de bains, wc. TV dans le séjour. Jardin. Cure thermale.

(TH)

Prix : 1 pers. **90 F** 2 pers. **150/170 F** pers. sup. **30 F**
repas **80 F**

| 2,5 | 2 | 7 | 1 | 1 |

DIJOUX Jean-Paul-Benoit – Bras Sec - 28 Chemin Saul – 97413 Cilaos – Tél. : 262.25.56.45

Entre-Deux

E.C. NN 2 chambres d'hôtes de 2 pers. situées dans la maison du propriétaire dominant tout le village. Séjour avec TV.

(TH)

Prix : 1 pers. **90 F** 2 pers. **110 F** repas **75 F**

| 9 | 9 | 9 | 10 | 4 | 1 |

FONTAINE Noe – 18 Chemin Pifarelli – 97414 Entre-Deux – Tél. : 262.39.51.21

Entre-Deux

E.C. NN 2 chambres d'hôtes de 2 pers. dans la maison du propriétaire. WC communs. Séjour (TV).

(TH)

Prix : 1 pers. **100 F** 2 pers. **150 F** repas **80 F**

| 9 | 9 | 9 | 10 | 4 | 1 |

CORRE Jacqueline – 66 Grand Fond Interieur – 97414 Entre-Deux – Tél. : 262.39.53.43

Plaine-des-Cafres

E.C. NN 2 chambres d'hôtes (2 pers.) dans la maison du propriétaire.

(TH)

Prix : 1 pers. **100 F** 2 pers. **150 F** pers. sup. **50/60 F**
repas **80 F**

| 30 | 30 | 30 | 4 | 2 | 5 | 5 |

ALICALAPA-TENON J.Clement – RN 3 24ᵉ Km – 97418 Plaine-des-Cafres – Tél. : 262.59.10.41

Plaine-des-Cafres

E.C. NN 3 chambres (2 pers.) aménagées à l'étage de la maison du propriétaire. Salle d'eau et wc indépendants. Cheminée.

Prix : 1 pers. **100 F** 2 pers. **160 F**

30	30	30	4	2	5	5

LACOUTURE Jean-Louis – RN 3 le 22° Km – 97418 Plaine-des-Cafres – Tél. : 262.59.04.91

Plaine-des-Palmistes

E.C. NN
(TH) Alt. : 900 m — 3 chambres 2 pers. indépendantes, dans le prolongement de la maison du propriétaire, salle de bains commune aux chambres. Jardin, parking. Commerces 2 km.

Prix : 1 pers. **150 F** 2 pers. **170 F** pers. sup. **50/80 F** repas **100 F**

5	5	4	4

GRONDIN Henriette – 17, rue Dureau – 97431 Plaine-des-Palmistes – Tél. : 262.51.33.79

Saint-Andre

E.C. NN 2 chambres d'hôtes de 2 pers. situées à l'étage de la maison du propriétaire. Sanitaires communs. Séjour (TV). Jardin.

Prix : 1 pers. **100 F** 2 pers. **135 F** pers. sup. **50 F**

70	70	70	60	3	3	3

DEPALMAS Georges – 174 Bras des Chevrettes – 97440 Saint-Andre – Tél. : 262.47.00.07

Saint-Andre Riviere du Mat Les Bas

NN
(TH) Dans la maison du propriétaire, avec accès indépendant, 2 chambres de 2 pers., salle de bains. WC communs aux chambres. Salle commune, TV, bibliothèque. Ouvert toute l'année.

Prix : 1 pers. **110 F** 2 pers. **140 F** repas **80 F**

SAURIAMA Veronique – Riviere du Mat Les Bas - 1084 Chemin 80 – 97440 Saint-Andre – Tél. : 262.46.69.84

Saint-Andre

E.C. NN 4 chambres d'hôtes de 2 pers. dans la maison du propriétaire. Salle d'eau et wc communs. Séjour (TV).

Prix : 1 pers. **100 F** 2 pers. **130 F**

70	70	70	60	3	3	3

CADET Gaston – 96 rue du Stade – 97440 Saint-Andre – Tél. : 262.46.56.37

Saint-Benoit

E.C. NN
(TH) 3 chambres d'hôtes (4 pers.) dans le prolongement de la maison du propriétaire. Salle d'eau et wc indépendants. Jardin, cadre agréable.

Prix : 2 pers. **120/140 F** pers. sup. **40 F** repas **80 F**

50	50	50	4	4	6	6

DERAND Marguerite – 20 Chemin de Ceinture - Route de Cambourg – 97470 Saint-Benoit – Tél. : 262.50.90.76

Saint-Gilles Eperon

E.C. NN
(TH) Alt. : 200 m — 2 chambres 2 pers. dans la maison du propriétaire en rez-de-chaussée. Salle de bains dans chaque chambre, wc communs. Bibliothèque. Jardin. Parking. Commerces 5 km.

Prix : 2 pers. **150 F** repas **80 F**

3	3	3	40	40	3	3

PAYET Claude – Eperon - Plateau des 3 Roches – 97434 Saint-Gilles – Tél. : 262.24.50.08

Saint-Gilles

(TH) 2 chambres d'hôtes (2 pers.).

Prix : 2 pers. **120/130 F** repas **90/100 F**

3	3	3	40	40	3	3

MAILLOT Celine – N° 8 Eperon - Les Hauts – 97435 Saint-Gilles – Tél. : 262.55.69.83

Saint-Gilles-les-Hauts

6 chambres d'hôtes (2 pers.).

Prix : 2 pers. **160 F**

3	3	3	40	40	3	3

GRONDIN Francois – Bernica - Saint-Gilles Les Hauts – 97460 Saint-Paul – Tél. : 262.22.74.15

Saint-Gilles-les-Hauts

E.C. NN 2 chambres dans la maison du propriétaire. Salle d'eau, wc communs. Jardin clos. Cadre agréable.

(TH)

Prix : 1 pers. **88 F** 2 pers. **110 F** repas **100 F**

🏊	🍴	♿	🚶	🎿	🎿
3	3	3	40	40	3

RAMINCOUPIN Therese – Chemin Bosse - Bernica – 97435 Saint-Gilles-Les Hauts – Tél. : 262.55.69.13

Saint-Joseph

E.C. NN 4 chambres d'hôtes 2 pers. dans la maison du propriétaire. Salle de bains commune aux 4 chambres. TV dans le séjour. Jardin.

(TH)

Prix : 1 pers. **150 F** 2 pers. **150 F** repas **90 F**

🏊	🍴	♿	🚶	🎿	🎿
40	40	40	20	6	20

CHAN SHIT SANG Jean-Pierre – Grand Coude – 97480 Saint-Joseph – Tél. : 262.56.14.44

Saint-Leu

E.C. NN 3 chambres d'hôtes de 2 pers. dans la maison du propriétaire. Salle d'eau et wc communs. Séjour (TV). Jardin.

(TH)

Prix : 1 pers. **130 F** 2 pers. **130 F** repas **80/100 F**

🏊	🍴	♿	🚶	🎿	🎿	🚤
8	8	8	50	50	8	8

MAILLOT Julia – 4 Chemin des Hortensias – 97416 La Chaloupe – Tél. : 262.54.82.92

Saint-Leu

E.C. NN 3 chambres d'hôtes de 2 pers. située dans la maison du propriétaire. Vue imprenable sur Saint-Leu.

Prix : 1 pers. **150 F** 2 pers. **150 F**

🏊	🍴	♿	🚶	🎿	🎿	🚤
8	8	8	50	50	8	8

RENE Eliette – Cd 13 Bras Mouton - Les Colimacons – 97436 Saint-Leu – Tél. : 262.54.80.81

Saint-Leu

E.C. NN 2 chambres d'hôtes 2 pers. dans la maison du propriétaire. Salle de bains commune. TV dans la salle de séjour. Jardin.

(TH)

Prix : 1 pers. **120 F** 2 pers. **200 F** pers. sup. **50 F** repas **90 F**

🏊	🍴	♿	🚶	🎿	🎿	🚤
8	8	8	50	50	8	8

DARTY Melanie-Marthe – N° 419 le Plate – 97424 Piton-Saint-Leu – Tél. : 262.54.01.94

Saint-Louis

〽 NN 3 chambres d'hôtes 2 pers. au dessus de la maison du propriétaire. Salle de bains commune aux 3 chambres. TV dans la salle de séjour.

(TH)

Prix : 1 pers. **100 F** 2 pers. **150 F** pers. sup. **60 F** repas **80 F**

🏊	🍴	♿	🚶	🎿	🎿	🚤
20	20	20	6	2	2	2

LEPERLIER Georges – Les Makes - 41 rue Paul Herman – 97421 La Riviere – Tél. : 262.37.82.17

Saint-Louis

E.C. NN 2 chambres d'hôtes 2 pers. dans la maison du propriétaire. Salle de bains commune. TV dans salle de séjour. Jardin.

(TH)

Prix : 1 pers. **90 F** 2 pers. **150 F** repas **80 F**

🏊	🍴	♿	🚶	🎿	🎿	🚤
20	20	20	6	2	2	2

**D'EURVEILHER Jean-Luc – Mont Plaisir - Les Makes - 6 Lotissement Safer – 97421 Riviere-Saint-Louis –
Tél. : 262.37.82.77**

Saint-Paul Bois de Nelfes

E.C. NN Alt. : 700 m — 2 chambres d'hôtes de 2 pers. attenantes à la maison du propriétaire. Chacune avec salle d'eau et wc. Entrée indépendante. Salle commune. Ouvert toute l'année.

(TH)

Prix : 1 pers. **110 F** 2 pers. **180 F** repas **80 F**

LAURET Joseph Inel – 50 Chemin des Barrieres – 97411 Bois-de-Nelfes-Saint-Paul – Tél. : 262.44.28.11

Saint-Paul Le Guillaume

〽〽 NN Alt. : 200 m — 2 chambres indépandantes de 2 pers. en-dessous de la maison du propriétaire. Salle de bains et wc dans chaque chambre. Salle commune. Jardin, parking. Ouvert toute l'année.

Prix : 1 pers. **100 F** 2 pers. **200 F**

🐕	🏊	🍴	♿
	15	15	15

MAGDELEINE Dominique – 119 Chemin Lebon – 97423 Le Guillaume – Tél. : 262.32.40.34

E.C. NN 5 chambres d'hôtes (2 pers.) au dessus de la maison du propriétaire, lavabo dans chaque chambre. Salle de bains commune. Salle de séjour, TV. Jardin.

Prix : 1 pers. 130 F 2 pers. 160 F pers. sup. 50 F

🏊	🎣	⛵	🚶	🌲	⛷	🚡
12	12	12	30	30	1	1

ELIVON Elisienne – 26 rue F. Payet – 97411 La Plaine – Tél. : 262.44.09.70

Saint-Pierre

E.C. NN 3 chambres aménagées (2 pers.) à l'étage de la maison du propriétaire. Salle d'eau et wc indépendants.

Ⓐ

**Prix : 1 pers. 150/180 F 2 pers. 170/200 F pers. sup. 65 F
repas 85 F**

🏊	🎣	⛵	🚶	⛷	🚡
5	5	5	40	5	1

MALLET Rita – 52 Allee des Aubepines - Bassin Plat – 97410 Saint-Pierre – Tél. : 262.25.61.90

Saint-Pierre

NN 2 chambres d'hôtes 2 pers. équipées de lavabo, et situées dans le prolongement de la maison du propriétaire. Salle de bains commune. TV dans le séjour. Jardin.

Prix : 1 pers. 150 F 2 pers. 150 F

🏊	🎣	⛵	🚶	⛷	🚡
5	5	5	40	5	1

LEBON Yvette – 11 Chemin Techer Mauricienne – 97432 Ravine-des-Cabris – Tél. : 262.49.73.78

Sainte-Rose

NN 2 chambres (2 pers.) aménagées dans une maison créole. Cadre agréable. 1 suite de 4 pers. avec patio, à côté de la maison du propriétaire.

(TH)

Prix : 2 pers. 180/190 F repas 80 F

🏊	🎣	⛵	🚶	🌲	⛷	🚡
2	2	2	20	6	1	1

ADAM DE VILLIERS Claude – La Roseraye Rn – 97439 Sainte-Rose – Tél. : 262.47.21.33

Sainte-Suzanne

NN 2 chambres d'hôtes (2 pers.) dans la maison du propriétaire. Sanitaires communs. Séjour (TV). Jardin.

(TH)

Prix : 1 pers. 140 F 2 pers. 140 F repas 80 F

🏊	🎣	⛵	🚶	🌲	⛷	🚡
60	60	60	10	10	5	5

CALADAMA Jacqueline – 58 rue Raymond Verges – 97441 Sainte-Suzanne – Tél. : 262.46.11.43

Salazie

E.C. NN 3 chambres d'hôtes de 2 pers. dans la maison du propriétaire. WC et salle d'eau communs. Séjour (TV). 1 chambre est classée 3 épis. Nombreuses randonnées dans le secteur.

Ⓐ

**Prix : 1 pers. 100/180 F 2 pers. 180/200 F pers. sup. 50 F
repas 80 F**

🏊	🎣	⛵	🚶	🌲	⛷	🚡
60	60	60	10	10	5	5

GRONDIN Jeanne-Marie – Grand Ilet – 97433 Salazie – Tél. : 262.47.70.51

Salazie

E.C. NN 3 chambres de 2 pers. au-dessus de la maison du propriétaire. WC et salle d'eau communs. Séjour (TV). Restaurant à 800 m. Nombreuses randonnées dans le secteur.

Prix : 1 pers. 100 F 2 pers. 150 F

🎣	⛵	🚶	🌲	⛷	🚡
10	110	2	1	30	30

LAURENT Madeleine – Hell-Bourg – 97433 Salazie – Tél. : 262.47.80.60

Salazie

E.C. NN 2 chambres d'hôtes (2 pers.).

(TH)

Prix : 1 pers. 100 F 2 pers. 120 F 3 pers. 170 F repas 75 F

🏊	🎣	⛵	🚶	🌲	⛷	🚡
110	10	110	2	1	30	30

BOYER Christine – Grand Ilet – 97433 Salazie – Tél. : 262.47.70.87

Tampon

E.C. NN 2 chambres d'hôtes (2 pers.) aménagées dans la maison du propriétaire. WC et salle d'eau communs.

(TH)

Prix : 1 pers. 100 F 2 pers. 120 F repas 70 F

🏊	🎣	⛵	🚶	🌲	⛷	🚡
10	10	10	20	20	10	10

PAYET Lucot – 71 Route du Petit Tampon – 97430 Tampon – Tél. : 262.27.83.15

Réunion

Tampon

E.C. NN 2 chambres d'hôtes (2 pers.) situées dans la maison du propriétaire. Salle d'eau et wc communs.
(TH)

Prix : 1 pers. **110 F** 2 pers. **150 F** repas **100 F**

≋	⌕	⚒	👫	🚶	🎿	⚓
10	10	10	20	20	10	10

PAYET Roger – 163 rue du Petit Tampon – 97430 Tampon – Tél. : 262.57.04.71

Tampon

❀ ❀ NN 2 chambres d'hôtes (2 pers.) situées dans la maison du propriétaire avec douche et wc privés.
1 chambre (2 pers.) avec salle de bains et wc privés à côté de la maison du propriétaire.

Prix : 1 pers. **190 F** 2 pers. **190 F** 3 pers. **260 F**

≋	⌕	⚒	👫	🚶	🎿	⚓
10	10	10	20	20	10	10

GUESDON Chantal – 15 Grande Ferme – 97418 Plaine-des-Cafres – Tél. : 262.27.59.25

Tampon

E.C. NN 1 chambre d'hôtes (2 pers.) dans la maison du propriétaire. Sanitaires communs.
(TH)

Prix : 1 pers. **120 F** 2 pers. **150 F** repas **90 F**

≋	⌕	⚒	👫	🚶	🎿	⚓
10	10	10	20	20	10	10

MAGNAN Louise – 331 Chemin Henri Caben - Bois Court – 97418 Plaine-des-Cafres – Tél. : 262.27.56.91

Tampon

E.C. NN 2 chambres d'hôtes de 2 pers. dans la maison du propriétaire. Sanitaires communs. Salle de séjour
(TH) (TV). Jardin.

Prix : 1 pers. **100 F** 2 pers. **150 F** repas **80 F**

≋	⌕	⚒	👫	🚶	🎿	⚓
10	10	10	20	20	10	10

MUSSARD Therese – Notre Dame de la Paix – 97418 Plaine-des-Cafres – Tél. : 262.27.57.59

Tampon

❀ NN 4 chambres aménagées (2 pers.) à l'étage de la maison du propriétaire. Salle d'eau et wc indépendants.
(TH)

Prix : 1 pers. **150 F** 2 pers. **170 F** pers. sup. **70 F** repas **90 F**

≋	⌕	⚒	👫	🚶	🎿	⚓
10	10	10	20	20	10	10

RIVIERE Anne-Suzanne – 14 Rn 3 Pk 22 – 97418 Plaine-des-Cafres – Tél. : 262.27.59.78

Tampon

E.C. NN 3 chambres d'hôtes 2 pers. dans la maison du propriétaire. Salle de bains commune aux 3 chambres,
TV dans le séjour. Jardin.

Prix : 1 pers. **100 F** 2 pers. **150 F** pers. sup. **70 F**

≋	⌕	⚒	👫	🚶	🎿	⚓
10	10	10	20	20	10	10

HOAREAU Josephine – 52 rue Benjamin Hoareau – 97430 Le Tampon – Tél. : 262.27.36.21

COLLECTION
GUIDES GÎTES DE FRANCE

DIFFUSION LIBRAIRES FRANCE ET ETRANGER:

FIVEDIT :- 96, Rue du Faubourg Poissonnière   75010 PARIS F
Tél: (1) 48 78 60 13

- 25, Clos du Buisson - BP 146
74941 ANNECY LE VIEUX CEDEX - F
Tél. (1) 50 66 33 78 - Fax 50 23 33 08

DISTRIBUTEURS FIVEDIT A L'ETRANGER

ALLEMAGNE :
ILH - GEO CENTER. 44 Schockenriedstasse. D 70565. STUTTGART.
Tél : 19. 49. 711. 788. 93 41 - Fax : 19. 49. 711. 788. 93 54

BELGIQUE : Bruxelles et Wallonie :
A M P LIVRES. Breedveld 1.1651 BEERSEL (LOT). B.
Tél: 19. 32. 2. 33 41 487 - Fax: 19. 32. 2. 33 41 492
Flandres
STANDAARD UITGEVERIJ. Belgielei 147 a. 2018 ANTWERPEN. B.
Tél: 19. 32. 3. 239 59 00 - Fax: 19. 32. 3. 230 85 50

CANADA. QUEBEC :
DISTRIBUTION ULYSSE. 4176 Saint-Denis - MONTREAL. QU. H2W 2M5. CAN.
Tél : 19. 1. 514. 843 39 882 - Fax : 19. 1. 514. 843 94 48

GRANDE BRETAGNE :
SPRINGFIELD BOOKS LTD. Norman road - Denby Dale. HUDDERSFIELD. HD8 8TH. G.B.
Tél : 19. 44 .484. 86 49 55 - Fax : 19. 44. 484. 86 54 43

SUISSE :
OLF/PAYOT. Z.I. 3. Corminboeuf. CH 1701. FRIBOURG
Tél : 19. 41. 37.83 51 11 - Fax : 19. 41. 37.83 54 44

PAYS-BAS :
-BRUNA A.W. Kobaltweg 23/25.3542 CE.UTRECHT
Tél : 19. 31. 30. 470 411- Fax : 19. 31. 30. 410 018

-NILSSON and LAMM. B.V. Pampuslaan 212/214. Postbus 195. 1380 AD WEESP.
Tél : 19. 31. 29. 40 650 44 - Fax : 19. 31. 29. 40.150 54